U0714114

中華人民共和國國務院批准的重大文化出版工程

國家文化發展規劃綱要的重點出版工程項目

新聞出版總署列爲「十一五」國家重大工程出版規劃之首

國家出版基金重點支持項目

ISBN 978-7-5495-2948-3

中華大典

文獻目録典

廣西師範大學出版社有限責任公司

《中華大典》工作委員會

《中華大典》編纂委員會

《中華大典》前言

《中華大典》是運用我國歷代漢文古籍編纂的一部大型工具書。其目的是爲學術界及願意瞭解中國古代珍貴文化典籍的人士提供準確詳實、便於檢索的漢文古籍分類資料。

中國是世界文明古國之一，幾千年來纂寫和聚集的文化典籍浩如烟海。我國歷代都有編纂類書的優良傳統，具有代表性的《永樂大典》等大多已佚失，現存《古今圖書集成》編就距今也已數百年。爲了適應今天和以後研究和檢索的需要，一九八八年海内外三百多位專家學者和各古籍出版社同仁倡議，在已有類書的基礎上，用現代科學方法編纂一部新的類書《中華大典》。

國務院在關於編纂《中華大典》問題的批覆中指出，編纂《中華大典》「是我國建國以來最大的一項文化出版工程」。本書所收漢文古籍上起先秦，下迄清末，約三萬種，達七億多字，分爲二十四個典，近百個分典，内容廣博，規模宏大，前所未有。

《中華大典》的編纂工作堅持科學態度和百花齊放、百家争鳴方針。儘量採用古精校精刻本，優先採用我國建國後文獻學和考古學的優秀成果。對傳統文化中重要的不同學派的資料，兼收並蓄。運用現代圖書分類的方法，對收集到的資料，精選、精編，力求便於檢索、準確可信。

這項工作從開始起就受到中共中央、國務院和有關部門的重視和支持。國家主席江澤民、國務院總理李鵬分别爲《中華大典》題詞。江澤民的題詞是：「同心同德群策群力認真編好中華大典爲建設有中國特色的社會主義服務」。李鵬的題詞是：「繼承和弘揚民族優秀傳統文化」。全國政協主席李瑞環、國務委員李鐵映也作了重要指示，要求抓緊辦理。一九九零年五月，國務院批准《中華大典》

爲國家重點古籍整理項目。一九九二年九月，正式成立了《中華大典》工作委員會和《中華大典》編纂委員會，召開了《中華大典》工作、編纂會議。自此，《中華大典》的編纂工作由試點轉入正式啓動，逐步鋪開。

編纂《中華大典》，學術性很强，工作量很大，工程十分艱巨，全賴廣大專家學者和全國各有關高等院校、科研院所、圖書館、出版單位的鼎力支持與積極參與。大家本着弘揚中華民族優秀文化的心願，發揚奉獻精神，克服各種困難，團結協作，給這部巨大類書的出版提供了根本保證。在此謹表示誠摯的謝意。

對本書的批評與建議，我們將十分歡迎。

《中華大典》編纂委員會

一九九七年四月

二〇〇六年十一月修訂

《中華大典》編纂通則

一、性質：《中華大典》（以下簡稱《大典》）是對漢文古籍（含已翻譯成漢文的少數民族古籍）進行全面的、系統的、科學的分類整理和匯編總結的新型類書，是在繼承歷代類書優良傳統、考慮漢文古籍固有特點的基礎上，借鑒和參照近代編纂百科全書的經驗和方法編纂而成。編纂《大典》的目的，是爲學術界及願意瞭解中國古代珍貴文化典籍的人士提供各種分門別類的、準確詳細的古代漢文專題資料。

二、規模和體例：《大典》所收古籍的時限，上自先秦，下迄辛亥革命。全書共收各類漢文古籍三萬餘種，七億多字。全書體例，着重汲取清代《古今圖書集成》所採用的經目和緯目相交織這一統一框架結構的模式，同時參照現代科學的學科、目録分類方法，並根據各類學科内容的實際情況，一般將每一大類學科輯爲一典，也有將幾個相關學科共輯爲一典的。對各典名稱，均以現代學科命名，對於所收入的各種古籍資料，亦儘可能納入現代科學分類體系之中。

三、經目：大典共分二十四個典，即哲學典、宗教典、政治典、軍事典、經濟典、法律典、教育體育典、語言文字典、文學典、藝術典、歷史典、歷史地理典、民俗典、數學典、物理化學典、天文典、地學典、生物學典、醫藥衛生典、農業典、林業典、工業典、交通運輸典、文獻目録典。典以下以分典、總部、部、分部分級，分部之下的標目根據各學科特點由各典自行擬定。

四、緯目：共設置九項緯目，用以包容各級經目的具體内容：

①題解：對有關學科的名稱、概念、涵義、特點等作總體介紹的資料。

②論説：有關理論部份的資料。

③綜述：有關學科或事物的系統性資料，凡有關學科或事物的性狀、制度、範疇、特點及學科地位、發展情況等具體内容均編入此緯目中。

④傳記：有關人物的傳記資料。

⑤紀事：有關學科或事物的具體活動或事例的資料。

⑥ 著録：重要人物或文獻的有關著作資料，如專集介紹、序跋、藏書題記，以及有關著作的成書經過、版本源流等。
⑦ 藝文：有關屬於文學欣賞性的散文或韵文。
⑧ 雜録：凡未收入以上各緯目，而又有較高參考價值的資料，均入雜録。
⑨ 圖表：根據有關經目的内容需要，圖與表附於相關專題之下，或集中匯總於某級經目之後。

《大典》以内容分類安排各級緯目，各級緯目的正文，一般以原書爲單位，按時代順序排列。每一條資料前標明出處，包括書名或作者名、篇名或卷次，以利讀者核對原書。

五、書目：每分典後附有該分典所收書之書目，書目包括書名、作者、時（年）代、版本等内容。時代以成書時代爲準，成書時代不詳者，以作者主要活動時代爲準，並遵從歷史習慣。

六、版本：《大典》在選用版本時儘量採用古人的精校精刻本，亦採用學術界通用的近現代整理圈點本及現代學者校點整理本。

七、校點：爲儘可能保存古籍原貌，《大典》衹對底本中明顯的脱、訛、衍、倒進行勘正。古本中的避諱字一般不作改動，衹對缺筆字補足筆畫。後人刻書時避當朝人諱而改動的字，據古本改回。《大典》採用新式標點法。

一九九六年八月

二〇〇六年十一月修訂

《中華大典·文獻目録典》編纂委員會

顧　　問：劉家和　安平秋　傅璇琮　陳祖武

主　　編：周少川

副主編：鄧瑞全

編　　委：閻崇東　楊寄林　諸偉奇　楊燕起　王錦貴　汪高鑫
周延良　鄧瑞全　楊　健　張　濤　張　升　王記録
周少川　邵永忠　向燕南　鄭振峰　毛瑞方　駱繼光

學術秘書：毛瑞方

《中華大典·文獻目錄典》序

中國古籍素以浩如煙海、汗牛充棟而著稱。浩瀚的中華典籍哺育了世世代代的炎黃子孫，既是中華文明綿延五千年從不中斷的歷史標誌，又是當今弘揚民族精神和時代精神，建設社會主義文化強國的重要資源。

整理研究古代文化典籍，在我國有悠久的歷史。從孔子整理「六經」開始，歷代學者爲了更好地認識和利用典籍，嬗遞文化傳統，非常重視對傳世典籍的考辨整理。他們或校勘異同、訂正訛誤，或訓釋箋注、闡幽發微，或編目著錄、考鏡源流，或審定版本、辨别真僞。在整理典籍的長期實踐中，積累了豐富的經驗和資料，編纂出數逾千計的書目著作，逐漸形成了涵蓋目錄、版本、校勘、注釋、辨僞、輯佚等專學的文獻校讎之學，並於二十世紀，最終確立了具有民族特色和現代科學體系的中國文獻學。

二十世紀八十年代以來，爲了推進社會主義文化的建設，黨中央多次號召加強古籍整理工作，指出「整理古籍是一件大事，得搞上百年」。古籍整理和文獻學研究的工作任重而道遠。在《中華大典》這項古籍整理的重大文化工程中，工委會和編委會於二十四典中特別設立了《文獻目錄典》。其任務是分類彙集古代書目資料和文獻學資料，全面反映中國古代典籍編纂和典籍整理的豐富成果，以促進古籍整理和文獻學的持久發展。因此，《中華大典·文獻目錄典》既是古籍整理實踐的產物，又肩負著爲今後古籍整理與文獻學研究的深入開展建設信息庫的歷史使命。

《文獻目錄典》的編纂工作自二〇〇六年啓動，歷時六年而完成。全書約三千五百萬字，下設《文獻學分典》和《古籍目錄分典》。本典的內容具有以下學術價值和特點：

一、《文獻目錄典》推陳出新，規模宏大，是迄今爲止，首創類編文獻學與書目資料的大型工具書。在中國類書編纂史上，也曾有彙編前代評述典籍資料的類書，如南宋王應麟的《玉海·藝文》和清代官修類書《古今圖書集成》中的《理學彙編·經籍典》，然二者皆忽略對典籍整理資料的收集和類編。本典從繼承傳統又超越前賢的目標出發，彙編先秦至清末古籍中有關文獻校讎的重要資料，以及歷代古籍目錄著錄典籍的重要資料，彌補了古代類書編纂的不足；在規模和體制上，也大大超過了以往相同領域的文獻類編。

二、《文獻目錄典》兼具資料類編與書目兩大功能，既是中國文獻學的資料大全，又是中國存佚古籍的解題全目。本典的《文獻學分典》彙集古代學者對目錄、版本、校勘、注釋、辨僞、輯佚等各專學相關概念、術語、涵義、地位及淵源流別的論述，收録古代學者運用各專學考辨文獻的方法與實例，以及對他們考校典籍的具體事蹟和成果的記載，爲專業人員和其他學科的研究者提供古代文獻學豐富的史料，也可作為高等院校文獻學教學的參考素材，從而適應了我國文獻學學科建設和古籍整理發展的需要。

本典的《古籍目錄分典》則汲取南宋文獻學家鄭樵「紀百代之有無，廣古今而無遺」的目録學思想，廣採古今公私古籍目録，對産生於一九一一年以前的中國古籍，不論存佚，皆予著録。從一定意義上講，它是第一部反映我國古代文化典籍全貌的中國古籍解題全目，其中有關亡佚古籍的豐富材料，必將在全面發掘我國古代文化遺産，深入開展中國文化史研究的進程中顯示其重要的價值。

三、《文獻目錄典》的框架體例體現了高度的科學性、系統的完整性和清晰的條理性。本典採用現代科學分類的方法，並吸收當今文獻學研究和古籍分類的最新成果，對我國古籍的傳統分類加以改造，形成了由典、分典、總部、部、分部、專題等六級經目及若干緯目相互交織的框架結構，用以容納豐富的資料。同時也展現了我國文獻學完整、清晰的學科體系和對古籍的科學分類。這種按學術内容分類統轄、依時間順序排列資料的邏輯體系，不僅有利於揭示典籍文獻的本質屬性和内容上的相互關係，而且有助於反映我國古代各門學術形成發展的淵源脈絡，發揮「辨章學術，考鏡源流」的作用。本典所設計的文獻學框架和對古籍分類體系的改造，也將有益於進一步規範我國文獻學的學科體系和完善古籍目録的分類方法。

四、《文獻目錄典》的編纂確保了資料的廣泛性、文獻選編的實用性和校勘標點的準確性。本典的資料採編、整理堅持綱羅宏富和質量第一的原則。收録資料的範圍包括傳世典籍、出土文獻和域外漢籍，普查典籍文獻達一萬四千餘種，其中查閱的書目文獻則遍及古今各種古籍目録；採録資料選用典籍較好的版本，並充分利用二十世紀以來古籍整理的優秀成果。文獻採選則注意去粗取精，既選用有代表性和稀見的資料，又兼收不同流派、不同觀點的材料，以求客觀地反映古代學術的面貌。類編文獻務求歸類恰當，並標明出處，配以詳細的《引用書目》，以利使用。由於本典編纂人員是來自國内文獻學界的專家和中青年學者，富有古籍整理的經驗，因而校點工作力求準確規範，在整理資料過程中還改正了以往古籍點校中的一些錯誤。

《中華大典·文獻目録典》在長達六年的編纂工作中，來自北京師範大學、内蒙古師範大學、河北師範大學、安徽大學、河南師範大學、内蒙古大學、南開大學、天津師範大學、雲南大學的近百名專家學者，以嚴謹認真的科學態度，團結協作，甘於奉獻，付出了大量辛勤的勞動。本典的編纂工作自始至終得到《中華大典》工委會、編委會和大典辦公室的悉心指導，得到廣西師範大學出版社的大力支持和密切配合，得到上述高校各級領導的關心支持，以及國家圖書館、有關省級圖書館和高校圖書館的熱情幫助。謹此表示衷心的感謝。並懇望海内外學術界和讀者諸君對本典存在的失誤不吝賜教。

《中華大典·文獻目録典》編纂委員會

二〇一二年一月三十日

《中華大典·文獻目錄典》凡例

《文獻目錄典》是《中華大典》二十四個典之一。本典以《中華大典》工作總則等條例爲依據，並結合本典内容的實際情況作個別變通，形成以下編纂體例。

一、本典由《文獻學分典》和《古籍目錄分典》組成。分典下設總部，《文獻學分典》包括《文獻總論總部》、《目錄總部》、《版本總部》、《校勘總部》、《注釋總部》、《辨僞總部》、《輯佚總部》、《典藏總部》、《流通總部》；《古籍目錄分典》包括《經總部》、《史總部》、《子總部》、《集總部》、《叢書總部》、《譯著總部》。總部下設部，部之下按需要再立分部、專題，由此構成典、分典、總部、部、分部、專題等六級經目。

二、各總部及其所轄經目之下設緯目，用以羅織相關材料。緯目設置視所據資料的情況而定，有則設之，無則不設。本典所設緯目有七項。論述：收錄有關論述所屬經目的概念、涵義、特點、分類依據、發展源流的資料。綜述：全面、系統地收錄對相關學術、事物或典籍作記述、評介或例證的資料。傳記：收錄有關人物的具有代表性的傳記資料。紀事：收錄對相關活動的具體記載和史實。藝文：收錄吟誦相關事物或人物的韻文或散文。雜錄：收錄未採用於上述緯目，而又具有較高參考價值的資料。圖表：收錄對相關事物作形象描述或簡明表述的圖表。

三、本典的《文獻學分典》彙編先秦至清末有關文獻產生發展、收藏流通及文獻學各門專學的重要資料。《古籍目錄分典》彙編古今各種古籍目錄的重要資料，用以著錄一九一一年以前產生的所有中國古籍的狀況。收錄典籍資料的範圍包括傳世典籍、出土文獻和域外漢籍。

所收資料分類編排於相應的緯目之下，並按資料成書的時代先後排列，時代難以考實者就近排列，或遵從歷史習慣。

四、在所引資料前標明出處，常用而熟知的古籍如先秦典籍、《十三經》、《二十四史》可不標作者姓名，其他引書標注則均標明作者、書名、卷次或篇名。

五、爲避免不必要的文字重複，一些書名和篇名在引書標示時採用通行的簡稱，如《資治通鑑》簡稱《通鑑》，《漢書·藝文志》簡稱《漢志》，《四庫全書總目提要》簡稱《四庫提要》，書名簡稱所對應的全稱在《引用書目》中說明。在同一部典籍的不同部分引用兩段以上材料而又排列相連時，可用「又」字代替與前文重複的引書標示。

六、所引資料如在一段之中有省略之處，用【略】標明。

七、所引資料的正文中如有注疏文字，則按古籍原貌隨文夾註，並以大小字型區分正文與注疏文字。有的資料中注疏文字較多，形式繁雜，容易混淆，爲方便利用，則以方括號標注注疏者姓名及注疏方式，如[鄭玄注]。

八、校勘只對引書底本明顯的訛、脫、衍、倒進行勘正，不出校記。採用圓括號標署訛字、衍字和倒文，方括號標署正字、順文和增補的脫字。

九、引書底本的古今字、通假字，一般不作改動。不用簡化字。避諱字多一仍其舊，但因避諱而缺筆者，則補足筆畫，空字者補字。

十、採用新式標點符號標點資料原文。

十一、採用中文數字，不用阿拉伯數字。引書標示中對古籍卷次的標示，僅用一、二、三、四、五、六、七、八、九、〇，不用十、百、千、萬。

十二、各分典附《引用書目》，書目包括書名、作者、時代、版本等項內容。本典從實用出發，對一部典籍的引用不限於一種版本，擇善而從。

《中華大典·文獻目錄典》編纂委員會

二〇一二年一月三十一日

中華大典·文獻目録典

總目

中華大典·文[illegible]典

總目

中華大典·文獻目録典

文獻學分典

主編：閻崇東

#《文獻學分典》編纂委員會

《文獻學分典》編纂説明

一、本分典爲《中華大典·文獻目録典》兩個分典之一。

二、本分典的編纂，希望通過各級經目的科學設計，覆蓋文獻學各門專學的各個領域，提供一個代表當前文獻學研究最新水平的學科體系；通過各類緯目廣輯資料，以反映文獻學各門專學的概念、術語和方法，文獻考辨的實例，以及古代文獻學家的重要事蹟和主要成果。

三、全面系統地匯編古代文獻學資料是本分典之首創，它集文獻學各門專學之大成，力圖爲本專業工作者和相關研究人員提供豐富、系統的資料和便利檢索條件，爲傳統學術研究和發展古籍整理事業奠定堅實的基礎。

四、本分典所轄九個總部，分别爲文獻總論、目録、版本、校勘、注釋、辨僞、輯佚、典藏、流通等。文獻總論總部下設文獻概念、文獻載體材料、文獻生産技術、文獻功用等四部；目録總部下設總論、國家目録、史志目録、私藏目録、知見目録、地方目録、專科目録、特種目録等八部；版本總部下設總論、書册制度、歷代圖書刊行、版本類型與特徵、版本鑒别實例等五部；校勘總部下設總論、校勘内容、校勘方法、校勘原則、校勘名著等五部；注釋總部下設總論、注釋體例、注釋内容、注釋名著等四部；辨僞總部下設總論、僞書成因、僞書類型、考辨僞書、辨僞名篇名著等五部；輯佚總部下設總論、佚書類型、輯佚方法、輯佚名著等四部；典藏總部下設總論、收藏、典藏制度方法、藏書樓、藏書家等五部；流通總部下設總論、文獻流散、流通方式、中外文獻流通等四部。有的部之下還列有分部。在每個部或分部之下，設有論述、綜述、雜録、傳記、紀事、藝文、圖表等不同的緯目。

五、本分典輯録資料範圍總的原則是上起先秦，下迄一九一一年。輯録時在盡量利用善本的前提下，盡可能地選用版本價值較高的通行本古籍，也充分利用今人整理點校的新版古籍。

六、本分典附《引用書目》，按著作撰成年代先後順序排列，年代不詳者，排列於相關朝代之後。

《中華大典·文獻目録典·文獻學分典》編委會

二〇一一年二月十二日

注釋總部

主　編：閻崇東
副主編：可永雪
王玉璽

#《注釋總部》編纂人員

主　　編：閻崇東

副主編：可永雪　王玉璽

編纂者：閻崇東　可永雪　王玉璽　申建中　王　雄

王紹東　孟姝芳　王曉霞　杜建蓉　寧　俠

賀　君　王　平　魯　芳　劉麗君　李曉明

車海童

《注釋總部》提要

一、《注釋總部》是《文獻目録典·文獻學分典》九個總部之一，分類輯録有關古代典籍注釋工作的各種史料。本總部下分爲四部：總論、注釋體例、注釋内容、注釋名著。

二、『總論部』下設兩緯目：『論述』，收録有關論述或解釋『注釋』等概念的資料，有關綜合或具體論述注釋學發展的理論資料，有關綜合或具體論述注釋功用的資料。『雜録』，收録有關反映歷代注釋著作的綜合或具體的評論資料。

三、『注釋體例部』下設五個分部：注、疏、章句、集解、圖。各分部下設兩緯目：『論述』，收録有關介紹以上五種體例的特點、形式的資料，包含對各種注釋體例本身相關概念的解釋以及記述性資料。『綜述』，收録運用以上體例進行注釋的實例。

四、『注釋内容部』下設七個分部：字義音訓、名物制度、考異辨析、補闕事實、義理議論、句讀、翻譯。各分部下設兩緯目：『綜述』，收録各種注釋内容的具體實例。『雜録』，收録有關注釋著作中的《凡例》或其他與注釋内容相關的綜合性、説明性的資料。

五、『注釋名著部』下設六十五個分部，如《周易正義》、《毛詩正義》、《周禮正義》、《經典釋文》、《四書章句集注》、《群經平議》、《戰國策注》、《三國志注》、《史記三家注》、《資治通鑑音注》、《後漢書集解》、《淮南子注》、《十家注孫子》、《墨子閒詁》、《韓非子集解》、《世説新語注》、《文選注》、《分類補注李太白集》、《蘇文忠公詩編注集成》、《山帶閣注楚辭》等。這六十五個分部先按經、史、子、集分類，每類下再按作者生年排序。各分部下亦設兩緯目：『綜述』，收録各注釋名著的有關序跋及他人的評論資料。『傳記』，收録各注釋名著作者的傳記資料。

六、本總部爲説明古代注釋文獻的體例和内容，需引用大量注疏文獻。爲方便讀者了解輯録資料中的注釋者和注釋方式，區分引文中的正文、注文和疏文，特將有關引文體例加以説明：

（一）凡引注釋文獻者，在引書標目下用方括號標出注釋者姓名和注釋方式。如：**《周禮·天官冢宰》［賈公彦疏］**。

（二）引用注釋文獻時，凡引文中同時有正文、注疏文者，正文用大字，注疏文用小字。如：**《春秋左傳·襄公二十九年》［杜預注］**二十九年春，王正月，公在楚，釋不朝正於廟也。釋，解也。告廟在楚，解公所以不朝正。

凡不引經文，只引注疏文者，注疏文用大字。如：**《周禮·天官冢宰》［賈公彦疏］**鄭氏者，漢大司農，北海郡鄭沖之孫，名玄，字康成。

（三）凡引其他注疏著作者，正文用楷體，注疏文用宋體。如：**蘇轍《蘇氏詩集傳》卷一一**《小旻》，大夫刺幽王也。《小旻》、《小宛》、《小弁》、《小明》四詩，皆以小名篇，所以別其爲《小雅》也。

七、古今有關注釋學方面的論著極少，有關注釋學史料的匯編更是罕見，編纂者無所依傍，錯誤和不足之處不可避免，望方家學者不吝指教和批評。

閻崇東

二〇一二年二月十二日

一

目次

總論部

論述

《周禮·天官冢宰》[賈公彦疏] 鄭氏者，漢大司農，北海郡鄭沖之孫，名玄，字康成。「注」者，於經之下自注己意，使經義可申，故云「注」也。孔君、王肅之等則言「傳」。「傳」者，使可傳述。若然，或云「注」、或言「傳」，不同者，立意有異，無義例也。

《儀禮·士冠禮》[賈公彦疏] 言「注」者，注義於經下，若水之注物，亦名爲著。故鄭叙云：「凡著《三禮》七十二篇。」云著者，取著明經義者也。孔子之徒言傳者，取傳述之意。爲意不同，故題目有異也。

又《喪服》[賈公彦疏] 云「注」者，注義於經傳之下，辨其義意。若傳不釋經者，則注在傳上以釋經，若傳義難明者，則在傳下以釋傳。又在傳下注，皆須題云「玄謂」以別傳，若在傳上注者，不須題玄義可知。或云注，或云傳，出注述者意耳。或有解云：前漢以前云傳，後漢以後云注。若然，王弼、王肅之等後漢之人云傳，此説非也。

《禮記·曲禮上》[孔穎達疏] 注者，即解書之名。但釋義之人，多稱爲傳。傳謂傳述爲義，或親承聖旨，或師儒相傳，故云傳。今謂之注者，謙也，不敢傳授，直注己意而已。若然，則傳之與注，各出己情。皇氏以爲自漢以前爲傳，自漢以後爲注。然王肅在鄭之後，何以亦謂之傳？其義非也。

《春秋左傳·襄公二十九年》[杜預注] 二十九年春，王正月，公在楚，釋不朝正于廟也。釋，解也。告廟在楚，解公所以不朝正。

《吕氏春秋·上德》[高誘注] 嘗人，人死。食狗，狗死。故誅太子，太子不肯自釋。釋，理也。

《説文·水部》 注，灌也。

又《釆部》 釋，解也。

《漢書·谷永傳》[顔師古注] 後宫女史使令有直意者，廣求於微賤之間，以遇天所開右，慰釋皇太后之憂慍，師古曰：釋，散也。解謝上帝之譴怒，則繼嗣蕃滋，災異訖息。

《三國志·魏志·王弼傳》[裴松之注] 弼好論儒道，辭才逸辯，注《易》及《老子》，爲尚書郎，年二十餘卒。孫盛曰：《易》之爲書，窮神知化，非天下之至精，其孰能與於此？世之注解，殆皆妄也。

韋昭《國語解叙》 建安、黄武之間，故侍御史會稽虞君、尚書僕射丹陽唐君，皆英才碩儒，洽聞之士也。采摭所見，因賈爲主而損益之。觀其辭意，信多善者。然所注釋，猶有異同。昭以末學，淺闇寡聞，階數君之成訓，思事義之是非，愚心頗有所覺。今諸家並行，是非相貿，雖聰明疏達識機之士，知所去就，然淺聞初學，猶或未能袪過。

顔之推《顔氏家訓·書證》 劉芳具有注釋，而河北俗人多不識之。

《隋書·文學傳上·潘徽》 總會舊轍，創立新意，聲別相從，即隨注釋。

《晉書·郭璞傳》 璞撰前後筮驗六十餘事，名爲《洞林》。又抄京、費諸家要最，更撰《新林》十篇、《卜韵》一篇。注釋《爾雅》，別爲《音義》、《圖譜》。

又《隱逸傳·張文詡》 張文詡，河東人也。父琚，開皇中爲洹水令，以清正聞。有書數千卷，教訓子姪，皆以明經自達。文詡博覽文籍，特精《三禮》，其《周易》、《詩》、《書》及《春秋三傳》，並皆通習。每好鄭玄注解，以爲通博，其諸儒異説，亦皆詳究焉。

劉肅《大唐新語》卷九《著述》 江淮間爲《文選》學者，起自江都曹憲。貞觀初，揚州長史李襲譽薦之，徵爲弘文舘學士。憲以年老不起，遣使就拜朝散大夫，賜帛三百疋。憲以仕隋爲秘書，學徒數百人，公卿亦多從之學，撰《文選音義》十卷，年百餘歲乃卒。其後句容許淹、江夏李善、公孫羅相繼以《文選》教授。開元中，中書令蕭嵩以《文選》是先代舊業，欲注釋之。奏請左補闕王智明、金吾衛佐李玄成、進士陳居等注《文選》。先是，東宫衛佐馮光震入院校《文選》，兼復注釋。解「蹲鴟」云：「今之芋子，即是着毛蘿蔔。」院中學士向挺之、蕭嵩撫掌大笑。智明等學術非深，素無修撰之藝，其後或遷，功竟不就。

《舊唐書·儒學傳·李善》 李善者，揚州江都人。方雅清勁，有士君子之風。明慶中，累補太子內率府録事參軍、崇賢館直學士，兼沛王侍讀。嘗注解《文選》，分爲六十卷，表上之，賜絹一百二十匹，詔藏于秘閣。除潞王府記室參軍，轉秘書郎。

邢昺《孝經正義序》 註，著也，解釋經指，使義理著明也。

邢昺《孝經注疏序》 是以劉子玄辨鄭注有十謬七惑，司馬堅斥孔注多鄙俚不經。其餘諸家注解，皆榮華其言，妄生穿鑿。明皇遂於先儒注中，採摭菁英，芟去煩亂，撮其義理允當者，用爲注解。

文瑩《湘山野録》卷中 眞宗嘗以御製《釋典文字法音集》三十卷，天禧中詔學僧廿一人於傳法院箋注，楊大年充提舉註釋院事。製中有「六種震動」之語，一僧探而箋之，暗碎繁駁將三百字，大年都抹去，自下二句止八字，曰：「地體本靜，動必有變。」其簡當若此。

程俱《麟臺故事》卷二 天禧四年，詞臣楊億、錢惟演、盛度、薛暎、王曙、陳堯咨、劉筠、晏殊、宋綬、李行簡請出《御集》箋解其義。詔億等並同注釋，宰相寇準都參詳，參知政事李迪同參詳，直館、校理二十八人充檢閱官，成一百五十卷。是冬，中書、樞密院又請重編《御集》，錢惟演、王曾領之，成三百卷。又采至道、咸平後至大中祥符九年《時政記》、《起居注》、《日歷》嘉言美事，爲《聖政記》一百五十卷。

魯訔《編次杜工部詩序》 余謂：少陵老人初不事艱澀左隱以病人，其平易處，有賤夫老婦所可道者。至其深純宏妙，千古不可追跡。則序事穩實，立意渾大，遇物寫難狀之景，紓情出不説之意，借古的確，感時深遠。若江海浩溔以沼切。大水貌。風雲蕩汩，蛟龍黿鼉出沒其間而變化莫測，風澄雲霽，象緯回薄，錯峙偉麗，細大無不可觀。離而序之，次其先後，時危平，俗媺惡，山川夷險，風物明晦，公之所寓舒局，皆可概見，如陪公杖屨而遊四方，數百年間猶對面語，何患於難讀耶！名公巨儒，譜叙注釋，是不一家，用意率過，異説如蝟。余因舊集略加編次，古詩近體，一其先後，摘諸家之善，有考於當時事實及地里歲月，與古語之的然者，聊注其下。

吴師道《禮部集》卷一六《歐公書州名急就章跋》 歐公《州名急就章》一時以文爲戲，而音韻協比，別出新意，亦奇作也。公嘗修《五代史》，著《職方考》列州名於上。《急就》之作，其肇端於此乎？其文雖少，而該括甚多，使有爲之注釋者，豈不勝於《地域》等書？顏王輩人，今豈無之耶？抑有之耶？

揭汯《難經本義序》 《素問》、《靈樞》，醫之大經。大法在焉，後世諸方書皆本於此。然其言簡古淵涵，未易通曉，故秦越人發爲八十一難，所以推明其義也。然越人去古未遠，其言亦深，一文一字，意周旨密，故爲之註釋者亦數十家，但各以臆見而卒無歸一之論。或得此而（得）［失］彼，或舉前而遺後，非惟自誤，又以誤人，識者病焉。

《遼史・國語解・序》 故史之所載，官制、宮衛、部族、地理，率以國語爲之稱號。不有註釋以辨之，則世何從而知，後何從而考哉？今即本史參互研究，撰次《遼國語解》以附其後，庶幾讀者無齟齬之患云。

楊士奇《東里續集》卷一七《小四書二集》 小學之教，其廢久矣。歙人朱昇輯方逢辰《名物蒙求》、程若庸《性理字訓》、陳櫟《歷代蒙求》、黃繼善《史學提要》爲一編，謂之《小四書》，以教初學，庶幾古人遺意。其上及旁皆有註釋，尤便於教者。

胡廣等《春秋大全・凡例》 經內地名，杜氏、張氏、汪氏各有注釋，然時代沿革不同，今依李廉《會通》例，有關經義者存之，餘不録。

楊慎《升菴集》卷二《山海經後序》 故讀者疑信相半，信者直以爲禹益所著，既迷其元，而疑者遂斥爲後人贋作誣譔，抑亦軋矣。漢劉歆《七略》所上，其文古矣。晉郭璞注釋所序，其説奇矣。此書之傳，二子之功與。

郎瑛《七修類稿》卷六《天地類・求雨求晴漢文》 嘉靖壬午，浙藩承大中丞蒼梧吴公廷舉之命，督予註釋董仲舒《求雨》、《求晴》二文。務欲解其事理所以然之故，一時脱稿，只以爲董子眞可謂惑於災異也。後往往聞之宦客，以二文嘗驗之南海，驗之湖湘，驗之南直隸矣。因思亦嘗勞心於此。檢稿遂録于天地類，請正博雅。文難通處，因於原文，未暇改正，不贅。

胡應麟《少室山房筆叢》卷三《經籍會通三》 《藝文志》儒家有《董無心》一卷，注稱難墨子，歷朝諸志咸有其目，宋吳秘嘗爲注釋，見《通考》晁氏所紀。

《四庫提要・經部・難經本義》 周秦越人撰，元滑壽注【略】其曰「難經」者，謂經文有疑，各設問難以明之。其中有此稱經云而《素問》《靈樞》無之者，則今本《素問》傳寫有脱。今本《靈樞》乃王冰依託而作，非其舊也。其文辨析精微，詞致簡遠，讀者不能遽曉，故歷代醫家多有註釋。壽所採摭凡十一家，今惟壽書傳於世。其書首列《彙考》一篇，論書之名義源流。次列《闕誤總類》一篇，記脫文誤字。又次《圖說》一篇，皆不入卷數。至其註，則融會諸家之說，而以己意折衷之，辨論精核，考證亦極詳審。

又《金匱要略論注》 機所作《傷寒雜病論》，自金成無己之後，注家各自爭名，互相竄改，如宋儒之談錯簡，原書端緒久已瞀亂難尋。獨此編僅散附諸方，尚未失其初旨，尤可寶也。漢代遺書文句簡奥，而古來無注，醫家猝不易讀。彬注成於康熙辛亥，注釋尚爲顯明，今錄存之，以便講肄。

段玉裁《說文解字注·水部》 注之云者，引之有所適也。故釋經以明其義曰注，交互之而其義相輸曰轉注。

王念孫《廣雅疏證》卷二下《釋詁》 註，識也。註者，《衆經音義》卷六引《通俗文》云：記物曰註。昭十一年《穀梁傳》：一事注乎志。范甯注云：一事輒注而志之也。注與註通。

吳振棫《養吉齋叢錄》卷二〇 道光間，命南書房翰林輯《左傳讀本》。其註釋處簡明切要，洵善本也。

吳慶坻《蕉廊脞録》卷一《治平寶鑑》 同治初元，兩宮簾聽，孜孜求治。恭讀壬戌三月十五日上諭：「前奉慈安皇太后、慈禧皇太后懿旨，命南書房、上書房、翰林等，將歷代帝王善政，及前史垂簾事跡，擇其可爲法戒者，據事直書，簡明註釋，彙冊進呈。兹據侍郎張之萬等，彙纂成書，繕寫呈進，法戒昭然，足資攷鏡，著賜名《治平寶鑑》。禮部侍郎張之萬，太常寺卿許彭壽，光祿寺卿潘祖蔭，翰林院編修鮑源深，修撰章鋆，編修楊泗孫、李鴻藻、呂朝瑞、黄鈺，各賞給大卷緞一匹，大卷江綢一匹。欽此。」

王鳴盛《蛾術編》卷一《傳注之注》 《說文·水部》「注」字注云：灌也，从水主聲，之戍切。兩漢魏晉諸儒釋經曰「注」、曰「傳」、曰「箋」、曰「解」、曰「學」，名稱不一。後南北朝唐宋人作疏，遂統名爲「注疏」，則「注」可該衆名。《儀禮》首題鄭氏注，賈疏云：「注，如水之注。」劉知幾《史通·第五》傳之義以訓詁爲主，降及中古名傳曰注。傳，轉也，轉授無窮。注，流也，流通靡絕。唐開成石經雖俗謬，然如《周易》王弼注之類未變也。明毛氏汲古閣刻《四書》，于《論語》、《孟子》則皆題曰「朱熹集註」，《五經》于《書經》則曰「蔡沈集註」。《說文》無「註」字，此近鄙別字。

《漢書·儒林傳》 [孔子]於是叙《書》則斷《堯典》，稱樂則法《韶舞》，論《詩》則首《周南》。綴周之禮，因魯《春秋》，舉十二公行事，繩之以文武之道，成一王法，至獲麟而止。蓋晚而好《易》，讀之韋編三絕，而爲之傳。【略】漢興，言《易》自淄川田生；言《書》自濟南伏生；言《詩》，於魯則申培公，於齊則轅固生，燕則韓太傅；言《禮》則魯高堂生；言《春秋》，於齊則胡毋生，於趙則董仲舒。【略】漢興，田何以齊田徙杜陵，號杜田生，授東武王同子中、雒陽周王孫、丁寬、齊服生，皆著《易傳》數篇。【略】寬至雒陽，復從周王孫受古義，號《周氏傳》。景帝時，寬爲梁孝王將軍距吳楚，號丁將軍，作《易說》三萬言，訓故舉大誼而已，今《小章句》是也。寬授同郡碭田王孫。王孫授施讎、孟喜、梁丘賀。繇是《易》有施、孟、梁丘之學。【略】孟喜字長卿，東海蘭陵人也。父號孟卿，善爲《禮》、《春秋》，授后倉、疏廣。世所傳《后氏禮》、《疏氏春秋》，皆出孟卿。【略】費直字長翁，東萊人也。治《易》爲郎，至單父令。長於卦筮，亡章句，徒以《彖》《象》《系辭》十篇《文言》解說上下經。琅邪王璜平中能傳之。璜又傳《古文尚書》【略】韓嬰，燕人也。孝文時爲博士，景帝時至常山太傅。嬰推詩人之意，而作《内外傳》數萬言，其語頗與齊、魯間殊，然歸一也。【略】漢興，魯高堂生傳《士禮》十七篇，而魯徐生善爲頌。【略】孟卿，東海人也。事蕭奮，以授后倉、魯閭丘卿。倉說《禮》數萬言，號曰《后氏曲臺記》【略】贊曰：自武帝立《五經》博士，開弟子員，設科射策，勸以官祿，訖於元始，百有餘年，傳業者寖盛，支葉蕃滋，一經說至百餘萬言，大師衆至千餘人，蓋祿利之路然也。初，《書》唯有歐陽，《禮》后，《易》楊，《春秋》公羊而已。至孝宣世，復立大小《夏侯尚書》，大小《戴禮》，施、孟、梁丘《易》，《穀梁春秋》。至元帝世，復立《京氏易》。平帝時，又立《左氏春秋》、《毛詩》、逸《禮》、《古文尚書》，所以罔羅遺失，兼而存之，是在其中矣。

荀彧《荀侍中集·經籍論》 孝武皇帝時，董仲舒推崇孔氏，抑絀百家。至劉向父子，典校經籍，而新義分方，九流區別，典籍益彰矣。自非至聖之崇，孰能定天下之疑？是以後賢異心，各有損益。中興之後，大司農鄭衆、侍中賈逵，各爲《春秋左氏傳》作解注。孝桓帝時，故南郡太守馬融著《易解》，頗生異説。及臣悦叔父故司徒爽著《易傳》，據爻象承應陰陽變化之義，以十篇之文解説經意。由是兖豫之言《易》者，咸傳荀氏學，而馬氏亦頗行於世。爽又著《詩傳》，皆附正義，無他説。又去聖久遠，道義難明，而古之《尚書》、《毛詩》、《左氏春秋》、《周官》，通人學者多尚好之，然希各得立於學官也。

《三國志・魏書・邴原傳》 太祖征吳，原從行，卒。［裴松之注］：《原別傳》曰：【略】自反國土，原於是講述禮樂，吟咏詩書，門徒數百，服道數十。時鄭玄博學洽聞，注解典籍，故儒雅之士集焉。原亦自以高遠清白，頤志澹泊，口無擇言，身無擇行，故英偉之士向焉。是時海内清議，云青州有邴、鄭之學。

又《王朗傳》 朗著《易》、《春秋》、《孝經》、《周官》傳，奏議論記，咸傳於世。太和二年薨，謚曰成侯。子肅嗣。【略】初，肅善賈、馬之學，而不好鄭氏，采會同異，爲《尚書》、《詩》、《論語》、《三禮》、《左氏》解，及撰定父朗所作《易傳》，皆列於學官。其所論駁朝廷典制、郊祀、宗廟、喪紀、輕重，凡百餘篇。時樂安孫叔然，受學鄭玄之門，人稱東州大儒。徵爲秘書監，不就。肅集《聖證論》以譏短玄，叔然駁而釋之，及作《周易》、《春秋例》，《毛詩》、《禮記》、《春秋三傳》、《國語》、《爾雅》諸注，又注書十餘篇。自魏初徵士燉煌周生烈，明帝時大司農弘農董遇等，亦歷注經傳，頗傳於世。

又《杜恕傳》 恕奏議論駁皆可觀，掇其切世大事著于篇。［裴松之注］：《杜氏新書》曰：「【略】［恕］經傳之義，多所論駁，皆草創未就，惟刪集《禮記》及《春秋左氏傳解》，今存于世。預字元凱，司馬宣王女婿。【略】大觀群典，謂《公羊》、《穀梁》，詭辨之言。又非先儒説《左氏》未究丘明意，而横以二傳亂之。乃錯綜微言，著《春秋左氏經傳集解》，又參考衆家，謂之《釋例》，又作《盟會圖》、《春秋長曆》，備成一家之學，至老乃成。

又《鍾會傳》 初，會弱冠與山陽王弼並知名。弼好論儒道，辭才逸辯，注《易》及《老子》，爲尚書郎，年二十餘卒。

又《蜀志・李譔傳》 ［譔］著古文《易》、《尚書》、《毛詩》、《三禮》、《左氏傳》、《太玄指歸》，皆依準賈、馬，異於鄭玄。與王氏殊隔，初不見其所述，而意歸多同。

又《吳志・張昭傳》 ［孫］權既稱尊號，昭以老病，上還官位及所統領。更拜輔吳將軍，班亞三司，改封婁侯，食邑萬戶。在里宅無事，乃著《春秋左氏傳解》及《論語注》。

《後漢書・賈逵傳》［李賢等注］ 逵數爲帝言《古文尚書》與經傳《爾雅》詁訓相應，詔令撰歐陽、大小《夏侯尚書古文》同異。逵集爲三卷，帝善之。復令撰《齊》、《魯》、《韓詩》與《毛氏》異同。幷作《周官解故》。遷逵爲衛士令。［建初］八年，乃詔諸儒各選高才生，受《左氏》、《穀梁春秋》、《古文尚書》、《毛詩》，由是四經遂行於世。

《後漢書・徐防傳》［李賢等注］ 孔聖既遠，微旨將絶，故立博士十有四家。《漢官》曰：「光武中興，恢弘稽古，《易》有施、孟、梁丘賀、京房，《書》有歐陽和伯、夏侯勝、建，《詩》有申公、轅固、韓嬰，《春秋》有嚴彭祖、顔安樂，《禮》有戴德、戴聖。凡十四博士。太常差選有聰明威重一人爲祭酒，總領綱紀也。」

又《儒林傳》 昔王莽、更始之際，天下散亂，禮樂分崩，典文殘落。及光武中興，愛好經術，未及下車，而先訪儒雅，采求闕文，補綴漏逸。【略】於是立《五經》博士，各以家法教授，《易》有施、孟、梁丘、京氏，《尚書》歐陽、大小夏侯，《詩》齊、魯、韓，《禮》大小戴，《春秋》嚴、顔，凡十四博士，太常差次總領焉。【略】建初中，大會諸儒於白虎觀，考詳同異，連月乃罷。肅宗親臨稱制，如石渠故事，顧命史臣，著爲通義。又詔高才生受《古文尚書》、《毛詩》、《穀梁》、《左氏春秋》，雖不立學官，然皆擢高第爲講郎，給事近署，所以網羅遺逸，博存衆家。【略】建武中，范升傳《孟氏易》，以授楊政，而陳元、鄭衆皆傳《費氏易》，其後馬融亦爲其傳。融授鄭玄，玄作《易注》，荀爽又作《易傳》，自是《費氏》興，而《京氏》遂衰。【略】［牟］長自爲博士，及在河内，諸生講學者常有千餘人，著録前後萬人。著《尚書章句》，皆本之歐陽氏，俗號爲《牟氏章句》。【略】［周］防年十六，仕郡小吏。世祖巡狩汝南，召掾史試經，防尤能誦讀，拜爲守丞。防以未冠，謁去。師事徐州刺史蓋豫，受《古文尚書》。經明，舉孝廉，拜郎中。撰《尚書雜記》三十二篇，四十萬言。【略】中興，北海牟融習大《夏侯尚書》，東海王良習小《夏侯尚書》，沛國桓榮習《歐陽尚書》。榮世習相傳授，東京最盛。扶風杜林傳《古文尚書》，林同郡賈逵爲之作訓，馬融作傳，鄭玄注解，由是《古文尚書》遂顯于世。【略】建武中，［包咸］入授皇太子《論語》，又爲其章句。【略】伏恭字叔齊，琅邪東武人，司徒湛之兄子也。湛弟黯，字稚文，以明《齊詩》，改定章句，作《解說》九篇，位至光祿勳，無子，以恭爲後。【略】景鸞字漢伯，廣漢梓潼人也。少隨師學經，涉七州之地。能理《齊詩》、《施氏易》，兼受《河》《洛》圖緯，作《易說》及《詩解》，文句兼取《河》《洛》，以類相從，名爲《交集》。又撰《禮内外記》，號曰《禮略》。又抄風角雜書，列其占驗，作《興道》一篇。及作《月令章句》。凡所著述五十餘萬言。【略】杜撫字叔和，犍爲武陽人也。少有高才。受業於薛漢，定《韓詩章句》。【略】時山陽張匡，字文通。亦習《韓詩》，作章句。【略】初，九江謝曼卿善《毛詩》，乃爲其訓。［衛］宏從曼卿受學，因作《毛詩序》，善得《風雅》之旨，于今傳於世。後從大司空杜林更受《古文尙書》，爲作《訓旨》。【略】中興後，鄭衆、賈逵傳《毛詩》，後馬融作《毛詩傳》，鄭玄作《毛詩箋》。【略】鄭衆傳《周官經》，後馬融作《周官傳》，授鄭玄，玄作《周官注》。玄本習《小戴禮》，後以古經校之，取其義長者，故爲鄭氏學。玄又注小戴所傳《禮記》四十九篇，通爲《三禮》焉。【略】鍾興字次文，汝南汝陽人也。少從少府丁恭受《嚴氏春秋》。恭薦興學行高明，光武召見，問以經義，應對甚明。帝善之，拜郎中，稍遷左中郎將。詔令定《春秋》章句，去其復重，以授皇太子。又使宗室諸侯從興受章句。【略】程曾字秀升，豫章南昌人也。受業長安，習《嚴氏春秋》，積十餘年，還家講授。會稽顧奉等數百人常居門下。著書百餘篇，皆《五經》通難，又作《孟子章句》。【略】何休字邵公，任城樊人也。【略】太傅陳蕃辟之，與參政事。蕃敗，休坐廢錮，乃作《春秋公羊解詁》，覃思不闚門，十有七年。又注訓《孝經》、《論語》、風角七分，皆經緯典謨，不與守文同說。又以《春秋》駁漢事六百餘條，妙得《公羊》本意。休善歷算，與其師博士羊弼，追述李育意以難二傳，作《公羊墨守》、《左氏膏肓》、《穀梁廢疾》。【略】服虔字子愼，初名重，又名祇，後改爲虔，河南滎陽人也。少以清苦建志，入太學受業。有雅才，善著文論，作《春秋左氏傳解》，行之至今。又以《左傳》駁何休之所駁漢事六十條。【略】初平中，［潁容］避亂荆州，聚徒千餘人。劉表以爲武陵太守，不肯起。著《春秋左氏條例》五萬餘言，建安中卒。謝該字文儀，南陽章陵人也。善明《春秋左氏》，爲世名儒，門徒數百千人。建安中，河東人樂詳條《左氏》疑滯數十事以問，該皆爲通解之，名爲《謝氏釋》，行於世。【略】建武中，鄭興、陳元傳《春秋左氏》學。【略】初，［許］愼以《五經》傳說臧否不同，於是撰爲《五經異義》，又作《說文解字》十四篇，皆傳於世。

陸德明《經典釋文·注解傳述人》

宓犧氏之王天下，仰則觀於天文，俯則察於地理，觀鳥獸之文，與地之宜，近取諸身，遠取諸物，始畫八卦，或云「因《河圖》而畫八卦」。因而重之爲六十四。文王拘於羑里作卦辭，周公作爻辭。孔子作《彖辭》、《象辭》、《文言》、《繫辭》、《説卦》、《序卦》、《雜卦》，是爲「《十翼》」。班固曰：「孔子晚而好《易》，讀之韋編三絶，而爲之傳。」「傳」卽「《十翼》」也。先儒說重卦及爻辭爲《十翼》不同，解見余所撰□□。自魯商瞿子木受《易》於孔子，以授魯橋庇子庸，子庸授江東馯戶旦反，徐廣音寒。臂子弓，子弓授燕周醜子家，子家授東武孫虞子乘，子乘授齊田何子莊，《高士傳》云「字莊漢」。《儒林傳》云「臨淄人」。及秦燔書，《易》爲卜筮之書，獨不禁，故傳授者不絶。漢興，田何以齊田徙杜陵，號杜田生，授東武王同子中及洛陽周王孫、梁人丁寬、字子襄，事田何，復從周王孫受古義，作《易說》三萬言，訓故舉大義而已。《藝文志》云「《易說》八篇」，爲梁孝王將軍。齊服生，劉向《別錄》云「齊人，號服先」。皆著《易傳》。漢初言《易》者，本之田何。同授淄川楊何。字叔元。寬授同郡碭田王孫。王孫授施讎、孟喜、梁丘賀，由是有施、孟、梁丘之學焉。施讎字長卿，沛人，爲博士。傳《易》，授張禹字子文，河内軹人，徙家蓮勺，以《論語》授成帝，官至丞相、安昌侯。及琅邪魯伯。會稽太守。禹授淮陽彭宣字子佩，大司空、長平侯，作《易傳》。及沛戴崇。字子平，少府，作《易傳》。伯授太山毛莫如字少路，常山太守。及琅邪邴丹。字曼容。後漢劉昆字桓公，陳留東昏人，侍中、弘農太守、光祿勳。受《施氏易》於沛人戴賓，其子軼。字君文，官至宗正。孟喜字長卿，東海蘭陵人，曲臺署長、丞相掾。父孟卿，善爲《禮》、《春秋》。孟卿以《禮經》多，《春秋》繁雜，乃使喜從田王孫受《易》。喜爲《易章句》，授同郡白光字少子。及沛翟牧。字子況。後漢洼丹、字子玉，南陽育陽人，世傳《孟氏易》，作《易通論》七篇，官至大鴻臚。觟陽鴻、字孟孫，中山人，少府。任安字定祖，廣漢緜竹人。世傳《孟氏易》。梁丘賀字長翁，琅邪諸人，少府。本從太中大夫京房受《易》，房，淄川楊何弟子。後更事田王孫，傳子臨。黄門郎、少府。臨傳五鹿充宗字君孟，代郡人，少府，玄菟太守。及琅邪王駿。王吉子，御史大夫。充宗授平陵士孫張字仲方，博士、揚州牧、光祿大夫、給事中，家世傳業。及沛鄧彭祖、字長夏，眞定太守。齊衡咸。字長賓，王莽講學大夫。後漢范升代郡人，博士。傳《梁丘易》，以授京兆楊政。字子行，左中郎將。又潁川張興字君上，太子少傳。傳《梁丘易》，弟子著錄且萬人，子魴傳其業。魴官至張掖屬國都尉。京房字君明，東郡頓丘人，本姓李，推律自定爲京，至魏郡太守。受《易》梁人焦延壽。字延壽，名贛。延壽云嘗從孟喜問《易》。會喜死，房以延壽《易》卽孟氏學，翟牧、白生不肯，曰：「非也。」延壽曰：「得我術以亡身者，京生也。」房爲《易章句》，說長於災異。以授東海段嘉（《漢書·儒林傳》作「殷嘉」）。及河東姚平、河南乘弘，皆爲郎、博士。由是前漢多京氏學，後漢戴馮、字次仲，汝南平興人，侍中兼領虎賁中郎將。孫期，字仲奇，濟陰成武人，兼治《古文尚書》，不仕。魏滿字叔牙，南陽人，弘農太守。並傳之。費直字長翁，東萊人，單父令。傳《易》，授琅邪王璜，字平仲，又傳《古文尚書》。爲費氏學，本以古文號《古文易》，無章句，徒以《彖》、《象》、《繫辭》、《文言》解說《上下經》。《七錄》云：《費易章句》四卷，殘缺。漢成帝時，劉向典校書，考《易》說，以爲諸《易》家說皆祖田何、楊叔元、丁將軍，大義略同，唯京氏爲異。向又以中古文《易經》校施、孟、梁丘三家之《易經》，或脫去「無咎」、「悔亡」，唯《費氏經》與古文同。范曄《後漢書》云：京兆陳元、字長孫，司空南閣祭酒，兼傳《左氏春秋》。扶風馬融、字季長，茂陵人，南郡太守、議郎，爲《易傳》，又注《尚書》、《毛詩》、《禮記》、《論語》。河南鄭衆、字仲師，大司農，兼傳《毛詩》、《周禮》、《左氏春秋》。北海鄭玄、字康成，高密人，師事馬融，大司農徵不至，還家，凡所注《易》、《尚書》、《三禮》、《論語》、《尚書大傳》、《五經中候》，箋毛氏，作《毛詩譜》，駁許愼《五经異義》，鍼何休《左氏膏肓》，去《公羊墨守》，起《穀梁廢疾》，休見大慚。潁川荀爽字慈明，官至司空，爲《易傳》。並傳《費氏易》。沛人高相治《易》，與費直同時，其《易》亦無章句，專說陰陽災異。自言出丁將軍，傳至相，相授子康康以明《易》爲郎。及蘭陵毋將永，豫章都尉。爲高氏學。漢初立《易》楊氏博士，宣帝復立施、孟、梁丘之《易》，元帝又立《京氏易》。費、高二家不得立，民閒傳之。後漢費氏興而高氏遂微。永嘉之亂，施氏、梁丘之《易》亡，孟、京、費之《易》人無傳者，唯鄭康成、王輔嗣所注行於世，江左中興，《易》唯置王氏博士，太常荀崧奏請置《鄭易》博士，詔許，值王敦亂，不果立。而王氏爲世所重。今以王爲主，其《繫辭》以下王不注，相承以韓康伯《注》續之，今亦用韓本。子夏《易傳》三卷。卜商，字子夏，衛人，孔子弟子，魏文侯師。《七略》云：漢興，韓嬰傳。《中經簿錄》云：丁寬所作。張璠云：或馯臂子弓所作，薛虞記。虞不詳何許人。孟喜《章句》十卷。無《上經》。《七錄》云：又《下經》無《旅》至《節》，無《上繫》。京房《章句》十二卷。《七錄》云十卷，《錄》一卷。費直《章句》四卷。殘缺。馬融《傳》十卷。《七錄》云九卷。荀爽《注》十卷。《七錄》云十一卷。鄭玄《注》十卷。《錄》一卷。《七錄》云十二卷。劉表《章句》五卷。字景升，山陽高平人，後漢鎭南將軍、荆州牧、南城侯。《中經簿錄》云注《易》十卷，《七錄》云九卷，《錄》一卷。宋衷《注》九卷。字仲子，南陽章陵人，後漢荆州五等從事。《七志》、《七錄》云十卷。虞翻《注》十卷。字仲翔，會稽餘姚人，後漢侍御史。陸績《述》十三卷。字公紀，吳郡吳人，後漢偏將軍、鬱林太守。《七志》云《錄》一卷。董遇《章句》十二卷。字季直，弘農華陰人，魏侍中、大司農。《七志》、《七錄》並云十卷。王肅《注》十卷。字子邕，東海蘭陵人，魏衛將軍、太常、蘭陵景侯。又注《尚書》、《禮容服》、《論語》、《孔子家語》，述《毛詩注》，作《聖證論》難鄭玄。王弼《注》七卷。字輔嗣，山陽高平人，魏尚書郎，年二十四卒，注《易上下經》六卷，作《易略例》一卷，又注《老子》。《七志》云注《易》十卷。姚信《注》十卷。字德祐，《七錄》云字元直，吳興人，吳太常卿。《七錄》云十二卷。王廙《注》十二卷。字世將，瑯邪臨沂人，東晉荆州刺史、贈驃騎將軍、武陵康侯。《七志》、《七錄》云十卷。張璠《集解》十二卷。安定人，東晉秘書郎參著作。《集二十二家解序》云依向秀本。鍾會，字士季，潁川人，魏鎭西將軍，爲《易無互體論》；向秀，字子期，河內人，晉散騎常侍，爲《易義》；庾運，字玄度，新野人，官至尙書，爲《易義》；應貞，字吉甫，汝南人，晉散騎常侍，爲《明易論》；荀煇，字景文，潁川潁陰人，晉太子中庶子，爲《易義》，《七志》云注《易》十卷；張輝，字義元，梁國人，晉侍中、平陵亭侯，爲《易義》；王宏，字正宗，弼之兄，晉大司農、贈太常，爲《易義》；阮咸，字仲容，陳留人，籍之兄子，晉散騎常侍、始平太守，爲《易義》；阮渾，字長成，籍之子，晉太子中庶子、馮翊太守，爲《易義》；楊乂，字玄舒，汝南人，晉司徒左長史，爲《易卦序論》；王濟，字武子，太原人，晉河南尹，爲《易義》；衛瓘，字伯玉，河東人，晉太保、蘭陵成侯，爲《易義》；欒肇，字永初，太山人，晉太保掾、尙書郎，爲《易論》；鄒湛，字潤甫，南陽新野人，晉國子祭酒，爲《易統略》；杜育，字方叔，襄城人，國子祭酒，爲《易義》；楊瓚，不知何許人，晉司徒右長史，爲《易義》；張軌，字士彥，安定人，涼州刺史，謚武公，爲《易義》；宣舒，字幼驥，陳郡人，晉宜城令，爲《通知來藏往論》；邢融、裴藻、許適、楊藻四人，不詳何人，並爲《易義》。《七錄》云集二十八家，《七志》云十卷。干寶《注》十卷。字令升，新蔡人，東晉散騎常侍領著作。黃穎《注》十卷。南海人，晉廣州儒林從事。蜀才《注》十卷。《七錄》云不詳何人，

《七志》云是王弼後人。按《蜀李書》云姓范，名長生，一名賢隱，居青城山，自號「蜀才」，李雄以爲丞相。尹濤《注》六卷。不詳何人。費元珪《注》九卷。蜀人，齊安西參軍。《荀爽九家集注》十卷。不知何人所集，稱「荀爽」者，以爲主故也。其《序》有荀爽、京房、馬融、鄭玄、宋衷、虞翻、陸績、姚信、翟子玄。子玄不詳何人，爲《易義》。《注》內又有張氏、朱氏，並不知何人。謝萬，字萬石，陳郡人，東晉豫州刺史。韓伯，字康伯，潁川人，東晉太常卿。袁悅之，字元禮，陳郡人，東晉驃騎諮議參軍。桓玄，字敬道，譙國龍亢人，僞楚皇帝。卞伯玉，濟陰人，宋東陽太守、黃門郎。荀柔之，潁川潁陰人，宋奉朝請。徐爰，字季玉，琅邪人，宋太中大夫。顧懽，字景怡，或云字玄平，吳郡人，齊太學博士徵不起。明僧紹，字承烈，平原人，國子博士徵不起。劉瓛，字子珪，沛國人，齊步兵校尉不拜，謚貞簡先生。《七錄》云作《繫亂義疏》。自謝萬以下十人並注《繫辭》。爲《易音》者三人。王肅已見前；李軌字弘範，江夏人，東晉祠部郎中、都亭侯；徐邈字仙民，東莞人，東晉中書侍郎、太子前衛率。

右《易》。近代梁褚仲都、陳周弘正弘正作《老莊義疏》，官至尚書僕射，謚簡子。並作《易義》，此其知名者。

《書》者，本王之號令，右史所記。孔子刪錄，斷自唐虞，下訖秦穆，典、謨、訓、誥、誓、命之文凡百篇而爲之序。及秦禁學，孔子之末孫惠壁藏之。《家語》云：「孔騰，字子襄，畏秦法峻急，藏《尚書》、《孝經》、《論語》於夫子舊堂壁中。」《漢紀尹敏傳》以爲孔鮒藏之。漢興，欲立《尚書》，無能通者，聞濟南伏生名勝，故秦博士。傳之，文帝欲徵，時年已九十餘，不能行，於是詔太常使掌故晁錯受焉。《古文尚書》云：伏生年老不能正言，言不可曉，使其女傳言教錯。伏生失其本經，口誦二十九篇傳授。《漢書》云：伏生爲秦禁書，壁藏之。漢定，伏生求其書，亡數十篇，獨得二十九篇，以教齊、魯之閒。以上古之書，謂之「尚書」。鄭玄以爲孔子撰《書》，尊而命之曰「尚書」；尚者，上也，蓋言若天書然。王肅云：「上所言，下爲史所書，故曰『尚書』」。伏生授濟南張生、千乘歐陽生。字和伯，千乘人。生授同郡兒寬。御史大夫。寬又從孔安國受業，以授歐陽生之子。歐陽、大小夏侯《尚書》皆出於寬。歐陽氏世傳業，至曾孫高作《尚書章句》，爲歐陽氏學。高孫地餘，字長賓，侍中少府。以書授元帝。傳至歐陽歙，字正思，後漢大司徒。歙以上八世皆爲博士。濟南林尊字長賓，爲博士論石渠，官至少府、太子太傅。受《尚書》於歐陽高，以授平當字子思，下邑人，徙平陵，官至丞相，封侯。子晏亦明經，至大司徒。及陳翁生。梁人，信都太傅，家世傳業。翁生授殷崇琅邪人，爲博士。及龔勝。字君賓，楚人，右扶風。當授朱普字公文，九江人，爲博士。及鮑宣。字子都，渤海人，官至司隸。後漢濟陰曹曾字伯山，諫大夫。受業於歐陽歙，傳其子祉。河南尹。又陳留陳弇、字叔明，受業於丁鴻。樂安牟長字君高，河內太守、中散大夫。並傳《歐陽尚書》。沛國桓榮字春卿，太子太傅、太常、五更、關內侯。受《尚書》於朱普，《東觀漢紀》云：榮事九江朱文，文卽普字。以授漢明帝，遂世相傳，東京最盛。《漢紀》云：門生爲公卿者甚衆，學者慕之，以爲法。榮子郁以《書》授章帝，而官至侍中太常。郁子焉復以《書》授安帝，官至太子太傅、太尉。張生濟南人，爲博士。授夏侯都尉，魯人。都尉傳族子始昌，始昌通《五經》，以《齊詩》、《尚書》教授，爲昌邑太傅。始昌傳族子勝。字長公，後屬東平，長信少府、太子太傅。勝從始昌受《尚書》及《洪範五行傳》，說災異；又事同郡簡卿，卿者，兒寬門人；又從歐陽氏問。爲學精熟，所問非一師，善說禮服，受詔撰《尚書論語說》，《藝文志》：夏侯勝《尚書章句》二十九卷。號爲「大夏侯氏學」。傳齊人周堪堪字少卿，太子少傅、光祿勳。及魯國孔霸。字次孺，孔子十三世孫，爲博士，以《書》授元帝，官至太中大夫、關內侯，號褒成君。霸傳子光。字子夏，丞相、博山侯。光又事牟卿。堪受魯國牟卿爲博士。及長安許商。字長伯，四至九卿，善算，著《五行論》。商授沛唐林字子高，王莽時爲九卿。及平陵吳章、字偉君，王莽時博士。重泉王吉、字少音，王莽時爲九卿。齊炔欽。字幼卿，王莽時博士。後漢北海牟融亦傳《大夏侯尚書》。夏侯建字長卿，勝從父兄子，爲博士議郎、太子少傅。師事夏侯勝及歐陽高，左右采獲，又從《五經》諸儒問與《尚書》相出入者，牽引以次章句，爲小夏侯氏學。傳平陵張山拊，字長賓，爲博士論石渠，至少府。山拊授同縣李尋字子長，騎都尉。及鄭寬中、字少君，爲博士，授成帝，官至光祿大夫、領尚書事、關內侯。山陽張無故、字子孺，廣陵太傅。信都秦恭、字延君，城陽內史，增師法至百萬言。陳留假倉。字子驕，以謁者論石渠，至膠東相。寬中授東郡趙玄；御史大夫。無故授沛唐尊；王莽太傅。恭授魯馮賓。爲博士。後漢東海王良亦傳《小夏侯尚書》。漢宣帝本始中，河內女子得《泰誓》一篇，獻之，與伏生所誦，合三十篇，漢世行之。然《泰誓》年月不與《序》相應，又不與《左傳》、《國語》、《孟子》衆書所引《泰誓》同，馬、鄭、王肅諸儒皆疑之。《漢書・儒林傳》云：「《百兩篇》者，出東萊張霸，分析合二十九篇以爲數十，又采《左傳》、《書序》爲作首尾，凡百二篇。篇或數簡，文意淺陋。成帝時，劉向校之，非是。後遂黜其書。」《古文尚書》者，孔惠之所藏也。魯恭王壞孔子舊宅，漢景帝程姬之子，名餘，封於魯，謚恭王。於壁中得之，並《禮》、《論語》、《孝經》，皆科斗文字。博士孔安國字子國，魯人，孔子十二世孫，受《詩》於魯申公，官至諫大夫、臨淮太守。以校伏生所誦，爲隸古寫之，增多伏生二十五篇，《藝文志》云多十六篇。又伏生誤合五篇，凡五十九篇，爲四十六卷。《藝文志》云：「《尚書古文經》四十六卷，五十七篇。」安國又受詔爲《古文尚書傳》。值武帝末，巫蠱事起，經籍道息，不獲奏上，藏之私家。安國並作《古文論語》、《古文孝經傳》。《藝文志》云：安國獻《尚書傳》，「遭巫蠱事，未列於學官」。以授都尉朝。司馬遷亦從安國問故，遷書多古文說。劉向以中古文校歐陽、大小夏侯三家《經》文，脱誤甚衆。《藝文志》云：「《酒誥》脱簡一，《召誥》脱簡二。文異者七百有餘，脱字數十。」都尉朝授膠東庸生，名譚，亦傳《論語》。庸生授清河胡常，字少子，以明《穀梁春秋》，爲博士，至部刺史，又傳《左氏春秋》。常授虢徐敖，右扶風掾，又傳《毛詩》。敖授琅邪王璜及平陵涂惲，字子眞。惲授河南乘欽。字君長。（一本作「桑欽」。）王莽時諸學皆立，惲、璜等貴顯。范曄《後漢書》云：「中興，扶風杜林傳《古文尚書》，賈逵字景伯，扶風人，左中郎將、侍中。爲之作訓，馬融作傳，鄭玄注解，由是《古文尚書》遂顯於世。」案：今馬、鄭所注並伏生所誦，非古文也。孔氏之本絶，是以馬、鄭、杜預之徒皆謂之《逸書》。王肅亦注《今文》，而解大與《古文》相類，或肅私見孔《傳》而祕之乎？江左中興，元帝時豫章內史枚賾字仲眞，汝南人。奏上孔傳《古文尚書》。亡《舜典》一篇，購不能得，乃取王肅注《堯典》從「愼徽五典」以下分爲《舜典》篇以續之，孔序謂伏生以《舜典》合於《堯典》，孔傳《堯典》止於「帝曰往欽哉」，而馬、鄭、王之本同爲《堯典》，故取爲《舜典》。學徒遂盛。後范寧字武子，順陽人，東晉豫章太守，兼注《穀梁》。變爲《今文集注》，俗間或取《舜典》篇以續孔氏。齊明帝建武中，吳興姚方興采馬、王之《注》，造孔傳《舜典》一篇，云於大航頭買得，上之。梁武時爲博士議曰：「孔《序》稱伏生誤合五篇，皆文相承接，所以致誤，《舜典》首有『曰若稽古』，伏生雖昏耄，何容合之？」遂不行用。漢始立《歐陽尚書》；宣帝復立大、小夏侯博士；平帝立《古文》。永嘉喪亂，衆家之《書》並滅亡，而《古文孔傳》始興，置博士；鄭氏亦置博士一人。近唯崇《古文》，馬、鄭、王《注》遂廢。今以孔氏爲正，其《舜典》一篇，仍用王肅本。孔安國《古文尚書傳》十三卷。馬融《注》十一卷。字季長。鄭玄《注》九卷。王肅《注》十卷。謝沈《注》十五卷。字行思，會稽人，東晉尚書祠部郎領著作。《錄》一卷。李顒《注》十卷。字長林，江夏人，東晉本郡太守。范甯《集解》十卷。姜道盛《集解》十卷。天水人，宋給事中，字道盛。《尚書大傳》三卷。伏生作。爲《尚書音》者四人。孔安國、鄭玄、李軌、徐邈。案：漢人不作音，後人所託。

右《尚書》。梁國子助教江夏費甝作《義疏》，行於世。

《詩》者，所以言志吟咏性情以諷其上者也。古有采詩之官，王者巡守，則陳詩以觀民風，知得失，自考正也。動天地，感鬼神，厚人倫，美教化，移風俗，莫近乎詩。是以孔子最先删錄。既取周詩，上兼商頌，凡三百十一篇。毛公爲故訓時已亡六篇，故《藝文志》云三百五篇。以授子夏，子夏遂作《序》焉。或曰毛公作《序》，解見□□。口以相傳，未有章句。戰國之世，專任武力，雅頌之聲爲鄭衛所亂，其廢絶亦可知矣。遭秦焚書而得全者，以其人所諷誦，不專在竹帛故也。漢興，傳者有四家。魯人申公亦謂申培公，楚王太傳，武帝以安車蒲輪徵之，時申公年八十餘，以爲太中大夫。受《詩》於浮丘伯，以《詩經》爲訓故以教，無《傳》，疑者則闕不傳，號曰「魯詩」。弟子爲博士者十餘人，郎中令王臧、蘭陵人。御史大夫趙綰、趙人。臨淮太守孔安國、膠西內史周霸、城陽內史夏寬、東海太守魯賜、碭人。長沙內史繆生、蘭陵人。膠西中尉徐偃、膠東內史闕門慶忌，鄒人。皆申公弟子也。申公本以《詩》、《春秋》授，瑕丘江公盡能傳之，徒衆最盛。魯許生、免中徐公免中，縣名。皆守學教授。丞相韋賢受《詩》於江公及許生，傳子玄成。賢字長孺，玄成字少翁，父子並爲丞相，封扶陽侯，又治《禮》、《論語》。玄成兄子賞以《詩》授哀帝，大司馬、車騎將軍。又王式字翁思，東平新桃人，昌邑王師。受《詩》於免中徐公及許生，以授張生長安名長安，字幼君，山陽人，爲博士論石渠，至淮陽中尉。及唐長賓、東平人，爲博士，楚王太傳。褚少孫。沛人，爲博士。《褚氏家傳》云郎續《史記》褚先生。張生兄子游卿諫大夫。以《詩》授元帝，傳王扶。琅琊人，泗水中尉。扶授許晏。陳留人，爲博士。又薛廣德字長卿，沛國相人，御史大夫。受《詩》於王式，授龔舍。字君倩，楚國人，太山太守。齊人轅固生漢景帝時爲博士，至清河太傅。作《詩傳》，號「齊詩」，傳夏侯始昌。始昌授后蒼。字近君，東海郯人，通《詩》、《禮》，爲博士，至少府。蒼授翼奉字少君，東海下邳人，爲博士，諫大夫。及蕭望之、字長倩，東海蘭陵人，御史大夫、前將軍，兼傳《論語》。匡衡。字稚圭，東海承人，丞相，樂安侯。子咸亦明經，歷九卿，家世多爲博士。衡授師丹字公仲，瑯琊人，大司空。及伏理、字游君，高密太傅，家世傳業。（批注：陸璣《詩疏》：「伏黯傳理家學，改定章句以授子恭，恭刪黯章句，定爲二十萬言。」伏生八世理，九世湛，湛弟黯，黯子恭，十五世完。）滿昌。字君都，穎川人，詹事。昌授張邯九江人。及皮容，瑯琊人。皆至大官，徒衆尤甚。後漢陳元方亦傳《齊詩》。燕人韓嬰漢文帝時爲博士，至常山太傅。推《詩》之意，作《內》、《外傳》數萬言，號曰「韓詩」。淮南賁生受之。武帝時，嬰與董仲舒論於上前，仲舒不能難。嬰又爲《易傳》，燕趙閒好《詩》，故其《易》微，唯韓氏自傳之。其孫商爲博士，孝宣時涿韓生其後也。河內趙子事燕韓生，授同郡蔡誼。誼以《詩》授昭帝，至丞相，封侯。誼授同郡食子公爲博士。及琅邪王吉。字子陽，王駿父，昌邑中尉、諫大夫，吉兼《五經》，能爲《鄒氏春秋》，以《詩論》教授。子公授太山栗豐。部刺史。吉授淄川長孫順。爲博士。豐授山陽張就。順授東海髮福。並至大官。《藝文志》云：齊、韓《詩》「或取《春秋》，采雜說，咸非其本義。魯最爲近之。」《毛詩》者，出自毛公。河間獻王好之。徐整字文操，豫章人，吳太常卿。云：子夏授高行子。高行子授薛倉子。薛倉子授帛妙子。帛妙子授河間人大毛公。毛公爲《詩故訓傳》於家，以授趙人小毛公。一云名萇。小毛公爲河間獻王博士，以不在漢朝，故不列於學。一云：子夏傳曾申。字子西，魯人，曾參之子。申傳魏人李克。克傳魯人孟仲子。鄭玄《詩譜》云：子思之弟子。孟仲子傳根牟子。根牟子傳趙人孫卿子。孫卿子傳魯人大毛公。《漢書儒林傳》云：「毛公，趙人，治《诗》，爲河間獻王博士，授同國貫長卿。徐整作『長公』。長卿授解延年。爲阿武令，《詩譜》云齊人。延年授虢徐敖。敖授九江陳俠。」王莽講學大夫。或云：陳俠傳謝曼卿。元始五年，公車徵說《詩》。後漢鄭衆、賈逵傳《毛詩》，馬融作《毛詩注》，鄭玄作《毛詩箋》，申明毛義難三家，於是三家遂廢矣。魏太常王肅更述毛非鄭；荊州刺史王基字伯輿，東萊人。駁王肅申鄭義。晉豫州刺史孫毓字休朗，北海平昌人，長沙太守。爲《詩評》，評毛、鄭、王肅三家異同，朋於王；徐州從事陳統字元方。難孫申鄭。宋徵士雁門周續之、字道祖，及雷次宗俱事廬山惠遠法師。豫章雷次宗、字仲倫，宋通直郎徵不起。齊沛國劉瓛並爲《詩序義》。前漢，魯、齊、韓三家《詩》列於學官。平帝世，《毛詩》始立。《齊詩》久亡；《魯詩》不過江東；《韓詩》雖在，人無傳者。唯《毛詩鄭箋》獨立國學，今所遵用。《毛詩故訓傳》二十卷。鄭氏箋。馬融《注》十卷。無下帙。王肅《注》二十卷。謝沈《注》二十卷。江熙《注》二十卷。字太和，濟陽人，東晉兗州別駕。鄭玄《詩譜》二卷。徐整暢太叔裘隱。孫毓《詩同異評》十卷。陸璣《毛詩草木鳥獸蟲魚疏》二卷。字元恪，吳郡人，吳太子中庶子、烏程令。爲《詩音》者九人：鄭玄、徐邈、蔡氏、孔氏、阮侃、王肅、江惇、干寶、李軌。阮侃字德恕，陳留人，河內太守。江惇字思俊，河內人，東晉徵士。蔡氏、孔氏，不詳何人。

右《詩》。梁有桂州刺史清河崔靈恩集衆解，爲《毛詩集注》二十四卷。俗間又有徐爰《詩音》。近吳興沈重亦撰《詩音義》。

安上治民，莫善於禮。鄭子太叔云：「夫禮，天之經，地之義，民之行也。」《左傳》云：「禮所以經國家，定社稷，序民人，利後嗣者也。」禮敎之設，其源遠哉！帝王質文，世有損益，至於周公，代時轉浮。周公居攝，曲爲之制，故曰：「經禮三百，威儀三千。」及周之衰，諸侯始僭，將逾法度，惡其害己，皆滅去其籍，自孔子時而不具矣。孔子反魯乃始刪定。値戰國交爭，秦氏焚坑，惟故《禮經》崩壞爲甚。漢興，有魯高堂生傳《士禮》十七篇，卽今之《儀禮》也。而魯徐生善爲容，孝文時爲禮官大夫。景帝時，河間獻王好古，得古《禮》獻之。鄭《六藝論》云：後得孔氏壁中、河間獻王古文《禮》五十六篇、《記》百三十一篇、《周禮》六篇。其十七篇與高堂生所傳同而字多異。劉向《別錄》云：古文《記》二百四篇。《藝文志》曰：《禮古經》五十六篇，出於魯淹中。蘇林云：淹中，里名。或曰：河間獻王開獻書之路，時有李氏上《周官》五篇，失《事官》一篇，乃購千金不得，取《考工記》以補之。瑕丘蕭奮以《禮》至淮陽太守，授東海孟卿。孟喜父。卿授同郡后蒼及魯閭丘卿。其古《禮經》五十六篇，蒼傳十七篇，所餘三十九篇以付書館，名爲《逸禮》。蒼說《禮》數萬言，號曰《后蒼曲臺記》。在曲臺校書著《記》，因以爲名。孝宣之世，蒼爲最明。蒼授沛聞人通漢字子方，以太子舍人論石渠，至中山中尉。及梁戴德、字延君，號「大戴」，信都太傅。戴聖、字次君，號「小戴」，以博士論石渠，至九江太守。沛慶普，字孝公，東平太傅。由是《禮》有大小戴、慶氏之學。普授魯夏侯敬，又傳族子咸。豫章太守。大戴授琅邪徐良。字斿卿，爲博士、州牧、郡守，家世傳業。小戴授梁人橋仁字季卿，大鴻臚，家世傳業。及楊榮。字子孫，琅邪太守。王莽時，劉歆爲國師，始建立《周官經》，以爲周禮。河南緱氏杜子春受業於歆，還家以教門徒，好學之士鄭興父子等興字少贛，河南人，後漢太中大夫。子衆已見前。並作《周禮解詁》。多往師之。賈景伯亦作《周禮解詁》。范曄《後漢書》云：中興，鄭衆傳《周官經》。後馬融作《周官傳》，授鄭玄，玄作《周官注》。鄭《注》引杜子春、鄭大夫、鄭司農之義。鄭玄《三禮目録》云：「二鄭信同宗之大儒，今贊而辯之。」玄本治《小戴禮》，後以《古經》校之，取其於義長者順者，故爲鄭氏學。玄又注小戴所傳《禮記》四十九篇。通爲《三禮》焉。漢初，立高堂生《禮》博士，後又立大小戴、慶氏三家，王莽又立《周禮》。後漢，《三禮》皆立博士。今慶氏《曲臺》久亡，大戴無傳學者，唯鄭注《周禮》、《儀禮》、《禮記》並列學官，而《喪服》一篇又別行於世。今《三禮》俱以鄭爲主。

馬融注《周官》十二卷。鄭玄《注》十二卷。王肅《注》十二卷。干寶《注》十三卷。

右《周禮》。

鄭玄注《儀禮》十七卷。馬融、王肅、孔倫、字敬序，會稽人，東晉廬陵太守，集衆家注。陳銓、不詳何人。裴松之、字士期，河東人，宋太中大夫、西鄉侯。雷次宗、蔡超、字希遠，濟陽人，宋丞相諮議參軍。田僧之、字僧紹，馮翊人，齊東平太守。劉道拔、彭城人，宋海豐令。周續之。自馬融以下並注《喪服》。

右《儀禮》。

盧植注《禮記》二十卷。鄭玄《注》二十卷。王肅《注》三十卷。孫炎《注》二十九卷。字叔然，樂安人，魏祕書監徵不就。業遵《注》十二卷。字長儒，燕人，宋奉朝請。庾蔚之《略解》十卷。字季隨，潁川人，宋員外常侍。

右《禮記》。鄭玄、《三禮音》各一卷。王肅、《三禮音》各一卷。《七録》唯云撰《禮記音》。李軌、《周禮》、《儀禮音》各一卷，《禮記音》三卷。劉昌宗、《周禮》、《儀禮音》各一卷，《禮記音》五卷。徐邈、《周禮音》一卷，《七録》無；《禮記音》三卷。射慈、字孝宗，彭城人，吳中書侍郎、齊王傅。《禮記音》一卷。謝楨、不詳何人。《禮記音》一卷。孫毓、《禮記音》一卷。繆炳、《禮記音》一卷。曹耽、字愛道，譙國人，東晉安北諮議參軍。《禮記音》二卷。尹毅、天水人，東晉國子助教。《禮記音》一卷。蔡謨、字道明，濟陽考城人，晉司徒、文穆公。《禮記音》二卷。范宣、字宣子，濟陰人，東晉員外郎不就。《禮記音》二卷。徐爰、《禮記音》三卷。王曉。作《周禮音》一卷，云定鄭氏音。北士，江南無此書，不詳何人。

右作《音》人。近有戚衮作《周禮音》，沈重撰《周禮》、《禮記音》，梁國子助教皇侃撰《禮記義疏》五十卷，又傳《喪服義疏》，並行於世。

古之王者必有史官，君舉則書，所以慎言行，昭法式也。諸侯亦有國史，《春秋》，卽魯之史記也。孔子應聘不遇，自衛而歸，西狩獲麟，傷其虛應，乃與魯君子左丘明觀書於太史氏，因魯史記而作《春秋》，上遵周公遺制，下明將來之法，褒善黜惡，勒成十二公之經，以授弟子，弟子退而異言。丘明恐弟子各安其意以失其眞，故論本事而爲之《傳》，明夫子不以空言說經也。《春秋》所貶損大人當世君臣，其事實皆形於《傳》，故隱其書而不宣，所以免時難也。及末世口說流行，故有公羊、名高，齊人，子夏弟子，受經於子夏。穀梁、名赤，魯人。麋信云與秦孝公同時；《七録》云名淑，字元始；《風俗通》云子夏門人。鄒氏、王吉善《鄒氏春秋》。夾氏之傳。鄒氏無師，夾氏有録無書，故不顯於世。桓譚《新論》云：「《左氏傳》遭戰國寢藏。後百餘年，魯人穀梁赤作《春秋》，殘略多有遺文。又有齊人公羊高緣《經》文作《傳》，彌失本事。」漢興，齊人胡毋生、字子都，景帝時爲博士，年老歸教於齊。齊之言《春秋》者宗事之，公孫弘亦頗受焉。趙人董仲舒官至江都、膠西相。並治《公羊春秋》。蘭陵褚大、梁相。東平嬴公、諫大夫。廣川段仲溫、呂步舒步舒，丞相長史。皆仲舒弟子。嬴公守學，不失師法，授東海孟卿及魯眭弘。字孟，符節令。弘授嚴彭祖字公子，東海下邳人，爲博士，至左馮翊、太子太傅。及顏安樂，字翁孫，魯國薛人也，孟姊子也，爲齊郡太守丞。由是《公羊》有嚴、顏之學。弘弟子百餘人，常曰：「《春秋》之意在二子矣。」彭祖授琅邪王中。少府，家世傳業。中授同郡公孫文東平太傅，徒衆甚盛。及東門雲。荆州刺史。安樂授淮陽泠豐字次君，菑川太守。及淄川任翁。少府。豐授大司徒馬宮字游卿，東海戚人，封扶德侯。及琅邪左咸。郡守、九卿，徒衆甚盛。始貢禹字少翁，琅邪人，御史大夫。事嬴公而成於眭孟，以授潁川堂谿惠。惠授泰山冥都。丞相史。又疏廣字仲翁，東海蘭陵人，太子太傅。事孟卿，以授瑯邪筦路。筦路及冥都又事顏安樂。路授大司農孫寶。字子嚴，潁川鄢陵人。瑕丘江公受《穀梁春秋》及《詩》於魯申公，武帝時爲博士，傳子至孫，皆爲博士。使與董仲舒論，江公吶於口，而丞相公孫弘本爲公羊學，比輯其義，卒用董生。於是上因尊公羊家，詔太子受。衛太子復私問《穀梁》而善之。其後寖微，唯魯榮廣、字王孫。浩星公二人受焉。廣盡能傳其《詩》、《春秋》。蔡千秋、字少君，諫大夫、郎中戶將。梁周慶、字幼君。丁姓字子孫，至中山太傅。皆從廣受。千秋又事浩星公，爲學最篤。宣帝卽位，聞衛太子好《穀梁》，乃詔千秋與《公羊》家並說。上善《穀梁》說，又選郎十人從千秋受。會千秋病死，徵江公孫爲博士，詔劉向受《穀梁》，欲令助之。江博士復死，乃徵周慶、丁姓待詔，使卒授十人。十餘歲，皆明習。乃召《五經》名儒太子太傅蕭望之等大議殿中，平《公羊》、《穀梁》同異。時《公羊》博士嚴彭祖、侍郎申輓、伊推、宋顯，《穀梁》議郎尹更始、待詔劉向、周慶、丁姓並論。望之等多從《穀梁》，由是大盛，慶、姓皆爲博士。姓授楚申章昌曼君。爲博士，至長沙太傅。初尹更始字翁君，汝南邵陵人，議郎、諫大夫、長樂戶將。事蔡千秋，又受《左氏傳》，取其變理合者以爲章句，傳子咸大司農。及翟方進、字子威，汝南上蔡人，丞相，封侯。房鳳。字子元，琅邪不其人，光祿大夫、五官中郎將、青州牧。始江博士授胡常，常授梁蕭秉，字君房。王莽時爲講學大夫。左丘明作《傳》以授曾申。申傳衛人吳起。魏文侯相。起傳其子期。期傳楚人鐸椒。楚太傅。椒傳趙人虞卿。趙相。卿傳同郡荀卿名況。況傳武威張蒼。漢丞相，北平侯。蒼傳洛陽賈誼。長沙、梁王太傅。誼傳至其孫嘉。嘉傳趙人貫公。《漢書》云：賈誼授貫公，爲河間獻王博士。貫公傳其少子長卿。蕩陰令。長卿傳京兆尹張敞字子高，河東平陽人，徙杜陵。及侍御史張禹。字長子，清河人。禹數爲御史大夫蕭望之言《左氏》，望之善之，薦禹，徵待詔，未及問，會病死。禹傳尹更始。更始傳其子咸及翟方進、胡常。常授黎陽賈護。字季君，哀帝時待詔爲郎。護授蒼梧陳欽。字子佚，以《左氏》授王莽，至將軍。《漢書·儒林傳》云：「漢興，北平侯張蒼及梁太傅賈誼、京兆尹張敞、太中大夫劉公子皆修《春秋左氏傳》。」始劉歆字子駿，向之子，王莽國師。從尹咸及翟方進受《左氏》。哀帝時，歆與房鳳、王龔欲立《左氏》，爲師丹所奏，不果。平帝時始得立。「由是言《左氏》者本之賈護、劉歆」。歆授扶風賈徽。字元伯，後漢潁陰令，作《春秋條例》二十一卷。徽傳子逵。逵受詔列《公羊》、《穀梁》、不如《左氏》四十事，奏之，名曰《左氏長義》，章帝善之。逵又作《左氏訓詁》。司空南閣祭酒陳元作《左氏同異》。大司農鄭衆作《左氏條例》、《章句》。南郡太守馬融爲《三家同異》之說。京兆尹延篤字叔堅，南陽人。（批注：謝承《書》作「延固」。）受《左氏》於賈逵之孫伯升，因而注之。汝南彭汪字仲博。記先師奇說及舊注。太中大夫許淑、字惠卿，魏郡人。九江太守服虔、字子慎，河南人。侍中孔嘉、字山甫，扶風人。魏司徒王朗、字景興，肅之父。荊州刺史王基、大司農董遇、徵士燉煌周生烈並注解《左氏傳》。梓潼李仲欽著《左氏指歸》。陳郡潁容字子嚴，後漢公車徵不就。作《春秋條例》。又何休字邵公，任城人，後漢諫大夫。作《左氏膏肓》、《公羊墨守》、《穀梁廢疾》。鄭康成箴《膏肓》，發《墨守》，起《廢疾》，自是《左氏》大興。漢初，立《公羊》博士。宣帝又立《穀梁》。平帝始立《左氏》。後漢建武中，以魏郡李封爲《左氏》博士，羣儒蔽固者數廷爭之，及封卒，因不復補。和帝元興十一年，鄭興父子奏上《左氏》，乃立於學官，仍行於世，迄今遂盛行，二《傳》漸微。江左中興，立《左氏傳》杜氏、服氏博士，太常荀崧奏請立二《傳》博士，詔許立《公羊》，云：「《穀梁》膚淺，不足立博士。」王敦亂，竟不果行。《左氏》今用杜預《注》；《公羊》用何休《注》；《穀梁》用范寧《注》。二《傳》近代無講者，恐其學遂絕，故爲音以示將來。

士燮注《春秋經》十一卷。字彥威，蒼梧人，吳衛將軍、龍編侯。

賈逵《左氏解詁》三十卷。服虔《解誼》三十卷。王肅《注》三十卷。董遇《章句》三十卷。杜預《經傳集解》三十卷。字元凱，京兆杜陵人，晉鎮南大將軍、開府儀同三司、當陽穆侯。孫毓《注》二十八卷。杜預《春秋釋例》十五卷四十篇。服虔《音》一卷，魏高貴鄉公《音》三卷，曹髦字士彥，魏廢帝。嵇康《音》三卷，字叔夜，譙國人，晉中散大夫。杜預《音》三卷，李軌《音》三卷，荀訥《音》四卷，字世言，新蔡人，東晉尚書左民郎。徐邈《音》三卷。

右《左氏》。梁東宮學士沈文何撰《春秋義疏》，闕下帙，陳東宮學士王元規續成之。元規又撰《春秋音》。《南史·儒林傳》：文阿字國衡，「阿」、「衡」名字相應，《序錄》、《正義》並作「文何」，誤。峻之子。「少習父業，研精章句。通《三禮》、《三傳》。所撰《禮儀》八十餘條，《春秋》、《禮記》、《孝經》、《論語義記》七十餘卷，《經典大義》十八卷，並行於時」。「王元規字正範，少從文阿受業。自梁代諸儒相傳爲《左氏》學者，皆以賈、服駁杜，凡一百八十條，元規引證通析，無復疑滯。著《春秋發題辭》及《義記》十一卷，《續經典大義》十四卷，《孝經義記》兩卷，《左傳音》三卷，《禮記音》兩卷」。據此，則沈、王二子皆杜氏禦侮之臣也。《隋志》：沈氏《經傳義略》二十五卷，王《續》四卷。《唐志》唯錄沈氏二十七卷，蓋通王續者計之也。今有輯本。

何休注《公羊》十二卷。王愆期《注》十二卷。字門子，河東人，東晉散騎常侍、辰陽伯。高龍《注》十二卷。字文，范陽人，東晉河南太守。孔衍《集解》十四卷。字舒元，魯人，東晉廣陵相。李軌《音》一卷，江惇《音》一卷。

右《公羊》。

尹更始《穀梁章句》十五卷。唐固《注》十二卷。字子正，丹陽人，吳尚書僕射。麋信《注》十二卷。字南山，東海人，魏樂平太守。孔衍《集解》十四卷。徐邈《注》十二卷。徐乾《注》十三卷。字文祚，東莞人，東晉給事中。范甯《集注》十二卷。段肅《注》十二卷。不詳何人。胡訥《集解》十卷。

右《穀梁》。

《孝經》者，孔子爲弟子曾參說孝道，因明天子庶人五等之孝、事親之法。亦遭焚燼，河閒人顔芝爲秦禁，藏之。漢氏尊學，芝子貞出之，是爲今文。長孫氏、博士江翁、少府后蒼、諫大夫翼奉、安昌侯張禹傳之，各自名家。凡十八章。又有古文，出於孔氏壁中，別有《閨門》一章，自餘分析十八章，總爲二十二章，孔安國作《傳》。劉向校書，定爲十八。後漢馬融亦作《古文孝經傳》，而世不傳。世所行鄭《注》相承以爲鄭玄。案鄭《志》及《中經簿》無，唯中朝穆帝集講《孝經》，云以鄭玄爲主。檢《孝經注》與康成注《五經》不同，未詳是非。江左中興，《孝經》、《論語》共立鄭氏博士一人。《古文孝經》世既不行，今隨俗用鄭注十八章本。孔安國、馬融、鄭衆、鄭玄、王肅、蘇林、字孝友，陳留人，魏散騎常侍。何晏、字平叔，南陽人，魏吏部尚書，駙馬都尉，關內侯。劉邵、字孔才，廣平人，魏光祿勳。一云劉熙。韋昭、字弘嗣，吳郡人，吳侍中領左國史、高陵亭侯。爲晉諱，改爲曜。徐整、謝萬、孫氏、不詳何人。揚泓、天水人，東晉給事中。袁宏、字彥伯，陳郡人，東晉東陽太守。虞槃佑、字弘猷，高平人，東晉處士。庾氏、不詳何人。殷仲文、陳郡人，東晉東陽太守。車胤、字武子，南平人，東晉丹陽尹。荀昶、字茂祖，潁川人，宋中書郎。孔光、字文泰，東莞人。何承天、東海人，宋廷尉卿。釋慧琳、秦郡人，宋世沙門。王玄載、字彥運，下邳人，齊光祿大夫。明僧紹

右並注《孝經》。皇侃撰《義疏》。先儒無爲音者。

《論語》者，孔子應答弟子及時人所言，或弟子相與言而接聞於夫子之語也。當時弟子各有所記。夫子既終，微言已絕。恐離居已後，各生異見，而聖言永滅，故相與論撰，因輯時賢及古明王之語，合成一法，盧校云：「法」疑「秩」之譌。謂之《論語》。鄭康成云：仲弓、子夏等所撰定。漢興，傳者則有三家：《鲁论语》者，魯人所傳，即今所行篇次是也。常山都尉龔奮、長信少府夏侯勝、丞相韋賢及子玄成、魯扶卿、鄭云扶先，或說先先生。太子少傅夏侯建、前將軍蕭望之並傳之，各自名家。《齊論語》者，齊人所傳，別有《問王》、《知道》二篇，凡二十二篇，其二十篇中，章句頗多於《魯論》。昌邑中尉王吉、少府宋畸、琅邪王卿、御史大夫貢禹、尚書令五鹿充宗、膠東庸生並傳之，唯王陽名家。《古論語》者，出自孔氏壁中，凡二十一篇，有兩《子張》，如淳曰：「分《堯曰篇》後子張問『何如可以從政』以下爲篇，名曰《從政》。」篇次不與《齊》、《魯論》同。《新論》云：「文異者四百餘字。」孔安國爲傳，後漢馬融亦注之。安昌侯張禹受《魯論》於夏侯建，又從庸生、王吉受《齊論》，擇善而從，號曰《張侯論》，最後而行於漢世。禹以《論》授成帝。後漢包咸、字子長，吳人，大鴻臚。周氏不詳何人。並爲《章句》，列於學官。鄭玄就《魯論》張、包、周之篇章，考之《齊》、《古》，爲之注焉。魏吏部尚書何晏集孔安國、包咸、周氏、馬融、鄭玄、陳羣、字長文，潁川人，魏司空。王肅、周生烈燉煌人，《七錄》云字文逢，本姓唐，魏博士侍中。之說，並下己意爲《集解》，正始中上之，盛行於世，今以爲主。鄭玄《注》十卷。王肅《注》十卷。虞翻《注》十卷。何晏《集解》十卷。譙周《注》十卷。字允南，巴西人，晉散騎常侍不拜，陽城亭侯。衛瓘《注》八卷。少二卷，宋明帝補闕。崔豹《注》十卷。字正熊，燕國人，晉尚書左中兵郎。李充《集注》十卷。東晉人。孫綽《集注》十卷。字興公，太原人，東晉廷尉卿、長樂亭侯。盈氏《注》十卷。不詳何人。孟整《注》十卷。一云孟陋。陋字少孤，江夏人，東晉撫軍參軍不就。梁覬《注》十卷。天水人，東晉國子博士。袁喬《注》十卷。字彥叔，陳國人，東晉益州刺史、湘西簡侯。尹毅《注》十卷。江熙《集解》十二卷。張馮《注》十卷。字長宗，吳人，東晉司徒左長史。孔澄之《注》十卷。字仲淵，會稽人，宋新安太守。虞遐《注》十卷。會稽人，齊員外郎。王弼《釋疑》三卷。欒肇《釋疑》十卷。徐邈《音》一卷。右《論語》。皇侃撰《義疏》行於世。

老子者，姓李，名耳，河上公云名重耳。字伯陽，陳國苦縣厲鄉人也，《史記》云字聃，又云曲里人。一云陳國相人。生而皓首，劉向《列仙傳》云受學於容成，生於殷時。爲周柱下史，《史記》云爲周守藏史。或言是老萊子。蓋百六十餘歲，或言二百餘歲。衆家皆云先爲柱下史，轉爲守藏史。葛洪云文王時爲主藏史，武王時爲柱下史。或云老子在黃帝時爲廣成子。一云爲天老，在堯時爲務光子，在殷時爲彭祖，在周爲柱下史。睹周之衰，乃西出關，周敬王時。爲關令尹喜說《道德》二篇，尚虛無無爲。劉向云：西過流沙，莫知所終。班固曰：「道家者，清虛以自守，卑弱以自持，此人君南面之術也。」漢文帝、竇皇后好黃老言，有河上公者居河

之湄，結草爲菴，以《老子》教授。文帝徵之不至，自詣河上責之。河上公乃踊身空中，文帝改容謝之，於是作《老子章句》四篇，以授文帝，言治身治國之要。其後談論者，莫不宗尚玄言，唯王輔嗣妙得虛無之旨。今依王本，博采衆家，以明同異。韓非有《解老》、《喻老》，次有《淮南道應》。若《漢志》所錄四家及馬、鄭之《注》，今已不可見。及其季世，三張之倫作，雖以五千文爲宗，其實與甘可忠、于吉相比；又橫爲誣詞，以相涂傅，如張道陵說「道可道」之類，其尤足駭怪者也。玄言盛行之世，或以《老》、《易》並稱，或以般若爲比，其以道引爐火爲說者，又其敝也。三國之際，漢《五經》家法漸就衰息，時人惡禮法，厭苛碎，玉肅、鍾會、何晏、劉陶、丁謐、王黎、荀融、王濟、嵇康、阮籍之倫浡爾俱作。弼幼而察惠，辭才逸辯，尋極幽微，注《易》及《老子》，又作《指略》，致有理統。三玄之書，王注其二，並爲斯世所宗。其所注悉中《老子》意以不，固不敢知，然古今作者，莫之或先也。河上公《章句》四卷。不詳名氏。毋丘望之《章句》二卷。字仲都，京兆人，漢長陵三老。嚴遵《注》二卷。字君平，蜀郡人，漢徵士，又作《老子指歸》十四卷。虞翻《注》二卷。王弼《注》二卷。又作《老子指略》一卷。鍾會《注》二卷。羊祜《解釋》四卷。范望州《注訓》二卷。字叔文，會稽人，吴尚書郎。王尚《述》二卷。字君曾，琅邪人，東晉江州刺史，封杜忠侯。程韶《集解》二卷。鉅鹿人，東晉郎中、關內侯。邯鄲氏《注》二卷。不詳何人。常氏《注》二卷。不詳何人。盈氏《注》二卷。孟子《注》二卷。或云孟康。康字公休，安平廣宗人，魏中書監、廣陵亭侯。巨生《內解》二卷。不詳何人。袁眞《注》二卷。字彥仁，陳郡人，東晉西中郎將、豫州刺史。張嗣《注》二卷。張憑《注》二卷。孫登《集注》二卷。字仲山，太原中都人，東晉尚書郎。蜀才《注》二卷。釋慧琳《注》二卷。釋慧嚴《注》二卷。陳留人，本姓范，宋世沙門。王玄載《注》二卷。顧懽《堂誥》四卷。一作《老子義疏》。《節解》二卷。不詳作者。或云老子所作，一云河上公作。劉遺民《玄譜》一卷。字遺民，彭城人，東晉柴桑令。《想余注》二卷。不詳何人。一云張魯，或云劉表。魯字公旗，沛國豐人，漢鎮南將軍、關內侯。戴逵《音》一卷。字安道，譙國人，東晉散騎常侍、太子中庶子徵不就。

右《老子》。近代有梁武帝父子及周弘正《講疏》，北學有杜弼《注》，世頗行之。

莊子者，姓莊，名周，太史公云字子休。梁國蒙縣人也，六國時爲梁漆園吏，與魏惠王、齊宣王、楚威王同時。李頤云：與齊愍王同時。齊楚嘗聘以爲相，不應。時人皆尚遊說，莊生獨高尚其事，優遊自得，依老氏之旨，著書十餘萬言，以逍遙、自然、無爲、齊物而已，大抵皆寓言，歸之於理，不可案文責也。然莊生弘才命世，辭趣華深，正言若反，故莫能暢其弘致。後人增足，漸失其眞，故郭子玄云：「一曲之才，妄竄奇說，若《閼奕》、《意修》之首，《危言》、《遊鳧》、《子胥》之篇，凡諸巧雜，十分有三。」《漢書·藝文志》「《莊子》五十二篇」，卽司馬彪、孟氏所注是也。言多詭誕，或似《山海經》，或類占夢書，故注者以意去取。其《內篇》衆家並同，自餘或有《外》而無《雜》。唯子玄所注特會莊生之旨，故爲世所貴。徐仙民、李弘範作音，皆依郭本。今以郭爲主。崔譔《注》十卷二十七篇。清河人，晉議郎。《內篇》七，《外篇》二十。向秀《注》二十卷二十六篇。一作二十七篇，一作二十八篇，亦無《雜篇》，爲《音》三卷。司馬彪《注》二十一卷五十二篇。字紹統，河內人，晉祕書監。《內篇》七，《外篇》二十八，《雜篇》十四，《解說》三，爲《音》三卷。郭象《注》三十三卷三十三篇。字子玄，河內人，晉太傅主簿。《內篇》七，《外篇》十五，《雜篇》十一，爲《音》三卷。李頤《集解》三十卷三十篇。字景眞，潁川襄城人，晉丞相參軍，自號玄道子。一作三十五篇。爲《音》一卷。李頤爵里行實未聞，《釋文》多引其音訓。《隋志》云：梁有，亡。《舊唐志》有《集解》二十卷。孟氏《注》十八卷五十二篇。不詳何人。王叔之《義疏》三卷。字穆□，琅邪人，宋處士。亦作《注》。李軌《音》一卷，徐邈《音》三卷。

右《莊子》。

《爾雅》者，所以訓釋《五經》，辯章同異，實九流之通路，百氏之指南，多識鳥獸草木之名，博覽而不惑者也。爾，近也；雅，正也。言可近而取正也。《釋詁》一篇蓋周公所作，《釋言》以下或言仲尼所增，子夏所足，叔孫通所益，梁文所補。張揖論之詳矣。前漢終軍始受「豹鼠」之賜，自茲迄今，斯文盛矣。先儒多爲億必之說，乖蓋闕之義，唯郭景純洽聞強識，詳悉古今，作《爾雅注》，爲世所重。今依郭本爲正。犍爲文學《注》三卷。一云犍爲郡文學卒史臣舍人，漢武帝時待詔。闕中卷。劉歆《注》三卷。與李巡《注》正同，疑非歆《注》。樊光《注》六卷。京兆人，後漢中散大夫。沈旋疑非光《注》。李巡《注》三卷。汝南人，後漢中黃門。孫炎《注》三卷。《音》一卷。郭璞《注》三卷。字景純，河東人，東晉弘農太守、著作郎。《音》一卷，《圖贊》二卷。

右《爾雅》。梁有沈旋，約之子。集衆家之《注》。陳博士施乾、國子祭酒謝嶠、舍人顧野王並撰《音》。既是名家，今亦采之，附於先儒之末。

《魏書·儒林傳》 漢世鄭玄並爲衆經注解，服虔、何休各有所説。玄《易》、《書》、《詩》、《禮》、《論語》、《孝經》，虔《左氏春秋》，休《公羊傳》，大行於河北。王肅《易》亦間行焉。晉世杜預注《左氏》，預玄孫坦，坦弟驥於劉義隆世並爲青州刺史，傳其家業，故齊地多習之。【略】［陳奇］始注《孝經》、《論語》，頗傳於世，爲搢紳所稱。【略】［劉獻之］撰《三禮大義》四卷，《三傳略例》三卷，《注毛詩序義》一卷，今行於世，并《章句疏》三卷。注《涅槃經》未就而卒。【略】［徐遵明］復經數載，因手撰《春秋義章》，爲三十卷。【略】先是景裕注《周易》、《尚書》、《孝經》、《論語》、《禮記》、《老子》，其《毛詩》、《春秋左氏》未訖。

《梁書·儒林傳》 ［伏曼容］爲《周易》、《毛詩》、《喪服集解》，《老》、《莊》、《論語義》。【略】［何佟之］所著文章、《禮義》百許篇。【略】［嚴植之］撰《凶禮儀注》四百七十九卷。【略】［賀瑒］所著《禮》、《易》、《老》、《莊講疏》，《朝廷博議》數百篇，《賓禮儀注》一百四十五卷。【略】靈恩《集注毛詩》二十二卷，《集注周禮》四十卷，制《三禮義宗》四十七卷，《左氏經傳義》二十二卷，《左氏條例》十卷，《公羊穀梁文句義》十卷。【略】高祖撰《五經講疏》及《孔子正言》，專使子祛檢閲群書，以爲義證。【略】子祛凡著《尚書義》二十卷，《集注尚書》三十卷，續朱异《集注周易》一百卷，續何承天《集禮論》一百五十卷。【略】［皇侃］撰《禮記講疏》五十卷，書成奏上，詔付秘閣。【略】所撰《論語義》十卷，與《禮記義》并見重於世，學者傳焉。

《陳書·儒林傳》 ［沈］文阿所撰《儀禮》八十餘卷，《經典大義》十八卷，并行於世，諸儒多傳其學。【略】［戚］衮於梁代撰《三禮義記》，值亂亡失，《禮記義》四十卷行於世。【略】張崖傳《三禮》於同郡劉文紹，仕梁歷王府中記室。天嘉元年，爲尚書儀曹郎，廣沈文阿《儀注》，撰《五禮》。【略】［全］緩治《周易》、《老》、《莊》，時人言玄者咸推之。【略】［張］譏所撰《周易義》三十卷，《尚書義》十五卷，《毛詩義》二十卷，《孝經義》八卷，《論語義》二十卷，《老子義》十一卷，《莊子内篇義》十二卷，《外篇義》二十卷，《雜篇義》十卷，《玄部通義》十二卷，又撰《遊玄桂林》二十四卷，後主嘗勅人就其家寫入秘閣。【略】［沈不害］著治《五禮儀》一百卷，《文集》十四卷。【略】［王］元規著《春秋發題辭》及《義記》十一卷，《續經典大義》十四卷，《孝經義記》兩卷，《左傳音》三卷，《禮記音》兩卷。

《隋書·儒林傳序》 自晉室分崩，中原喪亂，五胡交爭，經籍道盡。魏氏發迹代陰，經營河朔，得之馬上，兹道未弘。暨夫太和之後，盛修文教，搢紳碩學，濟濟盈朝，縫掖巨儒，往往傑出，其雅誥奥義，宋及齊、梁不能尚也。南北所治，章句好尚，互有不同。江左《周易》則王輔嗣，《尚書》則孔安國，《左傳》則杜元凱。《河》、《洛》、《左傳》則服子慎，《尚書》、《周易》則鄭康成。《詩》則并主於毛公，《禮》則同遵於鄭氏。大抵南人約簡，得其英華，北學深蕪，窮其枝葉。考其終始，要其會歸，其立身成名，殊方同致矣。

《晉書·儒林傳》 ［陳邵］撰《周禮評》，甚有條貫，行於世。【略】［虞］喜專心經傳，兼覽讖緯，乃著《安天論》以難渾、蓋，又釋《毛詩略》，注《孝經》，爲《志林》三十篇。【略】［劉兆］又爲《春秋左氏》解，名曰《全綜》，《公羊》、《穀梁》解詁皆納經傳中，朱書以別之。又撰《周易訓注》，以正動二體互通其文。【略】［氾毓］合《三傳》爲之解注，撰《春秋釋疑》、《肉刑論》，凡所述造七萬餘言。【略】［徐苗］作《五經同異評》，又依道家著《玄微論》，前後所造數萬言，皆有義味。【略】［范隆］博通經籍，無所不覽，著《春秋三傳》，撰《三禮吉凶宗紀》，甚有條義。【略】［徐邈］所注《穀梁傳》，見重於時。

顔師古《漢書叙例》 近代注史，競爲該博，多引雜説，攻擊本文，至有詆訶言辭，擿摭利病，顯前修之紕僻，騁己識之優長，乃效矛盾之仇讎，殊乖粉澤之光潤。今之注解，翼贊舊書，一遵軌轍，閉絶岐路。諸家注釋，雖見名氏，至於爵里，頗或難知。傳無所存，具列如左：荀悦字仲豫，潁川人，後漢秘書監。撰《漢紀》三十卷，其事皆出《漢書》。服虔字子慎，滎陽人，後漢尚書侍郎，高平令，九江太守。初名重，改名祇，後定名虔。應劭字仲瑗，一字仲援，一字仲遠。汝南南頓人，後漢蕭令，御史營令，泰山太守。伏儼字景宏，琅邪人。劉德，北海人。鄭氏，晉灼《音義》序云不知其名，而臣瓚《集解》輒云鄭德。既無所據，今依晉灼但稱鄭氏耳。李斐，不詳所出郡縣。李奇，南陽人。鄧展，南陽人，魏建安中爲奮威將軍，封高樂鄉侯。文穎字叔良，南陽人，後漢末荊州從事，魏建安中爲甘陵府丞。張揖字稚讓，清河人，一云河間人。魏太和中爲博士。止解《司馬相如傳》一卷。蘇林字孝友，陳留外黃人，魏給事中領秘書監，散騎常侍，永安衛尉，太中大夫，黃初中遷博士，封安成亭侯。張晏字子博，中山人。如淳，馮翊人，魏陳郡丞。孟康字公休，安平廣宗人，魏散騎常侍，弘農太守，領典農校尉，勃海太守，給事中，散騎侍郎，中書令，後轉爲監，封廣陵亭侯。項昭，不詳何郡縣人。韋昭字弘嗣，吳郡雲陽人，吳朝尚書郎，太史令，中書郎，博士祭酒，中書僕射，封高陵亭侯。晉灼，河南人，晉尚書郎。劉寶字道眞，高平人，晉中書郎，河內太守，御史中丞，太子中庶子，吏部郎，安北將軍。侍皇太子講《漢書》，別有《駁義》。臣瓚，不詳姓氏及郡縣。郭璞字景純，河東人，晉贈弘農太守。止注《相如傳序》及游獵詩賦。蔡謨字道明，陳留考城人，東晉侍中五兵尚書，太常領秘書監，都督徐、兗、青三州諸軍事，領徐州刺史，左光祿大夫開府儀同三司，領揚州牧，侍中司徒不拜，贈侍中司空，謚文穆公。崔浩字伯深，清河人，後魏侍中特進撫軍大將軍，左光祿大夫，司徒，封東郡公。撰荀悅《漢紀》音義。

《北史・儒林傳序》 漢世，鄭玄並爲衆經注解，服虔、何休，各有所說。玄《易》、《詩》、《書》、《禮》、《論語》、《孝經》，虔《左氏春秋》，休《公羊傳》，大行於河北。王肅《易》，亦間行焉。晉世，杜預注《左氏》。預玄孫坦，坦弟驥，於宋朝並爲青州刺史，傳其家業，故齊地多習之。自魏末，大儒徐遵明門下，講鄭玄所注《周易》。遵明以傳盧景裕及清河崔瑾。景裕傳權會、郭茂。權會早入鄴都，郭茂恆在門下教授，其後能言《易》者，多出郭茂之門。河南及青齊之間，儒生多講王輔嗣所注，師訓蓋寡。齊時，儒士罕傳《尚書》之業，徐遵明兼通之。遵明受業於屯留王聰，傳授浮陽李周仁及勃海張文敬、李鉉、河間權會，並鄭康成所注，非古文也。下里諸生，略不見孔氏注解。武平末，劉光伯、劉士元始得費甝《義疏》，乃留意焉。【略】河北諸儒能通《春秋》者，並服子愼所注，亦出徐生之門。張買奴、馬敬德、邢峙、張思伯、張奉禮、張彫、劉晝、鮑長宣、王元則並得服氏之精微。又有衛覬、陳達、潘叔虔，雖不傳徐氏之門，亦爲通解。又有姚文安、秦道靜，初亦學服氏，後兼更講杜元凱所注。其河外儒生，俱伏膺杜氏。其《公羊》、《穀梁》二傳，儒者多不厝懷。《論語》、《孝經》，諸學徒莫不通講。諸儒如權會、李鉉、刁柔、熊安生、劉軌思、馬敬德之徒，多自出義疏。雖曰專門，亦皆相祖習也。大抵南北所爲章句，好尚互有不同。江左，《周易》則王輔嗣，《尚書》則孔安國，《左傳》則杜元凱。河洛，《左傳》則服子愼，《尚書》、《周易》則鄭康成。《詩》則並主於毛公，《禮》則同遵於鄭氏。南人約簡，得其英華；北學深蕪，窮其枝葉。考其終始，要其會歸，其立身成名，殊方同致矣。

劉知幾《史通》卷五《補注》 昔《詩》、《書》既成，而毛、孔立《傳》。傳之時義，以訓詁爲主，亦猶《春秋》之傳，配經而行也。降及中古，始名傳曰注。蓋傳者轉也，轉授於無窮；注者流也，流通而靡絕。惟此二名，其歸一揆。如韓、戴、服、鄭，鑽仰《六經》，裴、李、應、晉，訓解《三史》，開導後學，發明先義，古今傳授，是爲儒宗。既而史傳小書，人物雜記，若趙岐之《三輔決錄》，陳壽之《季漢輔臣》，周處之《陽羡風土》，常璩之《華陽士女》，文言美辭列于章句，委曲叙事存于細書。此之注釋，异夫儒士者矣。次有好事之子，思廣异聞，而才短力微，不能自達，庶憑驥尾，千里絕群，遂乃掇衆史之异詞，補前書之所闕。若裴松之《三國志》，陸澄、劉昭《兩漢書》，劉彤《晉紀》，劉孝標《世說》之類是也。亦有躬爲史臣，手自刊削，雖志存該博，而才闕倫叙，除煩則意有所吝，畢載則言有所妨，遂乃定彼榛楛，列爲子注。若蕭大圜《淮海亂離志》，楊衒之《洛陽伽藍記》，宋孝王《關東風俗傳》，王劭《齊志》之類是也。榷其得失，求其利害，少期集注《國志》，以廣承祚所遺，而喜聚异同，不加刊定，恣其擊難，坐長煩蕪。觀其書成表獻，自比蜜蜂兼采，但甘苦不分，難以味同萍實者矣。陸澄所注班史，多引司馬遷之書，若乃此缺一言，彼增半句，皆采摘成注，標爲异說，有昏耳目，難爲披覽。切惟范曄之刪《後漢》也，簡而且周，疏而不漏，蓋云備矣。而劉昭采其所捐，以爲補注，言盡非要，事皆不急。譬夫人有吐果之核，棄藥之渣，而愚者乃重加捃拾，潔以登薦，持此爲工，多見其無識也。孝標善於攻繆，博而且精，固以察及泉魚，辨窮河豕。嗟乎！以峻之才識，足堪遠大，而不能探賾彪、嶠，網羅班、馬，方復留情於委巷小說，銳思於流俗短書。可謂勞而無功，費而無當者矣。自兹已降，其失逾甚。若蕭、楊之瑣雜，王、宋之鄙碎，言殊揀金，事比鷄肋，异體同病，焉可勝言。大抵撰史加注者，或因人成事，或自我作故，記錄無限，規檢不存，難以成一家之格言，千載之楷則。凡諸作者，可不詳之？

至若鄭玄、王肅，述《五經》而各异，何休、馬融，論《三傳》而競爽。欲加商榷，其流實煩。斯則義涉儒家，言非史氏，今並不書於此焉。

《舊唐書・儒學傳》 太宗又以經籍去聖久遠，文字多訛謬，詔前中書侍郎顔師古考定《五經》，頒於天下，命學者習焉。又以儒學多門，章句繁雜，詔國子祭酒孔穎達與諸儒撰定《五經》義疏，凡一百七十卷，名曰《五經正義》，令天下傳習。十四年，詔曰：「梁皇侃、褚仲都，周熊安生、沈重，陳沈文阿、周弘正、張譏，隋何妥、劉炫等，並前代名儒，經術可紀。加以所在學徒，多行其疏，宜加優異，以勸後生。可訪其子孫見在者，録名奏聞，當加引擢。」二十一年，又詔曰：「左丘明、卜子夏、公羊高、穀梁赤、伏勝、高堂生、戴聖、毛萇、孔安國、劉向、鄭衆、杜子春、馬融、盧植、鄭玄、服虔、何休、王肅、王弼、杜元凱、范甯等二十一人，並用其書，垂於國胄。既行其道，理合褒崇。自今有事太學，可與顔子俱配享孔子廟堂。」其尊重儒道如此。【略】［徐文遠］撰《左傳音》三卷、《義疏》六十卷。【略】［陸德明］撰《經典釋文》三十卷、《老子疏》十五卷、《易疏》二十卷，並行於世。【略】大業中，煬帝令［曹憲］與諸學者撰《桂苑珠叢》一百卷，時人稱其該博。憲又訓注張揖所撰《博雅》，分爲十卷，煬帝令藏于秘閣。【略】所撰《文選音義》，甚爲當時所重。【略】［許淹］撰《文選音》十卷。【略】［李善］嘗注解《文選》，分爲六十卷，表上之，賜絹一百二十匹，詔藏于秘閣。【略】又撰《漢書辯惑》三十卷。【略】公孫羅，江都人也。歷沛王府參軍，無錫縣丞。撰《文選音義》十卷，行於代。【略】賈公彦，洺州永年人。永徽中，官至太學博士。撰《周禮義疏》五十卷、《儀禮義疏》四十卷。【略】時有趙州李玄植，又受《三禮》於公彦，撰《三禮音義》行於代。【略】［許叔牙］嘗撰《毛詩纂義》十卷，以進皇太子，太子賜帛百段，兼令寫本付司經局。【略】［房］玄齡以顔師古所注《漢書》，文繁難省，令［敬］播撮其機要，撰成四十卷，傳於代。【略】［劉伯莊］撰《史記音義》、《史記地名》、《漢書音義》各二十卷，行於代。【略】長安三年，［王元感］表上其所撰《尚書糾謬》十卷、《春秋振滯》二十卷、《禮記繩愆》三十卷，并所注《孝經》、《史記》藁草，請官給紙筆，寫上秘書閣。【略】［韋叔夏］撰《五禮要記》三十卷，行於代。【略】［尹知章］所注《孝經》、《老子》、《莊子》、《韓子》、《管子》、《鬼谷子》，頗行於時。【略】［陸質］著《集注春秋》二十卷、《類禮》二十卷、《君臣圖翼》二十五卷，并行於代。【略】［馮伉］著《三傳異同》三卷。【略】［韋表微］著《九經師授譜》一卷、《春秋三傳總例》二十卷。

王欽若等《册府元龜》卷六〇五《學校部・注釋》 夫六藝之文，所以明天道、正人倫，學者之所宗，百王之取則者也。仲尼既没，微言遂絶，而聖門達者，傳受彌廣，歷聘諸國，奮爲人師，亦復敷繹奧義，爲之訓傳。秦并天下，乃有坑焚之酷，編簡散逸，大義益乖。自漢之表章《六經》，尊立學校，方領矩步之士，亦稍稍而出。故其演暢經旨，發明典誥，廣章句之學，極討論之致。師資或異，傳授不同，各自名家，咸用垂世。至乃述其訓詁，以發揮隱賾；推厥義例，以錯綜條貫，著撰之美，藹乎前聞。逮乎百家之衆，制歷代之載籍，爲之注釋，以輔其説者，並紀焉。卜商，魏人，爲魏文侯師。傳《周易》二卷。漢孔鮒，爲陳勝博士。撰《論語義疏》三卷。周王孫，洛陽人。作《易傳》二篇服先，齊人。著《易傳》。彭宣，字子佩，淮陽人。爲大司馬，長平侯。作《易傳》。戴宗，字子平，沛人。爲少府。作《易傳》。魯申公爲《詩》訓故，而齊轅固、燕韓生皆爲之傳。或取《春秋》，采雜説，咸非其本義，與不得已，魯最爲近之。三家皆不得其眞，而魯最近也。三家皆列於學官，徵爲太中大夫。韓嬰，燕人也。孝文時爲博士，景帝時至常山太傅。嬰推詩人之意而作《外傳》數萬言，其語頗與齊魯間殊，然歸一也。淮南賁生受之，燕趙間言《詩》者繇韓生。韓生亦以《易》授人，推《易》意而爲之傳。燕趙間好《詩》，故其《易》微，惟韓氏自傳之。賈誼爲梁王傅，修《春秋左氏傳》。誼爲《左氏傳訓故》。丁寬爲梁孝王將軍，距吴楚，號丁將軍。作《易説》三萬言，訓詁舉大誼而已，詁謂經之旨趣也。今小章句是也。費直，字長翁，東萊人也。治《易》，爲郎，至單父令。長于卦筮，亡章句，徒以《彖》《象》《繫辭》十篇《文言》解説上下經。董仲舒爲江都相。少治《春秋》，所著皆明經術之意。及上疏條教，凡百二十三篇，而説《春秋》事得失。《聞舉》、《玉杯》、《繁露》、《清明》、《竹林》之屬，皆其所著書名也，復數十篇，十餘萬言，皆傳於後世。夏侯勝爲太子太傅。受詔撰《尚書論語説》。后蒼通《詩》、《書》，爲博士。至少府説《禮》數萬言，號曰《后氏曲臺記》。曲臺殿在未央宮。孟喜，字長卿。爲曲臺署長，丞相掾。爲《易章句》十卷。張禹爲成帝師，以帝難數對己問經，爲《論語章句》獻之。後至丞相，安昌侯。劉向考《易》說，以爲諸《易》家說。後至中壘校尉。歐陽高爲博士。作《尚書章句》。京房爲魏郡太守。撰《周易章句》十卷，《周易錯》八卷。趙曮撰《詩道微》十一篇。孔安國爲臨淮太守。傳《古文尚書》十三卷，《今文尚書》十四卷，傳《古文孝經》一卷。侯苞撰《韓詩翼要》十卷。嚴彭祖爲太子太傅。撰《春秋左氏圖》七卷，又注《春秋公羊傳》十二卷。尹更始爲諫議大夫，長樂戶將，爲《穀梁章句》十五卷。孔光注《孝經》一卷。至太傅，卒。樊光爲中散大夫。注《爾雅》三卷。侯芭注揚子《法言》。嚴遵，字君平，蜀郡人。注《老子》二卷，又注《老子指歸》一十卷。河上公注《老子》四篇，又云作《節解》二卷。安丘望之爲長陵三老，爲《老子章句》二卷。想余注《老子》二卷。一云張魯，或云劉表魯，字公旗，爲鎮南將軍。犍爲郡文學卒史臣舍人注《爾雅》二卷。劉歆注《爾雅》三卷。後爲京兆尹。

後漢鄭衆爲大司農。傳《毛詩》及《左氏條例章句》，又傳《周官》、《禮記》、《論語》、《孝經》。何休精研《六經》，世儒無及者。太傅陳蕃辟之。蕃敗，休廢錮，乃作《春秋公羊解詁》。覃思不窺門，十有七年。又注訓《孝經》、《論語》、《風角七分》，皆經緯典謨，不與守文同說。又以《春秋》駁漢事六百餘條，妙得《公羊》本意。休善曆算，與其師博士羊弼追述李育意，以難二傳，作《公羊墨守》、言《公羊》之義不可攻，如墨翟之守城也。《左氏膏肓》、《穀梁廢疾》。後爲諫議大夫。鄭玄隱修經業，杜門不出。時任城何休好《公羊》學，遂著《公羊墨守》、《左氏膏肓》、《穀梁廢疾》。玄乃發《墨守》，鍼《膏肓》，起《廢疾》，休見而歎曰：「康成入吾室、操吾矛而伐我乎？」玄作《毛詩箋》、《周官注》。玄本習《小戴禮》，後以故經校之，取其義長者，故爲鄭氏學。玄又注小戴所傳《禮記》四十九篇，通爲三《禮》焉。玄所注《周易》、《尚書》、《毛詩》、《儀禮》、《禮記》、《論語》、《孝經》、《尚書大傳》、《中候》、《乾象曆》，又著《天文七政論》、《魯禮禘祫義》、《六藝講論》、《毛詩譜》、《駁許慎五經異義》、《答臨孝存周禮難》，凡百餘萬言。玄質於辭訓，通人頗譏其繁。至於經傳洽熟，稱爲純儒，齊魯間宗之。又注《論語孔子弟子目錄》一卷，又注《孟子》七卷，又撰《三禮音》各一卷。詔以大司農徵，不起。馬融，字季長，爲南郡太守議郎。作《毛詩傳》及爲《左氏》三家異同之說。注《孝經》、《論語》、《詩》、《易》、三《禮》、《尚書》、《列女傳》、《老子》、《淮南子》、《離騷》。夏侯建，字長卿，勝從父兄子。爲博士議郎，太子少傅。師事勝及歐陽高，左右採獲。又從《五經》諸儒問與《尚書》相出入者，牽引以次章句，爲小夏侯氏學。賈逵，字景伯。《左氏傳》、《國語》，爲之解詁五十一篇。永平中，上疏獻之，明帝重其書，寫藏秘館。逵數爲帝言《古文尚書》與經傳《爾雅》訓詁相應，詔令撰歐陽、大小夏侯《尚書古文》同異，逵集爲三卷，帝善之。復令撰齊、魯、韓《詩》與《毛詩》異同。並作《周官解詁》。爲侍中，卒。洼丹，建武初爲博士。作《易通論》七篇，世號「洼君通」。應劭爲袁紹軍謀校尉。集解《漢書》，又注《漢儀》五卷。王逸，順帝時爲侍中。著《楚辭章句》，行於世。牟長，少習《歐陽尚書》。著《尚書章句》，皆本之歐陽氏，俗號爲牟氏章句。爲中散大夫，卒。翟酺爲將作大匠，尤善圖緯。著《援神》、《鉤命解詁》十二篇。張衡爲尚書，著《周官訓詁》。崔瑗以爲不能有異於諸儒也。又欲繼孔子《易》說《彖》《象》殘缺者，竟不能就。衛宏從大司空杜林受《古文尚書》，爲作訓旨。後爲議郎。謝曼卿善《毛詩》，乃爲其訓。平帝元始中，公車徵說《詩》。橋仁爲大鴻臚。初，從同郡戴德學。著《禮記章句》四十九篇，號曰「橋君學」。穎容，字子嚴，陳國長平人也。初平中，避亂荆州，聚徒千餘人。著《春秋左氏條例》五萬餘言。劉表以爲武陵太守，不起。謝該，字文儀。善明《春秋左氏》，爲世名儒，門徒數百十人。建安中，河東人樂許條《左氏》疑滯數十事以問，該皆爲通解之。名爲《謝氏釋》，行於世。爲議郎，卒。許慎以《五經》傳說臧否不同，於是撰爲《五經異義》。又注《淮南子》二十一卷。再遷除洨長，卒。楊終著《春秋外傳》十二篇，改定章句十五萬言。徵拜郎中。景鸞，字漢伯。理《齊詩》、《施氏易》，兼授《河洛圖緯》。作《易說》及《詩解文句》及作《月令章句》。州郡辟命，不就。程會，字秀升。受業長安，習《嚴氏春秋》，積十餘年。還家講授，會稽顧本等數百人常居門下。著書百餘篇，皆《五經》通難。又作《孟子章句》。爲海西令，卒。杜林爲司空，注《倉頡篇》二卷。服虔，字子慎。少以清苦建志，入太學受業，有雅才，善著文論。作《春秋左氏傳解》，行之。又以《左氏傳》駁何休之所駁漢事六十條。又撰《左氏傳音》一卷。爲九江太守，免。張正習《韓詩》，作章句。許淑，字惠卿，爲太中大夫。注解《左氏》。鄭興，將門人從劉歆講正大義。歆美興才，使撰條例、章句、傳詁。爲太中大夫。孔嘉，字山甫，爲太中大夫。注解《左氏》。趙岐注《孟子》十四卷。後爲太常。王隆撰《漢官解詁》三卷。建武中爲新汲令。盧植作《尚書章句》、《三禮解詁》。官至尚書。荀惲，字景文，作《易集解》。爲太子中庶子。包咸，字子良，爲大鴻臚。爲《論語章句》。宋衷，字仲子，南陽章陵人，爲荆州五業從事。注《易》九卷。周氏爲《論語章句》。胡廣注《漢官解詁》三卷。爲太傅，卒。荀爽著《禮》、《易傳》、《詩傳》、《尚書正經》、《春秋條例》。又云注《周易》十篇、《春秋公羊傳問答》八卷及《辯讖》，並它所論叙，題爲《新書》。爲司空。陳元爲司空、南閣祭酒。撰《左氏同異》。延篤，字叔堅。受《左氏》於賈逵之孫伯升，因而注之。爲京兆尹，後卒於家。蔡邕撰《月令章句》十二卷。後爲左中郎將。王玢爲司徒掾。撰《春秋左氏逵長議》一卷。劉熙爲安南太守。撰《禮謚法》三卷、《釋名》八卷。宋均撰《孝經皇義》一卷，注《詩緯》十八卷，注《禮記默房》二卷，注《樂緯》二卷，注《孝經鉤命决》六卷，注《孝經援神契》七卷，注《論讖》八卷。後爲河內太守。崔豹爲尚書左丞。集《論語集義》八卷。劉表爲鎮南將軍，荆州牧。撰《易章句》五卷。一云注《易》十卷。高誘注《呂氏春秋》二十六卷、《淮南子》二十一卷。辟司空掾，除濮陽令。樊英著《易章句》，世名樊氏學。後爲光祿大夫，賜告歸。曹充傳《慶氏禮》。建武中爲博士。永平中，後拜侍中。作《章句辯難》，於是遂有慶氏學。曹褒，充之子也。傳充《慶氏禮》，作《通義》十二篇，《演經雜論》百二十篇。後爲侍中。

魏王弼，字輔嗣，爲尚書郎。好論儒道，辭才逸辯。注《易》及《老子》。又作《老子指略》及撰《易略》一卷，《周易義》一卷，《論語釋疑》三卷。王朗，字景興，爲司徒。注《易》、《春秋》、《孝經》、《周官傳》及撰《春秋左氏釋駁》一卷。王肅，字子雍。年十八從宋忠讀《太玄》，而更爲之解。初，肅善賈、馬之學，而不好鄭氏。採會同異，爲《尚書》、《詩》、《論語》、三《禮》、《左氏》解，及撰定父朗所作《易傳》，皆列於學官。及作《周易》、《春秋例》、《毛詩》、《禮記》、《春秋三傳》、《國語》、《爾雅》諸注。《隋書志》載肅撰《尚書駁議》五卷，又撰《尚書義問》三卷，又解《孝經》一卷，《論語釋駁》三卷，及解《孔子家語》，又注《老子》二卷，又撰《三禮音》一卷。爲太常。董遇，字季直，爲侍中大司農。注《周易》十卷，又爲《春秋左氏傳章句》。周生烈，字文逸，燉煌人。爲博士。注解《左傳》，又解《論語》。陳群，字長文，爲司空。解《論語》。鍾會，撰《周易盡神論》一卷，又撰《周易無玄體論》三卷，及注《老子》二卷。後爲鎮西將軍。何晏撰《周易私記》二十卷，《周易講疏》十三卷，注《孝經》一卷，注《論語》十卷，《五經大義》五卷，老子《道德經》二卷。後爲尚書。劉楨爲太子文學。撰《毛詩義問》九卷。王基，字伯輿，東萊人，爲荆州刺史。撰《毛詩駁》一卷，駁王肅，申鄭義。又注解《左氏傳》。康信，爲樂平太守。撰《春秋說要》一卷。徐凱爲安平太守。撰《答春秋公羊論》二卷。魏益爲大長秋。撰《春秋三傳論》十卷。蘇林，字孝友，爲散騎常侍。注《孝經》一卷。劉劭，字孔才，爲光祿大夫。注《孝經》二卷。孟子注《老子》二卷，或云孟康，字公休，爲中書監。注《老子》二卷。孫炎，以秘書監徵不起。注《儀禮》二十九卷，注《爾雅》二卷、《音》一卷。李仲欽，梓潼人。著《左氏指歸》。糜信，字南山。爲樂平太守。注《穀梁》十二卷。蜀杜瓊爲太常，字伯瑜。少受學於任安，注《韓詩章句》十餘萬言。不教諸子，內學無傳業者。蔣琬爲大將軍。錄《尚書》事，撰《喪服要義》一卷。李譔爲中散大夫、右中郎將。著古文《易》、《尚書》、《毛詩》、《三禮》、《左氏傳》、《太玄指歸》，皆依準賈、馬，異於鄭玄，與王氏殊隔，初不見其所述，而意歸多同。譙周，字允南。入晉，爲散騎常侍，不拜，封陽城亭侯。注《論語》十卷，撰《五經然否論》五卷，《古（文）［史］考》二十五卷。蜀才，不詳何人。注《周易》十卷，又注《老子》二卷。尹濤，注《易》六卷。巨生，解《老子》二卷。吳虞翻，字仲翔。初爲後漢侍御史，與少府孔融書，並示以所著《易注》，融答書曰：「聞延陵之理樂，睹（五）［吾］子之治《易》，乃知東南之美者，非徒會稽之竹箭也。」又觀象雲物，察綑蘊，原其禍福，與神合契。可謂探賾窮通者也。」翻又爲《老子》、《論語》、《國語》訓注，又注揚子《太玄經》十四卷。范望州，字淑文，爲尚書郎。作《老子注訓》三卷。程秉爲太常。著《周易摘》、《尚書駁》、《論語弼》，凡三萬餘言。徐整爲太常卿。爲《毛詩譜》三卷，又撰《孝經默注》一卷。韋昭爲侍中。撰《毛詩答雜問》七卷，又注《春秋》、《國語》二十二卷，《孝經解贊》一卷，《辯釋名》一卷，《漢書音義》七卷。射慈，字孝宗，爲中書侍郎。撰《喪服變除圖》五卷，《禮記音》一卷。士燮，字彥威，爲衛將軍。

注《春秋經》十一卷。唐固，字世正，爲尚書僕射。注《春秋穀梁傳》十三卷。又著《春秋外傳》、《國語》二十一卷。劉毅爲太尉。撰《尚書答》。姚信，字德祐，吴興人。爲太常卿。注《易》十卷。謝貞撰《禮記音》一卷。陸績爲鬱林太守。述《易》十三卷。陸機，字元恪，吴郡人，爲太子中庶子，烏程令。作《毛詩草木鳥獸蟲魚疏》二卷。

晉羊祜爲征南大將軍，解釋《老子》二卷。杜預爲鎭南大將軍，鎭荆州。既立功之後，從容無事，乃耽思經籍，爲《春秋左氏經傳集解》。又參考衆家譜第，謂之《釋例》。又作《盟會圖》、《春秋長曆》，備成一家之學，比老乃成。當時論者謂預「文義質直」，世人未之重。惟秘書監摯虞賞之，曰：「左丘明本爲《春秋》作傳，而《左傳》自以孤行，《釋例》本爲傳設，而所發明何但《左傳》，故亦孤行。」嵇康爲中散大夫，撰《春秋左氏音》三卷。向秀，字子奇，河内懷人。爲散騎常侍。清悟有遠識，少爲山濤所知，雅好老莊之學。莊周著内外數十篇世歷，才士雖有觀者，莫適論其旨統也。秀爲之隱解，發明其趣，振起玄風，讀之者超然心悟，莫不自足一時也。又爲《易義》。郭象，字子玄，爲太傅主簿。好老莊，能清言。先是，注《莊子》者數十家，莫能究其旨統。向秀於舊注外而爲解義，妙演奇致，大暢玄風。惟《秋水》、《至樂》二篇未竟而秀卒。秀子幼，其義零落，然頗有別本遷流。象爲人行薄，以秀義不傳於世，遂竊以爲己注。乃自注《秋水》、《至樂》二篇，又易《馬蹄》一篇，其餘衆篇，或點定文句而已。其後秀義別本出，故有向、郭二《莊》，其義一也。劉寔爲太尉。尤精三《傳》，辨正《公羊》，以爲衛輒不應辭以王父命，祭仲失爲臣之節，舉此二端，以明臣子之體，遂行於世。撰《春秋條例》二十卷。王接爲臨汾公相國。學雖博通，特精《禮》、《傳》。嘗謂《左氏》辭義贍富，自是一家書，不主爲經發。《公羊》附經立傳，經所不書，傳不妄起。於文爲儉，通經爲長。任城何休，訓釋甚詳，而「黜周王魯」，大體乖硋，且志通《公羊》，而往往還爲《公羊》病。接乃更注《公羊春秋》，多有新義。袁準，字孝尼。至給事中。爲《易》、《周官》、《詩》傳，及論《五經》滯義，聖人之微言，並注《喪服經》。袁喬爲益州刺史，湘西侯。博學有文才。注《論語》及《詩》，皆行於世。范甯，以《春秋穀梁氏》未有善釋，遂沉思積年，爲之集解。其義精審，爲世所重。既而徐邈復爲之注，世亦稱之。又注《古文尚書·舜典》一卷。爲豫章太守，卒。鄭沖爲散騎常侍。與孫邕、曹羲、荀顗、何晏共集《論語》諸家訓注之善者，記其姓名，因從其義，有不安者，輒改易之，名曰《論語集解》。成，奏之魏朝，於今傳焉。干寶爲散騎常侍，領著作。爲《春秋左氏義外傳》，注《周易》、《周官》凡數十篇。又撰《周易問難》二卷，《周易玄品》二卷、《周易爻義》一卷、《春秋左氏承傳義》十五卷、《春秋序論》三卷，又爲《詩音》。鄧粲爲荆州別駕。注《老子》，行於世。虞溥爲鄱陽内史。注《春秋經傳序》。束皙爲尚書郎，才學博通。著《五經通論》，發既行於世。劉黄老，劭之族子。太元中爲尚書郎。有義學。注《愼子》、《老子》，並傳於世。魯勝，字叔時，代郡人也。少有才操，爲佐著作郎。其著述爲世所稱，遭亂遺失，惟注《默辯》存。其序曰：「名者，所以別同異，明是非，道義之門，政化之準繩也。孔子曰：必也正名，名不正則事不成。墨子著書，作《辯經》以立名本，惠施、公孫龍祖述其學，以正別名於世。孟子非墨子，其辯言正辭則與墨同。荀卿、莊周等皆非毁名家，而不能易其論也。名必有形，察形莫如別色，故有堅白之辯。名必有分明，分明莫如有無，故有無序之辯。是有不是，可有不可，是名兩可。同而有異，異而有同，是之謂同異。至同無不同，至異無不異，是謂辯同異。異同生是非，是非生吉凶，取辨於一物，而原極天下之汙隆，名之至也。自鄧析至秦時名家者，世有篇籍，率頗難知，後學莫復傳習，於今五百餘歲，遂亡絶滅。《墨辯》有上下經，經各有説，凡四篇，與其書衆篇連第，故獨存。今引説在經，各附其章，疑者闕之。又採其衆雜集，爲《刑》、《名》二篇，略解指歸，以俟君子。其或興微繼絶者，亦有樂乎此也。」李充爲大著作，遷中書侍郎。作《尚書》及《周易旨》六篇，釋《莊論》上下二篇，注《論語》十卷。劉兆，五辟公府，三徵博士，皆不就。博學洽聞，以《春秋》一經而三家殊途，諸儒是非之議紛然，互爲讎敵，乃思三家之異合而通之。《周禮》有調人之官，作《春秋調人》七萬餘言，皆論其首尾，使大義無乖。時有不合者，舉長短以通之。又爲《春秋左氏解》，名曰《全綜》、《公羊》、《穀梁》解詁皆納經傳中，朱書以別之。又撰《周易訓注》，以正動二體互通其文。凡所贊述，百餘萬言。徐苗，再徵博士，不就。作《五經同異評》。郭璞爲著作郎。注釋《爾雅》，別爲《音義圖譜》。又注《三蒼》、《方言》、《穆天子傳》、《山海經》及《楚辭》、《子虚》、《上林賦》數十萬言。氾毓，奕世儒素，召補太傅參軍，不就。合《三傳》爲之解注，撰《春秋釋疑》、《肉刑論》，凡所述造七萬言。徐邈爲驍騎將軍。撰《正五經音訓》，學者宗之。所注《穀梁傳》，見重於時。又撰《楚辭音》一卷，《莊子音》一卷。蔡謨，字道明，領秘書監。總應劭已來注班固《漢書》者，爲之集解。又撰《禮記音》二卷。徐廣爲秘書監。撰《答禮問》及《毛詩背隱藏義》二卷。虞喜，累徵博士不就。釋《毛詩略》，注《孝經》，撰《周官駁難》，又注《論語》九卷，《新書討張論語》十卷。郭琦，字公偉。有雅量，博學。注《穀梁》、《京氏易》百卷。鄉人王游等皆就琦學，爲佐著作郎。宋纖，字令艾。燉煌人，爲張祚太子太傅。明究經緯，注《論語》，及爲《詩頌》數萬言。孟整，一云孟陋，江夏人。博學，多通於《三禮》，注《論語》行於世。徵撫軍參軍，不就。虞諶，爲司空從事中郎將。注《莊子》行於世。盈氏，注《論語》十卷，又注《老子》二卷。薛貞爲太尉參軍。注《歸藏》十三卷。黄穎，爲廣州儒林從事。注《周易》十卷。王廣爲驃騎將軍。注《周易》三卷。張軌，字士彥，爲涼州刺史，謚武公。撰《易義》。宣舒，字幼驥，爲宣城令。爲《易通知來藏往論》。邢融、裴藻、許適、楊藻四人，不詳何人。並爲《易義》。袁悅之，字元禮，爲驃騎咨議參軍。注《繫辭》及爲《易音》。孫綽，字興公，爲廷尉卿。集注《論語》十卷。張瑀爲著作郎。注《周易》八卷。桓玄，字敬道，爲後將軍，荆州刺史。注《周易·繫辭》二卷。謝萬，字萬石，爲西中郎將。注《周易·繫辭》一卷，又注《孝經》。韓伯，字康伯，爲中郎太常。注《周易·繫辭》二卷。李軌，爲祠部中郎，都亭侯。撰《周易音》一卷，《春秋左氏傳音》三卷，又撰《春秋公羊音》一卷，又解《小雅》一卷，注楊子《法言》、《莊子音》一卷，《周禮、儀禮音》各一卷，《禮記音》一卷。楊乂，字玄舒，爲司徒左長史。撰《周易卦序論》一卷，又撰《毛詩辨異》三卷，《毛詩異義》二卷，《毛詩雜義》五卷。阮咸，字仲容，爲散騎常侍。撰《易義》。阮渾，字長咸。爲中庶子。撰《易義》。顧夷爲揚州從事。撰《難王輔嗣義》一卷。李顒，字長林，爲江夏太守。撰《周易卦象數旨》二卷，集解《尚書》十一卷，《尚書新釋》二卷。謝沉，字行思，爲祠部郎中。注《尚書》十五卷，又注《毛詩》二十卷，《釋義》十卷。孔晁爲《五經》博士。撰《尚書義問》三卷，又注《春秋外傳》、《國語》。江熙，字太和，爲兗州別駕。注《毛詩》二十卷，又注《論語》十卷。孫毓，字休朗，爲長沙太守。撰《毛詩異同評》十卷，評《毛詩》、鄭、王肅三家異同而朋於王。又爲《春秋左氏傳義注》二十八卷，《禮記音》一卷。陳統，爲徐州從事。撰《難孫毓申鄭毛詩評》四卷，又傳《毛詩索隱》二卷。殷仲堪爲荆州刺史。撰《毛詩雜議》四卷。孟氏注《莊子》十八卷。王楙約爲燕王師。注《周官寧朔新書》八卷，《禮記寧朔新書》八卷。陳歆爲司空長史。撰《周官禮異同評》十三卷。吳商爲益壽令。撰《禮難》十二卷。孔倫爲盧陵太守。撰《集注喪服經傳》一卷。張嗣注《老子》二卷。王衍期，字門子。爲散騎常侍。注《春秋公羊經》十三卷。江惇，字思悛，累徵不就。撰《毛詩音》，又傳《公羊音》一卷。庾翼爲安西將軍，荆州刺史。撰《答春秋公羊》、《釋論語》一卷。徐乾，字文祚。爲給事中。注《春秋穀梁傳》十三卷。張靖爲業邑太守。注《春秋穀梁傳》十卷，又箋《穀梁廢疾》。荀昶爲尚書令。集解《孝經》一卷。袁敬仲爲東陽太守。集議《孝經》一卷。陽弘爲給事中。注《孝經》一卷。虞盤佐，字弘猷，高平人。注《孝經》一卷。孫氏，注《孝經》一卷。殷仲文爲東陽太守。注《孝經》一卷。殷叔道爲晉陽太守。注《孝經》一卷。車武子爲丹陽令。注《孝經》一卷。崔豹，字正熊。爲尚書左中兵郎。注《論語》十卷。江鴻，爲兗州別駕。集解《論語》。梁凱爲國子博士。注《論語》十卷。繆播爲太弟中庶子。撰《論語旨序》三卷。欒肇爲尚書郎。撰《易義》及《論語釋疑》十卷，又撰《論語駁序》二卷。庾亮爲征西將軍，開府儀同三司，撰《論語君子無所爭》一卷。陽方爲高涼太守。撰《五經鈎沉》十卷。戴逵，字安道，爲散騎常侍。撰《五經大義》三卷，又撰《老子音》一卷。劉寶爲安北將軍，撰《漢書駁義》二卷。摯虞爲太常卿，注《三輔決錄》七卷。王尚述，字君曾，爲江州刺史。注《老子》二卷。程韶爲郎中，集解《老子》二卷。邯鄲氏，注《老子》二卷。袁眞，字彥仁，爲西中郎將。注《老子》二卷。常氏，注《老子》二卷。孫登，字仲山，爲尚書郎。注老子《道德經》。張湛爲中書侍郎。注《列子》八卷。崔譔爲議郎。注《莊子》十卷。司馬彪，字紹統，爲秘書監。注《莊子》二十一卷。李頤，字景眞，爲丞相參軍，自號玄道子。注《莊子》三十卷。皇甫謐，累徵不起。注《鬼谷子》三卷。王廙，字世將，爲荆州刺史。注《易》十二卷。庾運，字玄度，爲尚書。撰《易義》。一云《易注》。應眞，字吉甫，爲散騎常侍。爲《明易論》。荀惲，字景文，爲太子中庶子。撰《易義》，又云注《易》十卷。張輝，字義元，爲侍中。撰《易義》。王宏，字正宗，弼之兄。爲大司農。撰《易義》。袁宏，字彦伯，爲東陽太守。注《孝經》。王濟，字武子，爲河南尹。撰《易義》。衛瓘，字伯玉，爲太保。撰《易義》，又注《論語》八卷。張馮，字長明，爲司徒左長史。注《論語》十卷，又注《老子》三卷。杜育，字方叔，爲國子祭酒。撰《易義》。楊瓚爲司徒左長史，撰《易義》。阮侃，字德恕，爲河内太守。撰《詩音》。蔡氏、孔氏，不詳何所人，並爲《詩音》。陳銓注《周禮》、《喪服》。曹耽，字愛道。辟安北咨議參軍，不就。撰《禮記音》二卷。尹毅爲國子助教。撰《禮記音》一卷，注《論語》十卷。范宣，字宣子。徵員外不起，以講誦爲業。《禮、易論難》，皆行於世。又撰《禮記音》一卷。聶氏，作《周禮音》一卷。孔衍，字舒元，爲廣陵相。撰《春秋穀梁傳集解》十四卷，注《公羊》十四卷。荀訥，字世言，爲尚書左侍郎。撰《左氏音》四卷，《集解穀梁》十卷。高龍爲河南太守，注《公羊》十二卷。段肅，注《穀梁》十二卷。徐整，注《孝經》。劉遺民爲柴桑令，撰《老子玄機》一卷。楊泓爲給事中，注《孝經》。庾氏，注《孝經》。董景道，字文博，弘農人。劉曜累徵，不起。明《三禮》，《禮》義顯遵鄭氏。著《通論》，非駁雜諸儒，演廣《鄭音》。

又卷六〇六《學校部·注釋》 宋何偃爲侍中。素好談玄。注《莊子·逍遥游篇》，又撰《毛詩釋》一卷。卞伯玉爲東陽太守。注《周易繫辭》二卷。荀柔之，潁陽人，爲奉朝請。注《周易繫辭》二卷，并爲《易音》。范歆爲陳令。撰《周易義》二卷。何謹之爲中大夫。撰《周易疑通》五卷。沈林撰《周易義》三卷。姜道盛爲給事中。注《集釋尚書》十一卷。一云注《古文尚書》。樂安王友撰《伊訓説》。孫暢之撰《毛詩引辯》一卷、《毛詩序義》七卷、《五經雜義》六卷。雷次宗，字仲倫。以通直郎徵，不起。撰《毛詩序義》二卷、《略注喪服傳》一卷。裴松之爲太中大夫。撰《集注喪服經傳》一卷，注《三國志》六十五卷。蔡超宗，字希遠，爲丞相諮議參軍。集注《喪服經傳》一卷。庾蔚之，字季隨，爲員外常侍。撰《喪服要記》及《略解儀禮》十卷。徐爰，字季玉，爲太中大夫。注《周易繫辭》，爲《易音》、《毛詩音》、《禮記音》二卷，《三國志評》三卷。雷肅之，撰《禮記義疏》三卷。何始貞，撰《春秋左氏區別》三十卷。費沈爲撫軍司馬。撰《喪服集議》十卷，注《孝經》一卷。何承天爲廷尉卿。撰《禮論》三百卷，注《孝經》一卷。任預，撰《禮條牒》十卷、《答問雜儀》二卷。張略爲司空。撰《論語疏》八卷。裴駰，注《史記》八十卷。徐野人爲中散大夫。撰《史記音義》十二卷。諸葛氏，撰《楚辭音》一卷。周續之，字道祖。爲《詩序義》。劉道拔爲海豐令。注《周禮》、《喪服》。葉遵，字長儒，爲奉朝請。注《儀禮》十二卷。荀昶，字茂祖，爲中書郎。注《孝經》。孔澄之，字仲淵，爲新安太守。注《論語》一卷。王叔之，字穆夜。撰《莊子義疏》三卷。南齊沈驎士，隱居教授。著《周易兩繫》、《莊子内篇訓》，注《易經》、《禮記》、《春秋》、《尚書》、《論語》、《孝經》、《喪服》、《老子要略》數十卷。司馬瓛，撰《喪服經傳義疏》五卷。虞願爲廷尉。著《五經論問》。顧歡，字景怡，或云字玄平。爲太學博士。注《王弼易二繫》，又撰《毛詩集解序義》，又作《老子堂話》四卷，一云《老子義疏》。徐伯珍，東陽人。積學十年，究尋經史。吳郡顧歡，摘出《尚書》滯義，伯珍訓答，甚有條理，儒者宗之。後刺史豫章王辟從事，不就。祖沖之爲長水校尉。著《老莊義》，釋《論語》、《孝經》，注《九章》，造《輟述》數十篇。費元珪，注《周易》九卷。劉瓛，字子珪，爲步兵校尉。撰《周易乾坤義》九卷，又撰《周易四德例》一卷、《毛詩序義疏》一卷、《毛詩次篇義》一卷、《周易繫辭義疏》二卷。顧璀撰《尚書問》一卷。明僧紹，字承烈，平原人。國子博士徵，不赴。注《繫辭》，爲《易義》及《集解》，又注《孝經》。樓幼瑜撰《喪服經傳義疏》二卷。王玄載，字彦運，爲光禄大夫。注《孝經》一卷，注《老子道德經》。虞遐爲員外郎。注《孝經》。陸澄爲光禄大夫。撰《漢書注》一卷。姚方興採馬、王之注，造《尚書孔傳舜典》一篇。田攜之，字僧紹，爲宋東平太守。注《周禮》、《喪服》。關康之，世居京口，以文義見稱。徵通直郎，不就。顧悦之難王弼《易》義四十餘條，康之申王難顧，遠有情理。又爲《毛詩義》，經籍疑滯，多所論釋，及造《禮論》十卷。梁賀瑒爲步兵校尉，領《五經》博士。著《禮》、《易》、《老》、《莊講論疏》，朝廷博議數百篇，《賓禮儀注》一百四十五卷，《議孝經義疏》一卷，《五經異同論》一卷。伏曼容爲臨海太守。爲《周易》、《毛詩》、《喪服集解》、《老》、《莊》、《論語義》。江避爲南平王大司馬府記室。避博學有思理，更注《論語》、《孝經》。韋稜爲治書御史。著《漢書續訓》三卷。崔靈恩爲國子博士。先著

《左傳服解》，不爲江東所行。及改説杜義，每文句常申服以難杜，遂注《左氏條義》以明之。時有助教虞僧誕，又精杜學，因作《申杜難服》，以答靈恩，世並行焉。靈恩集注《毛詩》二十二卷，集注《周禮》四十卷，《三禮義宗》四十七卷，《左氏經傳義》二十二卷，《左氏條例》十卷，《公羊》、《穀梁文義句》十卷。劉昭爲豫章王中軍，臨川記室。初，昭伯父肜集衆家《晉書》，注干寶《晉紀》，爲四十卷。至昭又集《後漢》同異以注。范曄書，世稱博悉。遷通直郎，出爲剡令，卒官。集注《後漢》一百八十卷。庾詵，徵中書侍郎，不赴。著《易林》二十卷，又注《喪服儀文字體例》、《老莊義疏》，注《算經》及《七曜曆》。何裔爲《左氏》、《尚書》注，《周易》十卷，《毛詩總集》六卷，《毛詩隱義》十卷，《禮記隱義》二十卷，《禮答問》五十五卷。史不載官。范述曾爲太中大夫，注《易文言》。沈重，字德厚，爲《五經》博士。多所撰述，咸得其指要。行於世者，《周禮義》三十一卷，《儀禮義》二十五卷，《禮義》三十卷，《毛詩義》二十八卷，《喪服經義》五卷，《周禮音》一卷，《儀禮音》一卷，《禮記音》一卷，《毛詩音》二卷。孔子袪爲步兵校尉。著《尚書義》二十卷，《集注尚書》三十卷，《續朱异集注周易》一百卷，《續何承天集禮論》一百五十卷。一云撰《禮》、《易》、《詩》。皇侃爲國子助教。撰《禮記講疏》五十卷及《喪服義疏》，又撰《論語義》十卷，《孝經疏》三卷。劉杳爲尚書左丞。撰《楚詞草木疏》一卷。陶弘景爲奉朝請。著《孝經》、《論語集注》，《本草集注》及注《毛詩序》一卷，《三禮目錄》一卷，注《孝經》一卷，《集解論語》十卷。宋塞爲中大夫。注《周易繫辭》二卷。李玉之爲臨沂令。撰《周易乾坤義》一卷。南平王撰《周易幾義》一卷。褚仲都爲《五經》博士。撰《周易講疏》十六卷。蕭子政爲都官尚書。撰《周易義疏》十四卷、《繫辭義疏》三卷。薛圖和撰《周易玄圖》八卷。穎氏撰《周易大演統》一卷。劉叔嗣爲《五經》博士。注《尚書亡篇序》。又云注《尚書》二十一卷。費甝爲國子助教。撰《尚書義疏》十卷。謝曇濟撰《毛詩檢漏義》二卷。何佟之撰《喪服經傳義疏》一卷，《禮答問》十卷。裴子野爲中書侍郎。撰《喪服傳》一卷。沈宏撰《春秋五辯》二卷。周捨爲太子詹事。撰《禮疑義》五十二卷。嚴植之爲中撫軍記室參軍，爲五經博士。注《孝經》一卷。蕭子顯爲吳興太守。撰《孝經義疏》一卷，又撰《孝經愛敬義》一卷。太史叔明爲揚州文學從事。撰《孝經義》一卷，又集解《論語》。劉被爲太尉參軍。撰《論語孔志》十卷。述孔鮒《義疏》。蕭子雲爲國子祭酒。注《千字文》一卷。鄒誕生爲輕車錄事參軍，撰《史記音》五卷。韋稜爲北中諮議參軍，撰《漢書續訓》二卷。杜弼注《老子》。沈旋，約之子也，爲黄門侍郎。集注《莊子》，又注《爾雅》十卷。賀深爲中軍，宣成王長史。撰《三禮講疏》、《五經滯義》。許懋撰《風雅比興義》十五卷。周興嗣爲給事中，直西省左衛率。周捨奉勑注高祖所製《歷代賦啓》，興嗣助焉。後梁蔡大寶爲中書監。博覽群書，學無不綜。著《尚書義疏》三十卷。陳周弘正爲尚書左僕射，領國子祭酒。所著《周易講疏》十六卷、《論語疏》十一卷、《莊子疏》八卷、《老子疏》五卷、《孝經疏》二卷，行於世。王元規爲尚書祠部郎，入請爲秦王東閣祭酒。著《春秋發題辭》及《義記》十一卷、《續經典大義》十四卷、《孝經義記》二卷、《左傳音》三卷、《禮音》二卷。張譏爲國子博士。所撰《周易義》三十卷、《尚書義》十五卷、《毛詩義》二十卷、《孝經義》八卷、《論語義》二十卷、《老子義》十一卷、《莊子内篇義》十二卷、《外篇義》二十卷、《雜篇義》十卷、《玄部通義》十二卷。姚察爲吏部尚書，入隋爲太子内舍人。著《漢書訓纂》三十卷、《漢書集解》一卷、《定漢書疑》二卷。謝嶠撰《喪服義》七卷並《爾雅音》。沈文阿爲通直散騎常侍。撰《春秋左氏經傳義略》三十卷。一云撰《經典大義》十八卷。徐孝克爲散騎常侍，入隋爲國子博士。撰《孝經講疏》六卷、《論語句義》五卷。臧競撰《漢書音訓》三卷。施乾爲博士。撰《爾雅音》。顧野王爲舍人。撰《爾雅音》。戚袞爲太學博士。撰《禮記義》四十卷。後魏房景先，孝文時爲太學博士。作《五經疑問》百餘篇。又符璽郎王神貴答之，名爲《辯疑》，合成十卷，亦有可觀。辛子馥爲尚書右丞。以三《傳》經同説異，遂總爲一部，傳注並出，校比短長，會亡未就。高允爲太常。所制詮《左氏釋》、《毛詩拾遺》、《論雜解》、《議何鄭膏肓事》，凡百餘篇。宋繪少勤學，多所博覽，好撰述。依準裴松之注《三國志》體，注王隱及《中興書》。闞駰博通經傳，注王朗《易傳》，學者籍以通經。累官至姑臧太守。張湛，燉煌人。好學，能屬文，仕沮渠蒙遜，爲黄門侍郎。涼州平，入國。司徒崔浩識禮之。浩注《易》，叙曰：「國家西平河右，燉煌張湛、金城宋欽、武威段承根三人，皆儒者，並有儁才，見稱於西州。每與余論《易》，余以《左氏傳》卦解之，遂相勸爲注。故因退朝之餘暇，而爲之解焉。」其見稱如此。劉昞注《周易》、《韓子》、《人物志》、《黄石公三略》，並行于世。後爲樂平王從事中郎。劉芳爲太常。撰鄭玄所注《周官》、《儀禮音》，干寶所注《周官音》，王肅所注《尚書音》，何休所注《公羊音》，范甯所注《穀梁音》，韋昭所注《國語音》，范曄注《後漢書音》，各一卷，《辯類》三卷，《徐州兆人録》四十卷，《急就篇續注音義證》三卷，《毛詩箋音義證》十卷，《禮記義證》十卷，《周官》、《儀禮義證》各五卷。陳奇博通墳籍，嘗非馬融、鄭玄解經失旨，志在著述《五經》。始注《孝經》、《論語》，頗傳於世，爲縉紳所稱。召赴京，不得叙。其《論語注》，義多異鄭玄，往往與司徒崔浩同。常爽，字仕明，河内人。置學館於溫水之右，門徒七百餘人。爽因教授之暇，述《六經略注》，以廣制作，甚有條貫。其序曰：「傳稱『立天之道曰陰與陽，立地之道曰柔與剛，立人之道曰仁與義』。然則仁義者，人之性也，經典者，人之文，皆以陶鑄神情，啓悟耳目。未有不繇學而能成其器，不繇習而能利其業。是故季路，勇士也，服道以成忠烈之概；甯越，庸夫也，講藝以全高尚之節。蓋所繇者習也，所因者本也，本立而道生，身文而德備焉。昔者，先王之訓天下也，莫不導以《詩》、《書》，教以《禮》、《樂》，移其風俗，和其人民。故恭儉莊敬而不煩者，教深於《禮》也；廣博易良而不奢者，教深於《樂》也；溫柔敦厚而不愚者，教深於《詩》也；疏通知遠而不誣者，教深於《書》也；潔淨精微而不賊者，教深於《易》也；屬辭比事而不亂者，教深於《春秋》也。夫《樂》以和神，《詩》以正言，《禮》以明體，《書》以廣德，《春秋》以斷事，五者蓋五常之道，相須而備，而《易》爲之源。故曰《易》不可見，見則乾坤其幾乎息矣。繇是言之，六經者，先王之遺烈，聖人之盛事也，安可不遊心寓目，習性文身哉？頃因暇日，屬意藝林，略撰所聞，討論其本，名曰《六經略注》，以訓門徒焉。」其《略注》行於世。爽不仕，號儒林先生。劉獻之，博陵人。徵典内校書，以疾辭。門徒數百，皆通經之士。時《五經》大義，雖有師說，而海内諸生，多有疑滯，咸決於獻之。六藝之文，雖不悉注，然所撰宗旨，頗異舊義。撰《三禮大義》四卷、《三傳略例》二卷，注《毛詩序義》一卷，今行於世。並《章句疏》三卷。李彪，在秘書歲餘，區分書體，述《春秋三傳》十卷。酈道元爲御史中尉。好學，歷覽奇書。撰注《水經》四十卷，《本志》十三篇。崔浩爲司徒。注《周易》十卷，注《急就章》二卷。元明進撰《毛詩義府》三卷。游肇爲國子博士。爲《易解》。徐遵明，華陰人。東道大使元羅表薦之，竟無禮辟。遵明撰《春秋義章》爲三十卷。北齊杜弼爲膠州刺史。耽好玄理，老而愈篤。又注《莊子·惠施》篇，《易》上下《繫》，名《新注義苑》，並行於世。李鉉爲國子博士，撰定《孝經》、《論語》、《毛詩》、《三禮義疏》及《三傳異同》、《易義例》，合三十餘卷。權會爲四門博士，注《易》一部，行於世。後周樂遜爲太學博士，所撰《孝經》、《論語》、《毛詩》、《左傳春秋序論》十餘篇，又著《春秋序義》，通賈、服說，發杜氏微，文理並有可觀。樊深爲國子博士，撰《孝經》、《喪服問疑》各一卷，又撰《七經並同說》三卷，《義綱略論》並《目録》三十卷，並行於世。熊安生爲露門學博士，下大夫。所撰《周禮義疏》二十卷，《禮記義疏》四十卷，《孝經義疏》一卷，並行於世。蕭大圜爲滕王友，入隋爲西河郡守。撰《喪服儀注》五卷、《要訣》二卷。

隋宇文弢爲《尚書》、《孝經注》，行於時。明克讓爲太子率更令。著《孝經義疏》一部。王頍撰《五經大義》三十卷。蕭該爲國子博士。撰《漢書》及《文選音》，咸爲當時所貴。張沖，字叔玄。初仕陳，爲左中郎將，非其好也。乃覃思經典，撰《春秋義略》，異於杜氏七十餘事，《喪服義》三卷，《孝經義》三卷，《論語義》十卷，《前漢音義》十二卷。官至漢王侍讀。辛彦之爲路州刺史，撰《五經異義》一部。王孝籍，開皇中召入秘書。注《尚書》及《詩》，遭亂零落。辛德源爲著作郎，王邵同修國史。德源每於務隙，撰《集注春秋》三十卷，注揚子《法言》二十卷。劉炫爲太學博士，以品卑去任。著《論語述議》十卷、《春秋攻昧》十卷、《五經正名》十二卷、《孝經述議》五卷、《春秋述議》三十卷、《尚書述議》二十卷、《毛詩述議》四十卷，又注《詩譜》二卷及注《春秋左氏傳杜預序集解》一卷。褚輝爲太學博士。撰《禮疏》一百卷。顧彪爲秘書學士。明《尚書》、《春秋》，爲《古文尚書疏》二十卷、《今文尚書音》一卷、《大傳音》一卷、《尚書文義》一卷。何妥爲國子祭酒，通直散騎常侍。撰《周易講疏》三卷、《孝經義疏》二卷、《莊子疏》四卷。唐魏徵爲侍中。徵以《戴聖禮記》論次不倫，遂爲《類禮》二十卷，以類相從，削其重復，採先儒訓注，擇善從之，研精覃思，數年而畢。太宗覽而善之，賜物一千段，録數本以賜太子及諸王，仍藏之秘府。徐文遠爲國子博士。撰《左傳義疏》六十卷，行於時。陸德明爲國子博士，撰《老子疏》十卷、《莊》、《易疏》各一十五卷、《經典通釋》三十卷，並行於時。王玄度爲校書郎。貞觀十六年十月，上其所注《尚書》、《毛詩》、《周易》，並《義決》三卷，與舊解尤別者一百九十餘條。付學官詳其可否，諸儒皆因習先師，譏其穿鑿，玄度隨方應答，竟不肯屈。太宗欲廣見聞，並納之秘府。王方慶爲麟臺監。精三《禮》，好事者多詢訪之，每所酬答，咸有典據。故時人編次，名曰《雜禮答問》。孔穎達爲國子祭酒。太宗以儒學多門，章句繁雜，令穎達與諸儒撰正《五經義疏》一百七十卷。數年乃成，名曰《義贊》，有詔改爲《五經正義》云。雖復包括衆家，稍爲詳悉，然亦有紕繆。崔義玄少受章句之學，《五經》大義，先儒所疑，有音訓不明者，兼採衆家，皆爲解釋，傍引證據，各有條流。上聞之，詔義玄討論《五經正義》，與諸博士等詳定是非，事竟不就。後爲蒲州刺史，卒。顔遊秦，師古叔父也。爲鄲州刺史，卒官。撰《漢書決疑》十二卷，爲學者所稱。後師古注《漢書》，亦多取其義。顔師古爲秘書少監。太子承乾在東宫，命師古注《漢書》。承乾表上之，太宗令編之秘閣。許叔牙爲太子洗馬，兼崇賢館學士。嘗撰《毛詩纂義》十卷以進，太子賜帛二百段，兼令寫本付司經局。其後御史大夫高智周謂人曰：「凡欲言《詩》者，必須先讀此書始可也。」格輔元兄希玄，高宗時，官至洛州司法參軍。章懷太子賢召令與洗馬劉訥言等注范曄《後漢書》，行於世。張太安，高宗時爲太子左庶子。太子賢令太安與洗馬劉訥言、洛州司戶參軍格希玄等，注范曄《後漢書》。表上之，賜物三萬段，仍以其書付秘閣。王勃，高宗時爲虢州參軍。撰《周易發》五卷、《次論》十卷。王元感，則天長安中，爲四門博士。表上其所撰《尚書糾繆》十卷、《春秋振滯》二十卷、《禮記繩愆》三十卷，并所注《孝經》、《史記》、《漢書》草，請官紙筆給寫秘閣。制令弘文館、崇賢兩館學士及成均博士，詳其可不。弘文館學士祝欽明，崇賢館學士李慮、趙元亨，成均博士郭山惲，皆守先儒章句，深譏元感，掎摭舊義。元感隨方應答，竟不之屈。唯鳳閣舍人魏知古、司封郎中徐堅、左史劉知幾、右史張思敬，雅好異聞，每爲元感申理其義。由是擢拜太子司議郎，加朝散大夫，崇賢館學士。韋顗爲吏部侍郎。著《易藴解》，推演潛元終始之義，甚有奥旨。高定爲京兆參軍。幼聰警絶倫，尤精《王氏易》。嘗爲《易圖》，合入出以畫八卦，上圓下方，合則重，轉則演，七轉而六十四卦、六甲八節備焉。著《易外傳》二十二卷。裴延齡爲汜水尉。乾元末，過東都，爲賊所據。因寓居于鄂州，綴緝裴駰所注《史記》之闕遺，自號小裴。韋公肅爲秘書著作郎。公肅注太宗文皇帝《帝範》一十二篇上獻，有詔付集賢，仍令別寫一本進内。崔玄暐爲中書令。撰《行己要範》十卷、《友義傳》十卷、《義士傳》十三卷，訓注《文館詞林策》二十卷。李善寓居汴鄭間，講《文選》爲業。所注《文選》十卷，行于代。後爲崇賢館學士。韓滉爲左僕射平章事。好《易象》及《春秋》，著《春秋通例》及《天文事序議》各一卷。張守節少集《詩》、《禮》，尤精《史》義，注《正義》四十卷。張鎰撰《三禮圖》十二卷、《五經微旨》十四卷、《孟子音義》三卷。李吉甫爲相。嘗討論《易》象異義，附於僧一行《集注》之下。陸贄爲給事中、皇太子侍讀。著《集注春秋》二十卷、《類禮》二十卷、《君臣圖翼》三十五卷，並行於代。馮伉，元和初爲國子祭酒，著《三傳異同》三卷。裴通爲詹事，著《易玄解》并《總論》二十卷、《易御寇》十三卷、《易洗心》二十卷。韋表微爲翰林學士，戶部侍郎。少時剋苦自立。著《九經師授講》一卷、《春秋三傳總例》二十卷。李磎爲相，曾注解書傳之闕疑，僅及百卷，經巢、讓之亂，悉爲灰燼焉。

宋庠《國語補音原序》　按：班固《藝文志》種別六經，其春秋家有《國語》二十一篇，注：左丘明著。至漢司馬子長撰《史記》，遂據《國語》《世本》《戰國策》以成其書。當漢世，《左傳》秘而未行，又不立於學官，故此書亦弗顯。惟上賢達識之士，好而尊之，俗儒弗識也。逮東漢《左傳》漸布，名儒始悟向來《公》、《穀》膚近之説，而多歸左氏。及杜元凱研精訓詁，木鐸天下，古今眞謬之學，一旦冰釋，雖《國語》亦從而大行，蓋其書竝出丘明。自魏晉以後，書録所題皆曰《春秋外傳・國語》。是則《左傳》爲內，《國語》爲外，二書相輔，以成大業。凡事詳於内者略於外，備於外者簡於内，先儒孔晁亦以爲然。自鄭衆、賈逵、王肅、虞翻、唐固、韋昭之徒竝治其章句，申之注釋，爲六經流亞，非復諸子之倫。自餘名儒碩士好是學者，不可勝紀。歷世離亂，經籍亡逸，今此書惟韋氏所解傳於世，諸家章句遂無存者。然觀韋氏所叙，以鄭衆、賈逵、虞翻、唐固爲主而增損之，故其注備而有體，可謂一家之名學。惟唐文人柳子厚作《非國語》二篇，攟摭左氏意外微細，以爲詆訾，然未足掩其鴻美。《左》篇今完，然與經籍竝行無損也，庸何傷於道。因略記前世名儒傳學姓氏列之後。漢大司農鄭衆，字仲師，作《國語章句》，亡其篇數。漢侍中賈逵，字景伯，作《左氏春秋》及《國語解詁》五十一篇。《左傳》三十篇，《國語》二十一篇，《隋志》云二十卷，唐已亡。魏中領軍王肅，字子雍，作《春秋外傳國語章句》一卷。《隋志》云梁有，二十二卷，《唐志》亦云二十二卷。吳侍御史虞翻，字仲翔，注《春秋外傳國語》二十一卷。吳尚書僕射唐固，字子正，注《春秋外傳國語》二十一卷。吳中書僕射侍中高陵亭侯韋昭，字弘嗣，注《春秋外傳國語》二十一卷。《隋志》云二十二卷，《唐志》二十一卷，與今見行篇次同。晉《五經》博士孔晁，注《春秋外傳國語》二十卷，《唐志》二十一卷。

右按古今卷第多不同，或云二十一篇，或二十二，或二十卷。然據班《志》最先出，賈逵次之，皆云二十一篇，此實舊書之定數。其後或互有損益，蓋諸儒章句，煩簡不同，析簡併篇，自名其學，蓋不足疑也。要之，《藝文志》爲審矣。

王洙等《分門集注杜工部詩·集注杜工部詩姓氏》 唐昌黎先生韓氏。名愈，字退之，有詩《題子美墳》。唐元氏。名稹。太原王氏。名洙，字原叔，翰林學士，兵部郎中，知制誥，史館脩撰。注《子美集》，先古詩，後近體，計三十六卷。建安王氏。名昱，字公旦。建陽人，度支員外郎，秘閣校理。臨川王氏。名安石，字介甫，撫州臨川人，拜左僕射，謚文公。鳳臺王氏。彥，輔和。注《子美詩》四十九卷，自號鳳臺子。王氏。名徵，鳳臺子之子。王氏。名端仁，鳳臺子之孫。鉅野王氏。名禹偁，字元之，濟州鉅野人。翰林學士，知審官院，兼通進銀臺封駁司。建安王氏。名□。王氏。名杞。王氏。名琪，字君玉。王氏。逢原。王氏。深父。王氏。立之。直方。王氏。性之。永嘉王氏。名十朋，字龜齡。《集注編年詩史》三十二卷。建安王氏。名紆。眉山蘇氏。名軾，字子瞻，眉州眉山人，謚太師文忠公。著《釋事》。蘇氏。養直。西蜀趙氏。次公，字彥材，著《正誤》。西蜀趙氏。夔，字堯卿。趙氏。彥材。趙氏。元序。西蜀師氏。名古，著《詳說》二十八卷。師氏。尹，民瞻。嘉興魯氏。□，編《注子美詩》一十八卷。廬陵歐陽氏。名脩，字永叔，吉州永豐人，謚文忠公。豫章黃氏。庭堅，魯直。黃氏。少度。謝氏。邁，幼槃。淮海秦氏。觀，少游。秦氏。少儀。宛丘張氏。耒，文潛。永嘉張氏。器先。鄄城張氏。名詠，字復之，濮州鄄城人，謚忠定公。張氏。天覺。張氏。名逸。序蜀本《子美詩》一十卷。歷陽張氏。孝祥，安國。張氏。伯玉。續《子美集》，有詩。河東薛氏。蒼舒。續注《子美詩》。薛氏。夢符。廣注《子美詩》。薛氏。綜。薛氏。士昭。薛氏。元肅。城南杜氏。修可。續注《子美詩》。杜氏。名田，字時可。著《補遺》。杜氏。定功。河南尹氏。名洙，字師魯，起居舍人，直龍圖閣。臨川晏氏。名殊，字同叔，謚元獻公。臨江劉氏。名敞。東萊徐氏。字居仁。編次《門類詩》。徐氏。俯，師川。徐氏。君平。徐氏。持晦。呂氏。大防，撰《年譜》。東萊蔡氏。伯世。撰《年譜》。蔡氏。天啓。蔡氏。絛。西蜀孫氏。倬，瞻民。孫氏。彥忠。西蜀程氏。演，季良。程氏。天祐。宋氏。名祁。撰《唐書·子美傳》。西蜀宋氏。援，正□。宋氏。彥材。遯齋陳氏。正敏。后山陳氏。名師道，字無已，一字履常，號彭城居士。陳氏。希仲。陳氏。元龍。陳氏。體仁。陳氏。德溥。南豐曾氏。名鞏，字子固。建昌南豐人，擢試中書舍人。曾氏。公袞。盱江李氏。覯，泰伯。李氏。彭商老。李氏。希聲。李氏。名觀。補遺《子美傳》。臨安李氏。堯祖，唐卿。李氏。厚，德載。沈氏。括，存中。胡氏。撰《子美草堂序》。苕溪胡氏。仔。胡氏。銓，邦衡。唐氏。庚，子西。梅氏。聖俞。韓氏。駒，子蒼。馬氏。存，子才。潘氏。大臨，邠老。潘氏。大觀，仲達。孫氏。名僅。撰《子美詩序》。孫氏。子尚。孫氏。何。洪氏。芻，駒父。洪氏。琰，玉父。洪氏。朋，龜父。洪氏。僧，覺範。河南邵氏。博，伯溫。橘林石氏。敏若。九江夏氏。名竦，字子喬，江州人，樞密使，封英國公。夏氏。倪，均父。何氏。覬，人表。蘇州何氏。泓。高氏。荷，子勉。饒氏。節，德操。晁氏。沖之，叔用。晁氏。補之。姑蘇丁氏。脩。永嘉丁氏。鎮叔。丁氏。惠安。縉雲鮑氏。文虎。著《譜論》。蘄陽林氏。敏功，字子仁，蘄州人，贈高隱處士。林氏。敏修，子敬。林氏。子來。林氏。明仲。林氏。致明。長樂鄭氏。卬。著《釋文》。楊氏。符，信祖。汪氏。革，信民。汪氏。藻，彥章。汪氏。端本，子之。汪氏。洋，養源。建安余氏。葵。東谿詩僧。祖可，正平。季氏。錞，希聲。眞隱詩僧。善權，巽中。元氏。不伐。曹氏。夢良。傅氏。□，薦可。鹿氏。伯可。任氏。居實，文孺。吳氏。憲。吳氏。季南。吳氏。明可。吳氏。少雲。賈氏。巖老。崔氏。肅之。萬氏。先之。萬氏。中之。萬氏。大年。永嘉甄氏。雲卿。龔氏。實之。芮氏。國器。馮氏。方，圓仲。喻氏。叔奇。毛氏。叔度。朱氏。邦翰。永嘉項氏。用中。周氏。成祖。鄧氏。忠臣，字愼思。

余靖《武溪集》卷三《宋職方補注周易後序》 《易》之道深矣。自漢興，有施、孟、梁邱、京氏、費、高諸家之學列于庠序，而傳異詞，師異說，往往入于五行讖緯之術，故其學中絕焉。王氏之學傳自魏晉，盛于隋唐之際，大有言陰陽變化、人事得失，不悖於三聖，不蕩於術數，故獨爲學者所宗。近世言《易》者，復以奇文詭説相高，自成一家之言。考之卦繇、爻、《象》、《彖》、《繫》之微，有所不通矣。今廣平宋君貫之補注《周易》，蓋懲諸儒之失，而擿去異端，志在通王氏之説，合聖人之經。字有未安，意有未貫，必引而伸之，用明文王周公之旨。初著《易明》數十篇，後得唐郭京《舉正》之説，意與己合。遂採郭氏《舉正》，與《易明》相參，綴于經注之下，辯墜簡之所缺，啓後人之未悟，朱墨發端，粲然可覩，其自叙詳矣。

歐陽修《文忠集》卷六五《傳易圖序》 孟子曰：「盡信《書》不如無《書》。」夫孟子好學者，豈獨忽於《書》哉？蓋其自傷不得親見聖人之作，而傳者失其眞，莫可考正而云也。然豈獨無《書》之如此，余讀經解，至其引《易》曰「差若毫釐，謬以千里」之説。又讀今《周易》有「何謂」、「子曰」者，至其《繫辭》，則又曰「聖人設卦」、「《繫辭》焉」。欲考其眞而莫可得，然後知孟子之歎，蓋有激云爾。【略】此孟子所歎其不如亡者也。《易》之傳注，比他經爲尤多，然止於王弼。其後雖有述者，不必皆其授受，但其傳之而已。大抵《易》至漢分爲三，有田何之《易》，焦贛之《易》，費直之《易》。田何之《易》傳自孔子，有上、下二篇，又有《彖》、《象》、《繫辭》、《文言》、《説卦》等。自爲十篇，而有章句。凡學有章句者，皆祖之田氏。焦贛之《易》，無所傳授，自得乎一作「之」。隱者之學，專於陰陽占察之術。凡學陰陽占察者，皆祖之焦氏。費直之《易》，亦無所授，又無章句，惟以《彖》、《象》、《文言》等十篇解上、下經。凡以《彖》、《象》、《文言》等參入卦中者，皆祖之費氏。田、焦之學，廢於漢末。費氏獨興，遞傳至鄭康成。而王弼所注，或用康成之説，比卦六四之類。是弼即鄭本而爲注。今行世者，惟有王弼《易》，其源出於費氏也。孔子之古經亡矣。

又卷一二四《崇文總目叙釋·詩類》 昔孔子刪古《詩》三千餘篇，取其三百一十一篇著於經。秦、楚之際亡其六。漢興，《詩》分爲四：一曰魯人申公作訓詁，號《魯詩》。二曰齊人轅固生作傳，號《齊詩》。三曰燕人韓嬰作内外傳，號《韓詩》。四曰河間人毛公作故一作「詁」。訓傳，號《毛詩》。三家並立學官，而毛以後出，至平一作「章」。帝時始列於學。其後馬融、賈逵、鄭衆、康成之徒皆發明毛氏，其學遂盛。魏、晉之間，齊、魯之《詩》廢絶，《韓詩》雖在而益微，故《毛氏》獨行，遂傳至今。韓嬰之書，至唐猶在，今其存者十篇而已。《漢志》嬰書五十篇，今但存其《外傳》，非嬰傳《詩》之詳者，而其遺説時見於他書，與毛之義絶異，而人亦不信。

又《書類》 《書》原於號令，而本之史官，孔子刪爲百篇，斷堯訖一作「迄」。秦，序其作意。遭秦之故，孔子末孫惠與濟南伏勝，各藏其本於家。楚漢之際，勝失其所藏，但口以傳授。勝既耄昏，乃繆合二十四篇爲二十九，歐陽、夏侯之徒皆學之，寫以漢世文字，號《今文尚書》。至武帝時，孔惠之《書》始出屋壁，百篇皆在，而半已磨滅，又皆科斗文字。惠孫安國以隸古定之，得五十八篇，爲之作傳，號《古文尚書》。至陳、隋之間，伏生之學廢絶，而《孔傳》獨行，先是一作「時」。《孔傳》亡其《舜典》，東晉梅頤一作「賾」。乃以王肅所注伏生《舜典》足其篇。至唐孝明，不喜隸古，始更以今文行于一作「於」。世。

又《春秋類》 孔子生其一作「於」。末世，欲推明王道以扶一作「捄」。周，乃聘諸侯，極陳君臣之理。一作「禮」。諸侯無能用者，退而歸魯，即其舊史，考諸行事，加以王法，正其是非，凡其所書，一用周禮，爲《春秋》十二篇，以示後世。後世學者傳習既久，其説遂殊，公羊高、穀梁赤、左丘明、鄒氏、夾氏，分爲五家。鄒、夾最微，自漢世已廢，而三家盛行。當漢之時，《易》與《論語》分爲三，《詩》分爲四，《禮》分爲二，及學者散亡，僅存其一，而餘家皆廢。獨《春秋三傳》並行至今。初孔子大修六經之文，獨於《春秋》欲以禮法繩諸侯，故其辭尤謹約而義微隱，學者不能極其説。故三家之《傳》於聖人之旨，各有得焉。

又《論語類》 《論語》者，蓋孔子相與弟子時人講問應答之言也。孔子卒，羣弟子論次其言而撰之。漢興，傳者三家：魯人傳之，謂之《魯論》。齊人傳之，謂之《齊論》，而《齊論》增《問王》、《知道》二篇，今文無之。出於孔子壁中者，則曰《古論》，有兩《子張》。是三家者，篇第先後，皆所不同。考今之次，即所謂《魯論》者也。

又《易類》 前史謂秦焚三代之書，《易》以卜筮而得不焚。及漢募羣書，類多散逸，而《易》以故最完。及學者傳之，遂分爲三：一曰田何之《易》，始自子夏，傳之孔子，《卦》、《象》、《爻》、《彖》與《文言》、《説卦》等，離爲十二篇，而説者自爲章句，《易》之本經也。二曰焦贛之《易》，無所師授，自言得之隱者，第述陰陽災異之言，不類聖人之經。三曰費直之

《易》亦無師授，專以《彖》、《象》、《文言》等參解卦一作「易」。爻。凡以《彖》、《象》、《文言》雜入卦中者，自費氏始。田何之學，施、孟、梁丘之徒最盛。費氏初微，止傳民間。至後漢時，陳元、鄭衆、康成之徒皆學費氏，費氏興而田學遂息，古十二篇之《易》遂亡其本。及王弼爲注，亦用卦、一作《彖》。《象》相雜之經。自晉已後，弼學獨行，遂傳至今。

《新唐書・儒學傳上》 帝［唐太宗］又讎正《五經》繆缺，頒天下示學者，與諸儒粹章句爲義疏，俾久其傳。【略】文宗定《五經》，鑱之石，張參等是正訛文，寥寥一二可紀。【略】［顏師古］又爲太子承乾注班固《漢書》上之，賜物二百段、良馬一，時人謂杜征南、顏秘書爲左丘明、班孟堅忠臣。【略】其所注《漢書》、《急就章》大顯于時。［師古叔游秦］撰《漢書決疑》，師古多資取其義。【略】皇太子令［孔］穎達撰《孝經章句》，因文以盡箴諷。帝知數爭太子失，賜黃金一斤、絹百匹。【略】初，穎達與顏師古、司馬才章、王恭、王琰受詔撰《五經義訓》凡百餘篇，號《義贊》，詔改爲《正義》云。【略】［馬嘉運］以孔穎達《正義》繁釀，故掎摭其疵，當世諸儒服其精。【略】叔牙字延基，句容人。貞觀時，遷晉王府參軍事、弘文館直學士。於《詩》、《禮》尤邃，獻《詩纂義》十篇，太子寫付司經。【略】房玄齡嘗稱［敬］播：「陳壽之流乎！」玄齡患顏師古注《漢書》文繁，令掇其要爲四十篇。【略】［王元感］年雖老，讀書不廢夜。所撰《書糾謬》、《春秋振滯》、《禮繩愆》等凡數十百篇，長安時上之，丐官筆楮寫藏秘書。【略】玄宗自注《孝經》，詔行沖爲疏，立于學官。以老罷麗正校書事。初，魏光乘請用魏徵《類禮》列于經，帝命行沖與諸儒集義作疏，將立之學，乃引國子博士范行恭、四門助教施敬本采獲刊綴爲五十篇，上于官。【略】［啖助］善爲《春秋》，考三家短長，縫綻漏闕，號《集傳》，凡十年乃成，復攟其綱條，爲例統。【略】助門人趙匡、陸質，其高第也。助卒，年四十七。質與其子異裒錄助所爲《春秋集注總例》，請匡損益，質纂會之，號《纂例》。

韓琦《安陽集》卷一《讀劉易春秋新解》 夫子《春秋》之所記，二百四十有二年。謹嚴之法不可犯，欲示萬世天子權。禮樂征伐必上出，諸侯雖大莫得專。周平東遷魯君隱，王綱壞裂勿復聯。天王所存位與號，列國自用公承傳。齊桓、晉文無實義，挾周徇己掩大愆。不歸聖筆立中制，誰其當罪誰其賢。紛紛五傳角同異，各專門戶執所偏。遂令學者蹈迷徑，不探元本遭羈牽。至於歆向父子間，亦反天性相鑱鐫。何休杜預范甯輩，離經附傳以臆箋。膏肓廢疾互譏病，雖欲針起難自痊。前人文字安可數，議難啾唧秋蟪蟬。有唐名儒陸淳者，始開奧壤窺源泉。我朝又得孫明復，大明聖意疏重淵。劉生新解最後出，了無塞礙成通川。所趨旨義極簡正，撐拄異論牢且堅。事不歸王皆不與，達經之志所以然。詩三百可一言蔽，曰思無邪而已焉。方今四海大一統，萬里號令猶君前。安不思危易其治，毋容僭亂生階緣。往持此說助邦政，坐令當宁尊如天。

司馬光《傳家集》卷六八《古文孝經指解序》 故孔子與曾參論孝，而門人書之，謂之《孝經》。及傳授滋久，章句漫差，孔氏之人畏其流蕩失眞，故取其先世定本，雜虞、夏、商、周之書及《論語》藏諸壁中。苟使人或知之，則旋踵散失，故雖子孫不以告也。遭秦滅學，天下之書，掃地無遺。漢興，河間人顏芝之子得《孝經》十八章，儒者相與傳之，是爲今文。及魯恭王壞孔子宅而古文始出，凡二十二章。當是之時，今文之學已盛，故古文排擯，不得列於學宮。獨孔安國及後漢馬融爲之傳，諸儒黨同疾異，信僞疑眞，是以歷載累百而孤學沉厭，人無知者。隋開皇中，秘書學士王逸於陳人處得之，河間劉炫爲之作《稽疑》一篇，將以興墜起廢，而時人已多譏笑之者。及唐明皇開元中，詔議孔、鄭二家，劉知幾以爲宜行孔廢鄭，於是諸儒爭難蠭起，卒行鄭學。及明皇自注，遂用十八章爲定。先儒皆以爲孔氏避秦禁而藏書，臣竊疑其不然。何則？秦世科斗之書廢絕已久，又始皇三十四年始下焚書之令，距漢興纔七年耳，孔氏子孫豈容悉無知者，必待恭王然後迺出。蓋始藏之時，去聖未遠，其書最眞，與夫他國之人轉相傳授、歷世疎遠者，誠不侔矣。且《孝經》與《尚書》俱出壁中，今人皆知《尚書》之眞，而疑《孝經》之僞，是何異信膾之可啗，而疑炙之不可食也！嗟乎，眞僞之明，皦若日月，而歷世爭論不能自伸，其中異同不多，然要爲得正，此學者所當重惜也。前世中《孝經》多者五十餘家，少者亦不減十家。今秘閣所藏，止有鄭氏、明皇及古文三家而已，其古文有經無傳。案：孔安國以古文時無通者，故以隸體寫《尚書》而傳之，然則《論語》、《孝經》不得獨用古文，此蓋後世好事者用孔氏傳本，更以古文寫之，其文則非，其語則是也。夫聖人之經高深幽遠，固非一人所能獨了，是以前世並存百家之說，使明者擇焉，所以廣思慮、重經術也。臣愚雖不足以度越前人之胷臆，闚望先聖之藩籬，至於時有所見，亦各言爾志之義，是敢輒以隸寫古文，爲之《指解》。其今文舊注有未盡者，引而伸之，其不合者，易而去之。

金君卿《金氏文集》卷下《傳易之家》 魯商瞿受《易》於仲尼。仲尼卒，商瞿授楚馯臂子弓，一云子弘。子弓授江東橋庇子庸，一云魯橋庇子庸。子庸授燕周豎子家，一云周醜子家。子家授淳于光羽子乘，一云東武孫虞子乘。子乘授齊田何子莊。及秦焚書，以《易》爲卜筮之書，獨得不焚，故傳授不絶。漢興，田何授東武王同子中、讀曰仲。洛陽周王孫、丁寬子襄、齊服光四人焉，皆著《易》傳。丁寬作《易說》八篇，三萬言，訓詁舉大義而已。王、周、服皆作《易傳》二篇。周王孫授魏蔡公，蔡公《易傳》二篇。王同授齊即墨成、廣川孟但，魯周霸、莒衡胡，臨淄主父偃，菑川楊何叔元。叔元《易傳》二篇。叔元傳燕韓嬰、河内司馬談、大中大夫京房。非焦延壽弟子京房也。後丁寬復從周王孫受古義，號《周氏傳》，然周王孫即寬師田何之學也。寬授同郡田王孫，王孫授沛施讎子卿、一云長卿。蘭陵孟喜長卿、瑯琊梁丘賀長翁，繇是有施、孟、梁丘之學焉。施、孟、梁丘氏《章句》各二篇。施氏授河内張禹子文、瑯琊魯伯。禹授淮陽彭宣、沛戴崇子平。魯伯授泰山毛莫如少路、瑯琊邴丹曼容。繇是施家有張、彭之學。孟氏則改師法以候陰陽災變書，詐言得自師田生。而同門梁丘賀證明之，且非田生之法也。授同郡白光少子沛、翟牧子況，由是孟家有翟牧、白生之學。梁丘氏者，始授大中大夫京房《易》。房出爲齊郡太守，後更事田王孫。然則京房、田王孫皆田何家法也。漢宣帝時，聞京房爲《易》明，求其門人，得賀。賀年老，授於子臨。臨始從父學，亦嘗事施讎，後卒行京房法，授五鹿充宗君孟。君孟《略說》三篇。君孟授平陵士孫張仲方、沛鄧彭祖子夏、齊衡咸長賓，繇是梁丘家有士孫、鄧、衡之學。今子夏傳，即鄧子夏，蓋出於梁丘家也。其後又有京房《易》，房字君明，東郡頓丘人，非大中大夫京房也。房始授業梁焦贛延壽，贛云常從孟喜問《易》。會喜卒，房以爲延壽《易》即孟氏學，時孟氏門人翟牧、白生皆曰非孟氏法也。房後以災異得幸，授東海殷嘉、河東姚平、河南乘弘，皆爲博士，由是有京氏之學焉。又其後，有東萊費氏《易》，名直，字長翁。其學無章句，本以古字，號《古文易》，以《彖》、《象》、《繫辭》、《文言》解説上下經。授瑯琊王璜平仲，由是世傳費氏之學。又沛人高相與費公同時，亦無章句，自言出於丁將軍傳，授子康及蘭陵毋將永，由是有高氏之學焉。漢宣帝時，施、孟、梁丘皆立博士。至元帝世，立京氏《易》，惟費、高二家未得列於學宫。成帝時，劉向校書考《易》說，以諸《易》家說，皆祖田何、楊叔元、丁將軍，大意略同，惟京氏爲異。向以中古文《易經》校施、孟、梁丘經，或脱去「无咎」、「悔亡」，惟費氏經與古文同，然受其學者未盛於世。時梁丘賀以卜筮得幸宣帝，及至顯官，故學者宗焉。其後五鹿充宗貴幸，善梁丘《易》。元帝好之，欲考其異同，令充宗與諸《易》家論。充宗乘貴辨口，諸儒莫能與抗，皆稱疾不敢會。又施讎之門人張禹以經術爲成帝師，位丞相，封侯，成就弟子尤著者，彭宣、戴崇皆至公卿，故施氏、梁丘之學尤盛於當世。以至孟氏、京氏弟子俱爲博士，故二家之學亦行焉。高相子康爲王莽所殺，故學者衰廢。而費氏獨行古文《易》，然而未得立者，蓋亦不幸者矣。其後東漢諸儒，習施氏者，則有沛戴崇、洎子賓，陳留劉昆威公、洎子軼君文。習孟氏者，則有南陽洼音圭。丹子玉、中山鮭陽鴻孟孫、鮭，胡佳反，又苦圭反。一作鮭，胡瓦反者，非。廣漢任安定祖。習梁丘氏者，則代郡范升辨卿、京兆楊政子行、一云范升、楊政皆傳孟氏《易》者，非。潁川張興君上、洎子魴。惟張興最知名，爲梁丘家宗，弟子自遠方至者，著録且萬人焉。習京氏者，則汝南戴憑次仲、南陽魏滿叔牙、濟陰孫期中彧。惟高氏之學無傳焉。建武中，陳元長孫、鄭衆仲師皆傳費氏《易》。其後馬融、荀爽亦爲之傳，自是費氏興，而諸家之學衰矣。陳、荀、馬皆當世大儒，故費氏之學益盛。今輔嗣之學，蓋出於費氏古文《易》也。再原漢之言《易》者，一出於田何，其傳者若周王孫、同、楊何、大中大夫京房、丁寬、田王孫，皆本師法。然當高、惠、文、景之時，學其未興也。至宣、元間，施、孟、梁丘、京氏四家及高相之學，多以陰陽災異爲說。惟費氏本以古字，號古文《易》，以《彖》、《象》、《文言》講說上、下經，爲有本末。又校之諸家，獨與中古文《易》同流。及馬、鄭等家，其學遂盛。獨輔嗣天啓其衷，而入聖門之奥，考其淵源，雖本於馬、鄭之學，然其流溥博，出於諸家遠矣。噫，《易》之大原，皎若白日，函光於犧，旭於文，迄我聖師，而後正中焉。昳於秦，薄蝕於漢，諸家之説棼焉，而聖道微矣。輔嗣特起，斥去異端，天人之道，俄然而明。然猶時若氛翳，未能廓然，若將有以待焉爾。在其賢者心，聖人之心猶得觀望其光景者哉。重卦之人，孔穎達曰：重卦之人，凡有四說，王輔嗣以爲伏犧，鄭康成之徒以爲神農，孫盛以爲夏禹，史遷等以爲文王。其言夏禹及文王重卦者，按：《繫辭》，神農之時已有，蓋取諸《益》與《噬嗑》，以此論之，不攻自破。其言神農重卦，亦未爲得，今以諸文驗之。案：《說卦》云：「昔者聖人之作《易》也，幽贊於神明而生蓍。」凡言作者創造之，謂神農，已後便是述修，不可謂之作也，則幽贊用蓍，謂伏犧矣。又引《下繫》云：「上古結繩而治，後世聖人易之以書契。」蓋取諸《夬》，既象夬卦而造書契。伏犧有書契，則有夬矣。故今輔嗣以伏犧既畫八卦，即自重爲六十四爲得其實。君卿謹按：揚雄作《解難》，其辭曰：伏犧之作《易》也，綿絡天地。今以八卦，文王附六爻，孔子錯其象而彖其辭，然後發天地之藏，定萬物之基。又《法言》述文王之淵懿曰：「重《易》六爻，不亦淵乎。」司馬遷曰：「伏犧至純厚，作《易》八卦。」又云：「西伯其囚羑里，蓋益《易》之八卦爲六十四。」班固亦云：「商周之際，紂在上位，逆天暴物。文王以諸侯順命而行道，天人之占，可得而效。於是重《易》六爻，作上、下篇。」孔安國云：「伏犧氏之王天下也，始畫八卦。」又《繫辭》云：「包犧氏之王天下也，始作八卦，以通神明之德。」此經據灼然矣。輔嗣獨擯諸家之說，孔穎達從而解之，殊不達《繫辭》之大義，妄引蓋取諸益之說，惑之甚矣。夫《易》曰：「天地設位，易行乎其中矣。」則是兩儀定位，雖未有《易》之書，而易之道已著矣。若文王之前，雖卦象未備列，而古先聖人順天地之道與物之宜，以垂立教而得乎易之道，與卦義相契合者，固已多矣，豈須先觀卦象而後有爲乎？原《繫辭》之意，蓋謂若神農爲耒耜，得《易・益》卦之義；若黃帝爲弧矢，得《易・睽》卦之象也。如曰不然，且《繫辭》云：「上古結繩而治，後世聖人易之以書契，蓋取諸夬。」夫書契之作，始於伏犧。如穎達之見，則是未有書契之時，已先有此夬卦，後因觀象而作爲書契，何不思之甚也。又穎達既以文王爲卦辭，周公爲爻辭爲然，如曰伏犧之時已重卦，則是但有六十四卦之名，卒無一言以明卦義，安所謂垂世立教哉。穎達又以《說卦》有作《易》重之文，謂非伏犧不得云作《易》。且伏犧畫八卦，至於文王重之，而《易》道始成。故曰：「《易》之興也，其於中古乎。作《易》者，其有憂患乎。」又曰：「《易》之興也，其當商之末周之盛德耶？當文王與紂之事邪？」此其文王作《易》之明驗，豈得謂非伏犧不得云作也。君卿以爲伏犧畫八卦，文王重而爲六十四，復繫之卦辭。周公述文王之志，又繫之爻辭。仲尼贊而爲《彖》、《象》、《文言》，爲得其實。兩漢大儒揚雄、司馬遷、孔安國、班固，據《繫辭》，「伏犧始作八卦之文」，斷然無疑矣。

朱長文《樂圃餘稿》卷七《春秋通志序》 孔子既歿，師說各傳，而能言其要者，莫如孟子。孟子之言曰：「《春秋》，天子之事也。孔子作《春秋》而亂臣賊子懼。」推是以見扶王法以繩暴亂也。又曰：「五霸，三王之罪人也。五伯之罪人也。今之大夫，今之諸侯之罪人也。」推是以見，隱、桓而下，譏諸侯之無王；成、襄而下，譏大夫之無諸侯也。又曰：「春秋無義戰。」推是以見，諸侯之不得專兵也。又曰：「子噲不得與人燕，子之不得受燕於子噲。」推是以見，《春秋》非王命不得擅廢置也。蓋孟子深於《春秋》，惜哉，其不著書也。其後作傳者五，而三家存焉。左氏盡得諸國之史，故長於叙事。公、穀各守師傳之說，故長於解經。要之，互有得失。漢興以來，瓌望碩儒，各信所習。董仲舒、平津侯治《公羊》，而《公羊》之學施於朝廷。孝宣帝、劉向好《穀梁》，而《穀梁》之義顯於石渠。劉歆、賈逵之徒好《左氏》，而《左氏》之傳列於學宮。是非紛錯，準則靡定，誠君子之所嘆息也。其秉毫牘，焦思慮，以爲論注疏說者，百千人矣。攻訐毀訾，黨同斥異，恬不知怪。范甯解《穀梁》，略言三家得失。故文中子謂使范甯不盡美於《春秋》，歆、向之罪也。唐儒啖助始作《三傳集解》，趙伯循又爲之損益。陸淳會稡其說，作《纂例》、《辨疑》、《微指》之類，取其長而棄其短，撮其是而刪其非，又頗益以己說。由是，《春秋》之學初得會通，學者賴焉。本朝孫明復隱泰山三十年，作《尊王發微》，據經推法，洞究終始，不取《三傳》，獨析諸聖人之言，明諸侯大夫功罪，得於經之本指爲多。慶曆中，仁宗皇帝銳意圖治，以庠序爲教化之本。於是興崇太學，首善天下。廼起石守道於徂徠，召孫明復於泰山之陽，皆主講席。明復以《春秋》，守道以《易》學，士大夫翕然向風，先經術而後華藻。既而守道捐館，明復坐事去國。至和中，復與胡翼之並爲國子監直講。翼之講《易》，更直一日。長文年在志學，好治《三傳》，略究得失，日造二先生講舍，授兩經大義，於《春秋》尤勤。未幾，明復以病居家。雖不得卒業，而緒餘精義，不敢忘廢，頗欲著書，以輔翼其說，而嬰疾弗遑也。熙寧中，王荊公秉政，以《詩》、《書》、《易》、《禮》取天下士，置《春秋》不用。蓋病三家之説紛糾而難辨也。由是學者皆不復治此經，獨余於憂患顛沛之間猶志於是。會元祐初，詔復立於學宫，而余被命掌教吴門。於是首講大經以授學者，兼取《三傳》而折衷其是，旁考啖、趙、陸淳諸家之義，而推演明復之言，頗繫之以自得之説。不二歲，講終獲麟。紹聖初被召爲太學博士，復講此經，廼裒其所録，次爲二十卷，名之曰《通志》，使學者由之可以見聖人之道，如破荆榛而瞻門庭，披雲霧而覩日月也。

晁補之《鷄肋集》卷三六《離騷新序中》　劉向《離騷楚辭》十六卷，王逸傳之。按：八卷皆屈原遭憂所作，故首篇曰《離騷經》，後篇皆曰《離騷》，餘皆曰《楚辭》。【略】王逸，東漢人，最愛《楚辭》，然《九思》視向以前所作相闊矣。又十七卷非舊録，特相傳久，不敢廢，故遷以附續《楚辭》上十卷之終。而其下十卷，自唐韓愈始焉。《離騷》，人不讀久，文舛闕難知。王逸云：武帝使淮南王安作章句。至章帝時，班固、賈逵復以所見改易前疑，亦作章句，其十五卷闕而不説。今臣作十六卷章句，然則安與固、逵訓釋，獨《離騷經》一篇，不知固、逵所改易者何事。今觀《離騷經》訓釋，大較與十五卷，義同或淺陋，非原本意，故頗刪而存之。而録司馬遷《史記·屈原傳》冠篇首，以當《離騷》序云。

晁説之《景迂生集》卷一〇《集注揚子太玄序》　漢五業主事宋衷始爲《玄》作《解詁》。吴鬱林太守陸績作釋失，尚書郎范望作解贊。唐門下侍郎平章事王涯注經及首測。及宋興，都官郎中直昭文館宋惟幹通爲之注，泰州天水尉陳漸作《演玄》，司封員外郎吴秘作《音義》。慶曆中，光始得《太玄》而讀之，作《讀玄》。自是求訪此數書，皆得之，又作《説玄》。疲精勞神三十餘年，訖不能造其藩籬。以其用心之久，棄之似可惜，乃依《法言》爲之集註。誠不知量，庶幾來者或有取焉。

又卷一二《三傳説》　《左氏》於經而合者，夐出二傳及百氏之上，惜夫觀者未之悉覩也。蓋其於經，言約而意含；其序事則文侈而辭麗。侈固足以勝約，而焕麗又易以掩夫含蓄。是使好文綵者，知有傳而不知有經。幸而偶軼經之士，則甘心於《公》、《穀》之下，不復省澄源於洪流也。彼杜氏《左傳》，則良勤矣。至於屈經以申傳，顧豈不知人將議己也。不能忘言於《左氏》。無傳之經或傳，初未嘗有所及之，意乃參援二傳而強納之，雖斥賈、服之弊，其幾何而不爲賈、服也邪？且夫子當時所據舊史衆矣。夏商之禮，固能言之，其在周室何有？逮左氏之時，舊史漸陵遲矣。杜氏乃以《左氏》之耳目，奪夫子之筆削，又何誣哉！公羊高受《春秋》於子夏，傳其子平，平傳其子地，地傳子敢，敢傳子壽。壽當漢景帝時，與其弟子齊人胡母子都始著於竹帛，董仲舒實傳焉。《春秋》公羊家於是乎大行於漢，公卿大儒悉宗之。雖曰父子口以授受而密矣，不能無所遺誤舛逆，亦人情之所不免也。如《昭三十一年》：冬，黑肱以濫來奔。曰：文何以無邾婁？何休曰：據讀曰邾婁。説者曰：公羊子口讀則邾婁，黑肱是口讀，與策書不無同異也。既曰一家之傳，而特書子公羊子者，孰謂謂高歟？且又載魯子高子之辭，何邪？而又復有子沈子者，子女子者，子北宫子者，高之所子歟，抑平地敢壽之所子歟？此五子者，既多異同於子公羊子，不知何以不本諸子夏之初邪。彼闕疑不決之故，若有待於來者，信高也。何以不決於子夏乎？以故一章之間，玉石錯出，而精深昭遠之功少，其釀謭億措之害，不勝其多也，可不惜乎？夫其所謂精深昭遠者，特絶乎後儒筆墨之迹。意氣思索之所及，苟不自乎子夏而誰歟？今學者劣以耳目聞見而忽之，又豈不重可惜乎？嗚呼，《公羊》家既失之舛雜矣，而何休者又特負於《公羊》之學，徒勤而功亦不除過矣。五始、三科、九旨、七等、六鋪、二類、七缺之設，何其紛紛邪？其最爲害者有三，曰王魯，曰黜周，曰新周，故宋無他焉。圖緯讖記之所蠱幻，而甘心於巫鬼禨祥，而不自寤也。既曰據百二十國寶書，而又謂三世異辭，何邪？文、宣、成、襄爲升平之時，昭、定、哀爲太平之時，休自謂本諸胡母生條例，而胡母生果親事公羊壽者，寧如是乎？前乎休，而賈逵、服虔之徒亦如是乎？嗚呼，漢氏之末，而學者之災也。

《穀梁》晚出於漢，因得監省《左氏》、《公羊》之違畔而正之，然或失賊而不討也，且或與之同惡焉，重可惜哉。至其精深遠大者，眞得子夏之所傳歟。范甯又因諸儒而博辯之，申穀梁之志也，其於是非亦少公矣。非若杜征南一切申傳，汲汲然不敢異同也。蓋《穀梁》失之隨，而甯或失之不隨。嗚呼！學之難也如此者。《左氏》之失專而縱，《公羊》之失雜而拘，《穀梁》司典刑而不縱，崇信義而不拘，有意乎蹈道而知變通矣，不免失之隨也。奈何甯所論《三傳》之失，殆斥其辭而云，然予則專本諸經矣。亡友六合崔伯直則曰：《左氏》失之淺，《公羊》失之險，《穀梁》失之迂。

又卷一六《傳易堂記》　古者六藝之學必謹師授，一作術。其稱是人經明有家法，至東都猶甚嚴也。魯商瞿子木受《易》孔子，五傳而至漢齊田何子裝。漢之《易》家，蓋自田何始。何而上未嘗有書，魏管輅謂：「《易》安可注者，其先儒之心歟？」古今學者咸謂卜子夏受《易》孔子，而爲之傳。然太史公、劉向父子、班固皆不論著，唐劉子玄知其僞矣。是書亡，不傳於今。今號爲《子夏易傳》者，《崇文總目》亦斥其非是，而不知其所作之人，予知其爲唐張弧之《易》也。是子夏亦未嘗有書，而以《易》之道教授西河。其後汾晉之間，《易》以故特盛歟。漢自田何授東武王同、洛陽周王孫、丁寬、齊服生四人者，乃始爲之傳矣。然王氏、周氏、服氏書各二篇，丁氏八篇，亦不過訓詁舉大義云耳，豈爲巧慧組繡之靡也耶？而《易》家著書，則自王同始。同授淄川楊何，所謂「易楊」者是也。丁寬授碭田王孫，王孫授沛施讎、東海孟喜、琅琊梁丘賀三家，又皆列於學官，最爲盛矣。其弟子顯門者衆，厥後又有東郡京房之學，亦得立。而學官則自楊何始。又其後，有東萊費直之《易》，有沛高相之《易》，唯傳民間。此三家者，雖戶牖不同，而堂奧之安則一也。蓋皆兼三才而備錯，總極變通焉。房謂其學即孟氏學，相自言出於丁將軍，詎弗信耶。惟費氏之《傳》，晚而益盛，東都陳元、鄭衆、馬融、鄭玄、荀爽，魏王肅、王弼，皆其人也。自肅而上，莫敢悖其所傳。唯弼年少，厭舊喜新，乃一切擯棄師法，攘莊老恍惚虛無之論，專於人事，以快後生耳目，而稱爲《易》之妙，乃不知《易》之奧妙自有所在，而無用《莊老》汨之也。譬如惰農乞市以飽，而弗顧南畝之可耘耔，惜哉！《易》之雜乎《莊老》而專明人事，則自王弼始，《易》家乃始失其所傳焉。梁丘、施、孟三家於是乎亡於晉，而孟氏、京氏有書無師矣。屬江左祖尚玄虛，弼之學滋得以益盛。然其初，虞翻傳其家五世，孟氏之學爲時推重。晉王庾雖喜清談，而專立鄭學。干寶輩猶不忘乎京氏，而孫盛詆弼之傳會浮麗，又已力矣。宋元嘉欲矜學校之盛，而王、鄭兩立。逮顏延之爲祭酒，而黜鄭置王，齊之王學遂大盛。陸澄《貽王儉書》云：《易》自商瞿之後，雖有異家之學，同以象數爲宗。數年後乃有王弼之說。王濟曰：弼所誤者多，何必能頓廢前儒。予嘗味其言，未嘗不三歎息之也。時王儉在位，善澄之言，於是學者略之鄭矣。至梁何胤之徒，又竊釋氏之論，穿鑿異端而誇於弼，斯又弼之罪人也。其在河北，諸儒則專祖鄭氏，所謂衣冠禮樂盡在中原者，此亦其躅也。不幸隋興，縉紳學士反浮靡是慕，弼之學遂爲中原之師，而唐因之。於是乎《易》家古法始泯滅無聞矣。然隋汾晉之間，有仲長子光、關子明、王仲華、王通輩傳《易》，自有指歸，不失乎古，得非子夏之遺風哉？蓋漢嚴君平、揚子雲，魏管輅，晉郭璞、孫登，隋關朗，唐僧一行、玄眞子、張志和，其於《易》又特最深矣。是謂一世偉人，非有所待而興，亦莫得而沮溺之也。至有宋，華山希夷先生陳摶圖南以《易》授終南种徵君放明逸。明逸授汶陽穆參軍修伯長。而武功蘇舜欽子美，亦嘗從伯長學。伯長授青州李之才挺之。挺之授河南邵康節先生雍堯夫，惟康節先生天資既卓越不羣，而夜不施枕，惟《易》之學者三十年。其兼三才，而錯綜變通之妙，始大著明矣。自希夷而來，皆未嘗有書，乃如子木、子夏之初歟？有廬江范諤昌者，亦嘗受《易》於种徵君。諤昌授彭城劉牧。而鼇隅先生黄晞及陳純臣之徒，皆由范氏知名者也。其於康節之《易》，源委初同，而淺深不倫矣。

又卷一八《記京房易傳後》　昔魯商瞿子木受《易》孔子，五傳而至漢田何子裝。何授洛陽丁寬。寬授碭田王孫。王孫授東海孟喜。喜授梁焦贛延壽。延壽授房。房授東海殷嘉、河東姚平、河南乘弘，繇是《易》有京氏之學而傳盛矣。有瞿牧白生者不肯京氏，曰：「京非孟氏學也。」劉向亦疑京託之孟氏。予不知當時爲何說也，今以當時之說驗之。蓋有《孟氏京房》十一篇，《災異孟氏京房》六十六篇，與夫《京氏殷嘉》十二篇同爲一家之學，則其源委孰可誣哉？此亦學者不可不知也。若小王者果何所授受邪。蓋自京氏爲王學有餘力，而王學之適京氏則無繇矣。或傳是書而文字舛繆，得以予言而考諸，今有不可就正者，闕以待來哲。

又《題古周易後》　《周易》卦爻一，《彖》二，《象》三，《文言》四，《繫辭》五，《說卦》六，《卦序》七，《雜卦》八，繕寫謹第如上。按：晉太康初，發汲縣舊冢得古簡編蝌蚪文字，散亂不可訓知。獨《周易》最爲明了，上下篇與今正同，有陰陽說，而無《彖》、《象》、《文言》、《繫辭》。杜預疑於時仲尼造之於魯，尚未播之遠國。而《漢・蓺文志》：《易經》十二篇，施、孟、梁丘三家。顏師古曰：上下經及十翼，故十二篇。是則《彖》、《象》、《文言》、《繫辭》始附卦爻，而傳於漢歟。先儒謂費直專以《彖》、《象》、《文言》參解易爻。以《彖》、《象》、《文言》雜入卦中者，自費氏始。

其初費氏不列學官，唯行民間。至漢末，陳元方、鄭康成之徒皆學費氏，古十二篇之《易》遂亡。孔穎達又謂輔嗣之意，《象》本釋經，宜相附近，分爻之《象》辭，各附於當爻。則費氏初變亂古制時，猶若今乾卦《彖》、《象》、《繫辭》之末歟。古經始變於費氏，而卒大亂於王弼，惜哉！奈何後之儒生尤而效之，杜預分《左氏傳》於經，宋衷、范望輩散《太玄》贊與測於八十一首，是其明比也。揆觀厥初，乃如《古文尚書》，司馬遷、班固《序傳》，揚雄《法言》序篇云爾。今民間《法言》列序篇於其篇首，與學官書不同，概可見也。唐李鼎祚又取序卦冠之卦首，則又效小王之過也。今悉還其初，庶幾學者不執《彖》以徇卦，不執《象》以徇爻云。昔韓宣子適魯見《易象》，是古人以卦爻統名之曰《象》也。故曰《易》之象也，其意深矣，豈若後之人卦必以象明，象必以辭顯，紛紛多岐哉。嗚呼，學者曾未之知也。劉牧云：《小象》獨乾不係於爻辭，尊君也。石守道亦曰：孔子作《彖》、《象》於六爻之前。《小象》係逐爻之下，惟乾悉屬之於後者，讓也。嗚呼，他人尚何責哉。若夫文字之傳，始有齊楚之異音，始有科斗、籀、篆、隸書之四變，因而訛謬者多矣。劉向嘗以中古文《易經》校《施》、《孟》、《梁丘經》。至蜀，李譔又嘗著古文《易》，則今之所傳者，皆非古文也。安得覩夫劉、李之書乎？其幸而諸儒之傳，今有所稽考者，具列其異同舛訛於字下，亦庶幾乎同復於古也。或曰：子能古文，何不古文寫之？曰：有改於華而無變於實者，予不爲也。如古者竹簡重大，以經爲二篇，今文何必以二篇成帙哉？

朱震《漢上易傳・漢上易傳表》　商瞿學於夫子，自丁寬而下，其流爲孟喜、京房。喜書見於唐人者，猶可考也。一行所集房之《易傳》，論卦氣、納甲、五行之類。兩人之言，同出於周易《繫辭》、《說卦》。而費直亦以夫子「十翼」解說上、下經，故前代號《繫辭》、《說卦》爲《周易》「大傳」。爾後，馬、鄭、荀、虞各自名家，說雖不同，要之去象數之源猶未遠也。獨魏王弼與鍾會同學，盡去舊說，雜之以莊老之言，於是儒者專尚文辭，不復推原大傳天人之道。自是，分裂而不合者，七百餘年矣。國家龍興，異人間出。濮上陳摶以《先天圖》傳种放，放傳穆修，修傳李之才，之才傳邵雍。放以《河圖》、《洛書》傳李溉，溉傳許堅，堅傳范諤昌，諤昌傳劉牧。修以《太極圖》傳周敦頤，敦頤傳程頤、程顥。是時，張載講學於二程、邵雍之間，故雍著《皇極經世》之書，牧陳天地五十有五之數，敦頤作《通書》，程頤述《易傳》，載造《太和》、《三兩》等篇。或明其象，或論其數，或傳其辭，或兼而明之，更唱迭和，相爲表裏，有所未盡，以待後學。臣頃者遊宦西洛，獲觀遺書，問疑請益，偏訪師門，而後粗窺一二，造次不捨，十有八年，起政和丙申，終紹興甲寅，成《周易集傳》九卷，《周易圖》三卷，《周易叢說》一卷。以《易傳》爲宗，和會雍、載之論，上採漢魏吳晉元魏，下逮有唐及今，包括異同，補苴罅漏，庶幾道離而復合。不敢傳諸博雅，姑以自備遺忘。

周紫芝《太倉稊米集》卷五一《毛詩解義序》　亡秦之餘，六籍煨燼，學者不見全經久矣。漢興，惟魯申公、楚元王交始爲之訓。其後鄭氏爲之箋，孔氏爲之疏，而《詩》之學寖興焉。然而是數子者，不過離章析句，辨其名物以名家而已。故曰：若魯申公、楚元王交則知《詩》之學者也。漢自武帝崇尚儒術，始變高祖馬上之風，宰臣當用儒生。元、成以來，長于《詩》者，首推匡衡。蕭望之之徒，則以《詩》餙其儒雅者也，其去孔子之學益遠矣。

鄭剛中《周易窺餘序》　《窺餘》，窺竊《易》家餘意，綴緝而成也。老來心志凋落健忘，自覺所學漸次遺失，恐他時兒童輩有問，寖就荒唐無以對，故取平時所誦今昔《易》學與意會者，輒次第編錄，時自省覽。此《窺餘》之所爲作，所爲名，序之所爲縷縷也。伏羲氏畫八卦，古無異論。至重卦則指名不一。鄭康成輩謂神農，孫盛謂大禹，史遷、揚雄謂文王。攻爲神農之說者曰：耒耨之利，日中之市，固已取諸《益》，取諸《噬嗑》，豈應後來方重卦？神農之說破，則盛以下自當無語矣。孔穎達、王弼又謂伏羲氏始用蓍，十有八變而成卦。觀變之數，則用蓍猶在六爻之後。造書契以代結繩之治，而書契之作，蓋取諸《夬》，重卦者非伏羲乎。伏羲氏畫卦，又爲重卦，文王爲卦下之辭，又分上下經。孔子爲十翼，周公爲爻辭。此《易》緯所謂三聖人，而周公不與者，周公本文考之志，而爲之舉文王，則知周公之聖也。穎達既堅守弼論不移，後之立異相可否者，猶未已。要是指摘相勝，無明白證據，當以王、孔爲允。復有疑者曰：爻辭亦文王所作，非周公也。此蓋不考明夷爾。文在羑里無自謂，文王之理亦不得先謂箕子爲明夷。韓宣子適魯，見《易象》，云：「吾乃知周公之德，則公作爻辭何疑？」馬融、陸績皆知此意也。《繫辭》曰：知者觀《彖》辭，則思過半矣。又曰：聖人設卦，觀《象》、《繫辭》焉，而明吉凶。遂又疑夫子不應自贊，如此《彖》《繫》，必文王所爲也。曾不知卦下之辭，乃文王所繫，其所《繫辭》，亦可謂之《彖》。夫子於上下《繫》，特贊序之，與夫子所爲彖辭自不相礙。范諤昌誤疑《乾彖》與《文言》重複，而謂文王爲彖者，亦此類也。至於《十翼》之目，亦復紛紛。以《彖》、《象》、《繫辭》三者各分上下，而與《文言》、《序卦》、《說卦》、《雜卦》四篇號爲十者。孔穎達主之，《彖》也，大小《象》也，上下《繫辭》也，乾坤《文言》也，而與《序卦》、《說卦》、《雜卦》三篇號爲十者。胡旦主之，以《象》分大小，而不以《彖》分上下。旦說爲勝，以《文言》分乾坤似未安，去古遠矣。學者要當以意所安者爲是。故兩存之，以俟來哲。通乎此，然後可以讀《易》。或問曰：子爲書始《屯》、《蒙》，何也？曰：予於《乾》、《坤》不敢談也。《易》者，天地萬物之奧。乾、坤，則又《易》之奧，聖人妙《易》書之神而藏之《乾》、《坤》，其所示人者，猶委曲載之《文言》，孰謂學者可以一言定乎？尊《乾》、《坤》而不敢論，自《屯》、《蒙》而往，以象求爻，因爻識卦，萬有一見，其仿佛則隨子索母，沿流尋源，《乾》、《坤》之微，或可得而探也。今固未敢妄有窺焉。又問《易》曰：商瞿子木親受業夫子，下抵漢魏專門名家者，不勝計，雖互有得失之論，大槩不過象義二者，就其意趣不合最甚者，惟李鼎祚、王弼。其專用象變，三十餘家而不足義者，鼎祚也。盡掃象變，不用古注，而專以義訓者，弼也。子爲書，爲象乎？爲義乎？曰：有象則有義，以義訓者，不可以遺象也。義不由象出，是猶終日論影，而不知形之所在。偏於一，而廢其一，學者所以難。予《窺餘》所不然也。近世程頤正叔嘗爲《易傳》，朱震子發又爲《集傳》，二書頗相彌縫於象義之間，其於發古今之奧，爲有功焉。但《易》之道廣大變通，諸家不能以一辭盡。有可窺之餘，吾則兼而取之。杜預《春秋經傳集解・後序》載：晉太康元年汲縣發舊冢，大得古書，皆科斗文字，不可訓知。獨《周易》及《紀年》最爲分了，《周易》上下篇與今正同，而無《彖》、《象》、《文言》、《繫辭》。預疑於時仲尼造之於魯，尚未播之遠國。而《漢・藝文志》：《易經》十二篇，謂上下經及《十翼》也。以是考之，漢之《易》已十二篇，但經與《十翼》自爲篇秩，非若今《易》之各附卦爻。先儒謂費直專以《彖》、《象》、《文言》參解《易》爻，謂王輔嗣象本釋經，欲相附近，故《辭》與《象》各附於當爻。要之，取古本輒相分合，二子不容無過，然聖人之旨，未大悖也。併見於序之末。

洪興祖《楚辭補注・楚辭》 隋唐書《志》有皇甫遵訓《參解楚辭》七卷、郭璞《注》十卷、宋處士諸葛《楚辭音》一卷、劉杳《草木蟲魚疏》二卷、孟奥《音》一卷、徐邈《音》一卷。始，漢武帝命淮南王安爲《離騷傳》，其書今亡。按《屈原傳》云：「《國風》好色而不淫，《小雅》怨誹而不亂，若《離騷》者，可謂兼之矣。」又曰：「蟬蛻於濁穢，以浮游塵埃之外，不獲世之滋垢，皭然泥而不滓。推此志，雖與日月爭光可也。」班孟堅、劉勰皆以爲淮南王語，豈太史公取其語以作傳乎？漢宣帝時，九江被公能爲楚詞。隋有僧道騫者善讀之，能爲楚聲，音韻清切。至唐，傳《楚辭》者，皆祖騫公之音。

郭雍《傳家易説自序》 《易》道冥昧於鴻荒之世，包犧氏始畫而明之，歷數千年，槩見於聖人行事，而述作無聞焉。文王重之，然後煥然成章，此文王之所以爲「文」也。迨春秋時，大道不行，獨卜筮行於世。孔子於是作傳，大明其道，然後天下復知文王之《易》爲大道之書。故自開闢以來，力舉斯道而明之者，三聖人而止耳。觀三聖人之爲心，所以曉天下萬世者，亦可謂至矣。自孔子歿，微言復絕。至秦漢間斯道大否。漢興，諸儒僅能訓詁舉大義，或復歸於陰陽家流，大失聖人言《易》之旨。正始中，王輔嗣一切革去，《易》以高尚之言。然輔嗣祖述虛無，其辭雖美，而無用於天下國家。於是《易》爲空言矣。又非三聖人所謂《易》之道也。虛無之學流弊至今，卒無以正之。茲大道所以不明歟？大抵自漢以來，學者以利祿爲心，明經秖欲取青紫而已，責以聖人之道，固不可得而聞也。宋興百有餘載，有明道、伊川二程先生，横渠張先生出焉。監前世儒者之弊，力除千餘載利祿之學，直以聖人爲師，斯道爲己任，豈非古之所謂豪傑之士也哉？其於孟氏之功，聖智巧力之間而已。先人受業伊川先生二十餘年，雍始生之時，横渠、明道久已謝世，甫四歲而伊川歿。獨聞先人言先生之道，其所學所行所以教授，多見於《易》與《春秋》、《中庸》、《論語》、孟氏之書，是以門人率於此盡心焉。且自周公歿，大道不行五百餘歲而得孔子。孔子歿，百有餘歲而得孟子。去聖人世如此未遠，而道之難明亦已甚矣。況於孔子歿後千五百餘年，而三先生欲力復聖人之道，其難矣哉！夫先知先覺之士，曠世無有，將使百世之下聞者莫不興起，豈非三先生之力也歟？雍不肖無聞，甘與草木同腐久矣，重念先人之學殆將泯絶，先生之道亦因以息，惟懼無以遺子孫，於是潛稽《易》象，以述舊聞，用傳於家，使毋忘先生之業。道雖不足，志則有餘矣。

胡宏《五峰集》卷三《程子雅言後序》 自秦焚書坑儒以後，章句紊亂，六經之義，浸微浸昏。重以本朝丞相王安石，專用己意訓釋經典，倚威爲化，以利爲羅。化以革天下之英才，羅以收天下之中流。故五十年間經術頽靡，日入於暗昧支離，而六經置於空虛無用之地。方其時也，西洛程伯淳、其弟正叔二先生者，天實生之，當五百餘歲之數，稟真元之會，紹孔孟之統，振六經之教，然風氣未衰而未盛也。故明道先生早世，先進高第，相繼以亡，伊川先生以一己之力，横制頽波。是以六經之文，猶有未賛者，而先生已没，然大綱張理者亦多矣。十餘年間，後進高第，亦從而逝，故先生之文，散脱不類、流落四方者，率皆訛舛，天下所傳無完本。予小子既深知天下之於六經，如無舟楫之不可濟，倘不爲之類集，則罪人也。用是汲汲以成之，然其言質素而不華，理平淡而無奇。無文之言，猶璞玉也，彫琢者在於玉工，吾能存之而已。無欲之理，天理也，非存純粹精一之心，操弘大毅然之志，未易得也。我則行之，試言讀此書之法，爲同志起予之益乎。反覆乎句讀，神明乎心體，知六經爲守我之要。與其滯泥訓詁傳注之末，不知六經之旨，漫然放誕不切於身者，猶王莽、霍光之有間，其初一間而已，可不慎哉！又況不爲霍光而睎孔孟者乎！必潛心於此書，妙如伯樂之相馬，然後足以振歷古之衰弊，破王安石之奸説，嗣先聖之志，守先王之道，以待後之學者緜緜不絶，尚足以助風氣之盛，而興太古之淳也。

王十朋《東坡詩集注序》 昔秦延君註「堯典」二字，至十餘萬言，而君子譏其繁；丁子襄註《周易》一書，纔二三萬言，而君子恨其略。訓註之學，古今所難，自非集衆人之長，殆未易得其全體。況東坡先生之英才絶識，卓冠一世，平生斟酌經傳，貫穿子史，下至小説、雜記、佛經、道書、古詩、方言，莫不畢究，故雖天地之造化，古今之興替，風俗之消長，與夫山川、草木、禽獸、鱗介、昆蟲之屬，亦皆洞其機而貫其妙，積而爲胸中之文，不啻如長江大河，汪洋閎肆，變化萬狀，則凡波瀾於一吟一詠之間者，詎可以一二人之學而窺其涯涘哉！予舊得公詩八註、十註，而事之載者十未能五，故常有窺豹之歎。近於暇日搜索諸家之釋，裒而一之，劃繁剔冗，所存者幾百人，庶幾於公之詩有光。雖然，自八而十，自十而百，固非略矣，而亦未敢以繁言。蓋以一人而肩烏獲之任，則折筋絶體之不暇，一旦而均之百人，雖未能春容乎通衢，張王乎大都，而北燕南越亦不難到，此則百註之意也。若夫必待讀遍天下書，然後答盡韓公策，則又望諸後人焉。

洪邁《容齋四筆》卷二《諸家經學興廢》 稚子問漢儒所傳授諸經，各名其家，而今或存或不存，請書其本末爲《四筆》一則。乃爲采摭《班史》及陸德明《經典釋文》幷它書，删取綱要，詳載於此。

《周易》傳自商瞿始，至漢初，田何以之顯門。其後爲施讎、孟喜、梁丘賀之學，又有京房、費直、高相三家。至後漢，高氏已微，晉永嘉之亂，梁丘之《易》亡，孟、京、費氏人無傳者，唯鄭康成、王弼所注行於世。江左中興，欲置鄭《易》博士，不果立，而弼猶爲世所重。韓康伯等十人竝注《繫辭》，今唯韓傳。《尚書》自漢文帝時伏生得二十九篇，其後爲大小夏侯之學。古文者，武帝時出於孔壁，凡五十九篇，詔孔安國作傳，遭巫蠱事，不獲以聞，遂不列於學官，其本殆絶，是以馬、鄭、杜預之徒皆謂之《逸書》。王肅嘗爲注解，至晉元帝時，孔傳始出，而亡《舜典》一篇，乃取肅所注《堯典》分以續之，學徒遂盛。及唐以來，馬、鄭、王注遂廢，今以孔氏爲正云。《詩》自子夏之後，至漢興，分而爲四，魯申公曰《魯詩》，齊轅固生曰《齊詩》，燕韓嬰曰《韓詩》，皆列博士。《毛詩》者，出於河間人大毛公，爲之故訓，以授小毛公，爲獻王博士，以不在漢朝，不列於學。鄭衆、賈逵、馬融皆作《詩》注，及鄭康成作箋，三家遂廢。《齊詩》久亡，《魯詩》不過江東，《韓詩》雖在，人無傳者，唯《毛詩》、《鄭箋》獨立國學，今所遵用。漢高堂生傳《士禮》十七篇，即今之《儀禮》也。《古禮經》五十六篇，后蒼傳十七篇，曰《后氏曲臺記》，所餘三十九篇名爲《逸禮》。戴德删《古禮》二百四篇爲八十五篇，謂之《大戴禮》，戴聖又删爲四十九篇，謂之《小戴禮》。馬融、盧植考諸家異同，附戴聖篇章，去其煩重及所缺略而行於世，即今之《禮記》也。王莽時，劉歆始建立《周官經》，以爲《周禮》，在《三禮》中最爲晚出。左氏爲《春秋傳》，又有公羊、穀梁、鄒氏、夾氏。鄒氏無師，夾氏無書。《公羊》興於景帝時，《穀梁》盛於宣帝時，而《左氏》終西漢不顯。迨章帝，乃令賈逵作訓詁。自是《左氏》大興，二傳漸微矣。《古文孝經》二十二章，世不復行，只用鄭注十八章本。《論語》三家，《魯論語》者，魯人所傳，即今所行篇次是也；《齊論語》者，齊人所傳，凡二十二篇；《古論語》者，出自孔壁，凡二十一篇。各有章句。魏何晏集諸家之說爲《集解》，今盛行於世。

陸游《施司諫注東坡詩序》 古詩唐虞賡歌，夏述禹戒作歌。商周之詩，皆以刊於經，故有訓釋。漢以後詩，見於蕭統《文選》者，及高帝、項羽、韋孟、楊惲、梁鴻、趙壹之流歌詩見於史者，亦皆有註。唐詩人最盛，名家者以百數，惟杜詩註者數家，然概不爲識者所取。近世有蜀人任淵，嘗註宋子京、黄魯直、陳無己三家詩，頗稱詳贍。若東坡先生之詩，則援據閎博，指趣深遠，淵獨不敢爲之說。某頃與范公至能會於蜀，因相與論東坡詩，慨然謂予：「足下當作一書，發明東坡之意，以遺學者。」某謝不能。他日，又言之。因舉二三事以質之曰：「『五畝漸成終老計，九重新掃舊巢痕。』『遙知叔孫子，已致魯諸生。』當若爲解？」至能曰：「東坡竄黄州，自度不復收用。故曰『新掃舊巢痕』，建中初，復召元祐諸人，故曰『已致魯諸生』，恐不過如此。」某曰：「此某之所以不敢承命也。昔祖宗以三館養士，儲將相材，及官制行，罷三館。而東坡蓋嘗直史館，然自謫爲散官，削去史館之職久矣，至是史館亦廢，故云『新掃舊巢痕』。其用事之嚴如此。而『鳳巢西隔九重門』，則又李義山詩也。建中初，韓、曾二相得政，盡收用元祐人，其不召者亦補大藩。惟東坡兄弟猶領宫祠。此句蓋寓所謂不能致者二人，意深語緩，尤未易窺測。至如『車中有布乎』，指當時用事者，則猶近而易見。『白首沈下吏，綠衣有公言』，乃以侍妾朝雲嘗歎黄師是仕不進，故此句之意，戲言其上僭。則非得於故老，殆不可知。必皆能知此，然後無憾。」至能亦太息曰：「如此，誠難矣！」後二十五六年，某告老居山陰澤中，吳興施宿武子出其先人司諫公所注數十大編，屬某作序。司諫公以絶識博學名天下，且用功深，歷歲久，又助之以顧君景蕃之該洽，則於東坡之意，亦幾可以無憾矣。

周必大《文忠集》卷二〇《胡彦英論語集解序》 學林胡彦英辨博該貫，泛通六藝、諸子百家之書，而以《論語》爲宗。古今注解，自漢賈生、楊子，晉何氏，唐韓、柳氏，周熙時子，本朝邢氏、劉原父、歐陽子、司馬溫公、程正叔、二蘇、謝顯道數十家，片言之相涉，一說之可取，如醫儲藥，賈居貨，惟患其不備。所得既富，則徐爲折衷。而以其先君子隱居口講，與夫從叔侍讀公新說繫之。又爲《叢書》二卷，掇拾《遺餘集音》二卷。考證同異，博觀約取，期明道而後止。謂予使序卷首。予聞聖人之言若近，而其旨甚遠，仁者見之謂之仁，智者見之謂之智，雖大賢有不能盡，況後學乎。自漢以來，乃始擅專門之業，黨同而伐異，欲以一說盡聖人之藴，斯亦過矣。惟胡氏世傳《春秋》學，彦英尤致意焉。是書也，集諸儒之說，而以道爲之權衡，是非取舍，不敢銖兩輕重其心。間有旨雖殊而理通，亦並存不廢，務使學者優柔而自求，饜飫而自趨，非深於《春秋》能如是乎？其用心過漢儒遠矣。

楊萬里《誠齋集》卷七九《羅德禮補注漢書序》 吾友羅德禮寄所作《補注漢書》示予，古文奇字，分章別句。其據也有依，其證也有來。蓋《漢書》之幽者白，紛者釋，險者不險也。始《漢書》舊注，有郭璞、臣瓚輩數十家，使其人自爲奇，家自爲詳矣。及顔師古後出，如道子之畫，魯公之字，子美之詩，蓋兼百家而無百家，曠千載而備千載者也。至吾宋又有三劉之注出焉，學者以爲《漢書》於是無餘秘矣。今觀吾友羅子之注，又出於三劉之外，然則書果有窮哉？《漢書》之爲書，學者爭讀之，以其文也。夫文之於道也，末矣，然猶不可窮如此。而況聖人之經，而指一家之說，以爲盡於此，可乎？且當郭璞、臣瓚輩之爲注也，豈知有顔師古，亦豈知有三劉，三劉亦豈知有羅子哉？前乎羅子，不知有羅子。後乎羅子，烏知無羅子乎？未可知也。天下之事，孤舉難起，衆挈易趨。苟衆矣，天下無難成之功也，而況有難讀之書乎？吾於羅子之注有得焉。

朱熹《晦庵集》卷七五《中庸集解序》 《中庸》之書，子思子之所作也。昔者曾子學於孔子，而得其傳矣。孔子之孫子思，又學於曾子，而得其所傳於孔子者焉。既而懼夫傳之久遠而或失其眞也，於是推本所傳之意，質以所聞之言，更相反覆，作爲此書。孟子之徒，實受其說。孟子沒，而不得其傳焉。漢之諸儒，雖或擎誦，然既雜乎傳記之間而莫之貴，又莫有能明其所傳之意者。至唐李翺，始知尊信其書，爲之論說，然其所謂滅情以復性者，又雜乎佛老而言之，則亦異於曾子、子思、孟子之所傳矣。至於本朝濂溪周夫子，始得其所傳之要，以著於篇，河南二程夫子又得其遺旨而發揮之，然後其學布於天下。然明道不及爲書，今世所傳陳忠肅公之所序者，乃藍田呂氏所著之別本也。伊川雖嘗自言《中庸》今已成書，然亦不傳於學者。或以問於和靖尹公，則曰：先生自以不滿其意而火之矣。二夫子於此既皆無書，故今所傳，特出於門人記平居問答之辭。而門人之説行於世者，唯呂氏、游氏、楊氏、侯氏爲有成書。若横渠先生，若謝氏、尹氏，則亦或記其語之及此者耳。又皆別自爲編，或頗雜出他記，蓋學者欲觀其聚而不可得，固不能有以考其異而會其同也。熹之友會稽石君憝子重，乃始集而次之，合爲一書，以便觀覽，名曰《中庸集解》，復第其録如右，而屬熹序之。熹惟聖門傳授之微旨見於此篇者，諸先生言之詳矣。熹之淺陋，蓋有行思坐誦，沒世窮年，而不得其所以言者，尚何敢措一辭於其間。然嘗竊謂秦漢以來，聖學不傳。儒者惟知章句訓詁之爲事，而不知復求聖人之意以明夫性命道德之歸。至於近世，先知先覺之士始發明之，則學者既有以知夫前日之爲陋矣。然或乃徒誦其言以爲高，而又初不知深求其意，甚者遂至於脱略章句，陵藉訓詁，坐談空妙，展轉相迷，而其爲患，反有甚於前日之爲陋者。嗚呼，是豈古昔聖賢相傳之本意與夫近世先生君子之所以望於後人者哉。熹誠不敏，私竊懼焉。故因子重之書，特以此言題其篇首，以告夫同志之讀此書者，使之毋跂於高，無駭於奇，必沉潛乎句讀文義之間，以會其歸；必戒懼乎不睹不聞之中，以踐其實。庶乎優柔厭飫，眞積力久，而於博厚高明悠久之域，忽不自知其至焉。則爲有以眞得其傳，而無徒誦坐談之弊矣。抑子重之爲此書，采掇無遺，條理不紊。分章雖因衆説，然去取之間不失其當。其謹密詳審，蓋有得乎行遠自邇，登高自卑之意。唯《哀公問政》以下六章，據《家語》本一時問答之言，今從諸家不能復合，然不害於其脈理之貫通也。又以簡帙重大，分爲兩卷，亦無他義例云。

又卷七六《中庸章句序》 若吾夫子，則雖不得其位，而所以繼往聖、開來學，其功反有賢於堯舜者。然當是時，見而知之者，惟顏氏、曾氏之傳得其宗。及曾氏之再傳，而復得夫子之孫子思，則去聖遠而異端起矣。子思懼夫愈久而愈失其眞也，於是推本堯舜以來相傳之意，質以平日所聞父師之言，更互演繹，作爲此書，以詔後之學者。蓋其憂之也深，故其言之也切；其慮之也遠，故其説之也詳。其曰天命率性，則道心之謂也。其曰擇善固執，則精一之謂也。其曰君子時中，則執中之謂也。世之相後，千有餘年，而其言之不異，如合符節。歷選前聖之書，所以提挈綱維，開示蘊奧，未有若是其明且盡者也。自是而又再傳，以得孟氏，爲能推明是書以承先聖之統，及其沒而遂失其傳焉。則吾道之所寄，不越乎言語文字之間，而異端之説，日新月盛。以至於老佛之徒出，則彌近理而大亂眞矣。然而尚幸此書之不泯，故程夫子兄弟者出，得有所考，以續夫千載不傳之緒；得有所據，以斥夫二家似是之非。蓋子思之功，於是爲大，而微程夫子，則亦莫能因其説而得其心也。惜乎其所以爲説者不傳，而凡石氏之所輯録，僅出於其門人之所記，是以大義雖明，而微言未析。至其門人所自爲説，則雖頗詳盡而多所發明，然倍其師説而淫於老佛者，亦有之矣。熹自蚤歲即嘗受讀而竊疑之，沉潛反復，蓋亦有年。一旦恍然似有以得其要領者，然後乃敢會衆説而折其中，既爲定著《章句》一篇，以竢後之君子。而一二同志復取石氏書，刪其繁亂，名以輯略，且記所嘗論辨取舍之意，別爲《或問》，以附其後。然後此書之旨，支分節解，脈絡貫通，詳略相因，巨細畢舉，而凡諸説之同異得失，亦得以曲暢旁通，而各極其趣。雖於道統之傳，不敢妄議，然初學之士或有取焉，則亦庶乎行遠升高之一助云爾。

又《大學章句序》 及周之衰，賢聖之君不作，學校之政不修，教化陵夷，風俗頽敗。時則有若孔子之聖，而不得君師之位以行其政教，於是獨取先王之法，誦而傳之，以詔後世。若《曲禮》、《少儀》、《內則》、《弟子職》諸篇，固小學之支流餘裔，而此篇者，則因小學之成功，以著大學之明法。外有以極其規模之大，而內有以盡其節目之詳者也。三千之徒，蓋莫不聞其説，而曾氏之傳，獨得其宗，於是作爲傳義，以發其意。及孟子沒，而其傳泯焉，則其書雖存，而知者鮮矣。自是以來，俗儒記誦詞章之習，其功倍於小學而無用；異端虚無寂滅之教，其高過於《大學》而無實。其他權謀術數，一切以就功名之説與夫百家衆技之流，所以惑世誣民、充塞仁義者，又紛然雜出乎其間。使其君子不幸，而不得聞大道之要；其小人不幸，而不得蒙至治之澤。晦盲否塞，反覆沉痼，以及五季之衰，而壞亂極矣。天運循環，無往不復。宋德隆盛，治教休明。於是河南程氏兩夫子出，而有以接乎孟氏之傳，實始尊信此篇而表章之。既又爲之次其簡編，發其歸趣，然後古者大學教人之法，聖經賢傳之指，粲然復明於世。雖以熹之不敏，亦幸私淑而與有聞焉。顧其爲書，猶頗放失，是以忘其固陋，采而輯之，間亦竊附己意，補其闕略，以俟後之君子。極知僭踰，無所逃罪，然於國家化民成俗之意，學者修己治人之方，則未必無小補云。

又《楚辭集注序》　右《楚辭集注》八卷，今所校定，其第錄如上。蓋自屈原賦《離騷》而南國宗之，名章繼作，通號《楚辭》。大抵皆祖原意，而《離騷》深遠矣。竊嘗論之，原之爲人，其志行雖或過於中庸，而不可以爲法，然皆出於忠君愛國之誠心。原之爲書，其辭旨雖或流於跌宕怪神、怨懟激發，而不可以爲訓，然皆生於繾綣惻怛，不能自已之至意。雖其不知學於北方，以求周公、仲尼之道，而獨馳騁於變風變雅之末流，以故醇儒莊士或羞稱之。然使世之放臣、屏子、怨妻、去婦抆淚謳吟於下，而所天者幸而聽之，則於彼此之間，天性民彝之善，豈不足以交有所發，而增夫三綱《五典》之重。此予之所以每有味於其言，而不敢直以詞人之賦視之也。然自原著此詞至漢未久，而說者已失其趣，如太史公蓋未能免。而劉安、班固、賈逵之書，世復不傳。及隋、唐間爲訓解者，尚五六家。又有僧道騫者，能爲楚聲之讀，今亦漫不復存，無以考其說之得失。而獨東京王逸《章句》與近世洪興祖《補註》並行於世，其於訓詁名物之間，則已詳矣。顧王書之所取舍與其題號離合之間，多可議者，而洪皆不能有所是正。至其大義，則又皆未嘗沉潛反復，嗟嘆咏歌，以尋其文詞指意之所出，而遽欲取喻立說，旁引曲證，以強附於其事之已然。是以或以迂滯而遠於性情，或以迫切而害於義理，使原之所爲，壹鬱而不得申於當年者，又晦昧而不見白於後世。予於是益有感焉。疾病呻吟之暇，聊據舊編，粗加檃括，定爲《集註》八卷。庶幾讀者得以見古人於千載之上，而死者可作，又足以知千載之下有知我者，而不恨於來者之不聞也。嗚呼悕矣！是豈易與俗人言哉！

薛季宣《浪語集》卷三〇《序反古詩説》　紹興己卯冬，走初本之《詩》序述廣序。越四歲癸未，解官自東鄂，始因其說而次第之，名之《反古詩說》。或者尤之曰：《詩》古無說，今子盡掊先儒之說而自爲之說，眞古之遺說乎，抑亦未能脫於胸臆之私乎？曰：固也，古之無《詩》說也。三百五篇之義，《詩序》備矣。由七十子之徒，沒經教汩於異端，齊、魯、毛、韓，家自爲說。《凱風》之義，自孟軻氏已失其傳。由軻而來於今，又二千祀矣。今之說而謂之古，宜未免乎胸臆之私。人之性情，古猶今也。可以今不如古乎？求之於心，本之於序，是猶古之道也。先儒於此何加焉？棄序而槩之，先儒宜今之不如古也。反古之說於是以戾。然則反古之道又何疑焉？莊姜之詩不云乎？「我思古人，實獲我心」，言志同也。志同而事一，則古今一道爾。天命之謂性，庸有二理哉！是則《反古詩說》未爲戾已。記有之曰：「人莫不知苗之碩，莫知子之惡」，言蔽物也。有已而蔽於物，則古之性情與今先儒之說，未知其孰通。信能復性之初，得心之正，豁蔽以明物，因詩以求序，則反古之說，其殆庶幾乎。

樓鑰《攻媿集》卷五一《止齋春秋後傳左氏章指序》　《春秋後傳》、《左氏章指》二書，故中書舍人止齋陳公傅良之所著也。《春秋》之學，不明久矣。啖、趙之後至本朝，而後有泰山孫先生復尊王之說彌顯，公是劉先生敞《權衡》、《意林》等書，訂證尤詳。伊川程先生頤雖無全書，而一序所該，聖人之大法備矣。自王荆公安石之說盛行，此道幾廢。建炎紹興之初，高宗皇帝復振斯文，胡文定公安國承伊洛之餘，推明斯道，勸講經筵，然後其學復傳。學者以爲標準，可謂大全矣。東萊呂公祖謙又有《集解》行於世，《春秋》之義，殆無遺蘊。止齋生於東嘉，天資絶人，誦書屬文，一旦迥出諸老先生上。歛然布衣，聲名四出，六經之說，流行萬里之外，而其學尤深於《春秋》。鑰非深於此者，嘗涉獵諸公之書，非不明白，然亦不過隨文辯釋。間有前後相爲發明者，亦不見體統所在。鑰自客授之初，即從止齋游，雖不得執經其門，嘗深叩之。同在西掖時，始以《隱公後傳》數篇相示，因爲道《春秋》之所以作，左氏之所以有功於經者，其說卓然。且曰：「自余有得於此，而欲著書，於諸生中擇其能熟誦《三傳》者，首得蔡君幼學。蔡既仕，又得二人焉，曰胡宗，曰周勉。游宦必以一人自隨，遇有所問，其應如響，而此書未易成也。」未幾去國，而鑰亦歸。雖若相忘於江湖，而友朋之來，必以此書爲問。雖親炙之者跪以請，則曰：「此某身後之書也。」迨卒於嘉泰三年，而此書始出。其壻林子燕最得其傳。又四年而後，長子師轍與其徒汪龍友以二書來。鑰老矣，如獲希世之珍，屏去他書，窮晝夜讀之，始盡得其大意。嗚呼，盛哉！蓋未有此書也。先儒以例言《春秋》者，切切然以爲一言不差，有不同者，則以爲變例，竊以爲未安。公之書不然，深究經旨，詳閱世變，蓋有所謂隱、桓、莊、閔之《春秋》，原集因避宋欽宗諱，凡桓字皆作威，今改正。後同。有所謂僖、文、宣、成之《春秋》，有所謂襄、昭、定、哀之《春秋》。始焉猶知有天子之命，王室猶甚威重。自霸者之令行，諸侯不復知有王矣。桓公之後，齊不競而晉霸。文公既亡，晉不競而楚霸。悼公再霸而又衰，楚興而復微。吳出而盟諸夏，於越入吳而《春秋》終矣。自杜征南以來，謂平王，東周之始王；隱公，遜國之賢君，其說甚詳。而公以爲不爲平王，亦不爲隱公而爲桓王，其説爲有據依。又其大節目，如諸侯改元，前所未有。齊魯諸大國比數世間，有世而無年，至記厲王奔彘，始有紀年。古者諸侯無私史，《乘與》、《檮杌》、《春秋》，皆東遷之史也。書齊、鄭盟於石門，以志諸侯之合；書盟於鹹，以志諸侯之散，是春秋之終始也。隱、桓、莊之際，惟鄭多特筆。襄、昭、定、哀之際，惟齊多特筆。諸侯專征而後，千乘之國，有弒其君者矣。大夫專將而後，百乘之家，有弒其君者矣。宋、魯、衛、陳、蔡爲一黨，齊、鄭爲一黨。公會齊、鄭於中丘，而後諸侯之師衡行於天下，罪莫甚於鄭莊，宋、魯、齊、衛次之。而父子兄弟之禍亦莫甚於五國，是可爲不臣者之戒矣。齊桓公卒，鄭隨朝楚。夏之變夷，鄭爲亂階。侵蔡，遂伐楚，以志齊桓之霸；侵陳，遂侵宋，以志楚莊之霸，足以見夷夏之盛衰矣。書公孫茲帥師，書公孫敖帥師，書公子季友卒，皆見三家之所從始首止之盟。鄭伯逃歸不盟，則書，以其背夏盟也。厲之役，鄭伯逃歸不書，蓋逃楚也。夷夏之辨嚴矣。自隱而下，春秋治在諸侯；自文而下，治在大夫。有天下之辭，有一國之辭，有一人之辭，於干戈無所不貶於玉帛之使，則從其爵勸懲著矣。文十年而狄秦，又三十年而狄鄭，又五十餘年而狄晉。狄鄭，猶可也。狄晉甚矣。貶不於其甚，則於事端餘實錄而已矣。此皆先儒所未發。至僖之三十一年，四卜郊不從，乃免牲，猶三望，極言魯之用天子禮樂，以明堂位之言爲不然。惠公始乞郊而不常用，僖公始作頌而以郊爲夸，引祝鮀之言爲證。此尤爲前所未聞也。若左氏或以爲非爲經而作，惟公以爲著其不書，以見《春秋》之所書者，皆左氏之力。《章指》一書，首尾專發此意。昔人以杜征南爲丘明忠臣，然多曲從其說，非忠也。公之《章指》謂：君子曰者，蓋博采善言；禮也者，蓋據史舊文，非必皆合於《春秋》。或曰後人增益之，或曰後人依倣之。或以凡例義淺而不取，或以例非左氏之意。蓋愛而知其惡者，乃所以爲忠也。又言莊公元年至七年，及十九年以後訖終篇，多無傳，疑有佚墜，公之求於傳者詳矣。嗚呼，與止齋遊前後三十年，不得卒業於其門。既興殄瘁之悲，而後得二書，其間尚有欲質疑而不可得，此所以撫卷三歎而不能自已也。

又《古文孝經指解後序》 古文《孝經》，實吾夫子之舊，秦火之後，出於屋壁。而顏芝所藏十八章，已先行於世，翼奉、張禹等五人各自名家。古文惟孔安國、馬融爲之傳，而又不顯。隋開皇中，劉炫爲作《稽疑》一篇，已多譏笑。唐陸德明亦云，古文世既不行，隨俗用鄭康成註十八章本，獨一劉知幾以爲行孔而廢鄭。諸儒爭辯蠭起。明皇亦以今本註而序之，書以八分，刻之經臺，猶在長安。童而習之，皆此也。司馬文正公僅得古文於秘閣之藏，爲之《指解》，嘗以進仁宗、哲宗，而范太史祖禹繼爲之說。噫！自漢以來，何其好者之寡也！故信州使君季公，天資純孝，篤學好古，尊敬此書，又爲詳說。不惟發明夫子之旨，又以文正公之解，隨文演暢，用意甚勤，辭亦詳備。如愛敬可行於匹夫，而惡慢不可行於天子；如論忠順之不可失，如不敢遺之機甚微，而其效甚大。又曰「要路」云者，言所敬者寡，所說者衆也；曰「至德」云者，言所敬者廣，而所因者本也。皆有所啓發，非苟然者。紹熙五年七月，皇上踐阼，有詔求賢，公以八月進此書。未幾，中書舍人陳公傅良又爲之繳進於經筵，初欲刊於廣信而不及。公之子淇念此書之未行，將刊於家，求爲後序。《經》曰：「故自天子至於庶人，孝無終始，而患不及者，未之有也。」明皇注云：「始自天子，終於庶人，尊卑雖殊，孝道同致，而患不能及者，未之有也。」言他此理，故曰「未有此説，非也」。古文小異，故自「天子以下至於庶人」，文正公則曰：始則事親也，終則立身行道也。患謂禍敗，言雖有其始而無其終，猶不得免於禍敗，而羞及其親，未足以爲孝也。季使君又以明皇之事證之，是矣。鑰竊以爲猶未爲詳且明，敢申言之。夫聖人一經可謂詳矣，而其立教之要，專在此數語。孩提之童，無不知愛其親，是人之於孝，未有無其始者。夫子所以爲曾子諄諄言之，正欲人之有終也。夫子首以總言孝道，次分天子、諸侯、卿、大夫、士、庶人之孝。大小之分，固自不同，而又於此謂「孝道有始而無終，未有不及於禍患者」，此則無有貴賤之別。後雖具述孝治、聖治之效，以至終篇，然其教人之最切，無過於此上下一體，俱當盡心焉。明皇惟不知此，所以不克其終，可不戒哉。篇末云「孝子之事親終矣」，止爲喪祭之終，猶未爲孝之終也。若所謂孝之「終」，與此「孝無終始」之「終」，蓋爲立身行道，死而後已者也。故雖曾子既啓足手，以其能全而歸之，自以爲知免矣。然而《易簀》一節，猶在其後，蓋大夫之簀猶非其正也。嗚呼，聖人之言可謂深切，而能有終者，亦豈易易乎！鑰餘生無幾，深知兢懼，得正而斃，所願加勉，故以告有志之士，且以補二公之說云。

又卷七三《跋趙共甫古易補音》 小學之廢久矣，陸氏《經典釋文》可謂詳盡。近世讀書，或至苟簡，率意誦習。字有不識者，始加閱視，有訛謬終身不自覺知，而況補音乎。吳氏好古博洽，始作《詩補音》，雖不能變儒生之習，而讀之者始知詩無不韻，韻無不叶，祛所未悟，有功于古詩多矣。吾友趙共甫又取其說，以補古《易》之音，用志甚勤。遠以示余，閱之不去手。鑰老矣，習氣未除，頗爲是正一二，目昏成嬾，媿不能盡力也。噫，《凡將》、《爰曆》等書，今不復見，惟許叔重《說文解字》爲小學之本，顔黄門《家訓》稱其檢以六文，貫以部分。隱括有條例，剖析窮根源。《集韻》雖博贍于攷古，則未可全據。共甫今本諸吳氏，多以《集韻》爲證，更當以《說文解字》定之，可傳無窮。吳氏之書，不知者以爲苟然而已。共甫祖其餘論，鑰又喋喋及此，皆謂之癖可也。雖然，自當有好之者。

呂祖謙《東萊集》卷七《書所定周易十二篇後》 漢興，言《易》者六家，獨費氏傳古文《易》，而不立於學官。劉向以中古文《易經》校施、孟、梁丘經，或脫去「无咎」、「悔亡」，惟費氏經與古文同，然則眞孔氏遺書也。東京馬融、鄭玄皆爲費氏學，其書始盛行。今學官所立王弼《易》，雖宗莊老，其書固鄭氏書也。費氏《易》在漢諸家中最近古，最見排擯，千載之後，巋然獨存，豈非天哉？自康成、輔嗣合《彖》、《象》、《文言》於經，學者遂不見古本。近世嵩山晁氏編古《周易》，將以復於其舊，而其刊補離合之際，覽者或以爲未安。某謹因晁氏書，參考傳記，復定爲十二篇，篇目卷帙，一以古爲斷，其說具於音訓。

程珌《洺水集》卷六《易議》 按前史，商瞿子木親受《易》於聖人。自是而後，傳授不絕，至於東西都之士，然後以至於王弼。弼不得其眞也，而亦以注顯。雖然，商瞿子木以後所謂傳授不絕者，《易》之辭爾。至於當時高弟，如曾、顔、冉、雍、子思、孟軻之後，所謂得之於心，行之於身。今其遺書，如《曾子》十篇，如《中庸》，如孟軻之書，卓然足以爲《易》之羽翼者，非史臣之所知也。自秦而後，更漢歷唐，千百餘年間，不惟上之人無有用此《易》者，然自王弼以後，以至於唐下之人，亦莫有傳此《易》者。江南義疏祖尙虛無，蓋至於唐，僅得一孔穎達，辨析音義，頗爲當時所宗。然至於聖賢用心，斯道大統，彼固未之深及也。宋興百年，名儒輩出，胡安定得其用也，邵康節得其數也，程明道、伊川得其理也，周濂溪得其體也，張横渠得其用也，然後《易》之道遂大明於天下。

魏了翁《鶴山集》卷二五《孫氏拙齋論孟氏》 論孟之書，自秦漢以來，何翅千有餘家。或覽輯文義，或考質訓故，或稽合同異，或參訂舛訛。至於孟子之書，則又有刺之，刪之，疑之，辨之。常語以闢之者，是否淺深，所未論大要，各隨其仁知之見，以自靖自獻，庶幾萬一補之焉耳。至於二程先生者出，始發明本學於道喪千載之餘，而同時又有張、范、呂、謝、游、楊、侯、尹諸君子，相與左右助益之。及乎近世，胡、張、朱、呂氏繼之，而聖賢之心昭昭然揭日月於天下，蓋庶乎無復餘憾者矣。今眉山孫繪子華乃始萃集衆善，貫融異端，而傳之以見，將以效其自獻之區區。嗚呼，斯不亦可尙矣乎。道之無窮，而善之難擇也。風氣之澆漓，而習俗之卑下也。人物之零替，而學術之晻昧也。有能從事於聖賢之書，則無問其精粗得失，皆足以扶世敎而益吾道也。況其用力勤勩，亦既有所發明矣乎。

又卷五四《朱文公年譜序》 秦漢以來，諸儒生於籍去書焚、師異指殊之後，不惟孔道晦蝕，孟氏之說亦鮮知之。千數百年間，何可謂無人？則往往孤立寡儔，倡焉，莫之和也；絕焉，弗之續也。乃至國朝之盛，南自湖湘，北至河洛，西極關輔，地之相去，何翅千有餘里。而大儒輩出，聲應氣求，若合符節。曰極，曰誠，曰仁，曰道，曰中，曰恕，曰天命，曰氣質，曰天理人欲，曰陰陽鬼神。若此等類，凡皆聖門講學之樞要，而千數百年習浮踵陋，莫知其說者，至是脫然如沈痾之間、大寐之醒。至於呂、謝、游、楊、尹、張、侯、胡諸儒，切磋究之，分別白之，亦幾無餘蘊矣。然而絕之久而復之難，傳者寡而咻者衆也。朱文公先生始以強志博見，凌高厲空，自受學延平李子，退然如將弗勝，於是斂豪就實，反博歸約，迨其蓄極而思渾，資深而行熟，則貫精粗，合外內，羣獻之精蘊，百家之異指，毫分縷析，如視諸掌。張宣公、呂成公，同心協力，以閑先聖之道，而僅及中身，論述靡竟。惟先生巋然獨存，中更學禁，自信益篤。蓋自《易》、《詩》、《中庸》、《大學》、《論語》、《孟子》，悉爲之推明演繹，以至三《禮》、《孝經》，下迨屈、韓之文，周、程、邵、張之書，司馬氏之史，先正之言行，亦各爲之論著。然後帝王經世之規，聖賢新民之學，粲然中興。學者習其讀，維其義，則知三才一本，道器一致。幽探乎無極太極之妙，而實不離乎匹夫匹婦之所知。大至於位天地，育萬物，而實不外乎暗室屋漏之無愧。蓋至近而遠，至顯而微，非若棄倫絶學者之慕乎高，而諱世取寵者之安於卑也。

劉克莊《後村集》卷二四《季父易稿序》 《易》學有二，數也，理也。漢時如京房、費直諸人，皆舍章句而談陰陽災異，往往揆之前聖而不合，推之當世而少驗。至王輔嗣出，始研尋經旨，一掃漢學，然其弊流而爲玄虚矣。本朝數學，有華山陳氏、河南邵氏，今邵氏之書雖存，通者極少。理學有伊川程氏、新安朱氏，舉世誦習，衆説幾廢。余嘗恨程、邵同時不相折衷，《傳》與《皇極經世圖譜》遂判爲二書而不可合。天下豈有難通之書，亦豈有理外之數哉？噫，《易》更三聖，説《易》者非一家。程氏排臨川之學者，及教人讀《易》，必先輔嗣、介甫。朱氏尊伊川之言者，至《本義》，則多程氏所未發，議論以難疑，問答而詳；義理以講貫，切磋而精，此《季父易藁》之所爲作也。初余爲建陽令，季父訪余縣齋，因質《易》疑於蔡隱君伯靖。後二十餘年而書成，大旨由朱、程以求周、孔，由周、孔以求羲、文，其篤守師説，雖焦天授、袁道潔無以加，視世之高談先天、徑造微妙者，彼虚而此實矣。季父名彌邵，字壽翁，中歲棄科舉，閉門著書，動必由禮，行義爲鄉先生。

王柏《魯齋集》卷五《啓蒙發揮後序》 我朝盛時，邵子密傳羲畫而缺於辭，程子晚繹周經而缺於象。先後不二十年，而從游非一日，迺不相爲謀，而各自成書。皆臨終而後出，書雖不同，然各極其精微，反若分傳而互足，異哉，《易》道之所以大明也。由是朱子著爲《本義》，謂《易》本於占，而義爲占而發。懼後學梏於見聞，而未易信也，又作《啓蒙》四章。先開其秘，而祛其惑。首之以本圖書，原卦畫，示《易》之所由始也。次之以明著策，考變占，示《易》之所以用也。然亦各爲一書，而學者猶未能融會而貫通之。北山何先生，受業勉齋之門，聞此義爲甚蚤，晚年纂輯朱子之緒論，羽翼朱子之成書，不敢自加一字，而條理燦然，羣疑盡釋。至於引《本義》之彖辭，參於變占之後，使千百年離而未合者，兩無遺恨，眞有得於體用一原、顯微無間之深旨，豈不爲後人之大幸歟！

又卷一六《經傳辨》 漢之劉歆得見聞之近，乃謂《詩》萌芽於文帝之時，一人不能獨盡其經，或爲《雅》，或爲《頌》，相合而成。吾故知各出其諷誦之餘，追殘補缺，以足三百篇之數耳，烏得謂之獨全哉。自是以來，承訛踵陋，訓詁傳註之學日盛，而六義之别反堙。至程夫子始曰：「學《詩》而不分六義，豈能知《詩》之體？」其門人謝氏又曰：「學《詩》須先識六義體面，而諷咏以得之。」故朱子亦以爲古今聲《詩》，條理無出於此。是以於《詩集傳》每章之下分别比、興、賦之三義，而《風》、《雅》、《頌》姑從其舊，非謂《風》、《雅》、《頌》部分已明，而不當易也。亦非謂於六義中《風》、《雅》、《頌》可緩，而不必辨也，特以其無所考驗而難於定耳。朱子且難於定，後世孰從而定之哉！間嘗竊思，朱子之作《易本義》也，因晁氏古《易》，復其經傳之舊，於以正後世離經合傳之繆，以是知周公之《詩》與夫子之《詩》必不雜出。於《風》、《雅》、《頌》之中，夫子未删之前，周公之《詩》雖或厖雜，猶幸正變之説尚存於既删之後，故敢祖是例以析之。詳味其正經之旨，則漢儒殽亂之病，不待疏駁而自見矣。昔朱子嘗謂分《詩》之經，分《詩》之傳，此説得之吕伯恭。而朱子因立此例於《楚詞集註》，今推本二先生之意，而爲是編，因著其所疑於前，以待有道者正之。

又《毛詩辨》 是以漢初最善復古，而齊、韓、魯三家之《詩》並列於學官。惟毛萇者最後出，其言不行於天下，而獨行於北海。鄭康成，北海之人也，故爲之箋。自是之後，學者雖不識毛萇，而篤信康成。故《毛詩》假康成之重，而排迮三家，獨得盛行於世。毛、鄭既孤行，而三家牴牾之迹遂絶，而不得參伍錯綜以訂其是非。凡《詩》家疏義等學，合十有二種，凡九十餘家，至本朝又三十餘家，無非推尊毛、鄭，崇尚小序。學者惑於同而忘其異，遂信其傳之之果的也。且萇自謂其學傳於子夏。按：子夏少夫子四十一歲，至漢已三百年，烏在其爲得於子夏哉？若傳於子夏之門人，則流派相承，具有姓氏，不應晦昧湮没。詭所授受，以誑後世。惟《魯詩》有原，見稱於史，至西晉而已亡。陸機雖撰毛公相傳之序，上接子夏，而又與釋文無一人合，其僞可知。愚是以於《毛詩》尤不能不疑也。

趙汝騰《庸齋集》卷五《蔡覺軒模論語集疏序》 聖賢不作，而千萬世得以求其心者，賴有書耳。是以更闢互繹，不害其爲愈精而愈密。魯《論》，師友答問書也，善待問者，是書具矣。更秦火不亡，漢魏諸儒訓詁備至，厥後邢昺疏之，然皆僅得於名物度數之間。迨我朝春陵夫子，獨得道之大原，以倡二程。二程、張横渠三夫子繼和之，尹、謝、游、侯、吕諸人又和之。

是書各皆有訓詁，義理粲如也。至紫陽朱文公《集註》出，而始集大成矣。前有《集義》，後有《或問》，文公意未已也。至《集註》，則暮年更定之書，蓋其宗主程、張及三先生之門人，奇詞奧旨，靡不畢備。間有網羅漢魏，旁及蘇文忠昆仲、范太史及南渡以來先儒，一字一義之精，亦皆在所不遺。嗟夫，何其粹也。學者玩索而實踐之，可也。文公歿二十餘年，其門人高弟皆不敢有所發明。厥後勉齋文肅黄公授學者於華峯之上，始著爲《通釋》，近建安覺軒蔡君模又著爲《集疏》。二書出，愈精愈密矣。勉齋親炙文公之久，教學相長，《集注》因之而更定多矣。《通釋》大抵發明文公更定之意也。覺軒則其先大父西山，與諸父九峯、節齋，皆嘗從文公遊，而身又及事焉。淵源厚而濡染深，生雖晚而聞最多，故《集疏》雖間以己意，然皆采文公《語録》與《文集》，及延平問答、勉齋、節齋之説，近時真西山諸人，其説苟有合於文公者，亦間取其一二。《通釋》則峻潔而篤實，《集疏》則沉潛而縝密，大抵作而未離於述也，皆所以羽翼文公《集註》之書也。

又《蔡模易集義序》　《易》之爲言，在太極。先羲、文作，周公、孔子述，凡更四聖人矣。其爲書也，廣大悉備，豈直象辭變占而已哉。左氏載《易》占法，特其一耳。蓋《易》可施於卜，而非專主於卜也。善言《易》者，莫邃於濂溪；善傳《易》者，莫精於伊川。《通書》曰：萬物資始，誠之源也。乾道變化，各正性命，誠斯立焉。元亨，誠之通。利貞，誠之復。又曰：思者，聖功之本，吉凶之機也。君子見幾而作，不俟終日知幾，其神乎。又曰：不善之動，妄也。妄復，則無妄矣。無妄，則誠焉。故無妄次復，而曰先王以茂對，時育萬物。濂溪之旨，伊川得之，即陰陽屈伸往來闔闢之妙，衍而推之於人事，舉錯酬酢之間，擬議變化之際，曰隨時變易以從道也，四聖人之藴具於是矣。當是時，書出而門人有泄天機之語，伊川自謂止七分，蓋謙辭也。朱文公因公用亨於天子田獲三品等辭，遂有《本義》之作，曰某彖占當如是，某爻占當如是。近世學者，遂一切以卜筮視《易》，而不知文公預憂之矣。其《原象》曰：程演周經，言盡理得。彌億萬年，永著常式。其《警學篇》曰：在昔程氏繼周紹孔，粤指宏綱，星陳極拱，其推程氏之《易》極矣，其訓學者至矣，豈專以卜筮言哉？文公之高弟蔡西山尤通於《易》，嘗授其子節齋，節齋授其猶子覺軒，今覺軒《集義》所載是也。《集義》宗主程、朱、楊、呂，參之家學，間又附以己見。於《困》卦言「小人之困君子，適足以自困」，釋《艮》卦彖辭之止爲閑邪；釋爻辭之止爲聖人之止。是皆儒先之所未發，大抵發明義理，不專主占筮也。魯國男子，以吾之不可學柳下惠之可，若覺軒者，可謂善學文公者。覺軒之子湛然曰：是書先君猶未脱藁。予曰：義理其有窮乎？天假覺軒數年，其書又不止於此矣。

姚勉《雪坡集》卷三七《尚書傳序》　《尚書》孔氏傳者，漢安國註其家屋壁所藏古文書也。天欲壽此書之傳，借魯王之壞宅以出。當時上送之官，帝命作傳，國有巫蠱，《書》遂寢焉。由是漢西京之《書》惟歐陽、大小夏侯，皆伏生學，古文《書》莫顯。於代漢西而東，馬融氏始疑僞《泰誓》書不合經傳，求古文《書》，得之，孔氏之學始著。是虞、夏、商、周之書，人知其厄於秦之火，而不知其復厄於漢之蠱也。向微馬融，《書》不復古矣。向無孔安國，《書》亦不復漢矣。吾固喜夫安國之有功於《書》，而重悲安國之不得有功於漢也。大抵西漢無真儒，故六經之正者，皆不顯於世，往往至東漢而後定。今六經之傳行於世者，《詩》、《禮》箋註於康成，始東漢，《易》、《春秋》註於王弼、杜預，始魏晉末。有出西漢者，出西漢者獨以孔氏《書傳》耳，而不得行於當時，是可重爲安國之悲也。夫安國子孫，去聖未遠，家學有源流，故傳《書》之説多正，且又約文申義，辭不冗費，比之諸經傳註，如鄭之多怪誕、王之本虚無、杜之昧經旨者，相去直齊楚牛馬，安可終抑而使之晦哉？今世之傳《尚書》者，凡數百家矣，皆外孔氏爲説，各隨其見而有得失。某也，不敢居一於此，敢因孔氏之傳，而采諸家之説，以訂正其義。惟孔氏之大乖於經者正之，餘皆存弗去。庶幾可以少慰安國研覃之苦志，是亦《書》之重有幸也，亦以見吾聖人之有孫，克紹家學也。《書》之説，與孔氏雖不能無異同，然要皆本於安國，故仍其舊而名之，曰《尚書孔氏傳》。使安國復生，必曰：「吾雖不遇於一時，亦遇於千載之下」云。

馬廷鸞《碧梧玩芳集》卷一二《讀莊筆記序》　余讀《莊子》三十二年矣。注家謂暫時攬其餘芳，猶足曠然有忘形自得之懷，況三十二年之久乎。雖然，一掩卷而茫然矣。間嘗先後得林竹溪、呂吉甫之《全解》，湯東澗之《略説》，唐成玄英之《義疏》。有武林褚道士者，薈萃諸家之説，迄內外篇林，參以禪家，固其所自悟者，而又每每欲以文字關鍵論，則恐不滿南華一笑，只令莊老爲一宗，自能成章。然其胷中鱗甲，正與《晉史》所稱郭象一輩人物相近。湯公意象高遠，時一著語，不規規於成書。若成、褚兩家，皆是浮屠、老子之緒言耳。成特爲淺近，褚之所抄，差足以盡衆說，其用功亦勤矣。余取諸書手抄，以附郭注，而自覽焉。

牟巘《牟氏陵陽集》卷一二《杜南谷老子原旨序》　南谷杜君扁舟過余，議論超然，有以開余意，相與登道場雲峯宿焉。夜參半，出所爲《老子原旨》。余不寐，篝燈幾徹曉。杜君博極羣書，不但發明其宗旨而已。於某章曰：是堯舜之事也。某章又曰：是禹、文王、武王事也。其說以爲老聃爲柱下史，所職者史，而百篇之《書》，亦史也。故以《書》求之，余驚異焉。自司馬子長以老、韓同傳千載，不滿河上公註《老子》，頗及導引、吐納之類。其後孫登、陶弘景、松靈仙人、唐道士成玄英、張君相輩亦皆註《老子》。又近神仙家王輔嗣以《老子》解《易》，人或非之，然其解《老子》，則初不及《易》。至蘇子由，直以是謂襲明爲釋氏之傳燈，老子亦豈意其末流之至此也。今杜君乃求之於帝王之《書》，參之以帝王之事，譬如披蒙昧，出幽深，明白正大，氣象頓殊，豈不甚韙？世未有能察杜君之用心者。夫道術久裂，人各私其私，競立門戶，甚至保殘護缺，以相非詆，莫肯曠然舍己，求爲眞是之歸。杜君雖自號《原旨》，而不主一家，惟理是同，惟經是從，惟正是宗，務使天下後世，無所致疑於其師之說，其用心蓋若此，可謂弘也已，豈固與原道異哉！余固陋，於《原旨》未深究，姑論其大意云爾。

金履祥《仁山文集》卷三《尚書表注序》　至東晉而古文孔傳始出，至蕭齊始備，至蕭梁始行北方。至唐貞觀，悉屏諸家，獨立孔傳，且命孔穎達諸儒爲之疏。夫古文比今文，固多且正，但其出最後，經師私相傳授最久，其間豈無傳述附會，所以大序大體，不類西京，而謂出安國；小序事意，多謬經文，而上誣孔子。前漢傳授師說，不爲訓解。後漢始爲訓解，而謂訓傳，盡出安國之手。唐儒曲暢注說，無所辨正，至開元間，則一用今世文字改易古文。至後唐長興間，則命國子監板行《五經》，而孟蜀又勒諸石。後之學者，守漢儒之專門，開元之俗字，長興之板本，果以爲一字不可刊之典乎。幸而天開斯文，周、程、張、朱子，相望繼作，雖訓傳未備，而義理大明，聖賢之心傳可窺，帝王之作用易見。朱子傳註諸經略備，獨《書》未及，嘗別出小序，辨正疑誤，指其要領，以授蔡氏，而爲集傳諸說，至此有所折衷矣，但書成於朱子既歿之後，門人《語録》未萃之前爾。履祥緒閱諸家之說，章解句釋，蓋亦有年。一日擺脫衆說，獨抱遺經，復讀玩味，則見其節次明整，脈絡貫通，中間枝葉，與夫訛謬，一一易見。因推本父師之意，正句畫段，提其章旨，與夫義理之微，事爲之槩，考證字文之誤，表諸四闌之外，以授子姪，間以示朋從之士，雖爲疎略，然苟得其綱要，無所疑礙，則其精詳之蘊，固在夫自得之者何如耳。好古博雅之君子，若或見之，赦其僭，補其缺，辨其疑，則亦此書之幸也。

童宗説等《柳河東集注·音釋唐柳河東集諸人姓氏》　中山劉禹錫編。河南穆脩《敘》。眉山蘇軾評論。胥山沈晦《辯》。南城童宗説《音註》。新安張敦頤《音辯》。新安汪藻記。新津張唐英論。雲間潘緯《音義》。

員興宗《九華集》卷二二《論語解序》　自大道世衰，聖言不作，衆說互起，遂使聖人之經句無完說，穿穴駁亂，其去亡幾矣。此非經之昧，傳經者之言務爲天下裂本訓奧，義欝欝而不伸之過也。蓋六經之作，夫子所以載道，獨《論語》之作，門人所以載夫子之道者。世儒不學夫子則已，如學之，必無不該不偏，以求斯道，以窮夫六籍之奧，未有不由此書也。所謂管轄六經云者，其以此哉。然自漢以來，老師巨儒，發明大義，欲究訛舛，用心於此，人百其說矣。始以注解箋傳爲不足，則有訓釋義疏；訓釋義疏爲不足，則有辯議拾遺。童而習之，耄而終之，其說不同，其欲明經一也。專門傳授習，魯章句自龔氏，齊章句自王氏，古文章句自張氏。凡篇之增者二，字之異者，四百而已。其名不同，而其實則一也。然而是書夫子所歷者，非止一國也，故言非一時，指事者，非答一人也。故舉非一事，揆於道，則其致一而已矣。而後世之耳目邉邉焉，於此惑亂而不昭，此何由也？其弊出於衆君子之異論，支離蕩佚，不究聖秘，辯於前，則攻於後；入於彼，則出於此。以是欲鳴於天下，取信於後世，嗚呼！其果可信矣乎？雖吾亦未之信也。此無他，其所見也雜博，故其擇也無禁，不以道心明，不以公心辯。傳曰：明明。蔽其明者，不見植木。今物欲是非蔽其慮，矧曰能窮理乎？聖言猶大海也；諸儒言經，猶以器測海也。故世以箋傳窮經，而經益不可窮；以尋丈測海，而海亦不可測。諸儒奈何其嚚嚚乎？然則，是經終不可窮耶？曰：奚而不可也？君子以理詳之，以心約之。惟心之一，故思之深；思之深，故得之精；得之精，故守之堅。夫然後一趣於聖意，庶乎其不悖也。蓋自宋興，二三大儒知經之自者，亦嘗是正其繆，論著其說，足以反漢唐之末流，而更晉魏之蠹植矣。惟其能以理詳、以心得故也。雖然，君子於此反復而擇之，平心而察之，君子猶有憾焉。窺其詞於聖人之詞，未必無合也，吾其可復言乎？窮其意於聖人之意，未必皆合也，吾其可無言乎？故略其詞之所以可，又窮其意之所未可，論於斯，以備一家之載焉。吾非好勝也，好辯也，有不可已也，好事君子其詳之。

魏仲舉《五百家注釋韓昌黎全集·韓集所收評論詁訓音釋諸儒名氏》

唐：燕山劉氏，名昫，撰《舊書》傳。蔣氏，名係，撰《舊書》贊。天水趙氏，名德，編集韓文，號《文錄》，有序。隴西李氏，名漢，字南紀。編《集》幷序。李氏，名翺，字習之。撰《韓行狀祭文》。與公以文字往來，見《集》。安定皇甫氏，名湜，字持正。撰《韓神道碑祭文》。與公以文字往來，見《集》。張氏，名籍，字文昌。撰《韓祭詩》。與公以文字往來，見《集》。孟氏，名郊，字東野。與公唱和詩章，見《集》。元氏，名稹，字微之。與公往來文字，見《集》。白氏，名居易，字樂天。與公唱和詩章，見《集》。令狐陶氏，名澄，校定《韓柳文集》。宋：河南宋氏，名祁，字子京。撰《新史·本傳》。餘議論見《文集》。盧陵歐陽氏，名修，字永叔。撰《新史》紀、志、表，幷校《韓文書集》。後餘議論見《文集》。徂徠石氏，名介，字守道。議論見《唐鑑》及《辨謗》文。陽翟孫氏，名甫，字之翰。議論見《唐論斷》。成都范氏，名祖禹，字淳甫。議論見《唐鑑》。橘林石氏，名憝，字敏若。議論見《唐史發揮》。或以《發揮》爲鄭少微作。建安王氏，名崇，字次山。撰《唐書訓辨》十卷及注《唐文》八卷。謝氏，名參，字任伯。校正《韓柳文》。趙氏，名明誠，字德父。著《金石錄》。董氏，名逌，字彥遠。跋《韓柳文集》。蜀人蘇氏，名溥，校正《韓柳文集》。宰相李氏，名昉，集《文苑英華》。姚氏，名鉉，字寶之。集《唐文粹》。竇氏，名玶，撰《唐書音辨》。涑水司馬氏，名光，字君實。議論見《資治通鑑》《考異》及《文集》等書。伊川程氏，名頤，字正叔。議論見《文集》。河東柳氏，名開，字仲塗。撰《韓雙鳥詩全解》幷後序，餘議論見《文集》。河南尹氏，名洙，字師魯。議論見《文集》。穆氏，名修，字伯長。校定《韓文》。臨川晏氏，名殊，字同叔。校定《韓文》。呂氏，名夏卿，校正《韓文》，幷作後序。金陵王氏，名安石，字介甫。議論見《文集》。眉山蘇氏，名洵，字明允。議論見《老泉文》。蘇氏，名軾，字子瞻。撰《韓公潮州廟記》，幷議論見《東坡文集》。蘇氏，名轍，字子由。議論見《潁濱文集》。蘇氏，名過，字叔黨。議論見《斜川文集》。南豐曾氏，名鞏，字子固。議論見《文集》。曾氏，名肇，字子開。議論見《文集》。淇水李氏，名清臣，字邦直。議論見《文集》。莆陽鄭氏，名厚，字叔友。議論見《文集》。汲郡呂氏，名大防，讎正《韓文》，幷撰《年譜》。豫章黃氏，名庭堅，字魯直。議論見《文集》。宛丘張氏，名耒，字文潛。議論見《文集》。淮海秦氏，名觀，字少游。議論見《文集》。後山陳氏，名師道，字無己，一字履常。議論見《文集》。濟北晁氏，名補之，字無咎。議論見《文集》及《楚詞》諸序。濟南李氏，名廌，字方叔。議論見《文集》。眉山唐氏，名庚，字子西。議論見《魯國文集》。臨漢魏氏，名泰，字道輔。注。祖氏，名無擇，字擇之。《韓公袁州廟記》。陳氏，名長方，字齊之。議論見《語錄》。鄒氏，名浩，字志完。議論。謝氏，名諤，字昌國。議論。石氏，名大任，字安世。議論。尹氏，名焞，字彥明。議論。孔氏，名武仲，字常父。議論。扶風馬氏，名存，字子才。議論見《文集》。蜀郡鄭氏，名少微，字明舉。議論見《文集》。朱氏，議論見《秀水閒居錄》。張氏，名舜民，字芸叟。議論見《畫墁集》。王氏，名得臣。議論見《麈史》。張氏，名俞，字少愚。議論。沈氏，名括，字存中。議論見《筆談》。東萊呂氏，名本中，字居仁。議論。苕溪胡氏，名存。議論見《漁隱叢話》。曾氏，議論見《筆墨閒錄》。周氏，名少隱。議論見《楚辭贅說》。洪氏，名芻，字駒父。議論見《詩話》及《文集》。丹陽洪氏，名興祖，字慶善。撰《韓文年譜辨證》。廣漢張氏，名栻，字敬夫。議論見《南軒文集》。新安朱氏，名熹，字元晦。議論見《韓文考異》《晦菴文集》。廣漢張氏，名震，字眞父。議論。東萊呂氏，名祖謙，字伯恭。議論見《文集》。永嘉陳氏，名傅良，字君舉。議論見《文集》。盧陵楊氏，名萬里，字庭秀。議論見《文集》。梅溪王氏，名十朋，字龜齡。議論見《文集》。三山林氏，名之奇，字少穎。議論見《漢唐龜鑑》。眉山程氏，名敦厚，字子山。著《韓柳意釋》，餘議論見《金華文集》。臨邛宋氏，名遠孫，字仲山。議論見《語錄》《文集》。橫浦張氏，名九成，字子韶。議論見《漢唐鱠》及《唐史摘實》。歷陽張氏，名孝祥，字安國。議論見《文集》。屛山劉氏，名子翬，字彥中。議論見《奧論》《文集》。永嘉葉氏，名適，字正則。議論見《唐鈔》。眉山朱氏，名廷玉，撰《羅池廟碑全解》。西山邵氏，名博，字公濟。議論見《文集》。觀堂劉氏，名望之，字夷叔。議論見《文集》。晁氏，名公武，字子正。議論見《文集》。眉山劉氏，名觀，字仲達。議論。李氏，名燾，字仁甫。議論。資中李氏，名石，字知幾。議論見《方舟集》。眉山劉氏，名眞，字子有。議論見《橫舟集》。洪川姜氏，名如晦，字彌明。議論見《月溪集》。導江王氏，名咨，字夢得。議論見《雪齋集》。李氏，名繁，字清叔。議論。上舍陸氏，名唐老，字子壽。

議論。黄氏，名唐，字邕父。議論。三山鄭氏，名鑑，字自明。議論見《進卷》。蔣氏，名璨，字宣卿。議論并解。三江任氏，名淵，字子淵。議論并解。東蜀樊氏，名汝霖，字澤之。著《韓文公志》及《譜註》。眉山孫氏，名汝聽，字良臣。全解。臨邛韓氏，名醇，字仲韶。全解。眉山劉氏，名崧，字公輔。全解。文溪祝氏，名充，字廷實。全解。新安張氏，名敦頤，撰《音辯》，并後序。龜山楊氏，名時，字中立。有《語錄》行于世。丹陽葛氏，名立方，字常之。撰《韻語陽秋》。海濱馬氏，名永卿，有《語錄》。建安嚴氏，名有翼，字冲甫。著《韓文切證》。莆陽方氏，名崧卿，著《韓文舉正》。武夷吴氏，名棫，字朝老。撰《協音古韻》。莆陽顧氏，名伯玭，著《詩協音》。閩南鄭氏，名樵，字漁仲。著《毛詩協韻》。三山李氏，名樗，字适仲。校正《昌黎集》。莆陽鄭氏，名耕老，字谷叔。校正《昌黎集》。簡齋陳氏，名汝義，字去非。校正《昌黎集》。元城劉氏，名安世，字器之。校正《昌黎集》。致堂胡氏，名寅，字明仲。著《讀史管見》。安定胡氏，名安國，字康侯。校正《昌黎集》。上蔡謝氏，名良佐，字顯道。梓溪陳氏，名元裕，字德寬。永嘉陳氏，名鵬飛，字少南。吴氏，名縝，著《唐書糾繆》。吴氏，名曾，字虎臣。著《唐書糾繆》。謝氏，名旡逸，校正《昌黎集》。盱江李氏，名朴，字光之。校正《昌黎集》。永嘉周氏，名行己，字恭叔。校正《昌黎集》。建安蔡氏，名夢弼，字傳卿。纂《註昌黎集》。句章高氏，名元之，字端叔。校證《昌黎集》。象山陸氏，名九淵，校證《昌黎集》。陸氏，名九齡，校證《昌黎集》。蔡氏，名寬夫，有《詩話集》。濂溪周氏，名惇頤，字茂叔。校證《昌黎集》。横渠張氏，名載，字子厚。校證《昌黎集》。兼山郭氏，名忠孝，字立之。校證《昌黎集》。白雲郭氏，名雍，字子和。校證《韓文》。雲谷蔡氏，名元定，字季通。程氏，名至道，著《昌黎年譜》。龍圖劉氏，名燁，重次《昌黎外集》。雪川沈氏，名瀛，字子壽。議論見《竹齋集》。孫氏，名傳，字伯野。跋《韓柳文集》。南徐許氏，名開，字仲啓。校正《昌黎集》。丞相周氏，名必大，註《昌黎集》。鄮山史氏，名彌大，字方叔。校正《昌黎集》。建安魏氏，名掞之，字元履。校正《韓柳文集》。縉雲潘氏，名緯，著《柳文音辯》。潁川王氏，名銍，字性之。著《韓會傳》。新添集註五十家，新添補註五十家，新添廣註五十家，新添釋事二十家，新添補音二十家，新添協音十家，新添正誤二十家，新添考異十家，新添皆逸姓氏。總計五百餘家。

趙秉文《滏水集》卷一五《法言微旨引》　揚子，聖人之徒與。其《法言》、《太玄》，漢二百年之書也。漢興，賈誼明申韓，司馬遷好黄老，董仲舒溺災異，劉向鑄黄金，獨揚子得其正傳，非諸子流也。予既整緝《太玄》，舊聞《法言》有宋衷注，亡之。今世傳四注，柳、李二注，十釋一二；宋、吴二注，頗有牴牾。其十二注中，數家大抵祖臨川王氏，無甚發明，又多詆忤而不中其失。獨温公《集解》偏採諸本，微辨四家之得失，斷以己意，十得七八矣。其終篇詳辯揚子得聖人之行藏，爲得其正，實百世之通論也。故今斷以《集解》爲定。然《法言》之作，雖擬《論語》，不同門人問答先後無次，乃揚子自著之書也。不應辭意不相連屬，其命名自序，思過半矣。或先義而後問，或後答以終義，或離章以發微，或終篇以明數。旁鈎遠引，微顯志晦，川屬脈貫，會歸正道，今所謂分章微旨者，非敢有異於先儒也。但使一篇之義，自相連屬，穿鑿之罪，余何敢逃。萬一有得微旨於言辭之表者，或有助于發機云。

陳仁子《温公易説序》　九師興而《易》道微，《易》之微豈專九師咎哉？《彖》翼而下，旁薄深廣，留七分者亡幾。田、丁、施、費，脈脈師授俾勿墜。龍龜圖書，或左用之而不悟。京房守《緯》數，其失也浮。二千年間，《易》道伥伥，如蒙霧行，述而不論，河汾猶難之。歷越五閏，眞人御宇，王澤萃鍾，異人間世。希夷抉羲畫而成于邵，濂溪泄周經而融于程。以至匯爲《漢上》而尙變，演爲《考亭》而尙占，支析爲《合沙》而尙象。三聖玄蘊，剖抉靡遺，而讀者瞭然，如生三代之世。晚得《温公易説》一編，視諸老尤最通暢。今流傳人間世，藁雖未完，其論太極陰陽之道、乾坤律呂之交，正而不頗，明而不鑿。獵獵與濂洛貫穿。中間分剛柔，中正配四時，微疑未安，學者直心會爾。《易》之作，聖人吉凶與民同患之，書也非隱奥難深而難見也。談《易》而病其隱且艱，非深於《易》者也。參習是編，《易》道庶其明乎。

陳藻《樂軒集》卷六《策問十二首・易》　《易》，性命之書也。然以筮人正悔之説，見於《洪範》。而三《易》掌於周官之太卜，春秋之世，事驗歷歷焉，得謂《左氏》之誣也哉。漢有二京房，皆出焦延壽之門，延壽之師爲孟喜。或以爲非喜而託之孟氏，要之皆陰陽災變之學也。孟喜之學，自田王孫來，施讎、梁丘賀非同堂合席者耶。賀以筮顯，讎則不聞焉，何也？況漢言《易》者本田何，何授丁寬，寬授田王孫。讎授張禹，禹授彭宣，施家有張、彭之學。丁也，張也，彭也，胡爲而非陰陽災變之學耶？專言乎，是時則有若高相者，自言出於丁將軍，然乎否也？又有所謂費直者，長於卦筮，故前漢之《易》有六家。若施，若孟，若梁丘，若京氏，其立博士者四焉。是以四家之《易》行於東都。斬焉者，費、高而已矣。費、高之不傳，何也？孟也，梁丘也，京氏也，實以占筮氣數工於當時，至東都之諸儒傳其業者，又不以是相高，何也？既不以是相高，又何以謂之傳其業歟？曹魏之季，唱清談者，王弼乃以《易解》行於世，故兩晉《易》學雜佛老而言之也。嗟乎《易》有揲蓍之事，精於筮數者，何以謂之非《易》歟？《易》有性命之奧，入於玄妙者，何以謂之非《易》歟？故後之論《易》者，非以道德之玄妙，則以筮數之影響也。不然，則去斯二者，而大《易》之蘊何在？

又《詩》 《詩》，情性也。情性，古今一也。說《詩》者，以今之情性求古之情性，則奚有諸家之異同哉！轅固，齊人也，其傳《詩》爲《齊詩》。浮丘伯，亦齊人也，魯人申公受之，則爲《魯詩》。《韓詩》出於燕之韓嬰，《毛詩》出於趙之毛萇，其言不同，故四者之名立。四家之在漢，莫盛於魯，亦莫微於毛。《魯詩》傳授有小江公、大江公。大江公之後，有韋氏父子爲宰相也。於是乎有韋氏之學，而又有張、唐、許氏之學。其次則曰齊、韓也。《齊詩》有翼匡、師伏之學，況其初一傳已爲夏侯始昌，而其後蕭望之者，又當世大儒，欲不行得乎？武帝詔求能爲《韓詩》者，而大臣蔡誼首出。《韓詩》之行，昉於此乎？前此矣，前此則帝胡詔而求之也。蓋嬰在文帝時已爲博士，河内趙子，則誼之師，而誼之後且有王倉、長孫之學，此《韓詩》之所以行也。《毛詩》自毛公而至陳俠，蓋有五人焉。俠在新室，始爲講學大夫，而西都之立博士，則三家而已矣。衛宏生於東都之初，受業於謝曼卿，曼卿爲訓，而宏作序。自是而後，鄭衆、賈逵亦受《毛詩》。馬融有傳，而鄭氏有箋，毛氏之學興焉。歷世滋久，三家廢而毛氏獨行，豈毛氏勝於三家而西都諸儒未及知歟？抑其說之顯晦各有時歟？嗚呼，經術之明，莫隆於本朝。前輩諸公其說《詩》也，雖不能免昔人之訓詁，而其奧義隱旨，尋繹發越，蓋有自得而不沿傳習者，毛公或可束之高閣，故自歐、蘇而下，以解釋傳者蓋多矣。其當耶？未耶？毋使後人視之，又如今之視毛公則可也。

又《春秋》 傳《春秋》者五家，鄒氏、夾氏，漢聞其人矣，不聞其語也。《左氏》姓名見於《論語》，斯人也，而有斯書也，抑託其姓名者歟？《公羊》、《穀梁》，漢聞其語矣，未聞其人也，第曰其學本於齊、魯耳。應劭之《風俗通》，奚以知其皆在子夏之門歟？或以高爲漢初人，或以赤爲秦孝公同時人。然高誠齊人也，辭有「登萊化我」而已矣。赤也何如？俶其名，元始其字，阮孝緒之《世錄》則云爾也。董仲舒、公孫弘，善爲《公羊》者也，於是武帝尊其學，俄而衛太子則反其所好焉。宣帝情鍾於衛太子，韋賢，夏侯勝，是又爲魯之人，時哉，時哉，《穀梁》之所由盛也。《左氏》首出於張蒼之家，是爲漢世之先進者也。賈誼、貫公，皆是其學，胡爲泯泯？劉歆力擁而不前，至都之東，陳元、賈逵、服虔輩，始能挽而出之。今雖與二家並行，而人以《左氏》爲巨擘。抑物之顯晦各有時歟？將久而後有定論歟？三長五短，劉知幾則左袒於丘明者也。《公羊墨守》、《左氏膏肓》、《穀梁廢疾》，何休之意，亦以楚雖失之，齊亦未爲得歟。發《墨守》，鍼《膏肓》，起《廢疾》，若鄭玄者，果足以發之、鍼之、起之歟？《左氏》艷而富，其失也誣。《穀梁》清而婉，其失也短。《公羊》辨而裁，其失也俗。范甯之意，則截長補短，而後可爲善矣。夫四子之論，未知其孰優，然而較之杜預，又如何也？文中子以《三傳》作而《春秋》散，盧仝以《三傳》皆束之高閣，然歟？抑大言歟？唐之啖、趙、陸淳，本朝前輩如孫、如胡，其於經傳得之淺深，諸君必有權衡之論，若以王金陵之言爲解，則非不爲也，是不能也。

郭知達《校定集注杜詩序》 杜少陵詩，世號詩史，自箋註雜出，是非異同，多所牴牾，致有好事者掇其章句，穿鑿傅會，設爲事實，託名東坡，刊鏤以行，欺世售僞，有識之士，所爲浩歎。因緝善本，得王文公安石、宋景文公祁、豫章黄先生庭堅、王原叔洙、薛夢符□、杜時可田、鮑文虎彪、師民瞻尹、趙彦材次公，凡九家。屬二三士友各隨是非而去取之，如假託名氏，撰造事實，皆删削不載。精其讐校，正其訛舛。大書鋟版，置之郡齋，以公其傳。庶幾便於觀覽，絶去疑誤。若少陵出處大節，史有本傳，及互見諸家之序，兹不復云。

俞琬《周易集説序》 《周易集説》者，集諸說之善而爲之說也。曷爲善？能明三聖人之本旨則善也。夫《易》，始作於伏羲，僅有六十四卦之畫，而未有辭。文王作上、下經，乃始有辭。孔子作「十翼」，其辭乃備。

當知辭本於象，象本於畫。有畫斯有象，有象斯有辭。《易》之理盡在於畫，詎可捨六畫之象而專論辭之理哉？捨畫而玩辭，捨象而窮理，辭雖明，理雖通，非《易》也。漢去古未遠，諸儒訓解多論象數，蓋亦有所本。至魏王弼，以老莊之虛无倡於前，晉韓康伯又和於後，聖人之本旨遂晦。沿襲至於唐，諸儒皆宗之。太宗詔名儒定九經正義，於《易》則取王、韓。而孔穎達輩，以當時所尚，故雖其說未盡善，亦必爲之回護。由是，二三百年間，皆以虛无爲高。至宋，濂洛諸公，彬彬輩出，一埽虛无之弊，聖人之本旨始明。奈何世之尚占而宗邵康節者，則以義理爲虛文；尚辭而宗程伊川者，則以象數爲末技。而邵、程之學，分爲兩家，羲畫、周經亦爲兩途，遂使學者莫之適從。逮夫紫陽朱子《本義》之作，發邵、程之未發，辭必本於畫，理不外於象，聖人之本旨於是乎大明焉。琬幼承父師面命，首讀朱子《本義》，次讀程《傳》，長與朋友講明，則又有程、朱二公所未言者於心。蓋不能無疑，乃歷考諸家《易》說，摭其英華，萃爲一書，名曰《大易會要》，凡一百三十卷。不揣固陋，遂自至元甲申，集諸說之善而爲之說，凡四十卷，因名之曰《周易集說》云。

郝經《陵川集》卷一九《經史》 學經者不溺於訓詁，不流於穿鑿，不惑於議論，不泥於高遠，而知聖人之常道，則善學者也。訓詁之學始於漢，而備於唐，議論之學，始於唐，而備於宋，然亦不能無少過焉。而訓詁者，或至於穿鑿，議論者，或至於高遠，學者不可不辨也。學史者不昧於邪正，不謬於是非，不失於予奪，不眩於忠佞，而知所以廢興之由，不爲矯詐欺，不爲權利誘，不爲私嗜蔽，不以記問談說爲心，則善學者也。古無史之完書，三變而訖於今。左氏始以傳《春秋》，錯諸國而合之。馬遷作《史記》，離歷代而分之；溫公作《通鑑》，復錯歷代而合之，三變而史之法盡矣。古不釋經，亦三變而訖於今。訓詁於漢，疏釋於唐，議論於宋，三變而經之法盡矣。後世無以加也。但學之而不遺，辨之而不誤，要約而不繁，得其指歸而不異，而終之以力行而已矣。嗚呼，後世學經者，復務於進取科名，徇時之所尚，破碎分裂，經之法復變矣。學史者務於博，記注滋談，辯釣聲譽，以愛憎好尚爲意，混淆蕪僞，而史之法復變矣。其將變而無窮耶？其亦變而止於是耶？其由變而經史之道遂亡也邪。九師興而《易》道微，《三傳》作而《春秋》散。昔人之議猶若是，矧於今之變乎。變而不已，其亦必亡矣。

又卷二九《周易外傳序》 孔子承三聖之《易》爲之作傳，凡道德之要，性命之理，幽明之故，死生之說，天地人物之在，夫意言象數之間者，莫不充周表著，推致其極。《易》於是乎集大成，聖人大經大法之原，而不可加損焉。蓋數聖人之制作，孔子復以聖述聖故也。後之人德未至於聖，欲以一己之見，求夫數大人之意，雖敝精極神，不免於猜揣料量之私，不能造夫眞是，或有見焉，而不能純備。斷然自作，則違戾遠甚，是以紛紛藉藉，至於今而不已也。夫《易》，聖人所以用道之書也。伏犧氏按圖畫卦以述道，造書契以開斯文之統。歷數千百年，至於黃帝、堯、舜氏，而法制始備。又歷夏、商千有餘年，而文王受命作周，重伏犧氏之卦，繫之辭，而命之爲《易》。聖子周公，心傳口授，分其文而繫之辭，以斷其吉凶。復六百有餘年，而孔子出焉，晚年讀《易》，而韋編三絶，以求三聖之意。於是退而修經，推皇帝王伯之世，而本乎伏犧，終於五霸，列爲四經，而爲《易》作傳，尊之爲經，以冠夫《詩》、《書》、《春秋》，使天下萬世共用一道，舉畫前之固有，重後之逆數，造無窮之形器，壞無窮之形器，而一《易》之用，不可勝窮矣。則伏犧氏述道，文王述伏犧，周公述文王，孔子述三聖，世代相去，若此其甚遠也。聖人之作，若此其鮮也。以聖述聖，若此其恭也。至孔子而僅爲成書，猶以爲「書不盡言，言不盡意」，「加我數年，五十以學《易》，可以無大過」。則《易》之大，不能一聖人當一世而爲之，必數聖人數十百世而僅成。以孔子之聖，不敢自作，曲爲之述，而猶以爲未既盡而懼或有過。後之人，乃欲以一己之私，遽述數千載之德業，四聖人之能事，又輒自作爲，不亦難矣哉。且自孔子沒，曾子、子思、孟子得其傳而著之書，雖皆《易》道，而不及《易》中一言。繼而火於秦，雖幸而以卜筮之故，《易》之書獨存，天下之人祇以卜筮視之，而其道不明也。漢興，言《易》自田何。本其所自，謂孔子授之商瞿子木，而授受及何，何爲傳數篇而不傳。自是學各專門，原遠而末益分矣。揚雄之學最爲深到，準《易》作《玄》，而不述《易》道。東觀學者雖盛，而祇爲傳註之學，亦各專門自私，而明夫《易》道者亦鮮。魏正始間，王弼以二漢之學爲之註，唐世以爲至當，而孔穎達爲之疏，學者至今宗之，殆亦專門之學也。寥寥千載，竟無聖人，而述聖人，家異傳，人異義，《易》道不可復聞矣。故王通謂「九師興而《易》道微，三《傳》作而《春秋》散」，惡其私而專，專而分，分而異，卒使聖人之意不可得而見也。宋興，大儒輩出，莫不以闡明《易》道爲己任。於是華山陳摶肇開宗統，而濂溪周敦頤、西都邵雍遠探羲、文、周、孔之業，推演意言象數之本。至侍講程頤，大變傳註，爲《易》作傳，直造先秦，布武聖門。其諸師友更唱迭和，《易》道幾明。今二百有餘年矣，學者復各擅其師傳，立論馳說，求新角奇，誕夸而自聖。言義理者不及象數，象數者不及義理。又往往雜入偏駁小數，異端曲學。周、邵、程氏之學，復昧沒而不明。其詆王弼，蔑《正義》，厚誣妄訾，悖理傷道者，不可勝紀，又甚於專門之弊矣。反復壞爛，遂至此極，世代如是之遠，聖人不作如是之久，蠹食穿鑿如是之衆且多也，又豈一人之專見臆戾所能蔽之哉？則聖人之意終不可得而見矣。竊嘗以爲，後世雖無大聖人，兼綜諸聖以述夫聖，如孔子之集大成。苟不以一人自私曲學自蔽，專門自聖，削去畦町，沒夷滋蔓，排斥一我，開示公道，合漢、魏、唐、宋諸儒之學，順考其往，逆徵其來，積數千百年之學問，數十百人之能事，揆其所見，會其所得，合天下以一心，通天下以一理，貫古今以一《易》，聖一而後世百之，聖十而後世千之。遡流求原，問津以濟乎道，則亦庶乎其可也。故不自揆，嘗欲論次孔子以來述《易》而有合於聖人者，纂爲一書，而未能也。中統元年，詔經持節使宋。宋人館於儀眞，留而不遣，五六年間頗得肆意經傳。及被刦殺，出居別室，益曠寂無事。乃據所有書及故所記憶者，自孔子以來迄於今，凡訓詁論說，諸所註釋，覈其至精，去其重複，義理象數，兼采並載，巨細不遺。不徵其人，惟是是與，各以世代，第其先後。凡諸經傳，子史百氏，《易》之自出而不謬，聖人必當關涉引用者，亦各依世次編入。其流入老佛，異端曲說，非聖人意者，則盡刊黜。夫漢魏傳註之學，則至於魏王氏，唐宋論議之學，則至於宋程氏，故備錄二氏，以爲諸家折衷。經有所見聞者，則彌縫其闕，而要終之，且徵之歷代之得失，以爲《易》之事業，窮源極委，致諸道《易》神之本，然以爲一經之綱領。疑而不可固必者，則存而弗論，以俟能者。積成八十卷，旁搜遠蹈，創圖立說，爲《太極演》二十卷，申明列聖及諸儒餘意，共爲一百卷。《易》之成，俶落周世，謂之《周易》，近世或單稱《易》及《大易》等。以爲題而不言周，有未當言者，故仍稱《周易》。孔子爲經作傳，既謂之傳矣，後之人復爲傳註，則皆傳外之傳也，故曰爲《外傳》，且示不敢自同於聖人之作也。然亦未敢自爲成書，後來繼今，或別有所得，當復增入云。

又卷三〇《朱文公詩傳序》 古之爲詩也，誦歌絃舞斷章爲賦而已矣。傳其義者，則口授。傳注之學，未有也。秦焚《詩》、《書》，以愚黔首，三代之學，幾於墜沒。漢興，諸儒掇拾灰燼，墾荒闢原，續六經之絕緒，於是傳注之學興焉。秦焚《詩》、《書》尤重，故傳之者鮮。《書》則僅有濟南伏生。《詩》之所見、所聞、所傳聞者頗爲加多，有齊、魯、毛、韓四家而已。而源遠末分，師異學異，更相矛盾。如《關雎》一篇，齊、魯、韓氏以爲康王政衰之詩。毛氏則謂后妃之德，風之始。蓋毛氏之學，規模正大，有三代儒者之風，非三家所及也。卒之，三家之說不行，《毛詩》之《詁訓傳》獨行於世，惜其潤略簡古，不竟其說，使後人得以紛更之也。故滋蔓於鄭氏之箋，雖則云勤，而義猶未備。總萃於孔氏之疏，雖則云備，而理猶未明。嗚呼，《詩》者，聖人所以泰天下之書也，其義大矣。性情之正，義理之萃，已發之中，中節之和也。文、武、周、召之遺烈，治亂之本原，王政之大綱，中聲之所止也。天人相與之際，物欲相錯之間，欣應翕合，純而無間。先王以之審情僞，在治忽，事鬼神，贊化育，奠天位，而全天德者也。觀民設教，閑邪存誠，聖之功也。所過者化，所存者神，聖之用也。正適於變，變適於正，《易》之象也。美而稱誦，刺而譏貶，《春秋》之義也。故《詩》之爲義，根於天道，著於人心，膏於肌膚，藏於骨髓，龐澤渥浸，浹於萬世，雖火於秦，而在人心者，未嘗火之也。顧豈崎嶇訓辭，鳥獸，蟲魚，草木之名，拘拘屑屑而得盡之哉。而有司設規，父師垂訓，莫敢誰何。以及于宋歐陽子始爲《圖說》，出二氏之區域。蘇氏、王氏父子繼踵馳說。河南程氏、橫渠張氏、西都邵氏，遠探力窮，而張皇之。逮夫東萊呂伯恭父集諸家之說，爲《讀詩記》，未成而卒。時晦庵先生方收伊洛之橫瀾，折聖學而歸衷，集傳注之大成，乃爲《詩》作傳。近出己意，遠規漢唐。復風雅之正，端刺美之本，釐訓詁之弊，定章句音韻之短長差舛，辨大小序之重復，而三百篇之微意，「思無邪」一言，煥乎白日之正中也。其自序則自孔孟及宋諸公格言具載之，毛鄭以下不論，其旨微矣。

戴表元《剡源文集》卷七《左氏窺斑序》 夫子沒，遺言之著於世者，爲經學者各爲說以通之。通之不得，則反諸經。惟夫學《春秋》則異是，

《左氏》、《公羊》、《穀梁》三家者，與我肩隨而學夫子者也。後世信於其言乃過夫子。三家之中，左氏之徒謂其師逮與夫子同世，信之尤確，而《春秋》反爲疑經。夫《左氏》者，豈曰眞足以蔽《春秋》哉？緣其文勝，學者有求於《左氏》，而無求於《春秋》故耳。余於近世得折衷左氏之書二編，曰《晁吏部雜論》，曰《呂著作後説》。晁約而通，呂博而覈。嘗欲依倣其法，删繁去滯，定爲一書，以達於《春秋》之義，而力未克也。年來倦學，葩葉凋槁，以爲二編之法，雖在所舉，而江南研經家，自歐陽公以來皆直取《春秋》爲斷，甚者尚疑今之《春秋》出於魯史本文者，不可盡攷，無問《左氏》。因知學廣者疑固多，如登千仞之峰，舉足愈高，而見愈雜。如遊四通八達之途，奇珍異貨，目眩而不即定，要其定而不雜，久然後自得之耳。葉君正道以《左氏窺斑》示余，余讀之，猶愛晁、呂時也。問書之所繇成，則方諸儒汲汲科舉之年，君已脱稿久矣。嗟夫，此豈若余年少退惰不自力者比邪。君名某，台寧海人。

又卷八《大學中庸孝經諸書集解音釋序》　至於近代，濂洛之派興。於雜書之中定著其書，通於夫子者，曰子曾氏、子思氏、子孟氏。而上三代之書存者，曰《孝經》、《中庸》、《大學》、《孟子》。若《論語》，又孔門之高弟共爲之，尤精者也。爲之披微文，抉浮辭，使尋源者不迷其津，趨塗者不昧其岐，有功哉。濂洛之徒皆沒，説者又雜。考亭朱先生出，又取濂洛之已詳者，與其徒加明之，故《孝經》有《刊誤》，《論語》、《孟子》有《集註》，《大學》、《中庸》有《章句》，以迨《太極》、《西銘》、《通書》之類，凡殘編斷冊之關於義理者，舉有訓解。其徒之書，余之資雖鈍，猶得而窺之。其徒之人，爲余之先，猶得而知之。顧歲月推移，風氣變化，資品之尤鈍於余者，則不及預此矣。余也，白首東來，乃始獲聞番陽有雙峰饒君者，嘗學於考亭之門人，而於考亭之書鑽研探索，纂述彙叙，其意猶考亭之於濂洛也。久之，是州之儒者淩君堯輔與余遊，余又見其箋詁、疏釋、問答、圖辨，而知其游饒君之門，而於饒君之書，又如饒君之於考亭也。嗚呼，玆非余所謂窮經學古之彦，不以世故動心，而枯然自守師説於山林草澤間者耶？堯輔歸，而於是書也，益弘其入，謹其出，幸且及於伏生、申公之年，其有欲聞道德、禮樂、刑政之説者，不以屬君之徒而誰耶。

吴師道《禮部集》卷一五《詩集傳名物鈔序》　《詩》之爲經，始定於周公，再定於夫子，遂爲不刊之典。不幸厄於秦火中，可疑者多，而諸儒不察。由漢以來，毛鄭之學專行，歷唐至宋，一二大儒始略出己意，然程淳公、呂成公猶主序説。子朱子灼見其謬，汎掃廓清，本義顯白，每篇則定其人之作，每章則約以賦、比、興之分，叶音韻以復古吟哦，上下不加一字之法，略釋而使人自悟，破拘攣，發蒙蔀，復還溫柔敦厚、平易老成之舊，自謂無復遺恨。嗚呼，《詩》一正於夫子而制定，再正於朱子而義明。朱子之功，萬世永賴，此《名物鈔》之所爲作也。自北山何先生基得勉齋黄公淵源之傳，而魯齋王先生栢、仁山金先生履祥，授受相承，逮君四傳，有衍無間，益大以尊。君念朱傳猶有未備者，旁搜博采，而多引王、金氏，附以己見，要皆精義微旨，前所未發。又以小序及鄭氏、歐陽氏譜，世次多舛，一從朱子補定。正音、釋考、名物、度數，粲然畢具，其有功前儒，嘉惠後學，羽翼朱傳於無窮，豈小補而已哉。

又《讀四書叢説序》　《讀四書叢説》者，金華白雲先生許君益之爲其徒講説，而其徒記之之編也。君師仁山金先生履祥，仁山師魯齋王先生栢，從登北山何先生基之門，北山則學於勉齋黄公，而得朱子之傳者也。《四書》自二程子表章肇明其旨，至朱子《章句集註》之出，折衷羣言，集厥大成，説者固蔑以加矣。門人高第，不爲不多，然一再傳之，後不泯沒而就微，則畔渙而離眞，其能的然久而不失傳授之正，則未有如於吾鄉諸先生也。蓋自北山取《語録精義》以爲發揮，與《章句集註》相發，魯齋爲標註點抹，提挈開示。仁山於《大學》有疏義，指論蓋有考證，《中庸》有標抹，又推所得於何、王者，與其己意并載之。君上承淵源之學，雖見仁山甚晚，而契詣最深，天資純明，而又加以堅苦篤實之功，妙理融於言表，成説具於胸中，問難開陳，無少凝滯，抑揚反覆，使人竦聽深思，隨其淺深而有得焉。故自遠方來從學者至數百人，遂爲一時之盛。今觀《叢説》之編，其於《章句集註》也，奥者白之，約者暢之，要者提之，異者通之。畫圖以形其妙，析段以顯其義。至於訓詁名物之缺、考證補而未備者，又詳著焉。其或異義微悟，則曰：自我言之，則爲忠臣；自他人言之，則爲讒賊。金先生有是言也，此可以見其志之所存矣。嗚呼，欲通《四書》之旨者，必讀朱子之書。欲讀朱子之書者，必由許君之説。玆非適道之津梁，示學之標的歟？

又卷一七《讀易雜記後題》　學者類喜言《易》，今世尤甚，愚不知其何說也。自漢魏以來，王輔嗣之說單行，雖未盡善，而數百年實宗之。至宋而邵子闡伏羲之秘，程子衍周、孔之文，朱子又發明《易》專爲卜筮作，融會義理象數之旨，說者無以復加矣。所宜虛心潛玩，以求聖賢之心，不當橫生己意，喜新好奇，穿鑿破碎，務以求多爲也。其有名爲祖程、朱，而誇多騁博，援引茸襍，自相矛盾不之顧。又有摭前人之所已言，以爲己出，架屋下之屋，不相爲嫌。若是者，蓋不勝其紛紛焉，果何益於《易》哉？某讀是經有年，頗厭衆說。乙亥、丙子之歲，來池建德，陸走道遠，不能多負書，獨取《古易》呂氏《音訓》、程《傳》、仁山金氏標點者。朱《本義》、北山何氏《啓蒙大傳二發揮》、魯齋王氏《諸圖論》自隨，與兒輩說讀，懼汩亂也。既而番易新安友人搴記鶴山魏公《集義》、平庵項氏《玩辭》及近時纂集者數家《集義》，自周、程諸門人，下及朱、呂淵源所自，可以參觀，但其取漢上朱氏以備象數一家，未免無雜。項氏說多精善，其餘家類皆擇弗精，語弗得，以此較彼，是非瞭然矣。竊不自揆管窺之愚，時亦有之，因記於篇，將就正於有道。非敢言《易》也，且俾兒輩知守正途，而毋忘鄉老先生之所以導啓我者，則其於《易》學蓋庶幾焉。

吳澄《吳文正集》卷一《四經敘録》 《周易》上下經二篇，文王、周公作。《彖》、《象》、《繫辭上、下》、《文言》、《說卦》、《序卦》、《雜卦》、《傳》十篇，夫子作。秦焚書，《周易》以占筮獨存。《漢志》：《易》十二篇。蓋經二傳十也。自魏、晉諸儒分《彖》、《象》、《文言》入經，而《易》非古。註疏傳誦者，苟且仍循，以逮于今。宋東萊先生呂氏始考之，以復其舊，而朱子因之，第其文字，闕衍謬誤，未悉正也。故今重加修訂，視舊本頗爲精善，雖於大義不能有所損益，而於羽翼遺經，亦不爲無小補云。【略】《春秋經》十二篇，《左氏》、《公羊》、《穀梁》文有不同。昔朱子刻《易》、《書》、《詩》、《春秋》四經於臨漳郡，《春秋》一經止用《左氏》經文。而曰《公》《穀》二經所以異者，類多人名地名，而非大義所繫，故不能悉具。澄竊謂《三傳》得失，先儒固言之矣。載事則《左氏》詳於《公》《穀》，釋經則《公》《穀》精於《左氏》。意者《左氏》必有按据之書，而《公》《穀》多是傳聞之辭，況人名地名之殊，或由語音字畫之舛，此類一從《左氏》是也。然有考之於義，的然見《左氏》爲失而《公》《穀》爲得者，則又豈容以偏徇哉？嗚呼，聖人筆削魯史，致謹於一字之微。三家去夫子未久也，文之脫謬已不能是正，尚望其能有得於聖人之微意哉？漢儒專門守殘護闕，不合不公，誰復能貫穿異同而有所去取？至唐啖助、趙匡、陸淳三子，始能信經駁傳，以聖人書法纂而爲例，得其義者十七八。自漢以來，未聞或之先也。觀趙氏所定《三傳》異同，用意密矣。惜其予奪未能悉當。間嘗再爲審訂，以成其美，其間不繫乎大義者，趙氏於三家從其多。今則如朱子意，專以《左氏》爲主，儻義有不然，則從其是，《左氏》雖有事迹，亦不從也，一斷諸義而已。嗚呼，屬辭比事，《春秋》敎也。甚欲因啖、趙、陸氏遺說博之，以諸家參之，以管見使人知聖筆有一定之法，而是經無不通之例，不至隨文生義，以侮聖言。

吳萊《淵穎集》卷一一《春秋傳授譜序》 《春秋》之道，本於一，離爲三家之傳，又析而爲數十百家之學。學日夥，傳日鑿，道益散，天下後世，豈或不有全經乎？亦在其人而已矣。自孔子沒，七十子言人人殊。公、穀自謂本之子夏，最先出。左氏又謂古學宜立。諸儒生從史，文傳口說，遞相授受，彼此若矛盾然。自是學一變。主《公羊》者，何休。主《穀梁》者，范甯。主《左氏》，服虔、杜元凱。或抒己意，或博采衆家，蓋累數十萬言，自是學再變。《公》、《穀》微，《左氏》乃孤行不絶。說者曾不求決於傳，遂專意於訓詁。江左則元凱，河洛則虔，自是學三變。間有一二，欲考三家之短長，列朱墨之同異，力破前代專門之學，以求復於先聖人義理之極致，咸曰唐啖、趙氏，自是學四變。嗚呼，言《春秋》者，至於四變，可以少定矣。予嘗觀漢初傳《公羊》者先顯，自胡母子都以下，得二十四人。次傳《穀梁》，自申培公而下，得十五人。《左氏》本於國師，劉歆未立博士，故傳之尚少，而東漢爲盛。東漢以降，學者分散，師說離析，非徒捨經而任傳，甚則背傳而從訓詁，嘵嘵讙咋，靡然趨下。夫學本非不同，本非不一，而末異乃若是，此其欲抱十二公之遺經，悲千古之絶學，發明三家之傳而去取之者誰歟？然予悉得而譜是者，四變之極也。四變之極，必有能反其初者，唐啖、趙氏蓋嘗有是志矣。繼之者又誰歟？古之人不云乎東海西海有聖人出焉，此心同，此理同也。南海北海有聖人出焉，此心同，此理同也。自其此心此理而諗之，古之人有與予同者乎？不同者乎？同者然乎？不同者然乎？此其沒世，而無聞者多矣。顯焉者譜於此也。蓋昔唐韋表微曾著《九經師授之譜》，且以譏學者之無師。嗚呼，人師難逢，經師易遇，然今經師猶有不可得而遽見者矣，則吾是《譜》之作，又豈徒在表微之後乎？

又卷一二《春秋釋例後題》　《春秋左氏》，漢初本無傳者。劉子駿始建明之，欲立學官，諸儒莫應，然傳之者亦已衆多。賈景伯、服子愼並爲訓解。及晉而杜元凱又作《經傳集解》三十卷，《釋例》四十卷。且歷詆劉、賈之違，獨不言服氏，豈或不見服氏書乎？亦不應不見也。《世族譜》本之劉向，《世本地志》本之泰始，《郡國圖長曆》本之劉洪。乾象歷世，多言其天文星曆爲長，然説經多依違以就傳，似不得爲《左氏》忠臣者。南北分裂，館陶趙世業家有《服氏春秋》，是晉永嘉舊寫。華陰徐生往讀之，遂撰《春秋義章》以教學者。是永嘉時猶未尚杜氏。青州刺史杜坦及其弟驥世傳其業，故齊地亦多習之。坦，元凱之玄孫也。姚文安、秦道静初亦學服氏，後更兼講杜説。劉蘭、張吾貴之徒，則又隱括兩家同異，義例無窮。嗚呼，漢初習經者專門，而今河洛習傳者宗服子愼，江左尚杜元凱矣。晉劉兆始取《公》、《穀》及《左氏》説，作《春秋調人》，而今蘭、吾貴又會服、杜之説矣。聖人之道，不自是而愈散哉。自唐孔穎達《春秋正義》一用杜氏，非徒劉、賈之説不存，服義亦不盡見。固不若兩存之，以見服、杜之爲孰愈也。今《釋例》具在，有劉蕡序。蕡太和中對賢良策，譏切人主，斥罵宦者，文極激學，一本《春秋》，與漢董生《天人三策》相爲上下。蕡亦自擬董生，且曰：「昔董仲舒爲漢武帝言之未盡者，今臣復爲陛下言之。」壯哉，蕡乎。至爲此序，獨不類唐文之衰至此極矣。

又《春秋折衷後題》　自西漢學者專門之習勝，老儒經生世守訓詁，不敢少變。繼而舊説日以磨滅，新傳之後出者，獨傳於今。《春秋》一經，始立公羊氏學，又立穀梁氏學，東漢左氏學又盛行。古傳後出者日勝，後儒注古傳，而世亦取後出者爲宗。公羊氏有胡母生、嚴彭祖、顔安樂，而後何休獨有名。穀梁氏有江公、尹更始，而後范甯獨有名。左氏前有劉子駿、賈逵、服虔，後有杜預，故預亦獨有名。嗚呼，豈預必能爲左氏忠臣哉。休固陳蕃客也，自謂妙得《公羊》本意。故今有《公羊墨守》十四卷，《穀梁廢疾》三卷，《左氏膏肓》十卷。北海鄭康成獨反之，學者多篤信康成，今猶見甯所集《穀梁解》。又服虔自有《左氏》三家之説後出者，皆傳於今，殊不知胡母生、江公、劉子駿諸人復云何也。藉令諸人所説不廢，至今並傳，孰能有以大公至正之道一正之哉？不然，猶治亂絲益棼之也。訛日以訛，舛日以舛。不以聖人之經觀經，而徵諸傳。不以賢者之傳解傳，而又徵諸何氏、范氏、杜氏，獨何歟？幸今三家之説尚未泯，則唐陳岳之折衷此也，庶有得乎。蓋昔漢儒嘗以《春秋》斷獄，予謂非徒經法可以斷獄，而獄法亦可以斷經，何者？兩造之辭具備，則偏聽之惑無自而至矣。揚子雲曰：衆言淆亂折諸聖，讀《春秋》者，曾不明漢晉諸儒之遺論，又何貴乎學者之知經也哉。

《宋史·儒林傳》　景德二年，［邢昺］上言：「亡兄素嘗舉進士，願霑贈典。」特贈大理評事。是夏，上幸國子監閲庫書，問昺經版幾何，昺曰：「國初不及四千，今十餘萬，經、傳、正義皆具。臣少從師業儒時，經具有疏者百無一二，蓋力不能傳寫。今板本大備，士庶家皆有之，斯乃儒者逢辰之幸也。」上喜曰：「國家雖尚儒術，非四方無事何以及此。」【略】［孫］奭性方重，事親篤孝，父亡，舐其面以代頮。常掇《五經》切於治道者，爲《經典徽言》五十卷。又撰《崇祀錄》、《樂記圖》、《五經節解》、《五服制度》。嘗奉詔與邢昺、杜鎬校定諸經正義，《莊子》、《爾雅》釋文，考正《尚書》、《論語》、《孝經》、《爾雅》謬誤及律音義。【略】［王］昭素博通《九經》，兼究《莊》、《老》，尤精《詩》、《易》，以爲王、韓注《易》及孔、馬疏義或未盡是，乃著《易論》二十三篇。【略】景德後，眞宗令［偓佺］講《道德經》，日於崇文院候對，終篇，賜以白金繒綵。三年，卒，年七十九。嘗撰《帝王手鑑》十卷，幷注曹唐《大游仙詩》十五卷。【略】孫復字明復，晉州平陽人。舉進士不第，退居泰山。學《春秋》，著《尊王發微》十二篇，大約本於陸淳而增新意。【略】嘉祐中，用國子監奏，召［李覯］爲海門主簿、太學説書而卒。覯嘗著《周禮致太平論》、《平土書》、《禮論》。【略】［周堯卿］爲學不專於傳注，問辨思索，以通爲期。長於毛、鄭《詩》及《左氏春秋》。【略】有《詩》、《春秋説》各三十卷，文集二十卷。【略】［邵伯溫］著書有《河南集》、《聞見錄》、《皇極系述》、《辨誣》、《辨惑》、《皇極經世序》、《觀物内外篇解》近百卷。【略】［洪］興祖好古博學，自少至老，未嘗一日去書。著《老莊本旨》、《周易通義》、《繫辭要旨》、《古文孝經序贊》、《離騷楚詞考異》行於世。【略】［高］閌少宗程頤學。宣和末，楊時爲祭酒，閌爲諸生。【略】其著述有《春秋集傳》行於世。【略】［程］大昌篤學，於古今事靡不考究。有《禹貢論》、《易原》、《雍錄》、《易老通言》、《考古編》、《演繁露》、《北邊備對》行於世。【略】［林之奇］有《書春秋周禮說》、《論孟揚子講義》、《道山記聞》等書行於世。【略】［楊］萬里精於詩，嘗著《易傳》行於世。【略】［蔡］元定於書無所不讀，於事無所不究。義理洞見大原，下至圖書、禮樂、制度，無不精妙。古書奇辭奧義，人所不能曉者，一過目輒解。［朱］熹嘗曰：「人讀易書難，季通讀難書易。」熹疏釋《四書》及爲《易詩傳》、《通鑑綱目》，皆與元定往復參訂；《啓蒙》一書，則屬元定起藁。【略】其平生問學，多寓於熹書集中。所著書有《大衍詳說》、《律呂新書》、《燕樂》、《原辯》、《皇極經世》、《太玄潛虚指要》、《洪範解》、《八陣圖說》，熹爲之序。子淵、沉，皆躬耕不仕。淵有《周易訓解》。沉字仲默，少從朱熹游。熹晚欲著《書傳》，未及爲，遂以屬沉。【略】或勸［陸］九淵著書，曰：「《六經》注我，我注《六經》。」又曰：「學苟知道，《六經》皆我注腳。」【略】［薛］季宣於《詩》、《書》、《春秋》、《中庸》、《大學》、《論語》皆有訓義，藏於家。【略】［陳］傅良著述有《詩解詁》、《周禮說》、《春秋後傳》、《左氏章指》行於世。【略】［景獻太子］復命［戴溪］類《易》、《詩》、《書》、《春秋》、《論語》、《孟子》、《資治通鑑》，各爲説以進。【略】［楊泰之］所著《克齋文集》、《論語解》、《老子解》、《春秋列國事目》、《公羊穀梁類》、《詩類》、《詩名物編》、《論孟類》、《東漢三國志南北史唐五代史類》、《歷代通鑑本朝長編類》、《東漢名物編》、《詩事類》、《大易要言》、《雜著》，凡二百九十七卷。【略】［范］沖之修《神宗實錄》也，爲《考異》一書，明示去取，舊文以墨書，刪去者以黃書，新修者以朱書，世號「朱墨史」。及修《哲宗實錄》，別爲一書，名《辨誣錄》。【略】［朱］震經學深醇，有《漢上易解》，云：「陳摶以《先天圖》傳种放，放傳穆修，穆修傳李之才，之才傳邵雍。放以《河圖》、《洛書》傳李溉，溉傳許堅，許堅傳范諤昌，諤昌傳劉牧。穆修以《太極圖》傳周惇頤，惇頤傳程顥、程頤。是時，張載講學於二程、邵雍之間。故雍著《皇極經世書》，牧陳天地五十有五之數，惇頤作《通書》，程頤著《易傳》，載造《太和》、《參兩篇》。臣今以《易傳》爲宗，和會雍、載之論，上采漢、魏、吳、晉，下逮有唐及今，包括異同，庶幾道離而復合。」蓋其學以王弼盡去舊說，雜以莊、老，專尚文辭爲非是，故其於象數加詳焉。其論《圖》、《書》授受源委如此，蓋莫知其所自云。【略】居句日，再見，［胡安國］以疾懇求去。高宗曰：「聞卿深於《春秋》，方欲講論。」遂以《左氏傳》付安國點句正音。【略】［紹興］五年，除徽猷閣待制，知永州，安國辭。詔以經筵舊臣，重閔勞之，特從其請，提舉江州太平觀，令纂修所著《春秋傳》。【略】［胡寅］在謫所著《讀史管見》數十萬言，及《論語詳說》皆行於世。其爲文根著義理，有《斐然集》三十卷。【略】［胡］安國之傳《春秋》也，修纂檢討盡出［胡］寧手。寧又著《春秋通旨》，以羽翼其書云。【略】［程］迥嘗授經學於崑山王葆、嘉禾聞人茂德、嚴陵喻樗。所著有《古易考》、《古易章句》、《古占法》、《易傳外編》、《春秋傳顯微例目》、《論語傳》、《孟子章句》、《文史評》、《經史說諸論辨》、《太玄補贊》、《戶口田制貢賦書》、《乾道振濟錄》、《醫經正本書》、《條具乾道新書》、《度量權三器圖義》、《四聲韵》、《淳熙雜志》、《南齋小集》。卒官。【略】［劉清之］所著有《曾子內外雜篇》、《訓蒙新書外書》、《戒子通錄》、《墨莊總錄》、《祭儀》、《時令書》、《續說苑》、《文集》、《農書》。【略】［魏了翁］所著有《鶴山集》、《九經要義》、《周易集義》、《易舉隅》、《周禮井田圖說》、《古今考》、《經史雜抄》、《師友雅言》。【略】［何基］所著《大學發揮》、《中庸發揮》、《大傳發揮》、《易啓蒙發揮》、《通書發揮》、《近思錄發揮》。【略】［王柏］於《論語》、《大學》、《中庸》、《孟子》、《通鑑綱目》標注點校，尤爲精密。作《敬齋箴圖》。【略】所著有《讀易記》、《涵古易說》、《大象衍義》、《涵古圖書》、《讀書記》、《書疑》、《詩辨說》、《讀春秋記》、《論語衍義》、《太極衍義》、《伊洛精義》、《研幾圖》、《魯經章句》、《論語通旨》、《孟子通旨》、《書附傳》、《左氏正傳》、《續國語》、《闡學之書》、《文章復古》、《文章續古》、《濂洛文統》、《擬道學志》、《朱子指要》、《詩可言》、《天文考》、《地理考》、《墨林考》、《大爾雅》、《六義字原》、《正始之音》、《帝王歷數》、《江左淵源》、《伊洛精義襍志》、《周子》、《發遺三昧》、《文章指南》、《朝華集》、《紫陽詩類》、《家乘》、文集。【略】［徐］得之字思叔，淳熙十年舉進士。部使者以廉吏薦，以通直郎致仕。安貧樂分，不貪不躁。著《左氏國紀》、《史記年紀》，作《具敝篋筆略》、《鼓吹詞》、《郴江志》。【略】［徐天麟］著《西漢會要》七十卷、《東漢會要》四十卷、《漢兵本末》一卷、《西漢地理疏》六卷、《山經》三十卷。【略】［李心傳］所著成書，有《高宗繫年錄》二百卷、《學易編》五卷、《誦詩訓》五卷、《春秋考》十三卷、《禮辨》二十三卷、《讀史考》十二卷、《舊聞證誤》十五卷、《朝野雜記》四十卷、《道命録》五卷、《西陲泰定録》九十卷、《辨南遷録》一卷、詩文一百卷。【略】［葉味道］所著《四書説》、《大學講義》、《祭法宗廟享郊社外傳》、《經筵口奏》、《故事講義》。【略】［王應麟］所著有《深寧集》一百卷、《玉堂類藁》二十三卷、《掖垣類藁》二十二卷、《詩考》五卷、《詩地理考》五卷、《漢藝文志考證》十卷、《通鑑地理考》一百卷、《通鑑地理通釋》十六卷、《通鑑答問》四卷、《困學紀聞》二十卷、《蒙訓》七十卷、《集解踐阼篇》、《補注急就篇》六卷、《補注王會篇》、《小學紺珠》十卷、《玉海》二百卷、《詞學指南》四卷、《詞學題苑》四十卷、《筆海》四十卷、《姓氏急就篇》六卷、《漢制考》四卷、《六經天文編》六卷、《小學諷咏》四卷。

趙汸《東山存稿》卷三《春秋纂述大意》寄宋景濂王子充　《春秋師説》三卷：黄先生所著《六經補註》、《翼經》、《罪言》等書，篇目雖多，其攻擊辨難，使人致思，只是一樣，文章大略與公是先生《意林》、《權衡》相似。雅意欲得同志二三人，共傳其學，其入門只是教人看許多疑節，後卻自思之，雖告危太樸，亦不過如此。初受《春秋》，只令熟讀《三傳》，於《三傳》内自有向上工夫。比請益，則立例，使人思之。如《行狀》中「二百四十二年内外」之説，一二年不能曉得，其易置後，則註腳元只在前説中。蓋「二百四十二年之外」者，自伯禽至魯國亡之《春秋》，史官相承之法也。「二百四十二年之内」者，隱公元年至獲麟之《春秋》，聖人之法也。凡一事皆具此二義，以爲單傳密付，盡於此矣。然退而讀本經，終是例斷不得許多書法異同，始且旁及他經。辛巳秋歸，朱文試回，疑小子輩年少學淺，故此老不輕授，即慨然同往，擬同受其《易》象之學。比至相見，頗喜朱文精敏。然問答之際，不易前規，大意與《行狀》中謝李學士之説同。朱文先回，汸獨留，得口授六十四卦卦辭大象。諦而求之，大抵於象學無入處。久之，所考《左傳杜註》等義例，頗見《魯史》遺法。欲以此復命請益，而此行先至道園，爲虞公留住一歲。來年專往九江，則先生捐館矣。《易》學既難着手，而《春秋》微言頗有可思者，乃摭取諸書中説《春秋》處，叅以所聞，輯爲《春秋師説》三卷，附《行狀》後，所以備述其事者。蓋黄先生是深究經旨失傳之由，以先儒多才高，説得經學太易爲戒，以深思自得爲準，故嚴立一家門，在熟於先儒成説往往看得。不然，此是第一節，首冀留覽，幸甚。

《春秋左氏傳補註》三卷：黄先生論《春秋》學，以左丘明、杜元凱爲主，所謂《魯史》遺法，既於《左氏傳註》中得之；而筆削微旨，殊未能潛窺其罅隙。後思《禮記經解》，始悟《春秋》之學只是屬辭比事法，《公》、《穀》所發書不書之義，陳止齋因之以考《左傳》，正是暗合此法。故其筆削義例獨有根據，所可惜者，偏於《公》、《穀》，與杜元凱正是吾得一邊，乃以陳合杜，舉經證史，以章旨附入《左傳集解》中。屬辭比事，以考之今屬辭書中，八體由此得其六七。後考日月之法，傳中事實鉅細，往往脗合，爲益甚多。其他傳會處與凡例之謬爲先儒所攻者，併論之，然前輩知《左氏義例》之背謬，而不知其事實之可據；知後傳論世變之可取，而不知其以書法解經，在《三傳》後獨能發筆削之權。此《補註》所以不容已也。

《春秋屬辭》十五卷：初嘗會萃諸家説合經意者，作《集傳》，歲久未能脱藁，日月之説亦未定，始悟屬辭比事欠精欠密。竊謂先王制禮，後王定律，事雖不同，然其倫理分義、治體法意，莫不在乎尊卑上下内外之間、緩急輕重大小之際。況《春秋》兼該禮法，事有常變，道有經權，而學者廼爲一切之説以釋之，宜其不能通也。於是離析部居，精別其義類，而更以屬辭比事之法細推之，則凡滯礙膠結處，皆渙然冰釋。因之以考日月之法，亦昭若發蒙，如有神助矣。蓋屬辭比事之法，至是愈見其妙。而經之八體始定，既又思八體之名雖不可易，汸出於一得之愚，若非彙別臚分，使人一見了然，非惟覩者未易深察，雖吾書亦未必無矛盾也。廼分爲八篇而類釋之，名曰《春秋屬辭》。嘗謂聖人作經，雖不可測，以今觀之，二百四十二年簡重如山，亦必屬辭比事，而後可施筆削，所以學《春秋》者，若非屬辭比事，亦不能達筆削之權。故其間紀綱義例，皆是以此法求之，於經的有證據。然後取先儒之説以實之，殊與臆斷無繩墨者不同，此屬辭之所以名也。第一篇與末篇，即是黄先生之意考之經傳，並不見筆削之迹。第二篇，筆削之旨廼本二傳，陳氏擇其所當存，而補所未備。第三篇至六篇，間有先儒之説，而後傳之指居多，或辨其所未然。第七篇發機於二傳、何氏及西疇崔氏。然黄先生日月例亦只守孟氏之説，嘗取林少穎論日月二篇置《六經補註》中，亦不甚取後傳，不全廢褒貶，所取《三傳》義例，今皆不能盡合。譬如適國都者，其道路、行程、軌轍，一遵指授。至於宗廟之美，百官之富，只合據今日所見言之，乃爲弗畔爾。愚見如此，悉俟是正。

《春秋集傳》十五卷：舊藁纂述之意，備見舊序，新藁日月之法既明，八體既備，義例俱有定説之後，重改舊説尚未盡脱藁，然《屬辭》已有全書，而《集傳》終不可無傳者。《屬辭》是先考定史法，以明聖人筆削之權。《集傳》是推原事情世變，以達聖人經世之用。二書各有所主，互相發明，而後經意乃備。

右具如上。此經唐宋説者雖多，大抵有二途：一曰褒貶，一曰實錄。褒貶之法，每相矛盾，其説自不能通。而實錄只是史官之事，與孟子説《春秋》處不合。諸家各以其意立論，言人人殊，既失事情，又昧書法。故黄先生一切斷以虚辭，必經旨既明，義例既定，然後可擇其存者存之。若黄先生力主杜氏得聖人制作本原，止齋根據《三傳》，從書法立義，得學《春秋》之要，皆卓然有功於經。然啖、趙以前，説者已數百家，近代復數百家，汸往來江湖，所見不過數十家，然無踰《三傳》、三註及陳氏者。最後見莊氏《文雅堂書目》内有未見者四十餘家，一時甚不能忘情。疾病顛沛後，心力凋殘，不復動念，惟有以是正之。幸甚。

劉岳申《申齋集》卷二《禮記貫義序》 須溪先生劉公嘗謂余言：「《小學進業進學廣記》甚有功小學。」先生没，始見其書，而先生之言信。比年進書，惟王天與《尚書纂傳》出蔡氏後，使學者有之爲有益，恨先生未及見。若《禮記》固未易讀，傳文有似經者，得疏而後明，此古注所以不可廢。後來注者益衆，方氏、應氏爲著，最後有衛氏者，盡得諸家之説，而取其尤長者集爲一書，然後罕有見者。吾鄉曾聞禮以立，盛年力學，懷明發之思，感揆錫之義。循名責寔，取《禮》書晝夜誦習之，先注疏，次諸家，次先宋大儒，博采其尤善者而折衷之，名曰《禮記貫義》。蓋自有此書以來，所未有，諸老先生所未及，須溪先生至今無恙，猶將取之，況如余者。余嘗言此世著書者無之無損，乃他多爛熳者，誠可厭而不可以棨，《貫義》是有之有益者也。余以衰年媿以立，蓋逾邁之感愈深，而弗去來之憂已決，徒願刻成，使四方學者爭先快覩，無如余之悵然以止也。

翟思忠《曾思二子全書序》 曾子嫡聖人之傳，述聖言以作《大學》。子思紹曾子之學，闡聖道而作《中庸》。此曾、思言行之成書者也。千載而下，程子爲之發揮，朱子爲之《集註》，曾、思之學於是乎天下大行。然曾、思之言行，又有見於他經者，學者漫漶而失稽。新安康範汪先生輯成二帙，而爲之説，曾、思之言、之行，於是散而得合，其嚮曾、思之心，亦厪矣。嚮曾、思，所以嚮道也。五世孫疇追念久而湮沒，壽諸梓以行諸世，曾、思之忠臣也，康範之孝孫也。

《元史・儒學傳》 ［趙］復以周、程而後，其書廣博，學者未能貫通，乃原羲、農、堯、舜所以繼天立極，孔子、顔、孟所以垂世立敎，周、程、張、朱氏所以發明紹續者，作《傳道圖》，而以書目條列於後；别著《伊洛發揮》，以標其宗旨。【略】［金履祥］所著書，曰《大學章句疏義》二卷，《論語孟子集注考證》十七卷，《書表注》四卷。［許］謙爲益加校定，皆傳于學者。【略】［許謙］又嘗句讀《九經》、《儀禮》及《春秋三傳》，於其宏綱要領，錯簡衍文，悉别以鉛黄朱墨，意有所明，則表而見之。【略】［陳櫟］嘗以謂有功於聖門者，莫若朱熹氏，熹沒未久，而諸家之説，往往亂其本眞，乃著《四書發明》、《書［集］傳纂疏》、《禮記集義》等書，亡慮數十萬言，凡諸儒之説，有畔於朱氏者，刊而去之；其微辭隱義，則引而伸之；而其所未備者，復爲説以補其闕。【略】［胡一桂］所著書有《周易本義附錄纂疏》、《本義啓蒙翼傳》、《朱子詩傳附錄纂疏》、《十七史纂》，并行於世。【略】蜀人治經，必先古注疏，［黄］澤於名物度數，考核精審，而義理一宗程、朱，作《易春秋二經解》、《二禮祭祀述略》。【略】於《春秋》以明書法爲主，其大要則在考核《三傳》，以求向上之功，而脈絡盡在《左傳》，作《三傳義例考》、《筆削本旨》。【略】又懼學者得於創聞，不復致思，故所著多引而不發，乃作《易學濫觴》、《春秋指要》，示人以求端用力之方。【略】其辯釋諸經要旨，則有《六經補注》；詆排百家異義，則取杜牧不當言而言之義，作《翼經罪言》。近代覃思之學，推澤爲第一。【略】初，宋亡時，大理卿［牟巘］已退不任事，一門父［牟巘］子［牟應龍］，自爲師友，討論經學，以義理相切磨，於諸經皆有成説，惟《五經音考》盛行於世。【略】［劉詵］所著《周易［集傳］》，多發前儒之（之）所未發。【略】其［韓性］所著有《禮記説》四卷，《詩音釋》一卷，《書辨疑》一卷，《郡志》八卷，文集十二卷。【略】［程端學］所著有《春秋本義》三十卷，《三傳辨疑》二十卷，《春秋或問》十卷。【略】［吳師道］所著有《易詩書雜説》、《春秋胡傳附辨》、《戰國策校注》、《敬鄉錄》，及文集二十卷。【略】［周仁榮］所著有《性理本旨》、《四書辨疑》、《漢唐會要》、《七政疑解》，及《筆海雜録》五十卷。【略】［瞻思］所著述有《四書闕疑》、《五經思問》、《奇偶陰陽消息圖》、《老莊精詣》、《鎮陽風土記》、《續東陽志》、《重訂河防通議》、《西國圖經》、《西域異人傳》、《金哀宗記》、《正大諸臣列傳》、《審聽要訣》，及文集三十卷，藏於家。

宋濂《春秋屬辭序》 《春秋》，古史記也，夏、商、周皆有焉。至吾孔子，則因魯國之史修之，以爲萬代不刊之經，其名雖同，其實則異也。蓋在魯史，則有史官一定之法；在聖經，則有孔子筆削之旨。自魯史云亡，學者不復得見以驗聖經之所書，往往混爲一塗，莫能致辯。所幸《左氏傳》尚存，魯史遺法，《公羊》、《穀梁》二家多舉書不書以見義，聖經筆削，粗若可尋。然其所蔽者，《左氏》則以史法爲經文之書法，《公》、《穀》雖詳於經義，而亦不知有史例之當言，是以兩失焉爾。《左氏》之學既盛行，杜預氏爲之注，其於史例，推之頗詳。杜氏之後唯陳傅良氏，因《公》、《穀》所舉之書法以考正《左傳》筆削大義，最爲有徵，斯固讀《春秋》者之所當宗。而可憾者，二氏各滯夫一偏，未免如前之蔽，有能會而同之，區以別之，則《春秋》之義昭若日星矣。奈何習者多忽焉而勿之察，其有致力於此而發千古不傳之秘者，則趙君子常其人乎。子常蚤受《春秋》於九江黄先生楚望。先生之志，以六經明晦爲己任，其學以積思自悟，必得聖人之心爲本，嘗語於子常曰：有魯史之《春秋》，則自伯禽至於頃公是已；有孔子之《春秋》，則起隱公元年至於哀公十四年是已。必先考史法，然後聖人之筆削可得而求矣。子常受其說以歸，晝夜以思，忽有所得，稽之《左傳》、杜注，備見魯史舊法，粲然可舉。亟往質諸先生，而先生歿已久矣。子常益竭精畢慮，幾廢寢食，如是者二十年，一旦豁然有所悟入，且謂《春秋》之法在乎屬辭比事而已。於是離析部居，分別義例，立爲八體以布列之，集杜、陳二氏之所長，而棄其所短，有未及者辯而補之，何者爲史策舊文，何者是聖人之筆削，悉有所附麗。凡闇昧難通，歷數百年而弗決者，亦皆迎刃而解矣。遂勒成一十五卷，而名之曰《春秋屬辭》云。嗚呼，世之說《春秋》者，至是亦可以定矣。

戴良《九靈山房集》卷一二《春秋案斷補遺序》 《春秋案斷補遺》者，大梁鍾伯紀先生之所著也。其意以爲學《春秋》者，多惑於傳家褒貶之說，而經旨有不明。其能脫去宿弊，一以經文爲正者，又往往於筆削精義而或昧焉。今故采擇諸家格言之合於經者，附於各條之下，間有未足，則以己意補之，而題以今名，蓋取程叔子傳爲案經爲斷語也。余讀之而歎曰：昔之傳《春秋》者，有五家，而《鄒》、《夾》先亡。學《春秋》者，舍《左氏》、《公羊》、《穀梁》三家，則無所考徵矣。然《左氏》熟於事，而或不得其事之實。《公》、《穀》近於理，而害乎理之正者，要不能無。至唐啖、趙師友者出，始知以聖人手筆之書，折衷三家之是非，而傳已亡逸。繼是而後，爲之傳者雖百十餘家，其言雖互有得失，能不傅會三家之說者，鮮矣。胡康侯得程子之學，慨然有志於發揮。而其生也，當宋人南渡之時，痛千餘年聖經遭王臨川之禁錮，乘其新敗，雪洗而彰明之，使世之爲亂賊者增懼。若夫聖人作經之本意，則未知其如何也。然自當時指爲復讎之書而不敢廢，太學以之課講，經筵以之進讀。至於我朝設進士科以取人，治《春秋》者，三家之外，亦獨以《胡氏》爲主本，則以三綱九法，粲然具見於是書。而塲屋之腐生，山林之曲士，因而掎摭微文，破碎大道，有可閔念者矣。然則，學《春秋》者亦將何所折衷乎？竊嘗考求之，而得其說矣。「吾志在《春秋》」，夫子之自道也。「《春秋》，天子之事，孔子作《春秋》而亂臣賊子懼」，孟子之所以論《春秋》也。蓋方是時，王綱日紊，篡奪相尋，孔子不得其位以行其權，於是約史記而修《春秋》，使亂臣賊子無所逃其罪，而王法以明，所謂撥亂世而反之正，此其爲夫子之志，而天子之事也。是以邵子有曰：《春秋》，夫子之刑書。而天門王氏亦曰：《春秋》一經，無罪者不書，惟罪有大小，故刑有輕重耳。斯言也，蓋有得夫孔孟之遺意也。是則學者之折衷，固無出於夫子之自道與夫孟子之所以論《春秋》者矣。後之立言，豈有加於此哉。先生之於是書，下既不惑於褒貶之說，上復不失乎筆削之義；外有以采擇諸家之博聞，內有以發乎自得之深意。奇而不鑿，正而不迂；詳而無餘，約而無闕，庶幾善學者焉。然其推傳以達乎經，因賢者之言，以盡聖人之志，則得之夫子之自道、孟子之所論者爲多，是可以見其折衷之所在矣。余自幼歲即知讀是經，而山林孤陋之風，科舉利祿之念，或不能無，故其所學，不過曲士腐生之爲耳，惡覩所謂經之義、聖人之蘊哉？及識先生於浦陽，始聞其說而悅之，至其成書，則未之見焉。近來淞上亟求是書於所館，先生手錄以示，且曰：「使可傳也，幸爲我序之。」嗟夫，學《春秋》者多矣，求其得乎孔孟之遺意，以折衷羣説於千有餘載之下者，幾何人哉。故讀先生之書，譬諸飫芻豢之昏，病夏畦之苦，而得一勺之清泉甘露，豈不悦哉。則夫是書之傳，固不有待於區區之言矣。

王禕《王忠文公集》卷四《四子論》 《論語》先漢時已行，蕭望之、張禹皆以傳授，而諸儒多爲之註。《大學》、《中庸》二篇在《小戴記》中，註之者鄭玄也。《孟子》初列於諸子，及趙岐註之後，遂顯矣。爰自近世大儒河南程子，實始尊信《大學》、《中庸》而表章之，《論語》、《孟子》亦各有論説。至新安朱子，始合《四書》，謂之四子。《論語》、《孟子》則爲之註，《大學》、《中庸》則爲之《章句》、《或問》。自朱子之説行，而舊説盡廢矣。於是四子者與六經皆並行，而教學之序莫先焉。

又卷五《孝經集説序》 《孝經》有古文今文之異。當秦燔書時，河間顏芝藏其書。漢初芝子貞出之，河間獻王得而上諸朝，長孫氏江翁、后蒼、翼奉、張禹之徒皆名其學，凡十八章，所謂今文也。武帝時，魯恭王壞孔子宅，得《孝經》與《尚書》於壁中，以爲秦時孔鮒所藏。昭帝時，魯國三老始以上獻，孔安國爲之傳，凡二十二章，所謂古文也。劉向典校經籍，實據顏本，以比古文，除其繁惑，以十八章爲定。鄭衆、馬融、鄭玄皆爲之註，專從今文，故古文不得列於學宫，而安國之本亡於梁隋。開皇中，王劭始訪得之，以示河間劉炫，炫遂分《庶人章》爲二，《曾子敢問章》爲三，又多《閨門》一章，以足二十二章之數，且序其得《喪講》於人間時，議皆疑炫所自作，而古文非復孔氏之舊矣。唐開元間詔諸儒集議，劉知幾請行孔傳，司馬貞力非之，獨主鄭説。玄宗自爲之註，用十八章爲正。先是，自《天子》至《庶人》五章，惟皇侃標其目，冠於章首。至是用諸儒議章，始各有名，如《開宗明義》等類。爲之疏者，元行沖也。至宋，邢昺爲正義訓詁，益復加詳。而當世大儒司馬溫公、范蜀公，則皆尊信古文。司馬公爲《古文指解》，謂始皇三十四年始燔書，距漢興僅七年，孔氏子孫豈容悉無知者，必待恭王然後乃出？蓋始藏之時，去聖未遠，其書最眞，與歷世疏遠轉相傳授者不侔。且《孝經》與《尚書》同出孔壁，世知《尚書》之眞，而疑《孝經》之異，何也？迨朱徽公爲刊誤，亦復多從古文。以古文七章，今文六章已前合，而爲經刪「子曰」者二，引《書》者一，引《詩》者四，凡五十七字。以餘章爲傳，刪「先王見教」以下六十九字，「以順則逆」以下九十字。凡其章之次第，文之異同，皆用古文爲據。謂經一章者，孔子統論天子、諸侯、卿、大夫、士、庶人之孝，蓋一時之言，而後人妄分之，其傳十四章，則或者雜引傳記以釋經文者也。而近時臨川吴氏復以謂隋時所得古文，與今文增減異同，率不過一二字，文勢曾不若今文之順。以許慎《説文》所引、桓譚《新論》所言考證，皆不合，決非漢世孔壁之古文。爰因刊誤，重以古文今文較其同異焉。夫今文最先出，自劉向、鄭玄等，以及唐世君臣，皆知表章之，其書固已通行。古文出稍後，而安國之傳既亡，劉炫之本又以爲非眞。至宋二三大儒始加尊信，而其書以顯，豈其顯晦各繫於時之好尚哉。今行中書右丞公以《古文》、《今文》及《刊誤》三書雖皆行世，而學者皆習而不察，乃與儒者議，彙次其先後，且刪漢、唐、宋諸家訓註，附於古文之下，刻本以行，於是《孝經》之爲書，本末具矣。嗚呼，孝者，天之經，地之義，而百行之原也。自天子達於庶人，尊卑雖有等差，至於爲孝，曷有間哉！《五經》四子之言備矣，而教學必以《孝經》爲先，則以聖言雖衆，而《孝經》者實總會之也。是書大行，其必人曾參而家閔損，有關於世教甚重，豈曰小補而已。

又卷七《周易演説序》 《周易演説》，京兆石君伯元之所著也。石君之言曰：聖人之作《易》也，立象以盡意，設卦以盡情，僞繫辭焉，以盡言變而通之，以盡利鼓之舞之，以盡神必如是，故天下後世之人悉能知而行之。在天則道器之變通也，在人則日用之事業也，此聖人所以爲生民立命者也。自漢以下，《易》道無傳，諸儒之傳註，百有餘家。然考象辭者，咸泥於術數；談義理者，或淪於空虛。以故聖人設卦觀象，贊辭而明吉凶，以爲開物成務之用者，其本旨因晦而不明。夫《易》道不可以傳註求，求《易》道於傳註，則其道爲愈不明矣。於是諸儒之説，悉棄弗省，間獨取河洛二圖以玩索之，一旦恍然，若心領其義而神會其旨者。遂乃筆而爲書，每卦有説，其引物指事也，爲甚近；其析理陳義也，爲甚著。大抵專以明象爲要，取之有所從，推之有所用，非苟爲空言而已。至於《河圖》、《洛書》之數，重卦變卦揲卦之法，又爲十有二圖，以發揮其要指，摠名之曰《周易演説》，其言皆出於自得之妙，而未嘗有所蹈襲者焉。余嘗以謂君子之爲言，不必取異於人，亦不必務同於人也。求與人異，是驕己以勝夫人也。求人之己同，是強人之隨乎己也。要皆失之偏，而不能適乎至當之歸。今石君之於《易》，非故與人爲異同也。推其所自得者以爲言，以求夫至當之適，故不能無異同焉耳。雖其所以合乎聖人者，非人所能知，苟非其自信之篤，烏能及是哉。抑余論之，《易》至程子爲傳，始一於言理；及朱子《本義》，又專於卜筮，其道蓋已甚明。後世言《易》者，殆無以尚之矣。《演説》之書，石君以爲繼程子而作，然非惟諸儒之傳註有所不取，而於程子、朱子之説有不合焉，亦不恤也。嗟乎，石君其誠篤於自信者乎？君在異時常舉鄉貢進士，爲陝西第一。已而隱不仕，關輔之學，未能或之先，而今亦老矣。蓋其學受於賈仲元氏，而賈氏學於蕭貞敏公，同文貞公一出於正者也。

又卷二〇《叢録》　《易》自伏羲始畫八卦，因而重之，爲六十四卦，重卦，王弼以爲伏羲，鄭玄以爲神農，孫盛以爲禹，司馬遷以爲文王。當時蓋有圖而無書也。後聖因之作《連山》，作《歸藏》，作《周易》，皆本於伏羲之圖，而取用各不同。三《易》既亡其二，惟《周易》獨存。《周易》經上下二篇，文王、周公作。《彖》、《象》、《繫辭》上下、《文言》、《説卦》、《序卦》、《雜卦》爲傳十篇，孔子作。秦焚書，《易》以卜筮故存。《漢志》《易》十二篇，經二傳十也。初，商瞿受《易》於孔子，五傳而爲田何。漢世《易》分三家，自田何始。田氏《易》十二篇，有《章句》。其後楊何、施（酬）［讎］、孟（嘉）［喜］、梁丘賀之徒所學，皆祖田氏。楊何先出，武帝時已立博士。施、孟、梁丘至宣帝時，皆立博士。而《易》有施、孟、梁丘之學矣。是時，復有焦贛、費直二家之《易》。焦氏之《易》無師授，專述陰陽災異之術。焦傳之京房，元帝時，京《易》亦立學官。費氏亦無所授，又無《章句》，其初惟傳民間。厥後鄭康成等皆傳費氏《易》，於是費氏興而田、焦之學息矣。蓋自費氏始以《彖》、《象》、《文言》雜入卦中，而古十二篇之《易》遂亡。然猶止以《彖》、《象》係于本卦之末，未爲淆亂正經。至魏王弼，乃以《彖》、《象》分附各爻之下，而經始與傳雜，是古經始變於費氏，而卒亂於王弼也。弼注上下經，高談理致，以莊老之意爲解。而晉韓康伯注《繫辭》、《説卦》等篇，其説亦本於王弼，疎略而無據。唐孔穎達爲《正義》，則又徒事訓詁而不足以言道。其他言《易》者雖衆，鮮復有名家者。至宋而邵子、程子之《易》出焉。夫自周秦以來，伏羲之圖鮮或傳授，而淪落於方技家。孔子於《繫辭》《説卦》固嘗言之，學者不察也。邵子實始得而發揮之。蓋邵子得之李挺之，挺之得之穆伯長，伯長得之陳希夷，所謂先天之學也。自先天之學明，人知有伏羲之《易》，而學《易》者不斷自文王周公始矣。（成）［或］曰：《易》有畫卦、重卦，其義不同。陰陽奇耦，積成三畫，而分爲八卦。故曰：太極生兩儀，兩儀生四象，四象生八卦。此伏羲先天之《易》也。八卦之三畫既已成列，復重以本卦之三畫，而有上下二體，既又相錯相盪，而互成六十四卦，此文王後天之《易》也。重卦乃八卦之上加以八卦，非三畫之上遞加一奇一耦，以爲六畫。邵子《先天圖》以《乾》《夬》至剝《坤》，爲六十四卦，自然之序與《易經》所序不同。故觀八卦生而爲六十四卦，則《先天圖》之義爲精。觀八卦重而爲六十四卦，則《繫辭》《説卦》之義爲明。邵子之極數知來，其妙在於加一倍法。而畫卦重卦之義，固不得苟同也。程子謂《易》道自秦而下無傳者，其爲傳主於「體用一源，顯微無間」，而隨時變易以從道。蓋世之考象辭者，既泥於術數；談義理者，又淪於空寂。其因時立教，以承三聖，不同於法而同於道者，惟程子之書而已。先儒之論，謂包羲之象，文王之辭，皆依於卜筮，而孔子之贊則一於義理，爲教爲法不同，而道無不同。自秦漢以來，皆不足以言《易》，蓋惟邵子之《易》本於數，程子之《易》本於理，爲得先天後天之秘，而理數二者要未始相離也。若朱子《本義》之作，則專主於卜筮，以謂《易》之爲書，廣大悉備，包涵萬理，其實則古者卜筮之書不必專説理與數，亦未嘗滯於一端，聖人復起不能易其説也。然由魏晉至今，世所行者，唯費氏、王氏《易》。及東萊呂氏始用晁氏之説，更考定之，悉存古十二篇之舊，謂之《古易》。而朱子因之，是又可謂深有功於《易》者矣。

【略】漢世言《詩》者四家。《魯詩》起於申公，而盛於韋賢。《齊詩》起於轅固，而盛於匡衡。《韓詩》起於韓嬰，而盛於王吉。三家並立學官。《毛詩》起於毛公，最後顯，大毛公亨爲訓詁，河間獻王獻之，以小毛公萇爲博士。其後盛於徐敖，而言《毛詩》者本之徐氏。至平帝時，始立學官。四家之《詩》，經同而説異，後漢又黜毛氏，而立齊、魯、韓氏學。至於馬融、鄭衆、鄭康成、賈逵之徒，乃皆發明毛公。馬融、賈逵、鄭衆作《傳》，鄭康成爲《箋》，又爲《譜圖》，於是毛氏學遂盛。而三家浸微，魏晉之（詩）［時］、齊、魯之《詩》廢絶，韓《詩》雖存而益微。今毛學與鄭氏《箋》《譜》並行，世之言《詩》者，非毛、鄭之學不學也。初《詩序》自爲一編，毛公始以分寘諸篇之首，乃若詩人所命之題，而《詩》之因序以作者，經之本旨，不復可考。其序，或以爲出於孔子及弟子之知《詩》者作；或曰子夏作；或曰《大序》子夏作，《小序》子夏、毛公合作。《東漢・儒林傳》曰：

衛宏作《毛詩序》。王肅曰：子夏所序，今之《毛詩》是也。《隋・經籍志》曰：《毛詩》，子夏所創，毛公及衛宏又加潤益。韓愈又以爲《詩序》非子夏所著。王安石則以爲《詩》人所自製。或曰：太史采《詩》之時，已序其美刺之意於篇端。自美刺而下，意者講師之説，或出於子夏，或出於毛公與衛宏之徒，非出一人之手，故其辭往往重復云。唐以來儒者，皆莫覺其爲失，儒顧有覺之者，然莫能去也。至朱子始深斥其失而去之，足以洗千載之謬矣。朱子《集傳》，其訓詁亦用毛、鄭，而叶韻則本吳才老之説，其釋諸經，自謂於《詩》獨無遺憾。朱子之傳行，而毛、鄭之説廢矣。當時東萊呂氏有《讀詩記》，最爲精密，朱子實兼取之。而朱子門人輔氏有《童子問》，其説復多補朱傳之未備者焉。

《春秋》正經，《漢・藝文志》雖有之，而自漢以來，經文皆雜於《左氏》、《公羊》、《穀梁》《三傳》之中，既明異同，復有增損，苟遂信其爲聖人所修之文（可）［則］不可也。自今考之：「盟于蔑」，《左氏》以爲「蔑」，而《公羊》、《穀梁》以爲「眛」。「築郿」，《左氏》以爲「郿」，而《公羊》、《穀梁》以爲「微」。「會于厥慭」，《左氏》以爲「厥慭」，而《公羊》、《穀梁》以爲「屈銀」。又如「尹氏」之爲「君氏」，「如雨」之爲「而雨」，其異同有如此。《公羊》、《穀梁》於襄公二十一年皆書孔子生，而《左氏》則不書。《左氏》於獲麟之後復引經，以至于六年仲尼卒，而《公羊》、《穀梁》則無之，其增損有如此。由是言之，則正經之在三《傳》者，皆不足信。姑取其可信者，則《左氏》爲優。何也？《公羊》、《穀梁》皆以其傳麗于正經，納經於傳中，無所分別。而《左氏》則經自爲經，傳自爲傳，至杜預乃分經之年相附，則正經之在《左傳》者，猶爲可信也。然而聖人筆削之本文，後世亦不復見矣。且漢世傳《春秋》者五家，鄒氏無師，夾氏無書，既先亡。而初立博士惟《公羊》，宣帝世復立《穀梁》，至平帝時乃立《左氏》，《三傳》之有功於聖經，固也。然而其得失亦相半，《左氏》詳於事，《公羊》明於例，《穀梁》精於義，此其所爲得也。《左氏》之誣，《公羊》之亂，《穀梁》之鑿，此其所爲失矣。至其互相牴牾，使聖人修經之旨因以不明，則古今學者之通患也。晉劉寔撰《三傳條例》。劉兆取三家之異，合而通之，取《周官・調人》之義，作《春秋調人》。而汜毓又合《三傳》，撰《春秋釋疑》。韋表微又著《三傳總例》，以通理經趣。凡若此類，不一而足。至唐啖助、趙匡、陸淳，始考《三傳》短長，信經以駁傳，以聖人書法纂而爲例，得其義者十七八。自漢以來，言《春秋》者未之能過也。宋世言《春秋》者，亡慮數百家，惟程子之傳，有以明聖人經世之大法。武夷胡氏之傳，又於尊王賤霸、内夏外夷、恤患復讎之大義深致意焉。他若泰山孫氏□□□氏專以書法論褒貶。襄陵許氏、永嘉陳氏專以書法論世變。而清江劉氏《傳》、《權衡》、《意林》三書、臨海葉以《傳》《獻》《考》三書，尤爲精密，皆卓然名家者也。獨朱氏之論《春秋》有曰：據事直書，而善惡自見。於是爲得聖人修經之本心，而前儒賞罰之説稍廢。樸鄉呂氏《或問》實主其義，今世學《春秋》者咸宗之。

《禮》以《儀禮》爲經，《禮記》爲傳。《儀禮》者，周公作，三代聖人法制之所存，故孔子有學《禮》之言，《禮記》有讀《禮》之文。《禮記》之作，出自孔氏。蓋孔子既沒，七十二子之徒，共撰所聞爲記，或錄舊禮之文，或錄變禮所由，或兼記體履，或雜序得失，乃《儀禮》之傳疏也。秦焚書，《禮》廢最甚。漢興，高堂生得《儀禮》十七篇，以授瑕丘蕭奮，奮授東海孟卿，卿授后蒼，蒼授大戴德、小戴聖，是爲今文，鄭康成爲之注。至武帝時，魯恭王壞孔子宅，得古經五十六卷於壁中。一説出魯淹中。淹中，里名。河間獻王得而上之，其字皆篆，是爲古文，其十七篇與《儀禮》正同。二戴及劉氏《別錄》所傳十七篇，次第各不同，尊卑、吉凶、先後次序，惟《別錄》爲優，故鄭氏用之。餘三十九篇，藏在秘府，謂之《逸禮》。哀帝初，劉歆欲以《逸禮》列之學官，而諸博士不肯置對，竟不得立。唐初猶存，而諸儒不以爲意，遂至於亡。漢、隋《志》皆稱《古經》，《唐志》乃始稱《儀禮》。若《禮記》之見於漢者，其初百三十一篇，劉向校定，得二百餘篇，號《大戴禮》。戴聖又刪爲四十六篇，號《小戴禮》。止四十三篇，《曲禮》、《檀弓》、《雜記》分上下，故爲四十六篇。馬融增以《月令》、《明堂位》、《樂記》三篇，總四十九篇，鄭康成爲之注。今世所行者，惟《儀禮》十七篇，《小戴禮記》四十九篇。而《大戴禮》存者四十三篇，不大行。初，漢世言《禮》者，盛於后蒼，有《曲臺記》，故嘗立后蒼《禮》博士。及二戴出，而《禮》尤備，大戴以授徐良，小戴以授橋仁、楊榮。於是大戴有徐氏之學，小戴有橋、楊之學。而宣帝時，大小戴皆立之學官。厥後諸儒，如盧植、王肅、孫炎、馬融之流，皆有功於《禮》，而鄭氏爲盛矣。自晉、宋至周、隋，傳《禮》學者爲多。其爲義疏者，南有賀循、庾蔚、崔靈恩、沈重宣、皇甫侃，北有徐道明、李業興、李寶鼎、侯聰、熊安。至唐魏徵以小戴綜彙不倫，更作《類禮》二十篇。開元中詔元行沖與諸儒爲疏，將立之學官，而張説沮之。當時疏《儀禮》者，賈公彦等；疏《禮記》者，孔穎達諸儒也。及宋，朱子與東萊呂子商訂，欲取《禮記》中有關於《儀禮》者附之經，其不繫《儀禮》者仍別爲記，不果。晚乃作《儀禮經傳通解》，以《儀禮》爲綱，分王朝、邦國等類，而以《禮記》分隸於其間。蓋未成之書，而《喪》、《祭》二禮，又其門人黄氏、楊氏所續也。近時吳氏澄獨疑其經傳混殽，爲朱子未定之稿，於是重加纂次，以十七篇者，並依鄭氏次第爲正經，取戴記鄭注中有經篇者，離之爲逸經。逸經八篇，其二取之《小戴記》，《投壺》、《奔喪》也。其三取之《大戴記》，《公冠者》、《侯遷廟》、《諸侯釁廟》也。其三取之鄭氏注中，《霤禘》、《明堂》、《王居明堂》也。禮各有義，則經之傳也，以戴氏所存兼劉氏所補者，合之爲傳。傳十篇，戴記中《冠義》、《昏義》、《鄉飲酒義》、《射義》、《燕義》、《聘義》，乃周末漢初人作以釋經，而戴氏抄以入記，正爲《儀禮》之傳，乃依經禮篇次，萃爲一編。《射義》一篇，迭陳天子、諸侯、卿、大夫士之射，釐爲《卿射義》、《大射義》二篇。《士相見義》、《公食大夫義》，則用清江劉原父所補。惟《覲義》闕，取《大戴記·朝事》一篇以備之，共爲十篇。於是《儀禮》之經，自一至十，各有傳矣。正經居首，逸經次之，傳終焉，其外仍以歸諸戴氏之記。《小戴記》存者三十六篇，亦重加序次。曰《通禮》者九：《曲禮》、《内則》、《少儀》、《玉藻》、《通記》大小儀文，而《緇衣》附焉。《月令》、《王制》專記國家制度，而《文王世子》、《明堂位》附焉。曰《喪記》十有一：《喪大記》、《雜記》、《喪服小記》、《服問》、《檀弓》、《曾子問》六篇記喪，而《大傳》、《間傳》、《問喪》、《三年問》、《喪服四制》五篇，則喪之義也。曰《祭禮》者四：《祭法》一篇記祭，而《郊特牲》、《祭義》、《祭統》三篇，則祭之義也。曰《通倫》者十有二：《禮運》、《禮器》、《經解》一類，《哀公問》、《仲尼燕居》、《孔子閒居》一類，《坊記》、《表記》一類，《緇衣》一類，《儒行》自爲一類。《學記》、《樂記》，其文雅馴，則以終之。朱子所輯及黄氏《喪禮》、楊氏《祭禮》，亦去其重復，名之曰《朱氏記》，與二戴記爲三焉。

《周禮》，周公作，或謂之《周官》。蓋即其設位言之，則曰《周官》；即其制作言之，則曰《周禮》也。自周之衰，諸侯將踰法度，惡其害己，皆滅去其典籍。而秦用商君，其政與《周官》相反，始皇疾惡，焚燒之獨悉。漢興，高堂生首言《儀禮》，而《周禮》之出最後。武帝時，河間獻王得而獻之，入于秘府，或謂有李氏上《周官》五篇于武帝。當世儒者莫得見焉。成帝時，劉歆校理秘書，見之，以爲周公致太平之迹，始得列序，著于《録略》。而《五官》皆有殘缺，《冬官》又亡，乃以《考工記》足之。或曰：司空官屬錯散於《五官》之中，實未嘗亡。俞庭椿有《復古編》，於《五官》中摘其羨者以補冬官，而刪去《考工記》。《考工記》者，前世能識古制者所作也。王莽時，歆取以足之，厥後杜子春、賈徽之子逵、鄭興及子衆與馬融等皆傳《周禮》，爲之訓詁，而鄭康成爲之注。然自《周禮》之出，當世儒者多疑之，林孝存以爲末世瀆亂不經之書，何休以爲六國陰謀之書。獨康成知爲聖法，作《論難》以排衆説。故《周禮》之出，始於劉歆，而成於康成也。魏晉以來，干寶、王邵之徒有爲義疏者，有爲論評者，以及禮帖、禮鈔之類，莫可勝數。至唐賈公彦撰《疏》二十卷。今惟鄭注、賈疏行焉。然自《周禮》之出，當世云云，至文中子云云，今即其書考之，其中誠亦有可疑者。六鄉六遂共十五萬家，官吏乃至二萬三千人。十五萬家之所入幾何，而足以給二萬三千之官吏乎？以地官計之，公卿大夫士通用三十萬人，而府史胥徒又所不預，則其衆多又益甚焉。至若太史、内史，掌六典八法八則八柄之貳，宜屬天官，乃屬之春官。大小行人，司儀掌客，宜屬春官，乃屬之秋官。宰夫掌臣民之復逆矣，則大僕小臣，御僕之掌復逆，宜屬天官，而乃屬夏官。宰夫掌治朝之位矣，則司士正朝儀之位，宜屬天官，乃屬夏官。地官掌邦畿之事，造都邑，建社稷，設封疆，既悉掌之，而掌固掌疆，司險候人，又見於夏官。天官掌財賦之事，自太府至掌皮，既悉領之，而泉府廪人倉人，又見於地官。若此等類，未易悉數，此其官職之煩冗殽雜，實爲可疑，學者詳之而已。至文中子乃謂如有用我，執此以往。而唐太宗謂爲眞聖作。宋横渠張子又極尊信，而王荆公且推行之。獨五峰胡氏則深所擯抑。朱子蓋嘗折衷其説，由周公立下規模，未及用也。趙汝騰氏又謂「惟王建國，以爲民極」數語，乃周公作洛後所爲，然不可考矣。若程子所謂有「關雎麟趾之意、然後可以行《周官》之法度」，則推本而論之者也。

蘇伯衡《蘇平仲文集》卷一〇《書讀易記後》 經莫古於《易》，莫完於《易》，莫粹於《易》。伏羲畫八卦，而文籍生，則經豈復有古於《易》者乎？秦焚典籍，而《易》以卜筮存，則經豈復有完於《易》者乎？《書》出於虞、夏、商、周之史官；《詩》多出於閭巷之小夫、婦人；《春秋》雖出於仲尼，然本魯國之史；而《禮》皆雜出漢儒之綴緝；《易》則伏羲畫之，文王演之，周公重之，孔子贊之，皆古之聖人，則經豈復有粹於《易》者乎？嗟夫，《易》之爲書，古矣，完矣，粹矣，而汩而不明者，吾祖以爲諸儒之説亂之也。漢室去古未遠，焦、費、京房之流已泥於術數災異，況後世乎？經學至宋而大明，程子之《傳》，朱子之《本義》，或者猶詆其各有所偏，況他人乎。由是觀之，則先儒之於《易》也，知之有至焉，有不至焉；言之有至焉，有不至焉，亦可見矣。使其知之言之而至焉，吾無可言也。如使其知之言之而不至焉，吾無言奚可也。此趙先生《讀易記》所以不容已也與。《易》者，天德之藴，萬物之奥也，唯聖人能言之，聖人明乎天地萬物之情故也。不明乎天地萬物之情以言乎《易》者，則賴有聖人之説存焉耳。先生當《易》道汩而不明之際，不專主一説，不務爲苟同，問難以造端，辨析以折衷，而一本之於聖人，此其志豈苟哉。諸説具在，如指諸掌。士之處乎窮鄉下邑者，有志於學，而力不足以致；諸家之書力足致之，而或不能殫其歲月之勞，一旦見先生之書，豈不深有藉哉。顧乃謂其足以應有司之問，則其知先生也，抑末矣。昔西山眞文忠公，不有《讀書記》乎？不知其書亦徒以應有司之問否也，吾知其不爲是也必矣！文忠之書，非爲應有司之問而設，何獨至於先王之書而云云乎？得之心者，不可喻以言。得之天者，人不與力焉？先生潛心於《易》六十年矣，其所得者，吾亦安敢謂其盡於是也。先生讀書亦有記，惜已爲人持去，吾不得見之，又焉得隱度論之。

黄瑜《雙槐歲抄》卷三《古注疏》 經書註疏，《語》「仁者静」，孔安國曰：「無欲故静。」周子取之。《易》「利貞者性情」，王弼曰：「不性其情，何能久行其正。」程子取之。予謂，一人之心，天地之心也；一日之動，一歲之運也。喜怒哀樂未發之前，聲色臭味未感之際，所謂人生而静，天之性也，太極渾淪之體也。及感物而動，則性蕩而情矣。羣動既息，夜氣清明，然後情復於性，與秋冬歸根復命之時，亦奚異哉！故君子自修，亦不遠復而已。予於註疏二言，深有取焉。自永樂中，纂修《大全》出，談名理者惟讀宋儒之書，古註疏自是廢矣。

何喬新《重刻楚辭序》 《楚辭》八卷，紫陽朱夫子之所校定。《後語》六卷，則朱子以晁氏所集録而刊補定著者也。蓋三百篇之後，惟屈子之辭最爲近古。屈子爲人，其志潔，其行廉，其姱辭逸調，若乘鷖駕虬而浮游乎埃壒之表。自宋玉、景差以至漢、唐、宋，作者繼起，皆宗其矩矱，而莫能尚之。眞風雅之流而詞賦之祖也。漢王逸嘗爲之《章句》，宋洪興祖又爲之《補註》，而晁無咎又取古今詞賦之近騷者以續之。然王、洪之註，隨文生義，未有能白作者之心。而晁氏之書，辯説紛拏，亦無所發於義理。朱子以豪傑之才，聖賢之學，當宋中葉，阨於權奸，迄不得施，不啻屈子之在楚也。而當時士大夫希世媒進者，從而沮之，排之，目爲僞學，視子蘭、上官之徒，殆有甚焉。然朱子方且與二三門弟子，講道武夷，容與乎溪雲山月之間，所以自處者，蓋非屈子所能及。間嘗讀屈子之辭，至於所謂「往者余弗及，來者吾不聞」而深悲之。廼取王氏、晁氏之書，刪定以爲此書。又爲之註釋，辯其賦、比、興之體，而發其悲憂感悼之情。繇是作者之心事，昭然於天下後世矣。予少時得此書而讀之，愛其詞調鏗鏘，氣格高古。徐察其憂愁欝邑，綣綣惻怛之意，則又悵然興悲，三復其辭，不能自已。顧書坊舊本刓缺不可讀，嘗欲重刊以惠學者，而未能也。及承乏汳臺，公暇與僉憲吴君原明論朱子著述，偶及此書，因道予所欲爲者。吴君欣然出家藏善本，正其譌，補其缺，命工鍥梓以傳。既而以書屬予曰：「書成矣，子其序之。使讀者知朱子所以訓釋此書之意，而不敢以詞人之賦視之也。」嗟夫，大儒著述之旨，豈末學所能窺哉！然嘗聞之，孔子之刪《詩》，朱子之定《騷》，其意一也。《詩》之爲言，可以感發善心，懲創逸志，其有俾於風化也，大矣！《騷》之爲辭，皆出於忠愛之誠心，而所謂善不由外來，名不可以虚作者。又皆聖賢之格言，使放臣屏子，呻吟咏嘆於寂寞之濱，則所以自處者，必有其道矣。而所天者幸而聽之，寧不凄然興感，而廸其倫紀之常哉？此聖賢刪定之大意也。讀此書者，因其辭以求其義，得其義而反諸身焉。庶幾乎朱子之意，而不流於雕蟲篆刻之末矣。

王鏊《震澤長語》卷上《經傳》 漢初，六經皆出秦火煨燼之末，孔壁剝蝕之餘。然去古未遠，尚遺孔門之舊。《公羊》、《穀梁》，蓋傳子夏氏之學。《儀禮》有子夏傳，《易》有子夏傳而亡之，《詩序》相傳，亦云子夏作。《易》傳於商瞿，《書》傳於伏生之口，孔安國又得於孔壁所藏。劉向《別録》云：虞卿作，抄撮九卷授荀卿，卿授張蒼。然則蒼師荀卿者也。《左傳》出蒼家，蒼亦有功於斯文矣。浮邱伯亦荀卿門人，申公事之，是爲《魯詩》根。牟子傳荀卿子，荀卿子傳大毛公，是爲《毛詩》。是時諸儒掇拾補葺，專門名家，各守其師之説。其後鄭玄之徒箋註訓釋，不遺餘力，雖未盡得聖經微旨，而其功不可誣也。宋儒性理之學行，漢儒之説盡廢。然其間有不可得而廢者，今猶見於《十三經註疏》。幸閩中尚有其板，好古者不可不考也。使閩板或亡，則漢儒之學幾乎熄矣。

楊慎《升菴集》卷二《周官音詁序》 《左傳》，浮誇誣誕之祖也。大儒韓子乃服膺而刻心，末學後生皆心維而口誦，以其文采之煒燿也。《周禮》，瀆亂不經之書也，前人論之詳矣。其中多奇字古音，蓋劉歆受學於揚雄，其訓纂之遺，有在於是者，存而論之，固可以補天祿校文之缺，爲召陵公乘之裨矣。其書不用於科舉，不列於學官，幸未經學究金根之謬改，廝沙俗字之訛刊，亦古典之巋然靈光也。顧未有表出之者，亦學山一簣之虧，吹劍一吷之缺乎。余觀先鄭、後鄭之同異相角，杜氏、干氏之可否相將，孔穎達則會粹四家，陸德明又並刻衆切。如開武庫，五兵隨所用之；似張錦機，百綵惟其取者。乃手錄之，爲《周官音詁》一編，以爲鉤玄提要之助。羣居終日，爲之賢乎，未能免俗，聊復爾耳！

歸有光《震川集》卷二《經序録序》 予昔承乏汴藩，因識宗室西亭公，修學好古，有河間大雅之風，嘗得唐李鼎祚《周易集傳》，槧版行于世。又爲諸經序錄，凡爲經之傳註訓詁者，皆載其序之文，使世之學者不得見其書，而讀其序，固已知其所以爲書之意，庶以廣其見聞，而不安于孤陋，實嘉惠後學之盛心也。昔孔子修述先王之經，以教其門人傳之，世世不絶。遭秦燔書，漢儒存亡繼絶，不遺餘力，自此六藝稍稍備具，太常之所總領，凡四十博士，而《古文尚書》、《毛詩》、《穀梁》、《左氏》、《春秋》雖不立學官，猶推高第爲講郎，給事近署，而天子時會羣儒都講，親制臨決，所以網羅遺軼，博存衆家，其意遠矣。沿至末流，旋復放失，則鄭、王之《易》自出費氏，而賈逵、馬、鄭爲《古文尚書》之學，孔氏之傳最後出。《三禮》獨存鄭註，《春秋》，《公》、《穀》寖微，傳《詩》者，《毛詩鄭箋》而已。唐貞觀間，始命諸儒粹章句爲義疏，定爲一是，于是前世儒者僅存之書，皆不復傳。如李氏《易解》，後人僅于此見古人傳註之一二。至啖助以己意説《春秋》，史氏極詆其穿鑿，蓋唐人崇進士之科，而經學幾廢，故楊綰、鄭餘慶、鄭覃之徒欲拯其弊而未能也。宋儒始以其自得之見，求聖人之心于千載之下，然雖有成書，而多所未盡，賴後人因其端以推演之。而淳祐之詔，其書已大行于世，勝國遂用以取士，本朝因之。而學校科舉之格，不免有唐世義疏之弊，非漢人宏博之規，學士大夫，循常守故，陷于孤陋而不自知也。予自屏居山林，得以徧讀諸經，竊以意之所見，常有與今之傳註異者，至如理象之殊，而圖書大衍用九用六之論，未能定也。古今文之别，而豫章晚出之書，未能釐也。三百篇之全，而桑間濮上之淫音，未能黜也。褒貶實錄之淆亂，而氏族、名字、日月、地名之未能明也。郊丘混而五，天帝昆侖，神州之一，而始祖之祭不及羣廟也。《洪範》以後，《金縢》、《召洛》二誥之疎脱，非朱子之遺命也。開慶師門之傳，非鄭氏之奧義也。紹興進講之書，非《三傳》之專學也。則王栢、金履祥、吳澄、黃澤、趙汸卓越之見，豈可以其異而廢之乎。歐陽子曰：六經非一世之書，其將與天地無終極而存也。以無終極視，千歲于其間頃刻耳。則予之待于後者，無窮也。嗟夫，士之欲待于無窮者，其不拘牽於一世之説明矣。道遠，不能與西亭公訂正其疑義，而序其略如此云。

王世貞《春秋左傳屬事序》 昔者夫子《春秋》成而三氏翼之，左氏嘗及事夫子，其好惡與之同，而又身掌國史典故，其事最詳，而辭甚麗；公、穀二氏私淑之子夏，而以能創義例，有所裨益於經學，士大夫多習之。其爲《左氏》而顯者，漢丞相張蒼、諸王太傅賈誼、京兆尹張敞、太中大夫劉公子、丞相翟方進之屬。賈誼至爲之訓故，然終不得與二氏並。而中壘校尉劉歆始篤好之，至移書太常博士，明其屈，幾用此獲罪。其後獲並立於學官。而晉征南大將軍杜預深究晰其學，復傳之，而稱其或先經以始事，或後經以終義，或依經而辨理，或錯經以合義。自杜預之傳行，而《左氏》彬乎粲然，《公》、《穀》反不得稱並矣。宋有胡安國者，負其精識，以爲獨能得夫子褒貶之微意，衷三氏而去取之。自胡氏之傳行而三氏俱絀，獨爲古文辭者，尚好《左氏》，不能盡廢之。而所謂好者，好其語而已爾。於是稱《左氏》者，舍經而言史。大抵史之體有二：《左氏》則編年，而司馬氏乃紀傳、世家。編年者貴在事，而紀傳、世家貴在人。貴在事則人或略，而尚可推；貴在人則事易複，而於天下之大計不可以次第得。然自司馬氏之紀傳行，而後世之爲史者亡所不沿襲。當左氏時，所謂晉之《乘》、楚之《檮杌》，以至魏之《汲冢》，其簡者若倣經，而詳者則爲《左》。其後奪於司馬氏，雖有荀悦、袁宏之類，然不甚爲世稱説，而能法《左氏》之編年者，司馬氏之後人光也。光所著史曰《資治通鑒》，其文雖不敢望《左氏》之精鑿，要亦有以繼之。而上下千餘年，其事爲年隔，而不能整栗。建安袁樞取而類分之，名曰《紀事本末》，而《左氏》其祖禰也。顧未有若袁樞者出，而吾鄉傅遜氏，少有雄志，博涉曉兵，尤好推前代理亂大原，謂《左氏》足以發其可，益覃思詳索，而融貫其義，用袁樞法而整齊之。其大體先王室，次盟主，次列國，次外夷，取事之大者與國之大者比，而小者附見焉。不必如訓家之所謂張本，爲伏、爲應，一舉始而終遂，瞭然若指掌。其它句爲之故，字爲之考，雖不能不資之杜氏，而杜氏之有舛僻者，亦掊而正之，必使之無負乎《左氏》而後已。故執杜氏以治《左氏》，十而得八，執傅氏以治《左氏》，十不失一。且也爲杜而《左》者難，爲傅而《左》者易，故夫傅氏者，《左氏》之慈孫而杜氏之諍臣也。漢之時，《左氏》故不能大重如《公》、《穀》。而爲之者如嚮，所稱三張、賈生輩皆通達國體，而《公》、《穀》之學，公孫弘用以繩下，而張湯傅爲峻文決理，又請用博士弟子治之者，補廷尉史。雖以董江都之賢，而不能免於決事比之刻，豈所謂屬事者多達而析義者易深耶？使傅氏及是時而成此書，令三張、賈生者見之，其有裨於漢治當何如也。傅氏今雖尙墨，墨守學官，部使者已從守令科三論薦矣，其將使之展而效之時哉。吳郡王世貞撰。

又《弇州續稿》卷四〇《史記評林序》 太史公《史記》成於天漢，而重於宣、元之間。班固氏欲自伸其業，故互見其瑜瑕。而王充、劉知幾因之皆有所指駁，而其錯節、衍語、異音、奧旨未易通解，以故徐廣、韋昭、裴駰、鄒誕生、劉伯莊、司馬貞、張守節之流，咸爲之訓故、考索，學士大夫乃始彬彬成誦矣。然自東京以前，往往橅覈其體裁，而濶略於辭法。至陸機，劉勰輩，乃稍頌稱其文。而後世因之，第名爲之小牴，而實爲之祖述者，班固氏也。六朝騖綺靡毋論，非指嚮所在，途軌殊矣。其最稱能尊《史記》者，毋若唐宋人，然知或小近，而力不足，其甚乃不過邯鄲之步，陽爲慕之，而陰與悖，又何取也。明興，皇猷之煥發，與元精之鬱渟，倍蓰往古，而其能爲太史公者，邇不出英憲，而上不登臺閣，學士大夫，不無三致憾焉。北地而後，乃始彬彬，蓋至於今，而闤闠其書，操觚之士，腹笥吻筆，亡適而非太史公。噫嘻，亦盛矣哉。第訓詁之家所傳，聞異辭，苦於不能徧而習者，不得於事，則姑傅會以文之；不得於旨，則姑穿鑿以逆之。眯法於篇，則姑撏其句；眯法於句，則姑剽其字。膚立者，持門戶皮相者，務影響，栩栩然自謂入龍門之室，而不知其轍，望砥柱之杪，而背馳矣。世貞曰：余讀《史記》者三，嘗掩卷而歎其未逮也，乃今凌際叔先之矣。際叔之爲《史記》也，其言，則自註釋以至贊隲；其人，則自二漢以及嘉隆，無所不附載，而時時旁引它子史，以己意撮其勝，而爲之宣明。蓋一發簡，而瞭然若指掌，又林然若列瓌寶於肆而探之也。自今而後，有能紹明司馬之統而稱良史至文者，舍際叔奚擇哉！或謂褚先生之續《武紀》與他傳也，胡以弗刪也。曰：際叔任述者也，非任刪者也。其既已知之，毋嫌乎武夫之淆璧也。然何以稱評林也？夫有訓詁者在，而獨稱評志，評也，其於際叔，取志焉可也。

又《周易辯疑序》 余嘗爲吳江孫汝化序其所著《易說》，而竊有慨，以爲《易》之冠六經久矣。秦存之，以筮家而小；漢衍之，以訓故而支；晉出之，以意解而遙；明束之，以時制而淺。蓋至於今，愈盛而愈去其眞矣。當是時，獨汝化不帖帖時義，而其爲說獨精詳。今年秋，州司訓王子某復以郡丞施君之《易學辯疑》見示，及卒業而後，知君之所得於《易》者深也。《易》者，易也，隨時變易，以從道也。君所爲說，非有絀乎筮家，然微而入於理；非不關於意解，然顯而周乎象；非不根之訓故，然指要而刪其蔓；非不工於時制，然得意而超乎筌。君所爲《易》，非君之《易》，羲文以至於今徹上下之《易》也。吾聞之，漢有沛人施讐長卿者，鄉童子時，從田王孫受《易》。事師數十年，然謙讓常稱病，廢不教授。及其友梁丘賀薦之，始與諸儒雜論同異於石渠閣，而所授張禹，至丞相；魯伯，至會稽太守。禹，所授彭宣，至大司空；戴崇，至九卿。天下稱施家有張、彭之學，君豈其苗裔耶？何其說之有根抵也？然長卿斤斤守其師言，不能有所損益，而君獨能通古今之變，以其臆合於聖人之精，而又不詭戾于時，其儒而教授於浙，官而教授於高郵，咸抗顏坐皐比，即後先諸生受《易》，顯者比比，當又何讓張禹、魯伯也。遲之天下稱今施氏學賢於長卿故多矣。余不佞，家亦世世受《易》，前後踰二十人，然僅以取科第，而亡能名一家言。施君數典大郡，負賢聲，其治得《乾》之用九、《泰》之九二爲多，而汝化之禔身，又若有資於謙之諸爻者，皆余所深以爲愧而遜焉者也，故併志之。

郝敬《談經》卷八《論語》 漢初傳《論語》三家，自魯謂《魯論語》，自齊謂《齊論語》，二家最先出。武帝時，魯共王壞孔壁，又得《古論語》。今所傳，則《魯論語》也。三家同，而齊別有《問王》、《知道》二篇。古分《堯曰》篇「子張問」以下爲二，有兩《子張》篇，此其異耳。按《古論語》與《古尚書》同出，《古尚書》多贋，而《論語》有齊、魯可據，故得免魚目之憂。漢魏諸家，訓詁膚淺，朱仲晦《集註》，自謂獨得，然往往以自己學術，解釋聖言，或未達圓神之旨。聖人言約而義遠，未可一端盡耳。

顧起元《客座贅語》卷一《經義兼古注疏》 洪武三年五月初一日，初設科舉，條格詔内開第一場，《五經》義，各試本經一道，限五百字以上。《易》，程、朱氏註，《書》，蔡氏傳，《詩》，朱氏傳，俱兼用古注疏；《春秋》，《左氏》、《公羊》、《穀梁》、張洽傳，《禮記》專用古注疏。《四書》義一道，限三百字以上。至十七年三月初一日，命禮部頒行科舉成式，始定子、午、卯、酉年鄉試，辰、戌、丑、未年會試。制第一場試《四書》義三道，二百字以上；經義四道，三百字以上。未能者許各減一道。《四書》主朱子《集註》，《易》主程、朱傳義，《書》主蔡氏傳及古注疏，《詩》主朱子《集傳》，《春秋》主《左氏》、《公羊》、《穀梁》、胡氏、張洽傳，《禮記》主古注疏。案此兼用古注疏及諸家傳，聖制彰明後，不知何緣，遂斥古注疏不用。《春秋》止用胡傳爲主，《左氏》、《公》、《穀》，第以備考。張洽傳，經生家不復知其書與其人矣。《禮記》專用陳澔《集說》，古注疏盡斥不講。近日舉子文，師心勦說，浮蔓無根，誠舉初制一申明之，使通經博古者得以自見，亦盛事也。

熊明遇《徐巨源四經箋序》 在昔西漢，表章六經，以得列學官。爲顯于時，號令文詞，煥焉可述。故曰六學者，王教之典籍，先聖所以明天道、正人倫、致至治之成法也。沿至于今，《樂經》失其傳。《春秋》一經，則吾夫子手裁，筆則筆，削則削，游、夏不能贊一辭。後儒雖擅才淹識，奥學精辨，自左、胡、公、穀外，何敢輕持槀焉。惟《詩》、《書》執禮，子所雅言，《易》又子所絶韋編而讀者，學人既專以經業，凡搜引、採掇、闡譯、敷述，自分内事。余壻徐生巨源，少負異稟，于九流七略之書，無不緯經條理，兼總采索。而獨于《易》、《書》、《詩》、《禮》四經，攟摭其佚略，暢疏融釋，發舒己意，不襲前人一語，而稽據精覈有倫。有春，以其槀示予，展閱數四不能已，遂不覺喜躍而爲之序曰：《易》繇宓戲氏始作八卦，綿絡天地，文王附六爻，周公爲之詞，孔子錯其《象》，而著《彖》、《繫》、《文言》，以發陰陽之藏，定萬物之基。人更四聖，世歷三古，漢儒傳說，施、孟、梁丘最著，以及服光、楊何、段嘉、京房之屬，凡十三家。《書》則上斷《堯典》，下訖《泰誓》，夫子之所叙也。秦燔書禁學，濟南伏生獨壁藏之。伏生授兒寬，寬授歐陽、大小夏侯之屬，凡九家。《詩》六家，毛氏爲著，云是子夏所傳，而浮丘伯、魯申公、齊韓嬰輩不可勝紀。《禮》十三家，經三百，儀三千，《曲臺》、《明堂》篇什未易殫論。高堂生傳《士禮》，而魯徐生善爲頌，后倉說《禮》數萬言，戴德、戴勝號大小戴。皆繇武帝設科射策，訖于元始，傳業寖盛，諸儒雜論同異于石渠，支葉蕃滋，一經說至百餘萬言，表章之功，于斯爲盛。彼謂秦燔經而經存，漢窮經而經亡者，矯激偏枯之論也。或曰：漢儒說經茲多于是矣，後儒復有說，不駢拇而枝指乎？曰義理無窮，經豈爲漢窮耶？西漢《易志》十三家，《隋志》六十九部，《唐志》七十六家，《宋志》一百四十家。西漢《書志》九家，《隋志》三十二部，《唐志》三十三部，《宋志》四十三家。西漢《詩志》六家，《隋志》三十九部，《唐志》三十一部，《宋志》五十三家。西漢《禮志》十三家，《隋志》一百三十六部，《唐志》九十六部，《宋志》六十四家。經無窮說者，亦與之爲無窮數。千年來端藉六經治世，世乃不亂，經正民興，說經者豈不多多益善哉！國朝昭至德，開大明，勸學興禮，崇化勵賢，以風四方太平。設科取士，縫掖之儒，抱一經，取青紫，多至大官。而治民事神，規天條地，臨中國，撫四裔，經術以經世務，功莫大焉。士有離經畔道者，則樵夫笑之。而憲典亦罔赦，謂宜說經家部百倍于漢、隋、唐、宋也。然自墨守宋儒章句集註，演繹爲講章訓詁作制，舉羔、鴈外，殊不見精研窅探、博稽微諗、特立議論、顓門自耀者。巨源斯著，統攝華贍，兼總周詳，網羅放矢，發前楷所未發。而持論恆根，圖象有據，是亦熙朝一偉業矣。嗟乎，漢儒守師說，人持其見，立議巧慧，諸儒不能難。劉向傳《五行》，而《洪範》夷于術數，許商妄自標榜。公孫弘學《詩》，仄目以事轅固。二戴講《士禮》，而不及天子、諸侯，說者謂禮之衰。揚雄《太玄》擬《易》，似吳楚之君僭號，則何若折衷于夫子？子曰：博學於文，約之以禮，可以弗畔。約說之，《易》蔽于藏密，《書》蔽于敬事，《詩》蔽于無邪，《禮》蔽于忠信。博且詳焉，累世不能殫其蘊，隸首不能數其篇。然徒貌經明，不覈行修，雖多，亦奚以爲？亘源斯著，予取其不勦襲陳詮，亦不標領新异，次叙整齊，直羽翼乎游、夏之傳焉！異時即列于學官可也。

張溥《王叔師集題詞》（《漢魏六朝百三家集題辭注》）　漢武時，淮南王安始作《離騷傳》。向典校經書，分爲十六卷。東京班固、賈逵各作《離騷章句》，餘十五卷，闕而不説。至王逸，復作十六篇章句，又續爲《九思》，取班固二序附之，爲十七篇。今世所行《離騷》，皆王本也。

沈懋孝《長水先生文鈔・洛誦編・漢儒專經名家源派考》　余讀兩漢《儒林》，見彼時學者師友淵源之際，斌斌焉，其盛矣乎。上有崇儒稽古勵精之君，下有通經學古博雅之師。士生其時，經有顓門，不相淆亂。譬彼江湖，悉從源委。斷國是，則各行其學；明道術，則各引其師。墨守一家，不肯少易。彼其淵源之義，亦良重已。士以一經起家，而至卿相，終身用之，恢然其有餘。譚性命者際天人，推經齊者啚國體，琢磨文章，規陶古始，砥愼節行，軌法前脩，至如偏長一技，罔不精極數巧，可以程視後來。嗚呼，何其盛也。漢承秦燼，寖明寖昌，大道分門，本來未覩，求之言游、卜夏之列，鄭僑、羊肸之倫，或者庶幾焉。雖非虞周廸哲，洙泗雍容，亦足發明一代之學術矣。自宋闡明理學，刊定訓詁，六經至是通明。然至是亦稍簡徑，好語渾淪，而實際多濶疏。專譚理徑，而偏指非圓貫；力逞論議，而致用入虛誇。學士後生，師友義缺，承襲口耳。于是漢儒一代之學盡黜不論，甚至以爲小儒僻説，而相詬病矣。今世理學大明，士習日陋，言之有餘，用之不旣，其故大略可知也。夫道不會不通，學不專不精。假以漢之師友贍博，講于宋儒之道德淹通，續而大之，綸而不息，即虞周、洙泗，何讓焉？爰考漢興《易》、《書》、《詩》、《禮》、《春秋》專經，諸家源派所自，系之緒議，惟《樂書》失其傳。《易》自卜子夏傳伏羲本經，以孔翼、離爲十二篇，或稱魯有商瞿子木得之，子夏五傳至齊田何。云秦焚經時，《易》以卜筮，故得不廢。漢興田何傳丁寬，寬作《易説》三萬言。寬傳田王孫，王孫傳施讎、孟喜、梁丘賀，爲三派，讎在甘露中詔論石渠。其後劉昆、戴賓傳其學。喜自稱得候陰陽、明災異等書。其後洼丹、任安、楊厚傳其學。賀以筮法卜應顯其後，楊政、張興傳其學。三家者，皆祖田何。于是乎有施、孟、梁丘之《易》焉。別有沛人高相傳《易》毋將永，爲高氏學，專明災異，無章句，竟失其傳。又有東萊費直，始雜《彖》、《象》、《文言》于卦爻中，後漢陳元、鄭衆始傳費氏之《易》，馬融、鄭玄爲之傳註，于是費氏盛而古本亡，田何之派始息。又有京房受《易》焦延壽，專以卦氣直日卜驗爲説，其後有戴憑、孫期之屬，自是學者專主讖數，立其家。至晉王弼，略數談名理，諸家又盡廢。《漢志》稱傳《易》者十三家、二百九十篇，不可復攷。史遷又稱田何傳王同子仲，子仲傳楊何。與班史不合，或各有據云。

《書》有今文、有古文，自濟南伏生秦時爲博士，漢興，伏生年九十餘，尚能誦其文，得二十九篇。又河内女子傳《泰誓》一篇。文帝並令鼂錯口受其《書》，是爲伏生之今文。伏生傳濟南張生及歐陽生，張生傳倪寬，寬傳歐陽生，父子世其學，曰《歐陽氏書》。張氏授夏侯勝，曰《大夏侯書》。勝授從子建，建以謂勝疏略，別自專門，曰《小夏侯書》。三家皆得列于博士。其後牟長、栢榮俱自歐陽氏，周堪、孔覇、許商俱自大夏侯氏，王良、張山、鄭寛中俱自小夏侯氏，皆得論經石渠。此伏生今文之流派也。其古文有孔安國者，言魯共王壞孔室，得壁間科斗文字，安國以伏生文讀之，定其可知者爲隸書，有序一篇，爲五十九篇，是爲孔氏之古文。古文出，安國攷訂，視伏生今文平易可讀。安國授都尉朝，朝授庸生，其學世顯。其後賈逵作訓，馬融作傳，鄭玄注解，《古文尚書》至于今者，孔氏學也。別有逸書百篇，秦時徐福傳之海外，宋歐陽脩云。

《詩》自漢興以來，專門者四家：魯人申公受之浮丘伯，作訓詁，疑者缺而不傳，爲《魯詩》。申公傳瑕丘江公，及韋玄講論石渠，又王式傳之唐、褚二生，故魯之派有韋、唐、褚三家。其後習《魯詩》者，有包詡、魏應之屬。齊人轅固治《詩》，武帝時爲《齊詩》。固傳后蒼，蒼傳匡衡、翼奉、師丹，故齊之派有翼、匡、師三家。其後習《齊詩》者，有伏恭、任本之屬。燕人韓嬰述《詩》意，作《内外傳》，燕趙間宗之爲《韓詩》。至孝宣時，有涿郡韓生授蓋寬饒、王吉，始顯，亦有薛漢、杜撫、楊仁、趙曄之流。然魯、齊、韓三家，各以音韻不同，雖立學官，互有乖異。唯趙人毛萇謂得之卜子夏古本，其書貫串先秦古書。漢初《左氏》、《儀禮》等未出，《毛詩》與之符合。唯河間獻王博極群書，獨識其精，一時諸儒未之許也。東海衛宏傳其書，其後賈逵、馬融作傳，鄭玄成作箋，《毛詩》傳至于今。

《漢志》《禮》十三家，五百餘篇，可稱者唯高堂生所傳及淹中古等耳。高堂隆言秦焚書存《士禮》十七篇，獨能言之，以授蕭奮，奮授后蒼，説

《禮》萬言，號后氏《曲臺記》。蒼授戴德及德兄子聖、沛人慶普，故高堂之《禮》有大、小戴、慶氏三家。其後曹褒父子宗慶氏、大小戴二家，久而未著。《古禮》出魯淹中，河間獻王、孔安國收而獻之，合五十六篇，與高堂所傳頗相合。又《周官》五篇，《冬官》缺。河間獻王合《考工記》爲六篇。自後馬融、鄭玄成作《周官傳註》，又註《小戴記》，通爲《三禮》云。初劉向攷定《仲尼弟子雜説》一百三十篇，戴德刪爲八十五篇，戴聖刪爲四十六篇，馬融爲四十九篇。鄭玄、馬融之注，至今列學官。

《春秋》自左丘明受意仲尼本事始末，漢初又有《公羊》、《穀梁》二傳。董仲舒明《公羊春秋》，著《災異》，與齊人胡毋生同業。武帝時公孫弘習《公羊》，遂尊「公羊學」。仲舒弟子褚大輩多顯胡毋生《三傳》，爲嚴、顔二氏學，宗之者甚衆。瑕丘生傳穀梁氏學，授尹更始，宣帝好《穀梁》，更始講于石渠，其學特盛。賈誼傳《左氏》，授貫公，貫公受張禹，禹受翟方進。哀帝時，劉向請立《左氏》，不許。其後鄭興、陳元、鄭衆傳之，至平帝始列博士。《漢志》《春秋》二十三家，九百餘篇，要無越此三家者。

專門之學，其略亦可覩記矣。大抵更爲盛衰，一明一晦。其明也，若翼之晦也，若梗之，雖多所自得，卒不能無敝，則道不能兼也。昔司馬談列六家指要，各知其短以集其長。如漢數百年師友之盛，其於道，似有見矣。兼識而旁收之，其必在後之賢聖乎。夫《易》苞孕天地，函胎日月，古之神書。故云文王、孔子只是談説義理，庖犧別自有《易》，即如先天之數、八卦之位。漢時傳之者占驗否泰，往往奇中。今之學《易》者，不能窺于象數未剖以前，故圖書、著數都作不解物，其所陳説辭占之間而已矣。《尚書》古之史也，《虞書》以上惜哉乎無傳，《竹書》、《墳》、《索》，有無明滅云耳。安國序《書》，每篇各有源委。衛宏序《詩》，深明作者指歸，向無二序。《殷盤》、《周誥》，十五《國風》，吾不知其謂矣。孔子放鄭聲，説者又以爲懲創，誰達其解？周人采風，故一代聲詩，紀周所以興衰之故，其在刪刊之外，無從讀絢素之章已。記《禮》多出漢儒，吐辭爲經，去經不遠，游、夏之門人弟子猶有遺敎在焉，皆不可知，然疏略矣。昔《周禮》至盛，夫子説夏殷焉，欲挽忠質並存之，慨然明王之思乎。《春秋》夫子之志，以翼《周禮》而繼《雅詩》，一字間，筆削定矣，是非著矣，非以擅王，乃以扶王。《公》《穀》比經立案，庶幾近之。《左氏》變例橫軼，或著其始，或詳其末，或發經所未及，猶之乎今之史焉。若據奏版而懸裁之，首尾之不貫，情事之不詳，豈勝言哉？故《左氏》之於經，其不拘經文者，乃深于經者也。今者《十三經注疏》頒布士林，使人人深惟而詳説之，泝《六經》而衷孔子，發宋經儒先生之所未有者。嗚呼！其可以無憾也夫。

陸時雍《楚辭疏・楚辭姓氏》 註：王逸，字叔師，南郡人。洪興祖，字慶善，雷川人。朱熹，字元晦，新安人。疏：陸時雍，字昭仲，檇李人。別註：周拱辰，字孟侯，檇李人。評：孫鑛，字文融，會稽人。張煒如，字道先，虎林人。李挺，字浩生，昭陽人。李思誌，字又新，昭陽人。張煥如，字泰先，虎林人。推：唐元竑，字祈遠，吴興人。張存心，字謙之，會稽人。訂：陸元瑜，字粹父，檇李人。張燁如，字素先，虎林人。張寄瀛，字文虎，會稽人。

錢謙益《牧齋初學集》卷七九《與卓去病論經學書》 謙益頓首：前辱示經解數篇，置几案間，偶一繙閲，得《詩二傳考》，有《詩》傳宗端木之語，蹶然而起曰：「世安得有此書，恨無從取而徵之。」讀至終篇，乃嗑然而笑曰：「古今經傳之疑義，有必須詳考曲證而後明者，有可一言而決者。所謂可一言而決者，此類是也。」《前漢・儒林傳》：魯人申公爲魯《詩》，齊人轅固生爲齊《詩》，燕人韓嬰爲韓《詩》，趙人毛萇傳《詩》，是爲毛《詩》。毛《詩》傳自子夏。《隋・經籍志》謂《毛詩序》子夏所創，毛公及東漢衛宏所潤益。先儒相承授受，如是而已。子貢之《詩傳》，傳之者三家耶？大小毛公耶？古書之淪亡而晚出多矣，齊建武中，得《尚書・舜典》於大桁；晉太康中，得《紀年》《師春》於汲縣，此書何從而得之？孟喜從田王孫受《易》，得《易》家候陰陽災變書，詐言田生且死時枕膝，獨傳喜。梁丘賀謂安得此事。喜之詐僞曲説，史猶爲證明其非，安有端木之《詩》傳與西河，比肩並出，而自漢及隋，不著《經籍》者乎？近儒尊之者曰：傳《鴟鴞》，則知《金縢》居東爲避魯，而孔書致辟管叔之説妄；傳《楚宮》，則知《春秋》城楚丘爲內詞，而《三傳》封衛之説妄。夫周公之誅管、蔡也，齊桓公之存三亡國也，載在經史，炳如日星。信斯言也，《六經》、《尚書》、三《傳》，皆當束之高閣，燔爲刼灰，而左氏、公、穀、司馬遷、毛、鄭以下諸大儒，皆千古眯目聱聽、寱言狂易之人乎？誕誣不經，莫此爲甚，而去病不以爲異，何也？以《中庸》九經分配《小雅》諸什，而以《鶴鳴》一章配修身，冠《小雅》之首。程、朱表章《中庸》之後，委巷小生，無知杜撰，自納敗闕，首尾畢露，其陋尤甚於豐坊之僞《石經》。以去病之高明淹雅，老於斯文，不肯一筆抹摋，顧爲稱量比擬，曰：《詩傳》、《毛傳》，孰異孰同？孰得孰失？此不亦勞而無功，用心於無所用乎？譬之有遺矢於此，一人遂而甘之，以爲觥飲也，又一人從旁正之曰：「是有擇焉。其可嗜者五穀之精英，其他則糞穢也。」甘之者可謂大愚矣，從而正之者，亦未可以爲智也。引喻不經，聊以發去病一笑耳。六經之學，淵源於兩漢，大備於唐、宋之初，其固而失通，繁而寡要，誠亦有之，然其訓故皆原本先民，而微言大義，去聖賢之門猶未遠也。學者之治經也，必以漢人爲宗主，如杜預所謂原始要終。尋其枝葉，究其所窮，優而柔之，饜而飫之，渙然冰釋，怡然理順，然後抉擿異同，疏通凝滯。漢不足，求之於唐；唐不足，求之於宋；唐、宋皆不足，然後求之近代。庶幾聖賢之門仭可窺，儒先之鈐鍵可得也。今之學者不然，汩沒於舉業，眩暈於流俗。八識田中，結轖晦蒙，自有一種不經不史之學問，不今不古之見解，執此以裁斷經學，秤量古人，其視文、周、孔、孟，皆若以爲堂下之人，門外之漢，上下揮斥，一無顧忌，於兩漢諸儒何有？及其耳目回易，心志變眩，疑難横生，五色無主，則一切街談巷說，小兒豎儒所不道者，往往奉爲元龜，取爲指南。此無他，學問之發因不正，窮老盡氣而不得其所指歸，則終於無成而已矣。嗚呼，有歐陽公之才，然後可以黜《繫辭》，有朱子之學，然後可以補《大學》。然而君子猶疑之，以爲如是則不足以闢王充之《問孔》，誅揚雄之僭經也。若近代之儒，膚淺沿習，繆種流傳，嘗見世所推重經學，遠若季本，近則郝敬，踳駮支蔓，不足以點兔園之冊，而當世師述之，令與漢、唐諸儒，分壇立墠，則其聽熒《詩傳》，認爲典記也，又曷怪乎。孔子曰：述而不作，信而好古。吾以爲今人反之，曰：作而不述，疑而好今。何也？以其疑於古，不疑於今，知援今而證古，不知援古而證今也。又曰：學而不思則罔，思而不學則殆。吾以爲今人又反之，曰：學而不學則罔，思而不思則殆。非不學不思也，學非其所學，而思非其所思也。僕少不通經，長而失學。今老矣，親見去病專勤憤悱，從事於經學，白首紛如，不知老之將至，以爲今之經神儒宗，非吾所逮及也。又不自滿假，虛心下問，故因論《詩傳》而放言之，以求正焉。

毛奇齡《春秋簡書刊誤》卷一　《漢・藝文志》有《春秋古經》十二篇，先儒目之爲簡書，即聖經也。其分十二篇者，以春秋十二公，每公得一篇則十二篇也。第其書不知亡于何時，唯《三傳》傳經，則各有經文載于其中。漢初行四家之學，有《公羊》、《穀梁》、《鄒氏》、《夾氏》，而《鄒》、《夾》無傳，祗《公》、《穀》二學早立于學官，而諸生傳之。顧兩家杜撰，目不見策書，徒以意解經，故經多誤字，而《公羊》且復以里音市語讕謱其間，其所存聖經，已非舊矣。及《左傳》行世，則始知有簡書正文冠策書首。故當時《左》、《公》、《穀》三傳俱著竹帛，而《左》之爲傳，先于《公》、《穀》，漢人亦稱《左氏》爲古學，《公》、《穀》爲今學，而其如《左氏》晚出，《公》、《穀》立學，反先于《左氏》，是以治古學者雖有張蒼、賈誼、張敞、賈逵、服虔輩，不下于董仲舒、公孫弘輩之治今學，而諸生膠固，競立門戶。即加以前漢劉歆、後漢韓歆，兩歆之爭，必不能救左氏膏肓之目，而策書簡書總無聞焉。

又《西河集》卷二七《王甲庵周易圖註序》　《易》，易也，變易而數起焉。《易》，易也，亦易簡而天下之理得焉。故曩時學《易》者，大約分理、數二端。而主數者則曰：《易》者，筮書也。言理過備，反失象數，朱子學是也。然其敝也，麤而不精。主理者則曰：理外幾有象乎？乾二之德，通于學問；噬初之道，進于仁義，程子學是也。然其敝也，襍而不醇。蓋朱、程二學，各有由始。伊川之學，王氏之學也。王弼以費直爲宗，而好言義理，伊川踵之。朱子之學，邵氏之學也。邵氏衍皇極經世之說，該理于數，而朱子乃陰承之。然而朱子言數，既承其意，而又不竟乎其說，以爲卜筮本義，無關隱賾，而于是理與數兩不得矣。夫該理于數，亦謂數本具理，不必更立理名焉耳。今乃曰：數在卜筮，而其言卜筮者，則又專屬之吉凶，貞悔隨所揲獲之語辭，將使數聖人俯仰觀察，後先探索，而究其本義，僅得與筮人董氏指可否也，有是理哉？且夫今所傳《易》，皆王氏之《易》也。費直以《彖》《象》《文言》參入卦末，而王弼則又分《彖》《象》《文言》，或冠于各卦之首，或附于各爻之中，名曰《古文易》，實今《易》也。朱子既不欲以理言《易》，而註《易》則又取言理之《易》，此何意乎？王甲庵講《易》有年，其旨謂理外無數，數外無理，天地之理皆起于數，數即畫也。吾不學朱、程之《易》，而學文王、周公、孔子之《易》。且不學文王、周公、孔子之《易》，而學庖犧氏之《易》。且不學庖犧氏之《易》，而學天地自然之易。夫庖犧氏之《易》，無字句而有畫，畫即數也。至天地自然之易，則將并其畫而無之。夫至于無畫，而意、言、象、數不既悉于此而兆其端乎？故其爲書，先圖象百餘，各推其説，側見旁覬，並有至理焉。周融其中，自天時人事世數物候以極之，日月水火、山川燥濕、道德風俗、動植飛走、通變不測之數，皆有形狀。而後分伏羲、文王、周公、孔子爲内外編，合動静之交，通正互之體，參内外虚實，存亡進退之迹，凡分策布指、列序定位，咸極淵眇。而又旁及于四時五行，兩游八極，二十四氣，七十二候，干支循端，分至起例，因象得數，因數得理。大約遠推京房、焦贛、孟喜、梁丘賀諸儒所傳，而去其災祥占讖之術，邇本邵氏所學，而更廣其天地闔闢、世數治亂之説，洋洋乎幾于無處非《易》矣。近世學《易》家爲予所及見者，自蕺山劉氏、上蔡張氏仲誠先生。而外，俱能各極指趍，自爲其説，然無以過也。即桐城方氏歷世學《易》，已括取諸家，彙爲一乘，顧亦未能該是書也。予嘗因甲庵之《易》而曠觀之，天地之《易》具在也。其名《周易》，一易耳。《夏易》首《艮》，而爲數用三十六策。《商易》首《坤》，名《歸藏》，則以《坤》爲萬物所歸載也，用十五策。原不俟《彖》《象》《十翼》四十九策之《易》起，而後有《易》學。且即有《彖》《象》《十翼》、四十九策之《易》起，而凡爲《易》者，猶復有《漢易》、《太玄》，定九九之數，以贊爲爻，以測爲象。《唐易》、《元包易》，八純之列，有卦無爻，有孟仲而無老少。如今所傳者，則以《易》在天地，使必待庖犧而後有畫，待文王、周公、孔子、程、朱而後有理，有數，則前古聖人之道，或幾乎息，而後此諸儒學道之説，且幾乎敝也。此則王子甲庵之所爲兢兢者矣。

又卷三六《孝經廣訓序》 《孝經》者，十三經之一也。相傳夫子作《春秋》之後，即著《孝經》。故何休述夫子語，有曰：吾志在《春秋》，行在《孝經》。而其後焚書律興，秦人顔芝者藏之衣間。暨漢始獻之，於是立學置博士，歷晉、梁、唐、宋不替。而宋相安石忽疑之，而廢其學者，已數百年也。夫聖作賢述，何所致疑？明王孝治，千古不沫。獨是經文具在，傳註未一。先是，顔本初出，謂之今文。而孔壁之出于後者，翻謂之古文。合古今二文，而參差見焉。雖今文宗鄭註，古文宗孔註，然或疑鄭註與康成不類，孔註非安國舊本，即唐時在廷，互相質難，而究莫可定。其他自后蒼、翼奉後爲註者七十餘家，或傳或蔑，踳駁煩薉。甚至作神經錯緯、圖義傳贊、正義衍義諸書，紜紜雜出，而愈求愈遠甚矣，訓故之難爲也。北平雷徵君，力學人也，其立身有原本，而又博于文，所著塡籯溢篋，未經示世。司馬金公幼師之，將出其所著書，爲之表厲。而金公孝者也，因先取《孝經廣訓》一書訂正鋟板。予嘗考其例，大約分章解節，不襲古文，而又非今文一十八章之舊，且盡鏟唐時所增篇題。凡夫析經分傳，移易顛倒，一準朱子所更定者，又附以雜述，暨羅氏近溪所著，宗旨導揚未盡，抑何註之詳，據之約耶？

又卷五六《佟國舅一等公周易注序》 《易傳》有辭、象、變、占四義，而後儒説《易》，每以此定五易之準。故東京建學，首以施、孟、梁丘并京房四家分立學官。大抵施氏、梁丘氏同出于田王孫之門，以小章句起家，專主《易》辭。而孟喜、京房則別以卦候、五行、陰陽、災異刻劃。夫象、變以訖于占，而其後賈直説行，梁丘與施氏並亡西晉。而孟、京諸書，僅採入《漢・五行志》，略見百一，而世之爲師承者，于此絶焉。顧費氏説辭，猶尚有古義存乎其間，是以鄭玄、王肅輩習費氏，學者彪蒙犢互，其爲舊辭之詁訓，未嘗乏也。王弼起而盡掃之，不特象、占亡，即辭亦無一存矣。宋學代起，并四義而分之爲二，曰理，曰數，以爲辭者，理也；象與變、與占，數也。程子言理過于王孫，而邵氏堯夫且復著《圖象》于孟、京之外，而漢《易》四學爲之一新。予嘗謂學有遞趨，而難于驟返，經師授受，但當就近儒所説，以徐通指歸。漢《易》殘闕，自不如宋《易》之備而可徵，而無如後此者之仍紛紛也。皇舅佟公闡精一之秘，世嬗理學，因謂三古先聖奕代相傳之道，莫逾於《易》，乃博討羣書，溯源竟委，上自儀象，以下逮名物，無不周知其義，而又妙簡于諸儒所學，專以程氏之理、邵氏之數定爲指歸。謂非親見三聖特摽夫五易而能若是乎。

陳玉璂《杜詩論文序》 少陵詩既推重於天下，由是人之註杜者樊然以起，有編年，有叙體，有分類，有疏，有箋，有説，有條記訓解。宋蔡夢弼作《草堂詩箋》述引用姓氏，自歐陽永叔、宋子京、王介甫、蘇子瞻、陳無己、黄魯直而外，又得呂祖謙等二十餘家。若元明至今，益不可勝數。少陵之詩，幾無遁義。予獨以爲，諸家以穿鑿附會爲少陵之罪人，往往而有。人之稱少陵者，莫不曰：一飯不忘君也。乃以不忘君之故，凡於登臨、贈答、鳥獸蟲魚草木之屬，支離牽合，如枘鑿之不相入。其義稍晦者，又必指曰：

若譏宮庭、刺藩鎮，幾幾乎少陵之詩非此無作。夫詩以發其性情之不容已，時乎君父，時乎不必君父，苟悉以忠君愛國爲足尚，則三百篇可不錄鳥獸草木、男女贈答諸詩，豈不可怪也哉？且夫作者既遠非盡意之所能逆，孔子曰「多聞闕疑」，是疑者，聖人所不諱，何獨注杜之家必求無疑義後止？考據失實，輒以誕詭相加，紛紜雜沓，莫可窮詰，識者固已非笑之。嗟乎，少陵之詩，其精氣光怪，常薄於天地，而漸漬於人心，不因有箋疏注解加尊於少陵，特以穿鑿附會之故，幾使作者之旨至於磨滅。少陵雖亡，察其心必甚恨。今吳先生齊賢爲《論文》，不事鉤棘，據詩意條貫之，娓娓成文，得解而不解、不解而解之妙。學者了然心目，知少陵之詩本如是坦白，從此掃諸家支離牽合之病，如迷者之得路。然則齊賢於少陵，其遇合之故豈偶然者哉？酈道元作《水經註》，能自成一家言，非唐宋能文家所及。他如郭象之注《莊》，劉孝標之注《世說》，亦多可稱，不及道元之孤行於世。齊賢於少陵詩，將毋類是，又豈徒以有功少陵爲足不朽也耶？

蔣驥《山帶閣注楚辭・楚辭餘論卷上》 論《楚辭》者，向稱七十二家，古與堂又增之爲八十四家，然率皆評騭其人文，非能發明考訂，有所增益於是書也。洪慶善述隋唐書志，有皇甫遵訓《參解楚辭》七卷，郭璞《註》十卷，宋處士諸葛《楚詞音》一卷，劉杳《草木蟲魚疏》二卷，孟奧《音》一卷，徐邈《音》一卷。又有僧道騫者，能爲楚聲之讀，朱子慨其漫不復存，無以攷其說之得失。然覽明焦弱侯《國史經籍志》，載王逸《楚辭註》十七卷，洪興祖《註》十七卷，郭璞《註》三卷，晁補之《重定楚辭》十六卷，朱子《集註》八卷，周少隱《贅說》四卷，林應辰《龍岡楚詞說》五卷，黃伯思《新校楚辭》十卷、《翼騷》一卷，徐邈、釋道騫《楚辭音》各一卷，高似孫《騷略》一卷，劉杳、吳仁杰《草木蟲魚疏》各二卷，則朱子所弗及見者，或未始不傳於世，特其行未廣耳。余見聞甚尠，所閱前人註解，自漢王叔師《章句》，宋洪慶善《補註》，朱晦翁《集註》外，惟明莆田黃文煥維章之《聽直》，衡陽王夫之薑齋之《通釋》，嘉興陸時雍昭仲之《疏》，周拱辰孟侯之《草木史》，本朝桐城錢澄之飲光之《詁》，丹陽賀寬瞻度之《飲騷》，莆田林雲銘西仲之《燈》，嘉定張詩原雅之《貫》，宜興徐丈煥龍友雲之《洗髓》，約十餘種。其間得失相參，別爲分疏，兼抒未盡之懷，附綴篇末，目曰《餘論》。

《明史・儒林傳》 「汪克寬」會試以答策伉直見黜，慨然棄科舉業，盡力於經學。《春秋》則以胡安國爲主，而博考衆說，會萃成書，名之曰《春秋經傳附錄纂疏》。《易》則有《程朱傳義音考》。《詩》有《集傳音義會通》。《禮》有《禮經補逸》。《綱目》有《凡例考異》。【略】「趙汸」由是造詣精深，諸經無不通貫，而尤邃於《春秋》。初以聞於黃澤者，爲《春秋師說》三卷，復廣之爲《春秋集傳》十五卷。因《禮記》經解有「屬辭比事《春秋》教」之語，乃復著《春秋屬辭》八篇。又以爲學《春秋》者，必考《左傳》事實爲先，杜預、陳傅良有得於此，而各有所蔽，乃復著《左氏補注》十卷。【略】「薛敬之」所著有《思菴埜錄》諸書。【略】「曹端」所著有《孝經述解》、《四書詳說》、《周易乾坤二卦解義》、《太極圖說通書西銘》釋文、《性理文集》、《儒學宗統譜》、《存疑錄》諸書。【略】「呂柟」所著有《四書因問》、《易說翼》、《書說要》、《詩說序》、《春秋說志》、《禮問內外篇》、《史約》、《小學釋》、《寒暑經圖解》、《史館獻納》、《宋四子抄釋》、《南省奏稿》、《涇野詩文集》。【略】「來知德」所著有《省覺錄》、《省事錄》、《理學辨疑》、《心學晦明解》諸書，而《周易集注》一篇用功尤篤。【略】「章潢」又著《周易象義》、《詩經原體》、《書經原始》、《春秋竊義》、《禮記劄言》、《論語約言》諸書。

盧文弨《抱經堂文集》卷三《李既方補李鼎祚周易集解序》 漢儒解《易》之書至多，今皆不可得見，唯唐資州李氏所著《易傳集解》中采取三十餘家，後之學者猶得以見其崖略。李氏之爲此書，未嘗執己之意以決擇諸家而去取之也。故凡異同之說，往往竝載不遺，如夬之九五，引荀爽說。莧、陸，二菜也。又引虞翻說，謂：莧，說也；陸，和睦也。既濟之禴，虞翻謂夏祭也，崔憬曰春祭。如此之類，不可以偏舉。又如小過彖辭，引虞翻說，離爲飛鳥，震爲音以。或指卦象二陽在內，四陰在外，有似飛鳥之象，爲俗說矣。乃至彖傳，又引宋衷說，則固虞翻之所斥爲俗說者，而亦具載之。若必爲一家之言，則所取者轉狹，而己之所非，安知不爲人之所是？設使由我削之，而遂泯焉，不復傳於後世，豈不大可惜乎？近元和惠定宇，其講《易》實宗漢學，凡所援引，多取材於是書。甚矣，李氏之大有造於天下後世之學者也。今秀水李君既方富孫好讀《易》，所經眼者，不下百餘種，而深斥《圖說》之附會穿鑿，擯不欲觀。其所深嗜者，漢儒之學，求漢儒之學，則唯資州李氏一編爲菁華之所聚。既已朝夕寢饋於斯，而復於其三十餘家之説之尚有未經採入者，更爲之搜羅薈萃，録成得六十餘番，蓋幾於一字不遺矣。然采取雖博，而於元明人之所稱引，概不及焉。是其命意高而用力勤，又加之以謹嚴述之功，遠倍於作。今學者多知寶資州之書，則安得不併寶是書。剞劂之事，是所望於賢而有力者，吾安得亟見其成，以與天下學士共讀之爲快乎？

又《春秋内傳古注輯序》 《春秋三傳》，《左氏》最後出，鎦歆欲立學官，諸儒多不肯置對。蓋因陋就簡，自古已然。唐時貢舉之法，習小經、中經，兼一大經。於是人皆習《禮記》，而不習《左氏傳》，以《左氏》文繁故也。至於先儒訓釋，亦代廢代興。漢東京以來，陳元、鄭衆、賈逵、馬融、延篤、彭汪、許淑、潁容之徒，皆傳《左氏》，而鄭及賈、服爲最著。季長則謂：賈精而不博，鄭博而不精，合之則無以加矣。魏則賈、服盛行，晉時唯傳服義，而杜預之注亦立國學。至隋杜氏盛行，而服義遂微。蓋《左氏》謂之古文《春秋》，其中多古字古言，漢人尚能通之。及乎年祀縣邈，耳目益所不習，於賈、服所釋，格乎不相入，而唯喜杜説之平易近人，相與尚之。唐時作《正義》，遂專取杜氏一家。此外多所訾謷，以致精誼美言，棄之不復，甚惜。後人無由得見全書，此可爲浩歎者也。東吳嚴子豹人蔚，其治經也，深懲專己守殘之陋，而於《左氏》用功尤深。始灼見《杜氏》之弊，有違禮傷教者，有肆臆妄説者，慨然思漢人之舊。於是凡唐人《正義》及《史》、《漢》、《三國》舊注，與夫唐宋人類書所引，綜而緝之。賈、服兩家而外，若王肅之《注》、孫毓之《異同略》、京相璠之《土地名》，雖已竝佚，偶有一二言之見於他説者，亦不忍棄也。蓋當古學廢墜之後，而幸有不盡澌滅者，與其過而棄之也，毋寧過而取之，以扶絶學，以廣異誼，俟後之人擇善而從，斯可矣，何庸先以一己之見律天下後世哉？斯則嚴子兼收竝録之微恉也。今天下好古之士多於前時，嚴子此一編出，吾知善學者必能因此以定所宗，而復推類以盡其餘，安知夫賈、服之不復生於今日也？是則嚴子之爲功大矣。其或以爲斷爛，而不之貴，是所謂嘉肴弗食者也，又烏足與之論學問之事哉？

戴震《戴東原集》卷一《周易補注目録後語》 鄭康成始合《彖》、《象》於經，如今王弼本之《乾》卦後加「彖曰」、「象曰」者是也。弼又分《文言》於《乾》《坤》後，各加「文言曰」。而自《坤》卦已後，《彖》及《象》之論兩體者，分屬卦詞後。解爻詞者，逐爻分屬其後。於是漢時所謂十二篇，莫能言其舊。孔沖遠曰：《易經》本分爲上下二篇，《彖》、《象》釋卦，亦當隨經而分。故上《彖》一，下《彖》二，上《象》三，下《象》四，上《繫》五，下《繫》六，《文言》七，《説卦》八，《序卦》九，《襍卦》十，鄭學之徒竝同此説。《漢書・藝文志》曰：《易經》十二篇。施、孟、梁丘三家，是十二篇，三家所同也。《儒林傳》曰：費直治《易》，長於卦筮，無章句，徒以《彖》、《象》、《繫辭》十篇之言解説上下經。蓋費氏《易》不自立，故訓章句，其解説經即用十篇之言，明其當時之口講指畫，如此是十二篇，費氏未嘗改也。劉向以中古文《易經》校施、孟、梁丘經，或脱去「無咎」、「悔亡」。惟費氏經與古文同，初不聞劉向、班固言其篇題與諸家異。後人誤讀《儒林傳》，乃贋作費氏《易》，省去《彖》、《象》、《繫辭》之目，總以一傳字加於《彖》、《象》之首，紛紛咎費氏改經不察之論也。武帝時，博士之業《易》雖已十二篇，然昔儒相傳《説卦》三篇，與今文《大誓》同。後出《説卦》分之爲《序卦》、《襍卦》，故三篇詞指不類孔子之言，或經師所記孔門餘論，或別有所傳述。博士集而讀之，遂一歸孔子，謂之《十翼》矣。

又卷一〇《春秋究遺序》 《春秋》一再傳，而筆削之意已失，故傳之存者三家，各自爲例，以明書法。不得《春秋》之書法者蓋多，何邵公、杜元凱諸人，徒據傳爲本，名爲治《春秋》，實治一傳，非治經也。唐啖、趙、陸氏而後，言《春秋》者一變。迨宋而廢例之説出，是爲再變。桐城葉書山先生著《春秋究遺》一書，更約爲比例數十條，列諸端首，考定書法之正，然後以知變例及異文特文等，蓋盡去昔人穿鑿碎義，而還是經之終始本末。先生之爲書也，有取於韓退之氏「獨抱遺經究終始」之言。震竊謂先生所得，在《春秋》書法之先。《春秋》所以難言者，聖人裁萬事，猶造化之於萬物，洪纖高下，各有攸當，而一以貫之，條理精密，即在廣大平易中。讀《春秋》者，非大其心，無以見夫道之大。非精其心，無以察夫義之精。以故三家之傳而外，説是經至數千百家，其於《春秋》書法卒不得也。《春秋》，魯史也，有史法在。古策書之體，其例甚嚴，所以爲禮義之防維而不敢苟，此則魯之史官守之。自魯公已來，行事有常經，魯史記書法不失者，君子以爲不必修也。而修《春秋》自隱始，則王迹熄，而諸侯僭樂壞禮，肆行征伐。諸侯之政又失，而大夫操其國柄，世變相尋，行事爲史所不能書，於是書法淆亂，非有聖人之達於權，不知治變。是以《春秋》義例不可與魯史記之例同條而論，而廢例之説，知其益疏矣。震嘗獲聞先生論讀書法曰：「學者莫病於株守舊聞，而不復能造新意，莫病於好立異説，不深求之語言之間，以至其精微之所存。夫精微之所存，非強著書邀名者所能至也。日用飲食之地，一動一言，好學者皆有以合於當然之則。循是而尚論古人，如身居其世，覩其事，然後聖人之情見乎詞者，可以吾之精心遇之。非好道之久，涵養之深，未易與於此。」先生之言若是，然則《春秋》書法以二千載不得者，先生獨能得之，在是也夫。

紀昀《紀文達公遺集》卷八《黎君易注序》 漢《易》言象數，宋《易》言理，舊有斯言，其殆循聲而附和哉。夫天地絪緼，是函元氣。氣有屈伸往來，於是乎生數。數有奇偶錯綜，於是乎成象。此象數所由起也。然屈伸往來，奇偶錯綜，皆理之所寓，而所以屈伸往來，所以奇偶錯綜者，亦皆理之不得不行。故理其自然，數其必然，象其當然，一以貫之者也。漢《易》言象數，不能離存亡進退，非理而何？宋《易》言理，不能離乘承比應，非象數而何？而顧曰：言理則棄象數，言象數即棄理。豈通論哉？余校定秘書二十餘年，所見經解，惟《易》最多，亦惟《易》最濫。大抵漢《易》一派，其善者必由象數以求理，或舍理者，必流爲雜學。宋《易》一派，其善者必由理以知象數，或舍象數者，必流爲異學。其弊一由爭門戶，一由騖新奇，一由一知半解，沾沾自喜，而不知《易》道之廣大，紛紜轇轕，遂曼衍而日增，殊不知《易》之作也，本推天道以明人事，故六十四卦之大象，皆有君子以字，而三百八十四爻，亦皆吉凶悔吝爲言。是爲百姓日用作，非爲一二上智密傳微妙也。是爲明是非決疑惑作，非爲讖緯禨祥預使前知也。故其書至繁至賾，至精至深，而一一皆切於事。既切於事，即一一皆可推以理。理之自然者，明則數之必然，象之當然，剨然解矣，又何必曰此彼法，此我法，此古義，此新義哉？乾隆甲寅，魏子以其鄉黎君所註《周易》相質。余展卷見其自序曰：「《易》之大綱，曰象，曰數，曰理。象數不衷於理，非《易》之象、《易》之數也。理不合於象數，不能得《易》之理也。由象數以通理，憑理以參象數，而幽遠繁賾，俱不越耳目之前矣」云云。喜其洞見本原，知其必能疏通經義。因退食餘暇，反覆紬繹，其言於先儒舊詁不苟異，亦不苟同。沈思研悦，務使愜己之心，併愜人人之心，以上求四聖之心。蓋無一字不經意，而又未嘗參以一毫之私意。故所論皆篤實明顯，使下學有徑可循，而高明之士亦殫思而弗能過。好學深思，心知其意，其是之謂乎？余前歲得德州李君所註《易》，喜其裁斷羣言，妙有獨契，今復得黎君是書，參互以觀，如驂有靳，豈非聖代崇文，表章古訓，斯嚮然應運而生歟？摩挲老眼，喜見經籍之道昌，故既爲李君作序，亦率書數行於黎君之卷端。

錢大昕《潛研堂文集》卷二四《左氏傳古注輯存序》 漢儒傳《春秋》者，《公》、《穀》爲今文，《左氏》爲古文。班孟堅謂《左氏傳》多古字古言，而今所行杜元凱本，文多淺俗，轉不如《公》、《穀》二家。元凱名其書曰《集解》，蓋取何平叔《論語》之例。顧平叔於孔、包、馬、鄭諸解各標其姓名，而元凱於前賢義訓隱而不言，則又近於伯尊之斅善矣。《左氏》解誼，莫精於服子慎，魏、齊、周、隋之世，與鄭康成所注諸經竝行，當時至有「寧道周孔誤，不言鄭服非」之諺。自唐初《正義》專用杜説，而服學遂亡，世遂不復知《左氏》之爲古文者，此嚴子豹人《古注輯存》所爲作也。夫窮經者，必通訓詁，訓詁明，而後知義理之趣。後儒不知訓詁，欲以鄉壁虛造之説求義理所在，夫是以支離而失其宗。漢之經師，其訓詁皆有家法，以其去聖人未遠。魏晉而降，儒生好異求新，注解日多，而經益晦。輔嗣之《易》，元凱之《春秋》，皆疏於訓詁，而後世盛行之，古學之不講久矣。豹人有憂之，乃刺取《經典釋文》、《羣經正義》，參以它書，采獲若干條。所師不專一家，要皆漢儒舊義，譬之鑿石得金，探水出珠，雖霾掩千百年，其爲希世之寶，有目者所當共賞也。抑予更有説焉，世儒尊杜氏者，謂其精於地理。今攷「鄭伯克段於鄢」，當爲陳留之傿，而杜以潁川之鄢陵當之。「盟於亳城北」，古本作京城，即叔段所封，而杜譌爲亳。「防門」、「廣里」，皆齊地名，而杜以爲塹廣一里。「楚靈王城陳蔡，葉不羹，故子革稱四國。」杜本脱「葉」字，乃分「不羹」爲二以當之。竊意賈誼、應劭、京相璠、司馬彪之詮釋，皆出先民舊訓，試推而廣之，其足箴杜氏之膏肓者正自不少，子嘗有志裒輯而未逮也，博聞耆古如豹人，幸留意焉。

又《儀禮管見序》 《三禮》之有鄭注，所謂縣諸日月不刊之書也。宋儒說經，好爲新說，棄古注如土苴。獨《儀禮》爲樸學，空談義理者無從措辭，而朱晦庵、黄勉齋、楊信齋諸大儒又崇信之。故鄭氏專門之學，未爲異義所汩。至元吴興敖君善出，乃詆爲疵多醇少，其所撰《集說》，雖云采先儒之言，其實自注疏而外，皆自逞私意，非有所依據也。然自敖氏之說興，綴學者猒注疏之緐，而樂其易曉，往往舍古訓而從之。近儒方侍郎苞、沈徵士彤，亦頗稱其善。予雖不敢以爲然，而所得膚淺，閒有駮正，厪百之一二耳。同年友褚君鶴侶於經學最深，持論最平，從事《禮經》者幾三十年，乃確然知鄭義之必可從，而敖說之無所據。嘗謂予曰：「君善意似不在解經，而專與鄭立異，特其言含而不露，若無意於排擊者，是以人其元中而不悟。至於說有不通，甚且改竄經文，以曲就其義，不幾於無忌憚乎？」予益拊掌歎服，以爲篤論，然未得讀其全稾也。鶴侶沒後，仲子鳴𪙊始出其《儀禮管見》稾本，將付諸梓，而屬予序之。披讀再四，乃知鶴侶用心之細密。即如《鄉飲酒記》：若有北面者東上。敖改「東」爲「西」。鶴侶辯之曰：注明言統於門，門在東，則不得以西爲上也。《鄉射記》：勝者之弟子，洗觶升酌，南面坐奠，於豐上降，袒執弓，反位。敖以「袒執弓」句爲衍。鶴侶辯之曰：勝者之弟子，即射賓中年少者。以是勝黨，故「袒執弓」非衍文也。《燕禮》：媵觚於賓。敖改「觚」爲「觶」。鶴侶辯之曰：凡獻以爵者，酬以觶，燕禮辟正主獻，既不以爵，則酬亦不以「觶」矣。安可破「觚」爲「觶」乎？《大射儀》：以耦左還，上射於左。敖依《鄉射》改爲「於右」。鶴侶辯之曰：上射位在北，下射位在南，鄉射、大射所同，但鄉射位在楅西，從楅向西，則北爲右。大射次在楅東，從楅向東，則北爲左。敖比而同之，昧於東西之別矣。《喪服記》：公子爲其妻縓冠。敖改「縓」爲「練」。鶴侶辯之曰：練冠之紕，亦緣以縓，故閒傳云：練冠縓緣，就其質言之，曰「練冠」，就其紕言之，曰「縓冠」。母重，故言其質。妻輕，故言其紕，非有二也。《士虞禮》：明齊醴酒。敖以「醴酒」爲衍文。鶴侶辯之曰：注明言有酒無醴，據下文「普薦醴酒」，亦專言酒，不及醴，豈得妄解明齊爲醴，輒刪經文乎？《特牲饋食禮》：三拜衆賓，衆賓荅，再拜。敖改「再」爲「一」。鶴侶辯之曰：《鄉飲酒》「衆賓荅一拜」者，大夫爲主人也。「有司徹之荅一拜」者，大夫爲祭主也。此士禮，安得以彼相例乎？皆貫串全經，疏通證明，雖好辯者，莫能置其喙。夫經與注相輔而行，破注者，荒經之漸也。敖書今雖未大行，然實事求是之儒少，而喜新趨便之士多，不亟辭而闢之，恐有視鄭學爲可取而代者，而成周制作之精意益以茫昧，則是編洵中流之砥柱矣夫。

又《經籍纂詁序》 有文字而後有詁訓，有詁訓而後有義理。訓詁者，義理之所由出，非別有義理出乎訓詁之外者也。《詩・烝民》之篇曰：天生烝民，有物有則。民之秉彝，好是懿德。宣尼贊爲知道之言，而其詩述仲山甫之德，本於古訓是式。古訓者，詁訓也。詁訓之不忘，乃能全乎民秉之懿，詁訓之於人大矣哉。昔唐虞典謨，首稱稽古。姬公《爾雅》，詁訓具備。孔子大聖，自謂好古，敏以求之。又云信而好古，而深惡夫不知而作者。由是刪定六經，歸於雅言，文也，而道即存焉。漢儒說經，遵守家法，詁訓傳箋，不失先民之旨。自晉代尚空虛，宋賢喜頓悟，笑問學爲支離，棄注疏爲糟粕。談經之家，師心自用，乃以俚俗之言詮說經典。若歐陽永叔解「吉士誘之」爲挑誘，後儒遂有詆《召南》爲淫奔而刪之者。古訓之不講，其貽害於聖經甚矣。

又《十駕齋養新録》卷六《漢書注本始于東晉》 《漢書・叙例》云：《漢書》舊無注解，唯服虔、應劭等各爲音義，自別施行。至典午中朝，爰有晉灼集爲一部，凡十四卷，號曰《漢書集注》。屬永嘉喪亂，金行播遷，南方學者皆弗之見。有臣瓚者，莫知氏族，攷其時代，亦在晉初，又總集諸家音義，稍以己之所見，續厠其末。凡二十四卷，分爲兩帙。蔡謨全取臣瓚一部，散入《漢書》。自此以來，始有注本。據此，知不獨服虔、應劭音義各自單行，即晉灼、臣瓚兩家，亦不注於本文之下。直至蔡謨，乃取臣瓚書散入《漢書》。謨固東晉人也，小顔所注，蓋依蔡本，而稍采它書附益之。

趙翼《廿二史劄記》卷一五《北朝經學》 六朝人雖以詞藻相尚，然北朝治經者尚多專門名家。蓋自漢末鄭康成以經學教授，門下著録者萬人，流風所被，士皆以通經績學爲業，而上之舉孝廉，舉秀才，亦多於其中取之，故雖經劉、石諸朝之亂，而士習相承，未盡變壞。大概元魏時經學以徐遵明爲大宗，周、隋間以劉炫、劉焯爲大宗。按《北史・儒林傳》，遵明講鄭康成所著《易》，以傳盧景裕、崔瑾，是遵明深於《易》也。《尚書》之業，遵明所通者，鄭注之今文，後以授李周仁等，是遵明深於《尚書》也。三《禮》並出遵明之門，傳李鉉、祖儁、熊安生，是遵明深於《禮》也。館陶趙世業家有服氏《春秋》，乃晉永嘉舊本，遵明讀之，手撰《春秋義章》三十卷，河北諸儒能通服氏《春秋》者，並出徐生之門，（遵明傳）是遵明又深於《春秋》也。至隋，劉焯於賈、王、馬、鄭章句，多所是非，著有《五經述議》行世，與劉炫齊名，時稱二劉。炫尤博學多識，韋世康問其所能，炫曰：「《周禮》、《禮記》、《毛詩》、《尚書》、《公羊》、《左傳》、《孝經》、《論語》孔、鄭、王、何、服、杜等註，凡十三家，並堪講授；《周易》、《儀禮》、《穀梁》，用功差少。」在朝知名之士七十餘，皆謂炫所陳不謬，是炫之深於諸經也。其時治經者，各有師承。如李鉉從李周仁受《毛詩》，劉子猛受《禮記》，房虬受《周官》、《儀禮》，鮮于靈馥受《左氏春秋》，又受業徐遵明者五年。楊汪受《禮》於沈重，受《漢書》於劉臻。劉焯亦受《詩》於劉軌思，受《左氏傳》於郭懋，問《禮》於熊安生，又以劉智海家多墳籍，就之讀十年。此可見諸儒師資有自，非同後世稗耳販目之學也。其業既成，則各有所著，以開後學。如劉芳撰鄭玄所註《周官》、《儀禮音》，干寶所註《周官音》，王肅所註《尚書音》，何休所註《公羊音》，范甯所註《穀梁音》，韋昭《國語音》，各一卷。衛冀隆精服氏《左傳》，難杜預《春秋》六十三事，賈思同又駁冀隆乖錯者十餘條。姚文安難服虔《左傳解》七十七條，名曰《駁妄》，李崇祖申明服氏，名曰《釋謬》。劉獻之撰《三禮大義》四卷，《三傳略例》三卷，《毛詩序義》一卷。李鉉撰《孝經》、《論語》、《毛詩》、《三禮義疏》，及《三傳異同》，《周易義例》，合三十餘卷。沈重著《周禮義》三十一卷，《儀禮義》三十五卷，《禮記義》三十卷，《毛詩義》二十八卷，《喪服經義》五卷，《周禮音》、《儀禮音》各一卷，《禮記音》、《毛詩音》各二卷。樊深撰《孝經》、《喪服問疑》各一卷，《七經異同》三卷。熊安生撰《周禮》、《禮記義疏》各三十卷。樂遜著《孝經》、《論語》、《毛詩》、《左氏春秋序論》十餘篇，又著《春秋序義》，通賈、服說，發杜氏違。劉炫著《春秋攻昧》十卷，《五經正名》十二卷，《孝經述議》五卷，《春秋述議》二十卷，《毛詩述議》四十卷。魯世達撰《毛詩章句義疏》四十二卷。張沖撰《春秋義略》，異於杜氏者七十餘事，及《喪服義》三卷，《孝經義》三卷，《論語義》十卷。此又可見當時治經者，各有心得，筆之于書，非如後世記問掇拾之學也。其所以多務實學者，固由於士習之古，亦上之人有以作興之。梁越通經，道武帝命授諸皇子經，官上大夫。盧醜當太武帝監國時，入授經，後以師傅恩賜爵濟陰公。張偉當太武時，以通經官中書侍郎。孫靈暉通經，南陽王綽奏以爲王師，官三品。孝文帝尤重儒學，尊三老五更，又開皇子之學，劉芳、李彪諸人，皆以經書進用。董徵通經，宣武帝徵入璇華宮，爲諸王師。此元魏之崇尚經學也。李鉉、邢峙皆以通經，齊文宣帝詔授太子經。馬敬德博學，武成帝爲後主擇師，命爲侍講。其子元熙，又以《孝經》授緯太子。此高齊雖荒亂，亦尚知以經術訓子也。周武帝以沈重經學，授驃騎大將軍，開府儀同三司。熊安生在齊，精《三禮》，周武帝滅齊，安生遽令掃門，家人怪之，安生曰：「周帝崇儒重道，必來見我。」已而果至。樂遜通經，節閔帝命爲小師氏，自譙王儉以下，並束修行弟子禮。此宇文周之崇尚經學也。以上俱見各本傳下至僭僞諸國，亦有重儒術者。姚興時，耆儒姜龕、淳于岐等，經明行修，教授長安，諸生皆自遠而至，興每引龕等講論道藝。胡辯講授洛陽，關中諸生赴之者，興敕關尉勿稽其出入。於是學者咸勸，儒風振焉。劉延明深於經學，涼武昭王以爲儒林祭酒。及沮渠蒙遜平酒泉，亦躬往致禮。至牧犍，又尊爲國師，親自致拜焉。蒙遜平酒泉時，又以宋繇博通經籍，特擢之，曰：「不喜克李氏，喜得宋繇耳。」蒙遜又以闞駰通經，甚重之，常令在左右，訪以政事，牧犍待之愈重。又程駿有文學，牧犍擢爲東宮侍講。皆見《晉書》載記可見北朝偏安竊據之國，亦知以經術爲重。在上者既以此取士，士亦爭務於此以應上之求，故北朝經學較南朝稍盛，實上之人有以作興之也。

又《南朝經學》 南朝經學本不如北，兼以上之人不以此爲重，故習業益少，統計數朝，惟蕭齊之初，及梁武四十餘年間，儒學稍盛。《齊書·劉瓛傳》謂，晉尚玄言，宋尚文章，故經學不純。齊高帝少爲諸生，即位後，王儉爲輔，又長於經禮，是以儒學大振。建武以後，則日漸衰廢。《梁書》姚察論曰，崔、伏、何、嚴等，遭梁之崇儒重道，皆至高官，稽古之力，諸儒親遇之。《陳書·儒林傳序》亦謂，梁武開五館，建國學，置博士，以《五經》教授，帝每臨幸，親自試冑，故極一時之盛。陳初未遑勸課，間有以經學名者，亦皆梁之遺儒云。益可見經學之盛衰，總由於上之輕重也。今並叙南朝經學諸儒所著述於此。伏曼容著《周易》、《毛詩》、《喪服集解》、《論語義》。何佟之著《禮義》百餘篇。嚴植之撰《凶禮儀注》四百七十九卷。賀瑒著《賓禮儀注》一百四十五卷，其子革亦通三《禮》，又兼治《孝經》、《論語》、《毛詩》、《左傳》。崔靈恩集註《毛詩》二十二卷，集註《周禮》四十卷，《三禮義宗》四十七卷，《左氏經傳義》二十二卷，《左氏條例》十卷，《公羊》、《穀梁文句義》十卷。孔子袪著《尚書義》二十卷，集註《尚書》三十卷，續朱异集註《周易》一百卷，續何承天集《禮論》一百五十卷。皇侃撰《論語義》十卷。何胤注《周易》十卷，《毛詩總集》六卷，《毛詩隱義》十卷，《禮記隱義》二十卷，《禮答問》五十五卷。王元規著《春秋發題辭》及《義記》十一卷，《續經典大義》十四卷，《孝經義》二卷，《左傳音》三卷，《禮記音》二卷。張譏撰《周易義》三十卷，《尚書義》十五卷，《毛詩義》二十卷，《孝經義》八卷，《論語義》二十卷。顧越著《喪服》、《毛詩》、《孝經》、[《論語》]等《義疏》四十卷。沈不害著《五禮儀》一百卷。而宋懷方、戚衮并自魏入梁，以名其家。懷方自魏攜《儀禮》、《禮記疏》，秘惜不傳，臨死謂家人曰：「戚衮若來，以此付之，否則殉葬。」戚衮在梁，亦著《三禮義記》，遭亂亡失，惟《禮記義》四十卷行於世。其時自北來者，崔靈恩、宋懷方、戚衮外，尚有孫(祥)[詳]、蔣顯等，並講學，而音辭鄙拙，惟盧廣言論清雅，不類北人。是可見梁武之世，不特江左諸儒崇習經學，而北人之深於經者亦聞風而來，此南朝經學之極盛也。

又卷二〇《唐初三禮漢書文選之學》 六朝人最重三《禮》之學，唐初猶然。張士衡從劉軌思受《毛詩》、《周禮》，又從熊安生、劉焯受《禮記》，皆精究大義。當時受其業者推賈公彦，《士衡傳》公彦撰《周禮義疏》五十卷，《儀禮義疏》四十卷。公彦子大隱，亦傳其業。又有李玄植，從公彦受禮學，撰《三禮音義》行於世。《公彦傳》王恭精三《禮》，別爲義證，甚精博，蓋文懿、文達皆當世大儒，每講必偏舉先儒義而暢恭所說。《孔穎達傳》王玄感嘗撰《禮記繩愆》，徐堅、劉知幾等深嘆賞之。《玄感傳》王方慶尤精三《禮》，學者有所咨質，必究其微，門人次爲《雜禮答問》。《方慶傳》他如褚无量、韋逌、高仲舒、唐休璟、蘇安恆皆精三《禮》，見各本傳。今諸儒論著見於《新》、《舊書》者，如王方慶、張齊賢論每月皆告朔之說。《舊·方慶傳》，《新·齊賢傳》王玄感三年之喪以二十七月，張柬之以二十五月，一本鄭康成說，一本王肅說也。《舊·柬之傳》，《新·玄感傳》史玄燦議禘祫三年五年之別。《韋縚傳》朱子奢議七廟九廟之制。《子奢傳》韋萬石、沈伯儀、元萬頃、范履冰等議郊丘明堂之配。《沈伯儀傳》皆各有據依，不同勦說。其據以論列時政者，如盧履冰、元行冲論父在爲母三年服之非，彭景直論陵廟日祭之非，康子元駁許敬宗先燔柴而後祭之非，黎幹駁歸崇敬請以景皇帝配天地之非，唐紹、蔣欽緒、褚无量駁祝欽明皇后助祭郊天之非，陳貞(符)[節]論隱、章懷、懿德、節愍四太子廟四時祭享之非，皆見各本傳。李淳風辨太微之神不可爲天，見《蕭德言傳》。韋述議堂姨舅不宜服，見《韋縚傳》。無不援引該博，證辨確切，可爲千百世之準。其後元行冲奉詔，用魏徵《類禮》列於經，與諸儒作疏，成五十篇，將立之學官，爲張說所阻，行冲又著論辨之。大曆中，尚有仲子陵、袁彝、韋彤、韋茝，以禮名其家學。此可見唐人之究心三《禮》，考古義以斷時政，務爲有用之學，而非徒以炫博也。次則《漢書》之學，亦唐初人所競尚。自隋時蕭該精《漢書》，嘗撰《漢書音義》，爲當時所貴。《該傳》包愷亦精《漢書》，世之爲《漢書》學者，以蕭、包二家爲宗。《愷傳》劉臻精於兩《漢書》，人稱爲「《漢》聖」。《臻傳》又有張沖撰《漢書音義》十二卷，于仲文撰《漢書刊繁》三十卷，是《漢書》之學，隋人已究心，及唐而益以考究爲業。顏師古爲太子承乾注《漢書》，解釋詳明，承乾表上之，太宗命編之秘閣。時人謂杜征南、顏秘書爲左邱明、班孟堅忠臣。其叔游秦先撰《漢書決疑》，師古多取其義。此顏注《漢書》，至今奉爲準的者也。《師古傳》房玄齡以其文繁難省，又令敬播撮其要成四十卷。當時《漢書》之學大行。又有劉伯莊撰《漢書音義》二十卷。秦景通與弟暐皆精《漢書》，號大秦君、小秦君，當時治《漢書》者，非其指授，以爲無法。又有劉納言，亦以《漢書》名家。《敬播傳》姚思廉少受《漢書》學於其父察。《思廉傳》思廉之孫班，以察所撰《漢書訓纂》，多爲後之注《漢書》者隱其姓氏，攘爲己說，班乃撰《漢書紹訓》四十卷，以發明其家學。《姚璹傳》又顧胤撰《漢書古今集》二十卷。《胤傳》李善撰《漢書辨惑》三十卷。《善傳》王方慶嘗就任希古受《史記》、《漢書》，希古遷官，方慶仍隨之卒業。《方慶傳》他如郝處俊好讀《漢書》，能暗誦。《處俊傳》裴炎亦好《左氏傳》、《漢書》。《炎傳》此又唐人之究心《漢書》，各稟承舊說，不敢以意爲穿鑿者也。至梁昭明太子《文選》之學，亦自蕭該撰《音義》始。入唐則曹憲撰《文選音義》，最爲世所重，江淮間爲《選》學者悉本之。又有許淹、李善、公孫羅，相繼以《文選》教授，由是其學大行，淹、羅各撰《文選音義》行世，善撰《文選註解》六十卷，表上之，賜絹一百二十匹。

至今言《文選》者，以善本爲定。杜甫詩亦有「熟精文選理」之句，蓋此固詞學之祖也。

翁方綱《蘇詩補注序》 昔趙東山有《左傳補註》，近時惠松厓又有《左傳補註》，蓋補之爲辭，不嫌於複也。方綱幸得詳考施、顧二家蘇詩註本，始知海寧查氏所補者，猶或有所未盡。聞前輩於山谷詩任註、半山詩李註序葉殘字，皆訪求珍錄，蓋古人一字之遺，後人皆得援據，以資考證。是以凡原註所有者，攟殘拾墜，錄存於篋久矣。歙縣曹吉士從方綱訂析蘇詩疑義，日鈔一二條，遂成此帙，而方綱之管見，亦竊附一二於師友緒餘之末者，欲以益彰原註之美爾。

盛世佐《儀禮集編·凡例》 歐陽子曰：學者跡前代之所聞而校其得失，或有之矣，若不見先儒中間之說，欲特立一家之學，吾未之信。斯言誠釋經之圭臬也。是編采自先秦，迄於本朝，凡百九十七家，就中有全解行世者僅十數家，文集、語類、雜說，及他經解，苟有與此經相發明者，務摭而錄之，志在博收，兼存異義，不專主一家言。

又 《記》曰：毋勦說，毋雷同。韓子亦曰：自古於辭必己出，降而不能乃剽賊。有明中葉以後，經解之書往往隱沒古人名字，將爲己說。顧炎武嘗病之。不揣弇陋，思表章微學，潛心是經幾十年，始克成編，間有一得之愚，附於先儒之說之後，隨時劄記，見有先我而得之者，則削之，惟恐不盡，雖未必盡得遺經之旨，要蘄無蹈昔人所譏云。

又 漢唐人說經皆慎重，守師說不敢變，宋初猶然。當時儒者不敢議鄭康成，毋論經傳。後來名儒輩出，人心不安於舊而新是圖，於是有黜退傳注、改竄經文者，千百相傳之遺經，面目爲之一變。雖其廓清釐正之功，誠非拘墟者所及，而逞一己之私見以滋紛更者，亦不能保其必無矣。愚於是經《士冠》、《士相見》、《喪服》等篇經記傳注相汨處，心知其非聖經之舊，然不敢輒爲改易，倣蔡氏書傳例，別爲考定，以附於後，僭妄之罪，後之君子，其有以諒之。

又《朱子韓文考異原本書後》 古人讀書，不憚委曲繁重，初不近取耳目之便，故傳注訓故，其先皆離經而別自爲書，至馬、鄭諸儒，以傳附經，就經作注，觀覽雖便，而古法乃漸亡矣。評論文字，抑揚工拙，雖爲道之末務，然如摯氏《文章志論》、劉氏《文心雕龍》，亦離文而別自爲書。至眞、謝諸公，就文加評，因評而加圈點識別，雖便誦習，而體例乃漸褻矣。

馮應榴《蘇文忠詩合注自序》 余弱冠以前於蘇文忠公詩，全未涉獵也。釋褐南歸，舟中略諷誦之，亦未究心也。迨後宦途馳逐二十餘年，無暇從事研求，中間使蜀，曾一謁眉山故里，肅然起敬，而於詩仍未能深爲玩味也。丁未初夏，公退餘閑，偶取王、施、查三本之註，各披閱一過，見其體例互異，卷帙不同，無以取便讀者，爰爲合而訂之，意不過擇精要、刪複出焉耳。及尋繹再四，乃知所註各有舛訛，因援證羣書，并得諸舊註本參稽辨補，朝夕不輟者，凡七年而粗就。雖學植淺薄，萬萬不及前人，而心志之專，力所能到者，無不盡焉；所不能到者，歉然而已。先是己酉嘉平，忽夢與文忠相見，曾倩人繪《夢蘇圖》，并自爲文記之。後閱趙堯卿序，亦載作註時兩經夢蘇事。夫以堯卿之去公未遠，創始爲註，積三十年，其見夢也固宜。乃若余之摭拾舊編，了無心得者，而夢適相類，益慨然於古今人智愚雖不同，而嚮往之殷無異，則文忠之靈昭然於七百餘載間者，隨學人所得之深淺，而皆有以啓牖之乎？若謂余之合註，足以希蹤往哲，亦致默相感召，此實瞿然不敢自信者已。

馬緯雲《讀韓記疑序》 注唐人集，務炫博以誇多於時者，莫甚於宋。宋人注杜集一千家，注韓、柳集五百家。韓集之有五百注，自慶元中建安魏仲舉始，五百家中之有考證音訓者，然僅止三十一家。而外此，或牽合同時唱和之人，或摘錄史傳一二語無書者，復虛搆其目，以足五百家之數，實與本集無豫校讎。莆田方崧卿嘗作《舉正》，刻於南安軍，朱子因其書作《韓文考異》十卷。嘉定中，福州王伯大又取《考異》重爲更定，刻於南劍州。朱子原書仿陸德明《經典釋文》之例，摘正文一二字大書，而以所考小字夾注其下，別爲卷帙，附於全集四十卷之後。伯大離析原文，散入各句之下，又採洪興祖《年譜辨證》、樊汝霖《年譜注》、孫汝聽《解》、韓醇《解》、祝充《解》、《音釋》於末。迨麻沙本出，伯大綴於篇末者，又取而散諸句下。蓋伯大易朱子之第，坊賈又易伯大之第，全失其初矣。《舉正》原書，世不易覯，雖以太原閻徵君之淹博，其第十六卷《代張籍與李浙東書》，明注李遜，且引《舊書》本傳：遜以元和五年刺浙東，九年召還。此書作於六七年間。而《潛邱劄記》謂不知李浙東爲誰，稱得《李翺全集》，或可以考，則徵君亦未覩宋槧本也。惺齋王先生，吾鄉碩學方聞之彥，具知人論世之識。

罷官後一意著書，於史漢天官律曆等志，多所發明，尤癖於韓集，以朱子《考異》久無善本，字句多有異同，篇章不無竄亂，以及洪譜之疏漏，方、樊諸家好奇踵謬之説朱子未經議及者，合諸□之本，句梳字櫛，補缺糾謬。五十年間，三易其稿，成《志疑》十卷，用力可謂懃矣。緯雲夙同嗜好，肄業之餘，輒得數條，竊以補先生之未及焉。按：李漢原序稱注《論語》十卷傳學者，《順宗實録》五卷列於史官，不在集中。合詩文雜著總七百，并目録爲四十一卷，初不云有《外集》也。陳振孫《直齋書録解題》雖載有《外集》十卷，已疑其僞妄，第稱《外集》，皆如舊本。朱子獨用方本，益大顛三《書》。今考外集，自《海水詩》至《明水賦》二十五篇之數俱全，無大顛《書》，何也？崧卿南安軍原本全集不傳，《舉正》十卷猶及見之，桓字缺筆，敦字不缺，避欽宗諱，而不避光宗，實爲淳熙舊刻。崧卿己酉自跋一則，稱《昌黎先生集》四十卷，《外集》一卷，附録一卷，《增考年譜》一卷，復次其異同爲《舉正》十卷，與《書録》同。而陳氏獨多《外鈔》八卷，云此爲嘉祐劉煜所録者二十五篇，益以石刻聯句，詩文之遺見於他集者。葛嶠刻柳文，又以大庾韓郁所編注諸本號《外集》，併考疑誤，輯遺事爲之。然則，外鈔葛氏增以配柳，非方氏之舊也。方氏引據碑本十有七，引據諸家之書十，亦無所謂石刻聯句詩文之遺於他集者，不知《考異》又何所據而云然也。《舉正》改正之字用陰文，以代朱書；衍去之字以圓圈圍之；增入之字用方圈圍之；顛倒之字以墨綫曲折乙之。體例亦較《考異》爲明斷，叠經紊亂，遂失本來。南劍州本舛譌遺漏，不一而足。近代安溪李文貞公家曾有宋本《考異》，係朱子門人張洽所校，末附張洽補注各條。其《陪林侍御游湘西兩寺詩》云洽嘗親至嶽麓寺，見「長沙千里平」，千里作十里。又辨《曹成王碑》中搏力句卒之義。《原性》一篇，引楊倞《荀子注》辨唐人實作《性原》。朱子誤以《原性》爲是，以改方氏，皆今本所不載，惜二書先生未寓目焉。陳景雲《點勘》最爲精確，先生既採其彊畂庋噱宗王父訟等説，其他如《元和聖德詩》之「厤列」，則證以李白《夢游天姥詩》；《梁國公主輓歌》之「厭翟」則證以《毛詩鄭箋》；《師説》之句讀，則證以《經典釋文》；《祭李使君文》之「驚透」，則證以揚雄《方言》及《左思賦》；烏氏廟碑之立議，則證以《漢書》顏注；南宮不止稱禮部，則證以《赤籐杖歌》；廟令老人，則證以《唐志》五岳四瀆令；《諱辨》之治字，則證以德宗祔廟高宗已祧各條，亦悉有根據，顧何以遺之也。前代崇禎時，吾禾蔣之翹亦刻《昌黎集》於閩中，注多不列姓氏，概易之爲或本或一本，難以尋求，且少援證，而多載評語，别無心得。先生是書，在精確，不在汎濫。體例與方、朱原本不謀自合，豎義亦多發前人所未發，具有特識，洵足爲韓氏之功臣。

秦恩復《鬼谷子敘》 至注《鬼谷》者，舊有樂壹、皇甫謐、陶宏景、尹知章四家。陶注至《中興書目》始見，樂注《文選》注中一引之，《太平御覽・遊説部》所引注皆與陶注不同，意亦樂氏注也。今藏本不著注者名氏，淵如據注中有「元亮曰」云云，元亮爲陶潛字，宏景引其言，故去姓稱字，斷爲陶注。恩復按：《中興書目》、晁公武《讀書志》、陳振孫《書録解題》、錢遵王《讀書敏求記》皆稱陶宏景注，則知陶注自宋迄今猶存。又有嘉祐二年刻本中引陶注者三，皆與今注合，益信爲陶注無疑。《鬼谷子》世多有其書，而陶注不傳，向非《道藏》所存，則亦終湮失矣。

王文誥《蘇文忠公詩編注集成・王施注諸家姓氏考》 王註姓氏。豫章黃氏。庭堅，字魯直。誥案：呂居仁《江西宗派圖》推豫章黃山谷爲詩祖。官秘書丞。洪氏兄弟編《集》，任淵註。其孫罃，字子耕，盡取論録，譔《年譜》。黃氏。少度。誥案：王十朋《梅谿集》：泉南僚屬。彭城陳氏。師道，字无己，一字履常，號后山居士。誥案：呂居仁《江西宗派圖》以陳師道等二十五人爲法嗣。官秘書省正字。陳氏。希仲。誥案：《梅谿集》有《謝陳希仲送山茶》詩。盧陵陳氏。元龍。誥案：字少章，盧陵人。有《周邦彦片玉詞註》二卷。溫陵陳氏。知柔，字體仁，一字弱翁，號休齋。誥案：《尚友録》：溫陵人，徧游天台、剡谿、羅浮諸勝，追和東坡詩。以賀州守奉祠，諸生受業，户屨嘗滿。陳氏。德溥。誥案：名孔光。少登甲科，官泉州節推。齊安潘氏。大臨，字邠老。誥案：公有贈邠老《蝶戀花》詞。陳振孫云有《柯山集》。齊安潘氏。大觀，字仲達。誥案：邠老、仲達，皆潘鯁子也。從公於東坡。臨川謝氏。逸，字無逸，號谿堂先生。誥案：江西人，詩《謝無逸富贍》見《紫薇詩話》。謝無逸，布衣，名重搢紳，尤工於詩。魯直以張晁目之，見《石門題跋》。臨川謝氏。薖，字幼槃。誥案：謝幼槃有《竹友集》，無逸從弟也。與無逸《谿堂集》並重，亦皆有詞。豫章洪氏。朋，字龜父。誥案：龜父以寫韻亭詩著名，在大觀宣和之時，見《紫薇詩話》。黃魯直云：龜父筆力扛鼎，他日文章重世。要須盡心克己，不見人物臧否，全用其輝光，以照本心。更精讀千卷書，乃可畢兹能事。四洪皆魯直之甥也。舉郡試第一，有《清虛集》。豫章洪氏。芻，字駒父。誥案：黄魯直有《題駒父家江干秋霽圖》諸跋。德洪與陳瓘論詩云：徐俯、洪芻、李彭三家爲南州近時人物之冠。駒父第進士，崇寧三年入元祐黨籍，靖康中，官諫議大夫。汴京失守，痛飲悲歌。坐誣陷，莫有援者，流沙門島，天下冤之。有《老圃集》。豫章洪氏。炎，字玉父。誥案：陳振孫云：官中書舍人，有《西渡集》。玉父登第在元祐末。弟羽，字鴻父，人黨籍，未幾出籍。李氏。錞，字希聲。誥案：官秘書丞，有《李希聲集》，見《文獻通考》。自潘大臨以下八人，竝見《江西宗派圖》。臨安李氏。堯祖，字唐卿。誥案：「唐卿註」，即十註本之一。建昌李氏。彭，字商老。誥案：見《江西宗派圖》，商老詩文，富贍宏博，非後生可到。公擇之姪孫也，見《紫薇詩話》。德叟之子，見公書中。有《日涉園集》。李氏。厚，字德載。誥案：德載乃四註本之一也。東谿詩僧。祖可，字正平。誥案：見《江西宗派圖》。陸放翁云：祖可居廬山。陳振孫云：蘇養直之弟，有惡疾，號癩可，有《瀑泉集》。玉山汪氏。涓，字養源。誥案：周益公云：汪涓字養源，被遇孝宗，歷左司諫、中書舍人，蓋吏部尙書諱應辰、字聖錫之兄。汪應辰，傳玉山人，初名洋。玉山汪氏。洋，字聖錫。誥案：洋，進士第一，賜名應辰。忤秦檜，善張浚，出爲蜀帥。王本「洋註」、「養源註」實二家，元刊姓氏，洋字養源，幷舛一人，今分列。饒州汪氏。藻，字彦章。誥案：汪藻，宣和間中書舍人，草赦書，叙軍興、征斂，其詞精當，人以比陸宣公。興元赦書有《浮谿藻集》。藻官至顯謨閣直學士。忤檜奪職，居永州，累赦不宥，二十四年卒，二十六年復舊職。藻初爲王黼所擯，繼從欽宗，被留青城，卒貶死。通顯三十年，居無屋廬也。臨川汪氏。革，字信民。誥案：臨川人，有盛名。信民《寄謝無逸詩》：問訊江南謝康樂，谿堂春水想扶疏。饒節曰：公詩日進，而道日遠矣。見《紫薇詩話》。陳振孫云：紹聖四年，試禮部第一，登甲科。蔡京當國，召爲宗子博士，力辭不就。有《青谿集》、《論語直解》、《詩話》。荆南高氏。荷，字子勉。誥案：荆南人。詩學杜陵，五言頗得句法，黄魯直極愛賞之。後爲蘭州通判。見《石林詩話》，亦見山谷題跋。有《還還集》。仙井韓氏。駒，字子蒼。誥案：子由之門人也。制詔典贍，爲時所稱。然屢以蘇學坐黜，其知黄州已在南渡後矣。有《陵陽集》。楊氏。符，字信祖。誥案：陳振孫云：有集一卷，亦見《宋詩紀事》。蘄春夏氏。倪，字均父。誥案：均父與饒節、德操善。張彦實有《送均父作江守》詩，見《紫薇詩話》。陳振孫云有《遠游堂集》。蘄陽林氏。敏功，字子仁，蘄州人，贈高隱處士。合註據《尙友錄》：政和中，賜號高隱處士。子仁有謝表，非贈也。誥案：子仁乃五註本之一也。自汪革以下六人見《江西宗派圖》，呂本中載《宣和末林》。子仁有《寄夏均父》詩，且與饒三、德操同時解題，云有《高隱集》。其《蒙山集》百卷，兵火後不存。蘄陽林氏。敏中，字子敬。誥案：敏中乃敏功之弟。蘄陽林氏。子來。合註名敏修，敏功弟。誥案：陳振孫云有《無思集》。或疑賜高隱爲敏修事，而陳振孫以《高隱集》屬之敏功，分析甚明，「合註」可證。永嘉林氏。明仲。誥案：《梅谿集》：名季任，官鄞江主簿，卒於任。其挽詞云：齒德尊鄉黨，青衫已白頭。硯幾磨鐵盡，官止及瓜休。林氏。致約。誥案：《梅谿集》：官泉州尉。有《贈林尉致約詩》。高郵秦氏。少儀。誥案：名覯，少游、少章之弟也。黄魯直詩云：「少儀袖詩來，荆蚌珠的皪。乃能持一鏃，與我箭鋒直。自吾得此詩，三日臥向壁。」歷陽張氏。孝祥，字安國，號于湖居士。誥案：孝祥有《于湖居士集》、《于湖詞》。施元之在張孝祥榜登第。高宗既擢孝祥，黜秦塤。檜陷其父祁，死獄。元晦云：安國天資敏妙，文章政事過人遠甚，老壽當益奇偉。了翁云：安國英姿奇氣，著湖湘閒，方其吸江酌斗，賓客萬象，詎知紫薇青瑣。永嘉張氏。器先。誥案：《梅谿集》：登乙科，官福清丞。漢陽張氏。栻，字欽夫，號南軒先生。誥案：栻字敬夫，有《南軒集》。以劉珙薦，除知嚴州，召爲吏部侍郎，兼侍讀。爲虞允文所惡，出知袁州，爲廣西帥。元晦云：敬夫嘗言：「荆公書皆如大忙中寫，不知公安得有如許忙事。」此雖戲言，切中其病。荆公躁擾急迫，與德性相反，熹於是竊有警焉。苕谿胡氏。仔。誥案：字元任，著《苕谿漁隱叢話》。陳振孫云：待制舜陟之子。《姓譜》云：宣和間，官建安簿。廬陵胡氏。銓，字邦衡。誥案：有《忠簡奏議》四卷。紹興中，銓請斷檜頭，竿之藁街，名震天下。隆興召還，論和議十可弔，措置淮東，符離敗，銓保高郵。西蜀趙氏。夔，字堯卿。前知榮州。誥案：堯卿註刊於紹興之初，乃分類第一註也。其後乾道初進御，則已合爲八註、十註本矣。西蜀趙氏。次公，字彦材。誥案：次公乃四註之一也。宗室趙氏。若拙。誥案：《梅谿集》：佳公子也。世以趙德麟目之，守果州，移成都漕。趙氏。元序。誥案：梅谿罷泉州，與同寮蔣元肅、黄少度、鹿伯可、趙元序、陳德溥、葉飛卿、林致約飲別驛舍，有詩紀事。建安劉氏。子翬，字彦沖，號屏山先生。誥案：子羽爲張浚將，浚雖衄師，子羽有全蜀功。弟子翬判興化，能禦寇。朱松以晦菴託孤，二劉篤敎成之。子翬喜佛氏，讀《易》渙然。元晦云：「屏山先生字余元晦，詞曰：木晦於根，春容曄敷。人晦於身，神明内腴。先生壯歲棄官，端居味道，無異禪衲。熹以童子獲侍左右，朝夕誨誘。其後屬疾，熹亟歸省問，日奉湯藥，敎詔益詳，期許益重。既又發故篋，得紙數十，皆平日省躬自厲之言，命熹筆之。遂啓手足諸子姝共發遺書，皆熹未歸時處畫庶事。屬熹爲作張公書，未有勉力大業之語。熹泣受，寶藏至於今，不敢失墜。然躬行不力，老大無成，不能仰副付授之意，每念無以見先生於地下。今病已力，何所復云？姑取遺墨，序其本末，以示子孫，且示同志，使於前修景行之懿，知所跂慕，而又視熹之慵惰無聞以爲前車之戒也。先生沒以紹興丁卯。後五十三年慶元己未五月丙申，門人朱熹謹書。」建安劉氏。珙，字洪父。誥案：珙字共父。子羽長子也。雖祖張浚，有誅羣盜，獲李全功。上謂近世書生但務清談，獨珙可用。除參知政事，謚忠肅。何氏。覬，字人表。誥案：人表，黃魯直之戚屬也。見山谷題跋。眞隱詩僧。善權，字巽中。誥案：何覬、善權，竝見《江西宗派圖》。陳振孫云：善權，靖安人，落魄嗜酒，有《眞隱集》。德洪云：巽中豪特之氣，有坡谷之淵源。丹陽蘇氏。庠，字養直。誥案：養直，蘇堅子也。賦《清江曲》，爲公所賞，謂置《李太白集》中不可辨識。庠嘗隨父迎公於曹谿。紹興中，與徐俯同召，庠不起。俯往見之，有愧色。命再下，遯馬迹山，一日立化。陳振孫謂蘇紳之後，頌之族。據此，則堅爲紳之孫矣。庠有《後湖集》，俯有《東湖集》。吳氏。憲。誥案：《梅谿集》：字知叔，官福唐帥。吳氏。季南。仙居吳氏。明可。合註：名芾。見《宋詩紀事》。誥案：芾爲秘書正字，與秦檜有舊，如不相識，檜疑之。風言者論罷，後以侍御史爲臨安尹。號湖山居士。吳氏。少雲。會稽孫氏。彥忠。誥案：會稽人，與梅谿同登第。《王註》作永嘉人，誤。西蜀孫氏。倬，字瞻民。誥案：瞻民註，亦十註之一。合八註及李，爲十註。乾道時，趙堯卿等註已陳乙覽，即八註、十註合刊之證。時百家註未出也。開封孫氏。子尙。誥案：《梅谿集》：名嵪，開封人，死葬大禹寺之側。馮氏。方，字圓仲。誥案：張浚符離之敗，辟馮方爲屬。方輕銳，朝議患之，以陳俊卿、唐文若參其軍，見劉氏《日記》。放翁云：隆興甲申，某佐郡京口，張德遠以右丞相視師，江淮敬夫從行，而馮圓仲館予廨中，蓋無日不相從也。《王十朋傳》：十朋、馮方、胡憲、查籥、李浩相繼論事，爲五賢。永嘉薛氏。士昭。誥案：《梅谿集》：字伯宣，領祠爲主管。薛士龍《浪語集》有《送士昭兄赴南外敦宗院》詩。蔣氏。元肅。誥案：《梅谿集》：元肅作二賦十義，爲時所稱。《王註》作薛氏，誤。興化龔氏。茂良，字實之。誥案：張浚視師，江淮茂良以能斷勿疑爲誡。拜參知政事，嘗奏朱熹操行耿介，宜加錄用，不聽。多攻權璫，貶英州，卒。晦菴云：「大參龔公不喜用兵，晚年去國，請大舉，莫不怪之。余從公久，公薨，得副本讀之，乃極論不可輕舉狀，痛公見誣，爲流涕。」有《靜泰堂集》。永嘉萬氏。先之。誥案：《梅谿集》：先之登乙科，爲清湘學官，改南昌掾。永嘉萬氏。申之。誥案：梅谿偕大年、先之、申之同赴鄉舉，與三萬及孫嵪、毛虞卿輩多倡和詩。永嘉萬氏。大年。誥案：梅谿出萬氏，與大年爲中表。烏程芮氏。曄，字國華。合註《宋詩紀事》作字國器。誥案：《老學菴筆記》：芮曄，字國器，一字仲蒙。又《秦檜傳》：國器與沈長卿作詩詆和議，編管遠郡。《齊東野語》：王村芮祭酒曄，初任仁和尉。長河堰龍王廟每祭有小蛇止香爐，或飲於杯，往來者謹事之。堰歲數壞，人以爲龍所爲。芮疲於修築，一日設奠，蛇果出爐上。芮端笏數之曰：「有功於民者，乃得祀龍廟。食於此，未嘗有功，而歲數壞堰，勞民之力，爲罪多矣。無功有罪，國法當殺。」即舉笏碎之。是夕，宿於近地，疾風甚雨，大木盡拔。土人大恐，而芮處之自若。後卒爲名臣。芮以紹興乙亥二月被讒，十月檜死，放還。朱氏。邦翰。永嘉項氏。用中。誥案：梅谿在福唐，會鄉人丁鎭叔、張器先、甄雲卿、項用中及同年孫彥忠草酌試院，有詩紀事。西蜀宋氏。援，字正輔。誥案：正輔乃四註之一也。永嘉宋氏。彥材。誥案《梅谿集》：永嘉人。早業儒，後以禪悟，年七十卒。周氏。成祖。永嘉葉氏。思文。誥案：梅谿云：葉思文，吾鄉老先生也，官興化簿。近世作詩文者，溺於異端之學，先生痛革其弊。永嘉葉氏。飛卿。誥案：陸放翁云：飛卿《南鄉子》八闋，語意工妙，殆可追配劉夢得《竹枝》，信一時傑作也。《梅谿集》：官泉州丞。繡川喻氏。叔奇。誥案：叔奇與兄伯壽同登第，梅谿之同年也。尉桐川，攝邑安仁。梅谿有《送叔奇尉廣德序》。毛氏。叔度。誥案：《梅谿集》：初名公弼，字虞卿，後改名宏登。乙丑第，官主簿。永嘉甄氏。雲卿。誥案：字龍友。少有俊聲，詞華奇麗。而資性浮躁，於鄉人無不狎侮，木待問藴之爲尤甚。木生朝，爲詞賀之，末云：「聞道海壇沙漲也，明年。」蓋諺云：「海壇沙漲，溫州出相。」木以癸未魁天下也。辨給雄一時。一日登對，上問：「卿安得與龍爲友？」甄倉忙占奏。及退，自恨曰：「何不云堯舜在上，臣安得不與夔龍爲友？」聞者惜之。然於性理解悟，凡禪衲機鋒，皆莫能答。將亡之日，召藴之，囑以後事。既旦，木亟來。甄喜曰：「吾將行，得君主吾喪，則濟矣。」木許諾，乃入浴更衣，與木訣，坐而逝。既復開目曰：「吾儒無此也。」復臥，乃絕。見《齊東野語》。瑞安沈氏。敦謨。誥案：名希皐，瑞安人。梅谿贈詩有「三十年前硯席同」之句，蓋老於青衫者也。瑞安曹氏。夢良。誥案：夢良與梅谿同登第，官嚴陵掾，家於許峯。臨川饒氏。節，字德操。誥案：節傾動一時，而世不詳。見《江西宗派圖》。政和中，曾元嗣續作《十友詩》，饒節、韓駒、呂本中皆與。節後爲僧，名如璧。元晦云：「汪謝諸賢，高志清節，皆足傳信後世，孰敢改評？獨饒節者，一旦毀削膚髮，殄絕天倫，而諸公環視，無一人能止而救之者。或乃從更嗟歎，以是爲不可及，亦獨何哉？」觀元晦太息若此，其德操、當日文名之重可知。諸賢指汪革、謝逸、謝薖，而實以首責呂本中也。元晦既敬伯恭父，又謂紫薇公名德之重，一言一動，皆有法戒，非後學可得而贊。故誌於《清谿類藁》，而遺其名云。程氏。天祐。誥案：《梅谿集》有《贈程天祐秀才》詩，精於醫。程氏。續，字季長。誥案：季長，乃四註之一也。開封江氏。端本，字子之。誥案：原作汪氏。據呂居仁《江西宗派圖》作江端本。今考《王註》有「江曰」，《百家註》姓氏無江氏，信爲汪氏之譌，今改正。端本以宣和二年通判溫州，乃休復鄰幾之孫，端友子我弟也。有《陳留集》。靖康初，子我自布衣拜尙書兵部員外郎，與王性之游。清豐晁氏。沖之，字叔用。誥案：見《江西宗派圖》。補之、詠之、悅之、貫之、載之同行。沖之授承務郎，以詩名，有《具茨集》。紹聖以後，黨禍既作，超然獨往。晁氏世居京師昭德坊，號昭德晁家。時羣從有旨，不許入國門，故獨往也。子公武，字子止，授敷文閣學士。有《昭德易詁訓傳》等書。永嘉丁氏。鎭叔。誥案：《梅谿集》：永嘉人。永嘉丁氏。惠安。誥案：名康臣，字道濟，永嘉人，官溫陵宰。南豐曾氏。紆，字公衮。誥案：曾布之子也。建炎後，直寶文閣，有新詞播於樂府，號《空青集》。王明清之外祖也。周密《浩然齋雅談》載曾公衮云：「元祐庚午，以方聞科應詔來京師，見魯直九丈於酺池寺。紹興辛亥，漕兩浙，四十餘年，憂患餘生，巋然獨存。考《王註》諸家，入元祐黨籍碑者二人，曾公衮、洪駒父也。時明清方作《揮麈錄》，爲布多方掩蓋。而放翁車中有布之說，聞於其父性之，其《施註序》所謂不敢說者，類如此矣。」吳興崔氏。鷫之。誥案：《梅谿集》：名雍，湖州人，爲番場莞庫官。永嘉賈氏。巖老。誥案：梅谿有《送賈巖老自閩還鄉》詩，乃其妻弟也。洪州徐氏。俯，字師川。誥案：師川，徐德占子也。見《江西宗派圖》。紹興中，權參知政事，趙鼎欲以岳飛取襄陽，俯獨持不可。俯乃魯直之表姪。徐氏。持晦。鹿氏。伯可。誥案：名何，官尚書。年四十乞致仕，孝宗諭宰臣問故，何對：「臣無他，顧德不稱位，稍矯世之不知分者耳。」既歸，名其堂曰「見一」。師氏。尹，字民瞻。誥案：民瞻註，即八註本之一。任氏。居實，字文儒。誥案：文儒註，亦八註本之一。在乾道時，已合趙、趙、程、李、宋、林、師七家，爲八註矣。僊溪傅氏。藻，字薦可，撰《紀年錄》。誥案：薦可以汴陽段仲謀《行紀》、清源黃德粹《系譜》皆不詳盡，因廣之，爲《東坡紀年錄》。東萊呂氏。祖謙，字伯恭。分詩門類。誥案：即呂本中之孫也。楊瑄《序》云：據史傳，卒於孝宗淳熙元年。今考伯恭有註，不皆分類，終直秘閣。元晦云：「呂伯恭病中，日記其繙閱論著，固不以一日懈。至於氣候之暄涼，草木之榮悴，亦必謹焉。則察物內省，蓋有非血氣所能移者矣。」此來不得復見伯恭父，固爲深恨。然於此得窺其學力之所至，以自警省，則吾伯恭之不亡者，其誨我亦諄諄矣。陽翟元氏。不伐。誥案：《宋詩紀事》：元勛字不伐，陽翟人，政和閒知寧國縣事。開封王氏。直方，字立之。誥案：見《江西宗派圖》。與夏均父訓唱，見《紫薇詩話》。家有園池，自號歸叟，有《歸叟集》，喜從蘇、黃游。汝陰王氏。性之。誥案：王銍性之流寓山陰，有《雪谿集》。陸放翁謂：性之記問該洽，尤長於國朝故事，考性之，《周易》博士昭素之後。其父莘，字樂道，從歐陽公游。早歲登科，初任應城尉。滕元發謫守安州，亟賞之，同見王安石於鍾山大觀中。知江州，卒。性之亦早達，元符末，坐黨籍，謫官湖外。素嫺史學，以左史兩漢不經他手，故議論歸一。而歐、宋《新唐書》各析紀傳，致有吳縝糾繆之作。其國朝三史，亦襃貶異同。因撰國朝七史，未竟而狄難作。建炎初，以薦入館，詔視秩史官，給札奏御，除樞密院編修。楚州陷，鎮撫史趙立戰沒，思陵命撰立傳，上之，嘉歎良久。書奏及半，以忤檜罷去，存副墨於私室。性之卒，檜起私史獄，其妻懼禍，幷其紀錄悉焚之。妻曾氏，布女孫，紆之女也。次子明清，字仲言，少育曾氏，多與張德遠、徐敦立、李仁甫、程可久、陸務觀、尤延之先後游從。檜既死，探尋舊事，作《揮麈四錄》、《投轄錄》、《清林詩話》、《玉照新志》。嘗令寧國，歷典郡事，任至朝請大夫，主管台州崇道觀。沙隨程迥云：仲言富於春秋，宜以壯烈上佐時用。若僕輩乃可娛意於簡冊耳。永嘉王氏。十朋，字龜齡。誥案：龜齡有《梅谿集》。楊瑄《序》云：考史傳，梅谿卒於孝宗乾道七年。梅谿主張浚而劾史浩。符離之敗，罷言職，出知饒州。饒久旱，入境雨至。徙夔湖泉州，所至有政聲，民趨恐後，飲食必祝十朋。初以權對策，言檜專擅，擢進士第一，自是每見上，必陳恢復之計。故雖張浚、劉錡屢敗，猶欲冀其一奮，幷望錡有以蓋拒亮之衄也。至是知諸將不足用，而後絕口恢復，一力請外，專以及民爲事。其編纂百家，當亦在此數年中也。後以舊學召還，恩禮甚厚，而年已老，力求致仕，謚忠文。劉共父、朱元晦、張敬夫雅敬龜齡，共父首爲《集序》。永嘉王氏。壽朋，字夢齡。誥案：夢齡、昌齡，皆龜齡弟也。永嘉王氏。百朋，字昌齡。誥案：十朋天性仁孝友愛，二弟郊恩，先奏其名。及沒，二子聞詩聞禮，猶布衣也。後皆典郡，能守家法。右原列九十七家。合註：詩註中尚有德揚、夢仙、子功諸家，未知即所列姓氏中人否？又有劉燾、楊德、林黃中、呂居仁諸家，不在所列姓氏之內。至劉須谿諸註，則更係後人增入也。誥案：註中有黃中，無林黃中，此「林」字疑《合註》誤增。楊德亦無其人，疑屬德揚之譌。

吳興劉氏。燾。誥案：字無言。元祐三年，公知舉，所得士有「與劉燾撫句」詩，擣與誼之姪也。王氏。長源。誥案：黃魯直云：王長源安貧好義，簞食瓢飲，妻孥饑寒，未嘗作可憐之色。人能自重，在官必能愛民，惜當路未能拭目也。邵武黃氏。中。誥案：字通老。紹興五年登乙科，恬退有守，不附權勢。檜死，召爲校書郎，充金生辰使，遷秘書少監。中言亮治汴宮，宜早爲計。湯思退惡之。既而劉錡大潰於淮，破合肥，錡退保揚州。臨安震驚，朝臣爭遣家逃匿，中獨與陳康伯留城中。亮死，衆慚之。擢給事中，坐張浚黨致仕。居六年，孝宗御經筵問：「老儒黃中安在？」召對內殿，落致仕，拜兵部尚書，兼侍讀。未閱歲，復求去，上陳十要，以宮祠歸。居鄉必以孝弟忠信訓後生，咸敬慕之。朱元晦來見，必再拜堂下，願公坐受，而自進於門弟子列。淳熙七年，進端明殿學士。年八十五卒，謚簡肅。東萊呂氏。本中。誥案：字居仁。公著曾孫，希哲之孫，好問之子也。公著卒，宣仁臨奠，童穉立庭下，宣仁獨進本中，摩其頭，勉以忠孝。宣和末，居仁與檜同爲郎，相得甚懽。紹興中，趙鼎主元祐學，累遷中書舍人，檜欲引用，而居仁封還除目。又於草制詆檜，風御史劾罷之。元晦云：呂公之言，所以發明講道修身之法詳矣。學者審其先後緩急之序，而用力焉，其入聖賢之域也，孰禦？廬陵劉氏。辰翁。誥案：字須谿。對策忤丁大全，被放。以江萬里薦學宜史館，除臨安教授，遷博士。宋亡，託方外以自詭，有《須谿文集》。羊城王氏。宗稷。誥案：五羊王宗稷《年譜》，見《宋史·藝文志》，《王註》全載，《邵註》、《合註》仍之，今取確鑿各條列入《總案》。其餘牽合四三年恍忽爲說，及舛錯荒唐者，皆刪。如「熙寧七年，引潤州道上過，除夜兩絕」，此即舛錯。公云「岸上聞騾馱鐸聲空籠，意亦欣然」，蓋謂遷南五載，今道遇騾馱所懸之鐸，其聲空籠，自念得返江北，故聽而喜也。宗稷謂考《騾馱鐸試筆》，云正月四日離泗州。既讀破句，又捏成公有《騾駄鐸試筆》一書。《邵註》、《合註》從誤，此即荒唐。舉此二條爲例，刪去《年譜》，仍用百家註姓氏載傳僊谿譔《紀年錄》，例類載補，列諸家之後。右本註補列六家。誥案：《王註》舊列姓氏前云：王十朋龜齡纂集，後又與羣從竝列其中，其爲後人損益可知。最後不列總具人數。誥於註中採出五家，以呂居仁論之。伯恭自爲分類，不應獨遺。其父此屬，舊傳姓氏閒有譌脫。後人不檢，《全註》任其闕略，故與註不符，非須谿之必爲增補者比也。洛學自閩而盛，詳閱姓氏，閩學半在其中。則註內黃中一家，當以通老爲是。若《合註》所謂林黃中者，此人名栗，官兵部侍郎，元晦以兵部郎官用，而栗惡其西銘學，不許爲屬，力攻於朝，葉水心因與之互訐。林栗非此氣類，即非註中人審矣。餘如彥夫、德淳、貢父、浦卿、德權諸註，皆《合註》所不詳，其爲增補，或即前列姓氏名號，無由知也。今約舉所知諸家事蹟，各疏一二，以見其人。若曾紆、韓駒、劉珙、胡銓、呂祖謙、諸汪張之流，史傳華贍，或變通史法，詳其所無，其失不備者具之，不限一定書法，備覽而已。餘俟續考。

施註姓氏。吳興施氏。元之。翁註：《湖州府志》：施元之，字德初，長興人。查註：《癸辛雜志》：施元之，紹興張孝祥榜，乾道閒爲左司諫。翁註：《南宋百官題名記》：施元之，乾道五年五月爲秘書省著作佐郎，十月除起居舍人，十一月兼國史院編修官，是月除左司諫。合註：《吳興備志》：元之，左宣教郎，知衢州，又知贛州。邵註：《吳興掌故》：施元之註《東坡詩》四十二卷，《年譜》、《目錄》各一卷，與吳郡顧景繁共爲之。元之子宿推廣爲《年譜》，陸放翁《序》。吳興施氏。宿。邵註：《浙江通志》：施宿，字武子，知餘姚縣。興廢舉墜，加意風教，市田置書，教誨學者。姚北瀕海，歲役民修隄，民甚苦之。宿爲石隄建莊田二千畝，以備修隄之役，功與前令謝景初同稱。合註：本集《別子由》詩，施註云宿守都梁。翁註：《湖州府志》：施宿慶元初知餘姚縣，旋通判會稽軍，作《會稽志》，刻禹廟碑譜。嘉定閒以朝散大夫提舉淮東常平倉，修築泰州城垣。王士禎《蠶尾續集》：武子參訂石鼓籀文，刻於淮東倉司，見於宋章樵《石鼓文釋》。《吹景集》引之，以爲奧衍奇博，可與鄭漁仲爭衡。查註：周密《癸辛雜志》：宿以父所註坡詩刻之倉司，有所識。傅穉，字漢儒，湖州人。窮乏相投，善歐書，俾書之鋟板以賙其歸，坐贓私罷。翁註：錢大昕曰：嘉泰《會稽志》卷末題：安撫使司校正書籍傅穉。吳郡顧氏。禧。邵註：《府志》：顧禧，字景繁，吳郡人。祖沂，知龔州。父彥成，兩浙運使。禧不求祿仕，居光福山，閉戶誦讀，著述甚富。紹興閒，有司以遺逸薦，不起。隱居五十年，築室邳村，表曰漫莊。嘗與吳興施元之註蘇子瞻詩，行世。誥案：《翁註》所載從伯父景蕃公，少任俠，既壯，折節讀書，聲名籍甚。里中同學忌公，口舌攻搏，難端叢起，禍幾不解，會以遺逸薦得白。盡焚生平著述，嗣弟宏聞從任公鈔得遺稿，顏曰「《志道集》」。至元壬辰春，姪長卿書」等語，自紹興末乙亥，下推至元壬辰，凡一百三十八年焉。有嗣子求稿，姪作序。事即擡前一甲以紹定壬辰論，亦不合也。此非註蘇顧禧，合註從誤，如刪去，論者必以詳王註略施註爲譏，故存而正之。《合註》謂宋章憲有《題顧禧漫莊詩》，此即註蘇顧禧事。右新列三家。翁註：鄭元慶《湖錄》傳是樓有宋刊本，殘闕不全。予細閱書中句解，是元之筆。詩題下小傳低數字，乃武子補註，《文獻通考》所謂從而推廣者此也。誥案：最要是題下註事，故《序》曰「司諫絕識」。次謂句下徵典，故《序》曰「助以顧君該洽」。其中容有互爲參酌之處，施、顧各有所掌也。所謂武子從而推廣者，乃題註末補，載墨跡石刻及較改同異之字，閒有引證。及增輯《年譜》所無，父作子述，前人多有此例，參入一處，其德初原文，非武子所敢損益也。若如鄭說，則景繁無處著一字，重句解而輕題註，亦非知詩者之言也。施註體例雖闕，規模具在，惜無能者發之。《翁註》寡識，摭拾謬論，亂其全體。《合註》從誤，且云題下小傳似亦有元之註，其說模棱，而不知冠履倒置，若早刪此條，即無煩糾正矣。其餘諸註所考，酌選原文，簡明貫列，以次王註諸家之後。

右王、施註諸家，起自元祐之後，訖於嘉泰之初，凡一百十有餘年，集註一百餘家，而其前陳、唐、黃、沈、傳、孫、廖、顧諸子書，闕有閒，述者莫能詳焉。茲就卷中名臣故老、畸人逸士以論，雖同此編，不同所遇。觀其文章、學術、志節，規畫之大，究其雲翔霧沛、煙迷雨離之變，粲然畢陳，可喜可愕，而治亂得喪、禍福勸懲之道著矣。獨是元祐黨患，朱光庭、賈易等槩以訕謗，文致惡逆，不云爭門異戶也。其惡習流入南渡，檜、禼、侂胄爲可恥，未嘗不以光庭、易爲可恥，故奮然斬斷葛藤也。元晦之於伯恭，信推重矣。伯恭能容同父，元晦詆爲怪論。同父言於朝曰：「舉世忘君父大讎，揚眉拱手，以談性命，自謂得正心誠意之學，陛下接之而不任以事，臣以是服陛下之仁。」此由元晦必欲外之，故於伯恭身後異議遽起，然事涉矜爭，而跡猶君子，雖怪論者亦恥爲謗訕。宗社之言，與林栗正相等也，以視元祐擊公報私，奚翅霄壤。故洛學由閩再演，而盛於臨安，所謂有大醇而無小疵者此矣。是編合一，各有所詣。大鳴小應，撞擊咸善。若夫兵農禮樂、名物度數所賅，要皆前哲游心行墨，而觀摩象外，念茲在茲者。《易》曰：「君子多識前言往行，以（畜）［蓄］其德。」殆謂是歟。往者戔杜諸家，抉奧闡幽，亦云庶矣。舉以合觀，斯實中正之應，然謂文明健而能通天下之志，君子當有擇焉。道光二年歲次壬午閏三月既望，仁和王文誥見大題後。誥案：初考《王註》姓氏載入凡例者，僅六十餘家。繼又續考三十餘家，屢經補刊，是以姓氏註較例爲詳。

阮元《揅經室集一集》卷一一《春秋公羊通義序》 昔孔子成《春秋》，授於子貢，所謂以《春秋》屬商是也。子夏口說以授公羊高。高五傳，至漢景帝時，乃與齊人胡毋生始著竹帛。其後有嚴彭祖、顏安樂兩家之學，宣帝爲之立博士，故《公羊》之學兩漢最勝。雖劉歆、鄭衆、賈逵謂《公羊》可奪，《左氏》可興，而終不能廢也。然說者既多，至有倍經任意者，任城何君起而修之，覃精竭思，閉門十有七年，乃有成書，略依胡毋生條例而作《解詁》，學者稱精奧焉。六朝時，何休之學猶盛行於河北，厥後《左氏》大行，《公羊》幾成絕學矣。我朝經術昌明，超軼前代，諸儒振興，皆能表章六經，修復古學。而曲阜聖裔孔顨軒先生思述祖志，則從事於《公羊春秋》者也。先生幼秉異資，長通絕學，凡漢晉以來之治《春秋》者，不下數百家，靡不綜覽。嘗謂《左氏》舊學湮於征南，《穀梁》本義汩於武子。王祖游謂何休志通《公羊》，往往爲《公羊》疚病。其餘啖助、趙匡之徒，又横生義例，無當於經，唯趙汸最爲近正。何氏體大思精，然不無承訛率臆。於是旁通諸家，兼采《左》、《穀》，擇善而從，撰《春秋公羊通義》十一卷，序一卷。凡諸經籍義有可通於《公羊》者，多著錄之。其不同於《解詁》者，大端有數事焉。謂：古者諸侯分土而守，分民而治，有不純臣之義，故各得紀年於其境内。而何邵公猥謂：唯王者然後改元立號，經書元年，爲託王於魯，則自蹈所云，反傳違戾之失矣。其不同一也。謂：春秋分十二公，而爲三世。舊說所傳聞之世，隱、桓、莊、閔、僖也。所聞之世，文、宣、成、襄也。所見之世，昭、定、哀也。顏安樂以爲襄公二十三年，邾婁鼻我來奔，云：邾婁無大夫，此何以書？以近書也。又昭公二十七年，邾婁快來奔。傳云：邾婁無大夫，此何以書？以近書也。二文不異同宜一世，故斷自孔子生後即爲所見之世。從之，其不同二也。謂桓十七年經無夏，二家經皆有夏，獨《公羊》脱耳。何氏謂：夏者，陽也。月者，陰也。去夏者，明夫人不繫於公也，所不敢言。其不同三也。謂：《春秋》上本天道，中用王法，而下理人情。天道者，一曰時，二曰月，三曰日。王法者，一曰譏，二曰貶，三曰絕。人情者，一曰尊，二曰親，三曰賢。此三科九旨。而何氏文《謚例》云：三科九旨者，新周故宋以春秋當新王，此一科三旨也。又云：所見異辭，所聞異辭，所傳聞又異辭，二科六旨也。又内其國而外諸夏，内諸夏而外夷狄，是三科九旨也。其不同四也。他如何氏所據閒有失者，多所裨損，以成一家之言。又謂《左氏》之事詳，《公羊》之義長，《春秋》重義不重事，是可謂好學深思、心知其意者矣。故能醇會貫通，使是非之旨不謬於聖人，豈非至聖在天之靈懼《春秋》之失指，篤生文孫，使明絕學哉？元爲聖門之甥，陋無學術，讀先生此書，始知聖志之所在，因敬叙之。

又《國朝漢學師承記序》 兩漢經學所以當尊行者，爲其去聖賢最近，而二氏之說尚未起也。老莊之說盛於兩晉，然《道德》《莊》《列》本書具在，其義止於此而已。後人不能以己之文字飾而改之，是以晉以後鮮樂言之者。浮屠之書，語言文字非譯不明。北朝淵博高明之學士，宋、齊聰穎特達之文人，以己之說，傅會其意，以致後之學者繹之彌悦，改而必從，非釋之亂儒，乃儒之亂釋。魏收作《釋老志》後，蹤跡可見矣。吾固曰：兩漢之學純粹以精者，在二氏未起之前也。我朝儒學篤實，務爲其難，務求其是。是以通儒碩學束髮研經，白首而不能究，豈如朝立一旨，暮即成宗者哉。甘泉江君子屏得師傳于紅豆惠氏，博聞强記，無所不通，心貫羣經，折衷兩漢。元幼與君同里同學，竊聞論說三十餘年，江君所纂《國朝漢學師承記》八卷，嘉慶二十三年，居元廣州節院時刻之，讀此可知漢世儒林家法之承授。國朝學者經學之淵源，大義微言，不乖不絕，而二氏之說不攻自破矣。元又嘗思國朝諸儒說經之書甚多，以及文集說部，皆有可采。竊欲析縷分條，加以翦截，引繫於羣經各章句之下，譬如休寧戴氏解《尚書》「光被四表」爲横被，則繫之《堯典》。寶應劉氏解《論語》「哀而不傷」，即《詩》「惟以不永傷」之「傷」，則繫之《論語・八佾》篇，而互見《周南》。如此勒成一書，名曰《大清經解》。徒以學力日荒，政事無暇，而能總此事、審是非、定去取者，海内學友，惟江君暨顧君千里二三人，他年各家所著之書，或不盡傳奥義單辭，淪替可惜，若之何哉。

陳澧《漢儒通義序》 漢儒說經，釋訓詁，明義理，無所偏尚。宋儒譏漢儒講訓詁而不及義理，非也。近儒尊崇漢學，發明訓詁，可謂盛矣。澧以爲漢儒義理之說，醇實精博，蓋聖賢之微言大義，往往而在，不可忽也，謹錄其說，以爲一書。漢儒之書，十不存一，今之所錄，又其一隅，引伸觸類，存乎其人也。節錄其文，隱者以顯，繁者以簡，類聚羣分，義理自明，不必贊一辭也。竊冀後之君子，祛門戶之偏見，誦先儒之遺言，有益於身，有用於世，是區區之志也。若門戶之見不除，或因此而辯同異、爭勝負，則非禮所敢知矣。咸豐六年六月朔日，謹序。

采錄諸書：《子夏易傳》、《孟氏易章句》、《京氏易章句》、《鄭氏易注》、《荀氏易注》、《宋氏易注》、《伏氏尚書大傳》（鄭氏注）、《鄭氏尚書注》、《毛詩序》、《毛詩詁訓傳》（鄭氏箋）、《韓詩內傳》（薛氏章句）、《韓詩外傳》、《鄭氏詩譜》、《先鄭氏周禮注》、《鄭氏周禮注》、《鄭氏儀禮注》、《鄭氏禮記注》、《鄭氏三禮目錄并序》、《董氏春秋繁露》、《賈氏春秋左傳解詁》、《服氏春秋左傳解誼》、《何氏春秋公羊傳解詁》、《鄭氏發公羊墨守箴左氏膏肓起穀梁廢疾》、《孔氏論語傳》、《包氏論語章句》、《周氏論語章句》、《鄭氏論語注》、《趙氏孟子章句并章指》、《班氏白虎通義》、《許氏五經異義》（鄭氏駁）、《鄭氏六藝論》、《鄭志》、《孫氏爾雅注》、《許氏說文解字》、《劉氏釋名》。

朱右曾《文選箋證序》 讀書必先識字，識字必先審音。音緐文出，義緐音定。而歲緐數千，音聲有楚夏，文字有異同，非探其元以悟其意，未易得其指歸。國朝碩儒輩出，實事求是，嘉慶以來，爰有即文字音聲，以通詁訓，旁推側證，爲前儒所未及者。若高郵王氏、金壇段氏，指趣不同，其有功於來學一也。夫古人之文，六經無論矣。自《騷》以下，長卿、子雲之倫類，皆孰於雅訓蒼籀，穿穴貫串，以組而織之，在其時亦常語耳。後人習於浮薄，乃始覺古人之文詘詰卓詭。若彝鼎之銘、盤誥之語，目識之而不能讀，心知之而不能言也。非有探乎聲音文字之元者，烏能一一契合哉？《文選》自隋曹憲始爲音訓，而其書久亡。唐有五臣注，其賅博綜覈，不及江夏李氏。故李氏之注，爲讀《文選》者所不廢。而傳刻滋訛，馬焉帝虎，往往而有。於是《攷異》、《旁證》諸書出焉，而聲音文字之間，未盡釐然各當也。績溪胡君枕泉，少受《三禮》於其族兄竹邨先生，而尤有得於王、段二家之學。往歲成《文選箋證》一書，旁搜互考，正譌糾繆。比來秉鐸太和，復重加刪補，蓋不獨有功於李氏也。夫李氏時，古籍猶夥，今所不得見者什三四，推而上之，抑更尠矣。然有前人所未及者，譬之泛海則眩，沿溪而其原可溯；登岳則迷，循轍而其歸不惑也。右曾鈍質末學，於審音識字之方，未窺堂戶，烏足以序枕泉之書？顧心所謂善不能無言，顧還以質之，庶有以進我也。

陳康祺《郎潛紀聞二筆》卷一〇《嘉道間漢學家流別》 包慎伯作甘泉薛傳均子韻墓碑，叙述交友，多嘉、道閒漢學之儒，頗有裨於纂學案、記師承者，爲節錄其大略，以貽學子。碑云：「子韻少與儀徵劉文淇孟瞻、涇包愼言孟開、旌德姚配中仲虞，及予弟季懷按：名世榮。五人者，相結爲本原之學。孟瞻、孟開、季懷治《詩》攻毛、鄭氏，治《易》攻虞氏；子韻治小學攻許氏，皆旁通羣籍，而據所業爲本，砥礪以有成。近世昌許氏者，推嘉定錢氏、金壇段氏，子韻究其得失，而右錢氏。」又云：「予弱冠，展側江淮閒，物色樸學，得陽湖黃乙生小仲，通鄭氏《禮》，行不違其言；武進劉逢祿申受，通何氏《春秋》、虞氏《易》，雖情鍾勢曜，而讀書如有嗜好；江都淩曙曉樓，治何氏《春秋》、鄭氏《禮》，困學而不厭；同邑按：謂涇縣。人胡世琦玉樵，墨守鄭氏，有綴殘補缺之勤；嘉定潘鴻誥望之，能錯綜許、鄭，以適大義；丹徒柳興宗賓叔，治《詩》、《禮》、《史》、《漢》，能依雅訓，以捍俗說；寶應劉寶楠楚楨，上世故崇漢學，能不墜其家法；儀徵汪穀小城，覃精許、鄭，尤長於地理；黟俞正燮理初，通鄭氏《禮》、杜氏《春秋》；烏程淩堃厚堂，綜漢義說《易》、《禮》、《春秋》數十萬言，與理初並長推步算術。吳越英雋，略備於斯，然必守許氏，以推原賈、馬、鄭、服訓詁者，卒莫如子韻之善。」愼伯是作，於近時漢學家數，蓋已什得八九矣。

陳其元《庸閒齋筆記》卷九《春秋五傳》 韓昌黎詩云：「《春秋》五傳東高閣，獨抱遺經究終始。」今本刻作「三傳」，非也。《前漢·藝文志序》云：「《春秋》分爲五。」註云：左氏、公羊氏、穀梁氏、鄒氏、夾氏。」不知漢後此二氏何時亡佚，倘至今尚存，則古事可與《三傳》互證，豈不快哉。

楊瑄《蘇東坡詩集注序》 東坡先生詩分類本，創始於呂東萊先生，集成於王梅谿先生。其編年本，則吳興施德初與吳郡顧景蕃注。德初子武子編纂成書，又撰《年譜》、《目錄》各一卷，而陸放翁先生爲之序。一則州次部居，比於史家之紀事，一則年經月緯，合於史家之編年。途轍雖分，指歸則一，固未可偏廢也。其在當時，必並有傳本。顧《文獻通考》，但載施注而不及東萊、梅谿兩先生。即放翁與兩先生同朝，序亦不言曾有定本，何歟？考諸史傳，梅谿先生歿於孝宗乾道七年，東萊先生歿於淳熙八年，而放翁之序作於寧宗嘉泰二年，上距兩先生之歿已二三十年。豈施氏後出，博採諸家之說，以自爲名歟；抑其識解傑出，即東萊、梅谿兩先生之名，且爲其所掩歟？今編年本不多見，而分類本行於世，烏焉亥豕，舛訛滋多，觀者每不能無憾。余甥朱翠庭中翰，年少多才，甫學聲律，便超然有出塵之概。性好蘇詩，朝夕手一編，咿唔不輟。嘗借得宋刻編年本，即施武子注者，與梅谿注初無大異，又字句脱落，中間缺至十餘卷，不爲完書，爲惋惜者久之。適有分類善本，得之，拊掌稱快，因參互考訂，折衷至當，一仍分類本之舊，而以《本傳》、《年譜》置諸卷首，洵能兼二本之長，而正流俗舛訛之失者。

陳子覯《楚詞箋注後序》 某年月日，梅先生《楚詞箋註》成。成三年，而授安成陳子覯讀之，因申其序之之意。於後曰：「意不盡于所註者也，故能注。意又不盡于是注也，故能箋。斯二者詳約岐焉，而乃不僅岐于詳約，是故箋註之義明，而後箋註之道備。近世竟陵有言《離》乎，其所註者而猶能爲書，注者之精神能自立于所注者之中，而又遊乎其外者也。」先生自道之矣。包羲文乃能言羲文，其是之旨歟？《楚詞》之爲書也，推尊之者，謂其及孔聖時當錄之經。夫經之與否非後人能知，要其書蓋性情之書也。宋景以後，倣傚者數十家，詮釋者則不下百家。然東方、賈、楊而下，不免有形似神似之異。至于詮釋，漢有不能盡得之劉、王，宋有不能盡得之朱、洪者。何以故？豈其學識才之爾殊也哉？雖然，紫陽氏則偉矣。集說辨證序云：先生當慶元退居之時，六經皆有訓傳。其殫見洽聞發露不盡者，萃見于此。嗚呼，偉矣。以先生之敬心質言，凡其所注，如臨六經之嚴。今先生值遵晦之際，篤不息之貞，《易》《詩》《書》三傳久行于世，有以廓千古之秘，而奪百家之氣者，而發露于是書。業又如此淵核幻逸，絕貫孤迴，闢訛淪窒，快無遺蘊。覯手是編于顛沛造次之中，屢閱月而深求之，而嘆服乎。紫陽於先生所同，與先生于紫陽所獨者，又豈其學識才之爾殊哉。質的設，而天下之手無異鄉。日月揭，而天下之目無異屬。聖人之道，獨立于中，而天下之心無兩從。箋注者，《楚詞》之日月，質的也，天下後世之手目，其一矣夫。嗟乎，先生于思陵時，由良司牧晉名侍御，五年報政，羣庶賡德，一奏入御，當宁動容，其爲菌不改芳，驪不易騁，固已譜譯于潘鮑花驄矣，又奚待于正襟含毫，而後稱述作哉？林渭起應辰之撰《龍岡楚辭說》也，謂屈大夫不沉于汨羅，蓋比于浮家遯跡之意，覯深信以爲然，敢併質之先生。

宋犖《施注蘇詩序》 公詩故有吳興施氏元之註四十二卷，元之子宿推廣爲年譜，而陸放翁序之，宋嘉泰間鏤版行世，其後罕流傳。予常求之，數十年莫能得。及撫吳，又數數購求，始得此本於江南藏書家第，缺者十二卷。乃屬毗陵邵長蘅子湘訂補，且爲之芟複正譌，而佐之以吳郡顧嗣立俠君洎兒子至。其續補遺詩四百餘首，采摭施本所未備，别爲二卷，則以屬錢塘馮景山公爲之註。先是，永嘉王氏有《蘇詩註》三十二卷，行世頗久，然有三失，分類則陋，不著書名則疎，改竄舊文則妄，誠如子湘所言，加之俗本相沿，諸譌多有。茲編出，而王氏舊本可束高閣矣。凡人喜磊落者，薄蟲魚之註，矜博雅者，搜畢方鼫鼠之名，二者異趣，而予於蘇詩註則非是之謂。蓋以既慕其人，則嗜其言，既嗜其言，則索其解，解必求精，精必正謬，將使世之效法公者，因解而得其言，因言以推其心，凡忠言嘉謀，豐功亮節之大端，胥於是乎識，而祈嚮不遠矣。昔賢可法，莫不皆然，獨公詩乎哉？而予特其性之近者爾。故殫精力，積歲時，完殘補缺，使施註幾亡而復顯，殆有天焉以玉其成，而亦不自知其久且勤如此也。嗚呼，迹公生平，自嘉祐登朝，歷熙寧、元豐、元祐、紹聖三十餘年間，論新法，遻羣奸，投荒錮黨，幾蹈不測，而矢其孤忠，百折不回，讀公詩自可知其人而論其世，則予又將以是註爲糟醨也。

陳本禮《屈辭精義・參引諸家》 《離騷傳》。淮南王劉安。《離騷章句》。王逸。《辨騷》。劉勰。《史通》。劉知幾。《文選六臣註》。李善、呂延濟、劉良、張銑、呂向、李周翰。《天對》。柳宗元。《離騷補註》。洪興祖。《離騷集註》。朱晦菴。《離騷草木疏》。吳仁傑。《離騷集傳》。錢杲之。《楚詞疏》。陸時雍。《文選瀹註》。閔赤如。《天問別註》。周拱臣。《閔本批點》。陳深。《繪像楚詞》。來欽之。《楚詞聽直》。黄文煥。《楚詞評林》。沈雲翔。《離騷解義》。李安溪。《天問補註》。毛奇齡。《楚辭鐙》。林雲銘。《離騷正義》。方靈皐。《文選評》。何義門。《屈辭洗髓》。徐文煥。《離騷節解》。張德純。《楚辭評註》。王萌、姪王遠。《文選評註》。方榕川。《楚詞詳解》。奚蘇嶺。《騷辯》。朱冀。《離騷彙訂》。王貽六。《離騷新註》。屈復。《山帶閣註》。蔣驥。《楚詞節註》。姚培山。《楚詞約註》。高秋月。《楚詞讀本》。方人傑。《楚辭發蒙》。練湖女子陳銀。《文選音義》。余簫客。《屈騷心印》。夏大霖。

《周易注疏・周易注解傳述人考證》 臣良裘按：諸經授受源流，傳注或詳或略，今取《釋文》所錄，并存之。此《周易》源流，文間訛缺，如云孔子作《彖辭》、《象辭》、《文言》、《繫辭》、《說卦》、《序卦》、《雜卦》十翼，文義具足矣。而《雜卦》下却缺二字，殊不可曉。又注：「詳見余所撰」句下，亦缺二字。考德明所撰，他無表見。意即《乾》傳第一疏云：「夫子十翼，解見發題者。是今其書亦不傳。臣清植按：《雜卦》下二字，以文義求之，當作「是謂」二字。據孔穎達（數）［疏］「十翼」云：「上彖一，下《彖》二，上《象》三，下《象》四，上《繫》五，下《繫》六，《文言》七，《說卦》八，《序卦》九，《雜卦》十」，是《彖》、《象》、《繫辭》各釐爲上、下二篇。此文所列《彖》、《象》、《繫辭》，不曾晰出上下，故當時刻者疑其不足十數，因缺以俟考耳。今亦未敢臆決，仍舊闕之。

自「魯商瞿子木受《易》於孔子」至末。臣良裘按：自此已下，皆采兩漢《儒林傳》之文字，多別出。田何「子莊」，《漢書》作「子裝」。丁寬作《易說》「三萬言」，《漢書》作「二萬言」。翟牧，字「子況」，《漢書》作「子兄，注：讀曰況」。彭祖，「字長夏，眞定太守」，《漢書》作「字子夏，眞定太傅」。戴「馮」，《後漢書》作「憑」。王「璜」，《後漢書》作「横」。

楊潮觀《古今治平匯要》卷八《經學》 非聖人之言不敢言，非聖人之書不敢讀，固將以明其道而行其事也。自異端叛經而經不明，後儒窮經而經亦不明。蓋詞章訓詁之家雜，而道德性命之旨微，異同得失之見紛，而修、齊、平、治之功缺。此實學所以罕聞，而大道迄無依據也。雖然窮經之士固不爲無過，亦不爲無功。當秦火灰刦之餘，非漢儒不能傳其業；比百家並起之後，非宋儒不能折其衷。故古今爲學者既以聖經爲歸，而談經者即以注疏家爲據。雖自漢以後門戶非一，而其著者可得而言。《易》之興也，始自伏羲。夏曰《連山》，商曰《歸藏》，周曰《周易》，文王作卦詞，周公作爻詞，孔子作《十翼》，《易》之爲道于是備焉。幸以卜筮，遭秦不廢。漢儒傳之分爲三家：始于田何者，分《卦》、《象》、《爻》、《彖》之類，各自爲篇；始于焦贛者，述陰陽災異之言，絕無師授；始于費直者，以《彖》、《象》、《文言》之辭參八卦內。田氏、丁寬等傳之，焦氏、京房等傳之，費氏、鄭玄、王弼等傳之，三家並行，費爲獨盛。康成主象，輔嗣主理；主象難曉，主理易習。孔穎達作《正義》，則取王舍鄭；李鼎祚作集解，則取鄭舍王。至衛元嵩、元包，則僭妄矣。關子明《易傳》，則背畔矣。惟宋儒言理者，有濂溪《易通》，伊川《易傳》。言數者，有堯夫《經世》，考亭《本義》，乃所稱考《象》辭而不泥于術數，談義理而不淪于虛寂者矣。《尚書》有今文、有古文：今文伏勝所授二十九篇，傳之者歐陽夏侯也。古文安國所定五十八篇，奏之者梅賾、姚興也。今文傳註則莫先于伏生大傳，古文傳註則莫先于安國訓解。至蔡巢、費顧之徒，義皆淺略。劉焯、劉炫之輩，失在繁華。介甫傷于鑿，蘇軾傷于略，呂祖謙傷于巧，林之奇傷于煩。得失互殊，均無足取。朱子以屬蔡氏書傳，始有所歸。《詩》在兩漢，分爲四家：《魯詩》起于申培，而盛于韋賢；《齊詩》起于轅固，而盛于匡衡；《韓詩》起于韓嬰，而盛于王吉；《毛詩》起于毛萇，而盛于徐敖。四家之詩，經同說異，而言詩之士惟本毛公。賈長卿傳于前，鄭康成箋于後，其爲義疏者，全綏、何胤輩也。其尤殊絕者，劉焯兄弟輩也。然不有朱傳諸家，究無足憑。今夫天地萬物之情，《易》備其義。虞、夏、商、周之治，《書》載其規；政教風俗之成，《詩》言其效。故義經者，造化之體也；壁經者，帝王之道也；葩經者，性情之敎也。明其理，達其用，三經傳註不無可取。而吾夫子志欲行周公之道，則其制作全在《春秋》。而周公所以致太平之書，約其規模，又在諸禮、《麟經》者。禮、樂，刑罰之權也。《禮經》者，周旋揖讓之文也。《麟經》之傳有五，《禮經》之書有三。夫鄒氏無師，夾氏無書，其學先亡，不待言矣。《左氏》艷而富，其失也誣，張蒼、賈誼皆治之，而註之者杜預。《公羊》辨而裁，其失也俗，胡母、董生皆習之，而註之者何休。《穀梁》清而婉，其失也短，申公、瑕丘皆傳之，而註之者范甯。若夫啖、趙解疑，每援經以擊傳；陸、韋編例，惟合異以爲同。賴有胡、程之傳以明之，而聖人之經始正。《禮記》得于河間，校於劉向，刪于二戴，增于馬融。註之者馬、鄭，疏之者皇、熊。熊失之背繆，皇失之廣繁。至穎達、祖康成作正義，陳澔採衆家爲集說，羽翼之功有可採者。《儀禮》出于孔壁者，二戴所黜；出于淹中者，河間所獻；傳于高堂生者，后倉所業。后倉爲《曲臺記》以授二戴、慶普，慶氏至曹褒失傳。小戴至康成有註，賈逵爲之疏，楊復爲之圖。雖昔人曾有五疑，昌黎病其難讀，而晦庵集之，看得有緒，其爲聖經，不必辨也。《周禮》者，劉歆以授杜氏，杜氏以授賈氏，傳自鄭康成始，釋自陸德明始，疏自賈公彥始，尊之者王仲淹，慕爲王道之極，唐太宗嘆爲眞聖人作。疑之者何昭公，以爲六國陰謀之書。林孝存以爲瀆亂不經之說，歐陽疑其設官太多，陳氏謂與《周官》不合，蘇穎濱有三不可信之評，胡五峯無一官完善之論。蓋是書也，春秋以後，一壞于諸侯之去籍，再壞于嬴氏之刦灰。兩漢以來，一壞于王莽、劉歆，再壞于宇文、蘇綽，三壞于安石、蔡京。一經五壞，疑信相參，宜乎議論紛然，不復可定。然《禮》之爲經有三，言乎儀文度數，則《儀禮》其本經，《禮記》其義疏，而綱領則《周禮》也。考亭之說，豈可易哉。抑禮固持身之具，而孝尤立德之本。《孝經》藏于顏芝者，爲今文十八章；出于孔壁者，爲古文二十八章。舊註惟韋昭、王肅是其選矣，而虞翻、劉邵，抑又次焉。孔安國尚古文，劉炫宗之。鄭康成主今文，陸澄譏之。明皇取衆家以爲註，邢昺作《正義》以爲疏，約文敷暢，義亦昭然。至朱紫陽作刊誤，則多從古文。而呂維祺作本義，遂集成諸說矣。《論語》有魯論、齊論，張禹兼通。齊、魯包氏、周氏，章句出焉。訓之者馬融、鄭玄，益以齊、古，王肅、何晏之徒宗焉。疏之者皇侃。自朱注一行，而百家始廢。《孟子》有內書、外書，註解出于趙岐，篇數合于陸善經、張鎰，但爲音釋而遺漏頗多。丁公著稍識旨歸，而時有誤謬。若夫非孟者荀卿，刺孟者王充，刪孟者馮休，疑孟者溫公，辨孟者東坡，而尊孟者虞允文也。《爾雅》，張楫謂始于周公，揚雄謂作于游夏。又或謂仲尼所增，或謂子夏所益，或謂叔孫通所補，誠九流奧旨而博物所資也。自終軍豹鼠之辨，而其書始行。郭璞究心一十八載，而其義始備，考古之學，彬彬可觀。蓋嘗思之，孔子逝而微言絕，異端起而大義乖，諸子雜流紛紜蝟集，唯賴此數經以爲大道所寄，實學所存。而自來師儒長于數者，得其名物象數之賾；長于理者，務乎道德仁義之精，亦能各挾所聞，以相表裏。然而空言多者，寔用必少；細節具者，大體或虧。徒令後之學者畢世不能殫其業，窮年不能究其功，目眩耳聾，日以滋惑。夫以數大聖人之學備載簡牘，士君子束髮受之，不于其中出名世，而于其中出腐儒。蓋或爲詞章訓詁所誤。嗚呼，九師興而《易》道衰，《三傳》作而《春秋》亡，齊、魯、毛、韓，《詩》之末也，大戴、小戴，《禮》之微也。秦火滅經而經存，漢儒窮經而經廢，其然，豈其然乎。

朱從延《蘇東坡詩集注序》　《東坡先生詩集》箋注者，不啻數百家，惟吳興施氏、永嘉王氏二本稱最善。而施注編紀年月，自少壯及衰老，生平出處、行事大節與凡嬉笑怒駡之情，無不恍然如見，識者以爲尤得知人論世之學焉。若夫徵引之浩博，考據之精核，則王氏之《分類集注》亦不多讓于施氏也。放翁稱施氏歲久工深，于東坡之意可以無憾。愚按：王氏由八注、十注而搜索諸家，會集一編，剗緐剔冗，及其書成，所存者且至幾百人，則王氏之用力，亦不可謂不久且深。故二注出，而他家可以盡廢。【略】儻有能購施注舊《東坡先生分類詩注》三十二卷，其分類本金華呂氏，而詩注則永嘉王氏所纂輯也。顧注中如洪駒父、韓子蒼、劉子翬、趙堯卿、次公諸家，各各索隱探賾，標新領異，而後世獨稱永嘉王氏者，亦猶顏師古之注《漢書》，李善之注《文選》，蓋去取精嚴，而考覈詳審，集衆說之異同，而折衷於至當也。

王宋賢《讀韓記疑·音注韓集諸家姓氏》　新安本卷首有此一篇，所載凡七家。惟建安本所載姓氏最多。然自公門下士與公以詩文還往，及唐宋人議論公文見於諸家文集者，悉載之。今用《漢書》顏師古《叙例》，專取註釋諸家，及宋景文《漢書》兼列參校諸本，都凡二十七家，備列如左。

唐天水趙德編輯公文，號《文錄》。《考異》所稱潮本是也。令狐澄桂管廉使定之，孫相國楚之從孫歷，官中書舍人，校刊《韓集》。宋人所據唐本是也。宋祥符杭人。不詳校刊人姓氏。廬陵歐陽修，字永叔，校正舊蜀本《韓文》。謂之歐本。蜀人蘇溥，嘉祐中校《韓集》，號嘉祐蜀本。汲郡呂大防讎正韓文撰《年譜》。臨漢魏泰，字道輔，撰《釋註》。丹陽洪興祖，字慶善，撰《年譜辨證》。又有《校定韓文》號洪本。東蜀樊汝霖，字澤之，著《公誌》及《年譜註》。眉山孫汝聽，字良臣。臨卭韓醇，字仲韶。眉山劉崧，字公輔。以上三家各著《全解》。文溪祝充，字廷賓，《音義》。建安嚴有翼，字冲甫，著《韓文切證》。建安蔡夢弼，字傅卿，著《纂註》。程俱撰《歷官記》。《五百家》本云程至道著《年譜》，意即是人。姚令威撰《集註》。方氏《舉正》及魏氏《五百家》註引之。莆田方崧卿撰《增考年譜》及《韓文舉正》。新安朱熹，字仲晦，校定《韓文》，別撰《考異》。西山蔡元定，字季通，撰《補註》。集中所採補註，往往多悖理之談，必非西山手筆。恐《五百家》所云蔡氏《補註》另有一本，非今本也。建安魏仲舉撰《集註》，號五百家註本，亦稱建本、魏本。留畊王伯大爲南劍州通判，取朱子《考異》原文分附韓集正文之下，每卷末別附《音釋》若干條，號南劍本。卷首《凡例》十二條。一曰：正文及篇次係按方崧卿本，而用諸本參校。註云：杭係監本，閣係館閣本，石係石刻本，洪係洪興祖本。又有潮本、蜀本、泉本、晁本。按：謂杭爲監本，蓋宋南渡以後之稱，此自留耕新例。《考異》所引乃指祥符中民間刻本，非官書也。晁謂晁補之校本。此外，《考異》所引，尚有歐本及李謝校本，又蔡文忠、張本潛諸校本。閩人廖瑩中，亦分《考異》原文附本集正文之下，兼採《五百家註》。號世綵堂本，亦號廖本。明新安朱崇沐，又取王伯大《音釋》併入正文之下，號新安本，亦稱徽本。此書脱誤甚多，因其行世最廣，故特據此詳校，俾讀者考焉。吳中徐時泰，取廖氏世綵堂本，倣朱子《楚辭集註》例，刪去註家姓氏，刻之東雅堂中，號東雅堂本，亦稱吳本。按：《楚辭集註》，朱子鎔鑄前聞，自以己意貫串成章，不宜攙入舊註氏名，以亂其體。徐氏校刊韓集，不過勦襲諸家成説，顧乃刪去氏名，使首尾不相接續，豈復成著述之體？徐氏誣前賢，以苟便己私，讀者慎勿爲其所惑。皇朝長洲何焯，字屺瞻，著《義門讀書記》，評註韓集爲詳。吳江陳景雲，字少章，著《韓集點勘》。長白富口號、仁軒司藩江右，取《五百家註》重刻之，仍號《五百家註》本。今世所行《韓集》正集外，尚有《外集》十卷，《別集》一卷。《別集》者，朱子採方本及他本所錄石刻遺文等是也。今江右所刊，但存正集四十卷，蓋非魏氏完書。近秀水朱彝尊跋李太僕家藏慶元間五百家註本，《別集》外更有《論語筆解》十卷。《筆解》自朱子時便有散亡之憾，然謂伊川學者多取之。今其大義之僅存而可見者，如《別集・荅侯生書》，其論甚偉，竊謂聖人復起所不能易。公嘗自言讀書惟在其意義所歸。《荅侯生書》又言：「愈昔註解其書，而不敢過求其意。」今此書慶元魏本獨載之。朱氏去今未遠，知此書猶在人間。倘得好古有力之士博求而并刻之，尤讀韓者一大快云。

右凡二十七家。寒家所有，惟南劍新安東吳本、《新刊五百家註》本及《義門讀書記》、《韓集點勘》六種，參以顧嗣立《韓詩集註》、方世舉《編年箋註》二種。據此校讎，深愧見聞未廣。幸海内篤學之士爲之訂訛補闕，別有以開其所不逮焉，嘉興王元啓。

皮錫瑞《經學通論・易經通論・論傳經之人惟易最詳經義之亡惟易最早》　孔子刪定六經，傳授之人，惟《易》最詳，而所傳之義，惟《易》之亡最早。《史記・仲尼弟子列傳》曰：孔子傳《易》於商瞿，瞿傳楚人馯臂子弘，弘傳江東人矯子庸疵，疵傳燕人周子家豎，豎傳淳于人光子乘羽，羽傳齊人田子莊何，何傳東武人王子中同，同傳菑川人楊何。何元朔中以治《易》爲漢中大夫。《漢書・儒林傳》曰：自魯商瞿子木受《易》孔子，以授魯橋庇子庸，子庸授江東馯臂子弓，子弓授燕周醜子家，子家授東武孫虞子乘，子乘授齊田何子裝，田何授東武王同子中、雒陽周王孫丁寬、齊服生，同授淄川楊何字叔元，寬授同郡碭田王孫，王孫授施讎、孟喜、梁邱賀。繇是《易》有施、孟、梁邱之學。《史》、《漢》載商瞿以下傳授名字：子弘即子弓，矯疵即橋庇，周醜即周豎，光羽即孫虞。《史記》以爲子弘傳子庸，《漢書》以爲子庸傳子弓，各有所據，而小異大同。孔門傳《易》之源流，在漢固甚明也。《史記》止於楊何，距商瞿八傳。《漢書》下及施、孟、梁邱，距商瞿九傳。《史記・儒林傳》云：言《詩》於魯則申培公，於齊則轅固生，於燕則韓太傅。言《尚書》自濟南伏生。言《禮》自魯高堂生。言《易》自菑川田生。言《春秋》於齊魯自胡毋生，於趙自董仲舒。是皆言漢初傳經諸人，而申公、轅固、韓嬰、伏生、高堂生等，皆不言其所授，蓋史公已不能明。惟於《易》云：自魯商瞿受《易》孔子。孔子卒，商瞿傳《易》，六世至齊人田何字子莊。而漢興，田何傳東武人王同子仲，子仲傳菑川人楊何。史公父談受《易》於楊何，故於《易》之授受獨詳。史公能詳《易》家授受之人，豈不能知《易經》作卦爻辭之人？而《周本紀》但云文王重卦，《魯世家》不云周公作爻辭，則文王、周公無作卦爻辭之事。《孔子世家》云：序《彖》、《繫》、《象》，即卦爻辭在其中矣。《史記》不及丁寬，《漢書》以爲寬授田王孫，王孫授施、孟、梁邱。又云：至成帝時，劉向校書，考《易》説，以爲諸《易》家説皆祖田何、楊叔、丁將軍，大誼略同。唯京氏爲異黨，焦延壽獨得隱士之説，託之孟氏，不相與同。據《漢書》，則田何、丁寬、楊何之學本屬一家，傳之施、孟、梁邱，爲《易》之正傳。焦、京之學，明陰陽術數，爲《易》之別傳。乃至於今，不特王同、周王孫、丁寬、服生之《易》傳數篇無一字存，即施、孟、梁邱，漢立博士授生徒以千萬計，今其書亦無有存者。轉不如伏生《尚書》，齊、魯、韓《詩》，猶可稍窺大旨。豈非事理之可怪，而經學之大可惜者乎。後惟虞翻注《易》，自謂五世傳孟氏《易》，其注見李鼎祚《集解》稍詳。近儒張惠言爲之發明，此則孟氏之學支與流裔猶有存者。而漢儒《易》學，幸得存什一於千百也。

又《論以傳附經始於費直不始於王弼亦非本於鄭君》　古本《易經》與今不同，朱子《記嵩山晁氏卦爻彖象説》，謂古經始變於費氏，而卒大亂於王弼。顧炎武謂此據孔氏《正義》，謂連合經傳，始於輔嗣，不知其實本於康成也。《漢書・儒林傳》云：費直治《易》無章句，徒以《彖》、《象》、《繫辭》、《文言》解説上下經，則以傳附經，又不自康成始。近儒姚配中説尤詳晰，曰「經傳之合始自費直」。《魏志·高貴鄉公紀》帝問曰：孔子作《彖》、《象》，鄭氏作注，雖聖賢不同，其所釋經義一也。今《彖》、《象》不與經文相連，而注連之，何也？《易》博士淳于俊對曰：鄭氏合《彖》、《象》於經，欲使學者尋省易了也。據此，則經傳之合，始自鄭矣。然案《儒林傳》云：費直治《易》，長於卦筮，亡章句，徒以《彖》、《象》、《繫辭》、十篇《文言》解説上下經，以傳解經，則必以傳合經，經傳之連，實當始自費，非始自鄭也。而高貴鄉公、淳于俊並云鄭者，蓋費氏亡章句，徒以傳解經，則傳即爲其章句，注者因費氏之本，既注經即還注傳，而合傳於經之名，遂獨歸注之者矣。且直以古字號古文《易》，劉向以中古文《易》校諸家，唯費氏經與古文同。費氏經既與中古文同，而又亡章句，非合傳於經，則傳其書者，直云傳古文可耳，烏得以直既無章句，又無異文，而乃獨以其學歸之費氏耶？《尚書》有今古文之學，此其可證者也。《後漢書·儒林傳》云：陳元、鄭衆皆傳費氏《易》，其後馬融亦爲其傳。案：馬融注《周禮》，尚欲省學者兩讀，其爲《易》傳，當亦必仍費氏之舊。高貴鄉公不言馬融，獨言鄭連之者，時方講鄭學，據鄭言也。蓋唯費無章句，以傳解經，傳其學者，不過用其本耳。是以注家言人人殊，而俱曰傳費氏《易》，極至王弼之虚言，亦稱爲費氏之學，此其明驗也。錫瑞案：姚氏此説，可爲定論。其謂傳費氏學者不過用其本，是以注家言人人殊，尤可以見漢時傳古文者之通例，非特《周易》一經。即如《尚書》傳古文者，衛、賈、馬、鄭皆用杜林本，而鄭不同於馬，馬亦未必同於衛、賈，正與鄭、荀、王皆傳費氏《易》，而言人人殊者相似。漢時傳今文者，有師授，有家法。傳古文者，無師授，無家法，其崇尚古文者，以古文之本爲是，今文之本爲非，如《易》則云諸家脱「无咎」「悔亡」，《書》則云《酒誥》脱簡一，《召誥》脱簡二。故好古者以古文經相矜炫，而相傳爲秘本。然古文但有傳本而無師説，當時儒者若但以古文正今文之誤，而師説仍用今文，博士所傳，則無鄉壁虚造之譏，亦無多歧亡羊之患。漢之經學，雖至今存可也。乃諸儒名爲慕古，實則喜新。傳本雖用古文，而解經各以意説，以致異議紛雜，言人人殊，學者苦其繁而無由折衷，以致漢末一亂，而同歸於盡，不得謂非諸儒之咎矣。《易經》皆孔子作，《彖》、《象》、《文言》亦當稱經，惟今之《繫辭》傳，可稱傳耳。據高貴鄉公言，則當時已誤以卦爻辭爲經，《彖》、《象》、《文言》爲傳矣。

《後漢書·盧植傳》 作《尚書章句》、《三禮解詁》。時始立太學《石經》，以正《五經》文字，植乃上書曰：「臣少從通儒故南郡太守馬融受古學，頗知今之《禮記》特多回冗。臣前以《周禮》諸經，發起粃謬，敢率愚淺，爲之解詁，而家乏，無力供繕［寫］上。願得將能書生二人，共詣東觀，就官財糧，專心研精，合《尚書》章句，考《禮記》失得，庶裁定聖典，刊正碑文。古文科斗，近於爲實，而厭抑流俗，降在小學。中興以來，通儒達士班固、賈逵、鄭興父子，并敦悦之。今《毛詩》、《左氏》、《周禮》各有傳記，其與《春秋》共相表裏，宜置博士，爲立學官，以助後來，以廣聖意。」

陸德明《經典釋文·條例·論音注》 先儒舊音，多不音註。然註既釋經，經由註顯。若讀註不曉，則經義難明。混而音之，尋討未易。今以墨書經本，朱字辯註。用相分別，使較然可求。

邢璹《周易略例序》 謹依其文，輒爲註解。雖不足敷弘《易》道，庶幾有裨於教義。亦猶螢爝增輝於太陽，涓流助深於巨壑。

程頤《伊川易傳序》 《易》，變易也。隨時變易，以從道也。其爲書也，廣大悉備。將以順性命之理，通幽明之故，盡事物之情，而示開物成務之道也。聖人之憂患，後世可謂至矣。去古雖遠，遺經尚存。然而前儒失意以傳言，後學誦言而忘味。自秦而下，蓋無傳矣。予生千載之後，悼斯文之湮晦，將俾後人沿流而求源，此傳所以作也。《易》有聖人之道四焉，以言者尚其辭，以動者尚其變，以制器者尚其象，以卜筮者尚其占。吉凶消長之理、進退存亡之道備於辭，推辭考卦可以知變，象與占在其中矣。君子居則觀其象而玩其辭，動則觀其變而玩其占，得於辭不達其意者有矣，未有不得於辭而能通其意者也。至微者，理也；至著者，象也。體用一源，顯微無間。觀會通以行其典禮，則辭無所不備。故善學者求言必自近《易》，於近者非知言者也。予所傳者，辭也。由辭以得其意，則在乎人焉。

程頤《近思録》卷三 伊川先生《春秋傳·序》曰：天之生民，必有出類之才起而君長之，治之而爭奪息，導之而生養遂，教之而倫理明。然後人道立、天道成、地道平。二帝而上，聖賢世出，隨時有作，順乎風氣之宜，不先天以開人，各因時而立政。暨乎三王迭興，三重既備，子丑寅之建正，忠質文之更尚，人道備矣，天運周矣。聖王既不復作，有天下者雖欲倣古之迹，亦私意妄爲而已。事之謬，秦至以建亥爲正；道之悖，漢專以智力持世，豈復知先王之道也。夫子當周之末，以聖人之不復作也，順天應時之治不復有也，於是作《春秋》，爲百王不易之大法。所謂考諸三王而不謬，建諸天地而不悖，質諸鬼神而無疑，百世以俟聖人而不惑者也。先儒之論曰：游夏不能贊一辭。辭不待贊也，言不能與於斯耳。斯道也，惟顏子嘗聞之矣。行夏之時，乘殷之輅，服周之冕，樂則韶舞，此其準的也。後世以史觀《春秋》，謂褒善貶惡而已，至于經世之大法，則不知也。《春秋》大義數十，其義雖大，炳如日星，乃易見也，惟其微辭隱義、時措從宜者爲難知也。或抑或縱，或與或奪，或進或退，或微或顯，而得乎義理之安、文質之中、寬猛之宜、是非之公，乃制事之權衡，揆道之模範也。夫觀百物而後識化工之神，聚衆材而後知作室之用，於一事一義而欲窺聖人之用心，非上智不能也。故學《春秋》者，必優游涵泳、默識心通，然後能造其微也。後王知《春秋》之義，則雖德非禹湯，尚可以法三代之治。自秦而下，其學不傳，予悼夫聖人之志不明於後世也，故作傳以明之，俾後之人通其文而求其義，得其意而法其用，則三代亦可復也。是傳也，雖未能極聖人之藴奥，庶幾學者得其門而入矣。

范祖禹《范太史集》卷三六《古文孝經説序》　《古文孝經》二十二章，與《尚書》、《論語》同出於孔氏壁中，歷世諸儒疑眩莫能明，故不列於學官。今文十八章，自唐明皇爲之註，遂行於世。二書雖大同而小異，然得其眞者，古文也。臣今竊以古爲據，而申之以訓説，雖不足以明先王之道，庶幾有萬一之補焉。

唐庚《眉山文集》卷二《易庵記》　客問陶隱居：「吾欲註《周易》、《本草》，孰先？」隱居曰：「《易》宜先。」客曰：「何也？」隱居曰：「註《易》誤，猶不至殺人。註《本草》誤，則有不得其死者矣。」世以隱居爲知言，與吾之説大異。蓋六經者，致治之《本草》也。漢時決疑獄，斷國論，悉引經術，兹豈細故而易言哉？《本草》所以辨物，六經所以辨道。道者，物之所以生。物者，人之所資以爲生。一物之誤，猶不及其餘。道術一誤，則無復孑遺矣。前世儒臣引經誤國，其禍至於伏尸百萬，流血千里。《本草》之誤，豈至是哉。註《本草》誤，其禍疾而小。註六經誤，其禍遲而大。隱居註《本草》矣，故知《本草》之爲難。而未嘗註經，故不知經爲尤難，而不可率易如此。世以不服藥爲中醫，此言雖小，可以喻大。吾用《易》不審，陷禍幾危。今幸閒廢，方且掩庵，熟讀而深思之。

羅從彦《豫章文集》卷一二《春秋指歸序》　或曰：孔子删《詩》、《書》，定《禮》、《樂》，讚《易》道，三王之道盡於此矣。而又作《春秋》，何也？曰：《五經》論其理，《春秋》見之行事，《春秋》，聖人之用也。龜山嘗語人曰：「《春秋》，其事之終歟。學者先明《五經》，然後學《春秋》，則其用利矣。」亦以此也。久矣哉，《春秋》之揜於傳註也。猶鑑揜於塵，不有人焉刮垢磨光以還其明，則是後之學者將終不覩聖人之心，天下生靈將終不見三代之治，而夫子生平之志，將終不行，理必無是也。此伊川之所以有《春秋傳》也。近世説《春秋》者多矣。政和，歲在丁酉，余從龜山先生於毗陵授學經年，盡裒得其書以歸，惟《春秋傳》未之獲覩也。宣和之初，自輦下趨郟鄏，門人尹焞出以授予。退而考合於經，驗之以心，而參之以古今之學，蓋其所得者十五六，於《春秋》大義，譬如日月經天，河海帶地，莫不昭然。微詞妙旨，譬如璣衡之察，時有所見。用是掇其至當者作指歸，又因前人纂集之功，分別條章裁成義例者，作釋例，未知中否。要須雍容自盡於燕閒靜一之中，遲之以歲月，積之以力久，優而游之，使自求之；饜而飫之，使自趨之。則於《春秋》之學，其庶幾乎。

胡安國《胡氏春秋傳序》　古者列國各有史官，掌記時事。《春秋》，魯史爾，仲尼就加筆削，乃史外傳心之要典也，而孟氏發明宗旨，目爲天子之事者。周道衰微，乾綱解紐，亂臣賊子，接跡當世，人欲肆而天理滅矣。仲尼，天理之所在，不以爲己任而誰可？《五典》弗惇，己所當叙，五禮弗庸，己所當秩，五服弗章，己所當命，五刑弗用，己所當討。故曰「文王既沒，文不在兹乎？」「天之將喪斯文也，後死者不得與於斯文也。天之未喪斯文也，匡人其如予何？」聖人以天自處，斯文之興喪在己，而由人乎哉？故曰「我欲載之空言，不如見諸行事之深切著明也」。空言獨能載其理，行事然後見其用，是故假魯史以寓王法，撥亂世反之正。叙先後之倫而典自此可惇，秩上下之分而禮自此可庸，有德者必褒而善自此可勸，有罪者必貶而惡自此可懲，其志存乎經世，其功配於抑洪水、膺戎狄、放龍蛇、驅虎豹，其大要則皆天子之事也。故曰「知我者其惟《春秋》乎，罪我者其惟《春秋》乎」。知孔子者，謂此書之作，遏人欲於橫流，存天理於既滅，爲後世慮至深遠也；罪孔子者，謂無其位而託二百四十二年南面之權，使亂臣賊子禁其欲而不得肆，則戚矣。是故《春秋》見諸行事，非空言比也。公好惡則發乎《詩》之情，酌古今則貫乎《書》之事，興常典則體乎《禮》之經，本忠恕則導乎《樂》之和，著權制則盡乎《易》之變，百王之法度，萬世之準繩，皆在此書。故君子以謂《五經》之有《春秋》，猶法律之有斷例也。學是經者，信窮理之要矣，不學是經而處大事決大疑能不惑者鮮矣。自先聖門人以文學名科，如游，夏尚不能贊一辭，蓋立義之精如此，去聖既遠，欲因遺經窺測聖人之用，豈易能乎。然世有先後，人心之所同然一爾。苟得其所同然者，雖越宇宙，若見聖人親炙之也，而《春秋》之權度在我矣。近世推隆王氏新説，按爲國是，獨於《春秋》，貢舉不以取士，庠序不以設官，經筵不以進讀，斷國論者無所折衷，天下不知所適。人欲日長，天理日消，其效使逆亂肆行莫之遏也。噫，至此極矣。仲尼親手筆削撥亂反正之書亦可以行矣。天縱聖學，崇信是經，乃於斯時奉承詔旨，輒不自揆，謹述所聞，爲之説以獻。雖微辭奥義或未貫通，然尊君父、討亂賊、闢邪説、正人心、用夏變夷，大法略具。庶幾聖王經世之志小有補云。

王庭珪《盧溪文集》卷四九《跋靈樞經》 《靈樞》十卷，扁鵲註其書，多論脈，而中有衛生之經説。虛皇九眞陰陽之精，皆出天地之外，非凡目所見也。侯大淵示余此書，讀之灑然，益知金丹果可作而不復自疑者，蓋探出扁鵲之肺腑而取證焉耳。大淵切脈論病，出人意表，其亦有得於斯歟。唯字多脱誤，不敢以私意竄定，爲題其後而歸之。

李綱《梁谿集》卷一六三《書襄陵春秋集傳後》 孔子道大，天下莫能用，因魯史作《春秋》，以俟後世君子。雖其義難知，然大旨不過尊王黜霸，褒善貶惡；内諸夏，外四裔；志天道，謹人事而已。《春秋》經世，其言簡而法。《三傳》緯經，其説博而詳。簡而法者，必待夫博而詳者。載事實，釋義例，然後聖人之志因以不泯，而後世得以知之。猶天之垂象，昭回森布，推步占驗，非得甘石之書，則何以仰觀？此《三傳》之於聖人，所以不爲無功也。然三家者，所聞見異辭，所傳異辭，各有所長，而時有異同不合之説。則學《春秋》者，宜精思深考，揆之以道，索之以理，取其是而去其非，則聖人經世之志得矣。或者舍經而信傳，則是得枝葉而忘本也；棄傳而觀經，則是去甘石之書而窺天也。二者胥失，余患此久矣。襄陵許崧老作《春秋集傳》，取三家之説不悖於聖人者著之篇，而删去其所不然。又斷以自得之意，有發於《三傳》之所不能言者。余得而讀之，廓然如披雲霧而覩天日之清明，燦然如汰沙石而見金玉之精粹。然後知《三傳》果有功於《春秋》，而《集傳》又有功於《三傳》。至於斷以自得之意，則與夫三家者齊驅而並駕也，其於學者，豈小補哉？噫，孔子作《春秋》而亂臣賊子懼，蓋筆削之際，游、夏不能措一辭，使得其時，而道可行於天下，則誅賞廢置宜如何哉？雖不見行事而垂之空言，猶足以使後世知君臣父子之道。故太史公曰：有國者不知《春秋》，前有讒而不見，後有賊而不知。爲人臣不知《春秋》，守經事而不知其宜，遭變事而不知其權。爲人君父者而不通《春秋》之義，必蒙首惡之名；爲人臣子者而不通《春秋》之義，必蹈於誅死之罪。其實皆以善爲之，而不知其義，被之空言，不敢辭。然則，學者其可不盡心乎？欲盡心焉，當自此書始。

崔子方《崔氏春秋經解》附録《春秋例要》 《春秋》之爲書，辭約而例繁。欲其嚴也，故其辭約；欲其明也，故其例繁。例者辭之情也，然則學者當比例而索辭，然後可也。例不勝其多，故有與爲例而疑於義者，著之；無與爲例而不疑於義者，不著也。其要在是矣。嗚呼，不知例要而欲知《春秋》，是猶舍舟楫之用而以濟夫川瀆者也。

蘇籀《雙溪集》卷九《初論經解札子》 昔者仲尼删定繫彖筆削，問周史，聞齊韶，而《詩》、《書》、《易》、《禮》、《樂》、《春秋》各得其所，惟舉要發端，不詳其言。非不能詳也，以爲詳之則隘，故略之，使仁智者自求而得。逮夫李斯滅學之後出於屋壁，既非全經。兩漢顓門之流白首講貫，授受相傳，深不負仲尼之旨。虎觀石渠，摳衣重席，論難紛紜，開益後人多矣。唐文皇時，初詔顔師古考究章程，孔穎達撰定義疏，遂爲天下定論，此兩漢魏晉以來千載儒術也。夫六經微言妙用，非可易解而遽曉。始學，必由傳疏。近歲兵火，典籍殘缺。比日諸州刊印稍備，今之諸生所以窮經，捨正義、傳註則懵然矣。此非一代之所私，一家之偏説，一夫之獨智，輯合陶汰千載宇宙之公是非也。但漢初儒者，各譊譊師習。《詩》、《書》、《春秋》，古文初不甚行。《公》、《穀》方熾，《左氏》廢錮，故三代遺典，乖戾不合。唐人因舊承疑，去取粗當，未暇大有發明，易數、樂律，至今不得其傳。臣願陛下特詔名儒學官，既蓄聚唐之義疏，復收録近世儒臣以學顯者所著講解，申敕州縣，委自守貳。網羅募輯，刊刻抄録，儲之太學。臣嘗思念本朝祖宗以來，名世豪傑之士，體道彌切，經藝疏解愈明，知先儒有未悟者，條目甚夥，本朝之學光矣，非累聖神化不能然也。意者商較評品，假以歲年，加秩給費，纂而成編。古人有集傳、集解之號，補唐之正義闕遺，凡説皆通則並存之，疑者闕之，不妄鑿焉。庶幾孔氏之舊，祖宗右文，實賴陛下爲之統紀，甚盛舉也。

《山谷内集詩注》卷首許尹《黄陳詩注序》　宋興二百年，文章之盛，追還三代。而以詩名世者，豫章黄庭堅魯直；其後學黄而不至者，後山陳師道無己。二公之詩，皆本於老杜而不爲者也。其用事深密，雜以儒佛，虞初稗官之説，雋永鴻寶之書，牢籠漁獵，取諸左右，後生晚學，此秘未睹者，往往苦其難知。三江任君子淵，博極群書，尚友古人，暇日遂以二家詩爲之註解，且爲原本立意始末，以曉學者，非若世之箋訓，但能標題出處而已也。既成，以授僕，欲以言冠其首。予嘗患二家詩興高遠，讀之有不可曉者，得君之解，玩味累日，如夢而寤，如醉而醒，如痿人之獲起也，豈不快哉。雖然，論畫者可以形似，而捧心者難言；聞弦者可以數知，而至音者難説。天下之理，涉於刑名度數者可傳也；其出於刑名度數之表者，不可得而傳也。昔後山《答秦少章》云：「僕之詩，豫章之詩也。然僕所聞於豫章，願言其詳，豫章不以語僕，僕亦不能爲足下道也。」嗚呼，後山之言，殆謂是耶。今子淵既以所得於二公者筆之於書矣，若乃精微要妙，如古所謂味外者，雖使黄、陳復生，不能以相授，子淵尚得而言乎？學者宜自得之可也。子淵名淵，嘗以文藝類試有司，爲四川第一，蓋今日之國士，天下士也。

楊萬里《誠齋集》卷八一《彭文蔚補注韓文序》　永明尉彭君文蔚與予同郡，且同鄉舉，自紹興癸酉一別，至淳熙戊申七月二十五日，忽觸熱騎一馬來訪予。於南溪之上道舊故相勞苦外，文蔚喟然曰：「四民精其業者三而已，惟士獨否。道德之粹精，義理之淵永，姑未擊考也。句讀之不分，訓詁之不徹者，麻竹如也。」因出其《補註韓文》八帙以示予，上自先秦之古，下迨漢晉之文史，近至故老之口傳，旁羅遠摭，幽討明抉，殆數十萬言。於是韓子之詩文，雅語奇字，發擿呈露，無餘秘矣。如援《順宗實録》而知《上李實書》之有旨，據唐史本傳而知《送鄭權序》之有負。至於《城南聯句》「採月」、「拗泓」等語，怪奇不可理曉者，援證益白。他難以悉數，是有補於後學爲不少也。昔程子以（羑里）［拘幽］操爲韓子得文王之心，以軻死不得其傳爲韓子見之識之大，此固讀韓文之大觀遠覽也。而文蔚之註，亦獨可廢乎？學者以文蔚之註，求程子之意，而讀韓子之文。韓子猶曰「小得意則人小笑之，大得意則人大笑之」，是後世終無韓子乎，後世有韓子，韓子之幸也。後世無韓子，韓子幸乎哉？文蔚屬予序之，因書其説。文蔚尚有《春秋指掌》、《集義》二書，予恨未見也。當再拜以請。

陳亮《龍川集》卷一六《書伊川先生春秋傳後》　伊川先生之序此書也，蓋年七十有一矣，四年而先生沒。今其書之可見者，纔二十年，世咸惜其缺也，余以爲不然。先生嘗稱杜預之言曰：「優而柔之，使自求之；饜而飫之，使自趨之。涣然冰釋，怡然理順，然後爲得也。」先生於是二十年之間，其義甚精，其類例博矣。學者苟精考其書，優柔饜飫，自得於言意之外而達之，其餘則精義之功在我矣。較之終日讀其全書而於我無與者，其得失何如也？

趙秉文《滏水集》卷一五《中説類解引》　文中子，聖人之徒歟。孔孟而後得其正傳，非諸子流也。自唐皮氏、司空氏，始知尊尚，宋司馬公爲之傳，其書大行。大抵唐賢雖見道未至，而有忠厚之氣。至於宋儒多出新意，務抵斥，忠厚之氣衰焉。學聖人之門，豈以勝劣爲心哉。《中説》舊有阮氏註，所得多矣。某今但纂爲三類，一明續經，有爲而作；二明問答，與聖道不異，三明文中子行事，使學者知聖賢履踐之實。庶幾有助於萬一云。

真德秀《西山文集》卷二九《孟子要略序》　太守陳侯既刊文公朱先生《論語詳説》於郡齋，又得《孟子要略》以示學者曰：先生之於《孟子》發明之也，至矣。其全在《集註》，而其要在此編。蓋性者，義理之本源，學者必明乎此，而後知天下萬善皆繇是出，非有假乎外也。故此編之首曰性善焉。性果何物哉？曰：五常而已爾。仁義者，五常之綱領也，故論性之次曰仁義焉。心者，性之主，不可以無操存持養之功，故論心爲仁義之次。事親從兄，天性之自然，而本心發見之尤切者也，故孝弟爲論心之次。仁義者，人心之所同，而所以賊之者，利也。學者必審乎義利之分，然後不失其本心之正，故義利爲孝弟之次。義利明矣，推之於出處，則修吾之天爵，而不誘於人爵；推之於政事，則純乎王道，而不雜以霸功。故義利之次，二者繼之。聖賢之學，循天理之正，所以盡其性也。異端之學，循人欲之私，所以咈其性也，故以是終焉。先後次第之別，其指豈不甚明也哉。學者於《集註》，求其全體而又於此玩其要指焉。則七篇之義，無復餘藴矣。雖然，學者之於道，豈苟知而已耶。昔嘗聞先生與其門人論輯此書之意，而誨之曰：觀書不可僅過目而止，必時復玩味，庶幾忽然感悟到，得義理與踐履處融會，乃爲自得。嗚呼，是又先生教人之要指也。

魏了翁《鶴山集》卷五一《臨川詩注序》 今石林李公曩居臨川，省公之詩。息游之餘，遇與意會，往往隨筆疏於其下。涉目既久，命史纂輯，固已粲然盈編。會某來守眉山，得與寓目，見其闚奇摘異，抉隱發藏，蓋不可以一二數。則爲之喟然歎曰：「是豈世所謂訓詁者乎！」訓詁之病，黨枯護朽，守闕保殘，有不非鄭、服之陋，無是正左、班之忠。今石林之於公，則有不然，其春容有餘之詞，簡婉不迫之趣，既各隨義發明。若博見強志，瘦詞險韻，則又爲之證辨鉤析，俾賢者皆得以開卷瞭然。然公之學，亦時有專己之癖焉，石林於此，蓋未始隨聲是非也。《明妃曲》之二章曰：「漢恩自淺彼自深，人生樂在相知心。」則引范元長之語，以致其譏。《日出堂上飲》之詩，其亂曰：「爲客當酌酒，何預主人謀。」則引鄭氏考槃之誤，以寓其貶。《君難託》之詩曰：「世事反覆那得知，讒言入耳須臾離。」則明君臣始終之義理，以返諸正。自餘類此者尚衆，姑摘其一二以明之。則詩註之作，雖出於肆筆脫口，若不經意之餘而發揮義理之正，將以迪民彝，厚世教，夫豈訓詁云乎哉。

又卷五三《李伯勇明復春秋集義序》 天地之運，盪摩屈信爲五行四時，感遇聚結爲風雨霜露，所以接人耳目、切人體膚、告曉於人者，亦不翅口訓而面命矣，人蓋有由之而弗察者。孔子之政，布在《春秋》，正邪善惡，有目皆睹，其爲五行四時、風雨霜露不已多乎！學士大夫生乎百世之後，有能尚論古人，考求義例，參訂事實，則以爲是通經已耳。於己之所存，反而思之，以求其合，或鮮能焉。孟子曰：「孔子懼，作《春秋》。」又曰：「孔子成《春秋》而亂臣賊子懼。」《春秋》由懼而作，書成而亂賊懼。亂賊，蓋陷溺之深者，而猶知懼焉，則人性固不相遠也。學士大夫習讀是書，而已之所存，則未嘗切近求之。異端所怵，利欲所誘，所以陷溺其良心者，固不減於亂賊矣，而未之知懼焉。余爲之懼又以自懼。參觀諸儒之傳，至本朝諸大老始謂此書爲經世之大法，爲傳心之要典。又曰：非禮明義精，殆未可學。然則是使人切己近思以求爲遷善遠罪之歸，非以考義例、訂事實爲足也。余聞其說而懼益深，乃裒稡以附於經，將以反諸身而益求其所可懼者。尚慮觀書未廣，析理不精，又慮開卷瞭然，祇以資口耳之見，故未敢輕出也。合陽李君明復，乃亦先我心之所懼而爲是書，且諗余爲序。嗚呼，余安能知《春秋》，亦庶幾知懼焉者，乃書以復之。

度正《性善堂稿》卷一四《書易學啓蒙後》 伊川《易傳》既成，然猶改正不已。有欲觀者，第出而示之，未傳以本。暨易簀方以授張思叔、尹彥明，蓋慮其本既傳後，復有所更定，學者莫知所適從，往往或以前爲信，後爲疑，而反誤學者，故謹之耳。晦菴先生爲《易傳》，方脫稾時，天下已盛傳之。正嘗以爲請，先生曰：「學者宜觀《啓蒙》。」時先生已授後山蔡季通。則謂正曰：「子往取而觀之，《易》之學，庶幾可求矣。」先生蓋不自以《易傳》爲善也。《啓蒙》之爲書，發明象數以極乎天地萬物之藴，蓋集古聖之大成也。然先生之於《易》，以爲本爲卜筮而作，方作《易傳》時，其說已自如此。二書之指，雖精粗之不同，而其大本亦未嘗不同也。後之學者觀之《易傳》，則可見先生初年學《易》，所以發明彖、象、文言者如此。觀之《啓蒙》，則可見先生後來學《易》，所以舉綱撮要開示後學者如此。本末先後，自有次第，不可不知也。然今之學者，類卜筮爲術家，象數之末矣。《易》爲性命之書，於先生《易》本爲卜筮而作之，言有不釋然者，是蓋見乾元以下論說甚大，不但施於卜筮而已也。不知伏羲始畫八卦因而重之，六畫之外，初無一詞。當其時也，不以卜筮，將何以乎？但聖人之卜筮，所以決吉凶、動靜、存亡、進退之幾，所以順性命之理，通幽明之故，盡事物之情，以前民用雖不離乎象數之間，而究其用非術家之謂也。周公作《周官》之書，以《詩》、《書》、《禮》、《樂》教國子，而三《易》之法，掌於太卜。秦焚《詩》、《書》，而《易》以卜筮獨得不焚。是《易》之爲用，自文王以前既如此，周公以下又如此，其源流亦可知矣。今先生之言，推原古聖人作《易》之心，以示天下後世，豈不深切而著明乎？眉山楊仲禹，篤好先生之學，併刊二書，以貽同好。

錢文子《山谷外集詩注序》 書存於世，惟六經、諸子及遷、固之史有註。其下方者，以其古今之變，詁訓之不相通也。而今人之文，今人乃隨而註之，則自蘇、黃之詩始也。詩動乎情，發乎言，而成乎音。人爲之，人誦之，宜無難知也。而蘇、黃二公乃以今人博古之書，譬楚大夫而居於齊，應對唯諾，無非齊言，則楚人莫喻也。如將以齊言而喻楚人，非其素嘗往來莊嶽之間，其孰能之？山谷之詩，與蘇同律，而語尤雅健，所援引者迺多於蘇。其詩集已有任淵、史會更註之矣，而公所自編謂之《外集》者，猶不易通，史公儀甫遂繼而爲之註。上自六經、諸子、歷代之史，下及釋、老之藏，稗官之録，語所關涉，無不盡究。予官成都，得於公之子叔廉而偏閲之，其於山谷之詩既悉疏理，無復凝結，而古文舊事，因公之註所發明者多矣。夫讀古人之書，得之於心，應之於手，固非區區采之簡册而後用之也；而爲之註者，乃即群書而究其所自來，則註者之功宜難於作。而公以博洽之能，迺隨作者爲之訓釋，此其追慕先輩、嘉惠後學之意，殆非世俗之所能識也。昔白樂天作詩，使嫗讀之，務令易知。而揚子雲草《太玄》，其詞艱深，人不能通，迺曰：「後有揚子雲，必好之矣。」古之君子，固有不徇世俗而自信於後世之知我者。若公於山谷，既以子雲而知子雲，其爲之訓釋，則又諄諄然爲人言之，是亦樂天之志也。

歐陽守道《巽齋文集》卷一二《四書集義序》 廬陵郡學，後刊朱文公《中庸》《大學》《論語》《孟子》《章句》、《集註》、《或問》。淳祐十一年，通守古汴趙侯某、博士海陵蔡君某，又以郡學與白鷺洲書院養士之餘力，刊《四書集義》者。太守於潛徐侯某先守安吉，與友人盧某之所集，蓋文公《四書》定本之外，凡平日交游書問之所往還，門人請益之所聞，與凡片言隻字不專爲《四書》發，而與《四書》旨意相流通，散見於文集、語録間者，悉會萃於此，初刊於安定書堂。暨摹本，至盧陵趙侯偕蔡君以爲請，遂命兩學之士復精校而刊焉。《四書》訓説，於是大備。或曰：「文公先生之於《章句》、《集註》、《或問》也，更定數次而後決，然以詔後學。蓋沈潛研索，精約審訂，用意至密，而爲傳世計至遠也，學者學此足矣，而又待《集義》以求備乎？」某曰：「不然，聖人之道，君子之學，自有端的會歸。惟見之之明，則雖千萬言，而未嘗不一。如見之之疑，則雖一二言，未嘗不枝，今先生之於《四書》也，其沈潛研索而言者如此，其從容酬應而言者亦如此。其精約審訂而言者如此，其敷暢宏肆而言者亦如此。不於其言，於其行，則相去不知幾載，所告不知幾人，而無一不同。深造而自得之，居之，安資之，深取之，左右逢其原，於此可想見也。《章句》、《集註》、《或問》之書，固親定於先生之手，然先生一言一話，義理之歸於此者，盡收拾而存之，則豈不足以益見先生之心，而爲後學更互發明之一助哉。始徐侯爲州，雅意於表章儒先風厲士習之事。某間得侍見，侯必亹亹以講學爲言。《集義》摹本之至，自安吉也。某最先得見，竊歎侯於方今吏事日不暇給之時，而所至輒留意此書如此，獨恨安吉相去之遠，欲亟與同志傳摹而未能也。侯涖事踰年，而州學得蔡君爲博士。已而鷺洲書院又得趙侯爲之提領，惓惓斯文之意，如出一人。故是書得刊於此。既成，兩侯暨博士一辭命某爲之序，其辭不可謝，避席言曰：「《四書》，萬世之書也。而方今世道一恃此以爲命，後學學此，敢不敬哉。昔者孔子、曾子、子思、孟子著書以遺後人，千五百年，湮沒不章。天以斯文畀於我有宋。然後儒先輩出，復爲學者指示。暨文公先生竭其心思，役志於此，一聖三賢之微旨，發明盡矣。運遭聖主，書遂盛行。孔孟以後，未有幸於此時也。是以講讀傳習，上自天子之經筵，而下遍於陋巷，布之窻几。縉紳場屋，議論文章，有一言不依乎此，則五尺之童羞之。文公先生可作，豈不甚自慰哉。今《集義》之書繼作，讀之者又如終身侍先生之丈席，而無一言之不得聞也，抑又幸矣。然愚竊謂世道依人心以立，讀書爲士，不得不以世道爲己任。文公先生於此《四書》所爲，諄切反復，以詔後學，此心猶可識也。講學窮理，所以推見本心之體而究極之用。此學而成，當世宜有所嘉賴，雖在窮約，關係正不輕也，而況於得有所施者歟。天子方尊信《四書》，士之得行所學，亦未有易於此時也。學文公先生之學，心文公先生之心，宜必有有志之士、慨然深憂方今之世道者，上念正君定國之道，所以益聖德而端化原者何在；下念斯民廉善之方，所以遏人欲而存天理者何繇。而必一本之於己，患吾學之未成，不患吾用之不及。己爲大人，不患不能格君心之非。己爲先覺，不患後覺之不可使覺。根本先立，望實斯孚，積誠盡忠，以俟感動，一如文公先生之所以事君與教人者，於以生全人類，長育人材，則前所謂《四書》當世之係命，豈不深有望於斯人哉？不然，朝吟而暮誦之，以資言語文章，投好尚，干祿利而已。則舉世皆《四書》，而《四書》皆福澤，曾不少見於天下，豈惟非今日所以纂集之意，亦徒使或者重悲文公先生平生之志也。某不敏，不足與於斯文，獨幸生聖主尊尙正學之時，接儒先開悟羣疑之後。而格言明訓，又幸遇賢守貳師儒，盡取而共傳之，且使抒寫愚見，而附於右方，敢不敬薦所聞，推前之所望於大人先覺者，諸公毋遜其責，使《四書》綱維世道之明教，幸親見之，尤區區之願也。

蔡夢弼《杜工部草堂詩箋跋》 國家肇造以來，設科取士，詞賦之餘，繼之以詩，主司多取是詩命題。惜乎世本訛舛，訓釋紕繆，有識恨焉。夢弼因博求唐宋諸本杜詩十門，聚而閱之，重復參校，仍用嘉興魯氏編次其歲月之先後，以爲定本。於本文各句之下，先正其字之異同，次審其音之反切，方舉作詩之義以釋之，復引經子史傳記以證其用事之所從出。離爲若干卷，目曰《草堂詩箋》。嘗參以蜀石碑及諸儒定本，各因其實，以條紀之。凡諸家義訓皆採錄集中，而舊德碩儒間有一二說者，亦兩存之，以俟博識之決擇。是集之行，俾得之者手披目覽，口誦心惟，不勞思索而昭然義見，更無纖毫凝滯，如親聆少陵之謦欬而熟覩其眉宇，豈不快哉。

鄭印《杜少陵詩音義序》 國家追復祖宗成憲，學者以聲律相飭，少陵矩範，尤爲時尚。於其淹貫羣書，比類賦象，渾涵天成，奇文險句，厭人目力，讀者未始不以搜尋訓切爲病。印近因與二三友質問，爰就隱奧處著爲音義。至夫人物地理，古今傳志，咸極討論，施之新學，不亦可乎。

王義山《稼村類稿》卷一二《代徐司户上參政蔡九軒獻通鑑綱目考異書》 某嘗聞著書立言之士，其有益於世教者有二焉，一曰經學之士，二曰史學之士，皆有功於世教者也。厥初生民，六經未作也。斯時也，一忘言之天也。結繩而已，何有於書契，標枝而已，何有乎文籍。迨夫書契作矣，文籍生矣，分張太和，礫裂元氣，於是乎有《易》，於是乎有《書》，於是乎有《詩》、《禮》、《春秋》，聖人亦費辭矣。然亦豈得已哉。故夫古之爲經者六，後之爲經者什百千萬。非後世之經什百千萬也，向使《五經》不火，《易》不卜筮，吾夫子之六經無恙也，則夏侯建不必爲《五經章句》，劉輔不必爲《五經通論》，許（謹）［慎］不必爲《五經異義》，程曾不必爲《五經通難》，孔穎達不必爲《五經贊義》，顔師古不必爲《五經考定》，張鎰不必爲《五經微旨》，崔郾不必爲《六經要言》，樊文深不必爲《七經義綱》，陸德明不必爲《經典釋文》，劉鎔不必爲《經典集音》。《易》一而已，丁寬可以無《易說》，衛元嵩可以無《元包》，崔篆可以無《易體》，徐邈可以無《周易新義》。《書》一而已，桓榮可以無大小《章句》，衛宏可以無《訓旨》，周昉可以無《尙書雜記》，王元（咸）［感］可以無《尙書糾繆》。《詩》一而已，伏恭可以無《齊詩章句》，賈逵可以無《漢詩異同》，韓嬰可以無《韓詩内外傳》，陸璣可以無《毛詩草木蟲魚疏》。《禮》一而已，戴（經）［聖］可以無《石渠禮論》，劉歆可以無《逸禮》，鄭元可以無《周禮難》，張衡可以無《周官解說》。《春秋》自春秋，賈徽可以無《左氏條例》，鍾興可以無《春秋章句》，何休可以無《春秋訓詁》，高士廉可以無《春秋纂要》。是雖一家一說，一說一漓，然不可謂無功於六經者。至若麟筆既絶之後，爲史氏之學者，又紛紛乎其多矣。《史記》，司馬遷作也。使《史記》爲全書，則《史記索隱》何必司馬貞？《史記音義》何必徐廣？《史記新序說苑》何必劉向？《前漢書》，班孟堅作也。使前漢爲全書，則註《前漢書》何必顔籀？《前漢記》何必荀悅？註《司馬相如傳》何必郭璞？《漢記音義》何必崔浩？《後漢書》，范蔚宗作也。嘗攷其書，則有撰《東觀記》如薛瑩者，有撰《東漢補註》如劉昭者，有撰《續漢書》如司馬彪者。是蓋不以一人而成一書也。

陳天祥《四書辨疑》卷一《大學》 「在親民。」《註》：「程子曰：親，當作新。」程子爲見親字義不可通，又傳中所引《湯銘》、《康誥》等文皆是日新、新民之說，以此知親字爲誤，故改爲新，此誰不知。《或問》中問曰：程子之改親爲新也，何所據？子之從之，又何所考而必其然邪？且以己意輕改經文，恐非傳疑之義。奈何此等問答之言，皆冗長虛語，本不須用。大抵解經以言簡理直爲貴，使正義不爲游辭所亂，學者不爲繁文所迷，然後經可通而道可明也。

林希逸《竹溪鬳齋十一稿續集》卷一三《趙尉尚書講解跋》 孔明披書，乃觀大略，或者則曰：「武侯，豪傑之士也。讀古今之書得其略，而不求其詳；遺其小，而獨取其大。所以長庚亦慕樂之。」吁，此非知言者也。孟子曰：博學而詳說之，將以反說約也。孔明高卧草廬，籌量當世之事，思與伊、傅、周、召共傳，捨書何以哉？博以古今，而求其要領，此武侯所以用其書者，侯之略，孟之約也。是豈易能哉？史氏謂其不求精熟，誤矣。不精熟，何以得大略哉？余讀延平趙君百篇講解，因而思之曰：《書》自諸傳既行，句句字字，毫分縷析，孰不知之？而每篇之要領，則得者蓋鮮。今君篇篇有解，鋪叙發明，該貫首末，使夫人一覽而大略皆具，非用功深密者能之乎？君於未第時，方用功場屋之業，而留意此書，如此宜爲恬軒所喜也。恬軒工於吟論，文有眼目，取東萊論史之法，以序此編，曰：「譬如一二百幅公案，自有要處。」要處云者，非武侯所謂大略乎？余於此以恬軒爲知言。恬軒，尉伯父也，余詩友也。

戴表元《剡源文集》卷七《于景龍注朱氏小學書序》　余兒童時，聞鄉里老儒先生以小學教授者，纔四五家。每講課罷，雜試《河圖》《洛書》之數，若堯典、閏法、禹貢、賦則、周禮、兵制之類。又少暇，則都講口授《顔氏家訓》、《少儀外傳》等小書。故諸生略有姿性者，自未冠以前，而諸成人之事，皆已槩舉。於時，朱氏書猶未盛行浙中，時從人傳抄之，以相啓發，恍然如揚雄問《方言》、蔡邕見《論衡》之喜。及甲辰乙巳間，有用其說取甲科者，四方翕然爭售朱學，而吾鄉以遠僻，方獲盡見徽文公所著書。大抵諸書惟《易本義》、《四書註》、《小學書》最爲完備，其餘或未經脱稾，或雜出他手，非全書也。今三書者，惟《四書》家有人誦之，《易本義》眞知者絶少，而小學書最益於人，人無讀者，良可憫痛。于君景龍生於文公闕里，年齒長大，而好深沈之思。獨取《小學書》句釋章解，欲以行世。美哉，其爲人乎。余也少而遠遊，長而亟仕，不惟學不俟成，而併與兒童之所得而失之，固于君之罪人也哉。天啓其衷，方自悔咎，幸于君書成，則願秉燭而學焉。

謝枋得《疊山集》卷三《大學解義跋》　《大學解義》一篇，臨川老儒徐公著述也。朱文公平生精神志願悉在《四書》。後進剽竊緒餘，高可以取卿相，下亦投合有司而掇巍科。天下家藏其書，人遵其道，與六經、《論語》《孝經》《孟子》並行。惜乎知之者尚未致，行之者尚未力。《四書》何負人？人負《四書》亦多矣。是編初意，豈欲發朱文公言意所未盡者邪？抑尊信文公之學，誠求實踐，自不能已於言者邪？厥子以示某，某覽盡卷，不能贊一辭。所重於徐公之子者，惟於力行二字加意焉。俾人知朱文公之學，不徒議論，要見樸實，則此編亦必爲世所尚矣。

王惲《秋澗集》卷四一《潔古老人注難經序》　醫之有《難》《素》，猶六經之有《春秋》《易》也。書雖盡言，言不極意，神而化之，存乎其人。潔古張先生，醫師之大學也。以是書註釋雖博，未免有仁智殊見、體用不同之問。於是研思凝神，探索玄奥，發遺意於太素之初，出妙理於諸家之表，使體用一源，得失兩判。復隨其疾證，附以禁忌方論，述經解廿四卷。先生高弟東垣老人，以其書授羅君謙。甫兵後，文多墜簡。及得田氏口傳易水遺旨百餘條，葺補脱漏，遂爲完書。予嘗觀其旨要，顧天下之事，未有不極其理而能臻於妙者，矧醫術精微，主司萬命。惟其至精，非一世之所能備；惟其至微，非一賢之所能窮。故軒岐開天，如大《易》之書其卦，越人撮要；猶《三傳》之贊其經。迨潔古講解古今之善傳註之能事畢矣，誠生民之命脈，醫學之淵會也。嗚呼，醫固難事，學即能至，至於提挈造化，會歸一身，如秦扁闚五臟而洞癥結，察形聲而辨死生，推原本自心融手應。坐收神聖康濟之功，要以理明學博，精詣其極，有不期然而然者，其功用之實，咸在是書，學者宜盡心焉。

劉因《靜修續集》卷三《叙學》　禮樂不明，則不可以學《春秋》。《五經》不明，則不可以學《易》。夫不知其粗者，則其精者豈能知也？邇者未盡，則其遠者豈能盡也？學者多好高務遠，求名而遺實，踰分而遠探，躐等而力窮。故人異學，家異傳，聖人之意，晦而不明也。六經自火於秦，傳註於漢，疏釋於唐，議論於宋，日起而日變。學者亦當知其先後，不以彼之言而變吾之良知也。近世學者，往往舍傳、註、疏、釋，便廢諸儒之議論。蓋不知議論之學，自傳註疏釋出，特更作正大高明之論爾。傳、註疏、釋之於經，十得其六七。宋儒用力之勤，剗僞以眞，補其三四而備之也。

吴澄《儀禮逸經目録》　右《儀禮逸經》八篇，澄所纂次。漢興，高堂生得《儀禮》十七篇，後魯共王壞孔子宅，得古文《禮經》於孔氏壁中，凡五十六篇，河間獻王亦得而上之，其十七篇與《儀禮》正同，餘三十九篇藏在秘府，謂之《逸禮》。哀帝初，劉歆欲以列之學官，而諸博士不肯置對，竟不得立。孔、鄭所引逸《中霤禮》、《禘於太廟禮》、《王居明堂禮》，皆其篇也。唐初猶存，諸儒曾不以爲意，遂至於亡，惜哉。今所纂八篇，其二取之《小戴記》，其三取之《大戴記》，其三取之鄭氏註。《奔喪》也，《中霤》也，《禘於太廟》也，《王居明堂》也，固得《逸禮》三十九篇之四，而《投壺》之類，未有考焉。【略】至若《中霤》以下三篇，其經亡矣，而篇題僅僅見於註家，片言隻字之未泯者，猶必收拾而不敢遺，亦我愛其禮之意也。

胡炳文《雲峰集》卷三《四書通序》　《四書通》，何爲而作也？懼夫讀者得其辭未通其意也。六經，天地也。《四書》，行天之日月也。子朱子平生精力之所萃，而堯、舜、禹、湯、文、武、周、孔、顔、曾、思、孟之心之所寄也。其書，推之極天地萬物之奧，而本之皆彝倫日用之懿也；合之盡於至大，而析之極於至細也；言若至近而涵至永之味，事皆至實而該至妙之理。學者非曲暢而旁通之，未易謂之知味也。非用力之久而一旦豁然貫通焉，未易謂之窮理也。予老矣，潛心於此者餘五十年，謂之通矣乎？未也。獨惜乎疏其下者，或泛或舛，將使學者何以決擇於取舍之際也？嗚呼，此予所以不得不會其同而辨其異也。會之，庶不失其宗；辨之，庶不惑於似也。予不敢自謂能通子朱子之意，後之通者，儻恕其僭而正其所未是，則予之所深冀也。

又《四書通證序》　北方杜緱山有《語孟旁通》，平水薛壽之有《四書引證》，皆失之太繁，且其中各有未完處，觀者病焉。今友人張德庸精加讎校，刪冗而從簡，去非而從是，又能完其所未完者，合而名之曰《四書通證》以附予《通》之後。學者於予之《通》知《四書》用意之深，於《通證》知《四書》用事之審，德庸此書，誠有補云。

陸文圭《牆東類稿》卷五《古今文孝經集注序》　《孝經》、《大學》二書，先儒無有分經傳者。離經析傳，自朱子始。二書皆孔、曾傳授心法，二傳成於曾氏門人之手。經文首尾相應，文勢連屬，辭約理備，言近指遠，非聖人莫能及。傳文分章畫句，次第相承，井井不亂，其爲覆解經文，無可疑者。竊嘗伏讀二書，自心而身而家而國而天下，自天子而諸侯而卿大夫而士、庶人，自格物致知至於絜矩，自愛親敬長至於追遠，大義數十，若網之有綱，若裘之有領。顧自漢儒以來，箋釋不明久矣。東陽厲君直之叅《孝經》古今文，萃諸家自爲一編，西州史先生爲之序。先生之言曰：「自古國治而天下不治者，文王是也。家治而國不治者，曾閔是也。身治而家不治者，舜是也。」予讀而疑之。已而得其說，曰：「文王之國，紂之天下也。曾閔之家，定哀之國也。舜之身，瞽瞍之家也。吾家吾國吾天下，斯治矣。」二書本末，古今不易。易之則亂，申之則治。以余之説，讀厲君之書，思過半矣。雖然，《大學》經文二百五字，一字不可損益。傳十章，錯簡雖多，存者皆格言也。《孝經》經文四百六十二字，已不免離析增加之失。傳十四章，多裂取他書之成文，而格言所存無幾矣。《大學傳》引《詩》十二，朱子取其反覆吟咏，意味深長。《孝經傳》引《詩》十，朱子刊去其文。二書去取甚明，厲君寘此談彼，何也？君曰：「世以《孝經》爲童蒙小學之書，不知其兼大人之學。今吾本朱子之説，闡而新之，使爲人子者知立身揚名之義，全而歸之父母之身，庶孝道之一助云爾。」余曰：「《孝經》爲童蒙之書，未害也。張禹傳《論語》，杜欽明《五經》，童蒙之弗如。」君方詣闕獻書，聞余語，默然良久，曰：「吾不負所學。」

陳櫟《定宇集》卷一《百一易略自序》　六經莫先於《易》，亦莫難於《易》，初讀《易》而遽欲通《易》之旨，尤戛戛乎其難哉。孔子教人之常言，惟《詩》也，《書》也，《禮》也，於《易》未始一言及之，其自言，則曰：「加我數年，五十以學《易》，可以無大過。」《易》之難學可見矣。今欲使其略知蹊徑，姑述百分之一焉。

熊禾《勿軒集》卷一《孝經大義序》　世入春秋，皇綱紐解，孔子傷之，三復「昔者明王孝治」之言，思之深，望之切矣。誠使天子公卿躬行於上，凡禮樂刑政之具，壹是以孝爲本，則斯道也固天性之自然，人心之固有，一轉移間，王道顧不易易乎。惜也。徒託之空言，而僅見於門人記錄之書也。書存而道可奉，雖不能行諸一時，猶可詔諸來世。今此經之可攷者，不過《漢·藝文志》而已。而其篇次，則顔註古文二十二章，孔壁所藏本也。今文一十八章，漢河間王所得顔芝本，而劉向之所叅校者也。要之出於漢儒傅會，皆非曾氏門人所記舊文矣。唐玄宗開元勅議，意非不美，而司馬貞淺學陋識，并以《閨門》一章去之，卒啓玄宗無禮無度之禍。而其所製序文，至以禮爲外飾之所資，仁義爲後來之漸有，不知所謂因心之孝者，果何所因，而又何自而萌乎。學之不講，德之不修，一至於此。桓桓朱子，特起南夏，平生精力用功於《易》、《四書》爲多。至此書則僅成《刊誤》一編，註釋大義猶有所未及。噫，人子不可斯須忘孝，則此爲天子至庶人一日不可無之書，章句已明，而文義猶闕，顧非一大欠事乎。蓋嘗有志彙集諸家傳註，以明一經而未果。一日，余友人新安胡庭芳挈其高弟番陽董眞卿訪余雲谷山中，手攜父書有《孝經大義》者，取而閲之，則其家君深山先生董君季亨父所輯也。其書爲初學設，故其詞皆明白易曉。熟玩之，則其間義趣精深，又有非淺見謏聞所能窺者。輒爲刊之鰲峯書塾，以廣其傳。此豈惟學者修身齊家之要，而有國有天下者，亦豈能外是而他有化民成俗之道哉？噫，文公一用之於滕，而四方草偃風動。拓跋帝再用之於魏，至使鄰國君臣聳動愧悔而不自已，生於其心，發於其政。今攷二君行事，皆班班有三代之風，而況不止爲滕、魏者乎。嗟夫，此經之廢，蓋千五百餘年矣。悠悠天壤，人極未墜，豈無以二帝三王之心爲心者，仁人心也。學所以求仁，而孝則行仁之本也。語曰：「如有王者，必世而後仁。」愚何幸身親見之。

袁桷《清容居士集》卷二一《郭好德論語義序》 唐儒作《五經正義疏》，必先之以衍義，而始明其傳註，其先之者，何懼汩於經也。釋之以義疏焉者，有訓詁焉，有制度焉。至於名物、象器、疆理、飛走、潛動之辨，不博不足以盡。約之以衍義，非背於傳經之説也，理唯約足以見。漢《稽古》三萬言，後世嗤之。至朱文公承濂洛之正傳，始爲語孟精義。久之，慊然曰：「宜尊所聞。」今所傳《集註》具訓中外，下逮荒陬絶島，家有而人誦，文奥義古，至於不揣者，斷章譏駁，識者哂之。京兆郭君好德秉彝父，授徒於其鄉塾，懼世之不達於辭者習譏駁之病，撮其精微，合於簡易，將使夫初學者若循塗以進，遇險以休，使少窒焉，必由是而達。在《易》之蹇曰「險而能止，知矣哉」，蹇斯通矣。抑嘗聞文公之教於家也，謂《集義》之作，義理詳而訓詁略，別爲一書曰《訓蒙口義》。今此書不存，秉彝是書，殆深得文公之意。近世東南諸儒旁行側註，鄰於釋教之學，濫觴而不可禁。予得讀是書，深有合夫訓蒙之説，孔、賈遺旨能以遠紹，其不在茲書也歟。

虞集《道園學古録》卷三一《春秋胡氏傳纂疏序》 昔之傳《春秋》者有五家，而鄒、夾先亡。學《春秋》者，據《左氏》以記事，以觀聖筆之所斷，而或議其浮華，與經意遠者多矣。是以公、穀據經以立義，專門之家，是以尚焉。唐啖、趙師友之間，始知求聖人之意於聖人手筆之書。宋之大儒以爲可與《三傳》兼治者，明其能專求於經也。然傳亡存者，惟《纂例》等書，意其傳之所發明，無出於所存之書者。清江劉氏權衡《三傳》，得之爲多，而其所爲傳，用意奥深，非博洽於典禮舊文者，不足以盡明之，是以知者鮮矣。蓋嘗竊求於先儒之言，以爲直書其事，而其義自見斯言也。學《春秋》者，始有以求聖人之意，而無傅會糾纏之失矣。程叔子所謂時措之宜爲難知者，始可以求其端焉。胡文定公之學，實本於程氏。然其生也，當宋人南渡之時，姦佞用事，大義不立，苟存偏安，智勇扼腕。內修之未備，外攘之無策。君臣父子之間，君子思有以正其本焉。胡氏作傳之意，大抵本法於此。蓋其學問之有源，是以義理貫串，而辭旨無不通，類例無不合。想其發憤忘食，知天下之事必可以有爲，聖人之道必可以有立，上以感發人君天職之所當行，下以啓天下人心之所久蔽，區區之志，庶幾夫子處定、哀之間者乎？東南之人賴有此書，雖不能盡如其志，誦其言而凜然猶百十年，至其國亡，志士仁人之可書，未必不出於此也。然其爲學博極羣書，文義之所引不察者多矣。國家設進士科以取人，治《春秋》者，《三傳》之外，獨以胡氏爲説，豈非以三綱九法赫然具見於其書者乎？而治舉子業者，掇拾緒餘，以應有司之格，既無以得據事直書之旨，又無以得命德討罪之嚴，無以答聖朝取士明經之意。新安汪克寬德輔，以是經舉於浙省，其歸養也，能以胡氏之説考其援引之所自出，原類例之始發，而盡究其終，謂之《胡氏傳纂疏》，其同郡同氏前進士澤民叔志父詳叙之。夫讀一家之書，則必盡一家之意，所以爲善學也。推傳以達乎經，因賢者之言，以盡聖人之志，則吾於德輔猶有望也。

王沂《伊濱集》卷一三《孝經直解序》 學欲切而思欲近，《孝經直解》之所由作也。缾中之水，知天下之冰；堂下之陰，知日月之行。故善學者，由近以及遠。是經爲指解者百家，而疑者亦紛然出乎其間。或論其文體類《禮運》、《閒居》、《儒行》等篇，言其出鄒魯諸儒之手；或疑其引季文子、北宮、文子之辭，言其掇拾以成書；或疑其爲樂正子春之筆，而「嚴父配天」之語，雖考亭、朱子不能無議焉。范氏又謂古文二十二章，今文十八章，雖大同小異，得其眞者，古文也。是果出於曾子否耶？獨司馬氏謂其旨高深幽遠，固非一人所能了，其又信然耶？余聞天之生萬物也，人爲貴；人之於百行也，孝爲大。由乎親萌於膝下，嚴滋於日長，而愛敬之教興。然孝固主於愛也，而《要道》、《至德》二章，皆主乎敬，何哉？敬則愛心存，否則愛心亡矣。敬者，又行孝之綱領歟！顔淵問仁於夫子矣，仁主於愛也，而其答之之目主乎禮，此之謂歟。新安胡君恕之爲是編也，本之以古人，驗之以世故，廣之以賢士大夫之議論，述其梗槩而成書，使讀之者較然易曉，學者因其易而深思其所以難。則於百家之説，庶乎無疑矣。

許有壬《至正集》卷三一《陸宣公奏議纂注序》 鄆春潘仁彥賓爲《陸宣公奏議纂註》，南臺御史上其書，且薦其才可職校湖廣省調寶慶儒學正而移其書中書，下館閣校勘，館閣題之。湖南僉憲高昌赫公國寶尤愛其書，請予序，將刻之。余惟三代後，賢相世有其人。然匡輔之業，功於一時；謀猷之文，功於萬世。有其業而無其文者，多矣。有其業而有其文，可施於一時，而不可施於後世者，亦不少也。至於施之當時而已效，用之後世而不竭，翛然與聖經賢傳並立於天地之間而不悖者，獨陸宣公奏議爲然爾。東坡以爲古今之精英，治亂之龜鑑，豈不信哉。國寶始作邑即有聲，爲御史兩臺，僉江東憲移湖南，聞其能政而不及叩其所得，及觀是舉，則知其有得於是書深矣。夫舉是書而施諸用，君可以爲堯舜，臣可以爲皋、夔、稷、契，況一道乎。國寶以其用之不盡也，大其傳，使人有是書，得其位而施諸用，則疲瘵尚何患乎不蘇？風俗何患乎不淳？而天下何患乎不治？其用心亦仁矣。余聞部使者率榜笞彈黜是急，國寶獨汲汲於是，蓋有見於遠者，大者，繼今樹立，其可量也哉。

楊維楨《東維子集》卷六《春秋百問序》　六經皆有疑，而莫疑於《春秋》，疑而不決，而欲得筆削之微者，蓋寡矣。此《春秋》之經有《百問》也。予家藏是書凡六卷，嘗授之無錫孟生季成。季成又傳之於華亭曹君繼善之子元朴。朴以其傳之不廣也，特鐫諸梓，而徵予爲序。是書也，失其首辭久，不知爲何人所著。或以爲萬孝先，先又不知爲何時人。觀其設爲問答者，往往與予補正之意合，實有以釋是經筆削之疑。予令孟生勿秘所授，而未及板行於世。今曹君父子能推所秘於人，不遂吾之初心，而賢於漢儒之私論衡於一己者乎？雖然，道學是講者謂說書不古，慮學者不求諸心，而惟口耳之是資。夫《百問》之書，探聖意之微而欲決之諸儒未決之論，非見之卓思之精者能之乎？謂資口耳之辨不可也。學者於《春秋》，苟讀而未有疑，疑而未求釋於心，而遽觀是書之廣傳也，爲病則固存乎其人焉。

鄭玉《師山集・師山遺文》卷三《跋太極圖西銘解後》　爲學之道，用心於枝流餘裔，而不知大本大原之所在者，吾見其能造道者鮮矣。周子《太極圖說》，張子《西銘》，其斯道之本原歟。然《太極》之說，是即理以明氣。《西銘》之作，是即氣以明理。太極之生陰陽，陰陽之生五行，豈有理外之氣？天地之塞吾其體，天地之帥吾其性，豈有氣外之理？然則天地之大，人物之繁，孰能出於理氣之外哉？二書之言雖約，而天地萬物無不備矣。婺源胡季時因朱子所註諸書表二書而出之，且發明朱子之意，而爲之解，其亦知爲學之本原者歟。

《遼史・國語解・序》　史自遷固，以迄《晉》《唐》，其爲書雄深浩博，讀者未能盡曉。於是裴駰、顏師古、李賢、何超、董衝諸儒，訓詁音釋，然後制度、名物、方言、奇字，可以一覽而周知。其有助於後學多矣。

陳高《不繫舟漁集》卷一〇《易書二經通旨序》　予友趙君伯起著《易書二經通旨》，取經文意義之近似者，比類而條析之，或會而同，或別而異。大而天文地理，細而制度名物，微而爲性命道德，陰陽鬼神，以至於先儒之訓詁，凡有所疑，靡不辨決。嗚呼，亦勤矣。朝廷設科以明經取士，而試以經義。經義之文，《易》用程氏、朱氏，《書》用蔡氏之說。二經及傳疏數十萬言，學者諷誦尋繹，或自少至老，不能究一經。及就試場屋，主司發難，則握筆瞠視不敢措辭者，往往有焉。趙君獨能研精探賾，貫穿融會，解其肯綮，剖其盤錯，使習是經者得而觀之，如獲指南之車，不待問途而越裳可至，其於答主司之問也，何有？然則是編之有益於學者，固不少矣。雖然，士之明經，豈專爲科舉計哉。聖人之道，非經不傳。學者讀聖人之經，則當求聖人之道。是故明吉凶消長之理，知進退存亡之幾，而動不違乎時，則深於《易》者也。觀二帝三王之心，考唐虞三代之治，而以之脩己治人，則深於《書》者也。若夫迷溺於文字之支離，而徒以是爲進取之媒者，亦豈趙君之所望於後學也哉。

戈直《貞觀政要集校序》　《貞觀政要》者，唐太宗文皇帝之佳言善行、良法美政，而史臣吳兢編類之書也。自唐世子孫，既已書之屏帷，銘之几案，祖述而憲章之矣。至於後世之君，亦莫不列之講讀，形之論議，景仰而效法焉。夫二帝三王之事尚矣，兩漢之賢君六七作，何貞觀之政獨赫然耳目之間哉？蓋兩漢之時世已遠，貞觀之去今猶近。遷、固之文高古爾雅，而所紀之事略；吳氏之文質樸該贍，而所紀之事詳。是則太宗之事，章章較著於天下後世者，豈非此書之力哉？夫太宗之於正心、修身之道，齊家、明倫之方，誠有愧於二帝三王之事矣。然其屈己而納諫，任賢而使能，恭儉而節用，寬厚而愛民，亦三代而下，絕無而僅有者也。後之人君，擇其善者而從之，其不善者而改之，豈不交有所益乎？惜乎，是書傳寫謬誤。竊嘗會萃衆本，參互考訂，而其義之難明，音之難通，字爲之釋，句爲之述，章之不當分者合之，不當合者分之。自唐以來，諸儒之論，莫不采而輯之，間亦斷以己意，附於其後，然後此書之旨頗爲明白。雖於先儒窮理之學不敢妄議，然於國家致治之方，未必無小補云。

劉岳申《申齋集》卷一《陸宣公奏議注序》 宋紹興中，有郎曄嘗刊《宣公奏議》，然不無去取。今永豐鍾君士荒於註其全書，并及制誥，於是開卷愈覺了然矣。使場屋得此，時務不患無有用之策；廷對得此，清朝不患無晁、董之文；奏疏得此，人主不患無納諫之明；制誥得此，天下四方不患無感泣之人。文章不爲空言，而吾黨之士不爲腐儒，豈不偉哉。此蘇公校正之遺意也，將宣公亦不齎恨於九京矣。

鄭真《滎陽外史集》卷三五《書春秋捷徑後》 《古春秋捷徑》五卷，失去序文一葉，其中亦復不全。嚴陵徐氏伯恭甫所著，故進士江漸儒學提舉天台胡先生世佐手書者也。往年先生嘗語予以治經之法，以爲《春秋》凡例不一，學者於傳註求之，吾見其有不得其門而入者矣，因出示此書。予伏而讀之，凡會盟征伐之事，朝聘祭祀之禮，與夫城築土功蒐狩之役，皆總緝而論辨之。其於王伯之消長，夷夏之盛衰，君臣之強弱，善可以勸，惡可以監者，粲然具在。嗚呼，是豈非治經之要者乎。夫徑路之小而捷者，古人行不由徑，而此以「捷徑」名篇，何哉？夫千蹊萬徑，皆可以適。苟從其一道而入，則九衢康莊不難致矣。人之於學也亦然，然則捷徑之名，其本諸此乎？先生字伯衡，故宋胡三省諸孫，家有史學，其發解浙省，嘗有得於茲書者也。居四明婿蔣氏與家爲親契，故以傳云。

宋濂《文憲集》卷五《醫家十四經發揮序》 濂之友滑君深有所見，於此以《内經·骨空》諸論及《靈樞·本輸》篇所述經脈，辭旨簡嚴，讀者未易即解，於是訓其字義，釋其名物，疏其本旨，正其句讀，釐爲三卷，名曰《十四經發揮》。復慮穴之名難於記憶，聯成韻語，附於各經之後，其有功於斯世也，豈小補哉。世之著醫書者，日新月盛，非不繁且多也。漢之時僅七家爾，唐則增爲六十四，至宋遂至一百九十又七，其發明方藥，豈無其人。純以《内經》爲本，而弗之雜者，抑何其鮮也。若金之張元素、劉完素、張從正、李杲四家，其立言垂範，殆或庶幾者乎。今吾滑君起而繼之，凡四家微辭秘旨，靡不貫通。《發揮》之作必將與其書並傳無疑也。嗚呼，橐籥一身之氣機，以補以瀉，以成十全之功者，其唯針砭之法乎。若不察於諸經而誤施之，則不假鋒刃而戕賊人矣，可不懼哉。縱諉曰：九針之法，傳之者蓋鮮，苟以湯液言之，亦必明於何經中邪，然後註何劑而治之，奈何粗工絕弗之講也。滑君此書，豈非醫塗之輿梁也歟。濂故特爲之序之以傳，非深知滑君者，未必不以其言爲過情也。滑君名壽，字伯仁，許昌人，自號爲攖寧生。博通經史諸家言，爲文辭溫雅有法，而於醫尤深，江南諸醫未能或之先也。所著又有《素問鈔》、《難經本義》行於世。《難經本義》，雲林危先生素嘗爲之序云。

朱右《白雲稿》卷五《書集傳發揮序》 愚讀孔子所刪述《易》《書》《詩》《春秋》，而深嘆夫聖人之道不行。及觀漢唐儒傳疏，又以痛聖人之道不能明也。道不行，猶得以明其理義，布諸方策，以淑夫後之人。道之不明，天下貿貿焉，棄本而逐末，趨僞而厭眞，幾何不爲異端功利之歸矣乎。竊以君臣父子之道，尊尊親親之懿，莫詳於《書》。自成康王澤一熄，五百年而吾夫子者出，雖不得司其典禮命討之權，猶能修其典禮命討之具，奈何遭焚滅之禍，千數百年大義泯絕。至宋，程朱諸儒始能因遺經以闡其教，其功固不在漢唐下也。天相元德，崇信《五經》，詔取士科，《書》以朱子訂傳爲主，經生學士尤知嚮方，則孔氏刪定之《書》將行於今矣。噫，世固有明經而不得以行道者，未有經不明而能行道者也；固有通其辭而不得其心者，未有不察其辭而能知其心者也。然則，道之行，當自明經始；經之通，當自達辭始。達其辭以知其心，即其心以行夫道，奚可以二觀哉。右生也晚，於道未聞信，習是經積有年矣。《集傳》之作，非後學所敢妄議。嘗參諸當代名儒，質以所聞父師之教，則不無所相發明者，於是謹述《集傳發揮》六卷，《綱領始末》一卷，《指掌圖》一卷，《通證》二卷，凡一十卷，藏之於家，以詒子孫。蓋以世有古今，時有先後，人心之所同然一爾。心之所同然者，何也？謂理也，義也。聖人先得我心之所同然爾。苟得其所同然，雖越天地，亘古今，猶一日也。嗟夫，君心之要，王政之綱，具在是經，安敢以覬其萬一？初學之士，尋繹之繁，或庶免於紛紜眩惑之病云。

蘇伯衡《蘇平仲文集》卷四《心學圖説後序》 金華坦溪之上有隱君子曰鄭君彥淵，宋川陝置制忠愍公之六世孫也。始余得其《葬書註釋》讀之，固意彥淵儒者。乃今讀其《心學圖説》，信彥淵之爲儒者無疑矣。夫堯、舜、禹之相授受也，曰：「人心惟危，道心惟微。惟精惟一，允執厥中。」萬世正學於是乎出焉。商、周繼之，其間聖賢焉不學而亦焉有外此以學者哉？逮乎周衰，聖人不作，異端並起，其所以爲學者，大抵非帝王之學。漢興，群儒掇拾遺經於秦火之餘，往往溺於訓詁，而不知反求諸心，則既失矣。後千數百年，濂洛諸大儒出，當宋世，相與倡明聖學而論著焉。子貢之徒所不得聞於仲尼者，昭然若揭日月，天下學士始知。不知道不可以言學，不明心不足以爲學。夫何積習既久，雖有豪傑之材，亦皆篤惟先儒之成言是誦，莫肯以精力自致，而今爲甚。譬如侏儒之觀場，人抵掌亦抵掌，人揶揄亦揶揄，其目且猶無見也，其心況有得乎？則其失愈遠矣。夫千古帝王之學，固因濂洛諸大儒而復明，至於天地事物之倫理，性命道德之精微，諸大儒又豈敢自謂其言盡矣、備矣？後之學者，無所容心，無所容喙也乎哉。此彥淵之書所以作也。彥淵優游事外，於凡聖經賢傳，旁及釋、老之書，靡所不覽，而未嘗阿以爲同。冥思而默體，深造而自得。得其説，直欲逾濂洛、涉洙泗，窺先天之秘，推其用心，可謂勞矣。非儒者而能與於斯乎？惜夫是書出於三百年之下，而諸大儒莫之知，而莫之取也。向令彥淵與諸大儒並時而生，從而就正焉，其有不傳信乎？而顧使余得而讀之，豈知言哉？唐許胤宗，國毉也，而不欲著書，以爲脉之候幽而難明。吾意所解，口不能宣，得吾之所言，而不得吾所不言，則於脉有不能明，而且妄投藥矣。於戲，毉家之説，萬一失之，其禍止於傷人。吾儒家之説，萬一失之，其禍遂至於亂世。然則，儒者著書，視毉者著書，豈不愈難乎。故余平生爲學，不敢篤信成言，亦不敢輕出臆説。觀彥淵之超詣獨得，多所發揮，寧無慨然者乎？圖與説所不能盡者，彥淵尚終有以教我哉。

邵寶《容春堂後集》卷三《律呂新書解序》 古樂之不作，古之律不存於今也。定律有道焉，古之書不有傳於今者乎？傳焉而不能行，何居？知物知數，天人參稽，而虛平精白以尸之，非有道者不足以與此。吁嗟乎，若是其爲之難也。爲之難，言之亦難。宋蔡季通氏嘗爲書，朱子序焉，極其稱許，至謂獨見超然，千古一快。然迄今數百年矣，曾未有得其堂奧者，吾觀張叔成之爲解也，蔡氏之書，其將行乎？何其悉而理也。叔成名敔，饒之德興人，予弘治辛酉江西所舉士也。於是予方校文，嘗求知樂者於士，蓋有以叔成言者。會叔成領薦以去，有缺聞焉，乃今見此，蓋叔成之所造者深矣。我國家承平既久，行將制作，以協鈞韶，當有知叔成而用之者。予病矣，雖知焉，亦奚以爲？爲之序而歸之。

何良俊《四友齋叢説》卷一《經一》 《詩》註疏中，《序大小雅》云：自《鹿鳴》至《菁菁者莪》二十二篇，皆正《小雅》，六篇亡。今惟十六篇，從《鹿鳴》至《魚麗》十篇，是文、武之《小雅》。先其文王以治內，後其武王以治外。宴勞嘉賓，親睦九族，事非隆重，故爲《小雅》。皆聖人之跡，故謂之正。自《文王》至《卷阿》十八篇，是文王、武王、成王、周公之正《大雅》。據盛隆之時而推序天命，上述祖考之美，皆國之大事，故爲正《大雅》焉。《文王》至《靈臺》八篇，是文王之《大雅》。《下武》至《文王有聲》三篇，是武王之《大雅》。如此等言論，皆詩家切實謹要者，不知何故削去。然何可使讀《詩》者不知？今之讀詩者，若問其何謂之《小雅》，何謂之《大雅》，何者爲正，何者爲變，必茫然不知矣。然則註疏其可盡廢哉。

又卷三《經三》 余家舊藏書幾四萬卷，後皆燬於倭夷。近日西亭殿下以爲余家藏書尚存，托蔡州守以書目寄來，假索鈔錄，皆是諸經各家傳註。余細閱之：《易》有五十四家，《詩》十九家，《書》二十七家，《春秋》六十三家，《周禮》十二家，《儀禮》四家，《禮記》十一家，皆與《文獻通考・經籍考》相出入，亦有《經籍考》所無者，恨無以應其求矣。又嘗見西亭所撰李鼎祚《周易集解序》，亦有發明處，蓋亦留心經術者。今士大夫一登甲第美官，則不知視經傳爲何物矣。使士大夫皆能如西亭之留心經傳，何患經術不明？經術明，何患天下無善治乎。余所撰《語林》，山東各王府亦時時差人買去，則知河間獻王何代無之。今議者欲用宗子人才，未必無見。

王應電《周禮圖説序》 古稱左圖右書。凡書所不能言者，非圖無以彰其形；圖所不能畫者，亦非書無以盡其意，此古人所以不偏廢也。

余繼登《典故紀聞》卷一 太祖嘗謂大理寺卿周禎曰：「律令之設，所以使人不犯法，田野之民，豈能悉曉其意？有誤犯者，赦之則廢法，盡法則無民。爾等所定律令，除禮樂制度、錢糧、選法之外，凡民間所行事宜，類聚成編，直解其義，頒之郡縣，使民家喻戶曉。」禎等乃爲《律令直解》以進，太祖覽之，喜曰：「前代所行《通制條格》之書，非不繁密，但資官吏弄法，民間知者絶少，是聾瞽天下之民，使之不覺犯法也。今吾以《律令直解》頒行，人人通曉，則犯法者自少矣。」

胡應麟《少室山房筆叢》卷一〇一《讀通鑑胡氏注》 自裴松之《三國志註》成，史學中無可繼者。獨胡三省之註《通鑑》，宏搜博引，備錄諸説，而斟酌事勢，懸斷是非，皆昭昭目睫於千載之上，俾溫公未發之旨開卷瞭然，眞司馬之忠臣，涑水之素相也。當溫公之成《通鑑》，自謂得劉道原、范祖禹諸人各任其事，以奏其功，而不知三省之註，其功尤有大者，世或日用而弗知也。

姚舜牧《孝經集注序》　甚哉，孝道之大也。通於天，極於神明，而光於四海，何所不昭徹。顧其道至大，而其理則至微。自非字爲解，句爲釋，而章爲截，初學之士，似有難以意通者。從來傳註凡幾家矣，皆意爲摸擬，而未得其精竅，雖註猶弗註也。觀瀾徐丈慨焉，乃出其緒餘，細心以求其字字與解，細心以求其句與釋，細心以求其章與截。若農者之趨於畔，畔爲之疏，疏爲之理。而俾初學之士，一讀即知其義，知其義則溥之而横乎四海，置之而塞乎天地，將從此發軔也。斯其用心，亦勤毖矣。斯可無傳哉。故嘗爲之説曰：「丈之集註，猶夫渡江河之筏也，而弟之著爲疑問，猶之登彼岸之忘舟楫也。」非登彼岸不能見江河之大，然非筏以渡，則江河之大猶汎然其無所適也。舟楫其曷以忘諸？是註不可無有，甚於疑問，疑問可無作也。註成矣，因爲之序其端。

繆希雍《神農本草經疏原序》　予因據經以疏義，緣義以致用，參互以盡其長，簡誤以防其失，而復詳列病忌、藥忌以别其微。條析諸藥，應病分門，以究其用；刊定七方十劑以定其法；闡發五藏苦欲補瀉以暢其神，著論三十餘首以通古今之變。始悉一經之趣，命之曰《神農本草經疏》，讀之者宜因疏以通經，因經以契往。俾炎黄之旨晦而復明，藥物之生利而罔害，乃余述疏意也。

錢謙益《牧齋初學集》卷二八《新刻十三經注疏序》　《十三經註疏》，舊本多脱誤，國學本尤爲踳駮。邇者儒臣奉旨讎正，而繆缺滋甚，不稱聖明所以崇信表章至意。毛生鳳苞，竊有憂焉，專勤校勘，精良鋟版，窮年累月，始告成事，而屬謙益爲其序。序曰：《十三經》之有傳註、箋解、義疏也，肇於漢晉，粹於唐，而是正於宋。歐陽子以謂諸儒章句之學，轉相講述，而聖道麤明者也。熙寧中，王介甫憑藉一家之學，創爲新義，而經學一變。淳熙中，朱元晦折衷諸儒之學，集爲傳註，而經學再變。介甫之學，未百年而熸，而朱氏遂孤行於世。我太祖高皇帝設科取士，專用程朱，成祖文皇帝詔諸儒作《五經大全》，於是程朱之學益大明。然而再變之後，漢唐章句之學，或幾乎滅熄矣。漢儒之言學也，十年而學幼儀，十三而學樂、誦詩舞勺，成童而舞象，二十而學禮，惇行孝弟，三十而博學無方，孫友視志。春誦夏絃，秋學禮，冬讀書，其爲學之科條，如是而已。其言性言天命也，木神則仁，金神則義，火神則禮，水神則知，土神則信，存惻隱羞惡恭敬是非之心，以長育仁義禮智之性，所謂知性知天者，如是而已。宋之學者，自謂得不傳之學於遺經，掃除章句，而胥歸之於身心性命。近代儒者，遂以講道爲能事，其言學愈精，其言知性知天愈眇，而窮究其指歸，則或未必如章句之學，有表可循，而有坊可止也。漢儒謂之講經，而今世謂之講道。聖人之經，即聖人之道也。離經而講道，賢者高自標目，務勝於前人；而不肖者汪洋自恣，莫可窮詰。則亦宋之諸儒掃除章句者，導其先路也。修《宋史》者知其然，於是分《儒林》、《道學》，釐爲兩傳，儒林則所謂章句之儒也；道學則所謂得不傳之學者也。儒林與道學分，而古人傳註、箋解、義疏之學轉相講述者，無復遺種。此亦古今經術升降絶續之大端也。經學之熄也，降而爲經義；道學之偷也，流而爲俗學。胥天下不知窮經學古，而冥行擿埴，以狂瞽相師。馴至於今，輇材小儒，敢於嗤點六經，呰毁《三傳》，非聖無法，先王所必誅不以聽者，而流俗以爲固然。生心而害政，作政而害事，學術蠱壞，世道偏頗，而夷狄寇盗之禍，亦相挻而起。孟子曰：「我亦欲正人心。」「君子反經而已矣。」誠欲正人心，必自反經始；誠欲反經，必自正經學始。聖天子廣廈細旃，穆然深思，特詔儒臣，是正遺經進御，誠以反經正學爲救世之先務，亦猶二祖之志也。不然，夫豈其王師在野，方隅未靜，汲汲然横經籍傳，如石渠、開陽故事，潤色太平也哉？鳳苞之校刻也，表遺經也，尊聖制也，砥俗學也，有三善焉。余故狥其請而爲之序。膚淺末學，不揆檮昧，序贊聖經，譬諸測量天地，繪畫日月，非愚則狂也。遡經傳之源流，訂俗學之舛駮，使世之儒者，孫志博聞，先河後海，無離經而講道，無師今而非古。胥天下窮經學古，稱聖明所以崇信表章至意。則是言也，於反經正學，其亦有小補矣夫。

又卷二九《左匯序》　本朝以《春秋》取士，雖專以胡《傳》爲宗，然文定之書，取於《左氏》者十八，取於《公》、《穀》者十二。蓋左丘明親見聖人，高與赤則子夏之及門，其發凡取例，區以别矣。不獨昔人所謂左氏大官，公羊賣餅家也。承學小生，傭耳剽目，剌取《左氏》之涯略，以充帖括。蓋有傳業爲大師，射策爲大官，而目不覩《三傳》之全文者矣，又況外傳子史之流乎？侍御永年李君，家傳素業，閔學者之固陋，著《左匯》一書，以《左氏》爲經，以《二傳》、《國語》、《周禮》、《史記》、《管子》、《檀弓》、《說苑》諸書爲緯。本經析傳，首尾備具，燦若羣玉之府，而森如五兵之庫。使後之從事者，繇胡以溯左，繇經以溯傳。繇是以窮經術焉，斷國論焉，或源或委，先河而後海，斯侍御取以嘉惠學者之意而已矣。司馬遷不云乎？孔子作《春秋》，隱、桓之間則彰，定、哀則微。今以定、哀之事言之，則孔子之詞雖微，而《左氏》未嘗不彰也。鄧析之竹刑，則商、韓之前車也；陳轅頗之封賦，季孫之田賦，則桑、孔之濫觴也；公孫彊之亂政，則江充之見犬臺，而伾、文之幸待詔也；萇叔之違天，則子師之殉漢，而厓山之沉宋也。援古以證今，上觀千歲，下觀千歲，豈徒立乎定、哀以指隱、桓乎？自荆舒之新學行，以《春秋》爲腐爛朝報，横肆其三不足之說，而神州陸沉之禍，有甚於典午。流禍浸淫，迄於今未艾。居今之世，明《春秋》之大義，闡定、哀之微詞，上醫醫國，此亦對症之良劑也。侍御起家爲刑官，今方執法柱下。《春秋》，夫子之刑書也，其亦將以是書爲律令乎？天子神明天縱，特爲是經設講官，以《春秋》之大法治天下。則侍御此書，恭進諸廣廈細旃，以備乙夜之覽，何不可哉？

錢澄之《重刻昌谷集注序》 姚子註《昌谷集》成，予既爲序之。友人攜其稿，刻諸吳門，吳下爲之紙貴。於是姚子官建寧，建寧人以重刻請，乃更加較訂批點，視昔尤詳，而再屬序於余。余時客雙峰，註《南華》七篇初成也。作而歎曰：甚矣，註書之難於著書也。著書者亦欲自成一家言耳，其有言也已爲政；註書者己無心，而一以作者之心爲心，其有言也，役焉而已。故曰：著書者無人，註書者無我。然自孔子《繫辭》以來，如郭象之註《莊》，王輔嗣之註《易》，旁通發展，往往出於古人意言之外，亦何嘗不用我也。曰：非我也，古人之意之所在也。「書不盡言，言不盡意」，「以意逆志，是爲得之」。若惟言之是尊，毋敢略出己見，疑者闕之，未詳者置之，惟通其章句而已，是訓詁之學也。是以無我之弊，流爲訓詁。吾之於《莊》，不知其有我否耶？吾以《莊子》縱恣自喜，不欲讀者之遽得其端倪。吾惟「緣督以爲經」而脈分縷貫，吾猶是章句之學也，則《莊子》亦即井井然受條理矣。彼世之註者，或多玄解，夫莫玄於《莊子》矣，而又玄焉，是以水益水耳，何解之爲？其皆郭象爲之嚆矢乎？吾註《莊》又不若姚子之註《昌谷》。姚子謂古今人之詩，未有不本諸忠愛者也。杜少陵每吟不忘君父，千古宗之。昌谷好險僻，其思幻怪不經，世有癖之者，稱曰「鬼才鬼才」耳。而姚子以爲忠愛存焉，爲之引據史文，論其世而考其時。其憂時憫俗，惓惓宗國之志，一篇三致意云。夫姚子非癖昌谷也。姚子之意，蓋以見古人之稱詩雖險僻如昌谷，其大指固無以異於少陵也，蓋欲以忠愛概天下之詩教也。夫姚子未通籍時，其命意於詩者已如此，況今委質而出仕乎？毋怪乎再從剞劂氏之請，以申其教於天下也。同時有陳子二如因而爲《少陵詩註》。陳子之於少陵，姚子之於昌谷，皆似有夙因焉。凡詩爲人所不經意者，二子以爲必有意也。二子之註，不必無我，亦自信我之意即作者之意而已。予於《莊子》，無能爲役，而二子則眞少陵、昌谷之功臣也。雖然，少陵稱詩之旨，夫人而知之；若昌谷之無以異於少陵，自姚子而始知之，則姚子之功爲巨矣。

朱彝尊《曝書亭集》卷三五《葬經廣義序》 《葬經》者，相傳爲郭景純所作。傳世既久，葬師欲秘其術，慮人之共曉也，遂以僞竄眞，故爲熒惑其文，俾讀者難定其指歸。同里吳子周瑾有憂之，由是集諸家之說，旁證曲據，爲《廣義》三卷。其說祇以避禍，不計求福，庶無戾乎。儒者之言既成，將謀鏤刻行之，予因樂爲之序。夫以葬師之所欲秘者，布諸通邑大都，凡爲人子，可一覽而得其測量候驗之法，兆基考降，始以無惑，終以勿悔，信夫。言之不可廢，世之居喪未葬者，雖與喪禮並讀焉，奚不可也。

又《五代史記注序》 歐陽子《五代史》，其初約尹師魯分撰，既而不果。師魯別撰《五代春秋》，載《河南集》，歐陽子諸帝紀，實取其材，蓋心折其辭之簡而有法，務削繁歸於要。然司天、職方二考之外，舉凡禮樂、兵刑、職官、食貨諸大政，略焉勿書，即《通鑑》所載者，《史》反闕之，毋乃太簡也乎。簡則必俟後人之註，徐無黨寥寥數語，於大義何補焉。必若劉昭之釋《續漢書》，裴松之之註《三國志》，而後頒諸學官，學者不可廢也。予年三十即有志註是書，引同里鍾廣漢爲助。廣漢力任抄撮羣書，凡六載，考證十得四五，俄而卒於都城逆旅。檢其巾箱，遺稾不復有也。予從雲中轉客汾晉，歷燕、齊，所經荒山廢縣，殘碑破冢，必摩抄其文，響拓之，考其與史同異。又薛氏舊史雖佚，其文多採入《册府元龜》《太平御覽》諸書。兼之十國分裂，識大識小，有人自分，編孴成書，可與劉、裴鼎足。

陳廷敬《午亭文編》卷三七《太上感應篇集注序》 一日在內直見查澹

遠宫詹手一編專視，而貌肅若神明與俱者。就而視之，則《感應篇集註》，不書撰人名氏，其箋釋則先發明義理，而後證以事實，更引他説以暢之。其文約而不漏，詳而不褸，切近而顯明。用之警世動俗，可以勉進於正，而懲創其邪僻，與六籍所載勸善禁惡、導吉避凶之指無異焉。而澹遠好之如此，其誠由是道也。暗室屋漏，出王游衍，皆若旻天鬼神之降監，其有裨於吾儒立誠之學者，豈淺尠哉？余嘉是書之可以警世動俗也，遂出貲以付剞劂，澹遠屬予標其大指於簡端云。

張榕端《施注蘇詩序》 古今詩人之總萃，唐則子美，宋則子瞻。顧兩家箋註之難，前輩屢言之。先大人常取《杜詩千家註》，疏瀹剔抉，殫二十年之力，屢易稿而後成，宋中丞漫堂先生爲序以行世。若東坡詩註，惟永嘉王氏之書盛行，而踳駮迭見，識者譏焉。余少時讀《渭南集》，知有吳興施司諫所註蘇詩，每購之而不可得。意當世已無其書，獨時取放翁序讀之，因以窺見作者用意之深，與後人發明之不易，而司諫之書愈往來余心矣。漫堂獲宋槧本於吳中舊家，其間闕軼凡十二卷。乃屬門人子弟訂補之，盡抉永嘉之瑕纇，而亦間採其菁英，以助施氏之闕遺。余讀之，心開目張，爲之狂喜。蓋施氏體宗編年，一洗永嘉分類之陋。而援引必著書名，詮詁不乖本事。又於註題之下務闡詩旨，引事徵詩，因詩存人，使讀者得以考見當日之情事，與少陵詩史同條共貫，洵乎其有功玉局而度越梅溪也。漫堂宏材博識，儒雅風流，翹然爲今代之子瞻。畫戟凝香，賞奇汲古，獨與眉山曠世相感，宜其惓惓於是書，而余亦得見所未見，以償夙昔之願，不誠厚幸哉。後之學者因註而得其詩，因詩而得其人，毋沾沾焉。考《爾雅》之魚蟲，拾《離騷》之香草，爲誇多鬬靡之具也。夫少陵自許稷、契，志不忘君；東坡忠規讜論，挺挺大節。其人皆百世之師，光燄萬丈，不可磨滅。所謂詩外尚有事在者，資其言語文章，以爲高山景行，知註之不可遺，兼知註之不可泥，則兩得之矣。斯固曩者先大人讀杜之微意，而亦今日漫堂先生表章蘇氏之盛心歟。

李光地《榕村語録》卷一《經書總論》 《五經》、六藝，今止《四經》，四藝而已。經止《易》《詩》《書》《春秋》，《禮》即在六藝中。藝止禮、樂、書、數，射、御已不講。《易》將註疏程《傳》朱《義》看過，略通大意，一年可了。《詩》將註疏與朱傳看。《書經》亦然。《春秋三傳》註疏，每種一年。兼之禮、樂、書、數，不過十餘年，無不通矣。聰明人用十餘年功，亦不難。便是許多年代無此人，豈不可嘆。

又卷一一《韻箋序》 近日爲詩文者，避繁重，就省約，率向坊賈市小本以取聲韻，惟唐律專本韻者則已。至於古詩古賦、銘贊歌篇，第據近代膚謬者之説，或曰通，或曰轉，錯戾顛倒，至於齒舌脣喉，不可復辨。夫古之詩辭，以今韻校之，固多通用，然自今視之通也，古人則各有部居門類，何通之有哉。今取古人未嘗通者通之，上不合於古，中不準於唐，以水土之雜響，淆天地之眞音，奚可以重所習而不變也。彼古韻之出入於《唐韻》者，其源有以，如風，閉口字也，當屬侵而在東；令，抵齒字也，當屬眞，而在庚，此唐人誤也。今緣一二字之誤，遂謂抵齒、閉口二部，與鼻音皆可通也。蓋有中州士庶偶而寄版荊蠻者，據之以爲齊楚一家，豈不遠哉。近日惟長洲顧炎武寧人氏，能古韻，心通其意，而又援據極博，足以徵之。故掇其韻譜，凡《唐韻》之可通不可通者，悉註於本目之下。其曰通者，古法也。曰不通者，時誤也。又坊本取字大窄，落漏甚多，且平、上、去俱用者只收一處，尤苟簡而不便於稽考。今所收幾及《唐韻》之半，學者置之案隅笥中，亦可以檢尋辨別，如昌黎所謂略識字之意云。

張玉書《張文貞集》卷四《張秋紹孝經小學口義序》 潛庵湯公撫吳兩載，念江左民秀而俗偷，愵然傷之。凡所條教措施，孳孳以仰副諭旨崇實返樸爲務。自月吉讀法而外，輒舉《孝經》《小學》二書爲吳士民勸。又延禮名儒有學行者爲之疏解，以暢釋奧旨。錫山秋紹張君實應公辟，主講席。今年春，《孝經》講甫竣，會公膺特召，爰屬秋紹輯所講口義，重加訂正，授梓人，廣其傳。蓋公所以教民敦本之旨，至懃且懇矣。在昔治《孝經》者，漢長孫氏以下，無慮百家。今文古文同異若聚訟，而大旨炳如，並存不廢。玆編序次，一遵今文，獨存《閨門》一章，以仍古文之舊。其闡繹經義，切近深微，穿貫朗晰，而尤以「敬」之一言蔽《孝》之終始。余受而讀之，三嘆而興，曰：「是誠可云知孝矣乎。」經之義理一而分殊，體約而用博，推之極於天明地察，通神明，光四海。而約之，則曰：身體髮膚，不敢毀傷。夫下堂而傷足，毀傷之小者也。辱身隕名，烖及於親，毀傷之大者也。曾子之論，以事君、涖官、交友、居處、戰陣，不盡其道，皆謂之不孝。而其生平臨深履薄之意，直至啓手足之時，然後知免。由斯以觀，孝莫大於敬身，敬身則不辱，不辱則不傷其親。不能敬身者反是，言不軌道，行不軌法，位驕祿侈，服奇志淫，惑溺於異端，馳逐於功利，一矢口一跬步之間，其身蹈於不孝，而貿然不自知者多矣，可不懼哉？或曰：「經之言理備矣，其節目次第，奚所取則焉？」曰：「湯公以《小學》與《孝經》並講，豈無義乎？《小學》者，萃《曲禮》、《少儀》、《內則》、《祭統》諸篇，而區別其義類者也。《記》舉其詳，《小學》舉其要，擇善而蹈，孫志而篤行之，孝弟之念，油然而生矣。化民成俗，直指諸掌耳。」秋紹曰：「是則公之志也。」遂書爲序。

愛新覺羅・玄燁《御制文集》卷一九《日講易經解義序》 朕惟帝王道法，載在六經，而極天人，窮性命，開物前民，通變盡利，則其理莫詳於《易》。《易》之爲書，合四聖人立象、設卦、繫辭焉，而廣大悉備。自昔包犧、神農、黃帝、堯、舜王天下之道，咸取諸此，蓋《詩》、《書》之文，《禮》、《樂》之具，《春秋》之行事，罔不於《易》會通焉。漢班固有言六藝具五常之道，而《易》爲之原，詎不信歟。朕夙興夜寐，惟日孜孜，勤求治理。思古帝王立政之要，必本經學。嘗博綜簡編，玩索精蘊，至於《大易》，尤極研求。特命儒臣，參考諸儒註疏傳義，撰爲《解義》一十八卷，日以進講。反復卦爻之辭，深探作《易》之旨，大抵造化功用，不外陰陽，而配諸人事，則有貞邪淑慝之別。運數所由盛衰，風俗所由治亂，君子小人所由進退消長，鮮不於奇偶二畫屈伸變易之間見之。若乃體諸躬行，措諸事業，有觀民設教之方，有通德類情之用。恐懼修省以治身，思患豫防以維世，引而伸之，觸類而長之，而治理備矣。於是刊刻成書，頒示天下。朕惟體乾四德，以容保兆民，且期庶司百執事矢於野渙羣之公，成拔茅允升之美，則泰交媲於明良，而太和溢於宇宙，庶稱朕以經學爲治法之意也夫。

又《御製文第二集》卷三一《孝經衍義序》 孔子教孝之言，散見於冊籍，而統會於《孝經》。曾子以純孝親承斯訓，其辭約，其指遠，條貫終始，綜括羣論，言孝之義，於斯爲備。自顏芝藏本出於漢初，考註箋釋，代有其人，如孔安國、鄭康成、皇侃、邢昺輩，無慮百餘家，大約皆訓詁章句，辨論古今文同異。而求其推擴義蘊，達之於萬事萬物，而皆莫出其範圍者，則尚未之備也。世祖章皇帝弘敷孝治，懋昭人紀，特命纂修《孝經衍義》，未及成書。朕纘承先志，詔儒臣搜討編輯，倣宋儒眞德秀《大學衍義》體例，徵引經史諸書，以旁通其說。竊以仲尼稱「至德要道，以順天下。」又曰：「教之所由生」，而後詳列天子、諸侯、卿大夫、士、庶人之五孝，此則一經之大旨，亦猶《大學》之言明德、新民、格致、誠正、修齊、治平也。是故衍「至德」之義，則仁義禮智信之說備矣。衍要道之義，則父子、君臣、夫婦、昆弟、朋友之倫備矣。衍「教所由生」之義，則禮、樂、刑、政之屬備矣。衍五孝，而皆以愛敬爲本，明貴賤之所同也。由天子之敬親推之，則郊丘、宗廟、典禮之義備矣。由天子之愛親推之，則仁民、育物、撫綏、愛養之義備矣。無非敬也，無非愛也，即無非孝也。遞而至於諸侯之不驕不溢，卿、大夫之法服、法言、法行，士、庶人之忠順事上，謹身節用，何一非愛敬之義？推而極之，通於神明，貫乎天地，夫寧有涯際乎哉？書成，凡一百卷，鏤板頒行，竝製敘言，冠於簡端。庶幾嘉與海內共遵斯路，家修子弟之職，人奉親長之訓。協氣旁流，休風四達，以成一代敦厚鴻龐之治，斯則朕繼述先烈，尊經崇本之志也夫。

又《經筵講章序》 朕嘗讀《尚書・說命》之篇，其勸高宗以好學也，曰：「惟學遜志，務時敏。」又曰：「學於古訓乃有獲。」夫人君爲學，必稽古考憲。人臣勸學於其君，必援古昔，稱先王。凡以百家紛紜，折衷於聖；衆言淆亂，是正於經。其所孜孜汲汲者，將精其義，以致用於天下也。豈佔畢口耳之爲勤，徒資聽說而娛覩聽乎？今夫師儒訓詁授受之學，託諸空言，以明其道，而猶必守其一先生之說，而況人主爲學，將精其義以致用於天下者哉？朕自沖齡，性絕嬉玩，顧獨喜書。自經史之餘，苟其不謬於聖人之道，自成一家之言，未嘗不博求而縱覽焉。至於經筵進講，則專主於四子《五經》。蓋書契既興，載籍浩繁，雖開卷有益，而有裨治道，必以四子《五經》爲歸極矣。上自天人性命，下及民情物理，以至二帝三王以來所經營措施於政教者，其道甚明，而其事易行，神而明之，存乎其人而已。朕自臨御迄今，日講靡輟。經書解義，節次彙刊。其遇春秋二仲，則涓日經筵未嘗有間。閱時既久，篇帙漸多，因命儒臣彙爲一集，付之剞劂。昔大禹好善昌言，則拜武王訪道，丹書是陳。至如昔聖前賢之所誥誡，廣廈細旃之所敷論，其可忽諸？且令頒之四方，俾臣僚士庶誦其辭，而服習其義，咸知遵道遵法，助登上理，豈僅謂小補者與。

又《日講通鑑解義序》 史之有傳，其體有二。紀事編辭，發凡起例，而褒貶之意寓於言外，俟觀者深思而自得，此左氏之傳也，涑水之《資治通鑑》宗之。據事以斷是非，原心以定功罪，予奪之不可假，如折獄然，此公、穀之傳也，崇安之《春秋傳》宗之。二者缺其一，則史學不備。朱子作《通鑑綱目》，綱倣《春秋》，目倣丘明，羅十七代紀載之文，治以二百四十年褒貶之法，論者謂接統《春秋》，不虚也。朕勤求治道，涵泳六經之餘，樂觀前代興衰得失之蹟。故《通鑑》一書，披覽未嘗去手。顧其間論斷者，人各置喙，間亦有當於作者之意，而未能折衷於中而斷於一。乃命儒臣倣胡安國之體，法《春秋》之義，譔次爲文，依日進講，寒暑無間，積歲月而成編。朕惟東周以前，無史而有史，蓋古史之精意已大備於《尚書》。故《春秋》紀十二公之事，猶然二帝三王之心法也。威烈以下，無《春秋》而有《春秋》，蓋綱目之作，上接夫麟經，故雖班、范諸史之文，實魯史筆削之遺意也。而世道之升降，政治之隆汙，於是乎在夫危微治忽之介，判於毫芒而相懸，遂至於遼絶。當時或未及見，而後之觀者瞭然，此不可不審其幾，而深究其所以然也。是以論古人之行事，既貴其所見之至明，尤貴其居心之至公。蓋善論古者如水，然人毋鑑於流水，而鑑於止水。水無成形於中，故妍蚩畢見於外，無成形者，何公而已矣。水之無成形，猶人之無成心也。無成心者，何公而已矣。夫公者，三代大道之行，而萬世法戒之權衡也。朕讀史，嘗著《緒論》一編，實本至公之意，期於至當之歸。而於《日講》一書，又以此諄諄申命儒臣，既卒業，將以刊於秘府，頒之羣工。大經大法，或勸或懲，燦然畢具，其有裨於經世，豈淺鮮也與。

方苞《望溪集》卷六《春秋直解序》 自程朱二子不敢以《春秋》自任，而是經爲絶學矣。夫他書猶孔子所删述，而是經則手定也。今以常人自爲一書，其指意端緒，必有可尋，況聖人之不得已而有言者乎。蓋屈摺經義以附傳事者，諸儒之蔽也。執舊史之文，爲《春秋》之法者，傳者之蔽也。聖人作經，豈預知後之必有傳哉？使去傳，而經之義遂不可求，則作經之志荒矣。舊史所載事之煩細及立文不當者，孔子削而正之，可也。其月日、爵次、名氏，或略或詳，或同或異。策書既定，雖欲更之，其道無由，而乃用此爲褒貶乎？於是脱去傳者，諸儒之説，必義具於經，文始用焉，而可通者十四五矣。然後以義理爲權衡，辨其孰爲舊史之文，孰爲孔子所筆削，而可通者十六七矣。余之始爲是學也，求之傳註而樊然淆亂；按之經文，而參互相抵，蓋心殫力屈，幾廢者屢焉。及其久也，然後知經文參互及衆説殽亂而不安者，筆削之精義，每出於其間，所得積多，因取傳註之當者，并己所見，合爲一書，以俟後之君子。其功與罪，則非蒙者所能自定也。

又《周官集注序》 朱子既稱《周官》徧布周密，乃周公運用天理熟爛之書；又謂頗有不見其端緒者，學者疑焉，是殆非一時之言也。蓋公之兼三王以施四事者，具在是書。其於人事之始終，百物之聚散，思之至精，而不疑於所行。然後以禮樂兵刑食貨之政，散布六官，而聯爲一體。其筆之於書也，或一事而諸職，各載其一節，以互相備；或舉下以該上，或因彼以見此。其設官分職之精意，半寓於空曲交會之中，而爲文字所不載。迫而求之，誠有茫然不見其端緒者。及久而相説以解，然後知其首尾皆備，而脈絡自相灌輸，故歎其徧布而周密也。余嘗析其疑義，以示生徒，猶苦舊説，難自別擇，乃並纂録，合爲一編，大指在發其端緒，使學者易求。故凡名物之纖悉，推説之衍蔓者，概無取焉。蓋是經之作，非若後世雜記制度之書也，其經緯萬端以盡人物之性，乃周公夜以繼日，窮思而後得之者。學者必探其根原，知制可更而道不可異，有或異此，必蔽虧於天理，而人事將有所窮。然後能神而明之，隨在可濟於實用。其然，則是編所爲發其端緒者，特治經者所假道，而又豈病其過略也哉。

陳鋐《四書晰義·例言》 四子之書，本自明白，而諸儒之説，不無異同，是以有疑。然疑義雖多，其間或有一説之確當於經義者，概不敢贅。此特輯朱註以來諸説之所未備而或未定者，故《論》《孟》皆少，而《學》《庸》獨多。

聖賢經典皆由心發，讀者但以言語求之，故於疑似難明處，説愈多而疑愈甚。予於是編，皆身心體貼之言，不得於心，不敢出諸口也。

書理既宗朱註，而每段中又必引程朱之恰合於經註者以爲證。若未得程朱之全書而無所考據者，則雖偶得於心，亦必不敢自是以質高明。

講説之中，有因一字一句之悞遂致講混一章一節之旨者，於起首結末處，必另自提出一字一句之義以説明之。又或有錯認朱註之説而併失經傳之義者，起首必先説明朱註之意而後詳言經傳之旨。

學莫切於明誠，莫大於性命，若格、致、誠、正，修之有差，則大學之義幾息，千古聖賢之垂訓皆虚。天地鬼神之理一訛，則道統之原不得，堯、舜、湯、文之墜緒亦絕。故辨之欲明，而不厭其繁。

有說一章一節之旨而統論全篇之義者，因疑義甚多，付梓無力，故略述大意以就正云。

袁棟《書隱叢說》卷九《注書》 註書本以發明本文之義，然有閎博詳贍，事有相證，理有獨見，名爲註，而實補其所未逮，充其所未至。註與本文有並行而不可離者，如郭象之註《莊子》，酈道元之註《水經》，裴松之之註《三國志》，劉孝標之註《世說》。豈非別樹旗幟，不容軒輊者乎。其次如漢唐諸儒之《十三經註疏》，裴駰之註《史記》，顏師古之註《漢書》，梁劉昭、唐太子賢之註《後漢書》，李善之註《文選》，皆古鼎斑剝，人幸嘗其一臠者也。

盧文弨《抱經堂文集》卷四《續漢書律曆志補注序》 始吾讀兩漢《律曆志》，有意欲通之，而苦於不能布算，則就同館嘉定錢君莘楣而問焉。錢君示我以乘除增減之術，幷以所校兩志畀余，余得以正家本之誤焉。然其推算之術，終苦於思不屬而止。今忽忽三十年矣，華髮盈顚，益難重理前緒。頃復來主鍾山書院，而莘楣之從子溉亭亦爲郡博士，於斯一見如故交。裒然出其所著，有《補註續漢書律曆志》在焉，則校之。余前所得於其從父者，布算益加密，辨證益加詳。於前人說之未是者，雖通人若蔡中郎，其論開闢至獲麟之歲與馮光、陳晃所言俱誤，亦駁正之。向所苦於難讀者，以譌脫之字多耳。今以晉、宋《志》參校，皆得補正。朗若列眉，瞭如指掌，使後來學者，皆得所從入之徑。是書得此，遂無復遺憾，於此見儒者之功，非藝人之業之所可幾也。彼唐之一行，其於曆學古今推以爲精，然不解太初甲寅之元，而謬爲之說；又不明杜預所以爲長曆之指，而輕相訾謷。此徒知今者之不可與道古也必也。合今古而會通之，微儒者誰與歸？溉亭父子，眞其人乎，吾何幸而皆得交其人、讀其書也。

戴震《戴東原集》卷三《爾雅文字考序》 古故訓之書，其傳者莫先於《爾雅》，六藝之賴是以明也。所以通古今之異言，然後能諷誦乎章句，以求適於至道。劉歆、班固論《尙書》古文經曰：「古文讀應《爾雅》解，古今語而可知。」蓋士生三古後，時之相去千百年之久，視夫地之相隔千百里之遠，無以異昔之婦孺聞而輒曉者，更經學大師轉相講授，而仍留疑義，則時爲之也。余竊謂儒者治經，宜自《爾雅》始，取而讀之，殫心於茲十年。是書舊註之散見者六家，犍爲文學、劉歆、樊光、李巡、鄭康成、案：鄭氏無《爾雅註》，《周禮・大宗伯疏》誤引之耳。孫炎，皆闕逸，難以輯綴。而世所傳郭註，復刪節不全，邢氏疏尤多疏漏。夫援《爾雅》以釋《詩》、《書》，據《詩》、《書》以證《爾雅》，由是旁及先秦已上，凡古籍之存者，綜覈條貫，而又本之六書音聲，確然於故訓之原，庶幾可與。於是學，余未之能也。偶有所記，懼過而旋忘，錄之成袟，爲題曰《若干卷爾雅文字考》，亦聊以自課而已。若考訂得失，折衷前古，於《爾雅》萬七百九十一言，合之羣經傳記，靡所扞格，姑俟諸異日。

又卷一〇《考工記圖序》 立度辨方之文，圖與傳註，相表裏者也。自小學道湮，好古者靡所依據，凡六經中制度禮儀，覈之傳註，既多違誤，而爲圖者又往往自成詰詘，異其本經，古制所以日即荒謬不聞也。舊禮圖有梁、鄭、阮、張、夏侯諸家之學，失傳已久。惟聶崇義《三禮圖》二十卷見於世，於考工諸器物尤疏舛。同學治古文詞，有苦《考工記》難讀者，余語以諸工之事，非精究少廣旁要，固不能推其制以盡文之奧曲。鄭氏註善矣，茲爲《圖》，翼贊鄭學，擇其正論，補其未逮。《圖》傳某工之下，俾學士顯白觀之，因一卷書，當知古六書九數等。儒者結髮從事，今或皓首未之聞，何也？

錢大昕《潛研堂文集》卷二四《史記志疑序》 史家以不虛美不隱惡爲良，美惡不揜，各從其實，何名爲謗？且使遷而誠謗，則光武賢主，賈鄭名儒，何不聞議廢其書？故知王允褊心，元非通論。但去聖浸遠，百家雜出，博采兼收，未免雜而不醇。又一人之身，更涉仕宦。整齊畫一，力有未暇，此又不必曲爲之諱也。自少孫補綴，正文漸淆。厥後元后之詔，揚雄、班固之語，代有竄入。或又易今上爲孝武，彌失本眞。今所傳裴、張、司馬三家文字，不無互異。轉寫鋟刻，譌踳滋多。校讎之家，訖無善本，私心病之久矣。仁和梁君曜比生於名門，擩染家學，下帷鍵戶，默而湛思，尤於是書專精。畢力據經傳以糾乖違，參班、荀以究同異。凡文字之傳譌，註解之傳會，一一析而辨之。從事幾二十年，爲編三十六卷，名曰《志疑》，謙也。河閒之實事求是，北海之釋廢箴肓，兼而有之，其在斯乎。至於斟酌羣言，不沒人善，臣瓚註史，廣搜李、應、如、蘇；范甯解經，兼取江、徐、泰、邵。分之未足爲珍，合之乃成其美，洵足爲龍門之功臣，襲《集解》、《索隱》、《正義》而四之者矣。

又卷二五《老子新解序》 《老子》五千言，救世之書也。周道先禮而後刑，其敝至於臣強君弱，老氏知後之撟其失者，必以刑名進也，故曰：「天將救之，以慈衛之。」又曰：「民不畏死，柰何以死懼之。」一篇之中，三致意焉。太史公言：「申、韓慘礉少恩，皆原於道德之意而老子深遠矣。」此因韓非書有《解老》之篇，而特辯之。言其託於老氏，而實失老氏之旨。後人誤會《史記》乃謂道德流爲申、韓，豈其然乎。周之敝在文勝，文勝者當以質救之。不尚賢，不貴難得之貨，不見可欲，清淨自正，復歸於樸，所以救衰周之敝也。漢初曹參爲相，文帝爲君，蓋有得乎去甚、去奢、去泰之遺意，而遂以培養四百年之祚，仁人之言，豈欺我哉。予覽《道藏》説《老子》者，亡慮數十家，大都求之元虚杳渺，而於當日立言之苦心，鮮能表其微者。今讀未齋先生新解，何其先得我心也。未齋之學，純乎儒者。其解此書，亦非援老以入於儒，但即其憂時拯世之旨，疏通而證明之。取其同，不諱其異。夫酸鹹甘苦，當其對病則爲上藥，若烏喙野葛，無時而可用者也。讀者知老氏之有功於世，則知未齋之有功於老氏矣。

阮元《重刻宋版十三經註疏總目録記》 竊謂士人讀書，當從經學始，經學當從註疏始。空疏之士、高明之徒，讀註疏不終卷而思卧者，是不能潛心研索，終身不知有聖賢諸儒經傳之學矣。至於註疏諸義，亦有是有非。我朝經學最盛，諸儒論之甚詳。是又在好學深思實事求是之士，由註疏而推求尋覽之也。

吴棠《曹集銓評序》 詩自漢魏以來卓然大家，上追《騷》、《雅》，爲古今詩人之冠，陳思王其首出也。隋、唐《志》集皆著録，久佚不傳，其傳者皆掇拾叢殘，僅存其略。明張溥集本訛脱頗夥，自來未有註家，亦無善本。山陽丁儉卿先生，年逾七旬，耄而好學，撰《銓評》十卷，於是《思王集》始可讀矣。余初宰清河，即與先生交契。迨奉命督漕河，駐節淮上，延主麗正書院講席。先生敎士有方，士之膺選拔，舉優行，登賢書，捷南宫，官薇省，館芸閣者，若而人。余刻《望三益齋叢書》，皆經先生手訂。每得古書，乞爲序引。談藝論文，深資就正。先生著書等身，已刻《頤志齋叢書》數十種，此集特其一臠之味耳。後之讀《思王集》者，得此爲先路之導，如出隘巷而適康莊，勝於舊刻多多矣。昔之稱陳思王者，大抵目爲才人。陳壽稱其文才富豔，魚豢稱其華采，思若有神。惟先生此書發明忠孝大節，獨具精鑒，度越前賢，匪獨曹集之功臣，抑亦思王之知己也。

陳其元《庸閒齋筆記》卷四《考據之難》 少時閱《閣帖》，右軍書多有「死罪」字，不解其義。後見唐國子祭酒李涪所撰《刊誤》云：「短啓出於晉、宋兵革之際，時國禁書疏，非弔喪問疾，不得輒行尺牘，故羲之書首云『死罪』，是違制令也。」乃恍然悟。又《史記》屢言「家累千金」，以爲富者，竊思千金即於今世亦不能稱富，豈秦、漢之際金固貴重耶？後見如淳註：「戰國時以一鎰爲一金，漢時以一斤爲一金。」又恍然悟。然此二義，人多不知者，因附記之。

皮錫瑞《經學通論・論鄭注三禮有功於聖經甚大註極簡妙并不失之於繁》 漢禮經通行，有師授而無註釋。馬融但註《喪服經傳》，鄭君始全註十七篇，鄭於禮學最精，而有功於《禮經》最大。向微鄭君之註，則高堂傳禮十七篇，將若存若亡，而索解不得矣。《周官》晚出，有杜子春之註，鄭興、鄭衆、賈逵之解詁，馬融之傳。鄭註《周禮》，多引杜子春、鄭大夫、鄭司農，前有所承，尚易爲力。而十七篇前無所承，比註《周禮》六篇爲更難矣。大小《戴記》亦無註釋。鄭註《小戴禮記》四十九篇，前無所承，亦獨爲其難者。向微鄭君之註，則《小戴傳記》四十九篇，亦若存若亡，而索解不得矣。鄭君著書百餘萬言，精力實不可及。《傳》云：「質於辭訓，通人頗譏其繁。」錫瑞案：鄭註《書》箋《詩》，間有過繁之處，而註禮，文簡義明，實不見其過繁。

戴鈜《四書講義尊聞録序》 《四書》有《集註》，而後大義明，《集註》得《大全》而後微言析。《大全》之翼《註》，猶《集註》之明經也。然《大全》成於前明永樂時，一仍道川倪氏輯釋之舊而加增損之，紛紜瞀眩，使人靡所適從。余少讀之，始而駭，繼而疑，久乃稍見涯涘。庚子以後，博覯程朱《語録》、《或問》諸書，反覆潛翫，頗有所得，因以己意點次，然脈絡精神，猶未融貫，元明以後諸儒之説，猶多闕如。丙午重加訂正，每章列總旨於前，附諸解於後，復採元明諸儒論説，以疏其義，有不合則以鄙意綮之。一句一字，務期不悖於註而後已，非敢謂自有所見，凡以尊所聞而已。由此以觀《大全》，庶乎黑白分明，不至如向者紛紜瞀眩，靡所適從乎。書成，略識始末以問世，願學者共加訂正焉。

路峄《徐嘉顧詩箋注序》 曩學詩於代州馮魯川先生，先生誨之曰：「詩不可苟作，託興風月，寄情山水，於世道人心毫無補益者，曾不若盲詞俚曲，尙有裨風敎也。」間以當代詩家優劣爲問。先生曰：「牧齋、梅村之沈厚，漁洋、竹垞之博雅，宋、元以來，亦所謂卓然大家者也，然皆詩人之詩也。若繼體《風》、《騷》，扶持名敎，言當時不容己之言，作後世不可少之作，當以顧亭林先生爲第一。」退而讀之，苦其事其人不知者六七焉。既得石洲張先生所撰《年譜》，解大半矣。其人有不知者，考索數十年，終屬寥寥。於是，有此詩無註之歎矣。及居山陽，得交徐賓華先生，先生工於詩，所著《味靜齋集》，於亭林詩近。既而知先生有《顧詩牋註》，亟索草稿觀之，快若起廢疾，樂如針膏肓。嗚呼，註詩不易，註顧詩尤不易。夫詩以言志，作者之事也；以意逆志，其註家之事乎。亭林先生身負沈痛，思大揭其親之志於天下，奔走流離，欲見諸事功不可得。數十年靡訴之衷，幽隱之情，無可發泄，時於詩見之，所謂以歌當哭者也。然當時所論之事，多秘密忌諱，所遇之人，皆遯世逃名。或有見諸記述者，又因禁燬諸書，多從散落。故時代未遠，較註前代詩爲尤難。先生註此詩，閱時十餘載，借書十數家，而後疏詳證博，使閱者如見其人、親其事，而亭林之志，得大顯於後世。竊謂亭林先生著述，無不既精且博，然乃先生之貽於人者也，人欲知先生立志之堅、操行之苦，捨詩而外，又何求焉。

朱彭壽《安樂康平室隨筆》卷六 唐以前人所撰各書，今遺佚者十之八九，幸賴裴松之《三國志註》、劉孝標《世說新語註》、酈道元《水經註》、李善《文選註》及宋初《太平御覽》、《太平廣記》引用較多，始得存其梗概。然各書名目，記憶爲難，除《御覽》、《廣記》二書均於卷首標列外，復得考古諸家，如汪韓門太史師韓、所著《文選理學權輿》內，有《文選註引書目》。趙甌北觀察翼、所著《廿二史劄記》內，有《三國志註引書目》。近人汪振民明經之昌所著《青學齋集》內，有《世說新語註引書目》。悉心探討，彙錄成篇，於後學良多裨益。惟《水經註》所引古籍，尙無有輯爲一書者，余昔時嘗擬爲之，而人事牽率，卒卒未果，世有同志，盍亦從事於斯。

黃傳祖《昌谷集注序》 從來目長吉險怪，自經三視之甚平。年經月緯，疏剔蹇產，一一皆憂時憫俗之作，特畏禍而晦其詞旨耳，居然詩史矣。或曰：少陵詩亦史，何獨不然？嗟乎，少陵幸而長吉不幸也。少陵曷幸？幸在不知名。方獻《三大禮賦》時，無或援而進之者。一時名下如李白、王維輩心折，願爲執鞭，贈詩不一，而罕所酬答。至「飯顆山頭」之句，簡忽極矣，視少陵直村老，僥倖一官，誰則畜以同類？老而窮賤，淪落西川。著爲詩，如蟈鳴蛙吹，吐棄有矣，指摘則免焉。故得直叙時事，隱譏顯諷，不少紆折。而長吉以王孫早慧，七歲受知先達，忌者側目環射，稍授以隙，不待玉樓召而隕身矣。心少陵之心，不得筆少陵之筆，宜乎詞旨結轖摧藏而不自達也。寥寥千載，無發其覆者。經三發之，與當日俯睨獻賦村老，不屑酬答，如李白、王維輩，有功二子則一。蓋使李白、王維輩互相揚詡，聲價鵲起，則拾遺補闕亦要津也。擁重名，履華膴，啓口振翰，窺伺者衆，其能抒寫己見，直達無滯，如集中所載乎？昔之功在略而晦之，今之功在闡而白之，故曰一也。少陵多憤，憤則肆，則亢；長吉多懼，懼則匿，則詭。肆與亢與禍近，匿與詭與禍遠。乃禍卒糾結迎觸於長吉之二十年中，而少陵不一沾焉。甚矣，早慧知名，雖欲自達，其筆墨不可得。而世之有意著述者，顧津津汲汲於名場，不務避之而轉競之，是何與昔人立言之旨反也？善乎，隆中之自述曰：「不求聞達於諸侯。」以之立功可也，立言可也。然則經三此註，豈止爲長吉功臣哉。

張玉穀《古詩賞析序》 詩敎開於《三百》，學尤盛於李唐。《三百》尊爲經，而後進所奉爲圭臬者，大抵皆李唐詩也。若是，則《三百》外李唐前之古詩可姑置乎？而正不然。蓋不讀古詩，則《三百》之遺佚支流不悉，而李唐來古今判體之淵源不彰，詩且中缺矣。前人有見於此者，專輯古詩而疏解之，意良是也。雖然，有難焉。搜沙揀金，則眞識難；理絲入扣，則懸解難，達詁亦難。余嘗覽輯解古詩諸家本註，註擇不精，言不詳，而歎古詩之轉滋蒙晦久矣。在歲癸未，移居雪典，與表兄楊雪邨隣曲過從，輒論及此。雪村曰：「余亦以唐詩解本尠當意者，將究心焉。子盍力任古詩，共津逮於方來乎？」余時應之，然終畏其難，遲下手。既乃自念曰：以意逆志，孟子說詩之法，可師也。先難後獲，孔子爲仁之方，可例也。士亦有志竟成耳。何畏葸爲？於是，不揣譾陋，奮然從事，廣搜約採而佳章呈，統核分疏而妙諦出。而且爲之題箋句釋，體正韻釐，務使閱者了然心目而止。蓋數年來，應事稍暇，時而口吟，時而手搜，時而昂首凝思，時而掀髯得意者，不知幾經晨夕，而二十二卷者始脫稿。則信矣，說詩之果難也。則信矣，立志之足恃也。書既成，因取淵明《移居詩》語，名曰《賞析》，而質之雪邨。雪村曰：「子是書也，洵能賞奇析疑，爲《三百》外李唐前之古詩撥蒙洗晦矣，津逮方來，不中缺矣。余所解唐詩，名曰《繹》，亦即次卒業，將質之子，而並問於世。」余聞之，且慙且喜，爰撮其大略，弁諸簡端，而更條述凡例，以誌其詳焉。

雜録

《三國志・魏書・蔣濟傳》［裴松之注］ 濟以爲舜本姓嬀，其苗曰田，非曹之先，著文以追詰［高堂］隆。【略】濟又難：鄭玄註《祭法》云「有虞以上尚德，禘郊祖宗，配用有德，自夏已下，稍用其姓氏」。濟曰：「夫虯龍神於獺，獺自祭其先，不祭虯龍也。騏驎、白虎仁於豺，豺自祭其先，不祭騏虎也。如玄之説，有虞已上，豺、獺之不若邪？臣以爲《祭法》所云，見疑學者久矣，鄭玄不考正其違而就通其義。」濟豺、獺之譬，雖似俳諧，然其義旨，有可求焉。

又《吴書・虞翻傳》 ［虞翻］又爲《老子》、《論語》、《國語》訓註，皆傳於世。［裴松之注］：《翻別傳》曰：翻初立《易》註，奏上曰：「臣聞六經之始，莫大陰陽，是以伏羲仰天縣象，而建八卦，觀變動六爻爲六十四，以通神明，以類萬物。臣高祖父故零陵太守光，少治孟氏《易》，曾祖父故平輿令成，纘述其業，至臣祖父鳳爲之最密。臣亡考故日南太守歆，受本於鳳，最有舊書，世傳其業，至臣五世。前人通講，多玩章句，雖有秘説，於經疏闊。臣生遇世亂，長於軍旅，習經於枹鼓之間，講論於戎馬之上，蒙先師之説，依經立註。又臣郡吏陳桃夢臣與道士相遇，放髮被鹿裘，布《易》六爻，撓其三以飲臣，臣乞盡吞之。道士言《易》道在天，三爻足矣。豈臣受命，應當知經。所覽諸家解不離流俗，義有不當實，輒悉改定，以就其正。孔子曰：『乾元用九而天下治。』聖人南面，蓋取諸離，斯誠天子所宜協陰陽致麟鳳之道矣。謹正書副上，惟不罪戾。」翻又奏曰：「經之大者，莫過於《易》。自漢初以來，海內英才，其讀《易》者，解之率少。至孝靈之際，潁川荀諝號爲知《易》，臣得其註，有愈俗儒，至所説西南得朋，東北喪朋，顛倒反逆，了不可知。孔子嘆《易》曰：『知變化之道者，其知神之所爲乎。』以美大衍四象之作，而上爲章首，尤可怪笑。又南郡太守馬融，名有俊才，其所解釋，復不及諝。孔子曰『可與共學，未可與適道』，豈不其然。若乃北海鄭玄，南陽宋忠，雖各立註，忠小差玄而皆未得其門，難以示世。」又奏鄭玄解《尚書》違失事目：「臣聞周公制禮以辨上下，孔子曰『有君臣然後有上下，有上下然後禮義有所錯』，是故尊君卑臣，禮之大司也。伏見故徵士北海鄭玄所註《尚書》，以《顧命》康王執瑁，古『目』似『同』，從誤作『同』，既不覺定，復訓爲杯，謂之酒杯；成王疾困憑几，洮頮爲濯，以爲澣衣成事，『洮』字虛更作『濯』，以從其非；又古大篆『丣』字讀當爲『柳』，古『柳』『丣』同字，而以爲昧；『分北三苗』，『北』古『別』字，又訓北，言北猶別也。若此之類，誠可怪也。《玉人職》曰：天子執瑁以朝諸侯，謂之酒杯；天子頮面，謂之澣衣；古篆『丣』字，反以爲昧。甚違不知蓋闕之義。於此數事，誤莫大焉，宜命學官定此三事。又馬融訓註亦以爲同者大同天下，今經益『金』就作『銅』字，詁訓言天子副璽，雖皆不得，猶愈於玄。然此不定，臣沒之後，而奮乎百世，雖世有知者，懷謙莫或奏正。又玄所註《五經》，違義尤甚者百六十七事，不可不正。行乎學校，傳乎將來，臣竊恥之。」翻放棄南方，云「自恨疏節，骨體不媚，犯上獲罪，當長沒海隅，生無可與語，死以青蠅爲弔客，使天下一人知己者，足以不恨」。以典籍自慰，依《易》設象，以占吉凶。又以宋氏解玄頗有繆錯，更爲立法，并著《明楊》、《釋宋》以理其滯。

又《馬融傳》 ［融］嘗欲訓《左氏春秋》，及見賈逵、鄭衆註，乃曰：「賈君精而不博，鄭君博而不精。既精既博，吾何加焉。」但著《三傳異同説》。

劉義慶《世説新語・文學》［劉孝標註］ 鄭玄欲註《春秋傳》，尚未成時，行與服子慎遇，宿客舍。先未相識，服在外車上與人説己註《傳》意。《漢南紀》曰：服虔字子慎，河南滎陽人。少行清苦，爲諸生，尤明《春秋左氏傳》，爲作訓解。舉孝廉，爲尚書郎、九江太守。玄聽之良久，多與己同。玄就車與語曰：「吾久欲註，尚未了。聽君向言，多與吾同，今當盡以所註與君。」遂爲《服氏註》。

又 服虔既善《春秋》，將爲註，欲參考同異。聞崔烈集門生講《傳》，摯虞《文章志》曰：烈，字威考，高陽安平人，駰之孫，瑗之兄子也。靈帝時，官至司徒、太尉，封陽平亭侯。遂匿姓名，爲烈門人賃作食。每當至講時，輒竊聽戶壁間。既知不能踰己，稍共諸生叙其短長。烈聞，不測何人。然素聞虔名，意疑之。明蚤往，及未寤便呼：「子慎，子慎。」虔不覺驚應，遂相與友善。

又 何平叔註《老子》始成，詣王輔嗣，見王註精奇，迺神伏，曰：「若斯人，可與論天人之際矣。」因以所註爲《道》、《德》二論。《魏氏春秋》曰：弼論道約美不如晏，自然出拔過之。

又 何晏註《老子》未畢，見王弼自説註《老子》旨，何意多所短，不復得作聲，但應諾諾，遂不復註，因作《道德論》。《文章叙録》曰：自儒者論以老子非聖人，絶禮棄學。晏説「與聖人同」，著論行於世也。

又 初註《莊子》者數十家，莫能究其旨要。向秀於舊註外爲解義，妙析奇致，大暢玄風，《秀别傳》曰：秀與嵇康、呂安爲友，趣舍不同。嵇康傲世不羈，安放逸邁俗，而秀雅好讀書，二子頗以此嗤之。後秀將註《莊子》，先以告康、安，康、安咸曰：「此書詎復須註，徒棄人作樂事耳。」及成，以示二子，康曰：「爾故復勝不？」安乃驚曰：「莊周不死矣。」後註《周易》，大義可觀，而與漢世諸儒互有彼此，未若隱《莊》之絶倫也。《秀本傳》或言：「秀遊託數賢，蕭屑卒歲，都無註述，唯好《莊子》，聊應崔譔所註，以備遺忘」云。《竹林七賢論》云：「秀爲此義，讀之者無不超然，若已出塵埃而窺絶冥，始了視聽之表，有神德玄哲，能遺天下，外萬物。雖復使動競之人顧觀所徇，皆悵然自有振拔之情矣。」唯《秋水》、《至樂》二篇未竟而秀卒。秀子幼，義遂零落，然猶有别本。郭象者，爲人薄行，有儁才，《文士傳》曰：「象字子玄，河南人。少有才理，慕道好學，託志《老》《莊》，時人咸以爲王弼之亞。辟司空掾、太傅主簿。」見秀義不傳於世，遂竊以爲己註，乃自註《秋水》、《至樂》二篇，又易《馬蹄》一篇，其餘衆篇，或定點文句而已。《文士傳》曰：象作《莊子註》，最有清辭遒旨。後秀義别本出，故今有向、郭二《莊》，其義一也。

劉勰《文心雕龍·論説》 若秦延君之註《堯典》，十餘萬字；朱普之解《尚書》，三十萬言；所以通人惡煩，羞學章句。若毛公之訓《詩》，安國之傳《書》，鄭君之釋《禮》，王弼之解《易》，要約明暢，可爲式矣。

皇侃《論語集解義疏序》 《論語通》曰：《論語》者，是孔子沒後，七十弟子之門徒共所撰録也。夫聖人應世，事跡多端，隨感而起，故爲教不一：或負扆御衆，服龍袞於廟堂之上；或南面聚徒，衣縫掖於黌校之中。但聖師孔子，符應頹周，生魯長宋，遊歷諸國，以魯哀公十一年冬，從衛反魯，删《詩》定《禮》於洙泗之間，門徒三千人，達者七十有二。但聖人雖異人者神明，而同人者五情，五情既同，則朽沒之期亦等，故歎發吾衰，悲因逝水，託夢兩楹，寄歌頹壞，至哀公十六年，哲人其萎。徂背之後，過隙叵駐，門人痛大山長毁，哀梁木永摧，隱几非昔，離索行淚，微言一絶，景行莫書。於是弟子僉陳往訓，各記舊聞，撰爲此書，成而實録，上以尊仰聖師，下則垂軌萬代。既方爲世典，不可無名，然名書之法，必據體以立稱，猶如以孝爲體者，則謂之《孝經》，以莊敬爲體者，則謂之爲《禮記》。然此書之體，適會多途，皆夫子平生應機作教，事無常準，或與時君抗厲，或共弟子抑揚，或自顯示物，或混迹齊，凡問同答異，言近意深，《詩》《書》互錯綜，《典》《誥》相紛紜，義既不定於一方，名故難求乎諸類，因題「論語」兩字，以爲此書之名也。但先儒後學，解釋不同，凡通此「論」字，大判有三途：第一，捨字制音呼之爲「倫」；一捨音依字而號曰「論」；一云「倫」、「論」二稱義無異也。第一捨字從音爲「倫」説者，乃衆的可見者，不出四家：一云倫者次也，言此書事義相生，首末相次也；二云倫者理也，言此書之中藴含萬理也；三云倫者綸也，言此書經綸今古也；四云倫者輪也，言此書義旨周備，圓轉無窮如車之輪也。第二捨音依字爲「論」者，言此書出自門徒，必先詳論，人人僉允，然後乃記，記必已論，故曰論也。第三云「倫」、「論」無異者，蓋是楚夏音殊，南北語異耳，南人呼倫事爲論事，北士呼論事爲倫事，音字雖不同，而義趣猶一也。侃案，三途之説皆有道理，但南北語異如何似未詳，師説不取，今亦捨之，而從音依字，二途并録，以會成一義。何者？今字作「論」者，明此書之出，不專一人，妙通深遠，非論不暢；而音作「倫」者，明此書義含妙理，經綸今古，自首臻末，輪環不窮。依字則證事立文，取音則據理爲義，義文兩立，理事雙該，圓通之教，如或應示，故蔡公爲此書爲圓通之喻，云物有大而不普，小而兼通者，譬如巨鏡百尋，所照必偏，明珠一寸，鑒包六合。以蔡公斯喻，故言《論語》小而圓通，有如明珠，諸典大而偏用，譬若巨鏡，誠哉是言也。語者，論難答述之謂也。《毛詩傳》云：直言曰言，論難曰語。鄭註《周禮》云：發端曰言，荅述爲語。今按：此書既是論難荅述之事，宜以論爲其名，故名爲《論語》也。然此「語」是孔子在時所説，而《論》是孔子沒後方論，論在語後，應曰「語論」。而今不曰「語論」而云「論語」者，其義有二：一則恐後有穿鑿之嫌，故以語在論下，急標「論」在上，示非率爾故也；二則欲現此語非徒然之説，萬代之繩準，所以先論已以備有圓周之理，理在於事前，故以論居語先也。又此書遭焚燼，至漢時，合壁所得，及口以傳授，遂有三本：一曰《古論》；二曰《齊論》；三曰《魯論》。既有三本，而篇章亦異。古論分《堯曰》下章「子張問」更爲一篇，合二十一篇，篇次以《鄉黨》爲第二篇，《雍也》爲第三篇，内倒錯不可具説。《齊論》題目與《魯論》大體不殊，而長有《問王》、《知道》二篇，合二十二篇，篇内亦微有異。《魯論》有二十篇，即今日所講者是也。尋當昔撰録之時，豈有三本之别，將是編簡缺落，口傳不同耳。故劉向《别録》云：魯人所學謂之《魯論》，齊人所學謂之《齊論》，合壁所得謂之《古論》，而《古論》爲孔安國所註，無其傳學者。《齊論》爲瑯琊王卿等所學，《魯論》爲太子太傅夏侯勝及前將軍蕭望之、少傅夏侯建等所學，以此教授於侯王也。晚有安昌侯張禹就建學《魯論》，兼講齊說，擇善而從之，號曰《張侯論》，爲世所貴。至漢順帝時，有南郡太守扶風馬融字季長，建安中大司農北海鄭玄字康成，又就《魯論》篇章考《齊》驗《古》爲之註解。漢鴻臚卿吳郡苞咸字子良，又有周氏不悉其名，至魏司空潁川陳羣字長文，太常東海王肅字子雍，博士燉煌周生烈，皆爲義說。魏末吏部尚書南陽何晏字平叔，因《魯論》集季長等七家，又採《古論》孔註，又自下己意，即世所重者，今日所講，即是《魯論》，爲張侯所學何晏所集者也。

晉太保河東衛瓘字伯玉、晉中書令蘭陵繆播字宣則、晉廣陵太守高平欒肇字永初、晉黄門郎潁川郭象字子玄、晉司徒濟陽蔡謨字道明、晉江夏太守陳國袁宏字叔度、晉著作郎濟陽江淳字思俊、晉撫軍長史蔡系字子叔、晉中書郎江夏李充字弘度、晉廷尉太原孫綽字興公、晉散騎常侍陳留周壞字道夷、晉中書令潁陽范甯字武子、晉中書令瑯琊王珉字季瑛。

右十三家爲江熙字太和所集，侃今之講，先通《何集》，若《江集》中諸人有可採者，亦附而申之，其又別有通儒解釋，於《何集》無好者，亦引取爲說，以示廣聞也。然《論語》之書，包於五代，二帝三王自堯至周，凡一百四十人，而孔子弟子不在其數，孔子弟子有二十七人見於《論語》也，而《古史考》則云三十人，謂林放、澹臺滅明、陽虎亦是弟子數也。

皇侃《論語集解義疏·叙》

叙曰：漢中壘校尉劉向言《魯論語》二十篇，皆孔子弟子記諸善言也。疏：劉向者，辟彊之孫，德之子，前漢時爲中壘校尉之官，若今皇城使也。其人博學經史。孔子沒後而弟子共論而記之，初爲魯人所學，故謂《魯論》也。太子太傅夏侯勝、前將軍蕭望之、丞相韋賢及子玄成等傳之。疏：夏侯、蕭及韋賢父子，凡四人初傳《魯論》於世也。《齊論語》二十二篇，其二十篇中，章句頗多於《魯論》。疏：猶是弟子所記，而爲齊人所學，故謂爲《齊論》也。既傳之異代，又經昏亂，遂長有二篇也。其二十篇雖與魯舊篇同，而篇中細章文句亦多於《魯論》也。瑯琊王卿及膠東庸生、昌邑中尉王吉皆以教授之。疏：此三人傳《齊論》，亦以教授於世也。故有《魯論》有《齊論》。疏：夏侯等四人傳《魯》，王等三人傳《齊》，竝行於世，故有《魯》、《齊》二論雙立也。魯恭王時嘗欲以孔子宅爲宮，壞，得《古文論語》。疏：漢景帝之子名餘，封魯，故謂魯恭王也。好治宮室，壞孔子舊宅，以廣其宮，於壁中得《古文論語》，皆科斗文字也。《齊論》有《問王》、《知道》，多於《魯論》二篇。疏：既有三《論》，文皆不同，《齊論》長有二篇，一曰《問王》、二曰《知道》，是多《魯論》二篇也。《古論》亦無此二篇。疏：《齊》非唯長《魯論》二篇，亦長於《古論》，《古論》故亦無此《問王》、《知道》二篇也。分《堯曰》下章「子張問」以爲一篇，疏：《古論》雖無《問王》、《知道》二篇，而分《堯曰》後「子張問於孔子曰：『如何斯可以從政矣？』」又別題爲一篇也。有兩《子張》。疏：一是「子張曰：士見危致命」爲一篇，又一是「子張問孔子從政」爲一篇，故凡論中有兩「子張」篇也。凡二十一篇。疏：《古論》既分長一《子張》，故凡成二十一篇也。篇次不與《齊》、《魯論》同。疏：《古論》篇次既不同《齊》，又不同《魯》，故云不與《齊》、《魯論》同也。安昌侯張禹，本受《魯論》兼講齊說，善者從之，號曰《張侯論》，疏：禹初學《魯論》，又雜講《齊論》，於二《論》之中擇善者抄集，別爲一論，名之曰《張侯論》也。爲世所貴。疏：此論既擇《齊》、《魯》之善，合以爲一論，故世之學者皆貴重於《張侯論》也。苞氏、周氏《章句》出焉。疏：苞氏，苞咸也。周氏，不悉其名也。「章句」者，註解因爲分斷之名也。苞周二人，註張侯《魯論》而爲之分斷章句也。《古論》唯博士孔安國爲之訓說，疏：訓，亦註也。唯孔安國一人註解於《古論》也。而世不傳，疏：世人不傳孔註古文之《論》也。至順帝之時，南郡太守馬融亦爲之訓說。疏：漢有馬氏，亦註張禹《魯論》也。漢末，大司農鄭玄就《魯論》篇章，考之《齊》、《古》，以爲之註。疏：鄭康成又就《魯論》篇章及考校《齊》、《古》二論，亦註於《張論》也。近故司空陳羣、太常王肅、博士周生烈皆爲之《義說》。疏：此三人共魏人也，亦皆爲《張論》作註說也。前世傳受師說，雖有異同，不爲之訓解。疏：自張侯之前，乃相傳，帥受不同而不爲註說也。中間爲之訓解，至於今多矣。疏：中間，謂苞、孔、周、馬之徒。至於今，謂至魏末何平叔時也。多矣，言註者非一家也。所見不同，互有得失。疏：既註者多聞，故得失互不同也。今集諸家之善說，記其姓名，疏：此平叔用意也。叔言多註解家，互有得失，而己今集取錄善者之姓名，著於《集註》中也。有不安者，頗爲改易，疏：若先儒註非何意所安者，則何偏爲改易，下己意也。頗，猶偏也。名曰《論語集解》。疏：既集用諸註以解此書，故名爲《論語集解》也。光祿大夫關內侯臣孫邕、光祿大夫臣鄭沖、散騎常侍中領軍安鄉亭侯臣曹羲、侍中臣荀顗、尚書駙馬都尉關內侯臣何晏等上。疏：此記孫邕等四人同於何晏，共上此集解之《論》也。

《南齊書·陸澄傳》 明年，轉給事中，秘書監，遷吏部。四年，復爲秘書監，領國子博士。遷都官尚書。出爲輔國將軍、鎮北鎮軍二府長史，廷尉，領驍騎將軍。永明元年，轉度支尚書。尋領國子博士。時國學置鄭、王《易》，杜、服《春秋》，何氏《公羊》，糜氏《穀梁》，鄭玄《孝經》。澄謂尚書令王儉曰：「《孝經》，小學之類，不宜列在帝典。」乃與儉書，論之曰：「《易》近取諸身，遠取諸物，彌天地之道，通萬物之情。自商瞿至田何，其閒五傳。年未爲遠，無訛雜之失；秦所不焚，無崩壞之弊。雖有異家之學，同以象數爲宗。數百年後，乃有王弼。王濟云弼所悟者多，何必能頓廢前儒。若謂《易》道盡於王弼，方須大論，意者無乃仁智殊見。[且《易》]道無體不可以一體求，屢遷不可以一遷執也。晉太興四年，太常荀崧請置《周易》鄭玄註博士，行乎前代，於時政由王庾，皆儁神清識，能言玄遠，捨輔嗣而用康成，豈其妄然。太元立王肅《易》，當以在玄、弼之閒。元嘉建學之始，玄、弼兩立。逮顏延之爲祭酒，黜鄭置王，意在貴玄，事成敗儒。今若不大弘儒風，則無所立學，衆經皆儒，惟《易》獨玄，玄不可棄，儒不可缺。謂宜竝存，所以合無體之義。且弼於註經中已舉《繫辭》，故不復別註。今若專取弼《易》，則《繫》說無註。《左氏》太元取服虔，而兼取賈逵《經》，[由]服傳無《經》，雖在註中，而《傳》又有無《經》者故也。今留服而去賈，則《經》有所闕。案杜預註《傳》，王弼註《易》，俱是晚出，竝貴後生。杜之異古，未如王之奪實，祖述前儒，特舉其違。又《釋例》之作，所弘惟深。《穀梁》太元舊有糜信註，顏益以范甯，糜猶如故。顏論閏分范註，當以同我者親。常謂《穀梁》劣；《公羊》爲註者又不盡善。竟無及《公羊》之有何休，恐不足兩立。必謂范善，便當除糜。世有一《孝經》，題爲鄭玄註，觀其用辭，不與註書相類。案玄自序所註衆書，亦無《孝經》。」儉答曰：「《易》體微遠，實貫羣籍，施、孟異聞，周、韓殊旨，豈可專據小王，便爲該備？依舊存鄭，高同來說。元凱註《傳》，超邁前儒，若不列學官，其可廢矣。賈氏註《經》，世所罕習，《穀梁》小書，無俟兩註，存糜略范，率由舊式。凡此諸義，竝同雅論。疑《孝經》非鄭所註，僕以此書明百行之首，實人倫所先，《七略》、《藝文》竝陳之六藝，不與《蒼頡》、《凡將》之流也。鄭註虛實，前代不嫌，意謂可安，仍舊立置。」

甄鸞《五經算術》卷上[李淳風註]《詩伐檀毛鄭注不同法》 「不稼不穡，故取禾三百億兮。不狩不獵，胡瞻爾庭有縣特兮。」註云：萬萬曰億，獸三歲曰特。箋云：十萬曰億，三百億，禾秉之數也。甄鸞按：黄帝爲法，數有十等，及其用也，乃有三焉。十等者謂億、兆、京、垓、秭、壤、溝、澗、正、載。三等者，謂上、中、下也。其下數者，十十變之，若言十萬曰億，十億曰兆，十兆曰京也。中數者，萬萬變之，若言萬萬曰億，萬萬億曰兆，萬萬兆曰京也。上數者，數窮則變，若言萬萬曰億，億億曰兆，兆兆曰京也。據此而言，鄭用下數，毛用中數矣。

又《詩豐年毛注數越次法》 「豐年多黍多稌，亦有高廩萬億及秭。」毛註云：豐，大。稌，稻。廩，所以藏齍盛之穗。數萬至萬曰億，數億至億曰秭。箋云：豐年，大有之年，萬億及秭，以言穀數多也。甄鸞按：毛註云「數萬至萬曰億」者，此即是中數萬萬曰億也。又云「數億至億曰秭」者，或有可疑，何者？按黄帝數術云「中數者萬萬曰億，萬萬億曰兆，萬萬兆曰京，萬萬京曰垓，萬萬垓曰秭」，此應云「數億至垓曰秭，」而言「數億至億曰秭」者，有所未詳。

呂延祚《進五臣集注文選表》 臣覽古集，至梁昭明太子所撰《文選》三十卷，閱翫未已，吟讀無斁。風雅其來，不之能尙，則有遺詞激切，揆度其事。宅心隱微，晦滅其兆。飾物反諷，假時維情。非夫幽識，莫能洞究。往有李善，時謂宿儒，推而傳之，成六十卷。忽發章句，是徵載籍。述作之由，何嘗措翰。使復精核註引，則陷於末學。質訪指趣，則巋然舊文。祇謂攪心，胡爲析理。臣懲其若是，志爲訓釋，乃求得衢州常山縣尉臣呂延濟、都水使者劉承祖男臣良、處士臣張銑、臣呂向、臣李周翰等。或藝術精遠，塵遊不雜；或詞論穎曜，巖居自脩。相與三復，乃詞周知秘旨，一貫於理，杳測澄懷。目無全文，心無留義。作者爲志，森乎可觀。記其所善，名曰《集註》。幷具字音，復三十卷。其言約，其利溥。後事元龜，爲學之師。豁若撤蒙，爛然見景。載謂激俗，誠惟便人。伏惟陛下濬德乃文，嘉言必史。特發英藻，克光洪猷。有彰天心，是效臣節。敢有所隱，斯與同進。謹於朝堂拜表以聞，輕瀆冕旒，精爽震越。臣誠惶誠恐，頓首死罪，謹言。開元六年九月十日，工部侍郎臣呂延祚上表。上遣將軍高力士宣口勅：朕近留心此書，比見註本，惟只引事，不說意義。略看數卷，卿此書甚好。賜絹及綵一百段，即宜領取。

楊炯《王勃集序》　君以爲摛藻彫章，研幾之餘事；知來藏往，探賾之所宗。隨時以發，其惟應便，稽古以成，其殆察微。循紫宮於北門，幽求聖律；訪玄扈於東洛，響像天人。每覽韋編，思弘《大易》。周流窮乎八索，變動該乎四營。爲之發揮，以成註解。嘗因夜夢，有稱孔夫子而謂之曰：《易》有太極，子其勉之。寤而循環，思過半矣。於是窮蓍蔡以像告，考爻彖以情言，既乘理而得玄，亦研精而狥道。虞仲翔之盡思，徒見三爻；韓康伯之成功，僅踰兩繫。君所註，見光前古，與夫發天地之秘藏，知鬼神之情狀者，合其心矣。君又以幽贊神明，非杼軸於人事；經營訓導，廼優游於聖作。於是編次《論語》，各以羣分，窮源造極，爲之詁訓。仰貫一以知歸，希體二而致遠，爲言式序，大義昭然。

劉肅《大唐新語》卷九《著述》　開元初，左庶子劉子玄奏議，請廢鄭子《孝經》，依孔註；《老子》請停河上公註，行王弼註；《易傳》非子夏所造，請停。引今古爲證，文多不盡載。其略曰：「今所行《孝經》，題曰鄭氏。爰在近古，皆云是鄭玄，而魏晉之朝無有此説。後魏北齊之代，立於學宮。蓋虜俗無識，故致斯謬。今驗《孝經》，非鄭玄所註。河上公者，漢文帝時人，菴於河上，因以爲號。以所註《老子》授文帝，因沖空上天。此乃不經之鄙言，習俗之虛語。案《藝文志》，註《老子》有三家，而無河上公註。雖使纔别朱紫，粗分菽麥，亦皆嗤其過謬，況有識者乎？《藝文志》，《易》有十三家，而無子夏傳。」子玄爭論，頗有條貫，會蘇宋文吏，拘於流俗，不能發明古義，竟排斥之。深爲識者所嘆。

劉蕡《春秋釋例序》　有晉大儒杜預，皓首《春秋》，深明權義，乃謂學者未可與權，必先講義。義之通明，槪有宗本，舉一則推萬可知，討源則衆流畢會，是以禮經言凡者，謂其統之有宗也，志在可例者，謂其會之有元也。厥初寄辭史法，假蹟霸政，其事著於桓、文，其道窮于魯衛。且諸侯專而宗周微，三家盛而公室削，道不克振，事得以書，由是立經舉元，後世非以例義求之，則莫能一而貫也。范甯有言，《左氏》失誣，《公羊》失俗，《穀梁》失短，斯皆謂偏執空文，而昧乎變例者也。夫然釋例之作，宗本于舊章，非元凱獨斷而然也，實包括《三傳》，同歸于聖經之奧賾。且曰：八公書「即位」而四公發，傳雖以「不書」、「不稱」爲文，其義則一也。昭、定、哀，投皆不書公，言權在三家也。襄公在楚，每月以不朝告于廟，特于正月釋之者，人理所自新也。諸侯雖有九伐之法，必稟命于天子，可以執不可輒殺也。考之數條，足以見天歷人謀，相與用舍，一權一義始終詳焉。始于平王東遷，謂魯秉周禮，尚可興之乎；終于哀公西狩，謂叔孫專政，魯其不可爲矣。嗚呼，夾谷之後，使仲由毀三桓城，收其甲兵，不克。孔子之衛，至十一年，自衛反魯，聖經修成。後二年，泰山其頽，三桓勝魯，聖人斯文于是乎掃地矣。漢興帝制，立賢良文學之士，率以《春秋》治天下。晉主中國，元凱以《春秋》爲安危，故述茲凡例，意欲安中國而御四夷，釋權義以正禮經，後儒有以知可例者文也，可釋者志也，善言《春秋》者，不以文害志，故志定而後斷物，物得其斷，則例可得焉，例可忘焉。故序。

史徵《周易口訣義序》　乾象既分，蒼牙應運，三才闡位，八卦昭彰，故能道濟不通，人用無極。自茲已降，祖述多家，田何傳于丁寬，京房得之焦貢，遂使異聞競起，踳駮紛多，深乖述作之由，全誤聖人之見。若使廣求文句，博引證驗，浮誕日興，華僞滋蔓，誠謂周鼠終虧于鄭璞，魚目以混于隨珠。今則但舉宏機，纂其樞要，先以王註爲宗，後約孔疏爲理。至于卦繇六位，並備而釋之。《彖》以詳略，闕而不叙。大抵舉其六卷，分爲上下兩經。直以「口訣」爲名，義決要爲旨。或經象未顯，輒提緯以證文。傳疏未明，將考名以銷義。遂使疑祛理悟，還希述作之功。學寡難周，恥騰波于翰海云爾。

郭京《周易舉正序》　我唐御註《孝經》，删定《月令》，蓋爲前儒用意未及精研。後漢太學刊石，撰集説文，慮其日月浸深，轉寫訛謬。京也，歷代傳授《五經》爲業，其於《易》道，討核偏深。曾得王輔嗣、韓康伯手寫註定傳授眞本，讀誦比校。今世流行本及國學鄉貢學人等本，或將經入註，用註作經。《小象》中間，以下句反居其上。爻辭註內，移後義却處於前。又兼有脱漏、兩字顛倒、訛誤、增省，義理不通。今并依定本舉正其謬，仍於謬誤之處，以朱書異之。希好事君子、志學通儒，詳而觀之。則經、註通流，雅鄭不紊。都計一部中，差謬處總一百三節，列爲一部，具述訛舛，因目爲《周易舉正》。分爲上、中、下三卷，傳諸志學者云。

李鼎祚《周易集解序》　自卜商入室，親授微言，傳註百家，緜歷千古。雖競有穿鑿，猶未測淵深。唯王、鄭相沿，頗行於代。鄭則多參天象，王乃全釋人事。且《易》之爲道，豈偏滯於天人者哉？致使後學之徒，紛然淆亂，各修局見，莫辯源流。天象遠而難尋，人事近而易習。則折楊黃華，嗑然而笑。方以類聚，其在茲乎。

王欽若等《冊府元龜・學校部》卷六〇四《奏議》 許敬宗爲太子右庶子，檢校中書侍郎。貞觀二十年，詔曰：「左丘明、卜子夏、公羊高、穀梁赤、伏勝、高堂生、戴聖、毛萇、孔安國、劉向、鄭仲、杜子春、馬融、盧植、鄭玄、服虔、何休、王肅、王弼、杜預、范甯、賈逵，總二十四座。春秋二仲，行釋奠之禮，初以儒官自爲祭主，直云博士姓名，詔告於先聖。又，州縣釋奠，亦以博士爲主。」敬宗奏曰：「按《禮記・文王世子》：『凡學春官釋奠於先師。』鄭註云：官謂《詩》、《書》、《禮》、《樂》之官也。彼謂四時之學，將習其道，故儒官釋奠，各於其師。既非國學行禮，所以不及先聖。至於春秋二時，合樂之日，則天子視學，命有司典禮，即總祭先聖先師焉。秦、漢釋奠，無文可檢，至於魏武，則使太常行事；自晉宋已降，時有親行，而學官主祭，全無典實。且名稱國學，樂用軒懸，尊俎威儀，蓋皆官備，在於臣下，理不合專。況凡在小神，猶皆遣使行禮釋奠，既準中祀，據理必須稟命。今請國學釋奠，令國子祭酒爲初獻，祝詞稱皇帝謹遣，仍令司業爲亞獻。其諸州，刺史爲初獻，上佐爲亞獻，博士爲終獻。縣學，縣令爲初獻，丞爲亞獻。博士既無品秩，諸主簿及尉，通爲終獻。若有闕，並以次差攝。州縣釋奠，既請刺史、縣令親獻，主祭望準祭社，同給明衣，修附禮令，以爲永則。」【略】劉子玄，玄宗開元初爲左庶子。上《孝經註義》，曰：「謹按俗所行《孝經》，題曰鄭氏註。爰在近古，皆云鄭康成，而魏晉之朝，無有此說。至江左晉穆帝永和十一年，及孝武太元元年，再聚群臣，共論經義，有荀昶撰集《孝經》諸說，始以鄭氏爲宗。自宋梁以來，多有異論。陸澄以爲非玄所註，請不藏於秘省。王儉不依其請，遂得見傳於時。魏齊則立於學官，著在律令，蓋由魯俗無識，故至斯訛舛。然則《孝經》非玄所註，其驗十有二條。據鄭君自註云：遭黨錮之事逃難，註《禮》。黨錮事解，註《古文尚書》、《毛詩》、《論語》。爲袁譚所逼，未至元城，乃註《周易》。都無註《孝經》之文。其驗一也。鄭君卒後，弟子追論師所註述及應對，時大謂之《鄭志》。其言鄭所註者，惟有《毛詩》、《尚書》、《周易》，都不言《孝經》。其驗二也。又，《鄭志》目錄，記鄭之所註《五經》之外，有《中侯書傳》、《七政論》、《乾象曆》、《六藝論》、《毛詩譜》、《答臨碩難禮》臨，姓；碩，名，時爲學官、《駁許慎異義》、《發墨守》、《箴膏肓》及《答甄子然》等書。寸紙片言，莫不悉載，若有《孝經》之註，豈容匿而不言？其驗三也。鄭之弟子，教授門徒，祖述師言，更相問答，編錄其語，謂之《鄭記》。惟載《詩》、《書》、《禮》、《易》、《論語》，其言不及《孝經》。其驗四也。趙商作鄭先生碑銘，具稱諸所註義、駁論，亦不言註《孝經》。晉《中經簿》，《周易》、《尚書》、《尚書中侯》、《尚書大傳》、《毛詩》、《周禮》、《儀禮》、《禮記》、《論語》，凡九書，皆云『鄭氏註，名玄』。至于《孝經》，則稱『鄭氏解』，無『名玄』二字。其驗五也。《春秋緯》、《演孔圖》，云康成註三《禮》、《詩》、《易》、《尚書》、《論語》。其《春秋》，則有評論。宋均《詩緯序》云：『先師北海鄭司農』，則均是玄之傳業弟子也。師所註述，無容不知。云《春秋》、《孝經》，唯有評論，玄之不註，於此特明。其驗六也。又，宋均《孝經緯註》引鄭《六藝論》叙《孝經》云：『玄又爲之註《司農論》』。如是而均無聞焉。有義無辭，令余昏惑，舉鄭之語，而云無聞。其驗七也。宋均《春秋緯註》云：『玄爲《春秋》、《孝經》略說』，則非註之謂。所言『玄又爲之註』者，泛辭耳，非實事。其序《春秋》，亦云『玄又爲之註』，寧可復責以實註《春秋》乎？其驗八也。後漢史書存於代者，有謝承、薛瑩、司馬彪、袁崧等，其爲鄭玄傳者，載其所註，皆無《孝經》。其驗九也。王肅《孝經傳》，首有司馬宣王之奏，玄奉詔令諸儒註述《孝經》，以肅說爲長。若先有鄭註，應言及，而都不言鄭。其驗十也。王肅註書，發揚鄭矩，凡有小失，皆在聖證。若《孝經》此註亦出鄭氏，被肅攻擊者最應煩多，而肅無言。其驗十一也。魏晉朝賢辯論時事，鄭氏諸註，無不得引，未有一言引《孝經》之註。其驗十二也。凡此證驗，易爲討核，而代之學者，不覺其非，乘彼謬說，競相推舉，諸解不立學官，此註獨行於代。觀夫言語鄙陋、義理乖疏，固不可以示彼後來，傳諸不朽。如古文《孝經》孔傳，本出孔氏壁中，語甚詳正，無俟商榷，而曠代亡逸，不復流行。至隋開皇十四年，侍書學士王孝逸于京市陳人處買得一本，送與著作郎王劭，以示河間劉炫，仍令校定。而此書更無兼本，難可依憑，炫輒以所見率意刊改。因著《古文孝經稽疑》一篇，以爲此書經文盡正，傳義甚美，而歷代未嘗置於學官，良可惜也。然則孔鄭二家，雲泥致隔，今綸音發問，較其短長，愚請行孔廢鄭，於義爲允。又，今俗所行《老子》，是河上公註。其序云：河上公者，漢文帝時人，結草庵於河曲，乃以爲號。前所以註《老子》授文帝，因沖空上天。此乃不經之鄙言，流俗之虛語。按《漢書·藝文志》，註《老子》者二家，河上所釋無聞焉爾，豈非註者欲神其事，故假造其説邪？然其理乖謬，雖使纔别朱紫，粗分菽麥，亦皆嗤其過謬，而況有識者乎？豈如王弼，英才俊識，賾微索隱，考其所註，義旨爲優。必黜河上公，昇王輔嗣，在於學者，實得其宜。又，按《漢書·藝文志》，《易》有十三家，而無子夏作傳者。至梁阮氏《七録》，始有《子夏易》六卷，或云韓嬰作，或云丁寬作。然據《漢書·藝文志》，韓《易》有二篇，《丁易》有八篇。求其符會，則事殊隳刺者矣。以東魯伏膺，文學與子游齊列，西河告老，名行將夫子聯踪。歲越千齡，時經百代，其所著述，沉翳不行，豈非後來假憑先哲，亦猶石崇謬稱阮籍，郭璞濫名周寶。必欲行用，深以爲疑。」子玄又上言曰：「臣才雖下劣，而學實優長，竊自不遜，以爲近古以來，未之有也。當以鄭氏《孝經》、河上公《老子》二書訛舛，不足流行。孔王兩家，實堪師授。每懷此意，其願莫從。伏見去月十日，勑令所司詳定《四書》得失，具狀聞奏。臣等草議，請行孔王二書，牒禮部訖。但今庸儒淺識，聞見不周，可與共成，難與慮始。蓋孔父有言曰：行夏之時，乘殷之輅，服周之冕。此則今古循環，愚智往復，豈前者必是而後者獨非乎？是以《老篇》、《莊子》，興於晉代；《公羊》、《穀梁》，寢於魏日；《春秋左氏》，因元凱而方著，《尚書》孔傳，至光伯而始行。斯皆尚好不同，晚乃覺悟，承習既久，近輒弛張。伏惟開元皇帝陛下，嘗以九重餘隙，窮覽文藝，百氏詳觀游心經典，爰降綸綍，俯逮芻蕘。臣輒以愚識，上符睿旨，伏望明恩，典垂照察。如將爲允，請即班行，不可使隨流腐儒，參論其義。」景寅，中書門下奏曰：「劉子玄奏，註《孝經》，請廢鄭依孔，註《老子》，請停河上公行王，《易傳》非子夏所造者。子玄博識，誠則純儒，全非衆家，亦則未可。且《孝經》鄭義，行已多時，《老子》河註，用亦云久，並子夏《易》傳文，不折於片言。望並付所司，令諸儒與子玄對質，定必須理勝義成，不得飾詞爭辨，論定聞奏。」是時，尚書禮部奏議曰：「臣得國子博士司馬貞等議，稱今文《孝經》是漢河間王所得顔芝本。劉向以本參校古文，省煩除惑，定爲此一十八章。其註相承，云是鄭玄所作，而《鄭志》及目録等不載，故往賢共疑焉。惟荀昶、范曄以爲鄭註，故昶集解《孝經》，具載此註，而其事云以鄭爲主。是先達博選，以此註爲優。且其註縱非鄭氏所作，而義亦敷暢，頗將爲得，雖數處小有隱實，亦未爽經通。其古文二十二章，元出孔壁。先是安國作傳，後遭巫蠱，代未之行。荀昶集註之時，尚有孔傳，中國遂亡其本。近儒欲崇古學，妄作此傳，假稱孔氏，輒穿鑿改更，僞作《閨門》一章。劉炫詭隨，妄稱其善。且《閨門》之義，近俗之語，必非仲尼正説。按其章云：『閨門之內，具禮矣乎，嚴親嚴兄，妻子臣妾。』繇百姓徒役之句，凡鄙不合經典。又分《庶人》章，從『故自天子』已下别爲章，乃加『子曰』二字。然故者連上之詞，既爲章首，不合言故。是古文既亡，後人妄開此等數章，以應二十二章之數，非但經文不真，抑亦傳文淺僞。又註云：『因天之時，就地之利，暴其肌體，朝暮從事，露髮塗足，少而習之，其心安焉。』此語雖旁出，諸子引之爲註，何言之鄙俚乎？與鄭玄所云『分别五土，視其高下，高田宜黍稷，下田宜稻麥。』優劣懸殊，曾何等級。今議者欲取近儒詭説，殘經缺傳，而廢鄭註，理實未可。望請準令式，《孝經》鄭註與孔傳依舊俱行。又得議稱，《老子道德》者，是謂玄言，註家雖多，罕窮厥旨，河上蓋愚虛之號，漢史實無其人。然其註以養神爲宗，以無爲爲體，其詞近，其理弘，小足以修身潔誠，大可以寧人安國。故顧歡曰：『河上公雖曰註書，即史立教，皆沒略遠體，指明近用。』斯可謂知言矣。王輔嗣雅善玄談，頗採道要，窮神明乎稾籥，守靜默於玄牝。其理暢，其旨微，在於玄學，頗謂所長。至若近人立教，修身弘道，則河上爲得。今望請王河二註，令學者俱行。又得議稱，謹按劉向《七略》，有子夏傳，但此書不行已久，今所存者，多失眞本。又荀勗《中經簿》云『子夏傳四卷，或云丁寬所作』，是先達疑非子夏矣。又《隋書·經籍志》云『子夏傳殘缺，梁時六卷，今兩卷』，是其書錯謬多矣。王儉《七志》引劉向《七略》云：『《易傳》子夏、韓氏，而載《薛虞記》』。又今秘庫有子夏傳《薛虞記》，其傳文質略，指輒非遠，無益後學，不可將帖正經。伏奉今年三月十日勑曰：『《孝經》者，德教所先。自則天以來，獨宗鄭氏遺旨，今則無文。又子夏《易傳》，近無習者，輔嗣註者，亦甚甄明，諸家所傳，互有得失，獨據一説，能無短長？令儒官詳定所長，令明經者依習。若將理等，亦可兼行。其作《易》者，兼帖子夏《易傳》，詳其可否奏聞者。又奉四月九日勑曰：

太子左庶子劉子玄奏《孝經》註請廢鄭依孔，《老子》註請停河上公行王輔嗣，《易傳》非子夏所造者，付臣所司，令諸儒與子玄對質定詳，必須理勝義成，不得飾詞爭辨者。臣得國子博士司馬貞、太學博士郗常通等十人對如前，子玄請依諸儒爲定。」

孫奭《孟子音義序》 夫總羣聖之道者，莫大乎六經；詔六經之教者，莫尚乎《孟子》。自昔仲尼既沒，戰國初興，至化陵遲，異端並作。儀衍肆其詭辯，楊墨飾其淫辭，遂致王公納其謀以紛亂於上，學者循其踵以蔽惑於下。猶洚水懷山，時盡昬墊，繁蕪塞路，孰可芟夷？惟孟子挺名世之才，秉先覺之志，拔邪樹正，高行厲辭，導王化之源，以救時弊，開聖人之道，以斷羣疑。其言精而贍，其旨淵而通，致仲尼之教，獨尊於千古，非聖賢之倫，安能至於此乎。其書由炎漢之後，盛傳於世，爲之註者，則有趙岐、陸善經；爲之音者，則有張鎰、丁公著。自陸善經已降，其所訓説雖小有異同，而共宗趙氏。今既奉勑校定，仍據趙註爲本，惟是音釋，宜在討論。臣今詳二家撰錄，俱未精當，張氏則徒分章句，漏略頗多；丁氏則稍識指歸，譌謬時有。若非刊正，詎可通行？謹與尚書虞部員外郎同判國子監臣王旭、諸王府侍講太常博士國子監直講臣馬龜符、鎮寧軍節度推官國子學説書臣吳易直、前江陰軍江陰縣尉國子學説書臣馮元等，推究本文，參考舊註，采諸儒之善，削異説之煩，證以字書，質諸經訓，疏其疑滯，備其闕遺，集成《音義》二卷，雖仰測至言，莫窮於奧妙，而廣傳博識，更俟於發揮，謹上。

范仲淹《范文正集》卷六《説春秋序》 聖人之爲《春秋》也，因東魯之文，追西周之制，褒貶大舉，賞罰盡在。謹聖帝明皇之法，峻亂臣賊子之防。其間華袞貽榮，蕭斧示辱，一字之下，百王不刊。游、夏既無補於前，公穀蓋有失於後。雖丘明之《傳》，頗多冰釋，而素王之言，尚或天遠，不講不議，其無津涯。今褒博者流，咸志於道，以天命之正性，修王佐之異材，不深《春秋》，吾未信也。三《傳》房公有元凱之癖，兼仲舒之學，丈席之際，精義入神。吾輩方扣聖門，宜循師道，粹屬詞比事之教，洞尊王黜霸之經。由此登太山而知高，入宗廟而見美，升堂覩奥，必有人焉，君子哉無廢。

余靖《武溪集》卷三《宋職方補注周易後序》 皇祐五年，歲在荒落。《補註》既成，聞於旒扆。俄頒中旨，附郵投進。共明年，釁事平息，因談經義，遂得奏御。副本爲示，廼周而研之。嘗觀劉氏《鉤隱圖》，言宓犧氏因龍圖龜書之文以畫八卦。又言天五地五，大衍之用，謂其深於數者。及觀貫之之釋，以謂宓犧稽象於天，取法於地，觀鳥獸之文，通萬物之情，以畫卦，奚獨取於龍馬之圖耶？又其言乾坤之策，生於四象，其於尼父之經，輔嗣之註，亡所戾而有所明焉。固可秘之藏室，流之學宮，寧止是正文字而已哉。歎其言近旨遠，故題而序之。

《新唐書・儒學傳下・元行沖》 行沖意諸儒間己，因著論自辯，名曰《釋疑》，曰：

客問主人：「小戴之學，康成之註，魏氏乃有刊易，二經孰優？」主人曰：「《小戴禮》行於漢末，馬融爲傳，盧植合二十九篇而爲之解，世所不傳。鉤黨獄起，康成於竄伏之中，理紛拏之典，雖存探究，咨謀靡所。具《鄭志》者百有餘科，章句之徒，曾不是省。王肅因之，或多攻詆。而鄭學有孫炎，雖扶鄭義，條例支分，箴石間起，增草百篇。魏氏病羣言之冗脞，采衆説之精簡，刊正芟礱，書畢以聞，太宗嘉賞，錄賜儲貳。陛下纂業，宜所循襲，乃制諸儒，甄分舊義。豈悟章句之士，堅持昔言，擯壓不申，疑於知新，果於仍故？」

客曰：「當局稱迷，傍觀必審。何所爲疑而不申列？」答曰：「改易章句，是有五難：漢孔安國註《古文尚書》，族兄臧與書曰：『相如常忿俗儒淫詞冒義，欲撥亂反正而未能也。浮學守株，衆非非正，自古而然，恐此道未信，而獨智爲讉。』一也。昔孔季產專古學，有孔扶者與俗浮沈，每誡產曰：『今朝廷率章句内學，君獨脩古義。古義非章句内學，危身之道也，獨善不容於世，君其殆哉。』二也。劉歆好《左氏》，欲建學官，哀帝納之，諸儒遷延不肯置對。歆移書誚讓，諸博士皆忿恨。龔勝時爲光祿大夫，見歆議，乃乞骸骨。司空師丹因大發怒，詆歆改亂前志，非毁先帝所立。歆懼，出爲五原太守。以君賓之學，公仲之博，猶迫同門朋黨之議，卒令子駿負謗。三也。王肅規鄭玄數千百條，鄭學馬昭詆劾肅短。詔遣博士張融按經問詰，融推處是非，而肅酬對疲於歲時。四也。王粲曰：『世稱伊、雒以東，淮、漢以北，康成一人而已。咸言先儒多闕，鄭氏道備。』粲竊嗟怪，因求所學，得《尚書註》，退思其意，意皆盡矣，所疑猶未諭焉，凡有二篇。王邵曰：『魏、晉浮華，古道湮替，歷載三百，士大夫恥爲章句，唯草野生專經自許，不能博究，擇從其善，徒欲父康成，兄子慎，寧道孔聖誤，諱言鄭、服非。』然則鄭、服之外，皆讎矣。五也。夫物極則變，比及百年，當有明哲君子，恨不與吾同世者。道之行廢，必有其時者歟？何遽速近名之嫌邪？」

又《啖助傳》 善爲《春秋》，考三家短長，縫綻漏闕，號《集傳》，凡十年乃成，復攝其綱條，爲例統。其言孔子脩《春秋》意，以爲：「夏政忠，忠之敝野；商人承之以敬，敬之敝鬼；周人承之以文，文之敝僿。救僿莫若忠。夫文者，忠之末也。設教於本，其敝且末；設教於末，敝將奈何？武王、周公承商之敝，不得已用之。周公沒，莫知所以改，故其敝甚於二代。孔子傷之曰：『虞、夏之道，寡怨於民；商、周之道，不勝其敝。』故曰：『後代雖有作者，虞帝不可及已。』蓋言唐虞之化，難行於季世，而夏之忠，當變而致焉。故《春秋》以權輔用，以誠斷禮，而以忠道原情云。不拘空名，不尚狷介，從宜捄亂，因時黜陟。古語曰：『商變夏，周變商，春秋變周。』而公羊子亦言：『樂道堯舜之道，以擬後聖。』是知《春秋》用二帝三王法，以夏爲本，不壹守周典明矣。」又言：「幽厲雖衰，《雅》未爲《風》。逮平王之東，人習餘化，苟有善惡，當以周法正之。故斷自平王之季，以隱公爲始，所以拯薄勉善，捄周之弊，革禮之失也。」助愛公、穀二家，以左氏解義多謬，其書乃出於孔氏門人。且《論語》孔子所引，率前世人老彭、伯夷等，類非同時；而言「左丘明恥之，丘亦恥之」。丘明者，蓋如史佚、遲任者。又《左氏傳》、《國語》，屬綴不倫，序事乖剌，非一人所爲。蓋左氏集諸國史以釋《春秋》，後人謂左氏，便傳著丘明，非也。助之鑿意多此類。

歐陽修《文忠集》卷四二《孫子後序》 世所傳《孫武》十三篇，多用曹公、杜牧、陳皞註，號「三家孫子」。余頃與撰《四庫書目》，所見《孫子》註者尤多。武之書，本於兵。兵之術非一，而以不窮爲奇，宜其說者之多也。凡人之用智有短長，其施設各異，故或膠其說於偏見，然無出所謂「三家」者。三家之註，皞最後，其說時時攻牧之短。牧亦慨然最喜論兵，欲試而不得者。其學能道春秋、戰國時事，甚博而詳。然前世言善用兵，稱曹公。曹公嘗與董、呂、諸袁角其力而勝之，遂與吴、蜀分漢而王。傳言魏之諸將出兵千里，每坐計勝敗，授其成筭，諸將用之，十不失一。一有違者，兵輒敗北。故魏世用兵，悉以新書從事，其精於兵也如此。牧謂曹公於註《孫子》尤略，蓋惜其所得，自爲一書，是曹公悉得武之術也。然武嘗以其書干吴王闔閭，闔閭用之，西破楚，北服齊、晋，而霸諸侯。夫使武自用其書，止於彊伯。及曹公用之，然亦終不能滅吴、蜀，豈武之術盡於此乎？抑用之不極其能也。後之學者，徒見其書，又各牽於己見，是以註者雖多而少當也。獨吾友聖俞不然，嘗評武之書曰：「此戰國相傾之說也。三代王者之書，司馬九伐之法，武不及也。」然亦愛其文略而意深，其行師用兵，料敵制勝，亦皆有法，其言甚有次序。而註者汩之，或失其意。乃自爲註，凡膠於偏見者，皆抉去，傳以己意而發之，然後武之說不汩而明。吾知此書當與三家並傳，而後世取其說者，往往於吾聖俞多焉。聖俞爲人謹質溫恭，衣冠進趨，眇然儒者也。後世之視其書者，與太史公疑張子房爲壯夫何異。

又卷六四《張令注周易序》 《易》之爲書，無所不備，故爲其說者，亦無所不之。蓋滯者執於象數以爲用，通者流於變化而無窮。語精微者務極於幽深，喜誇誕者不勝其廣大。苟非其正，則失而皆入於賊。若其推天地之理，以明人事之始終，而不失其正，則王氏超然遠出於前人，惜乎不幸短命，而不得卒其業也。張子之學，其勤至矣，而其說亦詳焉。其爲自序，尤所發明。昔漢儒白首於一經，雖孔子亦晚而學《易》。今子年方壯，所得已多，而學且不止，其有不至者乎。

劉敞《春秋權衡序》 《春秋》一也，而傳之者三家，其善惡相反，其褒貶相戾，則是何也？非以其無準失輕重耶。且昔董仲舒、江公、劉歆之徒，蓋常相與爭。此三家矣，上道堯舜，下據周孔，是非之議，不可勝陳，至於今未決，則是何也？非以其低昂不平耶。故利臆說者害公議，便私學者妨大道，此儒者之大禁也。誠準之以其權，則童子不欺；平之以其衡，則市人不惑。今此新書之謂也。

《王安石集・進二經劄子》 臣蒙恩免於事累，因得以疾病之餘日，覃思內典。切觀《金剛般若》、《維摩詰所説經》，謝靈運、僧肇等註多失其旨，又疑世所傳天親菩薩、鳩摩羅什、慧能等所解，特妄人竊藉其名，輒以己見，爲之訓釋。不圖上徹天聽，許以投進。伏爲皇帝陛下宿殖聖行，生知妙法，方册所載，象譯所傳，如天昭曠，靡不幬察。豈臣愚淺所敢冒聞？然方大聖以神道設教，覺悟群生之時，羽毛皮骼之物，尚能助發實相，況臣區區嘗備顧問，又承制旨，安敢蔽匿？謹繕錄上進，幹浼天威。臣無任惶愧之至。

又《答王逢原書》 某啓：不見已兩月，雖塵勞汩汩，企望盛德，何日忘之？忽辱惠書，承以《論語義》見教，言微旨奧，直造孔庭，非極高明，孰能爲之？仰羡，仰羡。近蒙子固、夷甫過我，因與二公同觀，尤所嘆服。何時得至金陵，以盡遠懷。不宣。

衛湜《禮記集説序》 《禮記》四十九篇，自二戴分門，王、鄭異註，歷晉迄陳，雖南北殊隔，家傳師授，代不乏人。唐正觀中，孔穎達等詳定疏義，稍異鄭説，罔不芟落，諸家全書，自是不可復見。繇正觀至五代，踰三百年，世儒競攻專門之陋，學禮者幾無傳矣。本朝列聖相承，崇顯經學，師友淵源，跨越前代。故經各有解，或自名家，或輯衆説，逮今日爲尤詳。《禮記》並列，六籍乃獨闕焉。諸儒間嘗講明，率散見雜出，而又窮性理者略度數，推度數者遺性理，欲其參考並究，秩然成書，未之有也。予晚學孤陋，濫承緒業，首取鄭註孔義，翦除蕪蔓，採摭樞要。繼遂博求諸家之説，零篇碎簡，收拾略徧。至若説異而理俱通，言詳而意有本，抵排孔、鄭，援據明白，則亦併錄，以俟觀者之折衷。其有沿襲陳言，牽合字説，於義舛駁，悉置弗取。日編月削，幾二十餘載而後成，凡一百六十卷，名曰《禮記集説》。傳禮業者，苟能因衆説之淺深，探一經之旨趣，詳而度數，精而性理，庶幾貫通而盡識之矣。或曰：是書稡聚諸家之善，逾數十萬言，毋乃務博而忘約乎？予曰：博學之，審問之，夫子嘗以誨人也；博我以文，約我以禮，顔子親得於師也；博學而詳説之，將以反説約也，孟子之所深造也；吾道一以貫之，爲曾子言之也；予欲無言，子貢有未省也。陵節而求，躐等而議，越見聞以談卓約，後學大患也。矧會禮之家，名爲聚訟，儻率意以去取，其能息異同之辨，絕將來之譏乎？近世朱文公著《詩傳》，多刊削前言，張宣公謂諸先生之見雖不同，然自各有意，在學者玩味如何爾，蓋盡載程、張、呂、楊之説，而諸家有可取者亦兼存之。予之《集説》，竊取斯義，是則此書之博也，非所以爲學者造約之地邪。猶愧寡聞，訪論未盡。然六經之典，敷暢發明，至是纚備，或於聖代闕文，小有補云。

蘇軾《東坡志林》卷五 昨日子由寄《老子新解》，讀之不盡卷，廢卷而歎。使戰國時有此書，則無商鞅、韓非；使漢初有此書，則孔老爲一；晉、宋間有此書，則佛老不爲二。不意老年見此奇特。

又 五臣註《文選》，蓋荒陋愚儒也。今日讀嵇中散《琴賦》云：「間遼故音庳，弦長故徽鳴。」所謂庳者，猶今俗云敚聲也，兩手之間，遠則有敚，故云「間遼則音庳」。徽鳴者，今之所謂泛聲也，弦虛而不按，乃可泛，故云「弦長則徽鳴」也。五臣皆不曉，妄註。又云：「《廣陵》、《止息》、《東武》、《太山》、《飛龍》、《鹿鳴》、《鵾雞》、《游弦》。」中散作《廣陵散》，一名《止息》，特此一曲爾，而註云「八曲」。其他淺妄可笑者極多，以其不足道，故略之。聊舉此，使後之學者，勿憑此愚儒也。五臣既陋甚，至於蕭統亦其流耳。宋玉《高唐神女賦》，自「玉曰唯唯」以前皆賦，而統謂之序，大可笑。相如賦首有子虛、烏有、亡是三人論難，豈亦序耶？其他謬陋不一，聊舉其一耳。

蘇轍《春秋集解引》 近歲王介甫以宰相解經，行之於世。至《春秋》漫不能通，則詆以爲斷爛朝報，使天下士不得復學。嗚呼，孔子之遺言而凌滅至此，非獨介甫之妄，亦諸儒講解不明之過也。故予始自熙寧謫居高安，覽諸家之説而裁之以義，爲《集解》十二卷。

黄庭堅《山谷集》卷二八《又跋〈陰符經〉後》 《陰符經》出於唐李筌，熟讀其文，知非黄帝書也。蓋欲其文奇古，反詭譎不經。蓋糅雜兵家語作此言，又妄托子房、孔明諸賢訓注，尤可笑，惜不經柳子厚一掊擊也。

呂南公《灌園集》卷一二《復傅濟道書》 昨許秀才經過，連得吾兄夏中兩書。伏聞官下諸況平裕，太夫人壽康，不勝延跂之思。所示古律體雜詩一軸，辭致良佳。如《白雲村》篇殊有作者之氣，視今日之賦諷，勝前遠矣。方又屢進不止，則古人何必獨能哉。聞有解《周易》及《論語》、《孟子》，文字甚善，雖未得借讀，然觀《答徐生書》，可見別來道學所造。雖然，濟道用此趨時以致及物之功業，則可果以爲儒者功業正在乎此，則吾恐未也。古之人有大勳名不少，顧不必皆能解經，而善解經人，亦未必利澤當世，漢以來學士可按矣。蓋古之所謂學者，非漢以來之所謂學也。孔子所繙之經，天人而已。其言雖有詳略，要之，可以心通理察，非有虛荒誕幻，鑿無出孔之致。三千七十二子，所以服膺不捨，而終無事于傳註者，誠不以不曉期後人也。孰知其後日解日昧，如淖滌塊而爲之者，轉稱第一難能，且爭爲者相望乎哉。夫一經而數傳，亦已足矣。終之又有疏釋，則滋足矣。賢者雖不見此，當自曉之。愚者雖盡讀焉，猶不可曉也。然則漢以來，經師徒以口耳亂學者之性靈耳。如使其言具當，則後人何必更言之。如使吾道不失于聖賢，則何必專以說經爲效，此始爲傳者之過也。今之人，有心智可以通理義，猶昔之人也。彼後之人亦猶今耳。今吾不盡信昔人所言，則後人不盡信吾言，蓋可知矣。不蘄力行誠身，而以唇舌紙劄相乘，此爭爲者之過也。吾嘗取譬解經之家，正如水鄉漁戶，方其垂綸合網而有得也，軒軒然見喜色，似他人莫我若者，不思自古習漁之人屢得此也。及其挈而之市也，苟售而已，不計人之貴否也。故有以昔人之陳說爲吾之新立者，有以衆家之同辨爲吾之自得者。吁呼而逞詫，突梯而希譽，欲以厭服人心，而反自彰其寡見淺聞，其可憐如此。往日宋咸註《周易》，自以無比。及歐陽永叔取郭京說照之，然後論者笑咸爲盜翁。雖不笑者，亦曰：「縱咸不盜京，孰知京非盜昔人者乎？」是則宋、郭之所負，未有以變王、韓之解而徒以取盜名于世耳。士誠欲學經，用先儒所說而發我之神明，見于行能可矣。先儒雖有短，何必力毀。我雖有長，何必衒人不聞。夫傳註能致益乎哉？則益宜不小矣，其書既多故也。嘉祐中，詔求遺書，其解經家學名存而書亡者，每經數十家。而《新唐書・藝文志》所録解經之書存者，每經亦數十家。夫未嘗盡見古人書，而遽以我爲獨得也，其誣孰禦？今日解經人極多，大槩不出于介甫之書，與皇祐以來題府韻類無異也。先時王補之解《論語》，衆甚欽仰，俄而皆曰是得之介甫云耳。然則爲補之者，孰若靜坐熟眠而聽介甫自說乎？介甫未嘗不開說也，則天下之士苟已心服介甫，何必區區各鳴喉吭哉？僕誠怪爲之者不思也。或人謂彼非不知，可以勿爲，然不爲，則無以合世。故已顯者，以此示其可貴；未顯者，以此希其見貴。嗚呼，若是，則滋惑矣。夫今天下之待介甫，不過如周、孔耳，周公至顯而作六典，孔子至窮而繙六經，然當時無人傚而作。且繙者，雖傳解之文，皆不爲之，而何害其服周、孔乎？如以爲直希利達，則不必更稱深知道德性命也。濟道未三十而得官，在仕途以材敏見知于上之人，地雖單平，而勢亦利進。今所爲書，特以抵當路大官，趣爲教授直講可矣。如盛心初不爲此，則吾儒功業當重思之。濟道不信吾言乎？請約自今十年遠至十五二十年間，視今日解經諸書，具傳不熄，則吾飲墨甘罪可也。蕭統所集，繆多而是少，如王儉、任昉之作，秪以污人耳目。濟道讀而擇之。老氏師資之論，可以爲喻矣。

楊時《孫氏春秋經解序》　孟子曰：王者之迹熄而《詩》亡，《詩》亡然後《春秋》作。《春秋》之時，《詩》非盡亡也。《黍離》降而爲國風，則王者之詩亡。王者之詩亡，則雅不作，而天下無政矣，《春秋》所爲作也。故曰：《春秋》，天子之事也。孔子歿，更秦燔書，微言中絶。漢興，諸儒守專門之學，互相疵病，至父子有異同之論，況餘人乎。然自昔通儒達識，未有不由此而學也。熙寧之初，崇儒尊經，訓迪多士，以爲《三傳》異同無所考正，於六經尤爲難知，故《春秋》不列於學官，非廢而不用也。而士方急於科舉之習，遂闕而不講，可勝惜哉。高郵中丞孫公先生，以其饜餘，盡發聖人之藴，著爲成書，以傳後學。其微辭妙旨，多先儒之所未言者，啓其關鍵，使學者以稽其門，叩其戶，以窺堂奧，豈曰小補之哉。余得而伏讀之，不能釋手，聞所未聞多矣。

張大亨《春秋通訓後叙》　視諸儒之見，謂《公》、《穀》傳經，密於《左氏》，《左氏》凡例不通衆說，而啖助、趙、陸之書皆以例爲主，至其不合，則依仿遷就以通之。或一事析爲數科，如宣十五年秋、冬之類是。或衆科束爲一例，如書卒、葬之類是。致經之大旨，蕪沒不彰，聖所垂訓，乖離失當。而其書動盈編帙，俾後學病其多，老師畏其難，此道幾於熄矣。殊不知去例以求經，略微文而視大體之爲要且易也。予少聞《春秋》於趙郡和仲先生，其初蓋嘗作《五體例宗》十許卷，論立例之大要矣。先生曰：「此書自有妙用，學者罕能領會，多求之繩約中，乃近法家者流，苛細繳繞，竟亦何用？惟邱明識其用，然不肯盡談，微見端兆，欲使學者自得之，未可輕論也。」他日，予復於先生曰：「邱明凡例，與《公》、《穀》無殊，用以考經，率多不合，而獨謂之識此經之用，亦信矣乎？」先生曰：「邱明因事發凡，不專爲經，是以或合或否。凡雨自三日以往爲霖；諸侯薨於會加一等之類。其書蓋依經以比事，即事以顯義，不專爲例，是以或言或不言。夫惟如是，故能備先王之志，爲經世之法，以訓天下後世，又曷常拘於繩約中哉？且邱明之書，與六經孔孟合者，十常八九，如元凱輔虞、有窮亂夏、桓文譎正之事，臧孫要君之迹，九合之會，葵邱之盟，若符契之相爲表裏，何爲而不可信乎？」予從事斯語十有餘年，始得見其彷彿。以義視事，以事求經，曲而通之，觸類而長之，然後聖人之意坦然矣。是故《通訓》之作，事與經同，則引事以釋經；例與義合，則假例以明義。經雖不同而事同，則相從；例雖不合而義合，則相比。庶幾經非空言，例非執一，所謂去例以求經，略微文而視大體者，後之君子其尙有取於斯焉。

又《春秋五禮例宗序》　晉杜元凱作《釋例》，以明《春秋》異同之義，事類相發，各篇條綱，使覽者用力少而見功多，可謂善矣。然其間雜以傳例，與經踳駁，而又止數端，不能該盡，學者病之。唐陸淳乃因啖、趙之餘，別爲《纂例》，其所條列，一出於經，比於杜公，詳顯完密，後之說者，謂之（妄）［要］例。然淳拘於微文，捨事從例，故事有相濟以成而反裂爲數門者，非特差失其始終，抑亦汩昏其義趣。聖經大旨，支離失眞，迷眩後生，莫此爲盛。

游酢《游廌山集》卷四《孫莘老易傳序》　孫公莘老少而好《易》，常以是行己，亦以是立朝，或進或退，或語或默，或從或違，皆占於《易》而後行也。晚而成書，辭約而旨明，義直而事核。又將與學者共之，蓋亦先聖之所期，豈徒爲章句以自名家而已。此先生傳《易》之意也，學者宜以是觀之。

邵伯温《易學辨惑》　沈存中《筆談・象數》一篇，內言江南人鄭夬曾爲一書談《易》。【略】竊惟我先君《易》學，微妙玄深，不肖所不得而知也。其傳授次第，前後數賢者本末，在昔過庭，則嘗聞其略矣。懼世之士大夫但見存中所記，有所惑也，乃作《辨惑》。先君受《易》於靑社李之才，字挺之。【略】挺之之師，即穆修也。修字伯長，汶陽人，後居蔡州，遂葬於蔡。師事華山處士陳摶圖南而傳其學。【略】摶字圖南，亳州眞源人。蓋唐末進士，負經綸之才。歷五季亂離，游行四方，志不遂，入武當山，後隱居華山。【略】賜號白雲先生。【略】賜號希夷先生。【略】种放明逸表其墓，能述其大略。明逸亦傳其象學。明逸授盧江許堅，堅授范諤，由此一枝，傳於南方也。世但以爲學神仙術，善人倫風鑒而已，非知圖南者也。獨先君知之爲詳，數數有詩及之。圖南以上，傳授不可悉考。蓋自伏羲，以至文王、周公、孔子以來，世世相傳，或隱或顯，未嘗絕也。如揚子雲、關子明、王仲淹，皆其所從來者也。其學主於意、言、象、數，四者不可闕一。其理具見於聖人之經，不煩文字解說，止有一圖，以寓其陰陽消長之數與卦之生變。圖亦非創意以作，孔子《繫辭》述之明矣。嗚呼，眞窮理盡性之學也。先君之學，雖有傳授，而微妙變通，蓋其所自得也。能兼明意、言、象、數之蘊，而知《易》之體用，成卦立爻之所自。嘗有詩曰：「誰信畫前元有易，須知刪後更無詩。」然其學卒無所傳，平時未嘗妄以語人，故當時人亦鮮克知之者，唯以自樂而已。有大名王豫及其甥滎陽張峪，雖嘗從學而又皆早死。【略】後秦玠在河內，嘗語夬以王天悅傳授先君之學，有所記錄。夬力求之，天悅惡夬浮薄不與。不幸天悅感疾且卒，夬聞之，賂其僕就臥內竊得之，遂自以爲己學。著《易傳》、《易測》、《明範》、《五經明用》數書，皆破碎妄作，穿鑿不根。

晁説之《景迂生集》卷一一《詩之序論一》　作詩者，不必有序。夫既有序，而直陳其事，則詩可以不作矣。說詩者，或不可以無序，斷會一詩之旨而序之，庶幾乎發明先民之言，以告後生弟子焉。今之說者，曰《序》與《詩》同作，無乃惑歟？夫作詩之君子，世莫得而氏之，其所經見者，則周公、吉甫、家父、孟子也，其人大聖且賢也。其所作可與二三君子偶者，雖末之，亦善士也。其感惟深，其誠惟加，其辭惟緩，徘徊自致吾愛君之心焉。先王先公之烈，於是乎在也。序《詩》者於所刺，不諱時君之惡，而暴其私無所不及，雖閭閻委瑣之私，亦不過是，豈特善罵云爾耶？亦自善訐，而餘怒悉紓而罷矣，尙何託之鳥獸、草木、蟲魚，文之訓詁，比之音聲以成詩乎？吾君既治一國之人，皆美之也，吾何容心哉。猶然以廉肉節奏詠之，颺之，是所以爲先王先公之烈者也。序《詩》者於所美，直而且倨，殆類考功所書，縣令最狀，尙何託之鳥獸草木蟲魚，文之訓詁，比之音聲以成詩乎？孰謂《詩》可以觀，可以羣，可以怨乎。如《山有樞》之序曰：有財不能用，有鐘鼓不能以自樂，有朝廷不能灑掃。《車攻》之序曰：宣王能內修政事，外攘夷狄。復文武之境土，修車馬，備器械，復會諸侯於東都，因田獵而選車徒焉，《詩》無遺思矣。如此之類，一序而足，又何必詩之作邪？由是觀之，《詩》之所序，非當時之所作明矣。且逸詩之傳，幸而託於金石得完者，岐山下之石鼓也，又安覩序耶。自《澤陂》之序絕，其後繼而有作者。屈原《離騷》，亦未嘗有序，而序之者，王逸也。秦漢之間，古詩之傳，興致深遠，頗有國風遺韻，而亦未嘗有序。讀之者固自知之，況夫先民之言，本諸人情而有作，人情不亡，則其言不患乎不明也。譬諸喜樂而笙歌，疾痛而呻吟，古今一也。又豈懼人之不可知，則默以已乎。殆夫晉魏文墨之士，才力凡下，陋不知學，因習說《詩》之序，而自爲其詩序，蓋可慚也已。今之說者，反因此以誣商周之君子，何異以王莽論周公哉。

又《儒言・同異》　董仲舒曰：「《詩》無達詁，《易》無達占，《春秋》無達辭。」范甯曰：「經同而傳異者甚衆，此吾徒所以不及古人也。」嗚呼，古之人善學如此。今一字詁訓，嚴不可易。一說所及，《詩》、《書》無辯。若《五經》同意，三代同時，何其固耶。

又《三論》　德義之士如聖人，其視章句之徒如僕役。自章句之徒而視文字之學，則如乞丐，終日號哀岐路間，而腹不一飽，亦可悲夫。

又《滋蔓》　桓譚謂秦近君能說《堯典》，篇目兩字之說，至千餘言，但說「若稽古」三萬言。班固歎後世經傳既已乖離，博學者又不思多聞闕疑之義，而務碎義逃難，便辭巧說，破壞形體，說五字之文，至於二三萬言，是今日滋蔓傷本之弊，古人已深斥之矣。又隨而踵之，喜循覆車之轍，何耶？彼方自詫曰：前之文人，才慳而不能弘闡，有愧今日之富，亦難與言也。

又《盜悖》　孔子作《春秋》多微辭，於是乎起問數百，應問數千，未之厭也。至於《詩》、《書》，本非一時一人之言，聖人取其可爲後世訓者存之，初不以一字爲美惡也。故曰：志之所至，《詩》亦至焉。《詩》之所至，《禮》亦至焉。簡易較直如此。或取《春秋》之治，具以詰難爲功，何耶？昔之師儒，未之有也。及於《春秋》，則反無與焉。盜憎主人耶，蓋非其有而取之，盜也。不敬其君，而敬他人者悖德，禮也。彼何爲盜且悖耶。

又《遏舍》　遏人之善，而揚其惡，不仁也。舍此之善，而取彼之不善，不智也。先儒於經，寧無所失，或者詆毁不少恕。若其善，則未之或稱也。毛公傳，不聞亦式，不見亦入，曰：性與天合也。鄭君謂：用不聞達者，而不諫争者亦得入。或乃取鄭而舍毛，何耶？

又《傳勢》　張禹專帝與太后之寵，所謂張侯論者，迺盛於天下。崔浩威福振宇內，其《五經》之註，學者尚之，至于勒爲石經。迨夫禹死浩誅之後，無一人稱道其說者，則前之所傳者，非經也，勢也。

又《何王》　何晏、王弼倡爲虛談，范甯罪之，甚于桀紂。弼以其言言《易》，猶近似矣。晏之談《論語》，則又何耶？顏子屢空先儒，皆說空乏。晏始斥之，自爲說，曰：虛心知道。不知言之愈遠，而愈非顏子之事也。或以無相無作爲空，則又晏之罪人也。是言本出於釋學，而釋學譏其失已之傳，果誰之學耶？

又《新》　聖人之意，具載於經，而天地萬物之理管於是矣。後世復有聖人，尚不能加毫髮爲輕重，況他人乎。譬如日月光明，莫知其終始，寧辨其新故？彼一己之所謂新者，迺六經之所故有也，尚何矜哉。是以昔之人皇皇然，惟恐其不得於故焉。卜子夏首作《喪服傳》，說者曰：傳者，傳也，傳其師說云爾。唐陸淳於《春秋》，每一義必稱淳聞於師曰。《詩》則有魯故，有韓故，有齊后氏故，齊孫氏故，毛詩故訓傳。《書》則有大小夏侯解故。前人惟故之尚如此。

又《益沙》　歐陽公曰：凡今治經者，莫不患聖人之意不明，而爲諸儒自出之說汩之也。今之經外，又自爲說，則是患沙渾水，而投土益之也。不若沙土盡去，水清而明矣。夫學者苟知乎此，則不勞而有功。博而知要，是之謂務本。

又卷一七《趙懿簡春秋序》　同知樞密院懿簡趙公沒身於《春秋》，著《春秋經解》十卷，約而喩，簡而達。顧杜氏、啖、趙諸儒之例而病之，作《春秋例義》二十卷。問者曰：孰病？曰：病前人有例而無義也。曰：孰謂義？曰：義正者爲正例，猶嶽鎭之不可移也。義變者爲變例，則滄海之涵泳而靡常也。俟其比偶其類，右志而左物。又如九野之博而實其理，衆星之繁而麗乎文，則約且簡者，得以窺聖人之志也。自啖、趙謂「《公》、《穀》守經，《左氏》通史」之後，學者待《左氏》如古。史記美文章紛華而玩之，不復語經於斯矣。公獨於經先之《左氏》，而不合則求之《公》、《穀》，又不合，則求之啖、趙、陸氏。而遠獨及於董仲舒，近在本朝諸儒，則獨與孫明復辯。其好而無黨，惡而無欲，毅然不惑於名高者也，黯然不惑於衆而自信者也。公未著書之前，有名世大儒爲矯枉之論曰：隱非讓盾，止實弑國中，勇聞而鄉風，莫敢少異。公獨嘆曰：予豈溺於《三傳》者。其如《春秋》，重志而察微，何信簡編而疑師授專耳目而忽志意，最學者之災也。隱雖非賢君，而讓國之志不可誣也。盾非州吁，止非般，則非實弑而加弑，以篤爲人臣、爲人子者，萬世之忠孝。衆人之疑可也，孰謂君子而疑諸，如此之言，則《春秋》開卷平讀，而小子得之矣。何爲子貢、閔子、騫公、肩子、曾子、子石之徒惑焉，學者徒知游、夏不能措一字也已。嗚呼，公之於《春秋》，篤好而勤力矣。

又《京氏易式序》 說之元祐戊辰歲仲冬，在兗州初學京氏《易》，乃據其傳爲式，以便其私，何敢示人。其後江淮間有好事者頗傳，去今三十年矣。既校正其傳，而前日之式，亦不得不修定也。惟是其已出者，殆未容改過，奈何？益知昔人自期死而後傳其所著之書，其用意深矣。嗟夫，按式以求傳，因傳以明《易》，可不敬諸？

方勺《泊宅編》卷四 世言「行李」，據《左氏》杜預云「使人也」。唐李濟翁云：「當作行使。」予案：《史記》皋陶爲「大理」，一本「大李」。又《天官書》曰：「熒惑爲李。」徐廣註云：「外則理兵，内則理政。」又黃帝有《李法》一篇。顔師古曰：「李者，法官之號，總兵刑，故名《李法》。」《北史·叙傳》：李氏先，爲堯之理官，因爲氏，後改曰李。則李與理其義自通。蓋人將有行，必先治裝，如孟子之言治任鄭，當時之言治行，理亦治也。《左傳》曰「一介行李」，又曰「行理之命」。

耿南仲《周易新講義序》 《易》之爲言變也。蓋道之變名也。道體常而盡變乃全。著以爲書而滯于言象之間，言有常理而象有常形，則宜于變有所不能盡。然而言象之間化而裁之，推而行之，而其變無窮焉。是故，特以變稱而命之曰《易》也。《繫辭》之言「易」者屢矣，一言而盡「易」之義者，「易無體」是也。蓋有體則定而不易其所。陰陽合德，其道屢易而不居者，乃以其無體也。易無體也，易無體而有書，何也？猶神無方而有蓍龜之神物也。神不在物，則是物外者神之方，烏得爲無方。易不在書，則是易外者易之體，烏得爲無體。故神有物乃所以爲無方，易有書乃所以爲無體也。《易》之爲書，始于作卦。作卦則三畫而已，終于重卦，重卦則有六爻焉。以謂其六爻具而位判焉。其定位易見而法象具。惟天、地、人之三極耳，以故三畫象焉。然而六畫則三極之謂也。又有所以極道之者，天之道曰陰與陽，地之道曰柔與剛，人之道曰仁與義。總之九六，故以六爻具焉。六爻具而剛柔變化吉凶悔吝錯綜其間，探之不得其端，循之不見其緒矣。雖然，《易》之道有要，在「無咎」而已。要在「無咎」者何？善補過之謂也。凡天下有侈乎至足之分，拂乎自然之宜者，皆過也。拂乎人情，猶爲小過；拂乎天道，是謂大過。聖人之作《易》，順性命調而補之，使天下後世觀其象而玩其辭，則獲自天之祐而無大過，蓋所謂善補過者。孔子曰：「假我數年，五十以學《易》，可以無大過矣。」以是知《易》之要在「無咎」而已。然而《易》之生蓍倚數，立卦生爻，眞筌蹄之寄耳。所以爲《易》，則不在是。故經曰「易者，象也。象也者，像此者也」。以爲《易》之爲象，姑此而已，非其眞也。猶象龍之非眞龍也。認象以爲眞，則失《易》之旨矣。

吳革《周易本義序》 象占，《易》本義也。伏羲畫卦，文王繫《彖》，周公繫《爻》，皆以象與占決吉凶悔吝，各指其所之。孔子《十翼》，專註義理，發揮經言，豈有異旨哉？體用一源，顯微無間，互相發而不相悖也。程子以義理爲之傳，朱子以象占本其義，革每合而讀之，心融體驗，將終身玩索，庶幾寡過。昨刊程傳于章貢郡齋，今敬刊《本義》于朱子故里，與同志共之折。朱子有言：順理則吉，逆理則凶，悔而趨吉，吝自吉而向凶，必然之應也。夫子曰：不占而已矣。

崔子方《崔氏春秋經解》卷首朱震《札子二通》一 故東川布衣崔子方，當熙寧間，宰相王安石用事，不喜《春秋》之學，正經三傳，不列學官。是時潁陰處士常秩號知《春秋》，盡諱其學，追逐時好，況不知者乎。逮于元豐，習已成俗，莫敢議其非者。而子方獨抱遺經，閉門研究，著《春秋經解》、《本例》、《例要》三書，相爲表裏，自成一家之言，以遺子孫。人雖云亡，其書尚存，欲望朝廷下平江府，於崔若家繕寫投進。

葉夢得《石林燕語》卷八 監本《禮記月令》，唐明皇刪定，李林甫所註也。端拱中，李至判國子監，嘗請復古本，下兩制館職議。胡旦等皆以爲然，獨王元之不同，遂寢。後復數有言者，終以朝廷祭祀、儀制等多本唐註，故至今不能改，而私本則用鄭註。

又《避暑録話》卷下 《左氏》記晉平公夢黃熊事，亦見《國語》，二本皆作「熊」字。韋氏《國語註》遂以爲熊羆之熊。杜預于《左氏》不言何物，世多疑熊，當如《爾雅》「鼈三足爲能」之「能」，謂傳寫有衍文。據陸德明《左氏釋文》，直以爲「能字音奴來反」，則固已云爾，不知以意刪其文耶，或別有據也。余考古文，熊、能二字本通用。故賢能之能，字書以爲獸名，堅中而彊力則能也。是熊字或爲能，能字或爲熊，初未嘗有別。熊羆之熊，能鼈之能，二物共一名，各隨其所稱，則何必更論衍文，正當讀爲能爾。宋莒公兄弟留意小學，雖補註《國語》，略能辨之，以正韋氏之誤。然意不盡徹，終不免改熊爲能也。

程俱《麟臺故事》卷二　咸平中，眞宗謂宰相曰：「太宗崇尚文史，而三史版本，如聞當時校勘官未能精詳，尚有謬誤，當再加刊正。」乃命太常丞直史館陳堯佐、著作郎直史館周起，光祿寺丞直集賢院孫僅、丁遜覆校《史記》。尋而堯佐出知壽州，起任三司判官，又以著作佐郎直集賢院任隨領其事。景德元年正月校畢，任隨等上覆校《史記》並刊誤文字五卷，詔賜帛有差。又命駕部員外郎直秘閣刁衎、右司諫直史館晁迥與丁遜覆校前後《漢書》版本，迥知制誥，又以秘書丞直史館陳彭年同其事。至二年七月，衎等上言：「《漢書》歷代名賢競爲註釋，是非互出，得失相參，至有章句不同，名氏交錯，苟無依據，皆屬闕疑。其餘則博訪羣書，徧觀諸本，儻非明白，安敢措辭。雖謝該通，粗無臆說。凡修改三百四十九，簽正三千餘字，錄爲六卷以進。」賜衎等器幣有差。

汪藻《吴園先生春秋指南序》　自《三傳》興，而聖人之經始不勝其繁。好異者曰：「聖人之言窅然幽深，必有不可以近情常理度者，當冥思而力探之。」于是枝葉蕃滋，無所不至，人人務其已說之勝，而莫知求至當之歸，乃至子而以父學爲非，弟子而以師說爲愚，況其他哉。則《春秋》不明，《三傳》亂之也。本朝自熙寧以來，學者廢《春秋》不用。數十年間，篤學而好之者，蓋不爲無人。然一時章分句析之學勝，故雖《春秋》亦穿鑿破碎而不見聖人之渾全。政和間，余過山陽，吴園先生張公在焉。先生謂余曰：「學《春秋》而不編年，無以學爲也。吾嘗以諸國縱横列而類見之，聖人之意了然矣。當令子見吾書。」余未及受而先生亡。未幾，先生之書盛行于士大夫間，因得伏而讀之，曰：「嗟乎，聖人之意豈遠人哉。曲學蔽之耳。」先生閉戶讀書二十餘年，其見于世者，固已碩大光明，而所出裁一二而已，則求聖人之心而得之者，豈獨此書哉。雖然，以此書攷之先生之志，亦可以槩見矣。

曾幾《易變體義序》　大《易》如天地，其中無所不有，顧學者取之如何耳。取諸象則爲象學，取諸數則爲數學，取諸辭則爲義理之學，取諸占則爲卜筮之學。雖各名一家，要之原本于古人而發明以新意，乃可爲善學者。

西漢趙賓，説「箕子之明夷」，曰「箕子萬物，方荄滋也」，持論巧慧，易家皆以爲非古法，用是不見信。近世侍講林瑀作《會元紀》，用天子即位之年傅會《易》卦，以推吉凶。賈魏公疏其不經，罷之。是皆專任私智，不師古，始使其説得行，害道甚矣。都君聖與之《易》，其原本於古人而發明以新意者乎。《易》曰「爻者，言乎其變者也」，又曰「動則觀其變而玩其占」。以《春秋左氏傳》考之，當時援引爻辭與夫推測卦變者，皆不言「六位」，必曰「某卦之某卦」。夫推測卦變，其如是固宜。而援引爻辭亦如是者，蓋言六位則體，常曰「某卦之某卦」，則盡變也。聖與之所原本在此。然爻辭之合於變體者，先儒略焉。聖與始演爲一書，凡三百八十有四義，古人之底藴盡取而發明之。嗚呼，可謂善學也已矣。書成，獻之於天子，又鋟板而傳之。且屬余爲之序。余善其原本於古人而無襲蹈之跡，發明以新意而無穿鑿之見也。故序之。

吕本中《紫微雜説》　《左氏膏肓》，何休作，鄭玄箴，兩人引據及詰難之語，盡用《春秋感精符》之類爲證，而無識淺見甚矣。而漢末學者咸以大儒推之，吾知漢末諸儒未嘗學也。《公羊》淺陋已甚，而何休之徒又從而逢其惡。如「黜周王魯」之類，大不近人情。定公六年季孫斯仲孫忌帥師圍鄆，仲孫忌闕文耳。而《公羊》以爲仲孫忌譏二名，非禮也，固已可笑。而何休則以爲《春秋》定哀之間，文致太平，欲見王者治定無所復爲譏，惟有二名，故譏之定哀之世大亂之極也。而何休以爲文致太平，王者治定，無所復譏，惟有二名可譏耳。其誣穢荒謬至此，令人憤恚不已。垂世立教者，須取此等妄説及引用緯書之類，皆當科別而顯黜之，不得與其它諸儒所説並行，然後聖人之言不爲蕪漫所覆，坦然可見。

嚴粲《詩緝序》　二兒初爲《周南》、《召南》，受東萊義，誦之不能習。余爲緝諸家説，句析其訓，章括其旨，使之瞭然易見。既而友朋訓其子若弟者，競傳寫之。困於筆劄，胥命鋟之木。此書便童習耳。《詩》之興，幾千年於此矣，古今性情一也，人能會孟氏説《詩》之法，涵泳三百篇之性情，則悠然見詩人言外之趣。毛、鄭以下且束之高閣，此書覆瓿可也。

又　《黍離》、《中谷有蓷》、《葛藟》不用舊説，獨能深得詩人優柔之意，其他一章一句，時出新意，大抵宛轉有旨趣，再三玩味，實獲我心，坦叔可與言詩也已矣。初還別换一册，幸無我靳。

鄭剛中《周易窺餘自序》　伏羲氏畫八卦，古無異論。至重卦，則指名不一。鄭康成輩謂神農，孫盛謂大禹，史遷、揚雄謂文王。攻謂神農之説者曰：「耒耨之利，日中之市，固已取諸《益》、《噬嗑》，豈應後來方重卦？」神農之說破，則盛以下，自當無語矣。孔穎達、王弼又謂伏羲氏始用著，十有八變而成卦。觀變之數則用著，猶在六爻之後，造契以代結繩之治，而書契之作取諸《夬》，重卦者非伏羲乎？伏羲氏既畫卦，又爲重卦。文王爲卦下之辭，又分上、下經。孔子爲「十翼」。周公爲爻辭。此《易緯》所謂「三聖人」。而周公不與者，周公本文考之志而爲之，舉文王則知周公之聖也。穎達既堅守弼論不移，後之立異相可否者猶未已。要是指擿相勝，無明白證據。當以王、孔爲允。

復有疑者曰：「爻辭亦文王所作，非周公也。」此蓋不考《明夷》爾。文王在羑里，無自謂「文王」之理，亦不得先謂箕子爲明夷。韓宣子適魯，見《易》象云「吾乃知周公之德」，則公作爻辭何疑？馬融、陸績皆知此意也。

《繫辭》曰「知者觀彖辭則思過半」，又曰「聖人設卦觀象，繫辭焉而明吉凶」。遂又疑夫子不應自贊如此，《彖》、《繫》必文王所爲也。曾不知卦下之辭乃文王所繫，其所繫辭亦可謂之「彖」。夫子於上、下《繫》特贊序之，與夫子所爲《彖》、《繫》自不相礙。

范諤昌誤疑《乾》彖與《文言》重複，而謂文王爲《彖》者亦此類也。至於「十翼」之目，亦復紛紛。以《彖》、《象》、《繫辭》三者各分上、下而與《文言》、《序卦》、《說卦》、《雜卦》三篇號爲「十」者，穎達主之。《彖》也，大、小《象》也，上、下《繫辭》也，乾、坤《文言》也，而與《序卦》、《說卦》、《雜卦》三篇號爲「十」者，胡旦主之。以《象》分大、小，而不以《彖》分上、下。且說爲勝。以《文言》分乾、坤，似未安，去古遠矣。學者要當以意所安者爲是，故兩存之，以俟來哲。通乎此，然後可以讀《易》。

或問曰：子爲書始《屯》、《蒙》，何也？曰：予於《乾》、《坤》，不敢談也。《易》者，天地萬物之奧。《乾》、《坤》，則又《易》之奧。聖人妙《易》書之，神而藏之。《乾》、《坤》其所示人者，猶委曲載之《文言》，孰謂學者可以一言定乎？尊《乾》、《坤》而不敢論，自《屯》、《蒙》而往，以象求爻，因爻識卦，萬有一見其髣髴，則隨子索母，沿流尋源，《乾》、《坤》之微，或可得而探也。今固未敢妄有窺焉。

又問：《易》自商瞿子木親受業夫子，下抵漢魏，專門名家者不勝計，雖互有得失之論，大概不過象、義二者。就其意趣不合最甚者，惟李鼎祚、王弼。其專用象變三十餘家而不及義者，鼎祚也。盡掃象變不用古註而專以意訓者，弼也。子爲書，爲象乎，爲義乎？曰：有象則有義，以義訓者不可以遺象也。義不由象出，是猶終日論影而不知形之所在。偏於一而廢其一，學者所以難了。《窺餘》所不然也。近世程頤正叔嘗爲《易傳》，朱震子發又爲《集傳》，二書頗相彌縫於象、義之間，其於發古今之奧爲有功焉。但《易》之道廣大變通，諸家不能以一辭盡。有可窺之餘，吾則兼而取之。杜預《春秋經傳集解後序》載，晉太康元年，汲縣發舊冢，大得古書，皆科斗文字，不可訓知。獨《周易》及《紀年》最爲分了。《周易》上、下篇，與今正同，而無《彖》、《象》、《文言》、《繫辭》。預疑於時仲尼造之於魯，尚未播之遠國。而《漢・藝文志》《易經》十二篇，謂上、下經及「十翼」也。以是考之，漢之《易》已十二篇，但經與「十翼」自爲篇帙，非若今《易》之各附卦爻。先儒謂費直專以《彖》、《象》、《文言》參解《易》爻，謂王輔嗣象本釋經欲相附近，故辭與《象》各附於當爻。要之，取古本輒相分合，二子不容無過，然於聖人之旨未大悖也。

張九成《易變體義序》 余早游學校，與《易》家者流談。其論六十四卦三百八十四爻，與夫《繫辭》至《雜卦》幷爲一談，曰：「此神也，此道也，此體用也，此德業也，鑿空駕遠，紊實隳眞，望其貌雖超然若不可挹，叩其中乃空然初無所有，繫風捕影，卒以自欺。小則不足以治心修身，大則不足以用天下國家。」其誣《易》也甚矣。後予至京師，見先生長者論大《易》之說，乃一皆歸之人事，仁義、陰陽、剛柔，蓋一體而無間焉。乃知夫仁義即天地之道也，其於六經之旨歸，乃無杪忽之差。吾僚友都聖與，一日示余以所傳《易》，且曰：嗚呼，余尚忍言之耶？昔絜先君子言行爲一邦師法，服習六藝，而尤邃于《易》。某此訓傳談《易》之義，乾坤之氣，天地之形，六子之用，三才之判，三百八十四爻之變，其于爻變也，某不先于辭而先于理，以爲卦爻大象適與理相當者。聖人則有辭以繫之，象爻之辭未盡，聖人又爲傳六十四卦之後以明之。一章示賢人也，二章示君子也，三章戒衆人也，四章言聖人體用之道也。《說卦》論八卦之理，《序卦》論六十四卦之序，《雜卦》論六十四卦之用。又曰：此絜所聞于先君子也。輒拾其遺說而爲之傳。嗟乎，其深思旁取如此，亦已勤矣。異夫前所謂神道體用之說者，故余竊有取焉。且求余爲序，余故摭其所得于《易》者而敘之。

張嵲《紫微集》卷三二《讀管子》 余讀《管子》，然後知莊生、鼂錯、董生之語時出於《管子》也。不獨此耳，凡《漢書》語之雅馴者，率多本《管子》，《管子》天下之奇文也。所以著見於天下後世者，豈徒其功烈哉。及讀《心術》上、下《白心》《内業》諸篇，則未嘗不廢書而歎，益知其功業之所本，然後知世之知《管子》者殊淺也。《管子》書多古字，如專作摶，忒作貣，宥作侑，況作兄，釋作澤，此類甚衆。《大匡》載召忽語曰：「百歲之後，吾君下世，犯吾君命而廢吾所立，奪吾糾也，雖得天下，吾不生也，兄與我齊國之政也。」而註乃謂：「召忽呼管仲爲兄」，曰：「澤命不渝」，而註乃以爲「澤恩之命」，甚陋，不可偏舉。書既雅奧難句，而爲之註者復繆於訓故，益使後人疑惑，不能究知。世傳房玄齡所註者非是。予求《管子》書久矣，紹興己未乃從人借得之，伏而讀者累月，始頗窺其義訓，然舛脫甚衆，其所未解，尚十二三，用上下文義及參以經史訓故，頗爲是正，其訛謬疑者表而發之，其所未解者置之，不敢以意穿鑿也。既取其間奧於理、切於務者抄而藏於家，將得善本而卒業焉。

又《證辨騷》 劉勰作《辨騷》，以謂班固謂屈原爲露才揚己，忿懟沈江；羿澆二姚，與《左氏》不合；崑崙縣圃，非經義所載。予以《左氏》參校《離騷經》及《天問》羿澆二姚事與《左氏》不合者。及讀班固《離騷傳序》，謂：孝武博覽古今，淮南王叙《離騷傳》，以《國風》好色而不淫，《小雅》怨悱而不亂，若《離騷》者可謂兼之。蟬蛻穢濁之中，浮游塵垢之外，皭然泥而不滓，雖與日月爭光可也。斯論似過其眞。又說：五子以失家巷，謂五子胥也。及至羿、澆、二姚，有娀佚女，皆以所識有增損，然未得其正也。故博采經書傳記以爲之解。自此以上，固皆統論淮南王安叙《離騷傳》有與經義不合者爾，非謂屈原也。兼亦無羿澆二姚與《左氏》不合之文。而勰考不精，遂謂班孟堅謂屈平《離騷》不合於《左氏》，則其失也，不待辨而可了矣。或曰：今王逸所註，皆引《左氏》以釋《離騷》，曷爲無向之不合者？蓋淮南作傳之時，皆以所識有所增損，所以廣異聞也，如汲冢竹書《紀年》之類爾。後人以其與《左氏》乖剌，遂削去之，所以不見於世也，惜哉。

邵博《邵氏聞見後録》卷五 古《易》：《卦爻》一，《彖》二，《象》三，《文言》四，《繫辭》五，《說卦》六，《序卦》七，《雜卦》八。其次第不相雜也。先儒謂費直專以《彖》、《象》、《文言》參解《易》《爻》，今入《彖》、《象》、《文言》於卦下者，自費氏始。孔穎達又謂王輔嗣之意，《象》本釋經，宜相附近，分《爻》之《象》辭，各附當卦。蓋古《易》已亂於費氏，又亂於王氏也。予家藏大父康節手寫《百源易》，實古《易》也。百源在蘇門山下，康節讀《易》之地，舊秘閣亦有本。

鄭樵《夾漈遺稿》卷二《寄方禮部書》 樵每嘆天下本無事，庸人擾之而事多。載籍本無說，腐儒惑之而說衆。仲尼之道，傳之者不得其傳，而最能惑人者，莫甚于《春秋》、《詩》耳。故欲傳《詩》，以《詩》之難，可以意度明者，在于鳥獸草木之名也。故先撰《本草成書》，其曰「成書」者，爲自舊註外，陶弘景集名醫別錄而附成之，乃爲之註釋，最爲明白。自景祐以來，諸家補註，紛然無紀。樵于是集二十家《本草》，及諸方家所言補治之功及諸物名之書，所言異名同狀、同名異狀之實，乃一一纂附其經文，爲之註釋。凡草經諸儒書異，錄備于一家，書故曰「成書」。曰「經有三品，合三百六十五種，以法天三百六十五度，日星經緯以成一歲也」。弘景以爲未備，乃取名《醫別錄》，以應歲之數而兩之。樵又別擴諸家，以應成歲而三之。自纂成書外，其隱微之物，留之不足取，去之猶可惜也。纂三百八十八種，曰《外類三書》。既成，乃敢傳《詩》。以學所以不識《詩》者，以大、小《序》與毛、鄭爲之蔽障也。不識《春秋》者，以《三傳》爲之蔽障也。作《原切廣論》三百二十篇，以辨《詩序》之妄，然後人知自毛、鄭以來所傳《詩》者，皆是錄傳。又《春秋考》二十卷，以辨三家異同之文。《春秋》所以有三家異同之說，各立褒貶之門戶者，乃各主其文也。今《春秋考》所以攷三家有異同之文者，皆是字之訛誤耳。乃原其所以訛誤之端由，然後人知《三傳》之錯。觀《原切廣論》，雖三尺童子，亦知大、小《序》之妄說。觀《春秋考》，雖三尺童子，亦知《三傳》之妄。辨大、小《序》與《三傳》之妄，然後知樵所以傳《春秋》得聖人意之由也。《詩》主在樂章，而不在文義。《春秋》主在法制，亦不在褒貶。豈孤寒小子欲斥先賢而爲此輕薄之行哉。蓋無彼二書以傳其妄，則此說無由明，學者亦無由信也。自古立書垂訓家，亦不諱其如此也。凡書所言者，人情事理，可即己意，而求黄遇，所謂讀百遍，理自見也。乃若天文、地理、車輿、器服、草木蟲魚鳥獸之名，不學問，雖讀千迴萬復，亦無由識也。奈何後之淺鮮家，只務説人情物理，至於學之所不識者，反没其眞。遇天文，則曰「此星名」。遇地理，則曰「此地名」、「此山名」、「此水名」。遇草木，則曰「此草名」、「此木名」。遇蟲魚，則曰「此蟲名」、「此魚名」。遇鳥獸，則曰「此鳥名」、「此獸名」。更不言是何狀星、何地、何山、何水、何草、何木、何蟲、何魚、何鳥、何獸也。縱有言者，亦不過引《爾雅》以爲據耳，其實未曾識也。然《爾雅》之作者，蓋本當時之語耳。古以爲此名，當其時又名此也。自《爾雅》之後以至今，所名者又與《爾雅》不同矣。且如《爾雅》曰「芍鳧」、「蒺藜」者，以舊名「芍」，今曰「鳧」。茨，今曰「蒺藜」。此所以曉後人也。乃若所謂朮山薊、梅，柟，此又惑人也。古曰「朮」，當《爾雅》之時則曰「山薊」，或其土人則曰「山薊」也。古曰「梅」，當《爾雅》之時則曰「柟」，或其土人則曰「柟」也。今之言者，又似古矣。謂之「朮」，不謂之「山薊」；謂之「梅」，不謂之「柟」也。人若以朮爲山薊，則人必以今朮爲非朮也；以梅爲柟，則人必以今梅爲非梅也。樵于是註釋《爾雅》。《爾雅》，往人作，是其纂經籍之所難釋者，而爲此書最有機綜。奈何作《爾雅》之時，所名之物與今全别，況書生所辨，容有是非者，樵于所釋者，亦不可專守云爾。故有此訛誤者，則正之。有缺者，則補之。自補之外，或恐人不能盡識其狀，故又有畫圖。《爾雅》之學既了然，則六經註疏皆長物也。自古箋解家，惟杜預一人爲寔當者，以其明于天文、地理耳。惜乎不備者，謂其不識名物也。如「五鳩」、「九扈」，皆不明言其物，只引《爾雅》爲據。如「四凶」者，天下謂之「渾沌」、「窮奇」、「檮杌」、「饕餮」，杜皆以理説之：「窮奇，以亡窮而好奇；檮杌謂頑凶無儔匹之貌。」樵初甚疑此，及見《山海經》，果有此等獸，乃知四者爲惡獸之名，故時人所以比其人也。夫以杜預之識，一舉不至，則有乖脱者如此，況他人乎。

周麟之《海陵集》卷二二《跋先君講春秋序後》 先君潛心《春秋》二十年，得成説於郵上孫先生莘老，其書家傳三世矣。兵火焚蕩，遂爲煨燼。及寓居江浙，嘗誦其説，以授學者，予每得竊聽之。一日先君爲予言：初王荆公欲釋《春秋》，以行於天下，而莘老之書已出，一見而有惎心，自知不復能出其右。遂詆聖經而廢之，曰：「此斷爛朝報也，不列於學官，不用於貢舉。」儲積有年，爰自近世，是經復行，而學士大夫亦罕知有莘老説也。已而歎曰：「吁，孫先生之書，其遂湮没已乎。何其久而未顯也？」某應之曰：「此書，豐城寶也。隱顯亦各有時，不幸而埋，光鋩采於今之世，然而龍泉太阿之氣，自當夜動牛斗。復有達識之士如張茂先輩，表而出之，以爲天下後世發蒙之器，亦必有日矣。」後數年，有文定胡公著《春秋傳》以進于上，學者皆傳之，而先君不及見也。予近得之，嘗反復其義，蓋與莘老之説合者，十常六七。然莘老發明聖人之奥，舉《三傳》以斷得失，反復折中，著爲通論，其旨詳而明，深而當，異説不得而破，此其邃處，文定似不及也。

洪邁《容齋隨筆》卷一《五臣注文選》 東坡詆五臣註《文選》，以爲荒陋。予觀《選》中謝玄暉和王融詩云：「阽危賴宗衮，微管寄明牧。」正謂謝安、謝玄。安石於玄暉爲遠祖，以其爲相，故曰宗衮。而李周翰註云：「宗衮謂王導，導與融同宗，言晉國臨危，賴王導而破苻堅。牧謂謝玄，亦同破堅者。」夫以宗衮爲王導，固可笑，然猶以和王融之故，微爲有説。至以導爲與謝玄同破苻堅，乃是全不知有史策，而狂妄註書，所謂小兒强解事也。唯李善註得之。

又卷一一《楊倞注荀子》 唐楊倞註《荀子》，乃元和十三年。然《臣道篇》所引：「《書》曰：『從命而不拂，微諫而不倦，爲上則明，爲下則遜。』」註以爲《伊訓篇》，今元無此語。《致士篇》所引曰：「義刑義殺，勿庸以即，汝惟曰未有順事。」註以爲《康誥》，而不言其有不同者。

又卷一二《逸詩書》 逸《書》、逸《詩》雖篇名或存，既亡其辭，則其義不復可考。而孔安國註《尚書》，杜預註《左傳》，必欲强爲之説。《書》「汨作」註云「言其治民之功」，「咎單作明居」註云「咎單，主土地之官，作《明居》，民法」。《左傳》「國子賦轡之柔矣」註云「義取寬政以安諸侯，若柔轡之御剛馬」。如此之類。予頃教授福州日，林之奇少穎爲《書》學諭，講「帝釐下土」數語，曰：「知之爲知之，《堯典》、《舜典》之所以可言也；不知爲不知，《九共》、《槀飫》，略之可也。」其説最純明可喜。林君有《書解》行於世，而不載此語，故爲表出之。

又卷一五《注書難》 註書至難，雖孔安國、馬融、鄭康成、王弼之解經，杜元凱之解《左傳》，顔師古之註《漢書》，亦不能無失。王荆公《詩新經》「八月剝棗」解云：「剝者，剝其皮而進之，所以養老也。」毛公本註云：「剝，擊也。」陸德明音普卜反。公皆不用。後從蔣山郊步至民家，問其翁安在，曰：「去撲棗。」始悟前非。即具奏乞除去十三字，故今本無之。洪慶善註《楚辭・九歌・東君篇》「絙瑟兮交鼓，簫鐘兮瑤簴」，引《儀禮・鄉飲酒》章「間歌《魚麗》，笙《由庚》，歌《南有嘉魚》，笙《崇丘》」爲比，云：「簫鐘者，取二樂聲之相應者互奏之。」既鏤板，置于墳庵，一蜀客過而見之，曰：「一本簫作攡，《廣韻》訓爲擊也，蓋是擊鐘正與絙瑟爲對耳。」慶善謝而亟改之。政和初，蔡京禁蘇氏學，蘄春一士獨杜門註其詩，不與人往還。錢伸仲爲黃岡尉，因考校上舍，往來其鄉，三進謁然後得見。首請借閱其書，士人指案側巨編數十，使隨意抽讀，適得《和楊公濟梅花十絕》：「月地雲階漫一尊，玉奴終不負東昏。臨春結綺荒荊棘，誰信幽香是返魂。」註云：「玉奴，齊東昏侯潘妃小字。臨春、結綺者，陳後主三閣之名也。」伸仲曰：「所引止於此耳？」曰：「然。」伸仲曰：「唐牛僧孺所作《周秦行紀》，記入薄太后廟，見古后妃輩，所謂『月地雲階見洞仙』，東昏以玉兒故，身死國除，不擬負他，乃是此篇所用，先生何爲沒而不書？」士人恍然失色，不復一語，顧其子然紙炬悉焚之。伸仲勸使姑留之，竟不可。曰：「吾枉用工夫十年，非君，幾貽士林嗤笑。」伸仲每談其事，以戒後生。但玉奴乃楊貴妃自稱，潘妃則名玉兒也。剝棗之說，得於吳說傳朋，簫鐘則慶善自言也。紹興初，又有傳洪秀才註坡詞，鏤板錢塘，至於「不知天上宮闕，今夕是何年」，不能引「共道人間惆悵事，不知今夕是何年」之句。「笑怕薔薇罥」，「學畫鴉黃未就」，不能引《南部煙花錄》，如此甚多。

又《容齋四筆》卷一《韋孟詩乖疏》　《漢書・韋賢傳》載韋孟詩二篇及其孫玄成詩一篇，皆深有三百篇風致。但韋孟諷諫云：「肅肅我祖，國自豕韋。總齊群邦，以翼大商。至于有周，歷世會同。王赧聽譖，寔絕我邦。我邦既絕，厥政斯逸。賞罰之行，非繇王室。庶尹群后，靡扶靡衛。五服崩離，宗周以隊。」應劭曰：「王赧聽讒受譖，絕豕韋氏，自是政教逸漏，不由王者。」觀孟之自叙乃祖，而乖疏如是。周至赧王僅存七邑，救亡不暇，豈能絕侯邦乎。周之積微久矣，非因絕豕韋一國然後五服崩離也。其妄固不待攻，而應劭又從而實之，尤爲可笑。《左傳》書范宣子之言曰：「匄之祖在商爲豕韋氏，在周爲唐杜氏。」杜預曰：「豕韋國於東郡白馬縣，殷末國於唐，周成王滅之。」此最可證，惜顏師古之不引用也。

又卷九《南北語音不同》　南北語音之異，至於不能相通，故器物花木之屬，雖人所常用，固有不識者。如毛、鄭釋《詩》，以梅爲枏，竹爲王芻，蔓爲翹翹之草是已。顏師古註《漢書》亦然。淮南王安《諫武帝伐越書》曰：「輿轎而隃領。」服虔曰：「轎音橋，謂隘道輿車也。」臣瓚曰：「今竹輿車也，江表作竹輿以行。」項昭曰：「陵絕水曰轎，音旗廟反。」師古曰：「服音、瓚說是也，項氏謬矣。此直言以轎過領耳，何云陵絕水乎？旗廟之音，無所依據。」又《武帝紀》：「戈船將軍。」張晏曰：「越人於水中負人船，又有蛟龍之害，故置戈於船下，因以爲名。」瓚曰：「《伍子胥書》有戈船，以載干戈，因謂之戈船也。」師古曰：「以樓船之例言之，則非爲載干戈也。此蓋船下安戈戟以禦蛟鼉水蟲之害。張說近之。」二說皆爲三劉所破，云：「今南方竹輿，正作旗廟音，項亦未爲全非。顏乃西北人，隨其方言，遂音橋。」又云：「船下安戈戟，既難厝置，又不可以行。且今造舟船甚多，未嘗有置戈者，顏北人，不知行船，項說是也。」予謂項音轎字是也，而云陵絕水則謬，故劉公以爲未可全非。張晏云「越人於水中負船」，尤可笑。

范處義《詩補傳序》　《經》以經世爲義，《傳》以傳業爲名。毛氏詩謂之《詁訓傳》，故於詁訓則詳，於文義則略；韓氏有《外傳》，乃依倣《左氏》、《國語》，非詩傳也。惟《詩序》先儒比之《易・繫辭》，謂之詩大傳，近世諸儒，或爲小傳、集傳、疏、義、註、記、論說、類解，其名不一。既於詁訓、文義互有得失，其不通者輒欲廢《序》以就己說，學者病之。《補傳》之作，以《詩序》爲據，兼取諸家之長。揆之情性，參之物理，以平易求古詩人之意，文義有闕，補以六經史傳，詁訓有闕，補以《說文》、《篇韻》。異同者一之，隱奧者明之，窒礙者通之，乖離者合之，謬誤者正之，曼衍者刪之，而意之所自得者亦錯出其間，《補傳》大略如此。或曰：「《詩序》可盡信乎？」曰：「聖人刪《詩》定《書》，《詩序》猶書序也，獨可廢乎？況《詩序》有聖人爲之潤色者，如《都人士》之序，記禮者以爲夫子之言；《賁》之序，與《論語》合；《孔叢子》所記夫子讀《二南》及《柏舟》諸篇，其說皆與今序義相應。以是知《詩序》嘗經聖人筆削之手，不然則取諸聖人之遺言也，故不敢廢《詩序》者，信六經也，尊聖人也。」若夫聞見單淺，古書之存於世者，力不能盡得，未敢以今日之言爲然，博雅君子儻嗣而修之，使《詩》之一經無所闕疑，不亦善乎。

員興宗《九華集》卷一〇《易策》 諸儒無心於議《易》，然後可以通《易》。蓋《易》可以形解，不可以言遇也。其失也，則惑之，惑之終失之，漢魏諸儒坐此也。夫何故？鄭元惑於文，王肅惑於義，蜀才惑於怪，虞翻惑於數。馬融、王勃、陸長源、闕子明、陳史皆有言，言皆有惑也。吾不知諸儒不能意遇，而今乃且囂乎。《三傳》作而《春秋》散，諸儒言而《易》不作乎。執事今乃以卦象取類之意，不信諸儒而質之經，斯豈徒言也。吾不得而質聖人，抑請臆之，執事所謂有爲馬、爲牛、爲龍、爲雉，於物有配也，於身有類也。夫至健莫如乾，乾健而動也，馬動非健乎？至順莫如坤，坤順而任重也，牛任重非順乎？潛動而變於陰，震變，陰者也，而龍善變。離者中柔，中柔者，外文也，而雉外文。茲四卦於物有配也，其四可知也。乾爲首，首，人之上，乾，物之上也。坤爲腹，腹有去，坤亦有去也。震爲足，在下也，動之象也。離爲目，有明也，麗之象也。於身有類也，其四可知也。嗚呼，易本無位，俄而有位矣。有位而後有滋，有數而後有配，自然之解也。諸儒欲大之，而流於旁詭過當之論。譬之條敎，始主於寬，主於仁，而後千機百穽，如此之衆，何者？其罪始於多目也。然則諸儒於《易》，愼無容易多誇耶。

朱熹《詩序》卷上 《詩序》之作，說者不同，或以爲孔子，或以爲子夏，或以爲國史，皆無明文可考。唯《後漢書·儒林傳》以爲衛宏作《毛詩序》，今傳於世，則序乃宏作明矣。然鄭氏又以爲諸《序》本自合爲一編，毛公始分以置諸篇之首，則是毛公之前其傳已久，宏特增廣而潤色之耳。故近世諸儒，多以《序》之首句，爲毛公所分，而其下推說云云者，爲後人所益，理或有之。但今考其首句則已有不得詩人之本意而肆爲妄說者矣，況沿襲云云之誤哉。然計其初，猶必自謂出於臆度之私，非經本文，故且自爲一編，別附經後；又以尚有齊、魯、韓氏之說並傳於世，故讀者亦有以知其出於後人之手，不盡信也。及至毛公引以入經，乃不綴篇後，而超冠篇端，不爲註文而直作經字，不爲疑辭，而遂爲決辭，其後三家之傳又絕，而毛說孤行，則其牴牾之迹無復可見，故此《序》者遂若詩人先所命題，而詩文反爲因《序》以作，於是讀者轉相尊信，無敢擬議。至於有所不通，則必爲之委曲遷就，穿鑿而附合之，寧使經之本文繚戾破碎，不成文理，而終不忍明以《小序》爲出於漢儒也。愚之病此久矣，然猶以其所從來也遠，其間容或直有傳授證驗而不可廢者，故既頗采以附傳中，而復幷爲一編以還其舊，因以論其得失云。

又《呂氏家塾讀詩記序》 《詩》自齊、魯、韓氏之說不傳，而天下之學者盡宗毛氏。毛氏之學傳者亦衆，而王述之類，今皆不存，則推衍毛說者，又獨鄭氏之箋而已。唐初諸儒，爲作疏義，因譌踵陋，百千萬言而不能有以出乎二氏之區域。至於本朝，劉侍讀、歐陽公、王丞相、蘇黄門、河南程氏、横渠張氏，始用己意，有所發明，雖其淺深得失有不能同，然自是之後，三百五篇之微詞奥義，乃可得而尋繹，蓋不待講於齊、魯、韓氏之傳，而學者已知《詩》之不專於毛、鄭矣。及其既久，求者益衆，說者愈多。同異紛紜，爭立門戶，無復推讓祖述之意，則學者無所適從而或反以爲病。今觀呂氏家塾之書，兼總衆說，巨細不遺，挈領持綱，首尾該貫，既足以息夫同異之爭，而其述作之體，則雖融會徹，渾然若出於一家之言，而一字之訓，一事之義，亦未嘗不謹。其說之所自，及其斷以己意，雖或超然出於前人意慮之表，而謙讓退託，未嘗敢有輕議前人之心也。嗚呼，如伯恭父者，眞可謂有意乎溫柔敦厚之敎矣。學者以是讀之，則於可羣可怨之旨，其庶幾乎。雖然，此書所謂朱氏者，實熹少時淺陋之說，而伯恭父誤有取焉。其後歷時既久，自知其說有所未安，如雅、鄭，邪、正之云者，或不免有所更定，則伯恭父反不能不置疑於其間。熹竊惑之，方將相與反復其說以求眞是之歸，而伯恭父已下世矣。嗚呼，伯恭父已矣。若熹之衰頽汩沒，其勢又安能復有所進，以獨決此論之是非乎。伯恭父之弟子約既以是書授其兄之友邱侯宗卿，而宗卿將爲版本以傳永久，且以書屬熹序之。熹不得辭也，乃略爲之說，因拜附其所疑者，以與四方同志之士共之，而又以識予之悲恨云爾。

朱熹《朱子全書》卷六《論解經》 「解經」謂之解者，只要解釋出來，將聖賢之語解開了，庶易讀。

「傳註」，惟古註不作文，却好看，只隨經句分說，不離經意最好。疏，亦然。今人解書，且圖要作文，又加辨說，百般生疑，故其文雖可讀，而經意殊遠。程子《易傳》亦成作文，說了又說。故今人觀者，更不看本經，只讀傳，亦非所以使人思也。

自晉以來，解經者却改變得不同是，王弼、郭象輩是也。漢儒解經，依經演釋。晉人則不然，捨經而自作文。

解書須先還他成句，次還他文義，添無緊要字却不妨，添重字不得，今人所添者却是重字。

今之談經者，往往有四者之病：本卑也，而抗之使高；本淺也，而鑿之使深；本近也，而推之使遠；本明也，而必使至於晦。此今日談經之大患也。

後世之解經者有三：一儒者之經；一文人之經，東坡、陳少南輩是也；一禪者之經，張子韶輩是也。

經書有不可解處，只得闕，若一向去解，便有不通而謬處。

凡看文字諸家說有異同處，最可觀。謂如甲說如此，且撏扯住甲，窮盡其辭。乙說如此，且撏扯住乙，窮盡其辭。兩家之說既盡，又參考而窮究之，必有一眞，是者出矣。

凡先儒解經雖未知道，然其盡一生之力，縱未說得七八分也，有三四分且須熟讀詳究，以審其是非而爲吾之益。今公纔看著，便妄生去取，肆以己意，是發明得箇甚麼道理，公且說人之讀書是要將作甚麼用，所貴乎讀書者是要理會這箇道理，以反之於身爲我之益而已。

大凡人讀書，且當虛心，一意將正文熟讀，不可便立見解。看正文了却著，深思熟讀，便如己說，如此方是。今來學者一般是專要作文字用，一般是要說得新奇，人說得不如我說得較好，此學者之大病。譬如聽人說話，一般且從他說盡，不可勦斷他說，便以己意見抄說。若如此，全不見得他說是非，只說得自家底，終不濟事。久之又曰：須是將本文熟讀，字字咀嚼教有味。若有理會不得處，深思之。又不得，然後卻將註解看，方有意味。如人飢而後食，渴而後飲，方有味。不飢不渴，而強飲食之，終無益也。

問：伊川說讀書當觀聖人所以作經之意與聖人所以用心一條。曰：此條程先生說讀書最爲親切。今人不會讀書是如何，只緣不曾求聖人之意，纔拈得些小，便把自意硬入放裏面，胡說亂說。故教他就聖人意上求，看如何。問：易其氣，是如何？曰：只是放教寬慢。今人多要硬把捉教住，如有箇難理會處，便要刻畫百端討出來，枉費心力，少刻只說得自底那裏見聖人意。又曰：固是要思索，思索那曾恁地。又舉「闕其疑」一句歎美之。

傳至叔言：伊洛諸公文字，說得不恁分曉，至先生而後大明。先生曰：他一時閒都是英才，故撥著便轉，便只須恁地說。然某於文字，却只是依本分解註。大抵前聖說話，雖後面便生一箇聖人，有未必盡曉他說者。蓋他那前聖，是一時間，或因事而言，或主一見而立此說，後來人却未見他當時之事，故不解得一一與之合。且如伊川解經，是據他一時所見道理恁地說，未必便是聖經本旨，要之他那箇說，却亦是好說。

解文字，下字最難。某解書所以未定常常更改者，只爲無那恰好底字，子細把來看，又見不穩當，又著改幾字，所以橫渠說「命辭爲難」。

某解書不合太多，又先准備學者爲他設疑說了，他未曾疑到這上，先與說了，所以致得學者看得容易了。聖人云「不憤不啓，不悱不發」，「舉一隅不以三隅反，則不復也」。須是教他疑三朝五日了，方始與說，他便通透，更與從前所疑慮也會因此觸發，工夫都在許多思慮不透處。而今却是看見成解底，都無疑了。吾儒與老莊學，皆無傳，惟有釋氏常有人，蓋他一切辨得不說，都待別人自去敲搕，自有箇通透處。只是吾儒又無這不說底，若如此，少閒差異了。

或問：《大學解》已定否？曰：據某而今自謂穩矣，只恐數年後又見不穩，這箇不由自家。問《中庸解》。曰：此書難看，《大學》本文未詳者，某於《或問》則詳之。此書在《章句》。其《或問》中，皆是辨諸家說。

說《大學》、《啓蒙》畢，因言某一生只看得這兩件文字，透見得前賢所未到處。若使天假之年，庶幾將許多書逐件看得，恁地煞有工夫。

某於《論孟》四十餘年理會中閒，逐字稱等，不教偏些子，學者將註處宜子細看。又曰：解說聖賢之言，要義理相接去。如水相接去，則水流不礙。後又云：《中庸解》每番看過不甚有疑，《大學》則一面看一面疑，未甚愜意，所以改削不已。

程先生《經解》，理在解語内。某集註《論語》，只是發明其辭，使人翫味，經文理皆在經文内。

《精義》，諸老先生說非不好，只是說得忒寬，易使人向別處去。某所以作箇《集註》，便要人只恁地思量文義，曉得了只管翫味，便見聖人意思出來。

看《精義》須寬著心，不可看殺了。二先生說自有相關透處：如伊川云

「有主則實」，又云「有主則虛」；如孟子云「生於其心，害於其政，發於其政，害於其事」。又云「作於其心，害於其事，作於其事，害於其政」。自當隨文隨時隨事看，各有通徹處。

讀《論語》須將《精義》看，先看一段，次看第二段，將兩段比較，孰得孰失，孰是孰非。又將第三段比較如前，又總一章之說而盡比較之。其間須有一說合聖人之意，或有兩說、有三說、有四、五說皆是。又就其中比較，疎密如此，便是格物。及看得此一章透徹，則知便至。一章之中，程子之說多是門人之說，多非。然初看時不可先萌此心，門人所説亦多有好處。蜚卿曰：只將程子之說爲主，如何？曰：不可。只得以理爲主，然後看他底，看得一章直是透徹了，然後看第二章，亦如此法。若看得三、四篇，此心便熟，數篇之後，迎刃而解矣。且如《格物致知》之章程子與門人之說，某初讀之，皆不敢疑，後來編出細看，見得程子諸說雖不同意，未嘗不貫其門人之說，與先生蓋有大不同者矣。

《論語》中程先生及和靖說，只於本文添一兩字，甚平淡，然意味深長，須當子細看，要見得他意方好。

《中庸》自首章以下多是對說，將來不知他古人如何作得這樣文字，直是恁地整齊。因言某舊年讀《中庸》，都心煩看不得，且是不知是誰作。若以爲子思作，又却時復有箇「子曰」字，更沒理會處。某讀書須先理會得，這樣分曉了，方去涵泳他義理。後來讀得熟後，方見得是子思參取夫子之說著爲此書。自是沈潛反復，逐漸得其旨趣，定得今章句一篇，其擺布得來直恁麼細密。又如《太極圖》，若不分出許多節次來，後人如何看得。但未知後來讀者知其用功如是之至否。

《五經》中《周禮》疏最好，《詩》與《禮記》次之，《書》、《易》疏亂道，《易》疏只是將王輔嗣註來虛說一片。

王肅所引證也有好處，後來鄭玄與王肅之學互相詆訾，王肅固多非是，然亦有考據得好處。

前輩解經有只明大義，務欲大指明而有不貼文義强說者。如程《易》發明道理，大義極精，只於《易》文義多有強說不通處。

問張子貞勝之說曰：「此雖非經義，然其說自好，便只行得他底說，有甚不可？」大凡看人解經，雖一時有與經意稍遠，然其說底自是一說，自有用處，不可廢也。不特後人，古來已如此。如「元亨利貞」，文王重卦，只是「大亨利於守貞」而已，到夫子却自解分作四德。看文王卦辭，當看文王意思，到孔子《文言》，當看孔子意思。豈可以一說爲是，一說爲非？

橫渠云「置心平易，始知《詩》。」然橫渠解詩多不平易。程子說胡安定解「九四」作太子事云，若一爻作一事，只作得三百八十四事，此真看《易》之法。然《易傳》中亦有偏解作一事者。林艾軒嘗云「伊川解經有說得未的當處」。此文義閒事，安能一一皆是。若大頭項，則伊川底却是此。善觀伊川者，陸子靜看得二程低此，恐子靜看其說未透耳。譬如一塊精金，卻道不是金，非金之不好，蓋是不識金也。

子由《詩》解好處多，歐公《詩本義》亦好，因說東萊改本《書》解無闕疑處，只據意說去。木之問：「《書》解誰底好看？」曰：「東坡《解》大綱也好，只有失。如說『人心惟危』這般處便說得差了。如今看他底，須是識他是與不是處始得。」

《漢書》傳訓皆與經別行，《三傳》之文不與經連，故石經書《公羊傳》皆無經文。《藝文志》云：「《毛詩經》二十九卷，《毛詩詁訓傳》三十卷。」是《毛》爲詁訓，亦不與經連也。馬融爲《周禮註》乃云：「欲省學者兩讀，故具載本文。」然則後漢以來，始就經爲註，未審此《詩》引經附傳是誰爲之。其《毛詩》二十九卷，不知併何卷也。

問：先生於《三禮》《書》《春秋》未有說，何也？曰：《春秋》是當時實事，孔子書在冊子上，後世諸儒學未至而各以己意猜測，正橫渠所謂「非理明義，精而治之」，故其說多鑿是也。惟伊川以爲「經世之大法」，得其旨矣。然其間極有無定當難處置處，今不若且存取胡文定本子。與後來看，縱未能盡得之，然不中不遠矣。《書》中間亦極有難考處，只如《禹貢》說三江及荆揚閒地理，是吾輩親目見者，皆有疑。至北方，即無疑。此無他，是不曾見耳。《康誥》以下三篇更難理會，如《酒誥》却是戒飲酒，乃曰「肇牽車牛遠服賈」，何也？《梓材》又自是臣告君之辭，更不可曉。其他諸篇，亦多可疑處。解將去固易，豈免有疑？《禮經》要須編成門類，如冠、昏、喪、祭及他雜碎禮數，皆須分門類編出，考其異同，而訂其當否方見得。然今精力已不逮矣，姑存與後人。趙幾道又問：禮合如何脩？曰：《禮》非全書，而《禮記》尤雜。今合取《儀禮》爲正，然後取《禮記》諸書之說，以類相從，更取諸儒掊擊之說各附其下，庶便搜閲。又曰：前此《三禮》同爲一經，故有「三禮學究」，王介甫廢了《儀禮》取《禮記》，某以此知其無識。

解經不必作文字，止合解釋得文字通，則理自明意自足。今多去上作文字，少閒說來說去，只說得他自一片道理，經意却蹉過了。要之，經之於理，亦猶傳之於經。傳，所以解經也。既通其經，則傳亦可無。經所以明理也，若曉得理，則經雖無，亦可嘗見。一僧云：今人解書，如一盞酒，本自好，被這一人來添些水，那一人來又添些水，次第添來添去，都淡了他。禪家儘見得這樣，只是他又忒無註解。問：陸氏之學，恐將來亦無註解去。曰：他本只是禪。以上《語類》三十三條。

大抵講學，只要理會，義理非人所能爲，乃天理也，天理自然各有定體。以爲深遠而抑之使近者，非也。以爲淺近而鑿之使深者，亦非也。學者患在不明此理而取決於心，夫心何常之有。好高者已過高矣，而猶患其卑滯；於近者已太近矣，而猶病其遠。此道之所以不明不行，而學者所以各自爲方而不能相通也。前此以陳、許二友好爲高奇，喜立新說，往往過於義理之中正，故常因書箴之。蓋因其病而藥之，非以爲凡講學者皆當畫於淺近而遂止也。然觀聖賢之學與近世諸先生長者之論，則所謂高遠者，亦不在乎創意立說之閒。伊川云「吾年二十時解釋經義與今無異。」然思今日意味，覺得與少時自別。又尹和靖門人稱「尹公於經書不爲講解，而耳順心得如誦己言」。此豈必以創意立說爲高哉。今吾輩望此地位甚遠。大槩讀書，且因先儒之說通其文義而翫味之，使之浹洽於心，自見意味可也。如舊說不通，而偶自見得別有意思，則亦不妨。但必欲於傳註之外別求所謂自得者，而務立新說，則於先儒之說或未能究而遽舍之矣。如此，則用心愈勞而去道愈遠，恐駸駸然失天理之正而陷於人欲之私，非學問之本意也。且謂之自得，則是自然而得，豈可強求也哉。今人多是認作獨自之自，故不安於他人之說，而必己出耳。答柯國材。

近日看得讀書，別無他法，只是除却自家私意，而逐字逐句只依聖賢所說白直曉會，不敢妄亂添一句閒雜言語，則久久自然有得。凡所悟解，一一皆是聖賢眞實意思。如其不然，縱使說得寶花亂墜，亦只是自家杜撰見識也。答吳伯豐。

須先虛心熟讀本文，未可遽雜他說，俟看得本意分明，却取諸先生說之通者錯綜於其閒，方爲盡善。若合下便雜諸說混看，則下梢只得周旋人情，不成理會道理矣。近日說經多有此弊，蓋已是看得本指不曾分明，又著一尊畏前輩不敢違異之心，便覺左右顧瞻，動皆窒礙，只得曲意周旋，更不復敢著實理會義理是非、文意當否矣。夫尊畏前輩，謙遜長厚，豈非美事？然此處才有偏重，便成病痛，學者不可不知也。答沈晦叔。

前賢之說，雖或煩冗反晦經旨，然其源深流遠，氣象從容，實與聖賢微意泯然默契。今雖務爲簡潔，然細觀之，覺得却有淺迫氣象而翫索未精、涵養不熟、言句之閒粗率而礙理處，却多有之。尹和靖嘗言「經雖以誦說而傳，亦以講解而陋」，此言深有味也。近方見此意思，若更得數年閒放未死，當更於閒靜中淘汰之，庶幾內外俱進，不負平日師友之訓，但恐無復此日耳。龜山立言，却似有意於含蓄而不盡，遂多假借寄托之語，殊不快人意。聖賢之言，則本是欲人易曉，而其中自然有含蓄耳。答或人。

賢者言語論議頗多煩雜牽連之病，此是大病，須痛掃除。凡有文字，只就一段內看，並不須引證旁通，如此看得久之，自直截也。答林一之。

大抵文義先儒盡之，蓋古今人情不相遠，文字言語只是如此。但有所自得之人，看得這意味不同耳，其說非能頓異於衆也，不可只管立說求奇，恐失正理，却與流俗詭異之學無以異也。只據他文理，反復翫味，久之自明，且是胷中開泰，無許多勞攘。此一事已快活了。答許順之。

讀書須是虛心平氣，優游翫味，徐觀聖賢立言本意所向如何，然後隨其遠近淺深輕重緩急而爲之說。如孟子所謂「以意逆志」者，庶乎可以得之。若便以吾先入之說横於胷，次而驅率聖賢之言以從己意，設使義理可通已涉私意穿鑿，而不免於郢書燕說之誚，況又義理窒礙，亦有所不可行者乎。答胡伯逢。

字畫音韻是經中淺事，故先儒得其大者多不留意。然不知此等處不理會却枉費了無限辭說牽補，而卒不得其本義，亦甚害事也。答楊元範。

按此解之體，不爲章解句釋，氣象高遠。然全不略說文義，便以己意立論，又或別用外字體貼而無脈絡連綴，使不曉者展轉迷惑，粗曉者一向支離，如此數章論性，其病尤甚。蓋本文不過數語，而所解者文過數倍。本文只謂之性，而解中謂之太極。凡此之類，將使學者不暇求經，而先坐困於吾說，非先賢談經之體也。且如《易傳》已爲太詳，然必先釋字義，次釋文義，然後推本而索言之，其淺深近遠詳密有序，不如是之，匆遽而繁雜也。大抵解經但可略釋，文義、名物而使學者自求之，乃爲有益耳。答張欽夫《孟子說疑義》。

問：《語孟或問》乃丁酉本，不知後來改定如何？曰：《論孟集註》後來改定處多，遂與《或問》不甚相應，又無工夫脩得，《或問》故不曾傳出。今莫若且就正經上翫味，有未適處參考集註，更有思索爲佳，不可恃此未定之書便以爲是也。答張元德。

近看《中庸》古註，極有好處。如說篇首一句，便以「五行」、「五常」言之，後來雜佛老而言之者，豈能如是之慤實耶？因此方知擺落傳註，須是兩程先生方始開得這口，若後學未到此地位，便承虛接響容易呵叱，恐屬僭越，氣象不好，不可以不戒耳。答呂伯恭別紙。

人有士君子之行，乃先王教化德澤薰陶所就，非一比長之官所能致也。「關市譏而不征」，乃文王治岐時事，《周禮》乃成周大備之法。隨時制宜，自有不能同者，前輩蓋嘗論之，不當以此而難彼也。以言、動、行爲三重，乃藍田呂氏說。然以經文推之，有所不通，不若只從舊註之爲安。求全之毀對不虞之譽而言，則亦當從舊註。三代正朔，胡氏《春秋傳》已有此論。然鄭康成、杜元凱說，亦不可廢。蓋三代雖不改時與月，而《春秋》紀「春無冰」爲異，則固以周正紀事也。石林葉氏又考《左傳》所記「祭足取麥」，「穀鄧來朝」二事，以爲經傳所記有例差兩月者，是《經》用周正而《傳》取國史直自用夏正者，失於更改也。《詩》中月數多用夏正者，《書·金縢》「秋大熟」，亦是夏時。此爲不改時月之驗甚明。但《孟子》所謂「七八月乃五六月」，所謂「十一月十二月乃九月十月」，爲不可曉，此亦宜當闕之耳。「天產地產」之說，某所未曉，而李君所論亦未通。地上有水，恐不若從程傳之說。大抵今人讀書不廣，索理未精，乃不能致疑而先務立說，此所以徒勞苦而少進益也。因讀李君《脞說》書此。跋李少膺《脞說》。

凡解釋文字，不可令註腳成文，成文則註與經各爲一事，人唯看註而忘經。不然，即須各作一番理會，添却一項工夫。竊謂須只似漢儒毛、孔之流，略釋訓詁名物及文義理致尤難明者，而其易明處更不須貼句相續乃爲得體。蓋如此，則讀者看註，即知其非經外之文，卻須將註再就經上體會，自然思慮歸一功力不分，而其翫索之味，亦益深長矣。

又卷三八《乞修三禮劄子》 臣聞之：六經之道同歸，而禮、樂之用爲急。遭秦滅學，《禮》、《樂》先壞。漢、晉以來，諸儒補緝，竟無全書。其頗存者，《三禮》而已。《周官》一書，固爲禮之綱領，至其儀法度數，則《儀禮》乃其本經，而《禮記·郊特牲》、《冠義》等篇，乃其義疏耳。前此猶有《三禮》通禮、學究諸科，禮雖不行，而士猶得以誦習而知其說。熙寧以來，王安石變亂舊制，廢罷《儀禮》而獨存《禮記》之科，棄經任傳，遺本宗末，其失已甚。而博士諸生，又不過誦其虛文，以供應舉。至於其間亦有因儀法度數之實而立文者，則咸幽冥而莫知其源，一有大議，率用耳學，臆斷而已。若乃樂之爲教，則又絕無師授，律尺短長，聲音清濁，學士大夫莫有知其說者，而不知其爲闕也。故臣頃在山林，嘗與一二學者考訂其說，欲以《儀禮》爲經而取《禮記》及諸經史雜書所載，有及於禮者，皆以附於本經之下，具列註、疏、諸儒之說，略有端緒。而私家無書檢閱，無人抄寫，久之未成。會蒙除用，學徒分散，遂不能就。而鐘律之制，則士友閒亦有得其遺意者，竊欲更加參考，別爲一書，以補六藝之闕，而亦未能具也。欲望聖明特詔有司，許臣就秘書省關借《禮》、《樂》諸書，自行招致舊日學徒十餘人，踏逐空閑官屋數間，與之居處，令其編類。雖有官人，亦不繫銜請俸，但乞逐月量支錢米，以給飲食、紙札、油燭之費。其抄寫人即乞下臨安府差撥貼書二十餘名，候結局日量支犒賞，別無推恩，則於公家無甚費用，而可以興起廢墜，垂之永久。使士知實學，異時可爲聖朝制作之助，則斯文幸甚。取進止。

又卷五六《再定太極通書後序》 蓋先生之學，其妙具於太極一圖。《通書》之指，皆發此圖之蘊。而程先生兄弟語及性命，乾道之際亦未嘗不因其說。觀《通書》之《誠》、《動靜》、《理性》、《命》等章，及《程氏之書》、《李仲通銘》、《程邵公誌》、《顏子好學論》等篇，則可見矣。故潘清逸誌先生之墓，叙所著書，特以作《太極圖》爲稱首。然則此圖當爲書首不疑也。【略】以圖書推之，知其所發當極精要，微言湮沒甚可惜也。熹又嘗讀朱內翰震《進易說表》，謂此圖之傳，自陳摶、种放、穆修而來。而五峰胡公仁仲作《通書序》，又謂先生非止爲种、穆之學者，此特其學之一師耳，非其至者也。夫以先生之學之妙，不出此圖，以爲得之於人，則決非种、穆所及。以爲非其至者，則先生之學又何以加於此圖哉？是以竊嘗疑之，及得誌文考之，然後知果先生之所自作，而非有所受於人者。公蓋皆未見此誌而云云耳。人有眞能立伊尹之志，修顔子之學，則知此書之言包括至大，而聖門之事業無窮矣。

又《詩經集傳序》 或有問於予曰：詩何爲而作也？予應之曰：人生而靜，天之性也。感於物而動，性之欲也。夫既有欲矣，則不能無思，既有思矣，則不能無言，既有言矣，則言之所不能盡而發於咨嗟咏歎之餘者，必有自然之音響節族，音奏。而不能已焉，此詩之所以作也。曰：然則其所以教者何也？曰：詩者，人心之感物而形於言之餘也，心之所感有邪正，故言之所形有是非，惟聖人在上，則其所感者無不正，而其言皆足以爲教。其或感之之雜而所發不能無可擇者，則上之人必思所以自反，而因有以勸懲之，是亦所以爲教也。昔周盛時，上自郊廟朝廷而下達於鄉黨閭巷，其言粹然，無不出於正者，聖人固已協之聲律，而用之鄉人，用之邦國，以化天下。至於列國之詩，則天子巡守，亦必陳而觀之，以行黜陟之典。降自昭穆而後，寖以陵夷，至於東遷而遂廢不講矣。孔子生於其時，既不得位無以行勸懲黜陟之政，於是特舉其籍而討論之，去其重複，正其紛亂，而其善之不足以爲法，惡之不足以爲戒者，則亦刋而去之，以從簡約，示久遠，使夫學者即是而有以考其得失，善者師之，而惡者改焉。是以其政雖不足以行於一時，而其教實被於萬世，是則詩之所以爲教者然也。曰：然則《國風》、《雅》、《頌》之體，其不同若是何也？曰：吾聞之，凡詩之所謂風者，多出於里巷歌謠之作，所謂男女相與詠歌，各言其情者也。惟《周南》、《召南》，親被文王之化以成德，而人皆有以得其性情之正，故其發於言者，樂而不過於淫，哀而不及於傷，是以二篇獨爲風詩之正經。自《邶》而下，則其國之治亂不同，人之賢否亦異，其所感而發者，有邪正是非之不齊，而所謂先王之風者，於此焉變矣。若夫《雅》、《頌》之篇，則皆成周之世朝廷郊廟樂歌之辭，其語和而莊，其義寬而密，其作者往往聖人之徒，固所以爲萬世法程而不可易者也。至於《雅》之變者，亦皆一時賢人君子閔時病俗之所爲，而聖人取之，其忠厚惻怛之心，陳善閉邪之意，尤非後世能言之士所能及之。此詩之爲經，所以人事浹於下，天道備於上，而無一理之不具也。曰：然則其學之也當奈何？曰：本之《二南》以求其端，參之列國以盡其變，正之於《雅》以大其規，和之於《頌》以要其止，此學詩之大旨也。於是乎章句以綱之，訓詁以紀之，諷詠以昌之，涵濡以體之，察之情性隱微之間，審之言行樞機之始，則脩身及家，平均天下之道，其亦不待他求而得之於此矣。問者唯唯而退。余時方輯《詩傳》，因悉次是語以冠其篇云。淳熙四年丁酉冬十月戊子，新安朱熹序。

陳造《江湖長翁集》卷三一《題沈氏易小傳》 諸家詁註《易》多矣，有得必有失，觀之者集取其德，無惡也。然未有得春秋衆賢用《易》者，惟丞相沈公默探鈎取，而發千八百餘年之遺意，筆爲小傳，皆以春秋君子用《易》之說，充而周之，沿而求之，源而流之，邃哉妙矣。是書也，可不心醉焉。蔡墨言龍而曰：在《乾》之姤，曰「潛龍勿用」，初九變則姤也；同人，曰「見龍在田」，九二變則同人；大有，曰「飛龍在天」，九五變則大有；《坤》，曰「見羣龍無首」，變而盡則《坤》；《坤》之剝，曰「龍戰于野」，《坤》上六之變也。丞相之學，其本如此。然其間猶不能無餘意遺義，取之未盡，求之小差者，又嘗潛心焉，因而穿鑿其說則過矣。亡友周令譽卿授予一紙書，乃春秋時戰法，其法純用《易》，而盡屏卜筮、家神、將時日諸說。周云上庠一士人出意用之，占事如神，乃知讀古書可得古法，思與不思爾。沈公深得之者，予又知夫讀書，不惟徒役心目而已。

陳鵠《西塘集耆舊續聞》卷二《顧景蕃補注東坡長短句》 趙右史家有顧禧景蕃《補注東坡長短句》眞迹云：按唐人詞，舊本作「試教彈作忽雷聲」。蓋《樂府雜錄》云：康崑崙嘗見一女郎彈琵琶，發聲如雷，而文宗內庫有二琵琶，號大忽雷、小忽雷，鄭中丞嘗彈之。今本作「輥雷聲」，而傅幹注亦以「輥雷」爲證，考之傳記無有。又云：余頃於鄭公實處，見東坡親迹書《卜算子》斷句云「寂寞沙汀冷」，今本作「楓落吳江冷」，詞意全不相屬也。又，《南歌子》云：「遊人都上十三樓，不羨竹西歌吹、古揚州。」十三間樓在錢塘西湖北山，此詞在錢塘作，舊注云汴京舊有十三樓，非也。

又卷九《容齋先生謂雲仙散録題東坡注杜皆僞著》 容齋先生語余云：「唐金城馮贄編《雲仙散錄》，不著出處，皆爲僞撰，初無此事。」

予偶得此本，退而讀之，有張曲江語人曰：「學者常想胸次吞雲夢，筆頭湧若耶溪，量既幷包，文亦浩瀚。」殊不知若耶在會稽雲門寺前，特一澗水耳，何得言湧耶。以此知其僞明矣。觀贄自叙之文，乃是近代人文格，亦非唐人之文也。世有僞作東坡注杜詩，内有《遭田父泥飲》篇「欲起時被肘」云：「孔文舉就里人飲，夜深而歸，家人責其遲，曰：『欲命駕，數被肘。』工部造語要妙，胸中無國子監書者，不可讀其書。」此大疏脱處，不知國子監能有幾書，亦何嘗有此書耶。余謂「筆頭湧若耶溪」與「胸中無國子監書」可謂的對。後以語容齋，遂共發一笑。

又《僞注杜詩》 僞注《贈王中允維》末句云：「窮愁應有作，試誦白頭吟。」舊注，虞卿著《白頭吟》，以人情樂新而厭舊，義自明白。僞注乃云：「張跋欲娶妾，其妻曰：『子試誦《白頭吟》，妾當聽之。』跋慚而止。此婦人女子善警戒者也。」是以《白頭吟》爲文君事，有何干涉。往往特引史傳所有之事及東坡已載於筆錄者，飾僞亂眞，其言又皆鄙繆。近日有刊東萊家塾《詩武庫》，如引僞注「苦吟詩瘦」、「翠屏晚對」、「眼前無俗物」、「短髮不勝簪」、「日月不相饒」、「獨立萬端憂」等事，僞作東坡注，不知此何傳記耶？世俗淺識輩，又引其注爲故事用，豈不誤後學哉。所謂《詩武庫》者，又僞指爲東萊之書也。余後觀周少溪《竹溪錄》云：東坡《煮豬肉》詩有「火候足」之句，乃引《雲仙錄》「火候足」之語以爲證。然此亦常語，何必用事。乃知少隱亦誤以此書爲眞，後來引用者，亦不足怪。

王炎《雙溪類稿》卷二四《尚書小傳序》 夫子删《書》，始自堯舜，訖于平王，凡百篇。秦火煨燼之後，伏生口所傳授，才二十餘篇。漢壁腐壞之餘，孔安國手所校定，止於五十八篇。老翁幼女，齊語之訛，脱簡科斗，秦隸之變，必有失其眞者。西漢諸儒經學，各自名家，其訓註行於今者，惟毛氏《詩》、孔氏《尚書》。昔人有言，孔安國説《書》不如毛公説《詩》，毛公時發大義，孔安國章句而已。其説誠然。然章句所以訓故，亦不可略也。某不足以知《書》之大義，古語有曰「天下無粹白之狐，而有粹白之裘」，爲其緝衆腋而成之也。今所解亦不過會緝先儒之遺論，間有未安者，或以己意發之。

樓鑰《讀詩之法》段昌武《段氏毛詩集解》卷首 由漢以至於本朝，千餘年間，號爲通經者，不過祖述毛、鄭，莫詳於孔穎達之疏，不敢以一語違忤二家，自不相侔者，皆曲爲説以通之。韓文公，大儒也，其上書所引「菁菁者莪」，猶規規然守其説。惟歐陽公《本義》之作，始有以開百世之惑。曾不輕議二家之短長，而能指其不然，以深探詩人之意。其後王文正公、蘇文定公、伊川程先生，各著其説，更相發明，愈益昭著，其實自歐陽氏發之。某雖淺陋，不能多見古書，意公之前未有敢議二家者，此所以爲一世之儒宗也歟。

樓鑰《攻媿集》卷五一《息齋春秋集注序》 自頃王荆公廢《春秋》之學，公獨耽玩遺經，專以程氏爲本，又博采諸儒之説，爲之《集註》。其説粹然，一出於正，然猶未行於世也。仲子得全知黄州，始取遺藁刻之，而屬鑰以序。鑰生長外家汪氏，於公有連，雖生晚不及承教，而猶記拜公牀下。竊聞之，公既投閒杜門屏居，略不以事物自攖，日有定課，風雨勿渝，此書之所以成也。嗚呼，泰山孫公明復著《尊王發微》，深欲明夫子褒貶之旨。伊川先生則謂後世以史觀《春秋》，謂褒善貶惡而已，至於經世之大法，則不知也。自有《春秋》以來，未有發此秘者。公亦曰：仲尼懼先王經世之法墜地莫傳，欲立爲中制，俾萬世可以通行，故假周以立王法，而託始於隱公焉。且以文武之道期後王，以周公之事業望魯之子孫也。以此推之，《春秋》固非一王之法，乃萬世通行之法也。其推明伊川之意類如此。昔曾子每誦夫子之言，則必曰：「吾聞諸夫子。」子夏使西河之民疑汝於夫子，曾子罪之，説者曰：「言其不稱師也。」觀公之序，直引伊川之序，不更一辭，可謂稱師而知其所本矣。伊川有序而傳未成，公之書成而未有序，此當屬之深於《春秋》者。鑰何人，而敢預此？黄州言之再四，竊幸因得託名於不腐，乃弗敢辭。公諱閌，字抑崇。子孫能守家法，其興蓋未艾也。

程迥《周易古占法序》 迥嘗聞邵康節以易數示吾家伯淳，伯淳曰「此加一倍法也」，其説不詳見於世。今本之《繫辭》、《説卦》發明倍法，用逆數以尚占知來，以補先儒之闕。庶幾象數之學可與士夫共之，不爲讖緯瞽史所惑，於聖人之經不爲無助也。昔陸績讀宋氏《太玄》，曰「太玄大義在揲著，而仲子失其指歸，雖得文間，義説大體乖矣」。迥亦以是論《易》。

楊簡《慈湖詩傳序》 孔子曰：「小子何莫學夫詩？詩可以興，可以觀，可以羣，可以怨。邇之事父，遠之事君，多識於鳥獸草木之名。」又曰：「興於詩，立於禮，成於樂。」又曰：「詩三百，一言以蔽之，曰思無邪。」又謂伯魚曰：「女爲《周南》、《召南》矣乎？人而不爲《周南》、《召南》，其猶正牆面而立也與。」又曰：「誦詩三百，授之以政，不達，使於四方，不能專對，雖多亦奚以爲。」《易》、《詩》、《書》、《禮》、《樂》、《春秋》，其文則六，其道則一。故曰：「吾道一以貫之。」又曰：「志之所至，詩亦至焉。詩之所至，禮亦至焉。禮之所至，樂亦至焉。樂之所至，哀亦至焉。」嗚呼，至哉。至道在心，奚必遠求。人心自善，自正，自無邪，自廣大，自神明，自無所不通。孔子曰：心之精神是謂聖。孟子曰：仁，人心也，變化云爲，興、觀、羣、怨，孰非是心？孰非是正？人心本正，起而爲意，而後昏，不起不昏，直而達之，則《關雎》求淑女以事君子，本心也。《鵲巢》昏禮，天地之大義，本心也。《柏舟》，憂鬱而不失其本心也。《鄘・柏舟》之矢死靡它，本心也。由是心而品節焉，《禮》也。其和樂，《樂》也。得失吉凶，《易》也。是非，《春秋》也。達之於政事，《書》也。迨夫動乎意而昏昏而困困而學學者，取三百篇中之詩而歌之、詠之，其本有之善心，亦未始不興起也。善心雖興，而不自知不自信者多矣，舍平常而求深遠，舍我所自有而求諸彼學者，苟自信其本有而學禮焉，則《經禮》三百，《曲禮》三千，皆我所自有而不可亂也。是謂立至於緝熙，純一、粹然、和樂，不勉而中，無爲而成，雖學有三者之序，而心無三者之異。知吾心所自有之六經，則無所不一，無所不通。有所感興而曲折萬變可也，有所觀於萬物不可勝窮之形色可也，相與羣居相親相愛相臨相治可也，爲哀爲樂爲喜爲怒爲怨可也，邇事父可也，遠事君可也，授之以政可也，使於四方可也。無所不通，無所不一，是謂不面牆。有所不通，有所不一，則阻、則隔。道無二道，正無二正，獨曰《周南》、《召南》者，自其首篇言之，亦其不雜者。毛公之學，自謂本諸子夏，而孔子曰：「女爲君子儒，無爲小人儒」，蓋謂子夏。又曾子數子夏曰：吾與女事夫子於洙泗之間，退而老於西河之上，使西河之人疑女於夫子，爾罪一也。喪爾親，使民未有聞焉，爾罪二也。喪爾子，喪爾明，爾罪三也。夫子夏之胸中若是，其學可以弗問而知，而況於子夏初未嘗有章句，徒傳其說，轉而至於毛乎。齊、魯詩今亡，韓有其說，韓與毛亦有善者，今間取焉。

王楙《野客叢書》卷二八《退之注論語》　《聞見錄》曰：張籍《祭韓退之詩》曰：「魯論未訖註，手足今微茫。」是退之嘗有《論語註》而未成也。今世所傳「宰我晝寢，作畫三月，不知肉味，三月作音。」是其所註者。僕考李漢《序退之集》曰：「有《論語註》十卷，後世罕傳。」然縉紳先生往往有道其三義者，近時錢塘汪充家有是本。王公存刊於會稽郡齋，目曰：「韓文公《論語筆解》自《學而》至《堯曰》二十篇，文公與李翺指擿大義，以破孔氏之註，正所謂三義者。」觀此不可謂「魯論未訖註」，「後世罕傳」也。然觀《聞見錄》引「三月不知肉味，三月作音」字，今所行《筆解》無此語，往往亦多遺佚，或謂「韓公所解多改本文，近於鑿。」僕又觀退之《別集・答侯生問論語》一書，有曰「愈昔註解其書，不敢過求其意，取聖人之旨而合之。」則足以取信後生輩耳。韓公以此自謂，夫豈用意於鑿乎？

衛涇《後樂集》卷一七《葉雲心注清凈經序》　關尹子曰：非有道不可言，不可言即道，果不可言歟？經以載道，聖賢立言以明道，訓故者復以之正訛辨惑，發揮聖賢之言，而道乃無蔽。則言惡乎可廢，當知口耳之所及者，道之筌蹄，而得於神融心會，則言皆糟粕耳。《常清凈經》，《道藏》之上品，學道之戶牖也。余嘗誦閱至老，而未究其奥。雲心居士一日過我，袖出解義，玩繹數章，簡易而明白，侶於經旨，已無餘蘊，不覺擊節，自謂弗如也。詫以示諸同志，或有難之者曰：「所釋無形無情無名然矣，不區以別之，則生天地，運日月，長萬物，皆可以形情而互遷於此，得無遺論乎？」予答之曰：「擘肌分理而析其義，則易流於穿鑿。舉綱撮要而歸諸理，則不失於渾融。」繼有難之者曰：「太上此書，幽眇元邈，未易窺測，而欲以儒者之辭發其秘，顯其微，亦難矣夫。」予又語之以王輔嗣用《老子》解《易》，郭象解《莊子》似《莊子》，議者非之。今以簡易明白之說，而闡幽眇元邈之旨，則亦奚病？然嘗聞之，道不可聞，不可見，矧可言。故關子可以言歸之有道者，而且喻之以如吹影，豈厚誣哉。湛然澄水，纖翳不留。混茫太虛，羣動俱息。爰清爰靜，是特入道之端倪。而語其至極，則窈乎寥乎，超乎太易之先。且無眹跡可求，況得以筆舌擬議形容耶。雲心於眞常之蘊，固以深造而自得之矣。而不免於言者，蓋欲爲後學筌蹄耳。學者苟能繇其所言，以推尋其所不容言者，潛通默識，籥乎太上之道，則是經亦糟粕也。然則，太上著其所而爲是經，云心演其義，而爲是辭，與夫人之問難，僕之辨釋皆贅也。又從而爲之序，不尤贅乎？曷若一付之忘言。

張洽《昌黎先生集考異跋》　晦翁先生因方氏《舉正》之書取而評論，其未合者，使一歸於是。然後有以見韓子之文章：必主簡明而不爲艱深，雖去陳言而非尚險澀；朝廷之議嚴正，義理之文醇雅，記序之體簡古；若碑碣、雜誌、游藝等作，乃或放於奇怪。先生悉斟酌權衡，歸於當而後止，可謂詳密無遺憾矣。《昌黎集》行於世數百年，歐陽公嘗加釐正。今復百餘歲，讀而不知其旨，或以意改易，魚魯失眞，紛紛靡定。方公從而是正之，什已得六七矣。先生復以稽經餘力，考所未合，定以是非之公，雖使韓子復生，當莞爾而笑，以爲得己之意也。

高似孫《緯略》卷一〇《爾雅》 《爾雅》註，今所傳者郭璞、孫炎耳。所謂樊光《爾雅註》、李巡《爾雅註》、沈璇《爾雅集註》已不可復見。郭璞有《爾雅圖》，江灌有《爾雅圖贊》，皆奇書，是亦不減《山海經圖》也。張揖既作《博雅》，劉伯莊又有《續爾雅》，草木蟲魚，該括略盡。《選》中惟郭璞特註《上林賦》，張揖又註之，他人不及其精確也。其他所謂《孝經爾雅》、《石經爾雅》、《蜀爾雅》、《蕃爾雅》、《小爾雅》，皆自成一書也。

洪咨夔《豫章外集詩注序》 眉山任處士驥天成，擺落科舉之累，眞積於學，書無不覽，愛公詩若嗜欲然。以《內集》有任子淵註，因註《外集》十二卷，攷年譜以推出處，用事必求其意，用字必探其原，勤且博，至矣。或以詩嘗經公手刪，而疑其多愛；然使學者盡見前輩少壯至老之作，以觀日新日化之功，雖多不厭也。

真德秀《西山文集》卷二九《周禮訂義序》 《周禮》之難行於後世也久矣，不惟難行，而又難言。然則終不可行乎？曰：有周公之心然後能行《周禮》，無周公之心而行之則悖矣。然則終不可言乎？曰：有周公之學然後能言《周禮》，無周公之學而言之則戾矣。孟子曰：周公思兼三王，以施四事，其有不合者，仰而思之，夜以繼日，幸而得之，坐以待旦。公之心，禹、湯、文、武之心，而其學則禹、湯、文、武之學也。以此之心，布而爲政，以此之學，著而爲書，故能爲成周致太平，而爲萬世開太平。蓋自古禍亂之原非一，而大略有四焉：君心縱於逸樂，而羣下不敢言也；賢才壅於疏逖，而在位非其人也；元元愁痛而上不聞；蔽耳目之近而遠弗察也。六官之屬，凡能導人主以侈欲者，壹以冢宰統之，三公之論道，師保氏之詔諫，又皆以輔導爲職，而君者立於無過之地矣。士之有德行道藝者，民自興之，而因使長與治焉。修於家者莫不達於朝廷，則人才無陸沈，天官弗私予矣。居民有灋，養民有政，斂民有制，刑民有典，舉天下疲癃惸獨，無不樂其生者，又自王畿之近，至于六服之遠，地之相去或千萬里，而情之相通如一家。凡此皆禹、湯、文、武之政。公之所思而得者，畢萃於書，非有公之心者其能行，非有公之學者其能言乎？新室盜也，宇文狄也，其所經營，皆自私也。志先王之道者，莫如唐太宗，然無端身刑家之本，而欲規井田、議封建，宜其卒莫能行也。自劉歆用之既悖，儒者諱而攻之，曰：《周禮》不可行也。吁，歆之井田，安石之泉府，直竊其一二以自蓋爾，安得累吾聖經邪。彼何休者，指以爲六國陰謀之書，既幾於非聖無法，而近世之闢荆舒者，又謂其廢孔子之《春秋》，用劉歆之《周禮》也，獨不思《春秋》固出於《周禮》邪？使《周禮》常行於天下，則《春秋》不作矣。蓋後世之行《周禮》者其悖如彼，而言者又其戾如此，故曰不惟難行，而又難言也。鄭、賈諸儒，析名物，辨制度，不爲無功，而聖人微旨，終莫之睹。惟洛之程氏，關中之張氏，其所論說，不過數條，獨得聖經精微之蘊。蓋程、張之學，公之學也。有公之學，故能得公之心，而是書所賴以明也。永嘉王君次點，其學本於程、張，而於古今諸儒之說，莫不深究，著爲《訂義》一編，用力甚至，然未以爲足也。方將蚤夜以思，深原作經本指，以曉當世，其心抑又仁矣。以是心而爲是學，《周禮》一書，其遂大明矣。嗚呼，使是書而果大明，在上者以周公之心行三王之事，則太平之路開，禍亂之源窒，豈空言哉。予嘉次點之志，故爲序于篇端而勉使益用力焉。

魏了翁《春秋左傳要義・自劉歆後章句義理始備》 成帝時，劉歆校秘書，見府中古文《春秋左氏傳》，歆大好之。時丞相尹咸以能治《左氏》，與歆共校傳。歆略從咸及丞相翟方進受質，問大義。初，《左氏傳》多古字古言，學者傳詁訓而已，及歆治《左氏》，引傳文以釋經，轉相發明，由是章句義理備焉。歆以爲左丘明好惡與聖人同，親見夫子，而公羊、穀梁在七十二弟子後，傳聞之與親見，其詳略不同。歆數以問向，向不能非也。及歆親近，欲建立《左氏春秋》及《毛詩》、《逸禮》、《古文尚書》，皆列於學官。哀帝令歆與《五經》博士講論其義，諸儒博士或不肯置對，歆因移書於太常博士責讓之。和帝元興十一年，鄭興父子依歆創通大義奏上，《左氏》始得立，學遂行於世。至章帝時，賈逵上《春秋大義》四十條，以詆《公羊》、《穀梁》，帝賜布五百匹，又與《左氏》作《長義》。至鄭康成箴《左氏》膏肓，發《公羊墨守》，起《穀梁廢疾》，自此以後，《二傳》遂微，《左氏》學顯矣。

魏了翁《鶴山集》卷五二《費元甫注陶靖節詩序》 先儒所謂經道之

餘，因閒觀時，因靜照物，因時起志，因物寓言，因志發詠，因言成詩，因詠成聲，因詩成音者，陶公有焉。同郡費君元甫，嗜公之詩，爲之訓詁。微詞奥義，毫分縷析。余昔過郡，未嘗不得見焉。今成書而屬余冠篇，乃以所聞于師友者復之。費君出入是詩久矣，其亦以余言爲然乎？

又卷五三《四明胡謙易説序》 《易》之書，自秦漢以來，何翅數千家。四明胡牧之，又爲之科别圖指，叅稽爲義，萃説成編。尚慮所見未廣，則贏糧千里，介余友袁廣微將就正於余。甚矣，牧之之嗜學也，而余非其人也。牧之謂文王重卦，雖不爲無據，而余以爲是，自伏羲以卦變，皆自《乾》、《坤》。雖本諸先儒，余謂其於六畫卦之義有所未盡。牧之於先天之《易》咸無取焉，而余謂《繫辭》之説爲先天而發者非一。牧之於中爻互體、象數占筮説，或未有取，余謂此惡可盡廢。不然，則《易》中如《觀》山、《困》紱、《壯》羊、《屯》馬，此類甚廣，皆無所取象，此其不同之大略若此。至於要言精義未能盡合者，則又未能以殫舉，方將與之切問而精講焉。牧之倦于役，願得一言以歸。余謂古之學道者，雖分古今，越宇宙，而義理之會，若合符節。今牧之於余，乃有未可強同者，固亦足以交警互發，抑必有一是非於此者矣。

又卷五四《衛正叔禮記集説序》 自周衰，諸侯去籍，雖以二代之後而不足證，猶賴夫子之雅言，羣弟子之所記録，故尚有存者。迨自秦挾書之令作，而《禮》再厄。又得河間獻王、二戴、馬、鄭相與保殘補壞，以開晉、宋、隋、唐諸儒迭爲發揮，三《禮》得不盡亡。自《正義》既出，先儒全書泯不復見。自列於科目博士，諸生亦不過習其讀，以爲利祿計。至金陵王氏，又罷《儀禮》取士，而僅存《周官》戴記之科，而士之習於《禮》者滋鮮。就《戴記》而言，如《檀弓》、《喪禮》諸篇，既指爲凶事，罕所記省，則其所習僅一二十篇耳。苟不得其義，則又諉曰「漢儒之説也」，棄不復講。所謂解説之詳，僅有方、馬、陳、陸諸家，然而述王氏之説者也。惟關洛諸大儒，上承洙泗之傳，乃僅與門人弟子難疑答問，而未及著爲全書。嗚呼，學殘文缺，無所因襲，驅一世而冥行焉，豈不重可歎與。平江衛氏，世善爲《禮》，正叔又自鄭註、孔義、陸釋以及百家之所嘗講者，會梓成書，凡一百六十卷。如范甯、何晏，例各記其姓名，以聽覽者之自擇，此非特以備《禮》書之闕也，灑掃、應對、進退、恭敬、辭遜、撙節，非由外心以生也，非忠信之薄也，非人情之僞也，凡皆人性之固有，天秩之自然，而非有一毫勉強增益也。學者誠能即是僅存而推尋之，内反諸心，隨事省察，充而至於動容周旋之會，揖遜征伐之時，則是禮也，將以宅天衷而奠民極，豈形器云乎哉。

又卷五五《侯氏少陵詩注序》 眉山侯伯修，予嘗與之爲寮，聞其雅善子美詩，爲之箋釋，而未之見。其子伯升始求予叙所以作。閲其書，蓋出乎諸家箋釋之後，而兼善，并能蔽以己見，子美至是，若庶幾無遺憾矣。雖然，讀是詩者滯於箋釋，而不知所以自求之，自得之，則魯直耻之，予亦耻之。侯名仲震，紹熙元年進士，仕至綿州太守云。

又卷六四《跋牟少真發蒙中庸大學俗解》 吾儒之書，自諸老先生語録外，未有方言俚字爲文者。蓋弟子之於師，唯恐稍失其指，故聰聽之，謹書之，莫之敢易也。近世乃勦入科舉之文，以惑凡近，以欺庸有司，諉曰「姑以紿取利祿耳」，是固可陋。今牟君之爲《中庸》、《大學發蒙》，將以信今詒後而爲是俚俗之語。五方之言語不相通，而可強同乎？又若謂世人不可與莊語，姑俯而就之者，然則不淺之待人乎？言之不文，行而不遠。牟君歸，爲我精思而文言之，亦有當商略者，兹未暇及也。

王邁《臞軒集》卷七《謝趙侍郎送自著易説語孟洪範老子書解啓》 老子杖青藜，方策勳於羣籍。孺子拜黄石，乃受教於一編。幸見人間未見之書，如得天下難得之寶。斯文增氣，後學有師。恭惟某官，一代宗工，三朝壽雋。出處名節朱虚侯，衛社稷之忠。游戲文詞太白老，鳴國家之盛。身握陪京之管鑰，秩崇廣内之圖書。每於凝香森戟之間，不廢滴露研朱之樂。神機一泄，六丁嘗下於霧中。人爻已通，三畫併吞於天上。謂義、文、孔子無二道，合京、費、王弼爲一人。訓《易》而以神明，發千百餘年之關鍵。得意而忘言象，付六十四卦於筌蹄。既精研六籍之原，乃大放羣書之作。于《洪範》則首及君臣之正分，於《中庸》則先明忠恕之同源。渾融一貫於胸中，脱略諸家於紙上。讀《論語》，知趙中令願致太平。談《孟子》，異王荆公恥規近利。造好學力行之地位，下精義入神之工夫。上而續伊洛之正傳，下亦窺杜史之衆妙。夫子言文章性道，又得而聞。元帥閲《禮》、《樂》、《詩》、《書》，於今親見，著述尤多於丁部，敷陳上達於乙觀。吟六藝之文，披百氏之編，大儒事業。舉三代之隆，建萬世之策，宰相規模。某猥以謏聞，恭承大惠。非桂樹聯芳於二陸，而蓮池誌美於季方。鉅冊高文，方進徹細旃之上。牙籤縹帙，何緣到圭竇之中。方精神昏耗於吏塵，使心目開明於理窟。既獲多聞，而又多見。未識異人，先得異書。心愛《太玄》，莫預弟子侯芭之列。手編文籍，願書門人李漢之名。

劉克莊《後村集》卷二四《趙虛齋注莊子内篇序》 端平初，余爲玉牒所主簿，趙爲卿攝郎右銓。趙爲侍郎，朝夕相親，稍窺平生論著，於《書》、《易》皆出新義，雖伊洛之説不苟隨，惟《詩》與朱子同。且語余曰：「莆人惟鄭漁仲善讀書，子可繼之，勿爲第二流人。」鄭名樵，所謂夾漈先生者，余謝不敢當。方欲盡傳其書，俄皆去國矣。耆儁凋落，舊聞益荒。太常博士鄭公彝叟道莆，爲余言虛齋趙公方爲諸經作傳。余固厚公，以書叩問，公答云云，大指多與南塘合，然靳惜未肯輕出，曰出之將駭一世矣。余既老病，無復四方之役，常恨不得挾冊以從公游。一日於親友家得公所作《逍遙游解》，盡黜舊註，自成一家，以數明理，以理斷疑。如日曆然，起一筭子，而千歲之日可知。如國棋然，下一冷著，而滿盤之子皆活。訥而辨，簡而盡，心竊歎服，遂從公求得内篇本旨，而傳録焉。余少亦嗜此書，至是悟而笑曰：「許多年在郭象雲霧中，乃今彷彿見蒙叟戶庭矣。」又悟世儒箋傳之學，直隨聲接響，按摸出暫爾。如水心、南塘，如虛齋，迺可謂之善學，因漆園之書以推他書，其高妙精詣，切於世用，抑又可知也。昔南塘自以其易學講於旃廈，公行矣，扈蹕甘泉，開卷邇英，其盡取諸書，獻之乙覽，列之學官，與天下共之，毋徒藏名山而俟來哲也。

徐經孫《矩山存稿》卷三《黄季清注朱文公訓蒙詩跋》 右《訓蒙絶句》五卷，晦菴先生朱文公之所作也，其註則沅江黄君季清之所述也。謹按：先生《自序》謂病中默誦《四書》，隨所思記以絶句，後以代訓蒙者，五言七言之讀。然自今觀之，上至天命心性之原，下至灑掃步趨之末，帝王傳心之妙，聖賢講學之方，體用兼該，顯微無間。其目雖不出於《四書》之間，而先生之性與天道可得而聞者，具于此矣。其曰《訓蒙》，乃先生謙抑，不敢自謂盡道之辭云耳。季清研精是編有年矣，一日心會理融，句析字解，因先生之言，探先生之學。或取諸《章句》《集註》，或取諸《文集》《語録》，又參以周、程、横渠、五峰、南軒、勉齋、西山諸書。如綱以黄鐘而四聲迭和，原于岷山而百川會同。其例則先訓詁，後文義，一如先生註書之體。自非潛心之久，味道之深，何以及此。其《釋命詩》云：新者如源，來無窮也。舊者如流，往不返也。其《釋戒謹恐懼詩》云：寇未至，則高其垣墉。欲未動，則敬以直内。此皆得先生言外之意。

王柏《魯齋集》卷五《書疑序》 聖人之經，最古者莫如《書》。而最難讀者，亦莫如《書》。以二帝三王治天下之大經大法，孰有加於《書》者？奈何伏生之口授，蝌蚪之變更，孰能保其無誤，此《書》之所以難讀也。朱子於諸經，莫不探其淵源，發其簡奥。疏瀹其湮塞而貫通之，縷析其錯揉而紬繹之，無復遺恨。獨於《春秋》，不敢著一字，《書》止解典謨三篇而已。後又有《金縢》、《召誥》、《洛誥》説及考定《武成》凡四篇。予嘗多幸，得觀典謨手筆，密行細字，東圈西補，蓋非一日之所更定，其用力精勤如此。學者猶恨不及見其全書，孰知《書》之果不可得而全解也。朱子嘗謂眉山蘇氏《書説》，善得其文勢，或謂失之簡，曰：「如是亦可矣。」謂金陵王氏獨不解《洛誥》，猶能於此而不穿鑿，亦稱之也。又嘗問東萊先生：「於《書》有不可解者否？」曰：「亦無可闕。」後二年復見，乃曰：「誠如所喻，是亦難説者。」至於朱子教門人，則俾之先讀其易曉，而姑後其贅訛，此固不得已之詞。甚矣，《書》之難讀也。今九峰蔡氏祖述朱子之遺規，斟酌羣言，而斷以義理，洗滌支離，而一於簡潔，如今文古文之當考，固已甚明矣。大序小序之可疑，今已甚於帝王之詞。與史氏之詞參錯乎其中，今亦可辨。有害理傷道者，又辭而闢之。有考訂平易者，亦引而進之。如天文地理之精覈，歲月先後之審定，用工勤苦，久已成編，後學可謂大幸。然疑義闕文之難，朱子曰「未詳」、曰「脱簡」者，固自若也。分章絶句之難，朱子不肯句讀者，亦未能盡通也。況讀書至拙如予者，豈能遽豁然於中哉。諸儒之所能解，予固幸因得而通之。予之所不能通，雖諸儒極融化之妙，支綴傅會，屈曲將迎，然亦終未能盡明也。在昔先儒篤厚信古，以爲觀《書》不可以脱簡疑經。如此則經盡可疑，先王之經無復存者。後生爲學，所當確守先儒之訓，何敢疑先王經也？不幸秦火既熖，後世不得見先王之全經也。惟其不全，固不可得，而不疑所疑者，非疑先王之經也，疑伏生口傳之經也。讀《書》者往往困於訓詁，而不暇思經文之大體。間有疑者，又深避改經之嫌，寧曲説以求通，而不敢輕議以求是。夫聖人之《書》，萬世之大訓也，與日月並明，與天地始終，不惟不當疑，亦本無可疑。後學非喪心，孰敢號於衆曰「吾欲改聖人之經」。然伏生女子之口傳，孰不知其訛舛？聖人之經不可改，伏氏之言豈亦不可正乎？糾其繆而刊其贅，訂其雜而合其離，或庶幾乎得復聖人之舊，此有識者之不容自已。漢唐諸儒，智不足而守有餘，泥古護短，堅不可開。逮至本朝，二三大儒，方敢折衷以理，間有刪改。譏議喧豗，猶數十年而後定。今訓註多已詳明，而猶可略也。惟錯簡繁多，極問玩索，若稍加轉移，以復大體。不動斤斧，以鑿元氣，不可強通者仍缺之，是亦先儒凡例之所詳也。元體苟正，則訓詁不待費詞，可以益簡而益明矣。愚不自揆，因成《書疑》九卷，凡五十篇，《正文考異》八篇，藏之家塾，以備探討。嗚呼，歐陽公曰：「經非一世之書也，傳之繆非一日之失也。刊正補輯，非一人之能也。使學者各極其所見，而明者擇焉，以俟聖人之復生也。」予深有感於斯言云。

又卷九《大學沿革論》 自昔聖人大經大法所以宅天衷，立民極，定萬世之標準者，悉已去籍。於春秋之末，吾道失統而下歸。于孔子刪《詩》、定《書》、繫《周易》、作《春秋》之外，它無書也。今《大學》之篇，鄭康成謂之通論，以爲記博學可以爲政也，何其陋哉。孔穎達方以首章爲經，乃曰：「此經從盛以本初，又從初以至盛，上下相結，粗釋文體，而文義未明。歷千五六百年，莫有知其所自出。」至本朝，程子始曰：「此孔子之遺書也。」既刊定之，又從而表章之，以爲初學入德之門。施及朱子，遂斷之曰：「經一章，蓋孔子之言，而曾子述之。傳十章，則曾子之意，而門人記之也。」《或問》又言子思以授孟子無疑。然則，曾子之門人，孰有出于子思之右，其爲子思之書乎？朱子序曰：《大學》之書，古之大學所以教人之法也。又曰：是書，垂世立教之大典。後世學者，方識此書之全體大用，坦然大明矣。其始也，遭秦大禁。斷續殘編，出于屋壁之中，韋編爛脫，竹簡淆亂。漢儒掇拾整比，使後世猶得見聖賢之遺經，可謂大有功于名教矣。然則求于大壞之餘，觖望于既得之後，未止于至善，亦人情之不能無恨于此，而況世變風移，師殊旨異，非一時之所能驟正也。于是隨文釋義，而不知其綱目之相統。承訛踵謬，而不問其血脈之不通。穿鑿附會，而不思其義理之差舛。晦蝕因循，於是訛益訛，誤益誤。二戴不疑也，鄭康成、孔穎達不疑也，漢唐諸儒亦不疑也。至二程子，方敢倡言之，曰此爲錯簡，此爲脫簡。此字當作某字，此句明註爲衍。學者如寐而得覺，方知聖人本意簡易明白，未嘗有艱辛險絶之詞。只第二句「新」之一字稍生，則已訛而爲「親」，講解者百餘家，未嘗顧傳中三新之相應，眞是枉讀聖賢之書。程伯子先取三綱于雜揉之中，列于首三句之下，自是一規模也。程叔子乃寘於首一章之後，七傳之先，又一規模也。「淇澳」一章，二程子皆于「誠意傳」後取而寘于「殷未喪師」之前。朱子不是之從，乃獨殿于「至善傳」之末，以其內有「盛德至善」之句可證也。又以「沒世不忘」爲「至善之極」考之，可謂審矣。惟有「格物致知」一傳獨亡，自漢儒以來，未嘗言其亡也。今以經統傳，則知首尾森嚴；以傳承經，則知其義理精密。亡此一傳，粲然易知，況「致知」是《大學》最初用工處，「誠意」工夫是從「致知」做將來，此一傳之不可缺也，明矣。此傳既缺，則何以爲明明德之基？何以爲新民之本？又何以知「至善」而止也？于是朱子不得已而追補之，字義非不親切，旨意非不分明，熟復玩味，終是後世之詞，不如古人之寬厚。而朱子亦自以爲未善，故存齋必大問：「所補『致知』章，何不效其文體？」曰：「亦嘗效而爲之，竟不能成。」以朱子義精筆健，豈有所不足于此？然古今風氣不同，不得強而用其力也。每讀《大學》至此，未嘗不爲之掩卷太息。咸淳己巳，得黃巖玉峯車君書，報予曰：「致知格物傳未嘗忘也。自『知止而后有定』以下，合『聽訟』一章，儼然爲『格致』一傳。」于是躍然爲之驚喜。有是哉，異乎吾所聞也。苟無所增補，而舊物復還，豈非追亡之上功乎？雖然，程、朱三先生玩索非不久，離章析句非不精，而不以爲傳，何哉？予嘗反覆而思之，此傳之亡也，我知之矣。此傳錯簡于「至善」之下，其逃亡也爲甚切，其掩藏也爲甚密，蓋其承上句也爲甚緊，此三先生所以確然信之而不以爲疑。然三先生不以爲疑，後學乃敢一旦而更之，無乃僭妄乎。夫天下所以不可易者，理也。二程子不以漢儒之不疑，而不敢不更定；朱子不以二程已定，而不敢不復改，亦各求其義之至善，而全其心之所安，非強爲異而苟于同也，況朱子亦未嘗截然而不相參也。予爲之條疏于後。夫以經統傳，以傳附經，則其次第可知者，此朱子之言也。此章若爲經文，則上無所統，而下無所附。一也。兩「止」字之相應承接，固緊矣；兩「明德」之相應而承接，豈不爲尤緊？二也。以朱子之所補文體難于湊合，孰若移此章爲傳，而文氣宛然不失舊物。三也。以「致知格物」之不可無傳，而此章于此處尚可緩也，用其本有，以補不足，不動斤斧。四也。古人不區區于字義，只說大意，而字意在其中，況此既有「知」字、「物」字，自然爲「格致」之一傳。五也。「致知」云者，因其已知推致于極之，謂「知止知也。」至于定靜安慮，而後得所止先，非致其知乎？六也。物則有本末，事則有先後。知其本之當先，末之當後，是謂致知在格物也。聽訟者末也，無訟者本也。無情者不得盡其辭，大畏民志，此物格矣。此之謂知本，即此之謂知至也。七也。「聽訟」一章原在「止于信」之下，程子進而寘之經文之下，朱子乃列於「誠意傳」之上，曰：以傳之結語考之，則其爲釋本末之義，可知以經之本文乘之，則知其當屬於此。可見，則知朱子亦未嘗不以爲當在此。八也。朱子「聽訟」章句曰：觀於此言，可以知本末之先後，以此可以知止一章甚明。九也。《或問》，又曰：「知止」云者，物格知至而於天下之事皆有知，其至善之所在，則吾所當止之地也，未嘗不以知止爲物格知至。十也。以朱子之語參互較之，則固以爲致格傳矣。然勇於補，而不勇於移，何也？以「誠意」一章觀之，至易簀前數日，改猶未了，假以歲月，烏知其不遂移也邪。朱子曰：義理儘無窮，前人恁地說，亦未必盡。須是自把來橫看竪看，儘入深，儘有在。此可謂開後人窮理之門，而不限以一定之見。是心也，大公至正之心也。歐陽公亦曰：經非一世之書；傳之繆，非一人之失；刊正補緝，非一人之能也。學者各極其所見，而明者擇焉，以俟聖人之復生也。其言精切而深遠，廣大而公平，既不以己說自是，亦不敢厚誣後世之無人。予於是深有味於車君之言而爲之論，與同志共評之。

又卷一六《詩十辨》 序曰：聖人之道，以書而傳，亦以書而晦。夫天高地下，萬物散殊，皆與道爲體。然載道之全者，莫如書。既曰以是而傳，又曰以是而晦，何也？在昔上古教化隆盛，學校修明，聖人之道，流行宣著，雖無書可也。惟教化有時而衰，學校有時而廢，道之托於人者，始不得其傳，然後筆於言，存於簡冊，以開後之學者，而書之功大矣。及其專門之學興，而各主其傳。訓詁之義作，而各是其說。或膠於淺陋，或騖於高遠。援據傳會，穿鑿支離。詭受以飾私，駕古以借重。執其詞而害於意者有之，襲其訛而誣其義者有之。遂使聖人之道反晦蝕殘毁，卒不得大明於天下。故曰以書而晦。此無他，識不足以破其妄，力不足以排其非，後世任道者之通病也。紫陽朱夫子出，而推伊洛之精藴，取聖經於晦蝕殘毁之中，專以《四書》爲義理之淵藪。於《易》則分還三聖之舊。於《詩》則掇去小序之失。此皆千有餘年之惑，一旦汛埽平蕩，其功過孟氏遠矣。

唐士耻《靈巖集》卷三《禮選序》 《禮選》者，諸王府侍講邢昺所上也。惟昺通儒碩學，究心禮文之事，慨念先王制作，其詳不見於世。戴聖遺傳，粗紀孔門之遺。學者聚訟，尚應討論之功。是用筆削，以成一家，廼雍熙四年八月進諸斧依，凡二十有一卷，聖主嗟焉。孫謀貽後見於曝書之日，召昺同觀。帝藻下飾，爲一世榮美，貳之縑冊，還賜昺家，訖藏諸家，其不朽也已。《易》以卜筮全，《詩》以諷誦全，《書》百篇，蓋存者半，然帝王大綱，猶可想見。惟是禮樂之事，諸儒孜孜補拾，不過推士禮以想像萬一。西京之末，大小戴興焉，而德所傳未能粹然也。大禹之黻冕，仲尼之俎豆，空谷足音，是將焉屬？月令明堂位，一二附合，是殆可略也。昺也，皓首窮經，紬繹之勞，殆非常人。比緝以爲書，則上而天子諸侯之所依憑，大而郊社宗廟之所設張，下而至于三百三千，皆可以無媿。用以垂世，至于千萬年而不已，真踼事也。東都曹褒，因叔孫通之書，次序禮事，百五十篇，李唐魏徵作《類禮》二十卷，元行沖又從而疏焉，若可比肩是書。然褒之所祖不純，徵之任己自專，豈若昺合諸儒之長，以釋不刊之典哉。是宜眞宗皇帝好善忘勢，加之贊述，五色下被而萬物增華也。昺是書，世未之見，史略其說。然獨知其爲戴記者，蓋昺獻書之辰，太宗皇帝取其一篇加之聖覽。史謂文王世子，則爲戴聖之書明矣。昺之書，其目則曰《分門禮選》，蓋彪臚有條，各從其類之文也。所上止二十卷，一書以爲二十一卷，豈一卷之目合其數，乃若是耶？是蓋昺書之細，愚獨取其千載之下，不忘孔門之講習，游、夏之淵源，以淑諸來世，玆實爲醇儒矣。

黄仲炎《春秋通説序》 《春秋》者，聖人教戒天下之書，非褒貶之書也。何謂教？所書之法是也；何謂戒？所書之事是也。法，聖人所定也，故謂之教；事，衰亂之迹也，爲戒而已矣。彼《三傳》者，不知其紀事皆以爲戒也，而曰有褒貶焉。凡《春秋》書人、書名，或去氏、或去族者，貶惡也；其書爵、書字，或稱族、或稱氏者，褒善也。甚者如日月地名之或書或不書，則皆指曰是褒貶所繫也。質諸此而彼礙，證諸前而後違，或事同而名爵異書，或罪大而族氏不削，於是褒貶之例窮矣。例窮而無以通之，則曲爲之解焉。專門師授，襲陋仍訛，由漢以來，見謂明經者不勝衆多，然大抵爭辨於褒貶之異，究詰於類例之疑，滓重煙深，莫之澄掃，而《春秋》之大義隱矣。自大義既隱，而或者厭焉，不知歸咎於傳業之失，而曰聖人固爾也。故劉知幾有虛美隱惡之謗，王安石有斷爛朝報之毀，遂使聖人修經之志，更千數百載而弗獲伸於世，豈不悲哉。故曰：《春秋》者，聖人敎戒天下之書，非褒貶之書也。昔之善論《春秋》者，惟孟軻氏、莊周氏爲近之。軻之說曰「孔子作《春秋》而亂臣賊子懼」，是以戒言也；周之說曰「《春秋》以道名分」，是以敎言也。斯二者，庶幾孔子之志也。夫人之所以異於禽獸者，以其有道也，如是而君臣，如是而父子，如是而長幼、男女、親疎、內外之差等不齊也，叙此者爲禮，順此者爲樂，理此者爲政，防此者爲刑，堯舜三王之治，皆是物也。時乎衰周，王政不行，物情放肆，於是紊其叙，乖其順，廢其理，決其防，而天下蕩然矣。孔子有憂之，而無位以行其志，不得已而即吾父母國之史以明之。陳覆轍所以懼後車也，遏人變所以返天常也。霸圖之盛，王迹之熄也，盟會之繁，忠信之薄也，雖有彼善於此者，卒非治世之事也，聖人何褒焉？至於吳楚之陵中國，臣子之奸君父，鬭干戈以濟貪忿之志，悖理道以傷天地之和者，亦何待貶而後見其惡也？若夫筆削有法，而訓敎存焉，崇王而黜霸，尊君而抑臣，重內而輕外，辨禮之非，防亂之始，畏天戒，重民生，爲萬世立治準焉。嗚呼，使後之爲君父、爲臣子、爲夫婦、爲兄弟、爲黨友、爲中國御四方者，由其法，戒其事，則彝倫正而禍亂息矣。余由童至壯，研思是經，嘗眩於舊說，如手棼絲目暗室，難於解辨。蓋久而後能破之，旁稽記載，互參始末，爲書十有三卷，名曰《春秋通說》，通說者，去褒貶之茅塞，而通諸敎戒之正途也。夫《春秋》，固有以隻字垂法者矣，如加王於正，削吳楚僭號而從其本爵之類是也，而非字字有義也。亦固有所謂例者矣，如書其君歿曰薨，外諸侯曰卒，內大夫書卒，外大夫不書卒之類是也，此皆通例也。先儒謂左氏非左丘明，丘明乃孔子前輩，故孔子云：左丘明恥之，丘亦恥之。先丘明而後己，尊之也。楚左史倚相能讀《三墳》、《五典》、《八索》、《九邱》，蓋今《左氏傳》即楚左史也。古者史世其官，則傳是書者，倚相之後也。故《左傳》載楚事比他國爲特詳，是得其實。《公》、《穀》亦莫明其所自來，或云子夏門人，要皆非親受經於聖人者，故於說經首失其義，而其間亦或有得者，《穀梁》氏爾。若夫具載事實，則左氏尚可考，故當據事以觀經，事或牴牾難於盡從，則以經爲斷。上以伸仲尼之志，雖以立異取譏於世而不辭也。

趙與時《賓退録》卷五

《山海經》：洞庭之山，帝之二女居之。郭氏註云：天帝之二女而處江爲神，即《列仙傳》江妃二女也，《離騷》《九歌》所謂「湘夫人稱帝子」者是也。而《河圖玉版》曰：湘夫人者，帝堯女也。秦始皇浮江至湘山，逢大風，而問博士湘君何神？博士曰：聞之堯二女，舜妃也，死而葬此。《列女傳》曰：二女死於江湘之間，俗謂爲湘君。鄭司農亦以舜妃爲湘君。說者皆以舜陟方而死，二妃從之，俱溺死於湘江，遂號爲「湘夫人」。按：《九歌》湘君、湘夫人自是二神，江湘之有夫人，猶河洛之有虙妃也。此之爲靈，與天地並矣，安得謂之堯女？且既謂之堯女，安得復總云湘君哉？何以考之？《禮記》曰：舜葬蒼梧，二妃不從。明二妃生不從征，死不從葬，義可知矣。即令從之，二女靈達，鑒通無方，尚能以鳥工龍裳救井廩之難，豈當不能自免於風波而有雙淪之患乎？假復如此，傳曰「生爲上公，死爲貴神」，禮五嶽比三公，四瀆比諸侯，今湘川不及四瀆，無秩於命祀，而二女帝者元后，配靈神祇無緣，當復下降小水而爲夫人也。參伍其義，義既混錯；錯綜其理，理無可據。斯不然矣。原其致謬之由，由乎俱以帝女爲名，名實相亂，莫矯其失，習非勝是，終古不悟，可悲矣。其說最近理，而古今傳《楚詞》者，未嘗及之，書于此以祛千載之惑。張華《博物志》多出於《山海經》，然末卷載湘夫人事亦誤以爲堯女也。《戰國策》舊傳高誘註，殘缺疎略，殊不足觀。姚令威寬補註，亦未周盡。獨縉雲鮑氏彪校註爲優，雖間有小疵，多不害大體。惟東西二周一節，極其舛謬，深誤學者，反不若二氏之說是。然高氏但云「東周成周，今洛陽；西周王城，今河南。」其說甚略。姚氏特作《世系譜》，似稍詳矣，而亦未備其指。鞏爲東周，則又未免小誤。今世學者，但知鎬京之爲西周，東遷之爲東周而已。若敬王之遷成周，固已漫漶。至於兩周公之東西周，則自非熟於考古者，蓋茫不知其所以也。此鮑氏之誤，所以不得不辨。余故博採載籍，究極本末而論焉。周之先后稷始封於邰，不窋自竄於戎狄，公劉徙居於豳，至於太王徙居岐，周文王降崇，乃作豐邑，自岐而徙都焉。武王之時，復營鎬京而居之。《詩》《書》稱宗周者，指鎬京也。迄東遷之前，無所遷徙。然《武成》云：王來自商，至于豐。《召誥》序云：成王在豐。《周官》序云：還歸在豐。《左傳》亦曰：康有酆宮之朝。則雖改邑于鎬，而豐宮元不廢。蓋豐在京兆鄠縣，鎬在長安縣西北十八里，相距纔二十五里，往來不爲勞也。武王克商之後，嘗曰：我南望三塗，北望嶽鄙，顧瞻有河，粤瞻伊洛，毋遠天室，營周居于洛邑。蓋洛邑居土地之中，宜作天邑。武王既得天下，有都洛之意矣，而未暇及也，先於其地遷九鼎焉。武王崩，周公相成王，成武王之志，營以爲都，是爲王城。其地實郟鄏，亦名河南。《洛誥》所謂「我乃卜澗水東瀍水西惟洛食」者也。洛陽者，周公營下都以遷殷頑民，是爲成周。其地又在王城之東。《洛誥》所謂「我又卜瀍水東亦惟洛食」者也。《洛誥》序云：周公往營成周，則成周乃東都總名河南，成周之王城也。洛陽，成周之下都也。王城非天子時會諸侯，則虛之。下都則保釐大臣所居，治事之地，周人朝夕受事，習見既久，遂獨指以爲成周矣。按《洛誥》「王祀于新邑」，《召誥》「王來紹上帝，自服于土中」，則成王固嘗居之，然卒駕而西也。宣王中興，嘗一會諸侯於東都，下至幽王，爲犬戎所滅，宗周迫近戎狄，平王之立，不得已而東遷，都於王城，始奠居焉。自是始有東、西周之名。謂之東者，以別於鎬京之爲西耳。河南、洛陽未分畫也，王子朝之亂，其餘黨多在王城，敬王畏之，徙都成周。後九十餘年，考王弑兄而自立，懼弟揭之議己，遂以王城封之，以續周公之官職。是爲西周。桓公此時未有東周公，而稱西周者，後人推本而言之也。桓公傳威公，威公傳惠公。考王十五年，西周惠公封其少子班於鞏，以奉王，是爲東周惠公，父子同謚。而西周惠公長子自爲西周武公。自是，周公之國始東西城，分周爲東、西，王城復爲西周矣。蓋自河南桓公續周公之職而秉政，三世一專，所以別封少子使奉王者，殆欲獨擅河南之地，不復奉王。且王城、成周，皆爲東西周君所有，天子直寄焉耳。東周者，指周王所居之洛陽也，鞏班之采邑也。《世本》曰：東周惠公名班，居洛陽。是班秉政於洛陽，而采邑則在鞏。《前漢・地理志》曰：鞏，東周所居。姚令威用其說，非也。赧王時，東西周分治，王復徙都西周。至五十九年，秦昭王使將軍摎攻西周，西周君奔秦，頓首受罪，盡獻其邑三十六。秦受其獻，歸其君於周。蓋權移於下，其極乃至於盡獻其邑於他人，亦不出於天子之命矣。是年，赧王卒其國，先絕西周。武公亦卒，秦遷西周公於𢠸狐，實武公子公子咎者，而東周惠公之後，亦尚能一傳。後七歲，秦莊襄王盡滅東西周，始不祀。大略如此。《戰國策》之西周，即揭之西周。《戰國策》之東周，即班之東周。西周建國在東周之前，而舊書躋東周於西周之上，爲失其次。鮑氏正之，是矣。但其說曰「西周正統也，不可以後於東周」。其註「韓使人讓周」，則曰「此時周之命已不行於諸侯矣」。其註「周君謀主也」，則曰「猶爲天子故」。他如此類不一。又盡以西周之策，分繫之安、赧二王，蓋直以西周爲天子，而不知實桓、威諸公之事也。余嘗反覆考之東西二周之策，皆曰「周君」。至周君自謂，必曰「小國」，曰「寡人」，皆當世諸侯之稱。其間或及周王，則直稱「王」，或稱「天子」，非不明白。鮑氏乃比而一之，可乎？原其致誤之由，蓋亦有說。溫人之辭云：今周君天下，則我天子之臣。周君天下者，言周王之君天下也，鮑必誤以爲周君有天下矣。又東周與西周戰，韓救西周。爲東周謂韓王曰：西周者，故天子之國也，多名器重寶。是時周王未徙西周，故天子之國者，謂敬王故都也。鮑必愈疑西周君即天子矣。不特此也，周王、周公國號既同，《史記》不爲二周，公立世家，而混書其事於《周紀》。宋忠註「周君王赧卒」，又不知周君與王赧此年俱卒，但見二者連文，遂謂「赧王卒，謚西周公武」。小司馬、張守節輩皆能辨之。然世多承其誤，雖如司馬文正公亦不能免。《通鑑》直以奔秦獻邑者爲赧王，《稽古錄》中復誤以西周桓公爲東周，無責乎鮑也。《東周策》首章書秦臨周求鼎事。鼎實在西，而不在東也。豈周王在東，故東周君猶能挾天子以制命歟？不然，則錯簡也。註家皆無發明者，因併及之。

羅大經《鶴林玉露》甲編卷一《解經不爲煩辭》 孟子釋《公劉》之詩曰：「故居者有積倉，行者有裹囊也，然後可以爰方啓行。」釋《烝民》之詩曰：「故有物必有則，民之秉彝也，故好是懿德。」只添三兩字，意義粲然。六經古註，亦皆簡潔，不爲煩辭。朱文公每病近世解經者推測太廣，議論太多，曰：「說得雖好，聖人從初却元不曾有此意。」雖以呂成公之《書解》，亦但言其熱鬧而已。」蓋不滿之辭也。後來文公作《易傳》、《詩傳》，其辭極簡。

高斯得《恥堂存稿》卷四《秀巖先生三禮辨後序》 嘉定間，季父鶴山先生銜恤里居，以書帛至臨邛李先生坤臣，共讀《周禮》。予時以諸生執經坐下，每見二先生以禮文殘闕、漢儒穿鑿附會爲歎。鶴山因言秀巖李公著《三禮辨》，據《儀》、《周》二禮，正大小戴、鄭、王、孔、賈之謬，有補禮學爲多。李先生深欲見之，竟不可得。蓋是時成甫三年，其傳未廣故爾。後十年，予登先生之門，始得而觀之，則見其於衆說紛亂之中，一切徵之以經，裁之以理，如法家持律以斷獄訟，精審愜當，無一毫牽合臆決之處。至於典禮之大者，如郊丘明堂、廟制官名、刑辟征賦、車服宮室之類，莫不引而伸之。下貫歷代以及國朝，於是古今典章制度得失之故，莫不粲然可見。嗚呼，此豈漢魏以來陋儒俗學馳騁於訓詁之末流者可得而及乎？書故盛行，燬於兵難，學者罕見。予將指湘中，乃因暇日，手自讎校，以刻諸梓。庶幾禮樂衰微之後，讀是書者可得其門而入，尙庶幾先生立言垂世之志云。

又卷五《跋李秀巖先生學易編誦詩訓》 秀巖先生，近世大儒也。世徒見其論著藏於明堂石室，金匱玉版，遂以良史目之，不知先生中年以後，窮極道奧，經術之邃，有非近世學士大夫所能及者。又其天質彊敏絶人，《三禮辯》二十餘萬言，二百日而成。《學易編》，二百八十日而成。《誦詩訓》，亦踰年而成。考訂鄭、王、孔、賈之謬，折中張、程、呂、朱之說。精切的當，有功於學者爲多。

林希逸《詩緝序》 叙曰：六經皆厄於傳疏，《詩》爲甚。我朝歐、蘇、王、劉諸鉅儒，雖擺落毛、鄭舊說，爭出新意，而得失互有之。東萊呂氏，始集百家所長，極意條理，頗見詩人趣味。然疏缺渙散，要未爲全書。蓋《詩》於人學，自爲一宗，筆墨蹊徑，或不可尋逐，非若他經。然其流既爲騷，爲選，爲唐古律，而吾聖人所謂可以興、觀、羣、怨，孟子所謂以意逆志者，悉付之明經家。艾軒林先生嘗曰：鄭康成以《三禮》之學箋傳古詩，難與論言外之旨矣。艾軒終身不著書，遺言閒得於前一輩鄉長老，客遊二十年，未有印此語者。華谷嚴君坦叔早有詩名江湖間，甲辰，余抵京，以同舍生見，時出《詩緝》語我，其說大抵與老艾合。且曰，吾用於此有年，非敢有以臆決，摭諸家而求其是，要以發昔人優柔溫厚之意而已。余既竦然起敬，遂就求全書而讀之，乃知其鈎貫根葉，疏析條緒，或會其旨於數章，或發其微於一字，出入窮其機綜，排布截其幅尺，辭錯而理，意曲而通，逆求情性於數千載之上，而興寄所在，若見其人而得之。至於音訓疑似、名物異同、時代之後前、制度之纖悉，訂證精密，開卷瞭然。嗚呼，《詩》於是乎盡之矣。《易》盡於伊川，《春秋》盡於文定，《中庸》、《大學》、《語》、《孟》盡於攷亭，繼自今，吾知此書與並行也。然則華谷何以度越諸子若是哉？余嘗得其舊藁，五七言幽深夭矯，意具言外，蓋嘗窮諸家閫奧而獨得風雅餘味，故能以詩言《詩》，此箋傳所以瞠若乎其後也。余曰：「艾軒惜不見子。」君曰：「子又豈容遺艾軒之言。」故不自揆而爲之叙云爾。

戴埴《鼠璞》卷下《傳注》 《藝文志》：《易經》二十九篇，《傳》四十一篇。《毛詩》三十九篇，《毛詩故訓傳》三十卷。《周官經》六篇，《周官傳》四篇。《春秋經》十一卷，《左氏傳》三十卷，《公羊傳》十一卷，《穀梁傳》十一卷。先漢經自爲經，傳自爲傳。自馬融注《周禮》，省學士之兩讀，以傳連經。杜預爲《經傳集解》，亦合爲一。然於一年之首，必以一字別之，讀者固以其彼爲經而此爲傳也。《易》有文王、周公、孔子之辭，初未嘗亂。乾之卦，首篇繇辭，次以爻與彖、象，他卦以彖係於繇辭下，以象係於逐爻之下，均爲聖人之言，一之猶可。歐陽公以十翼非夫子所作，及言有「何謂也」，「與子曰」，乃講師對答之辭。所謂元亨利貞四句，魯穆姜之言，必講師引以伸其說。《詩序》舊以爲夫子子夏所作，然鄭康成解《詩》於經謂「箋」。箋，重也。以經文既有毛注，鄭則重爲發明，於序則直注之，使序非毛公之言，則毛公豈得無注？毛苟有注，則鄭亦必言箋。《絲衣序》云：「高子曰：靈星之尸也」。與《定之方中》注云：「仲梁子曰『初立楚宮也』。」《閟宮》注云：孟仲子曰「媒宮也」，無以異。一繫之序，一見之注，講師附益可見。《十月之交》、《雨無正》、《小宛》、《小旻》，四詩序謂刺幽王，鄭謂刺厲王之詩，序謂衛莊姜送歸妾，鄭於《禮》之《坊記》爲定姜之詩。使出《序》於夫子、子夏，康成其敢爲異同之論乎。經傳既混而爲一，其間或有夫子及子夏之辭，亦不可辨。晦庵解詩，純用正經，蓋有見於此。

趙順孫《論語纂疏・讀論孟集注綱領》 《集註》如秤上稱來無異，不高些不低些。如看得透存養熟，甚生氣質。《朱子語錄》。又曰：某於《論》、《孟》逐字秤等，不教偏些。小學者將註處宜子細看。

《集註》添一字不得，減一字不得。《語錄》。又曰：不多一箇字，不少一箇字。

看《集註》時不可遺了緊要字，蓋解中有極散緩者，有緩急之間者，有極緊要者，某下一字時，直是秤輕等重，方敢寫出。《語錄》。又曰：讀《集註》只是要看無一字閑，若意裏說做閑字，那箇正是緊要字。

《集註》至于訓詁，皆子細者，蓋要人字字著意看，字字思索到，莫要只作等閑看便了。《語錄》。又曰：要人精粗本末，字字爲咀嚼過。

問《註》或用「者」字，或用「謂」字，或用「猶」字，或直言其輕重之意，如何？曰：「者」「謂」是恁地，「直言」者，直訓如此，「猶云」

者，猶是如此。《語錄》。胡氏曰：某，某也，正訓也；某，猶某也，無正訓，借彼以明此也；某之爲言某也，前無訓釋，特發此以明其義也，爲言謂其說如此也。引經傳文以證者，此字義不可以常訓通也。

《集註》於正文之下正解說字訓，文義與聖經正意，如諸家之說有切當明白者，即引用而不沒其姓名。如《學而》首章，先尹氏而後程子，亦只是順正文解下來，非有高下去取也。章末用圈而列諸家之說者，或文外之意而於正文有所發明，不容略去，或通論一章之意，反覆其說，切要而不可不知也。朱在過庭所聞。《語錄》曰：《集註》內載前輩之說於下句者，是解此句文義；載前輩之說於章後者，是說一章之大旨，及反覆此章之餘意。胡氏曰：字義難明者，各有訓釋，一章意義可以分斷者，逐節註之，一章之後又合諸節而通言之，欲學者先明逐字文義，然後明逐節旨意，明逐節旨意然後通一章之旨意也。每章只發本章之旨者，附註後，或因發聖人言外之意者，別爲一段，以附其後，亦欲學者先明本旨而後及之也。

《集註》乃《集義》之精髓。《語錄》。又曰：《精義》是許多語言，而《集註》能有幾何言語，一字是一字，其間有一字當百十字底。又曰：前輩解說恐後學難曉，故《集註》盡撮其要說出來，不須更於註腳外又添一段說話，只把這箇熟看，自然曉得，莫枉費心去外面思量。又曰：如《精義》諸老先生說非不好，只是說得忒寬，易使人向別處去，《集註》便要人只恁地思量，文義曉得了，只管玩味，便見聖人意思出來。陳氏曰：《集註》初遍聞諸家說，或一兩段，或一兩句，或一兩字可取，皆抄掇來續，旋旋磨刮，翦繁趨約，是幾百番過。又曰：學者先須專從事《集註》爲一定標準，復熟饜飫胷中，已有定見，然後方可將《集義》來參較，方識破諸家是非得失，了無遁情，益見得《集註》明潔親切，辭約而理當，義精而味長，信爲萬世不刊之書。

程先生《經解》，理皆在解語內，《集註》只是發明其辭，使人玩味經文，理皆在經文內。《語錄》。陳氏曰：《集註》發明程子之說，或足其所未盡，或補其所未圓，或白其所未瑩，或貫其所未一，其實不離乎程說之中，必如是而後謂有功於程子，未可以優劣較之。

問《集註》引前輩之說而增損改易本文，其意如何？曰：其說有病，不欲更就下面安註腳。《語錄》。

問：「《集註》中有兩存者，何者爲長？」曰：「使某見得長底時，豈復存其短底，只爲是二說皆通，故並存之。然必有一說合得聖人之本意，但不可知耳。」復曰：「大率兩說，前一說勝。」《語錄》。又曰：《集註》中有兩說相似而少異者，亦要相資，有說全別者，是未定也。又曰：聖人言語固是旨意歸一，後人看得有未端的處，大率意義長者錄在前，有當知而未甚穩者錄在後。胡氏曰：有兩說相似而小異者，彼此相資而義足也，有自相牴牾者，未決而並存之也。

《集註》某自三十歲便下工夫，到而今改猶未了，不是草草看者。《語錄》。黃氏曰：朱子一部《論語》直解至死。又曰：朱子於一字未安，一語未順，覃思靜慮，更易不置，或一二日而未已，夜坐，親見至四鼓，先生曰，此心已孤，且休矣。退而就寢，目未交睫，復見遣小吏持板牌改數字以見示，則是退而猶未寐也，未幾而天明矣。用心之苦如此，而學者顧以易心讀之，安能得聖賢之意哉。

《集註》後來改定處多，遂與《或問》不相應，又無功夫修得，《或問》故不曾傳出，今莫若只就正經上玩味，有未通處，參考《集註》，更自思索爲佳，不可恃此未定之書便以爲是也。《朱子文集》。《語錄》曰：《論孟或問》是十五年前文字，與今說不類。當時欲修，後來精力衰，那箇工夫大段掉了。陳氏曰：《論》《孟》須以《集註》爲正，如《或問》後來置之不修，未得爲成書，今細觀之，時覺有枯燥處，亦多有不穩處，亦多有失之太甚處，比之《大學》、《中庸》、《或問》之書大不同，若姑借之以參訂《集註》之所未詳則可矣，未可全案之以爲定論也。愚案：朱子自以《論孟或問》爲未定之書，今不敢用《大學》《中庸》例附于章後，惟取其與《集註》同者疏于各條之下。

朱鑑《詩傳遺說序》 朱文公《詩集傳》，豫章、長沙、后山皆有本，而后山本讎校爲最精。第初脫藁時，音訓間有未備，刻版已竟，不容增益。欲著補脫，終弗克就。未免仍用舊版，葺爲全書，補綴趲那，久將漫漶。抑鑑昔在侍旁，每見學者相與講論是書，凡一字之疑，一義之隱，反復問荅，切磋研究，必令心通意解而後已。今《文集》、《書問》、《語錄》所記載，無慮數十百條，彙次成編，題曰「遺說」，後之讀《詩》者能兼攷乎此而盡心焉，則無異於親承誨誘，可以得其意而無疑於其言矣。若《七月》、《斯干》二詩，書以遺丘子服者，尚可攷見去取位置小序之法，因附於後。

史季温《閩憲刊山谷外集詩注跋》 先大父薌室先生所注《山谷外集》詩，脫藁之日，永嘉白石錢先生文季爲之序引，鋟木於眉，蓋嘉定戊辰歲也。是書已行於世。其後大父優游林泉者近十年，復參諸書，爲之增注，且細考山谷出處歲月，別行詮次，不復以舊集古律詩爲拘。考訂之精，十已七八，其間不可盡知者附之本年。蜀板已燬，遺藁幸存，今刻之閩憲治，庶與學者共之，并以大父實錄、本傳附見。淳祐庚戌嘉平旦日，孫朝請大夫福建路提點刑獄公事季溫百拜謹跋。

趙汝騰《進周禮訂義表》 朝奉郎直煥章閣權知溫州軍州兼管內勸農事趙汝騰，右臣汝騰襲準秘省公移，索臣所領樂清縣管下士人王與之《周禮訂義》，以俟聖覽。臣即命工匠就其家印寫貳本繳納。臣竊詳：諸經訓解，皆有先儒折衷彙集成書，獨二《禮》闕。《周禮》又不幸遭王安石不善用，以禍天下，學者望而疑之。雖程顥、頤，張載三先生尊信此書，僅有緒言見於《語録》，近世大儒朱熹辨明甚至，皆有意表章之，然亦未嘗作爲訓義以行于世。與之以山澤臞儒，乃能徧嘗天下前後儒先講解，或一說之精，或一義之當，蒐獵無遺，間亦自附己見，剖析微眇，是非審確。故參預眞德秀擊節是書，爲之序。德秀歿，與之益加意，删繁取要，由博得約。今其書益精粹無玷，節守不渝。皓首著書數種，《周官》特其一也，眞經明行修之士。臣職在師帥，每欲薦之於朝，適會秘省取其著書，臣用敢以姓名聞。欲望聖旨下秘省，索與之《訂義》以備乙夜之觀，仍少加旌異，以風厲天下學者，幸甚。

又《周禮訂義後序》 東巖王君次點彙《周禮》數十家說，衷以己見，爲《訂義》若干卷。眞文忠公既序之矣，又拳拳俾予贅卷後，辭十數不獲，將行，束擔弛日，以竢予文，遂勉爲之言。《周禮》一書，先儒疑信相半，橫渠氏最尊敬之，五峰氏最擯抑之，二說交馳，學者幽冥而罔知所從。嘗平心思之，《周禮》眞周公書，《漢志》所謂《周官》六篇是也。獨不幸有二可憾：在成周未能爲成書，在後世不得爲全書，此予每深致其惋惜嗟嘆之意。何以的知爲周公書？是書之首曰：「惟王建國，辨方正位，體國經野，設官分職，以爲民極。」此言宅洛建官之旨。《司徒職》曰：「日至之景，尺有五寸，謂之地中，乃建王國。」《大宰職》曰：「掌建邦之六典，以佐王治邦國。」此演而伸其旨也。洛，天下之中地，六官，太平之盛典，以中地行盛典，此周公佐成王宅洛之本心。《周書・召誥》曰：「旦曰：『其作大邑，其自時中乂。』」《洛誥》亦曰：「其自時中乂，萬邦咸休。」此周公之心也。又《書・周官》載六卿，自冢宰至司空，雖不條陳設屬，亦曰「六卿分職，各率其屬」。大旨與六典合，所以的知爲周公書。然向使周公得輔成王，於洛邑推行其六典，事制曲防之間，文理密察之際，必猶有所改定，庶幾爲成書，以詔後世。惜也，洛宅未及遷，六典有書未嘗行，可憾一也。仲尼，慕周公者也，從周之歎，發於閒居，使得遂其爲東周之志，六典必見於推行，討論潤色，益至於大成，備周公之未備者，不在仲尼乎？橫渠氏謂仲尼繼周，損益可知，是也。惜明王不興，天下莫能宗之，不復夢周之歎方形，而天復不憖遺矣，可憾二也。秦火後，經籍多殘失，《禮》書爲甚。漢武帝時河間獻王始得《周官》於民間，比《詩》《書》最晚出，故武帝詔有禮壞之歎。顏師古謂亡其《冬官》，補以《考工記》。有所亡有所補，非全書也。此伊川氏所謂《禮》經多出於掇拾煨燼之餘，安得句爲之解是也，可憾三也。有是三可憾，則是書之存於天下後世，固足以見周公爲萬世開太平之大旨。然前之既未爲成書，後之又不得爲全書，則不能不使萬世而下，抱不得見周公經制大成之深恨。先儒乃盡歸咎於劉歆，以爲竄入私說，迎合賊莽，不亦甚乎。次點研精覃思十餘年，而《訂義》成，顯幽闡微，啇是確非，其有發先儒所未發者多矣。至其釋周公將整齊六典以爲宅洛計，不幸歿，而成王不果遷，規摹不獲究，《冬官》未嘗亡，錯見於五官中，諸儒不能辨而補以《考工記》，則尤有見於是書本末之端的，故予特表出之。

黃震《黃氏日抄》卷二《讀論語》 聖人言語簡易，而義理涵蓄無窮。凡人自通文義以上，讀之無不犂然。有當於心者，讀之愈久，則其味愈深。程子所謂「有不知手舞足蹈」，但以言語解著，意便不足，此說盡之矣。故漢唐諸儒，不過詁訓以釋文義，而未嘗敢贊一辭。自本朝講明理學，脫去詁訓，其說雖遠過漢唐，而不善學者，求之過高，從而增衍新說，不特意味反淺，而失之遠者或有矣。至晦庵爲《集注》，復祖詁訓，先明字義，使本文坦然易知。而後擇先儒議論之精者一二語附之，以發其指要。諸說不同，恐疑誤後學者，又爲《或問》以辨之。我輩何幸，乃獲蒙成，敬受熟誦，體之躬行，庶不負先儒拳拳之意耳。近世闢晦庵字義者，固不屑事此；其尊而慕之者，又爭欲以注解名家。浩浩長篇，多自爲之辭，於經漸相遠；甚者或鑿爲新奇，反欲求勝，豈理固無窮耶？震自幼蒙先父之教，常讀晦庵《論語》。長師宗諭王貫道先生，見其朝夕議論，常不出晦庵《論語》，謂晦庵讀盡古今注解，自音而訓，自訓而義，自一字而一句，自一句而一章，以至言外之意透徹無礙，瑩然在心如琉璃然，方敢下筆，一字未透，即云「未詳」。震自此益信，受誦讀，但知喜悅而不能宣諸口。今年踰六十，遺忘是懼，官所竊暇，復讀而間記《集注》、《或問》，偶合參考及他説不同者一二，以求長者之教，餘則盡在《集註》矣。

又卷四《讀毛詩》　《毛詩》注釋簡古，鄭氏雖以《禮》説《詩》，於人情或不通，及多改字之弊，然亦多有足以裨毛氏之未及者。至孔氏疏義出，而二家之説遂明。本朝伊川與歐、蘇諸公，又爲發其理趣，《詩》益焕然矣。南渡後，李迂仲集諸家，爲之辯而去取之，南軒、東萊、止集諸家可取者，視李氏爲徑。而東萊之《詩記》獨行，岷隱戴氏遂爲《續詩記》，建昌段氏又用《詩記》之法爲《集解》。華谷嚴氏又用其法爲《詩緝》，諸家之要者多在焉。此讀《詩》之本説也。雪山王公質、夾漈鄭公樵，始皆去序而言《詩》，與諸家之説不同。晦庵先生因鄭公之説，盡去美刺，探求古始，其説頗驚俗，雖東萊不能無疑焉。夫《詩》，非序莫知其所自作，去之千載之下，欲一旦盡去自昔相傳之説，别求其説於茫冥之中，誠亦難事。然其指《桑中》、《溱洧》爲鄭、衛之音，則其辭曉然，諸儒安得回護而謂之雅音？若謂《甫田》、《大田》諸篇皆非刺《詩》，自今讀之，皆藹然治世之音。若謂「成王不敢康」之成王爲周成王，則其説實出於《國語》，亦文義之曉然者。其餘改易，固不可一一盡知。若其發理之精到，措辭之簡潔，讀之使人暸然，亦孰有加於晦庵之《詩傳》者哉。學者當以晦庵《詩傳》爲主，至其改易古説，間有於意未能遽曉者，則以諸家參之，庶乎得之矣。

又卷五《讀尚書》　經解惟《書》最多，至蔡九峯，參合諸儒要説，嘗經朱文公訂正。其釋文義，既視漢唐爲精；其發指趣，又視諸家爲的。《書經》至是而大明，如揭日月矣。今惟略記一二。

王應麟《困學紀聞》卷一二　陸澄注班史，多引《史記》，此缺一言，彼摘半句，皆采摘成句，標爲異説，今其書不傳。

又《詩考序》　漢言《詩》者四家，師異指殊。賈逵撰齊、魯、韓與毛氏《異同》，梁崔靈恩采三家本爲《集注》，今惟毛《傳》、鄭《箋》孤行，韓勵存《外傳》，而魯、齊《詩》亡久矣。諸儒説《詩》，壹以毛、鄭爲宗，未有參攷三家者，獨朱文公《集傳》，閎意眇指，卓然千載之上。言《關雎》則取匡衡；《柏舟》婦人之《詩》則取劉向；笙《詩》有聲無辭，則取《儀禮》；「上天甚神」則取《戰國策》；「何以恤我」則取《左氏傳》；《抑》戒自儆，《昊天有成命》道成王之德，則取《國語》；「庭止」則取《漢書注》；《賓之初筵》飲酒悔過，則取《韓詩序》；「不可休思」，「是用不就」，「彼岨者岐」，皆從《韓詩》；「禹敷下土方」，又證諸《楚辭》。一洗末師專己守殘之陋，學者諷詠涵濡而自得之，躍如也。文公語門人：《文選注》多《韓詩章句》，嘗欲寫出。應麟竊觀傳記所述，三家緒言尚多有之，罔羅遺軼，傅以《説文》、《爾雅》諸書，稡爲一編，以扶微學，廣異義，亦文公之意云爾，讀《集傳》者或有攷於斯。王應麟伯厚甫自序。

又《詩考後序》　《詩》四家異同，唯《韓詩》略見於《釋文》，而魯、齊無所攷。劉向《列女傳》謂蔡人妻作《芣苢》，周南大夫妻作《汝墳》，申人女作《行露》，衛宣夫人作《邶·柏舟》。定姜送婦作《燕燕》，黎莊公夫人及其傅母作《式微》，莊姜傅母作《碩人》，息夫人作《大車》。《新序》謂伋之傅母作《二子乘舟》，壽閔其兄作憂思之詩《黍離》是也。楚元王受《詩》於浮丘伯，向乃元王之孫，所述蓋《魯詩》也。鄭康成注《禮記》，以「于嗟乎騶虞」爲嘆仁人，以《燕燕》爲定姜之詩，以「生甫及申」爲仲山甫、申伯，以《商》爲宋詩，「維鵜在梁」，以「不濡其翼」爲才，「上天之載」讀曰「栽」。至於「湯齊」讀爲「躋」，注《周禮》云「甸」讀與「惟禹陳之」之「陳」同。康成從張恭祖受《韓詩》，注《禮》之時，未得《毛傳》，所述蓋《韓詩》也。賈誼謂：騶，文王之囿；虞，虞官也，歐陽子從之。韋昭注《國語》，謂《采菽》王賜諸侯命服之樂，《黍苗》道召伯述職勞來諸侯，與朱子《集傳》合。太史公以「薄伐獫狁，至於太原。出輿彭彭，城彼朔方」爲周襄王時之詩，班固謂「靡室靡家」之詩懿王時作，「城彼朔方」之詩宣王時作。《白虎通》以《相鼠》爲妻諫夫之詩，趙岐以《小弁》爲伯奇之詩。漢儒言《詩》，其説不一如此。《關雎》，正風之始也，魯、齊、韓，以爲康王政衰之詩，《揚子》云：傷始亂。《鹿鳴》，正雅之始也。太史公云：仁義陵遲，《鹿鳴》刺焉。聖人删詩，豈以刺詩冠《風》、《雅》之首哉？《揚子》又云，正考甫常晞尹吉甫矣，公子奚斯常晞正考甫矣。正考甫得《商頌》而以爲作《商頌》，奚斯作「新廟」而以爲作《魯頌》，此皆先儒所不取。許叔重《説文》謂其稱《詩毛氏》皆古文也，而字多與今詩異，豈《詩》之文亦如《書》之有古今歟？

又《周易鄭康成注跋》　康成注《易》九卷，多論互體，江左與王輔嗣學并立。荀崧謂其書根源。顔延之爲祭酒，黜鄭置王。齊陸澄《詒王儉書》

云：「《易》自商瞿之後，雖有異家之學，同以象數爲宗。數年後，乃有王弼之説。」王濟云：「弼所誤者多，何必能頓廢前儒？」河北諸儒，專主鄭氏。隋興，學者慕弼之學，遂爲中原之師。唐因之。今鄭注不傳，此景迂晁氏所慨歎也。李鼎祚云：「鄭多參天象，王全釋人事。[且]《易》[之爲]道豈偏滯於天人者哉？」合《彖》《象》於經，蓋自康成始。其説間見於鼎祚《集解》及《釋文》、《易》、《詩》、《三禮》、《春秋》義疏、《後漢書》、《文選》注。應麟讀《易》之暇，輯爲此編。庶幾先儒象數之學猶有考焉。

牟巘《牟氏陵陽集》卷一七《書尚書講義後》　嗚呼，《書》出屋壁，簡脱字訛，尚難究悉。若於分外汎濫牽引，重自纏繞，辭愈煩，理愈失，終其身無所見，可哀已。今爲講説者，固當一洗此陋，悉簡從要，求其坦然明白者，庶幾聖賢之意或得五六，不然，亦一時文義耳。予倩張仲實在江陰時，嘗爲諸生講《尚書》，其徒裒取數篇示余。異時，吾家君《牟氏章句》授業者萬人，顧予皓首不名一藝，甚慙，無以發之。然深喜其不爲游詞，得講經之法。蓋先攷音義、名物、度數，次列諸儒之説，辨其是否，暢其同義。大抵隨文直解，毫分粒剖，求其至當，而一皆訂之以朱子之説。朱子雖不立訓傳，其見於他書散於語録者，往往采用焉。如以「克明峻德」、「親睦九族」、「平章百姓」、「協和萬邦」合於《大學》；「危微精一」、「允執厥中」合於《中庸》。善於言聖人矣。仲實幼能刻苦力學，通於經術，徒稱其詩文，未爲深知仲實者。夫義理無窮，學問亦無窮，所當講者，似未止此，尚益勉其未至，盡畢餘義，成一家可也。孔安國始註《尚書》，其族兄臧貽書規切，固不得雷同，相私過有稱道，覽者當自得之。

何夢桂《潛齋集》卷六《徐雲墅注道德經序》　雲墅徐君仲修夙好老氏學，服久其得益深。閲古今傳釋，皆不當其意，悉掃其陋，而以己意注説，發幽抉微，以大暢《道德》之旨，其爲老氏之意亦勤矣。世有峩冠大帶，張拱翼趨以適市者，而狂且醉者執而僇之。從旁者見之，爲之解。而狂且醉者舍其所執，而移僇於其所解者。今子之爲老氏忠矣，吾懼子之値夫狂醉而不免於其旁，將子爲老氏受詆乎，抑老氏與子受詆乎？子必審於此矣。徵予序，序之將以解。夫所解者，吾又懼矣。瞠吾後者之復爲吾解，則詆與解將相尋，而未知其所終也。

余允文《尊孟辨序》　道不明，由無公議也；議不公，由無眞儒也。冠圓履方，孰不爲儒，誦詩讀書，孰不學道，必有得焉而後能自信，必自信焉而後信於人。目或蔽於所見，耳或蔽於所聞，耳目之蔽，心之蔽也，公議何有哉？《易》曰：「問以辯之。」《中庸》曰：「辯之弗明，弗措也。」道之不明久矣，辯其可已乎。昔戰國有孟軻氏，願學孔子，術儒術、道王道，言稱堯舜，辭闢楊墨，倡天下以仁義。聖人之道，蝕而復明，孟子力也。孟氏沒，斯道將晦，七篇之書，幸免秦火。後之讀其書者，雖於時措之宜未能盡識，至其翕然稱曰孔孟，豈可厚誣天下後世以爲無眞儒、無公議哉。噫，道同則相知，道不同則不相知。蘭陵荀卿，大儒也，以性爲惡，以禮爲僞，異哉其所謂道，無惑乎？不知孟氏，併七十二子而非之也。本朝先正司馬温公，與夫李君泰伯、鄭君叔友，皆一時名儒，意其交臂孟氏而篤信其書矣，温公則疑而不敢非，泰伯非之而近於詆，叔友詆之而逮乎駡。夫温公之疑，疑信也，俟後學有以辯明之。彼二君子昧是意，其失至此，人之譏誚不卹也。豈以少年豪邁之氣，攻呵古人而追悔不及歟。伊川程先生，謂孟子有泰山巖巖之氣象，乃知非而詆、詆而駡者，殆猶煙霧蓊興時焉，蔽之耳，何損於巖巖。余懼世之學者隨波逐流，蕩其心術，仁義之道益泯，於是取三家之説，折以公議而辯之，非敢必人之信，姑以自信而已，命之曰《尊孟辨》，俟有道者就而正焉。

趙鵬飛《春秋經筌序》　木訥子作《經筌》，自序其首曰：魚可以筌求，而經不可以筌求。聖人之道寓於經，如二儀三光之不可以肖像，筌何足以囿之？蓋吾之所謂筌，心也，求魚之所謂筌，器也。道不可以器囿而可以心求，求經當求聖人之心，此吾《經筌》之所以作也。【略】故善學《春秋》者，當先平吾心，以經明經，而無惑于異端，則褒貶自見。然世之説者，例以爲非傳則經不可曉，嗚呼，聖人作經之初，豈意後世有三家者爲之傳邪？若《三傳》不作，則經遂不可明邪？聖人寓至道以示萬世，豈故爲是不可曉之義以罔後世哉？

羅璧《識遺》卷四《今存經注》　古之學者，專門名家，箋注經文者不一，其徒各守其師之説，所以某氏《易》，某氏《書》，某氏《詩》，傳授異派。自唐太宗詔諸儒撰定《五經》疏義，於《易》取王弼，於《書》取孔安國，於《詩》取鄭康成，於《春秋》取杜預，由是他説盡廢。今板行經注，四家之説獨存，始太宗也。

又卷八《經解》 六經之道，至夫子而集大成。夫子之道，至晦翁而集大成。諸家經解，前後不一，自斷定於晦翁，然後一出於正。後學儻非經指授，則泛濫諸家，其誰適從？今經解有昔賢品題其當者曰：《易》有伊川《易傳》、《大易粹言》，《繫辭》則柴侍講《集解》。《書》有東萊《説林》、少穎《解》。《詩》有東萊《詩記》、晦庵《詩傳》。《周禮》《禮記》注疏，晦庵取之；而王荆公、王昭禹《周禮解》、方博士、陸農師、馬博士《禮記解》，晦翁俱以爲當。又嘗言荆公《經解》有益後學。《春秋》胡文定，於褒貶之例尤嚴，《傳》則東萊《左氏説》爲最也。後學儻循是索之，不至以多岐亡羊矣。

史繩祖《學齋佔畢》卷一《傳注奇語》 羣書注疏解説多有奇語異事，不可忽略看過。如鄭氏《月令》注引《農書》曰：土上冒橛，陳根可拔，耕者急發。又引《孝經》説曰：地順受澤，謙虚開張，含泉任萌，滋物歸中。此數語甚奇。又如董仲舒救日食祝曰：炤炤大明，纖滅無光，奈何以陰侵陽，以卑凌尊？見於《周官·太祝》注。又漢司徒府有大會殿，亦云百官朝會殿，見於《周禮·朝士·槀人》注。又漢瓚槃，見於《周官·典瑞》注。此皆史事，而見於經注。蓋鄭玄、干寶皆漢人，故引用與今云云，皆漢事也。至如經事而見於史注，則《前漢·志》：舜修五禮五樂。顔師古注謂：《尚書》五禮五玉，五玉即五瑞也，伏生年老，聲之訛耳。且列五樂之名之用於其下甚詳。經史可以互見，故不可忽。至如李善《文選·秋胡詩》注引《易歸藏》曰：君子戒車，小人戒徒。亦可以見亡書之語。

又卷二《坡注之誤》 坡公《元脩菜詩》自序云：菜之美者，有吾鄉之巢，故人巢元脩嗜之。且云：使孔北海見之，當復云吾家菜耶。蓋謂楊梅爲楊家果，孔雀爲孔家禽事耳。然此非孔北海所言，亦非爲楊德祖而發。蓋孔融字文舉，爲北海太守。楊脩字德祖，俱漢末同時之人，並爲曹操所殺，有傳在《後漢書》，俱不載此事。獨《世説·言語門》載：梁國楊氏子，年九歲，甚聰慧，孔君平詣其父，父不在，乃呼兒出爲設果，果有楊梅。孔指以示兒曰：此是君家果。兒應聲答曰：未聞孔雀是君家禽。其注云：王隱《晉書》曰：孔坦字君平，會稽山陰人，善《春秋》，仕至廷尉卿。即不曾注云楊氏子乃楊脩也。今《晉書》自有《孔坦傳》，仕于晉元帝、成帝時，距孔融、楊脩之死近百年矣。豈相干耶？巢元脩一時誤舉以爲孔融，坡遂因而筆之於序，固失契勘矣。而趙次公者注坡詩，乃妄云《世説》注楊氏子楊脩也。而又注《贈僧惠表》之詩則又直指云《世説》孔融指楊梅戲楊脩曰「此君家果」，不知何所憑證，而敢如是胡説。趙公如此類者甚多，姑舉其一，以爲不揆箋注者之笑。

又卷三《傳注引逸書之誤》 《左傳·昭十年》：子皮歸，謂子羽曰：「《夏書》云欲敗度，縱敗禮，我之謂矣。」注云：逸書也。又《十七年》太史曰：在此月也。故《夏書》曰：「辰不集於房，瞽奏鼓，嗇夫馳，庶人走。此月朔之謂也。」注：逸書也。余按此兩節，皆見於《今文尚書》。如子皮所舉「欲敗度，縱敗禮」兩言，今見於《太甲》篇，乃《商書》也，而子皮以爲《夏書》，固失之矣。而杜預遂以爲「逸書」，失尤甚矣。至如周太史所舉「辰不集於房」四言，今見於《胤征》，正是《夏書》，只差一「不」字，無可疑者。而杜乃注爲「逸」，殊可訝焉。故辨之以明，傳注不可盡信如此。

又卷四《詩史百注淺陋》 先儒謂「韓昌黎文無一字無來處，柳子厚文無兩字無來處」。余謂杜子美詩史亦然，惟其字字有證據，故以史名。而近世所集注，雖曰「百家」，實則未詳。至於字稍淺近，遽云「此蜀之俗語」以槩之，何其淺陋歟。今試舉其至淺者數條言之：若云「斟酌姮娥寡」，蓋出於《易》注疏，《臨卦·九二》《正義》曰：「須斟酌事宜，有從與否。」若云「繁枝容易紛紛落，嫩葉商量細細開」，蓋出於東方朔，非有先生論曰「談何容易」。及《易》注疏「咸臨」，《正義》曰：須商量事宜，皆本諸經史也。劉禹錫以六經注有餳字而無餻字，故不敢用。孰謂杜陵而輕使俗語耶？可笑，可笑。

鄭伯謙《太平經國書序》 世變不古，功利之蟠結於人心，而此書之宏博浩瀚，讀之難曉，而説之易惑也。彼其煨燼於秦火，貶駁於漢儒，好古如武帝，反謂之末世瀆亂不驗之書，伏藏泯沒於山巖屋壁之間。漢之末年，雖入秘府，竟未嘗一出而試之於治。其後劉歆取以輔王莽，五均六幹列肆里區皆有征，天下騷然受其弊。其餘杜氏不過能通其句讀，馬、鄭諸儒，亦止於作爲訓詁而已。隋唐之間，文中子講道河汾，頗深識其本末，以爲經制大備，後世有所持循，然徒載之空言，不及見之行事也。唐太宗嘗與羣臣語及《周禮》，而房、杜、魏徵，雖出王氏之門，然本無素業，留宿中書，聚議數曰，竟不能定，問及禮樂，復不能對。大本既失，他何望焉。宋朝王氏以儒學起相，熙、豐又嘗一用《周禮》，而計利太卑，求民太甚，其禍甚於劉歆。伊洛老師横渠張夫子，固習周公者矣，而又不及究其志。蓋自有《周禮》以來，若孔子、文中子及伊洛横渠諸子，則恨不及用；房玄齡、杜如晦、魏徵，則愧不能用；漢之劉氏、宋朝之王氏，則又悔不善用。自漢唐以至今日，天下之治所以駁雜而難考，弊壞而不可收者，大抵出於是三者之間也。是以時君世主，厭薄儒生，姗笑《王制》，悉意於淺功近利，就其自私之心，而姑爲是目前苟簡之謀，儻可以維持一世足矣，不暇及此宏闊之談也。嗟乎，千載之下有能起周公之治者，學者所不能而見也，有能講明周公之制者，學者所不能而辭也。

陸釴《呂氏家塾讀詩記序》 余嘗讀《呂氏讀書記》、《大事記》，未睹《讀詩記》也。近得宋本於友人豐存叔，讀而愛之。其書宗孔氏以立訓，考註疏以纂言，剪綴諸家，如出一手，有司馬子長貫穿之巧；研精殫歲，融會渙釋，有杜元凱眞積之悟；緣物醜類，辯名正義，有鄭漁仲考據之精。茲余之所甚愛焉。迺杜史應臺傅公刻于南昌郡，刻成，或問余曰：今詩學宗朱氏《集傳》矣，刻呂氏何居？余應曰：子謂朱、呂異説，懼學者之多岐耶？夫三百篇微詞奧義，藐哉遐矣。齊、魯、韓、毛，譬則蹊徑之始分也，其適則同也。註疏所由以適也，譬則轍也，朱氏、呂氏，蓋灼迷而導之往也。譬則炬與幟也，呂宗毛氏，朱取三家，固各有攸指矣，安得宗朱而盡棄呂耶？朱説，《記》采之；呂説，《傳》亦采之。二子蓋同志友也，非若夫立異説以求勝也。善學者審異以致同，不善學者因同以求異，是故刻呂氏以存毛翼朱，求合經以致同而已矣。雖然，余於是竊疑焉。三家之《詩》，唐人已失其傳，雖有存焉者，訛矣。《毛詩》固未嘗亡也，後世經生尋墜緒之三家，不啻珠璧，棄未亡之毛氏，直如弁屣，何哉？毛氏行而三家廢，君子既已惜之，《集傳》出而毛氏之學寖微，又奚爲莫之慨也。夫去古近者，言雖賾而似眞，離聖遠者，説雖詳而易淆。故曰：冢尺雖斷，可定鐘律，毛氏殆未可輕訾也。或曰：然則將盡信毛氏可乎？曰：余觀其釋《鴟鴞》合《金縢》，釋《北山》、《烝民》合《孟子》，《昊天成命》合《國語》，《碩人》、《清人》、《黄鳥》、《皇矣》合《左傳》，《由庚》諸篇合《儀禮》，其可尊信，視三家獨多。故呂氏之言曰，《毛詩》與經傳合，最得其眞；朱子亦曰，其從來也遠，有傳據證驗，不可廢者。是故刻呂氏以存毛翼朱，求合經以致同而已矣。呂氏凡二十二卷，乃《公劉》以後編纂未就，其門人續成之，茲又斯文之遺憾云。

趙夔《東坡詩集注序》 昔杜預註《春秋左傳》，顔籀註班固《漢書》，時人謂征南、秘書爲丘明、孟堅忠臣；又李善於梁、宋之間，開《文選》學，註六十卷，流傳於世，皆僕所喜而慕之者。此註東坡詩集所以作也。【略】三十年中，殫精竭慮，僕之心力，盡於此書。今乃編寫刊行，願與學者共之。若乃事有遺誤，當俟博雅君子補而鐫之，庶俾先生之詩文與《左傳》、《漢書》、《文選》並傳無窮，而僕於杜預、顔籀、李善三子亦庶幾焉。

李衡《周易義海撮要原序》 《易義海》，熙寧間蜀人房審權所編。房謂自漢至今，專門學不啻千百家，或泥陰陽，或拘象數，或推之於互體，或失之於虚無。今於千百家內，斥去雜學異説，摘取專明人事，羽翼吾道者，僅百家，編爲一集，仍以《正義》冠之端首。釐爲百卷，目之曰《周易義海》。或諸家説有同異，理相疑惑者，復援父師之訓，朋友之論，輒加評議，附之篇末。衡得是書而讀之，其間尚有意義重疊，文詞冗瑣者，載加删削，而益之以伊川、東坡、漢上之説，庶學者便於觀覽云。

陳友仁《周禮集説序》 《周官》六典，周公經制之書也。畫井田、立封建，大而軍國調度、禮樂刑賞，微而服御飲食、醫卜工藝，毫芥纖悉，靡不備載。六官之屬，各從其長，其要則統於《天官》，大綱小目，截然有紀，萬世有國者之龜鑑也。周家太平氣象不可復見，愚於此書竊有志焉。然而諸儒訓釋，甲是乙非，無所折衷，學者病之。余友雲山沈君則正謂余曰：近得《集説》於霅，手澤尚新，編節條理與《東萊詩記》、《東齋書傳》相類，其博雅君子之爲歟，名氏則未聞也。一日到沈君家取而閲之，如於盆盎中得古罍洗，把玩不忍釋。癸未秋，與長樂拙存高君載酒而往請焉，則正樂善人也，兪其請，且止宿。乃曰：「風雨瀟瀟，子之志固善矣。時異事殊，禮經焉用？折楊黄荂，未必不貽笑於時人也。」余復之曰：「執此以往，固非所望。居家讀之，是亦志文中子之所志也。」於是攜其書以歸。是歲留於山前表伯之西楊，就而筆之。訓詁未詳者則益以賈氏、王氏之疏説，辨析未明者則附以前輩諸老之議論。越明年，是書成，非特可以廣其傳，亦予之夙志也，姑叙梗概於卷末。

劉爚《雲莊集》卷五《論語詳說後序》 《論語》一書，子朱子之所用力而終其身者也。其始有《要義》焉，其次有《集義》焉，又其次則有《詳說》，而以《集註》終焉。今《集註》之書，家傳人誦。若《詳說》，則有問其名而弗知者。夫聖人之道大矣，善學如顔子，且親得聖人而師之，猶必仰鑽瞻忽，久而未獲。至於循循善誘之餘，既竭吾才，而後卓然有見於道之全體，況今之人，即書而求道，其難於顔子又倍矣。故雖以子朱子之學得之於天，而其進也，亦必以漸，沈潛玩索，不知老之將至。迨乎《集註》之出，然後極其全而亡憾，學者可不徧考之乎。娩之於玉，《集註》，其圭璧犖瓚也。人見其溫潤縝栗，無少瑕點，以爲出於天成，而不知追琢磨治之功，非一朝夕積也。故此書之視《集註》、《章句》，詳略往往不同。而於先儒之說，去取亦或小異。昔若何而詳？今若何而略？昔奚爲而取？今奚爲而去？斟酌權量之微，範鎔點化之妙，蓋不待從游於考亭雲谷之間，而言論風指若親承而面命矣。是非求道之至要耶。故予欲學者以《集註》爲之本，而參之以此書，觀子朱子之所得，月異而歲不同，庶乎知聖人之指爲無窮，而問學之功不可以已也。

陳汶《儀禮集釋序》 古者禮儀三百，威儀三千，其節備矣。漢興，高堂生傳《士禮》，止十七篇。魯徐生善爲頌，爲禮官大夫，顔師古曰：頌與容同。而瑕丘蕭奮以《禮》至淮陽太守，東海孟卿事蕭奮以授后倉，倉說《禮》數萬言，號曰《后氏曲臺記》，授戴德、戴聖。鄭康成云：五傳弟子，則高堂生、蕭奮、后倉、二戴，凡五人所傳即《儀禮》之書也。《漢舊儀》有「二郎爲此頌貌威儀」事，天下郡國有頌史，皆詣魯學之。蓋周旋曲折，必習而後能，其善盤辟爲頌而不知經者有矣，未有不習于儀而能通其意者也。自漢以來，禮日益壞，其大經大本，固已晦蝕不明，所謂頌貌威儀之事，僅存此書，世亦莫有知者，此學士大夫之責也。然其節目之繁，文義之密，驟而讀之，未易曉解，甚或不能以句。后倉所說，泯沒無傳，鄭注又時有疎略，汶心竊病之。近得廬陵李君如圭所著《集釋》，窮探博采，出入經傳，以發明前人之未備。考論宮室之制，則有《釋宮》，分別章句之指，則有《綱目》。其有志于古而用力之勤如此。學者能玩而繹之，則知禮與天地竝，其周旋揖讓，登降進退，莫非天理之流行，人道之所以立。先王之盛，化行俗美，與夫後世之不如古，皆由於禮之興廢而不可誣也，則是書于世敎豈小補哉。遂刻之桂林郡之學官，與同志者共之。

釋道璨《柳塘外集》卷三《大光明藏後序》 橘州在大慧門，如孔門游夏。晚以憂患徙天台，寓紫微陳公館舍，取傳廣續三燈閱之，自七佛至大慧凡若干傳，各疏其說於左方，目之曰《大光明藏》。凡其師友之淵源，證悟之深淺，機圓之向背、關鍵之堅密，異時宿師大衲剖擊不破者，皆支分條解之，若指諸掌，巍巍乎其大有功於名敎也。然以文章斧斤開知見戶牖，論者固不免以此議之矣。予嘗反覆觀之，其說辨而正，其理微而著，其出入經史子傳深而遠。道明而學不修者，無以知其詞之所出。學優而道不勝者，無以知其理之所存。故觀之者，如身在上林，目炫紅紫，造化春色，不知何自而來，奚自而去。所謂知見戶牖由是而開者，又幾何人哉。然則公之低徊末路，寂寥遺書，既不見恕於論者，又不見知於學者，此予所以重爲之太息也。

潘桂《周易窺餘序》 濂溪周子、康節邵子皆得三聖之秘。周尙理，邵兼數，然不可異觀也。伊川程氏，師周友邵，晚爲《易傳》，用辭明理。漢上朱氏，偏考自漢以來羣儒訓釋，旁引曲暢，而以周、程、邵之說會通之。學者得以知《易》有聖人之道四焉矣。北山先生資正鄭公，紹興中宣撫全蜀，取忌秦檜，斥居封川，閉門讀《易》，筆爲《窺餘》。後百餘年，元孫足老攜手澤三大編相示。桂伏讀竟，始悟其合伊川，漢上二解而一之者。其時程學尙多異議，朱所進書未行於世。而公知兼取所長，其識見豈顓門曲學可及耶？

俞成元《校正草堂詩箋跋》 吾黨蔡君傅卿生平高尙，不求聞達，潛心大學，識見超拔。嘗註韓退之、柳子厚之文，了無留隱，至於少陵之詩，尤極精妙。其始考異，其次辨音，又其次講明作詩之義，又其次引援用事之所從出。凡遇題目，究竟本原。逮夫章句，窮極理致，非特定其年譜，又且集其詩評，參之衆說，斷以己意，警悟後學多矣。嘗以「雨晴山不改」爲「雨時」，《雨晴詩》：雨晴山不改，晴罷峽如新。「湖落迴鯨魚」爲「潮落」。《別張建封》擇村征南幕，湖落迴鯨魚。如《城西陂泛舟》「魚吹細浪搖歆扇」，鸞蹴飛花落舞筵。以「歆」爲「歌」。如《天育驃騎歌》「遂令大奴字天育」，別養驥子憐神俊。以「字」爲「守」。不曰「麟鳳」，而曰「靈鳳」。《幽人詩》：麟鳳在赤霄，何當一來儀。不曰「三犀」，而曰「五犀」。《石犀行》：君不見秦時蜀太守，刻石立作三犀牛。似此竄定，未容籌計。至若《飲中八仙》一歌，雖有數句，復用四韻。或者疑之，分爲四章，以嚴句讀，破千古之昏蒙，新一時之聞見，其自信也甚篤，則其取信於人也可知。既授僕以校讎之職，恨不讀五車書，恨不行秘書監，難以勝任，辭不暇已，不免依樣而已，無復換其詞頭，直敘大槩云：爾非敢爲工部設，自有諸公題其額。余嘗謂子美之詩，如化工千形萬狀，體態不一，演而爲歌爲行，發而爲歎爲引，曰短述，曰口號。大而至於古風百韻，小而至於絶句五言，同出異名，初無定體。惟「驊騮開道路」一句，對以「鷹隼出風塵」，與「鵰鶚離風塵」相類，自是之外，無聞焉。若夫「家家養烏鬼」，沈存中以烏鬼爲鸕鷀，元微之以爲神，非也。惟夏侯節言於《嬾眞子》，峽中人家養豬，非祭鬼不用，特於羣豬中呼烏鬼以自別，此說得之。「竹林爲我啼清晝」，蔡絛以竹林爲禽名，或人以爲猿，非也。惟程大昌言於《演繁露》，詩人假象爲辭，因竹之號風若哀，故謂之啼，此說得之。抑又有證焉，「樂動殷嶱嵑」，不以「殷」爲「湯」。「生意春如昨」，當以「春」爲「眷」。「稚子」非「雉鷄」，乃宗文之名字。「花卿」非歌妓，乃牙將之姓氏。《杜鵑》四句，非注題也，蓋古人嘗有是格。《八哀》一篇，非創見也，蓋古人亦有此體。若曰「天閲」，其實「天闕」。若曰「鷗沒」，其實「鷗波」。以「禁籞」爲「禁御」，以「錦幪」爲「錦𧝁」，仍誤例也。吁，鍜句之精，無如「風約半池萍」；襯字之妙，無如「輕鷰受風斜」；假對之巧，無如「獻納紆皇眷」；壓韻之工，無如「憂國願年豐」。讀詩者苟以意逆志，當自有定見，不可徇他人之說，類皆如此。然傳註之學，難乎其人也久矣。昔陶隱居註《本草》，嘗言：不可有誤，況註經乎。今君之註是詩也，片言隻字，每每推詳，決無差誤。然則《杜詩》、《本草》註雖不同，推原教人之意，則一而已。

王若虛《滹南集》卷四四《揚子法言微旨序》　《法言》之行於世尚矣，始注釋者，四家而已。踈略粗淺，無甚可觀。其後益而爲十二，互有所長，視其舊殊勝，而猶未盡也。今禮部尚書趙公素嗜此書，得其機要，因復爲之訓解，參取衆說，析之以己見，號曰「分章微旨」，論高而意新，蓋奇作也。予嘗竊怪子雲之自叙，以爲《法言》《論語》之體耳。隨問更端，錯雜無次，而獨取篇首二字以爲名而冠之，無乃失其宜耶。及觀公解，則終始貫穿，通爲一義，燦有條理而不亂，乃知子雲之意，初非苟然，但學者未之深考也。昔人以杜預、顔師古爲丘明、孟堅忠臣，今公於子雲之書，辨明是正，厥功多矣。至於進退隱見之際，尤爲反覆而致意，使千載之疑可以盡釋而無遺恨，玆不亦忠之大者歟。

元好問《遺山集》卷三六《杜詩學引》　杜詩注六七十家，發明隱奥，不可謂無功。至於鑿空架虚，旁引曲證，鱗雜米鹽，反爲無累者，亦多矣。要之，蜀人趙次公作證誤，所得頗多。託名於東坡者爲最妄，非託名者之過，傳之者過也。【略】前人論子美用故事，有著鹽水中之喻，固善矣。但未知九方皋之相馬，得天機於滅沒存亡之間，物色牝牡，人所共知者，爲可略耳。先東巖君有言，近世唯山谷最知子美，以爲今人讀杜詩，至謂草木蟲魚皆有比興，如試世間商度隱語然者，此最學者之病。山谷之不注杜詩，試取《大雅堂記》讀之，則知此公注杜詩已竟，可爲知者道，難爲俗人言也。

徐明善《芳谷集》卷下《董蘭皋段氏詩解》　曩歲得廬陵段氏《詩解》於粥故書者。其讐校精甚，要領處必傍抹，發明處必傍點，皆會予心，且使予無丹鉛之勞，甚珍之。他日揭復紙，視所抄先賢詩，則蘭皋董公筆，知逸出經笥中無疑矣。公用是經薦秋闈、館東閣，膏馥所丐皆收，名有以哉。方公經笥散逸時，次子敬仲君尚幼，已乃嗜學，有聞知此書在予，戚戚然欲得之。嗟夫，世固有家藏萬卷，一朝散棄，無遺餘者；又有初僅殘編斷簡，已而聚連屋者，皆人子孫之爲也。文運休明已然，況堙塞不振時乎。今之散棄者，方來無涯也。若敬仲君者，斯謂鳳毛，非止一家之瑞，蓋鄉國天下之瑞矣。玆事在統緒倫紀間，非昌黎公畫卷比，予期敬仲甚遠，乃以歸之，而識其後。

郝經《陵川集》卷二八《春秋外傳序》　河陽荀宗道嘗受學於予，時以書狀官從行，於是五年之間講肄不輟。甲子春，宗道請傳《春秋》之學，且志其說，而無書以爲據，乃以故所記憶者爲《春秋外傳》，蓋自《三傳》之外而爲是，不敢自同於《三傳》也。以《春秋》正經多不同，乃爲論次，作《章句音義》八卷。求聖人之意者，必探其本以爲綱，乃作《制作本原》三十一篇十卷。《春秋》一書，義在於事，必比事而觀，其義可見，乃爲《比類條目》一百三十篇十二卷。《三傳》之說不同，故聖經之旨不一，乃爲《三傳折衷》，俾經之大義定於一，凡五十卷，卷首又著《三傳序論》、《列國序論》一卷。嗚呼，窮於人，而不敢自窮於天，是以爲是，非敢妄意於古之聖賢之窮而亦爲之書也。其間訛缺謬戾者甚衆，俟變通之日，取諸書以考實之，庶幾有成，而見素患難之志云。

王惲《秋澗集》卷四二《王氏易學集説序》 先君思淵子昔掾民部尚書張公，諱正倫，字公理。日引一叟連榻坐，與之問辨甚款，察之，蓋講《易經》旨也。每叅署已，輒抱牘傍侍。張公曰：「汝亦樂聞斯乎？」曰：「唯。」自是日熟所聞，遂潛玩焉，造次顛沛，樂之而不釋也。北渡後，遇玉華王先生，復得窺其門牆而覃思焉。既而有問答理亂之説，玉華子訢然曰：「推是而進，何憂乎不造夫深奥也。然專靜之功，不可以不至，藏往知來，實本於此。吾子其志之。」既而家居，屏遠人事，取歷代諸儒所傳，探微賾妙，日一卦爲業，眞積既久，靜見之心，遂大以肆。曰：「吾老矣，非述，何以見於後示子孫以大受也。」乃紐節羣言，使如出一手，辭約而意貫，諸家之善，蓋無餘蘊矣。嗚呼，《易》之爲書，三聖人憂世而作也。其道有四，互爲之用。然身外無可論之道，道外無可談之理。天理人事，不出乎日用行已之間而已。是書之集四者，其列要以近人情爲本，使學者切身以求用《易》、知而不雜，其於易道，庶彬彬然有煒矣。不肖今亦向耄，先世庭訓，墜失無緒，大懼夫不學而衰也。乃沉潛是編，冠修述之意於篇首，仍題曰《王氏易學集説》，使後之來者知先君學道立世，其博文約禮有如此者。小子惲復續所得以綴於後，蓋先君所未見也，庶幾五十家之説左右逢原矣。

吳師道《禮部集》卷一一《與劉生論易書》 承寄《周易會通》一部，番陽董眞卿所編集者，并令獻其所見。某何人，而敢與此。伏讀以還，竊嘆其規模之廣大，引援之洪博，茫乎其自失也。徐而察之，則有深疑而未安者，欲隱而弗白，則非朋友之義，而失所以命之之意。欲言之，則其書已成，流布方盛，區區之愚，乃敢誦言其失，無乃不可思之。遲回遂復數月，念與其得罪於斯人，孰若使斯人不得罪於前儒。我嘗謂著書立言，必有大綱領。今董氏之書所以爲綱領者，首條凡例是也。以伏羲之畫、文王周公之辭標曰「經」，夫子《大象》、《彖》、《小象》、《文言》兼標「傳」字，謂如此庶幾經傳不相混而相統，可以合四聖人之書、程朱之傳義而觀之。又序其所以作之意，則曰：今《易》，自費直、鄭玄以孔子《彖》、《象》、傳附釋正經之末，而叅解文王、周公。《彖》、《象》、經文之間并附《文言》，則始於王弼，程傳主理義而仍其舊。《古易》自呂微仲、晁以道始復而未盡。呂伯恭復分上下經六十四卦爲經二篇，而以孔子《十翼》爲傳十篇，各爲卷以合於古。朱子《本義》主象占而用其本，朱子所謂宗晁、呂者，不過欲學者分別四聖人之《易》，以求之古耳。若例以古人著書經傳各自爲卷，竊意解經者之謙德。若以孔子之傳附羲、文、周公之經，亦猶程、朱子之傳義附四聖之書，未見其不可也。董氏之説甚美，而慨然欲任會通之責，其志甚大。獨惜其于朱子之説著之不詳，而所以論諸儒之亂古者誤。至其求欲自異，則又蹈于前儒亂古之轍而不自知。何以言之？朱子嘗謂晁、呂之議費、鄭、王，互有得失。蓋先儒雖言費氏以《彖》、《象》參解《易》爻，初不言其合傳以附經也。自昔多謂亂古自費氏始，其實非是，可見朱子之精鑿。呂子謂費氏經與古文同，此名之得也。《魏志》謂鄭康成始合《彖》、《象》于經甚明。孔疏謂夫子象辭元在六爻經辭之後，王弼分爻之象辭各附當爻下，今王弼注本之乾卦，存鄭氏所附之例也。坤以下六十二卦，弼之所自分也。朱子此言亦甚明矣。而董氏乃通謂費、鄭以《彖》、《象》附釋，謂王弼并附《文言》，而不及其以象附爻，可謂誤矣。程子據王弼本而爲傳時，未見復古之《易》，朱子後出而始明，豈得謂程子主義理而仍舊，朱子主象占而用呂乎？此亦誤也。羲、文、周、孔因時之教變通，作用不同，固難執《彖》徇卦，執《象》徇爻，以求其必合復古者，正欲救學者支離牽合之弊，非若程、朱傳義專解經旨可相附也。以今董氏所編乾卦觀之，即鄭氏附《彖》、《象》之舊，但移「天行健，君子以自強不息」一句置于《彖傳》之上，其後《文言》則亦王弼之舊。自坤以下，則又改弼之例，而從鄭氏耳，去「彖曰」、「象曰」，而加以「大象傳」、「彖傳」、「小象傳」字，部位如故，而改立標幟，其得失又何相遠哉。易董氏于呂氏《易》下，明載朱子辨説，而略不知考，何耶？其大綱領如是，他固無以議爲。且朱子《本義》自與程傳體例不同，而程傳發明之義理，雖自爲一經可也，不當強求其通。天台董楷集程、朱傳義，而附以門人所錄，已有可議，況近世談《易》者紛紛，外二家而自爲説者多矣。若取其議論之優長，理象之的當，足相發明，非卓然絶識，未易鑒擇，彼新奇穿鑿者，祇以汩亂，何有于發明耶。今之纂註，政未免此。欲言甚長，非頃刻可了。若其名字義例之未安，因革等列之未當，中間引朱子，欲因邵子《大易》吟以方圖，分作四層云云，誤以爲董楷其愚謂之説，如「睽旅喪牛以有離」之類，又未可一一縷數也。董氏自云學有淵源，而師新安胡一桂氏，自言得于胡爲多。用功此書，蓋非一日意，其篤于自信，未嘗從人商確，而又習見近日《易通》、《四書通》等作，遽欲傳世垂遠，似太倉卒。世有識者，必能辨之，豈待愚言，適先之耳。信筆疏列，幸勿以示不知者，唯以轉叩諸宗人，仲退丈。然與不然，還以一言見教。幸甚。

又卷一四《戰國策校經序》　先秦之書，惟《戰國策》最古，文最沉博。自劉向校定，已病之。南豐曾鞏再校，亦疑其不可考者。後漢高誘爲注，宋尙書郎括蒼鮑彪詆其疎略謬妄，乃序次章條，補正脱誤，時出己見論説，其用意甚勤。愚嘗並取而讀之，高氏之疎略信矣。若謬妄，則鮑氏自謂也。東萊呂子《大事記》間取鮑説而序次之，世亦或從之，若其謬誤，雖未嘗顯列，而用此考彼，居然自見，遂益得其詳焉。蓋鮑專以《史記》爲據，馬遷之作，固采之，是書不同者，當互相正史，安得全是哉。事莫大於存古，學莫善於闕疑。夫子作《春秋》，仍夏五殘文。漢儒校經，嘗去本字，但云某當作某，某讀如某，示謹重也。古書字多假借，音亦相通，鮑直去本文，徑加改字，豈傳疑存舊之意哉。比事次時，當有明徵，其不可定知者，闕焉可也，豈必強爲傅會乎？又其所引書止於《淮南子》、《後漢志》、《説文》、《集韻》等，多摭彼書之見文，不問本事之當否。史註自裴氏外，《索隱》、《正義》皆不之見，而《通鑑》諸書亦莫考。淺陋如是，其致誤固宜。顧乃極詆高氏，以陳賈爲孟子書所稱，以伐燕爲齊宣，用是發憤更注，不思宣王伐燕乃孟子明文宣閔之年、《通鑑》謂史失其次也。鮑以赧王爲西周君，而指爲正統，此開卷大誤，不知河南爲西周，洛陽爲東周。韓非子説秦王，以爲何人。魏惠王盟臼里，以爲他事。以魯仲連約矢之書爲後人所補，以魏幾鄢陵爲人名，以公子牟非魏牟，以中山司馬期爲楚昭王卿，此類甚多，尙安得詆高氏哉！其論説自謂翼宣教化，則尤有可議者。謂張儀之詐齊、梁爲將死之言善，周人詐以免難爲君子所恕，張登狡獪非君子所排，蘇代之辭爲不可廢；陳軫爲絶類離羣，蔡澤爲明哲保身，聶政爲孝，樂羊爲隱忍，君王后爲賢智婦人，韓幾瑟爲義嗣，衛嗣君爲賢君，皆悖義害正之甚者。其視名物人地之差失，又不足論也。鮑之成書，當紹興丁卯，同時剡川姚宏亦註是書，云得會稽孫朴所校以閣本，標出錢藻、劉敞校字。又及見晉孔衍《春秋後語》，參校補註，是正存疑，具有典則，《大事記》頗引之，而世罕誦傳，知有鮑氏而已。近時浚儀王應麟嘗斥鮑失數端，而廬陵劉辰翁盛有所稱許，以王之博洽，知其未暇悉數，而劉特愛其文采，其他固弗之察也。予既悉睹其失，豈容不正乎？呂子有云：觀戰國之事，取其大旨，不必字字爲據，蓋以游士增飾之詞多，矧重以訛舛乎。輒因鮑註，證以姚本，參之諸書，而質之《大事記》，存其是而正其非，庶幾明事跡之實，求義理之當焉。或曰：《戰國策》者，六經之棄也。子深辨而詳究之，何其戾，鮑之區區，又不足攻也。夫人患理之不明耳，知至而識融，則異端雜説，皆吾進德之助，而不足以爲病也。曾氏之論是書曰：君子之禁邪説，其將明其説於天下，使皆知其不可爲，然後以禁則齊，以戒則明。愚有取焉耳。是非之在人心，天下之公也。是雖芻蕘不遺，非謂大儒必斥，愚何擇於鮑氏哉。將寡學謏聞，謬誤復恐類之。世之君子有正焉，固所願也。

又卷一七《姚氏校注戰國策後題》　頃歲，予辨正鮑彪《戰國策注》，讀呂子《大事記》引剡州姚宏，知其非，亦注是書。攷近時諸家書錄皆不載，則世罕有蓄者。近得於一舊士人家，卷末載季文叔、王覺、孫朴、劉敞語。其自序云：嘗得本於孫朴之子慤。元祐初，在館中取南豐曾鞏本，叅以蘇頌、錢藻、劉敞所傳集賢院新本，上標劉校字。而姚又會粹諸本定之，每篇有異及他書可正者，悉注於下。因高誘注間有增續，簡質謹重，深得古人論撰之意，大與鮑氏率意竄改者不同。又云：訪得《春秋後語》，不爲無補，蓋晉孔衍所著者，今尤不可得，尙賴此而見其一二，詎可廢耶？考其書，成於紹興丙寅，而鮑注出丁卯，實同時。鮑能分次章條，詳還注説，讀者眩於浮文，往往喜稱道之，而姚氏殆絶無足怪也。

又卷一八《儀禮經注點校記異後題》　昔昌黎韓公嘗患《儀禮》難讀。讀之難，故讀者少，而善本亦少也。永嘉張淳忠甫校定，又別爲一書，以識其誤，號爲精密。而朱子猶笑其不能正釋文之謬，故其輯經傳集解，考正文字，詳著條下，幸惠後學大矣。許君益之點抹是書，按據注疏，參以朱子所定，將使讀者不患其難。獨不鄙夷，而以下教時時一二小見特効之，君或有取焉。往復數年，必欲毫髮無恨而後已。本既定，傳藏于家，杜君原父令其徒蔣師文傳點。君又見東萊呂子點校本，且記與令本異者見示，蓋呂以成都石經校印本標其異者于上，而注中多改塗增字，其標者意兩存之，而塗改則斷以己意，此非呂子不敢也。攷之呂集附錄，從子喬年記呂子標抹書，首出

《儀禮》，豈即此本耶？凡呂子所標抹，必點句讀。吾鄉故家所藏《史記》、《資治通鑑》之類可證也。喬年謂一字一句、點畫皆有深意，而所得之精，多見于此。愚因杜君而獲此，又豈非幸歟？顧未及示許君，攜以遠行，曁歸，則君已殁，而不及見矣。今所録，自《喪服》後缺，其句讀與許君不同者，除改字再句勿論，凡十有三條，欲質而無從，固所深恨。然十一卷中，不同者僅止此條，餘無不合。益歎君之精詣絕識，使及見之，當有以自信，而世之未知君者，于此亦可以見其學矣。呂本雖非完，尤當寶惜，恐其久而放失者也。謹著標字于前，而並列二家占句之異于後，且序其所以然者。若夫學者有志于古，而求通聖人之制度，而又究觀先儒之用心，則有全書在焉。

吳師道《詩集傳名物鈔序》 白雲先生許公益之《讀四書叢説》，師道既爲之序，其徒復有請曰：「先生所論著，獨《詩集傳名物鈔》爲成書，嚮聞屢以示子，而一二説亦厠子名於其間，子曷有以播其説？」師道竊惟《詩》之興尚矣，當周盛時，在下則有《二南》之《風》，在上則有《雅》、《頌》之作，周公取以列之經。幽厲之後，《風》《雅》俱變。夫子於諸國之風則刪其淫邪，於公卿大夫之作則取其可爲訓戒者。東遷之後，王國並列於國風，而於商、周之初，考其遺失，又得商頌之類，至魯頌則因其所用之樂歌以著其實，以是合於周公之所取，而爲三百篇。若自衛反魯，樂正雅頌，各得其所，則指周公之經殘缺失次者爾。是詩之爲經，始定於周公，再定於夫子，遂爲不刊之典。不幸厄於秦火中，可疑者多，而諸傳不察，由漢以來，毛、鄭之學專行，歷唐至宋，一二大儒始略出己意。然程純公、呂成公猶主序説，子朱子灼見其謬，汛掃廓清，本義顯白。每篇則定其人之作，每章則約以賦比興之分，叶音韻以復古用，吟哦上下，不加一字之法，略釋而使人自悟。破拘攣，發蒙蔀，復還溫柔敦厚平易老成之舊，自謂無復遺恨。嗚呼，詩一正於夫子而制定，再正於朱子而義明，朱子之功，萬世永賴，此《名物鈔》之所爲作也。自北山何先生基得勉齋黄公淵源之傳，而魯齋王先生柏、仁山金先生履祥授受相承，逮公四傳，有衍無間，益大以尊。公念朱傳猶有未備者，旁搜博采，而多引王、金氏，附以己見，要皆精義微旨，前所未發，又以《小序》及鄭氏、歐陽氏《譜》世次多舛，一從朱子補定，正音釋考，名物度數，粲然畢具，其有功前傳，嘉惠後學，羽翼朱傳於無窮，豈特小補而已哉。

吳澄《春秋纂言總例序》 屬辭比事，《春秋》教也。昔唐啖助、趙匡，集《春秋傳》，門人陸淳又類聚事辭，成《纂例》十卷。今澄既采摭諸家之言，各麗于經，乃分所異，合所同，仿《纂例》爲《總例》七篇：初一天道，次二人紀，次三嘉禮，次四賓禮，次五軍禮，次六凶禮，次七吉禮。例之綱七，例之目八十有八。凡《春秋》之例，禮失者書，出于禮則入于法，故曰刑書也。事實辭文，善惡畢見，聖人何容心哉，蓋渾渾如天道焉。嗚呼，其義微矣。而執謙自謂之竊取，區區末學，庸詎可得與聞乎。

又《吳文正集》卷一《禮記纂言序》 《小戴記》三十六篇，澄所序次。漢興，得先儒所記禮書二百餘篇，大戴氏刪合爲八十五，小戴氏又損益爲四十三，《曲禮》、《檀弓》、《雜記》分上下，馬氏增以《月令》、《明堂位》、《樂記》，鄭氏從而爲之注，總四十九篇。精粗雜記，靡所不有。秦火之餘，區區掇拾所存，什一於千百，雖不能以皆醇，然先王之遺制，聖賢之格言，往往賴之而存。第其諸篇，出於先儒著作之全書者無幾，多是記者旁搜博采，勦取殘篇斷簡，會粹成書，無復銓次，讀者每病其雜亂而無章。唐魏鄭公爲是作《類禮》二十篇，不知其書果何如也，而不可得見。朱子嘗與東萊先生呂氏商訂三《禮》篇次，欲取《戴記》中有關於《儀禮》者附之經，其不係於《儀禮》者仍別爲記。呂氏既不及答，而朱子亦不及爲，幸其大綱存於文集，猶可攷也。晚年編校《儀禮》經傳，則其條例與前所商訂又不同矣。其間所附《戴記》數篇，或削本篇之文而補以他篇之文，今則不敢，故止就其本篇之中科分櫛剔，以類相從，俾其上下章文義聯屬，章之大旨標識于左，庶讀者開卷瞭然。若其篇第，則《大學》、《中庸》程子、朱子既表章之，《論語》、《孟子》並而爲《四書》，固不容復厠之禮篇，而《投壺》、《奔喪》實爲禮之正經，亦不可以雜之於記。其《冠義》、《昏義》、《鄉飲酒義》、《射義》、《燕、聘義》六篇，正釋《儀禮》，別輯爲傳，以附經後矣。此外猶三十六篇：曰通禮九：《曲禮》、《內則》、《少儀》、《玉藻》，通記小大儀文，而《深衣》附焉，《月令》、《王制》專記國家制度，而《文王世子》、《明堂位》附焉；曰喪禮者十有一：《喪大記》、《雜記》、《喪服小記》、《服問》、《檀弓》、《曾子問》六篇，既喪，而《大傳》、《閒傳》、《問喪》、《三年問》、《喪服四制》五篇，則喪之義也；曰祭禮者四，《祭法》一篇，既祭，而《郊特牲》、《祭義》、《祭統》三篇，則祭之義也；曰通論者十有二：《禮運》、《禮器》、《經解》一類，《哀公問》、《仲尼燕居》、《孔子閒居》一類，《坊記》、《表記》、《緇衣》一類，《儒行》自爲一類，《學記》、《樂記》其文雅馴，非諸篇比，則以爲是書之終。嗚呼，由漢以來，此書千有餘歲矣，而其顛倒糾紛，至朱子欲爲之是正而未及竟，豈無所望於後之人與。用敢竊取其意，修而成之，篇章文句，秩然有倫，先後始終，頗爲精審。將來學禮之君子，於此考信，或者其有取乎，非但戴氏之忠臣而已也。

又卷一七《石晉卿易説序》　秦漢而下，泥術數者陋，演辭義者泛，而《易》道晦矣。至邵子，極探卦象著數之原，而《易》之道大明，夫子以來，一人而已，而於文王、周公之辭有未暇及也。若程子之傳，則因文王、周公之辭，以發其眞知實踐之理，推之爲修齊治平之用。宜與三古聖人之《易》而爲四，非可以傳註論。昔夫子年將七十，有「假我數年，卒以學《易》」之語，是經豈易學哉。主簿傅君以其師石君晉卿所著《易説》示予，予讀之，喜其説理之當，説象之工。蓋於象學理學，俱嘗究心，世之剽掠掇拾以爲説者，何能幾其十一？聞石君兩目無見，古之瞽者爲樂師，取其用志不分也。樂，一藝耳，《易》之道，詎一藝所可比。瞽而爲《易》師，亦其外物不接，內境常虚，故能精專若是歟。或曰：子之於《易》，與石君不同。何也？曰：予，補朱義者也。石廣，程傳者也。君釋象，予亦釋象，則皆程、朱之所未言者，雖有不同，而言固各有當也。

又《莊子正義序》　《莊子》，內聖外王之學，洞徹天人，遭世沈濁，而放言滑稽以玩世，其爲人固不易知，而其爲書亦未易知也。魏晉以來，註釋奚翅數十，雖淺深高下不同，大抵以己見説《莊子》，非以莊子説《莊子》也。玄學講師侯大中，蜀產也，澹然樸素，好《南華經》，聞淸江道士杜充符有唐劒南道士文如海《南華正義》，命其徒徑往，繕寫以歸，如獲珍器，近以示予。予嘉文氏方外之人，乃能獨矯郭氏玄虚之失，而欲明《莊子》經世之用。噫，可不謂拔乎儔類者哉。昔在天寶間，玄宗蓋嘗賜見《正義》十卷。宋太平興國八年，成都道士任奉古鋟諸木，而世不傳。講師將爲重刻，故叙其所以得書之由。

又卷一九《春秋類編傳集序》　析輪、輿、蓋、軫而求車，然後有以識完車之體。指棟、梁、桷、宋而求室，然後有以識全室之功。車、室非有假於分，而求其所以爲完車、全室，不若是，其詳不可也。子朱子曰：「析之有以極其精而不亂，然後合之有以盡其大而無餘。」噫，讀《春秋》者，其亦可以是求之矣。《春秋》，化工也，化工隨物而賦形。《春秋》，山嶽也，山嶽徙步而異狀。持一槩之説，專一曲之見，惡足與論聖人作經之旨哉？進賢陳君某示予所著《春秋類編》，析經以主傳，分傳以屬經。創意廣例，論類粲然。蓋有得於朱子之教者也。《春秋》非有假分合於人也，如是而求之，庶幾有以得其全耳。夫屬辭比事，《春秋》教也。屬辭所以合，比事所以析。不知比事，是舍輪、輿、蓋、軫而言車，離棟、梁、桷、宋而求室也。知比事而不知屬辭，則車與室其亡，矧於化工、山嶽乎何有？陳君其有以識是乎？夫極其精，所以盡其大也。不盡其大，無以得全體，陳君其必有以識是矣。

又《活人書辯序》　由漢以來，《大學》、《中庸》混於《戴記》，《孟子》七篇，儕於諸子。河南程子，始提三書與《論語》並。當時止有漢魏諸儒所注，舛駁非一，而程子竟能上接斯道之統，至《章句》、《集成》、《或問》諸書出，歷一再傳，發揮演繹，愈極詳密，程學宜有嗣也。而授受四書之家，曾不異於記誦辭章之儒，書彌明，道彌晦。何哉？然則輪扁所以告桓公，殆未可視爲莊生之寓言而少之也。

又卷二〇《周易本説序》　《易》者，天地鬼神之奧，而《五經》之原也，夫豈易究哉。古魏齊履謙伯恆父篤學窮經，其志苦，其思深。其於《易》也，悉去諸儒支蔓之説，而存其本，著《本説》四卷，其辭簡，其法嚴，能以一字一句該卦爻之義。余讀之，而有取焉。於《乾》之「乾」而曰：「上乾名，下卦名。」於《坤》之「黃裳」而曰：「不外事無上侵。」於《蹇》之「來反」、「來連」而曰：「反二連三。」於《解》之「負且乘」而曰：「負四乘二，以悔亡爲功能掩過，以無悔爲功過俱亡。」此其訓釋之善者也。於《屯》之二曰：「辭之遜，所以見覆之危，期之遠，於以明守之堅」。於《訟》之三曰：「食舊德，則人莫與爭能；從王事無成，則人莫與爭功」。於《遯》之三「與上」曰：「係者情牽於私，而功業非所勉。」肥者宏博自大，而職事非所屑。」此其文義之暢者也。「無妄」之「妄」，謂《史記》作望，意尤明白，則同乎先儒，而擇之精。「坎」三「來之」，謂之爲語辭，而不訓往。「復」彖「來復」，謂一陽始生於冬至之後，而謂十月微陽已生者。不然，則異乎先儒。而語之當。姑舉其槩如此，他未暇偏舉。嗚呼伯恆，其知《易》敎之以潔靜精微爲貴與？然其簡嚴太甚也。觀者鮮或細玩而詳窺，茲蓋未易與寡見謏聞議也。或曰：齊氏之說與子之說《易》不盡同也。予曰：然彼之與予同者，予固服其簡且嚴矣。其不與予同者，予敢是己之是，而必人之同乎己哉？亦將因其不同而致思焉。則其同也，其不同也，皆我師也。伯恆學孤特行，淸介所守，確乎不移。予嘗與爲寮友，君子人也，非止經師而已。

又《春秋諸國統紀序》　讀三百五篇之《詩》，曰：有美有刺也；讀二百四十二年之《春秋》，曰：有褒有貶也。蓋夫子旣歿，而序《詩》傳《春秋》者固已云然，則非秦漢以後之儒創爲是說也。說經而迷於是也，千年矣，逮自朱子《詩傳》出，人始知詩之不爲美刺作，若《春秋》之不爲褒貶作，則朱子無論著，夫孰從而正之？有惑有不惑者相半也。邵子曰：聖人之經，渾然無迹，如天道焉。《春秋》書實事，而善惡形于其中矣。至哉言乎。朱子謂據事實書而善惡自見，其旨一也。唐啖、趙，宋孫、劉而下，不泥於傳，有功於經者，奚啻數十家。然褒貶之蔽，猶未悉除，必待宋末李、呂，而後不大惑。夫其所謂褒貶者，以書時、書月、書日爲詳略其事，以書爵、書人、書國爲榮辱其君，以書字、書氏、書名、書人爲輕重其臣而已。噫，事之或時、或月、或日也，君之或爵、或人、或國也，臣之或字、或氏、或名、或人也，法一定而不易，豈聖人有意於軒輊予奪之哉。魏郡齊履謙伯恆甫之說《春秋》則異是，不承陋襲故，皆苦思深究而自得，內魯尊周之外，經書其君之卒者十八國，乃分彙諸國之統紀凡二十，己所特見，各傳于經，縷數旁通，務合書法，餘事闕而不錄。其義視李則明決多，其辭視呂則簡淨勝。予之所可，靡或不同，間有不同，亦其求之太過爾，而非苟爲言也。不具九方臯相馬之眼者，又焉能識之。伯恆甫之篤志經學，知之雖久，晚年獲睹其二書之成，寧不快於心與。二書謂何？《易》、《春秋》也。

又《周易輯說序》　金谿曾先生諱子良，在宋兩貢于鄉，擢進士科，仕至縣令。晚節，隱居講授，以通經學古，能詩能文，爲後進師。臨川饒宗魯遊其門，每日授《易》，所聞皆能記憶。師旣卒，乃祖述其意，撰著新辭，文口談之質俚，如傳註之純雅，名曰《周易輯說》。意或未安，不敢輒改，蓋有漢儒治經守家法之遺意焉。先生之年，吾父黨也。素所敬慕者，今因所輯，得窺前輩之所學，又嘉宗魯之能守其師說也，是以爲之序云。

又卷二一《陶淵明集補注序》　予嘗謂楚之屈大夫，韓之張司徒，漢之諸葛丞相，晉之陶徵士，是四君子也。其制行也不同，其遭時也不同，而其心一也。一者何？明君臣之義而已。欲爲韓而讎呂殄秦者，子房也。欲爲漢而誅曹殄魏者，孔明也。雖未能盡如其心，然亦略得伸其志願矣。靈均逆覩讒臣之喪國，淵明坐視強臣之移國，而俱未如之何也。略伸志願者，其事業見於世。未如之何者，將沒世而莫之知，則不得不託之空言以泄忠憤，此予所以每讀屈辭、陶詩而爲之流涕太息也。屈子之辭，非藉朱子之註，人亦未能洞識其心。陶子之詩，悟者尤鮮，其泊然沖澹而甘無爲者，安命分也；其慨然感發而欲有爲者，表志願也。近世惟東澗湯氏，稍稍窺探其一二。吾鄉詹麟若麒，因湯氏所注而廣之，考其時，考其地，原其序，以推其意。於是屈、陶二子之心，粲然暴白於千載之下，若麟之功，蓋不減朱子也。嗚呼，陶子無昭烈之可輔以圖存，無高皇之可倚以復讎，無可以伸其志願而寓於詩，倘使後之觀之者又昧昧焉，豈不重可悲也哉。

又卷二二《吏事初基詩注序》　《吏事初基詩註》一部四表，橫浦何君之所撰述也。綴五言爲詩，以提大綱。輯諸說爲註，以備衆目。凡聖賢訓戒，古今禮法，公私應接，大小事務，靡不該載。經史子集，律令條例，舊聞新見，嘉言善行，靡不援引。上自帝王，次而公卿，次而府史，下逮庶士，皆有裨益，皆可遵行也。其爲詩也，標一句五字於上，如書篇之有名，詩章之有題，淺近明白，雖若質俚，而不可忽且易也。其爲註也，累數十百言於下，如經解之有疏，史書之有志，諄復詳悉，雖若繁雜，而不可厭且憚也。然非徒撰述之者爲難，而觀覽之者亦難。故予讀之數日，而後能竟於是，而嘆其學之博贍、識之周徧也。其所援引，其所該載，雖儒流或未研窮，豈但可爲吏師而已。

又卷二三《葬書注序》　新喻劉則章，前賢之後。其上世公是、公非二先生，博極羣書，靡所不究。今其苗裔兼通方伎術數，可謂不忝其先矣。世所傳《葬書》，被庸謬之流妄增猥陋之說，以亂其眞。予嘗爲之刪定，擇至精至純者爲內篇，其精粗純襍相半者爲外篇，其粗駁當去而姑存之者爲雜篇。縱或觀者鮮，或能知予用意之密。則章獨能承用，將爲註以傳。予謂之曰：「予所刪定，去其蘩蕪。子又增其蘩蕪，可乎？註不必有也。」則章笑曰：「諾。」乃書以遺焉。

陳櫟《定宇集》卷一《太極圖説序》　此篇周子所自著，《太極圖説》。道學之精語也，不特道理淵永，文亦簡重，正大粹然，聖經賢訓之文焉。今選古文，而終之以《太極》、《西銘》二篇，豈無意者？蓋文章、道理，實非二致，欲學者由韓、柳、歐、蘇詞章之文，進而粹之以周、程、張、朱理學之文也。以道理深其淵源，以詞章壯其氣骨，文於是乎無弊矣。此愚銓次之深意也。

又卷七《答問・問楊誠齋易傳大概如何》　曰：誠齋本文士，因學文而求道于經學，性理終非本色，其作《易傳》，用二十餘年之工力，亦勤矣，嘗發家人以下數卦，質之晦翁，晦翁答之，無一字可否，不過曰「蒙示《易傳》之秘」。蓋見其立説之巧，自喜之深，非筆舌所能辨，於《易經》本義雖無所得，而亦不至於陸象山惑人、誤人之深，故略之而不答也。然坊中以是書合程子《易》並行，名曰《程楊二先生易傳》，實不當也。近年時文引用楊傳者甚多，文極奇，説極巧，段段節節，用古事引證，使人喜，動人心目處，固在此。而啓窮經考古，有識者之厭薄，亦在此。劣舅昔亦喜觀，所以讀《易編》一書，祖朱本義，附語録，因附程傳、王弼註、節齋蔡氏説，而楊傳之可喜不可棄者，亦存之，乃自家意見作如此區處。及見星源胡雙湖《本義附録纂註》，其規模正與我合。但渠本經《周易》，其所見之解多，我所見者不及其博耳。至於楊《傳》，雙湖無半字及之，可見楊《傳》足以聳動文士之觀瞻，而不足以使窮經之士心服也。吾甥年富力強，不厭于博，楊《傳》亦觀之，取其可喜者，而缺其牽合者。如世之外行觀《易》者，以爲《易》盡于程、楊，則不可。如雙湖之全然掃去亦不可。楊《傳》固于作《易》之本義不合，其推廣敷演《易》中之義，亦多有之，不可誣也。博觀約取，是在吾甥。

劉將孫《養吾齋集》卷八《解金剛經序》　王寄牕詩文外邃於内典，留意《金剛經》，遂能擴開二千年之雲霧，脱離八百家之聲聞。指示四句偈之端的，采摭融會，坦然明白。不推墮滉瀁，不添減注脚，是眞爲人解縛減擔。庶幾修行誦念，如中流傍岸，容易得度，倘欲余言爲叙，毋乃增益迷塗耶？寄牕，吾黨也。惟以吾黨心膂，求釋氏之解悟，故能盡掃諸説而求其當。彼偈頌者，就彼法中，亦不得不爾。昔吾夫子亦有四句偈曰：「毋意，毋必，毋固，毋我。」蓋無我、人、衆生、壽者相，即毋意、必、固、我也。當夫子時，釋未爲釋，道未爲道，聖人之悟，往往而同。後來謂三教一家者，特未識其初耳，是安得有三教哉。佛之所以出沒其詞，雖説一大藏，最後收拾爲《金剛》五千言，又約爲四句偈，其不容以明言者，懼學者之無得也。吾夫子之性與天道，雖子貢且不得聞。而若仁義道德之講析辨論，其何不極？而繇後來儒者言之，其心體而身驗者，幾何人也。於是知佛之引而不發者，慈悲廣大，然亦未嘗不發，諸祖以來，其不得以明著之者，猶佛心也。乃今揭然指其所歸，然非自爲之説，秖在從來義疏中。不離從來義疏，而義疏非從來所有。予爲寄牕叙，繇吾儒家相與映發，以爲以實明實，賢乎托虚以狀實，且以識吾儒之有未能知夫子者。

許謙《論語集注考證序》　古之聖人，得其位皆因時以制治。孔子酌百世之道以淑天下，而其事主於教。孟軻氏推尊孔子，傳於後世，以迄於今，故《論語》、《孟子》者，斯道之閫奧也。繇漢而還，解之者率有不獲，至二程夫子，肇明厥旨，今散見於遺書。嗣時以後，諸儒所著，班班可攷。然各以所見自守，有得有失，未有能撈抉融液，折諸理而一之者。子朱子深求聖心，貫綜百氏，作爲《集註》，竭生平之力，始集大成，誠萬世之絶學也。然其立言渾然，辭約意廣，往往讀之者或得其粗而不能悉究其義，或一得之致，自以爲意出物表，曾不知初未離其範圍。凡世之詆訾混亂，務新奇以求名者，其弊正坐此，此攷證所以不可無也。先師之著是書，或檃括其説，或演繹其簡妙，或攄其幽發其粹，或補其古今名物之略，或引羣言以證之，大而道德性命之精微，細而訓詁名義之弗可知者，本隱以之顯，求易而得難，吁，盡在此矣。蓋求孔孟之道者，不可不讀《論》、《孟》，讀《論》、《孟》者不可不由《集註》，《集註》有《攷證》，則精朱子之義，而孔孟之道章章乎人心矣。謙自壯年服膺師訓，即知讀朱子之書，其始三四讀，胷中自以爲洞然顯白，已而不能無惑，學之頗久，若徐有得焉，及即其書而觀之，乃覺其意初不與己異，學之愈久，自以爲有得者不遂止於一，而與鄙陋之見合者亦大異於初矣。由是知聖賢之言理趣無窮，朱子之説雋永當味，童而習之，白首不知其要領者何限。先師是書，亦惘夫世之不善學朱子之學者也。傳曰：仁者見之謂之仁，知者見之謂之知，百姓日用而不知，故君子之道鮮。謙於是深有感焉，故翻閲羣書，用加讐校，藏諸家，傳諸其徒，若好事君子能廣而傳之，是固謙之所望，亦先師之志云爾。

揭傒斯《文安集》卷八《通鑑綱目書法序》 孔子因《魯史》作《春秋》，以爲萬世之法。朱子因司馬氏《通鑑》作《綱目》，以正百王之統。此天地之經，君臣之義，而聖賢之心也。世之言《春秋》者，自《公羊》、《穀梁》、《左氏》以下，無慮數十家，而義猶有所未明，疑猶有所未解者，《魯史》不可復見，且聖人之制作也。後之羽翼六經者，宜莫如朱子，猶不敢言《春秋》。然綱目之作，非深得聖賢之旨者不能也。故朱子不言《春秋》，而知《春秋》者莫如朱子。世之言《綱目》，亦無慮數十家，既有《春秋》爲之義例，又有諸史可以究其始末，且去朱子之世爲未遠，而又有親及其門者，然言愈煩而義愈密，非深得朱子之意，如朱子之知《春秋》者不能言也。能言，未有若廬陵劉氏《綱目書法》者，其辭則《公羊》、《穀梁》，其義則《春秋》，而其志則朱子也。

程端學《春秋本義序》 《三傳》者之作，固不可謂無補於經也，然而攻其細而損其大，泥一字而遺一事之義，以日月、爵氏、名字爲褒貶，以抑揚、予奪、誅賞爲大用，執彼以例此，持此以方彼，少不合則輾轉生意，穿鑿附會。何、范、杜氏又從而附益之，聖人經世之志泯矣。後此諸儒，雖多訓釋，大凡不出三家之緒。積習生常，同然一辭，使聖人明白正大之經，反若晦昧譎怪之説，可歎也已。幸而啖叔佐、趙伯循、陸伯冲、孫大山、劉原父、葉石林、陳岳氏者出，而有以辨《三傳》之非。至其所自爲説，又不免褒貶、凡例之敝；復得呂居仁、鄭夾漈、呂朴鄉、李秀巖、戴岷隱、趙木訥、黄東發、趙浚南諸儒，杰然欲掃陋習，而未暇致詳也。端學之愚，病此久矣，竊嘗采輯諸傳之合於《經》者，曰本義，而間附己意於其末，復作辨疑以訂《三傳》之疑似，作或問以校諸儒之異同，廿年始就，猶未敢取正於人。蓋以此經之大，積敝之久，非淺見末學所能究也。

楊維楨《東維子集》卷一《刑統賦釋義序》 古者帝王恃以治天下者，大經大法而已，未所謂律也。世道既降，巧僞横生，法家者流，始制律以鉗鈦天下之民，奸日滋，則律日煩，亦時使然也。蓋律令起於秦，定於漢，律法刑統遂大著於唐、宋。而傳霖氏爲之賦《刑統》，以便律學之誦習。夫繩墨陳而天下之曲直不能逃，規矩設而天下之方圓不能越。律固捄弊之繩墨規矩夫。潁濱蘇子曰：「讀書萬卷，不讀律，致君堯舜終無術。」君子於其言，可以占世變矣。我朝混一海宇，承平百年，方以儒道理天下，士往往繇科第入官，凡讞一獄，斷一刑，稽經援史，與時制相叅，未有吏不通經，儒不識律者也。保定梁公彦舉蚤歲爲宗正府掾，嘗從府使者及省部官讞獄，河南江北，閲案愈多，而審律愈精，人咸服其明允，後司泰州筦庫，遂著《刑統賦釋義》一編，上探經傳律疏史鑑有可證者，而又折之以己意，推諸苛密而歸諸仁厚，蓋傅霖氏之忠臣矣。今年，維禎備員杭課提舉，幸與公爲同寮。平市之暇，嘗論及古典及今之通制，且出此編以示余，始嘆公不惟精於法家之律，而又明於儒者之經史也，豈非時之通才也哉。嗚呼，鄭子産鑄刑書，叔向氏譏之，懼民棄禮而質之於書也。故曰先王議事以制辟，不知後世又有微於書而不竟者，律其可廢乎？賦《刑統》者既舉律而約之，釋義者又即賦而精之，俾後之莅政者，有所稽而準焉。足以權衡世變，扶植世道，而致其君於堯舜之上。蘇子之所感論者，豈誣我哉。

又卷一〇《□氏注道德經序》 道之不明也，知者過之，愚者不及也。聖人載道於言，未嘗不簡易著明，自非不愚之極，皆可得而白也。故曰道若大路。然老氏道與吾聖人之道，本無二也。引以爲異者，私知求之之過也。於是乎有眞無之論，要非老氏之本也。金人□氏仲寬以吾聖人之學注老氏之書，深諱儒者以虛無以絶滅禮樂、以慘刻術數言《老子》，而必欲證其道以同吾聖人，蓋其讀《老》之見有獨至而自信者篤矣。觀其十一章，首闢虛實之論與夫眞無妙有之譚；十三章，深折滅生脱患之説；二十二章，極其至精於眞實信驗；三十七章，以天下之事相生相代爲理之必至；五十三章，爲備論修齊治平之道；八十章，爲歷叙至治之化，以還淳返朴，望於後聖之治。於此見老氏之學非虛無之祖，而老氏之道非機謀術數者之所爲也。坦乎其言，實訓詁諸家之所未見也。吾於是感無極翁之論無，即老子「有生於無」之旨，而惜鵝湖諸子之疑於無者，未見□氏之論也。其高第弟子爲四明董自損，嘗受師旨爲《同歸論》。今將板行其師所註老氏經若干卷，持其編來，見予錢唐，丐一言以引首。予頗是其説，故爲之序云。

吴萊《淵潁集》卷一二《春秋通旨後題》 自宋季德安之潰，有趙先生者北至燕，燕趙之間，學徒從者殆百人。嘗手出一二經傳及《春秋胡氏傳》，故今胡氏之説特盛行。胡氏《正傳》三十卷，傳外又有總貫條例、證據史傳之文二百餘章，子寧集之，名曰《春秋通旨》，輔傳而行。當胡氏傳《春秋》

時，光堯南渡，父讎未報，國步日蹙。將相大臣，去戰主和，寖忘東京宫闕、西京陵寢而不有者。是故特假《春秋》之説，進之經筵，且見内晉外楚，若是之嚴；主辱臣死，若是之酷。冀一悟主聽，則長淮不至於自畫，江左不可以偏安，此固非後世學《春秋》之通論也。然而胡氏傳文大槩，本諸程氏。程氏門人李參所集程説，頗相出入，胡氏蓋多取之。欲觀《正傳》，又必先求之《通旨》，故曰：史文如畫筆，經文如化工，若一以例觀，則化工與畫筆何異？惟其隨事而變化，則史外傳心之要典，聖人時中之大權也。世之讀《春秋》者，自能知之，固不可以昔者歆、向之學而異論矣。趙先生者，諱復，字仁甫。國初南伐，攻德安潰之，仁甫遭獲，遇姚文獻公軍中。文獻與言，信奇士，仁甫方以國破家殘，不欲北，且蕲死。會夜月出即逃，乃亟被鞍躍馬，號積尸間，見其解髮脱屨，仰天呼泣，蓋欲求至水裔而未溺也。文獻曉以徒死無益，乃還。然後盡出程朱性理等書及諸經傳。故今文獻與許文正公，遂爲當代儒宗，仁甫爲有以發之也。先正有云：世之去聖日遠，故學者惟傳經最難，仁甫當天下擾攘之際，乃能盡發先儒傳疏而傳之，不亦難乎。

揭汯《難經本義序》　許昌滑君伯仁，篤實詳敏，博極羣書，工於醫者三四十年，起廢愈痼，不可勝紀。遂晝惟思夕，旁推遠索，作《難經本義》二卷。析其精微，探其隱賾，鈎其玄要，疑者辯之，誤者正之，諸家之善者取之。於是《難經》之書，辭達理明，條分縷解，而《素問》、《靈樞》之奥，亦由是而得矣。夫人之生死係於醫，醫之本原出於經，經之旨不明，其害可勝言哉。然則伯仁之功，豈小補者耶。

《宋史·儒林傳二·周堯卿》　其學《詩》，以孔子所謂「《詩》三百，一言以蔽之曰：思無邪」，孟子所謂「説《詩》者以意逆志，是爲得之」，考經指歸，而見毛、鄭之得失。曰：「毛之傳欲簡，或寡於義理，非一言以蔽之也。鄭之箋欲詳，或遠於性情，非以意逆志也。是可以無去取乎？」其學《春秋》，由左氏記之詳，得經之所以書者，至《三傳》之異同，均有所不取。曰：「聖人之意豈二致耶？」

又《儒林傳三·林之奇》　會朝廷欲令學者參用王安石《三經義》之説，之奇上言：「王氏三經，率爲新法地。晉人以王、何清談之罪，深於桀、紂。本朝靖康禍亂，考其端倪，王氏實負王、何之責。在孔、孟書，正所謂邪説、詖行、淫辭之不可訓者。」

又《儒林傳八·王柏》　柏之言曰：「伏羲則《河圖》以畫八卦，文王推八卦以合《河圖》者，先天後天之宗祖也。《河圖》是逐位奇偶之交，後天是統體奇偶之交，惟四生數不動。以四成數而下上之，上偶下奇，莫匪自然。」又曰：「大禹得《洛書》而列九疇，箕子得九疇而傳《洪範》。範圍之數，不期而暗合。《洪範》者，經傳之宗祖乎。『初一曰五行』以下六十五字爲《洪範》，『五皇極』以下六十四字爲皇極經，此帝王相傳之大訓，非箕子之言也。」

梁益《詩傳旁通叙》　謹按：《詩》之一經，有傳有箋有疏，疏一名正義。出于毛萇氏者謂之傳，出于鄭玄氏者謂之箋。傳之爲言訓也，訓釋其書也。凡書非正經者謂之傳。箋之爲言薦也，主于薦成毛傳之意也。毛萇趙人，爲河間太守，爲北海相，所訓傳者曰《毛詩》，流傳北海。鄭玄，字康成，北海人。取毛氏詁訓所不盡及異同者箋之，當時學者尊信康成，故《毛傳》得《鄭箋》而盛行。自康成之後，魏王肅字子雍，有《毛詩註》、有《毛詩義駁》。司空王基《毛詩駁》，太子文學劉楨字公幹《毛詩義問》，吴陸璣字元恪《草木鳥獸魚蟲疏》，晉孫毓《毛詩異同評》，梁武帝《毛詩大義》，梁桂州刺史崔靈恩《毛詩集註》，舒援、沈重、劉瓛、張氏，隋秘書學士魯世達等之《毛詩義疏》。至唐孔穎達氏，取毛《傳》、鄭《箋》而疏之，謂之《正義》，詩之制度名物於是大備。然其訓説皆不敢背乎小序，未有舍序而自爲之説者。惟宋歐陽公、王荆公諸先生出，卓然有見，高視千古之上，舍序舍傳而研究經旨，理明義精，犂然允當，如唐之啖助、趙匡、陸淳舍傳言《春秋》，非尋常識見所及。夾漈鄭樵氏漁仲之言曰：風土之音曰風，朝廷之音曰雅，宗廟之音曰頌，且爲作《詩辨妄》六卷，《詩經》之旨大明。迨晦庵朱子而大定矣。益謂去古未遠，有古書可攷，莫若漢儒之毛氏傳鄭氏箋；制度述作，物性名件，莫若唐孔氏之疏義。讀此經者，所當徧知而不可偏觀也。【略】漢儒尚專門之學，各講授其師之説，故有講師之名。人各異師，師各異説，經之本旨反因之而亡。吕伯恭氏所謂從而附益之，此講（詩）[師]講經之弊也。然亦有互相發明者，不可一槩而論。故近世李性學先輩有「繼序」之説，大序、小序之下，以經生講師所述者爲「繼序」。性學著《詩統》一編，有自序，《詩統》有曰：《詩》者，聖人傳心之正印，而《五經》之靈樞也。士欲學道，必自《詩》入。經燬于秦，惟《詩》以詠免。漢裂而四，魯固、齊陋、韓厖，惟毛以《爾雅》傳。又曰：至隋而王文中氏始窺其門，至宋而歐陽氏、蘇氏始撤其藩，覩其堂室，明道氏、伊川氏、横渠氏發其蔀，啓其鑰，《詩》之眞隱而復豁。紫陽氏鰓其結，解其紛，而《詩》之靈明公大中正純粹之天乃昭昭。李先輩之自序，此其大略，然《詩統》每篇之首各有小序，蓋雪山王氏、夾漈鄭氏、子朱子之外言《詩》者率以序言，非愚益所敢妄議也。

曹涇《跋深衣説》（《新安文獻志》卷二四） 陳君壽翁以舊説見教，訓故叙次若出于其自爲言，而未嘗不本之先儒，要其歸，于經意卒無背也。其爲説，字字研審。其大節目，則曲袷圓袂之辨，衣裳幅數連屬之當，令人一見煥然。至于以二句十四字爲「續衽鉤邊」之訓，酷似孟子説《詩》，例比呂氏，尤爲峻潔，而鄭氏之云，亦可因是推之以還本旨，然微壽翁，鄭意晦矣。嗚呼，玆古大人格物之學也，人人于讀書遇事，平心而玩，觸類而長，如此亦何經之不可窮，何理之不可通，而何事之不可處哉？豈特《深衣》一節也。

劉壎《隱居通議》卷一九《文章七・莊子注》 郭象注《莊子》，議論高簡，殊有義味。凡莊生千百言不能了者，象以一語了之。余嘗愛其注「混沌鑿七竅」一段，惟以一語斷之，曰「爲者敗之」，止用四字，辭簡意足一段章旨，無復遺論，蓋其妙若此。世謂「莊子注郭象」，亦是一説。

危素《説學齋稿》卷二《夏小正經傳考序》 素昔從翰林學士吴先生學《禮》，得所校《大戴禮》。先生曰：「猶幸此書《夏小正》存焉，然嘗患其經傳相混，而注釋未詳。」嗚呼，古書之存者鮮矣。而是書歷三代，脱秦火，而未至於泯滅，況於日星之行，氣候之節，國家之政，生民之業，具列於此，學者可不務之乎？句章史君季敷甫嗜古學，作《夏小正經傳考》，句證以山陰傅氏本，及采《儀禮集》，參究同異，附以釋音。復取先儒解經所引《小正》語及事相附近可以考訂者，隨事疏於傳文之下，脱衍者列叙於後。即其采摭之詳，訓詁之密，非篤於古學不能然也。素以使事求史館遺書，過句章，得是書於君之子塾孫，讀之旬日。乃因其請，叙於篇端。

梁寅《詩演義序》 《詩》以温柔敦厚而垂教者也。其爲言也，既平易而易知，及諷詠之也，又足以感人心而易入。然初學誦之，亦有難者焉。其所以難者，訓詁則必欲其明也，義理則必欲其正也，《詩》之所由作者所當究，而其不可知者爲多也。吾夫子删《詩》之時，未有注釋也，至漢儒以經相傳授，注釋益衆矣，而無所前聞，多爲臆度，故謬誤相襲。朱子《詩傳》獨覺夫千載之失而有以正之，至於字義，尤必有據，凡其穿鑿附會者，悉棄而不取，故曰訓詁之必明也。漢儒之釋經，於正理或昧，迨程、朱之言既行，駁雜之論乃黜，今之讀經者，宜壹遵程、朱，難復互異，故曰義理之必正也。古人之歌《詩》，如今之歌曲，或頌或規，唯取大意，《詩》之事實，多所未究，以今觀之，其作者爲何人，所指爲何事，勿問之可也，故曰其不可知者爲多也。傳之或簡略者，蓋章解句釋非君子之所尚也，然幼學之士，讀經而懵於傳，讀傳而違於經，非加之意，何以究通？故余之所論者，爲幼學慮也。故博稽訓詁以啓其塞，根之義理以達其意，於其隱也，闡而使之顯，於其略也，推而使之詳，其間與傳牴牾蓋或時有焉，而以求其是也。君子觀之，恕其僭踰，正其疵謬，則耄言之或傳也，非至幸者乎。

宋濂《文憲集》卷五《春秋屬辭序》 濂頗觀簡策所載説《春秋》者，多至數十百家，求其大概，凡五變焉。其始變也，三家競爲專門，各守師説，故有《墨守》、《膏肓》、《廢疾》之論。至其後也，或覺其膠固已深而不能行遠，乃仿《周官・調人》之義而和解之，是再變也。又其後也，有惡其是非淆亂而不本諸經，擇其可者存之，其不可者舍之，是三變也。又其後也，解者衆多，實有溢於三家之外，有志之士會粹成編，而集傳、集義之書愈盛焉，是四變也。又其後也，患恆説不足聳人視聽，爭以立異相雄，破碎書法，牽合條類，譁然自以爲高，甚者分配易象，逐事而實之，是五變也。五變之紛擾不定者，蓋無他焉，由不知經文史法之殊，此其説愈滋而其旨愈晦也歟。子常生於五變之後，獨能别白二者，直探聖人之心於千載之上，自非出類之才，絶倫之識，不足以與於斯。嗚呼，世之説《春秋》者，至是亦可以定矣。

又《杜詩舉隅序》 《詩》三百篇，上自公卿大夫，下至賤隸小夫，婦人女子，莫不有作，而其托於六義者深遠玄奧，卒有未易釋者。故序《詩》之人，各述其作者之意，復分章析句，以盡其精微。至於《東山》一篇，序之尤詳。且謂一章言其完，二章言其思，三章言其室家之望女，四章樂男女之得及時。一覽之頃，綱提領挈，不待註釋而其大旨煥然昭明矣。嗚呼，此豈非後世訓《詩》者之楷式乎。杜子美詩，實取法三百篇，有類國風者，有類雅頌者，雖長篇短韻，變化不齊，體段之分明，脈絡之聯屬，誠有不可紊者。註者無慮數百家，奈何不爾之思？務穿鑿者，謂一字皆有所出，泛引經史，巧爲傅會，楦釀而叢脞；騁新奇者，稱其一飯不忘君，發爲言辭，無非忠國愛君之意。至於率爾咏懷之作，亦必遷就而爲之說。說者雖多，不出於彼，則入於此。子美之詩，不白於世者，五百年矣。近代盧陵大儒頗患之，通集所用事實，別見篇後，固無繳繞猥雜之病，未免輕加批抹，如醉翁寱語，終不能了了。其視二者，相去何遠哉。會稽俞先生季淵，以卓絕之識，脫略衆說，獨法序《詩》者之意，各析章句，具舉衆義，於是粲然可觀，有不假辭說而自明。嗚呼，釋子美詩者，至是可以無遺憾矣。抑予聞古之人註書，往往托之以自見。賢相逐而《離騷》解，權臣專而衍義作，何莫不由於斯。先生開慶己未進士，出典方州，入司六察，其冰蘖之操，諒直之風，凜然聞於朝著。不幸宋社已亡，徘徊於殘山剩水之間，無以寄其罔極之思。其意以爲忠君之言，隨寓而發者，唯子美之詩則然，於是假之以洩胸中之耿耿，久而成編，名之曰《杜詩舉隅》。觀其書，則其志之悲，從可知矣。先生既歿，其玄孫安塞丞欽懼其湮滅無傳，將鍥諸梓，而來求序文甚力。予居金華，與先生爲鄰郡。及從黃文獻公游，備聞先生之行事，可爲世法，因不辭而爲之書。先生名浙，季淵字也，晚以默翁自號。所著有《韓文舉隅》，而《孝經》、《易》、《書》、《詩》、《禮記》、《春秋》、《離騷》各有審問，不但箋杜詩而已也。

朱右《白雲稿》卷四《春秋傳類編序》　愚讀《春秋》《三傳》、《國語》，愛其文煥然有倫，理該而事核，秦漢以下無加焉。因采摭其尤粹者，得若干卷，題曰《春秋類編》而爲之序曰：圖書出而人文宣，光嶽分而人材降，是人材者，人文之所寄也。孔子曰：「天之未喪斯文也，匡人其如予何。」其亦謂是也。夫自周轍既東，聖賢道否，孔孟之教，不行於天下。春秋戰國之際，功利日興，權謀是尚，固不足以上窺天人之奧，而布其致君澤民之心矣。幸而天理不泯，斯文未墜，經生學士，器識卓絕，不無人焉。求其能輔翼聖經、垂型世範者，愚於《左氏》、《公羊》、《穀梁》而深有望也。雖然，《三傳》、《國語》之文不能無辨，《左氏》則無間然矣。《國語》之書，前輩亦未定爲何人，詳其詞氣，要非左氏之筆，蓋亦倣左氏而自爲一家者。世以爲《春秋外傳》，得無意乎？《公羊》、《穀梁》爲經而作，典禮詳實，詞旨簡嚴，有非他能言之士可及也。愚試評之，譬之良工之繪水與木也。藝有專精，則所就有深淺，然自心巧發之，則各得其一端之妙。《左氏》之文，煥然有章，小大成紋，猶水之波瀾也；蘖蘤敷腴，英華暢發，猶木之滋榮也。《公》、《穀》之文，源委有自，派脈分明，猶水之淵泉也；根據得實，柯條森挺，猶木之枝幹也。要之，繪者雖意匠，所得不同，然其心術之微，神巧之妙，變化無窮，皆工之良而無迹之可指也。

王褘《王忠文公集》卷五《夏小正集解序》　《夏小正》，世以爲《夏書》，其書在《大戴禮》中，傳之者戴氏也。鄭康成爲之註，或曰盧辨註，謂爲鄭氏，非也。潁川韓元吉氏嘗以范太史家藏舊本校定之，然與故所傳關本訛舛不同。會稽傅崧卿氏又據關本而爲訓釋，實多所補正。及考亭朱子集《儀禮》，尊信《小正》而用之經，其論定者，旨益加明矣。今括蒼趙君復集諸家之說而爲之解，於是爲尤詳密者也。【略】然君之爲此書，則既考覈詳而論辨密，卓見絕識，往往而是，不其有可傳者歟？第其眞本及所著他書，皆厄於兵。而此篇者，乃其伯氏掇拾遺藁，重所繕錄。章句字畫之脫誤，不能無之，覽者擇焉而已。

鄭真《滎陽外史集》卷三七《記劉敞春秋權衡意林後》　予近閱《袁文清公集》，其言宋鄉先生樓宣獻公嘗爲止齋陳氏序《春秋傳》。晚歲悔悟，遂焚其藁，且謂：學者治《春秋》，當於清江劉氏下手。旨（哉）［在］其爲言也！今觀《意林》、《權衡》二書，既有以正《三傳》得失，復有以明聖人之歸趣，而凡世儒之名稱、爵號、日月、凡例、褒貶之說，有不待辨而知其非矣。嗚呼，是豈非《三傳》之忠臣也歟。予于止齋傳誦宣獻之文，知其爲贊成一家之言。而袁公所謂宣獻晚歲悔悟之說，猶可傳信，謹識於《權衡》、《意林》之後。

又卷三八《記春秋後傳》　永嘉陳止齋先生著《春秋後傳》，立意精微，措辭簡當，其論世變，有若身處乎二百餘年間。然其中亦有違戾自相抵捂者，是以明經之士，論據事直書者多致疑焉。吾鄉樓宣獻公嘗爲先生著序引，而清容袁公謂宣獻晚年悔悟，自焚其藁。今其序引與傳俱傳，其亦可以會其旨趣之歸矣哉。

葉盛《水東日記》卷二四《李安成十九首注》　祭酒安成李先生於劉履

《風雅翼》常別加注釋，視劉益精焉。嘗見魏瑤縣丞卷子，有先生手書十九首註，惜不能全記。其「行行重行行」注曰：「此《古詩十九首》之一也。劉先生《補註》云，賢者不得於君，退處遐遠，思而不忍忘，故作是詩。言初離君側之時，已有生別離之悲矣。至於萬里道遠，會面無期，比之物生異方，各隨所處，又安得而不思慕之乎？夫以相去日遠，相思愈瘦，而游子所以不顧還返者，第以陰邪之臣上蔽於君，使賢路不通，猶浮雲之蔽白日也。然我之思君甚底於老，宜何如哉？惟努力加飡飯而已。竊嘗反覆詳玩，以爲『行行重行行』者，有遲遲不忍去之意。曰『生別離』者，不當別而別，雖曰生別離，而有死別離之悲之意存焉。『重行行』，其行蓋不遠，至於萬里道阻，會面無期，則君臣之心不相投合，有如胡馬越鳥，南北背馳，相去日遠，相思益深，而不覺其憔悴益甚也。然相思雖深，猶幸君心一悟而召己，及其讒邪之臣，蠱惑君心，終以不悟，如浮雲之蔽白日，故長往而不復顧念還返也。中之意猶冀君心悔悟，則其思有時而已，今而君心既不悟，則其思至於老死而後已。吁，忠愛不忘君之情，何其至哉。末二句，聊以自寬譬云耳，蓋亦無可奈何之辭也。」

陸容《菽園雜記》卷四 朱子註《詩》云：黍，穀名。苗似蘆，高丈餘，穗黑色，實圓重。稷，亦穀也，一名穄，似黍而小。嘗與北人論辨黍之形似，乃知所謂「苗似蘆，高丈餘」者，即今南方名蘆粟，北方名蜀秫，其榦名秫楷者是已。蓋自是一種，非黍也。其所謂「一名穄，似黍而小」者，此乃是黍，非稷也。今北人謂黍爲黃穄，又名黃米，粘膩可釀酒，則黍之名穄明矣。稷與黍甚相似，但不可釀酒耳。其註「鶬」云，頂赤身白，頸尾黑。黑羽實生於翅，非尾。此皆一時之誤。

又卷一四 《杜律虞註》，本名《杜律演義》，元進士臨川張伯成之所作也。後人謬以爲虞伯生所注。予嘗見《演義》刻本，有天順丁丑臨川黎送久大序及伯成傳序。其略云：注少陵詩者非一，皆弗如吾鄉先進士張氏伯成《七言律詩演義》。訓釋字理，極精詳，抑揚趣致，極其切當。蓋少陵有言外之詩，而《演義》得詩外之意也。然近時江陰諸處以爲虞文靖公注，而刻板盛行，謬矣。其《桃樹》等篇，「來行萬里」等句，復有數字之謬焉。吾臨川故有刻本，且首載曾昂夫、吳伯慶所著《伯成傳》並輓詞，叙述所以作《演義》甚悉，奈何以之加誣虞公哉。按：文靖蚤居禁近，繼掌絲綸，嘗欲釐析詩書，彙正《三禮》，弗暇，獨暇爲此乎？楊文貞公固疑此注非虞，惜不知爲伯成耳。嫁白誆坡，自昔難免哉。

又卷一五 朱子註《易》，雖主尙占立說，而其義理未嘗與程《傳》背馳。故《本義》於卦文中，或云說見程《傳》，或云程《傳》備矣。又曰：看其《易》，須與程《傳》參看。故本朝詔告天下，《易》說兼主程、朱，而科舉取士以之。予猶記幼年見《易經》義多兼程《傳》講貫，近年以來，場屋經義，專主朱說取人，主程《傳》者皆被黜。學者靡然從風，程《傳》遂至全無讀者。嘗欲買《周易傳義》爲行篋之用，徧杭城書肆求之，惟有朱子《本義》，兼程《傳》者絕無矣。蓋利之所在，人必趨之，市井之趨利勢固如此，學者之趨簡便亦至此哉。

程敏政《篁墩文集》卷二三《雪心賦句解序》 相地之書，蓋無出郭氏《葬經》者矣。然班固《藝文志》已有形法家，相地與相人書並列，疑《葬經》雖出郭氏，而郭氏實不足以與此，豈先秦之緒餘乎。今考其文，精深雅奧，誠有至理，而不出於「乘生氣」之一言，唐曾、楊諸君子蓋得其說，而行之驗矣。後之陋於術者，心目不逮古人，乃相與鬬合，爲天星卦例諸說，舍形勢而論方位，其義淺，其詞俚，其行之易售，故其學之易入也。夫執羅經而以卦例格地，以天星論水，合則吉，否則凶，如是則人可以爲曾、楊，而何取於生氣之乘。使孝子慈孫陷其親之遺體於水泉蟲蟻之患而不自覺，甚可憫也。孔子曰：人而無恆，不可以作巫醫。甚矣，術之不可不慎，而擇之不可不審也。聽於庸醫，而閼其親之生年；聽於陋術，而危其親之遺體，其爲不慈不孝，均也。先少保襄毅公之喪，朝廷特遣使者賜葬南山之原。四方術者，川滃雲集，言人人殊，大約多以天星卦例爲說，其誦《葬經》者，蓋不能以句，而何望其踵曾、楊之故步哉。獨吾郡謝昌子期，專以《葬經》爲主，旁通儒書，尤究心於文公及蔡西山父子之說，於天星卦例，則深絕之。其爲人扦穴，率有證佐，非出於揣摩億度之爲，庶幾如妙於醫者之用鍼，巧於射者之中鵠也。然陋於術者，反從其後，訾且壞之，孝子慈孫，亦從而惑之。蓋世之眞贋不分，往往類此，非至明者不能用其人，非至健者不能聽其決也。子期以唐卜則巍《雪心賦》專祖郭氏註者，亂其彙次，而失其肯綮。因句爲之解，諷者以正，晦者以明，誠足以袪積習之謬說，而大有益於世之慈孝者矣。余竊因之有感焉。世之號儒者，舍聖經賢傳而從事乎詞章，比之庸醫舍《素》、《難》而執方書陋於術者，舍《葬經》而瀾倒乎天星卦例之説，其失一道也。然則，使子期而服儒之服，專致力乎儒者之學，吾黨之士，或當愧之，此余所以三復其書，而不能已於言也。

張志淳《南園漫録》卷四《注書誤》 論「君子無所爭，必也射乎」，朱子以唯於射而後有爭解「必也射乎」，蓋以決辭爲義，而屬上句矣。及「何事於仁，必也聖乎」，朱子又以疑而未定解，「必也聖乎」而屬下句矣。二句皆孔子之言，文義氣脈皆同，若通作疑而未定解，於理豈不尤順，於孔子當時之辭氣豈不暢乎。況此二解，又非引言而皆出朱子，而前後頓異，良不可曉。或謂朱子不可妄意，則寧失孔子本意而徇朱子，可乎？夫孔子聖也，朱子賢也，賢者不免有時而誤，又何疑哉？觀朱子於程、張，亦辨其非，主於理之是而已。

季本《詩説解頤序》 《詩》遭秦火，全經不存。世儒收拾於煨燼之餘，綴爲三百五篇之數，非古經也。《春秋》諸大夫所賦之詩，如《野有蔓草》之類，所謂亂世之音也，此乃孔子未正樂之前流於民俗，習而不知，正其在所删者。班固乃謂：「《詩》三百五篇遭秦火而全者，以其諷誦，不獨在竹帛故也。」失經意甚矣。《詩》之失傳，大抵如此。漢初言《詩》者，齊、魯、韓、毛四家，而毛氏之傳，自謂出於子夏，著之爲傳，始露萌芽。至於鄭玄，力主毛説，而爲箋以發其意，於是《毛詩》行而三家之説廢矣。自兹迄宋，莫不宗毛，《小序》之言，據爲定案，謂學《詩》而不求序，猶入室而不由戶也。故雖大儒如程子，嘗以己見發明其意，而亦不以其説爲非，則若其傳眞出於子夏者矣。惟鄭夾漈作《辯妄》以詆《小序》，而朱子取之，亦爲《辯説》，一洗序説之陋，而又爲《集傳》以詳解之，可謂有功於《詩》學矣。特其所見猶泥舊聞，而《詩》之大意不能超然悉會於言表，則反有以起人復尋毛舊，如東萊呂氏之《讀詩記》者矣。夫東萊，朱子之同志也，而猶不能信從，則何以俟聖人於百世哉。隋王通以諸侯不貢詩，天子不采風，樂官不達雅，國史不明變，而作《續詩》。是經尚可續，而況於傳乎。張子曰：置心平易，然後可以言《詩》，涵泳從容，則忽不自知其解頤矣。此説《詩》者以意逆志之宗旨，而詩傳之所以可續也。苟得其意，而於《詩》學少補分毫，則其爲説，雖朱子亦當謂其能繼志矣，庶幾一解頤焉。自漢《匡衡傳》載「匡説《詩》，解人頤」之語，而宋范處義、國朝朱善皆以「解頤」名詩説，則解頤者釋經舊名也。今愚亦以是名書，其名同，其義不相襲也。蓋於舊説多所破之，而一以經文爲主。書有《總論》二卷，以提其綱，《正釋》三十卷，則説正經者也。别爲《字義》八卷附於其後，以補《正説》之所未備，而性情之本，名物之詳，一覽可盡矣。

又《詩説解頤・總論引》 予輯《詩説解頤》，有正釋三十卷，字義八卷，比諸家舊説爲詳。然一以經文爲主，而於舊説多所破之，覽者或未能悉達，故述《總論》二卷以冠其端，知《總論》，然後知作《詩》之本義而考見得失，由是而讀全經，則條理分明，可以得其指意之所在。而凡與先儒之説有不合者，可以照徹而無疑矣。故總論者，讀《詩》之要訣也，今特摘出以便觀云。

丁隆《詩解頤跋》 《詩經解頤》一編，先師文淵閣大學士一齋朱先生之所述也。先生得家學之傳，經籍無不考頤，至古詩三百篇，尤博極其趣，每授諸弟子，于發明肯綮處輒録之。時愚亦在門，不數年成集，俾誦之者不待玩諸心而喜形于色。先生遂取「匡説詩，解人頤」之語以名之。其子叔旣鋟諸梓，遠邇讀《詩》之士，往往稱之，不啻良金美玉之重焉。比年，愚承乏南昌，司訓上下，亦莫不重是編之便學者，但歲久不能無亥豕魯魚之難辨，于是僉議命工重刊，以廣其傳。愚僭分章析類，正其譌誤，以便觀覽，亦未必無小補云。

郎瑛《七修類稿》卷三五《詩文類・杜律虞注差處》 予嘗讀杜詩《秋興》八首，虞註之謬者半焉，似皆穿鑿，隨正註下，今録之於稿：「玉露凋傷楓樹林，巫山巫峽氣蕭森。江間波浪兼天湧，塞上風雲接地陰。叢菊兩開他日淚，孤舟一繫故園心。寒衣處處催刀尺，白帝城高急暮砧。」虞註：公因感此而自嘆留夔州已經兩秋，故云叢菊之開，昔我嘗感而揮淚矣，然下峽孤舟則猶滯此，一繫我故園之心也。他日言向日，一繫言始終心在故園而身滯舟中，繫身即所以繫心也。愚意，公居蜀，見秋來江山之景如此蕭森，則不勝其可悲，故計其歲月則已見菊開兩度，而他日見之，感物思舊，亦必墮淚矣。今孤舟一繫於此，不可以去，而故園則在心中矣，其不堪何如哉？中四句正指江山二字事，舊註似失其意。「夔府孤城落日斜，每依北斗望京華。聽猿實下三聲淚，奉使虛隨八月槎。畫省香爐違伏枕，山樓粉堞隱悲笳。請看石上藤蘿月，已映洲前蘆荻花。」虞註：嘗聞峽中猿啼三聲，客淚自墮，今我在此則實聞之而下淚矣。嘗聞張騫八月乘槎奉使，今秋我不得歸，則八月乘槎之事或虛矣。我雖檢校工部員外郎，而與尚書省入直之香爐相違遠者，以病之故，但聞此城樓之上、雉堞之間笳聲隱隱爲可悲也。不特此耳，適間方見日斜，即今請看石上之月已映荻花，而明光陰代禪，如此其速，豈不尤可惜哉。愚意，公自南而望北，當作南斗。峽中猿甚哀，聽其啼時眞實，可以三聲而下淚。張騫窮河源，作奉使乘槎至蜀，今我無故而至蜀，則我之奉使也，亦虛隨騫八月之槎耳。昔也畫省香爐相從入直，今相違而伏枕於此，但聞山城樓上之粉堞隱藏悲笳而已。兩句皆在望字上來也。末二句是照前落日時已望京華，而石上藤蘿之月猶在望也，常自乘涼，今倏爾已映於洲渚蘆荻之花。秋氣蕭瑟，通篇悲惋，實虛違隱，又是篇中之目。「瞿塘峽口曲江頭，萬里風煙接素秋。花萼夾城通御氣，芙蓉小苑入邊愁。珠簾繡柱圍黃鵠，錦纜牙檣起白鷗。回首可憐歌舞地，秦中自古帝王州。」虞註：明皇友愛五王，嘗自宮中穿夾城，至花萼相輝樓同寢，故云通御氣也。芙蓉苑又近曲江，乃天子遊幸之地，而關中數亂，故云入邊愁也。又言花萼樓中之簾柱，皆盤黃鵠宛轉之形，珠則織，繡則畫也。苑外江中御舟常驚白鷗飛起，以錦纜牙檣之華彩也。若此皆歌舞之地，今則焚蕩殘毀，令人回首良可憐惜也。然神京地里又在秦中，終非天下所能及也，我安得而不思歸耶？愚意，明皇友愛，起花萼相輝之樓，穿夾城以幸其上，通御氣，通天子之氣也。而內一不修，納壽王之妃，召祿山之禍，漁陽報至，則芙蓉苑游幸之地，忽已入邊塞之愁矣。此二句一意直下，公在蜀，故因及幸蜀之萌。其初也，樓上何所有？則珠簾繡柱，圍繞焚香之金鶴。苑中何所有？則錦纜牙檣，驚起在水之白鷗。今而豪華蕩盡，回首可憐，不知此秦中乃自古帝王之都，可不保其基業哉？舊註不知其旨意之所在，而黃鵠、白鷗之解尤爲穿鑿。「昆明池水漢時功，武帝旌旗在眼中。織女機絲虛夜月，石鯨鱗甲動秋風。波漂菰米沉雲黑，露冷蓮房墜粉紅。關塞極天唯鳥道，江湖滿地一漁翁。」虞註：乃謂劍閣、秦塞造天之高，惟一鳥道，所以不易還。以見此池之景，唯順流下峽則江湖滿地，任我漁翁之漂泊，亦豈不令人感嘆乎？愚意，中四句在眼中之物也，今日不修武帝之備，徒見虛夜月、動秋風而已。菰米沉雲，蓮房墜粉，感嘆深矣。關塞極天之高，唯飛鳥往來，人不得而至之，而江湖滿地，俱有兵戈，只我若一漁翁而已，何不歸依耶？唯字一字，正見深惜長安之意，舊註牽強，反失本旨。

楊愼《丹鉛餘録》卷九　古書解者，多失其義，遂害于理。《尚書注》「怪石」之貢，以爲奇怪之石，若後世靈璧太湖，嵌空玲瓏，以供戲玩，是禹爲牛僧孺、米元章也。又解《禹貢》三江之水「味別」，是以聖人爲品水鬬茶，如陸羽、張又新之流也。戰國處士謂：舜塗廩浚井，遭焚坑而不死。《列女傳》又謂：二女實教之。是以舜爲左慈、劉根，而二女爲李全之婦、劉綱之妻也。靜言思之，皆可發一笑。

又卷一〇　昔人謂郭象注《莊子》，乃莊子注郭象耳。蓋其襟懷筆力，略不相下。今觀其注，時出俊語，與鄭玄之注《檀弓》，亦同而異也。洪容齋嘗録《檀弓注》之奇者於《隨筆》，予愛郭注之奇，亦復録於此。如《逍遙篇》注云：大鵬之與斥鷃，宰官之與御風，同爲累物耳。《養生（王）[主]》注云：向息非今息，故納養而命續。前火非後火，故爲薪而火傳。又以生死爲寤寐，以形骸爲逆旅。又云：多賢不可以多君，無賢不可以無君。又云：通彼而不喪我，即所謂惠而不費也。又云：天性在，天寶乃開。又云：堯有亢龍之喻，舜有卷僂之談，周公類之走狼，仲尼比之逸狗。又云：律呂以聲兼形，玄黃以色兼質。又云：生之所無以爲者，分外物也；知之所無奈何者，命表事也。此語尤精，可比於《荀》《孟》。又云：草不謝容於春風，木不怨凋於秋天。李太白用爲詩語，而人不知其本於子玄也。

又卷一四《鄭玄解經有不通處》　《孝經》：宗祀文王於明堂。鄭玄曰：《祭法》云：祖文王而宗武王。文王稱祖矣。《孝經》云：宗祀文王。是文王稱宗。王肅駁之曰：鄭引《孝經》以解《祭法》，而不曉周公本意，殊非仲尼之義旨也。祖宗自是不毀之名，非謂配食於明堂也。審如鄭言，則經當言「祖祀文王於明堂」，不得言「宗祀」也。宗者，尊也。王肅之言，可證鄭玄之謬。而「宗者尊也」四字有根據。愼按：宗與尊，古字通用。《左傳》「召伯宗」，《公羊》作「召伯尊」。古帝尊盧氏，亦作「宗盧氏」。可以爲證鄭氏之誤，正坐以宗爲祖宗之宗，而不思宗、尊通用之字也。朱子《答楊元範書》曰：字書音韻是經中第一事，先儒多不留意，然不知於此等處不理會，却枉費了無限亂說牽補，而卒不得其本義，亦甚害事也。其此類之謂乎。崔靈恩因鄭氏之說，遂傳會之曰：文王稱祖亦稱宗，武王稱宗亦稱祖，祖、宗通言爾。嗚呼，信如其說，昭穆可易位，父祖可倒置。解經如此，朱子所謂亂說害事，豈不信哉。

又卷一八《莊子解》 《莊子》爲書，雖恢譎佚宕於六經外，譬猶天地日月，固有常經常運，而風雲開闔神鬼變幻，要自不可闕。古今文士每奇之，顧其字面自是周末時語，非後世所能悉曉。然尚有可徵者，如「正獲之問于監市履豨，乃大射有司正司獲，見《儀禮》。解之以牛之白顙者，與豚之亢鼻者，與人之有痔病者。「不可以適河」，乃古天子春有解祠，見《漢·郊祀志》。「唐子」，乃掌堂涂之子，猶周王侯之子稱門子。「義臺」乃儀臺，鄭司農云：故書儀爲義。「其脰肩肩，乃見《考工記·梓人》，爲磬文數目顧脛，肩即顧字。如此類不一。而士無古學，不足以知之。諸家解者，或敷演清談，或牽聯禪語，或強附儒家，漫曰此文字奇處妙絕。又惡識所謂奇妙，千八百載，作者之意，欝而未伸，剽竊之用，轉而多誤。羅勉道《莊子循本序》。《內則》卵醬讀作鯤。《國語》亦云「魚禁鯤鮞」，皆以鯤爲魚子。《莊子》乃以至小爲至大，便是滑稽之開端。《南史·吉翂傳》：鯤鮞螻蟻，尚貪其生。鷽音渥。蛁蟟音刁料。鶻鵃音嘲。

楊愼《升菴集》卷二《石鼓文序》 石鼓今在太學，其文爲章十，總六百五十七言，可模索者僅三十餘字，鼓旁刻宋潘迪氏音訓一碑，二百年前物也。惜夫遺文墜字，無慮近百載，考唐人《古文苑》，此文特軋卷首裒錄年歷遠在音訓之先，然迪所遺墜者，此仍缺如也。薛尚功、鄭樵二家，各有音釋，與《古文苑》所載，大抵相出入，文無補綴，義鮮發明。三家之外，見其全文者或寡矣。好古者以爲深慊，又迪所訓釋「君子員員，邋邋員斿」二句，牽合紕謬，重堪嗤鄙。原古人書字，下句之首，承上句之末，文同者但作二點，更不複書，此易見爾。迪既誤讀「君子員員，邋邋員斿」，遂復臆釋云：員員，衆多貌。邋邋，旌旗搖動貌。此豈特文法大戾，書例亦大昧矣。君子員員，成何訓詁？邋邋員斿，成何語言？不知妄作，乃所謂郢書燕說者也。一隅若此，餘奚取哉。愼昔受業於李文正先生，暇日語愼曰：「爾爲石鼓文矣乎？」則舉潘、薛、鄭三家者對。先生曰：「否。我猶及見東坡之本也，篆籀特全，音釋兼具，諸家斯下矣。然本隻存，將恐久而遂失之也。當爲繼絕表微，手書上石。」又作歌一首。蓋丹書未竟，而先生棄後學矣。去今又將六年。追惟耳言未墜，手跡莫續，天固愛寶，奈斯文何。敢以先生舊本，屬善書者錄爲一卷，音釋一卷，今文一卷，韋應物、退之、蘇子瞻歌三首，唐愚士古詩一首，先生歌一首，附之卷尾，藏之齋閣，以無忘先生之教云。

又《水經序》 至於《山海經》之牴牾，多有之，而學者猶不廢也，則此書顧不足爲《禹貢》之義疏，《山海》之補逸乎？乃獨久湮於肆篋者，亦由知者鮮爾。余近得之，惜其紙敝墨矇，乃重爲校輯，止存欽之本文。若酈氏注衍爲四十卷，厭其枝蔓太繇，頗無關涉。首注「河水」二字，汎用佛經怪誕之說，幾數千言，亦贅已。今之史傳類文引用，例稱爲道元《水經》，遂使欽之用心與其名姓俱泯焉，誠可慨夫。亦猶習禮者，汰《儀禮》而反任《曲禮》之傳爲經；說《春秋》者，不知據經以按傳，而反因傳以疑經，皆貴諷說而賤本始，是末師而非往古，可重嘅者類此。故特去之，而詳著其說焉。嗚呼，得吾說而通之，不獨可以讀《水經》也已。

又《檀弓叢訓序》 楊愼曰：「醫有四術，神、聖、工、巧。予欲借之以喻文矣。《易》之文神，《詩》、《書》、《春秋》聖也。《檀弓》、《三傳》、《考工記》工矣。《莊》、《列》九流而下，其巧有差，復以《檀弓》斠諸明高赤德，又羣工中都料匠也。予謂《檀弓》可孤行，而每病訓之者未能犁然有當于人之心也。經猶招也，訓猶射也。一人射招，或中或否，未若衆人射之中之多也。若鄭康成之簡奧，或以三字而括經文之數十字，蓋寡而不可益也，亦傳注之神已。孔穎達之明備，或即經之一言，而衍爲百十言，蓋多而不可省也，亦疏義之聖已。賀、陸、黃、吳，補緝盰列，亦各殫述者之心工已。陳騤、謝枋得二家批評，亦稍窺作者之天巧已。澔乎，曷其沒矣。茲訓也，於諸家擷其英華紀載之蒙發焉，於二家昭其甄藻修辭之階循焉，叢之不亦可乎？雖其嘿傳妙筌，惡乎子休與子玄，至於旁搜幽蔵，累味集珍，何遽不若咸陽之懸金、淮南之鴻寶哉。

又卷四一《希夷易圖》 陳希夷曰：《易》學意、言、象、數，四者不可闕一。其理具見於聖人之經，不煩文字解說。止有一圖，謂先天方圓圖也，以寓陰陽消長之說與卦之生變。圖亦非創意以作，孔子《繫辭》，述之明矣。又作《易龍圖序》曰：龍圖者，天散而示之，伏羲合而用之，仲尼默而形之。希夷以授穆伯長，伯長以授李挺之，挺之即邵康節師也。挺之謂邵雍曰：科舉外有義理之學，義理外有物理之學，物理外有性命之學。雍悉傳之，作《後天圖》，見於邵伯溫之序。朱子因其出於希夷而諱之，殆掩耳盜鐘也。後作《周易啓蒙》，指孔子《繫辭》傳天地定位。曰：此先天之學，帝出乎。《震》一節曰：此後天之學，數往者。《順》一節曰：直解圖意，度辭悞人。似說《易》元有此圖矣。蓋康節因孔子《易傳》難明，因希夷之圖，又作《後天圖》以示人，如周子因孔子「《易》有太極」一句，而作《太極圖》，今便謂先有《太極圖》而後有《易傳》，可乎？如《詩集傳》有《七月流火圖》，便謂先有此圖，而後作《七月》詩，可乎？今程文及舉業，有用《先天》、《後天》及《橫圖》、《圓圖》直解圖意字於破題者，皆不通古今者也。

又《易圖考證》　胡一桂云：宋一代之《易》學，希夷《先天》一圖開象數之門。至邵子《經世書》而碩大光明，周子《太極》一圖洪理義之門，至程子《易傳》而浩博弘肆。愚觀此言，《易》圖《先天》始于希夷，而《後天》續于康節。朱子所以不明言者，非爲康節，直以希夷，恐後人議其流於神仙也。藏頭露尾，亦何益哉。

又《噬嗑解》　《易·噬嗑》：「九四，噬乾胏，得金矢。」王弼註：「金，剛也。矢，直也。」程子《傳》云：「金取剛，矢取直，以九四陽德也。」朱子《本義》乃引《周禮》「古之訟者先入鈞金，束矢而後聽之」。黃東發云：《周禮》出於王莽之世，未必盡皆周公之制。若先取出金，而後聽其訟，周興、來俊臣之所不爲，況成周之世哉。蓋劉歆逢王莽之惡，爲聚財之囮，旋激天下之亂，而不果施行，又可以誣聖經乎？其說卓而正矣。愼按《淮南子》，齊桓公將欲征伐，甲兵不足，乃令輕罪者贖以金、刀，訟不勝者出一束箭。百姓皆悅，乃矯箭爲矢，鑄金爲刃，遂霸天下。歆之附會《周禮》，實本於此。愼又以爲此說乃六國陰謀托之齊桓，今觀管仲內政，何等規模，決不爲此也。嗚呼，歆既誣聖經以欺一時，而餘禍猶及後世，邪說害人，慘於鴻水猛獸，信哉。

又《朱子引用誤字》　朱子《本義》「鼓萬物而不與聖人同憂」，引張子「天地無心而成化，聖人有心而無爲」。據本書，乃是「天地不宰而成化」。「不宰」字有理，復其見天地之心，豈可謂「天地無心」乎？「參伍以變」，注引《韓非子》「參之以比物，伍之以合參」。據本文，乃是「伍之以合虛」。比物合虛，皆參互考之，以知物之虛實也。若云「伍之以合參」，則上文當云「參之以比伍」矣。原其誤，乃是《荀子》注中引來，不自《韓非子》中采出也。豈可謂出於朱子，一仍其誤，而不敢改正者乎。

王應電《周禮圖說序》　古稱左圖右書。凡書所不能言者，非圖無以彰其形；圖所不能畫者，亦非書無以盡其意。此古人所以不偏廢也。舊嘗有《周禮圖》矣，如冕服則類爲男女之形，而章服仍不明，井邑則類爲大方隔，而溝洫仍不分，然則奚以圖爲哉？作者不自知其非，而觀者亦莫詰其弊，皆不攷經文之過也。予因于經旨中言所不能盡者，述之如左。理原于天文位象，道行于地里職方，統紀于六官分合，立極于都宮朝堂。郊社、宗廟，以萃人心；閭井伍兩，以固邦本。封土制祿以貴貴，建學立師以育才。命德有冕服車旗，討罪有軍旅田役，復係之以說，使治是經者，一覽而知夫言外之意。嗚呼，昔人所載，予多不錄也，今日所載，昔皆未有也，觀者幸或補其未備云。

何良俊《四友齋叢說》卷二《經二》　《談苑醍醐》云：《禮記聘義》說玉云：孚尹旁達，信也。鄭注：孚，一作姇。尹，讀竹箭有筠之筠。蓋謂玉之滑澤如女膚，緻密如筠膜也。陳皓云：孚，正也。尹，亦正也。按《爾雅》「尹，正也」。邢昺謂：《爾雅》爲解詩而作，則所謂「尹，正也」，以解「赫赫師尹」則合，若借以解「孚尹」，何異指白犬以爲羊，捉黃牛而作馬乎？甚矣，陳皓之不通文理也。

朱子作諸經傳註，儘有說理精到處。若《書經註》出于蔡沈，《禮記註》出於陳灝，其何可盡去古註而獨行之耶。

《詩經》有呂東萊《讀詩記》，世有刻行本，學者亦宜參看。

高皇帝以「尙書咨羲和」與「唯天陰騭下民」二簡，蔡沈註誤，命禮部試右侍郎張智與學士劉三吾改爲《書傳會選》，劄示天下學子。

又卷三《經三》　太祖時，士子經義皆用註疏，而參以程朱傳註。成祖既修《五經四書大全》之後，遂悉去漢儒之說，而專以程朱傳註爲主。夫漢儒去聖人未遠，學有專經，其傳授豈無所據？況聖人之言，廣大淵微，豈後世之人單辭片語之所能盡？故不若但訓詁其辭而由人體認。如佛家所謂「悟入」，蓋體認之功深，則其得之於心也固；得之於心固，則其施之於用也必不苟。自程朱之說出，將聖人之言死死說定，學者但據此略加敷演，湊成八股，便取科第，而不知孔孟之書爲何物矣。以此取士，而欲得天下之眞才，其可得乎？嗚呼。

又　漢人説經，皆有師法，不泥文字，蓋於言句之外，自出意見，而終不失本旨。世之所行，如焦贛《易林》，孔安國《尚書大傳》，韓嬰《詩外傳》，《大戴禮》，是經之別傳，而皆可與之並行者也。較之後世，因文立義，泥而不通者，何啻天壤。今乃欲盡廢彼而從此，抑又何耶？

又卷一九《子一》　太史公《論六家要旨》，其言道家曰：「其爲術也，因陰陽之大順，采儒墨之善，撮名法之要，與時遷移，應物立變，化俗施事，無所不宜，指約而易操，事少而功多」，則尊之也至矣。故班固譏其進《道德》而黜儒術。然孔子之所欲明者亦道也。謂之曰「道」，正合尊之。夫所謂「道」云者，如黃帝、廣成子之類皆是也，今世並不傳其説。獨老子《道德》五千言，翼以《莊子》一書，遂與六經並行，謂之「三教」，歷萬世而不滅，則亦何可輕議之哉。

阮籍《通老子論》曰：道法自然，《易》謂之太極，《春秋》謂之元，《老子》謂之道。

「玄之又玄」註：鍾會曰：幽冥晦昧，故謂之玄。

《谷神不死》章注：王弼曰：谷神者，谷中央無者也。傅奕曰：谷幽而通者也。司馬光曰：虛，故曰谷。不測，故曰神。

《玄牝之門》章注：王弼曰：門，玄牝之所由也。本其所自，與太極同體，故謂天地之根也。欲言存耶，不見其形；欲言亡耶，萬物以生。故曰「綿綿若存」。無物不成，而不勞也，故曰「不勤」。【略】

《其上不皦章》注：鍾會曰：光而不耀，濁而不昧。繩繩其無繫，汎汎乎其無薄也。微妙難名，終歸於無物。

《歸根曰靜》章注：王弼曰：凡有起於虛，動於靜，故萬物雖並動作，卒復歸於虛靜。各反其始，歸根則靜也。

《絕聖棄智》章註：司馬光曰：屬，着也。聖智仁義巧利，皆古之善道，由後世徒用之爲文飾，而內誠不足。故令三者皆着於民而喪其實也。

《重爲輕根》章註：王弼曰：凡物輕不能載重，小不能鎮大。不行者使行，不動者制動。是以重必爲輕根，靜必爲躁君。

《上德不德》章註：鍾會曰：體神妙以存化者，上德也。

《老子》《生之徒十有三》章，諸家註皆不能發其義。韓非《解老》卷中，亦有「論生之徒十有三」一段，語亦未明。唯蘇子由註云：天之生人，大率以十分言之。能盡其天年以正命而終者，此生之徒也，常十分中有三。其孩抱夭折，或以疾病中歲而亡者，此死之徒也，常十分中有三。或以兵革，或以壓溺，或以生生之厚自賊其生，是皆暴横不以正命而死，此民之生動之死地者也，亦常十分中有三。豈非生死之道九，其入於不生不死者一而已乎。《老子》言其九，不言其一，使人自得之，以寄無思無爲之妙，其義甚長。【略】

《老子》注絕無佳者，唯嚴君平《道德指歸論》二卷，頗能發《老子》之趣。余家舊有抄本，今久已失去。近代王順渠薛西原有《老子憶》、《老子集解》二書刻行。

又卷三六《考文》　五臣註《文選》，中間謬妄極多。如《思玄賦》云：「欻神化而蟬蛻兮，朋精粹而爲徒。」蓋衡自寓也，言自己之神化若此。而呂向遂眞以爲蟬之蛻，脫去穢汙，而以精粹爲朋友徒侶。此正蘇長公所謂小兒強作解事者。

陳孔璋書云：「有子勝斐然之意。」五臣註云：子勝即小子也。一何淺鄙若此哉。蓋因《論語》有「小子狂簡斐然成章」之言，遂附會牽合。然子勝之作小子，不知是何解？又不言有所本否。李善引《墨子》，亦恐未是，姑闕疑可也。

《寡婦賦》云：「伊女子之有行，爰奉嬪於高族。」呂延濟以爲「有行謂自修德行」，極爲可笑。不如李善引《毛詩》「女子有行，遠父母兄弟」，混成而切當。

王樵《周禮全經釋原後序》　其經之存於今者，有《儀禮》、《周禮》。他經言其理，二《禮》見諸用，此固古聖人所以脩身齊家治國平天下之實事也。佛、老見其大而不見其實，則騖而爲虛；名數之家見其細而無見其大，則拘而爲陋。二《禮》之不明也久矣。補而爲《戴記》，衍而爲箋疏，得者什三，害者什五。漢儒譬之周公守藏吏也，名物充陳，不問良楛，天球、河圖，兌之弓，和之矢，與夫名材毒藥，敗鼓之皮，但傳以爲先世所遺者，皆籍記而封守之惟謹。王安石啓漢儒之藏，用其毒藥以療人之饑渴，遂禍天下。世之以是爲《周禮》病，則亦過矣。紫陽朱夫子，見高千古，學總羣哲，嘗加裁定，而天不假年，此志不就。顧其書雖未成，而綱領具在，條目粲然，足爲後聖之所據依，昔人所謂固將有待焉者也。學者能因其遺書而發明補正之，以俟有在上之王者、在下之聖者而裁焉，固亦朱夫子待後人之心也。長樂柯君，獨能有志，而精考力求，以知夫禮之所以爲大而且切者，不泥於名法之拘陋，箋疏之駁雜，於三代聖人之所以爲心，而舉而措之天下國家者，深爲有見。其於《周禮》有全經，蓋取《遂人》以下、《地官》之半實《冬官》也。不煩割裂紛亂而全經自復，乃集諸儒之説以釋之，發所見以原之。其間如《鄉遂》爲畿國之本，與井田簡易之法，賢能職位之辨，貢賦中正之則，郊禘仁孝之道，作樂聲氣之元，軍伍儲選之制，皆有獨見，非先儒所及。

來知德《周易集注原序》 孔子沒，後儒不知文王、周公立象皆藏于《序卦》錯綜之中，止以《序卦》爲上下篇之次序，乃將《説卦》執圖求駿。自王弼掃象以後，注《易》諸儒皆以象失其傳，不言其象，止言其理，而《易》中取象之旨，遂塵埋于後世。本朝纂修《易經》、《性理大全》，雖會諸儒衆注成書，然不過以理言之而已。均不知其象，不知文王《序卦》，不知孔子《雜卦》，不知後儒卦變之非。于此四者既不知，則《易》不得其門而入。不得其門而入，則其注疏之所言者乃門外之粗淺，非門内之奥妙。【略】夫「《易》者，象也。象也者，像也。」此孔子之言也。曰像者，乃事理之彷彿近似可以想像者也。非眞有實事也，非眞有實理也。若以事論，金豈可爲車？玉豈可爲鉉？若以理論，虎尾豈可履？左腹豈可入？《易》與諸經不同者，全在于此。如《禹謨》曰「惠迪吉，從逆凶，惟影響」，是眞有此理也。如《泰誓》曰「惟十有三年春，大會于孟津」，是眞有此事也。若《易》，則無此事，無此理，惟有此象而已。有象則大小、遠近、精粗，千蹊萬徑之理，咸寓乎其中，方可彌綸天地。無象則所言者止一理而已，何以彌綸？故象猶鏡也，有鏡則萬物畢照，若舍其鏡，是無鏡而索照矣。不知其象，《易》不注可也。

王世貞《弇州四部稿》卷六七《易意參疑二編序》 蓋夫子讀《易》，而三絶其韋編，云：「加我數年，卒以學《易》，可以無大過矣。」私竊怪之，以聖人天聰明之盡，而與《易》會，何用深長思哉。及讀圓神，方知《易》、《賁》之説，而後稍有窺也。夫《易》體不恆，而其用時不盡，欲以吾有涯之識而當之，將左右應接之不暇。故不合，則白首而不得其原；合，則使人樂而忘其死宜也。夫以夫子之聖，而猶不能驟得意於《易》乃爾，彼商瞿、馯臂、子弓、田、楊、二何之流，斤斤守其師説，歷數十傳而不變，彼豈能盡當於心哉。以爲吾師授之，而吾受之，吾所出口而入耳者，如是足矣。蓋至於伊川氏，而後稱得理也；至紫陽氏，而後晳於象占。明興，益尊大其説，布之學宫。天下逢掖之士，習《易》而不繇二氏者，罷弗用。諸逢掖之士，羣然而慕爲章甫，旦旦而習之，毋亦商瞿、馯臂之流之守其師説而已耶。吴江孫化光，初亦以學博士弟子，習爲其説，而不能自信，於居安樂玩之餘，務出其無師之知，以根其無體之妙，若有啓其竇而示之者，意不能已，遂爲説若干卷，名之曰《周易參疑》。凡首編二卷，略有九。其《四明圖極義例》爲上卷。其《五紀筮用讀傳之法》爲下卷。《外編》十卷，略發卦爻繇義，時折衷大旨，而不必盡出於己。至《内編》四卷，則君所自負，上可以抉四聖人之秘，而姑慎之，不輕以寘耳，觀之喙者也。君既用《易》成進士，而學士大夫得其《首編》、《外編》而慕愛之，授之梓，而以序屬不佞。不佞獲與寓目，而深有感於君之疑也。其於伊川紫陽氏之説，初不爲牴牾，乃其發於象占之外而理之所未備者，雋永乎其言之也，又洒然而不爲泥若齷齪也。馯臂、商瞿之流，斤斤守其師説，歷數十傳而不變，以爲能無疑乎。不知其所以無疑者，不得其所以信之耳。語不云乎哉？信信，信也；疑疑，亦信也。有篤信，而後生微疑；有微疑，而後出精思；有精思，而後得眞信。孫君，其毋疑於疑乎。其亦稍出《内編》而傳之，世之眞能信《易》者，獨孫君也。《易》之傳，毋如秦小之以卜筮，而幸不火；毋如明尊大之若二曜，而乃辱之。以逢掖進取之業，孫君者可以名不辱《易》也。

又《弇州續稿》卷五一《六經稽疑序》 弇山人曰：大梁蓋有周宗正灌甫氏云，灌甫少負異質，以古文辭名中原，顧意殊不屑之，汎瀾百氏且徧，而後歎曰：「舍吾粱肉，而饜頷而昌歜之，嗜何也？盍求之《六經》哉？」於是盡治《六經》。夫以孔子删述之敎，昭明如日星，而所從諸弟子不得盡得其精神心術之微，而各以其習識爲傳訓，蓋一二轉而愈失之。中間燼於秦，蝕於壁，亥豕魯魚於傳寫，則毋論其意義而已，於文有不能盡通者。於是漢儒之注疏起，聖人之跡賴以存，而聖人之心亦日以晦。蓋歷千餘年，而後二程氏出，若能獨發聖人之心，而駸駸乎上接其統，朱氏益加精焉。以至胡、蔡、陳皓諸巨儒，咸有所訓，故聖人之心固寄以不晦，而於辭與事，亦有不能盡合者。明興，文皇帝大集館閣臣修《五經》四子業，而一時淺儒因循乎舊，不能有所折衷。雖百餘年來，學士大夫資以進取，而高明之儁，直揭幟建牙以相勝；博雅之倫，間指摘一二異同以示別，蓋迨于今尙紛紛焉。自灌甫之盡治之，諸傳疏訓故無慮數十百家，臚列於吾目，而唯吾之汰。苟其是，則不以世之所忽遺者而廢吾是；苟其非，則不以世之所趣沿者而廢吾非。其所治經文，訛者正之，衍者去之，錯者理之。若《禮經》，而非出於聖人之筆則糾之，必不牽合傅會，以覬人之知而無我罪。今所行六卷彬彬焉，雖不悉繇灌甫臆，其於道亦足稱爾雅矣。昔者，河間獻王僅能不愛其財力，以收經籍之遺，實鮮所發揮。劉中壘稍稍有所發揮矣，然道術之岐錯，而不能雅馴，尙灼然爲漢賢宗室表，灌甫視之，當何如哉？大梁雖一城，周之孫子其麗不億，咸執經而受灌甫業，盡洗信陵、梁孝之好醇如也，則灌甫之所嗃矢宏矣。

柯尚遷《周禮全經釋原序》　先民有言，泰和在成周，宇宙間至治固不可得而見矣。幸存《周官》灋度六篇，其當時爲治之迹矣乎。因其迹以求其心，得其心以推於政，故成周之治百世可復作也。今全經具存，不曰《周官》而名《周禮》，何哉？蓋禮也者，道之體也；灋也者，道之用也；心也者，道之管也。道與心一，斯心與政一矣；心與政一，斯灋與禮一矣。灋與禮一，然後謂之王制也；心與政一，然後謂之王道也；道與心一，然後謂之天德也。故程子曰：有天德斯可與語王道。張子曰：不聞性與天道，而言制作者末矣。是以君子格物以誠意，愼獨以養心，則天德具矣。立誠以動物，由心以行政，順應以平施，則王道行矣。則地稽天，損益因禮，變通宜民，則制作協乎自然矣。故能會心、政、禮、灋爲一道，則成周之治，夫豈遠哉？《周禮》晦蝕於戰國，毁棄於暴秦，漸出於漢氏。劉德購之，得於李氏，惟存《五官》，而補以《考工記》。劉歆傳之，杜子春訓之，鄭衆、鄭玄更相發明，聖王之制復見於後世者，固不幸哉。自漢以來千餘年矣，論之者更幾賢，行之者更幾主，而卒不明不行，何哉？其不明也，我知之矣。簡札淆亂，《司空》錯於《地官》，未之分也，封建、鄉遂、井田，格於悖説，未之正也。其不行也，我知之矣。心與政離，既荒其原，不明不行，固其所也，況於假而用者王莽，誤而用之者安石乎。漢唐之儒，固有以爲戰國陰謀之書，又有以爲漢儒附會之説，則又均爲不明而果於非聖矣。獨程、朱大儒，洞識聖心之淵微，斷斷以爲周公遺典。而明道、横渠又決欲行之，以復三代。有志不就，故微辭奥義，未及論著，君子惜焉。夫《冬官》未嘗亡也，何必購以千金，又胡爲補以《考工記》？後此諸儒，訓釋名物不爲無功。雖大意未見，然尙承襲漢本，不敢更定。至元，有俞庭椿氏者，始謂《冬官》不亡，散於《五官》之中，作《復古編》以伸其説。永嘉王氏、臨川吴氏、清源丘氏、椒丘何氏咸宗之，各於《五官》之中雜取諸職以補《冬官》，人持所見，各自爲編，則《周禮》雖存，紛紜舛錯，幾不可讀矣。以遷之魯鈍，竊志是經，體驗探求，至形寤寐，似窺見其一二者。然後知《周禮》一言一字，無非聖人精神心術之所寓，當時已施之治迹者也。孟子曰：「諸侯惡其害己，而皆去其籍。」故知《周禮》者，孰知孟子。今觀《遂人》以下，《地官》之半實《冬官》也，不知何人次於掌節之後，而大司空之職舉而雜於大司徒之中，遂起千古不決之疑，無乃戰國諸侯之所亂乎。偉哉孟氏，爵祿之篇，井田征税之論，誠宜補《周禮》之闕者。又約其旨，將自試於齊梁，卒不能遂，乃曰：「堯舜之道，不以仁政不能平治天下。爲高必因丘陵，爲下必因川澤，爲政不因先王之道，可謂智乎？」何其言之諄諄至此，百世之下非無知孟子之心者，特以《周禮》不明，無所率由故耳。遷不自度，乃分《遂人》以下爲《冬官》，而證其序官之同乎六十，取《地官》土地之事爲大司空之職，則《冬官》復矣。又以鄉遂大夫以下皆無府史胥徒，而知其在民之官。大端既明，則封建、井田，與夫賢能征税之屬，俱可類見矣。乃敢集諸儒之訓以釋之，發鄙見以原之。庶幾聖人作經以開萬世太平者，爲不亡矣哉。

胡震亨《唐音癸籤》卷三二《集録三》　唐詩不可注也。詩至唐，與《選》詩大異，説眼前景，用《易》見事，一注詩味索然，反爲蛇足耳。有兩種不可不注：如老杜用意深婉者須發明；李賀之詭譎，李商隱之深僻，及王建《宫詞》自有當時宫禁故實者，並須作注，細與箋釋。今杜詩注既如彼，建與賀詩有注與無注同，而商隱一集，迄無一人能下手，始知實學之難，即注釋一家，亦未可輕議也。元遺山有詩云：「望帝春心託杜鵑，佳人錦瑟怨華年。詩家總愛西崑好，獨恨無人作《鄭箋》。」蓋謂義山詩用事頗僻，惜無人注釋也。乃遺山《鼓吹》一選，郝天挺所注義山詩尤蕪謬不通。

門牆士親承詩教者尙如此，可望之他人？友人屠用明嘗勸予爲《義山集》作注，以便後學，余笑謂用明曰：「彼自祭魚獺，今又欲我拾獺殘耶？」

沈懋孝《〈周易〉程朱兩先生傳義箋敘》 疏《易》義者，漢以下其書滿家，唯王弼澹然玄勝，孔穎達又作《義》以正之。二疏具在可覆也。于是程先生正叔作《傳》，大暢儒宗。朱先生元晦承之作《本義》，剖晰占象，以示厥用。二書並垂到今，如兩曜緯天。天則大矣，而嘒嘒衆星亦莫與並明焉。博士家危坐說之，斂衽奉之，久矣。當奚以云余爲財擇兩先生？平日所稱《易》與其高第弟子所記曾及《易》者，各箋所作傳義下，其他氏語悉簡去不陳。雖言或重複，旨有出入，要以出兩先生胷吻中，足自發其一家之學。而學子讀兩先生義疏者，並得繹其平生之論，還而正之。既以旁詣互見，無所不極，可無疑於同異之說。若坐兩先生於一堂，執經前席，披沃緒言，精理毫芒歸一致同之指，或令達者有所尋求而自得焉，亦一快然事也。余觀程先生傳大指，謂體用顯微無二理，以人事著《易》道，故曰：卦者，事也；爻者，事之時也。此程先生以《易》發己所學，其不合孔子遺文者，殆十之半。然其論議純正，《爾雅》能展布其義，有補世教，要之非盡《易》指也。朱先生尊信程學，覺其與孔子稍殊，故於《彖》、《象》、《爻》之前，掇取孔子《彖》、《象》之義者十之七，裁約程傳者十之二，參入他疏所得者十之一，而稱曰《本義》。至於孔子《彖》、《象》則皆略而不著，其言倘盡是孔子指乎？而務於簡近，以覺日用之民，不欲單指一事。稽實待虛，付之卜者，意則美矣。若以論大道通神明，使言皆若此，夫乃淺視來學，而令高明特達之士猶有遺論乎。《易》以卜筮存，或以卜筮亡，則形上之義不存焉耳。吾故曰：《易》廣矣，大矣，兩先生之傳之義是兩曜之明，以佐天也，天乃何所不有，亦何所窮際，吾豈敢謂《易》道盡之乎。此後生可畏，來者起予。不生千載，則生今茲，安知無起而代之明者乎！不佞淺薄，曷足知之。

焦竑《六家詩名物疏序》 孔子所雅言者，《詩》、《書》、執《禮》而已，《論語》於《書》、《禮》不數數，獨《詩》至十二舉而不以爲煩，豈非可與言者之難哉？當時學《詩》者惟子貢、子夏，爲聖人所深取。二子之言《詩》，以世儒觀之，如收經而引其足也，不知《書》、《禮》意盡於言，而《詩》不盡於言。二子於其虛圓微妙不可控搏者，而以意逆之，明乎非世儒所可幾矣。夫《詩》有實有虛，虛者其宗趣也，而以穿鑿實之，實者其名物也，而以孤陋虛之，欲通經學古以遊聖人之樊，豈可得哉？《詩》自毛、鄭上下，其凡六家，半軼不傳，今立於學宮者，其解《詩》皆解他書之法也，既非風人之趣，若夫草木鳥獸諸名物之類，非援據不明，非參伍不覈。顧往往置而不言，則比興之義微矣。陸璣作《疏》，良有意于此，鄭樵氏以支離目之，迨自爲《昆蟲草木略》也，謂以儒生而識田野之物，農圃而兼《詩》、《書》之理，可無餘憾矣。然僅僅三百六十以應周天之數，語焉而不詳，亦奚取焉？海虞馮君復京，童習是經，久而有得，取《疏》略而廣之，綴集昔聞，參以新義，自鳥獸草木而外，如象緯、堪輿、居食、被服、音樂、兵戎，名見於經者，種種具焉，足以補陸、鄭之遺而起其廢疾。至詩人之意則存而不論，俟讀者虛心而自得之，此於孔門之言《詩》，不庶幾近之也哉？近世竺乾之學，其徒有教有宗，教可以義詮，而宗不可語解。竊謂《詩》之可晤而不可傳也，蓋與宗門同風。然則君之此編，其可釋者釋之，學者所知也，不可釋者闕之，學者所未易知也。

陳與郊《檀弓考工記輯注序》 近世謝東山氏合編《檀孟》，頗爲學者所宗。昔韓愈氏謂：讀孟氏書而後知孔子之道尊，聖人之道易行，王易王，霸易霸也，則安得以文章槩之哉。且當代《五經》之士疇不讀孟氏書，尊之至與孔子竝也，而以儷《檀弓》，過矣。其與《檀弓》竝者，宜莫如《考工記》。一書鄭氏註之，註未晰者，孔氏、賈氏疏之，間有奇辭奧旨。疏所未竟者，諸老師大儒互發焉。而不佞復踵謝枋得氏各章句之，而二書始豁焉無可疑，則儷之不亦宜乎。於是乃采掇傳註著于篇，俾初學者觀焉。韓氏又謂孔子從周，爲文章之盛也，然則讀是書者，怳然習議論，窺制作于成周，嗚呼盛哉！

胡應麟《少室山房筆叢》卷三三《三墳補逸上》 汲冢三書注皆極闊略，《紀年》沈約，《周書》孔晁，《穆天子》郭璞，並不足覽觀。沈注《紀年》，《春秋》、《史記》不能引，孔注《周書》亦然。郭注差詳，然景純之釋《山海經》，玄論博議錯出其間，《穆天子傳》亡一也。三子皆六朝名勝，胡以疏漏若斯？余嘗欲爲之會萃箋解，並裒其語之逸於本書而存於他籍者，及《瑣語》諸篇本書全逸，而他籍僅存者，合爲一編，以貽同好，此稍論其槩云。

又卷三八《華陽博議上》 六經之學，廣大閎深，歷世名儒，第專其一，有博於《易》者，有博於《書》者，有博於《詩》者，有博於《禮》者，有博於《春秋》者，有博於《爾雅》者。施、孟、梁、京諸人，博於《易》者也；伏、夏、周、劉諸人，博於《書》者也；齊、魯、毛、韓諸人，博於《詩》者也；戴、曹、賀、賈諸人，博於《禮》者也；公、穀、鄒、夾諸人，博於《春秋》者也；劉、郭、張、曹諸人，博於《爾雅》者也。若馬融、鄭玄、賈逵、王肅、劉炫、崔浩、穎達、德明數子，諸經并釋，六籍兼該，義或未精，博斯稱極。宋世鉅儒精於析理，博匪所先，新安後出，兼綜二家，既精且博矣。宋世博於經學亦不乏人，此舉其重。諸史之文，汪洋浩瀚，材質所詣，咸自名家，有博於正史者，有博於雜史者，有博於古史者，有博於今史者。左氏、馬遷、班固、范曄諸人，博於正史者也；劉向、崔鴻、高峻、樂史諸人，博於雜史者也；譙周、蘇轍、劉恕、羅泌諸人，博於古史者也；蔣乂、蘇冕、王珪、李燾諸人，博於今史者也。治史則杜元凱之於《春秋》，張守節之於《史記》，顏師古之於《漢書》，裴松之之於《三國》。子玄之《通》、君實之《鑑》、伯恭之《節》、元晦之《綱》，綜兼諸史，并以博稱。他如兩司馬，彪、貞。劉氏父子，顯、臻。弟兄敞、攽。歷世有人，未易枚舉。子則有博於儒者、墨者、法者、名者、辯者、雜者、兵者、農者、術者、數者。荀況、揚雄諸人，儒之博者也；宋翟、田俅諸人，墨之博者也；管仲、韓非諸人，法之博者也；公孫、魏牟諸人，名之博者也；鄒衍、惠施諸人，辯之博者也；呂韋、劉安諸人，雜之博者也；孫武、尉繚諸人，兵之博者也；氾勝、賈勰諸人，農之博者也；張衡、郭璞諸人，術之博者也；京房、管輅諸人，數之博者也。漆園之評道術，太史之論六家，班氏之列九流，任宏之録四種，稚川之纂、仲容之鈔、克構之林、子厚之辯，皆博於子者與。集則有博於騷者、賦者、詩者、文者。屈、宋、唐、景諸人，騷之博者也；揚、馬、班、張諸人，賦之博者也；曹、陸、杜、韓諸人，詩之博者也；任、沈、王、駱諸人，文之博者也。彼皆目下十行，胸羅萬卷，旁蒐廣擷，集厥大成，名世之稱，良非襲取。若劉勰之《文心》，兼該體要；鍾嶸之《詩品》，歷溯淵源；蕭統之銓擇，鎔鑑古今；李善之注釋，詳備顛末；以至虞世南之采輯詞章，許敬宗之蒐羅藝館，李明遠之《英華》，郭茂倩之《樂府》，大溢千卷，小逾百軸，其皆博於集者與。

郝敬《春秋直解·讀春秋》 《春秋》一書，千古不决之疑案也。非《春秋》可疑，世儒疑之也。仲尼原筆之舊史，不傳矣。左氏遮拾遺文，闕略未備，可據纔半耳。其於聖人不言之情，茫乎昧乎。《公》、《穀》襲《左》而加例，胡氏襲《三傳》而加鑿。吁嗟，《春秋》幾成覆射矣！

《春秋》，魯史之提綱也。仲尼憂五靈之亂，借魯史標題見義。其所難言與所欲言之情，仍具舊史。自舊史亡，聖意遂晦。後儒揣摩之說興，而《春秋》不可讀矣。惟左氏及見舊史，然薈蕞其事而不領略其義，開後人附會之端。《公羊》、《穀梁》因《左》爲短長耳，非能與《左》方駕也。

《六經》之文，惟《春秋》最爲明顯，所書皆五霸、諸侯、大夫盟會戰伐之事，開卷知其爲亂蹟，而世儒以爲隱諱之文，何與？子曰：「巧言令色，足恭匿怨，而友其人。左丘明耻之，丘亦耻之。吾人之於人，誰毁誰譽，斯民也。三代所以直道而行。」此《春秋》底本。自後儒以褒貶論而底本壞。子曰：「天下有道，禮樂征伐自天子出；天下無道，禮樂征伐自諸侯出。天下有道，政不在大夫。天下有道，庶人不議。」此《春秋》格局。自後儒以字例合而格局壞。子曰：「予欲無言，天何言哉。四時行焉，百物生焉。二三子以我爲隱，吾無隱乎爾。吾無行而不與二三子者，是丘也。」此《春秋》宗旨。自後儒視爲深文隱語，覺仲尼胸中直是一片荆棘田地，而宗旨壞。經此三壞。《春秋》於是乎不可讀矣。夫《春秋》無深刻隱語，無種種凡例，不以文字爲褒貶，不以官爵名氏爲貴賤。未嘗可五霸，未嘗貴盟會，未嘗與齊、晉，未嘗黜秦、楚、吴、越爲夷狄。此其犖犖不然之大者。今欲讀《春秋》，勿主諸傳。先入一字，但平心觀理，聖人之情自見明白易簡者。聖人之情，其艱深隱僻，皆世儒之臆說也。

今之學《春秋》者，皆以《經》說《三傳》，非以《三傳》說《經》也。知有《三傳》不知有《經》，苟無《三傳》，是并無《經》矣。因《三傳》以重《春秋》，非知《春秋》者也。舍《三傳》而知《春秋》，不可一日無者，乃爲眞知《春秋》。

春秋《三傳》，首《左》。昔人謂爲左丘明作，司馬遷、杜預信之。愚按左丘明爲魯太史，孔子因其史作《春秋》，而丘明又爲《春秋》作《傳》，不知孔子教之作耶，抑丘明自作耶？若孔子自爲含糊不了之語，請人作《傳》以明，何異於乞鄰而予者果爾？此傳既受旨於仲尼，《公羊》、《穀梁》何緣再作？若丘明以意自作，當時親見夫子，其說亦自不可易。就使聖意深遠，何至抵捂太甚？今詳《傳》中斷例叙事，種種迂謬，反有借義於《公》、《穀》者，豈親見仲尼者乎？先儒謂仲尼素王，丘明素臣，以其《經》、《傳》相輔也。今有《經》無《傳》者半矣，疑者闕而無考，誕者謬而不經，誤者迕而不合，豈其出丘明手而疏戾若此乎？竊意此《傳》周秦間人僞撰，不足盡信也。

子云：「巧言令色，足恭匿怨，友其人，此五霸之事也」。又云：「左丘明耻之，丘亦耻之。」此因魯史作《春秋》也，故謂左丘明爲魯史官，或然。謂《左傳》即左丘明所作魯史，則非也。察其精神，全在藻繪，於聖人作經之意，都未領略。只如後世新進辭人，借玄晏先生求名而已。公、穀輩以爲此書眞出左丘明手，揣摩起例，至使明白易簡之旨，釀爲爭訟之端。而聖人忠厚之意，反成險刻瑣碎之書，皆由於信左過耳。

仲尼筆削之舊史作自丘明者，不可復見矣。古史削竹記事，文不能多，然定不如《經》文之簡。《經》特標其要領，而巔末具在舊史，原非棄舊史不用也。如棄舊史不用，則《經》所書纔什一，而所遺者什九，令後世何所取徵乎？惟舊史亡，後人以雕鏤之辭補綴別典，參以臆見，妄起凡例，後世誤信爲左丘明一切依憑。依憑不合，牽強附會，而聖人之情遂晦矣。使舊史若在，因目求綱，是非自見，何紛然覆射之有。

《左傳》如出丘明手，則凡經文所書事，未有不詳者，有闕未有不知者。今《經》有闕而不知，有事而無考，豈見而知之者與？其非左丘明作，無疑也。愚嘗摘取其誣，別爲《非左》，以俟後之君子參焉。至於《公》、《穀》疏罅鹵莽，而《公羊》尤甚。《胡傳》爲宋經筵作，亦胡氏之春秋耳，識者自辨。

《左傳》或出三晉辭人之手，故其說往往右晉，譽重耳五臣，不啻口出誇晉功業，無異三王。子孫世受諸侯朝貢，卿大夫招權納賄，貪淫敗禮，皆鋪張其事，恬不以爲怪。世儒遂謂《春秋》尊晉，仲尼奬霸，承迷至今，皆《左傳》誤之也。

司馬遷序《史記》，述董仲舒之言，曰：「孔子知言之不用，道之不行也。」是非二百四十二年之中，以爲儀表，貶天子，退諸侯，討大夫以達王事。果若斯，《春秋》者脩怨雪憤之書耳。此馬遷私志而以裁度《春秋》，可乎？大抵《六經》當漢初，學者未識指歸，馬遷於《春秋》守左，仲舒守《公羊》，今左《公羊》，具在於《春秋》，若何？齊人滅紀，以爲復讎；衛輒拒父，以爲大誼；許止弑父，以爲孝子。漢儒說《春秋》類此矣。遷《史》一書，紕漏不可枚舉。其言烏足據乎。

凡國史以垂戒爲義，故孟子曰：「晉之《乘》，楚之《檮杌》，魯之《春秋》一也。」一者，義也。孔子曰：「其義丘竊取之。」竊取垂戒之義也。史垂戒而仲尼竊取之，何也？史多脩飾，是非不明，聖人核其實、明是非之蹟，寄憂時之情，故曰「竊取」，非謙讓也。

姚舜牧《重訂詩經疑問序》 嘗讀三經三緯之說，竊有疑焉。三經風、雅、頌是已，而三緯曰賦、曰比、曰興，蓋通融取義，謂所賦之有比有興耳，非截然謂此爲賦，此爲比，此爲興也。唯截然分而爲三，于是求之不得其說，則將謂賦而興又比也，賦而比又興也，而寖失其義矣。此三緯之說之可疑者，而猶其小者也，若稽實待虛，斷章取義，凡詩皆可通用，是而作者之志則有一定不易者，在說《詩》而不得其志，則將謂「葛之覃兮」爲后妃既成絺綌而賦其事矣，將謂「采采卷耳」爲后妃思念文王而作矣，將謂「螽斯羽」之爲羽蟲矣，將謂「簡兮」之爲輕世肆志矣，將謂「河水洋洋」爲齊地廣饒士女之佼好矣，將謂「魯道有蕩」爲適齊之大路矣，將謂「似續妣祖」爲君子之居矣，將謂「中原有菽」爲兄弟之教其子矣，將謂「荏苒柔木」爲得所植矣，將謂「習習谷風」爲生長和調矣，將謂「有饛簋飧」、「有捄棘匕」之漫無取義矣，將謂「鴛鴦于飛」、「畢之羅之」之爲興矣，將謂「履帝武敏歆」爲足大指歆歆然如有人道之感矣，將謂「永錫祚胤」之可分而爲二矣，將謂「乃造其曹」之爲牧所矣，將謂「伴奐優游」之爲泮渙優游矣，將謂「彼疏斯稗」之爲分別君子與小人矣。而其他則若「鞅掌」之爲失容也，「權輿」之爲托始也，「龍光」之爲寵光也，「舉柴」之爲積禽也，「無射」之爲無斁也，「借始」之爲藷始也，「藷始」之爲借始也，「遐」之通爲河也，「侯」之訓爲維也，紛紛莫紀。總之則不得詩人之志而姑爲講解云爾。倘以意逆詩人之志於千載之上，則一字各函一義，而其中雋永之味，眞有足啓萬世之咀嚼者，奈之何？詩義之湮而莫識也，又奈之何？陳說汩沒於所習，而即有能探其旨者付之勿問也。今予所疑凡經數十年，且重加訂問矣。若前所誤解者亟與辨正，即有礙於制義亦所弗恤焉。蓋心獨苦矣，而安得高明君子虛心，一爲之裁訂哉，則所謂藏之名山而俟知於千載之下者也。時萬曆歲在辛亥季冬，烏程後學姚舜牧書於清高啓後軒。

劉若愚《酌中志》卷七 先監每欲將陳鳳梧所刻《周禮合集説考註訓》，雋照向句解次序，勒成一書，亦欲奏請重刻，而志竟未遂也。先監又篤好《易》，萬曆年間，偶見坊間售有《羲經十翼》，乃慈谿傳文兆所著。曰：《太初易》、《古周易》、《玩辭篇》、《觀變篇》、《觀象篇》、《玩占篇》，大與舉業不同。而推明《古易》次序上下二篇，《十翼》十篇，將三聖《易》學闡明可愛。漢儒費直亂《易》，剖辨無餘藴，且主文王作爻辭之説，與周公無涉。先監嘗曰：揚雄《解難》，魏伯陽《參同契》，劉勰《文心雕龍》，俱直云伏羲文王，曷嘗有一字及周公哉？兩漢及梁，去古未遠，爾輩識之。及先監卒後，爨臣被常太監雲𦋐誤斃鎖，又先年曾聞開雍顧老師説，國子監新刻經史不可不買一部。爨臣既抱罪無所事，遂購得《十三經》、《二十一史》，日披玩之，則周公繫爻辭之説，誠始於唐之孔穎達無疑矣。《史記》註則《十翼》井然，前漢《志》則三古三聖人，又《三國志》高貴鄉公視太學，及别史列傳自唐以前，都無周公作爻辭之説。其孔穎達杜撰，費直亂叙，不辨已明。宋程子以今《易》作傳，朱子以《易》作《本義》，奈今繩於舉業，拘於大全，誰敢如傳文兆起而議之者耶？《易》也，《十翼》也，《周禮》也，天如假先監數年，則表章次第奏刊，豈止一《大學衍義補》而已哉？

張次仲《待軒詩記序》 予向徑行己志，不好人諛，作書未嘗倩乞序引，天性然也。讀《易》之餘閒，嘗讀《詩》，爲箋注，私記所得，其大意載總論中，序尤可不作。或則疑焉，因思曩時放廢制義，取古來詩文反復吟詠，以舒其抑鬱無聊之志，窮原於四始，究其義藴，因以授之孫訒適延，友人沈子起，在齋互相闡發。子起有類咏，予因亦有小箋，積久成帙，凡八九脱稿，乃敢勒爲一書。倘藏諸家塾，傳示子孫，後有能讀之者，知予意思所託，千載相屬，否則長往期至，秉畀炎火，令文章還太虚，神氣游宇宙，亦復曠然自適，了無所憾。名根不斷，乃爲孫輩慫恿，付之梓人。夫《詩》自商、周，溯稷、契，訖陳靈，上下千五百年，治亂興亡，風俗疆域，形勢方言，物類情變，無所不載，而吾處數千年後，蠡測管窺，安必其皆有合於古人？陶主敬曰：古韻自《詩》不用協，《序》文有本末可非。説《詩》者固不可詘經從《序》，亦何可去《序》昧經？故以《序》爲本而不能盡信者，酌以衆論，弋以己志。苟得數行數句有當經學，則此數行數句庶可質之將來。勤苦難成，昔人所戒，垂老讀《詩》，前後紬繹幾二十年，日就澹泊，不類年少英儁，未知後人以爲何如也。今神明衰耗，纏綿痾疾，且暮將不起，恐剞劂不能親觀厥成，此亦過時之咎矣。垂逝之期，爲日幾何，遂命孫訒踵而成之，無隕予志。

孫治《待軒詩記序》 《詩記》者，鹽官張元岵先生之所爲作也。先生爲世大儒，熹宗朝辛酉舉於鄉，屢上春官不第，遭時變革，遂閉戶却埽，絶迹人事，其志節德行，蓋在於管幼安、邴根矩之間矣。顧其生平經史淹貫，著述斐然。獨念《易》爲憂患之書，窮年精思，楊爲之穿，而筆爲之冢。黜九師而翼三聖，集諸儒之大成，發中古之幽藴，殆商瞿以來未有之書。至於箋註《四詩》，大抵以《序》爲據，謂其書近古，異於後之耳食者。囊括注疏以來及於有明一代，不敢尋一先生之語，即紫陽義有未洽，亦必確有證據，不敢苟爲雷同。古今得失之林，歷代治亂之故，忠臣孝子，良友貞婦，與夫山川原隰，禽魚草木，莫不原原本本，曉暢意旨，不誇多識，不矜異聞，有一言之裨於道者，未之或遺也。此眞可謂明河之在天，而珠囊之照地，又奚疑焉？嗟夫，四家之詩，惟《毛詩》爲後出，而今習傳者，皆《毛詩》也。先生之於《詩》學，亦在諸儒之後，而後之明君察相，寶貴是書，立於學宫而役弟子者，亦必是書也。嗟乎，先生之行潔，先生之心苦，以謝皋羽鄭所南之藴義，而發揮於經術，豈其有司馬名山之念，桓譚必傳之語哉？而書之不可廢者，自在也。予獲先生忘年交，十有五年，嘗至齋中見其披吟不絶於口，朱墨不絶於手，吾未見有好學如先生者。先生歿後，予閲其遺編，注釋經傳而外，《史》、《漢》、《晉》、《唐》以迄有明，無不刪述成一家言。流覽玩讀，未嘗不爲流涕，其孫訒受業於予者，會刻先生《詩記》成，因作數言於簡端，於乎，即先生此書可以不朽矣！仁和後學孫治。

鄧伯羔《藝彀》卷上《邢璹注書》 唐四門助教邢璹注《周易略例》，可謂深得輔嗣之情者也。注疏載其説，不暴爲璹注，讀者疑於康伯《集解》；載其説不暴爲璹注，讀者疑於鼎祚。

睦櫸《周易集解序》 予觀唐《藝文志》，稱李鼎祚集注《周易》十七卷。據鼎祚自序云十卷，而首尾俱全，初無亡失，不知《唐史》何所據而云十七卷也。《崇文總目》及《邯鄲圖書志》亦稱七篇逸，蓋承《唐史》之誤耳。鼎祚解經多避唐諱，又取《序卦》冠於各卦之首。所引有子夏、孟喜、焦贛、京房、馬融、荀爽、鄭玄、劉表、何晏、宋衷、虞翻、陸績、干寶、王肅、王弼、姚信、王廙、張璠、向秀、王凱沖、侯果、蜀才、翟玄、韓康伯、劉巘、何妥、崔憬、沈驎士、盧氏、崔覲、伏曼容、孔穎達凡三十二家，又引《九家易》、《乾鑿度》。諸説義有未詳，鼎祚乃加增削。予嘗綜其義例，蓋宗鄭學者也。自商瞿之後，注《易》者百家，而鄭氏玄、王氏弼爲最顯。鄭之學主象數，王之學主名理，漢晉以來二氏學幷立。至劉宋初，顔延之爲祭酒，黜鄭置王。時陸澄、王濟輩皆以爲不可。自是，河汾諸儒多主于鄭，江左及青齊多主于王。唐興，孔穎達受詔撰定《五經》正義，于《易》獨取王傳，而鄭學遂廢。先代專門之業亦復不傳，可勝嘆哉！夫《易》有聖人之道四焉，世之言理義之學者，以其辭耳。象變與占，其可闕乎？昔吳季札之魯觀樂，見《易·象》，喜曰：「周禮盡在魯矣。」是故「象」者，《易》之原也。象成而後有辭，辭著而後有變，變見而後有占。若乃顓尚文辭，不復推原大傳，天人之道岐而爲二，可乎？康成去古未遠，其所纂述必有所本。鼎祚恐其失墜，以廣其説，均之爲有裨于《易》者也。是編刻自宋季，人間希有存者。頃歲予得之李中麓氏，復用校梓以傳，欲使聖人之道不致偏滯，而自漢迄唐三十家之言，亦不至埃滅弗聞也。

錢謙益《牧齋初學集》卷七二《顧仲恭傳》 仲恭少治《詩》義，專門名家，竟陵鍾惺定爲本朝第一。長益肆力於學問，六經諸史百家內典之書，靡不亂其津涉，啓其鈐鍵。而其所沈研鑽極者，《詩經》、三《禮》、《莊子》也。其讀書也，一覽即了大義，通明指歸。又不憚穿穴訓故，用以會稡異義，刓削隱滯。一以爲通人碩學，一以爲老生宿儒，蓋兼而舉之也。其論《詩》，以爲《詩》有齊、韓、魯《三傳》，《毛傳》出而三家廢。《鄭箋》時與毛異，唐、宋諸儒多與毛、鄭異。朱子盡掃毛、鄭，概以《鄭》、《衛》爲淫風，世儒皆知其繆。其尤踳駮者，則不取義之興也。既不取義矣，又何興乎？又有全不會小序之意，妄自删改者。《伐木》之《序》曰：燕朋友故舊也；自天子至於庶人，未有不須友以成者。此篇乃答上篇《棠棣》之意，雖燕親戚，而以朋友爲重。《棠棣》譏雖有兄弟，不如友生，此言人不可不求友生，至於父舅兄弟，亦當以酒食相親洽也。朱子取小序首句，而删去下二句，則直以父舅兄弟爲朋友矣，其可通乎？《鴛鴦·序》曰：「刺幽王也，古之明王，交於萬物有道，自奉養有節焉。」朱子直注云：「鴛鴦于飛，則畢之羅之矣；君子萬年，則福祿宜之矣。」夫鴛鴦之罹畢羅，此豈吉祥善事，而以興人主之福祿乎？此二章乃一正一反，以爲諷諫。于飛則畢之羅之，在梁則戢其左翼，明動者之有災，靜者之無咎也。周自昭王南征而不復，穆王西征而徐叛，自此以還，以巡狩爲危事。故卜征五襲，吉而後行。此所謂交萬物有道，而詩人以爲諷也。正與《魚藻》「王在在鎬，飲酒樂豈」同義，一吟詠而知非盛世之詩矣。此之不解，豈所謂以意逆志者乎？今欲刊定一書，當用《毛傳》爲主，毛必不可通，然後用鄭。毛、鄭必不可通，然後用朱。毛、鄭、朱皆不可通，然後網羅羣説，而以己意衷之。嚴粲《詩緝》作於《朱注》之後，獨優於諸家。而《大全》之作，敷衍《朱注》，一無發明，用覆醬瓿可也。其論《禮記》，謂自宋以前，爲《禮經》之學者，惟知有《鄭注》、《孔疏》。康成以耆德雄辯，壓折千載。穎達依阿其旨，無所是正。自宣和有好古之主，于是三代器物，間出於墟墓伏匿之中，學者援以證漢人之多謬，而陳氏之《集説》出焉。未有《集説》以前，學者之患，在于疑而不能明；既有《集説》以後，學者之患，又在乎明而不能疑。不可以不深維而自得也。其論《周禮》，則《地官》之原隰贏物，《小司徒》之上中下地，以及鄉師鄉老州長之名秩，《春官》大宗伯之天產地產，《春官》之世婦，《夏官》馬質之旬，內外司爟之出火內火，《冬官》之量豆甗案，以及匠人營國，皆援經據傳，考古徵今，以訂補注疏之疏闕。而《小戴記》是正者尤多。其辨《五帝世繫》曰：康成千載儒宗，而惑溺緯書。王肅引經據傳，用以難鄭。惟《五帝世繫》，則康成絀《史記》本紀，而取《春秋命序曆》，最爲有見。王肅據《家語》、《五帝德》以闢之，斯爲繆矣。【略】仲恭論經學，于近代少可，惟推武林卓爾康《十五國風論》，以爲通儒。爾康勸仲恭著書垂後，仲恭復之曰：古人之書，汗牛充棟，吾輩雖勤學者，尚不能十窺二三。況吾輩之才學，遠不逮古人，而後之學者，其勤又未必及吾輩，縱復有惠施之五車，其誰傳之？又曰：《春秋》以前，作者之事備矣，雖有聖人，但述而不作。宋、元以來，述者之事備矣。雖有志士，但當誦而不述。爾康無以難也。慈谿馮公元颺，按部海虞，造門修謁，請所著書。仲恭亦以斯言謝焉。晚而語余：吾欲將十三經諸子墜言滯義，標舉數則，勒成一書，竊比於程大昌《演繁露》、王伯厚《困學紀聞》，庶幾可以謝諸公及吾子矣。易簀之前，繕寫所箋《詩經》、《禮記》、《莊子》，俾其子屬余，今所傳《炳燭齋隨筆》是也。

又《牧齋有學集》卷四六《跋十家道德經注》　宋人集註老子，自開元政和御註外，詳載有宋諸家，而韓非《解老》、《喻老》，嚴君平《指歸》及有唐陸希聲等註，皆不及焉。此書行，而古註湮滅多矣。《道德指歸》舊有錢穀鈔本，較金陵檇李刻迥異，此書多微文奧義，在郭象、張湛之右。今舍此而取河上公僞註者，何也？

孫承澤《尚書集解序》　余每言註經難，註《尚書》尤難。《尚書》乃夫子之所序定者，今傳世有今文、古文之不同，有艱澀平易之互異。漢人言《書》有百篇，今存者僅及其半。所存者果盡出於夫子之所序定者乎？且《易》有程子之《傳》、朱子之《本義》，《春秋》有程子之《傳》，《詩》有朱子之《集傳》，大儒著述，確乎可循。程、朱俱不註《書》，朱子僅屬之蔡仲默氏。仲默每註一篇，輒請正朱子，然止訂二《典》、《禹謨》，遽捐館舍。其餘未經訂正者，果盡合朱子之意乎？推而上之，又盡合程子之意乎？且漢人表章《六經》，《易》有數家，《詩》分爲四，《春秋》分爲五，獨以《書》爲樸學，不好。馬、鄭諸家俱未見眞古文行世者，獨孔安國一《傳》，而又亂於唐人之讖緯。凡此皆註《書》之難也。余垂髫，先人麗津府君口授《周易》，比長，兼習《尚書》。《尚書》不獨治統所屬，道統寄焉。言心、言性、言敬，實開萬古理學之宗，視諸經爲尤要。登第後，筮仕汴梁，故宗西亭先生家多經學秘本，因得盡讀諸儒書義，抄貯笥中，變後尚有存者。退居二十年，迴環熟繹，因嘆《書》固全經，其不死濟南一老於秦始、漢高之世，留傳遺經於文帝之時，天也。濟南記憶不全者，復出於故宮殘壁之中，天也。文有艱澀平易之不一，以事非一代，作非一手，如《周易》四聖繫簡不一，《詩》之正變不同，三頌簡縟之相遠也。所謂亡《書》，考其篇目，率多詭異，或夫子之所刪也。朱子即不註《書》，而仲默所註或魯面授意旨，況同時有東萊之《書說》，後百年有金仁山先生之《表注》、許白雲先生之《叢說》，其精粹不遜朱子。雖漢人無馬、鄭之箋注，然經學晦於馬、鄭者多矣，有無固無足論也。余舊著《集解》一編，今年屆八旬，恐其散逸，重加裒益，刊之家塾，所解多從蔡傳，參以東萊。其有不合者，正以仁山、白雲兩先生，要歸之明顯暢達而止。至於《書》之有《序》，其言簡古，非如《詩序》穿鑿迂滯，爲《詩》之蠹。即不出於孔子，或出於當日之史官。故程子、呂子皆尊信之。今仍弁于每篇之首，以補蔡傳之缺。又蔡傳中有「日月隨天左旋」之說，明初命學士劉三吾修《會選》一書，改正其失。「左旋」之說其實不誤，此不足爲蔡傳病。若其考證失眞，如「璿璣之璿玉」也，誤以爲珠。簡、潔二河也，誤以爲一，如此尚多。又《洪範》一篇，有禹之經，有箕子之傳，乃俱以爲箕子之言，此其失之大者。余故曰註《尚書》尤難也。

何楷《詩經世本古義序》　昔者孔子之教天下，道不外乎《六經》，而禮、樂爲王者之事。當世必皆各有成書，如《周禮》、《儀禮》之類，不容以意爲之損益。其所手定，惟《易》、《書》、《詩》、《春秋》四者，《易》衍《十翼》，《春秋》修舊史，皆述也，而有作焉。若《書》、《詩》第以棄取見義而已。《易》、《春秋》之爲書，一明理，一紀事，各自孤行，而《書》、《詩》則兼禮、樂而有之，是故《易》體也，《春秋》用也，垂《書》、《詩》以寄禮、樂，聖人治世之跡，所以流露于體用之間者也。然以理言，則禮、樂仍與《易》爲類，物之有本末也；以事言，則《書》、《詩》又與《春秋》爲類，道之有升降也。不明乎此，亦未有能讀《書》誦《詩》者也。夫以《書》爲兼乎禮、樂，類乎《春秋》，人猶信之，若《詩》則第以道性情一語蔽之，足矣，將安取此？嗟乎，《詩》教失傳莫大于是。今夫《詩》在《書》中不過諸製之一，若《五子之歌》是也，諸製各因一事而作，宜不能多，而《詩》則上播諸聲律，下形諸諷詠，無地而不有，《詩》無人而不可以作。《詩》當孔子之世，而古詩存者至三千餘，亦云夥矣，而所刪存者厪厪止此，其所以存之者必有故也。繇其所從來者異，故於一體中自以風、雅、頌爲之標別，然亦必皆因一事而作，則其世固可知也。夏、商之文獻皆不足矣，宋猶存《商頌》五篇，杞無一焉，惟周室先祖之詩，藏在故府，幸不放失。聖人以爲此二代文獻之猶存者也，故取公劉遷豳諸詩，以續《五子》之後；取王季、文王諸詠，以廣《商頌》之遺。其於二代，蓋彬彬矣。《書》斷於穆，《春秋》始於平，中間若厲、宣、幽三王之際，皆周室改革之大者，而其事跡杳如也，舍《詩》將安所徵之？故《詩》者聯屬《書》與《春秋》之隙者也。孟子曰：王者之迹熄而《詩》亡，《詩》亡然後《春秋》作。諸儒推測，未有得其解者也。今以世考之，《詩》亡于《下泉》，正當敬王之時，《春秋》之作適有感是時耳，蓋至是而周不復興矣。平遷王城，敬遷下都，愈趨愈下，聖人所以投筆而自廢也。聖人之删《書》也，其心猶以王爲未足也，曰：必如帝者，斯可矣。删《詩》則不及帝矣，而其大指所在，特惓惓屬望于中興，曰：孰能如夏之少康、殷之盤庚、武丁者乎？故於二代之詩獨有取于三君之世，此尤足以見《春秋》託始平王之意也。若夫典章文物，聲容器數之盛，散見于《詩》中者，犂然明備，至纖而不可遺，至繁而不可亂，按之《三禮》無一不合，有王者起特舉而措之耳，是又聖人之借《詩》以存禮樂也。蓋昔孔子雅言，《詩》、《書》執禮而不及《樂》，他日又言，興于《詩》，立于《禮》，成于《樂》，而不及《書》，明乎舉《詩》足以兼《書》，猶之舉《禮》足以兼《樂》也。其言《詩》、《書》恆在《禮》、《樂》之先者，以《禮》、《樂》取諸《詩》、《書》中而足也。後儒視《詩》太淺，索《詩》太易，盍亦思聖人所以廣收約取，著之爲經，與《易》、《書》、《春秋》並垂者，其立敎宜，何如精嚴，而可輕以里巷謳吟文人詞曲例之乎？凡余說《詩》，是不一術，先循之行墨以研其義，既證之他經以求其驗，既又攷之山川譜系以摭其實，既又尋之鳥獸艸木以通其意，既又訂之點畫形聲以正其誤，既又雜引賦詩斷章以盡其變。諸說兼詳，而《詩》中之爲世、爲人、若《禮》、若《樂》，俱一一躍出，於是喜斯文之在兹，歎絶學之未墜也。當其沉思莫解，寢食都忘，疑竅將開，鬼神如牖，亦閱七載。手不停披，斯已勤矣。書成，悉依時代爲次，名曰《世本古義》，伸子輿氏誦《詩》論世之指也。卷凡二十八，與經宿配，每篇倣古序體，更定小引以冠其前，其諸義未安者，則附見之章句之後，欲使觀者了其巔末，有所攷鏡焉。挂漏之病，知不能無，糺繆拾遺，以俟來哲。

朱鶴齡《毛詩稽古編序》 昔夫子删定《六經》，而其自言曰「信而好古」。夫三王五帝之事，若存若亡，蓋有不可深求者矣。如《河圖》、《洛書》，出苞吐符，天人相接，此與後世之天書何異，而夫子顧信之不疑。下至「商羊」、「罔象」、「汪芒」、「僬僥」之類，尤爲裔奇嵬瑣，夫子亦時時述而識之，蓋其學綜墳典，徵文獻，稟師傳，苟古人之所有，無不考求詳愼，而不敢以私見汩亂其間，此所以爲善述也。《詩序》出於子夏之徒，大小毛公亦秦漢間人，訓詁視他經最古。鄭康成取其義而爲箋，即不免踳駮。自有聖門闕疑之法，在今人概黜爲郢書燕說，此不可解一也。《爾雅》一書，古人專以釋經，亦子夏之徒爲之。至六書必祖《說文》，名物必稽《陸疏》，皆先儒說詩律令。今人動以新義掩古義，今音證古音，此又不可解也。說者謂考亭《集傳》頒諸功令，學者不敢異同，然考亭嘗爲《白鹿洞賦》中云廣《青衿》之疑問，樂《菁莪》之長育，仍不用己說。門人問之，曰：《序》說自不可廢。然則考亭之意，亦豈欲學者株守一家，而盡屏除漢唐以來諸儒之箋傳，如今之人安於固陋荒忽者哉？余向爲《通義》，多與陳子長發商搉而成，深服其援據精博，近乃自成《稽古編》若干卷，悉本《小序》注疏，爲之交推旁通。餘書猶參停今古之間，長發則專宗古義，宣幽抉滯，劈肌中理，即考亭見之，亦當爽然心開，欣然頤解。嗚乎！經學之荒也，荒於執一先生之言而不求其是。苟求其是，必自信古始。夫《詩》之有《序》也，猶江之發源羊膊嶺也，毛、鄭則出玉壘過灧澦而下時也，後儒之說則歷三峽、分九道，汨汨然莫知所極，今與之溯源岷山，使知緣匡數百，激湍萬里，之皆濫觴於此也，豈非《記》所云，先王祭川必先河而後海之義乎？世有遡源三百者，必能遵奉此書，爲《序》微言未墜，長發其族之而已。

張爾岐《儀禮鄭注句讀序》 《漢志》所載，傳《禮》者十三家，其所發明，皆《周官》及此十七篇之旨也。十三家獨《小戴》大顯，近代列於經以取士，而二《禮》反日微。蓋先儒於《周官》疑信各半，而《儀禮》則苦其難讀故也。夫疑《周官》者，尚以「新莽荆國」爲口實，《儀禮》則周公之所定，孔子之所述，當時聖君賢相士君子之所遵行，可斷然不疑者，而以難讀廢可乎？愚三十許時，以其周、孔手澤，慕而欲讀之。讀莫能通，旁無師友可以質問，偶於衆中言及，或阻且笑之。聞有朱子《經傳通解》，無從得其傳本，坊刻考註解詁之類，皆無所是正，且多謬誤。所守者唯《鄭註》、《賈疏》而已，註文古質，而疏說又漫衍，皆不易了。讀不數繙，輒罷去。至庚戌歲，愚年五十九矣，勉讀六閱月，乃克卒業焉。於是取經與註章分之，定其句讀，疏則節錄其要，取足明註而止。或偶有一得，亦附於末，以便省覽，且欲公之同志，俾世之讀是書者，或少省心目之力，不至如愚之屢讀屢止，久而始通也。因自嘆曰：方愚之初讀之也，遙望光氣，以爲非周、孔莫能爲已耳，莫測其所言者何等也！及其矻矻乎讀之，讀已又默存而心歷之，而後其俯仰揖遜之容如可睹也，忠厚藹惻之情如將遇也，周文郁郁其斯爲郁郁矣，君子彬彬其斯爲彬彬矣。雖不可施之行事，時一神往焉。彷彿戴弁垂紳從事乎其間，忘其身之喬野鄙僿，無所肖似也。使當時遇難而止，止而竟止，不幾於望辟雝之威儀，而卻步不前者乎？噫，愚則幸矣！願世之讀是書者，勿徒憚其難也。

魯超《杜詩闡序》 自古著書難，注書爲尤難。學殖不富，則援據不覈，一難也。害辭害志，穿鑿武斷，二難也。搜剔事類，以博爲奇，而不得古人精意之所在，三難也。古今注《杜》者，無慮數十家。如僞蘇注之紕繆，人皆知之。惟趙次公、蔡夢弼、黄鶴三家爲稍優，然猶不能無遺議焉。其餘又可知也。注書之最善者，無如李善父子之注《文選》，然善傳於事類，而邕精於意義。合之，則雙美；而離之，則各有所偏。甚矣，注書之難也！盧子文子潛心學《杜》二十餘年，所著《杜闡》一書，穿穴鈎擿，直能取古人精意於千百載之上，舉前此諸家卮詞曲説、牽合傅會之陋，一埽而空之，事類意義，兩者兼盡，可謂至當而無遺議者矣。予觀近時人有注《李義山集》者，其用心至爲深苦，然予嫌其每章每句必牽合曲證，以爲爲王茂元、令狐綯事而發，豈古人一生胷臆中止有此一事，而其平日感物留連，應酬擒屬，别無寄託乎？恐猶未免於私心僻見，而未可以爲定論也。若盧子之注《杜》，不逞臆解。不務鑿空，語而詳，擇而精，斯可尚也已矣。舊注叢雜蕪穢，幾如雺霧之醫白日，得盧子一爲湔洗，而古人之精神始出。少陵有知，當莫逆於千載之前，不獨令後之觀者，曠若發矇已也。

顧炎武《日知録》卷二七《漢人注經》 左氏解經，多不得聖人之意。元凱註傳，必曲爲之疏通，殆非也。鄭康成則不然，其於二《禮》之經及子夏之傳，往往駁正，如《周禮・職方氏》：「荆州其浸潁湛。」《註》云：「潁水出陽城，宜屬豫州，在此非也。」「豫州其浸波溠。」註云：「《春秋傳》曰『除道梁溠，營軍臨隨』，則溠宜屬荆州，在此非也。」《儀禮・喪服篇》「唯子不報。」《傳》曰：「女子子適人者，爲其父母期，故言不報也。」《註》云：「唯子不報，男女同不報爾。《傳》以爲主謂女子子，似失之矣。」「女子子爲祖父母。」《傳》曰：「何以期也，不敢降其祖也。」《註》云：「《經》似在室，《傳》似已嫁。公妾以及士妾爲其父母。」傳曰：「何以期也，妾不得體君，得爲其父母遂也。」《註》云：「然則女君有以尊降其父母者，與《春秋》之義雖爲天王后，猶曰『吾季姜』，是言子尊不加於父母，此《傳》似誤矣。」《士虞禮篇》「用尹祭。」《註》云：「尹，祭脯也。大夫士祭無云『脯』者，今不言『牲號』而云『尹祭』，亦記者誤矣。」於《禮記》則尤多置駁。如《檀弓篇》：「齊穀王姬之喪，魯莊公爲之大功。」《註》云：「當爲舅之妻，非外祖母也。外祖母又小功也。」「季子皋葬其妻，犯人之禾。」《註》云：「持寵虐民，非也。」「叔仲衍請繐衰而環絰。」《註》云：「吊服之絰服其舅，非。」《月令篇》「孟夏之月，行賞封諸侯。」《註》云：「《祭統》曰：『古者於禘也，發爵賜服，順陽義也。於嘗也，出田邑，發秋政，順陰義也。』今此行賞可也，而封諸侯則違於古。封諸侯，出土地之事，於時未可，似失之。」「斷薄刑，決小罪。」《註》云：「《祭統》曰『草艾則墨』，謂立秋後也。刑無輕於墨者。今以純陽之月斷刑決罪，與『毋有壞墮』自相違，似非。」「季夏之月，命漁師伐蛟，取鼉，登龜，取黿。」《註》云：「四者甲類，秋乃堅成。《周禮》曰：『秋獻龜魚。』又曰：『凡取龜用秋時。』是夏之秋也，作《月令》者，以爲此秋據周之時也，周之八月，夏之六月，因書於此，似誤也。」「孟秋之月，毋以封諸侯，立大官；毋以割地，行大使，出大幣。」《註》云：「古者於嘗出田邑，此其嘗并秋，而禁封諸侯割地，失其義。」《郊特牲篇》「季春出火。」《註》云：「言祭社，則此是仲春之禮也。仲春以火田，田止弊火，然後獻禽，至季春火出，而民乃用火。今云季春出火，乃《牧誓》社，記者誤也。」「郊之用辛也，周之始郊日以至。」《註》云：「言日以周郊天之月而至，陽氣新，用事順之，而用辛日，此説非也。郊天之月而日至，魯禮也。三王之郊，一用夏正，魯以無冬至，祭天於圜丘之事，是以建子之月郊天，示先有事也。」「尸，陳也。」《註》云：「尸或詁爲主。此尸神象，當從主訓之，言陳，非也。」《明堂位篇》「夏后氏尚明水，殷尚醴，周尚酒。」《註》云：「此皆其時之用耳，言尚非。」「君臣未嘗相弑也，禮樂、刑法、政俗，未嘗相變也。」《註》云：「春秋時，魯三君弑。又士之有誄由莊公始，婦人髽而吊始於臺駘，云君臣未嘗相弑，政俗未嘗相變，亦近誣矣。」《雜記下》「或曰主之而附於夫之黨。」《註》云：「妻之黨自主之，非也。」「圭子男五寸。」《註》云：「子男執璧，作此贊者失之矣。」此其所駁雖不盡當，視杜氏之專阿傳文則不同矣；經註之中可謂卓然者乎。

《論語》「子見南子。」《註》：「孔安國曰：行道既非婦人之事，而弟子不説，與之祝誓，義可疑焉。」此亦漢人疑經而不敢強通者也。

宋黄震言：杜預註《左氏》，獨主《左氏》；何休註《公羊》，獨主《公羊》，惟范甯不私於《穀梁》，而公言三家之失。如曰：「《左氏》以鬻拳兵諫爲愛君，是人主可得而協也；以文公納幣爲用禮，是居喪可得而昏也。《穀梁》以衛輒拒父爲尊祖，是爲子可得而叛也；不納子糾爲內惡，是仇讎可得而容也。《公羊》以祭仲廢君爲行權，是神器可得而窺也；妾母稱夫人爲合正，是嫡庶可得而齊也。」又曰：「《左氏》艷而富，其失也誣；《穀梁》清而婉，其失也短；《公羊》辯而裁，其失也俗。」今考《集解》中糾《傳》文者得六事：「莊九年，公伐齊，納糾。」《傳》：「當可納而不納，齊變而後伐，故乾時之戰，不諱敗，惡內也。」《解》曰：「讎者，無時而可與通。縱納之遲晚，又不能全保讎子，何足以惡內乎？然則乾時之戰不諱敗，齊人取子糾殺之，皆不迄其文，正書其事。內之大惡，不待貶絕，居然顯矣。惡內之言，《傳》或失之。」「僖元年，公子友帥師，敗莒師於麗，獲莒挐。」《傳》：「公子友謂莒挐曰：『吾二人不相說，士卒何罪？』屏左右相搏。」《解》曰：「江熙曰：『經書敗莒師，而傳云二人相搏，則師不戰，何以得敗？理自不通也。子所愼三戰居其一，季友令德之人，豈當捨三軍之整，佻身獨鬥，潛刃相害，以決勝負者哉。』此又事之不然，《傳》或失之。」《僖十四年》，「季姬及繒子遇子防，使繒子來朝。」《傳》：「遇者，同謀也。」《解》曰：「魯女無故遠會諸侯，遂得淫通，此又事之不然。《左傳》曰：『繒季姬來寧，公怒之，以繒子不朝，遇於防，而使來朝。』此近合人情。」「襄十一年，作三軍。」《傳》：「古者，天子六師，諸侯一軍。作三軍，非正也，」《解》曰：「《周禮》、《司馬法》：王六軍，大國三軍，次國二軍，小國一軍。總云『諸侯一軍』，又非制也。」《昭十一年》：「楚子虔誘蔡侯般，殺之於申。」《傳》：「夷狄之君誘中國之君而殺之，故謹而名之也。」《解》曰：「蔡侯般，殺父之賊，此人倫之所不容。王誅之所必加。禮，凡在官者殺無赦，豈得惡楚子殺般乎？若謂夷狄之君不得行禮於中國者，理既不通，事又不然。」「宣十一年，楚人殺陳夏徵舒，不言入。」《傳》曰：「明楚之討有罪也。似若上下違反，不兩立之說。」《哀二年》：「晉趙鞅帥師，納衛世子蒯聵於戚。」《傳》：「納者，內弗受也。何用弗受也？以輒不受也。以輒不受父之命，受之王父也。信父而辭王父，則是不尊王父也；其弗受，以尊王父也。」《解》曰：「江熙曰：齊景公廢世子，世子還國，書篡。若靈公廢蒯聵立輒，則蒯聵不得復稱曩日世子也。稱蒯聵爲世子，則靈公不命輒審矣。此矛盾之喻也。然則從王父之言，《傳》似失矣。《經》云『納衛世子』，『鄭世子忽復歸於鄭』，稱世子明正也，明正則拒之者，非邪。」以上皆糾正《傳》文之失。

宋吳元美作《吳縝〈新唐書糾謬〉序》曰：「唐人稱杜征南、顔秘書爲左丘明、班孟堅忠臣，顔師古本傳。今觀其推廣發明，二子信有功矣。至班、左語意乖戾處，往往曲爲說以附會之，安在其爲忠也？今吳君於歐、宋大手筆乃能糾謬纂誤，力裨前缺，殆晏子所謂獻可替否和而不同者，此其忠何如哉。然則唐人之論忠也陋矣。」可謂卓識之言。

又《注疏中引書之誤》

《爾雅·釋山》：「多草木岵，無草木峐。疏：「峐當作屺。」石戴土謂之崔嵬，土戴石爲砠。」《毛傳》引之互相反。鄭康成箋《詩·采蘩》，引《少牢饋食禮》「主婦被裼」誤作《禮記》。《皇矣》引《左傳》「鄭公子突使勇而無剛者嘗寇，而速去之」，「晉士會若使輕者肆焉其可」，誤合爲一事。注《周禮·大司徒》，引《左傳·成二年》「先王疆理天下」，誤作「吾子疆理天下」。引《詩》「錫之山川，土田附庸」，誤作「土地」。《射人》引《射義》「明乎其節之志，以不失其事，則功成而德行立」，誤作《樂記》。《縣士》引《左傳》「韓襄爲公族大夫」，誤作「韓須」。注《禮記·月令》，引《夏小正》「八月，丹鳥羞白鳥」，誤作「九月」。引《詩》「稱彼兕觥，萬壽無疆」，誤作「受福無疆」。范武子解《穀梁傳》，莊十八年，引《玉藻》「天子玄冕而朝日于東門之外」，誤作《王制》。郭景純注《爾雅》，引《孟子》「止或尼之」，誤作「行或尼之」。引《易》「鞏用黃牛之革」，「固志也」，誤以《革》《遯》二爻合爲一傳。韋昭《國語》注「公父文伯母賦《綠衣》之三章」，誤引「四章」。高誘《淮南子注》引《詩》「鼉鼓逢逢」，誤作「鼉鼓洋洋」。孔穎達《左傳·文十八年》《正義》引《孟子》「柳下惠，聖之和者也」，誤作「伊尹，聖人之和者也」。蘇軾《書傳·伊訓》引《孟子》「從流下而忘反謂之流」，誤作「從流上而忘反謂之游」。朱震《易傳·井》大象引《詩》「維此哲人，謂我劬勞」，誤作「知我者謂我劬勞」。趙汝梅《易輯聞·蹇》大象引《孟子》「我必不仁，我必無禮」，誤作「我必不仁不義」。朱元晦《中庸章句》引《詩》「后稷之孫，實維大王。居岐之陽，實始翦商」，誤作「至于大王」。《詩集傳·閔予小子》引《楚辭》「三公穆穆，登降堂只」，誤作「三公揖讓」。

朱子注《論語》：「夏曰瑚，商曰璉。」此仍古注之誤。《記》曰：「夏后氏之四璉，殷之六瑚。」是夏曰璉，商曰瑚也。《享禮》注引「發氣滿容」，今《儀禮》文作「發氣焉盈容」。漢人避惠帝諱，「盈」之字曰「滿」，此當改而不改也。

《孟子》「有爲神農之言」注：「史遷所謂農家者流也。」仁山金氏曰：「太史公《六家同異》無農家，班固《藝文志》分九流，始有農家者流。《集注》偶誤，未及改。」

楊用修言：「朱子《周易本義》引《韓非子》『參之以比物，伍之以合虚』，誤以『合虚』爲『合參』。原其故，乃自《荀子》注中引來，不自《韓非子》采出也。」按伍所以合參，安得謂之合虚？乃今《韓非子》本誤。

又《姓氏之誤》 《穀梁傳・隱九年》：「天王使南季來聘。南，氏姓也；季，字也。」南非姓，「姓」字衍文。《桓二年》：「及其大夫孔父。孔氏，父字謚也。」父非謚，「謚」字衍文。

《詩・白華》箋：「褒姒，褒人所入之女。姒，其字也。」「字」當作「姓」，此康成之誤。孔氏曰：「褒國，姒姓，言姒其字者，婦人因姓爲字也。」乃是曲爲之解耳。

朱子注《論語》、《孟子》，如太公姜姓呂氏，名尚，其别姓氏甚明。至子夏，孔子弟子，姓卜名商，子禽姓陳名亢，子貢姓端木名賜，子文姓鬥名穀於菟之類，皆以氏爲姓。齊宣王姓田氏，名辟彊，則并姓氏而爲一矣。豈承昔人之誤而未之正與？宋自夾漈鄭氏始著《氏族略》，以前人多未講此，故《博古圖》言州吁姓州，而徽宗欲仿周人王姬之號，故公主謂之帝姬也。

又《爾雅注》 《爾雅・釋詁篇》：「梏，直也。」古人以覺爲梏。《禮記・緇衣》引《詩》「有覺德行」作「有梏德行」，注未引。

《釋言篇》：「郵，過也。」注：「道路所經過，是以爲郵傳之郵。」恐非。古人以「尤」爲「郵」，《詩・賓之初筵》「是曰既醉，不知其郵」，《禮記・王制》「郵罰麗于事」，《國語》「夫郵而效之，郵又甚焉」，《家語》「芾而麛裘，投之無郵」，《漢書・成帝紀》「天著變異以顯朕郵」，《五行志》「後妾當有失節之郵」，《賈誼傳》「般紛紛其離此郵兮，亦夫子之故也」，《谷永傳》「卦氣悖亂，咎征著郵」，《外戚傳》班倢伃賦：「猶被覆載之厚德兮，不廢捐于罪郵」，《叙傳》「譏苑扞偃，正諫舉郵」，皆是過失之義。《列子》「魯之君子，迷之郵者」，則又以爲過甚之義。《文選・盧諶贈劉琨詩》「眷同尤良，用乏驥騄」，李善引杜氏《左傳》注：「郵無恤王良也。『尤』與『郵』古字通。」

又《國語注》 《國語》之言「高高下下」者二。周太子晉諫靈王曰：「四岳佐禹，高高下下，疏川道滯，鍾水豐物。」謂不墮高，不堙卑，順其自然之性也。申胥諫吳王曰：「高高下下，以罷民于姑蘇。」謂臺益增而高，池益浚而深，以竭民之力也。語同而意則異。「昔在有虞，有崇伯鯀」。據下文「堯用殛之于羽山」，當言「有唐」，而曰「有虞」者，以其事載于《虞書》。「至于玄月，王召范蠡而問焉」。《爾雅・釋天》：「九月爲玄。」注云：「魯哀公十六年九月。」非也。當云魯哀公十六年十一月，夏之九月。

又《楚辭注》 《九章・惜往日》：「甘溘死而流亡兮，恐禍殃之有再」。注謂「罪及父母與親屬」者，非也。蓋懷王以不聽屈原而召秦禍，今頃襄王復聽上官大夫之譖，而遷之江南，一身不足惜，其如社稷何。《史記》所云「楚日以削，數十年竟爲秦所滅」，即原所謂禍殃之有再者也。

《大招》「青春受謝」。注以謝爲去，未明。按古人讀謝爲序，《儀禮・鄉射禮》「豫則鈎楹內」注：「豫讀如成周宣榭之榭，《周禮》作『序』。」《孟子》：「序者，射也。」謂四時之序，終則有始，而春受之爾。

《九思》：「思丁文兮聖明哲，哀平差兮迷謬愚。呂傅舉兮殷周興，忌嚭專兮郢吳虚。」此援古賢不肖君臣各二，丁謂商宗武丁，舉傳説者也。注以丁爲當，非。

又《荀子注》 《荀子》：「案角鹿埵，隴種東籠而退耳。」注云：「其義未詳。蓋皆摧敗披靡之貌。」《新序》第三卷亦言「隴種而退」。今考之《舊唐書・竇軌傳》：「高祖謂軌曰：『公之入蜀車騎、驃騎從者二十人，爲公所斬略盡，我隴種車騎，未足給公。』」《北史・李穆傳》：「芒山之戰，周文帝馬中流矢，驚逸墜地。穆下馬以策擊周文背，罵曰：『籠凍軍士，爾曹主何在？爾獨住此？』」蓋周、隋時人尚有此語。

又《淮南子注》 《淮南子・詮言訓》：「羿死于桃棓。」注云：「棓，大杖，以桃木爲之，以擊殺羿。自是以來鬼畏桃也。」《説山訓》「羿死桃部不給射」，注云：「桃部，地名。」按「部」即「棓」字，一人注書而前後不同若此。

又《文選注》 阮嗣宗《咏懷詩》：「西游咸陽中，趙李相經過。」顔延年注：「趙，漢成帝后趙飛燕也。李，武帝李夫人也。」按成帝時自有趙李，《漢書·谷永傳》言趙李從微賤專寵，《外戚傳》：「班倢伃進侍者李平，平得幸，亦爲倢伃。」《叙傳》：「班倢伃供養東宮，進侍者李平爲倢伃，而趙飛燕爲皇后。自大將軍王鳳薨後，富平定陵侯張放、淳于長等始受幸，出爲微行，行則同輿執轡，入侍禁中，設宴飲之，會及趙李諸侍中，皆引滿舉白，談笑大噱。」史傳明白如此，而以爲武帝之李夫人何哉。

又《陶淵明詩注》 《西溪叢語》：「陶淵明詩云：『聞有田子春，節義爲士雄。』《漢書·燕王劉澤傳》云：『高后時，齊人田生游乏資，以書干澤，澤大悅之，用金二百斤爲田生壽。田生如長安，求事幸謁者張卿，諷高后立澤爲琅邪王。』晉灼曰：《楚漢春秋》云：『田生字子春。』」非也。此詩上文云：「辭家夙嚴駕，當往至無終。」下文云：「生有高世名，既沒傳無窮。」其爲田疇可知矣。《三國志》：「田疇，字子泰，右北平無終人也。」「泰」一作「春」。若田生游說取金之人，何得有高世之名，而爲靖節之所慕乎。「遂盡介然分，終死歸田里。」是用方望《辭隗囂書》「雖懷介然之節，欲潔去就之分」。「多謝綺與甪，精爽今何如？」多謝者，非一言之所能盡，今人亦有此語。《漢書》：「趙廣漢爲京兆尹，常記召湖都亭長西至界上，界上亭長戲曰：『爲我多問趙君。』」注：「多問者，言殷勤，若今人千萬問訊也。」

又《李太白詩注》 李太白《飛龍引》：「雲愁海思令人嗟。」是用梁豫章王綜《聽鷄鳴辭》：「雲悲海思徒淹抑。」《胡無人篇》：「太白入月敵可摧。」是用《北齊書·宋景業傳》：「太白與月幷，宜速用兵。」二事前人未注。太白詩有《古朗月行》，又云：「今人不見古時月。」王伯厚引《抱朴子》曰：「俗士多云今日不及古日之熱，今月不及古月之朗，是則然矣。」而又云：「狂風吹古月，竊弄章華臺。」又曰：「海動山傾古月摧。」此所謂古月則明是「胡」字，不得曲爲之解也。然太白用此亦有所本。《晉書·(符)[苻]堅載記》：「古月之末亂中州，洪水大起健西流。」此其本也。或曰析字之體止當著之讖文，豈可以入詩乎？「藁砧今何在，山上復有山」，古詩固有之矣。《晉書·郭璞傳》有姓崇者，构璞于敦，而史臣論曰：「竟斃山宗之謀。」「誰憐李飛將，白首沒三邊。」昔人譏其以「飛將軍」翦截爲「飛將」者，然古人自有此語。《後漢書·班勇傳》：「班將能保北鹵不爲邊害乎？」

後魏唐永，正光中爲北地太守，數與賊戰，未嘗敗北。時人語曰：「莫陸梁，恐爾逢唐將。」幷以「將軍」爲「將」。「海上碧雲斷，單于秋色來。」單于是地名。《通典》：「麟德元年，改雲中都護府爲單于大都護府。領縣一，曰金河。有長城，有金河、李陵臺、王昭君墓。」《舊唐書·突厥傳》：「車鼻既破之後，突厥盡爲封疆之臣，于是分置單于、瀚海二都護府。單于都護領狼山、雲中、桑乾三都督，蘇農等一十四州。」《新唐書》言：「磧以北蕃州悉隸瀚海，南隸雲中。雲中者，義成公主所居也。頡利滅，李靖徙突厥羸破數百帳居之，以阿史德爲之長。衆稍盛，即建言：『願以諸王爲可汗，遥統之。』帝曰：『今可汗，古單于也。』乃改雲中府爲單于大都護府，以殷王旭輪即睿宗。爲單于都護。」《裴行儉傳》：「突厥阿史德溫傳反，單于管內一十四州幷叛應之。」《范希朝傳》：「單于城中舊少樹，希朝于他處市柳，命軍人種之，俄遂成林。」《田歸道傳》：「默啜奏請六胡州及單于都護府之地，則天不許。」《回紇傳》：「遣使北收單于兵馬倉糧。」《通鑑》注引宋白曰：「唐振武軍，舊單于都護府，即漢定襄郡之盛樂縣也。在陰山之陽，黄河之北，後魏所都盛樂是也。唐平突厥，于此置雲中都護府，後改單于府。」《新唐書·地理志》曰：「唐之盛時開元、天寶之際，東至安東，西至安西，南至日南，北至單于府。」徐九皋詩題曰「送部四鎮人往單于」，崔顥詩題曰「送單于裴都護赴西河」，岑參《輪臺即事詩》「輪臺風物異，地是古單于」是也。

又《杜子美詩注》 《寄臨邑舍弟詩》：「徐關深水府。」《送舍弟穎赴齊州詩》：「徐關東海西。」徐關在齊境，今不可考。《左傳·成公二年》：「齊師敗于鞍，齊侯自徐關入。」《十七年》：「齊侯與國佐盟於徐關而復之。」《行次昭陵詩》：「威定虎狼都。」注引《蘇秦傳》「秦虎狼之國，甚爲無理」。此乃用《秦本紀》贊：「據狼弧，蹈參伐。」參爲白虎，秦之分星也。「往者災猶降，蒼生喘未蘇」，謂武、韋之禍。「指麾安率土，蕩滌撫洪爐」，謂玄宗再造唐室也。本于太宗之遺德在人，故詩中及之。錢氏謂此詩天寶亂後作，而改「鐵馬」爲「石馬」，以合李義山詩「昭陵石馬」之說，非矣。其《朝享太廟賦》曰：「弓劍皆鳴，汗鑄金之風馬。」在此未亂以前，又將何說？必古記有此事而今失之耳。今昭陵六馬見存，皆琢石爲屏，而刻馬于上，其文凸起，非金馬也。乾陵石雁亦然。《奉贈韋左丞丈詩》：「殘杯與冷炙，到處潛悲辛。」《顔氏家訓》：「古來名士多所愛好，惟不可令有稱譽，見役勛貴，處之下坐，以取殘杯冷炙之辱。」《高都護驄馬行》：「安西都護胡青驄。」《魏書·吐谷渾傳》：「吐谷渾嘗得波斯草馬，放入海，因生驄駒，能日行千里。」世傳青海驄者是也。《送蔡希魯還隴右詩》：「涼州白麥枯。」杜氏《通典》：「涼州貢白小麥十石。」《天育驃騎歌》：「伊昔太僕張景順，臨牧攻駒閱清峻，遂令大奴守天育，別養驥子憐神駿。」按史言，玄宗初即位，牧馬有二十四萬匹，以太僕卿王毛仲爲內外閑廄使，少卿張景順副之。開元十三年，玄宗東封，有馬四十三萬匹，牛羊稱是。上嘉毛仲之功，加開府儀同三司。是景順特毛仲之副爾。今斥毛仲爲大奴，而歸其功于景順，殆以詩人之筆而追黜陟之權乎？《哀王孫詩》：「但道困苦乞爲奴。」《南史》：齊明帝爲宣城王，遣典籤柯令孫殺建安王子眞。子眞走入牀下，令孫手牽出之，叩頭乞爲奴，不許而死。「朔方健兒好身手。」《顏氏家訓》：「頃世離亂，衣冠之士雖無身手，或聚徒衆。」《大雲寺贊公房詩》：「狺狺國多狗。」《韓非子·儲說右上》：「夫國亦有狗。有道之士陳其術，而欲以明萬乘之主，大臣爲猛狗，迎而齕之。此人主之所以蔽脅，而有道之士所以不用也。」《戰國策》江乙以狗喻昭奚恤。《晚行口號》：「遠愧梁江總，還家尚黑頭。」劉辰翁評曰：「人知江令自陳入隋，不知其自梁時已達官矣。自梁入陳，自陳入隋，歸尚黑頭，其人物心事可知。著一『梁』字而不勝其愧矣。詩之妙如此，豈待罵哉。」按《陳書·江總傳》：侯景寇京都，詔以總權兼太常卿。臺城陷，總避難崎嶇，至會稽郡，復往廣州，依蕭勃。及元帝平侯景，徵總爲明威將軍、始興內史。會江陵陷，不行。總因此流寓嶺南積歲。天嘉四年，以中書侍郎徵還朝。以本傳總之年計之，梁太清三年己巳，臺城陷，總年三十一。自此流離于外十四五年，至陳天嘉四年癸未還朝，總年四十五，即所謂「還家尚黑頭」也。總集有《詒孔中丞奐詩》曰：「我行五嶺表，辭鄉二十年。」子美遭亂崎嶇，略與總同，而自傷其年已老，故發此嘆爾，何暇罵人哉。傳又云：京城陷，入隋，爲上開府。開皇十四年，卒于江都，時年七十六。去禎明三年己酉陳亡之歲又已五年，頭安得黑乎？其臺城陷而避亂本在梁時，自不得蒙以陳氏，何罵之有？且子美詩有云「莫看江總老，猶被賞時魚」，有云「管寧紗帽淨，江令錦袍鮮』，有云『江總外家養，謝安乘興長』，亦已亟稱之矣。李義山《贈杜牧之詩》云：「前身應是梁江總。」此又云何所譏哉。《北征詩》：「君誠中興主，經緯固密勿。」《漢書·劉向傳》引《詩》「密勿從事」，師古曰：「密勿，猶黽勉。」「不聞夏殷衰，中自誅褒妲。」不言周，不言妺喜，此古人互文之妙。自八股學興，無人解此文法矣。《晚出左掖詩》：「騎馬欲鷄棲。」蓋欲效古人敝車羸馬之意。《後漢書·陳蕃傳》：「朱震字伯厚，爲州從事，奏濟陰太守單匡贓罪，并連匡兄中常侍車騎將軍超。桓帝收匡下廷尉，以譴超，超詣獄，謝三府，語曰：『車如鷄棲馬如狗，疾惡如風朱伯厚。』」鷄棲言車小也。余聞之張錦衣紀云。《唐席豫高都公楊府君碑銘》曰：「獬豸之角初見觸邪，鷄棲之車遠聞疾惡。」《垂老別詩》：「土門壁甚堅，杏園度亦難。」土門在井陘之東，今獲鹿縣西南十里。杏園度在衛州汲縣。臨河而守，以遏賊，使不得度，皆唐人控制河北之要地也。《舊唐書》：郭子儀自杏園渡河，圍衛州。史思明遣薛岌圍令狐彰于杏園。李忠臣爲濮州刺史，移鎮杏園渡。今河南徙，而故迹不可尋矣。唐崔峒《送馮將軍詩》：「想到滑臺桑葉落，黃河東注杏園秋。」《秦州雜詩》：「西戎外甥國。」注引吐蕃表稱外甥爲證。按《冊府元龜》載吐蕃書，皆自稱外甥，稱上爲皇帝舅。開元二十一年，從公主言，樹碑于赤嶺，其碑文曰：「維大唐開元二十一年，歲次壬申，舅甥修其舊好，同爲一家。」則盟誓之文詔敕之語已載之矣。「胡舞白題斜。」按《南史》：裴子野爲著作舍人，時西北遠邊有白題國，遣使繇岷山道入貢。此國歷代弗賓，莫知所出。子野曰：「漢潁陰侯斬白題將一人。」服虔注云：「白題，胡名也。」然則白題乃是國名。梁武帝普通三年，白題國遣使獻方物。《冊府元龜》：「白題國在滑國東。」而此詩以爲白額，儻亦詞家所謂借用者乎？《喜聞官軍已臨賊境二十韻》：「家家賣釵釧，準擬獻香醪。」《南史·庾杲之傳》：「杲之嘗兼主客郎，對魏使。使問杲之曰：『百姓那得家家題名帖賣宅。』答曰：『朝廷既欲掃蕩京洛，克復神州，所以家家賣宅耳。』」《送鄭虔貶臺州司戶詩》：「酒後常稱老畫師。」《舊唐書·閻立本傳》：「太宗嘗與侍臣學士泛舟于春苑池中，有異鳥隨波容與，召立本，令寫鳥。閣外傳呼云：『畫師閻立本』」。《寄岳州賈司馬六丈巴州嚴八使君詩》：「賈筆論孤憤，嚴君賦幾篇。」是用《史記》賈誼至長沙弔屈原事。《漢書·藝文志》：「嚴助賦三十五篇。」

古人經史皆是寫本。久客四方，未必能攜，一時用事之誤自所不免，後人不必曲爲之諱。子美《寄岳州賈司馬六丈巴州嚴八使君詩》：「弟子貧原憲，諸生老伏虔。」本用濟南伏生事，伏生名勝，非虔。後漢有服虔，非伏也。《示獠奴阿段詩》：「曾驚陶侃胡奴異。」蓋謂士行有胡奴，可比阿段。胡奴，侃子範小字，非奴也。又如《上兜率寺詩》：「何容好不忘。」當是「周容」，見葉少蘊《避暑錄話》。《佐還山後寄詩》：「分張素有期。」後魏高允《徵士頌》：「在者數子，仍復分張。」《北史》：蠕蠕阿那瓌言：「老母在彼，萬里分張。」後周庾信《傷心賦》：「兄弟則五郡分張，父子則三州離散。」《蜀相詩》：「三顧頻繁天下計。」《入衡州詩》：「頻繁命屢及。」《蜀志・費禕傳》：「以奉使稱旨，頻繁至吳。」《晉書・刑法志》：「詔旨使問頻繁。」《山濤傳》：「手詔頻繁。」《文選・庾亮讓中書令表》：「頻繁省闥，出總六軍。」潘尼《贈張正治詩》：「張生拔幽華，頻繁登二宮。」陸雲《夏府君誄》：「頻繁幃幄。」《答兄平原書》：「錫命頻繁。」唯費禕、山濤二傳作「煩」，蓋後人減筆書爾。《題郭明府茅屋詩》：「頻驚適小國。」《左傳・僖公十七年》：「楚文王戒申侯：『無適小國。』」《寄韓諫議詩》：「色難腥腐餐楓香。」《漢書・佞幸傳》：「太子齰癰而色難之。」

《送李卿詩》上四句謂李卿，下四句乃公自道。「晉山雖自棄」，是用介之推入綿上山中事。《傷春詩》：「大角纏兵氣。」《後漢書・董卓傳》贊：「矢延王輅，兵纏魏象。」「鈎陳出帝畿。」《水經注》：「紫微有鈎陳之宿，主鬥訟兵陳。」「耆舊把天衣。」《南齊書・輿服志》：「袞衣，漢世出陳留襄邑所織。宋末用綉及織成，齊建武中，乃彩畫爲之加飾金銀薄，時亦謂天衣。」梁庾肩吾《和皇太子重雲殿受戒詩》：「天衣初拂石，豆火欲然薪。」唐姚元景《光宅寺造佛像贊》：「姜被承歡，曳天衣而下拂。」《贈王二十四侍御詩》：「女長裁褐穩，男大卷書勻。」《南齊書・張融傳》：與從叔征北將軍永書曰：「世業清貧，民生多待。榛栗棗修，女贄既長。束帛禽鳥，男禮已大。勉身就官，十年七仕。不欲代耕，何至此事？」

《八哀詩》：「長安米萬錢。」《漢書・高帝紀》：「關中大饑，米斛萬錢。」《食貨志》：「米至石萬錢。」《解悶詩》：「何人爲覓鄭瓜州？」公自注：「今鄭秘監審。」劉辰翁曰：「因金陵有瓜州，號鄭瓜州。」謬甚。按瓜洲唐時屬潤州，非金陵。別有考，在第三十一卷。且其字作「洲」，非「州」也。本文幷無金陵，即令秘監流寓金陵，遂可以二百里外江中之一洲爲此君之名號乎？《唐書・地理志》：「瓜州，晉昌郡，下都督府。武德五年析沙洲之常樂置，屬隴右道。」《蕭嵩傳》：「開元十五年，吐蕃陷瓜州，執刺史田元獻，以嵩爲兵部尚書、河西節度使。嵩奏以命張守珪爲瓜州刺史，修築州城，招輯百姓，令其復業。」《張守珪傳》：「以戰功加銀青光祿大夫，仍以瓜州爲都督府，以守珪爲都督。」岑參《爲宇文判官詩》：「君從萬里使，聞已到瓜州。」蓋必鄭審嘗官此州，故以是稱之，今不可考矣。《夔府書懷詩》：「蒼生可察眉。」《列子》：「晉國苦盜，有郄雍者，能視盜之貌，察其眉睫之間而得其情。」《觀公孫大娘弟子舞劍器行》，序記于郾城觀公孫氏舞劍器渾脫。《舊唐書・郭山惲傳》：「中宗引近臣宴集，將作大匠宗晉卿舞渾脫。」胡三省注《通鑒》：「長孫無忌以烏羊毛爲渾脫氈帽，人多效之，謂之趙公渾脫，因演以爲舞。」中宗神龍二年三月，并州清源縣尉呂元泰上疏言：「比見都邑坊市，相率爲渾脫、駿馬、胡服，名爲《蘇莫遮》，非雅樂也。」《遣懷詩》：「元和辭大爐。」揚雄《解難》：「陶冶大爐。」

《秋興詩》：「直北關山金鼓震。」《史記・封禪書》：「遂因其直北立五帝壇。」「波漂菰米沈雲黑。」梁庾肩吾《奉和皇太子納涼梧下應令詩》：「黑米生菰葉，青花出稻苗。」《久居夔府將適江陵四十韻》：「擺闔盤渦沸。」《鬼谷子》有《捭闔篇》，「捭」、「擺」古今字，通。《哭李尚書詩》：「奉使失張騫。」《舊唐書・蔣王惲傳》：惲孫之芳，幼有令譽，頗善五言詩，宗室推之。開元末，爲駕部員外郎。天寶十三載，安祿山奏爲范陽司馬。祿山反，自拔歸西京，授右司郎中。歷工部侍郎，太子右庶子。廣德元年，遣之芳，兼御史大夫，使吐蕃，被留境上。二年而歸，除禮部尚書，尋改太子賓客。「秋色凋春草，王孫若箇邊？」五臣注《文選・招隱士》曰：「屈原與楚同姓，故云王孫。」《宴王使君宅詩》：「留歡卜夜間。」「間」字當從月，甫父名閑，自不須諱此間字。《說文》「間，隙也。」間暇之「間」本從隙生義，只是一字。《至日遣興詩》：「朱衣只在殿中間。」音異字同。

又《韓文公詩注》 韓文公《游青龍寺贈崔大補闕詩》：「側耳酸腸難濯浣。」是用《詩・柏舟》「如匪浣衣」。《秋懷詩》：「戚戚抱虛警。」是用陸士衡《嘆逝賦》「節循虛而警立」。注皆不及。

宋琬《昌谷注序》 賀死，無注賀詩者。元李孝光、張昱輩，迄明初李長史，競工其體，而不明其心。如山陰徐渭、曾益雖注，多所未備。龍眠姚經三曰：「世多以詩注詩，而不知本於《騷》；又以《騷》注詩，而不知本於史。」斯《注》傳，可以教天下之言詩者矣，豈獨有功于賀也哉。蓋姚子爲穿劄古今之學，考證互求精核，不爲影響鑿空之論。故賀詩雖最密如參元璩植，應有莫知其解者，而姚子一一傳之。如燈取影，不失累黍。嗚呼，是眞能愛賀者，今而後賀其免於讒乎？即以之繼愈《辨》可也。

俞汝言《春秋四傳糾正序》　《六經》之不明，諸儒亂之也。自王輔嗣以老莊言《易》，而《六經》有道家矣；鄭康成以讖緯言《禮》，而《六經》有數術家矣；《公》、《穀》、《胡氏》以名稱褒貶言《春秋》，而《六經》有名家、法家矣。彼其初，未始不欲探聖人之精蘊，而智識弇淺，强求深遠，習見郡國之府寺，而以爲宫闕之巍峩不過如是，不知輔相之道，而以行師、折獄之才，智經邦國也。淺求之而爽其度，深求之而愈失其大體。迨至有宋大儒程、朱輩出，而後正其紕謬，《易傳本義》成而輔嗣卷舌，《儀禮經傳通解》定而康成束手退矣。若夫《春秋》，《左氏》親見聖人，《公》、《穀》傳諸高第弟子，而偏駁者半焉。康侯品高學博，文章能暢所欲言，方以爲程氏之正傳而疵纇不少，新安朱子心知之而不敢端言其過，其說時時見於弟子講論之餘，而後人又不能推明其義，徒使附會穿鑿，刑名法術之言出於一代大儒而不覺，是可異也。汝言不揣纂集諸家，自爲一書，先之以《四傳糾正》，爲六端以該之：一曰尊聖而忘其僭；二曰執理而近於迂；三曰尚異而鄰於鑿；四曰億測而涉於誣；五曰稱美而失情實；六曰摘瑕而傷鍥刻。六者之弊去而後可以讀《春秋》矣。顧愚陋荒落，何敢效鍼石於前賢，聊以志願學之自，略見其大指而已。

又《春秋平義序》　傳經之失，不在淺而在於深，《春秋》爲甚。以其筆削出自聖人，必有不可測識之旨，然後可以撥亂世，反之正。《左氏》以事求之，叢記雜陳，容飾盛而神理不居。公、穀、胡氏諸儒，以意測之，探微索隱，謹毛髮之細，而其大體所在，愈求而愈遠。要其故不過二端：曰，《春秋》，天子之事也，聖人之刑書也。以爲天子之事可以進退百辟，以爲刑書而名稱日月無往，非刀鋸斧鉞之用，而聖人之意愈隱。汝言汎濫其中者有年，初涉之而茫然，再親之而華文瓌辯，可喜可愕而不忍釋，數四讀之，而得其指歸。聖人之筆削，合乎人情，宜乎時勢，未嘗有矜奇異衆之舉，而時措咸宜，無不協乎正直剛柔之德，向之可喜可愕者，皆與聖人遠焉者也。於是偏訪諸家著述，輯成《春秋平義》一十二卷，其言皆出於儒先，不入臆測一語，使其言足錄，不以其人而棄之；言不足錄，亦不以其人而存之，務得其平而已。夫知聖人之不遠於人，而人亦不遠人以求道，而學術一矣，而天下平矣，寧獨《春秋》也哉？

魏學渠《楚詞箋注序》　自漢代宗尚經學，其時諸儒之以經名家者，訂補殘缺，訓詁辭義，而傳註箋疏，各自成書，以傳於後。沿唐及宋，大儒輩出，作者益繁矣。然其書大抵依經切句，傅會疏解，無詭於經文大旨而已。非有深思妙悟，傑然偉構，能於經文之外獨標其所見也。唯《周易》一編，人更數聖，世歷三古，其文列於《爻》、《彖》、《象》、《繫》，其原托于河洛龍馬，仁者見仁，知者見知。在羲、文、周、孔已無雷同，後之爲傳、註、箋、疏者，各抒其所獨得，而無不與經合，如江淮河漢，綿延萬里，終當朝宗于海耳。外此有《南華》、《離騷》，其名理文藻，與經爲表裏，歷數千百年。讀其書，如見其人。或尊之爲經，而傳、註、箋、疏，亦多各抒其所獨得，而無不與作者合。蓋《南華》，言理之書也。其指高曠微渺，惝怳幽深，流而不滯，博而不煩。得《莊子》之學者，皆能合天倪，會自然，而不必剽竊其論。郭象註《莊》，後人亦謂《莊註》，郭象非所云通理者耶。《離騷》，言情之書也。其詞繼三百篇之後，旨最近於風人，哀而不傷，怨而不悱。《詩》亡《騷》作，屈子殆情深而正者，與寄之美人香草，以申其義；援之山鬼漁父，以廣其說。而總不離于忠孝者。近是貞人誼士讀其辭，而感之所爲傳、註、箋、疏，豈徒牽合文義云爾。將以明其志，感其遇，惻愴悲思，結撰變化，千載而下，頑廉懦立，雖與日月爭光可也。吉陽李石守先生，在崇禎朝以經術文章著。筮令敝邑，治行爲海內最。時予在諸生中，先生亟稱其文，遇以國士。己卯闈試，已受知於先生。擬冠一經，會有厄之者，不果。先生後知爲余牘，歎惜久之。未幾，拜侍御史，直言正色，傾動一時。適先生季父爲都御史，以迴避例歸里，遂有甲申三月之變。先生慷慨棄家入山，往來楚粵間，行吟澤畔，憔悴躑躅，猶屈子之志也。衡雲湘雨，往往作爲詩歌以鳴其意，有《離騷箋注》數卷，其詞非前人所能道，然而涉憂患，寓哀感，猶屈子之志也。

王弘撰《山志》初集卷六《漢儒》　漢儒傳經之功，天下萬世賴之，必不可易者。如以其人有遺行，則雖孔門七十二子中，亦不無可議者矣。大抵叔世之人，多刻薄之論，學者貴在折衷耳。吳文定云：「從祀苟有益於經傳，則馬融、揚雄昔皆不廢。」倪文毅亦云：「馬融、王弼之徒，其立身不無可貶。然秦漢以來，六經煨燼，賴諸子抱遺經，專門講授，經以復存。自是唐之註疏，多祖其言，今之經傳，引用尚多，其說何可盡廢？」鄭端簡云：「宋儒有功於吾道甚多，但開口便說漢儒駁雜，又譏其訓詁，恐未足以服漢儒之心。宋儒所資於漢儒者十七、八，只今諸經書傳註，儘有不及漢儒者。」此其言皆可思也。

李鄴嗣《周官辨非序》 善治莫如省官，善政莫如薄斂，古今圖治之本，斯二者而已。凡見諸《詩》、《書》所載，先王之政俱昭然可考，惟《周官》一書所列官冗而斂重，即末世亡國之弊，亦無過此者。前輩爲本戰國陰謀之書，及東漢末年其書乃行。至用其學而見諸實事，古今惟二人，一曰劉歆，一曰王安石。歆始以進于新莽，于是建爲《周官》經，置博士，而莽遂據此立公、卿、大夫、士，日議設官，行五均六筦，市官賒貨，至毒流四海，而莽遂亡。安石以進于神宗，於是作爲《三經新義》，上匹《詩》、《書》，而安石遂創立三司條例，官日議理財、市易、均輸，害延中外。羣小繼之，而前宋亦亡。蓋是書之足禍人國，而兩人學術徒足遺笑千載，斯誠可哀也已。吾友萬子充宗最精於經學，生平於六藝之文辨若秋芒，盡發其義，更取《周禮》一書，條舉件繫，極辨其非。凡五十餘節，大略惟官冗而賦重，此則其爲害之大者也。充宗意謂劉歆初用此書以媚莽，顛倒聖經，忠孝墮地，已彰彰耳目。不意數百年後復有一王安石，至謂其法可施于後世，其文有見於載籍，莫具於《周官》一書，欲盡舉而見諸立政造事，竟若不知前此有一新莽國師者。今特爲《辨非》一卷，使天下後世讀之，曉然知此書一用之爲劉歆，再用之爲王安石，其効可見已若此。從此，安石之後當不復更有安石，而益知惟《五經》可以治世，學術淵源一歸於正。斯則其功在百世者也。是爲序。

毛奇齡《天問補注序》 漢王逸註《楚辭》，唯《天問》一篇不經據，宋洪興祖補之，又龐淺無所取正，此朱子《集註》之所爲作也。特屈子哀瀄呵詰無倫，故往多難明，而朱子縝慎拘撿，必不敢以遲回猶豫之胸罔所未信，一篇之中三疑闕焉。予不揣猥陋，取凡朱子之所爲未詳者，概依文索義，求所解會，且從而證據之，因爲《補註》凡三十四則，附朱註後。予思朱子何所不學，然且過于減慎，似乎山海嶽瀆諸書未嘗一見，即見之亦且寧棄勿取，其必以爲其說之後起，而無所與于商周之舊文也。世或竊取《天問》造餙襞積，因以爲說，而淺陋者更且牽引，而註之于下列，猶之《爾雅》本註《毛詩》，而後之註《毛詩》者更引據《爾雅》，且謂《爾雅》一書爲《毛詩》辭所從出，此則朱子所不取，而亦予之所不敢妄爲依附者也。第王逸敘云：《天問》以文義不次，且多奇怪事，自太史公口論道之，多所不逮。至于劉向、揚雄援引傳記以解說之，亦不能詳悉，所闕者衆多，無聞焉。則自太史公以來，凡劉向、楊雄之徒以及王逸、劉勰、柳宗元、晁無咎、洪興祖諸君子前後發明，猶無所準適，而謂予以數千年後，一無何有之鯫生，遂足坐井榦而譚罔象乎！則予之所皇恐恐後者已。

汪琬《堯峰文鈔》卷二五《禮記說義纂訂序》 《二禮》不明久矣。官器之異同，儀文度數之詳略，其間紛紜轇轕、疑不可信者，蓋更僕不能數，而立馬不能算也。姑即《禮記》言之一郊也，或曰用辛日，或曰擇元日，然則元日爲是乎？辛日爲是乎？一禘也，或曰春祭，或曰夏祭，然則祭於夏爲是乎？祭於春爲是乎？一廟制也，或曰大夫有皇考廟，或曰有太祖而無皇考，然則宜從《祭法》乎？抑宜從《王制》乎？一奔喪也，或曰大功望門而哭，或曰見喪者之鄉而哭，然則宜從《雜記》乎？抑宜從《奔喪》乎？一禫祭也，或曰中月，或曰祥而禫，然則宜用二十五月乎？抑用二十七月乎？一異父昆弟之喪也，或曰大功，或曰齊衰，然則宜依子游說乎？抑依子夏說乎？四十九篇出於小戴一家，而猶彼此乖反，此皆學者所當盡心也。漢、唐儒者往往膠守師說，而不能詳加考求。訖於前明，則特視爲科舉時文之業，口傳耳剽，以冀倖一第，實無人焉綜核貫穿於其中。何怪乎學日益陋，識日益卑，四方之風俗亦日益壞，而天理民彝或幾乎息也。關西楊公鳳閣盡心於禮者有年，獨能旁綜《儀禮》、《周官》二經，淹貫馬、伏、鄭、王諸訓故，以成此書。取而讀之，則吾前之所疑者，公固已深思自得，或微引其緒，或詳折其衷，繭抽解剝，悉犂然而筆之於書矣。以是裨補世教，夫豈淺鮮也哉！

方拱乾《昌谷集注序》 予少時愛讀其詩，率以意解之，亦間以不解解之。茲帙則吾甥姚子經三綜核諸家注，更印證當時時事，出己意以爲解，長吉洵可解矣。披卷豁然，覺長吉之才爲有本而有則，不僅僅以才人著者。姚子大有功於長吉哉！因歎古人不求甚解一語，未可恃爲讀書法也。

姚文燮《昌谷詩注自序》 郭之注《莊》也，可以《莊》自莊，而

《郭》自郭也，即可以《郭》爲《莊》也，即可以《郭》不必爲《莊》，而《莊》不必有《郭》也。王逸生屈原之後，處屈原之地，師屈原之文而作《九思》。以之注《騷》，尤不敢盡爲得當。考亭爲宋大儒，而注《騷》也，於《天問》、《招魂》諸篇且闕焉置之。今世之論賀者方爲賀奇，而注《賀》者皆淺之乎賀也。

朱彝尊《曝書亭集》卷三四《春秋地名考略序》　《九丘》之書逸矣。伯禹、伯益之所名，彝堅之所志，周公之所録，其著在《六經》者，莫若《禹貢》。《詩》、《春秋》言《禹貢》者，則有若摯虞之《畿服經》，孟先之《圖》，程大昌之《論》，易祓之《廣紀》。言《詩》者則有若范處義、王應麟之《地理考》，言《春秋》者則有若京相璠之《土地名》，楊湜、鄭樵之《譜》，張洽之《表》，外如嚴彭祖之《圖》，專紀盟會，則圍、伐、滅、取土地之見遺者多矣。羅泌專紀國名，則郡縣之失載者又多矣。然則說《春秋》者，必兼包乎郡國、土地之目，而後可無憾焉。試迹其地名，有見於經者，有見於傳者，有互見於經傳者。顧其文蔑以爲昧，「紀」以爲「杞」，「滑」以爲「郎」，「貍」以爲「朾」，「偃」以爲「纓」，「祟」以爲「柳」，「鐵」以爲「栗」，以「陸渾」爲「賁渾」，以「厥慭」爲「屈銀」，以「臯鼬」爲「浩油」，以「祲祥」爲「侵羊」，若是者不可悉數也。「邾」也謂之「邾婁」，「貫」也謂之「貫澤」，「訾婁」也謂之「叢安」，「甫」也謂之「牽」，「沙」也謂之「沙澤」；一「郕」也，或以爲「成」，或以爲「盛」，一「酈」也，或以爲「犁」，或以爲「麗」，一「盂」也，或以爲「霍」，或以爲「雩」，一「虢」也，或以爲「郭」，或以爲「漷」，一「艾」也，或以爲「鄗」，或以爲「蒿」；「貍脤」謂之「貍軫」，或又曰「蜃」也，「蚡泉」謂之「濆泉」，或又曰「賁」也，「郪丘」謂之「犀丘」，或又曰「菑丘」，又曰「師丘」也。其在當時傳者已滋異同，繁省之不一，而況乎百世之下，壤地之離合。名號之廢置，升降，乃欲通習而考證之，刊落叢謬，不其難哉！今天子命儒臣編纂《春秋講義》，於是錢塘高學士充總裁官，既編成經進矣，又廣采方志，以餘力輯《春秋地名攷》十四卷，彝尊受而讀之，愛其考迹疆理，多所釐正，簡矣而能周，博矣而有要，無異聚米畫地，振衣而挈其領也。原《春秋》之作，孔子既取百二十國寶書筆削之，又別述《職方》。述《職方》者，所以輔《春秋》之不及爾。故夫學乎《春秋》，非惟義疏、序例、大夫之辭、公子之譜，皆宜究圖，而土地之名，尤其要焉者。有《講義》以正諸家之踳駁，不可無《地名考》，以補方志之疏舛，若經之有緯，書之有正，必有攝也。彝尊嘗與學士同直南書房，既而以譴謫官，今老矣，於經義無所發明，序學士之書，幸託姓名傳諸後世，竊比于北宮司馬諸子獲附見於《春秋》之傳焉。秀水朱彝尊序。

又《讀禮通考序》　《禮》有五，喪、祭重矣。曲臺之記，石渠之論議，於喪禮尤詳焉。晉人崇尚莊、老，宜其自放禮法之外，而於喪禮變除假寧之同異，獨斷斷辨難。若杜預、衛瓘、袁準、孔倫、陳銓、劉逵、賀循、環濟、蔡謨、劉德明、葛洪、孔衍之徒，均有撰述。宋、齊以降，言凶禮者不乏，自唐徙五禮之名，置凶禮第五，於時許敬宗、李義府上《顯慶新禮》，以爲凶事非臣子所宜言，去《國恤》一篇。自是天子凶禮遂闕宜，柳宗元以不學訕之也。迨宋講學日繁，而言《禮》者寡於凶事，少專書。朱子《家禮》盛行於民間，而世之儒者於《國恤》不復措意，其僅存可稽者杜氏《通典》、馬氏《通考》已焉。嗚呼，慎終追遠之義輟而不講，斯民德之日歸於薄矣。刑部尚書崑山徐公，居母憂，讀《喪禮》，撰《通考》一書，再期而成。尋於休沐之暇，瀏覽載籍，又增益之，凡一百二十卷，摭采之博，而擇之也精，考據之詳，而執之有要。此天壤間必不可少之書也。

又《聶氏三禮圖序》　《六經》有圖，《三禮》尤不可少。鄭康成、阮諶、梁正、夏侯、伏朗之書，吾不得而見之矣。博采諸圖成書者，洛陽聶崇義也。當周顯德中，崇義以國子司業兼太常博士，與國子祭酒汝陰尹拙同寮，其論祭玉，援引《周禮》正文，拙無以難。迨宋建隆初，考正《三禮圖》表上于朝。時拙已遷太子詹事，被詔集儒學之士，重加參議。拙多所駁正，崇義復引經釋之。書成，拜紫綬犀帶白金繒帛之賜，頒其書于學官，繪圖宣聖殿後北軒之壁。至道初，舊壁崩剝，命易以版，改作論堂之上。咸平中，車駕幸學親覽觀焉，斯亦儒者稽古之榮矣。乃有賈安宅等言其未見古器，出于臆度，而陳用之撰《太常禮書》，陸農師撰《禮象》，皆以正聶氏之失，而補其闕遺。有詔毀論堂畫壁，然竇學士儼序稱其采《三禮》舊圖，凡得六本，鑽研尋繹推較，詳求原始要終，體本正末，能事盡焉，則非出于臆度者也。永嘉陳伯廣跋卷尾云：觀其圖度，未必盡如古昔。苟得而考之，不猶愈于求諸野乎？斯言得之。

又《春秋權衡序》　孔子之作《春秋》，撥亂世反諸正，其好惡一出於平而已，非若後世史臣有所激於中，借史以洩其忿也。顧說《春秋》者，往往未得聖人之意，煩其例，苛致其文，予者十一，誅譏者十九。夫有所攘也，蓋有尊也；有所貶也，蓋有褒也。今欲尊周，而動著王室之非禮；欲誅亂臣賊子，而先責賢者。備亡不越竟，即責以弑君；不嘗藥，則罪以弑父。是聖人惡惡之辭長，而善善之辭反短，比之申不害、衛鞅、韓非而有甚焉者矣。我故於說《春秋》者義無多取，見有刻深之文，戾乎孔子之旨，未嘗不疾首張目焉。及得宋劉仲原父《春秋權衡》，讀之，凡《三傳》有害於義者，旁引曲證，必權其輕重，而別其非是，以待讀者之自悟，可謂善學《春秋》者也。原三家之傳，雖或未得其平，由於尊聖人之過，求聖人之心不得，遂紛綸同異者有之。要其所主，皆二百四十年之事。若胡安國之傳出，言無不純，理無不正，然其文，則孔子之文，其事，則類指南渡君臣得失，斯蓋因述以寓作者矣。近乃舍《三傳》，而列之學官。久之，取士者幷舍經而專主乎傳，是何異學《易》者之僅知操錢而卜也？嗚呼，《三傳》、《胡氏》，孰贏孰縮？經與傳之孰輕孰重？安得起仲原父立，而相其平準也與？

又《雪山王氏質詩總聞序》　雪山王氏《詩總聞》二十卷，每章說其大義，復有《聞音》、《聞訓》、《聞章》、《聞句》、《聞字》、《聞物》、《聞用》、《聞跡》、《聞事》、《聞人》，凡十門。每篇爲《總聞》。又有《聞風》、《聞雅》、《聞頌》冠于四始之首。自漢以來，說《詩》者率依小《序》，莫之敢違。廢《序》言《詩》，實自王氏始。既而朱子《集傳》出，盡刪《詩序》，蓋本孟子以意逆志之旨，而暢所欲言，後之儒者咸宗之。獨王氏之書，晦而未顯，其自詡謂研精覃思，幾三十年。而吳興陳日強稱其自成一家，能寤寐詩人之意于千載上。要之，雖近穿鑿，而可以解人頤者亦多也。

又卷四二《書林氏周易經傳集解後》　福清林黃中、金華唐與政兩人，皆博通經學，而一糾朱子，一爲朱子所糾，舉動不慎，遂自絕于君子。蘇平仲爲與政鄉曲，後學雖盛稱其經術，然與政之遺書無一存者。黃中《周易經傳集解》三十六卷，淳熙十三年四月經進付秘書省，有勑褒美，謂其備繹始終，兼該表裏，會稡編圖之富，包羅象數之全。觀其書，卷帙繁重，傳抄者難。崑山徐尚書原一爲其弟子，納蘭容若彙刻經解，黃中是書業開雕矣。客或語尚書曰：黃中獲罪朱子，若刊其書，是亦朱子之罪人矣。乃斧以斯之。當日朱子既有違言，門人多言黃中文字可毀。然黃中逝後，勉齋黃氏爲文祭之，其略曰：嗟哉，吾公受天勁氣，爲時直臣，玩羲經之爻象，究筆削于獲麟，至其立朝正色，苟拂吾意。雖當世大儒，或見排斥，著書立言，苟異吾趣，雖前賢篤論，亦不樂于因循，觀公之過，而公之近仁者，抑可見矣。論者固不可以一眚而掩其大醇也。勉齋爲文公高弟，而推許黃中若是，殆記所云憎而知其美者與。

又卷五二《跋五百家昌黎集注》　宋人輯書往往以摭采之富誇人，若蔡夢弼《杜詩注》號爲千家，成申之《尚書集解》號四百家，仁名子《播芳文粹》號五百家是也。《昌黎集訓注》四十卷、《外集》十卷、《別集》一卷、附《論語筆解》十卷，慶元六年春建安魏仲舉刻於家塾，亦稱五百家。按其實，則列名者一百四十八家而已，其餘所云新添集注五十家，補注五十家，廣注五十家，釋事二十家，補音二十家，協音十家，正誤二十家，考異十家，殆亦無稽之言爾。然當時刊書者知以博學詳說爲要務，今則守一家之說以爲《兔園冊》，其智出麻沙里刊書者之下矣。是書向藏長洲文伯仁家，歸吾鄉李太僕君實，蓋宋槧之最精者。惜中間闕三卷，後人補抄，原注已失，不可復覩，當更訪諸藏書家。

屈大均《廣東新語》卷一一《大學衍義補》　郭光祿夢菊，謂我粵士人釋褐讀中秘書，昔罕其儔。《爾雅》浩瀚若丘仲深，藻澤璀璨如黃才伯，咸蔚爲時宗工。然《衍義補》一書，尤足徵經世宏抱，則才伯遜席焉。才伯謂文莊公績學修辭，直宗子朱子，而仰視聖祖睿制以爲則，盎然而春陽和，炳然而象緯明，繩然如山河兩戒相終始，眞治世之文也。惜入輔已晚，平生德業之蘊，惟《大學衍義補》一編而已，蓋惜之也。公進《大學衍義補》時，憲廟甚喜，謂有功於《大學》不小，以一部敕公建樓藏之。噫嘻，亦榮矣哉。

徐乾學《春秋地名考略序》　錢塘高宮詹作《春秋地名攷略》十四卷，既成而示余，屬爲之序。予受而讀之，喜其蒐採之博，考辨之精，反覆不忍釋手。既而潛玩再三，乃知其用心之勤，則在乎貫通全經，非獨侈張見聞已也。蓋《左氏》之學莫賾於地名，得其解者惟杜元凱氏。在前雖有應仲遠、賈景伯諸家，不之及也。元凱既作《經傳集解》，又爲長曆以正閏朔，爲世族譜以紀統繫，爲釋例、土地名以求會盟征伐之迹，亦綦備矣。惜其書不盡傳。鄭夾漈有言：杜預解《左氏》，顏師古解《漢書》，爲左班功臣；顏氏所通者在訓詁，杜氏所通者在星曆、地理；顏氏治訓詁如與古人對談，杜氏治星曆、地理如羲和之步天，禹之行水。誠哉言也。乃今所傳《集解》之書，謹嚴特甚，往往稍引其端，以待學者之自悟，其疑者寧缺而不詳。今之去古，視杜氏又遠矣，說地理者有司馬彪、闞駰、京相璠、宋忠、司馬貞、杜佑、賈躭、李吉甫輩，言人人殊，安所取正乎？予嘗謂求通於後世之史志，不若讀經疏，讀經疏又不若潛玩經傳之本文，誠能貫通全經而求其理當，必有迎刃而解者。即如齊、晉戰鞌，《公羊》以爲去齊五百里，似乎齊之邊邑矣，讀本傳三周華不注之文，而後知其在歷下也；楚山有大別，鄭氏以爲在安豐矣，讀左司馬之言曰，沿漢而與之上下，而後知其在漢口也；古言呂梁未鑿，河出孟門之上，孟門在晉之西矣，乃齊靈公之伐晉也自朝歌入孟門，用是知晉東亦有孟門，爲太行之陘道也；晉有二瑕，一在河外，而解者混之，及觀西師之侵在河曲胥遁之後，詹嘉之守在桃林築塞之時，而後知河外之瑕必不可混於河北也，斯非其淺而易見者耶？嘗欲用此意勒成一書，卒卒未暇，宮詹乃先得我心，亦足快矣。噫嘻，《左傳》一書，固萬世經術之祖也，學古而不通于《春秋》，譬若溯河而不探其源，尋枝而不揣其本，必不得之數也。試略言之：吳闞邗溝以通餫道，此枋頭堰淇之嚆矢也；闔閭之伐徐也，防山而水之，此智伯決晉之濫觴也；孫叔敖治芍陂以溉雩婁，其孫掩爲令尹，復脩其術，此秦陘翟陂以下言田農水利者所由昉也。至于齊塹防門，始于平陰；楚營方城，亘于宛葉；其後燕之汾門，魏之濱洛，秦之起造陽而抵臨洮，皆權輿于此矣。若夫「虎牢」之爲「成皋」也，「穆陵」之爲「大峴」也，「鍾吾」之爲「宿豫」也，「州來」之爲「壽陽」也，「沈」之爲「懸瓠」也，「申」之爲「宛」也，「甯」之爲「修武」也，「鍾離」之爲「濠口」也，「大隧」、「直轅」、「冥阨」之爲「義陽三關」也，「渚宮」之爲「江陵」也，「夏汭」之爲「武昌」也，「澶淵」之爲「三城」也，「笠澤」之爲「五湖」也，皆七國、漢、楚、吳、魏、六朝、高齊、宇文、唐宋之君所爲百戰而爭者也。而皆見端于《春秋》，是故欲識天下之大勢不可以不知《春秋》，欲讀後世之史不可以不知《春秋》，此書匪直元凱功臣，抑且爲《禹貢》、《職方》之嫡系，體國大業，粲然具矣。

今天子覃精聖學，博極古今，緝熙勿倦，特命宮詹總裁《春秋講義》，以《左氏》爲綱領，余兄弟隨澤州桐城諸先生後，又與宮詹同拜命修《一統志》，發凡起例，將于是書考正。而宮詹且進之黼筵，上備乙夜之覽度，必有當于睿懷之萬一者。謹泚筆而序之。

王士禛《古夫于亭雜録》卷一《文心雕龍史通訓故》 黄山谷云：「論文則《文心雕龍》，評史則《史通》，二書不可不觀。」明王侍郎損仲惟儉作《雕龍》、《史通》二書訓故。以此二訓故援據甚博，實二劉之功臣，余訪求二十餘年始得之，子孫輩所當寶惜。

邵長蘅《題舊本施注蘇詩》（《施注蘇詩》卷首） 聞之昌黎言，用功深者，其收名也遠。故夫文章之士，仰面屋梁，掐擢心腎，幾幸得自表見，使有身後名耳。及觀施氏父子，萃數十年心力成是編，其用功不爲不深，而垂四百餘年，若滅若沒，其姓名亦且從狐狸猯狢，吻中抉而出之，而僅僅不泯，蓋其傳之之難如是。而註蘇之割裂紕繆，如世所傳永嘉王氏本，其出施氏下遠甚，而顧得行世，豈亦有幸不幸歟？然而書之不足傳者，雖幸而見稱於人，譬之秋潦汪洋，倏歸烏有，而其必傳者，或忽於近而貴於遠，或晦於昔而大顯於今，雖經蟲齧蠹蝕之餘，而若有物焉憑之，不可磨滅。註一家詩之興廢，其微焉耳，然亦有可感者。是編出，吾知其必將焯然，與東坡詩並垂久遠，無有能起而蓋之者矣。

又《王注正訛》 《分類蘇詩註》三十二卷，舊刻，永嘉王十朋龜齡纂集。註中引用故事，謬誤實多，有極淺陋可爲失笑者。王龜齡爲南渡名臣，著《梅溪集》如干卷行世。史稱其天資穎悟，廷對萬餘言，淹通經史。學者爭傳誦之，以擬鼂、董、劉氏。珙序其集，有云平居無所嗜好，顧喜爲詩渾厚質直，如其爲人。又云不爲浮靡之文，然規模宏闊，骨骼開張。世之盡力於文字者，或不能及其所註。蘇詩雖云百家，必經一手采輯，何至紕繆乃爾。愚意當是賈人俗本版寫譌謬，而後生耳食沿踵至今，釋氏所謂可憐愍者。會予有訂讐之役，乃稍加是正，隨手繙得如干條略疏出處件，繫之如左。其它譌處尚多，不及枚舉。今所抉摘，依原註分屬諸家，不欲獨令王氏蒙陋名也。

冉覲祖《孝經詳說・凡例》 一、唐明皇注；宋邢昺疏，列諸《十三經》中，雖無甚精深，要不可廢。注本簡，故備錄之；疏頗繁，故節取之。陳士賢，明之名儒。所注《孝經小學》，久爲士林傳誦，立言純正，不雜異學。以愚說質之，同者八九，即有不同，亦不敢遽謂今是而前非也。

一、呂介孺注《孝經》，有《本義》、有《大全》、又有《或問》。今於其大注標以《本義》，分注標以《大全》，大注、分注並採，標以《本義大全》。能集諸家之長，以補經文之缺。學者細心讀之，孝道之宏綱細目，無不燦然明備矣。愚實資之以成書，不敢掩其美也。若其涉陽明家言者，悉爲芟刪，更欲取《大全》而重鋟之，以俟徐議。

一、蔣氏《講意先鞭》，愚所童而習者，今繹其言，亦頗聯貫，間爲採入數條，以存書間。

一、愚所纂《四書詳說》，業已公諸海內。各經詳說並藏於笥，是經易簡，故先以付梓。臚諸說於前，附己見於後，旨以綜其要領，講以疏其文義，但求其詳，不避其淺。愚纂書之例，槩如是也。

一、《朱子刊誤》，學者多有未睹，今既以習見者垂訓於世，亦宜令其知有朱子更定之意，故載於十八章後，以俟好學深思者有所興起。呂氏《或問》有足考鏡源流，昭揭指歸者，亦摘其要，而以愚見爲之參評焉。

吳之騄《孝經類解・凡例》 一、諸經羣史類語，坊本不一。然散錢無索，徒傷割裂耳。茲集以《孝經》爲之綱，以經史要語爲之目，總在表章聖賢，爲人心世道計，眞四子六經而外一奇書也。

一、言之無文，行而不遠。故諸經註疏，非不元元本本，而能讀者絕少。茲集文俱雅馴，非以供呫嗶之資，正欲引人入勝，因文以見道耳。

一、朱子擬作《孝經外傳》，茲集乃朱子之志，名之曰《類解》者，義取觸類旁通，然使讀之者，興孝興弟，即謂「永錫爾類」之一端，亦何不可。

一、理學經濟，原相表裏，故胡安定有《經義治事》。兩齋茲集率多歷朝善政，可以坐言起行，所謂如有用我，執此以往可也。

一、先儒多以名稱者，《孝經》有子道焉，取父前子名之義。

一、叔父生平著述，如《桂留堂詩文》等集，恆自視歉然，不欲示人。茲集既成，頗有公世之心，故僭加評閱，以便初學，非謂游、夏贊辭，遂可以升堂入室也。受業姪芳生謹識。

陳廷敬《午亭文編》卷二一《孔氏穎達經傳辨》 《漢・藝文志》：《易經》十二篇。顏師古謂上下經及《十翼》。蓋古之爲傳訓者，皆與經別行，經、傳皆自爲一家，所謂上下經者，直卦爻之辭而已。孔子之《彖》、《象》、《繫辭》、《文言》、《序卦》之屬十篇，謂之《十翼》，經之傳也。孔穎達曰：夫子所作《彖辭》，元在六爻經辭之後，以自卑退，不敢干亂先聖正經之辭。及王輔嗣之意，以謂《彖》者本釋經文，宜相附近，其義易了，故分爻之《象辭》，各附其當爻下言之。嵩山晁氏言以《彖》、《象》、《文言》襍入卦中者，自費直始。謂費氏初變古制時，猶若今《乾卦》、《彖》、《象》、《繫卦》之末，至王弼始分爻之《象辭》各附各爻之下，而遂大亂之也。朱子言孔氏謂夫子作《象辭》，元在六爻經辭之後，則是孔氏亦初不見十二篇之《易》矣。晁氏又庌劉牧、石守道之說，劉牧云「小象獨乾不繫於爻辭」，尊君也。石守道云「孔子作《彖》、《象》於六爻之前，《小象》繫六爻之下，惟乾悉屬之於后者，讓也。」蓋劉石之謬不足道也。又嘗獨怪孔氏解經號專家，既不知有十二篇之《易》，而顧以其臆說謂《象辭》在六爻之後者，其詆劉石所見，豈有異邪？

又《十翼說》 古之爲傳訓者，皆別爲書。《三傳》之文不與經連，石經書《公羊傳》無經文。《藝文志》載《毛詩故訓傳》亦與經別。而夫子之《十翼》，其初別行，未與上下經參列也。故呂氏謂《彖》、《象》不連經文者，十二卷之古經傳也。注連之者，鄭氏之注具載本經，而附以《彖》、《象》，如馬融之《周禮》也。融爲《周禮注》，云「欲省學者兩讀」，就經爲注，蓋猶是詁訓之體爾，未便如今之經傳並列、大書特書者也。晁氏以爲始變於費直，既大亂於王弼，不知費、王以《彖》、《象》、《文言》錯互入經時，猶是詁訓之體歟？抑遂如今之與正經並列，而書焉者歟？孔子嘗曰：「述而不作。」又曰：「加我數年，卒以學《易》，可以無大過。」夫子天縱至聖，不敢居作者之名，惟曰學焉而已。《詩》云「以引以翼。」是則《十翼》者，以爲羽翼之云爾，豈遂自以爲經乎。如揚雄之《太元》，王通之《續經》，皆輒自命爲經，而靦顏蒙恥不以爲怪妄，此朱子所謂自納於吳楚僭王之誅者也，得罪於聖人矣。

李光地《榕村集》卷一〇《中庸章段序》 《中庸》之旨，朱子推本于唐、虞之相傳者至矣。又攷之《湯誥》曰：「維皇上帝，降衷于下民，若有恆性。」衷者，中也。恆者，常也。中而有常，蓋上帝所降之命，而民順之，以爲性者也。《周詩》曰：「天生蒸民，有物有則。民之秉彝，好是懿德。」

則，亦中也。彝，亦常也。此《詩》言性命之理，與堯、湯同歸者也。惟受天地之中以生，而有常，而不變，故其發見于事物，流行于日用者，莫不肖其本然之故。因性之中也，故道亦中，而無高遠難行之事也；因性之常也，故道亦常，而無新異可喜之迹也。聖人之教，所以建人極而萬世不能易者，豈不本于是哉？子思子作書之意，蓋預知夫異端之説將起，而性道之正將離也。故一傳爲孟子，遂顯揭仁義之言，以與楊、墨、告子相觝，然猶不能遏其衡，迄于周衰，諸子藉亂。至漢、晉以後，而佛、老迭爲性命之宗，求道者舍是莫適矣。程、朱二子生於千數百年之後，躪中庸之庭，而入其室，於是二氏之道寢息，而孔子之道漸著。蓋孟子捄之未亡之前，而程、朱存之已壞之後，以三子之爲功大，益知子思子之爲慮深也。二程于《中庸》未成書，然朱子之道，即二程之道也。首章之義，是朱子所以繼絶學、承聖統者。學者于此，有以得其源流指趣，則列聖之傳可識，而於全篇之理亦思過半矣。地讀《章句》五十年，然後能明首章之説，覆觀近代講解之所由誤，蓋自宋元之間，而已失之，是則七十子未終，而大義乖道之難明易晦也如此哉？是編也，於章段離合之間，雖頗有所連斷，然其義所自來，則皆竊取朱子平生之意，深於此者，或能諒焉。惟其學之不逮，行之不修，恐不足發明先哲之緒餘於萬一，此則私心之所愧懼也夫。

又《詩所序》　古者學校四術及孔門之教，皆以《詩》首，爲其近在情性，察於倫理。而及其至也，光四海，通神明，率由是也。言志之義，始於《虞典》，夏商之閒，《詩》不槩見，豈其代遠篇殘，抑忠質之世發於文者希與？周自文王有作，周公繼之，郁郁乎文哉，於斯爲盛矣。今考三百餘篇，出自文、武、成、康者百，二《南》，風之自也，小雅，治之經也；大雅，德之本、命之符；周頌，功之成，教之至也，其篇皆以文王冠。惟周公之詩，自爲國風，篤世業，勤王家，蓋周室之所以安危，上配文王者也。邶、鄘以下之爲風，《六月》、《民勞》以下之爲雅，王德降焉，政俗衰焉。然下則有撫已言傷之音，上則有憂國陳善之作，蓋性情之不可遏，文武之教在乎人心，故皆可以興，可以觀，可以羣，可以怨；邇之事父，遠之事君；而其究歸於思無邪者此也。朱子鄭、衛之説，諸儒以爲不然，今獨信之者，謂非是不足以見亂之所生，爲二《南》之左契。抑雖其流至此，猶有秉禮知義，無文王而興者夫，然後可以極無邪之變矣。惟《節南山》以下爲東遷，《楚茨》以下爲豳雅，《載芟》以下爲豳頌，乃前儒所未定而今創説者。夫子曰：「吾自衛反魯，然後雅頌各得其所。」今觀《大雅》，時世明矣，《小雅》之亂而無序，殆不可詰。如《毛氏傳》，三百年間爲篇纔七十餘，而出於幽者將三之二，是豈足信乎？孟子言頌其詩者必論其世，今失其世，則又賴有詩存而可以推而知，旁引而得也。既知得所之義，然後章求其次，句逆其情，稱名賾而不可厭也，疊文複而不可亂也。始於夫婦之細，而察乎天地之高深；發於人情之恆，而極乎天載之微妙。夫如是，則三百之繁言，四始之宏綱，小大兼舉矣。夫子教人學《詩》，近則在於牆面，遠則使於四方，要其指則曰可以興，責其效則曰可以言。嗚呼，反之於身而可哉？

又《榕村語録》卷一《經書總論》　凡修一書必立意，推戴何人做主。《詩經》自當以朱傳爲主，綱領内便不應入《詩傳》、《序》。《周易》折中綱領，采《程傳》、《序》者，不敢主《程傳》也。朱子説《易》之取《象》，不可盡以道理求。蓋謂隨人隨事，皆可以生解耳。雖《象》皆有根，根即是道理，卻要知他原可以隨人隨事求之也。朱子此説畢竟是講《易》的定盤星。《尚書》注亦未有彊於《蔡傳》者，但多敷衍幫襯，不能字字著實。其解「天聰明」二句云：「天之聰明，非有視聽；天之明威，非有好惡。」即以本書作證。「天視自我，民視天聽。自我民聽，何以見得？天無視聽，帝乃震怒。皇天震怒，何以見得天無好惡？」其説之弊，直使人把天作糊塗物事，全憑人以爲聰明好惡者。然蔡氏此等處都似還未見到根源，所以未覺熨貼。朱子説《春秋》，據事直書爲多，未必盡有褒貶，或不以爲然。不知朱子不是説全無褒貶，謂未必如今人説一字不放空，都有褒貶耳。道理卻是寬寬的説好，寬些包得道理多，寧可失出不妨。若過密，萬一失入，其弊甚大。胡傳多不是聖人意，你看朱子傳注文義或有未當，至大道理一絲不錯，他人便大處錯。朱子議論人物、規陳時事，容有太剛、過嚴處，要無不可見之行事者。若胡傳説來，一步不可行。修此三經，《詩》當全用《朱傳》，惟斟酌幾篇。《書》半用《蔡傳》。《春秋》則當不用《胡傳》，合者數條而已。

陳厚耀《春秋世族譜序》　往余比次《左氏春秋》，欲求《釋例》十五卷，備杜氏一家之學。訪諸南中藏書家，訖無傳本，迺私擬采摭羣書，用補先儒墜緒。會蒙特恩，入史館領書局，直廬餘暇，稍得縱覽於一行、姜、郭之書。先成《長歷》六卷，質諸善算家，或蒙見許。其元凱《釋地》，雖雜見史傳注家中，猝不可收拾。同館高編修巽亭，出其先宗伯澹人《左傳地名》四冊，薈萃沿革，以續杜京之所未備，竊意略加增損，可用鈔傳。獨《世族譜》，中外所行，皆坊間陋刻，學舍承習，譌舛寔多。遂本孔氏《正義》，傍及他書，勾塡塗乙，凡七易藁而後定。丁酉臘月下直，迺得寫成正本。其經傳中名氏略具而世系無攷者，依杜例別出雜人一類，其杜說不詳而傍取證佐，或彼此小有異同者，寧曲從杜氏，以存古人謹守師傳之意。他日鉤援參互，滙成全書，以扶缺學、祛疑義，匪敢同之作者，庶幾存詒家塾，聊資辯覽云爾。

王掞《杜詩會稡序》 史稱《杜子美集》六十卷，樊晃序，《小集》六卷，而宋學士王原叔編次，定本止得二十卷，蓋杜詩之亡逸多矣。原叔《後記》云：除其重複，定取千四百有五篇，別錄二十九篇，未可謂盡，他日有得，尚圖益諸，卒未有以益也。然當時咸以原叔本爲善，而《杜詩》遂大行於世。人自編摭，家各討論，遂有千家《杜詩》之註。其書或傳或不傳，要皆引据踳駁，詮解紕謬，讀者病之。千家之中，趙氏彥材、吳氏季海、蔡氏傳卿最爲高出，然亦彼善於此，未有發明也。近代虞山錢宗伯始發凡起例，創爲箋注，議論斐然，一洗從前註家之陋。其門人松陵朱長孺又有《杜詩輯註》，先後鏤板，略有異同，子美之詩於是無遺蘊矣。蕭山張邇可，博雅好學之士也，潛心學杜，得其要領，猶以虞山松陵滲軼尚多，段落未剖，更爲采補，條分縷析，名曰《會稡》。書既成，請余序之右方。余謂註書之難，昔人蓋常言之矣。以朱氏文公之學之識，尚不敢註昌黎，僅爲《韓文考異》，況其下此者乎。世稱杜律、韓碑無一字無來歷，註者讀者所以爲難。余意不止於此。宋子京謂子美善陳時事，世號「詩史」，則短篇長句皆有所爲而作。苟不得其所以然，雖博引故實，句釋字解，與子美作詩之意無與也。新、舊《唐書》彼此牴牾，稗官野乘語多不經，後人何所折衷，以證子美之詩哉？吾於是嘆虞山松陵之用心苦，而張子之捃摭裒益，足使當日義蘊畢出，爲功不細也。

高士奇《春秋地名考略序》 禹會諸侯于塗山，執玉帛者萬國。及周，千八百國。《春秋》以還，互相吞噬，強兼弱削，疆域難稽，其見于經傳者總一百二十四國，稅安禮《指掌圖》可攷也。乃若會盟、侵伐、蒐狩、臺囿、城築諸地，與夫述古稱先國邑之名，往往襍出于其間。元凱所注，十得八九，其有闕而失據者，則京相璠之《春秋土地名》三卷，鄭樵《春秋地名譜》十卷，楊湜《春秋地譜》十二卷，以及酈善長注《水經》、陸淳《春秋纂例》、張洽《春秋集傳》多所考按，補元凱所未備。然其間世代侵尋，沿革互異，未有別類分門犂爲一書，暢然而無憾者。夫漢陽諸姬盡于楚，河南小侯半蝕于晉，在《春秋》時故版舊索已茫不可問，況經嬴秦之郡縣，六朝之割據，地非吾土而僑寓其名，境已絲棼而兩侈其號，朝南暮北，瓜剖豆分，立乎今日以指隱、桓，隱、桓之日遠矣！爽鳩季萴之墟，有窮相土之里，夫孰得而是正歟？《春秋》傳心之史，所重者明王道正人心，誅亂臣討賊子，是是非非，以一字爲褒貶，其義例至精，其意指極微。至于地名之同異，往往毫釐千里。讀其書如冠帶之國不知其都邑何在，王地洛邑相近而殊名，故絳新田屢遷而非昔，楚丘之紛紛聚訟，郊郢之譌爲郢中，歷代之沿革變遷，所繫非細，豈可以聖人之大經，漫曰不求甚解耶。乙丑夏四月，臣奉命總裁《春秋講義》，因于纂紀之暇，博搜諸書而參攷之，取《春秋》二十會盟之國爲綱，各以其當時封境所屬，隨地標名，詳其原起，條其興革。諸小國，則編年附綴之其類；削入他國者，則從其初不從其後，其有沿譌承誤者，必折衷以歸于一是。一展卷而知當日之某地某名，即今日之某名某處。發懷古之幽情，敬備聖明之顧問，若曰羽翼經傳，則臣何敢焉。

李光坡《禮記述注序》 諸經註疏，共最《禮記》。朱子敎學者，看註看疏自好。然文字浩汗，《班史》謂說「五字之文至二三萬言」者，蓋漢唐講師之體爾也。又與諸經連部合梓，價重，匹士家不能皆有，即有而讀之，亦何得於制舉，故是書不講，殆千年矣。宋末，有《陳氏集說》，學者喜其便祧註疏而崇焉，明初爲之《大全》，裒然列於太學。坡始受之，竊病其未盡，及讀註疏，又疑其未誠。如《序》內稱鄭氏祖讖，孔氏惟鄭之從，不載他說，以爲可恨。夫祖讖莫過於《郊特牲》之郊祀，《祭法》之禘郊祖宗，而孔氏《正義》皆取王、鄭二說，各爲縷列。不特此也，考之全經，自五禮大者，至零文單字，備載衆詁，在諸經註疏中最爲詳核，何妄詆與？又《禮器》篇斥後代封禪爲鄭祖緯啓之，秦皇、漢武前鄭數百年，亦鄭預啓之乎？又多約註疏而成，鮮有新解。時而指註疏爲舊說，舊說似矣。時而著鄭氏曰、疏曰，至著鄭曰、疏曰，盎有德色，若不遺葑菲者。凡此之類，抵冒前人，即欺負後生，何以示誠乎？抑譏漢唐儒者說理如夢，此程、朱進人以知本，吾儕非其分也。今於《禮運》，則輕其出於《老氏》，《樂記》則少其言理而不及數，其他整篇完文，多指爲漢儒之傅會。逐節不往復其文義，通章不鈎貫其脈絡，而訓《禮運》之本仁以聚，亦曰萬殊一本，一本萬殊。《燕居》之「仁鬼神仁」，昭穆亦曰「克去己私，以全心德」，欲以方軼前人，恐未得其退舍也。許魯齋曰「宋文章近理者多，然得實理者亦少，世所謂彌近理而大亂，眞學者須著眼目。」知要之言，可以發曚矣。至《大全》所集，尤爲狼藉，未論其它，彼陳氏方恨孔惟鄭從，不載它説，而其首例云：「一以《集説》爲宗，不合者不取。」何自悖也？今也不量其力，本述註疏，朱子之敎也，陳氏雜合註疏諸儒爲文，或仍之，或以註疏增其未備，損其枝辭。標《集説》曰「從其實也。」凡諸篇皆妄次第，爲之條理，童而習，白首而修，尊所得於遺經者，以施於子弟。切磋究之，爲就正之資，而非敢曰「有得」也。若夫侈口經緯，廣張質文，何異以丹青之陳色，繪日月之生氣，柳州所謂非愚則惑，不敢犯也。

愛新覺羅・玄燁《春秋傳説彙纂序》 《六經》皆孔聖删述，而《孟子》特言孔子作《春秋》。《左氏》、《公羊》、《穀梁》三家，各述所聞以爲傳，門弟子各衍其師説。末流益紛，以一字爲褒貶，以變例爲賞罰，微言既絶，大義弗彰。至於災祥讖緯之學興，而更趨於怪僻。程子所謂「炳若日星」者，不因此而反晦乎？迨宋胡安國，進《春秋解義》，明代立於學官，用以貢舉取士，於是《四傳》並行，宗其説者，率多穿鑿附會，去經義逾遠。朕於《春秋》，獨服膺朱子之論。朱子曰：「春秋明道正誼，據實書事，使人觀之以爲鑒戒，書名書爵，亦無意義。」此言眞有得者，而惜乎朱子未有成書也。朕恐世之學者牽於支離之説而莫能悟，特命詞臣纂輯是書，以《四傳》爲主，其有舛于經者删之，以集説爲輔，其有畔於傳者勿録。書成，凡四十卷，名之曰《傳説彙纂》。夫《春秋》之作，以游、夏之賢不能贊一詞，司馬遷稱七十子之徒口授其傳，而人人異端。當時已無定論，後之諸儒欲於千百年後懸斷聖人筆削之指，不亦難乎？是書之輯，亦唯擇其言之當於理者，雖不敢謂深於《春秋》，而辨之詳，取之愼，於屬辭比事之敎，或有資焉。是爲序。

又《日講春秋解義序》 朕惟《春秋》者，帝王經世之大法，史外傳心之要典也。大義炳若日星，而褒貶筆削，微顯婉章，非後世所能窺至。其立法謹嚴，宅心一本忠恕，因善惡是非而施予奪焉。有正例有變例，有事同而辭異，有事異而辭同。一人之身前後不相掩，一人之事功過不妨殊，如化工之肖物，隨類付形，未嘗有所容心於其間。後之説經者，或穿鑿深文，或附會失實，固難悉當聖人之心，左氏親見聖人，公羊、穀梁及門子夏，猶彼此牴牾，踳駁互見，何況去聖人日遠，紛紜探索，如漢、唐以下董仲舒、趙匡、啖助諸家乎！惟宋康侯胡氏，潛心二十年，事本《左氏》，義取《公》、《穀》，萃諸家之長，勒成一家之書，雖持論過激，抉隱太嚴，未必當日聖心皆然，要其本三綱奉九法，明王道正人心，於《春秋》大旨十常得其六七，較之漢、唐以後諸家優矣。朕萬幾之暇，研精《六經》，竊有慨於《春秋》經聖人手定。其衮鉞本乎王章，刑賞原於忠厚，義例雖繁，而其明白正大之旨，必不如後之説經者，委折碎細若此。爰命儒臣撰集進講，大約以胡氏爲宗，而去其論之太甚者，無傳經文，則博採諸儒論注以補之，朕亦時有所折衷，期歸於一。編輯成書，朝夕省覽，亦欲俾學者有所遵守，其於經世大法傳心要典，未必無少助云爾。

張自超《春秋宗朱辨義總論》 經旨，先儒講解切當不可易者，不再發明，其前人不合之説後人已有辨者不再辨，或雖不合而於大義無關者亦不置論。凡所辨論，必反覆前後所書，比事以求其可通，又合諸儒之説，叅互斟酌，去其非者，存其是者，未敢以臆斷也。其於朱子，則已言者引其言，未言者推其意，閒有非朱子之意，或朱子曾言之而鄙見微有不然者，亦未敢阿私而曲殉之也，總發大義列於卷首。

孫明復以爲《春秋》有貶無褒。朱子曰：如晉士匄伐齊，聞喪而還，分明是褒之。夫王政不行而諸侯放恣，專會盟，擅侵伐，其事原無可褒，至如葵丘之會、召陵之師、踐土之盟，尊周攘楚，聖人取之者，則固以寓褒於貶也；而其他彼善於此之事，其辭若許之，而其意若有憾者，則又以寓貶於褒也。朱子曰：《春秋》貴仁義而賤功利，貴王道而賤伯功。又曰：《春秋》明王法而亦不廢五伯之功。通乎此則褒貶可知矣。其寓褒於貶，寓貶於褒之義可知矣。蓋聖人非有意以爲褒貶，據其事直書之，其事是，則其辭若褒；其事非，則其辭若貶。其事是之中有非，非之中有是，則其辭若以褒爲貶，若以貶爲褒也。

孟子曰：王者之迹熄而《詩》亡，《詩》亡然後《春秋》作。《春秋》之作，非以存王迹，以著王迹之所以熄，而《詩》之所以亡也。會盟、侵伐、諸侯自專，而王不能禁；弒君、篡國而王不能討；繼世而上不禀命，又擅廢立之；大夫世家而國無命卿，又專殺之；王世子出會，天王下勞而不知其非；朝伯主不朝天王，而相沿以爲故；名爲攘楚，而實則爭伯；名爲請王命，而實則役王臣。不特戎狄四侵，吳楚強横，以爲大亂之世也。而内諸侯之無王伯主之，無王亦已甚矣。夫子筆削魯史，直書於冊，而罪之大小俱著，故孟子曰：《春秋》，天子之事也。

《春秋》，有書事在此而示義在彼者，有書事在前而示義在後，書事在後而示義在前者。有以不書示義者，有以疊書示義者。有煩文以示義者，有省文以示義者。有閒文以示義者，有微文以示義者。有義係乎人而其事不必詳者，有義係乎事而其人不必詳者。有書其事同文而義在，各著其是非者；有書其人同事而義在，分別其善惡者。有書一事而具數義者，有書數事而明一義者。蓋是非以筆削而見，褒貶以是非而見，比事屬辭，《春秋》之教，固無待於鈎深而索隱也。

諸侯侵伐，魯君大夫不與者：文公以前，侵，則僖二十八年，晉侯侵曹，一舉爵；伐，則隱四年，宋公、陳侯、蔡人、衛人伐鄭；僖十年齊侯、許男伐北戎；十八年，宋公、曹伯、衛人、邾人伐齊；二十二年，宋公、衛侯、許男、滕子伐鄭；二十三年，齊侯伐宋；二十八年，晉侯伐衛。六舉爵而已。其他稱人而諸侯大夫不詳者，蓋禮樂征伐自諸侯出，雖大夫將而皆諸侯之事，不必名大夫，不必舉諸侯之爵，而義自見。文公以後，禮樂征伐自大夫出，故詳大夫之名以見義，非大夫將者，則舉諸侯之爵以別之，其有不必詳者，亦從略書人。故前則書人者十之七八，後則書人者十之二三，此《春秋》之大義也。諸儒於前之書人者，槩以爲貶。至於事有差善，而不可以通者，則又以爲將卑師少。其於後之稱名稱帥師者，槩以爲無貶。至於事有極惡而不可以通者，則又以爲不待貶絕而惡自見，是非予奪遂至失實。朱子曰：夫子作《春秋》，當時之事，實寫在此，人見者自有所畏懼。若云去其爵，予其爵，賞其功，罰其罪，却是謬也。詳見各條下。

《春秋》，紀事之書也，而義即在乎事之中。苟攷於事不得其實，則索其義有不可以強通者矣。諸儒於事，則全信《左氏》，於事之合禮不合禮者，則衷《三禮》以斷之。夫周禮之舊，當孟子之時，諸侯惡其害己而去之，其詳已不可得聞，而況漢儒襍集之書，其可盡據以論《春秋》哉？《左氏》之浮夸，其不可全信抑又明矣。故《春秋》有不可卒解者，不當以《三傳》同文，古禮可徵，而竟不一闕疑也。諸儒惟坐不肯闕疑。故信《左氏》者，取諸《左氏》；不信《左氏》者，則又撰以己意。攷證《三禮》者，則以《三禮》之成言斷《春秋》之已事，而不知漢儒附《春秋》及《三傳》之説以爲《禮》者，正多也。朱子解經，於文之難通者，則曰「疑悮」、「疑衍」、「疑有闕文」；於義之不可以卒合者，則曰「未詳」；於兩説之可通者，則曰「未知孰是」；於《禮》之無可徵信者，則曰「不可攷」。夫以朱子之博於學而精於理，其解經之虛公嚴謹且如此，何説《春秋》者謾自以爲能觀其大而會其通，一句一字無漏義耶？竊恐悮文不特「郭公」，闕文不特「夏五」，疑義不特「桓之十三年不書王及兩闕秋冬」而已也。詳見各條下。

諸儒以《春秋》稱字爲褒，内如「季子來歸」，外如「宋子哀來奔」，稱字之類，皆以爲褒其賢也。顧於析邑歸仇之紀季，則賢之；而於因亂復國之許叔，則又罪之；於蔡季歸國，則賢之；而於蕭叔朝公，則又罪之；於高子來盟，則賢之；而於仲孫省難，則又罪之。至於華孫來盟，義不可通，則又以爲義不係乎名，説終不得而定。朱子曰：如王人子突救衛，自是衛當救。當時有個子突，夫子因存他名字，如何却道王人本不書字，緣其救衛故書字。推此則知爵氏名字因乎舊史，非以寓褒貶也。詳見各條下。

十二公即位不即位。文定以爲上既不稟命於天王，内又不承國於先君，則不書即位，隱、莊、閔、僖是也；而於桓、宣不可以通，則以爲如其即位之意，以著其無隱先君之心；又於定公不可以通，則遂無説。非也。朱子曰：書即位者，是行即位之禮，繼故；不書即位者，是不行即位之禮。若桓之書即位，是桓自正其即位之禮。於是而十二公之書即位不書即位，可以通矣。詳見各公元年條下。

《三傳》言侵伐各不同，李氏駁之，極是。文定以爲聲罪致討曰「伐」，潛師掠境曰「侵」，亦未盡當也。天子討而不伐，諸侯伐而不討，以討爲伐固爲不可，而所云聲其罪者，亦非受伐之國果有可伐之罪，而伐人國者欲加其罪不患無辭耳。蓋伐云者，執言而來，陳兵於境，必服而後去之，不服則戰，不戰則守，守之固則圍之，守之不固則入之。故《春秋》書伐之後，則有或戰、或圍、或入之事，而書侵無之。無所執以爲言，入其境而即去，志不在於服之。不及其戰，何用其守？不暇於圍，何至於入哉？乃文定以爲潛師，則又不然也。晉定會王臣合十八國有事於楚，而召陵書侵，非潛師可知矣。文定於《左氏》言伐而經書侵，《左氏》言侵而經書伐者，謂爲聖人筆削褒貶所係。是蓋以書侵爲不予其伐，而侵爲貶辭也。然則《易》稱「利用侵伐」，則侵與伐皆用師之名，而《皇矣》之稱文王曰「侵阮徂共」，武王誓師亦曰「侵於之疆」，《司馬》九伐之法有「負固不服則侵之」，則侵非不善之辭。又如魯受伐則書伐，受侵則書侵，魯伐人則書伐，侵人則書侵，魯史據事之實，夫子仍史之文，初何係乎褒貶哉？

《春秋》會盟，隱、桓之時散亂無屬，齊桓興而始聽命於伯主。桓卒又將散亂，而攝於晉文，至晉世主夏盟，而諸侯之私會私盟不行者，幾及百年。晉伯漸衰，而《春秋》之終其散亂，與《春秋》之始不異矣。以名言之，則離與參爲私，同爲公也；以事言之，則事之公者爲公，事之私者爲私也；以義言之，則合乎義者爲公，不合乎義者爲私也。其有見於傳而經不書者，或於大故無關，或又煩而可省，諸儒以爲惡而削之，諱而削之，皆非也。

諸儒以爲，《春秋》於内大惡則諱之。夫内之大惡諱弑書薨，聖人之不得已也，而且以不地著之，桓、宣、翬、遂、慶父之爲賊，文姜、哀姜之與弑，則終不得而諱也。其他孰有大於國母宣淫之醜乎？孰有大於朝齊、朝晉、朝楚之辱乎？孰有大於郊禘蒐閲之僭禮，易許田不視朔之變制，逆祀而躋僖公，瀆倫而娶同姓乎？孰有大於刺公子買、公子偃之無罪乎？孰有大於丘甲之虐用民力，田賦之厚斂民財乎？則備書於冊矣，而又何諱哉，蓋聖人據魯史以作《春秋》，其會盟、侵伐、弑君、殺大夫則統天下諸侯以示義。至於朝聘、卒葬、祭祀、昏姻、立宮、城邑一切興作之類，則皆以魯事示義。事係乎一國，而義關乎天下，聖人原無所顧忌。於魯諸儒但以滅國書取，朝聘書如，出奔書遜，謂皆諱之，而不知婉其文而不沒其事，其實不得謂之諱也。諸儒又以會盟、侵伐之不目公及大夫者爲諱，然即不目公及大夫而其屬辭曰及、曰會，即明知其非公即大夫矣，何爲諱耶？諸儒又據《左氏》事實之詳，而經有不書者爲諱。即其事洵有之，而於義無害，又無關於國於天下之故，或舊史不書，或夫子削之，可以無書而不書，非以諱爲義也。至於《左氏》諱尊、諱親、諱賢之説，抑又不然，蓋當《春秋》凌替僭亂之世，聖人之道、先王之法無有存者，聖人正以惡夫禮樂變爲干戈、仁義泯於功利、諸侯強而荆蠻橫、小侯滅而大族興、篡弑叛亂接跡於世而作《春秋》，以著其變亂之實，使義取乎諱之，則《春秋》亦可以不作矣。朱子曰「《春秋》直載當時之事」。又曰「據魯史以書其事」。然則何有於諱哉？

諸儒以書公子不書公子，書氏不書氏爲褒貶。然攷於《春秋》，内惟公子翬前不稱公子而後稱公子，外惟陽處父前不稱氏而後稱氏，其他則爲公子者始終稱公子，有氏者始終稱氏，未嘗因事之美惡忽削忽書以示義。蓋以公子而有後於國世爲卿以專國政，此積漸而爲大夫用事之天下，聖人因其實以著之，而豈以書不書爲褒貶哉？故《春秋》之初，内有不稱公子不稱氏之大夫，非以奪之者，貶之也。《春秋》之後，外無不稱公子不稱氏之大夫，非以予之者，褒之也。褒貶在事，不在氏族名字，如諸儒之説是，非公罪亂者多矣。詳見各條下。

文定論天王崩葬，以爲志崩志葬者，赴告及，魯往會也；志崩不志葬者，赴告雖及魯不會也；崩葬皆不志者，王室不告，魯亦不往也。其説最合。使準此以論諸侯之卒葬，則無不可以通矣。而於諸侯葬例，以爲有怠於禮而不葬，有弱其君而不葬，無其事闕其文，魯史之舊者，猶得其義。至所云「討其賊而不葬，諱其辱而不葬，治其罪而不葬，避其號而不葬」，以爲聖人所削。《春秋》之法者，則不盡然也。朱子曰「《春秋》崩、薨、卒、葬，原無意義」。蓋其書葬不書葬，上而天王，大而齊、宋，親而晉、衛，小而滕、薛、邾、杞，外而秦、楚，變而弑君，往會則書，不往會則不書，其當往而不往，不當往而往，則因其實以著之，而非別有意義也。詳見各條下。

《公》、《穀》以爲弑君討賊則書葬，不討賊則不書葬，而内於桓公之仇未復而葬不可以通，則以爲不責其踰國而討也；於閔公之賊既討而不葬不可以通，則以爲不以討母葬子也；外於宋捷、齊光、齊卓、衛剽之賊既討而不葬，於蔡景、許悼之賊未討而葬不可以通，則多爲之辭説，非也。内而赴於諸侯以禮葬則書，不赴於諸侯不以禮葬則不書，外而魯往會則書，魯不往會則不書，因乎舊史，非有筆削，正朱子所謂「崩、薨、卒、葬，無甚意義」者也。詳見壬戌公薨條下。

説《春秋》者，以弑君之賊未討，則不再見經，爲聖人削其人以誅之也。而於趙盾見經不可以通，則以爲盾非親弑君者，爲法受惡，故聖人貸之。爲此說者，亦未攷於齊商人、楚商臣皆弑君之賊，而《春秋》所書之齊侯、楚子，即其人耳。詳見趙盾孫免侵陳條下。

殺大夫稱國、稱國人，文定之說甚得其義。弑君稱名、稱國、稱國人，《左氏》以稱國、稱國人者，責其君無道自取。而文定所謂「聖人無私，與天爲一」者，即《左氏》無道自取之義也。而於經文書卒，《左氏》以爲弑者，則又撰爲聖人不忍書之說。夫《春秋》書弑君以誅亂臣賊子，必不以其君無道而縱亂賊，亦無所爲不忍書者，以遭變爲正卒，使後人致疑於其故也。詳見各弑君條下。

《春秋》書歸女、逆婦，諸儒皆從合禮不合禮立論。夫禮之合與不合，義固有之，而《春秋》實以著婚姻爲邦交之大也。乃其歸女，則於紀、杞、鄫、郯諸小國，莒、慶、齊高固，則又以下嫁於大夫，而子叔姬之歸齊不書，特詳於伯姬之歸宋。逆婦，則桓、莊、僖、文、宣、成皆娶齊女，而聲姜之逆至不書，襄、昭、定、哀之夫人不詳其娶於何氏，聖人蓋有意寓乎其間，而禮之合與不合，則因事以併著者也。詳見各逆婦、歸女條下。

楚初稱荆，漸而稱人，既建號楚，而君漸舉爵，大夫漸稱名。諸儒於其來聘則曰「慕義而來」，進之也，於其稱人舉爵則曰「漸進之義也」。夫《春秋》之作，原以著二伯之功，二伯之功在攘楚，而顧進楚君臣與內諸侯大夫齊等哉？蓋楚非戎狄之比，戎狄雖在內地而爲患小，故其君不必詳；楚亦非秦之比，秦雖周爵稱伯而不爲中國患，故其大夫不必詳；楚亦非吳之比，吳雖驟強而起於春秋將終，故其君大夫皆不必詳。惟楚則與中國始終爲敵，使不爵其君不名其大夫，則楚之爲患中國其實不著，楚之實不著，則二伯相繼攘楚之事跡不著，楚之時強時弱亦不著，而晉世伯之有盛有衰亦不著矣。朱子曰：齊桓、晉文所以有功王室者，當時楚最強大，時復加兵於鄭，鄭在王畿之內，向非桓、文有以遏之，則周室爲其所併矣，然則《春秋》豈進楚哉？

五伯者，趙氏曰齊桓、晉文、秦穆、宋襄、楚莊也；丁氏曰夏昆吾、商大彭、豕韋，周齊桓、晉文也。朱子註《孟子》，兩存其說，至說《春秋》，如云「《春秋》初間，王政不行，五伯扶持，方有統屬」。又云「《春秋》之時，五伯迭興，桓文爲盛，則似專主趙氏」。其意或以皇帝王伯見世道之升降，不應湯之前已有昆吾，文武之前已有大彭、豕韋，伯而王，王而伯，相間而興耳。然秦穆未有合諸侯之事，宋襄爭伯而師敗身死，楚莊僭王，聖人正以攘楚許桓、文，必不予楚莊以伯，恐當以丁氏所列爲是也。

讀《春秋》不得不攷事於《左氏》，朱子曰：《左氏》說得《春秋》事有七八分，固當信其可信者也。但有與經牴牾者，如經舉諸侯之爵，而《左氏》以爲大夫，如經稱人而《左氏》以爲諸侯，又如侵、伐、圍、入、取、滅之類，間有不合，諸儒往往據之以爲聖人筆削，褒貶予奪之義所在，殊失之也。伊川曰：以傳攷經之事跡，以經別傳之眞僞，此意最好。蓋經、傳不妨有異同，經既書得明白，則不可爲傳所疑悞也。《春秋》全經合看，却是一篇文字，天王是題旨，齊桓、晉文是主意，楚是客意，魯是線索，鄭是波瀾，宋、衛、陳、蔡、曹、許、滕、邾是鋪襯，秦是篇首陪客，吳是結尾陪客，會盟、侵伐是關節，弑君、殺大夫是議論，朝聘、嫁娶是聯絡，郊禘、蒐閱、日食、星變、山崩、地震、水、旱、螟、螽、麋、鴝之類是點綴，其間有起有伏，有轉有接，有串插有照應，有虛有實，有景有情。有排奡處，有細密處，有驚策處，有閒散處。有言外之言，有意中之意，往復無窮，整齊不漏，義理充實，血脈流通，直是千古第一篇奇文。逐字拆看則事事有起結、有開合，逐字句細看，則一句一字索之不能極其精，推之不能盡其大，但須得其大義所在，不可穿鑿。故朱子曰「雜以己意則差舛也」。

朱軾《春秋鈔》卷首《總論》

《左氏》紀事最詳，《穀梁》取義較切，《公羊》不及《二傳》，然亦有《左》略而《公》詳，《穀》泛而《公》切者，此《三傳》所以並存而不可缺者也。《胡傳》於天理人欲之介，辨之極精，言之最篤，而梳櫛義例直截痛快，有《春秋》謹嚴之意焉。然有時用意太過，取義太深，又或旁見側出，而於本條反多遺漏。蓋文定輔成君德，挽回人心之苦衷，勤勤懇懇，言之不足而長言之非。若杜、林、何、甯之釋經，但取篇章摘句已也。

《胡傳》於征伐、會盟、聘問，無大關係者，多不釋其故，《三傳》亦時有缺略。蓋當日諸侯強陵弱，衆暴寡，而寡弱之國又每不度德量力，而干犯強大。一言以蔽之曰「無名之師也」。至會盟、聘問，無非趨勢附利，朝恩暮怨，機械變詐，不可端倪。文、宣以下，大夫專政，作威作福，惟所欲爲，又不待求其故，而知其悖理滅義，爲王法所不容矣。凡如此類，聖人因舊史以垂戒，善無可褒，惡不待貶，讀者必尋究其所由來，以合於褒貶之例，亦近於鑿矣。

或有問於予曰：「横渠張子謂《春秋》乃仲尼所自作，非理明義精，殆未可學。若胡文定公，可謂理明義精者乎？」曰：「是非予所能知也。」雖然，《胡傳》本之程子，公私理欲之介，言之洞然，他書弗及已。予於聖人筆削之旨茫然，未有所知，惟恪守《胡傳》，間有辭旨未暢，及鄙意所未安者，妄陳管窺之見，敢以質之學《春秋》而理明義精者。

張尚瑗《三傳折諸序》 世儒不知以傳學爲經學，復不知以經傳史之學，爲道、問學之學，而胥汩没錮蔽于制舉訓詁之中。孔子删《書》斷自唐虞，《尚書》者，記言之書，實記事之書也。《春秋》專于記事，與《詩》、《書》並列爲經，事具而道亦寓焉。史起于兩漢，祖《書》與《春秋》之記事記言，以期不悖乎道。故史之作不可以離經，傳經之書厥名曰「傳」，《左》、《公》、《穀》之傳，並列而爲《十三經》，以其有功于經也。《論》、《孟》四子之書，其初亦一傳耳。漢儒之注經，並名曰「傳」，唐則曰「疏」，不敢當傳也。兩宋儒者，意薄漢、唐，或自名爲傳，以遠追三代之經。唐陸伯沖創爲《集傳》以駕孔疏，程子作《春秋傳》而未全，蘇穎濱、劉原父、呂朴鄉、張元德皆有傳，劉、呂所著甚多，名傳者特其一。又有陳禾、林拱辰亦襲傳名，而康侯胡氏之傳，以朱子所推許，明初遂立之學官。夫以制舉所用而羣趨之可也，並《三傳》而名《四傳》，乃不學解事之徒强爲之説耳。丘明蓋又作外傳《國語》矣。《國語》、《左傳》爲内外兩傳，而不援《公》、《穀》爲四傳，以《國語》非解經之書。顧其起于穆王，遠接《尚書》之《君牙》、《三命》，所載共、厲、宣、幽，補平王東遷以前之記言、記事，實有助于《春秋》書體。分國列載，遂開戰國短長書之體。《國策》一書起于趙、魏、韓三家滅智分晉，又與内外傳首尾相續，太史公作《史記》所本者，《左傳》、《國語》、《世本》、《戰國策》，今《世本》之書無傳，則周室東遷以後，前則春秋二百四十二年，後則戰國二百四十五年，曾子固所云「紀其行事不得而廢」者矣。或謂《春秋》記事即以明道，《三傳》、《國語》之書多嘉言懿行，戰國縱横之徒，敗道已甚，然學者立乎數千百年之後，世變盛衰，行事善惡，均不可無記，史家于漢、唐、宋正統之外，三國、南北朝、五季未嘗以逆亂而削其事實，《戰國策》與《二傳》、《國語》皆三代以前之書，爲覽古好學者之所貴重一矣。諸書各有專門注釋，高下不倫，元凱尚矣。劭公以曲學見譏，武子不徇《穀梁》之偏，或謂其駕杜、何而上，要之武庫之博識，固非尋常可議。解《國語》者止一韋弘嗣，庸庸聊備一家。吴正傳校注《國策》，綜核高、鮑以成編，無慚淹洽。夫讀古作者之書，而得其所以興所以廢之迹，且得其有裨于學術、有裨于治道，或無所裨而反有害之故，更讀釋是書者之書，其于是書有裨與無裨各持其説，而有廢有興亦分乎其間。若漫舉釋是書者而斥之，以獨伸己説，甚者并古人所作之傳而黜之，以爲别有不傳之秘，舉秦亡漢興藏山巖、伏屋壁、師承口授之編并棄之，以爲無足道，獨崇奉夫後起臆説一二家之言，以爲弋科名取富貴之具。愚之所輯，並未嘗屏棄從前之位置甚高，而實爲後世至庸至卑者之所托足。此一二家言也。折諸之名，本之揚子，揚子又曰：塗雖歧而通諸夏則由諸，川雖曲而通諸海則由諸。則將擴一二家，以證之數十百家之異同，由四百八十餘年而下，逮乎千數十百年之久，近迎而距之，平心而察之，不敢謂一心之臆度，必百家皆莫之能及。又往往歷羣言之淆亂，于吾説竟無所于遯。劉彦和曰：傳者轉也，轉受經旨以授後人也。愚惟不敢謂得不傳之秘，而必求之可傳之書，以不憚閲歷乎展轉傳受之勞，庶幾經傳與史合流同歸，先儒所謂道問學之功于是乎在。惜智識弇淺，見聞有限，矻矻十餘年，老境已至，古作述之君子所謂傳之其人者，則愚終不敢當也。

又《詩經通義序》 尚瑗之受教我愚菴朱先生，正先生輯譔《通義》之日，其時年未弱冠，殫精制舉業，未暇問歐、呂諸家言。迨先生作《埤傳》，以《尚書》爲瑗取應習業，時時舉示之。繼從事《讀左日鈔》遂得叅討論矣。顧予自八齡讀《詩經集傳》，且夕掩卷背誦，比十五六而心頗嗛之，謂鄭衛淫風何乃至是，非發乎情、止乎禮義之指。而於《毛序》、《鄭箋》、《孔疏》及《書》之《孔序》、《易》之《王注》，皆嘗瀏覽，怪其與朱子本義《集傳》、蔡氏《集傳》，畛域懸殊，而未能決所從違。先生著書滿家，少陵《義山詩集箋注》，家弦戸誦，既乃厭棄辭章，肆力經術，《埤傳》、《左鈔》先後授梓，獨《通義》一書屢經更定，又卷帙頗重，計貲爲難。逡巡審愼而先生業已謝世閲四十餘年。友人陸堂有言：漢儒之失拘守陳言，宋儒之失盡反前説。宋儒之所欲反者，非僅漢、唐也，伊川《易傳》談理至精，朱子則推本邵氏數學以求駕之。穎濱《詩傳》，東萊《讀詩記》，其書皆醇正無疵，朱子以其祖述《小序》，多所不滿，鄭衛淫奔之說，獨採漁仲。明復康侯《春秋》之學盡廢《三傳》，朱子遂尊稱《胡傳》，後世因有《四傳》合刻，則《左》、《公》、《穀》下儕於宋明雜說，而《十三經》之名號可無庸矣。夫漢代經儒掇拾殘缺於秦燼之後，疵類荒繆固所不免，必盡舉而撤之，雖神解淵悟，豈眞能捨此山巖、屋壁之所得，別有不傳之秘，與尼山、鄒嶧夢授而牆見者？程子曰：學《詩》而不求《序》，猶欲入室而不由戶也。朱子論《詩》盡撤大小《序》，鄱陽馬氏《駁議》平允，洞暢先生《通義》之作所宗主也。毛公亦有不能無弊者，在於執正變之論，而篇次錯糅不復詳求，概以前後定美刺。《楚茨》至《車舝》十章，與《載芟》、《良耜》之報蜡，《鹿鳴》、《嘉魚》之燕賓，何有差別？而以爲刺幽王之作，辭理全悖矣。《崧高》五詩，並美宣王，何以竄於大雅終篇？此古《序》之誤，有目共知也。然而去古未遠，刺忽刺佗之屬，信而有徵，而概指淫奔，不得並於《清人》之在鄭，《株林》之在陳，則《毛詩》、《左傳》雖並獻河間，而平常時立《毛詩》於學官已爲定著。《左傳》經范升、陳元爭訟，俟章帝而始定，奚以取彼棄此？此《集傳》之過當也。《通義》一書，薈萃兩宋元明諸家之言，於朱子《集傳》外又廣求遺說，或問語錄，臚列參互，衷之至當，間附己意，以相發明。崑山顧亭林先生夙與同志，遠道寄書，往復質證。同邑陳啓源，說詩有特識，先生愛重之，時取其說。朱子有言：讀先聖之書，須高著眼，大著肚，不容拘泥習套。又謂：唐人疏義，因謁踵陋，未能有所發明。夫唐疏之無所發明誠然也，經宋儒翻駁，數百年奉爲蓍蔡，由明迄今，因襲更甚。鄉嬛說約，高頭細字之書，趨時貿利，無有高眼大肚上下千百年間者，先聖之遺經，遂墮于雺霧晦冥。亭林、愚菴二氏，窮經復古，起考亭而相對，當樂與揚搉，以益衷于無弊。

方苞《望溪集》卷六《周官集注序》　朱子既稱《周官》徧布周密，乃周公運用天理熟爛之書，又謂頗有不見其端緒者，學者疑焉。是殆非一時之言也。蓋公之「兼三王以施四事」者，具在是書。其於人事之始終，百物之聚散，思之至精，而不疑於所行，然後以禮、樂、兵、刑、食貨之政散布六官，而聯爲一體。其筆之於書也，或一事而諸職各載其一節以互相備，或舉下以該上，或因彼以見此。其設官分職之精意，半寓於空曲交會之中，而爲文字所不載，迫而求之，誠有茫然不見其端緒者。及久而相說以解，然後知其首尾皆備，而脈絡自相灌輸，故歎其徧布而周密也。余嘗析其疑義以示生徒，猶苦舊說，難自別擇，乃竝纂錄合爲一編，大指在發其端緒，使學者易求，故凡名物之纖，悉推說之，衍蔓者槩無取焉。蓋是經之作，非若後世雜記制度之書也，其經緯萬端，以盡人物之性，乃周公夜以繼日窮思而後得之者。學者必探其根源，知制可更而道不可異，有或易此，必蔽虧於天理，而人事將有所窮，然後能神而明之，隨在可濟於實用。其然，則是編所爲發其端緒者，特治經者所假道，而又豈病其過略也哉？

又《禮記析疑序》　自明以來，傳註列於學官者，於《禮》則《陳氏集說》，學者弗心饜也。壬辰癸巳間，余始悉心焉，視之若皆可通，及切究其義，則多未審者。因就所疑而辨析焉。蓋《禮經》之散亡久矣，羣儒各記所聞，記者非一時之人，所記非一代之制，必欲會其說於一，其道無由，第於所指之事，所措之言，無失焉斯已矣。然其事多略，舉一端而始末不具，無可稽尋。其言或本不當義，或簡脫而字遺，解者於千百載後意測而懸衡焉，其焉能以無失乎？注疏之學，莫善於三《禮》，其參伍倫類，彼此互證，用心與力，可謂艱矣。宋元諸儒，因其說而紬繹焉。其於辭義之顯然者，亦既無可疑矣。而隱深者，則多未及焉。用此知古書之蘊，非一士之智，一代之學所能盡也。然惟前之人既闢其徑涂而言有端緒，然後繼事者得由其間而入焉。乃或以己所得，瑕疵前人，而忘其用力之艱，過矣。余之爲是學也，義得於記之本文者十五六，因辨陳說而審詳焉者十三四，是固陳氏之有以發余也。既而復校以衛正叔《集解》，去其同於舊說者，而他書則未暇徧檢。蓋治經者求其義之明而已，豈必說之自己出哉。後之學者有欲匯衆說而整齊之，則次以時代而錄其先出者可矣。

陳景雲《韓集點勘・書後》　近代吳中徐氏東雅堂，堂主人徐時泰，萬曆中進士，歷官工部郎中。後崇禎末，堂已易主，項官詹煜居之。煜後以降流賊，名麗丹書。里人嗲而焚其宅，堂遂燬于火。今僅存池塘遺跡而已。刊《韓集》，用宋末廖瑩中世綵堂本，其注採建安魏仲舉五百家注本爲多，間有引佗書者，僅十之三。復刪節朱子單行《考異》散入各條下，皆出瑩中手也。瑩中爲賈似道館客，事迹見《宋史・似道傳》。其人乃粗涉文藝全無學識者。其博採諸條，不特遴擇失當，即文義亦多疏舛。閱者但取魏本及《考異》全文互勘，得失立辨矣。瑩中之敗，在德祐元年。則書出德祐前，可知徐氏刊此本不著其由來，殆深鄙瑩中爲人，故削其氏名幷開板歲月耶。

宋犖《讀書堂杜工部詩集注解序》 宋以前注《杜詩》者亡慮數百家，今不盡見。見於蔡夢弼《草堂詩箋跋》者，自樊晃以下厪三十餘家，然亦多淆譌。不厪蘇注之僞如朱子所云也，大抵諸家注杜有二病，曰摭實之病，曰鑿空之病。摭實者謂子美讀書萬卷，用字皆有據依，捃摭子傳稗史，務爲汎濫，至無可援證，或僞撰故事以實之。鑿空者謂少陵號「詩史」，又謂一飯不忘君，每一字一句必有寄託，乃穿鑿單辭，傅會時事，而曲爲之說，而所爲深刺隱詢，往往陷少陵於險薄而不自知。摭實者疑悞後生，鑿空者矯誣前賢，其病則均。故曰注詩難，注《杜詩》尤難。至於《杜詩》有評，有批點，自劉辰翁須溪始，顧劉亦無注。元大德間有高楚芳者，始稡刻須溪評點，又刪存諸家注附之，頗稱善本，須溪子尙友爲之序。余見今千家注本，凡分注句下，或綴篇下而不著姓氏者，悉屬劉評，第刊落圈點耳。須溪評點有意致，猶爲近古，而近日虞山錢氏目以一知半解，要非定論。善乎考亭之言，曰「《杜詩》佳處，有在用事造語之外者，惟虛心諷咏，乃能見之。」知言哉！湓陽張太史上若先生壯歲成進士，讀中秘書，澹於仕宦，林居二十餘年，以著述自娛，尤耆讀《杜》。自言於是書起己丑迄癸丑閱二十四寒暑，五易稿而成，蓋用心之勤如此。公既殁，公子閣學公奉簡命視學江南，將出是書雕板行，以序屬余。余受而讀之，原註能疏瀹千家之踳駁，棄瑕而存瑜，評點往往獨標新雋，閒亦佽助以近代諸名人，可謂稡諸家之長而擅其勝者。韓愈氏有言：「用功深者其收名也遠」，則是書之傳亡疑。往時須溪評《杜》有盛名，更元明三四百年，學者多宗焉。子尙友能繼其學，吳澂稱其文，謂辰翁奇詭變化，尙友浩瀚演迤，皆能成一家言。今觀太史公是書，不啻方駕須溪而上之，而閣學公方以文章經濟爲時名臣，尤非尙友可跂及。烏虖盛矣。

王步青《四書本義匯參・發凡》 一、《大學》一書，首尾連屬，載在《禮經》，漢唐註疏可按也。自朱子別爲《聖經十傳》，於古本有大更動處，而以經統傳，以傳附經，則綱目燦然，條理較密矣。《中庸》亦載《禮經》，並無章次，考其詞，今本雖與註疏所傳無甚異，而支分節解，段落分明，頓改舊觀。故此二書，實自朱子釐定章句，而意理相承，血脈相貫，所爲註解詳審精明，修改縝密。其不曰《集註》而曰《章句》，志經始也。嘗語學者曰：「此書豈可以章句求。」又曰：「此書全在章句。」蓋治經之道，固未有不得於辭而能通其意者，學者苐即是沉潛反覆於句讀文義之間，其爲本義自瞭然心目矣。

一、朱子於《語》、《孟》則曰《集註》，蓋從前說《語》、《孟》者衆矣。是書則朱子集羣說之當者，淺深詳略，裁以己意，與孔孟之言脗合無間者也。朱子云：「凡看文字，須看古人下字意思是如何。」聖賢之言，每下一字，實處，則義理判於毫芒；虛處，則神思運於呼噏。若非融會貫通，冰釋理順，欲以語言湊合，終覺經是經，我是我。況先儒歷有成書，博觀約取，尤非易事，《集註》將如許前言，約以數語，而理要自極分明，精神自然流露。以至訓釋一二字，胥有來歷，隨手拈來，自然的確。其於大義，或參取諸說，或自出心裁，或挈大綱，或分細目，一一與本文宛轉關生。故朱子又嘗云：「某於《論》、《孟》，理會四十餘年，中間逐字稱等，不敎偏些。子學者將註處宜子細看。」此所以斷然爲朱子之本義，與《章句》並宜恪稟，以衡量諸書者也。

一、《或問》一書，朱子設爲問答，所以發揮經義，以難下手。按：前輩諸公，蓋即指輯略諸家言也。又按：《中庸章句・序》既云取石氏書名以輯略，遂云別爲《或問》以附其後。則此二書，本合爲一，當日所云不欲盡爲駁難，可想見朱子意中，儘有未盡處。然亦惟《論辨輯略》諸條有可刪節，至所以發明本文及申說章句之指，則固已精矣。故愚於《學庸或問》，均照《永樂大全》例，大字單行，而以諸申明傳註，兼以剖析羣言，而衷於一是者也。顧《語》、《孟》與《學》、《庸》不同，即《中庸》亦與《大學》小異。朱子晚年，嘗自言諸書都修得一過，《大學》所改尤多，比舊已極詳密。按：此乃答潘恭叔需《論語或問》而云，然則所謂比舊詳密，蓋兼《章句》、《或問》而言之也。至答友人問，《中庸編集》則曰：緣前輩諸公說得多了，其間儘有差錯處，又不欲盡駁難他底。所書可與證明者，雙行注其下第。《大全》另爲一編，而此則各附逐章逐節之後耳。至《語孟或問》，則朱子嘗云：此書久無工夫修得，只集註，屢更不定，却與《或問》前後不相應矣。按：此可見朱子精神自在《集註》，而《或問》儘有未定之論，後來有援《或問》疑《集註》者，苐弗深考也。集中採其精要，與諸書並雙行分列于《集註》之下，以便參觀，不與《學》、《庸》同例，蓋亦竊取朱子之意云。

一、《語類》初名《語錄》，乃朱子與門人問答，門人退而私錄之。厥後黄子洪病其繁複，以類而分，是名《語類》。今考其書，師弟一堂，往復詰難。勉齋嘗云：其辨愈詳，其義愈精，讀之如侍燕閒承謦欬，歷千載而如會一堂，合衆聞而悉歸一己。可見是書之傳，誠非小補。然隨問隨答，問非一人，故有淺深之不同；記非一手，故有詳略之各異。而其中朱子已定未定之論，不無後先錯出焉。今一以《章句》、《集註》斷之。孰爲本義？孰爲旁義？孰爲餘義？大抵所論合于註解者，朱子已定之説也；其不合于註解者，未定之説也；或又有不合于註解而其義自可相參要，當仍以註解爲定。而精審于次第賓主位置之間，則本義既得，而旁義、餘義不致遺漏，亦不虞喧奪矣。昔李二嶼《語類序》云：《語》與《四書》異者，當以書爲正；而論難往復，書所未及者，當以《語》爲助。《四書》蓋謂《章句集註》也，愚故于集中載《語類》頗多。而苟有彼此互歧之説，必次第其後先，區別其義類，與《章句》、《集註》互相疏通。其連及《或問》者，亦與爲剖悉，不敢仍《大全》割裂本，并不敢如後來纂輯《大全》者。抄錄原文，略無統緒要，祈無失乎朱子之本義云。

一、《朱子文集》，乃合一生之著作而成編，其間講學論道，與友朋往復，有關四子之書者頗不少。或以單辭隻義，而剖析必精；或以大義微言，而闡明必悉。但亦不無中年、晚年之別，而説之已定未定因之。蓋朱子之學，與年俱進，至晚年其論始定，而與四子脗合焉。永樂間編入《大全》與《語類》，概稱《朱子辭句》，尙多割裂混淆，又無論矣。兹集于其可仍者仍之，不可仍者，檢元本錄之，必註明《文集》，別于《語類》。或偶不及檢者，則仍《大全》本，概稱朱子，不敢意爲更也。總之，朱子諸書，惟《大學或問》自云修改詳密，《中庸》已不欲自信矣，《語》、《孟》則《或問》作于前，《集註》更于後，至《文集》、《語類》，則四子皆通，前後而並存，故必均以《章句集註》爲權衡，而後諸書之説始定。

一、《或問小註》，世或疑爲贋本，謂《朱子年譜》未有此書名，其《原序》四篇，《文集》中亦無有也。且所載語，頗或與後人説相同，當是後來竄集成書。其崇信之者，則謂是書成于淳熙己酉，朱子年已六十，于《章句》、《集註》、《或問》之外，爲學者添一小註腳，訂舊增新，天理爛熟，的無可疑。其與後人相同者，焉知非後人偶用成語而未爲注明來處耶。前輩亦嘗極論之。愚按：書中删定舊説處，頗非苟然，所增新義，儘有與《章句》、《集註》相發明者，集中亦概爲增入，眞贋且置勿論也。

一、《中庸》之有《輯略》，《語》、《孟》之有《精義》，皆朱子所手訂，則亦猶朱子之書也。《輯略》初名《集解》，本石子重採二程先生與其弟子游、楊、侯、呂輩之説，朱子芟之爲《輯略精義》，則朱子集二程先生講明孔孟之義，取横渠張子及范氏、二呂氏、謝氏、游氏、楊氏、侯氏、尹氏九家之説以附益之。朱子嘗言：二程先生發揮《語》、《孟》，言雖近而索之無窮，指雖遠而操之有要。至横渠以下，雖非敢謂盡合于聖賢之意，亦曰大者既同，則其淺深、疎密、毫釐之間，正學者所宜盡心。故此二書，《或問》中辨論頗悉，是集于《中庸》則《或問》，大字單行，而以《輯略》附註其下，《語》、《孟》則《或問》，概用雙行，而《精義》中之要妙與其未盡曉暢者，則先載《精義》而以《或問》申之，其或有未當而恐以疑誤後學，亦先載《精義》而引《或問》論之，若與《或問》不甚相屬，則單舉《精義》附于《集註》之下。而其不必錄者，則此二書皆闕焉，蓋以《或問》爲《權衡》，實以《章句》、《集註》爲權衡也。

一、漢魏諸儒註疏，朱子嘗謂其正音讀，通訓詁，考制度，辨名物，功云博矣。然學者所以求夫聖賢之意，初不在此。故《集註》第于典故頗或採之，而其所闕略者，愚亦間爲補入。然于義理，則每多駁襍支離，無可依據，何敢妄爲蔓引。昔艾千子有言：學莫陋于厭薄。成祖表章之《大全》而驕語漢疏以爲古，遂欲駕馬、鄭、王、杜于程、朱之上，不知漢儒于道，十未窺其一二也。宋大儒之所不屑，而今且尊奉其棄餘，其好名而無實概可見矣。竊謂此論雖難槩律，通材而好奇嗜瑣之徒，亦可以旋其面目矣。

一、《大全》本爲明儒奉詔編次，自朱子《或問》、《語類》諸書外所輯諸家，或爲朱子執友，或爲朱子門人，及再傳而下所嘗私淑者，非無精當可採之論，而醇襍不分，支離複沓，茫無統紀閲者，每爲白日欲卧。兹集一準以《章句集註》，合者存之，不合者汰之。不合而爲人所久惑者，必申明本義以折之，非敢謂別裁悉當，聊亦免于陳陳相因。

一、經解内若《南軒論語》、《解孟子説》、《胡氏四書通》、《西山眞氏集編》、《趙氏纂疏》及《朱氏通旨》、《蔡氏集説》諸書，有可採者，悉纂入。

一、《永樂大全》以後，若《蒙存》諸書以至《説統》、《翼註》，皆後來輯《大全》者所博採，然亦不敢多載，惟擇其與本義相發明者録焉。

一、明儒講學之書，若薛文清《讀書録》、胡敬齋《居業録》、羅整菴《困知記》，根極理要程朱的派，録其有關《四子書》者。至陽朱陰陸之家，承訛踵謬，概不敢列。明季則有柏盧朱氏所著《學庸講義》，中多警發處，而外間罕知之，其精華故自不可没也。

先生即世之後，觀其自叙，苐以爲舊本，序中亦頗不自慊。竊意先生設天假之年，親見此書之刻，或當尚稍稍整頓。然數十年來，天下學者不没溺于高頭講説，而知從事《大全》，實自此書始。厥後惟遄喜，本于原書，力爲較正，功非小補，但不無偶與添出閑文。自餘增訂諸家，亦多附以己意，有可採者，悉爲纂入，所不滿者，間亦微志別裁。

一、吾家高伯祖方麓先生《紹聞編》，曾伯祖宇泰先生《論語義府》，行世已久，而《紹聞》于《四子書》之理，尤精研切實，故集中所載，尤多近則族從。若林有《學庸困學録》，書雖晚出，于章句亦堪爲羽翼也。

一、《重訂大全》。

本朝自陸平湖先生于永樂原書外載入《蒙存》，淺達之説盛行，以至于今。但考此書，録于至有兩説三説，理同語異，詳略互見，環峯朱氏叅和成文，名以《集解》，其于下學，實爲便覽，雖未註明姓氏，非同掠美也。竊倣此例，凡遇可採者，附叅鄙意，不必盡録原文，而集解之名，其義渾涵集中，故嘗通用。

一、朱子云：「解説聖賢之言，要使義理相接，如水相接，去則水流不礙。」舊時《大全》，其割裂破碎者勿論，即後來鑒前此之非，自立條例，《章句》、《集註》外，先某書、次某書，于義似未爲不可，然但論言者之後先，不顧所言之倫次，以致更端迭出，彼此參差，首尾横決，安能使本義瞭然。愚謂必先于註義，劃清腠理，以註爲綱，諸書爲目，循次解釋，要使義理相承，銜接一片。語言雖簡而不嫌其略，稱引雖多而不覺其繁。條分縷析，以類相從。而言者之後先，固所不必泥。即如《論語》首章，《集註》列尹氏于程子之前，可倣也。至于叅附己見，他本必至諸説既畢而後以意斷之，愚謂不若各條之下，孰是孰非，孰同孰異，孰爲正解，孰可互叅，即爲隨手疏明，閲者尤易別白，此則區區之私，竊願下學之士，一目了然，不恤見笑于方家者也。其或書「愚按」，或書「按」，文法偶殊，指歸自一。

一、程子有言：「不求于本而求于末，非聖人之學。」何謂求其末？考詳略，採同異是也。愚按：《四子書》中，古今制度、山川人物，《大全》原本摭拾不一，遄喜齋《增訂大全》，其于顧寧人《日知録》、閻百詩《釋地》，繁稱博引，備極該洽，但《周禮・王制》頗多傅會，朱子已不能無疑。況漢、唐以後制度與三代不同，援此互證，而欲以疑朱子之未當，尤難盡信，前人故嘗論之。至如井田、封建，《孟子》一則云：此其大略。再則云：嘗聞其略。而後之人必欲詳辨，極言其將駕于《孟子》之上。然乎集中，凡遇此等苐爲志，其大都不敢支離蔓引。庶幾學者從事根本之學，潛心體認，所得較多。

一、聖賢之書，所以講學明道，俾學者心解力行，而操觚之士，徒以爲帖括，計陋已然。實字觀義理，虚字審精神，未始不即爲行文之要法。朱子嘗云：「某那《集註》，無一字閑，那箇無緊要閑底字，越要看。」夫俗儒所謂閑底字，大都是虚字也。集中每于一二虚字，定提掇分明，摹神會意，要使聖賢句中句外，意言俱隱躍流露。讀本文如是，讀《章句》、《集註》亦如是。《孟子》所謂「以意逆志」，其道不外乎此。學者苐解此以行文，自是寫生妙手，而聖賢之義理當自益明。

一、是集稟承本義，綴以匯叅。義本《禹貢》「東迤北會」爲匯之文。竊謂講明斯理，譬若導水，然《四子書》乃其發源，羣儒講學論道爲其支派，而《章句》、《集註》則其總匯。彼詹詹小言，與離經畔道之説，所謂斷港絶潢，終古無由至海者也。夫衆言淆亂則折諸聖。是集不獨漢、唐、宋、元、明儒書具在，一以《章句》、《集註》爲折衷，即以近世理學宗工所傳緒論，以至時賢之見諸制義評隲者，苟一言一義，犂然有當，無不書其所自，參伍證明。凡以泝流尋源，疏通本義，引伸類長而已。《易》曰：「同歸而殊途，一致而百慮。」要使殊途百慮，胥統匯于同歸一致之中，此愚者編輯是書之微意，而兢兢乎，惟恐失之者也。

黄叔琳《夏小正注序》 三代之文唯夏后氏爲最古，洪漾乃樺得之於廬阜，字青石赤索之於岣嶁，雖苔蘚剝落，斷碣殘碑，好古者猶披荆撥霧而探之，矧經傳紀載備有全文。如《大戴禮・夏小正》尤有信而可徵者。顧大戴既爲之傳，與《小正》本文合而爲一，自漢訖唐無異，至宋儒朱子《儀禮通解》，始特標本文而別出之。蓋自唐一行創立大衍，考訂前譌，如《小正》中「南門正參中則旦」，皆一一推步測驗，而仁山金氏又廣稽博引，以補《戴傳》所未及。宋西山蔡氏及前輩張氏爾岐亦各有考證，得失辨析、疑義之處，似無待後人之補綴矣。然往往各述所聞，各是所見，至或以《小正》一書爲子夏所譔，或以蜮鳴爲射工，菽糜爲菽糜，糜爲獻麋，爽死爲奭，乃瓜爲乃衣，丹鳥爲螢，白鳥爲蚊蚋，卵蒜爲本大如卵，則所記有可疑者，又不少也。余不揣譾陋，薈萃諸注，復加參酌，竊以爲二典所載，敬授人時，璿璣齊政，其大者也。《竹書紀年》夏后元年正月頒小正，其小者也何小乎爾？以所載多訓民之事，故小也。士生三代之後，掇拾於煨燼之餘，幸得三代之全書而卒讀之，以視嗜奇好古諸君子披荆撥霧，而探索之者其勞逸爲何如也。旁搜冥討，辨晳奇疑，雖未敢自負博雅之林，而所藉以銓品前脩，津梁後學者，或庶幾管闚蠡測，爲高深之一助乎。

李文炤《周禮集傳序》 周轍既東，王綱不振，諸侯惡其害己也，而皆去其籍，雖以子輿之哲，亦僅聞其略而已。然庖人之類見於《內則》，庶子之掌載於《燕義》。九伐之法述於《穰苴》，職方之紀出於汲冢，司樂之篇呈於竇公，蓋不待李氏女子之獻，劉氏天祿之校，而其言固已散出矣。去聖既遠，蝕晦繁多。有倣其迹而假之者，有竊其似而亂之者，有師其意而不能循序以施之者，天下之士益以惑焉。惟朱子以爲運用天理爛熟之書，而其論始定，顧表章雖明，而訓釋未逮。至於諸儒之說，則又未免以私意小智雜乎其間，非不有醇焉，而不勝其疵也；非不有詳焉，而不勝其略也。學者入於其中，能無望洋向若之歎乎？炤自弱冠即不能無疑於此，於是熟讀精思，遠稽博采，不揣固陋，勒爲一編。上推列聖之因革，下鑒歷代之興衰，以竊附於《詩》、《書》、《集傳》之後。至若《冬官》既亡，則旁搜官名於傳記之中，以誌其梗概，而《考工記》亦存之，以備參稽焉，庶幾聖人之精意不汩沒於百家之曲說云爾。

愛新覺羅・胤禛《欽定詩經傳說彙纂序》 朕惟《詩》之爲教，所以成孝敬，厚人倫，美教化，移風俗，其用遠矣。自說《詩》者以其學行世，釋解紛紜，而經旨漸晦，朱子起而正之。《集傳》一書，參考衆說，探求古始，獨得精意，而先王之《詩》教藉之以明，國家列在學官，著之功令，家有其書，人人傳習，四始、六義曉然知所宗尚。我皇考聖祖仁皇帝，右文稽古，表章聖經，御纂《周易折中》，既一以本義爲正，於《春秋》、《詩經》復命儒臣次第纂輯，皆以朱子之說爲宗。故是書首列《集傳》而採漢、唐以來諸儒講解訓釋之，與《傳》合者存之，其義異而理長者，別爲附錄，折中同異，間出己見。乙夜披覽，親加正定，書成凡若干卷，名曰《詩經傳說彙纂》。「朕惟《詩》三百篇」，先王所以明勸懲而行黜陟，蓋治世之大經。而後世文人學士乃以風雲月露之辭自託風雅，學經者又溺於訓詁詞章之陋習，烏在其能明先王之道也。我皇考指授儒臣，勒爲是編，期以闡先王垂教之意與孔子刪《詩》之旨，學於是者，有得於興觀羣怨之微，而深明於事父事君之道，從政專對，無所不能，則經學之實用著，而所謂用之鄉人、用之邦國以化天下者，亦於是乎行焉。刊校既竣，敬述聖意，序之簡端。

茅星來《近思録集注原序》 子朱子纂輯周、程、張四先生之書以爲《近思錄》，蓋古聖賢窮理、正心、修己、治人之要實具於此，而與《大學》一書相發明者也。故其書篇目要不外三綱領、八條目之間，而子朱子亦往往以小學並稱，意可見矣。先君子默存先生嘗手錄是書，俾不肖星來受而卒業。謂曰：此聖道階梯也。星來反覆尋繹，久而稍覺有得，頗思博求，註解以資參討。顧今坊間所行者，惟建安葉氏《集解》而已，楊氏泳齋《衍註》，則藏書家僅有存者。星來嘗取讀之，粗率膚淺，於是書了無發明，又都解所不必解。其有稍費擬議處，則闕焉。至於中間彼此錯亂，字句舛譌，以二子親承朱子緒論，而其爲書乃如此，其他又何論乎！

顧棟高《詩經類釋續編序》 臣既輯《毛詩類釋》，上自天文、地理，旁及草、木、鳥、獸、蟲、魚之屬，靡不臚列備載，復尋其訓詁，如「王于出征」，于當訓曰；「廢爲殘賊」，廢當訓大。與他經解釋絕殊。初亦甚駭其義，既廼知其出自《爾雅》。復有一字而兩解者，如「烝當作君，又作進」。《周頌・豐年》「烝畀祖妣」是也。「幠當訓大，又作有。」《魯頌・閟宮》「遂幠大東」是也。今本作「逐荒」，或出齊、魯、韓《詩》。懼淺學之士不知詳考，杜撰解釋，致昧經旨。廼復即《爾雅》《釋詁》、《釋言》、《釋訓》三篇，删其常語通行，擇其中古奥難曉者，先列《爾雅》音釋於前，臚載《國風》、《雅》、《頌》經文於後，俾知一字一訓有所受之。其有後儒之說勝於前者，則爲之標明其姓氏，而後經旨燦然大明，雖千百年之遠，宛如晤對一堂，語言可通，謦欬可接，孰謂訓詁無益於經學哉？夫《爾雅》本爲《詩》詁，自儒者高談心性，視爲不急，類多高閣置之。自臣爲此編，約而易舉，朗如列眉，不費檢尋，直遡來歷，雖窮簷陋巷之士，皆得家置一編，藉以薰習風雅，無復空踈鹵莽，輕改古人浮剽不根之病。其於聖天子崇重經學之意，未必無小補云。

又《毛詩類釋序》 臣幼讀《論語》，孔子語學《詩》之益，曰：多識於鳥獸草木之名。若是乎博物之學，亦聖人所不廢也。臣每病夫説《詩》者大義未明，輒舉名物注疏填塞行間，使前後意義亘斷，學者心志眩惑。後復遇一名一物，輒云已見某卷，繙閱爲難，又不免重複脱漏，因於所著訂詁，一舉而空之。後復輯《類釋》一項，曰天文、曰地理、曰山、曰水、曰時令、曰祭祀、曰官制、曰禮器、曰樂器、曰兵器、曰農器、曰宮室、曰衣服、曰草、曰木、曰鳥、曰獸、曰蟲、曰魚、曰車、曰馬，凡二十一類。上遡《爾雅》、《考工記》，旁及宋元諸儒所撰《草木蟲魚疏》、《埤雅》，下逮《本草》，靡不搜輯備載，此無味之味，先儒所謂雞肋也。然於地理，知衛地即紂舊都，武王當日誥戒康叔，未行而留任司寇，康叔未嘗就封於衛，如周公留相王室，亦終身未嘗之魯也。邶、鄘、衛，是三地名而非三國，《詩》分爲三者，乃漢儒以此《詩》之簡獨多，故分三名以各冠之，而非夫子之舊。於《釋山》，知「崧高維嶽」，是雍州之嶽山，見《爾雅》及《周官·職方》，與中嶽嵩高無涉。於《釋水》，知漆沮一名洛水，此從同州府朝邑入渭，非伊洛之洛從鞏縣入河者。而《緜》詩《潛》頌之漆沮又出鳳翔府扶風縣，至西安府臨潼入渭，北去同州府朝邑，又二百五十里。於時令，知公劉在夏時，已自以子月紀數，古時三正原自通行於祭祀，知禘禮及大饗明堂，俱周公神明其德，創舉斯典，古今不同，禮因時起。於官制，知唐虞時已有司徒、司空之官，故太王迺召司徒，迺召司空，至武王伐商更立司馬制度，實先周官而有。於兵器，知古之甲冑皆犀兕爲之。朱子亦云「革、甲冑之屬不知何時始用金。」於宮室，知《君子陽陽》，爲伶官不得志之作，《楚茨》樂具入奏，而前堂之房與後寢相值，由房入寢，正伶官所有事，與《簡兮》在前上處相似。朱子謂婦人所作，殊無意義。於釋草，知禾麻之麻實爲八穀之一，而「東門之池，可以漚麻」，則爲績紉所用，二者較別。於釋鳥，知桑扈原有兩種，有以性言者，《小雅》「交交桑扈，率場啄粟」是也；有以色言者，《小雅》「交交桑扈，有鶯其羽是也」。兩者同名而異實。於釋馬，知《衛風》「騋牝三千」及《魯頌》「驈皇騂騏」之盛，俱以備兵事，故《爾雅》有「戎事齊力尙强」之文，邱甸止出乘車之人數耳。《司馬法》言馬牛車乘俱從民間出者，此係王莽之僞造。凡此皆前人所未嘗致疑者，尋繹得之，輒自有味，且關係亦自不小，不止博物而已。臣愚昧無似，生千百年後，抱遺經守故策，譬如以管窺天，而捫籥輒有創獲，不禁野人得芹而喜，謹藉此爲右文之獻。

江永《禮記訓義擇言引》 《禮記》一書，裁自小戴，馬融附益之，凡四十九篇。雖精粗兼載，純駁不一，先王遺制，聖賢格言，往往賴之而存。而讀者病其剿取殘編斷簡，雜亂無次。臨川吴氏，别爲刪定，《大學》、《中庸》不厠禮篇，《投壺》、《奔喪》列爲禮之正經，《冠》、《昏》、《飲》、《射》、《燕》、《聘》六義别輯爲傳以附經。此外存三十六篇，曰通禮者九、曰喪禮者十有一、曰祭禮者四、曰通論者十有二。每篇中科分櫛别，以類相從，章之大旨，標識于左。此自吴氏一家之書，非可通行之於學校與鄉塾也。類編之書，便於考索，不便於授讀。《論語》、《孟子》，豈皆以類編記哉？昔唐魏鄭公，嘗進《類禮》二十篇，太宗雖嘉之，録置秘府，而命儒臣纂修《正義》，必仍《禮記》原文。古之簡策，不可輕移動也。雖明知其脱文錯簡，誤文衍文，猶仍之。今吴氏之書，多以臆割裂竄易，失其本義。且本文亦多刊落，方謂篇章文句秩然有倫，先後始終頗爲精密，不但爲戴氏忠臣，後學讀之甚疑焉。高安朱文端公因其書多裒聚諸家之説也，遂撰《禮記纂言》，而附己説於後，以示折中焉。永昔在休寧程太史恂處，常以此書置案頭，隨筆籤識，僅得十五篇。程爲詮次，録一本。今學徒往往傳録，而全書未能卒業，因年力已衰，非復曩時之精鋭故也。吁，經義難明，禮家尤號聚訟，制度名物，歷代先儒解詁或中或否，猶多遺義，未經搜索者，何可勝數。萬稗瓦礫，無非道也，是以録而存之。

又《鄉黨圖考序》 國家列聖相承，尊崇經學。諸經衆説是非去取，皆有欽定。既頒《易》、《書》、《詩》、《春秋》，復纂《儀禮》、《周禮》、《禮記》，且重鐫《十三經注疏》，流布海内，廣厲學宮。志古之士，饜飫其中，如酌江河，隨量有獲，可不謂厚幸歟？經籍包絡三才，制度名物，特其間一支一節，《四子書》《鄉黨》一篇，稍涉制度名物，亦千百之十一，從來爲制義者往往難之。有明一代，流傳之文體固淳質實類，捉衿見肘，有能舉典不忘祖者，伊誰歟？我朝經學遠軼前明，數十年前，淹通之才輩出，專家之業皆可傳遠。經學至爲糾紛，著述家得其大者遺其細，如宫室、衣服、飲食、器用皆未暇數之，況爲制舉業者，志在弋獲，憚於尋源，諸經涉獵皮毛，挂一漏萬，或爲《鄉黨》制義，爲窶陋，爲餖飣，爲紕繆，往往不免，毋謂《鄉黨》之文非經學淺深之左券也。予既選擇雅一帙，欲其花蕚附根幹，復輯《鄉黨圖考》十卷，自聖蹟至一名一物，必稽諸經傳，根諸注疏，討論源流，参證得失。宜作圖譜者，繪圖彰之，界畫表之。竊謂國家以經學鼓勵四方，固欲學者治經毋鹵莽、毋滅裂，爲《鄉黨》一篇尋源，亦經學之一隅耳，爰序其端，質諸世之邃於經且健於文者。

又《春秋地理考實序》 讀《詩》者以鳥獸草木爲緒餘，讀《春秋》者亦當以列國地名爲緒餘。《春秋》暨《左氏傳》二百五十餘年，地名千數百有奇，或同名而異地，或一地而殊名，古今稱謂不同，隸屬沿革不一，有文字語音之譌，有傳聞解説之誤，欲一一核實無差，雖博洽通儒猶難之。杜當陽癖於《左》，號武庫，《集解》外有《釋例》，土地名别爲部。地志之學號專長，然闕略不審者已多，所指紕繆者亦間有。後出地理諸家，隨代加詳，視當陽孤守漢、晉紀載，宜有增擴。《春秋傳説彙纂》，國朝儒臣所修，俱經睿鑒欽定，地理考訂彌精，詳杜所不知，援古證今，能確指其所在；杜有乖違，隨事辯正，併杜注録出，可别成一書。然而學殖無涯，搜討難徧，更考前賢地志之書及近代二三名家之説，核其虚實，精者益精，詳者益詳。從來著述家踵事增華，或亦功令所不禁也。家貧不能儲書，聊據所見聞者，輯成《春秋地理考實》四卷，竊取多識緒餘之意，或可爲麟經之一助云爾。年力衰頽，黽勉爲之，藁屢刊削乃成定本，中間或遺或誤，知不免，摘瑕指疵，則俟淹通博雅之君子。

又《禮書綱目序》 《禮》、《樂》全經廢缺久矣，今其存者，惟《儀禮》十七篇，乃禮之本經，所謂「周監二代，郁郁乎文」者，此其儀法度數之略也。《周禮》爲諸司職掌，非經曲正篇，又逸其《冬官》，蓋周公草創未就之書。《禮記》四十九篇，則羣儒所記録，或雜以秦漢儒之言，純駁不一，其《冠》、《昏》等義，則《儀禮》之義疏耳。自三《禮》而外，殘編逸義亦或頗見於他經，《論語》、《孟子》、《爾雅》、《春秋内外傳》、《大戴》、《家語》、《孔叢》等書，諸子則《管子》、《荀況》，漢儒則伏生、賈誼、劉向、班固之徒，亦能記其一二，然皆紛綸散出，無統紀；至於聲律器數，則又絶無完篇。《樂記》但能言其義，已失其數矣。夫《禮》、《樂》之全，雖不可復見，然以《周禮・大宗伯》攷之，《禮》之大綱有五：吉、凶、軍、賓、嘉，皆有其目，其它通論制度之事，與夫雜記威儀之細者，尚不在此數。《樂》則統于大司樂，其律同度數，鏗鏘鼓舞，亦必别有一經，與《禮》相輔。竊意制作之初，當如《儀禮》之例，事别爲篇，綱以統目，首尾倫貫，條理秩然，所謂「經禮三百，曲禮三千者」此也。散逸之餘，《儀禮》正篇猶存二戴之記者，如《投壺》、《奔喪》、《遷廟》、《釁廟》之類，已不可多覯。其他一篇之中，雜録吉凶；一事之文，散見彼此。又或殷周異制，傳聞互殊，學者未由觀其聚，則亦不能會其通。夫《禮》、《樂》之全已病其闕略，而存者又疾其紛繁，此朱子《儀禮經傳通解》所爲作也。朱子之書，以《儀禮》爲經，以《周官》、《戴記》及諸經史雜書補之，其所自編者曰《家禮》、曰《鄉禮》、曰《學禮》、曰《邦國禮》、曰《王朝禮》，而《喪》、《祭》二禮屬之勉齋黄氏。其編類之法，因事而立篇目，分章以附傳記，宏綱細目，於是粲然，秦漢而下，未有此書也。顧朱子之書，修於晚歲，前後體例亦頗不一，《王朝禮》編自衆手，節目闊疎，且未入疏義。黄氏之書，《喪禮》固詳密，亦間有漏落，《祭禮》未及精專修改，較《喪禮》疎密不倫。信齋楊氏有《祭禮通解》，議論詳贍而編類亦有未精者，蓋纂述若斯之難也。永竊謂是書規模極大，條理極密，别立門目以統之，更爲凡例以定之，蓋裒集經傳欲其該備而無遺，釐析篇章欲其有條而不紊。尊經之意，當以朱子爲宗，排纂之法，當以黄氏《喪禮》爲式。竊不自揆，爲之增損檃括，以成此編。其門凡八：曰嘉禮，十九篇，十二卷。曰賓禮，十篇，五卷。曰凶禮，十七篇，十六卷。曰吉禮，十五篇，十四卷。皆因《儀禮》所有者而附益之；曰軍禮，五篇，五卷。曰通禮，二十八篇，二十三卷。曰曲禮，六篇，五卷。皆補《儀禮》之所不備。《樂》一門居後，六篇，五卷。總百有六篇，八十有五卷。凡三代以前禮樂制度，散見經傳雜書者，蒐羅略備，而篇章次第，較《通解》尤詳密焉。又采漢唐以來諸家序論，與朱子所以欲編禮書論列綱領者，别爲首三卷，以提其要。《深衣》爲古人法服，先儒沿疏有誤，别爲考誤一卷。律學精深，有《鍾律正》篇存古制，復爲《律吕管見》二卷，皆附書末，將俟當世君子論定焉。屢易稿成書，總九十一卷。名曰《禮書綱目》，蓋八門爲總綱，而八篇則綱中之綱也。篇分章段爲目，而事之繁碎者又有細目，則目中之目也。依朱子例，當入釋文音疏與後儒論説。依黄氏、楊氏例，當增喪服圖式、喪服古今沿革及宫廟器服、儒節儀制等圖，其書甚鉅，非私家所能就。姑繕寫本文及舊註弆藏之，異日聖朝有制作，命儒臣重加纂輯，庶成大備完書，是書或可爲粉本耳。夫禮樂精微廣大，所以安上治民，移風易俗者在是，先儒於煨燼亡軼之餘，勤勤補綴，具有深指，膚學何敢與知？顧敢以其謏陋之識，輒更已成之緒，蓋欲卒朱子晚年惓惓之志，兼備他時採擇，雖僭妄有不辭也。世之君子取《通解》正、續三書，參之是編，攷其本末，究其詳略異同之故，或亦諒永之心也夫。

王應奎《柳南續筆》卷二《杜詩注》　工部《胡馬》詩云：「竹批雙耳峻。」錢註引魯國黄伯仁爲《龍馬頌》云云，又引唐太宗《敘十驥》云云。而錢湘靈則云：「相馬者，耳欲如劈竹，故云竹批。」近吾友陳見復云：《周禮・廋人》「散馬耳」註云：「以竹掊押其耳項，無使善驚。」工部蓋用此也。此註較之兩錢似爲典切。然吾以爲竹者鞭也，批，即批其頰之批，所謂策其馬也。凡馬，策之則兩耳輒豎，故云「雙耳峻」也，其義不過如此，若過爲徵引，反失物情矣。又許仲晦《傷虞將軍》詩云：「胡馬調多解漢行。」何義門抹「解漢行」三字，而批其旁云：「語有番、漢之別，馬行豈有二耶？」不知俗所謂小行者，是即漢行也。看書註書，亦須識盡物情，方好動筆。

沈彤《果堂集》卷五《周官祿田考序》　官之命者必有祿，祿必稱其爵，而量給於公田，是周官法制之大端。其等與數之相當，在當時固彰彰可考也。自《司祿》籍亡，先後鄭註《內史》專取諸《王制》，而本經之祿秩以晦。迨歐陽氏發「官多田寡，祿將不給」之疑，後之傅會者且踵爲誣謗，即信《周官》者，亦未得二者之等數，而此制幾無從復顯。余嘗研求本經，旁覽傳記，得其端於《載師》之都邑，以爲有義例可推，確徵可佐，凡內外官之祿皆可得辨析整齊之，而前人之繆妄皆可得而破之。會吾友徐君靈胎撰《經濟策》，舉此相訪，余爲一陳梗槩，靈胎謂「曷不著書以盡闡其制。」乃遂攄曩時所得，爲《官爵數》、《公田數》、《祿田數》三篇，復爲《問答》，於每篇之後反覆委蛇，以明其所以定是數之故，而總名曰《周官祿田考》。夫自宋以來之稽官，有未及鄉遂屬吏者，今乃幷郊野之吏而補之，其稽田有不去山林、川澤、城郭等三之一者，今更通不易、一易、再易，上、中、下之率，而二夫當一夫，則官益多而田益寡，宜祿之不給尤甚也。然以縣都已下數等之田，食公卿、大夫、士數等之爵，非獨相當，且供他法用而有餘，是田祿與官爵之數在本經，曷嘗牴牾？乃晦蝕且二千年而莫之開闢，何也？凡定公田之數，以井數定祿之數，以其等定爵之數，以序官而定爵之等，以命數定祿之等，以爵等亦以命數云。

孫見龍《五華纂訂四書大全・凡例》　一、大全非龐冗之謂，謂其善美畢臻，而蕪雜淨盡也。苟黑白之既分，斯去取之攸當。要令閲者心闊目朗，無所疑誤而已。

一、《朱子章句集註》而外，《語類》、《文集》諸書，亦皆至當不易，本無待於點竄，惟是方言各異，恐初學難於盡曉，間爲刪易數字，欲令文從字順，非敢妄改金根也。

一、是書一遵朱子，其他諸儒之説，有相發明者，亦俱採入，悉仍汪、陸原本。至有顯與朱子背謬之説，陸本惟不加圈點，汪本則辨其譌誤，而仍登紀載。玆概與刪卻，亦慮滓穢未清，反令耳目易眩耳。

一、書名姓氏，既用方鈎圍之，自可不更加圈於其上，但一人而説有數條，牽連寫下，必至文義多乖，仍用一圈間於各條之首。

一、汪本《大全》，本文後附載諸説，惟至蒙引存疑淺説而止，謂隆、萬後諸公講義，多疵少醇，不宜與先儒竝列。特分爲上下兩截，愚既汰其説之疵者，而其醇者固可竝列矣，遂祗作一截，先後世次，仍自條理井然。

一、近時諸公著述，如李安溪《講義》，每有心得，抉膏剔髓，實發前人所未發，且又非與朱子樹敵者，不爲捜採，殊覺遺美，是書特用添入，採録極多。

一、江陰楊公爲安溪高弟，師傅有自，闡發極精，獨其著述不少，概見片辭隻字，寶若碎金，是書俱已採入。

一、王唐《歸胡制藝》，如太羹元酒，味淡聲希，自屬文家正始，未可以尋章摘句求之。獨其話題處，一二語勝人千百，精確難移，足當註疏。隆、萬以下名家，亦往往有精當可取之句，補入《大全》，未嘗無裨講貫，是書俱間爲採録。

一、《制藝評語》論題精細處，每與朱子、《語録》、《文集》相發明，前明如錢、艾兩家，近時如汪、黃、何、韓諸先生，選本苦心搜覽，採取不少。

一、先儒文行相符，凡有著述，一本躬行，誠爲盡善。顧亦有行雖可議，而立論實有足取者，不欲概爲刊落，要亦不以人廢言之義。

一、《大學》自程子改定，朱子傳註，誠爲至當不易。天下同習今本，功令斯在。近時李安溪仍取古本覆閱，著爲講義，愚特取附於今本之末。祇照安溪原本，不叅己意，但取其可備叅考，恐人之專習今本，而竟忘有所謂古本也。

一、是書自經傳以及先儒之論，時賢之説，罔不兼收幷錄，備載於前，庶幾醇備無憾者矣。管窺蠡測，更從何處置喙。特是諸家論説，不無小有異同，少爲叅酌，更免多岐之惑，不揣固陋，輒附自記於末，亦借以質之當世爾。

一、是書編輯頗費苦心，篝火三年，寒暑罔間，然初不敢自是，書成，制府清河公親爲鑒定，相與叅酌於可否之間者，則宫方伯岳成補遺修闕爲多。

惠棟《春秋左傳補注序》 棟曾王父樸菴先生，幼通《左氏春秋》，至耄不衰，常因杜氏之未備者作《補註》一卷，傳序相授，於今四世矣。竊謂《春秋三傳》，《左氏》先著竹帛，名爲古學，故所載古文爲多。晉宋以來，鄭、賈之學漸微，而服、杜盛行，及孔穎達奉勑爲《春秋正義》，又專爲杜氏一家之學。值五代之亂，服氏遂亡。嘗見鄭康成之《周禮》，韋宏嗣之《國語》，純采先儒之説，末乃下以己意，令讀者可以考得失而審異同。自杜元凱爲《春秋集解》，雖根本前修，而不著其説。又其持論間與諸儒相違，於是樂遜《序義》、劉炫《規過》之書出焉。棟少習是書，長聞庭訓，每謂杜氏解經頗多違誤，因刺取經傳，附以先世遺聞，廣爲《補註》六卷，用以博異説，袪俗議，宗韋、鄭之遺，前修不揜；效樂、劉之意，有失必規。其中於古今文之同異者尤悉焉，傳之子孫，俾知四世之業勿替。引之云爾。

秦蕙田《五禮通考序》 蕙田性拙鈍，少讀書，不敢爲詞章淹博之學。塾師授之經，循行數墨，恐恐然若失也。歲甲辰年，甫逾冠，偕同邑蔡學正宸錫、吴主事大年、學士龔彝兄弟，爲讀經之會。相與謂三《禮》自秦漢諸儒，抱殘守闕，註疏雜入讖緯，轇轕紛紜。宋史載子朱子當日嘗欲取《儀禮》、《周官》、二《戴記》爲本，編次朝廷公卿大夫士民之禮，盡取漢唐以下諸儒之説，考訂辨正，以爲當代之典。今觀所著《經傳通解》，繼以黃勉齋、楊信齋兩先生修述，究未足爲完書。是以三《禮》疑義至今猶蔀。迺於禮經之文，如郊祀、明堂、宗廟、禘嘗、饗宴、朝會、冠昏、賓祭、宫室、衣服、器用等，先之以經文之互見錯出足相印證者，繼之以註疏諸儒之牴牾訾議者，又益以唐宋以來專門名家之考論發明者。每一事一義，輒集百氏之説而諦審之。審之久，思之深，往往如入山得逕，榛蕪豁然，又如掘井逢源，溢然自出。然猶未敢自信也，半月一會，問者、難者、辨者、答者，迴旋反覆，務期愜諸己信諸人，而後乃筆之簽釋，存之考辨。如是者十有餘年，而裒然漸有成帙矣。丙辰通籍，供奉内廷，見聞所及，時加釐正。乙丑簡佐秩宗，奉命校閲禮書，時方纂修會典，天子以聖人之德，制作禮樂，百度聿新。蕙田職業攸司，源流沿革，不敢不益深考究。丁卯戊辰，治喪在籍，杜門讀《禮》，見崑山徐健菴先生《通考》，規模義例，具得朱子本意，惟吉、嘉、賓、軍四禮尙屬闕如。惜宸錫、大年相繼徂謝，乃與學士吴君尊彝陳舊篋，置抄胥，發凡起例，一依徐氏之本，並取向所考定者，分類排輯，補所未及。服闋後，再任容臺，徧覽典章，日以增廣。適同學桐山宜田領軍見而好之，且許同訂。宜田受其世父望溪先生家學，夙精三《禮》，郵籤往來，多所啓發，幷促早爲卒業，施之剞氏，以諗同志。德水盧君抱孫、元和宋君慤庭從而和之。戊寅，移長司寇，兼攝司空，事繁少暇，嘉定錢宫允曉徵實襄參校之役，辛巳冬，爰始竣事。凡爲門類七十有五，爲卷二百六十有二。自甲辰至是，閲寒暑三十有八，而年亦已六十矣。顧以蕙田之譾陋，遭遇聖明，復理舊業，以期無瘝厥職而已。至于朱子之規模遺意，未知果有合焉否也。是爲序。

龔煒《巢林筆談續編》卷下《朱注詩經》 讀朱註《詩經》，必兼讀古序，朱子註《四書》，數易稿而後定，《詩註》恐未是定本。陳止齋嘗譏其以千七百年之彤管，與三代之學校，爲淫奔之具、偷期之所。朱子聞之，即移書求其《詩》説，蓋亦自疑其未盡的，有參考之意。以是知朱子於《詩註》正需斟酌，未始不如《四書》之詳慎。其或著述殷繁，而歲月易逝，有未及盡訂正歟？獨怪止齋承朱子之問，何不直抒所見，而但以未註詩答之，殊負朱子一片虛懷，前此譏評，亦徒費饒舌耳。

汪師韓《文選理學權輿序》　《總集》自晉有之，而無以《選》名者。梁昭明太子采自周訖梁百三十餘家之文，爲《文選》，至唐而盛行。杜詩曰：熟精文選理。《舊唐書》列《文選》學於《儒林傳》，李善之注獨傳。據李匡乂《資暇録》，則李注有初注、覆注、三注、四注，竝爲世傳鈔。其定本，則奉進於高宗顯慶三年。逮元宗開元六年，有李延祚者，更集呂延濟、劉良、張銑、呂向、李周翰五臣之注上之，以非斥李注，而實皆竊取李氏未定之本，識者鄙之。李注精博學者，萃畢生之力，尋繹無盡。宋士子有云：《文選》爛，秀才半。此蘇易簡《雙字類要》、王若《選腴》等書所由作也。余嘗取《選注》以類別爲八門，末則綴以鄙說。八門者，一曰撰人。唐常寶鼎撰《文選著作人名》，其書不可得見，顧其名字爵里及著作之意，《選注》已詳，所未悉者，史岑、王康琚二人耳。今考，周四家，秦一家，漢、後漢各十七家，季漢、吳各一家，魏十五家，晉四十六家，宋十三家，齊六家，梁九家。更有無名氏之詩二十三篇，但於各人之下，分隸所撰篇目，取便檢觀。二曰書目。注所引書，新舊《唐書》已多不載，至《馬氏經籍考》十存一二耳。若經之三十六，緯史之晉十八家，每一雒誦，時獲異聞。其中四部之録諸經傳訓且一百餘；小學三十七；緯候圖識七十八；正史雜史、人物別傳、譜牒地理、雜術藝凡史之類，幾及四百；諸子之類百二十；兵書二十；道釋經論三十二。若所引詔表、箋啓、詩賦、頌贊、箴銘、七連珠、序論、碑誄、哀詞、弔祭文、雜文集，幾及八百，其即入《選》之文互引者不與焉。三曰舊注。凡舊作注者二十三人，及不知名者所注賦十四，詩十七，楚詞十七，設論、符命各一，連珠五十，李氏皆標明某注，不似後人之攘爲己有也。若《藉田》、《西征》，則雖有舊注不取。而亦有無注者二篇，則《尚書》、《左傳》之《序》是也。四曰訂誤。李氏每以注訂行文便事之誤，又因文以訂他書之誤，或《選》自誤，及別本誤者，其類四十有七焉。五曰補闕。《選》內脱落之句、删節之文、互異之本，李氏補者有五焉。六曰辨論。史有不載之事，文有卒成之篇。一事而說有數端，兩說而義可竝取。李氏一一辨其得失，約四十有三條。七曰未詳。以李氏之浩博，而所未詳者，且百有十四。至五臣補以臆度之詞，適形其陋矣。然若《七發》之「大宅山膚」，《西征賦》之「三敗後人」，閒有補其闕者，彙成一卷，安知不有盡爲沿討者耶？八曰評論。後儒之論《選》及注者，在唐已有李濟翁、邱光庭，宋以後若蘇子瞻、洪景盧、王伯厚、楊升菴、方密之、顧寧人諸家，多者踰百條，或數十條，少者一二條。閒有記憶未全者，客遊無書，且先提其要，以俟他時補綴。至余於讀《選》時，或見注有徵引之未當，闕遺之欲補，未敢妄信，思就正於有道，謂之質疑。見已得若干條，後有所見，更續增焉。就此九者，附舊注於書目，附補闕於訂誤。而分評論爲三，質疑爲二，共成十卷。竊念昭明撰《文選》，復撰《古今詩苑英華》，而《英華》無傳。與李氏同以《選》學教授者曹憲、許淹公、孫羅竝作《音義》，而皆不傳。《文選》之傳未必不藉李注以傳也。余愧不能如宋景文之手鈔三過，故雖自少用功於此，而以云熟且爛，則迄於老而未能。往在京師，聞有何義門氏勘本，借觀不獲，未知與余所録同異得失若何也。余亦惟自惜其勞，且志其媿而因以舉示後來，如將窮《選》理通《選》學也，其以是爲權輿可乎？

又卷六《前賢評論》　唐邱光庭《兼明書》曰：五臣者，不知何許人也，所注《文選》，頗謂乖疎。蓋以時有王張，遂乃盛行於代。將欲從首至末，搴其蕭根，則必溢帙盈箱，徒費牋翰。苟蔑而不語，則誤後學習。是用略舉綱條，餘可三隅反也。

《吳都賦》曰：且有吳之開國也，造自太伯，宣於延陵。蓋端委之所彰，高節之所興。臣延濟曰：太伯、延陵，端其志操，委棄其位，以存讓體，以興高節。明曰：據賦文是雙關，覆裝體以端委，所彰覆太伯高節，所興覆延陵宜於。「所彰」下注太伯之德，解端委之事。「所興」下注延陵之德，釋高節之文。不宜將二人之事混同而注之，且釋端委之意，殊非典經。案：《左傳》曰：太伯端委以治《周禮》。杜元凱注曰：端委，禮服也。穎達曰：端，玄端也。委者，長垂於地也。《賦》言太伯造成國邑，服玄端之衣，以行周禮，彰顯先王之風化於吳國也。《左傳》又曰：公子光弒王僚，以國讓延陵季子。季子曰：「聖達節次守節，爲君，非吾節也。雖不能達，敢失守乎？」棄其室而耕於野，遂舍之。《賦》言延陵以此高尚之節，宣播謙讓之風，以興盛吳國，非謂自興高節也。《賦》又曰：建至德以創鴻業，世無得而顯稱臣。銑曰：言我吳都復建立太伯、延陵之至德，以創制大業，代無得而稱美焉。又曰：由克讓以立風俗，輕脱屣於千乘。臣延濟曰：言吳能建太伯、延陵之讓節，以成風俗。蓋讓千乘之重，如脱屣也。明曰：此文亦雙關體，云建至德以創鴻業，世無得而顯稱者。此獨論太伯之德耳。太伯建立至德，以開創吳國之大業，其德浩大，故代人無可得而稱。《論語》曰「泰伯其可謂至德也，三以天下讓民，無得而稱焉」是也。且延陵非創業之主，注不得兼言延陵之德也。其由克讓以立風俗，輕脫屣於千乘，此則論延陵之德也。言延陵讓而耕於野，是其克讓輕千乘也。注不得兼言太伯之德，以致混淆。又曰：外失輔車脣齒之援。臣向曰：輔，陪乘也。吳蜀相資，猶陪乘，以脣齒爲內外。明曰：案：《左傳》云：輔車相依，脣亡齒寒。先儒皆以輔謂頰輔，車謂牙車。此注云「陪乘」，非也。或云：《詩》云：其車既載，乃棄爾輔。則是車之與輔，亦相依之物，有何不可？而子非之，其有説乎？《易》云：咸其輔頰舌。孔穎達曰：輔頰，俱爲口旁之肉，輔是口旁之肉，則車爲牙車。輔車脣齒，四者同類，相依而存，闕一不可，以喻二國更相表裏，乃得俱全。若以「輔」爲「陪乘」，則「車」爲載物之事，「輔」爲御車之人也。人之與車，非相類，不可以喻二國，故「陪乘」非也。案：今李注《吳都賦》，無「輔車脣齒」之句。

《靈光殿賦》曰：雲楶藻棁。臣向曰：楶，梁上柱。棁，叉手也。明曰：案：《爾雅·釋宮》云：栭，謂之楶。郭璞曰：薄，櫨也。薄，音皮碧反。薄，柱頭也。櫨，斗也。又云：宋廇謂之梁，其上楹謂之棁。郭璞云：侏，儒柱也。臣向不依《爾雅》之文，臆爲其説。且上文「枝掌杈枒而邪據」，周翰曰：枝掌，梁上交木，交即叉手也。何得更以棁爲叉手？違經背義，乖謬之甚。

《江賦》云：初發源乎濫觴。周翰曰：濫謂泛濫，水流貌。觴，酒盃也。謂江之發源，流如一盃也。明曰：周翰以觴爲酒盃，則是也。然以其流水如一盃之多，則非也。何者？且濫非水流之貌，濫者，泛也，言其水小，裁可浮泛酒盃耳。

《雪賦》云：君寧見堦上之白雪，豈鮮耀於陽春。臣銑曰：鮮，寡也。雪之光輝，豈寡于陽春也？明曰：下文云「玄陰凝沍，不昧其潔。太陽輝耀，不固其節」，則鮮謂鮮明也，言雪當見日而消，不能鮮明光輝於陽春也。

《赭白馬賦》云：實有騰光吐圖、疇德瑞聖之符焉。臣良曰：疇，昔也。言昔帝之德有瑞聖之符焉。明曰：疇，等也。言馬可以等齊君子之德，祥瑞聖人之道也。

郭璞《遊仙詩》曰：珪璋雖特達，明月難暗投。臣延濟曰：特達，美貌。明曰：案：朝聘之禮，有珪璋璧琮。璧琮則加束帛，然後能達。而珪璋德重，可以獨行，故曰特達。《聘義》云：珪璋，特達德也。此詩之意，言君子雖有才德，不假外助，然亦不可仕於亂代，如明月之珠，不可以暗中投人也。

阮籍《詠懷詩》曰：昔聞東陵瓜，近在青門外。臣延濟曰：故秦時東陵侯邵平種瓜於青門外，其瓜甚美，以供賓也。明曰：案：嗣宗此詩，是遭亂代，思深居遠害，故以瓜喻之，言邵平種瓜不能深遠，近在青門之外，又色妍味美，遂爲人所食啗。故下云：五色耀朝日，嘉賓四面會。膏火自煎熬，多財爲患害。意人遭代亂，苟逞才露穎，必爲時所害，如美瓜膏火之自喪矣。而延濟不喻此義，謂種瓜以供賓客，何其謬歟。其詩又云：布衣可終身。臣銑曰：布衣謂邵平。明曰：此詩取瓜喻，不專指邵平，言人當亂代，但服布衣，自可終身，何必紆朱拖紫也。

陸士龍大將軍讌會，被命作詩，其末章云：施己唯約，于禮斯豐。天錫難老，如嶽之崇。臣尚曰：約，薄。豐，厚也。言我所施用甚薄，遇禮且厚，是天賜我難老之惠，如山嶽之崇也。明曰：觀士龍之意，是祝王之辭，言王于身儉約，於禮則豐厚，所以天賜王難老如嶽之崇，非士龍自謂也。謝宣遠《九日從宋公戲馬臺送孔令詩》云：風至授寒服，霜降休百工。臣延濟曰：季秋涼風至，始授衣也。霜降膠漆堅，可以爲器，故美百工之功也。明曰：按《月令·季秋》云：霜始降，則百工休。注曰：謂膠漆之作，停也。宣遠亦用此意。言歲將晏，授寒衣，停百工，人民安，可以謀飲讌餞賓客也。而延濟訓休爲美，言霜降膠漆堅，可爲器物。若如此，則既興百工，是其勞苦，何歡讌之有？且時方寒凜，非用膠漆之日，翻覆尋繹，理無所通。

顔延年《皇太子釋奠會詩》云：尚席函丈。臣周翰曰：尚席，儒席也。明曰：今觀此詩文勢，非謂儒席也。尚席謂設席之吏也，設此太子之席，其閒相去容丈，以指書講書也。知尚席爲設席之吏者，以其詩云「尚席函丈」，承疑捧帙，侍言稱辭，惇史秉筆。承疑、侍言、惇史三者，皆太子屬官，故知尚席亦官吏，如尚衣之事也。

邱希範《侍讌會樂遊苑送張徐州應詔》詩云：詰旦閶闔開，馳道聞鳳吹。臣延濟曰：鳳吹，笙也。笙體象鳳，故比之也。明曰：吹者，樂之總稱。鳳者，美言之也。以天子行幸，必奏衆樂，豈獨吹笙而已哉。故《月令》云：命樂工習吹《大享帝》於明堂。是謂衆樂爲吹也。

陸士衡《贈弟詩》云：寤言涕交纓。臣銑曰：纓，衣領也。明曰：纓，帶也。雖文章用字與經稍疎，詁訓釋名，安可臆斷？

謝惠連《西陵遇風獻康樂詩》，臣良曰：西陵，蓋所居之西陵也。明曰：西陵，浙江東之西陵，驛名也。何以知之？以其詩云「昨發浦陽汭，今宿浙江湄」知也。

謝靈運《初發石頭城》詩云：雖抱中孚爻，猶勞貝錦詩。臣銑曰：《易・中孚卦》「九五」爻也。明曰：案：《中孚》「九五」云：有孚攣如，无咎其義。言九五居尊，爲中孚之主，爲信不可暫捨，而攣繫不絶，故得无咎。此爲主者之事，非臣下之所指用，且其辭義不當。今尋靈運之意，乃指「九二」爻耳。案：「九二」云：鳴鶴在陰，其子和之。我有好爵，吾與爾靡之。其義言「九二」處重陰之下，履不失中，立誠篤志，雖在闇昧，物亦應焉。故曰「鳴鶴在陰，其子和之，不私權利，惟德是與」，故曰「我有好爵，吾與爾靡之」。是靈運常抱此道，尚爲孟顗誣奏，故曰「猶勞貝錦詩」。而張銑以爲「九五」爻，何義也？古詩云：君子防未然，不處嫌疑閒。瓜田不納履，李下不整冠。明曰：履，當爲屨字之誤也。文章之體，不應兩句之内二字同音。又諸經傳無納履之語。案：《曲禮》曰：俯而納屨。義曰：俯，低頭也。納，猶著也。低頭著屨，則似取瓜，故爲人所疑也。履且無帶，著時不必低頭，故知履當爲屨，傳寫誤也。

張景陽《七命》云：錯陶唐之象。臣銑曰：錯，雜也。陶唐，堯也。象，法也。言晉德雜於文法也。明曰：錯，音蒼故反，置也。陶唐之代，人有犯罪者，畫其衣冠謂之象刑。言今晉德之盛，人犯罪者，其陶唐之象刑，亦錯置而不用也。

曹子建《求通親親表》云：若得辭遠，遊戴武弁。臣銑曰：辭，辭國。遠，遊。謂出征也。明曰：遠遊，亦冠名也。辭，脱去之名也。言脱去遠遊之冠，而戴武弁之弁也。知其然者，以下文云「解朱組，珮青紱」，組、紱皆綬也。故知遠遊、武弁皆冠也。臣銑以遠遊謂出征，一何乖謬！

案：五臣注之荒謬，在唐人已斥其非，李、邱所云，皆於李注無關。而觀此，益見李注之精核，故備録之。

愛新覺羅・弘曆《御製詩集四集》卷二六《題宋版春秋分記》　「分記」原「通記」，尊王義寓中。程公悦，宋寧宗時人，所撰《春秋分記》，以《史記》法取《左傳》事，鼇爲年表、世譜、名譜，又爲曆書、天文、五行諸書，又分記周天王、内魯外諸侯，以及次國、小國、四夷之事，條分縷析，事因《左氏》，義本聖經。皆首記天王，以見天下之一乎周，分記諸國，以見列國之所以異。詳見公悦自序，其弟公許於乾祐三年刻梓以廣其傳。年經國爲緯，外抑内斯崇。統萬乃惟一，會殊則以同。希珍傳宋槧，遺暇可研窮。

又卷四五《題王元杰春秋讞義》　聽訟吾猶人，無訟以爲本。《春秋》經世書，道德齊禮謹。尊王而賤霸，賴是以示準。人心與天理，藉斯以不泯。讞有評獄義，獄實刑之引，《春秋》豈其然？求精失之遠。夢得葉已一誤，宋葉夢得嘗作《春秋讞》，不揆經世之意，而專以評獄解經，已失《春秋》本旨。至元王元杰，復撰《讞義》，蓋未見夢得原本而名與相複。其書編輯程、朱緒言，復刪掇胡安國傳，分綴經文之下，而於《三家》末別標己意，曰讞。其於朱子一無異詞，蓋墨守前說，一字不敢芟削，實難免重儓之誚云。元杰王重儓允。後賢議前賢，辯駁恣口吻。類此各標長，充棟奚能盡？

又《日講春秋解義序》　嘗考《春秋》，經文，不過萬有六千三百餘言，自《三傳》以後，羣儒義疏，累數千萬言，而微詞隱義之難明者，猶十有六七。蓋是經乃孔子所手定也，辭約而義深，聖心之所運用，每舉一事，其義必貫於全經，非若他經一章一節各指一事，雖有不通而不害其可通者。故程、朱二子，深探力索久之，皆見謂難明而止。至明初，胡氏安國之說遂獨列於學官，以朱子深病是經之難通，而教門人姑從胡氏之說也。然謂其以義理穿鑿，則非義理之眞，而於聖人筆削之旨，未能脗合明矣。故自明以來，雖著功令，科舉之士，稟爲程式，而終不足以服學者之心。我聖祖仁皇帝聰明天亶，自少時即篤好經書，及躬攬大政，辨色出視朝，裁決萬幾甫畢，即召儒臣講論經義，務抉其根源，叅伍羣言，以求至當。經筵所進日講《四書》及《尚書》、《周易解義》，皆裁自聖心，以爲無憾者，故即時刊布。及晚年，以明初《五經大全》收採討論，尚未精詳，口授指畫，成《周易折衷》一書，《詩》、《書》、《春秋》則命重臣開館編次，而親鼇定之。惟《三禮》體大，未議纂修，蓋有待也。《周易折衷》成於康熙五十四年，《春秋傳說彙纂》成于六十年，已經頒布，餘二經則至我皇考繼序之，後始次第告成。皇考大孝尊親，凡皇祖一言一動，莫不敬述，以昭示來茲。念欽定《春秋》，于胡氏之說既多駁正，則廷臣當日所進講義一遵胡氏之舊者，於聖心自多未洽，是以遲之又久，未嘗宣布，必將俟諸經備成而後重加討論也。故再降諭旨，命果親王允禮、大學士張廷玉、內閣學士方苞詳細校訂，始事於雍正七年，恭呈御覽者再，而後告成。凡六十四卷，乾隆二年鋟版既訖，諸臣請製序文頒示海內，朕反覆循覽，於胡氏穿鑿之說，曠若發蒙，筆削之旨闡明者亦過半焉。夫《解義》之成，蓋數十年於茲矣。觀皇祖之久不宣布，可以徵望道未見之心；觀皇考之再三考訂而後命刊，可以知善繼善述之義。豈惟是經之窔突，將由是以開通哉！即兩朝聖人之心法、治法亦於斯可睹矣。

又《御纂春秋直解序》 中古之書，莫大於《春秋》，推其教，不越乎屬辭比事。而原夫成書之始，即游、夏不能贊一辭，蓋辭不待贊也。彼南史董狐，世稱古之遺直，矧以大聖人就魯史之舊，用筆削以正褒貶，不過據事直書，而義自爲，比屬其辭本非得已，贊且奚爲乎？厥後依經作傳，如《左氏》，身非私淑，號爲素臣，猶或詳於事而失之誣，至《公羊》、《穀梁》，去聖逾遠，乃有《發墨守》而《起廢疾》，儼然操入室之戈者。下此齦齦聚訟，人自爲師，經生家大抵以胡氏安國、張氏洽爲最著。及張氏廢，而胡氏直與《三傳》並行，其間傅會臆斷，往往不免，承學之士宜何考衷也哉？我皇祖《欽定傳說彙纂》一書，鎔範羣言，去取精當，麟經之微言大義，炳若日星。朕服習有年，紹聞志切，近因輯《易》、《詩》二書，竣事，命在館諸臣係系是經，具解以進，一以《彙纂》爲指南，意在息諸說之紛岐以翼傳，融諸傳之同異以尊經，庶幾辭簡而事明，於范甯去其所滯，擇善而從之論，深有取焉。夫儒者猥云《五經》如法律，《春秋》如斷例，故啖助、趙匡、陸淳輩悉取經文書法，纂而爲例，一一引徽切墨以求之，動如鑿枘之不相入，譬諸叔孫通、蕭何增置傍章，已後例轉多而律轉晦，蓋曲說之離經甚於曲學之泥經也，審矣。書既成，命之曰《直解》，匪不求甚解之謂，謂夫索解而過，不直則義不見爾，而豈獨《春秋》一經爲然哉，是所望乎天下之善讀經者。乾隆二十三年秋月御製。

又《詩義折中序》 《詩》之教大矣，古今言《詩》者衆矣。自小序而下，箋、疏、傳、注各名其家，各是其說，辨難糾紛，幾如聚訟。曩嘗肄業於此，流連諷咏，豁然心有所得，而考之昔人成說，往往拘牽扞格，不能相通。辛未秋間，與尚書孫嘉淦論及諸經，其所見平實近理，因先從事《毛詩》，授以大指，命之疏次其義，凡舊說之可從者從之，當更正者正之，一無成心，唯義之適。視事餘功，親爲釐定，以備葩經之一解。編既竣，在館諸臣以序請，夫《詩》之道何仿乎？其在《虞書》則曰「詩言志」，志者，詩之本也，聲與律，其後起者也。其在《魯論》則曰「一言蔽之，思無邪」，無邪者，詩之教也，興、觀、羣、怨，事父、事君，其道不越乎此也。其在子輿氏則曰「以意逆志，是爲得之」，此說《詩》者之宗也，逆志而得其志之所在，則《詩》之本得，而其爲教也正矣。《傳》曰：衆言淆亂，折諸聖。用中者聖。學之大成也，雖不能至，心嚮往之。爰竊取皇祖《周易》命名之義，命之曰《詩義折中》，而敘其槩以爲弁。乾隆二十年夏四月御製。

又《三禮義疏序》 《三禮》之傳遠矣，《周禮》六官，河間獻王上之。《儀禮》十七篇，《禮記》四十九篇，高堂生、戴聖傳之。漢唐以來，箋、疏、訓、釋，無慮數十家，攷其義，或相牴牾，先儒嘗譏其聚訟。要其掇拾灰燼之餘，傳先王制作之舊，得什一於千百，好古者所爲鄭重而愛惜之也。我皇祖聖祖仁皇帝表章羣經，既御纂《周易折中》，而《詩》、《書》、《春秋》則以分授儒臣，纂輯義疏，頒布海內，惟《三禮》未就。朕御極之初，儒臣上言，今當經學昌明，禮備樂和之會，宜纂輯《三禮》以蕆《五經》之全。爰允其請，開館編校。越十有一年冬告竣。夫禮之所爲，本於天殺於地，達之人倫日用，行於君臣父子兄弟夫婦朋友之間，斯須不可去者。天不變道亦不變，此其本也。其制度品節，服物采章，隨時損益，屢變以適其宜者，禮之文也。三代去今數千年矣，修其教而教明，循其道而道行，謂三代至今存可也。何則？其本得也。若其用之朝廷邦國，名物器數之具，周旋進退之儀，雖先王處此，必將變通以適其宜，而不泥於其迹。故言禮者惟求其修道設教之由，以得夫禮之意而已。顧其教之不泯，道之所由傳，未嘗不賴於經。好學深思之士，讀其書，有惜不能俯仰揖讓於其間者，先王制作之精意，尚可想見於抱殘守闕之餘，則經傳之爲功也大矣。鼎彝鉤劍之遺，篆籀之蹟，流傳有自，尚摩挲而寶護之，況制作之精意所賴以傳者歟？獨其留於衆說，無所取衷。爰命校纂諸臣，芟煩截浮，約文申義，敷暢厥旨。至其說之不可強同者，稍爲辨正而仍其舊，蓋其承傳各異，必牽合附會，比而同之，則其惑也滋甚，故無取焉。刻既成，爲之敘論以發其端，俾隆禮者有所考云。

葉酉《春秋究遺·比例》 《春秋》有一定之例，諸家之所以橫生異議，隨處窒閡而不可通者，皆坐不知其例故耳。又多爲《三傳》之例所誤。即如「及者我所欲」，「會者外爲志」，此《公羊》書及盟與會盟之例也。彼蓋見隱公初年公即位「而欲求好于邾」，故以及邾盟爲我所欲；見戎請盟，故以「公會戎于潛」爲外爲志。然以下文「公及戎盟于唐」比之，即不合矣。況如首止之盟，書公及某某會王世子一事也，及與會並書，我所欲乎？外爲志乎？又如國逆而立之曰「入」，復其位曰「復歸」，諸侯納之曰「歸」，以惡曰「復入」，此《左氏》書出奔、歸入之例也。然昭公十三年「楚公子比歸于楚」，《傳》稱以蔡公之命召子干、子晳」，則是國逆而立之矣，而經書「歸」，何說乎？杜註以陳蔡爲解，穿鑿不可從。至以惡曰「復入」，謬誤尤甚。彼其所以爲此說者，特以欒盈、魚石書復入故耳。抑思例必有文義可解，「復」字豈可作惡解乎。大夫返國例書「歸」、書「入」，即爲逆辭，不必書復入而始爲以惡也。如鄭良霄出奔許，自許入于鄭，彼固入而欲爲亂于國者，何嘗書「復入」乎？其他如稱人、稱名、稱官爵、行次，皆有一定之例，例當稱人、稱名者，則稱人、稱名，例當稱官爵、行次者，則稱官爵、行次，聖人豈有所容心于其際哉？今概以褒貶求之，至以洩冶之忠，亦以稱名而謂非《春秋》之所貴，此皆所謂不知其例者也。然經文明白簡易，細繹之，其例皆顯然可見，諸家顧爲此紛紛者，蓋《春秋》雖有一定之例，而隨事立文，往往不可以一例拘。彼見聖人之不可以一例拘也，求其故而不得，于是反幷其例之顯然可見者，胥以不拘乎例者亂之，而疑爲筆削之義之所存。夫《春秋》之義，聖人之所謙言、竊取者也，而其文則史。史之例，文也，非義也。然欲明《春秋》之義者，要當即一定之例求之，蓋義必得其間，而後有可致吾思之處，間不生于同而生于異，惟明乎一定之例，而于其彼此異同之間，有所據以相印，而其間乃出。既得其間，由是沈潛反覆，融會貫通，覺千端萬緒，皆有天造地設之妙。斯筆削之義因文以見，而一切支離附會之論，自無所容其喙矣。例凡若干條，每一條下，各有其文之不合例者若干條，爰彙爲《春秋·比例》一編弁諸首。

范家相《三家詩拾遺序》 魯、齊、燕《韓詩》在漢最爲早出，後爲毛公所掩，遂至亡佚。歷唐、宋至今，未有舉其遺說而述之者。嘗疑三家師承至遠，其弟子如孔安國、匡衡、王吉諸人，皆當世名儒，申公之師浮邱伯與毛本出一家，何至相懸如是。因集三家之說散見於經傳子史之引用者，反覆推覽，多與《禮記》、《周官》、《左》、《國》不合，而毛獨條條可復，此毛之所以得掩前人者。然三家之說令人欣然頤解者，固觸目皆是也，經師專己守殘，昌黎深嫉其弊。今之學者視漢、唐注疏若可覆瓿，不知注疏未可廢也。義理求而日出，古註亦探而彌新。漢、唐縱有缺敗，其可傳者自在，豈可任其散佚而不爲之收拾哉？嗟乎，《詩》自《朱傳》一出，即《毛傳》尚束之高閣，何論三家。然《集傳》每取匡、劉、韓子之說，以糾《毛傳》之失矣，非其說之原有可信者在歟。今使三家之書與毛俱存，則朱子之駁三家者當甚於毛，唯僅存一二，見其有裨於經而採之，彌覺其可重。然則三家之說之是者，固當信從，其非者亦不妨任其兩存也。余因毛、鄭《箋》、《傳》之不行於世而有感於三家之亡，於是就深寧王氏之《詩攷》更爲蒐補，稍爲推論其得失，附以《古文考異》及《逸詩》二卷，名之曰《拾遺》，將以問諸好古之士。乾隆庚辰四月長至後十日，會稽范家相自序。

盧文弨《抱經堂文集》卷二《丁小疋杰校本鄭注周易序》 鄭康成注《周易》九卷，《唐書·藝文志》作十卷，至宋《崇文總目》則僅有一卷而已。鼂、陳兩家皆不著録，南宋說《易》家所引用，已非全文。至於末年，四明王厚齋廼復爲之裒輯，以成此書。明胡孝轅附梓於李氏《集解》之後，故凡已見《集解》者不録，姚叔祥更增補二十五則。皇朝東吳惠定宇棟復加審正，蒐其闕遺，理其次第，益加詳焉。蓋說經之道，貴於擇善而從，不可以專家自囿。況《易》含萬象，隨所取資，莫不具足。鄭《易》多論互體，《繫辭傳》曰：雜物算德，辨是與非。則非其中爻不備。又曰：物相雜，故曰文。此即互體之說所自出。王弼學孤行，遂置不講，而此書亦遂失傳。王氏蒐羣籍而緝綜之，功蓋不細，其不能無誤，則以創始者難爲功也。近者歸安丁小疋孝廉復因胡氏、惠氏兩本重加攷定，舉向來以鄭注《易乾鑿度》之文羼入者爲芟去之。以《漢書注》所云「鄭氏乃即注《漢書》者」，非指康成。又於字之傳譌者，如小畜之「輿說輻」當作「輹」，夬之「壯于頄」當作「頯」，一一正之。又王氏次序本多顚錯，胡氏、惠氏雖迭加更定，而仍有未盡，今皆案鄭《易》本文爲之整比，復摭補其未備者若干，則扶微振墜，使北海之學大顯於世，此厚齋諸君子之所重，有望於後賢者，而丁君實克纘之，非相違也，而相成也。豈與夫矜所獨得以訾謷前人之所短者之可比哉？余於厚齋所輯，若《詩攷》，若鄭注古文《尚書》及《論語》，若左氏賈服等義，皆嘗訂正。惟《詩攷》稍加詳。此書雖加瞻涉，然精力不及丁君遠甚。今覩此本，老眼爲之豁然增明。歸時攜以詒吾黨之有力者合梓之，爲王氏經學五書，知必有應者乎。至於字音，鄭氏時未有反語及直音某字爲某者，後人因其義而知其讀，或去其比況之難曉者，而易以翻切之法，以便學者。雖非元文，要爲根本於鄭不可廢也。夫此書收拾於亡佚之餘，復經二三君子之博稽精覈，而後得以完然無憾，百世下讀是書者，其寶之哉！

又《王厚齋輯鄭氏注尚書序》 鄭康成注《尚書》九卷，《舊唐書》猶著錄。然自隋以來，其學寖微，故秘府一失其本，而世遂無有傳之者。鄭氏之於《書》，自不及《三禮》之精，《書》前有孔安國之傳，後有蔡九峯之注，故人視鄭氏之亡，益不足惜。雖然，一人之見，豈能盡得事理之精詳而無遺憾，衆家之言，猶必兼採擇焉。況鄭氏，漢之大儒，今所傳自《詩》、《禮》之外，若《易》、《孝經》、《論語》及此書之注，皆寂蔑無聞，使後生不見古義，豈非一恨事哉？宋厚齋王氏辛勤掇拾於墜失之餘，於《易》輯爲三卷，於《論語》輯爲二卷，於《尚書》更輯成十一卷，尤班班可考。其釋五禮之異，於《舜典》則曰：公、侯、伯、子、男，朝聘之禮。於《皋陶謨》則曰：天子、諸侯、卿、大夫、士、庶民，蓋周監二代儀文，始備於是乎。有吉、凶、軍、賓、嘉之五禮，其源雖皆昉於唐虞，而當其時未必能詳也。在巡守，則言五等諸侯朝聘之禮爲切，而論其大常，則自當以上下各有等衰者言之。其釋「金三品」爲「銅三色」，古者唯銅之用最廣，而以之作貢，必不責以難得之貨。《孔傳》言金銀銅，金銀非民閒所常用也。他如作服十二章，州十二師，鄭注皆勝孔氏，他或不皆然，則在讀者自擇之耳。昔虞仲翔條，鄭解《尚書》違失事目以奏吳主，云：《顧命》「康王執瑁」，古冃似同，從誤作同，訓爲酒杯。「洮頮爲濯」，以爲澣衣成事。又古大篆丣字，讀當爲桺。古桺、丣同字，而以爲昧。「分北三苗」，北，古別字，又訓北言，北猶別也。於此數事，誤莫大焉。宜命學官定此三事。今考王氏於虞所舉者，皆不載入。余讀《書正義》，見所引鄭注，此書亦閒有漏略者。此則余爲補之，而他書，力未能偏及也。

又《王伯厚輯古文春秋左傳序》 文、武、周公之典章制度，於《左氏傳》尚有可考者。其言多古文，其訓釋亦當用古義。自晉杜元凱作《集解》，雖曰取前人之説而會通之，然其閒輒以其私臆妄易故訓者多矣。其最悖謬者，謂天子三年之喪卒哭，遂除衰麻，更制諒闇之服以終喪。以衛文公大布之衣大帛之冠爲證，遂以其議定當代之制。此其誣經蔑禮，不可爲訓明甚。而唐時作《正義》，顧乃棄賈、服之舊注，獨以杜氏爲甲，其不可通處必曲爲之說，而以賈、服爲非。今賈、服本書既已不可復見，就《正義》所引，謂杜所不取者，往往遠出杜解之上。宋厚齋王氏乃於諸書中搜輯補綴，賈、服外，若鄭康成、馬季長、王子雍之說咸錄焉。匪徒掇拾闕遺，蓋將以正杜氏之失也。因十二公，分十二卷。江寧嚴用晦從秦中舊家錄此以歸，余見而愛之。向見吳中惠定宇氏《左傳補注》一書，亦以古義糾杜之違，服其精確，錄而置之篋中有年矣。今乃知王氏此書，定宇祖父以來即相傳有鈔本，而外人罕得見。余雖往來吳中，實不知惠氏之有此書也。頃閱近人余仲林所爲《鉤沈》，而後知之。惟王氏開之於前，故惠氏祖孫得益精之於後。如《邱賦》「卒兩」之說，皆不從杜。「遂扶」以下，依服虔作。「遂跣」以下，以爲燕飲解襪之明證。一字之異，其有關於典制如此。余讀《昭元年傳》云：秦「后子享晉侯」，「十里舍車，自雍及絳。歸取酬幣，終事八反。」服氏謂十里置車一乘，千里百乘，以次相授車，率皆日行一百六十里。杜氏則謂「每十里以八乘車，各以次載幣相授而還，不徑至，故言八反。千里用車八百乘。」《正義》從杜，難服。謂「千里之路，往還八反，車率日行一百六十里，計則一萬六千里。雖追風逐日之足，猶將不逮。」遂謂杜義爲長。案：《正義》此駁，何其輕脫不思之甚也。十里一乘，一反行二十里，八反行百六十里，故服以是爲率，安得忽生一萬八千里之說輕相嘲笑乎？且其法至元董摶霄實祖之以運糧矣。十步一人，負米四斗三。十六人行一里，人日五百，反爲二十八里。輕行者半重，行者半百里，用三千六百人致米二百石。是即服氏之說可實見諸行事者。《正義》必抑之，使不得與杜氏竝，多見其無識也。此書雖非全文，然學者當愈知寶愛，如惠氏遂能以是成其家學矣。必若此，庶無負厚齋扶微繼絕、迪後人擇善而從之指意也乎！是書本無序，余不自揆，既稍加整比，遂僭爲題其端云。

又《春秋五測序》 說《春秋》者之有例也，猶夫觀天者之有法也。屬辭比事之爲教也，遠矣。顧左氏所稱，猶爲史官之常例，雖其閒亦有聖人所不易者，然不可即以爲，聖人之所筆削者盡如此。厥後諸儒之説，莫不知有例，而用之不精，或偏而不全，或常而不變，其蔽往往陷於繚繞破碎，而使經之義轉晦。故夫法不密，則懸象遲速之度，不能必其無差也；例不精，則垂文示教之旨，不能必其無失也。今戴君敬咸之説《春秋》也，其所以測者五焉，蓋謂《春秋》之文有常，有變，有互，有便，有闕，斯五者，比類求之，而各有得例具於文。故即文可以見例，且約指古今之説《春秋》者，有四失：一曰不赴不書，赴則從赴書。二曰諱則沒而不書。三曰得禮不書，凡書皆譏。四曰史策舊文，仲尼新意。此四者，其言皆近是昔之人所據以爲説《春秋》之例。然者，君謂其不盡然，立五測以祛四蔽，不必定出己見，而亦不必固守成説，期於適當而止。君之所以爲例者，不綦善乎。夫觀天者，至近世而儀器更精，分數更明，故其密合亦遠勝於前代。蓋鑒前人之失，而順天以求合，不偏守一法以測天君也。因文以見例，不偏執一例，以測聖人，其道實有相類者。余是以擬議而爲之説如此。君名祖啓，上元人，乾隆二十七年鄉貢士，今爲關中書院山長。

又《九經古義序》　《九經古義》十六卷，吳徵士惠松厓棟先生之所著也。凡文之義，多生於形與聲。漢人去古未遠，其所見多古字，其習讀多古音，故其所訓詁要於本旨爲近，雖有失焉者，寡矣。唐之爲《釋文》、爲《正義》者，其於古訓，亦即不能盡通，而猶閒引其説，不盡廢也。至有宋諸儒出，始以其所得乎天之理，微會冥契，獨闢窔奧，不循舊解，其精者固不可易，然名物象數、聲音文字之學多略焉。近世學者安於記誦辭章之習，但知發策決科爲務。與之言古訓，駭然以爲迂晦而難通塞耳，而不能聽也。嗟乎，此學問之所以日入於靡爛，而有終身讀書不識一字之誚也乎！今讀徵君此書，單詞片義，具有證據，正非曲，徇古人，後之士猶可於此得古音焉，求古義焉，是古人之功臣，而今人之碩師也。爲性理之學者，或視此爲糟粕，然虛則易岐，實則難假，承學之士，要必於此問塗，庶乎可終身不惑也。

又卷八《郭氏傳家易説跋》　此宋郭雍子和之所著也。其爲説皆平易正大，有益於治，謂以氣運而言，盛必有衰，治必有亂。然在君子，則自有保泰持豐之道。故云：吉凶之道，貞勝者也。正則勝而常吉，不正則勝而常凶。此蓋與君相能造命之説相合。其釋「損彖」云：損，天下以奉一人，則善日消而惡日長。迂儒方究多儀備物之享，不知損過復禮之義，則天下不勝其僞矣。又釋「豐六五」云：豐之世，盛大无以加，又求豐之，是无厭也。聖人貴夫持盈守成，而不以豐大爲務。故《書》有「滿招損」之戒，而《易》著「豐蔀」、「豐沛」之失，皆篤論也。以六十四卦爲文王所重，謂以《書》言之，神農之時未有《益》與《噬嗑》也。以道言之，神農之時蓋有《益》與《噬嗑》也。又謂：《歸妹》所歸者，妹也，非從姊而嫁。孔子言天地之大義，娣媵豈能具此義哉？其善於持論多若是。此書從《永樂大典》中鈔出，分爲十一卷，釐然爲完書。但《繫辭傳》、《説卦傳》郭氏亦本分章段，故有「前章」、「此章」之語。且有與朱子微異者，而今本缺之漏也。

王鳴盛《蛾術編》卷二《注與釋文誤連》　監板《九經》，經用大字，注字略小，而亦單行，疏則小字雙行，各鐫白文冠之。釋文亦小字雙行，每節各附注之下、疏之前，其首加一小圈别之。《尚書・舜典》「肆類于上帝」下，傳有王云、馬云，此誤刻釋文連入傳。《毛詩・關雎》「后妃之德也」下，《鄭箋》之下用小字雙行，刻「后妃芳非反」，此釋文也。下文用單行刻《爾雅》云云一段，約百餘字，此俱係釋文，刻書者誤亂其例。《陳風・東門之池》下，釋文孔安國云「停水曰池」云云，亦誤連。《鄭箋儀禮》第二卷《士昏禮》「壻，悉計反，從士從胥，俗作婿，女之夫。」亦釋文誤連。鄭注《左傳・僖十五年》曰「上天降災」云云，釋文自「曰上天降災」以下，凡二十二字，檢古本皆無。杜注亦不得有有是，後人加也，誤連杜注。迮鶴壽案：《尚書》釋文王曰「上帝天也」以下二十二字，混入于注，并《毛詩》諸條山、井鼎七經、孟子攷文已詳言之。若《左傳》曰「上天降災」，至「惟君裁之」混入傳文者，凡四十二字，不止二十二字。釋文亦云「四十二字」。孔疏本「兩君」下尚有兩見二字。

閻若璩曰：《鄭箋毛詩・東門之池序》引孔安國云「停水曰池」，不知何從得此訓。安國生平止傳《論語》、《孝經》二書，無「池」字意，是别有訓説，流于東漢，鄭得之，載于此《泰誓》。「有陂池」，作傳者于「陂」字既用《毛傳》「澤障曰陂」，又于「池」字用《鄭箋》「停水曰池」。若以自實其語，且反見康成之箋原本于此。閻不知孔安國云「停水曰池」云云，乃陸氏《釋文》刻書者誤連《鄭箋》。故遂據以立説。《儀禮・昏禮》釋文「壻，悉計反」云云，亦誤連《鄭注》。閻即據以爲《鄭注》，謂鄭亦有反切誤，正與此同。以閻之精于攷據，尚有此失，信乎識古之難也。

又卷六《周禮鄭注》 後漢《鄭康成傳》載其所注諸經頗詳，惟不及《周禮》，必係傳寫脱落，詳見《十七史商榷》。《史承節碑》有之。迮鶴壽案：《史承節碑》云：公所注《周易》、《尚書》、《毛詩》、《儀禮》、《周官》、《禮記》、《孝經》、《尚書》、《大傳中□》、《乾象□》，又著《天文七政論》、《魯禮禘祫義》、《六蓺論》、《毛詩譜》、□□□《駮許慎五經異義》、《荅臨孝存周禮難》，凡十六。書碑在高密縣城西北五十里礪阜山之原。然如《發墨守》、《鍼膏肓》、《起廢疾》以及《易緯注》、《禮緯注》之類，亦未及。

又《干寶周禮注》 《禮記・曲禮》「主人延客祭。」《釋文》引干寶《周禮注》云：「祭五行六陰之神，與人起居。」「天子之六工。」疏引干寶《攷工記注》云：「凡言司者，總其領也」云云。案干寶《周禮注》似唐初尚在，賈疏一字不及。

又《大戴禮記盧辨注》 《周盧辨傳》云：「辨字景宣，范陽涿人。少好學，博通經籍，舉秀才爲太學博士，以《大戴禮》未有解詁，辨乃注之。其兄景裕爲當時碩儒，謂辨曰：『昔侍中注《小戴》，今爾注《大戴》，庶纂前修矣』。」周《儒林傳》敘首云：「太祖受命，雅好經術，黜魏晉之制度，復姬旦之茂典。盧景宣學通羣蓺，修《五禮》之缺。」魏《儒林傳》敘首云：「永熙中，魏末年號。釋奠國學于顯揚殿，詔中書舍人盧景宣講《大戴禮》、《夏小正篇》。」迮鶴壽案：王伯厚曰：《大戴禮》非鄭氏注，朱文公引《明堂篇》鄭氏注云：法龜文。蓋未攷《北史》也。

又卷七《服虔左傳注》 《左傳》自劉歆、賈逵始能說其義，然猶未備也。其爲之解詁而卓然名家者，莫如服虔。《世說・文學篇》：「服虔既善《春秋》，將爲注，欲參攷同異。聞崔烈集門生講傳，遂匿姓名爲烈門人，賃作食。每至講時，輒竊聽戶壁閒。既知不能踰己，稍共諸生敘其短長。烈聞不測何人，然素聞虔名，意疑之。明早往，及未寤，便呼『子慎，子慎。』虔不覺驚應，遂相與友善。」「鄭康成欲注《春秋傳》，尚未成，行與服遇宿過舍，先未相識。服在外車上與人說己注《傳》意。康成聽之良久，多與己同，就車與語曰：『吾久欲注，尚未了，聽君向言多與吾同，今當盡以所注與君。』遂爲服氏注。」然則鄭、服合也，鄭徧注諸經，于《春秋》但作《鍼膏肓》等，以有服注也。《新唐書・儒學・元澹傳》澹述隋王邵之言：謂魏晉專經者不能博究，惟欲父康成、兄子慎，寧道孔聖誤，諱言鄭、服非。澹固不好鄭、服者，然就其所述，則知自漢以後鄭、服竝稱，爲世所重。若此杜預作《集解》，其自序乃云：劉子駿創通大義，賈景伯父子、許惠卿皆先儒美者，末有潁子嚴，雖淺近，亦復名家。故舉劉、賈、許、潁之違以見同異。孔潁達疏云：杜以先儒之內四家差長，故特舉其違，自餘服虔之徒殊劣于此輩，故棄而不論。愚謂《左傳》諸家，服爲之冠，方且遠出劉、賈，若許、潁豈可竝論？杜忌服名，重欲以後出跨其上，故不取耳。

又《服虔注有傳無經》 《南齊・陸澄傳》國學議置杜、服《春秋》，澄與王儉書論之曰：「《左氏》泰元中取服虔，而兼取賈逵《經》，服《傳》無《經》，雖在注中，而《傳》又有無《經》者故也。今留服而去賈，則《經》有所闕。」愚謂《傳》又有無《經》當作《經》，又有「無傳」二字互倒。服虔注《傳》不注《經》，閒于傳注中補《經》注。但《經》又有無《傳》者，則注中或不及補。若賈逵則《經》、《傳》兼注，故欲兼置賈注，澄之意如此。《襄三十一年》《疏》言：昭二十四年，服虔載賈逵語云：「是歲孟僖子卒，屬其子使事仲尼。仲尼時年三十五。」攷昭二十四年《經》：「仲孫貜卒。」杜注：無傳。孟僖子也。服若兼注《經》，則當于「貜卒」下注「孟僖子也」。賈逵云「屬其子」云云，何必特提「是歲」。「孟僖子卒。」玩其文，明係服之書有《傳》無《經》，故解二十四年一年事畢，方續之曰「是歲」云云也。《疏》言服虔載賈逵語，則知服注采賈語必載其名，而僖子「屬其子事仲尼」事，在昭七年。《傳》云：僖子將死，召其大夫，曰：「吾聞有達者孔某」，杜注卻云「二十四年僖子卒」，《傳》終言之「僖子卒時，孔子年三十五。」明係杜竊取服注，而竝沒賈、服名，不載也。而且「二十四年，僖子卒，傳終言之」三句，焉知非，亦係服注、杜攘取爲己有乎？抑服何不竟于「昭七年僖子屬子事仲尼」下直云「仲尼時年三十五」？乃必綴于二十四年之末，反使杜預得以遷移，恰好置在七年《傳》中，以掩其攘取之迹乎？則又當知古人著述可下筆即下，其位置豈能一定邪！迮鶴壽案：此條不過揚杜之短，以見其竊服耳。但「孟僖子卒」云云，竝無兩說。隨便某人作注，皆此數語，何必更表服氏之名。且先生苟欲揚杜之短，則可引者甚衆，即此「昭七年春王正月暨齊平」，杜注云：「燕與齊平，前年冬，齊伐燕，閒無異事，故不重言燕，從可知。」孔疏云：「賈逵、何休以爲魯與齊平，許惠卿以爲燕與齊平。服虔曰：襄二十四年『仲孫羯侵齊』，二十五年『崔杼伐我』，自爾以來，齊、魯不侵伐。且齊是大國，無爲求與魯平。此六年冬『齊侯伐北燕，將納簡公』，齊侯貪賄，而與之平，故《傳》言『齊求之也。』」舉此一條，亦可算杜竊服并竊賈，而服虔連注于六年冬，則服注之有《傳》無《經》，亦從此可見矣。陸澄雖云「經無傳者服不能補，」而其實無《傳》之《經》，服補注者亦多，即昭二十四年可見。

又《公羊傳疏》 《公羊疏》必徐遵明作。常熟毛氏汲古閣板無作疏人姓名，明國子監板同《舊唐書·經籍志》、《新唐書·藝文志》，不但無作者姓名，且無此書。晁公武《郡齋讀書志》不著撰人，卻又言「李獻民云徐彦撰」。獻民不知何人，其言不知何據？陳振孫《書錄解題》稱「《廣川藏書志》云：世傳徐彦撰。不知何據？然亦不能知其定出何代意，其在貞元、長慶後也。景德中，侍講邢昺校定傳之。馬端臨云：《公羊疏》，《崇文總目》不著撰人名氏，援證淺局出于近世，或云徐彦撰。皇朝邢昺等奉詔是正，始令太學傳授以備《春秋》三家之旨。愚謂斯文未喪，漢儒之功大者四人：于《經》、《傳》，則鄭康成爲最，次何休，次虞翻，次服虔；于文字，則許愼若《義疏》則最善者，《公羊》次，《毛詩》、《禮記》、《儀禮》次，《周禮》次，《左傳》次。《尙書》若《穀梁注疏》使爲附庸，亦足矣。服與鄭齊名而居末，何也？服功在《傳》不在《經》也。何休亦功在《傳》，而亞于鄭，何也。無休則無《公羊》，無《公羊》則無《春秋》也。《公羊》無疏則堙滅，故以爲各疏之冠也。予所品第如此。迮鶴壽案：《廣川藏書志》云：《公羊》，世傳徐彦作，先生以爲無據。今乃歸諸徐遵明，更何據邪？

又《十七史商榷》卷七《漢書一·許愼注漢書》 許愼嘗注《漢書》，今不傳，引見《顔注》中者尙多，不知五種中是何種中所采，《敘例》不列其名，不知何故。愼所著全部惟《說文》存，餘《五經異義》、《淮南子注》皆不存，但引見他書。

又卷二一《漢書十五·溝洫志注誤》 《溝洫志》前半篇全取《河渠書》，而彼注却往往取之此志注，裴駰輩本不通經，隨手牽引，凡涉《禹貢》者多誤，如道「河至大邳」，此志注，鄭氏以爲在修武、武德，張晏以爲成皋，皆是也。而臣瓚以爲在黎陽，張守節取之，非也。「釃二渠以引河」，孟康云：「其一出貝丘西南南折，其一漯川」云云，司馬貞采之，殊不明析。下文「北行二渠復禹舊跡」，即此二渠是也。同爲逆河入於勃海，臣瓚以爲禹河入海在碣石，不入勃海，此說非是，裴駰取之亦非。三條並詳《後案》。

又卷二七《漢書二十一·孟喜京房之學》 《儒林傳》：「孟喜從田王孫受《易》。喜好自稱譽，得《易》家候陰陽災變書，詐言師田生且死時枕喜厀，獨傳喜，諸儒以此耀之。同門梁丘賀疏通證明之，曰：『田生絶於施讎手中，時喜歸東海，安得此事？』又蜀人趙賓好小數書，後爲《易》，飾《易》文，以爲『箕子明夷，陰陽氣亡箕子；箕子者，萬物方荄茲也』。賓持論巧慧，《易》家不能難，皆曰非古法也。云受孟喜，喜爲名之。後賓死，莫能持其說。喜因不肯仞，以此不見信。上聞喜改師法，遂不用。」「京房受《易》焦延壽，延壽云嘗從孟喜問《易》。會喜死，房以爲延壽《易》即孟氏學，翟牧、白生不肯，皆曰非也。成帝時，劉向校書，考《易》說，以爲諸《易》家皆祖田何、丁將軍，大誼略同，唯京氏爲異，黨倘同延壽獨得隱士之說，託之孟氏，不與相同。」案此一篇多誣善之詞，班氏本史才，非經師，於諸經皆未能精，而《易》尤甚，劉向不通經，而班氏又誤信之，故其言如此。

孔穎達《周易疏》序云：「西都則有丁、孟、京、田，東都則有荀、劉、馬、鄭，大體更相祖述。」「更相祖述」，是異流同原矣。後世妄儒既無學識，又好苟駁前師以自標舉，遂致《易》義墜落殆盡，然丁、田雖無存，孟、京猶可考。吾友中通《易》者凡三人，惠徵士棟、褚員外寅亮、江上舍藩也。惠氏《周易述》未成而没，上舍補之，所採雖博，大旨究以孟、京爲宗，能尊信此書者，員外與予外，無多人焉。若狥班說，先貶孟、京，《易》何由明？

又附録一《西沚先生墓志銘》 〔王鳴盛〕嘗言：「漢人說經必守家法，亦云師法，自唐貞觀撰諸經義疏而家法亡，宋元豐以新經義取士而漢學殆絶。今好古之儒皆知崇注疏矣，然注疏惟《詩》、《三禮》及《公羊傳》猶是漢人家法，它經注則出于魏晉人，未爲醇備。」故所撰《尙書後案》專宗鄭康成，鄭注亡逸者，采馬、王補之，《孔傳》雖僞，其訓詁猶有傳授，非盡鄉壁虛造，間亦取焉。經營二十餘年，自謂存古之功，與惠氏《周易述》相埒。

戴震《戴東原集》卷三《與王内翰鳳喈書》 承示《書·堯典注》，逐條之下，辨正字體字音，悉準乎古。及論列故訓，先徵《爾雅》，乃後廣搜漢儒之說，功勤而益鉅，誠學古之津涉也。昨僕偶舉篇首光字，引《爾雅》：光，充也。僕以爲此解不可無辨，欲就一字見考古之難，則請終其說以明例。《孔傳》：光，充也。陸德明《釋文》無音切。孔沖遠《正義》曰：

兊，充。《釋言》文據郭本《爾雅》：桄、熲，充也。注曰：皆充盛也。《釋文》曰：桄，孫作兊，古黄反。用是言之，兊之爲充，《爾雅》具其義。漢唐諸儒，凡於字義出《爾雅》者，則信守之篤然。如兊字，雖不解，靡不曉者，解之爲充，轉致學者疑。蔡仲默《書集傳》：兊，顯也。似比近可通，古説必遠舉兊充之解，何歟？雖《孔傳》出魏晉閒人手，以僕觀此字，據依《爾雅》，又密合古人屬詞之法，非魏晉閒人所能，必襲取師師相傳舊解，見其奇古有據，遂不敢易爾。後人不用《爾雅》及古注，殆笑《爾雅》迂遠，古注膠滯，如兊之訓充茲類實繁。余獨以謂病在後人，不能徧觀盡識，輕疑前古，不知而作也。自有書契已來，科斗而篆籀，篆籀而從隸，字畫俛仰，寖失本眞。《爾雅》桄字，《六經》不見。《説文》：桄，充也。孫愐《唐韻》：古曠反。《樂記》：鐘聲鏗鏗以立號，號以立横，横以立武。鄭康成注曰：横，充也，謂氣作充滿也。《釋文》曰：横，古曠反。《孔子閒居篇》：夫民之父母乎，必達於禮樂之原，以致五至而行三，無以横於天下。鄭注曰：横，充也。疏家不知其義出《爾雅》。《堯典》古本必有作「横被四表」者，横被，廣被也。正如《記》所云「横於天下，横乎四海」是也。「横四表」、「格上下」對舉。溥徧所及曰横，貫通所至曰格。四表言被以德加民物言也。上下言于以德及天地言也。《集傳》曰：「被四表，格上下」，殆失古文屬詞意歟？横轉寫爲桄，脱誤爲兊，追原古初，當讀古曠反，庶合充霩廣遠之義。而《釋文》於《堯典》無音切，於《爾雅》乃古黄反，殊少精覈述古之難。如此類者，遽數之不能終其物。六書廢棄，經學荒謬二千年以至今。足下恖奮乎二千年之後，好古洞其原，諒不厘市古爲也。僕情僻識狹，以謂信古而愚，愈於不知而作，但宜推求，勿爲株守。例以兊之一字，疑古者在茲，信古者亦在茲，漫設繁言以獻。震再拜。

丁丑仲秋，錢太史曉徵爲余舉一證，曰《後漢書》有「横被四表，昭假上下」一語，檢之《馮異傳》，永初六年安帝詔也。姚孝廉姬傳又爲余舉班孟堅《西都賦》「横被六合」。壬午孟冬，余族弟受堂舉《漢書・王莽傳》：「昔唐堯横被四表」。尤顯確又舉王子淵「聖主得賢臣，頌化溢四表，横被無窮」。洪榜案：《淮南・原道訓》：横四維而含陰陽。高誘注：横讀桄車之桄，是漢人横、桄通用甚明。段玉裁案：李善注《魏都賦》，引《東京賦》「惠風横被」，今本《東京賦》作「惠風廣被」，後人妄改也。

阮葵生《茶餘客話》卷一〇《讀書不應穿鑿附會》 諸葛公讀書，略觀大意，即孟子「盡信書不如無書」之義。陶靖節讀書不求甚解，蓋不敢穿鑿附會。陸象山詩「留心傳註翻榛塞」。留心傳註，是曾用苦功。翻榛塞，是謂留心之後覺羣言混亂也。謝上蔡於書義未解處，且放過，其不妄加註釋可知。是皆因漢、晉諸儒注疏訓故，瑣瑣臆説，爲無益之長言，如昔人所譏。釋「曰若稽古」四字，至一萬餘言，自不得逐之以氾濫無歸。後世淺學之士，講道之儒，往往藉口古人，空疎庸妄，擇焉不精，語焉不詳。自便其私圖，而厚誣古賢，不亦悖乎。

又《鄭注簡當》 吳草廬言「鄭康成于《中庸》二十九字，止以十三字註之，朱子深有取焉」云云。初不解所謂，後讀《朱子語類》，乃雖有其位一段。鄭氏曰：言作禮樂者，必聖人在天子之位。朱子稱甚簡當，今集註用鄭説也。

錢大昕《十駕齋養新録》卷三《論孟集注之誤》 閻百詩舉《論語孟子集注》之誤，謂季文子始專國政，不待武子；蘧伯玉不對而出，無關甯殖；子糾兄而非弟；曾西子而非孫；武丁至紂九世非七世；或「勞心」四語皆古語，四當作六；不衣冠而處，譌《説苑》爲《家語》；農家者流，譌班固爲史遷；滅夏后相乃寒浞而非羿；去魯司寇則適衛而非齊；戟有枝兵，戈平頭戟，其器各别，不得即以戈爲戟；麋澤獸，鹿山獸，其類各别，非有大小之分。

又卷六《臣瓚晉灼集解》 《隋書・經籍志》：《漢書集解音義》二十四卷，應劭撰。按顔氏《漢書敍例》云：有臣瓚者，莫知氏族，攷其時代，亦在晉初。總集諸家音義，稍以己之所見，續廁其末，凡二十四卷，分爲兩帙。今之《集解音義》，則是其書。而後人見者，不知臣瓚所作，乃謂之應劭等集解。王氏《七志》，阮氏《七略》並題云然，斯不審耳。依小顔説，知《隋志》所載，即臣瓚所集，非出於應劭一人。《隋志》多承阮録舊文，則「應劭」下當有「等」字，殆傳寫失之也。《晉灼集解》十四卷，不載於《隋志》。則師古所謂東晉迄於梁、陳，南方學者皆未之見。王、阮既未著録，故《隋志》亦遺之也。

又《潛研堂文集》卷二四《春秋體例序》 南昌陶君讓舟博通今古，蘊經濟之才，小試一官，無以展其抱負，乃覃思《春秋》，究極其恉，著《春秋體例》十數萬言，鏗鏗觥觥，汪洋深博。大要以天道證人事，治亂、興亡、榮辱，皆由其人自取。善惡之報，如響斯應，驗諸《三傳》、《太史公書》，歷歷不誣矣。說者疑「報應」兩字出於釋氏書耳，責報於天，似非聖賢勉人修德之旨。予案：《詩》云：報以介福。《書》云：報虐以威。《禮記》曰：大報天曰大報。本古聖之言，報者多矣。太上貴德，其次務施報，報德報怨，雖施於儕輩之稱，然史公傳伯夷，即有「天之報施善人」之語。《後漢》：魯恭上疏言：愛人者，必有天報。其時佛法未入中國，儒家不諱言報也。古之聖王，事天如事親。故《洪範》以雨、暘、寒、燠、風驗五事之休咎。漢儒推演其說爲《五行論》，俾人主遇有災變，隨事修省，此古人畏天省身之遺法也。後儒以其不盡驗，欲舉而廢之，而「天變不足畏」之論興矣。夫天道遠，人道邇，休咎之不盡驗者，其驗在後，非終於不驗也。因一時之未驗，置人事而不講。《五行志》累牘連篇，悉視爲斷爛朝報，此與鯀之汩陳何異？讓舟之說《春秋》，明天人合一之原，與《洪範》言休咎苦相印證，蓋於啖、趙、孫、劉之外，卓然自成一家，而不詭於正者也。

又《臧玉林經義雜識序》 自宋元以經義取士，守一先生之說，敷衍傅會，并爲一談，而空疏不學者，皆得自名經師，閒有讀漢、唐注疏者，不以爲俗，即以爲異，其弊至明季而極矣。國朝通儒，若顧亭林、陳見桃、閻百詩、惠天牧諸先生，始篤志古學，研覃經訓，由文字、聲音、訓詁而得義理之眞。同時毘陵有臧玉林先生，亦其流亞也。先生博極羣書，尤精《爾雅》、《說文》之學，謂不識字，何以讀書？不通詁訓，何以明經？孳孳講論，必求其是而後已。潦倒諸生，卅年未嘗一日不讀經，偶有所得，隨筆記之。先生既不自表襮，儕輩或非笑之。獨百詩先生極口歎賞，以爲學識出唐儒陸、孔之上，然聞者猶疑信參半。先生歿九十餘年，海內尊崇古學者日益衆。而文孫在東，擩染祖訓，好學深思，益有以昌先生之學。頃來吳門出是書，屬予校定。嘗謂《六經》者，聖人之言，因其言以求其義，則必自詁訓始。謂詁訓之外，別有義理，如桑門以不立文字爲最上乘者，非吾儒之學也。詁訓必依漢儒，以其去古未遠，家法相承，七十子之大義猶有存者，異於後人之不知而作也。三代以前，文字聲音與訓詁相通，漢儒猶能識之，以古爲師，師其是而已矣。夫豈陋今榮古異趣以相高哉？先生之書，實事求是，別白精審，而未嘗馳騁其辭，輕詆先哲，斯眞儒者之學務實而不矜名者。予是以重其書，而益重其人也。

又卷二六《蘇詩合注序》 注東坡詩者，無慮百數家。今行於世者，唯永嘉王氏、吳興施氏及近時海寧查氏本。王注分類，經後人刪并，然流傳最久。施注世無完本，宋牧仲尚書屬幕客補足，刊於吳中，頗訾王氏之謬，而於施注多所芟改，殊失古人面目。查氏依施本，補其未備，後來校刊悉去施注，學者又以兩讀爲病，此大鴻臚馮星實先生合注之所由作也。先生博極羣書，與古爲徒，沈酣於東坡詩者有年，精思所感，形於夢寐。又得宋槧《五家注》、元槧《王狀元集百家注》舊本，稽其同異而辨證之。於宋代掌故人物，則采李仁父《長編》及各家文集、諸道石刻，一一增益，斯又足裨前人之闕漏，而爲論世之助者也。頃先生以侍親辭榮歸里，書成之日，予得受而讀之，循環三四，味之彌旨。竊謂王本長於徵引故實，施本長於臧否人倫，查本詳於攷證地理，先生則彙三家之長，而於古典之沿譌者正之，唱酬之失攷者補之，輿圖之名同實異者覈之。以及友朋商榷之言，亦必標舉姓氏，其虛懷集益又如此。若夫編年卷，第一遵查本，其編次失當者，隨條辨正，而不易其舊，則先生之愼也。立言愈愼，攷古愈精。披沙而金始露，鑿石而泉益清，是書出，而讀蘇詩者可以得所折衷矣。昔范至能與陸務觀談及注蘇詩，陸舉「九重新埽舊巢痕」、「遙知叔孫子，已致魯諸生」句，極言注之不易，謂必皆能知作者之意然後無憾。厥後務觀序施氏書，雖稱其用功深，歷歲久，而終之曰：亦幾可以無憾。「幾」之云者，意若猶有未滿焉。如先生之博聞強識，重之以知人論世之學，使務觀見之，其必快然無遺憾也夫。

盛世佐《儀禮集編·凡例》 是經遭王安石廢罷之後，讀者絶少。宋人陳祥道、張淳、李如圭輩之講說多不傳。明國子監所刻《十三經注疏》，此經譌脫特甚。或欲據關中《石經》刊正之，見顧炎武所作《儀禮句讀序》。不知唐之《石經》在當時已譏其蕪累，又況碑板剝落，補字荒陋，惡可據爲定本邪？張爾岐參校爲正誤，嘉惠後學不淺，惜其所據止石本、監本、吳澂本而已，未嘗博考宋元人舊本及其論著，故從違容有未當。今更取朱子《通解》、楊氏《圖》、敖氏《集說》諸本，辨其異同，務歸至當。注疏闕誤，可考者亦與補正，庶不至謬種流傳，疑誤後學。康成祖讖緯，兼有牽率附會之病，同時通人已有譏其多臆說者，見《太平御覽·孔融與諸卿書》。然其家世習禮，身復博通羣籍，故其爲文簡嚴該洽，先王之制度賴以不墜，其功居多。

王子邕雖力排之，而卒不能掩。賈公彥等作疏，芟除異議，鄭注遂孤行至今。有宋而後說經者夥矣，他經舊說多遭擯棄，而此書獨以罕習故得完。朱子及其門弟子著《經傳通解》，裒集禮書，垂千古不刊之典，至於詮釋，多仍舊文。敖繼公《集說》出，間發新義以易之，而於制度文爲，反多闕而未備，記其優劣，蓋與陳澔之《禮記集說》等。京山郝氏尤好立異，所著《節解》一書，掊擊鄭、賈不遺餘力，而考據未精，穿鑿已甚。今並錄諸家之說，斷以己意，亦欲講去其非而求是耳，非敢與先儒角短長也。

又 朱子嘗謂《儀禮疏》說得不甚分明，故《通解》所引用，往往加以潤色，後儒因之於賈疏各有刪改。今掇其勝於原文者著於篇，而分注其下，曰從某書節本，蓋不沒其所自也；若其未經刪改者及他講師之說，則但去其冗長而已，不敢妄加增損，致乖本旨。

又 《周禮》，周公未成之書，大小戴《記》綴緝自漢儒手，醇疵參半，故禮書之存於今者，惟此經稱完備。惜古文增多，三十九篇佚不傳，然冠、昏、喪、祭、鄉相見六禮脩之，司徒以節民性，爲士大夫日用所不可闕者，具在是矣，所亡惟軍禮耳。抑嘗思之，孔子自謂未學軍旅，而《周禮》夏官之職亦多闕文，《隋志》言河間獻王得《司馬穰苴兵法》一百五十篇，無敢傳之者，豈以其書禁秘，非儒者所素習，故不傳於後與，要不足爲是經累也。自漢以來人無異議，張子、朱子尤尊信此書。世儒乃有疑其非盡於聖人者，徐積說。有疑其非高堂生之書者。張淳說。少所見則多所怪，其信然乎。樂史發五疑之論，章山堂擇焉不精，采其說而引伸之，致令周公之所作、孔子之所雅言者，反不得與漢儒之傳義並，惑莫甚焉。夫今之《儀禮》，在漢謂之《禮經》，《儀禮》之名蓋起於唐初，《隋·經籍志》猶目十七篇曰《古經》。出於高堂生，五傳弟子名著簡策，班固《藝文志》，鄭康成《六藝論》皆有確據，何得云漢儒未嘗以教授邪？《禮古經》出於古淹中及孔壁，其十七篇與此同，河間獻王、孔安國皆嘗獻之，而云諸儒不獻之朝，妄矣。《漢志》所謂經十七篇，即高堂生所傳也。傳寫者倒其文，誤以十七爲七十，清江劉氏已正之，史乃謂《七略》九種，並不著《儀禮》，何其弗深考也。以是推之，則其所謂五疑者，皆捕風捉影之談耳。又況徐積、郝敬輩，郝仲輿嘗謂作《儀禮》者，未及親見古人，又云《儀禮》作於衰世。以私意窺聖人，見其不合於俗而妄訾之，何足與深辨哉？愚既釋是經，又撮其大要爲《綱領》一卷，上自制作之本原，下逮授受源流，先儒評論，得失皆著之，俾讀者有以考焉。

陳焯《昌谷集注序》 《詩》之有注，自漢申公《魯故》始也。是時毛萇之《傳》未立。而齊人轅固、燕人韓嬰皆有《傳》，並列學官。班孟堅以爲或取《春秋》，采雜說，咸非其本義；與不得已，唯《魯》最爲近之。夫《三百篇》，褒美刺非，其托物顯而取義平；非有幽奇詭異之旨，佶屈聱牙之詞。宜乎紬繹焉，而無所不得，乃注者之離合不同如此。降而爲《騷》，其忠愛悱惻則詩人之遺，而言詞淚漫，思致譎怪，不可端倪，訓詁家應難之。乃王逸作注，孤行千古，後世洪興祖輩賡續發明，卒未聞別有所裁正。以是較論，罕知其故，余嘗深思焉。蓋《三百篇》，《詩》之正也。正則有一定之指歸，稍涉遷就而即遠於性情，害于義理。《離騷》，《詩》之變也。變則思緒雜出，仿佛非一端，廣摭曲喻，臆設冥搜，而皆得以旁通無悖。此逸《注》之孤行有由矣。漢、魏以下，詩之似《騷》者，前人獨推李太白、李長吉。而淚漫譎怪，長吉爲尤，故訾長吉者謂之不可解，好長吉者亦不求甚解。自貞元迄今千餘載，始得吾姚子經三，章釋而句箋之。噫嘻，何其有逸之心也。經三質美如玉，學副其才，年甫逾弱冠舉於鄉，不以榮名馳騁自娛，顧矻矻焉著述爲務，此其志已有大過人者。又所好不在歡愉和吉之言，而獨流連於牢落不羈之李賀。豈心傷世變，學士大夫忠愛之意衰，特取《詩》之近《騷》者揚搉盡致，以自鳴其激楚耶？觀夫參稽時會，援證國書，似謂不如是不足以成長吉，誦長吉詩者，必如是而後可，亦未嘗斤斤以爲作者之旨必出乎是。若彼注《騷》者流，雲龍神鬼，芳草美人，銖兩絜而纖悉分也，孰謂經三之果似王逸也哉？雖然，才如經三，方當窮《雅》、《頌》之源，考升降之故，作爲樂章，被諸金石，使聲音一道，不致澌滅無傳，庶攬厥正風，而變者可廢。區區此注以云寄興，亦幾渺矣。他日論著成，吾爲子更序之。

段玉裁《經韵樓集》卷一《毛詩故訓傳定本小箋題辭》 《毛詩故訓傳》三十卷者，玉裁宰巫山事簡所訂也。曷爲三十卷？從《漢志》也。夫人而曰治《毛詩》，而所治者，乃朱子《詩傳》，則非《毛詩》也。是以訂《毛傳》也，《故訓傳》與《鄭箋》，久與經文相雜廁，曷爲每篇先經後傳也？還其舊也。周末漢初，傳與經必各自爲書也。然則，《漢志》云：《毛詩經》二十九卷，《毛詩故訓傳》三十卷，本各自爲書，今釐次傳文，還其舊，而每篇必具載經文於前者，亦省學者兩讀也。傳多於經一卷，其分合，今無攷也。傳之與經雜廁放於何時？蓋鄭君箋《詩》時所爲也。《毛傳》於魯、齊、韓後出，未得立學官。而三家既亡，孤行最久者，子夏所傳，其義長也。其稱《故訓傳》，何也？古者傳以述義，如《左氏》、《公羊氏》、《穀梁氏》之於《春秋》，子夏之於《喪服》，某氏之於《小正》，皆是也。釋故釋訓，以記古今異言，《爾雅》是也。毛公兼其意，而於故訓特詳，故不專曰「傳」，而曰「故訓傳」，是小學之大宗也。《序》亦毛公作與？鄭志於《常棣》曰：「此《序》，子夏所爲，親受聖人。」沈重曰：「據鄭《譜》意，《大序》是子夏作，《小序》是子夏、毛公合作。不得援范氏《後漢書》『衛宏作《毛詩序》』一語爲左證也。」傳、說皆子夏所傳，而毛公述之，則《序》亦子夏所傳，而毛述之，猶《韓詩》、《芣苢》、《漢廣》、《汝墳》、《蝃蝀》、《賓之初筵》諸序散見於唐人所引者，多與毛異，亦必韓嬰所自述也。《序》爲毛公所自述，故傳《詩》而不傳《序》也。以《序》放於子夏，故《南陔》、《白華》、《華黍》、《由庚》、《崇丘》、《由儀》雖其辭亡，而其義存也。以《序》述於毛公，故《十月之交》、《雨無正》、《小旻》皆大夫刺幽王、《鄭箋》皆當爲刺厲王定爲作，故訓傳時移其篇第，因改之也。《鄭箋》云：衆篇義合編，至毛爲《故訓傳》時，乃分衆篇之義各置於其篇端。然則，篇義列於篇首，放於毛公也。今仍之者，從其舊也。列《故訓傳》於篇後，而正其譌踳，補其脱落。其通釋大義者，則必複舉經文。其訓釋一字一物者，則不必複舉經文。凡欲還經傳各自爲書之舊，而又斟酌媘緐縟也。《春秋》、《小正》傳體，無不複舉經文者，毛公傳體亦猶是也。箋詩時析置經文下，則刪節其複舉，而轉寫又多譌媘也。夫人而曰治《毛詩》，而有其名無其實。然則，《毛詩故訓傳》三十卷，是編烏可以已也。讀《毛》而後可以讀《鄭》，攷其同異略詳疏密，審其是非。今本合一，而人多忽之，不若分爲二，次第推㝷也。

又卷七《與梁耀北書論戴趙二家水經注》　玉裁拜白耀北大兄足下：邇者想侍奉萬安尊體佳勝。《水經注》一書，爲言水道、言地理者所必資。顧自宋以來，踳駮幾不可讀。惟吾師東原氏治之最勤，整齊其譌亂鉤棘，引歸文從字順，上邀高宗純皇帝歎賞詩褒，悉心編纂，可爲中尉素臣食其利者沾溉無窮矣。然東原氏之功細大宜辨，據古本，搜羣籍，審地望，尋文理。一字之奪，必補之；一字之羨，必刪之；一字之誤，必更之，東原氏之能事也。然而其功細自唐宋淺學，迻書不知其義例，誤認過某逕某之文無區別，任意互譌，大氐注譌經者十八，經譌注者十之一二。東原氏得其例有三：一曰獨舉、複舉之不同。經文甚簡，首舉水名，下不再出。注文緐一水內必詳，其注入之小水，以閒廁其閒。是以主水之名屢舉不厭，雖注入小水有所攜帶者相閒，亦屢舉小水之名，經文斷無是也。一曰「過」、「逕」之不同也。經必曰過某，注則必曰逕某，所以別於經。一曰「某縣」及「某縣故城」之不同也。注所謂某縣故城者，即經之某縣也。經時之縣，注時多爲故城，經無言故城者也。執此三例，沛乎莫禦釐之，有如振槁承學，讀至白首，不解者豁然開朗。王伯厚、顧景范、胡朏明、閻伯詩稱引之誤，今皆可正，此則東原氏功之大者也。東原氏明智卓絕，而於是書亦久乃得之。僕從先生遊，見歲乙酉六月，始因胡朏明「南北礫谿」之誤，霍然大悟，將經注畫清。是年八月，專寫經文爲一卷，摘注文前後倒亂甚者，附攷於後。又舉經注三例爲跋尾，略同殿版提要。癸巳召入，纂脩《四庫》，遂刱改自宋以來經注拘迂者，駴不之信，其膽雄由其識卓也。戴書上於甲午，奉命刊版。越十有三年，丙午，杭郡趙誠夫先生《水經注釋》一書始出，而東原沒於丁酉之夏矣。僕至今年始從友人借讀趙書，其所據古本校本之多，所攷諸史百家之富，所采諸老宿顧亭林、顧景范、閻百詩、胡朏明、何屺瞻、全謝山緒論，折衷羣言，自攄所得。其於字句各本異同，別黑白，定一是，與戴書詳略可互證，精詣可互求。而最異者，更正經注，亦大略與戴無異。夫字句偶竄一二，校古之常也。取經注互易之，校古之刱，人所不能爲者也。東原氏灼知而刱爲之，故條舉經注之義例，冠於全書之首，大白於天下。又於分注逐事疏通，以爲不如是，不可以信從也。誠夫於字句偶竄，必詳其原本，而經注混淆、突兀刱改者，不將何以互改之，故詳於自序及分注及附錄及朱箋刊誤。假今無戴書，則互改之，必可信者誰？其知之爲駭俗之事而深沒其文，非著書之體也。趙書成於乾隆甲戌，戴書成於乙酉，相距十二年。趙先於戴。戴書出於甲午，趙書出於丙午，相距十三年，戴先於趙。其果閉戶造車，出門合徹與？何以東原氏條舉義例，誠夫不著一字也？兩先生之齒，趙長於戴，其將謂戴取諸趙與？則東原氏之德行，非盜竊人物以欺主上及天下者也，僕從游日久，未嘗言有所聞之也。且兩先生者，面未嘗相識也，足未嘗相過也，音問未嘗相通也。誠夫之書秘藏高庋，至其孫刊行，未嘗稍傳於外也。此兩家子弟所知，不可誣者也。將謂趙取諸戴與？則誠夫之學亦必非盜竊人物以欺天下者也。未詳其卒於何年，即乙酉以後獲聞東原氏之説補綴己書，亦必明言所出，斷不深沒其文，默默而已也。此僕所不能無疑者也。丙午、丁未閒，盧召弓先生爲子言梁氏耀北處素昆仲校刊趙氏《水經注》，參取東原氏書爲之。僕今追憶此言，意足下昆仲校刊時一切仍舊，獨經注互譌之處不從戴，則多不可通。故勇於從戴以補正趙書，以成酈書善本，與戴竝行，所以護酈，而非所以阿趙。召弓所云：參取東原氏爲之者，此也。足下昆仲之意，則善矣。但足下亦不宜深沒其文默默而已也。果出於閉戶造車，出門合轍，當著其奇，以見東聖、西聖心理之必同。果出於相取，當著其實，以見多聞從善之有益。果二公未嘗相取，而出於校刊者集腋成裘，亦當爲後序以發明之，以見期於酈書完善，而非借光鄰壁。不則無解於僕之疑，亦無解於天下後世，或謂戴取趙、或謂趙取戴之疑。是則足下昆仲將尊戴而適侵戴、將助趙而適誣趙也，此僕之所以不敢不言也。三代人作述，不自言姓字，惟其理明而已。從此乃諓諓自矜其名䢵，而確之説必出於命世大儒言，未嘗不以人重也，令弟不可作矣。足下及今爲後序，刊於趙書之末，洞陳原委，破天下後世之疑，俾兩先生皆不被竊美之謗於地下。僕實企望焉，願明以教我。

注誤爲經第一條曰：河水又西，逕罽賓國北。戴云：按此九字，原本及近刻竝譌作經。考注敘蔥嶺之水，分東西。先載蔥嶺分源西流，逕休循、難兜、罽賓、月氏、安息，入雷翥海之水，不得與經文淆紊。今改正。第二條：又西，逕四大塔北。戴云：按此七字，原本及近刻竝譌作經。攷注內言蔥嶺西流之水，因連及蜺羅跂禘水，逕于闐曰大塔、陀衛、安息，同入雷翥海。今改正。第四條：河水又東，逕皮山國北。戴云：案此九字，原本及近刻竝譌作經。考注文蔥嶺河自岐沙谷北分爲二，此先敘南河，逕無雷、依耐、蒲犂、皮山而東，合于闐河，不得與經淆紊。今改正。凡若此等，戴分注校語甚詳，何以趙氏不置一辭而改之，於注改爲經，首見處亦不自言其例也？

又如《河水》卷二注：河水又東，洮水注之。戴云：按此八字，原本及近刻竝譌作經。朱謀㙔箋於前經文，洮水從東南來流注之，欲改洮水爲澆水，由不知彼爲經，此爲注耳。趙之云《朱箋刊誤》，僅云「八字是注混作經」，名爲刊朱之誤，而不言朱語之何以誤。凡若此等，豈不可哂。

章學誠《章氏遺書·韓文五百家注書後》 《韓文五百家注》四十卷，《序目》、《姓氏》一卷，無外集、遺文。蓋魏仲舉裒輯諸家，朱子《考異》未出，故《外集》、《遺文》猶未有定本也。其注有視今詳備可採輯者，亦有冗複無取可刪削者。其名《五百家注》，自韓子同時柳、劉、籍、湜以至趙宋文人，凡有一語偶及、一言偶舉之者，無不羅列姓氏，猶未足五百也。約略其辭，舉其成數云耳。其實專門治《韓集》者不過十餘家，猶未得盡見其全書也。

錢泳《履園叢話》卷二二《夢幻·注蘇詩》 桐鄉馮星實先生應榴，中乾隆辛巳恩科進士，歷官至四川布政使。告養回籍，從事蘇詩，羅百氏之説，以證王、施、查三家之訛，勤心博考，朝夕不輟者至七年。先是，己酉十二月，忽夢文忠公來，高冠長髯，相視而笑，自此益力成之，凡五十卷。大約精誠所至，便形夢寐，其理然也。

阮元《揅經室集一集》卷一一《惠半農先生禮説序》 《十三經義疏·周禮》，可謂詳善矣，賈公彥所疏者，半用六朝禮例于禮樂軍賦諸大端，皆能引據明瞻。所考證者，多在《九經》諸緯，而于諸子百家之單詞精義，以及文字之假借，音讀之異同，漢制之存亡，漢注之奧義，皆未能疏證發明之。我朝惠半農先生家傳漢學，所著《禮説》十四卷，實足補賈氏之所未及。此書雖經鏤板，而行世甚少。余于丁未年在京師廠肆購得一帙，反覆讀之，服其精博無比，後爲友人借去未歸，至今深憶之。戊午夏，吳縣友人江貢廷持一帙見示，則上海彭純甫所新刻本。余喜插架之可備，且一時同學皆得讀之也，因爲序之。余昔有志于撰《周禮義疏》，以補賈所未及。今宦轍鮮暇，惜難卒業，如有好學深思之士，據賈氏爲本，去其謬誤及僞緯書，擇唐宋人説《禮》之可從者，加以惠氏此説，兼引近時惠定宇、江慎修、程易田、金輔之、段若膺、任子田諸君子之説，勿拘「疏不破注」之例，博考而詳辨之，則此書之成，似可勝于賈氏，是所望于起而任之者。彭君家貧，好古多讀書，聞此書之刻，貲皆出館穀，何其賢也。

又《孔檢討廣森大戴禮記補注序》 今學者皆治十三經，至兼舉十四經之目，則《大戴禮記》宜急治矣。《夏小正》爲夏時。《書·禹貢》惟言地理，茲則言天象與《堯典》合。《公冠》、《諸侯遷廟》、《釁廟》、《朝事》等篇，足補《儀禮》十七篇之遺。盛德《明堂之制》，爲《考工記》所未備。孔子《三朝記》、《論語》之外，茲爲極重，《曾子》十篇，儒言純粹，在《孟子》之上。《投壺》儀節，較小戴爲詳。《哀公問》字句，較小戴爲確。然則此經宜急治審矣。顧自漢至今，惟北周盧僕射爲之述，且未能精備。自是以來，章句溷淆，古字更舛，良可慨歎。近時戴東原庶常、盧紹弓學士相繼校訂，蹊逕漸闢。曲阜孔編修孴軒乃博稽羣書，參會衆説，爲注十三卷，使二千餘年古經傳復明於世，用力勤而爲功鉅矣。元從編修之嗣昭虔得觀是書，編修之弟廣廉付刻，元爲序之。元鄉亦曾治是經，有注有釋，鄙陋之見，與編修間有異同。今編修書先行，元寫定後，再以資之當世治經者。

又《揅經室集二集》卷七《史炤通鑑釋文跋》 《通鑑釋文》，宋史炤撰。炤字見可，眉州人，嘗爲右宣義郎，監成都府糧料院。其曾祖清卿，爲縉紳所宗。蘇氏兄弟以鄉先生事之。《資治通鑑釋文》在宋時舊有二本，一爲司馬公休注，刻於海陵郡齋者，名爲海陵本。一爲史炤撰，爲成都府廣都縣費氏進修堂版行，以釋文附注本文之下者，名爲龍爪本。自龍爪本行，而海陵本廢。自胡三省本行，而龍爪本又廢。《直齋書録解題》稱公休名康，爲温公之子。史炤之書與公休大略同，而加詳焉，炤蓋因其舊而附益之。然則炤書本是康注，宜得涑水著書遺意。乃三省作辨誤，摭其一二缺失詆史者，且以詆康，未免太過。三省以地理名家，而小學不甚究心，大率承襲史氏舊文，偶有改易，輒成罅漏。此本近代藏書家鮮有著録，惟吴門蔣氏有宋槧本，前有紹興三十年三月，左朝散郎權發遣黎州軍州主管學事縉雲馮時行序，與《書録解題》及《宋史・藝文志》卷數相同。《玉海》稱其紹興三十一年上。則當日固進之於朝，不可以胡氏一家之言而絀之也。

俞正燮《癸巳存稿》卷一《書禹貢地里古注考後》 大伾山當在修武、武德界，《水經注》言在成皋縣北。《史記》所謂禹載河於高地。張晏亦以大伾在成皋。劉昭、張揖之徒皆以爲然，説與《史記》合。大伾定在今河南府，禹河自此循太行而北，過漳水，趨鉅鹿。沈括《筆談》尚見邊太行北山崖間，往往銜螺蚌殼，及石子如鳥卵，横亙石壁如帶，謂是昔日河濱。周定王五年，河徙。《春秋》魯宣公七年，晉、魯、宋、衛、鄭，曹會於黑壤之歲也，河始由今衛輝濬滑，其地亦有一成之伾。臣瓚：魏王泰執以當禹時大伾。胡朏明依之。可謂尺有所短。大别定在安豐，今霍邱固始界中大山，《禹貢》大别，即《左傳》大别。《左傳》小别、大别在漢北，其質言江夏界者，晉以後始名之，非古也。尋杜預注云「然則在江夏界」，是其時江夏尚無大、小别山名。杜鎮襄陽，知之最親也。《唐六典・水部・十道山川》云：大别在淮南壽州霍山縣。明《中都志》：大别在霍邱縣，猶是古義。雍州云荆岐既旅，豫州云荆河，荆州云荆及衡陽。三州荆山，乃是兩荆。夏、周及晉，相去久遠，大伾、大别，豈拘一名？惟儒者心知其意，不容以一知半解惑亂經説也。孫觀察馮翼自涿州寄示此稿，搜采班孟堅、馬季長、鄭康成三家之説，最得古意，不尚議論，旨奥自通，是可貴也已。

胡敬《困學紀聞序》 姚江翁太常鳳西先生，性嗜學不勸，而於宋王厚齋尚書《困學紀聞》尤篤好之。嘗輯閻、何、全諸家之説，益以己所心得爲之注。自通籍以至膴仕敷政之暇，丹槧未嘗一日去手。歸田後，復與同鄉老宿往復商訂，始付諸梓。爲文凡八十五萬言，可謂集大成矣。敬弱歲亦嘗留意是編，家貧既鮮藏書，又厚齋所讀書今多不傳，其所稱述之人，非皆有專傳專集可以按録稽者，蓄疑於心積數十年，無所質正。得觀先生書而嚮之蓄疑不決者，乃涣然冰釋，砉然理解也。卷帙既富，竟月讀始一周，其淹貫成一家言，則李善之注《文選》也。其疏證之旁見側出，足與原書相輔而行。則裴松之之注《三國志》也。凡厚齋所引之書，與其人靡不觸類引伸，核其本文，詳其貫履。於書之已佚姓氏之就湮者，則博采墜簡零篇，力索冥搜，期於必獲。於諸説之不全不備，踳駁抵牾者，則下己意補之正之。辭旨和平，不務攻擊，是眞能爲厚齋之學者也，是眞能讀厚齋所讀之書者也。厚齋之書由博而約，擇之精，著書之體宜然也。先生之書由約而博，語之詳，注書之體宜然也。厚齋積數十年之功成是書，以霑溉後人。先生積數十年之功注是書，以表章絶學，豈直是書功臣，即謂厚齋復生可也。敬譾陋，何足以知先生，惟是嚮所蓄疑，藉以解釋，師資在是，難已於言，用敢附名青雲，以誌向往之意云。

《徂徠石先生文集》徐宗幹《擬請宋孫石兩先生從祀議》 歐陽修言其治《春秋》，不惑傳註，不爲曲説以亂經，其言簡易，明於諸侯大夫功罪，以考時之盛衰，而推見王道之治亂，得經之義爲多。朱子謂近時言《春秋》者如陸淳、孫明復，推言治道，凜凜可畏，終是得聖人意。

陳啓源《毛詩稽古編後序》　起甲寅，訖丁卯，閲十有四載，三易稾始成此編，雖然未敢自謂盡善也。憶初脱稾時，以質於朱子長孺，賴其指摘，得以改正者數十條，今復再易稾，所改正又數倍於前矣，欲求就正之人，不能起長孺於九原也。輟斤息弦之歎，烏能已已。噫，余之有是編也，豈偶然哉。余家本世爲《易》學，幼專習之，而後以餘力及他經，顧心獨好《詩》，吟誦不去口。時童小無知識，徒以其葩詞韻語，便於喉吻，故好之耳。及稍長，粗通文義，則疑之甚，以爲《五經》皆聖人所以訓世，《詩》獨連章累幅，俱淫媟之談，此豈可爲訓？時時爲同學者道之，莫余答也。後或告余曰：此解者自誤耳，《詩》義本不如是。余因思春秋卿大夫賦詩相贈答，如《風雨》、《褰裳》、《擇兮》、《有女同車》、《野有蔓草》諸篇，皆與焉，若從今解，則牀笫之言不踰閾，必爲嘉賓所譏。可見古詩義不如是，告余者決非妄言。但未知古人詩説載在何書也。逮少長，將成人矣，適暑月先君子命源曝書，見笥中有《十三經注疏》者，卷帙頗多，竊閲之，方知《詩》有子夏序、毛公傳、鄭氏箋。大喜曰：此其古人《詩》説乎，遂請此書於先君子，伏而誦之，則益喜，恍若披霧見天，始信《詩》教之眞足訓世，不媿爲聖作矣。而向日之疑盡釋，更旁覽餘經，愈歎古經眞面目汩沒於後儒之訓釋者，不僅《詩》也。從此先儒之説始深入厥心，每持以折衷經義，不爲衆喙所惑。後又於他書更見前輩論經學多有右漢而左宋者，至如馬貴與楊用修極口爲《詩序》訟冤，語俱明確，甚幸其先得我心焉。然以語人，輒笑而弗信，學者沈於所聞，又何怪乎！惟朱子長孺，慨然以窮經自任，而與余遊處最密，持論又多與余同，故所著《周易廣義》、《尚書埤傳》、《毛詩通義》、《讀左日抄》等書並以示余，共爲論定，余頗效其一得，而《詩》則亦自成一書云。蓋余自童年好《詩》，繼乃歷疑而得信，以至白首而其信益堅，又輔以前輩之同心知己之共事，方有是編也，豈偶然哉？雖然經義宏深，管闚蠡測，敢自謂盡善乎？因感就正之無人，故述其顛末，書於卷後。

陳其元《庸閒齋筆記》卷二《難博學》　二公則余知其學問之淵懿也。一金谿戴簡恪公敦元。【略】一爲會稽屠筱園先生湘之。先生與余同官者三年，内行敦篤，善氣迎人，廿四史、十三經、諸子百家，探口而出，問之不能窮。嘗爲袁簡齋先生駢體文註釋，一典必窮其源，不肯舉眼前所有者以塞責。余嘗借其本觀之，所引之典，多出余所知之外者。余謂先生：「恐簡翁當日撰文時亦祇就目前之典用之，未必若是之探天根、躡月窟，誠恐先生所引之典並簡翁當日亦未必知之。」先生曰：「固然。然注書之法不能不如此。」余曰：「若天下後世皆欲如先生之釋書，則所釋亦僅矣。」先生貧甚，此書未及刊刻而歿。庚、辛之亂，底本不知存亡矣。

王棻《柔橋文鈔・書韓文考異後》　今之學者，未窺許、鄭藩籬，輒詆宋儒爲空疏；未入蕭《選》堂奧，輒訾八家爲塵腐。觀朱子於韓公之文，一字一句不肯輕易放過，其服膺昌黎、詁訓不苟如此，豈東漢、六朝所能駕二公而上之者耶？松生先生以此書與《五百家註》共裝一匣，閒以示余，因書余之所感者如此。

陳康祺《郎潛紀聞二筆》卷六《胡煦因著作收入四庫得謚》　光山胡文良公煦，著《周易函微》，推闡精微，窮搜象數，與洛、閩頗有異同。經河南撫臣於採書之役，續呈御覽。公本無謚，因是書收入四庫，始追賜焉。紀文達公有句云：「四代經神四胡氏，宋胡瑗有《周易口義》，元胡一桂有《易本義》、《附録纂疏》、《易學啓蒙》、《翼傳》，明胡居仁有《易象鈔》。兩朝耆宿兩文良。」雍正中，高公其倬先謚文良。可云典切。

周拱辰《離騷經草木史叙》　予生不逢時，沉幽侘傺，加之嚴慈繼背，風木爲慘。又草莽孤臣，請纓無路，不勝血灑何地之感。寒讀之，當紉蘭結茝。饑讀之，當瓊靡菊英。放棄哀怨讀之，當申徒之石，江魚之贅。竊覩《騷》中山川人物，草木禽魚，一名一物皆三閭之碧血枯淚附物而著其靈。而漢王叔師、宋洪慶善、朱元晦三家，雖遞有注疏，未爲詳榷。陸仲昭新疏，仍涉訓詁習氣于典故，復多挂漏。予向輯《天問》，別注一卷，附刻陸氏新疏中，行世已久，而餘注未及。苫塊之餘，廣爲搜訂，其中山川人物，草木禽魚，多所弋獲，憲古條義，自謂兼之。譬諸睎羲坂之龜圖，都縈淑氣，指宣塚之草木，盡含貞性。弔蜀山化女之石，恍逢怨魄。掬杞國崩城之土，親見啼痕。使後之人一一爲之捫膂，爲之太息，爲之肅然生敬，不敢以一名一物，褻爲蟲篆雕刻之靡，而恍如見夫子未删之《詩》，是則予私心之所以愛《騷》也已。然則稱史者何以治之也？草木之中，有君子焉，有小人焉，一一比其類，而暴其情，使蕭艾菉葹知所顧忌，而不敢進而與蘭芷江蘺競德。凜凜乎，袞鉞旨也。以治草木而還，以治草木者治人，是所望于靈脩者摯焉爾。若夫竊取之義，予則何敢？夫固曰風木之酸淚，草莽之孤憤，所攸寄焉爾也。稗官野乘，聊寓荒衷，篇中之草木禽魚，其有以罪我也夫，其有以知我也夫！

徐廷垣《春秋管窺序》 竊觀《春秋》一書，與《禮經》相表裏，《禮》存其體，而《春秋》著其用，故必先達於《禮》而後能達於《春秋》也。昔魯史記注，本周公遺制，史書舊章，卓然俱有法式。是以韓宣子適魯，見《易象》與魯《春秋》，歎曰：「周禮盡在魯矣。」厥後史失其官，赴告策書或不能盡如法式，夫子取而修之，一遵周公遺制，凡有關於禮教、碍於詞訓者則刊正之，以存一代之典禮。故《左氏發凡》曰：謂之《禮經》，言《春秋·凡例》，皆周公所制。《禮經》明聖人所筆，動依典型，初未嘗私自立法以褒譏當世行事爲也。褒譏且不敢私，而況敢行其賞罰乎？子思子曰：非天子不議禮，不制度，不考文。雖有其位，苟無其德，不敢作禮樂焉；雖有其德，苟無其位，亦不敢作禮樂焉。禮樂且不敢作，況敢賞罰王侯君公乎？乃論者謂孔子作《春秋》，行天子之事，善者賞之，不善者罰之，王可黜其天，君可削其即位，列國諸侯可以人之名之，侯黜爲伯、爲子，子陟爲伯、爲侯。又曰，《春秋》，孔子之刑書，誅死者於前，懼生者於後，甚謂聖人以天自處。此皆但知推崇聖人，而不知孔子當日固一魯大夫也，於周天子則其大君，於魯公則其本國之君，於列國諸侯則俱周天子所封建與魯君並尊者也。身爲陪臣，作私書以黜陟、賞罰王侯君公，此犯上作亂之爲，而謂聖人肯爲之乎？如謂所誅絶者非在位之王公，豈先王先公遂可得而誅之乎？昌言無忌，禍之招也，縱曰深藏其書不輕示人，然聖人者不欺屋漏，明知犯上干禁而故作之，又深匿之，以圖幸免，亦必無之事矣。舉世襲先儒之論，而不究其非，藉有妄人操筆，亦曰我欲法《春秋》也，亦削天子位號，黜陟當代公卿，其將何辭以遏之？夫《春秋》本魯史記事之書，聖人特於此加謹嚴焉，如君舉必書，水旱災祥民事必志，朝聘、會盟、伐滅、奔救，告則書，不告不書，田獵、祀事之有關於禮而後書，常則不書，皆以明周公之制。若其是非、美惡，則因事以自見，初無異詞也，間有曲從諱避，微文見志，亦皆臣子忠厚悱惻之懷，而無謗訕不平之氣，故言之者無罪，覽之者足戒。《左氏》稱《春秋》之義微而顯，志而晦，婉而成章，盡而不汙，懲惡而勸善，此五者足該《春秋》之法矣，曷嘗有賞罰云爾乎？或以諸侯稱名、稱子、稱人爲罰，大夫稱字爲賞，去族爲罰者，不知諸侯失地名，滅同姓名，蠻夷之君稱子，皆載於《禮經》。至略而不書，稱人以微者稱人，大夫稱族，尊君命舍族，尊夫人嘉而稱字，疾而去氏，咸發於凡例，乃赴告策書之體，豈得云夫子賞罰乎？竊見諸家釋經，多率意穿造，同一書法，而左右殊訓，先後異義，如盟會、戰伐之分內志外志，公出書至之分過時、危之、遠之之類，皆枝辭附會，靡所證據，且曰聖人之筆，如化工隨事立議，其變無窮。嗚呼，聖人作《春秋》，本欲使是非秩然，以爲不刊不朽之典常，而故爲變幻，使學者目眩而莫知指歸，豈所以昭示後人乎？予慨夫《春秋》眞義，千載竟成冥途，竊不自量，以《左傳》之事實質經，以經之異同辨例，於《公羊》、《穀梁》二傳，及漢、晉、宋諸儒論釋，其合於義例先後無悖者，不復置議，如其曲說偏斷，理有窒碍，則就經文先後之例以駁正之。原以經辨經，非敢妄用己見，名曰《春秋管窺》，未知果有當於聖心與否，聊以備好學深思者之寓目焉耳。

陳本禮《屈辭精義序》 劉勰曰：不有屈原，豈見《離騷》。顧造物生人，同資化育。何孤臣孽子，天必厄其所遇，戾其所爲，窘之迫之，置之於莫可如何之地？蓋欲磨礱其大節，苦礪其貞操，俾其精誠所結，在天爲星辰，在地爲河嶽，夫然後知天之所以成之者至矣。若屈子者，豈不可謂天之成之者歟？忠不見信，冤莫能白，其發而爲《騷》，亦惟自寫孤忠、泣遊魂於江上耳。而不知其微辭奥旨，實能動天地而感鬼神，惜當時及門如宋景輩，諱楚之忌，不敢明發其鑄辭本意，以致微文愈隱，幽怨莫宣。幸漢孝武愛《騷》，命淮南作傳，而義以明。龍門作《史》，而旨益顯，此亦千載一時之知遇也。迨王叔師《章句》出，而《騷》反晦。唐宋諸儒不能闖其藩籬，踵其悠謬，愈襲愈晦，使後之讀者望洋向若，莫之適從。嗟乎，此豈讀《騷》者之過？不善讀《騷》者之過也。子幼即嗜《騷》，苦無善本，曾寫《江上讀騷小影》。戊子夏，承丹徒石颿山人不惜蒲團午夜，苦吟三日夕，爲賦《讀騷長歌》，邇來四十四年矣。今春雪窗呵硯，不憚眼昏筆拙，復檢舊讀研其精義，正其譌誤，探賾索隱，雖不敢自命註《騷》，然於《騷》之命脈，竊有窺於一管，不揣固陋，略爲詮釋，庶廬山面目得以一洗塵昏於二千年後，不致沈埋於霾雲宿霧中，實亦賴屈子之靈，有以陰相默助，以底於成也。書成，爰志其始末，並載石颿先生長歌於卷首，以識不忘地下老友勗望之意。

萬以敦《儀禮易讀序》 《儀禮》爲禮本經，鄭、賈註疏翻覆穿穴，引伸其義，然駁雜複沓之病或亦時有，故韓昌黎嘗苦其難讀。得朱子折衷之，義始大明，而讀者寔鮮以句讀之古，非淺學易窺也。山陰馬生德淳取古經十七篇，句解字繹之篇不過數百言，節不過數句，句不過數字，其解至約，而經義浹洽，流通靡不條貫。馬生之業不其精乎！往余宰汶上時，於廣文紀君處得濟陽張君爾岐《儀禮句讀》，喜其考覈之精。今馬生所著，較張爲約。昔朱子悼禮之廢，爲集傳注，以垂來世。張君、馬生更患讀者之難，而句解字繹之，其惓惓於是經何如也。馬生以是家塾課其弟子，題之曰《易讀》。夫馬生患讀者之難，手定是書，爲禮經嚆矢，其期於世寧有既乎。廣文李君，好古力學士也，以其書來，余亟賞之，捐資之半，慫慂授梓。會稽令南昌彭君家學淵源，嗜古尤篤，聞余之刻是書也，復捐貲成之，凡五閱月而竣。點勘之功，則李君爲多云。

唐世濟《楚辭疏序》 昔陸士龍初不喜《離騷》，已乃歎其清絕，至貽書士衡曰：「兄復不作者，此文遂單行千載間，吾謂士龍同氣相推爲恭耳。」《離騷》之單行久矣，宋景其門人若堂之有簃，帖然庇其下。東方生以降，其人大都負絕世才，辭而擬之，後無稱焉。借士衡繼響，有異諸人乎？如玉如瑩，爰變丹青，匪變也，益也。玉質而丹青，餙至矣，將來哲何加焉？故東方生、嚴夫子、王褒、劉向之徒不如淮南、班、賈、王、朱之當也，作固有時不及述。雖然，作者推己以附《騷》，述者乃推《騷》以附經。夫《離騷》，單行之書也，後無今，前無古，即懸《六經》而繩之，鮮不合者。要別子也自爲祖矣，誰能混之？故概以詞賦焉，則庳因釋以風雅焉，而亦不得尊，蓋善述者難焉。淮南、班、賈湮矣，今所行叔師，考亭兩家。叔師疎，考亭密。疎者耕，密者穫，即遺秉滯穗，時時有之。然而後起者勝考亭，其繼別之宗乎？陸昭仲起考亭之後，盡掃諸附會，獨以《楚辭》還《楚辭》。間取舊詁，錄其瑜，拂其違，踵其專，變其本。合論而分疏之，使作者幽墨紆軫、奇瑰陸離之詞，不必離朱睇而賈胡鑒，乃始較然勸哉。其用心乎，振考亭之業，纘湘纍之緒，以當《騷》之苗裔，則繼禰者也。直補機雲所未逮，亢宗陸氏乎哉。夫尊朱功令也，林林竭澤，以求之不勝給；而索瘢者，乃日甚《楚辭》功令所不及，是以獲免。今得昭仲善述，而考亭藉以無憾於千載，如意創而獺髓療之，益其妍矣。索瘢者爲誰？矧夫裴如邠如不斤斤訓詁者述也。媿於作矣，夫拾牙後、窺管中作述之難也。唯昭仲獨也超然，轢古切今，二十五篇之後爲盛焉。吾知陸氏之書自此單行哉！昭仲言註《天問》者，周孟侯居多。孟侯麗才、少所下，獨心折昭仲，兄事之，與昭仲同居，語溪之涘，溪流湯湯，得兩君焉，比於延津，望氣者詫爲雙龍，接沅湘之文瀾若同源。然瓊枝瓊靡，唯所屬饜，即《騷》魂，當顧頷避之，緣絲棟葉，有明徵矣。何考亭不銜官也，雲龍騤騤行矣。卜天飛焉，寧久東功令哉？冷然如戛金者，意風雨之一吟耶。吾聆其初聲矣。

朱彭壽《安樂康平室隨筆》卷五 古人注書，往往有彼此不同者。如《論語》作者七人，包咸注，則爲長沮、桀溺、丈人、石門、荷蕢、儀封人、楚狂接輿；王弼注，則爲伯夷、叔齊、虞仲、夷逸、朱張、柳下惠、少連。班固《西都賦》：七相五公。其五公姓名，《文選》李善注，則爲御史大夫張湯、杜周、前將軍蕭望之、右將軍馮奉世、大將軍史丹；《後漢書》李賢注，則爲太尉田蚡、大司馬張安世、大司空朱博、大司徒平晏、大司馬韋賢是也。按韋賢已見李注七相之中，似不應重出。至以一人所注而前後互異者，如先文公於《論語》「夫子之牆數仞」，注云：七尺曰仞；於《孟子》「掘井九軔」，則注云：八尺曰軔，曾爲毛奇齡所譏。按七尺曰仞，據包咸注；八尺曰軔，據趙岐注。實各有所本也。然如高誘於《呂氏春秋・似順論・分職篇》「武王之佐五人」，注云：周公旦、召公奭、太公望、畢公高、蘇公忿生；而於《淮南子・道應訓》「武王之佐五人」，則注云：周公、召公、太公、畢公、毛公；又《呂氏春秋・恃君覽・知分篇》「有兩蛟夾繞其船」，注云：魚滿二千斤爲蛟；而於《淮南子・道應訓》「兩蛟夾繞其船」，則注云：蛟，龍屬也，魚滿二千五百斤。按兩書中高注不同者，尚不止此，姑舉二條以概其餘。即《淮南子》一書中，高氏於《俶眞訓》「鏤之以剞劂」，注云：剞，巧工鉤刀也；劂者，規度刺畫墨邊箋也。而於《本經訓》「無所錯其剞劂削鋸」，則注云：剞，巧刺畫盡頭黑邊箋也；劂，鋸尺削兩刃句刀也。是一人所注，前後兩歧，漢儒即有先例，乃奇齡獨視若無覩，何耶？

又 《淮南子》一書，素鮮佳刻。自乾隆戊申，武進莊伯鴻逵吉取道藏本，經錢獻之坫所校訂者，覆加參考，刊於其父咸寧署中，由是此書遂稱完善矣。顧原書本集衆手而成，與《呂氏春秋》體例最近，其中議論，多採輯周秦諸子之語，惜高誘注解，僅箋釋意義故實，而於引用前人舊説，俱未證明。竊意欲治此書，應仿李善注《選》之例，凡古事古語，引自某書者，爲之分別段落，一一標注所出，庶全書二十訓內，其末卷要略，實總序也。何者爲新纂，何者爲舊聞，俾讀者得以開卷瞭然，不致目迷五色。其裨益後學，似較之高氏所注，莊氏所校者，當尤爲有功云。孫頤谷侍御志祖著有《家語疏證》，於今本《孔子家語》爲王肅所僞撰者，其襲用經子諸書，皆竟委窮原，一一證明所出，其法最善。

彭元瑋《儀禮易讀序》 自有制科以來，英才俊彥博古通經，傳解註釋，於前人所未發者，宣洩無遺矣。惟《儀禮》向少專刻注疏，又過於繁重，人每厭棄之。故經生家知其名而未覩其書者居多。余曩在都門，北平黃宮詹以濟陽張爾岐《儀禮句讀》授余，珍若至寶，因歎韓文公所爲難讀者，竟易讀也。今馬君德淳年八十餘矣，好學不倦，老而彌堅，著《儀禮易讀》，蓋自四十餘年，朝夕研究，聚諸家之異同，而體會其精蘊，釋字句，校音義，俾讀者展卷瞭然，厥功偉矣。應與《句讀》一書並傳於世。山陰令萬君捐俸開雕，學博李君校定手裁。兩君崇闡經學，表揚潛脩之士，功皆不朽。從此家有其書，人習其學，固教民者之責，而學校以興，余樂觀其成，並爲後學諸生勸也。

陳式《重刻昌谷集注序》 少陵以詩學之富，注者千家，其餘唐人詩舉無可注。而既有昌谷詩則不可無注，注昌谷者又絶少。以山陰徐文長規模昌谷而不能注，何況乎他？【略】姚子經三酷嗜昌谷詩過於文長，而心憫昌谷詩之無注，恐不注而傳之，久必就湮。爲起賀七歲賦《高軒過》以及白玉樓召記之時，凡中間所歷朝代時事不同，務殫精研思以期其必合。詩未有深切著明如賀之詩者。庚子曾刻諸吳門，播之遠近。至是司李建寧，建寧書賈以重刻請。姚子之重是刻也，簿書之暇，更取原本較定，爲易其附會之過甚者二三十條，遂無一之不合。故謂賀憑之以有待，即待姚子也。姚子之注昌谷云何？大約人之作詩，必先有作詩之題，題定而後用意，意足而後成詩。義山稱昌谷與諸公遊，未嘗得題爲詩，遇有所得，輒投之破錦囊中。及歸，研墨疊紙足成之。天下抑有無題之詩耶？要以語於賀，則又未始無當。賀之爲詩，無有不題定而覓意，卻又意定而覓題。多是題所應諱，則借他題以晦之。姚子之注昌谷，率由此問徑，將有一節通而節節以通之勢矣。然則賀生二十七年，人也而鬼之；賀沒且千年，鬼也而人之。假漆室之一炬，賀得復有其賀之《春秋》。姚子之爲功於賀，豈淺鮮哉？余究心少陵，不啻童兒以迄白首，而頃者有《少陵詩意》一書。夫以千家注注杜，注非不足。而余第以少陵之有注與昌谷之無注適等，固常不憚浩繁，盡取諸體而闡之以當日作詩之意。其與姚子初不相謀而實若相謀，同於意取之旨也。今姚子昌谷注行，人之讀昌谷注者，豈無因昌谷注而並想余之爲少陵注？而余亦即舉而質之海內矣。

陳世綰《周官析疑序》 夫《周禮》廣大精微，書中之粗迹類皆末世所增入，固作僞而滋惑者也。惟有人焉實指其僞而力辨之，以解後人之惑，斯可由偏布精密中推聖人之用意深切處，而篤信爲建太平之基本。然苟非讀書功深，卓然出一己之特見，鮮有能別黑白而定一尊者。若望溪先生是編，可謂讀書功深，卓然出一己之特見者矣。余嘗謂漢儒注經博而流於雜，宋儒解經約而探其原。康成尊奉子駿，句解字析，惟務徵引以實之。其於制作之心源，未嘗默契而神會。程、張、朱三子則直遡道德之統宗，而明其爲運用天理爛熟之書。一博一約，得失昭然。先生讀書由博歸約，宜其與程、張、朱之議論相合也。且先生所辨有更補先儒所未及者。昔人言《周禮》有闕文省文互見之異，陳止齋則謂鄭注之誤有三。今先生卓然自出特見，論歆則證以公孫祿、班史，安石新法罪由康成，而治經當求實用，言皆的當不易，夫豈呫嗶末學一知半解，所能仰企萬一者哉？辨前人之僞，解後人之惑，謂《周禮》因先生而明可也。

趙嘉稷《毛詩稽古編序》 憶甲子歲，拜先生於城東之存耕堂，遂請先生所著之《毛詩稽古編》，假館於葉氏，朝夕披翫，不忍釋手。是年秋，訪善書人鈔謄一本，先生即因而校正其誤。適禾中曹司農溶好古博聞，搜訪遺書，尤致意於《六經》講義，既得宋元數十種以請正，復攜此書以至禾，相晤於采山堂上，繙閱數卷，即已醉心，歎爲未有。不徒卓議宏情超出乎宋元以上，且使漢儒師授洗剔一新，其有功於四始六義者不淺。

李禎《四書朱子異同條辨自序》 天下之患，莫大乎名從而實違，習其所固然，而不知其所以然，則其患將不可止，而況聖人之道乎？今之讀《四子書》者，初未嘗深思力索聖人之道，苐以爲吾從朱而已。而世之學者聞其從朱則僉曰：「此不畔于道者。」嗚呼，豈非名從而實違，習其所固然而不知其所以然者與？《四子》之書，一火於秦，漢之儒者率以註疏發明之。其時無有得於聖人之道者，故其說多離而少合。唐無人焉，惟昌黎能見其大意，而苐肆力於文字之間，則其於《四子》之言，亦未涵泳而深旨其趣矣。有宋以來，程子得不傳之緒而闡四子之微，故其言深厚而有餘味，精明而無游移。然間亦有以己意解經，雖無背於聖道之大本，而未晰其文辭之支流者，則亦有所未密也。楊、謝之徒，雖從學程子，多未得程子之意而岐出其旨，則已疏矣。惟子朱子，起於周、程、張子之後。其於前人之發明聖道者，既觀其備，而又以其明睿誠篤之資，致其博辨精耑之力，豁然貫通，然後融會而爲章句、集註。其有前人之已是者，不敢以或更也；其有前人之未是者，不敢以不正也。而猶恐人之以自信己說爲疑，則有《或問》之假借以明焉；而猶恐《章句》、《集註》之簡括難見，則又有《語類》之反覆以詳焉；而猶恐前人之精思要論，或以己之兼該而隱，而又疑于說之未能盡取也，則又有《精義》《輯略》之并存以備參焉。嗚呼，向使朱子之心少有私意之蔽，而其所言者非其身體力行之所得，亦安能與《四子》之書之意渾合，而無間者與？夫朱子之心亦既殫且竭矣，朱子之說亦既大且精矣，而後之學者或執其辭而晦其意者有之，或得其意而誤其辭者亦有之。不然則見其粗而忘其精也，不然則明于此而昧於彼也，不然則知其一說而不知其又有一說，而莫或貫之也。此非但數百年之後深體其說者蓋寡，即勉齋之徒親炙於朱子之門者，殆已不無相沿而繆戾者也。是豈聖人之道之果難明與，抑身體力行者少而深思力索者竟亦不多覯與？嗚呼！此予深惜其名從而實違習其所固然，而不知其所以然者也。

李志魯《儀禮易讀跋》 馬君德淳，山陰老諸生也。魯秉鐸是庠，初至時馬君來謁，年已八十矣，退然執弟子禮甚恭。魯媿不敢當，叩其所學，則娓娓譚經不倦。蓋自補弟子員，即潛心經義。若《易》、《詩》、《書》、《春秋》皆費攻苦，而於禮尤究心焉。著有所解《儀禮》一書，魯取而讀之，批郤導窾，融貫經文，舉委曲煩重之旨，而出之以簡潔明爽，俾學者隨讀隨解，而不苦其難。此其用心爲何如耶？會少宗伯天台息軒齊先生主講蕺山，魯以是編請正，深爲許可，且爲言于學使者。寧化翠庭雷公獎賞至再，謂非徒訓詁家言，蓋足令讀之者不惟通其句讀，而由此可以會古人之精意於字句之間，其功固不在註疏下。魯乃亟謀所以梓之者，而未能也。乙亥春，山陰令阿甯萬君由天台量移是邑，公餘稍暇，輒留心經史諸書，得馬君《儀禮》稾本，欣然曰「此不朽之業也」。因言曩令汶上時廣文紀君曾遺以《儀禮句讀》，心甚愛之，是編更足羽翊注疏，以裨後學。亟捐俸五十金付之剞劂，而會稽令南昌彭君雅重經學，嘗慨《儀禮》之少專刻，復捐俸以助。二君胥于此有夙契焉。其所以及於是者，第以表章經義，而豈有所私於馬君哉？夫通經學古，儒者之事也。崇實學以勵多士，亦司鐸者責也。國家經學昌明，遠軼前世。窮經之士皆得各出所學，以自號專家。而馬君乃獨抱遺經，苦心孤詣，孳孳數十年，不求問世，是可聽其泯沒耶？爰偕同僚龍村張君暨我諸庠友互相參校，凡五閱月而告竣。馬君家貧無子，內行淳篤，有古人之風。魯於是書之成，而竊幸其可以不朽矣。

過於飛《詩經正解序》 姜子我英之詩解先成，屬余爲之序。蓋《詩》解難言之矣。吾嘗私論之，諸經可解，《詩》、《春秋》不可解也。以《詩》論之，《雅》、《頌》可解，《國風》不可解也，正風正雅可解，變風變雅不可解也。賦可解，比興不可解也。夫人以其幽深要眇之思，而寄之於山川草木蟲魚之變，以其怨悱孤憤之感，而藏之於主文譎諫之中，或美焉，或刺焉，或哀焉，或樂焉，而其所以美、刺、哀、樂者，不可知也。猶之或日焉，或月焉，或名焉，或字焉，而其所以日、月、名、字者不可知也。自孔子刪《詩》，則固有闕逸，又經秦火之後，老師宿儒區區掇拾，而其篇章貿亂，時代失倫，其人其事皆已無可考信。七十子之中，惟商與賜善言《詩》，今世所傳猶有端木氏《詩傳》及卜子《詩序》，大毛公受之。然今以傳序較，其不合者固已多矣，何況齊、魯、毛、韓各爲其說者乎？三家既廢，獨毛、鄭列于學宮。後千年而紫陽之傳出，頗有牴牾，然如馬貴與之徒伸毛詘朱者亦未有定論。由此言之，《詩》可解乎？不可解乎？是故局于時非解也，拘于事非解也，泥于詞非解也。善乎，子輿氏之言也。曰不以文害辭，不以辭害志，以意逆志，是爲得之。此善解《詩》者也。陶淵明讀書不求甚解，故其爲詩清淡閒遠，有不盡之趣。彼以不求甚解解《詩》，得其解矣。我英之爲是編也，先之傳序，以導洙泗之源流。次宗紫陽，以定舉業之杓指。而古今儒先訓詁分條別波，亦往往不廢。蓋漢世集諸儒講《五經》同異，異者黜之，獨謂《詩》者宜於兼存同異，以附于古人斷章取義之思。故曰《靜女》之三章取「彤琯」焉，七子從君子太叔獨賦《蔓草》。《詩》固有一定之解耶。夫不定一解以爲解者，乃《詩》解之正也。記稱《詩》之失愚，所謂愚者，正以其固陋膠執，而不能旁通曲鬯之謂也。姜子深于《詩》者，吾是以有言。

皮錫瑞《經學通論・易經・論孔子作卦辭爻辭又作彖象文言是自作而自解》 或疑卦辭、爻辭爲孔子作，《彖》、《象》、《文言》又孔子作。夫《彖》、《象》、《文言》，所以解卦辭、爻辭也，是豈孔子自作之而自解之歟？曰：孔子正是自作之而自解之也。聖人作《易》，幽贊神明，廣大精微，人不易喻。孔子恐人之不能盡喻也，既作卦辭，又自作《彖》，以解卦辭；既作爻辭，又自作《象》，以解爻辭；《乾》、《坤》爲《易》之門，居各卦之首，又特作《文言》以釋之。所謂言之不足，故長言之，所以開愚蒙導後學也。若疑自作自解，無此文體，獨不觀揚雄之《太玄》乎！《太玄》準《易》而作者也。《漢書・揚雄傳》曰：爲其泰曼漶而不可知，故有《首》、《衝》、《錯》、《測》、《攡》、《瑩》、《數》、《文》、《掜》、《圖》、《告》十一篇，皆以解剝玄體離散其文，章句尚不存焉。據此是雄作《太玄》，恐人以爲曼漶不可知，自作十一篇解散其文，以示後人。正猶孔子作《易》，有卦辭、爻辭，恐人不知自，作《彖》、《象》、《文言》以示後人也。司馬光説《玄》曰：《易》有《彖》，《玄》有《首》，《彖》者，《卦辭》也。《首》者，亦統論一首之義。《易》有《爻》，《玄》有《贊》。《易》有《象》，《玄》有《測》，《測》所以解《贊》也。《易》有《文言》，《玄》有《文》，《文》解五德幷中《首》九贊，《文言》之類也。據此則《太玄》準《易》，《玄》之贊，即《易》之爻。若謂自作不當自解，則揚子既作贊矣，何必又有《測》以解贊，復有言以解贊乎？當時客有難《玄》太深，雄解之，號曰《解難》。其辭曰：是以宓犧氏之作《易》也，綿絡天地經以八卦，文王附六爻，孔子錯其《象》而《彖》其辭，然後發天地之藏，定萬物之基。揚子但以文王爲附六爻，與《法言》所説同，文王但重卦而無辭，則《卦・爻辭》必孔子作。雄以孔子作《卦・爻辭》，又作《彖》、《象》、《文言》而自解之，故準《易》作《太玄》，亦作《首贊》以法《卦爻辭》，又作《測》與《文》而自解之。揚雄《太玄》自作自解，人未有疑之者，獨疑孔子不應自作自解，是知二五而不知十也。高貴鄉公以下，多疑《彖》、《象》不當合經，不知《彖》、《象》與卦爻辭皆孔子一人所作。既皆孔子所作，則皆當稱爲經，並無經傳之分。惟《繫辭傳》當稱傳耳。《彖》、《象》合卦爻辭與不合卦爻辭，似可無庸爭辨。《太玄》舊本分玄之贊辭爲三卷，一方爲上，二方爲中，三方爲下，次列《首》、《衝》、《錯》、《測》、《攡》、《瑩》、《數》、《文》、《掜》、《圖》、《告》凡十一篇，范望散首《測》於贊辭之間，王涯因之。宋惟幹依《易》之序，以玄《首》準卦辭，《測》準《小象》，《文》準《文言》，《攡》、《瑩》、《掜》、《圖》準《繫辭》，《告》、《數》準《説卦》，《衝》準《序卦》，《錯》準《雜卦》，吳秘因之，司馬光從范本。諸人紛紛改訂，正與改訂《易》文相似，其實一人所作，次序先後可以不拘。阮孝緒稱《太玄經》九卷，雄自作章句，是雄且作章句以自解其《太玄》矣，尚何疑於自作自解之不可乎？章學誠《文史通義》以著書自注爲最善，謂本班固《漢書》，不知揚雄又在班固之前，孔子更在前也。

又《論鄭荀虞三家之義鄭據禮以證易學者可以推補不必推補爻辰》 鄭君用費氏《易》，其注《易》有爻辰之説，蓋本費氏《分野》一書。然鄭所長者不在此，鄭學最精者三《禮》，其注《易》亦據《禮》以證《易》義廣大，無所不包。據《禮》證《易》，以視陰陽術數，實遠勝之。鄭注如嫁娶、祭祀、朝聘，皆合於《禮經》，其餘雖闕而不完，後儒能隅反而意補之，亦顓家之學也。鄭君自序，來至元城乃注《周易》，其成書在絶筆之年。晉以後，鄭《易》皆立學。南北朝時，河北用鄭《易》，江左用王弼《易》注。至隋，鄭《易》漸衰。唐定《正義》，《易》主王弼，而鄭《易》遂亡。宋末王應麟始爲蒐輯古書之學，輯《鄭易注》一卷。近儒惠棟以爲未備，更補正爲三卷。丁杰又以爲有誤入者，復加釐訂，稱爲善本。是鄭君之成《易》注，視諸經爲最後，鄭君書多亡逸，輯《易》注者，視諸書爲最先。張惠言亦輯鄭《易》，而加以發明。《周易鄭荀義敍》曰：昔者虙犧作十言之教，曰乾、坤、震、巽、坎、離、艮、兑、消、息。鄭氏贊《易》實述之，至其説經，則以卦爻無變動，謂之彖辭。夫七八者彖，九六者變。經稱用九用六，而辭皆七八，名與實不相應，非虙犧氏之旨也。爻象之區既隘，則乃求之於天。乾坤六爻，上繫二十八宿，依氣應宿，謂之爻辰。若此則三百八十四爻，其象十二而止，殆猶溓焉，此又未得消、息之用也。然其列貴賤之位，辨大小之序，正不易之倫，經綸創制，吉凶損益，與《詩》、《書》、《禮》、《樂》相表裏，則諸儒未有能及之也。荀氏之説消、息，以乾升坤降，萬物始乎泰，終乎否，夫陰陽之在天地，出入上下，故理有易有簡，位有進有退，道有經有權，歸于正而已。而荀氏言陽常宜升而不降，陰常宜降而不升，則姤遯否之義，大于既濟也。然其推乾坤之本，合于一元，雲行雨施，陰陽和均，而天地成位，則可謂得《易》之大義者也。虞氏考日月之行以正乾元，原七九之氣以定六位，運始終之紀以敍六十四卦，要變化之居以明吉凶悔吝，六爻發揮，旁通乾元，用九則天下治，以則四德，蓋與荀同源，而閎大遠矣。王弼之說，多本鄭氏，而棄其精微。後之學者習聞之，則以爲費氏之義如此而已。其盈、虛、消、息之次，周流變動之用，不詳於《繫辭》、《彖》、《象》者，概以爲不經。若觀鄭、荀所傳卦氣、十二辰、八方之風、六位、世應爻、互卦變，莫不彰著。劉向有言，易家皆祖田何，大義略同，豈特楊叔、丁將軍哉。錫瑞案：張氏舉鄭、荀、虞，而斟酌其得失，皆有心得。其於鄭義取其言《禮》，不取其言爻辰，與李鼎祚《集解》采鄭注，不采其言爻辰者，同一卓識。惟以卦氣十二辰之類，亦祖田何，則未必然。孟京以前，言《易》無有主卦氣十二辰之類者，不可以後人之說誣前人，而以《易》之別傳爲正傳也。焦循曰：爻辰自爲鄭氏一家之學，非本之《乾鑿度》，亦不必本於《月律》也。然以離九三爲艮爻，位値丑，丑上値弁星，弁星似缶，坎上六爻辰在巳，蛇之蟠屈似徽纆，臨卦斗臨丑，爲殷之正月，以見周改殷正之數，謬悠非經義。至以焚如爲不孝之刑，女壯爲一女當五男，尤非聖人之義也，余於爻辰無取焉爾。

又《論費氏易傳於馬鄭荀王而其説不同王弼以十篇説經頗得費氏之旨》

漢《易》立博士者四家：施、孟、梁邱、京氏，並今文說而皆亡佚。後世所傳者，費氏古文《易》也。而今之《易》又非古文，蓋爲後人變改幾盡。《說文》間載古文，許愼以爲孟氏。《釋文》所載經文異字，惟《易》獨多。然則漢時傳《易》者，尤爲雜而多端，未知田何、楊叔、丁將軍之傳本，究如何也。《漢書·儒林傳》曰：費直字長翁，東萊人也，治《易》爲郎，至單父令，長於卦筮，亡章句，徒以《彖》、《象》、《繫辭》、十篇《文言》解說上下經，瑯邪王璜平中能傳之。《後漢書·儒林傳》曰：東萊費直能《易》，授瑯邪王橫爲費氏學，本以古字號古文《易》，陳元、鄭衆皆傳費氏《易》。其後馬融亦爲其傳，融授鄭玄，玄爲《易》注。荀爽又作《易》傳，自是費氏興而京氏遂衰。錫瑞案：費氏之《易》，不知所自來。考其年當在成、哀間，出孟、京後，王璜即王橫，與王莽同時，爲費氏一傳弟子，則必在西漢之末矣。費氏無章句，故《藝文志》不載。《釋文》有《費直章句》四卷，當屬後人依託。費氏專以《彖》、《象》、《繫辭》、《文言》解經，與丁將軍訓故舉大誼略同，似屬《易》之正傳。而漢不立學者，漢立學皆今文，而費氏傳古文；漢人重師授，而費氏無師授。故范升曰：京氏既立，費氏怨望，則東漢初有欲立費《易》者，而卒不立。陳元傳費《易》，或即欲立費《易》之人，正與范升反對者也。陳元、鄭衆、馬融《易》學不傳，鄭、荀二家稍傳其略，王弼亦傳費《易》，而其說各異。費氏亡章句，止有文字，東漢人重古文，蓋但據其本文，而說解各從其意，此鄭、荀、王所以各異也。劉向以中古文《易經》，校施、孟、梁邱經，或脫去《無咎》、《悔亡》，唯費氏經與古文同，此馬、鄭所以皆用費氏。《釋文》以爲費《易》人無傳者，是不知馬、鄭、王之《易》即費《易》也。王弼盡掃象數，而獨標卦爻承應之義，蓋本費氏之以《彖》、《象》、《繫辭》、《文言》解經，後儒多議其空疏。陳澧獨取之，曰：「乾元亨利貞，初九潛龍勿用。」王輔嗣注云：「《文言》備矣。」「九二見龍在田。」注云：「出潛離隱，故曰見龍。處於地上，故曰在田。」此眞費氏家法也。「元亨利貞」之義，「潛龍勿用」之義，《文言》已備，故輔嗣不復爲注。至「見龍在田」，《象》曰：「德施普也」，《文言》曰：「龍德而正中者也」。又曰：「時舍也」，皆未釋「見」字「田」字，故皆爲之注，而又不可以意而說也。《文言》曰：「潛之爲言也，隱而未見，潛爲未見，則見爲出潛矣。潛爲隱，則見爲離隱矣。」故輔嗣云：「出潛離隱，據彼以解此也。」《繫辭》傳曰：「兼三才而兩之，故《易》六畫而成卦，是五與上爲天，三與四爲人，初與二爲地，初爲地下，二爲地上。」故輔嗣云：「處於地上也。」此眞以十篇解說經文者，若全經之法皆如是，則誠獨冠古今矣。

又《論近人説易張惠言爲顓門焦循爲通學學者當先觀二家之書》

《四庫提要·易類》曰：聖人覺世牖民，大抵因事以寓教。《詩》寓於風謠，《禮》寓於節文，《尚書》《春秋》寓於史，而《易》則寓於卜筮，故《易》之爲書，推天道以明人事者也。《左傳》所記諸占，蓋猶太卜之遺法。漢儒言象數，去古未遠也。一變而爲京、焦，入於禨祥。再變而爲陳、邵，務窮造化，《易》遂不切於民用。王弼盡黜象數，說以《老》、《莊》。一變而胡瑗、程子，始闡明儒理。再變而李光、楊萬里，又參證史事，《易》遂日啓其論端。此兩派六宗，已互相攻駁。又《易》道廣大，無所不包，旁及天文、地理、樂律、兵法、韻學、算術，以逮方外之爐火，皆可援《易》以爲說。而好異者又援以入《易》，故《易》說愈繁。夫六十四卦，大象皆有，君子以字，其爻象則多戒占者，聖人之情見乎詞矣。其餘皆《易》之一端，非其本也。今參校諸家，以因象立教者爲宗，而其他《易》外別傳者，亦兼收以盡其變。又惠棟《易漢學提要》曰：漢學之有孟、京，亦猶宋學之有陳、邵，均所謂《易》外別傳也。錫瑞案：以孟、京、陳、邵均爲《易》外別傳，至明至公。孟、京即所謂天文算術，陳、邵即所謂方外爐火也。漢之孟、京，宋之陳、邵，既經辭闢，學者可以勿道。國朝二黃、毛、胡之闢宋學，可謂精矣。《圖書》之學，今已無人信之者，則亦可以勿論。惠棟爲東南漢學大宗，然生當漢學初興之時，多采掇而少會通，猶未能成一家之言，其《易》漢學采及《龍虎經》，正是方外爐火之說。故《提要》謂其「掇拾散佚，未能備睹專門授受之全」，則惠氏書亦可從緩。近儒說《易》惟焦循、張惠言最善。其成書稍後，四庫未收，故《提要》亦未及稱許，實皆學《易》者所宜急治。焦氏說《易》，獨闢畦町，以虞氏之旁通，兼荀氏之升降，意在采漢儒之長而去其短。《易通釋》「六通四闢」皆有據，依《易圖略》復演之爲圖，而於孟氏之卦氣，京氏之納甲，鄭氏之爻辰，皆駁正之，以示後學。《易章句》簡明切當，亦與虞氏爲近。學者先玩《章句》，再考之《通釋》、《圖略》，則於《易》有從入之徑，無望洋之歎矣。張氏著《周易虞氏義》，復有《虞氏消息》、《虞氏易禮易事易言易候》，篤守家法，用功至深，漢學顓門，存此一線。治顓門者，當治張氏之書，以窺漢《易》之旨。若欲先明義理，當觀王注而折衷於程傳，亦不失爲《易》之正傳。

又《論焦循易學深於王弼故論王弼得失極允》　焦循論王弼極允。《周易補疏敍》曰：《易》之有王弼，說者以爲罪浮桀紂，近之說漢《易》者，屏之不論不議者也。歲壬申，余撰《易》學三書漸有成，夏月啓書塾北窗，與一二友人看竹中紅薇白菊，因言《易》及趙賓解「箕子爲荄茲」，或詡其說曰：非王弼輩所能知也。余笑而不答，或曰：何也？余乃取王弼注示之，曰：弼之解箕子，正用趙賓說，孔穎達不能申明之也。衆唯唯退，門人進曰：《正義》者，奉王弼爲準繩者也，乃不能申弼如是乎？余曰：非特此也。如讀彭爲旁，借雍爲甕，通孚爲浮，而訓爲務躁；解斯爲廝，而釋爲賤役。諸若此，非明乎聲音訓詁，何足以明之？東漢末，以《易》學名家者，稱荀、劉、馬、鄭。荀謂慈明爽，劉謂景升表，表之學受於王暢。暢爲粲之祖父，與表皆山陽高平人。粲族兄凱，爲劉表女壻，凱生業，業生二子：長宏，次弼。粲二子既誅，使業爲粲嗣。然則王弼者，劉表之外曾孫，而王粲之嗣孫，即暢之嗣玄孫也。弼之學蓋淵源於劉，而實根本於暢。宏字正宗，亦撰《易義》。王氏兄弟，皆以《易》名，可知其所受者遠矣。故弼之《易》雖參以己見，而以六書通借，解經之法，尚未遠於馬、鄭諸儒，特貌爲高簡，故疏者概視爲空論耳。弼天資察慧，通儁卓出，蓋有見於說《易》者支離傅會，思去僞以得其眞，而力不能逮。故知卦變之非，而用反對；知五氣之妄，而用十二辟。唯之於阿，未見其勝也。解龍戰以坤上六爲陽之地，因本爻辰之在巳；解文柔文剛以乾二坤上言，仍用卦變之自泰來。改換其皮毛，而本無眞識也。至局促於乘承比應之中，顚頂於得象忘言之表。道消道長，既偏執於扶陽；貴少貴寡，遂漫推夫卦主。較量於居陰居陽，揣摹於上卦下卦。智慮不出乎六爻，時世謬拘於一卦。洵童稚之藐識，不足與言通變神化之用也。然於觀則會及全蒙，於損亦通諸剝道。聰不明之傳，似明比例之相同；觀我生之爻，頗見升降之有合。機之所觸，原有悟心。倘天假之年，或有由一隙貫通，未可知也。惜乎秀而不實，稱道者徒飫其糠粃，譏刺者莫探其精液。然則弼之《易》，未可屛之不論不議也。錫瑞案：焦氏《易》學，深於王弼，故能考其得失。弼注「箕子之明夷」，曰：險莫如茲，而在斯中。焦氏補疏曰：古字箕即其，子通滋，滋通茲。王氏讀箕子爲其茲，以茲字解子字，以斯字解其字。焦氏《易章句》曰：箕古其字，與中孚其子和之同義。以其子解箕子，與王氏意略同。其以假借說《易》，亦與王注「讀彭爲旁，借雍爲甕」相合。故有取於王注，而特爲之補疏也。

又《論焦循以假借說易本於韓詩發前人所未發》　焦循以假借說《易》，獨闢畦町，其《易話韓氏易》一條，引《韓詩外傳》云：《易》曰：「困于石，據于蒺藜，入于其宮，不見其妻，凶。」此言困而不疾據賢人者。昔者秦穆公困於殽，疾據五羖大夫蹇叔、公孫支而小霸；晉文以困于驪氏，疾據咎犯、趙衰、介子推而遂爲君；越王句踐困於會稽，疾據范蠡、大夫種而霸南國；齊桓公困于長勺，疾據管仲、甯戚、隰朋而匡天下。此皆困而知疾據賢人者也。夫困而不知疾據賢人而不亡者，未嘗有也。以疾據賢人，解據于蒺蔾，則借蒺爲疾，由此可悟《易》辭之比例。《漢書·儒林傳》稱韓嬰亦以《易》授人，推《易》意而爲之傳，於此可見其一端。余於其以疾解蒺，悟得經文以假借爲引申，如借祇爲底，借豚爲遯，借豹爲約，借鮒爲附，借鶴爲隺，借羊爲祥，借袂爲夬，皆韓氏有以益我也。又《周易》用假借論曰：近者學《易》十許年，悟得比例引申之妙，乃知彼此相借，全爲《易》辭而設。假此以就彼處之辭，亦假彼以就此處之辭。如豹、礿爲同聲，與虎連類而言，則借礿爲豹；與祭連類而言，則借豹爲礿。沛、紱爲同聲，以其剛揜於困下，則借沛爲紱，以其成兑於豐上，則借紱爲沛，各隨其文以相貫，而聲近則以借而通。蓋本無此字而假借者，作六書之法也。本有此字而假借者，用六書之法也。古者命名辨物，近其聲即通其義。如天之爲顛，日之爲實，春之爲蠢，秋之爲愁，嶽之爲确，岱之爲代，華之爲穫，子之爲滋，丑之爲紐，卯之爲冒，辰之爲振，仁之爲人，義之爲我，禮之爲體，富之爲福，銘之爲名，及之爲汲，葬之爲喪，栗之爲慄，蜘蛛之爲踟躕，汍瀾之爲芄蘭，無不以聲之通而爲字形之借。故聞其聲即知其實，用其物即思其義。欲其夷平也，則以雉名官；欲其勼聚也，則以鳩名官；欲其戶止也，則以扈名官。以曲文其直，以隱蘊其顯，其用本至精而至神。施諸《易》辭之比例，引申尤爲切要矣。是故柏人之過，警於迫人。秭歸之地，原於姊歸。髮忽蒜而知算盡，履露卯而識陰謀。即楊之通於揚，娣之通於稊也。梁簡文、沈約等集，有藥名、將軍名、郡名等詩，唐權德輿詩曰：「藩宣秉戎寄，衡石崇位勢。年紀信不留，弛張良自愧。」宣秉、石崇、紀信、張良，即箕子帝乙之借也。陸龜蒙詩「佳句成來誰不伏，神丹偷去亦須防。風前莫怪攜詩藁，本是吳吟蕩槳郎」。伏神、防風、藁本，即蒺蔾、莧陸之借也。溫庭筠詩「井底點燈深燭伊，共郎長行莫圍棋。玲瓏骰子安紅豆，入骨相思知不知」。借燭爲囑，借圍棋爲違期，即借蚌爲邦，借鮒爲附之遺也。相思爲紅豆之名，長行爲雙陸之名，借爲男之行女之思。即高尚其事爲逸民，匪躬之故爲臣節，借爲當位之高失道之匪也。合艮手坤母而爲拇，合坎弓艮瓜而爲弧，即孔融之離合也。樽酒爲尊卑之尊，蒺蔾爲遲疾之疾，即子夜之雙關也。

又《論説易之書最多可取者少》 《四庫全書》經部，惟《易經》爲最多，提要別擇之亦最嚴，《存目》之外，又別出於《術數》，不欲以溷經也。《易》義無所不包，又本卜筮之書，一切術數，皆可依託。或得《易》之一端，而要不足以盡《易》，雖云密合，亦屬強附。如《京房卦氣》，原出歷數，唐一行言歷引孟喜卦氣。揚雄《太（元）［玄］》推木渾天，其數雖似巧合於《易》，實是引《易》以強合其數。孔子作《易》，當時並不知有漢歷，謂孔子據漢歷作《易》，斷斷乎不然也。陳摶《龍圖》，本是丹術，邵子《衍數》，亦原道家，其數雖似巧合於《易》，實是引《易》以強合其數。孔子作《易》，當時亦不知有道書，謂孔子據道書作《易》，斷斷乎不然也。此兩家準之孔子作《易》之旨，既皆不然，則其學雖各成一家，皆無關於大義。漢學誤於讖緯，宋學亂於圖書。當時矜爲秘傳，後儒不得不加論辨。今辨之已晰，人皆知其不關大義，學者可以不必誦習，亦不必再加論辨矣。其餘一切術數、風角、壬遁，實有徵驗；丹鼎爐火，亦足養生。其書亦或假《易》爲名，要不盡符於《易》之理。《參同契》見引於虞氏，而專言坎離之旨，已與《易》重乾坤不同。陰陽五行蓍龜雜占，《漢書·藝文志》別出之於後，未嘗以溷於《易》。誠以先聖大義，非可以九流衆技參之。即蓍龜十五家，實爲卜筮之書，而但言占法，不言義理，亦不得與《易》十三家並列於前。古人別擇之嚴如此，所以尊經而重道也，又況後世臆造委巷不經之書乎？漢人之書，自《太玄》、《參同契》以外，今皆亡佚，所傳術數，多出唐宋以後。《提要》既別出於後，不入《易》部，學者更可不必誦習，亦不必再加論辨矣。《存目》諸書，取資甚尠，即收入經部者，亦多節取其長，蓋漢儒之書不傳。自宋至今，能治專家之學如張惠言、通全經之學如焦循者，實不多覯，故後之學《易》者，必自此二家始。

又《書經·論劉逢祿魏源之解尚書多臆説不可據》 今古文之興廢，皆由《公羊》、《左氏》爲之轉關。前漢通行今文，劉歆議立《左氏春秋》，於是牽引古文《尚書》、《毛詩》、《逸禮》諸書，以爲之佐。後漢雖不立學，而古文由此興，今文由此廢。以後直至國朝諸儒，昌明漢學，亦止許、鄭古文。及孔廣森專主《公羊》，始有今文之學。陽湖莊氏，乃推今《春秋公羊義》並及諸經，劉逢祿、宋翔鳳、龔自珍、魏源繼之。而三家《尚書》三家《詩》，皆能紹承絕學。淩曙、陳立師弟，陳壽祺、喬樅父子，各以心得，著爲專書，二千餘年之墜緒，得以復明，十四博士之師傳，不至中絕，其有功於聖經甚大，實亦由治《公羊春秋》，漸通《詩》、《書》、《易》、《禮》之今文義也。常州學派蔚爲大宗，龔自珍詩所謂「秘緯戶戶知何休」者，蓋《公羊》之學爲最精，而其《說尚書》則有不可據者。劉逢祿《書序》《述聞》多述莊先生說，不補《舜典》，不信逸書，所見甚卓，在江、孫、王諸家之上。而引《論語》、《國語》、《墨子》以補《湯誓》，以《多士》、《多方》爲有錯簡而互易之，自謂非敢蹈宋人改經故轍，而明明蹈其故轍矣。《盤庚》以「咸造勿」爲句，謂「勿爲古文昒」。《微子》以「刻子」讀爲「亥子」。《洪範·序》以「立武庚目」爲句，謂「巳」當作「祀」。《洛誥》以「王賓殺禋」爲句，「咸格王」爲句，「入太室祼」爲句，謂「殺當爲秉，秉禋即奉璋也」。《顧命》「太保命仲桓南宮毛俾爰」爲句，「爰者，扶掖之名」。《畢命·序》以「康王命作冊」爲句，「畢分居里成周郊」爲句，謂「畢，終也」，周公、成王未竟之業至康王始畢之。皆求新而近鑿。《太誓·序》「惟十有一年」，爲「武王即位之十一年」，不蒙文王受命之年數之，與今文古文皆不合。至於不信周公居攝之說，以孫卿爲誣聖亂經，不取太子孟侯之文，以伏傳爲街談巷議，不用孟津觀兵之義，以馬遷爲齊東野人，橫暴先儒，任意武斷。乃云「漢儒誣之於前，宋儒亂之於後」。其實莊氏所自矜創獲，皆陰襲宋儒之餘唾，而顯背漢儒之古訓者也。孫卿在焚書之前，伏生爲傳經之祖，太史公去古未遠，其說必有所受，乃以理斷之，謂皆不可信。宋儒之說，獨可信乎？宋儒已不可信，莊氏之說，又可信乎？劉逢祿雖尊信之，宋翔鳳、龔自珍皆不守其說。魏源尊信劉逢祿，其作書《古微》痛斥馬、鄭，以扶今文。實本莊、劉，更參臆說。補《湯誓》，本莊氏。補《舜典》、《湯誥》、《牧誓》、《武成》，則莊氏所無。《周誥》分年集證，將《大誥》至《洛誥》之文，盡竄易其次序，與王柏《書疑》無以異。以管叔爲嗜酒亡國，則雖宋儒，亦未敢爲此無據之言。而於《金縢》「未敢訓公」之下，既知必有缺文，又云後半篇不如從馬、鄭說。西漢今文，千得豈無一失？東漢古文，千失豈無一得？則其解經並無把握，何怪其是末師而非往古乎？解經但宜依經爲訓，莊、劉、魏皆議論太暢，此宋儒說經之文，非漢儒說經之文。解經於經無明文者，必當闕疑。莊、劉、魏皆立論太果，此宋儒武斷之習，非漢儒矜愼之意也。

又《論治尚書當先看孫星衍尚書今古文注疏陳喬樅今文尚書經說考》

《孔傳》至今日，人知僞作而不足信矣，《蔡傳》又爲人輕蔑而不屑稱矣。然則治《尚書》者當以何書爲主，陳澧曰：江、王、段、孫四家之書善矣。既有四家之書，則可刪合爲一書。取《尚書大傳》，及馬、鄭、王注僞《孔傳》，與《史記》之采《尚書》者，《爾雅》、《說文》、《釋名》、《廣雅》之釋《尚書》文字名物者，漢人書之引《尚書》而說其義者，采擇會聚而爲集解。《孔疏》《蔡傳》以下，至江、王、段、孫及諸家說《尚書》之語，采擇融貫而爲義疏。其爲疏之體，先訓釋經意於前，而詳說文字名物禮制於後，如是則盡善矣。錫瑞案：陳氏說近是而未盡也。江聲《尚書集注音疏》，疏解全經，在國朝爲最先，有蓽路藍縷之功。惟今文搜輯未全，立說亦有未定。如解「曰若稽古」兩歧，孫星衍已辨之。又承東吳惠氏之學，好以古字改經，頗信宋人所傳之古《尚書》，此其未盡善者。王鳴盛《尚書後案》，主鄭氏一家之學，是爲專門之書，專主鄭，故不甚采今文，且間駁伏生，如解司徒司馬司空之類。亦未盡善。段玉裁《古文尚書撰異》，於今、古文分別具晰，惟多《說文》字，尟解經義，且意在祖古文，而不信伏生之今文，如《金縢》誣今文說之類。亦未盡善。孫星衍《尚書今古文注疏》，於今古說搜羅略備，分析亦明，但誤執《史記》皆古文，致今古文家法大亂，如《論衡》明引《金縢》古文說，孫以其與《史記》不合，乃曰：王氏充以爲古者，今文亦古說也。豈非遁詞。亦有未盡善者。然大致完善，優於江、王。故王懿榮請以立學。其後又有劉逢祿《尚書今古文集解》、魏源《書古微》、陳喬樅《今文尚書經說考》，三家之書皆主今文，不取古文。蓋自常州學派以西漢今文爲宗主，《尚書》一經亦主今文。劉氏、魏氏不取馬、鄭，並不信馬、鄭所傳逸十六篇。其識優於前人，惟既不取馬、鄭古文，則當專宗伏生今文，而劉氏、魏氏一切武斷改經增經，如魏氏改《梓材》爲《魯誥》，且臆增數篇攙入《尚書》。從宋儒臆說而變亂事實，與伏生之說大背。如劉氏「駁周公稱王」之類。皆不盡善。陳氏博采古說，有功今文，惟其書頗似長編，搜羅多而斷制少，又必引鄭君爲將伯，誤執古說爲今文，以致反疑伏生，違棄初祖，如「文王受命」、「周公避居」二事，皆誣伏生老耄，記憶不全。亦有未盡善者。但以捃拾宏富，今文家說多存，治《尚書》者，先取是書與孫氏《今古文注疏》，悉心研究，明通大義，篤守其說，可不惑於歧趨。今即近人所著書中酌取兩家之說，指明初學所入門徑，以免歧誤，猶《易》取焦、張兩家之說也。若如陳澧所言，撰爲集解義疏，當先具列伏傳《史記》之說，字字遵信，加以發明，不可誤據後起之詞，輕疑妄駁；次則取《白虎通》及兩《漢書》所引經說，加以漢碑所引之經，此皆當日通行之今文，足備考證；又次則取馬、鄭、僞孔，擇其善者，以今文爲折衷，合於今文者錄之，不合於今文者去之，或於疏引而加駁正，至《蔡傳》與近儒所著，則於義疏擇取其長，兩說相同，則取先出，如取蔡不取江是。不合於今文者，概置不取，以免轇轕。惟其說尤足惑人，及人所誤信者，乃加辨駁，使勿迷眩。後人以此體例勒成一書，斯爲盡善，否則俱收並蓄，未能別黑白以定一尊，古今雜淆，漢宋兼采，覽者如入五都之市，瞀惑不知所歸，祇是一部類書，無關一經閎旨，豈得爲善本乎？今人王先謙《尚書孔傳參正》，兼疏今古文，詳明精確，最爲善本。

又《詩經・論鳥獸草木之名當考毛傳爾雅陸疏而參以圖說目驗》 鳥獸草木之名，雖屬《詩》之緒餘，亦足以資多識。三家既亡，詳見《毛傳》。毛公之學，自謂子夏所傳。張揖進《廣雅表》云：周公著《爾雅》一篇，今俗所傳三篇，或言仲尼所增，或言子夏所益，或言叔孫通所補，或言沛郡梁文所考。據此，則《毛傳》與《爾雅》同淵源於子夏，故《爾雅》之《釋草》、《釋木》、《釋鳥》、《釋獸》與《毛傳》略同。曹粹中《放齋詩說》以爲《爾雅》成書在毛公以後。戴震曰：傳註莫先《毛詩》，其爲書又出《爾雅》後。《爾雅》「杜甘棠」、「黎山樆」、「楡白枌」，立文少變。杜澀棠甘，而名類可互見。杜赤棠白者棠，以棠見杜；杜甘棠，以杜見棠。《毛詩》甘棠杜也誤，枌白楡也不誤。杜甘曰棠，黎山生曰樆，楡白曰枌。朱子《詩集傳》於《陳・東門之枌》云：枌，白楡也，本《毛詩》，於「唐山有蓲」云「楡白枌也」。殆稽《爾雅》而失其讀，其他《毛詩》誤用《爾雅》者甚多。先儒言《爾雅》，往往取諸《毛詩》，非也。錢大昕曰：毛公所見《爾雅》，勝於今本。如草木蟲魚，增加偏旁，多出於漢以後經師，而毛公猶多存古。「夫不枯鞠脊令卑居」之屬，皆當依毛本改正者也。陳奐曰：大毛公生於六國，其作《詩故訓傳》傳義，有具於《爾雅》，有不具於《爾雅》，用依《爾雅》編作義類。案諸家說，皆以《爾雅》先於《毛詩》，與曹氏說不同。考鳥獸草木者，二書之外，陸璣《草木鳥獸蟲魚疏》爲最近古。成伯璵《毛詩指說》曰：陸璣作《草木疏》二卷，亦論蟲魚鳥獸，然土物所生，耳目不及，相承迷悟，明體乖殊，十得六七而已。據此則唐人於陸《疏》已不盡信。然十得六七，猶勝後人臆說。宋蔡卞《毛詩名物解》、許謙《集傳名物鈔》、陸佃《爾雅新義》、羅願《爾雅翼》，自矜創獲，求異先儒，而蔡卞、陸佃，皆王安石新學。安石《詩經新義》「八月剝棗」，不用《毛詩》「剝扑」之訓，以爲「剝其皮以養老」。後罷政居鍾山，聞田家扑棗之言，乃悟杜詩「東家撲棗任西鄰」，及「棗熟從人打」，知《毛傳》「剝扑」之訓不誤，奏請刪去詩義。宋人新說之不可信如此，所說名物，安可據乎？古今名物不同，未易折衷壹是。然不知睢鳩爲何鳥，則不能辨摯而有別、言摯至與言鷙猛之孰優；不知芣苢爲何草，則不能定毛與三家，樂有子與傷惡疾之孰是。多識草木鳥獸，乃足以證《詩》義。動植物學，今方講明，宜考《毛傳》、《爾雅》、《陸疏》，證以圖說，參以目驗，審定古之何物，爲今之何物，非但取明經義，亦深有裨實用，未可以其瑣而忽之也。

又《論鄭箋朱傳間用三家其書皆未盡善》 自漢以後，經學宗鄭，說《詩》者莫不主《鄭箋》。自宋以後經學宗朱，說詩者莫不從《朱傳》。《鄭箋》宗毛者也，而間用三家說；《朱傳》不宗毛者也，亦間用三家說。惠棟《九經古義》曰：王伯厚謂鄭康成先通《韓詩》，故注三《禮》，與箋《詩》異。案《鄭志答炅模》云：爲記注時就盧君，先師亦然。後乃得《毛公傳記古書義》，又且然。記注已行，不復改之。盧君謂盧子幹也，先師謂張恭祖也。《續漢書》盧植與鄭玄俱事馬融，同門相友。玄本傳云：又從東郡張恭祖受《韓詩》，故記注多依韓說。《六藝論》云：注《詩》宗毛爲主，毛義若隱略，則更表明，如有不同，即下己意。案《鄭箋》宗毛，然亦間有從韓、魯說者。如《唐風》「素衣朱襮」，以「繡黼」爲「綃黼」。《十月之交》爲厲王詩，皇矣、侵阮、徂共爲三國名，皆從《魯詩》。《衡門》「可以樂飢」，以樂爲瘵。《十月之交》「抑此皇父」，抑讀爲意。《思齊》「古之人無斁」，斁作擇。《泮水》「狄彼東南」，狄作鬄。皆《韓詩》說也。詳見《毛詩稽古編經義雜記》。此《鄭箋》間用三家之證也。王應麟《詩考序》曰：賈逵撰《齊魯韓與毛詩異同》，崔靈恩采三家本爲《集注》，今唯《毛傳》《鄭箋》孤行，獨朱文公閎意眇指卓然千載之上。言《關雎》，則取康衡。宋人諱匡字，改爲康。《柏舟》，婦人之詩，則取劉向。笙詩有聲無辭，則取《儀禮》。「上天甚神」，則取《戰國策》。「何以恤我」，則取《左氏傳》。「抑戒自儆」，「昊天有成命」，「道成王之德」，則取《國語》。「陟降庭止」，則取《漢書》注。「賓之初筵」，「飲酒悔過」，則取《韓詩序》。「不可休思」，「是用不就」，「彼岨者岐」，皆從《韓詩》。「禹敷下土方」，又證諸《楚辭》。一洗末師專己守殘之陋，此朱傳間用三家之證也。錫瑞案：《鄭箋》所以間用三家者，當時三家通行，毛不通行，故鄭君注《禮》時，尚未得見《毛傳》，蓋鄭見《毛傳》後，以爲孤學恐致亡佚，故作箋以表明。有不慊於心者，間采三家裨補其義。不明稱三家說者，正以三家通行，人人皆知之故。鄭樵曰：當鄭氏箋《詩》，三家俱存，故鄭氏雖解釋經文，不明言改字之由，亦以學者既習《詩》，則三家之《詩》，不容不知也。後世三家既亡，學者惟見其改字，而不見《詩》學之所由異。此鄭氏之所以獲譏也。其後《鄭箋》既行，而齊、魯、韓三家遂廢，《經典釋文》之說。此鄭君所不及料者。鄭精三《禮》，以《禮》解《詩》，頗多紆曲，不得詩人之旨。魏源嘗摘其失：如「亦既覯止」，引男女之搆精。「言從之邁」，殉古人於泉壤。「菀柳相戒」，言王者不可朝事。「四月怨役」，斥先祖爲非人。「除牆茨之淫昏」，反違禮而害國。「頌椒聊之桓叔」，能均平不偏黨。「瞻烏爰止」，則教民以貳上。昊天爲政，望更姓而改物。「成王省耕」，王后與世子偕行。「閻妻厲妃」，童角乃皇后之斥。「取子毀室」，誅周公之黨與。「屨五緌雙」，數姜襄之姆傳。此《鄭箋》之未盡善也。《朱傳》所以間用三家者，亦以毛鄭不慊於心，間采三家裨補其義。據王應麟《詩考序》云：扶微學，廣異義，亦文公之意。則其采輯三家，實由朱子《集傳》啓之。後來范家相、馬國翰更加摭拾，至陳喬樅益詳。未始非朱子先路之導，攻朱者不顧朱義有本，並其本於三家者，亦攻駮之，過矣。朱子作《白鹿洞賦》，用「青衿傷學校」語，門人問之，曰：古序亦不可廢。是朱子作《集傳》，不過自成一家之說，後人尊朱，遂廢注疏，亦朱子所不及料者。《鄭箋》之失，在以《禮》解《詩》。《朱傳》之失，則在以理解《詩》。其失不同，皆不得詩人之旨。黄震謂晦菴先生盡去美刺，探求古始，雖東萊先生不能無疑。陳傳良謂竊所未安，是《朱傳》在當時人已疑之。元延祐《科舉條例》《詩》用《朱傳》，明胡廣等竊劉瑾之書，作《詩經大全》著爲令典。於是專宗《朱傳》，漢學遂亡。本《提要》。近陳啓源等乃駮朱申毛，疏證詳明，一一有本。本《提要》。此《朱傳》之未盡善也。然則學者治《詩》，以何書爲主乎？曰三家既亡，毛又簡略，治《詩》者不得不以唐人《正義》爲本。其書以劉焯《毛詩義疏》、劉炫《毛詩述義》爲稾本，故能融貫羣言，包羅古義。本《提要》。雖或過於護鄭，且有強毛合鄭之處，而名物訓詁，極其該洽，遠勝《周易》、《尚書》疏之空疏。朱子《集傳》，名物訓詁亦多本於《孔疏》，學者能通其說，不僅爲治《毛詩》之用，且可以通羣經。至於近人之書，則以陳奐《詩毛氏傳疏》，能專爲毛氏一家之學，在陳啓源、馬瑞辰、胡承珙之上。《陳疏》惟合明堂路寢爲一，非是。鍾文烝嘗詆爲「新奇繆戾」。陳喬樅《魯詩遺說考》、《齊詩遺說考》、《韓詩遺說考》，能兼考魯、齊、韓三家之遺，比王應麟、范家相、馬國翰爲詳，學者先觀二書，可以得古詩之大義矣。陳氏於三家少發明，魏源發明三家，未能篤守古義，且多武斷。

又《三禮・論宋儒掊擊鄭學實本王肅而襲爲己說以別異於注疏》

三《禮》繁難，一人精力，難於通貫。漢以十七篇立學，后倉《曲臺記》後，並無解義。杜、賈、二鄭止解《周官》，馬融解《周官》與《禮記》，而十七篇止注《喪服》。惟鄭君徧注三《禮》，至今奉爲圭臬，誠可謂宏覽博物，精力絕人者矣。其後禮書之宏富者，有宋何承天刪幷《禮論》八百卷爲三百卷，梁孔子祛又續何承天《禮論》一百五十卷，隋江都《集禮》一百二十卷，牛宏撰《儀禮》百卷，今皆不傳。惟崔靈恩《三禮義宗》四十七卷，猶存其略。宋陳祥道《禮書》一百五十卷，晁公武、陳振孫並稱其精博。《四庫提要》曰：其中多掊擊鄭學，如論廟制，引《周官》、《家語》、《荀子》、《穀梁傳》，謂天子皆七廟，與康成天子五廟之說異。論禘祫，謂圜丘自圜丘，禘自禘，力破康成禘即圜丘之說。論禘大於祫，並祭及親廟，攻康成禘小祫大，祭不及親廟之說。辨上帝及五帝，引《掌次》文，闢康成上帝即五帝之說。蓋祥道與陸佃亦皆王安石客，安石說經，既刱造新義，務異先儒，故祥道與陸佃亦皆排斥舊說。錫瑞案：祥道之書，博則有之，精則未也。其自矜爲新義，實多原本王肅。漢時禮家聚訟，古今文說不同，鄭君擇善而從，立說皆有所據。如說廟制以爲天子五廟，周合文、武二祧爲七，本《喪服》小記王者立四廟，禮緯稽命徵唐虞五廟。夏四廟，至子孫五。殷五廟，至子孫六。周尊后稷、文、武則七。王肅乃數高祖之父高祖之祖，與文、武而九，不知古無天子九廟之說。而肅說二祧，亦與祭法不合也。鄭說圜丘是禘嚳配天。圜丘，本《周官》，周人禘嚳本《國語》祭法。王肅乃謂郊丘是一，引董仲舒、劉向爲據。不知董、劉皆未見《周官》，不知有圜丘，但言郊而不言禘，不足以難鄭也。鄭說三年祫，五年禘，祫大禘小，本於《春秋公羊經》。《書》有事爲禘，各於其廟，大事爲祫，羣廟主悉升於太祖。而肅引禘於太廟，《逸禮》昭尸穆尸，皆升合於太祖。《孔疏》已駁之曰：鄭以《公羊傳》爲正，《逸禮》不可用也。《逸禮》不足信，即此可見，故鄭不用，亦不爲之注。鄭說五帝爲五天帝，本《周官·司服》，祀昊天上帝，則服大裘而冕，祀五帝亦如之。五帝配南郊，祭用夏正月，故服大裘。若五人帝，則迎夏迎秋，不得服裘。又先鄭注《掌次》云：五帝五色之帝，陳祥道據《掌次》駁鄭，即此可證其誤。是鄭義本先鄭，王肅以爲五人帝分主五行，然則大皞，炎、黄之先，無司五行者乎？此與肅駁鄭義，以爲社稷專祀句龍后稷，不祀土穀之神者，同一謬妄也。王肅所據之書，鄭君無緣不知，其所以不用者，當時去取必自有說，肅乃取鄭所不用者，轉以難鄭。鄭據今文，則以古文駁之，如據《逸禮》以駁《公羊》是也。鄭據古文，則以今文駁之，如據董、劉以駁《周官》是也。其時馬、昭、張、融下至孔穎達疏，已爲細加分別。宋人寡學，不盡知二家之說所自出，取王說之淺近，疑鄭義之博深。又以其時好立新說，鄭注立學已久，人多知之，王說時所不行，乃襲取之以爲己說。陳氏《禮書》，大率如是。皆上誣前賢，下誤後學，後人不當承其誤，凡此等書可屏勿觀。朱子曰：王肅議禮必反鄭玄。朱子於禮用功深，故能知鄭康成考禮名數大有功。

又《論王肅有意難鄭近儒辨正已詳五禮通考舍鄭從王俞正燮譏之甚是》

合今古文說《禮》，使不分明，始於鄭君而成於王肅。鄭君以前，界限甚嚴。何休解《公羊傳》，據《逸禮》而不據《周官》，以《逸禮》雖屬古文，不若《周官》之顯然立異也。杜、賈、二鄭解《周官》，皆不引博士說。鄭司農注大司徒五等封地，皆即本經立說，不牽涉《王制》。惟注諸「男方百里」一條云：諸男食者四之一，適方五十里。獨此與五經家說合耳。五經家說，即《王制》子男五十里之說也。鄭君疏通三《禮》，極具苦心。於其分明者，則分之爲周禮、爲夏殷禮。不分明者，未免含混說之，或且改易文字，展轉求通，專門家法至此一變。王肅有意攻鄭，正當返求家法，分別今古，方可制勝。乃肅不惟不知分別，反將今古文說別異不同之處，任意牽合。如王制、廟制今說，祭法、廟制古說，此萬不能合者，而肅僞撰《家語》、《孔叢子》所言廟制，合二書爲一說。鄭君以爲祭法周禮，王制夏殷禮，尚有蹤跡可尋。至肅乃盡抉其藩籬，蕩然無復門戶，使學者愈以迷亂，不復能知古禮之異。尤可笑者，《家語》、《孔叢》舉禮家聚訟莫決者，盡託於孔子之言，以爲折衷，不知禮家所以聚訟，正以去聖久遠，無明文可據。是以石渠、虎觀，至煩天子稱制臨決。若孔子之言，如此彰灼，羣言淆亂折諸聖，尚何庸斷斷爭辨乎？古人作注，發明大義而已。肅注《家語》，如五帝七廟郊丘之類，處處牽引攻鄭之語，殊乖注書之體，而自發其作僞之覆。肅又作《聖證論》，以譏短鄭，據唐《元行沖傳》云「六十八條，今約存三十條，禮之大者，即五帝七廟郊丘禘祫社稷之屬，其餘或文句小異，不關大義」。肅之所謂「聖證」，即取證於《家語》、《孔叢》，以爲鄭君名高，非託於聖言，不足以奪其席。而鄭學之徒馬、昭，已灼知《家語》爲王肅僞作，斯可謂心勞日拙矣。晉武帝，王肅外孫，郊廟典禮，皆從肅說。其時鄭、王之徒，爭辨不已，久而論定，六朝南北學三《禮》皆遵鄭氏。至唐而孔疏《禮記》，賈疏《周禮》、《儀禮》，發明鄭義尤詳。宋以後乃舍鄭從王，排斥注疏。國朝昌明鄭學，於王肅之僞撰《家語》，僞撰《古文尚書經傳》，攻之不遺餘力。肅之私竄《毛詩》以難鄭者，亦深窺其癥結。《聖證論》中所說郊廟大典，惠棟、孫星衍辨正尤詳。惟秦蕙田《五禮通考》，多蹈陳祥道《禮書》，舍鄭從王之失，似即以《禮書》爲藍本。《四庫提要》曰：較陳祥道等所作，有過之無不及。僅以爲過祥道，似亦有微辭焉。俞正燮《癸巳存稿》云：《五禮通考》所采漢以後事皆是，惟周時書籍，廣搜魏晉以後議論附於後，本康莊也，而荆棘榛芒之。可謂宋元人平話經義，與帖括經義日課陋稿，令人憎惡，不可謂之禮書也。據魏晉以後禮制，多本王肅、皇甫謐，其說不可不采，然宜附所引史志後，不宜附經後。引經止存漢傳注本義，魏晉以後野文皆削之。宋元人平話帖括兩體文，尤不當載。而制度則案年次之，《通考》之體應如此，此書體例非也。錫瑞案：《五禮通考》網羅浩博，自屬一大著作，而其大書旁注，低格附載，體例誠多未善。有如俞氏所譏：舍鄭從王，是宋非漢，尤爲顛倒之見，恐誤後學，不得不辨。秦氏之作《通考》，以徐乾學《讀禮通考》，惟詳喪葬，而推廣爲五禮。徐氏專講喪禮，條理不繁，故詳審無可議。秦氏兼及五禮，過於繁博，故體例有未善。足見《三禮》非一人之力所能及，自鄭君並注《三禮》後，孔氏止疏《禮記》，且原本於皇熊。賈氏疏《儀禮》，本黄慶、李孟悊。《周禮》不著所出，亦必前有所承。朱子《儀禮經傳通解》，至歿尚未卒業。若陳氏《禮書》，秦氏《通考》，未免舉鼎絶臏之弊。近人林昌彝《三禮通釋》，有編次而少折衷。林喬蔭《三禮陳數求義》，有折衷而欠精確。惟江永《禮書綱目》，本於朱子，足以補正朱子之書。治三《禮》者，可由此入門。而《五禮通考》姑置之可也。毛鴻賓序《三禮通釋》云：《五禮通考》所據者，皆宋、元、明以下之説，多嚮壁虛造。而漢魏六朝經師之遺言大義，尠及之。可謂知言。

又《論鄭君和同古今文於周官古文王制今文力求疏通有得有失》 鄭君兼注三《禮》，調和古今文兩家説，即萬不能合者，亦必勉强求通，論家法固不相宜，而苦心要不可没也。《周官》公五百里，侯四百里。《王制》公侯田方百里，言封國大小迥異，此萬不能合者，惟鄭君能疏通證明之。其注《王制》曰：周武王初定天下，猶因殷之地，以九州之界尚狹也。周公攝政，致太平，斥大九州之界，制禮，成武王之意，封王者之後爲公，及有功之諸侯，大者地方五百里，其次侯四百里，其次伯三百里，其次子二百里，其次男百里，所因殷之諸侯，亦以功黜陟之，其不合者，皆益之地爲百里焉。錫瑞案：鄭注《王制》而引《周官》，能和同古今文皆不背其説，或以鄭爲牽合無據，亦非盡無據也。即以齊、魯二國言之，二國始封在武王時，《史記·周本紀》曰：武王封功臣謀士，而師尚父爲首，封尚父於營邱曰齊，封弟周公旦於曲阜曰魯。其時封地，蓋仍殷制，《孟子》所謂爲方百里是也。魯至成王時益封，《明堂位》曰：地方七百里。《魯頌譜疏》引《明堂位》以證，曰「大啓爾宇，魯之封疆，於是始定」。或疑七百里太大，然必不止百里，如仍百里舊封，何云「大啓爾宇」。《史記·漢興以來諸侯王表》曰：封伯禽、康叔於魯、衛，地各四百里，與《周官》侯四百里合，蓋得其實，七百里或兼山川附庸言之。齊之益封，與魯同時。《史記》又曰：太公於齊兼五侯地。《鄭詩譜》曰：周武王伐紂，封太師呂望於齊，地方百里，都營邱。周公致太平，敷定九畿，復夏禹之舊制。成王用周公之法制，廣大邦國之境，而齊受上公之地，更方五百里。《王制》公侯皆方百里，五百里正與兼五侯地合。是齊、魯實有益地之事如鄭説，《周官》、《王制》皆可通矣。而鄭亦有偶不照者。注《王制》三年一大聘，五年一朝，曰：此大聘與朝，晉文霸時所制也。虞夏之制，諸侯歲朝。周之制，侯、甸、男、采、衛、要服六者，各以其服數來朝。疏引鄭《駁異義》云：《公羊》説比年一小聘，三年一大聘，五年一朝，以爲文、襄之制録《王制》者，記文、襄之制者非虞夏及殷法也。又引《異義》云：《公羊》説諸侯比年一小聘，三年一大聘，五年一朝天子。《左氏》説十二年之間，八聘，四朝，再會，一盟。許慎謹案《公羊》説虞夏制。《左氏》説《周禮》，傳曰：三代不同物，明古今異説。鄭駁之云：三年聘，五年朝，文、襄之霸制。《周禮·大行人》諸侯各以服數來朝。其諸侯歲聘間朝之屬，説無所出。晉文公强盛諸侯耳，非所謂三代異物也。案鄭注據《周官》而疑《王制》，以爲文、襄霸制，蓋據《左氏·昭三年》傳鄭子太叔之言。然《公羊》必不用《左氏》傳文。《王制》之作，鄭以爲在赧王之後。其時《左氏》未出，非必引以爲證。《左氏》又有歲聘間朝之説，與昭三年傳文不合，鄭以爲不知何代之禮，故不從許。案：以《左氏》爲《周禮》，遂并不從許案。以《公羊》爲虞夏制也，《王制》與《公羊》合，當是古禮有之，即文、襄創霸，亦必託於古禮。其後晉法變而益密，故又有歲聘間朝之屬。然則《王制》與《周官》不合，當從許君以爲前代之制，鄭以爲晉霸之制，似未必然。惟歲聘間朝之屬，鄭以爲説無所出，可斷以爲晉霸之制耳。

又《春秋·論春秋大義在誅討亂賊微言在改立法制孟子之言與公羊合朱子之注深得孟子之旨》 《春秋》有大義，有微言。所謂大義者，誅討亂賊以戒後世是也。所謂微言者，改立法制以致太平是也。此在《孟子》已明言之，曰：「世衰道微，邪説暴行又作，臣弒其君者有之，子弒其父者有之，孔子懼，作《春秋》。《春秋》，天子之事也，是故孔子曰：『知我者其惟《春秋》乎，罪我者其惟《春秋》乎』！」趙注：設素王之法，謂天子之事也。朱注引《胡氏》曰：罪孔子者，以謂無其位，而託二百四十年南面之權。朱注又曰：仲尼作《春秋》以討亂賊，則治世之法，垂於萬世，是亦一治也。《孟子》又曰：「王者之迹熄而《詩》亡，《詩》亡然後《春秋》作。」晉之《乘》，楚之《檮杌》，魯之《春秋》，一也。其事則齊桓、晉文，其文則史。孔子曰：「其義則丘竊取之矣。」趙注「竊取之」以爲素王也。朱注：此文承上章歷敘羣聖，因以孔子之事繼之，而孔子之事，莫大於《春秋》，故特言之。錫瑞案：《孟子》説《春秋》，義極閎遠，據其説，可見孔子空言垂世，所以爲萬世師表者，首在《春秋》一書。《孟子》推孔子作《春秋》之功，可謂天下一治，比之禹抑洪水，周公兼夷狄、驅猛獸，又從舜明於庶物。説到孔子作《春秋》，以爲其事可繼舜、禹、湯、文、武、周公，且置孔子刪《詩》、《書》訂《禮》、《樂》贊《周易》，皆不言，而獨舉其作《春秋》，可見《春秋》有大義微言，足以治萬世之天下，故推尊如此之至。兩引孔子之言，尤可據信。是孔子作《春秋》之旨，孔子已自言之。孔子作《春秋》之功，《孟子》又明著之。孔子懼弑君弑父而作《春秋》，《春秋》成而亂臣賊子懼，是《春秋》大義。天子之事，知我罪我，其義竊取。是《春秋》微言，大義顯而易見。微言隱而難明，孔子恐人不知，故不得不自明其旨。其事則《齊桓晉文》一節，亦見於《公羊・昭十二年》傳，大同小異，足見孟子《春秋》之學，與《公羊》同一師承，故其表章微言，深得《公羊》之旨。趙岐注《孟子》，兩處皆用《公羊》素王之說，朱子注引《胡傳》，亦與《公羊》素王說合。素，空也。謂空設一王之法也，即《孟子》云「有王者起必來取法」之意。本非孔子自王，亦非稱魯爲王，後人誤以此疑《公羊》，《公羊》說實不誤。《胡傳》曰：無其位而託南面之權，此與素王之說，有以異乎？無以異乎。趙岐漢人，其時《公羊》通行，岐引以注《孟子》，固無足怪。若朱子，宋人，其時《公羊》久成絕學。朱子非墨守《公羊》者，胡安國《春秋傳》，朱子亦不深信。而於此注，不能不引《胡傳》爲說，誠以《孟子》義本如是。不如是，則解《孟子》不能通也。後人於《公羊》素王之說，羣怪聚罵，並趙岐注亦多詬病。而朱注引《胡傳》，則尊信不敢議，豈非知二五而不知十乎。朱子云：孔子之事，莫大乎《春秋》，深得《孟子》、《公羊》之旨。云「治世之法，垂於萬世」，是亦一治，亦與《公羊》撥亂功成太平瑞應相合，人多忽之而不察耳。

又《論春秋爲後世立法惟公羊能發明斯義惟漢人能實行斯義》 孔子手定六經，以教後世，非徒欲使後世學者誦習其義，以治一身，並欲後世王者實行其義，以治天下。《春秋》立一王之法，其義尤爲顯著，而惟《公羊》知《春秋》是素王改制，爲能發明斯義。惟漢人知《春秋》爲漢定道，爲能實行斯義。姑舉數事證之：《公羊》之義大一統。路溫舒曰：臣聞《春秋》正即位大一統而愼始也，《公羊》之義，立子以貴不以長。光武詔曰：《春秋》立子以貴不以長。東海王陽，皇后之子，宜承大統。《公羊》之義，子以母貴。公孫瓚罪狀袁紹曰：《春秋》之義，子以母貴，紹母親爲傅婢，無虛退之心，《公羊》之義大居正。袁盎曰：方今漢家法周，周之道不得立弟，當立子。故《春秋》所以非宋公，死不立子而與弟，弟受國死，復反之，與兄之子、弟之子爭之，以爲我當代父，後即刺殺兄子，以故國亂禍不絕。故《春秋》曰：君子大居正。《公羊》之義，天子嘗娶於紀，故封之百里。《恩澤侯表》其餘后父據《春秋》褒紀之義。應劭曰：《春秋》天子將納后於紀，紀本子爵也，故先褒爲侯，言王者不娶於小國，《公羊》之義，子尊不加於父母。鄭玄伏后議帝皇后父屯騎校尉不其亭侯，伏完公庭，完拜如臣禮，及皇后在離宮，拜如子禮。《公羊》之義，昏禮不稱主人，不稱母，母不通也。杜鄴曰：《禮》明三從之義，雖有文母之德，必繫於子。《春秋》不書紀侯之母，陰義殺也。《公羊》之義，褒儀父，貶無駭。李固曰：《春秋》褒儀父以開義路，貶無駭以閉利門。《公羊》之義，三公之職號，尊名也。翟方進曰：《春秋》之義尊上公謂之宰，海內無不統焉。《公羊》之義，昭公出奔，國當絕。匡衡曰：《春秋》之義，諸侯不能守其社稷者絕。《公羊》之義，善善及子孫。成帝封丙吉孫詔曰：夫善善及子孫，古今之通義也。《公羊》之義，臣有大喪，則君三年不呼其門。陳忠曰：先聖人緣人情以著其節，制服二十五月，是以《春秋》臣有大喪，三年不呼其門。《公羊》之義，出竟有可以安社稷利國家者，專之可也。御史大夫張湯劾徐偃矯制大害法至死，偃以爲《春秋》之義，大夫出疆，有可以安社稷存萬民，顓之可也。《公羊》之義譏世卿。樂恢曰：世卿持祿，《春秋》所戒。《公羊》之義，原情定罪。霍諝曰：《春秋》之義，原情定過，赦事誅意，故許止雖弑君而不罪，趙盾以縱賊而見書。《公羊》之義，人臣無將。膠西王曰：淮南王安，廢法行邪，《春秋》曰：臣無將，將而誅，安罪重於將？《公羊》之義，三年一祫，五年一禘。張純曰：《春秋傳》曰：大祫者何？合祭也。毀廟及未毀廟之主，皆登合食太祖，五年而再殷。漢舊制三年一祫，毀廟主合食高廟，存廟主未嘗合祭。元始五年，諸王公列侯朝會，始爲禘祭。《公羊》之義，未踰年君不書葬，周舉曰：北鄉立，未踰載，年號未改，孔子作《春秋》，王子猛不稱崩，魯子野不書葬。《公羊》之義，譏逆祀。質帝詔曰：昔定公追正順祀，《春秋》善之，其令恭陵次康陵，憲陵次恭陵。《公羊》之義，不書閏。班，固以閏九月爲後九月。《公羊》之義，懷藏以養微，是月不殺。章帝詔曰：《春秋》於春每月書王者，重三正，愼三微也。律十二月立春，不以報囚。《公羊》之義通《三統》。劉向曰：王者必通《三統》，明天命所授者博，非獨一姓。此皆見於兩《漢書》者，更以漢碑考之。《巴郡太守張納碑》云：正始順元用《公羊》五始之義。《處士嚴發殘碑》云：蓋孔子作《春秋》，裦儀甫曰中缺塞利欲之徯，成陽令唐扶《頌》云：通天《三統》。楊孟文《石門頌》云：《春秋》記異。《安平相孫根碑》云：仲伯撥亂，蔡即祭字。足譎權。《衛尉卿衡方碑》云：存亡繼絶。樊毅《修華嶽碑》云：世室不修。《春秋》作譏。《郎中郭君碑》云：爲人後者爲之子。皆本《公羊》，足見漢時《公羊》通行，故能知孔子作《春秋》爲後世立法之義，非止用之以決獄也。胡安國曰：武宣之世，時君信重其書，學士大夫誦説，用以斷獄決事，雖萬目未張，而大綱克正。過於春秋之時，其效亦可見矣。

又《論啖助説左氏具有特識説公穀得失參半公穀大義散配經文以傳考之確有可徵》

《春秋》雜采《三傳》，自啖助始。《三傳得失議》曰：古之解説，悉是口傳。自漢以來，乃爲章句，如《本草》皆後漢時郡國，而題以神農。《山海經》廣説殷時，而云夏禹所記。自餘書籍，比比甚多，是知《三傳》之義，本皆口傳，後之學者乃著竹帛，而以祖師之目題之，予觀《左氏傳》自周、晉、齊、宋、楚、鄭等國之事最詳，晉則每一出師，具列將佐。宋則每因興廢，備舉六卿。故知史策之文，每國各異，《左氏》得此數國之史，以授門人。義則口傳，未形竹帛。後代學者乃演而通之，總而合之，編次年月以爲傳記，又廣采當時文籍，故兼與子產、晏子及諸國卿佐家傳，幷卜書夢書及雜占書、縱橫家、小説、諷諫等，雜在其中。故敍事雖多，釋意殊少，是非交錯，混然難證，其大略皆是《左氏》舊意，故比餘傳，其功最高。博采諸家，敍事尤備，能令百代之下頗見本末，因以求意，經文可知，又況論大義得其本源。解三數條大義，不以原情爲説，欲令後人推此以及餘事，而作傳之人不達此意，妄有附益，故多迂誕。又《左氏》本未釋者，抑爲之説，遂令邪正紛糅，學者迷宗也。《公羊》、《穀梁》，初亦口授，後人據其大義，散配經文，原注傳中猶稱「穀梁子曰」，是其證也。故多乖謬，失其綱統。然其大指，亦是子夏所傳，故二《傳》傳經密於《左氏》。《穀梁》意深，《公羊》辭辨，隨文解釋，往往鉤深。但以守文堅滯，泥難不通，比附日月，曲生條例，義有不合，亦復強通，踳駮不倫，或至矛盾，不近聖人夷曠之體也。夫《春秋》之文，一字以爲裦貶，誠則然矣。其文亦有文異而義不異者，原注：詳内以略外，因舊史之文之類是也。二《傳》穿鑿，悉以裦貶言之，是故繁碎甚於《左氏》。《公羊》、《穀梁》，又不知有不告則不書之義，凡不書者皆以義説之，且列國至多，若盟會征伐喪紀，不告亦書，則一年之中，可盈數卷。況他國之事，不憑告命，從何得書？但書所告之事，定其善惡，以文裦貶耳。《左氏》言裦貶者，又不過十數條，其餘事同文異者，亦無他解。舊解皆言從告及舊史之文，若如此論，乃是夫子寫魯史，何名修《春秋》乎？予故謂二者之説俱不得中。錫瑞案：啖氏春秋之學非專家，故所説有得有失，其説《左氏》具有特見，説《公》、《穀》則得失參半。謂《三傳》皆後學著竹帛，而以祖師之目題之，與《公羊》徐疏同。徐疏惟言《公羊》、《穀梁》，啖氏並言《左氏》，亦以爲門人乃著竹帛，且有附益。故啖氏兼取《三傳》，而不盡信《三傳》也。啖氏不云《左氏》非邱明，但云傳非邱明自作，比趙匡之論，爲更平允。謂《公》、《穀》得子夏口授，後人據其大義，散配經文，所見尤精。既云二《傳》傳經，密於《左氏》，不得疑其繁碎。《春秋》之旨數千，聖人詳示後人，無所謂不夷曠。若其矛盾穿鑿，正由散配經文時致誤，與《左氏》之徒，附益迂誕，正相等耳。《公》、《穀》釋經雖密，亦或有經無傳，經所書者間無其説，不書者以義説之，實所罕見。啖氏知不告則不書，不知《春秋》即告者亦多不書。聖人筆削，大率筆者一而削者十，若從舊史赴告全錄，則一年之中，亦可盈卷矣。以夫子寫魯史，何名修《春秋》，駮《左氏》家經承舊史，尤爲明快。知啖氏云《公》、《穀》大義散配經文之説是者，如「君子大居正」一條，《公羊》以之説宋宣，《穀梁》以之説魯隱，是二家據《春秋》大居正之大義，散配經文，而參差不同之明證也。《公羊》傳《春秋》有譏父老子代從政者，未知其爲齊與曹與？是《公羊》家據《春秋》譏世子之大義，散配經文，而未知其屬齊世子，屬曹世子，游移莫決之明證也。明乎此，而於傳義之可疑者，不必強通，啖氏見及此，可謂卓識矣。

又《論啖趙陸不守家法未嘗無扶微學之功宋儒治春秋者皆此一派》

《三傳》專門之學，本不相通，而何休《解詁序》云：援引他經，失其句讀。疏云：《三傳》之理，不同多矣，羣經之義，隨經自合。而顔氏之徒，既解《公羊》，乃取他經爲義，猶賊黨入門，主人錯亂，故曰「失其句讀」。據此則漢之治《公羊》者，未嘗不兼采《三傳》也。杜預《集解序》云：古今言《左氏春秋》者多矣，膚引《公羊》、《穀梁》，適足自亂。孔疏云：《公羊》、《穀梁》，口相傳授，因事起問，意於《左氏》不同。故引之以解《左氏》，適足以自錯亂也。《疏序》又云：鄭衆、賈逵、服虔、許惠卿之等各爲詁訓，然雜取《公羊》、《穀梁》以釋《左氏》。據此則漢之治《左氏》者，未嘗不兼采《三傳》也。范武子《穀梁集解序》，兼及《左氏》《公羊》，尤爲顯著。惟諸人兼采《三傳》，仍是專主一家。間取二家之説，裨補其義。晉劉兆作《春秋調人》三萬言，又爲《左氏傳解》，名曰「全綜」。作《公羊穀梁解詁》，皆納經傳中。朱書以別之，似已合《三傳》爲一書，而其書不傳。今世所傳，合《三傳》爲一書者，自唐陸淳《春秋纂例》始，淳本啖助、趙匡之説，雜采《三傳》，以意去取，合爲一書，變專門爲通學，是《春秋》經學一大變。宋儒治《春秋》者，皆此一派。如孫復、孫覺、劉敞、崔子方、葉夢得、呂本中、胡安國、高閌、呂祖謙、張洽、程公説、呂大圭、家鉉翁，皆其著者。以劉敞爲最優，胡安國爲最顯。劉敞《春秋傳》本啖、趙、陸之法，刪改《三傳》合爲一傳。陳澧糾其刪改不當，如「鄭伯克段于鄢」，錄《左傳》而改之云「太叔出奔，公追而殺諸鄢」。既信《公》、《穀》殺段之説，乃錄《左傳》而刪改之，此孔沖遠所謂方鑿圓枘者。胡安國《春秋傳》雜采《三傳》，參以己意，朱子已駁其「王不稱天」、「以宰咺爲冢宰」、「桓公不書秋冬」、「貶滕稱子」之類。其説有本於《公》、《穀》者，有胡氏自爲説，出《公》、《穀》之外者，蓋宋人説《春秋》，本啖、趙、陸一派，而不如啖、趙、陸之平允。邵子曰：《春秋》《三傳》之外，陸淳、啖助可以兼治，程子稱其絕出諸家，有攘異端開正途之功。朱子曰：趙、啖、陸淳皆説得好。吳澄曰：唐啖助、趙匡、陸淳三子，始能信經駁傳，以聖人書法纂而爲例，得其義者十七八。自漢以來，未聞或之先也。案：吳氏極推三子得聖人之義，勝於漢儒之不合不公，蓋自唐宋以後，《春秋》無復專門之學，故不知專門之善，而反以爲非。後儒多歸咎於昌黎「《三傳》束閣」之言，見昌黎《贈玉川子盧仝詩》。詆啖、趙、陸不守家法。而據啖子，曰：今《公羊》、《穀梁》二傳殆絕，習《左氏》者皆遺經存傳，則其時《春秋》之學不講可知。唐開元八年，國子司業李元瓘上言，《公羊》《穀梁》殆絕。十六年，楊瑒爲國子祭酒，奏言今明經習《左氏》者十無二三，《公羊》、《穀梁》殆將絕廢。啖氏正當其時，於經學廢墜之餘，爲舉世不爲之事，使《公》、《穀》二傳復明於世，雖不守家法，不得謂其無扶微學之功也。

又《論杜預專主左氏似乎春秋全無關繫無用處不如啖趙陸胡説春秋尚有見解》

凡書必有關繫，有用處，然後人人尊信誦習。若無關繫，無用處，雖間存於一二好古之士，而尊信誦習者尠矣。漢人之尊《春秋》，在《易》、《詩》、《書》之上。一則以爲諸經，止是孔子贊修，不如《春秋》爲孔子手作。二則孔子贊修諸經之旨，未甚著明，不如孔子所作之《春秋》微言大義顯然可見。三則諸經雖爲後世立法，亦不如《春秋》素王改制之顯，故爲漢定道，多專屬之《春秋》，且多引《春秋》以決時事。是漢人以《春秋》爲有關繫，有用處，人人尊信誦習，由專主《公羊》之故也。及《左氏傳》出而一變。《左氏》自成一家之書，亦未嘗與《公羊》抵牾，而偏護古文者，務張大其説，以駁異今文。自劉歆、韓歆欲以《左氏》立學，爲今文博士所排，仇隙愈深，反對愈甚。賈逵已將臆造之説爲《左氏》之説，以斥《公羊》。而解《左氏》，猶采《公》、《穀》。至杜預出，乃盡棄二傳，專執韓宣《周禮》在魯一語。以《左氏傳》五十凡例，盡屬周公。孔子止是鈔錄成文，並無褒貶筆削，又安得有微言大義與立法改制之旨？故如杜預所説：《春秋》一經，全無關繫，亦無用處。由於力反先儒之説，不信漢儒之論，不顧《孟子》之文，以致聖人所作之經，沈廢擱棄，良可浩歎。啖助在唐時，已云習《左氏》者，皆遺經存傳，談其事迹，翫其文采，如覽史籍，不復知有《春秋》微旨。蓋《左氏》傳本是史籍，並無《春秋》微旨在內，止有事實文采可翫。自漢以後，六朝及唐皆好尚文辭，不重經術。故《左氏傳》專行於世，《春秋》經義委之榛蕪。啖、趙、陸始兼采《三傳》，不專主《左氏》，推明孔子褒貶之例，不以凡例屬周公，雖未能上窺微言，而視杜預、孔穎達以《春秋》爲錄成文而無關繫者，所見固已卓矣。宋儒通學啖、趙遺風，至程子出，乃於孔子作《春秋》爲後王立法之意，有所窺見，其《春秋傳・自序》曰：夫子當周之末，以聖人不復作也，順天應時之治不復有也，於是作《春秋》，爲百王不易之大法。後王知《春秋》之義，則雖德非禹、湯，尚可以法三代之治。自秦而下，其學不傳。予悼夫聖人之志，不明於後世也。故作傳以明之，俾後之人通其文而求其義，得其意而法其用，則三代可復也。自漢以後，論《春秋》者尠知此義，惜其傳作於晚年，略舉大義，襄、昭以後尤略書，止二卷。胡安國師程子，其作傳大綱本《孟子》，而微旨多以程子之説爲據。本晁、陳二氏之説。其《序》曰：孟氏發明宗旨目爲天子之事者，周道衰微，乾綱解紐，亂臣賊子接迹當世，人欲肆而天理滅矣。

仲尼天理之所在，不以爲己任而誰可？《五典》弗惇，己所當敍；五禮弗庸，己所當秩；五服弗章，己所當命；五刑弗用，己所當討。故曰：我欲載之空言，不如見之行事之深切著明也。空言獨能載其理，行事然後見其用。是故假魯史以寓王法，撥亂世反之正，其大要皆天子之事也。錫瑞案：胡氏以惇典庸禮命德討罪，爲天子之事。又云仲尼以爲己任，足以發明《春秋》素王之義。空言獨能載其理，行事然後見其用，尤足證明《春秋》借事明義之旨。假魯史以寓王法，即託王於魯也。撥亂世反之正，亦《公羊》之文也。胡氏尊《孟子》，故能信《公羊》，惜其傳不能篤守《公羊》，故雖窺見微言，未盡原本古義，間涉穿鑿，不愜人心。而視前儒以《春秋》爲託空言而無用處者，其見爲更卓矣。近漢學家不取通學，啖、趙、陸、胡皆致不滿。竊謂諸家雖非專門，然猶知《春秋》有關繫，有用處。故其所著之書，體例雖雜，猶於《春秋》有關繫，有用處。若專主《左氏》者，專執杜、孔之説，並不知《春秋》有關繫，有用處，則其所著之書，考證雖詳，亦於《春秋》無關繫，無用處也。

又《論春秋權衡駁左氏及杜解多精確駁公穀則未得其旨》 劉敞曰：前漢諸儒，不肯爲《左氏》學者，爲其是非謬於聖人也。故曰「《左氏》不傳《春秋》」，此無疑矣。然爲《左氏》者皆耻之。因共護曰：邱明受經於仲尼，此欲以自解免耳。其實非也。何以言之邪？仲尼之時，魯國賢者無不從之游，獨邱明不在弟子之籍。若邱明眞受經作傳者，豈得不在弟子之籍哉？豈有受經傳道而非弟子者哉？以是觀之，仲尼未嘗授經於邱明，邱明未嘗受經於仲尼也。然邱明所以作傳者，乃若自用其意説經，汎以舊章凡例，通之於史策，可以見成敗耳。其褒貶之意，非邱明所盡也，以其不受經也。學者可勿思之哉？杜氏《序》曰：仲尼因魯史策書成文，考其眞僞，而志其典禮，上以遵周公之遺制，下以明將來之法。其敎之所存，文之所害，則刊而正之，以示勸戒。其餘皆即用舊史，史有文質，辭有詳略，不必改也，此未盡也。苟唯文之所害，則刊而正之，其餘皆因而不改，則何貴於聖人之作《春秋》也，而傳又何以云非聖人莫能修之乎？大凡《左氏》本不能盡得聖人《春秋》之意，故《春秋》所有義同文異者，皆沒而不説。而杜氏患苦《左傳》有不傳《春秋》之名，因爲作説云：此乃聖人即用舊史爾。觀邱明之意，又不必然。按隱公之初，始入春秋，邱明解經，頗亦殷勤，故「克段于鄢」傳曰：不言出奔，難之也。不書城郎，非公命也。不書之例，一年之中凡七發，明是仲尼作經，大有所删改也，豈專用舊史者乎？又曰：大率《左氏》解經之蔽有三：從赴告，一也。用舊史，二也。經闕文，三也。按史雖待赴告而録，然其文非赴告之詞也。《春秋》雖據舊史而作，然其義非舊史之文也。簡牘雖有闕失，其史非聖人所遺也。如謂史之記從赴告而已，則亂臣賊子何由而懼？如謂《春秋》用舊史而已，則何貴於聖人之筆削也？且《春秋》書良霄入於鄭，鄭人殺良霄；欒盈入於晉，晉人殺欒盈。其文同也。至哀十四年，非仲尼所修矣。其記陳宗豎乃曰：陳宗豎入於陳，陳人殺之。明史之所記，與仲尼之所修異矣。又仲尼所修，無記内邑叛者。哀十五年獨記成叛，此亦史文不與仲尼相似，仲尼不專用史文驗也。如謂經之闕文，皆聖人所遺者，苟傳有所説而不與經同，盡可歸過於經，何賴於傳之解經哉？故《春秋》者，出於舊史者也，而《春秋》非舊史之文也。舊史者，出於赴告者也，而舊史非赴告之辭也。傳者，出於經者也，而傳非經之本也。今傳與經違，是本末反矣。錫瑞案：劉氏《春秋權衡》爲世所稱，以愚觀之，惟駁《左氏傳》及杜預《集解》，説多精確。蓋《左氏》傳事不傳義，本無所謂義例，杜氏傅會，多不可據。故劉氏所駁多中肯。《公》、《穀》二傳，各有義例，非會通全經之旨，必至多所窒礙。誠能融會貫通，則人所見爲窒礙者，皆有説以處此。枚乘曰：銖銖而積之，至石必差；寸寸而度之，至丈必過。石稱丈量，徑而寡失，專求字句，則多見窒礙。此所謂「銖銖而積，寸寸而度」也。會通全文，則少所窒礙，此所謂「石稱丈量，徑而寡失」也。《春秋》是孔子所作一部全書，其中又有非常異議，若不大通義例，精究微言，則但能見淺而不能見深。凡所爲三科九旨，一字褒貶，時月日例之類，皆以爲横生枝節，妄立異端，不知游夏不能贊一辭者，義正在此。不達乎此，則雖知經承舊史之謬，而不知聖人作經以教萬世。其異於舊史者，究竟安在？經史之異，豈僅在一字一句間乎？劉氏博學精識，而《春秋》非專門，故雖知左氏、杜預之非，而未曉《公》《穀》二傳之是，其所駁多字句瑣細，不關大義，其大義明著者，又或誣而不信。故《權衡》一書，駁左氏及杜預者多可取，駁二《傳》者可取甚尠。其合併《三傳》爲劉氏傳，尤近童牛角馬。「鄭伯克段」一事，陳澧已駁其非。

注釋體例部

注分部

論述

《漢書・揚雄傳上》 雄少而好學，不爲章句，訓詁通而已，博覽無所不見。

又《儒林傳・丁寬》 寬至雒陽，復從周王孫受古義，號《周氏傳》。景帝時，寬爲梁孝王將軍距吳楚，號丁將軍，作《易說》三萬言，訓故舉大誼而已，今《小章句》是也。

又《叙傳》 ［班］况生三子：伯、斿、穉。伯少受《詩》於師丹。大將軍王鳳薦伯宜勸學，召見宴昵殿，容貌甚麗，誦說有法，拜爲中常侍。時上方鄉學，鄭寬中、張禹朝夕入說《尚書》、《論語》於金華殿中，詔伯受焉。

《說文・辵部》 述，循也。

又《言部》 言，直言曰言，論難曰語。

又 訓，說教也。

又 詁，訓故言也。

又 說，說釋也。

又 記，疏也。

又《攴部》 故，使爲之也。

又 叙，次弟也。

又《角部》 解，判也。

又《竹部》 箋，表識書也。

《後漢書・桓譚傳》 譚以父任爲郎，因好音律，善鼓琴。博學多通，徧習《五經》，皆詁訓大義，不爲章句。能文章，尤好古學，數從劉歆、揚雄辯析疑異。

又《賈逵傳》［李賢等注］ 幷作《周官解故》。故謂事之指意也。

又《盧植傳》［李賢等注］ ［植］作《尚書章句》、《三禮解詁》。詁，事也。言解其事意。

劉勰《文心雕龍》卷四《史傳》 邱明同時，實得微言，乃原始要終，創爲傳體。傳者，轉也，轉受經旨，以授于後，實聖文之羽翮，記籍之冠冕也。

又《論說》 詳觀論體，條流多品：陳政則與議說合契，釋經則與傳注參體，辨史則與贊評齊行，銓文，則與叙引共紀。故議者宜言，說者說語，傳者轉師，注者主解，贊者明意，評者平理，序者次事，引者胤辭：八名區分，一揆宗論。論也者，彌綸群言，而研精一理者也。

又卷八《練字》 若夫義訓古今，興廢殊用，字形單複，妍媸異體。

又卷九《總術》 予以爲發口爲言，屬筆曰翰，常道曰經，述經曰傳。經傳之體，出言入筆，筆爲言使，可強可弱。分經以典奧爲不刊，非以言筆爲優劣也。

《尚書正義・堯典》［孔安國傳孔穎達疏］ 疏：傳，即注也。以傳述爲義，舊說漢已前稱傳。疏：正義曰：以注者多門，故云其氏以別衆家。或當時自題孔氏，亦可以後人辨之。

《毛詩正義・周南・關雎詁訓傳第一》［鄭玄箋孔穎達疏］ 正義曰：**【略】**「詁訓傳」者，注解之別名。毛以《爾雅》之作多爲釋《詩》，而篇有《釋詁》、《釋訓》，故依《爾雅》訓而爲《詩》立傳。傳者，傳通其義也。《爾雅》所釋十有九篇，獨云詁、訓者，詁者古也，古今異言，通之使人知也；訓者道也，道物之貌，以告人也。《釋言》則《釋詁》之別，故《爾雅序篇》云：《釋詁》、《釋言》，通古今之字，古與今異言也。《釋訓》言形貌也。然則「詁訓」者，通古今之異辭，辨物之形貌，則解釋之義盡歸於此。

又 鄭氏箋**【略】**《字林》云：「箋，長也，識也。」案：鄭《六藝論》文，注《詩》宗毛爲主，其義若隱略，則更表明，如有不同，即下己意，使可識別也。

《春秋左傳正義・隱公元年》［杜預注孔穎達疏］　《春秋經傳集解・隱第一。傳者，傳也，博釋經意，傳示後人。

《春秋公羊傳注疏・隱公元年》［何休解詁徐彦疏］　《春秋公羊經傳解詁・隱公》第一　○陸［德明］曰：解詁，佳買反；下音古，訓也。○【疏】「春秋」至「第一」。○解云：案舊題云「春秋隱公經傳解詁第一公羊何氏」，則云：《春秋》者，一部之總名；隱公者，魯侯之謚號；經傳者，雜縟之稱；解詁者，何所自目；第一者，無先之辭；《公羊》者，傳之别名；何氏者，邵公之姓也。今定本則升「公羊」字在「經傳」之上，退「隱公」字在「解詁」之下，未知自誰始也。又云「何休學」，今案《博物志》曰：「何休注《公羊》，云『何休學』，有不解者，或答曰『休謙辭受學於師，乃宣此義不出於己』。」此言爲允，是其義也。【略】何休學。○學者，言爲此經之學，即注述之義。

又《定公元年》　主人習其讀而問其傳。讀謂經，傳謂訓詁，主人謂定公。

《晉書・鄭冲傳》　初，冲與孫邕、曹羲、荀顗、何晏共集《論語》諸家訓注之善者，記其姓名，因從其義，有不安者輒改易之，名曰《論語集解》。

又《儒林傳・徐邈》　及孝武帝始覽典籍，招延儒學之士，邈既東州儒素，太傅謝安舉以應選。年四十四，始補中書舍人，在西省侍帝。雖不口傳章句，然開釋文義，標明指趣，撰正《五經》音訓，學者宗之。

陸德明《經典釋文・序録・注解傳述人》　孔子應聘不遇，自衛而歸，西狩獲麟，傷其虚應，乃與魯君子左丘明觀書於太史氏，因魯史記而作《春秋》。上遵周公遺制，下明將來之法，襃善黜惡，勒成十二公之經，以授弟子。弟子退而異言，丘明恐弟子各安其意以失其眞，故論本事而爲之傳，明夫子不以空言説經也。

顔師古《漢書注・古今人表序》　傳謂解説經義者也。

《北史・劉芳傳》　芳才思深敏，特精經義，博聞强記，兼覽《蒼》、《雅》，尤長音訓，辯析無疑。

又卷五《補注》　昔《詩》、《書》既成，而毛、孔立傳。傳之時義，以訓詁爲主，亦猶《春秋》之傳，配經而行也。降及中古，始名傳曰注。蓋傳者轉也，轉授於無窮；注者流也，流通而靡絶。惟此二名，其歸一揆。如韓、戴、服、鄭，鑽仰六經，裴、李、應、晉，訓解三史，開導後學，發明先義，古今傳授，是曰儒宗。

成伯璵《毛詩指説・解説》　傳者，注之别名也。傳承師説謂之爲傳，出自己意即爲注。注起孔安國，傳有鄭康成。又或不名傳注而别謂之義，皆以解經也。

又　箋者，表也。毛公之傳，有所滯隱，及不曲盡義類，重表明之。

邢昺《孝經注疏序》　《孝經》者，百行之宗，五教之要。自昔孔子述作，垂範將來，奥旨微言，已備解乎注疏。尚以辭高旨遠，後學難盡討論。今特翦截元疏，旁引諸書，分義錯經，會合歸趣，一依講説，次第解釋，號之爲講義也。

程大昌《演繁露》卷五《注疏箋傳》　若夫古之傳書者，則不然矣。於本文隱奥之義，則立説以發明之，雖不正指本語，而本語意度自昭也。《爾雅》之於《詩》、《孟子》七篇，《子思》、《中庸》之於《論語》，實注疏也，而未嘗合爲一書，於是引出己名以名其著。《列》、《莊》、《亢》、《尹》之於《五千言》，亦猶是也。漢興，文帝時有申公《詩》，武帝時有孔安國《尚書》，有淮南王《離騷傳》，則正爲之説以解釋本文矣，而亦未名爲注也。左氏之傳《春秋》也，附經立文，其體眞注疏矣。然先時亦未嘗合二爲一也。至劉歆大好其書，乃始各附所傳於正經之下。故班固傳之，曰：初《左氏》多古字古言，學者傳訓詁而已。及歆治《左氏》，引傳文以解經，然後轉相發明也。則凡今附注於本文之下者，殆自歆始也。歆之移書，亦嘗舉時論而隨折之矣。曰謂《左氏》爲不傳《春秋》，豈不哀哉。案此，則知班固所書，其得實矣。《周易》十翼者，《文言》亦其一也。今惟乾、坤兩卦附著《文言》於下，而它卦之有《文言》者，則聚著《繫辭》，不附本卦也。凡爲此者，實王弼也。此蓋古則之在而可證者也。鄭康成之釋《詩》也，别爲注文附毛公之下，而自名其語曰「箋」。崔豹《古今注》曰：毛公嘗爲康成鄉州太守，故康成不敢與之齒躐，而以箋爲言。箋，猶牋也，與牋記之牋同也。此説迂也。古無紙，專用簡牘。簡則以竹爲之，牘則以木爲之。康成每條自出己説，别以片竹書之，而列毛傳之傍，故特名鄭氏箋者，明此箋之語，已實言之也。

又卷一〇《箋》　表識書也。《鄭箋毛詩》，崔豹釋説甚多，至謂毛公嘗爲鄭康成郡守，故不同它書，直注釋之。其云「箋」者，猶上箋之義，尊之。其説雖無害義，而迂曲不徑。如許氏所説，則直以簡隨本文表識其義，猶曰「鄭氏簡之」云耳。史以冊書，祝曰冊祝，後人以聯簡著古書，曰「某人編」，其義一也。

洪邁《容齋四筆》卷一二《小學不講》 劉子政父子校中秘書，自《史籀》以下凡十家，序爲小學，次於六藝之末。許叔重收集篆、籀、古文諸家之學，就隸爲訓注，謂之《説文》。

又《容齋五筆》卷六《經解之名》 晉、唐至今，諸儒訓釋《六經》，否則自立佳名，蓋各以百數，其書曰傳、曰解、曰章句而已。若戰國迨漢，則其名簡雅。一曰故，故者，通其指義也。《書》有《夏侯解故》，《詩》有《魯故》、《后氏故》、《韓故》也。《毛詩故訓傳》，顏師古謂流俗改故訓傳爲詁，字失眞耳。小學有杜林《蒼頡故》。二曰微，謂釋其微指。如《春秋》有《左氏微》、《鐸氏微》、《張氏微》、《虞卿微傳》。三曰通，如洼丹《易通論》名爲《洼君通》，班固《白虎通》，應劭《風俗通》，唐劉知幾《史通》、韓滉《春秋通》。凡此諸書，唯《白虎通》、《風俗通》僅存耳。又如鄭康成作《毛詩箋》，申明其義，他書無用此字者。《論語》之學，但曰《齊論》、《魯論》、《張侯論》，後來皆不然也。

林栗《周易經傳集解》卷一《周易上經》 昔者夫子之贊《易》也，蓋因其上下二篇題云「上經」、「下經」者，所以自別於傳也。故自漢以來，通謂「十翼」爲「大傳」。其後，儒者又取「大傳」分繫於經，因其篇目題云「乾傳」、「咸傳」者，以自別於箋注爾。今存其舊。得以考焉者，左邱明作《春秋》傳，自爲一書。至晉，杜預始取邱明之傳與經之年相附而解之，名「經傳集解」。方其未附也，邱明之書別行於世。漢之儒者至以不傳於《春秋》，然則從今便觀覽存古以備稽考，儻可以折衷於大雅乎？

葉方藹等《孝經衍義·凡例》 「衍義」之作，旁通發揮，所以推廣先儒注釋之所未盡也。邢昺作《孝經正義》，依倣孔穎達體製，證據剖析，一字不遺。所謂傳以通經爲義，義以必當爲主。

陳廷敬《午亭文編》卷四九《杜律詩話上》 兒子豫朋四五歲時誦杜詩，爲説其義，輒能了了。予嘗見世所傳諸家解杜詩，意多不合，故其所説多用己意，又嘗妄謂杜詩説之，誠難。而律詩尤難，蓋古詩如《哀江頭》、《洗兵馬》等篇，文義事實有可推考，律詩則託興幽微，寓辭單約説之，故尤爲難。予既爲兒子説杜七言律詩，間錄其別於諸家者以備遺忘，題曰《詩話》。鄭康成説《三百篇》，以箋爲名。箋者，標也，識也。示不敢言注，但表識其不明者耳。後世於杜曰注、曰箋、曰箋注，類以解釋爲義。今曰詩話，別諸家也，且不敢言箋註也。諸家説《左》者，概略姓氏，但云「或」，示非好辯也。

馮浩《玉谿生詩箋注·發凡》 箋者，表也。注者，著也。義本同歸。今乃以徵典爲注，達意爲箋，聊從俗見耳。

《四庫提要·經部一五·毛詩正義》 鄭氏發明毛義，自命曰「箋」。《博物志》曰：「毛公嘗爲北海郡守，康成是此郡人，故以爲敬。」推張華所言，蓋以爲公府用記，郡將用箋之意。然康成生於漢末，乃修敬於四百年前之太守，殊無所取。案《説文》曰：「箋，表識書也。」鄭氏《六藝論》曰：「注《詩》宗毛爲主，毛義若隱略，則更表明，如有不同，即下己意，使可識別。」案此論今佚，此據《正義》所引。然則康成特因毛傳而表識其傍，如今人之簽記，積而成帙，故謂之「箋」，無庸別曲説也。

又《經部二六·春秋公羊傳注疏》 觀何休《解詁》但釋傳而不釋經，與杜異例，知漢末猶自別行。

王念孫《廣雅疏證》卷一上《釋詁》 訓，順也。訓、順，古同聲。《法言·問神篇》云：事得其序之謂訓。《洪範》：于帝其訓。《史記·宋世家》作順。《顧命》：皇天用訓厥道。傳云：用順其道，字亦作馴。《史記·五帝紀》：能明馴德。《索隱》云：《史記》馴字，徐廣皆讀曰訓。訓，順也。

又卷三上《釋詁》 解，説也。解者，《説文》：説，説釋也。徐鍇《通論》云：悦，猶説也，解脱也。人心有鬱結，能解釋之也。《學記》云：相説以解。僖二十八年《左傳》：衛人出其君以説于晉，公懼於晉，殺子叢以説焉。皆解之義也。

陳澧《東塾讀書記》卷一一《小學》 詁者，古也。古今異言，通之使人知也。蓋時有古今，猶地有東西，有南北，相隔遠則言語不通矣。地遠則有翻譯，時遠則有訓詁。有翻譯則能使別國如鄉鄰，有訓詁則能使古今如旦暮，所謂通之也，訓詁之功大矣哉。

陳亮《春秋比事序》 《春秋》繼四代而作者也，聖人經世之志寓於屬辭比事之間，而讀書者每患其難通。其善讀則曰：以傳考經之事迹，以經考傳之眞僞。如此則經果不可以無傳矣，游、夏之徒胡爲而不能措一辭也？

余嘗欲即經以類次其事之始末，攷其事以論其時，庶幾抱遺經以見聖人之志。客有遺余以《春秋總論》者，曰：是習《春秋》者之秘書也。余讀之灑然有當於余心，雖其論未能一一中的，而即經類事以見其始末，使聖人之志可以捨傳而獨攷，此其爲志亦大矣。【略】因爲易其名曰《春秋比事》，鋟諸木以與同志者共之。

陳振孫《直齋書録解題》卷一《易類》 《周易正義》十三卷。案《舊唐書·經籍志》作十六卷，《唐書·藝文志》作十四卷。唐國子祭酒冀州孔穎達仲達撰。序云十四卷，館閣書目亦云。今本止十三卷。案《五經正義》本，唐貞觀中，穎達與顔師古等受詔撰《五經義贊》，後改爲《正義》。博士馬嘉運駁正其失。永徽二年，中書門下于志寧等攷正增損。書始布下。其實非一手一足之力，世但稱孔疏爾。其說專釋一家注文爲正。案《唐書》，孔穎達、顔師古、司馬才章、王恭、馬嘉運、趙乾叶、王談、于志寧等奉詔撰。蘇德融、趙宏智覆審。《崇文總目》云：「唐長孫無忌與諸儒刊定。」

劉元卿《大學新編》卷二《石經大學略疏》 註疏以釋經也。經或易明，翻以註疏掩之，何啻爲贅已乎。略疏、稍疏其義，意明則止，乃逵者即身，即經無所事經也，又安用疏？

陳禹謨《北堂書鈔補注》卷九五《經典一》 聖人制作曰經，賢者著述曰傳。張華《博物志》云：聖人制作曰經，賢者著述曰傳記，曰章句，曰解，曰論，曰註。

李維楨《談經·舊刻經解緒言跋》 門人郝仲輿，少有兼人之識，於書無所不窺。遭讒再黜，杜門著書，而先用力於經，病漢儒之解經，詳於博物而失之誣；宋儒之解經，詳於說意而失之鑿。而自爲解，《易》解曰「正」，《尚書》解曰「辨」，《詩》解曰「原」，《春秋》解曰「直」，《禮記》解曰「通」，《周禮》解曰「完」，《儀禮》解曰「節」，《論語》解曰「詳」，《孟子》解曰「說」。質之理而未順，反之心而未安。即諸大儒訓詁，世所誦習尊信，必明晰其得失，要以不失聖人之心，不悖聖經之理而止。

阮葵生《茶餘客話》卷一〇《六條編書之法》 方望溪以六條編書之法：一曰正義，當乎經義者，謂之正義。經義之當否，雖未敢定，而必擇其近正者首列之，尊先儒也。二曰辨正，辨正者，前人有所異同，辨而得其正者也。今或正義闕如，而以纂書者所見補之，亦附于此條。三曰通論，所論在此，而連類以求于彼，曰通論。今于舊說未協正義，而理可通者，亦入焉，故通有二義。四曰餘論，一言之有當，而可資以發明，亦所錄也。五曰存疑，六曰存異，理無兩是，其非已見矣，恕人從而是之，則曰存疑。又其甚者，則曰存異。以上六條，乃望溪先生所授，以論次先儒之說。若纂書者之論，隨條附見者，各以愚語別之。

李陳玉《楚詞箋注自叙》 箋、疏、傳、註分四家，世儒混而一之。箋之爲言綫也，不多之謂也。讀者之悟，與作者之意相遇於幽玄恍惚之地，一綫孤引，竟欲忘言其文，反略於作者，而以作者爲我註腳，此爲上上人語也。註則句櫛字比，求先故，推義類，入泥入水，現學究身說法，此爲下下人語也。不屑屑於逐句逐字之櫛比，止擇其要，時爲疏導，如水去滯，如草去穢，每一章節不過數處，此爲中人語也。取作者之意，傳而出之，識窺岷源，學如大海，本末始終鉅細精麤，靡不該攝條貫，謂之傳，此包上中下人而爲語者也。是故註繁而箋簡，傳至繁，疏居繁簡之間。傳始於孔子《十翼》包羲文乃能言羲文也。註始於周公《爾雅》，以天地爲經，而以我註之也。疏則漢儒專門，箋則儒書罕見，多見於方外，如禪家着語，四家評唱，白玉蟾於《道德》等經是也。然而世之不正其名者衆矣。毛公於《詩》本註與疏，而乃謂之箋。向秀之於《莊》，酈道元之於《水經》，本傳也，而乃以爲註。程正叔於《易》本註，而乃以爲傳。陸機《草木蟲魚》，倘謂之註，則堪與《毛詩》、《爾雅》並行，而乃又謂之疏。在毛、程則僭，在陸則舛，在向、酈則降甚矣。正名之難也。予平生爲傳，止《易》與《詩》，箋則微見於《易眼》一書。至於後世註疏訓詁之文，見之輒欲寐甚且嘔吐，繼之終日不平，況執筆而爲之乎。癸巳復過雲陽，門人執《楚詞》爲問，因取而觀之，爲註家塗污極矣。《天問》一篇，雲霧尤甚。乃拊几嘆曰：「屈子千古奇才，加以純忠至孝之言出於性情者，非尋常可及，而以訓詁之見地通之，宜其蔽也。」且夫《騷》本詩類，詩人之意，鏡花水月，豈可作實事實解會，惟應以微言導之，則四家之中箋所宜有事也。於是箋《離騷》，次《九歌》、《九章》，及宋子《九辯》、《招魂》、《大招》諸篇。獨是《天問》，既被人解壞，箋則愈益不解，乃爲註以明之。自《天問》有註，又念《離騷》爲《楚詞》開篇，不妨仍爲中下人入泥入水，使開篇便知大意，則以後曲折竟如破竹矣。是以《離騷》有箋，而復有註；《天問》則有註無箋；《九歌》以下，則箋詳而註略；《招魂》、《大招》則箋略而註詳。各有取爾也。又提

《天問》於《九歌》之上，與《離騷》並，比世本序次稍爲更置者，以俱爲屈子集中大篇，若鳥雙翼，若車二輪，使讀者先觀其大，則屈子之至性，與屈子之奇情，觸目如有見，觸耳如有聞，《九歌》、《九章》等篇，特其一端耳。凡三十日而書告成。嗚呼，吾於是重有感焉。自古聰明聖智之士不見之功業，必見之文章。見之功業者，必與皋、伊並價。見之文章，其不幸也。然亦必與六經相上下，史氏所謂爭光日月也。向令屈子遭時遇主，則其文章全發舒於絲綸謀議之地，後世烏從而知之？惟其有才而無命，有學而無時也，是以長留後世之悲歌，而亦無所見其不幸焉。嗚呼，使余而亦爲訓詁之文者，豈非屈子時命之累，更數千年尚相波及也哉。

葉德炯《淮南鴻烈閒詁跋》 漢儒注書之名，約有數家，曰傳、曰注、曰解、曰箋、曰解詁，而無「閒詁」之名。或問「閒詁」之名義，余應之曰：此箋類也。衆家之中，傳注、解詁，皆各成一家言，惟箋則必集諸說以折衷之，此鄭氏《詩箋》所以昉也。《釋文》引鄭《六藝論》云：「注詩宗毛爲主。其義若隱略，必更表明。如有不同，即下己意，使可識別。」此語說箋例最明。《說文》云：「箋，表識也。」即鄭說所引申。本書「閒詁」，猶言夾注，與箋同實而異名。《說文》：「閒，隙也。」《墨子・經說上》：「閒，謂夾者也。」又云：「閒，不及旁也。」蓋其書爲許君未卒業之書，僅約略箋識其旁，若夾注然，故謂之閒詁。其書本傳不載，隋、唐《志》始箸錄，題作許慎注。《舊唐志》有《淮南商詁》二十一卷，劉安撰，不言注人。下有《淮南子注解》二十一卷，高誘撰，則題「商詁」者，是許注本矣。「商詁」義不可通，近人俞正燮《癸巳類稾》、《書開元占經目錄後》云：「《淮南閒詁》者，許慎所上也，《占經》引至多。」程、張學俗，改作「閒詁」，閣本疑之，改作「淮南人閒訓」云。是以「閒詁」爲「閒詁」。又趙之謙《勇盧閒詰序》云：「閒詰」云者，《淮南》之佚，單文廑存，散見他籍，太史公所謂「書缺有閒，閒則詰之，儒者之責。」亦與俞說同，而不知皆非也。古人箸書，無以「詰」名者。《孔叢子》有《詰墨篇》，乃僞書不可信。且詰者駁義之名，非訓詁之名。許君此書訓詁詳明，何爲而名詰乎？伯兄輯此書，竭十年之力，冥搜博採，始克成編。因據《蘇魏公集》校定《淮南子》序標題，又據蘇魏公《本草圖經》引《淮南》許慎記結銜，恐讀者不達其恉，因余有荅或問之說，命畢其義以爲之跋。孔子曰：「名不正則言不順。」讀者勿以俞、趙之說搖惑于中則幸也。

綜　述

《周易・乾・彖》 曰：大哉乾元！萬物資始，乃統天。雲行雨施，品物流形。大明終始，六位時成，時乘六龍以御天。乾道變化，各正性命，保合大和，乃利貞。首出庶物，萬國咸寧。

又《象》 曰：天行健，君子以自強不息。「潛龍勿用」，陽在下也。「見龍在田」，德施普也。「終日乾乾」，反復道也。「或躍在淵」，進「无咎」也。「飛龍在天」，大人造也。「亢龍有悔」，盈不可久也。「用九」，天德不可爲首也。

又《文言》 曰：元者，善之長也。亨者，嘉之會也。利者，義之和也。「貞」者，事之幹也。君子體仁足以長人，嘉會足以合禮，利物足以和義，貞固足以幹事。君子，行此四德者。故曰「《乾》：元、亨、利、貞」。

又《繫辭上》 天尊地卑，乾坤定矣。卑高以陳，貴賤位矣。動靜有常，剛柔斷矣。方以類聚，物以群分，吉凶生矣。在天成象，在地成形，變化見矣。是故剛柔相摩，八卦相蕩。鼓之以雷霆，潤之以風雨。日月運行，一寒一暑。乾道成男，坤道成女。乾知大始，坤作成物。乾以易知，坤以簡能。易則易知，簡則易從。易知則有親，易從則有功。有親則可久，有功則可大。可久則賢人之德，可大則賢人之業。易簡而天下之理得矣。天下之理得，而成位乎其中矣。

又《繫辭下》 八卦成列，象在其中矣。因而重之，爻在其中矣。剛柔相推，變在其中矣。繫辭焉而命之，動在其中矣。吉凶悔吝者，生乎動者也。剛柔者，立本者也。變通者，趣時者也。吉凶者，貞勝者也。天地之道，貞觀者也。日月之道，貞明者也。天下之動，貞夫一者也。夫乾，確然示人易矣。夫坤，隤然示人簡矣。爻也者，效此者也。象也者，像此者也。爻象動乎內，吉凶見乎外，功業見乎變，聖人之情見乎辭。天地之大德曰生，聖人之大寶曰位。何以守位曰仁，何以聚人曰財。理財正辭，禁民爲非曰義。

又《説卦》 昔者聖人之作《易》也，幽贊于神明而生蓍，參天兩地而倚數，觀變于陰陽而立卦，發揮于剛柔而生爻，和順于道德而理于義，窮理盡性以至于命。昔者聖人之作《易》也，將以順性命之理。是以立天之道曰陰與陽，立地之道曰柔與剛，立人之道曰仁與義。兼三才而兩之，故《易》六畫而成卦。分陰分陽，迭用柔剛，故《易》六位而成章。天地定位，山澤通氣，雷風相薄，水火不相射，八卦相錯。數往者順，知來者逆，是故《易》逆數也。

又《序卦》 有天地，然後萬物生焉。盈天地之間者唯萬物，故受之以屯。屯者，盈也。屯者，物之始生也。物生必蒙，故受之以蒙。蒙者，蒙也，物之稚也。物稚不可不養也，故受之以需。需者，飲食之道也。飲食必有訟，故受之以訟。訟必有衆起，故受之以師。師者，衆也。衆必有所比，故受之以比。比者，比也。比必有所畜，故受之以小畜。物畜然後有禮，故受之以履。履而泰然後安，故受之以泰。泰者，通也。物不可以終通，故受之以否。物不可以終否，故受之以同人。與人同者，物必歸焉，故受之以大有。有大者不可以盈，故受之以謙。有大而能謙必豫，故受之以豫。豫必有隨，故受之以隨。以喜隨人者必有事，故受之以蠱。蠱者，事也。有事而後可大，故受之以臨。臨者，大也。物大然後可觀，故受之以觀。可觀而後有所合，故受之以噬嗑。嗑者，合也。物不可以苟合而已，故受之以賁。賁者，飾也。致飾然後亨則盡矣，故受之以剝。剝者，剝也。物不可以終盡剝，窮上反下，故受之以復。復則不妄矣，故受之以无妄。有无妄然後可畜，故受之以大畜。物畜然後可養，故受之以頤。頤者，養也。不養則不可動，故受之以大過。物不可以終過，故受之以坎。坎者，陷也。陷必有所麗，故受之以離。離者，麗也。

有天地，然後有萬物。有萬物，然後有男女。有男女，然後有夫婦。有夫婦，然後有父子。有父子，然後有君臣。有君臣，然後有上下。有上下，然後禮義有所錯。夫婦之道，不可以不久也，故受之以恒。恒者，久也。物不可以久居其所，故受之以遯。遯者，退也。物不可以終遯，故受之以大壯。物不可以終壯，故受之以晉。晉者，進也。進必有所傷，故受之以明夷。夷者，傷也。傷於外者必反於家，故受之以家人。家道窮必乖，故受之以睽。睽者，乖也。乖必有難，故受之以蹇。蹇者，難也。物不可以終難，故受之以解。解者，緩也。緩必有所失，故受之以損。損而不已必益，故受之以益。益而不已必決，故受之以夬。夬者，決也。決必有遇，故受之以姤。姤者，遇也。物相遇而後聚，故受之以萃。萃者，聚也。聚而上者謂之升，故受之以升。升而不已必困，故受之以困。困乎上者必反下，故受之以井。井道不可不革，故受之以革。革物者莫若鼎，故受之以鼎。主器者莫若長子，故受之以震。震者，動也。物不可以終動，止之，故受之以艮。艮者，止也。物不可以終止，故受之以漸。漸者，進也。進必有所歸，故受之以歸妹。得其所歸者必大，故受之以豐。豐者，大也。窮大者必失其居，故受之以旅。旅而无所容，故受之以巽。巽者，入也。入而後説之，故受之以兑。兑者，説也。説而後散之，故受之以渙。渙者，離也。物不可以終離，故受之以節。節而信之，故受之以中孚。有其信者必行之，故受之以小過。有過物者必濟，故受之以既濟。物不可窮也，故受之以未濟。終焉。

《春秋公羊傳・哀公六年》 〔經〕齊陳乞弒其君舍。〔傳〕弒而立者，不以當國之辭言之，此其以當國之辭言之何？爲諼也。此其爲諼奈何？景公謂陳乞曰：「吾欲立舍，何如？」陳乞曰：「所樂乎爲君者，欲立之則立之，不欲立則不立，君如欲立之，則臣請立之。」陽生謂陳乞曰：「吾聞子蓋將不欲立我也。」陳乞曰：「夫千乘之主，將廢正而立不正，必殺正者。吾不立子者，所以生子者也，走矣！」與之玉節而走之。景公死而舍立，陳乞使人迎陽生于諸其家。除景公之喪，諸大夫皆在朝，陳乞曰：「常之母，有魚菽之祭，願諸大夫之化我也。」諸大夫皆曰：「諾。」於是皆之陳乞之家坐。陳乞曰：「吾有所爲甲，請以示焉。」諸大夫皆曰：「諾。」於是使力士舉巨囊而至于中霤，諸大夫見之，皆色然而駭，開之則闖然，公子陽生也。陳乞曰：「此君也已。」諸大夫不得已，皆逡巡北面，再拜稽首而君之爾。自是往弒舍。

《春秋穀梁傳・隱公元年》 〔經〕夏，五月，鄭伯克段于鄢。〔傳〕克者何？能也。何能也？能殺也。何以不言殺？見段之有徒衆也。段，鄭伯弟也。何以知其爲弟也？殺世子、母弟目君。以其目君，知其爲弟也。段，弟也，而弗謂弟；公子也，而弗謂公子，貶之也。段失子弟之道矣，賤段而甚鄭伯也。何甚乎鄭伯？甚鄭伯之處心積慮，成於殺也。于鄢，遠也，猶曰取之其母之懷中而殺之云爾，甚之也。然則爲鄭伯者宜奈何？緩追逸賊，親親之道也。

《詩經・小雅・無羊》〔毛亨傳鄭玄箋孔穎達疏〕 《無羊》，宣王考牧也。誰謂爾無羊？三百維羣。誰謂爾無牛？九十其犉。黄牛黑脣曰犉。爾羊來思，其角濈濈。聚其角而息濈濈然。爾牛來思，其耳濕濕。呞而動，其耳濕濕然。或降于阿，或飲于池，或寢或訛。訛，動也。爾牧來思，何蓑何笠，或負其餱。何，揭也。蓑，所以備雨，笠，所以禦暑。三十維物，爾牲則具。異毛色者三十也。爾牧來思，以薪以蒸，以雌以雄。爾羊來思，矜矜兢兢，不騫不崩。矜矜兢兢，以言堅彊也。騫，虧也。崩，羣疾也。麾之以肱，畢來既升。肱，臂也。升，升入牢也。牧人乃夢，衆維魚矣，旐維旟矣。大人占之：「衆維魚矣，實維豐年；陰陽和則魚衆多矣。旐維旟矣，室家溱溱。」溱溱，衆也。旐旟，所以聚衆也。

又《周南・關雎》 參差荇菜，左右芼之。芼，擇也。[箋]：后妃既得荇菜，必有助而擇之者。窈窕淑女，鍾鼓樂之。德盛者宜有鍾鼓之樂。[箋]：琴瑟在堂，鍾鼓在庭，言共荇菜之時，上下之樂皆作，盛其禮也。

《春秋左傳・莊公十年》[杜預注] [經] 十年，春，王正月，公敗齊師于長勺。齊人雖成列，魯以權譎稽之，列成而不得用，故以未陳爲文。例在十一年。長勺，魯地。[傳] 十年，春，齊師伐我。不書侵伐，齊背蒧之盟，我有辭。公將戰，曹劌請見。曹劌，魯人。其鄉人曰：「肉食者謀之，又何間焉。」肉食，在位者。間猶與也。劌曰：「肉食者鄙，未能遠謀。」乃入見。問何以戰。公曰：「衣食所安，弗敢專也，必以分人。」對曰：「小惠未徧，民弗從也。」分公衣食，所惠不過左右，故曰未徧。公曰：「犧牲玉帛，弗敢加也，必以信。」祝辭不敢以小爲大，以惡爲美。對曰：「小信未孚，神弗福也。」孚，大信也。公曰：「小大之獄，雖不能察，必以情。」必盡己情。察，審也。對曰：「忠之屬也，上思利民，忠也。可以一戰，戰則請從。」公與之乘。共乘兵車。戰于長勺，公將鼓之。劌曰：「未可。」齊人三鼓，劌曰：「可矣。」齊師敗績。公將馳之。劌曰：「未可。」下視其轍。視車迹也。登軾而望之，曰：「可矣。」遂逐齊師。既克，公問其故。對曰：「夫戰，勇氣也。一鼓作氣，再而衰，三而竭。彼竭我盈，故克之。夫大國難測也，懼有伏焉。恐詐奔。吾視其轍亂，望其旗靡，故逐之。」旗靡轍亂，怖遽。

《管子・形勢》[房玄齡原注劉績補注] 山高而不崩，則祈羊至矣。淵深而不涸，則沈玉極矣。極，至也。山不崩，淵不涸，興雨之祥，故羊、玉而祈祭，亨羊以祭，故曰「祈羊」。天不變其常，地不易其則，春秋冬夏不更其節，古今一也。今之天地，即古之天地。今之四時，即古之四時。故曰「古今一也」蛟龍得水而神可立也，虎豹託幽而威可載也，至德處盛位，天下可平。載，行也。風雨無鄉而怨怒不及也。鄉，方也。既無方所，故無從而怨怒也。貴有以行令，賤有以忘卑，貴而行令，令乃行，賤而忘卑，卑可移。壽夭貧富無徒歸也。皆有理在焉。銜命者，君之尊也；受辭者，名之運也。言受君之辭以出命，則名必運。運，行也。績按：受辭謂君出言順理，而民受之無異也。名運，謂名聲彰於四方也。上無事而民自試，試，用也。抱蜀不言而廟堂既修。抱，持也。蜀，祠器也。君人者，但抱祠器以身率導，雖復靜然不言，廟堂之政既以脩理矣。鴻鵠鏘鏘，唯民歌之。感德化也。濟濟多士，殷民化之。紂之失也，戒紂之失，故化文王。飛蓬之問，不在所賓。燕雀之集，道行不顧。蓬飛因風動搖不定，喻一二三之聲，問明主所不賓敬。燕爵翔集，事之常細也。故行道之人忽而不顧，謂小事非大人所宜知。犧牷圭璧不足以享鬼神，鬼神享德，不在圭璧。主功有素，寶幣奚爲？主能立功，可謂有素。有素則諸侯不敢犯，寶玉、幣帛何所爲乎？羿之道非射也，造父之術非馭也，奚仲之巧非斲削也。羿之射貴其肆武服戎，不在其落鳥中鵠。造父之馭貴其軍容致遠，不在轍迹徧天下也。奚仲之巧貴其大車以載，不在斲削成光鑑也。績按：三子技名世，必有所以致之，非在弓矢、操轡、斲削之末。召遠者使無爲焉，親近者言無事焉，唯夜行者獨有之也。遠使無爲，所以優遠方也。親於近者，貴於恩厚，不在於虛言。夜行謂陰行其德，則人不與之爭，故獨有之也。平原之隰，奚有於高？言平隰之澤雖有小封，不成於高。喻人有大失、小善，不成其美。隰，下澤也。大山之隈，奚有於深？隈，山曲也。言山既大矣，雖有小隈，不成爲深。喻人有高行，雖有小過，非不肖也。訾讆之人，勿與任大。訾，毀賢。讆，譽惡也。如此之人任之，則亂天下也。譕臣者可與遠舉，言行莫先謂之譕臣，有大言行者，可與圖國之遠也。績按：譕音無。顧憂者可與致道。顧憂謂忠事勤臣道，有如此者可致於道者也。績按：顧憂謂慮後患也。其計也速，而憂在近者，往而勿召也。小人之計得之雖速，禍敗尋至，則憂及之。此人親近推之，令去不須召也。舉長者，可遠見者也。舉用長利，衆皆見之，故曰遠見。績按：舉長則所見不止一方一時。裁大者，衆之所比也。裁，斷也。能斷大事，衆必比之。美人之懷，定服而勿厭也。欲令人貴美而懷歸者，須安定服行道德，勿有疲厭。必得之事不足賴也，必諾之言不足信也。言人於事莫爲疑，動言必得應諾。如此虛誕者耳，不足賴信也。績按：二句釋皆非觀解自明。小謹者不大立，訾食者不肥體。言人無弘量，但有小謹，不能大立也。訾，惡。言惡食之人憂嫌致瘠，故不能肥體。績按：訾，疾移切，嫌食而多惡。有無棄之言者，必叅之於天地也。言無可棄動爲法則，若天地之無不容載，故曰「叅之天地」。墜岸三仞，人之所大難也，而猿猱飲焉。故曰：伐矜好專，舉事之禍也。猿遇墜岸而能飲，喻智者逢禍而能息也。續按：解作蝯，猱，古字同，喻使人器之不求備也。伐矜好專，舉事之禍，謂自用則小之弊。經文不應有「故曰」，此二字疑衍。不行其野，不違其馬。馬有識道之性，不違馬而自得塗，喻未經其事問其所經。續按：喻養民於無事時。能予而無取者，天地之配也。天，地施生不求所報，與而不取可以配天地也。續按：言以一人養天下，不以天下養一人也。怠倦者不及，倦怠之人觸塗廢滯，故多不及。無廣者疑神。神者在內，不及者在門。無得以己及不及，疑神不神，神雖無形，常在於內，故曰「在內」也。不及外見，故曰「在門」也。在內者將假，在門者將待。將假，謂神將借己也。待謂須，自厲以待。續按：言人解惰者，不能及時成事，故曰「不及」。操要者忽然成事，故曰「疑神」。若能審內外，能立操要之神，則解惰不及者亦從而能矣。假，至也。曙戒勿怠，後稺逢殃。每曙而戒，所以戒此日之事以待也。曙戒，戒勿爲倦怠也。朝忘其事，夕失其功。邪氣襲內，正色乃衰。君不君，則臣不臣；父不父，則子不子。上失其位，則下踰其節。上下不和，令乃不行。衣冠不整，則賓者不肅；進退無儀，則政令不行。且懷且威，則君道備矣。莫樂之則莫哀之，常能樂人，及其有難，人必哀之也。莫生之則莫死之。常能生人，及其有危，人必死之。往者不至，來者不極。此往情不至，則彼來意不極也。道之所言者一也，而用之者異。道之所言，其理本一，但用之不同，其事遂異也。有聞道而好爲家者，一家之人也。雖聞道但好理家，此但一家之人耳。言無廣遠。有聞道而好爲鄉者，一鄉之人也。有聞道而好爲國者，一國之人也。有聞道而好爲天下者，天下之人也。此亦仁者見之謂之仁，智者見之謂之智也。有聞道而好定萬物者，天下之配也。此則君子體斯道也。道往者其人莫來，道來者其人莫往，道之所設身之化也。道者均彼我忘是非，故無來往之體，然道所設身必與之化也。續按：道往莫來，道來莫往，謂人從上之所好。持滿者與天，安危者與人。失天之度，雖滿必涸。上下不和，雖安必危。能持滿者則與天合，能安危者則與人合。不合於天，雖滿必涸；不合於人，雖安必危。欲王天下而失天之道，天下不可得而王也。得天之道，其事若自然。失天之道，雖立不安。其道既得，莫知其爲之；其功既成，莫知其釋之。藏之無形，天之道也。疑今者察之古，不知來者視之往，萬事之生也。異趣而同歸，古今一也。生棟覆屋，怨怒不及。弱子下瓦，慈母操箠。言人以生棟造舍雖至覆屋，但自咎而已，不敢怨及他人。至弱子下瓦，所損不多，慈母便操箠而怒之。喻人主遇由己作雖大而吞聲過發，他人雖小而振怒也。天道之極，遠者自親。天道平分遠近無二，故遠者自親也。人事之起，近親造怨。人事則愛惡相攻，故有近親造怨也。續按：出於理曰「天道」，出於欲曰「人事」。萬物之於人也，無私近也，無私遠也。動物則有識而無知，植物則有生而無識，故於人也，無私遠近。巧者有餘，而拙者不足。萬物無私於人，故巧者用之有餘，拙者用之不足。其功順天者天助之，其功逆天者天違之。天之所助，雖小必大；天之所違，雖成必敗。順天者有其功，逆天者懷其凶，不可復振也。烏鳥之狡，雖善不親。狡謂猜也。言烏鳥之性多猜，初雖相善，後終不親。續按：當依解作「烏集之交」。不重之結，雖固必解。道之用也，貴其重也。毋與不可，毋彊不能，毋告不知。與不可，彊不能，告不知，謂之勞而無功。見與之交，幾於不親；見謂不忘而恃之。與，親與也。見哀之役，幾於不結；役而哀之，雖有惻然，見而不忘，故彼不結也。續按：當依解作「見愛之交」。見施之德，幾於不報。雖有恩施之德，然見而不忘，故彼不報也。四方所歸，心行者也。心行能不見，則四方歸之。獨王之國，勞而多禍。獨王，謂無四隣之援也。續按：當依解作「獨任之國」。獨國之君，卑而不威。自媒之女，醜而不信。未之見而親焉，可以往矣。未見而親，親必無終，故可往矣。久而不忘焉，可以來矣。日月不明，天不易也。山高而不見，地不易也。日月無不明，假令不明，是天有雲氣而不易也。山高無不見，假令不見，是地多險阻，不平易也。言而不可復者，君不言也。行而不可再者，君不行也。謂臣有忠言不可復言者，則由君不言故也。臣有善行不可再行者，則由君不行故也。續按：註非觀解自明。凡言而不可復，行而不可再者，有國者之大禁也。

又《勢》 戰而懼水，此謂澹滅。方戰之時懼致水禍，此必爲水所澹而滅亡也。小事不從，大事不吉。苟懼水禍，則事無小大，未見其福也。戰而懼險，此謂迷中。方戰之時懼有險礙，進退莫知所從，故曰「迷中」，言在迷惑之中。分其師衆，人既迷芒，必其將亡之道。人既迷惑不知所從，則無所用其力，是以減其師衆矣，又況迷惑芒然乎。若是者，必亡其衆。凡此二事，皆滅亡之道也。動靜者比於死，動作者比於醜，比，近也。用師之道我動而敵靜者，則靜者勝矣。故我近於死亡也。我先動敵反作應者，我必無功，故近於醜。動信者比於距，我既動，彼能自申以敵我，如此者，近於見距也。動詘者比於避，我既動而彼屈服者，近於見避。夫靜與作，時以爲主人，時以爲客，貴得度。靜、作得度，則爲主人。其失度者，則爲客也。知靜之脩居而自利，既多智而又安靜，二者能脩則居然，自獲其利也。知作之從每動有功。知其所作，常能從理，如此者，動必有功也。故曰無爲者帝，其此之謂矣。言無心於爲，任理之自然，如此者，帝王之道也。逆節萌生，天地未形，先爲之政，其事乃不成，繆受其刑。言將爲篡殺凶逆之節，雖萌芽而生，然天地寂泊不見徵應，無從己之形，此則先天而政，天乃違之，故其事不成，則被誅戮，受其刑罪也。天因人，聖人因天。所謂先天而天不違，後天而奉天時。天時不作，勿爲客；不因天時而動者乃爲客矣。人事不起，勿爲始。不因人事而起，可謂先事爲始。慕和其衆，以脩天地之從，人先生之。天地刑之，聖人成之，則與天同極。將建大事，必慕和其衆，天地既已從，但當脩天之意，人先生是心，天地又見其脩意有從順之形，聖人則發動而成，如此者，可謂與天同極也。正靜不爭，動作不貳，素質不留。全其素質，無所留者。與地同極，能行靜正己，下可謂與地同極也。未得天極，則隱於德。未得與天同極，則隱而脩德也。已得天極，則致其力。已得天極，則當致力而成之。若湯之升陑、武王牧野是也。既成其功，順守其從，人不能代從，順也。功成矣，則以順理守之，所謂逆取順守者也，則人何能代之乎。成功之道，嬴縮爲寶。嬴縮猶行藏也，所謂時行則行，時止則止，其道乃著，故以爲寶。毋亡天極，究數而止。但盡天之數，則止而勿爲。事若未成，毋改其形，毋失其始。形謂常形也。守常脩始，事終有成也。靜民觀時，待令而起，言事未成之時但安靜，其人謹候其時，待天命令然後起而應也。故曰脩陰陽之從，而道天地之常。道，從也。嬴嬴縮縮，因而爲當；必行藏順時，然後事當重言之，殷勤其事也。死死生生，因天地之形。死生猶隱顯也。聖人隱顯，必因天地之形。天地之形，聖人成之。因天地之形，則無不成也。小取者小利，大取者大利，但能法則，大小無不利。盡行之者有天下。所謂唯天爲大，唯堯則之。故賢者誠信以仁之，慈惠以愛之，端政象不敢以先人，常執謙以下物。中靜不留，中心安靜，無所留著。裕德無求，道德饒裕，無求於人。形於女色，女之容色，靜而不先求者。其所處者柔安靜樂，雖復隱處，常能柔安靜樂。行德而不爭，以待天下之潰作也。雖復爲政行德，常能謙讓，不與物爭。潰，動亂也。故賢者安徐正靜，柔節先定，先定謙柔之節，然後有所興爲也。行於不敢，則人不能與我爭勇。而立於不能，則人莫與我爭功。守弱節而堅處之，守柔弱之節，而堅明以自處也。故不犯天時，不亂民功，謙順，故無所犯亂也。秉時養人，持四時之政，以順養其人。先德後刑，賞以春夏，刑以秋冬。順於天微度人。既順於天，又微度人之所宜以合之。善周者，明不能見也；善於周，周則極也，萬物無所至。如此者，雖有明察之人，不能盡矣。善明者，周不能蔽也。善於明，明則極也。如此者，則雖善周之人不能自隱蔽，必爲善明者所知也。大明勝大周，則民無大周也；明勝大周，則人無能爲大周也。大周勝大明，則民無大明也。周勝大明，則人無能爲大明。凡此皆欲大周，大明獨在君也。大周之先，可以奮信；奮信，振起貌。言既有大周之德，在物之先，則可以振起而有事。大明之祖，可以代天下。有大明之德，可以爲物祖。如此，則可代天下無道，取其位而君之也。索而不得，求之招搖之下。招搖之星，隨斗杓順時而建者也。天下者，神器直欲索之，則不得若求之，招搖之，下順時而取則可也。獸厭走，而有伏網罟。獸所以憎厭其走者，恐前有伏網罟。故聖人不敢以直道取天下者，恐有大禍故也。一偃一側，不然不得。偃側猶倚伏也。聖人之取天下知所倚伏，力其功而致其權，文設武伏。如其不然，則天位不可得也。大文三曾，而貴義與德；大武三曾，而偃武與力。大文三曾，則文道行也，故能成其德義。大武三曾，則武道行也，故能偃其武力。

《鬻子・撰吏五帝三王傳政乙第五》［逢行珪注］

撰，具也。吏者，爲政之具也。又撰，博也。言王者布政施令，其在博求於良吏也。賢者舉之，不賢者不預。言五帝三王政道可以百代傳行者，乙次於甲，以此明政之次也。政曰：政者，法教也。此明帝王之政事，以爲法教可稱也。君子不與人謀之，則已矣；言君子修於內理於外，端其形正其影。體眞德之安，守沖妙之機。言出以成教方，謀事必爲法則。苟於政而不預，豈安爲之哉。所以止也。若與人謀之，則非道無由也。君子不與人謀，則已矣，若與人謀，務存大道而言之。不以違道飾非，不以苟命求王由用也。故君子之謀，能必用道，君子終日言之，而不離體要，謀於政事，而咸由於道。故同於道者，道亦得之。非道之言，君子不用也。而不能必見受。衆目視於僞，不留視於眞；衆心耀於名，不能察於實。夫庸主必惑於衆，豈能受於道教哉。故君子之道不必見納也。能必忠，盡心論道而必竭忠，盡道言不邪譎也。而不能必入；盡忠論道，聖君必納，庸主所難。故有道之君，上下親愛，忠讜進用，智術無隱。以石投水，何齟齬哉。而不明之主，君臣疏忌，小人侍側，端正棄遺，諂佞是親，忠信不用。掩目而視，豈不惑歟？必忠言之不入也。能必信，言君子不苟合，不妄言，正色端辭，澄清眞實，必存之於信也。而不能必見信。信言不美而合於道，庸主惑於衆邪，豈信用君子之言乎。言不以見信也。君子非人者不出之，於辭而施之於行。言君子但爲善，將以攻惡，善不自是，惡不非人，施之於行，不顯之於言說。故非非者行是，言是非於人，是所同也。非於人者，人亦非之。君子將非於人，終不以非非人自行是道，以論彼之非。惡惡者行善，善惡在身，是所共也。君子務善以攻惡，不以惡惡於人，所以彰惡於行善道也。而道諭人。謀事必忠，出言必信，行善以攻惡，顯是而明非，不苟求所以知，而道德自明也。

《公孫龍子·白馬論》［謝希深注］ 白馬非馬，可乎曰可。夫闡微言明王道，莫不立賓主致往復。假一物以爲萬化之宗，寄言論而齊彼我之謬，故舉白馬以混同異。曰：何哉？曰：馬者，所以命形也；白者，所以命色也。命色者，非命形也。故曰「白馬非馬」。馬形者，喻萬物之形，皆材用也。馬色者，況萬物種類，各有親疎也。以養萬物，則天下歸；存親疎以待人，則海內叛。譬如離色命馬，衆馬斯應；守白求馬，唯得白馬。故命形而守一白色者，非命衆馬也。曰有白馬，不可謂無馬也；不可謂無馬者，非馬也。既有白馬，不可謂之無馬，則白馬豈非馬乎？有白馬爲有馬，白之非馬，何也？白與馬連，而白非馬，何故？曰：求馬，黃黑馬皆可致，求白馬，黃黑馬不可致。凡物親者少疎者多，如一白之於衆色也。故離白求馬，黃黑皆至；以白命馬，衆色咸去。懷柔之道，亦由此也。使白馬乃馬也，是所求一也。所求一者，白者不異馬也。設使白馬乃爲有馬者，但是一馬耳，其材不異衆馬也。猶君之所私者，但是一人耳，其賢不異衆人也。人心不常於一君，亦猶馬形不專於一色。故君之愛己則附之，君之踈己則叛之。何可私其親黨而踈於天下乎？所求不異如黃黑馬，有可有不可，何也？可與不可，其相非明，故黃黑馬一也。而可以應有馬，而不可以應有白馬，是白馬之非馬審矣。如黃黑馬亦各一馬，不異馬也，而不可以應衆馬、不可以應白馬者，何哉？白非黃，黃非白，五色相非，分明矣。君既私以待人，人亦私以叛君，寧肯應君命乎？故守白命馬者，非能致衆馬審矣。曰以馬之有色爲非馬，天下非有無色之馬也。天下無馬，可乎？以馬有色爲非馬者，天下馬皆有色，豈無馬乎？猶人皆有親踈，不可謂無人也。曰：馬固有色，故有白馬。使馬無色，如有馬而已耳，安取白馬？故白者非馬也。如而也，馬皆有色，故有白馬耳。若使馬原無色，而獨有馬而已則馬耳，安取白馬乎？如人者，必因種類而生，故有華夷之別。若使元無氏族而獨有人者，安取親踈乎？故白者自是白，非馬者也。白馬者，馬與白也，馬與白馬也，故曰白馬非馬也。白既非馬，則白與馬二物矣。合二物以共體，則不可偏謂之馬。故以馬而喻白，則白馬爲非馬也。曰馬未與白爲馬，白未與馬爲白，合馬與白，復名白馬，是相與以不相與，爲名未可，故曰白馬非馬未可。此賓述主意而難之也。馬自與馬爲類，白自與白爲類，故曰「相與」也。馬不與白爲馬，白不與馬爲白，故曰「不相與」也。合馬與白復名白馬，乃是強用白色以爲馬名，其義未可，故以白馬爲非馬者，未可也。上之未可主，義下之未可賓，難也。曰以有白馬爲非馬，謂有白馬爲有黃馬，可乎？曰：未可。主責賓曰，定以白馬爲有馬者，則白馬可得爲黃馬乎？賓曰未可也。曰：以有馬爲異有黃馬，是異黃馬於馬也。異黃馬於馬，是以黃馬爲非馬。既以白馬爲有馬，而黃馬不得爲白馬，則黃馬爲非馬，明執者未嘗不失矣。以黃馬爲非馬，而以白馬爲有馬，此飛者入池而棺椁異處，此天下之悖言亂辭也。黃、白，色也。衆馬，形也。而強以色爲形，飛者入池之謂也。黃馬、白馬同爲馬也，而取白棄黃，棺椁異處之謂也。凡棺椁之相待，猶脣齒之相依，脣亡齒寒，不可異處也。夫四夷守外，諸夏待內，內外相依，天下安矣。若乃私諸夏而踈夷狄，則夷狄叛矣。勤兵伐遠，人不堪命，則諸夏亂矣。內離外叛，棺椁異所，則君之所私者不能獨輔君矣。故棄黃取白，悖亂之甚矣。曰：有白馬不可謂無馬者，離白之謂也。不離者有白馬，不可謂有馬也。故所以爲有馬者，獨以馬爲有馬耳，非有白馬爲有馬。故其爲有馬也，不可以謂馬馬也。賓曰離白是爲有馬，不離實爲非馬，但以馬形馬色堅相連屬，便是二馬共體，不可謂之「馬馬」，故連稱白馬也。曰：白者不定所白，忘之而可也。萬物通有白色，故曰「不定所白」。白既不定在馬，馬亦不專於白，故忘色以求馬，衆馬皆應矣。忘私以親人，天下皆親矣。白馬者言白，定所白也。定所白者，非白也。定白在馬者，乃馬之白也，安得自爲白乎。馬者無去取於色，故黃黑皆所以應。直云馬者，是於衆色無所去取也。無取，故馬無不應；無去，故色無不在。是以聖人淡然忘懷而以虛統物，故物無不治而理無不極。白馬者，有去取於色，黃黑馬皆所以色去，故惟白馬獨可以應耳。去黃取白，則衆馬各守其色，自殊而去，故唯白馬獨應矣。王者黨其所私而踈天下，則天下各守其踈，自殊而叛矣。天下俱叛，誰當應君命哉。其唯所私乎，所私獨應命物，適足增禍，不能靜亂也。無去者非有去也，故曰白馬非馬。不取於白者，是不去黃也。不去於色，則色之與馬非有能去，故曰「無去者非有去也」。凡黃白之在馬，猶親踈之在人，私親而背踈，則踈者叛矣。踈者離叛，則親不能獨存矣。故曰「白馬非馬」。是以聖人虛心洞照，理無不統。懷六合於胸中，而靈鑑有餘；燭萬象於方寸，而其神彌靜。故能處親而無親，在踈而無踈，雖不取於親踈，亦不捨於親踈，所以四海同親萬國共貫也。

桓寬《鹽鐵論·通有》［張之象注］ 《管子》曰：不飾公室，則材木不可勝音升。用；不充庖廚，則禽獸不損其壽。無味利則本業所出，無黼音甫。黻音弗。則女紅音工。不施。故工商梓匠，邦國之用，器械之備也。自古有之，非獨於此。弦高飯上聲。牛於周，《人間訓》曰：「秦穆公使孟明舉兵襲鄭，過周以東。鄭之賈人弦高、蹇他相與謀曰：『師行數千里，數絶諸侯之地，其勢必襲鄭。凡襲國者，以爲無備也。今示以知其情，必不敢進。』乃矯鄭伯之命，以十二牛勞之三率。相與謀曰：『凡襲人者，以爲弗知也，今已知之矣，守備必固，進必無功。』乃還師而反晉，先軫舉兵擊之，大破之殽。鄭伯乃以存國之功賞弦高，弦高辭之曰：『誕而得賞，則鄭國之信廢矣。爲國而無信，是俗敗也。賞一人，敗國俗，仁者弗爲也。以不信得厚賞，義者弗爲也。』遂以其屬徙東夷，終身不反。」五羖賃車入秦，《臣術篇》曰：「秦穆公使賈人載鹽徵諸賈人，賈人買百里奚以五羖羊之皮，使將車之秦。秦穆公觀鹽，見百里奚牛肥，曰：『任重道遠以險，而牛何以肥也？』對曰：『臣飲食以時，使之不以暴有險先後之以身，是以肥也。』穆公知其君子也，令有司具沐浴焉，衣冠，與坐。公大悅。異日，與公孫支論政，公孫支大不寧，曰：『君耳目聰明，思慮審察，君其得聖人乎？』公曰：『然吾悅夫奚之言，彼類聖人。』公孫支遂歸，取鴈以賀曰：『君得社稷之聖臣，敢賀社稷之福。』公不辭，再拜而受。明日，公孫支乃致上卿以讓百里奚，曰：『秦國處僻，民陋以愚，無知危亡之本也。臣自知不足以處其上，請以讓之。』公不許。公孫支曰：『君不用賓相而得社稷之聖臣，君之祿也。臣見賢而讓之，臣之祿也。今君既得其祿矣，而使臣失祿，可乎？請終致之公。』不許。公孫支曰：『臣不肖而處上位，是君失倫也。不肖、失倫，臣之過；進賢而退不肖，君之明也。今臣處位廢君之德，而逆臣之行也，臣將逃。』公乃受之。故百里奚爲上卿以制之，公孫支爲次卿以佐之也。」公輸子以規矩，公輸子名班，魯之巧人，作雲梯之械以攻宋者。規者，所以圓萬物者也。矩者，所以方萬物者也。歐冶以鎔鑄。音注。《吳越春秋》曰：「越王允常聘歐冶子作名劍五枚，一曰純鈎，二曰湛盧，三曰豪曹，四曰魚腸，五曰巨闕。秦客薛燭善相劍，越王取豪曹、巨闕、魚腸等示之，薛燭皆曰：『非寶劍也。』取純鈎示之，薛燭曰：『光乎如屈陽之華，沉沉如芙蓉始生。於湖觀其文，如列星之行；觀其光，如水之溢塘。其文色渙渙，如冰將釋，見日之光。此純鈎也。』取湛盧示之，薛燭曰：『銜金鐵之英，吐銀錫之精，寄氣託靈有遊出之神。服此劍，可以折衝伐敵人君，有逆謀則去之。』他日，允常乃以湛盧獻吳，吳公子光弑吳王僚湛盧，去如楚。」語曰：百工居肆以成其事，農商交易以利本末。山居澤處，蓬蒿墝音敲。埆，音慤。財物流通，有以均之。是以多者不獨衍，少者不獨饉。韓嬰曰：聖人刳木爲舟，剡木爲楫，以通四方之物。使澤人足乎木，山人足乎魚，餘衍之財有所流。故豐膏不獨樂，磽埆不獨苦，雖遭凶年飢歲、禹湯之水旱，而民無凍餓之色。故生不乏用，死不轉尸。若各居其處，食其食，則是橘柚不鬻，音祝衒。鬻，賣也。朐音劬。鹵音魯。之鹽不出，旃音氈。罽音計。不市，而吳唐之材不用也。

《黃帝內經素問・陰陽離合論篇》［王冰注林億等校正］ 黃帝問曰：余聞天爲陽，地爲陰，日爲陽，月爲陰，大小月三百六十日成一歲，人亦應之。以四時五行運用於內，故人亦應之。新校正云：詳天爲陽至成一歲，與《六節藏象篇》重。今三陰三陽，不應陰陽，其故何也？岐伯對曰：陰陽者，數之可十，推之可百，數之可千，推之可萬，萬之大不可勝數，然其要一也。一，謂離合也。雖不可勝數，然其要妙，以離合推步，悉可知之。天覆地載，萬物方生，未出地者，命曰陰處，名曰陰中之陰；處陰之中，故曰陰處。形未動出，亦是爲陰。以陰居陰，故曰陰中之陰。則出地者，命曰陰中之陽。形動出者，是則爲陽。以陽居陰，故曰陰中之陽。陽予之正，陰爲之主。陽施正氣，萬物方生；陰爲主持，群形方立。故生因春，長因夏，收因秋，藏因冬，失常則天地四塞。春夏爲陽，故生長也。秋冬爲陰，故收藏也。若失其常道，則春不生，夏不長，秋不收，冬不藏。夫如是則四時之氣閉塞，陰陽之氣無所運行矣。陰陽之變，其在人者，亦數之可數。天地陰陽，雖不可勝數，在於人形之用者，則數可知之。帝曰：願聞三陰三陽之離合也。岐伯曰：聖人南面而立，前曰廣明，後曰太衝，廣，大也。南方丙丁，火位主之，陽氣盛明，故曰大明也。嚮明治物，故聖人南面而立。《易》曰：相見乎離。蓋謂此也。然在人身中，則心藏在南，故謂前曰廣明；衝脈在北，故謂後曰太衝。然太衝者，腎脈與衝脈合而盛大，故曰太衝，是以下文云。太衝之地，名曰少陰，此正明兩脈相合而爲表裏也。少陰之上，名曰太陽，腎藏爲陰，膀胱府爲陽，陰氣在下，陽氣在上，此爲一合之經氣也。《靈樞經》曰：足少陰之脈者，腎脈也，起於小指之下，邪趣足心。又曰：足太陽之脈者，膀胱脈也，循京骨至小指外側。由此故少陰之上，名太陽也，是以下文曰。太陽根起於至陰，結於命門，名曰陰中之陽。至陰，穴名，在足小指外側。命門者，藏精光照之所，則兩目也。太陽之脈，起於目而下至於足，故根於指端，結於目也。《靈樞經》曰：命門者，目也。此與靈樞義合。以太陽居少陰之地，故曰陰中之陽。新校正云：按《素問》太陽言根結，餘經不言結。《甲乙經》同。中身而上，名曰廣明，廣明之下，名曰太陰，《靈樞經》曰：天爲陽，地爲陰。腰以上爲天，腰以下爲地。分身之旨，則中身之上屬於廣明，廣明之下屬太陰也。又心廣明藏，下則太陰脾藏也。太陰之前，名曰陽明，人身之中，胃爲陽明脈，行在脾脈之前；脾爲太陰脈，行於胃脈之後。《靈樞經》曰：足太陰之脈者，脾脈也，起於大指之端，循指內側白肉際，過核骨後上內踝前廉，上腨內，循胻骨之後。足陽明之脈者，胃脈也，下膝三寸而別，以下入中指外間。由此故太陰之前，名陽明也，是以下文曰。陽明根起於厲兌，名曰陰中之陽。厲兌，穴名，在足大指次指之端。以陽明居太陰之前，故曰陰中之陽。厥陰之表，名曰少陽，人身之中，膽少陽脈，行肝脈之分外；肝厥陰脈，行膽脈之位內。《靈樞經》曰：足厥陰之脈者，肝脈也，起於足大指聚毛之際，上循足跗上廉，足少陽之脈者，膽脈也，循足跗上，出小指次指之端。由此則厥陰之表，名少陽也，故下文曰。少陽根起於竅陰，名曰陰中之少陽。竅陰，穴名，在足小指次指之端。以少陽居厥陰之表，故曰陰中之少陽。是故三陽之離合也，太陽爲開，陽明爲闔，少陽爲樞。離，謂別離應用。合，謂配合於陰。別離則正位於三陽，配合則表裏而爲藏府矣。開闔樞者，言三陽之氣，多少不等，動用殊也。夫開者所以司動靜之基，闔者所以執禁固之權，樞者所以主動轉之微。由斯殊氣之用，故此三變之也。新校正云：按《九墟》太陽爲開，陽明爲闔，少陽爲樞。故開折則肉節潰緩而暴病起矣，故候暴病者取之太陽。闔折則氣無所止息，悸病起，故悸者皆取之陽明。樞折則骨搖而不能安於地，故骨搖者取之少陽。《甲乙經》同。三經者，不得相失也，搏而勿浮，命曰一陽。三經之至，搏擊於手，而無輕重之異，則正可謂一陽之氣，無復有三陽差降之爲用也。帝曰：願聞三陰。歧伯曰：外者爲陽，內者爲陰，言三陽爲外運之離合，三陰爲內用之離合也。然則中爲陰，其衝在下，名曰太陰，衝脈在脾之下，故言其衝在下也。《靈樞經》曰：衝脈者，與足少陰之絡皆起於腎下，上行者過於胞中。由此則其衝之上，太陰位也。太陰根起於隱白，名曰陰中之陰。隱白，穴名，在足大指端。以太陰居陰，故曰陰中之陰。太陰之後，名曰少陰，藏位及經脈之次也。太陰，脾也。少陰，腎也。脾藏之下近後，則腎之位也。《靈樞經》曰：足太陰之脈，起於大指之端，循指內側，及上內踝前廉，上腨內，循骱骨後。足少陰之脈，起於小指之下，斜趣足心，出於然骨之下，循內踝之後，以上腨內。由此則太陰之下，名少陰也。少陰根起於涌泉，名曰陰中之少陰。涌泉，穴名，在足心下踡指宛宛中。少陰之前，名曰厥陰，亦藏位及經脈之次也。少陰，腎也。厥陰，肝也。腎藏之前近上，則肝之位也。《靈樞經》曰：足少陰脈，循內踝之後，上腨內廉。足厥陰脈，循足跗上廉，去內踝一寸，上踝八寸，交出太陰之後，上膕內。由此故少陰之前，名厥陰也。厥陰根起於大敦，陰之絕陽，名曰陰之絕陰。大敦，穴名，在足大指之端，三毛之中也。兩陰相合，故曰陰之絕陽。厥，盡也。陰氣至此而盡，故名曰陰之絕陰。是故三陰之離合也，太陰爲開，厥陰爲闔，少陰爲樞。亦氣之不等也。新校正云：按《九墟》云：開折則倉廩無所輸，隔洞者，取之太陰。闔折則氣弛而善悲，悲者取之厥陰。樞折則脈有所結而不通，不通者取之少陰。《甲乙經》同。三經者，不得相失也，搏而勿沈，名曰一陰。沈，言殊見也。陽浮亦然。若經氣應至，無沈浮之異，則悉可謂一陰之氣，非復有三陰差降之殊用也。陰陽𩏶𩏶，積傳爲一周，氣裏形表而爲相成也。𩏶𩏶，言氣之往來也。積，謂積脈之動也。傳，謂陰陽之氣流傳也。夫脈氣往來，動而不止，積其所動，氣血循環，應水下二刻而一周於身，故曰積傳爲一周也。然榮衛之氣，因息遊布，周流形表，拒捍虛邪，中外主司，互相成立，故言氣裏形表而爲相成也。新校正云：按別本𩏶𩏶作衝衝。

《鶡冠子·博選》［陸佃解］

王鈇一作鐵，非。非一世之器者，厚德隆俊也。王鈇，法制也。賈子曰：權勢、法制，人主之斤斧。夫專任法制，不以厚德將之，而欲以持久，難哉。道凡四稽：一曰天，二曰地，三曰人，四曰命權。命者，所以令之。人有五至：一曰伯己，百於己者。二曰什己，十於己者。三曰若己，與己等也。四曰廝役，事我者也。五曰徒隸。又其下者。所謂天者，物理情者也。道無所治，有之者以稽於天，所以爾也。教者地事也，治者天事也。所謂地者，常弗一作「不」。去者也。道無所住，有之者以稽於地，所以爾也。運者，天道也。處者，地道也。所謂人者，惡死樂生者也。所謂命者，靡不在君者也。莫不聽之之謂命。君也者，端神明者也。無爲而尊。神明者，以人爲本者也。因人則逸，任己則勞。人者，以賢聖爲本者也。賢聖者，以博選爲本者也。舜發於甽畝，傅說舉於版築，膠鬲舉於魚鹽，管夷吾舉於士，孫叔敖舉於海，百里奚舉於市。然則選士之路，豈可不博哉。博選者，以五至爲本者也。故北面而事之，則伯己者至。北面事之，所謂承之者也。先趨而後息，先問而後默，則什己者至。先人而趨，後人而息，先人而問，後人而默。雖亦降己，異乎承之者也。是以伯己者往，什己者來。人趨己趨，則若己者至。人趨己趨，與之鴈行者也。憑几據杖，指麾而使，則廝役者至。坐則憑几，立則據杖，指麾而使，尚爲有禮焉。樂嗟苦咄，案：「樂嗟苦」三字，原缺，今據他本增入。則徒隸之人至矣。人一作者，□□□□□□也。樂則嗟之，苦則咄之，不禮甚矣。苟非無恥之人，豈所甘心哉？案：注原缺六字。故帝者與師處，王者與友處，亡主與徒處。故德萬一作百。人者謂之雋，雋者，知哲聖人之謂也。德千人者謂之豪，此以獸之豪制名也。德百一作「萬」。人者謂之英。此以草之英制名也。《毛詩傳》曰：萬人曰英。記曰：五人曰茂，十人曰選，百人曰俊，千人曰英。今此又以萬人曰俊，百人曰英，蓋莫可考矣。《人物志》曰：獸之特者爲雄，草之秀者爲英。韓信是雄，張良是英，此言近之。案：「考矣」之「矣」，一本作「合」，非。德音者，所謂聲也。未聞音出而響，過其聲者也。貴者有知，富者有財，貧者有身。無知也，故賤無財也。故貧所有者，特天地之委形而已。總括百骸，謂之身衆象，備見謂之形。信符不合，事舉不成。一本云「舉事不成」。不死不生，不斷不成。常騎兩可之地，豈足以就其斷哉。計功而償權，德而言王鈇，在此孰能使營？

《國語·鄭語》［韋昭注］

桓公爲司徒，桓公，鄭始封之君，周厲王之少子，宣王之弟，桓公友也。宣王封之於鄭，幽王八年爲司徒。甚得周衆與東土之人，周衆，西周之民。東土，陝以東也。問於史伯曰：「王室多故，史伯，周太史，故猶難也。余懼及焉，其何所可以逃死？」史伯對曰：「王室將卑，戎、狄必昌，不可偪也。昌，盛也。偪，迫也。當成周者，成周雒邑。南有荆蠻、申、呂、應、鄧、陳、蔡、隨、唐；荆蠻，芊姓之蠻鬻，熊之後也。申、呂，姜姓。應、蔡、隨、唐皆姬姓也。應，武王子所封。鄧，曼姓。陳，嬀姓也。北有衛、燕、翟、鮮虞、路、洛、泉、徐、蒲；衛，康叔之封，燕，邵公之封，皆姬姓也。翟，北翟也。鮮虞，姬姓，在翟者。路、洛、泉、徐、蒲皆赤翟，隗姓也。西有虞、虢、晉、隗、霍、楊、魏、芮；八國，姬姓也。虞，虞仲之後。虢，虢叔之後，西虢也。東有齊、魯、曹、宋、滕、薛、鄒、莒；齊，姜姓。魯、曹、滕皆姬姓。宋，子姓。薛，任姓。鄒，曹姓。莒，己姓，東夷之國也。是非王之支子母弟甥舅也，則皆蠻、荆、戎、翟之人也。王支子母弟，姬姓是也。甥舅，異姓是也。蠻、荆，楚也。戎、翟，北翟，路、洛、泉、徐、蒲是也。戎或爲夷。非親則頑，不可入也。親，謂支子、甥舅。頑，謂蠻夷、戎翟也。其濟、洛、河、潁之間乎？言此四水之間可逃也。謂左濟、右洛、前潁、後河。是其子男之國，虢鄶爲大，是，是四水也。虢，東虢，虢仲之後，姬姓也。鄶，妘姓也，當幽王時於子男，此二國爲大。虢叔恃勢，鄶仲恃險，此虢叔，虢仲之後。叔、仲皆當時二國君之字。勢，地勢阻固也。險有險阨，皆恃之而不脩德。是皆有驕侈怠慢之心，而加之以貪冒。君若以周難之故，寄孥與賄焉，不敢不許。妻子曰孥。賄，財也。周亂而弊，是驕而貪，必將背君，君若以成周之衆，奉辭伐罪，無不克矣。桓公甚得周衆，奉直辭，伐有罪，故必勝也。若克二邑，二邑虢、鄶。鄢、蔽、補、丹、依、⿰黑柔、歷、莘，君之土也。言克虢、鄶，則此八邑皆可得也。若前莘後河，右洛左濟，莘，莘國也。主芣、騩而食溱、洧，芣騩，山名，主爲之神主也。孔子曰：夫顓臾爲東蒙主。食，謂居其土，食其水也。脩典刑以守之，唯是可以少固。」其後卒如史伯之言。公曰：「南方不可乎？」南方，當成周之南，申、鄧之間。對曰：「夫荆子熊嚴生子四人：伯霜、仲雪、叔熊、季紃。荆，楚也。熊嚴，楚子鬻熊之後十四世也。伯霜，楚子熊霜季紃，楚子熊紃也。仲不立叔，在濮耳。叔熊逃難於濮而蠻，季紃是立，薳氏將起之，禍又不克。濮，蠻邑。薳氏，楚大夫克能也。熊霜之世，叔熊逃奔濮，而從蠻俗。熊霜死，國人立季紃。薳氏將起，叔熊立之，又有禍難而不能立也。是天啓之心也，啓，開也，天開季紃，故叔熊不得立。有「心」字誤。又甚聰明和協，蓋其先王。言季紃又聰明，能和協其民臣之心，功德蓋其先王也。臣聞之，天之所啓，十世不替。替，廢也。夫其子孫必光啓土，不可偪也。光，大也。且重、黎之後也，重黎，官名。《楚語》曰：顓頊乃命南正重司天，北正黎司地。言楚之先爲此二官。夫黎爲高辛氏火正，高辛，帝嚳也。黎，顓頊之後吳回也。顓頊生老童，老童生重黎及吳回，吳回生陸終，陸終產六子，其季曰季連，爲芊姓楚之祖也。季連之後爲鬻熊，事周文王，其曾孫熊繹當成王時，封于荆蠻，爲楚子黎。當高辛氏爲火正，《傳》曰：吳回爲黎，黎火正也。以淳燿惇大，天明地德，光昭四海，故命之曰『祝融』，其功大矣。淳，大也。燿，明也。惇，厚也，言黎爲火正，能治其職以大明，厚大天，明地德，故命之爲「祝融」。祝，始也。融，明也。大明、天明若歷象三辰也。厚大地德，若敬授民時也。光昭四海，使上下有章也。夫成天地之大功者，其子孫未嘗不章，章顯也。虞、夏、商、周是也。是成天地之功者。虞幕能聽協風，以成物樂生者也。虞幕，舜後虞思也。協，和也，言能聽知和風，因時順氣，以成育萬物，使之樂生者也。《周語》曰：瞽告有協風，至王乃耕藉之類，是也。夏禹能單平水土，以品處庶類者也。單，盡也。庶，衆也。品，高下之品也。禹除水災，使萬物高下各得其所。商契能和合五教，以保於百姓者也。保，養也。五教：父義、母慈、兄友、弟恭、子孝也。《魯語》曰：契爲司徒，而民輯。周棄能播殖百穀蔬，以衣食民人者也。棄，后稷也。播，布也。殖，長也。百穀：黍、稷、稻、粱、麻、麥、荏、菽、雕、胡之屬。蔬，草菜之屬，可食者。其後皆爲王公侯伯。禹身王，稷契在子孫。公侯伯，謂其後杞、宋及幕後陳侯也。祝融亦能昭顯天地之光明，以生柔嘉材者也，柔，潤也。嘉，善也。善材，五穀材木也。其後八姓於周未有侯伯。八姓，祝融之後。八姓：己、董、彭、禿、妘、曹、斟、芊也。侯伯，諸侯之伯。佐制物於前代者，佐，助也。物，事也。前代，夏、殷也。昆吾爲夏伯矣，昆吾，祝融之孫，陸終第二子，名樊爲，已姓，封于昆吾，昆吾衛是也。其後夏衰，昆吾爲夏伯遷于舊許。《傳》曰：楚之皇祖伯父，昆吾舊許是宅。大彭、豕韋爲商伯矣。大彭，陸終第三子曰籛，爲彭姓，封于大彭，謂之彭祖，彭城是也。豕、韋，彭姓之別，封于豕、韋者，殷衰二國。相繼爲商伯。當周未有。未有侯伯。己姓昆、吾、蘇、顧、溫、董，五國皆昆吾之後，別封者，莒其後。董姓鬷夷、豢龍，則夏滅之矣。董姓，已姓之別，受氏爲國者，有飂叔安之裔子曰董父，以擾龍服事帝舜，賜姓曰董，氏曰豢龍，封之鬷川，當夏之興，別封鬷夷，于孔甲前而滅矣。《傳》曰孔甲不能食龍，而未獲豢龍氏。劉累學擾龍於豢龍氏以事孔甲。彭姓彭祖，豕韋、諸稽，則商滅之矣。彭祖，大彭也。豕韋，諸稽其後，別封也。大彭、豕韋，爲商伯，其後世失道，殷復興而滅之。

禿姓舟人，則周滅之矣。禿姓，彭祖之別。舟人，國名。妘姓鄔、鄶、路、偪陽，陸終第四子曰求，言爲妘姓，封于鄶。鄶，今新鄭也。鄔、路、偪、陽其後別封也。曹姓鄒、莒，陸終第五子曰安，爲曹姓，封於鄒。皆爲采衛，皆，妘、曹也。采，采服，去王城二千五百里。衛，衛服，去王城三千里。或在王室，或在夷翟，莫之數也。或六姓之後在王室，蘇子、溫子也，在夷、翟、莒、偪、陽也。而又無令聞，必不興矣。斟姓無後。斟姓，曹姓之別也。或云：夏少康滅之，非也。《傳》有斟，灌斟，尋澆所滅。非少康，又皆夏同姓，非此也。融之興者，其在芈姓乎？芈姓夔越不足命也。夔越，芈姓之別國也。楚熊繹六世孫曰熊摯，有惡疾，楚人廢之，立其弟熊延，摯自棄於夔，其子孫有功，王命爲夔子。蠻芈蠻矣，蠻芈，謂叔熊在濮，從蠻俗也。唯荆實有昭德，若周衰，其必興矣。昭，明也。姜、嬴、荆、芈，實與諸姬代相干也。姜，齊姓。嬴，秦姓。芈，楚姓。代，更也。干，犯也，言其代強，更相犯間也。姜，伯夷之後也；伯夷，堯秩宗，炎帝之後，四岳之族也。嬴，伯翳之後也。伯翳，舜虞官少皞之後，伯益也。伯夷能禮於神以佐堯者也，秩宗之官，於周爲宗伯，漢爲太常，掌國祭祀。《書》曰：典朕《三禮》，謂天神、人鬼、地祇之禮。伯翳能議百物以佐舜者也。百物，草木、鳥獸也，議，使各得其宜。其後皆不失祀而未有興者，興，謂爲侯伯也。周衰其將至矣。」至於伯也。

黃石公《黃石公素書・正道章》［張商英注］ 註曰：道不可以非正。德足以懷遠。註曰：懷者中心悅，而誠服之謂也。信足以一異義，足以得衆。註曰：有行有爲而衆人宜之，則得乎衆人矣。才足以鑒古，明足以照下，此人之俊也。行足以爲儀表，智足以決嫌疑。註曰：嫌疑之際，非智不決。信可以使守約，廉可以使分財，此人之豪也，守職而不廢。註曰：孔子爲委吏，乘田之職是也。處義而不回，註曰：迫於利害之際而確然守義者，此不回也。見嫌而不苟免，註曰：周公不嫌於居攝，召公則有所嫌也；孔子不嫌於見南子，子路則有所嫌也。居嫌而不苟免，其惟至明乎。見利而不苟得，此人之傑也。註曰：俊者，峻於人也。豪者，高於人。傑者，傑於人。有德有信有義有才有明者，俊之事也。有行有智有信有廉者，豪之事也。至於傑，則才行足以明之矣。然傑勝於豪，豪勝於俊也。

《史記・五帝本紀》［司馬貞索隱］ 黃帝者，案：有土德之瑞，土色黃，故稱黃帝，猶神農火德王而稱炎帝然也。此以黃帝爲五帝之首，蓋依《大戴禮・五帝德》。又譙周、宋均亦以爲然。而孔安國、皇甫謐《帝王代紀》及孫氏注《系本》，并以伏犧、神農、黃帝爲三皇，少昊、高陽、高辛、唐、虞爲五帝。注「號有熊」者，以其本是有熊國君之子故也。亦號軒轅氏。皇甫謐云：「居軒轅之丘，因以爲名，又以爲號。」又據《左傳》，亦號帝鴻氏也。少典之子。少典者，諸侯國號，非人名也。又案：《國語》云「少典娶有蟜氏女，生黃帝、炎帝。」然則炎帝亦少典之子。炎、黃二帝雖則相承，如《帝王代紀》中間凡隔八帝，五百餘年。若以少典是其父名，豈黃帝經五百餘年而始代炎帝後爲天子乎？何其年之長也。又案：《秦本紀》云「顓頊氏之裔孫曰女脩，吞玄鳥之卵而生大業，大業娶少典氏而生柏翳」。明少典是國號，非人名也。黃帝即少典氏後代之子孫，賈逵亦謂然，故《左傳》「高陽氏有才子八人」，亦謂其後代子孫而稱爲子是也。譙周字允南，蜀人，魏散騎常侍，徵不拜。此注所引者，是其人所著《古史考》之說也。皇甫謐字士安，晉人，號玄晏先生。今所引者，是其所作《帝王代紀》也。

又［張守節正義］ ［黃帝］舉風后、力牧、常先、大鴻，任用。四人皆帝臣也。《帝王世紀》云：「黃帝夢大風吹天下之塵垢皆去，又夢人執千鈞之弩，驅羊萬群。帝寤而嘆曰：『風爲號令，執政者也。垢去土，后在也。天下豈有姓風名后者哉？夫千鈞之弩，異力者也。驅羊數萬群，能牧民爲善者也。天下豈有姓力名牧者哉？』於是依二占而求之，得風后於海隅，登以爲相。得力牧於大澤，進以爲將。黃帝因著《占夢經》十一卷。」《藝文志》云：「《風后兵法》十三篇，圖二卷，《孤虛》二十卷，《力牧兵法》十五篇。」鄭玄云：「風后，黃帝之三公也」。案：黃帝仰天地置列侯衆官，以風后配上台，天老配中台，五聖配下台，謂之三公也。《封禪書》云「鬼臾區號大鴻，黃帝大臣也。死葬雍，故鴻冢是」。《藝文志》云「《鬼容區兵法》三篇」也。以治民。順天地之紀，言黃帝順天地陰陽四時之紀也。幽明之占，幽，陰；明，陽也。占，數也。言陰陽五行，黃帝占數而知之。此文見《大戴禮》。死生之說，說謂儀制也。民之生死。此謂作儀制禮則之說。存亡之難。難音乃憚反。存亡猶生死也。黃帝之前，未有衣裳、屋宇。及黃帝造屋宇，制衣服，營殯葬，萬民故免存亡之難。時播百穀草木，言順四時之所宜，而布種百穀草木也。淳化鳥獸蟲蛾，蛾音魚起反。又音豸，豸音直氏反。蟻，蚍蜉也。《爾雅》曰：「有足曰蟲，無足曰豸。」旁羅日月、星辰、水波、土石、金玉，旁羅猶遍布也。日月，陰陽時節也。星，二十八宿也。辰，日月所會也。水波，瀾漪也。言天不異災，土無別害，水少波浪，山出珍寶。勞勤心力耳目，節用水火材物。節，時節也。水，陂障決洩也。火，山野禁放也。材，木也。物，事也。言黃帝教民，江湖陂澤山林原隰皆收採禁捕以時，用之有節，令得其利也。《大戴禮》云「宰我問於孔子曰：『予聞榮伊曰黃帝三百年。請問黃帝者人耶？何以至三百年？』孔子曰：『勞勤心力耳目，節用水火材物，生而民得其利百年，死而民畏其神百年，亡而民用其教百年，故曰三百年也』。」

班固《班蘭臺集・典引》［蔡邕注］ 太極之元，兩儀始分，烟烟熅熅。《易》：太極是生兩儀。烟烟熅熅，陰陽和一相扶貌也。有沈有奥，有浮而清。奥，濁也。言兩儀始分之時，其氣和同，沈而濁者爲地，浮而清者爲天。沈浮交錯，庶類混成。地體沈而氣升，天道浮而氣降。升降交錯，則衆類同矣。肇命民主，五德初起。民主者，天子也。《尚書》曰：成湯簡代夏作民主。五德，五行之德。自伏羲已下，帝王相代，各據其一行，始於木，終於水，則復始也。同于草昧，玄混之中。《易》曰：天造草昧。混猶溷濁。踰繩越契，寂寥而亡詔者，系不得而綴也。言結繩書契已往，其道寂寥無聲，莫能以相告，故易系不得紹連也。綴，知銳切。厥有氏號，紹天闡繹，莫不開元於太昊皇初之首。上哉敻乎，其書猶可得而修也。所依爲氏也。號，功之表也。號太昊曰伏羲，炎帝曰神農，黃帝曰軒轅，少昊曰金天，顓頊曰高陽，帝嚳曰高辛，堯曰陶唐，舜曰有虞。紹天闡繹，宗紹天地，開道人事。亞斯之世，通變神化，函光而未曜。若夫上稽乾則，降承龍翼，而炳諸典謨，以冠德卓絶者，莫崇乎陶唐。陶唐舍胤而禪有虞，有虞亦命夏后。稷契熙載，越成湯武。股肱既周，天迺歸功元首，將授漢劉。天有五行之序，堯與四臣各據其一行。而堯爲之正，四臣已徧，故歸功元首之子孫，而授漢劉也。高祖始於沛公，起兵入關，後爲漢王，以即尊位，故遂曰漢也。《春秋左氏傳》曰：陶唐氏既衰，其後劉累者，在夏爲御龍氏，在商爲豕韋氏，在周爲唐杜氏。成王滅唐宣王，殺杜伯。杜伯之子隰叔奔晉，其後士會奔秦而復歸，其子留秦者爲劉氏。以是明之，漢爲堯後。

王符《潛夫論・讚學》［汪繼培箋］

天地之所貴者，人也；《孝經》子曰：「天地之性人爲貴。」《春秋繁露・人副天數篇》云：「天地之精，所以生物者，莫貴於人。」《荀子・王制篇》云：「水火有氣而無生，草木有生而無知，禽獸有知而無義，人有氣、有生、有知亦且有義，故最爲天下貴也。」聖人之所尙者，義也；《論語》子曰：「君子義以爲上。」尙與上通。德義之所成者，智也；明智之所求者，學問也；《漢書・董仲舒傳》云：「彊勉學問，則聞見博，而知益明。」知與智通。雖有至聖，不生而知；《論語》子曰：「我非生而知之者，好古敏以求之者也。」雖有至材，不生而能。《說苑・建本篇》子思曰：「學所以益才也。」故《志》曰：「黃帝師風后，《史記・五帝紀》云：「黃帝擧風后。」顓頊師老彭，帝嚳師祝融，《鄭語》史伯云：「黎爲高辛氏火正，以淳燿敦大天明地德，光照四海，故命之曰『祝融』。」韋昭注：「高辛，帝嚳。黎，顓頊之後也。」堯師務成，《白虎通・辟雍篇》云：「帝堯師務成子。」按：《荀子・大略篇》云：堯學於君疇，舜學於務成昭。《新序・雜事五》又作「務成跗」。舜師紀后，禹師墨如，盧學士文弨云：「墨如疑是墨台。」繼培按：《路史・後紀四》云：禹有天下，封怡以紹烈山，是爲默台。」《國名紀》一云怡，一曰默怡，即墨台。禹師墨如，或云墨台。湯師伊尹，《呂氏春秋・尊師篇》云：「湯師小臣。」高誘注：「小臣謂伊尹。」《白虎通》云：「湯師伊尹。」文、武師姜尙，《呂氏春秋》云：「文王、武王師呂望。」《白虎通》云：「文王師呂望，武王師尙父。」《史記・齊世家》云：「太公望呂尙者，本姓姜氏，從其封姓，故曰呂尙。」周公師庶秀，孔子師老聃。」《白虎通》云：「孔子師老聃。」若此言之而信，則人不可以不就師矣。昭十九年《穀梁傳》云：「羈貫成童，不就師傅，父之罪也。」夫此十一君者，皆上聖也，猶待學問，其智乃博，其德乃碩，博、碩韻。《淮南子・泰族訓》云：「人莫不知學之有益于己也，然而不能者，嬉戲害人也。人皆多以無用害有用，故智不博而日不足。」《詩・簡兮》云：「碩人俁俁。」《毛傳》：「碩人，大德也。」而況於凡人乎？《呂氏春秋》云：「此十聖人、六賢者，未有不尊師者也。今尊不至于帝，智不至于聖，而欲無尊師，奚由至哉？」《新序》云：「此十一聖人，未遭此師，則功業不著乎天下，名號不傳乎千世。」此言十一君，名與《新序》同。

鄭玄《新本鄭氏周易・乾》

九二：見龍在田，利見大人。「二」，于三才爲地道，地上即田，故稱田也。《集解》九二利見九五之大人。《正義》九三：君子終日乾乾，夕惕若厲，无咎。「三」，于三才爲人道，有乾德而在人道，君子之象。《集解》「惕」，懼也。《釋文》九五：飛龍在天，利見大人。「五」，于三才爲天道，天者清明无形，而龍在焉，飛之象。《集解》上九：亢龍有悔。堯之末年，四凶在朝，是以有悔，未大凶也。《正義》用九：見群龍，无首，吉。六爻皆體乾一作龍，群龍之象也。舜既受道，道，一作禪。禹與稷、契、咎繇之屬并在于朝。《後漢》郎顗傳注、班固傳注。萬物資始，乃統天。「資」，取也。「統」，本也。《釋文》大人造也。造，徂早反。「造」，爲也。《釋文》。《文言》傳附君子體仁，足以長人。「體」，生也。《文選》二十四。不成名。《釋文》當隱之時，以從世俗，不自殊異，無所成名也。《集解》確乎其不可拔。「確」，堅高之貌。「拔」，移也。《釋文》閑邪以存其誠。《會通》、晁氏云君子進德修業，及時，故无咎。同上聖人作。「作」，起也。《釋文》「亢龍有悔」，窮志災也。同上「利貞」者，情性也。《漢上易》、晁氏同乾始而以美利利天下。晁氏云

張衡《張河間集・西京賦》［薛綜注］

白龍魚服，見困豫且。雖萬乘之無懼，猶怵惕於一夫。終日不離於輜重，獨微行其焉如。《說苑》曰：吳王欲從民飲，伍子胥曰：「昔白龍下清泠之淵，化爲魚，豫且射中。目白龍不化，豫且不射。君今棄萬乘之位，而從於臣，恐有豫且之患。」此言先生責公子陰戒期門，微行要屈。萬乘天子也，即秦始皇、高祖也。昔秦始皇東游，爲張良所擊，中其副車。漢高祖於栢人

亭，殆爲貫高所中。輜重，車也。焉，言安也。如，往也。公子説微行要屈，故先生問之，言欲何往。

《孔子家語·相魯》［王肅注］

孔子初仕，爲中都宰，中都，魯邑。制爲養生送死之節：長幼異食，如禮年十五，異食也。強弱異任，任謂力作之事，各從所任不用弱也。男女別塗，路無拾遺，器不彫僞，彫畫無文飾。不詐僞。爲四寸之棺五寸之槨，以木爲槨。因丘陵爲墳，不封，不聚土以起墳者也。不樹。不樹松柏。行之一年，而西方之諸侯則焉。魯國在東，故西方諸侯皆法則。定公謂孔子曰：「學子此法，以治魯國何如？」孔子對曰：「雖天下可乎，何但魯國而已哉。」於是二年，定公以爲司空。乃別五土之性，五土之性：一曰山林，二曰川澤，三曰丘陵，四曰墳衍，五曰原隰。而物各得其所生之宜，所生之物各得其宜。咸得厥所。先時季氏葬昭公于墓道之南，季平子逐昭公，死于乾侯，平子別而葬之，貶之，不令近先公也。孔子溝而合諸墓焉。謂季桓子曰：「貶君以彰己罪，非禮也。桓子，平子之子。今合之，所以掩夫子之不臣。」由司空爲大司寇，設法而不用，無奸民。定公與齊侯會于夾谷，孔子攝相事，曰：「臣聞有文事者必有武備，有武事者必有文備。古者諸侯出疆，必具官以從，請具左右司馬。」定公從之。至會所，爲壇，位土階三等，以遇禮相見，會遇之禮，禮之簡略者也。揖讓而登。獻酢既畢，齊使萊人以兵鼓謲，劫定公。萊人，齊人。東夷雷鼓曰謲。孔子歷階而進，以公退，曰：「士，以兵之。吾兩君爲好，裔夷之俘敢以兵亂之，裔，邊裔。夷，夷狄。俘軍，所獲虜也。言此三者何敢以兵亂兩君之好也。非齊君所以命諸侯也。裔不謀夏，夷不亂華，華夏，中國之名。俘不干盟，兵不偪好。於神爲不祥，於德爲愆義，於人爲失禮，君必不然。」齊侯心怍，麾而避之。有頃，齊奏宮中之樂，俳優侏儒戲於前。孔子趨進，歷階而上，不盡一等，曰：「匹夫熒侮諸侯者，罪應誅，請右司馬速加刑焉。」於是斬侏儒，手足異處。齊侯懼，有慙色。將盟，齊人加載書曰：「齊師出境，而不以兵車三百乘從我者，有如此盟。」孔子使玆無還對曰：魯大夫也。「而不返我汶陽之田，吾以供命者亦如之。」齊侯將設享禮，孔子謂梁丘據曰：「齊魯之故，吾子何不聞焉？梁丘據舊聞齊魯之故事。事既成矣，而又享之，是勤執事。且犧象不出門，作犧牛及象於其背爲罇。嘉樂不野合，享而既具，是棄禮。若其不具，是用粃粺。粃，穀之不成者。粺，草之似穀者。用粃粺，君辱；棄禮，名惡。子盍圖之？夫享，所以昭德也。不昭，不如其已。」乃不果享。齊侯歸，責其羣臣曰：「魯以君子道輔其君，而子獨以夷狄道教寡人，使得罪。」於是乃歸所侵魯之四邑及汶陽之田。四邑，鄆、讙、龜、陰之地也。汶陽之田，本魯界。孔子言於定公曰：「家不藏甲，卿大夫稱家。甲，鎧也。邑無百雉之城，高丈長丈曰堵，三堵曰雉。古之制也。今三家過制，請皆損之。」乃使季氏宰仲由隳三都。叔孫不得意於季氏，因費宰公山弗擾率費人以襲魯。孔子以公與季孫、叔孫、孟孫入于季氏之宮，登武子之臺。費人攻之，及臺側，孔子命申句須、樂頎勒士衆下伐之，費人北，遂隳三都之城。彊公室，弱私家，尊君卑臣，政化大行。初魯之販羊有沈猶氏者，常朝飲其羊以詐市人。有公慎氏者，妻淫不制。有慎潰氏，奢侈踰法。魯之鬻六畜者，飾之以儲價。及孔子之爲政也，則沈猶氏不敢朝飲其羊，公慎氏出其妻，慎潰氏越境而徙。三月，則鬻牛馬者不儲價，賣羔豚者不加飾。男女行者別其塗，道不拾遺，男尚忠信，女尚貞順。四方客至於邑者，不求有司，有司常供其職，客不求，而有司在焉。皆如歸焉。言如歸家，無所乏也。

王弼《周易注》卷一《上經乾傳》

䷀《乾》下《乾》上元、亨、利、貞。

初九：潛龍勿用。《文言》備矣。九二：見龍在田，利見大人。出潛離隱，故曰「見龍」，處於地上，故曰「在田」。德施周普，居中不偏，雖非君位，君之德也。初則不彰，三則「乾乾」，四則「或躍」，上則過「亢」。「利見大人」，唯二、五焉。九三：君子終日乾乾，夕惕若厲，无咎。處下體之極，居上體之下，在不中之位，履重剛之險。上不在天，未可以安其尊也。下不在田，未可以寧其居也。純修下道，則居上之德廢。純修上道，則處下之禮曠。故「終日乾乾」，至于「夕惕」，猶「若厲」也。居上不驕，在下不憂，因時而惕，不失其幾，雖危而勞，可以「无咎」。處下卦之極，愈於上九之亢，故竭知力而後免於咎也。乾三以處下卦之上，故免亢龍之悔。坤三以處下卦之上，故免龍戰之災。九四：或躍在淵，無咎。去下體之極，居上體之下，乾道革之時也。上不在天，下不在田，中不在人，履重剛之險，而无定位所處，斯誠進退無常之時也。近乎尊位，欲進其道，迫乎在下，非躍所及。欲靜其居，居非所安。持疑猶豫，未敢決志。用心存公，進不在私，疑以爲慮，不謬於果，故「无咎」也。九五：飛龍在天，利見大人。不行不躍，而在乎天，非飛如何？故曰「飛龍」也。龍德在天，則大人之路亨也。夫位以德興，德以位叙，以至德而處盛位，萬物之睹，不亦宜乎。上九：亢龍有悔。用九：見群龍，无首，吉。「九」，天之德也。能用天德，乃「見群龍」之義焉。夫以剛健而居人之首，則物之所不與也。以柔順而爲不正，則佞邪之道也。故《乾》「吉」在「无首」，《坤》「利」在「永貞」。

韓康伯《周易注》卷七《繫辭》上 天尊地卑，乾坤定矣。乾坤，其易之門戶。先明天尊地卑，以定乾坤之體。卑高以陳，貴賤位矣。天尊地卑之義既列，則涉乎萬物，貴賤之位明矣。動靜有常，剛柔斷矣。剛動而柔止也。動止得其常體，則剛柔之分著矣。方以類聚，物以群分，吉凶生矣。方有類，物有群，則有同有異，有聚有分。順其所同則吉，乖其所趣則凶。故吉凶生矣。在天成象，在地成形，變化見矣。象況日月星辰，形況山川草木也。懸象運轉以成昏明，山澤通氣而雲行雨施，故變化見矣。是故剛柔相摩，相切摩也，言陰陽之交感也。八卦相蕩。相推蕩也。言運化之推移。鼓之以雷霆，潤之以風雨。日月運行，一寒一暑。《乾》道成男，《坤》道成女。《乾》知大始，《坤》作成物。《乾》以易知，《坤》以簡能。天地之道，不爲而善始，不勞而善成，故曰「易」、「簡」。易則易知，簡則易從。易知則有親，易從則有功。順萬物之情，故曰有親。通天下之志，故曰有功。有親則可久，有功則可大。有易簡之德，則能成可久可大之功。可久則賢人之德，可大則賢人之業。天地易簡，萬物各載其形。聖人不爲，群方各遂其業。德業既成，則入於形器，故以賢人目其德業。易簡而天下之理得矣。天下之理，莫不由於易簡，而各得順其分位也。天下之理得，而成位乎其中矣。成位，況立象也。極易簡則能通天下之理，通天下之理，故能成象。并乎天地言其中，則明并天地也。

劉邵《人物志・材能第五》［劉昞注］ 材能大小，其準不同。量力而任，所任乃濟。或曰人材有能大，而不能小。猶函牛之鼎，不可以烹雞。愚以爲此非名也。夫人材猶器，大小異。或者以大鼎不能烹雞，喻大材不能治小，失其名也。夫能之爲言已定之稱，先有定質，而後能名生焉。豈有能大而不能小乎。凡所謂能大而不能小，其語出於性有寬急，寬者弘裕，急者急切。性有寬急，故宜有大小。寬弘宜治大，急切宜治小。寬弘之人宜爲郡國，使下得施其功而總成其事。急切則煩，碎事不成。急小之人宜理百里，使事辦於己。弘裕則網漏，庶事荒矣。然則郡之與縣異，體之大小者也。明能治大郡，則能治小郡，能治大縣，亦能治小縣。以實理寬急論辨之，則當言大小異宜，不當言能大不能小也。若能大而不能小，仲尼豈不爲季氏臣？若夫雞之與牛亦異，體之小大也。鼎能烹牛，亦能烹雞。銚能烹雞，不能烹犢。故鼎亦宜有大小，若以烹犢，則豈不能烹雞乎？故能治大郡，則亦能治小郡矣。推此論之，人材各有所宜，非獨大小之謂也。文者理百官，武者治軍旅。夫人材不同，能各有異，有自任之能，脩己潔身，總御百官。有立法使人從之之能，法懸人懼，無敢犯也。有消息辨護之能，智意辨護，周旋得節。有德教師人之能，道術深明，動爲物教。有行事使人譴讓之能，云爲得理義和於時。有司察糾摘之能，督察是非，無不區別。有權奇之能，務以奇計，成事立功。有威猛之能。猛毅昭著，振威敵國。夫能出於材，材不同量。材能既殊，任政亦異。是故自任之能，清節之材也，故在朝也，則冢宰之任，爲國則矯直之政。其身正故掌天官而總百揆。立法之能，治家之材也，故在朝也，則司寇之任，爲國則公正之政。法無私，故掌秋官而詰姦暴。計策之能，術家之材也，故在朝也，則三孤之任，爲國則變化之政。計慮明，故輔三槐而助論道。人事之能，智意之材也，故在朝也，則冢宰之佐，爲國則諧合之政。智意審，故佐天官而諧內外。行事之能，譴讓之材也，故在朝也，則司寇之佐，爲國則督責之政。辨衆事，故佐秋官而督傲慢。權奇之能，伎倆之材也，故在朝也，則司空之任，爲國則藝事之政。伎倆巧，故任冬官而成藝事。司察之能，臧否之材也，故在朝也，則師氏之佐，爲國則刻削之政。是非章，故佐師氏而察善否。威猛之能，豪傑之材也，故在朝也，則將帥之任，爲國則嚴厲之政。體果毅，故總六師而振威武。凡偏材之人，皆一味之美，譬飴以甘爲名酒，以苦爲實。故長於辦一官，弓工揉材而有餘力。而短於爲一國。兼掌陶冶，器不成矣。何者？夫一官之任，以一味協五味；鹽人調鹽，醯人調醯，則五味成矣。一國之政，以無味和五味。水以無味，故五味得其和。猶君體平淡，則百官施其用。又國有俗化，民有劇易，五方不同，風俗各異。土有剛柔，民有劇易。而人材不同，故政有得失。以簡治易，則得，治煩則失。是以王化之政宜於統大，易簡，而天下之理得矣。以之治小則迂。網踈，而吞舟之姦漏。辨護之政宜於治煩，事皆辨護，煩亂乃理。以之治易則無易；甚於督促，民不便也。策術之政宜於治難，權略無方，解釋患難。以之治平則無奇；術數煩衆，民不安矣。矯抗之政宜於治侈，矯枉過正，以厲侈靡。以之治弊則殘；俗弊治嚴則民殘矣。諧和之政宜於治新，國新禮殺，苟合而已。以之治舊則虛；苟合之教，非禮實也。公刻之政宜於糾姦，刻削不深，姦亂不止。以之治邊則失衆；衆民憚法，易逃叛矣。威猛之政宜於討亂，亂民桀逆，非威不服。以之治善則暴；政猛民殘，濫良善矣。伎倆之政宜於治富，以國彊民，以使富饒。以之治貧則勞而下困。易貨改鑄，民失業矣。故量能授官，不可不審也。凡此之能，皆偏材之人也，故或能言而不能行，或能行而不能言。智勝則能言，材勝則能行。至於國體之人能言能行，故爲衆材之雋也，人君之能異於此。平淡無爲，以任衆能。故臣以自任爲能，竭力致功，以取爵位。君以用人爲能；任賢使能，國家自理。臣以能言爲能，各言其能，而受其官。君以能聽爲能；聽言觀行，而授其官。臣以能行爲能，必行其所言。君以能賞罰爲能。必當其功過也。所能不同，君無爲而臣有事。故能君衆材也。若君以有爲代大匠斲，則衆能失巧，功不成矣。

左思《吴都賦》［李善注］

故其經略，上當星紀。拓音託。土畫疆，卓犖呂角。兼幷。包括于越，跨躡蠻荆。《左傳》曰：天子經略土地，定城國，制諸侯。略，分界也。一曰遠界爲經略也。《爾雅》曰：星紀，斗、牽牛，吴分野。斗者，日月五星之所經始，故謂之星紀。意者斗爲星紀，則其分域，亦所以能爲綱維，故曰「卓犖兼幷」也。越，今之蒼梧、欝林、合浦、交趾、九眞、南海、日南，皆越地，吴之所幷也。荆蠻，吴所得荆州四郡，零陵、桂陽、長沙、武陵。善曰：《漢書》曰：戎狄之興于越，不相入也。《音義》曰：于，南方越名也。《春秋》曰：于越入吴。杜預注曰：于，越人發語聲。《詩》曰：蠢爾荆蠻。婺女寄其曜，翼軫寓其精。指衡岳以鎮野，目龍川而帶坰。婺女，越分。翼軫，楚分。非吴分，故言寄曜寓精也。善曰：《漢書》曰：越地，婺女之分野。楚地，翼軫之分野。《周禮》曰：正南曰荆州，其鎮衡山。《漢書》：南海有龍川縣。《南越志》：縣北有龍穴山，舜時有五色龍乘雲出入此穴。《爾雅》曰：林外謂之坰。

爾其山澤，則嵬嶷嶢屼，巊溟欝岪。潰渱泮汗，滇沔淼漫。或涌川而開瀆，或吞江而納漢。磈磈嵬嵬，滮滮淅淅。礉硷乎數州之間，灌注乎天下之半。山之大者衡嶽，澤之大者彭蠡。《地理志》曰：彭蠡澤，在豫章彭澤西。會稽餘姚縣蕭山，潢水所出。嵬嶷，高大貌。巊溟欝岪，山氣暗昧之狀。潰渱泮汗，謂直望無崖也。滇沔淼漫，山水濶遠無崖之狀。錢塘縣，武林水所出龍川，故曰涌川。九江經廬山而東，故曰開瀆。《禹貢》曰：三江既入，震澤厎定，故曰呑江。又曰：漢水東爲滄浪，南入于江，故曰納漢。磈磈，石在山中之貌。淅淅，水流行聲勢也。礉硷，山深險連延之狀。荆、揚、交、廣數州之間，土地濶遠，故曰天下之半。善曰：嶷，魚力切。《字指》曰：屼，禿山也，五骨切。《埤蒼》曰：岪欝，山貌，扶勿切。渱，胡東切。滇，通見切。沔，莫見切。淼，水貌，音眇。磈，胡罪切。嵬，力罪切。淅，古且切。百川派別，歸海而會。控淸引濁，混濤幷瀨。濆薄沸騰，寂寥長邁。濞焉洶。呼恭切。洶，隱焉礚礚。《字説》曰：水別流爲派。濤，大波也。瀨，急湍也。長邁，不回之意。礚，苦蓋切。善曰：《尚書大傳》曰：百川趨于海。洶洶、礚礚，皆水聲也。出乎大荒之中，行乎東極之外。經扶桑之中林，包湯谷之滂沛。潮波汩起，迴復萬里。歊霧漨浡，雲蒸昏昧。大荒，謂海外也。《爾雅》曰：孤竹、北戶、西王母、日下，謂之四荒。孤竹、北戶在南，日下在東，西王母在西，皆四方荒昏之國也。又曰：東至太遠，西至邠國，南至濮鈆，北至祝栗，謂之四極。謂四方之極，極，遠也。言大荒東極扶桑湯谷者，謂海外彌廣，無所不連也。潮波汩起，言水彌廣。汩，急疾，無所不至。歊霧，水霧之氣似雲蒸，昏暗不明也。善曰：扶桑、湯谷，已見上文。漨，薄王切。浡，蒲昧切。泓澄奫潫，澒溶沆戶明。瀁。余兩。莫測其深，莫究其廣。澶湉漠而無涯，惣有流而爲長。瓌異之所叢育，鱗甲之所集往。善曰：《説文》曰：泓，下深大也。澄，湛也。奫潫，迴復之貌，皆水深廣濶也。奫，於旻切。潫，於權切。澒，胡孔切。溶，余腫切。澶湉，安流貌。澶，音纏。湉，音恬。瓌異，龜魚，皆在水中生長。

《後漢書・光武帝紀》［李賢等注］

世祖光武皇帝諱秀，字文叔，《禮》「祖有功而宗有德」，光武中興，故廟稱世祖。《謚法》：「能紹前業曰光，克定禍亂曰武。」伏侯《古今注》曰：「秀之字曰茂。伯、仲、叔、季，兄弟之次。長兄伯升，次仲，故字文叔焉。」南陽蔡陽人，南陽，郡，今鄧州縣也。蔡陽，縣，故城在今隨州棗陽縣西南。高祖九世之孫也，出自景帝生長沙定王發。長沙，郡，今潭州縣也。

李世民《帝範・君體》［賈行等注］

夫夫音扶，語辭。後放此。人者國之先，《易》曰：有天地然後有萬物，有萬物然後有男女，有男女然後有夫婦，有夫婦然後有父子，有父子然後有君臣，有君臣然後有上下，有上下然後禮義有所錯。故《大學》曰：有人此有上。所以人者，國之先也。先者，前也。凡在前者謂之先。國者君之本。國者，域也。域者，居也。人民所聚居欲爲君者，能以德和民，民人樂爲之用，乃可以爲國。苟不以德和民，人民離散而不附，雖欲爲君，得乎？故聖人云：得衆則得國，失衆則失國。所以國者，君之本也。人主主，即君也，領也。主領庶衆。之體如山嶽焉，高峻而不動；《東漢仲長統傳》曰：德重如山嶽。山者，謂四鎮山之重大者也：揚州之會稽山，青州之沂山，幽州之醫無閭山，冀州之霍山。嶽謂五嶽：泰、華、衡、崧、恆也。詳見前序註言。人君之體當如山嶽之尊崇，巍然鎮靜，故云不動。如日月焉，貞明而普照。《易》曰：日月之道，貞明者也。言若日月正一，自然之明，晝夜更迭不息，於至高至極之上，普偏照燭在下之萬物，自然貞一。無私向者，唯日月焉。人君照臨萬方之衆務，故取法日月，貞明之象耳。貞，正也。兆庶之所瞻仰，卜萬曰：億，十億。曰兆庶，衆也。凡人君有動作，兆億庶衆咸瞻仰以爲則而行之也。天下之所歸往。

《易·乾鑿度》曰：王者天下所歸。四海之内曰天下。《孟子》曰：「伯夷辟紂居北海之濱，聞文王作興，曰：『盍歸乎來？吾聞西伯善養老者。』大公辟紂居東海之濱，聞文王作興，曰：『盍歸乎來？吾聞西伯善養老者。』二老者天下之大老也，而歸之，是天下之父歸之也。天下之父歸之，其子焉往？」此二者歸往之明效焉，故太宗曉之。寬大其志，足以兼包；志心之所之也，人君之志當寬裕廣大，與天地同德包括，其區宇涵容庶物。平正其心，足以制斷。《大學》曰：「所謂脩身在正其心者：心有所忿懥，則不得其正；有所好樂，則不得其正；有所憂患，則不得其正；有所恐懼，則不得其正。」此言人君心不平正，則是非不明；心若平正，則是非明矣。以此制斷事事物物，自得其宜矣。非威德無以致遠，班固《典引》曰：「威靈行於鬼區。」注云：「鬼區，遠方也。」威德者，非窮兵黷武慘酷之暴，乃應天順民以征不義，故能令行禁止，天下畏服，無遠而不至也。非慈厚，無以懷人。孔子曰：慈可以服衆。又《書》曰：安人則惠。黎民懷之，慈惠愛也，懷安保也。謂王者撫綏兆民，若非慈愛廣厚，則成小惠。故云「非慈厚，無以懷人」。撫九族以仁，《商書·堯典》曰：克明俊德，以親九族。歐陽、夏侯氏謂：九族者：父族四五屬之内爲一族，父女昆弟適人者與其子爲一族，已女昆弟適人者與其子爲一族，已之子適人者與其子爲一族，母族三母之父姓爲一族，母之母姓爲一族，母之昆弟適人者爲一族，妻族二妻之父姓爲一族，妻之母姓爲一族。又唐孔氏說：九族者，上從高祖，下至元孫。凡九族，皆爲同姓。二說不同，故並存之。太宗言此九族之親，長者安之，少者懷之愛之，勿可驕慢。驕慢則離而相怨矣。自天子至于庶人，惟九族不可不撫愛。《詩》曰：「綿綿葛藟，在河之滸。終遠兄弟，謂他人父。謂他人父，終莫我顧。」此刺平王失禮于親戚也，可不誡哉。接大臣以禮。《論語》曰：「君使臣以禮。」《中庸》曰：「敬大臣也，體羣臣也。」又曰：「敬大臣則不眩，體羣臣則士之報禮重。」奉先思孝，《尚書·太甲》曰：「奉先思孝。」以念祖德爲孝。先，祖先也。《中庸》曰：「善繼人之志，善述人之事者也。」奉，父勇切。處位思恭，《太甲》篇曰：「接下思恭。」以不驕慢爲恭。下，臣下也。處，上聲。傾己勤勞，以行德義，傾，猶抑也。己，我也。即虛己之義，不以我爲尊，不以我爲貴，不以我爲才，不以我爲智，當以孜孜不倦於德義耳。勤，孜孜也。勞，事功曰勞。德者，得也，得之於道之謂德。義，事之，宜也。裁制事物，合宜之謂義。此乃君之體也。言若能行此，是乃爲君之大體矣。

《唐音》卷一盧照鄰《長安古意》[張震注]

長安大道連狹斜，青牛白馬七香車。玉輦縱横過主第，金鞭絡繹向侯家。龍銜寶蓋承朝日，鳳吐流蘇帶晚霞。百丈遊絲爭繞樹，一羣嬌鳥共啼花。啼花戲蝶千門側，碧樹銀臺萬種色。複道交牕作合歡，雙闕連甍垂鳳翼。梁家畫閣天中起，漢帝金莖雲外直。樓前相望不相知，陌上相逢詎相識。借問吹簫向紫烟，曾經學舞度芳年。得成比目何辭死，願作鴛鴦不羨仙。比目鴛鴦眞可羨，雙去雙來君不見。生憎帳額繡孤鸞，好取開簾帖雙燕。雙燕雙飛繞畫梁，羅幃翠被鬱金香。片片行雲著蟬鬢，纖纖初月上鴉黃。鴉黃粉白車中出，含嬌含態情非一。妖童寶馬鐵連錢，倡婦盤龍金屈膝。御史府中烏夜啼，廷尉門前雀欲棲。隱隱朱城臨玉道，遥遥翠幰沒金堤。挾彈飛鷹杜陵北，探丸借客渭橋西。俱邀俠客夫容劍，共宿倡家桃李蹊。倡家日暮紫羅裙，清歌一囀口氛氳。北堂夜夜人如月，南陌朝朝騎似雲。南陌北堂連北里，五劇三條控三市。弱柳青槐拂地垂，佳氣紅塵暗天起。漢代金吾千騎來，翡翠屠蘇鸚鵡杯。羅襦寶帶爲君解，燕歌趙舞爲君開。別有豪華稱將相，轉日回天不相讓。意氣由來排灌夫，專權判不容蕭相。專權意氣本豪雄，青虯紫燕坐生風。自言歌舞長千載，自謂驕奢凌五公。節物風光不相待，桑田碧海須臾改。昔時金階白玉堂，即今惟見青松在。寂寂寥寥揚子居，年年歲歲一床書。獨有南山桂花發，飛來飛去襲人裾。長安、青牛、白馬，見前註。狹斜，窄狹偏斜小逕也。《選》陸士衡有《長安狹斜行》，註謂世路有狹斜，正直之士無所措手足也。七香車，唐制，公主出降乘七香步輦，四面垂玉香囊，車貯辟邪香。玉輦，王子言《拾遺記》：周穆王馭黃金碧玉之輦。又《禮》：天子五路，一曰玉路。路即輦也。主第，公主之第也。侯家，王侯之家也。蓋《風俗通》：黃帝戰蚩尤於涿鹿，常有五色雲氣、金枝玉葉止於上，因作華蓋。此云寶蓋者，以珠玉爲飾也。龍銜云者，琢爲龍以銜之也。流蘇，《海錄》：雜五采爲同心，下垂若流也。又即盤綫繡繪之毬也。鳳吐云者，亦刻鳳以銜之如吐云耳。碧樹，《淮南子》：崑崙下有增城九重，絳樹在其南，碧樹、瓊樹在其北。銀臺，郭璞詩：「神仙排雲出，但見金銀臺。」又唐有銀臺門。複道，《漢紀》：上下有道，故謂之複。交牕，交文牕也。雙闕，見前註。連甍，《說文》：屋棟所以承瓦。鳳翼，《漢·耿純傳》：攀龍鱗，附鳳翼。此鳳翼，猶言雙闕連甍聳起，如鳳之翼也。梁家，指梁竦、梁商、梁冀之家言。《漢書》：竦二女爲高宗貴人，生和帝。商女爲順帝后，三世爲外戚。漢帝金莖，《漢書》：武帝於建章宮作承露臺，以銅爲之，上有仙人掌以承露。金莖，銅柱也，即承露盤之柱。吹簫向紫烟，指簫史弄玉而言。《列仙傳》：簫史善吹簫作鳳鳴，秦穆公以女弄玉妻之。居數年，有鳳凰止其屋後，二人俱乘鳳仙去。紫烟，郭璞《遊仙詩》：駕鴻乘紫烟。又劉向《列仙傳·贊》曰：丹火翼輝，紫烟乘蓋。比目，《爾雅》：魚名，魚各一目，行則雙目，比目而行也。《史記·封禪書》：東海致比目之魚，西海致比翼之鳥。郭璞云：東海比目魚，不比不行，曰鰈魚。鴛鴦，見前註。鬱金香，草本，生蜀地，西戎及海南諸郡皆有之，唯西戎者佳。《說文》：鬱金，芳草也。十葉爲貫，百二十貫築以煮之爲鬯，曰鬱鬯。雅黃，以黃塗額也。蟬鬢，崔豹《古今註》：魏文帝最寵者四人，莫瓊樹制蟬翼鬢。妖童，妖艷未冠之童子也。寶馬，以珠玉金翠飾馬，故曰寶馬也。倡婦，倡優女，美好之女也。盤龍金屈膝，未詳。烏夜啼，《職官分紀》：漢御史府列栢樹，有野烏數千棲其上，故曰烏府。又漢成帝時，有烏集御史臺，故又曰烏臺。又按《樂錄》：烏夜啼者，淸商曲之一也。乃周房中樂之遺歌，其辭始於宋臨川王義度所作。王被召還，大懼，妓妾聞烏夜啼，叩閣報明日有赦，及旦，改南兗州刺史，因作此歌。廷尉門，漢翟公罷廷尉，門外可設雀羅，其曰「雀欲棲」，亦言其門閒而雀可棲也。廷尉，《漢百官表》：秦官名，漢因之。註：廷，平也。治獄貴平，故曰廷平。幰，《說文》：車上所張之繒也。杜陵，地名，屬京兆府。渭橋，《輿地志》渭水所注：水上有梁，故曰渭橋，亦曰便門橋。始皇作離宮於渭水南北，以象天漢，故橋於渭上以便往來也。探丸，《漢・尹賞傳》：長安少年受贓報仇，相與探丸爲奸，得赤丸者，斫武吏；黑者，斫文吏。夫容劍，越王允常以純鈎示薛燭，燭曰：「光如夫容始生。」五劇三條，三條，班固《西京賦》：披三條之廣路。劇，《爾雅》：三達謂之劇，劇旁出岐多，故曰劇。又七達謂之劇驂。三市，《周禮》司市掌市之治教刑政度量。大市日昃爲市，百族爲主。朝市，朝時爲市，商賈爲主。夕市，夕時而市，販夫、販婦爲主。金吾，《漢百官表》：中尉更名執金吾。註：金吾，鳥名。《光武紀》：帝曰：「仕宦當作執金吾，然金吾在漢相爲尊，辟不祥，天子出行職主先導以禦非常。」故執此鳥之象因以名官。翡翠，格物論形，小不盈握。一種而二色，翡赤羽，翠青羽。北里，阮嗣宗《秋懷詩》：北里多奇舞。屠蘇，《四時纂要》：屠蘇，孫思邈庵名謂屠，絕鬼氣。蘇，醉人魂。又《博雅》：屠蘇，酒名，元日醉之，能除瘟氣。鸚鵡杯，《酉陽雜俎》：以海螺刻成，鸚鵡形，爲酒盃也。灌夫，《西漢本傳》：灌夫，字仲孺，潁陰人。爲人剛直，使酒，不好面諛。貴戚諸勢在己之右，必陵之。士在己左，愈貧賤，尤益禮敬與鈞。稠人廣衆，薦寵下輩，士亦以此多之。《西漢・蕭何傳》：何，沛人也。高祖起爲沛公，何爲丞督，事後爲相國。青虬，按：司馬相如《子虛賦》云六玉虬。註：一曰青虬。又揚子：獨不思翠虬絳螭之將升天乎？回天，唐魏徵曰：「張玄素有回天之力。」劉邵《趙都賦》：良馬則紫燕。又尸子曰：「我得民而治，則馬有紫燕。」五公，漢袁紹四世五公。又楊修四世五公。金階白玉堂，天子之宮殿也。揚子，揚雄也，居揚子之宅。已見前註。

駱賓王《駱丞集》卷一《蕩子從軍賦》［顏文選注］ 蕩子辛苦十年行，回首關山萬里情。遠天橫劍氣，邊北聚笳聲。鐵騎朝常警，銅焦夜不鳴。抗左賢而列陣，比右校以疏營。滄波積凍連蒲海，雨雪凝寒遍柳城。十年言其久，萬里言其遠也。庾信《蕩子賦》：蕩子辛苦逐征行，直守長城千里城。隴水恆水合，關山推明月。鄭玄曰：關，境上門也。所以察出禦入也。《漢書・天文》：兩河間有天關梁。《周禮》：司關掌國貨之節，以聽關市。故有關市之賦，春秋時騎境，皆有關門以察行李。江淹《恨賦》：明妃去時，仰天太息。紫臺稍遠，關山無極。宋玉見楚王，王曰：「能爲大言乎？」曰：「彎弓掛扶桑，仗劍倚天外。」王大奇之。笳，李伯陽入西戎所作。傅玄《笳聽序》曰：改葉爲聲。《說文》作「葭」，胡人捲葭葉而吹之，胡笳所由名也。杜摯有《笳賦》。蔡琰《胡笳十八拍》。李陵《答蘇武書》：胡笳互動，皆邊北聚笳也。鐵騎，馬被鐵甲也。銅焦，以銅作譙器，受一斗，晝炊飲食，夜擊巡營，亦名刁斗。左賢、右校，俱番官名。《漢書》匈奴至冒頓最強大，置左右賢王。司馬遷所謂「悉徵其左右賢王，舉引弓之人，共攻圍之」是也。李陵降匈奴，以爲右校王，貴幸用事。疏營，開營也，如疏九河之疏。蒲，蒲類海也，在火州之土魯番西南，又名婆悉海，周四百里，葱嶺、于闐以東之水皆注于此。漢章帝詔班超有擊石池、破白山、臨蒲類、取車師。柳城，漢縣名，屬遼西郡。晉廢，唐復置營川於此，宋省之，故城在永平府城西二十里，唐太宗伐高麗，命李世勣軍發柳城，即此。阮籍《大人先生歌》曰：陽和微弱陰氣竭，海凍不流綿絮折。

曾公亮等《武經總要・制度・選將》 傳曰：有必勝之將，無必勝之民。又曰：君不擇將，以其國與敵也。由是言之，可不謹諸。古者，國家雖安，必常擇將。擇將之道，惟審其才之可用也。不以遠而遺，不以賤而棄，不以詐而疎，不以罪而廢。故管仲射鈎，齊桓公任之以霸；孟明三敗，秦繆公赦之以勝。穰苴拔於寒微，吳起用於羈旅，張儀之遊蕩，樂毅之疎賤，孫武之瓦合，白起之世舊，韓信之懦怯，黥布之徒隸，衛青人奴，去病假子，諸葛亮不親戎服，杜預不便鞍馬，謝艾以參軍摧石虜，鄧禹以文學扶漢業，李靖用於罪累，李勣收於降附。是豈以形貌閥閱計其間哉。而庸人論將，常視於勇。夫勇者，才之偏爾，未必無害。蓋勇必輕鬭，未見所以必取勝之道也。大凡將以五才爲體，五謹爲用。所謂五才者：一曰智，二曰信，三曰仁，四曰勇，五曰嚴。非智不可以料敵應機，非信不可以訓人率下，非仁不可以附衆撫士，非勇不可以決謀合戰，非嚴不可以服彊齊衆。所謂五謹者：一曰理，二曰備，三曰果，四曰誡，五曰約。理者，理衆如理寡；旌旗有分，金鼓有節，故一人學戰，教成千人。備者，出門如見敵；行則整戰陣，住則嚴防守。果者，見敵不懷生；《傳》曰：殺敵爲果，致果爲毅。誡者，雖克如始戰；宋義謂：項梁勝而將驕卒惰者敗。約者，法令省而不煩。政煩，則人擾；水濁，則魚病；法令滋彰，盜賊多有。明君知此十者，而猶懼取人之難，則必設九驗之言詞以考之，爲九術之科例以復之。所謂九驗者：遠使之以觀其忠，近使之以觀其恭，繁使之以觀其能，卒然問焉以觀其智，急與之期以觀其信，委之以貨財以觀其仁，告之以危以觀其節，醉之以酒以觀其態，雜之以處以觀其色。君子易觀，不肖難明，由是驗之可知也。又曰：二人交爭，則知曲直；二人議論，則知道德；二人舉重，則知有力；二人忿鬬，則知勇怯；二人俱行，則知先後；二人治官，則知貪廉。所謂九術者：一曰道之以德，齊之以禮，知其飢寒，悉見其勞苦，之謂仁將；二曰事無苟免，不爲利撓，有死而榮，無生而辱，之謂義將；三曰貴而不驕，勝而不逸，賢而能下，剛而能忍，之謂禮將；四曰奇變不常，動靜無端，轉禍爲福，因危立勝，之謂智將；五曰進之有重賞，退之有嚴刑，賞不踰時，刑不釋貴，之謂信將；六曰足輕駕戎馬，力越千夫，善用短兵，長於射，之謂步將；七曰臨高歷險，馳射若飛，進則先行，退則爲殿，之謂騎將；八曰氣陵三軍，志輕彊虜，怯於小戰，勇於大敵，之謂猛將；九曰見賢思齊，見善若不及，從諫如流，寬而能剛，簡而少傲，之爲大將也。然而伎能有長短，局力有大小，器而使之，若鈞石之權。不可以稱錙銖斗筲之量，不可以代庾斛若兵法。所謂論除謹，動靜時，吏卒辨，兵甲治，正行伍，連阡陌，明鼓旗，此尉之官爾。尉，軍司馬。前後知險易，見敵知難易，發斥不亡遺，此候之官爾。候，軍之虞候。隧路塞，行輜治，賦物均，處軍輯，井竈通，此司空之官爾。軍司空，主繕治。收藏於後，遷舍不離，無浮與，無遺輜，此輿之官爾。輿，軍之後殿者。然此五者之於大將也，若車之有衆材，各司其任，未足以宰制一車之用也。故曰先語察事，勸而與食，實長希言，賦物平均，此十人之將也。切切截截，垂意嚴肅，不用諫言，數行刑戮；刑必見血，不避親戚，此百人之將也。訟辯好勝，嫉賊侵淩，斥人以刑，欲整一衆，此千人之將也。容貌怍怍，言語時出，知人飢飽，習人劇易，此萬人之將也。戰戰慄慄，日戒一日，近賢進謀，使人知節，言語不慢，忠心誠畢，此十萬人之將也。法曰：夫將雖以詳重爲貴，而不可有不決之機。雖以博訪爲能，而不欲有多端之惑。此語將之妙也。溫良實長，用心無兩，見賢進之，行法不枉，此百萬人之將也。此伎能局力之所以異也。凡將有五危、六敗、十過、十五貌。情之不相應者，又不可不察。所謂五危者：必死可殺，必生可虜，忿速可侮，廉潔可辱，愛民可煩，此五者，用兵之災也。何謂六敗：一曰不量衆寡，二曰本乏刑德，三曰失於訓練，四曰非理興怒，五曰法令不行，六曰不擇驍勇。所謂十過者：有勇而輕死者，可暴也；有急而心速者，可久也；有貪一作貧而好利者，可遺也；有仁而不忍者，可勞也；有智而心怯者，可窘也；有信而喜信人者，可誑也；有廉潔而不愛人者，可悔也；有智而心緩者，可襲也；有剛毅而自用者，可事也；有懦而喜用人者，可欺也。如揣敵人知其情。所謂十五貌：不與中情相應者：有嚴而不肖者，有溫良而爲盜者，有貌恭肅中心欺慢者，有外廉謹而內無至誠者，有精精而無情者，有湛湛而無誠者，有好謀而不決者，有如果敢而不能者，有悾悾而不信者，有怳怳惚惚而反忠實者，有詭激而有功效者，有外勇而內怯者，有肅肅而反易人者，有嗃嗃而反靜慤者，有勢虛形劣而外出無所不至無所不遂者。是以擇將之主澄其心如水鑑，平其誠如權衡，使眞僞不能竄於察視，大小不能移其稱訂。然後可以得人而不惑，然後可以任之而不疑。管子曰：王者不能知人，害霸也，知人而不能用，害霸也；用而不能任，害霸也；任而不能信，害霸也；既信而又使小人參之，害霸也。是知能信在於能任，能任在於能用，能用在於能知，則知人之道可不重歟。

曾鞏《元豐類稿》卷一〇《洪範傳》

二，五事：曰貌，曰言，曰視，曰聽，曰思。貌曰恭，言曰從，視曰明，聽曰聰，思曰睿。恭作肅，從作乂，明作哲，聰作謀，睿作聖。何也？蓋自外而言之，則貌外於言。自內言之，則聽內於視。自貌言視聽而言之，則思所以爲主於內，故「曰貌，曰言，曰視，曰聽，曰思」。彌遠者彌外，彌近者彌內，此其所以爲次序也。五者，思所以爲主於內，而用四事於外者也。至於四者，則皆自爲用而不相因。故貌不恭者不害於言從，視不明者不害於聽聰，非貌恭言從然後能哲，能哲然後能謀，能謀然後能思，而至於聖也。曰思曰睿，睿作聖者，蓋思者所以充人之材以至於其極，聖者人之極也。孟子曰：「人之性或相倍蓰而無筭者，不能盡其材，不能盡其材者，弗思耳矣。」蓋思之於人也如此。然而或曰「不思而得」，何也？蓋人有自誠明者，不思而得，堯舜性之是也。所謂誠者，天之道也。有自明誠者，思之弗得弗措也，湯武身之是也。所謂思誠者，人之道也。然而堯舜湯武之德其至，皆足以動容周旋中禮，則身之者終亦不思而得之也。堯舜性之矣，然堯之德曰「欽明文思」，蓋堯之所以與人同者法也，則性之者亦未嘗不思，故曰誠則明矣，明則誠矣。而性之身之者及其成，孟子皆以爲盛德之至也。箕子言思所以作聖，孟子言弗思故相倍蓰而無筭，其所言者皆法也。曰「視曰明、明作哲、聽曰聰、聽作謀」者，視之明，無所不照，所以作哲；聽之聰，無所不聞，所以作謀也。人之於視聽，有能察於閭巷之間、米鹽之細，而不知蔽於堂阼之上、治亂之幾者，用其聰明於小且近，故不能無蔽於大且遠也。古之人知其如此，故前旒蔽明，黈纊塞聰，又以作聰明爲戒。夫如是者，非塗其耳目也，亦不用之於小且近而已矣，所以養其聰明也。養其聰明者，故將用之於大且遠。夫天下至廣，不可以家至戶察，而能用其聰明於大且遠者，蓋得其要也。昔舜治天下，以諸侯百官，而總之以四岳，舜於視聽，欲無蔽於諸侯百官，則詢于四岳，欲無蔽於四岳，則闢四門，欲無蔽於四門，則明四目，達四聰。夫然，故舜在士民之上，非家至戶察而能立於無蔽之地，得其要而已矣。其曰明四目、達四聰者，舜不自任其視聽，而因人之視聽以爲聰明也。不自任其聰明而因之於人者，固君道也。非君道爲然也，不自任其聰明而因之於人者，固天道也。故曰天聰明，自我民聰明，又曰惟天聰明，惟聖時憲。舜於聰明，下盡人，上參天，斯其所以爲舜也。舜之時，至治之極也，人豈有欺舜者哉？舜於待人，亦豈疑其欺己也？然而訪問反復，相參以考察，又推之於四面，若惟恐不能無所蔽者，蓋君天下之體，固不得不立於無蔽之地也。立於無蔽之地者，其於視聽如此，亦不用之於小且近矣。夫然，故蔽明塞聰，而天下之情可坐而盡也。言曰從、從作乂者，《易》曰：「出其言善，則千里之外應之；出其言不善，則千里之外違之。」則言之要爲可從而已也。言爲可從也，則其施於用，治道之所由出也。古之君人者知其如此，故其戒曰：愼乃出令，令出惟行，弗惟反。又曰：「其惟不言，言乃雍。」而舜以命龍亦曰：「夙夜出納朕命，惟允。」言之不可違如此。貌曰恭、恭作肅者，孟子曰：今夫蹶者趨者，是氣也，而反動其心。故曰持其志，無暴其氣。蓋威儀動作見於外者無不恭，則生於心者無不肅也。傳曰，人受天地之中以生，所謂命也；禮義威儀之則，所以定命也。故顏淵問仁，孔子告之以「視聽言動以禮」。而衛之君子所以稱仁者，亦曰「威儀棣棣」，不可選也。貌之不可慢如此也。存其思，養其聰明，而不失之於言貌，故堯之德曰「欽明文思」。言貌者，蓋堯之所謂文，則雖堯之聖，未有不先於謹五事也。

司馬光《書儀》卷三《婚儀上》 男子年十六至三十，女子十四至二十，古《禮》男三十而娶，女二十而嫁。按：《家語》孔子十九娶於宋之亓官氏，一歲而生伯魚，伯魚年五十，先孔子卒，然則古人之娶未必皆三十也。《禮》蓋言其極至者，謂男不過三十，女不過二十耳，過此則爲失時矣。今令文凡男年十五，女年十三以上，並聽婚嫁。蓋以世俗早婚之弊不可猝革，又或孤弱無人可依，故順人情立此制，使不麗於刑耳。若欲參古今之道，酌禮令之中，順天地之理，合人情之宜，則若此之說當矣。身及主婚者無期以上喪，皆可成婚。《士昏禮》請期之辭，惟是三族之不虞。三族謂父、己、子之昆弟，是期服皆不可以婚也。《雜記》曰：大功之末，可以嫁子。然則大功未葬亦不可以主昏也。今依律文，以從簡易。必先使媒氏往來通言，俟女氏許之，然後遣使者納采。使者，擇家之子弟爲之。凡議婚姻，當先察其壻與婦之性行及家法何如，勿苟慕其富貴。壻苟賢矣，今雖貧賤，安知異時不富貴乎？苟爲不肖，今雖富盛，安知異時不貧賤乎？孔子謂南容邦有道不廢，邦無道免於刑戮，以其兄之子妻之。彼行能必有過人者，故邦有道不廢也，寡言而愼事，故邦無道免於刑戮也。擇壻之道，莫善於是矣。婦者，家之所由盛衰也，苟慕一時之富貴而娶之，彼挾其富貴，鮮有不輕其夫而傲其舅姑，養成驕妬之性，異日爲患庸有極乎。借使因婦財以致富，依婦勢以取貴，苟有丈夫之志氣者，能無愧乎。又世俗好於襁褓童幼之時輕許爲婚，亦有指腹爲婚者，及其既長，或不肖無賴，或身有惡疾，或家貧凍餒，或喪服相仍，或從宦遠方，遂至棄信負約，速獄致訟者多矣。是以先祖太尉嘗曰：吾之男女，必俟既長然後議婚，婚既通書，不數月必成婚，故終身無此悔，乃子孫所當法也。納采：納其采擇之禮。前一日，主人謂壻之祖父若父也。如無，則以即日男家長爲之，女家主人准此。以香酒脯醢，無脯醢者，止用食一二味可也。先告於影堂。主人北向立，焚香酹酒，俛伏，興，立。祝懷辭，祝，以家之子弟爲之，後准此。辭爲寫祝文於紙。由主人之左進，東向，搢笏出辭，跪讀之，曰：「某壻父名。之子某，壻名。敢告。」祝興，主人再拜，出。撤闔影堂門，乃命使者如女氏。《士婚禮》無先告廟之文，而六禮皆行之於禰廟。《春秋傳》鄭忽先配而後祖，陳鍼子曰，是不爲夫婦誣其祖矣。楚公子圍娶于鄭，曰圍布几筵，告于莊共之廟而來。然則古之婚姻皆先告于祖禰也。夫婚姻，家之大事，其義不可不告。女家主人亦告于祖禰，曰：某之女某，將嫁于某氏。如壻父之儀。其日日出，婚禮自請期以上皆用昕，日出時也。使者盛服，執生鴈，左首飾以繢，用鴈爲贄者，取其順陰陽往來之義，若無生鴈，則刻木爲之，飾以繢，謂以生色繒交絡縛之。止于女氏之門外，門者入告，女家主人盛服出迎。揖讓入門，揖讓升堂。主人立阼階上，西向，賓立西階上，稍北，東向。《士婚禮》：賓升西階，當阿，東面。註云：阿，棟也。入堂深，示親親。今之室堂必不合禮，故稍北而已。賓曰：「吾子有惠，貺室某壻名。也，某壻父名。有先人之禮，使某使者名。請納采。」主人對曰：「某女父名。之子妹、姪、孫，惟其所當。惷愚，又弗能教。吾子命之，某不敢辭。」《儀禮》先使擯往來傳命，別有致命之辭，今從簡。北向再拜。此敬壻父之命，非拜賓也。賓避席立，不荅拜。奉使，不敢與尊長抗禮。主人賓皆進，就兩楹間，並立南向。賓授鴈，主人受之，以授執事者。乃交授書。書者，別書納采問名之辭於紙，後繫年月日，婚主官位姓名。止，賓主各懷之，既授鴈，因交相授書，壻家書藏女家，女家書藏壻家，以代今之世俗行禮書。納于懷，退，各以授執事者。賓降，出門，東向立。問名：主人降階，立俟于門內之東，西向。使擯者出，請事。擯者，主人擇子弟爲之。賓曰：「請問名。」擯者入告主人，出延賓，賓執鴈復入門，與主人揖讓，升堂，復前位。賓曰：「某使者名。既受命，將加諸卜，敢問女爲誰氏？」對曰：「吾子有命，且以備數而擇之，某不敢辭。女子第幾。」賓授鴈，交授書。降，出。主人立于門內，如初。擯者出，延賓，曰：「請醴從者。」對曰：「某既得將事矣，敢辭。」主人曰：「敢固以請。」賓曰：「某辭不得命，敢不從。」遂入。與主人揖讓，拜起。使者舊拜主人，于此方叙私禮。飲酒三行，或設食以退，如常儀。納吉：歸卜得吉兆，復使使者往告婚姻之事，于是定計納采之前已卜矣，于此告女家以成六禮也。納吉用鴈。賓曰：「吾子有貺，命某壻父名。加諸卜。占曰吉。使某使者名。也敢告。」主人對曰：「某女父名。之子不教，惟恐弗堪。子有吉，我與在，某女父名。不敢辭。」餘如納采禮。納幣：《士婚禮》：納徵，玄纁、束帛、儷皮，如納吉禮。注：徵，成也。使者納幣，以成婚禮。用玄纁者，象陰陽備也。束帛十端。儷，兩也。執束帛以致命，兩皮爲庭實。皮，鹿皮。納幣用雜色繒五匹，爲束，纁既染爲玄纁，則不堪他用，且恐貧家不能辦，故但雜色繒五匹，卷其兩端，合爲一束而已。兩鹿皮。使者執束帛，執事者二人執皮，反之，令文在內，左手執前兩足，右手執後兩足，隨賓入門。及庭三分之一而止，北向，西上。賓與主人揖讓，升堂。賓曰：「吾子有嘉命貺室，某使者名。也請納幣。」主人對曰：「吾子順先典，貺某女父名。重禮，某不敢辭，敢不承命。」于賓之致命也，執皮者釋外足，復之，令文在外。於主人之受幣也，主人之執事者二人，自東來，出於執皮者之後，受皮於執皮者之左，逆從東出。餘如納吉禮。請期：夫家卜得吉日，使使者往告之。請期用鴈。賓曰：「吾子有賜命，某壻夫名。既申受命矣，使某使者名。也請吉日。」主人曰：「某既前受命矣，惟命是聽。」賓曰：「某壻父名。命某使者名。聽命于吾子。」主人曰：「某固惟命是聽。」賓曰：「某使某受命，吾子不許，某敢不告期。曰某日。」主人曰：「某敢不謹須。」餘如納幣禮。

司馬光《資治通鑑·則天后聖曆元年》〔胡三省注〕 〔二月〕孫萬榮之圍幽州也，移檄朝廷曰：「何不歸我廬陵王？」吉頊與張易之、昌宗皆爲控鶴監供奉，是年置控鶴監以處近倖。易之兄弟親狎之。頊從容說二人曰：「公兄弟貴寵如此，非以德業取之也，天下側目切齒多矣。不有大功於天下，何以自全？竊爲公憂之。」二人懼，流涕問計。頊曰：「天下士庶未忘唐德，咸復思廬陵王。主上春秋高，大業須有所付；武氏諸王非所屬意。公何不從容勸上立廬陵王以繫蒼生之望。如此，非徒免禍，亦可以長保富貴矣。」二人以爲然，承間屢爲太后言之。太后知謀出於頊，乃召問之，頊復爲太后具陳利害，太后意乃定。《考異》曰：世有《狄梁公傳》，云李邕撰，其辭鄙誕，殆非邕所爲。其言曰：「后納諸武之議，將移宗社，擬立武三思爲儲副，遷廬陵王於房陵。諸武陰計，日夜獻謀曰：『陛下姓武，合立武氏，未有天子而取別姓將爲後者也。』天后既已許，禮問羣臣曰：『朕年齒將衰，國無儲主，今欲擇善，誰可當之？朕雖得人，終在羣議。』諸宰臣多聞計定，言皆希旨；仁傑獨退立，寂無一言。天后問曰：『卿獨無言，當有異見。』公曰：『有之。臣上觀乾象，無易主之文；中察人心，實未厭唐德。』天后曰：『卿何以知之？』公曰：『頃者匈奴犯邊，陛下使梁王三思於都市召募，一月之外，不滿千人。後廬陵王踵之，未經二旬，數盈五萬。以此觀之，人心未去。陛下將欲繼統，非廬陵王，餘實非臣所知。』天后震怒，命左右扶而去之。」按廬陵王爲河北元帥，在立爲太子後，且當是時睿宗爲皇嗣，若仁傑請以廬陵王繼統，則是勸太后廢立也。此固未可信。或者仁傑以廬陵母子至親而幽囚房陵，勸召還左右，則有之矣。《談賓錄》曰：「聖曆二年，臘月，張易之兄弟貴寵逾分，懼不全，請計於天官侍郎吉頊。頊曰：『公兄弟承恩深矣，非有大功於天下，自古罕有全者。唯有一策，苟能行之，豈止全家，亦當享茅土之封耳；除此之外，非頊所謀。』易之兄弟泣請之。頊曰：『天下思唐德久矣，主上春秋高，武氏諸王殊非所屬意。公何不從容請立廬陵，以繫生人之望？』易之乃承間屢言之，則天意乃易；既知頊首謀，乃召問頊。頊曰：『廬陵、相王皆陛下之子，高宗切託於陛下，唯陛下裁之。』則天意乃定。」《御史臺記》曰：「則天置控鶴府，頊與易之、昌宗同於府供奉，與昌宗親狎。昌宗自以貴寵踰分，懼不全，請計於頊」云云，如《談賓錄》。蓋太后寵信諸武，誅鉏李氏，雖己子廬陵亦廢徙房陵，故仁傑勸召還左右，以強李氏，抑諸武耳。張、吉非能爲唐社稷謀也，欲求己利耳。若仍立皇嗣，則己有何功。故勸太后立廬陵爲太子，而太后從之。然則欲召還廬陵者，仁傑之志也；立爲太子者，張、吉之謀也。《談賓》言聖曆二年及以頊爲天官侍郎，《臺記》謂睿宗爲相王，則皆誤也。《新·狄仁傑傳》云：「張易之嘗從容問自安計。仁傑曰：『唯勸迎廬陵王可以免禍。』」計仁傑亦安肯與易之深言此事。《狄梁公傳》又云：「後經旬，召公入，曰：『朕昨夜夢與人雙陸，頻不見勝，何也？』對曰：『雙陸不勝，蓋爲宮中無子。此是上天之意，假此以示陛下，安可久虛儲位哉？』天后曰：『是朕家事，斷在胸中，卿豈合預焉。』仁傑對曰：『臣聞王者以天下爲家，四海之內，悉爲臣妾，何者不爲陛下家事。君爲元首，臣爲股肱，臣安得不預焉。』又命扶出，竟不納。」按於時皇嗣在宮中，不得言無子及久虛儲位也。《朝野僉載》云：「則天曾夢一鸚鵡，羽毛甚偉，兩翅俱折。以問宰臣，羣公默然。內史狄仁傑曰：『鵡者，陛下姓也。兩翅折者，陛下二子廬陵、相王也。陛下起此二子，兩翅全也。』魏王承嗣、武三思連項皆赤。後契丹反，圍幽州，檄朝廷曰：『還我廬陵、相王來。』則天乃憶狄公之言，謂之曰：『卿曾爲我占夢，今乃應矣。朕欲立太子，何者爲得？』仁傑曰：『陛下內有賢子，外有賢姪，取捨詳擇，斷在宸衷。』則天曰：『我自有聖子，承嗣、三思是何疥癬。』承嗣等懼，掩耳而走。即降敕追廬陵。河內王等奏，不許入城，龍門安置。賊徒轉盛，陷沒冀州。則天急，乃立廬陵王爲太子，充元帥。初，募兵無有應者，聞太子行，北邙山頭兵滿，無容人處，賊自退散。」按是時睿宗未爲相王。又仁傑若言內有賢子，外有賢姪，乃是懷兩端也。今採衆說之可信者存之。

王珪《華陽集》卷八《神御殿名劄子》 孝熙殿。《尚書》注：熙，廣也。《毛詩》注：緝熙，光明也。孝熙者，言孝道廣且光明。《前漢·禮樂志》：乃立祖廟，恭明尊親，大哉孝熙，四極爰轃。孝寧殿。楊子《孝志篇》：孝莫大於寧親，寧親莫大於寧神，寧神莫大於四海之歡心。孝孚殿。孚，信也。《詩》云：成王之孚，下土是式。言王道信，則天下以爲法。孝徽殿。徽，美也。《尚書·愼徽五典》：《五典》克從。《五典》，父義、母慈、兄友、弟恭、子孝也。舜能愼美篤行之。孝釐殿。釐，音禧。《說文》：吉也。一曰福，漢孝文受釐，坐宣室。應劭云：釐，祭餘肉。《漢儀》注：祭而致福也。繼文殿。《詩》「下武繼文」也。武王有聖德，復受天命，能昭前人之功。注：繼文者，繼文王之王業，而成之昭明也。英德殿。先帝廟號曰英，按眞宗神御殿曰奉眞。英徽殿。《尚書》：文王徽柔懿恭，懷保小民。注：以美道和民，故民懷之。以美恭民，故民安之。駿烈殿。《詩》：文王有聲，遹駿有聲。注：駿，大也，音峻。駿文殿。言大有文德也。《詩》：駿奔走在廟。臣今月二十八日入內，供奉官至學士院，奉傳聖旨，取英宗皇帝神御殿名，今撰到殿名十，不與前代相犯。取進止。

王安石《臨川集》卷六五《洪範傳》 五福，一曰壽，二曰富，三曰康寧，四曰攸好德，五曰考終命。何也？人之始生也，莫不有壽之道焉，得其常性則壽矣，故一曰壽。少長而有爲也，莫不有富之道焉，得其常產則富矣，故二曰富。得其常性，又得其常產，而繼之以毋擾，則康寧矣，故三曰康寧也。夫人君使人得其常性，又得其常產，而繼之以毋擾，則人好德矣，故四曰攸好德。好德則能以令終，故五曰考終命。六極，一曰凶短折，二曰疾，三曰憂，四曰貧，五曰惡，六曰弱。何也？不考終命謂之凶，蚤死謂之短，中絕謂之折。禍莫大於凶、短、折，疾次之，憂次之，貧又次之，故一曰凶短折，二曰疾，三曰憂，四曰貧。凶者，考終命之反也；短折者，壽之反也；疾憂者，康寧之反也；貧者，富之反也。此四極者，使人畏而欲其亡，故先言人之所尤畏者，而以尤愈者次之。夫君人者，使人失其常性，又失其常產，而繼之以擾，則人不好德矣，故五曰惡，六曰弱。惡者，小人之剛也；弱者，小人之柔也。九疇曰初，曰次，而五行、五事、八政、五紀、三德、五福、六極、特以一二數之，何也？九疇以五行爲初，而水之於五行，貌之於五事，食之於八政，歲之於五紀，正直之於三德，壽、凶短折之於五福、六極，不可以爲初故也。或曰：「箕子之所次，自五行至於庶徵，而今獨曰自五事至於庶徵，各得其序，則五福之所集，自五事至於庶徵，各爽其序，則六極之所集，何也？」曰：人君之於五行也，以五事修其性，以八政用其材，以五紀協其數，以皇極建其常，以三德治其變，以稽疑考其難知，以庶徵徵其失得，自五事至於庶徵，各得其序，則五行固已得其序矣。或曰：「世之不好德而能以令終，與好德而不得其死者衆矣。今曰好德則能以令終，何也？」曰：孔子以爲「人之生也直，罔之生也幸而免」。君子之於吉凶、禍福，道其常而已，幸而免與不幸而及焉，蓋不道也。或曰：「孔子以爲富與貴人之所欲，貧與賤人之所惡，而福極不言貴賤，何也？」曰：五福者，自天子至於庶人，皆可使慕而欲其至；六極者，自天子至於庶人，皆可使畏而欲其亡；若夫貴賤，則有常分矣。使自公侯至於庶人，皆慕貴，欲其至，而不欲賤之在已，則陵犯篡奪之行日起，而上下莫安其命矣。《詩》曰：「肅肅宵征，抱衾與裯，寔命不猶。」蓋王者之世，使賤者之安其賤如此。夫豈使知貴之爲可慕而欲其至，賤之爲可畏而欲其亡乎？

蘇轍《蘇氏詩集傳》卷一一 《小旻》，大夫刺幽王也。《小旻》、《小宛》、《小弁》、《小明》四詩，皆以小名篇，所以別其爲《小雅》也。其在《小雅》者謂之小，故其在《大雅》者謂之《召旻》、《大明》，獨《宛》、《弁》闕焉。意者，孔子刪之矣。雖去其大，而其小者猶謂之小，蓋即用其舊也。旻天疾威，敷于下土。謀猶回遹，何日斯沮？謀臧不從，不臧覆用。我視謀猶，亦孔之卭。敷，布也。回，邪也。遹，辟也。沮，止也。卭，病也。言天過迅烈，遍于下矣，而王之邪謀，終莫之改也。潝潝訿訿，亦孔之哀。謀之其臧，則具是違。謀之不臧，則具是依。我視謀猶，伊于胡底。潝潝，言相和也；訿訿，言相詆也。底，至也。「伊于胡底」，未有所定也。我龜既厭，不我告猶。謀夫孔多，是用不集。發言盈庭，誰敢執其咎？如匪行邁謀，是用不得於道。卜筮數，故龜瀆而不告。謀者多無斷而行之者，故其功不成，故曰：「謀之在多，斷之在獨。」盈庭皆言，尚誰敢指其是非者哉？譬如欲行而不先爲行邁之謀，隨人而妄行，是以終不得其道。哀哉爲猶，匪先民是程，匪大猶是經，維邇言是聽，維邇言是爭。如彼築室于道謀，是用不潰于成。程，法也。經，常也。潰，遂也。築室于道而與行道之人謀之，人心不同而皆聽焉，是以不能遂成也。國雖靡止，或聖或否。民雖靡膴，或哲或謀，或肅或艾。如彼流泉，無淪胥以敗。止，定也。政淫則民德無所定。膴，大也。肅、乂、哲、謀、聖五者，《書》之五事也。雖世亂民辟，猶有賢者在焉。苟能用之，愚者可賴以皆濟也。苟廢而不用，而使愚者壅之於上，則相與皆敗，無能爲矣。譬如泉水，苟疏而流之，則淤腐者從之而行；苟不疏其源而瀦畜之，雖其流者亦相與陷溺腐敗而已矣。不敢暴虎，不敢馮河。人知其一，莫知其他。戰戰兢兢，如臨深淵，如履薄冰。徒搏曰暴虎，徒涉曰馮河。小（入）［人］智慮不能及遠，暴虎馮河之患近在目前，則知避之；喪國亡家之禍遠在歲月，而不知憂也。故曰「戰戰兢兢，如臨深淵，如履薄冰」。臨淵恐墜，而履冰恐陷，善爲國者常如是矣。《小旻》六章，三章章八句，三章章七句。

胡安國《胡氏春秋傳·僖公九年》 冬，晉里克殺其君之子奚齊。音注：獻公未葬，奚齊未成君，故稱君之子。奚齊受命繼位，無罪，故里克稱名。是年，晉里克弑其君卓，晉惠公夷吾立。

【傳】《穀梁子》曰：「其君之子云者，國人不子也，不正其殺申生而立之也。」人君擅一國之名寵，爲其所子則當子矣，國人何爲不子也？民至愚而神，是非好惡靡不明且公也。其爲子而弗子者，莫能使人弗子之也；非所子而子之者，莫能使人之亦子也。周幽王嘗黜太子宜臼，子伯服矣，而犬戎殺其身。晉獻公亦殺世子申生，立奚齊矣，而大臣殺其子。《詩》不云乎：「天生蒸民，有物有則。民之秉彝，好是懿德。」此言天理根於人心，雖以私欲滅之，而有不可滅也。《春秋》書此以明獻公之罪，抑人欲之私，示天理之公，爲後世戒，其義大矣。以此防民，猶有欲易太子而立趙王如意，致夫人之爲人彘者。音注好、惡並去聲。周幽王黜太子宜臼，子伯服矣，而犬戎殺其身，注見隱公元年。欲易太子而立趙王如意，致夫人之爲人彘，事見《漢書》惠帝元年。

張九成《孟子傳》卷一四《離婁》 孟子曰：「離婁之明，公輸子之巧，不以規矩，不能成方圓。師曠之聰，不以六律，不能正五音。堯舜之道，不以仁政不能平治天下。今有仁心仁聞，而民不被其澤，不可法於後世者，不行先王之道也。故曰：徒善不足以爲政，徒法不能以自行。《詩》云：『不愆不忘，率由舊章。』遵先王之法而過者，未之有也。聖人既竭目力焉，繼之以規矩準繩，以爲方圓平直，不可勝用也。既竭耳力焉，繼之以六律，正五音，不可勝用也。既竭心思焉，繼之以不忍人之政，而仁覆天下矣。故曰：爲高必因丘陵，爲下必因川澤，爲政不因先王之道，可謂智乎？是以惟仁者宜在高位。不仁而在高位，是播其惡於衆也。上無道揆也，下無法守也，朝不信道，工不信度，君子犯義，小人犯刑，國之所存者幸也。故曰：城郭不完，兵甲不多，非國之災也；田野不辟，貨財不聚，非國之害也；上無禮，下無學，賊民興，喪無日矣。《詩》云：『天之方蹶，無然泄泄。』泄泄，猶沓沓也。事君無義，進退無禮，言則非先王之道者，猶沓沓也。故曰：責難於君謂之恭，陳善閉邪謂之敬，吾君不能謂之賊。」此一篇大意，言有仁心仁聞矣，將欲布之天下，使人人被其澤者，當取法於先王之道也。所謂先王之道何道也？植桑種田，育雞豚，畜狗彘，謹庠序，申孝弟，使老者衣帛食肉，不負戴於道路，黎民不飢不寒，不漂流於溝壑者，此先王之道也。見之法度，則謂之先王之法，施之政事，則謂之仁政，謂之不忍人之政。上謂之道揆，下謂之法守，在朝謂之道，在工謂之度。上又謂之禮，下又謂之學，其在臣下也，謂之事君之義，謂之進退之禮，謂之責難，謂之陳善，統而言之，其實皆先王之道，所由異路，故名言亦從而異耳。仁心仁聞，即堯舜之道也，如離婁之明也，公輸之巧也，師曠之聰也。離婁、師曠、公輸子，雖明、雖聰、雖巧矣，然不以規矩不能成方圓，不以六律不能正五音，是規矩所以行其明而布其巧，六律所以著其聰也。有堯舜之道，有仁心仁聞而不行仁政，不遵先王之法，猶離婁之明、公輸子之巧而廢規矩，師曠之聰而廢六律，則不能平治天下，不可法於後世矣。且仁政與先王之法所以行，堯舜之道而布仁心仁聞者也。故曰徒善不足以爲政，以言徒有堯舜之道，徒有仁心仁聞，苟無先王之法，不足以爲政也。又引不愆不忘，率由舊章之詩，而斷之曰：遵先王之法而過者，未之有也。又言聖人竭目力、竭耳力，必繼之規矩準繩，必繼之六律，以爲方圓平直，以正五音，皆不可勝用，猶之聖人既竭心思，必繼之以不忍人之政，而仁覆天下矣。所謂不忍人之政，即先王之道，故有爲高必因丘陵，爲下必因川澤之喻，以證爲政因先王之道之說。孟子之心，以爲先王之道在我，時君世主如齊宣有易牛之心，可謂堯舜之道，可謂仁心仁聞矣。然而恩足以及禽獸，而功不至於百姓者，則以不行先王之道也。使信孟子，則先王之法行而齊宣之仁覆天下矣。如商鞅、孫臏、陳軫、蘇秦、張儀、稷下諸人，皆賊害人君之心術，雖人君有堯舜之道，有仁心仁聞，顧數人之學皆不足發揚於天下，適以啓人君好殺之心、詭詐之計耳，吁，可嘆也。然有堯舜之道，有仁心仁聞乃可以論先王之法，苟無其本，雖有仁政，將安所施哉？故曰：仁者宜在高位，不仁而在高位，是播其惡於衆也。播其惡於衆，則幷舉先王之法而壞之矣。是故上無道揆而肆意，下無法守而擅權，朝不信道而爲頗僻，工不信度而爲滛巧，君子犯義而無忌憚，小人犯刑而無愧心，此皆不仁在高位幷舉先王之法而壞之之過也。故城郭不完，兵甲不多，非國之災，仁者在上修之而已爾；田野不辟，貨財不聚，非國之害，仁者在上理之而已爾。惟不仁在上，則漫無法度。上無禮，下無學，賊民興，其爲災害也，非特城郭、甲兵、田野、貨財不治之比也，危亡可指日而待矣，豈特在上無堯舜之道無仁心仁聞幷舉先王之法而壞之哉。爲人臣子者倘無堯舜之道，無仁心仁聞，則亦并舉先王法度而壞之，故孟子引天之方蹶，無然泄泄之詩爲證，且言事君無義，所謀者利，進退無禮，所貪者位，言則非先王之道，所談者皆縱横捭闔權謀詭異之術，阿徇人主之意而不陳堯舜之道，安知責難之説？逢迎人主之惡而不知獻可替否，安知陳善閉邪之説？其心以爲何足與言仁義，何足以格其非心云爾，此賊其君者也，此豈非并舉先王之法度而壞之哉。如商鞅、孫臏、陳軫、蘇秦、張儀、稷下諸人，皆不知堯舜之道，不知仁心仁聞，以縱横捭闔權謀詭異之學熒惑人主之心術，使人君以殺人爲功業，闢土地爲英雄，阿徇人主之意，逢迎人主之惡，壞先王之法者也。在先王之世，當服欺君之罪，受變亂之誅，孟子憫之，故歷陳先王之法，一掃當世鄙陋之習焉，其心亦可見矣。嗚呼，當戰國衰獘之世，乃有如此至言偉論，豈天之不墜斯文而留孟子以發揚之乎。不然，習俗之惡安得有此事耶，學者其何幸乎。

胡寅《斐然集》卷二二《無逸傳》　周公曰：嗚呼，我聞曰：昔在殷王中宗，嚴恭寅畏天命，自度治民祗懼，不敢荒寧。肆中宗之享國七十有五年。臣謂周公恐成王之未信也，故引先代人君無逸而享年者以明之，中宗即大戊也。大戊都亳，有妖恠。桑穀二木，共生於朝，七日而大拱，天著不恭之罰。大戊恐懼，作《原命》之篇，告其相伊陟，以改過自新，遂能弭災變，致太平。故《書》曰：在大戊時格于上帝。此「嚴恭寅畏天命」之實也。「自度治民」者，自其身由法度，以率百姓也。源濁而求其流之清，表曲而求其影之直，没世不可得矣。或曰：萬民之衆，好惡不齊，愚智不一，人君以一身而欲化之，不亦難乎？臣曰：人之性善，雖千萬人猶一人也。人君據可爲之地，有可行之勢，好正直，則下以諂諛爲戒矣；好誠慤，則下以欺詐爲懼矣。其化之流行，速於置郵而傳命也。人之常情，約以法度之事，則以爲厲己；格以法度之言，則以爲謗己。日行一善言，月布一善令，見百姓之不從也，則曰民頑難化，而不自責。其躬率之未孚者，人君之通患也。非灼然獨見自度之方，必無治民之效矣。大戊能自度，猶未敢以爲足也，又復祗肅恐懼，不敢荒怠安寧。然後可以終「自度治民」之道，其檢身如此，嗚呼美哉。上而奉天，則嚴恭寅畏。下而治民，則自度祗懼，不敢荒寧。其心必不放縱，其身必不怠惰，何暇爲淫佚敗度之事乎？其享國久長，降年有永，乃其必至之理也。臣聞天人相去，不知幾千萬里之遠，人能動天，世多疑之。然古之聖人記消異之途，不可誣也。大雷電以風偃禾拔木，成王畏之，不信讒言，親逆周公，而風不爲災。旱既太甚，宣王畏之，側身修行欲銷去之，而旱不爲虐。此《詩》、《書》之格言也。魯隱公八年三月，大雨震電，庚辰大雨雪，隱公不戒，而兆鍾巫之難。晉惠公時，沙鹿崩，惠公不戒，而有韓原之獲。魯成公十六年，雨木冰，成公不戒，而有苕丘之執。此孔子之明訓也。蓋通天下一氣耳，大而爲天地，細而爲昆蟲；明而爲日月，幽而爲鬼神，皆囿乎一氣，而人則氣之最秀者也。殺一孝婦，何與於陰陽，而天爲之旱；烹一虐吏，何與於陰陽，而天爲之雨。必深考其故，則知天不可忽。而古人應天以實，不以文之説明矣。以實者，誠心畏懼，改過從善也。以文者，徒以言語，而心不存焉。心不存，則其氣不專，故無感應之驗。誠心畏懼，則其氣與天地合，與神明通，未有不應者也。孝慈皇帝始生之年日食，四月旦寧德皇后始立之月，月有食之，既其禍爲如何。崇寧二年，彗星出，其長竟天。宣和元年一日無故大水至京城，皆大變異，不聞消弭之方，其禍爲如何。靖康元年八月，有星孛于東北，芒怒赫然，其行甚速，見者震懼，獨耿南仲以爲敵國將滅之象，使孝慈不戒，其禍爲如何？天不可誣也。頃在維揚，秋蝗如雨，春雷而雪，廷臣不以告，而敵騎飲江。及次錢塘，白虹貫日，中有黑子，廷臣不以告，而周廬倡亂。及次建康，夏寒木落，九月日蝕，廷臣不以告，而六飛泛海。以成王宣王之所爲致焉，陛下當時有消弭之道，決不至此矣。至紹興二年八月，姦臣擅朝，斥逐賢士，上干天象，有星孛焉。攷其日辰，乃在譴逐黨魁之後，一時羣小自以能欺惑宸聽，矯誣上天，以爲除舊布新之象，顯然載於赦令，謂得志矣。是年十二月八日，行在大火，三省六曹，憲臺諫院，一切煨燼。冬雷木冰，地震海溢，積陰四十餘日之異，雜然竝見，其時朋黨已盡逐，則災祥決不爲黨人而見也。乃去年九月，賊豫稱兵，徑欲犯蹕，人理所無，天下之大變也。然後知星火雷震之類，天所以告耳。上賴陛下肅將天威，聲罪致討，明君臣之義，以扶三綱，戎輅親行，師旅用命，遂却敵人，不然，其禍可勝言耶？其以往時天變如彼，廷臣爲退避之計，終不足以禳之。以比年天變如此，陛下決進戰之謀，轉災爲福，易於反掌，則天人之際，其果相遠乎？臣於此有私憂過計者，自十二月二十六七日敵騎將退，而正月朔旦，日有食之。三元之始，太陽虧光，不盡如鈎，幾于瞑晦，敵已折北，此象何爲而見耶？其時雖下詔音共圖應天之實，而未見施爲之事，民心不信。蓋陛下避殿減膳，大臣上章待罪，亦故事之文也。且不聞舉行，又況其他乎？迺仲春之月，雷電震耀，繼以雨雹，連日大雪，甲折盡摧。季春已來，及此仲夏常陰多雨，氣候正寒，皆陽微陰盛、小人道長、敵國憑陵之象，無遠慮不知愛君者，以爲日食乃豫賊敗走之應也，寒雨乃三吴梅潤之常也。此言不息，使陛下遇灾而懼之意，不及於太戊畏天之實。臣竊憂之。臣聞日月星辰雖度數有常，雷電雨雪雖陰陽爲沴，然休咎著應，則皆人爲感之也。既因感而致，亦可感而弭。上天可畏，不可不畏，此古先帝王所以兢兢業業，而陛下睿哲，尤當加意而圖之，以祈天永命者也。

胡宏《皇王大紀》卷四四《三王紀・襄王》 元年春王正月，公即位。即位者，告廟臨羣臣也。國君嗣世定於初喪，必逾年，然後改元。書即位者，緣始終之義。一年不二君，民臣之心不可曠年無君。按《書》載：舜、禹受終傳位之事，在舜則曰「月正元日，格于文祖」。在禹則曰「正月朔旦，受命于神宗，率百官，若帝之初」。夫于「文祖」、「神宗」，則告廟也。「率百官，若帝之初」，則臨羣臣也。自古通喪三年，其以凶服則不可入宗廟，其以吉服則斬焉。在衰絰之中，不可既成而又易之也。如之何而可？子張問于孔子：「高宗諒陰，三年不言，何謂也？」子曰：「何必高宗，古之人皆然。君薨，百官總已以聽于冢宰，三年則告廟臨羣臣。固有攝行之禮矣。」按《商書》稱：「太甲元年，伊尹祠于先王。」則攝而告廟之證也。「百官總已以聽冢宰」，則攝而臨羣臣之證也。其曰「祗見厥祖」者，言伊尹以奉嗣王之事，祗見太甲之祖也。至三祀十有二月，伊尹以冕服奉嗣王，則免喪從吉之證也。然《顧命・康誥》記成王之崩，其君臣皆冕服，何也？當是時，成王方崩就殯，猶未成服，故用麻冕黼裳入受，顧命已受，命誥諸侯而後釋冕，反喪服者於是成服而宅憂也。或以爲康王釋服離次而即吉，則誤矣。

任淵《山谷内集詩注》卷一一《次韵子實題少章寄寂齋》 小大窮鵬鷃，短長見椿槿。《莊子》曰：冥海有鳥焉，其名爲鵬，背若太山，翼若垂天之雲，搏扶搖羊角而上者九萬里，絶雲氣，負青天，然後圖南。且適南冥也，斥鷃笑之曰：「彼且奚適也。我騰躍而上，不過數仞而下，翱翔蓬蒿之間，此亦飛之至，而彼且奚適也。」此小大之辨也。又曰：朝菌不知晦朔，蟪蛄不知春秋。上古有大椿者，以八千歲爲春，以八千歲爲秋。《音義》曰：菌朝生暮落。潘尼云：木槿也。欲聞寂時聲，黄鍾在龍筍。鍾雖未擊，聲音歷然。《楞嚴經》曰：佛語阿難：聲銷無響，汝說無聞。若實無聞，聞性已滅，同于枯木。鍾聲更擊，汝云何知，知有知無，自是聲塵或無或有，豈彼聞性爲汝有無，聞實云無，誰知無者？陸機《文賦》曰：扣寂寞以求音。《呂氏春秋》曰：黄鍾宫，律之本也。《禮記》曰：夏后氏之龍簨虡。韻書「簨」亦作筍。東坡《法雲寺鍾銘》曰：鳴寂寂時鳴。

范處義《詩補傳》卷九 《碩鼠》，刺重斂呂驗，下同。也。國人刺其君重斂，蠶食於民，不脩其政，貪而畏人，若大鼠也。重斂，孟子所謂大桀小桀者是也。不脩其政，孟子所謂無政事也。蠶食桑，無時而饜，盡而後已，喻重斂者莫切於此。鼠食物，且食且驚，四顧不寧，喻貪畏者莫切於此。序詩者發明風人之旨，窺見物理之妙，皆此類也。碩鼠碩鼠，無食我黍。三歲貫古亂，下同。女，莫我肯顧。逝將去女，適彼樂洛，下同。土，樂土樂土，爰得我所。碩鼠碩鼠，無食我麥。三歲貫女，莫我肯德。逝將去女，適彼樂國，樂國樂國，爰得我直。碩鼠碩鼠，無食我苗。三歲貫女，莫我肯勞。逝將去女，適彼樂郊，樂郊樂郊，誰之永號。戶毛。黍也，麥也，苗也，皆鼠貪食之物也。戒之無食，猶望以其恤我而止也。貫，習也。民困於重斂，而有離心，必俟三歲而後決去者，亦冀恤我而至三歲之久，習見女之重斂，不改其初，則無復顧我，無復德我，無復勞我矣。於是往而決去，求樂土、樂國、樂郊而歸之，庶幾得我所，得我直而已。未知誰復能繼此長號以告吾君乎，蓋猶有不忘其君之意，此詩人所以爲忠厚之至也。是詩三章，皆比而賦之也。

朱熹《周易本義・乾》 ䷀《乾》下《乾》上。《乾》：元亨，利貞。六畫者，伏羲所畫之卦也。「⚊」者，奇也，陽之數也。「乾」者，健也，陽之性也。本注「乾」字，三畫卦之名也。「下」者，内卦也。「上」者，外卦也。經文「乾」字，六畫卦之名也。伏羲仰觀俯察，見陰陽有奇偶之數，故畫一奇以象陽，畫一耦以象陰。見一陰一陽，有各生一陰一陽之象。故自下而上，再倍而三，以成八卦。見陽之性健，而其成形之大者爲天。故三奇之卦，名之曰《乾》，而擬之於天也。三畫已具，八卦已成，則又三倍其畫，以成六畫，而爲八卦。之上各加八卦，以成六十四卦也。此卦六畫皆奇，上下皆乾，則陽之純而健之至也。故《乾》之名，天之象，皆不易焉。「元亨，利貞」，文王所繫之辭，以斷一卦之吉凶，所謂「彖」辭者也。「元」，大也。「亨」，通也。「利」，宜也。「貞」，正而固也。文王以爲乾道大，通而至正，故於筮得此卦，而六爻皆不變者，言其占當得大通，而必利在正固，然後可以保其終也。此聖人所以作《易》，教人卜筮，而可以開物成務之精意。餘卦放此。

初九：潛龍勿用。「初九」者，卦下陽爻之名。凡卦畫者，自下而上，故以下爻爲「初」。陽數，九爲老，七爲少，老變而少不變，故謂陽爻爲「九」。「潛龍勿用」，周公所繫之辭，以斷一爻之吉凶，所謂「爻」辭者也。「潛」，藏也。「龍」，陽物也。初陽在下，未可施用，故其象爲「潛龍」，其占曰「勿用」。凡遇乾而此爻變者，當觀此象而玩其占也。餘爻放此。

九二：見龍在田，利見大人。「二」，謂自下而上第二爻也。後放此。九二剛健中正，出潛離隱，澤及於物，物所「利見」，故其象爲「見龍在田」，其占爲「利見大人」。

九二雖未得位，而大人之德已著，常人不足以當之，故值此爻之變者，但爲「利見」此人而已。蓋亦謂在下之大人也。此以爻與占者相爲主賓，自爲一例。若有「見龍」之德，則爲「利見」九五在上之「大人」矣。

九三：君子終日乾乾，夕惕若，厲，无咎。「九」，陽爻。「三」，陽位。重剛不中，居下之上，乃危地也。然性體剛健，有能「乾乾」惕「厲」之象，故其占如此。「君子」，指占者而言。言能憂懼如是，則雖處危地而「无咎」也。

九四：或躍在淵，无咎。「或」者，疑而未定之辭。「躍」者，無所緣而絶於地，特未飛耳。「淵」者，上空下洞，深昧不測之所。龍之在是，若下於田。「或躍」而起，則向乎天矣。「九」，陽。「四」，陰。（君）〔居〕上之下，改革之際，進退未定之時也。故其象如此。其占：能隨時進退，則「无咎」也。

九五：飛龍在天，利見大人。剛健中正，以（君）〔居〕尊位。如以聖人之德，居聖人之位，故其象如此。而占法與九二同，特所「利見」者，在上之「大人」耳。若有其位，則爲「利見」九二在下之「大人」也。

上九：亢龍有悔。「上」者，最上一爻之名。「亢」者，過於上而不能下之意也。陽極於上，動必有悔。故其象占如此。

用九：見羣龍无首，吉。「用九」，言凡筮得陽爻者，皆用九，而不用七。蓋諸卦百九十二陽爻之通例也。以此卦純陽而居首，故於此發之。聖人因繫之辭，使遇此卦而六爻皆變者，即此占之。蓋六陽皆變，剛而能柔，吉之道也。故爲「羣龍无首」之象。而其占爲如是，則吉也。《春秋》傳曰：乾之坤，曰「見羣龍无首，吉。」蓋即純坤卦辭「牝馬之貞」、「先迷後得」、「東北喪朋」之意。

朱熹《伊洛淵源録》卷四《伊川先生・年譜》 先生名頤，字正叔，明道先生之弟也。明道生於明道元年壬申，伊川生於明道二年癸酉。幼有高識，非禮不動。見《語録》。年十四五，與明道同受學於春陵周茂叔先生。見《哲宗徽宗實録》。皇祐二年，年十八，上書闕下，勸仁宗以王道爲心，生靈爲念，黜世俗之論，期非常之功，且乞召對，面陳所學。不報，間遊太學。時海陵胡翼之先生方主教導，嘗以顔子所好何學論試諸生。得先生所試，大驚，即延見，處以教職。見文集。呂希哲原明與先生隣齋首，以師禮事焉。既而四方之士從遊者日益衆。見《呂氏童蒙訓》。舉進士，嘉祐四年廷試報罷，遂不復試。太中公屢當得任子，恩輒推與族人。見《涪陵記善録》。治平、熙寧間，近臣屢薦，自以爲學不足，不願仕也。見《文集》。又按《呂申公家傳》云：公判太學，命衆博士即先生之居，敦請爲太學正。先生固辭，公即命駕過之。又《雜記》：治平三年九月，公知蔡州，將行，言曰：伏見南省進士程頤，年三十四，有特立之標，出羣之姿。嘉祐四年已與殿試，自後絶意進取，往來太學，諸生願得以爲師。臣方領國子監，親往敦請，卒不能屈。臣嘗與之語，洞明經術，通古今治亂之要，實有經世濟物之才。非同拘士曲儒，徒有偏長。使在朝廷，必爲國器。伏望特以不次旌用。《明道行狀》云：神宗嘗使推擇人材，先生所薦數十人，以父表弟張載、暨弟頤爲稱首。元豐八年，哲宗嗣位。門下侍郎司馬公光、尚書左丞呂公公著及西京留守韓公絳上其行義於朝。見《哲宗、徽宗實録》。按《溫公集》與呂申公同薦劄子曰：臣等竊見河南處士程頤，力學好古，安貧守節，言必忠信，動遵禮義。年逾五十，不求仕進，眞儒者之高蹈，聖世之逸民。伏望特加召命，擢以不次，足以矜式士類，裨益風化。又按《胡文定公文集》云：是時，諫官朱光庭又言：頤道德純備，學問淵博，材資勁正，有中立不倚之風，識慮明徹，至知幾其神之妙，言行相顧而無擇，仁義在躬而不矜。若用斯人，俾當勸講，必能輔養聖德，啓迪天聰，一正君心，爲天下福。又謂：頤究先王之蘊，達當世之務，乃天民之先覺，聖代之眞儒。裨之日侍經筵，足以發揚聖訓。兼掌學校，足以丕變斯文。又論祖宗時起陳摶种放，高風素節，聞於天下。揆頤之賢，摶放未必能過之。頤之道，則有摶放所不及。知者觀其所學，眞得聖人之傳，致思力行，非一日之積。有經天緯地之才，有制禮作樂之具。乞訪問其至言正論，所以平治天下之道。又謂：頤以言乎道，則貫徹三才，而無一毫之或；間以言乎德，則幷包衆美，而無一善之或；遺以言乎學，則博通古今，而無一物之不知；以言乎才，則開物成務，而無一理之不總。是以聖人之道，至此而傳。況當天子進學之初，若俾眞儒，得專經席，豈不盛哉。十一月丁巳授汝州團練推官西京國子監教授。見《實録》。先生再辭，尋召赴闕。元祐元年三月至京師，王巖叟奏云：伏見程頤學極聖人之精微，行全君子之純粹，早與其兄顥俱以德名顯於時。陛下復起頤而用之，頤趨召以來，待詔闕下，四方俊乂莫不翹首鄉風以觀，朝廷所以待之者，如何處之者，當否而將議焉。則陛下此舉，繫天下之心，臣願陛下加所以待之之禮，擇所以處之之方，而使高賢得爲陛下盡其用。則所得不獨頤一人而已，四海潛光隱德之士，皆將相招而爲朝廷出矣。除宣德郎秘書省校書郎。先生辭曰：祖宗時布衣被召，自有故事。今臣未得入見，未敢祗命。王巖叟奏云：臣伏聞聖恩特除程頤京官，仍與校書郎，足以見陛下優禮高賢，而使天下之人歸心於盛德也。然臣區區之誠，尙有以爲陛下言者，願陛下一召見之，試以一言，問爲國之要。陛下至明，遂可自觀其人。臣以頤抱道養德之日久，而潛神積慮之功深，靜而閱天下之義理者，多必有嘉言，以新聖德。此臣所以區區而進頤，然非爲頤也，欲成陛下之美耳。陛下一見，而後命之以官，則頤當之而無愧，陛下與之而不悔，授受之間兩得之矣。於是召對，太皇太后面諭，將以爲崇政殿說書。

朱熹《詩集傳》卷一二《小雅・小旻》 旻天疾威，敷于下土。謀猶回遹，音聿。何日斯沮？上聲。謀臧不從，不臧覆用。叶于封反。我視謀猶，亦孔之邛。音筇。賦也。旻，幽遠之意。敷，布。猶，謀。回，邪。遹，辟。沮，止。臧，善。覆，反。邛，病也。大夫以王惑於邪謀，不能斷以從善，而作此詩。言旻天之疾威，布于下土，使王之謀猶邪辟，無日而止，謀之善者則不從，而其不善者反用之，故我視其謀猶亦甚病也。潝潝音吸。訿訿，音紫。亦孔之哀。叶於希反。謀之其臧，則具是違。謀之不臧，則具是依。我視謀猶，伊于胡底。音抵。叶都黎反。賦也。潝潝，相和也。訿訿，相詆也。具，俱。底，至也。言小人同而不和，其慮深矣。然於謀之善者則違之，其不善者則從之，亦何能有所定乎。我龜既厭，不我告猶。叶于救反。謀夫孔多，是用不集。叶疾救反。發言盈庭，誰敢執其咎？叶巨又反。如匪行邁謀，是用不得于道。叶徒候反。賦也。集，成也。卜筮數則瀆，而龜厭之，故不復告其所圖之吉凶。謀夫衆則是非相奪，而莫適所從，故所謀終亦不成。蓋發言盈庭，各是其是，無肯任其責而決之者，猶不行不邁而坐謀所適，謀之雖審，而亦何得於道路哉。哀哉爲猶，匪先民是程，匪大猶是經。維邇言是聽，叶平聲。維邇言是爭。叶側陘反。如彼築室于道謀，是用不潰于成。賦也。先民，古之聖賢也。程，法。猶，道。經，常。潰，遂也。言哀哉今之爲謀，不以先民爲法，不以大道爲常，其所聽而爭者，皆淺末之言，以是相持，如將築室而與行道之人謀之，人人得爲異論，其能有成也哉。古語曰：作舍道邊，三年不成，蓋出於此。國雖靡止，或聖或否。叶補美反。民雖靡膴，音呼。或哲或謀，叶莫徒反。或肅或艾。音乂。如彼泉流，無淪胥以敗。叶蒲寐反。賦也。止，定也。聖，通明也。膴，大也，多也。艾，與乂同，治也。淪，陷。胥，相也。言國論雖不定，然有聖者焉，有否者焉，民雖不多，然有哲者焉，有謀者焉，有肅者焉，有艾者焉。但王不用善，則雖有善者不能自存，將如泉流之不反，而淪胥以至於敗矣。聖、哲、謀、肅、艾，即《洪範》五事之德，豈作此詩者亦傳箕子之學也與？不敢暴虎，不敢馮叶皮冰反。河。人知其一，莫知其他。音拖。戰戰兢兢，如臨深淵，叶一均反。如履薄冰。賦也。徒搏曰暴，徒涉曰馮，如馮几然也。戰戰，恐也。兢兢，戒也。如臨深淵，恐墜也。如履薄冰，恐陷也。衆人之慮不能及遠，暴虎馮河之患近而易見則知避之，喪國亡家之禍隱於無形則不知以爲憂也。故曰：戰戰兢兢，如臨深淵，如履薄冰，懼及其禍之辭也。

《小旻》六章，三章章八句，三章章七句。蘇氏曰：《小旻》、《小宛》、《小弁》、《小明》四詩，皆以小名篇，所以別其爲小雅也。其在小雅者謂之小，故其在大雅者謂之《召旻》、《大明》，獨《宛弁》闕焉，意者孔子刪之矣，雖去其大，而其小者猶謂之小，蓋即用其舊也。

王質《詩總聞》卷八《破斧》 一章：既破我斧，又闕我斨。周公東征，四國是皇。哀我人斯，亦孔之將。既、又，言見害不已也。小人雖極力，而不害周公之大，不害周公之休。皇，張也。吪，動也。遒，聚也。有識知其無能爲而終，以爲哀者，恐不幸而墮其機也。既而自解，周公甚大、甚嘉、甚休，豈能無傷也。二章：既破我斧，又闕我錡。周公東征，四國是吪。哀我人斯，亦孔之嘉。三章：既破我斧，又闕我銶。周公東征，四國是遒。哀我人斯，亦孔之休。聞音曰：錡，於何切。嘉，居何切。聞事曰：古專征杖鉞，黄金飾斧。《書》「左杖黄鉞」，又有大鉞，在左者秉之，小鉞，在右者秉之。後世雖執國之臣，止假黄鉞，亦未敢當，多辭。蓋黄鉞即君權也，不知此時或是黄鉞，或是大鉞。司馬氏武王殺紂，周公把大鉞，召公把小鉞，以夾武王，此行當是黄鉞。其位既尊，其勢又重于往時也。總聞曰：《毛氏》：四國，管、蔡、商、奄。此當是三監同亂，諸邦竝騷，所謂有大艱于西土，西土人亦不靜。人情見天下之變如此，周公之危如此，故以爲哀也。

楊簡《慈湖詩傳》卷一五《小雅五・桑扈》 交交桑扈，有鶯其羽。君子樂胥，受天之祜。交交桑扈，有鶯其領。君子樂胥，萬邦之屏。之屏之翰，百辟爲憲。不戢不難，受福不那。兕觵其觩，旨酒思柔。彼交匪敖，萬福來求。《毛詩序》謂是詩刺幽王也，亦未必然，或規風平王歟？詩辭無痛切之意，不則幽王初年歟？桑扈，竊脂也。詳釋見《小宛》。交飛之多，故曰交交。《毛傳》曰：鶯然有文章。胥，相也。君子之相交，雖盡其歡樂，而禮文無缺，如桑扈之有文，故受天之祜。《毛傳》曰：領，頸也。更韻，故更辭爾。君子相交相樂，而不失其禮，故足以爲萬邦之屏衛。大抵得乎禮者，其致利不一而足。禮生于心，心正則國正、天下正，不特萬邦賴之爲屏而已，又如翰然興起人心，興起治道，百辟咸取法焉。憲，法也。然其本原生於王心之不放逸。戢，斂，不放逸也。難，却不祥也。凶惡之事將累己，却之不受，猶儺也。難儺字同，惟戢惟難，故動静云爲無非道，無非禮，其受福多。那，多也。不戢不難，則受福不多，此有所風也。言受福不那，其風平王情狀則著。《鄭箋》云：兕觵，罰爵也。古王者與羣臣燕飲，上下無失禮，其罰爵徒觩然陳設而已。其飲旨酒思和柔不爲傲也。罰爵之設，所以致其戒也。彼君子相交相樂，不以傲慢，故萬福隨之。我不求福，而福自來求我矣。是章規風之意明矣，當時燕飲有傲者歟。

施元之《施注蘇詩》卷四《甘露寺》 《潤州圖經》：甘露寺在北固山上，唐寶歷中李德裕建。公自注：欲游甘露寺，有二客相過，遂與偕行。寺有石如羊，相傳謂之很石。云諸葛亮孔明坐其上，與孫仲謀論曹公也。大鐵鑊二案銘，梁武帝所鑄。畫師子一，菩薩二，陸探微筆。衛公所留祠堂在寺，手植柏合抱矣。近寺僧發古殿基，得舍利七粒并《石記》，乃衛公爲穆宗皇帝造福所葬者也。江山豈不好，獨游情易闌。但有相攜人，何必素所歡。我欲訪甘露，當途無閑官。二子舊不識，欣然肎聯鞍。古郡山爲城，層梯轉朱欄。樓臺斷崖上，地窄天水寬。一覽呑數州，山長江漫漫。郤望大明寺，惟見煙中竿。很石卧庭下，穹隆如伏羱。緬懷卧龍公，挾策事琱鑽。一談收猘子，再說走老瞞。名高有餘想，事往無留觀。蕭公古鐵鑊，相對空團團。陂陁受百斛，積雨生微瀾。泗水逸周鼎，渭城辭漢盤。山川失故態，怪此能獨完。僧繇六化人，霓裳挂冰紈。隱見十二疊，觀者疑夸謾。破板陸生畫，青猊戲盤跚。上有二天人，揮手如翔鸞。筆墨雖欲盡，典刑垂不刊。赫赫贊皇公，英姿凜以寒。古柏手親種，挺然誰敢干。枝撐雲峰裂，根入石窟蟠。薙草得斷碑，斬崖出金棺。瘞藏豈不牢，見伏理可歎。四雄皆龍虎，遺迹儼未刓。方其盛壯時，爭奪肯少安。廢興屬造物，遷逝誰控搏。況彼妄庸子，而欲事所難。古今共一軌，後世徒辛酸。聊興廣武歎，不待雍門彈。《漢・張耳傳》：如平生歡。徐鉉《吴錄》：太祖入廣陵，造大明寺。《輿地志》：石羊巷在城南，吴時孫氏隧道也。劉備詣孫權，權與俱獵，因醉，各據一羊。羅隱《石羊》詩：紫髯桑蓋此沉吟，很石猶存事可尋。《三國・諸葛亮傳》：徐庶謂先主曰：「孔明，卧龍也。」《文選》：商鞅挾策以鑽孝公。《吴曆》：曹公聞孫策平定江東，意甚難之，常呼：「猘兒，難與爭鋒。」猘，狂犬也。《三國志》：魏武帝，小字阿瞞。《潤州類集》：甘露寺有梁天監中所鑄鑊，有銘可驗。《漢・司馬相如傳》：罷池陂陀，下屬江河。周鼎，泗水，注見一卷《石鼓》詩。魚豢《魏略》：景初元年，徙長安鐘簴、駱駝、銅人、承露盤。盤折，銅人重不可致，留於霸城。李賀《金人辭漢歌》：攜盤獨出月荒涼，渭城已遠波聲小。《潤州類集》：甘露寺有張僧繇畫菩薩。《列子》：周穆王之時，西極之國有化人來。《後漢・章帝紀》：詔齊相省冰紈。注：紈，素也。冰，言鮮潔如冰。范蔚宗《宦者論》：冰紈霧縠之迹，盈牣珍藏。《潤州類集》：甘露寺有陸探微畫狻猊。注詳一卷《開元寺》詩。《史記・平原君傳》：民家有躄者，盤跚行汲。杜子美《畫鶻》詩：畫色久欲盡，蒼然猶出塵。《唐・李德裕傳》：初封贊皇縣伯。《潤州類集》：甘露寺今有李德裕祠堂畫像及所植檜。《周禮》：薙氏掌殺草。注：薙，翦也。《玉壺清話》：潤州甘露寺，熙寧四年春，江中漁者見神光累夕起於溷廁間。一旦，其廁無故自圮。長老應夫再營之，方築基壑土，去地數尺，一礎覆土中。刻曰：有唐太和三年正月二十四日，於上元縣禪衆寺舊塔基下，獲舍利石函，以其年二月十五日，重瘞藏於丹徒縣甘露寺東塔下。金棺一，銀椁一，錦襆九重，皆余之施也。余創甘露寺寶刹，重瘞舍利，以資穆皇之冥福也。江浙西道觀察等使兼潤州刺史李德裕記。四雄，諸葛武侯、吴大帝、梁武帝、李衛公也。《漢・韓信傳》：刻印刓，忍不能予。刓，五丸反。注：手弄角訛也。杜子美《贈閭丘師兄》詩：漠漠世界黑，區區爭奪繁。漢賈誼《鵩賦》：千變萬化兮，未始有極。忽然爲人兮，何足控摶。漢《齊王傳》：人謂魏勃勇，妄庸人耳。《晉・阮籍傳》：常登廣武，觀楚漢戰處，歎曰：「時無英雄，使豎子成名。」《東坡志林》：昔先友史經臣彦輔謂余：「阮籍登廣武而歎，豈謂沛公豎子乎？」余曰：「非也，傷時無劉項也。豎子，指魏晉間人耳。」其後余游甘露寺，寺有孔明、孫權、李德裕遺迹，感而賦詩，猶此意也。今日讀李太白《廣武古戰場》詩云「沈湎呼豎子，狂言非至公」，乃知太白亦誤認嗣宗語與先友之意無異。嗣宗雖放蕩，本有意於世，以魏晉多故，故一放於酒。何至以沛公爲豎子乎！」桓譚《新論》：雍門周以琴見孟嘗君。君曰：「先生鼓琴，亦能使文悲乎？」對曰：「竊爲足下有所悲。千秋萬歲後，墳墓生荆棘，游童牧豎，躑躅而歌其上，曰：『孟嘗君之尊貴，亦若是乎？』」於是孟嘗君喟然太息，淚承睫而未下。雍門周引琴鼓之，孟嘗君遂歔欷而就之。

戴溪《春秋講義》卷一下《莊公四年》 夏，齊侯、陳侯、鄭伯遇于垂，紀侯大去其國。六月乙丑，齊侯葬紀伯姬。桓公五年，齊侯、鄭伯如紀，欲襲紀而不能自後。齊人謀紀幾二十年，至是與陳侯、鄭伯遇于垂，固將以入紀也。紀侯度不能自全，故一旦大去其國。大去者，棄其國之所有，盡室而逃焉。紀侯二十年間謀所以存其國不遺餘力，卒不能回齊人滅紀之念，則未知其大去之後，其諸人民之從者，久而不忍去歟？抑亦逃奔于無人之地，假息以偷生歟？不然則歸酅奉祀以終其身歟？其事可矜，其情可哀矣。書紀侯而不言其名，哀之也。按：程端學《春秋或問》云，戴氏此說即本《公》、《穀》而少變者，《春秋》謹嚴，書其「去國」盡矣，何必書「大去」哉？于文爲支矣。苟紀侯盡室逃焉，則必葬伯姬而後去，攜叔姬以偕行。今棄伯姬而齊葬之，棄叔姬而歸于酅，于義爲窒矣。大者紀侯之名，非大去之謂。按，陳氏之説本于伊川，可以參考。紀侯之去，似太王之去邠，而無太王之德；紀季以酅事齊，如微子之適周，而不遇武王之聖。此其所以可嘆也。齊人志在滅紀，使其出師以伐之，紀固不能支也。而用計深密，遷延若此，其故何也？托復讎以爲名，曰吾非利紀而有之也，讎耻不復，齊紀并存，將無以自立於世，故日月迫紀，使其不能以自存而自去焉，則吾有辭於天下。以此欺諸侯，故諸侯坐視而不敢救，又從而助之。不特此也，存紀季，葬伯姬，不窮追紀侯，縱其自去，皆所以欺諸侯而掩其罪也。

李壁《王荆公詩注》卷四三《與道原游西莊過寶乘》 周顒宅作阿蘭若，阿蘭若，佛書或作「阿練若」，釋云「寂靜無事之處」。蘭若字，樂天詩作爾者切押。

按：上官儀《酬薛舍人萬年宮晚景寓直懷友》詩中四句云「東望安仁省，西連子雲閣。長嘯求煙霞，高步尋蘭若」。此又作曰灼切押。婁約身歸窣堵波。梵語窣堵波，此云靈廟。《高僧傳》：慧約姓婁，二十達妙理，周顒素所欽服，迺於鍾山舊館造草堂寺以居之。今寺左乃婁約置臺講經之地，後即顒舊居也。唐會昌中寺廢，至宋朝復治平，改賜「寶乘」額。按：梁武嘗與傅大士、婁約法師、昭明太子等論三諦法門眞諦，以明非有俗諦，以明非无聖諦，則眞俗不二矣。據此婁約猶及武帝時。蕙帳銅瓶皆夢事，蕙帳，謂顒銅瓶指約。《楞嚴經》：卻來觀世間，猶如夢中事。翛然陳迹翳松蘿。

李如圭《儀禮集釋》卷一六《覲禮》 諸侯覲于天子，爲宮方三百步，四門，壇十有二尋，深四尺，加方明于其上。鄭注：四時朝覲受之于廟，此謂時會殷同也。宮，謂壝土爲埒，以象牆壁也。爲宮者，于國外，春會同則于東方，夏會同則于南方，秋會同則于西方，冬會同則于北方。八尺曰尋，十有二尋則方九十六尺也。深謂高也，從上曰深。《司儀職》曰：「爲壇三成。」成，猶重也。三重者，自下差之爲三等，而上有堂焉。堂上方二丈四尺，上等、中等、下等，每面十二尺。方明者，上下四方神明之象也。上下四方之神者，所謂明神也。會同而盟，明神監之，則謂之天之司盟，有象者，猶宗廟之有主乎？王巡守，至于方嶽之下，諸侯會之，亦爲此宮以見之。《司儀職》曰：「將會諸侯，則命爲壇三成，宮旁一門，詔王儀，南鄉見諸侯」也。釋曰：《大宗伯職》曰：時見曰會，殷見曰同。時見者王將有征討之事，則既朝覲，王合諸侯而發禁。殷見者，十二歲王如不巡守，則六服盡朝，朝畢，王亦合諸侯而命政，皆爲壇于國外以命事。《司盟職》云：北面詔明神。《春秋傳》盟于亳城北。《載書》有司愼、司盟。

洪咨夔《平齋集》卷一《經筵講義》 顔淵問仁，子曰：「克己復禮爲仁。一日克己復禮，天下歸仁焉。爲仁由己，而由人乎哉？」顔淵曰：「請問其目。」子曰：「非禮勿視，非禮勿聽，非禮勿言，非禮勿動。」顔淵曰：「回雖不敏，請事斯語矣。」臣按：顔淵問仁，孔子告以「克己復禮」。夫具耳目口鼻四肢百骸，而有此身，此身本與天地相似，與萬物一體，如之何而克己？曰：己與天地萬物本無隔也，而認八尺之軀爲己，則與天地萬物始隔矣。故惟克己，則洞然大公，不見有己矣。何謂克？曰：以艮卦所謂艮其背，不獲其身；行其庭，不見其人。觀之，則是內不見己，外不見物，而克己之義瞭然矣。克己何以能復禮？曰：禮者，周流貫通乎天地萬物之間。無體無方，無不周徧。人惟認八尺之軀爲己，於是去禮始遠。苟不認己爲己，則天高地下萬物散殊皆禮也。吾亦天地萬物中一物耳，無往非禮而何有於己哉。故不克己，則禮失。既克己，則禮復。又發明之，曰：「一日克己復禮，天下歸仁焉。」玩「一日」字，正所謂「朝聞道」也，正所謂「我欲仁，斯仁至矣」。凡人昏昏於物欲之中，如醉如夢。一日勇決，無牽制，無拘滯，無二三。此身與天地萬物了無阻隔，人即己也，己即人也，天地萬物皆非形軀之所能間也。故曰「天下歸仁焉」，言天下皆在吾仁之內也。禮之復也，非是外復；仁之歸也，非是外歸，本一而非二也。又發明之，曰：「爲仁由己，而由人乎哉？」前之己而曰克，此之己而曰由，豈有二己哉？曰：非有二己也，塵去鑑明，而即此鑑也；雲消月皎，而即此月也。未克己之前，雲也，塵也，皆蔽我累我者也，烏可以不克？既克己之後，月也，鑑也。本如是光明，本如是瑩潔，動靜闔闢變化，運用何所不可。故曰由言爲仁，在我而已，豈由他人哉。顔淵既領會夫子之大旨，而猶問其目者，蓋聖門師弟子之間，學聚問辨不造其極不止也。克己復禮，特大綱耳，又有餘目焉，所以再叩夫子。夫子舉視聽言動四者告之，蓋四者即己內事也，己視，己聽，己言，己動，皆己也。然微有非禮，則是爲己所蔽也，爲己所累也。夫惟非禮則勿視，非禮則勿聽，非禮則勿言，非禮則勿動，無斯須頃刻不在禮中，則是耳目鼻口心知百體，皆由順正以行至此，尚何己之足累哉。顔淵即慨然承當此任，曰：「請事斯語。」事云者，言從事於此也。聞聖言而不能行者，不足以言事矣。嗚呼，顔淵，陋巷匹夫耳。聖師勤勤啓發，猶有天下歸仁之言。況人主奄有四海，必欲人人皆歸吾仁，可不奮一日克己之勇，置此身於禮度之中哉。如曰此事由人而不由己，則雖聖人亦無所用其力矣。

真德秀《西山文集》卷一八《講筵卷子・大學平天下章》 孟獻子曰：畜馬乘，不察於雞豚。伐冰之家，不畜牛羊。百乘之家，不畜聚斂之臣。與其有聚斂之臣，寧有盜臣。此謂國不以利爲利，以義爲利也。長國家而務財用者，必自小人矣。彼爲善之小人之使爲國家，菑害並至，雖有善者，亦無如之何矣。此謂國不以利爲利，以義爲利也。臣按：漢董仲舒對策於武帝曰：夫天亦有所分，予予之齒者，去其角；傅其翼者，兩其足，是所受大者不得取小也。古之所予祿者，不食於力，不動於末，是亦受大者不得取小，與天同意者也。夫已受大，又取小，天不能足，而況人乎。此民之所以囂然苦不足也。又曰：受禄之家，食禄而已，不與民争業。然後利可均布，而民可家足。此上天之理，而亦太古之道，天子之所宜法以爲制，大夫之所當循以爲行也。又曰：天子大夫者，下民之所視傚，遠方之所四面而内望也。近者視而放之，遠者望而效之，豈可以居賢人之位，而爲庶人行哉。夫皇皇求財利，常恐乏匱者，庶人之意也。皇皇求仁義，常恐不能化民者，大夫之意也。易曰：「負且乘，致寇至。」乘車者，君子之位也。負擔者，小人之事也。此言居君子之位，而兼庶人之行者，其患禍必至也。臣竊惟仲舒此言蓋與《大學》同指，故略爲陛下陳之。夫所謂居君子之位，而爲小人之行者，故相是也。位冠台司，而鬻賣公朝之官爵；貴極人臣，而奪攘平民之貲産。貪鄙之風扇於上，而汙濁之俗成於下。士大夫惟知財利之可貴，豈知仁義之可尊。雖陛下更張以來，蓋嘗明示好惡，而人心陷溺已深，莫之變也。夫天下之患，莫大於人心之趨利。舉世之人，皆趨於利，則知有己，而不知有君；知有家，而不知有國。平居則欺君以自利，孔光、張禹之於漢是也。有難則賣國以自利，華歆、陳羣之附魏，張文蔚、楊涉輩之從梁是也。甚者不奪不饜，如莽、操之所爲。故《大學》於末章明義利之分，孟子於首篇嚴義利之辨，豈虚也哉。惟明主在上，思有以返之，則天下之福也。

黄仲炎《春秋通説》卷一《隱公五年》　五年春，公矢魚于棠。矢魚者，射魚也。何以知其射魚也？觀《左氏》載臧僖伯之諫，其專及於蒐、田、獮、狩，治兵振旅，末云鳥獸之肉不登於俎，皮革齒牙不登於器，則君不射，古之制也。以是知其爲射魚也。隱於當時必驅役兵徒，遠至于棠之地，如韓愈氏《驅鰐魚文》所謂選才技吏民，操强弓毒矢與鰐魚從事者是也。然韓子志於除害，而棠之役何爲哉？恣情縱欲，極於樂而已矣。後世如秦始皇幸瑯瑘，候大魚出而射之，漢武帝自尋陽親射蛟江中，皆魯隱之爲也。

家鉉翁《春秋集傳詳説》卷一七《成公二年》　取汶陽田。取汶陽田與濟西田其事同，《春秋》之書法亦同，義已見僖三十一年。蓋濟西本魯田，爲曹所侵，晋人取以歸魯。汶陽亦魯田，爲齊所侵，晋人命以歸魯，皆魯侵疆也。今而得歸，《春秋》不以爲歸而以爲取，爲其因霸國之力而得之也。霸國復不稟命於王，分正疆理，而擅其予奪。此所以書取，若此田非魯之舊疆，必繫之於齊，不直書取汶陽田，書法坦然可見也。説者以八年晋侯使韓穿來言汶陽之田，歸之於齊，疑此田爲齊封内之田，晋取以與魯，是不然，汶陽之歸，晋實無道，以此失諸侯，不足言也。義又見定十年。

趙順孫《四書纂疏》　仲尼祖述堯舜，憲章文武，上律天時，下襲水土。

祖述者，遠宗其道；憲章者，近守其法。陳氏曰：堯舜，人道之極，故宗之；法度，至周而備，故守之。律天時者，法其自然之運；襲水土者，因其一定之理。陳氏曰：天時者，春夏秋冬之四時，有自然之運，故聖人法之；水土者，東西南北之四方，各有一定之理，故聖人因之。皆兼内外該本末而言也。《語録》曰：兼本末内外精粗而言，是言聖人功夫。永嘉陳氏曰：祖述者，道法在其中；憲章者，法道在其中。律天時者大，則顯晦屈伸；襲水土者小，則採山釣水。細底道理爲本、爲内，麤底爲末、爲外。

辟如天地之無不持載，無不覆幬。辟如四時之錯行，如日月之代明。辟，音譬。幬，徒報反。

錯，猶迭也。此言聖人之德。葉氏曰：是述夫子之德同乎天也。

萬物並育而不相害，道並行而不相悖，小德川流，大德敦化，此天地之所以爲大也。

悖，猶背也。天覆地載，萬物並育於其間而不相害。陳氏曰：天無不覆，地無不載，大化流行，萬物止其所而不相侵害。潘氏曰：無不覆載者，廣大之體也。四時日月錯行，代明而不相悖。陳氏曰：四時錯行，日月代明，一寒一暑，一晝一暮，似乎相反，而其實非相違悖。潘氏曰：錯行代明者，變通之用也。所以不害不悖者，小德之川流，所以並育並行者，大德之敦化。《語録》曰：大德是敦那化底，小德是流出那敦化底出來，這便如忠便是做那恕底，恕便是流出那忠來底。如中和，中便是大德敦化，和便是小德川流，自古亘今，都只是這一箇道理。小德者，全體之分，大德者，萬殊之本。黄氏曰：大德是心之本體，無許多大底亦做不得小底出來。川流者，如川之流，脈絡分明，而往不息也。敦化者，敦厚其化，根本盛大，而出無窮也。葉氏曰：川流者，言如川之流，有支有派，觸處彌滿，流行不已也。敦化者，言藴蓄妙理，深厚盛大，其來無端，莫窺其自也。此言天地之道，以見上文取辟之意也。《語録》曰：是言天地之大如此，言天地則見聖人矣。

右第三十章。言天道也。

或問小德大德之說，曰：以天地言之，則高下散殊者，小德之川流；於穆不已者，大德之敦化。以聖人言之，則物各付物者，小德之川流；純亦不已者，大德之敦化。以此推之，可見諸說之得失矣。陳氏曰：大德是就造化渾淪大本處論，造化之大本處敦厚，則根本盛大，其出也流行而不窮。小德是就造化中間條貫處細碎論，造化之生成，其條理如川水之流，脈絡分明而晝夜之流不息。若以天地言，則萬物之或高或下，或散或殊者，小德之川流；維天之命，於穆不已者，大德之敦化。若以本文言之，則萬物有許多種類，各正其所而不相害。四時日月之運行而不相悖，是小德之川流；天地覆載而萬物並育，四時日月其道並行是大德之敦化。此說天地之道所以爲大，而孔子之德所以取譬於斯。

曰：子之所謂兼內外該本末而言者何也？曰：是不可以一事言也，姑以夫子已行之迹言之，則由其書之有得夏時贊《周易》也，由其行之有不時不食也，迅雷風烈必變也，以至於仕止久速之皆當其可也，而其所以律天時之意可見矣。由其書之有序《禹貢》述《職方》也，由其行之有居魯而逢掖也，居宋而章甫也，以至於用舍行藏之所遇而安也，而其襲水土之意可見矣。若因是以推之，則古先聖王之所以迎日推筴，頒朔授民，而其大至於禪授放伐各以其時者，皆律天時之事也；其所以體國經野，方設居方，而廣至於昆蟲草木各遂其性者，皆襲水土之事也。使夫子而得邦家也，則亦何慊於是哉。

胡一桂《易附録纂注》卷一《謙》

䷎《艮》下《坤》上《謙》：亨，君子有終。「謙」者，有而不居之義。止乎內而順乎外，謙之意也。山至高而地至卑，乃屈而止於其下，謙之象也。占者如是，則亨通而有終矣。「有終」，謂先屈而後伸也。附録：《謙》便能亨，又爲君子有終之象淵。纂注：徐氏曰：君子有終，主九三。而言九三一卦之主，而又居下卦之終。故曰有終。又，諸卦三爻多言終。初六：謙謙君子，用涉大川，吉。以柔處下，《謙》之至也。君子之行也，以此涉難，何往不濟？故占者如是，則利以涉川也。纂注：程子曰：自處至謙，衆所共與也。雖用涉險難，亦無患害。況居。愚謂：前有互體之平易乎？何所不吉也。坎故以大川言。六二：鳴《謙》，貞吉。柔順中正，以謙有聞，貞而且吉者也。故其占如此。附録：「鳴《謙》」在六二又言貞者，言謙而有聞，須得其貞，則吉。蓋六二以陰處陰，所以戒他要貞。《謙》而不貞，則近於邪佞。上六之鳴，却不同處謙之極。而有聞，則失謙本意。蓋謙本不要人知，況在人之上而有聞乎？此所以志未得。九三：勞謙，君子有終，吉。卦唯一陽，居下之上，剛而得正。上下所歸，有功勞而能謙，尤人所難。故「有終」而「吉」。占者如是，則如其應矣。纂注：程子曰：古之人有當之者，周公是也。身當天下之大任，上奉幼弱之主，謙恭自牧。夔夔如畏，然可謂有勞。愚謂：三居互體坎中，故稱。勞，《說卦》亦曰《坎》。而能謙矣。勞，卦也。九三以一陽爻爲成卦之主，故爻辭與卦同。六四：无不利，撝謙。柔而得正，上而能下，其占无不利矣。然居九三之上，故戒以更當發揮其謙，以示不敢自安之意也。纂注：程子曰：撝，施布之象。如人手之撝也。動息進退，必施其謙。蓋居多懼之地，又在賢臣之上故也。六五：不富以其鄰，利用侵伐，无不利。以柔居尊，在上而能謙者也。故爲不富而能以其鄰之象。蓋從之者衆矣，猶有未服者，則利以征之。而於他事亦无不利。人有是德，則如其占也。附録：問謙是不與人爭如何，五上言侵伐行師，曰老子言，大國以下小國則取小國，小國以下大國則取大國。言抗兵相加，哀者勝矣。孫子曰：始如處女，敵人開戶，後如脫兔，敵不及拒。大抵謙自是用兵之道，只退處一步耳，所以利用侵伐也。蓋自初六積到六五、上六，《謙》亦極矣。自宜人人服之，尚更不服，則非人矣。故利用侵伐也。又曰：《坤》爲地，爲衆，凡說國邑征伐處，多是因坤文蔚。上六：鳴謙，利用行師，征邑國。謙極有聞，人之所與。故可用行師。然以其質柔而无位，故可以征己之邑國而已。附録：上六取象行師，有坤處多言師。如《泰》上六，城復于隍，勿用師之類。《坤》爲土，土爲國，故云「征邑國」。愚謂：《謙》一卦六爻，下三爻皆吉而无凶。上三爻也砥。皆利而無害。《易》中吉利，罕有若是純全者。謙之效固如此。然《艮》體稱吉而《坤》體稱利者，靜則多吉，順則多利也。

王昭禹《周禮詳解》卷三二《秋官司寇·冥氏》

冥氏掌設弧張。爲阱擭以攻猛獸，以靈鼓敺之。若得其獸，則獻其皮、革、齒、須、備。冥，音覓。先王仁民而愛物，然猛獸以其害人，則傷吾之仁政，故設官以攻之，而冥氏之所以立也。趨利而避害，獸之情與人同，欲攻取之，必有以使之冥然而不覺，然後可獲，所以名官，謂之冥氏。掌設弧張者，設弧以射之，設張以伺之。爲阱擭以攻猛獸，以靈鼓敺之者，爲阱擭以陷之，又鼓靈鼓使趨所陷也。靈鼓，則鼓人所謂鼓社祭者是已。以事言之，則靈鼓六面，擊之則使之驚而疾趨，以義言之，則社稷能祓除災害，用所鼓社祭者則歸賴於神。若得其獸，則獻其皮、革、齒、須、備，則非特有以爲人除害，而又有以資其物之利用也。庶氏掌除毒蠱，以攻說禬之，嘉草攻之。凡敺蠱，則令之比之。庶，章預反。令，力呈反。蠱，音古。先王以善政生養天下之民，其興利也詳，其除害也悉。則生齒之數所以至於既繁且庶，故設官以除毒蠱之害者，謂之庶氏也，掌除毒蠱者，《傳》曰：于文皿蟲爲蠱，蓋蠱之毒能病害人故也。以攻説禬之，則用祝焉，與大祝之六祈所謂攻説同意。以嘉草攻之則用藥焉，與瘍醫所謂以五毒攻之同意。用祝則治於未然之前，用藥則治於已然之後。凡敺蠱則令之比之者，蓋其徒有四人，則令使爲之校以比之，皆其徒也。穴氏掌攻蟄獸，各以其物火之。以時獻其珍異皮革。冥氏之攻獸有以攻其趨走而害人者，至於藏伏而害人者未去，非仁政之周。故掌攻蟄獸者名官，謂之穴氏。蟄獸，則熊羆之屬也。各以其物火之，則其攻之也，以其所嗜誘之，以火焌而出之，則凡在穴者皆不能自蟄矣。以時獻珍異皮革，珍異以共膳羞之用，皮革以共器物之用也。

趙鵬飛《春秋經筌·桓公五年》　五年春，正月，甲戌，己丑，陳侯鮑卒。甲戌之下闕事也。《左氏》以爲「再赴」，疏矣。就使再赴，不過再以卒之日赴也，豈以一人而作二日卒邪？《公》、《穀》之説皆不可讀，先儒蓋疑甲戌之下有陳佗殺陳世子免一事。六年秋，書蔡人殺陳佗，佗殺世子而自立。經初不書而直書殺陳佗，若無張本，故疑甲戌之下必書陳佗殺世子也。然君子不敢輙益之，闕疑可也。

朱申《周禮句解》卷一《天官冢宰上》　惟王建國，王，三代君天下之稱也。國，王者所都也。此言周王之建立都國。辨方正位，辨別東西南北之四方，而正祖社朝市之位。體國經野，體，猶分也。經，猶畫也。城中曰國，郊外曰野。體國，營其國之宮城門涂，猶人身之有四體。經野，治其野之丘甸溝洫，如織之有經緯。設官分職，設，置也。分，別也。官，猶冢宰、司徒之類。職，猶掌治、掌教之類。以爲民極。以爲斯民至極之標準。乃立天官冢宰，於是建立天官冢宰之職。使帥其屬而掌邦治，邦治，謂總六官之職也。天官，其屬六十，冢宰帥之而掌邦治焉。帥，音率。屬，音蜀。治，去聲。凡方欲治之者，係活字，皆平聲。已治、政治等係死字，皆去聲。後可以意求之。以佐王均邦國。以佐助天子而均齊天下之邦國。

大宰之職卿一人。大宰，即冢宰也，兼總六官，故曰「冢宰」。列職於王，故曰「大宰」。職，所掌之事也。掌建邦之《六典》，建，立也。邦，國也。典，常法也。《六典》其目在下。以佐王治邦國：不言均邦國者，治則理之而已，均則治之盛也。大宰用此《六典》，輔佐王者理天下。一曰《治典》，天官之典。以經邦國，經，猶緯之有經，治邦國有節制之道，故以經言。以治官府，百官所居曰「府」。以紀萬民；紀，猶綱之有紀，治萬民者務致其詳，故以「紀」言。二曰《教典》，地官之典。以安邦國，安，寧之也。以教官府，教，訓之也。以擾萬民；擾，馴之也。謂順民之性而不拂其宜。三曰《禮典》，春官之典。以和邦國，和，不乖也。以統百官，統，猶合也。《禮典》以下不曰「官府」而曰「百官」者，尊天地二官，不局其數也。以諧萬民；諧，調也。四曰《政典》，夏官之典。政，軍政也。以平邦國，軍政所以平定天下，故曰「平」。以正百官，政者，正也。以均萬民；有貢賦之事，故云均。五曰《刑典》，秋官之典。以詰邦國，詰，問也。隱而難知，故謂之詰。詰，起乙反。以刑百官，顯而易見，則直刑之而已。以糾萬民；糾，猶察也。六曰《事典》，冬官之典。以富邦國，富，豐於財也。以任百官，任，猶使也。以生萬民。生，猶養也。以《八灋》治官府：《八法》，其目在下。官府注見上。灋，古法字。一曰《官屬》，六官之屬。以舉邦治；舉而行之。二曰《官職》，六官所治之事謂之職。以辨邦治；其職各有司存，故曰辨。三曰《官聯》，聯，謂通職連事以相佐助。以會官治；邦治，總官民而言；官治，指官府而言。衆官共舉，則事得會合而成。四曰《官常》，常，謂以昔所常行者著之於例。以聽官治；百官違其常者，則以此而聽察之。五曰《官成》，成，謂載之簡書，以爲著令。以經邦治；經，謂以之繩墨於民。六曰《官灋》，官府所奉行之法。以正邦治；正，謂以之整齊其民。七曰《官刑》，治官府之刑。以糾邦治；糾，察也。八曰《官計》，平治官吏之計。以弊邦治。弊，斷也。弊音蔽。以《八則》治都鄙：則，亦法也，其詳曰法，其略曰則。都鄙，公卿大夫所食之采地也。以其有邑，故謂之都，以其在國之鄙，故謂之鄙。《八則》，其目在下。一曰《祭祀》，宗廟、社稷諸神之祀。以馭其神；馭，猶馬之在馭。祭祀有廢置，故言「馭其神」。馭音御。二曰《灋則》，此宮中之法則。以馭其官；官之所守，惟法則之從，故言「馭其官」。三曰《廢置》，有罪則廢，有行則置。以馭其吏；官謂治事者，吏謂治人者。四曰《祿位》，祿，俸也。位，爵也。以馭其士；吏，謂已仕者，士，謂未仕者。五曰《賦貢》，賦，税也。貢，獻也。以馭其用；都鄙之用度，量貢賦之所入以爲出。六曰《禮俗》，以禮節其風俗。以馭其民；不求變俗，而禮行焉。七曰《刑賞》，刑以懲惡，賞以勸善。以馭其威；獨言威者，欲民之畏刑而爲善，則蒙賞者衆矣。八曰《田役》，因四時之田而役使之。以馭其衆。田以簡衆，役以任衆。

吳正子《箋注評點李長吉歌詩·示弟》　别弟三年後，還家一日餘。醁醽今夕酒，緗帙去時書。病骨猶能在，人間底事無。何須問牛馬，抛擲任梟盧。盛弘之《荆州記》云：淥水出豫章康樂縣，其烏程鄉取水爲酒，香美與湘東鄉酒侔，世稱酃淥酒。晉太康元年薦醽淥酒於太廟。《龍城錄》：云：魏左相能治酒，有醽醁翠濤，以大甕貯之，十年不敗。昭明《文選序》：飛文染翰，則卷盈乎緗帙。《說文》：緗，淺黃色，如桑初生。帙，書衣，亦小橐。《莊子・應帝王》篇一以己爲馬，一以己爲牛。六博得梟者勝，盧次之。此言流行坎止一付，自然無所容力，如博者之任梟盧也。

文讜《新刊經進詳注昌黎先生文集》卷二《送惠師》 迴臨浙江濤，屹起高峨岷。壯志死不息，千年如隔晨。是非竟何有，棄去非吾倫。江水東至會稽山陰爲浙江。岷、峨，蜀二山。壯志，謂子胥、文種也。《水經》曰：浙江出廬山，北過餘杭，東入于海。杭州錢塘縣諸山，皆西臨浙江。水流於兩山之間，江水急潽，皆濤水。晝夜再來，來應時刻。嘗以月晦及望尤大，至二月八月最高峨、岷二丈有餘，《吳越春秋》以爲子胥、文種之神也。昔子胥死於吳，而浮尸於江。吳人憐之，立祠於上，名曰胥山，在太湖，去江不百里，故曰江上。文種去越，而伏劍於山陰。越人哀之，葬於重山。文種既葬一年，子胥從海上負種俱去，游夫江海。故潮水之前揚波者，伍子胥。後重水者，大夫種。屹，高皃，魚乙切。東坡詩曰「欲識潮頭高幾許，越山渾在浪花中」是也。凌江詣廬岳，浩蕩極遊巡。《山海經》曰：廬山名有二，一曰天子鄣，孫故曰在今江州之南。《水經》有三說，曰：一按《豫章舊志》云：廬俗字君孝，本姓匡，父東野王共鄱陽令吳芮佐漢定天下，而亡，漢封俗於鄡陽，曰越廬君。俗兄弟七人，皆好道術，遂寓精於洞庭之山，故世謂之廬山。漢武帝東巡，覩山以爲神靈，封俗大明公也。二按遠法師《廬山記》曰：商周之際，匡俗先生、奚道仙人共遊此山時，人謂其所止爲神仙之廬，因以名矣。三按《周景式》曰：廬山匡俗字子孝，本東里子，出周武王時，生，而神靈，屢逃徵聘，廬於此山，時人敬事之。俗後仙化，空廬尚存，弟子覩室悲哀哭之，世稱廬君，故山取號焉。斯乃並傳說之談，非寔證也。按《山海經》創志，大禹記錄遠矣。故《海內東經》曰：廬山出三天子，都入江彭澤西。是曰廬江山水相依，牙舉殊稱，不因匡俗治正，是好事君子強引此類，用成章句矣。崔崒沒雲表，陂陁浸湖淪。崔崒，高皃，下慈律切。陂陁，寬皃，音婆駞。湖淪，謂彭蠡澤也。小波曰淪。《子虛賦》曰：其山則隆崇崔崒，上干青雲。罷池陂陁、下屬江河。伏滔遊山序曰：廬山者，江陽之名嶽，其大形也，背岷流，面彭蠡，蟠根所據，亘數百里。重嶺桀嶂，仰插雲日，俯瞰川湖之流。是時雨初霽，懸瀑垂天紳。遠法師《廬山記》曰：西南有石門，其形似雙闕，壁立千餘仞，而瀑布流焉。水出山腹，挂流三四百丈，飛湍林表，狀若懸素。注處悉亘井，其深不測。其水下入江淵。《天台賦註》云：瀑布泉懸流如布而下瀑蒲木。蒲，報二切。天紳，言大帶也。前年往羅浮，步戛南海漘。《羅浮山記》曰：羅浮，蓋揔稱焉。羅，羅山也。浮，浮山也。二山合併謂之羅浮，舊說高三千丈，有石室七十二，在曾城博羅二縣之境。曾城屬廣州，博羅屬循州。戛，轢也，音訖黠切。漘，水涯也，音舡倫切。大哉陽德盛，榮茂常留春。南方，陽氣之所聚，故山川榮茂如春。鵬褰墮長翮，鵬，海鳥也。《莊子》曰：鵬之大，不知其幾千里，其翼若垂天之雲。《幽明錄》曰：楚文王獵於雲夢，縱鷹，俄有一大鳥墮地，度其兩翅，長數十里。時有博物君子曰：「此大鵬鶵也。」墮，音徒果切。褰，居言切。鯨戲側脩鱗。《古今註》曰：海大魚也，大者長十里，小者長千丈。一生數萬子，常以五月生子於岸，八月導而還大海中。皷浪成雷，噴沫成雨，水族畏之。其雌曰鯢，大者亦長十里，眼爲明月珠。鯨，音居京切。脩，長也。

史容《山谷外集詩注・奉和公擇舅氏送呂道人研長韵》 新詩先舊物，包送比青氈。《晉・王獻之傳》：青氈我家舊物。言以詩先研也。《左傳》僖末年：弦高以乘韋先，牛十二，犒師。《注》云：古者將獻遺於人，必有以先之。襄十九年享晉六卿于蒲圃，贈荀偃束錦、加璧，先吳壽夢之鼎。《注》：古之獻物必有以先之。柳子厚《送濬上人序》云：古之贈禮，必以輕先重，故鄭商之犒先乘韋，魯侯之贈後吳鼎。繆傳黃梅鉢，未印少林禪。「少林」謂達磨也，自南天竺國來，寓止于嵩山少林寺，面壁而坐，終日默然。後傳法與慧可，且付袈裟，慧可傳僧璨，僧璨傳弘忍。弘忍大師蘄州黃梅人也，黃梅傳盧行者慧能。有道明者，聞五祖密付衣法與盧行者，即率同意數十人追逐至大庾嶺，盧行者擲衣鉢於磐石，曰：「此衣表信，可力爭耶？任君將去。」道明舉之如山不動，乃曰：「我來求法，非爲衣也。願行者開示。」祖曰：「不思善，不思惡，正恁麼時，阿那箇是明上座本來面目。」明當下大悟，徧體汗流。《維摩經》言：若能如是坐者，佛所印可。

孫覿《內簡尺牘》卷九《與臨安王宰》［李祖堯注］ 示書伏審。寒令浸嚴體中，益勝比寓封境，《前漢書・刑法志》曰：提封萬井。又《地理志》曰：開地斥境。政聲籍甚《前漢書・陸賈傳》曰：名聲籍甚。孟康注曰：言狼籍甚盛。蘇鶚《演義》曰：狼籍者，物雜亂之稱。狼，豺狼也。籍者，籍，言狼起卧遊戲，多籍其草，而草皆雜亂，遂成狼籍之名。藉爲籍者，逐其語順。已極驚嘆。別紙屬令記新學之成，先生文集載《臨安府臨安縣學記》曰：三代之學尚矣。自京師至于黨庠遂序，皆有學。自幼壯至于老，自天子至于公卿大夫士，皆不可一日而失于學。養老勞農、鄉射飲酒、論獄受成、獻馘之事，一皆出於學。而賢能之書，攷言選藝之政，又皆興於學。當是時也，王道大治，人文化成。士有常心，家無殊俗。自朝廷之上，以至四方萬里，閭門側陋之隱君子宿道，向方小人，脩慝徙義。武夫好德，賤妾知命。牛羊之牧，不踐行葦。有一不善，如見怍焉，固已不容。於其間而絃誦之，音洋洋然，所謂比屋可封者。周道衰，學校廢。時君世主，惟錢穀甲兵之問，而不及於俎豆。於是謀夫說客、擊劍扛鼎、雞鳴狗盜之徒，皆得以靡衣玉食，館于上，而王者之迹熄矣。間有豪傑特起之士，雖無文王，猶興而卓然自立於世者。道雖不明乎天下，必明乎己。道雖不行乎天下，必行乎妻子。孝悌者，人子事親之常道也。卿大夫得一人焉，以爲獨行而表其閭。忠義者，人臣事君之大誼也。太史氏得一人焉，以爲奇節，而列于傳。唐有陽城，隱于中條山，而遠近化其德，爭訟者不於有司，而赴於其門。太宗以一旅定天下，而房、杜、王、魏之勳，獨出於王通之弟子。嗟夫，三代之王，同四海於一堂之上，人人有士君子之行。而世衰道微，僅得一二於千萬人之中，可悲也已。臨安府臨安縣舊有學，在今治所東南隅。自三舍罷廢，再更方臘之亂，掃地盡矣。而縣以春秋釋菜著於令，蓋嘗改寓西即佛舍之保錦院，爲學師其屬，以祀孔子。紹興十四年，詔天下州縣皆立學，左朝請郎知縣事王侯傳字慶長，相其宮湫隘破露，上無蓋障，旁無生師之廬，不足以稱天子隆儒重道、教養多士之意，乃議徙故地少西，屋而垣之。一邑之豪欲進子弟於學者，相與圖之如不及。於是門闥靖深，殿寢崇邃，講藝之堂，栖止之舍，庖湢庫庾皆具。又命工更塑先聖先師之像與凡從祀者十人，巍冠盛服，配食侑坐，凜然如生。侯乃涓日齋戒，屬邑民之秀者、陳牲幣三獻之禮。禮成，父老聚觀太息，以爲未嘗有也。乃爲書抵故人孫某曰：縣之新學成，爲我記之。臨安，東南一大縣，在長山大谷中，桑麻絲枲之富自足，而無貧民。惟侯好學知方，不務出奇，以立聲威，而以教化禮義爲世標表，有古循吏之風。俗恬殺牛，吏數十令，峻笞扑，嚴賞捕，莫能禁。侯至，遂徙。業人死，則習用浮屠法，舉而燔之。侯告以喪死葬埋之制，其俗大變。及是奉詔修起學宮，士民向化，興於行誼，彬彬然比齊魯焉。凡爲屋若干楹，經始于下詔之十二月，而落成於明年九月之望。余聞之，士非懷居也，而環堵之不庇；士非謀食也，而藜藿之不充於以求道，豈不難哉。故自一畝之宮進居廟堂論道之地，自一簞之食起從九鼎大烹之享，皆上之人所以養賢之具。夫食焉而怠，其事雖圬者不敢一日舍墁而嬉，況承學之士蒙被教養之澤，而忽焉不省哉。居相群，出相友，鑴磨攻練，以充其材。窮爲匹夫，化一鄉達，爲公卿，善天下，無愧於中而已。固願以所聞揭之金石，文中子銘于金石。而文辭骫骳，《前漢書・枚乘傳》曰：其文骫骳。顔師古注曰：骫，古委字。骳，音被。骫骳，猶言屈曲也。不稱爲懼，更辱褒予之過，愧汗而已。不宣。

劉荀《明本釋》卷上 不欺者，修德之本。《大學》曰：「誠其意者，毋自欺也。」楊龜山曰：「王道本於誠意。五霸假之者，蓋言其不以誠爲之也。」伊川曰：「無妄之謂誠，不欺其次矣。」又曰：「學以不欺暗室爲始。」劉元城問誠致力之要，溫公令自不妄語始，元城沒身守之。溫公自云：「吾無過人者，但平生所爲未嘗有不可對人言者爾。」嘗問邵康節曰：「光何如人？」康節曰：「君實腳踏實地人也。」公深以爲知言。山陽徐節孝名積，字仲車，謚節孝。嘗問安定胡先生，名瑗，字翼之，海陵人，學者稱安定先生。主湖州學也，世謂之「湖學」。歐陽文忠公曰：「師道廢久矣，自景祐明道已來，學者有師惟先生，暨孫明復、石守道三人，而先生之徒最盛。」其在湖州之學弟子，去來常數百人，各以其經轉相傳授，其教學之法最備。行之數年，東南之士莫不以仁義禮樂爲學。慶歷四年始，詔州縣立學，於是建太學於京師下，湖州取先生之法以爲法，至今爲著令。嘉祐四年卒。范忠宣、孫覺、劉彝、顧臨、錢公輔、徐積、滕甫，皆門人之達者也。或人問：「見先生侍女否，何以告之？」安定晚年蓄二姬，一日延節孝食於中堂見之。胡曰：「莫安排由是有得，嘗以告延平陳了翁，名瓘，字瑩中，自號了翁。云此某之悟門也。」劉元城曰：「古者君臣、師弟子之間惟是誠實，心中所欲言者即言之。故冉求曰：『非不悅子之道，力不足也。』子路曰：『有是哉，子之迂也。』宰我欲短喪，自謂期可已矣。子曰：『食夫稻，衣夫錦，於汝安乎？』曰：『安。』且今有士人於此，必不肯自謂學，而力不足也。必不肯面質其師之迂也。必不肯自謂居喪而安於食稻衣錦也。彼三人，皆孔子高弟，而其言如此者，以其出於至誠而已。」賈內翰名黯，字直孺。以狀元及第，歸。范文正公誨之曰：「君不憂不顯，惟不欺二字可以終身行之。」賈每語人曰：「此二字，平生用之不盡也。」呂居仁曰：當官處事，但務著實。如擦文書追改日月，重易押字，萬一敗露，得罪反重，亦非所以養誠心事君不欺之道也。胡文定公謂呂安老曰：「執得定，不欺君，表裏如一，此只是初學鎡基向上，儘有階級地位，未應指此爲已至也。」邵康節詩云：「心可欺時天可欺？」又云「天地之道直而已」。是知先賢立教，莫不以不欺爲本。昔李潛君行，其子欲貫開封戶籍取應。君行曰：「汝虔州人，求事君而先欺君，可乎？寧遲緩數年，不可行也。」鄭俠介夫中表有應，舉不以實年者。介夫戒之曰：「方謀入仕，已有欺君之心，不可。前輩自閨門之訓己然。」劉元城曰：「天下詐僞之風甚矣。以某從少至老觀之，誠實之風幾乎一日衰於一日，一年衰于一年。方今夫婦、父子、兄弟之間，猶相諂諛也，相欺詐也，況於君臣、朋友之間乎。且君臣、父子、夫婦、兄弟、朋友，只是一箇道理，若一處壞，即皆壞矣。此風大可畏。當其禍亂未作時，猶一切含糊，不見醜怪。萬一有大禍亂，則君臣之間無所不至矣。」又須避礙通於理，明乎聖人不以證，父攘羊爲直，而以君娶同姓爲知禮，則得之矣。案原本此下有「直言」二字，衍文。

郎曄《經進東坡文集事略》卷二《濁醪有妙理賦》 酒勿嫌濁，人當取醇。失憂心於臥夢，信妙理之凝神。渾盎盎以無聲，始從味入。杳冥冥其似道，徑得天眞。伊人之生，以酒爲命。常因既醉之適，方識此心之正。僧惠洪《冷齋夜話》云：東坡曰：予少官鳳翔，行山邸，見壁間有詩曰：人間無漏仙，兀兀一杯醉。世上沒眼禪，昏昏一覺睡。雖然沒交涉，其奈略相似。相似尙如此，何況眞個是。故其在海上作《濁醪有妙理賦》曰：常因既醉之適，方識此心之正。稻米無知，豈解窮理？麴糵有毒，安能發性？乃知神物之自然，蓋與天工而相並。得時行道，我則師齊相之飲醇。《曹參傳》云：參嘗爲齊相，及代蕭何，參不事事。來者皆欲有言，參飮以醇酒，度之欲有言，復飲酒，醉而後去。終莫得開說以爲常。遠害全身，我則學徐公之中聖。《魏志》：徐邈，字景山。魏國初建，爲尚書郎。時禁酒甚嚴，而邈私飲至於沉醉。校事趙達問以曹事，邈曰：「中聖人。」達白太祖，太祖甚怒。度遼將軍鮮于輔進曰：「平日醉客，謂酒清者爲聖人，濁者爲賢人。邈性修謹，偶醉言耳。」竟免刑。湛若秋露，穆如春風。疑宿雲之解駮，漏朝日之暾紅。初體栗之失去，旋眼花之掃空。酷愛孟生，知其中之有趣。晉孟嘉好飲，愈多不亂。桓溫問嘉：「酒有何好，而卿嗜之？」嘉曰：「公未得酒中趣耳。」猶嫌白老，不頌德而言功。白樂天嘗著《酒功贊》，其序云：晉建威將軍劉伯倫嗜酒，有《酒德頌》傳於世。唐太子賓客白樂天亦嗜酒，作《酒功頌》以繼之。大略云：百慮齊息，時乃之德。萬緣皆空，時乃之功。兀爾坐忘，浩然天縱。如如不動，而體無礙。了了常知，而心不用。坐中客滿，惟憂百榼之空。《後漢》孔融性寬容，喜誘益後進，嘗歎曰：「坐上客常滿，樽中酒不空，吾無憂矣。」又孔叢子曰：平原君強子高酒曰：「堯舜千鍾，孔子百觚。子路嗑嗑，尚飲百榼。子何辭焉？」子高曰：「予聞聖賢以德高人，未聞以飲食也。」身後名輕，但覺一杯之重。晉張翰任心自適，不求當世。或謂之曰：「卿乃可縱適一時，獨不爲身後名耶？」答曰：「使我有身後名，不如即時一杯酒。」時人貴其曠達。今夫明月之珠，不可以襦。夜光之璧，不可以餔。芻豢飽我而不我覺，布帛燠我而不我娛。惟此君獨游萬物之表，蓋天下不可一日而無。在醉常醒，孰是狂人之藥。《晉・石崇傳》：崇以功臣子有才氣，與裴楷志趣各異，不與之交。長水校尉孫季舒嘗與崇酣讌，慢傲過度，崇欲表免之。楷聞之，謂崇曰：「足下飲人狂藥，責人正禮，不亦乖乎？」得意忘味，始知至道之腴。班固《賓戲》曰：委命供己，味道之腴。李善注云：桓譚《答楊雄書》曰：子雲勤味道腴者也。又何必一石亦醉，罔間州閭。《史記・滑稽傳》：齊威王置酒後宮，召淳于髡賜酒。問曰：「先生能飲幾許而醉？」髡曰：「一斗亦醉，一石亦醉。賜酒大王之前，執法在傍，御史在後，髡恐懼俯伏而飲，一斗徑醉。若州閭之會，男女雜坐，前有墮珥，後有遺簪，髡竊樂此，飲可八斗。堂上燭滅，主人留髡，而出送客。羅襦衿解，微聞香澤，當此之時，髡心最欣，能飲一石。」五斗解醒，不問妻妾。晉劉伶，字伯倫。嘗渴甚，求酒於其妻。妻曰：「君酒太過，非攝生之道，必宜斷之」伶曰：「善。吾不能自禁，惟當祝鬼神自誓耳，便可具酒肉。」妻從之。伶跪祝曰：「天生劉伶，以酒爲名。一飲一斛，五斗解醒。婦兒之言，謹不可聽。」仍飲酒御肉，塊然復醉。結襪廷中，觀廷尉之度量。《張釋之傳》云：王生者，善爲黃老言。嘗召居廷中，公卿盡會立。王生老人曰：「吾襪解。」顧謂釋之：「爲我結襪。」釋之跪而結之。既已，人或責王生。王生曰：「廷尉方天下名臣，吾故聊使結襪，欲以重之耳。」脫韡殿上，夸謫仙之敏捷。《李白傳》白嘗侍元宗醉，使高力士脫靴。力士素貴，恥之，擿其詩，以激楊貴妃。帝欲官白，妃輒沮止。陽醉逷地，常陋王生之褊。《儒林傳》：王式既被詔，止舍中。會諸博士持酒肉勞式，博士江翁心嫉式，謂歌吹諸生曰：「歌《驪駒》。」式曰：「聞之於師，客歌《驪駒》，主人歌《客毋庸歸》。」江翁曰：「經何以言之？」式曰：「在《曲禮》。」江翁曰：「何徇曲也？」式耻之，陽醉逷地。遂謝病免歸。烏歌仰天，每譏楊惲之狹。《前漢・楊惲傳》：惲《報孫會宗書》云：酒後耳熱，仰天拊缶，而呼烏烏。我欲眠而君且去，有客何嫌？《陶潛傳》云：貴賤造之者，有酒輒設。潛若先醉，便語客曰：「我醉欲眠，卿且去。」其眞率如此。人皆勸而我不聞，韓退之《醉贈張秘書徹詩》云：人皆勸我酒，我若耳不聞。其誰敢接？殊不知人之齊聖，匪昏之如。《小宛》詩云：人之齊聖，飲酒溫克。彼昏不知，一醉日富。古者晤語，必旅之於。《鄉射記》云：古者於旅也語。獨醒者，汨羅之道也。《史記》：屈原謂漁父曰：「舉世混濁，而我獨清。衆人皆醉，而我獨醒。」遂投汨羅以死。屢舞者，高陽之徒歟。《史記・朱建傳》後云：初沛公過陳留，酈生上謁。沛公方洗，問使者曰：「客何如人也？」曰：「狀貌類大儒。」沛公曰：「爲我謝之，言我方以天下爲事，未暇見儒人也。」使者出謝。酈生瞋目按劍叱使者，走復入，言沛公曰：「吾高陽酒徒也。」惡蔣濟而射木人，又何狷淺？《魏典略》曰：時苗，字得胄，出爲壽春令。揚州治在其縣，時蔣濟爲治中。苗以初至，欲謁濟，濟素嗜酒，適會其醉不能見，恚恨還。刻木爲人，書曰酒徒蔣濟，立之於牆下，旦夕射之。殺王敦而取金印，亦自狂疎。晉周顗，字伯仁，能飲酒一石。王敦反，王導率羣從詣闕請罪，値顗將入，導曰：「以百口累卿。」顗直入不顧。見帝密爲申救。顗喜飲酒，致醉而出。導猶在門，又呼顗。顗不與言，顧左右曰：「今年殺諸賊奴，取金印如斗大繫用。」導不知救己，其啣之。及敦既得志，顗遂見害。

陳深《讀春秋編》卷七《宣公八年》 辛巳，有事於大廟，仲遂卒于垂。杜氏注：垂，齊地，非魯竟，故書地。 有事，時祭也。公子遂使齊，有疾而還，至垂而卒，方有事大廟而聞之，以遂之弒惡及視有大罪，不當書卒，今書之者，以事之變卒之也。書仲，其字也，蓋宣公德之，與公子友之於僖公同，有援立之恩，故亦用公子友例，生而賜氏，俾世其卿，在魯則季友、仲遂是也。古者家大夫卒而賜氏，此蓋宣公德遂，越禮而生賜氏，俾世大夫，故經於其卒書族以志變法，爲後世戒。故劉氏曰：自是世仲氏也。

王義山《稼村類稿》卷一六《講義》 子路、曾晳、冉有、公西華侍坐。子曰：「以吾一日長乎爾，毋吾以也。居則曰：『不吾知也。』如或知爾，則何以哉？」子路、曾晳、冉有、公西華侍坐。子曰：「以吾一日長乎爾，毋吾以也。」是時，魯哀公十五年，夫子自衛返魯之五歲，時夫子年七十二。曾晳、冉有、季路三子同齒者也，少夫子九歲。子華少夫子十一歲。故曰「長乎爾」。攷夫子所問，與《公冶長》所載「孟武伯問子路、冉有、公西華」者實同一時；子路、冉有、公西華、所對與夫子所答孟武伯者，如出一口。按：《論語·公冶長》：孟武伯問：「子路仁乎？」子曰：「不知也。」又問，子曰：「由也，千乘之國，可使治其賦也。不知其仁也。」又問：「求也，何如？」子曰：「求也，千室之邑，百乘之家，可使爲之宰也。不知其仁也。」又問：「赤也，何如？」子曰：「赤也，束帶立於朝，可使與賓客言也。不知其仁也。」武伯之問，哀公十五年春也。季路、曾皙、冉有、公西華侍坐，其年夏五月也。子曰：「以吾一日長乎爾，毋吾以也。居則曰不吾知也。如或知爾則何以哉？」子路則曰：「千乘之國，攝乎大國之間，加之以師旅，因之以飢饉。由也爲之，比及三年，可使有勇，且知方也。」子路所對，即夫子答孟武伯之問，所謂「由也，千乘之國，可使治其賦也」。冉求則曰：「方六七十，如五六十，求也爲之，比及三年，可使足民。如其禮樂，以俟君子。」冉求所對，即夫子答武伯之問，所謂「求也，千室之邑，百乘之家，可使爲之宰也」。公西華則曰：「赤也，非曰能之，願學焉。宗廟之事，如會同，端章甫，願爲小相焉。」子華所對，即夫子答武伯之問，所謂「赤也，束帶立於朝，可使與賓客言也」。三子之答，即夫子答武伯而許之之辭也。人但知季路、冉有、公西華侍坐之對載於《先進》，而不知夫子答武伯之問，所以許三子之辭載於《公冶長》者，其篇次先後雖不同，實發於哀公十五年，同此一時也。蓋三子聞夫子答武伯之辭，謂夫子以此許我矣。未幾而承夫子之問，遂以夫子所以許我者答夫子，求以合乎夫子之意。若曾皙則不特武伯之問不及，又别是一等人品，蓋其天資高明，用志遠大，因夫子之問，以發其胸中之天，不求以合乎夫子，而默與夫子合。雖然，此論三子答夫子之問，與夫子答武伯，而同一辭者也。若夫侍坐之頃，夫子所以許冉有、公西華者，蓋取其有禮樂意思。而深取曾點者，以其深造乎禮樂之極也。由不知禮，則哂之矣。今觀冉求所對「方六七十，如五六十，求也爲之，比及三年，可使足民。如其禮樂，以俟君子」，冉求此語，非禮樂而何？求言禮樂而曰「俟君子」，此求自謙之辭，孰謂求而不可與語禮樂哉？子華所對「赤也，非曰能之，願學焉。宗廟之事，如會同，端章甫，願爲小相焉」，子華此語，非禮樂而何？子華雖止及禮，而宗廟之事與夫諸侯會同之際，有禮無樂，可乎？孰謂子華徒知禮而不及樂哉？二子所志，皆禮樂之事。若點之禮樂，則異乎二子所謂禮樂者矣。自暮春者，春服既成，浴乎沂，以至風乎舞雩，禮之無體者也。自鼓瑟希，鏗爾舍瑟而作，以至於詠而歸，樂之無聲者也。禮至於無體，樂至於無聲，禮樂之妙也。或曰：求赤之志於禮樂信然矣。由之對其説曰「千乘之國，攝乎大國之間，加之以師旅，因之以飢饉，由也爲之，比及三年，可使有勇，且知方也」，此其志在於爲國於禮樂乎何異？吁，是不善觀夫子之意矣。夫子哂由曰「爲國以禮其言不讓，是故哂之」。求赤於問答之間，皆知有禮樂之事，由則不知禮而率爾以對者也。若點則深識乎禮樂之妙極，而至於無聲無體之天，此夫子所以與之也。然夫子責由以禮而不及樂，又何也？嗟夫，樂豈易言哉。天高地下，萬物散殊，而禮行焉；周流不息，合同而化，而樂生焉。樂者，禮之所由以生也。由不知禮，尚何責以樂哉。蓋二子僅能得禮樂之粗，曾點則造乎無聲無體之妙，由則不知禮矣，況可與言樂耶。愚於此，益可想見夫子之所以與點者矣。嗟乎，禮樂非易事也。玉帛鐘鼓云乎哉。禮至於無體，樂至於無聲，禮樂之天也。非曾點，其孰能知之。方其托意於春服既成，以至於童冠浴沂，禮猶有體也。及其風乎舞雩，則無體矣。方其鼓瑟希，以至於鏗爾舍瑟而作，樂猶有聲也。及其詠而歸，則無聲矣。暮春者，和順之時也。禮樂者，和順之積也。遐思雲淡風輕，宇宙澄廓，至和極順，妙造真筌，此時此意，真與天地萬物上下同流，此禮樂之天也。吁，豈易言哉。然攷四子之言志，正在於哀公十五年夏五月，點以爲暮春，何也？蓋周五月，夏三月也。孔門用夏時，此點所以言暮春也。雖然，學者知點之又有以異於三子者乎。人知三子皆有出仕意，而點獨無意於仕。噫，豈特點哉。真西山嘗謂曾氏自點而參，自參而元，孔門三世不仕，惟曾耳。嗚呼，此點之所以有異乎三子者也，此點之所以有異乎三子者也。嗚呼，微斯人，吾誰與歸。

姚勉《雪坡集》卷九《講學三》　有子曰：其爲人也孝弟，而好犯上者，鮮矣。不好犯上而好作亂者，未之有也。君子務本，本立而道生。孝弟也者，其爲仁之本歟。《論語》第一篇所記者，多務本之意，朱夫子所謂入道之門，積德之基，乃學者之先務。有子者，聖門高弟。《論語》之書多成於有子、曾子門人之手，故首篇即以有子之言繼於夫子三言之後。而孝弟爲仁一事，又學者入道之門，積德之基，最急先務。故又以有子此言先之，其詔萬世，蓋有深意。孝悌之心，人皆有之，乃本心中自有，非外邊生來。孟子曰：孩提之童，無不知愛其親者。及其長也，無不知敬其兄者。此皆自然而然，所謂良能良知也。天高地下，萬物散殊，而禮制已行乎其間，蓋皆是自然底道理。有天地即有男女，有男女即有夫婦，有夫婦即有父子。既有父子，則子受父母劬勞鞠育之恩，而孝已在乎其中矣。人既有子，非一子而止，先生者爲兄，後生者爲弟。兄生在弟之先，長者尊而幼者卑，則弟之卑者必敬其兄之尊，而悌已存乎其中矣。又由此而分，則父之兄弟爲伯叔，伯叔則謂己爲姪；己之兄弟爲己子之伯叔，父之兄弟則又爲己子之伯祖叔祖。由是而爲，再從三從，由是别而爲大宗小宗。有父則有母，有夫則有婦，而父族、母族、妻族，皆由是而有，而謂之三族、九族矣。九族即三族。合父族而論，則原於一人之身；合母族妻族而論，則原於夫婦二人之身。故一人之身，散而爲千萬人之身，則理一而分殊；千萬人之身，皆原於一人之身，則分殊而理一。但自陽變陰合以來，鍾爲人物，合下自有許多，於許多中自然有高有下，故由是而有長幼。長幼者，父子之積也。既有一家之長幼，則又散而爲千萬家之長幼。有千萬家之長幼，則不可無一人大爲之長者以治之，使其下皆聽命焉。由是而有君臣，君臣者，又長幼之積也。至於朋友，則是自有長幼以來，同門異户，自然有志相同而道相合者，相與講明義理，而朋友立焉。故三綱五常，非聖人强立之，皆順天下自然之理也。孝悌者，不過一順而已。孝悌兩字，能盡其道，使治得天下，何也？通天下皆有父子，皆有兄弟，皆有夫婦。使天下之人，家家子孝而父慈，家家弟恭而兄友，家家夫義而婦聽，朋友者，專只講明此理，以明教詔，則天下太平矣。君臣之分，萬世常定矣。又豈待爲之君者威驅勢迫，操刑罰法制以臨制天下，而强天下以爲臣哉。故孟子曰：人人親其親，長其長，而天下平。人人皆知親其親，皆知長其長，天下豈有不平之理。孟子教諸侯必曰：謹庠序之教，申之以孝悌之義。又曰：壯者以暇日修其孝悌忠信，入以事其父兄，出以事其長上，可使制挺以撻秦楚之堅甲利兵矣。孝悌兩字，可敵堅甲利兵，是豈小事？蓋甲兵者，主於争而已，其心未必順。孝悌者，以吾之順，敵彼之争。争者，億萬人惟億萬心；順者，三千人惟一心也。人徒見聖人説平天下在於治國，治國在於齊家，齊家在於修身，修身在於正心，正心在於誠意，誠意在於致知，致知在於格物。平天下許大事，却只原頭如此甚小。遂以爲聖人迂闊不切之談，而言管商功利、申韓刑名者，往往相與笑之，殊不知聖人乃是執要以御詳，因心以爲教。從聖人之言，則天下自然順服。從管、商、申、韓等言，則天下不過强服。强服者，豈能得其心服哉。故强服者，其勢則必争，争則亂。順服者，其心必順，順則治。亂者以逆，治者以順也。夫聖人豈自修其身，而不問他人之身修與不修；自齊其家，而不問他人之家齊與不齊哉。自修其身，所以使天下皆化而修其身。自齊其家，所以使天下皆化而齊其家。一國之人，皆身修而家齊，則國治矣。天下之人皆身修而家齊，則天下治矣。故聖人不求之國，不求之天下，只求之身與家，家齊而國自治，國治而天下自平矣。所謂格物致知，誠意正心，皆是理會修身事。誠意正心，要全此理；格物致知，要窮此理，無非是理上推去也。有子謂「其爲人也，孝悌而好犯上者鮮矣。不好犯上而好作亂者，未之有也」，亦正是此意。程夫子曰：孝弟，順德也。故不好犯上，豈復有逆理亂倫之事。程夫子「順德」兩字説得極好，孝悌是子愛其父，弟愛其兄，故謂之「順德」。因人所固有，亦謂之順德，德順則無逆矣。天下所以不治者，只是民好作亂。好作亂者，豈不是平日以下犯上之人？敢於以下犯上，豈不是平日不能孝悌之人？惟其不知有父，則不知有兄。不知有父兄，則不知有長上。不知有長上，則豈知有君。不知有君，則乖争凌犯之習成，寇攘姦宄之俗熾，反逆篡弑之事兆矣。不孝悌，其原甚微，縱而至於犯上，極而至於作亂，其禍甚大，人可以不孝悌哉？孝悌是爲仁之本，故有子曰：君子務本，本立而道生。孝弟也者，其爲仁之本歟。言孝悌乃是本，君子專務爲此，則本根既立，而道自生孝悌，是本仁是道，故曰孝悌爲仁之本。爲仁，是爲仁者之事，猶言行仁也。程夫子曰：言行仁，自孝悌而始。又曰：仁主於愛，愛莫大於愛親。故曰孝悌爲仁之本。孝悌者，乃爲仁之本；非孝悌，是仁之本也。譬之造屋，孝悌是箇屋基，爲仁是後來就上面造屋。儻若不先築基，如何可以造屋？孝悌之人，姿質好，坯璞正，便做得求仁底事。仁者，天理之公，合天地萬物爲一體，自吾親之，愛推而至於無所不愛。孝悌者，愛親，故爲仁之事從上面起去。聖人又何以專教人以求仁哉？蓋仁者，吾性中之所固有也。人不求吾之仁，則是不識吾之性。不識性，安識心。不識心，終日猖狂妄動，逆天悖理，至於犯上作亂，是去禽獸不遠矣，何以爲仁？故孟子曰：仁，人心也。又曰：仁也者，人也。謂仁者乃人之心，體得此仁而後可以爲人。《易》曰：君子體仁，足以長人。蓋天下之人皆同此性，同此仁，吾體得仁，則可以爲天下人之長，則是體仁不特可以爲人，又可以長人也。人爲天地之心，盡得人道，然後撑拄得天地，故曰爲天地立心。此是多少大事，吾聖人教人只是從孝悌上起。夫子又曰：弟子入則孝，出則悌。謹而信，汎愛衆而親仁。孝悌謹信，便要愛衆親仁。愛衆，即是要盡仁之用。親仁，即是要爲求仁之助。聖人何嘗一語不教人求仁哉，學者又豈可不以此爲第一事哉。

方逢辰《蛟峰文集》卷七《講義》 子夏曰：日知其所亡，月無忘其所能，可謂好學也已。子夏，聖人之徒也。子夏之學，聖人之學也。聖人之學，何學也？入乎耳，存乎心，修於身，行於事，明五常之理，盡五倫之道也。顔子之博文約禮，曾子之致知誠意，子思之明善誠身，孟子之盡心養性，皆是也。夫人之生，以天地儲精，以五行鍾秀。無極之真，二五之精，合而爲方寸之靈，聚而爲百骸之形，所以備萬物而參三才者，其原有自來，而其本已素立矣。然才稟於氣，而性原於理，窮古今，亘宇宙，寓於流行而不易者，理也。往來盪摩，雜揉交錯，而無一定之體者，氣也。氣惟無一定之體，故以流行於兩間者驗之，光風麗日之景恒少，風雨晦冥之變恒多。則人生而隨遇者，至清極淳之氣不易得，而偏倚濁駁之分不能齊，固其所也。惟聖人之生也，得其秀之秀，故氣清而義理無不明，質淳而邪穢不能入。由聖人以下，雖大賢之資，一有纖毫之累，亦必資學問之力以修治之。自帝堯有匡直輔翼之言，大舜有直寬剛簡之命，其轉移變化之功，已見於當時矣。然學之道，至三代而益明。其見於《書》則曰「學於古訓」，曰「惟學遜志」，曰「終始典於學」，曰「學古入官」，曰「不學牆面」。見於《詩》，則曰「學有緝熙於光明」。隆古聖王未有不以學爲要務者也。吾夫子生於衰周，不得位以行其道，而天命在躬，夙夜祇畏，閔當世之人去堯、舜、禹、湯、文、武之世遠，而不聞大道之要當楊朱墨翟異端之説行，而不免他岐之惑。乃以身任大教，繼往聖而開來學，推明大學之道，昭示明德之方，使人人皆得以消磨其物欲，變化其氣質，而爲聖賢君子之歸，何其幸也。夫以常人之資，而欲爲聖賢之事。耳目口鼻之蠢然，聲色臭味之交接。愚者欲明，而懦者欲立；頑者欲廉，而薄者欲敦。以一心而明五常之理，以一身而全五倫之事。天下之義理無窮，而工夫有限。代間之人生有期，而白日不再。苟非勉焉孳孳，克勤無怠，則查滓未融，而邪穢已入。己之所學其能迄用有成也，幾希矣。此夫子所以拳拳於學，有「時習」之誨，而又曰「學如不及，猶恐失之」者，此也。聖門之徒三千，夫子獨稱顔子爲好學，蓋以顔子明心力行，克己復禮，所學者得聖人之道也。學之得其道，而又能竭其才，夫子所以既許其不惰，而又惜其未見其止也。顔子終能至於去聖人一間者，豈繆悠之功所能及哉。子夏之在聖門，篤實之功，亞於曾子。而身居文學之科，其所謂學者，皆人倫日用之道，誠篤切實之功也。其垂訓以勉人曰：日知其所亡，月無忘其所能，可謂好學也已矣。夫爲學之道，内明五常之理，外盡五倫之事。變氣質於有生之初，絶物欲於有知之後。必資師友之講明，方册之誦習，然後能開其心術見於躬行。然其殫日夜之力，嚴理欲之辯，使朝有所詢，夕有所考，晝有所作，夜有所思，則志於緝熙，功無間斷，人心之罅隙不開，本體之虚靈不昧矣。其或玩物弛心，廢時亂日於學問思辯不能致，耳目手足無所加。至於時弛歲去，老死無聞，豈不重可惜也。爲學之道，若陟遐，必自邇。若升高，必自卑。故當自强不息，勉勉循循。爲山未成，而加一簣之土。掘井未已，而見九仞之泉。温故而知新，崇禮而廣業。向之得於講明而見於誦習者，既有默契於心，知而行之，拳拳奉持，服膺弗失。此古之人所以一飯不違，跬步必思；盤器有銘，几席有戒；參倚之有見，顧諟之弗忘，所以固守其德也。其或執之不固，守之弗專。或存或亡，乍得乍失。則一暴十寒而生意弗存，半途中晝而前功盡廢。義理之性，既無學問之推充。血肉之軀，不勝外誘之紛擾。則杯水不救於車薪，五穀不踰於荑稗。雖具人之形，當士之名，飲食男女無以異於衆人，存心制行不能遠於禽獸。中心冥冥，醉生夢死，豈不重可哀也。子夏之訓，蓋深勉夫有志於學者，必當日新其功，有以自考。一日之間，自旦至暮，我於義理未知未能，則深以爲恥。一月之間，自朔至晦，我之學問已知已能，則固守而弗失。夫如是，故日引而月長，日就而月將。自有學之初，以至於一息尚存，勉焉以盡其力，愓焉以殫厥心，其得不謂之好學之人乎。子夏之所以居文學之科者，此道也。故言此以示人，欲人人皆然，而底於道也。學者觀此，豈可荒嬉而不知所以自勉耶？某負戴經籍而來山中，諸友不以某爲不肖而屑與。某交修游息，嘗不自揣而述所聞於先師者，告諸友矣。今觀氣化之流行，寒暑之迭興，以春而夏，夏而秋，秋而冬矣。竊以諸友之日有所亡，而月未有所能爲憂也。良月初吉，冬序伊始，故述子夏之訓以相告語，冀諸友思齊於聖人之徒，而景行於聖人之徒也。非徒守方册以爲勤，誇誦説以爲能而已。當以明物察倫，治心修身爲要務。在乎爲人子者，必盡孝於其親。爲人弟者，必盡悌於其兄。爲卑幼者，必盡敬於其長。手足動静，必知天理之所存。耳目口鼻毋爲人欲之所汩。以消融其查滓，以蕩滌其邪穢，子夏之所謂學也。深致其力，復考其成，使進修之效，日異而月不同，此子夏之所謂好學也。苟爲不然，徒事口耳，虛費歲月。堯言孔誦，而不知求聖賢之心。禹行舜趨，而不免爲禽獸之行。若是，則非徒爾父兄之所憂，抑亦吾師友之所羞。秦穆公有言曰：我心之憂，日月逾邁，若弗云來。此某之所以區區告勉學者，當痛心刻骨而致力於學也。

耶律鑄《雙溪醉隱集》卷二《涿邪山》 皷譟讙山撼涿邪，飛龍㢋音侈翼掩螣蛇。露營罷燎神鋒弩，雲陣猶轟霹靂車。我軍敗敵于涿邪，余嘗有《處月說稡》，載其略於此云云。南鄰處月之郊，和林城唐碑文也，未曉處月之爲言，有問及余者，因爲之說云云。處月之言，磧鹵地也。《史記》：漢復使因杅將軍公孫敖出西河，與強弩都尉路博德會涿涂山。注：音邪。《前書》：因杅將軍出西河，與強弩都尉會涿邪山。《後書·祭彤傳》：出高闕塞九百餘里，得小山，妄言以爲涿邪山。《竇憲傳》：鄧鴻與後諸軍會涿邪山，臯林溫禺犢王於涿邪山，聞漢兵來，悉度漠去。班固《燕然山銘》：經磧鹵，絕大漠，踰涿邪。涿邪山者，其山在涿邪中也。涿邪，後聲轉爲朱邪，又聲轉爲處月。按《唐史》：沙陀，處月種也。莊宗紀其先本號朱邪，後自號沙陀，而以朱邪爲姓者是也。《南部新書》：北人三十輩，於大山中見一小兒，遂收而遞養之。長求姓，衆云人共育得大，遂以諸耶爲姓。朱邪者，訛也。此說可笑，朱邪，即涿邪也。諸耶二字，俱是華言，遐荒殊俗，隔絕中華焉。如華言以爲族望，處月部，居金娑山之陽，蒲類海之東，皆沙漠磧鹵地也。《西漢書注》：薛瓚曰：沙土曰漠。其說得之，即今華夏猶呼沙漠爲沙陀。突厥諸部遺俗，至今亦呼其磧鹵爲朱邪，豈可謂以諸人爲父耶？朱邪初曰涿邪，後聲轉爲朱邪，又聲轉爲處月，今又語訛，聲轉爲川如。天竺初曰身毒，後轉爲捐毒，又轉爲天篤。篤省文作竺，竺又轉爲竹，音蠕。蠕，初曰柔然，後曰蠕蠕，又曰芮芮。狄歷訛爲敕勒，又訛鐵革。步搖訛爲慕容。禿髮訛爲吐蕃。若此之類，不可勝記。是皆從其鞮譯及所書之人鄉音輕重緩急而致然爾。且諸夏方言尚不能同，況中國事記外國語，元無本字，但取其音聲之近似，不可取其訓詁。訓者，釋所言之理。詁者，通其指義。所記之語，既無本字，豈有所言之理、所通指義者哉。云云。曹孟德攻袁紹爲發石車，紹衆號曰霹靂車。螣蛇，陣名，見《後魏書》。飛龍，亦陣名。

方回《文選顔鮑謝詩評》卷三顔延之《北使洛一首》 改服飭徒旅，首路跼險艱。振楫發吳洲，秣馬陵楚山。塗出梁宋郊，道由周鄭間。前登陽城路，日夕望三川。在昔輟期運，經始闊聖賢。伊穀絕津濟，臺館無尺椽。宮陛多巢穴，城闕生雲煙。王猷升八表，嗟行方暮年。陰風振涼野，飛雲瞀窮天。臨塗未及引，置酒慘無言。隱憫徒御悲，威遲良馬煩。遊役去芳時，歸來屢徂諐。蓬心既已矣，飛薄殊亦然。虛谷曰：《文選注》沈約《宋書》曰：延之爲豫章世子中軍行參軍，義熙十二年，高祖北伐，有宋公之授，府遣一使慶殊命，參起居。延之至洛陽，道中作詩一首，文辭藻麗，爲謝晦、傅亮所賞。《集》曰：時年三十二。予味此詩人所可及，所以書此詩者有二。東晉五國一百四年，義熙十二年，恰一百年足也。後四年，而劉裕禪洛陽。自惠帝朝喪亂，迄于懷愍，蒙塵百餘年丘墟。延之《三川之詠》謂「伊瀔絕津，濟臺館無尺椽」。予存此，所以考時論事也。義熙十二年，延之年三十二，元初三年出爲始安太守，當年三十八。元嘉三年，入爲中書侍郎，當年四十二。元嘉十年，有《湖北田收》詩，當年四十九，是年謝靈運誅。至元嘉二十六年，有《京口蒜山後湖》詩，則年六十六矣。孝武登阼，爲金紫光祿大夫，領湘東王師，則七十餘矣。予存此，所以考年論人也。又因而論之，陶淵明元嘉四年卒，年六十三。延之爲劉柳後軍功曹，在潯陽與淵明情欵。後爲始安郡，經過淵明，每往必酣飲致醉。臨去留二萬錢與淵明，淵明悉送酒家。觀此，乃知延之詩雖不及靈運，其胸次則過之。靈運嘗入廬山，不爲遠法師所與，亦不聞其見交於淵明。延之獨與淵明交好甚深，以年計之，永初三年淵明年五十八矣，長延之二十歲，亦可謂忘年之交也。延之後作《靖節徵士誄書》曰：有晉徵士，雖出於衆志，而延之實秉易名之筆。其知淵明蓋深也。違衆迷尤，迕風光蹶，身才非實，榮聲有歇。延之《誄書》，淵明所誨如此。又書淵明「獨立者危，至方則礙」，語其有得淵明也多矣。故曰詩雖不及靈運，其胷次則過之。

金履祥《御批資治通鑑綱目前編》卷首 **燧人氏**：自有巢氏教民巢居，然猶未知熟食也。及燧人氏作觀星辰而察五行，知空有火，麗木則明，於是鑽木取火，教民以烹飪，而民利之，故號「燧人氏」。以爲燧者，火之所生也，乃別五木以改火，順四時而遂天之意，由是火之功用弘矣。時未有文字，燧人氏始作結繩之政，立傳教之臺，爲日中之市，興交易之道，人情以遂，故又謂之「遂皇」。有四佐焉，曰：明由、必育、成博、隕丘是已。**音釋**：鑽木取火。鑽，祖算切，所以穿物也。《周禮注》：春取榆柳之火，夏取棗杏之火，夏季取桑柘之火，秋取柞楢之火，冬取槐檀之火。教民以烹飪，以用也。烹，普庚切，煑也。飪，而甚切，烹調生熟之節也。燧者，火之所生。燧，火爐，或曰取火之木也。蓋鑽火各異木，是以鑽燧爲鑽木出火，故曰火之所生也。始作結繩之政。始初也。朱氏《附錄》曰：上古未有文字，大事則大結其繩，小事則小結其繩，以記之也。今溪洞諸蠻猶有此。又有刻板以爲記者。**史論**：靜軒周氏曰：有一代興王之君，必立一代興王之治。是時民雖巢居穴處，然猶茹毛飲血，熟肉猶未知也，烹飪尚未諳也，燧人氏作，有見於此，觀星辰之高下，察五行之運動，知空有火，麗木則明，由是鑽山間之木，取空中之火，教茹毛飲血之民爲烹飪熟食之俗，而火之功用大矣。民之利益多矣。値斯之際，書契未興，文字未作，燧人氏作結繩之政，立傳教之臺，爲日中之市，興交易之道，民用自此而通，民財由之而遂。君明臣良，四佐並出，有明由以裁成君德，有必育以輔相君道。成博寅亮乎天工，隕丘賛襄乎治化。天子雍雍默默，居南面以聽天下；賢相從從容容，拱北面以理天下；蒼生熙熙皥皥，咸服役以安天下。嗚呼，雖三皇之時，民物淳厚，然亦能弗擾之而已。是知君者，盂也。民者，水也。盂方則水方，盂圓則水圓。上焉不正，安能使下之正乎？故人君當正己以率物，人臣當正心以事上。上下正，而天下一歸於正矣。天下正，斯世奚有不治哉。總論：五峯胡氏曰：鴻荒之時，亦猶日之夜，月之晦，時之冬焉。生消升降，終而復始，於穆天命不已，而成四時之造化。於皇羣聖體，是以爲三綱之禮樂事本乎！道道藏於事，天生人，人成天，三皇尸其體，五帝妙其用，禹、湯、文、武成其功，孔子、孟軻傳其學。軻之死，雖未有得其傳者，惟皇上帝降衷于下民，若有恆性，何莫由斯道也。臨江梁氏曰：「天地既分，而後有民物，民物既衆，而後有帝王。」然書契未興之先，雖有三皇，何從而考？其曰：「盤古氏、天皇氏、地皇氏、人皇氏、有巢氏、燧人氏，皆傳聞其名而已矣。」

又《仁山文集》卷三《講義・復其見天地之心》 程子曰：先儒皆以静爲見天地之心，不知動之端，乃天地之心也。非知道者，孰能識之。天地之化，包括無外，運行無窮，萬類散殊，品物形著。聖人作《易》，所以體天地之撰。而夫子賛《易》，獨於復之一卦係之曰：復，其見天地之心。夫以卦而論，則卦之六十有四，爻之三百八十有奇，皆天地之心所寓也。以時而論，則春生夏長，萬寳秋成，形形色色，生生性性，皆天地之心所爲也，而聖人謂天地之心獨于復有見焉。蓋六十四卦固天地之用，不難見也，惟復乃見天地之心。春敷夏長，萬物生成，皆天地之迹，不難見也，惟復乃見天地之心。夫所謂天地之心者，何也？仁也，生生之初也。語其象，則復卦一爻是也。夫當窮冬之時，五陰在上，天地閉塞，寒氣用事，風霜嚴凝，雨雪交作，萬物肅殺之極，天地之間，若已殆無生息。而一陽之仁，乃已潛回于地中，吁，此天地生生之所以爲化生萬物之初乎。異時生氣磅礴，品物流行，皆從此中出。故程子謂一陽復于下，乃天地生物之心也。蓋其仁意渾然，而萬化之全美已具。生氣闖然，而一毫之形迹未呈。此其所以爲天地之心，而造化之端，生物之始也歟。故邵子《冬至吟》有曰：「一陽初動處，萬物未生時。元酒味方淡，太音聲正希。」夫淡者，味之本，爲醪爲醴，皆從此生。希者，聲之真，翕如純如，皆從此變。而又終之曰：「此言如不信，更請問庖犧。」愚謂此一爻，象天地之心，乃庖犧畫卦之始。今人但見六十四卦更互交錯，却不知孔子獨于復之一陽賛之曰「天地之心」何也，此一陽爻，正是伏羲畫卦之始也。周子見此意本于先天一圖，所謂天根者也。蓋有生生之心，是以有天地生生之用。伏羲畫卦，先從天地之心畫起，故先畫一陽爻，以其相生，于是而有偶，又乘之而爲四象，又乘之而爲八卦，又乘之而爲六十四卦，皆一畫之生，而此心之用也。此一道理直看，則此一陽，六十四卦之始，是爲天地生生之心，《太極圖説》見之。横看，則卦氣剥爲純坤，天地生物若已盡矣。而一陽又復，是爲天地不窮之心，《先天圖》見之。程子又曰：「先儒皆以静爲見天地之心，蓋不知動之端，乃天地之心也。非知道者，孰能識之。」夫復卦一陽在下，便是動之端。先儒如王弼輩，乃解爲動在于地，是爲静，見天地之心。蓋看卦象不明，所以看道理不出。大抵纔説静時便是死，煞是固，亦天地之迹，如何見天地之心？惟于極静之中，而乃有動之端焉，是乃天地之心也。然以理而論，則静不足以見天地之心，而動之端乃見天地之心。以人心而論，則動不能見天地之心，而静可以見天地之心。何則？人之所以失其良心，迷此仁性，而終不能見天地之心者，蓋其欲動情勝，而常失之於動也。夫物之感人無窮，人之好惡無節，此心所存，逐物而動，則飛揚升降，幻貿驅馳，安能體認義理，充養仁心，其于天地之心，惘然莫知也。故學者亦須收視反聽，澄心定慮，然後可以玩索天理，省察初心，而有以見天地之心。所以復之《象》曰：「先王以至日閉關，商旅不行，后不省方。」《記・仲冬之月》亦曰：「君子齋戒，處必掩身，去聲色，禁嗜慾，安形性。」凡此無非説静之工夫。雖曰古人如此，凡以養此陽氣之微，然古人所以見得道理分明，保得仁心全固，亦是以此工夫得之。故静之工夫，古人以此養陽氣之微，學者當以此觀義理之妙，則天地之心，豈不躍然而可見哉。故嘗謂有天道之復，有吾心之復。天道之復，前所説是也。吾心之復，則凡善念之動是也。蓋四端之心，無時不發，而就中惻隱之心最先，且最多。此正天地之心，在吾心者，大抵人雖日營營于人欲之中，孰無一線天理之萌，此即吾心之復也。人自不察，亦自不充耳，所以不察不充，正由汩于動而不能静之故，學者須是於此下耐静工夫。察此一念，天理之復。充此所復，天理之正。而敬以持之，學以廣之，力行以踐之，古人求仁之功，蓋得諸此。然則茂對天時之復，以反求吾心之復，惟諸君勉之。是知復者，特此心之初耳。既復之，後無以長養之，則復失矣。朱子所謂「復而不固，則屢失屢復」者也。自天地之有此復也，日長日盛，進而爲臨，又進而爲泰，又進而爲大壯，又進而爲夬，又進而爲純乾矣。人心之有是復也，亦必日增日長，進而爲臨之大，爲泰之通。又進而爲大壯之動，以天夬之剛決、乾之不息而與天合德焉，此又復之之後工夫也。又況凡事莫不有復，如學宮既廢而新，則爲學校之復。綱常既晦而明，則爲世道之復。國家既危而安，則爲國勢之復。賢卿帥出鎮大邦，作興學校，崇建明倫之堂，此學校之復也。綱常既廢而復明，國勢阽危而復振，在諸君子必有得于復之義，而充復之功用者，幸不廢焉。

楊齊賢等《李太白集分類補注》卷二《古風》一六 寶劍雙蛟龍，雪花照芙蓉。精光射天地，雷騰不可衝。一去別金匣，飛沈失相從。風胡滅已久，所以潛其鋒。吴水深萬丈，楚山邈千里。雌雄終不隔，神物會當逢。齊賢曰：《晉書·張華傳》：初，斗牛之間常有紫氣。華聞豫章雷煥達緯象，乃要煥，登樓仰觀，煥曰：「寶劍之精，上徹於天耳。」華因問曰：「在何郡？」煥曰：「在豫章豐城。」華即補煥爲豐城令。煥到縣，掘獄屋基，得一石函，光氣非常，中有雙劍，並刻題：一曰龍泉，二曰太阿。遣使送一與華，留一自佩。或謂煥曰：「得兩送一，張公豈可欺乎？」煥曰：「本朝將亂，張公當受其禍，此劍當繫徐君墓樹耳。靈異之物，終當化去，不永爲人服也。」華得劍，報煥書曰：「詳觀劍文，乃干將也。莫邪何復不至？雖然，天生神物，終當合耳。」華誅，失劍所在。煥卒，子華爲州從事。持劍行經延平津，劍於腰間躍出墮水。使人沒水取之，不見劍，但見兩龍各長數丈，蟠縈有文章。沒者懼而反。須臾，光彩照水，波浪驚沸，於是失劍。華歎曰：「先君化去之言，張公終合之論，此其驗矣。」士贇曰：《吴越春秋》：楚昭王卧而寤得吴王湛盧之劍於牀。昭王不知其故，乃召風胡子而問曰：「寡人卧覺而得寶劍，不知其名是何劍也。」風胡子曰：「此謂湛盧之劍。」昭王曰：「何以言之？」風胡子曰：「臣聞吴王得越所獻寶劍三枚，一曰魚腸，二曰磐郢，三曰湛盧。魚腸之劍，已用殺吴王僚也。磐郢以送其死女。今湛盧入楚也。」昭王問：「湛盧所以去者何也？」風胡子曰：「臣聞越王元常使歐冶子造劍五枚，以示薛燭。」燭對曰：「魚腸劍，逆理不順，不可服也。臣以殺君，子以殺父，故闔閭以殺王僚。一名磐郢，亦曰豪曹，不徒之物，無益於人，故以送死。一名湛盧，五金之英，太陽之精，寄氣託靈，出之有神，服之有威，可以折衝拒敵。然人君有逆理之謀，其劍即出，故去無道以就有道。今吴王無道，殺君謀楚，故湛盧入楚。」昭王曰：「其值幾何？」風胡子曰：「臣聞此劍在越之時，客有求其値者，有市之鄉三十，駿馬千匹，萬戶之都二，是其一也。薛燭對曰：『赤堇之山，已令無雲。若邪之溪，深而莫測。羣神上天，歐冶死矣。雖傾城量金，珠玉盈河，猶不能得此寶，而況有市之鄉、駿馬千匹萬戶之都何足言也。』」昭王大悅，遂以爲寶。

陳櫟《定宇集》卷六《深衣説》 袂圓以應規，曲袷如矩以應方，負繩及踝以應直，下齊如權衡以應平。故規者，行舉手以爲容。負繩抱方者，以直其政，方其義也。故《易》曰：坤六二之動，直以方也。下齊如權衡者，以安志而平心也。五法已施，故聖人服之。故規矩取其無，私繩取其直，權衡取其平，故先王貴之。此一節詳言深衣之法象以終篇，首應規、矩、繩、權、衡之意也。袂圓謂胡下此以應規之圓。家禮謂袂本之廣，如衣之長，而漸圓之，以至袂口，則是袂本不殺，獨袂口殺也。呂氏謂袂有侈者，朝服是也；有端者，玄端、素端是也；有圓者，内殺于袷，外殺于袪，中則胡下深衣是也。是袂本内殺，袂口外殺也。深考之，呂説爲優。兼袂本内亦殺之，且便于著而雅於觀也。袷，領也，領交於胷，其勢自方，此以應矩之方。負繩及踝，謂衣背與裳中幅之縫一直相當，如負一繩以至脚踝也。此以應繩之直。下齊，裳下緝也。齊，一無長短之參差，此以應權衡之平。行舉手，註謂揖讓，欲行者，舉手以爲容儀如規之圓也。蓋必舉手，始見其圓；若垂手，則不見其圓矣。繩直在背，故曰負。矩方在胷，故曰抱。如曰負陰抱陽，蓋取坤六二直方之義，以互相發明也。五法，規、矩、繩、權、衡也。要之，不過方、圓、平、直四者耳。曰聖人服之，曰先王貴之，蓋以衣之中衆義備焉。正所謂先王之法服也，學者捨是將何服哉？誠能服其服，思其義，踐其實，則善矣。故上衣下裳，有乾坤定貴賤位之義焉。思其義，而上安于上，下安於下可也。裳十二幅，又有四時十二月之義焉。思其義，而其仁如春，其禮如夏，其義如秋，其智如冬，其發舒如開物之寅，其斂藏如閉物之戌之類可也。應規、矩、繩、權、衡，有方、圓、平、直之義焉。思其義，而智則圓，行則方，直其内，平其心可也。布色白，有質之義，緣或繢或青，有文之義焉。思其義，而文質彬彬可也。衣之長短，酌長短之中；袷與帶之高下，酌高下之中；緣之大小文素，酌大小文素之中。思其義，而隨時取中以適時措之宜可也。是衣也，無一節而無法，亦無一節而無義，又在乎服之者能觸類而長耳。

《農桑輯要》卷一《先賢務農》　《孟子》：后稷教民稼穡，樹藝五穀，五穀熟而民人育。《氾勝之書》：氾，扶嚴反，水名。又姓，出燉煌、濟北二望，本姓凡氏，避地于氾水，因改焉。湯有旱災，伊尹作爲區田，教民糞種，負水澆稼。《史記》：管仲相齊，與俗同好惡，其稱曰：倉廩實而知禮節，衣食足而知榮辱。猗頓，魯窮士，聞陶朱公富，問術焉。告之曰：欲速富，養五牸。乃畜牛羊，子息萬計，貲擬王公。案：「魯窮士」以下採《貨殖列傳》。猗頓用盬、鹽起。注中所引《孔叢子》語，非《史記》本文。《莊子》：長梧封人曰：昔予爲禾耕而鹵莽之，則其實亦鹵莽而報予；蕓而滅裂之，則其實亦滅裂而報予。予來年變齊，注：變更也，變更所法也，齊同也。深其耕而熟耰之，其禾繁以滋予，終年厭飧。《漢・食貨志》：李悝爲魏文侯作盡地方之教，顔師古曰：李悝，文侯臣也。悝音恢。以爲地方百里，提封九萬頃，除山澤邑居參分去一，爲田六百萬畮，治田勤謹，則畮益三升。服虔曰：與之三升也。臣瓚曰：當言三斗。謂治田勤，則畮加三斗也。師古曰：計數而言，字當爲斗，瓚說是也。不勤則損亦如之。地方百里之增減，輒爲粟百八十萬石矣。又曰：糴甚貴，傷民；韋昭曰：此民謂士工商也。甚賤，傷農。民傷則離散，農傷則國貧。故甚貴與甚賤，其傷一也。漢文帝時賈誼說上曰：管子曰：倉廩實而知禮節，民不足而可治者，自古及今未之嘗聞。漢之爲漢幾四十年矣，公私之積猶可哀痛。世之有饑穰，天之行也，禹湯被之矣。即不幸有方二三千里之旱，國胡以相恤？卒然邊境有急，數十百萬之衆，國胡以餽之？夫積貯者，天下之大命也。苟粟多而財有餘，何爲而不成。以攻則取，以守則固，以戰則勝，懷敵附遠，何招而不至。今敺民而歸之農，使天下各食其力，末技游食之人轉而緣南畆，則蓄積足而人樂其所矣。前漢宣曲任氏之先爲督道倉吏，秦之敗也，豪傑皆爭取金玉，而任氏獨窖倉粟。楚漢相距滎陽也，民不得耕種，米石至萬，而豪傑金玉盡歸任氏，任氏以此起富。富人爭奢侈，而任氏折節爲儉，力田畜。人爭取賤賈，任氏獨取貴善，富者數世。然任公家約：非田畜所生不衣食，公事不畢則身不得飲酒食肉。以此爲閭里率，故富而主上重之。案：此採《史記・貨殖傳》，與《漢書》字句稍異。　黃霸爲潁川太守，使郵亭鄉官皆畜雞豚，以贍鰥寡貧窮者，爲條教，班行之于民間，勸以爲善防姦之意，及務耕桑，節用殖財，種樹畜養，去食穀馬，米鹽靡密。顔師古曰：雜而且細。初若煩碎，然霸精力能推行之，治爲天下第一。　龔遂爲渤海太守，躬率以儉約，勸民務農桑，令口種一樹榆，百本䪥，五十本葱，一畦韭，家二母彘、五雞。民有帶持刀劒者，使賣劒買牛，賣刀買犢，曰何爲帶牛佩犢。春夏不得不趣田畝，秋冬課收斂，益畜果實菱芡，吏民皆富實。　何武爲揚州刺史，行部必問墾田頃畝，五穀美惡。　召信臣爲南陽太守，好爲民興利，務在富之，躬勸耕農，出入阡陌，止舍離鄉亭，稀有安居時。行視郡中水泉，開通溝瀆，起水門提閼，凡數十處，以廣溉灌，歲歲增加，多至三萬頃。民得其利，蓄積有餘。信臣爲民作均水約束，刻石立於田畔，以防分爭，禁止嫁娶送終奢靡，務出於儉約，郡中莫不耕稼力田，吏民親愛，信臣號曰「召父」。　後漢王丹家累千金，好施與，周人之急。每歲時農收後，察其強力，收多者，輒歷載酒肴從而勞之，便於田頭樹下飲食勸勉之。因留其餘有而去。其惰懶者，獨不見勞，各自恥不能致丹。其後無不力田者，聚落以致殷富。　杜詩爲南陽太守，省愛民役，廣拓土田，郡內比室殷足，爲之語曰：「前有召父，後有杜母。」　任延爲九眞太守，俗以射獵爲業，不知牛耕，每致困乏，延乃令鑄作田器，教之墾闢，歲歲開廣，百姓充給。　茨充爲桂陽令，俗不種桑，無蠶織絲麻之利，類皆以麻枲頭貯衣，民惰窳，少麤履，足多剖裂血出，盛冬皆然火燎炙。充教民益種桑柘，養蠶織履，復令種苧麻，數年之間大賴其利，衣履溫暖。今江南知桑蠶織履，皆充之教也。　張堪拜漁陽太守，開稻田八千餘頃，勸民耕種，以（教）［致］殷富。百姓歌曰：桑無附枝，麥穗兩岐，張君爲政，樂不可支。　樊重字君雲，《後漢書・樊宏傳》：宏，世祖之舅，封壽張侯。父重追爵，謚爲壽張敬侯。世善農稼，好貨殖，重性溫厚，有法度，三世共財。子孫朝夕禮敬，常若公家。其營理產業，物無所棄，課役童隸，各得其宜。故能上下勠力，財利歲倍至。乃開廣田土三百餘頃，其所起廬舍，皆有重堂高閣。陂渠灌注，又池魚牧畜，有求必給。嘗欲作器物，先種梓漆，時人嗤之。然積以歲月，皆得其用，向之笑者，咸求假焉，貲至巨萬。而賑贍宗族，恩加鄉閭。外孫何氏兄弟爭財，重恥之，以田二頃，解其忿訟，縣中稱美。其素所假貸人問數百萬，遺令焚削文契，責家聞者皆慚，爭往償之。常戒其子曰：案：《後漢書》本句上有「宏爲人謙柔，畏愼不求苟進」二句，是君雲之子宏戒其子之言，此作君雲戒其子，有脫誤。富貴盈溢，未有能終者，吾非不喜榮勢也，天道惡滿而好謙，前世貴戚，皆明戒也。保身全己豈不樂哉？　王景爲廬江太守，百姓不知牛耕，致地方有餘，而食常不足。景乃教用犁耕，墾闢倍多，境內豐給。又訓令蠶織，爲作法制，著於鄉亭。　王符曰：一夫不耕，天下受其饑；一婦不織，天下受其寒。今舉俗舍本農，趨商賈，牛馬車輿塡塞道路，游手爲巧充盈都邑。是則一夫耕，百人食之；一婦桑，百人衣之。以一奉百，孰能供之？　崔寔爲五原太守，土宜麻枲，而俗不知織績，民冬月無衣，積細草而臥其中，見吏則衣草而出。寔爲作紡績織絍具以敎之，民得以免寒苦。　劉陶曰：民可百年無貨，不可一朝有饑，故食爲至急也。　仇覽爲蒲亭長，勸人生業，爲制科令，至於果菜爲限，雞豕有數。農事既畢，乃令子弟羣居就學，其剽輕游恣者，皆役以田桑，嚴設科罰，躬助喪事，賑恤窮寡，期年稱大化。　杜畿爲河東，勸耕桑，課民畜牸牛草馬，下逮雞豚，皆有章程，家家豐實。然後興學校，舉孝悌，河東遂安。　童恢除不其令，若吏稱其職，人行善事，皆賜酒肴以勸勵之。耕織種收，皆有條章，一境清淨。　《齊民要術》：皇甫隆爲燉煌令，燉煌俗不曉作樓犁，及種，人牛功力既費，而收穀更少。隆乃敎作樓犁，所省傭力過半，得穀加五。又燉煌俗，婦女作裙，攣縮如羊腸，用布一疋，隆又禁改之，所省復不貲。　僮种爲不其令，率民養一豬、雌雞四頭，以供祭祀，死買棺木。案：僮种即童恢，見《後漢書》注。前「吏稱其職」一條，採之本傳。此條採之《齊民要術·序》，以一人而兩載其事。　顏裴爲京兆，乃令整阡陌，樹桑果。又課以閒月取材，使得轉相敎匠作車。又課民無牛者，令畜豬，投貴時賣以買牛。始者民以爲煩，一二年間家有丁車、大牛，整頓豐足。　譙子曰：朝發而夕異宿。勤則菜盈傾筐，且苟無羽毛，不織不衣，不能茹草飲水，不耕不食，安可以不自力哉。　李衡於武陵龍陽洲上作宅，種甘橘千樹，勅兒曰：吾州里有千頭木奴，不責汝衣食，歲上一疋絹，亦可足用矣。橘成，歲得絹數千疋。　仲長子曰：天爲之時而我不農，穀亦不可得而取之。青春至焉，時雨降焉，始之耕田，終之簠簋，惰者釜之，勤者鍾之。時及不爲，而尙得食也哉。　魏陳思王曰：寒者不貪尺玉而思短褐，饑者不願千金而美一食。　晉桓宣鎭襄陽，勸課農桑，或載鋤耒於軺軒，或親耘穫於隴畝。　北魏辛纂拜河南刺史，督勸農桑，親自檢視。勤者資以物帛，惰者加以罪。　唐張全義爲河南尹，經黃巢之亂，繼以秦宗權孫儒殘暴，居民不滿百戶，四野俱無耕者。全義招懷流散，勸之樹藝，數年之後，都成坊曲漸復舊制，諸縣戶口率皆歸復，桑麻蔚然，野無曠土。全義明察，人不能欺，而爲政寬簡。出見田疇美者，輒下馬與僚佐共觀之，召田主勞以酒食。有蠶麥善收者，或親至其家，悉呼出老幼，賜以茶綵衣物。民間言張公不喜聲伎，見之未嘗笑，獨見佳麥良繭則笑耳。有田荒穢者，則集衆杖之，或訴以乏人牛，乃召其隣里責之曰：彼誠乏人牛，何不助之？衆皆謝，乃釋之。由是隣里有無相助，故比戶皆有畜積，凶年不饑，遂成富庶焉。　李襲譽嘗謂子孫曰：吾負京有田十頃，能耕之足以食，河內千樹桑，事之可以衣，能勤此，無資於人矣。

朱公遷《詩經疏義會通》卷一《周南·卷耳》　**采采卷**上聲。**耳，不盈頃**音傾**筐，嗟我懷人，寘彼周行。**叶戶郎反。

賦也。采采，非一采也。卷耳，枲音洗。耳。葉如鼠耳，叢生如盤。《輯錄》：孔氏曰，亦云胡枲，或曰苓耳，江東呼常枲。葉青白色，似胡荽。白華，細莖，蔓生，可煮爲茹，四月中生子，如婦人耳璫，或謂耳璫草。《本草》：卷耳，即今蒼耳，今人麴蘖中多用之。頃，欹也。筐，竹器。懷，思也。人，蓋謂文王也。寘，舍上聲。也。周行，大道也。《輯錄》：朱子曰，詩有三周行，此及《大東》章，皆道路之道，《鹿鳴》乃道義之道。后妃以君子不在而思念之，故賦此詩，託言方采卷耳，未滿頃筐，託言采采，非眞采之也。而心適念其君子，故不能復扶又反。采，而寘之大道之旁也。《輯錄》：問《卷耳》、《葛覃》同是賦體，又似略不同。蓋《葛覃》直敘其所嘗經歷之事，《卷耳》則是託言也。朱子曰：雖不自經歷，而自言我之所懷者如此，則亦是賦體也。《解頤》曰：卷耳，易采也；頃筐，易盈也。然采之又采而不盈頃筐何也？蓋託言其心在乎君子而不在乎物也。於是舍之而置彼大路之旁焉，其心之專一而不暇乎他可知也。此詩見后妃之於君子，思之切，憂之深，望之至，然有懇惻至到之意而無悲愁悽愴之懷，蓋所以憂思者情也，雖憂而不至於傷，雖思而不至於悲者，后妃之所以得其性情之正也。

陟彼崔徂回反。**嵬，**五回反。**我馬虺**呼回反。**隤。**音頹。**我姑酌彼金罍，維以不永懷。**叶胡隈反。

賦也。陟，升也。崔嵬，土山之戴石者。《爾雅》：石戴土爲崔嵬，土戴石爲砠。此用《毛傳》有誤字，當從《爾雅》之說。許氏曰：崔嵬字上從山，砠字旁從石，有危不安身之意。虺隤，馬罷音皮。不能升高之病。《增釋》：吳師道曰：虺隤，虺字當作虺，今文傳無誤。姑，且也。罍，酒器，刻爲雲雷之象，以黃金飾之。《輯録》：孔氏曰，名罍，取於雲雷故也，言刻畫則用木矣。永，長也。此又託言欲登此崔嵬之山，以望所懷之人，而往從之，則馬罷病而不能進，於是且酌金罍之酒，而欲其不至於長以爲念也。謂之託言，則非實有此事，但其意則如此爾。《輯録》：輔氏曰：姑，且也。維以，欲其也，曰且，曰欲其，亦可見其託言之意。

陟彼高岡，我馬玄黄。我姑酌彼兕徐履反。觥，古横反。叶古黄反。維以不永傷。

賦也。山脊曰岡。玄黄，玄馬而黄，病極而變色也。兕，當從序姊反。野牛，一角，青色，重千斤。觥，爵也。以兕角爲爵也。《增釋》：鄱陽張氏曰：疏，爵有五，自一升至五升。觥在五爵之外，其升以兕角爲之。有刻木形似兕角者，蓋無兕角則木也。《釋文》：一云容五升。《爾雅》疏：兕角長三尺餘，形如馬鞭柄。

陟彼砠七餘反。矣，我馬瘏音塗。矣，我僕痡音敷。矣，云何吁矣。

賦也。石山戴土曰砠。砠見上章注。瘏，馬病不能進也。痡，人病不能行也。《輯録》：輔氏曰：馬病不能進猶可資於人也，僕病不能行則斷不能往矣。此亦甚之之辭。吁，憂嘆也。《輯録》：「云何吁矣」，則如何而不憂歎之乎。《爾雅》《輯録》：索隱曰：爾，近也。雅，正也。其書於正字義訓爲近，故云。注引此作盱，張目遠望也，詳見《何人斯》篇。

《卷耳》四章，章四句。「寘彼周行」，發乎情也，馬病僕痡，止乎禮義也，皆託言也。

此亦后妃所自作，可以見其貞静專一之至矣。首章見所思之專一，後三章見所守之貞静，亦其德之一端耳。《輯録》：許氏曰：貞静，言欲出而不出；專一，言反覆思文王不置。豈當文王朝會征伐之時羑音酉。里拘幽之日而作歟。《解頤》曰：羑，云九反。因於羑里，輔氏曰：先生又嘗曰，此詩後三章只是承首章之意，欲登高望遠而往從之，則僕馬皆病而不得往，故欲酌酒以自解其憂傷耳，大意與《草蟲》詩相似。劉氏曰：后妃託言方采卷耳而適思君子，則遂不能復采，欲望君子而僕馬不前，則且飲酒解憂，可見其心之貞静而不動於邪，情之專一而不失其常矣，至其自言不永懷傷者，又合所謂哀而不傷之意，乃其性情之正發見於一端者，參之《關雎》首章樂而不淫，則又可備見其情性全體也。又按羑里，先儒以其地在相州鄴都蕩陰縣北九里，相州今彰德府，是因羑水得名。昔紂信崇侯虎之譖，因文王於此，文王因作《拘幽操》。《增釋》許氏曰：此詩后妃作於文王拘幽之時，然皆設辭反覆，託意以見憂思焉。卷耳易得，頃筐易盈，采采非一而又不盈者，志不在此也。及懷人之深，發爲嗟嘆，則遂不顧而棄之大道之傍矣。思人而不可見，於是欲升高望遠，則馬病而不可升，馬豈果病哉？守禮義之閑，不可得而往也，乃姑酌金罍之酒，聊以自解長念之心耳。其下申此意而甚之之辭也。馬始也病，今則甚而色變矣，酒之在罍，我酌之也猶有度，今以大觴而自酌，憂愈深而駈之欲愈力也。然酒豈果能駈此鬱積之思乎，終欲往望而併僕夫亦病矣。蓋文王拘幽之際，臣民有奔走之勞，眞有至於病者至此，則將云何乎，惟有長吁而已矣。蓋其思雖切而無邪，憂雖深而不過，一唱三歎之中至誠惻怛之心，不愆禮義之則，而洋溢於言語之表，非德之至其孰能與於此。然不可考矣。

劉瑾《詩傳通釋》卷二《邶風·新臺》

新臺有泚，此禮反。河水瀰瀰。莫邇反。燕婉之求，籧篨籧音渠。篨音除。不鮮。斯踐反。叶想止反。

賦也。泚，鮮明也。劉執中曰：水中臺影鮮明之貌。胡庭芳曰：臺在河上，曰泚曰洒皆從水義。瀰瀰，盛也。燕，安。婉，順也。籧篨不能俯，疾之醜者也。蓋籧篨本竹席之名，人或編以爲囷，其狀如人之擁腫而不能俯者，故又因以名此疾也。鮮，少也。舊説以爲衛宣公爲其子伋娶于齊，而聞其美，欲自娶之。乃作新臺于河上而要腰。之。國人惡之，而作此詩以刺之，言齊女本求與伋爲燕婉之好，而反得宣公醜惡之人也。【略】李迂仲曰：新臺臨河，今澶州遺址尚存。謝疊山曰：籧篨乃惡疾，宣公非有此疾，國人惡其無禮義，亂大倫，故以惡疾比之，既無人道，亦非人形也。

新臺有洒，七罪反。叶先典反。河水浼浼。每罪反，叶美辯反。燕婉之求，籧篨不殄。

賦也。洒，高峻也。劉執中曰：謂水光之中見其臺之高峻也。浼浼，平也。殄，絶也。言其病不已也。

魚網之設，鴻則離之。燕婉之求，得此戚施。

興也。鴻，雁之大者。離，麗也。戚施不能仰，亦醜疾也。呂東萊曰：國人惡宣公而以惡疾指之，不能俯者籧篨之疾證，不能仰者戚施之疾證，非于此取義也。言設魚網而反得鴻，以興求燕婉而反得醜疾之人，所得非所求也。曾氏曰：籧篨、戚施皆惡疾之人，不能爲人者也。宣公之行非復人理，尚可謂之人歟。燕婉之求而得此匪人，深惡之之詞也。

《新臺》三章，章四句。

凡宣姜事首末見《春秋傳》，然于詩則皆未有考也，諸篇放此。李迂仲曰：聖人存此以垂戒後世，宜懲其轍，而乃有踵其惡者。楚平王納太子建妻，唐明皇納壽王妃，比三君者其惡一也。其後宣公之子汲、壽皆爲所殺，惠公奔齊，子懿公爲狄所滅，楚平王有鞭尸之禍，唐明皇身竄南蜀，幾失天下。則知淫亂之禍其報如此，可不戒哉。愚按宣姜事首末見《左氏傳》桓公十六年及閔公二年。

序：刺衛宣公也。納伋之妻，作新臺于河上而要之，國人惡之而作是詩也。

徐皇后《内訓·修身章》［儒臣注］ 或曰：「太任目不視惡色，耳不聽淫聲，口不出傲言。若是者，修身之道乎？」曰：「然。古之道也，夫目視惡色，則中眩焉；耳聽淫聲，則内褫焉；口出傲言，則驕心侈焉。是皆身之害也。眩音縣，褫音池，侈音恥。或人問文王母太任之事爲修身之道，故然其言也。蓋非特「太任」也。古者婦人妊子，寢不側，坐不邊，立不蹕。不食邪味，割不正不食，席不正不坐。目不視邪色，耳不聽淫聲。夜則令瞽誦詩道正事。如此，則生子形容端正，才過人矣。淫聲，非禮之聲。傲言，非禮之言。眩者，目無常主也。褫，奪也。侈，泰也。夫淫聲、惡色，皆足以惑人。有觸於外，必動其中，故必以是爲戒。夫言者，心之發也，矜慢在心，故其發於言也。傲言之傲，則其驕心侈泰可知。身之不修，此爲害矣。蹕音必。故婦人居必以正，所以防慝也。行必無陂，所以成德也。慝音忒。陂音秘。慝，穢也，邪也，隱惡也。陂，傾也。此承上文而言。婦人所居必以正，所以防禦邪慝。行無傾邪，所以成其德行者也。是故五綵盛服，不足以爲身華。貞順率道，乃可以進婦德。不修其身，以爽厥德，斯爲邪矣。諺有之曰：『治穢養苗，無使莠驕；剗荊剪棘，無使塗塞。』是以修身，所以成其德者也。莠音酉。剗音鏟。華，光華也。率，循也。爽，差也。諺，俗語也。穢，蕪也。一曰田中雜草也。一曰汙也。莠，害苗草也。驕，盛貌。剗，削也。棘，木叢生多刺。塗，路也。以五綵繪繡而爲衣服，非不盛也，以人視之，則可以爲光華，此特飾其外者耳。必也秉貞順之操以循乎道，然後可以進婦德，婦德進而後可以光華於身，則修身之效著矣。夫惟飾其外而於其内者，有所差爽，則不得其正矣。故引諺語以明之，以言乎必在於修身，乃可以成其德也。夫身不修則德不立，德不立而能成化於家者，蓋寡焉，而況於天下乎。天下之本在國，國之本在家，家之本在身。身不修則己之德有所不立，不能成教化於一家，而況助君子以行教化於天下乎。言必不能也。是故婦人者，從人者也。夫婦之道，剛柔之義也。昔者明王之所以謹婚姻之始者，重似續之道也。家之隆替，國之廢興，於斯係焉。於乎閨門之内，修身之敎，其勗慎之哉。」替音涕。勗音旭。似，嗣也。續，相連也。隆，豐大也。替，滅也。勗，勉也。婦有三從之道：在家從父，適人從夫，夫死從子。故曰婦人，從人者也。剛柔者，陰陽之義也。天地合，而後萬物興；陰陽和，而後雨澤降；夫婦和，而後家道成。故曰剛柔之義也。夫昏禮，萬世之始，上以事宗廟，下以繼後世。關於家國者，匪輕，故君子重之。然則處於閨門之内者，其可不加勉於修身之敎哉。

曹端《太極圖説述解》 大哉，《易》也，斯其至矣。

「大哉」，歎美之辭。「易」，《易》書也。「斯」，此圖也。周子圖説之末，歎美《易》之爲書廣大悉備。然語其至極，則此圖盡之其旨，豈不深哉。抑嘗聞之程子昆弟之學於周子也，周子手是圖以授之，程子之言性與天道多出於此。然卒未嘗明以此圖示人，是則必有微意焉。所謂微意，蓋欲待中人以上可以語上者語之。然學者亦不可以不知也。端因《太極圖説》中有氣化、形化、死生之説，乃述其意而作詩以自喻。氣化：太一分兮作兩儀，陰陽變合化工施。生人生物都無種，此是乾坤氣化時。形化：乾坤氣化已成形，男女雌雄牝牡名。自是生生有形化，其中氣化自流行。死生：陰陽二氣聚時生，到底陰陽散時死。生死陰陽聚散爲，古今造化只如此。輪回：空家不解死生由，妄説輪回亂大猷。不有天民先覺老，孰開我後繼前修。讃太極圖幷説：濂溪夫子，卓乎先覺。上承洙泗，下開河洛。建圖立説，理明辭約。示我廣居，抽關啓鑰。有綱有條，有本有末。斂歸一心，放彌六合。月白風清，鳶飛魚躍。舜禹得之，崇高卑若。孔顔得之，困極而樂。舍此而爲，異端俗學。造端之初，胡不思度。毫釐之差，千里之錯。

丘濬《大學衍義補》卷首 《大學》曰：「所謂誠其意者，毋自欺也。如惡惡臭，如好好色，此之謂自謙。故君子必慎其獨也。」謙讀爲慊。

朱熹曰：誠其意者，自修之首也。毋者，禁止之辭。自欺云者，知爲善以去惡，而心之所發，有未實也。謙，快也，足也。獨者，人所不知，而己所獨知之地也。言欲自修者，知爲善以去其惡，則當實用其力，而禁止其自欺。使其惡惡則如惡惡臭，好善則如好好色，皆務決去，而求必得之，以自快足於己，不可徒苟且以徇外而爲人也。然其實與不實，蓋有他人所不及知而己獨知之者，故必謹之於此以審其幾焉。

臣按：《誠意》一章，乃大學一書自修之首，而愼獨一言，又誠意一章用功之始。《章句》謂「謹之於此以審其幾」，所謂「此」者，指獨而言也。「獨」者，人所不知而己所獨知之地也。蓋以學者用功於致知之際，則固己知其善之當爲，而惡之當去矣。然其一念始發於心，須臾之頃端緒之初有實焉，有不實焉。蓋有他人所不及知而己所獨知者，是則所謂「獨」也。是乃人心念慮初萌動之端，善惡、誠僞所由分之始，甚細微而幽隱也。學者必審察於斯，以實爲善而去惡。譬如人之行路於其分岐之處，舉足不差，自此而行，必由乎正道。否，則差毫釐而繆千里矣。《大學》釋誠意指出「慎獨」一言，示萬世學者以誠意之方。《章句》論慎「獨」，指出「幾」之一言，示萬世學者以慎獨之要。人能於此幾微之初致審察之力，體認眞的發端不差，則《大學》一書所謂「八條目」者，皆將爲己有矣。不然，頭緒茫茫，竟無下手之處，各隨所至而用功，待其既著而致力，則亦泛而不切，勞而少效矣。臣謹補入「審幾微」一節，以爲九重獻。伏惟宫闈深邃之中，心氣清明之際，澄神定慮，反已靜觀，察天理人欲之分，致擴充遏絶之力，則敬畏於是乎崇，逸欲於是乎戒，由是以制事，由是以用人，由是以臨民。堯舜之君，復見於今，泰和之治不在於古矣。臣不勝惓惓。

程敏政《篁墩文集》卷五《經筵講章・中庸》 博學之，審問之，慎思之，明辨之，篤行之。

這是《中庸》第二十章。子思推明擇善固執，其工夫條目有此五件。這五箇之字，是指那當知當行的事。上説子思説擇善之功，莫先於學。然學之不廣，則不能盡曉天下的事物。須是把詩書六藝無一件不窮究，古今事變無一件不理會，然後能周知天下萬事萬物的道理，這便是「博學之」。人的所學既廣了，中間豈無疑惑的事？須要請問於人。然問的不仔細，那疑惑的事，終不能解。須是與師友每再三反覆，把那前後不一的事跡，彼此不同的識見，務要豁然貫通，無一些疑惑，這便是「審問之」。既問知了，那事務終是自外面入來，必反而思之，有得於心方好。然或思之不專，至于泛濫；或思之太過流於穿鑿，便都是不謹慎處，須要把學之於己的，問之於人的，虚心涵泳，切己體察，務求精熟，使心與理爲一，更無雜亂，這便是「愼思之」。既思之有得，若遇著事務到根前，紛紛擾擾，或是或非，或眞或僞，斷得不明，却也是無益。須要有箇張主分別是非，無使有一毫顛倒；剖決眞僞，無使有一毫差錯。如止水明鏡，照人妍媸，舉莫能逃，這便是「明辨之」。學、問、思、辨這四件擇善的工夫，既做得有分曉，若行時節或遲疑不肯盡力，却也只作一場説話過了。所以又要加固執的工夫，方能實有諸已。人若於好事上見的眞，慮的熟，著實用力行將去，不肯半上落下也，不肯有始無終，這便是「篤行之」。先儒説五者廢其一，非學也。學者果欲由擇善固執以造於聖人至誠之域，非積累工夫如此縝密，豈能至哉。臣惟《中庸》這一章乃孔子答魯哀公問政之言，前面説治天下國家有九經，既以誠身爲根本，至此又子思推言五者爲誠身工夫，故在人君尤爲切要。蓋從古聖哲之君，亦未嘗無學問之功、如孔子於《周易・乾卦》贊君德曰：「學以聚之，問以辨之，寬以居之，仁以行之。」立言垂訓，全與此合。曾子傳《大學》曰「致知格物」，即學問思辨之事；曰「誠意正心，修身齊家治國平天下」，即篤行之事。故朱子謂「致知乃明善之要，誠意乃誠身之本」。聖賢之言，前後如一。仰惟皇上生知之資，本於天賦；向道之志，協於聖謨。然古語云：言有盡而道無窮。臣愚尤願皇上知行並進，始終一誠，不事虚文，務臻實效，將見聖經賢傳上得千古之傳，帝德王功比隆四代之盛，天下之望，不勝惓惓。

李東陽《懷麓堂集》卷九五《經筵講章》 惟天下至誠爲能盡其性。能盡其性，則能盡人之性。能盡人之性，則能盡物之性。能盡物之性，則可以贊天地之化育。可以贊天地之化育，則可以與天地參矣。

這是《中庸》第二十二章，書説聖人至誠的妙用，直與天地一般。至是至極。誠是眞實無妄。盡是無欠缺的意思。性是天理賦與人的道理。贊是相助。化育是造化生育處。參是相參的意思。子思説：惟聖人之德，極其眞實，無有虚假，天下不能加尙。他既無虚假，便自無有私欲，當初上天賦與我的道理都能盡得。如性中有箇仁，便眞箇盡得這仁的道理。性中有箇義，便眞箇盡得這義的道理。性中有箇禮智，便眞箇的盡得禮智的道理。内外精粗，始終遠近，一件件察得都無有昏蔽，一件件行得都無有欠缺。若是有一些虚假，如何是盡得這如是。惟天下至誠，爲能盡其性。在人的性也同是受于天的，只是稟得氣質有不同處。聖人能盡自已性，故能眞見那人的性。與我一般，使他亦能盡其性，如不仁的教他盡得仁，不義的教他盡得義，無禮無智的教他盡得禮智，都無有不能知不能行處，這是能盡其性，則能盡人之性。在物的性也是受于天的，只是稟得形氣全不同于聖人，既能盡人的性，故能眞見得那物之性也是一般，使他也能盡其性，如牛便教他耕墾，馬便教他馱載。仲夏便斬陽木，仲冬便斬陰木。獺祭魚，然後捕魚；豺祭獸，然後田獵。與凡生尅制化飛潛動植之物，一件件都處得停當，無有不得其用、不得其所的，這是能盡其性，則能盡物之性。天地造化生育之功，雖是至大無外，然亦自有分限。天能賦與人道理，不能使他盡這道理，必待聖人教化他，然後能盡天，能發萬物；不能使他自然成用，必待聖人制度他，然後用得，是天地的化育也。是聖人贊助他，這便是能盡物之性，則可以贊天地之化育。至高莫如天，至厚莫如地，聖人在中間也，只是一箇人，因他有這贊助化育的功，故能上配天，下配地，將一身參在中間，與天地並立爲三，少一箇不得。這是可以贊天地之化育，則可以與天地參矣。蓋天地間，只是一箇實理，升而爲天，降而爲地，鍾而爲人，散而爲物。故人稟天地之氣，體即天地之體，心即是天地之心，本都眞實無妄，只爲氣稟所拘，物欲所蔽，纔有不實，便與天地萬物不相干涉了。聖人出而爲天下民之主，以天地之心，行天地之事，故其功用效驗，直至參天地贊化育而後已。若使天下有一箇不善的人，有一箇不得其所的物，便不叫做參天地贊化育。求其所以能如此者，不是先盡了自己的性，如何做得。故子思論參贊天地，必本于至誠，其旨深矣。這等德行，這等事業，只是堯舜能之。如欽明文思，濬哲文明，便是盡性。平章而於變時雍愼徽《五典》，而《五典》克從，便是盡人之性。山川水土，則大禹成。其績草木鳥獸，則伯益順其生，便是盡物之性。故堯舜之功，直與天地相爲無窮。洪惟皇上以堯舜之資，居堯舜之位，可以建樞機于四表，可以溥化育于羣生，使無一民一物不得其所。以成參天地之功者，只在皇上一心之誠何如耳。伏惟聖明常加體驗，一件政事，如何是誠，如何是不誠；一件道理，如何是盡，如何是不盡。民已化矣，惟恐有一人之不化；物已安矣，惟恐有一物之不安。擴而充之，以求至乎其極，則堯舜之治，復見于今日矣。

湛若水《春秋正傳》卷二九《昭公四年》 冬，十有二月，乙卯，叔孫豹卒。

《正傳》曰：書叔孫豹卒，志國卿之大故也。《左氏》曰：初，穆子去叔孫氏，穆子避僑如之難。及庚宗，遇婦人，使私爲食而宿焉。問其行，告之故，哭而送之。適齊，娶於國氏，生孟丙、仲壬。魯人召之，召之，謂召於齊也。既立，所宿庚宗之婦人獻以雉。問其姓，對曰：「余子長矣，能奉雉而從我矣。」召而見之，遂使爲豎。有寵，長使爲政。叔孫田於邱蕕，遂遇疾焉。豎牛欲亂其室而有之，強與孟盟，不可。叔孫爲孟鍾，曰：「爾未際，享大夫以落之。」既具，使豎牛請日。入，弗謁；出，命之日。及賓至，聞鍾聲。牛曰：「孟有北婦人之客。」怒，將往，牛止之。賓出，使拘而殺諸外。牛又強與仲盟，不可。仲與公御萊書觀於公，公與之環，使牛入示之。入，不示；出，命佩之。牛謂叔孫：「見仲而何？」叔孫曰：「何爲？」曰：「不見，既自見矣，公與之環而佩之矣。」遂逐之，奔齊。疾急，命召仲，牛許而不召。杜洩見，告之飢渴，授之戈。對曰：「求之而至，又何去焉？」豎牛曰：「夫子疾病，不欲見人。」使置饋于个而退。牛弗進，則置虛命徹。十二月癸丑，叔孫不食，乙卯，卒。牛立昭子而相之。公使杜洩葬叔孫，豎牛賂叔仲昭子與南遺，使惡杜洩於季孫而去之。杜洩將以路葬，且盡卿禮，南遺謂季孫曰：「叔孫未乘路，葬焉用之？且冢卿無路，介卿以葬，不亦左乎？」季孫曰：「然。」使杜洩舍路。不可。曰：「夫子受命于朝而聘於王，王思舊勛而賜之路，復命而致之君，君不敢逆王命而復賜之，使三官書之。吾子爲司徒，實書名；夫子爲司馬，與工正書服；孟孫爲司空以書勛。今死而弗以，是棄君命也。書在公府而弗以，是廢三官也。若命服，生弗敢服，死又不以，將焉用之？」乃使以葬。愚謂：觀此，則豹之死，豎牛死之也。及公使葬以路，其黨又欲沮之。於此見豹不逆知豎牛之惡而近之，是豹之自取也。《春秋》書之，亦使人迹其故而惡之，以爲後戒也歟。

朱諫《李詩選注》卷一《古風四》 鳳飛九千仞，五章備綵珍。銜書且虛歸，空入周與秦。橫絶歷四海，所居未得鄰。

比也。九千仞，言其高也。五章，五綵之文章也。綵珍，言其綵色之可貴也。銜書者，《呂氏春秋》云：文王時，見大赤鳥銜《丹書》集周社。《史記》漢高帝爲《楚歌》曰：鴻鵠高飛，一舉千里。羽翼已成，橫絶四海。此白託物以自比也。言鳳飛于千仞之上，身備五采之章，口銜《丹書》欲呈祥於王者，入周秦之郊，無有所遇而空歸矣。歸又無所棲息，乃橫絶於四海，翻飛遨遊，而又孑然無與爲鄰者。是猶我之抱藝浪迹四方，而不得一有所遇也。較之於鳳，夫何異乎。

吾營紫河車，千載落風塵。藥物秘海嶽，採鉛青溪濱。時登大樓山，舉手望仙眞。羽駕滅去影，飆車絶迴輪。尚恐丹液遲，志願不及伸。徒霜鏡中髮，羞彼鶴上人。

河車，鍊丹次第之名也。《抱朴子》曰：丹砂可爲金，河車可作銀。紫河車有五色，曰紫，曰白，曰青，曰赤，赤者曰黄芽。藥物，修鍊之資也。庾仲雍《荆州記》曰：臨沮縣有青溪山，山東有泉，泉側有道士精舍。鉛，亦藥物也。大樓山，在宣州，近秋浦。羽駕，乘鸞鶴也。飈車，銜風也。丹液，還丹金液也。《抱朴子》曰：考久視之，方莫不以還丹金液爲大要。丹乃液之已成，液乃丹之未堅者也。承上言，我之周流四方，既無所遇矣。於是退而爲修鍊之術，然猶未免落於風塵之中。藥物秘於海嶽，遠而不可得也。乃採鉛於青溪之濱。鉛亦藥物之一品，青溪地近，採之或可得耳。青溪東行，抵于宣城大樓之山，亦仙人之所棲者，我將從之以與相親。但見其駕鸞鶴，御飈輪，飄然而遠去，又不可得而親矣。來往風塵，歲月云邁，而丹砂未就，仍恐此志不及一伸，蹉跎髮白，誠有愧於鶴背之仙人耳。

桃李何處開，此花非我春。惟應清都境，長與韓衆親。

桃李，喻當時之榮貴者。清都，帝居也。韓衆，仙人也。《神仙傳》：劉根初學道，至華山，見一人乘白鹿，從十餘玉女。根稽首，乞一言。神人曰：「爾聞有韓衆否？」曰：「聞之。」曰：「我是也。」承上言入周秦而空歸，絶四海而無鄰，彼富貴者皆與我而相違矣。辟之桃李，雖有艷陽之色，亦不知開於何人之家，皆非爲我之春也。富貴既不可求，不如從吾所好。吾將入於清都之境，挾群仙以遨遊，長與韓衆而相親。安可以丹液之遲，半道而自廢乎？

王世貞《鐫王鳳洲先生會纂綱鑑歷朝正史全編》卷一《宋太祖紀》

[開寶六年]四月，命薛居正監修五代史。五月，宋行《開寶通禮》。初，帝命李昉、劉溫叟重定《開元禮》，附以國朝制度，損益爲書二百卷，號《通禮》，至是行之。《綱目》。八月，宋趙普免。普擅權自恣，挾怨妨賢，好利而陰受吴越間金。假公而私，市秦隴大木。則失爲相之道，慚德多矣。故直書「普免」，以著其罪。

柯尚遷《周禮全經釋原》卷三《天官》

鹽人掌鹽之政令，以共百事之鹽。祭祀共其苦鹽、散鹽。賓客，共其形鹽、散鹽。王之膳羞，共飴鹽，后及世子亦如之。凡齊事，鬻鹽以待戒令。齊，才細反。鬻，音煮。盬，音古。

釋曰：鹽所以調和食味，故次醢人。王氏曰，鹽之爲物，其用博，其利厚，必有政令以治之。先王之時，山澤有虞衡物爲之厲而爲守禁，至於鹽則有守禁尤嚴，以共百事之鹽者。鹽之爲用非一人，人不可闕也，若祭祀、賓客及王后、世子膳羞，其大耳。鹽之所産不同，有刮於地而得者，其味苦，謂之苦鹽。有熬其波而出者，其鹽散，謂之散鹽。有風其水而成者，其味甘甜，謂之飴鹽。有積於鹵而結者，其形似虎，謂之形鹽。祭祀則共苦鹽，取其成於自然，與玄酒明水不異也。賓客則共形鹽，取其如虎之形，示服猛也。然皆益以散鹽者，取其治洽四海，能致遠物以奉先祖、懷諸侯也。王及后世子膳羞皆共飴鹽者，取其味之甘甜可嘗食也。齊事，和五味之事。鬻爲煮。盬者，鹽之陳而古者，其色黑，或化爲水也。用火以煉治之，則潔白如初，其味和矣。

原曰：鹽，民食之和，不可一日闕也。禹任土作貢，而令青州貢鹽，蓋貢其所有以供王用耳。《周禮》，鹽人之職，以共百事之鹽。蓋亦以鹽之用而共邦事，未嘗以鹽之利而共邦財也。其官則以奄二人爲之。掌其政令，謂共鹽耳，待其戒令，謂煮盬爾。自祭祀、賓客、膳羞之外，未嘗有一毫之取於民，是以其利則嘗在民而不在官也。上之人未嘗資其利以富國，下之人未嘗謀其利以富家。故《周禮》一書理財居半，鹽獨無賦，自管仲以後寢以爲富國之計，遂至官與民爭利，豈先王之意哉。

陳第《屈宋古音義》卷一

降。音洪，詳見《毛詩古音攷》。《離騷》：帝高陽之苗裔兮，朕皇考曰伯庸。攝提貞于孟陬兮，惟庚寅吾以降。《九歌·雲中君》：靈皇皇兮既降，猋遠舉兮雲中。覽冀州兮有餘，横四海兮焉窮。宋玉《風賦》：故其清涼雄風則飄舉升降乘凌高城入于深宮。

能佩。能音泥，佩音皮。俱見《毛詩古音攷》。《離騷》：紛吾既有此内美兮，又重之以修能。扈江離與辟芷兮，紉秋蘭以爲佩。《思美人》：登高吾不説兮，入下吾不能固。朕形之不服兮，然容與而狐疑。

莽。音姥。古馬亦音姥，二字義異而音同。漢有馬何羅者，明德皇后惡其先有叛，以莽易馬，改字不改音也。介子推《龍蛇歌》：二蛇入國，厚蒙爵土。餘有一蛇，棄于草莽。何仲言詩：霜洲渡旅鴈，胡飈吹宿莽。夜淚坐淫淫，是節偏懷土。《離騷》：汩吾若將不及兮，恐年歲之不吾與。朝搴阰之木蘭兮，夕攬洲之宿莽。《九章·懷沙》：滔滔孟夏兮，草木莽莽。傷懷永哀兮，汩徂南土。宋玉《風賦》莽亦此音。

焦竑《黄帝陰符經解》下篇

瞽者善聽，聾者善視。絶利一源，用師十

倍。三反晝夜，用師萬倍。心生於物，死於物。機在目，天之無恩而大恩生，迅雷烈風莫不蠢然。至樂性餘，至靜性廉。天之至私，用之至公。禽之制在氣，生者死之根，死者生之根。恩生于害，害生於恩。愚人以天地文理聖，我以時物文理哲。瞽善聽，聾善視，以其絶聲色之利，一視聽之源，故十倍衆力，乃其理也。況學道者乎。人能自晝而夜，三要皆反。視不以色，視于無形。聽不以聲，聽于無聲。味不以味，味于無味。反流全一，六用皆廢。斯人也，上合太初，而不見太初之無；下合羣物，而不見羣物之有，以之握造化之柄，透生死之關，倍于衆力有萬萬者。不然種種色相，認以爲實，一得一失，生死隨之，此生于物死于物者也。生死也，由于見可欲。三反也，成於觀天道得喪之機。實在于目，三者之中，目爲尤要矣。順爲恩，逆爲害；順爲生，逆爲死。晝夜三反，害之死之，非恩之也。然迅雷烈風，天若無恩，而萬物得之蠢然而動，是大恩生於無恩也。人能逆我欲流反窮流根至不生滅，其于復性，奚難之有？夫枯槁者以寂滅言性，不知至樂性餘，不爲靜縛也。流易者以和樂言性，不知至靜性廉，不爲動轉也。葛玄曰：棲神于靜樂之間者，謂之守中，蓋得此意此理。至公不離至私，百姓之日用者，即道也，在禽而制之以氣耳。禽，古擒字，易以從禽也。《左氏》「不禽二毛」，皆作禽。蓋心有是非，氣無分別。心有是非，故老子不欲以心使氣。氣無分別，故陰符欲以氣制心。氣制心，則太浩常存。情根内廢，雖萬境交馳。一念不作，如畫馬牛，如幻男女，夫誰爲撓哉？《老子》云「專氣致柔」。《莊子》云「無聽之以心，而聽之以氣」。《靈幻》云「一氣孔神」。張平叔云「真土擒真鉛，真鉛制真汞」。皆指此而言。故曰：生生者不生，殺生者不死。又曰：生生者不生，死死者不死。人能當生而不生，未死而先死，則長生矣。嗟乎，生死恩害相爲循環，衆人常處其生處其恩，此以天地文理求聖于迹也，逐其子者也。聖人常處其死，處其害，此以時物文理求哲于心也，守其母者也。順逆少分，聖愚霄壤，乃其性豈有畢哉？降本流末，而本未嘗喪，散樸爲器，而樸未嘗離。一能反本還樸，復歸其初，則性道即此而在矣。

陸粲《左傳附注・僖公九年》 九年，以伯舅耋老，○七十曰耋。此服虔、王肅輩説也。《詩毛傳》及《説文》、《釋名》、《爾雅》注皆云八十曰耋。今計齊侯之年，亦未應及此，蓋方加優禮，因過稱之。以是藐諸孤。○言其幼賤，與諸子懸藐。《太玄》曰藐。《德靈徵》失范望注：藐，小貌。毛晃韵引此傳文，亦云藐小也、弱也。杜以爲藐遠之意，非是。君子曰：「《詩》所謂『白圭之玷，尚可磨也；斯言之玷，不可爲也』。」○《詩・大雅》言此言之缺，難治，甚於白圭，荀息有焉。有此詩人重言之義。李德裕《窮愁志》云，荀息許晉獻以言，繼之以死，君子猶嘆斯言之玷不可爲也。司馬溫公亦云，獻公廢長立少，荀息不能明白理義，格其非心，而遽以死許之，是其言玷於前而不可救於後。《左氏》之志所以貶息而非褒也。元凱之言失其指矣。

李廷忠《橘山四六》卷一《通金府判》［孫雲翼注］ 某規繩不治，模範奚施。恐未免羣弟子之私嘲，《邊韶傳》：韶以文學知名，教授數百人。曾晝日假卧，弟子私嘲之曰：「邊孝先，腹便便。懶讀書，但欲眠。」韶潛聞之，應時對曰：「邊爲姓，孝爲字。腹便便，《五經》笥。但欲眠，思經事。寐與周公通夢，靜與孔子同意。師而可嘲，出何典記？」嘲者大慙。幸其有上大夫之易事。悵鴒原之日遠，《詩》：脊令在原，兄弟急難。毛注：脊令，雝渠，飛則鳴，行則搖。陸璣云：首尾相應，以況兄弟。杜詩：令原荒宿草。王元之詩：錦標爭屬鶺鴒原。憶鴈塔之年齊。鴈塔在慈恩寺中，今西安府曲江池側。《西域記》：昔有比丘見羣鴈飛翔，一鴈投下自殞。衆曰：「此鴈垂戒，宜旌彼德。」乃瘞鴈建塔。《類説》：佛在西域，時有比丘見鴈飛空，乃念曰：「摩訶薩埵，可充我費。」鴈乃墮地。佛曰：「此鴈，王也，不可食。」乃立鴈塔。宋馬永卿《懶眞子》：唐玄奘法師往五印度取經，得如來舍利一百五十粒，梵本六百五十七部，皇太子治建大慈恩寺，居之。師乃於寺造甎浮圖以藏梵本，恐火突也，所以謂之鴈塔者，用西域故事也。王舍城中有僧婆窣堵波，僧婆者，唐言鴈也。窣堵波者，唐言塔也。師至王舍城，嘗禮是塔。因問其因緣，云：昔此地有伽藍，依小乘食三淨食。三淨食者，謂鴈也，犢也，鹿也。一日衆僧無食，仰見羣鴈飛翔，輒戲言曰：「今日衆僧缺供，摩訶薩埵，豈知其引？」前者應聲而墮，衆僧飲泣，遂依大乘更，不食三淨。仍建塔，以鴈埋其下。故師因此名塔薩埵者，好施之稱也。《古今詩話》：唐韋肇及第，偶於慈恩寺鴈塔題名，後人效之，遂成故事。《摭言》：神龍以來，杏園宴後皆於慈恩寺鴈塔題名，同年中推善書者記之。他日有將相，則朱書之。及第後知名，或過未及第時，題名處則爲添前進士字。故昔人有詩云：曾題名處添前字，送出城人乞舊詩。白樂天詩：慈恩塔下題名處，十七人中最少年。詩墨猶新，夜雨失對牀之約。韋蘇州詩：那知風雨夜，復此對牀眠。東坡詩：對牀欲作連夜話，野客叢書云人多。以「夜雨」、「對牀」爲兄弟事。如東坡《與子由詩》引此，蓋祖韋蘇州《示元眞元常詩》也。然韋《贈令狐士曹》云：秋簷滴滴對牀寢，山路迢迢連騎行。則「夜雨」、「對牀」於朋友亦然。白樂天《招張司業詩》云：能來同宿否，聽雨對牀眠。此善用韋意，不膠於兄弟也。又觀鄭谷《訪元秀上人詩》云：且共高僧對，楊眠思圓昉。上人詩云：每思聞淨話，夜雨對繩牀。則「夜雨」、「對牀」，亦有施於僧者。第韋詩爲東坡拈出，故人承用爲兄弟，故事耳。李自注云：公與先兄同舍同年，復爲宣城同官，嘗寄詩云：憶昔爐亭興味長，飯餘一笑步修廊。如今鴈塔聯兄弟，夜雨何時復對牀。按：爐亭在今宣城，宋太學亦有爐亭。宋岳珂《桯史》云：國學以古者五祀之義，凡列齋扁榜，至除夕必相率祭之，遂以爲爐亭守歲之酌。是知宋太學有爐亭也。坐氈方缺，海沂逢別駕之臨。

李劉《四六標準》卷二《代上宣同知》[孫雲翼注] 馘獻阜郊，取印頗如於斗大。馘，古獲切。《說文》：軍戰斷耳也。《詩》：在泮獻馘。《方輿勝覽》：阜郊堡，在天水軍天水縣東北四十里，去秦州三十里。宋有阜郊博易鋪場，舊隸沔戎司。劉甲爲利路安撫，乞還本司。劉昌祖在西和州，王大才在沔州，大才之兵屢衄，昌祖不救，遂棄阜郊。按《宋史》：寧宗嘉定七年，四川制置司遣提舉阜郊博易務何九齡率諸將戰於秦州城下，敗還。十一年春正月，金人圍阜郊堡。二月，金人破阜郊，死者五萬人。十三年九月，金人犯阜郊堡，沔州統制董炤等與戰，大敗。宋劉時舉《中興編年通鑑》云：嘉定十一年正月，金人圍阜郊堡，二月陷。阜郊王師與戰，勝負半之，死者五萬人。制置司招忠義人，復阜郊。三月，利州統制王逸等率官軍及忠義人收復，忠義人十萬出攻秦州，官軍繼進，至赤谷口，忽王逸傳劉昌祖之命退師，而忠義軍遂潰。金統制包長壽合長安鳳翔之衆，復攻阜郊，不克，引兵趍西和州。劉昌祖焚西和州而遁，金人陷西和州。昌祖奪五官韶州安置。《周顗傳》：今年殺諸賊奴，取金印如斗大繫肘。威申赤谷，積甲幾至於山齊。殄，徒典切。《說文》：盡也。《左傳》：俾殄其師赤谷有二《漢書·陳湯傳》：郅支數借兵擊烏孫，深入至赤谷城。又從間道入赤谷，過烏孫，涉康居界，至滇池西。《西域傳》：烏孫國大昆彌治赤谷城，去長安八千九百里。賈逵《永平頌》：威震赤谷。此西域赤谷也，此赤谷在今秦州西南七里，中有赤谷川。杜詩：晨發赤谷亭，艱險方自兹。指秦州赤谷也。上文所謂忠義人攻秦州至赤谷口，即此赤谷也。《東觀漢紀》：劉盆子與丞相已下二十餘萬人，詣宜陽，降光武，積甲於宜陽城西，高與熊耳山等。劉子玄《史通》曰：赤眉既降，棄甲誠衆，必與山比峻，則血流漂杵之說也。《梁書·高祖紀》：熊耳比峻，未足云擬。睢水不流，曷其能及。《韋叡傳》：叡破魏軍，高祖遣中書郎周捨勞於淮上。叡積所獲於軍門，捨觀之，謂叡曰：「君此獲復與熊耳山等。」李詩：積甲應將熊耳齊。豈期一落千丈之強，韓詩：躋攀分寸不可上，失勢一落千丈強。乃在百里九十之半。

姚舜牧《重訂春秋疑問》卷一 六年，春，鄭人來輸平。「輸」，謂輸寫其情。「平」謂兩國昔有忿怨，如地之不平，今悉剗削而使之平也。鄭初與魯隙甚兹，曷爲一旦肯輸其情哉？蓋彼知魯素與宋合，而今幸有可乘之隙，於是傾寫以求成，爲他日報宋復讐計。鄭莊之用情亦狡矣。魯啗其利而不知，而向也與宋盟，宿遇清之好，一變而爲取郜、取防之讐，可嘆哉。此宜重看一「來」字，蓋魯初無意於鄭，而鄭自來輸其平於我也，春秋特誅其心，故稱「人」。春秋之初，魯、宋、衛、陳、蔡爲一黨，齊、鄭爲一黨。今鄭伺宋、魯之隙，先來輸平，以離其黨，而通合齊、魯之交，他日自可藉援以逞己之欲。觀三年齊、鄭盟于石門，及下文公會齊侯盟于艾，及十年中丘之會伐宋之舉，則鄭莊之情可見矣。其有戰國策士之風乎。

徐光啓《農政全書》卷一《經史典故》 神農氏曰炎帝，以火名官。斲木爲耜，揉木爲耒，耒耨之用，以教萬人。始教耕，故號神農氏。《白虎通》云：古之人民，皆食禽獸肉，至於神農，用天之時，分地之利，制耒耜教民農作，神而化之，使民宜之，故謂之神農。《典語》云：神農嘗草別穀，烝民粒食，後世至今賴之。農丈人一星，在斗西南，老農主稼穡也。其占與糠略同，與箕宿邊杵星相近。蓋人事作乎下，天象應乎上，農星其殆始於此也。后稷，名曰棄。棄爲兒時，如巨人之志，其遊戲，好種植麻麥。及爲成人，遂好耕農，相地之宜，宜穀者稼穡之，民皆法之。帝堯聞之，舉爲農師。帝舜曰：棄，黎民阻饑，汝后稷播時百穀。《詩》曰：思文后稷，克配彼天，立我烝民，莫匪爾極。帝命率育，奄有下國，俾民稼穡。《豳風·七月》之詩，陳王業之艱難。蓋周家以農事開國，實祖於后稷。所謂配天社而祭者，皆後世仰其功德，尊之之禮，實萬世不廢之典也。

嘗聞古之耕者用耒耜，以二耜爲耦而耕，皆人力也。至春秋之間，始有牛耕，用犂。《山海經》曰：「后稷之孫叔均，始作牛耕」是也。嘗考之：牛之有星，在二十八宿丑位，其來著矣。謂牛生於丑，宜以是月至祭牛宿，及令各加蒭豆養牛，以備春耕。

《漢·食貨志》：后稷始甽田，以二耜爲耦。

《藝文志》：農九家百四十一篇。農家者流，蓋出農稷之官，播百穀，勸耕桑，以足衣食。

《書·洪範》八政：一曰食，二曰貨。玄扈先生曰：生之者衆，食之者寡，此言食也。爲之者疾，用之者舒，此言貨也。

周公曰：嗚呼，君子所其無逸，先知稼穡之艱難，乃逸，則知小人之依。

《禮·王制》：國無九年之蓄，曰不足；無六年之蓄，曰急；無三年之蓄，曰國非其國也。三年耕，必有一年之食；九年耕，必有三年之食。以三十年之通，雖有凶旱水溢，民無菜色。

《孝經・庶人章》：用天之道，春則耕種，夏則耘苗，秋則穫刈，冬則入廩。分地之利，分別五土之高下，隨所宜而播種之。謹身節用，身恭謹，則遠恥辱。用節省，則免饑寒。以養父母。此庶人之孝也。

周制：種穀必雜五種，以備災害。種即五穀，謂黍、稷、麻、麥、豆也。還廬樹桑，菜茹有畦，瓜瓠果蓏，殖於疆埸。鷄豚狗彘，毋失其時。女脩蠶織，則五十可以衣帛，七十可以食肉。入者必持薪樵，輕重相分，班白不提挈。冬，民既入，婦人同巷，相從夜績，女工一月得四十五日。服虔曰：一月之中，又得夜半爲十五日，凡四十五日。必相從者，所以省費燎火，同巧拙而合習俗也。

《管子》：民無所游食，必農。民事農則田墾，田墾則粟多，粟多則國富。玄扈先生曰：有所游食必不農，今世是也。

管仲相齊，與俗同好惡。其稱曰：倉廩實而知禮節，衣食足而知榮辱。

《莊子》：長梧封人曰：昔予爲禾稼，而鹵莽種之，其實亦鹵莽而報予；芸而滅裂之，其實亦滅裂而報予。來年深其耕而熟耰之，其禾繁以滋，予終年厭飧。

李悝爲魏文侯作「盡地力」之教，以爲地方百里，提封九萬頃，除山澤、邑居叁分去一，爲田六百萬畮。治田勤謹，則畮益三升；臣瓚曰：當言三斗，謂治田勤，則畮加三斗也。不勤，則損亦如之。地方百里之增減，輒爲粟百八十萬石矣。又曰：糴甚貴傷民，甚賤傷農。民傷則離散，農傷則國貧。故甚貴與甚賤，其傷一也。

《氾勝之書》：湯有旱災，伊尹作爲區田，教民糞種，負水澆稼。氾，扶嚴反，水名。又姓，出燉煌、濟北二望，本姓凡氏，避地於氾水，因改焉。

《史記》：太史公曰：居之一歲，種之以穀；十歲，樹之以木；百歲，來之以德。德者，人物之謂也。今有無秩祿之奉、爵邑之入而樂與之比者，命曰素封。故曰陸地牧馬二百蹄，《漢書音義》曰：五十疋。牛蹄角千，《漢書音義》曰：百六十七頭也。馬貴而牛賤，以比爲率。千足羊，澤中千足彘，韋昭曰：二百五十頭。水居千石魚陂，徐廣曰：魚以斤兩爲計也。山居千章之材，安邑千樹棗，燕、秦千樹栗，蜀漢、江陵千樹橘，淮北、常山已南、河濟之間千樹萩，陳夏千畝漆，齊魯千畝桑麻，渭川千畝竹；及名國萬家之城，帶郭千畝畝鍾之田，徐廣曰：六斛四斗也。若千畝卮茜，徐廣曰：卮，音支，鮮支也。茜，音倩，一名紅藍，其花染繒赤黃也。千畦薑韭。徐廣曰：千畦，二十五畝。駰案：韋昭曰：畦猶隴也。此其人，皆與千戶侯等。

漢文帝時，賈誼說上曰：漢之爲漢，幾四十年矣。公私之積猶可哀痛。即不幸有方二三千里之旱，國胡以相恤？卒然邊境有急，數十百萬之衆，國胡以餽之？夫積貯者，天下之大命也。苟粟多而財有餘，何爲而不成。以攻則取，以守則固，以戰則勝，懷敵附遠，何招而不至。今敺民而歸之農，使天下各食其力，末技游食之人轉而緣南畝，則蓄積足，而人樂其所矣。

張堪拜漁陽大守，開稻田八千餘頃，勸民耕種，以致殷富。百姓歌曰：桑無附枝，麥穗兩岐。張君爲政，樂不可支。

王符曰：一夫不耕，天下受其飢；一婦不織，天下受其寒。今舉俗舍本農，趨商賈，是則一夫耕百人食之，一婦桑百人衣之。以一奉百，孰能供之？

劉陶曰：民可百年無貨，不可一朝有饑。故食爲至急也。仇覽爲蒲亭長，勸人生業，爲制科令，至於果菜爲限，雞豚有數。農事既畢，乃令子弟羣居就學。其剽輕游恣者，皆役以田桑，嚴設科罰。躬助喪事，振恤窮寡，期年稱大化。

唐張全義爲河南尹，經黃巢之亂，繼以秦宗權、孫儒殘暴，居民不滿百戶，四境俱無耕者。全義招懷流散，勸之樹藝。數年之後，都城坊曲，漸復舊制。諸縣戶口，率皆歸復。桑麻蔚然，野無曠土。全義出，見田疇美者，輒下馬，與僚佐共觀之。召田主，勞以酒食。有蠶麥善收者，或親至其家，悉呼出老幼，賜以茶綵衣物。民間言張公不喜聲伎，見之未嘗笑，獨見佳麥良繭則笑耳。有田荒穢者，則集衆杖之。或訴以乏人牛，乃召其鄰里責之曰：彼誠乏人牛，何不助之？衆皆謝，乃釋之。由是鄰里有無相助。故比戶皆有蓄積，凶年不饑，遂成富庶焉。

李襲譽嘗謂子孫曰：吾負京有田十頃，能耕之，足以食。河內千樹，桑事之，可以衣。能勤此，無資於人矣。

趙爲源等《左傳杜林合注》卷四〇《昭公十九年》〔經〕戊寅十有九

年春，宋公伐邾。爲郳。○夏，五月戊辰，許世子止弑其君買。杜：加弑者，責止不舍藥物。林：悼公弑，止奔晉，斯立。○己卯，地震。無傳。○秋，齊高發帥師伐莒，○冬，葬許悼公。無傳。

［傳］十九年春，楚工尹赤遷陰于下陰，杜：陰縣，今屬南鄉郡。令尹子瑕城郟。林：子瑕即陽匄，郟亦楚邑。叔孫昭子曰：「楚不在諸侯矣，林：言楚無復經略中原之志。其僅自完也，遷陰、城郟，皆欲以自完守。以持其世而已。」林：以保持其世，言無遠謀也。○楚子之在蔡也，蓋爲大夫時往聘蔡。郹陽封人之女奔之，生大子建。郹陽，蔡邑。郹，古闃反。及即位，使伍奢爲之師，伍奢，伍舉之子，伍員之父。費無極爲少師，無寵焉，欲譖諸王，曰：「建可室矣。」室，妻也。少，詩照反。王爲之聘於秦，無極與逆，勸王取之。正月，楚夫人嬴氏至自秦。王自取之，故稱夫人至，爲下拜夫人起。爲，于僞反。與，音預。嬴，音盈。○鄅夫人，宋向戌之女也，故向寧請師。杜：寧，向戌子也，請於宋公，伐邾。向，傷亮反。戌，音恤。二月，宋公伐邾，圍蟲。三月，取之。蟲，邾邑，不書圍，取不以告。乃盡歸鄅俘。○夏，許悼公瘧。林：瘧，痁疾。瘧，魚略反。五月戊辰，飲大子止之藥卒。杜：止獨進藥，不由醫。太子奔晉，書曰「弑其君」，君子曰：「盡心力以事君，林：言事君之道，但當盡其忠心，與其實力。舍藥物可也。」藥物有毒，當由醫，非凡人所知，譏止不舍藥物，所以加弑君之名。舍，音捨。○邾人、郳人、徐人會宋公。乙亥，同盟于蟲。終宋公伐邾事。郳，五兮反。○楚子爲舟師以伐濮，濮，南夷也。濮，音卜。費無極言於楚子曰：「晉之伯也，邇於諸夏，而楚辟陋，故弗能與爭。若大城城父，而置大子焉，城父，今襄城城父縣。伯，音霸。辟，匹亦反。父，音甫。以通北方，王收南方，是得天下也。」林：兼收南北，是得天下矣。王說，從之。故大子建居于城父。令尹子瑕聘于秦，拜夫人也。杜：爲明年譖大子張本。改以爲夫人遣謝秦。說，音悅。○秋，齊高發帥師伐莒。莒不事齊故。莒子奔紀鄣。杜：紀鄣，莒邑也。東海贛榆縣東北有紀城。鄣，音章。使孫書伐之。孫書，陳無宇之子子（古）［占］也。初，莒有婦人，莒子殺其夫，已爲嫠婦。寡婦爲嫠。嫠，力之反。及老，託於紀鄣，紡焉以度而去之。林：紡麻縷爲纑，以所紡纑度紀鄣之城，藏其纑以待外攻者，欲爲夫報仇。去，藏也。紡，芳往反。度，待洛反。去，起呂反。及師至，則投諸外。杜：投繩城外，隨之而出。或獻諸子占，子占使師夜縋而登。杜：緣繩登城。登者六十人，縋絶。師鼓譟，城上之人亦譟。莒共公懼，啓西門而出。七月丙子，齊師入紀。傳言怨不在大。共音恭。○是歲也，鄭駟偃卒。子游娶於晉大夫，生絲弱，杜：子游，駟偃也。弱，幼少。其父兄立子瑕。杜：子瑕，子游叔父駟乞。子產憎其爲人也。杜：憎子瑕。且以爲不順，舍子立叔，不順禮也。弗許，亦弗止。杜：許之爲違禮，止之爲違衆，故中立。駟氏聳。聳，懼也。他日，絲以告其舅。冬，晉人使以幣如鄭，問駟乞之立故。杜：問駟氏何故舍子而立叔。駟氏懼，駟乞欲逃，子產弗遣；請龜以卜，亦弗予。大夫謀對，子產不待而對客曰：「鄭國不天，杜：不獲天福。寡君之二三臣札瘥夭昏林：夭死曰札，小疫曰瘥；短折曰夭，未明曰昏。此言相繼而死。札，側八反。瘥，才何反。今又喪我先大夫偃。其子幼弱，其一二父兄懼隊宗主，私族於謀，而立長親。杜：於私族之謀，宜立親之長者。喪，息浪反。隊，查類反。長，于丈反。寡君與其二三老曰：『抑天實剝亂，是吾何知焉？』杜：言天自欲亂駟氏，其國所知。諺曰：『無過亂門。』民有兵亂，猶憚過之，而況敢知天之所亂？林：凡民有兵戈之亂，他人猶畏憚不敢輒過其門，況天意之所欲剝亂，敢過而知之乎。過，古禾反。下同。今大夫將問其故，抑寡君實不敢知，其誰實知之？林：駟氏，鄭臣也，鄭君尚不敢與知其事，鄭之諸臣又誰敢與知其事。平丘之會，在十三年。君尋舊盟曰：『無或失職。』若寡君之二三臣，其即世者，晉大夫而專制其位，是晉之縣鄙也，何國之爲？」辭客幣而報其使，晉人舍之。杜：遣人報晉使。林：晉人置之不問。傳言子產有辭。使，所吏反。○楚人城州來，沈尹戌曰：「楚人必敗。昔吳滅州來，在十三年。子旗請伐之。王曰：『吾未撫吾民。』今亦如之，林：今亦未撫吾民，如前十三年。而城州來以挑吳，能無敗乎？」侍者曰：「王施舍不倦，息民五年，可謂撫之矣。」戌曰：「吾聞撫民者，節用於內，而樹德於外，民樂其性，而無寇仇。今宮室無量，民人日駭，勞罷死轉，忘寢與食，林：平王營創宮室，無有量度，非節用樹德也。人民日以驚駭，勞苦罷困，死亡轉徙，日忘其食，夜忘其寢，非樂其性而無寇仇也。樂，音洛。罷，音皮。非撫之也。」傳言平王所以不能霸。○鄭大水。林：凡平原出水爲大水。龍鬭于時門之外洧淵，杜：時門，鄭城門也。洧水，出滎陽密縣東南，至潁川長平入潁。洧，于軌反。國人請爲禜焉。子產弗許，曰：「我鬭，龍不我覿也；杜：覿，見也。林：言我若相鬭，龍必不覿見於我。禜，爲命反。覿，大歷反。龍鬭，我獨何覿焉？禳之，則彼其室也。淵，龍之室。吾無求於龍，龍亦無求於我。」乃止也。傳言子產之知。○令

尹子瑕言蹶由於楚子，杜：蹶由，吳王弟，五年。靈王執以歸。蹶，九衛反。曰：「彼何罪？諺所謂『室於怒市於色』者，楚之謂矣。杜：言靈王怒吳子而執其弟，猶人忿於室家而作色於市人。舍前之忿可也。」乃歸蹶由。杜：言楚子能用善言。

何楷《詩經世本古義》卷二〇《周桓王之世詩》 《擊鼓》，怨州吁也。出序。衛州吁使公孫文仲帥師會陳侯、宋公伐鄭，其從軍者賦此。子貢傳云：州吁求寵于諸侯，使公孫文仲帥師及宋公、陳侯、魯人、蔡人伐鄭，衛人怨之。申培說亦云：州吁伐鄭，國人怨之而作。按：《左·隱元年》鄭共叔之亂，公孫滑出奔衛，衛人爲之伐鄭，取廩延。二年冬，鄭人伐衛，討滑之亂。四年春，衛州吁弑桓公而自立。宋殤公之即位也，公子馮出奔鄭，鄭人欲納之。及衛州吁立，將修先君之怨于鄭，而求寵于諸侯，以和其民，使告于宋曰：君若伐鄭以除君害，君爲主，敝邑以賦與陳、蔡從，則衛國之願也。宋人許之。于是陳、蔡方睦于衛，故宋公、陳侯、蔡人、衛人伐鄭，圍其東門，五日而還。秋，諸侯復伐鄭，敗鄭徒兵，取其禾而還。朱傳以爲此詩衛人從軍者所作。愚謂此當是再伐鄭時軍中寓書與家人訣別之辭，以二章「不我以歸」，三章「爰居爰處」之語知之。

擊鼓其鏜，陽韻。石經《說文》作鼜。豐氏本作鼞。踊躍用兵。叶陽韻，逋旁翻。土國城漕，我獨南行。叶陽韻，寒剛翻。賦也。鏜，通作鼜，鼓聲也。踊，跳躍，迅也。俱見《說文》。嚴粲云：踊躍，言喜之之意。鄭玄云：此用兵，謂治兵時。曾鞏云：鏜然擊鼓，踊躍用兵，想見州吁好兵喜鬬之狀。其興師動衆，非出于不得已也。人所甚憚者，州吁之所最樂，國人怨之，正以其踊躍爾。郝敬云：擊鼓、踊躍，輕佻之狀。輕佻者無謀。《易·師之象》曰：師貞，丈人吉。以兵爲戲，未有不亡者，州吁所以死也。按：《左傳》記魯衆仲之對隱公曰：州吁阻兵而安忍，阻兵無衆，安忍無親，衆叛親離，難以濟矣。夫兵猶火也，弗戢將自焚也。夫州吁弑其君而虐用其民，于是乎不務令德，而欲以亂成，必不免矣。是歲九月，衛人殺州吁于濮，衆仲之言于是始驗。土，土功。國，國中。城，築城也。漕，衛邑。《左傳》作曹。戴公廬于曹即此。《一統志》云：廢白馬縣，在今大名府滑縣治南，本衛之漕邑。南行者，從軍南行伐鄭，鄭在衛之南也。衛國之民，或役上功于國，或築城于漕，非不勞苦，而猶處于境內，今我獨南行，則死亡未可知，其危苦爲尤甚也。此章追述始行之辭。鄒忠胤云：按《史記》衛桓公二年，弟州吁驕奢，桓公絀之，州吁出奔。十三年，鄭伯弟段攻其兄不勝，亡，而州吁求與之友。十六年，州吁收聚衛亡人，以襲殺桓公，自立爲衛君。爲鄭伯弟段欲伐鄭，請宋、陳、蔡與俱，三國皆許之。觀此，則州吁之伐鄭蓋與段比謀，所謂同欲相求，如市賈者也。

從孫子仲，送韻。平陳與宋。叶送韻，讀如送，蘇弄翻。不我以歸，憂心有忡。叶送韻，敕衆翻。豐本作[illegible]。賦也。從，《說文》云：隨行也。王粲詩曰：「從軍有苦樂，但問所從誰」，即此從也。孫，公孫，其後因以孫爲氏。子仲，其字。序稱公孫文仲者，文其謚也，名無考，時軍帥也。平，朱子云：和也。合二國之好也。陳與衛相睦，宋與鄭有仇，衛欲伐鄭，使宋爲主，以是時陳尚未從宋，故先合二國之好而後進兵也。自此以上皆追述前日之語。「不我以歸」者，先是，平陳與宋之後，即往伐鄭，既圍其東門，五日而還矣。未幾，魯翬帥師來會，復往伐鄭，自夏而秋，僅隔一時耳，必師歸在途，又聞後命，未得班師，故曰不我以歸也。忡，《說文》云：憂也。既言憂，又言忡者，憂主前日言，忡主今日言，見其憂之繼至而無已也。

爰居爰處？上聲。爰喪去聲。其馬？韻。于以求之？于林之下。馬，韻。賦也。此下皆與家人訣別之語。爰，《說文》云：引也。謂引辭也。上章言不我以歸，則於是居，於是處矣。居者久居，處者暫止。未死則當久居，死則爲暫止，總之無還日也。下文言林之下，是其居處所在也。喪，失也。錢氏云，自知必死也，不言死，唯言喪馬，蓋婉辭。嚴粲云：身死則馬非我所有，唐人詩所謂「去時鞍馬別人騎」也。郝敬云：唐詩「可憐馬上郎，意氣今誰見」本此。汝家中之人，若欲求我其于林之下乎？山木曰林。鄭玄云：軍行必依山林，求其故處，近得之。此蓋囑以後事。《左傳》蹇叔哭送其子曰：「晉人出師必于殽，必死是間，余收爾骨焉」，即此意也。

死生契陸德明云：一作挈。闊，曷韻。與子成說。叶曷韻，讀如辥，桑曷翻。執子之手，有韻。與子偕老。叶有韻，朗口翻。賦也。契，《說文》云：大約也。合以爲信，故其義爲合也。闊，《說文》云：疏也，猶言離也。死生契闊，蓋言夫婦之情，死生以之，雖時之所遇，有合有離，而終于不相忘棄，此是約誓渾成語。子，謂其家人。成說，朱子云：謂成其約誓之言。偕，《說文》云，俱也。又相與執手而期以俱老，蓋欲其有合無離，而白首同歸也。此又成說時繾綣祝願之意。

于嗟闊曷韻。兮，不我活曷韻。兮。于嗟洵眞韻。《韓詩》作夐。陸德明云：一作詢，誤也。兮，不我信叶眞韻，升人翻。陸云：信即古伸字，經典通作伸。徐鍇云：假借也。兮。賦也。于嗟，嘆也。活，生活也。洵，恂通。《說文》云：信也。信通作伸，舒展之意。此承上章而言，言人生雖契闊不常，然離尚有合之日，今則必至死地，無相見期矣。向者執手之言何如，其信今則中道捐棄，不能遂其前約矣。其憂危如此，所以然者，則以州吁身犯大逆，衆叛親離，有必敗之道故也。

《擊鼓》五章，章四句。序云：怨州吁也。衛州吁用兵暴亂，使公孫文仲將而平陳與宋，國人怨其勇而無禮也。今按平陳與宋，專爲伐鄭，序但依經爲說，而不及伐鄭，亦是漏義。

朱鶴齡《李義山詩集注·五言述德抒情詩一首四十韵獻上杜兄僕射相

公》　率身期濟世，叩額慮興兵。感念殺屍露，見《左傳》。咨嗟趙卒坑。注見前。儻令安隱忍，何以賛貞明。惡草雖當路，寒松實挺生。人言眞可畏，公意本無爭。錢龍惕箋：《舊唐書》：大中三年九月，西川節度使杜悰收復維州。維州古西戎地，南界江陽，岷山連嶺而西，不知其極；北望隴山，積雪如玉；東望成都，如在井底。其州在岷山之孤峯，三面臨江。天寶後，河隴繼陷，惟此州在焉。吐蕃利其險要，二十年間設計得之，遂據其城，號曰「無憂城」。先是，李德裕鎮西川，吐蕃首領悉怛謀以城來降。德裕奏之，執政者與德裕不協，遽勒還其城。至是收復之，亦不因兵刃，乃人情所歸也。按：維州之爭，事在太和五年。會昌中，德裕復相，嘗追論之，悉怛謀已贈官矣。大中繼立，僧孺黨曰敏中、令狐綯等共排德裕，逐之。時悰有收復維州之功，當非執政所喜。故詩云「惡草雖當路，寒松實挺生。人言眞可畏，公意本無争」。「惡草」指敏中諸人也。悉怛謀之，勒歸也，吐蕃戮之。漢界之上，三百餘人冤叫呼天，擲其嬰孩，承以槍槊，此實以僧孺鈎黨殺降。故詩云「感激殺屍露，咨嗟趙卒坑。倘令安隱忍，何以賛貞明」也。

劉基《誠意伯文集》卷一三《春秋明經上》　築郿，大無麥禾，臧孫辰告糴于齊，新延廏。

諸侯興不急之役，以空其國，而取給于人，猶不戒焉。《春秋》比事而書之，以示譏也。夫國以民爲本，而民以食爲本，可不相時而輕用其力也哉？莊公妄興築郿之役，而不計國儲之虛實，至于麥禾皆無，而當國之大夫親往告糴于齊，其事急矣。而明年之春，又新延廏，何其輕慢國本至于此極乎。《春秋》比而書之，而魯之君臣無務農重穀之實，而有傷財害民之政，可見矣，云云。古之爲國者，必時視民之所勤。民勤于力，則工築罕；民勤于食，則百事廢。未聞以凶年而興不急之役也。三年耕必餘一年之食，九年耕則餘三年之食，未聞在位二十八年而無一年之積也。魯之莊公則不然矣，以峻宇雕牆爲無損，以節用時使爲無益也。是故築郿之工未畢，而倉廩已空；告糴之跡猶新，而延廏復作。曾謂君國子民之道而若是乎？宜其見譏於君子矣。且築者，刱作邑也。城邑，所以禦暴，非時與制不敢興也，況於無故而築邑乎？莊公不視歲之豐凶，而有築郿之役，不知其何爲也。若曰禦暴保民，則魯國無故。苟無令德，太行孟門且不可恃，而況於郿乎。若曰虞山林藪澤之利，則非君人之心矣。未幾而倉廩盡竭，麥禾俱無。無而曰大，顆粒不存之詞也。然後皇皇焉，無所措其手足，而臧孫辰奔告于齊，以請糴焉。以千乘之國，仰給于他人，以活其民，可不懼乎？不曰如齊告糴，而曰告糴於齊，見其情之急也。急病讓夷，何足爲功。適以昭其治名不治實之罪焉耳。魯之君臣盍亦因此而加省矣，則又愈不知戒，以求於人之餘，而新延廏。夫延廏者，法廏也，養馬之所也。凶年飢歲，民食不給，而馬廏是新，推此心也，不至于率獸而食人乎。故書新延廏于告糴之後，所謂時詘舉贏，知其用民力爲已悉矣。然則莊公之爲國也，可知矣。不然，《春秋》書築者七，而公有其四；書興作者九，而公有其三；書無麥苗、無麥禾，而皆見于莊公之世，何耶？魯十二公，臺、苑、池、囿之役，莫多于莊公；而水旱、螟蜮、多麋、有蜚之災，皆備于莊公，天人感應之理不誣矣。而公終不寤也，身死而妻子不保，幾亡其國。嗚呼，豈他人之咎哉。

徐世溥《夏小正解》　正月：正者正也，從所建得名。夏正建寅，故以寅爲正月。正月之名自夏始也，猶曰建日也。啓蟄：啓發也，前此墐戶矣。鴈北鄉：陽鳥也，視斗東西以爲南北。斗西栖而南翔。今東指則北鄉也。雉震呴：雉者雞之類，蛇之配蜃之胚也。蜃化于亥，蛇蟠于巳，雞鳴於寅。正月寅建，雉應木氣，觸巳之形，感亥之合，故應其類而鳴也。震，大也。前此則雊矣，雊而未震。魚陟負冰：負冰者猶有冰焉，薄而可負，未能暴也云爾。陟升也，前乎此者，魚降履泥也。農緯厥耒：緯横也，反耕之跡也。耒跡交横，言緯以包經也。《詩》曰「衡從其畝」。初歲祭耒始用暢：暢鬯也，用鬯酒祭農具於先農以祈歲也。初歲者，正月元日，歲之初也。時有俊風：俊，美也。風和則美，寒則厲。令已入春，餘寒雖在，而和風則時時有之矣，俊美而可親也。寒日滌凍塗：風雖俊而日猶寒，然塗凍漸釋如滌之矣。塗，路也。滌之者日，匪日不滌。田鼠出，農率均田：萬物之理，有盈則耗，有贏則詘。詘伏于未贏之前，而耗兆於爲盈之日。故有木則有蠹，有田則有鼠。孟春伊始，農甫相率均田，而田鼠已出焉。先言鼠出而後言均田，以著消息之理，明未兆之謀也。獺祭魚：魚陟而獺祭焉。物固有所制，聖人觀之，以佃以漁。鷹則爲鳩：質隨氣變，性與時移也。則爲者猶曰鷹固能爲此于時，爰爲之耳，美其從善也。農及雪澤，初服于公田：雪猶拭也，孔子以黍雪桃是也。塗既滌則澤亦可雪矣。及者，及是時而雪之，將以從事于公田也。初服者，先之之辭。《詩》曰「遂及我私」。采芸：是時也，惟是可采耳。《説文》曰：莖似苜蓿，葉似邪蒿，香美柔滑，可以曬，可以佩。鞠則見：黄葉耐寒，猶有存者，值其莖葉俄過，故物鞠則見也。初昏參中，斗柄縣在下：中，午位也。下，寅位也。學觀象者自斗始，步二十八舍者辨中星，始著其中，著其下焉。左右前後之名皆可按圖而推之矣。古禮上西，故寅爲下。柳梯：梯者，若梯然。始生參差，如有層級，故曰梯。鶉火之精下爲柳，雨水戌亥，柳星正中，應其氣而梯也。梅杏杝桃則華。緹縞：緹、縞，花之色也。赤曰緹，白曰縞。緹者杝桃，縞者梅，如緹暎縞者杏也。梅、杏一物也。梅入北方，變而爲杏，故文反梅爲杏。梅杏並言者，南北氣同也。《大戴傳》曰「杝桃，山桃也」。按，杝治也。《詩》曰：「析薪杝矣，觀其理也。」凡桃扐其皮則茂，杝之謂也。杝桃者，蓋經杝之桃爾。杝而華，得其宜故也。雞桴粥：桴者，枹之轉也，枹者抱之轉也。抱形同枹而轉枹，枹音同桴而轉桴，猶於越之爲干越，從于轉也。于於同聲，于干同形，故於轉于而于轉干。凡古文之訛，皆有所因之次第也。桴即抱之義，粥讀如育之義。

張次仲《待軒詩記》卷三《唐風·山有樞》 序：刺晉昭公也。桓叔有不軌之謀，而昭公不知，諸大夫難察察言之，故爲同儕告語之詞，以使之悟，非相勸爲樂也。昭公名伯，文侯仇之子，穆侯費王之孫。

山有樞，音區，又叶邱。隰有榆。音俞，又叶由。子有衣裳，弗曳音裔，从申从丿，俗加點，誤。弗婁。叶閭，又讀作樓。子有車馬，弗馳弗驅。如字，又叶求。宛其死矣，他人是愉。如字，又叶偷。興而比也。樞刺如柘，葉如榆，可以爲茹。榆，白榆也，粉可禦飢，材可爲轂，詩人因有衣裳車馬之詠。故即樞榆以起興，曳即棄甲曳兵之曳，謂服之而下垂。《漢文帝紀》「後宮衣不曳地」。衣長則曳之于地。婁，繫也，收斂也。蓋繫以紳帶，使其斂束也。馳驅，解見《鄘風·載馳》，言有國不能治，猶之有物不能用，不亡何待？宛其死矣，猶言忽然而死，則爲他人所樂。愉，樂也。

山有栲，音考，又音槀。隰有杻。音紐。子有廷內，弗洒弗埽。叶叟。子有鐘鼓，弗鼓弗考。叶槀。宛其死矣，他人是保。補苟反。栲似樗而葉小，白，生于山，名山樗，以不材而壽。杻，檍也。似杏而白，可爲弓弩。宮中多樹之，取億萬之意。此章以栲、杻取興，豈以栲全天年，杻號萬歲，有長守之義耶。洒埽，恐其塵起，先以水洒地而埽之。鼓，動。考，擊也。保，據而守之也。

山有漆，隰有栗。子有酒食，何不日鼓瑟？且以喜樂，且以永日。宛其死矣，他人入室。漆可成琴瑟，栗可供籩豆，故以興酒食鼓瑟之事。天子食日舉樂，諸侯無故不釋懸，故以酒食鼓瑟相因而言。人而無事則長日難度，飲酒作樂則愈長愈好，故曰永日。「且」字可味，有姑勿掛念，且及時行樂之意。羅瑞良云：登歌惟王備琴瑟，諸侯則有瑟而無琴，故曰何不日鼓瑟也。通詩興意俱在「有」字，有衣裳等物而不用，辟如山木之不采，終亦腐敗摧毀，歸于無用而已，他人入室，一榱一椽俱非吾有矣。呂祿棄軍，其姑呂嬃悉出珠玉寶器散堂下，曰：無爲他人有也，即此詩意。何黃如曰：首言衣裳車馬，是身中物，次言庭內鍾鼓，是家中物，至末章則身家俱不暇念，惟偷取日前之樂，意愈悲詞愈切矣。胡休復曰：是時昭公若朝生之菌，夕而即落，以甚愚之主，至急之勢，百務頹廢不舉之時，而欲告以保身寧家之道，則其說也長，而其入也無緒。故喟然曰，與其齷齪待亡，不如快樂永日，所以發其傷心之痛，而振其欲死之氣，語苦而意迫矣。輔漢卿曰：晉昭非有大無道之事以自絕于民也，特以微弱不振，日就萎薾，以是知君人者不必淫刑酷罰，厚賦重斂，足失民心，苟威靈氣燄不足以震動鼓舞，則必至奄奄而盡。蓋天下之大，人心之衆，非柔懦不振者所能控御也。

王叔和《圖注脉訣辨真》卷二《心臟歌》［張世賢注］ 心臟身之精，小腸爲弟兄。心也者，隨機應變，主宰萬物，而爲一身之主。故曰：「身之精。」朱子有曰：天君太然，百體從令。丙屬小腸而剛，丁屬心火而柔。剛在先而爲兄，柔在後而爲弟。二者俱係君火，同氣連枝，故言弟兄而不言夫婦。心之夫，膀胱是也，小腸之婦，肺金是也。象離隨夏旺，屬火向南生。離之爲卦，其中空虛。心臟屬火，亦猶是也。火旺於夏，所以隨夏而旺相也。南方乃爲離火之位，故云向南而生。任物無纖巨，多謀最有靈。任物者，任親萬物也。纖，小也。巨，大也。人心之應物，隨其小大，無不任親也。朱子曰：人心之靈，莫不有知，所以多謀。內行於血海，外應舌將榮。血海，肝也。心主血，肝藏之，故去內行血海。舌乃心之竅，心氣通於舌，故云外應乎舌，而舌能營知味也。七孔多聰慧，三毛上智英。多聰慧者，心有七孔。上智英者，心有三毛。其次則不全矣。反時憂不解，順候脈洪驚。心屬火而旺，夏反得冬脉，沉濡而滑，此乃腎邪于心。水來尅火，謂之賊胙，是可憂也。順候，診得夏脉也。驚者，大而散也。其脉洪大而散，謂之順候。液汗通皮潤，聲言爽氣清。腎主液，入心爲汗。肺主聲，入心爲言。水能尅火，汗通則腎水平而皮潤，火不受水臟矣。火能尅金，言爽則肺金平而氣消，金不受火侵矣。伏梁秋得積，如臂在臍縈。經曰：腎病傳心，心當傳肺。肺旺者不受邪，心復欲還腎，腎不肯受，留滯爲積，故知伏梁。以秋庚辛日得之，其積之形狀，如手臂環於臍畔，縈繫而不動也。順視雞冠色，凶看瘀血凝。雞冠，色之赤者也。瘀血，赤而黑者也。赤乃本色而爲順，黑則水來尅火而凶矣。《通津子》曰：心，其色赤，然心藏於內不得見，此云順視雞冠，凶看瘀血。《叔和以經》云：五臟有五色，皆見於面，又當與寸口尺內扣應。假令色赤者，赤脉浮大而散。赤，心色也，浮大而散，心脉也。以此言之，五臟之色，皆可察之於面也。診時須審委，細察在叮嚀。凡醫，必從望、聞、問、切四字。上文言視其血色而知其吉凶，聞其聲言爽而知其氣清，切其脉而知其反時順候，獨缺「問」之一字。故於此言臨診脉時，必須詳審委曲，細察病源，不致差誤也。叮嚀，叔和致囑後學之意也。心臟實夢憂驚怪，虚翻烟火明。心臟有餘，則夢中或憂或驚，或怪異之事。心臟不足，則夢烟火光明，化竭而見本矣。秤之十二兩，大小與常平。心重十二兩，不分大小，皆等其斤兩之數，皆起於同身寸也。

陸應陽等《廣輿記》卷一《順天府》

順天府。東界永平府、灤州。南界河間府、任丘縣。西界山西大同府、蔚州。北界延慶州。糧一萬四千石零。

建置沿革：《禹貢》冀州之域，天文尾箕分野。陶唐曰幽都。虞周曰幽州。夏殷曰冀州。秦爲上谷、漁陽地。漢曰廣陽，曰燕國。晉唐曰范陽。遼爲南京，曰幽都、曰析津、曰燕山。金爲中都，曰大興。元爲燕京，曰大都。明洪武初爲北平府，永樂都于此，爲北京，曰順天。國朝因之，領州六、縣二十。漷縣省。大興、秦薊地，遼析津，金大興。宛平、古幽都，遼宛平。順義、秦上谷地，漢魏范陽，隋順州，唐燕州。昌平州、漢軍都，魏昌平，五代燕平。良鄉、古燕地，漢良鄉。密雲、秦漢漁陽，魏密雲，隋檀州。懷柔、唐縣。固安、漢方城，隋固安。永清、漢益昌，隋通澤，唐永清。東安、漢安次，元東安。香河、古武清，遼香河。通州、漢潞縣，唐玄州，金通州。三河、漢臨泃，唐三河。武清、漢雍奴，唐武清。漷、漢泉州地，遼漷陰。寶坻、漢泉州，金寶坻。涿州、古涿邑，魏范陽，唐涿州。房山、古范陽地，金奉先，元房山。霸州、秦上谷地，唐益津，後周霸州。文安、漢縣大城、漢平舒，晉章武，五代大城。保定、宋縣。薊州、秦漢漁陽，唐薊州。玉田、古無終國，唐玉田。豐潤、金縣。遵化州、古無終國，漢右北平，唐遵化。國朝陞爲州。平谷。漢縣。

形勝：北倚雄關，南壓區夏，天府之國。

山川：天壽山、府北。龍翔鳳舞，勢雄氣固，天壽以諸陵名。西山、府西。每大雪初霽，千峰萬壑，積素凝華，若圖畫然，爲京師八景之一。翠微山、府西。山半地頗平衍，今名平陂山。香山、府西。北上有古道場。玉泉山、府西。北上有先朝行宫。白浮山、昌平上，有二龍潭流經白浮村下。軍都山、昌平。盧植隱此。昭烈微時嘗執經門下。白檀山、密雲。曹操破烏丸於此。黍谷山懷柔。劉向云：燕有谷地美而寒，不生黍稷，鄒衍吹律以溫其氣，故名。孤山、通州。獨鹿山、涿州。下有鹿鳴澤。大房山、房山。山秀而深。古碑云：幽燕奥室也。故名。黄山、房山。上有玉室洞天相傳張良嘗隱此。南山、霸州。喬松脩竹，周十數里内有亭臺。爲一郡之勝。崆峒山、薊州。相傳黄帝問道處。盤山、薊州。數峰陡絶。一名盤龍山，山頂有大石，搖之輒動。燕山、玉田。蘇軾詩：燕山如長蛇，千里限彝漢。首銜西山麓，尾挂東海岸。即此。陳宫山豐潤。周數十里，山南一峰蒼翠峭拔，名曰華山。明月山、遵化。上有石穴，南北相通，穴口望之若明月。碣山、平谷。峰巒秀列，林谷深遠。紅螺山、懷柔。高二百仞。上方山、房山。高峻深窈，鳥道而上，上有庵寺，一百二十餘。幽嵐山、房山。一名紅螺崄。有上崄、中崄、下崄。明成化間始開。徐無山、玉田。後漢田疇避難於此。《開山圖》云：山出不灰之木、生火之石。無終山、玉田。古無終子國。彈琴峽居庸關。水流石罅，聲若調琴。孔水洞、大房山東北下有石窟，濶二丈許，深不可測，嘗有人秉火浮舟探之，隱隱聞作樂，懼而返。金泰和中，忽見桃花流出。石經洞、房山。隋時靜琬法師鑿石爲板刻經，一藏貯于洞，以石門閉之。累代皆有碑記。龐涓洞、孫臏洞、在西山極樂峰下。相傳是同學時所各居也。賈島峪、房山。内有石菴。世傳賈島居此。督亢陂、涿鹿。其地沃美。秦兵將入燕，燕太子丹使荆軻賫督亢圖以獻。玉河、源自玉泉山，流入大内。盧溝河府西南。本桑乾河也，俗又呼渾河。高梁河、水經出自幷州，黄河之別原，東逕昌平沙澗，又東南經高梁店，流入都城海子琉璃河、良鄉。《舊志》云：即古聖水。泡府東南。竇禹鈞墓。府西。俗呼竇十郎。

古蹟：舊燕城、府治西南。遼、金故都也。薊丘、舊燕城西北，即古薊門。銅馬門、舊燕城東南，即古薊城門。黄金臺、府東南。按燕昭王於易水築黄金臺，延天下士。後人慕之，亦築此。爲京師八景之一。石鼓、國子監。世傳周宣王之獵碣。凡十字，畫蓋籀文，大徑尺餘，高可三尺，其形似鼓。初在陳倉野中，宋徙開封，元人移置今所。石經碑、府西南山洞内。石上刻經凡三十餘處，惟般若序品尚存。張華宅、盧溝河北。廣陽城、良鄉漢縣。共城、密雲。舜流共工於此。漁陽城、密雲。秦發閭左戍漁陽即此。石梁城、東安。唐武德初移安次縣，治於石梁即此。通潞亭、通州。王莽置。督亢亭涿州。樓桑村、涿州。即漢昭烈故居。酈亭、樓桑村南。即後魏酈道元故居也。華陽臺、涿州。燕丹與樊將軍飲此，出美人佐酒。信安城、霸州。五代周立寨於此，宋爲信安軍。廣陵城、文安。宋積粟之所。北平城、薊州。相傳即李廣射石沒羽處。竇氏莊、薊州城東。即禹鈞故居。種玉田、玉田。漢陽雍伯作義漿飲行者，三年有人出石子遺之。云：種此生美玉。雍伯嘗求徐氏女，徐云：須白璧一雙，可許聘。後于田中得白璧，遂聘徐氏。商鼎、豐潤。弘治間土中掘得，約五百斤，三足，篆莫可辯。石門、遵化山，峽嶄絶漢。漁陽守張純叛靈帝，遣將討于石門，即此。神木廠、明成祖重修三殿，有巨木出於蘆溝，因以神木名廠。梁門、涿州。《史記》易水東分爲梁門，即此。萬柳堂、府城南。元廉希憲別墅。春塲、東直門外。大京兆迎春之所。中有春亭，萬曆間府尹謝杰建。東郭艸亭、府東南。興濟伯楊善別業。古墨齋、宛平縣署。萬曆間縣令李蔭得柱礎，視之，乃唐李比海雲麾將軍碑也，存百八十餘字，因築室砌碑壁間。吏部古藤、侍郎吳寬手植藤。本蔓生，此獨出土便已幹直。靈官藤像、獲于東海。成祖禮之所征，必載及金川河，舁不可動，知上帝有界止此。遂旋蹕，命道士周思得祀之顯靈宮。報國寺古松、士大夫題咏甚多。窰變觀音、在報國寺內。首善書院、在宣武門內。士大夫講學地也。總憲鄒元標、副憲馮從吾主之。天主堂、在宣武門內。西洋利瑪竇航海九萬里入中國，神宗命給廩賜第堂建第左。所製有簡平儀，本名範天圖，爲測驗根本。沙漏用以候時、候鐘、應時，自擊龍尾車下水。可用以上千里鏡，可視小爲大，視遠若近，皆極工巧。徐中山將臺、在通州城外。中山王徐達征元時築臺駐軍處。或曰即唐薛仁貴征遼駐軍臺，達因之。延祥觀栢。平谷。枯四百年矣，元至正中丘眞人過此見枯栢，扶而摩之，曰：憐惜，憐惜。栢再生。

城池：京城永樂七年拓元故城，周四十里。九門：南曰「正陽」，南之左曰「崇文」，右曰「宣武」。北之東曰「安定」，西曰「得勝」。東之北曰「東直」，南曰「朝陽」。西之北曰「西直」，南曰「阜城」。外城。嘉靖癸丑給事中朱伯辰言：京師四面宜築外城。大學士呂本請先築南面，庶併力易完。此天下貨財湊集處。亦足以杜非覬矣。故北京外城，至今止南面。

苑囿：西苑、皇城內。南海子、京城南放牧禽獸、種植蔬果之所。其水汪洋，一望若海。御馬苑京城外。牧養御馬，大小凡二十所。太師圃在德勝橋右。明定國公園。英國公園、一在銀錠橋觀音菴側，一在賜第之側。適景園、成國公築。內有盤松數十株，堂後一槐四五百歲矣，都人呼爲「十景園」。宜園、正德中咸寧侯築。後歸成國朱尋歸駙馬，冉有石題曰「萬年聚」。曲水園、萬駙馬別業燕地。鮮水，竹園，獨饒富。金魚池、金時名「魚藻池」，池上有殿，今廢，居人歲種金魚爲業。白石莊、在白石橋北，故取以爲名。其景多柳。惠安伯園。在嘉興觀西，中有牡丹數十畝。

李純卿等《新刻世史類編》卷二二《梁高祖武帝紀》 ［梁大同七年九月］東魏大稔。書大稔若可喜幸。然不知一國僅稔，則他歉爲可知，一歲僅稔，則他歲之歉爲可知。正所謂嘆美不見於有餘，羨慕常生於不足者也。魏自喪亂以來，農商失業，公私困竭，民多餓死。高歡命濱河皆置倉積穀，以供軍旅，備饑饉。又以諸州調絹不依舊式，民甚苦之，奏令悉以四十尺爲匹。至是連歲大稔，穀斛至九錢，山東之民稍復蘇息矣。胡氏曰：農者，天下之大本，軍國之用無不資焉。然惟知王道者，乃知恤農，假仁者次之，恃力鏖兵者多不經意。高歡用武至是十年，恤農之詔不頒，勸農之政不施，但聞準式調絹、置倉儲穀而已，可謂知所先務乎。

程百二等《方輿勝略・總目》 太倉庫歲額運銀一百四十九萬兩。內夏稅五萬五百餘兩，秋糧九十四萬兩，馬草折銀二十三萬七千餘兩，雲南□辦銀三萬餘兩，鹽課折銀二十萬兩。漕運，總督侍郎一員，總兵勛臣一員，儹運御史一員，押運參政一員，監兌主事五員，理刑主事一員，把總十三員。歲運漕糧四百萬石。內兌運三百三十萬石改兌七十萬石，除折米外，每年實正耗米五百一十八萬九千七百石。

又卷五《錫蘭山》 錫蘭山在大海中，永樂七年，太監鄭和賫詔諭之。【略】其山川則有翠藍山、產寶石。國人言：寶石乃盤古泪液結成，山頂有巨足迹，是盤古足迹也。浮沙、中有螺蚌，國人網取□珠。池內爲爛淘珠。石迹。山下有寺，乃釋迦涅盤處，眞身在寺中。石印足迹，云釋迦足迹也。其土產則有青米、藍石、黃鴉鶻石、青紅寶石、遇大雨衝流，山下沙中拾取之。龍涎香。

潘光祖等《匯輯輿圖備考》卷一六《老撾軍民宣慰使司》 建置沿革：俗呼曰「撾家」，古即越裳氏，不通中國。永樂三年，其酋備方物入貢，始置老撾軍民宣慰使司。東至水尾，南至交阯，西至寧遠，北至車里，界至省六十八程。風俗：民性獷悍，衣服、飲食類木邦。酋長有三等：大曰招木弄，即宣慰；次曰招木牛；又次曰招化。然身及眉目皆刺花，多居高樓，見人亦不下。土產：犀、乳香、西木香、鮮子、訶子。

陸時雍《楚辭疏》卷二《九章・思美人》 願遥赴而横奔兮，覽民尤以自鎮。結微情以陳詞兮，矯以遺夫美人。昔君與我成言兮，曰黄昏以爲期。羌中道而回畔兮，反既有此他志。憍吾以其美好兮，覽余以其修姱。與余言而不信兮，蓋爲余而造怒。鎮，音珍。遺，去聲。志叶音之。憍與驕同。姱叶音戶。

陸時雍曰：民尤謂民之得過者。民之得過，常以忠而致疑，以愛而取怒，願遥赴而横奔，逕自進於君也。覽民尤之故，則畏而終自止矣。結微情以遺之，庶幾君心之一悟乎。矯，舉也。憍，矜也。君既有此他志，則與余有相勝之思，相陵之意焉。故憍吾以其美好，覽余以其修姱，蓋嫉余之衆芳而爲是舉也。滿堂兮美人，言笑宴兮愔愔，心目余兮嶙峋，乃知君本無怒，爲余造也。敵余惟恐其不勝去，余惟恐其不力，奈黄昏之期，而一至此乎。

愛新覺羅・福臨《資政要覽・婦道章》［呂宮等注］ 女子始生，而衣禓稍長，而鞶絲柔道也。七歲則男女不共食，十歲則不出於戶，姆教之婉娩聽從，執麻枲治絲繭，以共衣服，觀於祭祀，納酒漿菹醢，自爲女子而婦，則已媚矣。禓，束女之被也。姆，女師也。凡學爲婦之道，不自爲婦，始自爲女子時已有其禮矣。當其初生，男子衣裳，女子則衣禓而不加盛服。及其稍長，男子鞶革，女子則鞶絲，而但用繒帛，皆示之以柔弱之道也。至于七歲，則男女有別，雖親兄弟不共食。十歲，則恆處閨內，不令出戶，女師教之以言宜和緩，貌宜謙順，聽從長者之訓。績治麻枲絲繭，以共衣服之用；收納酒漿菹醢，以助祭祀之奠。凡此皆訓之以異日爲婦之則也。故適於夫，則能順。雞初鳴，盥漱笄、總佩刀、帨箴管。以適舅姑之所，下氣怡聲，問衣燠寒。進食，則惟所欲。舅姑所愛，則愛之；所敬，則敬之。其相夫也，正色而專心，節言而慎行，不媟黷以開隙，不忿怒以乖恩。夫有善則祇遵其命，有過則曲匡其失，此柔順之義也。笄，所以固髮也。總，所以束髮也。婦則既媚，故適於夫。而爲婦能以順爲正，而體夫之心。其事舅姑也，必雞鳴而起，整肅儀容佩服器物，至舅姑之所，聽其使令，以卑下之色，怡悅之聲，承奉尊者。問衣之寒燠以適其體，追食之甘者以通其心。況一家也，人爲舅姑之所愛所敬者，皆曲體其意，而愛敬之。其相夫也，靜正其色，專一其心，簡節其言，謹慎其行。不敢恃親愛而近於狎，以開侮慢之隙；不敢辨曲直而流於爭，以乖和好之恩。夫如有善，則恪以遵之，而不敢違其命。夫或有過，則曲以諫之，而不敢顯其失。如是，敬其夫以孝于舅姑，斯合於柔順之義矣。自帝王之后妃以至卿大夫之夫人及士庶之妻，莫不有家焉，莫不有子焉。仁以睦親，儉以持身，勞以執務，則內治修矣。敬以教胎，賢以逮下，勤以董學，則胤嗣昌矣。婦德若斯，庶其無咎矣乎。《易》曰：「恆其德，貞。婦人吉。」言從一而終也。《易・恆卦》之爻辭也。凡爲婦者，無論尊不，莫不有家、有子。其處家也，當仁厚以睦親，如曹大家之和姊妹；節儉以持身，如漢馬后之曳大練；勤勞以執務，如傳敬姜之親紡績。則內治修而家道興矣。其育子也，敬慎以教胎，如太任之孕文王；寬和以待下，如大姒之惠衆妾；勤勵以董學，如孟母之斷機杼而教孟子，則息成而後嗣昌矣。婦德之純，純備至此，驕亢之咎，庶其免乎。故《恆卦》之辭曰「德能常守，則貞」，此婦人之最吉者。蓋言當一於柔順而不可改也。伯姬、貞姜不辟水火，孫妻、段女罔愛肌膚，史策美之。御叔之婦、賈充之妻，雖蝃蝀無以刺其淫，倉庚無以療其妒矣。伯姬，宋共公夫人，公薨，姬遇火，以保（傳）[傳]未至，不肯下堂而避，遂焚死。貞姜，楚莊王夫人，從王遊漸臺，王先去，水至，夫人以約符不至不肯下臺而避，遂溺死。孫妻，吳孫奇范氏也，配一年而亡，父母強之還之，還家不從，遂自割耳鼻。段女，廖伯妻段氏也，夫亡，父母將有所許，不從，遂斷其指。御叔之婦，夏姬也，宣淫而更召其亂。賈充之妻，郭氏也，因妬而連傷其子。蝃蝀，天地之淫氣，《詩・衛風》刺淫奔者也。倉庚，黃鸝也，《本草》云「作羹，可以療妬」。古之從一而終者如伯姬、貞姜、孫奇之妻、叚氏之女，皆舍身而取義，故載之史策，以爲美談。若夫夏姬、郭氏奇淫異妬，則《詩》不能刺，藥不能療者矣。

傳以漸《內則衍義》卷一六《著書》

《詩・大序》曰：「在心爲志，發言爲詩。先王以是經夫婦，成孝敬，厚人倫，美教化，移風俗。」

謹按：德之所發爲言，立言以明德，傳記疏序之類是也。志之所形爲詩，作詩以見志，賦頌歌詠之類是也。六經所載，女子之文不多見，惟《詩》自周太姒以至列國夫人、卿大夫、士庶之婦女所作篇章，莫不發乎情，止乎禮義。迨漢而下，后妃及婦女之賢者，大則續史，小則屬文，莫不有裨治化。而《女則》、《女誡》諸書，尤其親切有益者，故采其純以正者表之。

唐太宗文德長孫皇后，嘗采古婦人事著《女則》十篇，又爲論斥漢之馬后不能檢抑外家，使與政事，乃戒其車馬之侈。此謂開本源，恤末事。常誡守者：「吾以自檢故書，無條理，勿令至尊見之。」及崩，宮司以聞，帝爲之慟，示近臣曰：「后此書可用垂後。」

謹按：著作莫大於教令，莫切於訓誡。唐長孫后作《女則》，所以飭宮闈者切矣。夫歷代諸后以詞章著者不少，然必有裨於國政壼教乃可法。今傳後，故首采之，爲椒房著作之法云。

明文皇后《內訓・序》曰：「吾幼承父母閨訓，誦詩讀書之暇，職謹女事，蒙先人積善餘慶，夙被妃庭之選，事我孝慈高皇后，朝兢夕惕，恒恐怠緩，以悮朝廷，更懼黜辱以累父母。此鄙人之劬勞恭奉夙夜匪懈者，念何切也。高皇后教諸子婦，立法垂訓，昭然耳目。今皇上三十餘年，一遵先志以行政教。吾思備位中宮，愧德弗似，歉於率下，無以佐皇上內治之美，即以違高后諄嚴之訓，實非鄙人之初意也。竊觀史傳，賢父貞母雖稱夙性，亦由教成。然古者教必有方，男子八歲而入小學，女子十歲而聽姆教。昔小學無傳，朱子慮焉，由是多方博採，編輯成書，爲小學之教者始有所入。獨女教未有全書，此何異欲渡罔津，成舟失斧也乎。蓋後漢有曹大家《女誡》爲訓，恒病其略，雖有所謂《女憲》、《女則》，亦徒有其名耳。俯觀今世，女教盛行，大要撮《曲禮》、《內則》之言，與周、召二南詩之小序傳記而爲之者。孰如我高皇后教訓立言，卓越往昔，昭垂萬世。吾耳熟而心藏之。乃於永樂二年冬，備述內庭，著爲《女訓》，上以廣高皇后立法之深心，下以成宮壼肅清之令範。有如所謂養德性者，而必以修身也。夫身非修，其何以能克聖，何以能成人。故莫切於謹言慎行，推而至於勤勵警戒，而又次之以節儉。其曰「遷善」曰「改過」，皆人之所以獲福而深慶久長者也。之數者，乃身之切要。而所以取法者，則必守我高皇后之教也。故繼之以崇聖訓遠而取法於古，故次之以景賢範上。而至於事父母、事君、事舅姑、奉祭祀，又推而至於母儀、睦親、慈幼逮下，而終之於待外戚。顧以言辭淺陋，不足以發揚深旨，而其條目亦粗備矣。觀者於此不必泥於言，而但取於意，其於治內之道，或有裨於萬一云。」又採古賢聖勸善懲惡之言，類編二十篇，名曰《勸善書》。嘗曰：仁者善之所由生也，善者慶之所由基也。是故積慶莫大於爲善，省己莫嚴於知戒。又曰：善惡之報，理所必然。如晝之所爲者善，則夜之所夢者亦善；晝之所爲者惡，則夜之所夢者亦惡。

謹按：明之徐后爲中山王徐達之女，秉德仁厚，樂於爲善。所作《內訓》頗稱詳備，而尊姑以立言，尤得孝道之大者。既著《內訓》以式化於宮闈，又欲廣此心於天下，使人皆從善去惡，遂編《勸善書》。其間勸懲皆有，而獨名「勸善」，見善之所該者大，苟知樂善，則惡自消也。蓋善言所發，其行固遠，然亦有臣子得聞而小民未得聞，一時得聞而後世不得聞者。惟梓刻成書，則窮鄉下邑，愚夫愚婦，皆可家喻戶曉，孫子流傳中間。所載其大者，君臣、父子之倫，言忠孝必有忠孝之報，而不忠不孝者可知，其細者鳥獸蟲魚之微言，放生傷生，必有放生傷生之報，而大于鳥獸蟲魚者更可知。誠慮百姓無知，不言報應，則不知所畏。不知所畏，則爲善之心不堅。爲善之心不堅，則去惡之力必不勇。是以禍福，極其昭彰，鬼神如在左右，且其身垂示天下。曰父達不妄殺人，女身得配帝王，即此一事，已見善之不可不好，其勸懲可不謂深切著明哉。

吳偉業《吳詩集覽》卷一〇上《過中峰禮蒼公塔》［靳榮藩注］ 下馬支公塔，經聲萬壑松。影留吟處石，智出定時鐘。尙記山中約，誰傳海外逢。平生詩力健，翹足在何峯。首句點完題面。前半就塔前之物而讚嘆之。五六寫出交情。萬壑、何峯，起結相應。崔曙詩：支公已寂滅，塔影山上古。經聲見《謁剖公李》詩：如聽萬壑松。岑勛《多寶塔碑》：兼造自身石影，跪而戴之。方雄飛詩：獵者聞疎磬，知師入定回。《甘澤謠》：圓觀者，大歷末，洛陽惠林寺僧李諫議源與圓觀爲忘年交，一旦約遊蜀州，抵青城峨眉，訪道求藥。圓觀欲遊長安，出斜谷。李公欲上荊州三峽，曰：「吾已絕世事，豈取途兩京？」圓觀曰：「此行固不由人，請出三峽而去。」遂自荊江上峽，行次南浦維舟山下，見婦人數人錦襠負甖而汲。圓觀望見泣下曰：「某不欲至此，恐見其婦人也。」李公驚問，圓觀曰：「其中孕婦姓王者，是某託身之所，逾三載尙未娩懷，以某未來之故也。今既見矣，即命有所歸，釋氏所謂循環也。請假以符咒遣其速生。少駐行舟，葬某山下。浴兒三日，公當臨訪，若相顧一笑，即某認公也。更後十二年，中秋月夜，杭州天竺寺外與公相見。」按：第五句暗用此事，圓觀或作圓澤。《傳燈錄》二十八：祖達摩自天竺國泛海見梁帝，不契。潛上嵩山少林寺，面壁九年，端居而逝，葬熊耳山。魏宋雲奉使西域廻，遇師于葱嶺，見手携雙履，翩翩而逝。雲問，師曰：「西天去。」按：第六句暗用此事。鄭守愚詩：暮年詩力在。《明詩綜》讀徹有《南來堂稿》。《傳燈錄》：長鬚禪師參石頭，石頭乃翹一足，師便爲禮拜。《漁洋詩話》：近日釋子詩以《滇南蒼雪》爲第一，如：一夜花開湖上路，半春家在雪中山。亂流落葉聲兼下，聽徹寒扉不上關。皆警句，其弟子秋臯亦有句云：鳥啼殘雪樹，人語夕陽山。

《顧亭林先生遺書・詩集・秦皇行》 秦肉六國啖神州，六國之士皆秦讎。劍一發，亡荆軻，筑再舉，誅漸離。博浪沙中中副車，倉海神人無奈何。自言王者定不死，豈知天意亡秦卻在此。隕石化，山鬼言，天意茫茫安可論？扶蘇未出監上郡，始皇不死讎人刃。《楊子法言》「始皇方斧，將相方刃；六國方木，將相方肉。」《漢書・張良傳》「東見倉海君」。晉灼曰：「海神也」。

又《墟里》 昔有周大夫，愀然過墟里。時序已三遷，沈憂念方始。乃知臣子心，無可別離此。自經板蕩餘，一再見桃李。春秋相代嬗，激疾不可止。慨焉歲月去，人事亦轉徙。古制存練祥，變哀固其理。送終有時既，長恨無窮已。豈有西向身，未昧王哀旨。眷言託風人，言盡愁不弭。楊惲《報孫會宗書》「君父至尊親也，送其終也，有時而既」。

又《塞下曲》 趙信城邊雪花塵，紇干山下雀呼春。即今三月鶯花滿，長作江南夢裏人。《史記・衛將軍驃騎傳》「遂至窴顏山趙信城」。《五代史・寇彥卿傳》「紇干山頭凍死雀，何不飛去生處樂」。梁邱遲《與陳伯之書》「暮春三月，江南草長，雜花生樹，羣鶯亂飛」。一從都尉生降去，夜夜魂隨塞雁蘆。陛下寬仁多不殺，可能生入玉門無。《史記》柴將軍遺韓王信書曰：「陛下寬仁，諸侯雖有畔亡而復歸，輒復故位，號不誅也。」

又《海上行》 大海天之東，其處有黃金之宮，上界帝子居其中。欲往從之，水波雷駭。幾望見之，以風爲解。徐福之彼，止王不來。至今海上人，時見城郭高崔嵬，黿鼉噴沫，聲如宮商，日月經之，以爲光明。或言有巨魚，身如十洲長，幾化爲龍不可當，一旦失水愁徬徨。北冥之鯤，有邪無邪。又言海中之棗大如瓜，棗不實，空開花。但見鯨魚出沒，鑿齒磨牙。昔時童男女，一去不回家。東浮大海難復難，不如歸去持魚竿。《史記・大宛傳・贊》：「日月所相避隱爲光明也」。《晏子春秋》：「景公問晏子曰：『東海之中有棗，華而不實』。」

馬驌《左傳事緯》卷二《楚滅諸小國》 莊六年。楚文王伐申。過鄧。鄧祁侯曰：「吾甥也。」止而享之。騅甥、聃甥、養甥請殺楚子。鄧侯弗許。三甥曰：「亡鄧國者，必此人也。若不早圖，後君噬齊。其及圖之乎。圖之，此爲時矣。」鄧侯曰：「人將不食吾餘。」對曰：「若不從三臣，抑社稷實不血食，而君焉取餘？」弗從。還年，楚子伐鄧。十六年，楚復伐鄧，滅之。 隱十一年。鄭、息有違言。息侯伐鄭，鄭伯與戰于竟，息師大敗而還。君子是以知息之將亡也：不度德，不量力，不親親，不徵辭，不察有罪。犯五不韙，而以伐人，其喪師也不亦宜乎？ 桓十七年。蔡桓侯卒，蔡人召蔡季于陳。秋，蔡季自陳歸于蔡，蔡人嘉之也。 莊十年。蔡哀侯娶于陳，息侯亦娶焉。息嬀將歸，過蔡。蔡侯曰：「吾姨也。」止而見之，弗賓。息侯聞之，怒，使謂楚文王曰：「伐我，吾求救于蔡而伐之。」楚子從之。秋九月，楚敗蔡師于莘，以蔡侯獻舞歸。 十四年。蔡哀侯爲莘故，繩息嬀以語楚子。楚子如息，以食入享，遂滅息。以息嬀歸，生堵敖及成王焉。未言。楚子問之。對曰：「吾一婦人，而事二夫，縱弗能死，其又奚言？」楚子以蔡侯滅息，遂伐蔡。秋七月，楚入蔡。君子曰：「商書所謂『惡之易也，如火之燎于原，不可鄉邇，其猶可撲滅』者，其如蔡哀侯乎。」 僖五年。楚鬭穀於菟滅弦，弦子奔黃。於是江、黃、道、柏方睦於齊，皆弦姻也。弦子恃之而不事楚，又不設備，故亡。 十一年。黃人不歸楚貢。冬，楚人伐黃。 十二年。黃人恃諸侯之睦于齊也，不共楚職，曰：「自郢及我九百里，焉能害我？」夏，楚滅黃。 二十六年。夔子不祀祝融與鬻熊，楚人讓之。對曰：「我先王熊摯有疾，鬼神弗赦，而自竄于夔，吾是以失楚，又何祀焉？」秋，楚成得臣、鬭宜申帥師滅夔，以夔子歸。 文三年。楚師圍江，晉先僕伐楚以救江。冬，晉以江故告于周，王叔桓公、晉陽處父伐楚以救江，門于方城，遇息公子朱而還。 四年。楚人滅江，秦伯爲之降服，出次，不舉，過數。大夫諫。公曰：「同盟滅，雖不能救，敢不矜乎？吾自懼也。」君子曰：「詩云，『惟彼二國，其政不獲；惟此四國，爰究爰度』，其秦穆之謂矣。」 五年。六人叛楚即東夷。秋，楚成大心、仲歸帥師滅六。冬，楚［公］子燮滅蓼。臧文仲聞六與蓼滅，曰：「皋陶、庭堅不祀忽諸。德之不建，民之無援，哀哉。」

楚自武王以來，日以彊暴，其滅人國也，直取之爾。文王嗣位，始侵諸姬，經猶書之曰「荆」，至成王而書「楚」矣。享年永久，身歷二覇，當齊桓公爲貫之盟，管仲曰：江、黃遠齊而近楚，楚爲利之國也，若伐而不能救，則無以宗諸侯矣。桓公不聽，卒與之盟。管仲死而楚人伐江滅黃，齊果不能救也。霸主尚在，楚猶不逞，況其後乎。城濮一創，驕銳稍折，未幾而穆王弒立，輒復薦食，秦伯降服，臧孫興嘆，亦何能救？楚始日有圖霸之志，而北方之諸侯咸重足而莫敢側視矣。入春秋來，滅國之多無過于楚，而滅國之易亦無過于楚，幅圓廣則甲兵日盛，中國之霸是以難也。

毛奇齡《春秋毛氏傳》卷九《閔公元年》 閔公公名啓，《史・世家》名開，避景帝諱也。莊公子。母，叔姜。謚法，在國逢難曰閔。元年，春，王正月。

不書即位者，以繼弒而不忍行即位之禮，宜也。說見隱元年。

齊人救邢。

狄伐邢在上年冬，齊桓用管仲之言，故救之。《穀梁》曰：「善救邢」，是也。書人者，以大夫帥師也。

夏六月，辛酉，葬我君莊公。

十一月始葬者，傳曰「亂故，是以緩」也。

秋八月，公及齊侯盟于落姑。落，《公》、《穀》作洛。

此時慶父在齊，季友在陳，季欲歸魯定亂，而慮齊桓之以姜故助慶父也，故先乞公盟齊桓而後來歸，此皆成季之謀所豫定者。不然是時姜在宮，閔方九歲，國無重臣，焉能遇事果斷，越國而會強大如此。落姑，齊地名。

季子來歸。

大夫、公子例稱名字，然亦有稱子者，男子通稱。其在大夫與下二年齊高子來盟例同；其在公子與宣十年天王使王季子來聘例同。王季子即劉康公也，此時並無褒例可驗。

冬，齊仲孫來。

此因公有落姑之盟，而齊使大夫來省難者也。據傳，仲孫名湫，此不書名字而書仲孫，以史例原有書某氏子某氏孫一例，仲孫，齊公子仲氏之孫。此與隱三年武氏子來求賻、文十五年宋華孫來盟並同。

齊桓問仲孫曰：「魯可取乎？」曰：「不可。猶秉周禮，周禮所以本也。」又曰：「魯不棄周禮，未可動也。」然則周禮盡在魯，非一人言矣。

又《天問補注》

厥利維何，而顧菟在腹？

註：菟一作兔，與兔同。《朱子辨證》：上官桀曰「逐麋之犬常顧菟耶」，則顧當爲瞻顧之義，而非兔名。又莊辛曰「見兔而顧犬」，亦因菟用顧字，而其取義蓋不可曉。

補註：顧菟，月中兔名。梁簡文《水月詩》云「非關顧兔沒」，隋袁慶《和煬帝月夜詩》云「顧兔始馳光」，皆指月言。以兔本善視，故禮曰兔曰明視。而月腹之兔名爲月魄，則又善於下顧，故《古怨歌》云「煢煢白兔，東走西顧」。若以顧爲瞻顧之義，而非兔名，則梁戴暠月重輪行云「從來看顧兔」，俚語云「視顧兔而感氣」，于顧上又加看字，加視字，其可通乎？若漢上官桀云「逐麋之犬當顧菟耶」，則顧字不屬兔。此就凡兔言而以證顧兔，誤矣。古人引古事，各自爲說。如《詩·燕燕》本兩燕，故曰頡頏，曰下上，而《漢書》「燕燕尾涎涎」作燕名。譽斯斯，字本助辭，故曰鹿斯，曰柳斯，而斯螽螽，斯又作螽名，類可見也。

鴟龜曳銜，鮌何聽焉？順欲成功，帝何刑焉？

註：鴟龜事無所見。舊説謂鮌死爲鴟龜所食，鮌何以聽而不爭乎？特以意言之耳。詳其文勢，與下文應龍相類，似謂鮌聽鴟龜曳銜之計，而敗其事。然若且順彼之欲，未必不能成功，舜何以遽刑之乎。然若此類無稽之談，亦不足荅矣。

補註：曳猶踵曳，以尾相揮援也。銜猶轡銜，以口相結銜也。按古語，聒抱者鵂鶹，影抱者龜鼈。鴟與龜皆異物，故嘗並見也。鮌築堤以障洪水，宛委盤錯，如鴟龜牽銜者然。是就鴟龜形而因之爲堤，蓋聽鴟龜之計也。古人制物多因物形，如視鴟制柂，觀魚制帆類，此不足怪。特築堤障水，如戰國白圭術，不用疏導，但用防遏，則迄無成功。是聽鴟龜之計而誤之耳。所謂鮌之治水也障之，禹之治水也導之也。按，揚雄《蜀本紀》，張儀築蜀城，依龜行踪築之。又《史稽》曰，張儀依龜跡築蜀城，非猶夫崇伯之智也。崇伯，鮌封號。即是其事。大抵鮌治水隨地築堤，今河北清河、廣宗、臨河、黎陽等界，所在皆有鮌堤可見。順欲猶《書》云「俾予從欲也」。既使鮌治水，將遂己所欲，使彼成功，又何爲遽刑之也。《祭法》云，鮌障水而殛死，禹能修鮌之功。《史記》云，禹傷先人父鮌功之不成，則鮌亦非無功者，特未成耳。下章問纂就前緒遂成攷功，益可知也。

焉有石林。

註：石林未詳。

補註：石林在南方。焉有者，何以有此也。謝靈運《還舊園詩》云「石林豈爲艱」，左思《吳都賦》云「雖有石林之岝崿，請攘臂而靡之」。注云，石林，南方山，鳥所聚處是也。惟《海外紀》云。石林山在東海之東，深洞五百里。又《蜀地志》，蜀山有石筍如林，亦名石林。雖西蜀東海一西一東，實皆南方。若柳子厚《天對》云「石胡不林，往視西極」，則西極石林無據。或曰西極有不木之山，豈其是與。

焉有龍虬，負熊以遊。

註：虬見上，餘未詳。

補註：《外紀》「黃帝氏有熊，嘗乘斑龍四巡」。又世言「有熊鼎成，乘龍上升」。皆是也。

靡蓱九衢，枲華安居。

註：靡蓱，未詳何物。九衢言其枝九出耳。《山海經》有四衢、五衢之語，是也。

補註：靡蓱，蔓蘋也。其葉九出，爲九衢。《呂覽》曰，菜之美者，崑崙之蘋。蘋即蓱也。又釋氏説崑崙山下有蓱沙國，其地産蓱，即靡蓱。王巾《頭陀寺碑文》有云「九衢之草千計」，是也。若《山海經》有建木在弱水西，青葉紫花而赤實，百仞無枝，上有九欘，下有九衢，則此九衢又似與靡蓱不同。此是木類，非草類。然其曰百仞無枝，又曰下有九衢，則木枝無九衢可知。其云下有者，或即在弱水中所云靡蓱者，故古賦有云「搴弱水之九衢」，亦一騐也。嘗考沈約《郊居賦》「舒翠葉而九衢，開丹花而四照」，《八詠詩》「彫芳卉之九衢，賈靈茅之三脊」，皆以九衢與三茅琪花對見，且皆是仙草，故曰卉，曰葉、而梁元帝爲妾弘夜珠《謝東宫賚合心花釵啓》曰「夜珠昔往陽臺，雖逢四照，曾游澧浦，慣識九衢」，則竟以九衢爲水中之草，故曰澧浦。夫水中之草非蓱乎？若《魏都賦》云「孰愈尋靡蓱于中逵」，則誤以九衢爲九達之衢，故云中逵。此屬訛解，非實據也。至于枲華，則枲爲麻之有子者。《山海經》云「浮山有草，其葉如枲，而赤花」，即枲華也。安居者，何在也。靡蓱、枲華二物而統曰安居，猶黑水、三危兩地而總曰何在也。

黑水玄趾，三危安在？

註：趾一作沚。黑水、三危皆見《禹貢》。玄趾未詳。

補註：玄趾，玄沚也，即黑水。張衡《西京賦》云「乃若昆明靈池，黑水玄沚」，因黑水所渚原名玄沚，故記載有其名，漢宫亦擬其形也。若陸機《赴洛詩》云「南望泣玄渚」，則正指其地。渚、沚字之通耳。三危，山名，黑水所經地。黑水、三危從來並舉，如《廣博物志》云「黑河之藻可以千歲，三危之露可以輕舉」，亦是一例。

閔妃匹合，厥身是繼。胡爲嗜不同味，而快鼂飽？

註：閔，憂也，言禹所以憂無妃匹者，欲爲身立繼嗣也。下二句未詳。

補註：胡爲所嗜，卒不在此，而勿以立嗣爲念，惟鼂飽是快，急行役耶。《書》曰「啓呱呱而泣，予勿子」，是勿以立嗣爲念也。古歌云「父子道衰」是也。不同味，言與所嗜者味不同也。急於治水，緩於立嗣，是治水與立嗣其所嗜有殊味也。鼂飽者，急於行役，所謂朝食蓐食也。《柳對》「呱呱之不盡，而孰圖味」亦是意也。

皆歸射鞫而無害厥躬，何后益作革而禹播降。

註：此章之義未詳。

補註：射，行也。《廣雅》音石。鞫，窮也，猶極也。后，君也，有爵土之稱，猶《書》稱后夔、后稷也。言禹、益所行皆歸至極，又豈有害于其躬者。何以民卒背益而惟禹之德獨播降于衆也。革，更也。言更背也。孟子云「朝覲訟獄，不之益而之啓」，是作革也。播降，播其德而降于民。《書》曰「邁種德，德乃降」是也。

阻窮西征，巖何越焉。

註：此章似又言鮌事。然羽山東裔，而此云西征，已不可曉。或謂越巖墮死，亦無明文。

補註：此羿事也。阻當作鉏，地名。窮即有窮國也。巖，險也。越，過也。羿自鉏遷窮，急于西征，其巖險何所過於他國也。此特指遷窮一事。按，《左傳》魏莊子曰，昔有夏之衰也，后羿自鉏遷于窮石，因夏人而代夏政。又《帝王紀》云，帝羿有窮氏，其先世封於鉏。羿自鉏遷於窮石，逐帝相，徙于商丘，依斟灌、斟鄩氏。據地志，故鉏城在滑州衛城東，商丘在東郡濮陽。《晉地記》云，河南有窮谷，蓋本有窮氏所遷也。斟灌、斟鄩皆在東極，古隅夷地。以商丘、二斟較之，有窮在西，故曰西征。蓋夏帝世居二斟，如《竹書》太康、仲康、帝相皆依二斟，而《汲古文》云，太康居斟尋，羿亦居之。是從帝所居以定向背，當以遷窮爲西征也。羿居窮后代夏政，然即爲浞滅，故曰其險何似。古險字即巖字，如傅巖，史作傅險，可見。下二句鮌事。問中一節兩事者多有，亦是一例。

咸播秬黍，莆藋是營。何繇并投，而鮌疾修盈。

註：秬黍，黑黍也。《説文》：「黍，禾屬而粘也。」莆疑即蒲字，水草。藋，虈也，與萑同。左氏云「萑苻之澤」是也。餘未詳。

補註：幷迸同，省文，即逐也。言逐而投之羽山也。修盈，長盛也。咸播至是營八字作句，言鮌治水亦皆以播種是營耳，何爲獨受害殛也，播，種也。莆、藋亦云播者，猶《逸周書》所云「潤濕不穀，樹之竹葦莞蒲」，是也。

釋舟陵行，何以遷之。

註：二句未詳。

補註：釋舟陵行，解舟而陸，是行也，遷，移也，即行也。《書》曰「罔水行舟」，《論語》曰「奡盪舟」，皆是也。此無所指，言前古有是事耳。或曰此即奡事，故下節即及澆。澆，奡同。

曾益等《温飛卿詩集箋注》卷六《過華清宫二十二韵》 不料邯鄲蝨，

《戰國策》：應侯謂秦王曰：王得宛，臨陳陽夏，斷河內，臨東陽，邯鄲猶口中蝨也。俄成即墨牛。《田單傳》：騎劫代樂毅，攻即墨。單牧城中，得千餘牛。爲絳繒衣，畫以五彩龍文，束兵刃於其角，而灌脂束葦於尾。燒其端，牛尾熱，怒而奔燕軍，所觸盡死傷。劍鋒揮太皞，《月令》：孟春之月，其帝太皞。鄭玄云：宓，犧也。劍鋒未詳。案：《越絶書》：楚王作鐵劍三枚。晉、鄭聞而求之，不得，興師圍楚之城，三年不解。於是楚王引太阿之劍，登城而麾之。三軍破敗，士卒迷惑，流血千里，晉、鄭之軍，頭畢白也。旗燄拂蚩尤。補：《西京賦》：蚩尤秉鉞。案：《韻會》：蚩尤，黃帝臣，獸身人語。後叛，大戰於涿鹿，殺之，畫其形於旗上。又彗星，一名蚩尤旗。嗣立案：《皇覽》：蚩尤冢在東郡壽張縣闞鄉城中，高七丈。民嘗十月祀之，有赤氣出，如一匹絳，名爲蚩尤旗。上四句謂祿山之叛也。內嬖陪行在，補：《左傳》：齊侯好內，多寵內嬖，如夫人者六人。《漢書》：徵詣行在所。師古曰：天子或在京師，或出巡狩，不可豫定，故言行在所耳。謂貴妃從幸也。孤臣預坐籌。《漢·張良傳》：臣請借前箸以籌之。謂陳玄禮之密啓也。瑤簪遺翡翠，《異物志》：赤而雄者曰翡，青而雌者曰翠。嗣立案：《後漢·輿服志》：太皇、太后、皇太后入廟，簪以玳瑁爲擿，長一尺，端爲花勝，上爲鳳雀，以翡翠爲毛羽。梁費昶詩：日照茱萸領，風搖翡翠簪。霜仗駐驊騮。補：《穆天子傳》：右服驊騮而左騄駬。郭璞曰：驊騮，色如華而赤，今名馬標，赤者爲棗騮。上二句謂四軍不進也。豔笑雙飛斷，補：《詩》：豔妻煽方處。《北史》：苻堅滅燕，慕容沖姊清河公主年十四，有殊色，堅納之。沖年十二，亦有龍陽之姿，堅又幸之。姊弟專寵長安。歌之曰：一雌復一雄，雙飛入紫宮。香魂一哭休。徐注：徐陵詩：香魂何處來。上二句謂國忠貴妃之死也。早梅悲蜀道，補：盧僎《十月梅花詩》：君不見巴鄉春候中華別，年年十月梅花發。李白《蜀道難》云：噫吁戲，危乎高哉，蜀道之難，難於上青天。高樹隔昭丘。補：謝脁詩：思見昭陽丘。善曰：《荊州圖》：楚昭王墓，《登樓賦》所謂昭丘也。《通鑑》：太宗文德皇后長孫氏葬昭陵，高祖神堯皇帝葬獻陵。帝念后不已，於苑中作層觀，以望昭陵。嘗引魏徵同登，使視之，徵熟視之，曰：「臣昏眊，不能見。」帝指示之，徵曰：「臣以爲陛下望獻陵，若昭陵，則臣固見之矣。」注：昭陵在西安府醴泉縣，獻陵在陝西三原縣。上二句謂改葬貴妃他所也。嗣立案：《舊唐書·楊貴妃傳》：祿山叛，潼關失守，從幸至馬嵬，禁軍大將陳玄禮密啓太子，誅國忠父子。既而四軍不散。玄宗遣力士宣問，對曰：「賊本尚在。」蓋指貴妃也。力士復奏帝，不獲，已與妃詔，遂縊死於佛室，時年三十八，瘞於驛西道側。上皇自蜀還，密令中使改葬於他所。初瘞時以紫褥裹之，肌膚已壞，而香囊仍在，內官以獻，上皇視之悽惋，乃令圖其形於別殿。

李光地等《日講春秋解義》卷四三《襄公二十五年》 冬，鄭公孫夏帥師伐陳。夏，《公羊》作蠆。

《左傳》鄭子產獻捷于晉。獻入陳之功。戎服將事。晉人問陳之罪。對曰：「昔虞閼父爲周陶正，以服事我先王。閼父，舜之後。當周之興，閼父爲武王陶正。我先王賴其利器用也，與其神明之後也，舜聖，故謂之神明。庸以元女大姬配胡公，庸，用也。元女，武王之長女。胡公，閼父之子滿也。而封諸陳，以備三恪。周封夏、殷後，又封舜後，謂之三恪，示敬也。則我周之自出，至于今是賴。桓公之亂，蔡人欲立其出，陳桓公鮑卒，陳亂，事在魯桓五年。蔡出，桓公子厲公。我先君莊公奉五父而立之。五父佗，桓公弟。殺大子免而代之，鄭莊公因定其位。蔡人殺之，我又與蔡人奉戴厲公。至于莊、宣，皆我之自立。陳莊公、宣公皆厲公子。夏氏之亂，成公播蕩，又我之自入，君所知也。宣公十一年，陳夏徵舒弒靈公，靈公之子成公奔晉，自晉因鄭而入。今陳忘周之大德，蔑我大惠，棄我姻親，介恃楚衆，以馮陵我敝邑，不可億逞，億，度也。逞，盡也。我是以有往年之告。謂鄭伯稽首告晉，請伐陳。未獲成命，則有我東門之役。前年陳從楚伐鄭東門。當陳隧者，井堙木刊。敝邑大懼不競而恥大姬，天誘其衷，啓敝邑心。陳知其罪，授手于我。用敢獻功。」晉人曰：「何故侵小？」對曰：「先王之命，唯罪所在，各致其辟。且昔天子之地一圻，方千里。列國一同，方百里。自是以衰。衰，差降。今大國多數圻矣，若無侵小，何以至焉？」晉人曰：「何故戎服？」對曰：「我先君武、莊爲平、桓卿士。鄭武公、莊公爲周平王、桓王卿士。城濮之役，文公布命，曰：晉文公。『各復舊職。』命我文公戎服輔王，以受楚捷，不敢廢王命故也。」士莊伯不能詰，士莊伯，士弱也。復于趙文子。文子曰：「其辭順。犯順，不祥。」乃受之。冬十月，子展相鄭伯如晉，拜陳之功。謝晉受其功。子西復伐陳，陳及鄭平。仲尼曰：「《志》有之，《志》，古書。『言以足志，文以足言。』足，猶成也。不言，誰知其志？言之無文，行而不遠。晉爲伯，鄭入陳，非文辭不爲功。慎辭哉。」

鄭再伐陳，取成而還，陳不能報，楚不敢問，以子產方明其政刑，衆知鄭之不可侮也。

附錄《左傳》楚蔿掩爲司馬，蔿子馮之子。子木使庀賦，庀，治。數甲兵。數，閱。甲午，蔿掩書土、田：書土地之所宜。度山林，量度山林之材，以供國用。鳩藪澤，鳩，聚也。聚成藪澤，使民不得焚燎，以備田獵之處。辨京陵，辨，別也。絶高曰京，大阜曰陵，別之以爲冢墓之地。表淳鹵，淳鹵，埆薄之地。表異輕其賦稅。數疆潦，疆界有流潦者，計數減其租入。規偃豬，偃豬，下濕之地。規度其受水多少。町原防，廣平曰原。防，隄也。隄防閒地，不得方正如井田，別爲小頃町。牧隰皋，隰皋，水崖下濕，爲芻牧之地。井衍沃，衍沃，平美之地，則制以爲井田。量入修賦，量九土之所入，而治理其賦稅。賦車籍馬，籍，疏其毛色歲齒，以備軍用。賦車兵、徒卒、甲楯之數。車兵甲士數，器仗有常數。既成，以授子木，禮也。得治國之禮。傳言楚之所以興。

馮景《蘇詩續補遺》卷上《送淡公二首》 燕本冰雪骨，越淡蓮花風。五言雙寶刀，聯響高飛鴻。翰苑錢舍人，詩韻鏗雷公。識本不識淡，仰詠嗟無窮。清韻生物表，朗玉傾壺中。常於冷竹坐，相語道意沖。崧洛興不薄，稽江事難同。明日若不來，我作黃石翁。何以兀其心，爲君學虛空。本、淡，二僧名。燕、越，二僧所産地也。《莊子·逍遙游》：肌膚若冰雪。《傳燈録》：慧可頂骨，如五峯秀出。《楞嚴經》：縱觀如來，青蓮花眼。梁《昭明文選序》：退傅有在鄒之作，降將有河梁之篇。四言五言，區以別矣。注：降將，謂李陵別蘇武於河梁，作五言。《解頤新語》：論者謂南風之辭，卿雲之頌，夏歌鬱陶乎予心，詩體未備，五言之濫觴也。逮漢李陵，始著五言之目。《唐書》：秦系曰：劉長卿自謂五言長城，系以偏師，攻之，雖老益壯。曹植有《寶刀賦》。楊雄《法言》：鴻飛冥冥。聯響，即聯句，始於漢武柏梁。宋孝武帝《華林都亭曲水聯句》效栢梁體。《長楊賦》：翰林以爲主人。《姓譜》：方雷氏之後，蓋古諸侯國。黃帝時有雷公。按：唐雷威嘗入深松中，聽風雪聲連延悠颺者，伐爲琴，世稱雷公琴。《世説》：時人目夏侯太初朗朗如日月之入懷，李安國穨唐如玉山之將崩。唐詩：一片冰心在玉壺。《六祖問答》：九年冷坐無人識。《神仙傳》：浮丘伯，姓李，隱居嵩山。服黃精二十年。久之，成道，白日飛昇。《列仙傳》：王喬，周靈王太子晉也。好吹笙，作鳳鳴。游伊洛之間，遇道士浮丘公，接以上嵩山。《晉書》：庾亮曰：「諸君少住，老子於此興復不淺。」《王徽之傳》：嘗居山陰，夜雪初霽。忽憶戴逵，逵時在剡，便夜乘小船詣之，造門即返。《漢·張良傳》：老父謂良曰：「後五日平明，與我期此。」五日平明，良往，父已先在，怒曰：「與老人期，後，何也？」去。後五日早會，又曰：「孺子見我濟穀城下，黃石即我已。」遂去不見。《神仙傳》：黃石君者，修彭祖之術，年數百歲。陸機《文賦》：兀若枯木。《文選注》引郭象注曰：行若曳枯木，止若聚死灰。《莊子·德充符》：常季問於仲尼曰：「王駘，兀者也，固有不言之敎，無形而心成者耶？」《金剛經》：四維上下虛空，可思量不？《楞嚴經》：起爲世界，靜成虛空。虛空爲同，世界爲異。

高士奇《春秋地名考略》卷一二 虢：國於上陽。僖五年，宮之奇曰：「虢仲、虢叔，王季之穆也，爲文王卿士。」杜註：虢仲、虢叔，王季之子，文王之母弟也。仲、叔皆虢君字。《晉語》胥臣曰：「文王敬友二虢。」又曰：「詢于八虞，而諮于二虢。」韋昭曰：善兄弟爲友。賈逵曰：虢仲封東虢，制是也；虢叔封西虢，虢公是也。孔穎達曰：據傳，鄭滅一虢，晉滅一虢，不知誰是仲後，誰是叔後。賈言無明證，不可審知。臣愚謂賈最近古，且諸家所用，不可易矣。東虢別見小國卷，西虢初封在秦之雍地，秦宣太后于此起虢宮。漢置虢縣，屬右扶風。《漢志》「雍爲西虢」是也。後漢省入雍縣，魏太延中置武都郡，治此。西魏又置洛邑縣，隋廢郡改縣，曰虢。唐仍之。《元和郡縣志》「虢縣古虢國，周文王弟虢叔所封，是曰西虢」，蓋用賈説也。宋亦因之，《九域志》「在鳳翔府南三十五里」。元省入寶雞，今其故城在寶雞東六十里。西虢之君在西周時嘗爲王室卿士，《周語》宣王不藉千畝，虢文公諫。韋昭曰：文公，虢叔之後，西虢也。宣王都鎬，在畿內，此又用賈説矣。《史記》幽王時有虢石父，《竹書紀年》又有虢公翰，不知其出于東西。隱元年，鄭人以王師、虢師伐衛，始見于經。杜註：虢，西虢國也。弘農陝縣東南有虢城，蓋已從平王而東徙矣。然《鄭語》史伯謂鄭桓公曰：當成周者，西有虞虢，王之支子母弟也。是平王前已徙東土，不可攷矣。《秦本紀》武公十一年滅小虢，蓋虢既東遷，支庶之留于雍者也。今在寶雞東五十里亦曰桃虢城，猶夫鄭已東徙而留者爲南鄭也。隱三年，鄭武公爲平王卿士，王貳于虢。杜註：西虢公也。八年，虢公忌父始作卿士于周。桓五年，王伐鄭，以虢公林父將上軍。僖二年，晉荀息假道于虞以伐虢。五年，晉侯圍上陽，滅虢，虢公醜奔京師。蓋見于《春秋》者有三公焉。杜註：上陽，虢國都，在弘農陝縣東南。上陽之虢亦稱郭，《公羊傳》晉獻公曰「吾欲伐郭，則虞救之；伐虞，則郭救之」是也。蔡邕《郭有道碑》文曰：王季之穆有虢叔者，實有懿德，文王咨之，建國命氏，或謂之郭。此亦用賈説也。班固則又謂之北虢，《漢志》曰：北虢在大陽是也。大陽地在河北，當是時虢都上陽，而下陽則在河北，大陽之境豈以其跨河之北，而成周在河南，故謂之北虢與？上陽在漢陝縣，地屬弘農郡，晉仍之，今在陝州東南。杜佑云：陝州之虢爲北虢。又云虢都在陝郡平陸縣，今屬山西平陽府，蓋欲附會北虢之義，而顯與傳文違戾，不可從矣。臣謹按：《後漢志》弘農陝縣本虢仲國，河南滎陽有虢亭，虢叔國。《九域志》大紀從之，與賈氏特異。乃賈氏之説又見于虞翻，韋昭皆無異辭。又馬融云：虢叔同母弟虢仲封下陽，異母弟虢叔封上陽。孔穎達以爲上陽、下陽同是復虢國之邑，不得分封二人也。若二人共處，鄭其安所得虢國而滅之？是矣。乃以臣愚測之，融所謂虢仲封下陽，誠誤矣，所謂虢叔封上陽，則依然賈逵之説，蓋古來相傳如是，未可輕非也。惟是杜預明云皆母弟，而馬氏分同母異母，其意蓋謂西虢大而東虢小，不應弟封大國，兄反封小國，故以同母異母別之。不知周室班爵尚德不尚年，祝鮀論之詳矣。又《春秋公子譜》亦曰上陽虢叔之後。

玤。莊二十一年，王巡虢守，虢公爲王宮于玤。杜註：玤，虢地。在今河南澠池縣界。

莘。莊三十二年，有神降于莘，內史過曰：虢將亡。杜註：莘，虢地。臣謹按：今陝州硤石鎮西十五里莘原是也。

渭汭。閔二年，虢公敗犬戎于渭汭。杜註：渭水出隴西，東入河，水之隈曲曰汭。臣謹按：《釋例》曰：渭水出隴西狄道縣，鳥鼠同穴，山東經南安、天水、汧陽、扶風、始平、京兆，至弘農入河。蓋渭水入河處乃虢之西境也。

下陽。僖二年，虞師、晉師滅下陽。杜註：下陽，虢邑，在河東大陽縣。臣謹按：

下陽，《公》、《穀》皆作夏陽，《穀梁傳》非國而曰滅，重下陽也。夏陽者，虞、虢之塞邑，滅夏陽而虞、虢舉矣。胡氏曰：猶秦有潼關，蜀有劍閣，皆國之門戶。徐彥曰：虢之滅，由于下陽之亡，郢之入，由于州來之亡，故皆書滅。張氏曰：下陽與上陽對，在陝州平陸縣。上陽在陝縣，虢都也。今平陸縣東五十里有大陽城，大陽東北三十里有故下陽城，其地有虞阪之險，晉欲伐虢，慮虞人要而擊之，欲伐虞，則虢又救之，以爲外扞。滅下陽而兩國皆失其險矣。

桑田。僖二年，虢公敗戎于桑田。杜註：桑田，虢地，在弘農陝縣東北。臣謹按：桑田即稠桑也。魏主修奔關中至稠桑，隋義寧初劉文靜遣將竇琮自潼關追屈突通至稠桑執之，又高祖詔李密招撫山東至稠桑驛，復止之，密因入桃林以叛，即此。今閿鄉縣東三十里有稠桑驛。

查慎行《蘇詩補注》卷一三《寄劉孝叔》

劉孝叔。名述，湖州人。注見十一卷。有意誅驕鹵。施氏原注：初，神宗即位，起安石於金陵，付以大政。是時帝已有誅滅西夏意，遂用种諤以開邊釁。安石逢迎帝意，且謂鞭箠四夷，必財用豐裕，然後可行其志。於是終帝之世，以理財爲急，兵連禍結，南征西伐，幾至於亂。故詩首言征伐之意。三十七將軍。《宋史・兵志》：熙寧七年，詔總開封府畿、東西、河北路分置將、副。自河北始，自第一將以下至十七將，在河北四路。自第十八將以下，共七將，在府畿。自第二十五將以下，共九將，在京東。自第三十四將以下，共四將，在京西。凡三十有七。又按《東都事略》：熙寧九年九月，從蔡挺請置三十七將。與施氏原註相合。新刻本補注改「七年九月」爲「三年十一月」，不知何所據，今駁正。保甲《宋史・兵志》：保甲者，熙寧變募兵之新制也。熙寧三年，始連比其民，以相保任。詔畿內之民，十家爲一保，五十家爲一大保，十大保爲一都保。有保長、保正。應主客戶兩男以上，保一人爲保丁。遂推之五路。四年，詔保丁肄習武事。五年，上番於巡檢司，十日一更。初隸司農，八年隸兵部。凡義男保甲民兵，共七百一十八萬二千餘人。又施氏原註新刻本刪去，今補錄於後：上嘗問：「如何可以漸省正兵？」安石曰：「當使民習兵，則兵可省。」然其後保甲不能逐盜，而爲盜矣。故曰「保甲連邨團未徧」也。方田。《宋史・食貨志》：方田之法，分五等以定稅，則凡田方之角，立土爲岸，植木以表之。有方帳，有莊帳，有戶帳，分析典賣，官給契，縣置簿，皆以今所方之田爲正。見於籍者，二百四十八萬四千三百四十九頃。又施氏原注新刻本刪去，今補錄於後：熙寧五年，司農丞蔡天申請委提舉司均稅，而領於司農，始立方田均稅之法。以東西南北各千步當四十一頃有奇爲一方，歲以九月委令佐分地計量，均定稅數。至明年三月，畢揭以示民，仍再期一季，以盡其詞，乃出戶帖莊帳，付之以爲地符。故云「方田訟牒紛如雨」也。手實降新書。《困學紀聞》：《管子・地員篇》云：其立后以手實之名，始見於此。呂惠卿因以行手實之法。《宋史・呂惠卿傳》：惠卿用弟和卿計，置五等丁產簿，使民自供手實，尺椽寸土，檢括無餘，而至雞豚，亦徧抄之。隱匿者許告，以貲三之一充賞。又《蒲宗孟傳》：呂惠卿置手實法，猶許災傷五分以上不須，宗孟請勿以凶豐張弛其法，民益病矣。本集《墓志》云：公自杭徙知密州。時方行手實法，司農守下諸路，不時施行者以違制論。公謂提舉常平官曰：「違制之坐，若出自朝廷，誰敢不從。今出於司農，是擅造律也。」使者驚曰：「公姑徐之。」未幾，朝廷亦知手實之害，罷之。密之人私以爲幸。詔書《東都事略》：熙寧七年二月乙丑，詔曰：朕涉道日淺，政失厥中，以干陰陽之和。乃冬迄春，旱暵爲虐，省膳避殿，冀以消變。歷日滋久，未蒙休應，中外臣僚並許實封，直言朝政缺失。又施氏原注云：七年春，上以大旱，憂見容色，欲罷保甲方田等事。安石曰：「水旱常數，堯湯所不免，但當益修人事。」上曰：「此豈細事，朕所以恐懼者，正謂人事有所未修耳。」此段新刻本亦刪去，今補錄於此。學問止流俗。施氏原注新刻本刪去，今補錄云：蘇子由爲條例司檢詳與安石議論不合，求罷。上問曰：「蘇軾何如其弟？」安石恐見用，曰：「軾兄弟好生異論，以阻成事。若朝廷不察，用此兩人，則能合流俗之見。不可。」故云「學問止流俗」。丈人得道。江少虞《事實類苑》：劉孝叔吏部深味道腴，東南清端之士也。強仕之際，即恬於進，後將引年，方得請。立朝。《宋史・劉述傳》：王安石爭謀殺刑名，述兼判刑部，駁之。及勅下，述封還中書，執奏不已。安石白帝詔開封推官王堯臣劾述罪。述率御史劉琦、錢顗共上疏曰：「安石執政未數月，中外人情，囂然胥動。耑肆胸臆，輕易憲度，無忌憚之心。首議財利，務爲容悅。豈宜處之廟堂以亂國紀？願早罷逐，以慰天下心。」疏上，安石奏先貶琦顗開封獄。具述三問不承，安石欲置之獄，司馬光與范純仁爭之，乃議貶爲通判。帝不許，以知江州，踰年，乞提舉崇禧觀，以歸。去年相從《與劉孝叔會虎丘》詩，載十一卷。

《烏臺詩案》：熙寧八年四月十一日，軾作詩寄劉述。「君王有意」四句，是時朝廷遣使諸路，檢點軍器，及置三十七將官。軾將謂今上有意征討外域，以譏諷朝廷諸路遣使及置將官，張皇不便。又「南山伐木」云云，以譏朝廷法度屢變，事目煩多，吏不能曉。又「況復連年苦饑饉」云云，意謂近來饑饉，飛蝗蔽天，以譏諷朝廷政事缺失，新法不便之所致。又云酒食無備，齋廚蕭然，以譏諷朝廷減削公使錢太甚。公事既多，旱蝗又甚，貳政巨藩，尚如此窘迫，所以言山中故人寄信令歸，但軾貪祿，未能便掛冠而去。又「四方冠蓋鬧如雲」二句，以譏諷朝廷近日提舉官所至，生事苛碎，故劉述乞宮觀歸湖州也。其詩不係，朝旨降到冊子內。

李光坡《周禮述注》卷二一《秋官》

禁暴氏掌禁庶民之亂暴力正者，撟誣犯禁者，作言語而不信者，以告而誅之。

註曰：民之好爲侵陵、稱詐、謾誕，此三者亦刑所禁也。力正，以力強得正也。吳氏曰：力正，謂脅衆從己，以邪爲正也。撟，其表反。

凡國聚衆庶，則戮其犯禁者以徇。凡奚隸聚而出入者，則司牧之，戮其犯禁者。

註曰：奚隸，女奴男奴也。其聚出入，有所使。疏曰：聚衆庶者，謂征伐之等。奚隸聚而出入者，謂國有煩辱之處，使奚隸。

納喇性德《陳氏禮記集説補正》卷三七《昏義》 問名。《集説》：「問名者，問女生之母名氏也。」

竊案：《集説》同孔氏之説也。孔氏曰：「問名者，問其女之所生母之姓名。故《昏禮》云『爲誰氏？』言女之母何姓氏也。」是問女母之姓氏也。又賈氏《儀禮疏》云：「言問名者，問女之姓氏，不問三月之名，故下記問辭云，『某既受命將加諸卜，敢問女爲誰氏？』鄭氏云：『誰氏者，謙也。不必其主人之女。』是問姓氏也。然以姓氏爲名者，名有二種：一者是名字之名，三月之名是也；一者是名號之名。故孔安國注《尚書》以舜爲名，鄭君《目錄》以曾子爲名，亦據子爲名，皆是名號爲名者也。今以姓氏爲名，亦名號之類也。」又下《記》疏云：納采則知女之姓矣。今乃更問女爲誰氏者，恐非主人之女，假外人之女收養之，是謙，不敢必主人之女也。其本云問名而云誰氏者，婦人不以名行，明本不問女之三月名，此名即名號之名，若《尚書》孔注云「虞氏，舜名」。舜爲謚號，猶爲名解之，明姓氏亦得爲名。若然，本問名上氏姓，故云誰氏也，是問女之姓氏也。新安朱子曰：孔疏問名與《儀禮》賈氏疏不同，未詳孰是。愚則謂問母之姓氏迂矣，賈疏爲長也。

陳大章《詩傳名物集覽》卷五《蟲豸》 伊威在室。朱傳：伊威，鼠婦也，室不掃則有之。《爾雅》：蟠，鼠負。又云：蛜威，委黍。注，舊説鼠婦之别名。《説文》委黍，鼠婦也。陸疏：在壁根下、甕底土中生，似白魚。陶隱居云：一名鼠負，言鼠多在坎中，背則負之。一名鼠姑。《本草》鼠負一名負蟠，一名蛜蝛，一名蟋蟋。生魏郡平谷及人家地上，五月五日取。禹錫云：蜀本注，俗亦謂之鼠粘，猶如枲耳名羊負來也。《衍義》：此濕生蟲也，多足，色如蚓，背有横文蹙起，大者長三四分，水甕及下濕處多。《埤雅》食之令人善淫。劉氏云：壁落間小蟲，無人掃則出行於室。

姜兆錫《禮記章義》卷一〇《鄉飲酒義》 鄉飲酒之義，主人拜迎賓于庠門之外，入，三揖而後至階，三讓而後升，所以致尊讓也。盥洗揚觶，所以致潔也。拜至、拜洗、拜受、拜送、拜既，所以致敬也。尊讓潔敬也者，君子之所以相接也。君子尊讓則不爭，潔敬則不慢。不慢不爭，則遠於鬭辨矣。不鬭辨則無暴亂之禍矣。斯君子所以免於人禍也，故聖人制之，以道鄉人、士、君子。遠去聲。此總明其尊讓潔敬之義也。庠，學名。鄉曰庠，州黨曰序。主人，疏謂鄉人夫也。觶，爵也。三揖三讓，見《聘義》，但在學與在廟異耳。盥洗揚觶者，主人將獻賓以水盥手，而洗爵以揚之也。拜至者，賓至升堂，主人於阼階上北面再拜也。拜洗者，主人洗爵而升，賓於西階上北面再拜也。拜受者，賓受爵而拜。拜送者，主人送爵而拜。拜既者，賓既卒爵而又拜也。鄉人，疏謂即卿大夫也。士，謂州長、黨正也。君子，謂卿大夫也。按，疏謂士爲州長黨正，蓋指侯國而言，若王朝，則鄉大夫爲上大夫，卿、州長爲中大夫，黨正爲下大夫，不得謂州長、黨正爲士也。其謂主人爲鄉大夫者，亦木鄉而言，若州射黨祭，則又州長黨正爲主矣。尊於房戶之間，賓主共之也。尊有玄酒，貴其質也。羞出自東房，主人共之也。洗當東榮，主人之所以自潔而以事賓也。共上如字，下供同。此以下備即其儀物及其人與地以明之也。房，即謂東房也。共之者設奠於東房之西室戶之東，在賓主之間也。供之者，供於賓也。右謂西也，北面設尊，而設玄酒在尊西也。榮，屋翼也。設洗於庭，當屋之東翼也。《儀禮・鄉飲酒》注曰，凡設尊之法，醴尊皆於隱處，示其質也。故《士昏禮》禮婦，醴皆設在房內也。酒尊皆於顯處，示其文也。故鄉飲酒、鄉射、特牲、少牢、有司徹，皆設在房戶之間也。燕禮、大射禮設尊在東楹西者，君尊專大惠也。愚按，《儀禮》注以質文相對爲言，用醴故質，用酒故文也。此則以非賓主者與賓主相對爲言，用醴，以禮子若婦而已，故在房。此用酒則主賓相爲禮矣，故在房戶之間而不在房也。賓、主，象天地也。介、僎，象陰陽也。三賓，象三光也。讓之三也，象月之三日而成魄也。四面之坐，象四時也。僎音遵。陰陽即後言日月也。三光，註謂三大辰也，名見《爾雅》。辰之言時，以天之政教所出，故名也。贊皇浩曰，立賓象天，以尊之也，立主象地，以養之也。陰陽，輔天地者也。介輔賓僎輔主象之三光，亦輔天者也。三賓爲衆賓之長，其輔賓亦象之。劉氏曰，月本望後生魄，然明盛則魄不可見。惟晦前三日之朝月方東出，朔後三日之朝月將西墜，則明讓魄而魄乃可見矣。故讓至於三，象明之讓魄在前後三日也。四面，見下文，謂賓主介僎之坐，象春夏秋冬也。故曰介有剛辨之義，僎有巽入之義，各從其類也。天地嚴凝之氣始於西南而盛於西北，此天地之尊嚴氣也，此天地之義氣也。天地溫厚之氣始於東北而盛於東南，此天地之盛德氣也，此天地之仁氣也。主人者尊賓，故坐賓於西北，而坐介於西南以輔賓。賓者，接人以義者也，故坐於西北。主人者，接人以仁以德厚者也，故坐於東南，而坐僎於東北以輔主人也。仁義接賓主有事，俎豆有數，曰聖。聖立而將之以敬，曰禮。禮以體長幼，曰德。德也者，得於身者也。故曰古之學術道者，將以得身也，是故聖人務焉。主厚其德，仁之道也，賓謹其禮，義之道也。聖，通明也，謂於禮義通貫顯明也。聖既立制，由是敬天理之節，體人倫之序，所得者皆吾身之實理，故曰得於身也。張子曰坐有四位者，禮主於尊賢而已。若賓主正對，則兼主於敬主。故賓主不相對坐，以見尊賓之義。雖四時之坐皆有義，其實欲明其尊賢也。浩齋曰，天下之禮義無所不通，而器數皆有合於自然者聖之謂也。禮得於身之謂德由學乎道術，而後禮得於身，則與先得於人心之同然者，亦無異矣。故曰古之學術道者將以得身也。祭薦、祭酒，敬禮也。嚌肺，嘗禮也。啐酒，成禮也。於席末，言是席之正非專爲飲食也，爲行禮也，此所以貴禮而賤財也。卒觶，致實於西階上，言是席之上非專爲飲食也，此先禮而後財之義也。先禮而後財，則民作敬讓而不爭矣。嚌，齊，去聲。啐音翠，爲並去聲。疏曰，主人獻賓，賓即席祭所薦脯醢，又祭酒。此賓敬主之禮也。賓既祭酒，乃俎上取肺嚌於齒，此賓嘗主之禮也。又飲主人酒，入啐於口，此賓成主之禮也。席末謂西頭也。按《儀禮》祭薦、祭酒、嚌肺皆在席中，惟啐酒在席末。又嚌肺先，祭酒後。此各取便文言之耳。祭薦、祭酒、嚌肺，皆以表敬。故在席中，啐酒以入口，故在席末。在席中是貴禮，在席末是賤財。啐始入口，猶在席末，卒觶則觴中之實盡矣，故遠在西階上也。呂氏曰，敬，禮也。食，財也。人所以爭者，無禮而志於財也。如知貴禮而賤財，先禮而後財之義，則敬讓行矣。鄉飲酒之禮，六十者坐，五十者立侍以聽政役，所以明尊長也。六十者三豆，七十者四豆，八十者五豆，九十者六豆，所以明養老也。民知尊長養老，而后乃能入孝弟，出尊長，養老而后成教，成教而后國可安也。君子之所謂孝者，非家至而日見之也，合諸鄉射，教之鄉飲酒之禮，而孝弟之行立矣。孝者之孝當作教。坐者，坐於堂上。立者，立於堂下。陳註，豆當偶數，此十年但加一豆，蓋黨正屬民飲酒正齒位之禮，而非賓興賢能之飲與。《射義》曰，卿大夫士之射也，必先行鄉飲酒之禮，故合諸鄉射也。孔子曰：「吾觀諸鄉而知王道之易易也。」易去聲。此又引聖言以見鄉飲之係於王道，而下七節備明其義也。主人親速賓及介，而衆賓自從之，至於門外，主人拜賓及介，而衆賓自入，貴賤之義別矣。別音鼈。速謂即家召請之也。貴，謂賓。介，賤，謂衆賓也。三揖至于階，三讓以賓升，拜至，獻酬辭讓之，節繁及介省矣。至于衆賓，升受，坐祭，立飲，不酢而降，隆殺之義辨矣。省，生上聲。殺，去聲。隆殺謂隆賓而殺介及衆賓也。方氏曰，主酌賓爲獻，賓答主爲酢，主又答賓爲酬，此施於主賓之禮。至於介則省酬，至於衆賓則惟升而受爵，坐祭酒，立飲酒而已。故又省酢也。工入，升歌三終，主人獻之。笙入三終，主人獻之。間歌三終，合樂三終，工告樂備，遂出。

一人揚觶，乃立司正焉，知其能和樂而不流也。間去聲。和樂之樂音洛。入，入堂下也。升，升堂上也。謂鼓瑟之工入升堂上，歌《鹿鳴》《四牡》《皇皇者華》三篇。既終，則主人又酌以獻工。於是吹笙之工入堂下，奏《南陔》《白華》《華黍》三篇。終則主人又酌以獻工也。閒者，代也。謂堂上與堂下代作，堂上先鼓瑟，歌《魚麗》，則堂下笙《由庚》爲一終。次堂上歌《南有嘉魚》，堂下笙《崇丘》爲二終。又次堂上歌《南山有臺》，堂下笙《由儀》爲三終也。合樂，謂堂上下歌瑟及笙並作，歌《關雎》，以《鵲巢》合之，歌《葛覃》，以《采蘩》合之，歌《卷耳》，以《采蘋》合之也。告者，告樂正以告於賓也。樂備工出，則主人之吏一人舉觶，將以旅酬，主人乃更立司正以相其禮也。獻酬歌樂，是和樂，立司正則不流矣。賓酬主人，主人酬介，介酬衆賓，少長以齒，終於沃洗者焉，知其能弟長而無遺矣。浩齋曰，前言介無酬衆賓。無酢者，未歌時也。此言賓酬主，主酬介，介酬衆賓者，歌後行旅酬時也。沃洗者，滌濯之人也。必以齒，是弟長自貴至賤則無遺矣。降說屨，升堂，修爵無數。飲酒之節，朝不廢朝，莫不廢夕。賓出，主人拜送，節文終遂焉，知其能安燕而不亂也。說脫同。莫暮同。浩齋曰，前此皆立而行禮，至徹俎後乃脫屨升堂，坐燕舉爵無數，是安燕也。禮，朝以聽政，而政畢始鄉飲，是不廢朝。夕以修事，而飲畢猶治事，是不廢夕。雖至於終，賓主猶無缺禮。豈若一國若狂而至於亂者哉。貴賤明，隆殺辨，和樂而不流，弟長而無遺，安燕而不亂，此五行者足以正身安國矣。彼國安而天下安，故曰「吾觀於鄉而知王道之易易矣」。行去聲。總結上文。鄉飲酒之義，立賓以象天，立主以象地，設介僎以象日月，立三賓以象三光。古之制禮也，經之以天地，紀之以日月，參之以三光，政教之本也。此以下又申上文之屬之義也。浩齋曰，鄉飲之禮莫先於賓主，立賓主者經也，次立介僎者紀也，次又立三賓者參也。政教必有經、有紀、有參，然後可行，故爲本也。不言象陰陽而言象日月者，前言其氣，此言其體，僎在東北，象日始出，介在西南，象月生明也。烹狗於東方，祖陽氣之發於東方也。洗之在阼，其水在洗東，祖天地之左海也。尊有玄酒，教民不忘本也。祖猶法也。洗謂盥器也。四方皆有海，稱左海者，指東海而言也。方氏曰，天傾西北，地缺東南，水位居北者，本天位也。其流歸東者，因地勢也。浩齋曰，盛禮以養賓，生氣以養萬物，故陽氣發於東方，和而法之。海水之委也，歸於東，故洗在阼。水在其東，有左海之義也。玄酒，註謂即水也，一謂五齊之首泛齊也。以玄酒行禮，乃後王思禮所由起，而教以不忘其本也。賓必南鄉。鄉去聲，下同。此下脫後介必東鄉八句。東方者春，春之爲言蠢也，產萬物者聖也。南方者夏，夏之爲言假也，養之長之假之仁也。西方者秋，秋之爲言愁也，愁之以時，察守義者也。北方者冬，冬之爲言中也，中者藏也。是以天子之立也，左聖鄉仁，右義偫藏也。愁揫通。蠢生動貌。天地之大德曰生，聖人德合天地，故產萬物者聖也。假，大也。長養則大，故爲仁也。揫，斂縮之貌。察，嚴明之意。大以夏時之長養而爲仁，則斂以秋時之嚴明而爲義矣。中，謂物畜於中。藏，謂德固於內。故中爲藏也。聖知本藏於冬而發於春，仁育本見於春，而大於夏，蓋亦貞下起元，而四德互爲表裏始終之意，與天子處北面南，故有四德之象，而凡居上臨民者亦皆體此意也。介必東鄉，介賓主也。主人必居東方。東方者春，春之爲言蠢也，產萬物者也。主人者造之，產萬物者也。此八句當在賓必南鄉之下，合爲一節。呂氏曰，天子南面，而賓亦南鄉者，尊賓之至也。介閒也，坐賓主之間以閒之也。方氏曰，飲食，主人所造產育萬物之象，所以居東也。月者三日則成魄，三月則成時。是以禮有三讓，建國必立三卿。三賓者，政教之本，禮之大參也。三賓亦三卿之意，故爲政木。參即參之以三光之參。方氏曰，必三讓以成禮者，象月之三日而成魄。必立三卿以成治者，象歲之三月以成時。《書》曰「卿士惟月」，此之謂也。嫌三賓不足爲政教之本，故又發此以申之。餘並見上文。按，篇中所釋名義及所引孔子之言，乃先王之化，所以自鄉而國，自近而遠，興仁興讓之象，故觀於鄉而知王道之易易，以此也。但其中所釋法象各條閒涉新巧，殆非聖賢平實之旨，蓋漢儒之文與。學者詳之。

徐文靖《竹書統箋》卷七《周武王十六年》 十六年，箕子來賓。箋按：《汲冢周書》王曰：「咨爾商王父師，惟辛不悛，天用假手于朕，去故就新。辛錫朕以國，闡《洪範》九疇，錫侯以道。朕殫厥邦土靡所私，乃朝鮮于周底于遐逖，其以屬父師。」《史記·宋世家》：「箕子朝周，過殷故墟，城壞生黍，箕子傷之，乃作麥秀之詩曰：『麥秀漸漸兮，禾黍油油兮。彼狡童兮，不與我好兮。』狡童謂紂也。是箕子封朝鮮來朝于周之事也。」《孔氏書》疏曰：「箕子既受周之封，不得無臣禮，故于十三祀來朝。」據《尚書·敘》曰：「武王勝殷、殺紂，立武庚，以箕子歸作《洪範》。」是勝殷爲十二年，則作《洪範》者，亦是年也。《書》曰：「惟十有三年，王訪于箕子。」豈去年得箕子，今年始問耶？《史記》亦以爲武王克殷後二年問箕子，或然也。《宋世家》既作《洪範》，武王乃封箕子于朝鮮，是矣。但箕子來朝，當以《竹書》十六年爲得，而孔疏云「十三年」爲非。蓋朝鮮去周幾近萬里，安得十二年始在周作《洪範》，後封朝鮮，十三年即來朝之理乎？《竹書》以爲十六年，是也。《後漢書·東夷傳》曰：「昔武王封箕子于朝鮮，箕子教以禮義、田蠶，又制八條之教，其人終不相盜，無門戶之閉。」又按《括地志》「高麗治平壤城，本漢樂浪郡王險城，即古朝鮮也。」鄭開陽《朝鮮圖說》「井田在平壤府外，城內箕子區畫井田，遺蹟宛然。」孔安國《洪範傳》曰：「天與禹，洛出書，神龜負文而出，列于背有數至于九，禹遂因而第之以成九類。」孔疏曰：《易·繫辭》云：「河出圖，洛出書，聖人則之。」九類各有文字，即是書也。」班固《五行志》舉劉歆之說，謂「五行、五事爲《洛書》本文，自初一曰五行，至威用六極，悉龜背所有。」程泰之曰：「安國之所謂文者，數著乎象而錯綜可觀焉耳。」劉歆謂「《洛書》有字，則全與孔異矣。」先儒立論非之曰：「如歆之說，則《洛書》已有文字矣。而所謂戴九履一，左三右七，二四爲肩，六八爲足，又何以故？夫豈有兩《洛書》耶？明王禕以「圖書並出于伏羲之世，皆聖人所則，以作《易》、《洪範》，乃禹所自叙，而非《洛書》。」今按《莊子·天運篇》巫咸祒曰：「天有六極、五常，帝王順之則治，逆之則凶。九洛之事，治成德備，監照下土，天下戴之，此謂『上皇』。」呂吉甫注曰：「五常即五福，嚮用五福，威用六極，順之則吉也，反之則逆而凶。九洛即《洛書》九疇，九疇之用，至于福極，則治成德備，天下戴之。此所以爲『上皇』。據此，天錫禹《洛書》，禹因叙之以演疇，與孔傳合。若謂則《河圖》、《洛書》專指伏羲，不得以兼禹，將『天垂象，見吉凶』，亦止爲伏羲設耶？後儒非之，正自不必。又巫咸所云『上皇』，舊無明注。」余按《廣成子》曰「得吾道者上爲皇」，疑即此「上皇」也。

又卷九《周宣王二十二年》 二十二年，王錫王子多父，命居洛。箋按：《左傳·隱八年》「鄭伯請釋泰山之祀而祀周公，以泰山之祊易許田。」杜注曰：「鄭桓公，周宣王之母弟，封鄭，助祭泰山，湯沐之邑在祊。此以厲王之子、宣王之弟，故稱王子多父，即鄭桓公友也。」《世本》「鄭桓公居棫林，徙拾。」《左傳·襄十四年》「鄭子蟜帥師至于棫林。」杜注：「棫林，秦地，是桓公初封京兆鄭縣，後乃命之居洛也。」《水經注》曰：「《竹書紀年》晉文侯二年，同王子多父伐鄫，克之，乃居鄭父之丘，名之曰『鄭』，是曰『桓公』。」皇甫士安曰：「或言鄭故有熊氏之墟，黃帝之所都也。鄭氏徙居之，故曰『新鄭』，是新鄭之名亦始于桓公。《竹書》云『王命居洛』，是矣。」注又曰：「渭水又東，石橋水出馬嶺山北，逕鄭城西，東去鄭城十里，而北流注于渭，闞駰謂之『新鄭水』。蓋以桓公居洛爲新鄭，故以石橋水在鄭縣者，亦謂之『新鄭水』也。」《世本》言「宣王二十二年，封庶弟友于鄭」。《竹書》言「宣王二十二年錫王子多父，命居洛」。是多父即友，友時居洛已有新鄭之名，其子武公襲封亦稱新鄭，非武公遷洛乃稱新也。古「友」字作「㕛」，與「多」字相近，或稱友也。薛瓚言「穆王已下都于新鄭，不得以封桓公者」，非是。

方苞《禮記析疑》卷一二《郊特牲》 郊血，大饗腥。

《疏》謂：祭天七獻，有尸而後有獻。獻者，生人飲食之道也。天地至廣大，灌且不用，不敢以神道求之也，乃設尸而以生人飲食之道獻焉可乎？其禮始宜薦璧以禮神，次用樂以降神，次薦血以告幽全，次實柴以達馨香。齊尊陳而不酌，黍稷與牲同燔，祀天之正禮至此而終。凡《經》《傳》中言郊禮而有獻薦，皆祭稷之事也。祀天之犢已燔，又安得有腥肆爛熟之薦乎？穎達博極羣書，必偶見郊禮中有言七獻者，遂誤以爲獻天，而不知其謂獻稷也。蓋宗廟之中，稷爲太祖，自宜用天子之禮，備十有二獻。而天終古不變，后稷之靈陟降郊壇，在帝左右，則依然唐虞之侯伯也，故獻止於七，不敢以在廟之私禮尊之。或疑《生民》之詩曰：「于豆于登，其香始升。上帝居歆。」似祀天亦具豆登，不知經文辭意渾成，而其中事義之節次則井然可辨。「載謀載惟」，卜日卜牲之始事也；「取蕭祭脂，取羝以軷」，出宫道祭之節也；「載燔載烈」，祀天實柴之節也；登豆升香，祀稷饋獻之節也。然事天事稷之禮，文雖異而自始至終致誠致慤之內心，所以對越在天者則無間於帝與稷，故以稷之馨饗而知上帝亦居歆耳。

先儒又謂郊壇祀天則燔柴，明堂饗帝則獻薦，亦非也。《周官・大宗伯》以禋祀祀昊天上帝，以實柴祀日月星辰，以槱燎祀司中、司命、風師、雨師，則凡天神皆燔柴，無獻薦之禮，而況上帝乎？蓋上天之載，無聲無臭，而四時之行，百物之生，必有爲之主宰者，故《易・大傳》謂帝出乎震，由是四郊迎氣，及中央土有五帝之稱，而以上古五德之君配焉。而上帝實非有二也。日月星辰風雨佐天成化，必有推行是者，人所受之中物、所稟之命，必有秉持是者。是即妙萬物之神，不可得而見，不可得而名也。故無人可以相配而饗五帝於四郊，惟典司五行之臣得從祀焉。《周官・大宗伯》職日月星辰，司中、司命、風師、雨師，止於實柴、槱燎，則無獻薦，昭昭然矣，何獨於明堂之上帝而以爲宜有獻薦乎？或又疑惟郊壇可燔柴，明堂與宮廟等則宜獻薦，亦非也。宗廟之祭，肝膋黍稷可燔於堂上，則牲體雖大獨不可燔於庭中乎？祀昊天上帝惟曰禋祀，謂致精意以合莫，雖升香不足道也，而乃薦以俎簋、獻以盞斝，其倸卑不已甚乎。《周頌》曰「惟羊惟牛，惟天其右之」，陳牲實燔，而無獻薦之徵也。「伊嘏文王，既右享之」，則薦俎備獻，而祝告饗之徵也。即以本《記》證之，曰「郊血，大饗腥」，正謂郊則薦血，之後即以牲實燔，無由有豚解之腥，惟宗廟大饗乃具薦腥以下之禮節耳。豈惟祀天，按《祭法》，「瘞埋於泰折」，則祭地亦無獻薦也。《周官・大宗伯》以沉埋祭山林川澤，則地祇亦無獻薦也。所異於日月星辰者，其先古守土之君配享，而立尸則宜有獻薦耳，社稷則封土築壇，本人之所設，其肇祀即主報柱與勾龍五祀之神，則或爲五行之官，或爲始造門、霤、井、竈之人，本人鬼之祭，宜同宗廟之禮，此古籍間闕而可以義推者也。

饗、祫有樂，而食、嘗無樂。

荆南馮氏曰：《楚茨》之詩曰：「以往烝嘗」；又曰：「禮儀既備，鐘鼓既戒」；又曰：「樂具入奏」，則嘗無樂，無稽之言也。

賓入大門而奏《肆夏》，示易以敬也。

入門而樂作，變易以示敬也。

浦起龍《史通通釋・外篇・申左》 古之人言《春秋》三《傳》者多矣。戰國之世，其事罕聞。當前漢當有「之、初」二字。專用《公羊》，宣皇已降，《穀梁》又立於學。至武帝世，劉歆始重《左氏》而竟一作「書」。不列學官。釋：首原三《傳》行世，獨《左氏》最後。大抵自古重兩傳而輕《左氏》者固非一家，美《左氏》而譏一作「議」。兩傳者亦非一族。互相攻擊，各用一作「自」。朋黨，哤聒舊作「籠聒」，或作「聒籠」，並訛。紛競，是非莫分。然則儒者之學，苟以專精爲主，止舊作「至」，誤。於治章句、通訓釋，斯則可矣。一作「也」。至一脫「至」字。於論大體，舉宏綱，則言罕兼統，理無要害。故使今古疑一作「凝」。滯，莫得而申者焉。釋：次述論者之低昂，以引下文。必揚搉而論之，言傳者固當以《左氏》爲首。釋：此句揭出本指。但自古學《左氏》者，一無「者」字。談之又不得其情。如賈逵撰《左氏長義》，稱在秦者爲劉氏，乃漢室所宜推先。但取悅當時，殊無足採。又案桓譚《新論》曰：「《左氏傳》於《經》，猶衣之表裏。」而《東觀漢記》陳元奏云：「光武興立《左氏》，而桓譚、衛宏並共詆一作「毀」。訾，故中道而廢。」班固《藝文志》云：丘明與孔子觀魯史記而作《春秋》，有所貶損，事形於《傳》，懼罹時難，故隱其書。一有「爲」字。末世口說流行，遂有《公羊》、《穀梁》、《鄒氏》、《夾氏》諸傳。而於《固集》，復有難《左氏》九條三評等科。釋：自「但自古」至此，證舉諸家評論紛競如此。夫以一家之言，一人之說，而參差相背，前後不同。斯又或訛「文」。不足觀也。釋：繳過評「左」諸說。夫解難者以理爲本，如理有所闕，欲令有識心伏，不亦難乎？今聊次其所一無「所」字。疑，列之於後。釋：結到《申左》本旨。

按此是總序。

哤聒：《蜀都賦》：諠譁鼎沸，則哤聒宇宙。善注：《管子》曰：「雜處則其言哤。」《說文》曰：「聒，讙言也。」

左氏長義：《隋・經籍志》：《春秋左氏長義》二十卷，後漢侍中賈逵章句。又本傳：肅宗特好《左氏傳》，詔逵出《左氏》大義長於二傳者，逵摘出三十事。又云：「《五經》皆無證，圖讖明劉氏爲堯後者，而《左氏》獨有明文。」

在秦爲劉氏：按《左》文十三：士會自秦歸於晉，秦人歸其帑。其處者爲劉氏。《漢書・高紀贊》：晉史蔡墨言：陶唐氏既衰，其後有劉累，學擾龍，事孔甲，范氏其後也。范氏爲晉士師，奔秦歸晉，其處者爲劉氏。戰國時獲于魏，秦滅魏，遷大梁，都于豐。由是推之，漢承堯運，德祚已盛。

陳元：《後漢》本傳：元字長孫。父欽，習《左氏春秋》。元少傳父業，爲之訓詁。建武初，議欲立《左氏傳》。元詣闕上疏曰：「建立《左氏》，解釋積結，天下幸甚。」下其議，諸儒讙譁，《左氏》復廢。

江永《禮書綱目・嘉禮一・士冠禮》

經鄭氏《目錄》云：童子任職居士位，年二十而冠，主人玄冠朝服，則是仕于諸侯。天子之士，朝服皮弁素積。古者四民世事，士之子恆爲士。冠于五禮屬嘉禮。

士冠禮。筮於廟門。筮者，以著問日吉凶於《易》也。冠必筮日于廟門者，重以成人之禮成子孫也。廟，謂禰廟。不于堂者，嫌蓍之靈由廟神。主人玄冠，朝服，緇帶，素韠，即位於門東，西面。主人，將冠者之父兄也。玄冠，委貌也。朝服者，十五升布衣而素裳也。衣不言色者，衣與冠同也。筮必朝服，尊蓍龜之道也。緇帶，黑繒帶也。士帶博二寸，再繚四寸，屈垂三尺。素韠，白韋韠也。長三尺，上廣一尺，下廣二尺，其頸五寸，肩革帶博二寸。天子與其臣，玄冕以視朔，皮弁以日視朝。諸侯與其臣，皮弁以視朔，朝服以日視朝。凡染黑，五入爲緅，七入爲緇，玄則六入與？有司如主人服，即位於西方，東面，北上。有司，羣吏有事者，謂主人之吏，所自辟除，府史以下也，今時卒吏及假吏皆是也。筮與席、所卦者，具饌於西塾。筮，所以問吉凶，謂蓍也。所卦者，所以畫地記爻，《易》曰：「六畫而成卦。」饌，陳也。具，俱也。西塾，門外西堂也。布席於門中，闑西閾外，西面。闑，門橜也。閾，閫也。古文闑爲槷，閾爲蹙。筮人執筴，抽上韇，兼執之，進受命於主人。筮人，有司主《三易》者也。韇，藏筴之器也。今時藏弓矢者謂之韇丸也。兼，并也。進，前也。自西方而前。受命者，當知所筮也。宰自右少退，贊命。宰，有司主政教者也。自，由也。贊，佐也。命，告也。佐主人告所以筮也。《少儀》曰：「贊幣自左，詔辭自右。」筮人許諾，右還，即席坐，西面，卦者在左。即，就也。東面受命，右還北行就席。卦者，有司主畫地識爻者也。卒筮，書卦，執以示主人。卒，已也。書卦者，筮人以方寫所得之卦也。主人受眂，反之。反，還也。筮人還，東面旅占，卒，進告吉。旅，衆也。還與其屬共占之。古文旅作臚。若不吉，則筮遠日，如初儀。徹筮席。徹，去也，斂也。宗人告事畢。宗人，有司主禮者也。

右筮日。《記》凡卜筮日，旬之外曰「遠某日」，旬之內曰「近某日」，旬，十日也。吉事先近日。吉事，祭祀冠娶之屬也。《曲禮》。

主人戒賓，賓禮辭，許。戒，警也，告也。賓，主人之僚友。古者有吉事則樂與賢者歡成之，有凶事則欲與賢者哀戚之。今將冠子，故就告僚友使來。禮辭，一辭而許也。再辭而許曰固辭，三辭曰終辭，不許也。主人再拜，賓答拜。主人退，賓拜送。退，去也，歸也。

右戒賓。戒賓，曰：「某有子某，將加布於其首，願吾子之教之也。」吾子，相親之辭。吾，我也。子，男子之美稱。古文某爲謀。賓對曰：「某不敏，恐不能共事，以病吾子，敢辭。」病，猶辱也。古文病爲秉。主人曰：「某猶願吾子之終教之也。」賓對曰：「吾子重有命，某敢不從。」敢不從，許之辭。諸辭本總見經後，舊例悉分附本章之左，以從簡便，今仍之。前期三日，筮賓，如求日之儀。前期三日，空二日也。筮賓，筮其可使冠子者，賢者恆吉。《冠義》曰：「古者冠禮筮日筮賓，所以敬冠事。敬冠事所以重禮，重禮所以爲國本。」

右筮賓。

乃宿賓。賓如主人服，出門左，西面再拜。主人東面答拜。宿，進也。宿者必先戒，戒不必宿。其不宿者爲衆賓，或悉來或否，主人朝服。乃宿賓。賓許，主人再拜，賓答拜。主人退，賓拜送。乃宿賓者，親相見，致其辭。宿贊冠者一人，亦如之。贊冠者，佐賓爲冠事者，謂賓若他官之屬，中士若下士也。宿之以筮賓之明日。

右宿賓。宿曰：「某將加布於某之首，吾子將莅之，敢宿。」賓對曰：「某敢不夙興。」莅，臨也。今文無對。

厥明夕。爲期於廟門之外。主人立於門東，兄弟在其南，少退，西面，北上。有司皆如宿服，立於西方，東面，北上。厥，其也。宿服，朝服。擯者請期，宰告曰：「質明行事。」擯者，有司佐禮者。在主人曰擯，在客曰介。質，正也。宰告曰：旦日正明行冠事。告兄弟及有司，擯者告也。告事畢。宗人告也。擯者告期於賓之家。

右爲期。

夙興，設洗，直於東榮，南北以堂深。水在洗東。夙，早也。興，起也。洗，承盥洗者棄水器也，士用鐵。榮，屋翼也。周制，自卿大夫以下，其室爲夏屋。水器，尊卑皆用金罍，及大小異。陳服於房中西墉下，東領北上。墉，牆。爵弁服，纁裳，純衣，緇帶，韎韐。此與君祭之服。《雜記》曰：「士弁而祭于公。」爵弁者，冕之次，其色赤而微黑，如爵頭然，或謂之緅。其布三十升。纁裳，淺絳裳。凡染絳，一入謂之縓，再入謂之赬，三入謂之纁，朱則四入與？純衣，絲衣也。餘衣皆用布，惟冕與爵弁服用絲耳。先裳後衣者，欲令下近緇，明衣與帶同色。韎韐，緼韍也。士緼韍而幽衡，合韋爲之。士染以茅蒐，因以名焉。今齊人名蒨爲韎韐。韍之制似韠。冠弁者，不與衣陳而言於上，以冠名服耳。今文纁皆作熏字。皮弁服，素積，緇帶，素韠。此與君視朔之服。皮弁者，以白鹿皮爲冠，象上古也。積猶辟也，以素爲裳，辟蹙其要中。皮弁之衣用布十五升，其色象焉。玄端、玄裳、黃裳、雜裳可也。緇帶、爵韠。此莫夕於朝之服。玄端，即朝服之衣，易其裳耳。上士玄裳，中士黃裳，下士雜裳。雜裳者，前玄後黃。《易》曰：「夫玄黃者，天地之雜也，天玄而地黃。」士皆爵韋爲韠，其爵同。不以玄冠名服者，是爲緇布冠，陳之。《玉藻》曰：「韠，君朱，大夫素，士爵韋。」緇布冠缺項，青組纓屬於缺；緇纚，廣終幅，長六尺，皮弁笄；爵弁笄；緇組紘，纁邊；同篋。缺讀如有頍者弁之頍。緇布冠無笄者，著頍，圍髮際，結項中，隅爲四綴，以固冠也。項中有繩，亦由固頍爲之耳。今未冠笄者著卷幘。頍象之所生也。滕、薛名蔮爲頍。屬，猶著。纚，今之幘梁也。終，充也。纚一幅，長六尺，足以韜髮而結之矣。笄，今之簪。有笄者，屈組爲紘，垂爲飾。無笄者，纓而結其絛。纁邊，組側赤也。同篋，謂此以上凡六物。隋方曰篋。櫛實於簞。簞，笥也。蒲筵二，在南。筵，席也。側尊一甒醴，在服北。有篚實勺、觶、角柶，脯醢，南上。側，猶特也。無偶曰側，置酒曰尊。側者，無玄酒。服北者，纁裳北也。篚，竹器如笭者。勺，尊升，所以𣂼酒也。爵三升曰觶。柶狀如匕，以角爲之者，欲滑也。南上者，篚次尊，籩豆次篚。古文甒作廡。爵弁、皮弁、緇布冠各一匴，執以待於西坫南，南面，東上。賓升則東面。爵弁者，制如冕，黑色，但無繅耳。《周禮》：「王之皮弁，會五采玉璂，象邸，玉笄。諸侯及孤卿大夫之冕、皮弁，各以其等爲之。」則士之皮弁，又無玉象邸飾。緇布冠，今小吏冠其遺象也。匴，竹器名，今之冠箱也。執之者，有司也。坫在堂角。古文匴爲篹，坫爲襜。屨，夏用葛。玄端黑屨，青絇繶純，純博寸。屨者順裳色，玄端黑屨，以玄裳爲正也。絇之言拘也，以爲行戒，狀如刀衣鼻，在屨頭。繶，縫中紃也。純，緣也。三者皆青。博，廣也。素積白屨，以魁柎之，緇絇繶純，純博寸。魁，蜃蛤。柎，注也。爵弁纁屨，黑絇繶純，純博寸。爵弁屨以黑爲飾，爵弁尊，其屨飾以繢次。冬，皮屨可也。不屨繐屨。繐屨，喪屨也。縷不灰治曰繐。

按此三屨本在辭後記前，今從舊移附此，加圈以隔之。

右陳器服。

趙殿成《王右丞集箋注・登樓歌》 宜春：《史記正義》：《括地志》云：秦宜春宮在雍州萬年縣西南三十里。宜春苑在宮之東、杜之南。《雍錄》：宜春之名，漢史凡三出。其實止爲兩地。有曰宜春苑者，地屬下杜；有曰宜春宮者，即下杜苑中宮。皆秦創也。有曰宜春觀者，則在鄠縣，漢武帝之所造也。雖三其名，而實止兩地也。《東方朔傳》曰：武帝東遊宜春。師古曰：宜春，宮也，在長安城東南。《上林賦》曰：息宜春。師古曰：宮名，在杜縣東，即唐曲江也。《揚雄傳》：武帝東遊宜春。師古曰：宜春，近下杜也。《史記・秦紀》曰：子嬰葬二世杜南宜春苑。司馬相如從武帝至長楊獵，還過宜春，奏賦以哀二世。其賦曰：臨曲江之隑州，望南山之參差。師古曰：曲岸之洲，曲江也。故賦末云：弔二世持身之不謹兮，墓蕪穢而不修也。參數者言之，則二世之所葬、相如之所賦、漢之曲洲、唐之曲江，皆此下杜之宜春也。其苑若宮，皆秦創，而漢唐因之也。至于宜春觀者，則在長安之西、鄠縣澇渼二水之旁、上林故地也。《水經》曰：澇水逕漢宜春觀，合渼陂入渭。師古曰：觀在鄠縣。《十道志》曰：漢武帝所造也。又合此數語者而求之，則宜春之觀，在漢城之西、秦上林苑中；而下杜之宜春，自在漢城東南，其別甚明也。說者誤以下杜之宮爲鄠縣之觀，則失之矣。故師古于《東方朔傳》明辨之曰：在鄠縣者，自是宜春觀耳。在長安城西，豈得言東遊也？其說極爲允篤。《貢禹傳》：元帝用禹言，罷宜春下苑，以假貧民。此則下杜之苑矣。

陳枚《憑山閣增輯留青新集》卷二七《月令考》 時令事宜。季：春芳春、陽春，三春、九春。又孟春曰初春，仲春曰中春，季春曰暮春、末春、晚春。春風陽風、暄風、和風、惠風。春景媚景、淑景、和景、韶景。春時良時、嘉時、芳時，辰同。春節。華節、韶節、芳節、淑節。月：正月，端月、上月、陬月、嘉月。月宜，是月天道南行，作事、出行俱宜向南。是月建寅生炁在子，子屬北方，坐卧宜向之。二月同。是月每朝梳頭一二百下，搜通風氣。是月濯足下沸湯中，加鹽一撮，以泄風毒腳氣。是月遇寅日，宜燒白髮。上辰日，塞鼠穴，絕鼠。己丑日，以白雞祀竈宜□□。月忌。是月萬事不宜寅日時，犯月建不利。是月勿食鯽魚頭，其中有蟲，防毒。勿食鼠殘之物，令人生瘻。是月遇午日，不可建造穿鑿。遇亥日不可開山動土。午爲天地凶門，亥爲地破日也。

馮浩《玉谿生詩集箋注・月夜重寄宋華陽姊妹》 偷桃竊藥事難兼，十二城中鎖彩蟾。應共三英同夜賞，玉樓仍是水精簾。朱曰：唐人多用三英，如王勃啓「葉契三英，尙隔黃衣之夢」，未詳何出；或曰即三珠樹也，珠樹曰三英，猶芝草曰三秀。《經籍志》有《三敎珠英》。按：《鄭風》「三英粲兮」，或引之者，謬矣。以三珠樹爲三英，固通，本集「君今併倚三珠樹」，便可互證。詩意以比三人。《後漢書》馮衍《顯志賦》：採三秀之華英。註曰：《楚詞》「采三秀於山間」，王逸曰：謂芝草也。衍集「秀」字作「奇」，「英」字作「靈」，下云：「食五芝之茂英。」此不宜重說，但不知三奇何草也。范改「奇」爲「秀」，恐失之矣。按：章懷雖駁正之，然若後人據之而以三秀爲三英，亦何妨乎？「偸桃」是男，「竊藥」是女，昔同賞月，今則相離。

顧鎮《虞東學詩》卷八《小雅・何草不黄》 何草不黄，何日不行。何人不將，經營四方。何草不玄，何人不矜。哀我征夫，獨爲匪民。匪兕匪虎，率彼曠野。哀我征夫，朝夕不暇。有芃者狐，率彼幽草。有棧之車，行彼周道。矜，《韓詩》作鰥。龍，爲霖云。古鰥矜通用。野，神與反。暇，音豫。

詩刺征役不息，未必爲戰伐之事，《集傳》得之。草衰則黄，《集傳》。腐則玄，興征夫之憔悴，非紀時也。《箋》説非。一章，「何日」、「何人」二語，便已愁慘滿目。將，相將而行也。「經營四方」，則于役非一處矣。二章，言「何人不矜」，則役久不得歸，失其室家之樂也。《集傳》。征夫獨匪民乎？奈何不以民視之也。三、四章，承上匪民而言，兕也，虎也，長尾之狐也，《集傳》芃，尾長貌。或率曠野，或率幽草，乃其宜耳。今征夫既朝夕不暇於曠野之中，而乘棧車之士，亦草行露宿於周道，豈非犬馬使人者歟。錢澄之曰：此士即征夫所從者，或其然歟。《詩説》云：《苕華》，言國家衰微，時物凋耗，民不聊生，天運窮矣。《何草不黄》言役使煩數，征行勞苦，上之視民如禽獸，衍序。人事極矣。周室至此，其不可爲矣。尊卜云：是什居小雅之終，彼《都人士》篇有《匪風》思周道之意，《黍苗》篇有《下泉》思郇伯之意，其皆窮而反本之謂歟。又竊意是什之詩，體裁與國風相似，二雅音響至是絶矣。《集傳》興也，《毛》失注。

蔣溥等《御覽經史講義》卷八［韓彦曾注］ 《周易》：「上古結繩而治，後世聖人易之以書契，百官以治，萬民以察，蓋取諸夬。」

吴氏澄曰：「十三卦之制作，自畫卦而始，至書契而終，蓋萬世文字之祖，肇於畫卦而備於書契也。」

臣謹按：上古民淳事簡，事係於己，惟結繩以記之；事關於人，惟結繩以驗之。不必過爲防慮，而天下已治。後世民僞事煩，非結繩所能理矣，聖人易之以書契。言不能記者，文書以識之；事不能信者，約契以驗之。由是百官之功罪可稽而事以治，萬民之情僞可核而情以察。若是乎上古略而後世詳也，上古質而後世文也。夫聖人豈厭乎略而好乎詳，厭乎質而好乎文哉？誠以生民既衆，不得不多爲設官以察之。設官既多，又不得不思所以治其官者。苟官之功過不記，民之誠僞不知，何以統百官而率萬民乎？於是易而爲書契，夫亦有所大不得已於其間也。世傳蒼頡造字，使義理必歸文字，文字必歸六書，而遂因之以爲書契。所謂「天雨粟」之説，近於誕而不足爲據，而要之千古之治法基此矣。唐虞之際風動時雍，三代以來禮明樂備，未必非書契有以助之。蓋道者，所以立本也；法者，所以適變也。聖人自有通其變，使民不倦，神而化之，使民宜之者存乎其間，豈沾沾焉？執書契以爲衡而遂成至治哉？至於春秋鄭鑄刑書，晉鑄刑鼎，莫不自以爲救世而宜民，其任書契者至矣，而專務令行禁止之圖，反開弄法舞文之習。説者謂聖人制有書契，原以治百官而察萬民，而其弊乃至於如此，何如一任其結繩之爲愈乎。是即剖斗折衡而民不爭之説，而不知聖人爲治之苦衷者也。聖人之爲治也於其意而已，意至而法即隨焉，法行而意即寓焉。自結繩之時而視乎書契，則後世。更自其後者觀之，則易書契之聖人猶上古也，一事之善垂之金石而不朽，一事之惡示之奕禩而不磨。此其治且察者，固不惟其法而惟其意而已矣。若夫夬者，決也，剛決柔也。取諸夬者，明乎書契之了然明白，可以決去小人之隱也。百官豈無功過？書契則兼功過而示之，而聖人之意則欲存其功而決去其過，萬民豈無誠僞？書契則兼誠僞而著之，而聖人之意則欲存其誠而決去其僞。此其用意何深也。要之書契之作，顯可見聖人用法之精明而微，可窺聖人用意之忠厚。至於酌古斟今，補偏救弊，使百官得其宜，萬民得其所，以繼唐虞三代之盛，則在乎神明變化者之潛移默運焉爾。

倪璠《庾子山集注・枯樹賦》 若乃山河阻絶，飄零離别。拔本垂淚，傷根瀝血。火入空心，膏流斷節。横洞口而攲卧，頓山腰而半折。文斜者百圍冰碎，理正者千尋瓦裂。一作「文衺合體俱碎，理正中心直裂」。載癭銜瘤，藏穿抱穴。木魅睒睒，一作「睥睒」，一作「睗睒」。山精妖孽。【略】《淮南子》曰：「險阻之氣多癭。」《南方草木狀》曰：「五嶺之間多楓木焉，久則生癭瘤。」《養生論》曰：「頸處險而癭。」李善注曰：「人居山險，樹木瘤臨其上，飲此水則患癭。」藏穿，爲蟲所穿。抱穴，爲鳥所穴也。《蕪城賦》曰：「木魅，山鬼。」《説文》曰：「魅，老物精也。莫愧切。」杜預曰：「魅，怪物。」《山海經》曰：「山精如人面而有毛。」《説文》曰：「睒，暫視貌。聲失冉切。睗，目疾視也。聲施隻切。」《抱朴子》曰：「山之精，形如小兒而獨足向後，喜來犯人，其名曰蚑。知而呼之，即當自却。一名超空，亦可兼呼之。又或如鼓，赤色，一足，其名曰渾。又或如人，長九尺，衣裘戴笠，名曰金纍。又或如龍，五色，赤角，名曰飛龍。見之皆可呼其名，不敢爲害。山中大樹精，名曰雲陽，呼之則吉。山中夜見火光，枯木所作，勿怪也。又大蛇名升卿。山中寅日自稱虞君者，虎也；稱當路君者，狼也；稱令長者，老狸也。卯日稱丈人者，兔也；稱東王父者，麋也；稱西王母者，鹿也。辰日稱雨師者，龍也；稱河伯者，魚也；稱無腸公子者，蟹也。巳日稱寡人者，社中蛇也；稱時君者，龜也。午日稱三公者，馬也；稱仙人者，老樹也。未日稱主人者，羊也；稱吏者，麞也。申日稱人君者，猴也；稱九卿者，猿也。酉日稱將軍者，雞也；稱捕賊者，雉也。戌日稱人姓氏者，犬也；稱成陽君者，狐也。亥日稱婦人者，金玉也；稱神君者，豬也。子日稱社君者，鼠也；稱神人者，伏翼也。丑日稱書生者，牛也。但知其物名，則不能爲害也。」《玄中記》曰：「山精如人，頭長三四尺，食山蟹，夜出晝藏。」《左氏傳》曰：「地反物爲妖。」《說文》作「𡚱」，云：「衣服、歌謠、草木之怪，謂之妖孽。」《說文》作「蠥」，云：「禽獸、蟲蝗之怪，謂之蠥。」

沈曾植《蒙古源流箋證》卷六［張爾田校補］ 阿巴海阿巴海，蒙古語叔父也。此阿巴海，巴巴岱，即前卷錫吉爾福晉歸伊斯滿後所生之巴布岱，伊斯滿爲郭爾羅斯、托郭齊實古錫所殺，而取其妻郭羅泰，意巴巴岱從而歸之，故曰：郭爾羅斯之巴巴岱也。與達延汗同母，故謂之烏魯斯之叔父。爾田案：巴巴岱，鈔本作巴羅該，閣本作巴海該，阿巴海指烏魯斯博羅特。至汗之陵墓，欲於次日叩謝立爲濟農之恩。時永謝布之伊巴哩台吉，《秦邊紀略》云：墨爾根黃臺吉他素定之子，或曰永邵卜之孫，或曰亦不剌之後。要之，青海中盤據之遺孽。按他素定者，青海厄魯特多羅貝勒納木扎勒之祖，《表》、《傳》之土謝圖車臣岱青、墨爾根黃臺吉者，納木扎勒之父墨爾根台吉也。瓦剌本非元後，而和碩特部獨祖哈薩爾，與他部祖翁罕孛罕不同。《明史》紀青海諸酋，亦有火落赤，假稱瓦剌他卜浪之語，如青海本無瓦剌，則亦何自假稱？而套部自隆慶後絡繹西行，瓦剌又何從竊據準墨爾根，是亦不剌之後人之語，乃知顧實一枝之入青海，尙在套部之先。明時尙制於套部，不能自達，而根蒂盤結，部落實蕃，故國初甫收歸化城、土默特及鄂爾多斯，而和碩特之興也勃焉。其部衆爲瓦剌，其汗族則蒙古，正如喀喇沁之有昆都力哈後人也。《表》、《傳》敘顧實汗世系僅三世，至博貝密爾咱而止。意和碩特因其先人得罪達延，不欲遠稱伊巴里，既久遂忘之耳。爾田案：伊巴里，即《明史》之亦不刺。張石州以乩加思蘭當之，蓋誤。近見王先謙《五洲地理志略》，其鄂爾多斯條云：天順間，蒙古酋長阿勒綽爾與瑪古里海始入河套，嘉勒斯賚復糾合們都爾，倚爲巢穴，宏治中和實復入其中，套西吉囊部落擊破，和實居此，是爲鄂爾多斯。闐之殊不得其解，既而思之，阿勒綽爾即阿羅出，瑪古里海即毛里孩，嘉勒斯賚即乩加思蘭，們都爾即滿都賚，和實即火篩。此亦本之《明史》，與《游牧記》略同，蓋掇拾異譯而未加訂正者。恐後人傳習不察，故附論之。與鄂爾田案：閣本作鄂，諸本皆作郭，今改。爾多斯之滿都賚、明人所謂西海之阿爾禿厮，即此滿都賚，不審其名，以部稱之。阿都勒呼二人，密商以爲我等之上，何用管主，我等行事自作主宰可也，我等其殺此阿巴海。

馮集梧《杜樊川詩注》卷一《杜秋娘詩》 寒衣一匹素，庾信詩：寒衣須及早。《古樂府》：新人工織縑，故人工織素。織縑口一匹，織素三丈餘。夜借鄰人機。我昨金陵過，聞之爲歔欷。禰衡《鸚鵡賦》：棄妻爲之歔欷。自古皆一貫，《詩》：自古在昔。《宋書·顧深傳》：理定于萬古之前，事徵于千代之外。沖神寂鑒，一以貫之。變化安能推。《史記·蔡澤傳》：進退盈縮，與時變化，聖人之常道也。夏姬滅兩國，逃作巫臣姬。一作妻。《漢書·文帝紀》注：師古曰：姬者，本周之姓，貴于衆國之女，所以婦人美號皆稱姬，後因總謂衆妾爲姬。《國語》：陳御叔取于鄭，生子南。子南之母亂陳而亡之，使子南戮於諸侯。莊王既以夏氏之室賜申公巫臣，則又畀之子反，卒於襄老。襄老獲于邲，二子爭之，未有成。恭王使巫臣聘於齊，以夏姬行。按：夏姬之禍，幾亡陳國。故《左傳》云是天子蠻殺。御叔弑靈侯，戮夏南，出孔儀，喪陳國。又云：子靈之妻殺三夫、一君、一子，而亡一國兩卿矣。此云滅兩國，所未聞也。蓋夏姬事每多異說。若《列女傳》所云夏姬，蓋老而復壯者，三爲王后，七爲夫人。公侯爭之，莫不迷惑失意者，尤爲無稽。則劉知幾已議之，然劉引《列女傳》作再爲夫人，三爲王后。故近時讀者謂當以「老而復壯者三」爲句，而「爲王后」上當有「一」一字，似尙有可通也。《通鑑·漢紀》注：如淳曰：逃，謂走也。西子下姑蘇，《孟子注》：西子，古之好女西施也。《越絕書》：闔廬起姑蘇臺，三年聚材，五年乃成，高見三百里。《述異記》：吳王夫差築姑蘇之臺，三年乃成。作天池，池中造靑龍舟，舟中盛陳姣樂，日與西施爲水嬉。《史記·越世家》：越大破吳，遂棲吳王於姑蘇。一舸逐鴟夷。《梁書·江革傳》：乘臺所給一舸。《史記·貨殖傳》：范蠡乘扁舟，浮于江湖，變名易姓，適齊爲鴟夷子皮。《吳越春秋》：范蠡去越，乘舟出三江之口，入五湖之中。《困學記聞》：墨子謂西施之沈其美也，豈亦如隋之于張麗華乎？「一舸逐鴟夷」，特見于杜牧詩，未必然也。《楊升菴集》：世傳西施隨范蠡去，不見所出，只因杜牧「一舸隨鴟夷」之句，而附會也。墨子曰：西施之沈其美也。墨子去吳越之世甚近，所書得其眞。《修文御覽》引《吳越春秋》逸篇云：吳亡後，越浮西施于江，令隨鴟夷以終。此正與《墨子》合。蓋吳既滅，越沈西施于江。浮，沈也，反言耳。隨鴟夷者，子胥之譖死西施有力焉。胥死，盛以鴟夷。今沈西施，所以報子胥之忠，故云隨鴟夷以終。范蠡去越，亦號鴟夷子皮。杜牧遂以子胥鴟夷爲范蠡之鴟夷，乃影撰此事，以墮後人於疑網也。按：范蠡浮於江湖，後自號鴟夷子皮，或亦慨於子胥之闇於進退，至於入江而不化，故借以自號耳。不謂因此遂與西子至今以爲口實。諸書不載西施所終，惟一見於《墨子》。姚寬《西溪叢話》引《吳越春秋》云：吳亡，西子被殺。檢《吳越春秋》，無此語。又引王性之云「西子自下姑蘇，一舸自逐鴟夷」，遂爲兩義，不可云范蠡將西子去也。愚謂此特爲牧之語作調人耳。若直是兩義，則方言西子所終，與范蠡復奚涉耶？至羅大經云：范蠡霸越之後，脫屣富貴，扁舟五湖，可謂一塵不染矣。然猶挾西施以行，蠡非悅其色也，蓋懼其復以蠱吳者而蠱越，則越不可保矣。於是挾之以行，以絕越之禍基，是蠡雖去越未嘗忘越也。則又一說也。織室魏豹俘，作漢太平基。《漢書·薄姬傳》：漢使曹參等虜魏王豹，而薄姬輸織室。漢王入織室見薄姬，有詔內後宮，生文帝。《論衡》：漢興，至文帝時二十餘年。賈誼創議，以爲天下洽和，當改正朝服色制度，定官名興禮樂。夫如賈生之議，文帝時已太平矣。應孔子之言，必世然後仁也。漢一代之年數已滿，太平立矣。《詩·小序》得賢，則能爲邦家立太平之基矣。

胡文英《屈騷指掌》卷三《哀郢》 忽若去不信兮，至今九年而不復。

吾始之被逐，忽然若有所失，猶不自信，以爲天道無往不復。今至九年不復，則知將來之無可望矣。慘鬱鬱而不通兮，蹇侘傺而含慼。外承歡之汋約兮，諶荏弱而難持。汋音綽。居則慘然，鬱鬱而不得通其誠。行則蹇然，侘傺而含其慼。故外雖承君之歡而汋約，內之誠信則固已荏弱而莫能自持矣。蓋懷王時，屈子不過疏而不得入與王圖議秘密耳。或內任，或外任，俱未可知，而外之禮貌猶未甚衰。故得使齊，及諫釋張儀，若在頃襄之世、已去位爲民，則亦犯數而斯辱之義矣，怨之又何爲乎？觀賈誼以一介儒生，出爲長沙太傅，猶以爲憾，是屈子之出外，非無官守之比。而外承歡之汋約，王之遣其出也，亦必有辭以處之矣。汋約，巽順貌。荏弱，柔立貌。忠湛湛而願進兮，妒被離而鄣之。被音披。承上而言，我之所以難自恃者，以忠。雖願進，不敵妒者之鄣也。湛湛，盛大流行之貌。《招魂》：湛湛江水，兮上有楓。被離，紛披貌。

王夫之《楚辭通釋》卷三《天問》 冥昭瞢闇，誰能極之？馮翼惟像，何以識之？明明闇闇，惟時何爲？陰陽三合，何本何化？圜則九重，孰營度之？惟茲何功，孰初作之？斡維焉繫？天極焉加？八柱何當？東南何虧？九天之際，安放安屬？隅隈多有，誰知其數？天何所沓？十二焉分？

以上皆問天地幽明之故。原好學深思，得其所以然，爲吉凶順逆之原本，而爲習而不察者詰，使察識，而不自錮於昏昏之內也。冥，幽也。昭，明也？瞢闇者，幽明分剖，而幽明一致之理，屈伸相感，不能顯見也。極，至也，知至之也。馮，皮冰切，相乘也。翼，迴翔也。陰陽之動，遞相乘而相與迴翔也。惟像，陰陽交感，形象乃成也。運轉於未形之先，無從察識矣。明明，當明而明，晝也。闇闇，當闇而闇，夜也。時，是也。天何爲有晝夜？知此則消長興亡之故可知矣。三合，陰也，陽也，沖氣也。沖氣以爲本，陰陽以爲化，天道人事盡於此也。圜則，渾天之儀表。九重，七曜天、經星天、宗動天之層次，測之以理數，非營度所得知也。茲，謂天地陰陽之化。天地爲功於人，而人不知。運行日生，無有初終，孰能測知。斡，亦極也，謂南北二極常不動，以持天地維四隅之紀。東北曰報德之維，西南曰背陽之維，東南曰常羊之維，西北曰蹏通之維。四隅之氣，寒暑之所自轉，繫於無形之中，莫能知其抗運，知其變，則必通而已。加，託也。南北二極如棟，必有所託，將何加哉？元氣自爲加爾。八柱，地有八山，當四方四隅，以上升其氣，與天相通者當在也。地不滿東南，中國南東際海，水盈上虛也。際，相交接之處。放，至也。屬，連也。隅，隈也。地形參差，雖方而不方，其限曲無能盡知。沓，合也。十二，周天之次，分天之度三十度有奇爲一次。自玄枵至星紀，爲日月交合之會，歲星歲易之次舍，而下合於分野。天高遠，而分野有涯，何以合也？以上所問，皆有常理常數，可原天道以驗人事。而人不知，故問之。

陳熙晉《駱臨海集箋注》卷一《夏日游德州贈高四》 虛室狎招尋，敬愛混浮沈。一諾黃金信，三復白圭心。霜松貞雅節，月桂朗沖襟。靈臺萬頃濬，學府九流深。談玄明毀璧，拾紫陋籯金。鷺濤開碧海，鳳彩綴詞林。《莊子·內篇·人間世第四》：瞻彼闋者，虛室生白，吉祥止止，夫且不止，是之謂坐馳。李嶠《蘭詩》：虛室重招尋，忘言契斷金。《呂氏春秋·八覽·必己篇》：敬人而不必見敬，愛人而不必見愛。敬愛人者，己也。見敬愛者，人也。君子必在己者，不必在人者也。《史記·游俠列傳》豈若卑論儕俗，與世浮沈而取榮名哉。顏注：浮沈，謂隱顯之士也。所以敬愛之如一，不分浮沈之異也。《史記·季布欒布列傳》：楚人曹邱生，辯士。數招權，顧金錢，事貴人趙同等，與竇長君善。季布聞之，寄書諫竇長君曰：「吾聞曹丘生非長者，勿與通。」及曹丘生歸，固請書，遂行。使人先發書，季布果大怒，待曹丘。曹丘至，即揖季布曰：「楚人諺曰：得黃金百斤，不如得季布一諾。足下何以得此聲於梁楚間哉？且僕楚人，足下亦楚人也。僕游揚足下之名於天下，顧不重耶。何足下距僕之深也？」季布迺大悅，引入，留數月。爲上客，厚送之。《論語》：南容三復白圭。皇侃《義疏》：復，猶反也。《詩》云：白圭之玷，尚可磨也。斯言之玷，不可爲也。是白玉有玷缺，尚可磨治，令其全好。若人言忽有瑕玷，則駟馬不及，故云不可爲也。南容愼言，讀詩至白圭之句，乃三過反覆，修翫無已之意也。劉楨《贈從弟詩》：風聲一何盛，松枝一何勁。冰霜正慘悽，終歲常端正。徐堅《初學記·天部》：虞喜安《天論》曰：俗傳月中仙人、桂樹，今視其初生，見仙人之足漸已成形，桂樹後生。段成式《酉陽雜俎·天咫》：舊言月中有桂有蟾蜍，故異書言月桂高五百丈，下有一人，常斫之，樹創隨合。人姓吳名剛，西河人，學仙有過，謫令伐樹。釋氏書言：須彌山南面有閻扶樹，月過，樹影入月中。或言月中蟾、桂，地影也。空處，水影也。此語差近。李延壽《北史序傳》：爰動沖襟，用紆玄覽。靈臺，見前。《後漢書·郭太傳》：太曰：叔度之器，汪汪若千頃之陂。滕王逌《庾信集序》：文宗學府，智囊義窟。《漢書·藝文志》：儒家者流，蓋出於司徒之官。道家者流，蓋出於史官。陰陽家者流，蓋出於羲和之官。法家者流，蓋出於理官。墨家者流，蓋出於清廟之守。從横家者流，蓋出於行人之官。雜家者流，蓋出於議官。農家者流，蓋出於農稷之官。小説家者流，蓋出於稗官。諸子十家，其可觀者，九家而已。劉義慶《世説新語·容止》第十四：王夷甫容貌整麗，妙於談玄。《文選·七命》李善注：莊子曰：庚市子肩之毀玉。《淮南子·莊子后解》曰：庚市子，聖人無慾者也。人有爭財相鬬者，庚市子毀玉於其間，而鬬者止。《漢書·兩夏侯傳》：夏侯勝，字長公。每講授，常謂諸生曰：「士病不明經術。經術苟明，其取青紫，如俛拾地芥耳。學經不明，不如歸耕。」顏師古注：地芥，謂草芥之横在地上者，俛而拾之，言其易而必得也。青紫，卿大夫之服也。俛即俯字也。葉夢得曰：漢丞相太尉，皆金印紫綬。御史大夫，銀印青綬。此三府官之極崇者，勝云青紫，謂此也。又《韋賢傳》：韋賢爲相五歲，少子玄成復以明經歷位至丞相。故鄒魯諺曰：遺子黄金滿籯，不如一經。注：如淳曰：籯，竹器，受三四斗，今陳留俗有此器。蔡謨曰：滿籯者，言其多耳，非器名耳。若論陳留之俗，則吾陳人也，不聞有此器。師古曰：許慎《説文解字》云：籯，笭也。揚雄《方言》云：陳楚宋魏之間，謂筲爲籯。然則，筐籠之屬是也。今書本籯字或作盈，又是盈滿之義，蓋兩通也。宋祁曰：籯，浙本不從竹。詳蔡注，不從竹爲是。注：文「吾陳」字下，疑有「留」字，「筲」字疑作「箵」。左思《蜀都賦》：黄潤比筒，籯金所過。劉逵注：籯，勝也。枚乘《七發》：衍溢漂疾，波涌而濤起。其始起也，洪淋淋焉若白鷺之下翔。案：碧海，下對詞林，當爲筆海。王充《論衡·亂龍篇》：劉子駿漢朝智囊，筆墨淵海。李善《上文選注表》：搴中葉之詞林，酌前修之筆海。薛元超《奉和同太子監守違戀詩》：歸塘横筆海，平圃振詞條。《説文》四篇：鳳，五色備舉。《初學記·鳥部》：鳳，第一。魏收《魏書·宗欽傳》：欽《與高允書》曰：若能紆鳳彩以燿榛薈，迴連城以映瓦礫者，是所望也。陸倕《贈任昉感知己賦》：學窮書府，文究辭林。許敬宗《謝皇太子玉華山宮銘賦啓》：絢發詞林，若春華之麗韶景。漪濤碧海，譬秋水之澹晨霞。

徐之弼《詩法度鍼》卷三《七言律·黑鷹》　黑鷹不省人間有，度海疑從北極來。正翮摶風超紫塞，玄冬幾夜宿陽臺。虞羅自覺虚施巧，春雁同歸必見猜。萬里長空秖一日，金眸玉爪不凡材。

【註】此「極」、「紫塞」、「玄冬」，皆爲黑字點染。「正翮」，言直北正飛。「幾夜」，言暫時停宿虞羅，自覺言其機警。「春雁同歸」，言皆北向。「虚施巧」，取之未得也。「必見猜」，恐其搏擊也。「萬里」、「一日」，見飛騰之迅。「金眸」、「玉爪」，謂形質之奇。《莊子》「摶扶搖羊角而上」。扶搖、羊角，風也。摶風本此。綖注：「紫塞」，雁門也。其山高入霄漢，雁飛不能踰，從兩山斷處而過，故謂之雁門。今黑鷹超越此門，故曰超紫塞。曹植《離繳雁賦》「遠玄冬於南裔兮，避炎夏于朔方」。楚王陽臺在巫山。劉孝威詩：「猜鷹鷙隼無由逐」，此「猜」字所本。《西京雜記》：「茂陵少年李亨，以鷹鷂逐雉兔。鷹則有青翅、黄眸、青冥、金距。高洋獲白兔，鷹白色，紫爪。」本白。

【解】此咏王兵馬使黑鷹之作。言黑鷹初不識人間所有，疑度海直從北極而來。其來之初也，正翮摶風超乎紫塞，迨海既度也。玄冬幾夜宿於陽臺，雖近山者，曾設虞羅久取，既自覺而巧亦虚施，即避暖者尚多。春雁騫飛若同歸，而猜宜不免試看。長空萬里，據其迅疾，秖須一日周遊。想金眸之明，玉爪之利，洵稱不凡之材。吾終未審人間，何以有此哉。

【註】杜臆：黑白二鷹，詩勝人在，氣魄雄偉，不落纖巧家數。

【論】此仄起雄偉體式。仄起固易取勢，然須振以大筆。是篇起句衝口，直提黑鷹作呼。次句即接以宏潤之筆，一呼一應，已如銅山傾而洪鐘吼矣。豈瓏琤細響所得擬哉。結尾一句，從敘畢後，忽作想像詠歎，語此又一法。按：楊士弘謂律詩或對景興起，或比物起，或引事起，或就題起。要突兀高遠，如狂風捲浪，勢欲滔天。此則就題起者，看其來勢何如高遠，却只是就本題黑字生出意義，正不必別求奇也。氣象嵬峨，神來詣境，可合形此詩之妙。杜五言律仄起稍健者，多如「嚴警當寒夜，帶甲滿天地」。皆是不謂七言，更有如此雄勢。

疏分部

論述

《説文·㐬部》　疏，通也。

《漢書·蘇武傳》［顔師古注］　初，［上官］桀、安與大將軍霍光爭權，數疏光過失予燕王，令上書告之。疏謂條錄之。

程大昌《演繁露》卷五《注疏箋傳》　後世之名注疏者，先列本文於上，而著其所見於下。其曰「注」者，言本文如水之源，而其派流之所分注如下文所言也。至其曰「疏」者，則舉注而條列之，其倫理得以疏通也。

劉廷獻《廣陽雜記》卷四　古書有注復有疏，疏以補注之不逮，而通其壅滯也。酈道元《水經注》，無有疏之者，蓋亦難言之矣。予不自揣，蚊思負山，欲取酈注從而疏之，魏以後之沿革世蹟，一一補之。有關于水利農田攻守者，必攷訂其所以而論之。以二十一史爲主，而附以諸家之説，以至于今日。後有人興西北水利者，使有所攷正焉。予既得景范、子鴻以爲友，而天下之山經地志，又皆聚于東海，此書不成，是予之罪也，當與宗夏勉之。

《四庫提要·經部一·周易正義》　是雖弼所未注者，亦委曲旁引以就之。然疏家之體，主于詮解注文，不欲有所出入。故皇侃《禮疏》或乖鄭義，穎達至斥爲「狐不首丘，葉不歸根」。其墨守專門，固通例然也。

王念孫《廣雅疏證》卷二下《釋詁》　疏，識也。疏者，《漢書·匈奴傳》中行「説教單于左右疏記，以計識其人衆畜牧」。顔師古注云：疏，分條之也。《説文》作疋。

綜述

《周易正義・乾》［王弼注孔穎達疏］ ䷀《乾》下《乾》上。《乾》：元、亨、利、貞。【疏】正義曰：《乾》者，此卦之名。謂之卦者，《易緯》云：「卦者，掛也。言懸掛物象，以示於人，故謂之卦。」但二畫之體，雖象陰陽之氣，未成萬物之象，未得成卦。必三畫以象三才，寫天、地、雷、風、水、火、山、澤之象，乃謂之卦也。故《繫辭》云「八卦成列，象在其中矣」，是也。但初有三畫，雖有萬物之象，於萬物變通之理，猶有未盡，故更重之而有六畫，備萬物之形象，窮天下之能事，故六畫成卦也。此乾卦本以象天，天乃積諸陽氣而成天，故此卦六爻皆陽畫成卦也。此既象天，何不謂之天而謂之《乾》者，天者定體之名，《乾》者體用之稱，故《說卦》云：「《乾》，健也。」言天之體，以健爲用。聖人作《易》本以教人，欲使人法天之用，不法天之體。故名《乾》，不名天也。天以健爲用者，運行不息，應化無窮，此天之自然之理，故聖人當法此自然之象而施人事，亦當應物成務。云爲不已，「終日乾乾」，無時懈倦，所以因天象以教人事。於物象言之，則純陽也，天也。於人事言之，則君也，父也。以其居尊，故在諸卦之首，爲《易》理之初。但聖人名卦，體例不同。或則以物象而爲卦名者，若《否》、《泰》、《剝》、《頤》、《鼎》之屬是也。或以象之所用而爲卦名者，即《乾》、《坤》之屬是也。如此之類多矣。雖取物象，乃以人事而爲卦名者，即《家人》、《歸妹》、《謙》、《履》之屬是也。所以如此不同者，但物有萬象，人有萬事，若執一事不可包萬物之象，若限局一象不可總萬有之事。故名有隱顯，辭有踳駁，不可一例求之，不可一類取之。故《繫辭》云：「上下无常，剛柔相易，不可爲典要。」韓康伯注云「不可立定準」，是也。「元、亨、利、貞」者，是「乾」之四德也。《子夏傳》云：「元，始也。亨，通也。利，和也。貞，正也。」言此卦之德，有純陽之性，自然能以陽氣始生萬物而得元始亨通，能使物性和諧各有其利，又能使物堅固貞正得終。此卦自然令物有此四種使得其所，故謂之四德。言聖人亦當法此卦而行善道，以長萬物，物得生存而爲「元」也。又當以嘉美之事會合萬物，令使開通而爲「亨」也。又當以義協和萬物，使物各得其理而爲「利」也。又當以貞固幹事。使物各得其正而爲「貞」也。是以聖人法《乾》而行此四德，故曰「元、亨、利、貞」。其委曲條例，備在《文言》。

《尚書正義・堯典》［孔安國傳孔穎達疏］ 曰若稽古，帝堯，若，順。稽，考也。能順考古道而行之者帝堯。曰放勳，欽明文思安安，勳，功。欽，敬也。言堯放上世之功，化而以敬明文思之四德，安天下之當安者。○放，方往反，注同。徐云：「鄭、王如字。」勳，許云反，功也。馬云：「放勳，堯名。」皇甫謐同。一云：「放勳，堯字。」「欽明文思」，馬云：「威儀表備謂之欽，照臨四方謂之明，經緯天地謂之文，道德純備謂之思。」允恭克讓，光被四表，格于上下。允，信。克，能。光，充。格，至也。既有四德，又信恭能讓，故其名聞充溢四外，至于天地。○被，皮寄反，徐扶義反。聞，音問，本亦作問。溢，音逸。【疏】「曰若」至「上下」。○正義曰：史將述堯之美，故爲題目之辭曰，能順考校古道而行之者，是帝堯也。又申其順考古道之事曰，此帝堯能放效上世之功而施其教化，心意恆敬，智慧甚明，發舉則有文謀，思慮則能通敏，以此四德安天下之當安者。在於己身則有此四德，其於外接物又能信實、恭勤、善能、謙讓。恭則人不敢侮，讓則人莫與爭，由此爲下所服，名譽著聞，聖德美名充滿，被溢於四方之外，又至于上天下地。言其日月所照，霜露所墜，莫不聞其聲名，被其恩澤。此即稽古之事也。○傳「若順」至「帝堯」。○正義曰：「若，順。」《釋言》文。《詩》稱「考卜惟王」，《洪範》考卜之事謂之「稽疑」，是「稽」爲考，經傳常訓也。《爾雅》一訓一也，孔所以約文，故數字俱訓，其末以一「也」結之。又，已經訓者，後傳多不重訓。顯見可知，則徑言其義。皆務在省文故也。言「順考古道」者，古人之道非無得失，施之當時又有可否，考其事之是非，知其宜於今世乃順而行之。言其行可否，順是不順非也。「考古」者，自己之前，無遠近之限，但事有可取，皆考而順之。今古既異時，政必殊古，事雖不得盡行，又不可頓除古法，故《說命》曰：「事不師古，以克永世，匪說攸聞。」是後世爲治當師古法，雖則聖人，必須順古。若空欲追遠，不知考擇，居今行古，更致禍災。若宋襄慕義師敗身傷，徐偃行仁國亡家滅，斯乃不考之失。故美其「能順考」也。鄭玄信緯，訓「稽」爲同，訓「古」爲天，言「能順天而行之，與之同功」。《論語》稱惟堯則天，《詩》美文王「順帝之則」，然則聖人之道莫不同天合德，豈待同天之語，然後得同之哉？《書》爲世教，當因之人事，以人繫天，於義無取，且「古」之爲天，經無此訓。高貴鄉公皆以鄭爲長，非篤論也。○傳「勳功」至「安者」。○正義曰：「勳，功」、「欽，敬」，《釋詁》文。此經述上稽古之事，放效上世之功，即是考於古道也。經言「放勳」，放其功而已。傳兼言「化」者，據其勳業謂之功，指其教人則爲化。「功」之與「化」，所從言之異耳。鄭玄云：「敬事節用謂之欽，照臨四方謂之明，經緯天地謂之文，慮深通敏謂之思。」孔無明說，當與之同。四者皆在身之德，故謂之「四德」。凡是臣人，王者皆須安之。故廣言「安天下之當安者」。所安者，則下文「九族」、「百姓」、「萬邦」是也。其「敬明文思」爲此次者。顧氏云：「隨便而言，無義例也。」知者此先「聰」後「明」，《舜典》云「明四目，達四聰」，先「明」後「聰」，故知無例也。今考《舜典》云：「濬哲文明」，又先「文」後「明」，與此不類，知顧氏爲得也。○傳「允信」至「天地」。○正義曰：「允，信」、「格，至」，《釋詁》文。「克，能」、「光，充」，《釋言》文。在身爲德，施之曰行。鄭玄云：「不懈於位曰恭，推賢尚善曰讓。」恭、讓是施行之名。上言堯德，此言堯行，故傳以文次言之。言堯既有敬明文思之四德，又信實、恭勤、善能、推讓。下人愛其恭、讓，傳其德音，故其名遠聞，旁行則充溢四方，上下則至于天地。持身能恭，與人能讓，自己及物，故先恭後讓。恭言信，讓言克，交互其文耳，皆言信實能爲也。傳以「溢」解「被」，言其饒多盈溢，故被及之也。表裏內外相對之言，故以表爲外，向下向上至有所限，旁行四方無復限極，故四表言「被」，上下言「至」。「四外」者，以其無限，自內言之，言其至於遠處，正謂四方之外畔者，當如《爾雅》所謂「四海」、「四荒」之地也。先「四表」後「上下」者，人之聲名，宜先及於人，後被四表，是人先知之，故先言至人。後言至于上下，言至於天地，喩其聲聞遠耳。《禮運》稱聖人爲政，能使「天降膏露，地出醴泉」，是名聞遠達，使天地效靈，是亦格于上下之事。

《毛詩正義・鄘風・載馳》［毛亨傳鄭玄箋孔穎達疏］ **《載馳》，許穆夫人作也。閔其宗國顚覆，自傷不能救也。衛懿公爲狄人所滅，國人分散，露於漕邑。許穆夫人閔衛之亡，傷許之小，力不能救，思歸唁其兄，又義不得，故賦是詩也。**滅者，懿公死也。君死於位曰滅。露於漕邑者，謂戴公也。懿公死，國人分散，宋桓公迎衛之遺民渡河，處之於漕邑，而立戴公焉。戴公與許穆夫人俱公子頑烝於宣姜所生也。男子先生曰兄。○閔，一本作「愍」，密謹反。唁音彥。弔失國曰唁。

【疏】「《載馳》五章，首章六句，二章三章四句，四章六句，卒章八句」至「是詩」。○正義曰：此《載馳》詩者，許穆夫人所作也。閔念其宗族之國見滅，自傷不能救之。言由衛懿公爲狄人所滅，國人分散，故立戴公，暴露而舍於漕邑。宗國敗滅，君民播遷，是以許穆夫人閔念衛國之亡，傷己許國之小而力弱不能救，故且欲歸國而唁其兄。但在禮，諸侯夫人父母終，唯得使大夫問於兄弟，有義不得歸，是以許人尤之，故賦是《載馳》之詩而見己志也。定本、《集注》皆云「又義不得」，則爲「有」字者非也。上云「許穆夫人作」，又云「故賦是詩」，作、賦一也。以作詩所以鋪陳其志，故作詩名曰賦。《左傳》曰「許穆夫人賦《載馳》」，是也。此「思歸唁其兄」，首章是也。「又義不得」，二章以下是也。此實五章，故《左傳》叔孫豹、鄭子家賦《載馳》之四章，四猶未卒，明其五也。然彼賦《載馳》，義取控引大國，今控于大邦乃在卒章。言賦四章者，杜預云：「幷賦四章以下。賦詩雖意有所主，欲爲首引之勢，幷上章而賦之也。」《左傳》服虔注：「《載馳》五章屬《鄘風》。許夫人閔衛滅，戴公失國，欲馳駈而唁之，故作以自痛國小，力不能救。在禮，婦人父母既沒，不得寧兄弟，於是許人不嘉，故賦二章以喩『思不遠』也。『許人尤之』，遂賦三章。以卒章非許人不聽，遂賦四章，言我遂往，無我有尤也。」服氏既云《載馳》五章，下歷說唯有四章者，服虔意以傳稱四章，義取控於大國，此卒章乃是傳之所謂四章也，因以差次章數以當之。首章論歸唁之事，揔其所思之意。下四章爲許人所尤而作之，置首章於外，以下別數爲四章也。言許大夫不嘉，故賦二章，謂除首章而更有二章，即此二章、三章是也。凡詩之作，首尾接連，未有除去首章，更爲次弟者也。服氏此言，無所案據，正以傳有四章之言，故爲此釋，不如杜氏幷賦之說也。○「滅者」至「曰滅」。○正義曰：「君死於位曰滅」，《公羊傳》文也。《春秋》之例，滅有二義。若國被兵寇，敵人入而有之，其君雖存而出奔，國家多喪滅，則謂之滅，故《左傳》曰：「凡勝國曰滅。」齊滅譚，譚子奔莒；狄滅溫，溫子奔衛之類是也。若本國雖存，君與敵戰而死，亦謂之滅，故云「君死於位曰滅」，即昭二十三年「胡子髡、沈子逞滅」之類是也。

又《秦風・黃鳥》 **《黃鳥》，哀三良也。國人刺穆公以人從死，而作是詩也。**三良，三善臣也，謂奄息、仲行、鍼虎也。從死，自殺以從死。○行，戶郎反，下皆同。鍼，其廉反，徐又音針。從死，上才容反。【疏】「《黃鳥》三章，章十二句」。○箋「三良」至「從死」。○正義曰：文六年《左傳》云：「秦伯任好卒，以子車氏之三子奄息、仲行、鍼虎爲殉，皆秦之良也。國人哀之，爲之賦《黃鳥》。」服虔云：「子車，秦大夫氏也。殺人以葬，璇環其左右曰殉。」又《秦本紀》云：「穆公卒，葬於雍，從死者百七十人。」然則死者多矣。主傷善人，故言「哀三良也」。殺人以殉葬，當是後君爲之，此不刺康公，而刺穆公者，是穆公命從己死，此臣自殺從之，非後主之過，故箋辯之云：「從死，自殺以從死。」

交交黃鳥，止于棘。興也。交交，小貌。黃鳥以時往來得其所，人以壽命終亦得其所。箋云：黃鳥止于棘，以求安己也。此棘若不安，則移。興者，喩臣之事君亦然。今穆公使臣從死，刺其不得黃鳥止于棘之本意。**誰從穆公？子車奄息。**子車，氏。奄息，名。箋云：言誰從穆公者，傷之。**維此奄息，百夫之特。**乃特百夫之德。箋云：百夫之中最雄俊也。**臨其穴，惴惴其慄。**惴惴，懼也。箋云：穴，謂塚壙中也。秦人哀傷此奄息之死，臨視其壙，皆爲之悼慄。○惴，之瑞反。慄音栗。壙，苦晃反。**彼蒼者天，殲我良人。**殲，盡。良，善也。箋云：言彼蒼者天，愬之。○殲，子廉反，徐又息廉反。愬，蘇路反。**如可贖兮，人百其身。**箋云：如此奄息之死，可以他人贖之者，人皆百其身。謂一身百死猶爲之，惜善人之甚。○贖，食燭反，又音樹。【疏】「交交」至「其身」。○毛以爲，交交然而小者，是黃鳥也。黃鳥飛而往來，止於棘木之上，得其所，以興人以壽命終亦得其所。今穆公使良臣從死，是不得其所也。有誰從穆公死乎？有子車氏名奄息者從穆公死也。此奄息何等人哉？乃是百夫之中特立雄俊者也。今從穆公而死，秦人悉哀傷之，臨其壙穴之上，皆惴惴然恐懼而其心悼慄。乃愬之於天，彼蒼蒼者是在上之天，今穆公盡殺我善人也，如使此人可以他人贖代之兮，我國人皆百死其身以贖之。愛惜良臣，寧一人百死代之。○鄭以爲，交交然之黃鳥，止於棘木以求安。棘若不安則移去。以興臣仕於君，以求行道，道若不行則移去。言臣有去留之道，不得生死從君。今穆公以臣從死，失仕於君之本意。餘同。○傳「交交」至「其所」。

○正義曰：黄鳥，小鳥也，故以交交爲小貌。《桑扈》箋云：「交交猶佼佼，飛而往來貌。」則此亦當然，故云「往來得其所」，是交交爲往來狀也。以此哀三良不得其所，故以鳥止得所，喻人命終得所。○箋「黄鳥」至「本意」。○正義曰：箋以鳥之集木，似臣之仕君，故易傳也。以鳥止木，喻臣仕君，故言「不得黄鳥止於棘之本意」，正謂不得臣仕於君之本意也。言其若得鳥止之意，知有去留之道，則不當使之從死。○傳「子車，氏。奄息，名」。○正義曰：《左傳》作「子輿」，輿、車字異義同。傳以奄息爲名，仲行亦爲名。箋以仲行爲字者，以伯仲叔季爲字之常，故知仲行是字也。然則鍼虎亦名矣。或名或字，取其韻耳。○傳「乃特百夫之德」。○正義曰：言百夫之德，莫及此人。此人在百夫之中，乃孤特秀立，故箋申之云：「百夫之中最雄俊也。」○傳「惴惴，懼」。○正義曰：《釋訓》文。

交交黄鳥，止于桑。誰從穆公？子車仲行。箋云：仲行，字也。維此仲行，百夫之防。防，比也。箋云：防猶當也。言此一人當百夫。○防，徐云：「毛音方，鄭音房。」臨其穴，惴惴其慄。彼蒼者天，殲我良人。如可贖兮，人百其身。

交交黄鳥，止于楚。誰從穆公？子車鍼虎。維此鍼虎，百夫之禦。禦，當也。○禦，魚呂反，注同。臨其穴，惴惴其慄。彼蒼者天，殲我良人。如可贖兮，人百其身。

《黄鳥》三章，章十二句。

《周禮注疏・冬官考工記》［鄭玄注賈公彦疏］

陸曰：「鄭云：『此篇司空之官也。司空篇亡，漢興，購千金，不得。此前世識其事者，記錄以備大數爾。』」

疏：「冬官考工記」○釋曰：鄭《目錄》云：「象冬所立官也。是官名司空者，冬閉藏萬物，天子立司空，使掌邦事，亦所以富立家，使民無空者也。司空之篇亡，漢興，購求千金，不得。此前世識其事者，記錄以備大數，《古周禮》六篇畢矣。《古周禮》六篇者，天子所專秉以治天下，諸侯不得用焉。六官之記可見者，堯育重黎之後，羲和及其仲叔四子，掌天地四時。《夏書》亦云『乃召六卿』。商周雖稍增改其職名，六官之數則同矣。」○釋曰：鄭義既然，今按《漢書・藝文志》云：「經禮三百，威儀三千。及周之衰，諸侯將踰法度，惡其害己，皆滅去其籍，孔子時而多不具。」故鄭注《鄉飲酒》云：「後世衰微，幽厲尤甚，禮樂之書，稍稍廢棄。」孔子曰：「吾自衛反魯，然後樂正，雅頌各得其所。」謂當時在者，而復重雜亂者也，惡能存其亡者乎？以此觀之，《冬官》一篇其亡已久，有人尊集舊典，錄此三十工以爲《考工記》。雖不知其人，又不知作在何日，要知在於秦前，是以得遭秦滅焚典籍，《韋氏》、《裘氏》等闕也，故鄭云「前世識其事者，記錄以備大數耳」。此記人所爲，雖不同《周禮》體例，亦爲序致首末相承，總有七段明義。從「國有六職」至「謂之婦工」，言百工事，重在六職之內也。從「越無鎛」至「夫人而能爲弓車」，言四國皆能其事，不須置國工也。從「知者創物」至「此皆聖人所作」，言聖人創物之意也。從「天有時」至「此天時也」，言材雖美，工又有巧，不得天時則不良也。從「攻木之工」至「陶瓬」，言工之多少之數及工別所宜也。從「有虞氏」至「周人上輿」，論四代所尙不同之事也。從「一器而工聚者，車爲多」，言專據周家所尙之事也。

國有六職，百工與居一焉。百工，司空事官之屬。於天地四時之職，亦處其一也。司空，掌營城郭，建都邑，立社稷宗廟，造宮室車服器械，監百工者，唐虞已上曰共工。○與，音預。監，古銜反。上，時掌反，凡言「以上」放此。共，音恭。○疏：「國有」至「一焉」○釋曰：此經與下文爲揔目。云「國有六職」者，謂國家之事有六種職掌，就六職之中，百工與居其一分。六職，即下云「或坐而論道」至「治絲麻以成之」是也。○注「百工」至「共工」○釋曰：云「百工，司空事官之屬」者，鄭據本而言。按《小宰職》云：「六曰冬官，其屬六十，掌邦事。」此百工即其屬六十，言百者，舉大數耳。但爲其篇亡，故六十之官不見，記人以此三十工代之也。言百即據全，則三十工亦一也。云「於天地四時之職，亦處其一也」者，記人本意，以國有六職，據此下文「或坐而論道」已下，百工與居其一。鄭以此爲本。又以天地四時六職，天官冢宰、地官司徒之等官主，百工亦居其一分。云「司空掌營城郭」已下，並此下文見有其事。按《匠人》云「營國方九里，國中九緯城隅」之等，是營城郭郡城之制。及井方一里之等，是營都邑。左祖右社，是營社稷宗廟。夏后氏世室，殷人重屋之等，是營室宮也。《車人》云「羊車柏車」，是營車也。繪畫之事，是營服也。《梓人》、《陶人》之等，是營禮樂之器也。《冶氏》、《矢人》、《弓人》之等，是營械械，即兵器也。故鄭依而言之也。云「監百工者，唐虞已上曰共工」者，按大史公《楚世家》云：「共工作亂，帝使重、黎誅之。」又按《舜典》云：「帝曰：『疇若予工。』僉曰：『垂才。』帝曰：『兪，咨垂，汝共工。』」是唐虞已上曰共工者也。若然，唐虞以上皆曰共工，堯時暫爲司空。是以《尙書・舜典》：「二十八載後，咨四岳，欲置百揆。僉曰：『伯禹作司空。』」注云：「初，堯冬官爲共工，舜舉禹治水，堯知有聖德，必有成功，改命司空，以官異之。禹登百揆後，更名共工。」是其事也。

或坐而論道，或作而行之，或審曲面埶，以飭五材，以辨民器，或通四方之珍異以資之，或飭力以長地財，或治絲麻以成之。言人德能事業之不同者也。論道，謂謀慮治國之政令也。作，起也。辨猶具也。資，取也，操也。鄭司農云：「審曲面埶，審察五材曲直方面形埶之宜以治之及陰陽之面背是也。《春秋傳》曰：『天生五材，民並用之。』謂金、木、水、火、土也。」故書「資」作「齊」。杜子春云：「齊當爲資，讀如冬資絺綌之資。」玄謂此五材，金、木、皮、玉、土。○埶，音勢。飭，音勅，下同。辨，皮莧反，具也，注及下同。長，丁丈反，下同。操，七曹反。○疏：「或坐」至「成之」○釋曰：此六者，即上文之六職也。此皆舉其事，下文皆言其人以覆之。〇注「言人」至「玉土」〇釋曰：言人德者，坐而論道是也。言人能者，作而行之是也。言人之事，審曲面執是也。言人之業，通四方珍異，飭力以長地材，治絲麻以成之，三者是也。云「論道，謂謀慮治國之政令」，此即《尚書・成王周官》云：「立大師、大傅、大保，玆惟三公，論道經邦，燮理陰陽。」是謀慮治國之政令，使陰陽順敘也。先鄭云「審曲面執，審察五材曲直方面形勢之宜以治之」者，謂若弓人夾弓、庾弓「往體多，來體寡，利射侯與弋」。鄭云「射遠者用執」。若王弓、弧弓，往體寡，來體多之類，皆是審察五材曲直方面形勢之宜也。云「及陰陽之面背是也」者，謂若下云「斬轂之道，必矩其陰陽」，是記其陰陽之面背也。云「《春秋傳》曰」，《左氏》襄二十七年，宋西門之盟，欲弭諸侯之兵，云「天生五材，民並用之，廢一不可」。先鄭以五材，金、木、水、火、土。後鄭不從。子春以「資」讀如「冬資絺」之資，按《越語》云：「句踐會稽之上，乃號令三軍，有助寡人謀而退吳者，吾與共知越國之政。大夫種進對曰：『臣聞之，賈人夏則資皮，冬則資絺，旱則資舟，水則資車，以待之。夫雖無四方之憂，然謀臣與爪牙之士不可不養，今王既棲會稽之上，然後乃求謀臣，無乃後乎？』」是其事也。「玄謂此五材，金、木、皮、玉、土」者，言此以對彼之五材金、木、水、火、土。若然，鄭知有皮、玉無水、火者，以百工定造器物之人，水、火單用，不得爲器物，故不取之。知有皮、玉者，此三十工內，函人爲甲，韗人爲皋陶造鼓，鮑人主治皮，又有玉人之等，故知有皮、玉無水、火者也。坐而論道，謂之王公。天子、諸侯。【疏】注「天子諸侯」〇釋曰：以公爲諸侯者，公，君也。諸侯是南面之君，故知是諸侯也。若然，《尚書》三公云「論道經邦，燮理陰陽」，鄭不言者，三公有成文，不言可知。故《夏傳》注云：「坐而論道，謂之王公。」通職民，無正官名，是其義也。作而行之，謂之士大夫。親受其職，居其官也。【疏】注「親受」至「官也」〇釋曰：此即設官分職，治職、教職之等是也。審曲面執，以飭五材，以辨民器，謂之百工。五材各有工，言百，衆言之也。【疏】「審曲」至「百工」〇釋曰：審察之名，用材之法，皆須察審其曲直形勢，然後飭五材。〇注「五材」至「之也」釋曰：按六官其屬止有六十，五材各有工，不過六十而已。以是言百者，衆言之也。通四方之珍異以資之，謂之商旅。商旅，販賣之客也。《易》曰：「至日商旅不行。」〇販，甫萬反。【疏】注「商旅」至「不行」〇釋曰：按《大宰》九職注：「行曰商，處曰賈。」商旅，賈客也。行商與處賈爲客。此文無賈，直云「商旅」，商是販賣之人，故云「販賣之客也」。云「《易》曰」者，《復卦象辭》文也。是一日之中，商旅不行，餘日即行，是行曰商也。飭力以長地財，謂之農夫。三農受夫田也。【疏】注「三農受夫田也」〇釋曰：「飭」，勤也。「地財」，穀物皆是。勤力以長地財，謂之農夫。按《大宰》云：「三農生九穀。」《遂人》云：「夫一廛，田百畝。」是三農受夫田也。治絲麻以成之，謂之婦功。布帛，婦官之事。【疏】注「布帛婦官之事」〇釋曰：此記人所錄衆工，本擬亡篇六十而作，唯據百工一事而已，舉餘五者，欲重此百工與五者爲類之意。若然，百工並是官，餘五者或非官，知然者，王公及士大夫、百工並官，其商旅、農夫、婦功三者非官。據九職而言，三者皆是出稅之色，故《大宰》云，三農生九穀，商賈阜通貨賄，嬪婦化治絲枲，出稅，以當九功也。鄭云婦官，據典婦功爲婦官。此治絲麻者，婦官所統攝，故言婦官也。

《儀禮注疏・士昏禮》［鄭玄注賈公彥疏］【疏】〇鄭《目錄》云：「士娶妻之禮，以昏爲期，因而名焉。必以昏者，陽往而陰來，日入三商爲昏。昏禮於五禮屬嘉禮，大、小《戴》及《別錄》此皆第二。」〇釋曰：鄭知是士娶妻之禮者，以「記」云「記士昏禮」，故知是士娶妻。鄭云「日入三商」者，商謂商量，是漏刻之名，故三光靈曜亦日入三刻爲昏，不盡爲明。案馬氏云：日未出、日沒後皆云二刻半，前後共五刻。今云三商者，據整數而言，其實二刻半也。

昏禮。下達，納采用鴈。達，通也。將欲與彼合昏姻，必先使媒氏下通其言。女氏許之，乃後使人納其采擇之禮。用鴈爲摯者，取其順陰陽往來。《詩》云：「取妻如之何？匪媒不得。」昏必由媒，交接設紹介，皆所以養廉恥。【疏】「昏禮」至「用鴈」。〇釋曰：從此下至「主人許，賓入，授如初禮」，陳納采問名之禮。云「下達」者，謂未行納采已前，男父先遣媒氏［至］女氏之家通辭往來，女氏許之，乃遣使者行納采之禮也。言下達者，男爲上，女爲下，取陽倡陰和之義，故云下達，謂以言辭下通於女氏也。是以下記昏辭云「吾子有惠，貺室某也」，注云：「稱有惠，明下達。」謂此下達也。云「納采用鴈」者，昏禮有六，五禮用鴈：納采、問名、納吉、請期、親迎是也，唯納徵不用鴈，以其自有幣帛可執故也。且《三禮》不云納，言納者恐女氏不受，若《春秋》內納之義。若然，納采言納者，以其始相采擇，恐女家不許，故言納。問名不言納者，女氏已許，故不言納也。納吉言納者，男家卜吉，往與女氏，復恐女家翻悔不受，故更言納也。納徵言納者，納幣帛則昏禮成，復恐女家不受，故更云納也。請期、親迎不言納者，納幣則昏禮已成，女家不得移改，故皆不言納也。其昏禮有六，尊卑皆同，故《左氏》莊公二十二年《經》書：「冬，公如齊納幣。」《穀梁傳》曰：「納幣，大夫之事也。禮有納采，有問名，有納徵，有告期，四者備而後娶，禮也。公之親納幣，非禮也，故譏之。」彼無納吉者，以莊公在母喪內，親行納幣，非禮之事，故（關）［闕］其納吉以非之也。〇注「達通」至「廉恥」。〇釋曰：鄭云「必先使媒氏下通其言，女氏許之，乃後使人納其采擇之禮」者，欲見納采之前，有此下達之言也。案《周禮・地官》有媒氏職，是天子之官，則諸侯之國亦有媒氏，傳通男女，使成婚姻，故云媒氏也。云「用鴈爲摯者，取其順陰陽往來」者，案《周禮・大宗伯》云：「以禽作六摯，卿執羔，大夫執鴈，士執雉。」此昏禮無問尊卑皆用鴈，故鄭注其意云取順陰陽往來也。順陰陽往來者，鴈木落南翔，冰泮北徂，夫爲陽，婦爲陰，今用鴈者，亦取婦人從夫之義，是以昏禮用焉。引「《詩》」者，證須媒下達之義也。云「昏必由媒，交接設紹介」者，《詩》云「匪媒不得」，是由媒也。其行五禮，自納采已下，皆使使往，是交接設紹介也。云「皆所以養廉恥」者，解所以須媒及設紹介者，皆所以養成男女使有廉恥也，使媒通之、媵御沃盥交之等，皆是行事之漸，養廉恥之義也。主人筵于戶西，西上，右几。主人，女父也。筵，爲神布席也。戶西者，尊處，將以先祖之遺體許人，故受其禮於禰廟也。席西上，右設几，神不統於人，席有首尾。○疏：「主人」至「右几」。○釋曰：此女將受男納采之禮，故先設神坐，乃受之。○注「主人」至「首尾」。○釋曰：云「筵，爲神布席也」者，下文禮賓云「徹几改筵」，是爲人設席，故以此爲神席也。云「戶西」者，以戶西是賓客之位，故爲尊處也。必以西爲客位者，以地道尊右故也。知「受禮於禰廟」者，以記云凡行事受諸禰廟也。云「席西上，右設几，神不統於人」者，案《鄉射》、《燕禮》之等設席皆東上，是統於人。今以神尊，不統於人，取地道尊右之義，故席西上，几在右也。云「席有首尾」者，以《公食記》蒲筵萑席，皆卷自末，是席有首尾也。使者玄端至。使者，夫家之屬，若羣吏使往來者。玄端，士莫夕之服，又服以事於廟。有司緇裳。【疏】「使者玄端至」。○注「使者」至「緇裳」。○釋曰：云「使者，夫家之屬」者，案《士冠》贊者於中士下差次爲之。此云夫家之屬，亦當然。假令主人是上士，屬是中士；主人是中士，屬是下士；主人是下士，屬亦當是下士，禮窮即同也。云「玄端，士莫夕之服，又服以事其廟」者，此亦如《士冠禮》玄端，士莫夕於朝之服也。但士以玄端祭廟，今使者服玄端至，亦於主人廟中行事，故云又服以事其廟也。云「有司緇裳」者，案士唯有三等之裳：玄裳、黄裳、雜裳。此云緇裳者，即玄裳者矣，以其緇、玄大同小異也。然士有三等裳，今直言玄裳者，據主人是上士而言。案《士冠》云：「有司如主人服。」則三等士之有司，亦如主人服也。擯者出請事，入告。擯者，有司佐禮者。請猶問也。禮不必事，雖知，猶問之，重慎也。【疏】「擯者」至「入告」。○注「擯者」至「慎也」。○釋曰：云「擯者，有司佐禮者」，案《士冠禮》有司並是主人之屬及羣吏佐主人行禮之人，故知此擯者亦是主人有司佐禮者也。在主人曰擯。云「請猶問也。禮不必事，雖知，猶問之，重慎也」者，案《論語》云「無必」，故云不必事也。以其前已有下達之事，今使者來在門外，是知有昏事也，而猶問之，重慎也。主人如賓服，迎於門外，再拜，賓不荅拜。揖入。門外，大門外。不荅拜者，奉使不敢當其盛禮。【疏】「主人」至「揖入」。○釋曰：案《士冠禮》主人迎賓於大門外，云主人西面，賓東面。此及《鄉飲酒》、《鄉射》皆不言面位者，文不具耳，當亦如《士冠》也。○注「門外」至「盛禮」。○釋曰：知門外是大門外者，以其大夫唯有兩門：寢門、大門而已。廟在寢門外之東，此下有至于廟門，明此門外是大門外可知也。云「賓不荅拜者，奉使不敢當其盛禮」者，此士卑，無君臣之禮，故賓雖屬吏，直言不荅拜，不言辟。若諸侯於使臣，則言辟，是以《聘禮》賓迎入門，公拜，賓辟，不荅拜。《公食大夫》主爲賓已，故賓荅拜，稽首，亦辟，乃拜之。以其君尊故也。至于廟門，揖入。三揖，至于階，三讓。入三揖者：至內霤，將曲，揖；既曲，北面，揖；當碑，揖。【疏】「至于」至「三讓」。○注「入三」至「碑揖」。○釋曰：凡入門三揖者，以其入門，賓主將欲相背，故須揖；賓主各至堂塗，北面相見，故亦須揖；至碑，碑在堂下，三分庭之一，在北曲庭中之節，故亦須揖。但《士冠》注云：「入門將右曲，揖；將北曲，揖；當碑，揖。」此注：「至內霤，將曲，揖；既曲，北面，揖；當碑，揖。」文不同者，鄭舉二文相兼乃足也。三者，禮之大節，尊卑同，故《鄉飲酒》、《鄉射》、《聘禮》、《公食大夫》皆有此三揖之法，但注有詳略耳。主人以賓升，西面。賓升西階，當阿，東面致命。主人阼階上北面再拜。阿，棟也。入堂深，示親親。今文阿爲庪。【疏】「主人」至「再拜」。○釋曰：賓則使者也。禮之通例，賓主敵者，賓主俱升，若《士冠》與此文是也。若《鄉飲酒》、《鄉射》皆主尊賓卑，故初至之時，主人升一等，賓乃升，至卒洗之後亦俱升。唯《聘禮》公升二等，賓始升者，彼注云「亦欲君行一，臣行二」也。《覲禮》，王使人勞侯氏，使者不讓，先升者，奉王命尊故也。「主人阼階上北面再拜」者，主人不言當阿，則如《鄉飲酒》主人當楣，再拜。○注「阿棟」至「爲庪」。○釋曰：案《鄉飲酒》、《聘禮》皆云「賓當楣」，無云「當阿」者，獨此云賓當阿，故云「示親親」也。凡士之廟，五架爲之，棟北一楣下有室戶，中脊爲棟，棟南一架爲前楣，楣前接檐爲庪。《鄉射》記云：「序則物當棟，堂則物當楣。」故云是制五架之屋也。鄉大夫射於序，序則無室，故物當棟。此士之廟，雖有室，其棟在室外，故賓得深入當之也。授于楹間，南面。授於楹間，明爲合好，其節同也。南面，並授也。【疏】「授于楹間南面」。○注「授於」至「授也」。○釋曰：楹間，謂兩楹之間，賓以鴈授主人於楹間者，明和合親好，令其賓主遠近節同也。凡賓主敵者，授於楹間。不敵者，不於楹間。是以《聘禮》賓覿大夫云「受幣于楹間南面」，鄭注云：「受幣楹間，敵也。」《聘禮》又云「公側襲受玉于中堂與東楹之間」，鄭注云：「東楹之間，亦以君行一，臣行二。」至禮賓及賓私覿，皆云「當東楹」，是尊卑不敵，故不於楹間也。今使者不敵，而於楹間，故云「明爲合好」也。云「南面，並授也」者，以經云南面不辨賓主，故知俱南面並授也。賓降，出，主人降。授老鴈。老，羣吏之尊者。【疏】「賓降」至「老鴈」。○釋曰：授鴈訖，賓降，自西階出門。主人降，自阼階授老鴈，於階立，待後事也。○注「老羣吏之尊者」。○釋曰：大夫家臣稱老，是以《喪服》公士大夫以貴臣爲室老，《春秋左氏傳》云「執臧氏老」，《論語》云「趙魏老」，《禮記》「大夫室老行事」，皆是老爲家臣之貴者。士雖無君臣之名，云「老」亦是羣吏中尊者也。

擯者出請。不必賓之事有無。【疏】「擯者出請」。○注「不必」至「有無」。○釋曰：此主人不知賓有事，使擯出請者，亦是不必賓之事有無也。賓執鴈，請問名，主人許。賓入，授，如初禮。問名者，將歸卜其吉凶。古文禮爲醴。【疏】「賓執」至「初禮」。○釋曰：此之一使，兼行納采、問名，二事相因。又使還須卜，故因即問名，乃還卜之，故共一使也。云「主人許」者，擯請入告，乃報賓，賓得主人許，乃入門，升堂，授雁，與納采禮同，故云「如初禮」也。○注「問名」至「爲醴」。○釋曰：言「問名」者，問女之姓氏，不問三月之名，故下記問名辭云「某既受命，將加諸卜，敢請女爲誰氏」，鄭云：「誰氏者，謙也。不必其主人之女。」是問姓氏也。然以姓氏爲名者，名有二種：一者是名字之名，三月之名是也；一者是名號之名，故孔安國注《尚書》以舜爲名，鄭君《目錄》以曾子爲姓名，亦據子爲名，皆是名號爲名者也。今以姓氏爲名，亦名號之類也。鄭云「將歸卜其吉凶」者，亦據下記文也。

《禮記正義・經解》［鄭玄注孔穎達疏］ 陸曰：「鄭云《經解》者，以其記六藝政教得失。解，音佳買反，徐胡賣反，一音蟹。」【疏】正義曰：案鄭《目錄》云：「名曰《經解》者，以其記六藝政教之得失也，此於《別錄》屬《通論》。」

　　孔子曰：「入其國，其教可知也。觀其風俗，則知其所以教。其爲人也溫柔敦厚，《詩》教也。疏通知遠，《書》教也。廣博易良，《樂》教也。絜靜精微，《易》教也。恭儉莊敬，《禮》教也。屬辭比事，《春秋》教也。屬，猶合也。《春秋》多記諸侯朝聘、會同，有相接之辭。罪辯之事。○易良，以豉反，下「易良」同。屬音燭，注及下同。比，毗志反，下同。朝聘，直遙反，篇內同。故《詩》之失愚，《書》之失誣，《樂》之失奢，《易》之失賊，《禮》之失煩，《春秋》之失亂。失，謂不能節其教者也。《詩》敦厚，近愚。《書》知遠，近誣。《易》精微，愛惡相攻，遠近相取，則不能容人，近於傷害。《春秋》習戰爭之事，近亂。○近愚，附近之近，下除「遠近」一字並同。惡，烏路反。爭，爭鬭之爭，下文同。其爲人也溫柔敦厚而不愚，則深於《詩》者也。疏通知遠而不誣，則深於《書》者也。廣博易良而不奢，則深於《樂》者也。絜靜精微而不賊，則深於《易》者也。恭儉莊敬而不煩，則深於《禮》者也。屬辭比事而不亂，則深於《春秋》者也。」言深者，既能以教，又防其失。○【疏】「孔子」至「者也」。○正義曰：《經解》一篇摠是孔子之言，記者錄之以爲《經解》者，皇氏云：「解者分析之名，此篇分析六經體教不同，故名曰《經解》也。六經其教雖異，摠以禮爲本，故記者錄入於禮。」○「孔子曰：入其國，其教可知也」者，言人君以六經之道，各隨其民教之，民從上教，各從六經之性。觀民風俗，則知其教，故云「其教可知也」。○「溫柔敦厚，《詩》教也」者，溫，謂顏色溫潤；柔，謂情性和柔。《詩》依違諷諫不指切事情，故云「溫柔敦厚」，是《詩》教也。○「疏通知遠，《書》教也」者，書錄帝王言誥，舉其大綱，事非繁密，是疏通上知帝皇之世，是知遠也。○「廣博易良，《樂》教也」者，《樂》以和通爲體，無所不用，是廣博簡易良善，使人從化，是易良。○「絜靜精微，《易》教也」者，《易》之於人，正則獲吉，邪則獲凶，不爲淫濫，是絜靜。窮理盡性，言入秋毫，是精微。○「恭儉莊敬，《禮》教也」者，《禮》以恭遜、節儉、齊莊、敬愼爲本，若人能恭敬節儉，是《禮》之教也。○「屬辭比事，《春秋》教也」者，屬，合也；比，近也。《春秋》聚合、會同之辭，是屬辭，比次褒貶之事，是比事也。凡人君行此等六經之教，以化於下。在下染習其教，還有六經之性，故云《詩》教《書》教之等。

　　○「故《詩》之失愚」者，《詩》主敦厚，若不節之，則失在於愚。○「《書》之失誣」者，《書》廣知久遠，若不節制，則失在於誣。○「《樂》之失奢」者，《樂》主廣博和易，若不節制，則失在於奢。○「《易》之失賊」者，《易》主絜靜嚴正，遠近相取，愛惡相攻，若不節制，則失在於賊害。○「《禮》之失煩」者，《禮》主文物，恭儉莊敬，若不能節制，則失在於煩苛。○「《春秋》之失亂」者，《春秋》習戰爭之事，若不能節制，失在於亂。此皆謂人君用之教下，不能可否相濟、節制合宜，所以致失也。○「其爲人也溫柔敦厚而不愚，則深於《詩》者也」，此一經以《詩》化民，雖用敦厚，能以義節之。欲使民雖敦厚，不至于愚，則是在上深達於《詩》之義理，能以《詩》教民也，故云「深於《詩》者」也。以下諸經，義皆放此。○注云「易精」至「之事」。○正義曰：「《易》精微」者，《易》理微密，相責褊切，不能含容。云「愛惡相攻」者，謂《易》卦六爻，或陰爻乘陽，或陽爻據陰，近而不得，是愛惡相攻也。云「遠近相取」者，謂彼此有應，是遠近相取也。或遠而無應，近而不相得，是遠近不相取也。云「則不能容人，近於傷害」者，若意合則雖遠必相愛，若意離雖近必相惡，是不能容人不與己同，浪被傷害，是失於賊害也。云「《春秋》習戰爭之事」者，以《春秋》記諸侯相侵伐，又有鬭爭之辭。若僖二十八年，晉人執衛侯歸之于京師；昭十三年平丘之會，子產爭丞之類是也。故前注云《春秋》記罪辯之事也。然《詩》爲《樂》章，《詩》、《樂》是一，而教別者，若以聲音、干戚以教人，是《樂》教也；若以《詩》辭美刺、諷喻以教人，是《詩》教也。此爲政以教民，故有六經。若教國子弟於庠序之內，則唯用四術。故《王制》云「春秋教以禮、樂，冬夏教以《詩》、《書》」是也。此六經者，惟論人君施化，能以此教民，民得從之，未能行之至極也。若盛明之君，爲民之父母者，則能恩惠下極於民，則《詩》有好惡之情，禮有政治之體，樂有諧和性情，皆能與民至極，民同上情，故《孔子閒居》云「志之所至，《詩》亦至焉。《詩》之所至，禮亦至焉。禮之所至，樂亦至焉」是也。其《書》、《易》、《春秋》，非是恩情相感、與民至極者，故《孔子閒居》無《書》、《易》及《春秋》也。

《春秋左傳正義・莊公十年》［杜預注孔穎達正義］ ［經］十年，春，王正月，公敗齊師于長勺。齊人雖成列，魯以權譎稽之，列成而不得用，故以未陳爲文。例在十一年。長勺，魯地。○勺，上酌反。陳，直覲反，十一年經注同。【疏】

十年注「齊人」至「魯地」。○正義曰：例稱「敵未陳曰敗某師，皆陳曰戰」。此傳稱齊人成陳擊鼓，不應稱敗齊師，故解之。《孫子兵書》曰：「誓稽之使失其先後。」謂稽留彼敵，不時與戰，使先後失其次第。魯以曹劌之語，設權謀譎詐以稽留之，列成而不得用，與未陳相似，故以未陳爲文。《釋例》曰：「長勺之役，雖俱陳，而鼓音不齊。檇李之役，越人患吳之整，以死士亂吳，雖皆已陳，猶以獨克爲文，舉其權詐。」是也。此注「稽」或作「掩」，誤耳，今定本作「稽」。

［傳］十年，春，齊師伐我。不書侵伐，齊背蔇之盟，我有辭。公將戰，曹劌請見。曹劌，魯人。○劌，古衛反。見，賢遍反。下同。【疏】注「曹劌，魯人」。○正義曰：《史記》作「曹沫」，亦云「魯人」。其鄉人曰：「肉食者謀之，又何間焉。」肉食，在位者。間猶與也。○間，間廁之間，注同。與音預。【疏】注「肉食」至「與也」。○正義曰：《孟子》論庶人云：「五畝之宅，樹之以桑，五十者可以衣帛。雞豚狗彘之畜，無失其時，七十者可以食肉。」是賤人不得食肉，故云在位者也。襄二十八年傳說子雅、子尾之食云「公膳日雙雞」，昭四年傳說頒冰之法云「食肉之祿，冰皆與焉，大夫命婦喪，浴用冰」。蓋位爲大夫，乃得食肉也。間謂間雜，言不應間其中而爲之謀，故云「間猶與也」。劌曰：「肉食者鄙，未能遠謀。」乃入見。問何以戰？公曰：「衣食所安，【疏】「衣食所安」。○正義曰：公意衣食二者，雖所以安身，然亦不敢專己有之，必以之分人。弗敢專也，必以分人。」對曰：「小惠未偏，民弗從也。」分公衣食，所惠不過左右，故曰未偏。○偏音遍，注同。公曰：「犧牲玉帛，【疏】「犧牲玉帛」。○正義曰：四者皆祭神之物。《曲禮》曰：「天子以犧牛，諸侯以肥牛。」鄭玄云：「犧，純毛也。肥，養於滌也。」然則牲謂三牲，牛、羊、豕也。犧者，牲之純色也。魯自得用天子之禮，要犧牲相配之語，未必爲得用，乃言之也。弗敢加也，必以信。」祝辭不敢以小爲大，以惡爲美。○犧，許宜反。對曰：「小信未孚，神弗福也。」孚，大信也。【疏】注「孚，大信也」。○正義曰：孚亦信耳，以言「小信未孚」，故解孚爲大信以形之。公曰：「小大之獄，雖不能察，必以情。」必盡己情。察，審也。對曰：「忠之屬也，上思利民，忠也。○屬音蜀。【疏】注「上思利民，忠也」。○正義曰：桓六年傳文也。言以情審察，不用使之有枉，則是思欲利民，故爲忠之屬也。可以一戰，戰則請從。」公與之乘。共乘兵車。○從，才用反。乘，繩證反。戰于長勺，公將鼓之。劌曰：「未可。」齊人三鼓，劌曰：「可矣。」齊師敗績。公將馳之。劌曰：「未可。」下視其轍。視車迹也。○三，息暫反，又如字。轍，直列反。登軾而望之，【疏】「登軾而望之」。○正義曰：《考工記》云：兵車之廣六尺有六寸三分，車廣去一以爲隧，隧謂輿內，前後深四尺四寸也。三分其隧，一在前，二在後，以揉其式。式在輿間，從前量之深一尺四寸三分寸之二也。以其廣之半爲之式崇，崇三尺三寸也。謂當車輿之內，去前軫一尺四寸三分寸之二，下去車板三尺三寸，橫施一木名之曰軾，得使人立於其後，時依倚之。曹劌登軾，得臣云君馮軾，皆謂此也。曰：「可矣。」遂逐齊師。既克，公問其故。對曰：「夫戰，勇氣也。一鼓作氣，再而衰，三而竭。彼竭我盈，故克之。夫大國難測也，懼有伏焉。恐詐奔。○軾音式。伏如字，舊扶又反。吾視其轍亂，望其旗靡，故逐之。」旗靡轍亂，怖遽。○旗音其。靡音美。怖，普布反。遽，其據反。

《春秋公羊傳注疏・哀公六年》［何休解詁徐彥疏］

［經］齊陳乞弒其君舍。

［傳］弒而立者，不以當國之辭言之，此其以當國之辭言之何？據齊公子商人弒其君舍而立，氏公子。○君舍，二傳作「荼」，音舒。【疏】注「據齊」至「公子」。○解云：即文十四年秋，「齊公子商人弒其君舍」是也。爲諼也。此其爲諼奈何？問其義。○諼，況元反。景公謂陳乞曰：「吾欲立舍，何如？」陳乞曰：「所樂乎爲君者，欲立之則立之，不欲立則不立。貴自專也。【疏】「所樂」至「不立」。○解云：言人之所以愛樂乎其爲君者，貴慕其自專故也。然則此乃有爲而言，非王道也。君如欲立之，則臣請立之。」陳乞欲拒言不可，恐景公殺陽生。陽生謂陳乞曰：「吾聞子蓋將不欲立我也。」陳乞曰：「夫千乘之主，將廢正而立不正，必殺正者。晉世子申生是也。○乘，繩證反。【疏】注「晉世子申生是也」。○解云：即僖五年「春，晉侯殺其世子申生」是也。吾不立子者，所以生子者也，走矣！」教陽生走。與之玉節而走之。節，信也。析玉與陽生，留其半，爲後當迎之，合以爲信，防稱矯也。奔不書者，未命爲嗣。○析，思歷反。爲後，于僞反，下「乞爲」同。矯，居兆反。【疏】注「節信」至「爲嗣」。○解云：言與之爲斷玉之信而令之走也。云奔不書者，未命爲嗣者，案定十四年秋，「衛世子蒯聵出奔宋」，書見於經，故知陽生出奔不書者，未命爲嗣故也。然則公子陽生，但是母貴宜立，實非世子，而上傳云「廢正而立不正，必殺正者」，雖非夫人所生，但秩次宜立，謂之廢正亦何傷？而舊云陽生實是正世子，但未命爲嗣，故出入不兩書；若命爲嗣，即是大國之君，出入合兩書也者，非。景公死而舍立，陳乞使人迎陽生于諸其家。于諸，寘也，齊人語也。除景公之喪，期而小祥，服期者除。○期而，音基，下同。【疏】注「期而」至「者除」。○解云：期而小祥者，《士虞記》文。言服期者除者，謂從服之徒矣。若其正服，臣爲君斬衰三年，寧得期而除乎？案景公之卒，在去年九月，

至今七月，其實未期，而言服期者除者，蓋陽生之入，實亦九月，但事不宜月，故直時，是以傳云除景公之喪也。若然，案隱四年冬十二月，「衛人立晉」，彼注云「月者，大國篡例月，小國時，立、納、入皆爲篡」。然則大國之篡，例合書月，齊爲大國，而言事不宜月者，正以陽生之篡，陳乞爲之，故陽生之入欲移惡於陳乞故也，似若莊九年夏，「齊小白入于齊」，何氏云「不月者，移惡于魯也」之類也。然則大國之篡，所以月者，以其禍大故也。既移惡于陳乞，是以不月，正得述事之宜矣。諸大夫皆在朝，陳乞曰：「常之母，常，陳乞子。重難言其妻，故云爾。○難，乃旦反。【疏】注「常」至「云爾」。○解云：正以妻者己之私，故難言之，似若今人謂妻爲兒母之類是也。有魚菽之祭，齊俗婦人首祭事。言魚豆者，示薄陋無所有。【疏】注「齊俗」至「祭事」。

○解云：主婦設祭，禮則有之，何言齊俗者？正以主婦設祭之時，助設而已，其實男子爲首，即君牽牲，夫人奠酒；君親獻，夫人薦豆之類是也。若其齊俗，則令使婦人爲首，故此傳云「常之母，有魚菽之祭」，即其文是矣。○注「言魚」至「所有」。○解云：定元年「冬，十月，霣霜殺菽」，彼注云「菽，大豆」。然則彼已訓解，故此何氏直以豆言之。若依正禮，水陸僉陳，而止言魚與豆者，示薄陋無所有故也。願諸大夫之化我也。」言欲以薄陋餘福共宴飲。【疏】「願諸」至「我也」。○解云：桓六年傳云「曷爲謂之實來？慢之也。曷爲慢之？化我也。」彼注云「行過無禮謂之化，齊人語也。諸侯相過，至竟必假塗，入都必朝，所以崇禮讓，絕慢易。今州公過魯都不朝魯，是慢之爲惡，故書實來」，見其義也。然則彼以州公過魯而無禮，故傳謂之化我也。今此陳乞亦以魚菽之薄物，枉屈諸大夫之貴重，亦是無禮相過之義，故謂之化我也。諸大夫皆曰：「諾。」於是皆之陳乞之家坐。陳乞曰：「吾有所爲甲，甲，鎧。○鎧，苦代反。【疏】「吾有所爲甲」。○解云：猶言我有所作得若干甲也。請以示焉。」諸大夫皆曰：「諾。」於是使力士舉巨囊而至于中霤，巨囊，大囊中央曰中霤。

○囊，乃郎反，又音托。霤，力又反。【疏】注「中央曰中霤」。○解云：案《月令》「中央土」云「其祀中霤」，鄭注云「中霤，猶中室也」，「古者複穴，是以名室爲霤云」。庾蔚云：「複，地上累土，穴則穿地也。複穴皆開其上取明，故雨霤之，是以因名中室爲中霤也。」故此傳云中霤，注云中央，謂室之中央也。諸大夫見之，皆色然而駭，色然，驚駭貌。○色然，如字，本又作「垝」，居委反，驚駭貌；又或作「危」。開之則闖然，闖，出頭貌。○闖，丑鴆反，又丑甚反，一音丑今反，見貌。《字林》云：「馬出門貌，丑衽反。」公子陽生也。陳乞曰：「此君也已。」諸大夫不得已，皆逡巡北面，再拜稽首而君之爾。時舍未能得衆，而陽生今正當立，諸大夫又見力士，知陳乞有備，故不得已，遂君之。○逡，七旬反。自是往弑舍。陽生先詐致諸大夫，立於陳乞家，然後往弑舍，故先書當國，起其事也。乞爲陽生弑舍，不舉陽生弑者，諼成于乞也。不日者，與卓子同。【疏】注「故先書當國，起其事也」者。謂書陽生入齊，乃在弑舍之前，所以起其先入後弑也。云乞爲陽生弑舍，不舉陽生弑者，諼成于乞也者，正以舉重略輕，《春秋》之常事，今而不書者，諼成于乞故也。○注「不日」至「子同」。○解云：僖十年「春，王正月」，「晉里克弑其君卓子」，何氏云「不日者，不正遇禍，終始惡明，故略之」。然則今此陳乞弑舍，所以不日者，亦是不正遇禍，終始惡明，故略之，故曰與卓子同。若然，鄉解云陽生之入，實在九月，但事不宜月，故不書月。然則陳乞之事，宜云不月而云不日者，正以卓子之弑實書月，若言不月，則與卓子同，文不可設，故云不日也。案陳乞弑舍，實不書日，謂之不日亦何傷？然則陳乞弑舍之事，與里克弑卓子相類，而不月者，正以文承陽生大于齊之下。陽生之事既不宜月，是以陳乞之事不得月也。若然，案僖九年「冬，晉里克弑其君之子奚齊」，注「不月者，不正遇禍，終始惡明，故略之」。然則此亦不月，何氏不云不月者，與奚齊同義者，正以奚齊未逾年之君，與舍不類，寧得同之乎？

《春秋穀梁傳注疏・隱公元年》[范甯集解楊士勛疏]

[經] 夏，五月，鄭伯克段于鄢。段有徒衆，攻之爲害必深，故謹而月之。鄢，鄭地。○鄢音偃，地名。【疏】注「段有」至「鄭地」。○釋曰：案下四年「九月，衛人殺祝吁于濮」，傳曰：「其月，謹之也。」范云：「討賊例時也。衛人不能即討祝吁，致令出入自恣，故謹其時月所在，以著臣子之緩慢也。」此云「爲害必深，故謹而月之」。彼祝吁以二月弑君，衛人以九月始討，傳云「其月，謹之也」，明知謹臣子之緩慢。此無歷時之事，傳云「段之有徒衆也」，故知爲害必深，故謹而月爾。莊九年「齊人殺無知」，不書月者，無知雖復歷年，時月尚淺，又無重害，故直書時也。宣十一年「楚人殺陳夏徵舒」，書月者，爲陳不能討，而外藉楚力，故禍害深也。

[傳] 克者何？能也。何能也？能殺也。何以不言殺？見段之有徒衆也。言鄭伯能殺，則邦人不能殺矣。知段衆力強盛，唯國君能殺之。○見，賢偏反。【疏】注「言鄭」至「殺之」。○釋曰：國君之討，必藉衆力，若使鄭伯獨行，理不能殺。而云「唯國君能殺之」者，段藉母弟之權，乘先君之寵，得衆人之情，遂行弑君之計，百姓畏憚，莫不斂手；而鄭伯既爲人君，有威怒之重，自爲戎首，設賞罰之柄，故軍師用命，戰士爭先。注論克段之本，故云「唯國君乃能殺之」也。段，鄭伯弟也。何以知其爲弟也？殺世子、母弟目君。以其目君，知其爲弟也。母弟，同母弟也。目君，謂稱鄭伯。【疏】「段鄭」至「弟也」。○釋曰：殺世子，母弟皆目君。傳何以知非世子者，《左氏》、《公羊》亦以段爲鄭伯之弟，故此傳亦同之。舊解以爲「世子申生」，傳曰：「目晉侯，斥殺，惡晉侯也。」宋公殺世子，傳無明解，同例可知，故范云：「痤之罪不子明矣。」然則書殺世子例，目君稱世子，其罪誅者即不書。今段目君而不云世子，是弟可知，理亦通耳。不及取二傳爲證，後進易曉。宣十七年「公弟叔肸卒」，

傳曰：「賢之也。」彼爲賢稱弟，則不賢去「弟」，乃是其常。而下傳云「弗謂弟，貶之也」者，天王殺其弟佞夫，彼佞夫無罪而稱弟，今段不稱公子，又不稱弟，故云「貶之」。又且相殺之例，與尋常異，故知去「弟」者貶之也。段，弟也，而弗謂弟；公子也，而弗謂公子，貶之也。段失子弟之道矣，賤段而甚鄭伯也。賤段謂不稱公子、公弟。甚鄭伯，謂目君也。何甚乎鄭伯？甚鄭伯之處心積慮，成於殺也。雍曰：「段恃寵驕恣，彊足當國，鄭伯不能防閑以禮，教訓以道，縱成其罪，終致大辟，處心積思，志欲殺弟。」○大辟，婢亦反。思，息吏反。于鄢，遠也，猶曰取之其母之懷中而殺之云爾，甚之也。段奔走乃至於鄢，去已遠矣，鄭伯猶追殺之，何以異於探其母懷中赤子而殺之乎？君殺大夫例不地，甚鄭伯之殺弟，故謹其地。【疏】注「段奔」至「其地」。○釋曰：僖十年「晉殺其大夫里克」，昭十四年「莒殺其公子意恢」，例不地，故知此書地是謹之也。又昭十一年「楚子虔誘蔡侯般，殺之于申」，傳曰「稱地，謹之也」，明此稱地亦是謹耳。然則爲鄭伯者宜奈何？緩追逸賊，親親之道也。君親無將，將而必誅焉。此蓋臣子之道，所犯在己，故可以申兄弟之恩。【疏】注「君親」至「之恩」。○釋曰：莊三十二年《公羊傳》文。

《論語注疏·陽貨》[何晏注邢昺疏]【疏】正義曰：此篇論陪臣專恣，因明性習知愚，禮樂本末，六蔽之惡，《二南》之美，君子小人爲行各異，今之與古，其疾不同。以前篇首章言大夫之惡，此篇首章記家臣之亂，尊卑之差，故以相次也。

陽貨欲見孔子，孔子不見，孔曰：「陽貨，陽虎也。季氏家臣，而專魯國之政，欲見孔子，使仕。」歸孔子豚。孔曰：「欲使往謝，故遺孔子豚。」孔子時其亡也，而往拜之。遇諸塗。孔曰：「塗，道也。於道路與相逢。」謂孔子曰：「來！予與爾言。」曰：「懷其寶而迷其邦，可謂仁乎？」曰：「不可。」馬曰：「言孔子不仕，是懷寶也。知國不治而不爲政，是迷邦也。」「好從事而亟失時，可謂知乎？」曰：「不可。」孔曰：「言孔子栖栖好從事，而數不遇，失時，不得爲有知。」「日月逝矣，歲不我與。」馬曰：「年老，歲月已往，當急仕。」孔子曰：「諾。吾將仕矣。」孔曰：「以順辭免。」【疏】「陽貨」至「仕矣」。○正義曰：此章論家臣專恣，孔子遜辭遠害之事也。「陽貨欲見孔子」者，陽貨，陽虎也。蓋名虎，字貨。爲季氏家臣，而專魯國之政，欲見孔子，將使之仕也。「孔子不見」者，疾其家臣專政，故不與相見。「歸孔子豚」者，歸，遺也。豚，豕之小者。陽貨欲使孔子往謝，因得從容見之，故遺孔子豚也。「孔子時其亡而往拜之」者，謂伺虎不在家時，而往謝之也。「遇諸塗」者，塗，道也。孔子既至貨家，而反於道路，與相逢也。「謂孔子曰：來！予與爾言」者，貨呼孔子，使來就己，言我與汝有所言也。「曰：懷其寶而迷其邦，可謂仁乎」者，此陽貨謂孔子之言也。寶以喻道德，言孔子不仕，是懷藏其道德也。知國不治，而不爲政，是使迷亂其國也。仕者當拯弱興衰，使功被當世，今爾乃懷寶迷邦，可以謂之仁乎？「曰：不可」者，此孔子遜辭，言如此者，不可謂之仁也。「好從事而亟失時，可謂知乎」者，此亦陽貨謂孔子辭。亟，數也。言孔子棲棲好從事，而數不遇，失時，可謂有知者乎？不得爲有知也。「曰：不可」者，此亦孔子遜辭，言如此者，不可謂之知也。「日月逝矣，歲不我與」者，此陽貨勸孔子求仕之辭。逝，往也。言孔子年老，歲月已往，不復留待我也，當急求仕。「孔子曰：諾。吾將仕矣」者，諾，應辭也。孔子知其勸仕，故應荅之，言我將求仕，以順辭免去也。

子曰：「性相近也，習相遠也。」孔曰：「君子慎所習。」子曰：「唯上知與下愚不移。」孔曰：「上知不可使爲惡，下愚不可使強賢。」【疏】「子曰：性相近也，習相遠也。子曰：唯上知與下愚不移」。○正義曰：此章言君子當慎其所習也。性，謂人所稟受，以生而靜者也，未爲外物所感，則人皆相似，是近也。既爲外物所感，則習以性成。若習於善則爲君子，若習於惡則爲小人，是相遠也，故君子慎所習。然此乃是中人耳，其性可上可下，故遇善則升，逢惡則墜也。孔子又嘗曰：唯上知聖人不可移之使爲惡，下愚之人不可移之使強賢。此則非如中人性習相近遠也。

子之武城，聞弦歌之聲。孔曰：「子游爲武城宰。」夫子莞爾而笑，莞爾，小笑貌。曰：「割雞焉用牛刀？」孔曰：「言治小何須用大道。」子游對曰：「昔者，偃也聞諸夫子曰：『君子學道則愛人，小人學道則易使也。』」孔曰：「道，謂禮樂也。樂以和人，人和則易使。」子曰：「二三子！孔曰：「從行者。」偃之言是也。前言戲之耳。」孔曰：「戲以治小而用大道。」【疏】「子之」至「之耳」。○正義曰：此章論治民之道也。「子之武城，聞弦歌之聲」者，之，適也。武城，魯邑名。時子游爲武城宰，意欲以禮樂化導於民，故弦歌。孔子因適武城，而聞其聲也。「夫子莞爾而笑，曰：割雞焉用牛刀」者，莞爾，小笑貌。言雞乃小牲，割之當用小刀，何用解牛之大刀，以喻治小何須用大道。今子游治小用大，故笑之。「子游對曰：昔者，偃也聞諸夫子曰：君子學道則愛人，小人學道則易使也」者，子游見孔子笑其治小用大，故稱名而引昔聞夫子之言以對之。道，謂禮樂也。禮節人心，樂和人聲。言若在位君子學禮樂則愛養下人也，若在下小人學禮樂則人和而易使也。「子曰：二三子」者，呼其弟子從行者也。「偃之言是也。前言戲之耳」者，孔子語其從者，言子游之説是，我前言戲之以治小而用大道，其實用大是也。

公山弗擾以費畔，召，子欲往。孔曰：「弗擾爲季氏宰，與陽虎共執季桓子，而召孔子。」子路不説，曰：「末之也已，何必公山氏之之也？」孔曰：「之，適也。無可之則止，何必公山氏之適。」子曰：「夫召我者，而豈徒哉。如有用我者，吾其爲東周乎？」興周道於東方，故曰東周。【疏】「公山」至「周乎」。○

正義曰：此章論孔子欲不避亂而興周道也。「公山弗擾以費畔，召，子欲往」者，弗擾，即《左傳》公山不狃也，字子洩，爲季氏費邑宰，與陽虎共執季桓子，據邑以畔，來召孔子，孔子欲往從之也。「子路不說，曰：末之也已，何必公山氏之之也」者，上下二「之」俱訓爲適。末，無也。已，止也。子路以爲，君子當去亂就治，今孔子乃欲就亂，故不喜說，且曰：無可適也則止之，何必公山氏之適也？「子曰：夫召我者，而豈徒哉。如有用我者，吾其爲東周乎」者，孔子荅其欲往之意也。徒，空也。言夫人召我者，豈空然哉，必將用我道也。如有用我道者，我則興周道於東方，其使魯爲周乎。吾是以不擇地而欲往也。○注「弗擾爲季氏宰，與陽虎共執季桓子」。○正義曰：案定五年《左傳》曰：「六月，季平子行東野。還，未至，丙申，卒于房。陽虎將以璵璠斂，仲梁懷弗與，曰：『改步改玉。』陽虎欲逐之，告公山不狃。不狃曰：『彼爲君也，子何怨焉？』既葬，桓子行東野，及費。子洩爲費宰，逆勞於郊，桓子敬之。勞仲梁懷，仲梁懷弗敬。子洩怒，謂陽虎：『子行之乎？』九月，乙亥，陽虎囚季桓子。」是其事也。至八年，又與陽虎謀殺桓子。陽虎敗而出。至十二年，「季氏將墮費，公山不狃、叔孫輒率費人以襲魯。國人敗諸姑蔑。二子奔齊」。

子張問仁於孔子。孔子曰：「能行五者於天下，爲仁矣。」「請問之。」曰：「恭，寬，信，敏，惠。恭則不侮，孔曰：「不見侮慢。」寬則得衆，信則人任焉，敏則有功，孔曰：「應事疾則多成功。」惠則足以使人。」【疏】「子張」至「使人」。○正義曰：此章明仁也。「子張問仁於孔子」者，問何如斯可謂之仁也。「孔子曰：能行五者於天下，爲仁矣」者，言爲仁之道有五也。「請問之」者，子張復請問五者之目也。「曰：恭，寬，信，敏，惠」者，此孔子略言爲仁五者之名也。「恭則不侮」者，此下孔子又歷説五者之事也。言己若恭以接人，人亦恭以待己，故不見侮慢。「寬則得衆」者，言行能寬簡則爲衆所歸也。「信則人任焉」者，言而有信則人所委任也。「敏則有功」者，敏，疾也，應事敏疾則多成功也。「惠則足以使人」者，有恩惠則人忘其勞也。

《孝經注疏・庶人章》［李隆基注邢昺疏］ 【疏】正義曰：庶者，衆也，謂天下衆人也。皇侃云：「不言衆民者，兼包府史之屬，通謂之庶人也。」嚴植之以爲士有員位，人無限極，故士以下皆爲庶人。

用天之道，春生、夏長、秋斂、冬藏，舉事順時，此用天道也。分地之利，分別五土，視其高下，各盡所宜，此分地利也。謹身節用，以養父母。身恭謹則遠耻辱，用節省則免飢寒，公賦既充，則私養不闕。此庶人之孝也。庶人爲孝，唯此而已。【疏】「用天」至「孝也」。○正義曰：夫子上述士之行孝已畢，次明庶人之行孝也。言庶人服田力穡，當須用天之四時生成之道也。分地五土所宜之利，謹慎其身，節省其用，以供養其父母，此則庶人之孝也。《援神契》云：「庶人行孝曰畜」，以畜養爲義，言能躬耕力農，以畜其德，而養其親也。○注「春生」至「道也」。○正義曰：云「春生、夏長、秋斂、冬藏」者，此依鄭注也。《爾雅・釋天》云：「春爲發生，夏爲長甂，秋爲收成，冬爲安寧。」安寧即閉藏之義也。云「舉事順時，此用天之道也」者，謂舉農畝之事，順四時之氣，春生則耕種，夏長則耘苗，秋收則穫刈，冬藏則入廩也。○注「分別」至「利也」。○正義曰：云「分別五土，視其高下」者，此依鄭注也。案《周禮・大司徒》云：「五土：一曰山林，二曰川澤，三曰丘陵，四曰墳衍，五曰原隰。」謂庶人須能分別，視此五土之高下，隨所宜而播種之，則《職方氏》所謂「青州其穀宜稻麥，雍州其穀宜黍稷」之類是也。云「各因其所宜，此分地利也」者，此依孔傳也。劉炫云：「黍稷生於陸，菰稻生於水。」○注「身躬」至「不闕」。○正義曰：云「身恭謹則遠耻辱」者，《論語》曰：「恭近於禮，遠耻辱也。」云「用節省則免飢寒」者，「用」謂庶人衣服、飲食、喪祭之用，當須節省。《禮記》曰「食節事時。」又曰：「庶人無故不食珍，及三年之耕，必有一年之食；九年耕，必有三年之食。以三十年之通，雖有凶旱水溢，民無菜色。」是免飢寒也。云「公賦既充，則私養不闕」者，「賦」者自上税下之名也。謂常省節財用，公家賦税充足，而私養父母不闕乏也。《孟子》稱「周人百畝而徹，其實皆什一也」，劉熙注云：「家耕百畝，徹取十畝以爲賦也」，又云：「公事畢然後敢治私事」是也。○注「庶人」至「而已」。○正義曰：此依魏注也。案天子、諸侯、卿大夫、士皆言「蓋」，而庶人獨言「此」，注釋言「此」之意也。謂天子至士，孝行廣大，其章略述宏綱，所以言「蓋」也。庶人用天分地，謹身節用，其孝行已盡，故曰「此」，言惟此而已。《庶人》不引《詩》者，幾盡於此，無贅詞也。

《楚辭・天問》［洪興祖補注］ 舜閔在家，父何以鱞？舜，帝舜也。閔，憂也。無妻曰鱞。言舜爲布衣，憂閔其家。其父頑母嚚，不爲娶婦，乃至于鱞也。［補］曰：鱞，古頑切，經傳多作鰥。《書》曰：有鰥在下，曰虞舜。此言舜孝如此，父何以不爲娶乎？堯不姚告，二女何親？姚，舜姓也。言堯不告舜父母而妻之，如令告之，則不聽，堯女當何所親附乎？一云：女何所親。［補］曰：《書》云：女于時觀厥刑于二女，釐降二女于嬀汭，嬪于虞。二女，娥皇、女英也。《孟子》曰：舜不告而娶，爲無後也。君子以爲猶告也。又《萬章》曰：舜之不告而娶，則吾既得聞命矣。帝之妻舜而不告，何也？曰：帝亦知告焉，則不得妻也。伊川程頤曰：舜不告而娶，固不可。堯命瞽使舜娶，舜雖不告，堯固告之爾。堯之告也，以君治之而已。

金履祥《資治通鑑前編》卷一 禹錫玄圭，告厥成功。此告成也。錫，如師錫之錫。玄，水色也。禹既平水土，故以玄圭爲贄，入覲而告成于帝焉。一説，禹治水，獲玄玉之瑞，故謂之錫，禹不自居，以歸之帝，而告成功焉。

履祥按：《禹貢》一篇，蓋夏史之追書也。夫既夏史之追書，則紀成功之書耳。夫既紀成功之書，則禹之治水其先後、次第、規模不盡見於此，而於此可以推見爾。何者？

《禹貢》於九州獨冀州載修治之辭於上，餘州則皆曰某山既藝、既旅，某水既道、既從，某澤既豬、底定，是皆記其成功耳。其先後次第不盡見於此矣，而謂於此可以推見，何也？曰：《禹貢》一篇分叙九州以經之，總叙山川以緯之，每州之下奠山川、豬藪澤而後繼之，以物土宜定田制又繼之，以經賦、法通、朝貢其總叙於後。則列山川、叙源委、總成功、定封建、別限制、同教化，是禹八年之間其先後次第經理，規模廣大、周密，本末備具，蓋可想也。而其先後次第則證諸禹所自言者，而尤可見。禹曰：洪水滔天，懷山襄陵，予乘四載，隨山刊木，暨益奏，庶鮮食。此禹功之始也。孟子所謂「龍蛇禽獸之害，烈山澤而焚之」者也，此《禹貢》分叙所以先於刊定諸山，總叙所以先於導山是也。禹曰：予決九川，距四海，濬畎澮距川，暨稷播奏，庶艱食、鮮食。此禹功之中也。孔子所謂「盡力乎？溝洫者也」，此禹貢分叙所以定川澤、辨厥土、等田制，總叙所以有導川則壞成，賦甸服等事也。蓋禹之治水，不但疏決河患，鑿阻濬川而已。凡天下平土皆制，其井畆疏爲溝澮，以達于川，所謂畎澮者，即田間之畎，一同之澮也。所謂溝洫者，即一井之溝，一成之洫也。則是井田之制，自禹定之，此禹中間功庸，最爲周密。至於所謂懋遷有無，萬邦作乂，所謂弼成五服。至于五千外薄四海，咸建五長，則禹功之終也。分叙之，浮于某水，達于某水。總叙之，六府孔修，庶土交正，迄于四海，皆是也。

汪克寬《春秋胡傳附録纂疏》卷五《桓公中》 甲，桓王十。戊，三年。五年，齊僖二十四、晉小子二、衛宣十二、蔡桓八、鄭莊三十七、曹桓五十、陳桓三十八卒、杞武四十四、宋莊三、奉寧九、楚武三十四。春，正月，甲戌、《穀梁》傳《春秋》之義，信以傳信，疑以傳疑。程子傳下文缺，傳見隱二年。己丑，陳侯鮑卒。桓公也，在位三十八年，庶弟佗立，明年，蔡人殺佗立厲公。《左傳》於是陳亂，文公子佗殺大子免而代之，故再赴。趙氏曰：豈有正當禍亂之時而暇競使人赴告哉，假令實再赴，夫子亦當詳定其實日，何乃總載之乎？且傳云，公疾而難作，此文亦據陳國史而記之。驗此，則經文甲戌下當記陳佗作亂之事，全簡脫之耳。啖氏曰：《公》、《穀》皆云甲戌之日出而亡，己丑之日死而得。按人君雖狂，而去亦當有臣子從之，豈有人君走出，臣下不追逐，昧其死日乎。夏，齊侯、僖鄭伯莊如紀。程子傳：齊侯、鄭伯朝於紀，欲以襲之，紀人知之。齊爲諸侯而欲爲賊於鄰國，不道之甚，鄭伯助之，其罪均矣。

按：《左氏》齊、鄭朝紀，欲以襲之。紀人知之。夫如者朝詞也，趙氏曰：如者朝聘之名，外相如皆譏。薛氏曰：無相朝之志也，假相朝之禮也。家氏曰：書爵，目其人而貶之也。尊不朝乎卑，大不朝乎小，紀之爲紀，微乎微者也。齊在東州，尊則方伯，僖四，召康公命大公曰：五侯九伯汝實征之。鄭亦大國也，春秋初年，鄭最強。幷驅而朝紀，乃懷詐諼况元反。之謀，欲以襲之，而不虞紀人之覺也，其志憯音慘。《說文》，痛也。矣。臨川吳氏曰：諸侯相朝雖有其禮，然春秋之時小役大，弱役強，強大之國必不往朝小弱之國，雖敵體之國，亦不相朝，惟小弱必須往朝于強大，蓋畏之也。齊、鄭以強大而朝於紀之小弱，蓋借朝之名以往紀，而實欲以兵襲取其國，紀素知齊、鄭之圖己，故覺其謀，而齊、鄭之詐不得以行也。此外相如爾，何以書？紀人主魯，故來告其事，魯史承告，故備書于策。杜氏（白）［曰］：齊欲滅紀，紀人懼而來告，故書。夫子修經，存而不削者，以小國恃大國之安靖已，而乃包藏禍心以圖之，左傳昭元。亦異於興滅國斷絕世之義矣。故存而弗削，以著齊人滅紀之罪，明紀侯去國之由。劉敞《意林》所謂聖人誅意之效是也。劉氏曰：《春秋》惡其懷不義之心，雖卒不能害而疾之，與襲侵人之國無異云云。故兵莫憯於志，鏌鎁爲下。《通旨》兵莫憯於志。鄭伯克叚、齊侯如紀，其憯甚於鏌鎁。人君明此義，可以正其志，人臣明此義，可以格君心之非，使之不遠而復也。張氏曰：《春秋》惡其懷盜賊之心，而行朝事之禮，書之若實朝於紀然，所以抑強暴惡譎詐也。《春秋》之初，齊僖、鄭莊皆小人之雄，合謀同心，以吞噬小國爲事，自隱三年石門之盟，至桓十三年惡曹之盟，二十年之間，二國爲一伐宋、取郜防、入郕、入許，今又相與謀紀。自二君如紀之後，紀侯多爲計以謀自免於難，而卒不能止齊、鄭貪噬之心，至莊五年使紀季以酅入於齊，紀侯去國，然後快於心。小國困於強暴者，二君之罪居多。臨川吳氏曰：許近於鄭，紀近於齊，鄭欲得許，與齊同謀之，而卒得許。齊欲得紀，與鄭同謀之，而卒得紀。愚按外相如惟齊、鄭如紀，與州公如曹，《春秋》惡齊、鄭之不能恤小國，而假朝禮以濟凌人之謀，惡州公不能保其國，而假朝禮以爲依人之具，皆非眞能行朝禮者也。夫不能保小寡而思啓疆以利己，不能自強於爲善而依人以求托其身，皆《春秋》之所不予也，比事以觀，考齊人滅紀之本末及州實之來魯，而聖人之意見矣。

○劉氏曰：《公羊》以謂「離不言會，故言如也」，非也。《春秋》之記盟會者，所以刺譏諸侯，非善群聚而惡離會也，離會何爲不可書，而改會爲如以亂名實哉。

陳與郊《檀弓輯註》卷下 君之適長殤，車三乘；公之庶長殤，車一乘；大夫之適長殤，車一乘。適，丁歷反。下及下適室同。長殤，上丁丈反，下式羊反。乘，繩證反。

註：皆下成人也。自上而下降殺以兩。成人遣車五乘，長殤三乘，下殤一乘。尊卑以此差之。庶子言公，卑遠之。傳曰大功之殤中從上。皆下，戶嫁反。殺，色戒反。遣，棄戰反。差，初佳反，又初宜反。遠，于萬反。

疏略：君者五等諸侯也。今此謂諸侯適子在長殤而死，故云君之適長殤也。車三乘者，遣車也。葬柩朝廟畢，將行，設遣奠，竟取遣奠牲體臂臑折之爲段，用此車載之以遣送亡者，故謂之遣車。然遣車之形甚小，

《周禮・巾車》云「大喪飾遣車」，鄭云，使人以次舉之，以如墓也。又《雜記》「遣車視牢具」，「置于四隅」，鄭云，四隅椁中之四隅。以此而推，故知小也。所以必須遣車者，《雜記》云「大饗既饗，卷三牲之俎歸于賓館。父母而賓客之，所以爲哀也」。但遣車之數貴賤不同，若生有爵命車馬之賜，則死有遣車送之。諸侯七乘，大夫五乘，此後有明文。鄭惟諸侯既七乘，降殺宜兩，則國王宜九乘，士三乘也。今此所明並是殤未成人，未有爵命車馬之賜而得遣車者，言其父有之得與子也。王九乘，若適子成人，則應七乘，在長殤而死，則五乘，中殤從上，亦五乘，下殤三乘也。若有國王庶子成人，則應五乘，長殤、中殤三乘，下殤一乘也。諸侯既自得七乘，其適子成人五乘，長殤三乘，故君之適長殤車三乘也，中則從上，若下殤則一乘也。公之庶長殤車一乘者，公亦諸侯也，適長殤既三乘，庶子若成人乃三乘，而長殤則一乘，故云車一乘也。中殤亦從上，若下殤則無。大夫之適長殤車一乘者。大夫自得五乘，適子成人三乘，長殤降二，故一乘也。中殤從上，亦一乘。若下殤及庶殤，並不得也。君是對臣之名，有地大夫以上皆有君號，公則五等之上又同三公之尊。今庶子言公就其尊號，是卑遠於庶子也。此有公君相對，故爲此解。若文無所對，嫡亦稱公，故《喪服》云公子嫡子是也。又鄭引《喪服傳》云，大功之殤中從上者證此，遣車亦中從上也。必知然者，服是生人所著哀念死者，車亦生者所有被及亡人，車服雖殊，皆緣生者之事，故車馬與服同中從上。廣義曰：君、公一也，皆謂五等諸侯也。上言君，故下變文言公耳。鄭氏謂對庶子而稱公，卑遠庶子爾，已屬曲爲之說，而孔氏、陳氏謂君兼有地大夫而言，公專言諸侯，則與下大夫句更矛盾矣。

公之喪，諸達官之長杖。

註：謂君所命，雖有官職，不達於君則不服斬。

疏略：不達於君，謂府史之屬也。賤不被命，是不達於君也。不服斬衰，但服齊衰三月耳，故《喪服》齊衰三月章有庶人爲國君。鄭云，不言民而言庶人，庶人或有在官者，若近臣閽寺之屬，雖無爵命，但嗣君服斬則亦服斬，故《喪服》斬衰章云，公士大夫之衆臣爲其君布帶繩屨。傳曰近臣君服斯服，但衆臣降其帶屨，用布帶繩屨耳。

陳澔曰：按，凡官皆有長貳，此以長言，則不及貳也。

方氏曰：受命於君者，有名達於上，故謂之達官。若府史而下，皆長官自辟除，則不可謂之達矣。

朱子曰：達官謂得自通於君者，如《內則》公卿宰執與六曹之長、九寺五監之長，外則監司郡守得自通章奏於君者，凡此皆杖次則不杖也。

李鍾倫《周禮纂訓・地官》 大司徒之職，掌建邦之土地之圖與其人民之數，以佐王安擾邦國。以天下土地之圖，周知九州之地域廣輪之數，辨其山林、川澤、丘陵、墳衍、原隰之名物。

注：九州，揚、荆、豫、青、兖、雍、幽、冀、幷也。積石曰山，竹木曰林，注瀆曰川，水鍾曰澤，土高曰丘，大阜曰陵，水崖曰墳，下平曰衍，高平曰原，下濕曰隰。名物者，十等之名與所生之物。

疏：馬融云，東西爲廣，南北爲輪。訓：此節承上土地之圖，下土會、土宜、土均，皆辨土地名物之事也。

而辨其邦國都鄙之數，制其畿疆而溝封之，設其社稷之壝而樹之田主，各以其野之所宜木，遂以名其社與其野。

注：社稷，后土及田正之神。壝，壇與堳埒也。田主，田神后土田正之所依也。

疏：辨邦國之數者，謂分別畿外諸侯邦國多少之數；辨都鄙之數者，謂分別畿內三等采地之數；制其畿疆者，王畿千里，中置王城，面有五百里，其邦國都鄙亦皆有畿界也。溝封之者，謂於疆界之上設溝，溝爲封樹以爲阻固也。設其社稷之壝者，謂於中門之外右邊設大社、大稷，王社、王稷，又於廟門之屏設勝國之社稷，其社稷外皆有壝埒於四面也。樹之田主者，謂籍田之内依樹木而爲田主，各以其野之所宜木，云各者，總據邦國都鄙幷王者而言也。遂以名其社與其野者，假令以松爲社，則名松社之野，餘皆放此。又云：社者，五土之總神。以句龍爲后土官，有功於土，死配社而食。稷是原隰之神，原隰宜五穀，稷者五穀之長，立稷以表神名。棄爲稷官，有功於民，死乃配稷而食，名爲田正也。注云田主田神者，謂《郊特牲》云先嗇神農是也。田正則司嗇是也，直以神農爲主祭，尊可以及卑，故使后土、田正二神憑依之，同壇共位耳。訓：土圭以下皆所以辨邦國、都鄙而制其畿疆者也。

以土會之灋辨五地之物生：一曰山林，其動物宜毛物，其植物宜皁物，其民毛而方。二曰川澤，其動物宜鱗物，其植物宜膏物，其民黑而津。三曰丘陵，其動物宜羽物，其植物宜覈物，其民專而長。四曰墳衍，其動物宜介物，其植物宜莢物，其民晳而瘠。五曰原隰，其動物宜贏物，其植物宜叢物，其民豐肉而庳。會，古外反。皁，音早，本或作早。覈，音核。專，徒丸反。莢，音頰，古協反。晳，音錫，白色也。贏，力果反。庳音婢。

注：會，計也。以土計貢税之法，因別此五者也。毛物，貂狐貒貉之屬，縟毛者也。皁物，柞栗之屬。膏物，當爲櫜字之誤，蓮芡之實有櫜韜津潤也。覈物，李梅之屬。專，圜也。莢物，薺莢王棘之屬。贏物，虎豹之屬，淺毛者。叢物，萑葦之屬。庳，猶短也。

疏：五地之内，以民之資生取於動植之物，故先言動植，後言民也。

訓：家君子曰：山林積草，故其物毛；川澤積水，故其物鱗；丘陵多樹，故其物羽；墳衍多石，故其物介；原隰積土，故其物贏。毛肖草之莖，鱗肖水之文，羽肖木之葉，介肖石之體，贏肖土之形，各感其氣而成其類。蓋毛物生於山林者，金生於土也。鱗物生於川澤者，木生於水也。羽物生於丘陵者，火生於木也。介物生於墳衍者，水生於金也。贏物生於原隰者，原隰備燥濕，高下土寄旺於四行也。皁物、覈物，剛之屬也。膏物、莢物，柔之屬也。叢物，和氣之屬也。亦各感其氣而生也。毛而方者得金土之氣，黑而津者得水木之氣，專而長者得木火之氣，晳而瘠者得金水之氣，豐肉而庳者得土之氣也。蓋五地應乎五行，而民物之生不離五行之化，形體既異，性情亦殊，先王因物以施教，蓋由乎此矣。下文十有一教，是教之事。土宜之法，是養之事。先言教後言養者，承上文五地之物生而遂及施教之條，所謂修其教不易其俗，齊其政不易其宜者也。然則隨俗施教，既得以類相從，而下文任土作貢，亦得以類相從矣。

江永《禮記訓義擇言・喪服小記》 斬衰，括髮以麻，爲母括髮以麻，免而以布。鄭注：母服輕，至免可以布代麻也。爲母，又哭而免。朱子云：括髮，是束髮爲髻。《儀禮注疏》以男女括髮與免及婦人髽，皆云如著幓頭。然所謂幓頭，即如今之掠頭編子，自項而前交於額上，卻繞髻也。呂氏云：免以布爲卷幘，以約四垂短髮而露其髻，於《冠禮》謂之缺項。冠者必先著此缺項而後加冠。故古者有罪免冠而缺項存，因謂之免。音免，以其與冕弁之冕音相亂，故改音問。

按：免是凶服，缺項乃士冠禮所用，謂免即缺項，擬非其倫。且缺項唯著緇布冠用之，若著玄冠，未聞有缺項。《内則》，子事父母，縰笄總髦冠緌纓皆詳，而不及缺項，可知玄冠無缺項也，呂氏説未確。又按：程大昌《泰之有袒免辨》，以免爲免冠，愚辨之，附録於後。辨曰：喪服之免，舊音問，以布爲之，而程文簡以如字讀之，謂凡免皆與冠對，免之義但爲去冠，而非別有一物名爲免也。愚以爲不然。《喪服小記》云，爲母括髮以麻，免而以布，則免以布爲之，有明文矣。程氏讀此免字亦如字，又別爲之解云：父母皆當以麻括髮，而古禮母皆降父，故減用布，示殺於父也，此之謂免。蓋應用而許其不用，故特言免以明之。然則此免又不爲去冠，而但謂免其麻括髮，是自變其説矣。又謂若如鄭氏説，讀如問，則居母喪者既括髮以麻，而以布爲免，遂當以免而加諸齊衰之上，則是降斬而齊，遽著五世以外，輕殺無服之冠，豈其理乎？愚謂爲母喪而著免，免者，奉尸侇於堂之後未成服之前則然，既成服自有七升之冠，非即以布免爲冠加諸齊衰之上也。若嫌其同於五世以外之服，則未成服之前主人免之時，衆主人不辨親疏而皆免，豈亦同於五世以外之服乎？《問喪》篇云：冠，至尊也，不居肉袒之體也，故爲之免以代之也。既曰爲之免以代之，則必有一物加於首以代冠，不可謂去冠以代冠也。又曰，免者以何爲也？曰，不冠者之所服也。既曰不冠者之所服，則分明有布以繞髻，否則何不直以免冠荅問者乎？《小記》謂既葬而不報虞，則雖主人皆冠，及虞則皆免，正謂虞始變服，以免代冠也，若曰去冠，豈可露首以臨祭乎？《小記》又曰，君弔雖不當免時也，主人必免，雖異國之君免也，親者皆免。此亦謂君弔必變服以免代冠也。若曰去冠，豈可露首以對君乎？又免之非免冠，攷之《奔喪》之禮尤可見。《奔喪》篇曰：奔母之喪，西面哭，盡哀，括髮袒，降，堂東即位，西鄉哭，成踊，襲、免、絰於序東。凡括髮者，必去冠，既括髮於堂，則首無冠矣，而又言免於序東，與奔父喪之不免者特異，則免必有其物，正《小記》所謂爲母括髮以麻，免而以布者也，豈可以去冠釋之乎。唯《曲禮》冠毋免之免讀如字，謂平時毋露首，非可以是概之喪服之免也。喪服去飾之甚者爲括髮，爲父爲母，皆以麻。程氏遷就其説，謂爲母喪括髮以布，豈不背禮經乎？《小記》又曰：男子冠而婦人笄，男子免而婦人髽。其義爲男子則免，爲婦人則髽，其文甚明。親始死去，冠而笄纚，於是斬衰，婦人則去笄而纚，是婦人之去笄，猶男子之去冠也。齊衰喪既，括髮而免，婦人則髽，婦人之髽猶男子之免。髽必有其物，則免亦必有其物也。使去冠即爲免，則婦人之髽亦但爲去笄乎？如謂婦人有髽，而男子但去冠，豈制服反詳於婦人而略於男子乎？今世喪禮雖簡略，而五世親盡行弔於族人，首必戴白，猶古人之免也。使免冠之説行，皆露頂以臨喪，豈禮也哉。程氏又引《周禮》縣衰冠之式於門以證袒免之無體式，此《小宗伯》之文也，而《夏官·太僕》則云縣喪首服之法於宮門。鄭注云：首服之法，謂免、髽、笄、纚，廣狹長短之數。是免髽等自有太僕縣之，非無體式也。程子引其一遺其一矣。

邵晉涵《爾雅正義》卷一《釋詁》

幠、厖，有也。【註】二者又爲有也。《詩》曰：遂幠大東。【正義】有與大義相近，故幠、厖又爲有也。幠，通作撫。《文王世子》云：君王其終撫諸。鄭註：撫，猶有也。厖者，《周語》云「敦厖純固」。《淮南·俶眞訓》云：通乎無埶，而復反于敦龐。言自無而反諸有也。有本或作厚。《小雅·節南山》云：則無膴仕。《毛傳》：膴，厚也。《商頌·長發》云：爲下國駿厖。《毛傳》：厖，厚也。《孔疏》以爲《釋詁》文。【註】《詩》曰：至大東。【正義】《魯頌·閟宮》文舊疏以爲當在齊、魯、韓《詩》是也。《毛詩》作遂。《荒大東》傳云：荒，有也。幠，荒聲之轉，又通作方。《召南·鵲巢》云：維鳩方之。《毛傳》：方，有也。

迄、臻、極、到、赴、來、弔、艐、格、戾、懷、摧、詹，至也。【註】齊楚之會郊曰懷，宋曰屆。《詩》曰：先祖于摧。又曰：六日不詹。詹、摧，皆楚語，《方言》云。【正義】從高而下曰至，自外而來亦爲至，此釋之也。○迄、臻、極、到。○迄者，《周頌·維清》云：迄用有成。臻者，《考工記》嘉量銘云：允臻其極。《大雅·雲漢》云：饑饉薦臻。極者，《崧高》云：峻極于天。《釋地》言「四極，謂四方所至也」。到者，《大雅·韓奕》云：靡國不到。○赴、來、弔、艐。○赴者，《說文》云：赴，趨也。《釋名》云：趨，赴也，赴所至也。徐鉉云：《春秋傳》赴告用此字，今俗作訃。非是。《士喪禮》云：乃赴于君來者。《釋名》云：來，哀也。使來入已哀之故，其言之低頭以招之也。《士冠禮》云：兄弟其來。弔者，《說文》作𨑩，至也。今經傳俱作弔。《盤庚》云：厥謀弔由靈。《左氏·昭二十六年》傳云：率羣不弔之人。杜註：弔，至也。艐者，《史記索隱》引孫炎云：艐，古屆字。《大雅·瞻卬》云：靡有夷屆。又通作戒。《商頌·烈祖》云：既戒既平。《毛傳》戒，至也。○格、戾、懷、摧、詹。○格者，《堯典》云：不格姦。《史記》作不至姦。《舜典》云：歸格于藝祖。《史記》作歸至於祖禰廟。格，通作假。《商頌·元鳥》云：四海來假。《祭統》云：假於太廟。戾者，《魯語》云：戾于敝邑。郭氏《方言》註引《詩》曰「魯侯戾止」。懷者，《釋名》云：懷，回也，本有去意，回來就已也，亦言歸也。來、歸，已也。《小雅·鼓鍾》云，懷允不忘。鄭《箋》，懷，至也。摧、詹，皆方俗語也。【註】齊楚至言云。○【正義】《方言》云：假、㣿、懷、摧、詹、戾、艐，至也。邠、唐、冀、兖之間曰假，或曰㣿，齊楚之會郊或曰懷。摧、詹、戾，楚語也。艐，宋語也。皆古雅之別語也。今則或同郭氏彼註，亦引《詩》曰：先祖于摧，六日不詹。《大雅·雲漢》：《小雅》采綠之文也。

如、適、之、嫁、徂、逝，往也。【註】《方言》云：自家而出謂之嫁，猶女出爲嫁。【正義】《說文》云：往，之也。《釋名》云：往，暀也。歸暀於彼也，故其言之，卬頭以指遠也。如者，《小爾雅》云：如，適也。《春秋·桓三年》公子翬如齊適者。《說文》云：適，之也。《魏風·碩鼠》云：適彼樂國。之者，《說文》云：之，出也。《碩鼠》云：誰之永號。鄭《箋》：之，往也。嫁者，《列子·天瑞篇》子列子居，鄭圃將嫁於衛。徂者，《說文》云：𨑥，往也。或作徂。《後漢書》引《韓詩》云「彼徂者岐」。註引薛君云：徂，往也，又省作且。《鄭風·溱洧》云：士曰既且。《毛傳》：且，往也。逝者，《碩鼠》云：逝將去女。鄭《箋》：逝，往也。【註】《方言》：至爲嫁。○【正義】《方言》云：嫁、逝、徂、適，往也。自家而出謂之嫁，由女而出爲嫁也。逝，秦、晉語也。徂，齊語也。適，宋、魯語也。往，凡語也。郭《註》引《方言》：由作猶，古字通用。

孫星衍《尚書今古文注疏》卷一《堯典上》

克明俊德，【注】史遷「克」作「能」，「俊」作「馴」。鄭康成曰：「俊德，賢才兼人者。」「俊」一作「峻」。【疏】史公說見《五帝本紀》。「克」爲「能」者，《釋詁》文。「俊」爲「馴」者，《集解》引徐廣曰：「馴，古訓字。」言堯自明其德，以訓九族。《周禮·土訓》注，鄭司農讀訓爲馴，釋以告道，引《爾雅》「訓，道也」。是古文說也。《漢書·儒林傳》云：「司馬遷嘗從安國問故。遷書所載《堯典》、《禹貢》、《洪範》、《微子》、《金縢》諸篇，多古文說。」故以其文釋經也。鄭注見《書》疏。以俊德爲賢才兼人者，《春秋繁露·爵國篇》云：「萬人曰英，千人曰俊，百人曰傑，十人曰豪。」《說文》云：「俊，才千人也。」故以俊爲兼人也。鄭意以明爲明揚，俊德爲賢才，蓋言九族中之賢才，如《論語》所云「汎愛衆而親仁」也。《大學篇》引《帝典》，「俊」作「峻」，釋爲「皆自明」者，峻與俊通，皆古文自明之義，言自明其德，則同史公也。

以親九族，九族既睦。【注】夏侯、歐陽等說九族者，父族四，母族三，妻族二，皆據異姓有服。古《尚書》說九族者，從高祖至玄孫凡九，皆同姓。馬融、鄭康成皆同。鄭曰：「睦，親也。」【疏】九族，今文爲異姓，古文爲同姓。夏侯、歐陽說見《書》疏引《異義》。古《尚書》說見《春秋左氏》桓六年《傳》疏云：「今《戴禮》、《尚書》歐陽說，九族乃異姓有屬者。父族四：五屬之內爲一族，父女昆弟適人者與其子爲一族，己女昆弟適人者與其子爲一族，己之女子子適人者與其子爲一族。母族三：母之父姓爲一族，母之母姓爲一族，母女昆弟適人者與其子爲一族。妻族二：妻之父姓爲一族，妻之母姓爲一族。古《尚書》說九族者，從高祖至玄孫凡九，皆同姓。謹案：《禮》緦麻三月以上，恩之所及。《禮》爲妻父母有服，明在九族中，九族不得但施於同姓。鄭駁云：『玄之聞也，婦人歸宗。女子雖適人家，猶繫姓，明不得與父兄爲異族。其子則然。婚禮請期辭曰：「唯是三族之不虞。」欲及今三族未有不億度之事而迎婦也。如此，所云三族，不當有異姓。異姓其服皆緦。《禮・雜記》下，緦麻之服，不禁嫁女取婦。是爲異姓不在族中明矣。《周禮・小宗伯》：「掌三族之列名。」《喪服小記》說服之義曰：「親親，以三爲五，以五爲九。」以此言之，知高祖至玄孫昭然察矣。』」據此知許氏從今文，鄭氏從古文說也。《詩・葛藟》序云：「周道衰，棄其九族。」傳云：「九族者，據己上至高祖，下及玄孫。」《漢書・高帝紀》：「七年，置宗正官以序九族。」是漢初俱以九族爲同姓。夏侯、歐陽說爲異姓者，蓋因堯德光被，自家及外族。鄭不然者，以經文下云「百姓」，可該異姓也。馬、鄭注見《釋文》，又見《後漢書・班固傳》注。以睦爲親者，《易・釋文》引蜀才云：「睦，親也。」與鄭義同。平章百姓，百姓昭明。【注】史遷「平」作「便」。鄭康成作「辯」，曰：「別也。章，明也。百姓，羣臣之父子兄弟。」【疏】史公作「便章」者，鄭注《論語》云：「便便，辨也。」經文作「平」者，《詩傳》云：「平平，辨治也。」鄭作「辨」，注見《後漢書・劉愷傳》注及《史記集解》。《史記索隱》云：「今文作『辨章』。」鄭云：「百姓，羣臣之父子兄弟」者，《周語》：「富宸曰：『百姓兆民。』」注：「百姓，百官也。官有世功，受氏姓也。」《楚語》：「觀射父曰：『民之徹官百。王公之子弟之質能言能聽徹其官者，而物賜之姓，以監其官，是爲百姓。』」鄭說所本也。《白虎通・姓名篇》云：「《尚書》曰：『平章百姓。』姓所以有百者何？以爲古者聖人吹律定姓，以記其族。人含五常而生，聲有五音，宮商角徵羽，轉而相雜，五五二十五，轉生四時異氣，殊音悉備，故姓有百也。」云「辨，別」者，《說文》：「采，辯別也。」辨音近采。「章，明」者，《史記・伯夷列傳》云：「此其尤大章明校著者也。」昭者，《說文》曰：「日明也。」協和萬邦，黎民於變時雍。【注】史遷「協」作「合」，「邦」作「國」。「協」一作「叶」。「變」一作「蕃」，一作「卞」。【疏】史公說「協」爲「合」者，鄭注《周禮》云：「協，合也。」下文「協時月正日」，《五帝本紀》作「合時月」。「邦」作「國」者，《漢書・宣帝紀》及《地理志》諸書多作「國」。段君玉裁據《白虎通》、蔡邕《石經》有國字，云：「漢人《詩》《書》不諱，不改經字。《宋書・禮志》禮部太常寺言漢法，邦之字曰『國』，盈之字曰『滿』。止是讀曰邦，讀曰滿。本字見於經傳者未嘗改易。司馬遷《史記》『先王之制，邦內畿服，邦外侯服。』又曰：『盈而不持則傾。』於邦字、盈字，皆不改易。」此說蓋非無見，是也。後人遇國字，即疑漢人避諱，因改爲邦耳。萬國者，《地理志》云：「昔黃帝方制萬里，畫埜分州，得百里之國萬區，故《易》稱『先王建萬國，親諸侯』，《書》云：『協和萬國』，此之謂也。」鄭注《王制》云：「《春秋傳》云：『禹會諸侯於塗山，執玉帛者萬國。』言執玉帛，則是惟謂中國耳。中國而言萬國，則是諸侯之地，有方百里，有方七十里，有方五十里者。禹承堯舜而然矣。要服之內，地方七千里，乃能容之。」協，《論衡・高世篇》引經言「叶和萬國」。《說文》「協」或作「叶」。「於變」，《漢書・成帝紀》陽朔元年詔引作「於蕃」，注：「應劭曰：『黎，衆也。時，是也。雍，和也。言衆民於是變化，用是大和也。』韋昭曰：『蕃，多也。』」《潛夫論・考績篇》云：「此堯舜所以養黎民而致時雍也。」以養釋蕃。云「致時雍」，疑又以時爲時代之時。案：應氏釋於爲於是，則於讀如字，於變猶言爰變也。《釋詁》云：「黎，衆也。」「爰，於也。」「時，是也。」《釋訓》云：「廱廱，和也。」漢《孔宙碑》云：「於卞時雍。」卞即弁之俗字。變與蕃，聲相近，卞音近變。「民」，《漢書》注師古一引作「萌」。

焦循《孟子正義》卷二《梁惠王上》

孟子見梁惠王，【注】孟子適梁，魏惠王禮請孟子見之。【疏】注「孟子」至「見之」。○正義曰：《魏世家》云：「惠王數被軍旅，卑禮厚幣，以招賢者，鄒衍、淳于髡、孟軻皆至梁。」《六國表》云：「魏惠王三十五年，孟子來，王問利國。」王曰：「叟不遠千里而來，亦將有以利吾國乎？」【注】曰，辭也。叟，長老之稱也。猶父也。孟子去齊，老而之魏，故王尊禮之曰父。不遠千里之路而來至此，亦將有可以爲寡人興利除害乎。【疏】注「曰辭」至「父也」。○正義曰：《說文》曰部云：「曰，詞也。」司部云：「詞，意內而言外也。」辛部云：「辭，訟也。從𤔔。𤔔，猶理辜也。𤔔，理也。」曰，宜訓詞，此注作「辭」，通借字也。《方言》云：「傁，艾，長，老也。東齊、魯、衛之間，凡尊老謂之傁，或謂之艾。周、晉、秦、隴謂之公，或謂之翁。南楚謂之父，或謂之父老。」戴氏震疏證云：「傁，本作『叜』。《說文》云：『老也。』俗通作『叟』。」《史記・馮唐列傳》云：「文帝輦過，問唐曰：父老，何自爲郎？」後又曰「父知之乎？」《廣雅》云：「傁，艾，長，老也。翁，叜，父也。」《史記集解》引劉熙《孟子》注云：「叟，長老之稱，依皓首之言。」○注「孟子」至「害乎」。○正義曰：《史記・孟子列傳》云：「孟子，騶人也。受業子思之門人。道既通，游事齊宣王，宣王不能用，適梁。」此趙氏所本也。周氏柄中《辨正》云：「孟子於齊梁先後，當以《六國年表》及《魏世家》爲據，不當以《孟子列傳》爲據。《年表》魏惠王三十五年，齊宣王之七年也。是年特書曰『孟子來』。若孟子於齊宣七年以前先已游齊，《年表》何以不書？則《孟子傳》所謂『游事齊宣王，宣不能用，而後適梁』者，乃史公駁文，非實事也。以本書觀之，篇首即載見梁惠王諸章，及見襄王有出語云云，自此以下十數章，皆在齊與宣王問答事；此其先後蹤跡，較然可知，不必如《通鑑》移下宣王十年，以合伐燕殺噲之事，然後見孟子先游梁後至齊也。」江氏永《羣經補義》云：「孟子見梁惠王，當在周慎靚王元年辛丑。是年爲惠王後元之十五年。至次年壬寅，惠王卒，子襄王立，孟子一見，即去梁矣。蓋魏罃於周顯王三十五年丁亥，與齊威王會於徐州以相王，是年爲惠王即位後三十七年，於是始稱王，而改元稱一年也。」二說與趙氏異，未知孰是。時秦用商君，富國強兵，惠王所以遷梁，故曰亦將有以利吾國，謂亦如商君之於秦，俾富國強兵也。《論衡・刺孟篇》述此文，作「將何以利吾國乎」。

孟子對曰：「王何必曰利，亦有仁義而已矣。【注】孟子知王欲以富國強兵爲利，故曰王何必以利爲名乎，亦惟有仁義之道者，可以爲名。以利爲名，則有不利之患矣。因爲王陳之。【疏】注「孟子」至「陳之」。○正義曰：孟子謂宋牼云：「先生之號則不可。」名猶號也。曰利，即是以利爲號。《廣雅・釋言》云：「曰，言也。」《國語・周語》云「有不祀則脩言」，韋昭注云：「言，號令也。」名、言義皆爲號，故用以解曰利之義。惟以利爲號令，故大夫士庶人應之。《洪範》：「初一曰五行：一曰水，二曰火，三曰水，四曰金，五曰土。」桓公二年《左傳》：「以條之役生太子，命之曰仇；其弟以千畝之戰生，命之曰成師。」又：「嘉耦曰妃，怨耦曰仇。」曰之爲詞，所以標名號，故趙氏以名釋曰。王曰『何以利吾國』，大夫曰『何以利吾家』，士庶人曰『何以利吾身』，上下交征利，而國危矣。【注】征，取也。從王至庶人，故云上下交爭。各欲利其身，必至於篡弒，則國危亡矣。《論語》曰：「放於利而行，多怨。」故不欲使王以利爲名也。又言交爲俱也。【疏】注「征取也」 ○正義曰：《盡心篇》下「有布縷之征」，注云：「征，賦也。」哀公十二年《公羊傳》何休注云：「賦者，斂取其財物也。」僖公二十七年《左傳》「賦納以言」，杜預注云：「賦，猶取也。」《荀子・富國篇》「其於貨財取與」，楊倞注云：「取謂賦斂。」是征、賦、取三字轉注，故趙氏訓征爲賦，又訓征爲取也。○注「從王」至「名也」。○正義曰：從，自也。自王取於大夫，大夫取於士庶人，爲上征下；士庶人又取利於大夫，大夫取利於王，爲下征上：是交征也。云交爭者，《魏世家》云：「孟子至梁，梁惠王曰：『叟，不遠千里，幸辱敝邑之庭，將何以利吾國？』孟軻曰：『君不可以言利若是。夫君欲利，則大夫欲利；大夫欲利，則庶人欲利：上下爭利，國則危矣。』」司馬遷每以改易字代解詁，上下交取，勢則必爭，故以爭利解交征，趙氏所本也。征無爭訓，故先以取訓之，而後本《史記》言交爭，惟爭而國乃危。《國策・秦策》云「王攻其南，寡人絕其西，魏必危」，高誘注云：「危，亡也。」以亡訓危，與趙氏此注同。監本、毛本脫「亡」字。引《論語》者，《里仁》第四篇文。○注「又言交爲俱」。○正義曰：前言上下交爭，是以交爲交互之交。交又訓俱，高誘注《齊策》、韋昭注《國語》，皆如此訓。趙氏兼存之，故云又言。謂天子以至庶人，俱惟利是取，不必上取下、下取上。此別一義也。萬乘之國，弒其君者，必千乘之家。【注】萬乘，兵車萬乘，謂天子也。千乘，兵車千乘，謂諸侯也。夷羿之弒夏后，是以千乘取萬乘也。

【疏】注「萬乘兵車」至「侯也」○正義曰：《漢書・刑法志》云：「因井田而制軍賦：地方一里爲井，井十爲通，通十爲成，成方十里；成十爲終，終十爲同，同方百里；同十爲封，封十爲畿，畿方千里。有稅有賦：稅以足食，賦以足兵。故四井爲邑，四邑爲丘，丘十六井也，戎馬一匹，牛三頭。四丘爲甸，甸六十四井也，有戎馬四匹，兵車一乘，牛十二頭，甲士三人，卒七十二人，干戈備具，是謂乘馬之法。一同百里，提封萬井，除山川、沈斥、城池、邑居、園囿、術路，三千六百井，定出賦六千四百井，戎馬四百匹，兵車百乘：此卿大夫采地之大者也，是謂百乘之家。一封三百一十六里，提封十萬井，定出賦六萬四千井，戎馬四千匹，兵車千乘：此諸侯之大者也，是謂千乘之國。天子畿方千里，提封百萬井，定出賦六十四萬井，戎馬四萬匹，兵車萬乘：故稱萬乘之主。」《論語》「道千乘之國」，集解：「馬氏云：『《司馬法》：六尺爲步，步百爲畝，畝百爲夫，夫三爲屋，屋三爲井，井十爲通，通十爲成：成出乘車一乘。然則千乘之賦，其地千成，居地方三百一十六里有奇，惟公侯之封，乃能容之；雖大國之賦，亦不是過焉。』包氏曰：『千乘之國者，百里之國也。古者井田，方里而井，十井爲乘，百里之國，適千乘也。』融依《周禮》，包依《王制》、《孟子》，疑故兩存焉。」毛氏奇齡《經問》云：「古千乘之國，地方百里，出兵車千乘，故稱千乘之國。方里而井，百里之國爲萬井，而出千乘，是十井出一乘，不問可知。《周禮》乃謂九夫爲井，四井爲邑，四邑爲丘，四丘爲甸，甸六十四井，出車一乘。則是百里之國，止出兵車一百五十六乘，何名千乘乎？曰：《周禮・小司徒職》惟有『九夫爲井，四井爲邑，四邑爲丘，四丘爲甸』四句，其下『甸出一乘』云云，皆《司馬法》文。杜預引此注《左傳》，不注明『司馬法』三字，而混幷在《周禮》文下，或遂以之詬《周禮》。特所謂《司馬法》者，原非周制，《史記》：『齊景公時，有司馬穰苴曾著兵法，至戰國時，齊威王使大夫追論古《司馬兵法》，而附穰苴於其中，名《司馬法》。』今其書不傳久矣，然且有兩《司馬法》，兩言出車之制：其一又曰『六尺爲步，步百爲畝，畝百爲夫，夫三爲屋，屋三爲井，井十爲通，通十爲成：成出革車一乘』。此馬融引之注《論語》，鄭康成引之注《周禮》；然皆非是。大抵侯國以百里爲斷，百里之地，以開方計之，實得萬里。《孟子》方里而井。萬里者，萬井也。乃以甸出一乘計之，甸方八里，實得六十四井。以成出一乘計之，成方十里，實得百井；百井出一乘，則萬夫止百乘。六十井出一乘，則萬夫止出一百五十有六乘矣。雖爲之說者曰：成之十里，即是甸之八里。以甸八里外，有治溝洫之夫，各受一井，得二里，不出車賦，仍是十里。然其與千乘之賦，則總不合。於是馬融謂侯封不止百里，當有方三百一十六里有奇。而鄭康成則直據《周禮》，謂公五百里，侯四百里，伯三百里，子二百里，男一百里，以求合於成甸出車之數。夫列爵惟五，分土惟三，眞周制也。公侯百里，伯七十里，子男五十里，《王制》之等也。故《易》曰『震驚百里』，言建侯象雷震地，止百里。而《春秋傳》曰『列國一同』，一同者，百里之地。孟子謂周公、太公，其始封俱止百里，非地有不足，而限制如此。此在漢後《五經》諸家，如何休、張苞、包咸、范甯輩，皆歷爲是說，而乃以五等班祿，亂周家三等之制。以一人之書，盡反《易》、《春秋》、《尚書》、《孟子》、《王制》諸經傳之文，豈可訓也。」王氏鳴盛《周禮軍賦說》云：「大國三軍，車五百乘；若計地出賦，則得千乘。千乘出賦之法，則服虔注《左傳》所引《司馬法》，載《詩正義》，所謂『甸六十四井，出車一乘，士卒共七十五人』者是。馬、鄭注《論語》引之，欲見邦國疆域實數，故改甸爲成，其實一耳。孫子云：『興師十萬，日費千金，怠於操事者，七十萬家。』蓋謂七家而賦一兵也。今以此法推六十四井、五百七十六家，可出八十二人，尚餘二夫。

今祇出七十五人，則是七家又十之五強出一人也。此說本無可疑。自何休注《公羊傳》『初稅畝』云：『聖人制井田之法，十井共出兵車一乘』。包咸因之，亦謂十井爲乘，百里之國應千乘也。何楷辨之，謂使十井出一甸之賦，則其虐又過於成公之丘甲矣。此說最精。顧後儒猶有惑於其說者，則以邦國疆域，諸國參差不合也。《王制》云：『公侯田方百里，伯七十里，子男五十里。』《孟子》云：『諸侯之地方百里；不百里不足以守宗廟之典籍。周公之封於魯，爲方百里也；地非不足，而儉於百里。太公之封於齊也，亦爲方百里也；地非不足，而儉於百里。』今考《王制》云云，康成以爲夏制五等之爵，三等受地，至殷變爵爲三等，合子男與伯以爲一，其地亦三等不變。則《白虎通》詳言之，武王克商，復增子男爵爲五等，其受地則與夏、殷三等同。齊魯之封，皆在武王之世。《孟子》所謂『地非不足，而儉於百里』者，大都據初制而言。賈公彥《職方氏》疏申鄭意，謂其時九州之界尚狹，至武王崩，成王幼，周公攝政，致太平，制禮樂，成武王之意，斥大九州，於是五等之爵，以五等受地。則《周禮・大司徒》云：『凡建邦國：諸公之地，封疆方五百里；諸侯之地，封疆方四百里；諸伯之地，封疆方三百里；諸子之地，封疆方二百里；諸男之地，封疆方百里。』是也。《左氏傳》言『不過半天子之軍』，《坊記》言『不過千乘』，不過云者，謂軍賦以是爲限，非地止三百一十六里，故馬云：『大國亦不是過。』《史記》云：『周封伯禽於魯，地方四百里。』《明堂位》則以成王欲廣魯於天下，故封周公於曲阜，地方七百里。然其言魯之賦，亦不過革車千乘而已。若孟子對北宮錡曰：『周室班爵祿，公侯皆方百里，伯七十里，子男五十里。不能五十里，不達於天子，附於諸侯曰附庸。』此以夏制爲周制者。其言曰『軻也嘗聞其略』，則爲傳聞約略之詞，而非載籍之明據可知。王與之云：『孟子見戰國爭雄，壤地廣袤，遂援百里、七十里、五十里之制，以抑當時並吞無厭之心。若今之偏州下邑，奚啻百里？《周禮》所載，不爲過也。』此說得之。蓋千乘其地千成，則九萬井有餘，其爲百里已九有奇矣，尚得以爲百里乎？《左傳》襄二十五年，鄭子產適晉獻捷，晉人責之何故侵小，子產對曰：『昔天子之地一圻，列國之地一同，今大國多數圻矣，若無侵小，何以至焉。』此亦救時之譚，非核實之論也。」謹按：說者多以千乘三百一十六里爲長，乃《孟子》說公侯百里，則《孟子》言千乘，當自以百里矣。錄毛氏、王氏兩說，以俟識者參之。　○注「夷羿」至「乘也」。○正義曰：襄公四年《左傳》云：「昔有夏之方衰也，后羿自鉏遷於窮石，因夏民以代夏政，不脩民事，而淫於原獸。棄武羅、伯因、熊髡、尨圉而用寒浞；寒浞，伯明氏之讒子弟也。伯明后寒棄之，夷羿收之。」杜預注云：「夷，氏也。」哀公元年《左傳》云：「昔有過澆，殺斟灌以代斟鄩，滅夏后相。」然則羿代夏政，不言弒君，其滅相者，自是澆，非羿也。《書序》稱「太康失邦，昆弟五人，須於洛汭。」《周書・嘗麥》云：「其在夏之五子，忘伯禹之命，假國無正，用胥興作亂，遂凶厥國。皇天哀禹，賜以彭壽，思正夏略。」五子，武觀也。彭壽者，彭伯也。是太康失國，由於五觀。惟《僞古文尚書》言「羿距於河」，某氏傳以爲「羿廢太康，立其弟仲康」。趙氏所據未聞。**千乘之國，弒其君者，必百乘之家。**【注】天子建國，諸侯立家。百乘之家，謂大國之卿，食采邑有兵車百乘之賦者也，若齊崔、衛甯、晉六卿等是。以其終亦皆弒其君，此以百乘取千乘也。上千乘當言國而言家者，諸侯以國爲家，亦以避萬乘稱國，故稱家。君臣上下之辭。【疏】注「天子建國諸侯立家」。○正義曰：《春秋》桓公二年《左傳》文。《周禮・地官・載師》「以家邑之田任稍地」，注云：「家邑，大夫之采地。」《夏官・大司馬》「家以號名」，注云：「家，謂食采地者之臣也。」○注「若齊崔」至「乘也」。○正義曰：齊崔謂崔杼。衛甯謂甯喜。《春秋》襄公二十五年夏五月乙亥，齊崔杼弒其君光；二十六年春王二月辛卯，衛甯喜弒其君剽，是其事。馬氏驌《繹史》云：「晉三卿韓、魏、趙氏，起於獻公之世，卒分晉國。」夫晉自三郤之亡，七族並盛，知罃、范匄、荀偃、韓起、欒黶、范魴、魏絳、趙武，襄八年《傳》稱悼公之八卿也。其後欒氏復亡，韓起、趙成、荀吳、魏舒、范鞅、知盈，五年《傳》稱平公之六卿也。至於定公，而范、荀亡，晉止四卿矣。至於哀公而知伯滅，晉又止三卿矣。○注「上千」至「之辭」。○正義曰：諸侯稱國，大夫稱家，上云「千乘之家」，故趙氏說之。太史公以吳太伯以下，凡諸侯目爲世家。索隱引董仲舒云：「王者封諸侯，非官之也，得以代代爲家者也。」是諸侯以國爲家也。按孟子言天子之卿，受地視侯，大夫受地視伯，元士受地視子男。然則天子之卿大夫，其采地同於侯；則千乘之家，正指畿內之卿。如王孫蘇殺毛、召而王室亂，尹氏召伯立王子朝而王室亂，雖無弒君之迹，而爭奪之釁，起自王臣矣。**萬取千焉，千取百焉，不爲不多矣。**【注】周制：君十卿祿，君食萬鍾，臣食千鍾，亦多矣，不爲不多矣。【疏】注「周制」至「多矣」。○正義曰：「君十卿祿」，《萬章下篇》文。《王制》亦云，故以爲周制也。《王制》：「諸侯之下士，祿食九人，中士食十八人，上士食三十六人，下大夫食七十二人，卿食二百八十八人，君食二千八百八十人。」《周禮・廩人》：「凡萬民之食食者，人四鬴，上也；人三鬴，中也；人二鬴，下也。」注云：「此皆謂一月食米也。六斗四升曰鬴。」賈氏疏云：「此雖列三等之年，以中年是其常法。」以是推之，人一月三鬴，一歲十二月，食三十六鬴；二百八十八人，則每歲食一萬零三百六十八鬴。《考工記・㮚氏》「量之以爲鬴」，注云：「四升曰豆，四豆曰區，四區曰鬴；鬴六斗四升也。鬴十則鍾。」然則一萬零三百六十八鬴，爲鍾一千零三十六八，總其整數，是爲千鍾。君食二千八百八十人，是歲食十萬零三千六百八十鬴，爲一萬零三百六十八鍾，總其整數，是爲萬鍾。云君食萬鍾者，指諸侯千乘也。云臣食千鍾者，指大夫百乘也。經文承上萬乘千乘百乘，則萬千百仍指乘言。是諸侯於天子，萬乘中取其千。大夫於諸侯，千乘中取其百。趙氏以祿言之，則君臣實取之數，諸侯於千乘中食萬鍾，大夫於百乘中食千鍾，推之天子於萬乘中食十萬鍾，其千乘之家，即於萬乘中食萬鍾。食萬鍾者非一家；食千鍾於千乘者，亦非一家。分各定，不容更溢，故不爲不多也。**苟爲後義而先利，不奪不饜。**【注】苟，誠也。誠令大臣皆後仁義而先自利，則不篡奪君位，不足自饜飽其欲矣。【疏】注「苟誠」至「欲矣」。○正義曰：苟誠，《論語》「苟志於仁矣」孔注、《詩·采苓》「苟亦無信」毛傳，皆如此訓。《白虎通·誅伐篇》云：「篡，猶奪也，取也。」《說文》厶部云：「逆而奪取曰篡。」故以篡訓奪。《國語·晉語》云「屬厭而已」，韋昭注云：「厭，飽也。」饜與厭通，故以飽訓饜。未有仁而遺其親者也，未有義而後其君者也。【注】仁者親親，義者尊尊。人無行仁而遺棄其親、行義而忽後其君者。【疏】「未有」至「者也」。○正義曰：篡奪，則不止遺其親、後其君矣。以利爲名，其弊至此。行仁義，則愛其親，敬其君，不遺不後，詎至篡奪乎？　○注「忽後」。　○正義曰：《論語》「忽焉在後」，忽之故後之也。監本、毛本作「無行義而忽後其君長」。王亦曰仁義而已矣，何必曰利。」【注】孟子復申此者，重嗟歎其禍。【疏】注「孟子」至「其禍」。○正義曰：監本、毛本無「嗟」字，《音義》有之。

陳奐《詩毛氏傳疏》卷一《螽斯》

螽斯，后妃子孫衆多也。言若螽斯不妬忌，則子孫衆多也。螽斯羽，詵詵兮，宜爾子孫，振振兮。【傳】螽斯，蚣蝑也。詵詵，衆多也。振振，仁厚也。【疏】斯，語詞。螽斯羽，與麟之止句法相同。傳云：螽斯，蚣蝑。疑螽下斯字當衍。《春秋》桓五年秋，螽。《穀梁》謂螽爲蟲，《公羊》作蝝。《說文》：螽，蝗也。或作蝝。是螽即蝗矣。《爾雅》阜螽、草螽、析螽、蟿螽、土螽。李巡注云：皆分別蝗子異方之語。析螽，《七月篇》作斯螽。《爾雅》、《毛傳》皆謂之蚣蝑，然則螽爲蚣蝑，斯螽爲蚣蝑，猶鳩爲秸鞠，尸鳩爲秸鞠，鳩爲鶻鳩，鳴鳩爲鶻鳩，此單評絫評之例。若謂斯螽可倒作螽斯，則析螽亦可倒作螽析矣。解者失之。○《釋文》詵，《說文》作辨。今《說文》佚辨字。《玉篇》辨，所巾切，羽多皃。《集韻》辨辨，羽多，所臻切。辨即辨之異體，或《三家詩》有作辨辨者也。《集韻》三十二□引《說文》詵，衆致言也。詵與辨義亦相近。《皇皇者華》傳，駪駪，衆多之皃。《晉語》引《詩》作莘莘。駪駪之或作莘莘，猶詵詵之或作辨辨矣。《桑柔》傳：甡甡，衆多也，竝字異義同。宜者，承上轉下之詞。爾，女也。女，女后妃也。此詩以螽比后妃。詵詵、薨薨、揖揖，言后妃子孫衆多也。振振、繩繩、蟄蟄，言后妃子孫衆多，又皆賢也。序云不妬忌則子孫衆多，所以推本衆多之由，故經中宜字有三義焉：子孫衆多也，不妬忌也，賢也。振振，仁厚。與《麟之止》、《殷其靁》傳振振信厚，各隨文訓。《禮記·中庸篇》「肫肫其仁」，鄭注云：肫肫，讀如誨爾忳忳之忳。忳忳，懇誠貌也。今《詩》作諄諄，竝與振振聲同義近。螽斯羽，薨薨兮。宜爾子孫，繩繩兮。【傳】薨薨，衆多也。繩繩，戒愼也。【疏】《爾雅·釋訓》：薨薨，衆也。傳用《爾雅》而益其義。云「衆多也」，《集韻》十七登引《博雅》，薨薨，飛也。或作狘，通作薨，今《廣雅·釋訓》狘狘、薨薨，飛也。《玉篇》狘，蟲飛也。薨，羣鳥弄翅也。蓋本三家詩。○《爾雅》：繩繩，戒也。《傳》用《爾雅》而益其義。云「戒愼也」，抑子孫繩繩。《箋》繩繩，戒也。《管子·宙合篇》故君子繩繩乎愼其所先。《淮南子·繆稱篇》末世繩繩乎，惟恐失仁義，竝與《詩》繩繩同。是繩繩之爲戒愼其訓古矣。繩愼雙聲，故下武繩其祖武。《韓詩外傳》云：詩曰「宜爾子孫繩繩兮」，言賢母使子賢也。螽斯羽，揖揖兮。宜爾子孫，蟄蟄兮。【傳】揖揖，會聚也。蟄蟄，和集也。【疏】《傳》釋揖揖爲會聚也者，言衆多而會聚之，進乎衆多之詞也。《廣雅》集集，衆也，說或本三家，與詵詵、薨薨竝訓衆多。揖，通作集，如《說文》鏶或作鍓之例。○《說文》：卙卙，盛也，從十，甚聲。徐鍇《繫傳》云：《詩》曰：「宜爾子孫卙卙兮」，蟄蟄，衆也，此卙義近之也。據此，或三家詩有作卙卙訓盛者。《淮南·原道》注，蟄讀什伍之什。《呂覽·孟春紀》注音律，注蟄讀如詩《文王之什》，此蟄聲與十聲同音之理。《傳》云和集，亦盛之意也。《爾雅》：蟄，靜也。郭注云：見《詩》傳，此亦三家義。

王先謙《詩三家義集疏》卷一《周南》

葛之覃兮，施于中谷；維葉萋萋。【注】《韓》「維」作「惟」。《韓》說曰：惟，辭也。萋萋，盛也。《魯》說曰：萋萋，茂也。【疏】《傳》：興也。覃，延也。葛所以爲絺綌，女功之事煩辱者。施，移也。中谷，谷中也。萋萋，茂盛貌。《箋》：葛者，婦人之所有事也，此因葛之性以興焉。興者，葛延蔓於谷中，喻女在父母之家形體浸浸日長大也。葉萋萋然，喻其容色美盛也。○《說文》：葛，絺綌草也。《釋詁》：覃，延也。郭注謂蔓延，蔡賦作葛蕈，陳喬樅以爲三家文。案：《釋文》葛覃本亦作蕈，徒南反，是《毛詩》有作蕈者。《淮南·原道訓》高誘注：潭，讀葛覃之覃。又潯，讀葛覃之覃。高用《魯詩》而覃字不皆從艸。《禮·緇衣》《釋文》葛覃本亦作蕈，知《齊詩》亦不皆從艸，是蕈字乃衆家異文也。《說文》蕈，桑萸，蕈，長味也。引申之，凡延長者，皆訓覃。蕈，借字；覃，正字。顏師古《匡謬正俗》云：施于中谷，與施于條枚義兼訓移，音亦爲貤，言葛生於此而蔓延漸移於彼也。孔疏：中谷，谷中，倒其言者，古人之語皆然，詩文多此類也。又引王肅云：葛生於此，蔓延於彼，猶女之當外成也。孔駮之云：案下句黃鳥于飛，喻女當嫁，若此句亦喻外成，於文爲重，毛意必不然。愚案：傳云興也，未嘗指定某句興某事，如鄭說黃鳥飛集灌木，興女有嫁於君子之道，則王喻外成爲重，然與毛意無涉，孔疏非也。葛生延蔓，猶在谷中，鄭說較勝。但黃鳥翔集和鳴，見雌雄情意之至，陽春融和，草木暢茂，時鳥音變，淑女有懷，天機所流，有觸斯感。魯說以爲恐婚姻之失時，義優於毛、鄭也。此從已嫁後追詠其情事。惟，辭也者，《文選》揚雄《羽獵賦》、阮籍《詠懷詩》李注引薛君韓詩章句文，據此，《毛詩》維字，韓皆作惟，它篇並同。疏不復出。萋萋盛也者，《文選》潘岳《藉田賦》李注引章句文。萋萋茂也者，《廣雅釋訓》文，魯說也。茂，盛義同，故毛云萋萋茂盛貌。黃鳥于飛，集于灌木，其鳴喈喈。【注】《魯》說曰：倉庚，幽冀謂之黃鳥。《魯》：灌亦作樌。【疏】《傳》：黃鳥，搏黍也。灌木，藂木也。喈喈，和聲之遠聞也。

《箋》：葛延蔓之時，則摶黍飛鳴，亦因以興焉。飛集藂木，興女有嫁于君子之道。和聲之遠聞，興女有才美之稱達於遠方。○倉庚，幽冀謂之黄鳥者，《呂覽・仲春紀》高注：倉庚，《爾雅》曰，商庚，黎黄，楚雀也。秦人謂之黄離，齊人謂之摶黍，幽冀謂之黄鳥。《詩》曰：「黄鳥于飛，集于灌木」是也。此魯說也。《方言》鸝黄，自關而西謂之鸝黄，或謂之黄鳥，或謂之楚雀。楊亦用魯說。孔疏引陸璣云：黄鳥，黄鸝留也。或謂之黄栗留，幽州人謂之黄鸎，一名倉庚，一名商庚，一名鶩黄，一名楚雀，齊人謂之摶黍。當甚熟時來在桑閒，故里語曰：黄栗留，看我麥黄葚熟，亦是應節趨時之鳥也，與楊高說合。今楚人亦謂之黄鸎，不獨幽州爲然。《說文》離下云：離黄，倉庚也，鳴則蠶生。鵹下云：鵹黄也，從隹黎聲，一曰楚雀，其色黎黑而黄。據此，正今之黄鶯。《七月》詩「春日載陽，有鳴倉庚」，《鄭箋》亦以倉庚鳴爲可蠶之候，與《說文》合。鸝即鸝字，與黎、離鶹、鶩同音通用。離黄之爲黄離，猶螽斯之爲斯螽。離，栗一聲之轉，離、留又雙聲，短呼爲離，長呼得離留二字也。《釋鳥》：倉庚，商庚。郭注，即鶩黄也。又云：鶩黄，楚雀。注即倉庚也。又云：皇，黄鳥。注俗呼黄離留，亦名摶黍。案皇，黄鳥。郭注誤，馬屬黄白曰皇，此鳥名皇，知非鶩黄之鳥也。而段玉裁、焦循遂謂《毛傳》以摶黍釋黄鳥，不云即倉庚，是《詩》之倉庚爲黄鶯，而黄鳥爲今之黄雀，黄雀啄粟，故有摶黍之名，因改摶爲摶，以成其義，攷《釋文》，摶黍，徒端反，不音摶。禽蟲隨地異名，不煩強釋，必謂啄粟故名摶黍，然則螽斯名春黍亦能啄粟乎？黄鳥名楚雀，惟楚地有乎？竊謂啄粟之黄鳥，交交之黄鳥，是黄雀，它詩皆黄鶯。郝懿行云：其鳴聲和調而圓亮，故《葛覃》云「其鳴喈喈」；其毛色陸離而鮮明，故《東山》云「熠燿其羽」；其爲鳥柔易而近人，故《凱風》云「睍睆黄鳥」；其頸端有細毛，雜色，故《小雅》云「綿蠻黄鳥」。《文選注》引薛君章句云：綿蠻，文貌也。其說是矣。于，詞也。于飛，猶聿飛，說詳《桃夭》。魯灌亦作樌者，《釋木》，灌木，叢木。郭注《詩》曰「集于灌木」。陳喬樅云：《爾雅》《釋文》樌木字又作灌，下文木叢生爲樌，《釋文》同。據陸所見《爾雅》本作樌，則注引《詩》當亦作「集於樌木」。郭用舊注《魯詩》之文，故字同作樌，與毛異。或本《爾雅》及《呂覽》高注。作灌木者，是後人依《毛詩》改之。愚案：詩《釋文》灌木下毛無亦作本，則作樌者，魯家異文也。《說文》：喈，鳥鳴聲。重言喈喈，鳴相和也。《玉篇・口部》喈下引《詩》云「其鳴喈喈」，喈喈，和聲之遠聞也。

董增齡《國語正義》卷一《周語上》 穆王將征犬戎，【解】穆王，周康王之孫，昭王之子穆王滿也。征，正也，上討下之稱。犬戎，西戎之別名，在荒服。【疏】解穆王至王滿。○《史記・周本紀》昭王南巡守不返，卒於江上，立昭王子滿，是謂穆王。穆王即位春秋已五十矣。○解犬戎至荒服。○犬戎，《史記》、《漢書》作「畎」。《史記索隱》小顔云：即昆夷也。《山海經》黄帝生苗，苗生龍，龍生融，融生吾，吾生幷明，幷明生白，白生犬，犬有二，是爲犬戎。《山海經》有人面獸身，名犬夷。賈逵云：犬夷，戎之別種。《呂氏春秋・壹行篇》高誘注：犬戎，西戎之別。《周書・王會解》：「犬戎駁馬」，《王制》：「西方曰戎。」故知爲西戎之別名。《水經・河水注》引《穆天子傳》「壬戌天子至於雷首，犬戎觴天子於雷首之阿。」下即引趙盾田于首山，謂即此地，則雷首在晉境，與荒服之說悖矣。祭公謀父諫曰：「不可。【解】祭，畿內之國，周公之後，爲王卿士。謀父，字也。傳曰：凡蔣、邢、茅、胙、祭，周公之允也。【疏】祭公謀父。○桓八年《公羊傳》注：祭者，采也。天子三公，氏采稱爵。《穀梁傳》注：祭公，寰內諸侯，爲天子三公者。則謀父當是其先人。汲郡古文《穆王征犬戎》「祭公帥師從王西征，次于陽紆」是也。○解祭畿內之國。○《史記正義》引《括地志》故祭城在鄭州管城縣東北十五里，鄭大夫祭仲邑也。《釋例》云：祭城在河南，上有敖倉，周公後所封也。案今開封府東北十五里有祭伯城。先王燿德不觀兵。【解】燿，明也。觀，示也。明德，尚道化也。不示兵者，有大罪惡然後致誅，不以小小而示威武。【疏】解觀示也。○《穀梁隱五年傳》：非常曰觀。《說文》：示，所以示人也。夫兵戢而時動，動則威，【解】戢，聚也。威，畏也。時動，謂三時務農，一時講武，守則有財，征則有威。觀則玩，玩則不震。【解】玩，黷也。震，懼也。是故周文公之頌曰：【解】文公，周公旦之謚也。頌，《時邁》之詩，武王既伐紂，周公爲作此詩，巡守告祭之樂歌。【疏】周文至頌曰。○鄭康成《詩譜》：周頌者，周室成功致太平德洽之詩，其作在周公攝政成王即位之初。頌之言容，天子之德，光被四表，格于上下，無不覆幬，無不持載，此之謂容。於是和樂興焉，頌聲乃作。詩疏引《中侯擿雒戒》云：「曰若稽古，周公旦欽惟皇天，順踐阼，即攝七年，鸞鳳見，蓂莢生，青龍銜甲，元龜背書。」此說文公作頌時事。頌自民之歌謠，而言周公之頌者，以周公攝政，歸功成王，歌其先人之功，事由不涉于己，故得自爲風雅也。○解文公至之謚。○《史記索隱》：周地名，在岐山之陽，本太王所居，後以爲周公之采邑，故曰周公，即今之扶風雍東北故周城也。謚曰周文公。『載戢干戈，載櫜弓矢。【解】載，則也。干，盾也。戈，戟也。櫜，韜也。言天下已定，聚斂其干戈，韜藏其弓矢，示不復用。【疏】載戢至弓矢。○《詩・周頌毛傳》：戢，聚也。隱五年傳：夫兵猶火也，弗戢將自焚也。昭二十五年《公羊傳注》：干，盾也。以朱飾盾。《爾雅・釋言》：干，扞也。孫炎注：干、盾，所以自扞蔽。《方言》：楯，自關而東謂之楯，或謂之干。是干、盾一也。《淮南・時則訓》：孟夏其兵戟。高注：戟有枝幹，象陽布散也。《禮說》云三鋒戟，《方言》謂之三刃枝。單枝曰戈，雙枝曰戟。南楚宛郢謂之匽戟。《廣雅》所謂雄戟。張楫曰：胡中有鮔者。《春秋疏》：孑有上刺之刃，有下鉤之刃。謂胡如鉤，內利。《禮圖》畫戟兩旁有枝，胡中無鮔，三鋒向上，而下無鉤，此聶氏臆造也。《詩疏》：櫜者，弓衣，一名韜。故納弓于衣謂之韜弓。昭元年《傳》：請垂韜而入。《荀子・解蔽篇》倕作弓，浮游作矢。楊倞引《世本》云，夷牟作矢。《周官》：司弓矢掌六弓四弩八矢之法。《爾雅》：弓，有緣者謂之弓，無緣者謂之弭。《方言》：箭自關而東謂之矢，江淮之間謂之鍭，關西曰箭。《釋名》：矢，指也。言其有所指而迅疾也。求我懿德，肆于時夏，【解】懿，美也。肆，陳也。于，於也。時，是也。夏，大也。言武王常求美德，故陳其功，於是夏而歌之。樂章大者曰夏。允王保之。』【解】允，信也。信哉武王，能保此時夏之美也。【疏】我求至保之。○《詩疏》：肆者張設之言，故爲陳也。言求是自此求彼之辭，故知求美德之士而用之。謂式序在位，是武王求而得之也。以言陳之於夏，故知夏爲樂名。又解名爲夏之意，以夏者大也，樂歌之大者稱夏也。思文箋云：夏之屬有九，與此意相足。言由《周禮》有九夏，知此夏爲樂歌也。《春官·鐘師》，凡樂事以鐘鼓奏九夏：王夏、肆夏、昭夏、納夏、章夏、齊夏、族夏、祴夏、驁夏。注云：夏，大也。樂之大歌有九，是九夏之名也。彼注引吕叔玉云：肆夏、繁遏、渠，皆《周頌》也，肆夏，時邁也；繁遏，執競也；渠，思文也。元謂以《文王》、《鹿鳴》言之，則九夏皆詩篇名，頌之族類也。此歌之大者，載在樂章。樂崩亦從而亡，是以頌不能具。然則鄭以九夏别有樂歌之篇，非頌也，但以歌之大者皆稱耳。○解夏大也。○《樂記》云：夏，大也。襄二十九年《傳》，能夏則大。○解樂章大者名夏。○《周禮》杜子春注：王出入奏王夏，尸出入奏肆夏，牲出入奏昭夏，四方賓來奏納夏，臣有功奏章夏，夫人祭奏齊夏，族人侍奏族夏，客醉而出奏祴夏，公出入奏驁夏。孔穎達曰：王夏，天子所用，其餘八夏諸侯皆得用之，其祴夏卿大夫亦得用之。故鄉飲酒客醉而出奏祴夏也。

章句分部

論述

《東觀漢記》卷二《明帝紀》 帝尤垂意經學，刪定擬議，稽合圖讖，封師太常桓榮爲關内侯。親自制作五經章句。每饗射禮畢，正坐自講，諸儒並聽，四方欣欣。

《後漢書·徐防傳》 防以《五經》久遠，聖意難明，宜爲章句，以悟後學。上疏曰：「臣聞《詩》《書》《禮》《樂》，定自孔子；發明章句，始於子夏。其後諸家分析，各有異説。漢承亂秦，經典廢絶，本文略存，或無章句。收拾缺遺，建立明經，博徵儒術，開置太學。孔聖既遠，微旨將絶，故立博士十有四家，設甲乙之科，以勉勸學者，所以示人好惡，改敝就善者也。伏見太學試博士弟子，皆以意説，不修家法，私相容隱，開生姦路。每有策試，輒興諍訟，論議紛錯，互相是非。孔子稱『述而不作』，又曰『吾猶及史之闕文』，疾史有所不知而不肯闕也。今不依章句，妄生穿鑿，以遵師爲非義，意説爲得理，輕侮道術，寖以成俗，誠非詔書實選本意。改薄從忠，三代常道，專精務本，儒學所先。臣以爲博士及甲乙策試，宜從其家章句，開五十難以試之。解釋多者爲上第，引文明者爲高説；若不依先師，義有相伐，皆正以爲非。《五經》各取上第六人，《論語》不宜射策。雖所失或久，差可矯革。」詔書下公卿，皆從防言。

顔之推《顔氏家訓》卷三《勉學》 學之興廢，隨世輕重。漢時賢俊，皆以一經弘聖人之道，上明天時，下該人事，用此致卿相者多矣。末俗以來不復爾，空守章句，但誦師言，施之世務，殆無一可。

《孟子注疏·梁惠王章句上》［孫奭疏］ 云章句者，章，文之成也；句者，辭之絶也。又言章者，明也，揔義包體，所以明情者也；句必聯字而言，句者局也，聯字分疆，所以局言者也。

孫奕《示兒編》卷一二《章句》 孔安國曰：自古而有篇章之名，故《那》序曰「得商頌十二篇」，《東山》序曰「一章言其完」是也。句，則古者謂之爲言，《論語》云：「《詩》三百，一言以蔽之曰，思無邪。」則以「思無邪」一句爲一言。趙簡子稱「子大叔遺我以九言」，皆以一句爲一言也。秦漢以來，衆儒各爲訓詁，乃有句。余謂今詩家有四言、五言、六言、七言，則是又以一字爲一言也。

趙德《詩辨説》（《詩經疑問》附編） 《周頌》章句。《周頌》章句與風、雅之體不同，其音不必協，其句不必齊，其章亦不可分也。蓋嘗攷之《樂記》，曰：《清廟》之歌一倡而三嘆，有遺音者矣。此正謂《周頌》也。按古《樂錄》有辭有聲，倡者舉辭，和者舉聲，一倡而三嘆，則和聲之最多者也。今其三和之譜不存，而一倡之辭獨載，此其所以寂寥簡短，聱牙齟齬而不可易知歟。

趙翼《陔餘叢考》卷二二《章句集注》 朱子作《大學、中庸章句》、《論語、孟子集注》，其名非創也。漢《藝文志》：《易經》有章句，施、孟、梁丘氏各二篇，《尚書》有歐陽章句三十一卷，大小《夏侯章句》各二十九卷，《春秋》有《公羊章句》、《穀梁章句》。張禹爲帝師，以上難數問，乃爲《論語章句》上之，後漢楊終作《春秋外傳》，改定章句，牟長著《尚書章句》，趙岐作《孟子章句》，梁武作《孔子正言章句》，沈洙通《五經》章句。此章句之所本也。晉灼集服虔、應劭等《漢書音義》匯爲一部，名曰《漢書集注》。陶宏景著《孝經、論語集注》，崔靈恩有《集注毛詩》二十二卷，《集注周禮》四十卷。此集注之所本也。

綜述

王逸《楚辭章句・離騷》 鷙鳥之不群兮，鷙，執也。謂能執伏衆鳥鷹鸇之類，以喻中正。自前世而固然。言鷙鳥執志剛厲，特處不群，以言忠正之士亦執分守節，不隨俗人，自前世固然，非獨於今，比干伯夷是也。何方圜之能周兮，夫孰異道而相安。言何所有圜鑿受方枘而能合者，誰有異道而相安耶，言忠佞不相爲謀也。屈心而抑志兮，抑，案也。忍尤而攘詬。尤，過也。攘，除也。詬，耻也。言己所以能屈案心志，含忍罪過而不去者，欲以除去耻辱，誅讒佞之人，如孔子誅少正卯也。伏清白以死直兮，固前聖之所厚。言士有伏清白之志，以死忠直之節者，固乃前世聖王之所厚哀也。故武王伐紂，封比干之墓，表商容之閭也。

東方朔《東方大中集・七諫》[王逸注] 便娟之脩竹兮，寄生乎江潭。便，平聲。便娟，好貌。屈原以竹自喻，言有便娟長好之竹，生於江水之潭，被蒙潤澤而茂盛，自恨放流而獨不蒙君之惠也。上葳蕤而防露兮，葳蕤，盛貌。防，蔽也。下泠泠而來風。泠泠，清涼貌。言竹被潤澤，上則葳蕤而防蔽霧露，言上能有所覆也。下則泠泠清涼，可休庇也。以言己德上能覆蓋於君，下能庇廕於民。孰知其不合兮，若竹栢之異心。竹心空，屈原自喻志通達也。栢心實，以喻君闇閉塞也。言己性達道德，而君閉塞，其志不合，若竹栢之異心也。往者不可及兮，謂聖明之主堯、舜、禹、湯、文、武也。來者不可待。欲須賢君，年齒已老，命不可待也。悠悠蒼天兮，莫我振理。悠悠，憂貌。振，救也。言己憂愁思想，則呼蒼天。言己懷忠正，而君不知，羣下無有救理我之侵冤者。竊怨君之不寤兮，吾獨死而後已。言己私怨懷王用心闇惑，終不覺悟，令我獨抱忠信，死於山野之中而已。

王褒《王諫議集・九懷・匡機》[王逸注] 極運兮不中，周轉求君，道不合也。來將屈兮困窮。還就農桑，修播植也。余深愍兮慘怛，我內憤傷，心剝切也。願一列兮無從。欲陳忠謨，道隔塞也。乘日月兮上征，想託神明，陞天庭也。顧遊心兮鄗酆。鄗與鎬同。酆一作豐。回盻周京，念先聖也。文王都酆，武王都鄗，二聖有德，明於用賢，故顧其都，冀遭遇也。彌覽兮九隅，歷觀九州，求英俊也。彷徨兮蘭宮。遊戲道室，誦《五經》也。一作彷徨。芷閭兮葯房，居仁履義，守忠貞也。奮搖兮衆芳。動作應禮，行馨香也。菌閣兮蕙樓，節度彌高，德成就也。觀道兮從橫。衆人瞻望，聞功名也。寶金兮委積，志意堅固，策謀明也。美玉兮盈堂。懿譽光明，滿朝廷也。桂水兮潺湲，芳流衍溢，周四境也。揚流兮洋洋。潔白之化，動百姓也。蓍蔡兮踴躍，蓍龜喜樂，慕清高也。蓍，筮也。蔡，大龜也。《論語》曰：臧文仲居蔡也。孔鶴兮回翔。畏怖羅網，陞青雲也。鶴，一作鵠。撫檻兮遠望，登樓伏楯，觀楚郢也。念君兮不忘。思慕懷王，結中情也。怫鬱兮莫陳，忠言蘊積，不列聽也。永懷兮內傷。長思切切，中心痛也。

《孟子注疏・萬章上》[趙岐注孫奭疏] 萬章者，萬，姓；章，名。孟子弟子也。萬章問舜孝，猶《論語》顏淵問仁，因以題其篇也。

【略】

萬章問曰：「舜往于田，號泣于旻天，何爲其號泣也？」問舜往至于田，何爲號泣也？謂耕于歷山之時然也。孟子曰：「怨慕也。」言舜自怨遭父母見惡之厄而思慕也。萬章曰：「父母愛之，喜而不忘。父母惡之，勞而不怨。然則舜怨乎？」言孝法當不怨，如是舜何故怨？曰：「長息問於公明高曰：『舜往于田，則吾既得聞命也。號泣于旻天、于父母，則吾不知也。』公明高曰：『是非爾所知也。』長息，公明高弟子。公明高，曾子弟子。旻天，秋天也。幽陰氣也，故訴于旻天。高非息之問不得其義，故曰非爾所知也已。夫公明高以孝子之心爲不若是恝。恝，無愁之貌。孟子以萬章之問，難自距之，故爲言高、息之相對如此。夫公明高以爲孝子不得意於父母，自當怨悲，豈可恝恝然無憂哉。因以萬章具陳其意耳。『我竭力耕田，共爲子職而已矣。父母之不我愛，於我何哉？』我共人子之事，而父母不我愛，於我之身獨有何罪哉？自求責於己而悲感焉。帝使其子九男二女，百官牛羊倉稟備，以事舜於畎畝之中。帝，堯也。堯使九子事舜以爲師，以二女妻舜，百官致牛羊倉廩，致粟米之餼，備具饋禮，以奉事舜於畎畝之中。由是遂賜舜以倉廩牛羊，使得自有之。《堯典》曰「釐降二女」，不見九男。孟子時，《尚書》凡百二十篇，逸《書》有《舜典》之敘，亡失其文。孟子諸所言舜事，皆《舜典》逸《書》所載。獨丹朱以胤嗣之子，臣下以距堯求禪，其餘八庶無事，故不見於《堯典》。猶晉獻公之子九人，五人以事見於《春秋》，其餘四子亦不復見於經。天下之士多就之者，帝將胥天下而遷之焉；爲不順於父母，如窮人無所歸。天下之善士，多就舜而悅之。胥，須也。堯須天下悉治，將遷位而禪之。順，愛也。爲不愛於父母，其爲憂愁，若困窮之人無所歸往也。天下之士悅之，人之所欲也，欲，貪也。而不足以解憂。好色，人之所欲，妻帝之二女，而不足以解憂；富，人之所欲，富有天下，而不足以解憂；貴，人之所欲，貴爲天子，而不足以解憂。人悅之、好色、富、貴，無足以解憂者，惟順於父母可以解憂。言爲人所悅，將見禪爲天子，皆不足以解憂，獨見愛於父母爲可以解己之憂。人少則慕父母，知好色則慕少艾，有妻子則慕妻子，仕則慕君，不得於君則熱中。慕，思慕也。人少，年少也。艾，美好也。不得於君，失意於君也。熱中，心熱恐懼也。是乃人之情。大孝，終身慕父母，五十而慕者，予於大舜見之矣。」大孝之人，終身慕父母。若老萊子七十而慕，衣五綵之衣，爲嬰兒匍匐於父母前也。我於大舜見五十而尚慕父母。《書》曰：「舜生三十徵庸，三十在位。」在位時尚慕，故言五十也。

【略】

萬章問曰：「《詩》云：『娶妻如之何？必告父母。』信斯言也，宜莫如舜。舜之不告而娶，何也？」《詩》，《齊風・南山》之篇。言娶妻之禮，必告父母。舜合信此詩之言，何爲違禮，不告而娶也？孟子曰：「告則不得娶。男女居室，人之大倫也。如告，則廢人之大倫以懟父母，是以不告也。」舜父頑母嚚，常欲害舜。告則不聽其娶，是廢人之大倫，以怨懟於父母也。萬章曰：「舜之不告而娶，則吾既得聞命矣。帝之妻舜而不告，何也？」禮，娶須五禮，父母先荅以辭，是相告也。帝，謂堯。堯何不告舜父母？曰：「帝亦知告焉則不得妻也。」帝堯知舜大孝，父母止之，舜不敢違，則不得妻之，故亦不告也。萬章曰：「父母使舜完廩，捐階，瞽瞍焚廩。使浚井，出，從而揜之。完，治。廩，倉。階，梯也。使舜登廩屋，而捐去其階，焚燒其廩也。一說捐階，舜即旋從階下，瞽瞍不知其已下，故焚廩也。使舜浚井，舜入而即出，瞽瞍不知其已出，從而蓋揜其井，以爲舜死矣。象曰：『謨蓋都君，咸我績。象，舜異母弟也。謨，謀。蓋，覆也。都，於也。君，舜也，舜有牛羊倉廩之奉，故謂之君。咸，皆。績，功也。象言謀覆於君而殺之者，皆我之功。欲與父母分舜之有，取其善者，故引爲己之功也。牛羊，父母；倉廩，父母。欲以牛羊、倉廩與其父母。干戈，朕；琴，朕；弤，朕；二嫂，使治朕棲。』干，楯。戈，戟也。琴，舜所彈五絃琴也。弤，彫弓也，天子曰彫弓，堯禪舜天下，故賜之彫弓也。棲，牀也。二嫂：娥皇、女英。使治牀，欲以爲妻也。象往入舜宮，舜在牀琴，象曰：『鬱陶思君爾。』忸怩。象見舜生，在牀鼓琴，愕然，反辭曰：我鬱陶思君，故來。爾，辭也。忸怩而慙，是其情也。舜曰：『唯茲臣庶，汝其于予治。』茲，此也。象素憎舜，不至其宮也，故舜見來而喜曰：惟念此臣衆，汝故助我治事。不識舜不知象之將殺己與？」萬章言我不知舜不知象之將殺己與？何爲好言順辭以荅象也。曰：「奚而不知也？象憂亦憂，象喜亦喜。」奚，何也。孟子曰：舜何爲不知象惡己也？仁人愛其弟，憂喜隨之。象方言思君，故以順辭荅之。曰：「然則舜僞喜者與？」詐僞也。萬章言如是則爲舜行至誠，而詐喜以悅人矣。曰：「否，昔者有饋生魚於鄭子產，子產使校人畜之池。校人烹之，反命曰：『始舍之，圉圉焉；少則洋洋焉，攸然而逝。』子產曰：『得其所哉，得其所哉。』孟子言否，云舜不詐喜也。因爲說子產以喻之。子產，鄭子國之子公孫僑，大賢人也。校人，主池沼小吏也。圉圉，魚在水羸劣之貌。洋洋，舒緩搖尾之貌。攸然，迅走水趣深處也。故曰得其所哉。重言之者，嘉得魚之志也。校人出，曰：『孰謂子產智？予既烹而食之，曰：得其所哉，得其所哉。』故君子可欺以其方，難罔以非其道。彼以愛兄之道來，故誠信而喜之，奚僞焉？」方，類也。君子可以事類欺，故子產不知校人之食其魚。象以其愛兄之道來問舜，是亦其類也。故誠信之而喜，何爲僞喜也？

【略】

萬章問曰：「象日以殺舜爲事。立爲天子則放之，何也？」怪舜放之何故。孟子曰：「封之也，或曰放焉。」舜封象於有庳，或有人以爲放之。萬章曰：「舜流共工于幽州，放驩兜于崇山，殺三苗于三危，殛鯀于羽山，四罪而天下咸服，誅不仁也。象至不仁，封之有庳，有庳之人奚罪焉？仁人固如是乎？在他人則誅之，在弟則封之。」舜誅四佞，以其惡也。象惡亦甚，而封之，仁人用心當如是乎？罪在他人當誅之，在弟則封之。曰：「仁人之於弟也，不藏怒焉，不宿怨焉，親愛之而已矣。親之欲其貴也，愛之欲其富也。封之有庳，富貴之也。身爲天子，弟爲匹夫，可謂親愛之乎？」孟子言仁人於弟，不問善惡，親愛之而已。封者欲使富貴耳。身既已爲天子，弟雖不仁，豈可爲匹夫？「敢問或曰放者何謂也？」萬章問放之意。曰：「象不得有爲於其國，天子使吏治其國而納其貢稅焉，故謂之放，豈得暴彼民哉。象不得施教於其國，天子使吏代其治，而納貢賦與之，比諸見放也。有庳雖不得賢君，象亦不侵其民也。雖然，欲常常而見之，故源源而來，不及貢，以政接于有庳。雖不使象得豫政事，舜以兄弟之恩，欲常常見之無已，故源源而來，如流水之與源通。不及貢者，不待朝貢諸侯常禮乃來也。其間歲歲自至京師，謂若天子以政事接見有庳之君者，實親親之恩也。此之謂也。」此「常常」以下，皆《尚書》逸篇之辭。孟子以告萬章，言此乃象之謂也。

《昌黎先生集·南山詩》［李漢注］ 崢嶸躋冢頂，崢，音棖。嶸，音宏。倏閃雜鼯鼬。《爾雅》云：鼯鼬夷由。注謂之飛生。又曰鼬鼠，注：鼬似貂，赤黃色，大尾，啖鼠。鼯，音吾。鼬，音又。前低劃開闊，劃，音畫。又忽麥切。爛漫堆衆皺。方從蜀人韓仲韶本作「鮍」，云：石薹也。一韻皆取喻，謂高而羣峯飛馳，如鼯鼬之奔；低而堆阜分布，如衆鮍之列。於義爲近。今按：此蜀本之誤，沈元用本亦然，皆非是。蓋此但言登山之時，叢薄蔽翳，方與蟲獸羣行，而忽至山頂，則豁然見前山之低，雖有高陵深谷，但如皺物微有蹙摺之文耳。此最爲善形容者。非登高山，臨曠野，不知此語之爲工也。況此句「衆皺」，爲下文諸「或」之綱領，而諸「或」乃「衆皺」之條目。其語意接連，文勢開闔，有不可以豪釐差者。若如方説，則不唯失其統紀，亂其行列，而鼯鼬動物，山體常靜，絶無相似之理。石薹之與堆阜，雖略相似，然自高頂下視，猶若成堆，則亦不爲甚小，而未足見南山之極高矣。其與下文諸「或」，疎密工拙，又有迥然不侔者。未論古人，但使今時舉子稍能布置者，已不爲此，又況韓子文氣筆力之盛，關鍵紀律之嚴乎？大抵今人於公之文，知其力去陳言之爲工，而不知其文從字順之爲貴。故其好怪失常，類多如此。今既定從諸本，而復備論其説，以曉觀者云。

張綱《華陽集》卷二五《經筵詩講義》 關關雎鳩，在河之洲。窈窕淑女，君子好逑。

臣以爲此言淑女之德，宜爲君子之配也。雎鳩之爲物，其性則摯，而有別其聲。則關關而和，有別而不失其和，淑女之況也。水中可居曰洲，而河又水之險者，在河之洲，則去人遠矣。淑女者，窈窕之況也。窈窕者，幽閒深遠之謂也。逑，匹也。淑女雖在窈窕，而其德乃可以爲君子之好匹，此后妃所以樂得也。説《詩》者，以大序首言《關雎》后妃之德，故以雎鳩爲后妃之況。臣以文義考之，當況淑女，而不當況后妃也。蓋所謂《關雎》后妃之德者，《關雎》一篇之詩乃后妃之德耳。亦猶鵲巢，夫人之德。而《詩》乃以鵲巢比國君，其所以爲夫人之德者，亦《鵲巢》一篇之詩而已。舉《鵲巢》以證《關雎》，則《關雎》爲淑女之況，義固曉然矣。

參差荇菜，左右流之。窈窕淑女，寤寐求之。求之不得，寤寐思服。悠哉悠哉，輾轉反側。

臣以謂詩人欲述后妃求淑女之事，故于首章先言淑女有宜配君子之德，然後序后妃所以求之之意。夫澗溪沼沚之毛，可薦於鬼神。則荇菜者，供祭祀之物也。后妃之求淑女，在於協心以供祭祀，故以荇菜言之。流，求也。其意若曰荇菜之生，參差而不一，求之者當左右而無方。譬猶淑女之在下，窈窕而難見，求之者，亦當寤寐而不已。然后妃之心猶以爲未也，求而不得，則寤寐而至於思服。悠者，思之長也。輾轉反側者，卧而不周也。思服而至於輾轉反側，不能安寢，則其求之可謂至矣。於此有以見后妃憂在進賢，出於至誠有不能自已者。

參差荇菜，左右采之。窈窕淑女，琴瑟友之。參差荇菜，左右芼之。窈窕淑女，鐘鼓樂之。

臣以謂此二章言后妃至誠待淑女之心，有加而無已也。芼之爲言擇也。求而後采，采而後擇者，供荇菜之序也。寤寐求之，然後琴瑟友之，鐘鼓樂之者，待淑女之序也。琴瑟，常御之樂也。故鹿鳴燕羣臣，則曰：鼓琴鼓瑟。鐘鼓，至大之樂也。故彤弓饗諸侯，則曰：鐘鼓既設，此蓋燕禮小而饗禮大，所用之樂，亦從以異今。后妃之待淑女，始則欲以常御之樂友之，而通其交際之心；終則欲以至大之樂樂之，而極其歡欣之意。此所謂至誠有加而無已也。且天子之於人材，不患其不能尊顯於朝廷之上，而常患其遺逸於下。是以先王之治於丘園巖谷之士，尤加意焉。然則《關雎》之求淑女，每章必以窈窕爲言者，可見后妃進賢之志，首及於疏遠矣。此所以能輔佐文王而協成周家之治也。

朱熹《楚辭集注》卷二《湘夫人》 沅有芷兮澧有蘭，思公子兮未敢言。荒忽兮遠望，觀流水兮潺湲。芷，一作茝。澧，一作醴，非是。荒忽，一作慌惚，音同。○此章興也。澧，水名，見《禹貢》。公子，謂湘夫人也，帝子而又曰公子，猶秦已稱皇帝，而其男女猶曰公子公主。古人質也，思之而未敢言者，尊而神之，懼其瀆也。所謂興者，蓋曰沅則有芷矣，澧則有蘭矣，何我之思公子而獨未敢言耶。思之之切至於荒忽而起望，則又但見流水之潺湲而已。其起興之例正猶《越人之歌》所謂「山有木兮木有枝，心悦君兮君不知」。而以芷叶子，以蘭叶言，又隔句用韻法也。麋何爲兮庭中，蛟何爲兮水裔。朝馳余馬兮江皋，夕濟兮西澨。麋，音眉。爲，一作食。裔，一作裛。澨，音逝。○比而賦也。麋，獸名，似鹿而大。濟，渡也。澨，水涯也。麋當在山林而在庭中，蛟當在深淵而在水裔，以比神不可見，而望之者失其所當也。朝馳夕濟，猶上篇江皋北渚之意。

朱熹《四書章句集注・大學章句》

《大學》大，舊音泰，今讀如字。子程子曰：「《大學》，孔氏之遺書，而初學入德之門也。」於今可見古人爲學次第者，獨賴此篇之存，而《論》、《孟》次之，學者必由是而學焉，則庶乎其不差矣。

大學之道，在明明德，在親民，在止於至善。程子曰：親，當作新。○大學者，大人之學也。明，明之也。明德者，人之所得乎天而虛靈不昧，以具衆理而應萬事者也。但爲氣稟所拘，人欲所蔽，則有時而昏，然其本體之明則有未嘗息者，故學者當因其所發而遂明之，以復其初也。新者，革其舊之謂也。言既自明其明德，又當推以及人，使之亦有以去其舊染之污也。止者，必至於是而不遷之意，至善則事理當然之極也。言明明德、新民，皆當止於至善之地而不遷，蓋必其有以盡夫天理之極，而無一毫人欲之私也。此三者，大學之綱領也。知止而后有定，定而后能靜，靜而后能安，安而后能慮，慮而后能得。后，與後同，後放此。○止者，所當止之地，即至善之所在也。知之則志有定向。靜，謂心不妄動；安，謂所處而安；慮，謂處事精詳；得，謂得其所止。物有本末，事有終始，知所先後，則近道矣。明德爲本，新民爲末。知止爲始，能得爲終。本始所先，末終所後。此結上文兩節之意。古之欲明明德於天下者，先治其國。欲治其國者，先齊其家。欲齊其家者，先脩其身。欲脩其身者，先正其心。欲正其心者，先誠其意。欲誠其意者，先致其知。致知在格物。治，平聲，後放此。○明明德於天下者，使天下之人皆有以明其明德也。心者，身之所主也。誠，實也。意者，心之所發也。實其心之所發，欲其必自慊而無自欺也。致，推極也。知，猶識也。推極吾之知識，欲其所知無不盡也。格，至也。物，猶事也。窮至事物之理，欲其極處無不到也。此八者，大學之條目也。物格而后知至，知至而后意誠，意誠而后心正，心正而后身脩，身脩而后家齊，家齊而后國治，國治而后天下平。治，去聲，後放此。○物格者，物理之極處無不到也。知至者，吾心之所知無不盡也。知既盡，則意可得而實矣，意既實，則心可得而正矣。脩身以上，明明德之事也，齊家以下，新民之事也。物格、知至，則知所止矣。意誠以下，則皆得所止之序也。自天子以至於庶人，壹是皆以脩身爲本。壹是，一切也。正心以上，皆所以脩身也，齊家以下，則舉此而錯之耳。其本亂而末治者否矣。其所厚者薄，而其所薄者厚，未之有也。本，謂身也。所厚，謂家也。此兩節結上文兩節之意。

右經一章，蓋孔子之言而曾子述之。凡二百五字。其傳十章，則曾子之意，而門人記之也。舊本頗有錯簡，今因程子所定，而更考經文，別爲序次如左。凡千五百四十六字。○凡傳文雜引經傳，若無統紀，然文理接續，血脈貫通，深淺始終，至爲精密，熟讀詳味，久當見之，今不盡釋也。

《康誥》曰：「克明德。」《康誥》，周書。克，能也。《大甲》曰：「顧諟天之明命。」大，讀作泰。諟，古是字。○《大甲》，商書。顧，謂常目在之也。諟，猶此也，或曰審也。天之明命，即天之所以與我而我之所以爲德者也。常目在之，則無時不明矣。《帝典》曰：「克明峻德。」峻，《書》作俊。○《帝典》，《堯典》，《虞書》。峻，大也。皆自明也。結所引書，皆言自明己德之意。

右傳之首章，釋明明德。此通下三章，至止於信，舊本誤在沒世不忘之下。

湯之《盤銘》曰：「苟日新，日日新，又日新。」盤，沐浴之盤也。銘，名其器以自警之辭也。苟，誠也。湯以人之洗濯其心以去惡，如沐浴其身以去垢，故銘其盤，言誠能一日有以滌其舊染之污而自新，則當因其已新者而日日新之，又日新之，不可略有間斷也。《康誥》曰：「作新民。」鼓之舞之之謂作，言振起其自新之民也。《詩》曰：「周雖舊邦，其命維新。」《詩・大雅・文王》之篇，言周國雖舊，至於文王，能新其德，以及於民，而始受天命也。是故君子無所不用其極。自新、新民，皆欲止於至善也。

右傳之二章，釋新民。

《詩》云：「邦畿千里，惟民所止。」《詩・商頌・玄鳥》之篇，邦畿，王者之都也，止，居也，言物各有所當止之處也。《詩》云：「緡蠻黃鳥，止于丘隅。」子曰：「於止，知其所止，可以人而不如鳥乎？」緡，《詩》作緜。○《詩・小雅・緡蠻》之篇，緡蠻，鳥聲，丘隅，岑蔚之處。子曰以下，孔子說《詩》之辭，言人當知所當止之處也。《詩》云：「穆穆文王，於緝熙敬止。」爲人君止於仁，爲人臣止於敬，爲人子止於孝，爲人父止於慈，與國人交止於信。「於緝」之於，音烏。○《詩・文王》之篇，穆穆，深遠之意。於，歎美辭。緝，繼續也。熙，光明也。敬止，言其無不敬而安所止也。引此而言，聖人之止無非至善。五者乃其目之大者也，學者於此究其精微之蘊，而又推類以盡其餘，則於天下之事皆有以知其所止而無疑矣。《詩》云：「瞻彼淇澳，菉竹猗猗。有斐君子，如切如磋，如琢如磨。瑟兮僩兮，赫兮喧兮，有斐君子，終不可諠兮。」如切如磋者，道學也。如琢如磨者，自脩也。瑟兮僩兮者，恂慄也。赫兮喧兮者，威儀也。有斐君子終不可諠兮者，道盛德至，善民之不能忘也。澳，於六反。菉，《詩》作綠。猗，叶韻，音阿。僩，下版反。喧，《詩》作咺。諠，《詩》作諼，並况晚反。恂，鄭氏讀作峻。○《詩・衛風・淇澳》之篇。淇，水名。澳，隈也。猗猗，美盛貌，興也。斐，文貌。切，以刀鋸，琢，以椎鑿，皆裁物使成形質也。磋，以鑢鐋，磨，以沙石，皆治物使其滑澤也。治骨角者，既切而復磋之，治玉石者，既琢而復磨之，皆言其治之有緒而益致其精也。瑟，嚴密之貌。僩，武毅之貌。赫、喧，宣著盛大之貌。諠，忘也。道，言也，學謂講習討論之事，自脩者省察克治之功。恂慄，戰懼也。威可畏也，儀可象也，引《詩》而釋之，以明明明德者之止於至善。道學、自脩，言其所以得之之由，恂慄、威儀，言其德容表裏之盛，卒乃指其實而歎美之也。《詩》云：「於戲，前王不忘。」君子賢其賢而親其親，小人樂其樂而利其利，此以沒世不忘也。於戲，音嗚呼。樂，音洛。○《詩·周頌·烈文》之篇。於戲，歎辭。前王，謂文、武也。君子，謂其後賢後王。小人，謂後民也。此言前王所以新民者，止於至善，能使天下後世無一物不得其所，所以既沒世而人思慕之，愈久而不忘也。此兩節咏歎淫泆，其味深長，當熟玩之。

右傳之三章，釋止於至善。此章內自引《淇澳》詩以下，舊本誤在《誠意》章下。

范質《子弟戒》（《性理羣書句解》卷二）［熊剛大注］ 此篇戒子弟躁求利祿之心，文公載之小學書中。

戒爾學立身，戒爾當學立身之道。莫不先孝悌。無如孝順悌遜之德。怡怡奉親長，和其顔色，以奉其親、事其長。怡，和也。長，上聲。不敢生驕易。不敢萌一驕貴慢易之心。戰戰復兢兢，恐懼又復凌兢。造次必於是。無如盡力雖頃刻之間，亦必于是。戒爾學干祿，戒爾學爲求祿之人。莫若勤道藝。無如盡力道德、文藝。嘗聞諸格言，曾聞聖賢之至言。學而優則仕。學而無不足，則可入仕。不患人不知，不憂人不己之知。惟患學不至。惟憂學力之未至，無以見知于人耳。戒爾遠恥辱，戒爾當遠去恥辱之事。恭則近乎禮。惟恭敬，則可近于禮。自卑而尊人，每自卑下而尊敬乎人。先彼而後己。先乎人而後乎我。相鼠與茅鴟，《相鼠》譏無禮，《茅鴟》刺惡言。宜鑑詩人刺。宜明詩人興諷之由。戒爾勿放曠，戒爾勿放蕩。放曠非端士。放曠則非端直之士。周孔垂名教，周公、孔子垂世立教。齊梁尚清議。齊國、梁國崇尚清虛之議。南朝稱八達，東晉稱爲八達之士。千載穢青史。千年之下穢污史冊。戒爾勿嗜酒，戒爾勿貪于酒。狂藥非佳味。狂惡之藥釀造而成，不是好味。能移謹厚性，能移人謹敬厚重之性。化爲凶險類。變爲凶強傾險之人。古今傾敗者，自古及今由此傾敗者。歷歷皆可紀。歷歷皆可紀錄。戒爾勿多言，戒爾勿多言語。多言衆所忌。多言語之人，衆人所忌。苟不慎樞機，苟不能謹其言之所發，樞戶楯機弩牙皆以所發處言。災厄從此始。災禍自是而起。是非毀譽間，或是或非，或譽人或毀人。適足爲身累。適足爲吾身之累。舉世重交游，舉世之人重其交游。擬結金蘭契。擬結爲金蘭之契。類之同如蘭之臭，志之堅如金可斷。忿怨從是生，忿怒、怨惡自此而生。風波當時起。激爲風波，當時而起。所以古人疾，是以古人所疾惡。籧篨與戚施。籧篨，不能俯者。戚施，不能仰者。籧，音渠。篨，音除。舉世重游俠，舉世重游談輕俠之士。俗呼爲氣義。世俗名爲氣義之人。爲人赴急難，人有危急險難之事，則往而趨之。難，去聲。往往陷囚繫。易至犯法，往往自入囹圄，自取械繫。所以馬援書，所以馬援之書辭。殷勤戒諸子。勤拳懇欵，戒其諸子。舉世賤清潔，舉世賤清修雅潔之人。奉身好華侈。自奉尚榮華侈靡。好，去聲。肥馬衣輕裘，垂肥馬，衣輕裘。揚揚過閭里。揚揚自得，過其鄉里。雖得市童憐，雖得市井之童憐惜。還爲識者鄙。又爲有識之人鄙薄。我本羈旅臣，質事周世宗，後方事太祖，故言羈旅之臣。遭逢堯舜理。遭逢堯舜之治。位重才不充，位爲相，則已重，才則不足充此。戚戚懷憂畏。戚戚，然常懷憂畏之心。深淵與薄冰，如在深淵之中，如履薄冰之上。蹈之惟恐墜。蹈之于間，惟恐墜落。爾曹當憫我，爾輩當憫念我。勿使增罪戾。毋使我添得罪咎。閉門斂蹤跡，關門收斂其跡，勿輕也。縮首避名勢。縮頭以避聲名勢位之隆。勢位難久居，丞相之勢位雖尊，實難久處。畢竟何足恃？畢竟是何足倚恃。物盛則必衰，物之盛者，其終必衰。有隆還有替。有興隆，則必有衰廢。速成不堅牢，天下事欲急就，則不堅固。速走多顛躓。急速而走，則必遭顛躓。躓，音至。灼灼園中花，灼灼其盛者園中之花。早發還先萎。雖是開發之早，又先零落。鬱鬱澗畔松，鬱鬱而生者，澗邊之松。遲遲含晚翠。雖是秀發之晚，經雪經霜不改蒼色。賦命有疾徐，賦命于天，有早者有遲者。青雲難力致。事業青雲之上，不可以力而致。寄語謝諸郎，寄言以謝諸郎之進奏者。躁進徒爲耳。躁求而進徒耳。

黎立武《中庸分章》《中庸》之書，浩博深遠，若不可涯，其寔繩聯而珠貫也。諸家雖字論句析，然於大旨未明，讀之使人茫然。分章，所以原作者之意。

天命之謂性，率性之謂道，修道之謂教。道也者，不可須臾離也，可離非道也。是故君子戒慎乎其所不睹，恐懼乎其所不聞。莫見乎隱，莫顯乎微，故君子慎其獨也。喜怒哀樂之未發謂之中，發而皆中節謂之和。中也者，天下之大本也。和也者，天下之達道也。致中和，天地位焉，萬物育焉。

中庸之德至矣，而其義微矣。首章以命、性、道、教，明中庸之義，以戒懼謹獨明執中之道，以中和明體用之一貫，以位育明仁誠之極功。何謂天命之謂性？人受天地之中以生，所謂命也。蓋自無極之眞，二五之精，妙合而凝而人生焉。無極之眞，乃先天大易生生之理，爲天地之中，人得之以成性；二五之精，乃後天形氣變合化生鍾秀於人，人得之以成質。性，形而上也；質，形而下也。命也者，其理氣合凝之初，天人賦受之際乎。然氣有清濁厚薄，故質有高下美惡，惟性初一眞，靈明靜虛，人人之所同得，萬理根於斯，萬善萌於斯。蓋維天之命，於穆不已者也。何謂率性之謂道？性者，道之體也，其本體曰仁而已，其變體曰五常。道存乎五常，達道存乎《五典》。五常備諸己，五與施諸人。盡己盡人，惟至誠合內外之道。仁始於父子，而胞與推焉；義始於君臣，而絜矩推焉；禮始於夫婦，三千三百推焉；知始於長幼，而親疎隆殺推焉；信始於朋友，而與國人交推焉。未發存諸己，發則施諸人。存諸己者性初固有之眞，施諸人者性分當然之則。此大本所以爲達道，率性所以謂之道也。何謂修道之謂教？人同此性，則同此道。然或氣稟不齊，不能知其固有，不能全其本然，所貴乎爲聖爲賢爲君爲師，盡己之性以盡人之性，言行以爲法則，禮制以爲品節，政令以爲範防，使斯民節其情、復其性而由其道，是之謂教。夫天命謂性者，太極所以行也；率性謂道者，人極所以立也；修道謂教者，皇極所以建也，此中庸之義也。所謂道不可須臾離何也？循性，道也，違性，非道也。天下豈有性外之道哉？章首，言命性道教，此以下專以道言，舉一以該三也。所謂戒愼不睹，恐懼不聞，見乎隱，顯乎微，必愼其獨何也？常人有睹而動於中則戒，有聞而動於中則恐，君子存誠，豈在乎耳目聞見間哉？淵乎收視返聽之密，凜乎十指十視之嚴，勿謂隱也，曰費而隱，見莫甚焉；勿謂微也，曰微而顯，顯莫甚焉。隱微者，人所難知，亦人所易忽，故以獨名之。獨者，非止闇室屋漏之謂，靜養於未發之中，默存乎將動之幾，當是之時，在我而已，可不愼乎。此率性之方而執中之道也。慎獨，大學誠意之道也，中庸以誠爲本，故首發此義。其曰喜怒哀樂之未發謂之中，中者天下之大本，子思以此釋中之名。喜怒哀樂，情也，其未發則性也。寂然不動，混然在中，此正位居體之謂。其曰發而皆中節謂之和，和者天下之達道，子思以此釋庸之義。惟和則庸，不和非庸也。發而中節，事事合宜，此日用常道之謂，所以明體用之一貫也。未發爲中，發而中節爲和。自言中倫，行中慮，以至從容中道，則誠者之事也。致中和者，即所謂至誠盡性。天地位萬物育者，即所謂贊化育與天地參。此由乾九二之君德而位乎九五之天德也。天位乎上，地位乎下，聖人至誠，盡性而成，位乎其中。民吾同胞，物吾與也，聖人至誠，盡性而能盡人物之性。然則致中和者非誠之至乎，參天地贊化育者非仁之至乎，所以明仁誠之極功也。《中庸》一篇大旨皆備於此。次章述夫子平日中庸之教，三章而下，節節相生，首尾相應，推明首章之義至矣，通爲十有五章。

輔廣《詩童子問》卷六《大雅・下武》　一章。《下武》下字實難曉，《詩記》取鄭氏孔氏之説，雖亦可通，然終是費辭。先生特以爲未詳，深得闕疑之義。或謂字當作「文」者，亦通，但不敢必其然，故附見焉。此章言周家世有哲王，故大王、王季、文王既沒，而其精神上與天合，今武王又繼其位，而對彼在天之三王於鎬京也。先生以爲三后既沒而其精神上與天合，下箇精神字甚有意，須深思之。

二章。「永言配命」，已解於文王詩，此章言武王得以對彼在天三王於鎬京者，以其能起求先世之德而繼之，又長言合於天理，故能成王者之信於天下也。此「孚」字與《書》所謂作周孚先之孚同。夫王者之信豈一朝一夕之所能成哉。

三章。此章又言武王所以能成王者之信而爲下土之式者，則以其能長言孝思而不忘，是以其孝可爲法耳，使天下之人皆法吾之孝，則其孝亦誠矣，豈勉強者所能然哉。

四章。《下武》六章，下章都疊上章一句説，獨四章不然者，蓋承上二章、三章兩章而言，武王既能成王者之信，又能使天下以其孝思爲法，故天下之人皆愛戴武王，而所以應之，維是順德焉。順德即孝之所感也。上以孝感，故下以順德焉。至此，然後再疊上章一句「永言孝思」説起，而又言明乎其嗣先王之事也。夫嗣先王之事即是世德作求，昭哉嗣服，又皆是孝，孝即是順德。上以孝感，下以順德，尤非一朝一夕暫行復輟者之所能致也。

五章。此章又言武王既明乎其繼先王之事，則來世亦必能繼先王之迹矣。如此則於萬斯年，世有哲王，永受天祿而不替。又不止此四王大王、王季、文王、武王而已也。先生嘗曰，「昭茲」漢碑作「昭哉」。

六章豈不有助乎者，言天下皆來朝賀於周，則豈不有助乎周家也哉。大抵此詩六章，首章言武王能纘大王、王季、文王之緒而有天下；中三章言武王善繼善述之孝，又有常永不已之誠，故能成王者之信，爲天下之法，以致天下之愛戴如此；末兩章又言武王之成效，大驗如此，則其後世子孫亦將善繼其先人之緒，而久受上天之福，多得天下之助也。

章句：考尋首章文義，則王謂武王明矣。兼此篇與上下篇如出一手，而其間血脈自相通貫，則舊説非誤，而不必以成王字而生疑也。

曹端《通書述解》卷上　《誠上第一》：此明太極爲實理，而有體用之分也。

誠者，聖人之本。

「誠」者，實理而無妄之謂，天所賦物所受之正理也，人皆有之。然氣稟拘之，物欲蔽之，習俗誘之，而不能全。此者，衆聖人之所以爲聖人者，無他焉，以其獨能全此而已。「本」，謂本領之本，不待作爲而然耳。此書與《太極》相表裏，誠即所謂「太極」也。

大哉，乾元，萬物資始。

此二句引《易》以明之。「大哉」，贊之辭也。「乾」者純陽之卦，其義爲健，乃天德之别名也。「元」，始也。「資」，取也。言乾道之元，萬物所取，以爲始者。

誠之源也。

是乃實理。流出以賦於人之本，如水之有源。即圖之陽動，而太極之用，所以行也。

乾道變化，各正性命，

此二句亦《易》文。「變」者化之，漸化者變之成。天所賦爲命，物所受爲性。言乾道變化，而萬物各得受其所。賦之正理，如云五行之生，各一其性。

誠斯立焉。

則實理於是乎，立而各爲一物之主矣。如鳶之飛，魚之躍，火之上，水之下，皆一定而不可易。即圖之陰靜，而太極之體所以立者也。

純粹，至善者也。

「純」，不雜也。「粹」，無疵也。此言天之所賦，物之所受，皆實理之本，然無不善之雜也。

故曰：

一陰一陽之謂道，

復引《易》文以證之。

「陰」、「陽」，氣也，形而下者也。所以一陰一陽者，理也，形而上者也。道即理之謂也。此句還證「誠之源」、「誠斯立焉」一節。

繼之者善也，

「繼之者」，氣之方出而未有所成之謂也。「善」，則理之方行而未有所立之名也。陽之屬也，誠之源也，此句又證「誠之源」一節。

成之者性也。

「成」，則物之已成者也，如在天成象，在地成形。「性」，則理之已立者也，陰之屬也。誠之立也，此句又證「誠斯立焉」一節。然而「繼」、「成」字與「陰」、「陽」字相應，指氣而言。「善」、「性」字與「道」字相應，指理而言。此夫子所謂「善」，是就一物未生之前造化原頭處説，善乃重字，爲實物。若孟子所謂「性善」，則就成之者性説，是生以後事，善乃輕字，此性之純粹至善耳。其實由造化原頭處有是繼之者善，然後成之者性時方能如此之善。孟子之所謂「性善」，實淵源於夫子之所謂「善」，而非有二本也。其下復即「乾之四德，以明繼善成性」之説。

元亨，誠之通。

元始亨通，而通云者，實理方出而賦於物善之繼也。

利貞，誠之復。

利遂貞正，而復云者，萬物各得而藏於己性之成也。此於圖已爲五行之性矣，何也？蓋四德，則陰陽各二，而誠無不貫，安得不謂五行之性乎。

大哉，《易》也，性命之源乎。

《易》者，交錯代换之名。凡天地間之陰陽交錯，而實理流行，一賦一受於其中，乃天地自然之易，而爲性命所出之源也。作《易》，聖人得之於仰觀俯察之間，則卦爻之立由是而已。故羲《易》以交易爲體，而往此來彼焉。以變易爲用，而時靜時動焉。及周文王彖卦、周公明爻而命曰《周易》，復得孔子作傳而發揮之，則性命之微彰矣。周子之書，本之其旨深哉。

季本《詩説解頤》卷二一《小雅・頍弁》　經旨曰：此天子燕兄弟甥舅而與燕者感悦之詩，似亦欲遠怨以相忘於形迹者。蓋與《伐木》意同，疑即答《伐木》也，亦爲大雅。

有頍者弁，實維伊何？爾酒既旨，爾殽既嘉，豈伊異人？兄弟匪他。賦也。蔦與女蘿，施于松栢。比也。未見君子，憂心弈弈。既見君子，庶幾説懌。賦也。幾音機，後凡庶幾、幾微之幾並同。

頍，舉頭貌。錢氏曰：舉首則弁愈高。弁，皮弁。孔氏曰：天子燕羣臣，用玄冠，親同姓，用皮弁。言天子服皮弁而頍然在首者，此何爲哉？亦惟以我兄弟非異人而具旨酒嘉殽以燕之耳。匪他，無他心也。施，延及也。我兄弟猶蔦與女蘿也，施於松栢之高，猶附於天子之尊也。附天子以爲親，此其所以非異人也。但我兄弟心懷自疑，則憂心不能無弈弈者，弈與奕同，弈弈，重疊之義。及見天子與之燕飲合歡，而庶幾得自說焉。蓋始忘其形迹矣。君子，正指天子也。

有頍者弁，實維何期？爾酒既旨，爾殽既時。豈伊異人？兄弟具來。賦也。蔦與女蘿，施于松上。此也。未見君子，憂心怲怲。既見君子，庶幾有臧。賦也。期音箕。

「何期」之期，當作其，即「夜如何其」之其。具來則無他心可知矣。

有頍者弁，實維在首。爾酒既旨，爾殽既阜。豈伊異人？兄弟甥舅。賦也。如彼雨雪，先集維霰。興也。死喪無日，無幾相見。樂酒今夕，君子維宴。興也。

言甥舅者，燕兄弟而併及甥舅也。無幾相見，兄弟甥舅自相謂也。蓋老則將死，欲其盡今日而樂酒也，如此則篤親親之情，而天子之心亦安矣。兄弟甥舅苟有不協，而天子能坦然忘懷乎？

《頍弁》三章，章十二句。

高拱《日進直講》卷一《大學》 大學是大人之學，古者人生八歲，上自王公，下至庶人子弟，都入小學，敎他灑掃、應對、進退之節，禮、樂、射、御、書、數之文，此是小子之學。到十五歲時，則自天子之元子、衆子，公卿大夫元士之嫡子與凡民之俊秀，都入大學，敎他窮理、正心、修己、治人之道，此是大人之學。這一本書全是說大人之學，故名「大學」。

大學之道，在明明德，在親民，在止於至善。

這一章是孔子的經文，這一條是經文中的綱領。道是道理，孔子說有大人必有大人的學問，有大學必有大學的道理。大學的道理安在？其一在明明德，明是用工夫去明他。明德是天所與我的仁義禮智之性，本自虛靈不昧，但爲氣稟所拘，物欲所蔽，則有時而昏。人須下克己的工夫，務要充開氣稟之拘，去了物欲之蔽，使自家的明德依舊還明了。必如此，然後所學有箇根本，所以大學要明明德。其一在親民，親字依程子說讀作新字，是舊本錯寫做親字。新是鼓舞作興，使他去舊從新。民是天下的人，天下之人都有這明德，不免爲習俗所染，人既自明其明德，又當推以及人，鼓舞作興，使他將本有的明德重新都明了，必如此，然後所學有箇用處，所以大學要新民。其一在止於至善。止是住到箇去處不遷動的意思，善是好處，至善是好到極處。言既能明德、新民，不可苟且便了，務要造到天理當然之極。如明德必使無一毫之不明，新民必使無一人之不新，如此纔是大成之學。所以大學要止於至善，大學之道既是在此三者。故必盡此道，然後可以爲大學；必有此學，然後可以成大人。此固學者分內事，而有天下國家之責者，尤所當究心也。

汪瑗《楚辭集解・離騷》 篇內曰「余既不難夫離別兮，傷靈脩之數化」，此《離騷》之所以名也。王逸曰，離，別也。騷，愁也。言己放逐離別，中心愁思。其說是矣。然篇末雖有悲懷舊鄉之語，而亂辭隨繼之曰「國無人莫我知兮，又何懷乎故都。既莫足與爲美政兮，吾將從彭咸之所居」，又終示以去楚之意。是屈子雖未嘗去楚，而實未嘗不去楚也。其不去楚者，固不舍楚而他適。其終去楚者，又將隱遁以避禍也。孰謂屈子昧大雅明哲之道，而輕身投水以死也哉。學者即《楚辭》熟讀而遍考之可見矣。舊註牽強支離之說、世俗流傳無徵之言，何足信哉。

帝高陽之苗裔兮，朕皇考曰伯庸。攝提貞于孟陬兮，惟庚寅吾以降。

帝者，王天下者之通稱也。高陽，帝顓頊有天下之號也。苗裔，胤嗣久遠之通稱。屈原自道己爲顓頊之子孫也。朕，我也，屈原自謂也。皇，美也，大也。父死稱考。伯庸，屈原父字也。攝提，星名，隨斗柄以指十二辰者也。貞，正也。孟，始也。陬，隅也。《爾雅》曰，正月爲陬，蓋是月孟春，昏時斗柄指寅，在東北隅，故以爲名。謂之曰貞者，謂攝提星隨斗柄所指，與東北隅之寅位正相對也，非邪正之正。庚寅，日也。從下緣上曰陞，從上墜下曰降。言此月庚寅之日，己始墜下母體而生也。瑗按：上二句叙祖父家世之美，下二句叙月日生時之美，四者平看。或曰苗裔即指言伯庸，庚寅即申言孟陬。詳其文勢，蓋謂帝高陽之苗裔者，乃吾皇考之伯庸也。稱父爲高陽之苗裔，則已不待言矣。攝提貞于孟陬之寅月者，乃庚寅之建，而吾於此乎生也。人知孟陬爲寅，而不知爲庚寅，故申明之，而所謂日者不暇言矣。其說亦通，故幷附之。

皇覽揆予于初度兮，肇錫余以嘉名。名余曰正則兮，字余曰靈均。

皇，皇考也。不言考者，承上章省文耳。覽，觀也。揆，度也。初度之度猶言時節也。謂初生一歲之時節，不必專指初下母體之時而言也。肇，始也。錫，賜也。嘉名，美名也。下兼言字者，對舉則有名字之分，若專言之則名可以該字，而亦省文也。《爾雅》曰，廣平曰原。一曰高平曰原。屈子之名字實取諸此。蓋名者，己之所以自稱，字者人之所以稱己也。觀《漁父》《卜居》二篇，屈子皆自稱屈原，可以知名原而字平也。五臣以正則爲釋原名，靈均爲釋平字，是也。舊皆謂屈子名平，字原，而從太史公誤矣。則，法也。正則謂原野經界皆有法則，而爲大中至正之道也，井田之制是矣。靈，善也。均，匀也。經界既正，則莫不均匀而平矣，靈則平之至善者也。瑗嘗有辨，詳見《離騷蒙引》。上二句叙皇考賜名之美，承上章而言。下二句叙美名之實，又承嘉名二字而申言之也。劉子玄《史通》云，作者自叙其流出於中古。《離騷》首章上陳氏族，下列祖考，先述厥生，次顯名字，自叙發跡，實基於此。降及司馬相如，始以自叙爲傳。至馬遷、楊雄、班固自叙之篇，實繁於代。瑗按：屈子此上二章自叙之旨，不過如劉子玄所云之意耳。王逸以爲屈原自道本與楚君共祖，俱出顓頊胤末之子孫，父有美德，以忠輔楚，世有令名，以及於己，是恩深而義厚也。朱子從之。今考楚世家，屈原與懷襄俱出高陽之後，誠爲同姓。王逸之説雖議論正大，道理精深，有合於屈原之大義，屈原所以戀戀而不忍去楚者，心事實在於此。要之，原作此文之時，而此章之旨恐無此意也。《詩》頌文武之功德，而直推本於公劉、后稷以爲言，亦不過自叙其源流世系，而不忘其所自之意耳。觀之經傳，則屈原章首二句之作，其本意不爲與楚王同姓而言也明矣。不然所叙月日名字之美，又豈與楚王生同月日而稱同名字乎。古人謂讀書有可以深求者，有不可以深求者，此類是也。蓋以其説有合於屈原之大義，故易惑人耳。即《離騷》之辭虚心而觀之，實未必然也。雖然，楚辭之作萬有餘言，而未有一語道及同姓之故，抑又何也？

紛吾既有此内美兮，又重之以脩能。扈江蘺與辟芷兮，紉秋蘭以爲佩。

紛，盛貌。内美，承上二章祖父日月名字而總結之。重音仲，猶再也，非輕重之重。脩能，長才也。言己既有此盛美而又重之以脩能，以見才德之全備也。或曰脩亦美也，如後脩姱之脩，亦通。二句乃結上起下之詞。扈，被服之意。以線貫鍼爲紉。佩，飾也。蘺芷蘭皆香草名，生於江中，故曰江蘺，生於幽僻之處，故曰辟芷。辟，古僻字。或曰如字，除也。謂芷香可以辟除穢氣也，亦通。蘭芳於秋者故曰秋蘭。下二句乃參錯成文，言己採取香草紉續以爲雜佩而被服之。曰扈，曰紉，曰佩，讀者當以意會，不可執一也。後多倣此。王逸曰，言己脩身清潔，博採衆善，以自約束也。是矣。然《内則》曰，婦或賜之茝蘭，則受而獻諸舅姑。是蘭芷之類古人皆實嘗以爲佩也，不獨比喻而已。此又學者所當知也。夫屈子所取草木之屬數十餘種，而此章先言蘺芷蘭者，偶隨所言耳，非擇而取之也。羅鄂州《爾雅翼》曰，江蘺之草，屈原幼時所先採。蓋自其初度則固已扈江蘺辟芷矣。以此言之，則蘭品反不如蘺芷也。非是。此章是泛叙後爲正佩，而復以蘺芷爲扈從耳，屈子多有此法。其説亦通。内美句承上以時事，非承初度，獨叙少年事也。或曰，下二句倒文法，本謂紉此秋蘭以德言脩能句起，下以才言，或曰各字，奚爲德乎？洪氏曰名有五，屈原以德命也。取名之説見《左傳》。

汩余若將不及兮，恐年歲之不吾與。朝搴阰之木蘭兮，夕攬洲之宿莽。

汩，水流去疾之貌。言己之汲汲自脩，常若不及者，恐年歲之忽然易過，不我相待，而老之將至，不得學也。且曰朝，暮曰夕。搴、攬皆採取之意。阰，地之有次第而相連比者也。水中可居者曰洲。木蘭，木名，與單言蘭者不同。上云秋蘭在草部也。莽亦木名，字亦作𦬊，音罔，舊以爲菤葹草，非是。凌冬不凋，故曰宿莽。見《本草》水部可考。朝搴木蘭，夕攬宿莽，此所以爲汲汲乎若將不及而自脩之實也。不言所用者，承上章紉佩而言也。朱子曰，言所採取皆芳香久固之物，以比所行者皆忠善長久之道也。得之矣。王逸曰，木蘭去皮不死，宿莽遇冬不枯，以喻讒人雖欲困己，己受天性，終不可變易也。其説善矣。吾謂屈子此章之旨，方論自脩之汲汲而恐年歲之不與，何暇計彼讒人也哉。不受變於讒之意自在言外，非本旨也。讀者不可不知。瑗按：朝夕二字不必如王逸取譬之説，亦當重看，方見汩余若將不及之意。《論語》曰：學如不及，猶恐失之。《易》曰：君子終日乾乾夕惕。若，屈子有之矣。今人但知其德義之高，文章之妙，而不知其有所自來也。豈有無是功而獲是効者哉。《九章》曰，「善不由外來兮，名不可以虚作。孰無施而有報兮，孰不實而有穫。」可謂格言矣。有志者勗之。又按：首句倒文耳，本謂余汩汩乎若將不及也。屈子多以余字倒在下，不能盡出，讀者詳之。

日月忽其不淹兮，春與秋其代序。惟草木之零落兮，恐美人之遲暮。

不淹，不久停留也。代，更也。序，次也。謂四時以次相代。二句言天時易過，以見人年之易老也，即上年歲不吾與之意。零落，皆凋隕之意。美人，謂美好之婦人。蓋託詞而寄意於君也。遲暮，皆晚也，衰老之喻。王逸曰，言天時運轉，歲復盡矣，而君不建立道德，舉賢用能，則年老耄晚暮而功不成事，不遂也。朱子曰，此承上章，言己但知朝夕脩潔，而不知歲月之不留，至此乃念草木之零落，而恐美人之遲暮，將不得及其盛年而偶之，以比臣子之心，唯恐其君之遲暮將不得及其盛時而事之也。瑗按：此上三章，一章言脩能，二章言急於進脩而欲及時也，三章言時易過而欲急於進脩也。皆承脩能而言。一章乃芳香之物，皆草類也。二章言久固之物，皆木類也。三章則以草木總承之，亦言之序也。《詩經》多有此體。讀楚辭者須以此法求之，庶不見其重復可厭也。然言芳香則久固在其中，言久固則芳香在其中，而旨則各有所偏重耳。覽者幸毋深泥可也。夫脩能者受之於天，而人人之所同具者也，故二章既勉之於己，而三章又欲責難於君也。或曰此上五章屈子皆述己事，而恐美人之遲暮一句又爲下文起也。

不撫壯而棄穢兮，何不改乎此度也。乘騏驥以馳騁兮，來吾導夫先路也。

撫，揗也。謂揗己而自省也。壯，年富力強，足以有爲之時。棄者，盡絕必去之詞。草荒曰穢，以比惡行。百草爲稼穡之害，猶邪淫爲德性之害也。何者，詰而問之之詞。改者，革故鼎新之詞。度，態度也。此度即指惡行。上句其詞直，下句其詞婉，一正一反之言，其意一也。騎馬曰乘。騏驥，俊馬也。直奔曰馳，橫奔曰騁，皆疾走也。來者，招邀之詞，欲君棄彼之惡而從此之善也。導，引也。先路，前驅以啓路也。二句倒裝文法，此承上章末句而言，言君何不及此年富力強足以有爲之時，棄其穢惡之行，改其惑誤之度，而使後有遲暮之歎邪。君苟一旦覺悟而來隨我，我則當乘駿馬疾走，爲王前驅導引，以啓道路也。夫楚王苟有志於從善，則屈子必以二帝三王之道以開陳之，君德不勞而成，治功可坐而致矣。惜乎陷溺之深，終無悔心之萌，而屈子雖乘駿馬將安往邪？朱子曰，自汩余至此三章同用一韻，意亦相承。瑗按：撫壯之意與上二章歎時之意誠相表裏，但上二章屈子道己自脩之意猶重，而恐美人之遲暮，以下方致意於君也。又乘騏驥以馳騁句與來吾導夫先路句相爲一意，屈子多有此文法。舊說以騏驥比賢智，言君乘駿馬以隨我，則我當爲君前導。其說亦好，但此等意在來字內足以該之，而屈子此句之意還是言己乘此騏驥急於先導，故下曰忽奔走以先後，即此意也。蓋乘騏驥二句只取其急於進脩之意，非比喻任用賢智之意也。

徐經孫《矩山存稿》卷二《崇政殿經筵尚書講議》 乃命羲和，欽若昊天，曆象日月星辰，敬授人時。

此總命羲和曆象欽天之事。曆者，紀數之書，即《洪範》之曆數，所以紀星辰運行之常。象者，占天之器，即《舜典》之璣衡，所以占星辰常變之運。

分命羲仲，宅嵎夷，曰暘谷，止鳥獸氄毛。音冗，音毳。

此分命四子之事。二仲二叔分掌四時，分宅四嵎，所以測日景，考中星，定中氣，授民時，驗物化也。

帝曰：「咨汝羲暨和，止庶績咸熙。」

此又總命羲和以歸餘置閏之事，故更端以重命之。允信釐治，蓋信此四時之序。釐治百官，使其功績熙廣，接續有成，而無玩愒之患也。

臣聞有帝王稽古之學，有諸儒傳註之學。稽古，所以考古人經世之大業。傳註，所以釋古書垂世之大義，古今諸儒之說備矣。臣不敢援引以瀆天聽，敢以帝王經世之大業，爲陛下言之。臣觀《堯典》此章凡三節，其總命羲和也。有以見合天人爲一致，故昊天之若，必欲其欽；人時之授，必欲其敬。以心法爲治法，已非後世星翁曆史之所能與。蓋苟無欽敬之意以行之，則必至于昏迷天象，而玩日星之變異，妨奪農時，不知稼穡之艱難，不敬乎天時，是不欽乎天也。邇者星虛殷秋，其日丙寅，太史占候。風來自乾，實爲人多相掠之兆。應在吳分，當思根本搖動之憂。臣願陛下毋以曆爲步占之常，而忘帝堯欽敬之意，則臣今日所講說者非紙上之虛言矣。其分命四子也，有以見當堯之時，日星軌度，時和歲豐，不惟斯民有以全其耕鑿飲食，出作入息之樂，而在郊在藪一毛一羽之微，亦有以遂其乳化氄毛之性，何其盛哉。臣睹陛下，比歲邊陲之民死于兵革，內地之民死于水旱，雖有父母妻子之屬，不得以相保，反不如隆古跂行喙息之安其生者，爲可痛也。其再命羲和置閏之事也，則必信日月歲時以釐百工而熙庶績，以見當時之人率作興事，惜陰愛日，於三百六旬之内，蓋無一日一時之或敢玩愒也。臣觀是時，君則日行其道，臣則日孜其思，三載而攷之，而至七十載之久。巍巍乎，其成功也。如此今陛下臨御以來，視堯之在位已七之三矣，方以允釐之歲月而空擲于更化，以緝熙之光陰而徒勞於革弊，實爲陛下惜之。臣願繼今以往，上下勤恤，皆以堯命羲和之意自勉。一日欽敬，則一日之功。一歲欽敬，則一歲之功。兢兢而行，孜孜而思，百工以釐，庶績以熙，則會天萬年之曆，視堯之置曆數時可無數矣。

陳選《小學集注》 小學題辭：饒氏曰：小學者，小子之學也。題辭者，標題書首之辭也。

元、亨、利、貞，天道之常；仁、義、禮、智，人性之綱。元者，生物之始。亨者，生物之通。利者，生物之遂。貞者，生物之成。四者謂之天道、天理、自然之本體也，亘萬世而不易，故曰：常。仁者，溫和慈愛之理。義者，斷制裁割之理。禮者，恭敬撙節之理。智者，分別是非之理。四者謂之人性，人人所稟之天理也，統萬善而不遺。故曰：綱。猶網之綱。下文所謂四端、四行，則其目之大者也。○元，於時爲春，於人爲仁。亨，於時爲夏，於人爲禮。利，於時爲秋，於人爲義。貞，於時爲冬，於人爲智。○此一節，言天道流行，賦於人而爲性也。　○凡此厥初，無有不善，藹然四端，隨感而見。見，音現。　○饒氏曰：此者指上文仁、義、禮、智之性也。厥，語辭。初，謂本然也。藹然，衆盛貌。端，緒也。《孟子》曰：惻隱之心，仁之端也；羞惡之心，義之端也；辭讓之心，禮之端也；是非之心，智之端也。此言仁、義、禮、智之性其本然無有不善。是以惻隱、羞惡、辭讓、是非四者之善端，藹藹然隨其物之所感動而形見也。○此一節，言性發而爲情也。　○愛親敬兄，忠君弟長，是曰秉彝有順無彊。長，上聲。彝，音夷。彊，上聲。　○饒氏曰：忠者，盡己之心也。弟，順。是，此。秉，執。彝，常也。順者，因其自然。彊者，抑之使然。此言愛親、敬兄、忠君、弟長四者，人之善行，根於秉執之常性，因其自然，而非抑之使然也。○此一節，言性之見於行也。　○惟聖性者，浩浩其天，不加毫末，萬善足焉。惟，語辭。天，即理也。毫末，一毫之末也。萬善，如四端、四行是也。此言聖人性全於天，無所污壞，其本然之理，浩浩然廣大，不待增加毫末。人爲而萬善，自足無少欠缺也。　○此一節，言聖人之盡其性也。　○衆人蚩蚩，物欲交蔽，乃頹其綱，安此暴棄。蚩，音笞。　○饒氏曰：蚩蚩，無知之貌。物欲，謂凡聲色臭味之欲也。暴，害也。此言衆人氣稟昏愚而無知，物欲交互而遮蔽，是以頹墜其仁義禮智之綱，而安於自暴自棄也。　○此一節，言衆人之汩其性也。　○惟聖斯惻，建學立師，以培其根，以達其支。惻，音測。培，音裴。支，與枝同。　○斯，語辭。建，亦立也。此言聖人見衆人安於暴棄，於是惻然傷憫，而建學立師以教之。小學之教，所以收其放心，養其德性，如培擁木之根本也。大學之教，所以開發聰明，進德修業，如發達木之支條也。○此一節，言聖人興學設教之意。　○小學之方，灑掃應對，入孝出恭，動罔或悖，行有餘力，誦詩讀書，詠歌舞蹈，思罔或逾。悖，音佩。蹈，音稻。逾，音俞。　○方，法也。罔，無也。手曰舞，足曰蹈。饒氏曰：此言小學之方，必使學者謹夫灑掃、應對之節，入則愛其親，出則敬其長，凡所動作，無或悖戾乎此也。行此數者而有餘力，則誦詩讀書，或詠歌以習樂之聲，或舞蹈以習樂之容。凡所思慮，無或逾越乎此也。此一節，言小學之教所以培其根也。　○窮理修身，斯學之大，明命赫然，罔有内外，德崇業廣，乃復其初，昔非不足，今豈有餘？復，音伏。　○饒氏曰：斯，此也。明命，即天之所賦於人，而人之所得以爲性者也。赫然，明盛貌。德者，道之得於内者也。業者，功之成於外者也。復，還也。初，謂本然也。此言格物致知，以窮究其理；誠意正心，以修治其身。此乃大學之道也。然天之明命，赫然照著，無有内外之間。學者誠能從事於大學，使物格知至，意誠心正，身修而德之積於内者，極乎崇高。由是推之，使家齊國治天下平，而業之施於外者，極乎廣博。則有以復其性之本然矣。昔日之安於暴棄也，此性固非不足；今日之德崇業廣也，此性亦非有餘。但昔爲氣稟、物欲之所蔽，今則復其本然耳。　○此一節言大學之教，所以達其支也。　○世遠人亡，經殘教弛，蒙養弗端，長益浮靡，鄉無善俗，世乏良材，利欲紛拏，異言喧豗。弛，音始。靡，音米。拏，汝加切。豗，音灰。　○饒氏曰：端，正也。乏，無也。利欲，猶言物欲也。拏，牽引也。豗，相擊也。此言前世既遠，聖人既沒，六經殘缺，而教法亦廢弛矣。小學之教廢，故學者自童蒙之時而養之，不以其正大學之。教廢，故及其年長，則所習日益輕浮華靡。是以鄉無淳厚之習俗，世無粹美之人材，但見利欲之習紛然而相牽引，異端之言喧然而相攻擊也。　○此一節，言後世教學不明之害。　○幸茲秉彝，極天罔墜，爰輯舊聞，庶覺來裔。嗟嗟小子，敬受此書，匪我言耄，惟聖之謨。輯，音集。裔，以制切。耄，音冒。　○極，終也。極天罔墜，言人心秉彝之理萬古常存也。我，朱子自稱也。饒氏曰：爰，於也。裔，衣襟之末。來裔，謂後學也。嗟嗟，歎辭。耄，老而昏也。此言後世教學不明，雖如上文所云然。所幸者，人之秉彝極天罔墜，我於是纂輯舊所聞者，以爲小學之書，庶幾可以覺悟後來之學者爾。初學之小子，宜敬受此書而學之。此非我老耄之妄言，是乃前聖之謨訓也。　○此一節，言輯小學開後學之意。

張爾岐《儀禮鄭注句讀》卷七《大射儀》

大射儀第七鄭《目錄》云：名曰大射者，諸侯將有祭祀之事，與其羣臣射以觀其禮。數中者，得與於祭；不數中者，不得與於祭。射義於五禮屬嘉禮。《大戴》此第十三，《小戴》及《別錄》皆第七。

大射之儀。君有命戒射。將有祭祀之事，當射，宰告於君，君乃命之。言君有命，政教宜由尊者。○自此至「羹定」，皆射前戒備之事。戒諸官，張射侯，設樂縣，陳燕具，凡四節。宰戒百官有事於射者。宰，於天子冢宰，治官卿也。作大事，則掌以君命，戒於百官。○諸侯無冢宰，立司徒以兼之。此言宰，即司徒也。其掌誓戒百官與天子冢宰同。射人戒諸公、卿、大夫射。司士戒士射與贊者。射人掌以射法治射儀，司士掌國中之士，治凡其戒令，皆司馬之屬也。殊戒公卿大夫與士，辨貴賤也。贊，佐也，謂士佐執事不射者。○上文宰承君命，既總戒之，此射人司士又分別戒之也。

右戒百官。

前射三日，宰夫戒宰及司馬，射人宿視滌。宰夫，冢宰之屬，掌百官之徵令者。司馬，於天子政官之卿，凡大射則合其六耦。滌，謂溉器，掃除射宮。○前者宰已戒百官，至此宰夫又以射期將至來告于宰，上下交飭也。又及司馬者，此日量道張侯司馬職也，射人宿視滌掃除濯溉，又在前射三日之前一夕，故云宿。司馬命量人量侯道與所設乏以貍步：大侯九十，參七十，干五十。設乏，各去其侯西十、北十。量人，司馬之屬，掌量道巷涂數者。侯，謂所射布也。尊者射之以威，不寧侯，卑者射之以求爲侯。量侯道，謂去堂遠近也。容謂之乏，所以爲獲者之禦矢。貍之伺物，每舉足者，正視遠近，爲發必中也。是以量侯道取象焉。《鄉射》記曰：「侯道五十弓。」《考工記》曰：「弓之下制六尺」，則此貍步六尺明矣。大侯，熊侯，謂之大者，與天子熊侯同。參讀爲糝，糝，雜也，雜侯者，豹、鵠而麋飾，下天子大夫也。干讀爲豻，豻侯者，豻鵠豻飾也。大夫將祭，於己射麋侯，士無臣，祭不射。○三侯皆以布爲之，而以皮爲鵠，旁又飾以皮。王大射用虎侯、熊侯、豹侯。畿內諸侯二侯，以熊侯爲首。畿外諸侯得用三侯，熊侯、糝侯、豻侯。以熊侯同於天子，故云大侯。三侯其道遞近，以二十步爲率，尊者射遠，卑者射近，侯遠則鵠大，侯近則鵠小。○參，依註音糝，素感反。干，依註者豻，五旦反。遂命量人、巾車張三侯，大侯之崇，見鵠於參，參見鵠於干，干不及地武。不繫左下綱。設乏，西十、北十，凡乏用革。巾車，於天子、宗伯之屬，掌裝衣車者，亦使張侯。侯，巾類。崇，高也。高必見鵠。鵠，所射之主。《射義》曰：「爲人君者以爲君鵠，爲人臣者以爲臣鵠，爲人父者以爲父鵠，爲人子者以爲子鵠。」言射中此乃能任己位也。鵠之言較，較，直也。射者所以直己志。或曰：鵠，鳥名，射之難中，中之爲俊，是以所射於侯取名也。《淮南子》曰：「鳱鵠知來。」然則所云正者正也，亦鳥名。齊魯之間，名題肩爲正。正、鵠皆鳥之捷黠者。《考工記》曰：「梓人爲侯，廣與崇方，參分其廣而鵠居一焉。」則大侯之鵠方六尺，糝侯之鵠方四尺六寸大半寸，豻侯之鵠方三尺三寸少半寸。及，至也。武，迹也。中人之足，長尺二寸，以豻侯計之，糝侯去地一丈五寸少半寸，大侯去地二丈二尺五寸少半寸。凡侯北面，西方謂之左。前射三日，張侯設乏，欲使有事者豫志焉。○大侯之鵠見參侯之上，參侯之鵠見干侯之上，干侯下綱則去地一尺二寸，此三侯高下之法也。註知三侯之鵠廣狹之數者，以侯之廣狹取則於侯道之遠近，每弓取二寸，九十弓者十八尺，七十弓者十四尺，五十弓者十尺。每侯之鵠，又各取其侯三分之一，故推知之也。設乏西十、北十，西與北各去侯六丈也。云凡，乏三侯各有乏也。

右前射三日戒宰視滌量道張侯。

樂人宿縣于阼階東，笙磬西面，其南笙鐘，其南鑮，皆南陳。笙猶生也。東爲陽中，萬物以生。《春秋傳》曰：「太簇所以金奏，贊陽出滯，姑洗所以修絜百物，考神納賓。」是以東方鐘磬謂之笙，皆編而縣之。《周禮》曰：「凡縣鐘磬，半爲堵，全爲肆。」有鐘有磬爲全。鑮如鐘而大，奏樂以鼓鑮爲節。○諸侯軒縣三面各有一肆，此其東一肆也。笙磬、笙鐘，先儒以爲聲與笙協應，故名笙。○鑮，音博。建鼓在阼階西，南鼓。應鼙在其東，南鼓。建，猶樹也。以木貫而載之，樹之跗也。南鼓，謂所伐面也。應鼙，應朔鼙也。先擊朔鼙，應鼙應之。鼙，小鼓也。在東，便其先擊小後擊大也。鼓不在東縣南，爲君也。○此鼓本在東縣之南，與磬鐘鑮共爲一肆，移來在此者，鄭以爲爲君，以君在阼階上，近君設之，故云爲君也。下建鼓言一，此不言一，因移並言之。西階之西，頌磬東面，其南鐘，其南鑮，皆南陳。一建鼓在其南，東鼓。朔鼙在其北。言成功曰頌，西爲陰中，萬物之所成。《春秋傳》曰：「夷則所以詠歌九則，平民無忒。無射所以宣布哲人之令德，示民軌義。」是以西方鐘磬謂之頌。朔，始也，奏樂先擊西鼙，樂爲賓所由來也。鐘不言頌，鼙不言東鼓，義同，省文也。古文頌爲庸。○此西一肆也。頌鐘頌磬，先儒以爲歌頌則奏之，故名頌。○頌音容。一建鼓在西階之東，南面。言面者，國君於其羣臣，備三面爾。無鐘磬，有鼓而已。其爲諸侯則軒縣。○軒縣三面皆縣，北面合有一肆，以其與羣臣射，故闕之，以辟射位。猶設一建鼓者，姑備三面耳。故言南面與笙磬頌磬同例，而與上文建鼓之自東縣移來者異文也。簜在建鼓之間。簜，竹也，謂笙簫之屬，倚於堂。鼗倚于頌磬西紘。鼗如鼓而小，有柄。賓至，搖之以奏樂也。紘，編磬繩也。設鼗在磬西，倚于紘也。《王制》曰：「天子賜諸侯樂，則以柷將之，賜伯、子、男樂，則以鼗將之。」○紘，音宏。

右射前一日設樂縣。

厥明，司宮尊于東楹之西，兩方壺，膳尊兩甒在南，有豐。冪用錫若絺，綴諸箭。蓋冪，加勺，又反之。皆玄尊。酒在北。膳尊，君尊也。後陳之，尊之也。豐以承尊也。說者以爲若井鹿盧，其爲字從豆，𠁩聲，近似豆，大而卑矣。幂，覆尊巾也。錫，細布也。絺，細葛也。箭，篠也。爲幂，蓋卷辟，綴於篠，横之也。又反之，爲覆勺也。皆玄尊，二者皆有玄酒之尊，重本也。酒在北，尊統於君，南爲上也。唯君面尊，言專惠也。今文錫或作緆，絺或作綌，古文箭作晉。○諸侯將射，先行燕禮，故此下皆陳燕，具綴諸箭者，綴錫若絺於箭而張之以覆也。蓋幂加勺又反之，此覆尊之法。勺加幂上，復撩幂之垂者以覆勺。尊士旅食于西鐏之南，北面，兩圜壺。旅，衆也。士衆食未得正祿，謂庶人在官者。圜壺，變於方也。賤無玄酒。又尊于大侯之乏東北，兩壺獻酒。爲隸僕人、巾車、糝侯、豻侯之獲者。獻讀爲沙，沙酒濁，特泲之，必摩沙者也。兩壺皆沙酒。《郊特牲》曰：「汁獻涚于醆酒。」服不之尊，俟時而陳于南，統于侯，皆東面。○註引《郊特牲》以証沙酒之義。涚，泲也。泲沙酒者，和以醆酒而摩挲之，以出鬱鬯之汁也，以其祭侯，故用鬱鬯設服不之尊。在飲不勝者以後，故註云俟時，明此尊不爲服不氏設也。○獻，素何反。泲，子禮反。涚，始鋭反。設洗于阼階東南，罍水在東，篚在洗西，南陳。設膳篚在其北，西面。或言南陳，或言西面，異其文也。又設洗于獲者之尊西北，水在洗北，篚在南，東陳。亦統於侯也。無爵，因服不也。有篚，爲奠虛爵也。服不之洗，亦俟時而陳於其南。○此篚中不設爵，將因獻服不之爵而用之也。小臣設公席于阼階上，西鄉。司宮設賓席于戶西，南面，有加席。卿席賓東，東上。小卿賓西，東上。大夫繼而東上。若有東面者，則北上。席工于西階之東，東上。諸公阼階西，北面，東上。唯賓及公席布之也，其餘樹之於位後耳。小卿，命於其君者也。席于賓西，射禮辨貴賤也。諸公，大國有孤卿一人，與君論道，亦不典職，如公矣。官饌。百官各饌其所當共之物。羹定。亨肉熟也。《射義》曰：「諸侯之射也，必先行燕禮。」燕禮，牲用狗。

右射日陳燕具席位。

錢澄之《田間學詩》卷八《小雅·桑扈》 序曰：刺幽王也。君臣上下，動無禮文焉。

鄭云：動無禮文，舉事而不用先王禮法威儀也。

愚按：幽王承宣王中興之後，諸侯宗周，其初朝覲燕享以禮，後且惑溺邪變，荒迷于酒，諸侯漸以不朝。又惑于褒姒，與申繒搆怨，卒以烽火之戲爲諸侯所畔，至于滅亡。詩人述燕享之禮以親諸侯，蓋警亂于未形矣。

交交桑扈，有鶯其羽。君子樂胥，受天之祜。

毛傳：興也。朱註同。　交交，飛往來貌。桑扈，竊脂也。　竊之言淺也，竊脂者，淺白色也。　郯子云：九扈爲九農正扈，民無淫者也。九扈皆農桑候鳥，故先王命官以主農桑之事。　徐鉉云：扈，止也。婬者，過時也。扈民不婬，爲止民使無過時也。　有鶯，毛云鶯然有文章也。或曰鶯即倉庚。《小雅》兩咏桑扈，皆曰交交。《秦風》咏《黃鳥》，亦曰交交，意其參錯往來之狀，殆相類也。　桑扈與鶯並言，以興春朝之時，爵有尊卑，姓有同異。皆在班列，如鳥之不一其族者然。　賈誼云：胥者，相也。樂胥，猶《古樂府》云今日樂相樂也。　言獻酬欵洽，君臣相樂，故能受天之福，即下文所言之屏、之翰也。

愚按：交交，此往彼來，所謂樂胥也。

交交桑扈，有鶯其領。君子樂胥，萬邦之屏。

領，頸也。鳥將飛則先奮其頸。　屏，小牆，當門中者，所以禦外而蔽內。　曹氏云：魯秉周禮而齊不敢圖，何屏如之，有禮則安，無禮則危，秦襄公未能用周禮，則無以固其國。

之屏之翰，百辟爲憲。不戢不難，受福不那。

翰，幹也，所以當牆，兩邊障土而築牆者。　憲，法也。言天子謹禮則百辟諸侯皆以天子爲憲，稟，奉王章也。　戢，斂也。難，愼也。不戢，戢也。不難，難也。那，多也。不多，多也。朱註謂豈不斂乎，豈不愼乎，受福豈不多乎，古語聲急而然也。

愚按：那，語詞，總承上三不字來，即起不然之意。

兕觵其觩，旨酒思柔。彼交匪敖，萬福來求。

兕觵，罰爵也。　觩，角上曲貌。　言先王于燕享之禮，制兕觵以爲罰爵，寓戒也。兕善觸，酒能發人之剛，或至抵觸，欲人顧此物，則雖以酒旨可嗜，必思所以和柔其性情，不敢過飲失禮，而爲酒所困也。　交，交接于一堂之謂，升降酬酢皆其事也。　敖，依《左傳》作傲。

愚按：交者，自下而上。彼交指諸侯之上交，謂其情義上通也，則惟以道接之，匪敖，所以荅彼交也。　受福不那，自我受福，言萬福來求，自福，就我言彼，交與首句交交應，敖則失交交之誼矣。

《桑扈》四章，章四句

朱子謂：天子燕諸侯之詩。《左傳》衛侯饗苦成叔，甯惠子相苦成叔，傲甯子，曰：苦成家其亡乎？古之爲饗食也以觀威儀，省禍福也，詩曰

「彼交匪傲，萬福來求」，今夫子傲，取禍之道也，何氏以此詩爲饗禮。

愚按：甯子引詩以譏苦成叔，當饗而傲，未嘗謂此爲饗時之詩，而苦成叔與之相悖也。

張沐《禮記疏略》卷八《郊特牲第八》 此用篇首三字爲名，中間皆雜言禮。孔子定禮時，原有此篇名。文中有述有斷，凡斷語皆孔子也。

郊特牲而社稷大牢，天子適諸侯，諸侯膳用犢，諸侯適天子，天子賜之禮大牢，貴誠之義也。故天子牲孕餘證反。弗食也，祭帝弗用也。

郊者，祭天之名，於南郊，故謂之郊。用一牛，故曰特牲。社，祭土神，即祭地也。稷，祭穀神也。牢，牲所畜養之地。太牢，言其牲大而多也。《周禮·掌客》言王合諸侯而饗禮，則具十有二牢是也。用犢、牡犢，言特牲也。禮有以少爲貴者，故郊天、膳天子，二者皆貴特牲而賤太牢也。凡此，尊者常小而少，卑者常大而多。何義乎？賤物而貴誠之義也。莫尊於天，思盡舉天下之物以祭之，不足以稱其德，不得已而以少爲貴，止用一犢，純淨專一之物也，即以將純淨事一之誠敬焉耳。莫尊於天子，有天之德，即極天下之物以膳之，不足以稱其德，不得已而以事天者事之，止用一犢，以純淨專一之物，將此純淨專一之誠敬焉耳。故曰貴誠之義也。故天子牲孕弗食，祭帝弗用。若牝犢，則恐其有孕，即非一牛，與特之義不合。在天子則不食，而祭帝亦不用，爲不誠也。上帝即天也，聚天之神而言之，則謂之帝。

大路繁纓，一就，先路三就，次路五就，郊血，大饗腥，三獻爓，潛。一獻孰，至敬不饗味而貴氣臭也。

大路，祭天所乘之車，木質無雕飾。繁纓，皆路馬之飾。五色一帀曰就，就者成也。大路之下有先路，次先路者曰次路。一就者樸質，三就則加飾，五就則甚飾矣。《禮器》云，次路七就，鄭氏以爲誤。又有謂次路不同，有五就，有七就。郊至尊，用血，至無味也。大饗社稷次尊，用腥，生肉也，近於味矣。三獻五祀又次尊，用爓，半孰物也。一獻，卑賤之禮，用孰，用全乎味矣。故至敬不饗味而貴氣臭也，臭亦氣也。此段不貴飾，不貴味，亦屬貴誠之義。

諸侯爲賓，灌用鬱鬯，灌用臭也。大饗尚腶丁喚反。脩而已矣。

諸侯來朝，以客禮待之，是爲賓也。在廟中行三享畢，然後天子以鬱鬯之酒灌之，諸侯相朝亦然，明貴氣臭之義也。《周禮》作祼字，上公再祼而酢，侯伯一祼而酢，子男一祼不酢。祼則使宗伯酌圭瓚而祼之，酢則賓酢主也。此大饗，謂王饗諸侯也。脯加薑桂曰腶脩，言捶肉如腶，脩則以薑桂脩之。行饗之時，雖設太牢之饌，而必先設腶脩於筵前，然後設餘饌，故云尚腶脩也。此明不享味之義。

大饗，君三重席而酢焉；三獻之介，君專席而酢焉。此降尊以就卑也。

此大饗，是諸侯相朝，主君饗客之禮，諸侯之席三重，今兩君禮敵，故席三重之席而受客之酢爵也。若諸侯遣卿來聘，卿禮當三獻。其上介則是大夫，故謂之三獻之介。大夫席雖再重，今爲介降一等，止合專席。君席雖三重，今徹去兩重，就單席受此介之酢爵。是降國君之尊，以就大夫之卑也。

饗禘有樂，而食、嗣。嘗無樂，陰陽之義也。凡飲，養陽氣也；凡食，養陰氣也。故春禘而秋嘗，春饗孤子，秋食耆老，其義一也，而食、嘗無樂。飲養陽氣也，故有樂；食養陰氣也，故無聲。凡聲，陽也。

此明飲食之別。有樂無樂之異，皆順陰陽之義。禘本夏祭之名，今曰春禘，或夏殷之禮與。禘者陽之盛，嘗者陰之盛，二者又獨禘祫爲尤盛，故前世往往於春夏錯用之，泛作盛祭之名耳。君子事死如事生，事亡如事存，故春養生者之陽氣，而亦盛祭死者之陽氣。皆用酒飲之，所以順陽氣之發散也。雖老幼同饗，而於孤子則尤順。秋食生者之陰氣而亦嘗死者之陰氣，皆用食，食之所以順陰氣之斂聚也。雖老幼同食，而於耆老則尤順，是事生事死雖不同，其陰陽之義則一也。其食嘗無樂之義，則何也？飲養陽氣，故有樂，食養陰氣，故無聲。凡聲陽也，故食、嘗無樂，義亦一也。周時四時之祭皆有樂，此述前世故事，思亦監之郁郁文盛之意。

鼎俎奇居衣反。而籩豆偶，陰陽之義也，籩豆之實，水土之品也。不敢用褻味而貴多品，所以交於旦神。明之義也。

鼎俎之實主天產，爲陽，故數奇。籩豆之實主地產，爲陰，故數偶。籩實菱芡之類，豆實芹蒲之類，水之品也。籩實棗栗之類，豆實菁韭之類，土之品也。水土之品非人所常食，故非褻味，所取不一，故曰多品。鬼神陰陽也，無形聲，惟一理之不昧而已，故曰旦明。此豈在味，一一以陰陽之義合之，即所以交之也。

賓入大門而奏《肆夏》，示易以敨反。以敬也。卒爵而樂闋，孔子屢歎之。奠酬而工升歌，發德也。歌者在上，匏竹在下，貴人聲也。樂由陽來者也，禮由陰作者也，陰陽和而萬物得。

舊註：燕禮，則大門是寢門，饗禮，則大門是廟門也。《肆夏》樂章名。九夏見《周禮》。易以敬，言和易中有嚴敬之節也。卒爵而樂闋，謂賓至庭而樂作，賓受獻爵，拜，而樂止。及主人獻君，樂又作。君卒爵而樂止也。樂盈而反，闋反之義，所謂節也。歎之，歎美之也。奠酬而工升歌，謂奠置酬爵之時，樂工升堂而歌，所以發揚主賓之德，故云發德也。匏竹，笙也。樂所以發陽道之舒暢，禮所以肅陰道之收斂。一闋一闢，而萬事得宜也。

李光地《參同契章句》 推演五行數，較約而不繁。舉水以激火，奄然威光明。日月相薄蝕，常在晦朔閒。水盛坎侵陽，火衰離晝昏。陰陽相飲食，交感道自然。名者以定情，字者以性言。金來歸性初，乃得稱還丹。金入於猛火，色不奪精光。自開闢以來，日月不虧明。金不失其重，日月形如常。金本從月生，朔旦日受符。金還復其母，月晦日相包。隱藏其匡廓，沉淪於洞虛。金復其故性，威光鼎乃熺。

水猶月也，火猶日也。水之滅火，猶月之蝕日也。火滅而後水熱，日蝕而後明生。蓋陰陽交感自然之道，必滅息而後生息也。此以魄拘魂之喻，以下則言魂之守魄也。金水本一體，故又以金爲月，火爲日。金受火尅，而實從火生。火之色赤，故以金色之赤爲歸性初，而稱還丹也。入火之金，受火煎熬。朔旦之月，與日相包，不知者以爲相滅息也。然金之精不奪，而月之明不虧。則斯時也，適爲還受母氣而復其故性。故月則輪郭沈淪，而明生矣；金則體質銷鎔，而光盛矣。○「推演五行數」至「還丹」，舊在「爐火」之下，今定在此。

子午數合三，戊己號稱五。三五既和諧，八石正綱紀。呼吸相含育，佇思爲夫婦。黃土金之父，流珠木之子。水以土爲鬼，土鎮水不起。朱雀爲火精，執平調勝負。水盛火消滅，俱死歸厚土。三性既合會，本性共宗祖。土遊於四季，守界定規矩。

雖有五行，然木即火也，金即水也，其綱惟水火二者。故丹家以水火數合三，又加土數五爲八石。以後言三五者，皆指此也。水火相制，則能還丹。然還丹之先，必有和合一節工夫。後章所謂「黃輿」者，是謂土也。土能尅水，故當水火交爭之時，而能調其勝負。至於火滅而水亦乾，卒皆化爲泥滓灰燼而歸於土矣。蓋沖和元氣者，陰陽之祖也，此其所以王於四季也。此兩章以五行之理言，故曰「推演五行數」。

蔣驥《山帶閣注楚辭》卷四《懷沙》 亂曰：浩浩沅湘，分流汨骨。兮。修路幽蔽，道遠忽兮。懷質抱情，獨無匹兮。伯樂既沒，驥焉烟。程兮。民生稟命，各有所錯措。兮。定心廣志，余何畏懼兮。曾增。傷爰哀，永嘆喟兮。世溷濁莫吾知，人心不可謂兮。知死不可讓，願勿愛兮。明告君子，吾將以爲類兮。此總前意而申言之。時方自沅入湘，故兼沅、湘而言。汨，疾流貌，言沅、湘之水分流入湖，其行迅疾也。修，長也。幽蔽、遠忽，即杳杳靜默之意。匹，合也。伯樂，善相馬者，喻重華、湯禹也。程，較量才力也。錯，置也。定心，則不爲患難所搖；廣志，則不以窮蹙自阻。爰，牽引也。謂，告語也。讓，遜避也。君子，指彭咸。言乘疾流之水，而行幽遠之路。蓋以明王不興，無所取正，故至此。夫禍福有命，固非所懼，而舉世莫知，誠爲可傷，所以發憤自強，而忍死以與彭咸爲類也。右懷沙。《史記》於漁父問答後，即繼之曰：乃作懷沙之賦。今考漁父滄浪，在今常德府龍陽縣，則知此篇當作於龍陽啓行時也。《懷沙》之名，與《哀郢》《涉江》同義。沙本地名，遁甲經，沙土之祇，雲陽氏之墟。路史紀雲陽氏、神農氏，皆宇於沙，即今長沙之地，汨羅所在也。曰懷沙者，蓋寓懷其地，欲往而就死焉耳。原嘗自陵陽涉江湘，入辰漵，有終焉之志，然卒返而自沉。將悲憤所激，抑亦勢不獲已，若《拾遺記》及《外傳》所云迫逐赴水者歟？然則奚不死於辰漵？曰：原將下著其志，而上悟其君，死而無聞，非其所也。長沙爲楚東南之會，去郢未遠，固與荒徼絕異，且熊繹始封，實在於此。原既放逐，不敢北越大江，而歸死先王故居，則亦首邱之意，所以惓惓有懷也。篇中首紀徂南之事，而要歸誓之以死，蓋原自是不復他往，而懷石沉淵之意，於斯而決，故史於原之死特載之。若以懷沙爲懷石，失其旨矣。且辭氣視涉江、哀郢，雖爲近死之音，然紆而未鬱，直而未激，猶當在悲回風，惜往日之前，豈可遽以爲絕筆歟。

王步青《四書本義匯參》卷五《論語集注本義匯參》 子謂子貢曰：「女與回也，孰愈？」女音汝，下同。

［朱子云］：愈，勝也。《語類》問「回賜孰愈」一段，大率比較人物，必稱量其斤兩之相上下者，如子貢在聖門，其德行蓋在冉、閔之下，然聖人却以之較顏子，豈以其見識敏悟，雖所行不逮，而所見亦可幾及與？曰：然。聖人之道，大段用敏悟，曉得人方擔荷得去。如子貢雖所行未實，然他却極是曉得，擔荷得去，使其見處更長一格，則所行自然又進一步。聖門自顏、曾而下，便須遜子貢，如冉閔非無德行，

然終是曉不甚得，擔荷聖人之道不去，所以孔子愛呼子貢而與之語。存疑：夫子此問，不是尋常，乃是深屬意子貢處。蓋顏子在聖門，是第一箇人。聖人把子貢來與他較量，使他自看，此豈是當閒，正以顏子望之也。

對曰：「賜也何敢望回。回也，聞一以知十；賜也，聞一以知二。」

[朱子云]：一，數之始；十，數之終。二者一之對也。胡氏曰：十者數之終，以其究極之所至而言；二者一之對，以其彼此之相形而言。[朱子云]：顏子明睿所照，即始而見終；子貢推測而知，因此而識彼。無所不悅，告往知來，是其驗矣。《語類》：顏子明睿所照，子貢推測而知。此兩句當玩味，見得優劣處。顏子是眞箇見得徹頭徹尾，子貢只是暗度想像，恰似將一物來比並相似，只能聞一知二。顏子雖是資質純粹，亦得學力，所以見得道理分明。○明睿所照，如箇明鏡在此，物來畢照；推測而知，如將些子火光，逐些子照去追尋。○問：子貢推測而知，亦是格物窮理否？曰：然。若不格物窮理，則推測甚底。○《紹聞編》：聖人全體渾然，一切道理俱平鋪在，要用即用。故一有感觸，則其應甚速，而無所不通。顏子體段已具，其於道理平鋪處，未得如聖人要用即用，自然流出。然胸中直是灑然，如光風霽月，於凡私吝蔽礙處，直是打疊得淨。聖人一點，他便即始見終，直是傾腸倒肚，一切都了。子貢聰明亞於顏子，聞得一件，直是理會得這一件透，又能透過那一件，所謂觸類而長也。比顏子即始見終，雖有間，然只此地位已儘高。○慶源輔氏曰：聞一知十，不是聞一件限定知十件，只是知得周徧，始終無遺。聞一知二，亦不是聞一件限定知二件，只是知得通達，無所執泥。知得周徧，始終無遺，故無所不悅；知得通達，無所執泥，故告往知來。按：子貢下箇知十知二字面，只極形何敢望回之意，自泥看不得。○《說統》：「何敢望回」四字，要看出子貢奮發鼓動處，便是進步語。

子曰：「弗如也，吾與女弗如也。」

[朱子云]：與，許也。胡氏曰：「子貢方人，夫子既語以不暇，又問其與回孰愈，以觀其自知之如何。」聞一知十，上知之資，生知之亞也；聞一知二，中人以上之資，學而知之之才也。子貢平日以己方回，見其不可企及，故喩之如此。夫子以其自知之明而又不難於自屈，故既然之，又重許之。《語類》：凡人有不及人處多不能自知，雖知亦不肯屈服，而子貢自屈於顏子，可謂高明，夫子所以與其弗如之說。○慶源輔氏曰：自屬生於自知，自知之明，則不容於不自屈也。且自知之明，則不安於已知，不難於自屈，則不畫於已至，此夫子所以許之。○《紹聞編》：子貢方人，夫子嘗謂我則不暇，今以此章觀之，儘曾向裏用心來，故能道出自家實地位，明於自知，而又不難於自屈，故夫子喜而與之。○《輯語》：聖人進人，只在當下鞭策，如與點、悅開皆是。自知自屈，只此是吾與女處，由此可至無弗如，止好言外推一步帶說耳。此其所以終聞性與天道，不特聞一知二而已也。

吴廷華《儀禮章句》卷一二《士喪禮》

士喪禮第十二士謂死者及其子，蓋士死而其子喪之，自始死至卜葬之禮。據《雜記》恤由之喪，哀公使孺悲之。孔子學《士喪禮》，蓋春秋轉相僭竊，《士喪禮》廢而其書尚在，故孔子以教孺悲，而是禮遂傳。喪于五禮屬凶禮，當第五第十二，說非，詳《士冠禮》。

士喪禮。死于適丁狄反。室，正寢之室也。寢有堂有室，王六寢，大寢一，小寢五。諸侯大寢一，小寢二。大夫士二寢，大小寢各一。適寢，大寢也。小寢又曰燕寢，又曰下室。正寢在前，燕寢在後。妻各如其夫。《曲禮》士曰不祿，庶人曰死。此云死者，散文通也。必于適室者，死必以正。魯僖公薨于小寢，《春秋》非之。幠火吾反。用斂衾。幠，覆也。衾，被也。《大記》小斂君錦衾，大夫縞衾，士緇衾，皆一。大斂二衾、一藉、一覆。此大斂，所覆衾也，不用小斂衾者，當陳之。　以上始死。復者一人，復者，人子不忍死，其父母招之，庶其生氣之反也。復者有司，《周禮》有《夏采》、《祭僕》，此其屬也。士禮一人，餘以位爲等殺也。下記復者朝服，左執領，右執要。以爵弁服，士服之尊者，弁不用，以表服而已。簪裳于衣，簪，連也。連之者，登屋防脱遺也。復必以服者，神所習也。左何戶我反。之，肩之，便于升。扱領于帶。扱，插也。插于復者之帶間。升自前東榮，東方，取生氣也。中屋，屋之脊也，聲高則遠聞。北面求諸幽。招以衣，曰：「皋某復。」三。皋，長聲。某，死者名。《喪大記》：凡復，男人稱名，婦人稱字。降衣于前。降衣，下之于堂前，象死者之復也。受用篋，別使人受之，用篋者，防其瀆。升自阼階，生時升降處。以衣於旣反。尸。庶其隨衣復于身。復者降自後西榮。《喪大記》所謂西北榮也。蓋幽陰之方，庶其隨復者降也。　以上復。楔息結反。齒用角柶，以下所謂復而後行死事也。楔，拄也。將含，恐口閉急，故以柶拄，張尸口使開也。角柶，見《士冠禮》，據下記，言楔貌如軛上兩末，則又名柶爲楔矣。兩末上鄉，則末出口外，要與扱醴者別。綴丁劣反。足用燕几綴猶拘也。將屨，恐足辟戾，故用几腳拘之。復後遷尸，南首，足在北。綴之者，几腳南鄉以夾足，使不辟戾也。燕，安也。燕几，其燕居時憑以爲安之几與。　以上楔齒、綴足。案呂氏《四禮疑》云：死欲安，不宜楔以困之，且一楔之後，雖含以物，而口不復合也。《儀禮節畧》云：綴足用几甓，尤迂，並存之。奠脯醢、醴酒，設奠以依神也。《檀弓》始死之奠，其餘閣也與。升自阼階，奠于尸東。帷堂。事小訖，帷之，以鬼神尚幽闇也。　以上奠。乃赴于君。赴，告也。主人西階東，南面命赴者，拜送。赴君，故必親命而送之。餘如《檀弓》父兄命送者可也，西階者，親雖死，尚不忍在阼。有賓，則拜之。因命赴出，遂拜之。［鄭玄］注：賓，僚友羣士也。［賈公彥］疏：有大夫則經必稱之，如下有大夫則特拜之是也。以上命赴君。入，坐于牀東，主人入室，西面，對死者牀。當牖，其東則戶之西也。前亦坐于此，見之下記。室中惟主人主婦坐。衆主人在其後，西面。庶昆弟也。其後主人之東。婦人俠古洽反。牀，東面。妻妾姑姊妹女子子之屬在牀西。曰俠者，與主人東西俠牀也。主婦在前。親者在室。大功以上父兄姑姊妹子姓也，又在上二者之後。衆婦人戶外北面，衆兄弟堂下北面。二者皆小功以下，北面，鄉室也。以上面位。君使人弔。注：使人，士也。禮使人必以其爵。徹帷。徹者，㡯之，爲君命變也。事畢下之。㡯，羌據反。褰帷而上也。主人迎于寢門外，不于外門者，別于迎君。見賓不哭，賓謂使者，不哭，爲其以君命來。先入，門右北面。弔者入，即賓。升自西階，東面。致命位也。主人進中庭，不升。弔者致命。主人哭，拜稽顙，成踊。成踊，三者三，凡九踊也。賓出，帷堂。主人拜送于外門外。以上君使人弔。君使人襚。遺人衣服曰襚，蓋以助斂。徹帷。此又言徹，則賓出即下帷也。主人如初。襚者左執領，右執要，入，升，致命。主人拜如初。襚者入，衣尸，曰衣尸者，加衣于尸上，如衣之者然，與《記》委衣于牀者別。出。主人拜送如初。唯君命，出，否則在室，不出。升降自西階。遂拜賓，因出遂拜，不出則不拜也。有大夫則特拜之。餘則旅拜。即位于西階下，東面，不踊。因拜，故即拜位也。不踊，別于君。大夫雖不辭，入也。辭之恐其爲賓留于外也，不辭亦入者，本不爲賓出也。親者襚，大功以上。不將命，不使人將之以致命，同財之義也。以即陳。陳于房中。庶兄弟襚，即上衆兄弟，蓋小功以下者。使人以將命于室，衆兄弟在堂下，故致命于室也。主人拜于位。牀東之位。委衣于尸東牀上。尸牀上之東也。朋友襚，親以進，進，進于室也。親以進禮，與親者等也。主人拜，委衣如初。退，反賓位。哭，不踊。以上三者皆不踊，別于君也。徹衣者執衣如襚，襚者衆，牀不足容，故有司徹之。如者，亦左執領，右執要。以適房。以上襚。右第一章，始死諸雜儀，凡八節：一始死，二復，三楔齒綴足，四奠，五赴君，六面位，七君使人弔，八襚。爲銘，各以其物。《檀弓》銘，明旌也，以死者爲不可別已，故以其旗識之，蓋以表柩也。物，畫物，如日月爲常，交龍爲旂之屬，大概言之，故曰各。註：以物爲大夫士載物之物，謂雜帛也。如其說則彼此不過一物而已，似不必言各也。亡則以緇，長半幅，布幅去邊各一寸，竟幅二尺，半之則一尺也。案：大夫、士同載物，則凡大夫、士之銘一爾，不計命數也。亡物當指庶人，言注以爲不命之士。蓋泥于《士喪》，言之不知其由，士以推之民也。經末，經，丑貞反，赤色。長終幅，廣三寸，書銘于末，曰：「某氏某之柩。」上某：氏也；下某，名也。尸在棺爲柩。竹杠音江。長三尺，杠，銘橦也。置于宇西階上。宇，屋邊也，謂簷下。注謂之梠，梠，桷端連木，桷，屋椽也。宇西階上者，宇下階上也。初置此，待爲重訖，乃置于重。以上爲銘。

曹庭棟《逸語》卷一《學必第一》

程子曰：古之學者一，今之學者三，異端不與焉。一曰文章之學，二曰詁訓之學，三曰儒者之學。欲趨道，舍儒者之學不可。此篇乃趨道之階，學之始事也，凡二十二章。子曰：學必由聖，所以致其材也。學，兼知、行、言。由，從也。致，推極也。木之可入於用者曰材。人有可用之具，如木有可用之材也。聖爲人道之極，故學必從聖者，所以推而極之，大其有用之具也。○程子曰：莫說將第一等讓與別人，且做第二等，纔如此說，便是自棄。又曰：百工治器，貴於有用。器而不可用，工不爲也。學而無所用，學將何爲也。愚謂：學惟由聖而後有用，亦惟由聖，而後用非小用也。此章見《子思子》。○子曰：誦《詩》讀《書》，與古人居；讀《書》誦《詩》，與古人期。《詩》以見性情之邪正，《書》以明政事之得失，脩己治人之要，皆具焉。居，居處也。與古人居者，如與古人一堂晤對，無一言一字不明告語也。期，期約也。與古人期者，凡古人所至而吾所未至，必勉而企及也。誦《詩》讀《書》，反覆言之而各協其音。與《書》無偏無黨，王道蕩蕩；無黨無偏，王道平平同例。蔡氏註曰：蓋《詩》之體，所以使人吟咏而得其性情者也。○朱子曰：講論一篇《書》，須是理會得透，把這一篇《書》與自家滚作一片，方是。○此章見《金樓子》。○子曰：書之重，辭之復，嗚呼，不可不察，其中必有美者焉。重，平聲。復，芳服切。○書者，記錄也。重，疊出也。辭，文辭。復，再也，猶重也。書重故辭復，蓋古人垂訓之辭，往往至再至三也。嗚呼，歎辭，歎其用意之深。察，謂體驗其義理。美者，義理之精微也。○朱子曰：讀書須是耐煩，未見道理時，如數重包裹，今日去了一重，方見得一重，明日去了一重，又見得一重。愚謂：察必如是，方能確見其美者，於身心爲有裨益耳。○此章見《春秋緯》。○子曰：君子有三憂：弗知，可無憂與；知而不學，可無憂與；學而不行，可無憂與。與，平聲。○知，謂知有此道。學，講習討論，即所以致其知。行，以身體之，即所以踐其學。憂者，憂其自棄，亦憂其自畫也。按《論語》知之好之樂之，與此三者之序，大旨相類。○此章見《韓詩外傳》。○子曰：弗學，何以行？弗思，何以得？小子勉之，斯可爲人師矣。學以知言、行者，行所知，思以理言。得者，得其理。勉之者，勉於學以行之、思以得之也。斯，語辭。斯可爲人師者，學思之功既盡，則其行也，可以爲人之法，其得也，可以應人之求矣。愚謂徒學弗思，亦不能行；徒思弗學，亦不能得。故必學與思交勉，而後行與得兼盡，則德成於己，斯可以成人矣。○程子曰：力行先須要知，非特行難，知亦難也。又曰：譬如行路，須得光照。朱子曰：思索譬如穿井，不解便得清水，亦須是濁，漸漸刮將去，卻自會清。○此章見《中論》。○曾子曰：尊其所聞，則高明矣；行其所知，則光大矣。曾子，孔子弟子，名參，字子輿。尊者，奉持勿違之意。所知即所聞，聞淺而知深也。謂學不可以泛鶩，誠有所聞，即其所聞而尊之。篤信而無疑蔽，則心自高明矣。誠有所知，即其所知而行之，實踐而無虛假，則心自光大矣。○張子曰：大凡未理會至實處，如空中立，終不曾踏著實地。朱子曰：爲學之道，只是這箇道理，見得自家合當做底，便做將去。○此章見《漢書》。○子曰：用志不分，乃疑於神。疑，讀作凝。○心之所之謂之志。不分者，主一之謂。疑，定也，如《詩》「靡所止疑」。《正義》云：疑者，安靜之義，故爲定也。神者，心之神明所以動而應物者也。言志本於心，用其志而主乎一，則心不煩，乃能定於神而不役於物也。○魯齋許氏曰：聖人之心，如明鏡止水，物來不亂，物去不留，用工夫主一也。主一，是持敬也。○此章見《列子》。○子曰：心之精神，是謂聖。心者，身之主，渾然在中者也。精以體言，寂然不動是也。神以用言，感而遂通是也。聖者，《書》云：「睿作聖。」周子謂「無思而無不通爲聖人」是也。言人有是心，莫不有是至精而至神者，其本然之德如是也，聖人亦全乎心之本然者而已。故是即聖之所以爲聖也。○程子曰：聖賢千言萬語，只是欲人將已放之心，約之使復入身來，自能尋向上去，下學而上達也。○此章見《尚書・大傳》。○子曰：弟子勉之，汝毋自舍，人猶舍汝，況自舍乎。人違汝其遠矣。舍，上聲。○勉之者，勉於學也。毋、無通。舍，棄違，去也。言汝即學而無自棄，恐學之未至，人猶以爲不足信，從而棄汝也，況乎自棄而弗學，則人必去汝而遠棄汝矣。愚謂：學以爲己，何求於人？然不能感之使來，而反激之使去，則其所謂學，安在乎？故人情有從違，亦以驗我學之得失也。○此章見《中論》。○子曰：如垤而進，吾與之；如邱而止，吾已矣。垤，徒結切。○垤，蟻封也。與，助也。小陵曰邱。已，敎無所施也。言如垤之卑，而循序漸進，吾可相助有成也。如邱之高，而中道自止，吾亦末如之何矣。蓋欲學者勉於自強，以爲受敎之地耳。○愚按：《論語》「爲山」章「吾止也」、「吾往也」，所以示學者反諸己而自求。此曰「吾與之」、「吾已矣」，所以使學者因敎者而知惕。二章之旨可以互參。○此章見《荀子》。

○子曰：丘少而好學，晚而聞道，此以博矣。少、好，並去聲。○道者，事物當然之理。博，謂多聞多見也。言學貴乎明理，吾少而好學，而聞道已晚，所以學之該博如此矣。蓋謂學不在乎徒博也。○愚按：程子嘗以記誦博識爲玩物喪志，亦以學貴貫通其理，而後有裨於身心。若專事搜獵，便爲究境，博亦何益。此夫子謙言其所以博之故，亦爲學之徒務博者警耳。○此章見《申子》。○子曰：知者之知，固以多矣。有以守少，能無察乎。愚者之知，固以少矣。有以守多，能無狂乎。知者「知」字，去聲。有，古通又。○守，執持也。察者，智識之明。狂者，冒昧而無所適從之意。韓子曰：心不能審得失謂之狂。言知者所知既廣，又以能約，故所守愈精而愈明。愚者所知既隘，又以務貪，故所守愈雜而愈昏。○程子曰：大凡學者所見所期，不可不遠且大，然亦須量力有漸，志大心勞，力小任重，終恐敗事。○此章見《荀子》。○子曰：不學而好思，雖知不廣矣；學而慢其身，雖學不尊矣。好，去聲，下同。○慢，惰也。尊，貴也。蓋不學而徒思，雖自謂思而有所知，亦流於異端之虛寂，不能得其廣大之理也。學矣而惰於躬行，雖多聞多見以廣其知，猶浮而非切，其學亦不足爲貴也。不以誠立，雖立不久矣；誠未著而好言，雖言不信矣。誠者，眞實无妄之理。立，謂立心也。著者，實有於中，而著於事爲也。誠則無息，立心而不以誠，雖其心強爲執守，亦難持久也。苟能以誠立矣，然誠方存而未著，而輒好爲議論，雖其言本出於誠，而亦不能爲人所深信也。美材也，而不聞君子之道，隱小物以害大物者，災必及其身矣。隱，於靳切。○材，質也。不聞君子之道，謂未嘗奉敎君子，若上文所云是也。隱，憑也，如孟子隱几而臥。物，猶事也。小物，謂嗜慾。大物，謂義理。言人苟具美質，而不奉敎於君子，將有憑其嗜慾之小物，以害其義理之大物者。雖有美質，秖自取禍矣。美質之不足恃又如此。○張子曰：有志於學者，更不論質之美惡，只看志如何。匹夫不可奪志也，惟患學者不能堅勇。○此章見《韓詩外傳》。○曾子曰：不能則學，疑則問。欲行則比賢，雖有險道，循行達矣。比，必二切。○比，猶親也。塗之難行者曰險道。循，舒徐不迫之意。達，通也。言由學而問而比賢，果其用力之勤如此，猶之雖有險塗，舒徐以漸進，亦無阻而不通之患耳。朱子謂學問無一超直入之理，直是銖積寸累做將去，是也。今之弟子病下人，不知事賢。恥不知，而又不問。欲作，則其知不足，是以惑闇。惑闇，終其世而已矣，是謂窮民也。下，遐嫁切。其知之「知」，去聲。○「病下人」，憂所行之居人下也。恥不知，以疑而不知爲可恥也。欲作，欲有所能。其知不足，未嘗學以充其識也。惑闇，猶昏愚。言如是，則昏愚以終其身而已。窮者，無一能通之意。○愚按：學者大患，常在矜氣未化，謝氏所謂「子細點撿得來，病痛盡在這裏」。故曾子論進德之序，先之以學；論弟子之弊，先之以病下人。蓋其不問不學，莫非矜氣所致耳。夫惟昏愚故矜，亦惟矜則益其昏愚，所謂民斯爲下矣。○此章見《曾子》。○曾子曰：君子愛日以學，及時以行，難者弗辟，易者弗從，惟義所在。辟、易，並去聲。○愛日者，恐此日之虛度。及時者，恐後時之莫追。難、易，即指學與行而言。弗辟，謂不辭其重遠。弗從，謂不爲其苟且。義者，當然之道。言君子亦惟學所當學，行所當行而已。日旦就業，夕而自省，思以沒其身，亦可謂守業矣。省，悉井切。○旦，明也。就業，就其學與行之業。省者，察其所就之業，恐有差失也。思以沒其身，謂君子之心，惟願以此學焉行焉者，終其世而已。守業，謂能篤志固執而不變也。君子學必由其業，問必以其序。承上文言君子自脩之學，固必從其所守之業矣。若夫不知而待問，又必有其次第。《學記》所謂善問者如攻堅木，先其易者，後其節目。問而不決，乘閒觀色而復之，雖不說，亦不彊爭也。閒，去聲。復，扶又切。說，音悅。彊，上聲。○不決者，未能剖斷於心也。不說者，未能釋然以解也。言既問於人，而已不自決，不敢冒昧以相瀆，必乘其閒隙，觀其顔色，而復問焉。雖使猶未釋然以解，亦不敢彊爲辨難，蓋必默體諸心也。君子析理之精，故問而能審又如此。○朱子曰：若用功麤鹵，不務精思，只道無可疑處，非無可疑，理會未到，不知有疑耳。愚謂：凡人爲學，若稍有自是之意，便無進步。惟君子秖覺所學所行，常有不是處，故必要問，此其所以業之愈進而愈不已也。○此章見《曾子》。○子曰：少成若性，習貫之爲常。少，去聲。貫，音慣。○性，天命之性。習，服習也。貫，習之熟也。如《詩》「三歲貫女」。貫之，謂爲父兄者，無以爲敎而貫其所習也。言人性本善，然氣質亦有不同，苟少時任其氣質之偏，以成其惡，則惡者亦若性矣。是以父兄之於子弟，苟無以化其氣質，日用服習之閒，久而貫之，即視爲所性之常，蓋終其身弗復能改者矣。故敎子弟者，不可不豫也。○朱子曰：古人自能食能言，便已敎了，一歲有一歲工夫。又曰：後生初學，且看小學之書，那是做人底樣子。○此章見《大戴記》。○冉有曰：雖有良玉，不刻鏤，則不成器；雖有美質，不學，則不成君子。鏤，音漏。○冉有，孔子弟子，名求。良玉，猶美玉。刻鏤，雕飾也。言凡物必需人力而後成也。《學記》曰：玉不琢，不成器；人不學，不知道。意相類。○此章見《韓詩外傳》。○子夏曰：日習，則學不忘；自勉，則身不墮。亟聞天下之大言，則志益廣。亟，去吏切。○子夏，孔子弟子。卜氏，名商。學以求知，知而輒忘，學亦何爲。故功在日習也。墮者，墮入下流也。身有所行，行而輒墮，身將誰咎？故功在自勉也。亟，頻數也。大言，言之宏博者。蓋日習自勉，惟反己而近求。又必亟聞大言，則所聞於人者多，而其志加廣矣。○邵子曰：斂天下之智爲智，斂天下之善爲善，則廣矣。○此章見《中論》。○子路問曰：請釋古之道，而行由之意，可乎？子路，孔子弟子，仲氏，名由。釋，舍也。道，猶法也，指制度文章之類。行由之意者，自爲創造以行之，不拘成法也。子曰：不可。釋古之道，行子之意，庸知子意不以是爲非，以非爲是乎？庸知，猶安知。古之道，理之準則也。舍古自用，則無以考據其理，安知理之是者不反以爲非，理之非者不反以爲是乎？故聖人直斥之曰「不可」，而復申言其弊以曉之。○愚按：夫子嘗曰「述而不作，信而好古」。信、好是不作之本，而信又爲好之本。若不信，亦不能好，將必至於作也。子路之欲釋古道，其病先中於不信，蓋勇於有爲，而少篤實之意故耳。○此章見《說苑》。○子謂子路曰：木受繩則直，人受諫則聖。受學重問，孰不順成？毀仁惡士，必近於刑。君子不可不學。重，平聲。毀仁之「仁」，疑作人。徐鉉曰：仁即人字。惡，近，並去聲。○《正言》曰：《諫書》曰「惟木從繩則正，后從諫則聖」。夫子蓋本此意，以明納言之當急也。受學者，受人之諫而學之。重，猶復也。諫之所未明者，復問而學之也。如是，則孰不順其納言之意，以成其學乎？仁，謂庸人。士，謂正士。近於刑者，毀惡足以召禍也。不可不學，謂能受諫而又不可不加以學也。愚按：子路寧有毀仁惡士之失？然常人之情，不能受人之諫，必反至毀惡人，夫子亦推言其弊以警之耳。○此章見《家語》。○子謂顔淵曰：人莫不知此道之美，而莫之御也，莫之爲也，何居？居音姬。○顔淵，孔子弟子，名回。此道，猶云吾道。御，治也，猶脩也。爲，力行也。何居，怪之之辭，猶言何故。鄭氏《禮記》注曰「居齊魯閒語助也」。爲聞者，盍日思也夫？夫，音扶。○聞，即上文所云「知」。蓋知必由於聞也。盍，何不也。日思，謂道以思而愈出也，言凡爲聞而知道者，特未嘗思之，故莫御莫爲耳，則何不因所聞而日思之乎。○愚謂知而弗行者。朱子謂氣不從志處，乃是天理人欲交戰處也，故惟思而後可以勝之。若顔子心解而力行，固無待於思。夫子曰「盍日思者」，爲衆人而言，正所以專與顔子耳。○此章見《家語》。○子曰：可以與人終日而不倦者，其惟學乎？與人，與人言也，指敎者言。終日，謂其久。倦，厭也。凡事取之於外，有盡境，即有厭時，義理探之於心，無盡境，故無倦時也。其容體不足觀也，其勇力不足憚也，其先祖不足稱也，其族姓不足道也。然而可以聞四方而昭於諸侯者，其惟學乎。道，去聲。聞，音問。○此節指學者言。容體、勇力，身所自具，先祖族姓，身所從來。聞，聲譽也。昭，聲譽顯著也。言有人於此，論其身，則一無足取，然可以聲譽及四方，而顯著於諸侯者，其惟學足以致之也。愚按：實至則名章，身之有名，在於學之有實，而不係乎他也。聖人此言，所以見人盡當學，天下無可自棄之人爾。○此章見《說苑》。

傅恒等《御纂詩義折中》卷三《邶風·静女》

靜女其姝，俟我於城隅。愛而不見，搔首踟躕。

賦也。靜女，美稱也。姝，殊色也。城隅，期會之所也。不見，期而不至也。搔首踟躕，久待之也。期會城隅而以爲靜女，愛其色之美則忘其行之醜也。

靜女其孌，貽我彤管。彤管有煒，說懌女美。

賦也。孌，好貌。彤，赤也。古者針筆皆有管，此靜女之所佩而解以貽所私也。煒，光也。管無光而以爲有光者，悅女之美，覺管亦美也。

自牧歸荑，洵美且異。匪女之爲美，美人之貽。

賦也。牧，野外也。荑，茅之始生者。洵，信。女，汝，謂荑也。言靜女既會之後，又自野而貽我以荑，見之而信以爲美，不止於美而且異者，非荑之果美也，以其爲美人之所貽，則不美者亦美耳。愛憎之極，美惡易位，臨亂之君，各賢其臣，亦若是矣，獨管、荑也與哉。

《靜女》三章，章四句。

《靜女》，刺迷也。管本無煒，荑何足異，而以爲煒且異者，溺愛則不明也。昔彌子瑕食桃而甘，以其半與衛君，公曰「愛我哉，忘其口味以啖寡人。」彌子母病，矯駕君車以出，公曰「孝哉，爲母而忘其刖罪。」及彌子色衰愛弛，公怒曰：「是嘗矯駕吾車，又啖我以其餘桃。」故彌子之行未變於初也，當其愛時，則人以爲罪，君以爲功；及其不愛，則前爲功者後即爲過。故曰：好而知其惡，惡而知其美者，天下鮮矣。人君鑒此，於其所愛必察之焉，曰，得毋尚有可疵乎？於其所惡，必察之焉，曰，得毋尚有可用乎？則不至因喜而謬賞，因怒而濫刑，亦不因迎合而悞用小人，因觸忤而久棄君子，其於治天下庶幾矣。

李之素《孝經正文・庶人章第六》 用天之道，分地之利，謹身節用，以養父母，此庶人之孝也。故自天子至於庶人，孝無終始，而患不及者，未之有也。

天道春生、夏長、秋收、冬藏也，地利高下、燥濕、所產之利也。謹修其身，不妄爲也；節省其用，不妄費也。獨不引《詩》者，義盡於此，不容贅也。結言孝無貴賤始終之異，而患孝道至大，己身不能企及者，自古至今，未有此理。天子庶人之孝，分量不同，而孝則一。天子庶人不同，而天則一。庶人之養親，即庶人之事天。恐後世耑以分量大小觀孝，故曰：啜菽飲水盡其歡，斯之謂孝。

劉琴《四書順義解》卷一 古之欲明明德於天下者，先治其國，欲治其國者，先齊其家，欲齊其家者，先脩其身，欲脩其身者，先正其心，欲正其心者，先誠其意，欲誠其意者，先致其和。致知在格物。治，平聲，後放此。

[朱子云]：明明德於天下者，使天下之人皆有以明其明德也。心者，身之所主也。誠，實也。意者，心之所發也。實其心之所發，欲其必自慊而無自欺也。致，推極也。知，猶識也。推極吾之知識，欲其所知無不盡也。格，至也。物，猶事也。窮至事物之理，欲其極處無不到也。此八者，《大學》之條目也。

[劉琴云]：知學之序者，其惟古人乎？古之欲明明德于天下，以新民者，不遽于天下求之也，先立標準，胥教誨，以治其國，使秩然有緒而不亂，以遠由于近也。欲治其國者，不遽于國求之也，先篤恩義，正倫理，以齊其家，使截然有理而不紛，以疏由于親也。欲齊其家者，不遽于家求之也，先愼言行，公好惡，以修其身，使本無者去其有餘，本有者補其不足，以人由于己也。至于身之所主者，心也。使心有偏倚，則無以檢其身，而身不修矣。故欲修其身者，先敬以直，內虛以應物，以正其心。心之所發者，意也。使意有僞妄，則有以累其心，而心不正矣。故欲正其心者，先戒其自欺，求其自慊，以誠其意。然誠意豈遽求之意哉？蓋人心之靈，莫不有知，使知有所蔽，則不知何者爲眞，何者爲妄，何以去妄而存眞。故欲誠其意者，必先推致吾心之知識，使全體大用無不明焉。知又豈懸空以爲致哉？蓋天下之物，莫不有理，知在心而實周于物，理在物而實具于心。使在物之理有未窮，則吾心之知有所蔽，故欲推致吾心之知，在即所接之事物，而窮其當然，所以然之理焉。古人之不紊其序如此。

○翼註曰：明德二字屬我，不屬天下。○又曰：治對紊亂，齊對參差言。修有二項，去其有餘，補其不足。○心兼動靜，意是動之端。○翼註：格字即窮理之窮字。

物格而后知至，知至而后意誠，意誠而后心正，心正而后身脩，身脩而后家齊，家齊而后國治，國治而后天下平。治，去聲，後放此。

[朱子云]：物格者，物理之極處無不到也。知至者，吾心之所知無不盡也。知既盡則意可得而實矣，意既實則心可得而正矣。脩身以上，明明德之事也；齊家以下，新民之事也。物格知至，則知所止矣。意誠以下，則皆得所止之序也。

[劉琴云]：是何也？蓋必在物之理。既格於物，一無所疑，而后吾心之全體大用無不明而知至，此致知所以在格物也。知既至，則眞妄明白，而后去妄存眞，意之所發，可得而誠，此欲誠意所以必先致知也。意既誠，則中無所累，而后存養省察，心之動靜，可得而正，此欲正心所以必先誠意也。心既正，則中有所主，而后檢束有地，身之應事接物，可得而修，此欲修身所以必先正心也。至于身修則儀型既立，而后家有所觀法，可得而齊，此欲齊家所以必先修身也。家既齊，則感化有基，而后國有所則傚，可得而治，此欲治國所以必先齊家也。國既治，則舉斯加彼，而后能明明德于天下，天下可得而平，此欲明明德于天下，所以必先治國也。序之所以不可紊者，以此。○張彥陵曰：「以而後字形，出必先意。」

《道德經》下篇［胡與高注胡與宗附解］ 道生之，德畜之，物形之，勢成之，是以萬物莫不尊道而貴德。道之尊，德之貴，夫莫之命而常自然。故道生之，畜之，長之，育之，成之，熟之，養之，覆之，生而不有，爲而不恃，長而不宰，是謂玄德。夫，音扶。長，俱上聲。

右第十四章。此章言天下之物，皆本於道德，而極言道德之用之神也。謂道之體無爲，而德之用不測，所以物之生也。道生之，物之畜也。德畜之，而此道此德，無形可指，無勢可憑。然物生於道，則道無形而物形之；畜於德，則德無勢而物之動靜靈蠢之勢以成之。惟天下之物，皆原於道德，是以萬物莫不尊道而貴德。且道之尊，德之貴，非有命之尊貴，常自然而尊貴。故物生於道，畜於道，長於道，育於道，成於道，熟於道，養於道，覆於道。而此道也者，生而不有，爲而不恃，長而不宰。其變化不測如此，謂非玄德而何。

附解：章作兩段看。章首八句，是推原人物之本於道德。下則極言道德之用之神，分言之。道以本體言，德以功用言，有體而後有用，原其本體，則生畜之本在道。故下段以道貫下，語其功用。則生之、畜之，皆德之功。故下段以德結上，至章首分屬者，蓋包體用而言，互文也。受氣曰生，孳息曰畜，成形曰形，形而有人物之別曰勢。四句指生初而言。長，長其質也。育，馴其性也。《說文》謂教養之作善曰育。成，成全不損壞也。熟，結實不隕落也。養，調養護其傷也。覆，覆冒保其和也。數句皆以生後而言。

天下有始，以爲天下母。既知其母，復知其子。既知其子，復守其母。沒身不殆，塞其兌，閉其門，終身不勤。開其兌，濟其事，終身不救。既知其母二句，一本作「既得其母，以知其子」。此章舊本誤連下章，合作一章。

右第十五章。此章明德之體，即道之體，言德者當勿離其體也。謂道開天地而天下有始，是道爲天下之母。既知道爲母而得其母，則知得於身爲德者，皆由道生，而知其子矣。子母不相離如此。人苟知子本於母，既知其子以全此德於身，仍能復守其母，率乎道之自然，則身與道俱，絕無背道之行，不沒其身可以不殆乎。譬如人之處世，塞其兌，閉其門，一切不擾，則終身不見其勤勞。若開其兌以求濟其事，則終身勞逐，精神亦因之困敝而不救。蓋逐於事爲之子，而不知守此身之母也。悟此則知德之母爲道，畜德者信不可舍道以言德矣。

附解：章以道爲母德爲子者，蓋道無爲，德則無爲而無不爲。故既知德之無爲而無不爲，仍當守此無爲之道，所謂既知其子復守其母也。非由有爲復於無爲之謂。章內正意，至「沒身不殆」句已盡，下皆借喻以明之。兌，通也。以略言。即《詩經》「行道兌矣」之兌。

集解分部

論述

何晏等《論語注疏解經序》　前世傳授師說，雖有異同，不爲訓解。中間爲之訓解，至于今多矣。所見不同，互有得失。今集諸家之善，記其姓名，有不安者頗爲改易，名曰《論語集解》。

杜預《春秋左氏傳序》　故特舉劉、賈、許、潁之違，以見同異，分經之年，與傳之年相附，比其義類，各隨而解之，名曰《經傳集解》。

范甯《春秋穀梁傳序》　升平之末，歲次大梁，先君北蕃迴軫，頓駕于吳，乃帥門生故吏、我兄弟子侄，研講六籍，次及《三傳》。《左氏》則有服、杜之注，《公羊》則有何、嚴之訓。釋《穀梁傳》者雖近十家，皆膚淺末學，不經師匠，辭理典據，既無可觀，又引《左氏》、《公羊》以解此傳，文義違反，斯害也已。於是乃商略名例，敷陳疑滯，博示諸儒同異之說。昊天不吊，大山其穨。匍匐墓次，死亡無日。日月逾邁，跂及視息。乃與二三學士及諸子弟，各記所識，并言其意。業未及終，嚴霜夏墜，從弟彫落，二子泯沒。天實喪予，何痛如之。今撰諸子之言，各記其姓名，名曰《春秋穀梁傳集解》。

《周易略例》［邢璹注］　略例者，舉釋綱目之名，統明文理之稱。略，不具也；例，舉并也。輔嗣以先儒注《易》二十餘家，雖小有異同，而迭相祖述。推比所見特殊，故作《略例》，以辯諸家之惑，錯綜文理，略錄之也。

度正《春秋集義序》　伯勇於經無所不學，而尤盡力於《春秋》，故凡濂溪、明道、伊川、橫渠而來，或著書以明《春秋》，或講他經以及《春秋》，或其說之有合於《春秋》者，皆廣收博訪，無所遺逸。爾乃定其後先，審其精粗，各附於本章之次，名之曰《春秋集義》。凡諸老先生平日之所講，明以遺乎後之人者，皆粲然在目，而聖賢傳心之旨，可坐而至，眞求道之軌轍，而入德之門戶也。

徐師曾《禮記集注序》　古昔聖王迭興，人文漸著，各有禮樂，以致太平。蓋至有虞氏而始詳，歷夏及商，猶尚忠質，至周而又加詳。意其時禮樂皆有全經，而散逸不傳。今所存者唯《周禮》、《儀禮》而已。若夫《禮記》則四代之遺制，聖賢之格言在焉。孔子沒後，七十子之徒相與共錄而成書，雖《王制》、《月令》作自秦、漢，要亦不可少者。孝武時，河間獻王德得其書而上之，孝成詔劉向校定二百五十篇，厥後戴德既刪爲八十五篇，戴聖又刪爲四十六篇，後漢馬融傳其學，乃附《月令》、《明堂位》、《樂記》，合四十九篇，其餘歸諸《大戴禮》。故今之《禮記》，戴聖、馬融之所定也。後儒謂《儀禮》爲經，《禮記》爲傳似矣。曾竊以爲此書蓋二禮之傳，不特傳《儀禮》也。何則？《周禮》者，周之官制也。六官各有所職，而大要以五禮爲主，故舍曰官而曰「禮」。《儀禮》者，周之禮制也。五禮但揭其綱而行之，以儀節爲目，故不專曰「禮」，而兼曰「儀」。由是言之，則《儀禮》者爲《周禮》而作也。彼其竝稱爲「三禮」者，固云誤矣，而謂專傳《儀禮》，無乃有遺論乎。今考此書之於二禮，有釋其義者，如《祭義》、《冠義》、《問喪》等篇，又如《曲禮》、朝覲、聘問之類，固釋《儀禮》，至於遇會、誓盟之類，則釋《周禮》也。又如《文王世子》所記庶子，是釋《周禮》諸子之類。今不能悉舉，讀者當自考之。有補其闕者，如《曾子問》《奔喪》《雜記》《喪大記》《投壺》諸篇。又如《曲禮》所記天子、諸侯、后、夫人、卿、大夫生死、祭享、祭品、稱名，《明堂位》所記朝位，《昏義》所記天子、諸侯教婦之類。有引其全文者，如《內則》所引竝《周禮》全文。有文同而指異者，如《喪大記》多引《儀禮》二《喪禮》正文，而所指則自天子而下。《曾子問》載子游問喪，慈母如母，本《儀禮》文，而孔子所答則異之類。有略相似而增損者，如《少儀》言語之美章與《周禮》六儀略同，然損其三，而增其一之類。有因其文而推廣之者，如《喪服小記》婦當喪而出一章，是因《儀禮》子嫁反在父室爲父三年之文而推言之之類。有解其未明者，如《喪服小記》《問喪》、《三年問》《喪服四制》諸篇。有不相合者，如《喪服小記》「生不及祖父母、諸父、昆弟，而父稅喪，己則否。降而在緦、小功者，則稅之」，與《儀禮》「兄弟皆在他邦，加一等；不及知父母，與兄弟居，加一等」不合。又如《喪服四制》言父服以恩制，與《儀禮・喪服》傳言至尊者稍異之類。有雜記四代之禮者，有專記周人之禮者，有美其得禮者，如《檀弓》所記孟獻子禫、文子除喪待弔之類。有譏其失禮者，如《檀弓》所記公儀仲子舍孫立子，子路姊喪弗除之類。有記其非古者，如《檀弓》喪冠反吉及易墓之類。有記禮之所廢者，如《郊特牲》夷王廢覲禮之類。有記禮之始變者，如《曲禮》士誄、《檀弓》帷殯之類。有記其僭禮者，如《檀弓》設撥來含，《禮運》醆斝尸君之類。有專言禮者，如《禮運》篇。有兼言樂者，如《禮器》、《郊特牲》、《樂記》、《仲尼燕居》所言之類。有別記錄而無關於禮者，如《學記》、《緇衣》、《儒行》、《大學》諸篇，《中庸》除追王、達孝、禮樂、三重外，其餘皆是。要之，傳《周禮》者固傳《周禮》，其傳《儀禮》者，亦所以傳《周禮》也。彼異代之制，可備損益；記錄之附，可資禮學。皆二禮之羽翼也。顧其間或出後儒之傅會，不免有倍盭者存。讀者但當闕其疑，刊其謬，以禮樂之本治其身心，以器數之文博其理趣，則由此書以達二禮，豁如矣。然非通其文義，終莫能入。此註疏所以不可廢也。鄭氏而下，亡慮五十餘家，舛譌雖多，切當時有，是在擇之而已。宋有陳可大氏集諸說之大成，爲世所宗，厥功不細。惜其取舍失衷，章句錯雜，殊不滿乎識者之意。曾末學寡陋，潛心三十餘年，輒不自量，稍爲刪改，參以愚得，命曰集註，使讀者暢通大旨，而因以求先王象天地、制禮樂之心，或未必無少助也。脫藁斯竟，序而藏之，以俟君子。隆慶六年歲在壬申五月二十四日吳江徐師曾序。

徐養相《刻禮記輯覽序》 輯覽何？集諸家之長以備觀覽者也。集何爲哉？經孤也。余幼乏師承，遵先君子庭訓，以是經與叔父諸弟自爲家業，長遊都下暨兩浙，得聞賢士大夫論議，輙書之楮，以備遺忘。時冬官黃玉岩氏在吳山，亦嘗以所業見示。媿以吏冗，弗能壽梓。歸而抱恨者十餘年。暇與門下士講習，每舉所見聞以告，亦時有發矇益。諸士子相與請曰，是經素乏正傳，諸家說且浩繁不一，先生既有所得，盍遂梓之，俾人挾一策，亦免口授之勞。余不敢私，因取諸說之條暢貫通者集爲是帙，與諸士子共之。若曰自出己見以求繫籍聖賢，則吾豈敢。

綜　述

《論語注疏・爲政》〔何晏注〕 子曰：「爲政以德，譬如北辰，居其所而衆星共之。」包曰：「德者無爲，猶北辰之不移而衆星共之。」

子曰：「《詩》三百，孔曰：「篇之大數。」一言以蔽之，包曰：「蔽，猶當也。」曰：『思無邪。』」包曰：「歸於正。」

子曰：「道之以政，孔曰：「政，謂法教。」齊之以刑，馬曰：「齊整之以刑罰。」民免而無恥。孔曰：「免，苟免。」道之以德，包曰：「德，謂道德。」齊之以禮，有恥且格。」格，正也。

子曰：「吾十有五而志于學，三十而立，有所成也。四十而不惑，孔曰：「不疑惑。」五十而知天命，孔曰：「知天命之終始。」六十而耳順，鄭曰：「耳聞其言，而知其微旨。」七十而從心所欲不踰矩。」馬曰：「矩，法也。從心所欲無非法。」

孟懿子問孝。孔曰：「魯大夫仲孫何忌。懿，謚也。」子曰：「無違。」樊遲御，子告之曰：「孟孫問孝於我，我對曰，無違。」鄭曰：「恐孟孫不曉無違之意，將問於樊遲，故告之。樊遲，弟子樊須。」樊遲曰：「何謂也？」子曰：「生，事之以禮。死，葬之以禮，祭之以禮。」

孟武伯問孝。子曰：「父母唯其疾之憂。」馬曰：「武伯，懿子之子仲孫彘。武，謚也。言孝子不妄爲非，唯疾病然後使父母憂。」

子游問孝。孔曰：「子游，弟子，姓言名偃。」子曰：「今之孝者，是謂能養。至於犬馬，皆能有養。不敬，何以別乎？」包曰：「犬以守禦，馬以代勞，皆養人者。一曰：『人之所養，乃至於犬馬，不敬則無以別。』孟子曰：『食而不愛，豕畜之。愛而不敬，獸畜之。』」

子夏問孝。子曰：「色難。包曰：「色難者，謂承順父母顔色乃爲難。」有事，弟子服其勞；有酒食，先生饌，馬曰：「先生，謂父兄。饌，飲食也。」曾是以爲孝乎？」馬曰：「孔子喻子夏，服勞先食，汝謂此爲孝乎？未孝也。承順父母顔色，乃爲孝也。」

揚雄《揚子法言・學行》［李軌注］ 學行之上也，［吳］祕曰：夫學者，所以爲道者也。率性行道表，則後世學之上也。言之次也，［吳］祕曰：能辯醇疵，發成謨訓，學之次也。［司馬］光曰：言者，徒能言而不行。教人又其次也。［宋］咸曰：行性而言訥，可以爲師矣，故又居其次。［吳］祕曰：欲廣其業以覺後覺，學之又其次也。［司馬］光曰：古之學者爲己，今之學者爲人。爲人，故又爲其次。咸無焉，爲衆人。［李軌曰］：此三者，教之大倫也。皆無此三者，民斯爲下矣。［吳］祕曰：三者無一，斯衆人矣。或曰：「人羨久生，將以學也，可謂好學已乎？」［司馬］光曰：好，呼報切。下可以意求者，皆不音，倣此。曰：「未之好也，學不羨［李軌曰］：仲尼志道朝聞夕死，揚子好學，不羨久生。［吳］祕曰：學如不及，豈俟羨久生，然後爲學哉？［司馬］光曰：死生有命，富貴在天。好學者修己之道，無羡於彼。有羨者，皆非好學者也。天之道，不在仲尼乎。［李軌曰］：不在，在也。［吳］祕曰：天生五行，其性仁、義、禮、智、信。仲尼駕説者也，不在茲儒乎。［李軌曰］：駕，傳也。［吳］祕曰：仲尼乘行而贊述之駕説者也，其道豈不在茲大儒也。如將復駕其所説，則莫若使諸儒金口而木舌。」［李軌曰］：金寶其口，木質其舌，傳言如此，則是仲尼常在矣。［柳］宗元曰：金口木舌，鐸也。使諸儒駕孔子之説，如木鐸也。［吳］祕曰：「金口木舌，鐸也。後世如將復駕仲尼之説，則莫如使諸儒比木鐸而宣揚之也。《語》曰：『天將以夫子爲木鐸。』《書》曰每歲孟春，遒人以木鐸徇于路。」孔安國曰：『木鐸，金鈴木舌，所以振文教。』」［司馬］光曰：復，扶又切。或曰：「學無益也，如質何？」［宋］咸曰：質，猶性也。言性有能否，不由於學，故爲無益。［吳］祕曰：「《孝經説》曰：『性者，生之質。』或言學無益也，其如人之質，稟受已定何。」曰：「未之思矣。夫有刀者礲諸，有玉者錯諸，不礲不錯，焉攸用？［李軌曰］：礲，錯石名也。咸曰：揚子善誘于人，以爲未之思爾，苟思矣，何無益焉。猶夫刀玉，非磨而琢之，則安能成割圭璋之用。［司馬］光曰：礲，盧紅切。焉，於虔切。雖有良金，以爲刀不礲則不能斷割，雖有美玉，不錯則不能成器。如是，則何所用矣。礲而錯，諸質在其中矣。［宋］咸曰：性雖否學則得之，既得之，則誠性亦在其中矣。故曰：或生而知之，或學而知之，及其知之一也，此之謂矣。［吳］祕曰：學而至道質性愈全。［司馬］光曰：金、玉二物，苟礲而錯之，隨其質之美惡，皆有所用。譬之於人，賢者學以成德，愚者學以寡過，豈得謂之無益也。否則輟。［李軌曰］：否，不也。輟，止也。此章各盡其性，分而已。［宋］咸曰：揚子既誘之矣，如其不從，則任其止焉，不欲以能彊人也。［吳］祕曰：止焉則止也。［司馬］光曰：「不學則盡其天質而止矣，不能復進益光大也。《家語》子路曰：『南山有竹，不揉自直。斬而用之，達于犀革。』以此言之，何學之有？孔子曰：『栝而羽之，鏃而礪之。』其入之不亦深乎。」螟蛉之子殪而逢蜾蠃，祝之曰：『類我，類我，久則肖之矣。』速哉，七十子之肖仲尼也。［李軌曰］：肖，類也。蜾蠃遇螟蛉而受化久，乃變成蜂爾。七十子之類仲尼，又速於是。［宋］咸曰：螟蛉，桑蟲也。蜾蠃，蒲盧也。桑蟲子始生，而蒲盧取之於木空中，七日祝而化之，以變爲己子。殪者，謂其始生未有形，性殪然如死，故始可以祝而變之。［吳］祕曰：《詩草木疏》云：螟蛉，桑上青蟲。蜾蠃，細腰蜂。言螟蛉與蜾蠃異類，殪而祝之以成其子。矧仲尼之聖，七十子之賢，教而誨之，豈不速哉。［司馬］光曰：螟音冥。蛉音零。蜾音果。蠃，郎果切。祝，之又切。學以治之，［吳］祕曰：治其性。思以精之，［吳］祕曰：精於道。朋友以磨之，［李軌曰］：切磋，琢磨。［吳］祕曰：過則勿憚改。名譽以崇之，［吳］祕曰：立身揚名。不倦以終之，［吳］祕曰：自彊不息。可謂好學也已矣。［李軌曰］：上士聞此五者，勤而行之，不可謂不好也。孔子習周公者也，顔淵習孔子者也，羿、逢蒙分其弓，良捨其策，般投其斧而習諸，孰曰非也！」［宋］咸曰：言孔不習周，顔不習孔，亦猶夫羿棄弓、良去策、般擲斧而習之也。誰曰非乎？言實非也。［吳］祕曰：羿與逢蒙，業射者也。王良，業御者也。公輸般，業巧者也。聖人有教無類，使射、御、工巧各捨其業，而時習之，誰其非之。［司馬］光曰：「《音義》曰：『逢，薄紅切。般音班。』按它書，逢蒙或作蠭蒙，宜讀如字。三子皆以其術名於世，則其才必有過人者。鄉使捨其術而習聖人之道，烏有不可也。」

《漢書・文帝紀》［顔師古注］ 作顧成廟。服虔曰：「廟在長安城南，文帝作。還顧見城，故名之。」應劭曰：「文帝自爲廟，制度卑狹，若顧望而成，猶文王靈臺不日成之，故曰顧成。賈誼曰：『因顧成之廟，爲天下太宗，與漢無極。』」如淳曰：「身存而爲廟，若《尚書》之《顧命》也。景帝廟號德陽，武帝廟號龍淵，昭帝廟號徘徊，宣帝廟號樂游，元帝廟號長壽，成帝廟號陽池。」師古曰：「以還顧見城，因即爲名，於義無取。又書本不作城郭字，應説近之。」

曹操等《十家注孫子》卷上《計篇》 曹操曰：計者，選將、量敵、度地、料卒、遠近、險易，計於廟堂也。 ○李筌曰：計者，兵之上也。《太一遁甲》先以計，神加德宮，以斷主客成敗。故孫子論兵，亦以計爲篇首。 ○杜牧曰。計，算也。曰：計算何事？曰：下之五事，所謂道、天、地、將、法也。於廟堂之上，先以彼我之五事計算優劣，然後定勝負；勝負既定，然後興師動衆。用兵之道，莫先此五事，故著爲篇首耳。 ○王晳曰：計者，謂計主將、天地、法令、兵衆、士卒、賞罰也。 ○張預曰：管子曰：「計先定於内，而後兵出境。」故用兵之道，以計爲首也。或曰：兵貴臨敵制宜，曹公謂計於廟堂者，何也？曰：將之賢愚，敵之强弱，地之遠近，兵之衆寡，安得不先計之？及乎兩軍相臨，變動相應，則在於將之所裁，非可以隃度也。

孫子曰：兵者，國之大事，

杜牧曰：《傳》曰：「國之大事，在祀與戎。」 ○張預曰：國之安危在兵。故講武練兵，實先務也。

死生之地，存亡之道，不可不察也。

李筌曰：兵者凶器，死生存亡繫於此矣，是以重之，恐人輕行者也。 ○杜牧曰：國之存亡，人之死生，皆由於兵，故須審察也。 ○賈林曰：地，猶所也，亦謂陳師、振旅、戰陳之地。得其利則生，失其便則死，故曰死生之地。道者，權機立勝之道。得之則存，失之則亡，故曰不可不察也。《書》曰：「有存道者，輔而固之；有亡道者，推而亡之。」 ○梅堯臣曰：地有死生之勢，戰有存亡之道。 ○王晳曰：兵舉，則死生存亡繫之。 ○張預曰：民之死生兆於此，則國之存亡見於彼。然死生曰地，存亡曰道者，以死生在勝負之地，而存亡繫得失之道也，得不重愼審察乎？

故經之以五事，校之以計，而索其情：

曹操曰：謂下五事七計，求彼我之情也。 ○李筌曰：謂下五事也。校，量也。量計遠近，而求物情以應敵。 ○杜牧曰：經者，經度也；五者，即下所謂五事也；校者，校量也；計者，即篇首計算也；索者，搜索也；情者，彼我之情也。此言先須經度五事之優劣，次復校量計算之得失，然後始可搜索彼我勝負之情狀。 ○賈林曰：校量彼我之計謀，搜索兩軍之情實，則長短可知，勝負易見。 ○梅堯臣曰：經紀五事，校定計利。 ○王晳曰：經，常也，又經緯也；計者，謂下七計；索，盡也。兵之大經，不出道、天、地、將、法耳。就而校之以七計，然後能盡彼己勝負之情狀也。 ○張預曰：經，經緯也。上先經緯五事之次序，下乃用五事以校計彼我之優劣，探索勝負之情狀。

一曰道，

張預曰：恩信使民。

二曰天，

張預曰：上順天時。

三曰地，

張預曰：下知地利。

四曰將，

張預曰：委任賢能。

五曰法。

杜牧曰：此之謂五事也。 ○王晳曰：此經之五事也。夫用兵之道，人和爲本，天時與地利則其助也。三者具，然後議舉兵。兵舉必須將能，將能然後法修。孫子所次，此之謂矣。 ○張預曰：節制嚴明。夫將與法，在五事之末者，凡舉兵伐罪，廟堂之上，先察恩信之厚薄，後度天時之逆順，次審地形之險易，三者已熟，然後命將征之。兵既出境，則法令一從於將。此其次序也。

道者，令民與上同意也，

張預曰：以恩信道義撫衆，則三軍一心，樂爲其用。《易》曰：「悅以犯難，民忘其死。」

故可以與之死，可以與之生，而不畏危。

曹操曰：謂道之以教令。危者，危疑也。 ○李筌曰：危，亡也。以道理衆，人自化之，得其同用，何亡之有。○杜牧曰：道者，仁義也。李斯問兵於荀卿，答曰：「彼仁義者，所以修政者也。政修則民親其上，樂其君，輕爲之死。」復對趙孝成王論兵曰：「百將一心，三軍同力。臣之於君也，下之於上也，若子之事父，弟之事兄，若手臂之捍頭目而覆胸臆也。」如此，始可令與上（下）同意，死生同致，不畏懼於危疑也。○陳皞註同杜牧。○孟氏曰：一作「人不疑」，謂始終無二志也；一作「人不危」。道，謂道之以政令，齊之以禮教，故能化服士民，與上下同心也。故用兵之妙，以權術爲道。大道廢而有法，法廢而有權，權廢而有勢，勢廢而有術，術廢而有數。大道淪潛，人情訛僞，非以權數而取之，則不得其欲也。故其權術之道，使民上下同進趨，共愛憎，一利害，故人心歸於德，得人之力，無私之至也。故百萬之衆，其心如一，可與俱同死力動，而不至危亡也。臣之於君，下之於上，若子之事父，弟之事兄，若手臂之捍頭目而覆胸臆也。如此，始可與上同意，死生同致，不畏懼於危疑。○賈林曰：將能以道爲心，與人同利共患，則士卒服，自然心與上者同也。使士卒懷我如父母，視敵如仇讎者，非道不能也。黄石公云：「得道者昌，失道者亡。」○杜佑曰：謂導之以政令，齊之以禮教也。危者，疑也；上有仁施，下能致命也。故與處存亡之難，不畏傾危之敗。若晉陽之圍，沈竈產蛙，人無叛疑心矣。○梅堯臣曰：危，戾也。主有道，則政教行；人心同，則危戾去。故主安與安，主危與危。○王晳曰：道，謂主有道，能得民心也。夫得民之心者，所以得死力也；得死力者，所以濟患難也。《易》曰：「悦以犯難，民忘其死。」如是，則安畏危難之事乎？○張預曰：危，疑也。士卒感恩，死生存亡，與上同之，決然無所疑懼。

天者，陰陽、寒暑、時制也。

曹操曰：順天行誅，因陰陽四時之制。故《司馬法》曰：「冬夏不興師，所以兼愛民也。」○李筌曰：應天順人，因時制敵。○杜牧曰：陰陽者，五行、刑德、向背之類是也。今五緯行止，最可據驗；巫咸、甘氏、石氏、唐蒙、史墨、梓愼、裨竈之徒，皆有著述，咸稱祕奥，察其指歸，皆本人事。《準星經》曰：「歲星所在之分，不可攻；攻之反受其殃也。」《左傳》昭三十二年夏，吳伐越，始用師於越，史墨曰：「不及四十年，越其有吳乎？越得歲而吳伐之，必受其凶。」註曰：「存亡之數，不過三紀，歲星（月）三周三十六歲，故曰不及四十年也。」此年歲在星紀，星紀吳（其）分也；歲星所在，其國有福，吳先用兵，故反受其殃。哀二十二年，越滅吳，至此三十八歲也。李淳風曰：「天下誅秦，歲星聚於東井。秦政暴虐，失歲星仁和之理，違歲星恭肅之道，拒諫信讒，是故胡亥終於滅亡。」復曰：「歲星清明潤澤所在之國分大吉。君令合於時，則歲星光喜，年豐人安；君尚暴虐，令人不便，則歲星色芒角而怒，則兵起。」由此言之，歲星所在，或有福德，或有災祥，豈不皆本於人事乎？夫吳越之君，德均勢敵，闔閭興師，志於吞滅，非爲拯民，故歲星福越而禍吳。秦之殘酷，天下誅之，上合天意，故歲星禍秦而祚漢。熒惑，罰星也；宋景公出一善言，熒惑退移三舍，而延二十七年。以此推之，歲爲善星，不福無道；火爲罰星，不罰有德。舉此二者，其他可知。況所臨之分，隨其政化之善惡，各變其本色芒角大小，隨爲禍福，各隨時而占之。淳風曰：「夫形器著於下，精象係於上。」近取之身，耳目爲肝腎之用，鼻口實心腹所資，彼此影響，豈不然歟？《易》曰：「在天成象，在地成形，變化見矣。」蓋本於人事而已矣。刑德向背之説，尤不足信。夫刑德天官之陳，背水陳者爲絶紀，向山坂陳者爲廢軍。武王伐紂，背濟水向山坂而陳，以二萬二千五百人，擊紂之億萬而滅之。今可目睹者，國家自元和已［後］至今，三十年間，凡四伐趙寇昭義軍，加以數道之衆，常號十萬，圍之臨城縣。攻其南不拔，攻其北不拔，攻其東不拔，攻其西不拔。其四度圍之，通有十歲，十歲之内，東西南北，豈有刑德向背王相吉辰哉？其不拔者，豈不曰城堅、池深、糧多、人一哉？復以往事驗之，秦累世戰勝，竟滅六國，豈天道二百年間常在乾方，福德常居鶉首？豈不曰穆公已還，卑身趨士，務耕戰，明法令而致之乎？故梁惠王問尉繚子曰：「黄帝有刑德，可以百戰百勝，其有之乎？」尉繚子曰：「不然。黄帝所謂刑德者，刑以伐之，德以守之，非世之所謂刑德也。夫舉賢用能者，不時日而利；明法審令者，不卜筮而吉；貴功養勞者，不禱祠而福。」周武王伐紂，師次于汜水共頭山，風雨疾雷，鼓旗毀折，王之驂乘惶懼欲死。太公曰：「夫用兵者，順天道未必吉，逆之未必凶。若失人事，則三軍敗亡。則天道鬼神，視之不見，聽之不聞，故智者不法，愚者拘之。若乃好賢而任能，舉事而得時，此則不看時日而事利，不假卜筮而事吉，不待禱祠而福從。」遂命驅之前進。周公曰：「今時逆太歲，龜灼言凶，卜筮不吉，星凶爲災，請還師。」太公怒曰：「今紂剖比干，囚箕子，以飛廉爲政，伐之有何不可？枯草朽骨，安可知乎。」乃焚龜折蓍，率衆先涉，武王從之，遂滅紂。宋高祖圍慕容超於廣固，將攻城，諸將咸諫曰：「今往亡之日，兵家所忌。」高祖曰：「我往彼亡，吉孰大焉。」乃命悉登，遂克廣固。後魏太祖武帝討後燕慕容麟，甲子晦日進軍，太史令鼂崇奏曰：「昔紂以甲子日亡。」帝曰：「周武豈不以甲子日勝乎？」崇無以對。遂戰，破之。後魏太武帝征夏赫連昌於統萬城，師次城下，昌鼓噪而前。會有風雨從賊後來，太史進曰：「天不助人，將士飢渴，願且避之。」崔浩曰：「千里制勝一日，豈得變易？風道在人，豈有常也。」帝從之。昌軍大敗。或曰：如此者，陰陽向背，定不足信，孫子敍之，何也？答曰：夫暴君昏主，或爲一寶一馬，則必殘人逞志，非以天道鬼神，誰能制止？故孫子敍之，蓋有深旨。寒暑時氣，節制其行止也。周瑜爲孫權數曹公四敗，一曰：「今盛寒，馬無藁草，驅中國士衆，遠涉江湖，不習水土，必生疾病，此用兵之忌也。」寒暑同歸於天時，故聯以敍之也。

○孟氏曰：兵者，法天運也。陰陽者，剛柔盈縮也。用陰則沉虛固靜，用陽則輕捷猛厲；後則用陰，先則用陽；陰無蔽也，陽無察也。陰陽之象無定形，故兵法天。天有寒暑，兵有生殺；天則應殺而制物，兵則應機而制形。故曰天也。　○賈林曰：讀時制爲時氣，謂從其善時，占其氣候之利也。　○杜佑曰：謂順天行誅，因陰陽四時剛柔之制。　○梅堯臣曰：兵必參天道，順氣候，以時制之，所謂制也。《司馬法》曰：「冬夏不興師，所以兼愛民也。」　○王皙曰：謂陰陽，總天道、五行、四時、風雲、氣象也，善消息之，以助軍勝。然非異人特授其訣，則未由也。若黄石授書張良，乃太公《兵法》是也。意者豈天機神密，非常人所得知耶？其諸十數家紛紜，抑未足以取審矣。寒暑，若吳起云，疾風、大寒、盛夏、炎熱之類。時制，因時利害而制宜也。范蠡云，「天時不作，弗爲人客」是也。　○張預曰：夫陰陽者，非孤虛向背之謂也。蓋兵自有陰陽耳。范蠡曰：「後則用陰，先則用陽；盡敵陽節，盈吾陰節而奪之。」又云：「設右爲牝，益左爲牡，早晏以順天道。」李衛公解曰：「左右者，人之陰陽；早晏者，天之陰陽；奇正者，天人相變之陰陽。」此皆言兵自有陰陽剛柔之用，非天官日時之陰陽也。今觀尉繚子《天官》之篇，則義最明矣。《太白陰經》亦有天無陰陽之篇，皆著爲卷首，欲以決世人之惑也。太公曰：「聖人欲止後世之亂，故作爲譎書，以寄勝於天道，無益於兵也。」是亦然矣。唐太宗亦曰：「凶器無甚於兵。行兵苟便於人事，豈以避忌爲疑也。」寒暑者，謂冬夏興師也。漢征匈奴，士多墮指。馬援征蠻，卒多疫死。皆冬夏興師故也。時制者，謂順天時而制征討也。《太白陰經》言，天時者，乃水旱、蝗雹、荒亂之天時，非孤虛向背之天時也。

地者，遠近、險易、廣狹、死生也。

曹操曰：言以九地形勢不同，因時制利也。論在《九地篇》中。

○李筌曰：得形勢之地，有死生之勢。　○梅堯臣曰：知形勢之利害。

○張預曰：凡用兵，貴先知地形。知遠近，則能爲迂直之計；知險易，則能審步騎之利；知廣狹，則能度衆寡之用；知死生，則能識戰散之勢也。

將者，智、信、仁、勇、嚴也。

曹操曰：將宜五德備也。　○李筌曰：此五者，爲將之德，故師有丈人之稱也。　○杜牧曰：先王之道，以仁爲首；兵家者流，用智爲先。蓋智者，能機權、識變通也；信者，使人不惑於刑賞也；仁者，愛人憫物，知勤勞也；勇者，決勝乘勢，不逡巡也；嚴者，以威刑肅三軍也。楚申包胥使於越，越王勾踐將伐吳，問戰焉。夫戰，智爲始，仁次之，勇次之。不智，則不能知民之極，無以詮度天下之衆寡；不仁，則不能與三軍共飢勞之殃；不勇，則不能斷疑以發大計也。　○賈林曰：專任智則賊，偏施仁則懦，固守信則愚，恃勇力則暴，令過嚴則殘。五者兼備，各適其用，則可爲將帥。　○梅堯臣曰：智能發謀，信能賞罰，仁能附衆，勇能果斷，嚴能立威。　○王皙曰：智者，先見而不惑，能謀慮，通權變也；信者，號令一也；仁者，惠撫惻隱，得人心也；勇者，徇義不懼，能果毅也；嚴者，以威嚴肅衆心也。五者相須，闕一不可。故曹公曰，將宜五德備也。　○何氏曰：非智不可以料敵應機，非信不可以訓人率下，非仁不可以附衆撫士，非勇不可以決謀合戰，非嚴不可以服強齊衆。全此五才，將之體也。　○張預曰：智不可亂，信不可欺，仁不可暴，勇不可懼，嚴不可犯。五德皆備，然後可以爲大將。

法者，曲制、官道、主用也。

曹操曰：部曲、旛幟、金鼓之制也。官者，百官之分也。道者，糧路也。主者，主軍費用也。○李筌曰：曲，部曲也。制，節度也。官，爵賞也。道，路也。主，掌也。用者，軍資用也。皆師之常法，而將所治也。○杜牧曰：曲者，部曲隊伍有分畫也。制者，金鼓旌旗有節制也。官者，偏裨校列，各有官司也。道者，營陳開闔，各有道徑也。主者，管庫廝養，職守主張其事也。用者，車馬器械，三軍須用之物也。荀卿曰：「械用有數。」夫兵者，以食爲本，須先計糧道，然後興師。○梅堯臣曰：曲制，部曲隊伍，分畫必有制也。官道，裨校首長，統率必有道也。主用，主軍之資糧百物，必有用度也。○王晳曰：曲者，卒伍之屬。制者，節制其行列進退也。官者，羣吏偏裨也。道者，軍行及所舍也。主者，主守其事用者。凡軍之用，謂輜重糧積之屬。○張預曰：曲，部曲也；制，節制也。官謂分偏裨之任；道謂利糧餉之路。主者，職掌軍資之人；用者，計度費用之物。六者，用兵之要，宜處置有其法。

凡此五者，將莫不聞，知之者勝，不知者不勝。

張預曰：已上五事，人人同聞；但深曉變極之理則勝，不然則敗。

陸璣《陸氏詩疏廣要》卷上之上《釋草》 采采芣苢。

芣苢，一名馬舄，一名車前，一名當道。喜在牛跡中生，故曰車前、當道也。今藥中車前子是也。幽州人謂之牛舌草，可鬻作茹，大滑，其子治婦人難産。

《爾雅》云：「芣苢，馬舄；馬舄，車前。郭注云：今車前草，大葉長穗，好生道邊，江東呼爲蝦蟆衣。」邢疏云：「王肅引《周書·王會》云：『芣苢如李，出於西戎。』王基駁云：『《王會》所記雜物奇獸，皆四夷遠國各齎土地異物以爲貢贄，非《周南》婦人所得采。』是芣苢爲馬舄之草，非西戎之木也。」《埤雅》云：「《神仙服食法》曰：『車前之實，雷之精也。善療孕婦難産，及令人有子。』故《詩序》以爲婦人樂有子也。」《列子》曰：「若鼃爲鶉，得水爲㡭，得水土之際則爲鼃蠙之衣，生於陵屯則爲陵舄。陵舄，車前也，故或謂之蝦蟆衣。」《韓詩傳》曰：「直曰車前，瞿曰芣苢。蓋生於兩傍，謂之瞿。芣，从艸，从不；苢，从艸，从㠯。婦人樂有子，或不或㠯。按艸最易生，然他草所在，或無；惟車前、蒼耳，所至有之。故《芣苢》、《卷耳》之詩正言此二物。」《本草》云：「車前，養肺、強陰、益精，令人有子。一名當道，一名牛遺，一名勝舄。生眞定平澤丘陵阪道中。」陶隱居云：「子性冷利，仙經亦服餌之，令人身輕不老。」《韓詩》乃言芣苢是木，似李，食其實宜子孫，謬矣。《圖經》云，春初生苗，葉布地如匙面，累年者長及尺餘，如鼠尾，花甚細，青色，微赤，結實如葶藶，赤黑色。今人五月採苗，七月、八月採實。又云地衣。地衣者，車前實也。《韓詩》說云，芣苢，澤舄也，臭惡之菜。詩人傷其君子有惡疾，人道不通，求已不得，發憤而作，以事興。芣苢雖臭惡乎，我猶採取而不已者，以興君子雖有惡疾，我猶守而不離去也。

按《爾雅》及《圖經》諸書，芣苢與澤舄確是二種，《韓氏》之誤甚矣。況既云是木似李，又云澤舄，何其自相背戾耶？

又卷上之下《釋木》 無折我樹杞。

杞，柳屬也，生水傍，樹如柳，葉麄而白色，木理微赤，故今人以爲車轂。今共北淇水傍，魯國泰山汶水邊，純杞也。

《爾雅》云：「旄，澤柳。」邢疏：「柳生澤中者，別名旄。」鄭註：「杞，柳也，生澤中，如蘆荻。可編爲棬箱。」《通志略》云：「杞柳，亦曰澤柳，可爲桮棬者。」《本草圖經》云：「今人取其細條，火逼令柔韌，屈作箱篋，河朔猶多。」

何晏皇侃《論語集解義疏·顔淵》 《論語·顔淵第十二》疏：顔淵，孔子弟子也，又爲門徒之冠者也。所以次前者，進業之冠莫過顔淵，故顔淵次先進也。

顔淵問仁。子曰：「尅己復禮爲仁。疏：馬融曰：「尅己，約身也。」孔安國曰：「復，反也。身能反禮，則爲仁矣。」一日尅己復禮，天下歸仁焉。註：馬融曰：「一日猶見歸，況終身乎！」爲仁由己，而由人乎哉。」註：孔安國曰：「行善在己，不在人者也。」顔淵曰：「請問其目。」註：苞氏曰：「知其必有條目，故請問之也。」子曰：「非禮勿視，非禮勿聽，非禮勿言，非禮勿動。」註：鄭玄曰：「此四者，尅己復禮之目也。」顔淵曰：「回雖不敏，請事斯語矣。」註：王肅曰：「敬事此語，必行之。」疏：「顔淵問」至「語矣」。云「顔淵問仁」者，問孔子爲仁之道也。云「子曰」云云者，尅，猶約也；復，猶反也。言若能自約儉己身，返反於禮中，則爲仁也。于時爲奢泰過禮，故云禮也。一云身能使禮，反返身中，則爲仁也。范甯云：

克，責也。復禮，謂責克己失禮也，非仁者則不能責己復禮，故能自責己復禮則爲仁矣。云「一日」云云者，更解克己復禮所以爲仁之義也，言人君若能一日克己復禮，則天下之民咸歸於仁君也。范甯云：亂世之主不能一日克己，故言一日也。云「爲仁」云云者，行仁一日而民見歸，所以是由己不由他人也。范甯云：言爲仁在我，豈俟彼爲仁耶？云「顔淵曰請問其目」者，淵又請求克己復禮之條目也。云「子曰」云云者，此舉復禮之目也。既每事用禮，所以是復禮也。云「顔淵曰」云云者，回聞條目而敬受之也。敏，達也；斯，此也。言回雖不達仁禮之理，而請敬事此語，事，猶用也。

仲弓問仁。子曰：「出門如見大賓，使民如承大祭。註：孔安國曰：「爲仁之道莫尚乎敬也。」己所不欲，勿施於人。在邦無怨，在家無怨。」註：苞氏曰：在邦，爲諸侯也。在家，爲卿大夫也。仲弓曰：「雍雖不敏，請事斯語矣。」疏：「仲弓問」至「語矣。」 云「仲弓問仁」者，亦諮仁也。云「子曰」云云者，亦答仁道也。言若「行出門恆起恭敬，如見大賓」。見大賓，必起敬也。又若使民力役，亦恆用心敬之，如承事大祭。大祭，祭郊廟也。然范甯云：大賓，君臣嘉會也。大祭，國祭也。仁者舉動使民事如此也。《傳》稱臼季言出門如賓，承事如祭，仁之則也。云「己所不欲，勿施於人」者，恕己及物則爲仁也。先二事明敬，後一事明恕，恕敬二事乃爲仁也。云「在邦無怨，在家無怨」者，在邦爲諸侯也，在家爲卿大夫也。既出門及使民，皆敬又恕己及物，三事並足，故爲民人所懷，無復相怨者也。

司馬牛問仁。子曰：「仁者，其言也訒。註：孔安國曰：「訒，難也。牛，宋人，弟子司馬犂也。」曰：「其言也訒，斯謂之仁矣乎？」子曰：「爲之難，言之得無訒乎？」註：孔安國曰：行仁難，言仁亦不得不難矣。」疏：「司馬牛問」至「訒乎」。 云「司馬牛問仁」者，司馬牛是桓魋弟也，亦問仁也。云「子曰仁者其言也訒」者，答之也。訒，難也。古者言之不出，恐行之不逮，故仁者必不易出言，故云其言也訒。一云仁道既深，不得輕說，故言於人，仁事必爲難也。王弼曰：情發於言，志淺則言疎，思深則言訒也。云「曰」其云云者，牛又疑云，言語之難，便可謂此爲仁乎？一云，不輕易言於仁事，此便可謂爲仁乎？云「子曰」云云者，又荅也。爲，猶行也。凡行事不易，則言語豈得妄出而不難乎？又一云行仁既難，言仁豈得易。故江熙云：《禮記》云，仁之爲器重，其爲道遠，舉者莫能勝也，行者莫能致也，勉於仁者不亦難乎？夫易言仁者不行之者也，行仁然後知勉仁爲難，故不敢輕言也。 註：牛，宋人，弟子司馬犂也。 犂，牛名也。

《史記·五帝本紀》［裴駰集解］ 帝堯者，《謚法》曰：「翼善傳聖曰堯。」放勛。徐廣曰：「號陶唐。」皇甫謐曰：「堯以甲申歲生，甲辰繼帝位，甲午徵舜，甲寅舜代行天子事，辛巳崩，年百一十八，在位九十八年。」其仁如天，其知如神。就之如日，望之如雲。富而不驕，貴而不舒。黃收純衣，徐廣曰：「純，一作『紂』。」駰案：《太古冠冕圖》云「夏名冕曰收。」《禮記》曰「野夫黃冠。」鄭玄曰「純衣，士之祭服。」彤車乘白馬，能明馴德，徐廣曰：「馴，古訓字。」以親九族。九族既睦，便章百姓。徐廣曰：「下云『便程東作』，然則訓平爲便也。」駰案：《尚書》并作「平」字。孔安國曰「百姓，百官」。鄭玄曰「百姓，群臣之父子兄弟」。百姓昭明，合和萬國。乃命羲、和，孔安國曰：「重黎之後，羲氏、和氏世掌天地之官。」敬順昊天，數法日月星辰，敬授民時。分命羲仲，居郁夷，曰暘谷。《尚書》作「嵎夷」。孔安國曰：「東表之地稱嵎夷。日出於暘谷。羲仲，治東方之官。」敬道日出，便程東作。孔安國曰：「敬道出日，平均次序東作之事，以務農也。」日中，星鳥，以殷中春。孔安國曰：「日中謂春分之日也。鳥，南方朱鳥七宿也。殷，正也。春分之昏，鳥星畢見，以正仲春之氣節。轉以推孟、季，則可知也。」其民析，鳥獸字微。孔安國曰：「春事既起，丁壯就功，言其民老壯分析也。乳化曰字。《尚書》「微」作「尾」字。《說文》云「尾，交接也」。申命羲叔，居南交。孔安國曰：「夏與春交，此治南方之官也。」便程南爲，敬致。孔安國曰：「爲，化也。平序分南方化育之事，敬行其教，以致其功也。」

陶潛《靖節先生集》卷六《桃花源記》［陶澍集注］ 嬴氏亂天紀，賢者避其世。黃綺之商山，伊人亦云逝。往迹浸復湮，來逕遂蕪廢。相命肆農耕，日入從所憩。桑竹無餘蔭，菽稷隨時藝。春蠶收長湯本云一作良絲，秋熟靡王稅。荒路曖交通，雞犬互鳴吠。俎豆猶古法，衣裳無新製。童孺縱行歌，斑白歡游詣。草榮識節和，木衰知風厲。雖無紀歷志，四時自成歲。李注：唐子西曰：唐人有詩云：山僧不解數甲子，一葉落知天下秋。及觀淵明詩云：雖無紀歷志，四時自成歲。便覺唐人費力。如《桃源記》言「尚不知有漢，無論魏晉」，可見造語之簡妙。蓋晉人工造語，而元亮其尤也。怡然有餘樂，于何勞智慧。奇蹤隱五百，一朝敞神界。李注：《桃花源記》言太元中事，詩云：奇蹤隱五百。韓退之《桃源圖詩》又以爲六百年。洪慶善曰：自始皇三十三年，築長城，明年燔《詩》、《書》，又明年坑儒生，三十七年。胡亥立三年，而滅于漢。二漢四百二十五年，而爲魏。魏四十五年；而爲晉。至孝武寧康三年，通五百八十八年。明年改元太元，至太元十二年，乃及六百年。趙泉山曰：靖節、退之雖各舉其歲盈數。要之，六百載爲近實。而桃花源事當在孝武帝太元十二年丁亥前數年間。任安貧《武陵記》直據「奇蹤隱五百」之語，輒改爲太康中。彼不知靖節所記劉子驥者，正太元時人。淳薄既異源，旋復還幽蔽。借問游方士，焉測塵囂外。願言躡輕風，高舉尋吾契。

康駢曰：淵明所記桃花源，今鼎州桃花觀即是其處。自晉宋來，由此上昇者六人。山十里間無雜禽，惟二鳥往來觀中，未嘗有增損。每有貴客來，鳥輒先鳴庭間，人率以爲占。淵明言，劉子驥聞之，欲往不果。子驥見《晉書·隱逸傳》，即劉驎之，子驥，其字也。南陽人，好游山澤，志存遁逸。

趙與時曰：靖節所記桃花源，人謂桃花觀即是其處，不知公蓋寓言也。

東坡曰：世傳桃源事，多過其實。考淵明所記，止言先世避秦亂來此，則漁人所見，似是其子孫，非秦人不死者也。又云：殺雞作食，豈有仙而殺者乎？舊説，南陽有菊水，水甘而芳，居民三十餘家，飲其水皆壽，或至百二三十歲。蜀青城山老人村，有五世孫者。道極險遠，生不識鹽醯，而谿中多枸杞，根如龍蛇，飲其水故壽。近歲道稍通，漸能致五味，而壽益衰。蓋此比也。使武陵太守得至焉，則已化爲爭奪之場久矣。常意天壤間若此者甚衆，不獨桃源。

胡仔《苕溪漁隱叢話》曰：東坡此論，蓋辨證唐人以桃源爲神仙，如王摩詰、劉夢得、韓退之諸《桃源行》是也。惟王介甫《桃源行》與東坡之論暗合。洪邁《容齋隨筆》曰：淵明作《桃花源記》云云，自是之後，詩人多賦《桃源行》，不過稱贊仙家之樂。唯韓公云：神仙有無何渺茫，桃源之説誠荒唐。世俗那知僞與眞，至今傳者武陵人。亦不及淵明所以作《記》之意。按《宋書》本傳云：潛自以曾祖晉世宰輔，恥復屈身。後代自宋高祖王業漸隆，不復肯仕。所著文章皆題其年月，義熙以前則書晉代年號，自永初以來唯云甲子而已。故五臣注《文選》用其説，又繼之云：意者恥事二姓，故以異之。此説雖經前輩所詆，然竊意桃源之事以避秦爲言，至云「無論魏晉」，乃寓意於劉裕，託之秦，借以爲喻耳。近時胡宏仁仲詩云：靖節先生絶世人，奈何考僞不考眞。先生高步窘末代，雅志不肯爲秦民。故作斯文寫幽意，要似寰海離風塵。其説得之矣。

吳師道《詩話》曰：愚早歲嘗題《桃源圖》云：古今所傳避秦，如茹芝之老，採藥之女，入海之童，往往不少。桃源事未必無，特所記漁父迷不復得路者，有似異境幻界。神仙家之云，此韓公所以有是言。愚觀翁慨然叔季，寤寐羲皇，異時所賦「路若經商山，爲我少躊躇。多謝綺與甪，精爽今何如」，其於桃源，固所樂聞。故今詩云「黃綺之商山，伊人亦云逝。願言躡輕風，高舉尋吾契」。於此可以知其心。而事之有無，奚足論哉。頗與前輩之意相發。

《文選·左思〈魏都賦〉》［六臣注］　齊被練而銛息廉。戈，襲偏裻督。以讀會。列。畢出征而中律，執奇正以四伐。碩畫胡麥。精通，目無匪制。推鋒積紀，鋌氣彌鋭。三接三捷，即晝亦月。剋翦方命，吞滅咆白交。咻。休。雲撤叛換，席卷虔劉。綅子鴆。威八紘，荒阻率田。洗兵海島，刷馬江洲。振旅輷輷，田。反旆悠悠。凱歸同飲，疏爵普疇。朝無刓五官。印，國無費留。劉曰：《左傳》曰：被練三千馬。融曰：練爲甲裘。《史記》：蘇武曰：强弩在前，銛戈在後。司馬法曰：師多則讟。孫子曰：奇正還相生，若環之無端。莊子曰：庖丁爲文惠屠牛，手之所觸，莫不中音，合于《桑林》之舞。文君曰：「善哉，技。」庖丁對曰：「臣好者道，烏乎技矣。臣始解牛時，所見無非牛者。二年之後，未常見全牛也。今臣以神遇，而不以目視也。良庖歲更刀，割也。族庖月更刀，折也。今臣刀十九年矣，所解數千牛也，而刀刃若新發於硎。若被節者有間，而刀刃者無厚，以無厚入有間，恢乎其於遊刃必有餘地矣。」文君曰：「善，吾聞庖丁之言，得養生焉。」一紀，十二年。推鋒積紀，謂魏武帝從初平元年起兵，至建安二十年，軍無不剋，抑亦庖丁用刀十九年之義也。孫武曰：避其鋭氣。謂鋭氣之利，甚於鋒刃也。《易》曰：晉康侯用錫馬蕃庶，晝日三接。《詩》曰：一月三捷。既晝亦月者，蓋取其頻繁之數，或日或月也。方命，放棄王命也。《尚書》曰：咈哉方命。剋翦方命者，謂始起兵，誅董卓之首，亂漢室也。咆休，猶咆哮也，自矜健之貌也。《詩》曰：咆烋于中國。吞滅咆烋者，剋默韓暹、楊奉之勇用王命也。換，猶恣睢也。《漢書》曰：項氏叛換。雲撤叛換者，謂討破袁紹，猶勝項羽也。虔劉，殺也。《左傳》：呂相絶秦曰：「虔劉我邊陲。」席卷虔劉者，謂擒呂布於徐州，剋袁術於揚州，平韓約馬超於雍州，降劉表於荆州也。「綅威八紘，荒阻率由」者，謂北羈單于於白屋，東懷孫權於吳會，西攝劉備於巴蜀也。刷，小嘗也。司馬相如《梨賦》曰：唰嗽其漿。蘇秦曰：輷輷殷殷，若三軍之衆。《春秋穀梁傳》曰：入曰振旅，無事以嚴衆也。《左傳》曰：凡公行，告於宗廟，反飲至。《漢書》曰：疏爵而貴之。疏爵普疇，疇其爵邑者。刓印，印角刓也。《韓信傳》曰：項王有功當封爵，印刓忍不能與。《孫子兵法》曰：戰勝而不修其賞者凶，命曰費留。善曰：《國語》曰：公使申生伐東山，衣之偏裻之衣。韋昭曰：裻在中，左右異色，故曰偏裻。《説文》曰：讀列，中止也。然讀、列，或止或列。《周易》曰：師出以律。《漢書》曰：綅威盛容。《淮南子》曰：八澤之外，乃有八紘。《尚書》曰：率由典常，以藩王室。魏武《兵接要》曰：大將將行，雨濡衣冠，是謂洗兵。劉劭《七華》曰：潄馬河源，遊目崑崙。《蒼頡篇》曰：輷輷，衆車聲也。《毛詩》曰：悠悠旆旍。魏武《孫子注》曰：賞不以時，但留費也。向曰：言士卒齊整服練，而執銛利之戈。襲，著也。偏裻，戎衣名，以出征四遠，行其誅伐。師多言讀。言使士卒被練執戈，衣偏裻之裳，以爲行列也。軍帥師出，行盡中剋勝之法，執奇正之計也。又曰：謂戰勝將休兵欲還，師乃洗刷兵馬於海島江洲也。兵還曰振旅。輷輷，衆聲。悠悠，旆旌飛貌。戰勝則凱樂而歸，行飲至之禮，饗會將士有功者，分其爵邑疇度，使當其功。刓印，印角漸銷。項羽欲封有功，手執其印，惜不與令得刓。言今有功即封，不吝惜之，故朝無刓印。功不賞曰費留，謂今賞之，故無此也。銑曰：碩，大也。言大畫奇策精妙理舉無遺者，目見所爲，皆合宜制。鋒，鋒刃。推，舉也。十二年曰紀，謂武帝自初平年起兵，至建安二十五年，故曰積紀。言雖積紀，鋒鋩之氣彌加猛鋭。翰曰：言一日三接戰於敵人，一月三捷剋之。方，放也。咆烋，猶咆哮也，言放棄王命咆哮不賓者，皆除翦呑滅之撤去也。叛，反。换，易也。虔劉，殺也。祲，漸也。言反《易》常道之人，皆如雲去席卷盡殺之漸，以威德布於八方，則荒阻之俗皆有相率來賓，莫不由大魏之德。喪亂既弭而能宴，武人歸獸而去戰。蕭斧戢柯以柙胡甲，刃，虹旍攝麾以就卷。斟洪範，酌典憲；觀所恆，通其變。上垂拱而司契，下緣督而自勸。道來斯貴，利往則賤。囹圄寂寥，京庾流衍。劉曰：《尚書》曰：往伐歸獸。雍門周説孟嘗君曰：以強秦之勢伐弱韓，譬猶礴蕭斧以伐朝菌也。馬融《廣成頌》曰：建雄虹之長旍。《洪範》，箕子陳政術之篇也。《易》曰：觀其所恆，而天地萬物之情可見矣。又曰：通其變，使民不倦。老子曰：聖人執左契，而不責於人，有德司契，無德司徹。善曰：周公攝政，弘化弭亂。司馬法曰：以戰去戰，雖戰可也。《尚書》曰：垂拱而天下治。莊子曰：緣督以爲經，可以保身，可以全生也。司馬彪曰：緣，順也。督，中也。順守道中，以爲常。《禮記》曰：仲春，省囹圄。文子曰：法寬刑緩，囹圄虚空。《毛詩》曰：曾孫之庾，如坻如京。鄭玄曰：庾，露積穀也。翰曰：弭，平也。言天下既平，而能爲宴樂，武王歸馬放牛，去其戰士。蕭斧，越斧也。戢斂其柯，藏柙其刃。虹旌，畫爲虹者攝收，其麾旌以卷藏之，皆示不服用也。洪，大。範，法。言理天下之大法。典，常也。言息兵革當安人民，斟酌大法與常憲，不可失也。觀人之恆理，而窺鑒其情，通而變之，使其不倦。上則垂衣拱手，司左契以御天下，緣順督中。下則順乎中道，自然勸勉，而復貴道賤利。囹圄，獄也。寂寥，空也。京，大。庾，倉也。流衍，積多也。

酈道元《水經注》卷一《河水》 河水：案二字原本誤連經文，今改正。近刻河水下有一、二等字，乃明人臆加，今删去。

崑崙墟在西北，

三成爲崑崙丘。《崑崙説》曰：崑崙之山三級，下曰樊桐，一名板桐；案「桐」，近刻訛作「松」。二曰玄圃，一名閬風；上曰層城，案「層」，近刻作「增」。一名天庭，是爲太帝之居。

去嵩高五萬里，地之中也。

《禹本紀》與此同。高誘稱河出崑山，伏流地中萬三千里，禹導而通之，出積石山。按《山海經》，自崑崙至積石千七百四十里。案近刻「千」上有「一」字。自積石出隴西郡至洛，準《地志》可五千餘里。又按《穆天子傳》，天子自崑山案近刻作「崑崙山」。入于宗周，乃里西土之數，自宗周瀍水以西，案近刻作「以西北」，衍「北」字。至于河宗之邦、陽紆之山，三千有四百里，自陽紆西至河首四千里，合七千四百里。《外國圖》又云：從大晉國正西七萬里，得崑崙之墟，諸仙居之。數説不同，道阻且長，經記緜褫，案近刻訛作「逕記緜褫」。水陸路殊，徑復不同，淺見末聞，非所詳究，不能不聊述聞見，以誌差違也。

其高萬一千里，

《山海經》稱方八百里，高萬仞。郭景純以爲自上二千五百餘里，《淮南子》稱高萬一千里百一十四步三尺六寸。案「三尺」，近刻訛作「二尺」。

河水

《春秋説題辭》曰：河之爲言荷也，荷精分布，懷陰引度也。《釋名》曰：河，下也，隨地下處而通流也。《考異郵》曰：河者，水之氣，四瀆之精也，所以流化。《元命苞》曰：五行始焉，萬物之所由生，元氣之腠液也。《管子》曰：水者，地之血氣，如筋脈之通流者，案近刻脱「如」字。故曰水具財也。案「具」上，近刻有「其」字，衍。五害之屬，案近刻脱此四字。水爲最大，案近刻，「水」上有「而」字，衍。水有大小，有遠近，水出山而流入海者，命曰經水；引佗水入于大水及海者，命曰枝水；出于地溝，流于大水，及于海者，又命曰川水也。《莊子》曰：秋水時至，百川灌河，經流之大。《孝經援神契》曰：河者，水之伯，上應天漢。《新論》曰：四瀆之源，河最高而長，從高注下，水流激峻，故其流急。徐幹《齊都賦》曰：川瀆則洪河洋洋，發源崑崙，九流分逝，案「逝」，近刻訛作「遊」。北朝滄淵，驚波沛厲，浮沫揚奔。案「浮」，近刻訛作「望」。《風俗通》曰：江、河、淮、濟爲四瀆。案近刻「河」字在「淮」字下。瀆，通也，所以通中國垢濁。《白虎通》曰：其德著大，故稱瀆。《釋名》曰：瀆，獨也。各獨出其所而入海。

出其東北陬，

《山海經》曰：崑崙墟在西北，河水出其東北隅。《爾雅》曰：河出崑崙虛，案近刻脱此五字。色白，所渠并千七百一川，色黃。《物理論》曰：河色黃者，衆川之流，蓋濁之也。案此十六字，當是注内之小注，故雜在所引《爾雅》之間，書内如此類者甚多。百里一小曲，千里一曲一直矣。漢大司馬張仲議曰：案《漢書》，大司馬史長安張戎。師古曰：新論云字仲功。此脱「史」字、「功」字。河水濁，清澄一石水，六斗泥，而民競引河溉田，令河不通利，案「令」，近刻訛作「今」。至三月，桃花水至則河決，以其噎不洩也。禁民勿復引河，是黃河兼濁河之名矣。《述征記》曰：盟津、河津恆濁，方江爲狹，比淮、濟爲闊；寒則冰厚數丈，冰始合，車馬不敢過，要須狐行，云此物善聽，冰下無水乃過，人見狐行，方渡。余按《風俗通》云：里語稱狐欲渡河，無如尾何？且狐性多疑，故俗有狐疑之說。亦未必一如緣生之言也。

屈從其東南流，入渤海。案「入」下，近刻有「于」字。

李鼎祚《周易集解・乾》

䷀《乾》下《乾》上 《乾》：元、亨、利、貞。

案：《說卦》：「《乾》，健也。」言天之體以健爲用，運行不息，應化无窮。故聖人則之，欲使人法天之用，不法天之體。故名《乾》，不名天也。子夏傳曰：「元，始也。亨，通也。利，和也。貞，正也。」言《乾》稟純陽之性，故能首出庶物，各得元始，開通和諧，貞固不失其宜。是以君子法《乾》而行四德。故曰「元、亨、利、貞」矣。

初九：潛龍勿用。

崔憬曰：九者，老陽之數，動之所占，故陽稱焉。潛，隱也。龍下隱地，潛德不彰，是以君子韜光待時，未成其行，故曰勿用。子夏傳曰：「龍所以象陽也。」○馬融曰：物莫大於龍，故借龍以喻天之陽氣也。初九，建子之月，陽氣始動於黃泉，既未萌牙，猶是潛伏，故曰潛龍也。○沈驎士曰：稱龍者，假象也。天地之氣有昇降，君子之道有行藏。龍之爲物，能飛能潛，故借龍比君子之德也。初九既尚潛伏，故言勿用。○干寶曰：位始，故稱初。陽重，故稱九。陽在初九，十一月之時，自復來也。初九，甲子天正之位，而乾元所始也。陽處三泉之下，聖德在愚俗之中。此文王在羑里之爻也。雖有聖明之德，未被時用，故曰勿用。

九二：見龍在田，利見大人。

王弼曰：出潛離隱，故曰見龍。處於地上，故曰在田。德施周普，居中不偏。雖非君位，君之德也。初則不彰，三則乾乾，四則或躍，上則過亢。利見大人，唯二、五焉。○鄭玄曰：二於三才爲地道，地上即田，故稱田也。○干寶曰：陽在九二，十二月之時自臨來也。二爲地上，田在地之表，而有人功者也。陽氣將施，聖人將顯，此文王免於羑里之日也。故曰利見大人。

九三：君子終日乾乾，夕惕若厲，无咎。

鄭玄曰：三於三才爲人道，有《乾》德而在人道，君子之象。○虞翻曰：謂陽息，至三已變，成《離》。《離》爲日，《坤》爲夕。○荀爽曰：日以喻君，謂三居下體之終而爲之。君承《乾》行《乾》，故曰乾乾。夕惕以喻臣，謂三臣於五，則疾修柔順，危去陽行，故曰无咎。○干寶曰：爻以氣表，繇以龍興，嫌其不關人事，故著君子焉。陽在九三，正月之時自泰來也。陽氣始出，地上而接，動物人爲靈，故以人事成天地之功者，在於此爻焉。故君子以之憂深思遠，朝夕匪懈。仰憂嘉會之不序，俯懼義和之不逮。反復天道，謀始反終，故曰終日乾乾。此蓋文王反國，大釐其政之日也。凡无咎者，憂中之喜，善補過者也。文恨早耀，文明之德，以蒙大難。增修柔順，以懷多福。故曰无咎矣。

九四：或躍在淵，无咎。

崔憬曰：言君子進德修業，欲及於時。猶龍自試躍天，疑而處淵。上下進退，非邪離羣，故无咎。○干寶曰：陽氣在四，二月之時，自大壯來也。四虛中也，躍者暫起之言。既不安於地，而未能飛於天也。四以初爲應，淵謂初九甲子，龍之所由升也。或之者，疑之也。此武王舉兵孟津，觀釁而退之爻也。守柔順，則逆天人之應。通權道，則違經常之教。故聖人不得已而爲之。故其辭疑矣。

九五：飛龍在天，利見大人。

鄭玄曰：五於三才爲天道。天者，清明无形，而龍在焉。飛之象也。○虞翻曰：謂四已變則五體離。離爲飛，五在天，故飛龍在天，利見大人也。謂若庖犧觀象於天，造作八卦，備物致用，以利天下，故曰飛龍在天，天下之所利見也。○干寶曰：陽在九五，三月之時，自夬來也。五在天位，故曰飛龍。此武王克紂，正位之爻也。聖功既就，萬物既睹，故曰利見大人矣。

上九：亢龍有悔。

王肅曰：窮高曰亢。知進忘退，故悔也。○干寶曰：陽在上九，四月之時也。亢，過也。乾體既備，上位既終，天之鼓物，寒暑相報。聖人治世，威德相濟。武功既成，義在止戈。盈而不反，必陷於悔。○案：以人事明之，若桀放於南巢，湯有慚德，斯類是也。

用九：見羣龍，无首，吉。

劉瓛曰：總六爻純九之義，故曰用九也。○王弼曰：九天之德也。能用天德，乃見羣龍之義焉。夫以剛健而居人之首，則物之所不與也。以柔順而爲不正，則佞邪之道也。故乾吉在无首，坤利在永貞矣。

衛湜《禮記集説》卷八六《少儀》 孔氏曰：案鄭《目録》云：《少儀》者，以其記相見及薦羞之小威儀。少，猶小也。此於《別録》屬《制度》。

嚴陵方氏曰：篇中所言，不特主於少者，然壯者之儀亦在乎少時所習而已。

山陰陸氏曰：《内則》曰：十年學幼儀，則此篇其類也。

范陽張氏曰：先儒訓少爲小，其意以爲所記者小節耳。聖人之道本無大小，以此爲小，孰能爲大？少有副意，如大師之有少師，則少者所以副其大，是儀者所以副其禮也。有大無小，何以見其用。伊川先生曰：灑掃應對，即形而上者之事，豈不信哉。

聞始見君子者，辭曰：「某固願聞名於將命者。」不得階主。敵者，曰：「某固願見。」

鄭氏曰：君子，卿大夫若有異德者。固，如故也。將，猶奉也。即君子之門，而云願以名聞於奉命者，謙遠之也。重則云「固」。奉命，傳辭出入。階，上進者，言賓之辭不得指斥主人。敵，當也。願見，願見於將命者，謙也。

孔氏曰：此一經論見君子之法，但此一篇雜明細小威儀，不復局以科段。記者謙退，不敢自專制其儀，而傳聞舊説，故曰「聞」也。辭，客之辭也。某，客名也。再辭曰「固」。聞名，謂名得通達也。將命，謂傳辭出入，通主客之言語也。客實願見君子，而云「願聞名於傳命者」，不敢必斥見君子，但願將命者聞之而已。不云「初辭」，而云「固」者，欲明主人不即見己，己乃再辭也。若初辭則不云「固」，惟云「某願聞於將命者」耳。階，進也，人升階必上進。主，謂主人也。客宜卑退，不得進斥主人也。敵者不謙，故云「願見」，亦應云「願見於將命者」，因上已有，故此略之。「固」義亦同上。

長樂劉氏曰：古者朋友往來，賓主相覿，同用一禮，於是傳命共爲一辭，若《士相見》載於《儀禮》，用以一天下之禮俗也。此《少儀》所以載於經乎。曰「聞」者，謂三代先王既行其辭於舊俗間，或衰墜，而知禮者未盡殄滅，故曰「聞」焉。願聞名於將命者，謂至於門外，擯者請事，荅以辭。不得階主，述其崇德之意，不敢由階升堂直見主人之謂也。

金華應氏曰：古禮廢壞，辭命不審，擯詔不嚴，交際之義能盡其敬者固鮮。然分勢之隆崇者又未免亢焉而不接，人臣之見天子昧死而後言，頓首而後請，其辭曰「陛下」；下僚之見上官，庭趨而後進，升階而屢降，其辭曰「閤下」，亦幾於阻絶而不通矣。夫將命者人也，人則有可通之情，陛、階、門、閤，地也，地則無自通之路，噫，安得以《少儀》之辭而語之哉。

嚴陵方氏曰：聞，言所記之事非由於己見，乃聞之於人爾。君子者，有位有德者之通稱也。辭，則《表記》所謂無辭不相見是矣。將命者，蓋將奉主人之命而傳道之者也，亦擯詔之類歟。《論語》言將命者出戶是矣。願見君子而曰願聞名於將命者，以其尊而不可以遽見，故先欲聞其名，以其不可指斥而與之亢禮，故止言將命者而已。不得階主，蓋言不可指斥主人升進而與之階也，與之相敵，故不必先聞其名，直曰「願見」而已，此隆殺之辨也。

山陰陸氏曰：主，主尊者；階，階敵者。不得階主，亦詞也。若曰固願見，不得階主而前爾。

新安邵氏曰：諸家解釋不得階主，未甚分曉，以愚觀之，階，猶階梯之階；主，猶觀近臣以其所爲主之主。求見君子者辭曰，某固願聞名於將命者，恐不得將命者導達爲之階主爾，夷之因徐辟而求見孟子，正此意。

罕見曰聞名，亟見曰朝夕。瞽曰聞名。

鄭氏曰：罕，希也。希相見，雖於敵者猶爲尊主之辭，如於君子也。亟，數也，於君子則曰「某願朝夕聞名於將命者」，於敵者則曰「某願朝夕見於將命者」。瞽，無目也。以無目，辭不稱見。

孔氏曰：前二條明始相見，此經明已相見，而疏者、尊者、敵者，皆云願聞名於將命者。然敵者始來曰「願見」，重來而數，黜曰「聞名」者，亦奬之使不疏也。或云始來禮隆，故尊卑宜異，重來禮殺，故宜同也。亟見，謂數相見者。瞽者其來不問見貴賤，則並通云願聞於將命者。

嚴陵方氏曰：罕見，以其相見之希，疑其情之不通，雖於敵者亦曰「聞名」而已。

蔡卞《毛詩名物解》卷一〇《釋獸・麐》 崔豹《古今注》曰：鹿有角而不能觸，麞有牙而不能噬。麞，麐也，齊人謂麐爲麞，麞如小鹿而美，故從麞也。章，美也。《易》曰：陰雖有美，含之以從王事。古之制字如此。麞從章，麐從音，其義一也。《語》曰：四足之美有麃，麃即麞也。或曰：麞性善驚，故從章。《吳越春秋》曰：章者，傽偟也。蓋麐鹿皆善駭，而麐尤怯，飲水見影輒奔。《道書》曰：麞，鹿，白膽善驚，爲是故也，《詩》曰「野有死麐，白茅包之」云。《考工記》曰：山以麞，水以龍，言畫水必以龍，畫山必以麞也。麞，山物也。蓋麞性喜山，麋性喜澤，鹿性喜林，故林屬於山爲麓，而其字從鹿。麓者，鹿之所在故也。鹿，林獸也；麋，澤獸也。《博物志》曰：麋掘澤草而食，其場成泥，名曰「麋暖」，民隨此暖，種稻不耕而穫，其收百倍。麐性羣聚，故從囷，囷，聚也。《語》曰：市無赤米，而囷鹿空虛。先儒以爲圓曰囷，方曰鹿，蓋鹿亦羣聚，故囷或謂之鹿也。

胡安國《春秋四傳》卷二 秋，八月庚辰，公及戎盟于唐。此盟戎狄之始。《左傳》戎請盟，秋盟于唐，復脩戎好也。

胡傳：按《費誓》稱淮夷、徐戎，此蓋徐州之戎，久居中國，在魯之東郊者也。韓愈氏言《春秋》謹嚴，君子以爲深得其旨。所謂謹嚴者，何謹乎？莫謹於華夷之辨矣。中國而夷狄則狄之，夷狄猾夏則膺之，此《春秋》之旨也。而與戎歃血以約盟，非義矣。是故成於日者，必以事繫日。而前此盟于蔑則不日，盟于宿則不日，後此盟于密則不日，盟于石門則不日，獨盟于唐而書日者，謹之也。後世乃有結戎狄以許婚而配偶，非其類，如西漢之於匈奴；約戎狄以求援而華夏被其毒，如肅宗之於回紇；信戎狄以與盟而臣主蒙其恥，如德宗之於尚結贊。雖悔於終，亦將奚及！《春秋》謹唐之盟，垂戒遠矣。

呂本中《春秋集解・僖公二十九年》 二十有九年，春，介葛盧來。

左氏傳：春，介葛盧來朝，舍於昌衍之上，公在會，饋之芻、米，禮也。

公羊傳：介葛盧者何？夷狄之君也。何以不言朝？不能乎朝也。

杜氏注：介，東夷國也，在城陽黔陬縣。葛盧，介君名也。呂氏曰：葛盧，夷狄之附庸。

又 夏，六月，《公》、《穀》并有公字。會王人、晉人、宋人、齊人、陳人、蔡人、秦人盟于翟泉。《公》作狄泉。

《左氏傳》：夏，公會王子虎、晉狐偃、宋公孫固、齊國歸父、陳轅濤塗、秦小子慭盟于翟泉，尋踐土之盟，且謀伐鄭也。卿不書，罪之也。在《禮》，卿不會公、侯，會伯、子、男，可也。

伊川先生解：晉文連年會盟，皆在王畿之側，而此盟復迫王城，又與王人盟，強逼甚矣。故諱公，諸侯貶稱人，惡之大也。

杜氏注：翟泉，今洛陽城内大倉西南池水也。

劉氏傳：是稱人皆微者與？非微者也。王子虎、晉狐偃、宋公孫固、齊國歸父、陳轅濤塗、秦小子慭之盟也，則其稱人何？翟泉在王城之内，諸侯之大夫入天子之境，雖貴曰士，陪臣也，而盟于天子之側自此始，是以貶也，其餘從同。

劉氏《意林》：列國之卿亂王室之禮，王子虎不能正也，使陪臣盟天子之側，此所謂下陵上替也。

王十朋《蘇東坡詩集注》卷四《彭祖廟》 跨歷商周看盛衰，次公案：《神仙傳》：彭祖姓籛，名鏗，帝顓頊之玄孫也。至殷末已七百六十七歲，故云「跨歷商周」。伯可《抱朴子・内篇》曰：案《彭祖經》云：自帝嚳佐堯，歷夏至殷爲大夫。殷王遣綵女從受房中之術，行之有效。欲殺彭祖以絶其術，彭祖覺而逃去，時年七八百耳，非爲死也。欲將齒髮鬭蛇龜。元序《玉策記》曰：千歲之龜，五色具焉。又云：蛇有無窮之壽。空餐雲母連山盡，厚《太平廣記》：彭祖善於補道之術，并服水桂雲母粉，常有少容。不見蟠桃著子時。繽《漢武帝外傳》：西王母以玉槃盛桃七顆，形員青色。王母以四與帝，三自食。桃味甘美，口有盈味，帝輒錄其核。王母問，帝曰：「欲種之。」母曰：「此桃三千年一實。」帝乃止。堯卿《神仙傳》曰：彭祖至商之末年，已七百餘歲。王聞之，欲以爲大夫，稱疾不與政事。采女乘輜軿往，問道於彭祖。采女具受諸要以教王，王試爲之，有驗，欲祕之。彭祖乃去，不知所如。其後七十餘年，門人於流沙西見之。世稱彭祖壽八百歲，故云「不見蟠桃著子時」，以桃三千年一實也。

嚴粲《詩緝》卷一八《小雅・菁菁者莪》　《菁菁者莪》，菁，音精。樂育材也。樂，音洛。君子能長育人才，長，音掌。則天下喜樂之矣。陳氏曰：小雅之詩，皆因某事而歌某詩，《菁菁者莪》之詩，宜何歌乎？余以謂天子行禮於學校而宴飲之時則歌此詩焉。

樂與賢，樂得賢，樂育材，三詩一體，皆言以樂樂之，育材於學校而燕飲作樂歌。此詩焉，是樂育材也。以君心之樂感人心之樂，義理之樂同也。詩皆述天下之喜樂，而人君樂育之意自見矣。

菁菁者莪，傳曰：菁菁，盛貌。曰莪，莪蒿也。解見《蓼莪》。在彼中阿。傳曰：中阿，阿中也。大陵曰阿。既見君子，樂且有儀。

興也。莪蒿雖微物，美而可食，故以喻人材。言菁菁然茂盛之莪蒿，由生於阿中得阿之長養而然，喻君子能長育人材，無微不遂也。既見此能育材之君子，則不喜樂而有威儀，樂見良心之興起，有儀，見善教之作成。○說者多以「樂且有儀」指君子，非也。既見者，幸辭也，喜見之也。今考詩中「既見君子」重言二十有二，見於九詩，《汝墳》、《風雨》、《唐揚之水》、《車鄰》、《出車》、《蓼蕭》、《頍弁》、《隰桑》及本詩，或妻見其夫，或國人見賢者，或臣見其君，凡「既見君子」之下，其接句皆述喜之之情，謂見君子者喜，非所見者喜也。若以「樂且有儀」爲君子，則既見二字無所歸，下云「我心則喜」，樂即喜也。

菁菁者莪，在彼中沚。音止。○傳曰：中沚，沚中也。○小渚曰沚。解見《采蘩》。既見君子，我心則喜。

菁菁者莪，在彼中陵。傳曰：中陵，陵中也。既見君子，錫我百朋。箋曰：錫，賜也。古者貨貝五貝爲朋。○疏曰：言古者實此貝爲貨也。五貝者，《漢書・食貨志》以爲大貝、牡貝、幺貝、小貝、不成貝爲五也。言爲朋者，謂小貝以上四種各二貝爲朋，而不成者不爲朋。鄭因經廣解之，言有五種之貝，其中以相與爲朋，非總五貝爲一朋也。

「賜我百朋」，言人材既成則厚其祿而用之。

汎汎楊舟，載沈載浮。朱氏曰：載，則也。既見君子，我心則休。箋曰：休者，休休然。○今曰休，休樂也。

興也。楊舟汎汎然於水中，無所維繫，或沈或浮，未可知也。猶人材汎汎然於天下，無所依歸，或成或壞，亦未定也。今見此君子能長育之，則人材皆可以成就，故我心休休然安樂也。○舊說沈物亦載，浮物亦載，韓退之亦從之。且詩中「載馳載驅」，「載笑載言」，「載饑載渴」，「載清載濁」，「載飛載止」，凡言載皆則也，獨以此爲載物於舟，非也。

《菁菁者莪》四章，章四句。

朱熹等《近思録》卷一［葉采集注］　夫天專言之，則道也，天且弗違是也。分而言之，則以形體謂之天，以主宰謂之帝，以功用爲之鬼神，以妙用謂之神，以性情爲之乾。《易傳》下同。○道者，天理當然之路。專言天者，即道也。分而言之，指其形體高大而無涯則謂之天，指其主宰運用而有定則謂之帝。天所以主宰萬化者，理而已。功用造化之有迹者，如日月之往來，萬物之屈伸是也。往者爲鬼，來者爲神；屈者爲鬼，而伸者爲神也。妙用造化之無迹者，如運用而無方變化而莫測是也。○朱子曰：「功用，言其氣也；妙用，言其理也。功用兼精粗而言，妙用言其精者。」○黃勉齋曰：「合而言之，言鬼神則神在其中矣；析而言之，則鬼神者其粗迹，神者其妙用也。」○伊川言「鬼神者，造化之迹」。此以功用言也。○横渠言「鬼神二氣之良能」。此合妙用而言也。

朱熹《論孟精義》卷一〇下《論語・堯曰第二十》　堯曰：「咨，爾舜。天之歷數在爾躬，允執其中。四海困窮，天祿永終。」舜亦以命禹。

伊川曰：允執其中，中怎麼執得？識得則事事物物上皆天然，有箇中在那上，不待人安排也。安排著則不中矣。

范曰：舜之德如堯，禹之德如舜，故三聖相授而同一辭。天之歷數在爾躬者，奉天也；允執其中者，正心也；四海困窮者，子庶民也。堯授舜，舜授禹，皆以困窮爲託，使四海困窮有不獲其所，則天祿永終矣，此堯舜傳天下之要法也。

游曰：有一言而足以盡至治之要，曰：中而已。蓋中者，天下之大本也，豈執一云乎哉？不偏不倚適當其可而已。譬之權衡之應物，曾無心於輕重，抑揚高下，稱物平施，無銖兩之差，此其所以爲時中也。與堯、舜、禹三聖授受之際，所守者一道，允執厥中，乃傳心之密旨也。

曰：「予小子履，敢用玄牡，敢昭告於皇皇后帝，有罪不敢赦。帝臣不蔽，簡在帝心。朕躬有罪，無以萬方，萬方有罪，罪在朕躬。」

伊川曰：此少一「湯」字，當云：「湯曰：」予小子履也。

横渠曰：帝臣不蔽，言桀有罪，己不敢違天縱赦，既以克之，今天下莫非上帝之臣，善惡皆不可揜，惟帝擇而命之，己不敢不聽。

范曰：湯之德莫如罪己。以一玄牡告上帝者，請桀之罪也。有罪不敢赦者，求己之罪也。《書》曰：「罪當朕躬，弗敢自赦。」又曰：「爾有善，朕弗敢蔽。」帝臣者，賢人也，賢人不敢蔽，而用之者，所以事天也，非天子所得專，故曰帝臣，人有善不蔽，己有罪不赦，以其簡在帝心，皆不敢自私也。一身之罪不及萬方，萬方之罪及諸一身，此湯之至德也。

「周有大賚，善人是富。雖有周親，不如仁人。百姓有過，在予一人。」

明道曰：至親不如仁賢。

范曰：武王大賚於四海，所賞者善人，非富淫人也。雖有周親，不如仁人，天下之至公也。百姓有過，在予一人，亦武王之德也。

謝曰：帝王之功，聖人之餘事。有内聖之德，必有外王之業，其所以存心，一言以蔽之，曰公而已。堯、舜、禹、湯或傳或繼，其考之天則歷數有歸，稽之人則惟德是輔，何嘗必天下戴己與。故天子歷叙聖人之語，以見其用心。然則學者苟能操行一不義殺一不辜而得天下所以不爲之心，則帝王之道豈遠乎哉？其視曹孟德、司馬仲達之輩眞如穿窬矣，況於錙銖不義之富貴與。

吕祖謙《吕氏家塾讀詩記》卷八《鄭風·將仲子》　《將七羊反。仲子》，刺莊公也。不勝音升。其母，以害其弟。弟叔失道而公弗制，祭側界反。仲諫而公弗德，小不忍以致大亂焉。《左傳》：鄭武公娶于申，曰武姜。生莊公及共叔段。莊公寤生，驚姜氏，遂惡之。愛共叔段，欲立之。亟請於武公，公不許。及莊公即位，爲之請制。公曰：「制，巖邑也，虢叔死焉。他邑唯命。」請京，使居之，謂之京城大叔。祭仲曰：「都，城過百雉，國之害也。今京不度，非制也，君將不堪。」公曰：「姜氏欲之，焉辟害？」對曰：「不如早爲之所。」公曰：「多行不義，必自斃。子姑待之。」既而大叔命西鄙北鄙貳於己。公子呂請除之，公曰：「無庸，將自及。」大叔又收貳以爲己邑，至於廩延。子封曰：「可矣。」公曰：「不義不暱，厚將崩。」大叔將襲鄭，公命子封帥車二百乘以伐京，京叛大叔段，段入於鄢。公伐諸鄢，大叔出奔共。

蘇氏曰：莊公欲必致叔于死。叔之未襲鄭也，有罪而未至于死，是以諫而不聽，非愛之也，未得所以殺之也。毛氏不知其説，其叙此詩，以爲不勝其母，以害其弟，弟叔失道，而公弗禁，祭仲諫而公弗聽，小不忍以致大亂。莊公豈不忍者哉？

將仲子兮，無踰我里，無折我樹杞。音起。豈敢愛之？畏我父母。仲可懷也，父母之言亦可畏也。

毛氏曰：將，請也。仲子，祭仲也。踰，越也。里，居二十五家爲里。杞，木名也。孔氏曰：杞，柳屬也。生水傍，葉麄而白色，理微赤。折，言傷害也。

李氏曰：無踰我里，言無與我家事也。　鄭氏曰：無折我樹杞，喻言無害我兄弟也。　朱氏曰：雖知汝之言誠可懷思，而父母之言亦豈可不畏哉。

五家爲鄰，五鄰爲里，皆有地域。溝、樹之，故曰無踰我里，無折我樹杞。

將仲子兮，無踰我牆，無折我樹桑。豈敢愛之？畏我諸兄。仲可懷也，諸兄之言亦可畏也。

吕氏曰：孟子曰：「樹牆下以桑」，則桑在牆下也。　毛氏曰：諸兄，公族。

將仲子兮，無踰我園，無折我樹檀。豈敢愛之？畏人之多言。仲可懷也，人之多言亦可畏也。

毛氏曰：園所以樹木，檀，彊忍之木。孔氏曰：園者，圃之蕃，故其内可以種木也。檀材可以爲車。陸璣疏云：檀木皮正青，滑澤。

「將仲子兮，無踰我里，無折我樹杞」，辭雖拒仲，而意則與之。如待人僚祖告昭公以去季氏之謀，公執戈以懼之之類。「豈敢愛之，畏我父母」，則於段非有所不忍也。「仲可懷也，父母之言亦可畏也」，則拳拳於叔而不得已於姜氏者可見矣。「畏我諸兄」，「畏人之多言」，特迫於宗族國人之議論，非愛段也。具文見意，而莊公之情得矣。

《將仲子》三章，章八句。

張洽《張氏春秋集注》卷三《莊公十年》　冬，十月，齊師滅譚，譚子奔莒。譚國在今濟南府歷城縣。○《傳》：齊侯之出也，過譚，譚不禮焉。及其入也，諸侯皆賀，譚又不至。冬，齊師滅譚。滅者，夷其社稷，覆宗絶祀也。譚子爵而不名，以其雖失國而恥反而事仇，猶有興復之望也。不書出國，已滅無所出也。齊桓方有志尊王室，爲政於天下，非特不能興滅繼絶，而以私憾覆滅小國，其罪大矣。○薛氏曰：五霸桓公爲盛，威陵諸侯以圖霸功，首滅天子之建侯以肆威耳，儒者之不道也宜哉。

李樗黃櫄《毛詩李黃集解》卷四

《何彼襛如容反。矣》，美王姬也。雖則王姬亦下嫁於諸侯，車服不繫其夫，下王后一等，猶執婦道，以成肅雝之德也。

何彼襛矣？唐棣徒帝反。之華。曷不肅雝？王姬之車。尺奢反。何彼襛矣？華如桃李，平王之孫，齊侯之子。其釣維何？維絲伊緡。齊侯之子，平王之孫。

李曰：王姬者，王女而姬姓，《春秋》言「築王姬之館于外」。杜預云「不稱字，以王尊」是也。謂之王姬，亦下嫁於諸侯，則必非文王之女，故毛氏以爲武王之女也。若以爲武王之女，則不當列之於《風》，當列之於《雅》，列之於《風》則疑又非武王之女也，姑且存之。雖則王姬亦下嫁於諸侯者，以諸侯之女嫁於諸侯，此其常也，以天子之女乃下嫁於諸侯，故言「雖」字。以王姬之尊，故下於王后一等，而所乘之車所衣之服，皆不繫其夫爲尊卑焉。鄭氏謂「車乘厭翟，勒面繢總，服則褕翟」是也。以王姬之尊如此，宜其席貴驕之勢，不能安執婦道，今乃能執婦道以成肅雝之德，此詩人所以美之也。○襛，毛氏以爲戎戎也。《韓詩》以「襛作莪」。《說文》以爲「衣厚貌」。大抵襛是華之貌。郭璞云：「唐棣，今白移也。」陸璣云：「唐棣，郁李，一名雀梅，一名車下李。」何其容如此之盛，乃唐棣之華也，以譬王姬容色之美也。鄭氏謂「何不敬且和乎，王姬往乘車也」。言其嫁時始乘車，則已敬和，不如蘇氏以爲見王姬之車者。皆相告曰「何不敬和乎」，此乃王姬之車也。以人之見王姬之車，猶且「肅雝」，則王姬之肅雝可知矣。「華如桃李，平王之孫，齊侯之子」，鄭氏謂「興王姬與齊侯之子，顔色俱盛」。然所謂「華如桃李」，但只是喻王姬顔色之美也。如上章言「唐棣之華」，亦是專言王姬顔色之美，有如桃李之華。故繼之以「平王之孫，齊侯之子」，言平王之孫下嫁於齊侯之子也。如下章言「其釣維何，維絲伊緡」，此則美齊侯之子，故繼之曰「齊侯之子，平王之孫」，言齊侯之子娶於平王之孫也。魚之所以能釣之者，維以絲爲繩也，如王姬之貴所以娶而得之者，以其有禮也。平王，毛氏以爲「文王正」也，文王謚之曰「正」，各論其德，所稱不一，如稱文王皆曰「寧王」是也。說者又以平王爲周東遷之平王，若以爲「東遷之平王」，則不當列之於《二南》矣。古之王者其說不一，如《詩》稱成湯曰「武王靡不勝」，所謂「武王」，安可以爲周之武王乎？《書》曰：「自成湯至于帝乙，成王畏相。」所謂「成王」，安可以爲周之成王乎？宋朝太祖皇帝曰「聖祖」，太宗皇帝曰「神宗」，及神宗稱「神宗」，則太宗不復稱「神宗」矣，此平王亦爲文王也。平王既非東遷之王，則齊侯之子亦非齊國之子也。齊，一也。夫以王姬生於深宮之中，長於婦人之手，又安知禮果爲何物哉。今乃能執婦道，以成肅雝之德，此其所以可嘉也。觀帝乙告女之辭曰：「無以天子之貴而驕諸侯。陰之從陽，女之從男，天地之義也。往事爾夫，必以禮義。」觀帝乙之所以告其女之辭，則知婦人多以富貴之勢驕陵夫家也。堯之二女嬪于虞，是行其婦道於虞舜也。以堯之女，天子之女也，舜乃歷山之匹夫耳。天子之女下嫁於歷山之匹夫，又不比於王姬下嫁於諸侯矣。而乃能行婦道，非獨舜刑于寡妻，其盛德之所致，亦可以見二女之爲賢者也。自漢以來，爲公主者多以天子之勢陵轢夫家，受其禍者十常八九，至於有詔俾之尙主，則牢辭固避，惟唐王珪子敬直，尙南平公主，而公主行舅姑禮。憲宗時岐陽公主下嫁於杜悰，而主事舅姑以禮，聞亦可謂有《召南》之遺風矣。

黃曰：以王姬嫁諸侯，不足爲過，而詩人美之何也？曰「以王姬之貴，而能執婦道於諸侯之國」，此詩人所以深取，而豈徒形容其下嫁於諸侯哉。婦人之情，狃於富貴，習於驕侈，初不知禮義之爲何物，今也忘其所可恃而盡其所當執，非其恭敬和順之德素蓄於中者，安能如此哉。觀帝乙告女之辭曰：「無以天子之貴而驕諸侯，陰之從陽，女之從男，天地之義也。往事爾夫，必以禮義。」豈非以婦人之所難者有此乎？婦人之車服，視其夫之祿秩，惟王姬則不繫其夫，而下王后一等，如王后之五路，則以厭翟爲次，是王姬之車也；王后之六服，則以褕翟爲次，是王姬之服也。詩人所以樂稱王姬之車服者，豈以其車服之足貴哉？以其能執婦道以成肅雝之德耳。「何彼襛矣，唐棣之華」，說者以爲「歎王姬顔色之美」，非也。「曷不肅雝，王姬之車」，說者以爲王姬方在車中，有和敬之貌，亦非也。詩人但言王姬車服之盛如唐棣之華，故見王姬之車者自有肅雝之心，見王姬之車者如此，則王姬之德可想而見也。「平王之孫，齊侯之子」，說者疑爲周衰之詩。蓋考之《春秋》莊公九年夏書「送王姬」，秋書

「築王姬之館于外」，冬書「王姬歸于齊」。魯莊之九年，即莊王之四年也，故以平王爲周平王。然《春秋》所書王姬，與齊襄公之淫僻，又何足美？《詩》自周太師之所編，而後又經吾夫子之手，豈若此其失倫哉？《商頌》言「武王載旆」，可以爲周之武王乎？《書》言「成王畏相」，可以爲周之成王乎？《書》稱「文王爲寧王」，則平王，平正之王也；《易》稱「賢諸侯爲康侯」，則齊侯，齊一之侯也。李迂仲又自疑「此詩若是武王之女，則不當列之於《風》」，以爲「姑且存之」。予請矢之曰：婦人未嫁則從父母，既嫁則從夫，王姬雖武王之女，而嫁諸侯之國，則列之於《風》亦無可疑矣。「其釣維何，維絲伊緡」。毛、鄭以爲「相求以道」，迂仲以爲「相求以禮」。竊皆以爲不然。詩人但言平王之孫，齊侯之子，宜相爲耦，如以絲爲綸，得其所宜也。噫，二女之嬪于虞，亦豈二女之自能爾哉？有父如堯，有夫加舜，雖欲不賢，其可得也？以平正王之孫，嫁齊一侯之子，其肅雝之德，亦有所自來。

吴仁傑《離騷草木疏》卷三《桂》 雜申椒與菌桂兮，豈惟紉夫蕙茝。

王逸註：椒、桂，皆香木。蕙、茝，皆香草。以喻賢者。洪慶善云：言賢無大小，皆在所用。又云：箘字從竹。仁傑按：《本草》有菌桂、杜桂、桂三種。菌桂條云：生交趾、桂林山谷、巖崖間，無骨，圓如竹。陶隱居云：《仙經》用菌桂三重者良。唐本註云：菌者，竹名。古方用筒桂者是。葉中三道文理，緊密薄如竹。《蜀本圖經》云：葉似柿葉，而尖狹光淨。花白，蘂黄，四月開。五月結實，木皮青黄，薄卷若筒者，名筒桂；厚硬味薄者，名板桂。又牡桂條，陶隱居云：今俗用牡桂，狀似桂，而扁薄，皮色黄，脂肉甚少，氣如木蘭味，亦類桂。不知當是別木，抑猶是桂之老宿者。唐本註云：古方用木桂，或云牡桂，即今木桂及單名桂者是也。此桂花子與菌桂同，惟根倍長。《蜀本圖經》云：葉狹，長於箘桂一二倍，嫩枝謂之桂枝。又名肉桂，削去上皮曰桂心，其厚皮者名木桂。又桂條，陶隱居云：湘州有小桂，《經》云：葉似栢葉，澤黑皮黄，心赤。齊武帝時，湘州送此木植之芳林苑中。今東山有桂皮，氣麤相類，而葉乖異，亦能凌冬，恐或是牡桂，時人多呼月桂，正謂皮赤耳。唐本註云：菌桂，表裏無毛而光澤。牡桂葉長尺許。陶云：小桂，或云其葉小者。引《經》云似栢葉，驗之殊不相類，不知此言從何而出。掌禹錫云：按此有三種菌桂似柿葉，牡桂似枇杷葉。此云枇杷葉者，陶仕齊，爲諸王侍讀，得見此木而言也。蘇恭但知有二種，不能細尋事跡而云。陶誤。陳藏器云：箘桂、牡桂、桂心同是一物。皮厚者必嫩，薄者必老，嫩者辛香兼，又筒卷。老必味淡，自然板薄，板薄者，即牡桂也。筒卷者，即箘也。古方有筒桂，字似箘字，後人誤書之。《嘉祐圖經》云：牡桂去皮，名桂心，今所謂官桂也。箘薄如竹，大枝小枝，皮俱是筒。人家園圃亦有種者，移植於嶺北，則氣味殊少，辛辣。三月四月生花，全類茱萸，九月結實。今人多以裝綴，花果作筵具，其葉甚香，可用作飲中品。又有天竺桂，云生西胡國，今亦稀有。仁傑按：《爾雅》：梫，一名木桂。郭璞註：南方呼桂厚皮者爲木桂，桂葉似枇杷而大，白華，華而不著子。叢生巖嶺，冬夏常青，間無雜木。邢昺云牡桂是也。按：箘桂得名，正以其緊薄如竹，故以箘簬之，菌名之，以別木桂厚皮者耳。箘桂，一名筒桂。而木桂，一名板桂。筒不離竹，板不離木，大抵以竹言薄，木言厚也。雖箘筒字近，寫易誤，只用箘字，其義亦明。陳藏器厚嫩老薄之説，正爾相反也。小山《招隱》曰：攀援桂枝兮聊淹留。白樂天去杭日，有《別萱桂詩》云：桂有留人名，謂此。又至蘇有《東城桂詩》云：子墮本從天竺寺，根盤今在闔閭城。自註云：舊説杭天竺寺，每歲秋中有月桂子墮。樂天所云桂，意即今所謂木犀者，又謂之巖桂。故曾文清詩云：團圓巖下桂，表表木中犀。是亦桂之別種。然前輩多即以爲桂，蘇養直《巖桂詩》云已是小山來眼界是也。惟蘭齋不然，賞木犀花有武陵曾識最高枝之句，又長短句云：三閭未識孤妍，離騷遺恨千年。豈欲三閭於桂之外，別樹巖桂如蘭，與石芥之比乎。

真德秀《西山讀書記》卷一《天命之性》 《書·湯誥》曰：惟皇，上帝降衷于下民，若有恆性，克綏厥猷惟后。

此成湯誥萬邦之詞。○孔氏曰：皇，大也。衷，善也。順人有常之性，能安立其道，則惟在於君。唐孔氏曰：天生蒸民，與之五常之性，使有仁義禮智信，是天降善於民也。○程子曰：以形體謂之天，以主宰謂之帝。○朱子曰：自天而言，謂之降衷。自人受此衷而言，則謂之性。其要在「降」字上。猷即道。道者，性之發用處。又曰：「衷」字，只是無過不及之中，是恰好底道理。天生人物各有一至當，恰好底道理降與爾，與程子所謂「天然自有之中」、劉子所謂「民受天地之中」相似。昔人云「衷，善也。卻，未親切」。○林氏曰：天能降衷于民，不能使民保其常性而勿失。故爲之君而付之以敎命之任。師曠曰：天生民而立之君，使司牧之，勿使失性者，謂勿使失其所降之衷也。民既有降衷之性，至於循其固有之性，以安其所謂道者，是乃君之事。故曰云云。湯欲言桀之暴虐夫民以亡天下，則以此言爲先，蓋推本上天所爲立君乂民之意，與仲虺之誥「惟天生民，有欲無主乃亂」之言，相爲終始。○蔡氏曰：天之降命而具仁義禮智信之理，無所偏倚，所謂衷也。人之稟命而得仁義禮智信之理，與心俱生，所謂性也。循其理之自然，而有仁義禮智信之行，所謂道也。以「降衷」而言，則無有偏倚，順其自然，固有常性矣。以稟受而言，則不無清濁純雜之異，故必待君師之作而後能使之安於其道。故曰「克綏厥猷惟后」夫天生民有欲，以情言也；上帝降衷下民，以性言也。仲虺即情以言人之欲，成湯原性以明人之善，蓋互相發云。○愚按：《六經》言性始見於此。○又伊川曰：茲乃不義，習與性成是，又兼習而言。與湯言降衷之性，亦互相發也。○聖賢之言衷曰降衷，曰降命才，曰降才，深味降之一言，眞若天之與人交相付受，明命赫然，不離心目之間也。可不敬哉。○蔡氏説若有恆性，與諸説異，恐未安。○安於其道，謂父安於慈、子安於孝之類。

又《心經》《詩》曰：上帝臨女，無貳爾心。

又曰：無貳無虞，上帝臨女。

毛氏註曰：言無敢懷貳心也。

朱子曰：知天命之必然，而贊其決也。

眞《西山讀書記》曰：此武王伐紂之事，詩意雖主伐紂而言，然學者平居諷詠，其辭凜然，如上帝之實臨其上。則所以爲閑邪存誠之助，顧不大哉？又見義而無必爲之勇，或以利害得喪二其心者，亦宜味此言，以自決也。

李明復《春秋集義》卷一五《莊公二十三年》 夏，公如齊觀社。

程氏學曰：莊公越境觀讎國之社，不待譏而惡自見也。

程頤曰：婚議尚疑，故公以觀社爲名，再往請議，後三年方逆，蓋齊難之。

胡安國曰：莊公將如齊觀社，曹劌諫曰：「齊棄太公之法，觀民于社，君爲是舉而往觀之，非故業也。天子祀上帝，諸侯會之，受命焉；諸侯祀先公，卿大夫佐之，受事焉。不聞諸侯之相會祀也。君舉必書，書而不法，後嗣何觀矣。」

呂祖謙曰：觀兵是也。

王與之《周禮訂義》卷四七《夏官・大司馬》 大司馬之職，掌建邦國之九灋，以佐王平邦國。

賈氏曰：此九灋以下，皆言邦國，以施於諸侯爲主。○鄭鍔曰：九灋皆佐王平邦國之典，然建牧立監，大宰之事，設儀辨位，大宗伯之事，制畿封國，大司徒之事。大司馬之所謂建者，特明其法以布告之。○鄭康成曰：平，成也，正也。○愚按：平字已見大宰解。○王昭禹曰：平邦國，使強不得侵弱，衆不得暴寡。以九伐所以正之、等之、作之、維之、糾之、任之、用之、安之、和之，如此。苟戾乎此，然後九伐施焉，則王之平邦國，豈遽加以刑辟之威？

易氏曰：言佐王以統御諸侯之權，實天子之所自出。

制畿封國以正邦國，

陳君舉曰：九畿、九服，周制也。要之法度所及，止於六服。《書》云：「六服羣辟，罔不承德。」其朝貢盡如禮，止於五服。《書》云「六年五服一朝」是也。○鄭康成曰：封，謂立封於疆爲界。○鄭鍔曰：制畿封國者，下文所謂侯畿、甸畿、男畿以下是也。既制爲九畿之域，乃於其中或封爲五百里之公，或封爲四百里之侯，或封爲三百里之伯，或封爲二百里、一百里之子、男，唯畿有定域，國有定制，則遠近不相侵，小大各相比，邦國可正。

設儀辨位以等邦國，

鄭康成曰：儀，謂諸侯及諸臣之儀。辨，別也，別尊卑之位。○鄭鍔曰：設儀者，自上公九命以至子男五命，其國家、宮室、車旗、衣服，或以九、或以七、或以五爲節是也。既設爲九等之儀，因其儀而爲之位，公一位，侯一位，伯一位，以至子、男同一位，儀見於設飾之間而有隆殺，位見於著定之際而有高下。其法已定，則等差以明，名分以敍，邦國可等。

進賢興功以作邦國，

鄭康成曰：興，猶舉也。作，起也。○王昭禹曰：作、興。《詩》所謂遐不作人，《書》所謂作新民者同。○鄭鍔曰：見於德行之謂賢，見於事業之謂功。賢可尊也，受七命者進爲八命之牧，受八命者進爲九命之伯。功可錄也，或加之以地，或進之以律。進其賢者則不賢者自礪，興其功者則無功者知奮，邦國可作。

建牧立監以維邦國，

賈氏曰：此即大宰建其牧，立其監。○林椅曰：監乃屬長連師之比。○王昭禹曰：九州之牧建之於上，使有所統；諸侯之監，一國者立之於下，使有所承。則萬國由此而相比。維，與《詩》所謂「紼纚維之」同。○鄭鍔曰：二百一十國爲州，州有伯，是之謂牧。天子使大夫爲三監，監於方伯之國，三人是之謂監。既建其牧，又立其監，大邦小國絲牽繩連，各相繫屬，邦國可維。

制軍詰禁以糾邦國，

鄭康成曰：詰，猶窮治也。糾，猶正也。○賈氏曰：制軍，上文大國三軍等是也。詰禁者，士師有五禁，天子禮諸侯亦當有。○王昭禹曰：詰禁或施於國，或施於軍，或施於刑，或施於誓，隨事以言詰之。○黄氏曰：軍禁即布憲。刑禁，康叔爲庶殷長，成王命之曰：外事汝陳時臬司師兹殷罰有倫。臬，讞也。言外諸侯以刑獄讞於牧長而爲之師，使庶殷刑罰有倫也。是詰禁爲牧長之職。○鄭鍔曰：無曲防、無遏糴，無有封而不告，無以妾爲妻，是謂詰禁。有軍以馭其亂，有禁以詰其違，則邦國可糾矣。○李嘉會曰：有軍有禁，當審所輕重而行之。禁施於前，軍用於後，必曰詰者，詰其禁之不行，則可以用兵矣。

施貢分職以任邦國，

王昭禹曰：貢以物言，施貢則各以其所有，職以事言，分職則各以其所能。施貢以任其財，分職以任其力，此之謂任邦國。○鄭鍔曰：侯貢祀物，甸貢嬪物，男貢器物，采貢服物，是謂施貢。甸服者日祭，侯服者月祀，賓服者時享，要服者歲貢，是謂分職。貢已施，則土地所有不敢不入；職已分，則職事所效不敢不共。則邦國可任矣。

簡稽鄉民以用邦國，

王昭禹曰：萬二千五百家爲鄉，大國三鄉，次國二鄉，小國一鄉，所以處民也。簡，選也。稽，攷也。簡其強弱，稽其多寡，然後衆可用。○林椅曰：稽其數而簡其可任者，師田以閲之。故曰以用邦國。○鄭鍔曰：王國簡稽六鄉之民以爲軍旅，諸侯之國蓋亦同之，特無六鄉。《書》云：「魯人三郊三遂。」既有郊法，則簡稽其民而用之可也。有民斯有兵，有兵斯有節，邦國可用。○黄氏曰：邦國民籍皆在司徒，軍籍皆在司馬。鄉民其精兵也，即其籍稽而用之，三代中外皆有精兵，無過防偏失之患，所恃者其兵皆知仁義禮樂之訓，不可與爲亂而已。○林椅曰：簡稽之法，具於鄉遂，師田之賦，令於司馬。作於縣師。蓋於其比聯，可以稽其可任之數，至車乘之政，必丘甸合而後卒伍具。

均守平則以安邦國，

鄭鍔曰：城郭溝池，任其萬民，均其守禦，無使國大而所守者狹，國小而所守者廣。匡人達法，則以匡邦國，使無敢反側，以聽王命，無使職貢宜輕者或過乎則，宜重者或不及乎則，守均則力不困，則平則心不疑，而邦國可安。○王昭禹曰：諸侯爲天子守土，則均守者均其地守也。匡人達法，則正邦國。則平則者，平其八則也。都鄙非無守也，以邦國爲主，邦國非無則也，以都鄙爲主。地守既均，則遠近無相侵奪之患，八則既平，則高下無或僭忒之愆，邦國於是安而無危。

比小事大以和邦國。

鄭康成曰：比，猶親。使大國親小國，小國事大國，相合和也。《易》比象曰：先王以建萬國，親諸侯。○鄭鍔曰：大國恃其強足以呑併，小國忘其微敢於倔強。使大者不恃其強而絶之，小者能盡其禮以承之，則邦國可和。

總論：

孫氏曰：天官，經理邦國者也，故曰「治」。夏官，董正邦國者也，故曰「政」。司馬統六師，則九伐之法莫先焉，先王姑後之，首欲建邦國之九法，何也？蓋九法皆政之大者，所當脩明，於國家閒暇之時，九法常明，諸侯皆歸於康樂和親之域，奚以九伐爲？九伐特不得已而用之。

王應麟《詩地理考》卷一《邶風·泉水》　泲、禰。

毛氏曰：地名。鄭氏曰：所嫁國適衛之道所經。《地理志》：《禹貢》導沇水東流爲泲。注：泉出王屋山名爲沇，流去乃爲泲。東郡臨邑有泲廟。注：泲亦濟水字。《通典》：臨邑在濟州盧縣。禰，《韓詩》作坭。《寰宇記》：大禰溝在曹州冤句縣北七十里。今興仁府冤亭縣。《九域志》：詩云飲餞于禰。朱氏曰：皆自衛來時所經之處。蘇氏曰：《書》導沇水東流爲濟，入於河溢爲滎。《春秋傳》：衛敗于滎澤。故濟水及衛。

金履祥《資治通鑑前編》卷一　納于大麓，烈風、雷雨弗迷。《淮南子》曰：四嶽舉舜而薦之堯，堯妻以二女以觀其內，任以百官以觀其外，既入大麓，烈風、雷雨而不迷。太史公曰：堯使舜入山林、川澤，暴風、雷雨，舜行不迷。蘇氏曰：洪水爲患，堯使舜入山林，相視原隰，雷雨大至，衆懼失常，而舜不迷，其度量有絶人者，而天地鬼神亦或相之與。孟子曰：天下之生久矣，一治一亂。當堯之時，天下猶未平，洪水横流，氾濫於天下，草木暢茂，禽獸繁殖，五穀不登，禽獸偪人，獸蹄、鳥跡之道交于中國，堯獨憂之，舉舜而敷治焉。舜使益掌火，益烈山澤而焚之，禽獸逃匿。舜疏九河，瀹濟漯決，汝漢排徊泗，然後中國可得而食也。當是時也，禹八年於外，三過其門而不入。后稷教民稼穡，樹藝五穀，五穀熟而民人育，人之有道也。飽食、煖衣、逸居而無教，則近於禽獸，聖人有憂之，使契爲司徒，教以人倫，父子有親，君臣有義，夫婦有別，長幼有叙，朋友有信。放勳曰勞之、來之、匡之、直之、輔之、翼之，使自得之，又從而振德之。

段昌武《段氏毛詩集解》卷一八《小雅·鶴鳴》　《鶴鳴》，誨宣王也。

董曰：此詩其師傳所作歟。

鶴鳴于九皋，聲聞音問。于野。魚潛在淵，或在于渚。樂彼之園，爰有樹檀，其下維蘀。音托。它山之石，可以爲錯。七落反。

朱曰：鶴，鳥名。長頸，竦身，高脚，頂赤，身白，頸尾黑。陸《疏》曰：鶴其鳴高亮，聞八九里。鄭曰：皋，澤中水溢出所爲坎，自外數至九，喻深遠也。范曰：檀，木之堅者，是美木也。呂曰：落葉穢雜。毛曰：落，蘀也。《釋文》曰：錯，礪石也。李曰：鶴鳴二章，殊無一句序也意，其詩最爲難曉。毛曰：誨宣王求賢之未仕者。鶴鳴于九皋，聲聞于野，言身隱而名著也。鄭曰：喻賢者雖隱居，人咸知之。良魚在淵，小魚在渚。鄭曰：喻賢者亂世則隱，治平則出。何樂於彼園之觀乎？蘀，落也。尚有樹檀而下其蘀。鄭曰：此猶朝廷之尚賢者而下小人，是以往也。錯，石也，可以琢玉。舉賢用滯，則可以治國。王曰：《易》曰：鳴鶴在陰，其子和之。子曰，君子居其室，出其言善則千里之外應之，况其邇者乎，與此意同。陳曰：鶴鳴以比人君之聲聞，魚以比賢。魚以時升降，賢以道去就。聲聞善則賢者至，如魚之在渚也，惡則賢者去，如魚之在淵也。魚潛而在淵，則賢者去而之丘園矣，可樂者有檀之美木也，使其無檀，其下有蘀、有穀不足美也。君子猶以爲樂者，甚言賢者之無不善也。它山之石，詩人自謂也。石賤而可以錯利器，猶言狂夫之言明主擇焉，此所以誨宣王也。曹曰：宣王欲求賢者，豈可以不修身乎？在身者纖芥不善不可爲，而在人者不當求備，猶彼園之所可樂，以有植檀也，然其下亦有蘀與穀，不以蘀穀而棄檀也。它山之石猶可以錯利刃攻堅玉，况賢者乎。東萊曰：此詩既不見所指，諸家互有所長，毛在衆說之先，恐其傳有自。朱曰：此詩之作，不可知其所由然，必陳善納誨之辭也。蓋鶴鳴于九皋而聲聞于野，言誠之不可揜也；魚潛在淵而或在于渚，言理之無定在也。園有樹檀而其下維蘀，言愛當知其惡也；它山之石而可以爲錯，言憎當知其善也。由是四者，引而伸之，觸類而長之，天下之理其庶幾乎。

鶴鳴于九皋，聲聞于天。魚在于渚，或潛在淵。樂彼之園，爰有樹檀，其下維穀。它山之石，可以攻玉。

毛曰：穀，惡木也。陸《疏》云：荆揚人謂之穀，中州人謂之楮，今江南人績其皮以爲布，又擣以爲紙。攻，錯也。程曰：玉之溫潤，天下之至美也，石之粗厲，天下之至惡也。然兩玉相磨，不可以成器，以石磨之，然後玉之爲器得以成焉。猶君子之與小人處也，横逆侵加然後修省畏避，動心忍性，增益預防，而義理生焉，道德成焉。吾聞諸邵子云。

《鶴鳴》二章，章九句。

俞皋《春秋集傳釋義大成》卷六《文公十四年》 秋，七月，有星孛入于北斗。孛，彗星也。彗者除故之謂。北斗，星名，其星有七，布列象斗，故名斗。入，入于其間也。非常所有，故書以記其異。《左氏傳》：有星孛入于北斗，周内史叔服曰：「不出七年，宋、齊、晉之君皆將死亂。」《公羊傳》：孛者何？彗星也。其言入于北斗何？北斗有中也。何以書？記異也。《穀梁傳》：孛之爲言猶茀也。其曰入北斗，斗有環域也。《胡氏傳》：孛者惡氣所生，闇亂不明之貌也。入于北斗者，斗有環域。天之三辰，綱紀星也，宋，先代之後，齊、晉，天子方伯，中國紀綱。彗者所以除舊布新也，禎祥妖孽隨其所感，先事而著。後三年宋弒昭公，又二年齊弒懿公，又二年晉弒靈公，此三君者皆違道失德而死於亂符，叔服之言，天之示人顯矣，史之有占明矣。

范應元《老子道德經古本集注》卷上 視之不見，名曰幾，聽之不聞，名曰希，搏之不得，名曰微；此三者不可致詰，故混而爲一。

幾字，〔孫登、王弼〕同古本。〔傅奕〕云：幾者，幽而无象也。希，〔陸德明〕云：疏也，靜也。搏，手擊也。混，合也。○道无色，視之不可見，故名之曰幾。道无聲，聽之不可聞，故名之曰希。道无形，搏之不可得，故名之曰微。此幾、希、微三者，不可推致而詰問之，故合而爲一。【河上公】曰：夫无色、无聲、无形，口不能言，書不能傳，當受之以靜，求之以神，不可詰問而得也。

其上不皦，其下不昧，

物之在上者多明，在下者多昧，唯此道則在上而不明在下而不昧。【蘇】曰：物之有形皆麗於陰陽，故上皦下昧，不可逃也。道雖在上而不皦，在下而不昧，不可以形數推也。

繩繩不可名，復歸於无物。

此道繩繩而不絕，然而終不可名也，故復歸於无物。【蘇】曰：繩繩，運而不絕也。人見其運而不絕，則以爲有物矣，不知其卒歸於无也。

《周禮集說》卷七《夏官・虎賁氏》 下大夫二人，中士十有二人，府二人，史八人，胥八十人，虎士八百人。

王氏曰：虎賁氏以下大夫二人爲之，其徒有虎士八百人，則所以衛至尊者亦衆矣。《書・牧誓・序》：虎賁三百人。鄭氏曰：不言徒，曰虎士，則虎士徒之選勇力者。《雜説》：虎賁八百人，乃天子親兵也。六軍之外，禁衛惟此而已。王不出則虎賁不出。及其弊也，以之從軍旅，賜諸侯，非舊法也。僖二十八年，襄王賜晉文公虎賁三百人。胡康侯曰：自古盛王雖用文德，必有親兵專掌宿衛。周公指虎賁與常伯同戒成王，欲其知恤。虎賁者，猶今侍衛親軍也。康王初立，太保俾齊侯呂伋，以虎賁五百人迎於南門。呂伋者，太公望子，自諸侯入典親軍，猶今殿前馬步軍都帥也。勳德世臣，揔司禁旅，虎賁衛士，宿衛王宮，其爲國家慮深遠矣。

掌先後王而趨以卒伍。軍旅會同亦如之。舍則守王閑。王在國，則守王宮。國有大故，則守王門，大喪亦如之。及葬，從遺車而哭。適四方使，則從士大夫。若道路不通有徵事，則奉書以使於四方。先，悉薦反。後，戶豆反。使，所吏反。

劉氏曰：虎士八百人，而下大夫二人，中士十有二人掌之，胥八十人部之，王車之行而先後之，雖趨亦不離其卒伍，示衆以嚴肅也。鄭氏曰：舍者，王出所止宿處。閑，梐枑也。守王宮，爲周衛也。守王門，非常之難，要在門也。遣車，王之魂魄所依也。劉氏曰：士大夫使於四方，則以虎士從之，護王命也。王氏曰：道路不通，有兵寇之故也。有徵事，徵師役之事也，必勇猛有力者然後可以爲使。東萊曰：周人戒成王曰：王左右常伯，常任準人，綴衣、虎賁。任人、牧夫、準人固是係天下安危，固當戒，綴衣、虎賁，只是侍御僕臣，何故與任人、牧夫、準人同一般説，而都無輕重？此最是周公養成王君德深厚處。大抵外朝之人，人君臨朝方得入覲，而人君又見其望高德厚待之，尊嚴而不敢褻近，惟侍御僕從，朝夕與他親比，若得正人，動作起居陰化默移，須到聖賢地位，若讒諂面諛之人朝夕與之相處，便到失德處。何故綴衣、虎賁位最賤，職最親，所以不特是常伯、常任、準人要得人，而虎賁、綴衣亦須要得人。

吴澄《禮記纂言》卷八《通禮·文王世子》 方氏曰：諸侯世子世國，大夫不世爵，故自諸侯以上之適子然後謂之世子。此篇所言主於世子之事，而文王之爲世子可爲法於後世，故以名篇。

《世子之記》曰：朝夕至于大寢之門外，問於內豎曰：「今日安否何如？」內豎曰：「今日安。」世子乃有喜色。其有不安節，則內豎以告世子，世子色憂不滿容。內豎言「復初」，然後亦復初。朝夕之食上，世子必在視寒煖之節。食下，問所膳。羞必知所進，以命膳宰，然後退。若內豎言疾，則世子親齊玄而養，膳宰之饌，必敬視之。疾之藥，必親嘗之。嘗饌善，則世子亦能食。嘗饌寡，世子亦不能飽。以至于復初，然後亦復初。豎，上主切。食上，時掌切。齊，側皆切。養，羊尙切。

鄭氏曰：世子之禮亡，此存其記也。朝夕，朝朝暮夕也。內豎，小臣之屬，掌外內之通命者。節，謂居處故事。復初，憂解也。在，察也。問所膳，問所食者。羞必知所進，必知親所食也。親，猶自也。養，疾者。齊玄，玄冠，玄端也。饌必敬視，爲疾者之食，齊和所欲，或異藥，必親嘗試毒味也。嘗饌善，謂多於前。復初，復常所服也。孔氏曰：食上，謂獻饌。食下，謂食畢徹饌而下。方氏曰：色憂不滿容者，蓋喜之類爲陽，憂之類爲陰，陽饒而陰乏，故憂則容不滿也。《玉藻》所謂親癠色容不盛是也。齊玄而養，必致齊而身服玄也。

右記世子之禮。

文王之爲世子，朝於王季日三。雞初鳴而衣服，至於寢門外，問內豎之御者曰：「今日安否何如？」內豎曰：「安。」文王乃喜。及日中又至，亦如之。及莫又至，亦如之。其有不安節，則內豎以告文王。文王色憂，行不能正履。王季復膳，然後亦復初。食上，必在視寒煖之節。食下，問所膳。命膳宰曰：「末有原。」應曰：「諾。」然後退。朝音潮。衣去聲，又如字。莫音暮，後皆同。

鄭氏曰：三皆曰朝，以其禮同。御，如今小史直日者。文王乃喜者，孝子恆兢兢也。又，復也。履，蹈地也。復膳，飲食安也。末，猶勿也。原，再也。勿有所再進，爲其失飪，臭味惡也。退，反其寢也。孔氏曰：子朝父母，每日唯二，故《內則》云昧爽而朝，日入而夕。朝禮具，夕禮簡。今三朝禮同，是聖人之法。方氏曰：《內則》言子事父母，雞初鳴，咸盥漱。昧爽而朝，日入而夕。《世子》之記亦止言朝夕至於大寢門之外，而此言雞初鳴而衣服，至於寢門外，則盥漱之時猶未雞鳴，朝之時猶未昧爽矣。又有日中之朝，此蓋聖人之制。內豎，即周官掌內外之通令者。御，則御於君所者也。與御妾之御同義。節，謂起居之節也，不安節，則以失常而疾生。文王乃喜，則親喜而己亦喜也。文王色憂，則親憂而己亦憂也。復初，則親復常故也。視寒煖之節，若食齊視春時，飲齊視冬時之類。問所膳，則欲知親之好羞也。膳宰，即膳夫也。原與原蠶之原同。武王帥而行之，不敢有加焉。文王有疾，武王不說冠帶而養。文王一飯亦一飯，文王再飯亦再飯。說，他活切。飯，扶晚切，下皆同。

鄭氏曰：帥，循也。庶幾程式之。不說冠帶而養，言常在側也。一飯再飯，欲知氣力箴藥所勝長樂。劉氏曰：文王減膳，武王亦減膳，文王加飯，武王亦加飯，以己程其親之食力也。方氏曰：武王之事文王盡，循文王之所以事王季者而行之，子之於親日三朝之外，冠帶有時而說，今爲親疾，跬步不離，不敢說冠帶，人之飲食或疏或數，時其飢飽，今以親疾志不在於飲食，一飯再飯惟親之視，不敢如平時私適其欲。

旬有二日乃間。文王謂武王曰：「女何夢矣？」武王對曰：「夢帝與我九齡。」文王曰：「女以爲何也？」武王曰：「西方有九國焉，君王其終撫諸？」文王曰：「非也。古者謂年齡，齒亦齡也。我百，爾九十。吾與爾三焉。」文王九十七乃終，武王九十三而終。女，音汝。後同。

方氏曰旬有二日，記其寢疾之日。鄭氏曰：間，猶瘳也。問何夢，問後容臥也。帝，天也。撫，猶有也。年，天氣也。齒，人壽之數也。九齡，九十年之祥也。孔氏曰：文王繼王季爲西伯，是殷之諸侯，不合稱王。廬陵胡氏曰：武王意以齡爲善，故當撫有九國。按文王三分天下有其二，而云九國，未賓。《詩》《書》云，王者皆追稱爾，而此稱君王皆不足信。人之考折，天定其數，而吾與爾三，是不知命，非文王之言也。《書》云，文王受命，惟中身，厥享國五十年。中身，謂五十也。中身以後，享國五十年，則百矣。云九十七非也。澄曰：此蓋周末之時有一等雜書之言，以爲武王嘗侍文王之疾，至旬有二日乃瘳，而文王因問武王有何夢也。其說皆謬妄不足深辯，作記者又不能精擇，而以附綴文武爲世子之事。

○文王之爲世子也。

鄭氏曰：題上事也。澄曰：按古書之體多如此，皆撮其事之綱以題於所紀事之後。此句舊本誤在下章「成王有過則撻伯禽」之下，今移寘此章末。

右記文武爲世子之禮，凡二節。

成王幼，不能涖阼。周公相，踐阼而治。抗世子法於伯禽，欲令成王之知父子、君臣、長幼之道也。成王有過，則撻伯禽，所以示成王世子之道也。涖，音吏。相，去聲。長，知兩切。後皆同。

方氏曰：涖阼，臨朝也。阼者，主人所有事之階，故適子冠於阼。以著代繼體之君臨朝行事謂之涖阼。涖言臨之，踐言履之。成王主也，故曰涖，周公相之，故曰踐，此輕重之別也。鄭氏曰：成王幼，不能視阼階，行人君之事，周公代履阼階，攝治天下。抗，猶舉也，謂舉以世子之法，使與成王居而學之。以成王之過擊伯禽，則足以感喻焉。孔氏曰：周公舉世子之法於伯禽，伯禽行世子之法以示成王，欲令成王觀而法之，若成王不能法效則笞伯禽，責其不能以世子之禮教成王也。

仲尼曰：昔者周公攝政，踐阼而治，抗世子法於伯禽，所以善成王也。聞之曰：「爲人臣者，殺其身有益於君則爲之。」況于其身以善其君乎？周公優爲之。于，鄭讀爲迂，或如字。

此引夫子之言以證上文所記之事。鄭氏曰：聞之者，聞之於古也。于讀爲迂，迂，猶廣也，大也。孔氏曰：仲尼聞古之言，爲人臣者有益於君而處危亡，縱或殺身猶尙爲之，況周公善其君而居尊顯，乃廣大其身乎？是於身優饒也。長樂陳氏曰：迂身以善其君者易，殺身以有益於君者難，爲人臣者於其難者猶尙爲之，況其易者乎？此周公所以優爲之也。方氏曰：優言爲之有餘也。于與于則于同。廬陵胡氏曰：《漢書・匈奴傳》云于者，廣大之貌。澄按：如方、胡說，則于讀如字。

是故知爲人子，然後可以爲人父。知爲人臣，然後可以爲人君。知事人，然後能使人。成王幼，不能涖阼，以爲世子。則無爲也。是故抗世子法於伯禽，使之與成王居。欲令成王之知父子、君臣、長幼之義也。

此言爲世子之時，當教之以爲人子、爲人臣、爲人幼之義。蓋知爲人子之義然後它日可以爲人之父，知爲人臣之義然後它日可以爲人之君，知爲人幼而事人之義然後它日可以爲人之長而能使人也。成王年幼，不能涖阼階以行天子之事，必須教之以爲世子之法。然欲以成王爲世子而教之，則今既不爲世子而爲天子矣，無爲，猶言不爲也，是故舉世子所當學之法加之於伯禽之身，使之與成王同居處，成王每日親見伯禽所學爲世子之法，則自能知父子、君臣、長幼之義也。父子、君臣、長幼之義，即所謂世子法也。上文言道，此文言義。道謂所由之路，義謂所宜之理，其實一也。今按：此篇所記周公之教成王，可謂曲盡。但稽之事實，武王崩，成王幼，管蔡流言，殷人謀叛，其時周公即出居東而平殷亂，伯禽亦出就封而征徐戎，其後周公三年而歸，則相成王東伐，安得有伯禽同居？學世子法之事，或疑武王在時周公使伯禽與成王共學，令觀伯禽所學而效之，而記者誤傳，以爲武王崩後之事也。

○周公踐阼

鄭氏曰：亦題上事。澄曰：舊本錯簡在下「文世子之謂也」下。

右記成王學世子之禮，凡二節。

吴澄《春秋纂言》卷一二《哀公六年》 齊陳乞弑其君荼。荼，音舒。《公》作舍。《左傳》曰：公使朱毛告於陳子曰：「微子，則不及此。然君異於器，不可以二。器二不匱，君二多難，敢布諸大夫。」僖子不對而泣，曰：「君舉不信群臣乎？以齊國之困，困又有憂，少君不可以訪，是以求長君，庶亦能容群臣乎。不然，夫孺子何罪？」毛復命，公悔之。毛曰：「君大訪於陳子，而圖其小可也。」使毛遷孺子於駘。不至，殺諸野幕之下，葬諸殳冒淳。杜氏曰：弑荼者朱毛、陽生也，而書陳乞，以明乞立陽生而荼見弑，則禍由乞始也。高氏曰：《春秋》書弑君之賊，雖其人不自爲，必以禍所從發爲主，所以誅其意也。

毛應龍《周官集傳》卷六《春官》 司几筵掌五几、五席之名物，辨其用與其位。凡大朝覲、大饗射，凡封國、命諸侯，王位設黼依，依前南鄉設莞筵紛純，加繅席畫純，加次席黼純，左右玉几。

聶氏《圖》曰：從廣八尺，畫斧無柄，設而不用之義。 徐氏《音辨》曰：莞，蒲之細者也。在地曰筵，筵上曰席。紛者，織成以緣筵。林氏曰：畫帛以爲純也。又曰：黼純，畫黼以爲純也。左右玉几，以玉飾几，設於左右也。 鄭氏曰：《禮記》，禮有以多爲貴者，天子之席五重，諸侯三重，大夫再重，此莞筵、繅席、次席，乃三重何也？以《書》考之，其設席皆以敷重席爲言。莞筵在地不重者也，繅席加於筵上，蓋皆重焉，與莞筵爲五重，則與《禮記》之言合矣。天子之席重而爲五，則下文諸侯之席亦重可知也。

祀先王、昨席亦如之。

歐陽謙之曰：祀先王、昨席，疑只一事。蓋祀先王之時受昨爵之席也。

諸侯祭祀席，蒲筵繢純，加莞席紛純，右彫几；昨席莞筵紛純，加繅席畫純，筵國賓於牖前亦如之，左彤几。

林氏曰：承賓，事之大，猶承神也。故筵國賓於牖前，則亦如之而已。《儀禮・鄉飲酒》之禮，主人在阼階，賓在戶牖，則此謂筵國賓於牖前者，豈非設几筵於戶牖之前歟。 徐氏《音辨》曰：彤，丹漆也。

甸役則設熊席，右漆几。

歐陽謙之曰：甸、役二事也，有大甸有大役，鄉師之官，四時之甸則以大旗致之，遂人之官，若起野役則以大旗致之。大旗者，所謂熊虎爲旗也，則甸役之席用熊焉，亦其宜矣。

凡喪事，設葦席，右素几，其柏席用萑黼純，諸侯則紛純，每敦一几。凡吉事變几，凶事仍几。

聶氏《圖》曰：經所云左右玉几者，王皆立不坐，設左右玉几者，優至尊也。祀先王惟言昨席，不言几，左者王憑之，右者神所依。詳經義，則以生人几在左，鬼神几在右。

王元杰《春秋讞義》卷二《桓公五年》 天王使仍叔之子來聘。

程氏曰：古之授任，稱其才德，故無世官。周衰，官人以世，故卿大夫之子代其父任事，仍叔受命來聘而使其子代行也。

朱子曰：《春秋》有書天王者，有書王者，此皆難曉，或以爲王不稱天，貶之。愚謂若書天王，其罪自見矣。

胡氏曰：仍叔之子云者，譏世官非公選也。

讞曰：古者任官惟賢才，世祿不世官，惟其公而已矣。天王，紀法之原，六卿，紀法之守，不能選賢以任職，以子弟而使之，是豈正哉。《易》「臨之六四，至臨，无咎。」程氏曰：「近君之位，守正任賢以臨其下，則无咎矣。」夫祿以報功也，故其位可延，爵以尊賢也，故其官當擇。以父兄而見使，非任賢之道矣。《春秋》書「仍叔之子」，譏世官非公選，爲後世使人之戒，可不謹乎。

李廉《春秋會通・昭公二十一年》 冬，蔡侯朱出奔楚。朱，《穀梁》作東。《左氏》葬蔡平公，蔡大子朱失位，位在卑。昭子曰：是君也，必不終。蔡侯始即位而適卑，身將從之。費無極取貨於東國（廬弟，朱叔父），而謂蔡人曰：朱不用命於楚、君王將立東國，若不先從王欲，楚必圍蔡。蔡人懼，出朱而立東國。朱愬于楚，楚子將討蔡。無極曰：平侯與楚有盟，故封。其子有二心，故廢之。靈王殺隱太子，其子與君同惡，德君必甚，又使立之，不亦可乎？且廢置在君，蔡無他矣。《公羊》注：出奔者，爲東國所篡也。

按：朱爲蔡侯盧之子，東國爲盧之弟。《左氏傳》詳矣，然經文於此年書朱出奔楚，而二十三年書東國卒于楚，故《穀梁》以朱爲東字而指爲一人。其説曰，東者東國也。王父誘而殺焉，父執而用焉。奔而又奔之，曰東，惡之而貶之。此説無據，不可取。

戈直《貞觀政要集論》卷一《政體》 太宗自即位之始，霜旱爲災，米穀踴貴，突厥侵擾，州縣騷然。帝志在憂人，鋭精爲政。崇尚節儉，大布恩德。是時，自京師及河東、古冀州之域，今河東道。河南、古兗州之域，今河南等處。隴右，古梁州之域，今陝西等處。饑饉尤甚，饑，音飢。饉，音僅。穀不熟曰饑，菜不熟曰饉。一匹絹纔得一斗米，百姓雖東西逐食，未嘗嗟怨，莫不自安。至貞觀三年，關中豐熟，《漢書》關中左殽、函，右隴、蜀。太宗分天下爲十道，此爲關西，唐建都之地也，今陝西省。咸自歸鄉，竟無一人逃散，其得人心如此。加以從諫如流，雅好儒術，一作學。好，去聲。孜孜求士，務在擇官，改革舊弊，興復制度，每因一事，觸類爲善。初，息隱、海陵之黨，息隱，高祖長子也，名建成，初立爲皇太子。海陵，高祖第四子也，名元吉，初封齊王。建成荒色嗜酒，畋遊無度，見秦王功高，與元吉謀害秦王，秦王知之，遂殺二人。既即帝位，乃封建成爲息王，謚曰隱。元吉爲海陵王，謚曰刺。同謀害太宗者數百千人，事寧後引居左右近侍，心術豁然，不有疑阻。時論以爲能斷決大事，得帝王之體。深惡官吏貪濁，惡烏去聲有枉法受財者，必無赦免。在京流外有犯贓者，皆遣執奏，隨其所犯，寘以重法。由是官吏多自清謹。制馭王公、妃主之家，大姓豪猾之伍，皆畏威屛跡，屛，音餅。無敢侵欺細人。商旅野次，無復盜賊，囹圄常空，囹，音零。圄，音語。周獄名也。馬牛布野，外戶不閉。又頻致豐稔，米斗三四錢，行旅自京師至於嶺表，五嶺之外，今二廣之地。自山東至于滄海，山東古冀州之域，今濟南等路，滄海、東海之名也。皆不賫糧，取給於路。入山東村落，行客經過者，過，平聲。必厚加供待，供，平聲。或發時有贈遺。去聲，饋送也。此皆古昔未有也。

歐陽氏修曰：盛哉，太宗之烈也。其除隋之亂，比迹湯、武致治之美，庶幾成、康自古功德兼隆，由漢以來，未之有也。至其牽於多愛，復立浮屠，好大喜功，勤兵於遠，此中材庸主之所常爲。然《春秋》之法，責備賢者，是以後世君子欲成人之美者，莫不歎息於斯焉。

曾氏鞏曰：太宗之爲君也，屈己從諫，仁心愛人，可謂有天下之志。以租庸任民，以府衛任兵，以職事任官，以才能任職，以興義任俗，以尊本任衆。賦役有定制，兵農有定業，官無虛名，職無廢事，人習於善行，離於末作，使之操於上者，要而不煩，取於下者，寡而易供。民有農之實，而兵之備，存有兵之名，而農之利。在事之分有歸，而祿之出不浮，材之品不遺，而治之體相承。其廉恥日以篤，田野日以闢。以其法，修則安且治，廢則危且亂，可謂有天下之材。行之數歲，粟米之賤，斗至數錢，居者有餘蓄，行者有餘貲，人人自厚，幾於刑措，可謂有治天下之效。有是三者，而不得與先王並者，法度之行，禮樂之具，田疇之制，庠序之教，擬之先王未備也。躬親行陣之間，戰必勝，攻必取，天下莫不以爲武，而非先王之所尚也。四夷萬里，古所未及。以政者，莫不服從天下，莫不以爲盛，而非先王之所務也，太宗之爲政於天下者如此，其得失可睹矣。

司馬氏光曰：太宗文武之才，高出前古，驅策英雄，網羅俊乂，好用善謀，樂聞直諫，拯民於水火之中，而措之衽席之上，使盜賊化爲君子，吟呻轉爲謳謌，衣食有餘，刑措不用。突厥之渠，繫頸闕庭，北海之濱，悉爲州縣，蓋三代以還，中國之盛，未之有也。

范氏祖禹曰：太宗以武撥亂，以仁勝殘，其才畧優於漢高，而規模不及也。恭儉不若孝文，而功烈過之矣。迹其性本彊悍，而能畏義而好賢，屈己以從諫，刻厲矯揉，力於爲善，此所以致貞觀之治也。夫人主之所行，其善惡是非在後世，當其時不可得辨也。老子曰：善人者，不善人之師。不善人者，善人之資。人君擇其善者而從之，足以得師，其不善而戒之，足以爲資矣。

程氏祁曰：太宗舉兵五年，定海內，牽天下於仁壽富庶之域者，亦以天下之才，爲天下之務而已。觀其任王珪、魏徵於仇讐，任褚亮、李百藥於降虜，起劉洎、馬周於疎遠，起張玄素、孫伏伽於耆舊，委之以政，責之以功，諫無不從，謀無不獲。且太宗之才，固非天下之所能及，然而不以此驕天下之士，惴惴然常若有所不逮，此其所以能爲三百年之基也。

愚按：太宗之爲君，可以爲賢矣。貞觀之治，可以爲盛矣。今即其行事觀之，內除羣雄，外定四夷，身經百戰未嘗負北，後世君人之功，未有高焉者也。其人君之大德，有三：一曰謙虚納諫，二曰知人善任，三曰恭儉愛民。後世人君之德，未有過焉者也。定租庸調，以爲取民之制。定府兵十六衛，以爲養兵之制。任官，則有職爵、勳階之制。用刑，則有笞、杖、徒、流之制。後世制度之美，莫能加也。命房、杜以爲相，英、衛以爲將，王、魏之諫爭，褒、鄂之驍勇，虞、褚之詞翰，下至孫思邈之醫藥，李淳風之歷數，袁天綱之相法，莫不至精至妙，度越千古後世，人才之盛，莫能及也。夫功也，德也，制度也，人才也，其盛如此，而卒不得與于二帝、三王之盛者，何哉？蓋嘗觀之古先帝王，雖其天資之美，未有不由學問而成者也。二帝、三王之事尚矣，其所從學猶班班可考，若高宗之學于古訓而有獲，成王之學有緝熙于光明、泰和、盛治、冠冕百王有以也。夫太宗外親瀛洲之賢，内立弘文之館，未嘗不學也，特非二帝、三王之學耳。使其能從事於二帝、三王之學，又豈特貞觀之治而已哉。

敖繼公《儀禮集説》卷四《鄉飲酒禮》［鄭玄］注曰：此於五禮屬嘉禮。

繼公謂：鄉飲酒者，士與其同鄉之士大夫會聚于鄉學而飲酒之禮也。

鄉飲酒之禮。主人就先生而謀賓、介。

將與其鄉人飲酒，乃於衆賓之中擇其最賢者爲賓，其次者爲介。謀，謂商度其孰優也，必就先生謀之者，不敢擅自可否去取，且示有所尊也。

右謀賓介。

主人戒賓，賓拜辱。主人荅拜，乃請賓，賓禮辭，許。主人再拜，賓荅拜。

［鄭玄］注曰：拜辱，拜其自屈辱至己門也。

繼公謂：主人戒賓，言主人爲戒賓而來也。此拜辱即拜迎也。請，謂致戒辭於賓也。其辭卒曰「請子爲賓」。

主人退，賓拜辱。

此即拜送也。拜迎、拜送，皆言拜辱者，蓋一儀而兼二義也。迎送者，據己言也。辱者，據彼言也。此經言戒賓之儀略者，亦以《士冠禮》宿賓之儀見之也。下速賓放此，後篇同。

介亦如之。

［鄭玄］注曰：如戒賓也。

右戒賓介。

乃席賓、主人、介。

席賓、主人、介者，爲賓、主人、介設席也。席賓於戶牖間，主人於東序，介於西序。《少牢》下篇，席主人於東序西面，席侑於西序東面，侑、介之位同也。

衆賓之席皆不屬焉。屬音燭。

［鄭玄］注曰：席衆賓於賓席之西。

［賈公彦］疏曰：《鄉射》云：「席賓，南面，東上。衆賓之席，繼而西。」

繼公謂：衆賓，衆賓長三人也。屬，連接也。必不屬者，爲其升降皆由下也。以是觀之，則賓位在戶西牖東而當兩楹之間明矣。此席亦東上，凡席，皆有司設之。

尊兩壺于房戶間，斯禁。有玄酒，在西。設篚于禁南，東肆，加二勺于兩壺。

［賈公彦］疏曰：東肆以頭首爲記，從西鄉東，上頭在西也。

繼公謂：斯者，禁之名也。其制未聞，設篚于禁南，其間當容人，蓋酌者北面也。東肆放尊之西上也。《記》云：尊綌冪，賓至徹之。則此二勺皆加于冪上矣，亦與祭禮微異。

設洗于阼階東南，南北以堂深，東西當東榮，水在洗東，篚在洗西，南肆。深，式鴆反。

右設席器。

羹定。

［鄭玄］注曰：肉謂之羹。定猶孰也。著之者，下以爲節。

［賈公彦］疏曰：孰云定者，孰即定止故也。

繼公謂：此時肉與湆同在鑊，故謂之羹。案：注云下以爲節者，謂下事以此爲節也。諸篇凡言羹定者，皆然。

主人速賓，賓拜辱，主人荅拜，還，賓拜辱。

［鄭玄］注曰：速，召也。還，猶退。

繼公謂：召之而云速者，欲其來之速也。速賓之儀與戒賓同，此經文又略也。賓不遂從之者，爲主人復當速介。

介亦如之。

［鄭玄］注曰：如速賓也。

［賈公彥］疏曰：是日必當遣人戒速衆賓，但略而不言，故下云賓及衆賓皆從之。

繼公謂：衆賓亦戒速，而經惟言賓、介者，亦以主人親爲之，其禮重，故特著之爾。

賓及衆賓皆從之。

［鄭玄］注曰：言及衆賓，介亦在其中矣。

繼公謂：主人既速，介即先歸，介及衆賓皆至于賓之門外，俟賓同往也。

右速賓介。

高楚芳《集千家注杜工部詩集》卷二《驄馬行》 鄧公馬癖人共知，初得花驄大宛種。夙昔傳聞思一見，牽來左右神皆竦。雄姿逸態何嶆崒，顧影驕嘶自矜寵。隅目青熒夾鏡懸，肉騣碨礧連錢動。朝來少試華軒下，未覺千金滿高價。赤汗微生白雪毛，銀鞍却覆香羅帕。卿家舊物公能取，天廄眞龍此其亞。晝洗須騰涇渭深，夕趨可刷幽并夜。吾聞良驥老始成，此馬數年人更驚。豈有四蹄疾於鳥，不與八駿俱先鳴。時俗造次那得致，雲霧晦冥方降精。近聞下詔喧都邑，肯使麒麟地上行。洙曰：晉王濟解相馬，杜預嘗稱濟有馬癖。嶆，自秋切。崒，昨沒切。趙曰：張衡《西京賦》：隅目高眶。注：隅目，謂目有角也。顏延年《赭白馬賦》：雙瞳夾鏡。夢弼曰：肉騣者，肉突起。碨，礧然也。碨，烏罪切。礧，力罪切。連錢，謂馬文點綴如連錢也。《東坡志林》：余在岐下見秦州進一馬，騣如牛頷下垂，毛生肉端，蕃人云此肉騣馬也。乃知《鄧公驄馬行》云「肉騣碨礧連錢動」當作肉騣。洙曰：《西域傳》：武帝遣使者，持千金，請大宛善馬。夢弼曰：涇、渭二水在西，幽、并二州在北，相去幾千里。晝洗涇渭，夜刷幽并，言其疾也。洙曰：顏延年賦：旦刷幽燕，晝秣荆楚。《穆天子傳》：乘八駿之馬。《春秋考異記》曰：地生月精爲馬，月數十二，故馬十二月而生。

胡廣等《春秋大全》卷一五《文公下》 癸頃王卯元年。九年。晉靈三、齊昭十五、衛成十七、蔡莊三十八、鄭穆十、曹共三十五卒、陳共十四、杞桓十九、宋昭二、秦康三、楚穆八。

春，毛伯來求金。

來求止此。《左傳》：毛伯衛來求金，非禮也。不書王命，未葬也。《公羊傳》：毛伯者何？天子之大夫也。何以不稱使？當喪未君也。踰年矣，何以謂之未君？即位矣，而未稱王也。未稱王何以知其即位？以諸侯之踰年即位，亦知天子之踰年即位也。以天子三年然後稱王，亦知諸侯於其封內三年稱子也。踰年稱公矣，則曷爲於其封內三年稱子？緣民臣之心不可一日無君，緣終始之義，一年不二君，不可曠年無君。緣孝子之心，則三年不忍當也。毛伯來求金，何以書？譏。何譏爾？王者無求，求金，非禮也。然則是王者與？曰：非也。非王者，則曷爲謂之王者？王者無求，曰：是子也，繼文王之體，守文王之法度，文王之法無求，而求，故譏之也。《穀梁傳》求車猶可，求金甚矣。程子曰：家父致命以徵車，故書使來求，毛伯風魯以求金，故不云王使。杜氏曰：求金以共葬事。

毛伯天子大夫，何以不稱使？當喪未君也。杜氏曰：雖踰年而未葬，故不稱王使。汪氏曰：不稱使，與隱三年武氏子來求賻同，求金固非當，求而魯不供職貢，罪亦見矣。高氏曰：公孫敖既不至京師，魯遂不供天子之喪，故毛伯於是來求金也。冢宰秉國之均，豈可以用度之闕而下求於諸侯乎。陳氏曰：自是魯雖不修貢，周無求矣。周室益衰，而頃王之崩葬不見於經。踰年即位矣，何以言未君？古者諒陰三年，百官總己以聽於冢宰。劉氏曰：《書·顧命》曰：伯相命士須材，此冢宰當國之文也。家氏曰：以子道終喪不忍代君，所以爲孝也。推其不忍代君之心，則事死如生，事亡如存，而其爲孝無所不在矣。夫百官總己以聽，則是冢宰獨專國政之時，托於王命以號令天下，夫豈不可而不稱使，《春秋》之旨微矣，非特謹天下之通喪。汪氏曰：三年之喪自天子達觀《春秋》在喪不書王命，則喪制不可短矣。所以示後世大臣當國秉政，不可擅權之法戒也。汪氏曰：非王出號令而冢宰攝行，不可遂同王命而稱使，示君臣之分不可紊，而大權不可專也。跋扈之臣，假仗主威，脅制中外，凡有所行動，以詔書從事，蓋未有以《春秋》此義折之耳。汪氏曰：君命者，人君威福之所係也，人臣而假君命行於天下，是專輒之極，篡奪之萌也。故周公輔成王，召公初立康王，以王命誥臣民，皆稱「王若曰」，所以謹君臣之名分也。自漢而來，內臣則矯詔黜陟，外臣則承制誅賞，人主亦不加罪，甚而武三思矯詔殺五王，李輔國矯制遷上皇，皆循襲而致然也。跋扈之臣固不足責，然人君當愼於微，而爲人臣者當審處於嫌疑之間耳。

胡廣等《詩傳大全》卷三《衛風·淇奧》 瞻彼淇奧，於六反。綠竹猗猗。於宜反，叶於何反。有匪君子，如切如磋，如琢如磨。瑟兮僩遐版反。兮，赫兮咺況晚反。兮。有匪君子，終不可諼況元反，叶況遠反。兮。

興也。淇，水名。奧，隈音煨。也。《爾雅》曰：厓內爲奧，外爲隈。○長樂劉氏曰：水涯灣曲之地。綠，色也。淇上多竹，漢世猶然，所謂淇園之竹是也。《漢志》武帝塞瓠子決河，薪柴少，乃下淇園之竹以爲楗。又《寇恂傳》：伐淇園之竹，爲矢百餘萬。楗，音健。猗猗，始生柔弱而美盛也。匪，斐通，文章著見之貌也。君子，指武公也。孔氏曰：武公和，僖侯子。治骨角者既切以刀斧，而復磋以鑢鐋，治玉石者既琢以槌鑿，而復磨以沙石，言其德之脩飭，有進而無已也。雙峰饒氏曰：「有匪君子」，詳此文勢，是說已做成君子之人，言君子之所以斐然有文者，其初自切磋琢磨中來。○朱子曰：切、琢，皆裁物使成形質也；磋、磨，皆治物使其滑澤也。切而復磋，琢而復磨，言治之有叙，而益致其精也。瑟，矜莊貌。僩，威嚴貌。咺，宣著貌。諼，忘也。○衛人美武公之德，而以綠竹始生之美盛，興其學問自脩之進益也。安成劉氏曰：此釋章內上五句。○慶源輔氏曰：以綠竹始生之美盛，興武公道學自脩之進益，遂言其威儀之盛，而盛德至善，民不能忘，則固已極其始終而言之矣。《大學》傳曰：「如切如磋」者，道學也；朱子曰：道，言也。學，謂講習討論之事。「如琢如磨」者，自脩也。自脩者，省察克治之功。又曰：既學而猶慮其未至，則復講習討論以求之，猶治骨角者既切之而復磋之。既脩而猶慮其未至，則又省察克治以終之。猶治玉石者既琢之而復磨之。○問：道學自脩，此詩人美武公之本旨邪？曰：武公大段是有學問底人，《抑》之一詩義理精密，詩中如此者甚不易得。○問：《大學》傳引此詩而以道學自脩釋之，與《論語》子貢所引不同何也？曰：古人引詩，斷章取義，姑以發己之志，或疎或密，或同或異，蓋不能同也。○北溪陳氏曰：切是窮究事物之理，逐件分析，有倫有序；磋是講究到純熟，道理瑩徹，所以如切而又磋。琢是克去物欲之私，使無瑕纇；磨是磨礲至那十分純粹處，所以如琢而又磨。「瑟兮僩兮」者，恂音峻慄也，「赫兮咺兮」者，威儀也。朱子曰：瑟，嚴密貌。僩，武毅貌。赫、咺，宣著盛大之貌。恂慄，戰懼也，威可畏也，儀可象也。恂慄者，嚴敬之存乎中也，威儀者，光輝之著乎外也。「有斐君子，終不可諼兮」者，道盛德至，善民之不能忘也。朱子曰：盛德至善，蓋人心之同然，聖人既先得之，而其充盛宣著又如此，是以民皆仰之而不能忘也。盛德以身之所得而言也，至善以理之所極而言也。○慶源輔氏曰：觀《大學傳》曾子所以解此詩首章後六句之說，字義明白而旨意詳備，愈讀愈有意味，此方可謂之善說詩。蓋後之說詩者詳於訓詁則或略於旨意，泥於旨意則或遺於訓詁，惟曾子則於字義旨意兩皆極其至也。

○瞻彼淇奧，綠竹青青。子丁反。有匪君子，充耳琇瑩，音營。會古外反。弁如星。瑟兮僩兮，赫兮咺兮。有匪君子，終不可諼兮。

興也。青青，堅剛茂盛之貌。充耳，瑱音殿。也。琇瑩，美石也。天子玉瑱，諸侯以石會縫去聲。也。弁，皮弁也。以玉飾皮弁之縫中，如星之明也。孔氏曰：弁，師注云會縫中也。皮弁之縫中，結玉爲飾，謂之綦。武公諸侯則玉用三采，而綦飾七也。○以竹之堅剛茂盛，興其服飾之尊嚴。安成劉氏曰：此釋上五句。而見其德之稱也。安成劉氏曰：此釋下四句。

○瞻彼淇奧，綠竹如簀。音責。叶側歷反。有匪君子，如金如錫，如圭如璧。寬兮綽兮，猗於綺反。重直恭反。較古岳反。兮，善戲謔兮，不爲虐兮。

興也。簀，棧淒上聲。也。《禮記·檀弓》注曰：簀，謂床笫，即床棧也。竹之密比去聲。似之，則盛之至也。金、錫，言其鍛鍊之精純。圭、璧，言其生質之溫潤。孔氏曰：此與首章互文。首章論其學問自脩，如器未成之初，故須切磋琢磨，此論道德之成，如已成之器，故言圭璧金錫。寬，宏裕也。綽，開大也。猗，嘆辭也。重較，卿士之車也。較，兩輢音倚。上出軾者，謂車兩傍也。藍田呂氏曰：古者車箱長四尺四寸三分，前一後二。橫一木，下去車床三尺三寸，謂之式。又於式上二尺二寸橫一木，謂之較，去車床凡五尺五寸。古人立乘若平常則憑較，若應爲敬則落手憑下式，而頭得俯。「善戲謔不爲虐」者，言其樂易而有節也。程氏曰：言其樂易而以禮防節，不至於過，是不爲虐也。○慶源輔氏曰：寬廣而自如，則無勉強之意，和易而中節，則有從容自得之意，非盛德者不能如此也。○以竹之至盛興其德之成就，安成劉氏曰：此釋上五句。而又言其寬廣而自如，和易而中節也。安成劉氏曰：此釋下四句。蓋寬綽無斂束之意，戲謔非莊厲之時，皆常情所忽而易致過差之地也，然猶可觀而必有節焉，則其動容周旋之間無適而非禮亦可見矣。安成劉氏曰：綠竹自始生猗猗，以至盛多如簀，則成其生矣，武公由學問自脩如金錫之出於鍛鍊，如圭璧之成於琢磨，則成其德矣。興之取義德如此。若其寬綽而居重較，則自如而猶可觀也；戲謔而不爲虐，和易而必有節也。所以能然者，由其德之全備也。○定宇陳氏曰：充耳、會弁，則以德之稱其服；言重較則以德之稱其車言也。《禮》曰：張而不弛，文武不能也，弛而不張，文武不爲也，一張一弛，文武之道也，此之謂也。鄭氏曰：君子之德有張有弛，故不常矜莊，而時戲謔。○止齋陳氏曰：古人張不廢弛，屏不廢逞，肅肅不廢雝雝，僮僮不廢祁祁，有所拘者必有所從也。○安成劉氏曰：前章瑟僩、赫咺，張之時也，此章寬綽、戲謔，弛之時也。

《淇奧》三章，章九句。

按《國語》武公年九十有五，猶箴儆于國曰：自卿以下至於師長、士，苟在朝者，無謂我老耄而舍我，必恪恭於朝以交戒我，遂作《懿懿當讀爲抑。戒》之詩以自警。而《賓之初筵》亦武公悔過之作，則其有文章而能聽規諫，以禮自防也可知矣。衛之他君蓋無足以及此者，故序以此詩爲美武公，而今從之也。問：武公進德、成德之序始終可見。一章言如切如磋，琢磨，則學問自脩之精密如此。二章言威儀服飾之盛，有諸中而形諸外也。三章言如金錫、圭璧則鍛鍊已精，溫純深粹而德器成矣。前二章皆有瑟僩、赫咺之辭，第三章但言寬綽戲謔，而於此可見不事矜持而周旋中禮之意。朱子曰：說得甚善。武公學問之功甚不苟，年九十五猶命羣臣使進規諫，畢竟他去聖人近，氣象自是不同。〇豐城朱氏曰：首章以竹之美盛，興其德之進脩，卒章以竹之至盛，興其德之成就，合二章而觀之，所以能有是鍛鍊之精純者，由其知行之竝進也，所以能全其生質之溫潤者，由其表裏之相符也。寬廣者，矜莊之反，矜莊而又寬廣，則是寬而有制也。和易者，威嚴之反，威嚴而又和易，則是嚴而能泰也。此所以爲德之成也，如是，則其謂之睿聖也亦可以無愧矣。

胡廣等《性理大全書》卷一四 《易・大傳》曰：「河出圖，洛出書，聖人則之。」

孔安國云：「《河圖》者，伏羲氏王天下，龍馬出河，遂則其文以畫八卦。《洛書》者，禹治水時，神龜負文而列於背，有數至九，禹遂因而第之以成九類。」

程子曰：孔子感麟而作者，秋麟不出，《春秋》豈不作？大抵須有發端處。如畫八卦，因見《河圖》、《洛書》。果無圖書，八卦亦須作。因見賣兎者曰：聖人見《河圖》、《洛書》而畫八卦，然何必圖書只看此兎亦可作八卦，數便在中可起。古聖人只取神物之至者耳。　朱子曰：其以《河圖》《洛書》爲不足信，自歐陽公以來已有此說。然終無奈《顧命》《繫辭》《論語》皆有此言，而諸儒所傳二圖之數，雖有交互而無乖戾，順數逆推，縱橫曲直，皆有明法，不可得而破除也。《河圖》與《易》之天一地十者合，而載天地五十有五之數，則固《易》之所自出也。《洛書》與《洪範》之初一至次九者合，而具九疇之數，則固範之所自出也。《繫辭》雖不言伏羲受《河圖》以作《易》，然所謂仰觀俯察、遠求近取，安知《河圖》非其中一事耶？大抵聖人制作所由，初非一端，然其法象之規模，必有最親切處。如洪荒之世，天地之間陰陽之氣雖各有象，然初未嘗有數也。至於《河圖》之出，然後有五十有五之數，奇偶生成粲然可見，此其所以深發聖人之獨智，又非泛然氣象之所可得而擬也。是以仰觀俯察、遠求近取，至此而後兩儀、四象、八卦之陰陽奇偶可得而言。雖《繫辭》所論聖人作《易》之由者，非一而不害其得此，而後決之也。　玉齋胡氏曰：龍馬，《周禮・夏官》馬八尺以上爲龍，言馬之特異如龍也。漢武帝元狩三年得神馬於渥洼水中，亦此之類。神龜，《大戴禮》曰甲蟲三百六十，而神龜爲之長。

劉歆云：伏羲氏繼天而王，受河［圖］而畫之，八卦是也。禹治洪水，錫《洛書》法而陳之，九疇是也。《河圖》《洛書》相爲經緯，八卦、九章相爲表裏。

潛室陳氏曰：經緯之說非是。以上下爲經，左右爲緯，大抵經言其正，緯言其變，而二圖互爲正變。主《河圖》而言，則《河圖》爲正，《洛書》爲變。主《洛書》而言，則《洛書》爲正，而《河圖》又爲變。要之天地間，不過一陰一陽以兩其五行，而太極常居其中。二圖雖縱橫變動，要只是參互呈見，此所以謂之相爲經緯也。表裏之說，亦然。蓋《河圖》不但可以畫卦，亦可以明疇；《洛書》不特可以明疇，亦可以畫卦。但當時聖人各因一事以垂法後世，伏羲但據《河圖》而畫卦，大禹但據《洛書》而明疇。要知伏羲之畫卦其表爲八卦，而其裏固可以爲疇。大禹之叙疇，其表爲九疇，而其裏固可以爲卦，此所以謂之相爲表裏也。

關子明云：《河圖》之文，七前六後，八左九右。《洛書》之文，九前一後，三左七右，四前左二，前右八後，左六後右。

朱子曰：讀《大戴禮》書，又得一證甚明。其《明堂篇》有二九四七五三六一八之語，而鄭氏註云「法龜文也」。然則漢人固以九數者爲《洛書》矣。

邵子曰：圓者，星也。歷紀之數，其肇於此乎。【略】方者，土也。畫州井地之法，其放於此乎。【略】蓋圓者，《河圖》之數；方者，《洛書》之文。故羲、文因之而造《易》，禹、箕叙之而作《範》也。蔡元定曰：古今傳自孔安國、劉向父子、班固，皆以爲《河圖》授羲，《洛書》錫禹。關子明、邵康節皆以十爲《河圖》，九爲《洛書》，蓋《大傳》既陳天地五十有五之數。《洪範》又明言天乃錫禹洪範九疇而九官之數戴九履一左三右七二四象肩六八爲足，正龜背之象也。惟劉牧意見以九爲《河圖》，十爲《洛書》，託言出於希夷，既與諸儒舊說不合，又引《大傳》以爲二者皆出於伏羲之世，其易置《圖》、《書》，並無明驗。但謂伏羲兼收《圖》、《書》，則《易》、《範》之數誠相表裏爲可疑耳。其實天地之理一而已矣。雖時有古今先後之不同，而其理則不容於有二也。故伏羲但據《河圖》以作《易》，則不必預見《洛書》而已逆與之合矣。大禹但據《洛書》以作《範》，則亦不必追考《河圖》而已暗與之符矣。其所以然者何哉？誠以此理之外無復它理故也。然不特此耳、律呂有五聲十二律，而其相乘之數究於六十日，名有十幹、十二支，而其相乘之數亦究於六十二者，皆出於《易》之後，其起數又各不同。然與《易》之陰陽策數多少自相配合，皆爲六十者，若合符契也。下至運氣參同太一之屬，雖不足道，然亦無不相通，蓋自然之理也。假令今世復有《圖》、《書》者，出其數亦必相符，可謂伏羲有取於今日而作《易》乎？《大傳》所謂『河出圖，洛出書』者，人則之者，亦汎言聖人作《易》作《範》，其源皆出於天之意。如言以卜筮者，尙其占與莫大乎蓍龜之類，《易》之書豈有龜與卜之法乎？亦言其理無二而已爾。

朱子曰：二始者一二也。一奇，故爲剛；二偶，故爲柔。二中者，五六也。五者，十干。六者，十二辰也。二終者，九與十也。閏餘之法，以一十九歲爲一章，姑借其說，以明十數之爲《河圖》耳。又曰：圓者，星也。圓者，河圖之數。言無那四角底，其形便圓。又曰：《河圖》既無那四隅，則比之《洛書》，固亦爲圓矣。方者，土也。方者，《洛書》之文，言畫州井地之所依倣而作者也。《書・禹貢》禹別九州，冀北、揚南、青東、梁西、兗東北、雍西北、徐東南、荆西南、豫中也。《孟子》言：周家井地之制，井九百畝，其中爲公田，八家皆私百畝，同養公田。是皆法《洛書》之九數也。　西山蔡氏曰：天下之萬聲出於一闔一闢，天下之萬理出於一動一靜，天下之萬數出於一奇一偶，天下之萬象出於一方一圓。　平庵項氏曰：戴九履一，乃《乾・鑿度》九宮之法，自有《易》以來，諸《易》師未有以爲《河圖》者。至宋劉牧方兩《易》之，關子明洞極經亦然。按唐李鼎祚《集解》《易》盡備前世諸儒之說，獨無所謂「關子明」者，蓋宋阮逸僞作也。其說見後山陳氏《談叢》。　黄氏瑞節曰：楊鼎卿彙《六經》爲圖，唐仲友輯經世圖譜並守劉牧之說，猶未是正云。　玉齋胡氏曰：《唐・律歷志》僧一行作歷，本議云天數始於一，地數始於二，合二始以定剛柔。天數中於五，地數中於六，合二中於定律歷。天數終於九，地數終於十，合二終以紀閏餘。天有五音，所以司日也；地有六律，所以司辰也。《前漢・律歷志》云：天之中數五，五爲聲；地之中數六，六爲律。聲者，宫商角徵羽也。律有二：陽律爲律，陰律爲呂。律以統氣物類，曰黄鍾、太簇、姑洗、蕤賓、夷則、無射是也。其制裁竹爲筩，陰陽各六，以節五聲之上下。每律呂以五聲加之，則以五乘十二，以十二乘五，是爲六十。十干自甲至癸，十二支自子至亥，支干相乘，亦爲六十。陰陽、老少、策數配合爲六十者，老陽策數三十六，老陰策數二十四，合爲六十。少陽策數二十八，少陰策數三十二，亦合爲六十也。運氣見黄帝《素問》。五運者：甲巳化土，乙庚化金，丙辛化水，丁壬化木，戊癸化火是也。六氣者：子午少陰，君火司天爲主氣；寅申少陽，相火司天爲主氣；丑未太陰，濕土司天爲主氣；卯酉陽明，燥金司天爲主氣；辰戌太陽，寒水司天爲主氣；己亥厥陰，風木司天爲主氣是也。以運氣相乘言之，甲、丙、戊、庚、壬爲陽，加於子、午、寅、申、辰、戌，計三十日。乙、丁、巳、辛、癸爲陰，加於丑、未、卯、酉、己、亥，計三十日，總陰陽支干，是爲六十也。參同乃脩養之書。後漢魏伯陽所（陽）［謂］作以乾、坤爲爐，鼎、坎、離爲金。刀，大藥所用。以爲火候者，六十卦也。大乙日家有太一統紀之書，其說蓋亦主於六十也。

胡廣等《禮記大全》卷二六《表記》　鄭氏曰：記君子之德見於儀表者。

子言之：「歸乎，君子隱而顯，不矜而莊，不厲而威，不言而信。」

方氏曰：此篇稱「子言之」者八，皆總其大同之略也。稱「子曰」者四十五，皆列其小異之詳也。　○應氏曰：歸乎之嘆，聖人周流不遇，覩世道之益衰，念儀刑之有本，何必歷聘駕說而後足以行道哉。隱而顯，即《中庸》所謂潛雖伏矣，亦孔之昭是也。不矜而莊，不厲而威，不言而信，即所謂不動而敬，不言而信是也。《中庸》以是終篇，蓋示人以進德之事，《表記》以是爲始，蓋發明聖人立教之故。馬氏曰：隱者其迹顯者，其名其迹隱於幽，其名聞於人，以其德蘊於中，輝光發於外。夫惟德蘊於中而輝光發於外，故不矜而莊，不厲而威，不言而信。矜所以自飾而欲人之敬，厲所以自嚴而欲人之畏，言所以自宣而欲人之信，故不矜而莊，不厲而威，不言而信，則至德默喻於心也。

子曰：「君子不失足於人，不失色於人，不失口於人。是故君子貌足畏也，色足憚也，言足信也。《甫刑》曰：『敬忌，而罔有擇言在躬。』」

疏曰：《甫刑》，《呂刑》也。甫侯爲穆王說刑，故稱《甫刑》。　○馬氏曰：見其所可行而不慮其所可止，則失足於人；見其所可喜而不慮其所可怒，則失色於人；見其所可語而不慮其所可默，則失口於人。不失足於人，故貌足畏，不失色於人，故色足憚；不失口於人，故言足信。　○劉氏曰：君子謹獨，不待矜而莊，故不失足於人，而貌足畏。不待厲而威，故不失色於人，而色足憚。不待言而信，故不失口於人，而言足信也。蓋其尋常敬忌，故動處無不中節如此，又引書以證之，而義益顯矣。藍田呂氏曰：修身之要有三：貌也、色也、言也。曾子告孟敬子，君子所貴乎道者三：動容貌、出辭氣、正顔色而已。《冠義》曰：禮義之始在於正容體，齊顔色，順辭令。若巧言令色足恭則反是者也。所謂足者，舉動是也，舉動即貌也。主於足，故言足也。色者，顔色見於面目者也。口者，言辭是也。修此三者，敬而已矣。不敬則失之，故貌敬則足畏也，色敬則足憚也，言敬則足信也。

子曰：「裼襲之不相因也，欲民之毋相瀆也。」

裼襲見《曲禮》。　○應氏曰：裼襲以示文質，各有異宜。所謂不相因者，恐一時或有異，事必易服從事，各存其敬，不以襲衣而因爲裼，不以裼衣而因爲襲。蓋節文既辨，而又不憚其勞，則無相褻之患。藍田呂氏曰：禮者，節文而已，節文不明，慢瀆所由生也。衣裘之間，以襲裼爲之節文，故凡服裘者必有衣以裼之，裘，褻服也，不可以敬事，故有衣以覆之也。不袒則謂之襲，襲，充美也。袒謂之裼，裼見美也。謂裘之文飾也，不文飾也不裼，故犬羊之裘不襲也。不相因者，或以裼爲敬，或以襲爲敬也。禮盛者不文，則以襲爲敬，如大裘不裼，及尸襲。《聘禮》賓襲執圭弔，則襲是也。禮不盛者尚文，故以裼爲敬，如君在則裼，無事則裼，受饗之時賓裼奉束帛加璧是也。

子曰：「祭極敬，不繼之以樂。洛。朝極辨，不繼之以倦。」

呂氏曰：極敬者，誠意至也，苟至於樂，則敬弛。極辨者，節文明也，苟至於倦，則入於苟簡。金華應氏曰：極者，竭盡而無餘之辭。繼者，前竭而後承之謂。蓋報本始、通肸蠁，莫重乎祭，一毫不敬，則曠而不接矣，其可以樂而散其志乎？正名分、出政令者，莫嚴於朝，一事不辨則紊而不治矣，其可以倦而懈於事乎？不繼之者，竭力以畢事而不敢以此終也。

胡廣等《論語集注大全》卷四《里仁》　子曰：「里仁爲美。擇不處仁，焉得知？」處，上聲。焉，於虔反。知，去聲。

里有仁厚之俗爲美，擇里而不居於是焉，則失其是非之本心，而不得爲知矣。朱子曰：擇字因上句爲文。問：此章謝氏引孟子擇術爲證如何？曰：聖人本語只是擇居，不是說擇術。古人居必擇鄉，遊必擇士。又問：今人數世居此土，豈宜以他鄉俗美而遽遷邪？曰：古人危邦不入，亂邦不居，近而言之，若一鄉之人皆爲盜賊，吾豈可不知所避。○勉齋黃氏曰：居必擇鄉，居之道也，薰陶染習，以成其德，賙恤保愛，以全其生，豈細故哉。夫子稱子賤而嘆魯多君子，以此也。○勿軒熊氏曰：《學而》篇言親仁，此言處仁，後篇言以友輔仁，又言居是邦友其士之仁者，居養見聞之助，薰陶漸染之益，皆資於人者也。○雲峯胡氏曰：《集註》仁厚之俗四字，有斟酌。一里之中，安得人皆仁者，但有仁厚之俗則美矣。○新安陳氏曰：惻隱、羞惡、辭讓、是非，皆人之本心，是非之心，知之端也，不知則失其是非之本心矣。

郎瑛《七修類稿》卷三《天地類・氣候集解》　夫七十二候，呂不韋載於《呂氏春秋》，漢儒入於《禮記・月令》，與六經同傳不朽，後魏載之於曆，欲民皆知以驗氣序。然其禽獸、草木多［出］北方，蓋以漢前之儒皆江北者也，故江南老師宿儒亦難盡識，况陳澔之注多爲謬說，而康成、穎達亦有訛處。予因是廣取諸家之說，幷《說文》、《埤雅》［等］書而又詢之農牧，似得所歸，然後幷將二十四氣釋之於稿，以俟博識者鑒焉。

立春，正月節。立，建始也，五行之氣往者過、來者續，於此而春木之氣始至，故謂之立也，立夏、秋、冬同。「東風解凍」，凍結於冬，遇春風而解散，不曰春而曰東者，《呂氏春秋》曰東方屬木，木，火母也，火氣溫，故解凍。「蟄蟲始振」，蟄，藏也；振，動也，蟄藏之蟲因氣至而皆蘇動之矣，鮑氏曰：「動而未出，至二月乃大驚而走也。」「魚陟負冰」，陟，升也。魚當盛寒，伏水底而逐暖，至正月陽氣至則上游而近冰，故曰負。

雨去聲水，正月中。天一生水，春始屬木，然生木者必水也，故立春後繼之雨水，且東風既解凍則散而爲雨水矣。「獺祭魚」，獺一名水狗，賊魚者也。祭魚，取魚以祭天也，所謂豺、獺之報本。歲始而魚上游，則獺初取以祭。徐氏曰：「獺祭圓鋪，圓者水象也；豺祭方鋪，方者金象也。」「候雁北」，《月令》、《漢書》作「鴻雁北」。雁，知時之鳥，熱歸塞北，寒來江南，沙漠乃其居也，孟春陽氣既達，候雁自彭蠡而北矣。「草木萌動」，天地之氣交而爲泰，故草木萌生發動矣。

驚蟄，二月節。《夏小正》曰：「正月啓蟄，言發蟄也。」萬物出乎震，震爲雷，故曰驚蟄，是蟄蟲驚而出走矣。「桃始華」，《呂氏春秋》作「桃李華」。桃，果名，花色紅，是月始開。「倉庚鳴」，庚亦作「鶊」，黃鸝也，《詩》所謂「有鳴倉庚」是也。章龜經曰：「倉，淸也；庚，新也。感春陽淸新之氣而初出，故名。」其名最多，《詩》曰黃鳥，齊人謂之搏黍，又謂之黃袍，僧家謂之金衣公子。其色鵹黑而黃，又名鵹黃。諺曰：「黃栗留黃鶯，鶯兒皆一種也。」「鷹化爲鳩」，鷹，鷙鳥也，鷂鸇之屬。鳩，即今之布穀。章龜經曰：「仲春之時，林木茂盛，又喙尚柔，不能捕鳥，瞪目忍饑，如癡而化，故名曰鳲鳩。《王制》曰『鳩化爲鷹』，秋時也；此言『鷹化爲鳩』，春時也。以生育肅殺氣盛，故鷙鳥感之而變耳。」孔氏曰：「化者，反歸舊形之謂。」故鷹化爲鳩，鳩復化爲鷹，如田鼠化爲鴽則鴽又化爲田鼠，若腐草爲螢、雉爲蜃、爵爲蛤皆不言化，是不再復本形者也。

春分，二月中。分者，半也，此當九十日之半，故謂之分，秋同義。夏、冬不言分者，蓋天地間二氣而已，方氏曰：「陽生於子，終於午，至卯而中分，故春爲陽中而仲月之節爲春分。正陰陽適中，故晝夜無長短云。」「玄鳥至」，玄鳥，燕也，高誘曰：「春分而來，秋分而去也。」「雷乃發聲」，陰陽相薄爲雷，至此四陽漸盛，猶有陰焉，則相薄乃發聲矣。乃者，《韻會》曰：「象氣出之難也。」注疏曰：「發，猶出也。」「始電」，電，陽光也，四陽盛長，値氣泄時而光生焉，故《曆解》曰：「凡聲，陽也；光，亦陽也。」《易》曰：「雷電合而章。」《公羊傳》曰：「電者，雷光。」是也。徐氏曰：「雷陽，電陰。」非也，蓋盛夏無雷之時電亦有之，可見矣。

淸明，三月節。按《國語》曰：「時有八風。」曆獨指淸明風爲三月節，此風屬巽故也。萬物齊乎巽，物至此時皆以潔齊而淸明矣。「桐始華」，桐，木名，有三種，華而不實者曰白桐，《爾雅》所謂「榮，桐木」是也；皮青而結實者曰梧桐，一曰青桐，《淮南子》曰「梧桐斷角」是也；生於山岡，子大而有油者曰油桐，《毛詩》所謂「梧桐不生山岡」者是也。今始華者，乃白桐耳。按《埤雅》：「桐木知日月閏年，每一枝生十二葉，閏則生十三葉，與天地合氣者也。今造琴瑟者以花桐木。」是知桐爲白桐也。「田鼠化爲鴽」音如。按《爾雅》註曰：「鼫鼠，形大如鼠，頭似兔，尾有毛，青黄色，好在田中食粟豆，謂之田鼠。」《本草》曰：「鴽，鶉也，似鴿而小。」今《說文》註鴽曰鴾母，蓋青州呼鵪音安鶉爲鴾母。鮑氏曰：「鼠，陰類；鴽，陽類。陽氣盛，故化爲鴽，蓋陰爲陽所化也。」「虹始見」去聲，虹，虹蜺也，《詩》所謂蝃蝀，俗謂之鲎也。註疏曰是陰陽交會之氣，故先儒以爲雲薄漏日，日照雨滴，則虹生焉。今以水噀日，自側視之則暈爲虹。朱子曰：「日與雨交，倏然成質，陰陽不當交而交者，天地淫氣也。」虹爲雄，色赤白；蜺爲雌，色青白。然二字皆從虫，《說文》曰似蝃蝀狀，諸書又云嘗見虹入溪飲水，其首如驢，恐天地間亦有此種物也，但虹氣似之，借名也。

穀雨，三月中。自雨水後土膏脉動，今又雨其穀於水也。雨讀作去聲，如「雨我公田」之雨，蓋穀以此時播種，自上而下也，故《說文》云雨本去聲。今風雨之雨在上聲，雨下之雨在去聲也。「萍始生」，萍，水草也，與水相平，故曰萍；漂流隨風，故又曰漂。《曆解》曰：「萍，陰物，静以承陽也。」「鳴鳩拂其羽」，鳩即鷹所化者，布穀也。拂，過擊也。《本草》云：「拂羽飛而翼拍，其身氣使然也。」蓋當三月之時趨農急矣，鳩乃追逐而鳴，鼓羽直刺上飛，故俗稱布穀。「戴勝降于桑」，戴勝一名戴鵀，《爾雅》註曰：「頭上有勝毛。」此時恆在於桑，蓋蠶將生之候矣。言降者，重之，若天而下，亦氣使之然也。

立夏，四月節。立字解見春；夏，假也，物至此時皆假大也。「螻蟈鳴」，螻蟈，小蟲，生穴土中，好夜出，今人謂之土狗是也，一名螻蛄、一名碩鼠、一名螜音斛，各地方言之不同也。《淮南子》曰：「螻蟈鳴，丘螾出。」陰氣始而二物應之，《夏小正》「三月螜則鳴」是也。且有五能不能成一技，飛不能過屋，緣不能窮木，泅不能渡谷，穴不能復身，走不能先人，故《說文》稱鼫爲五技之鼠，《古今註》又以螻名鼫鼠可知。《埤雅》、《本草》俱以爲臭蟲，陸德明、鄭康成以爲蛙，皆非也。「蚯蚓出」，蚯蚓，即地龍也，俗名曲蟺。《曆解》曰：「陰而屈者，乘陽而伸見也。」「王瓜生」，《圖經》云：「王瓜處處有之，生平野田宅及墻垣，葉似栝樓、烏藥，圓無丫缺，有毛如刺，蔓生，五月開黄花，花下結子如彈丸，生青熟赤，根似葛，細而多糝。又名土瓜，一名落鵶瓜，今藥中所用也。」《禮記》鄭玄註曰：「即萆挈。」《本草》作菝葜，陶隱居以辨其謬，謂菝葜自有本條，殊不知王瓜亦自有本條，先儒當時如不檢書而謾言者，可笑。

小滿，四月中。小滿者，物至於此小得盈滿。「苦菜秀」，《埤雅》以荼爲苦菜，《毛詩》曰「誰謂荼苦」荼即茶也，故《韻會》茶註：「本作荼。」是也。鮑氏曰：「感火之氣而苦味成。」《爾雅》曰：「不榮而實者謂之秀，榮而不實者謂之英。」此苦菜宜言英也。蔡邕《月令》以謂苦蕒菜，非。「靡草死」，鄭康成、鮑景翔皆云：「靡草，葶藶之屬。」《禮記》註曰：「草之枝葉而靡細者。」方氏曰：「凡物感陽而生者則彊而立，感陰而生者則柔而靡。謂之靡草則至陰之所生也，故不勝至陽而死。」「麥秋至」，秋者百穀成熟之時，此於時雖夏於麥則秋，故云「麥秋」也。

芒種上聲，五月節。謂有芒之種，穀可稼種去聲矣。「螳螂生」，螳螂，草蟲也，飲風食露，感一陰之氣而生，能捕蟬而食，故又名殺蟲。曰天馬，言其飛捷如馬也；曰斧蟲，以前二足如斧也，尚名不一，各隨其地而稱之。深秋生子於林木間，一殼百子，至此時則破殼而出，藥中桑螵蛸是也。「鵙音局始鳴」，鵙，百勞也，《本草》作博勞，朱子《孟》註曰：「博勞，惡聲之鳥，蓋梟類也。」曹子建《惡鳥論》「百勞以五月鳴，其聲鵙鵙然」，故以之立名。似俗稱濁溫，故《埤雅》、《禽經》註云：「百勞不能翱翔，直飛而已。」《毛詩》曰「七月鳴鵙」，蓋周七月，夏五月也。「反舌無聲」，諸書以爲百舌鳥，以其能反復其舌，故名。特註疏以爲蝦蟆，蓋蛙屬之舌尖向内，故名之。今辨其非者，以其此時正鳴，不知失考也。《易通卦驗》、《丹鉛餘録》俱即名爲蝦蟆，無聲，若以五月正鳴，殊不知初旬見形後形亦藏矣。陳氏曰：「螳螂、鵙皆陰類，感微陰而或生或鳴；反舌感陽而發，遇微陰而無聲也。」

夏至，五月中。《韻會》曰：「夏，假也；至，極也。萬物於此皆假天而至極也。」「鹿角解」音駭，鹿，形小，山獸也，屬陽，角支向前，與黄牛一同；麋，形大，澤獸也，屬陰，角支向後，與水牛一同。夏至一陰生，感陰氣而鹿角解，解，角退落也；冬至一陽生，麋感陽氣而角解矣，是夏至陽之極、冬至陰之極也。「蜩音調始鳴」《月令》註疏作「蟬始鳴」，蜩，蟬之大而黑色者，蜣螂脫殼而成，雄者能鳴，雌者無聲，今俗稱蜘蟟是也。按，蟬乃總名，鳴於夏者曰蜩，即《莊子》云「蟪蛄不知春秋」者是也，蓋蟪蛄夏蟬，故不知春秋；鳴於秋者曰寒蜩，即《楚辭》所謂寒螿也，故《風土記》曰：「蟪蛄鳴朝，寒螿鳴夕。」今秋初夕陽之際小而綠色聲急疾者，俗稱都了是也，故《埤雅》各釋其義。然此物生於盛陽，感陰而鳴。「半夏生」，半夏，藥名，居夏之半而生，故名。

　小暑，六月節。《說文》曰：「暑，熱也。」就熱之中分爲大小，月初爲小，月中爲大，今則熱氣猶小也。「溫風至」，至，極也，溫熱之風至此而極矣。「蟋音悉蟀音率居壁」，一名蛬音拱，一名蜻蛚，即今之促織也。《禮記》註曰：「生土中，此時羽翼稍成，居穴之壁，至七月則遠飛而在野矣。」蓋肅殺之氣初生則在穴，感之深則在野而鬥。「鷹始摯」《禮記》作「鷹乃學習」，摯，搏擊也，應氏曰：「殺氣未肅，鷙猛之鳥始習於擊，迎殺氣也。」

　大暑，六月中。解見小暑。「腐草爲螢」，曰丹良、曰丹鳥、曰夜光、曰宵燭，皆螢之別名。離明之極則幽陰至微之物亦化而爲明也。《毛詩》曰「熠燿宵行」，另一種也。形如米蟲，尾亦有火。不言化者，不復原形，解見前。「土潤溽音辱暑」，溽，濕也。土之氣潤，故蒸鬱而爲濕暑，俗稱齷齪熱是也。「大雨時行」，前候濕暑之氣蒸鬱，今候則大雨時行以退暑也。

　立秋，七月節。立字解見春；秋，揫也，物於此而揫斂也。「涼風至」《禮記》「盲風至」，西方凄清之風曰涼風，溫變而涼氣始肅也，《周語》曰「火見而清風戒寒」是也。「白露降」，大雨之後清涼風來，而天氣下降，茫茫而白者，尚未凝珠，故曰「白露降」，示秋金之白色也。「寒蟬鳴」，寒蟬，《爾雅》曰「寒螿」，蟬小而青紫者。馬氏曰：「物生於暑者，其聲變之矣。」

　處暑，七月中，處，止也，暑氣至此而止矣。「鷹乃祭鳥」，鷹，義禽也，秋令屬金，五行爲義，金氣肅殺，鷹感其氣始捕擊諸鳥，然必先祭之，猶人飲食祭先代爲之者也，不擊有胎之禽，故謂之義。「天地始肅」，秋者陰之始，故曰「天地始肅」。禾乃登，禾者穀連藁秸之總名，又稻、秫、苽、粱之屬皆禾也，成熟曰登。

　白露，八月節。秋屬金，金色白，陰氣漸重，露凝而白也。「鴻《淮南子》作『候』雁來」，鴻大雁小，自北而來南也，不謂南鄉，非其居耳，詳見雨水節下。「玄鳥歸」，玄鳥解見前，此時自南而往北也，燕乃北方之鳥，故曰歸。「羣鳥養羞」《淮南子》作「羣鳥翔」，三人以上爲衆，三獸以上爲羣，羣者，衆也。《禮記》註曰：「羞者，所美之食。養羞者，藏之以備冬月之養也。」

　秋分，八月中，解見春分。「雷始收聲」，鮑氏曰：「雷二月陽中發聲，八月陰中收聲，入地則萬物隨入也。」「蟄蟲坯音培戶」，淘瓦之泥曰坯，細泥也。按，《禮記》註曰：「坯益其蟄穴之戶，使通明處稍小，至寒甚乃墐塞之也。」「水始涸」，《禮記》注曰：「水本氣之所爲，春、夏氣至故長，秋、冬氣返故涸也。」

　寒露，九月節。露氣寒冷，將凝結也。「鴻雁來賓」，雁以仲秋先至者爲主，季秋後至者爲賓。通書作「來濱」，濱，水際也，亦通。「雀入大水爲蛤」，雀，小鳥也，其類不一，此爲黃雀。大水，海也，《國語》云：「雀入大海爲蛤。」蓋寒風嚴肅，多入於海變之爲蛤，此飛物化爲潛物也。蛤，蚌屬，此小者也。「菊有黃華」，草木皆華於陽，獨菊華於陰，故言有桃桐之華皆不言色而獨菊言者，其色正應季秋土旺之時也。

　霜降，九月中。氣肅而凝，露結爲霜矣，《周語》曰：「駟見而隕霜。」「豺祭獸」《月令》作「豺乃祭獸戮禽」，祭獸，以獸而祭天報本也，方鋪而祭秋金之義。「草木黃落」，色黃而搖落也。「蟄蟲咸俯」《淮南子》作「俛」，咸，皆也；俯，垂頭也。此時寒氣肅凜，蟲皆垂頭而不食矣。

　立冬，十月節。立字解見前，冬，終也，萬物收藏也。「水始冰」，水面初凝，未至於堅也。「地始凍」，土氣凝寒，未至於坼。「雉入大水爲蜃」，雉，野雞，鄭康成、《淮南子》高誘俱註蜃爲大蛤，《玉篇》亦曰「蜃，大蛤也」，《墨子》又曰蚌，一名蜃蚌，非蛤類乎？《禮記》之註曰蛟屬，《埤雅》又以蚌、蜃各釋，似非蛤類。然按《本草》車螯之條曰：「車螯是大蛤，一名蜃，能吐氣爲樓臺，又嘗聞海中蜃氣成樓垣。」章龜經曰：「蜃大者如車輪、島嶼，月間吐氣成樓，與蛟龍同也。」則知此爲蛤明矣。況《爾雅翼》引《周禮》諸家辯蜃爲蛤甚明，《禮記》之註以謂雉由於蛇化之說，故以雉子爲蜃，《埤雅》既曰「似蛇而大，腰下盡逆鱗」，知之悉矣，然復疑之，一曰狀似螭龍，有耳有角，則亦聞而識之，不若《本草》、章龜經爲是即一物耳。大水，淮也，《晉語》曰：「雉入于淮爲蜃。」

小雪，十月中。雨下而爲寒氣所薄，故凝而爲雪，小者未盛之辭。「虹藏不見」，《禮記》註曰：「陰陽氣交而爲虹。」此時陰陽極乎辨，故虹伏，虹非有質而曰藏，亦言其氣之下伏耳。「天氣上升，地氣下降，閉塞而成冬」，天地變而各正其位，不交則不通，不通則閉塞而時之所以爲冬也。

大雪，十一月節。大者盛也，至此而雪盛矣。「鶡鴠不鳴」，《禽經》曰：「鶡，毅鳥也，似雉而大，有毛角，鬥死方休，古人取爲勇士冠名可知矣。」《漢書音義》亦然。《埤雅》云：「黄黑色，故名爲褐。」據此，本陽鳥，感六陰之極，不鳴矣。若郭璞《方言》「似雞，冬無毛，晝夜鳴，即寒號蟲」，陳澔與方氏亦曰求旦之鳥，皆非也。夜既鳴，何謂不鳴耶？《丹鉛餘録》作雁，亦恐不然。《淮南子》作鳱鴠，《詩》註作渴旦。「虎始交」，虎，猛獸，故《本草》曰：「能辟惡魅。」今感微陽，氣益甚也，故相與而交。「荔挺出」，荔，《本草》謂之蠡，實即馬薤也。鄭康成、蔡邕、高誘皆云馬薤，況《說文》云「荔似蒲而小，根可爲刷」，與《本草》同，但陳澔註爲香草，附和者即以爲零陵香，殊不知零陵香自生於三月也。

冬至，十一月中。終藏之氣，至此而極也。「蚯蚓結」，六陰寒極之時，蚯蚓交相結而如繩也。「麋角解」，說見鹿角解下。「水泉動」，水者天一之陽所生，陽生而動，今一陽初生，故云耳。

小寒，十二月節。月初寒，尚小，故云，月半則大矣。「雁北鄉」去聲，鄉，向導之義。二陽之候，雁將避熱而回，今則鄉北飛之，至立春後皆歸矣，禽鳥得氣之先故也。「鵲始巢」，鵲，喜鵲也，巢之門每向太歲，冬至天元之始至，後二陽已得來年之節氣，鵲遂可爲巢，知所向也。「雉雊」音姤，雉，文明之禽，陽鳥也；雊，雌雄之同鳴也，感於陽而後有聲。

大寒，十二月中。解「見」前。「雞乳」，乳，育也，馬氏曰：「雞，木畜，麗於陽而有形，故乳在立春節也。」「征鳥厲疾」，征，伐也，殺伐之鳥，乃鷹隼之屬，至此而猛厲迅疾也。「水澤腹堅」，陳氏曰：「冰之初凝，水面而已，至此則徹上下皆凝，故云腹堅。腹猶内也。」

王樵《春秋輯傳》卷六《文公二年》 丁丑，作僖公主。

《左傳》：凡君薨，卒哭而祔，祔而作主。特祀於主，烝嘗禘於廟。丁丑，作僖公主，書不時也。《公羊傳》：作僖公主者，爲僖公作主也。主者曷用？虞主用桑，練主用栗。《禮》平旦而葬，日中反而祭曰虞，其主用桑。期而小祥，練祭，埋虞主於兩階之間，易用栗主。用栗者，藏主也。藏於廟室中堂，所當奉事也。作僖公主何以書？譏不時也。《記》云：十三月而練，僖公薨至是十有五月。《穀梁傳》：立主，喪主於虞，吉主於練。作僖公主，譏其後也。作主壞廟有時日，於練焉壞廟，壞廟之道，易檐以占反。可也，改塗可也。高氏曰：周人卒哭而祔，祔而易主，是謂虞主。既期而練，練而易主，是謂練主。僖公薨十有五月，過虞練之時而方作主，猶未祔廟也。猶未祔廟者，欲躋之故也。張氏曰：事亡如事存，故作主以象神而祭之。禮，既葬作主於墓，不終日而虞祭，不忍一日忘親也。僖公元年四月葬，今始作主，慢而違禮甚矣。杜氏曰：主者殷人以柏，周人以栗，三年喪終，遷入於廟。按：喪禮，葬日而虞，虞後明日爲卒哭之祭，卒哭之明日作祔，祭以新死者之神，祔於祖父，於此祔祭而作木主，以依神，其主在寢特用喪禮，祭祀於在寢之主。其四時常祭，礿祠烝嘗，及三年喪畢之禘祭，并行之於廟，凡國君薨之正禮當如是也。今僖公葬後十月始作木主，是作主太緩，故爲非禮也。朱子曰：先王制禮，本緣人情，吉凶之際，其變有漸。故始死全用事生之禮，既卒哭祔廟，然後神之。然猶未忍盡變，故主復於寢而以事生之禮事之，至三年而遷於廟，然後全以神事之也。又曰：《穀梁》謂練而壞廟，乃在三年之内，似恐太速。《左氏》謂祔而作主，則與《禮經》虞主用桑者不合，謂烝嘗禘於廟，則與《王制》喪三年不祭者不合。

陳禹謨《經言枝指》卷一《引經釋・大學》 康誥曰：克明德。

孔穎達疏曰：惟汝大明德之父，文王能顯用俊德。

蔡沉傳曰：明德，務崇之之謂。

陳大猷曰：德者，人所同慕，感化人心之本也。文王則克明之，使民慕而入於德。

太甲曰：顧諟天之明命。

孔安國注曰：顧，謂常目在之，諟，是也。言敬奉天命，以承順天地。

孔疏：《說文》曰：顧，還視也。諟與是，古今之字異，故變文爲是也。言先王每有所行，必還廻視，是天之明命，謂常目在之，言其想像如目前，終常敬奉天命，以承上天下地之神祇也。

蔡傳曰：顧，常目在之也，諟，古是字。明命者，上天顯然之理，而命之我者，在天爲明命，在人爲明德。伊尹言：成湯常目在，是天之明命。

朱紫陽曰：古註云：顧，謂常目在之也。此語最好，非謂有一物常在目前可見也，只是常存此心，知得有這道理，光明不昧，方其靜坐，未接物也。此理固湛然清明，及其遇事而應接也，此理亦隨處發見，只要人常提撕省察，念念不忘存養久之，則是理益明，雖欲忘之，而不可得矣。

陳雅言曰：顧諟者，即敬也。推此心以奉天地、神祇、社稷、宗廟，□不祇肅，即所謂顧諟明命也。

蘇子瞻曰：顧，眷也。以言許人曰諟，言湯爲天命之眷許也。

鍾惺《通鑒纂》卷一五《宋紀·太祖》 ［石］守信等皆謝曰：「陛下念臣等及此，所謂生死而肉骨者也。」明日皆稱疾，乞罷典兵。帝從之。朱子曰：趙韓王佐太祖收許多藩鎭之權，立國家三百年之安，豈不是仁者之功。呂中曰：太祖所以能收其權者，處置得宜，有以服其心也。

陳仁錫《四書考》卷三《中庸·天命章》 天。

《春秋説題辭》云：「天之言顯也。居高理下，爲人經紀，故其字一大以鎭之，此天之名義也。天之爲體，中包乎地，日月星辰屬焉。」楊泉《物理論》云：「天者旋也，均也。積陽純剛，其體廻旋，羣生之所大仰。」又曰：「水木之氣，升而爲天。」《説文》云：「天，顚也。至高無上，從一大也。」《五經通義》云：「天神之大者曰昊天上帝，即耀魄寶也，亦曰天皇大帝，亦曰太乙。其佐曰五帝，東方青帝威靈仰，南方赤帝赤熛怒，西方白帝白招拒，北方黑帝協光紀，中央黃帝合樞紐。」○姚信《昕天論》云：「冬至極低，天運近南，故日去人遠，斗去人近，北天氣至，故氷寒也。夏至極起，天運近北，故斗去人遠，日去人近，南天氣至，故蒸熱也。極之高時，日所行地中淺，故夜短。天去地高，故晝長。極之低時，日所行地中深，故夜長，天去地下，故晝短。」《賀道養渾天記》云：「昔言天體者三：一曰周髀，二曰宣夜，三曰渾天。渾天，莫知其始。《書》璿璣玉衡，以齊七政，蓋渾體也。宣夜，夏殷之法。《周髀》，周人志周公所傳也。」

茅瑞徵《禹貢匯疏》卷一《夏書》 ［孔穎達］疏：治水是堯末時事，禹得王天下以是功，故以爲夏書之首。金氏曰：《禹貢》敘水土在唐虞之際，《禹謨》序功謨在有虞之時。舊皆名「夏書」，以夏史之所述也。夫子定《書》，升《禹謨》于虞書，以著三聖相傳之道，冠《禹貢》于夏書，以明大禹有天下之本也。

箋：《周語》曰：「禹賜氏曰有夏，謂其能以嘉祉殷富生物也。及有天下，遂以爲號。」夫子序《書》，首繫《禹貢》於夏，蓋大禹之功云。

《禹貢》

［孔安國］傳：禹制九州貢法。［孔穎達］疏：賦者，自上稅下之名。謂治田出穀，故經定其差等，謂之厥賦。貢者，從下獻上之稱，謂以土地生物獻其所有，謂之厥貢。此不言賦而云貢者，取下供上之義。貢賦之法，其來久矣，治水之後更復改新。此篇貢法是禹所制，非禹始爲貢也。張九成曰：此書所紀衆矣，而謂之《禹貢》，其間言篚賦亦詳矣，乃不畧及之，何哉？曰此史官名書之深意也。其意以昔者洪水茫茫，九州不辨，民皆昏墊，今一旦平定四海，使民安居樂土，自然懷報上之心，以其土地所有獻於上，若人子具甘旨溫凊之奉於慈親焉。此民喜悦之心也。名篇之意其在茲乎。不及賦篚，以言名雖曰賦篚，亦非彊爲科率，使民不聊生也。其喜悦願輸若貢物然，此所以總名之曰「貢」也。王氏炎曰：九州有賦有貢，凡賦，諸侯以供其國用；凡貢，諸侯以獻于天子。挈「貢」名篇，有大一統之義焉。林氏曰：《禹貢》實典之體。貢乃賦稅之總稱，田賦包篚，皆在其中。劉子玄曰：《堯》、《舜》二典，直序人事。《禹貢》一篇，惟言地理。

箋：按《史記》稱：「禹會諸侯江南，計功而崩，因葬會稽。」會稽者，會計也。禹於貢賦，終始煩經畫矣。此篇序禹制貢，而於治水爲詳，蓋水土平而後貢賦可定，府事修治，禹功於是稱大。宋程珌曰：「《禹貢》謂之夏書，以夏史官所錄耳。」丘氏濬曰：禹未治水之前，地猶未平，物之生者未繁，田之闢者未盡，至是水土既平，始可以任土作貢，分田定稅。禹成功後，條九州所有以爲定法，孔子刪《書》，特載於夏書之首，以示法天下，俾後世有土有民者，取民之制，視此爲準焉。凡外此別爲名目，如後世進奉、和買、勸借之類，皆非經常之制也。

禹敷土，隨山刊木，奠高山大川。刊《漢書》作栞。

〔孔安國〕傳：洪水汎溢，禹分布治九州之土。〔孔穎達〕疏：《左傳》云：「舉八凱使主后土。」則伯益之輩佐禹多矣。禹必身行九州，規謀設法，乃使佐己之人分布治之。《周公職録》云：黄帝受命風后，授圖割地，布九州。　吳枋曰：黄帝時，畫野分州，八家爲井，井一爲鄰，鄰三爲朋，朋三爲里，里五爲邑，邑十爲都，都十爲師，師十爲州。　杜佑曰：九州本制起於顓頊，辨其疆界始於《禹貢》。　周虞人之箴曰：芒芒禹迹，畫爲九州。　曾氏曰：《祭法》云「共工氏霸九州，其來久矣。」洪水湮沒，禹治水，復分別之。舜即位，分爲十二州，分冀東爲幷，東北爲幽，分青之東北爲營。至商又但言九圍、九有。《爾雅》九州有幽、營而無青、梁，其商制歟。《周禮·職方氏》有幽、幷而無徐、梁、營，則周制也。周廢徐梁二州合之於雍、青，分冀州地以爲幽、幷。　吳萊曰：堯遭洪水，使禹平治，州分爲九。及舜攝位，冀分爲三，青分爲二。至禹而後，合堯之舊。《左傳》云：「夏之方有德也，貢金九牧。」則禹登位還置九州。　馬端臨曰：堯時禹別九州，至舜分爲十二州，《周·職方》復分爲九州，而又與禹異。漢承秦，分天下爲郡國，而復以十三州統之。晉時分州爲十九。自晉以後，爲州寖多，所統寖狹，且建治之地亦不一所。姑以揚州言之，自漢以來，或治歷陽，或治壽春，或治曲阿，或治合肥，或治建業，而唐始治廣陵。至南北分裂之後，務爲夸大，僑置諸州，以會稽爲東揚，京口爲南徐，廣陵爲南兗，歷陽爲南豫，歷城爲南冀，襄陽爲南雍。魯郡在禹跡爲徐州，而漢則屬豫州。所領陳留在禹跡爲豫州，而晉則屬兗州。所領離析磔裂，循名失實，而禹跡之九州，寖不復可考矣。　林氏曰：《記》曰：「鯀障洪水而殛死。」《洪範》曰：「鯀湮洪水」，失五行相勝之序。土能治水，故鯀執此以爲治水之法。其施功也，惟務以土而湮之、障之，以與水爭勢於隄防之間，適以激其怒而增其勢。若禹治水則不然，謂水性潤下，惟行其所無事，則水得其性矣。故敷土而散之，順其自然，此其所以有成功也。

〔孔穎達〕疏：於時平地盡爲流潦，鮮有陸行之路，故將欲治水，隨行山林，斬木通道。鄭云「必隨州中之山而登之，除木爲道，以望觀所當治」者，則規其形而度其功焉。　蘇傳：山行多迷，刊木以表之，且以通道。《史記》云：山行表木。

〔孔安國〕傳：奠，定也。高山五岳、大川四瀆，定其差秩。〔孔穎達〕疏：禮定器於地，通名爲奠。五岳謂嵩、岱、衡、華、恆，四瀆謂江、河、淮、濟。定其祀禮，所視《王制》云「五岳視三公，四瀆視諸侯，其餘視伯子男」。　石氏云：山川有主名，而或自山導，或自川導，水可得而治矣。高山大川如荆、岐、江、漢是也。治水者不逆其性，惟形勢之順而已。形勢以山川爲主，山川以高且大者爲主。高山大川各定其所而名正，則其餘可以類求。　墨子曰：禹之湮洪水，決江河，而通九州也，名山三百，支山三千，小者無數，禹親自操槖相而耜雜天下之川。《山海經》曰：天下名山五千三百七十。《酉陽雜俎》曰：名山三百六十，福地七十二，崑崙爲天地之齊。《周書》曰：禹渫七十川。　《釋名》曰：川者，穿地而流也。　蔡邕《月令章句》曰：衆流注海曰川。　張華《博物志》曰：地以名山爲輔佐，石爲之骨，川爲之脈。　酈道元《水經注》曰：凡水出於地溝，流於大水及於海者，命曰「川水」也。　《唐六典》云：江河自西極達于東溟，中國之大川也。其餘百三十有五，是爲中川。其千二百五十有二水，斯爲小川。桑欽《水經》所引天下之水百三十七，江河在焉。酈善長注《水經》，引其支流一千二百五十三。　《考工記》云：凡天下之地埶，兩山之間必有川焉。大川之上必有涂焉。　陳氏經曰：定高山大川爲表識，乃疆理大規模。　羅苹曰：廣谷大川，風俗之所以分，故推其高大者先正之，然後九州可別。如大山定，而山之西爲兗，大河定，而河之南爲豫。此分畫之要也。　鄭樵曰：州縣之設，有時而更；山川之形，千古不易，所以《禹貢》分州必以山川定疆界。使兗州可移，而濟河之兗州不能移；梁州可遷，而華陽黑水之梁州不能遷。故《禹貢》爲萬世不易之書。

箋：禹嘗曰：「予荒度土功。」而自敘治水大本領，不越隨山刊木及決九川等語。此云敷土隨刊，即禹平日意中語也。奠高山大川，蓋所謂「主名山川」者，大畧神禹治水只是從高處着眼，從低處下手。舜肇州封濬，亦於此種學問煞有理會。　通節順敘，不宜分作三項。既有分土，即有此高山大川爲之襟帶，至懷山襄陵震蕩不寧，高卑且易位矣。得禹相度疏導，高高下下，而山高水深，各還其故。即此是奠，不必別煩位置也。　史敘禹治水，先言敷土，土分則水自洩，亦消長之勢也。奠高山大川，而山澤定位，是爲分土刊木者，法金克木而隨山時。益烈山澤，又以火制水。此處便見禹善用五行。胡氏瓚曰：此是一部總《禹貢》。洪水方割，譬如人身處處腫滿，敷土隨山，是診脈法。急則治標，先從下流洩水，如所謂決九川注海，而後上流漸可施功。平土原爲制貢，事平之後，每州須有冊籍，而以成功各冠其前，所謂典則也，非一州治更治一州。而山川繡置，何緣見其脈絡？故全舉山川，自爲首尾，以終奠高山大川之意。水者山之液，導山止以導川，非截然兩事，而又總之以九州攸同，因以定貢賦而終命篇之意。錫土之後，繼以祗德歸于本原，而又分爲五服，總爲四海，以終敷土之意。堯授時，胸中有一幅全天文。禹敷土，胸中有一幅全地理。 楊愼曰：《禹貢》奠高山大川，其九州之名以地名州，而不以州分地。蓋荆、衡萬古不徙之山；而河、濟者，萬古不泯之水也。以故荆、兗之名得附河、濟，荆、衡而不滅。萬世而下，求《禹貢》九州之域者，皆可得而考也。 問：《禹貢》山川多與今不合，何也？ 李夢陽曰：自河之入淮也，彼滎澤、孟諸、芒碭諸陂，今皆耕牧地耳。流謙變盈，滄海而桑田，古今能合哉？

程珌曰：禹敷土，隨山刊木，奠高山大川，禹錫玄圭，告厥成功，史官之辭也。若夫自冀州既載壺口，以至訖于四海，皆禹自述經行天下，與夫用功先後山川主名。草木之生遂，土色之黑白，田賦之高下，山之首尾，水之源泒，纖悉登載。奏之於堯，藏之史官。史官畧加刪潤，以成萬世之信書。 朱子曰：《禹貢》一書記地理，治水曲折，意當時事畢總作此書。故自冀州王都始，禹自言「予決九川，距四海，濬畎澮，距川」。一篇《禹貢》不過此數語。今人說禹治水始于壺口，鑿龍門，某未敢深信。方河水洶湧，其勢迅激，縱使鑿下龍門，恐這石仍舊壅塞。又下面水未有分殺，必且潰決四出。蓋禹先決九川之水，使各通于海，又濬畎澮之水，使各通于川，使大水有所入，小水有所歸，禹只是先從低處下手。若下面之水盡殺，則上面之水漸淺，九川盡通，則導河之功已及八分。故某嘗謂禹治水當始于碣石九河。蓋河患惟兗爲甚，兗州是河曲處，兩岸無山，皆是平地，所以潰決常在此。禹自其決處導之，用功尤難。孟子亦云「禹疏九河，瀹濟漯而注之海」。蓋皆自下流疏殺其勢耳。若鯀只是築湮之，所以九載而功弗成也。 歐陽修曰：鯀湮洪水，九年無功。禹得《洪範》五行之書，知水潤下之性，乃因水之流疏決就下，而水患乃息。 蘇氏軾曰：禹之行水，庖丁之提刀，避衆礙而散，其智者也。

王志長《周禮注疏刪翼》卷九《地官》 媒氏，掌萬民之判。註：判，半也。得耦爲合，主合其半，成夫婦也。《喪服傳》曰：夫妻判合。鄭司農云：主萬民之判合。

何氏曰：判，別也。男女之合必行媒者，以有別也。

凡男女，自成名以上，皆書年月日名焉。註：鄭司農云：成名，謂子生三月，父名之。

疏：按《內則》，三月之末，父執子右手，咳而名之。

令男三十而娶，女二十而嫁。註：二、三者，天地相承覆之數也。《易》曰：參天兩地而倚數。

凡娶判妻入子者，皆書之。註：書之者，以別未成昏禮者。鄭司農云：入子，謂嫁女者也。玄謂言「入子」者，容媵姪娣不聘之者。

疏：莊公十九年秋，公子結媵陳人之婦於鄄，《公羊》云：媵者何？諸侯娶一國，則二國往媵之，以姪娣從，是其義也。媒氏掌萬民之判，得有媵與姪娣者，庶人或無妾，亦容有者。且媒氏所掌，雖以萬民爲主，亦容有尊者娶瀌，故鄭云云。知不聘者，見《內則》云「聘則爲妻，奔則爲妾」故也。又按隱二年冬，伯姬歸於紀。七年春三月，叔姬歸於紀。何休曰：叔姬者，伯姬之媵也。至是乃歸者，待年父母國也。 〇或曰：入子，再嫁而攜其子入夫家者。 〇王氏曰：書之，別未成婚者，且以息爭端也。

中春之月，令會男女。註：中春，陰陽交，以成昏禮，順天時也。

疏：王肅云：吾幼爲鄭學之時，爲謬言尋其義，乃知古人（可以於冬）［皆以秋冬］。自馬氏以來，乃因《周官》而有二月之說。《詩》「東門之楊，其葉牂牂」，毛傳云：男女失時，不逮秋冬。孫卿曰：「霜降逆女，氷泮殺止。」《詩》曰：「將子無怒，秋以爲期。」士如歸妻，迨氷未泮，爲此驗也。又按，《詩》云：「有女懷春，吉士誘之」，「春日遲遲，女心傷悲」，「綢繆束芻，三星在隅」，「我行其野，蔽芾其樗」，「倉庚于飛，熠燿其羽」，《殷頌》曰：「天命玄鳥，降而生商」，《月令》：仲春玄鳥至之日，以大牢祠於高禖。玄鳥生乳之月，以爲嫁娶之候，天子重之而親祀焉。《夏小正》曰：二月，冠子嫁女娶妻之時。秋以爲期，此淫奔之（詩）［時］。凡此皆與仲春合也。禮諸侯越國娶女，及氷未泮請期，乃足容往返，二月正可爲昏，然則以二月爲得其實也。

於是時也，奔者不禁。註：重天時，權許之也。

潛溪鄧氏曰：奔者不禁，將淫奔不禁乎？是誨淫也。曰：非也。《禮》不云奔者爲妾乎。奔，疾速之義也。女子必六禮備而後行，時至聽奔，謂不備禮而昏焉可也。《易》「歸妹以須，反歸以娣」是也，然亦聽爲妾而已，不以于會男女之正，又明非中春猶禁也，防之至也。

若無故而不用令者，罰之。註：無故謂無喪禍之變也，有喪禍者娶，得用非中春之月。《雜記》曰：已雖小功，既卒哭，可以冠子娶妻。

疏：令，即上中春令會男女之令，男女有喪禍之故，得不用中春令。無故不用令，則罪罰之也。引《雜記》者，證喪禍之故於月數滿，雖非中春，可以嫁娶也。

司男女之無夫家者而會之。註：司，猶察也。無夫家，謂男女之鰥寡者。

王氏曰：按程子云，取失節者以配身，是已失節也。此云司無夫家而會之，非歟？夫天下之人，上智寡而中材衆，一與之齊，終身不改，固女子之節，苟盡責以此事，則失所者必多，且非貞節之人，徒使之不嫁以避失節之名，則其陰至於敗俗，必有甚者，故聖人於牧民之政而開爲此瀆，所以待中人其娶之者，即孟子所謂娶妻非爲養，而有時乎爲養也。

凡嫁子娶妻，入幣純帛，無過五兩。註：純，實「緇」字也。納幣用緇，婦人陰也。凡於娶禮，必用其類。五兩，十端也。必言兩者，欲得其配合之名。十者，象五行十日相成也。士大夫乃以玄纁束帛，天子加以穀圭，諸侯加以大璋。

疏：凡嫁子娶妻舍尊卑，但云緇帛，文主庶人耳。○葉氏曰：古者納幣不過於此，則是婚姻之禮，雖詳而其儀實畧，畧其儀而詳其禮，此婚姻所以及時而男女所以得正歟。

禁遷葬者與嫁殤者。註：遷葬，謂生時非夫婦，死既葬遷之使相從也。殤，十九已下未嫁而死者。生不以禮相接，死而合之，是亦亂人倫者也。

王氏謂：遷葬，民有遷徙而屑屑於遷其舊葬以附其夫或婦者，死者體魄不安，生者不盡人道，禁之者，裁民以義也。

凡男女之陰訟，聽之於勝國之社；其附於刑者，歸之於士。註：陰訟，爭中冓之事以觸瀆者。勝國，亡國也。亡國之社，奄其上而棧其下，使無所通。就之以聽陰訟，明不當宣露。其罪不在赦宥者，直歸士而刑之，不復以聽。士，司寇之屬。《詩》云：「牆有茨，不可埽也。中冓之言，不可道也。所可道也，言之醜也。」

疏：按《詩》召伯聽男女之訟於甘棠之下，此謂周公未制禮時也。

○鄧氏曰：國之亡必始於男女之無別，故就而聽之，惕之也。

張溥《春秋三書・春秋四傳斷》卷三下 冬，戎侵曹，曹羈出奔陳，赤歸于曹。《左》無傳。

《左註》：羈，蓋曹世子也。先君既葬而不稱爵者，微弱不能自定。曹人以名赴。赤，曹僖公也。蓋爲戎所納，故曰歸。疏：此事《左氏》、《穀梁》並無傳，《公羊》以曹羈爲曹大夫，三諫不從，而出奔。杜以此經書曹羈出奔陳，赤歸于曹，與鄭忽出奔衛，突歸于鄭，其文相類，故附彼爲之説。《史記・曹世家》與《年表》皆云僖公名夷。三家經傳有五，而皆言赤。賈逵以爲羈是曹君，赤是戎之外孫，故戎侵曹，逐羈而立赤。《胡傳》宋人執鄭祭仲，而忽出突歸，權在宋也。戎侵曹，而羈出赤歸，制在戎也。

徐養元《白菊齋訂四書本義集説》卷一 子曰：「學而時習之，不亦説乎。」

此章言爲學之道，必足於己及於人，而又能忘於己焉，則學成德至，而爲君子矣。《存疑》。

「學」之爲言效也，以己有所未知未能，而效夫知者、能者，以求其知、能之謂也。「而」字是承上起下之辭。「時」是無時不然。「習」是重復溫習之。是指其所知之理，所能之事而言。「説」是習到熟後，自然喜説，不能自已。《朱子》。

子曰：聖賢教人，只要知所以爲學之道。未知未能，而求知求能，凡有可效處，皆當效之也。既學矣，而又時時溫習其所知之理，所能之事。蓋未能理會得時便去學，已學了，又去重學。如學做此一件事，已知已能而行之不已。非是學得了，頓放在一處，却又去習也。夫學矣而不習，則表裏扞格，而無以致其學之道；習矣而不時，則工夫閒斷，而無以成其習之之功。若習得專一，一定是脱然通解，凡其所學而知且能者，必有自得於心，而不能以語人者矣。不亦説乎，如小兒寫字，知得字合恁地寫，須將心思量安排，持將筆去寫成幾箇字。今日寫一紙，明日寫一紙，又明日寫一紙，到後來寫得好時，豈不歡喜。大抵學到説時，已是進了一步，只説後便自住不得也。《朱子》。

楊時偉《諸葛忠武書》卷六　十二年，丞相亮進軍渭南，魏大將軍司馬懿拒守不出。亮始分兵屯田，乃遺懿巾幗婦人之服。

胡三省《通鑑註》曰：《字書》幗，古獲反，婦人喪冠也。又古對反。據劉昭註補《輿服志》：公卿列侯夫人紺繒幗，蓋婦人之飾之稱，不特喪冠。

楊慎曰：幗讀如慣，作國音者，非。

《漢晉春秋》曰：亮自至，數挑戰，宣王亦表固請戰，使衛尉辛毗持節以制之。姜維謂亮曰：辛佐治仗節而到，賊不復出矣。亮曰：彼本無戰情，所以固請戰者，以示武於其衆耳。將在軍，君命有所不受。苟能制吾，豈千里而請戰耶。《魏氏春秋》曰：亮使至，問其寢食及其事之煩簡，不問戎事。使對曰：諸葛公夙興夜寐。罰二十以上，皆親覽焉。所噉食不至數升。宣王曰：亮將死矣。

秋八月，亮卒於軍中。

《漢晉春秋》曰：楊儀等整軍而出，百姓奔告宣王，宣王追焉。姜維令儀反旗鳴鼓，若將向宣王者，宣王乃退，不敢逼。於是儀結陣而去，入谷，然後發喪。宣王之退也，百姓爲之諺曰：「死諸葛走生仲達。」或以告宣王，宣王曰：吾能料生，不便料死也。

時偉按：仲達之當孔明也，一遇於城固而遁還。再遇於上邽而斂迹，纔有鹵城之戰，喪師衂將。自是渭南之壘，藉口仗節，據原得勢，本其所深忌也。而故言無事，以安衆心。遂至甘受「畏蜀如虎」之譏，「巾幗婦人」之辱。然則孔明將畧益見所長，而懿且不能料生，亦足驗矣。彼弈棋二國手之喻，豈其然乎。

《魏延傳》魏畧曰：夏侯楙爲安西將軍，鎮長安。亮於南鄭與羣下計議。延曰：聞夏侯楙少主壻也，怯而無謀。今假延精兵五千，負糧五千，直從褒中出，循秦嶺而東，當子午而北，不過十日，可到長安。楙聞延奄至，必乘船逃走，長安中惟有御史、京兆、太守耳。横門邸閣與散民之穀，足周食也。比東方相合聚，尚二十許日，而公從斜谷來，必足以達。如此，則一舉而咸陽以西可定矣。亮以爲此縣危，不如安從坦道，可以平取隴右，十全必克而無虞，故不用延計。

《蔣琬傳》：琬以爲，昔丞相亮數闚秦川，道險運艱，竟不能克。不若乘水東下，乃多作舟船，欲由漢沔襲魏。興上庸，會舊疾連動，未時得行。而衆論咸謂如不克捷，還路甚難。於是遣尚書令費禕、中監軍姜維等喻指。琬承命上疏曰：芟穢弭難，臣職是掌。自臣奉辭漢中，已經六年，臣既闇弱，加嬰疾疢，規方無成，夙夜憂慘。今魏跨帶九州，根蔕滋蔓，平除未易，若東西并力，首尾犄角，雖未能速得，如志且當分裂蠶食，先摧其支黨。然吳期二三連不克，果俯仰惟艱，實忘寢食，輒與費禕等議以涼州胡塞之要，進退有資賊之所惜。且羌胡乃心思漢如渴。又昔偏軍入羌，郭淮破走，筭其長短，以爲事首，宜以姜維爲涼州刺史。若維征行銜持河右，臣當帥軍爲維鎮繼。今涪水陸四通，惟急是應，若東北有虞，赴之不難。由是琬遂還住涪。

《姜維傳》：維自以練西方風俗，兼負其才武，欲誘諸羌胡以爲羽翼，謂自隴以西，可斷而有也。每欲興軍大舉，費禕嘗裁制不從，與其兵不過萬人。禕謂維曰：吾等不如丞相亦已遠矣。丞相猶不能定中夏，況吾等乎？且不如保國治民，敬守社稷，如其功業以俟能者。無以爲希冀徼倖，而決成敗於一舉，若不如志，悔之無及。十六年春禕卒，維率數萬人圍南安。魏雍州刺史陳泰解圍至洛門。明年加督中外軍事，復出隴西，攻狄道，狄道長李簡舉城降。進圍襄武，與魏將徐質交鋒，斬首破敵。魏軍敗退，維乘勝多所降下，拔河間、狄道、臨洮三縣民還。十八年，復與車騎將軍夏侯霸等俱出狄道，大破魏雍州刺史王經於洮西，經衆死者數萬人，經退保狄道城，維圍之。魏征西將軍陳泰進兵解圍，維却住鍾題。十九年春，就遷維爲大將軍，更整勒戎馬，與鎮西大將軍胡濟期會上邽。濟失誓不至，故維爲鄧艾所破於段谷，求自貶削，爲後將軍，行大將軍事。二十年，魏征東大將軍諸葛誕反於淮南，分關中兵東下，維欲乘虛向秦川，復率數萬人出駱谷，逕至沈嶺，時長城積穀甚多，而守兵乃少，聞維方到，衆皆惶懼。魏大將軍司馬望拒之，鄧艾亦自隴右，皆軍於長城。維前住芒水，皆倚山爲營，望、艾傍渭堅圍。維數下挑戰，望、艾不應。景曜元年，維聞誕破敗，乃還成都，復拜大將軍。　初先主留魏延鎮漢中，皆實兵諸圍以禦外敵。敵若來攻，使不得入。及興勢之役，王平捍拒曹爽，皆承此制。維建議以爲錯守諸圍，雖合《周易·重門》之義，然適可禦敵，不獲大利。不若使聞敵至，諸圍皆斂兵聚穀，退就漢樂二城，使敵不得入平，且重關塞，守以捍之。有事之日，令游軍並進以伺其虚。敵攻關不克，野無散穀，千里縣糧，自然疲乏，引退之日，然後諸城並出，與游軍併力搏之，此殄敵之術也。　六年，維表後主，聞鍾會治兵關中，欲規進取，宜並遣張翼、廖化督諸軍，分護陽安、關口、陰平、橋頭以防未然。　鍾會攻圍漢樂，遣別將進攻關口，蔣舒開城出降，傅僉格鬭而死。

《漢晉春秋》曰：蔣舒將出降，乃詭謂傅僉曰：今賊至，不擊而閉城自守，非良圖也。僉曰：受命保城，惟全爲功，今違命出戰，若喪師負國，死無益矣。舒曰：子以保城獲全爲功，我以克敵出戰爲功，請各行其志。遂率衆出，僉謂其戰也，至陰平以降胡烈。烈乘虚襲城，僉格戰而死，魏人義之。　《蜀記》曰：蔣舒爲武興督，在事無稱，蜀命人代之，因留舒助漢中守。舒恨，故開城出降。　會與維書曰：君侯以文武之德，懷邁世之畧，功濟巴漢，聲暢華夏，遠近莫不歸名。每惟疇昔，嘗同大化。吳札、鄭僑，能喻斯好。維不荅書，列營守險，會不能克。糧運縣遠，將議還歸。而鄧艾自陰平，由景谷道傍入，遂破諸葛瞻於緜竹，後主請降於艾。艾前據成都，維尋被後主敕令，乃投戈放甲，詣會於涪，軍前將士咸怒，拔刀斫石。　干寶《晉記》云：會謂維曰：來何遲也？維正色流涕曰：今日見此爲速矣。會甚奇之。　會厚待維等，皆權還其印號節蓋。會與維出則同轝，坐則同席，謂長史杜預曰：以伯約比中土名士，公休、太初不能勝也。　《世語》曰：時蜀官屬，皆天下英俊，無出維右。　會既構鄧艾，艾檻車徵，因將維等詣成都，自稱益州牧以叛。　《漢晉春秋》曰：會陰懷異圖，維見而知其心，謂可構成擾亂，以圖克復也。乃詭説會曰：聞君自淮南已來，筭無遺策，晉道克昌，皆君之力。今復定蜀，威德振世，民高其功，主畏其謀，欲以此安歸乎？夫韓信不背漢於擾攘，以見疑於既平。大夫種不從范蠡於五湖，卒伏劒而妄死。彼豈闇主、愚臣哉？利害使之然也。今君大功既立，何不法陶朱公，泛舟絶迹，全功保身，登峨嵋之嶺，而從赤松游乎？會曰：君言遠矣，我不能行。且爲今之道，或未盡於此也。維曰：其他則君智力之所能，無煩於老夫矣。由是情好歡甚，會欲授維兵，使爲前驅，魏將士憤發殺會及維。《世語》曰：維死，見剖膽，大如斗。　《華陽國志》曰：維教會誅北來諸將，徐欲殺會，盡坑魏兵，還復蜀。祚密書與後主曰：願陛下忍數日之辱，臣欲使社稷危而復安，日月幽而復明。時偉按：忠武既歿，漢知亡矣。猶獲緜延至三十年，或屯備國中，或揚師境外，雖裹糧頓甲，而不忘忠武之遺志焉。琬、禕繼卒，維乃孤懸，即令陰平知備，能久存哉。伯約心事故爲不負孔明，彼譙周仇國之論，曷足道耶。

張自烈《四書大全辯》卷二《上論》　子曰：殷因於夏禮，所損益可知也；周因於殷禮，所損益可知也。其或繼周者，雖百世可知也。

馬氏曰：所因謂三綱五常，所損益謂文質三統。愚按：三綱謂君爲臣綱，父爲子綱，夫爲妻綱。五常謂仁、義、禮、智、信。文質謂夏尚忠、商尚質、周尚文；三統謂夏正建寅爲人統，商正建丑爲地統，周正建子爲天統。三綱五常，禮之大體，三代相繼，皆因之而不能變，其所損益，不過文章制度，小過不及之間。而其已然之迹，今皆可見，則自今以往，或有繼周而王者，雖百世之遠，所因所革，亦不過此，豈但十世而已乎。聖人所以知來者，蓋如此，非若後世讖緯術數之學也。　胡氏曰：子張之問，蓋欲知來，而聖人言其既往者以明之也。夫自修身以至於爲天下，不可一日而無禮。天敘天秩，人所共由，禮之本也。商不能改乎夏，周不能改乎商，所謂天地之常經也。若乃制度文爲，或太過則當損，或不足則當益。益之損之，與時宜之，而所因者不壞，是古今之通義也，因往推來，推百世之遠，不過如此而已矣。

朱子曰：質樸則未有，文忠則渾然，誠確無質可言矣。○忠只是樸實，頭白直做將去；質則漸有形質制度，而未有文采；文則就制度上事事如文采。然亦天下之勢，自有此三者，非聖人欲尚忠、尚質、尚文也。夏不得不忠，商不得不質，周不得不文。彼時亦無此名字，後人見得如此，故命此名。

《前漢·律歷志》：天統之正，始於子半，日萌色赤。地統受之於丑初，日肇化而黄，至丑半日芽化而白。人統受之於寅初，日孽成而黑，至寅半，日生成而青。

朱子曰：康節分十二會，言天開於子，地闢於丑，人生於寅。蓋天運至子始有天，至丑始有地，至寅始有人，是天地人始於此。故三代即其始處，建以爲正。

新安陳氏曰：正謂正月也，不曰一月而曰正月，取王者居正之義，迭建以爲正月，故曰夏正、商正、周正。康節分十二會，詳見《皇極經世書》。

《通考》吳氏程曰：三統者，天施、地化、人事之紀也。十一月黃鍾爲天統，六月林鍾爲地統，正月太蔟爲人統。其於三正也，黃鍾子爲天正，林鍾未之衝丑爲地正，太蔟寅爲人正。三正本於三統，故集註合言之，亦以馬氏之意本在於三正，故爾又曰天以十一月復陽氣，地以十二月始生物，而人以正月興事。此子、丑、寅所以有天地人之分也。

東陽許氏曰：堯、舜、禹皆用人統。堯、舜皆禪讓，故舜、禹不改正。殷、周以征伐得天下，所以改正朔，易服色，以新視聽。

新安陳氏曰：損其過而益其不及。

陳士芳《春秋四傳通辭》卷五　夏，楚人滅黃。

《左傳》：黃人恃諸侯之睦于齊也，不共楚職。曰：自郢及我九百里，焉能害我？夏，楚滅黃。

《穀梁傳》：貫之盟，管仲曰：「江、黃遠齊而近楚，楚爲利之國也。若伐而不能救，則無以宗諸侯矣。」桓公不聽，遂與之盟。管仲死，楚伐江，滅黃，桓公不能救，故君子閔之也。

《胡傳》：《春秋》：滅人之國，其罪則一。而見滅之君，其例有三：以歸者旣無死難之節，又無克復之志，許、斯、頓、牂之類是也。出奔者雖不死于社稷，有興復之望焉，弦子、溫子之類是也。若夫國滅死于其位，是得正而斃焉者矣，若江、黃二國是也。其書滅者，見夷狄之強，罪諸夏之弱，責方伯連帥之不脩其職，使小國賢君困于強暴，不得其所。公羊子所謂亡國之善詞，上下之同力者也。

汪瑗《楚辭集解・九章・懷沙》　亂曰：浩浩沅湘，分流汩兮。脩路幽蔽，道遠忽兮。懷質抱情，獨無匹兮。伯樂旣歿，驥焉程兮。

浩浩，廣大貌。沅湘，二水名。分流，亂流也。或曰：枝流也。言所進之路，北次之處，乃沅湘所分之枝流也。亦通。言沅湘之水，浩浩乎其廣大；亂流之涌，汩汩然其疾逝也。此即其所見者而賦之也。脩，長也。路，即進路，北次之路也。幽，僻也。蔽，翳也。道，亦路也。遠，即謂脩路。忽，即謂幽蔽也。此即其所經者而賦之也。王逸曰：匹，雙也。言己懷敦篤之質，抱忠信之情，不與衆同，故孤煢獨行，無有雙匹也。伯樂，孫陽也，善相馬，事秦繆公。歿，死也。驥，良馬也。焉，安也。程，量也。一曰式也，物之準也。言伯樂旣死，則世雖有良馬，無有能知之者，將安所程量其才力邪？以言賢臣不遇明君，則無所施其智能也。此章因行役之勞，述己放逐於寬閒寂寞之濱，抱道自守，而世無知己者。然上四句亦申篇首滔滔、莽莽、杳杳數句之意，下四句總申後數章之意也。

人生稟命，各有所錯兮。定心廣慮，余何畏懼兮。增傷爰哀，永歎喟兮。世溷濁莫吾知，人心不可謂兮。知死不可讓，願勿愛兮。明告君子，吾將以爲類兮。

錯，置也。類，法也。此章言人之生受命於天之初，其富貴、貧賤、壽夭、窮達，已有一定之分，而非人之智巧所能移者。余嘗有見於此，故定心廣慮，無所畏懼，雖離愍困窮，亦不遷其所守也。然而猶增傷永嘆者，蓋因斯世斯人，常度永替，喜圓刓方，玄文微睇，反譏不明，白黑上下，顛倒變常，同糅玉石，舞雞囚凰，不知其果何如其爲心也？是以爲是傷時之嘆耳！若夫人之有生必有死，此必不可辭者，自古皆然，吾曷嘗獨愛其死乎？不愛其死，吾誠足以爲法，而世之君子，又何疑余於其間哉？觀此，則屈子之本心可見矣。而篇首之嘆，豈眞爲南土之幽蔽，而如賈誼之傷悼其不得以永壽爲情哉？嗚呼，死生之際，出處之分，屈子見之眞，而守之固矣。其君子小人反常失序，使國敗君亡，而己獨不得以效犬馬之智，以匡救扶持於萬一，又烏能恝然無慨於其中哉？是增傷永嘆者，仁之至，義之盡，知君臣之分無所逃於天地之間者也。其舒憂娛哀者，乃保身之智，樂天之誠，而知人之稟命，蓋有一定而不可移者也。其憂樂之情，固有並行而不相背者矣。而後世讀《離騷》者，遂謂其句句爲無聊之詞，而謂屈子終身爲愁神苦思之人，憔悴枯槁之客，不亦誤乎？嗚呼，屈子之後，似其人者，惟陶靖節乎？其餘他輩，憂則出於無聊，樂則出於勉強，不足以語此也。朱子曰：言民之生，莫不稟命於天，而隨其氣之短長厚薄，以爲夭壽窮通之分，固各有置之所，而不可易矣。吉者不能使之凶，凶者不能使之吉也。是以君子之處患難，必定其心，而不使爲外物所搖動，必廣其志，而不使爲細故所陝隘，則無所畏懼，而能安於所遇矣。洪氏曰：屈子以爲知死之不可讓，則舍生而取義可也。所惡有甚於死者，豈復愛七尺之軀哉？瑗按：朱子、洪氏之說，深得屈子立言之意。但不愛其死者，屈子之所能也。懷沙礫以自沉者，屈子之所不爲也。遭放而遂自死，自死而復沉淵，是豈舍生而取義哉？是豈定心而廣慮者哉？是豈知乎天命者哉？或曰：然則屈子之爲此言者，何謂也？曰：屈子之悲愁久矣，其爲讒人壅君故也。其遷於南土也，而悲愁亦復甚焉。南土之卑濕損壽也久矣，屈子恐人之疑己之悲愁不在於君國，而在於己身也，故發爲此論，以明己之心以曉人，且使壅君讒人倘一聞之，而有察於己之忠誠戀戀不忘之心，萬一召而還之，憐而收之，使得以竭智盡忠於君國，而不至於速亡疾敗，未可知也。此屈子拳拳之本心也。嗚呼，安得起屈子於九京之下，而與之論《離騷》哉。

葛寅亮《四書湖南講・中庸湖南講》 君子素其位而行不願乎其外，素富貴行乎富貴，素貧賤行乎貧賤，素夷狄行乎夷狄，素患難行乎患難。君子無入而不自得焉。在上位不陵下，在下位不援上。正己而不求於人則無怨，上不怨天，下不尤人。故君子居易以俟命，小人行險以徼幸。子曰：「射有似乎？君子失諸正鵠，反求諸其身。」

［張殷甫］測：上說道不遠人，尚有子、臣、弟、友之散見，一時簡點難周，至說君子素其位而行，只當身便是，作用愈爲簡便矣。素，是純然本色，絕無增加，絕無沾染，光光質素其所居之位，而行畧不希圖位以外之事。行富貴，如被袗衣二女祼，若固有之，達則兼善天下；行貧賤，如飯糗茹草，若將終身，窮則獨善其身；行夷狄，如言忠信行篤敬，蠻貊之邦行矣；行患難，如內難而能正其志。富貴，貧賤，夷狄，患難，所入之境雖多，而各有個素可行，是無入而不自得者。大凡人心不安本分，現前所有，多不滿意，更要巴上前去，只把沒相干的空費心，自己討不得一些受用。君子則身在一處，便安心做一處的，這乃幹辦我自家的勾當，尋討我自家的趣味，故以爲自得。然富貴等境，皆必有人以使之。境本無心，而人則有意，未免陵援怨尤，紛紛而起，故又舉上位下位言之。陵，如山陵高峻，欺壓下人。援如附木而上，扳援上人。正己，即頂上行素自得，不求於人，即頂上不陵不援，專爲要剔。出無怨，不怨天，不尤人，總是極狀其無怨，正見能自得處也。君子居易，雖指正己；小人行險，雖指求人。然且不必頂來。此當拓開，以易狀君子之得計，以險狀小人之失策。居易者，取無禁而用不竭，便要十分任意，亦可自繇，能止於是而不遷也；行險者，操縱在彼，予奪難憑，錙銖都是擔干繫的，乃只管望前求進也。命是賦予之一定，而俟則安心以聽之；幸是非分之倖得，而徼則強求以邀之。此只虛虛泛論，至引夫子之論射，方顯出反求諸身。見君子居易，有何妙法，只是求身，乃以證明正己。在射則不怨勝己，而求體之直；在君子則不怨天人，而求己之正。故以爲射似君子，即一反求諸身。可見君子功夫，只該在反身上做，益見道不在遠，人爲矣。

［吳太沖］演：君子之道，雖有子、臣、弟、友之多端，然惟質素其現在之位而行，不願想其位以外之事。如質素在富貴，便行乎富貴分內之事；質素在貧賤，便行乎貧賤分內之事；質素在夷狄，便行乎夷狄分內之事；質素在患難，便行乎患難分內之事。君子入一境，即以現在爲己有，自有應盡作爲，實落受用，無入而不自得焉。其在上位，則不陵壓在下之人；在下位，則不攀援在上之人。惟只端正自己，而絕不希求於人，則自無失望之怨。上焉任天之賦我，而不怨天；下焉任人之處我，而不尤人。更復何怨之有？是故君子之所居，求取自繇，常在便易，以俟其命之自至；小人之所行，禍福難測，常在危險，以徼其幸之偶值。人品各爲祈嚮而居易君子，於何處得力？子曰：射有似乎君子。失諸正鵠，不能中的，不怨勝己者，惟反求諸其不正之身。所謂素位不願外者，亦惟求諸身焉而已矣。

［柴世埏］商：王一虞問：「素其位而行，素字畢竟有作用，非只論所值之位？」答曰：「作用在行字內，不在素字內。」○湯大節問：「居易行險，明是指正己不求人，何故要虛說？」答曰：「此處若指明正己，則反求諸身句，意義一般，便索然無味，故此且虛狀險易之得失，待後求身處方爲正己證出。文氣庶不重複，而旨更悠長。」

張岐然《春秋四家五傳平文》卷一〇 秋，公子友如陳，葬原仲。

《杜》：原仲，陳大夫。原，氏；仲，字也。禮，臣既卒不名，故稱字。季友違禮會外大夫葬，具見其事，亦所以知譏。見，賢遍反。

《左傳》秋，公子友如陳，葬原仲，非禮也。原仲，季友之舊也。

《公羊》：原仲者何？陳大夫也。大夫不書葬，此何以書？據益師等皆不書葬。稱字者，葬從主人也。通乎季子之私行也。不以公事行曰私行。私行，不言葬原仲于陳。若告糴者，告糴上有無麥禾，知以國事起。此上下無起文，而不言如陳，嫌，不辟國事，實私行也。不嫌使乎大夫者，有國文也。何通乎季子之私行？據大夫私行不書。辟內難也。欲起其辟內難。君子辟內難，而不辟外難。《禮記》曰：門內之治恩揜義，門外之治義揜恩。內難者何？公子慶父、公子牙、公子友皆莊公之母弟也。公子慶父、公子牙通乎夫人，通者，淫通。以脅公。語在三十二年。季子起而治之，則不得與于國政；坐而視之，則親親，至親也。與，音預。因不忍見也。因緣己心不忍見親親之亂。故于是復請至于陳，而葬原仲也。書者惡莊公不能任用，使辟難而出。

《穀梁》：言葬不言卒，不葬者也。外大夫例不書卒。不葬而曰葬，諱出奔也。言季友辟內難而出，以葬原仲爲辭。難，乃旦反。

《胡傳》：公子友如陳葬原仲，私行也。人臣之禮無私交，大夫非君命不越境，何以通季子之私行而無貶乎？曰：《春秋》，端本之書也；京師，諸夏之表也。祭伯以寰內諸侯而來朝，祭仲以王朝大夫而來聘，尹氏以天子三公來告其喪，誣上行私，表不正矣。是故季子違王制委國事，越境而會葬。齊高固、莒慶，以大夫即魯而圖婚。其後陳莊子死，赴喪于魯，魯人欲勿哭。繆公召縣子而問焉，曰：「古者大夫束脩之問不出境，雖欲哭，焉得而哭諸？今之大夫交政于中國，雖欲勿哭，焉得而勿哭？」末流可知矣。《春秋》深貶王臣以明始亂，備書諸國大夫而無譏焉，則以著其效也。凡此，皆正其本之意。

孫承澤《尚書集解》卷一　虞書。

唐孔氏《正義》曰：《堯典》雖曰唐事，本以虞史所錄。末言舜登庸由堯，故追堯作典，非唐史所錄，故謂之虞書也。

程子曰：《堯典》爲虞書，蓋虞史所修。《舜典》以下皆當爲夏書，故《左氏傳》引《大禹》、《皐陶謨》、《益稷》等皆謂之夏書也。若以其虞時事當爲虞書，則《堯典》當爲唐書也。大抵皆是後世史所修。典，典則也。上古時淳樸，因時爲治，未立法度典制。至堯而始著治迹，立政有綱，制事有法，故其治可紀，所以有書而稱典也。楊子曰「法始乎伏羲，成乎堯」。蓋伏羲始畫卦，造書契，開其端矣。至堯而與世立則，著其典常，成其治道，故云成也。《書序》夫子所爲，逐篇序其作之之意也。

昔在帝堯，聰明文思，光宅天下，將遜於位，讓於虞舜，作《堯典》。

劉氏元城曰：此序文也。呂氏東萊曰：「《書序》，孔子所作也。」「聰明」四句，該一篇之旨。「九載，績用弗成」以前，皆光宅天下之實。「咨四岳」以下，皆將遜於位之實。包本末而言之也。《堯典》綱目在「欽」之一字，惟欽則聰，惟欽則明，自古人君未有不本聰明以出治者。文思，出於聰明者也。散而在外則爲文，聰明之發見也；蘊而在內則爲思，聰明之潛蓄也。堯德如此，是以天下雖大，無非在堯盛德光輝之內。乃一旦遜位，視之如敝屣焉，其化可知矣。

《書》之有序，一篇之綱領也。從前俱以爲孔子手筆，程子及東萊呂子諸儒皆以爲然。朱子力駁之，蔡氏遂削去，不入傳中。按，劉歆曰：孔子修《易》序《書》。班固曰：孔子纂《書》凡百篇，而爲之序，言其作意。漢人去古未遠，其言或有據也。

《堯典》。

漢孔氏曰：言堯可爲百代常行之道。

曰若稽古帝堯，曰放勳，欽明文思安安，允恭克讓，光被四表，格于上下。

曰，與粵通。若，發語辭也。稽，考也。放，至也。勳，功也。敬而祗肅曰欽，昭而融徹曰明，章美內含曰文，睿慮通微曰思。安安，安而又安，所謂性之也。允，信也。克，能也。表，外也。格，至也。惟堯性之，是以信恭而能讓也。光，德之華也。被及表外，言其德之盛如此，故其所及之遠如此也。

許氏《叢說》曰：「欽明、文思」，分而言之，欽體而明用，誠敬主於中，而精明發於外也。思體而文用，智意動於內，而文章著於外也。合而言之，欽明爲體而文思爲用。主於中者誠敬，則思之發也周盡；存諸內者精明，則文章著於外者煥然矣。「光被四表，格于上下」，皆文思之昭著充塞，而放勳之極至也。

呂氏《書說》曰：序言聰明，此言欽明。伊川曰「言欽則聰在其中，去聽說明，見聰明不可分。欽之一字乃作聖之工夫也。聖聖相傳，莫切於此。加欽於上，意極精微，非去聽也。」伊川又曰「明包聰，百聖相傳只一欽字。如湯慄慄危懼，文王不暇食是也。使堯不欽，何自而有其聰明？

前言聰明，指其生知全德之自然也。後言欽明，指其作聖始終之工夫也。」「安安」者，止於其所當止。「允恭克讓」，何以遂能「光被四表，格于上下」？實用其工，自見功用之至此。蓋允克者，恭讓之至也。克明俊德，以親九族，九族既睦。平章百姓，百姓昭明。協和萬邦，黎民於變時雍。

俊，大也。九族，高祖至玄孫之族也。平，均章明也。昭明，皆自明其德也。協，合也。黎，衆也。變，化也。時，是也。雍，和也。眞氏《精義》曰：欽明文思者，衆德之目，大德即其總名也。明俊德者，修身之事，其下即齊家、治國、平天下之事也。此帝者爲治之序也。王樵《日記》曰：上備舉堯之衆德，而首以欽之一言，此總挈堯之盛德，而蔽以明之一言。堯爲萬古明君之首，語其本曰「欽」而已。敬則明，肆則昏，聖人小心翼翼，昭事上帝，是以清明在躬，志氣如神，而其功及於家國天下。程子所謂「惟上下一於恭敬，則天地自位，萬物自育，氣無不和，而四靈畢至」。此體信達順之道，以此事天饗帝者也。九族，漢孔氏曰：高祖玄孫之親。陸氏《釋文》云：九族，上自高祖，下至玄孫，凡九族。馬、鄭同。

唐孔氏曰：夏侯、歐陽等謂九族者，父族四，母族三，妻族二。朱子云：九族當依古注。

百姓，百官也。百官謂之百姓者，隱公八年《左傳》云：天子建德，因生以賜姓，謂建立有德以爲公卿，因其所生之地而賜之以爲其姓，令其收斂族親，自爲宗主。明王者任賢不任親，故以百姓言之。

朱鶴齡《詩經通義》卷四《唐風・蟋蟀》 蟋蟀在堂，歲聿其莫。音暮。今我不樂，音洛。日月其除。去聲。無已大音泰。康，職思其居。陳啓源曰：職，主也。主思其所居之事。注疏解本渾成。《集傳》云：顧念其職之所居，則職字當畧斷，歐陽義于次章云不廢其職事，而更思其外，則句法尤破碎。好去聲。樂無荒，良士瞿瞿。音句。○蟋蟀在堂，歲聿其逝。今我不樂，日月其邁。讀力制反，音厲。無已大康，職思其外。讀如義，吴棫讀若志。○箋謂國外，至四境。歐陽義，職思其外者，廣周慮也，謂思慮常在事外。好樂無荒，良士蹶蹶。音桂，古音考，音蹪。云沈約讀。○蟋蟀在堂，役車其休。今我不樂，日月其慆。讀佗侯反。音偷，古音考，音由。無已大康，職思其憂。思其可憂之事。好樂無荒，良士休休。何楷曰：休休，《爾雅》以爲儉也，樂而不淫，不願乎外，皆儉意也。此瞿瞿、蹶蹶之本，舊以安閒解之，未盡。序：《蟋蟀》，刺晉僖公也。儉不中禮，故作是詩以閔之，欲其及時以禮自虞娱同。樂也。此晉也，而謂之唐，本其風俗，憂深思遠，儉而用禮，乃有堯之遺風焉。

序云：儉不中禮，舉其風俗之舊而言也，欲其及時，三章上四句是也；以禮虞樂，下四句是也。太儉逼下，故欲其自樂；樂過恐失之淫，故欲其節以禮。序說無可疑者，特所云刺晉僖公不知何據。朱子謂特以謚得之，考謚法小心畏忌曰僖，非惡謚也，歲暮而始爲樂，則一歲之中其固陋廢禮者必多矣，序所爲刺意在此乎？朱傳改爲民間歲晚行樂之詩，說亦可從。蓋國儉示禮，其義原通行于上下耳。○張氏曰：僖公徒從事儉嗇而不知以禮爲國，專務于小者，而思慮不能及遠，故詩人閔之。先欲開廓其心胸，謂歲且晚矣，不可不念所以自樂，然樂不可過甚也，于是而思我之所當思者。夫有以自樂，庶幾舒泰和豫，而無拘迫之患，樂而無荒，則能周旋四顧而所憂者必得。凡夫政之所當務，與患之所當防者，斯可次第而理矣。○《呂記》：是詩欲僖公之自娱樂，而曰無已大康，好樂無荒，無乃大早計乎。凡人之情，解其拘者或失之縱，廣其儉者易流于奢，故疾未已而新疾復生者多矣，信乎唐風之憂深思遠也。

陸隴其《三魚堂四書集註大全》卷八《論語》 曾子曰：士不可以不弘毅，任重而道遠。

弘，寬廣也。新安胡氏曰：寬則容受之多，廣則承載之濶。毅，魚既反。強忍也。新安陳氏曰：強則執守之堅，忍則負荷之久。非弘不能勝平聲，下能、勝同。其重，非毅無以致其遠。朱子曰：弘是寬廣，卻被人只把做度量寬容看了，便不得。弘是執德不弘之弘，弘是無所不容，心裏無足時，道理事物都著得，若容民畜衆也。是弘，但是外面事。今人多作容字說了，則弘字裏面無用工夫處。○弘字只對隘字看便見得。如看文字，只執一說，見衆說皆不復取，便是不弘。若弘底人，便包容衆說，又非是於中無所可否，包容之中，又爲判別，此便是弘。○弘乃能勝得箇重任，毅便能擔得遠去。弘而不毅，雖勝得重任，恐去前面倒了。○毅是立脚處，堅忍強厲，擔負得去底意。○潛室陳氏曰：弘，言其量之容，猶大車之足以載重；毅，言其力之勁，猶健馬之足以致遠。○雲峰胡氏曰：惟弘能勝重，不以一善而自足也；惟毅能致遠，不以半途而自廢也。○呂氏曰：自小者無敢爲之心，自怠者無必爲之志，此弘毅之反也。《通考》：勿齋程氏曰：寬廣有容，足以任重，是之謂弘；堅忍持立，足以致遠，是之謂毅。　○仁山金氏曰：曾子本意，正是說士不可以不弘毅，爲擔子重而道路遠也。下文開說，任重，是仁以爲己任；道遠，是死而後已。惟弘則能任此擔，惟毅則能到得遠。集註、本註及第二條：程叔子之言，正說此意，無規矩隘陋，乃取伯子之言，增入反說，以盡工夫交進之詳爾。附：存疑：任是死字，猶云擔子也。道，路途也。

仁以爲己任，不亦重乎？死而後已，不亦遠乎？

　仁者，人心之全德，而必欲以身體而力行之，可謂重矣；一息尚存，此志不容少懈，居隘反。可謂遠矣。朱子曰：須是認得箇仁，又將身體驗之，方眞箇知得這擔子重，眞箇是難。世間有兩種，有一種全不知者，固全無摸索處，又有一種知得仁之道如此大，而不肯以身任之者。今自家全不曾擔著，如何知得他重與不重。所以學不貴徒說，須要實去驗而行之方知。　○慶源輔氏曰：仁包四者，無物不體，以爲己任，可謂重矣。非寬洪容受，何以勝其任。且曰必欲身體而力行之，則異於說仁而但欲知之者矣。與生俱生，無有間斷，死而後已，可謂遠矣。非強忍堅決，何以致其遠？且曰此志不容少懈，則信乎求仁者，不可有造次顛沛之違矣。　○覺軒蔡氏曰：弘毅不可執一而廢一，蓋弘者，易失之不毅，毅者，易失之不弘。然弘毅之任重道遠，又惟歸於仁。何也？蓋仁道最大。孔門傳道，莫大於求仁。蓋仁之道，非全體而不息者不足以當之。惟其全體也，則無一理之不該，所以不可不弘；惟其不息也，則無一念之間斷，所以不可不毅。仁之任重而道遠如此，是豈可以易爲哉？曾子平日三省一貫，致力於大學，格、致、誠、正、脩、齊、治、平，不使有一理之或違，非弘而何？啓手啓足，猶戰兢而不已，易簀之際，得正而斃，非毅而何？此所以卒任傳道之責也。附：《蒙引》：仁者，人心之全德，大而三綱五常，小而百行萬善，無一之不統於是。　○看《集註》必字及不容字，後四句全說任重而道遠，未靠在士者用工處。若說得欠斟酌，便是弘毅了。須知任重道遠，是所以當弘毅處。弘是有擔當，毅是能耐久，弘毅之實一也。　○程子曰：弘而不毅，則無規矩而難立；毅而不弘，則隘陋而無以居之。此是寬以居之之居。又曰：弘大剛毅，然後能勝重任而遠到。朱子曰：曾子言以能問於不能，見曾子弘處，又言臨大節而不可奪，見他毅處。　○新安陳氏曰：此章初以弘毅二者並立對說，細味之，任重而道遠。而字已作一意貫說下來，又所謂死而後已者，何事哉？即是己所以任此仁者，身體力行至死而後已也。程子謂：弘大剛毅，然後能勝重任而遠到，不假訓釋，辭約而意貫矣。附：顧麟士曰：按鄱陽朱氏曰，此章勉人爲仁，仁以德言。弘則欲其全體之，毅則欲其不息之。較細捷。　○此四句解而兼歎之辭。

盛世佐《儀禮集編・燕禮》　鄭《目錄》云：諸侯無事，若卿大夫有勤勞之功，與羣臣燕飲以樂之。燕禮於五禮屬嘉禮。

　疏曰：燕有四等。《目錄》云：諸侯無事而燕，一也；卿大夫有王事之勞，二也；卿大夫有聘而來，還與之燕，三也；四方聘客與之燕，四也。

《燕禮》：小臣戒與者。

　註曰：小臣相君燕飲之法。戒與者，謂留羣臣也。

　疏曰：案《周禮・大僕職》云：王燕飲則相其法。又案《小臣職》云：凡大事佐大僕。則王燕飲，大僕相，小臣佐之。此諸侯禮降於天子，故宜使小臣相，是以下云小臣師一人在東堂下。註云：師，長也。小臣之長一人，猶天子大僕，正君之服位者也。

　朱子曰：留羣臣，謂羣臣朝畢將退，君欲與之燕，故使小臣留之，疏說非是。

　敖氏曰：與者，羣臣之與此燕者也。君所主與之燕者亦存焉。

　郝氏曰：戒，猶宿也。與，與燕諸臣，未定爲賓皆曰與。

膳宰具官饌于寢東。

　註曰：膳宰，天子曰膳夫，掌君飲食膳羞者也。具官饌，具其官之所饌，謂酒也、牲也、脯醢也。寢，路寢。

　疏曰：云「寢，路寢」者，以其饗在廟，服朝服。下記云「燕朝服於寢」，正處在路寢，不在燕寢可知。

　朱子曰：於寢下疑脫「既朝服則宜於」六字。

　敖氏曰：具官饌，謂具諸官所當饌之物也。寢東，蓋其東壁之東也。此時所具者，其薦羞乎，及既設賓席，官乃改饌之，《大射》云官饌是也。

　郝氏曰：寢東，路寢東房。《鄉飲》亦云東壁，云左房，養由東出也。

樂人縣。

　註曰：縣，鐘磬也。國君無故不徹縣，言言或作「宮」，誤。縣者，爲燕新之。

　疏曰：《周禮・眂瞭職》云：掌大師之縣，諸侯無眂瞭，則使僕人縣樂，大師以聲展之，樂師又監之。

　敖氏曰：此縣蓋在階間，磬在阼階西，南面。鐘鎛次而西，建鼓在西階東南，鼓鼙在其東。國君燕禮輕於大射，故不備樂，且於其日乃縣之，而與常時同。《鄉飲酒》記曰：磬，階間縮霤，北面鼓之。

世佐案：縣，軒縣也。軒縣之法，見《大射禮》。敖引《鄉飲酒禮》特縣況之，非此縣，亦使眂瞭。疏諸侯無眂瞭之説誤，説見後。

設洗篚于阼階東南，當東霤。罍水在東，篚在洗西，南肆。設膳篚在其北，西面。

註曰：設此不言其官，賤也。當東霤者，人君爲殿屋也。亦南北以堂深。肆，陳也。膳篚者，君象觚所饌也，亦南陳。言西面，尊之，異其文。

疏曰：漢時殿屋四向流水，故舉漢以況周。對大夫士言東榮，兩下屋故也。

敖氏曰：洗與罍蓋瓦爲之。下云「君尊瓦大」，則此可知矣。先設洗，西之篚以爲節，故膳篚後設也。設四器亦司宫也，見《大射》與《少牢》禮，此經省文耳。膳篚者，實君之象觚象觶者也。君物而曰膳者，以其善於諸臣所用者而言也。下文類此者皆以是推之。　諸本皆云設洗篚，繼公謂諸篇於此但言設洗，無連言篚者，而此有之，衍文耳。又下别云篚在洗西，則於此言篚，文意重複，似非經文之體。且篚在洗西，亦不可以東霤爲節，其衍明矣。今以諸篇爲據，刪之。

世佐案：洗篚之篚，當從敖氏作衍文。賈云：洗，士用鐵，大夫用銅，諸侯白銀，天子黄金。夫一承棄水之器而以金銀爲之，侈矣，敖説蓋得之。罍字從缶，亦瓦可知也。鄭云：尊卑皆用金罍，此酒器也，以木爲之，而飾以金。《詩》曰「我姑酌彼金罍」是也。盛水之罍豈其比哉。又案：此二篚皆在堂下，一盛諸臣飲器，一盛君飲器，而無堂上篚者，蓋堂上之篚所以盛爵，燕禮輕，獻不用爵故也。

司宫尊于東楹之西，兩方壺，左玄酒，南上。公尊瓦大兩，有豐，冪用綌若錫，在尊南，南上。尊士旅食于門西，兩圜壺。

註曰：司宫，天子曰小宰，聽酒人之成要者也。尊方壺，爲卿大夫士也。臣道直方，於東楹之西，予君專此酒也。《玉藻》曰：惟君面尊，玄酒在南，順君之面也。瓦大，有虞氏之尊也。《禮器》曰：君尊瓦甒，豐形似豆，卑而大。冪用綌若錫，冬夏異也。在尊南，在方壺之南也。尊士旅食者用圜壺，變於卿大夫也。旅，衆也，士衆食，謂未得正禄，所謂庶人在官者也。

疏曰：庶人在官者，謂府史胥徒。

朱子曰：在尊南者，謂瓦大在方壺之南耳。疏曰：冪未用而陳於方壺之南，不雜於方壺瓦大之間，誤也。若然則正在二者之間矣，何得言不雜耶。

敖氏曰：先尊方壺於楹西以爲節，乃設公尊，與上文後設膳篚之意同。臣尊用壺，又以方者，且無冪，爲與君尊相屬，宜遠别之也。左玄酒，據設尊者而言也。蓋凡設尊者皆面其鼻，《玉藻》曰：惟君面尊，是尊鼻東向也。此設尊者西面，故玄酒在南而爲左，若以尊言之，則爲右矣。瓦大，瓦甒也。用瓦甒者多矣，惟君尊則或謂之大，豈制或異，與尊皆南上者，統於君位也。君位亦南上，故順之。此尊乃不統於賓者，君臣之禮異也。《大射儀》放此。錫者，麻五十升去其半而加灰之布也。冪或以綌，亦見其貶於大射耳。大射之冪用錫若絺。此尊士旅食之尊，亦當北面，與大射同，惟設之深淺異耳。

張氏曰：諸侯之司宫與天子之小宰所掌同。公席阼階上，西向。尊在東楹之西，南北並列，尊面向君設之，與鄉飲酒賓主共之者不同，故註云：予君專此酒也。南上亦玄酒在左也，圜壺無玄酒。

世佐案：司宫，即天子之宫人也。《周禮・宫人職》云：掌王之六寢之修。又云：凡寢中之事，埽除、執燭、共爐炭，凡勞事，四方之舍事亦如之。此燕于路寢，六寢之一，而設尊筵賓又皆勞事，故以司宫爲之。下經云：司宫執燭于西階上，是其執燭之證矣。大射于郊而亦用司宫者，所謂四方之舍事亦如之也。宫人中士，則司宫下士也。小臣于天子爲上士，以小臣設公席，以司宫設臣席，亦其差也。鄭乃以小宰當之，誤矣。小宰，諸侯之小卿也，以尊官而執斯賤役，可乎？又主人獻卿之時，經云：司宫兼卷重席，設于賓左東上。疏云：案：大射席，小卿賓西東上，註云：席于賓西，射禮辨貴賤也。以此言之，燕禮主歡不辨貴賤，小卿與大卿皆在賓東。若然，則小宰爲小卿之首，是時亦當受獻，乃爲己設席，且爲次於己者設席，必無是理。豈可以其聽酒人之成要而遂當設尊之役乎？又案：士旅食者，蓋下士也，下士與庶人在官者同禄，故謂之士旅食。與《周禮》云旅下士。

司宫筵賓于戶西，東上，無加席也。

註曰：席用蒲筵，緇布純。無加席。燕私禮，臣屈也。諸侯之官無司几筵也。

疏曰：諸侯兼官，使司宮設尊，并設席。

世佐案：戶西，牖前也。寢亦有東西房，當以牖前爲客位，若戶牖之間，則堂之中矣。郝云：室戶西牖間，客位也，非。據經公席設於將即位之時，與《大射儀》異。敖云：設賓席當後于公席，乃先言之者，終言司宮之事耳，非《大射》賓有加席而此無之，《燕禮》輕也。《公食大夫》有加席，異國之臣得伸也，三者參稽其義乃見。

右告借設具。

射人告具。

註曰：告事具於君，射人主此禮，以其或射也。

疏曰：《大射》告具之上有「羹定」，此不言羹定者，文不具也。

敖氏曰：是時公蓋在阼階東南，南鄉，射人北面告之。

張氏曰：《周禮・射人》掌三公孤卿大夫之位，又以射法治射儀。

小臣設公席于阼階上，西鄉，設加席。公升，即位于席，西鄉。

註曰：《周禮》諸侯昨席，莞筵紛純，加繅席，畫純。後設公席者，凡禮，卑者先即事，尊者後也。

疏曰：此燕私禮，故賤者先即事。《大射》辨尊卑，故先設公席，後設賓席也。

朱子曰：此篇與《大射》雖設席先後不同，然皆公先升即位然後納賓，非卑者先即事也。但其言偶不同耳，不當據文便生異義也。註、疏説皆非是。

敖氏曰：加席，別言設，見其更取而設之也，亦可見設加席之法矣。羣臣未入，公先升即位，尊者之禮也。

張氏曰：註引《周禮・司几筵》文，昨，音義如酢。酢席，祭祀受酢之席也，引之者，欲見燕席與酢席同。

世佐案：《大射》之禮重于《燕》，《燕禮》之賓卑于《大射》，於加席之有無見之矣。惟設席之次亦然，《大射》先設公席，後設賓席，賓猶得與公序也。此設公席在告具之後，則不與賓序矣，君益尊而賓益卑，此其所以異與註疏之説，宜不爲朱子之所取也。

小臣納卿大夫，卿大夫皆入門右，北面東上。士立于西方，東面北上。祝史立于門東，北面東上。小臣師一人，在東堂下，南面。士旅食者立于門西，東上。

註曰：納者，以公命引而入也。自士以下，從而入即位耳。師，長也，小臣之長一人，猶天子大僕，正君之服位者也。凡入門而右由闑東，左則由闑西。

疏曰：卿大夫入門右，北面東上，此是擬君揖位，君爾之始，就庭位。士立于西方，東面北上，此士之定位，士賤，不待君揖即就定位也。又云：註凡入門而右由闑東者，臣朝君之法，左則由闑西者，聘賓入門之法。從張氏《句讀》節本。

敖氏曰：納卿大夫之辭，蓋曰「君須矣，二三子其入也。」卿大夫入門右之位，蓋近庭南而當階，士西方之位亦宜於庭少南而東，西則當西序門東之位，近於門也，門西亦如之。此北面者東上，東面西面者北上，皆統于君，凡己之臣子入門，而左右皆由闑東。

世佐案：士立于西方，是入門左矣，然亦由闑東曲。《禮》曰：士大夫出入君門，由闑右是也。註欠明，疏家此等處，有功於鄭。

公降立于阼階之東南，南鄉。爾卿，卿西面北上；爾大夫，大夫皆少進。

註曰：爾，近也，移也。揖而移之，近之也。大夫猶北面少前。

敖氏曰：古文爾、邇通。爾，揖之使進而近於己也。公俟其入乃降而揖之，明降尊之義也。大夫不西面，自別於卿也。君於卿與大夫各旅揖之。《大射儀》小臣師詔揖諸公、卿、大夫。

右即位。

曹庭棟《孝經通釋》卷一　立身行道，揚名於後世，以顯父母，孝之終也。

唐明皇曰：言能立身，行此孝道，自然名揚後世，光榮其親。故行孝以不毀爲先，揚名爲後。

邢氏昺曰：孝行非唯不毀而已。須成立其身，使善名揚於後代，以光榮其父母，此孝行之終也。若行孝道，不至揚名榮親，則未得爲立身也。○皇侃云：若生能行孝，沒而揚名，則身有德譽，乃能光榮其父母也。祭義曰：孝也者，國人稱願，然曰幸哉，有子如此。又哀公問孔子，對曰：君子也者，人之成名也，百姓歸之名，謂之君子。之子是使其親爲君子也，此則揚名榮親也。〇夫不敢毀傷，闔棺乃止，立身行道，弱冠須明。經雖言其始終，非謂不敢毀傷，唯在於始，立身行道，獨在於終也。明不敢毀傷，立身行道，從始至末，兩行無怠。此於次有先後，非於事理有始終也。

司馬氏光曰：人之所謂孝者，有事弟子服其勞，有酒食先生饌。聖人以爲此特養耳，非孝也。所謂孝，國人稱願，然曰幸哉，有子如此。故君子立身行道以爲親也。

范氏祖禹曰：善不積不足以立身，身不立不足以行道，行修於內而名從之矣。故以身爲法於天下，而揚名於後世，以顯其親者，孝之終也。

董氏鼎曰：始言保身之道，終言立身之道。蓋不敢毀傷者，但是不虧其體而已，必不虧其行，而後方可立身，故以是終之。

吳氏澄曰：立，樹立也。揚，傳播也。身存之時所行者道，使吾身之名傳播於沒世之後，而父母之名亦因以顯，此爲能立其身也。孝之始終皆在此身，蓋人子之身即父母之身，始則保其身以全所有，終則成其身以彰所自，可謂孝矣。

方氏孝孺曰：養有不及謂之死其親，沒而不傳道謂之物其親。斯二者罪也。物之尤罪也，是以孝子脩德脩行以令聞加乎祖考。

蔡氏悉曰：身也，道也，皆父母所以與我，而我與父母一者也。皆父母與我，所以肖天地而一者也。不敢毀傷，敬其身體髮膚，已爾天地之塞，吾其體天地之帥吾其性，所謂道也。身任此道，道立此身，身與親庶幾不朽乎。事親曰始，自孩提愛敬，左右就養而言也；立身曰終，自父母全而生之，子全而歸之言也。

王氏守仁曰：子爲賢人也，則其父爲賢人之父矣；子爲聖人也，則其父爲聖人之父矣。夫叔梁紇之名至今不朽，則亦以仲尼之爲子邪。

羅氏汝芳曰：立身者，立天下之大本，首柱天足，鎮地以立，極於宇宙之間；行道者，行天下之達道，負荷綱常，發揮事業，出則治化天下，處則教化萬世。必如大學所謂明德、親民、止至善。蓋丈夫之所謂身聯屬天下國家，而後成者也。

呂氏維祺曰：或問：立與行是兩事否？答：立身行道非兩事，立得定方行得不差。又問：指得位事君否？答：得位事君，固是行道，所謂達可行於天下，而後行之者也。道必如此，而後大行。然亦不必專指得位，孟子曰：得志與民由之，不得志獨行其道。

趙氏起蛟曰：前言事親，以守身爲本；此言守身，以行道爲急。能行道則身自立。

張氏步周曰：身立而德之本與之俱立，本立而道之要與之俱行。至德要道，兼總於一身矣。不特法今，兼可傳後，顯其父母爲至孝者之父母，夫非孝之終乎？

庭棟案：此所謂道者，事物當然之則，而要道在其中。即是所以立身者，蓋此身不能憑空而立，必以道爲依據，能立而後可行。故下文止言立身，而義兼行道也。行者由親而疏，由家而國，確見諸措施。夫如是，則足以揚名後世矣。推本所自歸美於親，所謂以顯父母也。揚名後世，非爲近名，乃立身行道至於極處，故云孝之終也。

冉觀祖《禮記詳説》卷一六 五官致貢曰享。

陳注：呂氏曰，歲終則司徒以下五官各致其功，獻於王，故謂之享。貢，功也。享，獻也。

鄭注：貢，功也。享，獻也。致其歲終之功於王，謂之獻也。《周禮》太宰「歲終則令百官府各正其治，受其會，聽其致事而詔王廢置」。

孔疏：五官，即前自后以下之五官。后一，天官二，地官三，六府四，六工五。貢，功也。享，獻也。歲終則此五官各考其屬一年之功，以獻於天子，故云「致貢曰享」也。王后之屬致蠶織之功，天官以下各獻其職之功。引《周禮》證，歲終百官各獻其功，以禮詔告也。周則冢宰至歲終受於百官之簿書所會之最，而考一年之功多少，以告天子也。若功少則廢黜其人，功多則遷，皆其職也。今謂五官則上天子五官司徒以下，故下云五官之長曰伯與，此五官一也。但太宰總攝羣職，總受五官之貢，故不入其數也。若以五官爲后以下，則下云五官之長，豈有長於后乎？熊氏以爲五等諸侯，亦非也。

藍田呂氏曰：歲終則司徒以下五官各致其功以獻於王，故謂之享。王得以行其誅賞。太宰不貢者，《周官》太宰詔王廢置，則殷制亦然也。

石林葉氏曰：自夫人以下至草工，其分列之先後與名號之異同，亂於

《周官》之序，宜康成以爲殷禮也。蓋治天下必自內始，夫人嬪妾莫不有所司，而不言司者，以其主於內而已。內治則家道正，可以推而及國。太宰，王者所賴以治國也，故建官特先之，其屬則太宗、太史、太祝、太士、太卜，皆有書，故言六典。六典所以奉天道也。天道主之以天官，而地道不可以無職，故次之以司徒。司徒所奉者地道，所掌者邦教也。有教不可以無政，故次之以司馬。司馬所掌者邦政。有政不可以無事，故次之以司空。有政事則財用足，人輕於從善而恥於犯法也，故次之以司士，正羣臣之版，以詔爵祿。終之以司寇，詰邦國之禁以刑暴亂。五官各率其屬而治，故言五衆，所以奉地道也。天官先太宰以奉天道，地官先司徒以奉地道，人君於是可以輔相裁成之時也。然而萬物生於天，長於地，人所賴以相養，不可不急於先務，故六府典司六職，六工典制六材，亦先王之智，急於成物以養天下也。是以土也、木也、水也、草也、器也、貨也，聚之於人則曰六府，分之於所治則曰六職。金也、土也、石也、木也、獸也、草也，造之於人則曰六工，見之於用則曰六材。府以聚其物而後命官以分治，故後言六職。材必待人而有成，非人則不能成其材，故先言六工。治天下至於萬物，各得其成材，此先王所以裁成天地之道，輔相天地之宜，以左右民而治也。雖然，功罪不進於上，則下之情不通，黜陟不行於下，則上之權不立，故五官各致其貢以通於王。六職所分者內事，則獻事；六太所職者邦治，則攷治；五官所職者衆，則獻功；六府所職者物，則獻業。王於是攷其功而加之黜陟，此所以道揆於上，法守於下，爲治之所以成終成始也，故曰「五官致貢曰享」。貢言其造於下而有所進，享言其通於上而有所舍也。

長樂陳氏曰：太宰，理天道者也，太宗、太史、太士、太卜、太祝，知天道者也。司徒、司馬、司空、司士、司寇，理人道者也。司土、司木、司水、司草、司器、司貨，職地物者也。土工、金工、石工、木工、獸工、草工，飭地材者也。以六太爲天官，則五官人官也。以六太爲先，則天官不特六者而已。以物致獻曰貢，以儀飾貢曰享，《禹貢》貢金玉蠙珠之類是也。貢言其物，《洛誥》「享多儀，儀不及物，唯曰不享」，是享言其儀。《王制》「公侯伯子男凡五等，卿大夫上士中士下士凡五等」，《曲禮》以夫人至於妾亦五等，自六太以至六工亦五等，此皆謂之五官也。然五官致貢與五官之長，所謂五官者則諸侯而已。蓋以其有所候則曰侯，以其有所主則曰官。以物供上曰貢，以儀致貢曰享。禹於九州之物言貢，是貢言其物也。《洛誥》「享多儀，儀不及物曰不享」，是享言其儀也。攷之《周禮》，凡官府所供謂之獻，邦國所供謂之貢，則致貢曰享，爲諸侯之事明矣。

郝解天官府工之說實《周禮》之濫觴，天官即冢宰，太宗即春官，太史、太祝、太卜皆春官之屬，而無太士。或云即士師、司寇之屬也。司士別屬司馬，《記》以配五官，此其所異耳。大抵禮非一家之書，薈蕞錯雜，難可強齊。鄭氏穿鑿，比擬參差，輒推殷夏。今按，《記》以太宰首六人，《周禮》以天官統六典，《記》不設冢宰，《周禮》不備冬官，亦五官耳。財貨器用考工之法與六府六工大旨不殊，安在記之獨爲殷禮乎。鄭又謂《周禮》殘闕，以《考工記》補，今以《記》徵之，《周禮》未嘗闕，而《考工記》亦非補。要之非古，使《周禮》果周公之舊《曲禮》，焉得而驟更之旨？新裁以下奉上曰貢，以物將敬曰享，皆借來字樣，言自下獻上而一歲計要質成於天子也。一說五官權重，歲獻者防其專也，是天子總攬之意。

新旨此五官致貢是司徒等舉質成之典，曰享者義有取於獻功，所以昭尊王之義也。按，太宰總百官，不在尊王之中，太宗以下司士之事，六府六工司徒司空之屬，皆不必專貢，惟五官致貢。

心典不言冢宰，統攝五官故也。

按天官節另提出六太，皆天官之屬典司六職，而他無事焉。五官典司五衆，而六府六工皆五官所屬，故下只言五官致貢，而天官不與，此所言官制又可疑，姑以文爲訓。

講此見大臣質成而寓尊王之義也。王者既設五官以分理矣，當歲終之時，爲五官者程功積事，悉達於宸聽，而其名則曰享焉。享者言其自下以獻上，而予奪廢置惟大君之獨專，由卑以達尊，而幽明黜陟惟一人之獨斷，所以大一統之義以致尊君之誠者，不已默寓於斯乎。

冉覲祖《春秋詳說》卷二 〔隱公元年春〕三月，公及邾儀父盟于蔑。邾，《公》作邾婁，蔑，《公》、《穀》作眛。此私盟之始。

《左傳》：邾子克也，未王命，故不書爵。曰：儀父，貴之也。公攝位而欲求好于邾，故爲蔑之盟。

杜注：附庸之君，未王命，例稱名。能自通於大國，繼好息民，故書字，貴之。名例在莊五年。邾，今魯國鄒縣也，蔑，姑蔑，魯國。魯地卞縣南有姑城。

林注：此私盟之始。

《公羊傳》：及者何？與也。會、及、暨皆與也。曷爲或言會，或言及，或言暨？會猶最也，及猶汲汲也，暨猶暨暨也。及我欲之，暨不得已也。儀父者何？邾婁之君也。何以名字也，曷爲稱字，襃之也。曷爲襃之，爲其與公盟也。與公盟者衆矣，曷爲獨襃乎？此因其可襃而襃之。此其爲可襃奈何？漸進也，眜者何地？期也。

何注：我者謂魯也，內魯故言我。　公者，五等之爵最尊，王者探臣子心，欲尊其君父，使得稱公。故《春秋》以臣子書葬者皆稱公。

《穀梁傳》：及者何？內爲志焉爾。儀，字也，父，猶傅也，男子之美稱也。其不言邾子何也？邾之上古微，未爵命於周也。不日其盟，渝也。眜，地名也。

永嘉呂氏曰：《穀梁》云：不日其盟，渝也。謂七年伐邾也，然則所書日盟者，皆不渝乎。

程傳：盟誓以結信，出於人情，先王所不禁也。後世屢盟而不信，則罪也。諸侯交相盟誓，亂世之事也。凡盟，內爲主，稱及；外爲主，稱會。在魯地，雖外爲主亦稱及，彼來而及之也。兩國以上則稱會，彼盟而往會之也。邾，附庸國。邾子克，字儀父。附庸之君稱字，同王臣也。夷狄則稱名，降中國也。

胡傳：魯，侯爵，而其君稱公。此臣子之辭。《春秋》從周之文而不革者也，我所欲曰及。邾者，魯之附庸。儀父，其君之字也。何以稱字？中國之附庸也。王朝大夫例稱字，列國之命大夫例稱字，諸侯之兄弟例稱字，中國之附庸例稱字，其常也。聖人按是非定襃貶，則有例當稱字，或黜而書名；例當稱人，或進而書字，其變也。常者道之正，變者道之中。《春秋》大義，公天下，以講信修睦爲事，而刑牲、歃血、要質、鬼神，則非所貴也。故盟有弗獲已者，而汲汲欲焉，惡隱公之私也。或言襃其首與公盟而書字，失之矣。

朱子曰：如蔑之書而私盟之罪自見。

汪氏曰：《聘禮》、《大射儀》、《燕禮》，五等諸侯皆稱公，而公食大夫，禮取以名篇，則謂君爲公，周之制也。　書盟一百九，於蔑爲《春秋》之始，句繹爲春秋之終。隱公屈禮而求好，三桓取地而要言，皆魯人汲汲，非邾之意也。後七年，隱公興伐邾之師，哀公有入邾之役，盟豈足信哉。

茅堂胡氏曰：凡稱公者，有定名，有虛位，天子三公稱公，王者之後稱公，此定名也。魯侯稱公，其子稱公子，其孫稱公孫，諸伯子男亦皆稱公，此虛位也。定名辨等列之實，虛位達臣下之情。定名禮之質，虛位禮之文。問宋本公爵，自餘僭稱公者，皆貶從本爵，而魯獨不降稱，何也？貶其僭稱，當也，其死則又降而稱卒，從大夫之禮，惟魯仍稱薨，至於其閒有書葬者，則又稱公，何也？曰：《春秋》，魯史也。仲尼於魯事，有君臣之義，故內外異辭。邦君之薨，雖齊、晉大國，皆書卒，以其不命於天王而私自立，正其名也。及其既葬，雖邾、薛小邦皆稱公，以其不請於天王而私自謚，著其僭也。魯侯皆稱公，卒，事而繫謚亦稱公者，乃臣子之敬辭，《春秋》從周之文而不革者也。然特稱葬我君以別之，其書法亦謹矣。

高氏曰：隱自謂爲桓而立，內慮國人之不己悅，外懼屬國之不己從。而邾以附庸，未通和好，故與邾首結私盟。夫盟者，嘉禮也，非在喪者所可行也。

家氏曰：春秋之盟有二，有公天下而爲之盟者，有私一國而爲之盟者。齊桓、晉文，合諸侯獎王室，是雖衰世之事，聖人猶或與之，爲其近於公也。若《春秋》初年，諸侯自相爲盟，各爲其私計，則《春秋》之所惡。于蔑以後，于皐以前，皆盟之私者。甚而黨篡朋凶，怙惡濟虐，復要鬼神以爲之盟誓，是謂天地神明而可以邪辭干也。此盟之尤無忌憚者也。公及邾儀父盟于蔑，譏也。不惟譏盟，譏其始即位而爲此盟也。國君繼世之初，上而尊天子，下而交鄰國，撫百姓，豈無他事。而隱公即位未幾，惟此爲先務。《春秋》之書之，示非所宜先也。自諸侯自相爲盟，各去其國者，兩相下之義也。迨桓文之興，其權力足以號召諸侯，亦不敢盟於國都，而必以其地者，懼其擬於王耳。

張氏曰：凡會盟侵伐，內爲主書及，外爲主書會，所以别首從而謹善惡之首也。夫結好息民，固有國之當然，而殺牲要神，則非爲人上者相與講信修睦之道。故書公及，以譏之。

按：書法在「及」字，《左》云欲求好于邾，《公羊》「及」，猶汲汲也，我欲之。《穀梁》內爲志皆從「及」字，取意胡傳云，惡隱公之私是也。高氏非居喪者所可行，尤説得大義懔然。儀父稱字，例當然也。《左》云貴，《公羊》云褒，皆非。《穀梁》不日盟，渝。吕氏已辨之。

冉覲祖《孝經詳説》卷二 用天之道，分地之利，謹身節用以養父母，此庶人之孝也。

［李隆基］注：春生、夏長、秋斂、冬藏，舉事順時，此用天道也。分别五土，視其高下，各盡所宜，此分地利也。身恭謹則遠恥辱，用節省則免飢寒，公賦既充則私養不闕，庶人爲孝，唯此而已。

［邢昺］疏：夫子述士之行孝已畢，次明庶人之行孝也。言庶人服田力穡，當須用天之四時生成之道也。分地五土所宜之利，謹慎其身，節省其用，以供養其父母，此則庶人之孝也。舉事順時者，謂舉農畝之事，順四時之氣。春生則耕種，夏長則芸苗，秋收則穫刈，冬藏則入廩也。分别五土，視其高下者，此依鄭注也。案《周禮·大司徒》云：「五土，一曰山林，二曰川澤，三曰丘陵，四曰墳衍，五曰原隰。」謂庶人須能分别，視此五土之高下，隨所宜而播種之。則職方氏之所謂：「青州其穀宜稻麥，雍州其穀宜黍稻」之類是也。各盡其所宜。劉炫云：「黍稷生於陸，菰稻生於水。」身恭謹則遠恥辱者，《論語》曰：「恭近於禮，遠恥辱也。」用節省則免飢寒者，用謂庶人衣服、飲食、喪祭之用，當須節省。《禮記》曰：「食節事時。」又曰：「庶人無故不食珍，及三年耕，必有一年之食，九年耕，必有三年之食，以三十年之通，雖有凶旱水溢，民無菜色。」是免飢寒也。公賦既充，則私養不闕者，自上税下之名也。謂常省節財用，公家賦税充足，而私養父母不闕乏也。天子、諸侯、卿大夫、士皆言蓋，而庶人獨言此，注釋言此之意也，謂天子至士，孝行廣大，其章略述宏綱，所以言蓋也。庶人用天、分地、謹身、節用，其孝行已盡，故曰此，言惟此而已。庶人不引《詩》者，義盡於此，無贅辭也。

陳［士賢］注：謹身者，謹修其身，不妄爲也；節用者，省節飲食、衣服、喪祭之財，用不妄費也。庶人未受命爲士，既不得以事君。所事者，惟父母而已。故以能養父母爲孝，其用天之道而耕耘收穫，一順乎時，令分地之利而禾黍菽麥，一任乎土，宜又必謹守其身而不敢放縱，省節其用而不敢奢侈，以此爲事，奉養其父母，則不徒能養父母之口體，而養志亦無不足矣。此庶人孝所當然也。

［吕介孺］《本義大全》：不順天道，物無以生；不辨地利，物無以成。二者皆得則生植成，遂衣食足矣。尤必謹守其身而不敢放縱，節其財用而不敢奢侈，以此養其父母，不徒養口體，且養志矣。庶人之孝有終始，惟此而已。此章變蓋言此者，天子、諸侯、卿大夫、士，其應行之孝道甚廣，所言亦未敢以爲盡，故云蓋，而猶必引《詩》、《書》證之。若庶人之孝，其理易明，其事易盡，故直指之曰此，而不必引《詩》矣。董鼎曰：衣食既足，又必謹其身而不敢放縱，節其用而不敢奢侈，惟恐縱肆則犯禮，而自蹈於刑戮；侈用則傷財，而不免於飢寒。常以此爲心，則所以養其父母者，不徒養口體，有餘而養志，亦無不足。西山眞氏作《庶人章》解曰：春宜深耕，夏宜數耘，禾稻成熟宜早收斂，豆麥黍米桑麻蔬菓宜及時用功浚治，此便是用天之道。高田種早，低地種晚，燥處宜麥，溼處宜禾，田硬宜豆，山畬宜粟，隨地所宜，無不栽種，此便是分地之利。既能如是，又要謹身節用，念我此身父母所生，宜自愛恤，莫作罪過，莫犯刑責，得忍且忍，莫要鬬毆，得休且休，莫興詞訟，入孝出弟，上和下睦，此便是謹身。財物難得，當須愛惜。食足充口，不須貪味；衣足蔽體，不須奢華；莫喜飲酒，飲酒失事；莫喜賭博，賭博壞家。莫習魔教，莫信邪師，莫貪浪遊，莫看百戲。凡人皆以妄費便生許多事端，既不妄費，即不妄求，自然安妥，無諸災難，此便是節用。謹身，則不憂惱父母；節用，則能供給父母。能是二者，即是爲孝。故曰：「以養父母，此庶人之孝也。」司馬溫公著《古文孝經指解》：一日省墓，止餘慶寺，有父老五六輩，獻粟米菜蔬。復請曰：「願聞資政講習，以爲鄉里之訓。」光欣然取紙筆，書《庶人章》講之。

按：講家或以用天之道二句開衣食之源，謹身二句爲節衣食之流，其説亦通。但該不得謹身二字，謹身是不生事惹禍，常得奉養父母，不僅在衣食上説也。

陳［士賢］注：養志正從謹身上看出，不然，只是養口體矣。

仇兆鰲《杜詩詳注》卷一《春日憶李白》 白也詩無敵，飄然思不群。清新庾開府，俊逸鮑參軍。渭北春天樹，江東日暮雲。何時一樽酒，重與細論文？上四稱白詩才，下乃春日有懷。才兼庾鮑，則思不羣而當世無敵矣。杯酒論文，望其竿頭更進也。公居渭北，白在江東，春樹暮雲，即景寓情，不言懷而懷在其中。王嗣奭《杜臆》曰：公懷太白，欲與論文也。公與白同行同卧，論文舊矣。然於別後另有悟入，因憶向所與言，猶粗而未精，思重與論之。此公之篤於交誼也。

朱鶴齡曰：公與太白之詩，皆學六朝，前詩以李侯佳句比之陰鏗，此又比之庾鮑，蓋舉生平所最慕者以相方也。王荆公謂少陵於太白，僅比以鮑庾，陰鏗則又下矣。或遂以「細論文」譏其才疏也，此眞瞽説。公詩云「頗學陰何苦用心」，又云「庾信文章老更成」，又云「流傳江鮑體，相顧免無兒」。公之推服諸家甚至，則其推服太白爲何如哉。荆公所云，必是俗子僞託耳。

《遯齋閑覽》云：王荆公編杜、歐、韓、李四家詩。或問公云：「子編四詩，以杜爲第一，李爲第四，豈白之才格詞致不逮子美耶？」公曰：太白歌詩，豪放飄逸，人固莫及，然其格止於此而已，不知變也。至於子美，則悲歡窮泰，發斂抑揚，疾徐縱横，無施不可。故其詩有平淡簡易者，有綺麗精確者，有嚴重威武若三軍之帥者，有奮迅馳驟若泛駕之馬者，有淡泊閑静若山谷隱士者，有風流醖藉若貴介公子者。蓋公詩緒密而思深，觀者苟不能臻其閫奥，未易識其妙處，夫豈淺近者所能窺哉。此子美所以光掩前人，而後來無繼也。元稹謂兼人所獨專，斯言信矣。

楊萬里誠齋曰：太白之詩，列子之御風也。少陵之詩，靈均之乘桂舟、駕玉車也。無待者，神於詩者歟。有待而未嘗有待者，聖於詩者歟。

徐仲車曰：太白之詩，飢鷹瞥漢。少陵之詩，駿馬絶塵。

嚴滄浪曰：少陵之詩法如孫吳，太白之詩法如李廣。

孫器之曰：太白如淮安雞犬，遺響白雲，覈其歸存，恍無定處。獨少陵如周公制作，後世莫能擬議。

楊愼升菴曰：太白詩，仙翁劍客之語。少陵詩，雅士騷人之詞。比之於文，太白則《史記》，少陵則《漢書》也。

王世貞曰：五言律，七言歌行，子美神矣，七言律，聖矣。五七言絶，太白神矣，七言歌行，聖矣，五言次之。太白之七言律，子美之七言絶，皆變體爲之可耳。又曰：十首以前，少陵較難入。百首以後，青蓮較易厭。揚之則高華，抑之則沉實，有色有聲，有氣有骨，有味有態，濃淡淺深，奇正開闔，各極其則，吾不能不服膺少陵。

胡應麟曰：才超一代者李也，體兼一代者杜也。李如星懸日揭，照曜太虚。杜若地負海涵，包羅萬彙。李唯超出一代，故高華莫並，色相難求。杜唯兼綜一代，故利鈍雜陳，巨細咸蓄。又曰：李才高氣逸而調雄，杜體大思精而格渾。超出唐人而不離唐人者，李也。不盡唐調而兼得唐調者，杜也。

吴任臣《山海經廣注》卷一《南山經》 南山經之首曰「䧿山」。任臣案：今本作「鵲」，《三才圖會》有「鵲山之神」，即此山也。又濟南、汝寧、太原、順德皆有鵲山。《搜神記》「仲子隱于鵲山」，蓋濟南鵲山。《通鑑》李世民與竇建德戰西薄汜水南屬鵲山，汝寧鵲山也，非此。其首曰「招搖之山」，任臣案：王崇慶《釋義》云：既曰鵲山，又曰其首曰招搖之山，是一山而二名，或兩山相並也。任昉《述異記》曰：招搖山亦名鵲山。臨于西海之上，郭曰：在蜀伏山山南之西頭，濱西海也。多桂，郭曰：桂葉似枇杷，長二尺餘，廣數寸，味辛，白花，叢生。山峰冬夏常青，間無雜木。《吕氏春秋》曰：「招搖之桂。」任臣案：王《會解》自深桂注：自深南蠻也。《楚辭》：「嘉南州之炎德兮，麗桂樹之冬榮。」《山海經・圖贊》曰：桂生南裔，拔萃岑嶺，廣莫熙葩，淩霜津穎，氣王百藥，森然雲挺。多金玉。有草焉，其狀如韭郭曰：璨曰：韭音九。《爾雅》云：霍山亦多之。而青華，其名曰「祝餘」，郭曰：或作桂荼。食之不饑。任臣案：《駢雅》曰：祝餘，療饑草也。徐氏《蹇修賦》云：采石蕈以夕春兮，羞祝餘以鼂餔。《圖贊》云：「祝茶嘉草，食之不饑。」即此。有木焉，其狀如穀而黑理，郭曰：穀，楮也，皮作紙。璨曰：穀亦名構，名穀者，以其食如穀也。其華四照，郭曰：言有光燄也。若木華赤，其光照地，亦此類也。見《離騷經》。任臣案：梁簡文帝《相宮寺碑》四照吐芬，五衢異色。《梁元帝集》苣亂九衢，花含四照。又《啓》云：昔住陽臺，雖逢四照。李百藥《賦》：翫四照於花叢。庾子山《啓》：花開四照，惟見其榮。又《詩》：五衢開辨路，四照起文烽。王巾《頭陀寺碑》：九衢之草千計，四照之花萬品。《晉書》：四照開春華，萬寶成秋實。顧野王《詩》：爭攀四照花，競戲三條術。王勃《乾元殿頌》：四照霏紅間，靈葩于右城。王氏《華平頌》：五衢四照，未數山經。《韻府羣玉》云：即若草木，其光四照。本此。其名曰「迷穀」，任臣案：吴淑《木賦》：迷穀四照之異，文玉五色之奇。《駢雅》曰：迷穀四照，楊榣七脊。《述異記》云：迷穀出招搖山。《事物紺珠》云：迷穀如楮而黑理。王世貞《騷》曰：佩迷穀之璀琅兮，修途向乎叢林。吳國倫《書》云：疑網暫撤，迷穀在躬。《圖贊》曰：爰有嘉樹，產自招搖。厥華流光，上映垂霄。佩之不惑，潛有靈標。佩之不迷。有獸焉，其狀如禺而白耳，郭曰：禺似獼猴而大，赤目長尾，今江南山中多有，說者不了此物，名禺，作牛字，圖亦作牛形。或作猴，皆失之也。禺字音遇。伏行人走，其名曰「狌狌」，食之善走。郭曰：生生，禺獸。狀如猿，伏行，交足，亦此類也。見京房《易》。任臣案：《淮南萬畢術》曰：婦終知來，狌狌知往。王《會解》州靡以費費，都郭生生，即狌狌也。《太微經》曰：狌染齒于酒，忘其努取。《圖贊》曰：狌狌似猴，走立行伏，櫰木挺力，少辛明目，蜚廉迅足，豈食斯肉？麗麐之水出焉，郭曰：麐，音作几。而西流注于海，其中多育沛，郭曰：未詳。佩之無瘕疾。郭曰：瘕，蟲病也。任臣案：《內經》癥瘕之疾。

又東三百里，曰「堂郭曰：一作常。庭之山」，多棪木，郭曰：棪，别名連其子，似奈而赤，可食，音剡。任臣案：《爾雅》：棪速其曹毗。《魏都賦》：果則谷棪山椁。多白猿，郭曰：今猿似獼猴而大臂，脚長，便捷，色有黑有黃，鳴其聲哀。任臣案：《圖贊》曰：白猿肆巧，由基撫弓。應眄而號，神有先中。數如循環，其妙無窮。多水玉，郭曰：水玉，今水精也。相如《上林賦》曰：水玉磊砢，赤松子所服。見《列仙傳》。任臣案：庾肩吾《啓》云：競爽雲珠，爭奇水玉。李賀《詩》：暗佩清臣敲水玉。又玻璃亦名水玉。《圖贊》曰：水玉沐浴，潛映洞淵。赤松是服，靈蛻桑煙。吐納六氣，升降九天。多黃金。任臣案：《說文》：五金，黃爲之長。《地鏡圖》云：黃金之氣，赤夜有光。或云上有薤，下有金。又黃金有沙金、麩金、橄欖、葉子、胯子之名，不可盡述。見《寶貨辨疑》。又《事物紺珠》有珄金、蔓苔、楊邁、麟趾、閻浮檀之屬，皆黃金也。又東三百八十里，曰「猨翼之山」任臣案：楊慎《補注》曰：山險難登，猨亦須翼。諺所謂「猢孫愁」也。又《淮南子》云：「臨蝯眩之岸」，亦此義。其中多怪獸，水多怪魚，郭曰：凡言怪者，皆謂貌狀倔奇不常也。《尸子》曰：徐偃王好怪，沒深水而得怪魚，入深山而得怪獸者，多列于庭。多白玉，多蝮虫，郭曰：蝮虫，色如綬文，鼻上有針，大者百餘斤。一名反鼻虫。古虺字。任臣案：《楚辭》「蝮蛇蓁蓁」是也。蝮大而虺小。多怪蛇，多怪木，不可以上。

李光地等《春秋傳説彙纂》卷二七《襄公二十四年》 春，叔孫豹如晉。

《左傳》：二十四年春，穆叔如晉，范宣子逆之，問焉，曰：「古人有言曰，『死而不朽』，何謂也？」穆叔未對。宣子曰：「昔匄之祖，自虞以上爲陶唐氏，在夏爲御龍氏，在商爲豕韋氏，在周爲唐杜氏，晉主夏盟爲范氏，其是之謂乎？」穆叔曰：「以豹所聞，此之謂世祿，非不朽也。魯有先大夫曰臧文仲，既沒，其言立，其是之謂乎？豹聞之：『大上有立德，其次有立功，其次有立言。』雖久不廢，此之謂不朽。若夫保姓受氏，以守宗祊，世不絕祀，無國無之。祿之大者，不可謂不朽。」

陶唐，杜注：堯所治地，太原晉陽縣也。豕韋，杜注：國名，東郡白馬縣東南有韋城，隋置韋城縣，唐宋因之，金廢爲鎮，今在大名府滑縣東南五十里。唐杜，杜注：殷末豕韋國於唐，周成王滅唐，遷之於杜。杜，今京兆杜縣。案：秦置杜縣，漢改杜陵，今杜陵故城在陝西西安府治東南十五里。范，晉邑，戰國時爲齊地，孟子自范之齊是也。漢置范縣，屬東郡，唐改屬濮州，宋以後因之，今范縣東南二十五里有古范城。

集說：杜氏預曰：賀克欒氏也。湛氏若水曰：諸侯邦交之禮，有朝聘會同之期，非其期則謂之非禮。杜氏曰，「賀克欒氏也」，夫欒氏之不臣，克之乃天討也，賀之豈禮乎？王氏錫爵曰：穆叔已言文仲立言，而又以立德與功先之，見文仲猶非第一義也，况世祿乎，甚有軒輊。

又《性理精義》卷五《四時祭》 時祭用仲月前旬卜日。

集說：司馬氏光曰：《王制》大夫士有田則祭，無田則薦。註：祭以首時，薦以仲月。又曰：孟詵家祭儀用二，至二分然。今仕宦者職業既繁，但時至事暇，可以祭，則卜筮亦不必亥日及分至也。若不暇，卜日則止依孟儀用分，至於事亦便也。高氏曰：何休云「有牲曰祭，無牲曰薦。大夫牲用羔，士牲特豚，庶人無常牲。春薦韭，夏薦麥，秋薦黍，冬薦稻。韭以卵，麥以魚，黍以豚，稻以鴈，取其新物相宜。凡庶羞不踰牲，若祭以羊，則不以牛爲羞也。」今人鮮用牲，惟設庶羞而已。前期三日齊戒，主人帥衆，丈夫致齊於外；主婦帥衆，婦女致齊於內。沐浴，更衣，飲酒不得至亂，食肉不得茹葷，不弔喪，不聽樂。凡凶穢之事，皆不得預。前一日設位陳器。

集說：問：今人不祭高祖，如何？程子曰：高祖自有服，不祭甚非。某家却祭高祖。又曰：自天子至於庶人，五服未嘗有異，皆至高祖服。既如是，祭祀亦須如此。朱子曰：考諸程子之言，則以爲高祖有服，不可不祭。雖七廟、五廟，亦止於高祖。雖三廟、一廟，以至祭寢，亦必及於

興也。《毛傳》：湛湛，露盛貌。陽，日也。晞，乾也。厭厭，安也。夜飲，私燕也。

歐陽氏曰：湛湛之露，潤霑於物，非至曙則不乾。厭厭之飲，恩被於諸侯，非至醉則不止。舉其燕私殷勤之意，見天子恩禮諸侯之厚也。《鄭箋》：燕飲之禮，宵則兩階及庭門皆設大燭焉。《毛傳》宗子將有事，則族人皆侍，不醉而出，是不親也，醉而不出，是渫宗也。虞惇按：《燕禮》君曰「無不醉」，賓及卿大夫皆對曰：「諾，敢不醉」，所謂不醉無歸也。

湛湛露斯，在彼豐草。厭厭夜飲，在宗載考。

興也。《毛傳》：豐，茂也。夜飲必於宗室。朱註：蓋路寢之屬也。《鄭箋》：載則考成也。

歐陽氏曰：露之被草，如王恩之被諸侯。嚴氏曰：《燕禮》膳宰具官饌於寢。東註：寢，路寢也。草茂則得露多，夜飲在路寢而成禮，受恩優渥也。《鄭箋》：同姓諸侯則成之，於庶姓其讓之則止。范氏曰：王者天下之宗，諸侯之所主也，在宗載考，禮成而恩洽也。

湛湛露斯，在彼杞棘。顯允君子，莫不令德。

興也。孔疏：顯，明。允，信也。朱註：君子，諸侯爲賓者也。蘓氏曰：露之在草也如將不勝，其在木也則能任之矣。將言其無不醉，故以豐草言之，將言其醉而不亂，故以杞棘言之。朱註：令德者，飲多而不亂，德足以將之也。

其桐其椅，其實離離。豈弟君子，莫不令儀。椅，古於戈反。離，音羅。儀，音俄。

興也。《毛傳》：離離，垂也。

蘓氏曰：桐椅雖實繁而枝不披，君子雖飲酒至醉而終之以禮。孔疏：言蘊藉自持，威儀不至醉亂。曾氏曰：前言厭厭夜飲，後言令德、令儀，雖過三爵，亦可謂不繼以淫矣。黄氏曰：上之所以繩下者愈寬，而下之所以自繩者愈嚴，君有餘恩，臣有餘敬也。

《湛露》四章，章四句。

虞惇按：鄭氏以二章有「在宗載考」之文，遂以二章爲燕同姓，三章爲燕庶姓，卒章爲燕二王，後皆衍說也。「湛湛露斯」，鄭謂露之在物，使柯葉低垂，喻諸侯似醉之貌，匪陽不晞，謂天子賜爵貌。變肅敬似露之見日而晞，亦爲穿鑿，今不取。又許氏云此詩皆無義興，一章以匪不二字興，下不無二字。二章兩在字相應爲興，皆無取義。蓋自興不取義之說行而六義盡亡，故錄歐陽氏、蘇氏之說以正之。

李光坡《儀禮述注》卷三《士相見禮》 始見於君，執摯，至下，容彌蹙。

註曰：下，謂君所也。蹙，猶促也。促，恭慤貌也。其爲恭，士、大夫一也。

庶人見於君，不爲容，進退走。

註曰：容，謂趨翔。○疏曰：行而張足曰趨，行而張拱曰翔。

士大夫則奠摯，再拜稽首，君答壹拜。

註曰：言君答士大夫一拜，則於庶人不答之。庶人之摯鶩。○疏曰：君於士不答拜，此得與大夫同答一拜者，士賤，君不答拜。此以新升爲士，故答拜。《聘禮》問勞云答士拜者，亦以新使反，故拜之。

若他邦之人，則使擯者還其摯，曰：「寡君使某還摯。」賓對曰：「君不有其外臣，臣不敢辭。」再拜稽首，受。

疏曰：凡臣無境外之交，今得以摯見他邦君者，謂他國之君來朝，此國之臣因見之，若《掌客》「卿皆見以羔」之類也。

凡燕見於君，必辯君之南面。若不得，則正方，不疑君。

註曰：辯猶正也。君南面，則臣見正北面。君或時不然，當正東面，若正西面，不得疑君所處邪鄉之。此謂特見圖事，非立賓主之燕也。疑，度之。

君在堂，升見無方階，辯君所在。

註曰：升見，升堂見於君也。君近東，則升東階。君近西，則升西階。

凡言，非對也，妥而復傳言。

註曰：凡言，謂己爲君言事也。妥，安坐也。傳言，猶出言也。若君問，可對則對，不待安坐也。

與君言，言使臣。與大人言，言事君。與老者言，言使弟子。與幼者言，言孝弟于父兄。與衆言，言忠信慈祥。與居官者言，言忠信。

註曰：博陳燕見言語之儀也。言使臣者，使臣之禮也。大人，卿大夫也。言事君者，臣事君以忠也。祥，善也。居官，謂士以下。　疏曰：與衆言文，承老幼之下，亦非朝臣，但是鄉閭長幼共聚之處。

凡與大人言，始視面，中視抱，卒視面，毋改。衆皆若是。

註曰：始視面，謂觀其顔色可傳言未也。中視抱，容其思之，且爲敬也。卒視面，察其納己言否也。毋改，謂傳言見答應之間，當正容體以待之，毋自變動，爲嫌懈惰不虛心也。衆，謂諸卿大夫同在此者。皆若是，其視之儀無異也。

若父，則遊目，毋上於面，毋下於帶。

註曰：子於父，主孝不主敬，所視廣也，因觀安否何如也。

若不言，立則視足，坐則視膝。

註曰：不言則伺其行起而已。

凡侍坐於君子，君子欠伸，問日之早晏，以食具告。改居，則請退可也。

註曰：君子，謂卿大夫及國中賢者也。志倦則欠，體倦則伸，問日晏，近於久也。具猶辨也。改居，謂自變動也。

夜侍坐，問夜，膳葷，請退可也。

註曰：問夜，問其時數也。膳葷，謂食之。葷，辛物，葱薤之屬，食之以止卧。

若君賜之食，則君祭先飯，徧嘗膳，飲而俟。君命之食，然後食。

註曰：君祭先飯，食其祭食，臣先飯，示爲君嘗食也。此謂君與之禮食。膳，謂進庶羞，既嘗庶羞，則飲，俟君之徧嘗也。

若有將食者，則俟君之食，然後食。

註曰：將食猶進食，謂膳宰也。膳宰進食，則臣不嘗食。《周禮·膳夫》：品嘗食，王乃食。

若君賜之爵，則下席，再拜稽首，受爵，升席祭，卒爵而俟，君卒爵，然後授虛爵。

註曰：受爵者於尊所，至於授爵，坐授人耳。必俟君卒爵者，若欲其釂然也。　○疏曰：釂，盡爵也。

退，坐取屨，隱辟而后屨。君爲之興，則曰：「君無爲興，臣不敢辭。」君若降送之，則不敢顧辭，遂出。

註曰：謂君若食之飲之而退也。隱辟，俛而逡遁。興，起也。辭君興而不敢辭其降，於己太崇，不敢當也。

大夫則辭，退下，比及門，三辭。

註曰：下亦降也。

若先生、異爵者請見之，則辭。辭不得命，則曰：「某無以見，辭不得命，將走見。」先見之。

註曰：先生，致仕者也。異爵，謂卿大夫也。辭，辭其自降而來。走猶出也。先見之者，出先拜也。《曲禮》曰：「主人敬賓，則先拜賓。」

非以君命使，則不稱寡。大夫士，則曰「寡君之老」。

註曰：謂擯贊者辭也。不稱寡君，不言寡君之某，言姓名而已。大夫、卿、士，其使則皆曰寡君之某。《檀弓》曰：「仕而未有祿者，君有饋焉曰獻，使焉曰寡君之老。」

凡執幣者，不趨，容彌蹙以爲儀。

註曰：不趨，主愼也。以進而益恭爲威儀耳。

執玉者，則唯舒武，舉前曳踵。

註曰：唯舒者，重玉器，尤愼也。武，跡也。舉前曳踵，備蹪跲也。

○朱先生曰：陸佃讀武字絶句，謂容彌蹙同，唯武則舒。陸說近是。

凡自稱於君，士大夫則曰「下臣」。宅者在邦，則曰「市井之臣」，在野則曰「草茅之臣」，庶人則曰「刺草之臣」。他國之人則曰「外臣」。

註曰：宅者，謂致仕者，去官而居宅，或在國中，或在野。《周禮·載師》有宅田。刺，猶剗除也。

李文炤《春秋集傳》卷二　〔桓公五年〕秋，蔡人、衛人、陳人，從王伐鄭。

程子曰：王奪鄭伯政，鄭伯不朝王，以諸侯伐鄭。鄭伯禦之，戰於繻葛，王卒大敗。王師於諸侯不書敗，諸侯不可敵王也。於外裔不書戰，外裔不能抗王也。此理也。其敵其抗，王道之失也。　○胡氏曰：《春秋》書王，必稱天者，所章則天命也，所用則天討也。王奪鄭伯政而怒其不朝，以諸侯伐焉，非天討也，故不稱天。或曰鄭伯不朝，惡得爲無罪？曰：桓公弑君而自立，宋督弑君而得政，天下大惡，天理所不容也。則遣使來聘而莫之討。鄭伯不朝，貶其爵可也，何爲憤怒自將而攻之也？移此師以加魯、宋，誰曰非天討乎？《春秋》天子之事，述天理而時措之也。既譏天王，以端其本矣。三國以兵會伐，則言從王者，又以明君臣之義也。戰於繻葛而不書戰，王卒大敗而不書敗者，又以存天下之防也。三綱軍政之本，聖人寓軍政於《春秋》，而書法若此，皆裁自聖心，非國史所能也。○薛氏曰：九伐之法，無親征諸侯之制。王親戎事，危道也。其不書王師何？王爲重也。○陸氏曰：陳陀殺太子而立，王不能討，又許其以師從，王之失政，亦可知也。○汪氏曰：鄭以人臣而致天子之親伐，則鄭之罪亦不可掩矣。愚按：祝聃射王中肩，而又使祭足勞王，且問左右。加刃於人，而以手撫之。姦雄之情狀畢露矣。莽操懿溫特尤而效之耳。

又《近思録集解》卷一 天下之理，終而復始，所以恆而不窮。恆非一定之謂也，一定則不能恆矣。惟隨時變易，乃常道也。天地常久之道，天下常久之理，非知道者，孰能識之？復，扶又反。釋恆彖傳之義。朱子曰：物理之始終不易，所以爲恆而不窮。然所謂不易者，亦須有以要通，乃能不窮。論其體，則終是恆。然體之常，所以爲用之變，用之變，乃所以爲體之常。愚謂天地常久之道，以造化而言也。天下常久之理，以人事而言也。朱子曰：能常而後能變，及其變，常亦只在其中。伊川却說變而後能常，非是。

人性本善，有不可革者。何也？曰：語其性，則皆善也。語其才，則有下愚之不移。釋革上九爻之義。葉氏曰：性無不善，才者性之所能合。理與氣而成氣質，則有昏明強弱之異。其昏弱之極者，爲下愚。所謂下愚者，有二焉：自暴也，自棄也。人苟以善有治，則無不可移者。雖昏愚之至，皆可漸磨而進。惟自暴者，拒之以不信。自棄者，絶之以不爲。雖聖人與居，不能化而入也，仲尼之所謂下愚也。朱子曰：自暴者，有強悍意，剛惡之所爲。自棄者，有懦弱意，柔惡之所爲。然天下自暴自棄者，非必皆昏愚也，往往強戾，而才力有過人者。商辛是也。聖人以其自絶於善，謂之下愚，然考其歸，則誠愚也。葉氏曰：《史記》稱紂資辯捷敏，才力過人，手格猛獸，智足以拒諫，言足以飾非。則其天資固非昏愚者。然其勇於爲惡，而自絶於善，要其終，眞下愚耳。既曰下愚，其能革面，何也？曰：心雖絶於善道，其畏威而寡罪，則與人同也。唯其有與人同，所以知其非性之罪也。葉氏曰：革卦上六口。小人革面下愚，小人自絶於善。然畏威刑而欲免罪，則與人無以異。是以亦能揜其不善而爲其善。惟其畏懼，有與人同者，是以知其性之本善也。

張廷玉等《春秋傳説彙纂》卷五《桓公六年》 秋，八月壬午，大閱。

《左傳》簡車馬也。

《公羊》大閱者何，簡車徒也。

《穀梁》大閱者何？閱兵車也。修教明諭，國道也。平而修戎事，非正也。

《胡傳》大閱，簡車馬也。周制，大司馬中冬大閱，教衆庶修戰法。獨詳於三時者，爲農隙故也。書八月，不時矣。以鼓，則王執路鼓，諸侯執賁鼓；以旗，則王載太常，諸侯載旂；以殺，則王下大綏，諸侯下小綏，其禮固亦不同也。書大閱，非禮矣。先王寓軍政於四時之田，訓民禦暴，其備豫也。懼鄭忽，畏齊人，不因田狩而閱兵車厲農，失政甚矣，何以保其國乎？《春秋》非特以不時非禮書也，乃天未陰雨，徹彼桑土，綢繆牖戶之意。

集説《周禮》：中冬教大閱，前期，羣吏戒衆庶修戰法；虞人萊所田之野，爲表，百步則一，爲三表；又五十步爲一表。田之日，司馬建旗於後表之中，羣吏以旗物鼓鐸、鐲、鐃，各帥其民而致。質明，弊旗，誅後至者。乃陳車徒如戰之陳，皆坐，羣吏聽（擔）［誓］於陳前，斬牲，以左右徇陳，曰：「不用命者，斬之。」中軍以鼙令鼓，鼓人皆三鼓，司馬振鐸，羣吏作旗，車徒皆作。鼓行，鳴鐲，車徒皆行，及表乃止。三鼓，摝鐸，羣吏弊旗，車徒皆坐。又三鼓，振鐸，作旗，車徒皆作。鼓進，鳴鐲，車驟徒趨，及表乃止，坐作如初。乃鼓，車馳徒走，及表乃止。鼓戒三闋，車三發，徒三刺。乃鼓退，鳴鐃且卻，及表乃止，坐作如初。何氏休曰：孔子曰，「以不教民戰，是謂棄之。」故比年簡徒，謂之蒐。三年簡車，謂之大閱。五年大簡車徒，謂之大蒐。存不忘亡，安不忘危。杜氏預曰：齊爲大國，以戎事徵諸侯之戍，嘉美鄭忽，而忽欲以有功，爲班，怒而訴齊，魯人懼之，故以非時簡車馬。　孔氏穎達曰：公狩於郎，公狩於禚，皆書公，大蒐大閱不書公者，《周禮》雖四時教戰，而遂以田獵，但蒐閱車馬，未必皆因田獵，田獵從禽，未必皆閱車馬。何則？怠慢之主，外作禽荒，豈待教戰方始獵也。公及齊人狩於禚，乃與鄰國共獵，必非自教民戰，以矢魚於棠，非教戰之事，主爲遊戲，而斥言公，則狩於郎、禚亦主爲游戲，故特書公也。大蒐、大閱，國家之常禮，公身雖在，非爲游戲，如此之類，例不書公。定十四年，大蒐于比蒲，邾子來會公，公身在蒐，而經不書公，知其法所不書，以其國家大事，非公私欲故也。且比蒲、昌間皆舉蒐地，此不言地者，蓋在國簡閲，未必田獵。昭十八年，鄭人簡兵大蒐在於城内，此亦當在城内。　陸氏淳曰：《公羊》蓋以罕書也，案以其非常，故書耳，非爲少也。《穀梁》蓋以觀婦人也，案經無異文，傳自穿鑿。　孫氏復曰：八月，不時也，大閲，非禮也。大閲，仲冬簡車馬，八月，不時可知也。大閲、大蒐，謂天子田。　劉氏敞曰：何以書？譏。何譏爾？不時也。大閲之禮，冬事也，秋興之，非正也，厲農甚矣。　孫氏覺曰：《周禮》大司馬之職，中春教振旅，中夏教茇舍，中秋教治兵，中冬教大閲，又因以行田獵之禮。然而大閲之禮，比於三時最爲盛大，蓋當仲冬之月，田事已畢，而農功間隙之際，又禽獸盛長，取而無擇故也。天子有天下，諸侯有一國，軍旅之事皆不可忘，宗廟之事皆不可忽，故田獵以四時，皆以習兵教戰，因取禽獸，以共祭祀也。《周禮》所載者，天子之事，《春秋》所書者，諸侯之事，《春秋》常事不書，書之者，皆有所見也。大閲之禮，冬行之是也；《春秋》之八月，夏之六月也。盛夏六月之時，農方居野，而苗稼方長，桓公於此乃行大閲之禮，簡車徒，選士馬，以妨農之稼，聖人所以深罪也。　程子曰：爲國之道，武備不可廢，必於農隙講肄，保民守國之道也。盛夏大閲，妨農害人，失政之甚。無事而爲之，妄動也，有警而爲之，教之不素，何以保其國乎。　王氏葆曰：古者外事用剛日，内事用柔日。兵戎外事，故大閲以壬午，治兵以甲午，猶吉日。美宣王田而曰吉日維戊，吉日，庚午也。邵氏寶曰：凡王所建皆曰大，大廟、大學之類是也。凡王所舉皆曰大，大蒐、大閲之類是也。曾謂魯可行之乎？書，責之也。

鄂爾泰等《授時通考》卷一《天時・總論上》　《書・堯典》：敬授人時。

傳：人時，謂耕穫之候，民事早晚之所關。

《舜典》：咨十有二牧，曰：「食哉，惟時！」

傳：所重在於民食，惟當敬授民時。立君所以牧民，民生在於粒食，是君之所重。《論語》云：「所重民食，謂年穀也。」種殖收斂，及時乃穫。故惟當敬授民時。

《洪範》：八，庶徵。曰雨，曰暘，曰燠，曰寒，曰風，曰時。五者來備，各以其敘，庶草蕃廡。

傳：雨以潤物，暘以乾物，煖以長物，寒以成物，風以動物。五者備至，各以次序，則衆草蕃滋，廡豐茂也。舉草茂盛，則穀成必矣。

又：歲月日時無易，百穀用成。

傳：各順常，則百穀成。

《左傳》：凡分、至、啓、閉必書，雲物爲備故也。

註：分，春、秋分也。至，冬、夏至也。啓，立春、立夏。閉，立秋、立冬。《汲古叢語》：「分、至、啓、閉，順四時而成八節也。以其得陰陽之中謂之分，以其當寒暑之極謂之至，以其生長謂之啓，以其收藏謂之閉。然則四孟啓閉者，陰陽闔闢之功；二至二分者，陰陽老少之變也。」

又：九扈爲九農，正扈民無淫者也。

疏：春扈，鳻鶞相五土之宜，趣民耕種者也。夏扈，竊玄趣民耘苗者也。秋扈，竊藍趣民收斂者也。冬扈，竊黄趣民蓋藏者也。棘扈，竊丹爲果，驅鳥者也。行扈，唶唶晝，爲民驅鳥者也。宵扈，嘖嘖，夜爲農驅獸者也。桑扈，竊脂爲蠶，驅雀者也。老扈，鷃鷃，趣民收麥，令不得晏起者也。扈，止也。止民使不淫放。

《論語》：行夏之時。

註：夏以寅爲人正，商以丑爲地正，周以子爲天正。然時以作事，則歲月自當以人爲紀。故孔子嘗曰：「吾得夏時焉。」而説者以爲夏小正之屬。

《孟子》：不違農時，穀不可勝食也。

註：使民得務農，不違奪其時，則五穀饒足，不可勝食也。

《爾雅》：春爲青陽，夏爲朱明，秋爲白藏，冬爲玄英。四時和謂之玉燭。春爲發生，夏爲長嬴，秋爲收成，冬爲安寧。四時和爲通正謂之景風。甘雨時降，萬物以嘉，謂之醴泉。

疏：此釋太平之時四氣和暢以致嘉祥之事也。青陽，言春之氣和，則青而溫陽也。朱明，言夏之氣和，則赤而光明也。白藏，言秋之氣和，則白而收藏也。玄英，言冬之氣和，則黑而清英也。玉燭，言四時和氣，溫潤明照，故曰「玉燭」。李巡曰：人君德美如玉，而明若燭。聘義云：君子比德於玉焉，是知人君若德輝動於内，則和氣應于外，統而言之，謂之

「玉燭」也。春爲發生，夏爲長贏，秋爲收成，冬爲安寧，此亦四時之別號也。四時和爲通正者，言上四時之功和，是爲通暢平正也。謂之「景風」，言所以致景風，景風即祥風也。甘雨時降，萬物以嘉者，嘉，善也。甘雨，即時雨也，不爲萬物所苦，故曰「甘」。甘雨既以時降，則萬物莫不嘉善之也。謂之「醴泉」者，言四時平暢，即所以使地出醴泉也。

吴謙等《醫宗金鑑》卷一《訂正仲景全書傷寒論注》　《傷寒論》，後漢張機所著，發明《内經》奥旨者也。並不引古經一語，皆出心裁。理無不該，法無不備。蓋古經皆有法無方，自此始有法有方，啓萬世之法程，誠醫門之聖書。但世遠殘闕，多編次傳寫之誤。今博集諸家註釋，採其精粹，正其錯譌，刪其駁雜，補其闕漏，發其餘藴於以行之天下，則大法微言益昭諸萬世矣。

《辨太陽病脉證并治》上篇：

太陽主表，爲一身之外藩，總六經而統榮衛。凡外因百病之襲人，必先於表，表氣壯，則衛固榮守。邪由何入？《經》曰：雖有大風苛毒，勿之能害是也。若表氣虚，則榮衛之氣不能禦外，故邪得而乘之。《經》曰：虚邪不能獨傷人，必因身形之虚而後客之也。衛，陽也；榮，陰也。風，陽邪也；寒，陰邪也。邪之害人，各從其類。故中風，則衛受之；傷寒，則榮受之。衛分受邪，則有汗爲虚邪，桂枝證也；榮分受邪，則無汗爲實邪，麻黄證也。榮、衛俱受邪，均無汗，皆爲實邪，大青龍證也。大綱三法用之得當，其邪立解。用違其法，變病百出。緣風爲百病之長，故以風中衛列爲上篇；寒傷榮與風寒兩傷列爲中、下二篇，其條目俱詳於本篇之下，俾讀者開卷了然，有所遵循也。

太陽之爲病，脉浮頭項，強痛而惡寒。

註：太陽，膀胱經也。太陽之爲病，謂太陽膀胱經之所爲病也。太陽主表，表統榮、衛，風邪中衛，寒邪傷榮，均表病也。脉浮，表病脉也。頭項強痛惡寒，表病證也。太陽經脉上額交巔入絡腦，還出別下項連風府故邪。客其經，必令頭項強痛也。惡寒者，因風寒所傷，故惡之也。首揭此條，爲太陽病之提綱，凡上、中、下三篇内稱太陽病者，皆指此脉證而言也。

按：榮、衛二者，皆胃中後天之穀氣所生，其氣之清者爲榮，濁者爲衛。衛即氣中之慓悍者也，營即血中之精粹者也，以其定位之體而言，則曰氣血。以其流行之用而言，則曰營衛。營行脉中，故屬於陰也。衛行脉外，故屬於陽也。然營、衛之所以流行者，皆本乎腎中先天之一氣，故又皆以氣言，曰營氣衛氣也。

集註：滑壽曰：脉在肉上行，主表也。

方有執曰：表即皮膚，榮、衛麗焉，故脉見尺寸俱浮，知病在太陽表也。項，頸後也。惡寒者，該風而言也。風寒初襲而鬱於表，不能再勝風寒之外忤，故畏惡之。

程應旄曰：太陽經之見證，莫確於頭痛惡寒，故首揭之。

吴人駒曰：頭爲三陽之通位，項爲太陽之專位，有所障礙不得如常之柔和，是爲強痛。

秦蕙田《五禮通考》卷二一《吉禮二一・祈穀》　蕙田案：祈穀之禮，見於《月令》、《春秋傳》，郊祀上帝與冬至圜丘禮同，一是正祭，一是祈祭。但圜丘用日至，不卜日，而祈穀則用辛。《郊特牲》、《家語》及《春秋》所書郊日，皆有明文，而《春秋》書魯郊者十，皆言卜。先儒謂卜日用辛，皆魯禮，魯無冬至圜丘之祭，故啓蟄而郊，以祈農事，在建寅之月，蓋即天子祈穀之禮，其言是也。自鄭氏合日至用辛爲一，而郊祭之禮及祈穀之禮俱晦，故自漢以後郊必用辛，而二祭不分矣。梁祈穀祭先農，是以人鬼爲天帝，唐祈穀祀感帝，是以讖緯惑正經，惟顯慶禮與政和禮圜丘祈穀皆祭上帝，始不失古誼，明祈穀禮自世宗始，後間行之。洪惟聖朝孟春上辛祈穀於南郊，每歲天子親行敬勤之義，斯爲至矣。今輯經傳言祈穀之文以冠篇首，繼以春秋魯郊及諸儒論魯郊者附焉，庶幾先王祀天之正祭，不至淆於漢儒之附會，而後世祈穀之典禮其本末可具見也。

《禮記・月令》：孟春之月，天子乃以元日，祈穀於上帝。注：謂以上辛郊祭天也。《春秋傳》曰：夫郊祀后稷，以祈農事，是故啓蟄而郊，郊而後耕。疏：鄭引《春秋傳》見襄七年《左傳》，彼祈農事，則此祈穀，彼云郊而後耕，此祈穀之後即躬耕帝藉，是祈穀與郊一也。

方氏慤曰：元日者，善日也，與《王制》習射上功所言同義。《詩》言「三之日于耜」，蓋建寅之月也，故于是月始祈穀焉。《噫嘻》言春夏祈穀于上帝，正謂是矣。

《春秋·桓公五年》《左氏傳》：凡祀，啓蟄而郊。注：啓蟄，夏正建寅之月，祀天南郊。　疏：禮，諸侯不得祭天。魯以周公之故，得郊祀上帝。《夏小正》曰：「正月啓蟄」，其傳曰「言始發蟄也」。故漢氏之始以啓蟄爲正月中。註以此句爲建寅之月，《釋例》云「歷法，正月節立春，啓蟄爲中氣」者，因傳有啓蟄之文，故遠取漢初氣名，欲令傳與歷合。《釋例》于孟獻子曰：『啓蟄而郊，郊而後耕。』耕謂春分也。言得啓蟄當卜郊，不應過春分也。」如此必是建寅之月方始郊天。周之孟春未得郊也。《禮記·明堂位》曰：「魯君孟春乘大路，載弧韣，以祀帝于郊。」《雜記》云：「孟獻子曰：『正月日至，可以有事于上帝，七月日至，可以有事于祖。七月而禘，獻子爲之。』」如彼《記》文，則魯郊以周之孟春，而傳言「啓蟄而郊」者，《禮記》後人所録，其言或中或否，未必所言皆是正禮。襄七年傳孟獻子曰：「啓蟄而郊」，《禮記》、《左傳》俱稱獻子，而《記》曰「日至」，傳言「啓蟄」，一人兩説，必有謬者。若七月而禘，獻子爲之，時應有七月禘矣，烝嘗過則書，禘過亦應書。何以獻子之時不書七月禘？是知獻子本無此言，不得云《禮記》是而《左傳》非也。《明堂位》後世之書，其末章云魯君臣「未嘗相弑也，禮樂刑法政俗未嘗相變」。春秋之世，三君見弑，髽而弔，士有誄，俗變多矣，尚云無之，此言既誣，則郊亦難信。以此知《記》言孟春非正禮也。鄭玄注書，多用讖緯，言天神有六，地示有二，夏正郊天，祭其所感之帝焉。周人木德，祭靈威仰也，魯無冬至之祭，惟祭靈威仰耳。先儒悉不然，故王肅作《聖證論》引羣書以証之，言郊即圜丘，圜丘即郊。天體惟一，安得有六天也。晉武帝，王肅之外孫也，泰始之初定，南北郊祭，一地一天，用王肅之義。杜君身處晉朝，共遵王説，不言有二天。然則杜意天子冬至所祭，魯人啓蟄而郊，猶是一天，但異時祭耳。此注直云祀天南郊，不言靈威仰，明與鄭異也。

蕙田案：啓蟄而郊，見于此傳，及襄七年孟獻子語，是祈穀孟春實無疑義，即《呂覽·月令》之文所由來也。自《雜記》有孟獻子正月日至之説，鄭氏註《明堂位》孟春爲建子而日至用辛之論，始淆矣。此疏釋建寅之月，特爲明確，而辨《雜記》之文爲誣，亦最透快，則孟春之説始定，微特杜氏功臣，抑亦爲康成補過也。

襄公七年《左氏傳》：孟獻子曰：「夫郊祀后稷，以祈農事也。」注：郊祀后稷，周始祖，能播殖者。　疏：后稷，周之始祖，能播殖者，辨知后稷是何人，不爲能播殖。故祀以祈農事，自謂郊天以祈農耳。案《孝經》云：「昔者周公郊祀后稷以配天。」止云配天而祀之，不言祈農也。祭祀者，爲報以往，非求將來之福也。但祭爲明神所享，神以將來致福。將來而獲多福，乃由祭以得之。《禮器》稱君子曰「祭祀不祈」，祭者意雖不祈，其實福以祭降。以祭獲福，即祈之義也。宗廟之祭，緣生事死，盡其孝順之心，非求耕稼之利。《少牢饋食》者，大夫之祭禮也，其祭之末，尸嘏主人，使女受福于天，宜稼于田。彼豈爲田而祭哉？神以宜田福之耳。郊天之義，亦由是也。神以人爲主，人以穀爲命。人以精意事天，天以宜稼佑人，以此謂之祈農，本意非祈農也。《詩·噫嘻》序曰：「春夏祈穀于上帝。」即是郊天之祭也。《禮·月令》孟春之月曰：「是月也，天子乃以元日祈穀于上帝。」其下即云：「乃擇元辰，天子親載耒耜，躬耕帝藉。」是郊而後耕也。獻子此言，正與《禮》合。是故啓蟄而郊，郊而後耕。」注：啓蟄，夏正建寅之月。耕謂春分。　疏：啓蟄爲夏正建寅之月中氣也。《月令》祈穀之後，即擇日而耕。初耕亦在正月。據傳，獻子此言郊天之禮，必用周之三月，而《雜記》云：「孟獻子曰正月日至，可以有事于上帝。」此與《禮記》俱稱獻子，二文不同，必有一謬。《禮記》後人所録，《左傳》當得其眞。《家語·郊問》：定公問于孔子曰：「寡人聞郊而莫同，何也？」孔子曰：「郊之祭也，迎長日之至也。大報天而主日，配以月。故周之始郊，其月以日至，其日用上辛。至于啓蟄之月，則又祈穀于上帝。此二者，天子之禮也。魯無冬至大郊之事，降殺于天子，是以不同也。」王注：祈，求也。爲農求穀于上帝。《月令》孟春之月乃以元日祈穀于上帝，並無仲冬大郊之事。至于祈穀與天子同，故《春秋傳》曰：夫郊祀后稷，以祈農事也，是故啓蟄而郊，郊而後耕也。而學者不知推經禮之指歸，皮膚妄説，至乃顛倒神祇，變易時日，遷改兆位，良可痛心者也。

蕙田案：《周禮》圜丘之祭，以冬日至之日，非月也。《家語》其月以日至，正與孟獻子正月日至可以有事于上帝意相同，先儒以此爲王肅僞撰，殆不誣也。在王肅意欲破鄭氏日至上辛合一之謬，而不知其有語病耳。

《周頌噫嘻》序曰：春夏祈穀于上帝也。注：祈，猶禱也，求也。《月令》「孟春祈穀于上帝，夏則龍見而雩」是與？　疏：《噫嘻》詩者，春夏祈穀于上帝之樂歌也。謂周公、成王之時，春郊夏雩，以禱求膏雨而成其穀實，爲此祭于上帝。詩人述其事而作此歌焉。經陳播種耕田之事，是重穀爲之祈禱，戒使勸農業，故作者因其禱祭而述其農事。

李氏迂仲曰：凡祀，啓蟄而郊，龍見而雩。《禮記·月令》：孟春元日，祈穀於上帝。仲夏之月，大雩帝，用盛樂。祈穀實春，則因民播種，而以啓蟄之時而郊；夏則恐旱暵爲災，而于龍星見之時而雩，皆所以祈穀于上帝者也。

蕙田案：祈穀在孟春，祈雨在孟夏，兩祈不同，而時亦異。《噫嘻》詩序謂春夏祈穀于上帝，乃騎牆之見，足徵小序之陋。若以祈雨即爲穀祈實，欲牽挽爲一，益復支離矣。《鄭箋》加「是歟」二字以疑之，尚未害。孔疏及李氏乃質言之，非也。此詩當是祈穀後祭社稷之歌，且已在康王世，則成王主在禰宮，祈穀之郊先作龜于禰宮，故承卜吉于成王廟而言：「噫嘻哉，我皇考成王。既昭格于爾大神矣，今惟祈，率時農夫以播百穀」

云云，所以爲祈穀後祭社稷之詩，則亦非。祈穀，上帝之正祭也，周人祈穀之郊，與冬至之郊，同歌思文而已。子由解則專以爲雩祭之詩，然詩中並未有祈雨之意。詩雖貴含蓄，恐郊廟樂章必不作此等歇後語也。或又以發端噫嘻二字爲雩祭吁嗟之徵，亦曲説耳。《臣工》一篇凡兩曰嗟嗟，亦將謂雩祭可乎？

《詩・周頌》：噫嘻成王，既昭格爾，率時農夫，播厥百穀。駿發爾私，終三十里，亦服爾耕，十千維耦。

李氏曰：蘇黄門「民力盡矣，所不足者，惟雨耳」，此説可謂盡詩人之意也。《噫嘻》之詩，春夏祈穀于上帝之樂歌也。是詩所言者，播厥百穀，曰十千維耦，但言從事于田畝，殊無祈穀之意，以爲人事于此盡矣，若夫百穀順成，非人所能爲天也，故于此而祈穀焉。詳觀此詩，經有盡而意無窮，可以一唱而三嘆也。

嚴氏粲曰：祈穀之後，即躬耕帝藉，故言「率時農夫」以張本也。言「駿發爾私」，不及公田，爲民祈也。

何氏楷：世本古義：卜郊則受命于祖廟，而作龜于禰宮。《郊特牲》疏曰：作龜于禰宮者，先告祖受命，又至禰廟卜之也。《明堂位》曰：孟春乘大路，祀帝于郊，配以后稷。《左氏》曰：啓蟄而郊，郊而後耕，則魯郊固在夏之孟春矣。古者一歲郊祀凡再，冬至之郊爲報本也，建寅之郊爲祈穀也。建寅之郊用卜，而冬至之郊不用卜。蓋以禮文徵之，《郊特牲》云：郊之用辛也。周之始郊，日以至。《家語》亦云周之始郊，其月以日至，其日用上辛。所謂始郊者，對建寅之郊而言，日不取至日而定用上辛，此以知冬至之郊不用卜也。《月令》云：孟春之月，天子乃以元日祈穀于上帝，乃擇元辰，天子親載耒耜，躬耕帝藉。甲乙丙丁等謂之日，子丑寅卯等謂之辰，元之爲言善也。日必須卜，辰必須擇。據《春秋》言卜郊者皆祈穀之郊，此以知唯建寅之郊用卜也。愚所以定《噫嘻》之詩爲咏祈穀卜郊之事者，以篇中專言勸農，而章首有成王昭假之語，明此詩作于康王之世，乃主作龜禰宮，而言不然。周自后稷以農事開國，即欲勅農宮，何不于始祖之廟，舉始祖爲辭，而顧于成王何取乎？序及蔡邕《獨斷》亦皆云春夏祈穀于上帝之所歌也，此説相傳，必非無本。今觀詩中雖言耕事而絶無一語及祈穀者，唯章首二語以爲作龜禰宮，乃與孟春祈穀相涉耳。然孟春仲夏，雖皆有祈穀，而禮各不同，仲夏大雩帝，用盛樂以祈穀實，無作龜禰宮之事，序不應兼夏而言，疑傳説之悞，或夏字衍也。

蕙田案：圜丘之祭，但取日至，不必用辛，用辛者惟祈穀之郊。何氏謂冬至之郊不取至日而定用上辛，蓋爲《家語》所惑，非是。其謂魯郊在夏之孟春，建寅之郊用卜，冬至之郊不用卜，及《春秋》言卜郊者，皆祈穀之郊，皆明確不可易也。

右《經傳》祈穀郊。

紀昀等《周官義疏》卷一四《地官》 賈師，各掌其次之貨賄之治，辨其物而均平之，展其成而奠其賈，然後令市。賈，音古。奠，音定，又如字。

正義：賈氏公彦曰：辨其物而均平之，與胥師平貨賄同，展其成而奠其賈，則與胥師異，以其知物價故也。案：自質人至司稽，皆各有專治之事，而不主於貨賄。肆長兼斂總布，賈師則惟貨賄之治耳。辨其物之良苦，使各有差等，良苦相均始得其平。

凡天患，禁貴儥者，使有恆賈，四時之珍異，亦如之。賈，音價。

正義：鄭氏康成曰：恆，常也。謂若賭米穀棺木，遇久雨疫病貴賣之，因災害阨民，使之重困。四時之珍異，謂如薦宗廟之物。賈疏：案《月令》四時珍異之物，先薦寢廟，故注舉重者而言。賈氏公彦曰：珍異，亦恐富人賤賭而貴賣之。

案：三代聖王所以恤民惠商，其法曲備。而穀物之蓄，所在皆有之，故遇天患可禁貴儥者。後世救荒則以增價招商爲善政，時勢各有所宜也。

餘論：王氏志長曰：三代聖王，養民者厚而取民者略，荒則去幾札，喪則無征，上之加惠甚沃也。故有乘天患而高價厲民者，則賈師禁之。後世民自謀生，關津之吏因公擅斂，以掊克之，倘賈師之法行，則裹足不至而民已坐槁矣。趙清獻在會稽，不抑粟價，商賈輻輳，歲凶而民不饑，故後世有天患而禁民貴糶者，皆蔽於物理也。

凡國之賣儥，各帥其屬而嗣掌其月。凡師役、會同，亦如之。

存疑：鄭氏衆曰：謂官有所斥賣，賈師率其屬更代直月，爲官賣之均勞逸。王氏應電曰：謂若凡貨物適空乏而欲買於民，或有所貯蓄當斥賣於民，二者各次賈師更代掌之，師役、會同則有軍市，賈師亦嗣掌其月，上經市司帥賈師而從是也。

黃汝成《日知録集釋》卷三《韓城》　《水經注》：聖水徑方城縣故城北，又東南徑韓城東。《詩》「溥彼韓城，燕師所完。王錫韓侯，其追其貊，奄受北國。」王肅曰：今涿郡方城縣有韓侯城，世謂寒號。非也。【原注】：《魏書·地形志》：范陽郡方城縣有韓侯城。【楊氏曰】：據《水經注》：則周有兩韓國，不可不辨。按《史記·燕世家》：易水東分爲梁門。今順天府固安縣有方城村，即漢之方城縣云。《水經注》亦云：濕水徑良鄉縣之北界，歷梁山南，高梁水出焉。是所謂「奕奕梁山」者矣。舊說以韓國在同州韓城縣。曹氏曰：武王子初封於韓，其時召襄公封於北燕，實爲司空，王命以燕衆城之。竊疑同州去燕二千餘里，即令召公爲司空，掌邦土，量地遠近，興事任力，亦當發民於近甸而已。豈有役二千里外之人而爲築城者哉？召伯營申，亦曰「因是謝人」。齊桓城邢，不過宋、曹二國。而《召誥》「庶殷攻位」，蔡氏以爲此遷洛之民，無役紂都之理。此皆經中明證。【原注】：《大全》載朱子之言，亦以此爲不可曉。況其追其貊，乃東北之夷。而蹶父之靡國不到，亦似謂韓土在北陲之遠也。又考王符《潛夫論》曰：昔周宣王時有韓侯，其國近燕。故《詩》云：「普彼韓城，燕師所完。」其後韓西亦姓韓，爲衛滿所伐，遷居海中。漢時去古未遠，當有傳授。今以《水經注》爲定。【江氏曰】：梁山在韓城。而燕地亦自有梁山。《水經注》：鮑邱水過潞縣西，高梁水注之，水東逕梁山南。潞縣，今之通州，其西有梁山，正當固安縣之東北也。禹治冀州水，恆衛既從，則燕地之梁山，固其所奠定者。韓城之梁山，名偶同耳。然則韓始封在韓城，至宣王時，徙封於燕之方城歟。【雷氏曰】：《路史》謂韓於幽王之世失國，此用《國語》「應韓不在」之說，謂失其近燕之國也。蓋失於北而遷於西。故王符曰：其後韓西也。韋昭謂韓於平王之世失國，此則指其所遷之國，近於禹貢之梁者，韓之二國，皆有梁山，故鄭氏誤以遷國爲封國。

按《毛傳》梁山韓城，皆不言其地。鄭氏箋乃云：梁山，今左馮翊夏陽西北。韓，姬姓之國也，後爲晉所滅，故大夫韓氏，以爲邑名焉。【原注】：《左傳》富辰言：邘晉應韓，武之穆也。○《竹書紀年》：平王十四年，晉人滅韓。按《左傳·僖公十五年》：晉侯及秦伯戰于韓。上言涉河，下言及韓，又曰「寇深矣」，是韓在河東，亦非今之韓城也。故杜氏解：但云韓晉地。○文公十年，晉人伐秦，取少梁，始得今韓城之地，益明戰于韓，非此也。至「溥彼韓城，燕師所完。」則鄭已自知其說之不通，故訓燕爲安，而曰「大矣，彼韓國之城。」乃古平安時衆民之所築完。惟王肅以梁山爲涿郡方城縣之山，而以燕爲燕國。【原注】：孫毓亦云。今於梁山則用鄭說，於燕則用王說，二者不可兼通。而又巧立召公爲司空之說，可謂甚難而實非矣。又其追其貊，鄭以經傳說貊，多是東夷，故職方掌四夷九貉。【原注】：即貊字。鄭志答趙商云：九貉即九夷也。又《秋官·貉隸》注云：征東北夷所獲。而漢時所謂濊貊者，皆在東北。【原注】：《史記·貨殖傳》：燕東綰濊貉、朝鮮、眞番之利。

○《漢書武帝紀》注：服虔曰：穢貊在辰韓之北，高句麗沃沮之南，東窮於大海。因於箋末添二語云：其後追也貊也，爲玁狁所逼，稍稍東遷。此又可見康成之不自安，而遷就其說也。【陳氏曰】：「溥彼韓城，燕師所完。」《鄭箋》訓燕爲安，云「古平安時，衆民所築完也」。則「燕師」二字，爲不詞矣。王肅孫毓皆以燕爲燕國得之，至《水經注》載肅語，謂今涿郡方城縣有韓侯城。王符《潛夫論》，亦言宣王時有韓侯國，近燕。近儒有據此立說，謂此詩之韓，在今順天府固安縣，非西安府之韓城縣，殆未必然也。爲此說者，因燕遠於韓，不得用其師。貊是東夷，與今韓城隔遠，不應以貊錫韓耳。然今燕城韓，東萊引《春秋》事例之，洵爲允當，且非直此也。周公作洛，四方民大和會，五服咸至，無間遠近，山甫城齊，自鎬而往。與燕之去韓，路亦相等，至以貊爲東夷。鄭氏注《周禮》，據漢世言之耳。《魯頌》：「淮夷蠻貊，莫不率從。」本謂淮夷行如蠻貊，非謂蠻貊亦服魯。傳義不謬也。君子言貊五穀不生，此北方氣寒之證。《說文》亦以貊爲北方豸種，此詩其追其貊，又與「奄受北國」連文，其爲北垂荒裔無疑矣。貊，俗字也，本作貉。此詩追貊，書華夏蠻貊，石經皆作貊，注疏作貊，諸本因之。【又曰】：《呂記》《朱傳》，以燕爲燕國，其說當矣。然所謂燕師者，直是燕國之民。而召公子孫受封於燕者，率之以城韓。自《朱傳》謂韓初封時，召公爲司空，王命以其衆爲築此城。此言非也。燕雖召公之國，召公未嘗至燕也。召公自食采于畿內，若召公率之，則所用之衆，乃王師也。王師而謂之燕師，天子而蒙侯國之號，可乎？況召公爲司空，不見經典。朱子爲此說者，特因崧高疏載王肅語，謂召公爲司空，主繕治，遂意召氏當世居此職耳。不知宣王時城謝，則使召穆公，城齊則使樊仲山甫。穆公一身，尚未必常居司空之職，況其先世乎。又案召康公歷事文、武、成、康四王，封韓大約在成王時也。《周書·顧命》，列諸臣位次，召公嘗爲冢宰，而司空則屬毛公，詳見孔氏書傳。《左傳》又云：「聃季爲司空」，見定四年。則成、康之世，爲司空者，已有兩人。明著于經傳，而召公不與焉。安得謂召氏世居此職耶？又周家六卿，竝無世職者。成王時，蘇公爲司寇，康叔亦爲之。穆王命君牙爲司徒，而幽王時番爲之，鄭桓公亦爲之。謂司空獨世屬召氏，豈其然乎？【汝成案】：陳氏之說辨矣。第既主王肅、孫毓之說，以燕爲燕國，復云《詩》之韓城，在今西安。又主《魯頌》傳「淮夷蠻貊」，謂淮夷行如蠻貊。以訓此貊字，義固當矣。然同州去燕二千餘里，獨以此賦功屬役，誠乖理勢。周公作洛，是築王城，五服咸至宜矣。而康、成猶言不見要服者，以遠於役事，而恆闕焉。豈城此侯邑，而惟勤是遠國？至山甫城齊，自鎬而往，此是王命往城，稽度教護，非率鎬衆往也。而云燕之與韓，路亦相等，穿鑿甚矣。考韓之先祖，是武王之子。《括地志》：同州韓城縣南十八里，爲古韓國。王肅曰：今涿郡方城縣有韓侯城。是有兩韓國也。《史記·燕世家》曰：燕北迫蠻貊。《山海經》曰：貊國其地近燕。則雷氏譏康成，誤以遷國爲封國，信矣。然尚有疑者，《竹書》成王十二年，「王師燕師城韓」。徐位山因曰：彼蓋追述其先祖事，非宣王之時，别有燕師城韓。若然，鎬燕既近涿郡，司空營度土功，是以令役二地。而《括地志》所云「古韓國」者，似誤。

王先謙《荀子集解》卷一《勸學》　君子曰：學不可以已。青，取之於藍，而青於藍；冰，水爲之，而寒於水。以喻學則才過其本性也。○盧文弨曰：「青取之於藍」，從宋本。《困學紀聞》所引同。元刻作「青出之藍」，無「於」字。　王念孫曰：「《困學紀聞》云『青出之藍』作『青取之於藍』。監本未必是，建本末必非。（自注云：「今監本乃唐與政台州所刊熙寧舊本，亦未爲善。又云請占之五泰注云：五泰，五帝也。監本改爲五帝，而删注文。）是王以作「出」者爲是也。元刻作「出之藍」，即本於建本。監本作「取之於藍」者，用《大戴記》改之也。《荀子》本文自作「出於藍」。《藝文類聚·草部上》、《太平御覽·百卉部三》及《意林·埤雅》引此，并作「出於藍」。《新論·崇學篇》同。《史記》褚少孫《續三王世家》引傳曰「青采出於藍而質青於藍者，教使然也」，即是此篇之文。則本作「出於藍」，明矣。宋錢佃本從監本，作「取之於藍」，而所引蜀本亦作「出於藍」。宋龔士卨《荀子句解》同。）今從王説。　先謙案：《群書治要》作「青取之藍」，是唐人所見《荀子》本已有作「取」者。且《大戴記》即用《荀子》文，亦作「青取之於藍」，不得謂《荀子》本作「出於藍」，而作「取」者爲非也。宋建、監本岐出，亦緣所承各異。故王氏應麟無以定之。謝本從盧校，今仍之。

又卷二《不苟》　君子養心莫善於誠，無姦詐則心常安也。○劉台拱曰：誠者，君子所以成始而成終也。以成始，則《大學》之「誠其意」是也。以成終，則《中庸》之「至誠無息」是也。此言養心莫善於誠，即誠意之事，故下文亦言「愼獨」。致誠則無它事矣，致，極也。極其誠，則外物不能害。　○王念孫曰：君子非仁不守，非義不行，故曰「無它事」。下文「唯仁之爲守，唯義之爲行」，是其明證。楊説非。　先謙案：王説是。《羣書治要》引作「致誠無它，唯仁之守，唯義之行」，删數字而語意倍顯，是唐人解此文與楊注義異。唯仁之爲守，唯義之爲行。致其誠，在仁義。誠心守仁則形，形則神，神則能化矣；誠心守於仁愛，則必形見於外，則下尊之如神，能化育之矣。化，謂遷善也。誠心行義則理，理則明，明則能變矣。義行則事有條理，明而易，人不敢欺，故能變改其惡也。變化代興，謂之天德。既能變化，則德同於天。馴致於善謂之化，改其舊質謂之變。言始於化，終於變也，猶天道陰陽運行則爲化，春生冬落則爲變也。天不言而人推高焉，地不言而人推厚焉，四時不言而百姓期焉。期，謂知其時候。夫此有常，以至其誠者也。至，極也。天地四時所以有常如此者，由極其誠所致。君子至德，嘿然而喻，未施而親，不怒而威。君子有至德，所以嘿然不言而人自喻其意也。夫此順命，以愼其獨者也。人所以順命如此者，由愼其獨所致也。愼其獨，謂戒愼乎其所不睹，恐懼乎其所不聞。至誠不欺，故人亦不違之也。　○郝懿行曰：此語甚精，楊氏不得其解，而以謹愼其獨爲訓。今正之云：獨者，人之所不見也。愼者，誠也；誠者，實也。心不篤實，則所謂獨者不可見。《勸學篇》云：「無冥冥之志者無昭昭之明，無惛惛之事者無赫赫之功。」此惟精專沈默，心如槁木死灰，而後髣髴遇焉。口不能言，人亦不能傳，故曰獨也。又曰「不獨則不形」者，形非形於外也，（楊注誤。）形即形此獨也。又曰「不形則雖作於心，見於色，出於言」，三句皆由獨中推出，此方是見於外之事。而其上説天地四時云「夫此有常，以至其誠者也」；説君子至德云「夫此順命，以愼其獨者也」。順命，謂順天地四時之命。（楊注尤誤。）言化工默運，自然而極其誠；君子感人，嘿然而人自喻，惟此順命以愼其獨而已。推尋上下文義，愼，當訓誠。據《釋詁》云「愼，誠也」，非愼訓謹之謂。《中庸》「愼獨」與此義别。楊注不援《爾雅》而據《中庸》，謬矣。「愼」字古義訓誠，《詩》凡四見，毛、鄭俱依《爾雅》爲釋。《大學》兩言「愼獨」，皆在《誠意篇》中，其義亦與《詩》同。惟《中庸》以「戒愼」「愼獨」爲言，此别義，乃今義也。《荀書》多古義、古音，楊注未了，往往釋以今義，讀以今音，每致舛誤，此其一也，餘不悉舉。　王念孫曰：《中庸》之「愼獨」，「愼」字亦當訓爲誠，非上文「戒愼」之謂。（「莫見乎隱，莫顯乎微」，即《大學》之「十目所視，十手所指」，則愼獨不當有二義。陳碩甫云：「《中庸》言愼獨，即是誠身。」）故《禮器》説禮之以少爲貴者曰：「是故君子愼其獨也。」鄭注云：「少其牲物，致誠慤。」是愼其獨即誠其獨也。愼獨之爲誠獨，鄭於《禮器》已釋訖，故《中庸》、《大學》注皆不復釋。孔沖遠未達此旨，故訓爲謹愼耳。凡經典中「愼」字，與「謹」同義者多，與「誠」同義者少。訓謹訓誠，原無古今之異，（愼之爲謹，不煩訓釋，故傳注無文，非誠爲古義而謹爲今義也。）唯「愼獨」之「愼」則當訓爲誠，故曰「君子必愼其獨」，又曰「君子必誠其意」。《禮器》、《中庸》、《大學》、《荀子》之「愼獨」，其義一而已矣。

王先謙《莊子集解》卷一《逍遥游》　肩吾問於連叔成云：並古之懷道者。曰：「吾聞言於接輿，《釋文》：皇甫謐云：接輿躬耕，楚王遣使以黄金百鎰、車二駟聘之，不應。大而無當，《釋文》：丁浪反。案：當，底也。往而不返。吾驚怖其言，猶河漢而無極也，成云：猶上天河漢，迢遞清高，尋其源流，略無窮極。大有逕庭，宣穎云：逕，門外路；庭，堂外地。大有，謂相遠之甚。不近人情焉。」連叔曰：「其言謂何哉？」曰：「藐姑射之山，《釋文》：藐音邈，簡文云：遠也。姑射，山名，在北海中。有神人居焉，肌膚若冰雪，淖約若處子，李云：淖約，好貌。《釋文》：處子，在室女。不食五穀，吸風飲露。乘雲氣，御飛龍，而遊乎四海之外。「乘雲氣」三句，又見《齊物論篇》，「御飛龍」作「騎日月」。其神凝，三字喫緊。非遊物外者，不能凝於神。使物不疵癘而年穀熟。司馬云：疵，毀也。癘音癩，惡病。《列子・黄帝篇》：姑射山在海中。山上有神人焉，吸風飲露，不食五穀，心如淵泉，形如處女。不施不惠，而物自足；不聚不斂，而已無愆。陰陽常調，日月常明，四時常若，風雨常均，字育常時，年穀常豐。而土無札傷，人無夭惡，物無疵癘。漆園本此爲説。吾是以狂而不信也。」狂，李又九況反。案：音讀如誑，言以爲誑。連叔曰：「然。瞽者無以與乎文章之觀，聾者無以與乎鐘鼓之聲。豈惟形骸有聾盲哉？夫知亦有之。是其言也，猶時女也。司馬云：猶處女也。案：時，是也。云是其言也，猶是若處女者也。此人也、此德也云云，極擬議之詞。之人也，之德也，將磅礴萬物，以爲一世蘄乎亂，孰弊弊焉以天下爲事。李云：磅礴，猶旁礴。李楨云：亦作旁魄，廣被意也。言其德行廣被萬物，以爲一世求治，豈肯有勞天下之迹。《老子》曰：我無爲而民自化。亂，治也。簡文云：弊弊，經營貌。案：蘄同期。之人也，物莫之傷，大浸稽天而不溺，司馬云：稽，至也。大旱、金石流、土山焦而不熱。是其塵垢粃糠，《説文》「粃」作「秕」《釋文》：秕糠，猶繁碎。案：言於煩碎之事物，直以塵垢視之。將猶陶鑄堯、舜者也，孰肯以物爲事。又引不以天下爲事之神人，以明其自全之道。宋人資章甫適諸越，李云：資，貨也。章甫，殷冠也。以冠爲貨。司馬云：諸，於也。越人短髮文身，無所用之。爲無所用天下設喻。堯治天下之民，平海内之政，往見四子藐姑射之山，司馬、李云：四子，王倪、齧缺、被衣、許由。李楨云：四子本無其人，徵名以實之，則鑿矣。汾水之陽，窅然喪其天下焉。」汾水之陽，堯都。宣云：窅然，深遠貌。案：言堯亦自失其有天下之尊，下此更不足言矣。

惠子謂莊子曰：司馬云：姓惠名施，爲梁相。「魏王貽我大瓠之種，瓠，瓜也，即今葫蘆瓜。我樹之成而實五石，以盛水漿，其堅不能自舉也。成云：樹，植。實，子也。虚脆不堅，故不能自勝舉。剖之以爲瓢，則瓠落無所容。簡文云：瓠落，猶廓落也。成云：平淺不容多物。非不呺然大也，《釋文》：呺，本亦作号。李云：虚大貌。俞樾云：呺，俗字，當作枵，虚也。吾爲其無用而掊之。」莊子曰：「夫子固拙於用大矣。宋人有善爲不龜手之藥者，向秀云：龜，拘坼也。《釋文》：徐音舉倫反。李楨云：此以龜爲皸之叚借。（元）［玄］應《音義》「皸」下引《通俗》文：手足坼裂曰皸，經文或作龜坼。下引此文爲證。世世以洴澼絖爲事。成云：洴，浮。澼，漂。絖，絮也。李云：漂絮水上。盧文弨云：洴澼，擊絮之聲。客聞之，請買其方百金。李云：金，方寸重一斤爲一金。百金，百斤也。聚族而謀曰：『我世世爲洴澼絖，不過數金；今一朝而鬻技百金，請與之。』客得之，以説吴王。越有難，吴王使之將。冬，與越人水戰，大敗越人，裂地而封之。能不龜手一也，或以封，或不免於洴澼絖，則所用之異也。今子有五石之瓠，何不慮以爲大樽而浮於江湖，司馬云：慮，猶結綴也。樽如酒器，縛之於身，浮於江湖，可以自渡。案：所謂腰舟。而憂其瓠落無所容，則夫子猶有蓬之心也夫。向云：蓬者，短不暢，曲士之謂。案：言惠施以有用爲無用，不得用之道也。

王先謙《後漢書集解》卷八四《列女傳・董祀妻》 陳留董祀妻者，同郡蔡邕之女也，名琰，字文姬。博學有才辯，又妙於音律。劉昭《幼童傳》曰：邕夜鼓琴絃，絶。琰曰：第二絃。邕曰：偶得之耳，故斷一絃。問之，琰曰：第四絃。並不差謬。集解：沈欽韓曰：《御覽》五百七十七《蔡琰别傳》曰：邕曰偶得之耳。琰曰：吴札觀樂，知興亡之國。師曠吹律，識南風之不競。由此言之，何不足知也。適河東衛仲道。夫亡無子，歸寧於家。興平中，天下喪亂，文姬爲胡騎所獲，沒於南匈奴左賢王，集解：沈欽韓曰：《南匈奴傳》靈帝崩，天下大亂，於扶羅單于將數千騎與白波賊合寇河内諸郡。《魏志》初平三年，太祖擊匈奴於夫羅于内黄，大破之。四年春，袁術引軍入陳留，屯封丘，黑山餘賊及於夫羅等佐之。據史則匈奴曾寇陳留，文姬所以沒也。玩文姬詩詞，則其被掠在山東。牧守興兵討卓，卓劫帝入長安，遣將徐榮、李蒙四出侵掠，文姬爲羌胡所得，後乃流落至南匈奴也。時邕尚在，故有感時念父母之語。其贖歸也，家門滅絶，故有「既至家人盡」語，此當爲初平年事。傳云興平，非也。興平則李、郭之亂，非董卓矣。在胡中十二年，生二子。集解：惠棟曰：《蔡琰别傳》云：琰在左賢王部中，春月登胡殿，感笳之音，懷凱風之思，作詩言志。今所傳十八拍是也。曹操素與邕善，痛其無嗣，乃遣使者以金璧贖之，集解：沈欽韓曰：《御覽》八百六引《魏文帝蔡伯喈女賦序》曰：家公與蔡伯喈有管鮑之好，乃命使者周近持玄璧於匈奴，贖其女還。而重嫁於祀。祀爲屯田都尉，犯法當死，文姬詣曹操請之。時公卿名士及遠方使驛坐者滿堂，操謂賓客曰：「蔡伯喈女在外，今爲諸君見之。」及文姬進，蓬首徒行，叩頭請罪，音辭清辯，旨甚酸哀，衆皆爲改容。集解：

惠棟曰：邱光廷云：「不乘車者謂之徒行，不履韈者謂之徒跣。」今文姬蓋徒跣，非徒行也。故下文云「曹公與巾韈」。鄭玄《禮記》注云：徒，猶空也。操曰：「誠實相矜，然文狀已去，奈何？」文姬曰：「明公廄馬萬匹，虎士成林，何惜疾足一騎，而不濟垂死之命乎？」操感其言，乃追原祀罪。時且寒，賜㠯頭巾履韈。操因問曰：「聞夫人家先多墳籍，猶能憶識之不？」文姬曰：「昔亡父賜書四千許卷，流離塗炭，罔有存者。今所誦憶，裁四百餘篇耳。」集解：惠棟曰：張華《博物志》云：「蔡邕有書近萬卷，漢末載數車與王粲。」又《邕集・巴郡太守謝表》云：「詔書、前後賜禮經素字、《尙書章句》、《白虎議奏》，合成二百一十二卷。」蓋自秦禁挾書，漢以來，非詔書所賜不敢藏也，晉以後猶然。操曰：「今當使十吏就夫人寫之。」文姬曰：「妾聞男女之別，禮不親授。《禮記》曰：男女不親授。乞給紙筆，眞草唯命。」於是繕書送之，文無遺誤。後感傷亂離，追懷悲憤，作詩二章。集解：何焯曰：《董卓傳》卓以牛輔子壻素所親信，使以兵屯陜輔，分遣其校尉李傕、郭汜、張濟擊破河南尹朱儁于中牟，因略陳留、潁川諸縣，殺掠男女，所過無復遺類。文姬流離當在此時。《蔡邕傳》邕在長安與從弟谷謀東奔兗州，又欲遯逃山東，時未必以家自隨也。蘇氏以董卓既誅邕，乃隨坐，不應文姬先罹禍亂，疑此詩爲後人作，考之不詳也。其辭曰：漢季失權柄，董卓亂天常。志欲圖篡弑，先害諸賢良。逼迫遷舊邦，擁主㠯自彊。海內興義師，欲共討不祥。卓衆來東下，金甲耀日光。平土人脆弱，來兵皆胡羌。獵野圍城邑，所向悉破亡。斬截無孑遺，尸骸相牚拒。牚，音直庚反。馬邊懸男頭，馬後載婦女。長驅西入關，迥路險且阻。還顧邈冥冥，肝脾爲爛腐。所略有萬計，不得令屯聚。或有骨肉俱，欲言不敢語。失意機微間，輒言斃降虜。集解：先謙曰：官本「言」作「此」。要當㠯亭刃，集解：沈欽韓曰：亭蓋「事」之誤。《前書・蒯通傳》事刃于公之腹作亭止，解不可通。我曹不活女。豈復惜性命，不堪其詈罵。或便加棰杖，毒痛參幷下。且則號泣行，夜則悲吟坐。欲死不能得，欲生無一可。彼蒼者何辜，乃遭此戹禍。邊荒與華異，人俗少義理。處所多霜雪，集解：先謙曰：官本「多」作「生」。胡風春夏起。翩翩吹我衣，肅肅入我耳。感時念父母，哀歎無窮已。有客從外來，聞之常歡喜。迎問其消息，輒復非鄉里。邂逅徼時願，集解：沈欽韓曰：徼當從人旁，作僥。《佩觿》云：僥，古堯反。僥，倖。徼，古弔反，循也，小道也。賈昌朝《羣經音辨・彳部》乃混而一之。骨肉來迎己。己得自解免，當復棄兒子。天屬綴人心，集解：惠棟曰：《莊子》云：「林回棄千金之璧，負赤子而趨，曰：彼以利合，此以天屬也。」以天屬者，迫窮禍，患害相收也。念別無會期。存亡永乖隔，不忍與之辭。兒前抱我頸，問我欲何之。人言母當去，豈復有還時？阿母常仁惻，今何更不慈？我尙未成人，奈何不顧思？見此崩五內，恍惚生狂癡。集解：惠棟曰：出《韋賢傳》。《論衡》云：五藏有病，則人荒忽，荒忽則愚癡矣。號泣手撫摩，當發復回疑。兼有同時輩，相送告離別。慕我獨得歸，哀叫聲摧裂。馬爲立踟躕，車爲不轉轍。觀者皆歔欷，行路亦嗚咽。去去割情戀，遄征日遐邁。悠悠三千里，何時復交會？念我出腹子，匈臆爲摧敗。既至家人盡，又復無中外。集解：惠棟曰：中外，即中表也。《費鳳別碑》云：中表之恩情。《兄弟與甥舅十七帖》云：與足下中表。王宏撰注云：舅姑之子。城郭爲山林，庭宇生荆艾。白骨不知誰，從橫莫覆蓋。出門無人聲，豺狼號且吠。煢煢對孤景，怛吒糜肝肺。登高遠眺望，魂神忽飛逝。奄若壽命盡，旁人相寬大。爲復彊視息，雖生何聊賴。託命於新人，集解：惠棟曰：謂董祀也。竭心自勖厲。流離成鄙賤，常恐復捐廢。人生幾何時，懷憂終年歲。其二章曰：嗟薄祐兮遭世患，集解：先謙曰：「祐」當作「祜」。宗族殄兮門戶單。身執略兮入西關，歷險阻兮之羌蠻。山谷眇兮路曼曼，眷東顧兮但悲歎。冥當寢兮不能安，冥音瞑。飢當食兮不能餐。常流涕兮眥不乾，薄志節兮念死難，雖苟活兮無形顏。惟彼方兮遠陽精，北方近陰遠陽。陰氣凝兮雪夏零。沙漠壅兮塵冥冥，有草木兮春不榮。人似禽兮食臭腥，言兜離兮狀窈停。兜離，匈奴言語之貌。集解：沈欽韓曰：兜離，即侏離。《南蠻傳》曰：語言侏離，兜、侏聲同。《東都賦》「僸佅兜離譸張」，亦作「侏張」也。先謙曰：侏、兜雙聲字。歲聿暮兮時邁征，夜悠長兮禁門扃。不能寐兮起屏營，登胡殿兮臨廣庭。玄雲合兮翳月星，北風厲兮肅泠泠。胡笳動兮邊馬鳴，集解：惠棟曰：笳，別傳作葭。孤雁歸兮聲嚶嚶。樂人興兮彈琴箏，音相和兮悲且清。心吐思兮匈憤盈，欲舒氣兮恐彼驚，含哀咽兮涕沾頸。家既迎兮當歸寧，臨長路兮捐所生。兒呼母兮嘑失聲，集解：先謙曰：官本「嘑」作「號」。我掩耳兮不忍聽。追持我兮走煢煢，集解：先謙曰：官本「走」作「徒」。頓復起兮毀顏形。還顧之兮破人情，心怛絕兮死復生。《列女後傳》琰，字昭姬也。集解：王補曰：劉知幾《史通・人物》云：觀東漢一代賢明婦人，如秦嘉妻徐氏，動合禮儀，言成規矩，毀形不嫁，哀慟傷生。此則才德兼美者也。董祀妻蔡氏，載誕胡子，受辱虜廷，文詞有餘，節槩不足。

此則言行相乖者也。蔚宗《後漢》傳標列女，徐淑不齒，而蔡琰見書，欲使彤管所載，將安準的？

贊曰：端操有蹤，集解：惠棟曰：《楚詞》云：內唯省以端操女戒。云正色端操。幽閑有容。區明風烈，昭我管彤。婦人之正其節、操有蹤跡可紀者，及幽都閑婉，有禮容者，區別其遺風餘烈，以明女史之所紀也。管彤，赤管筆。解見《皇后紀》。

徐樹穀等《李義山文集箋注》卷一〇《虱賦》　亦氣而孕，亦卵而成。晨鳧一作鷖，非。露鶴，「鶴」，古通作「鵠」。張協《七命》：晨鳧露鵠。善曰：《說苑》云：魏文侯嗜晨鳧也。蘇武《與李陵書》：晨鳧失羣，不足以喻疾。《藝文類聚·廣志》曰：晨鳧肥而耐寒，宜爲臛周處。《風土記》：白鶴性警，至八月，露降流於草葉，滴滴有聲，則鳴。不知其生。《藝文類聚·吳錄》曰：婁縣有石首魚，至秋化爲冠鳧，鳧頭中猶有石也。師曠《禽經》：鶴以聲交而孕。張華注：雄鳴上風，雌承下風，則孕。鮑昭《舞鶴賦》：散幽經以驗物，偉胎化之仙禽。善曰：浮邱公《相鶴經》云：雄雌相視，目睛不轉，則孕。《正字通·內典》云：鶴影生，今俗言鶴雌雄相隨，如道士步斗，履其跡則孕。《淮南子》：牛馬之氣蒸不能生蝨，蝨之氣蒸不能生牛馬，故化生於外，非生於內也。《抱朴子》：夫蝨生於我，我非蝨之父母，蝨非我之子孫也。汝職惟齧，而不善齧。《說文》：蝨，齧人蟲也。《太平御覽·夢書》曰：蟣蝨爲憂，齧人身也。

陳逢衡《竹書紀年集證》卷二　六十三年帝陟。

原註：帝子摯。衡案：《路史》高辛崩而帝庢立，襲高辛氏。帝庢之立不善，九載以其仲立，是爲堯。羅苹注云：庢見年代歷史傳皆作摯，故高誘、陳伯宣以帝摯爲少昊，而以少昊爲佶之子，尹氏遂有少昊逐帝之說，妄也。按少昊在位八十四年，摯在位九年，摯立不善而少昊之德在人，如此夫何疑哉？立九年而廢。《外紀》帝嚳在位七十年崩，子摯即天子位，九年而廢。《史記志疑》案：少昊帝名摯，此嚳之胄亦名摯，蓋族遠不嫌同名也。《路史後紀》卷十注謂世紀本衛宏云：唐氏德盛，摯微弱，而致禪焉。《皇王大紀》謂襲位未久而殂。《通鑑外紀》謂荒淫無度而廢之。諸說各異，疑莫能明。據人表在上中，則不得如後世所言。

《路史》：高辛紀，帝生三十而御天，六十有三載崩，葬頓邱臺城陰野之秋山。《山經》、《九域志》皆作「狄山」。

《繹史》：帝嚳高辛氏，黃帝之曾孫，顓頊之族子也。生而神靈，嗣高陽氏爲天子。其嗣天子者，以賢立也。五帝之世以公天下爲心，非至德不足以治天下，非得至德之人不敢授以天下。是以高辛、高陽咸起支封，又必試以官職，故高陽十五而佐黃帝，高辛亦十五而佐高陽，詢事考言，乃登大位。故曰五帝官天下，官天下者以天下爲公器，惟賢是擇。近不嫌於傳子，黃帝少昊是已；外不妨於異姓，堯、舜是已。少昊之後，無足嗣帝位者，而顓頊有至德，顓頊之後無足嗣帝位者，而嚳有至德，有至德者登大位，皆以其賢也，非以其親也。顓頊之所建，帝嚳受之，聰明祇肅，普施利物，順天取地，節用愛民，德化四訖，享國七十年，帝摯嗣立。未久而崩，而陶唐氏作矣。然竊有疑焉，記稱帝嚳四妃之子，以嫡也則莫如立后稷，以賢則堯、稷、契皆其人也，不立嫡與賢而立摯，豈嚳無知子之明有愛憎之私乎？非所以論嚳也。或稱摯荒淫，諸侯廢之，或稱唐侯盛德，摯微弱而禪焉。若是，則堯有利天下之心，諸侯有擅廢立之權，尤非所以論堯也。《史記·本紀》但曰摯立不善，崩而已，所謂不善者，德不類邪？政不理邪？民不從邪？抑如《書》所謂有疾弗豫，《傳》所謂弱足不良者邪？荒淫微弱，皆後世揣摩之言，摯之賢不肖，未可以臆度也。意者，帝嚳之子，摯最居長，當如《世紀》所說。既而享年不永，兄終弟及，《外紀》曰：帝堯年十六即天子位。然則帝嚳之崩，堯方七歲，故不立堯而立摯，殆以此與？

統箋按：《世紀》曰，高辛氏以人事紀官。在位七十年，年百五歲而崩。據《竹書》則在位止六十三年，少七年。《一統志》帝嚳陵在歸德府城東南四十五里。

衡案：帝子摯立九年而廢，當是帝錫唐侯命下之注，不當在帝陟後。蓋皇古之時，不拘於立嫡，帝以摯年長，是以首被錫命爲帝子，如後世太子世子之類。則所爲立九年者，當在此。蓋立爲儲君，非於帝陟後立爲天子也。繼以九年之內，未見克肖，而帝嚳廢之，故錫命堯。此時堯已分封於唐爲侯，故《紀年》不曰錫帝子堯命，而曰錫唐侯命者，明乎堯以唐侯受命代摯立爲帝子也。不曰帝摯立九年，而曰帝子摯立九年者，明乎摯未成其爲帝，而僅爲帝子也。不然則所謂廢者將謂堯廢摯耶？詎有盛德之堯，而行此者？若云羣臣廢摯，共相推戴帝堯，豈後世霍光廢昌邑王故事已先見於高辛之末耶？吾故以爲九年之立不當在帝陟後也，否則馬氏兄終弟及之說最爲允當。然云帝嚳之崩堯方七歲亦非，蓋泥於孔傳唐侯十六升爲天子之說也，十六升爲天子，當是十六升爲帝子之沿誤耳。

王先慎《韓非子集解》卷一《難言第三》 臣非非難言也，所以難言者：言順比滑澤，洋洋纚纚然，則見以爲華而不實。言順於愼，比於班。洋洋、美，纚纚、有編次也。○盧文弨曰：順比，不拂逆也。注言順於愼，比於班，轉難解。凌本澤作瀉，誤。先愼曰：《意林》引見下有者字，爲作謂，下同。敦厚恭祗，○先愼曰：乾道本作敦祗恭厚。《意林》引作敦厚恭祗，是也。今據改。鯁固愼完，則見以爲拙而不倫。○先愼曰：乾道本拙作掘。顧廣圻云：藏本今本掘作拙。先愼案：《意林》亦作拙，今據改。多言繁稱，連類比物，則見以爲虛而無用。摠微說約，徑省而不飾，則見以爲劌而不辯。○先愼曰：《意林》劌作訥。激急親近，探知人情，則見以爲僭而不讓。○先愼曰：乾道本僭作譖。《拾補》急下旁注意字。盧文弨云：張本意作急，探一作深。凌本譖作僭。顧廣圻云：今本急作意，誤。先愼案：譖，凌本作僭，是。今據改。《意林》急亦誤作意。《釋名》急，及也，操切之使相逮及也。《說文》探，遠取之也。疏遠之臣，慮事廣肆，並及人主之親近，以刺取其向背，即《說難》所謂非聞己即賣重也，故見者以爲僭而不讓。閎大廣博，妙遠不測，○先愼曰：《意林》妙遠作深而。則見以爲夸而無用。家計小談，以具數言，則見以爲陋。○顧廣圻曰：藏本同，今本家作纖，誤。盧文弨曰：張本作家。先愼曰：此即《說難篇》所謂米鹽博辯也，作家字是。言而近世，辭不悖逆，則見以爲貪生而諛上。○顧廣圻曰：逆當作遻。《詩》「巧言如流」，箋云：故不悖逆。《釋文》云：遻五故反，本亦作逆。按《說難篇》云：大意無所拂悟。拂、悖同字，遻、悟同字。作逆者，形近之誤也。又鄭《檀弓》注：噫，弗寤之聲。弗寤即拂悟。《正義》讀弗如字者，非。今本因之改弗作不，尤誤。《列女傳》不拂不寤，亦用寤字。言而遠俗，詭躁人閒，則見以爲誕。○先愼曰：《釋名》躁，燥也。物燥乃動而飛揚也，則躁有華而不實之意。《易·繫辭》躁人之辭多。捷敏辯給，繁於文采，則見以爲史。○先愼曰：《儀禮·聘記》云：辭多則史。鄭注：史，謂策祝，亦言史官辭多文也。殊釋文學，○王先謙曰：殊釋，猶言絕棄。以質性言，則見以爲鄙。○先愼曰：乾道本性作信。盧文弨云：信，張凌本皆作性。顧廣圻云：藏本信作性，是也。今據改。時稱詩書，道法往古，則見以爲誦。誦說舊事。此臣非之所以難言而重患也。故度量雖正，未必聽也；義理雖全，未必用也。大王若以此不信，則小者以爲毀訾誹謗，大者患禍災害死亡及其身。故子胥善謀，而吳戮之；仲尼善說，而匡圍之；管夷吾實賢，而魯囚之。故此三大夫豈不賢哉？而三君不明也。上古有湯至聖也，伊尹至智也；夫至智說至聖，然且七十說而不受，身執鼎俎爲庖宰，昵近習親，而湯乃僅知其賢而用之。故曰以至智說至聖，未必至而見受，伊尹說湯是也；以智說愚必不聽，文王說紂是也。故文王說紂而紂囚之，○先愼曰：乾道本無而紂二字。顧廣圻云：藏本、今本紂下有而紂二字，今據補。翼侯炙，○顧廣圻曰：《戰國策》、《史記》皆作鄂侯。先愼曰：《左·隱五年》邢人伐翼，翼侯奔隨。六年，納諸鄂，謂之鄂侯。翼、鄂地近，故相通稱。《史記·楚世家》熊渠中子紅爲鄂王。《吳越春秋·句踐陰謀外傳》號翼侯，可借證翼鄂通稱。鬼侯腊，○先愼曰：《史記》作九侯。徐廣注：九侯一作鬼侯，鄴縣有九侯城，九鬼聲近通用。比干剖心，梅伯醢，○先愼曰：見《晏子》。《楚辭》云數諫至醢。夷吾束縛，而曹羈奔陳，伯里子道乞，○盧文弨曰：即百里奚亡秦走宛事。顧廣圻曰：伯讀爲百。傅說轉鬻，轉次而傭，故曰鬻。孫子臏腳於魏，吳起收泣於岸門，○盧文弨曰：收，疑是抆字，見《呂氏春秋·長見篇》。顧廣圻曰：《仲冬紀》云：抆泣。《恃君覽》云：雪泣。先愼曰：收當作抆，形近而誤。痛西河之爲秦、卒枝解於楚。○先愼曰：說詳《姦劫弑臣篇》。公叔痤言國器，反爲悖，公孫鞅奔秦，關龍逢斬，萇宏分胣，磔裂也，敕氏反。○先愼曰：趙本無注六字。《莊子·胠篋篇》《釋文》引司馬云：萇弘，周靈王賢臣也。案周景王、敬王之大夫。魯哀公三年六月，周人殺萇弘。一云刳腸曰胣。《六微篇》以爲叔向之讒。尹子穽於棘，投之於穽棘中。○顧廣圻曰：未詳。先愼曰：趙本無注。盧文弨云：張本有注。司馬子期死而浮於江，田明辜射，非罪爲辜，射而殺之。○顧廣圻曰：未詳。俞樾曰：舊注曲說，辜射即辜磔，磔從石聲，與射聲相近，故得通用。辜磔本疊韻字，《荀子·正論篇》斬斷枯磔，以枯爲辜，此云辜射，又以射爲磔，古書每無定字，學者當以聲求之。《周禮·掌戮》：殺王之親者辜之。注曰：謂磔之。田明辜射即此刑也。字又作矺。《史記·李斯傳》十公主矺死於杜。索隱曰：矺與磔同，古今字異耳。宓子賤、西門豹不鬬而死人手，董安于死而陳於市，○先愼曰：安于，《十過》、《七術篇》作閼于，《觀行篇》作安，與此同。案：安、閼古通。《左》定十三年傳作安，《淮南·道應訓》作閼是也。惟《趙策》安、閼兩有爲誤。宰予不免於田常，范雎折脅於魏。此十數人者，皆世之仁賢忠良有道術之士也，不幸而遇悖亂闇惑之主而死，然則雖賢聖不能逃死亡避戮辱者何也？則愚者難說也，故君子難言也。○先愼曰：乾道本難言作不少。顧廣圻云：今本不少作難言，誤。案此句下有脫文。先愼案：君子難言，文甚明白易曉，今從之。且至言忤於耳而倒於心，非賢聖莫能聽，願大王熟察之也。

馬其昶《屈賦微》卷下《招魂》 亂曰：獻歲發春兮，汩吾南征。王逸曰：獻，進也，言歲始來進。春氣奮揚，萬物皆感氣而生，自傷放逐獨南行也。菉蘋齊葉兮，白芷生。路貫廬江兮，左長薄。王逸曰：貫，出也。洪興祖曰：《前漢地理志》：廬江出陵陽東南，北入江。王夫之曰：長薄山林亘望，皆叢薄也。倚沼畦瀛兮，遙望博。王逸曰：畦，猶區也。王夫之曰：沼，小水如池。瀛，大水如海。博，遠也。其昶案：《管子》謂：水之性躍則倚。注云：倚，排也，謂前後相推排也。懷王死於頃襄三年，屈子遷放亦在其時，此云遙望者，謂在貶所遙望雲夢，但見懸火烝天，知其爲獵也。青驪結駟兮，齊千乘。平聲。王逸曰：純黑爲驪。結，連也。四馬爲駟。懸火延起兮，玄顔烝。洪興祖曰：《説文》：烝，火氣上行也。楊慎曰：懸火，即《周禮》之墳燭，蓋焚林而田所持以起火者。蔣驥曰：玄，天色。步及驟處兮，誘騁先。王逸曰：誘，導也。朱子曰：步行而及驟馬所至之處，言走之疾也。抑騖若通兮，引車右還。音旋。王逸曰：抑，止也。騖，馳也。若，順也。還，轉也。朱子曰：引車右轉，以射獸之左也。其昶案：馳止順通，言進退自如也。與王趨夢兮，課後先。洪興祖曰：《爾雅》：楚有雲夢。《左傳》：楚子與鄭伯田於江南之夢。《子虛賦》云：雲夢者，方八九百里。則此澤跨江南北，亦得單稱雲，單稱夢。其昶案：與王趨夢射獵，而課第羣臣功績之先後，此想望之辭，非事實也。因其好畋，而進以講武習戎之事，楚人以弋説襄王，同此旨也。惜乎襄王終不能用。故莊辛譏其馳騁雲夢之中，而不以國家爲事，此屈子之所以死也。君王親發兮，憚青兕。王逸曰：發，射。憚，驚也。洪興祖曰：《爾雅》：兕似牛。朱明承夜兮，時不可淹。王逸曰：朱明，日也。承，續也。淹，久也。其昶案：日月迅邁，蓋警其忘仇耳。皋蘭被徑兮，斯路漸。側銜反。王逸曰：皋，澤也。漸，沒也。

圖分部

論述

《説文・口部》 圖，畫計難也。

竇儼《三禮圖集注序》 率文而行，恐迷其形範，以圖爲正，則應若宫商。凡舊圖之是者，則率由舊章，順考古典；否者，則當理彈射以實裁量。

鄭樵《通志・圖譜略・索象》 河出圖，天地有自然之象；洛出書，天地有自然之理。天地出此二物，以示聖人，使百代憲章必本於此，而不可偏廢者也。圖經也，書緯也，一經一緯，相錯而成文；圖植物也，書動物也，一動一植，相須而成變化。見書不見圖，聞其聲不見其形；見圖不見書，見其人不聞其語。圖至約也，書至博也。即圖而求易，即書而求難。古之學者爲學有要：置圖於左，置書於右，索象於圖，索理於書，故人亦易爲學，學亦易爲功，舉而措之，如執左契。後之學者，離圖即書，尚辭務説，故人亦難爲學，學亦難爲功。雖平日胸中有千章萬卷，及寘之行事之間，則茫茫然不知所向。秦人雖棄儒學，亦未嘗棄圖書，誠以爲國之具，不可一日無也。蕭何知取天下易，守天下難，當衆人爭取之時，何則入咸陽，先取秦圖書，以爲守計。一旦干戈既定，文物悉張，故蕭何定律令而刑罰清，韓信申軍法而號令明，張蒼定章程而典故有倫，叔孫通制禮儀而名分有別。且高祖以馬上得之，一時間武夫役徒，知《詩》、《書》爲何物？而此數公，又非老師宿儒博通古今者，若非圖書有在，指掌可明見，則一代之典，未易舉也。然是時挾書之律未除，屋壁之藏不啓，所謂書者有幾，無非按圖之效也。後世書籍既多，儒生接武，及乎議一典禮，有如聚訟，玩歲愒日，紛紛紜紜。縱有所獲，披一斛而得一粒，所得不償勞矣。何爲其然哉？歆、向之罪，上通於天，漢初典籍無紀，劉氏創意，總括羣書，分爲七略，只收書不收圖。《藝文》之目，遞相因習，故天祿、蘭臺、三館、四庫内外之藏，但聞有書而已。蕭何之圖，自此委地。後之人將慕劉、班之不暇，故圖消而書日盛。惟任宏校兵書，一類分爲四種，有書五十三家，有圖四十三卷，載在《七略》，獨異於他。宋、齊之間，羣書失次，王儉於是作《七志》以爲之紀。六志收書，一志專收圖譜，謂之《圖譜志》。不意末學而有此作也。且有專門之書，則有專門之學，有專門之學，則其學必傳，而書亦不失。任宏之《略》，劉歆不能廣之。王儉之《志》，阮孝緒不能續之。孝緒作《七録》，散圖而歸《部録》，雜譜而歸《記注》。蓋積書猶調兵也，聚則易固，散則易亡。積書猶賦粟也，聚則易贏，散則易乏。按任宏之圖，與書幾相等。王儉之《志》，自當七之一。孝緒之《録》，雖不專收，猶有總記。《内篇》有圖七百七十卷，《外篇》有圖百卷，未知譜之如何耳。隋家藏書，富於古今，然圖譜無所繫。自此以來，蕩然無紀。至今虞夏商周秦漢上代之書具在，而圖無傳焉。圖既無傳，書復日多，兹學者之難成也。天下之事，不務行而務説，不用圖譜可也。若欲成天下之事業，未有無圖譜而可行於世者。作《圖譜略》。

又《明用》 善爲學者，如持軍治獄，若無部伍之法，何以得書之紀。

若無覈實之法，何以得書之情。今總天下之書，古今之學術，而條其所以爲圖譜之用者十有六：一曰天文，二曰地理，三曰宮室，四曰器用，五曰車旂，六曰衣裳，七曰壇兆，八曰都邑，九曰城築，十曰田里，十一曰會計，十二曰法制，十三曰班爵，十四曰古今，十五曰名物，十六曰書。凡此十六類，有書無圖，不可用也。人生覆載之間，而不知天文、地里，此學者之大患也。在天成象，在地成形。星辰之次舍，日月之往來，非圖無以見天之象。山川之紀，夷夏之分，非圖無以見地之形。天官有書，書不可以仰觀。地里有志，志不可以俯察。故曰：天文地里，無圖有書，不可用也。稽之人事，有宮室之制，有宗廟之制，有明堂辟廱之制，有居廬堊室之制，有臺省府寺之制，有庭霤戶牖之制，凡宮室之屬，非圖無以作室。有尊彝爵斝之制，有簠簋俎豆之制，有弓矢鈇鉞之制，有圭璋璧琮之制，有璽節之制，有金鼓之制，有棺槨之制，有重主之制，有明器祭器之制，有鉤盾之制，凡器用之屬，非圖無以制器。爲車旂者，則有車輿之制，有驂服之制，有旟旐之制，有儀衛鹵簿之制，非圖何以明章程？爲衣服者，則有弁冕之制，有衣裳之制，有履舄之制，有笄總之制，有襚含之制，有杖絰之制，非圖何以明制度？爲壇域者，則有壇墠之制，有丘澤之制，有社稷之制，有兆域之制，大小高深之形，非圖不能辨。爲都邑者，則有京輔之制，有郡國之制，有閭井之制，有市朝之制，有蓄服之制，內外重輕之勢，非圖不能紀。爲城築者，則有郛郭之制，有苑囿之制，有臺門魏闕之制，有營壘斥候之制，非圖無以明關要。爲田里者，則有夫家之制，有溝洫之制，有原隰之制，非圖無以別經界。爲會計者，則有貨泉之制，有貢賦之制，有戶口之制，非圖無以知本末。法有制，非圖無以定其制。爵有班，非圖無以正其班。有五刑，有五服、五刑之屬，有適輕適重。五服之別，有大宗小宗，權量所以同四海，規矩所以正百工。五聲八音十二律有節，三歌六舞有序，昭夏肆夏，宮陳軒陳，皆法制之目也，非圖不能舉。內而公卿大夫，外而州牧侯伯，貴而妃嬪，賤而妾媵，官有品，命有數，祿秩有多寡，考課有殿最，繅籍有數，玉帛有等，上下異儀，尊卑異事，皆班爵之序也，非圖不能舉要。通古今者，不可以不識三統五運。而三統之數，五運之紀，非圖無以通要。別名物者，不可以不識蟲魚草木，而蟲魚之形，草木之狀，非圖無以別要。明書者，不可以不識文字音韻，而音韻之清濁，文字之子母，非圖無以明。凡此十六種，可以類舉，爲學者而不知此，則章句無所用；爲治者而不知此，則紀綱文物無所施。

袁桷《清容居士集》卷二一《新安程子見四書圖訓序》 象數可以圖言，名意不得以圖言。以圖言之，其亦有所本乎？昔者聖人觀象著圖，因圖爲書，範圍發揮，由書而始通。則夫圖之秘，非書不能以盡，是書之明於圖者也。後聖繼述，遵文演圖，器度物象之微，剛柔善惡之應，若天旋之，默運于樞紐，其不可以繪畫得之者，猶因名以立義，此圖之輔於書而不可廢焉者也。二者之用，各有先後，合而言之者，吾不知其說也。自正心誠意之說興，茫無畔岸，朱子憂之，遂以其可據依者爲之主，而體用知行之說，實切於學者之功用。後百餘年，《五經》廢棄，遂復勦取其近，似端坐塗飾，而根柢源委悉不復攷。禮主於敬，理主於善，一言以蔽，講學之法，糜爛而不可救矣。新安程子見取《論》、《孟》、《中庸》、《大學》之書，切於吾身者，析而爲圖，以輔翼朱子之教，抑亦使夫人知爲學之序，非字義之可盡，條分目舉，必有能篤行而親識之者，斯足以盡夫斯道之要，其勤且備可謂能矣。昔眞文忠公作《讀書記》，仁義性命之說，各以類從。先正肅公作書止之曰：「使若書成，學者將得以自肆。」今是書具在，視今之言理者，與古賢無異，論其所學，則又甚於朱子之憂矣。子見之圖，其必有以拯諸。

貢師泰《玩齋集》卷六《易象圖序》 淸江張理仲純讀《易》而有得焉，於朱子本義所列九圖之外，復推演爲圖一十有二，以明陰陽、剛柔、奇偶之象，然後動靜、闔闢、往來、交互、變易、縱衡、上下，坦然明著矣。或者謂《易》之爲道，幽而鬼神，明而禮樂，凡天地間事物小大、終始、進退、得失、吉凶、存亡之故，靡不兼該而具備。今欲一切約之於圖，其果足以盡天下無窮之變乎？嗚呼，君子居則觀其象而玩其辭，動則觀其變而玩其占。夫辭精微而難究，象顯著而《易》明。由辭以達象，因象以命辭，則辭《易》先後，亦較然可見矣，況《易》之畫取諸天地，《易》之名取諸日月。彖取諸家，象取諸象，象固未始離乎《易》也。然則斯圖之作，非深有得乎《易》者，其足以知之哉。昔江陵項氏著《玩辭》以發明程子之《易》，猶恐有西河疑汝之嘆，斯圖之於朱子，其亦類是也夫。

鄭履淳《尚書禹貢圖説序》 夫《禹貢》神禹相舜經理天下之書也。【略】太史公八書，上悉天官，下詳平準，而於《禹貢》獨不敢有所損益，顧其文辭簡古，條理精嚴，學者雖誦於篇章，講於師友，終非身遊目覽，豈能熟識？予家翁昔年教授，迺備爲圖，并著之説。分疆界於各州之中，而貢道以別；列山川於諸條之下，而州境益明。至若河表東西，判分南北，或地雖小，而紀之必備，或彼州治而此功亦成，本諸經文，質諸傳義，更附以昭代之地制，使觀者開卷披玩，恍如身歷九有，以談時務，奚必讀職方，按輿志，而始知朔方之形勝，金城之永固哉。

江永《鄉黨圖考・例言》　孔子先世及紀年及制度名物當爲圖譜以顯，圖譜正未易言，《史記》、《家語》、《闕里志》、歷聘、紀年、年譜諸書，參錯不一，當加考核，以審從違。他書所繪制度、器服諸圖，多本宋初聶崇義《三禮圖》，往往與經謬戾，訛以傳訛，鮮能訂正。古人宮寢朝廟，苟無精詳之圖，安知門朝堂階若何布列，聘享擯相若何行禮。衣服無圖則冠冕不知其形，衣裳不知其制，尊卑不知其差，三裘不知所用。至車輿一圖，傳訛已久，全非古之車形，何以執綏而升車？何以車中不内顧？圖學安可無根，兹爲圖譜一卷，務求精核，頗異他圖云。

考鄉黨當自聖蹟。始昔人備考諸書，不擇是非，叢雜鈔入，事非其年，年無其事，不能參互考訂，是直鈔胥耳。生年月日，《公》《穀》與《史記》不同，《公》《穀》又自有參差；卒之月日，杜注不定，此皆宜詳考畫一。《檀弓》少孤、防墓兩章，及伯魚母死期而猶哭一章，事關父子夫婦之大倫，讀者不詳其故，妄生疑辨，近世高郵孫氏考出少孤章非不知父墓，豐城甘氏考出伯魚哭母章夫子未嘗出妻，此皆有功禮經，亟宜取善。防墓章不善讀之，似聖人不能謹送終大事，苟善讀之，亦自無可疑。其他如孔父嘉實爲得氏之祖，不得以父爲名嘉爲字，在齊未嘗七年，陽虎時未嘗宰中都，夾谷會未嘗斬侏儒，仕魯未嘗攝相事，爲司寇未嘗誅少正卯，阨於陳蔡之間當考其地，自陳如蔡欲就葉公，非當時州來之蔡，皆隨事考核，以歸實録。爲先聖輯事蹟，固非可草草也。

朝聘爲一卷。聘事詳考其始末。宮室爲一卷，以朱子《儀禮釋宮》爲本，徧考古人宮室制度，并辨大夫士東房西室之非，又詳考朝宁門堂諸制，參証以圖，可想見古人視朝之儀，及聘享擯相諸儀，出入升降趨蹌進退皆如身履其地。俗解以入門爲趨進，以升堂爲治朝，尤深辨其非，以醒當世之惑。魯之宗廟大禘僭禮自僖公始，以《魯頌・閟宮》得間，禘祭非祭文王，以魯有周廟得間，皆前人所未發也。

《記》云：不學雜服不能安禮，可知古人亦以學雜服爲難。衣服分上下二卷，冠弁冕服之制，三裘裼襲之制，考之尤詳。可知服裘有上服，自是服制差等當如此，非如時俗無根之説，以緇衣象北面，以素衣昭忠信也。深衣裳孔疏誤釋，致家禮亦承其誤，今明辨之。深衣之必殺，在當旁之衽宜邪裁，古注對上衣不殺者固非明人文，謂從儉者亦無根之説，觀此可知其謬。

飲食一卷，詳及纖悉。器用一卷，詳車制度。注疏有誤解，後人有誤釋誤圖者辨之。容貌雜典各一卷，鄉黨一篇具備。

諸制度不必皆鄉黨所有，事有相關，亦兼考之，會通其全，乃能悉其曲折。

自講章時文之學盛而注疏之學微，游談無根，其弊也久。前明諸鉅公名手，於毛、鄭、賈、孔之言，蓋有終身未一寓目者，觀其著述與其時藝，即可窺其底裏。是書引經稽典必以注疏爲主，後儒之説附之注疏，有未當乃參考而明辨之，此窮經之方也。

《四庫提要・經部二〇・儀禮圖》　序稱嚴陵趙彦肅作《特牲》、《少牢》二禮圖，質於朱子。朱子以爲更得《冠昏圖》及堂室制度并考之乃佳。復因原本師意，録十七篇經文，節取舊説，疏通其意，各詳其儀節陳設之方位，繫之以圖，凡二百有五。又分宮廟門、冕弁門、牲鼎禮器門，爲圖二十有五，名《儀禮旁通圖》附於後，其於是經，可謂用心勤摯。惟是讀《儀禮》者，必明於古人宮室之制，然後所位所陳，揖讓進退，不失其方。故李如圭《儀禮集釋》、朱子《儀禮經傳通解》皆特出《釋宮》一篇，以總挈大綱，使衆目皆有所麗。是書獨廢此一門，但隨事立圖，或縱或横，既無定向，或左或右，僅列一隅。遂似滿屋散錢，紛無條貫。其見於宮廟門僅止七圖，頗爲漏略。又遠近廣狹，全無分數，如序外兩夾，劉熙《釋名》所謂「在堂兩頭，故曰夾是也」。圖乃與房室竝列，則《公食大夫禮》宰東夾北西面，疏云：「位在北堂之南」；《特牲饋食禮》豆籩鉶在東堂，注云：「房中之東當夾北者」，皆茫然失其處所矣。門與東西塾同在一基，圖乃分在東隅、西隅，則《士虞禮》「七俎在西塾之西」無其地。及《士冠禮》「擯者負東塾」之類，皆非其處所矣。如斯之類，殊未能條理分明。然其餘諸圖，尙皆依經繪象，約舉大端，可粗見古禮之梗概，於學者不爲無裨。一二舛漏，諒其剏始之難工可也。

《禮記義疏・凡例》 古六經皆有圖，蓋左圖右史，所以按驗而便稽考也。茲編既成，復因《禮器》《三禮》諸圖之舊，損益爲圖，弁加圖說，俾窮經者瞭如指掌。

《儀禮義疏・綱領》 楊氏復曰：聖人胸中制作之妙，盡天理節文之詳，經緯彌綸，混成全體，竭天下之心思莫能至焉。是故其義密，其辭嚴，驟讀其書者苦其難也。復曩從朱文公讀《儀禮》，求其辭而不得，則擬爲圖以象之，圖成而義顯，凡位之先後秩序，物之輕重權衡，禮之恭遜文明，仁之忠厚懇至，義之時措咸宜，智之文理密察，精粗本末，昭然可見矣。

皮錫瑞《經學通論・三禮・論讀儀禮重在釋例尤重在繪圖合以分節三者備則不苦其難》 《春秋》有凡例，《禮經》亦有凡例，讀《春秋》而不明凡例，則亂；讀《禮經》而不明凡例，則苦其紛繁。陳澧曰：《儀禮》有凡例，作記者已發之矣。《鄉飲酒》禮記云：以爵拜者不徒作，坐卒爵者拜既爵，立卒爵者不拜既爵。凡奠者於左，將舉於右。此記文之發凡者也。鄭注發凡者數十條，《士冠禮》注云：凡奠爵，將舉者於右，不舉者於左。凡醴士，質者用糟，文者用清。凡薦出自東房，凡牲皆用左胖。其餘諸篇注皆有之，若鈔出之，即可爲《儀禮》凡例矣。有鄭注發凡，而賈疏辨其同異者；有鄭注不發凡，而賈疏發凡者；有經是變例，鄭注發凡而疏申明之者；又有經是變例，注不發凡而疏發凡者。有賈疏不云凡而無異發凡者。文多不載，見《東塾讀書記》。綜而論之，鄭、賈熟於《禮經》之例，乃能作注作疏。注精而簡，疏則詳而密。分析常例變例，究其因由，且經有不具者，亦可以例補之。朱子云：《儀禮》雖難讀，然卻多是重複，倫類若通，則其先後彼此展轉參照，足以互相發明。此所謂倫類，即凡例也。近時則凌氏《禮經釋例》，善承鄭、賈之學，大有助於讀此經者矣。案：陳氏引注疏甚明，初學猶苦其分散難考，先觀《禮經釋例》，則一目瞭然矣。陳澧又曰：鄭、賈作注作疏時，皆必先繪圖。今讀注疏，觸處皆見其蹤跡。如《士冠禮》「筮人許諾，右還即席坐」。注云：東面受命，右還北行就席。疏云：鄭知東面受命者，以其上文有司在西方東面，主人在門東西面，今從門西東面主人之宰命之，故東面受命可知也。知右還北行就席者，以其主人在門外之東南，席在門中，故知右還北行，乃得西面就席坐也。如此之類，乃顯而易見者。又如《燕禮》「主人盥洗象觚」。注云：取象觚者東面。疏云：以膳篚南有臣之篚，不得北面取，又不得南面背君取；從西階來，不得篚東西面取。以是知取象觚者東面也。此必鄭有圖，故知東面取。賈有圖，故知不得北面南面西面而必東面也。以下文多不載。楊信齋作《儀禮圖》，厥功甚偉，惜朱子不及見也。《通志・堂經解》刻此圖，然其書巨帙不易得，故信齋此圖，罕有稱述者。張皐文所繪圖，更加詳密，盛行於世。然信齋創始之功不可沒也。阮文達公爲張皐文《儀禮圖序》云：昔漢儒習《儀禮》者必爲容，故高堂生傳《禮》十七篇，而徐生善爲頌，禮家爲頌皆宗之，頌即容也。予嘗以爲讀《禮》者當先爲頌。昔叔孫通爲緜蕝以習儀，他日亦欲使家塾子弟畫地以肄禮，庶于治經之道，事半而功倍也。然則編修之書，非即徐生之頌乎。澧案畫地之法，澧嘗試爲之，眞事半而功倍，恨未得卒業耳。若夫宮室器服之圖，則當合《三禮》爲之。此自古有之，今存於世者，惟聶崇義之圖，至國朝諸儒所繪益精。若取《皇清經解》內諸圖與聶氏圖考定其是非，而別爲三禮圖則善矣。錫瑞案：聶氏《三禮圖》，朱子譏其醜怪不經，非古制。今觀其冠制多怪誕，必非三代法物。而據竇儼序稱其博采舊圖，凡得六本，則實原於鄭君及阮諶、梁正、夏侯伏明、張鎰諸家，特非盡出鄭君。而鄭注《儀禮》、賈疏《儀禮》有圖，則自陳氏始發之。楊復圖世罕傳，惟張惠言《儀禮圖》通行，比楊氏更精密。韓文公苦《儀禮》難讀，讀《儀禮》有三法：一曰分節，二曰釋例，三曰繪圖。得此三法，則不復苦其難。分節可先觀張爾岐吳廷華之書，釋例凌廷堪最詳，繪圖張惠言最密。若胡培翬《儀禮正義》雖詳而太繁，楊大堉所補多違古義，與原書不合，不便學者誦習，姑置之。

《補繪蕭雲從離騷全圖・凡例》 一、蕭雲從原書目錄載有離騷全圖，今已逸去，應爲補繪。按《離騷》一篇屈原一生梗概備載其間，非片楮所能殫。其義因繹三閭之詞，復考諸家之注，分文析句，釐爲三十二圖，蓋準原書《天問》圖分繪之例。

一、原書目錄《九章》無圖，蓋雲從初輯是編，未經繪畫者也。按《九章》爲屈原既放江南以後之作，時序不同，景物亦異，所宜分圖布景，指事傳神於每章，各繪一圖，與原書《九歌》同例。

一、原書凡例所載《遠遊》五圖闕，今詳加。參考仍釐爲五圖，以合原書之數。至《卜居》《漁父》二篇原書既有合圖，茲不復繪，免致繁。

一、《九辯》《招魂》《大招》三篇，原目凡例中既以宋玉、景差爲屈原授經之士，並引王注疑爲屈子所作，附存於後，則亦宜據雲從纂輯體例，一律補圖。今《九辯》按章爲九圖，《招魂》分段爲十三圖，《大招》分段爲七圖。

一、楚辭各篇皆借香草以喻君子，誠宜殿以芬芳，寫其高潔。雲從原書凡例亦稱香草一圖，有志未逮，今按名别類分爲十六圖，以附於後。至於椒樧爲木本，芰荷爲水花，已散見於各篇所補圖內。他如茅、蒉、菉、葹之類，凡所指爲惡草者，概不闌入。

一、原書祇有三閭大夫、鄭詹尹、漁父合繪之一圖，《九歌》九圖，《天問》五十四圖。今自《離騷》篇起，至香草止，爲補繪九十一圖，共成一百五十五圖。庶幾圖既補，亡篇無剩義云爾。

張守礙《閱史津逮敘》 清朱約淳撰是書，以閱史不諳地理無由識其形勢，乃攷訂往牒，正其舛譌，各繪以圖。圖六十有六，首爲禹貢圖，次爲歷代疆域圖、歷代割據圖及省會圖、九邊圖、鎮番圖、鎮蠻圖、漕河圖、海運圖、黄河圖、域外圖，終以天文圖。圖各有敘，詳述沿革及其形勢，條分臚列，經緯詳明。目見耳聞，記載典核，非馬遷、班固徒傳聞於譯史，法顯、元奘多附會於佛書者所可比也。

綜　述

聶崇義《三禮圖集注》卷一八 《喪大記》曰：士葬用國車，音輇，示專反，或作團。又誤作國。二綍無碑，比出宫，御棺用功布。註云：比出宫用功布，則出宫而止，至壙無矣。舊圖云：功布，謂以大功之布，長三尺，以御柩居前，爲行者之節度。又《隱義》云：羽葆、功布等，其象皆如麾。則旌旗無旒者，周謂之大麾。《既夕禮》云：商祝執功布以御柩。執披。賈釋

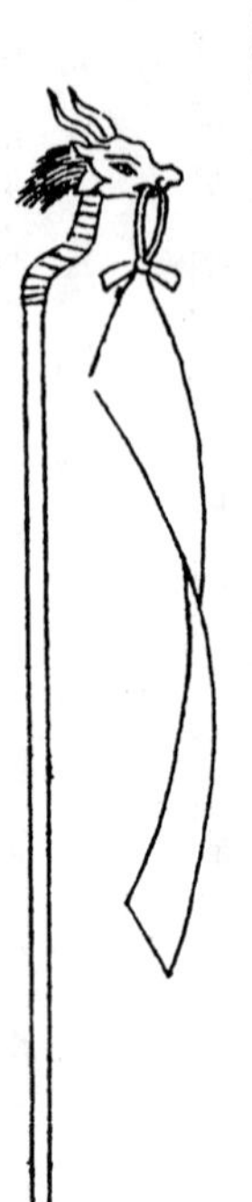

功布

云：謂以葬時乘車，故有柩車前引柩者，及在柩車傍執披者，皆御治之。又註云：居柩車之前，若道有低仰傾虧，則以布爲抑揚左右之節，使引者執披者知之也。道有低，謂下坂時也，道有仰，謂上坂時也。傾虧，謂道之兩邊，在柩車左右，轅有高下也。若道有低，則抑下其布，使執引者知其下坂也。若道有仰，則揚舉其布，使執引者知其上坂也。若柩車左邊右邊或高下傾虧，亦左右其布，使知道有傾虧也。假令車之東轅下，則抑下其布向東，使西邊執披者持之，若車之西轅下，則抑下其布向西，使東邊執披者持之。所以然者，使車不傾虧也。大夫御柩以茅，諸侯以羽葆，天子以纛，指引前後左右，皆如功布之施爲也。又《既夕禮》，將葬啓殯音異。時，商祝免袒執功布入，升自西階。註云：功布，灰治之布也。執之，以接神爲有所拂芳勿反。扐芳罔。反。賈釋云：拂扐，猶言拂拭也。故下經云：商祝拂柩用功布。是拂拭去塵也。此始告神而用功布拂拭，謂拂扐去凶邪之氣也。謂功布有此三用，故廣述而辨之。

《范仲淹全集・范文正公遺迹・吴縣文正書院》 先文正公書院，在吴

文正書院新圖

縣治東北郡廟之後北元三圖靈芝坊，宋咸淳中郡守潛説友奏建。其西即文正公故宅也。東西有坊，扁曰「文正義澤」，徐武功書。又東爲兄弟進士坊，扁曰「兩浙文宗」。又西爲父子進士坊，扁曰「六詔文宗」。康熙壬子，潘陽文肅相國中子忠貞公承謨捐俸修建。乙亥，大司馬公承勛復葺而新之。按本祠木龍亥脈，子癸入首。第一進大門，壬山丙向，兼子午三分。第二進儀門。第三進文正公祠。第四進三太師祠。東爲先憂閣，閣之南忠宣祠，又其南文肅祠，東南隅則土地祠也。西爲歲寒堂，堂前建御書亭，堂之西後樂樓，樓之南少參公祠也。西南隅爲諸賢祠云。書院臨河，河之南即郡廟後宮，特築周垣以爲屏蔽。門前有四柱坊，明御史洛陽溫公如璋所立，今重建，大司馬書「世濟忠直」、「先天下之憂而憂，後天下之樂而樂」以顔其上。書院之地，南橫五十六步，其沿河牌坊廊屋基地周共一百六十二步；東至祭祀巷，縱長七十七步；西至火弄出路石馬兒街，又名丘武公巷，縱長九十四步；北至蒲林巷，橫六十三步。周共三百一十七步有奇。忠宣房世孫、奉祀生安崧繪圖幷識。

《歐陽修全集·九射格》 九射之格，其物九，爲一大侯而寓以八侯。熊當中，虎居上，鹿居下，雕、雉、猿居右，雁、兔、魚居左。而物各有籌，射中其物，則視籌所在而飲之。射者，所以爲羣居之樂也。而古之君子，以爭九射之格，以爲酒禍起於爭。爭而爲歡，不若不爭而樂也。故無勝負，無賞罰。中者不爲功，則無好勝之矜；不中者無所罰，則無不能之誚。探籌而飲，飲非觥也，無所恥。故射而自中者，有不得免飲，而屢及者亦不得辭，所以息爭也。終日爲樂而不恥不爭，君子之樂也。探籌之法，一物必爲三籌，蓋射賓之數多少不常，故多爲之籌以備也。凡今賓主之數九人，則人探其一，八人則置其熊籌，不及八人而又少，則人探其一，而置其餘籌可也。益之以籌，而人探其一或二，皆可也。惟主人臨時之約，然皆置其熊籌。中則在席皆飲，若一物而再中，則視執籌者飲量之多少。而飲器之大小，亦惟主人之命。若兩籌而一物者，亦然。凡射者一周，既飲酬，則歛籌而復探之。籌新而屢變，矢中而無情，或適當之，或幸而免，此所以歡然爲樂而不厭也。《醉翁亭記》云：射者中，弈者勝，觥籌交錯。恐或謂此。

周敦頤《周元公集》卷一《太極圖説》 無極而太極。太極動而生陽，動極而靜，靜而生陰，靜極復動。一動一靜，互爲其根。分陰分陽，兩儀立焉。陽變陰合而生水、火、木、金、土，五氣順布，四時行焉。五行一陰陽也，陰陽一太極也，太極本無極也。五行之生也，各一其性。無極之眞，二五之精，妙合而凝。乾道成男，坤道成女。二氣交感，化生萬物。萬物生生而變化無窮焉。惟人也，得其秀而最靈。形既生矣，神發知矣，五性感動而善惡分，萬事出矣。聖人定之以中正仁義而主靜，立人極焉。故聖人「與天地合其德，日月合其明，四時合其序，鬼神合其吉凶」。君子修之吉，小人悖之凶。故曰：「立天之道曰陰與陽，立地之道曰柔與剛，立人之道曰仁與義。」又曰：「原始反終，故知生死之説。」大哉易也，斯其至矣。

太極圖

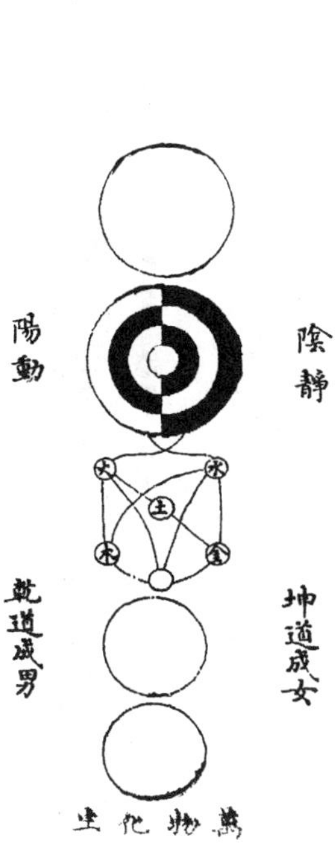

陰靜

陽動

坤道成女

乾道成男

萬物化生

朱熹《原本周易本義》 右《繫辭》傳曰：「河出圖，洛出書，聖人則之。」又曰：「天一、地二，天三、地四，天五、地六，天七、地八，天九、地十。天數五，地數五，五位相得而各有合。天數二十有五，地數三十，凡天地之數五十有五。此所以成變化而行鬼神也。」此河圖之數也。洛書蓋取龜象，故其數戴九履一，左三右七，二四爲肩，六八爲足。蔡元定曰：圖書之象。自漢孔安國、劉歆，魏關朗子明，又有宋康節先生邵雍堯夫，皆謂如此。至劉牧始兩易其名，而諸家因之。故今復之，悉從其舊。

河圖　　洛書

伏羲八卦次序

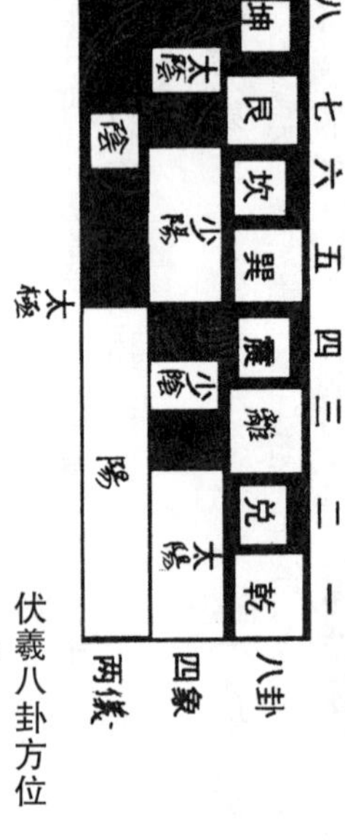

右《繫辭》傳曰：「易有太極，是生兩儀，兩儀生四象，四象生八卦。」邵子曰：「一分爲二，二分爲四，四分爲八也。」《説卦》傳曰：「易，逆數也。」邵子曰：「乾一，兌二，離三，震四，巽五，坎六，艮七，坤八。自乾至坤，皆得未生之卦。若逆推，四時之比也。」後六十四卦次序放此。

伏羲八卦方位

右《説卦》傳曰：「天地定位，山澤通氣，雷風相薄，水火不相射。八卦相錯，數往者順，（至）［知］來者逆。」邵子曰：「乾南，坤北，離東，坎西，震東北，兌東南，巽西南，艮西北。自震至乾爲順，自巽至坤爲逆。後六十四卦方位放此。

伏羲六十四卦次序

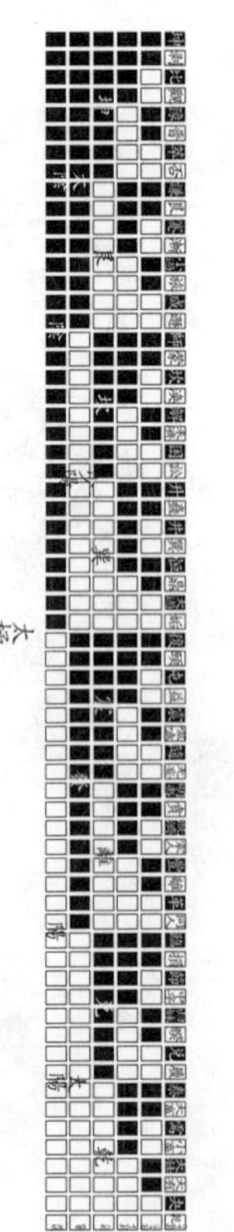

右前八卦次序圖，即《繫辭》傳所謂「八卦成列」者。此圖即所謂「因而重之」者也。故下三畫即前圖之八卦，上三畫則各以其序重之。而下卦因亦各衍而爲八也。若逐爻漸生，則邵子所謂「八分爲十六，十六分爲三十二，三十二分爲六十四」者。尤見法象自然之妙也。

伏羲六十四卦方位

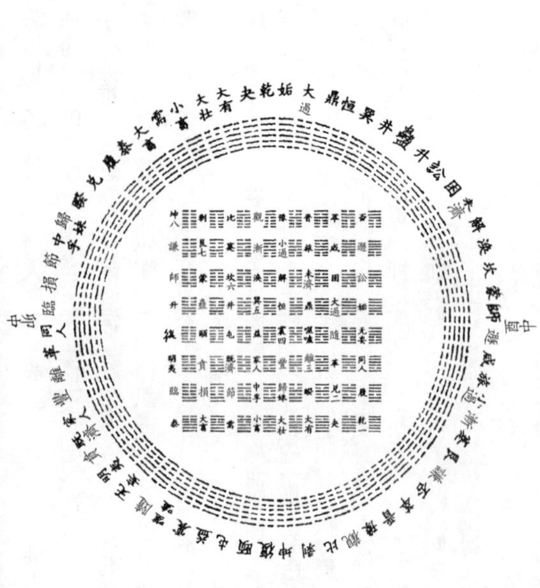

右伏羲四圖，其（失）［説］皆出邵氏。蓋邵氏得之李之才挺之，挺之得之穆修伯長，伯長得之華山希夷先生陳摶圖南者。所謂「先天之學」也。此圖圓布者，乾盡午中，坤盡子中，離盡卯中，坎盡酉中。陽生於子中，極於午中。陰生於午中，極於子中。其陽在南，其陰在北。方布者，乾始於西北，坤盡於東南。其陽在北，其陰在南。此二者，陰陽對待之數。圓於外者爲陽，方於中者爲陰。圓者動而爲天，方者靜而爲地者也。

文王八卦次序

文王八卦方位

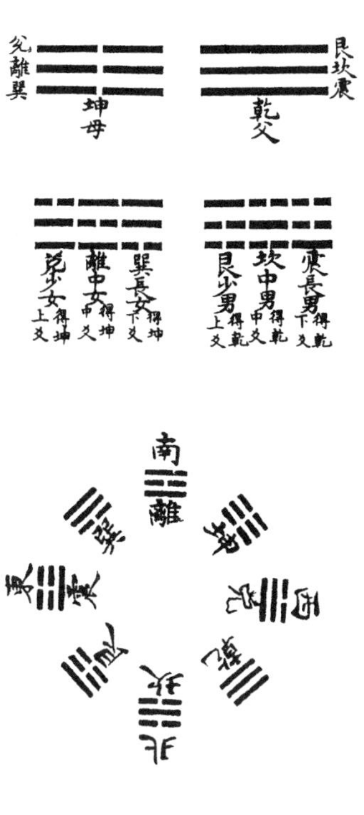

右見《説卦》。

右見《説卦》。邵子曰：「此文王八卦，乃入用之位。」後天之學也。

林希逸《考工記解》卷上《桃氏》 桃氏爲劍，臘廣二寸有半寸。兩從半之。

劍面通廣二寸半，其兩從中分，各一半也。從，自脊中而分兩邊也。

以其臘廣爲之莖圍，長倍之。

莖，劍夾中人所把處，其圍五寸，長一尺也。

中其莖，設其後。

以一尺莖之中分之，下一半稍大也。後者，下一半也。

參分其臘廣，去一以爲首廣，而圍之。

首，劍把接刃處，其圍得一寸三分寸之二也。首不圓，故曰廣，而圍之。

身長五其莖長，重九鋝，謂之上制，上士服之。身長四其莖長，重七鋝，謂之中制，中士服之。身長三其莖長，重五鋝，謂之下制，下士服之。

身者，去劍柄而言也。莖長一尺，上制之劍長五尺，中制長四尺，下制長三尺也。上、中、下士者，以其人才之短長言之，非命士也。隨人才之宜，而用其長短，要人與器相得也。鋝，六兩也。九鋝，五十四兩也。

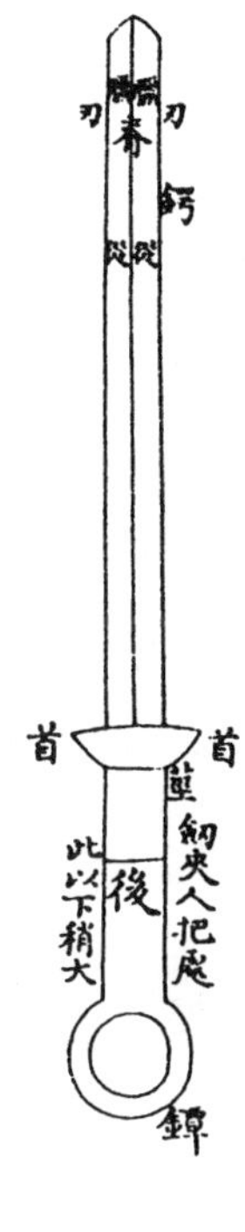

鄭伯謙《太平經國書・圖》 小宰掌官刑以貳太宰，宰夫掌朝法以貳小宰，皆通内外之官也。故太僕傳言於宰夫，宰夫傳言於小宰，小宰傳言於太宰。又有内宰，雖掌治王内之政令，亦屬於太宰，以此見周之宮中府中實合於一體也。

成周官制圖

宰夫 天官冢宰，宰夫掌之。 宰夫

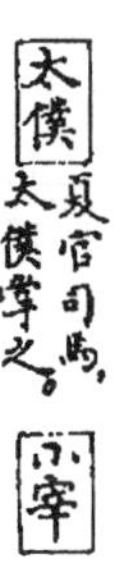

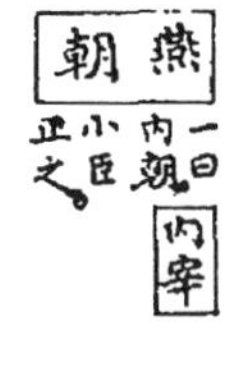

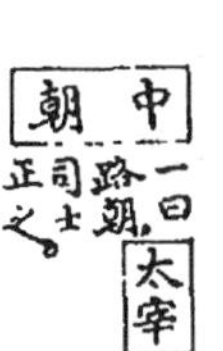

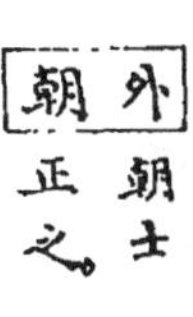

夏官

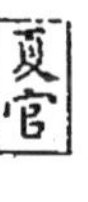

秋官

朱公遷《詩經疏義會通・圖説上》《野有死麕》

帨

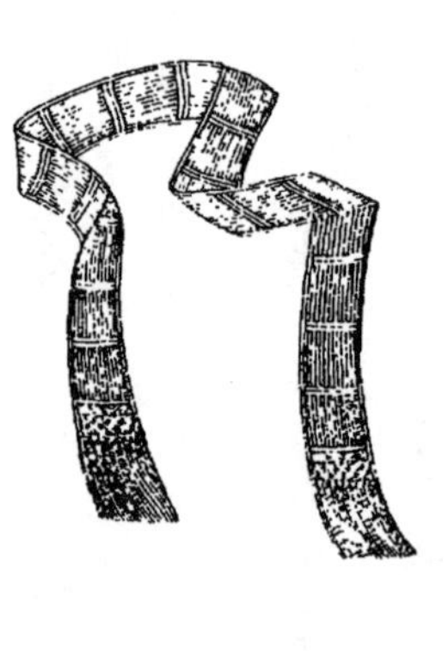

《禮記》：婦事舅姑，左佩紛帨。注：紛帨，拭手之巾也。

又《芄蘭》

觿

狀如錐角，以象骨爲之，所以解結。

王禎《農書》卷一二《農器圖譜二・耙》 耙，又作爬，今作耙，通用。宋魏之間呼爲渠挐，諾諸切。又謂渠疏。陸龜蒙曰：凡耕而後有耙，所以散墢去芟渠疏之義也。《種蒔直説古農法》云：犂一耙六。今日只知犂深爲功，不知耙細爲全功。耙功不到，則土麤不實，後雖見苗立根，案：《種蒔直説》作立根在土上。根土不相著，不耐旱，有懸死蟲咬乾死等病。耙功到，則土細又實，立根在細實土中。又碾過，根土相着，自然耐旱，不生諸病。蓋耙偏數惟多爲熟，熟則上有油土四指，可沒雞卵爲得。耙桯長可五尺，闊約四寸，兩桯相離五寸許。其桯上相間，去聲。各鑿方竅以納木齒，齒長六寸許。其桯兩端木栝長可三尺，前梢微昂穿兩木楇，以繫牛輓鈎索。此方耙也。又人字耙者，鑄鐵爲齒。《齊民要術》謂之「鐵齒鍽鍐」。俎候切。凡耙田者，人立其上，入土則深，又當於地頭不時跂足，閃去所擁草木根茇，水陸俱必用之。詩云：古人制農器，因物利其利。犂耕啓厥初，耙入抑爲次。跡居鍽鍐功，齒有渠疏義。再遍不妨多，稼事匪求易。

耙

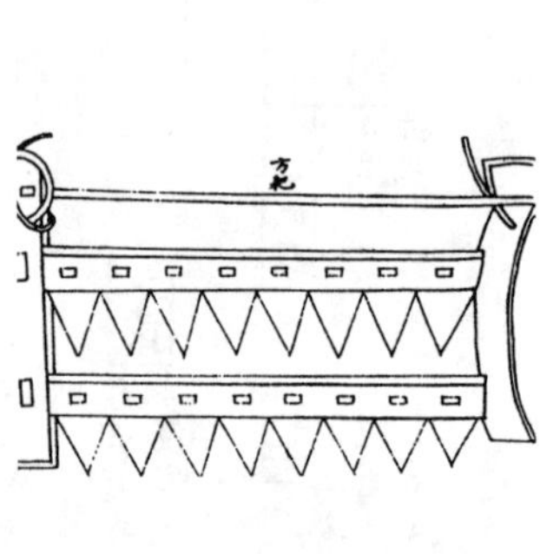

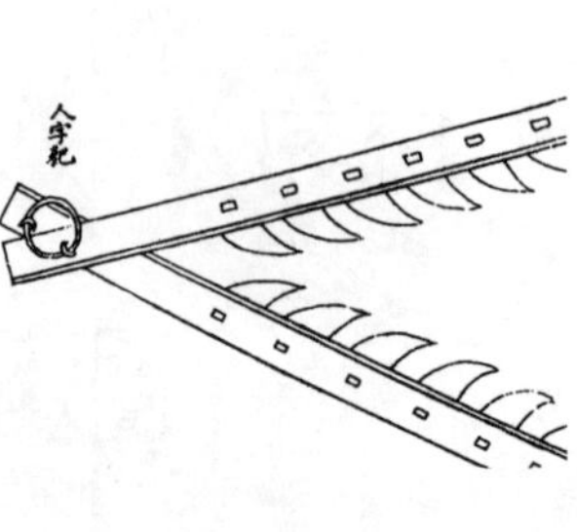

又卷一六《農器圖譜一〇》 倉廩門：

倉廩皆蓄積之所，古有定制，重民食也。次而囷、京，下而窖、竇，世所共作，俱穀藏去聲。類也。然又各有巧要，以從省便。凡欲儲貯務儉德者，當取爲法。至於始終出納之用，尤不可闕，故以嘉量繼之云。

倉，穀藏去聲也。《釋名》曰：倉，藏也，藏穀物也。《天文集》曰：廩星主倉。《史記·天官書》：胃爲天倉。此名著於天象者。《禮·月令》曰：孟冬令有司修囷倉。《周禮》倉人掌粟入之藏。此名著於公府者。《甫田》詩曰：乃求千斯倉。《管子》曰：倉廩實而知禮節。此名著於民家者。推而言之，則知倉之類尚矣。今國家備儲蓄之所，上有氣樓，謂之「敖房」，前有簷楹，謂之「明廈」，倉爲總名。蓋其制如此。夫農家貯穀之屋，雖規模稍下，其名亦同，皆係累年蓄積所在。內外材木露者，悉宜灰泥塗飾，以備火災。木又不蠹，可爲永法。詩云：實穀藏去聲。曰倉。制度一遵古，積不厭斗升，耗或容雀鼠。常平名固佳，相因義仍取。揆諸創始心，荒歉豈無補？

廩，倉別名。《豐年》詩曰：豐年多黍多稌，亦有高廩，萬億及秭。注云：廩，所以藏粢盛之穗。《說文》曰：倉黃亩而取之，故謂之亩。或從广從禾。今農家構爲無壁廈屋以儲禾穗，及穜稑之種，即古之廩也。《唐韻》云：倉有屋曰廩，倉其藏穀之總名，而廩、庾又有屋無屋之辨也。詩云：廩名天上星，有象常昭垂。在地爲定制，廣廈庇于斯。上乃奉粢盛，下以備凶饑。黍稌及億秭，重見豐年詩。

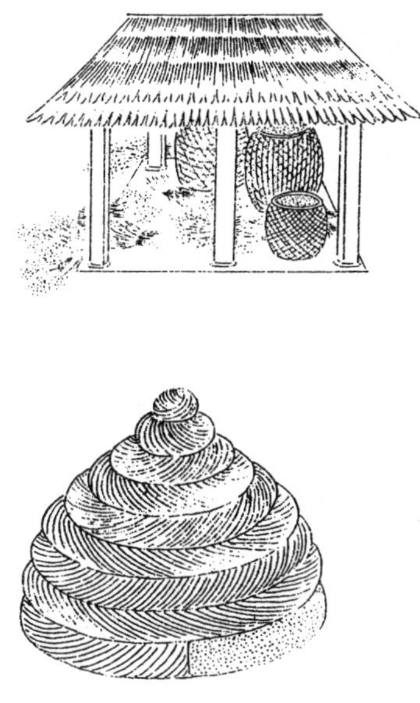

廩

庾

庾，鄭詩箋云：露積穀也。《集韻》：庾，或作㢏，倉無屋者。《詩》曰：魯孫之庾，如坻如京。又曰：我庾維億。蓋謂庾積穀多也。詩云：露積以庾稱，有象因自成。初無經構功，何同倉廩名。詩人嘗比賦，如坻復如京，公私固儲蓄，視此知豐盈。

囷，邱倫切。圓倉也。《禮·月令》曰：修囷倉。《說文》：廩之圓者。圓謂之囷，方謂之京。《管子》曰：夷吾過市，有新成囷京者。《吳志》：周瑜謁魯肅，肅指其囷以與之。《西京襍記》曰：曹元理善筭囷之穀數。類而言之，則囷之名舊矣。今貯穀圜笆，泥塗其內，草苫於上，謂之露笆者，即囷也。詩云：富國何如富在民，鄉閭是處有高囷。只知不負英雄謁，遇歉能傾一濟貧。

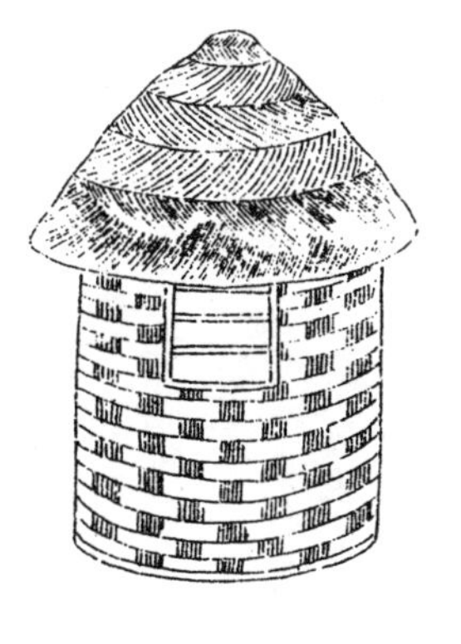

囷

京

京，倉之方者。《廣雅》云：字從广，京，倉也。又謂：四起曰京。今取其方而高大之義，以名倉曰京，則其象也。夫囷、京有方圓之別。北方高亢，就地植木，編條作笆，故圓即囷也。南方墊濕，離地嵌板作室，故方即京也。此囷、京又有南北之宜，庶識者辨之，擇而用也。詩云：大云倉廩次囷京，各貯粢糧取象成，可是今人迷古制，方圓未識有他名。

又卷一八《農田圖譜一二》 翻車，甫煩切。今人謂龍骨車也。《魏略》曰：馬鈞居京都城內，有地可爲園，無水以灌之，乃作翻車，令兒童轉上聲。之，而灌水自覆。漢靈帝使畢嵐作翻車，設機引水，灑南北郊路。則翻車之制，又起於畢嵐矣。今農家用之溉田，其車之制，除壓欄木及列檻樁外，車身用板作槽，長可二丈，闊則不等，或四寸至七寸。案：四寸、七寸制太狹，疑有誤。高約一尺，槽中架行道板一條，隨槽闊狹，比槽板兩頭俱短一尺，用置大小輪軸。同行道板，上下通週以龍骨板葉，其在上大軸兩端，各帶拐木四莖，置於岸上木架之閒。人憑架上踏動，拐木則龍骨板隨轉去聲。循環，行道板刮水上岸。此翻車之制關楗頗多，必用木匠可易成造。其起水之法，若岸高三丈有餘，可用三車，中間去聲。小池倒都皓切。水上之，足救三丈已上高旱之田。凡臨水地段，皆可置用。但田高則多費人力，如數家相助，計日趨工，俱可濟旱。水具中機械巧捷，惟此爲最。東坡詩云：翻翻聯聯銜尾鴉，犖呂角切。犖确胡角切。确蜿骨蛇。分畦翠浪走雲陣，刺水綠秧抽稻芽。洞庭五月欲飛沙，鼉鳴窟中如打衙。天公不念老農泣，喚取阿香推雷車。

翻車

朱橚《救荒本草》卷一　防風，一名銅芸，一名茴草，一名百枝，一名屏風，一名簡根，一名百蜚。生同州沙苑川澤，邯鄲、琅邪、上蔡、陝西、山東，處處皆有，今中牟田野中亦有之。根上黄色，與蜀葵根相類。梢細短，莖葉俱青緑色，莖深而葉淡。葉似青蒿葉而闊大，又似米蒿葉而稀疏。莖似茴香，開細白花，結實，似胡荽子而大。味甘辛，性温，無毒，殺附子毒，惡乾薑、藜蘆、白斂、芫花。又有石防風，亦療頭風眩痛。又有叉頭者，令人發狂。叉尾者，發痼疾。救飢採嫩苗葉作菜，茹煠食極爽口。治病，文具《本草・草部》條下。

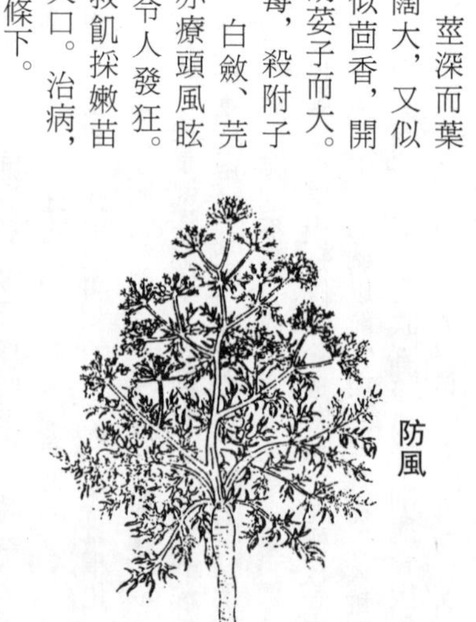
防風

潘季馴《兩河經略》卷一　爲奉明旨，陳愚見，議治兩河經略，以圖永利事：據管理河道工部郎中佘毅中、施天麟、張譽，管河兵備等道叅政龔大器，副使林紹、張純、章時鸞，僉事朱東光，水利道僉事楊化各曹呈，蒙臣幷漕運巡撫侍郎江一麟劄付備仰。職等躬歷各該地方，逐一查閲，要見徐、沛、豐、碭縷水，及太黄長隄衝決者，作何築塞？茶城正河變遷，由小浮橋出，果否成河？崔鎮等決，黄水泛溢，正漕淤阻，作何堵築？徐邳一帶長堤應否加幫？宿桃以南應否接築？老黄河故道應否開復？高家堰應否修築？新城外一帶老隄是否低薄？或原基短促，相應接築。草灣既開復淤，作何濬治？或應棄置？仍復雲梯關故道，黄浦口見今水從東決，一望瀰漫，以致高寶、揚州一帶淺阻，因何不行築塞？高寶一帶隄岸有無足恃？逐一詳議，虚心講求。或應修復舊河，或應別求利涉？勿拘成案，勿避煩勞，上裨國計，下奠民生，以圖久安長治之策，畫圖貼説，具由通詳等。【略】臣等竊惟治河固難，知河不易，故雖身歷其地，猶苦於措注之乖舛，而況於遥度乎？但勞民動衆之事，怨咨易興，而往來絡繹之途，議論易起。至於將迎之間，稍稍簡畧，則以是爲非，變黑爲白者，亦不可謂其盡無也。憂國計者，以急於望成之心，而偶聞必不可成之語，何怪乎其形諸章牘也？而不知當局者意氣因而銷沮，官夫遂生觀望，少爲搖奪，隳敗隨之，勉強執持，疎逖難達，其苦有不可言者，伏望皇上俯垂鑒照，容臣等殫力驅馳，悉心料理，寬臣以叁年之期，如有不效，治臣以罪，伏乞聖裁。奉聖旨：「工部知道。」

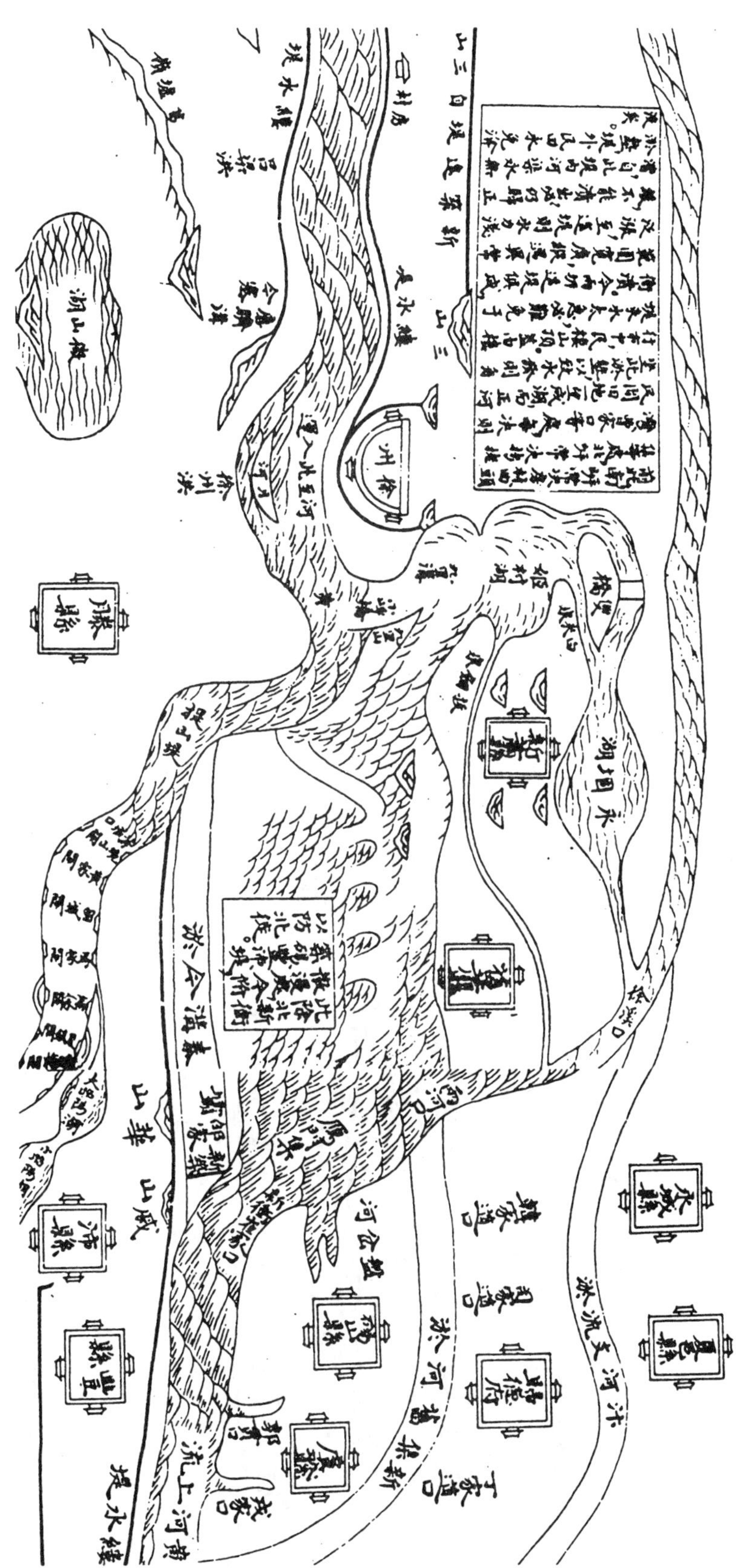

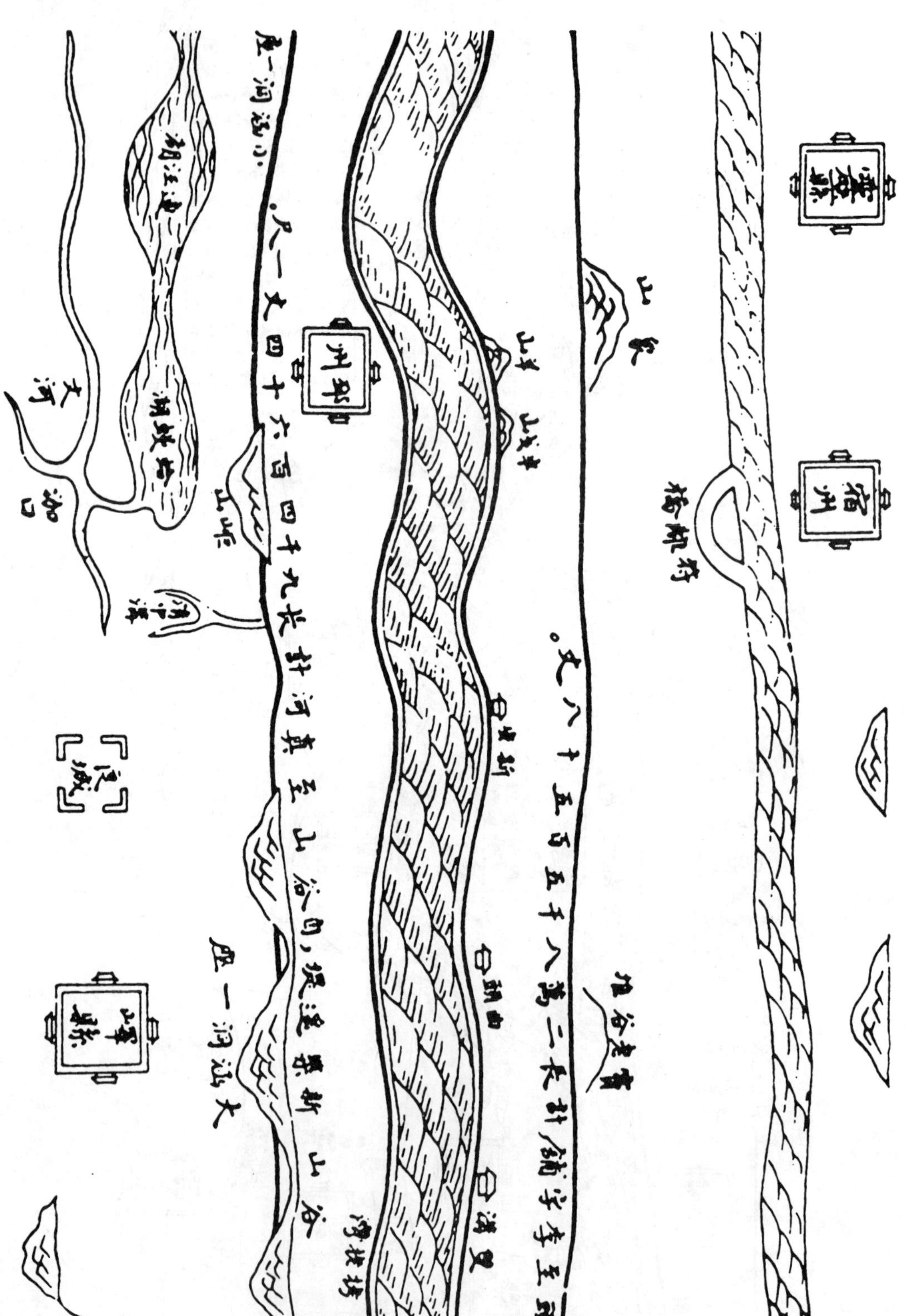

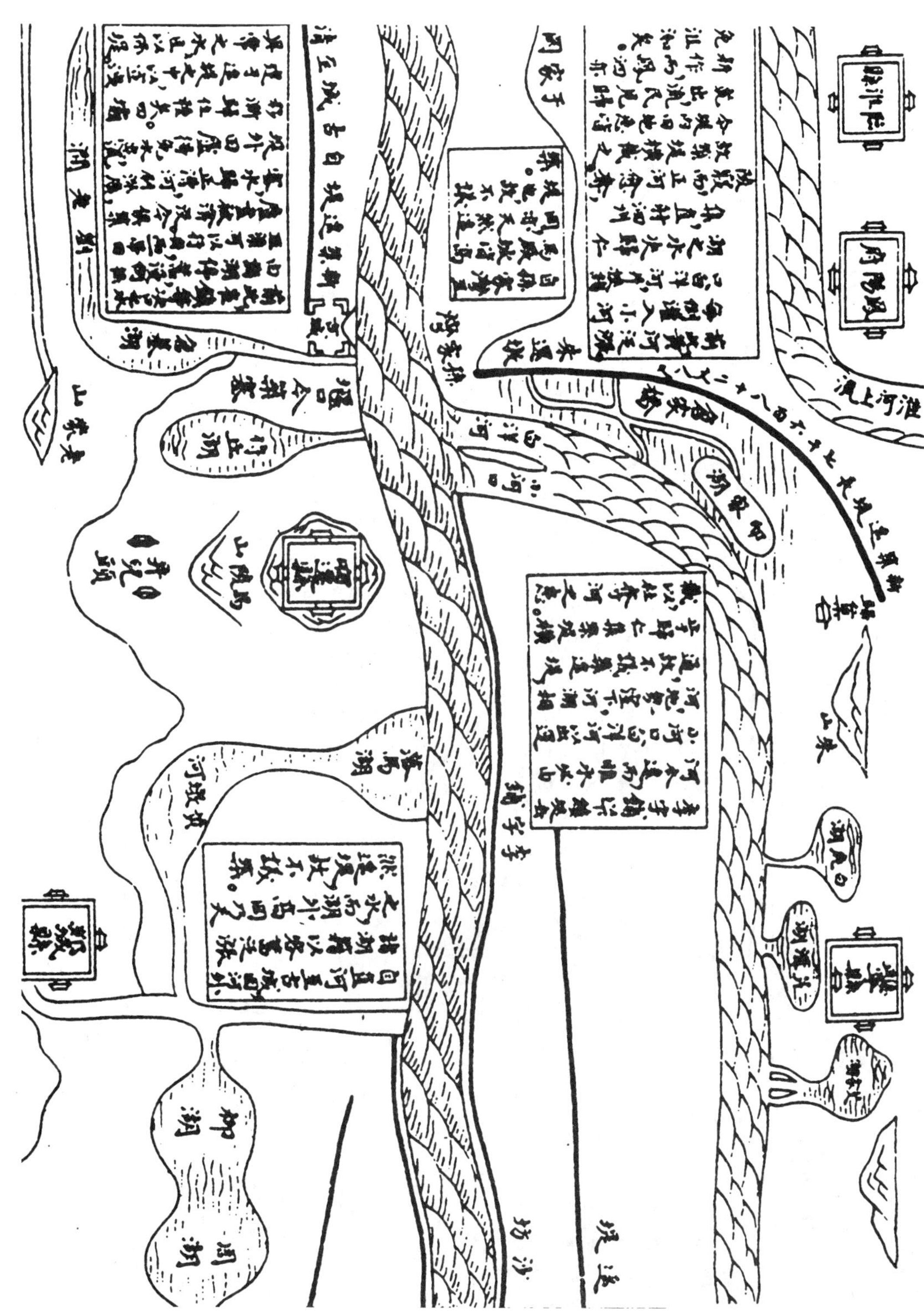

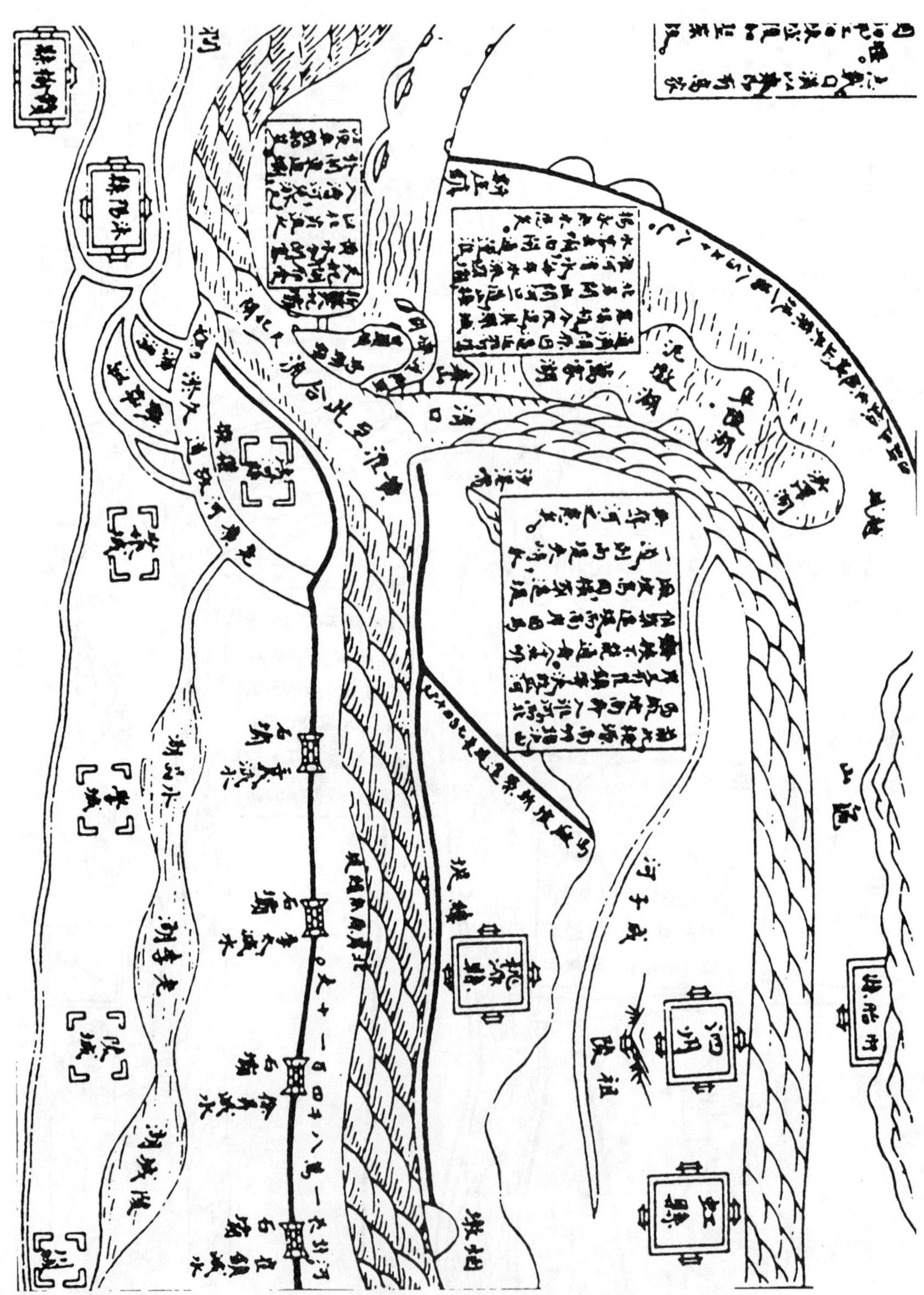

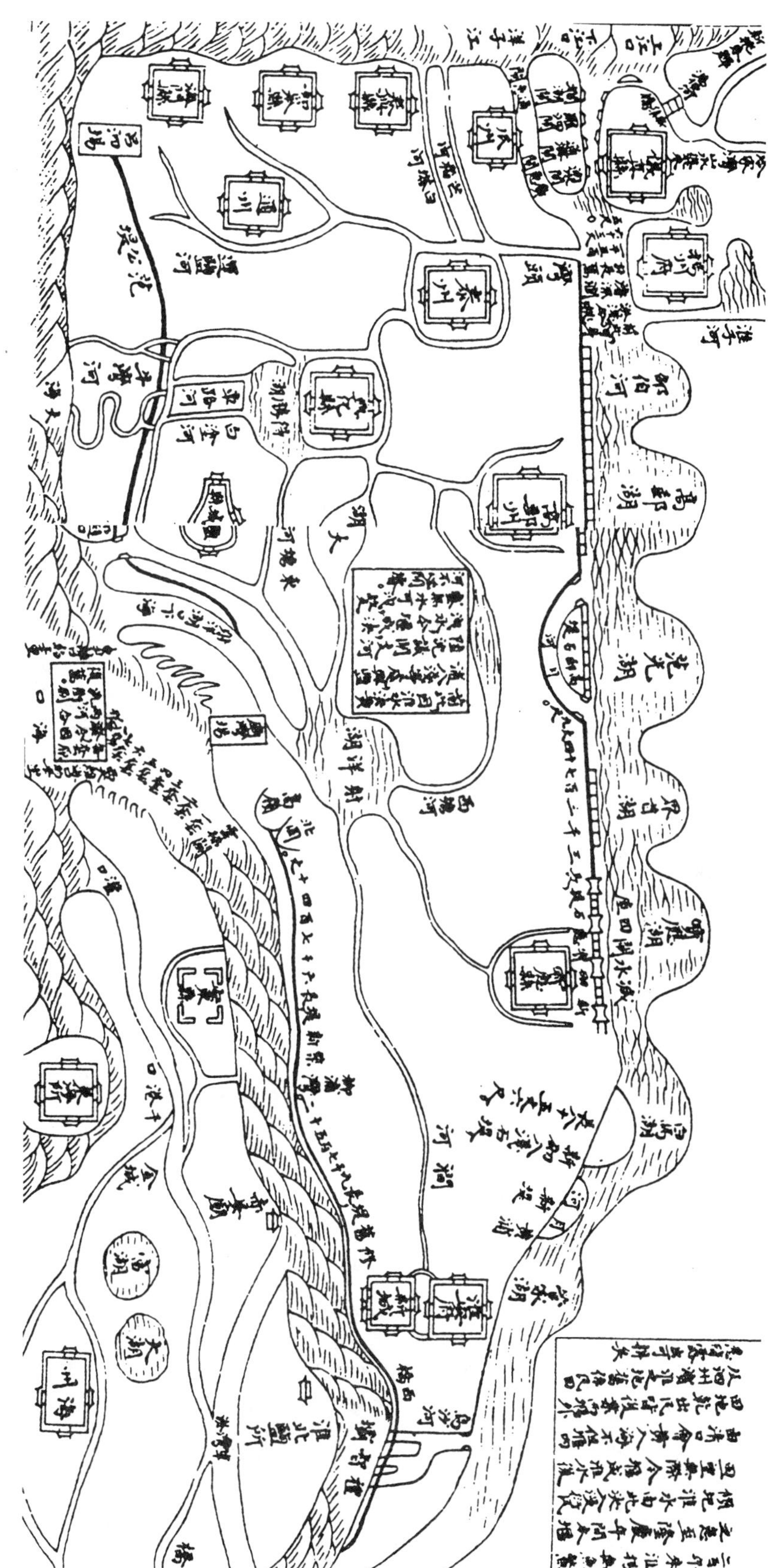

徐光啓《農政全書》卷一七《灌溉圖譜》 桔槔，挈水械也。《通俗文》曰：桔槔，機汲水也。《説文》曰：桔，結也，所以固屬。槔，臯也，所以利轉。又曰：臯，緩也，一俯一仰，有數在焉，不可速也。然則桔其植者，而槔其俯仰者與？《莊子》曰：子貢過漢陰，見一丈人，方將爲圃畦，鑿隧而入井，抱甕而出灌，搰搰然用力甚多，而見功寡。子貢曰：有械於此，一日浸百畦。鑿木爲機，後重前輕，挈水若抽，數如沃湯，其名爲槔。又曰：獨不見夫桔槔者乎？引之則俯，舍之則仰。彼人之所引，非引人者也。故俯仰不得罪於人。今瀕水灌園之家多置之，實古今通用之器，用力少而見功多者。

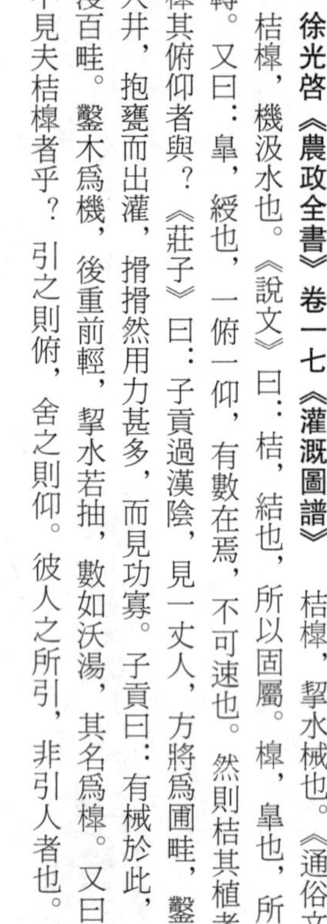

又卷一八 水磨，凡欲置此磨，必當選擇用水地所，先儘並岸擗水激轉。或别引溝渠，掘地棧木，棧上置磨，以軸轉磨，中下徹棧底，就作卧輪，以水激之，磨隨輪轉。比之陸磨，功力數倍。此卧輪磨也。又有引水置閘，甃爲峻槽，槽上兩傍植木架，以承水激輪軸。軸要别作竪輪，用擊在上卧輪一磨。其軸末一輪，傍撥周圍木齒一磨。既引水注槽，激動水輪，則上

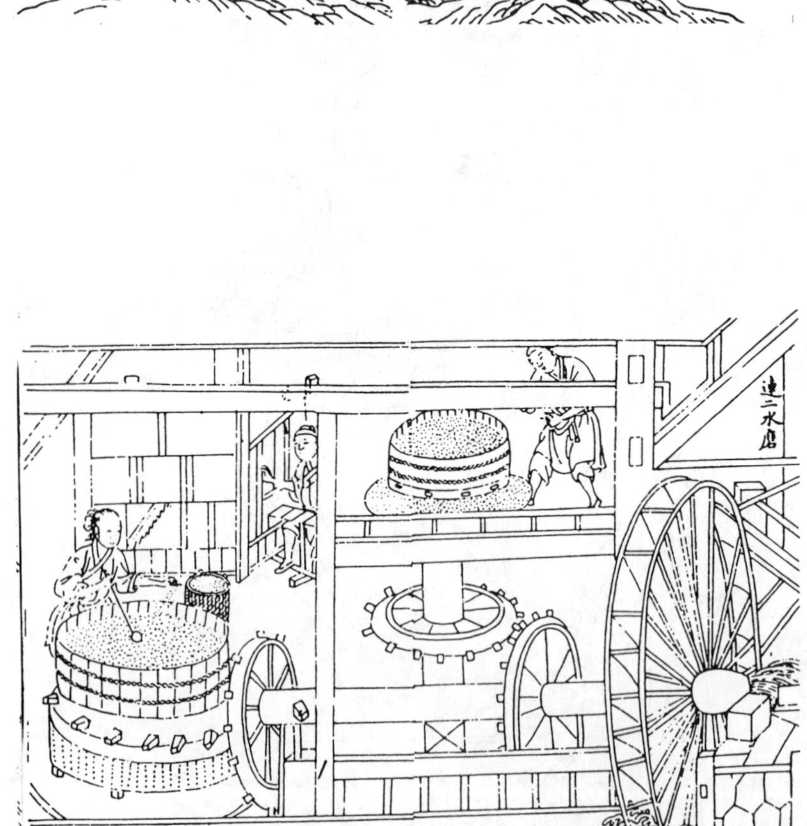

傍二磨隨輪俱轉。此水機巧異，又勝獨磨。此立輪連二磨也。復有兩船相傍，上立四楹，以茅竹爲屋，各置一磨，用索纜於水急中流。船頭仍斜插板木湊水，拋以鐵爪，使不橫斜。水激立輪，其輪軸通長，旁撥二磨。或遇泛漲，則遷之近岸，可許移借。比他所又爲活法磨。庶興利者度而用之。

水磨

鮑山《野菜博録》卷二

桔梗，一名利如，一名房圖，一名白藥，一名梗草，一名薺苨根。如手指大，黄白色。春生苗莖高尺餘，葉似杏葉，長橢四葉，相對生。開花紫碧色，頗似牽牛花，秋後結子。根葉味辛苦，性微溫，有小毒。食法：採葉煠熟，換水浸去苦味，淘洗淨，油鹽調食。

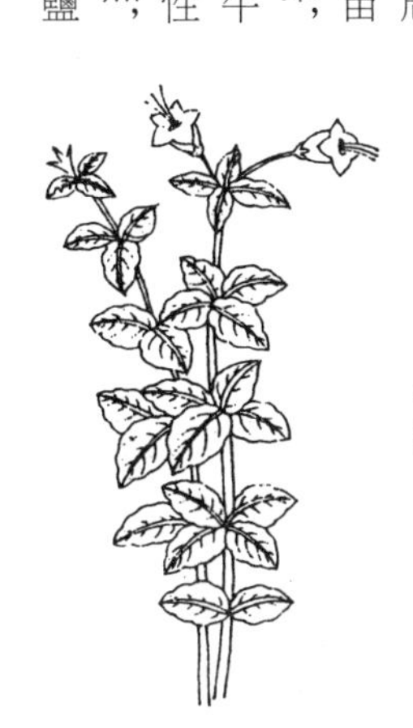

桔梗

《儀禮義疏》卷四三《禮器圖》 案：侯制等威不同，大小亦異。然總而言之，有鵠、有中、有躬、有舌。又謂之个。有綱、有縜、有植。居乎中者，鵠也。而周乎鵠者，中也。處乎中之上下者，躬也。處乎躬之上下者，舌也。綱所以持侯而繫於植者也，縜所以籠綱維持侯者也，植所以繫侯而竪於地者也。侯道取於弓，弓二寸以爲侯中，以大侯言之，侯道九十，弓二九爲十有八，則侯中丈有八尺也。三分侯中而鵠居一，則鵠方廣六尺也。躬倍中，大侯中一丈八尺，上下躬各三丈六尺半，當侯中兩旁出，侯中各九尺。舌上下不同，上舌倍躬，廣七丈二尺，以半當躬，兩旁出。躬各一丈八尺，下舌出躬半，上舌左右各出九尺，合當躬三丈六尺，通廣五丈四尺。舌上下各有綱，綱以繩爲之，韜於舌中，上下綱左右各出舌尋，上綱廣八丈八尺，下綱以下舌半上舌計之，廣七丈。持綱之縜，各廣寸，其餘七十弓、五十弓，凖此而減。其各侯去地尺寸之數及總高之數各有差等，所謂見鵠於參、見鵠於干也。凡侯用布，俱橫設，古者布幅廣二尺二寸，約以二寸爲縫，故諸幅以二尺計，大侯中一丈八尺，宜用布九幅，其舌及躬俱高二尺，餘倣此。此則諸圖之總式也，大射用皮侯，燕射用獸侯，鄉射賓射用正侯，各著其說於所圖之後。舊圖隨侯著說，所圖或旁加兩柱，或上下多數層，與經文注疏全不相符，且廣狹不等，名稱亦混。茲特爲總圖，依經義注疏及先儒所攷正者分析標出，使古制可核云。

侯

又 案：《鄉射禮》司馬命弟子設楅。疏云：楅，猶幅也，所以承笴齊矢也。以楅爲幅者，義取若布帛有邊幅整齊之意。下《記》云：楅長如笴，博三寸，厚寸有半，龍首，其中蛇交，韋當。楅、髤。注云：兩端爲龍首，中央爲蛇身，相交。髤赤黑漆，舊圖云：楅長三尺，有足。陳氏祥道曰：楅兩端龍首，所以限矢也，其中蛇交，所以安矢也，韋當，所以分矢也。

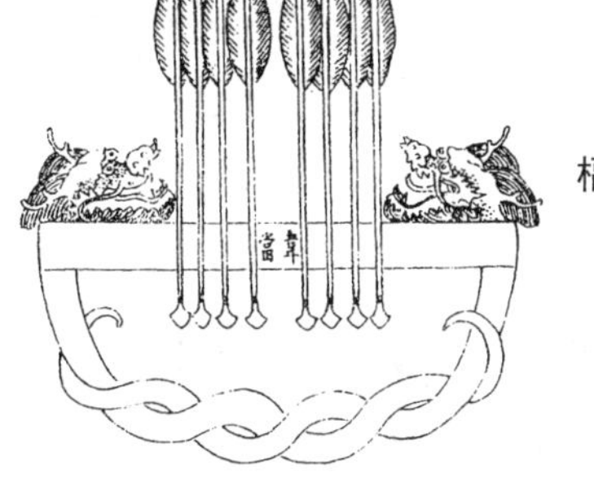

楅

壇

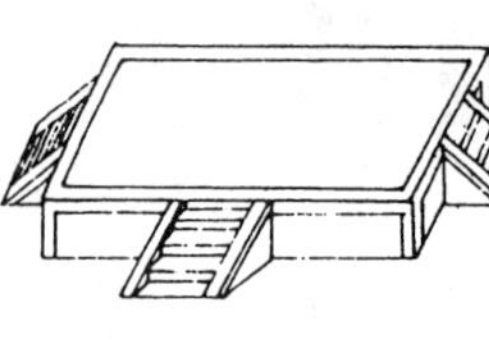

墠

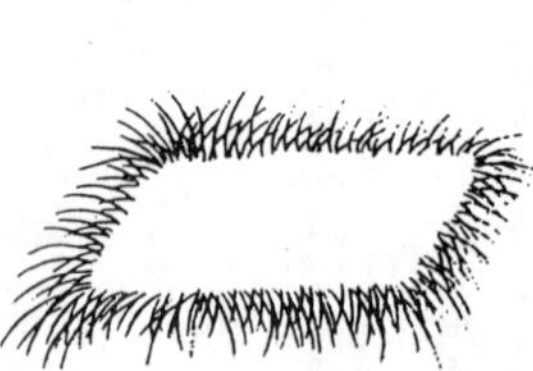

《禮記義疏》卷七八《禮器圖》 案：天子七廟，一壇一墠。諸侯五廟，一壇一墠。大夫三廟，一壇。起土曰壇，除地曰墠。傳記皆不言其所。《禮記圖説》載之大廟之西，穆祧廟之北，墠又在壇之西北，於經無據。據《祭法》，壇、墠有禱焉祭之。又據《金縢》周公自以爲功，爲三壇，同墠，此所謂禱也。禱而特爲之壇，墠則平時無此，禱始爲之，其地當去廟不遠，但不敢以臆斷，特別圖之。

江永《鄉黨圖考》卷一《圖譜》

享用璧琮加束帛圖	
璧	束帛
琮	束帛
玉圓而肉倍好謂之璧。享君用璧，加璧於束帛之上，執之。玉方曰琮。享夫人用琮，亦加琮於束帛之上，執之。	帛爲璧色，繒十端爲束，一端丈八尺，廣二尺四寸，上下各五卷。三元二纁，各加璧琮於其上，執之。

《家山圖書》 塾。《説文》「閭，里門也」。《爾雅》曰：「門側之堂謂之塾。」《尚書・大傳》曰：「大夫七十而致仕，老其鄉里。大夫爲父師，士爲少師，歲事已畢，餘子皆入學，距冬至四十五日始出學，傳農事。上老平明坐於右塾，庶老坐於左塾，餘子畢出，然後歸夕亦如之。蓋古者合二十五家而爲之門塾，坐父師、少師於此，所以教之學也。」庠、序，《孟子》曰：「庠者，養也。序者，射也。」鄉飲酒尊兩壺於房戶之間，鄉射尊於賓席之東。蓋鄉飲在庠，而庠有房室。鄉射在序，而序無房室也。

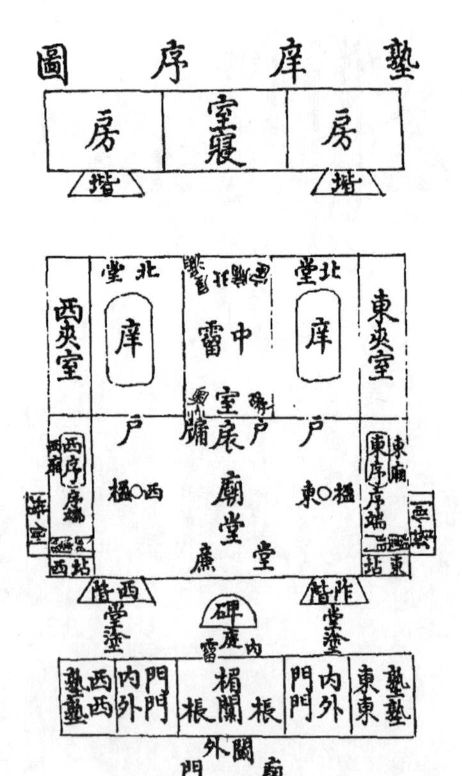

注釋内容部

字義音訓分部

綜述

《易·雜卦》 乾剛坤柔，比樂師憂。臨觀之義，或與或求。屯見而不失其居，蒙雜而著。震，起也。艮，止也。損益，盛衰之始也。大畜，時也。无妄，災也。萃聚而升不來也。謙輕而豫怠也。噬嗑，食也。賁，无色也。兑見而巽伏也。隨，无故也。蠱，則飭也。剥，爛也。復，反也。晉，晝也。明夷，誅也。井通而困相遇也。咸，速也。恒，久也。涣，離也。節，止也。解，緩也。蹇，難也。睽，外也。家人，内也。否泰，反其類也。大壯則止，遯則退也。大有，衆也。同人，親也。革，去故也。鼎，取新也。小過，過也。中孚，信也。豐，多故也。親寡，旅也。離上而坎下也。小畜，寡也。履，不處也。需，不進也。訟，不親也。大過，顛也。姤，遇也，柔遇剛也。漸，女歸待男行也。頤，養正也。既濟，定也。歸妹，女之終也。未濟，男之窮也。夬，決也，剛決柔也，君子道長，小人道憂也。

師曠《禽經》［張華注］ 子野曰：鳥之屬三百六十，鳳爲之長，故始於此。

鳳者，羽族之長。

鳳雄凰雌，

鳳鴻前，麟後，蛇首，魚尾，龍文，龜身，鷰頷，雞喙，駢翼。首戴德，頂揭義，背負仁，心抱忠，翼挾信，足履正。小音鐘，大音皷。不啄生草，五采備。舉飛則羣鳥從，出則王政平，國有道。

亦曰瑞鶠，

景純注《爾雅》云：瑞應，鳥也，雞頭，蛇頸，鷰頷，龜背，魚尾，五彩色，高六尺許，出爲王者之嘉瑞。《孝經》援《神契》曰：王者德及鳥獸，則鳳鳥翔。

亦曰鸑鷟，

鳳之小者曰鸑鷟，五彩之文，三歲始備也。

羽族之君長也，鸞瑞鳥。

鸞者，鳳鳥之亞。始生類鳳，久則五彩變易，故字從變省。《禮斗儀》曰：天下太平安寧則見其音，如鈴䜌䜌然也。周之文物大備，法車之上綴以大鈴，如鸞之聲也。後改爲鑾。

一曰雞趣。

顧野王《符瑞圖》曰：雞趣王者，有德則見。

首翼赤曰丹鳳，青曰羽翔，白曰化翼，玄曰陰翥，黄曰土符。

別五彩而爲名也。

鳳翥鸞舉，百羽從之。

鸞鳳翔止，百鳥皆從也，以類化。

鳳靡鸞吪，百鳥瘞之。

鳳死曰靡，鸞死曰吪，禽鳥啄土以瘞藏之。

《靈樞經》卷一《九針十二原》［史崧音釋］ 宛陳。上音鬱，又音藴，又於阮切。氂。莫高切，又音毫。在腧。春遇切。鑱。鋤銜切。鍉。音低。鈹。音皮。蚰喙。下謝穢切。取三脈者恇。曲王切。謹按：恇謂不足也。脖胦。上蒲沒切，下烏朗切，又於桑切。溜。謹按：《針經》當作流。滎。音營，絶小水也。

《詩經·王風·揚之水》［毛亨傳鄭玄箋孔穎達疏］ 《揚之水》，刺平王也。不撫其民，而遠屯戍于母家，周人怨思焉。怨平王恩澤不行於民，而久令屯戍，不得歸，思其鄉里之處者。言周人者，時諸侯亦有使人戍焉，平王母家申國，在陳、鄭之南，迫近彊楚，王室微弱，而數見侵伐，王是以戍之。○揚，如字，或作「楊木」之字，非。屯，徒門反。戍，束遇反，守也，《韓詩》云「舍」。思，如字。沈，息嗣反。令，力呈反。近，附近之近，或如字。數，音朔。

【略】

揚之水，不流束薪。興也。揚，激揚也。箋云：激揚之水而湍迅，而不能流移東薪。興者，喻平王政教煩急，而恩澤之令不行于下民。○薪音新。激，經歷反。湍，吐端反。迅音信，又蘇俊反。彼其之子，不與我戍申。戍，守也。申，姜姓之國，平王之舅。　箋云：之子，是子也。彼其是子，獨處鄉里，不與我來守申，是思之言也。「其」或作「記」，或作「己」，讀聲相似。○其音記，詩內皆放此，或作「己」，亦同。懷哉懷哉。曷月予還歸哉？　箋云：懷，安也。思鄉里處者，故曰今亦安不哉，安不哉。何月我得歸還見之哉。思之甚。

又《周頌·清廟》 於穆清廟，肅雝顯相。於，歎辭也。穆，美。肅，敬。雝，和。相，助也。箋云：顯，光也，見也。於乎美哉，周公之祭清廟也。其禮儀敬且和，又諸侯有光明著見之德者來助祭。○於音烏，注同，後發句皆放此以意求之。相，息亮反，注同。見，賢遍反，下「著見」同。疏：「於穆清廟」。【略】○傳「於歎」至「相助」。○正義曰：於乎、於戲，皆古之嗚呼之字，故爲歎辭。「穆，美」，《釋詁》文。《書》傳云：「穆者敬之。」言穆爲敬之美也。《樂記》引《詩》云：「肅雝和鳴。」夫肅肅，敬也；雍雍，和也。夫敬與和，何事而不行，是肅爲敬，雍爲和也。《釋詁》云：「相、助，勴也。」俱訓爲勴，是相得爲助。○箋「顯光」至「助祭」。○正義曰：「顯，光」，《釋詁》文。定本、《集注》皆云「顯，光也，見也」，於義爲是。以此祀文王之歌，美其祀不美其廟，故云「周公之祭清廟也」。其禮儀敬且和者，謂周公祭祀能敬和也。以「肅雝」承「清廟」之下，宜爲祭祀之事，而「顯相」之文又在其下，明是相者肅雝，故屬於周公，唯顯相爲諸侯耳。知顯相是諸侯者，序言「朝諸侯，率以祀文王」，於此經當有諸侯之事。而下文別言多士，多士非諸侯，則顯相是諸侯可知。於諸侯言相，明多士亦爲相矣。此箋以肅雝屬周公，而《書》傳云「肅雝顯相」，注云「四海敬和，明德來助祭」，以敬和爲諸侯者，義得兩通也。

《周禮·天官冢宰下·瘍醫》〔鄭玄注賈公彥疏〕 瘍醫掌腫瘍、潰瘍、金瘍、折瘍之祝藥劀殺之齊。　腫瘍，癰而上生創者。潰瘍，癰而含膿血者。金瘍，刀創也。折瘍，踠跌者。祝當爲注，讀如注病之注，聲之誤也。注謂附著藥。刮，刮去膿血。殺，謂以藥食其惡肉。○折，劉本作斲，同，時設反。祝，之樹反，出注。劀音刮，徐，工滑反。齊，才細反。創，初良反。踠，於阮反。徐，烏卧反。跌，待結反。徐，徒紇反。劉，徒沒反。著，音豬略反。去，羌呂反。【疏】「瘍醫」至「之齊」。○釋曰：瘍醫掌腫瘍已下四種之瘍瘡而含膿血者，祝，注也。注藥于瘡，乃後刮殺。而言齊者，亦有齊量之宜也。○注「腫瘍」至「惡肉」。○釋曰：「腫瘍，癰而上生瘡」者，謂癰而有頭未潰者。潰瘍，癰而含膿血已潰破者。云「祝當爲注讀」者，疾醫非主祝說之官，爲祝，則義無所取，故破從注。注，謂注藥於中，食去膿血耳。

又《大宗伯》 侯執信圭，伯執躬圭，「信」當爲「身」，聲之誤也。身圭、躬圭，蓋皆象以人形爲瑑飾，文有麤縟耳。欲其慎行以保身。圭皆長七寸。○信，音身。行，下孟反。【疏】注「信當」至「七寸」。○釋曰：鄭必破「信」爲「身」者，古者舒、申字皆爲信，故此人身字亦誤爲信，故鄭云「聲之誤也」。云「身圭、躬圭，蓋皆象以人形爲瑑飾」者，以其字爲身躬，故鄭還以人形解之。云「文有麤縟耳」者，縟，細也，以其皆以人形爲飾，若不麤縟爲異，則身、躬何殊而別之？故知文有麤縟爲別也。云「欲其慎行以保身」者，此則約上下圭爲義，既以人身爲飾，義當慎行保身也。云「圭皆七寸」者，案《玉人》云「信圭、躬圭七寸，侯伯守之」是也。

《儀禮·喪服》〔鄭玄注賈公彥疏〕 喪服。斬衰裳，苴絰、杖、絞帶，冠繩纓，菅屨者。　者者，明爲下出也。凡服，上曰衰，下曰裳，麻在首、在要皆曰絰。絰之言實也，明孝子有忠實之心，故爲制此服焉。首絰象緇布冠之缺項，要絰象大帶，又有絞帶，象革帶。齊衰以下用布。　［疏］「喪服」至「屨者」。○釋曰：題此二字於上者，與此一篇爲總目。言「斬衰裳」者，謂斬三升布以爲衰裳。不言裁割而言「斬」者，取痛甚之意。知者，案《三年問》云：「創鉅者，其日久；痛甚者，其愈遲。」《雜記》：「縣子云：三年之喪如斬，期之喪如剡。」謂哀有深淺，是斬者痛深之義，故云斬也。若然，斬衰先言斬，下疏衰後言齊者，以斬衰先斬布，後作之，故先言斬；疏衰，先作之，後齊之，故後云齊。斬齊既有先後，是以作文有異也。云「苴絰、杖、絞帶」者，以一苴目此三事，謂苴麻爲首絰、要絰，又以苴竹爲杖，又以苴麻爲絞帶。知此三物皆同苴者，以其冠繩纓不得用苴，明此三者皆用苴。又《喪服小記》云「苴杖，竹也」，記人解此杖是苴竹也。又絞帶與要絰象大帶與革帶，二者同在要。要絰既苴，明絞帶與要絰同用苴可知。又《喪服四制》云「苴衰不補」，則衰裳亦同苴矣。云「冠繩纓」者，以六升布爲冠，又屈一條繩爲武，垂下爲纓。冠在首，退在帶下者，以其衰用布三升，冠六升。冠既加飾，故退在帶下。又齊衰冠纓用布，則知此繩纓不用苴麻，用枲麻，故退冠在下，更見斬義也。云「菅屨」者，謂以菅草爲屨，《詩》云：「白華菅兮，白茅束兮。」鄭云：「白華已漚名之爲菅，濡刃中用。」則此菅亦是已漚者也。已下諸章並見年月，唯此斬章不言三年者，以其喪之痛極，莫甚於斬，故不言年月，表創鉅而已。是以衰設人功之疏，經又言麻之形體，至於齊衰已下，非直見人功之疏，又見經去麻之狀貌。舉齊衰云三年，明上斬衰三年可知。然此一經爲次若此者，以先喪而後服，故服在喪下。又先斬，後乃爲衰裳，故斬文在衰裳之上。絰、杖、絞帶俱蒙於苴，故苴又在前。經中絰有二事，仍以首絰爲主，故絰文在上。杖者各齊其心，故在絞帶之前。冠纓雖加於首，以其不蒙於苴，故退文在下。屨乃服中之賤，最後爲宜，聖人作文倫次然。○注「者者」至「用布」。○釋曰：云「者者，明爲下出也」者，周公設經，上陳其服，下列其人。此經所陳服者，明爲下人所出，故服下出者，明臣子爲君父等所出也。案下諸章皆言「者」，鄭止一解，餘皆不釋，義皆如此也。

又《士虞禮》 祝命佐食墮祭。下祭曰墮，墮之猶言墮下也。《周禮》曰「既祭，則藏其墮」，謂此也。今文墮爲綏。《特牲》、《少牢》或爲羞，失古正矣。齊、魯之間，謂祭爲墮。【疏】「尸取」至「墮祭」。注「下祭」至「爲墮」。○釋曰：云「尸取奠，左執之」者，以右手將墮故也。云「下祭曰墮」者，以其凡祭皆手舉之，向下祭之，故云下祭曰墮。云「墮之猶言墮下」者，案《左傳》云子路「將墮三都」，以三都大高，故墮下之。取墮爲下祭之義，故讀從之。引《周禮・守祧職》云「既祭則藏其墮，謂此也」者，謂此墮、祭一也。引之者，證《守祧》同之耳。云「今文墮爲綏」，又云「《特牲》、《少牢》或爲羞，失古正矣」者，此二字皆非墮下之義，故云失古正也。云「齊魯之間謂祭爲墮」者，齊南魯北謂祭爲墮者，由墮下而祭，因即謂祭爲墮，是鄭從墮不從綏與羞之意也。案《特牲》云「祝命挼祭」，注云：「《士虞禮》古文曰：祝命佐食墮祭。《周禮》曰：既祭則藏其墮。墮與挼讀同耳。今文改挼皆爲綏，古文此皆爲擩祭也。」又《少牢》尸將酢主人時，「上佐食以綏祭」，鄭注云：「綏讀爲墮。」此三處經中墮皆不同者，此五字或爲墮，或爲挼，或爲羞，或爲綏，或爲擩，此五者鄭既以挼、綏及羞三者已從墮，復云古文作擩，以其特牲及此士虞皆有擩祭，故亦兼擩解。

《禮記・祭義》［鄭玄注孔穎達疏］ 日出於東，月生於西。陰陽長短，終始相巡，以致天下之和。巡，讀如「沿漢」之沿，謂更相從道。○巡，依注依音，沿，悅專反。【疏】「日出」至「之和」。○正義曰：陰，謂夜也。陽，謂晝也。夏則陽長而陰短，冬則陽短而陰長，是陰陽長短。○「終始相巡」者，又月之與日同行黄道，其晦朔之時，月與日同處。自朔之後，月與日先後而行，至月終日還，與月同處，亦是終始相巡。○「以致天下之和」者，以日月交相依巡，是陰陽和會，故致天下之和也。○注「巡，讀如沿漢之沿」。○正義曰：案文十年《左傳》云「子西沿漢泝江，將入郢」，是沿爲順流而下，故讀從之。

又《曲禮上》 《曲禮》曰：毋不敬，禮主於敬。○陸曰：「毋音無。《説文》云：『止之詞，其字從女，內有一畫，象有姦之形，禁止之勿令姦。古人云毋，猶今人言莫也。』案『毋』字與父母字不同，俗本多亂，讀者皆朱點『母』字以作『無』音，非也。後放此。疑者，特復音之。」

《春秋左傳・宣公二年》［杜預注孔穎達正義］ ［傳］［晉靈］公（㖩）［嗾］夫獒焉，［提彌］明搏而殺之。獒，猛犬也。○【略】嗾，素口反。《説文》云「使犬也」。服本作㖩。夫音扶。獒，五羔反。《尚書傳》云：「大犬也。」《爾雅》云：「狗四尺爲獒。」《説文》云：「犬知人心可使者。」搏音博。【略】服虔云：嗾，㖩也。夫，語辭。獒，犬名。公乃（㖩）［嗾］夫獒，使之噬盾也。《釋畜》云：「狗四尺爲獒。」是大犬之名，以其使之噬盾，故云：「獒，猛犬也。」

又《宣公十五年》 ［經］：冬，蝝生。蝝子，以冬生，遇寒而死，故不成螽。○蝝，悅全反。《字林》尹絹反。劉歆云「蚍蜉子也」。董仲舒云「蝗子」。【略】○正義曰：《釋蟲》云：「草螽，負蠜。蜇螽，蜙蝑。」李巡云：「皆分別蝗子，異方之語也。」《釋蟲》又云：「蝝，蝮蜪。」李巡云：「蝮蜪，一名蝝蝝，蝗子也。」郭璞云：「蝗子未有翅者。」劉歆以爲「蚍蜉有翅者」，非也。如李、郭之說，是「蝝」爲螽子也。上云「秋，螽」，秋而生子於地，至冬其子復生，遇寒而死，故不成災。《傳》稱「凡物不爲災，不書」，此不爲災而書之者，《傳》云「幸之也」。此年既飢，若使蝝早生，更爲民害，則其困甚矣。喜其冬生，以爲國家之幸，故喜而書之。《公羊傳》亦云：「蝝生不書，此何以書？幸之也。」

《春秋公羊傳・僖公十六年》［公羊壽傳何休解詁徐彥疏］ ［經］十有六年，春，王正月，戊申，朔，霣石于宋五。是月，六鷁退飛，過宋都。［傳］曷爲先言霣而後言石？霣石記聞，聞其磌然，視之則石，察之則五。是月者何？僅逮是月也。何以不日？晦日也。晦則何以不言晦？《春秋》不書晦也。朔有事則書，晦雖有事不書。曷爲先言六而後言鷁？六鷁退飛，記見也。視之則六，察之則鷁，徐而察之則退飛。五石六鷁，何以書？記異也。外異不書，此何以書？爲王者之後記異也。

《春秋穀梁傳・僖公十六年》［范甯集解楊士勛疏］ ［經］十有六年，春，王正月，戊申，朔，隕石于宋五。［傳］先隕而後石，何也？隕而後石也。于宋四竟之內曰宋。後數，散辭也。耳治也。［經］是月，六鷁退飛，過宋都。［傳］是月也，決不日而月也。六鶂退飛，過宋都，先數，聚辭也，目治也。子曰：石，無知之物；鶂，微有知之物。石無知，故日之；鶂，微有知之物，故月之。君子之於物，無所苟而已。石、鶂且猶盡其辭，而況於人乎？故五石六鷁之辭不設，則王道不亢矣。民所聚曰都。

《論語・學而》［何晏注邢昺疏］ 子曰：「學而時習之，不亦說乎？馬曰：「子者，男子之通稱，謂孔子也。」王曰：「時者，學者以時誦習之。誦習以時，學無廢業，所以爲說懌。」有朋自遠方來，不亦樂乎？包曰：「同門曰朋。」人不知而不慍，不亦君子乎？」慍，怒也。凡人有所不知，君子不怒。【疏】「子曰學而」至「君子乎」。○正義曰：此章勸人學爲君子也。「子」者，古人稱師曰子。子，男子之通稱。此言「子」者，謂孔子也。「曰」者，《說文》云：「詞也。從口，乙聲。亦象口氣出也。」然則「曰」者，發語詞也。以此下是孔子之語，故以「子曰」冠之。或言「孔子曰」者，以記非一人，各以意載，無義例也。《白虎通》云：「學者，覺也，覺悟所未知也。」孔子曰：「學者而能以時誦習其經業，使無廢落，不亦說懌乎？學業稍成，能招朋友，有同門之朋從遠方而來，與己講習，不亦樂乎？既有成德，凡人不知而不怒之，不亦君子乎？」言誠君子也。君子之行非一，此其一行耳，故云「亦」也。

《爾雅・釋言》［郭璞注］ 殷、齊，中也。《書》曰：以殷仲春。《釋地》

曰：岠齊州以南。斯、誃，離也。齊陳曰：斯、誃，見《詩》。謏、興，起也。《禮記》曰：尸謏。還、復，返也。宣、徇，偏也。皆周偏也。馹、遽，傳也。皆轉車驛馬之名。蒙、荒，奄也。奄，奄覆也。皆見《詩》。告、謁，請也。皆求請也。肅、噰，聲也。《詩》曰：肅噰和鳴。格、懷，來也。《書》曰：格尔衆庶。懷，見《詩》。昣、底，致也。皆見《詩傳》。恀、怙，恃也。今江東呼母爲恀，音是。律、遹，述也。皆叙述也，方俗語耳。俞、盒，然也。《禮記》曰：男唯女俞。盒者，應也，亦爲然。豫、臚，敘也。皆陳敘也。庶幾，尚也。《詩》曰：不尚息焉。觀、指，示也。《國語》曰：且觀之兵。若、惠，順也。《詩》曰：惠然肯來。敖、幠，傲也。《禮記》曰：無幠，無傲。傲，慢也。幼、鞠，稚也。《書》曰：不念鞠子哀。逸、諐，過也。《書》曰：汝則有逸罰。疑、休，戾也。戾，止也。疑者亦止。疾、齊，壯也。壯，壯事，謂速也。齊亦疾。悈、褊，急也。皆急狹。貿、賈，市也。《詩》曰：抱布貿絲。厞、陋，隱也。《禮記》曰：厞用席。《書》曰：揚側陋。遏、遾，逮也。東齊曰遏，北燕曰遾，皆相及逮。征、邁，行也。《詩》曰：王于出征。邁亦行。圮、敗，覆也。謂毀覆。荐、原，再也。《易》曰：水荐至。今呼重蠶爲蠠。憮、敉，撫也。憮，愛撫也。敉義見《書》。臞、脙，瘠也。齊人謂瘠瘦爲脙。桄、熲，充也。皆充盛也。屢、暱，亟也。親暱者亦數，亟亦數也。靡、罔，無也。爽，差也。爽，忒也。皆謂用心差錯，不專一。佴，貳也。佴次爲副貳。劑、翦，齊也。南方人呼翦刀爲劑刀。饙、餾，稔也。今呼饗飯爲饙，饙熟爲餾。媵、將，送也。《左傳》曰：以媵秦穆姬。《詩》曰：遠于將之。作、造，爲也。餥、餱，食也。《方言》云：陳楚之間相呼食爲餥。鞫、究，窮也。皆窮盡也。見《詩》。滷、矜、鹹，苦也。滷，苦地也。可矜憐者亦辛苦，苦即大鹹。干、流，求也。《詩》曰：左右流之。流，覃也。覃，延也。皆謂蔓延相被及。佻，偷也。謂苟且。潛，深也。潛、深，測也。測亦水深之別名。穀、鞠，生也。《詩》曰：穀則異室。啜，茹也。啜者拾食。茹、虞，度也。皆測度也。《詩》曰不可以茹。試、式，用也。見《詩》、《書》。誥、誓，謹也。皆所以約勒謹戒衆。競、逐，彊也。皆自勉彊。禦、圉，禁也。禁制。窒、薶，塞也。謂塞孔穴。黼、黻，彰也。黼文如斧，黻文如兩已相背。膺、身，親也。謂躬親。

《孝經·喪親章》[李隆基注] 喪不過三年，示民有終也。三年之喪，天下達禮，使不肖企及，賢者俯從。夫孝子有終身之憂，聖人以三年爲制者，使人知有終竟之限也。【略】爲之棺椁、衣衾而舉之，周尸爲棺，周棺爲椁。衣謂斂衣。衾，被也。舉謂舉屍內於棺也。陳其簠簋而哀戚之。簠簋，祭器也。陳奠素器而不見親，故哀戚也。擗踊哭泣，哀以送之。男踊女擗，祖載送之。卜其宅兆，而安措之。宅，墓穴也。兆，塋域也。葬事大，故卜之。爲之宗廟，以鬼享之。立廟祔祖之後，則以鬼禮享之。春秋祭祀，以時思之。寒暑變移，益用增感，以時祭祀，展其孝思也。

《管子·牧民》[房玄齡注] 凡有地牧民者，務在四時，四時所以生成萬物也。守在倉廩。食者人之夫也。國多財，則遠者來；地辟舉，則民留處。舉，盡也。言地盡闢，則人留而安居處也。倉廩實則知禮節，衣食足則知榮辱。上服度則六親固，服，行也。上行禮度，則六親各得其所，故能感恩而結固之。四維張則君令行，故省刑之要在禁文巧，文巧者刑罰所由生。守國之度在飾四維，順民之經在明鬼神祇山川。鬼神、山川皆有尊卑之序，故敬明之。敬宗廟、恭祖舊，謂恭承先祖之舊法。不務天時則財不生，不務地利則倉廩不盈。野蕪曠則民乃菅，菅當爲姦。上無量則民乃妄。文巧不禁則民乃淫，不璋兩原則刑乃繁，璋當爲章。章，明也。兩原，謂妄之原，上無量也。淫之原，不禁文巧也。能明此法者刑簡。不明鬼神則陋民不悟，不悟鬼神有尊卑之異也。不祇山川則威令不聞，言能登封降禪、祇祀山川，則威令遠聞。不敬宗廟則民乃上校，校，效也。君無所尊，人亦效之。不恭祖舊則孝悌不備，四維不張，國乃滅亡。

右國頌。頌，容也。謂陳爲國之形容。

國有四維：一維絕則傾，二維絕則危，三維絕則覆，四維絕則滅。傾可正也，危可安也，覆可起也，滅不可復錯也。何謂四維？一曰禮，二曰義，三曰廉，四曰恥。禮不踰節，義不自進，自進謂不由薦舉也。廉不蔽惡，隱蔽其惡非貞廉也。恥不從枉。詭隨邪枉無羞之人。故不踰節則上位安，不自進則民無巧詐，不蔽惡則行自全，不從枉則邪事不生。

右四維。

政之所興在順民心，政之所廢在逆民心。民惡憂勞，我佚樂之；民惡貧賤，我富貴之；民惡危墜，我存安之；民惡滅絕，我生育之。能佚樂之，則民爲之憂勞；君於平康能佚樂人，及其危人必爲之憂勞。下三順皆然。能富貴之，則民爲之貧賤；能存安之，則民爲之危墜；能生育之，則民爲之滅絕。故刑罰不足以畏其意，殺戮不足以服其心。畏意服心，在於順其所欲，不在刑罰殺戮。故刑罰繁而意不恐，則令不行矣；殺戮衆而心不服，則上位危矣。故從其四欲，則遠者自親；行其四惡，則近者叛之。故知予之爲取者，政之寶也。謂與之生，全取其死難也。

右四順。

錯國於不傾之地，積於不涸之倉，涸，竭也。藏於不竭之府。下令於流水之原，使民於不爭之官。明必死之路，開必得之門。不爲不可成，不求不可得，不處不可久，不行不可復。錯國於不傾之地者，授有德也；積於不涸之倉者，務五穀也；藏於不竭之府者，養桑麻育六畜也；下令於流水之原者，令順民心也；使民於不爭之官者，使各爲其所長也；各長其所長，則順而悅，故不爭也。明必死之路者，嚴刑罰也；開必得之門者，信慶賞也；不爲不可成者，量民力也；不求不可得者，不彊民以其所惡也；不處不可久者，不偷取一世也；謂所處可必使百代常行。不行不可復者，不欺其民也。復，重也。欺民之事不可重行也。故授有德，則國安；務五穀，則食足。養桑麻、育六畜，則民富。令順民心，則威令行；使民各爲其所長，則用備。嚴刑罰，則民遠邪；信慶賞，則民輕難；量民力，則事無不成。不彊民以其所惡，則詐僞不生；不偷取一世，則民無怨心；不欺其民，則下親其上。

右士經。士，事也。經，常也。謂陳事之可以常行者也。

以家爲鄉，鄉不可爲也；言有家之親，斥以爲鄉之疎，必生怨，故不可爲也。下三事同此。以鄉爲國，國不可爲也；以國爲天下，天下不可爲也。以家爲家，一親也。以鄉爲鄉，二親也。以國爲國，三親也。以天下爲天下。四親也。毋曰不同生，遠者不聽。謂家也。言有家之親而謂之曰不與汝同家而生，用此以相疎遠者，必不聽。下同。毋曰不同鄉，遠者不行。毋曰不同國，遠者不從。如地如天，何私何親？五親也。如月如日，唯君之節。六親也。天地、日月，取其耀臨。言人君親下當如天地日月之無私也。御民之轡在上之所貴，言人從上之所貴若馬之從轡。道民之門在上之所先，上所先行，人必行之，其從之若由門矣。召民之路在上之所好惡。故君求之則臣得之，君將求之，臣已先索得之也。君嗜之則臣食之，君好之則臣服之，君惡之則臣匿之。一法也。毋蔽汝惡，毋異汝度。汝，君也。賢者將不汝助，言室滿室，言堂滿堂，是謂聖王。二法也。言堂室事而令滿，取其露見不隱也。城郭溝渠，不足以固守；兵甲彊力，不足以應敵；博地多財，不足以有衆。言城郭、兵甲、博地不足以固守應敵，有衆，其固守應敵有衆，更在有道者也。惟有道者，能備患於未形也，故禍不萌。三法也。天下不患無臣，患無君以使之；天下不患無財，患無人以分之。可以分與財者，賢人也。故知時者可立以爲長，無私者可置以爲政，審於時而察於用而能備官者，可奉以爲君也。四法也。緩者後於事，吝於財者失所親，信小人者失士。五法也。

右六親五法。

《荀子・勸學》〔楊倞注〕 君子曰：學不可以已。青，取之於藍，而青於藍；冰，水爲之，而寒於水。以喻學則才過其本性也。木直中繩，輮以爲輪，其曲中規，雖有槁暴，不復挺者，輮使之然也。輮，屈。槁，枯。暴，乾。挺，直也。《晏子春秋》作不復贏矣。故木受繩則直，金就礪則利，君子博學而日參省乎己，則知明而行無過矣。參，三也。曾子曰：吾日三省吾身。○知，讀爲智。行，下孟反。故不登高山，不知天之高也；不臨深谿，不知地之厚也；不聞先王之遺言，不知學問之大也。大，謂有益於人。干、越、夷、貉之子，生而同聲，長而異俗，教使之然也。干、越，猶言吳、越。《呂氏春秋》：荊有次飛，得寶劒於干越。高誘曰：吳邑也。貉，東北夷同聲謂啼，聲同貉，莫革反。《詩》曰：「嗟爾君子，無恆安息。靖共爾位，好是正直。神之聽之，介爾景福。」《詩・小雅・小明》之篇。靖，謀。介，助。景，大也。「無恆安息」，戒之不使懷安也。言能謀恭其位，好正直之道，則神聽而助之福。引此詩以喻勸學。神莫大於化道，福莫長於無禍。爲學則化道，故神莫大焉。修身則自無禍，故福莫長焉。

《莊子・在宥》〔郭象注成玄英疏〕 黄帝立爲天子十九年，令行天下，**【疏】**德化詔令，寓內大行。聞廣成子在於空同之上，故往見之，**【疏】**空同山，涼州北界。廣成，即老子別號也。［《釋文》］：廣成子，或云即老子也。空同，司馬云：當北斗下山也。《爾雅》云：北戴斗極爲空同。一曰在梁國虞城東三十里。曰：「我聞吾子達於至道，敢問至道之精。吾欲取天地之精，以佐五穀，以養民人。**【疏】**五穀，黍、稷、菽、麻、麥也。欲取窈冥之理，天地陰陽精氣，助成五穀，以養蒼生也。吾又欲官陰陽，以遂羣生，爲之柰何？」**【疏】**遂，順也。欲象陰陽設官分職，順羣生之性，問其所以。廣成子曰：「而所欲問者，物之質也；**【注】**問至道之精，可謂質也。**【疏】**而，汝也。欲播植五穀，官府二儀，所問粗淺，不過形質，乖深元之致。是詆訶也。［《釋文》］：質也。《廣雅》云：質，正也。而所欲官者，物之殘也。**【注】**不任其自爾而欲官之，故殘也。**【疏】**苟欲設官分職，引物從己，既乖造化，必致傷殘。自而治天下，雲氣不待族而雨，草木不待黄而落，日月之光益以荒矣。**【疏】**族，聚也。分百官於陰陽，有心治萬物，必致凶災。雨風不調，炎涼失節，雲未聚而雨降，木尚青而葉落，欃槍薄蝕，三光昏晦，人心遭擾，元象荒殆。［《釋文》］：雲氣不待族而雨，司馬云：族，聚也。未聚而雨，言澤少。草木不待黃而落，司馬云：言殺氣多也。《爾雅》云：落，死也。益以，崔本作蓋以。而佞人之心翦翦者，又奚足以語至道。」【疏】翦翦，狹劣之貌也。是汝諂佞之人，心甚狹劣，何能語至道也。［《釋文》］：佞人，如字。郭音寧。翦翦，如字。郭司馬云：善辯也。一曰佞貌。李云：淺短貌。或云狹小之貌。黃帝退，捐天下，築特室，席白茅，閒居三月，復往邀之。【疏】黃帝退，清齊一心，舍九五尊位，築特室，避讙囂，藉白茅以絜淨，閒居經時，重往請道。邀，遇也。［《釋文》］：捐，悦全反。閒居，音閑。下注同。復往，扶又反。邀之，古堯反，要也。廣成子南首而臥，黃帝順下風膝行而進，再拜稽首而問曰：「聞吾子達於至道，敢問治身柰何而可以長久？」廣成子蹶然而起，曰：「善哉問乎。【注】人皆自修而不治天下，則天下治矣，故善之也。【疏】使人治物，物必擾煩，各各治身，天下清正，故善之。蹶然，疾起。［《釋文》］：南首，音狩。蹶，其月反，又音厥。驚而起也。〇慶藩案：《文選·張景陽七命注》引司馬云：蹶，疾起貌。《釋文》：闕，天下治，直吏反。來，吾語女至道，至道之精，窈窈冥冥；至道之極，昏昏默默。【注】窈冥昏默，皆了無也。夫莊老之所以屢稱無者，何哉？明生物者無物而物自生耳。自生耳，非爲生也，又何有爲於已生乎。【疏】至道精微，心靈不測，故寄窈冥深遠，昏默元絕。［《釋文》］：吾語，魚據反。下同。女音汝。後倣此。窈窈，烏了反。无視无聽，抱神以靜，形將自正。【注】忘視而自見，忘聽而自聞，則神不擾而形不邪也。【疏】耳目無外視聽，抱守精神，境不能亂，心與形合，自冥正道。［《釋文》］：不邪，似嗟反。必靜必清，无勞女形，无搖女精，乃可以長生。【注】任其自動，故閒靜而不夭也。【疏】清神靜慮，體無所勞，不緣外境，精神常寂，心閒形逸，長生久視。目无所見，耳无所聞，心无所知，女神將守形，形乃長生。【注】此皆率性而動，故長生也。【疏】任視聽而無所見聞，根塵既空，心亦安靜，照無知慮，應機常寂，神淡守形，可長生久視也。慎女內，【注】全其眞也。【疏】忘心，全漠也。閉女外，【注】守其分也。【疏】絕視聽，守分也。多知爲敗。【注】知無崖，故敗。【疏】不慎智慮，心神既困，耳目竭於外，何不敗哉。我爲女遂於大明之上矣，至彼至陽之原也；爲女入於窈冥之門矣，至彼至陰之原也。【注】夫極陰陽之原，乃遂於大明之上，入於窈冥之門也。【疏】陽，動也。陰，寂也。遂，出也。至人應動之時，智照如日月，名大明也。至陽之原，表從本降迹，故言出也。無感之時，深根寂然凝湛也。至陰之原，示攝迹歸本，故曰入窈冥之門。廣成示黃帝動寂兩義，故託陰陽二門也。［《釋文》］：我爲，于僞反。下同。天地有官，陰陽有藏，【注】但當任之。慎守女身，物將自壯。【疏】天官，謂日月星辰，能照臨四方，綱維萬物，故稱官也。地官，謂金木水火土，能維持動植，運載羣品，亦稱官也。陰陽二氣，春夏秋冬，各有司存，如藏府也。咸得隨任，無不稱適，何違造化，更立官府也。女但無爲，慎守女身，一切萬物自然昌盛，何勞措心，自貽伊慼哉。［《釋文》］：物將自壯，側亮反。謂不治天下，則衆物皆自任，自任而壯也。我守其一，以處其和，故我修身千二百歲矣，吾形未常衰。」【注】取於盡性命之極，極長生之致耳。身不夭乃能及物也。【疏】保恬淡一心，處中和妙道，攝衛修身，雖有壽考之年，終無衰老之日。

《列子·黃帝》［張湛注］

黃帝即位十有五年，喜天下戴己，隨世而喜耳。養正命，正當爲性。娛耳目，供鼻口。燋音焦。然肌本又作顏色。色皯古旱反。黣，音每。諸書無此字。昏然五情爽惑。役心智，未足以養性命，祇足以焦形也。又十有五年，憂天下之不治，隨世而憂耳。竭聰明，進音盡。智力，營百姓，焦然肌色皯黣，昏然五情爽惑。用德明，未足以致治，祇足以亂神也。黃帝乃喟然讚曰：讚，當作歎。「朕之過淫矣，淫，當作深。養一己其患如此，治萬物其患如此。」惟任而不養，縱而不治，則性命自全，天下自安也。於是放萬機，舍音捨。宮寢，去直侍，徹鐘懸，減廚膳，退而閒音閑。居大庭之館。齋心服形，心無欲則形自服矣。三月不親政事。晝寢而夢，將明至理，不可以情求，故寄之於夢。聖人無夢也。遊於華胥氏之國。華胥氏之國在弇音奄。州之西，台州之北，不必便有此國也，明至理之必如此耳。《淮南》云：正西曰弇州，西北曰台州。不知斯齊國幾居豈反。千萬里，斯，離也。齊，中也。蓋非舟車足力之所及，神游而已。舟車足力，形之所養者耳。神道恍惚，不行而至者也。其國無帥所類反。長，丁丈反。帥長，首主也。自然而已。其民無嗜欲，自然而已。自然者，不資於外也。不知樂生，不知惡死，故無夭殤。不知親己，不知疏物，故無愛憎。不知背音佩。逆，不知向順，故無利害。理無生死，故無所樂惡；理無愛憎，故無所親疏；理無逆順，故無所利害也。都無所愛惜，都無所畏忌。入水不溺，入火不熱，斫撻音酌，撻，打也。無傷痛，指擿音倜，搔也。無痟癢。餘兩反。痟癢，謂疼癢也。《周禮》：春時有痟首疾，夏時有癢疥疾。鄭玄云：痟，酸削也。《說文》云：痟，疼痛也。至和者無物能傷，熱溺痛癢，實由矜懼，義例詳於下章。痟癢，酸痟也，義見《周官》。乘空如履實，寢虛若處牀。雲霧不硋五蓋反。其視，雷霆不亂其聽，美惡不滑音骨。其心，山谷不躓音致。其步，神行而已。至順者無物能逆也。黃帝既寤，亦寄之眠寤耳，聖人無眠覺也。悟然自得，召天老、力牧、太山稽，音鷄，《漢書》云：太山稽，黃帝師也。三人，黃帝相也。告之曰：「朕閒居三月，齋心服形，思有以養身治物之道，弗獲其術。身不可養，物不可治，而精思求之未可得。疲而睡，所夢若此。今知至道不可以情求矣。朕知之矣，朕得之矣，而不能以告若矣。」不可以情求，則不能以情告矣。又二十有八年，天下大治，幾若華胥氏之國，而帝登假。假，當爲遐。百姓號戶刀反。之二百餘年不輟。

《吕氏春秋·孟春紀·本生》［高誘注］ 二曰。始生之者，天也；養成之者，人也。始，初也。能養天之所生而勿攖之謂之天子。攖猶戾也。舊本作謂天子，無之字，孫據《太平御覽》七十七增。天子之動也，以全天爲故者也。全猶順也。天，性也。故，事也。此官之所自立也。官，正也。自，從也。立官者以全生也。生，性也。今世之惑主，主，謂王也。多官而反以害生，則失所爲立之矣。多立官，致任不肖人，亂象千度，故以害生也，失其所爲立官之法也。譬之若修兵者，以備寇也，今修兵而反以自攻，則亦失所爲修之矣。若秦築長城以備患，不知長城之所以自亡也，亦失其所爲修兵之法也。（末）［夫］水之性清，土者抇之，故不得清。抇讀曰骨，骨，濁也。注似衍一骨字。《說文》：淈，濁也，與汨、滑義同，竝音骨。人之性壽，物者抇之，故不得壽。抇，亂也。亂之使夭折也。物也者，所以養性也，非所以性養也。物者，貨賄，所以養人也。世人貪欲過制者，不多所以取禍，故曰「非所以性養」也。今世之人，惑者多以性養物，夫無爲者，不以身役物；有爲者，則以物役身；故曰「惑者多以性養物」也。則不知輕重也。輕，喩物。重，喩身。不知輕重，則重者爲輕，輕者爲重矣。若此，則每動無不敗。以此爲君悖，以此爲臣亂，以此爲子狂。三者國有一焉，無幸必亡。假令有幸，且猶危危病者也。今有聲於此，耳聽之必慊，慊，快也。已聽之則使人聾，必弗聽。以聾，故不當聽也。有色於此，目視之必慊，已視之則使人盲，必弗視。以盲，故不當視也。有味於此，口食之必慊，已食之則使人瘖，必弗食。以瘖，故不當食也。老子曰：「五聲亂耳，使耳不聽；五色亂目，使目不明；五味實口，使口爽傷也。」案《老子道經》云：「五音令人耳聾，五色令人目盲，五味令人口爽」，此約略其文耳。實口，後注亦同，非誤。是故聖人之於聲色滋味也，利於性則取之，害於性則舍之，此全性之道也。世之貴富者，其於聲色滋味也多惑者，惑，眩。日夜求，幸而得之，則遁焉。遁，流逸不能自禁也。遁焉，性惡得不傷？惡，安也。傷，病也。萬人操弓共射其一招，招無不中。招，埻的也。衆人所見，會弓射之，故曰無不中也。共射一招，中間「其」字衍。注：「埻」與「凖」音義同。萬物章章，以害一生，生無不傷。章章，明美貌。故生隕也。以便一生，生無不長。便，利也。利其生性，故生長久也。故聖人之制萬物也，以全其天也。天，身也。天全則神和矣，目明矣，耳聰矣，鼻臭矣，口敏矣，三百六十節皆通利矣。若此人者，不言而信，法天不言，四時行焉，是其信也。不謀而當，不慮而得。《詩》云：「不識不知，順帝之則」，故曰不謀慮而當合得事實。精通乎天地，神覆乎宇宙，宇宙，區宇之內。言其德大皆覆被也。其於物無不受也，無不裹也，受，猶承也。裹，猶囊也。若天地然。其德如天無不覆，如地無不載，故曰「若天地然」也。上爲天子而不驕，常戰栗也，故《堯戒》曰：「戰戰栗栗，日愼一日。」下爲匹夫而不惛，惛，讀憂悶之悶，義亦然也。此之謂全德之人。其德行升降無所虧闕，故曰全。

《淮南子·原道訓》［高誘注］ 夫道者，覆天載地，道無形而大也。廓四方，柝八極，廓，張也。柝，開也。八極，八方之極也，言其遠。柝，讀重門擊柝之「柝」也。高不可際，深不可測，際，至也。度深曰測，一曰盡也。包裹天地，稟授無形。稟，給也。授，予也。無形，萬物之未形者，皆生於道，故曰稟授無形也。原流泉浡，沖而徐盈，混混滑滑，濁而徐清。原，泉之所自出也。浡，湧也。沖，虛也。始出虛徐流不止，能漸盈滿，以喩於道亦然也。滑，讀曰骨也。故植之而塞于天地，橫之而彌于四海，施之無窮而無所朝夕，植，立也。塞，滿也。彌猶絡也。施，用也。用之無窮竭也，無所朝夕盛衰。舒之幎於六合，卷之不盈於一握。舒，散也。幎，覆也。孟春與孟秋爲合，仲春與仲秋爲合，季春與季秋爲合，孟夏與孟冬爲合，仲夏與仲冬爲合，季夏與季冬爲合，故曰六合，言滿天地間也。一曰四方上下爲六合。不盈一握，言微妙也。約而能張，幽而能明，言道能小能大，能昧能明。弱而能強，柔而能剛。道之性也。橫四維而含陰陽，橫，讀桄車之「桄」。紘宇宙而章三光。紘，綱也，若小車蓋，四維謂之紘，繩之類也。四方上下曰宇，古往今來曰宙，以喩天地。章，明也。三光，日月星。甚淖而滒，甚纖而微，滒亦淖也。夫饘粥多瀋者謂滒，滒讀歌謳之「歌」。山以之高，淵以之深，獸以之走，鳥以之飛，日月以之明，星曆以之行，麟以之游，鳳以之翔。以，用也。游，出也。大飛不動曰翔也。泰古二皇，得道之柄，立於中央，二皇，伏羲、神農也。指說陰陽，故不言三也。神與化游，以撫四方。撫，安也。四方謂之天下也。是故能天運地滯，輪轉而無廢，運，行也。滯，止也。廢，休也。水流而不止，與萬物終始。風興雲蒸，事無不應；應，當也。雷聲雨降，竝應無窮。窮，已也。鬼出電入，龍興鸞集；鬼出，言無蹤迹也。電入，言其疾也。鈞旋轂轉，周而復帀。鈞，陶人作瓦器法，下轉旋者，一曰天也。已彫已琢，還反於樸。無爲爲之而合于道，無爲言之而通乎德。言二三之化，無爲爲之也，而自合于道也；無所爲言之，而適自通于德也。恬愉無矜而得於和，恬愉，無所好憎也。無矜，不自大也。有萬不同而便於性。萬事不同，能于便性者不欲也。神託於秋豪之末，言微眇也。而大宇宙之總。宇宙，喻天地。總，合也。其德優天地而和陰陽，優，柔也。和，調也。節四時而調五行。五行，金木水火土也。呴諭覆育，萬物羣生，呴諭，溫恤也。育，長也。潤於草木，浸於金石。禽獸碩大，豪毛潤澤，羽翼奮也，奮，壯也。角觡生也。角，鹿角也。觡，麋角也。觡，讀曰格。獸胎不贕，鳥卵不殰。胎不成獸曰贕，卵不成鳥曰殰。言不者，明其成。父無喪子之憂，兄無哭弟之哀。言無夭死。童子不孤，婦人不孀。無父曰孤，寡婦曰孀也。虹蜺不出，賊星不行，賊星，妖星也。含德之所致也。含，懷也。夫太上之道，生萬物而不有，不以爲年已有者也。成化像而弗宰。宰，主也。跂行喙息，蠉飛蝡動。待而後生，莫之知德。不因德之。待之後死，莫之能怨。不怨虐之。得以利者不能譽，用而敗者不能非。收聚畜積而不加富，收聚畜積，國有常賦也。不加富者，爲百姓不以爲己有也。布施稟授而不益貧。布施稟授，匡困乏，予不足也。以公家之資，故不益貧也。旋縣而不可究，纖微而不可勤。累之而不高，墮之而不下，益之而不衆，損之而不寡，斲之而不薄，殺之而不殘，鑿之而不深，塡之而不淺。忽兮怳兮，不可爲象兮。怳兮忽兮，用不屈兮。忽怳，無形貌也，故曰不可爲象也。屈，竭也。怳，讀人空頭怳之怳。屈，讀秋雞無尾屈之屈也。幽兮冥兮，應無形兮。遂兮洞兮。不虛動兮。洞，達也。道動有所應，故曰不虛動也。與剛柔卷舒兮，與陰陽俛仰兮。卷舒，猶屈伸也。俛仰，猶升降也。昔者馮夷、大丙之御也。夷或作遲，丙或作白，皆古之得道能御陰陽者也。乘雲車，入雲蜺，游微霧，以雲蜺爲其馬也。游，行也。微霧，天之微氣也。騖怳忽，歷遠彌高以極往。騖，馳也。怳忽，無之象也。往，行也。經霜雪而無迹，照日光而無景，行霜雪中無有迹，爲日所照，無景柱也。扶搖抮抱羊角而上。扶，攀也。搖，動也。抮抱，引戾也。扶搖直如羊角轉如曲縈行而上也。抮讀與《左傳》「憾而能眕」者同也。抱讀《詩》「克岐克嶷」之嶷也。經紀山川，蹈騰昆侖。排閶闔，淪天門。經，行也。紀，通也。蹈，躡也。騰，上也。昆侖，山名也。在西北，其高萬九千里，河之所出。排猶斥也。淪，入也。閶闔，始升天之門也。天門，上帝所居紫微宮門也。馮夷、大丙之御，其耐如此。末世之御，雖有輕車良馬，勁策利鍛，不能與之爭先。勁，強也。策，箠也。末世之御，言不能與馮夷、大丙爭在前也。鍛，讀炳燭之炳。是故大丈夫恬然無思，澹然無慮，以天爲蓋，以地爲輿，四時爲馬，陰陽爲御，騶，御。乘雲陵霄，與造化者俱。大丈夫，喻體道者也。造化，天地，一曰道也。霄，讀消息之消。縱志舒節，以馳大區。區，宅也。宅，謂天也。可以步而步，可以驟而驟。令雨師灑道，使風伯掃塵。雨師，畢星也。《詩》云：「月麗于畢，俾滂沱矣。」風伯，箕星。月麗于箕，風揚沙。電以爲鞭策，電，激氣也，故以爲鞭策。雷以爲車輪。雷，轉氣也，故以爲車輪。上游於霄雿之野，下出於無垠之門。霄雿，高峻貌也。無垠，無形狀之貌。霄，讀紺綃。雿，讀翟氏之翟。劉覽偏照，復守以全。劉覽，回觀也。劉，讀留連之留，非劉氏之劉也。經營四隅，還反於樞。隅，猶方也。樞，本也。故以天爲蓋，則無不覆也；以地爲輿，則無不載也；四時爲馬，則無不使也；陰陽爲御，則無不備也。陰陽次敍以成萬物，無所缺也，故曰無不備。是故疾而不搖，遠而不勞；四支不動，聰明不損，損，減也。而知八紘九野之形埒者，何也？八紘，天之八維也。九野，八方中央也。執道要之柄，而游於無窮之地。是故天下之事，不可爲也，爲，治也。因其自然而推之。推，求也，舉也。萬物之變不可究也，秉其要歸之趣。趣亦歸也。夫鏡水之與形接也，不設智故，而方圓曲直弗能逃也。智故，巧飾也。鏡水不施巧飾之形，人之形好醜，以實應之，故曰方圓曲直不能逃也。是故嚮不肆應，而景不一設，呼叫仿佛，默然自得。得叫呼仿佛之聲狀也。

孔鮒《孔叢子・小爾雅》[宋咸注] 廣詁一：淵、懿、邃、頤，深也。封、巨、莫、莽、艾、祁，大也。頒、賦、鋪、敷，布也。蓋、戴、燾、蒙、冒，覆也。鐘、崇、府、最、積、灌、聚、樸，叢也。閱、搜、履、庀，具也。攻、爲、話、相、旬、宰、營、匠，治也。蠲、祓、禋、屑，潔也。勿、蔑、微、曼、末、沒，無也。隆、巢、岸、峻，高也。逼、尼、附、切、局、鄰、傅、戚，近也。邵、媚、旨、伐，美也。賢、裒、繁、優、饒、夥，多也。幾、蔡、模、臬，法也。蔡取蓍龜義，亦法也。爰、換、變、貿、交、更，易也。生、造、奏、詣，進也。索、寒、探、裒、鉤、掠、採，略也。開、徹、接、通，達也。固、歷、彌、宿、舊、尙，久也。彌、愈、滋、強，益也。赫、戮、爽、曉、昕、著、讃、曙，明也。皆、附、襲、就，因也。封、畛、際、限、疆、略，界也。承、苐、班、列，次也。戶、悛、格、扈，止也。戶取其闔礙，悛取其改，皆止之義。幽、曀、闇、昧，冥也。最、冗、自、質，要也。疆、窮、充，竟也。而、乃、爾、若，汝也。控、彎、挽，引也。承、贊、涼、助，佐也。尋、由、以，用也。要、捷、集、載，成也。肆、赴、捷，疾也。造、之、如，適也。掇、督、撫，拾也。肆、子、燼，餘也。拓、斥、啓、闢，開也。杜、實、充、牣，塞也。實、牣，滿也。獎、率、勵，勸也。勤、勉、事，力也。經、屑、者，過也。闕、缺、間，隙也。迭、遞、交，更也。熸、剗、沒，滅也。玄、黔、驪、黝，黑也。縞、皓、素，白也。彤、捽、緼，朱也。淫、溢、沉、滅，沒也。載、功、物，事也。

廣言二：晏、明，陽也。旰、晏，晚也。筭、麗，數也。穸、艾，老也。僉、皆，同也。交、校，報也。舒、布，展也。揚、翥，舉也。索、略，求也。奚、害，何也。里、度，居也。周、浹，匝也。充、該，備也。列、厥，陳也。轓、輴，輿也。廢、措，置也。駕、乘，凌也。收、戢，斂也。禁，錄也。掌、司，主也。偏、贅，屬也。麗、著，思也。載、略，行也。沓、襲，合也。抵、享，當也。庚、徹，通也。修、舒，長也。校、戰，交也。謁、復，白也。勑、質，正也。啇、蔑，末也。延、衍，散也。末、沒，終也。仳、辨，別也。菲、涼，薄也。復、旋，還也。祖、翼，送也。走、叩，我也。姓、命、孥，子也。諧、籲，和也。悛、寤，覺也。憾、猜，恨也。艾、盡，止也。擱，忿也。奸，犯也。汨、猾，亂也。縮、續，抽也。暨、捷，及也。苞、跋，本也。肆、臬，極也。睇、題，視也。犯、肆，突也。束、縻，縛也。肆、從，逐也。放、投，棄也。莽、蕪，草也。暴、映，晒也，烿也。晞、烯，乾也。迪、跡，蹈也。衍、演，廣也。衺、從，長也。荷、揚，擔也。仍，再也。徇，歸也。工，官也。稽，考也。顛，殞也。躋，陞也。戕，殘也。勦，截也。辟，除也。慁，患也。譴，責也。間，非也。順，退也。抗，禦也。靳，取也。蚩，戲也。褊，狹也。惎，忌也。沮，疑也。虧，損也。毀，壞也。判，散也。蔽，斷也。交，俱也。俘，罰也。夷，傷也。枳，害也。締，閉也。靡，細也。辨，使也。牧，臨也。嘗，試也。賴，贏也。若，乃也。嗟，發聲也。奏，爲也。振，救也。庸，償也。賈，價也。贍，足也。曹，偶也。麗，兩也。驟，數也。遲，快也。越，遠也。姑，且也。哿，可也。釋，鮮也。庸，善也。荐，重也。登，升也。勵，勉也。赫，顯也。韙，是也。丕，莊也。佞，才也。暨，息也。話，言也。愿，謹也。丰，豐也。都，盛也。腆，厚也。肆，緩也。競，逐也。紀，基也。惎，忌教也。整，願也。愸，強也。薄，迫也。燀，炊也。資，取也。質，信也。饙，饋也。憑，依也。藉，借也。際，接也。閡，限也。廬，寄也。萃，集也。箵，倅也。尤，怪也。瞢，慚也。索，空也。素，故也。視，此也。偟，往也。矜，惜也。狃，忕也。覬，望也。何，任也。御，侍也。殿，慎也。選，擇也。宣，示也。

廣訓三：諸、之，乎也。旃、焉也。惡、乎、于，何也。烏、乎、吁，嗟也。吁、嗟、嗚，呼也，有所嘆美，有所傷痛，隨事有義也。無念，念也。無寧，寧也。無顯，顯也。不承，承也。不肖，不似也。繩之，譽之也。詰朝，明旦也。遐不黃耇，言壽考也。公孫碩膚德音，不瑕道成、王大美聲，稱遠也。鄂不韡韡，言韡韡也。我從事獨賢，勞事獨多也。魴鱮甫甫，語其大也。麀鹿麌麌，語其衆也。海物維錯，錯雜也。雜毛曰氂，雜綵曰繪，雜言曰哤。

廣義四：凡無夫無妻，通謂之寡。寡夫曰煢，寡婦曰嫠，妾婦之賤者謂之屬婦。屬，逮也，逮婦之名，言其微也。非分而得謂之幸，詰責以辭謂之讓，男女不以禮交謂之淫。上淫曰烝，下淫曰報，勞淫曰通。不直失節謂之慙，慙，愧也。面慙曰戁，心慙曰恧，體慙曰逡。

廣名五：諱死謂之大行，死而復生謂之大蘇，疾甚謂之阽。請天子命曰未可以戚先王，請諸侯命曰未可以近先君，請大夫命曰未可以從先子。空棺謂之櫬，有屍謂之柩。饋死者謂之賵，衣服謂之襚，埋柩謂之殔。羊至切。殔坎謂之池，壙謂之窼，下棺謂之窆，墳窼謂之封。宰，冢也。壟，塋也。無主之鬼謂之殤。

廣服六：治絲曰織。織，繒也。麻、紵、葛曰布，布，通名也。纊，綿也。絮之細者曰纊，繒之精者曰縞，縞之麄者曰素，葛之精者曰絺，麄者曰綌。在首謂之元，服弁髦。太古布冠，冠而敝之者也。題，頭也。顛、顏、額，頟也。璽謂之印，紱謂之綬。襜褕謂之童容，亦云蔽膝。布褐而紩之謂之藍縷。紩，縫也。袴謂之褰，蔽膝謂之袡，帶之垂者謂之厲。大巾謂之幂，覆帳謂之幄，幄，幕也。簀床，第也。大扇謂之翣，杖謂之梃，鍵謂之籥，亦作鑰。棊局謂之奕，在足謂之履。履尊者曰達履，謂之金舄而金約也。

廣器七：射有張布謂之侯，侯中者謂之鵠，鵠中者謂之正。正方二尺，正中者謂之槷。槷方六寸，棘戟也。鍼、鉞，斧也。干、瞂，盾也。戈、句，子戟也。槷，倪結切。瞂，房越切。刅之削謂之室，室謂之鞞韐，珌鞞之飾也。矢服謂之弢，小船謂之艇，艇之小者曰艀。船頭謂之舳，尾謂之艫，楫謂之橈。車轅上者謂之□。轅謂之輈，軫謂之枕，較謂之幹，衡扼也。扼上者謂之烏啄，纍綆繘也。綃，索也。大者謂之索，小者謂之繩。詘而戾之爲紼，繆而紾之爲絾。垌，地也。墉牆謂之障，高平謂之太原。汪，池也。水之北謂之汭，澤之廣謂之衍。

廣物八：藁謂之稈，稈謂之芻。生曰穀，謂之粒。菜謂之蔬，禾穗謂之穎，截穎謂之銍。拔心曰揠，拔根曰擢。把謂之秉，秉四曰筥，筥十曰稯。棘實謂之棗，桑之實謂之葚，柞之實謂之橡。

廣鳥九：去陰就陽者謂之陽，烏、鳩、鴈是也。純黑而反哺者謂之烏，小而腹下白不反哺者謂之鴉。烏白項而羣飛者謂之燕。烏，白脰烏也。鴉，烏鸒也。鸒，斯也。亦曰鵯鶋。

廣獸十：豕，彘也。彘，豬也。其子曰豚。豕之大者謂之豜，小者謂之豵。鳥之所乳謂之巢，鷄雉所乳謂之窠，鹿之所息謂之潛。潛，槮也。積柴水中而魚舍焉。

度：跬，一舉足也，倍跬謂之步。《司馬法》六尺爲步，倍跬乃其大畧。四尺謂之仞，倍仞謂之尋，尋舒兩肱也。倍尋謂之常。五尺謂之墨，倍墨謂之丈，倍丈謂之端，倍端謂之兩，倍兩謂之疋，疋有謂之束。《禮》玄纁五兩。以兩爲束，每束兩兩卷之，二丈雙合則成疋。凡十卷爲五束，以應天九地十之數，與此制異焉。

量：一手之盛謂之溢，兩手謂之掬，掬四謂之豆，豆四謂之區，區四謂之釜，釜二有半謂之藪，藪二有半謂之缶，缶二謂之鍾，鍾二謂之秉，秉十六斛。

衡：二十四銖曰兩，兩有半曰捷，倍捷曰舉，倍舉曰鋝。鋝謂之鍰，鍰四兩謂之斤，斤十謂之衡，衡有半謂之秤，秤二謂之鈞，鈞四謂之石，石四謂之鼓。

揚雄《法言・問神》[司馬光集注]　虞夏之書渾渾爾，[李軌曰]：深大。[宋]咸曰：渾渾，猶淳淳也。言虞夏尚有唐風，去道未遠，淳淳然。[吳]祕曰：渾渾，猶言混混也。謂其淳雅也。商書灝灝爾，[李軌曰]：夷曠。[宋]咸曰：灝灝，猶漫漫也。言忠質之化制尚疏濶，漫漫然。[吳]祕曰：灝灝，猶言浩浩也。謂其遠大也。周書噩噩爾，[李軌曰]：不阿附也。[宋]咸曰：噩噩，猶察察也。言尚文而相檢以禮樂，察察然。[吳]祕曰：噩噩，猶言諤諤也。謂其明正也。下周者其書譙乎？[李軌曰]：下周者，秦言酷烈也。[吳]祕曰：秦書譙乎，不合典訓。[司馬]光曰：李本譙作譙，今從宋、吳本。渾，胡本切，灝，胡老切。噩，五各切。渾渾，朴略，難知之貌。灝灝，富大之貌。噩噩，明直之貌。「其書譙乎」，言不足以爲書也。

《戰國策》卷一八《趙策一・謂趙王曰章》[高誘注姚宏續注]　楚王入秦，秦、楚爲一，東面而攻韓。韓南無楚，北無趙，韓不待伐，割挈馬兔曾作兔。而西走。秦與韓爲上交，秦禍安續云：改安作案。移續云：《荀子》：上不能好其人，下不能隆禮，安特將學雜識志，順《詩》《書》而已耳，則末世窮年不免爲陋儒而已。注：安，語助，猶言抑也。或作案。《禮記・三年問》作「焉」。《戰國策・謂趙王曰》：秦與韓爲上交，秦禍案移於梁矣。秦與梁爲上交，秦禍按攘於趙矣。《呂氏春秋》：吳起謂商文曰：今置質爲臣，其主安重？釋璽辭官，其主安輕？蓋當時人適以「安」爲語助，或方言耳。特，猶言直也。雜志記之，書百家之說，言既不能好其人，又不能隆禮，直學雜說順《詩》《書》而已，豈免爲陋儒乎？言不知通變也。於梁矣。以秦之強，有楚、韓之用，梁不待伐矣，一無矣字。割挈馬兔而西走。秦與梁爲上交，秦禍案攘於趙矣。以強秦之有韓、梁、楚，與燕之怒，割必深矣，國之舉。此臣之所爲來。臣故曰：事有可急爲者。

《國語・周語上》[韋昭注]　宣王即位，不藉千畝。藉，借也，借民力以爲之。天子藉田千畝，諸侯百畝。自厲王之流藉田禮廢，宣王即位，不復遵古。虢文公諫曰：賈侍中云：文公，文王母弟虢仲之後，爲王卿士。昭謂：虢叔之後，西虢也。宣王都鎬，在畿內。「不可。夫民之大事在農，穀民之命，故農爲大事。上帝之粢盛於是乎出，出，於農也。器實曰粢，在器曰盛。民之蕃庶於是乎生，蕃，息也。庶，衆也。事之共給於是乎在，共，具也。給，足也。和協輯睦於是乎興，協，合也。輯，聚也。睦，親也。財用蕃殖於是乎始，殖，長也。敦厖純固於是乎成，敦，厚也。厖，大也。是故稷爲大官。民之大事在農，故稷之職爲大官。古者，大史順時覛土，覛，視也。陽癉憤盈，土氣震發，癉，厚也。憤，積也。盈，滿也。震，動也。發，起也。農祥晨正，農祥，房星也。晨正，謂立春之日，晨中於午也。農事之候，故曰「農祥」。日月底于天廟，底，至也。天廟，營室也。孟春之月，日月皆在營室。土乃脉發。」脉，理也。《農書》曰：春土長冒橛，陳根可拔，耕者急發。

《史記・夏本紀》[裴駰集解]　[揚州]田下下，賦下上上雜。孔安國曰：「田第九，賦第七，雜出第六。」貢金三品，孔安國曰：「金、銀、銅。」鄭玄曰：

「銅三色也。」瑤、琨、竹箭，孔安國曰：「瑤、琨，皆美玉也。」齒、革、羽、旄，孔安國曰：「象齒、犀皮、鳥羽、旄牛尾也。」島夷卉服，孔安國曰：「南海島夷草服葛越。」其篚織貝，孔安國曰：「織，細繒也。貝，水物也。」鄭玄曰：「貝，錦名也。《詩》云『成是貝錦』。凡織者，先染其絲，織之即成［文］矣。」其包橘柚錫貢。孔安國曰：「小曰橘，大曰柚。錫命乃貢，言不常也。」鄭玄曰：「有錫則貢之，或時乏則不貢。錫，所以柔金也。」均江海，通淮、泗。鄭玄曰：「均，讀曰沿。沿，順水行也。」

又《刺客列傳》［司馬貞索隱］ 豫讓又漆身爲厲。癘音賴。賴，惡瘡病也。凡漆有毒，近之多患瘡腫，若賴病然，故豫讓以漆塗身，令其若癩耳。然厲、賴聲相近，古多假「厲」爲「賴」，今之「癩」字從「疒」，故楚有賴鄉，亦作「厲」字，《戰國策》說此亦作「厲」字。

又《五帝本紀》［張守節正義］ 軒轅乃修德振兵，振，整也。治五氣，蓺五種，蓺，音魚曳反。種音腫。撫萬民，度四方，度音徒洛反。教熊羆貔貅貙虎。熊音雄。羆音碑。貔音毗。貅音休。貙音丑于反。羆如熊，黄白色。郭璞云：「貔，執夷，虎屬也。」案：言教士卒習戰，以猛獸之名名之，用威敵也。

《漢書・高帝紀》［顔師古注］ 賈人毋得衣錦繡綺縠絺紵罽，操兵，乘騎馬。師古曰：賈人，坐販賣者也。綺，文繒也，即今之細綾也。絺，細葛也。紵，織紵爲布及疏也。罽，織毛若今毼及氍毹之類也。操，持也。兵，凡兵器也。乘，駕車也。騎，單騎也。賈音古。絺音丑知反。紵音佇。罽音居例反。操音千高反。

又 審食其從太公、呂后間行，反遇楚軍。師古曰：此審食其及武帝時趙食其讀皆與酈食其同，音異基。而近代學者，酈則爲異基，審則爲食基，趙則食其，非也。同是人名，更無別義，就中舛駁，何所據依？且荀悅《漢紀》三者并爲異基字，斷可知矣。太公、呂后本避楚軍，乃反與之遇，而見拘執。

又《吴漢傳》 十八年，蜀郡守將史歆反於成都，自稱大司馬，攻太守張穆，穆逾城走廣都，歆遂移檄郡縣，而宕渠楊偉、朐䏰徐容等，起兵各數千人以應之。宕渠、朐䏰，二縣名，皆屬巴郡。朐音劬，䏰音忍。宕渠山名，因以名縣，故城在今渠州流江縣東北，俗名車騎城是也。《十三州志》朐音春，䏰音閏。其地下濕，多朐䏰蟲，因以名縣。故城在今夔州雲安縣西萬戶故城是也。

王逸《楚辭章句》卷一六《九歎・怨思》 引日月以指極兮，極，中也，謂北辰星也。少須臾而釋思。釋，解也。言己施行正直，願引日月使照我情，上指北辰，訴告於天，冀君覺寤，且解憂思須臾之間也。水波遠以冥冥兮，眇不睹其東西。順風波以南北兮，霧宵晦以紛闇。宵，夜也。《詩》云：肅肅宵征。言己渡廣水，心迷不知東西，霧氣晦冥，而白晝若夜也。

鄭玄《周易鄭康成注・易論》 乾道變化，謂先有舊形漸漸改者謂之變，雖有舊形忽改者謂之化，及本無舊形非類而改，亦謂之化。

《三國志・魏志・武帝紀》［裴松之注］ ［建安二十年］九月，巴七姓夷王朴胡、賨邑侯杜濩舉巴夷、賨民來附，孫盛曰：朴音浮。濩音戶。於是分巴郡，以胡爲巴東太守，濩爲巴西太守，皆封列侯。

又《傅蝦傳》 蝦議以爲淮海非賊輕行之路，又昔孫權遣兵入海，漂浪沉溺，略無孑遺，［諸葛］恪豈敢傾根竭本，寄命洪流，以徼乾沒乎？《漢書・張湯傳》曰：湯始爲小吏，乾沒，與長安富賈田甲、魚翁叔之屬交私。服虔說曰：「乾沒，射成敗也。」如淳曰：「得利爲乾，失利爲沒。」臣松之以虔直以乾沒爲射成敗，而不說乾沒之義，於理猶爲未暢。淳以得利爲乾，又不可了。愚謂乾讀宜爲乾燥之乾。蓋謂有所徼射，不計乾燥之與沈沒而爲之。恪不過遣偏率小將素習水軍者，乘海泝淮，示動青、徐，恪自并兵來向淮南耳。

《後漢書・獻帝紀》［李賢等注］ 贊曰：獻生不辰，身播國屯。辰，時也。播，遷也。言獻帝生不逢時，身既播遷，國又屯難。《詩》曰：「我生不辰。」《左傳》曰：「震蕩播越。」

《文選》卷一班固《西都賦》［李善注］ 增盤崔嵬，登降炤爛。殊形詭制，每各異觀。乘茵步輦，惟所息宴。毛萇《詩傳》曰：崔，高大也，茲瑰切。王逸《楚辭注》曰：嵬，高也，才廻切。《廣雅》曰：炤，明也，音照。爛，亦明也，力旦切。應劭《漢官儀》曰：皇后婕妤乘輦，餘皆以茵。四人輿以行。鄭玄《禮記注》曰：茵，蓐也，於申切。《周易》曰：君子以鄉晦入宴息也。後宮則有掖庭椒房，后妃之室。合歡增城，安處常寧。茝若椒風，披香發越。蘭林蕙草，鴛鸞飛翔之列。《漢書》曰：詔掖庭養視。應劭曰：掖庭，宮人之宮。《漢官儀》曰：婕妤以下，皆居掖庭。《三輔黄圖》曰：長樂宮有椒房殿。《漢書》曰：班婕妤居增城舍。桓子《新論》曰：董賢女弟爲昭儀，居舍號曰椒風。《漢宮閣名》，長安有合歡殿、披香殿、鴛鸞殿、飛翔殿，餘亦皆殿名。昭陽特盛，隆乎孝成。屋不呈材，牆不露形。裛以藻繡，絡以綸連。隨侯明月，錯落其間。金釭銜璧，是爲列錢。翡翠火齊，流耀含英。懸黎垂棘，夜光在焉。《漢書》曰：孝成趙皇后弟絕幸，爲昭儀，居昭陽舍，其壁帶往往爲黄金釭、函藍田璧、明珠翠羽飾之。《音義》曰：謂壁中之橫帶也。引《漢書注》云音義者，皆失其姓名，故云音義而已。《說文》曰：釭，轂鐵也。列錢，言金釭銜璧，行列似錢也。釭，古雙切。《說文》曰：褭，纏也，於刧切。又曰：綸，糾青絲綬也。《淮南子》曰：隨侯之珠，和氏之璧，得之而富，失之而貧。高誘曰：隨侯，漢中國姬姓諸侯也。隨侯見大蛇傷斷，以藥傅而塗之。後蛇於夜中銜大珠以報之，因曰：隨侯之珠，蓋明月珠也。李斯上書曰：有隨和之寶，垂明月之珠。張揖《上林賦注》曰：翡翠，大小如爵，雄赤曰翡，雌青曰翠。《韻集》曰：玫瑰，火齊珠也。《戰國策》：應侯謂秦王曰：「梁有懸黎，楚有和璞，而爲天下名器。」《左氏傳》曰：晉荀息請以垂棘之璧，假道於虞，以伐虢。許慎《淮南子注》曰：夜光之珠，有似明月，故曰明月也。高誘以隨侯爲明月，許慎以明月爲夜光。班固上云「隨侯明月」，下云「懸黎垂棘，夜光在焉」，然班以夜光非隨珠、明月矣，以三者合爲一寶。經典不載夜光本末，故說者參差矣。《西京賦》曰：流懸黎之夜光。《吳都賦》曰：隨侯於是鄙其夜光。鄒陽云：夜光之璧。劉琨曰：夜光之珠。尹文子曰：田父得寶玉徑尺，置於廡上，其夜明照一室。然則夜光爲通稱，不繫之於珠璧也。於是玄墀釦砌，玉階彤庭。碝磩綵緻，琳珉青熒。珊瑚碧樹，周阿而生。《漢書》曰：昭陽舍中庭彤朱，而殿上髤漆，砌皆銅沓，黃金塗，白玉階，然墀以髤漆，故曰玄也。釦砌，以玉飾砌也。《說文》曰：釦，金飾器，枯後切。《廣雅》曰：砌，阤也，且計切。《說文》曰：碝，石之次玉也，如兗切。磩，碝類也，音戚。鄭玄《禮記注》曰：緻，密也。郭璞《上林賦注》：珉，玉名也。張揖《上林賦注》曰：珉，石次玉也。《廣雅》曰：珊瑚，珠也。《淮南子》曰：崑崙山有碧樹，在其北。高誘曰：碧，青石也。《韓詩》曰：曲景曰阿。然此阿，庭之曲也。

賈思勰《齊民要術》卷一《耕田》［孫氏注］

《周書》曰：神農之時，天雨粟，神農遂耕而種之。作陶冶、斤斧，爲耒耜、鉏耨，以墾草莽，然後五穀與助，百果藏實。《世本》曰：倕作耒耜。倕，神農之臣也。《呂氏春秋》曰：耜，博六寸。《爾雅》曰：斪斸謂之定，犍爲舍人曰：斪斸，鉏也，一名定。纂又曰：養苗之道，鉏不如耨，耨不如剗。剗柄長三尺，刃廣三寸，以剗地除草。許慎《說文》曰：耒，手耕曲木也。耜，耒端木也。斸，斫也。齊謂之鎡基，一曰斤柄，性自曲者也。田，陳也。樹穀曰田，象形，從口從十，阡陌之制也。耕，種也。從耒井聲。一曰古者井田。劉熙《釋名》曰：田，塡也。五穀塡滿其中。犂，利也。利發土，絕草根。耨似鉏，以薅禾也。斸，誅也。主以誅鉏根株也。凡開荒山澤田，皆七月芟芟之，草乾即放火，至春而開墾。其林木大者劉烏更切。殺之，葉死不扇，便任耕種。三歲後根枯莖朽，以火燒之。耕荒畢，以鐵齒鎉楱，俎侯切。再偏杷之，漫擲黍穄勞郎到切。亦再偏。明年，乃中爲穀田。凡耕高下田不問春秋，必須燥濕得所爲佳。若水旱不調，寧燥不濕。燥雖耕塊，一經得雨，地則粉解，濕耕堅垎，胡洛反。數年不佳。諺曰：濕耕澤鋤，不如歸去，言無益而有損。濕耕者白背速鎉楱之亦無傷，否則大惡也。春耕尋手勞，古曰耰，今曰勞。《說文》曰：耰，摩田器，今人亦名勞曰摩。鄙語曰：耕曰摩勞也。秋耕待白背勞。春多風，若不尋勞地，必虛燥。秋田塌，長劫反。實塌勞令地硬。諺曰：耕而不勞，不如作暴。蓋言澤難遇喜天時故也。桓寬《鹽鐵論》曰：茂木之下無豐草，大塊之間無美苗。凡秋耕欲深，春夏欲淺，犂欲廉，勞欲再。犂廉耕細，牛復不疲，再勞地熟，旱亦保澤也。秋耕穐，一感反。青者爲上。比至冬月青草復生者，其美與小豆同也。初耕欲深，轉地欲淺。耕不深，地不熟。轉不淺，動生土也。菅茅之地宜縱牛羊踐之，踐則根浮。七月耕之則死。非七月復生矣。凡美田之法，綠豆爲上，小豆、胡麻次之，悉皆五六月中穊。美懿反。浸，掩也。種七月八月犂掩殺之，爲春穀田，則畝收十石，其美與蠶矢熟糞同。凡秋收之後，牛力弱，未及即秋耕者，穀黍穄粱秫茇古末反。之下，即移羸速鋒之也。恆潤澤而不堅硬，乃至冬初嘗得耕勞，不患枯旱。若牛力少者，但九月十月一勞之，至春穡湯歷反。種亦得。《禮記・月令》曰：孟春之月，天子乃以元日祈穀于上帝，鄭玄注曰：謂上辛日郊祭天。《春秋傳》曰：春郊祀后稷以祈農事，是故啓蟄而郊社而后耕。上帝，太微之帝。乃擇元辰，天子親載耒耜，帥三公九卿諸侯大夫躬耕帝籍。元辰，蓋郊後吉辰也。帝籍，爲天神借民力所治之田也。是月也，天氣下降，地氣上騰，天地和同，草木萌動，此陽氣蒸達可耕之候也。《農書》曰：土長冒橛，陳根可拔，耕者急發也。命田舍東郊，田謂田畯。善相丘陵阪險原隰土地所宜，五穀所殖，以教導民。命田事既飭，先定準直，農乃不惑。仲春之月，耕者少舍，乃修闔扇，舍，猶止也。蟄蟲啓戶，耕事少閒，而治門戶用木曰闔，用竹葦曰扇。無作大事以妨農事。孟夏之月，勞農勸民，無或失時，重力勞來之。命農勉作，無休於都。急趣農也。《王居明堂禮》曰：無宿於國也。季秋之月，蟄蟲咸俯在內，皆墐其戶。墐謂塗閉之，此避殺氣也。孟冬之月，天氣上騰，地氣下降，天地不通，閉塞而成冬，勞農以休息之，黨正屬民飲酒正齒位是也。仲冬之月，土事無作，愼無發蓋。無發室屋，地氣沮泄，是謂發天地之房，諸蟄則死必疾疫。大陰用事尤重閉藏，案：今世有十月十一月耕者，匪直逆天道，害蟄蟲，地亦無膏潤，收必薄少也。季冬之月，命田官告民出五種，命田官告民出種，大寒過，農事將起也。計耦耕事，修耒耜具田器。耜者，耒之金。耜廣五寸，田器鎡基之屬。是月也，日窮于次，月窮于紀，星迴于天，數將幾終，言日月星辰運行，至此月皆匝於故會次舍也。紀猶舍也。歲且更始，專而農民毋有所使。而猶汝也。言專一汝農民之心，令人預有志於辦稼之事，不可徭役，則志散失其業也。孟子曰：士之仕也，猶農夫之耕也。趙岐注曰：言仕之爲急，若農夫不可不耕。魏文侯曰：民春以力耕，夏以強耘，秋以收斂。《雜陰陽書》曰：亥爲天倉耕之始。《呂氏春秋》曰：冬至後五旬七日菖生。菖者，百草之先生也。於是始耕。高誘注曰：菖，菖蒲水草也。《淮南子》曰：耕之爲事也勞，織之爲事也擾。擾勞之事而民不舍者，知其可以衣食也。人之情不能無衣食，衣食之道，必始於耕織之物。若耕織始初甚勞，終必利也衆。又曰：不能耕而欲黍粱，不能織而喜縫裳，無其事而求其功，難矣。《氾勝之書》曰：凡耕之本，在於趣時和土，務糞澤，旱鋤穫，春凍解，地氣始通，土一和解。夏至天氣始暑，陰氣始盛，土復解。夏至後九十日，晝夜分，天地氣和，以此時耕田，一而當五，名曰「膏澤」，皆得時功。春地氣通，可耕。堅硬強地、黑壚土，輒平摩其塊以生草，草生復耕之，天有小雨復耕和之，勿令有塊，以待時，所謂強土而弱之也。春候地氣始通，椓橛木長尺二寸，埋尺見其二寸，立春後土塊散，上沒橛，陳根可拔。此時二十日以後和氣去，即土剛，以此時耕一而當四。和氣去，耕四不當一。杏始華榮，輒耕輕土弱土，望杏花落復耕，耕輒藺之草生，有雨澤耕重藺之。土甚輕者，以牛羊踐之，如此則土強，此謂土弱而強之也。春氣未通，則土歷適不保澤，終歲不宜稼，非糞不解。愼無旱耕，須草生至可種時。有雨即種，土相親，苗獨生，草穢爛，皆成良田。此一耕而當五也。不如此而旱耕，塊硬，苗穢同孔出，不可鋤治，反爲敗田。秋無雨而耕，絶土氣，土堅硬，名曰「脂田」。及盛冬耕，泄陰氣，土枯燥，名曰「脯田」，脯田與脂田皆傷田。二歲不起稼，則一歲休之。凡麥田常以五月耕，六月再耕，七月勿耕，謹摩平以待種時。五月耕一當三，六月耕一當再，若七月耕五不當一。冬雨雪止，輒以藺之掩地雪，勿使從風飛去。後雪復藺之，則立春保澤凍蟲死，來年宜稼。得時之和，適地之宜，田雖薄惡，收可畝十石。崔實《四民月令》曰：正月地氣上騰，土長冒橛，陳根可拔，急菑強土黑壚之田。二月陰凍畢澤，可菑美田緩土及河渚水處。三月杏華盛，可菑沙白輕土之田。五月六月可菑麥田。崔實《政論》曰：武帝以趙過爲搜粟都尉，教民耕殖，其法二犂共一牛，一人將之，下種挽耬，皆取備焉，日種一頃。至今三輔猶賴其利。今遼東耕犂轅長四尺，迴轉相妨，既用兩牛兩人牽之，一人將耕，一人下種，二人挽耬。凡用兩牛六人，一（人）[日]纔種二十五畝，其懸絶如此。按：二犂共一牛，若今三腳耬矣。未知耕法如何。今自濟州迤西，猶用長轅犂、兩腳耬。長轅耕平地尚可，於山澗之間則不任用。且迴轉至難費力，未若齊人蔚犂之柔便也。兩腳耬種壠穊，亦不如一腳耬之得中也。

衛元嵩《元包經傳》卷一《太陰》［蘇源明傳李江注韋漢卿釋音］

傳曰：理亂相糺，蓋先包以始事也。至人曰：禍兮福所倚，福兮禍所伏。董生有言：賀者在廬，弔者在門；弔者在廬，賀者在門。言受福則逸，逸則樂，樂則驕，驕則禍至。故賀者在廬，弔者在門。遇禍則憂，憂則危，危則敬，敬則謹，謹則福臻。故弔者在廬，賀者在門。此則理生於亂，亂生於理，相糺之謂也。糺音糾。質文相化。文質之道自太古始。觀衛先生《三易異同論》，則文質之義昭矣。論曰：夫尚質則人淳，人淳則俗樸，樸之失其弊也。惷尚文則人和，人和則俗順，順之失其弊也。諂諂則變之以質，惷則變之以文，亦猶寬以濟猛，猛以濟寬，此聖人之用心也。豈徒苟相反背而妄有述作焉？斯文質相化之理也。亂極，則先乎太易，易之所繇作也文弊，則從于巨包。包之所以製也。聖人以遺也，聖人，謂孔宣父遺教者也。賢人以發也。賢人，謂衛先生啓發之也。《易》始乎乾文之昭也以行，易之先乾，蓋尚文之代也。包起于坤質之用也以靖。包之起坤，蓋尚質之時也。行者所以動天下之務，《易》之道也。靖者所以默天下之機。包之德也。太陰太陽潛相貞也，六之與九，自相正也。少陰少陽潛相成也。七之與八，共相助也。宂廾莫默，宂音烍，廾音莽。地之輿也；顚宀勹盈，宀音綿，勹音包。天之冒也。宂廾莫默，坤之繇辭也。顚宀勹盈，乾之繇辭也。猶乾之易有「元亨利貞」，太玄之有「罔直蒙酋」也。仍而通之，極乎三十六，全而劘之，劘音磨。窮乎六十四。五行相生，極于三十六，謂蓍也。八卦相盪，窮乎六十四，謂卦也。其旨微，其體正。語其義，則矗然而不誣；直而不妄。矗，初六切。觀其辭，則夵而不及。高而不建。夵，危蘊切，高也。梘一以布氣，梘，吾禮切，擬也。藏萬以植言。擬元化以布和，隱萬象以立辭也。斯道君子之幾也，夫誠至君之爲也夫。道，君子誠至。君謂衛先生。於戲，流于睿監，講于太學。欲並於《五經》，齊於三易也。伏而惟之，使自怡之；俾伏膺而思惟，不亦悅乎。深而極之，使自測之。俾詣深而窮極，不亦究乎。歸人於至和，致雍熙也。示人於太樸。反淳古也。已矣。

陸德明《經典釋文》卷三《尚書音義上・大禹謨》

皐音高。陶音遙。矢。本又作夭。謨。字又作謩。申重。直用反。下同。文命。孔云：「文德教命也。」先儒云：「文命，禹名。」易。以豉反。治。直吏反。俞。羊朱反。攸。音由。徐：以帚反。寧。安也。《説文》：「安寧如此，願辭也。」舍。音捨。告。故毒反。矜。居陵反。眷。俱倦反。奄。於簡反。迪。徒歷反。響。許丈反。應。應對之應，下應風同。吁。况俱反。度。徒布反。注「守度」同。虞度。下徒洛反。後「億度」同。樂。音洛。去。起呂反。熙。火其反。咈。扶弗反。戾。連弟反。怠。音待。惰。徒卧反。曰於。音烏。歌樂。下音洛。俾。必爾反。壞。乎怪反。治。直吏反。格。庚白反。朕。直錦反。耄。莫報反。倦。其眷反。期頤。以之反。期，要。頤，養也。厭。於艷反。懈。于賣反。種。章用反。降。江巷反。治。直吏反。注下同。當。丁浪反。又如字。懋。音茂。愆。起虔反。宥。音又。辜。音孤。好生。上呼報反。儆。居領反。重。直用反。假。工雅反。盡。津忍反。爲民。于僞反。丕。普悲反，大也。徐：甫眉反。聽。徐：天定反。出。如字。徐：尺遂反。好。如字。徐：許到反。枚。音梅。蔽。必世反。徐：甫世反。斷。丁亂反。僉。七潛反。禁。今鴆反。又音金。正月。音政。徐：音征。數。音朔。濟濟。子禮反。蠢。春允反。侮。亡甫反。慢。亡諫反。咎。其九反。誥。古報反。憚。徒旦反。一音丹末反。脅。許業反。弗屈。下音戒。田。本或作畋。號。戶高反。旻。武巾反。慝。他側反。載見。賢遍反。瞽。音古。瞍。素后反。夔夔。求龜反。齊。側皆反。諴。音咸。矧。失忍反。易。以豉反。當。丁浪反。下同。還。經典皆音旋。誕。音但。階。徐：音皆。楯。食允反。翳。於計反。闡。尺善反。洞。徒弄反。蠡。音禮。

又卷四《尚書音義下·牧誓》 戎車。音居。《釋名》云：古者聲如居，所以居人也。今曰車聲近舍。車，舍也。韋昭《辯釋名》云：古皆尺遮反，從漢始有音居。夫長。丁丈反。步卒。子忽反。賁。香奔。士稱。尺證反。牧。如字。徐：一音茂。《説文》作坶，云地名，在朝歌南七十里。《字林》音母。昧爽上音妹。爽，明也。昧爽，謂早旦也。馬云：昧，未旦也。夜陳。直刃反。左杖。徐：直亮反。鉞。音越。夲又作戉。旄。音毛。馬云：白旄。旄，牛尾。麾。許危反。逖。他歷反。帥。色類反。下同。羌。徐：起良反。《説文》云：西戎牧羊人。髳。茂侯反。濮。音卜。叟。所求反，又蘇走反。比。徐：扶志、毗志二反。楯。食準反。又音允。牝。頻引反。徐：又扶忍反。索。西各反。妲己。丹達反。下音紀。紂妻也。復。扶又反。俾。必爾反，使也。徐：甫婢反。下同。宄。音軌。愆。去乾反。勗。許玉反。刺。七亦反。貔。音毗。羆。彼皮反。《爾雅》云：羆如熊，黃白文。迓。五嫁反。馬作禦禁也。役。馬云：役，爲也。爲音于僞反。

何超《晉書音義·帝紀第三卷·晉書三》 輯。音集。於戲。烏、希二音。惴。之睡反。憂也，懼也。伷。音宙。莞。音官。睢。音雖。菑。側持反。尉他。音陁。亦作佗。禰。乃禮反。澠。音沔。本或作黽，同。皇子衷。音中。孛。音佩，又卜內反。羊祜。下古反。必泥。奴戾反。郁。於六反。毛炅。古鼎反。《字林》音桂。販。方願反。郭廙。音弋。渦口。《説文》：渦水受淮陽浮溝浪蕩渠，東入淮。屋戈反，又古和反。堆。都回反。綴。張衛反。皇子柬。音簡。冠。古亂反。汜。敷劍反。大雩。音于。旱祭也。戶調。徒弔反。袤。莫候反。組。音祖。其帥。所類反。枳。諸氏反。軫。之忍反。夏謖。《字林》：謖，起也。所六反。稱。尺證反。螟。音冥。頠。魚毀反。璩。音渠。荔支。力智反。召。或作邵，同。顒。魚容反。耽。丁含反。蕤。儒佳反。唐彬。音斌。秣。莫割反。瑩。烏定反。甓。子六反。櫬。初覲反。酃。音零。浩亹。《漢書》：金城郡浩亹縣。孟康曰：浩亹音合門。顏云：浩音誥，水名。亹者，水流夾山岸若門。《詩·大雅》「鳧鷖在亹」，亦其義也。今俗呼此水爲閤門河，蓋疾言之耳。浩音閤。廆。五罪、胡罪二反。牂。則郎反。獠。音老。玷。音點。褚䂮。力灼反。朱提山。《漢書》：犍爲郡有朱提山，出銀。蘇林曰：朱音銖，提音匙。北方人名匕曰匙。犍。其連反。朱整。之領反。祫。音洽。皇孫遹。音聿。次子羕。弋向反。繇。音遙。造次。七到反。青絲紖。《字林》曰：牛系也。丈忍反。紊。音汶。佚。音逸。

杜佑《通典》卷二〇《職官二》 三老五更，昔三代所尊也。三者，道成於三，謂天、地、人也。老者，舊也，壽也，《詩》云「方叔元老」，《書》稱「無遺我黃耇之言，則罔所愆」。五者，訓於五品。更者，更也，五世長久更相代，言其能以善道改更己也。故三老五更皆取有道妻男女完具者爲之。鄭玄曰：老、更互言之耳，皆老人更知三德五事者也。蔡邕曰：更當爲叟字之誤也。

柳宗元《柳河東集·佩韋賦》［韓醇音釋］ 登嵩丘以垂目兮，瞰中區之疆理。嵩，息中切，中岳也。瞰，苦濫切，音闞，遠視也。横萬里而極海兮，頹風浩其四起。恟驚怛而躑躅兮，恟，音凶。《説文》：憂恐也。躑，直炙切。躅，除玉切。躑躅，行不進貌。惡浮詐之相詭。思貢忠于明后兮，振教導乎遐軌。紛吾守此狂狷兮，懼執競而不柔。探先哲之奧謨兮，奥，於到切。攀往烈之洪休。曰沈潛而剛克兮，固讜人之嘉猷。讜，音黨，直言也。嗟行行而躓踣兮，行行，並下浪切，剛強貌。躓，音致，跲也。踣，蒲墨切。信往古之所仇。

《柳宗元集》卷七《南嶽雲峰寺和尚碑》［孫氏注］ 師之族，由虢而郭。周武王封文王弟虢叔於西虢。平王東遷，奪虢叔之地與鄭武公。求虢叔之裔孫序封於陽曲，號曰郭公。虢謂之郭，聲之轉也。

又卷一六《天説》[童宗説等注] 夫果蓏，[童曰]按：許慎《説文》：在木曰果，在地曰蓏。張晏云：有核曰果，無核曰蓏。應劭云：木實曰果，草實曰蓏。又一説云：有殼曰果，無殼曰蓏。蓏，魯果切。飲食既壞，蟲生之。人之血氣敗逆壅底，爲癰瘍疣贅瘻痔，[童曰]《説文》：癰，腫也。瘍，頭瘡。贅，謂贅肉。瘻，頸腫，一曰久創。痔，後病也。癰，音邕。瘍，音陽。疣，音尤。贅，朱芮切。瘻，音漏。痔，丈里切。蟲生之。木朽而蝎中，[張曰]蝎，音曷，木中蟲，非螫毒音歇者。草腐而螢飛。腐，音輔，爛也。

又卷二九《鈷鉧潭記》[張敦頤音釋] 鈷，音古，鉧字。諸韻皆無從母者，《唐韻》作𨱏，下註云：鈷，𨱏也。鉧，疑是𨱏，莫浦、莫朗二切，並註云：鈷𨱏也。鈷𨱏乃鼎具。據《小丘記》云：得西山後八日，又得鈷鉧潭。

成伯璵《毛詩指説·解説》 詁者，古也。謂古人之言，與今有異。古謂之「厥」，今謂之「其」，古謂之「權輿」，今謂之「始」是也。訓者，謂別有意義，與《爾雅》一篇略同。「肅肅」，敬也；「雍雍」，和也；「戚施」，面柔也；「籧篨」，口柔也。「無念」，念也；「之子」，是子也。此謂之訓也。傳者，注之別名也。傳承師説謂之爲傳，出自己意即爲注。注起孔安國，傳有鄭康成。又或不名傳注而別謂之義，皆以解經也。何晏、杜元凱名爲「集解」，蔡邕注《月令》謂之「章句」，范甯注《穀梁》謂之「解」，何休注《公羊》爲「學」，鄭玄謂之「箋」。亦無義例，述作之體不欲相因耳。

李籍《九章算術音義》 九數：色具切，即九章是也。以算言之，故曰「九數」。以篇言之，故曰「九章」。《周官·保氏》：教國子以六藝，一曰禮，二曰樂，三曰射，四曰馭，五曰書，六曰數。鄭康成注云：九數，方田、粟米、差分、少廣、商功、均輸、方程，贏不足旁要。今有重差、夕桀、句股。案《周禮》疏曰：云今有重差、句股也者，此漢法增之。馬氏注以爲今有重差、夕桀。夕桀，亦是算術之名，與鄭異。據疏所言，鄭注惟云今有重差、句股也，夕桀二字，乃馬注，賈公彦後始竄入。鄭注内此所引與今本《周禮》注同。蓋訛舛已久矣。《隋書·律歷志》云：一曰方田，以御田疇界域；二曰粟米，以御交質變易；三曰衰分，以御貴賤稟稅；四曰少廣，以御積幂方圓；五曰商功，以御功程積實；六曰均輸，以御遠近勞費；七曰盈朒，以御隱雜互見；八曰方程，以御錯糅正負；九曰句股，以御高深廣遠。

隸首：郎計切。《世本》曰：黄帝時隸首作數。

探賾：上吐南切，下士革切。賾者，含蓄。含蓄者，探之可及。故《易》曰「探賾」。

索隱：上色白切，下於謹切。隱者，隱匿。隱匿者，索之可得。故《易》曰「索隱」。

重差：上直容切，下楚佳切。重，復也。差，不齊也。重差，句股名也。

率：所律切，數相與也。又音律，約數也。

可度：徒各切，揆也。

考論：盧敦切。

孤離：呂支切。

孫奭《孟子音義》卷上《梁惠王章句上》 《孟子題辭》。張鎰云：即序也。趙注尚異，故不謂之序，而謂之《題辭》也。趙氏。丁公著云：案，本傳名岐，字邠卿，京兆長陵人也。初名嘉，生於御史臺，因字臺卿，後避難，故改名岐。少明經，有才藝，公府屢辟爲京兆尹、延篤功曹。先是，岐常貶議中常侍唐玹，兄玹爲京兆尹，岐遂避難四方，無所不歷。及諸唐滅，乃出仕，歷并州刺史、議郎，後以老病就拜太常，九十餘，建安六年卒。通稱。丁云：稱，去聲。下有此字，以意讀之。邾。陟輸切。所幷。必正切，下同。長師。張丈切。縱。音蹤。隳。許規切。墨翟。音狄，後墨翟皆倣此。壅底。張云音邸，言否塞不通也。迂，音紆，又音于。值炎。丁作直，音值。信三。音伸。詒後。丁云：音義與貽同。難疑。乃旦切。繫。本亦作系，同，胡計切。錧鎋。丁云：上音管，方言作輨，車釭也。下音黠，車轄也。衿。音今。問陳。直刃切。毁鬲。丁音隔，蓋謂毁之使情隔耳，又音歷。焉能。於虔切。依放。方往切。遂絀。音黜。罷傳。直戀切。下經傳同。心勦。下子小切，絶也。形瘵。側界切，病也。弛擔。音豕，下都濫切。睠。音眷。漂。撫昭切。亂思。張云：亂，治也。思，去聲。緼奥。於粉切，淵奥也。章別。後列切。

《梁惠王章句上》，丁云：案《史記》：梁惠王，魏武侯之子，名罃。罃音鸎。凡七章。

以爲。于僞切。下爲王、爲其、曰爲、抑爲、爲是、故爲，皆同。放於。方往切。夷羿。音詣。羿，夷姓。饜。一鹽切。又於豔切。復申。扶又切。下章注同。重嗟。直用切。下申重、重言皆同。亦樂。音洛，盡此卷皆同。王好。呼報切。下好戰同。

集穆。張云：當爲輯穆。夸吒。丁：丑嫁切，云誇也。《玉篇》作詫。規度。大各切。下忖度同。亟。音棘。不督。音篤。丁作㪍，子六切。來趣。丁音趨，亦如字。麀。音憂。鶴鶴。張云：《詩》本作翯翯，戶角切，古字假借，今依《詩》本音。於牣。於如字。下音刃，丁本作仍。歡樂。本亦作勸樂。害喪。如字。張音曷，書作曷喪。及女。音汝。大平。丁音泰。下有此字，以意求之。塡然。音田。者不。方久切，後皆放此。直不。如字，丁音値。勝食。音升，下同。數罟。七欲切，網也。丁、張音朔，下音古。洿。音烏。喪死。丁如字。衣帛。於既切。注及下文衣帛同。數口。丁：色主反。不王者。丁云：去聲，下文以意讀之。風王。音諷。餓莩。平表切，義同殍字。丁、張毗小切。莩有梅。毗小切。又平表切。丁云：《韓詩》也，《詩》作摽，與莩同。刺人。七亦切。又七四切。改行。下孟切。下德行同。以梃。丁：徒頂切，從木。惡之。烏路切。注及下夫惡同。惡在。音烏，惡，猶安也。下惡乎定，惡知，皆同。俑。音勇。夫惡。音扶。此字既多，可以意求，疑者別出。死邪。以嗟切，後不音者，皆倣此。長子。張丈切。下長上長者皆同。洒之。丁音洗，謂洗雪其恥也。省刑。所梗切。稅斂。丁：力劒切。易耨。以豉切，下奴豆切。字亦作蓐，音同。以養。餘亮切。語人。魚據切，下語人同。卒然。七沒切。槁。音考。沛。字亦作霈，普蓋切。浡。音勃。由水。由與猶同，古字通用。宓。音伏。戲。音羲。齕。恨沒切。釁。許覲切。舍之。音捨。觳觫。丁：斛速二音，恐貌。鐘與。音餘。下何與、心與、聞與、甚與、口與、體與、目與、前與，皆同。郄。音隙。大祝。音泰。墮。許規切。遠庖。于萬切。王說。音悅。挾。音協。以超。超或作趨。折枝。之舌切。趙云：折枝，按摩。折手，節解，罷枝也。陸善經云：折枝，折草樹枝。罷枝。音疲。少者。詩妙切。以御。如字，《鄭箋》：《詩》云，御，治也。思齊。音齋。適妻。丁亦切。好惡。皆去聲。度之。待各切。注稱度，度心、度物皆同。餘並音渡。便嬖。婢緜切，下音臂。辟土。音闢。賈。音古。愬。音訴。惛。音昏。放辟。音僻。邪侈。張：尺氏切。丁作移。爲已。音以，絕句。罔民。張：如字。丁作司民，下音同。焉有。於虔切。以畜。許六切。當章。丁浪切。譎。音決。

胡瑗《周易口義發題》 然謂之「易」者，按《乾鑿度》云：「易，一名而含三義：簡易也、不易也、變易也。」故穎達作《疏》，洎崔覲、劉(正)〔貞〕簡皆取其說。然謂「不易」、「簡易」者，於聖人之經繆妄殆甚。且仲尼曰：「名不正則言不順，言不順則事不成。」是言凡興作之事，先須正名，名正則事方可成。況聖人作《易》，爲萬世之大法，豈復有二、三之義乎？按揚子曰：「陰不極則陽不生，亂不極則德不形。」又《繫辭》曰：「易，窮則變，變則通，通則久。」又云：「生生之謂易。」是大《易》之作，專取「變易」之義。蓋變易之道，天人之理也。以天道言之，則陰陽變易而成萬物，寒暑變易而成四時，日月變易而成晝夜。以人事言之，則得失變易而成吉凶，情僞變易而成利害，君子小人變易而成治亂。故天之變易，則歸乎生成，而自爲常道。若人事變易，則固在上位者裁制之如何耳。何則？在位之人，苟知其君子小人相易而爲治亂，則當常進用君子而擯斥小人，則天下常治而无亂矣。知其情僞相易而成利害，當純用情實而黜去詐僞，則所爲常利而无害矣。知其得失相易而成吉凶，當就事之得而去事之失，則其行事常吉而无凶矣。是皆人事變易，不可不愼也。故大《易》之作，專取「變易」之義。謂之「周易」者，自伏羲畫卦，文王重之，又從而爲之《彖》辭，至周公又爲之《爻》辭，仲尼又《十翼》之，數聖相繼，其道大備于「周」，故曰《周易》。

宋庠《國語補音》卷一《周語上》 周。杜預《世族譜》云：黃帝之苗裔、姬姓。后稷之後，封於有邰，其後世衰，后稷之子不窋，乃失其職，竄於西戎，至十有二代孫曰「太王」，爲狄人所逼，邑於岐山之下居焉。至孫文王受命，武王克殷而有天下，傳至幽王無道爲犬戎所殺。幽王子平王東遷乃居王城。今按：舊音，每國之前特於國名下序其世系，始末甚詳，他皆仿此。【略】注凡蔣。補音：將丈反。注胙。音祚。補音：才故反。注胤。補音：引信反。注罪惡。補音：如字。兵戢。側立反，今按：下載戢同。注玩黷。音讀。補音：上，五亂反。下，徒木反。注伐紂。補音：直久反。注爲作。于僞反。注巡守。補音：手又反。注樂歌。補音：竝如字。下樂章同。載櫜。音高。補音：古刀反。注干盾。補音：食允反。注韜也。補音：吐刀反。注復用。補音：扶又反。時夏。戶也反。今按：下注竝同。允王。《左氏》：于況反。今按：《詩經》無此音。若據韋注，則當如字爲允。茂正。補音：莫候反，通作懋。注鄣壅。上，之亮反。下，於勇反。注耒耜。上，力昧反。下音似。補音：祥里反。之鄉。補音：許亮反。注好惡。上音耗，下音汙。補音：呼報反，下烏路反。注不窋。中律反。今按：下同。注洛汭。補音：如銳反。注禘祫。上音弟，下音洽。《禮緯》曰：三年一祫，五年一禘。補音：大計反。下，戶甲反。注不先。補音：悉薦反。注以契。小列反。啇祖也。戎翟。大的反。今按：本或作狄，音同。注竄匿。上，七亂反。下，女力反。注於邰。音胎。補音：吐來反。注邠。本作豳，府巾反。纂脩。作管反。惇篤。丁昆反。《爾雅》云：惇，厚也。大惡。一故反。注及下竝同。甸服。補音：田偏反，下注竝同。注畿。音祈。補音：勤衣反，下注竝同。注所弼。補音：防密反。注要服。音腰。補音：於遙反。今按：《說文》要即腰字，加月字者，俗相承耳。下文注所引「要服」竝同。注圻。補音：勤衣反，通作畿，下注同。注賓見。乎偏反。下「而見」、「一見」、「來見」竝同。今按：注中見字，非一不止，舊音所引皆當以意求之。注好信。補音：呼報反。注珤。補音：通作寶，古今字也，下注同。注爲摯。音至。補音：眞二反，本或作贄，同。注氐羌。補音：丁兮反。下，卻良反。注曾高。補音：則登反。注二祧。土彫反。注壇墠。上音彈，下音善。今按：彈又有憚音，非定訓也。補音：上，徒丹反。下，常衍反。注讓譴。去戰反。注辠輕。補音：即今罪字。《說文》：犯法也。从自从辛。言辠人蹙鼻苦辛之憂，秦以辠似皇字，改爲罪。罪，捕魚竹四也，从四从非，竝徂賄反，今作辠，得字之正。此書諸篇多作辠，不復重解。之辟。婢亦反。文告。補音：古毒反。於遠。補音：如字，下同。注終卒。補音：遵聿反。

賈昌朝《讀書分年日程》卷三《字音清濁辨》 王，于方切。君也，于放切。君有天下也。子，將此切。男女通稱。將吏切。子育下民。女，尼呂切。女未嫁稱。尼据切。以女嫁人，妻，七奚切。與夫齊者。七計切。以女適人，親，七鄰切。媚也，七吝切。婚媚相會。賓，必鄰切。客也。必吝切。客以禮會。衣，于希切。身章也，于既切。施諸身。冠，古桓切。首服，古玩切。加諸首。枕，章荏切。藉首木，章鴆切。首在木。飲，于錦切。酒漿，于禁切。所以歠。麾，許爲切。旌旗，許類切。所以使人。冰，筆凌切。水凝，彼凭切。所以寒物。膏，古刀切。脂凝，古到切。所以潤物。文，無分切。采章，亡運切。所以飾物。粉，夫吻切。白飾，夫問切。所以傅物。巾，居銀切。帨也，居吝切。所以飾物。薰，許云切。烟出也，許運切。所以薰物。陰，于金切。氣之濁也，于禁切。所以庇物。采，倉宰切。取也，倉代切。所以取食。輕，去盈切。浮也，對重，苦政切。所以自用。兩，力獎切。偶數，力讓切。物相偶。三，蘇甘切。奇數，蘇暫切。審用其數。

文彥博《潞公文集》卷二八《進漢唐故事》 臣不敢陳近述孝文皇帝之時，當世耆老皆聞見之。貴爲天子，富有四海。身衣弋綈，師古曰：弋，黑色也。綈，厚繒。足履革舃。師古曰：革，生皮也。不用柔韋，言儉率也。以韋帶劍，師古曰：但空用韋，不加飾。莞蒲爲席，師古曰：莞，今韋之葱蒲也。莞以莞及蒲爲席，亦尙質也。音官。兵木爲刃。服虔曰：兵器如木而無刃，言不大治兵器也。衣蘊無文，師古曰：蘊，亂如絮也。言內有亂絮上無文采也。蘊音於粉反。集上書囊，以爲殿幃。師古曰：集謂令聚也。以道德爲麗，以仁義爲准。師古曰：麗，羡也。准，平法也。於是天下望風成俗，昭然化之。

劉敞《春秋權衡》卷一四《隱公》 鄭伯克段于鄢。《穀梁》曰：「克，能也。何能爾？能殺也。」非也。未有一字轉相訓詁而可幷兩義者也。誣人已甚矣。

范祖禹《范太史集》卷二七《進故事》 《史記·樂書》：「君子曰：『禮樂不可斯須去身。』致樂以治心，則易直子諒之心油然生矣。」致，猶深審也。樂由中出，故治心也。易，平易。直，正直。子諒，愛信也。易直子諒之心生，則樂。樂則安，安則久，久則天，天則神。天則不言而信，神則不怒而威。若善心生，則寡於利欲。寡於利欲，則樂矣。志明行成，不言而見信，如天也。不怒而見威，如神也。致樂以治心者也，致禮以治躬者也。致禮以治躬，則莊敬。莊敬，則嚴威。禮自外作，故治身。心中斯須不和不樂，而鄙詐之心入之矣。鄙詐入之，謂利欲生。外貌斯須不莊不敬，而慢易之心入之矣。易，輕易也。故樂也者，動於內者也。禮也者，動於外者也。樂極和，禮極順。內和而外順，則民瞻其顏色而弗與爭也，望其容貌而民不生易慢焉。德輝動於內，而民莫不承聽。理發諸外，而民莫不承順。鄭玄曰：德輝，顏色潤澤也。理，容貌進止也。孫炎曰：德輝，明惠也。理，言行也。

《孝經指解》 子曰：「教民親愛，莫善於孝。司馬光曰：「親愛謂和睦。」教民禮順，莫善於弟。玄宗曰：「言教人親愛禮順，無加於孝悌也。」○司馬光曰：「禮順，有禮而順。」移風易俗，莫善於樂。玄宗曰：「風俗移易，先入樂聲。變隨人心，正由君德。正之與變，因樂而彰，故曰莫善於樂。」○司馬光曰：「蕩滌邪心，納之中和。」安上治民，莫善於禮。玄宗曰：「禮所以正君臣、父子之別，明男女、長幼之序，故可以安上化下也。」○司馬光曰：「尊卑有序，各安其分，則上安而民治。」禮者，敬而已矣。玄宗曰：「敬者，禮之本也。」○司馬光曰：「將明孝而先言禮者，明禮、孝同術而異名。」故敬其父則子悅，敬其兄則弟悅，敬其君則臣悅，敬一人而千萬人悅。玄宗曰：「居上敬下，盡得歡心，故曰悅也。」○司馬光曰：「天下之父、兄、君、聖人，非能偏致其恭，恭一人則與之同類者千萬人皆悅。」所敬者寡而悅者衆，此之謂要道。司馬光曰：「所守者約，所獲者多，非要而何？」○范祖禹曰：「孝於父，則能和於親。弟於兄，則能順於長。故欲民親愛禮順，莫如教以孝弟。樂者，天下之和也；禮者，天下之序也。和，故能移風易俗；序，故能安上治民。夫風俗，非政令之所能變也，必至於有樂而後治道成焉。禮則無所不敬而已。天下至大，萬民至衆，聖人非能偏敬之也。敬其所可敬者，而天下莫不悦矣。故敬人之父，則凡爲人子者無不悦矣；敬人之兄，則凡爲人弟者無不悦矣；敬人之君，則凡爲人臣者無不悦矣。敬一人而千萬人悦者，以此道也。聖人執要以御繁，敬寡而服衆，是以不勞而治道成也。」

司馬光《家範》卷一［自注］ 又男女非祭非喪，不相授器。祭嚴喪，遽不嫌也。其相授，則女受以篚。其無篚，則皆坐奠之，而后取之。奠，停地也。外內不共，井不共湢，浴不通寢，席不通乞。假男子入內，不嘯不指。夜行以燭，無燭則止。嘯，讀爲叱。叱嫌，有隱使也。女子出門，必擁蔽其面，夜行以燭，無燭則止。擁，猶障也。道路男子由右，女子由左。地道尊右。

孫奕《示兒編》卷一九《字説》 字異而義同：天、地一也，《潛虛》溫公。作兲、墬。古天、地字。雷、風一也，《周禮》作靁、飌。古雷、風字。《左傳》九扈，《毛詩》桑扈。扈字，《爾雅》用鳸字，《説文》用雇字，又或作鶚，其實一也。 萱草，《毛詩》用諼字，《韓詩外傳》嵇康《養生論》用萱字，阮籍《詠懷詩》用諠字，《説文》用藼、蕿、萱三字，其實一也。 衮者，衣之别名。《詩》謂之衮，《禮記》謂之卷，《荀子》謂之裷。其爲衣，一也。 敔者，止樂之器。二《禮》、《尚書》謂之敔，《詩》謂之圉。其爲樂，一也。 獄，一也。在《詩》則有「宜岸宜獄」，在《揚子》則有「狴犴使人多禮」，在《漢·刑法志》則有「獄豻不平」。 韶，一也。《書》謂之簫韶，《左傳》謂之韶箾，《周禮》謂之大磬，《史記》謂之九招，《孟子》謂之徵招、角招。 《樂記》曰建櫜，建讀爲鍵。《僖二十三年》作櫜鞬，九言反。其爲弓矢之衣，一也。 《公劉》「鞞琫容刀」，《桓公二年》作鞞鞛，上，浦頂反。下，布孔反。其爲容刀之飾，一也。《樂記》何人斯作壎篪。《笙師》、《文中子》皆作塤。 《禮記》、《周禮》皆作八蜡，《字林》獨作八褚。 《詩》「神祇祖考，以安樂之」。《周禮》作天地神示。音祇。 《禮器》有繁纓，《巾車》作樊纓。繁、樊，並步干反。 《禮記》裨冕，《荀子·禮論》作卑絻。與裨冕同。 《祭統》共齊盛，《甸師》作齍盛。 《太宰》以八柄詔王，天官。《內史》作八枋。兵病反。 《繫詞》天地絪緼，班固《東都賦》作烟熅。 《書》至治馨香，《郊特牲》作羶薌。羶當作馨。《谷風》匍匐救之，《檀弓》作扶服。 《詩》綿蠻黄鳥，《大學》作緡蠻。《書》云耄期，《射義》作旄期 《語》云齊衰，《昏義》作資衰。 《周書》哀矜折獄，《于定國傳》作哀鰥哲獄。 《子張篇》君子之道焉可誣也，《薛宣傳》作焉可憮也。 《論語》申申如也，《漢書》作伸伸。 又侃侃如也，《唐·張嘉貞傳》作偘偘。 又鄉人儺，《郊特牲》作鄉人禓。音傷，又爲儺。《月令》又作難。乃多反。 又必也狂狷，《孟子》作狂獧。 《莊子·齊物篇》罔兩問景，《孔子世家》木石之怪夔罔閬。注魍魎，閬音兩。 《龜策傳序》伏靈者千歲松根也，《本草》作茯苓。 《祭義》君子頃步而弗敢忘孝，《荀子·勸學》不積蹞步。 《孟子》夫蚓上食槁壤，下飲黄泉。《荀子·勸學》螾無爪牙之利。螾與蚓同。《魯頌》能修泮宮。《禮器》、《王制》並作頖宮。 《堯典》南訛，馮相氏作南譌。五和反。 又毛毨，《司裘》作毴毨。上音毛。《崧高》不畏彊禦，《陳咸傳》作彊圉。 《甘棠》勿翦，《韋玄成傳》作勿鬋。 《學記》夏楚二物，《舜典》注作榎楚。 《詩》和鸞雍雍，《東都賦》作龢鑾。 《夬卦》「其行次且」，與趦趄同。韓愈《盤谷序》「足將進而趦趄」。 《進學解》「佶屈聱牙」，《唐·元結傳》作聱齖。 《姤卦》羸豕孚蹢躅三年問，柳宗元貞作躑躅。 《困卦》于臲卼，《秦誓》邦之杌隉。 《説命》亮陰三祀，《喪服四》制作諒闇。 《儒行》篳門圭窬，音竇。《襄公十五年》作閨竇。 縱與王謀反事，縱子勇反，臾音勇。柳子厚《貞符》敺脅縱踴。 宋玉《九辯》「鉏鋙而難入」，陸士衡《文賦》「或岨峿而不安」，白居易《無可奈何歌》「齟齬其心胸」。 《曲禮》定猶與，嵇康《養生論》內懷猶豫，《馬援傳》計尤豫未決，《光武紀》冘豫。冘音滛。《説文》曰：冘冘，行貌。《東觀記》狐疑未決也，亦音由，不定也。 太史公《六家要指》論語者以六蓺爲法，《孟子·序》作藝。《僖二十四年》狄固貪惏，屈子《離騷》作貪婪。 《經》曰嗚呼一也，《漢·五行志》作烏滹。《孔光傳》作嗚呼，王貢作惡虖，《董賢傳》、《禮記》、《大學》並作於戲，《詩·烈文》作於乎。 《詩》云委蛇一也，《後·儒林傳序》作委它，《韓詩外傳》、《任光傳贊》、《楊秉傳》並作逶迤，楚詞《離騷》《九辯》皆作委蛇，《九章》作委移，《九歎》作逶移，《列子》作猗移。 烽、燧一也。《韓安國傳》作逢燧，《子虛賦》作逢燧。 田、獵一也，《五子之歌》作畋，《無逸》作于田，《繫詞》作以佃，《小宗伯》作大甸。並音田。 《禹貢》雲土夢作乂，《職方》作雲瞢。亡貢反。 又滎波，《職方氏》注作滎播。音波。 又被孟豬，《職方氏》作望諸，《左傳》、《爾雅》宋玉《對楚王問》皆作孟諸。孔氏曰：豬，《尚書》作盟豬，即《爾雅》東有孟豬是也。 《孟子》封之有庳，《漢昌邑王傳》作有鼻，《鄒陽傳》有卑。並毗至反。　《梁惠王下》大王事薰鬻，《史記・匈奴傳》葷粥居于北蠻，《外紀》黄帝北逐薰鬻。　《禮記》晉人先有事於惡池，呼池。《揚子》知江河之惡沲，音烏俺。《職方氏》其川虖池，《光武紀》渡滹沲。　又鰥寡孤獨得其養，《詩》至于矜寡。矜音鰥。　《詩》彷徨不忍去，《荀子・禮論》方皇周挾，讀作彷徨。《西都賦》降周流以彷徨。　《荀子・正論》坎井之鼃，《莊子》作壇井。　《詩・唐風》云采苓采苓，《爾雅》云蘦大苦。釋曰：蘦，一名大苦。郭璞云：苦草也。　《孟子》云啜粥飲水，《荀子・富國篇》嚽菽飲水。嚽與啜同。　《書》湯居亳，《荀子・彊國》作薄。　《詩》王居鎬京，《荀子・正論》作滈，又作鄗。　《淮南子》云屈商囚於羑里，子長《報任少卿書》作牖里。　《詩》岐有夷之行前，《地理志》太王徙郊。古岐字。　又即有邰家室前，《地理志》后稷封斄。讀曰邰。　《禹貢》至於陪尾前，《地理志》作倍尾。　又析支渠搜前，《地理志》作渠叟。　《檀弓》自敗於臺音胡。駘，《春秋》作狐駘。　《繫詞》世紀作包犧，《漢・律歷志》作炮犧，《通歷》作庖犧，《左・昭公十七年》注，《莊子・大宗師》、《揚子・問道》、班固《東都賦》皆作伏羲，《揚雄傳》作宓犧，《後・蔡邕、張衡傳》作羲皇，《荀子・成相》作伏戲，《前漢》作宓戲。　《書》有皐陶，《鼂錯傳》作咎繇。　《荀子・成相篇》湯讓於牟光，《莊子》作務光。牟與務同。　《荀子》曰堯學於君疇，《新序》子貢對哀公作君疇，《史》或作尹壽。　《書》仲虺之誥，《荀子・法行篇》作中蘬。與仲虺同。　《書》説命，《學記》作兑命。　《論語》周任有言，季氏。《盤庚》作遲任。　又子貢，《樂記》、《荀子》《董仲舒贊》作子贛。　又曾點，《史記》作曾蒧。音點。　又仲弓，《荀子》作子弓。　又孟之反，《哀公十一年》作孟之側，又作孟子反，《莊子》作孟子反，《何論》云孟之反，或云字反。　《孟子》云。宋牼，《荀子》作宋鈃。與牼同。　又逢蒙，《荀子・王伯篇》作蠭門，音逢蒙。《淮南子》王褒頌作逢門，《七畧》作蠭門。　又離婁，《莊子》作離朱。　《左傳》納公孫寧于陳，《公羊》作甯，《禮運》注亦作甯，《過秦論》六國之士有寧越，即甯越也，《史記》有《甯成傳》，《前漢》作甯成。　《書》君牙，《緇衣》作君雅。　《書》咸有一德，《禮記》作尹吉。吉音告。　盤庚，《翼奉傳》作般庚。　又呂刑，《緇衣》、《孝經》作甫刑。説者謂呂刑後封甫。東坡本孔穎達之説。　《君奭》曰：割申勸寧王之德，《緇衣》作周田觀文王之德。　《詩》小雅，《學記》作宵雅。宵之言小也，音消。　宣王之臣有南仲，班固《人物表》。《博古圖》作南中。中、仲，古字通用。　前漢鼂錯、荆王劉賈《贊》及《叙傳》作朝錯。　《書》鯀陻洪水，《國語》作鮌。　《列子》名禦寇，《前・藝文志》作圄寇。圄音禦。　賈誼《弔屈原賦》云莫邪，崔駰《達旨辭》作鏌鋣。　《詩》顯顯令德，《中庸》作憲憲。　又鵲之彊彊，《表記》作姜姜。　又脊令在原，《左傳》、《爾雅》東方朔《荅客難》作鶺鴒。　又樂爾妻孥，《中庸》作妻帑。　又氓之蚩蚩，《過秦論》甿隸之人，《劉向傳》民萌何以勸勉。三氓字皆民也。　又倉庚喈喈，宋玉《好色賦》作鶬鶊。　《信南山》云原隰，《邍師》作邍隰。古原字。　《書》云天難諶，《詩》天難忱斯。　又虎賁綴衣，沈約《宋志》作虎賁，班固《西都賦》作贅衣。　《大禹謨》洚水儆予，《滕文公下》洚水警余。　《舜典》云姦宄，《司刑》作姦軌。　《舜典》、《法言》曰殂落，《萬章》作徂落。　又洪範有八政，《前・藝文志》作鴻範。　又王道平平，《史記》作王道便便。　又敷納以言，《文帝紀》作傅納以言。　又隨山刊木，《地理志》作栞。　《書》在璿璣，《易・畧例》處璇璣以觀大運。　又縲絏之中，《太史公傳》作累紲之辱。與縲紲同。　《孟子》雖有鎡基，樊、酈等《贊》作兹基。　今病小愈，《前・郊祀志上》病瘉。讀作愈。　又伊尹在畎畝之中，《劉向傳》雖在甽畆，《鼂錯傳》中國之所以離南晦也。與畆同。　《子虛賦下》崢嶸而無地兮，《甘泉賦》似紫宮之崢嶸。音宏。　《過秦論》遁巡而不敢進，遁，千旬反。　《趙后傳》逡循固讓。　《霍光傳》使者旁午，猶言交横也。《劉向傳》水旱饑蝝螽螟蠭午並起。蠭午，猶雜遝也。　《悼李夫人賦》惟幼眇之相羊，猶逍遙也。宋玉《風賦》徜徉中庭。音常羊，一本作倘佯。　《劉向傳》惓惓之義，與拳同。《中庸》得一善則拳拳服膺，《司馬遷傳》拳拳之忠。　《王商傳》商言有固疾，讀作痼。《賈誼傳》疏曰必爲錮疾。　《杜鄴傳》報睚眦，睚音厓，舉目也。眦即眥字，目厓也。《孔光傳》厓眥莫不中傷。厓，五懈反，眥，杜懈反。　《郊祀志》毒冒，毒音代。冒，莫佩反。《西域傳贊》睹犀象瑇瑁則連珠厓七郡。瑇瑁古代妹。　《武帝紀》單于待命加嫚，音曼。　《董仲舒傳》桀㬥謾。音慢。　《鼂錯傳》在俛卬之間，卬讀作仰。　《王章傳》今不自激卬。讀作昂，仰頭爲卬。　《揚雄傳》横江潭以南洼兮，洼，往也，子放反。又《甘泉賦》迋迋離宮般以相燭兮，迋，古往字。　《高帝紀》旗幟皆赤，式志反，字或作識、作志，音義同。《食貨志》旗織加其上，織作熾。《叔孫通傳》設兵張旗志。與幟同，式志反。《五行志》劉屈氂復坐祝謯要斬，謯，側據反，古詛字。《上官后傳》祝謯後宮，謯，古詛字。《律歷志》黄帝使泠淪，音倫。《外紀》、《黄帝紀》命伶倫造律呂。揚雄《解嘲》縹縹有凌雲之志，縹，匹昭反。《揚雄》作飄飄。相如《子虛賦》封彊畫界，彊，讀作疆。《王子侯表》畺土過制。畺與疆同。《趙廣漢傳》廋索私屠沽，廋與搜同。《王莽傳》挍索城中。挍與搜同。《藝文志》易之嗛又與謙同。《五行志》岷山崩廱，讀作雍。《王莽傳》長王館兩岸崩邕。讀作壅。《蒯通傳》天下匈匈，《翟方進傳》羣下兇兇。匈匈二字雖無音，皆當作上聲讀。《項羽・贊》頫首延頸，頫，古俯字。《韓信傳》俛出跨下。俛亦俯字。《鄭宗傳》皞天罔極，皞與昊同。相如《封禪書》肇自顥穹生民。顥與昊同。《蘓武傳》霍光寑其奏，《趙充國傳》夜不寑至旦，《論語》終夜不寢，寑與寢同。《書》曰若疇圻父，即《詩》云祈父。孔氏曰：司馬掌封畿兵甲。古者祈、圻、畿同字，得通用，故《詩》作祈，《書》作圻。

字同而義異一：

《大禹謨》降水儆予，即《孟子》謂洚水者，洪水也。《禹貢》北過降水，水名。《伊訓》臣下不匡其刑墨，《祭統》草艾則墨，《田蚡傳》竇嬰墨墨不得志，讀作默。《家語・在厄篇》有埃墨墮飯中，顔回取而食之。《昭十四年》貪以敗官爲墨。《冏命》侍御僕從，《萬章下》使之僕僕爾亟拜也。《大禹謨》汝惟不伐，《既濟卦》高宗伐鬼方，《車千秋傳》千秋無伐閲，伐讀作閥。《詩》伐木丁丁。《堯典》厥民夷平也。草蟲，我心則夷。悦也。《舜典》蠻夷夷狄。猾夏，《繫辭》夷者傷也，《玉藻》灌尊夏后以雞夷，讀作彝。《孟子》引《詩》民之秉夷，讀曰彝。韓愈《羅池廟碑》不鄙夷其民。《堯典》以殷仲春，殷，正也。《詩》憂心殷殷，憂貌。《漢文帝・贊》海内殷富，盛也。《語》殷因於夏禮，國名。《相如傳》文君侍者通殷勤。與慇同。《大禹謨》皐陶矢厥謨，矢，陳也。《大東》其直如矢，箭也。《莊子・人間世篇》愛馬者以筐盛矢，與屎同。《雍也》夫子矢之。誓也。《太甲》惟明明后，君也。《曲禮》再拜稽首而后對。與後同。《書》毋作神羞，耻也。《左傳》可以羞於王公，進也。《膳夫》掌王之食飲膳羞。致滋味爲羞。又永底烝民之生，致也。《梅福傳》爵祿天下之底石。與砥同。《洪範》五皇極，中也。又威用六極，窮也。《詩》昊天罔極。盡也，窮也。星有北極室，亦有極。《杜詩》仙仗離丹極，李白《大鵬賦序》云可謂神遊八極之表，《倪寬傳》天子建中和之極。正也。《舜典》讓于夔龍，夔，舜臣也。《大禹謨》夔夔齋栗，敬貌。《劉子》曰夔之一足。獸名。《洪範》九疇，類也。《孟子》糞其田疇，《說文》曰：耕治之田也。《荀子・正論》至賢疇四海，成也，籌也。《前・律歷志》疇人子弟，與疇同。《書》疇敢不祗，若王之休命。誰也。《檀弓》疇昔之夜，疇，昔也。《無逸》君子所其無逸，安也。《立政》乃惟庶習逸德之人，過也。《孟子》遺逸而不怨，遺也。《唐・文藝傳序》史家逸其行事，失也。《成公三年》馬逸不能止，奔也。《杜詩》俊逸鮑叅軍。超也。《大禹謨》儆戒無虞，度也。《國語》文王詢于八虞，官也。《孟子》伯者之民驩虞如也，樂也。《詩》騶虞。獸名。《舜典》疇若予工，順也。《莊子》人間世吾語若，汝也。《漢・石顯傳》綬若若耶，長貌。《唐・儒學傳序》取三品以上子弟若孫爲之，與也。《孟子序》若此者衆。如也。《泰誓》毒痡四海，《老子》亭之毒之。王弼注：亭謂品其形，毒謂成其質。《臣工》奄觀銍艾，讀作乂，即乂也。《前郊祀志》天下艾安，讀曰乂，治也。《王褒傳》俊艾將自至，讀作乂，俊乂也。《傳介子傳》不誅無以懲艾。讀作乂。《下武》昭哉嗣服，事也。《論語》有事弟子服其勞，用也。又以服事殷，服，事也。《詩》無思不服，畏也。《賈誼傳》服飛入誼舍，讀作鵩。《書》弼成五服，又彰施于五彩作服。衣也。《詩》麟之定，題也。定之方中。星名。我將維天其右之，右與祐同。《書》相成王爲左右，《泰卦》以左右民。音左佑，助也。《詩》采苓舍旃舍旃，之也。《王褒傳》頌荷旃被毳。與氈同。《甘棠》召伯所說，息也。《問明篇》韓非作《說難》之書。《詩》胡爲乎泥中，胡，何也。狼跋其胡，頷也。胡考之寧，遐也。應劭《漢儀》奏曰宋愚人寶燕石，覩者掩口盧胡而笑，笑貌。《李夐傳贊》屈萬乘之尊自等於古胡，胡人也。又桓桓武王，桓，威也。《周禮》公執桓圭，植也。《周易》磐桓利居貞。旋也，屯卦。小心翼翼，恭也。《書》翼日乃瘳，明也。《莊子》以禮爲翼。羽也。又穀則異室，穀，生也。穀且于差，善也。《書》既富方穀，祿也。百穀用成。穀，粟也。又我武維揚，威武也。《曲禮》堂上布武，跡也。《語》曰《武》盡美矣。武王樂名。

又卷二〇《字説》 字同而義異二：

《詩》鶴鳴于九皐，九折澤也。《哀公二十一年》魯人之臯數年，緩也。

燕燕于飛，鳦鳥。嘉賓式燕以衎。安也。　又夏屋渠渠，勤也。《前漢·吳王傳》爲渠率，大也。《後漢·蓟子訓傳》兒識父母軒渠笑悅，軒舉笑貌。前漢石渠論《五經》同異，閣名。《杜詩》憶渠愁只睡，他也。《韓詩》淸溝映汚渠。溝也。　俾爾耆而艾，老也。夜未艾，止也。《孟子》求三年之艾。草名。

又壽考且寧，考，老也。作召公考，成也。《書》三載考績，推也。《爾雅·釋名》父死曰考，《淮南子》夏后之璜不能無考。瑕也。　又福履將之，履，祿也。君子所履。踐也。　《孝經》滿而不溢，盈也。維天之命，假以溢我，《漢·食貨志》黃金以溢爲名，《禮樂志》郊祀歌舞成八溢。並與益同。《公孫丑下》弟子齊宿而後敢言，讀作肅。《漢·哀帝紀》宿夜憂勞，讀作夙。《西域傳》大宛國有馬耆、目宿，讀作苜蓿。《左傳》再宿爲信。　《息夫躬傳》僕遬不足數，僕，步木反。《莊子·人間世篇》適有蚉䖟僕緣。　前《郊祀志》怱明上通，怱與聰同。《陳湯傳》踰怱嶺。與葱同。　樊酈等《贊》雖有兹基，兹，讀曰鎡。《匈奴傳》前世重之兹甚，與滋同益也。《書》念兹在兹。此也。　《李尋傳》人民繇俗，繇與謠同。《鼂錯傳》禹得咎繇，與皋陶同。《高帝紀》常繇。讀作傜。　《王吉傳》吸新吐故以練五臧，才浪反。《王莽傳》府臧完具。　前《地理志》市明珠璧流離，與琉璃同。《揚雄傳》亡春秋之彼離，讀作披離。《易》明兩作《離》，卦名。《詩》彼黍離離，盛貌。旄邱流離之子，別也。班固《東都賦》僸佅兜《離》，夷樂名。《張良贊》高祖數離困厄，遭也。《毛詩注》芍藥一名將離，草名。《文選·沈休文詩》紫燕光陸離。明也。　《食貨志》賦入貢棐，與篚同。《戾太子傳》毋作棐德，古匪字。《書》天棐忱辭。輔也。　高帝發關中老弱未傳者悉詣軍，傳音附。《鼂錯贊》爰盎亦善傳會。讀曰附。　《律歷志》罷去尤疏遠者十七家，與疎同。《王吉傳》布衣疏食。與蔬同。　《翼奉傳》般庚遷殷，《谷永傳》般樂遊畋。並音盤。

《乾卦》反復道也，復，芳服反。《叔孫通傳》惠帝作復道，與複同。《高帝紀》㠯沛爲湯沐邑復其民。除也。　《雍也》亦可以弗畔矣夫，畔，背也。《左傳》如農之有畔，田界。《詩》無然畔援。猶跋扈也。　《鄉黨》屏氣似不息者，《漢廣》不可休息，《高帝紀》臣有息女，《荅客難》喟然長息。《雍也》今汝畫，止也。《揚子書》心畫也，字畫。《鼂錯傳》計畫始行。策也。

《揚子》或曰人羨久生，《告子上》無或乎王之不智也。惑同。　《泰卦》后以財成天地之道，財與裁同。《賈誼傳》唯陛下財幸，裁字同。《五行志》選期門郎有財力者，與才同。《文帝紀》見馬遺財足，與纔同。《曲禮》臨財毋苟得。貨財。　《中孚卦》我有好爵，吾與爾靡之，靡本作縻，同，亡池反。《文帝紀》爲酒醪以靡穀者多。音縻。　《繫詞》天高地卑，《丙吉傳》西曹地忍之。地，但也，亦第也。　又其臭如蘭，香也。《鄉黨》臭惡不食。穢也。　又其殆庶幾乎，庶，幸也。《論語》既庶矣。衆也。　《籩人》棗㮚，古栗字。《叙傳》郡中震㮚，讀作慄。又云㮚取予。老景也。　《禮記》以共齊盛，共與供同。《小明》靖共爾位。作恭字。　《中庸》拳拳服膺，胷也。《詩》戎狄是膺，《書》誕膺天命。上擊也，下受也。　《曲禮》儗人必於其倫，比也。《食貨志》黍稷儗儗。盛貌，音擬。　《少儀》客爵居左，又《禮器》《周禮》曰：享先王以玉爵，酒器。《孟子》周室班爵祿也。　《經解》潔淨精微，妙也。又不遺微小，《毛詩》不以微薄廢禮，小也。《語》曰：微管仲，吾其被髮左衽。無也。　《學記》善學者如攻堅木，《論語》剛毅木訥近仁。　《檀弓》事君有犯無隱，匿也，積也。《中庸》索隱行怪，逸也。《孟子》惻隱之心。痛也。　《荀子·哀公篇》其馬將失，讀作逸，奔也。《杜欽傳》言失欲之生害也。與逸同。　《繫詞》原始要終，要，求也。賈誼《策》一脛之大幾如要，讀作腰。王莽《贊》以要名譽，讀作邀。《論語》雖曰不要君，吾不信也。

《揚子》般投其斧而習諸，《揚雄傳》般倕弃其剞劂，與班同，人名。《禮樂志》般裔裔，班。《趙充國傳》般師罷兵。音班，還也。　《孟子》有欲爲王留行者，《霍去病傳》留落不耦。　《孟子》我非堯舜之道不敢陳於王，《前漢史》陳陳相因，《論語》子在陳。　《楊子》一卷之書必立之師，《周易》師衆也，《論語》加之以師旅。　《易》不速之客三人來，速，召也。《楊子》震乎辰何來之遲而去之速也。　《易》元者善之長也，《孟子》勇士不忘喪其元，首也。《書》一人元良，大也。《董策》春秋謂一爲元。始也。　《司馬遷贊》或有柢梧，音悟。《項羽傳》諸將莫敢枝梧，音悟。張良等《贊》魁梧奇偉。音悟，言可驚悟。今人讀爲吾，非也。

字異而音同：

《鄉黨》當暑袗絺綌，《玉藻》振絺綌不入公門。與袗同，之忍反。《爲政》非其鬼而祭之諂也，《表記》事君遠而諫則讇也。本亦作諂。　《傳》潢汙行潦之水，《食貨志》川原爲黃滹。與潢汚同。　《五行志》兒嗁腹中，亦作啼。《嚴助傳》孤子謕號。古啼字。《呂后紀》徘徊往來，古裴字。《郊祀志》神裴回若留放。《文帝紀》見馬遺財足，與裁同。《高惠后文功臣表》裁十一二，與財同。《鼂錯傳》遠縣纔至。音才，僅也。《王褒傳》萬祥畢溱，讀作臻。《禮樂志》四極爰轃。與臻同。《項籍傳》楚蠭起之將，古蜂字。《過秦論》豪傑蜂起。《東方朔傳》變詐鋒出，《谷永傳》災異鋒起，《趙廣漢傳》專厲強壯蠭氣，《中山靖王傳》讒言之徒蠭生，並讀曰鋒。相如《封禪書》逢涌原泉，逢讀曰蠭，言如逢，大原泉也。《五行志》遂火長通。《詩》頡之頏之，《甘泉賦》魚頡而鳥䀏。胡行反。《詩》差池其羽，《子虛賦》柴池茈虎。柴音差，參差也。茈音此，虎音豸，不齊也。《刑法志》法度墉，《異姓諸侯王表》墮城銷刃。火規反。《禮樂志》六合紛員，音云。《相如傳》威武紛云，《揚雄傳》紛沄沸渭。奮擊貌。《韋賢傳》萬國逌平，古攸字，所也。《叙傳》九疇逌叙。古攸字。《食貨志》直爲此廩廩也，危也。《揚雄傳》下陰潛以慘廩兮，廩，來感反，一讀如本字，寒涼意。《循吏傳》此廩廩庶幾德讓君子之遺風，言有風采也。《西域傳》須國稟食。給也，音廩。《王莽傳》封剿胡子，子小反。《西域傳》王莽封郭欽爲剿胡子。子小反。《枚乘傳》隊入深淵，隊，直類反。《王莽傳》危亡之禍不隧如髮，直類反。《天文志》枉矢硋至地則石也，讀作墜。《叙傳》薄姬硋魏。古墜字。《禮樂志》王吉疏恩愛寖薄，古浸字。《溝洫志》西南出寖數百里，古浸字。《劉向傳》災異寖甚，《嚴延年傳》浸浸日多，漸也。《地理志》濅曰五湖。古浸字。《中庸》君子之道闇然而日章，音暗。《文帝紀》詔三光晻昧。音暗。《律歷志》宓戲氏之所以順天地，宓與伏同。《相如傳》青琴虙妃。虙，讀作伏。《藝文志》蹵鞠，上子六反，下巨六反。《枚乘傳》、《東方朔傳》作蹵鞠，《霍去病傳》作蹹鞠。《高帝紀》令趨銷印，又令趣丞相急定功行封。並音促。《孟子》舍己之田而芸人之田，《甫田》或耘或耔。音云，本亦作芸。《禮運》君位危則大臣倍，步內反。《坊記》利祿先死者而後生者，則民不偝。音倍。《莊十一年》禹湯罪己，其興也悖焉，蒲忽反。《告子》浡然而生，《梁惠王》則苗浡然興之矣。作勃同。《繫詞》屈信相感而利害生，《樂記》習其俯仰詘伸。《郊祀志》莫不搤掔，音厄，又與扼同。又嗔目扼掔，張良等《贊》數離困阸，與厄同。《太史公傳》仲尼厄而作《春秋》，《翟義傳》以成三阸。古厄字。《刑法志》聖人既躬明悊之性，讀作哲。《叙傳》聖喆之常。音哲。《孟子》抱關擊柝，《貨殖傳》作擊㯓。與柝同。《周禮・弁師》五采繅。音早，古藻字。《都宗人》國有大故，則令禯祠。本作禱，丁老反。《太卜》清二瞢。音夢。《占人》八簭。音筮。《太卜》三𠧞。音兆。《太祝》辨九㩻。音拜。《太胥》舍采。音釋菜。

字同而音異：

《賈誼傳》貴賤有等而不隃貴，踰同。《趙充國傳》兵難隃度。音遙。《韋賢傳》我王以媮，愉同。《襄三十年》晉未可媮也。音偷，薄也。《孝經》示之以好惡，《周禮》天地神示。音祇。《子路》行行如也，音項。《詩》寘彼周行，音航。《詩》有覺德行。音幸。《論語》從之純如也，從音縱。又從者見之，才用反。《詩》衡從其畝，平聲。《檀弓》爾無從從。縱字，上聲。《繫詞》造書契，音忌。《書》帝曰契，音屑。《詩》死生契闊，音挈。《通鑑》安帝義熙二年契丹。音乞。《左傳・叙》創通大義，音刱。《曲禮》頭有創則沐。初良反。《禮器》犧尊在西，素何反。《書》犧牷牲用。音羲。《易》輿說輹，吐活反。《詩》說于桑田，音稅。《論語》不亦說乎。音悅。《采薇》命將率，本亦作帥。《桓二年》藻率鞞鞛，音律。《祭義》古之獻繭者，其率用此與。音律。《中庸》山一卷石之多，卷音權。《玉藻》龍卷以祭，音袞。《論語》則可卷而懷之，音捲。《毛詩》卷阿。音拳，曲也。《曲禮》定猶與，音又。《檀弓下》咏斯猶。音搖。《孟子》般樂飲酒，音盤。《學行》般投其斧，音班。相如《封禪書》般般之獸，古班字。《趙充國傳》般師罷兵。音班。

《論語》不能專對，如字。《大司徒》其民專而長。徒刃反。《孟子》今病小愈，《荀子・君子篇》天子者形至佚心至愈。音偷。《媒氏》純帛無過五旬，音緇。《詩》白茆純束。音屯。《高祖紀》諸侯罷至戲下，虛爲反，謂軍之旌麾。《通鑑》、《高祖紀》項羽進至戲，許宜反，地名。《荀子》文武之道同伏戲，與羲同。《大學》詩云於戲前王不忘。好胡反。《樂記》禮有報。《喪服小記》報葬者報虞。音赴。《成二年》左輪朱殷。音因，赤黑色也。《詩》殷其靁。音隱。《景帝紀》罪人不帑，《匈奴傳》虛費府帑。台黨反。《禮樂志》陳舜之後招樂存焉，音韶。《項羽贊》招八州而朝同列。音翹，舉也。《揚雄傳》默有深湛之思，與沉同。《成帝贊》湛于酒色。音耽。《大禹謨》奄有四海，與淹同。《漢・郊祀》歌神奄留。與淹同。《論語》辟諸草木，音譬。《戾太子傳》辟諸甘泉，音避。《洪範》惟辟作福，必益反，君也。《孟子》放辟邪侈，與僻同。《禮記・王制》正刑明辟。音闢，法也。《張釋之傳》跪而結之，音係。《陸賈傳》尉佗結箕踞。音髻。《尚書》推而內之溝中，音納。《溝洫志》盟津洛內。音汭。《樂記》詩云莫其德音，莫白反。《詩》維莫之春。音暮。

衛湜《禮記集說》卷八六《少儀》 言語之美，穆穆皇皇。朝廷之美，濟濟翔翔。祭祀之美，齊齊皇皇。車馬之美，匪匪翼翼。鸞和之美，肅肅雍雍。

鄭氏曰：匪，讀如四牡騑騑。齊齊皇皇，讀如歸往之往。「美」皆當爲「儀」字之誤也。《周禮》：教國子六儀，一曰祭祀之容，二曰賓客之容，三曰朝廷之容，四曰喪紀之容，五曰軍旅之容，六曰車馬之容。

孔氏曰：此一節明諸事之宜。與賓客言語形狀穆穆皇皇然。《曲禮》：天子穆穆，諸侯皇皇。行容也，皆美大之狀。在朝威儀則濟濟翔翔然，謂厚重寬恕之貌。孝子祭祀，威儀嚴正，心有所繼屬，故「齊齊皇皇、匪匪翼翼」者，皆是車馬之形狀。故《詩・小雅》云：「四牡騑騑」，下又云「四牡翼翼」，皆是馬之行容。鸞和聲之形狀，肅肅雍雍。肅肅是敬貌，雍雍是和貌。引《周禮・保氏》六儀，容即儀也。故知美皆當爲儀。

長樂劉氏曰：言語之美，顧於行則穆穆可觀，協于極則皇皇可大。朝廷之美，萃其賢濟濟可尊，迪于禮則翔翔可度。祭祀之美，致其嚴則齊齊罔差，崇其德則煌煌可敬。車馬之美，毛齊牡則騑騑孔阜，僕御閑則翼翼敬飭。鸞和之美，步趨應節則肅肅有嚴，宮商成文則雍雍協律。五音之爲美，皆出於中和之心，非止於儀容而已也。

嚴陵方氏曰：穆穆者，敬以和；皇皇者，正而美；濟濟者，出入之齊；翔翔者，翕張之美。齊齊言致齊而能定，皇皇言有求而不得，匪匪言行而有文，翼翼言載而有輔，肅肅言唱者之整，雍雍言應者之和。

山陰陸氏曰：天子穆穆，諸侯皇皇，行容也。今曰言語之美，言行相顧也，朝廷之美，不言蹌蹌，蹌蹌，士也。齊齊如見所祭者，皇皇如有望而弗至也。匪匪，猶騑騑也。騑騑，翼翼之反。肅肅雍雍，《爾雅》所謂肅雍聲也。

廬陵胡氏曰：鄭讀匪匪爲騑騑，以《詩》有「四牡騑騑，四牡翼翼」之文，今從之，餘並如字，不勞改讀。

慶源輔氏曰：美如字自通，不假易。

蔡卞《毛詩名物解》卷三《釋百穀》 稷。稷，祭也。所以祭，故謂之穄。杜預言：黍稷曰粢，降食以爲酒，貴，食次之，故穄者粢也。所以祭，明尊矣。故五穀之官，而稷官名之。

華鎮《雲溪居士集》卷三《咏古十六首》 幅紙下聊城，片言挫秦銳。銛鋩釋紛難，未足論明哲。按：哲讀去聲，音制。傅元《祀景帝登歌》：執競景皇，克明克哲。旁作穆穆，惟祗惟畏。況復歷下談，微端本柔脆。時無豪傑士，横議喧鶗鴂。按：鴂，本音玦。《爾雅》：鵙鶪鶪鴂是也。鶗鴂即鷤鴂。《集韻》：涓惠切，音桂，本作鴂。考《離騷》：恐鶗鴂之先鳴兮。王逸注：一名買鵤。揚雄《反騷》：恐鷤鴂之將鳴兮。顔師古注：鷤鴂，一名買鵤，一名子規，一名杜鵑，常以立夏鳴，則衆芳歇而農事興。此入霽韻，正依《集韻》，音桂也。

洪興祖《楚辭補注・離騷》 亂曰：亂，理也。所以發理詞指，總撮其要也。屈原舒肆憤懣，極意陳詞，或去或留，文采紛華，然後結括一言，以明所趣之意也。［補］曰：《國語》云：其輯之亂。輯，成也。凡作篇章既成，撮其大要以爲亂辭也。《離騷》有亂有重，亂者，總理一賦之終；重者，情志未申，更作賦也。

又《東皇太一》 撫長劍兮玉珥，撫，持也。玉珥，謂劍鐔也。劍者，所以威不軌，衛有德，故撫持之也。［補］曰：撫，循也，以手循其珥也。《博雅》曰：劍珥謂之鐔。鐔，劍鼻，一曰劍口，一曰劍環。珥，耳飾也。鐔所以飾劍，故取以名焉。珥，音餌。鐔，覃、淫二音。璆鏘鳴兮琳琅。璆、琳琅，皆美玉名也。《爾雅》曰：有璆琳琅玕焉。鏘，佩聲也。詩曰：佩玉鏘鏘。言己供神有道，乃使靈巫常持好劍以辟邪，要垂衆佩周旋而舞，動鳴五玉鏘鏘而和，且有節度也。或曰：糾鏘鳴兮琳琅。糾，錯也。琳琅，聲也。謂帶劍佩衆多，糾錯而鳴，其聲琳琅也。鏘，《釋文》作鎗。［補］曰：璆，渠幽切。鏘，七羊切。《禮記》曰：古之君子必佩玉，進則揖之，退則揚之，然後玉鏘鳴也。琳，音林。琅，音郎。俗作瑯。《爾雅》曰：西北之美者，有崑崙虛之璆琳琅玕焉。璆琳，美玉名。琅玕，狀似珠也。《本草》云：琅玕，是石之美者，明瑩若珠之色。此言帶劍佩玉，以禮事神也。

又《九辯》 願賜不肖之軀而別離兮，乞丐骸骨，而自退也。放遊志乎雲中。上從豐隆而觀望也。志，一作意。乘精氣之摶摶兮，託載日月之光耀也。楚人名圓曰摶也。摶，一作槫。［補］曰：摶，度官切。鶩諸神之湛湛。追逐群靈之遺風也。［補］曰：湛，舊音羊戎切。

鄭樵《通志》卷三一《六書略・鳥獸之形》 𦫳。工瓦切，羊角也。丫。於加切，物之岐頭也。釆。蒲莧切，獸之迹也，象指爪之分。羊。孔子曰：「牛羊之字以形舉。」莧。胡官切，羊細角。牛。《說文》：象角頭三封尾之形。臾。音牢，象圈養之狀。牽。象牽牛之狀。角虍。荒胡切，《說文》：虎文也。按：此象虎而剝其肉，象其皮之文。虎。象虎踞而回顧之形。毛。《說文》：眉髮之屬，及獸毛也。尾。象毛在後體之形。豕豕。勅六切，豕絆足行。豙。魚記切，豕怒，毛起。

任淵《山谷詩集注》卷一《演雅》 天螻伏隙錄人語，射工含沙須影過。《本草》：螻蛄一名螻蛄，一名天螻。陶隱居注曰：此物頗協神鬼，昔人獄中得其力者，今人夜忽見出，多打殺之，言爲鬼所使也。《博物志》曰：江南山溪水中有射工蟲，長一二寸，口中有弩形，氣射人影，不治則殺人。《春秋·莊公十八年》「有蜮」《疏》謂：含沙射人影。訓狐啄屋眞行怪，蠨蛸報喜太多可。退之《射訓狐》曰：有鳥夜飛名訓狐，矜凶挾狡誇自呼。乘時陰黑止我屋，聲勢慷慨非常粗。《禮記·中庸》曰：素隱行怪。「行」音下孟反。《東山詩》注曰：蠨蛸，長踦也。《疏》云：河內人謂之喜母，此虫來著人衣，當有親客至，有喜也。嵇康《絶交書》曰：足下旁通，多可而少怪。鷀鶿密伺魚蝦便，白鷺不禁塵土涴。《涅槃經》曰：如人有怨，逐伺其便。《詩義疏》曰：鷺，水鳥也，好而潔白，謂之白鷺。退之詩：願書巖上石，勿使塵泥涴。老杜詩：冷蘂疏枝恐不禁。絡緯何嘗省機織，布穀未應勤種播。《炙轂子》曰：莎雞，《古今注》一名促織，一名絡緯，謂其鳴如紡績織緯也。老杜詩：布穀處處催春種。按《爾雅》「鳲鳩鴶鵴」《注》曰：今布穀也。《孟子》曰：稷降播種。

張淳《儀禮識誤》卷一《士相見禮誤字》 辨。注曰：具猶辨也。按《釋文》云：辨，皮莧反。《特牲饋食》注亦曰：具猶辨也，從《釋文》。案：《說文》無辨字，徐氏新附，始有之。古字辨通用辨。《考工記》「以辨民器」，鄭注云：「辨猶具也。」《釋文》亦作辨，云皮莧反，具也。然則《儀禮音義》作「辨」者，乃後人所改，非陸氏之舊。此據以改注，于攷古殊疎。宋婁機《班馬字類》引《史記·秦始皇本紀》「倚辨于上」，《項羽本紀》「項梁常爲主辨」，今《史記》辨亦作辨，皆後人不識古字，憑臆妄改，以就其謬。

洪邁《容齋三筆》卷九《孟字義訓》 一字數義，固有之矣。若孟字，只是最長、最先之稱，如所謂孟侯、孟孫、元妃孟子、孟春、孟夏之類是也。《國語》：「優施謂里克妻曰：主孟啗我。」注云：「大夫之妻稱主，從夫稱也。」而謂孟爲里克妻字則非矣。又云：「孟一作盉。」《史記·呂后本紀》注中引此句，而司馬貞《索隱》乃云：「孟者，且也，言且啗我物。」其說無所據。班固《幽通賦》：「盉孟晉以迨羣。」李善乃注孟爲勉。蜀王衍書其臣徐延瓊宅壁爲孟言，蜀語謂孟爲弱，故以戲之。其後孟知祥得蜀，館于徐第，以爲己讖，此義又爲無稽也。東坡與歐陽叔弼詩云：「主孟當啗我，玉鱗金鯉魚。」正用優施語。魯之寶刀曰孟勞，不詳其義。

朱熹《昌黎先生集考異》卷二《韓集第四卷·崔十六少府攝伊陽以詩及書見投因酬三十韵》 蔬飧。諸本飧多作餐。方從蜀本，云：此詩用蔬飧、朝餐，字多相亂，他詩亦然。《說文》：飧，謂晡時食；餐，呑也。飧，或作湌；餐，或作湌。故字多相亂。《漢·高后紀》：「賜餐錢」。《王莽傳》：「設飧粥」。顔師古曰：「古餐、湌一字也」，又曰：「飧，古湌字」。而皆以千安切讀之則非。《詩》：「不素飧兮」。鄭玄讀如魚飧之飧，音孫，當以此爲正。今按：飧，或當作餐，說見《平淮西碑》。【略】善幻。善，方作是。今按：《漢書·西域傳》有「善眩」之語，顔注云：「眩，讀與幻同。眩，相詐惑也。」即今吞刀吐火、植瓜種樹、屠人截馬之術，韓公蓋用此語。方從閣本，誤矣。【略】鋤剗。剗，一作鏟，謂削平之也。《選·海賦》：「鏟臨崖之阜。」公此詩用今韵，剗屬上聲，疑當以鏟爲正。欺謾。謾，或作慢。方云：字見《貢禹傳》。《漢書》面謾，亦皆音慢。淸盼。盼，或作眄。方云：李太白詩「君子枉淸盼」，《詩》「美目盼兮」，以目美言也。「左顧右眄」，以眄視言也。盻，本作盼。眄，通作盻。今四字多不分。當以蜀本爲正。今按：盼，匹莧切，目黑白分也。眄，莫見切，從省作盻。眄睞，顧視也。盻，五禮切，見《孟子》，恨視也。此詩當作眄，然作盼亦通，猶言青眼也。

又《燕河南府秀才》 芳荼。諸本荼多作茶。方從潮、館本，云：《爾雅》曰：「檟，苦荼，音徒。」郭璞注：「木小似梔子，早取者爲荼，晚取者爲茗。」《唐韵》：「荼，宅加反，俗作茶。」大抵荼與荼古音相近，如今言搽與塗亦通用也。今按：荼與茶今人語不相近，而方云相近者，莆田語音然也。雖出俚俗，亦由音本相近，故與古暗合耳。今建人謂口爲苦、走爲祖，亦此類。方言多如此云。

又《楚辭集注》卷四《離騷九章·涉江》 余幼好此奇服兮，年既老而不衰。帶長鋏之陸離兮，冠切雲之崔嵬。鋏，古挾反。冠，去聲。崔，音摧。嵬，一作巍，並五回反。奇服，奇偉之服，以喻高潔之行。下冠、劍、被、服皆是奇服也。鋏，劍把，或曰刀身劍鋒也。長鋏，見《史記》。切雲，當時高冠之名。被明月兮珮寶璐，世溷濁而莫余知兮，吾方高馳而不顧。駕青虬兮驂白螭，吾與重華遊兮瑤之圃。璐，音路。虬、螭，音義皆已見前篇。圃，叶去聲。在背曰被。明月，珠名，以其夜光，有似明月，故以爲名。璐，美玉名。乘靈物從聖帝遊寶所，皆見其志行之高遠。登崑崙兮食玉英，吾與天地兮比壽，與日月兮齊光。哀南夷之莫吾知兮，且余將濟乎江湘。英，叶於姜反。比、齊、登崑崙，言所至之高。食玉英，言所養之潔。南夷，謂楚國也。乘鄂渚而反顧兮，欸秋冬之緒風。步余馬兮山皐，邸余車兮方林。欸，音哀。風，叶孚金反。邸，下禮反。鄂渚，地名，今鄂州也。欸，歎也。《方言》云：南楚謂然爲欸。史漢亞父曰唉及唐人欸乃，皆此字也。邸，至也。一作低者說，見《招魂》：軒輬既低下。方林，地名。

方崧卿《韓集舉正》卷六《送李愿歸磐谷序》 可濯可沿。洪、樊、石本皆作「可湘」，閣本、杭本幷同，蜀本與此本作「可沿」。洪又曰：一作「沿」，蓋石本磨滅，或以閣本意之也。然公此文自「如往而復」以上，皆二語一韻。以「稼」叶「土」，法《七月》《詩》用韻也；以「容」叶「深」，法《易・恆卦》、《小象》用韻也。「湘」不可與「泉」叶。公《論語筆解》以「浴于沂」作「沿于沂」，正與此「沿」同義也。今只以「沿」爲正。

又卷七《送高閑上人序》 解外繆。杭、歐、謝校：繆，莫俟切，猶綢繆也。《莊子》：「内韄者不可繆而捉，當外揵。」韄，猶縛也。郭注謂：欲惡韄於内，則耳目喪於外，雖綢繆以持之，弗能止也。繆義用此。公此文全篇用意，皆本於莊子所稱「宋元君畫圖，有一史後至，解衣槃礴臝。」郭注云：「内足者神閒而意定。」公自郭一語發也。

又《送楊少尹序》 供張。張，竹亮切。謂供具張設也。公《送石弘序》：張上東門。只用張字，况二疏本傳自可考。《漢書》如「高祖留沛，張飲」。《黥布傳》「張御食飲」。皆謂張設也。唐人王藹有《祖二疏圖記》，謂「有帳於京城之外，帳中有筵，筵中有鐏壺」。說者以爲此不考古之過，公無是也。

曾丰《緣督集》卷一〇《修文立武頌》 斌哉，頌瓊公宋宗室魏邸。也。上乂爲文，上與丄同，尙也。乂，治也。止弋爲武，弋，射也。楚子曰：止戈爲武，未也。弧矢之利，以威天下，非戈比。止戈，則弋可知。以遨效焉。慶元五年，西黎謂臨高黎。寇邊，擁彼關矢，攖吾控弦，害其衂矣，曾是罔悛。明年公來，遡所以然，曰：不在彼此失其紀，我其紀之。禮義廉恥，表是國都，形于田里。驕驕者馴，垝垝居毀切。者峙。黎莫闞公，策詘技窮。黎技尤長於弓矢。直東南黎，南謂澄邁黎。東謂樂會黎。歸我疆封。迺乘其會，倈降乞容。四月丁未，西黎讋至，五月師還而黎遁。六月丁亥南黎降，丁酉東黎降，七月庚午西黎降。惠然應音曠。然，與之大同，此頌之所爲作也。公於三黎挐所侵地降之二月，築堂曰歸疆，翼以亭曰修文立武。歸疆自修文立武，出文修武立之效。變夷爲華，歸疆效之一爾，故不書。其詞曰：

斌哉，公兮。丁黎牾兮，反自掮兮。亶元后天覆，無我若汝兮。董爾僚鼇，吾天序兮。九法筏筏，勃其豎兮，誰又我舤渠語切。兮。爾校傳相讙，勿闡而敓胡官切，箭器也。兮，勿闖于委切，闢也。而靬居言切，盛弓矢器。兮，勿闓而籆力甫、落侯二切，車弓籠也。䩭靫楚崖楚加切，箭室也。韊力丹切，藏弩矢服也。兮。公上我邦之乂，以止我校之弋。逡其虎賁，以自嫛兮。謂師還也。

斌哉，公兮。丁黎狺兮，反自循食閏切，磨也。兮。亶元老地載，無我若人兮。麾爾校迪，吾天倫兮。三綱几几，廩其陳直珍切，列也。兮，誰又我闠匹賓切，爭亂也。兮。爾黎傳相告，勿攎而韣徒木反，弓衣也。兮，勿抉而箙扶福切，矢器也。兮，勿掀而鞬輓無願切，車也。彇五責切，束弓弩。簶音祿，箭室。兮。校上我師之乂，以止彼黎之弋。逶其螘潰，以自宓兮。謂黎遁也。

斌哉，公兮。丁黎羧於僞切，羊相羧積。兮，反自揆兮。亶元戎海涵，無我若爾兮。格爾黎瘖，吾天理兮。五常炳炳，劼其履兮，誰又我觗兮。吾伍傳相號，勿神弢兮，勿繟充善切，繟帶也。而轑力道切，車輻也。兮，勿紓而醫於計切，盛弓矢器。韘韣徒木切。櫜兮。黎自上其乂，而自止其弋。迋其往切，走貌。其虵附，以自陶兮。謂黎降也。

樓鑰《攻媿集》卷六七《答楊敬仲論詩解》 葛覃。《毛詩傳》曰：覃，延也。其義未安。覃，本義深也。葛葉大而蔓小，故墜焉而深下，俗謂墜下曰覃，徒紺切。而《廣韻》、《集韻》無此字音。《釋文》：徒南切。方音不同，不可知也。而謂延也，則未安。曰覃及鬼方，由中國而覃及之，則中深旁淺，實有覃義。「實覃實訏」，后稷之聲，深廣也，故水中深旁淺曰覃，加水以別其字。先儒徒因葛推義，釋覃曰延，然施即延也，無乃重複乎？《大田》：以我覃耜。覃者，深也。耜，宛然有微深之狀，故曰覃耜。《毛傳》殆未親見耜，徒見《易》有「剡木爲耜」之義，故以覃爲利。後儒求其說而不獲，又轉音爲剡，又轉字爲棪。今正其字義平聲如字。

覃，《爾雅・釋言》：流，覃也。覃，延也。郭注皆謂蔓延相被。及《說文》：𠧪，長味也。从旱，鹹省聲。《詩》曰：實覃實訏。徒含切。又𠧪，篆文覃，省潭。《說文》：从水，覃聲。《集韻》一說楚人名深曰潭。潭字在六書中爲形聲，如江、河之从水，而工與可止取其聲，而無義。潭从水，覃亦取其聲，非有義也。潭有深義，今之言潭潭是也。覃欲無深義。字書凡有意者，如人爲僞，人言爲信之類，皆入會意之科。王荆公《字說》所以不能傳者，往往以形聲諸體皆入會意，故有牽合強通之病。以葛之蔓延故施于中谷，亦未爲重複也。覃耜之音剡，疑是方言。《集韻》以爲利耜，止以《詩傳》、《釋文》爲據。如「八月剝棗」，剥音普卜反，荆公以爲養老者剥棗之皮而進之，後行田野間，羣兒相呼撲棗，方知《釋文》之有自來。此二覃字更望攷之。

陸唐老《陸狀元增節音注精議資治通鑑》卷三七 ［漢成帝建始］四年夏召前所舉直言之士，詣白虎殿對策。是時上委政王鳳，議者多歸咎焉。谷永知鳳方見柄用，陰欲自託，乃曰：「方今四夷賓服，皆爲臣妾，北無薫粥、冒頓之患，粥，弋六切，匈奴别名，堯時曰薫粥。南無趙佗、呂嘉之難，三垂晏然，靡有兵革之警。諸侯大者乃食數縣，漢吏制其權柄，不得有爲，無吳、楚、燕、梁之埶。百官盤互，親疎相錯，骨肉大臣有申伯之忠，洞洞屬屬，洞音動，驚肅也。屬，之欲切，專謹也。小心畏忌，無重合、安陽、博陸之亂。三者無毛髮之辜，竊恐陛下舍昭昭之白過，舍，始夜切，猶置也。忽天地之明戒，聽晻昧之瞽說，晻與暗同。又一感切。歸咎乎無辜，倚異乎政事，倚，於綺切，依也。重失天心，不可之大者也。陛下誠深察愚臣之言，抗湛溺之意，解偏駮之愛，使列妾得人人更進，益納宜子婦人，則繼嗣蕃滋，災異訖息。」杜欽亦倣此意。上皆以其書示後宮，擢永爲光禄大夫。出永本傳。

曹彦約《經幄管見》卷一 ［寶慶元年十月］初九日，入講筵，同侍講范楷待對，是日仍進講《獎詞學篇》。上覽集賢校理晏殊所獻賦，謂宰相曰：「殊年少孤立，力學自奮，加以沉密，造次不踰矩。京城賜酺，但掩關與弟觀書著文，亦可稱也。」臣讀畢，口奏：此「賜酺」當是景德四年也。此禮久廢，太宗皇帝始行於雍熙元年，至眞宗皇帝復行之。殊以景德初試文，賜出身，當是此時。酺字或從酉，或從月，或從食。或音步，或音蒲，或音逋，按：《説文》，酺，王德布大歓酒也，从酉甫聲，薄乎切。脯，乾肉也，从肉甫聲，方武切。餔，日加申時食也，从食甫聲，博狐切。三字音義迥別。司馬光《類篇》，酺脯竝蓬逋切，義同。未知何據。在三代時載於《周禮》者，有春秋祭酺之事。族師之官，因祭酺而與民以酒食相獻酬，遂以爲會聚酒食之名。趙武靈王滅中山始賜酺五日，漢文帝自代來即帝位，亦賜酺五日。漢禁羣飲，故賜酺，則許民會聚。唐無飲禁，故賜酺則聚作伎樂，賜高年酒麪。本朝則分日燕享，下及父老。法雖不同，其爲聚會酒食，一也。近代多讀作奔模切，以《孟子》「餔啜」字從食，與此同音也。

是日又讀《謹詔辭篇》。大中祥符四年，皇親赴安陵襄事者，賜詔撫問，有言歸洛汭之語。上指示近臣曰：「永安在洛水之南，言洛汭，非也。學士屬文用事尤宜愜，當即無譏嫌矣。」臣讀畢，口奏：《尚書》三言「洛汭」：在《禹貢》，則導河積石，東過洛汭；在《五子之歌》，則厥弟五人徯於洛之汭；在《召誥》則太保攻位於洛汭。其地不同，皆在大河之南，洛水之北。故孔安國謂「水北曰汭」，鄭康成謂「汭者，內也」。按：水北曰汭，見《禹貢》「涇屬渭汭」。孔安國傳《召誥》、孔穎達《正義》謂「水內曰汭」。鄭康成箋《詩》：芮鞫之即從之。而於《周禮》：雍州其川涇汭，其浸渭、洛。則以汭爲水名，在幽地。賈公彦嘗辨之。杜預注《左傳》「館於雒汭」，謂「水曲流爲汭」。不泥南北之説。又《爾雅》「厓內爲隩，外爲隈」。邢昺疏云：「內曲裏也，外曲表也」，取以證《五子之歌》「畋於有洛之表」之文。義似較勝。今本朝諸陵在永安縣，乃在洛水之南，眞宗皇帝考論及此，不特博通諸家注疏，又且深識山川面勢書生之所不到，當時學士可謂失職。

李如圭《儀禮集釋》卷一《士冠禮》 擯者告期于賓之家。夙興，設洗，直于東榮，南北以堂深。水在洗東。

鄭注：夙，早也。興，起也。洗，承盥洗者棄水器也，士用鐵。榮，屋翼也。周制，自卿大夫以下，其室爲夏屋。水器，尊卑皆用金罍，及大小異。案：及，周學健改作其。

釋曰：直，當也。榮，《説文》曰，屋梠之兩頭起也。梠，楚謂之梠，齊謂之檐，檐頭之起者如翬之飛，故榮又謂之屋翼。周制，天子諸侯爲殿人四阿之屋，東西南北皆有霤，大夫已下爲夏后氏南北兩下之屋，無東霤而有東榮。《燕禮》：洗當東霤。《大夫士禮》：洗當東榮。其處則同耳。以堂深者洗北，去堂遠近取于堂廉至北壁之遠近也。盥手洗爵之時，恐水穢地，故設洗承而棄之。凡設水用罍，沃盥用枓，見《少牢饋食禮》。

魏了翁《儀禮要義》卷二《士冠禮二·經言素有三義》 云「積，猶辟也，以素爲裳，辟蹙其要中」者，經典云素者有三義：若以衣裳言，素者謂白繒也，即此文之等是也；畫繢言素者，謂白色，即《論語》云「繢事後素」之等是也；器物無飾亦曰素，則《檀弓》云「奠以素器」之等是也。

真德秀《大學衍義》卷一《帝王爲治之序》 《堯（曲）［典］》《虞書》，篇名。典者，常也。「曰若稽古，帝堯曰，若發語辭。曰字與粵、越通用。稽，考也。言考古之帝堯其事云云也。曰放勳，放，至也。亦廣大之意，如放乎四海之放。勳，功也。欽明文思安安，欽，敬也。思，去聲。允恭克讓，允，信也。克，能也。光被四表，格于上下。被，及也。四表，四外也。格，至也。上天下地也。克明俊德，以親九族。明，明之也。俊，大也。以，用也。九族，高祖至玄孫之親。九族既睦，平章百姓。既，已也。睦，和輯也。平，均也。章，明也。百姓，畿內之民也。百姓昭明，協和萬邦，黎民於變時雍。」昭，亦明也。協，合也。於，美也。變，化也。時，是也。雍，和也。

真德秀《西山讀書記》卷二五 曰：仲子，齊之世家也。兄戴蓋祿萬鐘，以兄之祿爲不義之祿而不食也，以兄之室爲不義之室而不居也。辟兄離母，處於於陵。他日，歸，則有饋其兄生鵝者。己頻顣曰：「惡用是鶂鶂者爲哉？」他日，其母殺是鵝也，與之食之。其兄自外至，曰：「是鶂鶂之肉也。」出而哇之。

世家，世卿之家。兄名戴，食采於蓋，其入萬鐘也。歸，自於陵歸也。己，仲子也。鶂鶂，鵝聲也。頻顣而言，以其兄受饋爲不義也。哇，吐之也。

又《政經》 《呂刑》：王曰：「吁，來，有邦有土，告爾祥刑。在今爾安百姓，何擇非人？何敬非刑？何度非及？度，詳審也。及謂獄辭所逮。兩造具備，兩爭俱至。師聽五辭。師，衆獄官。五辭，五刑之辭。五辭簡孚，簡，核。孚，信。正于五刑。無疑，然後用刑。五刑不簡，正于五罰。五罰不服，正于五過。宥之。五過之疵：病也。惟官，勢位。惟反，報怨，報德。惟內，女謁。惟貨，賄賂。惟來。干請。其罪惟鈞，以此五者，故有當刑而罰，當罰而宥者。犯者，以其罪罪之。其審克之。審謂詳度。克謂勝私。五刑之疑有赦，五罰之疑有赦，其審克之。簡孚有衆，惟貌有稽。《周禮》「色聽」。無簡不聽，具嚴天威。」嚴，敬天威。又曰：「罰懲非死，人極于病。財與命均。非佞折獄，佞謂捷給。惟良折獄，良謂長厚。罔非在中。察辭于差，辭聽。非從惟從。非從我意，惟從于理。哀敬折獄，明啓刑書，胥占，與衆同占度。咸庶中正。其刑其罰，其審克之。」又曰：「獄貨非寶，鬻獄得貨。惟府辜功，府聚辜罪功事。報以庶尤。」衆罪。周公曰：「不簡不易，民不有近，平易近民，民必歸之。」此周公之言，而載于《史記》，故附書之後。

黃震《黃氏日抄》卷三一 菟裘。邑名。隱公曰：吾將老焉。蝥弧。旗名。《隱・十一年》。越席。注：結草。《桓・元年》。魚麗之陣。注：《司馬法》：車戰二十五乘爲偏，以車居前，以伍次之，承偏之隙而彌縫闕漏，此盖魚麗陣。《桓・五年》。日官、日御。天子有日官，諸侯有日御，皆典歷數者。《桓・十七年》。噬臍。《莊・六年》「後君噬臍，若齧腹臍。」喻不及也。瓜時。瓜時而往，及瓜而代。《莊・八年》。肉食者鄙。《莊・十年》。皋比。《莊・十年》「蒙皋比而先犯之」。注：虎皮音毘。經皇。冢前闕。《莊・十九年》。卜夜。臣卜其晝，未卜其夜。《莊・二十二年》。于飛。鳳凰于飛，和鳴鏘鏘。注：雌雄俱飛。同上。未亡人。寡婦自稱。《莊・二十八年》。兩社。周社、亳社，兩社之間，朝廷執政所在。《閔・二年》。魚軒。夫人車，以魚皮爲飾。《閔・二年》。扉屨。扉，草屨。《傳・四年》。書雲物。《僖・五年》。唇亡齒寒。《僖・五年》。均服。《僖・五年》：「均服振振」。注：戎事，上下同服。內子。以叔隗爲內子。注：卿之嫡妻。《僖・二十四年》。效尤。尤而效之，罪又甚焉同上效。尤，禍也。《文・元年》。隧。闕地通路曰「隧」。王之葬禮也，諸侯皆懸柩而下。《僖・二十四年》。詰朝。平旦。《僖・二十七年》。三舍。同上。館穀。晉師三日館穀。同上。昌歜。昌蒲菹。歜，在感反。《僖・三十年》。形鹽。形象虎。同上。墨衰絰。《僖・三十二年》。取節。采葑采菲，無以下體，君取節焉，可也。《僖・三十二年》。焚舟。《文・三年》。瑞節。節，信也。《文・十一年》。八元、八愷。《文・十八年》。于思。于思于思，多鬚之貌。《宣・二年》。食指。食指，第二指。《宣・三年》。染指。同上。狼子野心。同上。丁寧。著於丁寧。註：鉦也。同上。於菟。楚人謂乳穀，謂虎於菟。同上。治命。《宣・十五年》魏顆。折俎。《宣・十六年》。繁纓。馬飾。《成・二年》。摩笄。山名。《成・二年》。承乏。攝官承乏。《成・二年》。五伯。《成・二年》。浹辰。十二日也。《成・九年》。肓之上膏之下。肓，鬲也。心下爲膏。《成・十年》。外弟。《成・十一年》。外妹。同上。三肅。三肅使者而退。《成・十六年》。拜嘉。《哀・三年》。始髽。《哀・四年》狐駘之戰。羣不逞。《哀・十年》。若而人。《哀・十二年》。勇爵。《襄・二十一年》齊莊公。班荆。布荆坐地。《襄・二十六年》。桃茢。茢黍禳巫以拔殯。《襄・二十九年》。委禽。別委禽焉。《昭・元年》。亢宗。《昭・元年》：大叔曰：吉不能亢身焉，能亢宗亢蔽也。三老。杜云：八十以上，上、中、下壽也。服云：工老、商老、農老也。《昭・三年》。不相能。《昭・元年》。參商。閼伯主辰爲商星，實沈主參。六氣。陰、陽、風、雨、晦、明。同上。爽塏。《昭・二年》。赦。王欲赦叔向以其所不知而不能。《昭・五年》。六物。歲、時、日、月、星、辰。《昭・九年》。弁髦。豈如弁髦，而因以敝之。注：童子垂髦三，加冠而棄其始冠。《昭・八年》。疾日。疾，惡也。紂以甲子喪桀，以乙夘亡，故國君以爲忌日。供養。供養三德爲善。《昭·十二年》。受羹反錦。《昭·十二年》叔向。末減。同上。利市。爾有利市寶賄，我勿與知。《昭·十六年》。尤物。尤物，是以移人尤暴也。《昭·二十八年》。不颺。公子少不颺。同上。豢龍。《昭·二十九年》。執紼。《三十年》。飲酒私出。避酒。《定·二年》。旋。夷射姑旋。馬注：小便也。《定·三年》。共二。共二職。《定·四年》。繁弱。大弓名。同上。燧象。《定·四年》。九頓。九頓首而坐。《定·四年》。客氣。《定·八年》陽歷云。執牛耳。同上。竹刑。鄭駟歂殺鄧折而用其竹刑。鬱攸。火氣。《哀·三年》。石田。得志於晉，猶獲石田也。《哀·十一年》。庚癸之呼。吳申叔儀乞糧於公孫，有山氏對曰：若登首山以呼曰「庚癸乎」，則諾。注：軍中不得出糧，故爲私隱。庚，西方，主穀。癸，北方，主水。桐汭。《哀·十五年》。注：在宣城廣德縣西南。虎幄。衛侯爲虎幄于藉圃。《哀·十六年》。始食。幄城而饗之也。同上。紫衣。注：紫衣，君服。同上。魯皋。歌曰：魯人之皋數年。注：皋，緩也。《哀·二十一年》。甬東。注：句章縣東，海中洲之一。《哀·二十二年》。彌甥。彌，遠也。康子父之舅氏，故稱彌甥。《哀·十三年》。乞靈。《哀·二十四年》。解韤。褚師聲子韤而登席，公怒。注：古者見君解韤。《二十五年》。戟手。公戟其手。注：徒手屈用如戟形。同上。從孫甥。姊妹之孫爲從孫甥。同上。衣製。製雨衣也。《哀·二十七年》。

蔡節《論語集説》卷五《鄉黨》　色斯舉矣，翔而後集。曰：「山梁雌雉，時哉時哉。」子路共之，三嗅而作。共，音拱。嗅，許又切。

節釋曰：色，謂人之容色也。舉，謂飛而去之也。翔，回翔也。集，下止也。梁，橋也。色斯舉矣，翔而後集，是乃形容雉之知所避就也。曰「山梁雌雉，時哉時哉」，此夫子嘆辭也。先二句是叙其所因之事，後二句是載其所嘆之辭。言雉見人之容色動則飛而去之，必回翔而後下止，去不遲而就不亟，茲其所以爲時。「子路共之，三嗅而作」，文疑有誤。節謂：共，拱手也。嗅，疑作嘆。子路聞夫子時哉之言，拱手而起，敬感雉之去就得時，所以三嘆而作也。未敢輕於改經，姑闕之。

集曰：自孔子於鄉黨至誾誾如也，言孔子言語之變；自君在踧踖如也至私覿愉愉如也，言孔子容貌之變；自君子不以紺緅飾至齊必有明衣布，言孔子衣服之變；自齊必變食至席不正不坐，言孔子飲食居處之變，自鄉人飲酒至不親指，言孔子事上接下處事應物之變。藍田呂氏。

宋伯仁《西塍集·嘲不識字》　難字逢人問，村中一小兒。璋麞寧易辨，亥豕似堪疑。鹵莽莽字音畝。元非莽，草莽莽字，母黨切。宿莽莽字，音母。耕犁十二齊犁字，耕田器，音黎。別是犁。六脂犁字，牛駁文，良脂切。識丁何足道，煮字不充饑。

林希逸《考工記解·釋音》　玉人：信。申。冒。一作瑁。龍。厖。瓚。贊。必。如字，又音鼈。杼。柱。祼。灌。易。亦。行。去聲。好。去聲。射。石。衡。横。瑑。篆。頫。跳。駔。祖。臬。栗。勞。去聲。

椰人：椰。櫛。

磬氏：句。勾。耑。端。

矢人：鍭。侯。茀。弗，當作殺。羽。去聲，下同。笴。稾，下同。比。鼻。憚。怛，又音歎，又平聲。鋌。挺。垸。丸。俛。免。趮。躁。橈。鬧。稱。去聲。相。去聲。摶。團。

陶人：甗。言，又上聲，一音彥。鬴。甫。甑。去聲。鬲。歷。瞉。斛。

吳澄《吳文正集》卷二三《閤漕山陵雲内集序》　甘叔懷心，契百世之師。楊林文身，際萬乘之君。此閤漕之人物，閤漕之文章，所以卓絕殊尤，而他山莫與齊也。山雲彭氏，輯山中高人詩，以繼甘揚之後，名曰《陵雲内集》。其淵然之光，油然之潤，足以輝映此山矣。雖然，此山之重，以葛仙師重也。仙距今駸駸一千年，隱處自修於其間者，何啻數十百人，而未聞再有一葛，何也？豈其瑞世者多而遺世者寡歟？吾將問諸山靈。

漕，舊作皂，黑色也。古無此字，按：《字書》草下從早，讀如造化之造，釋爲斗櫟實，以其可染黑，故俗稱黑色爲草。此字既借爲草木之草，恐其相亂，遂去早上之艹，而加丿，則不成字矣。後人借爲皁櫪之皁。《漢書音義》云：食牛馬器，以木作槽。然則皁櫪字正當木旁，從槽而借用，此同聲字也。又借爲皁隸之皁，則因養馬之器，而以此稱養馬之人也。早字，曰下從甲，隸書省甲爲十。後又屈十之尾而爲七，則愈不成字矣。《韻書》言：以水通輸曰漕。俚俗亦以水流之自高趨下者曰水漕。漕者，水通流之名也。豐城之鄉有地名爲同漕。而此山名爲閤漕，皆是兩山之間中通一水，謂兩山之水合同爲一而通流也，故曰「同漕」。「閤漕」者，幷合之合，借用閨閤之閤爾。漕字去聲。皁字則上聲之讀如去聲者。少時嘗偕豐城孫素少初、樂安周栖梧朝陽，自皮氏之家至閤漕山，各賦一詩。予詩不能記，但記第三第四句云：「水交流處地横分，山四圍中天一握」，葢言山之所以得名，與山之形勢也。今書漕字，人必以爲擅改山名，不容不著其説。通古通今之士，幸詳究予言，而訂其是否。

陶宗儀《莊釋義》［木增釋義］　《逍遥遊》陶纂逍遥。閑散不拘，冶適自得。北冥。冥作溟，取其溟漠無涯。北溟，北海也。海運。運，轉也。鵬自北徂南。又鵬非海不行，故曰海運。水擊。言鵬舉兩翼，海水爲擊盪踣踉也。扶摇。風名也。纍風從上下也。野馬。春月澤中途氣。坳堂。堂庭坳陷之地。芥爲之舟。芥，小草也。將草葉爲舟也。置杯焉則膠。如以杯爲舟，則如膠粘地，不可行矣。九萬里則風斯在下矣。鵬在九萬里空，則飄風鼓扇其下矣。腹猶果然。腹充飽也。果然，飽然貌也。之二蟲又何如。謂鵬與蜩對大於小，所以均異趣也。蟪蛄。寒蟬，春生秋見。窮髮。髮猶毛也，北方無毛地也。冥海。北方之海。羊角而上。風曲上行，若羊角從風而上。斥鷃。雀也。猶然笑之。謂猶以爲笑。猶，笑貌。未數數然。數數，猶汲汲也，不汲汲求聞於世。數，音朔。御風而行泠然善也。泠然，輕妙之貌。列子乘風而行，泠然輕妙，所以稱善。名者實之賓。名從實。起名在外，賓也。實在內，主也。鷦鷯巢於深林，不過一枝；偃鼠飲於江河，不過滿腹。鷦鷯，小鳥，好居深林，然所巢不過一枝安身而已。偃鼠好入河飲水，然所飲不過乃取一飽而已。大有逕庭。逕，古定反。庭，敕定反。謂大有過差又激過也。不近人情。謂其言不涉其情。淖約若處子淖約，柔弱貌。淖作綽。處子，在室女也。言神人柔如處女之隱深室也。瞽者無以與乎文章之觀。瞽者無目，如鼓皮也。時女。猶處女也。大浸稽天。大浸，洪水也。稽，至也。言洪水滔天也。瓠落無所容。瓠落猶廓落，又布護零落也。其形平而淺，受水則零落而難容也。拙於用大。言惠子之不能用大。不龜手。言其藥能令手不拘坼，如龜文令手不拆常，如漂絮水中也。一朝而鬻百金。言一日賣此技術，可得百金。無何有之鄉，廣莫之野。無何有，謂無有也。不問何物，悉付無有也。莫，無也。寬曠無人之地也。

《逍遥遊》木緝逍遥。廣大自在之意。佛以斷盡煩惱爲解脱，莊生以超脱形骸、泯絶知巧、不以生人一身功名爲累爲解脱。蓋指虛無自然爲大道之鄉，爲逍遥之境。北冥。北海玄冥處也。海運。謂海氣運動，以喻聖人乘大氣運以出世間，非等閒也。野馬。澤中陽燄，不實之物。塵埃。日光射隙，以照空中之遊塵也。生物以息相吹。言世之禽鳥蟲物，以息相吹，謂氣息之微也。坳堂。凹處也。扶搖羊角。旋風也。斥鷃。斥，澤名。鷃，澤中之小鳥也。未數數然。言宋榮子所以能忘毀譽者，但不汲汲以求世上之虛名耳。御六氣。乘天地，則宇宙在手。六氣者，陰、陽、風、雨、晦、明，乃造化之氣也。至人無已。至於無迹，則謂之至人矣。無所待而成，則不知有己。神人無功。亦謂之神人矣。無所待而成，則無功可見。聖人無名。亦謂之聖人矣。無所待而成，則無名可稱。至人、神人、聖人，只是一箇聖人，不必作三樣。看此説，能逍遥之聖人也。逕庭。謂過當也。姑射。山名。冰雪。言肢體清瑩也。淖約。美好貌。磅礴萬物。與萬物混而爲一也。窅然。茫然自失之貌。瓠落。言廓落之大，沒處安頓。犛牛。南方山中有此大牛。無何有之鄉，廣莫之野。二者皆寂寞虛曠之地。喻道之本鄉也。彷徨。遊衍自得也。

徐師曾《禮記集注》卷二八　《三年問》第三十八。黄叔陽曰：「此篇專問父母喪所以三年之義，故以『三年問』名篇。」馬氏曰：「宰我親受業於孔門，猶以短喪爲問。」則此篇疑有爲而作也。

「三年之喪，何也？」曰：「稱情而立文，因以飾羣，別親疏貴賤之節，而弗可損益也，故曰『無易之道』也。創鉅者其日久，痛甚者其愈遲。三年者稱情而立文，所以爲至痛極也。斬衰苴杖，居倚廬，食粥，寢苫枕塊，所以爲至痛飾也。三年之喪，二十五月而畢，哀痛未盡，思慕未忘，然而服以是斷之者，豈不送死有已、復生有節也哉。稱，竝去聲。別，音鼈。創，與瘡通。苫，尸占反。枕，去聲。斷，音鍛。○情，哀情也。文，禮文也。飾，章表也。羣，謂五服之衆人也。親，謂大功以上。疏，謂小功以下。貴，謂天子諸侯絶期、卿大夫降期以下。賤，謂士庶人服族。鉅，大也。復生，除喪而反生者之事也。○先王之制，喪服自三年而下凡五等，蓋稱哀情之輕重，而立隆殺之禮文，因以飾人之羣，而別其所爲服者之親疏，與夫服喪者之貴賤。其節分明，不可損益，是乃所謂萬世不易之常道也。嘗自病者觀之，創鉅則爲日久，痛甚則其愈遲，故喪必三年。稱情立文，因其至痛之極，而爲斬衰至枕塊等禮而飾之也。非三年則無以表至痛之情，此其所以不可損也。然喪三年而止耳，孝子當此時哀痛猶未盡，思慕猶未忘，而先王必以是爲斷者，則以送死須有已時，不當任情而無窮；復生須有節限，不當以死而傷生，此其所以不可益也，故曰「無易之道」也。

凡生天地之間者，有血氣之屬必有知，有知之屬莫不知愛其類。今是大鳥獸則失喪其羣匹，越月踰時焉，則必反巡過其故鄉，翔回焉，鳴號焉，蹢躅焉，踟躕焉，然後乃能去之。小者至於燕雀，猶有啁噍之頃焉，然後乃能去之。故有血氣之屬者，莫知於人。故人於其親也，至死不窮。喪，去聲。過，平聲，下章同。號，平聲。蹢躅與躑躅同，踟躕音馳廚。啁噍，音周啾。莫知之「知」，去聲。翔回，謂鳥鳴號，兼鳥獸。蹢躅、踟躕，謂獸，皆遲留不忍遽去之貌。啁噍，小鳥聲，其聲羣沸迫急，失其常度也。頃者，斯須不久之意。燕雀有知，□頃而後能去，大鳥獸又有知，故越月踰時而後能去。人靈於物，故至死而不窮。將由夫患邪淫之人與？則彼朝死而夕忘之，然而從之，則是曾鳥獸之不若也，夫焉能相與羣居而不亂乎？夫，竝音扶。人與之「與」，平聲，下節竝同。曾，音層。焉，音煙。○患猶害也。邪淫之害性，如疾痛之害身，故云「患邪淫」也。○愚不肖者之情薄。故其親朝死而夕已忘之。若從其情而不以禮勉其不及，則親死不哀，不如鳥獸矣。至親如此，疏者可知。送死如此，生者可知。能保其不亂乎！此不及之敝也。將由夫脩飾之君子與？則三年之喪，二十五月而畢，若駟之過隙，然而遂之，則是無窮也。過，平聲。○駟，駟馬也。隙，空隙也。駟之過隙，喻疾也。○賢智者之情厚，視二十五月之久如駟過隙之速。若遂其情而不以禮抑其過，則哀親之情無窮已之時矣。此太過者之限也。然謂之脩飾，則不免有不情者矣。故先王焉爲之立中制節，壹使足以成文理，則釋之矣。」爲，去聲。○陳本連上節，今析之。焉，語辭。壹，猶但也。釋，謂去其服也。承上言先王因人過與不及，爲之立其中道，而制爲二十五月之節限，但使足以成其文章條理，則除去其服矣。既不容其害於邪淫而不若鳥獸，亦不使其務於脩飾而至於傷生。此先王制服之中道也。「然則何以至期也？」曰：「至親以期斷。」「是何也？」曰：「天地則已易矣，四時則已變矣，其在天地之中者，莫不更始焉，以是象之也。」期，竝音基，章內竝同。斷，音鍛。更，平聲。○此問三年之喪何以至期而練也，答言至親以期爲斷，此時宜變服也。又問以期斷何義也，答言期年則天地之氣已易，四時之候已變，兩間之物皆更新矣。先王以是之故而以人事法象之，故期而練也。「然則何以三年也？」曰：「加隆焉爾也。焉使倍之故再期也。」焉爾也，語助辭，下焉亦語辭，猶云「所以」也。○又問既云以期斷矣，何以又至三年也，答言孝子加隆厚於親，所以倍一期，故至再期也。○方氏曰：「言服之正，雖至親皆以期而除。至於倍之而再期者，特加隆於父母而已。」「由九月以下，何也？」曰：「焉使弗及也。」陳本連下節，今析之。○此問親喪三年之外又有從大功九月以下之服何也，答言此等之服所以使其恩以漸而殺。九月不及期，五月不及九月，三月不及五月也。即上文所謂稱情以立文，因以飾羣，別親疏者也。故三年以爲隆，緦、小、功以爲殺，期九月以爲間。上取象於天，下取法於地，中取則於人，人之所以羣居和壹之理盡矣。故三年之喪，人道之至文者也。夫是之謂至隆。是百王之所同，古今之所壹也，未有知其所由來者也。孔子曰『子生三年，然後免於父母之懷。』夫三年之喪，天下之達喪也。」殺，色介反。間，如字。夫，竝音扶。○間，中間也。和以情言，壹以禮言。達，《論語》作「通」。○此明五服之義，而歸重於三年之喪也。倍期而三年，服之隆者也。三月、五月，服之殺者也。期與九月，在隆殺之間者也。取法象於天地者：三年象閏，期象一歲，九月象物之三時而成，五月象五行，三月象一時也。取則於人者始生，三月而翦髮，三年而免父母之懷也。人之所以相與羣居而情無不睦，禮無不至者，其理於喪服盡之矣。若夫三年之喪，則於人道之中爲文理之極至者，故謂之至隆，非期九月以下所能及也。更百王，歷古今，相傳而行，不知其從何代而始也。引孔子之言以明三年之喪，無貴賤一也。

凌迪知《文選錦字録》卷七《經籍》

方册。布左方册。《刻漏銘》。**微言**。幽贊微言，強記洽聞。《王仲宣誄》。**簡脱**。書缺簡脱，朕甚閔焉。**壞壁**。得古文於壞壁之中。**文闕**。學殘文闕，稍離其眞。**校理**。乃陳發舊藏，校理舊文。**簡編**。傳或簡編，注簡差也，編比次也。**秘府**。藏於秘府，伏而未發。竝移《大常書》。**代繩**。造書契以代結繩之政，由是文籍生焉。**討論**。討論《墳》、《典》，斷自唐虞以下訖于周。**《三墳》**。伏羲、神農、黄帝之書，謂之《三墳》。言大道也。**《五典》**。少昊、顓頊、高辛、唐、虞之書，謂之《五典》，言常道也。**設教**。至於夏商周之書，雖其歸不倫，雅誥奥義一揆。竝《書序》。**要言**。覽老氏之要言。《答東阿王書》。**枕經**。徒樂枕經籍書。**司籍**。劉向司籍，辨章舊聞。竝《答賓戲》。**名山**。僕盛已著此書，藏之名山。注：時無聖人示之，故深藏名山。**《呂覽》**。不韋遷蜀，世傳《呂覽》。注：八覽。論十二記，名《呂氏春秋》。竝《報任安書》。**夏訓**。夏訓以爲美談。注：夏訓，夏書也。《勸進表》。**神奥**。與日月竝懸，鬼神爭奥。**緗帙**。飛文染翰，則卷盈于緗帙。注：緗，淺黄色也。**縹囊**。詞人才子，則名溢于縹囊。注：縹，青白色也。竝《昭明序》。**散帙**。散帙問所知。靈運《酬從弟詩》。**竹素**。游思竹素園，寄辭翰墨林。《景陽褉詩》。**雕篆**。敢寓言於雕篆。注：雕篆，文學也。《頭陀寺碑》。**披帙**。披帙散書，屢覩遺文。《楊仲武誄》。**書圃**。修容乎禮園，翺翔乎書圃。司馬相如《上林賦》。**載籍**。宏覽載籍，博游才藝。任昉《王文憲集序》。**書林**。并包書林，聖風雲靡。注：言成帝之德，若此兼包，書學之文，聖人之風，如雲靡之而進。楊子雲《長楊賦》。**珍駕**。御六藝之珍駕兮，游道德之平林。結典籍而爲罟兮，驅儒墨而爲禽。張平子《思玄賦》。**芳潤**。傾羣言之瀝液，漱六藝之芳潤。注：人爲文章，但傾瀉其涓滴，六藝亦經漱蕩其芳香潤澤以成之也。陸機《文賦》。**丘墳**。婆娑翰林，容與丘墳。注：墳，《三墳》。丘，九丘。皆古書。婆娑、容與，皆游放之貌。潘尼《贈陸機詩》。**良書**。良書限聞見。注：良書，典籍也。限，絶不。聞，披讀也。謝朓《登故城詩》。**五車**。五車摧筆鋒。注：惠子多方，其書五車。言其博聞，舌端能摧文士之筆鋒。鮑昭《擬古詩》。**九師**。至乃曲臺之禮，九師之爲。注：九師，行射之所。漢淮南王安有明《易》者九人，人號九師。《竟陵王行狀》。墳素。傲墳素之長圃，步先哲之高衢。潘安仁《閒居賦》。典雅。博覽典雅，精覈數術。注：典謂墳典，雅謂雅頌。馬融《長笛賦》。六藝之囿。游乎六藝之囿，馳騖乎仁義之塗。司馬相如《上林賦》。典籍之場。優游乎典籍之場，休息乎篇章之圃。吳質《答魏太子牋》。金版玉匱。金版玉匱之書，海上名仙之旨。注：金版、玉匱，書名也。荀爽隱海上著書百篇，名仙，即司馬遷所述《史記》也。旨，美也。任昉《王儉集序》。

郝敬《批點史記瑣瑣》卷二《酷吏傳・張湯》 劾鼠掠治，傳爰書訊鞫論報。註：爰，換也。古者重刑，恐有愛惡，更換他官重訊之，故爲「傳爰書」。《漢書註》：以文書代換其口辭。調爲茂陵尉，治方中。註：天子即位，豫作陵，諱之曰「方中」。《漢書註》：掘地爲坑曰方。凡土工以方計，方中即壙中。《詩》云：「日之方中，未晏之稱。」始爲小吏乾沒。註：浮慕爲乾，內不合爲沒，謂詐也。又云：得利爲乾，失利爲沒。按下文「與長安富賈田甲之屬交私」。又云「爲小吏時，與錢通」。訓得利近是。今官吏受賕云「折乾沒」，猶入也。人不見曰「沒」。王溫舒爲中尉，投缿購告言姦，置伯格長。註：缿音項，投書之器，可入不可出。伯格，讀陌落，皆置長伺察奸宄，古字通。

郝敬《禮記通解》卷一〇《內則》 內則，閨門內法則也。

后王命冢宰，降德于衆兆民。

后王，謂天子，非天子不議禮。天子制禮以一民風，則人人親親長長，而天下平。王者先天下首庶物，而稱后者猶孤、寡、不穀之義。鄭謂后爲諸侯，非也。天子后天，諸侯后天子，夫人后君，皆謂之后。冢宰，天官，相天子統五官。掌六典則司徒之事，亦其所統也。降德，即所謂道之以德，齊之以禮也。萬億曰兆。算法億有大小，小者以十爲等，十萬爲億，十億爲兆。大者以萬爲等，萬萬爲億，萬億爲兆，億億爲秭。

子事父母，雞初鳴，咸盥漱，櫛，縰，灑上聲。笄，總，拂髦，冠，緌，纓，端，韠，紳，搢，薦。笏。左右佩用，句。左佩紛帨、刀、礪、小觿、錐。金燧，右佩玦、捍、管、遰、滯。大觿、木燧，偪，屨著灼。綦。忌。婦事舅姑如事父母。雞初鳴，咸盥漱，櫛，縰，笄，總，衣，紳。左佩紛帨、刀、礪、小觿、金燧，右佩箴、管、線、纊，曠。施縏盤。袠秩。大觿、木燧、衿纓、綦屨，以適父母舅姑之所。

自此至終篇，皆王命冢宰所降于兆民之禮。盥，洗手也。漱，滌口也。櫛，梳也。縰纚同，以黑繒韜髮也。笄，簪也。總，以繒束髮，結于頂也。髦毛通，即髮也。將加冠，拂拭其亂髮。上屬于總，男女皆然。下節妾進御，笄總角亦拂髦。冠纓垂曰緌。端，禮衣制方曰端。韠，蔽膝，以韋爲之。古人席地坐，籩豆在前，爲韠以蔽其沾漬，本上古衣皮蔽前之義。大帶垂者曰紳，男女皆用，繒帛爲之。搢，插也。笏，竹板，以記事，插之帶間。古無紙筆，書用簡，筆用刀。左右佩用，謂隨身左右佩所常用之具。紛帨，拭物巾也。紛即帨。《顧命》云「筍席玄紛純」，帨故可用純。刀，書刀。礪，磨石。觿鑴通，錐也，或云以象骨爲之，小者解小結也。金燧，《周禮》烜氏所謂夫遂，取火于日中者也。晴用金燧，取火于日，陰用木燧，取火于木也。玦決通，以骨爲之，著于右手大指，射以鈎弦也。捍，拾也，皮爲之，韜左臂，收拾衣袖，以利弦也。管，筆管，鄭謂筆彄。古人以刀書，其柄曰管。遰璏通，刀室也。大觿，以解大結。木燧，以取火于木中。偪，以布纏足，自踁至膝，偪束之，以便趨走，故曰偪。屨著綦，謂著屨結綦。綦，屨繫也。舅姑，夫之父母。如事父母，如夫之事父母也。箴，針也。管，筆也。纊，絮也。縏，囊也。囊有閒葉者曰袠。施，謂箴管線纊外施此貯之也。衿，衣領，通作襟，衣衽也。纓，小帶結衿者。凡繫衣冠繩皆謂纓，結組垂爲流蘇，亦謂之纓。適父母舅姑之所，夫婦同問安視膳，早朝之禮。

及所，下氣怡聲，問衣燠郁。寒，疾痛苛何。癢，而敬抑搔之。出入則或先或後，而敬扶持之。進盥，少者奉上聲。槃，長者奉水，請沃盥。盥卒，授巾。問所欲而敬進之，柔色以溫之，饘、酏、移。酒、醴、芼、冒。羹、菽、麥、蕡、焚。稻、黍、粱、秫，述。唯所欲，棗栗、飴、蜜以甘之，堇、荁、丸。枌、榆、免、薧、考。滫、脩上聲。瀡，雖上聲。以滑之，脂膏以膏去聲。之，父母舅姑必嘗之而後退。

適父母舅姑所有二事，一爲問安，下氣以下是也；一爲視膳，進盥以下是也。苛，細瘡也。抑，按也。搔，爬搔。三言敬者，孝子下氣怡聲之誠心，不敬，所爲皆虛文。饘，厚粥。酏，薄粥。芼，羹，菜和肉汁爲羹。蕡，枲麻子。秫，糯也。米之精鑿者曰粱，輭黏者曰秫。飴，餳也。

堇，菜名，味甘汁滑。荁，堇類。榆白者爲枌，新生曰兔。草木始生出甲，如人兔冠然。薨，乾也。滫，米汁。瀡，滑也。以米汁漬肉使滑膩，如今人用豆粉和肉之類。凝爲脂，釋爲膏。以脂膏烹和，使潤澤也。嘗之而後退，視其所嘗，知其所嗜也。

男女未冠笄者，雞初鳴，咸盥漱，櫛，縰，拂髦，總角，衿纓皆佩容臭。昧爽而朝，問何食飲矣。若已食，則退，若未食，則佐長者視具。凡內外，雞初鳴，咸盥漱，衣服，斂枕簟，灑去聲。埽去聲室堂及庭，布席，各從其事。孺子蚤寢晏起唯所欲，食無時。由命士以上，父子皆異宮。昧爽而朝，慈以旨甘；日出而退，各從其事；日入而夕，慈以旨甘。

總角，束髮于首如角，男女未冠笄之飾。容臭，謂容蓄香草，即今香囊，佩之衿纓閒。下文云佩帨茝蘭是也。或謂纓即香囊，恐非。昧爽，天欲明未明也。問何食飲，問尊者也。佐長者視食具，如諸孫輩助其父母供祖父母食之類。內外，謂家衆男女。斂枕簟，夜卧則設之，早起則收之也。布席，設尊者坐席。各從事，男女內外各服其事也。孺子，童稚無知，不槩以成人禮責之。命士，爵命之士。周官典命，子男之士不命，如後世官長自辟之屬。命士以上，有爵而貴，故父子異宮，使各全其尊；且避子之私也。以禮見父母曰朝。每日再朝，昧爽而朝，晨省也。慈以旨甘，視朝膳也。日入而夕，昏定也。慈以旨甘，視夕膳也。慈，愛養也。

姚舜牧《重訂詩經疑問》卷一《周南・螽斯》　螽斯羽，詵詵兮。宜爾子孫，振振兮。螽斯羽，薨薨兮。宜爾子孫，繩繩兮。螽斯羽，揖揖兮。宜爾子孫，蟄蟄兮。

《詩傳》：周人慶文王之多男而賦《螽斯》。《詩序》：后妃子孫衆多也。言若螽斯不妬忌，則子孫衆多也。文王之刑于，后妃之逮下，兩得之矣。

《詩緝》訓振振爲盛義，較是。

取象於螽斯當矣，而何取於羽？羽，羽翼也。螽斯一生九十九子，后妃一人耳，安能生若是之多？唯是恩養衆妾，若卵而翼之者然，故其生出衆多而未艾也。細味「宜爾子孫」一「宜」字，便見此一羽字甚重，不可忽矣。陳氏曰：言羽者，螽斯羽蟲也。《無羊》之詩，羊言角，牛言耳，狀物類者皆如此。嗟乎，此之謂腐儒也。《無羊》言羊之角，正咏其角之濈濈也；言牛之耳，正咏其耳之濕濕也。則此詩之言羽，正咏其羽之詵詵也。且豈直此哉，「魴魚赬尾」，則尾有取義矣。「相鼠有皮」，則皮有取義矣。「肅肅鴇羽」，「蜉蝣之羽」，則各有取義矣，甚即「鼠牙」「雀角」雖無是事，而其言亦自有所謂，曾謂此下一羽字而獨無所取義哉。嗟乎，此之謂腐儒也。

詵詵，似擬其羽之柔和；薨薨，似擬其羽之展舒；揖揖，似擬其羽之斂戢。總之，則翼庇羣妾而無妬忌之害也。振振，狀其生之多且仁；繩繩，又狀其嗣生而不窮；蟄蟄，又狀其含生而不盡。此蟄字即龍蛇之蟄蟄字。《易》曰：夫坤其靜也，翕其動也，闢是以廣生焉，薨薨是其動之闢也，揖揖是其靜之翕也，是皆有生意存焉，故其下曰「繩繩兮」、「蟄蟄兮」。

張次仲《待軒詩記》卷四《小雅・采芑》　序：宣王南征也。《竹書》：宣王五年，秋八月，方叔帥師伐荆，蓋繼六月而出師也。按此厲王流彘之後，宣王起于逋竄南北交侵數月之間，兩地征伐不以爲勞，車馬卒伍若取諸寄。《六月》之詩尚覺戒嚴，至于《采芑》，但咏其車徒之閑習，軍法之整肅，佩服之雍容，鼓聲之嚴靜，並不鋪張如何用兵，如何撻伐。蓋玁狁强，蠻荆弱，乘戰勝之餘，大張威武，氣勢所及，望風迎附，深有得于用兵之畧。詩人不徒言荆蠻來威，而推本于征伐玁狁，得其要矣。

薄言采芑，音起。于彼新田，于此菑側其反。畝。滿被反。方叔涖止，其車三千，師干之試。詩止切。方叔率止，乘其四騏，四騏翼翼。路車有奭，奭，石經作赩，許力反。簟恬上聲。茀音弗。魚服，蒲北切。鉤膺鞗革。【略】

薄言采芑，于彼新田，于此中鄉。方叔涖止，其車三千，旂旐音兆。央央。方叔率止，約軝音祁。錯衡，戶郎反。八鸞瑲音槍。瑲。服其命服，朱芾音弗斯皇，有瑲葱珩。戶郎切。【略】

鴥音聿。彼飛隼，音笋。其飛戾从犬不从大。天，亦集爰止。方叔涖止，其車三千，師干之試。方叔率止，鉦音征。人伐鼓，陳師鞠音菊。旅。顯允方叔，伐鼓淵淵，振旅闐闐。音田。【略】

蠢尺允切。爾蠻荆，大邦爲讎。除留切。方叔元老，克壯其猶。方叔率止，執訊獲醜。尺由反。戎車嘽音灘。嘽，嘽嘽焞音推。焞，如霆如雷。顯允方叔，征伐玁狁，蠻荆來威。【略】屠氏本畯曰：《采芑》四章，每體裁不同，亦詩例之奇者，特於篇末表而出之，以資解頤。其首章第一句芑，與第三句畝，第四句止，第六句試，第七句止一韻。第九句翼，第十句奭，十一句服，十二句革一韻。蓋上每隔一句連用兩句爲韻，而下四句連用韻，總之爲兩轉換韻。次章第三句鄉，第六句央，第八句衡，第九句瑲，十一句皇，十二句珩一韻。蓋上每隔二句爲韻，又每隔一句連用兩句爲韻，總之一韻。三章第三句止，第四句止，第六句試，第七句止一韻。第八句鼓，第九句旅一韻。十一句淵，十二句闐一韻。蓋隔兩句連用兩句，又隔一句連用兩句爲韻。以下別連用兩句，又隔一句連用兩句爲韻。總之三轉韻。末章第二句雒，第四句猶，第六句醜一韻。第八句焞，第九句雷，十二句威一韻。蓋上每隔一句用韻，以下隔一句連用兩句，再隔兩句用一句爲韻，總之兩轉韻。此皆揣摩之而見其用韻之變幻若此。

陸時雍《楚辭疏》卷一《離騷》 惟黨人之偷樂兮，路幽昧以險隘。豈余身之憚殃兮，恐皇輿之敗績。忽奔走以先後兮，及前王之踵武。荃不揆余之中情兮，反信讒而齌怒。余固知謇謇之爲患兮，忍而不能舍也。指九天以爲正兮，夫唯靈脩之故也。隘，叶于力反。奔，布頓反。先，悉薦反。後，下遘反。荃，七全反。齌，一作齊，炊餔疾也。作齌，非怒，叶上聲。

舊詁踵，足跟。武，迹也。荃，與蓀同。陶隱居云：冬間，溪側有名溪蓀者，根形氣色，極似石上菖蒲，而葉無脊。蓋亦香草，時人以爲彼此相謂之通稱。謇謇，難于言如謇吃然也。靈脩，亦託詞。皆寄意于君也。

陸時雍曰：既捷徑以窘步，復幽昧以險隘，則君若臣者，舉國若狂矣。忽奔走以先後，將力揭而出之坦途也。君何爲而信讒齌怒乎？君愈以怒，臣愈以將，心不能明，指天爲正，此無異故，唯靈脩之以也。夫臣以爲靈脩之故，而君以爲齌怒之圖，此《離騷》所以作乎。齌，盛畜而將致之也。忍，忍以其身爲僇也。九天，《廣雅》云：東方蒼天，東南陽天，南方炎天，西南朱天，西方成天，西北幽天，北方玄天，東北變天，中央鈞天。

陳選《小學集注原序》 古者小學，教人以灑掃、應對、進退之節，愛親、敬長、隆師、親友之道，皆所以爲脩身、齊家、治國、平天下之本。灑，去聲。掃，去聲。長，上聲。治，平聲。後不圈者，皆去聲。○古者，夏商周也。小學，鄉學也。人，指八歲以至十四歲之子弟也。灑，謂灑水以斂塵。掃，謂掃地以去塵。應，謂應尊長之呼。對，謂對尊長之問。節，禮節也。親，父母也。隆，尊也。親，近也。道者，當然之理。脩、齊、治、平，大學之事也。古人由小學以收心養性，基本已立，至大學特收其成功耳。而必使其講而習之於幼穉之時，欲其習與智長，化與心成，而無扞格不勝之患也。穉，音治。長，上聲。扞，音汗。格，胡得切。勝，音升。○講以明其理，習以熟其事。穉，亦幼也。扞格，猶牴牾也。不勝，不能勝當其敎也。幼穉之子，心知未有所主，及時而教之，使習於善而與智俱長，化於善而與心俱成，故無扞格不勝之患。而大學之教，亦易入矣。此兩節，言古者小學教人之意。

汪瑗《楚辭集解·九章·哀郢》 登大墳以遠望兮，聊以舒吾憂心。哀州土之平樂兮，悲江介之遺風。

水中高者爲墳，《詩》曰「遵彼汝墳」是也。大墳，則可以望遠矣。遠望，遙瞻郢都也。上章言思之，此則言望之矣。州土，謂郢都之風土也。平樂，謂地寬平而人饒富也。江，謂大江也。蓋此時夏水雖盡，而大江猶未過也。介，間也。與界同，一正作界。遺風，猶言緒風也。此章言已登大墳，以回望故都，本欲聊以舒吾之憂心，然故都平樂之風土，日邈以遠，而漂泊於此大江之介，感風景之殊，使吾之心益哀而悲焉。朱子解遺風爲故家遺俗之善也，非是。

當陵陽之焉至兮，淼南渡之焉如。曾不知夏之爲丘兮，孰兩東門之可蕪。

陵陽，朱子曰：未詳。瑗按：洪氏解前陽侯，引《淮南》註曰「陽侯，陵陽國侯也」，則此陵陽即陽侯也明矣。陽侯兼稱其爵，陵陽專稱其國耳。洪氏解此，又引仙人陵陽子爲說，是亦過求之弊也。「當陵陽」之「當」，如「兩雄力相當」之「當」，謂陵陽之波起，而舟以當之也，其義與前「陵」字相近。焉至，猶言何所歸也。淼，渺同，滉漾無涯貌。渡，濟也。於是始南過大江，而迫近所遷之地矣。焉如，猶言何所往也。此二句互文而重言之耳。蓋言已乘此陵陽之波，淼然南渡大江矣。果將何所歸而何所往耶？實反言以深見遷客之流離，故都之日遠也。上言方仲春而東遷，今逍遙而來東，則當時所遷之地乃在東方。而此云南渡者，蓋南渡大江者，所由之路而所遷之方，又將從南而轉歸於東也。或曰：當時所遷之地，恐在東南之方，而非正東也。未知其審，大抵此上所言經由之道，自郢至東，皆係水路，其大勢，雖不過沿江夏二水之間，然或東或西或南，或上或下，其水勢之曲折縈迴，叙述最詳，非嘗遠遊經歷者不知此意。嚴滄浪曰：《九歌》不如《九章》，《九章》《哀》《郢》尤妙。蓋指此也。如以詞而已矣，未見其勝諸篇也。瑗嘗謂此文似一篇遊山之記，蓋有得乎《禹貢》紀事之法，但脫胎換骨，極爲妙手，非後世規規模擬者比也。其所叙憂愁之情者，特欲雜之以成章耳。不知者，鮮不以爲重複可厭也。但今瑗所註者，特按文畫圖，以意推測而言之，未知其果是否也。嘗欲褭粻直至郢都，遵江夏以遨遊，而徧歷其地，親訪遺迹，則此文之妙，當有出於想像之外者矣。惜乎此時未暇，且姑依文以釋之，倘當竢親歷而更訂焉。夏，大屋也。丘，荒墟也。夏之爲丘，指宫殿而言。孰，誰也。兩東門，郢都東關有二門也。蕪，穢也。東門之蕪，指城郭而言。瑗按：秦將拔郢之時，而城郭宫殿其燬者多矣。《史記》獨載燒墓夷陵者，舉其重者而言也。吾故曰：《離騷》足以徵楚國之敗者，此類是也。或曰：屈子備言宫殿城郭，而不言燒墓，何也？曰：望長楸而太息，盖已先言之矣，此騷之可以爲史也。然夏屋已丘墟矣，而襄王曾不知之城門已蕪穢矣，而曾不知先王所設以守國者不可廢也。非真不知也，安於敗亡，甘受困辱，而無恢復之志。若付之不知也，則襄王之不足以有爲可知矣。屈子之責襄王者深矣。又按：此上三節，初言故都之日遠，次言州土之平樂，次言城郭宫殿之丘蕪，其叙事以漸而切，而情亦因之矣。

顧炎武《韵補正・小學類三》 上平聲

一東：

合者一十二字：江、杠、橦、幢、撞、邦、厖、窻、牕、雙、降、洚。己上俱采入唐韻，正後倣此。

不合者二十四字：登、唐、徵、崩、分、方、朋、憑、馮、房、務、甍、夢、尊、彰、讒、乘、繩、膺、薨、興、宏、湛、陵。已上皆後人無稽之誤，不可引以爲據。後倣此。

疑者七字：禽、調、心、深、應、陰、臨。已上七字，雖不合古音，以其見於《詩》、《易》，故疑。而闕之説見《詩》、《易》本章下。

四聲轉用不必注者一十四字：控、棟、洞、慟、寵、縱、誦、訟、頌、壟、壅、瓮、用、壟。

韻中元有者一字：童。引《春秋・公羊傳》「公會宋公于夫童」。《左氏》、《穀梁》皆作鍾。

二冬：古通東。

三鍾：古通東。

四江：古通陽，或轉入東。此韻古通東，不入陽。

五支：

合者一十二字：邱、裘、仇、牛、能、否、罘、謀、尤、訧、肬、蠲。

不合者四十一字：加、嘉、歌、求、虯、釿、義、議、誼、峩、峨、我、魚、焞、逃、旎、波、浮、莎、多、敍、春、沙、鯊、魦、疏、灑、憂、柯、禍、化、和、蛇、猷、悠、由、遊、游、運、羅、人。

古音同用不必注者四十一字：皆、階、喈、偕、街、佳、垓、該、陔、乖、娃、開、厓、豈、臺、排、俳、灾、災、哉、猜、才、財、材、裁、齋、釵、儕、哀、埃、淮、磈、懷、諧、湝、孩、胎、來、萊、霾、埋。按：佳、皆、灰、咍四韻既注，云古通支，則全韻皆通。此注不必更贅。

四聲轉用不必注者二十字：鮆、佩、旆、配、備、沫、嚌、濟、志、試、是、畏、毀、諱、緯、壞、怠、易、薺、次。

韻中元有者五字：雌、資、斯、私、兹。注：雎，千西切。資，津私切。斯，相支切。私，息夷切。兹，子之切。又引徐鍇《説文繫傳》曰：「凡斯皆當讀如西，今惟馬嘶方讀如西。」蓋失之。又云子聲，本如濟水之濟，以濟翻兹方得本音。思，息兹切。詞似兹切，皆當用此音以翻。今讀訛。按：此論甚當，學者不可不知。然總不出本韻之中，非有改易也。

王夫之《詩經稗疏》卷四《考異》 赤芾金舄：《白虎通》芾作紼，朱芾斯皇，赤芾在股，又皆作紱。助我舉柴：《説文》柴作𦙶，音義同。鸞聲噦噦：《説文》鸞作鑾，噦作鉞。鉞本音呼會切，俗用爲鈇戉之戉。

毛奇齡《續詩傳鳥名卷》卷一 《葛覃》黄鳥于飛。黄鳥，鸝也。

黄鳥，黄鸝也。原作黧黄，以鳥本黄色，而間以黑色爲緣飾，因兩舉其色而統名之曰黧黄。舊註所云，黧黄以色名是也，乃作字書者，每遇鳥部，必加以鳥文，因之有鵹黄、鵹黄諸名。而《古字通》見《説文》遂通作離黄。《文選・東京賦》又通作麗黄，乃麗又加鳥，則直作鸝字。顧野王《玉篇》始出鸝字，註鸝黄而俗亦呼之曰黄鸝，則是鸝者其色黄，鸝兼兩色，安得單以鸝字稱之？且字書無兩文，故出一字黄鸝，非一字鳥也。《集註》非也。

又卷二 《七月》有鳴倉庚。倉庚，黄鳥也。

黄鳥見前，但此鳥有十餘名，而總以其色稱，如黧黄，黄鸝，皆以一黄一黑爲名，惟此倉庚不可解。舊註倉爲穀藏，倉黄者，穀熟之色，則倉本黄色，而又與蒼通。《月令》駕倉龍，漢《陳勝傳》倉頭軍，《蕭望之傳》倉頭盧兒，皆以蒼爲倉，而蒼即是黄，則黧黄也，庚者更時之鳥也。若其又作商庚，商倉音訛，亦作鶬鶊，此正以鳥部字增鳥傍者，說見前。

又《詩札》卷二　謹奉敎，《臣工》、《小毖》詩，皆不用義盡處爲韻，如《臣工》詩「來咨來茹」與「如何新畬」合，「明昭上帝」與「奄觀銍艾」合；《小毖》詩「莫予荓蜂」與「肇允彼桃蟲」合，「拚飛惟鳥」與「予又集于蓼」合，漢鐃歌樂府曲，與烏生八九子相和歌辭等，用韻比視此。主臣。

謹奉敎，《生民》篇末章「于豆于登，其香始升，上帝居歆」，登升韻，歆不韻。「后稷肇祀，庶無罪悔，以迄于今」，祀悔韻，今又不韻。實今歆隔合也，後銘頌比視此。《野有蔓草》章三韻合，零露溥，平也。清揚婉，上也。適我願，去也。《正月》篇「又窘陰雨，乃棄爾輔，將伯助予」，《民勞》篇「汔可小安，無俾正反，是用大諫」皆同，後詞賦歌曲比視此。主臣。

又《毛詩寫官記》卷四　民靡有黎。怨從征也。是時厲王好兵，凡從征者皆老弱，故曰靡有黎，謂無蒼頭者也。或曰，壯者從軍，則無黎，言黔首盡矣。蓋自是而民無壯者。

陸隴其《讀禮志疑》卷五　禮有擯詔，樂有相步，温之至也。鄭注解温爲温藉。孔疏皇氏云：温謂承藉，凡玉以物緼裹承藉，君子亦以威儀擯相自承藉。愚按：今人喜用蘊藉二字，蓋本此。即易物不可以苟合之意。又上文三月繫，七日戒，三日宿，愼之至也。鄭注云：將有祭祀之事，必先敬愼如此，不敢切也。孔疏云：禮須積漸，不敢切迫也。按注、疏解愼字俱用温藉之義，蓋經文愼與温本交互言之。

李光地《詩所》卷一《召南·野有死麕》　野有死麕，白茅包之。有女懷春，吉士誘之。林有樸樕，野有死鹿。白茅純束，有女如玉。舒而脫脫兮，無感我帨兮，無使尨也吠。

死麕，穢者也；白茅，潔者也。懷春者當春而出，若被無子之類也。樸樕，叢襍，不與白茅相似者也。純束，束之固也。如玉，堅且白也。始言白茅之包死麕，則恐懷春之女爲士所誘也，繼言近死鹿者樸樕耳，白茅則純束而甚固，懷春之女貞白如玉，不爲所誘決矣。脫脫，潔清之意，接人則肇帨感之而動，人至則守犬當夜而號，言其謹於出入之防，帨不動而犬不驚。漢時雞鳴狗吠兄嫂知之即此意也。

王鴻緒等《詩經傳說彙纂》卷二一《魯頌·有駜》　有駜蒲必反。有駜，駜彼乘黄。夙夜在公，在公明明。叶謨郎反。振振鷺，鷺于下。叶後五反。鼓咽咽，烏玄反。醉言舞，于胥樂兮。

集傳：興也。駜，馬肥强貌。許氏愼曰：馬飽也。〇郝氏敬曰：重言有駜者，非一馬也。明明，辨治也。歐陽氏修曰：明明，修明其職也。〇朱氏公遷曰：辨則不雜，治則不亂道，燕飲而先之以夙夜明明，蓋勤勞治理，以其餘暇爲樂耳。振振，羣飛貌。鷺，鷺羽，舞者所持，或坐或伏，如鷺之下也。陸氏佃曰：鷺之集每至水面數尺則必低徊少盤，其勢與飛之時徑起特異，蓋其天性舞而後下也。咽，與淵同。陸氏德明曰：咽，本又作淵。鼓聲之深長也。毛氏萇曰：咽咽，鼓節也。孔氏穎達曰：燕禮以樂助勸，故以鼓節之咽咽然。或曰鷺亦興也。毛氏萇曰：鷺以興潔白之士。〇鄭氏康成曰：潔白之士，羣集於君之朝，君以禮樂與之飲酒。〇歐陽氏修曰：振鷺，取其能自修潔，翔集有威儀也。胥，相也。醉而起舞，以相樂也。鄭氏康成曰：至於無筭爵，則又舞燕樂以盡其歡，君臣於是則皆喜樂也。此燕飲而頌禱之詞也。劉氏瑾曰：此爲燕飲之詩，唯卒章「自今以始」以下則頌禱之詞也。

集說：曹氏粹中曰：魯之羣臣乘其駜然壯健之馬來朝，夙夜在於公所而不敢懈。〇輔氏廣曰：駜彼乘黄，恐是指來燕者所乘之馬，故因以起興。在公明明，所謂精白一心，以承休德也。

有駜有駜，駜彼乘牡。夙夜在公，在公飲酒。振振鷺，鷺于飛。鼓咽咽，醉言歸，于胥樂兮。

集傳：興也。鷺于飛，舞者振作鷺羽如飛也。

集說：毛氏萇曰：言臣有餘敬，而君有餘惠。〇孔氏穎達曰：臣禮朝朝暮夕，不當常在君所，今閒暇無事而夙夜在公，是臣有餘敬也。君之於臣饗燕有數，今以無事之故，即與之飲酒，是君有餘惠也。〇曹氏粹中曰：上章醉言舞，以樂成之也，此章醉言歸，以禮節之也。〇季氏本曰：在公飲酒，相導以和也，明明在其中矣。醉言歸，止而不過之意。〇何氏楷曰：酒以成禮，不繼以淫，此之謂能樂。

有駜有駜，駜彼乘駽。呼縣反。夙夜在公，在公載燕。自今以始，歲其有。叶羽已反。君子有穀，詒孫子，叶獎里反。于胥樂兮。

集傳：興也。青驪曰駽，今鐵驄也。孫氏炎曰：色青黑之間。載，則也。有，有年也。孔氏穎達曰：《春秋》書有年者，謂五穀大熟，豐有之年。穀，善也，或曰祿也。何氏楷曰：國以民爲本，民以食爲大，使歲歲豐登，家給人足，是即君子之享有天祿也。詒，遺也。何氏楷曰：詒，通作貽，《説文》云：贈遺也。頌禱之辭也。朱氏公遷曰：頌禱則願之之詞，蓋有《唐風·蟋蟀》好樂無荒之意。

集説：鄭氏康成曰：君臣相樂則陰陽和而有豐年，其善道則可以遺子孫也。○曹氏粹中曰：君民如此，治道得矣，復何爲哉？若自此年穀常登，子孫相承，力於爲善，則無疆之休也。○輔氏廣曰：自今以始歲，其有爲庶民之慮切矣，君子有穀詒孫子，爲後世之慮深矣，此可謂善頌善禱也。○黄氏佐曰：豐年而繼於後，則常有以需國用而贍民生。善道而傳於後，則常有以固人心而承天命。

總論：范氏處義曰：始言在公明明，則明足以善其職。中言飲酒，卒言載燕，既善其職，則朝廷無事，君臣相與飲酒而宴樂耳。始言舞，不知手之舞之足之蹈之也。終言歸，既醉而出，竝受其福也。上二章醉而舞，醉而歸，一時之樂耳，未若卒章人臣稱願，歲歲有年，君子之穀詒孫子，其樂爲無窮，不止於一時也。○姚氏舜牧曰：詩本燕飲，而章內都著「夙夜在公」句，首章更著「在公明明」句，見君臣之所先圖者在國家之幾務，政有餘暇然後燕以樂耳。

《有駜》三章，章九句。

集説：鄭氏元錫曰：《有駜》有小雅慈惠之心焉，上下交則和而安。

嚴虞惇《讀詩質疑》卷首九《章句音韻》 孔氏曰：自古而有篇章之名，與詩體俱興也。故《那》序曰：得商頌十二篇。《東山》序曰：一章言其完是也。句則古者謂之言。《論語》云：詩三百，一言以蔽之。《左氏》曰：臣之業在《揚水》卒章之四言矣。及趙簡子稱「子太叔遺我以九言」，皆以一句爲一言也。秦漢以來，諸儒各爲訓詁，乃有句稱。《論語》註云：此我行其野之句是也。句者，局也。聯字分疆，所以局言者也。章者，明也。總義包體，所以明情者也。篇者，偏也。言出情鋪事，明而偏者也。然字之所用，或全取以制義，「關關雎鳩」之類也；或假辭以爲助者，乎、而、只、且之類也。句必聯字爲言，一字不制也。以詩者申志，一字則言蹇而不會，故詩之見句，少不減二，「祈父」、「肇禋」之類也。三字者「綏萬邦」、「屢豐年」之類也。四字者「關關雎鳩」、「窈窕淑女」之類也。五字者「誰謂雀無角，何以穿我屋」之類也。六字者「昔我先王受命，有如召公之臣」之類也。七字者「如彼築室于道謀」、「尙之以瓊華乎而」之類也。八字者「十月蟋蟀入我牀下」、「我不敢效我友自逸」是也。其外不見有九字十字者。摯虞《流（外）〔別〕論》云：詩有九言者，「洞酌彼行潦挹彼注兹」是也，偏檢諸本，皆云《洞酌》三章，章五句，則以爲二句也。顔延之云：詩體本無九言，將由聲度闡緩不協金石，仲治之言未可據也。句字之數，四言爲多，亦有二、三、七、八者，將由言以申情，惟變所適，播之樂器，俱得成文也。詩之大體，必須依韻，之、兮、矣、也之類，本取爲辭，雖在句中，不以爲義，故處末者，皆上字爲韻。之者，「左右流之」、「寤寐求之」之類也。兮者，「其實七兮」、「迨其吉兮」之類也。矣者，「顔之厚矣」、「出自口矣」之類也。也者，「何其處也」、「必有與也」之類也。乎者，「俟我于著乎而」，《伐檀》「且漣猗」之篇，此等皆上字爲韻，不爲義也。亦有即將助句之字以當聲韻者，則「彼人是哉」、「子曰何其」、「反是不思」、「亦已焉哉」、「是究是圖」、「亶其然乎」、「其虚其邪」、「既亟只且」之類也。

李光坡《儀禮述注》卷一七《有司徹》 主婦羞糗、脩，坐奠糗于麷南，脩在蕡南。侑坐，左執爵，取糗、脩，兼祭于豆祭。司士縮執豕脀以升。侑興，取肺，坐祭之。司士縮奠豕脀于羊俎之東，載于羊俎，卒，乃縮執俎以降。侑興。

註曰：豕脀無湆，於侑禮殺。○疏曰：案上下文尸與侑及主人主婦，俱是正俎，皆横執俎以升，又横設於席前。若益送之俎，皆縮執之，又縮於席前。今司士所羞豕脀，是益送之俎，縮執是其常，而言縮執者，以其文承上，主人獻侑時，無羊肉湆，故主婦獻侑，司士羞豕脀，不得相如，是以經特著「縮執俎」，見異於諸正俎。○坡謂：上下文尸、主人、主婦設正俎皆無横文，惟侑正俎言司馬横執，恐誤以爲侑禮異益送之俎，亦横之可知，故特著縮執，以見侑正俎横，則凡正俎皆横，上下益俎皆縮，侑益俎亦縮，文理互足爲義。

惠士奇《禮説》卷八《春官三》 《大祝》「衍祭」，《男巫》「望衍」，康成皆讀「衍」爲「延」，得之。而云聲之誤也，似失之。延、衍、羨三字，音同，古文通。《漢書·西域贊》有「漫衍之戲」，即《西京賦》所謂「巨獸百尋，是爲曼延」，此「衍」與「延」通也。《東京賦》「乃羨公卿，登自東除」。注云：羨，延也。謂延之上殿。是羨與延通也。《玉人》「璧羨」。注云：羨猶延。《東京賦》本此。古文假借，音同者通，何誤之有？《秦始皇本紀》：葬㠯下閉中羨，下外羨門。羨皆讀爲延。匈奴呼衍王，貴種也，其後遂爲呼延氏，㠯其號爲其姓，衍亦轉爲延。

《大祝》「辨九𢷎」，「㠯享右祭祀」。康成謂右爲侑，引《特牲》「祝侑主人拜」。然則右與祐通，義與侑同。《易·大有》「上九：自天祐之」。子曰：祐者，助也。虞翻云：大有，兑爲口，口助稱祐。口助者，祝之職也。《禮器》「周立尸，詔侑無方」，所謂詔侑者，非口助而何？則祐與侑其義同矣。古文《儀禮》侑皆作宥，古有宥坐之器，亦謂置器於坐㠯詔侑人也。《詩》云：「既右烈考，亦右文母。」箋謂：右助於光明之考，與文德之母。此祝傳嘏辭，故曰「綏予孝子」，又曰「綏我眉壽」，「介㠯繁祉」，盖當綏祭而祝嘏主人之辭，則仲翔口助之說信矣。《尒疋》：右，導也，助也，亮也，介也，尚也。注云：介紹勸尚，皆相佑助，或訓右爲尊，則我未之前聞。《家語》宥坐，《說苑》作右坐，則宥與右通。文子曰：三皇五帝有勸戒之器，名侑卮，侑與宥，古今文。《易》「天命不祐」，祐，一作佑，又作右。馬注云：天不右行。則祐、佑、右，皆通。《繫辭》「可與祐神」，荀本祐作侑，古祐與侑通，益信祭之有侑，猶賓之有擯。《孝經》說曰：「㠯身擯侑，有司徹右几。」注云：古文右作侑。《祭統》「啓右獻公」，注云：右，助也。《說文》右，助也。手口相助也。徐鍇曰：言不足復，㠯手助之。仲翔之說本此。

顧棟高《毛詩類釋續編》卷二《釋詁》 介、純、夏、幠、墳、奕、戎、駿、假、濯、訏、壬、（滛）［淫］、甫、景、廢、冢、昄、蔭，大也。《大雅·韓奕》云：「以其介圭，入覲于王」，介圭，大圭也。《魯頌·閟宮》云：「天錫公純嘏」，《鄭箋》：純，大也。《秦風》云：「於，我乎！夏屋渠渠」，《小雅·巧言》云：「亂如此幠」，毛傳俱云：大也。《鄭箋》，幠，敖也。《大雅·韓奕》云：「奕奕梁山」，又云：「纘戎祖考」，《江漢》云：「肇敏戎公」，毛傳俱云：大也。鄭云，戎，猶汝也，與《爾雅》異。《商頌·長發》云：「爲下國駿厖。」《那篇》云：「湯孫奏假」，《大雅·文王有聲》篇：「王功伊濯」，《抑篇》云：「訏謨定命」，《小雅·賓筵》篇：「有壬有林」。駿、假、濯、訏、壬，毛傳俱云：大也。鄭云：壬，任也，謂君所任卿大夫也，與《爾雅》異。《周頌·有客》云：「既有（滛）［淫］威」，《齊風》云：「無田甫田」，（滛）［淫］甫，毛傳俱云：大也。《周頌·潛》篇云：「以介景福」，《鄭箋》：景，大也。《小雅》「廢爲殘賊，莫知其尤」，一本作廢，大也。此是王肅義，本《釋詁》，《毛傳》云：廢，忕也。《說文》：忕，習也。言在位之人，慣習爲此殘賊之行，莫有自知其過惡，與《爾雅》異，似此說較優。《詩緝》曰：山有栗梅之嘉卉，今其山廢爲殘賊之地，民不自知其何辜。《詩記》畧同。鄒肇敏曰：猶《離騷》所謂蘭芷變而不芳，荃蕙化而爲茅，何昔日之芳草兮，今直爲此蕭艾也，講廢字更明白正當。《周頌·縣》篇曰：「廼立冢土」，《毛傳》：冢，大也。冢土，大社也。《大雅·卷阿》云：「爾土宇昄章」，《鄭風》云：「緇衣之蓆」，昄、蓆，《毛傳》俱云：大也。

江永《周禮疑義舉要》卷二《地官一》 里布，布非布帛，謂泉也。里字之義有三：一爲三百步之里，一爲二十五家之里，一爲里居之里。里布者，里居之里。此經以廛里任國中之地，遂人以田里安甿，《王制》「田里不粥」，《孟子》「收其田里」，皆此義，即謂其所居之宅也。宅而毛則有嬪婦之貢，其不毛者是棄地，不因其不毛而遂無征也。里布之輕重雖不可知，鄭注以爲二十五家之里，則太重矣，或又以爲方里而井之里，皆不明里字之義。

趙殿成《王右丞集箋注·送友人歸山歌二首》 山寂寂兮無人，又蒼蒼兮多木。群龍兮滿朝，君何爲兮空谷。文寡和兮思深，道難知兮行獨。悅石上兮流泉，與松間兮草屋。入雲中兮養雞，上山頭兮抱犢。神與棗兮如瓜，虎賣杏兮收穀。愧不才兮妨賢，嫌既老兮貪祿。誓解印兮相從，何詹尹兮可卜。群龍。《後漢書》：唐堯在上，群龍爲用。章懷太子註：群龍，喻賢臣也。鮑照詩：皇漢方盛明，群龍滿階閣。養雞。《列仙傳》：祝雞翁者，洛人也。居尸鄉北山下，養雞百餘年。雞有千餘頭，皆立名字，暮棲樹上，晝放散之。欲引呼名，即應呼而至。抱犢。《元和郡縣志》：抱犢山，在沂州承縣北六十里，壁立千仞，頂寬而有水。此山去海三百餘里，天氣澄明，宛然在目。昔有遁隱者，抱一犢于其上墾種，故以爲名。《太平寰宇記》：鎮州獲鹿縣有萆山，今名抱犢山。後魏葛榮之亂，百姓抱犢而上，故以爲名。棗如瓜。《史記》：李少君言：臣嘗遊海上，見安期生。安期生食臣巨棗，大如瓜。虎賣杏。葛洪《神仙傳》：董奉居廬山，不種田，日爲人治病。重病愈者，使栽杏五株，輕者一株。數年計得十萬餘株，鬱然成林。後杏子大熟，于林中作一草倉。示時人曰：欲買杏者，不須報奉，但將穀一器置倉中，即自往取一器杏去。常有人置穀來少而取杏去多者，林中群虎出吼逐之，大怖。急挈杏走，路傍傾覆，至家量杏，一如穀多少。或有人偷杏者，虎逐之，到家嚙至死。家人知其偷杏，乃送還奉，叩頭謝過，乃却使活。奉一日竦身入雲中，妻與女猶守其宅，賣杏取給。有欺之者，虎還逐之。妨賢。《漢書·王尊傳》：趣自避退，毋久妨賢。

又《老將行》 衛青不敗由天幸，李廣無功緣數奇。【略】數奇。《史記·李廣傳》：元朔六年，廣復爲後將軍，從大將軍，軍出定襄擊匈奴。諸將多中首虜率，以功爲侯者，而廣軍無功。元狩四年，廣從大將軍青擊匈奴。青陰受上誡，以爲李廣老，數奇，毋令當單于，恐不得所欲。如淳註：數爲匈奴所敗，奇爲不偶也。《索隱》曰：案服虔云：作事數不偶也。《宋景文公筆記》、《漢書·李廣傳》：數奇，註切爲所角反，故學者皆曰數奇音朔。孫宣公奭當世大儒，亦從曰數。後予得江南本，乃所具反。由是復觀顔註，乃顔破朔從所具反云，世人不之覺。《齊東野語·李廣傳》：廣數奇，毋令當單于。註：奇不偶也，言廣命隻不偶也。數音所角切。奇居宜切。宋景文以爲江南本《漢書》，數乃所具切，角字乃具字之誤耳。然或以爲疑，余因考《藝文類聚·馮敬通集》：吾數奇命薄。《唐文粹》徐敬業詩：數奇良可嘆。王維詩：衛青不敗由天幸，李廣無功緣數奇。杜甫詩：數奇謫關塞，道廣存箕潁。羅隱詩：數奇當自愧，時薄欲何干。東坡詩：數奇逢惡歲，計拙集枯梧。觀其偶對，則數爲命數，非疏數之數，音所具切明矣。

《四庫全書總目》卷二六《春秋公羊傳注疏》 又羅璧《識遺》稱：「公羊、穀梁自高、赤作傳外，更不見有此姓。」萬見春謂皆姜字切韵脚，疑爲姜姓假托。案：鄒爲邾婁，披爲勃鞮，木爲彌牟，殖爲舌職，記載音訛，經典原有是事。至弟子記其先師，子孫述其祖父，必不致竟迷本字，别用合聲。璧之所言，殊爲好異。

范家相《詩瀋》卷一《詩韻》 古韻莫顯于《詩》，而三百五篇之韻叶之多有不諧。其説有三十五國之方音各有不同，一也；古之字音傳訛已久，古字少而音多，一字每兼數音，非可執一以諧聲，二也；詩必歌而後出，每以餘聲相諧，不必但就結字以爲韻，自歌詩之法不傳而餘聲莫辨，三也。然則古韻終不可識乎？曰：以今之韻書求三百篇之韻，有愈密愈踈耳，安能識哉。蓋韻本天籟，古人作詩有不煩繩削而自合者，非如後世之勒有成書，拘拘于四聲以爲限斷也。漢魏六朝，詩賦悉同古韻，魏孫炎始爲反切，遞傳至梁，周顒、沈約始爲四聲之學，作類譜以行世。然皆爲字音而作，未嘗即指爲古韻也。自唐以切韻爲試韻，而舉世始限於四聲，學者不求其本，即執此以言三百篇之韻，而不知其失之遠矣。考漢魏時爲《毛詩》音者九家，悉已無傳，至宋吳棫才老。始以音母爲本，以轉聲相協，作《叶韻補音》一書，而朱子本之以作《集傳》，實以今韻定古韻之始。明人陳第心疑其非，謂古無叶音，作《毛詩古音考》以正才老之失。近時顧絳亦有《詩本音》一書，取陸德明古人韻緩，不煩改讀之説爲據，博稽遠考，謂三百篇均是本音，並無叶音。同時毛奇齡又作《通韻》，有五部三聲兩界兩合之説，亦極浩博。竊以古韻出於自然，字音各有借讀，其原始已無可考矣，諸家之説雖博，亦奚以爲由？今言韻惟有三端：以四聲爲一貫，一也；審餘音以彷彿，二也；取方言借音爲本音，三也。其如《清廟》、《維天》、《象武》諸篇，雖以三者求之亦不可得，則惟闕疑而已。苟以己見爲定論，適以戾古而欺人，豈足爲訓哉？

王念孫《廣雅疏證》卷二上《釋詁》 踂、膂、墾、劤、威，力也。

踂膂者，《方言》：踂、膂，力也。東齊曰踂，宋魯曰膂。膂，田力也。郭璞注云：律踂，多力貌。田力，謂耕墾也。《漢書·陸賈傳》：屈強於此。顔師古注云：屈強，謂不柔服也。屈，與踂通。戴先生《方言疏證》曰：膂，通作旅。《詩·小雅》「旅力方剛」是也。《毛傳》：旅，衆也。失之。謹案：《大雅·桑柔篇》云：靡有旅力。《秦誓》云：番番良士，旅力既愆。《周語》云：四軍之帥，旅力方剛。義竝與膂同。膂、力，一聲之轉。今人猶呼力爲膂力，是古之遺語也。舊訓旅爲衆，皆失之。墾者，《方言》：墾，力也。注云：耕墾，用力也。墾與懇同。劤，《玉篇》音靳。引《埤倉》云：劤，多力也。今北方猶謂力爲劤。《釋名》云：筋，靳也，肉中之力。靳，固於身形也。筋與劤，聲義亦相近。

何、詰、譏、咨、偵、質、言、訣、詵、稽、考，問也。訊、請。

何者，《史記·秦始皇紀》：陳利兵而誰何？《集解》引如淳《漢書注》云：何，猶問也。《周官·射人》：不敬者苛罰之。鄭注云：苛，謂詰問之。苛與何通。譏者，《王制》：關執禁以譏。鄭注云：譏，苛察也。《周官·宮正》云：幾其出入。幾與譏通。咨，各本訛作資，今訂正。偵，讀爲貞。《説文》：貞，卜問也。《周官·天府》：陳玉以貞來歲之媺惡。《大卜》：凡國大貞。鄭衆注竝云：貞，問也。《吳語》云：請貞於陽卜。《緇衣》引《易》「恆其德偵」。鄭注云：偵，問也。今《易》作貞，是偵與貞同。曹憲讀爲偵伺之偵，失之。言者，《爾雅》：訊，言也。郭璞注云：相問訊也。《周官·冢人》：言鸞車象人。鄭衆注云：言，言問其不如灋度者。《聘禮》：若有言，則以束帛。如《享禮》鄭注云：有言，有所告請，若有所問也。《曲禮》：君言不宿於家。注云：言，謂有故所問也。昭二十五年《穀梁傳》云：弔失國曰唁。唁，亦問也。唁、言，古同聲。《莊子·徐無鬼篇》、《釋文》及《文選·西征賦》《文賦》注，竝引《廣雅》：訊，問也。《衆經音義》卷七，引《廣雅》：請，問也。今本脱訊、請二字。

何、般、能，任也。

服，各本訛作「般」。案：諸書無訓般爲任者。《爾雅》：服，事也。《周官·大司馬》注云：任，猶事也。是服與任同義。又卷一內：服，行也。卷五內：懾，服也。服字竝訛作般，正與此同，今訂正。

超、越、踰、踥、杭、絕、騰、過、跨、涉，渡也。

踥，或作跇，義見下文跇跳也下。杭者，衛《風・河廣篇》：一葦杭之。《毛傳》云：杭，渡也。《楚辭・九章》云：魂中道而無杭。《說文》：斻，方舟也。《淮南子・主術訓》：大者以爲舟航柱樑。高誘注云：方兩小船竝與共濟爲航。《爾雅》：兔其跡迒。《釋名》：鹿、兔之道曰亢。行不由正，亢陌山谷草野而過也。義竝與杭同。杭，各本訛作抗，今訂正。絕者，高誘注《淮南子・地形訓》云：絕，猶過也。《爾雅》：正絕流曰亂。《大雅・公劉》《正義》引孫炎注云：直橫渡也。

孫星衍《尚書今古文注疏》卷一《堯典上・虞夏書一》 分命和仲，宅西，【注】史遷「分」作「申」，「西」作「西土」。鄭康成曰：「西者，隴西之西，今人謂之兑山。」【疏】史公「分命」作「申命」者，《釋詁》云：「申，重也。」是以和仲即羲、和之和，承乃命，云重命也。「西」作「西土」，《集解》引徐廣曰：「一無『土』字。」鄭注見《史記集解》。徐廣云：「今天水之西縣也。」《漢書・地理志》隴西郡有西縣。兑字，《郡國志》引作「八充」，傳寫之誤。曰昧谷。【注】史遷「昧」或作「柳」，夏侯等書同。《大傳》「谷」作「穀」。【疏】史公作「柳」者，《集解》引徐廣云：「一作『柳谷』。」《書》疏二引夏侯等書，「昧谷」爲「柳谷」，是言經之「昧谷」，夏侯等爲「柳谷」也。《大傳》「谷」作「穀」者，《虞傳》云：「秋祀柳穀。」注云：「八月西巡守，祭柳穀之氣於華山也。柳，聚也。齊人語。」鄭注《周禮・縫人》云：「柳之言聚，諸錦之所聚。《書經》作柳穀。」賈氏疏云：「柳者，諸色所聚。日將沒，其色赤，兼有餘色，故曰柳穀。」按：《說文》有「穀」字，云：「日出之赤。」則「穀」當是假借字。《漢書・郊祀志》云：「東北，神明之舍。西方，神明之墓也。」注：「張晏曰：『神明，日也。日出東北，舍謂陽谷。日沒於西，故曰墓。墓，蒙谷也。』」寅餞納日，【注】史遷「寅」作「敬」，納作「入」。馬融曰：「餞，滅也。滅猶沒也。」鄭康成曰：「謂秋分夕月。」【疏】史公「寅」爲「敬」者，《釋詁》文。「納」爲「入」者，《公羊傳》云：「納者，入辭也。」馬注見《釋文》。餞爲滅者，《書叙》「遂踐奄」，馬、鄭俱訓爲滅。鄭注《士虞禮》云：「古文『餞』爲『踐』。」是餞、踐通也。滅爲沒者，高誘注《淮南》亦云。鄭注《周禮》云：「沒，入也。」鄭注見《書》疏。云「秋分夕月」者，《魯語》云：「少采夕月。」注云：「夕月以秋分。少采，黼衣也。昭謂：朝日以五采，則夕月其三采也。」平秩西成。【疏】西成者，《白虎通・情性篇》云：「西方亦金，成萬物也。」

焦循《孟子正義》卷二三《告子上》 孟子曰：「拱把之桐、梓，人苟欲生之，皆知所以養之者。至於身，而不知所以養之者，豈愛身不若桐梓哉？弗思甚也。」【注】拱，合兩手也。把，以一手把之也。桐、梓，皆木名也，人皆知灌漑而養之，至於養身之道，當以仁義，而不知用，豈於身不若桐、梓哉？不思之甚也。【疏】注「拱合」至「名也」。○正義曰：《尚書・序》云：伊陟相大戊，亳有祥桑穀共生於朝。《史記集解》引鄭氏注云：兩手搤之曰拱。王氏鳴盛《尚書後案》云：共與拱通。僖三十二年《傳》：爾墓之木拱。杜預曰：合手曰拱。《呂覽・季夏紀・制樂篇》載此事，高誘注亦云「滿兩手曰拱」，是也。《說文・手部》云：把，握也。《莊子・人間世》云：宋有荆氏者，宜楸柏桑其拱把而上者。《釋文》云：拱，恭勇反。把，百雅反。司馬云：兩手曰拱，一手曰把。《毛詩・鄘風・定之方中》云：樹之榛栗椅桐梓漆。箋云：樹此六木於宮。謂桐、梓與榛、栗、椅、漆爲六。是桐、梓皆木名。《爾雅・釋木》云：榮桐木。注云：即梧桐。又云：椅、梓，注云：即楸是也。《齊民要術》有種桐梓法。

王引之《經義述聞》卷五《詩經・終風且暴》 家大人曰：《終風篇》「終風且暴」，《毛詩》曰：終日風爲終風。《韓詩》曰：終風，西風也。此皆緣詞生訓，非經文本義。終，猶既也。言既風且暴也。《爾雅》曰：南風謂之凱風，東風謂之谷風，北風謂之涼風，西風謂之泰風，焚輪謂之穨，迴風爲飄。以上六句，通釋詩詞而不及「終風」。又曰：日出而風爲暴，風而雨土爲霾，陰而風爲曀。以上三句，專釋此詩之文，而亦不及「終風」。然則「終」爲語詞明矣。《燕燕》曰：終溫且惠，淑慎其身。《北門》曰：終窶且貧，莫知我艱。《小雅・伐木》曰：神之聽之，終和且平。《商頌・那》曰：既和且平。《甫田》曰：禾易長畝，終善且有。《正月》曰：終其永懷，又窘陰雨。終字皆當訓爲既。《王風・葛藟篇》：終遠兄弟。言既遠兄弟也。《鄭風・揚之水篇》：終鮮兄弟。言既鮮兄弟也。《鄘風・定之方中篇》：終然允臧。言既而允臧也。《列女傳》楚昭越姬曰：昔吾先君，莊王淫樂，三年不聽政事，終而能改，卒霸天下。言既而能改也。既終語之轉。既已之既轉爲終，猶盡之既轉爲終耳。解者皆失之。

沈欽韓《後漢書疏證》卷一 時遭元二之災。

章懷注云：元二即元元也。趙明誠《金石錄》曰：《楊孟文石門碑》，漢威宗建初二年立，其文有曰「中遭元二，橋梁斷絕」。若讀爲元元，則不成文理。疑當時自有此語，漢注未必然也。洪适《隸釋》曰：按漢刻，如北海相景君及李翊夫人碑之類，凡重文皆以小「二」字贅與下。此碑有蒸二、明二、蕩二、世二、勤二，亦不再出一字。然非若「元二」，遂書爲大「二」字也。又《孔忱碑》云：遭元二轗軻，人民相食。若作「元元」，則下文不應。又言「人民」，漢注之非明矣。王充《論衡》云：《須頌篇》。今上嗣位元二之閒，嘉德布流，三年零陵生芝草，五本四年甘露降五縣。並謂章帝。《論衡》所云「元二」者，謂即位之元年、二年，則此傳所云「元二」，亦謂元年、二年也。碑所云「西戎虐殘，橋梁斷絶」，正是鄧隲出師時。則史傳碑碣，皆與《論衡》合。愚按：《論衡》之「元二」，則元年、二年無疑矣。然爲《陳忠傳》云：自帝即位以後，頻遭元二之戹，百姓流亡，盜賊並起。時在鄧后已崩之後，不可謂永初之元年、二年也。范史蓋有駁誤，而洪氏之説實亦未盡。章懷云：或説陽九百六者，當近之。陽九百六，在入元之終，或復元之初。畢憲曾曰：元二，乃无妄之訛。京房《周易章句》「无妄大旱」之卦，萬物皆死，無所復望。按如永傳，亦云「遭无妄之卦運」。

陳瑑《國語翼解》卷二　及夏商之季。

《釋名》：叔父之弟曰季父。季，癸也。甲乙之次，癸最下，季亦然也。王侍御曰：凡言季，穉末之義也。

或在甽畝。解：賈侍中云，一耦之發，廣尺深尺爲甽，百步爲畝。昭謂下曰甽，高曰畝。畝，壟也。《書》曰：異畝同穎。

案：賈説本《考工記·匠人》。又《漢書·食貨志》亦云：后稷始甽田，以二耜爲耦。廣尺深尺曰甽。《書》：濬甽澮距川。《傳》云：一畝之間，廣尺深尺曰甽，步百爲畝，則司馬法之文也。韋説則本《爾雅》爲義。《釋丘》：如畝，畝丘。郭注：丘有隴界，如田畝。高曰畝，則下曰甽矣。《乾鑿度》：聖人甽流大道，謂疏通流注者皆曰甽，故下曰甽也。蓋賈以散文言，韋以對文言也。異畝同穎，則《書·歸禾》序文。許叔重於《説文》日部旻，稱《虞書》曰：仁閔覆下則稱旻天。今《書》無此文，見《書傳》。錢詹事謂許君往往取經師之説爲經之正文，今韋氏以《書》序爲《書》曰，正同許例。許於《目部》相下引《易》曰「地可觀者」云云，亦説易家之文也。

由欲靖民也。解：靖，治也。

《詩·小雅》俾予靖之，《傳》靖，治也。案：靜治，聲也，故韋於上文始基靖民，既解曰靖，安也，而於此復列以聲爲義。

民之憲言

《禮·內則》：五帝憲，三王有乞言，五帝憲養氣體而不乞言。

身聳除潔。解：聳，懼也。

《左·成十四年傳》云：大夫聞之，無不聳懼。瑑案：段大令曰，雙从雙省聲。《説文》：雙，懼也。引《春秋傳》曰：駟氏雙今作聳。《廣韻》引作駟氏雙。先大夫曰：《昭·六年傳》聳之以行，《漢書》引作雙。《衆經音義》：聳，古文竦、雙、憋三形。《説文·心部》又有憋，驚也，讀若悚。

重之不以殽。解：殽，雜也。

《説文》：殽，相雜錯也。《漢書·董仲舒傳》賢不肖混殽。蓋古者肴胾之肴，止作肴。《説文》：肴，啖也。殽亂之殽，从殳，作殽；其从水作淆，以爲混淆之義者，則字之滋益也。《廣雅》：殽，亂也。

王先謙《漢書補注》卷一《高帝紀第一上》　母媼文穎曰：幽州及漢中皆謂老嫗爲媼。孟康曰：媼，母别名，音烏老反。師古曰：媼，女老稱也，孟音是矣。史家不詳著高祖母之姓氏，無得記之，故取當時相呼稱號而言也。其下王媼之屬，意義皆同。至如皇甫謐等妄引讖記，好奇騁博，强爲高祖父母名字，皆非正史所説，蓋無取焉。寧有劉媼本姓實存，史遷肯不詳載？即理而言，斷可知矣，他皆類此。［補注］先謙曰：顔説是。皇甫謐等説，沈約采入《宋書·符瑞志》，司馬貞、張守節並引以注《史記》。今不復取。嘗息大澤之陂，師古曰：蓄水曰陂。蓋于澤陂隄塘之上休息而寢寐也。陂音彼皮反。［補注］沈欽韓曰：《寰宇記》：大澤在豐縣北六里。王先慎曰：《詩·陳風》「彼澤之陂」。毛傳：陂，澤障也。《説文》「陂」下云：阪也。「阪」下云：一曰澤障也。是陂即澤之隄障，顔增文成訓，蓋未明陂字之義。夢與神遇。師古曰：遇，會也，不期而會曰遇。［補注］錢大昭曰：釋言遇，偶也，對偶之義。王鳴盛曰：《詩·草蟲》「亦既覯止」。傳：覯，遇也。《鄭箋》引《易》「男女覯精」，此遇義同。沈欽韓曰：讖緯之書，大抵妖妄，而後人公然以汙簡牘。如熹平四年《帝堯碑》云：慶都與赤龍交，而生伊堯。成陽《靈臺碑》云：游觀河濱，感赤龍交如生堯。欲以神堯，反爲侮聖。班彪《王命論》云：劉媼任高祖而夢與神遇，若堯與高祖先未有身，而爲怪物所憑，以汙族姓，豈帝王應運之本乎？《釋典修行道地經》云：應來生者，父母精合，便入胞胎。然則高祖是龍來受生耳。先謙曰：沈説允當正理，所夢神，即龍也。遇訓當如顔説，錢、王失之泥。是時雷電晦冥，師古曰：晦、冥，皆謂暗也。言大雷電而雲霧晝暗。父大公往視，則見交龍於上。［補注］先謙曰：《史記》作見蛟龍於其上，《荀紀》亦作蛟，《賈山傳》交龍驤首奮翼，《文選》作蛟龍。蛟、交同字。已而有娠，應劭曰：娠動，懷任之意。《左傳》曰：「邑姜方娠。」孟康曰：娠音身。《漢》、《史》身多作娠，古今字也。師古曰：孟說是也，《漢書》皆以娠爲任身字。「邑姜方震」，自爲震動之字，不作娠。［補注］先謙曰：《史記》正作「有身」。遂產高祖。高祖爲人，隆準而龍顔，服虔曰：準音拙。應劭曰：隆，高也。準，頰權準也。顔，額顙也。李斐曰：準，鼻也。文穎曰：音準的之準。晉灼曰：《戰國策》云：「眉目準頞權衡。」《史記》「秦皇蜂目長準」。李說：文音是也。師古曰：頰權頞字，豈當借準爲之。服音、應說皆失之。［補注］沈欽韓曰：《齊語》韋註：顔，眉目之間。沈彤《釋骨》云：横在髮際，前者曰額。顱，亦曰額。額之中曰顔，曰庭。眉目間亦通曰顔。先謙曰：注準頰權衡之頰。官本作頞，是也。《國策》及《通鑑音注》引同。美須髯，師古曰：在頤曰須，在頰曰髯。髯，音人占反。左股有七十二黑子。師古曰：今中國通呼爲黶子，吳楚俗謂之誌。誌者，記也。［補注］宋祁曰：注文景德本黶下有黑字。余靖等刊誤，以《史記》注爲據，删去。寬仁愛人，［補注］先謙曰：《史記》作「仁而愛人」，喜施。意豁如也。師古曰：豁然，開大之貌，音呼活反。常有大度，不事家人生產作業。及壯，試吏，應劭曰：試用補吏。［補注］先謙曰：《史記》「試下」有「爲」字。爲泗上亭長，師古曰：秦法：十里一亭。亭長者，主亭之吏也。亭，謂停留行旅宿食之館。［補注］齊召南曰：《史記》「作爲泗水亭長」。據《後書·郡國志》云：沛有泗水亭，亭有高祖碑，班固爲文，見固集。是亭名泗水，不名泗上也。周壽昌曰：《北堂書鈔》引《風俗通》云：亭吏舊名負弩，今改爲亭長，或謂亭父。《漢舊儀》云：「亭長皆調五兵。」言弩、戟、弓、劍、鎧也。先謙曰：《史記正義》：《國語》有寓室，即今之亭也。亭長，蓋今里長。《括地志》云：泗水亭在徐州沛縣東一百步，有高祖廟。廷中吏無所不狎侮。師古曰：廷中，郡府廷之中，廷音定。他皆類此。［補注］周壽昌曰：《釋名》：廷，停也，人所停集之處也。讀如本音，不必音定。先謙曰：《東方朔傳》：柏者，鬼之廷也，與敬徑韻。但古音平仄通韻，似不必竟讀作定。好酒及色，常從王媪、武負貰酒，如淳曰：武，姓也。俗謂老大母爲阿負。師古曰：劉向《列女傳》云：魏曲沃負者，魏大夫如耳之母也。此則古語謂老母爲負耳。王媪，王家之媪也。武負，武家之母也。貰，賒也。李登、呂忱並音式制反，而今之讀者謂與射同，乃引地名射陽，其字作貰，以爲證驗。此說非也。假令地名爲射，自是假借，亦猶鮦陽音紂，蓮勺音酌，當時所呼，別有意義，豈得即定其字以爲正音乎？［補注］錢大昭曰：酌當作輦，監本、閩本、皆誤。時飲醉卧，武負、王媪見其上常有怪。高祖每酤留飲，酒讎數倍。如淳曰：讎，亦售也。［補注］宋祁曰：一本無常字。先謙曰：《史記》作「見其上常有龍，怪之」。與此義微異。及見怪，歲竟，此兩家常折券棄責。師古曰：以簡牘爲契券，既不徵索，故折毁之，棄其所負。［補注］錢大昭曰：券當从刀。从力者，古勝字。責，南監本、閩本竝作負。尋注文義，負字爲是，惟《史記》作責。先謙曰：官本責作負。

王先謙《荀子集解》卷三《非十二子篇》 士君子之容：其冠進，其衣逢，其容良，進，謂冠在前也。逢，大也，謂逢掖也。良，謂樂易也。○俞樾曰：楊注以冠在前爲進，不詞甚矣。進，讀爲峻，峻，高也。言其冠高也。下云「其衣逢」，注曰：「逢，大也。」於冠言高，於衣言大，義正相類。進、峻音近，故得通用。《禮記·祭統篇》「百官進徹之」，鄭注曰：「進，當爲餕。」然則峻之爲進，猶餕之爲進矣。儼然，壯然，祺然，蕼然，恢恢然，廣廣然，昭昭然，蕩蕩然，是父兄之容也。儼然，矜莊之貌。壯然，不可犯之貌，或當爲「莊」。祺然、蕼然，未詳。或曰：祺，祥也，吉也，謂安泰不憂懼之貌。「蕼」，當爲「肆」，謂寬舒之貌。恢恢、廣廣，皆容衆之貌。昭昭，明顯之貌。蕩蕩，恢夷之貌。其冠進，其衣逢，其容慤，謹敬。儉然，恀然，輔然，端然，訾然，洞然，綴綴然，瞀瞀然，是子弟之容也。儉然，自卑謙之貌。恀然，恃尊長之貌。《爾雅》曰：「恀，恃也。」郭云：「江東呼母爲恀，音紙。」輔然，相親附之貌。端然，不傾倚之貌。訾然，未詳。或曰：與孳同，柔弱之貌。洞然，恭敬之貌。《禮記》曰：「洞洞乎其敬也。」綴綴然，不乖離之貌，謂相連綴也。瞀瞀然，不敢正視之貌。俞樾曰：《漢書·叙傳》「㛖㛖公主」，師古曰：「㛖㛖，好貌。」「恀」即「㛖」之叚字。嚴威儼恪，成人之道，非所以事親，故子弟之容必㛖㛖然好也。楊注失之迂曲。吾語汝學者之嵬容：說學者爲嵬行之形狀。嵬，已解於上。盧文弨曰：元刻正文無「容」字，今從宋本增。郝懿行曰：上「嵬瑣」注「嵬與傀義同」，引《大司樂》鄭注：「傀，猶怪也。」然則嵬容者，怪異之容，故其下遂以重文疊句寫貌之。

先謙案：學者之嵬容，猶言學者之嵬之容耳。「嵬容」二字不連，下文言「是學者之嵬也」，即其明證。楊注「說學者爲嵬行之形狀」，亦不以「嵬容」連文。郝說誤。其冠絻，其纓禁緩，其容簡連；「絻」，當爲「俛」，謂太向前而低俯也。纓，冠之繫也。禁緩，未詳。或曰：讀爲紟，紟，帶也。言其纓大如帶而緩也。簡連，傲慢不前之貌。紟，其禁反。連，讀如「往蹇來連」之連。塡塡然，狄狄然，莫莫然，瞡瞡然，瞿瞿然，盡盡然，盱盱然，塡塡然，滿足之貌。狄，讀爲趯，跳躍之貌。莫，讀爲貊，貊，靜也，不吉之貌。或動而跳躍，或靜而不言，皆謂舉止無恆也。瞡瞡，未詳。或曰：瞡與規同，規規，小見之貌。瞿瞿，瞪視之貌。盡盡，極視盡物之貌。盱盱，張目之貌。皆謂視瞻不平，或大察也。盱，許于反。郝懿行曰：狄與逖同，遠也。塡塡者，盈滿之容。狄狄者，疏散之容也。莫者，大也。瞡疑與嫢同，嫢（羌箠切）者，細也。《方言》：「細而有容謂之嫢。」然則莫莫者，矜大之容；瞡瞡者，鄙細之容；瞿瞿者，左右顧望之容；盡盡者，閉藏消沮之容；盱盱者，張目直視之容也。凡此皆以相反相儷爲義。俞樾曰：盡盡，猶津津也。《莊子·庚桑楚篇》曰：「津津乎猶有忍也。」此作「盡盡」者，聲近，故叚用耳。《周官·大司徒職》曰「其民黑而津」，《釋文》云：「津，本作濭。」然則津津之爲盡盡，猶津之爲濭矣。酒食聲色之中則瞞瞞然，瞑瞑然；瞞瞞，閉目之貌。瞑瞑，視不審之貌。謂好悅之甚，佯若不視也。瞞，莫干反。瞑，母丁反。禮節之中則疾疾然，訾訾然；謂憎疾毁訾也。勞苦事業之中則儢儢然，離離然，偷儒而罔，無廉恥而忍⿰言奊詢：是學者之嵬也。事業，謂作業也。儢儢，不勉彊之貌。離離，不親事之貌。陸法言云：「儢，心不力也，音呂。」偷儒，謂苟避事之勞苦也。罔，謂罔冒不畏人之言也。⿰言奊詢，詈辱也。此一章，皆明視其狀貌而辨善惡也。今之所解，或取聲韻假借，或推傳寫錯誤，因隨所見而通之也。　盧文弨曰：正文「⿰言奊詢」，元刻作「謑詢」。案《說文》：「謑，胡禮切。」重文「⿰言奊」，實一字也。洪興祖《楚辭補注・九思篇》「謑詢」下引《荀子》作「⿰言奊詢」，正與宋本合；其引注「罵辱也」，又與元刻同。案《漢書・賈誼傳》有「奊詬亡節」語，同此。彼奊音絜。元刻「罵辱也」下有「謑音奚」三字，宋本無。　郝懿行曰：此言學者之嵬容也。瞞瞞瞑瞑，（與眠同。）謂耽於酒食聲色，惛瞀迷亂之容也；疾疾訾訾，謂苦於禮節拘迫，畏憚惰窳之容也；儢儢離離，謂不耐煩苦勞頓，嬾散疏脱之容也：皆以四字合爲雙聲，狀其醜態，爲學者戒。偷儒，已見《修身篇》。⿰言奊詢，楊注以爲詈辱，是也。本或作「謑詢」，《賈誼書》所謂「奊詬亡節」，亦其義也。弟佗其冠，神禫其辭，弟佗其冠，未詳。「神禫」，當爲「沖澹」，謂其言淡薄也。　盧文弨曰：「弟」，本或作「弟」，《集韻》音徒回反。《莊子・應帝王篇》有「弟靡」，此「弟佗」義當近之，與上所云「其冠絻」，亦頗相似。俗間本俱作「第作」。　先謙案：虞、王本作「第作」，與盧説合，浙局本妄改「作」爲「非」。禹行而舜趨，是子張氏之賤儒也。但宗聖人之威儀而已矣。正其衣冠，齊其顔色，嗛然而終日不言，是子夏氏之賤儒也。嗛與慊同，快也，謂自得之貌。終日不言，謂務於沈默。《史記》樂毅與燕惠王書曰「先王以爲嗛於志」也。　郝懿行曰：嗛，猶謙也，抑退之貌。楊注非。《仲尼篇》云「滿則慮嗛」，注云「嗛，不足也」，與此「嗛」同。偷儒憚事，無廉恥而耆飲食，必曰君子固不用力，是子游氏之賤儒也。偷儒，已解上。耆與嗜同。此皆言先儒性有所偏，愚者效而慕之，故有此敝也。　郝懿行曰：此三儒者，徒似子游、子夏、子張之貌而不似其眞，正前篇所謂陋儒腐儒者，故統謂之賤儒。言在三子之門爲可賤，非賤三子也。彼君子則不然。佚而不惰，勞而不僈，雖逸而不懈惰，雖勞而不弛慢。宗原應變，曲得其宜，如是，然後聖人也。宗原，根本也。言根本及應變皆曲得其宜也。　先謙案：《王制篇》云「舉措應變而不窮，夫是之謂有原」，注云：「原，本也。」宗原者，以本原爲宗也。應萬變而不離其宗，各得其宜，是謂聖人。注以宗原爲根本，又云「根本應變皆得其宜」，失之。

王先謙《後漢書集解》卷六七《黨錮列傳》　逮桓靈之間，主荒政謬，國命委於閹寺，士子羞與爲伍。故匹夫抗憤，處士橫議，遂乃激揚名聲，互相題拂，品覈公卿，集解：惠棟曰：《說文》：覈，實也。考事襾笮，邀遮其辭，得實曰覈。裁量執政，婞直之風，於斯行矣。婞，恨也，音邢鼎反。集解：惠棟曰：《離騷經》云：鮌婞直以亡身。先謙曰：官本「恨」作「很」，是。夫上好則下必甚，矯枉故直必過，其理然矣。《禮記》曰：下之事上也，不從其所令，從其所行。上好是物，下必有甚者矣。矯，正也。正枉必過其直。見《孟子》。集解：官本考證曰：注，正枉必過其直，見《孟子》。今《孟子》無此文。若范滂、張儉之徒，清心忌惡，終陷黨議，不其然乎？初，桓帝爲蠡吾侯，受學於甘陵周福，及即帝位，擢福爲尚書。時同郡河南尹房植有名當朝，鄉人爲之謠曰：「天下規矩房伯武，因師獲印周仲進。」二家賓客，互相譏揣，初委反。集解：《通鑑》胡注：揣，度也，量也。度量其輕重長短，而爲譏議也。遂各樹朋徒，漸成尤隙，由是甘陵有南北部，黨人之議，自此始矣。後汝南太守宗資任功曹范滂，南陽太守成瑨亦委功曹岑晊，音質。二郡又爲謠曰：「汝南太守范孟博，南陽宗資主畫諾。集解：杭世駿曰：讀者多以爲唯諾之辭，非也。此王公守相答箋啓符牒之文，如人主之制。惠士奇曰：諾，猶今施行謂之畫諾。六朝有鳳尾諾。王充《論衡》云：曹下案目然，後可諾然，則畫諾天子亦然。南陽太守岑公孝，弘農成瑨但坐嘯。」謝承書曰：成瑨少修仁義，篤學以清名見。舉孝廉，拜郎中，遷南陽太守。郡舊多豪強，中官黄門盤牙境界。瑨下車，振威嚴以檢攝之。是時桓帝乳母中官貴人外親張子禁怙恃貴執，不畏法網，功曹岑晊勸使捕子，禁付宛獄，笞殺之。桓帝徵瑨下獄死。宗資字叔都，南陽安衆人也。家代爲漢將相名臣，祖、父均自有傳。資少在京師學《孟氏易》，歐陽尚書舉孝廉，拜議郎，補御史中丞。汝南太守署范滂爲功曹，委任政事，推功於滂不伐其美，任善之名聞於海内也。因此流言轉入太學，諸生三萬餘人，郭林宗、賈偉節爲其冠，冠猶首也。集解：錢大昕曰：案《何顒傳》亦云：郭林宗、賈偉節等，蔚宗避家諱，故郭泰不書名，並偉節，亦字之。《岑晊傳》：郭林宗、朱公叔等皆爲友，亦因郭而及朱也。並與李膺、陳蕃、王暢更相褒重。學中語曰：「天下模楷李元禮，不畏強禦陳仲舉，天下俊秀王叔茂。」又勃海公族進階、公族，姓也，名進階。《風俗通》曰：晉成公立嫡子爲公族大夫，韓無忌號公族穆子。見《左氏傳》。集解：惠棟曰：案公族進階、魏齊卿，皆見《郭泰別傳》，傳中所載皆書字，以進階爲名者，非也。又《王純門生碑》陰有《勃海公族進階碑》，凡一百九十三人，皆書字，此其證也。扶風魏齊卿，並危言深論，不隱豪強。危言，謂不畏危難而直言也。《論語》孔子曰：邦有道危言危行。集解：惠棟曰：《劉寬碑》陰門生名曰魏傑，字齊卿，扶風杜陽人，官皮氏長。又鄭注《論語》云：危，高也。自公卿已下，莫不畏其貶議，屣履到門。時河內張成善說風角，推占當赦，集解：惠棟曰：翼奉《風角書》云：春甲寅日，風高去地三四丈，鳴條從甲上來，有大赦期，在六十日冬至後丁巳日。有風從巳上來，有大赦。徐堅云。遂敎子殺人。李膺爲河南尹，集解：惠棟曰：《考異》云：膺時爲司隸，非尹也。督促收捕，既而逢宥獲免，集解：惠棟曰：裴駰云捕得七日赦出也。膺愈懷憤疾，竟案殺之。初，成㠯方伎交通宦官，帝亦頗誶其占。集解：錢大昕曰：誶，當作訊，詩訊之占夢。訊，問也。古書訊、誶二字多相亂，然訊訓問，誶訓告，音義全別。《詩》歌以訊之，莫肯用訊，皆誶之譌。此又誤訊爲誶。成弟子牢修集解：惠棟曰：袁宏《紀》作「牢順」，《續漢志》作「牢川」。因上書誣告膺等養太學遊士，交結諸郡生徒，更相驅馳，共爲部黨，誹訕朝廷，疑亂風俗。《說文》曰：誹，謗也。《蒼頡篇》曰：訕，非也。於是天子震怒，班下郡國，逮捕黨人，布告天下，使同忿疾，遂收執膺等。其辭所連及陳實之徒二百餘人，或有逃遁不獲，皆懸金構募。集解：惠棟曰：袁宏《紀》其逋逃不獲，懸千金以購之。使者四出，相望於道。明年，尚書霍諝、城門校尉竇武並表爲請，帝意稍解，乃皆赦歸田里，禁錮終身。而黨人之名，猶書王府。自是正直廢放，邪枉熾結，海內希風之流，遂共相標搒，希，望也。標搒，猶相稱揚也。搒與榜同。《古字通》集解：《通鑑》胡注「立表以示人曰標，楬書以示人曰榜，標榜猶言表揭也。」孫綽子《或問雅俗》曰：判風流正位，分涇渭殊流，雅鄭異調題帖，分明標牓可觀，斯謂雅俗矣。《史記》「表商容閭。」崔浩云：表者，標榜其里門也。標榜義取諸此。指天下名士，爲之稱號。上曰「三君」，次曰「八俊」，次曰「八顧」，次曰「八及」，次曰「八廚」，猶古之「八元」、「八凱」也。竇武、劉淑、陳蕃爲「三君」。君者，言一世之所宗也。李膺、荀昱集解：惠棟曰：昱，一作翌。《三君八俊錄》云：語曰：「天下好交荀伯條。」杜密、集解：惠棟曰：語曰：「天下良輔杜周甫。」王暢、劉祐、集解：惠棟曰：語曰：「天下稽古劉伯祖。」魏朗、集解：惠棟曰：語曰：「天下忠平魏少英。」趙典、集解：惠棟曰：語曰：「天下才英趙仲經。」朱寓集解：惠棟曰：語曰：「天下冰凌朱季陵。」薛瑩《漢書》作「寓」。爲「八俊」。俊者，言人之英也。郭林宗、宗慈、巴肅、夏馥、范滂、集解：惠棟曰：《三君八俊錄》無范滂，有劉儒。尹勳、蔡衍、羊陟爲「八顧」，顧者，言能㠯德行引人者也。張儉、岑晊、劉表、陳翔、孔昱、范康、集解：錢大昕曰：《荀淑竇武傳》並作「苑康」。檀敷、集解：惠棟曰：本傳及《韓勑碑》皆作「敷」。《三君八俊錄》云：語曰：「海內通士檀文有。」翟超爲「八及」。及者，言其能導人追宗者也。導，引也。宗，謂所宗仰也。度尚、集解：惠棟曰：語曰：「海內清平度博平。」張邈、集解：惠棟曰：語曰：「海內嚴恪張孟卓。」王考、集解：惠棟曰：語曰：「海內依怙王文祖。」劉儒、集解：惠棟曰：《三君八俊錄》無劉儒，有劉翊。語曰：「海內光光劉子相」。見《獨行傳》。胡母班、秦周、集解：惠棟曰：語曰：「海內貞良秦平王。」蕃嚮、王章爲「八廚」。蕃，姓也，音皮。集解：顧炎武曰：蕃音皮，皮，古音婆。漢人讀鄱爲婆，不知皮之爲婆，遂讀蕃爲毗矣。胡三省以爲皮字乃傳寫反字之誤，亦非。《三君八俊錄》云：「海內修整蕃嘉景，海內賢智王伯義。」廚者，言能㠯財救人者也。又張儉鄉人朱竝，承望中常侍侯覽意旨，上書告儉與同鄉二十四人別相署號，共爲部黨，圖危社稷。㠯儉及檀彬、褚鳳、張肅、薛蘭、馮禧、魏玄、徐乾爲「八俊」，田林、張隱、劉表、薛郁、王訪、劉祗、宣靖、公緒恭爲「八顧」，公緒，姓也。集解：惠棟曰：張璠《漢記》云：劉表與同郡人張隱等爲八交。或謂之八顧也。朱楷、田槃、疏耽、薛敦、宋布、唐龍、嬴咨、宣褒爲「八及」，刻石立墠，共爲部黨，而儉爲之魁。墠，除地於中爲壇。墠音禪。魁，大帥也。集解：惠棟曰：《英雄記》云：「先是儉等相與作衣冠糺彈，彈中人相調言：我彈中，誠有八俊。」八乂，猶古之八元、八凱也。又鄭康成《禮記》注云：魁，猶首也。天文北斗魁爲首，杓爲末。靈帝詔刊章捕儉等。刊，削。不欲宣露並名，故削除之，而直捕儉等。

陶方琦《淮南許注異同詁》卷四　日出湯谷。

許注：熱如湯也。《史記集解》一百十七，《漢書・司馬相如傳》注。

方琦桉：高無注。高本當作暘谷，今《說林訓》作暘谷，爲後人所改。宋本、道藏本當作「湯谷」是也。《呂覽・求人篇》高注引《淮南記》曰「日出暘谷」，即此文。《天文訓》作「日出于陽谷」，多「于」字。《文選・思元賦》注引《淮南》「日出于陽谷，至于昆吾」，是謂正中。高誘曰：「昆吾南方。」又《主術訓》有題篇字，爲高□東至陽谷。高注暘谷，曰「所出也」，皆高本作暘谷之證。許本作湯谷也。《說文》「叒」字下云：日初出東方湯谷，所登榑桑。「暘」字下引《商書》曰：暘谷。桉乃《洪範》曰：暘，若之譌文。知許氏定作湯谷也。今淮南、許、高注雜，正文用許本，而遺敓其注。觀《史記》、《漢書》注引許注如是，益信正文作「湯谷」無疑。又《史記索隱》引《淮南子》曰：日出湯谷。《文選・蜀都賦》注及繆襲《挽謌詩》注，皆引《淮南》作「日出湯谷」，即此處文也。《天文訓》有「于」字。《漢書》、《楚辭》、《論衡》諸本𠀤作「湯谷」，與許本同。《海内東經》「下有湯谷」，注「湯谷，谷中水熱也」，亦與許說同。《說文》：湯，熱水也。《山海經》曰：浴溫源谷。注即湯谷。

非以一墣塞江也。

許注：墣，塊也。《御覽》三十六、又三百四十六、九百五十二作土塊也。

方琦桉：高無注。《說文》：墣，塊也。與注《淮南訓》同。《御覽》又引賈逵《國語》注曰：墣，塊也。《玉篇》引《淮南子》「非以一圤塞江。」圤，塊也。即采許君舊說。《說文》：墣或从卜。

以篙測江。

許注：刺船竹長二丈，以鐵爲鏃者也。《一切經音義》十三。

高注：篙擿船以篙度江，篙沒，因以江水爲盡。故曰惑也。

方琦桉：二注文異。《方言》「所以刺船謂之檔」。《說文・新坿》亦有篙字，曰「所以刺船也」。

孫詒讓《墨子閒詁》卷五《非攻中》　子墨子言曰：「古者王公大人，爲政於國家者，情欲譽之審，賞罰之當，刑政之不過失。」情亦與誠通，下並同。王云：「古者」當爲「今者」，說見《尚賢篇》。譽上有毁字，而今本脫之，則文義不明。《尚同篇》舉天下之人，皆欲得上之賞譽，而畏上之毁罰，是其證。過失下有脫文，下文曰：今者王公大人情欲得而惡失，欲安而惡危，故當攻戰而不可不非。是故子墨子曰：「古者有語：『謀而不得，則以往知來，《論語・學而篇》云告諸往而知來者。以見知隱。』謀若此，可得而知矣。今師徒唯毋興起，「徒」，舊本誤「徙」，今據道藏本正。唯毋，毋，語辭，詳《尚賢中篇》。冬行恐寒，夏行恐暑，此不以冬夏爲者也。春則廢民耕稼樹藝，秋則廢民穫斂。此下依上文，或當有「此不可以春秋爲者也」句。今唯毋廢一時，則百姓飢寒凍餒而死者，不可勝數。今嘗計軍上，嘗，猶試也，下同。「上」字誤，疑當作「出」。《國策・齊策》云：軍之所出，矛戟折，鐶弦絶，傷弩破車罷馬，亡矢之大半。竹箭羽旄幄幕，畢云：《說文》云：「木幄，帳也，幄當从木。」詒讓案：幄，《節葬下篇》作屋，此俗作。《周禮・幕人》鄭注云：在旁曰帷，在上曰幕，四合象宮室，曰幄。甲盾撥劫，《史記・孔子世家索隱》云：撥音伐，謂大盾也。劫未詳，疑當作鉫。古書从缶从去之字，多互譌。《備蛾傳篇》法譌作浛，此鉫譌作劫，可以互證。《說文・刀部》云：釦，刀把也。即《禮記・少儀》之拊也。刀把或以木爲之，故有靡敝腐爛之患。往而靡弊腑冷不反者，畢云：往，舊作住，一本如此。腑即腐字異文。冷、爛音相近，當爲爛。詒讓案：《戰國策・秦策》高注云：弊，壞也。此與《少儀》國家靡敝義微異。不可勝數；又與矛戟戈劍乘車，「與」下當依下文補「其」字。其列住碎折靡弊而不反者，「列住」二字誤。畢以意改「歾往」，蓋以「往」屬下爲句，與上文同。然「其歾」二字，仍與上下文並不屬，竊疑當作「往則」，讀「其往則碎折靡弊而不反者」十一字句。今本往譌住，則僞列，又倒其文，遂不可通耳。不可勝數；與其牛馬肥而往，瘠而反，往死亡而不反者，王云：下「往」字涉上「往」字而衍。詒讓案：「往」字似不必删。不可勝數；與其涂道之脩遠，糧食輟絶而不繼，畢云：粮俗。《玉篇》云粮同糧。詒讓案：《周禮・廩人》凡邦有師役之事，則治其糧，與其食。鄭注云：行道曰糧，謂糒也。止居曰食，謂米也。《孟子・梁惠王篇》云：師行而糧食，飢者弗食，勞者弗息。趙注云：行軍皆遠轉糧食而食之。百姓死者，不可勝數也；與其居處之不安，食飯之不時，王云：「食飯」當爲「食飲」之誤。食飲不時，見下篇。飢飽之不節，百姓之道疾病而死者，不可勝數；喪師多不可勝數，喪師盡不可勝計，則是鬼神之喪其主后，后與後字通。《王制》云：天子諸侯，祭因國之在其地而無主後者。鄭注云：「絶無後爲之祭主者」即此義。洪云：后當作石，即祏字省文。《左氏》昭十八年傳，史祝史徙主祏于周廟。杜預注：祏，廟主石函。《說文》「祏，宗廟主也」。《周禮》有郊宗石室，一曰大夫以石爲主，从示从石，石亦聲。案：洪說未塙。亦不可勝數。」

胡文英《屈騷指掌》卷一《離騷》　閨中既以邃遠兮，哲王又不寤。懷朕情而不發兮，余焉能忍而與此終古。邃，音粹。焉，音烟。閨中、邃遠，不能見賢女以達吾之忱也。哲王，懷王也。寤，與悟同，即上文所云不察民心也。與此終古謂此時不能有所建立將泯泯于宇宙之間，終古如此也。索藑茅以筳篿兮，命靈氛爲余占之。藑，音瓊。筳莛，同篿，音專。藑茅，蓍茅也，一名絲茅，似蘭而狹，長三四尺，赤葉，無中莖，郢中產。《爾雅》：葍，藑茅。即此物也。郭景純不知，但解藑字而遺茅字，誤矣。寸折爲筳篿，布策也。《周易》策字從竹，可以類推。楚中或折草，折竹，折木枝，折灶香，信手布卦，以占吉凶。靈氛，善占者。檀默齋云：藑茅，折草以卜，俗云招茅卦是也。筳篿，擲玟以卜，俗云討筶子是也。玟或用木，或判竹，或以蜃蚌，各隨風土用之。故字或从玉从竹。

雜録

陸德明《經典釋文・條例》　先儒舊音，多不音注。然注既釋經，經由注顯，若讀注不曉，則經義難明。混而音之，尋討未易。今以墨書經本，朱字辯注，用相分別，使較然可求。舊音皆録經文全句，徒煩翰墨。今則各標篇章於上，摘字爲音，慮有相亂，方復具録。唯《孝經》童蒙始學，《老子》衆本多乖，是以二書特紀全句。《五經》人所常習，理有大宗，義行於世，無煩覼縷。至於《莊》、《老》，讀學者稀，故于此書，微爲詳悉。又《爾雅》之作，本釋《五經》，既解者不同，故亦略存其異。文字、音訓，今古不同。前儒作音，多不依注，注者自讀，亦未兼通。今之所撰，微加斟酌，若典籍常用，會理合時，便即遵承，標之於首。其音堪互用，義可竝行。或字有多音，衆家別讀，苟有所取，靡不畢書。各題氏姓，以相甄識，義乖於經，亦不悉記。其或音一，音者蓋出於淺近，示傳聞見覽者察其哀焉。然古人音書，止爲譬況之說，孫炎始爲反語。魏朝以降漸繁，世變人移，音訛字替。如徐仙民反易爲神石，郭景純反餤爲羽鹽，劉昌宗用承音乘，許叔重讀皿爲猛。若斯之儔，今亦存之。音內既不敢遺舊，且欲俟之來哲。書音之用，本示童蒙，前儒或用假借字爲音，更令學者疑昧。余今所撰，務從易識，援引衆訓，讀者但取其意，義亦不全寫舊文。典籍之文，雖夫子刪定，子思讀《詩》，師資已別，而況其餘乎。鄭康成云：其始書之也，倉卒無其字，或以音類比方，假借爲之，趣於近之而已。受之者非一邦之人，人用其鄉同言異字、同字異言，於茲遂生矣。戰國交爭，儒術用息。秦皇滅學，加以坑焚，先聖之風，埽地盡矣。漢興，改秦之弊，廣收篇籍。孝武之後，經術大隆，然承秦焚書，口相傳授，一經之學，數家競爽，章句既異，踳駮非一。後漢黨人既誅，儒者多坐流廢。後遂私行金貨，定蘭臺漆書經字，以合其私文。靈帝乃詔諸儒，正定《五經》於石碑之上，爲古文、篆、隸三體書法以相參檢，樹之學門，使天下取則。未盈一紀，尋復廢焉。班固云：後世經傳，既已乖離，傳學者又不思多聞闕疑之義，而務碎義逃難，便詞巧說，安其所習，毀所不見，終以自獘，此學者之大患也。誠哉是言。余既撰音，須定紕謬。若兩本俱用，二理兼通，今竝出之，以明同異。其涇渭相亂，朱紫可分，亦悉書之，隨加刊正。復有他經別本，詞反義乖，而又存之者，示博異聞耳。經籍文字，相承已又，至如「悅」字作「說」，「閑」字爲「閒」，「智」但作「知」，「汝」止爲「女」，若此之類，今竝依舊音之。然音書之體，本在假借，或經中過多，或尋文易了，則翻音正字，以辯借音，各於經內求之，自然可見。其兩音之者，恐人惑故也。《尚書》之字，本爲隸古，既是隸寫古文，則不全爲古字。今宋、齊舊本及徐、李等音，所有古字，蓋亦無幾，穿鑿之徒，務欲立異，依傍字部改變經文，疑惑後生，不可承用。今皆依舊爲音，其字有別體，則見之音內，然亦兼采《說文》字詁，以示同異者也。春秋人名、字、氏族及地名，或前後互出，或經傳更見，如此之類，不可具舉。若國異名同及假借之字兼，相去遼遠，不容踈略，皆斟酌折衷，務使得宜。《爾雅》本釋墳典，字讀須逐《五經》，而近代學徒好生異見，改音易字，皆采雜書。唯止信其所聞，不復考其本末，且六文、八體，各有其義，形聲、會意，寧拘一揆？豈必飛禽即須安鳥，水族便應著魚，蟲屬要作虫旁，草類皆從兩屮。如此之類，實不可依。今竝校量，不從流俗。方言差別，固自不同，河北、江南，最爲鉅異，或失在浮清，或滯於沈濁。今之去取，冀祛茲獘，亦恐還是鷇音，更成無辯。夫質有精麤，謂之好惡；竝如字。心有愛憎，稱爲好惡。上呼報反，下烏路反。當體即云名譽，音預。論情則曰毀譽。音餘。及天自敗、蒲邁反。敗他補敗反。之殊，自壞、乎怪反。壞撤音怪。之異，此等或近代始分，或古已爲別，相仍積習，有自來矣。余承師說，皆辯析之。比人言者，多爲一例，如而靡異，邪、不定之詞。也助句之詞。弗殊，莫辯復、扶又反，重。復，音服反，也。寧論過、古禾反，經過。過？古卧反，超過。入以登、升，共爲一韻；攻、公分作兩音。如此之儔，恐非爲得，將來君子，幸留心焉。《五經》字體，乖替者多，至如黿、鼉從龜，亂、辭從舌，席下爲帶，惡上安西，析旁著片，離邊作禹，直是字訛不亂。餘讀如寵丑隴反。字爲寵，力孔反。錫思歷反。字爲鍚，音陽。用攴音卜反。《字林》音角反。代文，武云反。將无音無。混旡，音既。其□之流，便成兩失。又來旁作力，俗以爲約勑字，《說文》以爲勞倈之字。水旁作曷，俗以爲飢渴字，字書以爲水竭之字。如此之類，改便驚俗，止不可不知耳。

顏師古《漢書叙例》 儲君體上哲之姿，膺守器之重。俯降三善，博綜九流。觀炎漢之餘風，究其終始。懿孟堅之述作，嘉其宏贍。以爲服、應曩說疏紊尚多，蘇、晉衆家剖斷蓋尠，蔡氏纂集尤爲牴牾，自茲以降，蔑足有云。悵前代之未周，愍將來之多惑。顧召幽仄，俾竭芻蕘。匡正睽違，激揚鬱滯。將以博喻胄齒，遠覃邦國。弘敷錦帶，啓導青衿。曲稟宏規，備蒙嘉惠。增榮改觀，重價流聲。斗筲之材，徒思罄力；駑蹇之足，終慚遠致。歲在重光，律中大呂，是謂涂月，其書始就。不耻狂簡，輒用上聞，粗陳指例，式存揚搉。

《漢書》舊無注解，唯服虔、應劭等各爲音義，自别施行。至典午中朝，爰有晉灼集爲一部，凡十四卷，又頗以意增益，時辯前人當否，號曰《漢書集注》。屬永嘉喪亂，金行播遷，此書雖存，不至江左。是以爰自東晉迄于梁、陳，南方學者皆弗之見。有臣瓚者，莫知氏族，考其時代，亦在晉初，又總集諸家音義，稍以己之所見，續厠其末，舉駁前説，喜引《竹書》，自謂甄明，非無差爽，凡二十四卷，分爲兩帙。今之《集解音義》，則是其書，而後人見者不知臣瓚所作，乃謂之應劭等《集解》。王氏《七志》，阮氏《七録》，並題云然，斯不審耳。學者又斟酌瓚姓，附著安施，或云傅族，既無明文，未足取信。蔡謨全取臣瓚一部散入《漢書》，自此以來始有注本。但意浮功淺，不加隱括，屬輯乖舛，錯亂實多。或乃離析本文，隔其辭句，穿鑿妄起。職此之由，與未注之前大不同矣。謨亦有兩三處錯意，然於學者竟無弘益。

《漢書》舊文多有古字，解説之後，屢經遷易，後人習讀，以意刊改，傳寫既多，彌更淺俗。今則曲覈古本，歸其眞正，一往難識者，皆從而釋之。

古今異言，方俗殊語，末學膚受，或未能通。意有所疑，輒就增損。流遯忘返，穢濫實多。今皆删削，克復其舊。

諸表列位，雖有科條，文字繁多，遂致舛雜。前後失次，上下乖方，昭穆參差，各實虧廢。今則尋文究例，普更刊整，澄蕩愆違，審定阡陌，就其區域，更爲局界，非止尋讀易曉，庶令轉寫無疑。

禮樂歌詩，各依當時律吕，修短有節，不可格以恆例。讀者茫昧，無復識其斷章；解者支離，又乃錯其句韻。遂使一代文采，空韞精奇，累葉鑽求，罕能通習。今並隨其曲折，剖判義理，歷然易曉，更無疑滯，可得諷誦，開心順耳。

凡舊注是者，則無間然，具而存之，以示不隱。其有指趣略舉，結約未伸，衍而通之，使皆備悉。至於詭文僻見，越理亂眞，匡而矯之，以祛惑蔽。若泛説非當，蕪辭競逐，苟出異端，徒爲煩冗，祇穢篇籍，蓋無取焉。舊所闕漏，未嘗解説，普更詳釋，無不洽通。上考典謨，旁究《蒼》《雅》，非苟臆説，皆有援據。六藝殘缺，莫睹全文，各自名家，揚鑣分路。是以向、歆、班、馬、仲舒、子雲所引諸經或有殊異，與近代儒者訓義弗同，不可追駁前賢，妄指瑕纇，曲從後説，苟會扃塗。今則各依本文，敷暢厥指，非不考練，理固宜然，亦猶康成注《禮》，與其《書》、《易》相背；元凱解《傳》，無係毛、鄭《詩》文。以類而言，其意可了。爰自陳、項，以訖哀、平，年載既多，綜緝斯廣，所以紀傳表志時有不同，當由筆削未休，尚遺秕稗，亦爲後人傳授，先後錯雜，隨手率意，遂有乖張。今皆窮波討源，搆會甄釋。

字或難識，兼有借音，義指所由，不可暫闕。若更求諸别卷，終恐廢於披覽。今則各於其下，隨即翻音。至如常用可知，不涉疑昧者，衆所共曉，無煩翰墨。

楊倞《荀子注序》 倞以末宦之暇，頗窺篇籍，竊感炎黄之風未洽於聖代。謂《荀》、《孟》有功於時政，尤所耽慕。而《孟子》有趙氏《章句》，漢氏亦嘗立博士，傳習不絶，故今之君子多好其書。獨《荀子》未有注解，亦復編簡爛脱，傳寫謬誤。雖好事者時亦覽之，至於文義不通，屢掩卷焉。夫理曉則愜心，文舛則忤意。未知者謂異端不覽，覽者以脱誤不終，所以荀氏之書千載而未光焉。輒用申抒鄙思，敷尋義理，其所徵據，則博求諸書。但以古今字殊，齊楚言異，事資參考，不得不廣；或取偏傍相近，聲類相通；或字少增加，文重刊削；或求之古字；或徵諸方言。加以孤陋寡儔，愚昧多蔽，穿鑿之責，於何可逃。曾未足粗明先賢之旨，適增其蕪穢耳。蓋以自備省覽，非敢傳之將來。以文字繁多，故分舊十二卷三十二篇爲二十卷，又改《孫卿新書》爲《荀卿子》。其篇第亦頗有移易，使以類相從云。

張守節《史記正義》 論字例：《史》《漢》文字相承已久，若「悦」字作「説」，「閑」字作「閒」，「智」字作「知」，「汝」字作「女」，「早」字作「蚤」，「後」字作「后」，「既」字作「溉」，「勑」字作「飭」，「制」字作「剬」，此之般流，緣古少字通共用之。《史》《漢》本有此古字者，乃爲好本。程邈變篆爲隸，楷則有常，後代作文，隨時改易。衛宏官書數體，吕忱或字多奇，鍾王等家以能爲法，致令楷文改變，非復一端，咸著秘書，傳之歷代。又字體乖日久，其「黼黻」之字法從「黹」，丁履反。今之史本則有從「耑」，音端。《秦本紀》云「天子賜孝公黼黻」，鄒誕生音甫弗，而鄒氏之前史本已從「耑」矣。如此之類，並即依行，不可更改。若其「黿鼉」從

「龜」，「辭亂」從「舌」，「覺學」從「與」，「泰恭」從「小」，「匱匠」從「走」，「巢藻」從「果」，「耕籍」從「禾」，「席」下爲「帶」，「美」下爲「火」，「哀」下爲「衣」，「極」下爲「點」，「析」旁著「片」，「惡」上安「西」，「餐」側出「頭」，「離」邊作「禹」，此之等類例，直是訛字。「寵」勑勇反字爲「竉」；「錫」字爲「鍚」音陽；以「支」章移反代「文」問分反；將「无」混「旡」。若兹之流，便成兩失。

論音例：史文與傳諸書同者，劉氏並依舊本爲音。至如太史公改《五帝本紀》「便章百姓」、「便程東作」、「便程南譌」、「便程西成」、「便在伏物」，咸依見字讀之。太史變《尚書》文者，義理特美，或訓意改其古澀，何煩如劉氏依《尚書》舊音。斯例蓋多，不可具錄，著在《正義》，隨文音之。君子宜詳其理，庶明太史公之達學也。

然則先儒音字，比方爲音。至魏秘書孫炎始作反音，又未甚切。今並依孫反音，以傳後學。鄭康成云：「其始書之也，倉卒無字，或以音類比方，假借爲之，趣於近之而已。受之者非一邦之人，其鄉同言異，字同音異，於兹遂生輕重訛謬矣。」然方言差別固自不同，河北、江南最爲鉅異，或失在浮清，或滯於重濁。今之取捨，冀除兹弊。

夫質有精麤，謂之「好惡」；並如字；心有愛憎，稱爲「好惡」。並去聲。當體則爲「名譽」，音預；情乖則曰「毀譽」。音餘。自壞，乎怪反；壞徹。上音怪。自斷，徒緩反，自去離也；刀斷。端管反，以刀割令相去也。耶，也奢反，未審之辭也。也。亦且反，助句之語也。復。音伏，又扶富反，重也。過。古卧反，越度也。解。核買反，自散也。閒。紀莧反，隙也。畜，許又反。畜。許六反，養也。先。蘇前反；仙屑然反。尤。羽求反。侯。胡溝反。治、持。並音直之反。之。止而反。脂、砥、祗。並音旨夷反。惟、維、遺、唯。並音以隹反。怡、貽、頤、詒。並音與之反。夷、寅、彝、姨。並音以脂反。私。息脂反。綏、雖、睢、荾。並音息遺反。偲、司、伺、絲。並音巨支反。卮、枝、祇、肢。並音章移反。祇、歧。並音巨支反。其、期、旗、棊、踑。並音渠之反。祈、頎、旂、幾、畿。並音渠希反。僖、熙、嬉、嘻。並音許其反。希、晞、睎、稀。並音虛幾反。霏、妃、菲、騑。並音芳非反。飛、非、扉。並音匪肥反。尸、屍、蓍。並音式脂反。詩。書之反。巾。居人反。斤、筋。舉欣反。篇、偏。並音芳連反。穿。詳連反。里、李、裏。並音良止反。至、贄。並脂利反。志。之吏反。利、涖。並力至反；吏。力置反。寺、嗣、飼。並辭吏反。字、牸。並疾置反。自。疾二反。置、致、躓、鷙。並陟利反。器。去冀反。氣。去既反。亟。去吏反。冀、概。几利反。既。居未反。覆。敷救反，又敷福反。副。敷救反。富、鍑。並府副反。若斯清濁，實亦難分；博學碩材，乃有甄異。此例極廣，不可具言。庶後學士，幸留意焉。

音字例

文或相似，音或有異。一字單錄，乃恐致疑。兩字連文，檢尋稍易。若音上字，言「上」別之。所音下字，乃復書「下」。有長句在，文中須音，則題其字。

發字例

古書字少，假借蓋多。字或數音，觀義點發，皆依平上去入。若發平聲，每從寅起。又一字三四音者，同聲異喚，一處共發，恐難辯別。故略舉四十二字，如字初音者皆爲正字，不須點發。畜。許六反，養也。又許救反，六畜也。又他六反，聚也。從。訟容反，隨也。又縱容反，南北長也。又但容反，又子勇反，相勸也。又從用反，侍從也。又足用反，恣也。數。色具反，曆數、術數也。又色五反，次第也。又色角反，頻也。傳。逐戀反，書傳也。又逐全反，相付也。又張戀反，驛也。卒。子律反，卒終也。又蒼忽反，急也。尊忽反，兵人也。字體各別不辯，故發之也。辟。君也，徵也。又頻亦反，罪也，開也。疋亦反，邪也。又疋豉反，諭也。又音避，隱也。又普覓反，辟歷也。施。書移反，張也。又式豉反，與也。又羊豉反，延也。閒。紀閑反，隙也。又紀莧反，閒也。又莧閒反，靜也。射。蛇夜反，射也。又神亦反，音石。夏。胡馬反，禹號也。又胡嫁反，春夏也。又格雅反，陽夏縣也。復。符富反，重也。又音伏也。又音福，除役也。重。直拱反，尊也。直龍反，疊也。又直用反，累也。適。聖石反，寬也，之也。又丁歷反，大也。又張革反，責也。又音敵，當也。汜。音祀，水在成皋。又音凡，邑名，在襄城。又孚劍反，爲水，在定陶，高帝即位處也。又音夷，楚人呼上爲汜橋。樂。音岳，謂音樂也。又音洛，歡也。又音五教反，好也，情願也。覆。敷富反，蓋也。又敷福反，再也。恐。曲用反，疑也。又丘拱反，懼也。惡。烏各反，麤也。又烏路反，憎也。又音烏，謂於何也。斷。端管反，有物割截也。又段緩反，自相分也。又端亂反，斷疑事也。解。佳買反，除結縛也。又核買反，散也。又佳債反，怠墮也。又核詐反，縫解。幾。音機，庶幾也。又音祈，近也。又音記，亦冀望字也。又音紀，錄也。過。光卧反，度也，罪過也。又音戈，經過也，度前也。率。所律反，平例也，率伏也。又音類也。又音刷，徐廣云率即鍰也。又音色類反，將帥也。屈。丘勿反，曲也。又君勿反，姓也。又羣勿反，盡也，強也。上時讓反，位也。元在物之上。又時掌反，自下而上。王。于方反，人主也。又于放反，霸王也，又盛也。長。直良反，久也。又張丈反，長上也。藉。才昔反，名籍也，又薦藉也。又租夜反，即借也。培。勃回反，補也。又蒲口反，冢也。勝。音升，又式證反。難。乃丹反，艱也。乃旦反，危也。使。所里反，又所吏反。相。息羊反，又息匠反。沈。針甚反，又針禁反，又直今反，又沈禁反，厭沒也。任。入今反，又入禁反。棺。音官，又古玩反，又古患反，斂之也。造。曹早反，七到反，至也。妻。七低反，切帝反。費。非味反，用也。又音秘，邑也。扶味反，姓也。

宋庠《國語補音序》 又按：先儒未有爲《國語》音者，蓋外、內傳文多相涉字，音亦通故也。然近世傳舊音一篇，不著撰人名氏，尋其說乃唐人也。何以證之？據解犬戎樹惇，引鄯州羌爲說，夫改善鄯國爲州，自唐始耳。然其音簡陋不足名書，但其間時出異聞，義均雞肋。庠因暇輒記其所闕，不覺盈篇。今因舊本而廣之，凡成三卷，其字音反切，除存本說外，悉以陸德明《經傳釋文》爲主，亦將稽舊學除臆說也。惟陸音不載者，則以《說文》《字書集韻》等附益之，號曰「國語補音」，其間闕疑請俟鴻博。非敢傳之達識，姑以示兒曹云。

鄭剛中《經史專音序》 凡字書一音者，《韻略》科以四聲，各從本韻用之無疑。自一音以上《韻》輒圈之，附圈者，皆字之有他音者也。甚矣，他音之多岐，而專音之易失也。後學狃於傳誦，初或失眞場屋之間，迫於晷刻，義復不審，往往謂圈字可以通用，而不知六經百氏固有專讀之音，誤取謬用所不能免。予病此，近爲旁通書，取音一以上經史有專音及名物定號不相爲用者，標于上，而以又音繫其下，訓釋可以發明者疏于後，本字外事實可以資益者并載之，盖簡而易見，辨而可守也。惟是《韻略》音注比《釋文》容有不同，而予於圈字，其去取亦各有音別，爲叙例附序之，後通號曰《經史專音》，凡五卷。陸氏有言書音之用本示童蒙，予爲是書考據不能周盡，其於示童子也，庶幾焉爾。

張敦頤《韓柳音釋序》 唐初文章，尚有江左餘習，至元和間，始粹然返於正者，韓柳之力也。兩家之文，所傳寖久，舛剝殆甚。韓文屢經校正，往往鑿以私意，多失其眞。余前任邵武教官日會爲讎勘頗備，悉并考正音釋，刻於正文之下。惟柳文簡古不易校，其用字奥僻或難曉。給事沈公晦嘗用穆伯長、劉夢得、曾丞相、晏元獻四家本參考互證，凡漫乙是正二千餘處，往往所至稱善。今四明所刊四十五卷者是也。惟音釋夫有傳焉。余再分教延平，用此本篇次撰集，凡二千五百餘字。其有不用本音而假借佗音者，悉原其來處。或不知來處，而諸韻《玉篇》、《說文》、《類篇》亦所不載者則闕之。尚慮膚淺，弗辨南北語音之訛，其間不無謬誤，賴同志者正之。

周麟之《海陵集》卷三《論乞進讀本注音切》 然臣竊謂三代而下，惟西漢爲近古。諸史之作，惟班固爲名家。讀之者，考文義，而後見紀事之本原。辨音訓，而後知立言之法則。然文義或有難見，非註解無以發明。音訓或有難知，非翻切無以辨證。多聞之助，或有取于此也。臣不佞，叨以讀誦爲職，苟不能盡心於此，或迷金根之義，或誤雌霓之呼，以上昧天聽，臣則有罪、敢陳一二願從聖訓而訂正之。夫服膺囊說，疎紊既多。蘇晉衆家，剖斷亦尠。蔡氏纂集，尤爲牴牾。顔師古激揚鬱滯，釐正暌違，援據精詳，有補學者。然則註解不同，臣欲以師古之說爲正。《漢書》舊文多用古字，間從假借，其類實繁。古今異言，方俗殊語，本音他切，互見其中。顔師古備著科條，剖析無滯。字涉稍異，隨即翻音。字協音諧，舉當乎理。然則音訓不一，臣欲以師古所立爲定，仍乞於進讀本內間注音切。臣非不知帝王之學，志於治道，初不問此區區之言，可謂矜小節而闇大體矣。然而列職禁近，獻納論思，事無巨細，皆欲詳審不可苟，況執經史以備顧問乎。今玆所陳，庶幾下以見愚臣盡心率職之誠，上以副陛下加意典學之美。取進止。

方崧卿《韓集舉正》卷一 韓文自校本盛行，世無全書。歐公謂韓文印本初未必誤，多爲校讎者妄改。僕嘗得祥符中所刊杭本四十卷，其時猶未有外集。今諸集之所謂舊本者，此也。既而得蜀人蕭溥所校劉、柳、歐、尹四家本。此本嘉祐中嘗刊於蜀，故傳于世。繼又得李左丞漢老、謝參政任伯所校秘閣本。李本之校閣本最爲詳密，字之疑者，皆標同異於其上，故可得以爲據。大抵以公文石本之存者校之，閣本常得十九，校本得十七，而蜀本得十五六焉，今只以三本爲定。其詩十卷，則校之唐令狐氏本。碑誌祭文，則以南唐保大本兼訂焉。其趙德《文錄》《文苑英華》、姚寶臣《文粹》，字之與舊本合者，亦以參校。諸本所不具而理猶未通者，然後取之校本焉。韓文舊本皆無一作，蜀文間有一二，亦只附見篇末，今皆一遵舊本。而別出此書字之當刊正者，以白字識之。當刪削者，以圈毀之。當增者，位而入之。當乙者，乙而倒之。字須兩存，而或當旁見者，則姑註於其下，不復標出。閣與杭、蜀皆同，則合三本而言之；同異不齊，則誌其長者。其他如古本，「汝」多作「女」，「互」多作「彑」，「預」作「與」，「傲」作「敖」，「叢」作「藂」，「缺」作「鈌」，「二十」、「三十」之爲「廿」、「卅」，此類非一，亦不敢盡從刊改。今之監本已非舊集，然校之潮、袁諸本，猶爲近古。如《送牛堪序》，閣本、杭本皆繫於十九卷之末，惟此本尚然，今用以爲正，而錄諸本異同於其下。此本已正者，亦不復盡出，庶幾後學猶得以考韓氏之舊也。

嚴粲《詩緝・條例》　集諸家之説爲《詩緝》，舊説已善者不必求異，有所未安乃參以己説，要在以意逆志，優而柔之，以求吟詠之情性而已。字訓句義插注經文之下，以著所從，乃錯綜新舊説以爲章指，順經文而點掇之，點，平聲。使詩人紆餘涵泳之趣一見可了，以便家之童習耳。

經文及章指並作大字。

字訓句義及有所發明並作小注，以經文爲先後，説雖異而可取者附注焉。

小注毛氏稱《傳》，鄭氏稱《箋》，序注元不著姓氏者皆鄭氏説，今併稱《箋》，鄭氏《詩譜》稱《譜》，孔氏稱《疏》，《爾雅》稱其篇第，如《釋鳥》、《釋草》之類。《爾雅》疏稱《釋》，諸家稱氏。

凡草木蟲魚之類，舊一説分明者先著之，其辭繁及説不一者稱「曰」以斷之。

所引諸家諸書皆稱「曰」，其諸家諸書所引則稱「云」。經文音釋注本句之下，諸説音釋附本説之下。

直音多假借，以便初學，不拘本韻。其切字以溫公《切韻指掌圖》正之。

凡上聲濁音讀如去聲，俗讀作上聲清音非。四聲皆有清濁，唯上聲濁音與去聲相近，如兕字乃上聲，與去聲寺字音相近，雖係上聲，只讀如寺，不必讀作死。蓋兕乃徐履反，徐字屬斜字，母用錫涎切，係半濁半清，按溫公圖，其四聲平爲詞，上爲兕，去爲寺，此是重道，如讀作死乃屬心字，母用新先切，係全清，誤矣。凡上聲濁音及半清半濁音，皆與去聲相近，讀者多作上聲，則以濁爲清矣。

釋文有音切不和者，今以韻書爲定。

凡音，不言下同省文也，一詩内皆同。下文音不同者別出，古注音義不同者，先著所從，其不從者附見之。

題下一句國史所題，爲首序，其下説詩者之辭，爲後序。

別詩及他書字訓與本詩字訓同者直引以相證，不復著語。如「蓼蓼者莪」，直引「蓼彼蕭斯」。

蔡夢弼《集千家注杜工部詩集序》　夢弼因博求唐宋諸本杜詩十門，聚而閲之，重復參校，仍用嘉興魯氏編次先生作詩歲月之先後，以爲定本。每於逐句本文之下，先正其字之異同，次審其音之反切，方作詩之義以釋之，復引經、子、史、傳記以證其用事之所從出。離爲若干卷目，曰《草堂詩箋》。凡校讎之例，題曰「樊」者，唐潤州外史樊晃小集本也；題曰「晉」者，晉開運二年官書本也；曰「歐」者，歐陽永叔本也；曰「宋」者，宋子京本也；「王」者，乃介甫也；「蘇」者，乃子瞻也；「陳」者，乃無己也；「黄」者，乃魯直也。刊云一作某字者，係王原叔、張文潛、蔡君謨、晁以道及唐之顧陶本也。又如宋次道、崔德符、鮑欽止暨太原王禹玉、王深父、薛夢符、薛蒼舒、蔡天啓、蔡致遠、蔡伯世皆爲義説。其次，如徐居仁、謝任伯、呂祖謙、高元之暨天水趙子櫟、趙次翁、杜修可、杜立之、師古、師民瞻亦爲訓解。復參以蜀石碑諸儒之定本，各因其實，以條紀之。至於舊德碩儒間有一二説者，亦兩存之，以俟博識之決擇。是集之行，俾得之者手披，目覽，口誦，心維，不勞思索，而昭然義見。更無纖毫凝滯，如親聆少陵之謦欬，而熟睹其眉宇，豈不快哉。

張自烈《四書大全辯・凡例》　《大全》舊本各章用小註分疏《集註》，每《集註》或十數句，或五六句，或四五字，以下皆細書小註隔之。每小註或數十句，或六七句，或二三字，以下復大書集註承之。《集註》斷絶不屬，小註紛冗雜見。《大全辯》先白文，次集註，又次小註。各章《集註》連書，置小註前。各段小註次第置《集註》後。凡小註如朱子曰一説既畢，復自起一説，皆連行細書，用一圈中隔，不另擡頭。南軒張氏、雲峰胡氏等各爲一説者，各擡一頭，冠以姓氏，不並行連書。又小註中各有音釋，舊本連小註寫刊，俗學誤讀音釋爲小註。《大全辯》摘出，置各段小註後。又小註有同一條而中誤用圈截，使文辭不貫者，有各一條而中不用圈截，使分界相混者。凡若此類，皆詳加改定。不宜圈截而誤用圈者削之，宜圈截而誤失圈者補之，與《大全》舊本別。

坊刻《四書大全》白文、集註皆大書，字畫殊無分別。《大全辯》白文字畫大于集註，以明先經後傳之意。又《四書注疏大全》合纂行世巳久，某竊謂《大全》諸説繁複甚而又合注疏並存，是愈繁也。注疏宜另爲一書單行，不當刪附《大全》，或注疏與經傳合，其説確不可易者，間采一二入《大全辯》，去取與合纂異，讀者詳之。

金陵、吴閶、武林所刊《大全》字句錯誤頗害文理，有二字併訛者，如「政教」作「改效」，「致沼」作「放泊」，「元聖」作「无本」，「交互」作「文王」之類是也。有一字兩脱者，如「丕」作「不一」，「置」作「四直」，「堂」作「尚土」，鼛作「鼓咎」之類是也。有點畫轉相訛者，如「能」作「長」，「長」又作「出」，「尊」作「專」，「專」又作「馬」之類是也。它如簡筒、審蜜、莫英、衮衰、兆非、志忘、而面、乘秉、效郊、攻改、求來、里至、巫坐、任在之類，枚舉不盡。《大全辯》據國初原本較正魯魚亥豕，庶幾或免。合坊本參觀自見。

《大全》小註凡精切者增損爲難，其可刪而尚存者細注各章上方，云「某氏説宜刪」。或諸説足補小註闕略者，錄附舊本小註後，姓氏失考，不敢勦爲己説，仍别以「或曰」二字。或小註諸説已明，某不敢復贅他悖理叛經者，間亦竊附管見，偺肆駁義，俟學者論定，特書「芭山張氏曰」别之。

蔡虛齋《蒙引》、林次崖《存疑》、陳紫峰《淺説》，諸坊皆有專刻，惜辭多義寡，質諸聖經，離合者半。然其間駁正《集註》、小註者頗益承學。《大全》成于永樂中，《蒙引》《存疑》諸家皆未及附入。某舊有三家合辯，合《蒙引》《存疑》《淺説》而辯之，是非備見。其采入《大全辯》者仍著蔡虛齋、林次崖姓氏，特什之三四耳。紫峰《詁訓》，本文半循《集註》、《蒙引》、《存疑》，故不多錄。嗣梓三家合辯全書附《大全辯》行世。

《大全辯》雖次第是正，與原本稍別，然未經具題，不敢槩刪。擬伏闕上書，深明國初儒臣編纂缺略之失，諸家議論繁蕪之陋，與夫援引《左傳》《史記》《家語》莊周、荀楊、淮南、劉向之説之紕謬，請旨重訂，盡汰去舊本冗複，謹輯本朝二祖列宗《羣經類要》《正定書傳》《春秋本末》《御注洪範》《世臣總錄》《名臣奏議》等書，凡羽翼經傳，與各章互發者，錄置各章小註前，備經筵講肄，昭臣子尊王一道同風之義。又旁摭漢、唐、宋史事暨永樂以後諸名儒語錄有裨理學經濟者，附載各章小註末，明四子之書皆治天下要道所繫，未可訓詁同日語。舉要刪繁，編成全書，然後繕寫呈進，候今上親賜裁定，冠以御序，刊布學宮，庶無負文皇帝崇儒明道初意。茲所刻《大全辯》少正坊本之誤，俾學者知初本闕漏如此。尚未罄某夙志。況各章點乙評注爲寫人剞氏脱誤者不少，傳久實難。願二三同志悉心發明，匡某弗及。明道辯惑，非某一人任也。《增刪四書大全》嗣出。

郎瑛《七修類稿》卷二七《辯證類·正音註差》　「少小離家老大回，鄉音不改鬢毛衰。兒童相見不相識，笑問君從何處來。」此賀知章詩也，註曰：「衰字出四支韻。」殊不知此詩乃用古韻。來字有讀爲釐字者，若《楚辭·山鬼篇》「天路險難兮獨後來」音釐，回字與危、爲同協，皆四支韻之詩也。註者不知，反以爲灰字韻者差用衰字，且吴才老《韻補》辯明十灰古通於四支可知矣。若今人不知韓文「此日足可惜」皆是古韻，以爲跳用各韻，誤矣。故才老嘗曰：元和聖德詩與「此日足可惜」詩俱用一韻。

又卷三四《詩文類·釋疑字樣》　一字有二音不同，而所指多程語，誠不可不識也，故《玉篇》之前以爲奇字，特錄出示人，謂指迷也。余惟或二字俱要換音者，或只換一字音者，他書所載倍多《玉篇》，惜不能記憶也，今以知者補《玉篇》之不足，錄之稿，而尚俟日益之耳。

星宿。音星秀，二十八宿是也。番禺。音潘愚，廣州縣名。欸乃。音襖靄，舟中歌聲。瀧水。瀧音雙，德慶府縣名。万俟卨。音木奇屑　句讀。音句豆，點句，音讀。袒免。音但問，五世親。汨羅。一音博羅，縣名；一音密羅，江名。牂牁。音臧歌，蜀江名也。冒頓。音沒突，漢時匈奴名。可汗。音克寒，漢、唐時虜國王號。閼氏。音煙脂，匈奴妻也。角里。音祿理，四皓之一。龜茲。音丘慈。曹大家。家音姑。已上《玉篇》者。

月支。音肉氏。身毒。音天竺。魯般。般音班。樊於期。於音烏。嫪毒。音澇靄。酈食其。食其音異飢。寧馨兒。寧，去聲。僕射。射，音夜。姑射。射，音益。無射。射，音益。滹沱。音烏馱，河名。疆場。場，音益。盟津。盟音孟。國土。土音度。陶甄。甄音堅，又音眞。矰繳。繳音勺。枹鼓。枹音敷。琅邪。邪音耶，郡名。邪谷。邪音耶。綸巾。綸、關二音皆可。犧樽。犧音梭。率更。率音律。盤飧。飧音孫，熟食也。矛盾。盾，食蠢切。黃能。能音奈，三足鱉。委蛇。蛇音移。於戲。音嗚呼，嘆辭。屍解。解音𠯑。般若，音鉢惹，釋經。衆生。衆音中，釋經。落魄。魄音託。隱几。隱去聲。野燒。燒去聲。毋丘。毋音貫，見今濟陰縣南。龍兌。兌音奪，趙地。方與。音房豫，趙縣名。糊塗。音鶻突。遠。去聲，遠害全身，遠市朝。涯。音牙，詞押、詩押音移、崖。些。息个切，《楚辭》。祆。音軒，胡神也。扁。音貶，碑額也。殷。烏關切，赤黑色。溺。奴料切，尿也，沛公溺儒冠。宿留。音秀溜。相乞。相音掘，掘地乞壁。襄尺。襄音讓，君與臣射，讓地尺許。揖厭。厭音葉，推手曰揖，引手曰葉。亡慮。亡音無。倒景。景音影。耐可。耐音能。詐諼。諼音泫，亦詐也。郎罷。罷音擺，閩人稱父。隆準。準音拙。休告。告音嘷。骨朵。朵音都。阿誰。阿音兀。齊衰。咨崔。扶服。匍匐。曲逆。去遇。睚眥。獬豸。谷蠡。祿梨。墨杘。眉癡。康居。居音渠。函谷。函音咸。

楊慎《升菴集》卷六四《易字説》 《説文》引秘書説云：日月爲易，象陰陽也。《參同契》之説亦與此同。羅泌云：日月爲易，而文正爲勿。勿者，月彩之散者也。故曰：散於日下則爲易，散於日上爲曶，相對爲明，對而虧曰昒。易者，朔也。所謂朔易曶者，晦也。明者，望也。昒者，望而食者也。是故西曰昒谷，明都在東南，而朔易二郡俱著於北。此皆羅泌之説也。愼按：昒即昧字，《史記》「昧爽」作「昒爽」。《莊子》云：冉求問於仲尼曰：「昔吾昭然，而今昒然，何也？」曰：「昔之昭然，神者先受之。今之昒然，且爲不神者求也。」是「昒」即「昧」之證也。古字「暘谷」作「易谷」，「昧谷」作「昒谷」，易取日中於地而月彩沉也。後世字從日爲暘，是有二日也。

又《尚字平音》 劉熙《釋名》曰：《尚書》者，何也？尚，上也，言最在上揔領之也。韋昭《辯釋名》云：尚猶奉也。百官言事，當省案平處奉之，故曰尚書也。尚衣尚食亦然。愼按：《春秋傳》曰：百官承事，朝而不夕，承事者言事而奉其文書也。漢世官名尚書，義實取此。如淳《漢書注》曰：主天子文書曰尚書，如主壻曰尚主。漢制，娶天子女曰尚公主，娶諸侯女曰承翁主。則尚猶承也，尚猶奉也。韋昭之解，上合《左傳》，下協漢制，比於劉熙依字音杜撰，遠矣。

又《殺有上音》 白樂天《半開花詩》：「西日憑輕照，東風莫殺吹。」自註：殺，去聲，音廈。俗語大甚曰殺。《容齋隨筆序》：殺有好處。《元人傳奇》：忒風流，忒殺思。今京師語猶然。大曰殺，大高曰殺高，此假借字也。

又《唉字音》 《離騷・九章》云：乘鄂渚而反顧兮，欸秋冬之緒風。尸子禹有「進善之鼓，備訊唉也」。漢韋孟詩：勤唉厥生。《説文》：欸，譍也，亞改切，又焉開切。《史記》：范增撞破玉斗，曰：「唉。」《方言》云：南楚喟然曰唉。《説文》：唉，譍也，烏開切。二字音義並同，如嘆與歎，欬與咳，嘯與歗，實一字耳。其語則皆楚語也。故元次山有《欸乃曲》，而柳詩亦用此二字，皆湘楚間語。柳文舊本作靄襖音，上字正協亞改之聲。《韵書》亦於皆韻收唉字，《海韻》收欸、唉二字，其説與《説文》不異，但乃字讀如襖者，未有考耳。近世乃有倒讀之者，又皆寫欵，則誤益甚矣。欸字從矣，與欵字不同，然點畫甚相似，故多誤也。《楚辭注》及《朱文公文集》互發此義，今詳筆之。

又《臾庚字通》 《史記》：庾死獄中。注不明。庚義按《説文》：束縛捽抴爲臾。臾、庚，古字通也。

又《靉靅字音》 《説文》引《詩》「僾而不見。」李登《聲類》云：僾音倚。僾俙，彷彿也。字一作靉，靅又作靉。古詞「香靉雕盤僾俙之」作靉。靅字從雲，猶奄忽之作颮。颮字從風，僾俙不明莫如雲，奄忽迅速莫如風也。

又《二小爲地》 何燕泉引宋人《易義》一而大謂之天，二而小爲之地，一大二小，天字示字也。天曰神，地曰示。此《易義》乃姚孝寧所作，朱子亦嘗稱之。愼按：天曰神，古韻天亦有作汀因切者，與神相近也。例推之，示亦有地音，地亦有示音，精於字學者始知之。

王世貞《弇州四部稿》卷一六一《宛委餘編六》 《尚書》之尚，本當作上音讀。或云秦時人臣避上字，故作常音，至今因之不改。若二十八宿音秀，則洪景盧以爲當如本音，且引《説苑・辨物篇》曰：天之五星，運氣於五行，所謂宿者，日月五星之所宿也。按：宿之音秀，北音誤之。蓋元人詞曲皆入秀字去上韻，至宿州之宿，則入徐字，而以近徐州故，別呼爲南徐州，北音之謬若此。

于愼行《穀山筆麈》卷一四《雜解》 「罦罳」二字，解者甚多。顔師古以爲：「連闕曲閣以覆重刻垣墉處，其形罦罳然。」崔豹《古今註》曰：「罦罳，屏也。」孔穎達曰：「屏謂之樹，今罦罳也。」蘇鶚《演義》以爲：

「罦者，浮也，罳者，思也，蓋織絲之文，輕疏虛薄之貌，宮殿門闕有此物也。」今以字義考之，蘇説爲是。若以爲曲閣及屏，則字義不相似。今宮殿上往往有銅絲網，疑即罦罳也。

太史公曰：「人臣功有五品。明其等曰閥，積日曰閲。」顔師古曰：「閥，積功也；閲，經歷也。」

飲滿舉白。解者以爲：舉白見驗飲酒盡否。又曰：白者，罰爵之名，魏文侯與大夫飲酒，謂舉白浮君者也。

酒悲，醉而涕，謂之酒悲。

緡錢，二十而一筭。李斐曰：「緡，絲也，以貫錢。一貫千錢，出筭二十也。」陌即百字，唐以八十錢爲陌，宋以百錢爲陌。

《呂覽》曰：「樂正夔一足矣。」《漢書》曰：「堯作《大章》，一夔足矣。」倒一字即明。乃《韓非》諸書紛紛一足之辨，何其固也。

稻米爲上尊，稷米爲中尊，粟米爲下尊。

鼓吹，軍樂也，漢代有黄門鼓吹，至今有《鐃歌十八曲》，魏有騎吹，當時燕享從行皆用之。今殿廷唯有雅樂，車駕出乃用鼓吹，而民間反得用之，至閭里婚喪，無不以鼓吹將之者，更相沿不禁，何也？

天祿者，天鹿也，天鹿、辟邪自是兩物，一角爲天鹿，二角爲辟邪，又總謂之桃拔。

當百軍，吏名也。伍百，武校名也。

旁午，一從一横爲旁午也。

碌碌、録録、鹿鹿、陸陸，四字通用。

漢時，軍民出境，皆封長境與之，即今之文引也。

梵夾，貝葉經也，乃以版夾之，謂之梵夾。

胡牀，即交椅也。

唐時，賓客宴集，爲人起舞，當此禮者，即以彩物爲贈，謂之纏頭，如僕固懷恩爲中使駱奉仙起舞，奉仙以纏頭爲贈是也。娼妓當筵舞者，亦有纏頭賜。故杜詩云：「笑時花近眼，舞罷錦纏頭。」

《樂記》：「獶雜子女。」鄭註曰：「獶，當爲優。」孔穎達曰：「獶雜，謂獼猴也。謂舞戲之時，狀如獼猴，間雜男子婦人無別也。」「倡優」之「優」，當作「獶」字。

楚王希範地衣用角簟者，剖竹爲細篾織之，即今之蘄簟也。

郭崇韜素疾宦官，嘗謂魏王繼岌曰：「大王他日得天下，騬馬亦不可乘，況任宦官？」騬馬，犗馬也，俗謂之扇馬。

有足曰蟲，无足曰豸。

貞元中，宣武兵變，執城將曹全另之。注：另，古瓦翻，即「剮」字也。

溪泉漲流，謂之水不潤下，陰盛之象也。井無水曰眢。

六博之法，不甚可曉。《楚辭》琨蔽象棊有六博。鮑宏《博經》云：「琨蔽，玉箸也。各投六箸，行六棊，故云六博。行十二棊，六棊白六棊黑，所擲骰謂之瓊，瓊有五彩，刻爲一畫者，謂之塞，刻爲兩畫者，謂之白，刻爲三畫者，謂之黑，不刻者，五塞之間謂之五塞」云云。詳六棊之制，似今雙陸，以骰子行之，非今之碁子也。

梁史：宋全昱以投瓊擊盆中幷散，蓋即今之骰子，不知與古之瓊同否。

彈碁之戲，兩人對局，白黑碁各六枚，先列碁相當，更先彈也。其局以石爲之，其形四隤而中高，魏文帝善彈碁，能用手巾角，時一書生，又能低頭以所冠葛巾撇碁。其藝蓋始於漢武帝好蹴踘，言事者以爲勞體，乃作彈碁奏之。以此觀之，彈碁與對弈不同，直以石子相觸耳。

宋蒼梧王畫蕭道成之腹，自引滿射之，左右請以骲箭，一射，正中其臍，投弓大笑。骲箭，一名嚮箭，即今之骲頭也。

《南史》：宋明帝志慕節儉，大官常進裹蒸，上曰：「我食此不盡，可四破之，餘充晚食。」裹蒸者，以糖和糯米，入香藥、松子等物，以竹籜裹而蒸之，即今之角黍也。

玄宗出奔，日中未食，楊國忠自市胡餅以獻。解曰：胡餅，今之蒸餅，言以胡麻着之也。即今之燒餅耳。

宇文護殺周主，置毒糖餡。糖餡，丸餅也，即今元宵子耳。

熊白，熊脂也。熊山居冬蟄，當心有脂甚美。鷄臛，鷄羹也，味極佳。

《爾雅·釋木》云：「檟，苦荼。」郭璞註：「早采爲荼，晚采爲茗。」此茶之始也。自漢以前，不見於書，想所謂檟者，即是矣。

溫嶠上表，貢茶一千斤，茗三百斤。六朝，北人猶不食茶，至以酪與之較，惟江南人食之耳。至唐貞元間，始從張滂之請，歲收茶稅四十萬緡，利亦夥矣。宋、元以來，茶目遂多，然皆蒸乾爲末，如今香餅之製，乃以入貢，非如今之食茶，止采而烹之也。西戎食茶，不知起於何時，本朝以茶易番馬，制其死命，番人以茶爲藥，百病皆瘥，不得則死，此亦前代所未有也。

禾不因種而生曰稆。侯景作亂，貴家大族皆自出禾稆，今所謂稆生是也。

柹，斫木札也。

李白詩云：「脱君帽，爲君笑。」初不知其解，及觀《北史》：魏主欲誅爾朱榮，榮女爲后，懷娠，乃聲言皇子生，遣城陽王徽馳告榮，榮方與元天穆博，徽脱榮帽，歡舞盤旋。以是知脱帽歡舞，本夷俗也。

胡人軍中好吹唇相呼，侯景即位，其黨數萬皆吹唇鼓譟上殿。今人往往以唇作聲，謂之胡譟，即吹唇之聲也。

觱篥，葭管也。卷蘆爲頭，截竹爲管，出於胡中。唐時編入鹵簿，名爲笳管，即胡笳也。

傀儡，杜佑曰：窟儡子，亦曰傀磊子，本喪樂也。漢末始用之於嘉會，北齊高緯尤好之。今俗懸絲而戲，謂之偶人，亦傀儡之屬也。又有以手持其末，出之幃上，則正謂之窟儡子矣。

唐史：王凝及第，衩衣見崔彦昭。衩衣，便服也，今俗語猶然。

澡手謂盥，滌面謂頮。

《通鑑》：「史憲誠據魏博，於黎陽築馬頭，爲渡河之勢。」註：「附岸築土，植木夾之，以便兵馬入舡，謂之馬頭。」馬頭之名始此。

劉守光圍滄州，城中食盡，食堇塊。堇塊，粘土也。

郭良翰《周禮古本訂注・凡例》 一、《周禮》一經爲姬聖輔沖主致太平之具明甚，其設官分職，洪纖畢具。序官之首明言乃立天官、乃立地官，此設官也。一官之後乃明言大宰之職、司徒之職，此分職也。古本序官在前，分職在後，與六綱相應，昭昭揭日月而行矣。後儒解經多析序官繫於各職，與綱不合。今悉依古本正之。

一、《周禮》自漢儒註疏，至今無慮數十家，其爲註至詳且悉。今悉薈葺，合爲一家，讐勘異同，彖訂畫一。間未融通，力爲辨析，要取簡明直截，一閲洞然而止。顧五官補本，椒丘何氏最後，而紛割爲尤甚。坐之新室，寔功之首。註多摭之者何？蓋何惟後出，賈鎜成案固多，取精前聞不少，刪厥牾牴，汰其傅會，斬葛藤而單刀直入，萃狐白而千金具存，牽合頓帚，指要粲然，不必更爲之臆也。其有一二別考創見，則以按字別之。

一、諸儒訓註有關鍵者，另揭某氏曰。間有同姓，世久代移，名氏易溷，故首見特著姓名，以下只書某氏。仍有疑似，則繫以地，取易覈也。

一、《周禮》經濟世務，與別經不同，故五官之中時有互見，雖職掌原不關涉，而義意更相發明。諸家論斷，如《太平論》《五官解》《復古訂義》諸書，闡發貫串，璧合珠聯，而葉文康氏《禮經會元》一編尤多見解，功翼《周禮》不細，特採總註，令讀之者眞如親挹姬公，身游《周官》《洛誥》之庭，心會《關雎》《麟趾》之意，而千古上下精神脈絡靡不貫通也者，是亦全經一大觀云。

一、世傳五官多奇字，字形也；《考工記》亦多奇字，字義也。夫五官聖經豈其飾迂怪於字形，以駭後世，而貶奇覓續蛇添之下？說者謂此書本出劉歆之家，歆嘗學奇字於揚雄，以此竄入，非當時故文，洪景盧辨之是已。然業循古本，故悉從古字，而載景盧之說以備考證。景盧氏曰，六經用字固亦間有奇古者，然唯《周禮》一書獨多。予謂前賢以爲此書出於劉歆，常從揚子雲學作奇字，故用以入經，如法爲灋，柄爲枋，邪爲衺，美爲媺，呼爲嘑，拜爲攑，韶爲磬，怪爲傀，暴爲虣，擉爲簎，風爲飌，鮮爲鱻，槁爲薧，螺爲蠃，腥爲臝，魚爲䲆，埋爲貍，吹爲歙，陔爲械，暗爲韽，柝爲欜，採爲撢，翄爲翨，摘爲硩，駭爲駴，擊爲轚，辜爲橭，掬爲菶，冪爲榠，藻爲薻，昊爲昦，叩爲敂，艱爲囏，魅爲鬽，與夫庮、麃、胖、鱐、齍、眂、劀、酏、臬、饗、箈、鬻、柶、緆、鼬、奥、槩、轃之類，皆它經鮮用。

一、音釋鄭、賈註疏與後儒解繹樊然遝出，不可勝原。今只考古註，爲之要刪，另書于下，以便覽觀。其音切常見易曉與不可強通者，悉略不錄。

一、《周禮》紛紛割裂者，只爲闕少冬官，不知冬官可以不補，五官必不可淆。寧渠謂冬官錯見五官，亦寧獨謂冬官可積空虛不用之地？蓋諸侯去籍，何待秦灰，而及史闕文，業從孔聖。五官自存，冬官自闕，何必強臆於千百世之上，懸決於千百世之下，以堬亂成經，贅龐方策爲。然則《考工記》何以不削曰取節其文？且《十三經註疏》剞劂昭代，頒行學官，五官定本，《考工》附録，亦備一公案也。借削其冬官二字不列于經，弁以文康補亡一篇，明其亡而未必亡，存而未嘗存。嗚呼，《考工記》而至於若存若亡也，則全禮之廢興固不在是《考工記》又可無庸論已。因周損益，總俟君子。

陳仁錫《重校古周禮·凡例九則》 一、考漢《藝文志》，是經元闕《冬官》，漢儒補以《考工記》，未□割裂聖經，不必妄爲補掇。

一、經文悉宗鄭康成元本，至五官之屬，移弁各官之首，另爲標目，以便觀覽。

一、漢唐諸儒注疏不無異同，今參考諸家，嚴加纂輯，或有釋異句殊，如《夏官》「節服氏」之類，義可相發者，存諸注中，以備攷訂。

一、注釋自宋周翰句解行世，宣城孫士龍嗣爲補輯。今祖其意，逐句解釋，令讀者一覽瞭然如鏡。

一、《考工》善本絕少，間有錯逸，如「玉人」一段，後人臆爲芟削。今從鄭康成元本考定，庶幾不失《周官》遺意。

一、經文字義間多奇古，如探爲撢、翄爲翨之類，且有一字兩音、一音異用，俱明釋本文字下，庶免眯目。

一、考訂經文，或折衷傳註，或援引他經，俱題諸額，以資後學印證。

一、先聖遺經不敢妄加批點，止用句圈。至各官職銜與六典八法之類，加一小筐，以明大要。

一、是書時久字訛，先儒或多疑義，如束矢鈞金國服爲息之類，今參覈倍詳，毋使魯魚莫辨。

張采《周禮注疏·凡例》 一、是經攷《漢·藝文志》，元闕《冬官》，後儒掤掇《五官》，妄爲增補，弗。

一、經文悉宗鄭康成元本，至《五官》之屬，移弁《冬官》之首，另爲標目，以便觀覽。

一、漢唐註疏不無異同，今參考諸家，益所未備，釐所未安。或有釋異句殊，如《夏官·節服氏》之類，義可相發者，特存註中，以備攷。

一、註釋自朱周翰《句解》行世，宣城孫士龍嗣爲補輯，雖若串珠，終成碎玉。今總楬正文，隱括細註，務使全經微義一覽瞭然。

一、《考工記》善本絕少，間有錯逸。如《玉人》一段，後人臆爲芟削，罔覩全經。今從鄭本攷定，庶無失《周官》遺意云。

一、經文字義間多奇古，且有一字兩音、一音異用，俱明釋本文字下，庶免眯目。至一經詮釋，不復重贅，讀者意會可也。

一、考正經文，或折衷傳註，或引證他經，俱標題楮額，以資互印。

一、先聖遺經不敢妄爲批點，止用句圈。至各官職銜與六典八法之類，加一小筐，以明大要。

一、經中每段每節關切字眼，前後異文，如題意所屬，或一字、兩字、三四字，另加一圈以標明，以便讀者玩味。

一、是書辨精魚目，解析牛毛，如束矢鈞、金國服爲息之類，先儒或多疑義，今參覈倍詳，具眼自鑒。

胡之驥《江文通集彙注·凡例》 驥家五世積書，小時酷愛《江文通集》。因倭亂兵火之後，家世凋零，緗帙散逸，流寓於楚蘄。嘗與蘄友人朱康侯譚及是集，則指動心悸。久之，康侯自燕市得宣城梅刻。居數月，康侯搆書吳中，復爲致余新安汪刻。然二家之訛相同。余恐以訛傳訛，去道愈遠。今以管見，妄爲定正彙註之。因書凡例於左云。

一、新舊刻訛舛頗多，今正過所改者，俱用圓圈圈之。其原字仍音釋於卷末。遺落者，亦用圓圈圈之，另書於卷末「音釋」「補遺」二字於下，以俟博雅君子。

二、字涉可疑者，不即輒自更易。以原字用圓圈圈之，詳註辨疑於下，另書卷末「音釋」當作某字。文義句讀字當從省者，不即省去，亦用圓圈圈之，詳註辨疑於下，另書卷末音釋某字當省。

三、新舊刻字義，無害於文理，今又改正，易以它字者，其詩賦，或從《文選》、《藝文集》、《初學記》諸類書所載；奏記，或從宋齊梁史本紀列傳所載，如《麗色賦》並《尙書符》是也。

四、新舊刻訛字俱同，其詩賦奏記，書史所未載，今另改正者，其字義文理，俱從書史引正明白，註釋於下，如《靈丘竹賦》並《慰勞雍州文》是也。

五、詩賦原已編類。奏記諸體，內多代草，大都混淆駁雜，以先後紀之。予因更訂，擬《文選》分類，亦依先後紀之。惟詔書俱代齊太祖所草者，太祖先臣劉宋，而後禪位，淹未事太祖，故奏記在前，而詔在後也。

六、拾遺詩三首，俱載見陳徐陵《玉臺新詠》。宣城刻止收二首，《西洲曲》復爲所遺，今並補入。

七、古樂府三首，載見蕭子顯《齊書》，今補入拾遺之後。

八、《南史》曰：淹嘗欲爲《赤縣經》，以補《山海》之闕，竟不成。余按宣城刻拾遺《遂古篇》，亦彷彿《山經》之義，今收入詳註之。

九、目錄所遺《靈丘竹賦》並《詣建平王上書》二目，今俱補入。

一〇、《慰勞雍州文》，似司馬相如《檄蜀文》。今另以檄列之，不入雜文。《詣建平王上書》，似鄒陽《獄中上書》，另以上書列之，不入交書之類。

一一、楊昇庵諸集中，多有發明是集者，予註中亦引用之。

一二、是集原有十卷，今仍分爲十卷。內七卷俱自製者。餘三卷俱代草者。今分列明白，不致混雜。

余敷中《麟寶・凡例》 《左氏》主於紀年，或先經以始，或後經以終，雖自成條貫，而初學或苦於無緒，茲稍爲詮輯，歸諸訓詁。其無經者，則爲《左附》作阼。以別之，《國語》亦同。《國語》原爲外傳，事多與《左》相類，今依年例，與《左》相次。其事有《左傳》不載而年例可考者，附於某年之下。或年不可攷而事在某公者，附於某公之後。至有事在《春秋》之前後，則別爲附卷，列於首末。

《公》、《穀》彖存訓詁，本不可妄加刪削。而凡例複見者，存一可以知餘，或有承誤不可解者，悉從愼餘之例。

音釋各傳甚詳，茲各從本註其有彖已見而意可推者，或從闕略。然存者什九，缺者什一，或本註原有缺音，則考諸《說文》以補之，故有反切與直音不同，非敢參以己意也。

姚文燮《昌谷集注・凡例四則》 一、昌谷生二十七歲，然無年譜可考。第揆之杜牧之《序》，則太和五年稱賀死後十有五年矣。自太和五年溯之，是賀卒於元和之十二年丁酉，又自元和十二年溯之，是賀生於建中之二年辛酉。歷德宗、順宗、憲宗三朝。詩多感諷誹怨，當世忌之者多，故不敢自系以年。且苦早卒，又爲中表所銜，以其詩投溷廁中。即沈公子明所集四編，亦皆散亂無次。如《高軒過》一詩，乃賀七歲時爲韓員外、皇甫侍御過其家使賦者也，而編之三卷中，可知其卷帙之不足憑耳。今以當日時事按之，則元和十二年以後不及焉。至前此之尙論追諷，亦未可泥也已。

一、世稱少陵爲詩史，然少陵身任其爲史也。唐人詩無多注，唯注少陵甚多。以少陵常自注，故注少陵者依自注以推之易易也，然且患魚魯者不乏焉。昌谷，余亦謂之詩史也，然不敢以史自見也。不惟不自注，更艱深其詞，並其題又加隱晦。後人注之，不過詮句釋字，皆以昌谷詩作《說文》耳，至依文生解者百不得一。王季重之序曾謙，謂推心代口，一一詰之而一一通之。嗚呼，長吉之心與口亦甚難爲推代矣。以余所閱諸家注，卒與詩無與。而文長、揆仲寥寥點次，邈不相及，猶不能如謙之博搜細譯也。總之不度其時，不得其情；不入其隱，則毫厘千里。客有謂余者曰：子雲之後，復有子雲。余則奚敢當此？又謂現昌谷身而爲說法也，又何多讓焉。

一、詩至六朝以迄徐、庾，《騷》《雅》，漢魏浸失殆盡。正始之音，沒於淫哇，識者傷之。唐詩自開元、天寶而後，愈趨卑弱。元、白才名相埒，其詩爲天下傳諷，當時號爲「元和體」，人競習之。類多淺率靡薾，而七言近體尤甚。至問老嫗之可否於灶下，博才子之聲譽於禁中。賀心許之乎？當元稹謁賀，賀呵之曰：「明經中第，何用謁爲？」豈眞薄其爲明經耶？薄其競趨時名以此中第也。故力拘頹風，不惟不知有開、寶，並不知有六朝，而直使屈、宋、曹、劉再生於狂瀾之際。斯集唯古體爲多，其絕無七言近體者，深以爾時之一言近體爲不可救藥而姑置之不議論也。夫以起衰八代之昌黎與皇甫諸公，儼然先輩，乃獨降心於隴西一孺子者，則可知昌谷起衰之功不在昌黎下已。

一、《抱朴子》曰：「懷莫逸之量者，不矜風格以立異。」至若立異而使人斥爲神鬼也，噫，昌谷過矣。雖然《岣嶁》《石鼓》，音義井然，世間安得有奇？即有奇亦安得有不可解者？余謂昌谷無奇處，原無不可解處。第世人患耳食而胸無定識，遂徇聲逐影，究如夢中說夢，終屬恍惚。晦庵，先賢大儒也，其《注》詩猶有議焉者，謂其拘于「鄭聲淫」一語，而《靜女》、《子衿》皆指爲淫焉。毋惑乎世之注昌谷者，拘於「牛鬼蛇神」一語，直欲繪一猙獰幻怪之狀以爲昌谷也，廬山眞面目終不可見矣。

屈復《楚辭新集注·凡例》 一、天下事創始難，繼者差易。《離騷》有註，自王叔師始。後諸家論著即有詳細處，要自王氏發之。兹集先王，而後諸家。大哉，畢路藍縷之功也。

一、注《騷》者數十家，予所見王叔師、洪興祖、朱晦翁、林西仲數家而已。各執一是，議論紛紜，於中斟酌，會成條貫，千金之裘，非一狐之腋也。仍録姓名於首，不敢掠美。

一、篇章次序，相傳已久，或有錯誤，後賢撥正，附註題下，使高明得參是否。若輒更定，即是鹵莽滅裂，則吾豈敢？今依王本存古也。

一、楚詞惟《離騷經》最難解，句有同者，意自各别，並非重複。長篇大作，原有條貫。和氏之璧，御璽材也，搥碎作零星小玉，連城失色矣。兹分五段，庶得要領。

一、典故字釋，多採諸家舊註。李光弼將郭子儀之兵，纔經號令，精彩一變，非予所能。間有補者，不闕妙意，亦不另著。至篇章意義，斷自愚衷，未敢依樣葫蘆也。

一、字面解釋，如初度二言，或云時節，或云氣度，或云法度，或云皆爲支首，悉順文氣。如此之類，無損大義，俱不深辨。

一、六經子史皆有叶韻，不徒楚辭也。諸家議論紛紜，總是風影，惟《古今通韻》蕭山毛奇齡著。獨有根據，今之所音，悉本此書，即註字傍，以便誦讀。

篇中神怪草木，既知寓言，何必深求。或比才德，或比君子小人，讀者自有會心，臨文不贅。

一、《離騷經》難解在大義，《天問》難解在故典。《四庫書目》、諸史《經籍志》所載漢以後書不傳者甚多，況漢以前乎？王叔師所引，尚未盡見，而三閭所用，安能悉知從何處撥正？夫子曰：吾猶及史之闕文也。

一、舊註是者，固能發作者之精微。其非者，亦足開後賢之思路。雖不並録，亦不下論，均有功於後先，無令前賢畏後生也。

一、文人相輕，自古皆然。痛詆他人，以申己説，若必後賢以必吾是者著書，各成一家，天之生才不盡，後人自有心眼别裁，是非豈在吾今日之曉曉哉。況我所論，亦自前賢開悟，操戈入室，何其薄也。往者可欺，來者難誣。戰國時，典墳未灰，三閭以博識宏才創爲斯體，意味難窮。余學識短淺，諸家註解尚未全窺，即盡畢生精力，猶恐多失，況七十餘年，兩月成書，粗疏何言。修瑕補漏，深有望於後之君子。

袁棟《書隱叢説》卷一〇《轉注》 《周官·保氏》：六書，其一轉注，本一字數音，必展轉注釋而後可知之，謂考老之説。非也。字有曰爲人用而易誤，讀其音者列之于左，音訓于下，使學者省覽焉。

汁防。什方。朱提。殊時。隆慮。林廬。方與。房預。龜兹。邱慈。番禺。潘愚。曲逆。去遇。允吾。沿衙。浩亹。告門。邪許。耶虎。宿留。秀溜。阿房。烏防。射覆。食福。糊塗。鶻突。欸乃。襖靄。万俟。木其。冒頓。沒突。可汗。克寒。閼氏。煙支。袒免。但問。嫪毐。澇靄。食其。異飢。日磾。密低。般若。缽惹。咎繇。臯搖。於戲。嗚呼。亮陰。梁闇。魁結。椎髻。身毒。天竺。宛句。寃劬。茶首。蔡茂。惡池。汙沱。谷蠡。鹿離。行氏。拳精。亢倉。庚桑。扶服。匍匐。鸞鳥。藋雀。神荼。伸舒。參差。森雌。齊衰。咨崔。相近。祖迎。子諒。慈良。從臾。縱勇。毒冒。代妹。阿難。烏儺。數奇。朔基。方良。罔兩。逢蒙。龐門。分率。問律。毋追。牟堆。淳母。肫模。伯樂。博勞。墨台。眉怡。夫差。扶釵。句芒。鉤亡。

又卷一八《字易誤讀》 字有易誤讀者。兩字者，既詳之于前矣。一字者，復列之于左焉：

瀧水之瀧。音雙。句讀之讀。音豆。肅爽之爽。音霜。月氏之氏。音支。甪里之甪。音祿。汨羅之汨。音博，縣名。汨羅之汨。音密，水名。不其之其。音箕。魯般之般。音班。先零之零。音憐。於期之於。音烏。姑射之射。音益。令居之令。音連。寧馨之寧。音寗。疆埸之埸。音易。選懦之懦。音軟。盟津之盟。音孟。國土之土。音度。綸巾之綸。音關。犧尊之犧。音梭。率更之率。音律。平反之反。音番。牢愁之愁。音曹。風裁之裁。去聲。朝請之請。去聲。衆生之衆。音中。落魄之魄。音拓。滑稽之滑。音骨。服匿之服。音避。休屠之屠。音儲。戲下之戲。音麾。旁魄之魄。音薄。玄端之端。音冕。妖蠱之蠱。音冶。柴池之柴。音差。遁巡之遁。音逡。烏亘之亘。音桓。鬱壘之壘。音律。觜星之觜。音崔。臯比之比。音皮。沙羨之羨。音夷。宛句之句。音劬。貟尾之貟。音陪。涒灘之灘。音灘。井榦之榦。音寒。羨門之羨。音延。角亢之亢。音剛。不虁之虁。音郎。涑水之涑。音溲。氾勝之氾。音帆。信圭之信。音伸。哭臨之臨。去聲。蒲萄之蒲。音勃。琵琶之琶。可入。麒麟之麒。可去。祆廟之祆。音軒。演門之演。音踐。處分之分。去聲。連石之連。音爛。康居之居。音渠。匪頒之匪。音分。度曲之度。音鐸。平輿之輿。可去。八廚之廚。音皮。襄賁之賁。音肥。昆邪之昆。音魂。涒灘之涒。音敦。六出之出。音綴。爛脫之脫。音奪。太守之守。音狩。廷評之評。音病。魁梧之梧。音悟。口號之號。音豪。蔓菁之蔓。音瞞。嘉欒之嘉。音嫁。大宛之宛。音鴛。行潦之行。音杭。廷爭之廷。音定。夭邪之夭。音歪。盤渦之盤。音漩。華晥之晥。音滑。越席之越。音活。無射之射。音亦。伍員之員。音運。假借之假。音嫁。司空之空。音窟。僕射之射。音夜。瑯邪之邪。音耶。楚些之些。音遡。大家之家。音姑。建瓴之建。音蹇。煬竈之煬。音向。胼胝之胝。音之。毋邱之毋。音貫。耐可之耐。音能。隆準之準。音拙。骨朵之朵。音都。阿誰之阿。音兀。廣莫之廣。音曠。冒絮之冒。音陌。幞被之幞。音伏。巾幗之幗。音憒。淳毋之毋。音模。朴胡之朴。音浮。鹵簿之鹵。音鑪。度支之度。入聲。

盧文弨《抱經堂文集》卷二一《重雕經典釋文緣起》 此書雕版行於海内者，止崑山徐氏《通志堂經解》中有之。宋雕本不可見，其影鈔者，尚閒儲於藏書家。余借以校對，則宋本之譌脫，反更甚焉。當徐氏梓入經解時，其撲塵掃葉，誠不爲無功。然有宋本是，而或不得其意，因而誤改者，亦所不免。且今之所貴於宋本者，謂經屢寫，則必不逮前時也。然書之失眞，亦每由於宋人。宋人每好逞臆見而改舊文，如陸氏雖吳產，而其所弆輯前人之音，則不盡吳產也。乃毛居正著《六經正誤》一書，譏陸氏偏於土音，因輒取他字以易之，後人信其說，遽以改本書矣。又凡切音有音和，亦有類隔，陸氏在當時或用類隔，未嘗不可以得聲，而後人疑其不諧，亦復私爲改易，注疏本多有之。

又卷三《重校方言序》 郭氏注《爾雅》三卷，外又有《音》一卷，則知此書之音，亦必不與注相雜廁，後人取便讀者，遂併合之。以郭音古雅難曉，又附益以近人所音，如《通志》載有吳良輔《方言釋音》一卷，此書當有捃摭及之者。余欲使注自爲注，仿劉昭注《補續漢志》之例，進郭注爲大字，而音則仍爲小字，雖未必即還景純之舊觀，然要使有辨焉爾。至集各家說及文弨之說，上又加圜圍以隔之。戴書已行世，故唯錄其切要者。舊本又有云「字一作某」者，疑出於鼂公武子止。案：鼂《讀書志》云：予傳《方言》本於蜀中，後用國子監刊行本校之，多所是正。其疑者兩著之。據斯言，則知爲鼂氏所加無疑也。予嘉丁君之績，而惜其不登館閣，書成不得載名於簡末，世無知焉。又其所緝綜者紛綸參錯，不易整比，久久將就散失，不愈可惜乎。故以餘閒爲成就之如此。丁君名杰，今已成進士，待學博士闕於杭州，其學實不在戴太史下云。

錢大昕《潛研堂文集》卷三三《與段若膺書》 間足下名久矣。頃邵孝廉與桐以足下所撰《詩經韻譜》見示。尋繹再三，其於古人分部及音聲轉移之理，何其審之細而辨之確也。聲音之變由于方言，始于一方，而偏于天下，久之遂失其最初之音。如今人讀「胖」爲普旺切，讀「閎」爲戶工切，即閒有一方尚存，古音終不能勝海内之口。藉非隋唐之韻尚存，豈復知有古音哉。足下謂音變而義未改，如卬、吾、台、子之台，非不可變如怡音，而三台、天台，古人故讀若怡，眞通人之論。先民有作，豈能易足下之言乎？足下又謂聲音之理，分之爲十七部。合之，則十七部無不互通。蓋以三百篇閒有歧出之音，故爲此通韻之說，以彌縫之。愚竊未敢以爲然也。古有雙聲，有疊韻。參差爲雙聲，窈窕爲疊韻。唉、腭、舌、齒、唇之聲同位者，皆可相轉，宗之爲尊，桓之爲和，是也。聲轉而韻不與之俱轉，一縱一横，各指所之。故無不可轉之聲，而有必不可通之韻。不得以炰休之轉彭亨，而通庚于豪；無俚之轉，無聊而通之于蕭；寧母之轉泥母，而通齊于青也。古人之音，固有若相通者，如眞與淸，東與侵。閒有數字相出入，或出于方言，或由于聲轉，要皆有脈絡可尋，非全部任意可通。至如「周原膴膴」，韓《詩》作「腜」，正與飴茲韻歌以訊之。王逸注《楚詞》引作「誶」，正與「萃」韻字形相似，不無轉寫之譌。足下既攷古而正經文之譌，而又兼存此傳譌之音，以爲通轉之例，大道之多歧，必自此始矣。《小雅・谷風》之末章，足下讀「怨」如「依」，與「嵬萎」爲韻，此亦以意度之，未有他文可證。頃讀《說文序》「視而可識，察而可見」，以「見」與「識」韻，乃悟《谷風》「思我小怨」當與「德」韵，「怨」讀若「抑」。《論語》「以直報怨，以德報德」，亦韻語也。愚管之見，未識有當否，幸賜鑒察。

汪繼培《潛夫論箋序》 王符《潛夫論》行於今者，有明程榮本、何鏜本。何本出於程，不爲異同。別有舊本，與《白虎通德論》、《風俗通義》合刻。《風俗通義》卷首題云「大德新刊」，三書出於同時，蓋元刻也。元刻文字視程本爲勝，《邊議》、《巫列》、《相列》、《夢列》、《釋難》諸篇，簡編脱亂，不如程本；其《務本》、《遏利》、《愼微》、《交際》、《明忠》、《本訓》、《德化》、《志氏姓》諸篇，各本脱亂並同。以意屬讀，得其端緒，因復是正文字，疏證事辭，依採經書，爲之箋註。謹案王氏精習經術，而達於當世之務。其言用人行政諸大端，皆按切時勢，令今可行，不爲卓絶詭激之論。其學折中孔子，而復涉獵於申、商刑名，韓子雜説，未爲醇儒。然符以邊隅一縫掖，閔俗陵替，發憤增歎，未能涉大廷與論議，以感動人主，又不得典司治民，以效其能，獨蓄大道，託之空言，斯賈生所爲太息，次公以之略觀者已。是本以元刻爲據，其以別本及他書所引改補者，曰「舊作某，據某本某書改」，「舊脱某，據某本某書補」。其以己意改補者，止曰「舊作某」，「舊脱某」。采獲衆説，各稱名以別之。

陳本禮《協律鉤玄・略例》 一、集中別字訛句甚多，賴義門扶南于宋本、金本，及《文苑英華》、郭茂倩《樂府》諸籍考定改正。間有傳抄訛錯無從考訂者，則不得不妄爲訂正，然亦考核再四。淵明云：奇文共欣賞，疑義相與析。海内素心，博希雅鑒，諒不哂余之僭也。

一、杜樊川稱沈子明以賀所著歌詩請序，凡二百三十三首，鮑欽止添入集外詩二十三首。而今世所傳有二百十九篇者，有二百四十二篇者，與序中所載之數不合。而琢崖本删去《白門寿》一首，因與《上之回》重。止二百四十一首。又補遺二首，較比舊多十首，然其序次均各參差不一，且多贋鼎，似爲後人淆亂。今竟從琢崖本，以其曾經考核一過也。

一、諸家名氏總于篇首，所引一見後，皆止書某曰，如劉曰、曾曰之類。不重著名者，省繁複也。

一、《長吉集》中無七言律，姚園客《露書》載：長吉有七律詩七十六首。然是妄誕語，不足信。按：黄之雋曰：賀無七言律，一日讀《南園詩》第十一首，嫌語氣未完，急以次首連讀之，始知爲一首而誤分者：長巒谷口倚稽家，白晝千峯老翠華。自履籐鞋收石蜜，手牽苔絮長蓴花。松溪黑木新龍卵，桂洞生硝舊馬牙。誰遣虞卿裁道帔，輕綃一疋染朝霞。似是七律一首，附記于此，以廣異節。【略】拙稿於嘉慶戊辰已録成清本，此次承李靜齋孝廉、秦味芸明經不吝代爲校字，爰復加校勘，補前未備。因限於幀幅，不能改寫，故列諸上方，讀者諒之。

名物制度分部

綜　述

《詩經・召南・甘棠》［毛亨傳鄭玄箋孔穎達疏］ 蔽芾甘棠，勿翦勿伐，召伯所茇。蔽芾，小貌。甘棠，杜也。翦，去。伐，擊也。箋云：茇，草舍也。召伯聽男女之訟，不重煩勞百姓，止舍小棠之下而聽斷焉。國人被其德，説其化，思其人，敬其樹。【略】　疏「蔽芾」至「所茇」。　〇正義曰：國人見召伯止舍棠下，決男女之訟，今雖身去，尚敬其樹，言蔽芾然之小甘棠，勿得翦去，勿得伐擊，由此樹召伯所嘗舍於其下故也。　〇傳「蔽芾」至「草舍」。〇正義曰：此比於大木爲小，故其下可息。《我行其野》云「蔽芾其樗」，箋云「樗之蔽芾始生」，謂樗葉之始生形亦小也。《釋木》云：「杜，甘棠。」郭璞曰：「今之杜梨。」又曰「杜赤棠白」者，棠，舍人曰：「杜，赤色，名赤棠。白者亦名棠。」然則其白者爲棠，其赤者爲杜。《杕杜》傳曰「杜，赤棠」是也。「茇，草舍」者，《周禮》「仲夏教茇舍」，注云：「舍，草止也，軍有草止之法。」然則茇者，草也，草中止舍，故云茇舍。《載馳》傳曰：「草行曰跋。」以其對涉是水行，故以跋爲草行，且「跋」字從「足」，與此異也。

又《鄘風・蝃蝀》 蝃蝀在東，莫之敢指。蝃蝀，虹也。夫婦過禮則虹氣盛，君子見戒而懼，諱之莫之敢指。箋云：虹，天氣之戒，尚無敢指者，況淫奔之女，誰敢視之。〇虹音洪，一音絳。女子有行，遠父母兄弟。箋云：行，道也。婦人生而有適人之道，何憂於不嫁，而爲淫奔之過乎？惡之甚。　〇遠，于萬反，下同。惡，烏路反，下「惡之」皆同。　【疏】「蝃蝀」至「兄弟」。　〇正義曰：此惡淫奔之辭也。言虹氣見於東方，爲夫婦過禮之戒。君子之人尚莫之敢指而視之，況今淫奔之女，見爲過惡，我誰敢視之也？既惡淫奔之女，因即就而責之。言女子有適人之道，當自遠其父母兄弟，於理當嫁，何憂於不嫁，而爲淫奔之過惡乎？　〇傳「蝃蝀」至「敢指」。　〇正義曰：《釋天》云：「螮蝀謂之雩。螮蝀，虹也。」郭璞曰：「俗名爲美人。」《音義》云：「虹雙出，色鮮盛者爲雄，雄曰虹；闇者爲雌，雌曰蜺。」此與《爾雅》字小異，音實同，是爲虹也。序云「止奔」，而經云「莫之敢指」，是虹爲淫戒，故言夫婦過禮則虹氣盛也。夫婦過禮，謂不以道妄淫行夫婦之事也。《月令》孟冬虹藏不見，則十月以前，當自有虹。言由夫婦過禮者，天垂象，因事以見戒，且由過禮而氣更盛，不謂凡平無虹也。以天見戒，故君子見而懼諱自戒。懼諱，惡此由淫過所致，不敢指而親之。若指而視之，則似慢天之戒不以淫爲懼諱然，故莫之敢指也。

又《小雅・無羊》 《無羊》，宣王考牧也。厲王之時，牧人之職廢。宣王始興而復之，至此而成，謂復先王牛羊之數。［疏］《無羊》四章，章八句。○正義曰：作《無羊》詩者，言宣王考牧也。謂宣王之時，牧人稱職，牛羊復先王之數，牧事有成，故言考牧也。經四章，言牛羊得所，牧人善牧，又以吉夢獻王，國家將有休慶，皆考牧之事也。○箋「厲王」至「之數」。○正義曰：此美其新成，則往前嘗廢，故本厲王之時。今宣王始興而復之，選牧官得人，牛羊蕃息，至此而牧事成功，故謂之考牧。又解成者，正謂復先王牛羊之數也。言至此而成者，初立牧官，數未即復，至此作詩之時而成也。王者牛羊之數，經典無文，亦應有其大數。今言考牧，故知復之也。《周禮》有牧人下士六人，府一人，史二人，徒六十人。又有牛人、羊人、犬人、雞人，唯無豕人。鄭以爲，豕屬司空，《冬官》亡，故不見。《夏官》又有牧師，主養馬。此宣王所考，則應六畜皆備。此獨言牧人者，《牧人》注云「牧人，養牲於野田者」。其職曰：「掌牧六牲而阜蕃其物。」則六畜皆牧人主養，其餘牛人、羊人之徒，各掌其事，以供官之所須，則取於牧人，非放牧者也。《羊人職》曰：「若牧人無牲，則受布於司馬，買牲而供之。」是取於牧人之事也。唯馬是國之大用，特立牧師、圉人，使別掌之。則蓋擬駕用者屬牧師，令生息者屬牧人，故牧人有六牲。鄭云：「六牲，謂牛、馬、羊、豕、犬、雞。」是牧人亦養馬也。此詩主美放牧之事，經有「牧人乃夢」，故唯言牧人也。牧人六畜皆牧，此詩唯言牛羊者，經稱「爾牲則具」，主以祭祀爲重，馬則祭之所用者少，豕犬雞則比牛羊爲卑，故特舉牛羊，以爲美也。

《周禮・天官冢宰・大府》［鄭玄注賈公彦疏］ 大府掌九貢、九賦、九功之貳，以受其貨賄之入，頒其貨于受藏之府，頒其賄于受用之府。九功謂九職也。受藏之府，若内府也。受用之府，若職内也。凡貨賄皆藏以給用耳，良者以給王之用，其餘以給國之用。或言受藏，或言受用，又雜言貨賄，皆互文。○藏，才浪反，注「受藏」、「言受藏」同。○【疏】「大府」至「之府」。○釋曰：言「掌九貢、九賦之貳」者，大宰掌其正，此官掌其副貳者，以其物入大府故也。「九功之貳」者，謂九職之功，大宰以九職任之，成孰斂其稅，則是九功也。亦大宰掌其正，物入大府，故亦掌其副貳也。云「以受其貨賄之入」者，九貢謂諸侯九貢，自然有金玉曰貨、布帛曰賄。九賦謂畿内之九賦，口率出泉。九職，如三農園圃之類。亦有不出貨賄者，皆言受其貨賄之入者，雖以泉穀爲主，民欲得出貨賄者則取之，以當邦賦之數，故《大宰》云「九賦斂財賄」，是其不要取泉也。「頒其貨于受藏之府」者，言大府雖自有府，其物仍分置於衆府。受藏之府者，鄭云謂若内府是也。「頒其賄於受用之府」者，鄭云謂若職内是也。○注「九功」至「互文」○釋曰：「九功謂九職也」者，以其九職任萬民，謂任之使有職事，故《大宰》云九職。大府斂貨賄，據成功言之，故云九功。其本是一，故云九功九職也。云「受藏之府，若内府也」者，以其經云「頒其貨于受藏之府」，金玉曰貨，物之善者藏之於内府，近王，掌之以給王用故也。云「受用之府，若職内也」者，府不在内，經云「頒其賄于受用之府」，賄賤於貨，故知入職内，以給國家所用。云「凡貨賄皆藏以給用耳」者，鄭欲以藏用互文，貨言藏者，以其善物，賄言用者，以其賤物。其實皆藏皆用，故言凡貨賄皆藏以給用耳。云「良者以給王之用」者，覆解入内府意。云「其餘以給國之用」者，覆解入職内意。云「或言受藏，或言受用，又雜言貨賄，皆互文」者，言受藏謂内府，言受用謂職内，皆藏以給用。言藏亦用，言用亦藏，是互文也。雜言貨賄者，言貨兼有賄，言賄亦兼有貨，亦是互文。但二者善惡不同，故別言之耳。凡官府都鄙之吏及執事者，受財用焉。【疏】「凡官」至「用焉」○釋曰：言「凡官府」者，謂王朝三百六十官有事須用官物者。云「都鄙之吏」者，謂三等采地吏、謂羣臣等有事須取官物者。「及執事」者，謂爲官執掌之事，須有營造合用官物者。皆來於大府處受財用焉。凡頒財，以式灋授之。關市之賦以待王之膳服，邦中之賦以待賓客，四郊之賦以待稍秣，家削之賦以待匪頒，邦甸之賦以待工事，邦縣之賦以待幣帛，邦都之賦以待祭祀，山澤之賦以待喪紀，幣餘之賦以待賜予。待猶給也。此九賦之財給九式者。膳服即羞服也。稍秣即芻秣也，謂之稍，稍用之物也。喪紀即喪荒也。賜予即好用也。鄭司農云：「幣餘，使者有餘來還也。」玄謂幣餘，占賣國之斥幣。○秣，音末。好，呼報反，下同。使，色吏反。斥，音尺，徐蚩柘反。【疏】「凡頒」至「賜予」○釋曰：言「凡頒財」者，《大宰》云九賦斂財賄，九式用之。此大府頒與九式用之，但事相因，故二處別言九賦之物也。此所頒之財，即《大宰》斂財賄，一也。云「以式法授之」者，謂以舊法式多少授與九式，故云以式法授之。云「關市之賦以待王之膳服」者，自此已下，並與九式事同，但文有交錯，與九賦不次。案九賦先邦中之賦，次四郊，次邦甸，次家稍，次邦縣，次邦都，次關市，次山澤，次幣餘；此先言關市，在邦中上，此家稍又在邦甸上。所以次第不同者，見事起無常。○注「待猶」至「斥幣」○釋曰：云「待猶給也」者，謂大宰斂得九賦之財，給九式之用，待來則給之，故云待猶給，非是訓待爲給。云「此九賦之財給九式者」，以其此經九事與《大宰》九式相當，此九賦又與《大宰》九賦一也，故云九賦之財給九式也。云「膳服，即羞服也」者，此言膳服，《大宰》九式云羞服，膳羞是一，故云膳服即羞服也。自此已下事與九式是一，但文有不同，皆就九式合而解之，故云「稍秣即芻秣也」。「謂之稍，稍用之物也」者，彼九式云芻秣，此改芻爲稍，以其「稍，稍用之」故也。此云喪紀即九式喪荒，一也。此云賜予即九式好用，一也。「鄭司農云：幣餘，使者有餘來還也」者，案《大宰》司農注「幣餘，百工之餘」，與此注不同者，蓋是司農互舉以相足。後鄭不從者，聘使之物，禮數有限，何得有餘來還？又且有餘來還，何得有賦？故後鄭不從。「玄謂幣餘，占賣國之斥幣」者，後鄭之意，百官所用官物不盡歸入職幣，職幣得之，不入本府，恐久藏朽蠹，則有人占賣，依國服出息。謂之斥幣者，謂指斥與人，故謂之斥幣也。凡邦國之貢以待弔用，此九貢之財所給也。給弔用，給凶禮之五事。凡萬民之貢以充府庫，此九職之財。充猶足。【疏】「凡邦」至「府庫」　○釋曰：上文大府掌九貢、九賦、九功，受得三者之財，各各用之。上文九式已用九賦之財訖，故此云邦國之九貢以待給於弔用，下文「萬民之貢以充府庫」，即上九功也。　○注「此九貢」至「五事」　○釋曰：云「給凶禮之五事」者，案《大宗伯》云：「凶禮，哀邦國之事。」下云有喪禮、荒禮、弔禮、禬禮、恤禮，五禮皆須以財貨哀之，故云給凶禮之五事。　○注「此九職」至「猶足」　○釋曰：知此萬民之貢是九職者，案《大宰》云九職任萬民，此上文又云九功，此貢即是九職之功所稅，故知此是九職之財也。案《大行人》，六服諸侯因朝所貢之物，與《大宰》九貢歲之常貢，雖曰時節不同，貢物有異，要六服之貢與九貢多同，亦入弔用之數。又且九貢言入弔用，九賦言入九式，有餘財亦入府庫，是以上文掌九貢九賦，受其貨賄，頒於受藏受用之府也。凡式貢之餘財以共玩好之用。謂先給九式及弔用，足府庫而有餘財，乃可以共玩好，明玩好非治國之用。言式、言貢，互文。【疏】「凡式」至「之用」　○釋曰：式謂九式，貢謂九貢及萬民之貢。有餘財，以供玩好器物之用。　○注「謂先」至「互文」　○釋曰：經言「餘財」，明知先給九式及弔用，足府庫之餘也。經言「式貢」者，式即上文九賦之財給九式之餘也。貢即上文邦國之貢及萬民之貢也。「言式言貢，互文」者，式謂九賦，貢謂九貢及萬民之貢。但賦言式，據用而言，其實亦有賦，貢據貢上爲名，亦有用，故云互文也。凡邦之賦用，取具焉。賦用，用賦。【疏】「凡邦」至「具焉」　○釋曰：上有九貢、九賦、九功，此特言賦，明兼有九貢九功，亦取具焉。歲終，則以貨賄之入出會之。【疏】「歲終」至「會之」　○釋曰：貨賄之入者，謂九貢、九賦、九功入來至大府。言出者，大府以貨賄分置於衆府，及給九式之用，亦是至歲終摠會計之。

《儀禮・燕禮》［鄭玄注賈公彦疏］　凡公所辭，皆栗階。栗，蹙也，謂越等急趨君命也。凡栗階，不過二等。其始升，猶聚足連步。越二等，左右足各一發而升堂。【疏】「凡栗階不過二等」。　○注「其始」至「升堂」。　○釋曰：凡堂及階，尊者高而多，卑者庳而少。案《禮器》云：「天子之堂九尺，諸侯七尺，大夫五尺，士三尺。」《士冠禮》「降三等受爵弁」，鄭注云：「降三等，下至地。」則士三等階。以此推之，則一尺爲一階，大夫五尺，五等階；諸侯七尺，七等階；天子九尺，九等階可知。今云「凡栗階不過二等」，言「凡」，則天子九等已下至士三等，皆有栗階之法。栗階不過二等，據上等而言。故鄭云「其始升猶聚足連步」，一也。故《曲禮》云：「涉級聚足，連步以上。」鄭注云：「涉等聚足，謂前足躡一等，後足從之併。連步，謂足相隨不相過也。」此即聚足，一也。天子已下，皆留上等爲栗階，左右足各一發而升堂。其下無問多少，皆連步。《雜記》云：「主人之升降散等。」鄭注云：「散等，栗階。」則栗階亦名散等。凡升階之法有四等：連步，一也；栗階，二也；歷階，三也，歷階謂從下至上皆越等，無連步，若《禮記・檀弓》云「杜蕢入寢，歷階而升」是也；越階，四也。越階謂左右足越三等，若《公羊傳》云「趙盾避靈公，躇階而走」是也。

《禮記・王制》［鄭玄注孔穎達疏］　凡養老，有虞氏以燕禮，夏后氏以饗禮，殷人以食禮，周人脩而兼用之。兼用之，備陰陽也。凡飲養陽氣，凡食養陰氣。陽用春夏，陰用秋冬。　○食音嗣，注及下注幷下文「食之」並同。養如字，徐以上反，下同。五十養於鄉，六十養於國，七十養於學，達於諸侯。天子諸侯養老同也。國，國中，小學在王宮之左。學，大學也，在郊。小學在國中，大學在郊，此殷制明矣。【疏】「凡養」至「諸侯」。　○正義曰：此一節論虞夏殷周養老不同之事，各依文解之。　○「凡養老」者，皇氏云：「人君養老有四種：一是養三老五更；二是子孫爲國難而死，王養死者父祖；三是養致仕之老；四是引戶校年，養庶人之老。」熊氏云：「天子視學之年，養老一歲有七。」謂四時皆養老。故鄭此注「凡飲養陽氣，凡食養陰氣，陽用春夏，陰用秋冬」，是四時凡四也。按《文王世子》云：「凡大合樂，必遂養老。」注云：「大合樂，謂春入學，舍菜合舞。秋，頒學合聲。」通前爲六。又季春大合樂，天子視學亦養老，《世子》云凡視學，必遂養老，是摠爲七也。　○「有虞氏以燕禮」者，虞氏云：「燕禮，脫屨升堂。」崔氏云：「燕者，殽烝於俎，行一獻之禮，坐而飲酒，以至於醉。以虞氏帝道弘大，故養老以燕禮。」　○「夏后氏以饗禮」者，崔氏云：「饗則體薦而不食，爵盈而不飲，依尊卑而爲獻，取數畢而已。夏既受禪於虞，是三王之首，貴尚於禮，故養老以饗禮，相養敬也。」　○「殷人以食禮」者，崔氏云：「不飲酒，享大牢，以禮食之，殷人質素，威儀簡少，故養老以食禮。」　○「周人脩而兼用之」者，謂周人脩三代之禮，而兼用之以養老。春夏養老之時，用虞氏燕禮、夏后氏饗禮之法。若秋冬養老之時，用殷人食禮之法。以周極文，故兼用三代之法也。皇氏云享有四種：一是諸侯來朝，天子饗之，則《周禮・大行人職》云「上公之禮，其享禮九獻」是也。其牲則體薦，體薦則房烝，故《春秋》宣十六年《左傳》云：「享有體薦。」又《國語》云：「王公立飫，則有房烝。」其所云飫，即謂饗也。立而成禮，謂之爲飫也。其禮亦有飰食，故《春人》云：「凡饗食，共其食米。」鄭云「享有食米，則饗禮兼燕與食」是也。二是王親戚及諸侯之臣來聘，王饗之，禮亦有飯食及酒者，親戚及賤臣不須禮隆，但示慈惠，故並得飲食之也。其酌數亦當依命，其牲折俎，亦曰殽烝也。故《國語》云「親戚宴饗，則有餚烝」，謂以燕禮而饗則有之也。又《左傳》宣十六年云：「享有體薦，宴有折俎，公當享，卿當宴，王室之禮也。」時定王享士會而用折俎，以《國語》及《左傳》，故知王親戚及諸侯之大夫來聘皆折俎饗也。其饗朝廷之臣，亦當然也。三是戎狄之君使來，王享之，其禮則委饗也。其來聘賤，故王不親饗之，但以牲全體委與之也。故《國語》云「戎翟貪而不讓，坐諸門外而體委與之」是也。此謂戎狄使臣賤之，故委饗。若夷狄君來，則當與中國子男同，故《小行人職》掌小賓小客，所陳牲牢，當不異也。四是享宿衛及耆老孤子，則以醉爲度，故《酒正》云：「凡饗士庶子，享耆老孤子，皆共其酒，無酌數。」鄭云：「要以醉爲度。」「食禮」者，有飯有殽，雖設酒而不飲，其禮以飯爲主，故曰食也。其禮有二種，一是禮食，故《大行人》云諸公云食之禮有九舉，及公食大夫禮之屬是也。二是燕食者，謂臣下自與賓客旦夕共食是也。按鄭注《曲禮》「酒漿處右」云：「此大夫士與賓客燕食之禮。」「燕禮」者，凡正享食在廟，燕則於寢，燕以示慈惠，故在於寢也。燕禮則折俎，有酒而無飯也，其牲用狗。謂爲燕者，《詩》毛傳云：「燕，安也。」其禮最輕，升堂行一獻禮，畢，而説屨升堂，坐飲以至醉也。《儀禮》猶有諸侯《燕禮》一篇也。然凡燕禮亦有二種，一是燕同姓，二是燕異姓。若燕同姓，夜則飲之；其於異姓，讓之而止。故《詩·湛露》「天子燕諸侯」篇，《鄭箋》云：「夜飲之禮，同姓則成之，其庶姓讓之則止。」其此燕饗食致仕之老，皇氏云：「則當用正饗、正食、正燕之禮，以其有賢德者，不可以褻禮待之。」其饗死事之老，不必有德，又是老人不宜久立，當用折俎之饗，燕食之食，老人不合夜飲，當用異姓之燕禮。〇注「兼用」至「秋冬」。〇正義曰：「兼用之，備陰陽」者，以燕之與饗是飲酒之禮，是陽，陽而無陰。食是飯，飯是陰，陰而無陽。周兼用之，故云「備陰陽也」。云「凡飲養陽氣，凡食養陰氣」者，《郊特牲》文。所以飲養陽者，飲是清虛陽氣之象，食是形質陰體之義。云「陽用春夏，陰用秋冬」者，按《郊特牲》云「饗禘有樂而食嘗無樂」，是故春禘而秋嘗，享與禘連文，故知饗在春。食與嘗連文，故知食在秋。彼不云冬夏者，彼是殷禮，此言冬夏者據周法也。或鄭因春而言夏，因秋而見冬。雖周，冬夏不養老也。就如熊義，去冬夏則一年有五養老也。又春合舞，秋合聲，即是春秋養老之事，冬夏更無養老，通季春大合樂有三養老也。熊氏以爲春秋各再養老，故爲一年七養老也。去冬夏猶爲五，義實可疑。皇氏云：「春夏雖以飲爲主，亦有食，先行饗，次燕，次食。秋冬以食爲主，亦有饗，先行食，次燕，次享，一日之中，三事行畢。」義或然也。〇「五十」至「諸侯」。〇此謂子孫爲國死難，而王養其父祖也。五十始衰，故養於鄉學。〇「六十養於國」者，六十漸衰，養禮彌厚，故養之於小學，小學在國中也。〇「七十養於學」者，七十大衰，養禮轉重，故養於大學。〇「達於諸侯」者，言此養老之事，非惟天子之法，乃通達於諸侯。盧、王等以爲養於鄉，云不爲力政養於國，云不與服戎，皆謂養庶人之老也，非鄭義，故鄭注云「國中小學」也。〇注「國國」至「明矣」。〇正義曰：養於國與養於學文相對，故知國亦是學也。六十少於七十者，六十者宜養於小學，七十者宜養於大學，故云「國，國中小學」。云「在王宮之左」者，據上文而知。云「小學在國中，大學在郊，此殷制明矣」者，以上文云「小學在公宮南之左，大學在郊」，下文云「殷人養國老於右學，養庶老於左學」，貴右而賤左。小學在國中，左也；大學在郊，右也，與殷同也，故云「此殷制明矣」。以此篇從上以來，雖解爲殷制，無正據可憑，因此小學大學是殷制不疑，故云「明矣」。

《春秋左傳·莊公四年》［左丘明傳杜預注孔穎達正義］ 春，王正月。楚武王荆尸，授師孑焉，以伐隨。尸，陳也。荆亦楚也，更爲楚陳兵之法。揚雄《方言》：「孑者戟也。」然則楚始於此參用戟爲陳。〇孑，吉熱反。《方言》云：「楚謂戟爲孑。」爲陳，直覲反。【疏】注「尸陳」至「爲陳」。〇正義曰：尸，陳也。《釋詁》文：荆即楚之舊邑，故云「荆亦楚也」。楚本小國，地狹民少，雖時復出師，未自爲法式，今始言荆尸，則武王初爲此楚國陳兵之法，名曰荆尸，使後人用之。宣十二年，《傳》稱「荆尸而舉」，是遵行之也。揚雄以《爾雅》釋古今之語，作書擬之，采異方之語，謂之《方言》。《方言》云：戟謂之孑。郭璞云：取名於鉤孑也。戟是擊刺之兵，有上刺之刃，又有下鉤之刃，故以鉤孑爲名也。始云「授師孑焉」，是往前未以此器授師，故云「然則楚始于此參用戟爲陳」，言參用之者，參雜用之，陳之所用非專用戟。

《春秋公羊傳·莊公十九年》［公羊壽傳何休解詁徐彦疏］ ［經］秋，公子結媵陳人之婦于鄄，遂及齊侯、宋公盟。〇媵者何？諸侯娶一國之女，則二國往媵之，以侄娣從。【略】【疏】侄者何？兄之子也。娣者何？弟也。諸侯壹聘九女，諸侯不再娶。必以侄娣從之者，欲使一人有子，二人喜也。所以防嫉妒，令重繼嗣也。因以備尊尊、親親也。九者，極陽數也。不再娶者，所以節人情，開媵路。

又《文公二年》 ［經］八月，丁卯，大事于大廟，躋僖公。〇大事者何？大祫也。【略】大祫者何？合祭也。其合祭奈何？毁廟之主，陳于大祖。未毁廟之主，皆升，合食于大祖，【略】五年而再殷祭。【略】躋者何？升也。何言乎升僖公？【略】譏。何譏爾？逆祀也。其逆祀奈何？先禰而後祖也。升謂西上。禮，昭穆指父子，近取法《春秋》，惠公與莊公當同南面西上；隱、桓與閔、僖亦當同北面西上，繼閔者在下。文公緣僖公於閔公爲庶兄，置僖公於閔公上，失先後之義，故譏之。傳曰「後祖」者，僖公以臣繼閔公，猶子繼父，故閔公於文公，亦猶祖也。自先君言之，隱、桓及閔、僖各當爲兄弟，顧有貴賤耳。自繼代言之，有父子君臣之道，此恩義逆順各有所施也。不言吉祫者，就不三年不復譏，略爲下張本。

《論語·八佾》［何晏注邢昺疏］ 孔子謂季氏，「八佾舞於庭，是可忍也，孰不可忍也？」馬曰：「孰，誰也。佾，列也。天子八佾，諸侯六，卿大夫四，士二。八人爲列，八八六十四人。魯以周公故受王者禮樂，有八佾之舞。季桓子僭於其家廟舞之，故孔子譏之。」　【疏】「孔子」至「忍也」。　○正義曰：此章論魯卿季氏僭用禮樂之事。「孔子謂季氏，八佾舞於庭」者，謂者，評論之稱。季氏，魯卿，於時當桓子也。佾，列也。舞者八人爲列，八八六十四人。桓子用此八佾舞於家廟之庭，故孔子評論而譏之。「是可忍也，孰不可忍也」者，此孔子所譏之語也。孰，誰也。人之僭禮，皆當罪責，不可容忍。季氏以陪臣而僭天子，最難容忍，故曰：「若是可容忍，他人更誰不可忍也？」　○注「馬曰」至「譏之」。　○正義曰：「孰，誰」，釋詁文。「佾，列」，書傳通訓也。云「天子八佾，諸侯六，大夫四，士二」者，隱五年《左傳》文也。云「八人爲列，八八六十四人」者，杜預、何休說如此。其諸侯用六者，六六三十六人。大夫四，四四十六人。士二，二二四人。服虔以用六爲六八四十八人，大夫四爲四八三十二人，士二爲二八十六人。今以舞勢宜方，行列既減，即每行人數亦宜減，故同何、杜之說。天子所以八佾者，案隱五年《左傳》：「考仲子之宮，將萬焉。公問羽數於衆仲，對曰：『天子用八，諸侯用六，大夫四，士二。』夫舞所以節八音而行八風，故自八以下。」杜預云：「唯天子得盡物數，故以八爲列，諸侯則不敢用八。」所謂八音者，金、石、土、革、絲、木、匏、竹也。鄭玄云：「金，鍾鎛也。石，磬也。土，塤也。革，鼓鼗也。絲，琴瑟也。木，柷敔也。匏，笙也。竹，管簫也。」所謂八風者，服虔以爲八卦之風：「乾音石，其風不周。坎音革，其風廣莫。艮音匏，其風融。震音竹，其風明庶。巽音木，其風清明。離音絲，其風景。坤音土，其風涼。兌音金，其風閶闔。」又《易緯・通卦驗》云：「立春調風至，春分明庶風至，立夏清明風至，夏至景風至，立秋涼風至，秋分閶闔風至，立冬不周風至，冬至廣莫風至。」是則天子之舞，所以節八音而行八風，故八佾也。云「魯以周公之故受王者禮樂，有八佾之舞」者，此釋季氏所以得僭之由，由魯得用之也。案《禮記・祭統》云：「昔者，周公旦有勳勞於天下，成王、康王賜之以重祭，朱干玉戚以舞《大武》，八佾以舞《大夏》。此天子之樂也，重周公，故以賜魯。」又《明堂位》曰：「命魯公世世祀周公以天子之禮樂。」是受王者禮樂也。然王者禮樂唯得於文王、周公廟用之，若用之他廟，亦爲僭也，故昭二十五年《公羊傳》稱昭公謂子家駒曰：「吾何僭哉？」荅曰：「朱干玉戚以舞《大夏》，八佾以舞《大武》，此皆天子之禮也。」是昭公之時，僭用他廟也。云「季桓子僭於家廟舞之，故孔子譏之」者，案《經》但云季氏，知是桓子者，以孔子與桓子同時，親見其事而譏之，故知桓子也。何休云：「僭，齊也，下效上之辭。」季氏，陪臣也，而效君於上，故云僭也。大夫稱家。《祭法》：「大夫三廟。」此《經》又言「於庭」。魯之用樂，見於經傳者，皆據廟中祭祀時，知此亦僭於其家廟舞之，故孔子譏之也。

《爾雅・釋宮》［郭璞注邢昺疏］　「疏」釋宮第五。　○釋曰：《易・繫辭》云：「上古穴居而野處，後世聖人易之以宮室，上棟下宇，以待風雨，蓋取諸《大壯》。」此其始也。《白虎通》云：「黄帝作宮室。」《世本》曰：「禹作宮室，其臺榭樓閣之異，門墉行步之名，皆自於宮。」故以《釋宮》總之也。宮謂之室，室謂之宮。皆所以通古今之異語，明同實而兩名。　【疏】「宮謂」至「之宮」。　○釋曰：別二名也。郭云：「皆所以通古今之異語，明同實而兩名。」《釋名》云：「宮，穹也，言屋見於垣上穹崇然也。室，實也，言人物實滿於其中也。」是所從言之異耳。《詩》云：「作于楚宮」，又曰：「入此室處」，是也。古者貴賤所居，皆得稱宮。故《禮記》曰：「由命士以上，父子皆異宮。」又《喪服傳》：「繼父爲其妻前夫之子築宮廟」。是士庶人皆有宮稱也。至秦漢以來，乃定爲至尊所居之稱。

《孟子・離婁下》［趙岐注孫奭疏］　孟子曰：「王者之迹熄而《詩》亡，《詩》亡然後《春秋》作。王者謂聖王也。太平道衰，王迹止熄，頌聲不作，故《詩》亡。《春秋》撥亂，作於衰世也。晉之《乘》，楚之《檮杌》，魯之《春秋》，一也。『其事則齊桓、晉文，其文則史。』孔子曰：『其義則丘竊取之矣。』」此三大國史記之異名。「乘」者，興於田賦乘馬之事，因以爲名；「檮杌」者，嚚凶之類，興於記惡之戒，因以爲名；「春秋」，以二始舉四時，記萬事之名。其事，則五霸所理也，桓、文，五霸之盛者，故舉之。其文，史記之文也。孔子自謂竊取之，以爲素王也。孔子人臣，不受君命，私作之，故言竊，亦聖人之謙辭爾。　【疏】「孟子曰」至「竊取之矣」。　○正義曰：此章指言《詩》可以言，頌詠大平，時無所詠，《春秋》乃興，假史記之文，孔子正之，以匡邪也。「孟子曰：王者之迹熄」至「丘竊取之矣」者，孟子言自周之王者風化之迹熄滅而《詩》亡，歌詠於是乎衰亡，歌詠既以衰亡，然後《春秋》褒貶之書於是乎作。《春秋》其名有三，自晉國所記言之，則謂之《乘》，以其所載以田賦乘馬之事，故以因名爲乘也；自楚國所記而言之，則謂之《檮杌》，以其所載以記嚚凶之惡，故以因名爲《檮杌》也；魯以編年，舉四時，記爲事之名，故以因名爲《春秋》也。凡此雖曰異其名，然究其實則一也。蓋王者迹熄，則所存者但霸者之迹而已。言其霸，則齊桓、晉文爲五霸之盛者。故其所載之文，則魯史之文。而孔子自言之曰：其《春秋》之義，則丘私竊取之矣。蓋《春秋》以義斷之，則賞罰之意於是乎在，是天子之事也，故曰其義則丘竊取之矣。竊取之者，不敢顯述也，故以賞罰之意寓之褒貶，而褒貶之意則寓於一言耳。　○注云「乘爲乘馬之事，檮杌爲嚚凶之類」。　○正義曰：乘馬之事已詳，故不再述。云「檮杌嚚凶」者，案文公十八年《左傳》所謂渾敦、窮奇、檮杌、饕餮四凶，其言『檮杌』，乃曰顓頊氏有不才子，不可教訓，告之則頑，舍之則嚚，天下之民，謂之「檮杌」。杜預云：「檮杌，嚚凶無疇匹之貌也。」

《孫子兵法・作戰》［曹操等注］　孫子曰：凡用兵之法，馳車千駟，革車千乘，帶甲十萬，曹操曰：馳車，輕車也，駕駟馬；革車，重車也，言萬騎之重。車駕四馬，率三萬軍，養二人主炊家子，一人主保固守衣裝，廐二人主養馬，凡五人。步兵十人，重以大車駕牛。養二人主炊家子，一人主守衣裝，凡三人也。帶甲十萬，士卒數也。○李筌曰：馳車，戰車也；革車，輕車也；帶甲，步卒。車一兩，駕以駟馬，步卒七十人，計千駟之軍，帶甲七萬，馬四千匹。孫子約以軍資之數，以十萬爲率，則百萬可知也。○杜牧曰：輕車，乃戰車也。古者車戰，革車輜車，重車也，載器械、財貨、衣裝也。《司馬法》曰：「一車，甲士三人，步卒七十二人，炊家子十人，固守衣裝五人，廄養五人，樵汲五人，輕車七十五人，重車二十五人。」故二乘兼一百人爲一隊，舉十萬之衆，革車千乘，校其費用支計，則百萬之衆皆可知也。○梅堯臣曰：馳車，輕車也；革車，重車也。凡輕車一乘，甲士步卒二十五人，重車一乘，甲士步卒七十五人，舉二車各千乘，是帶甲者十萬人。○王晳曰：曹公曰：「輕車也，駕駟馬，凡千乘。」晳謂馳車，謂駕革車也。一乘四馬爲駟，千駟則革車千乘。曹公曰：「重車也。」晳謂革車，兵車也，有五戎千乘之賦，諸侯之大者。曹公曰：「帶甲十萬，步卒數也。」晳謂井田之法，甸出兵車一乘，甲士三人，步卒七十二人，千乘總七萬五千人。此言帶甲十萬，豈當時權制歟？○何氏曰：十萬，舉成數也。○張預曰：馳車，即攻車也；革車，即守車也。按曹公《新書》云：攻車一乘，前拒一隊，左右角二隊，共七十五人。守車一乘，炊子十人，守裝五人，廄養五人，樵汲五人，共二十五人。攻守二乘，凡一百人。興師十萬，則用車二千，輕重各半，與此同矣。千里饋糧，曹操曰：越境千里。○李筌曰：道理縣遠。則內外之費，賓客之用，膠漆之材，車甲之奉，日費千金，然後十萬之師舉矣。曹操曰：謂購賞猶在外。○李筌曰：夫軍出於外，則帑藏竭於內，舉千金者，言多費也。千里之外贏糧，則二十人奉一人也。○杜牧曰：軍有諸侯交聘之禮，故曰賓客也。車甲器械完緝修繕，言膠漆者，舉其微細。千金者，言費用多也，猶購賞在外也。○賈林曰：計費不足，未可以興師動衆。故李太尉曰：「三軍之門，必有賓客論議。」○梅堯臣曰：舉師十萬，饋糧千里，日費如此，師久之戒也。○王晳曰：內謂國中，外謂軍所也。賓客，若諸侯之使及軍中宴饗吏士也。膠漆車甲，舉細與大也。○何氏曰：老師費財，智者慮之。○張預曰：去國千里，即當因糧，若須供餉，則內外騷動，疲困於路，蠹耗無極也。賓客者，使命與遊士也；膠漆者，修飾器械之物也；車甲者，膏轄金革之類也。約其所費，日用千金，然後能興十萬之師。千金，言重費也，購賞猶在外。

《荀子・榮辱》［楊倞注］ 凡鬬者，必自以爲是而以人爲非也。己誠是也，人誠非也，則是己君子而人小人也。以君子與小人相賊害也，憂以忘其身，內以忘其親，上以忘其君，豈不過甚矣哉。是人也，所謂以狐父之戈钃牛矢也。時人舊有此語，喻以貴而用於賤也。狐父，地名。《史記》伍員曰：「吳王兵敗于狐父」。徐廣曰：「梁碭之間也。蓋其地山名『戈』，其說未聞。」《管子》曰：「蚩尤爲雍狐之戟，狐父之戈。」豈近此耶？钃，刺也，之欲反。古良劍謂之「屬鏤」，亦取其刺也。或讀钃爲斫。將以爲智耶，則愚莫大焉；將以爲利耶，則害莫大焉；將以爲榮耶，則辱莫大焉；將以爲安耶，則危莫大焉。人之有鬬，何哉？

《呂氏春秋・季春紀》［高誘注］ 一曰：季春之月，日在胃，季春，夏之三月。胃，西方宿，趙之分野。是月，日躔此宿。○案《淮南・天文訓》：胃，魏之分野。昏七星中，旦牽牛中。七星，南方宿，周之分野。牽牛，北方宿，越之分野。是月昏旦時皆中於南方也。其日甲乙，其帝太皞，其神句芒。其蟲鱗，其音角，律中姑洗。姑洗，陽律也。姑，故。洗，新。是月陽氣發生，去故就新，竹管音中姑洗也。○注：「發」舊本作「養」，訛。《初學記》引作是月陽氣發，故去故就新，今定作發字。其生字似不誤，仍之。其數八，其味酸，其臭羶，其祀戶。祭先脾，桐始華，田鼠化爲鴽。桐，梧桐也。是月生葉，故曰始華。田鼠，鼸鼠也。鴽，鶉，青州謂之鴾母，周、雒謂之鴽，幽州謂之鶉也。○案：此注多訛脫，《夏小正傳》云：田鼠者，嗛鼠也。《爾雅》作鼸，蓋頰裏藏食之鼠也。注脫「鼸」字，今補。又「鶉」舊訛作「鵲」，「鴾母」訛作「鶉鶉」，案《小正傳》云：鴽，鶴也。《爾雅》鴽，鴾母。郭注云：鶴也。青州呼鴾母。《列子釋文》引《夏小正》田鼠化爲鴽，作鶉；鶉與鶴、鵪竝同。鶉以形近而訛，故定爲鶉字。鴾亦以形近訛鶉，今據郭注改正。鴾母讀爲牟無，《說文》云：鴽，牟母也。虹始見，萍始生。虹，螮蝀也。兗州謂之虹。《詩》曰：「螮蝀在東，莫之敢指」是也。萍，水藻，是月始生。○注虹舊訛訂，謝校改。萍，《月令》作蓱。鄭注：蓱，萍也。今《月令》亦作萍，誤。天子居青陽右个，右个，南頭室也。乘鸞輅，駕蒼龍，載青旂，衣青衣，服青玉，食麥與羊，其器疏以達。說在《孟春》。是月也，天子乃薦鞠衣于先帝。《周禮・司服章》曰：「王祀昊天上帝，則服大裘而冕，祀五帝亦如之。」又《內司服章》：王后之六服有菊衣。衣黃如菊花，故謂之菊衣。春王東方，色皆尚青，此云薦菊衣，誘未達也。○案《內司服》鄭注云：鞠衣，黃桑服也，色如麴塵，象桑葉始生。蓋后妃服以躬桑者。命舟牧覆舟，五覆五反，乃告舟備具于天子焉。舟牧，主舟官也。是月天子將乘舟始漁，恐有穿漏，反覆視之，五覆五反，愼之至也。天子焉始乘舟。薦鮪于寢廟，乃爲麥祈實。焉，猶於此。自冬至此，於是始乘舟。薦，進也。鮪魚似鯉而小，《詩》曰：「鱣鮪潑潑」，進此魚於寢廟，禱祈宗祖，求麥實也。前曰廟，後曰寢，《詩》云：「寢廟奕奕」，言相連也。○注「潑潑」，《詩》作「發發」。《魯頌》「路寢孔碩，新廟奕奕」，此引作「寢廟奕奕」，蔡邕《獨斷》所引亦同。相連，舊作後連，據《獨斷》改。《周禮・隸僕》注「奕奕」作「繹繹」，云相連貌也。是月也，生氣方盛，陽氣發泄，生者畢出，○舊校云：生，一作牙。案：牙字是。《月令》作句。萌者盡達，不可以內。發泄，猶布散也。象陽達物，亦當散出貨賄，不可賦斂以內之。天子布德行惠，命有司發倉窌，賜貧窮，振乏絶，方者曰倉。穿地曰窌。無財曰貧，鰥寡孤獨曰窮，行而無資曰乏，居而無食曰絶。振，救也。○《月令》窌作廩。開府庫，出幣帛，周天下，勉諸侯，府庫，幣帛之藏也。周，賜。勉，進。聘名士，禮賢者。聘問之也。有明德之士，大賢之人，聘而禮之，將與興化致理者也。○注首「聘問之也」四字，舊本缺。孫據李善注《文選》棗道彥《雜詩》增入。是月也，命司空曰：「時雨將降，下水上騰。循行國邑，周視原野。司空，主土官也。是月下水上騰，恐有浸漬，害傷五稼，故使循行遍視之。廣平曰原，郊外曰野。修利隄防，導達溝瀆。開通道路，無有障塞。障，壅。塞，絶也。田獵罼弋，罝罘羅網。餧獸之藥，無出九門。」罼，掩網也。弋，繳射飛鳥也，《詩》云：「弋鳧與鴈」。罝，兔網也，《詩》云：「肅肅兔罝。」羅，鳥網也，《詩》云：「鴛鴦于飛，罼之羅之」。罘，射鹿罟也。網，其總名也。天子城門十二，東方三門，王氣所在處，尚生育，明餧獸之藥所不得出也，嫌餘三方九門得出，故特戒之如言「無」也。罼弋，《月令》作畢翳，注云「翳或作弋」。九門，舊本作國門，云「一作九」，今案：注作九爲是。注如言無也，李本如作加，謝云：如，而也。李本不可從。是月也，命野虞，無伐桑柘。野虞，主材官。桑與柘皆可以養蠶，故命其官使禁民不得斫伐。鳴鳩拂其羽，戴任降于桑。鳴鳩，班鳩也。是月拂擊其羽，直刺上飛數十丈乃復者是也。戴任，戴勝，鵀也。《爾雅》曰：鷗鳩。部生於桑，是月其子彊飛，從桑空中來下，故曰「戴任降于桑」也。○戴任，《月令》作戴勝，《淮南》作戴鵀，注不當訓鵀，但舊本《月令正義》引《爾雅》亦作鵀鳩，此作鷗鳩，究屬鵖鴔二字之誤。部生於桑云云，不知所出。具栚曲篆筐，栚讀曰朕。栚，持也。三輔謂之栚，關東謂之持。曲，薄也。青徐謂之曲。員底曰篆，方底曰筐，皆受桑器也。是月立夏，蠶生，故敕具也。○《月令》作「具曲植籧筐」，《淮南》作「具撲曲莒筐」，此書舊本作「具挾曲蒙筐」。挾與撲皆栚之訛文也。《說文》云：栚，槌之橫者也。槌即植也。《方言》：槌，宋、魏、陳、楚、江、淮之間謂之植，自關而西謂之槌，齊謂之栚。其橫，關西曰㮳，宋、魏、陳、楚、江、淮之閒謂之㭪，齊部謂之持。今據此并注皆改正。栚，從朕省，《方言》不省作㮳。注栚，持也，舊本脫，今從《淮南》注補，則下文方有所承。持，丁革反。舊本作「關東謂之得」，訛。曲，《說文》作笛，云蠶薄也。《廣雅》又從竹，作笛。段云：蒙乃篆字之誤，即記之籧也，亦即筥也，今依改正。案郭璞注《方言》云：篆，古筥字。后妃齋戒，親東鄉躬桑，王者一后三夫人。妃即夫人，與后參職，配王兼衆事。王者親耕，故后妃親桑也，以爲天下先，勸衆民也。禁婦女無觀。觀，遊。省婦使，勸蠶事。省其他使，勸其趨蠶事。蠶事既登，登，成也。分繭稱絲效功，效，致也。絲多爲上功。以共郊廟之服，無有敢墮。郊祭天，廟祭祖。《周禮·內子章》：仲春，詔后率內外命婦蠶于北郊以爲祭服，此之謂也。○墮，《月令》作惰，同。是月也，命工師，令百工，審五庫之量，金鐵、句。皮革筋、句。角齒、句。羽箭幹、句。脂膠丹漆，句。無或不良。良，善。百工咸理，監工日號，無悖於時；監工，工官之長。悖，逆也。事可用作器，無逆之也。不作爲逆也。無或作爲淫巧，以蕩上心。淫巧，非常詭怪。若宋人以玉爲楮葉，三年而成，亂之楮葉之中不可別知之類也，故曰「以蕩上心」。蕩，動也。○注舊本詭上衍說字，今刪。是月之末，擇吉日，大合樂，樂以和民，故擇於是月下旬吉日，大合六樂，八音克諧，簫韶九成。《周禮·大胥司樂章》「以樂舞教國子，舞《雲門》、《大卷》、《大咸》、《大韶》、《大夏》、《大護》、《大武》，大合樂以和邦國，以諧萬民，以安賓客，以悅遠人」，此之謂也。天子乃率三公、九卿、諸侯、大夫親往視之。視其樂也。是月也，乃合纍牛騰馬游牝于牧，纍，讀如《詩》「葛纍」之「纍」。纍牛，父牛也。騰馬，父馬也。皆將羣游從牝於牧之野，風合之。○纍，《月令》作累，《淮南》作㦬，《淮南》注讀「葛藟」之「藟」。犧牲駒犢，舉書其數。舉其犢駒在犧牲者，皆簿領書其頭數也。國人儺，九門磔禳，以畢春氣。儺，讀《論語》「鄉人儺」同。命國人儺，索宮中區隅幽闇之處，擊鼓大呼，驅逐不祥，如今之正歲逐除是也。九門，三方九門也。嫌非王氣所在，故磔犬羊以禳木氣盡之，故曰「以畢春氣」也。○國人儺，《月令》作「命國儺」，《淮南》作「令國難」。此疑倒誤。「儺」疑本作「難」，故注讀從論語之「儺」。「同」字疑後人所增，區隅亦作漚隅，又一作歐隅。行之是令，而甘雨至三旬，行之是令，行是之令也。十日曰旬。○《月令》無此句，《淮南》有，下同。季春行冬令，則寒氣時發，草木皆肅，國有大恐。行冬寒殺氣之令，故寒氣早發，草木肅棘，木不曲直也。氣不和，故國大惶恐也。○注行冬下舊本有「令」字，衍，今刪。行夏令，則民多疾疫，時雨不降，山陵不收。行夏炎陽之令，火干木。故民疾疫。雨澤不降，故山陵所殖不收入。行秋令，則天多沈陰，淫雨早降，兵革竝起。秋陰氣用事，水之母也，而行其令，故多沈陰爲淫雨也。陰爲兵器，故竝起。

《淮南子·時則》［高誘注］ 孟春之月，招搖指寅，招搖，斗建。昏參中，旦尾中。參，西方白虎之宿也，是月昏時中於南方。尾，東方蒼龍之宿也，是月將旦時中於南方。其位東方，其日甲乙，盛德在木。太皞之神治東方也。甲乙，木日也。盛德在木，木王東方也。其蟲鱗，其音角，東方少陽，物去太陰。甲散散爲鱗，鱗蟲，龍爲之長。角，木也，位在東方也。律中太蔟。其數八，律，管音也。陰衰陽發，萬物太蔟地而生，故曰「太蔟」。其數八，五行數五，木第三，故曰八也。其味酸，其臭羶。木味酸，酸之言鑽也，萬物鑽地而生。羶，木香羶。其祀戶，祭先脾。蟄伏之類始動生，出由戶，故祀戶也。脾屬土，陳設俎豆，脾在前也。春木勝土，言常食所勝也。一曰：脾屬木，自用其藏也。東風解凍，蟄蟲始振蘇，東方木，火母也。氣溫，故東風解冰凍。振，動。蘇，生也。魚上負冰，獺祭魚，是月之時，魚應陽而動，上負冰也。獺，獱也。是月之時，獺祭鯉魚於水邊，四面陳之，謂之祭魚也。候鴈北。是月時候之應，鴈從彭蠡來，北過周、洛至漢中，孕卵鷇也。天子衣青衣，乘蒼龍，《周禮》：馬八尺已上曰龍也。服蒼玉，建青旗。服，佩也，熊虎曰旗。食麥與羊，麥，金穀也。羊，土畜也。是月金土以老，食所勝，先食麥，以麥爲主也。服八風水，爨萁燧火。取銅槃中露水服之，八方風所吹也。取萁木燧之火炊之。「萁」讀「該備」之「該」也。東宮御女青色衣，青采，鼓琴瑟。春王東方，故處東宮也。琴瑟，木也。春木王，故鼓之也。其兵矛，矛有鋒，銳似萬物鑽地生。其畜羊。羊，土木之母，故畜之。朝于青陽左个，以出春令。是月之朔，天子朝日于青陽左个。東向堂，故曰青陽。北頭室，故曰左个。个猶隔也。春令，寬和之令也。布德施惠，行慶賞，省傜賦。布陽德，施柔惠也。慶，善。賞，賜予也。省減傜役之勞，輕其賦斂也。立春之日，天子親率三公、九卿、大夫，以迎歲于東郊。率，使也。迎歲，迎春也。東郊，郭外八里之郊也。修除祠位，幣禱鬼神，犧牲用牡。祠位，壇場屛攝之位也。幣，圭璧也。禱鬼神，求福祥也。人神曰鬼，天神曰神。犧牲用牡，尙蠲潔也。禁伐木。春木王，當長養，故禁之也。毋覆巢，殺胎夭。毋麛毋卵，胎，獸胎，懷妊未育者也。麛子曰夭，鹿子曰麛。卵未鷇者，皆禁民不得取，蕃庶物也。毋聚衆置城郭，掩骼薶骴。毋聚合大衆建置城郭，以妨害農功也。骼，骨有肉。掩覆薶藏之，愼生氣也。孟春行夏令，則風雨不時，草木旱落，國乃有恐。孟春木德用事。法當寬仁，而用火氣動于上，故草木旱落，國惶恐也。行秋令，則其民大疫，飄風暴雨總至，黎莠蓬蒿竝興。孟春寬仁，而秋正金鐵之令，氣不和，故民疫疾，風雨猥至，故黎莠蓬蒿疏薉之草竝興盛也。行冬令，則水潦爲敗，雨霜大雹，首稼不入。冬，陰也，水泉湧起，而春行之，故爲敗。氣不和，故雨霜大雹，植稼不熟也。正月，官司空，其樹楊。司空主土，春土受嘉穡，故官司空也。《爾疋》曰：「楊，蒲柳也。」楊木春光，故其樹楊也。

董仲舒《春秋繁露・四祭》［盧文弨校］ 古者歲四祭。四祭者，因四時之所生孰，而祭其先祖父母也。故春曰祠，夏曰礿，秋曰嘗，冬曰蒸。此言不失其時，以奉祭先祖也。過時不祭，則失爲人子之道也。人子，舊本作天子，誤。祠者，以正月始食韭也；礿者，以四月食麥也；嘗者，以七月嘗黍稷也；蒸者，以十月進初稻也。此天之經也，地之義也。孝子孝婦，緣天之時，因地之利。此下有脫文。「已受命而王」云云，與下篇文多相同，不與此處承接。《順命》篇中「地之菜茹瓜果」以下六十三字或當在此。已受命而王，必先祭天，乃行王事，文王之伐崇是也。《詩》曰：「濟濟辟王，左右奉璋。奉璋峩峩，髦士攸宜。」此文王之郊也。其下之辭曰：「淠彼涇舟，烝徒檝之。周王于邁，六師及之。」此文王之伐崇也。上言奉璋，下言伐崇，以是見文王之先郊而後伐也。文王受命則郊，郊乃伐崇，崇國之民，方困於暴亂之君，未得被聖人德澤，而文王已郊矣，安在德澤未洽者不可以郊乎？

桓寬《鹽鐵論・錯幣》［張之象注］ 文學曰：古者市朝音潮。而無刀幣，各以其所有易無，抱布貿音茂。絲而已。貿，易財也。交互之義。後世即有龜貝、金錢、刀布之幣，交施之也。幣數音朔。變，而民滋僞。司馬貞曰：古者寶龜貨貝。《食貨志》有「十朋、五貝」，皆用爲貨。貝各有多少，兩貝爲朋，故直二百一十六，元龜十朋，故直二千一百六十。已下各有差也。錢，本名泉，言貨之流如泉也。故周有泉府之官，及景王乃鑄大錢。刀者，錢也。《食貨志》有「契刀、錯刀」。契刀長二寸，直五百。錯刀以黃金錯，直五千。其形如刀，故曰「刀」，以其利於人也。布泉者，言貨流布。故《周禮》有「三夫之布」。《食貨志》貨布長二寸五分，首長八分，足枝長八分。布者，布於民間也。

荀悅《申鑒・時事》［黃省曾注］ 尙主之制非古也，釐降二女，陶唐之典。《堯典》曰：釐降二女於嬀汭，嬪於虞。歸妹元吉，帝乙之訓。《易・泰九五》曰：帝乙歸妹，以祉元吉。王姬歸齊，宗周之禮。《詩・序》曰：雖則王姬，亦下嫁于諸侯。以陰乘陽違天，以婦凌夫違人。違天不祥，違人不義。悅之叔父荀爽，於延熹九年對策陳便宜，以漢承秦法設尙主之儀，以妻制夫，以卑臨尊，違乾坤之道，失陽唱之義，宜改尙主之制。今悅復以爲言，殆其家門素所商講者乎。此一首所謂正尙主之制也。

古者天子諸侯有事，必告于廟。朝有二史，左史記言，右史記動。按《漢書》作「事」字。《玉藻》曰：卒食玄端而動則左史書之，言則右史書之。動爲《春秋》，《春秋》記事。言爲《尙書》。《尙書》記言。君舉必記，臧否按《漢書》作「善惡」。成敗，無不存焉。下及士庶等，各有異，按《漢書》作「苟有茂異」。咸在載籍。或欲顯而不得，或欲隱而名章。紀以至公。得失一朝，而榮辱千載。善人勸焉，淫人懼焉。故先王重之，以嗣賞罰，以輔法教。宜於令者，官以其日，各書其盡，則集之於《尙書》。按《漢書》作「宜於令者，備置史官，掌其典文，紀其行事。每於歲盡，舉之尚書」，則此上下必有脱誤。若史官使掌典，其事不書。詭常爲善惡則書，言行足以爲法式則書，立功事則書，兵戎動衆則書，四夷朝獻則書，皇后、貴人、太子拜立則書，光武置貴人，爲三夫人。公主、大臣拜免則書，福淫禍亂則書，祥瑞災異則書。先帝故事有起居注，漢時有禁中起居，故明德馬皇后自撰《顯宗起居注》。日用動靜之節必書焉，宜復其式。內史掌之，以紀內事。此一首所謂復內外注記者也。

《孔子家語・問禮》［王肅注］ 言偃問曰：「夫子之極言禮也，可得而聞乎？」孔子言：「我欲觀夏道，是故之杞，夏後封於杞也。而不足徵也，徵，成。吾得夏時焉。於四時之正，正夏數得天之中。我欲觀殷道，是故之宋，殷後封宋。而不足徵也，吾得乾坤焉。乾，天。坤，地。得天地陰陽之書也。乾坤之義，夏時之等，吾以此觀之。夫禮初也，始於飲食。太古之時，燔黍擘豚，古未有釜、甑，燔米擗肉，加於燒石之上而食之。汙罇抔飲，鑿池爲樽，以手飲之。猶可以致敬鬼神。神饗德，不求備物也。及其死也，升屋而號，告曰：『高，某復。』然後飯腥苴熟，始死，含以珠貝。將葬，包苴以遺，奠以送之。形體則降，魂氣則上，是謂天望而地藏也。魂氣升而在天，形體藏而在地。故生者南嚮，死者北首，皆從其初也。昔之王者未有宮室，冬則居營窟，夏則居橧巢。掘地而居，謂之營窟。有柴謂橧，在樹曰巢。未有火化，食草木之實、鳥獸之肉，飲其血，茹其毛。未有絲麻，衣其羽、皮。後聖有作，然後修火之利，冶金冶金爲器，用刑範也。合土，合和以作瓦物。以爲宮室戶牖。以炮以燔，毛曰炮，加火曰燔也。以烹以炙，煮之曰烹，炮之曰炙。以爲醴酪。醴，醴酒。酪，漿酢。治其絲麻，以爲布帛，以養生送死，以事鬼神。故玄酒在室，玄酒，水也。言尚古在略近。醴醆在戶，醴，盎齊也。五齊，二曰醴齊，三曰盎齊。粢醍在堂，粢醍，澄齊。澄酒在下。澄，清，漏其酒也。陳其犧牲，備其鼎俎，列其琴瑟管磬鐘鼓，以降上神，上神，天也。與其先祖。以正君臣，以篤父子，以睦兄弟，以齊上下，夫婦有所。是謂承天之祜，作其祝號，犧牲、玉帛、祝辭皆異，爲之號也。玄酒以祭，薦其血毛。腥其俎，熟其殽。言雖有所熟，猶有所腥，腥本不忘古也。越席以坐，翦蒲席也。疏布以冪。冪，覆酒中也，質，故用疏也。衣其浣帛，練染以爲祭服。醴醆以獻，薦其燔炙。君與夫人交獻，以嘉魂魄。嘉，善樂也。然後退而合烹，合其烹熟之禮，無復腥也。體其犬豕牛羊，體解其牲，體而薦之。實其簠簋，受黍稷之器也。籩豆鉶羹。竹曰籩，木曰豆，鉶，所以盛羹也。祝以孝告，祝通，孝子語於先祖。嘏以慈告。嘏，傳先祖語於孝子。是爲大祥，祥，善。此禮之大成也。」

《國語・周語上》［韋昭注］ 夫先王之制：邦內甸服，邦內，謂天子畿內千里之地。《商頌》曰：邦畿千里，惟民所止。王制曰：千里之內曰甸，京邑在其中央。故《夏書》曰：五百里甸服，則古今同矣。甸，王田也。服，服其職業也。自商以前，幷畿內爲五服。武王克殷，周公致太平，因禹所弼，除畿內，更制天下爲九服。千里之內謂之王畿，王畿之外曰侯服，侯服之外曰甸服。今謀父諫穆王，稱先王之制，猶以王畿爲甸服者。甸，古名，世俗所習也。故周襄王謂晉文公曰：昔我先王之有天下也，規方千里以爲甸服是也。《周禮》亦以蠻服爲要服，足以相況矣。邦外侯服，邦外，邦畿之外方五百里之地，謂之侯服。侯服，侯圻也。言諸侯之近者，歲一來見。侯、衛賓服，此總言之也。侯，侯圻也。衛，衛圻也，言自侯圻至衛圻，其間凡五圻，圻五百里，五五二千五百里，中國之界也。謂之賓服，常以服貢賓見于王。五圻者，侯圻之外曰甸圻，甸圻之外曰男圻，男圻之外曰采圻，采圻之外曰衛圻。《周書・康誥》曰：侯、甸、男、采、衛是也。凡此服數，諸家之說皆紛錯不同，惟賈君近之。蠻、夷要服，蠻，蠻圻也。夷，夷圻也。《周禮》衛圻之外曰蠻，圻去王城三千五百里，九州之界也。夷圻去王城四千里。《周禮》：行人職衛圻之外，謂之要服。此言蠻、夷要服。則夷圻朝貢，或與蠻圻同也。要者，要結，好信而服從之。戎、翟荒服。戎、翟去王城四千五百里至五千里也。四千五百里爲鎭圻，五千里爲蕃圻，在九州之外荒裔之地。與戎、翟同俗，故謂之荒，荒忽無常之言也。甸服者祭，供日祭也，此采地之君其見無數。侯服者祀，供月祀也，堯舜及周侯服，皆歲見。賓服者享，供時享也。享，獻也。《周禮》甸圻二歲而見，男圻三歲而見，采圻四歲而見，衛圻五歲而見。其見也，皆以所貢，助祭于廟。《孝經》所謂：四海之內各以其職來祭。要服者貢，供歲貢也，要服六歲一見。荒服者王。王，王事天子也。《周禮》：九州之外謂之蕃國，世一見，各以其所貴瑤爲贄。故《詩》曰：自彼氐羌，莫敢不來王。日祭、日祭，祭于祖考，謂上食也，近漢亦然。月祀、月祀于曾高。時享、時享于二祧。歲貢、歲貢于壇墠。終王，終，謂世終也。朝嗣王，及即位而來見。先王之訓也。有不祭則修意，意，志意也。謂邦國之內，有違闕不供日祭者，先修意，以自責，畿內近知王意也。有不祀則修言，言，號令也。有不享則修文，文，典法也。有不貢則修名，名，謂尊卑職貢之名。號，《晉語》曰：信于名，則上下不干。有不王則修德，遠人不服，則修文德以來之。序成而有不至則修刑。序成，謂上五者次序也，已成而有不至，則有刑誅。

《戰國策》卷二三《魏策二・魏惠王死章》［高誘注姚宏續注］ 惠公

曰：「昔王季歷葬於楚山續云：《呂氏春秋》作惠公過山。之一本無之字。尾，欒水齧其墓，續云：後語作灓水。注：盛弘之《荆楚記》曰：宜都縣有灓水，即烏水也，今襄州南有烏水。按：古公亶父以修德爲百姓所附，遂杖策去之，與太姜踰梁山而止於岐山之陽。故《詩》曰：率西水滸，至于岐下。是爲太王。太王生季歷，季歷卒葬鄠縣之南，今之葬山名。而皇甫謐云：楚山一名潏山，鄠縣之南山也，縱有楚山之名，不宜得欒水所齧。雖惠子之書，五車來爲稽古也。續云：欒音鸞。《說文》云：漏，流也，一曰漬也。墓爲漏流所漬，故曰「欒水齧其墓」，不必譏惠子也。見棺之前和。文王曰：「嘻，先君必欲一見羣臣百姓也夫，故使欒水見之。」於是出而爲之張於朝，後語張帳以朝。百姓皆見之，三日而後更葬。此文王之義也。

《史記・高祖本紀》［裴駰集解］　高祖爲亭長時，常告歸之田。服虔曰：「告音如『皡呼』之『皡』。」李斐曰：「休謁之名也。吉曰告，凶曰寧。」孟康曰：「古者名吏休假曰告。告又音嚳。漢律：吏二千石有予告、賜告。予告者，在官有功最，法所當得者也。賜告者，病滿三月當免，天子優賜，復其告，使得帶印、紱，將官屬，歸家治疾也。」

又《封禪書》［司馬貞索隱］　江水，祠蜀。案：《風俗通》云：「江出岷山，岷山廟在江都」。《地理志》：江都有江水祠。蓋漢初祠之於源，後祠之於委也。又《廣雅》云：「江神謂之奇相」。《江記》云：「帝女也，卒爲江神」。《華陽國志》云：「蜀守李冰於彭門闕立江神祠三所」。《漢舊儀》云：「祭四瀆用三正牲，沈圭，有車馬紺蓋也」。

又《天官書》［張守節正義］　北斗七星，所謂旋、璣、玉衡以齊七政。杓攜龍角，案：角星爲天關，其間天門，其内天庭，黃道所經，七耀所行。左角爲理，主刑，其南爲太陽道；右角爲將，主兵，其北爲太陰道也。蓋天之三門，故其星明大，則天下太平，賢人在位；不然，反是也。衡殷南斗，魁枕參首。枕，之禁反。衡，斗衡也。魁，斗第一星也。言北方斗，斗衡直當北之魁，枕於參星之首；北斗之杓連於龍角。南斗六星爲天廟，丞相、大宰之位，主薦賢良，授爵祿。又主兵，一曰天機。南二星，魁、天梁；中央一星，天相；北二星，天府庭也。占：斗星盛明，王道和平，爵祿行；不然，反是。參主斬刈，又爲天獄，主殺罰。其中三星横列者，三將軍。東北曰左肩，主左將；西北曰右肩，主右將；東南曰左足，主後將；西南曰右足，主偏將；故軒轅氏占參應七將也。中央三小星曰伐，天之都尉也，主戎狄之國，不欲明。若明與參等，大臣謀亂，兵起，夷狄内戰。七將皆明，主天下兵振；芒角張，王道缺；參失色，軍散敗；參芒角動搖，邊候有急；參左足入玉井中，及金、火守，皆爲起兵。

《漢書・高帝紀》［顔師古注］　［秦二世二年］九月，章邯夜銜枚擊項梁定陶，銜枚者，止言語讙囂，欲令敵人不知其來也。《周官》有銜枚氏。枚狀如箸，横銜之，繣絜於項。繣者，結礙也。絜，繞也。蓋爲結紉而繞項也。繣音獲。絜音頡。大破之，殺項梁。

又［漢王二年］五月，漢王屯滎陽，蕭何發關中老弱未傅者悉詣軍。服虔曰：傅音附。孟康曰：古者二十而傅，三年耕有一年儲，故二十三而後役之。如淳曰：律，年二十三傅之疇官，各從其父疇學之，高不滿六尺二寸以下爲罷癃。《漢儀注》云：民年二十三爲正，一歲爲衛士，一歲爲材官騎士，習射御騎馳戰陳。又曰年五十六衰老，乃得免爲庶民，就田里。今老弱未嘗傅者皆發之。未二十三爲弱，過五十六爲老。師古曰：傅，著也。言著名籍，給公家徭役也。服音是。

皇甫謐《鍼灸甲乙經》卷三《腹自鳩尾循任脉下行至會陰凡十五穴第十九》［高保衡等校注］　鳩尾，一名尾翳，一名髑骬，在臆前蔽骨下五分，任脈之別。不可灸刺。鳩尾蓋心上，人無蔽骨者，當從上岐骨度下行一寸半。《氣府論註》云：一寸爲鳩尾處，若不爲鳩尾處，則針巨闕者中心，人有鳩尾短者，少饒令強一寸。巨闕，心募也，在鳩尾下一寸，任脈氣所發。刺入六分，留七呼，灸五壯。《氣府論註》云：刺入一寸六分。上脘，在巨闕下一寸五分，去蔽骨三寸，任脈、足陽明、手太陽之會。刺入八分，灸五壯。中脘，一名太倉，胃募也，在上脘下一寸，居心蔽骨與臍之中，手太陽、少陽、足陽明所生，任脈之會。刺入二分，灸七壯。《九卷》云：髑骬至臍八寸，太倉居其中，爲臍上四寸。呂廣撰《募腧經》云：太倉在臍上三寸。非也。建里，在中脘下一寸。刺入五分，留十呼，灸五壯。《氣府論註》云：刺入六分，留七呼。下脘，在建里下一寸，足太陰、任脈之會。刺入一寸，灸五壯。臍中，禁不可刺，刺之令人惡瘍遺矢者，死不治。水分，在下脘下一寸，臍上一寸，任脈氣所發。刺入一寸，灸五壯。陰交，一名少關，一名横戶，在臍下一寸，任脈氣衝之會。刺入八分，灸五壯。氣海，一句脖胦，一名下肓，在臍下一寸五分，任脈氣所發。刺入一寸三分，灸五壯。石門，三焦募也，一名利機，一名精露，一名丹田，一名命門，在臍下二寸，任脈氣所發。刺入五分，留十呼，灸三壯。女子禁不可刺，灸中央，不幸使人絶子。《氣府論註》云：刺入六分，留七呼，灸五壯。關元，小腸募也，一名次門，在臍下三寸，足三陰，任脈之會。刺入二寸，留七呼，灸七壯。《氣府論註》云：刺入一寸二分。中極，膀胱募也，一名氣原，一名玉泉，在臍下四寸，足三陰、任脈之會。刺入二寸，留七呼，灸三壯。《氣府論註》云：刺入一寸二分。曲骨，在横骨上中極下一寸，毛際陷者中，動脈應手，任脈、足厥陰之會。刺入一寸五分，留七呼，灸三壯。《氣府論註》云：自鳩尾至曲骨十四穴，並任脈氣所發。會陰，一名屏翳，在大便前小便後兩陰之間，任脈別絡俠督脈、衝脈之會。刺入二寸，留三呼，灸三壯。《氣府論註》云：留七呼。

陸璣《毛詩草木鳥獸蟲魚疏》卷上 采采芣苢。芣苢，一名馬舄，一名車前，一名當道。喜在牛跡中生，故曰車前，當道也。今藥中車前子是也。幽州人謂之牛舌草，可鬻與煮同。作茹，大滑，其子治婦人難產。

又卷下 鴥彼晨風。晨風，一名鸇，似鷂，青黃色。燕頷鈎喙，嚮風搖翅，乃因風飛急疾，擊鳩、鴿、燕、雀食之。

又卷下 維魴及鱮。魴，今伊、洛、濟、潁魴魚也，廣而薄肥，恬而少力，細鱗魚之美者。漁陽泉州刀口、遼東梁水魴特肥而厚，尤美于中國魴，故其鄉語：「居就糧，梁水魴。」鱮似魴，厚而頭大，魚之不美者，故里語曰：「網魚得鱮，不如啗茹。」其頭尤大而肥者，徐州人謂之鰱，或謂之鱅，幽州人謂之鴞鷂，或謂之胡鱅。

又 蟋蟀在堂。蟋蟀似蝗而小，正黑，有光澤，如漆，有角翅。一名蛬，一名蜻蛚，楚人謂之王孫，幽州人謂之趨織，督促之言也。里語曰「趨織鳴，懶婦驚」是也。

《後漢書·禮儀志上》［劉昭注］ 八月飲酎，上陵，禮亦如之。丁孚《漢儀》曰：《酎金律》，文帝所加，以正月旦作酒，八月成，名酎酒。因（合）［令］諸侯助祭貢金。《漢律·金布令》曰：皇帝齋宿，親帥群臣承祠宗廟，群臣宜分奉請。諸侯、列侯各以民口數，率千口奉金四兩，奇不滿千口至五百口亦四兩，皆會酎，少府受。又大鴻臚食邑九眞、交阯、日南者，用犀角長九寸以上若瑇瑁甲一，鬱林用象牙長三尺以上若翡翠各二十，準以當金。《漢舊儀》曰：皇帝惟八月酎，車駕夕牲，牛以絳衣之。皇帝暮視牲，以鑒燧取水於月，以火燧取火於日，爲明水火。左袒，以水沃牛右肩，手執鸞刀，以切牛毛薦之，而即更衣，（巾）侍［中］上熟，乃祀（之）。

又《輿服志上》 耕車，其飾皆如之，有三蓋。一曰芝車，置轙耒耜之箙，上親耕所乘也。《新論》桓譚謂揚雄曰：「君之爲黃門郎，居殿中，數見輿輦，玉蚤、華芝及鳳皇、三蓋之屬，皆玄黃五色，飾以金玉、翠羽、珠絡、錦繡、茵席者也。」《東京賦》曰：「立戈迤戛，農輿路木。」薛綜曰：戈，句孑戟。戛，長矛。置車上者邪柱之。迤，邪也。是謂戈路。農輿三蓋，所謂耕根車也。東耕于藉，乘馬無飾，故稱木也。賀循曰：漢儀，親耕青衣幘。《東京賦》說親耕，亦云「鸞路蒼龍」。賀循曰：車必有鸞，而春獨鸞路者，鸞鳳類而色青，故以名春路也。《賦》又曰：「介御間以剡耜。」薛綜曰：耜，耒金也。廣五寸，著耒耜而載之。天子車參乘，帝在左，御在中，介處右，以耒置御之右。

又《光武帝紀》［李賢等注］ 壬子，起高廟，建社稷於洛陽，立郊兆於城南，始正火德，色尚赤。《漢禮制度》曰：人君之居，前有朝，後有寢。終則制廟以象朝，後制寢以象寢。光武都洛陽，乃合高祖以下至平帝爲一廟，藏十一帝主於其中。元帝次當第八，光武第九，故立元帝爲祖廟，後遵而不改。《續漢志》曰：立社稷於洛陽，在宗廟之右，皆方壇，四面及中各依方色，無屋，有牆門而已。《白虎通》曰：天子之壇方五丈，諸侯之壇半天子之壇。社者，土也，人非土不立，非穀不食，故封土立社，示有土也。稷者，五穀之長，得陰陽中和之氣，故祭之也。《續漢書》曰：制郊兆於洛陽城南七里，爲壇，八陛，中又爲重壇，天地位皆在壇上。其外壇上爲五帝位，青帝位在甲寅，赤帝位在丙巳，黃帝位在丁未，白帝位在庚申，黑帝位在壬亥。其外爲壝，重營皆紫，以象紫宮。營有通道以爲門，日月在營內南道，日在東，月在西。北斗在北道之西。外營、中營凡千五百一十四神，高皇帝配食焉。北郊在洛陽城北四里，方壇，四陛。地祇位南面，西上；高皇后配，西面，皆在壇上；地理群后從食，皆在壇下；中岳在未；四岳各依其方，淮、海俱在東，河在西，濟在北，江在南，餘山川各如其方。漢初土德，色尚黃，至此始明火德，徽幟尚赤，服色於是乃正。

又 是歲，初起明堂、靈臺、辟雍，及北郊兆域。《大戴禮》云：明堂者凡九室，一室有四戶八牖，三十六戶，七十二牖。以茅蓋上，上員下方。赤綴戶也，白綴牖也。《禮圖》又曰：建武三十一年，作明堂，上員下方。十二堂法日辰。九室法九州。室八窗，八九七十二，法一時之王。室有十二戶，法陰陽之數。胡伯始云：古清廟蓋以茅，今蓋以瓦，下藉茅，存古制也。《漢官儀》曰：明堂四面起土作塹，上作橋，塹中無水。明堂去平城門二里所，天子出，從平城門，先歷明堂，乃至郊祀。又曰：辟雍去明堂三百步。車駕臨辟雍，從北門入。三月、九月，皆於中行鄉射禮。辟雍以水周其外，以節觀者。諸侯曰泮宮。東西南有水，北無，下天子也。《漢宮閣疏》曰：靈臺高三丈，十二門。天子曰靈臺，諸侯曰觀臺。《漢官儀》：北郊壇在城西北角，去城一里所。（謂）［爲］方壇四陛，但有壇祠舍而已。其鼓吹樂及舞人御帳，皆徙南郊之具。地祇位南面西上，高皇后配，西面，皆在壇上。地理群神從食壇下。南郊焚犢，北郊埋犢。

江淹《江文通集》卷二《傷友人賦》［胡之驥注］ 僕以爲天下絶倫，黯與秋草同折，《古詩》曰：傷彼蘭蕙花，將隨秋草萎。今不復見才矣。既而《陳書》有念，橫瑟無從。孔子曰：吾惡夫涕之，無從也。雖乏張范通靈之感，范曄《後漢書》曰：范式字巨卿，少與張劭爲友。劭字元伯。元伯卒，忽夢見元伯呼曰：「巨卿，吾以某日死，當以某時葬，永歸黃泉。子未我忘，豈能相及？」式怳然覺悟，便服朋友之服，數其葬日，馳往赴之。既至壙，將窆，而柩不進。其母撫之曰：「元伯豈有望邪？」遂停柩。移時，乃見素車白馬，號哭而來，其母望之，曰：「必范巨卿。」既至，叩喪言曰：「行矣，元伯。死生各異，永從此辭。」式執紼引柩，乃前。遂留冢次，脩墳種樹，乃去。廣同嵇向篤徒之哀。嵇康與向秀友善，後康以事見法。秀經山陽舊廬，鄰人有吹笛者，發聲寥亮。追思曩昔遊宴之好，乃作《懷舊賦》。乃爲辭曰：泫然沾衣兮，悲袁友之英秀。系神緒而作氏，系，繼也，緒也，與繫同。謂帝繫諸侯卿大夫，世本之屬也。胤靈枝而啓胄。胤，嗣也。李陵《與蘇武書》曰：胤子無恙。《毛詩》曰：文王孫子，本枝百世。孔安國《尚書傳》曰：胄，長子也。轢四代而式昌，轢，車所踐歷也。式，用也。昌，盛也。洎十葉而克茂。洎與漑同，潤也。《西征賦》曰：踰十葉以逮赧。友人之生，川岫降明。《毛詩》曰：維嶽降神，生甫及申。峻調迥韻，惠志聰情。倜儻遠度，倜儻，卓異不羈也。《史記》曰：魯仲連好奇偉，倜儻畫策，而不肯仕宦任識。寂寥靈素。言其虛靈樸素也。文擎淵卿，史類遷固。潘岳《西征賦》曰：長卿淵雲之文，子長政駿之史。《文選》注曰：司馬相如字長卿，王褒字子淵，楊雄字子雲，皆工爲文。司馬遷字子長，劉向字子政，劉歆字子駿，皆有史才。司馬遷、班固著《史記》、《漢書》。

盧照鄰《登高臺》（《唐音》卷一）［張震注］《地志》：在秦鳳路德順州治之東，臺最高峻，四時可以遠望，故名。回中道路嶮，蕭關烽候多。五營屯右地，萬乘出西河。單于拜玉璽，天子按琱戈。振旅汾川曲，秋風橫大歌。回中，《輿地志》：在隴川汧縣西北，又名回城，即後漢所開入蜀之地。又《括地志》：秦始皇建回中宮于岐州雍縣西四十里。蕭關，《輿地志》：在鎮戎軍西北，漢文帝時，匈奴入蕭關即此地也。鎮戎，即今之平涼府也。烽候，見前《綱目集覽》。許愼曰：候，望也。所以望烽燧也。五營，未詳。右地，《前西域傳》：孝武時，張騫始開西域之迹。其後擊破右地降渾邪休屠王，遂空其地。萬乘，天子之車也，故稱天子，不敢斥言，而但稱萬乘也。一，天子地方千里，出車萬乘，故稱萬乘也。西河，《輿地志》：汾州西河也。又在九泉郡，衛青度西河至高闕破匈奴是也。單于，《前單于傳》：虜號廣大貌，言其象天單于然。玉璽，《說文》：王者印，所以主土也。蔡邕《獨斷》曰：皇帝六璽，皆玉螭虎紐文。又師古曰：璽之爲言信也。琱戈，《前郊祀志》：郊東得寶鼎，獻之，刻文曰：「黼黻琱戈。」註：琱戈者，刻鏤之戈也。按：戈，《說文》：平頭戟也。振旅，《書傳》：振，整也。師衆也，謂整衆以歸也。或謂出曰班師，入曰振旅，振旅而歸京師也。汾川，即汾州也。秋風歌，《前武紀》：帝濟汾河，有《秋風歌》，曰「秋風起兮白雲飛」云云。又《前高紀》：帝至沛中，與父老宴，作《大風歌》。後人因其地作歌風臺。

《唐六典》卷一［李林甫等注］尚書左丞相一人，右丞相一人，并從二品。左、右丞相本左、右僕射也。《漢書・百官表》云：僕射，秦官，自侍中、尚書、博士、郎皆有僕射。古者重武官，有主射以督課，因所領之職以爲號，若尚書則曰尚書僕射。漢因秦，後漢建安四年，以執金吾榮邵爲尚書左僕射，分置左右，蓋自此始。《漢官儀》：僕射秩六百石，公爲之加至二千石。自晉以後，給省事吏三人。魏、晉、宋、齊秩皆六百石，品并第三，梁品猶第三，秩中二千石，班第十五陳，品加至第二。後魏、北齊及隋品皆從第二，自魏晉以來置二，則爲左右僕射，或不兩置，但曰尚書僕射。宋《百官階次》云：尚書僕射，勝右減左，望在二者之間，僕射職爲執法，置二則曰左、右執法，又與列曹、尚書分領諸曹，郎、令闕則左僕射爲省主。自東晉以來，祠部尚書多不置，以右僕射主之。若左、右僕射并闕，則置尚書僕射以掌左事，置祠部尚書以掌右事。然則尚書僕射、祠部尚書不常置矣。隋置左右僕射，從二品，皇朝因之。自漢以來，章服并與令同。龍朔二年，改爲左、右匡政，咸亨元年，復爲僕射。光宅元年，更名左、右相。神龍元年，復爲僕射，開元初，改爲左、右丞相。

駱賓王《駱丞集》卷一《靈泉頌》［顏文選注］此邑城控剡山，地連禹穴。基址多石，崗阜無津。爰自興建以來，久微穿汲之利，非精誠貫於有道，純志浹於無私，孰能洽冥貺以通幽，竟靈泉而致養者也。剡山，地名，唐初於此置嵊州，取四山爲嵊之義，并析置剡縣，宋改嵊縣，今因之禹穴。按《一統志》：禹穴在會稽山龍瑞宮側。此宮乃唐所建，道家謂黃帝嘗建候神舘於此，有龍瑞壇。呂東萊云：大石中斷成罅，殊不古。司馬遷自叙上會稽探禹穴，此殆非子長所探也。王十朋詩：好古貪奇司馬遷，胷中史記越山川。如今禹穴無尋處，洞鎖陽明石一拳。又《穴石舊經》云：禹葬會稽山，取此石爲窆，上有石隸不可讀，今以亭覆之。了翁詩：禹穴原從一罅通，禹陵原在亂山中。飲泉窆石皆如此，誤却東遊太史公。《水經注》云：會稽山南有硎，去禹廟七里，謂之禹井，即禹穴也。張晏亦曰：禹至會稽，崩而葬焉。上有孔穴，或云禹入此石穴，故子長上會稽探之。此說俱非是。楊升菴云：此乃子長自言徧遊萬里之目，總吳越及巴蜀也。按：蜀之石泉，禹生之地，謂之禹穴。其石穴深，人跡不到。巡撫儀封劉遠夫修《蜀志》，搜訪古碑刻有禹穴二字，乃李白所書，始知禹穴在會稽之誤。此蕭縣乃言會稽地者，借用之也。

杜甫《杜工部集》卷九《元日寄韋氏妹》［錢謙益箋注］近聞韋氏妹，迎在漢鍾離。郎伯殊方鎮，京華舊國移。春城迴北斗，郢樹發南枝。不見朝正使，啼痕滿面垂。北斗：《三輔黃圖》「初置長安城，本狹小，至惠帝更築之。高三丈五尺，上闊九尺，下闊一丈五尺，雉高三板，周迴六十五里。城南爲南斗形，北爲北斗星。至今人呼漢舊京爲斗城」。郢樹：《柳詩》「長在荊門郢樹烟」。朝正：《唐會要》「天寶六載勅中書門下奏：自今已後，諸道應賀正使，並取元日隨京官例序立便見。」

柳宗元《柳河東集》卷一八《觀八駿圖說》［韓醇注］晉王嘉《拾遺記》：八駿之名：一曰絕地，二曰翻羽，三曰奔霄，四曰越影，五曰踰暉，六曰超光，七曰騰霧，八曰挾翼。圖必本諸此云。古之書，有記周穆王馳八駿升崑崙之墟者，《列子》云：周穆王不恤國事，不樂臣妾，肆意遠遊。命駕八駿之乘，右服驊騮而左綠耳，右驂赤驥而左白義。次車之乘，右服渠黃而左踰輪，左驂盗驪而右山子。馳驅千里至于巨蒐氏之國，遂宿崑崙之阿，赤水之陽。古書記穆王馳八駿者，莫此爲詳。後之好事者爲之圖，宋齊以下傳之。

又卷二六《諸使兼御史中丞壁記》 古者交政於四方，謂之使。今之制，受命臨戎，職無所統屬者，亦謂之使。凡使之號，蓋專焉而行其道者也。開元以來，其制愈重，故取御史之名而加焉。至于今若干年，其兼中丞者若干人。唐初，諸使未嘗加御史之名。自明皇開元以來，使之制愈重，故有兼御史者。德宗時，置東都畿觀察，而以留臺御史中丞爲之。建中間，又以御史中丞一員爲理匭使。故兼御史中丞爲使者不一。嘗自開元初考之，至貞元二十年間，其有兼中丞爲節度使者，曰楊國忠，曰令狐彰，曰宗正卿琬，曰盧羣。有爲節度觀察處置使者，曰蕭華。有爲團練觀察使者，曰李栖筠，曰李道昌。有爲節度觀察使者，曰張獻恭。有爲觀察使者，曰杜亞，曰衞晏，曰楊頊。有爲都團練使者，曰吳希光，曰張愔。有爲經略使者，曰戴叔倫，曰張正元。有爲冊南詔使者，曰袁滋。有爲節度留後者，曰田悦。明皇幸蜀，有爲置頓閣道使者，曰韋諤，曰宋若思。是皆兼中丞者也。外又有自爲中丞出爲使者，或疏決囚徒，或賑恤水旱，或黜陟官吏。又有兼御史大夫而使者，或爲節度，或爲轉運度支鹽鐵，或爲防禦諸使。

許渾《丁卯詩集》卷下《歲暮自廣江至新興往復中題峽山寺四首》 月在行人起，千峯復萬峯。海虛爭翡翠，溪邏鬪芙蓉。南方呼市爲虛，呼戍爲邏。新州有翡翠虛，芙蓉邏也。古木高生槲，陰池滿種松。木槲花生于他樹。槎枿池沼多松，謂之水松也。火探深洞燕，香送遠潭龍。南方持火于乳洞中取燕而食。康州悦城縣有溫媪龍，即蛇也。隨水往舟船，至人家，或千里外，皆以香酒果送之。藍塢寒先燒，禾堂晚併舂。種藍，多在塢中先燒其地。人以木槽爲舂禾，謂之舂堂。

白居易《白氏長慶集》卷三七《禽蟲十二章》［馬元調注］ 豆苗鹿嚼解烏毒，艾葉雀銜奪鷰巢。鳥獸不曾看《本草》，諳知藥性是誰教？嘗獵者説云：鹿若中箭發，即嚼豆葉食之，多消解。箭毒多用烏頭，故云烏毒。又鷰惡艾，雀欲奪其窠，先銜一艾致其窠，輒避去，因而有之。

李紳《追昔游集》卷上《趨翰苑遭誣搆四十六韻》 窮老鄉關遠，羇愁骨肉無。鵲靈窺牖戶，龜瑞出泥途。余到端州，有紅龜一，州人李再榮來獻，稱嘗有里人言，吉徵也。余放之於江中，迴頭者三四，游泳前後不去久之。又南中小鵲，名曰鸞鵲，形小如燕雀。里中言，此鳥不常見，至而鳴舞，必有喜應，是日與龜同至於館也。

姚合《姚少監詩集》卷九《和裴結端早朝》 魚鑰千門啓，雞人唱曉傳。冕旒臨玉殿，丞相入鑪烟。列位同居左，分行忝在前。給事中與侍御史班同行，在東。給事中立在臺官前，故有此句。

元稹《元氏長慶集》卷一二《和樂天送客嶺南二十韻》 大壑浮三島，周天過五均。波心踴樓閣，規外布星辰。交廣間南極浸高，北極凌低，圓規度外，星辰至衆，大如五曜者數十，皆不在星經。狒狒父沸切，《説文》作鸓。穿筒格，猩猩置屐馴。郭璞云：鸓鸓，交廣山谷間有之，南人俗法，嘗用竹筒穿臂以受之，狒狒執臂輒笑，笑則脣蔽兩目，人因自筒中出手，以釘釘之於樹。猩猩嗜酒，好屐，南人嘗以美酒置於其所，且排十數屐，猩猩見之，驟相謂曰：「吾既就擒矣。」然而漸飲至醉，醉則穿破屐而行，既不能去，相與泣而見獲。故《吳都賦》曰：「猩猩啼而就擒，鸓鸓笑而被格。」蓋爲此。

韓偓《韓内翰别集·兩後月中玉堂閑坐》 夜久忽聞鈴索動，玉堂西畔響丁東。禁署嚴密，非本院人，雖有公事，不敢遽入。至於內夫人宣事，亦先引鈴。每有文書，即內臣立於門外，鈴聲動，本院小判官出受。受訖，授院使，院使授學士。

李翺《李文公集》卷三《平賦書》［元革注］ 凡爲天下者，視千里之都爲千里之都者，視百里之州爲百里之州者，起於一畝之田。五尺謂之步，古者六尺爲步。古之尺小，爲茲時之尺四尺八寸。則方一步爲古之方一步餘三百六寸二分五釐也。二百有四十步謂之畝，古者步百爲畝，與此時不同。而從俗之數則易行也，一畝爲古之田三畝也。三百有六十步謂之里。古者畝百爲夫，夫三爲屋、屋三爲井，一井之田，九夫三屋。方三百步爲一里也，方一里之田，九夫，頃異名也。方里之田，五百有四十畝。畝百爲頃，五頃四十畝也。古之里雖小，其畝又加小，所以古之方一里爲田九頃。茲時方一里爲田五頃四十畝，爲古之田十六頃有二十畝也。十里之田，五萬有四千畝。五百四十頃也，爲古之田一千六百二十頃也。百里之州，五千有四億畝。五萬四千頃也，爲古之田一十六萬二千頃也。千里之都，五千有四百億畝。五百四十萬頃也，爲古之田一千六百二十萬頃也。方里之內，以十畝爲之屋室徑路，牛豚之所息，葱韭菜蔬之所生植，里之家給焉。古者方一里爲井，爲田九百畝。農夫八家各受百畝，公田八十畝，八家同養。公田公事畢，然後理私田。《詩》曰：雨我公田，遂及我私。餘田二十畝爲閭井屋室。茲時既加大，一畝之田爲古之田三畝，十畝之田爲古之田三十畝。較其多少亦相若矣。

又卷一八《五木經》 樗蒲，五木，玄白判。樗蒲，古戲，其投有五，故自呼爲五。木，以木爲之，因謂之木。今則以牙角尙飾也。判，半也。合其五投，並上玄下白，故曰玄白判。厥二作雉，雉，鳥也。取二投，于白上刻爲鳥。背雉作牛。其刻其鳥二投，背上並刻牛，故曰背也。以雉犢爲彩者，謂其悍戾，逢敵必鬬，以求勝也。雖矢馬關，亦皆角逐，防遏之義也。王采四：盧、白、雉、牛；王，貴也。皌采六：開、塞、塔、禿、撅、梟。皌，賤也。其采義未詳。全爲王，駁爲皌。全，謂其不雜也。皆玄曰盧，厥筴十六。盧，黑白色。《書》曰：旅弓旅矢。謂所投盡黑也。十六，筴者行馬時便以此數矢而隔之，他筴倣此。皆白曰白，厥策八。雉二玄三曰雉，厥筴十四。牛三白三曰犢，厥筴十。雉一牛二白三曰開，厥筴十二。雉如開，如開各一。厥餘皆玄曰塞，厥筴十一。雉、白各二玄一曰塔，厥筴五。牛、玄各二白一曰禿，厥筴四。白三玄二曰撅，厥筴三。白二玄三曰梟，厥筴二。矢百有二十設關二，間矢爲三，間，別也。刻木爲關，彫飾之，每聚四十矢。馬筴二十，厥色五。大率戲時不過五人，五色者各辨其所執也。凡擊馬及王采，皆又投。擊馬謂打敵人子也。打子得雋王采，自專，故皆許重擲。王采累得累擲之，變則止。馬出初關，疊行。謂逢可以疊馬即許疊也，如不要疊，亦得重馬被打著尤苦。非王采，不出關，不越坑。馬出關，亦自專之義也。名爲落坑，義在難出，故用王采能出也。入坑有謫，其所罰隨所約，並輸合坐。行不擇筴馬一矢爲坑。謂矢行致馬落坑也，亦有馬皆不可均融數奇而入坑者。所睹隨臨時所約，劉毅家無儋石儲，而一擲百萬也。

韓愈《昌黎先生集・元和聖德詩》［李漢注］ 皇帝曰嘻，豈不在我。負鄙爲艱，縱則不可。出師征之，其衆十旅。「十」或作「千」。方云：按此專紀楊惠琳之亂也。時嚴綬在河東，表請討之。詔與天德軍合擊，未嘗他出師也。十旅爲正。今按《周禮》「五人爲伍，五伍爲兩，四兩爲卒，五卒爲旅」，則一旅五百人，而十旅五千人也。方說得之，亦見以順討逆，師不在衆之意。

段公路《北户録》卷二《雞毛筆》［崔龜圖傳］ 番禺諸郡如隴右，多以青羊毫爲筆。昭州擇雞毛爲筆，其三覆鋒亦有圓如錐，方如鑿，可抄寫細字者。昔溪源有鴨毛筆，以山雞毛、雀雉毛間之，五色可愛。徵其事，得非入江淹夢中者乎。且筆有豐狐之毫，傅子云：漢末筆，非文犀之楨，必象遺之筦、豐狐之毫、秋兔之翰。虎僕之毛、《博物志》有獸緣木，似豹，名爲虎僕，毛可爲筆也。蚼蛉鼠毛、《廣志》云：「可以爲筆」。鼠鬚、均州出。羖䍽羊毛、邛、朔取腋下族毛。麝毛、狸毛、鄭公虔云：麝毛筆一管，寫書直行四十張；狸毛筆一管，界行寫書八百張。馬毛、嘉州。羊鬚、陶隱居燒丹，封鼎際，用羊鬚筆。胎髮、吴嫗多以小兒髮爲柱筆。鄭虔云：蕭祭酒常用之。又，韋仲將《筆方》云：「筆柱，或云墨池，亦曰承墨。」又有柳筆、皮筆、鐵筆也。龍筋《金陵拾遺》具。爲之。然未若兔毫。其宣城歲貢青毫六兩、紫毫三兩、次毫六兩，勁健無以過也。今嶺中亦有兔，但纔大於鼠，比北中者，其毫軟弱，不充筆用。是知王羲之歎江東下濕，兔毫不及中山。又煬帝取滄州兔，養於揚州海陵縣，至今勁快，不堪全用，蓋兔食竹葉故耳。然次有鹿毛筆，晉張華嘗用之，不下兔毫。按：《博物志》云：筆，蒙恬所製。世有短書，名爲《黄仲舒答牛亨問》，曰：蒙恬作秦筆，枯木爲管，鹿毛爲柱，羊毛爲被。所謂蒼毫，非兔毫也。夫有筆之理與書同生具。《尚書中候》云：龜負圖，周公援筆寫之。其來尚矣。

又卷三《香皮紙》 羅州多棧香樹，身如柜柳，其華繁白，其葉似橘，皮堪搗紙，土人號爲「香皮帋」，作灰白色，文如魚子牋。今羅、辨州皆用之，《三輔故事》云：「衛太子以紙蔽鼻，前漢已有之，非蔡倫造也。」此蓋言其善，不云創耳。又「和熹鄧后貢獻悉斷，歲時但供紙筆而已」。然則其用久矣，但不知何物爲之。按王隱《晉書》曰：「王隱荅華恆云：『魏太和六年，河間張楫士《古今字詁》其《中部》云：今帋也，古之素帛，依書長短，隨事截絹，狀數重沓』。」即明幡紙，字從系，此形聲。貧者無之，故溫舒截蒲寫也。和帝元興元年，中常侍蔡倫挫故布網，搗作帋，字從巾。又是其聲雖同，系、巾則殊。不言古帋爲今帋。又，山謙之《丹陽記》曰「平準署有紙官」。古以縑素爲書記，又以竹爲簡牘，其貧諸生或用蒲爲牒也。《瑤山玉彩》亦具。小不及桑根竹莫紙、睦州出之。松皮紙、日本國出。側理紙也。側理，陟釐也。後人說：呼釐爲側，理即苔也。事見張華。又《爾雅》曰：「苔，石衣也。」郭璞注「水苔」也。一名石髮。江東食之。又《瑤山玉彩》載薛道衡《詠苔紙詩》云：「昔時應春色，引綠泛清流。今來承玉管，布字轉銀鈎。」又嘗讀謝康樂《山居賦》云「剝芨音及。巖椒」，言芨皮可爲紙，未詳其木也。又，扶桑國在中國之東二萬里，其土多扶桑木，故以爲名扶桑。葉似桐，初生如笋，國人食之，實如梨而赤，績其皮爲布，以爲衣，亦以皮爲帋。齊永元二年，其國有沙門慧深來至荆州者。其香即《會最》云「沉香、青桂、鷄骨、馬蹄、棧香、黄熟，同是一樹，如一木五香：根檀節、沉子、鷄舌葉、藿膠、薰陸也」。《金樓子》云：「衆香共是一樹。」又，俞益期牋曰：「衆香共一木也。」又，《眞誥經》云「屢燒香左右，令人魄正」。故隱居云「沉香、薰陸，夏月常燒此二物」。梁簡文時，扶南信有沉香。一婆羅丁云「婆羅丁，五百六十斤」也。按《浴佛功德經》云「牛頭、旃檀、芎藭、鬱金龍、腦沉、麝丁等以爲湯，置淨器中，次第浴之」。及《旃檀》云「王有疾，醫須旃檀汁」。旃檀枝葉根莖除一切疾。《本草》云：「白檀消風熱腫毒。」又無名詩集《武舍之中行》云「胡從何等來，氍毹毾㲪五木香」。《證俗音》云：「毦，數毛席也」，書此字。又，《通俗》云：「織毛褥也」。《魏略》云：「大秦國以野蠒織成，出黄、白、黑、緑、紫、絳、紺、金、黄縹、留黄十種。」氍毸，又《通俗》云：「白氍毸，細者謂之毹㲪。」又書云：「毹㲪，施大牀之前、小榻之上也。」又《具苑》云：「沙門支法存有八尺沉香板牀，有八尺毹㲪，作百種形象。」迷迭、迷迭香，大秦出。魏文帝曰：「余種迷迭於中庭，嘉其揚條吐秀，馥有香芳。」又陳琳賦曰：「方碧莖之阿郡，鋪緑葉之蜿蟺。」艾納艾納出驃國，此香燒之歛香氣，能令不散，直上似細艾也。及都梁，都梁香，《荆州記》：都梁縣有小山，山上清水淺中生蘭草，俗謂之都梁，即以縣名焉。唯交州《異物志》曰：「密香，欲取先斷其根，經年外皮爛，中心及節堅黑者置水中則沉，是謂『沉香』。次有置水中不沉，與水面平者名『棧香』，其最小麄者，名曰『槧香』。佛經所謂『沉水者』也。」又，《南越志》謂之「香木出日南也」。

宋祁《益部方物略記》　欆皆褫皮，此獨自榦。攢葉于顛，纛首披散。秋華而實，其值則罕。

右海欆。大抵欆類然。不皮而幹，葉叢于杪，至秋乃實，似楝子。今城中有四株。杜子美「左綿海欆行理緻，榦堅風雨不能撼」云。

在土所宜，亭擢而上。枝枝相避，葉葉相讓。如向切。繁陰可庇，美榦斯仰。

右楠。蜀地最宜者。生童童若幢蓋，然枝葉不相礙。茂葉美陰，人多植之。樹甚端偉，葉經歲不彫，至春，陳新相换，有花實似母丁香云。

厥植易安，數歲輒林。民賴其用，實代其薪。不楝不梁，亦被斧斤。

右榿。亦得所宜。民家莳之不三年，材可倍常。人多薪之。疾種亟取，里人以爲利。杜子美有《覓榿栽詩》。

葉與竹類，緻理如栢。以狀得名，亭亭修直。

右竹栢。生峨眉山中，葉繁長而籜，似竹。然其榦大抵類栢而亭直。

木榦芋葉，擁踵盤戾。農經弗載，不用治厲。

右海芋。生不高四五尺，葉似芋而有榦。根皮不可食。方家號隔河仙，云可用變金，或云能止瘧。

葉圓以澤，素蘤春敷。子生莢間，纍纍綴珠。

右紅豆。花白色，實若大紅豆，以似得名。葉如冬青。蜀人以爲果飣。

竹生三歲，色乃變紫。伐榦以用，西南之美。

右紫竹。蜀諸山中尤多，園池亦種爲玩。然生二年色乃變，三年而紫。

根不它引，是得慈名。中實外堅，筍不時萌。末或下垂，苒弱緣縈。

右慈竹。性叢產，根不外引，其密間不容笴。筍生夏秋，閱歲枝葉乃茂。别有數種，節間容八九寸者曰「籠竹」，一尺者曰「苦竹」，弱稍垂地者曰「釣絲竹」。或取節修膚緻者，用爲簟笠。

葉欆身竹，族生不蔓。有皮無枝，實中而榦。

右欆竹。性亦叢產，葉似欆，有刺，徑不三二寸。或曰「桃竹」，未得其詳。

竹箇皆圓，此獨方形。厚倍於竅，緗節稜稜。

右方竹。圓衆方寡，取貴方者，差小。

碧葉素葩，厥包之珍。丹裏既披，香液飴津。

右柑。生果渠、嘉等州，結實埒於江南，味亦差爲薄云。

芋種不一，鷗芋則貴。民儲於田，可用終歲。

右赤鷗芋。蜀芋多種，鷗芋爲最美，俗號「赤鷗頭芋」，形長而圓，但子不繁衍。又有蠻芋，亦美，其形則圓，子繁衍，人多莳之。最下爲槫果芋。槫，接也。言可接果山中，人多食之。惟野芋人不食。《本草》有六種，曰：青芋、紫芋、白芋、眞芋、蓮禪芋、野芋。

西南所宜，柔蔓紛衍。縹穗緑實，其甘可薦。

右緑蒲萄。北方蒲萄熟則色紫，今此色正緑云。

栗類尤衆，此特殊味。專蓬若橡，託神以貴。

右天師栗。生青城山中，他處無有也。似栗，味美。惟獨房爲異，久食已風攣。

有子孫枝，不蘤而實。薄言采之，味埒蜂密。

右天仙果。樹高八九尺，無花，其葉似荔枝而小，子如櫻。桃纍纍綴枝間，六七月熟，味至甘。

挺榦既脩，結蘤玆白。戟外澤中，甘可以食。

右隈枝。生卭州山谷中。樹高丈餘，枝脩弱，花白，實似荔枝肉，黄膚甘味，可食。大若爵卵。

花跗芬侈，叢刺於梗。不可把玩，艷以姸整。

右錦被堆。花出彭州，其色一似薔薇，有刺，不可玩。俗謂「薔薇」，爲錦被堆花。

苒苒其條，若不自持。緑葉丹英，蔓衍紛垂。

右錦帶花。蜀山中處處有之，長蔓柔纖，花葉間側如藻帶然，因象作名。花開者形似飛鳥，里人亦號「鬢邊嬌」。

有苔顈然，有蕚敷然。取其肖象，莫類於蟬。

右石蟬花。始生其苔森擢長二三尺，葉如菖蒲，紫蕚五出，與蟬甚類。綠闕相側。蜀人因名之。又白者號「玉蟬花」。

沈括《夢溪筆談》卷五《樂律一》 天之氣始於子，故先以黄鍾；天之功畢於三月，故終之以姑洗。地之功見於正月，故先之以太蔟；畢於八月，故終之以南吕。幽陰之氣，鍾於北方，人之所終歸，鬼之所藏也，故先之以黄鍾，終之以應鍾。此三樂之始終也。角者，物生之始也。徵者，物之成。羽者，物之終。天之氣始於十一月，至於正月，萬物萌動，地功見處，則天功之成也，故地以太蔟爲角，天以太蔟爲徵。三月萬物悉達，天功畢處，則地功之成也，故天以姑洗爲羽，地以姑洗爲徵。八月生物盡成，地之功終焉，故南吕以爲羽。圜丘樂雖以圜鍾爲宫，而曰「乃奏黄鍾，以祀天神」；方澤樂雖以函鍾爲宫，而曰「乃奏太蔟，以祭地祇」，蓋圜丘之樂，始於黄鍾；方澤之樂，始於太蔟也。天地之樂，止是世樂黄鍾一均耳。以此黄鍾一均，分爲天地二樂。黄鍾之均。黄鍾爲宫，太蔟爲商，姑洗爲角。林鍾爲方澤樂而已。唯圜鍾一律，不在均内。天功畢於三月，則宫聲自合在徵之後、羽之前，正當用夾鍾也。二樂何以專用黄鍾一均？蓋黄鍾，正均也，樂之全體，非十一均之類也。故漢志自黄鍾爲宫，則皆以正聲應，無有忽（徵）[徵]；他律雖當其月爲宫，則和應之律，有空積忽（徵）[徵]，不得其正。其均起十一月，終於八月，統一歲之事也。他均則各主一月而已。古樂有下徵調，沈休文《宋書》曰：「下徵調法：（黄）[林] 鍾爲宫，南吕爲商。林鍾本正聲黄鍾之徵變，謂之下徵調」。馬融《長笛賦》曰：「反商下徵，每各異善。」謂南吕本黄鍾之羽，變爲下徵之商，皆以黄鍾爲主而已。此天地相與之叙也。

李覯《盱江集》卷一九《平土書》 凡畺地三十六同，同九萬夫，合計三百二十四萬夫。今積得田三百一十七萬八千九百一十四夫六十三晦二十五步一十二尺，蓋其餘盡以爲遂徑、溝、畛、洫、涂、澮、道也。以三百二十四萬夫言之，則遂徑、溝、畛、洫、涂、澮、道，所占六萬一千八十五夫三十六晦七十四步二十四尺。凡五涂各有所隔，徑隔於溝，畛隔於洫，涂隔於澮，道隔於川，所隔之處，必有橋焉。川之水必決路而洩之，以歸於大川，各隨地埶，所向不可定，其隔處井田之徑、畛、涂、道亦如鄉，遂爲橋。澮之水亦洩而歸諸大川也。《司險職》曰：周知其山林川澤之阻，而達其道路。康成謂川澤之阻，則橋梁之。下文曰「設國之五溝、五涂，而達其道路」。康成雖不復解，然以上文觀之，此爲橋梁亦明矣。《匠人職》澮之下曰：「專達於川，各載其名」。盖謂大川也，以此察彼，知其皆然。是都鄙之田制備矣。

祖無擇《祖龍學集・右軍墨池》（《兩宋名賢小集》卷八七） 秋毫幾老崇山兔，舊法空觀得水魚。《筆勢圖》云：先取崇山絶谷中兔毛，八九月取之。又《用筆法》云：送腳似遊魚得水，合頭若景山興雲也。

陶弼《邕州小集・容管》 一年勾漏守，尋盡洞中天。佛記盧藏用，仙壇葛稚川。醒心西驛水，燒眼碧池蓮。我豈無新事，詩碑與酒泉。自注：郡有勾漏、白石、都嶠等山，所謂三洞天也。盧藏用《大雲寺記》：石高丈二尺。西驛，韋丹建，閣下有石泉并記。後唐李復作池，植蓮數萬。

衛湜《禮記集説》卷一〇一《雜記》 凡訃於其君，曰：「君之臣某死。」父、母、妻、長子，曰：「君之臣某之某死。」君訃於他國之君，曰：「寡君不禄，敢告於執事。」夫人曰：「寡小君不禄。」天子之喪，曰：「寡君之適子某死。」

鄭氏曰：訃或皆作赴。赴，至也。訃於其君，謂臣使其子使人至君所告之也。「君之臣某之某死」，此臣於其家喪所主者。君夫人不稱薨，告他國君，謙也。

孔氏曰：此一節總明遭喪訃告於君及敵者，并訃於鄰國稱謂之差。父、母、妻、長子，曰「君之臣某之某死」，上某是生者臣名，下某是臣之親屬死者。君赴於他國稱寡君，若云寡德之君。《曲禮》云：「諸侯曰薨。」「士曰不禄。」夫人尊與君同，今俱不稱薨，同士稱者，言臣子於君父，雖有考終眉壽，猶若其短折然，故云「不禄」。若君薨而訃者曰「卒」，卒是壽終矣，斯無哀惜之心，非臣子之辭。鄰國來赴，書以「卒」者，言無所老幼，皆終成人之志，所以相尊敬也。不敢指斥鄰國君身，故云告于執事。夫人、太子皆當云告于執事，不言者略也。

山陰陸氏曰：凡諸侯同盟則訃，不同盟蓋不訃也。不言死，不死其君也，不言卒，不卒其君也。《曲禮》云：「壽考曰卒，短折曰不禄。」君雖壽考，猶以不禄赴，臣子之意也。夫人曰寡小君不禄。《左傳》曰：君氏卒，聲子也。不赴于諸侯，不反哭于寢，不祔于姑，故不曰薨。

陳舜俞《都官集》卷一四《山中詠橘長詠》 包橘古云美，揚州地所宜。名從夏后貢，頌見楚人辭。雲夢分膏沃，《吕氏春秋》云：果之美者，有雲夢之柚。璇星散陸離。《春秋運斗樞》云：璇星散爲橘。洞庭仙壤接，《水經》云：震澤包山林屋洞天與洞庭湖相通，胡震澤山中亦有洞庭之名。震澤水烟披。【略】揀選收藏日，采橘日以冬至前二十日爲候，凡得霜後及有西北風後，天色晴霽時，則家家采而藏之，無過冬至前十日者。過則爲寒所損，亦損明年樹矣。辛勤種接時。壤須來處美，樹皆用小舟買於蘇湖秀三州，得於湖州者爲上，亦莫能語其由也。移怕樹同知。《齊民要術》云：移樹無時，莫令樹知。朱綠爭珍旨，有朱橘，有綠橘。荆湘辨等差。橘有荆南種、有湘州皮者。蹊深比桃靜，一無纖草，爽潔成蹊。歲晚與松期。歲寒不凋。壇甃龜黿石，種樹傳山爲級，以石砌之。龜黿二山，在太湖中。園栽枳棘籬。討蟲煩鑽鑿，樹有蠹則實不蕃，春夏用小鑽鑿取而殺之，謂之討蟲。科冗付蒸炊。採橘後即芟去小枝、不能結實者謂之科樹。穿井防天旱，橘樹夏遭旱，則冬不耐寒而死。人家皆鑿井於樹旁，貴負荷之近也。熙寧七年大旱，井泉竭，山中擔湖水澆樹，有一家費十萬錢雇人者。禳瘟甚歲飢。橘忽有堅小而青黑者，謂之青瘟、黑瘟，往往祝祭禳祈焉。向陽刪密葉，橘得日，則色亦深，而味甘。伐木樹低枝。橘繁，則樹枝爲之折。有義曾分客，山中橘熟時，見客來者，無不爲贈。無偷不禁兒。小兒習見厭食，不復爲偷。⿰片毛普高切。嫌連雨長，雨多則皮虛而大，不可久藏，謂之⿰片毛也。老要勁風吹。見上注。滿把留長蔕，採橘必留枝蔕，成一掘三指，所以養橘，否則易乾。盈箱藉短茭。破竹爲籠，藉用短茭。入倉寧愧稻，出汗僅同醫。採橘先制地板上堆之數日，謂之入倉。微覆用草，使汗出，然後入籠，謂之出汗。否則味醉。雅俗傳珍惜，深林或棄遺。稍收先落子，橘生花至繁，初結實多落，收之堪淹藏爲藥橘。爭曬已殘皮。山中人言，東西兩山賣乾橘皮，歲不下五六千秤。趂市商船急，充庭使驛馳。公筵薦魁磊，內合送瑰奇。貢柑有徑圍之限。大者不敢以進，盧不可常也。唯官府公筵負擔至京師賣之貴家，最爲大矣。寄遠曾非選，寄惠遠惟未甚熟而小者，乃不坏，既黃而大者不能久矣。熏藏品最卑。橘之小者謂之腳橘，山中作土窖熏用烟而收之，謂之熏橘。善生惟計畝，種橘大姓不復計樹若干，但云有幾畝。視價旋論貲。每一百斤爲一籠，或得價籠一千五百錢，下價或六七百，不可常也。

黃庶《伐檀集》卷上《教繩權學書偶成》 文字有緣曾弄墨，楚俗：子生周一年，其日陳食飲硯墨金帛之具，從兒戲弄，聚家人觀以爲樂。繩時先弄墨。見來官小免咨嗟。

劉敞《劉氏春秋意林》卷上 天子自稱曰予一人，大國之君自稱曰不穀，列國之君自稱曰寡人，小國之君自稱曰孤。天子降名從大國，大國降名從列國，列國降名從小國，自卑貶之義也。

司馬光《書儀》卷六《喪儀二》 五服年月略。其詳見五服年月次。斬衰三年：子爲父。女在室同。嫡孫爲祖承重。謂當爲祖後者。父爲嫡長子。亦謂當爲後者。婦爲舅。其夫爲祖後者，妻亦從服。凡婦服夫黨，當喪而出則除之。爲人後者。爲所後父。爲父所後祖承重者亦如之。妻爲夫。妾爲君。齊衰三年：子爲母。嫡孫承重，祖卒爲祖母。母爲嫡長子。婦爲姑。其夫爲祖後者，妻亦從服祖姑。齊衰杖期：子爲嫁母、出母，報。報爲母服其子亦同，若爲父後則無服。夫爲妻。齊衰不杖期：爲祖父母。女出嫁者亦同。爲伯叔父母。爲兄弟。爲衆子。爲兄弟之子。爲嫡孫。亦謂當爲後者。爲姑、姊、妹女在室，雖適人，無夫與子者亦同。爲人後者，爲其父母，報。女適人者爲父母。《喪服小記》未練而出則三年，未練而反則期，既練而反則遂之。妾爲嫡妻。爲夫兄弟之子。舅姑爲嫡婦。齊衰五月：爲曾祖父母。女出嫁者亦同。齊衰三月：爲高祖父母。女出嫁者亦同。大功九月：此謂成人者也。凡子年十九至十六爲長殤，十五至十二爲中殤，十一至八歲爲下殤。應服期者長殤服大功九月，中殤服七月，下殤服小功五月。應服大功以下各以次降等，不滿八歲爲無服之殤，哭之，易月。生未三月則不哭也。男子已娶，女子許嫁，皆不爲殤。爲從兄弟。爲庶孫。爲女姑、姊、妹兄弟之女適人者。女適人者。爲伯叔父母兄弟妷。爲人後者。爲其兄弟、姑、姊妹。凡男爲人後、女適人者，爲其私親大功以下各降一等，准此。爲衆子婦。爲兄弟子之婦。爲夫之祖父母、伯叔父母、兄弟、子之婦。小功五月：爲從祖祖父母。祖之兄弟及妻。爲兄弟之孫。爲從祖父母。父之從父兄弟及妻。爲從兄弟之子。爲從父兄弟之子。爲從祖兄弟姑姊妹。爲從祖祖姑、祖之姊妹。爲外祖父母。《服問》曰：母出則爲繼母之黨服，不爲其母之黨服。母死則爲其母之黨服，不爲繼母之黨服。爲舅。爲從母。母之姊妹爲甥。爲夫兄弟之孫。爲夫從父兄弟之子。爲夫之姑姊妹。在室適人等。女爲兄弟妷之妻。爲娣姒歸報。爲同異父兄弟姊妹。爲兄弟妻。爲夫之兄弟。緦麻三月：爲三從兄弟。爲曾祖之兄弟姊妹服。爲祖之從父兄弟姊妹服。爲父之再從兄弟姊妹服。爲外孫。爲曾孫元孫。爲從母之子。爲姑之子。爲舅之子。爲曾祖兄弟之妻服。爲祖從父兄弟之妻服。爲父再從兄弟之妻服。爲庶孫之婦。爲庶母。父之妾有子者。爲乳母。爲壻。爲妻之父母。爲夫之曾祖。高祖父母。爲夫之從祖、祖兄弟及妻服。爲夫之從兄弟之妻。爲從父兄弟子之婦。爲夫之外祖父母服。爲夫之從父兄弟子之婦。爲父之從父姊。在室適人等。爲夫之舅及從母。爲姊妹子之婦。爲甥之婦。

《資治通鑑·周紀一》[胡三省注] 起著雍攝提格，盡玄黓困敦，凡三十五年。《爾雅》：太歲在甲曰閼逢，在乙曰旃蒙，在丙曰柔兆，在丁曰強圉，在戊曰著雍，在己曰屠維，在庚曰上章，在辛曰重光，在壬曰玄黓，在癸曰昭陽，是爲歲陽。在寅曰攝提格，在卯曰單閼，在辰曰執徐，在巳曰大荒落，在午曰敦牂，在未曰協洽，在申曰涒灘，在酉曰作噩，在戌曰掩茂，在亥曰大淵獻，在子曰困敦，在丑曰赤奮若，是爲歲名。《周紀》分注「起著雍攝提格」，起戊寅也。「盡玄黓困敦」，盡壬子也。閼，讀如字；《史記》作「焉」，於乾翻。著，陳如翻。雍，於容翻。黓，逸職翻。單閼，上音丹，又特連翻；下烏葛翻，又於連翻。牂，作郎翻。涒，吐魂翻。灘，吐丹翻。困敦，音頓。杜預《世族譜》曰：周，黄帝之苗裔，姬姓。后稷之後，封於邰；及夏衰，稷子不窋竄於西戎。至十二代孫太王，避狄遷岐；至孫文王受命，武王克商而有天下。自武王至平王凡十三世，自平王至威烈王又十八世，自威烈王至赧王又五世。張守節曰：因太王居周原，國號曰周。《地理志》云：右扶風美陽縣岐山西北中水鄉，周太王所邑。《括地志》云：故周城一名美陽城，在雍州武功縣西北二十五里。紀，理也，統理衆事而繫之年月。溫公繫年用《春秋》之法，因《史》、《漢》本紀而謂之紀。邰，湯來翻。夏，戶雅翻。窋，竹律翻。在雍，於用翻。

又《周紀三・赧王十年》 十年，彗星見。彗星，世所謂掃星，本類星，末類彗，小者數寸，長或竟天，見則兵起，主掃除，除舊布新。唐史臣曰：彗體無光，傅日以爲光，故夕見則東指，晨見則西指，或長或短，光芒所及則爲災。又曰：孛星，彗之屬也；偏指曰彗，氣四出曰孛。孛者孛孛，非常惡氣之所生，災甚於彗。《天文書》謂五星之精爲妖，歲星流爲蒼彗，熒惑、塡星散爲赤彗、黄彗，太白、辰星變爲白彗、黑彗。

又《漢紀二八・平帝元始五年》 五月，策命安漢公莽以九錫，莽稽首再拜，受綠韍、衮冕、衣裳、師古曰：此韍，謂蔽膝也。或謂韍韠。韍，音弗；韠，音畢。瑒琫、瑒珌、孟康曰：瑒，玉名也。佩刀之飾，上曰琫，下曰珌。《詩》云，鞞琫有珌是也。《毛傳》曰：鞞，容刀鞞也。琫，上飾；珌，下飾。天子玉琫而珧珌；諸侯璗琫而璆珌。陸云：鞞，刀室也。琫，佩刀削上飾；珌，佩刀下節。《爾雅》云：黄金謂之璗。《說文》云：璗，金之美與玉同色者也。師古曰：瑒，音蕩。琫，音布孔翻。珌，音必。句履，孟康曰：今齊祀履頭飾也，出履三寸。師古曰：其形岐頭。句，音巨俱翻。鸞路、乘馬。師古曰：鸞路，車之施鸞者也。四馬曰乘，音食證翻。龍旂九旒，周禮：交龍爲旂。《爾雅》：有鈴曰旂。旒，旂之末垂也。皮弁素積，戎路乘馬。師古曰：戎路，戎車也。彤弓矢，盧弓矢。師古曰：彤，赤色。盧，黑色。左建朱鉞，右建金戚。師古曰：鉞、戚，皆斧屬。甲胄一具，胄，兜鍪。秬鬯二卣，秬鬯，香酒也。《周禮・春官・鬯人》註云：釀秬爲酒；秬如黑黍，一稃二米。陸佃《埤雅》曰：《說文》：鬯以秬釀，鬱草芬芳，攸服以降神也。舊說：芬芳條暢，故謂之鬯；禮以鬱合鬯，言鬱於中而鬯於外也。又曰：先鄭、小毛以爲鬯，香草也，築而煮之爲鬯。秬者，百穀之華，鬯者，百草之英，故先王煮以合鬯。卣，中樽也。秬，音巨。卣，音攸，又音羊久翻。圭瓚二，九命青玉珪二，師古曰：圭瓚，以圭爲勺末。上公九命，青者春色，東方生而長育萬物也。朱戶，納陛。朱戶以居，納陛以登。孟康曰：納，內也，謂鑿殿基際爲陛，不使露也。師古曰：孟說是也。尊者不欲露而升陛，故納之於霤下也。署宗官、祝官、卜官、史官，放周公也。成王之命周公，祝、宗、卜、史。杜預曰：太祝、宗人、太卜、太史，凡四官。虎賁三百人。孔安國曰：虎賁，勇士稱也。若虎賁戰，言其猛也。賁，音奔。

又《漢紀四九・靈帝熹平四年》［胡三省注］ 春，三月，詔諸儒正《五經》文字，命議郎蔡邕爲古文、篆、隸三體書之，刻石，立于太學門外。《雒陽記》曰：太學在雒陽城南開陽門外，講堂長十丈，廣二丈，堂前石經四部，本碑凡四十六枚。西行，《尚書》、《周易》、《公羊傳》十六碑存，十二碑毁。南行，《禮記》十五碑悉崩坏。東行，《論語》三碑毁。《禮記》碑上有諫議大夫馬日磾、議郎蔡邕名。古文，科斗書也。篆，大篆也。隸，今謂之八分書。後魏江式曰：伏羲氏作而八卦形其畫，軒轅氏興而靈龜彰其采。古史蒼頡覽二象之爻，觀鳥獸之迹，別刱文字，以代結繩。迄於三代，厥體頗異。雖依類取制，未能殊蒼氏矣。《周禮》：保氏教國子以六書：一曰指事，二曰象形，三曰形聲，四曰會意，五曰轉注，六曰假借。蓋是史頡之遺法。及宣王太史史籀著《大篆》十五篇，與古文或同或異，時人即謂之籀書。孔子修《六經》，左丘明述《春秋》，皆以古文。七國殊軌，文字乖別；秦兼天下，李斯奏罷不合秦文者。斯作《蒼頡篇》，車府令趙高作《爰歷篇》，太史令胡母敬作《博學篇》，皆取史籀，或頗有省改，所謂小篆者也。秦燒經書，滌除舊典，官獄繁多，以趣約易，始用隸書，古文由此息矣。隸書者，始皇使下杜人程邈附於小篆所作也。世人以邈徒隸，即謂之隸書。故秦有八體：一曰大篆，二曰小篆，三曰符書，四曰蟲書，五曰摹印，六曰署書，七曰殳書，八曰隸書。漢興有尉律學，教以籀書，又習八體。又有草書，莫知誰始，其書形雖無厥誼，亦是一時之變通也。孝宣時，召通蒼頡讀者，獨張敞從受之。涼州刺史杜業、沛人爰禮、講學大夫秦近亦能言之。孝平時，徵禮等百餘人說文字於未央宮中，黄門侍郎揚雄採以作《訓纂》。亡新居攝，使大司馬甄豐校文字之部，頗改定古文，時有六書：一曰古文，孔子壁中書也；二曰奇字，即古文而異者；三曰篆書，云小篆也；四曰佐書，秦隸書也；五曰繆篆，所以摹印也；六曰鳥蟲，所以書幡信也。壁中書者，魯恭王壞孔子宅，而得《尚書》、《春秋》、《論語》、《孝經》也。又北平侯張蒼獻《春秋左氏傳》，書體與孔氏相類，即前代之古文矣。後漢，郎中扶風曹喜號曰工篆，小異斯法，而甚精巧，自是後學，皆其法也。又詔侍中賈逵修理舊文，殊藝異術，王敎一端，苟有可以加於國者，靡不悉集。逵，即汝南許慎古學之師也。愼嗟時人之好奇，歎俗儒之穿鑿，撰《說文解字》十五篇，類聚羣分，雜而不越，最可得而論也。左中郎將陳留蔡邕採李斯、曹喜之法，爲古今雜形。詔於太學立石碑，刊載《五經》，題書楷法，多是邕書。後開鴻都，書畫奇能莫不雲集。時諸方獻篆，無出邕者。魏初，博士清河張揖著《埤蒼》、《廣雅》、《古今字詁》，綴拾遺漏，增長事類，抑於文爲益，然其《字詁》方之許《篇》，古今體用，或得或失。陳留邯鄲淳亦與揖同時，《善倉》、《雅》、許氏字指，八體六書，精究閑理，有名於揖，又建《三字石經》於漢碑西，較之《說文》，篆隸大同，而古字小異。又有京兆韋誕、河東衛覬二家，並號能篆，當時臺觀牓題、寶器之銘，悉是誕書，咸傳之子孫，世稱其妙。晉世，義陽王典祠令呂忱表上《字林》六卷，尋其況趣，附託許慎《說文》；而按偶章句，隱別古籀奇惑之字，文得正隸，不差篆意也。忱弟靜別放故左校令李登《聲類》之法，作《韻集》五卷，使宮商龣徵羽各爲一篇，而文字與兄便是魯、衛，音讀楚、夏，時有不同。皇魏承百王之季，世易風移，文字改變，篆形繆錯，隸體失眞，俗學鄙習，復加虛造，巧談辯士，以意爲疑，炫惑於時，難以釐改，乃曰「追來爲歸，巧言爲辯，小兔爲䨲，神虫爲蠶」，如斯甚衆，皆不合孔氏古書、史籀太篆、許氏《說文》、《石經》三字也。式言字學，本末頗詳，故備著之。趙明誠《金石錄》曰：《石經》，蓋漢靈帝熹平四年所立，其字則蔡邕小字八分書也；《後漢書·儒林傳叙》云「爲古文、篆、隸三體」者，非也，蓋邕所書乃八分，而《三體石經》乃魏時所建也。洪氏《隸續》曰：《石經》見於范《史·帝紀》及《儒林》、《宦者傳》，皆云《五經》。《蔡邕》、《張馴傳》則曰《六經》。惟《儒林傳》云：爲古文、篆、隸三體書法。酈氏《水經》云：漢立《石經》於太學。魏正始中，又刻古文、篆、隸《三字石經》。《唐志》有《三字石經》古篆兩種，曰《尙書》，曰《左傳》。獨《隋志》所書異同，其目有《一字石經》七種，《三字石經》三種。既以《七經》爲蔡邕書矣，又云魏立《一字石經》，乃其誤也。范蔚宗時，《三體石經》與熹平所鐫並列於學官，故史筆誤書其事，後人襲其譌錯，或不見石刻，無以考正。趙氏雖以一字爲中郎所書，而未見三體者。歐陽氏以三體爲漢碑，而未嘗見一字者。近世方勺作《泊宅編》，載其弟匋所跋《石經》，亦爲范《史》、《隋志》所惑，指三體爲漢字。至《公羊碑》有馬日磾等名，乃云世用其所正定之本，因存其名。可謂謬論。《北史》江式云：魏邯鄲淳以書教皇子，建《三字石經》於漢碑西。按此碑以正始年中立。《漢書》云：元嘉元年，度尙命邯鄲淳作《曹娥碑》。時淳已弱冠，自元嘉至正始亦九十餘年。式以三字爲魏碑則是；謂之邯鄲淳所書，非也。

楊傑《無爲集》卷八《平律書序》 大樂之權鑑，而世治之本原。然而上聖立法，後世難知。爲之之物惟三，謂玉、銅、竹。正之之法惟五，謂數、聲、度、量、權。相生以八，如黃鍾至林鍾，林鍾至太蔟之類。損益以三。謂下生者三分損一，上生者三分益一。禘祭，則不用商聲。謂三大禘律呂不用商。變聲，則止於宮徵。謂七聲有變宮、變徵。六管上下班，志有所差。謂蕤賓、夷則、無射損而下生，大呂、夾鍾、中呂益而上生。三統餘分遷，史有所失。謂黃鍾長八寸七分，太蔟長七寸二分二，林鍾長五寸七分四。若此之類，義深者多。

彭汝礪《鄱陽集》卷二《六月自西城歸》 山名初外朝，岌嶪超衆巋。自均州入金州，山名自外朝始，其略可記曰：外朝、大姨、干平、大小鷄鳴、馬息、八疊、土門、悔來、方城、羅巓、長遙、端起、霍山、蚌岑、龍泉、燕子勾、平磊石、女媧、狗脊、馬鞍、留停、越巓、鳳皇。而女媧最爲高且遠，其他不可勝數。

范祖禹《范太史集》卷二七《進故事》 順帝時，災異屢見。陽嘉二年春，郎顗上書其四事。曰：《易傳》曰：陽無德則旱，陰僭陽亦旱。陽無德者，人君恩澤不施於人也。陰僭陽者，祿去公室，臣下專權也。自冬涉春，訖無嘉澤。數有西風，反逆時節。朝廷勞心，廣爲禱祈。薦祭山川，暴龍移市。董仲舒《春秋繁露》曰：春旱，以甲乙日爲蒼龍一，長八尺，居中央。爲小龍七，各長四尺。於東方，皆東向，其間相去八尺。小童八人，皆齊三日，服青衣而舞之。夏以丙丁日爲赤龍，服赤衣。季夏以戊巳日爲黃龍，服黃衣。秋以庚辛日爲白龍，服白衣。冬以壬癸日爲黑龍，服黑衣。牲各依其方色，皆燔雄雞、燒猳豬尾於里北門及市中以祈焉。《禮記》：「歲旱，魯穆公問於縣子，縣子曰：『爲之徙市，不亦可乎。』」

又《帝學》卷一 少昊金天氏，以鳥名官：鳳鳥氏歷正，鳳鳥知天時，故以名歷正之官。玄鳥氏司分，玄鳥，燕也，以春分來秋分去。伯趙氏司至，伯趙，伯勞也，以夏至鳴冬至止。青鳥氏司啓，青鳥，鶬鷃也，以立春鳴立夏止。丹鳥氏司閉，丹鳥，鷩雉也，以立秋來立冬去，入大水爲蜃。上四鳥，皆歷正之屬官。祝鳩氏司徒，祝鳩，鵻鳩也。鵻鳩孝，故爲司徒，主敎氏。鴡鳩氏司馬，鴡鳩，王鴡也。摯而有別，故爲司馬，主法制。鳲鳩氏司空，鳲鳩，鴶鵴也。鳲鳩平均，故爲司空，平水土。爽鳩氏司寇，爽鳩，鷹也。鷙，故爲司寇，主盜賊。鶻鳩氏司事，鶻鳩，鶻鵃也，春來冬去，故爲司事。五鳩鳩，民者也。鳩，聚也。治民上聚，故以鳩爲名。五雉爲五工正，雉有五種：西方曰鷷雉，東方曰鶅雉，南方曰翟雉，北方曰鵗雉，伊洛之南曰翬雉。利器用正，度量夷民者也。夷，平也。九扈爲九農正，扈有九種：春扈鳻鶞，夏扈竊玄，秋扈竊藍，冬扈竊黃，棘扈竊丹，行扈唶唶，宵扈嘖嘖，桑扈竊脂，老扈鷃鷃。以九扈爲九農之號，各隨其宜，以敎民事。扈民無淫者也。扈，止也。止民使不淫放。魯昭公十七年，郯子來朝，叔孫昭子問焉。曰：「少昊氏鳥名官，何故也？」郯子曰：「吾祖也，我知之：昔者黃帝氏以雲紀，故爲雲師，而雲名。炎帝氏以火紀，故爲火師，而火名。共工氏以水紀，故爲水師，而水名。太昊氏以龍紀，故爲龍師，而龍名。我高祖，少昊摯之立也，鳳鳥適至，故紀於鳥，爲鳥師，而鳥名。自高陽以來，不能紀遠，用紀於近。爲民師，而命以民事，則不能故也。」仲尼聞之，見郯子而學之，告人曰：『吾聞之：天子失官學在四夷。』猶信然。」則古聖人之建官立事，必本於學也。

又《唐鑒》卷二 ［高祖］七年，初定令：以太尉、司徒、司空爲三公。次尚書、門下、中書、秘書、殿中、内侍，爲六省。次御史臺，次太常至太府爲九寺。次將作監，次國子學，次天策上將府，次十四衛。東宫置三師，至十率府。［呂祖謙注］：率音師。王公置府佐國官，公主置邑司，幷爲京職事官。州縣鎮戍爲外職事官。自開府至將仕郎，二十八階，爲文散官。自驃騎至陪戎，三十一階，爲武散官。上柱國至武騎尉，十二等，爲勛官。臣祖禹曰：三公論道經邦，爕理陰陽。［呂祖謙注］《書・周官》：立太師、太傅、太保，茲惟三公，論道經邦，爕理陰陽。［范祖禹注］故不以一職名官。［呂祖謙注］前《百官公卿表》太師、太傅、太保，爲三公，蓋參天子，坐而議政，無不總統，故不以一職名官。［范祖禹注］太尉掌武，蓋古者大司馬之職也，司徒主民，司空主土，皆六卿之任，非三公之官也。［呂祖謙注］同上。冢宰、司徒、宗伯、司馬、司寇、司空，是爲六卿。或説：司馬主天、司徒主人、司空主土，是爲三公。［范祖禹注］自漢以來失之矣，唐不能革正，而復因之，是以官名之紊，莫甚於唐。且既有太尉、司徒、司空，［呂祖謙注］《唐百官志》太尉、司徒、司空，各一人，是爲三公，正一品。［范祖禹注］而又有尚書省，［呂祖謙注］同上。尚書省尚書令一人，正二品，掌典百官，其屬有六尚書：吏部、户部、禮部、兵部、刑部、工部。［范祖禹注］是政出於二也。既有尚書省，而又有九寺，［呂祖謙注］太常寺、光祿寺、衛尉寺、宗正寺、太僕寺、大理寺、鴻臚寺、司農寺、太府寺。［范祖禹注］是政出於三也。夫天地之有四時，百官之有六職。［呂祖謙注］天官冢宰、地官司徒、春官宗伯、夏官司馬、秋官司寇、冬官司空。［范祖禹注］天下萬事，備盡如此，如綱之在綱。

方崧卿《韓集舉正・陸渾山火一首和皇甫湜用其韵》 㷌池波風肉陵屯。杭本作凌，蜀作陵。洪曰：陵屯，字見《莊子》，當從陵。樊澤之曰：㷌若池，波若風，肉若陵屯。按：此詩自「祝融告休」之下，皆託喻於祝融之會其屬。當告休之時，合尊卑而更酌，喧鍾鼓，盛旃幢，炎官熱屬之徒，皆頳胸垤腹，緹顔韎鼓，以肅其前。霞車源蓋，言車輿之設也。紅帷赤幕，言賑膰之羅也。㷌如池，肉如陵，以巨壑爲頗黎盆，五岳爲豆，四瀛爲罇，醻酬喧雜，雷電亦助威焉。此其義也。㷌與肉只當以二義言之，㷌如池而波風，肉如陵之屯聚，樊説贅也。【略】女丁歸壬。閣本、蜀本作「女」，杭本作「夫」。荆公、李、謝皆從杭本。　董彦遠曰：當作女丁夫壬。引《東山少連》曰：「玄冥之子曰壬夫，安祝融氏之女曰丁芉，俱學水仙，是爲溫泉之神。」洪曰：「丁，火也。壬，水也。火，女也。壬，男也。丁爲婦於壬，故曰女丁婦壬。一作『夫丁婦壬』，亦通。夫丁，壬也。言壬爲丁夫。婦壬，丁也，言丁爲壬婦。」

陳祥道《論語全解》卷八《衛靈公》 師冕見，及階，子曰：「階也」。及席，子曰：「席也。」皆坐，子告之曰：「某在斯，某在斯。」師冕出，子張問曰：「與師言之道與？」子曰：「然，固相師之道也。」

老者在所養，喪者在所恤，貴者在所敬。古之人待瞽者如老者、喪者、貴者，所以盡禮也。《禮》曰：八十拜君命，一坐再至，瞽亦如之。又曰：八十者，一子不從政，九十者，其家不從政，瞽亦如之。是待瞽者如老者也。《論語》曰：見齊衰者、冕衣裳者、與瞽者，見之雖少必作，過之必趨。又曰：見齊衰者，雖狎必變，見冕者與瞽者，雖褻必以貌，是待瞽者如長者貴者也。然則于其所不知者其可以不告乎？故及階席則曰階也、席也，皆坐則曰某在斯。《禮》曰：未有燭而有後至者，則以在者告。導瞽亦然。

蔡卞《毛詩名物解》卷一六《雜解・舞》 先王之制舞，文以羽籥，武以干戚。蓋羽，容也。籥，聲也。聲名以昭之，文物以紀之者，文也，故於文舞用之；干以捍其内，戚以誅其外者，武也，故於武舞用之。此大舞也。干與戚並陳，羽與籥兼用。若夫小舞，則干而已，無戚也。而樂師所謂教國子以小舞，而有曰「干舞」也，羽而已無籥也。而樂師所謂教國子以小舞，而有曰「羽舞」也。文舞所以有羽而無籥，武舞所以有干而無戚者，何也？曰「象文德之小者，以爲儀而已，故止於羽焉；象武功之小者，以爲捍而已，故止於干焉。」蓋干，武舞之小者，而大舞謂之萬；羽，文舞之小者，而大舞謂之籥。萬者衆之至也，籥者和之至也。《易》曰：「以此毒天下而民從之，則仁不足以善羣，義不足以得衆，非先王所以成文武之道也。」以武爲毒天下，則知文爲和天下。籥，聲也。萬，數也。聲，陽也。數，陰也。文德以陽言，武德以陰言，故先王制名法之。

又卷四《釋草・葑菲》 葑，蘆服也。苗及下體皆可食，而無棄。葑者，封也，卦之於土而後盛者也。菲，芴也，蔌必食苗。而葑也、菲也，以下體爲美，故以「采葑采菲，無以下體」。菲，薄也，物之體薄而可食者也。

曾幾《茶山集》卷一《次范益謙遷居九江經過上饒見贈韻》 君爲九江行，意有風雨快。維舟玉溪畔，未割故人愛。停杯一問我，請以所聞對。九江萬事好，賞詠看前輩。巖巖匡俗廬，案：《後漢書・郡國志》注釋慧遠《廬山記略》，有匡俗先生，出殷周之際，隱居此山，時謂所止爲仙人之廬而命焉。又案《豫章舊志》：匡俗，字君平，夏禹之苗裔也。原本避宋太祖諱，作正俗，今校改。頂踵極高大。

洪興祖《楚辭補注·天問》 日安不到，燭龍何照？言天之西北，有幽冥無日之國，有龍銜燭而照之也。［補］曰：《山海經》云：鍾山之神，名曰燭陰，視爲晝，瞑爲夜，吹爲冬，呼爲夏，不飲不食，不喘不息，身長千里，人面蛇身，赤色。注曰：即燭龍也。《淮南》云：燭龍在鴈門北，蔽於委羽之山，不見日，其神人面龍身而無足。《雪賦》云：爛兮若燭龍銜曜照崑山。李善引《山海經》云：西北海之外，赤水之北，有章尾山，有神人面蛇身而赤，其瞑乃晦，其視乃明，是燭九陰，是謂燭龍。《詩含神霧》曰：天不足西北，無陰陽消息，故有龍銜火精，以照天門中者也。

黄庭堅《山谷集》卷七《瓊芝軒》 卓僊在時養瓊芝，深根固蔕活人命。憧憧來問此何草，但告渠是唐婆鏡。子瞻詩所記胡道士玉芝，一名瓊田草者，俗號其葉爲唐婆鏡。葉底開花，故號羞天花。以予考之，其實本草之鬼臼也。歲生一臼，如黄精而堅瘦，滿二十歲可爲藥。就土中生根，取一臼，勿令大本知也。煮麵如饆飥皮，裹一臼吞之，數日不飢。啗三臼，可辟穀也。黄龍山老僧多採而斷食，令人體臛而神王。今方家所用鬼臼，乃鬼燈檠耳。如蜀人用鬼箭，但用一草根，不知何物也。鎭陽、趙州間道傍叢生三羽者，眞鬼箭。俗醫用藥如此，而責古方不治病，可勝歎哉。因論玉芝，故幷記之，以遺胡道士。道士胡君洞微，卓君玘之弟子。卓君之時，欲崇飾宮觀，而俗緣薄，規模甚遠，而不成就。及胡君而宮殿崇成，便齋曲房，松竹薈蔚，觀其軒窻開塞，宜冬而愜夏，智慮通物者也。又好文多藝，能治賓客具，至者忘歸。此東坡先生所以每至而留連者歟。

任淵《山谷詩集注·戲答晁深道乞消梅二首》 《王立之詩話》云：消梅京師有之，不以爲貴，因余摘遺山谷，山谷作數絶，遂名振于長安。晁深之字深道，後改名詠之，字知道。青莎徑裏香未乾，黄鳥陰中實已團。驚物化之速也。唐人劉滄詩：莎徑晚煙凝竹塢。歐公詩：綠陰黄鳥春歸後。蒸豆作烏鹽作白，屬聞丹杏薦牙盤。《齊民要術》有作白梅與作烏梅法，此用其字。今人作糖梅，雜以蒸豆，取其色黑。《圖經本草》「梅實」條曰：以鹽殺白梅入藥用。《漢書·谷永傳》曰：屬聞以特進領城門兵。《注》云：屬，近也，音之欲反。退之《李花》詩曰：冰盤夏薦碧實脆。《盧氏雜説》曰：御廚進饌用九飣食，以牙盤九枚裝食味於其間。詩意謂當梅實槁悴失性之時，丹杏方蒙獻御之寵，與老成屏棄而新進見用何異哉？

北客未嘗眉自顰，南人誇説齒生津。《筆談》載沈存中《茶論詩》云：誰把嫩香名雀舌，定知北客未曾嘗。按唐獨孤及有《招北客文》。《世説》曰：南人學問如牖中見日。顰眉謂梅酸使人攢眉也。《世説》又載魏武帝行失道，三軍皆渴，帝令曰：「前有大梅林，饒子甘酸，可以解渴。」士卒聞之，口皆水出。磨錢和蜜誰能許？去蔕供鹽亦可人。今人漬蜜梅法：磨一二銅錢置其下，顔色益鮮。「誰能許」謂寒家不辨此也。《漢書·食貨志》曰：或盜摩錢質而取鋊。《蜀志·費禕傳》曰：君信可人，必能辦賊者也。字出《禮記》，此借用，謂悦可人意。

任淵《後山詩注》卷一〇《送姚先生歸宜山三絶》三 宇定心淸面發丹，下牀投杖覺輕安。宇定，見前注。《圓覺經》曰：遇善境界，得心輕安。此身已許壺丘子，壺丘子，以比姚。《列子》：見神巫而心醉，以告壺丘子，然後自以爲未始學而歸，三年不出。他日爭尋靖長官。靖長官，以自況。東坡《送范景仁》詩末句云：「試與劉夫子，重尋靖長官。」自注曰：劉几云：曾見人嵩山幽絶處，眼光如貓，意其爲靖長官也。按張師正《括異志》：靜長官，眞定人，登明經第。一旦棄妻遊名山，數年不歸，洛下靳襲者，于其家常帷一榻，枕褥甚潔。人詢其故，曰：「以待靜長官。」靜隱嵩少間，歲或一至，或再至，靳氏以神仙事之。近世曾慥作《集仙傳》曰：應靜不知何許人，唐僖宗時爲登封令。既而棄官學道，遂升仙去。隱其姓而以名顯，故世謂之靜長官。元祐中，劉几嘗遇于嵩高山中。二説未知孰是，然師正以靖爲靜，豈又自有一靜長官耶？

李廷忠《橘山四六》卷八《賀俞中書》［孫雲翼注］ 由南齊，則尊寵四戶之權。至李唐，則分押六司之事。《通典》：中書舍人六人，以久次者一人爲閣老，又一人知制誥，其餘分署制敕。以六員分押尙書六曹，佐丞相判案。李泌曰：給舍分司押事，故舍人謂之六押。玆爲劇任，以待奇才。或未得其人，故權德輿獨掌凡數歲。《權德輿傳》：爲起居舍人，兼知制誥。居數歲，德輿獨直西省，乃上書言：「左右掖垣，乃天子誥命奉行詳覆，合有攸司，不宜久廢。」帝曰：「非不知卿之勞，但擇如卿者，未得其人耳。」或不試而命，如歐陽脩相繼纔三人。歐陽修《歸田録》：國朝之制，知制誥必先試而後命。我國以來，不試而命者纔三人。陳堯佐，楊億，及修忝與其一耳。葉少藴《避暑録》：唐制誥以掌進畫翰林學士，初但爲文辭，不專詔命。自校書郎以上，皆得爲之，班次各視其官，亦無定員。故學士入皆試五題：麻、詔、敕、詩、賦。而舍人不試，盖舍人乃其本職，且多自學士遷也。學士未滿一年，猶未得爲知制誥，不與爲文。歲滿遷知制誥，然後使竝直本朝。既重學士之選，悉自知制誥遷，故不試。而知制誥，始亦循唐制不試。雍熙初，太宗以李文正公沆及宋湜、王化基爲之，上章辭不能，乃始中書竝召試制誥二首，遂爲故事。其後梁周翰、薛映、梁鼎，亦或不試而用。歐陽文忠記惟公與楊文公、陳文惠公三人者，誤也。蓋將動天下以細書之文，《循吏傳序》：光武以手迹賜方國，皆一札十行，細書成文。要須居禁中有大手之筆。

王十朋《梅溪後集》卷一《會稽風俗賦》 有客過越，自稱子眞。介于無妄先生，贄見於有君。謁入，跴膝而前曰：「聞有君之名雅矣。今幸際顔色，聆話言。僕輒有請，君其聽焉。君世家于越，以風流自命，業傳緗素，才播歌詠。越之山川人物，古今風俗，載在君腹，願聞其略，可乎？」有君廼斂袵肅容，對曰：「唯唯，客姑坐焉。吾以語爾。越於九域，分曰揚州。《禹貢》：淮海惟揚州。《周禮》：東南曰揚州，山曰會稽。《圖經》：大都督府越州。《禹貢》揚州之域。仰瞻天文，度當斗牛。《漢書・地理志》：吳地斗分埜。《晉書・天文志》：自斗十三度至女七度爲星紀，於辰在古吳越，分曰揚州，而會稽入斗一度。白樂天詩云：牛斗天垂象，台明地展圖。在辰爲丑，自夏而侯。《史記》：越王勾踐，其先禹之苗裔，夏少康之庶子也。封于會稽，以奉禹祀。《圖經》：封少子無餘於越，是爲越侯。郡於秦漢，秦始皇滅荆，置會稽郡。漢以其地屬吳國，景帝誅吳王，復爲會稽郡。霸於春秋。《春秋・哀公十三年》：於越入吳。《史記》：勾踐已平，吳兵橫行於江淮，號稱霸王。州於隋而使於唐，隋大業中，改爲越州。唐乾元中，置浙江東道節度觀察等使。公有素而王有鏐。隋楊素封越國公。唐末錢鏐平董昌，封吳越國土。因種山而中宅，《國經》：種山，一名重山。即今卧龍山也。《吳越春秋》：越王葬文種於國之西山。一年伍子胥自海上穿山，脇持文種去，與之俱游於海。今西山低處是也。廓蠡城而外州。《吳越春秋》：勾踐自吳還，范蠡築小城，周千一百二十二步，一員三方。西北立爲龍翼之樓，以象天門；東南伏漏石竇，以象地戶；陵門四達，以象八風；外郭築城而缺西北，示服事吳也。《圖經》：會稽治山陰以來，此城即爲郡城。龍樓翼而屹峙，石竇伏而巽流。法天門兮地戶，惟崑崙兮是侔。《吳越春秋》：范蠡曰：「臣之業城也，其應天矣。崑崙之象存焉。」實東南之大府，號實天下之無仇。闕。天下本無仇。其山則欝欝蒼蒼，巖巖嵬嵬。磅礴蜿蜒，嵂崒崥崹。若騫若犇，若闔若開。或凸或凹，或阜或堆。或斷而聯，或昂而低。虎卧龜蹲，龍盤鴈徊。舒爲屛障，峙爲樓臺。掩映江湖，明滅雲霓。八山中藏，府城之內有八山：種山、龜山、蕺山、火珠山、鮑郎山、彭山、白馬山、蛾眉山。今所存者惟四山耳。鮑郎、彭山、白馬、蛾眉，俱已湮滅，僅存其名。千里周回。彭、鮑名存，《圖經》：彭山在會稽縣北四里。《典錄》云：彭祖所隱居之城。鮑郎山，一名陽堂山，在今大能仁寺之前。《郡國志》云：山有鮑郎祠。蛾、馬迹迷。蛾眉山不見於《圖經》。父老云在府橋之東，軒亭之西，形如蛾眉。白馬山在會稽縣北五里。鉅者南鎮，是爲會稽。《史記》：禹會諸侯江南計力，命曰會稽。會稽者會計也。《皇覽》曰：會稽山，本名苗山。唐開元十年封四鎮爲公，故會稽山爲南鎮永興公。洞曰陽明，羣仙所棲。龜山《白玉上經》曰：會稽山周回一百二十里，名陽明洞天，皆仙聖天人都會之所。石傘如張，《圖經》：石傘山在會稽縣東南十五里玉笥側，狀如傘。石帆如揚。石帆山，在會稽縣東十五里。夏侯曾先《地理志》云：射的山北有石壁，高數十丈，中央少紆，狀如張帆。又有文石狀如鴿，人亦謂之石鴿山。石簣如藏，《輿地志》云：宛委山上有石簣，壁立干雲霄，升者累梯而上。石鴿如翔。石壁匪泥，并見石帆注。石甕匪攜。巨石三，在照湖東，狀如酒甕。時人謂之秦皇酒甕。香爐自烟，會稽一峰狀如香爐，人謂之香爐峰，一名覆釜山。天柱可梯。《吳越春秋》：九山東南天柱，號曰宛委。《圖經》：望秦山，一名天柱山。韞玉有笥，《圖經》：玉笥山，在會稽縣東南十五里，出美玉。其形如笥，因以爲名，一名茅峴。降僊有臺。《皇覽》云：宛委山上有一巨石，嵬然如几臺，嘗有神仙降其上，號降仙臺。苗龍先生於此臺上昇。禹穴窅而叵探，《史記》：司馬遷登會稽探禹穴。唐鄭魴有《禹穴碑》。葛巖蜚而自來。龍瑞《圖經》：禹穴北有石岩，高丈餘，南面側平如削。《眞誥》云：此石於赤烏二年天降，從安息國飛來，上有索痕二條，名爲飛來石。晉葛仙公曾築壇煉丹，後人名葛仙岩、煉丹井也。射堂豐凶之的，孔曄《會稽記》云：射的山半有石室，廼仙人射堂。東峰有射的，遙望山壁，有白點如射侯，土人常以占穀貴賤。故語云：射的白米斛百，射的玄米斛千。宛委日月之珪。《遁甲開山圖》云：禹開宛委山，得赤珪如日，碧珪如月，長一尺二寸。應天上之玉衡，《輿地志》云：會稽山，一名衡山。《吳越春秋》：禹聞黃帝藏書于此，廼東巡登衡嶺。龍瑞《圖經》注云：謂天文，盖度中權衡，星名，非南嶽之衡嶺。直海中之蓬萊。《舊志》：蓬萊山正屬會稽。沈紳《蓬萊閣詩》云：三山對峙海中央。至若嵊山歸其東，《圖經》：嵊山在剡縣東三十四里。唐武德四年置嵊山。因山爲名，今曰嵊縣。塗山屹其西。塗山在山陰西北四十五里。《舊圖經》云：禹會諸侯之所。應劭云：塗山在永興北。按：永興即蕭山也。杜預注《左傳》云：在淮南壽春。亦未詳在何所。阜至繇蜀，蜀阜山在山陰縣北三十五里。《舊經》按《地志》云：昔自蜀飛來，帶兒婦二十餘人，隨山而至，善織美錦，自云：家在西蜀，今忽至此。又云：勾踐將伐吳，置婦女於山上，以激軍士。後訛爲阜。龜來自齊。龜山在山陰縣東八十（步）[里]，下有東武里。或謂之怪山。《吳越春秋》：范蠡築城既成。怪山自生琅玕，東武海中山也。一夕自來，故名怪山。《越絕書》云：勾踐游臺也，東南司馬門所以灼龜，又仰望天氣，觀天怪也。又云：遠望似龜形，故或名龜山。梅山廼隱吏之窟，梅山，一名巫山，在府城北一十八里，梅子眞所隱之地也。其西則有梅市里、梅福里。紵羅蓋西子之閨。《輿地志》云：諸暨縣羅山，西施、鄭旦所居。有方石，云是西施曬紗處，今名紵羅山。五泄爭奇於鴈蕩，《掇英集》：五泄，瀑布也。在諸暨西四十里，有兩山夾溪，摩雲壁立，高二百丈，廣數十丈，水瀉五節，故名五泄。山多奇峰，或比之雁蕩云。四明競秀於天台。《圖經》：四明山在餘姚縣。孫綽《天台賦》云：涉海則有方丈蓬萊，登陸則有四明天台。五雲中令之故居，晉義熙三年，中書令王獻之居是山，有五色祥雲見，安帝詔建雲門寺。十峰曇翼之招提。法華山在會稽縣南四十里，晉僧曇翼棲此誦《法華經》，因置寺焉。其山十峰，其水雙澗，今天衣寺是也。故越爲之首兮，剡爲之面兮。沃洲天姥，眉兮目兮。白樂天《沃洲山記》云：東南山水，越爲首，剡爲面，沃洲天姥爲眉目。二山今屬斬昌縣。金庭桐柏，仙子宅兮。金庭觀在剡縣東，王子晉學道登仙之所。《眞誥》曰：南岳眞人云：越有桐柏之金庭，養眞之福地，昇仙之靈墟也。南明嵌崆，寶相湧兮。新昌南明山有寶相寺，梁建安王造石佛一，軀高一百尺。南岩嵯峨，海跡古兮。南岩在新昌縣西南。唐李紳《龍宮寺碑》云：南岩海迹，高下猶存。陟秦望而望秦兮，《史記》：秦始皇三十七年，上會稽祭大禹，望于南海，立石刻頌。《圖經》：秦望山在會稽南四十里。又有望秦山，始皇登山，羣臣於此以望秦皇帝。登洛思而思洛兮。洛思山在蕭山縣東。《輿志》云：永興縣有洛思山。汴人朱雋來會稽，三年不得反，乃登山，北顧而歎，因以爲名。采葛食葴，敬弔前王兮。葴山在府治東北三里。趙璘直碑云：葴，蔬類。昔越王所嗜，常採於此，遂用名之。在晉爲王逸少別址，尚留故池與祠堂。葛山在會稽縣東一十里。《吳越春秋》云：勾踐使女織布，以獻吳王，采葛是山。脩竹茂林，緬想陳迹兮。《輿地志》云：山陰縣西有蘭亭。王羲之序云：此地有崇山峻嶺，茂林脩竹。又云：俛仰之間，已爲陳迹。連山如珠，秦皇之所驅兮。連山在蕭山縣西。夏侯曾先《志》云：連山長岡九里，西北至定山。秦始皇欲置石橋渡浙江。今尚有石柱數十列于江際，世傳始皇驅山塞海。擪山如玦，亞父之所割兮。擪烏山在蕭山縣南。東方朔《神異志》云：擪山是亞父割斷蕭山南嶺，將擪斷烏江。北幹隱兮明月在，北幹山在蕭山縣。北孔靈符《地志》云：許詢家於此山之陽。詢詩云：蕭條北幹園。劉眞長歎曰：清風明月，恨無玄度。東山卧兮白雲迷。東山在上虞縣西北三十里，謝安石高卧之處。李白《憶東山》詩云：白雲他自散。少微寂兮幽鳥怨，少微山在會稽五雲門外十里。《職方員外郎齊唐墓表》云：公退居湖山，曰：少微依山有亭樹，獨以書史音樂自適。太白空兮埜猿啼。太白山在剡縣西六十里，與少白山連。夏侯曾先《地志》云：峻極于天岩，崔嵬、趙廣信鍊丹登仙之處，上有白猿、赤玃。

又《蘇東坡詩集注·破琴詩》 破琴雖未脩，中有琴意足。誰云十三絃，信民：《西京雜記》：高祖入咸陽宮，見琴長六尺，安十三絃，用七寶飾之，銘曰「璠璵之樂」。音節如佩玉。新絃雖高張，絲聲不附木。宛然七絃箏，動與世好逐。次公：先生詩意，用夢中仲殊詩意也。詩意似言響泉之爲秦箏，猶永禪師之爲房次律也。響泉，琴名。唐劉禹錫《嘉話》載：汧公李勉好雅琴，取桐操精者雜綴，號百納琴，其尤絕，曰「響泉韻磬」也。十三絃，謂之秦箏者，秦咸陽宮中箏十三絃也。先生推之，以爲破琴，雖施十三絃而爲箏，而琴之音韻節奏宛然尚在，非若世間之琴，雖施七絃而其聲反若箏焉。梁沈約《箏詩》曰：秦箏吐絕調，玉柱揚清曲。絃依高張斷，聲隨妙指續。

施元之《施注蘇詩》卷四〇《食檳榔》 月照無枝林，夜棟立萬礎。眇眇雲閒扇，蔭此九月暑。上有垂房子，下繞絳刺禦。風欺紫鳳卵，雨暗蒼龍乳。裂包一墮地，還以皮自煮。北客初未諳，勸食俗難阻。中虛畏泄氣，始嚼或半吐。吸津得微甘，著齒隨亦苦。面目太嚴冷，滋味絕媚嫵。誅彭勳可策，推轂勇宜賈。瘴風作堅頑，導利時有補。藥儲固可爾，果錄詎用許。先生失膏粱，便腹委敗鼓。日啖過一粒，腸胃爲所侮。蟄雷殷臍腎，藜藿腐亭午。書燈看膏盡，鉦漏歷歷數。老眼怕少睡，竟使赤眥弩。渴思梅林嚥，飢念黃獨舉。奈何農經中，收此困羈旅。牛舌不餉人，一斛肯多與。乃知見本偏，但可酬惡語。《異物志》：檳榔樹，若筍竹，生竿近上末五六尺間，洪腫起如魔木焉。因坼裂，出若黍秀也。無華而爲實，大如桃李。天生棘，重累其下，所以禦衛其實也。味苦澀，剖其上皮，煮其膚，熟而食之，堅如乾棗。彼方珍之，以爲口食。嵇含《南方草木狀》：交廣人凡貴勝族客，必先呈此果。若邂逅不設，用相嫌恨。《本草》：主治消穀逐水，除痰澼，殺三虫，宣利臟腑壅滯，破胸中氣。嶺南人啖之，當果實，以祛瘴瘻也，一名洗瘴丹。按：彭者，三尸之姓，彭質、彭矯、彭居也。周成《雜字》：檳榔，果也，似螺，可食。李當之《藥錄》：檳榔，一名檳門。韓昌黎《進學解》：敗鼓之皮。《世說》：魏武行役，失汲道，軍皆渴。乃令曰：「前有大梅林，饒子，甘酸，可以解渴。」士卒聞之，口皆出水，乘此，得及前源。《本草拾遺》：陳藏器云：黃獨過霜雪，枯無苗，蓋蹲鴟之類。梁《劉孝綽詠》有《人乞牛舌乳不付因餉檳榔》詩云云。宋劉穆之貧時，從妻兄江氏乞檳榔。江曰：「檳榔消食，君苦飢，何須此？」後尹丹陽，以金盤斛許誇示之。

李壁《王荆公詩注·懷金陵三首》 覆舟山下龍光寺，玄武湖畔五龍堂。想見舊時遊歷處，煙雲渺渺水茫茫。覆舟山在城北七里東際青溪，北臨玄武湖，狀如覆舟，因以爲名。按：《輿地志》：在樂遊苑內，宋元嘉中改名眞武山，以其臨玄武湖故也。高祖舉兵討桓玄，玄使卞範之屯覆舟山西。義軍進至山東，高祖躬先士卒以奔之，範之諸軍大敗。陳高祖時，齊兵踰鍾山，高祖衆軍分頓樂遊苑東及覆舟山北，斷其衝要。齊軍至玄武湖西北，幕府山南，將據北郊壇。衆軍自覆舟東移郊壇，北與齊人相對，縱兵大戰，即此地。〇玄武湖周回四十里，宋以《隸舟師京都記》云：從北湖望鍾山，似宮亭湖望廬岳也。沈約《登覆舟山》詩云：「南瞻儲胥館，北眺昆明池」，即此湖也。又《建康志》：玄武湖亦曰後湖，在城北二里。東西有溝流入秦淮，深七尺，灌田一百頃。按：《建康實錄》：吳寶鼎二年，開城北渠，引後湖水流入新宮，巡遶殿堂。晉元帝太興三年，始創北湖，築長隄以壅北山之水。東自覆舟山，西至宣武城，六里餘。宋元嘉中，有黑龍見，因改玄武湖，立三神山於湖中，春秋祠之。《南史》：元嘉二十三年，文帝築北隄，立玄武湖樂遊苑，欲起三山湖中，何尙之固諫，乃止。豈當時諫止之後復立耶？故李白詩亦云「空餘後湖月，波上對三山」。孝武大明中，大閱水軍於湖，因號昆明池，而俗亦呼爲飲馬塘。又於湖側作大竇，通水入華林園，故臺中諸溝水常縈迴不息。建平王景素舉兵，蕭道成出屯玄武湖，梁嗣微等引齊兵至玄武湖，侯景舉兵引玄武湖水以灌臺城，是也。宋朝天禧四年，改曰「放生池」，其後稍廢爲田。○許堅詩：「一水茫茫豈有涯，春風時節萬株花。」

周必大《文忠集》卷七《次韻陳叔晉舍人殿試筆記》 帝垂淸問切恢圖，士貢昌言敢導諛。高下共知歸至鑑，考評聊許備先驅。詳定所先批分數，封送編排所，然後定其甲等。四帷迴隔心常渴，初考、覆考，詳定編排，凡四幕皆隔以屛，欲其聲迹不相聞。三榻橫連體巨舒。方丈之地，幷設三榻。烏府凜然賢執法，紫垣籍甚古通儒。上嘗書「通儒」二字賜錢舍人。墨朱同異容兼採，初考純用墨書臣名等第，送監。封彌，封官封印，送覆考所，純用朱書臣名等第，然後詳定。官啓封而酌，其中書臣及等第以朱，而書名以墨。等級從違得細書。考校法第一至第五，凡五等。每等分上中下。至詳定，所從初考或從覆考，亦或別定。尙醞時頒缸面酒，日給常酒，分外三日一賜黃封缸面酒。出《法書要錄》。大官日饌腹前臚。御廚給食頗豐，但品味未嘗易。腹前臚，出韋昭《辨釋名》，謂肥肉是也。天香漫炷薰常歇，雖賜香而火禁嚴甚，不許炷爐。貢茗虛霑樣頓殊。諸位總賜茶三百斤，舊每斤即一紅綾袋，凡十餘圍。今乃給黃袋，析而分之，以一餅爲一斤，殆典吏移易也。晨壁搖風愁幕冷，就廊廡設次，以幕爲壁。夜牕透月喜簾疎。臨階以簾爲牕。九賓屈指臚連句，唱名比逐，舉展五日。千慮傾心智與愚。會得詔恩三日沐，湖山尋勝任舟輿。給歇泊假三日。

陸游《劍南詩稿》卷一五《予秋夜觀月得瘧疾枕上賦小詩自戲》 貪看霜月步亭皐，不覺寒侵范叔袍。且倚誦詩驅瘧鬼，斷無人寄碧腴膏。唐小說載鄭虔妻病瘧，杜子美教誦子璋「髑髏血模糊」等句以却之。又元微之謫江陵病瘴，白樂天自長安寄以碧腴膏。

蘇洞《泠然齋詩集》卷二《老杜浣花谿圖引》 生綃鋪牆粉墨落，平生忠義今寂寞。兒呼不蘇驢失腳，又恐新來有新作。常使詩人拜畫圖，煎膠續絃千古無。東方朔《十洲記》：煮鳳喙麟角合煎作膠，名爲續絃膠。《博物志》：漢武時，西海國獻膠五兩，以付外庫。餘半兩，使者佩以自隨。後從帝射於甘泉，帝弓弦斷。西使乞以所餘膠續之，絃遂相着，使力士各引一頭，終不相離，因名續絃膠。杜詩：麟角鳳嘴世莫辨，煎膠續絃奇自見。杜牧之《讀韓杜》云：杜詩韓筆愁來讀，似倩麻姑癢處搔。天外鳳凰誰得髓，無人解合續絃膠。

范成大《石湖詩集》卷二三《上元紀吳中節物俳諧體三十二韻》 斗野豐年屢，吳臺樂事幷。酒壚先叠鼓，歲後，即旗亭先擊鼓不已，以迎節意。燈市蚤投瓊。臘月即有燈市，珍奇者數人醵買之，相與呼盧采，勝者得燈。價喜膏油賤，祥占雨雪晴。篔簹仙子洞，坊巷燈，以連枝竹縛成洞門多處數十重。菡萏化人城。連花燈最多。檣炬疑龍見，舟人接竹桅檣之表置一燈，望之如星。橋星訝鵲成。橋燈。小家厖獨踞，犬燈。高閈鹿雙撐。鹿燈。屛展輝雲母，琉璃屛風。簾垂晃水精。琉璃簾。萬窓花眼密，萬眼燈，以碎羅紅白相間砌成，工夫妙天下，多至萬眼。千隙玉虹明。琉璃毬燈，每一隙映成一花，亦妙天下。薝蔔丹房挂，梔子燈。葡萄綠蔓縈。葡萄燈。方縑翻史冊，生絹糊大方燈，圖畫史冊故事，村人喜看。圓魄綴門衡。月燈。擲燭騰空穩，小毬燈，時擲空中。推毬滾地輕。大滾毬燈。映光魚隱見，琉璃壺瓶，貯水養魚，以燈映之。轉影騎縱橫。馬騎燈。輕薄行歌過，顚狂社舞呈。民間鼓樂，謂之社火，不可悉記，大抵以滑稽取笑。村田蓑笠野，村田樂。街市管絃淸。街市細樂。里巷分題句，每里門作長燈，題好句其上。官曹別扁名。官府名額，多以絹或琉璃照映。旱船遙似泛，夾道陸行，爲競渡之樂，謂之划旱船。水儡近如塵。水戲照以燈。鉗赭裝牢戶，獄燈。嘲嗤繪樂棚。山棚多畫一時可嘲誚之人。堵觀瑤席隘，喝道綺叢爭。禁鑰通三鼓，歸鞭任五更。桑蠶春繭勸，春繭自臘月即入食次，所以爲蠶事之兆。花蝶夜蛾迎。大白蛾花，無貴賤悉戴之，亦以迎春物也。皃子描丹筆，紅畫鴨子相餽遺。鵞毛剪雪英。剪鵞毛爲雪花，與夜蛾並戴。寶糖珍粔籹，鎚拍，吳中謂之寶糖鎚，特爲脆美。烏膩美飴餳。烏膩糖即白餳，俗言能去烏膩。撚粉團欒意，糰子。熬稃膈膊聲。炒糯穀以卜，俗名孛婁，北人號糯米花。筳篿巫志怪，香火婢輸誠。俗謂正月百草靈，故帚葦針箕之屬皆卜焉，多婢子之輩爲之。箒卜拖裙驗，弊帚繫裙以卜，名埽帚姑。箕詩落筆驚。即古紫姑，今謂之大仙，俗名筲箕姑。微如針屬尾，以針姑卜，伺其尾相屬爲兆，名針姑。賤及葦分莖。葦莖分合爲卜，名葦姑。末俗難訶止，佳辰且放行。

朱熹《晦庵集》卷六五《尚書》 帝曰：「格，汝舜。詢事考言，乃言底可績三載。汝陟帝位。」舜讓于德，弗嗣。格，來。詢，謀。乃，汝。底，致。陟，升也。堯言詢舜所行之事，而考其言，則見汝之言致可有功於今三年矣。汝宜升帝位也。讓于德，讓於有德之人也。或曰：謙遜自以其德，不足爲嗣也。正月上日，受終于文祖。上日，朔日也。葉氏曰：上旬之日。曾氏曰：如上戊上丁之類。未詳孰是。受終者，堯於是終帝位之事，而舜受之也。文祖者，堯始祖之廟，未詳所指爲何人也。在璿璣玉衡，以齊七政。在，察也。美珠謂之璿。璣，機也。以璿飾璣，所以象天體之運轉也。衡，横也，謂衡簫也。以玉爲管横而設之，所以窺璣而察七政之運行，猶今之渾天儀也。齊，猶審也。七政，日月五星也。七者運行於天，有遲有速，有順有逆，猶人君之有政事也。言舜初攝位，乃察璣衡，以審七政之所在，以起渾天儀。《晉·天文志》云：天言體者有三家，一曰周髀，二曰宣夜，三曰渾天。宣夜絶無師説，不知其狀如何。周髀之術，以爲天似覆盆，蓋以斗極爲中，中高而四邊下，日月旁行遶之。日近而見之爲晝。月遠而不見爲夜。蔡邕以爲考驗天象，多所違失。《渾天説》曰：天之形狀似鳥卵，地居其中，天包地外，猶卵之裹黄，圓如彈丸，故曰渾天，言其形體渾渾然也。其術以爲天半覆地上，半在地下。其天居地上，見有一百八十二度半強，地下亦然。北極去地上三十六度，南極入地亦三十六度。而嵩高正當天之中極，南五十五度當嵩高之上。又其南十二度，爲夏至之日道。又其南二十四度，爲春秋分之日道。又其南二十四度，爲冬至之日道。南下去地三十一度而已。是夏至日北去極六十七度，春秋分去極九十一度，冬至去極一百一十五度，此其大率也。其南北極，持其兩端。其天與日月星宿，科而迴轉，此必古有其法，遭秦而滅。至漢武帝時，洛下閎始經營之，解于妄人，又量度之。至宣帝時，耿壽昌始鑄銅而爲之象，衡長八尺，孔徑一寸，璣徑八尺，圓周二丈五尺，强轉而望之，以知日月星辰之所在，即此璿璣玉衡之遺法。蔡邕以爲近得天體之實者也。　沈括曰：舊法規環一面刻周天度，一面加銀丁。蓋以夜候之，天晦不可目察，則以手切之也。古人以璿飾璣，疑亦爲此。　今按：此以漢法逆推古制，然歷代以來，其法漸密。本朝因之爲儀三重，其在外者曰六合儀。平置單環上，刻十二辰八十四偶在地之位，以準地而面定四方。側立黑雙環具刻去極度數，以中分天脊，直跨地平，使其半出地上，半入地下，而結於其子午，以爲天經。斜倚赤單環具刻赤道度數，以平分天腹，横繞天經，亦使半出地上，半入地下，而結於其卯酉，以爲天緯。二環表裏，相結不動。其天經之環，則南北二極，皆爲圓軸，虚中而内向，以挈三辰四遊之環。以其上下四方於是可考，故曰六合。次其内曰三辰儀，側立黑雙環亦刻去極度數，外貫天經之軸，内挈黄赤二道。其赤道則爲赤單環，外依天緯亦刻宿度，而結於黑雙環之卯酉。其黄道則爲黄雙環，亦刻宿度，而又斜倚於赤道之腹，以交結於卯酉。而半入其内，以爲春分後之日軌。半出其外，以爲秋分後之日軌。又爲白單環，以承其交，使不傾墊。下設機輪，以水激之，使其日夜隨天東西運轉，以爲象天行。以其日月星辰於是可考，故曰三辰。其最在内者曰四遊儀，亦爲黑雙環，如三辰儀之制，以貫天經之軸。其環之内，則兩面當中各施直距，外跬損兩軸。而當其要中之内，又爲小竅，以受玉衡要中之小軸，使衡既得隨環東而運轉，又可隨處南北低昂，以待占候者之仰窺焉。以其東西南北無不周徧，故曰四遊。此其法之大略也。歷家之説，又以北斗魁四星爲機杓，三星爲衡，今詳經文簡質，不應北斗二字，乃用寓名，恐未必然。姑存其説，以廣異聞。肆類于上帝，禋于六宗，望于山川，徧于羣神。肆，遂也。類、禋、望，皆祭名。《周禮》：肆師類造上帝。注云：郊祀者，祭昊天之常祭，非常祀，而祭告於天，其禮依郊祀爲之。故曰類。如《泰誓》，武王伐商，王制言天子將出，皆云類于上帝是也。上帝，天也。禋，精意以享之，謂六宗。宗，尊也。所尊祭者，其祀有六。《祭法》曰：埋少牢於泰昭，祭時也；相近於坎壇，祭寒暑也；王宫祭日也；夜明祭月也；幽宗祭星也；雩宗祭水旱也。山川，名山大川、五嶽四瀆之屬，望而祭之，故曰望。徧，周徧也。羣神，謂丘陵墳衍、古昔聖賢之類，言受終觀象之後，即祭祀上下神祇，以攝位告也。

又《近思録》卷九［葉采集解］　管攝天下人心，收宗族，厚風俗，使人不忘本，須是明譜系，收世族，立宗子法。譜，籍録也。系，聯屬也。明之者，辨著其宗派。古者諸侯之適子、適孫，繼世爲君，其餘庶子不得禰其先君，因各自立爲本派之始祖，其子孫百世皆宗之，所謂大宗也。族人雖五世外，皆爲之齊衰三月。大宗之庶子，又别爲小宗。而小宗有四：其繼高祖之適長子，則與三從兄弟爲宗；繼曾祖之適長子，則與再從兄弟爲宗；繼祖之適長子，則與同堂兄弟爲宗；繼禰之適長子，則與親兄弟爲宗。蓋一身凡事四宗，與大宗爲五宗也。

薛季宣《浪語集》卷一六《召對劄子二》　臣竊怪近世治不及古，自朝廷至於郡縣，皇皇財用弊弊焉，常患其不給。百姓朘肌及髓，而日以益甚。雖有卓犖之士，遇有爲之主，得時得位，其所施設，終無以救其萬分。詳求其故，則冗官冗兵二事，實有以困之也。九卿之設，古六官之任也。自漢政歸臺閣，則有尚書六部。唐明皇始制内諸司，使百官用皆失職至今，官中都者，遂爲養資之地。設官雖多有職，蓋寡公移回復，祇爲文具。百度爲之隳廢，人事得以循默。間者雖省員闕，而其監寺仍存，置吏之員，滯事之患，無異於前。口奏：天下之事，每每不舉者，患在血脉不得流通，財殫而人困，而冗官冗兵，害政傷財之本也。臣疎遠不能詳知，請以工、兵二部言之。兵部舊掌軍旅、武選，今軍旅歸樞密使，武選歸吏部右選。兵部有尚書、侍郎、郎官，所領不過廂軍、鋪兵之名藉。其屬有職方者，掌諸州閏年所上地圖。有駕部者，每年一至御馬車略院行視而已。近雖省併郎官，員闕一向仍在。省官之奉，不能當吏禄之奇數。文移回復之害，固自若也。工部所掌營繕、百工之事，今營繕之大者，歸轉運司、臨安府，小者歸修内司。百工有文思院，軍器所有將作軍器，二監實按臨之，亦不過於歲時按行故事。士之才者，既無職以自見，而不才者得濫吹竽於其間，文具迎承，尤害政之大者。陛下第令百司各言所掌，與其吏員廩給之大數。凡職之相似者，即爲冗併其疎闊者。要皆無職置吏，廩禄自可從而知之。諸路帥臣，古州牧之官也。國朝以來，置轉運副使、判官，有提點刑獄，有提舉常平茶鹽，又有總領市舶坑治茶馬。諸司屯駐之軍，又別制都統制。大抵牧伯之任，分爲五六。而州之知通，縣之令佐，不相統臨，權均勢敵。一彼一此，各行其意。民無適從，爲害滋甚。臣之所謂冗官者，此也。口奏：昔太祖皇帝以方鎮太重，置轉運使，掌其錢穀。提刑諸司後置，亦廢置不常。今都統制承，平時副都總管之職也。漢十三州，領於十三刺史，而天下事無不舉。今或一路，不當漢一大郡，監司至五六人，責委權分，州縣莫適稟命，是宜事之不立，而私意之紛紛也。大兵不屬地主，緩急之際，將誰與守？都統制類無遠略，平居極於貪暴，一當大寇，視棄地如遺爾。近時每有師役，又遣大臣督視，以權置之將，統烏雜之兵，尤無謂也。廂軍之制，即唐方鎮之兵是也。周世宗及我太祖皇帝增置禁旅，則今之禁衛與諸州之禁兵是也。神宗皇帝立將兵之法，今之帥藩係將禁軍是也。太上皇帝收諸將麾下，作三衙御前諸軍，今之大軍是也。四者之外，復有弓手、土軍、役兵，今惟大軍可收戰伐之用。將兵而下，廢爲皂隸之役。官吏占破無幾，則竄名廣破賣工私役者，適足以爲污吏之資。游手之多、無法之久，干闌狂歗之之事，因之而生，比雖少加簡閱，統以軍政，人情玩習，猶無益也。臣之所謂冗兵者此也。口奏：今置軍雖四等，可用不過天軍，朝廷固以上供給之。然州縣困於軍須，惟以供贍將兵廂禁軍爾。謂如官吏，古破一郡，不下千人以爲役兵，則舖兵、清務、牢城、壯城、作院之類自有。所謂役兵，只成都一府廂軍，至一萬人，不知養之安用。且以中人之家，一年之賦，供一廂軍，且不能贍。今天下幾數十萬人，是宜民力之匱，戰士之寡也。

呂祖謙《呂氏家塾讀詩記》卷二九《周頌・雝》　《雝》，禘大音泰。祖也。孔氏曰：禘大祖之樂歌也。劉氏曰：大祖，即后稷。　朱氏曰：《祭法》周人禘嚳。又曰天子七廟，三昭三穆，與太祖之廟而七。周之大祖即后稷也。禘嚳於其廟，以后稷配，所謂禘其祖之自出，以其祖配之是也。有來雝雝，至止肅肅。相息亮反。維辟音璧。公，天子穆穆。於音烏。薦廣牡，相予肆祀。假哉皇考，綏予小子。宣哲維人，文武維后。燕及皇天，克昌厥後。綏我眉壽，介以繁祉。既右音佑。烈考，亦右文母。

鄭氏曰：雝雝，和也。肅肅，敬也。　毛氏曰：相，助也。　王氏曰：穆穆，敬和也。　朱氏曰：於，歎辭也。　毛氏曰：廣，大也。　王氏曰：廣牡，碩大肥腯之謂也。　朱氏曰：其來也和，其至也敬，其助祭者公侯，其主祭者天子也。言諸侯助祭，薦大牡以相予之祀也。　王氏曰：皇考，武主也。　鄭氏曰：綏，安也。　陳氏曰：小子，自謂也。　蘇氏曰：大哉皇考之安我也。其臣明哲，其君文武，故能安人以及於天。　鄭氏曰：右，助也。　王氏曰：烈考，謂文王也。　毛氏曰：文母，大姒也。東萊曰：禮不王不禘，周所以王天下得行禘禮於大祖者，皆文王武王之功也。故成王於禘之時，推其得禘之由，播之樂歌以告大祖曰：大哉我皇考武王，綏予小子，以已成之業。其君臣賢聖，再造區夏，所安者上及於皇天，用能昌大於後，居王位而行禘禮，而膺壽祉之多，是皆武王之力，而文王大姒之所右助也，豈予小子所能致哉。文武雖同建王業，而武王實得天下，故歸功之言詳於武王，而卒章本之於文王、大姒焉。《閔予小子》之頌曰：「遭家不造，嬛嬛在疚，於乎皇考，永世克孝。」故皇考者武王之稱也，烈祖與文母相配而言，故烈考者文王之稱也。

《雝》一章，十六句。

呂祖謙《東萊別集》卷四《家範四・祭禮・三獻》　主人爲初獻，亞終二獻，以諸弟爲之。以《韓魏公祭儀》修唐《鄭正則祭儀》云：《祭統》云：國君取夫人之辭曰：「請君之玉女與寡人共有敝邑、事宗廟社稷。」此求助之本也。夫祭也者，必夫婦親之，所以備内外之官。《禮器》云：卿大夫從君命，婦從夫。人洞洞乎，其敬也。屬屬乎，其忠也。故《周南》之詩，王后采荇菜以備庶物，事宗廟也。諸侯夫人采蘩，大夫妻采蘋，皆爲助祭盡敬也。《禮器》云：君親制祭，夫人薦盎。君親割牲，夫人薦酒。《儀禮》：被錫衣侈袂，薦自東房，韭葅醓醢，坐奠於筵前。又云：主婦房中出，酌拜獻尸。輒考詳宜，以主婦爲亞獻，庶合《禮經》之義。孟馮翊云：主婦爲亞獻，長子爲終獻。自晉以來，婦不復爲獻也。

又《祭饌》　果六品。醢醬蔬共六品。饅頭米食魚肉羹飯共六品。以《朱氏祭儀》參定唐《鄭正則祭儀》云：《開元禮》：五品以上，牲用少牢。六品以下至庶人，用特牲。賀循云：宗子爲士，庶子爲大夫，則以大夫之牲祭于宗子之家。其食準禮皆用右胖之上體。歐陽秘監云：謂前腳三節三段，又取横脊、正脊、正脇、代脇各二骨載之俎。謹詳此，時人不識，亦非先尊平生所食，若用之失。禮之變，輒以隨時之義造。今之祭食，實之盤盂，謂合緣情之禮也。　伊川程氏《祭儀》云：交神明之意，當在事生之後，則可以盡孝愛而得其享。全用古事，恐神不享。范氏《祭儀》曰：反本修古，不敢用褻味，而貴多品，交於神明之義也。鼎、俎、籩、豆、簠、簋、鬬、鉶爵、坫，古者存沒通用，後世燕器從便，唯今國家祭祀則用古器。或謂生不用而祭用之，恐祖考不安。祖禹以爲不然。昔三代之時，皆有所尚，而亦兼用前代之禮，故魯兼四代服器。孔子曰：行夏之時，乘商之輅，服周之冕。此其意也。醴酒之美，玄酒之尚，貴五味之本，亦猶冠禮始冠緇布之冠。太古之禮存而不廢，以明禮之所起，不敢忘其初也。後世去聖久遠，典禮廢壞，士大夫祭祀之禮，不出於委巷，則出於夷狄牲牢器皿，無所法象。所謂燕器者，出於人情所便，非聖制也。若遂略去古禮，一切從俗，則先王之法不可復見。君子不宜以所賤事親，猶須存之。今以廟制未備，未能如禮。然范氏之論，學者所當知也。

楊簡《先聖大訓》卷一 哀公問於孔子曰：「寡人欲論魯國之士與之爲治，敢問如何取之？」孔子對曰：「生乎今之世，志古之道；居今之俗，服古之服。舍此而爲非者。雖有，不亦鮮乎。」公曰：「然。」則章甫絇屨。

鄭云：絇，著屨頭狀，如刀衣鼻。賈云：絇以絛爲屨，頭鼻簡攷禮物，罕有特設，多因本有古者。屨形方，左右前後合而成屨。所謂絇者，以絛組繫兩旁而束之。即今之繫鞋，世以繫鞋爲禮，亦曰帶鞋。但鞋形如古方屨，古屨無絇，後加絇益善繫束。亦有刀衣鼻之狀，鼻在屨頭。喪屨無絇，從略。

郭知達《九家集注杜詩・麗人行》 三月三日天氣新，《續齊諧記》曰：晉武帝問尚書郎虞摯曰：「三日曲水，其義何指？」答曰：「漢章帝時，平原徐肇以三月初生三女，至三日俱亡。一村以爲怪，乃招攜之水濱盥洗，遂因以泛觴。曲水之義起於此。」帝曰：「若如所談，便非佳事。」尚書郎束晳曰：「仲治小生，不足以知此，臣請說其始。昔周公城洛邑，因流水以泛酒。故逸詩云『羽觴隨波』。又，秦昭王三日置酒河曲，見有金人出，捧水心劍曰：『令君制有西夏及秦，霸諸侯。』乃因此處立爲曲水祠。二漢相沿，皆爲盛集。」帝曰：「善。」賜金二十斤。左遷仲治爲陽城令。趙云：「晉宋諸人侍宴曲水，皆以三月三日爲題。唐開元中，都人游賞於曲江，莫盛乎。中和上巳節，此三月三日所以水邊多麗人也。舊注徒引三月三日事，爲泛矣。王右軍《蘭亭曲水序》曰：『天朗氣清，惠風和暢』。亦此天氣新之謂。《禮記》：『天氣下降』。陸機曰：『遲遲暮春日，天氣柔且和。』梁孝元帝《詠霧詩》有曰：『時如佳氣新。』」長安水邊多麗人。

吴仁杰《離騷草木疏》卷三《橘》 后皇嘉植，橘徠服兮。受命不遷，生南國兮。王逸註言：橘生江南，徙種北地，則化而爲枳。屈原自比志，志如橘，亦不可移。洪慶善引《廣異志》云：橘爲木，白華赤實，皮既馨香，又有善味。仁傑按：《山海經》：荆山多橘櫾。櫾與柚同。《尚書》：厥包橘柚錫貢。孔安國註：小曰橘，大曰柚。《本草》橘柚條，唐本註云：柚皮味甘，橘皮味辛而苦。柚肉如橘，有甘有酸。酸者壺甘，俗謂橙爲柚，非也。《呂氏春秋》：果之美者，有雲夢之柚。郭璞云：柚似橙，而大於橘，橘柚皆爲甘也。陳藏器云：橘柚類，有朱柑、乳柑、黄柑、石柑、沙柑、朱橘、乳橘、楊橘、山橘、黄淡子，以乳柑爲上。《永嘉譜》又有沙橘、䋣橘、荔枝橘、穿橘、油橘、金橘、自然橘、凍橘、狗橘、朱欒、香欒、包橘、蜜覃。鄭康成説《書》「厥包橘柚」乃三物。包，音普膠切。或云蜜覃是也。又黄橘、早黄橘、綠橘。《嘉祐圖經》云：木高一二丈，葉與枳無辨，刺出於莖間。夏初生白花，六月七月而成實，至冬而黄熟可啖。今醫方用黄橘青橘兩物，不言柚，豈青橘是柚之類乎？然黄橘味辛，青橘味苦，今之青橘似黄橘而小，與舊説大小、苦辛不類，别是一種耳。又有一種拘櫞如小爪狀，皮若橙，而光澤可愛，肉厚，味短而香氣，大勝甘橘。置衣笥中，則數日香不歇。閩、廣、江西有之，謂之香櫞。沈存中云：《本草》註橘皮味苦，柚皮味甘，此誤也。柚皮極苦，不可向口。皮甘者，乃橙耳。陳藏器云：舊説江南爲橘，江北爲枳。今江南俱有枳橘，江北有枳無橘。此自是種别，非關變也。仁傑按：《周官》「橘踰淮北爲枳，地氣使然」。又《晏子》曰：橘生江北爲枳，水土異也。今江北有枳無橘，則其説驗矣。陳氏之説，恐未之思也。張勃《吴録》：建安郡有橘，冬月於木上覆裹之，至明年春夏，色變青黑，味絶美。《上林賦》：盧橘夏熟。盧，黑色也。

魏了翁《鶴山集》卷一〇《八月七日被命上會稽沿途所歷拙於省記爲韵語以記之舟中馬上隨得隨書不復叙次二十首》 禹穴原從一罅通，禹陵原在亂山中。禹穴在今龍瑞宫，號陽明洞天，有崖石微裂處，指爲穴。志文謂開元龍見，更今名龍瑞。或謂鄉下别有禹穴，爲村民所填。禹穴志即苗山，今在大禹廟，廟林梅梁其來甚古，元圭不知出於何時。窆石爲葬禹時下穴之石，廟貌乃漢魏間所造，然名曰帝大禹陵。陵在最高峯，草木蒙茸，人亦罕。飲泉窆石皆如此，誤却東游太史公。禹廟之側有大禹寺，泉名菲飲，其來亦古，然泉淤濁、無足取。

吴會原從二郡呼，今將吴會指姑蘇。稽山當取舊經説，按《職方氏》：東南曰揚州，其山鎮曰會稽，乃與衡陽、岱嶽並稱。志謂在縣東南十二里，疑不止此，舊謂周回三百五十里者得之。禹穴難憑《遁甲圖》。遁甲開山圖禹治水得玉匱書於此。《吴越春秋》引《黄帝中經》云：禹得金簡玉書字。唐元、白詩中皆信此説。

千秋舊址益鴻禧，舊名千秋觀，嘉定十三年賜名千秋鴻禧觀，遂爲士大夫奉號之祠。敕額祠宫盛一時。遺蹟猶存賀公宅，豐碑新敞越王祠。前廊後廡皆刻越王封謚告。

王應麟《四明文獻集》卷三《晉前峰都督平兖州露布》 張崇守兖河而假息，苻明據書社以全生。食椹靡懷，寢薪莫悟。矧河南城堡之皆附，寧山東德化之未孚。乃遣劉襲攻鄄城，崇棄中而遠遁。復俾高素向廣固，明因壘而來降。穆如清風，丕冒出日。齊變至魯，魯變至道，載戢干戈。汶達於濟，濟達於河，底謹財賦。遂鼓行於司豫，汔盪戰於羌髳。時靡爭而心載寧，君之訓而臣何力。斯皆帝德廣運，聖武布昭，歸鄆讓田，用儒無敵，揚文武烈圖功攸。終于以正六龍御天之居，豈止保一馬渡江之緒。臣等共武之役，賴天之靈。洛邑朝諸侯，望翠華之回軫。營丘發嘉號，竢玉牒之修封。臣等無任，慶快激切屏營之至，謹遣某官奉露布。按：《詞學指南》云：露布之名，始於漢。漢制詔，三公皆璽封，尚書令印重封，露布。《州郡祭祀志》注引《東觀書》：有司奏孝順，號露布奏可。又鮑昱《詣尚書封胡降檄》曰：故事，通官文書不著姓。又《當司徒露布李雲露布上書》注：謂不封也。魏改元景初，詔曰：司徒露布，咸使聞知。蜀漢建興五年春伐魏，詔曰：丞相其露布天下，凡皆非將帥獻捷所用。《遷典》云：後魏攻戰克捷，欲天下聞知，乃書帛建於漆竿上，名爲露布。自此始也。王肅獲賊二三，皆爲露布。韓顯宗有高曳長縑、虛張功捷之譏。孝文稱傅修期下馬作露布。齊神武破之山軍，爲露布，杜弼即書絹不起草。唐制，下之通上，其制有六，三曰露布。兵部侍郎奉以奏聞，集羣官東朝堂，中書令宣布。張昌齡爲崑山道記室，平龜茲露布爲世所稱，于公異爲招討。府掌書記朱泚平露布曰：臣既肅清宮禁，祗奉寢園，鐘簴不移，廟貌如故，德宗咨歎焉。東晉未有露布，隆興初，以晉破苻堅命題，似有可疑。然《文章緣起》曰漢賈洪爲馬超伐曹操作。而《魏志》注謂「虞松從司馬宣王征遼東，及破賊，作露布。」《隋志》有魏武帝露布文九卷。《世說》云：桓溫北征，令袁熙倚馬前作露布，手不輟筆，俄成七紙。則魏晉已有之。

王元之擬李靖平突厥露布，此擬題之始歟。

王益之《西漢年紀》卷八 吳王濞居國，以銅、鹽故，百姓無賦，卒踐更，輒予平賈。讀曰價。如淳曰：更有三品，有卒更，有踐更，有過更。古者正卒無常，人皆當迭爲之，一月一更，是謂卒更也。貧者欲得顧更錢者，次直出錢顧之，月二千，是謂踐更也。天下人皆直戍邊三日，亦名爲更，律所謂繇戍也，雖丞相子亦在戍邊之調不可。人人自行三日戍，又行者當自戍三日不可，往便還，因便住一歲一更，諸不行者出錢三百入官，官以給戍者，是謂過更也。律說，卒踐更者，居也，居更縣中，五月乃更也。後從尉律：卒踐，更一月休十一月也。服虔曰：王欲得民心，爲卒者，顧其庸，隨時月與平價也。

李心傳《舊聞證誤》卷一 樞密使罷政降麻，熙寧間呂惠穆公弼因爭新法求去，王安石陰沮之，令送舍人院命詞，此恩例遂廢。按：國朝故事，樞密使以使相若節度使罷。又，樞密使帶平章事而罷爲散官，則學士院降麻。若樞密使不帶平章事而以散官罷，則止舍人院命詞。考之《實錄》，太平興國六年，楚景襄罷爲上將軍；皇祐五年高文莊、嘉祐四年田宣簡罷爲觀文殿學士，皆不降麻。惟太平興國八年石元懿以僕射罷，太宗眷之厚，乃降麻耳。外此降麻者十八人：吳侍中、李元靖、曹武惠、王忠肅、寇忠愍、曹襄悼、錢文僖、張榮僖、楊恭毅、王康靖、夏文莊、狄武襄、王武恭、賈文元、宋元憲、張康節、富文忠、文忠烈，蓋皆以使相若節度使罷，故誕告焉。大中祥符七年，王文穆、陳文忠罷爲尚書；八年，陳文忠再罷爲僕射，皆降麻者，以二公悉帶平章事故也。若楚景襄等則皆不降麻。舊典明甚，豈特呂宣徽哉？況呂以觀文殿學士罷，正與田、高二公所除官同，似非介甫沮之也。淳化三年，王顯罷，蘇易簡草麻，蓋以建節之故。【略】丁晉公自平江軍節度使除兵部尚書、參知政事，節度使當降麻，而朝議惜之，遂止以制除。近者陳相執中罷使相除僕射，乃降麻；龐相籍罷節度使除觀文殿大學士，又不降麻，蓋無定制也。按唐制，節度使除僕射、尚書、侍郎謂之納節，皆不降麻，止舍人院出制。國朝故事，罷使相則降麻，趙韓王、陳恭公、富文忠、賈文元、王文公是也；罷節度使則不降麻，李從善、李元靖、丁晉公、龐莊敏是也，安得謂無定制哉。韓忠獻自武康軍節度使除三司，降麻，非舊制也。蓋中書之誤，而學士無正之者。又丁自保信軍節度使除吏部尚書參政，此云自平江節度除兵部，亦誤。

魏了翁《儀禮要義》卷四四《特牲饋食禮一・姑未老自爲主婦老則子妻爲主婦》 主婦纚笄宵衣，立于房中，南面。［鄭玄］注：「主人之妻」云云。［賈公彥］釋曰：云「雖姑存，猶使之主祭祀」者，謂姑老不堪祭祀，故姑存猶使之主祭祀也。云「纚」者，謂若《士冠禮》廣終幅，長六尺。「笄」，安髮之笄，非冠冕之笄。云「宵，綺屬也，此衣染之以黑，其繒本名曰宵」者，謂此宵衣是綾綺之屬。鄭注《內司服》云：「男子之祿衣黑，則是亦黑也。」以其《士喪禮》有祿衣，與《士冠》玄端爲一。玄端黑，是男子祿衣亦黑，則此婦人宵衣亦黑可知。其玄則黑之類也，故鄭引《玉藻》「君子狐青裘，玄宵衣以裼之」，證婦人玄宵衣亦黑也。云「其繒本名宵」者，此字據形聲爲綃，從絲，省聲，但《詩》及《禮記》、《儀禮》皆作宵字。云「凡婦人助祭者同服也」者，經及記不見主婦及宗婦異服之文，故知同服。對男子助祭，祝佐食等與主人服異也。《少牢》云：「主婦贊者一人，亦髲鬄衣侈袂。」與主婦同，其餘雖不侈袂，同亦宵衣可知。依《內司服》天子諸侯王后以下，助祭皆不同者，人君尊卑差等，大夫士卑，服窮則同也。引《內則》者，彼舅沒時年七十已，上姑雖存年六十已上，而當傳之家事，故子之妻代姑祭。雖代姑，每事必請於姑。引之者，證經主婦而含姑，未老自爲主婦，姑老則子妻爲主婦也。

林岊《毛詩講義》卷一一《齊風・東方未明》 《東方未明》，刺無節也。朝廷興居無節，號令不時，挈壺氏不能掌其職焉。

古者挈壺掌漏，雞人告時。挈壺氏，周司馬之屬有之，其官下士六人。挈，讀如潔髮之潔。挈者，懸繫之名。刻，謂置箭壺內，刻以爲節，浮之水上，令水漏而刻下，以記晝夜昏明之度數。

徐元杰《楳埜集》卷一一《延平郡學及書院諸學榜》 前日牓諭，峽陽作亂之徒，開其自新之路，許以增廩失業之衆與夫後學示化之地，固將次第行之。然郡之有泮，又有書堂。郡守化民，先近後遠，敢不切切，究心除已。禮請有道藝之士足以服吾黨者，爲講經一職，合與備牓，并具士友所當習之業，以爲日習常式。一、早上文公《四書》，輪日自爲常程，先《大學》，次《論語》，次《孟子》，次《中庸》。六經之書，隨其所已讀，取訓釋與經解參看。一、早飯後編類文字，或聚會講貫。一、午後本經論策，輪日自爲常程。一、晚讀《通鑑綱目》，須每日爲課程，記其所讀起止，前書皆然。一、每月三課，上旬本經，中旬論，下旬策。課冊待索，上看佳者供賞。一、學職與堂職陞黜，必關守倅。

黃震《黃氏日抄》卷五四 吳人棲句踐之地。南至句無，今諸暨地。北禦兒，今嘉興地。東至鄞，今慶元地。西至姑蔑，今衢州地。瑯琊。今沂州。徐州。即舒州，見《史記正義》。又郗，亦音舒。南鄭。鄭桓死於犬戎，其民南奔，故以南名，即漢巾地，今興元府。新鄭。鄭在宗周畿內，幽王時遷於河南。臨晉。秦築高壘以臨晉國，故名。毌丘。毌音貫，即古「貫」字，在今濟陰縣南。扞關。周安王二十五楚爲扞關以拒蜀。蘇秦云：趙之扞關，陸道之關也。楚之扞關，水道之關也。張儀仔楚曰：舫舡載卒，不十日而距扞關。李熊說公孫述曰：東守四郡，拒扞關之口。《史記正義》謂在峽州巴山縣。黃池。吳王夫差、晉定公會處，在開封府東平丘縣。見《顯王十二年》。咸陽。在渭水之北，九嵕諸山之南，皆陽也，故名咸陽。舊亦別名「長安。」漢高六年遂改曰「長安」。商於。商洛縣，在商州東，本周之商國也。於林在鄧州，古於邑也。汨羅。《史記正義》云：在淇饒等州，楚之東境。三川。河、洛、伊也。漢分爲河南、河內、河東，號「三河」。龍兊。兊音奪，趙地名。遼東。秦漢皆爲郡。漢末公孫度據，司馬懿滅之。西晉慕容廆據，後魏滅之。其地尋入高麗，唐李勣平之，置安東上都護府，至德后廢。荆。楚也。秦避莊襄王諱，改云「荆」。鴻溝。浚儀縣西北，渠水東經大梁城南。又北屈分爲二渠：其一東南流爲鴻溝，其一東經陽武縣爲官渡。汜水。有二：一在成皋城東者，音祀。一在濟陰，高帝即位處，音敷劍反。京索。京，故城在鄭州滎陽東，京縣有大索城。索，索城。蜀。始見於《牧誓》，周元王元年蜀始聘秦。三郡。高帝定天下，分三秦爲三郡：渭南，即景帝右內史，武帝京兆尹之地。河上，即景帝右內史，武帝左馮翊之地。中地，即景帝右內史，武帝右扶風之地。盖秦內史掌治京師，項羽分其地爲雍、塞二國，高帝分三郡復隸內史，而景、武之世更其名。楚有三。自淮比沛、陳、汝南、南郡爲西楚；彭城以東，東海、吳廣陵爲東楚；衡山、九江、方南、豫章、長沙爲南楚。出《漢·食貨志》。北河。秦築長城，并河以東屬之陰山，因河爲塞。又云「運芻粟北河」，盖河自西域注于蒲昌海，隱淪不見，復出於積石山，屈而東北，流徑於析支東北，逕歷燉煌、酒泉、張掖，南又東過隴西、金城、天水，又東北過安定、朔方，又屈而北流，爲北河。秦之轉輸，率三十鍾致一石。方與。趙縣名，音房豫。山東。秦漢皆稱山北、山南、山東、山西，皆主太行，在漢屬河內，在今屬懷州，在天下之中，故指北山以表地勢。見《高祖十一年》鮮題。羌道。凡縣有蠻夷稱道。

右地理。

關內侯。有侯號而居畿內，無國邑。見顯王十七年、秦二十爵注。羌飛。秦時少府有注。戎，漢武帝改爲佽飛。郎。括蒼鮑氏曰：郎與廊同，《戰國策》云：「至郎門而反。」郎，秦官也，掌守門戶。中郎、侍郎、郎中，爲三郎。中丞相。趙高，宦者，故名中丞相。三老。秦法也。漢置縣、鄉。三老，民年五十以上有修行，能率衆爲善者爲三老。鄉一人，又擇鄉三老一人爲縣三老。九賓。周謂公、侯、伯、子、男、孤、卿、大夫、士。漢謂王、侯、公、卿、二千石、六百石下及郎、史、匈奴侍子。臚句傳。上傳語告下爲臚，下告上爲句。見《高帝七年》注。五百。晁錯言「四理一連，連有假五百。」東萊注云：五百之名始此。翁主。諸王女爲翁主，言其父自主之。

右官稱。

北闕。未央宮雖南嚮，以此闕爲正門，名玄武門。又有東闕，東門名蒼龍門。而西南兩向無門，缺，蓋肖厭勝之術。冀闕。冀，記也。記教令於此門。《索隱》云。顧成廟。制度卑狹，若顧望而成。罘罳。連闕曲閣也，其形若罘罳。桶。周顯王二十一年，秦平斗桶權衡丈尺。鄭玄云：桶音勇，今之斛也。屬車。周末諸侯有貳車九乘，秦滅九國，廣其車服，故屬車八十一乘。幘。秦滅趙，以其君之冠賜近臣，名惠文冠，所謂貂蟬也。秦雄諸侯，乃加其武將首，爲絳，表其貴賤。其後稍稍作顧題，謂之作幘。貂蟬。同上。袀。音鈞，皂也。秦尚水德，郊社服用皆以袀玄。黃屋左纛。車以黃繒爲盖，又以毛爲幢，置車衡左方，上爲纛。此戰國以來稱王者之儀，漢遂爲定制。行。高七年《本紀》「行如雒陽」。秦漢謂乘輿爲「行」。如《始皇紀》「行所幸，有言其處者死」。即阼。文帝即阼。《曲禮》曰：踐阼，臨祭祀阼東階也，主人所升降。《士冠禮》注曰：阼，猶酢也，所以答酬賓客。褚。竹呂反。以綿裝衣曰「褚」。見文帝遺匈奴書。比余。漢遺匈奴之物，辮髮之飾也。《漢書》作比踈。犀毗。胡帶之飾，亦曰鮮卑。張晏曰：鮮卑，瑞獸名。銅虎符、竹使符。銅虎符，第一至第五，文帝始以銅爲之。竹使符，皆以竹箭。凡五枚，長五寸，鐫刻篆書第一至第五符，以代古之圭璋。各分其半，右留京師，左以予郡、國。郡用銅虎符之守，國用竹使符之相國家。當發兵、遣使合符，符合，乃聽受之。尺籍。伍符尺籍，所以書軍令。伍符，五五相保之符信。朱兩轓。轓，音反，車耳反。出爲蔽也。二千石朱兩轓，千石至六百石朱左轓。

右宮闕器物。

龜貝。右以玉爲瑞，龜爲寶，貝爲貨。戰國以後尚金錢，而龜貝委之泥沙，不用矣。錢。高帝十一年定郡國之獻，人歲六十三錢。又漢爵一級直錢二千。又漢律人出一筭百二十錢。又民賦四十。又景帝詔訾筭十以上乃得官。今訾四得官。注云：訾萬錢筭百二十，七十筭十萬也。赤側。以赤銅爲錢之郭。緵。祖工反，八十縷也。租挈。《溝洫志》「今内史稻田租挈重與郡同」。挈，苦計反。取田租之約令也，然則今之租契。綺今之細綾。罽，織也。

右錢幣。

藺石。鉄蒺梨也。渠荅。城上雷石也。《墨子》曰：城上二步一渠，二步一荅。虎落。若今竹虎。以竹篾相連遮落之。穹廬。旃帳也。其形穹窿，故曰「穹廬」。祓。灞上。柀音廢。三月上巳，鄭會溱洧，祓除不祥。漢祓灞上，魏以後不用。勸駕。高帝十一年求賢詔云：必身勸爲之駕。縱横。連關中之謂横，合關東之謂縱。上計。秦制。北郡以春行縣，勸農桑振乏絶。秋冬遣無害吏問，因歲盡上計。見《秦昭五十一年》注。法酒。以禮飲也。《高七年》注。來置酒。始皇十年，齊王、趙王來置酒。鮮題曰：凡諸侯相朝，至國設燕饗以禮之，未有賓客反置酒者，盖齊趙畏秦而。然愚謂此近世移廚之始。頭會箕歛。服虔云：吏到其家，以人頭數出穀，以箕歛。端月。秦楚之際，月避始皇嫌名，改正爲端。耏。音而。輕罪，不至髡，完其耏鬢。陸海。秦豳之地，以其膏腴，號稱「陸海」。倍稱。晁錯書謂「舉一償二稱舉也」。今謂舉錢。舅。父母之兄弟爲舅父，齊王舅父駟鈞。詳見《文帝三年》注。蕲。讀芰同。泰階六符。三台也。每二星上階爲天子，中爲諸侯、卿大夫，下爲庶人。星皆明，則太平，故曰符。酺。周赧王十九年，中山膚施大赦酺。按《周禮・族師》各掌其族之戒令政事，春秋祭酺亦如之。註謂「酺者，爲人物除害之神，因祭酺而與其民以長。」馬蹄謂「祭酺，而民相獻酬幼，獻酺必合錢爲之。」故《禮記》曾子曰：周禮其猶醵與。東萊云：漢三人無故羣飲罰金四兩，詔横賜得令羣飲，謂三酺。羣飲之禁遠自周公，賜酺之制，亦必非始於趙也。

右雜類。

王與之《周禮訂義》卷一九《地官・州長》 春秋以禮會民而射于州序。

鄭鍔曰：先王教民之法，未有不因時以諭其意。射之爲藝，用於朝覲、賓燕之時，其事爲文；用於田獵、攻守之時，其事爲武，故以春秋教之。春陽用事所以明其事之爲文，秋陰用事又以明其事之爲武。因時而教，其藝易進，因以明義。○王昭禹曰：古者男子生，以桑弧蓬矢六射天地四方，示其有四方之志。先王之爲射禮，因以習武事焉，因以繹志而觀德行焉。故必内志正，外體直，持弓矢審，固定而後發，則無不中矣。春秋以禮會民，而射於州學，凡以觀德行而已。序者，州之學也。孟子曰：「序者，射也。」蓋射以序進，且以别其賢否也。○易氏曰：序皆鄉學之名。五百家之黨，以禮而屬飲者，既謂之序，二千五百家之州，以禮而會射者，又謂之序，萬二千五百家之鄉，既有鄉射之名，則其學安得不謂之序耶？不以序言，舉州黨以見之。《王氏詳説》曰：四代學名見於《王制》、見於《孟子》、見於《學記》，何其不一？學者不可不辨。《王制》曰：「有虞氏養國老於上庠，養庶老於下庠。夏后氏養國老於東序，養庶老於西序。商人養國老於右學，養庶老於左學。周人養國老於東膠，養庶老於虞庠。」此四代之國學。《孟子》曰：「夏曰校，商曰序，周曰庠。」謂三代諸侯之學。《學記》曰：古之教者，家有塾，黨有庠，術有序，國有學。謂商人之鄉遂學。且《王制》言「四代學制」言「養國老」，固知爲國學矣。知《孟子》所言爲三代諸侯之學者，蓋校，諸侯之鄉學，所謂「鄭人欲毁鄉校」是已。鄭以校名，其學本夏之名耳，亦猶子産謂鄭伯爲男同義。鄭以男名其爵，本商之制耳。所以知《孟子》所言爲諸侯之鄉學，知《學記》所言爲商之鄉遂學者，蓋《周禮》於《州長》言射於州序，《黨正》言飲酒于序，今曰黨有庠，術有序，夫術即遂也。周人以序名鄉學，商人以序名遂學，況《學記》所言皆引《説命》爲説，所以知《學記》所言爲商之鄉遂學。賈公彦以州黨之學名序，則鄉之學名庠，故遂引《鄉飲酒》曰：主人迎賓于庠門之外，失之矣。黨有庠，則六鄉之學皆以庠爲名，遂有序則六遂之學皆以序爲名，是主人迎賓於庠門之外，商制也，非周制也。不然則州黨之學既同，曰序，何鄉之學獨爲庠乎？曰黨有庠，舉其中以該上下也，曰遂有序，總而名之也。

鄭鍔曰：《州長》有射，《黨正》有飲，或飲而不射，或射而不飲，何也？州、黨俱未可以謂之鄉，至於爲鄉，乃有飲射。觀鄉大夫言以禮禮賓之，則鄉飲可知。又言以鄉射詢之，則鄉射可知。射義言鄉大夫將射，先行鄉飲酒之禮，則有射有飲乃爲鄉飲，州黨之中未可以行鄉飲，故但言以禮會，以禮屬之而已。

車垓《内外服制通辭》卷二《五服喪制名義》 斬衰服。斬，不緝也。爲父喪，痛切至甚，其服上下四旁皆不緝，若刀斧斬剉而成，故曰斬衰。五服衰裳制度云：在上曰縗，在下曰裳。凡衰，外削幅；裳，内削幅。外削幅者，謂縫之邊幅向外也；内削幅者，謂縫之邊幅向内也。五服之制皆准此。又云：衰者摧也，以孝子有哀摧之心也。《禮》云：父服宜苴麻，苴麻，連根麻也。不去根，不浸緝，不擇洗，不殺邊，其服用三升布爲之，升八十縷，布闊二尺二寸，經止二百四十縷，則布極其麄矣，故以爲斬衰之服也。不去其根者，謂父子之道不絶其根本也。苴，子余切。齊衰服。齊，音咨，緝也。服制與斬衰同，但上下四旁皆緶緝之耳。《禮》云：母服用枲麻，枲麻乃麻中黑色而多子者，其麻亦不浸緝，亦不擇洗，其服用三升半布爲之，則其經當二百八十縷矣，所以微異于斬衰之布也。唐開元以前呼爲齊，音齊。謂母沒而其子齋戒三年也。明皇以後改爲齊音咨。衰。枲，想里切。斬衰杖。用自死竹，下連根爲之，故名曰苴杖。長不過心，蓋取齊其心存其節也。凡子爲父用竹杖者何也？謂父母子之天。竹圓，亦象天，竹内外有節，象子於父亦有内外之痛；竹貫四時而不變，子爲父哀痛亦經寒溫而不改也。下連根者，謂父子之道不絶其根本也。苴杖、削杖皆長齊心者，蓋杖所以扶病，病必從心起，故杖之長短必以心爲斷也。《禮》曰：童子不杖，不能病也。註謂庶童子也，若當室童子，則必用杖耳。愚謂當室童子亦十歲以上者乃能杖也。《家禮》云：凡婦人皆不杖，蓋酌古準今之意，宜從之。凡杖皆以根向下，順其性也。齊衰杖。用桐木爲之，削取上圓下方，名曰削杖。長與苴杖同也。凡子爲母用桐削杖何也？謂桐之爲言同也，欲取同心悲痛，同於父也。又以桐外無節，象家無二尊也，必削使下方者，取母象於地也。又桐之子隨枝葉而生，象母能生子，無絶道。寢苫枕凷。按：《禮》居父母喪三月卧茆，蓋苫枕凷。音塊。註云：卧茆，爲茆有刃。蓋苫爲苫，有芒。枕凷，以土塊爲枕，使孝子席枕不完，睡卧不安，以思其父母也。百日卒哭。父母喪百日內，哭無時，亦無常處，但哀至即哭耳。百日之外，止於靈座前朝夕哭而已，其他時他處雖哀至亦不哭，故曰卒哭。《禮》三月而葬，葬而虞，虞而卒哭，皆有祭。卒哭祭後，孝子可以疏食、水飲、寢席、枕木矣。十三月小祥。自始死之月數起，至次年所死之月，凡十三月矣，是名曰小祥。祥者，練也，善也，吉也。孝子至此設小祥之祭，祭畢則除首絰，去負版，辟領衰而服練服也。練服，謂以熟布爲冠服也。蓋漸漸去凶即吉之意也。二十五月大祥。自始死之月數起，至第三年所死之月，凡二十五月矣，是名曰大祥。大祥者，大吉也，孝子至此，設大祥之祭，祭畢，奉神主入祠堂，撤靈座，去衰裳，弃絰杖而服禫服也。禫服者，謂以黔布爲冠服也。《禮》所謂喪二十五月而畢者，蓋亦言禫也。二十七月禫祭。《禮》曰：大祥之後，中月而禫。鄭氏曰：中，間也。朱子曰：間一月也。自初喪至此不計閏，凡二十七月，謂如正月大祥，方二十五月祥祭之後，即服禫服，至於二月，則二十六月也。又及乎三月，然後方滿二十七月，却於三月之內選卜一日，行禫祭禮，是則所謂二十七月而禫祭也。間月而禫者，正謂祥祭與禫祭相間一月也。踰月從吉。禫祭雖畢，孝子猶未忍遽即吉也，故又服此禫服，盡此月之終，至于次月之改朔，然後除禫服，服吉服而行吉事，是則所謂踰月從吉也。踰月云者，蓋以改朔爲月，非以三十日爲月也。故《禮》云：徹晦至朔爲踰月，已上皆從鄭氏之説也。喪稱三年。實計二十七月而謂之三年者，蓋以年辰計之而不以月日計之也。謂如子年死，至丑年而小祥，又至寅年而大祥，既跨涉子、丑、寅三年矣，故謂之三年也。正服。正先祖之體，本族之正也，故曰正服。加服。加者，增也。本體輕而增之於重，如孫爲祖，本服期，或以嫡孫承祖，則服斬衰三年，若此之類，名曰加服。降服。降者，下也，減也。本服重而減之從輕，如子爲父母本服三年，或爲人後，則爲本生服期年耳，若此之類，名爲降服。義服。元非本族，以義相聚而爲之服，如夫爲妻舅，姑爲子婦之類，名曰義服。

金履祥《論語集注考證》卷五《鄉黨》 食肉用醬，各有所宜。《禮記》：濡雞，醢醬；濡魚，卵醬；濡鼈，醢醬；魚膾，芥醬；麋腥，醢醬之類。食氣。《説文》許既反，亦或作餼。然則食氣當讀作食餼，猶云飯料也。《聘禮》：凡餼，大夫黍、粱、稷，則黍粱稷正謂之氣。其生牲而亦曰餼者，冒此名爾，即俗所云生料也。此言肉雖多，不使勝於飯料。又古气字今作氣，古氣字今作餼。

鄭伯謙《太平經國書》卷一《省官》 或問：太宰至旅下士其爲官凡六十有三，而爲府者六，爲胥與史者皆十有二，而爲徒者百有二十，何也？曰：此皆兼官也，專官行事則不足，兼官行事則有餘矣。蓋自唐虞以來，禹以司空而兼百揆，羲、和以二人而兼四岳。及舜二十二人之咨，則四岳實一人兼之。古者官不必備，惟其人而已，有其人則備，無其人則兼，是以《周官》之作實倣唐虞之制。而官事不攝，吾夫子所以深責管仲變先王之法也。以三公言之：召公爲保，周公爲師，而太傅無有焉，召公實兼之也。周公既沒，召公爲保，而太師太傅無有焉，召公實兼之也。不惟此也，三公之下實有三少，當時不見其人，召公又兼之，乃同召太保奭、芮伯、彤伯、畢公、衛侯、毛公是六卿之長，召公又兼之，蓋一人之身而兼總七職矣。抑不惟此也，當是時三公三少既難其人，而六卿之官亦不必備，周公以三公兼冢宰，召公以三公兼宗伯，蘇公以三公兼司寇，畢公、毛公以三公兼司馬、司空。惟成王之季年，芮伯、彤伯、衛侯實專領司徒、宗伯、司寇之職，其餘大抵皆兼官也。其大者猶兼，而況於百官羣有司乎。故嘗以《周禮》考之，二鄉則公一人，是三公兼鄉老也，一鄉則卿一人，是六卿兼鄉大夫也，軍將皆命卿是六卿又兼六軍之將也。甚者太公以太師而兼司盟之職，載在盟府，太師職之是也。蘇公以三公而兼太史之職，太史司寇蘇公是也。故夫六官之中以春夏秋冬爲通率，以多少相乘除，大約一官凡五百人，則六官凡三千人，而其兼行權攝者意其必相半焉。天官卿大夫命士三百五十餘人，地官除鄉遂、山虞、林衡、司門、司關不可考，尚四百餘人，春夏秋三官凡五百餘人，是六官通率之凡三千人也。是以局分不必設府史，胥徒不別置，雖置而其數亦未嘗過濫也。且不見鄉老遂師而下乎，府、史、胥、徒四者俱無有，何獨於天官冢宰而疑之也。若夫專官行事，勢宜多而不宜省，則獻人之與甸師其徒皆三百人，而春官御史其史則百有二十八矣。

楊復《儀禮圖》卷二《士昏禮・納采及問名圖》 下達，納采用鴈。采，七在反。○達，通也。將欲與彼合昏姻，必先使媒氏下通其言。女氏許之，乃後使人納其采擇之禮。用鴈爲摯者，取其順陰陽往來。○陸佃曰：若逆女之類，自天子達是也。大夫有昏禮而無冠禮，則冠禮不下達矣。○朱先生曰：今案：下達之説，注疏迂滯不通，陸氏説爲近是。盖大夫執鴈，士執雉，而士昏下達納采用鴈，如大夫乘墨車，士乘棧車，而士昏親迎乘墨車也。注疏知乘墨車爲攝盛，而不知下達二字本爲用鴈而發，言自士以下至於庶人皆得用鴈，亦攝盛之意也。主人筵于戶西，西上，右几。主人，女父也。筵，爲神布席也。戶西者，尊處，將以先祖之遺體許人，故受其禮於禰廟也。席西上，右設几，神不統於人，席有首尾。使者玄端至。使者，夫家之屬，若羣吏使往來者。擯者出請事，入告。擯者，有司佐禮者。請猶問也。禮不必事，雖知，猶問之，重愼也。主人如賓服，迎于門外，再拜，賓不答拜，揖入。門外，大門外。不答拜者，奉使不敢當其盛禮。至于廟門，揖入，三揖，至于階，三讓。主人以賓升，西面。賓升西階，當阿，東面致命。主人阼階上北面再拜。阿，棟也。入堂深，示親親。○［賈公彥］疏曰：凡士之廟，五架爲之，棟北一楣下有室戶，中脊爲棟，棟南一架爲前楣，楣前接簷爲庪。棟在室外，故賓得深入當之也。○庪，居毁反。授于楹間，南面。授於楹間，明爲合好，其節同也。南面，幷授也。賓降，出，主人降。授老鴈。老，羣吏之尊者。○擯者出請。不必賓之事有無。賓執鴈，請問名，主人許。賓入，授，如初禮。問名者，將歸卜其凶吉。○記。凡行事，必用昬昕，受諸禰廟。用昕，使者。用昬，壻也。○壻，悉計反。○［賈公彥］疏曰：用昕使者，謂男氏使向女家納采、問名、納吉、納徵、請期五者，皆用昕。即《詩》所謂「旭日始旦」也。昬，親迎時也。○昬辭曰：「吾子有惠，貺室某也。」昬辭，擯者請事告之辭。吾子，謂女父也。貺，賜也。室猶妻也。某，壻名。某有先人之禮，使某也請納采。」某，壻父名。某也，使名也。對曰：「某之子惷愚，又弗能教。吾子命之，某不敢辭。」對曰者，擯出納賓之辭。某，女父名也。吾子，謂使者。致命，曰：「敢納采。」［賈公彥］疏曰：此使者升堂，致命於主人之辭。然亦當有主人對辭，如納徵。不言之者，文不具也。此下納吉、納徵、請期之等，皆有門外賓與擯者傳辭及升堂致命，主人對辭，而或不言者，文不具耳。○問名，曰：「某既受命，將加諸卜，敢請女爲誰氏？」某，使者名也。誰氏者，謙也，不必其主人之女。對曰：「吾子有命，且以備數而擇之，某不敢辭。」卒曰某氏，不記之者，明爲主人之女。○［賈公彥］疏曰：若他女，主人終卒對客之辭，當云「某氏主人之女，」舊知之，故不對也。○今案：《昬義・問名》疏曰：問名者，問其女之所生，母之姓名。故《昬禮》云爲誰氏？言女之母何姓氏也，此說與《儀禮》疏義不同，當攷。○問名，主人受鴈，還，西面對。賓受命乃降。受鴈于兩楹間，南面，還于阼階上，對賓以女名。○宗子無父，母命之。親皆沒，己躬命之。宗子者，適長子也。命之，命使者。母命之，在《春秋》「紀裂繻來逆女」是也。躬猶親也，親命之，則「宋公使公孫壽來納幣」是也。言宗子無父，是有有父者，禮，七十老而傳，八十齊喪之事不及，若是者，子代其父爲宗子，其取也，父命之。支子，則稱其宗。支子，庶昆弟也。稱其宗子命使者。弟，則稱其兄。弟，宗子母弟。

又《儀禮旁通圖・牲體圖》 賈氏《有司徹》：「不賓尸乃盛俎。」疏云：凡骨體之數，左右合爲二十一體。案：《少牢》注云：肩、臂、臑，肱骨也。膊、胳，股骨。《鄉飲酒》注：前脛骨三：肩、臂、臑也。後脛骨二：膊、胳也。又後有髀、觳折。《特牲》記云：主婦俎：觳折。注云，觳，後足也。《昬禮》不數者，凡體前貴於後，觳賤於臑，故數臑不數觳，是以不升於鼎。又以髀在肫上，以竅賤，正俎不用。又脊有三分：一分以爲正脊，次中爲脡脊，後分爲横脊。脅亦爲三分：前分爲代脅，次中爲長脅，後分爲短脅，是其二十一體。○《士虞》用專膚爲折俎，取諸脰脸。注云：專猶厚也，折俎，謂主婦以下俎也。體盡人多，折骨以爲之。蓋正脊之前有脸，亦謂之脰，但不升於吉祭之俎。○今案：髀雖尸俎，不升，亦有用髀者，如《士虞》祝俎有髀，《特牲》祝俎有髀，《少牢》祝俎牢髀。又腊有兩髀，屬于尻是也。尸俎不用二觳。尸以下有用觳者，《特牲》主婦俎：觳折。佐食俎：觳折是也。

朱申《周禮句解》卷一〇《秋官・象胥》 象胥每翟上士一人，中士二人，下士八人，徒二十人。主通夷狄之言。掌蠻、夷、閩、貉、戎、狄之國使，八蠻、四夷、七閩、九貉、五戎、六狄之國，遣使來朝貢者。掌傳王之言而諭說焉，遠人不曉中國言語，故象胥傳王言而開諭解說之。以和親之。如此，則遠人之心，和而不乖，親而不疏也。若以時入賓，謂蕃國之君，世一見之。則協其禮，遠人之禮不同於中國，象胥則教之協其禮也。與其辭，言傳之。遠人之言不通於中國，象胥則傳其言辭也。凡其出入送逆之禮節幣帛辭令，出則送之，入則逆之，禮節以相接，幣帛以致享，辭令以相與。而賓相之。接賓曰擯，贊禮曰相。賓，擯。凡國之大喪，詔相國客之禮儀而正其位。凡軍旅會同，受國客幣而賓禮之。凡作事，王之大事諸侯，王者征伐四夷之事，則用諸侯捍屏。次事卿，若威令文誥之辭。次事大夫，次事上士，下事庶子。皆量其事體之輕重用之。

劉宰《漫塘集》卷一七《回韓守減苗斛劄》 某列在受廛，同深戴德。惟往事有當懲創而細，故尚須講明。小民所輸，僅止㪷勝，則㪷勝亦所宜更。更乞造㪷一二面發下，則小戶受賜者尤多。黠吏所增，常始勺合，則勺合亦所宜戒。乾道中，太守陳天麟侍郎總計倉場諸色，合用定爲三㪷八勝許，人戶自行斛槩，後却更於三斛八勝、上增加。竊乞明述旨意，詳載文移。其說四斛三升，逐項各色將來不許更添。庶勒之堅珉，可垂於永式，而播之雅詠，盡揜於前聞。

童宗說《柳河東集注》卷四四《非國語・律》 姬氏出自天黿，大姜之姪，所憑神也。歲在周之分野，月在農祥，后稷之所經緯也。武王欲合是而用之，同上。王曰：「七律者何？」對曰：「昔武王伐殷，歲在鶉火，月在天駟，星在天黿。我姬氏出自天黿，則我皇妣大姜之姪，逢公之所憑神也。歲之所在，則我有周之分野。月之所在，辰馬農祥也。我大祖后稷之所經緯也。」王欲合是五位三所而用之。注：天黿，即元枵，齊之分野，太姜王季之母也。姪，封於齊。鶉火，周之分野。辰馬，謂房心也，所在大辰之次，爲天駟之馬也。房星，晨正而農起焉，故謂之農祥。鶉大之分張十六度，張至房七宿七同，合七律也。歲在鶉火，午辰在天，黿子自午至子，其度七同也。斯爲誣聖人亦大矣。

錢杲之《離騷集傳》 駟玉虬「虬」一作「虯」。以椉「椉」一作「乘」。鷖「鷖」一作「翳」。兮，溘埃風余上征。虬，龍類無角。玉虬，色白如玉也。鷖鳳類，《山海經》云：鷖身有五采，而文如鳳。駟，四馬駕車也。溘，猶奄忽也。征，行也。駕玉虬爲駟，乘鷖爲車，溘然塵埃風氣之表，上行於天，皆託意。虬虯同，渠幽反。椉與乘同，鷖，於兮反。朝發軔於蒼梧兮，夕余至乎縣「縣」一作「懸」。圃。軔，止車木也。蒼梧，舜葬處。縣圃，即玄圃也。《穆天子傳》云：春山之澤，清水出泉，溫和無風，飛鳥百獸之所飲食，先王之所謂縣圃。酈道元《水經注》云：崑崙之山三級，下曰樊桐。樊桐，一名扳松，二曰玄圃。玄圃一名閬風，上曰層城。層城，一名天庭。《淮南子》云：傾宮旋室，懸圃閬風樊桐，在崑崙閶闔之中。又云：崑崙之丘，或上倍之，是謂涼風之山，登之而不死。或上倍之，是謂縣圃之山，登之乃靈，能使風雨。或上倍之，乃維上天，登之乃神，是謂太帝之居。東方朔《十洲記》云：崑崙有三角，其一角正北，上于北辰星之燿，名閬風巔。其一角正西，名曰玄圃臺。其一角正東，名曰崑崙宮。數說略不同。蓋原不容於世，陳辭重華，因託神仙譎怪之說，思得飛遊以適其意也。軔，音刃。縣，與玄同。樊音飯，層音增。欲少留此靈瑣「瑣」一作「璅」。兮，日忽忽其將暮。靈瑣，神仙所居之瑣門也。瑣門，刻鏤爲瑣文。《漢舊儀》黃門令曰：暮入對青瑣門。吾令羲和弭節兮，望崦嵫而勿「勿」一作「未」。迫。羲和謂日也。《山海經》云：東南海外羲和之國，有女子名曰羲和。是生十日，常浴日於甘淵。《淮南子》云：爰止羲和，爰息六螭，是謂懸車。崦嵫，山名，日所入也。《山海經》云：鳥鼠同穴，山西南曰崦嵫。又云：西曰嵣嵫之山。《淮南子》云：日入崦嵫，經細柳入虞淵之汜莭。使人行於路所持也。弭，猶止也。迫，急也。使羲和止節，而勿急行。崦嵣同，音淹。嵫音茲。路曼曼「曼」一作「漫」。其脩遠兮，吾將上下而求索。上下天地，求索賢人與己合者。飲余馬於咸池兮，揔余轡乎扶桑。咸池，星名。《晉・天文志》云：咸池三星，在天潢南。扶桑，日所出也。《山海經》云：黑齒之北，曰湯谷，有扶木，九日居下枝，一日居上枝，皆戴烏。郭璞注云：扶木，扶桑也。又東方朔《十洲記》云：扶桑，在碧海中，葉似桑葉，長數千丈，大二千圍。兩兩同根，更相依倚，是名扶桑。《淮南子》云：日出湯谷，浴乎咸池，拂于扶桑，是謂晨明。登于扶桑，爰始將行，是謂朏明。飲，於禁反。湯音暘。折若木以拂日兮，聊逍遙「逍遙」一作「須臾」。以相羊。「羊」，一作「佯」。《山海經》云：南海之內，黑水之間，有木名曰若木，若水出焉。又云：灰野之山有樹，青葉赤華，名曰若木，日所入處，生崑崙西，附西極也。言折木拂日使不亟入，則指謂灰野之若木也。逍遙，自得貌。相羊，翺翔貌。相羊讀如字。前望舒使先驅兮，後飛廉使奔屬。《淮南子》云：月御曰望舒，亦曰纖阿。《呂氏春秋》云：風師曰飛廉。先驅，居先而驅也。奔屬，奔而相連屬也。屬，協韻，音注。鸞皇爲余先「先」一作「前」。兮，雷師告余以未具。《山海經》云：女牀山有鳥，狀如翟，而五采畢備，聲似雉而尾長，名曰鸞，見則天下安寧。《瑞應圖》曰：鸞者，赤神之精，鳳皇之佐也。案《爾雅》：鶠鳳，其雌皇。此鸞皇，亦鸞之雌也。雷師，雷神也。鸞皇既誓，戒前後驅從之神，雷師王號令，又告余未具。言不苟動。吾令「令」一作「命」。鳳鳥「鳥」一作「鳳」，一作「皇」。飛騰兮，一有「又」字。繼之以日夜。《山海經》云：丹穴之山有鳥焉，其狀如雞，五采而文，曰鳳鳥。見則天下大康寧。既使鸞皇先戒，又使鳳鳥繼以日夜，申誓戒之。

元好問《遺山集》卷三《密公寶章小集》 興陵之孫越王子，天以人瑞歸明昌。十三執經侍帝傍，十八健筆陵阿房。撐腸文字五千卷，靈臺架構森鋪張。高陽苗裔襲衆芳，胡不置之貢玉堂。袖中正有活國手，地下纔得脩文郎。悲風蕭蕭吹白楊，邱山零落可憐傷。承平故態耿猶在，拂拭寶墨生輝光。恰似如庵連榻坐，一甌春露澹相忘。明昌，寶玩羣玉，中秘內府圖書印也。越邸有柳公權《紫絲鞋》、歐率更《海上》楊疑式《乞花》等帖，然獨推元章華佗爲古今絕筆。宋畫譜山水以李成爲第一。國朝張太師浩然、王內翰子端奉旨品第書畫，謂成筆意繁碎，有畫史氣象。次之荆關范許之下。密公識賞超詣，亦以此論爲公。郭乾暉、崔棘公以爲當在太古無上。唐以來諸人筆虛筆實，皆非其比。故予詩及之。樗軒，公自號也。又所居有如庵詩集，號《如庵小藁》。越王諸子，惟樗軒貧甚，典衣沽酒之句，盖實錄云。

甲午三月二十有一日，爲輔之書于聊城至覺寺之寓居。

《農桑輯要》卷二《胡麻》 《齊民要術》：胡麻漢張騫從外國得麻種曰「胡麻」，俗呼爲烏麻，非也。今世有白胡麻，八稜。胡麻白者油多，而又可以爲飯。宜白地種，二三月爲上時，四月上旬爲中時，五月上旬爲下時。月半前種者，實多而成。月半後種者，少子而多秕也。種欲截雨腳，若不緣濕，融而不生。一畝用子二升，漫種者先以耬耩，然後散子，空曳勞。勞上加人，則土厚不生。耬耩者，炒沙令燥，中半和之。不和沙下，不均壟。種若荒，得用鋒耬。鋤不過三徧，刈束欲小。束大則難燥，打手復不勝。以五六束爲一藂，斜倚之。不爾，則風吹倒，損收也。候口開，乘車詣田抖擻。倒豎，以小杖微打之。還藂之，三日一打，四五徧乃盡耳。若乘濕横積，蒸熱速乾，雖鬱裛無風吹虧損。又慮裛者不中爲種子，然油無損也。四時類要，每科相去一尺爲法。

吴正子等《箋注評點李長吉歌詩》卷一《李憑箜篌引》 按：劉熙《釋名》云：箜篌師延所作靡靡之音，空國之侯所作。應劭《風俗通》云：一曰坎侯漢，武帝祠太巳后土樂人侯調作，言其坎坎應節也。崔豹《古今註》云：《箜篌引》即《公無渡河》，朝鮮津卒霍里子高妻麗玉所作。子高晨起，刺船而濯。有白首狂夫被髮提壺亂流而渡，其妻隨止不及，遂溺死於是，援箜篌鼓之作《公無渡河》之曲，甚悽愴，曲終亦投河死。子高還以聲語麗玉，麗玉傷之，以箜篌寫其聲，聞者墮淚。麗玉鄰女麗容乃名曰《箜篌引》。曹子建有《箜篌引》一篇，但言存沒交淸及時行樂而已。李太白有二篇，一云公無渡河者，乃言叟溺之事。一云《箜篌引》者亦止嘆交道衰薄，意與子建不遠。今長吉又無曹李意，始終但詠箜篌之音耳。然歷觀前作，太抵以《箜篌引》命題者，則不言叟溺；以《公無渡河》命題者，則言之。段安節《樂府雜錄》云：咸通初，有張小子善此伎。大和中，有李齊高敎坊，雖有三十人，能者一二而已。楊巨源有《聽李憑箜篌絶句》云：聽奏繁絃玉殿淸，風傳曲度禁城明。君王聽樂黎園暖，翻到雲門第幾聲？李憑，或黎園弟子也。

劉因《四書集義精要》卷二七《孟子・公孫丑上・五章》 問：市廛而不征，市在何處？曰：此都邑之市。人君國都，如井田樣，畫爲九區，面朝背市，左祖右社，中間一區，則君之宫室，前一區爲外朝，凡朝會藏庫之屬皆在焉。是區之中，左則宗廟，右則社稷。後一區爲市，市四面有門，每日市門開，則商賈百物皆入焉。賦其廛者，謂收其市地錢，如今民間之鋪面錢。蓋逐末者多則賦其廛以抑之，少則不廛而但治以市官之法，所以招徠之也。市官之法如《周禮・司市》平物價，治爭訟，謹權量，譏察異，服異言之類。市中惟民乃得入，凡公卿大夫有爵位者及爲士者皆不得入，入則有罰。左右各三區，皆民所居，此國君都邑規模之大概也。僩。〇漢之獄市、軍市之類，皆是古之遺制，蓋自有一箇所在以爲市，其中有有司者治之耳，是《周禮》市官之法也。廣。〇問：鄭氏謂民無常業者罰之，使出一夫。百畝之税，一家力役之征，如何其罰如此之重？曰：後世之法與此正相反，農民賦税丁錢却重，而游手浮浪之民泰然，都不管他。至。

吴澄《禮記纂言》卷五《通禮・深衣》 鄭氏曰：名《深衣》者，以其記深衣之制也。深衣，連衣裳而純之以采。素純曰長衣，有表則謂中衣。澄曰：《玉藻》篇内已略記深衣之制，此則專記深衣而致詳焉，今以次玉藻之後。孔氏曰：餘服上衣下裳不連，此衣裳相連，被體深邃，故謂之深衣。呂氏曰：古者衣裳殊，所以别上下也。唯深衣衣連裳而不殊，蓋私燕之服爾。如冠之冠武殊、至於居冠則屬武而不殊，皆尙簡便也。

古者深衣，蓋有制度，以應規矩繩權衡。

古者深衣，明此衣古聖人之所作，非今始有也。深，猶長也。凡物之長如水之深，故地南北之脩亦曰深。禮服上衣下裳殊，上衣止二尺二寸，加以帶下一尺，僅可掩裳上際。盖衣之短者衣連於裳，下垂至踝，此衣之長者，故曰深衣，亦名長衣。深長二字，名義一也。用爲吉服則名深衣，用爲凶服則名長衣，衣之制並同，但袂口及純之色不同尒。凡布帛以刀裁其長短謂之制，以尺量其長短謂之度。應，猶中也、合也。規、矩、繩、權、衡，五則也。規者運以爲圜之筵，矩者度以爲方之尺，今工人謂之曲尺。繩者重其下而懸之以取直，權稱錘也，衡以横木爲稱，俾權與物鈞而取平者。深衣之應五則見下文。

短毋見膚，長毋被土。

此言裳之下際。衣有尺寸，裳無尺寸者，以人之長短不同也。隨人之身而定其長短，但毋令太短而露見其體膚，亦毋令太長而覆被於地上可矣。毋，音無。見，賢遍切。

續衽鉤邊。

此言裳之旁際。續，猶屬也。衽，謂裳之旁際。鉤，謂覆而縫之。邊，謂其旁之無布幅處。裳以六幅之布，交解裁之，爲十二片，每片一旁有布幅，一旁無布幅，將此兩旁相合縫之，縫畢。又將有布幅一旁覆掩無布幅一旁而重縫之，謂聯屬。裳之勞衽者必須鉤縫其所裁之邊也。左右各六片，依此法縫畢，唯當背處二片皆有布幅，則不須鉤邊，但削幅而已。

要縫半下。要，一遙切。縫，扶用切。

此言裳之上際。要者，裳之上際當要處也，下即裳之下際有齊處。布幅廣二尺二寸，六幅裁之爲十二片。狹頭廣八寸，闊頭廣一尺四寸，相合而縫，兩旁各縫入一寸，十二片狹頭當要者廣七尺二寸，十二片闊頭在下者廣一丈四尺四寸，要中之縫比下際之廣爲一半也。

袼之高下，可以運肘。袼，音各。肘，竹九切。

此言衣袖直下之度。運，轉動也。肘，臂節當腕可屈處也。孔氏曰：袼，謂當臂之處。袂中宜寬大。袂二尺二寸，肘尺二寸，可以運動其肘也。

袂之長短，反詘之及肘。袂，彌世切。詘，科鬱切。

此言衣袖橫伸之度。袂者，袖之末，左右各以布二幅爲袖，每幅除削幅二寸，共長四尺。人肩至肘一尺一寸，肘至掌後一尺一寸，掌後至中指端約九寸弱，共三尺一寸弱，反屈及肘又二尺弱，共爲五尺一寸弱。袖之四尺幷衣幅之旁覆辟一尺一寸，內除削幅一寸，亦共五尺也。孔氏曰：袂屬於衣，衣幅廣二尺二寸，身脊至肩但尺一寸，從肩覆臂又尺一寸也。

帶，下毋厭髀，上毋厭脅，當無骨者。髀，必婢切，又步啓切。厭，於甲切。

此言衣帶高下之度。在髀骨之上，脅骨之下，正當二者中間無骨之處。

制十有二幅，以應十有二月。袂圓以應規、曲袷如矩以應方，負繩及踝以應直，下齊如權衡以應平。袷，音劫。踝，胡瓦切。齊音咨。

十有二幅，自鄭氏以來，皆謂裳之六幅，每幅分爲二。近年吴興敖繼公獨謂衣六幅、裳六幅，是爲十二幅。今按裳以六幅布裁爲十二片，不可言十二幅。又但言裳之幅而不言衣之幅，尤不可，敖說良是。衣裳各六幅，象一歲十二月之六陽六陰也。從袖口自下而上一尺處，於內縫之，以漸而殺，使如規之圓，縫至袖下端近裏一尺處止。曲袷，交領也。禮服上衣之領垂而下，此深衣之領右襟之末斜交於左脅，左襟之末斜交於右脅，二領既斜，則領不直垂而兩領交會，自如矩之方，謂之曲袷。孔氏曰：負繩，謂衣之背縫，與裳之後縫，上下相當，如繩之直，非謂眞負繩也。裳之下齊，如權之衡，低昂平也。

故規者，行舉手以爲容。負繩抱方者，以直其政，方其義也。故《易》曰：《坤》六二之動，直以方也。下齊如權衡者，以安志而平心也。五法已施，故聖人服之。

鄭氏云：政或爲正，與《易》文合，今從之。舉手爲容者，應接之恭，外無圭角也。負直於後者，宅心之正，內無斜倚也。抱方於前者，制事之義，外無虧缺也。安志平心者，存主之定內，無低昂也。言以者三，謂以之律己也。其五法已施於衣，聖人所以服此衣而身其法也。

故規矩取其無私，繩取其直，權衡取其平，故先王貴之。

爲圓爲方，必以規矩而後成，易其法則，不可無私也。繩以直物之不直，權衡以平物之不平，言取者三，謂取之范物也，其所取眞可爲法，先王所以貴此法而制其衣也。聖人服之，謂有德而能稱此者，先王貴之，謂有位而能作此者。

故可以爲文，可以爲武，可以擯相，可以治軍旅，完且弗費，善衣之次也。相，去聲。

可以爲文，謂服之而擯相也，可以爲武，謂服之而治軍旅也。完，謂完牢而難敝壞，不費，謂易有而不傷財。方氏曰：端冕可以爲文，而不可以武，介冑可以爲武而不可以文，兼之者唯深衣。然可以爲文非若端冕可以視朝臨祭也，特可以贊禮爲擯相而已。可以爲武非若介冑可以臨難折衝也，特可以運籌治軍旅而已。鄭氏曰：深衣者，用十五升布，鍛濯灰治，純之以采。善衣，朝祭之服也。自士以上，深衣爲之次，庶人吉服深衣而已。

右記衣之制度。

具父母、大父母，衣純以繢。具父母，衣純以青。如孤子，衣純以素。大，音泰。純，音準。

鄭氏曰：尊者存，以多飾爲孝。繢，畫文也。三十以下無父稱孤。孔氏曰：具父母，父母俱在也。大父母亦然。若其不具，一存一亡，不必純以繢，唯有父母而無祖父母，故飾少而純以青。若無父母，唯祖父母在，亦當然也。

純袂、緣純邊、廣各寸半。緣，悅絹切。廣，去聲。

鄭氏曰：純，謂緣之也。緣袂，謂其口也。緣，緆也。緣邊，衣裳之側，廣各寸半，則表裏共三寸矣。唯袷廣二寸。孔氏曰：緣字讀如緆，謂深衣下緣也。鄭註：《士喪禮》下篇云在幅曰紕，在下曰緆。

右記純之制度。

吴澄《月令七十二候集解》 夫七十二侯，呂不韋載于《呂氏春秋》，漢儒入于《禮記・月令》，與六經同傳不朽。後魏載之于歷，欲民皆知，以驗氣序。然其禽獸、草木多出北方，蓋以漢前之儒皆江北者也，故江南老師宿儒亦難盡識，況陳澔之註多爲謬說，而康成、穎達亦有訛處。予因是廣取諸家之解，幷《說文》《埤雅》等書，而又詢之農牧，似得所歸。然後幷將二十四氣什之于稾，以俟博識者鑑焉。

立春，正月節。立，建始也。五行之氣往者過，來者續，于此而春木之氣始至，故謂之立也。立夏、秋、冬同。東風解凍，凍結于冬，遇春風而解散。不曰「春」而曰「東」者，《呂氏春秋》曰：東方屬木，木，火母也。然氣溫，故解凍，蟄蟲始振。蟄，藏也。振，動也。密藏之蟲因氣至而皆蘇，動之矣。鮑氏曰：動而未出，至二月乃大驚而走也，魚陟負冰。陟，升也。魚當盛寒，伏水底而遂暖，至正月，陽氣至，則上遊而近冰，故曰負。

雨去聲水，正月中。天一生水，春始屬木。然生木者，必水也。故立春後繼之雨水。且東風既解凍，則散而爲雨水矣。獺祭魚。獺，一名水狗，賊魚者也。祭魚，取魚以祭天也。所謂豺獺知報本，歲始而魚上遊，則獺初取以祭。徐氏曰：獺祭圓鋪。圓者，水象也。豺祭方鋪。方者，金象也。候鴈北，《月令》《漢書》作鴻鴈北。鴈知時之鳥，熱歸塞北，寒來江南，沙漠乃其居也。孟春陽氣既達，候鴈自彭蠡而北矣。草木萌動，天地之氣交而爲泰，故草木萌生發動矣。

驚蟄，二月節。《夏小正》曰：正月啓蟄，言發蟄也。萬物出乎震。震爲雷，故曰驚蟄，是蟄蟲驚而出走矣。桃始華，《呂氏春秋》作桃李華。桃，果名，花色紅，是月始開。倉庚鳴，庚亦作鶊，黃鸝也。《詩》所謂「有鳴倉庚」是也。《章龜經》曰：倉，清也。庚，新也。感春陽清新之氣而初出，故名。其名最多，《詩》曰黃鳥，齊人謂之搏黍，又謂之黃袍，僧家謂之金衣公子。其色鵹黑而黃，又名鵹黃。諺曰：黃栗留、黃鶯、鶯兒，皆一種也。鷹化爲鳩。鷹，鷙鳥也，鷂鸇之屬。鳩即今之布穀。《章龜經》曰：仲春之時，林木茂盛，口啄尚柔，不能捕鳥，瞪目忍飢，如癡而化，故名曰鳲鳩。《王制》曰：鳩化爲鷹，秋時也。此言鷹化爲鳩，春時也。以生育肅殺氣盛，故鷙鳥感之而變耳。孔氏曰：化者，反歸舊形之謂。故鷹化爲鳩，鳩復化爲鷹，如田鼠化爲鴽，則鴽又化爲田鼠。若腐草爲螢，鴙爲蜃，爵爲蛤，皆不言化，是不再復本形者也。

春分，二月中。分者，半也。此當九十日之半，故謂之分。秋同義。夏、冬不言分者，蓋天地間二氣而已。方氏曰：陽生于子，終于午，至卯而中分，故春爲陽中，而仲月之節爲春分，正陰陽適中，故晝夜無長短云。元鳥至。元鳥，燕也。高誘曰：春分而來，秋分而去也。雷乃發聲，陰陽相薄爲雷。至此四陽漸盛，猶有陰焉，則相薄乃發聲矣。乃者，《韻會》曰：象氣出之難也。註疏曰：發猶出也，始電。電，陽光也。四陽盛長值氣泄時，而光生焉。故《歷解》曰：凡聲陽也，光亦陽也。《易》曰：雷電合而章。《公羊傳》曰電者雷光是也。徐氏曰：雷，陽陰電。非也。蓋盛夏無雷之時，電亦有之，可見矣。

陳澔《陳氏禮記集説》卷五《郊特牲》 天子大蜡八，伊耆氏始爲蜡。蜡也者，索也。歲十二月，合聚萬物而索饗之也。蜡祭八神：先嗇一、司嗇二、農三、郵表畷四、貓虎五、坊六、水庸七、昆蟲八。伊耆氏、堯也。索，求索其神也。合，猶閉也。閉藏之月，萬物各已歸根復命，聖人欲報其神之有功者，故求索而享祭之也。蜡，音乍。耆，音其。索，色窄切。蜡之祭也，主先嗇而祭司嗇也。祭百種以報嗇也。嗇與穡同，先嗇，神農也。主，如前章主日之主，言爲八神之主也。司嗇，上古后稷之官。百種，司百穀之種之神也。報嗇，謂報其教民樹藝之功。種上聲。饗農及郵表畷、禽獸，仁之至，義之盡也。農，古之田畯，有功于民者。郵者，郵亭之舍也。標表田畔相連畷處，造爲郵舍，田畯居之以督耕者，故謂之郵表畷。禽獸，貓虎之屬也。畷，株劣切。古之君子，使之必報之。迎貓，爲其食田鼠也。迎虎，爲其食田豕也。迎而祭之也。祭坊與水庸，事也。田鼠、田豕，皆能害稼，故食之者爲有功。迎者，迎其神也。坊，隄也。以蓄水，亦以障水。庸，溝也。以受水，亦以洩水。皆農事之備，故曰事也。眉山蘇氏以爲迎貓則爲貓之尸，迎虎則爲虎之尸，近于倡優所爲，是以子貢言一國之人皆若狂也。爲，去聲。坊，音防。曰：「土反其宅，水歸其壑，昆蟲毋作，草木歸其澤。」此祝辭也。宅，猶安也。土安則無崩圮，水歸則無泛溢。昆蟲，謂螟蝗之屬害稼者。作，起也。草木各歸根于藪澤，不得生于耕稼之土也。毋、無通。皮弁素服而祭。素服，以送終也。葛帶榛杖，喪殺也。蜡之祭，仁之至，義之盡也。物之助成歲功者，至此而老，老則終矣，故皮弁、素服、葛帶、榛杖以送之，喪禮之殺也。此爲義之盡。祭報其功，則仁之至也。《周禮・籥章》云：國祭蜡，則歈《豳》《頌》，擊土鼓，以息老物。殺、色介切。歈、吹同。黃衣黃冠而祭，息田夫也。野夫黃冠。黃冠，草服也。《月令》：臘先祖五祀，勞農以休息之，此祭是也。黃冠爲草野之服，其詳未聞。勞，去聲。

安熙《默庵集》卷一《西谿書院廢址》 世道有升降，乾坤幾清磨。誰知昔年中，師生此絃歌。我來愛佳名，杖策時經過。深尋得遺經，山經信非訛。龍首東昂藏，玉石西嵯峨。高寒枕天井，俯瞰無金科。清泉下深池，懸崖據陽坡。浮野衆麓奇，夾岸桑麻多。對此奇絶境，令人憶滄波。誓將塵土蹤，兹焉老漁蓑。安得白鹿翁，樂育如菁莪。古人不可作，嘆息將如何。龍首、玉石二峯，已見敘中。玉石峯後有螺峯，上有南北二天井，極高峻，望之若天門山。前有金榆、科嶂山列峙左右。龍池自古石堂北深谷中流出，經院中而下。蝦蟆石高二丈，圍百步，其下書堂故基宛然。朱文公知南康日，訪得白鹿洞書院遺址，復剏禮殿、書堂、齋舍數十間，仍奏賜勅額，及御書石經版本九經。因自號「白鹿洞主」云。

白珽《湛淵集·續演雅十詩》 海青羽中虎，燕燕能制之。小隙沈一作乘。大舟，鬭尹不吾欺。海青，俊禽也。而羣燕緣撲之，即墜物受於所制者，無小大也。草食押不蘆，雖死元不死。未見滌腸人，先聞棄簣子。漠北有名押不蘆，食其汁，立死，然以他藥解之即蘇。華陀洗腸胃攻疾，疑先服此。誰令珠玉唾，出彼藜藿腸。仁人不爲寶，良賈宜深藏。和林有尼，能吐珠玉雜寶。嬰啼聞木枝，羝乳見茅茹。何如百年身，反爾無根據。漠北種羊、角能產羊，其大如兔，食之肥美。嬰啼木枝，見《山海經》所載。西狩獲白麟，至死意不吐。代北有角端，能通諸國語。角端，北地異獸也，能人言，其高如浮圖。纔脱海鶴啄，已登方物輿。仰面勿啾啾，我長非僬如。小人，長僅七寸。夫婦二枚，形體畢具。羯尾大如斛，堅車載不起。此以不掉滅，彼以不掉死。西漠有羯，尾大於身之半，非車載尾不可行。八珍殺龍鳳，此出龍鳳外。荔枝配江珧，徒誇有風味。謂迤北八珍也。所謂八珍，則醍醐、麈沆、野駝蹄、鹿唇、駝乳麋、天鵞炙、紫玉漿、玄玉漿也。玄玉漿，即馬妳子。灤人薪巨松，童山八百里。世無奚超勇，惆悵渡易水。取松煤於灤陽，即今上都。去上都二百里，即古松林千里，其大十圍，居人薪之將八百里也。兩駝侍雪立，終日饑不起。一覺沙日黃，肉屏那足擬。沙漠雪盛，命兩駝趺其旁，終夜不動，用斷梗架片氈其上，而寢處於下，煖勝肉屏，且不起心兵也。

許謙《詩集傳名物鈔》卷八《頌·豐年》 《豐年》，頌，十四。秋冬報賽田事。《經》○廩，《說文》本作亩。穀所報入宗廟粢盛，或作廩。《傳》○黍，見《王·黍離》。○百，攷《毛氏》曰：數萬至萬曰億，數億至億曰秭。《疏》定本、《集注》云：數億至萬曰秭。案：甄氏曰：黄帝爲法，數有十等，及其用也乃有三焉。十等爲億、兆、京、陔、秭、壤、溝、澗、正、載也。三等者，上、中、下也。下數十萬曰億，十億曰兆，十兆曰京；中數萬萬曰億，萬萬億曰兆，萬萬兆曰京；上數萬萬曰億，億億曰兆，兆兆曰京。《毛氏》數萬至萬曰億者，舉中數也。又云：數億至億曰秭則有可疑，蓋黃帝數術中數交之上，萬萬京曰陔，萬萬陔曰稀，此應云數萬至陔曰秭，而言數億至億曰秭者，有所未詳。今以甄氏所舉而下數計之，十萬曰億，十億曰兆，十兆曰京，則百億也，十京曰陔，千億也，十陔曰秭，萬億也。豈毛下數言之。而今本轉寫誤曰數億至億乎？數萬數億之數，色主反。○方社，見《小雅·甫田》。

程端學《春秋本義》卷二七《定公二年》 夏，五月壬辰，雉門及兩觀。觀，古亂切。范氏曰：雉門，公宮之南門。兩觀，闕也。孔氏曰：《明堂位》云：庫門，天子皋門；雉門，天子應門。是魯之雉門，公宮南門之中門也。《釋宮》云：觀謂之闕。郭璞曰：宮門雙闕。《周禮·大宰》：正月之吉，縣治象之法于象魏，使萬民觀治象。鄭衆曰：象魏，闕也。劉熙《釋名》云：闕，石門，兩旁中央闕然爲道，兩觀與象魏、闕，一物而三名。兩觀與雉門俱災，則兩觀在雉門之旁矣。貫道王氏曰：子家羈曰，設兩觀，乘大輅，天子之禮也。魯僭周，天災所以警魯也。愚謂，亦爲十月新作雉門及兩觀起文也。【略】

冬，十月，新作雉門及兩觀。此書新作，與僖二十年新作南門意不同者，彼但譏其侈肆，此則譏其僭禮而不畏天譴也。康侯胡氏曰：書新作者，譏僭王制而不能革也。劉氏曰：習舊而不知其非，觀變而不知以爲戒，無怪於季氏之脅其主矣。○呂氏曰：雉門、兩觀僭矣，既災而又復作，魯之君臣非不知以是爲僭也，蓋以爲無足恤也。以爲無足恤也者，弒父與君所由起也。愚謂大室屋壞，新宮、桓宮、僖宮、御廩災，必新作之，皆不書者，義所當作，常事也。雉門、兩觀獨書者，僭而不改，非常也。觀乎此，則《春秋》不書常事亦可見矣。

汪克寬《經禮補逸》卷四《吉禮·天子躬耕禮》 《月令》：仲春，天子親載耒耜，措之于參保介之御間。帥三公九卿諸侯大夫躬耕帝籍。天子三推，三公五推，卿諸侯九推。《祭義》：天子爲籍千畝，冕而朱紘，躬秉耒。《祭法》：天子親耕於南郊，以共齊盛。《甸師》：掌帥其屬而耕耨王籍，以時入之，以共齊盛。《舍人》：以歲時縣穜稑之種，以共王后之春獻種。《內宰》：上春，詔王后帥六宮之人而生穜稑之種，而獻之于王。《樂記》：耕籍，然後諸侯知所以敬。《周語》：古者，大史順時覛土，陽癉憤盈，土氣震發，農祥晨正，日月底于天廟，土乃脈發。先時九日，大史告稷曰：自今至于初吉，陽氣俱烝，土膏其動。弗震弗渝，脈其滿眚，穀乃不植。稷以告王曰：史帥陽官以命我司事曰：距今九日，土其俱動，王其祗祓，監農不易。王乃使司徒咸戒公卿、百吏、庶民，司空除壇于籍，命農大夫咸戒農用。先時五日，瞽告有協風至，王即齊宮，百官御事，各即其齊三日。王乃淳濯饗醴，及期，鬱人薦鬯，犧人薦醴，王祼鬯，饗醴乃行，百吏、庶民畢從。及籍，后稷監之，膳夫、農正陳籍禮，大史贊王，王敬從之。王耕一墢，班三之，庶人終于千畝。其后稷省功，大史監之；司徒省民，大師監之。愚案：《易・繫傳》曰：包犧氏沒，神農氏作，斲木爲耜，揉木爲耒。耒耨之利以教天下，蓋取諸益。益卦之象震動於內，巽順於外，聖人象其物宜，立成器以爲天下利，維其動而順，所以有益於民生也。後世聖人親載耒耜，舉躬耕之禮，蓋得於教耕利益，不忘本始之意也。

楊允孚《灤京雜咏》 內人調膳侍君王，玉仗平明出建章。宰輔乍臨閶闔表，小臣傳旨賜湯羊。御前廚常膳，有曰「小廚房」「大廚房」。小廚房則內人八珍之奉是也。大廚房則宣徽所掌湯羊是也。由內及外，外膳既畢，羣臣始入奏事，每湯羊一膳具數十六，餐餘必賜左右大臣，日以爲常。予常職賜，故悉其詳。

《金史・百官志》 禮部：尚書一員，正三品。

侍郎一員，正四品。

郎中一員，從五品。

員外郎一員，從六品。

掌凡禮樂、祭祀、燕享、學校、貢舉、儀式、制度、符印、表疏、圖書、册命、祥瑞、天文、漏刻、國忌、廟諱、醫卜、釋道、四方使客、諸國進貢、犒勞張設之事。凡試僧、尼、道、女冠，三年一次，限度八十人。差京府幕職或節鎮防禦佐貳官二員、僧官二人、道官一人、司吏一名、從人各一人、廚子二人、把門官一名、雜役三人。僧童能讀《法華》、《心地觀》、《金光明》、《報恩》、《華嚴》等經共五部，計八帙。《華嚴經》分爲四帙。每帙取二卷，卷舉四題，讀百字爲限。尼童試經半部，與僧童同。道士、女冠童行念《道德》、《救苦》、《玉京山》、《消災》、《靈寶度人》等經，皆以誦成句、依音釋爲通。中選者試官給據，以名報有司。凡僧尼官見管人及八十、道士女冠及三十人者放度一名，死者令監壇以度牒申部毀之。

《宋史・職官志二》 南院資望比北院頗優，然皆通掌，止用南院印，二使共院而各設廳事。其吏史則有都勾押官、勾押官各一人，前行三人，後行十二人，分掌四案：一曰兵案，二曰騎案，主賜群臣新史，及掌諸司使至崇班、內侍供奉官、諸司工匠兵卒之名籍，及三班而下遷補、假故、鞫劾之事。三曰倉案，掌春秋及聖節大宴，節度使迎授恩賜、上元張燈、四時祠祭及契丹朝貢、內廷學士赴上，幷督其供帳，內外進奉視其名物，教坊伶人歲給衣帶，專其奏覆。四曰胄案。掌郊祀、御殿、朝謁聖容、賜酺、國忌供帳之事，諸司使副、三班使臣別籍分產，司其條制，頒諸司工匠休假之事。

趙汸《春秋金鎖匙》 天王使毛伯來錫公命、天子使召伯成來賜命。

春秋特筆，王命凡二，一稱天王，一稱天子；一書錫公命，一書賜命。襄王君臣加恩於人，望之魯《春秋》之紀事，雖特筆也，亦絕筆也。惟其爲特筆，故稱天王，稱錫命。稱天王者天下之公也，以君與臣曰錫，是王政之猶重也。惟其爲絕筆，故稱天子，稱賜命，稱天子者一人之私也。彼此相予曰賜，是王政之已輕也。

劉岳申《申齋集》卷八《高師魯墓誌銘》[吴文正注] [高師魯子男等」以某年月日杞留京師，以書抵其客郭去非，狀其父功實以授劉岳申。受而哭之曰：「師魯與余同歲，死之日年五十有四矣。方今四方無虞，無所用師魯。第使士不幸造次顛沛，安得師魯哉。」太史公云：緩急，人之所時有也。乃爲之銘曰：嗚呼師魯，用則爲虎。而無用武，嗚呼師魯。揭曼碩云：郭以是以詩見貽，且令鴈高師魯碑。師魯名洙，吉州吉水人，好勇，有謀略。至元中，數大敗賊。環吉之境，賊無敢嘗者。有司上其勞，不報，年五十四卒。家甚貧，其客郭以是、劉高仲買石刻碑於墓，其丈則高仲 所爲，極高古。書畢，就以詩謝郭，幷呈高仲。

詹道傳《孟子纂箋》卷五《滕文公上》 夏后氏五十而貢，殷人七十而助，周人百畝而徹，其實皆什一也。徹者，徹也。助者，藉也。徹，敕列反。藉，子夜反。

此以下乃言制民常產與其取之之制也。夏時一夫受田五十畝，而每夫計其五畝之入以爲貢。商人始爲井田之制，以六百三十畝之地畫爲九區，區七十畝，中爲公田，其外八家各授一區，但借其力以助耕公田，而不復扶又反。稅其私田。周時一夫受田百畝，鄉遂用貢法，十夫有溝，都鄙用助法，八家同井。鄉遂之地在國中，《周禮》遂人所職是也。都鄙之地在野外，《周禮》匠人所職是也。大司徒之職令五家爲比，使之相保，五比爲閭，使之相受，四閭爲族，使之相葬，五族爲黨，使之相救，五黨爲州，使之相賙，五州爲鄉，使之相賓，是一萬二千五百家爲鄉也。遂人掌六遂，猶司徒之六鄉也。遂人以土地之圖，經田野造縣鄙形體之法，五家爲鄰，五鄰爲里，四里爲酇，五酇爲鄙，五鄙爲縣，五縣爲遂。朱子所謂以五起數者，亦是一萬二千五百家爲遂也。皆有地域溝樹之，此所謂鄉遂也。遂人治野，夫間有遂，遂廣深各二尺，遂上有徑，可容牛馬，十夫有溝則千畝之田也。溝之深廣倍遂，溝上有畛，可容大車，百夫有洫，則萬畝之田也。洫倍溝，洫上有涂，可容乘車一軌，千夫有澮，則十萬畝之田也。澮廣二尋，深二仞，澮上有道，可容二軌。萬夫有川，則百萬畝之田也。川所以受溝、洫、澮之水，川上有路，可容三軌，以達於畿，畿亦遂之境也。每百夫之田爲一經界，十夫之田同一遂，百夫之遂凡十，而皆直，溝有九，而皆横。百夫之田萬畝外，其洫直，千夫之田十萬畝外，其澮横，此鄉遂之大略也。小司徒乃經土田而井牧，其田野九夫爲井，四井爲邑，四邑爲丘，四丘爲甸，四甸爲縣，四縣爲都。朱子所謂以四起數者，此乃造都鄙采邑制井田異於鄉遂。重立國每丘之地縱横各三溝四丘之田爲一甸，十字中爲四洫。《冬官考工記》匠人爲溝洫，九夫爲井，井間廣四尺、深四尺謂之溝，方十里爲成，成間廣八尺、深八尺謂之洫，方百里爲同，同間廣二尋，深二仞，謂之澮。鄭注云：此畿内采地之制，采地制井田異於鄉遂，故匠人以一井至一同言之，則以開方之法而言，遂人以一夫至萬夫言之，則以車運厲而言也。奉新陰炤云：鄉遂在近郊遠郊之間，平原壙野，可畫爲萬夫之井，故有溝洫、途路、都鄙，謂甸、稍、縣、都，包山林陵麓在内，難用溝洫整齊分畫，但逐處畫爲井田。耕則通力而作，收則計畝而分，故謂之徹。其實皆什一者，貢法固以十分扶問反，下同。之一爲常數，惟助法乃是九一。而商制不可考。周制則公田百畝中以二十畝爲廬舍，一夫所耕公田實計十畝，通私田百畝爲十一分，而取其一，蓋又輕於十一矣。《前漢・食貨志》：理民之道，地著爲本，故必建步立晦，正其經界。六尺爲步，步百爲晦，晦百爲夫，夫三爲屋，屋三爲井，井方一里，是爲九夫，八家共之，各受私田百晦，公田十晦，是爲八百八十晦，餘二十晦以爲廬舍。出入相友，守望相助，疾病相救，民是以和睦，而教化齊同，力役生産可得而平也。民受田，上田夫百晦，中田夫二百晦，下田夫三百晦。歲耕種者爲不易上田，休一歲者爲一易中田，休二歲者爲再易下田。三歲更耕之，自爰其處農民戶，人已受田，其家衆男爲餘夫，亦以口受田。如比士、工、商家受田，五口乃當農夫一人，此謂平土可以爲法者也。若山林藪澤、原陵淳鹵之地，各以肥磽多少爲差。民年二十受田六十，歸田在野曰廬，在邑曰里。竊料商制亦當似此，而以十四畝爲廬舍，一夫實耕公田七畝，是亦不過十一也。徹，通也，均也。藉，借也。

敖繼公《儀禮集説》卷一五《少牢饋食禮》 注曰：於五禮屬吉禮。

繼公謂：此篇言大夫祭其祖之禮。

少牢饋食之禮。少，詩照反。食，音嗣。

注曰：禮將祭祀，必先擇牲，繫于牢而芻之。羊豕曰少牢。

日用丁、己。己，音紀。

注曰：内事用柔日，必丁己者，取其今名，自丁寧，自改變，皆爲謹敬。

繼公謂：此指筮日之日也，所謂諏日者也。先諏是日，至其日乃筮。

筮旬有一日。

以丁若己之日而筮，旬有一日，則所筮之日亦丁若己可知矣。以丁己之日而筮，丁己乃云旬有一日，則是幷筮日之日而數之也。古者數日之法於此可見。

筮於廟門之外。主人朝服，西面于門東。史朝服，左執筮，右抽上韇，兼與筮執之，東面受命于主人。朝，並直遙反。下朝服並同。

朝服，大夫、士以筮之正服也。史亦公有司也，《周官・筮人》職，中士二人，史二人。《士冠》、《特牲》之筮者言筮人，此言史，蓋互文也。大夫筮亦朝服者，降於卜也。《雜記》言大夫卜宅與葬日云，占者皮弁，又云如筮則占者朝服，是其服異也。

主人曰：「孝孫某，來日丁亥，用薦歲事于皇祖伯某，以某妃配某氏，尚饗。」

注曰：丁未必亥也，直舉一日以言之耳。禘於太廟禮曰：日用丁亥。伯某，且字也。其仲、叔、季，亦曰仲某、叔某、季某、某妃、某妻也。合食曰配。某氏，若言姜氏，子氏也。繼公謂：此惟云丁亥，特見其一耳。必言丁亥者，以其爲六丁之末者，故設言之也。末者且用，則其上者可知矣。己日亦宜如之。稱其祖字，則是指士之爲祖者而言，亦假設之辭耳。大夫祭士之爲祖者如此，亦所以明其從生者之爵也。其祖禰若爲大夫，則稱曰某子。《聘禮》記曰：皇考某子是也。大夫三廟，其常祀自曾祖而下，此辭惟言皇祖者，亦見其一耳。三廟説見《聘禮》。

史曰：「諾。」西面于門西，抽下韇，左執筮，右兼執韇以擊筮。

擊筮者，爲將述命故也，不述命則無此儀。

遂述命曰：「假爾大筮有常。孝孫某，來日丁亥，用薦歲事于皇祖伯某，以某妃配某氏，尚饗。」大，音泰。

注曰：重以主人辭告筮也。假，借也。

繼公謂：大者，尊之之辭。假爾大筮，謂假借爾大筮之靈，以問於神也。有常，謂其常常如此也。言每有疑事則必問之，而不敢專決，所以見其敬信之意。孝孫某以下之辭，則所謂述命也。

乃釋韇，立筮。

立筮而又在門西，皆大夫之禮異者也。卦者在左坐，卦以木。卒筮，乃書卦于木，示主人，乃退占。

注曰：卦者，史之屬也。卦以木者，每一爻，畫地以識之。六爻備，書於板。史受以示主人，退占，東面旅占之。

繼公謂：此卦者坐亦與筮者相變也。上木，畫地者也。下木，板也。退，退于其位也。不言其位，亦西方東面可知。此占者亦當三人也。大夫廟門外之位，其有司之西方東面者惟此耳。蓋筮者有事於神，故不爲大夫而變位也。

吉，則史韇筮，史兼執筮與卦以告于主人：「占曰從。」

既筮，又釋筮于所筮之處，至是乃就而韇之也。韇筮而兼與卦，執之以告，此亦與士禮異者也。

乃官戒，宗人命滌，宰命爲酒，乃退。

注曰：滌，溉濯祭器，埽除宗廟。

繼公謂：官戒謂某官戒某人以某事也。宰、宗人，乃官之尊者，故見其所命者以明之。有司羣執事之位當在門東，東上。大夫之宗人亦私人爲之。自此以下諸官司馬之屬皆放此。

若不吉，則及遠日，又筮日如初。

注曰：遠日，後丁若後己。

繼公謂：此遠日，對筮之日而言，即所筮不吉之日也。至此日又筮旬有一日也，此文當承「占曰從」之下，欲終言上事，故至是乃見之。

右筮日。

劉瑾《詩傳通釋》卷一一《小雅・祈父》

祈勤衣反。父，音甫。予王之爪牙。叶五胡反。胡轉予于恤，靡所止居？

賦也。祈父，司馬也，職掌封圻之兵甲，故以爲號。《酒誥》曰「圻父薄違」是也。孔氏曰：古者祈、圻、畿字通用，故此作祈，《書》作圻。蔡九峰曰：圻父迫逐違命者也。予，六軍之士也，或曰：司右虎賁奔。之屬也。董氏曰：司馬之屬，有司右虎賁、旅賁，皆奉事王之左右者也。故「司右」曰凡國之勇力之士能用五兵者屬焉。「虎賁」曰掌先後王而趨以卒伍。「旅賁」曰掌執戈盾夾王車。此所謂爪牙者也。爪牙，鳥獸所用以爲威者也。孔氏曰：鳥用爪，獸用牙以防衛，此人自謂王之爪牙，以鳥獸爲喻也。恤，憂也。軍士怨於久役，故呼祈父而告之，曰：予乃王之爪牙，汝何轉我於憂恤之地，使我無所止居乎？鄭氏曰：此責司馬之辭，謂見使從軍也。六軍之士出自六鄉，法不取於王之爪牙之士。張子曰：禁衛天子之爪牙，而使之遠戍，所謂轉予於恤也。古人容易出一句便不可及，詩人造理深，其辭儘難學。

祈父，予王之爪士。鉏里反。胡轉予于恤，靡所底之履反。止？

賦也。爪士，爪牙之士也。底，至也。

祈父，亶不聰。胡轉予于恤，有母之尸饔。

賦也。亶，誠。尸，主也。饔，熟食也。言不得奉養而使母反主勞苦之事也。東萊呂氏曰：越勾踐伐吴，有父母耆老而無昆弟者皆遣歸。魏公子無忌救趙，亦令獨子無兄弟者歸養。則古者有親老而無兄弟，其當免征役，必有成法。故責司馬之不聰，其意謂此法人皆聞之，汝獨不聞乎，乃驅吾從戎，使吾親不免薪水之勞也。責司馬者，不敢斥王也。愚按：不斥王而責司馬，此詩人之忠厚也，亦若《北山》所謂大夫不均之意。

祈父三章，章四句。輔氏曰：上兩章言我乃王之爪牙，汝何轉我於憂恤之地，使我無所止居，如此則是自戕其上之衛。末章言汝乃驅吾從戎，而使吾親不免薪水之勞，如此則是不體其下之情。其言之序亦先公而後私也，不戕其上之衛，則上得以安；必體夫下之情，則下不忘其死。勾踐無忌之事，其用兵猶有古之遺法，自秦而下不復如此矣。

序以爲刺宣王之詩，說者又以爲宣王三十九年戰于千畝，王師敗績于姜氏之戎，故軍士怨而作此詩。東萊呂氏曰：大子晉諫靈王之詞曰：自我先王厲、宣、幽、平而貪天禍，至于今未弭。宣王中興之主也，至與幽、厲並數之，其詞雖過，觀是詩所刺，則子晉之言豈無所自歟。呂東萊曰：讀是詩見宣王變古制者二焉：前兩章刺其以宿衛之士從征役；末章見其有親老而無他兄弟者當免征役，乃驅之從戎也。但今考之詩文，未有以見其必爲宣王耳。下篇放此。

序：刺宣王也。

梁益《詩傳旁通》卷二《邶風・簡兮》 伶官。

黃帝命伶倫取嶰谷之竹，截筩吹律。伶倫，樂師，世掌樂官，故後世號樂官爲伶官。晉景公見漢囚鍾儀，南冠而縶，使脫之，問其族。對曰：泠人也。公曰：能樂乎？對曰：先父之職官也。與之琴，操南音。泠與伶同，伶者，弄也。

又卷一一《大雅・板》　壎箎。

壎，亦作塤。《毛詩樂舞器圖》云：釋者皆以二者異器而同聲，然八音孰不同聲，必以壎箎爲況者，蓋壎箎皆六孔，而以五竅取聲。十二律始於黄鍾，終於應鍾。壎、箎二者其竅盡合，則爲黄鍾。其竅盡開，則爲應鍾。獨相應和，是以取之。和，去聲。

張以寧《春秋春王正月考・桓公》　八年，冬，十月，雨雪。

《公羊》曰：記異也。注：今八月，未當雨雪，此陰氣太盛，兵象也。

愚按：《漢書・五行志》劉向曰：周冬，夏秋。周十月，今八月也。

十四年，春，正月，無冰。

《公羊》曰：記異也。注：周正月，夏十一月。法當堅冰，無冰，溫也。此夫人淫泆，陰而陽行之所致。

《穀梁》曰：時燠也。

胡氏曰：今仲冬之月，燠而無冰，則政治縱弛不明之所致也。

愚按：《漢・五行志》劉向以爲周春夏冬也。

秋，八月，御廪災。乙亥，嘗。

《公羊》曰：譏嘗也。注：當廢一時祭以奉天災也。周八月非孟秋，本不時，不以不時書者，本不當嘗也。

胡氏曰：春秋用周月，以八月嘗不時也。

愚按：周八月，夏六月也，故曰不時。周正也。

莊公七年，秋，大水，無麥苗。

《左氏》曰：不害嘉穀也。注：今五月，周之秋，平地水出，漂殺熟麥及五稼苗，黍稷尚可更種，故曰不害。

愚按：周七月也。周季秋，夏孟秋也。孟秋凉風至，白露降。見《月令》。少陰用事，殺氣至也，律爲夷，則陰氣夷傷物也。見《律歷志》。是月登穀，而五種皆不殖矣。《左氏》謂不害嘉穀，杜注謂黍稷尚可更種，皆非也。緣麥苗之幷書，杜氏遂以爲五月水出漂殺熟麥也。考於二十八年，書冬大無麥禾，則於義不通矣。蓋麥爲五穀之一，續食之最重者，故書麥苗、麥禾以該五穀也。書無麥苗於秋，見五稼之皆無，志大水爲災也；書大無麥禾於冬，見五穀之大無，志倉廪俱竭也。則秋爲周七月明矣。

《詩》

《唐風・蟋蟀》篇：蟋蟀在堂，歲聿其莫。

《毛傳》曰：蟋蟀，蛩也。九月在堂。聿，遂也。

《孔疏正義》曰：戶內戶外總名爲堂，《七月》篇言蟋蟀九月在戶，此言在堂，謂在室戶之外，與戶相近，是九月可知。時當九月，歲未爲暮者，言其過此月後則歲遂將暮耳，謂十月以後爲歲暮也。《小明》云：歲聿云暮，采蕭穫菽。采穫是九月之事也。云歲聿云暮，其意與此同。歲實未暮而云聿暮，故知聿爲遂者，從始嚮末之言也。

愚按：周以十一月爲歲首，故此言十月以後爲歲暮，九月爲歲聿其暮。周正也。

《采薇》篇：采薇采薇，薇亦作止。曰歸曰歸，歲亦莫止。晚也。采薇采薇，薇亦剛止。曰歸曰歸，歲亦陽止。注：十月坤月，嫌於無陽，故名此月爲陽月。昔我往矣，楊柳依依，今我來思，雨雪霏霏。

愚按：此詩曰雨雪霏霏，曰歲亦陽止，則周十二月，夏之十月也。故其首章曰歲亦莫止，周以夏十一月爲正月，爲歲首也。

《六月》篇：六月棲棲，戎車既飭。維此六月，既成我服。

愚按：周六月，夏四月也。盛暑，非玁狁入寇時也。

《十月之交》篇：十月之交，朔日辛卯。日有食之，亦孔之醜。

《鄭箋》曰：周之十月，夏之八月也。八月朔日，日月交會而日食，爲陰侵陽，臣侵君之象。日辰之義，日爲君，辰爲臣。辛，金也。卯，木也。又以卯侵辛，故甚惡也。孔疏：一食而有二象，故爲亦甚惡也。

愚按：詩下文曰：彼月而微，此日而微。又曰：彼月而微，則維其常，此日而微，於何不臧。反覆言之，以釋上文亦孔之醜，謂彼月陰也，宜有時而食；此日純陽，君象也，不宜食而食，此其所以爲醜惡之甚也，其義至明，不必他爲之説。《史記・天官書》亦曰：月食常也，日食爲不臧。詩下文曰：燁燁震電，蓋八月雷乃收聲之時，而震電見焉，亦爲變異，此詩亦周正也。

梁寅《詩演義》卷一二《小雅・何人斯》　舊序曰：蘇公刺暴公也。暴公爲卿士而譖蘇公焉，故蘇公作是詩而絶之。《傳》曰：詩中但有暴字，不言藕姓，序言未知何據。彼何人斯？其心孔艱。胡逝我梁，不入我門？伊誰云從？維暴之云。

八章皆賦也。【略】

爲鬼爲蜮，則不可得。有靦面目，視人罔極。作此好歌，以極反側。

蜮，謂之短狐。江淮水中有之，能含沙射水中人影，其人輒病，而不見其形也。言爾爲鬼爲蜮，則不得而見矣，然爾乃人也，豈終不可見哉。靦者，見人惶愧之意。爾之見人，未免惶愧，相見之日無窮極，何可如是哉。故作此好歌，以究極爾反側之情。反，言其相背；側，言其不正也。

王禕《王忠文集》卷二〇《叢録》 武帝時，孔騰之《書》始出孔壁，百篇皆在，而半已磨滅。又皆科斗文字，故謂之古文。惠孫安國以隸古定得五十八篇，爲四十六卷。同序者同卷，異序者異卷。同序者，如《太甲》、《盤庚》、《說命》、《泰誓》皆三篇共序，凡十二篇，爲四卷。又《大禹》、《皐陶謨》、《益稷》、《康誥》、《酒誥》、《梓材》亦各三篇共序，凡六篇，爲二卷。外四十篇，篇各有序，爲四十卷。通共序六卷，爲四十六卷也。爲之作傳，會國有巫蠱事訖，不以聞，其傳遂泯。

胡粹中《元史續編》卷五 ［成宗皇帝元貞二年十月］定徵江南夏稅法。國初，取民內郡曰丁稅、地稅，即唐之租庸調也；江南曰夏稅、秋稅，即唐之兩稅也。丁稅、地稅之法始於太宗朝，每戶出粟二石，後增爲四石。後又定令：諸侯民戶每丁出粟一石，驅丁五升，新戶丁驅各半之，老幼不與。有耕種者驗其牛具、地土之厚而徵之，丁稅少而地稅多者納地稅，地稅少而丁稅多者納丁稅，工匠、僧道驗地，官吏、商賈驗丁，仍命歲書其數于冊。及世祖即位，而輸納、收受、關防、會計之法愈備。至元十七年，又定：全科戶每丁粟三石，驅丁一石，地稅每畝三升減半。科戶每丁一石，新收交參戶，第一年五斗，第二年一石，三年至五年每年遞增二斗五升，六年入丁稅。協濟戶每丁粟一石，地稅每畝三升，隨路近倉輸粟，遠倉每粟一石折輕賫鈔二兩。富戶遠輸，下戶近納，每石俱帶鼠耗三升，分例四升。定輸納之期爲三：初限十月，中限十一月，末限十二月。其江南秋、夏稅之法，初用姚元之請，依宋舊例折輸綿、絹、雜物。後令輸米三之一，餘折鈔，以七百萬定爲率。歲得羨鈔十四萬，定其輸止用宋斗斛，盖宋二石當今七斗云。至是又定江南徵夏稅之制：秋稅止命輸租，夏稅則輸木綿、布、絹、絲、綿等物。所輸之數視糧爲差，每糧一石諸路分不同。江浙之婺州等路，江西之隆興等路，皆折輸三貫；福建泉州等處，折輸二貫；紹興及漳州等五路，折輸一貫五百文，大抵因其地高下以爲直焉。

胡廣等《性理大全書》卷一九《昏禮》 議昏：男子年十六至三十，女子年十四至二十，司馬溫公曰：「古者男三十而娶，女二十而嫁。今令文男年十五、女年十三以上並聽昏嫁。今爲此說，所以參古今之道，酌禮令之典，順天地之理，合人情之宜也。」身及主昏者無朞以上喪，乃可議昏。大功未葬，亦不可主昏。凡主昏如冠禮主人之法，但宗子自昏，則以族人之長爲主。必先使媒氏往來通言，俟女氏許之，然後納采。司馬溫公曰：「凡議昏姻，當先察其壻與婦之性行及家法何如，切苟慕其富貴。壻苟賢矣，今雖貧賤，安知異時不富貴乎。苟爲不肖，今雖富盛，安知異時不貧賤乎。婦者，家之所由盛衰也。苟慕其一時之富貴而娶之，彼挾其富貴鮮有不輕其夫，而傲其舅姑，養成驕姑之性，異日爲患，庸有極乎。借使因婦財以致富，依婦勢以取貴，苟有丈夫之志氣者，能無媿乎。又世俗好於襁褓童幼之時輕許爲昏，亦有指腹爲昏者，及其既長，或不肖、無賴，或身有惡疾，或家貧凍餒，或喪服相仍，或從宦達方，遂至棄信負約，速獄致訟者多矣。是以先祖太尉嘗曰：『吾家男女必俟既長然後議昏，既通書不數月必成昏。故終身無此悔，乃子孫所當法也。』」

納采：納其采擇之禮，即今世俗所謂「言定」也。

主人具書，主人即主昏者，書用牋紙，如世俗之禮。若族人之子，則其父具書告于宗子。夙興奉以告祠堂。如告冠儀，其祝版前同。但云某之子某若某之某親之子，某年已長成，未有伉儷，已議娶某官某郡姓名之女，今日納采，不勝感愴，謹以後同。若宗子自昏則自告。乃使子弟爲使者如女氏，女氏主人出見使者，使者盛服如女氏，女氏亦宗子爲主，主人盛服出見使者。非宗子之女，則其父位於主人之右，尊則少進，卑則少退。啜茶畢，使者起，致辭曰：吾子有惠貺室某也，某之某親某官有先人之禮，使某請納采。從者以書進，使者以書授主人，主人對曰：某之子若妹姪孫惷愚，又弗能教，吾子命之某不敢辭。北向再拜，使者避不答。拜使者，請退，俟命出。就次若許嫁者，於主人爲姑姊，則不云惷愚，又弗能教，餘辭並同。遂奉書以告于祠堂。如壻家之儀，祝版前同。但云某之第幾女，若某親某之第幾女，年漸長成，已許嫁某官某郡姓名之子，若某親某今日納采，不勝感愴，謹以後同。出以復書授使者，遂禮之。主人出延使者，升堂授以復書，使者受之請退，主人請禮賓，乃以酒饌禮使者。使者至是始與主人交拜揖如常日。賓客之禮其從者，亦禮之別室，皆酧以幣。使者復命壻氏主人，復以告于祠堂。不用祝。

納幣：古禮有問名、納吉，今不能盡用，止用納采、納幣，以從簡便。

納幣，幣用色繒，貧富隨宜，少不過兩，多不踰十。今人更用釵釧、羊酒、果實之屬，亦可。具書遣使如女氏，女氏受書復書，禮賓使者復命，並同納采之儀。禮如納采，但不告廟，使者致辭，改采爲幣，從者以書幣進使者，以書授主人。主人對曰：吾子順先典貺某重禮，某不敢辭，敢不承命。乃受書，執事者受幣，主人再拜。使者避之，復進請命主人，授以復書，餘並同。

楊氏復曰：「昏禮有納采、問名、納吉、納徵、請期、親迎六禮，家禮略去問名、納吉，止用納采、納幣，以從簡便。但親迎以前，更有請期一節，有不可得而略者。今以倒推之請期，具書遣使如女氏，女氏受書復書，禮賓使者復命，並同納采之儀。使者致辭曰：吾子有賜命，某既申受命矣，使某也請吉日。主人曰：某既前受命矣，惟命是聽。賓曰：某命某聽命於吾子。主人曰：某固惟命是聽。賓曰：某受命吾子，不許某敢不告期曰某日。主人曰：某敢不謹須。餘並同。」

親迎：

朱子曰：「親迎之禮，恐從伊川之説爲是。近則迎於其國，遠則迎於其館。今妻家遠要行禮，一則令妻家就近處設一處，却就彼往迎歸館行禮。一則妻家出至遠處，壻即就彼迎歸至家成禮。　有問昏禮今有士人對俗人結姻，士人欲行昏禮，而彼家不從，如何？曰：這也只得宛轉，使人去與他商量，但古禮也省徑，人何苦不行。」

前期一日，女氏使人張陳其壻之室。世俗謂之「鋪房」。然所張陳者，但氈褥帳幔帷幙應用之物，其衣服鎖之篋笥，不必陳也。　司馬溫公曰：「《文中子》曰：『昏娶而論財，夷虜之道也。』夫昏姻者，所以合二姓之好，上以事宗廟，下以繼後世也。今世俗之貪鄙者，將娶婦先問資裝之厚薄，將嫁女先問聘財之多少，至於立契約云某物若干，某物若干，以求售其女者。亦有既嫁而復欺紿負約者，是乃駔儈賣婢鬻奴之法。豈得謂之士大夫昏姻哉？其舅姑既被欺紿，則殘虐其婦以攄其忿。由是愛其女者，務厚其資裝以悦其舅姑者。殊不知彼貪鄙之人，不可盈厭，資裝既竭，則安用汝女哉？於是質其女以責貨，於女氏貨有盡而責無窮，故昏姻之家往往終爲仇讎矣。是以世俗生男則喜，生女則戚，至有不舉其女者，用此故也。然則議昏姻有及於財者，皆勿與爲昏姻可也。」厥明壻家，設位于室中。設倚卓子，兩位東西相向，蔬果盤盞匕筯，如賓客之禮。酒壺在東位之後，又以卓子置合巹一於其南，又南北設二盥盆勺於室東隅，又設酒壺盞注於室外或別室，以飲從者。　巹音謹，以小匏一判而兩之。　女家設次于外。

初昏壻盛服，世俗新壻帶花勝擁蔽其面，殊失丈夫之容體，勿用可也。

朱子曰：「昏禮用命服，乃是古禮。如士乘墨車而執鴈，皆大夫之禮也。冠帶只是燕服，非所以重正昏禮，不若從古之爲正。」　黄氏瑞節曰：「《士昏禮》謂之『攝盛』，蓋以士而服大夫之服，乘大夫之車，則當執大夫之贄也。」

主人告于祠堂。如納采儀，祝版前同，但云某之子某若某親之子，某將以今日親迎于某官某郡某氏，不勝感愴，謹以後同。　若宗子自昏，則自告。

朱子曰：「《儀禮》雖無娶妻告廟之文，而《左傳》曰：『圍布几筵，告於莊共之廟。』是古人亦有告廟之禮。問今婦人入門，即廟見，蓋舉世行之。近見鄉里諸賢，頗信《左氏》先配後祖之説，豈後世紛紛之言不足據，莫若從古爲正否？曰：《左氏》固難盡信，然其後説親迎處亦有布几筵告廟而來之説，恐所謂後祖者譏其失此禮耳。」

遂醮其子，而命之迎。先以卓子設酒注盤盞於堂上，主人盛服坐於堂之東序西向，設壻席於其西北南向。壻升自西階，立於席西南向，贊者取盞斟酒，執之詣壻席前，壻再拜，升席南向，受盞跪，祭酒興就席末，跪啐酒興，降席西授贊者盞。又再拜進詣父坐前，東向跪。父命之曰：「往迎。爾相承我宗事，勉率以敬，若則有常。」壻曰：「諾。惟恐不堪，不敢忘命。」俛伏興出。非宗子之子，則宗子告于祠堂，而其父醮于私室如儀。但改宗事爲家事。　若宗已孤而自昏，則不用此禮。

司馬溫公曰：「贊者，兩家各擇親戚婦人習於禮者爲之。凡壻及婦人行禮，皆贊者相導之。」

壻出乘馬，以二燭前導。至女家俟于次。壻下馬于大門外，入俟于次。女家主人告于祠堂，如納采儀，祝版前同。但云某之第幾女若某親某之第幾女，將以今日歸于某官某郡姓名，不勝感愴，謹以後同。遂醮其女而命之。女盛飾，姆相之，立於室外南向，父坐東序西向，母坐西序東向，設女席扵母之東北南向。贊者醮以酒如壻禮，姆導女出於母左，父起命之曰：「敬之戒之，夙夜無違舅姑之命。」母送至西階上，爲之整冠斂帔，命之曰：「勉之敬之，夙夜無違爾閨門之禮。」諸母姑嫂姊送至於中門之內，爲之整裙衫，申以父母之命曰：「謹聽爾父母之言，夙夜無愆。」非宗子之女，則宗子告于祠堂，而其父醮於私室，如儀。主人出迎，壻入奠鴈。主人迎壻于門外，揖讓以入，壻執鴈以從至于廳，事主人升自阼階，立西向。壻升自西階，北向跪，置鴈於地。主人侍者受之，壻俛伏興，再拜。主人不答，拜若族人之女，則其父從主人出迎，立於其右，尊則少進，卑則少退。凡贄用生鴈，左首以生色繒交絡之，無則刻木爲之，取其順陰陽往來之義。程子曰：向某不再偶也。

問：「主人揖，壻入，壻北面而拜，主人不答拜，何也？」朱子曰：「乃爲奠鴈而拜，主人自不應答拜。」

姆奉女出，登車。姆奉女出中門，壻揖之，降自西階，主人不降。壻遂出，女從之，壻舉轎簾以俟，婦盤曰：「未教不足與禮也。」女乃登車。壻乘馬，先婦車。婦車亦以二燭前導。

司馬溫公曰：「男率女，女從男，夫婦剛柔之義，自此始也。」

至其家，導婦以入，壻至家立于廳事，俟婦下車，揖之，導以入。壻婦交拜。婦從者布壻席扵東方，壻從者布婦席於西方。壻盥于南，婦從者沃之進帨。婦盥于北，壻從者沃之進帨。壻揖，婦就席，婦拜，壻答拜。

司馬溫公曰：「從者皆以其家女僕爲之，女從者沃壻盥于南。壻從者沃女盥於北，夫婦始接情，有廉恥從者交導其志。」女子與丈夫爲禮，則俠音夾拜，男子以再拜爲禮，女子以四拜爲禮。古無壻婦交拜之儀，今從俗。

就坐，飲食畢，壻出。壻揖，婦就坐。壻東婦西，從者斟酒設饌，壻婦祭酒，舉殽人斟酒，壻揖婦舉飲，不祭無殽。又取卺，分置壻婦之前，斟酒，壻揖，婦舉飲，不祭無殽。壻出，就他室。姆與婦留室中，徹饌置室外，設席。壻從者餕婦之餘，婦從者餕壻之餘。

司馬溫公曰：「古者同牢之禮，壻在西，東面，婦在東，西面。蓋古人尚右，故壻在西，尊之也。今人既尚左，且從俗。」劉氏璋曰：「《儀禮》疏云：『卺謂牢瓢，以一匏分爲兩，瓢謂之卺。壻之與父各執一片以酳。』故云合卺而酳。」《昏義》曰：婦至壻揖，婦以入共牢而食，合卺而酳，所以合體同尊卑，以親之也。

復入，脱服，燭出。壻脱服，婦從者受之。婦脱服，壻從者受之。司馬溫公曰：「古詩云『結髮爲夫婦』，言自小年束髮即爲夫婦，猶李廣所言『結髮與匈奴戰』也。今世俗昏姻乃有結髮之禮，謬誤可笑，勿用可也。」

主人禮賓。男賓於外廳，女賓于中堂。古禮：明日饗從者。今從俗。

司馬溫公曰：「不用樂。註云『曾子問曰：娶婦之家，三日不舉樂，思嗣親也』。今俗昏禮用樂，殊爲非禮。」

婦見舅姑：

明日夙興，婦見于舅姑，婦夙興盛服，俟見舅姑，坐於堂上，東西相向，各置卓子於前，家人男女少於舅姑者，立於兩序。如冠禮之敘婦，進立於阼階下，北面拜舅，升奠贄幣于卓子上，舅撫之，侍者以入。婦降又拜畢，詣西階下北面拜姑，升奠贄幣，姑舉以授侍者，婦降又拜。若非宗子之子，而與宗子同居，則先行此禮於舅姑之私室。與宗子不同居，則如上儀。

司馬溫公曰：「古者拜于堂上，今拜于下，恭也，可從衆。」

舅姑禮之。如父母醮女之儀。婦見于諸尊長。婦既受禮，降自西階。同居有尊於舅姑者，則舅姑以婦見於其室，如見舅姑之禮，還拜諸尊長于兩序。如冠禮無贄小郎、小姑，皆相拜。非宗子之子而與宗子同居，則既受禮，詣其堂上拜之如舅姑禮，而還見于兩序。其宗子及尊長不同居，則廟見而後往。

若冢婦，則饋于舅姑，是日食時，婦家具盛饌酒壺。婦從者設蔬果卓子于堂上，舅姑之前設盥盆于阼階東南。帨架在東，舅姑就坐。婦盥升自西階，洗盞斟酒置舅卓子上降。俟舅飲畢，又拜。遂獻姑進酒，姑受飲畢，婦降拜，遂執饌升薦于舅姑之前，侍立，姑後以俟。卒食，徹飯。侍者徹饌，分置別室，婦就餕姑之餘，婦從者餕舅之餘，壻從者又餕婦之餘。非宗子之子，則於私室如儀。

司馬溫公曰：「《士昏禮》『婦盥饋特豚，合升側載。』註：『側載者，右胖載之舅俎，左胖載之姑俎。』今恐貧者不辦殺特，故但具盛饌而已。」

舅姑饗之。如禮婦之儀，禮畢，舅姑先降自西階，婦降自阼階。

廟見：

三日，主人以婦見于祠堂。古者三月而廟見。今以其太遠，改用三日。如子冠而見之儀，但告辭曰：子某之婦某氏敢見。餘並同。

壻見婦之父母：

明日，壻往見婦之父母，婦父迎送揖讓如客禮，拜即跪而扶之，入見婦母。婦母闔門左扉，立于門內，壻拜于門外，皆有幣。婦父非宗子，即先見宗子夫婦，不用幣，如上儀。然後見婦之父母。次見婦黨諸親，不用幣，婦女相見如上儀。婦家禮壻如常儀。親迎之夕不當見，婦母及諸親及設酒饌，以婦未見舅姑故也。

程子曰：「昏禮不用樂，幽陰之義。此說非是。昏禮豈是幽陰？但古人重此大禮，嚴肅其事，不用樂也。昏禮不賀人之序也，此說却是婦質明而見姑舅成婦也。三日而後，宴樂禮畢也，宴不以夜禮也。」朱子曰：「人著書，只是自入些己意，便做病。司馬與伊川定昏禮，都依《儀禮》，只略改一處，便不是古人意。司馬云『親迎奠鴈見主昏』者，即出伊川，却教拜了，又入堂拜大男、小女。伊川非是。伊川云『婦至次日見舅姑，三月廟見』。司馬即說『婦入門，即拜影堂』。司馬非是。蓋親迎不見妻父母者，婦未見舅姑也。入門不見舅姑者，未成婦也。今親迎用溫公，入門以後用伊川，三月廟見改爲三日云。」

胡廣等《詩傳大全》卷八《豳風・七月》 七月流火，叶虎委反。九月授衣。叶上聲。一之日觱音必。發，叶方吠反。二之日栗烈，叶力制反。無衣無褐，音曷，叶許例反。何以卒歲？或曰發烈褐皆如字，而歲讀如雪。三之日于耜，叶羊里反。四之日舉趾。同我婦子，叶奬里反。饁炎輒反。彼南畝，叶滿彼反。田畯音俊。至喜。

賦也。七月，斗建申之月，夏之七月也。後凡言月者放此。安成劉氏曰：凡詩中月數皆以寅月起數，不特此詩爲然也。流，下也。火，大火，心星也。《晉・天文志》曰：東方三星，天王正位，中星曰明堂，天子位。前星爲太子，後星爲庶子。以六月之昏加於地之南方，至七月之昏則下而西流矣。安成劉氏曰：《堯典》云「日永星火，以正仲夏」，蓋堯時仲夏日在鶉火，故昏，而大火中，及周公攝政時凡一千二百四十餘年，歲差當退十六七度，故六月而後日在鶉火，大火昏中，七月則日在鶉首，而昏時大火西流於地之未位，然此詩上述豳俗，乃當夏、商之時，而言七月流火者，蓋據周公時所見而言耳。九月霜降始寒，而蠶績之功亦成，故授人以衣，使禦寒也。一之日，謂斗建子，一陽之月，二之日，謂斗建丑，二陽之月也。變月言日，言是月之日也。後凡言日者放此。張子曰：言月又言日，別無義例，只是文順。蓋周之先公已用此以紀候，故周有天下，遂爲一代之正朔也。觱發，風寒也。栗烈，氣寒也。臨川王氏曰：風而寒尚非其至也，無風而寒，於是爲至。褐，毛布也。孔氏曰，褐，賤者所服，今夷狄作褐，皆織毛爲之。歲，夏正之歲也。于，往也。耜，田器也。廬陵羅氏曰：耜，耒下耓也，廣五寸。耒，耜上句，木也。耜，古以木爲之。《易》曰「斲木爲耜，揉木爲耒」，亦以金爲之。《周禮》注：古者耜一金，兩人併發之。耓，他丁反。句，音鉤。濮氏曰：耜以起土者言之。「于耜」，言往脩田器也。「舉趾」，舉足而耕也。我，家長自我也。饁，餉田也。田畯，田大夫，勸農之官也。周公以成王未知稼穡之艱難，故陳后稷、公劉風化之所由，使瞽矇朝夕諷誦以教之。廬陵羅氏曰：謂闇讀之，不依琴瑟而詠也。　西山眞氏曰：周家以農事開國，成王幼沖，周公作詩使瞽矇歌之，庶幾王知小民之依，不敢荒寧，蓋與無逸同一意也。此章首言七月暑退將寒，程子曰：歲過中而將暮矣，當有卒歲之具，禦寒之備，故以七月流火爲首。○張子曰：慮事有豫，常於半年前提掇，故頻舉七月爲言。故九月而授衣以禦之，蓋十一月以後風氣日寒，不如是則無以卒歲也。正月則往脩田器，二月則舉趾而耕，少者既皆出而在田，故老者率婦子而餉之，治田早而用力齊，是以田畯至而喜之也。廬陵歐陽氏曰：田大夫見其勤農樂業而喜。○慶源輔氏曰：「無衣無褐，何以卒歲」，見其慮事之豫。「三之日于耜，四之日舉趾」，見其趨事之速，「同我婦子，饁彼南畝」，見其家人之心一，「田畯至喜」，見其上下之志通。○安成劉氏曰：治田早者，二月而即舉趾也，用力齊者，少壯則在田，家長婦子則致餉也。勸農之道無非欲其不後於時、不懈於力，邠人乃不待勸而能然，田畯所以喜也。此章前段言衣之始，後段言食之始，二章至五章終前段之意，六章至八章終後段之意。藍田呂氏曰：「七月流火」，則憂卒歲之無衣，「三之日于耜」，以備秋成而有食。○安成劉氏曰：人情之常冬寒而始索衣，然所以成衣者則不始於冬而始於七月之暑退，秋成而始得食，然所以足食者則不始於秋而始於二月之舉趾。故此章前段以七月言衣褐之所始，二章至五章既終其意，而復言穹窒墐戶之事，後段以三之日言耕食之始，六章至八章既終其意而幷言蔬果祭享之事，又皆所以廣此章衣食之意也。○豐城朱氏曰：七月之詩以衣食爲急，而衣食所資以豫備爲貴，必以七月爲首者，三陰之月，陰氣始盛，故於是而豫爲禦寒之備。三陽之月，陽氣始盛，故於是而豫爲治田之備。先衣而後食，故以七月爲首也。大寒之後在於丑月，而圖之於建申之時，收成之候在於酉月，而慮之於建寅之日，其爲豫備可知。若寒至而後索衣，饑至而後索食，則其爲計亦晚矣。

朱諫《李詩選注》卷一《古風・其一》

《大雅》久不作，吾衰竟誰陳。王風委蔓草，戰國多荆榛。龍虎相啖食，兵戈逮狂秦。正聲何微茫，哀怨起騷人。賦也。《雅》者，正也，正樂之歌也。《雅》有大小之殊，正《小雅》，燕饗之樂也。正《大雅》，會朝之樂，受釐陳戒之辭也。《風》者，列國諸侯之詩也。王曰「雅」，諸侯曰「風」。戰國者，春秋以後七雄相爭之時也。正聲，謂《大雅》也。《騷》，即《離騷》也。○白爲《古風》之詩，以叙古今之治亂、文辭之變態及天時人事之不齊，諷刺臧否之意，寓於詠歌之間，此其首章，言文辭也。謂夫《大雅》之詩，乃成周盛時言王者之事。自王者之迹熄，而《大雅》之不作，亦已久矣。今欲陳其大義，而繼其緒餘，舍我其誰歟？又恐老之日侵，而力所不及也。周既東遷，王室同於諸侯。《黍離》之詩，本言王者之事，而乃降爲《國風》，而《雅》亡矣。逮夫戰國而多荆榛，王道淪喪，強弱相吞。而至於狂秦，戰鬬日興。上無一王之法，下無樂官之陳，《大雅》正聲遂至泯然而無聞矣。夫治世之聲和以平，亂世之聲哀以怨。故王《風》既微，《騷辭》繼作，而多哀怨之聲矣。揚、馬激頽波，開流蕩無垠。廢興雖萬變，憲章亦已淪。自從建安來，綺麗不足珍。揚、馬，漢之揚雄、司馬相如也，頽波，波流而下頽者也。開流，導其流也。垠，岸也。無垠，言無畔岸也。憲章，法也，即上文所謂《大雅》正聲也。建安，東漢獻帝年號，曹植、王粲、應瑒、阮瑀、陳琳、劉楨、徐幹等七人辭多綺麗，號建安七子。○承上言，自秦而漢，屈原以下工辭賦者，則有司馬相如。繼相如者，則有蜀之楊雄。皆能激揚《騷》人之頽波，開導其下流，使之浩蕩無涯茫然而宏肆也。然自秦漢以來，其間有廢有興，或絕或繼，而萬有不齊，雖變態不同，要之，皆非《大雅》之正聲，先王之憲章，至是淪沒而無聞矣。及夫東漢之季，去古逾遠，七子之作不過綺麗而已，何足貴乎？是則文章之衰日趨於陋，古作不可復見矣。聖代復元古，垂衣貴清眞。群才屬休明，乘運共躍鱗。文質相炳煥，衆星羅秋旻。我志在删述，垂輝暎千春。希聖如有立，絕筆於獲麟。聖代，白自謂當時也。元古，上古也。垂衣者，無爲之治也。《易》曰：黄帝垂衣裳而天下治。清眞，不雜而無僞也。群才，謂當時文士也。休明，言治教之盛也。乘運，際休明之時也。躍鱗，即《詩・小雅》所謂「魚躍于淵」，言周王之作人也。炳煥，文章貌，删述聖人之事也。《尚書・序》：孔子删《詩》爲三百篇，述職方以除九丘，作《春秋》而終於西狩獲麟。○上言自周至漢，文章廢興變態不一，《大雅》之正聲已亡矣。其餘文辭雖綺麗，不過誇多鬪靡，非至治大道之所係，不足貴也。迨至我朝，始復古作，無爲而治，貴尚清眞，適屬休明，而群才輩出。文章際嘉會之期，多士沐作人之効。文質彬彬，昭若衆星，列於秋旻之上，光輝發越，而人皆仰之。我亦得荷於陶鈞，將欲垂芳於後世，如孔子之作《春秋》，絶筆獲麟，成一代之典，垂百王之法，吾之素志也。若夫秦漢以來徒綺麗於文辭者，又豈吾志之所存乎？

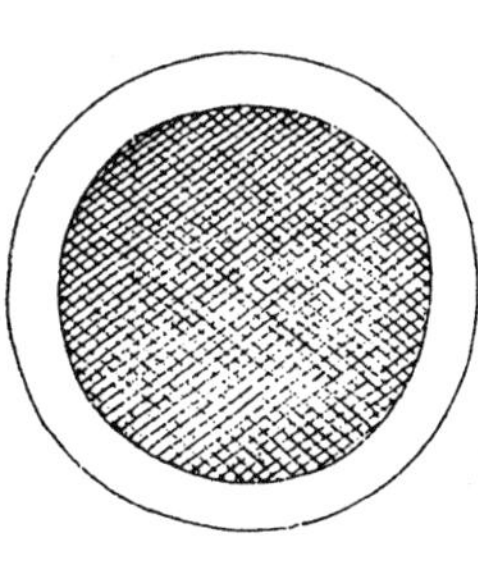
曲

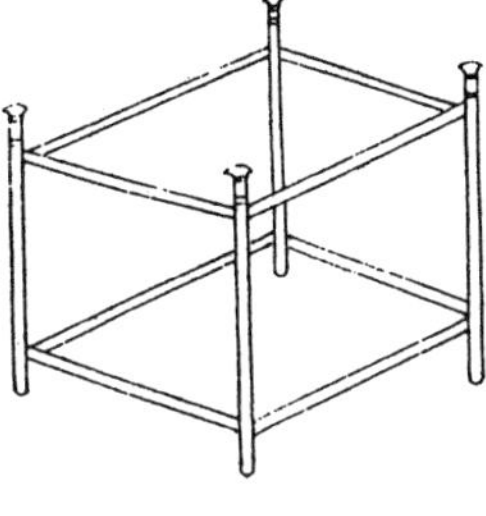
植

劉績《三禮圖》卷四 曲，簿也。植，槌也。縣曲於植，以養蚕也。《方言》：簿，宋、魏、陳、楚、江、淮之間，謂之苗，或謂之麴。自關而西，謂之薄，南楚謂之蓬薄。槌，宋、魏、陳、楚、江、淮之間謂之植，自關而西謂之槌，齊謂之样。音陽。其横，關西曰㮡，音朕，亦名校，音交。宋、魏、陳、楚、江、淮之間謂之㯰，音帶。齊鄭謂之持。丁革反。所以縣帶，關西謂之𦅾，力冉反。齊海岱之間謂之繏，相主反。宋、魏、陳、楚、江、淮之間謂之擐，擐甲。或謂之環。

季本《詩説解頤・字義》卷五《小雅・六月》 比物四驪。比，齊同也。物者，以色分類之名。四驪者，同一色也。《周禮・校人》職曰：凡大祭祀、朝覲、會同，毛馬而頒之；凡軍事，物馬而頒之。註云：毛馬齊其色，物馬齊其力。毛氏則謂宗廟齊毫，尚純也；戎事齊力，尚強也；田獵齊足，尚疾也。《爾雅》亦與毛同。今按：齊色、齊力、齊强之説，雖其分如此，而亦有不盡然者。孔氏曰：戎事齊力尚強，不取同色，而曰四驪者，雖以齊力爲主，亦不厭其同色，故曰駟驪彭彭，又曰乘其四騏。田獵齊足，而曰四黃既駕，是皆同色也，無同色者乃取異毛耳，騏騮是、中騧驪是，駿是也。據此則馬蕃畜者可以兼之，益見其養馬之善否，則舉其所重亦各有專主耳。

又《字義》卷八《周頌・臣工》 錢、鎛、銍，三者皆田器也。毛氏曰：錢，銚；鎛，耨；銍，穫也。管子曰：一農之事必有一銍、一耨、一銚。今按：此三器者，必分耕、耘、刈三用，故管子云然。錢之爲銚，説者不詳。《世本》云：垂作銚。而宋仲子註爲刈。則銍本刈器，而刈器又有一銚，不知其爲何物矣。但銚，孔氏以爲七遙反，則即今之鍬也。一謂之銛，所以起土，可用於耕，蓋耜類耳。而刈器則惟一銍，即今之刈禾短鎌也。鎛先儒或以爲鋤，或以爲耨，蓋一器而異名也。耨六寸，柄尺。高誘註《呂覽》云：耨，芸苗也，六寸，所以入苗間。

楊慎《升菴集》卷七四《雲名》 冬至初陽，雲出箕，如樹之狀。立春少陽，雲出房，如積水。春分正陽，雲出軫，如白鵠。一作鶴，謝朓詩：鶴雲旦起。穀雨太陽，雲出張，如車盖。立夏初陰，雲出觜，如赤珠。一本作如赤繒。夏至少陰，雲出參，如水波。寒露正陰，雲出井，如冠纓。霜降太陰，雲出鬼，上如羊，下如蟠石。《易・通卦》驗八節占雲。吹雲，陳思王有吹雲贊言「雲如吹綸絮」也。姤羅雲，「雲如羅」，《華嚴經》。妙鬘雲，「雲如美人鬟」，《華嚴經》。樓閣雲，同上。虞邵菴《畫蘭詩》：手覽華鬘結，化爲樓閣雲。蕭雲，《宋書・瑞符志》，見前注。蘭雲，《南齊書》：日於蘭雲，中薄半暈。雕雲，《符瑞志》：雕雲自成五色，儀鳳暗合八音。又云：雕雲素靈，發祥漢氏。散髻雲，《漢・五行志》：有雲如焱，風散髮髻，如亂髮也。粉雲，蔣捷詞：粉雲天末起。鱗雲，山谷詞：練靄鱗雲。涼雲，李賀詩：雨過飛涼雲。覆車雲，京房《易占》云：黃雲如覆車，爲大豐。矞雲，《太玄》：矞雲，紫蜺旁圍日，雲三色爲矞。赤繒雲，《緯書》：立秋濁陰，雲出如赤繒。蒼雲，《春秋文曜鉤》云：楚有蒼雲，如霓圍軫七璠，中有荷斧之人，向軫而蹲。庾信《哀江南賦》：蒼雲則重爲軫。皀雲，東方朔《占雨候》。含峰雲，唐太宗詩。泄雲，《蜀都賦》：窮岫泄雲，日月恆翳。杜詩：泄雲行清曉。油雲，《孟子》。山雲，草莽水雲，魚鱗旱雲，烟火涔雲，波水《呂覽》。寶光雲，元好問詩：兜羅綿界寶光雲。涔雲，雨雲也。

陳士元《論語類考》卷五《官職考》 封人。朱子曰：封人，掌封疆之官。元按：《周禮・封人》掌爲畿封而樹之。鄭玄云：畿上有封，若今時界也。邢昺云：天子封人，職掌封疆，則知諸侯封人亦然。《莊子》云：驪之姬，艾封人之子也。《左傳》潁谷封人；祭仲足爲祭封人；宋高哀爲蕭封人。夫潁谷、祭、蕭，皆國之邊邑，故知封人職典封疆也。然《周禮》又有掌疆之官，列在掌固、司險二官之後，其職皆典封疆，而封人之職則重在設社壝、造都邑。凡祭祀、喪紀，并賓客軍旅之盟，惟飾牛牲而已。其曰凡封國，封其四疆，謂其封建如此，非謂其守封也。故封人屬於司徒，掌疆屬於司馬，亦以國有大故，及用兵之時，掌疆乃其所急耳。然春秋封人皆在邊邑，實掌疆之職，豈成周之初以封人分疆，其後遂以爲掌疆，抑掌疆之官別有設與？

又卷一二《禮儀考》 瑚璉。包咸氏曰：瑚璉，黍稷之器。夏曰瑚，殷曰璉。

元按：《明堂位》曰：有虞氏之兩敦，夏后氏之四璉，殷之六瑚，周之八簋。註云：皆黍稷器。制之異同未聞。夫《記》謂夏璉殷瑚。而包、鄭註《論語》伕、杜註《左傳》皆謂夏瑚殷璉，蓋相沿而誤也。朱子《集註》夏曰瑚，商曰璉，亦因舊註之誤而未考耳。

柯尚遷《周禮全經釋原》卷八《春官》 司巫掌羣巫之政令。若國大旱，則帥巫而舞雩。國有大烖，則帥巫而造巫恒。祭祀，則共匰主及道布及蒩館。凡祭事，守瘞，凡喪事，掌巫降之禮。匰，音丹。蒩，子都反。瘞，於側反。

釋曰：男巫女巫皆不預爲員數，司巫則羣巫之長，故掌其政令。雩，旱祭也，帥男女巫而舞，吁嗟來雨。魯僖公欲焚巫尫，以其舞雩不得雨也。巫恒，巫之有常而知幽明之故者，爲人所尊信，故名巫恒。國有大烖，則帥羣巫造之，以求所以祈禳之方焉。主者，神所依，匰者，盛主之器也。道布，神巾也。《中霤禮》曰：以功［布］爲道布，屬于几也。蒩之言藉也，以茅爲藉，祭食有當藉者。館所以承藉，若今筐也。《士虞禮》曰：苴，刌茅，長五寸，實于筐。守瘞，謂若祭示有埋牲玉者則守之，祭畢則去之。巫降者，人死骨肉歸于土，精神陟于天，故喪事則巫掌降其精魄之禮焉。

陳禹謨《四書各物考》卷一 《大學・湯之盤銘章》

盤：《宋史》田錫《御屏風序》曰：「古之帝王，盤盂皆銘，几杖有戒，蓋起居必覩，而夙夜不忘也。」

孫奕《示兒編》云：塲屋屢出盤銘。又《日新賦》及《盤銘詩》。學者往往多因方氏誤指爲燕器，故國學詩有食息不遑安之句，殊昧經旨。按《正義》曰，湯沐浴之盤而刻銘爲戒。必於沐浴云者，蓋取其澡身浴德之意，故云日新又新。荀子曰，君者盤也，水者民也，盤圓則水圓，則盤非沐浴之器而何？

通義新定邵氏曰：日日盥頮，人所同也。日日沐浴，恐未必然。《內則》篇記子事父母，不過五日撣湯請浴，三日具沐而已。斯銘也，其殆刻之盤頮之盤歟？

張氏叔輿曰：沐浴之盤本鄭氏注。沐謂滌髮，浴謂盥手。盤即《內則》少者所奉之盤。語云「浴乎沂」，亦謂盥濯而已。古者浴有二義，浴而盥手，則與沐同，此是也。浴而澡身，則更用杅，《玉藻》所謂浴出杅履蒯席是也。或問，率以潔身言者，髮與手亦身也。

仁山金氏曰：盤，沐浴之器也。頭曰沐，身曰浴。禮沐用盤，盥漱亦以槃，則盤沐器也。浴器亦曰盤，古有盤盂之戒。盂即杅，亦浴器也。銘字從名，名者書也。古者謂字書爲名。《釋文》曰，刻金曰銘。古人之有訓戒勸業者，多刻之於金器，若鐘鼎之類，猶後世刻之於碑碣也。然則刻字書於金，故曰銘。古者凡器必有銘，蓋器爲常用之物，而銘以自警之辭，欲因器之常用而得以常警也。

陸文裕公《沐齋記》云：《易》曰日新之謂盛德，屈木爲槃，準以規矩，挹水貯之，時其寒煖，以湔澡人身之污垢，一新舊染，用享上帝。夫私欲猶垢污也，顧可無沐浴之功哉。頮會。撣貪。

《邦畿千里章》

邦畿：

《詩》傳云：畿，疆也。

《詩》疏云：畿者爲之畿限，疆畔，故爲疆也。

《白虎通》云：京師者千里之邑號也，法日月之徑千里。《世紀》云：天子畿方千里，曰甸服。甸服之內曰京師。

《禮書春秋傳》曰：天子一圻。《周語》曰：規方千里以爲甸服。《王制》曰：千里之內曰甸，則天子寰內五百里中爲王城，百里爲郊，二百里爲邦甸，三百里爲邦削，四百里爲邦縣，五百里爲邦都。

黄鳥：

《方言》云：鸝黄自關而東謂之鶬鶊，自關而西謂之鸝黄。或謂之黄鳥，或謂之楚雀。

《説文》云：離黄，倉庚也，鳴即蠶生。

《通志略》：里語曰「黄栗留，看我麥黄，椹熟不？」故又名黄栗留。

《格物總論》云：鶯大勝鴝鵒，黑尾，嘴尖紅，脚青，遍身甘草黄色，羽及尾有黑毛相間，三四月鳴，聲音圓滑。一名倉庚，一名商庚，一名鵹黄，一名鸝鶹，一名鸝庚，或謂黄栗留，或謂之楚雀，或謂之黄袍，或謂之搏黍，或謂之黄鳥，皆此物也。當椹熟時來，在桑樹鳴則蠶熟。

丘隅：

《爾雅·釋丘》云：非人爲之丘。李巡曰，謂非人力所爲，自然生爲丘也。又云，天下有名丘五，其三在河南，其二在河北。

《廣雅》云：小陵曰丘。

《風俗通》曰：丘之字二人立一上。一者地也，四方高，中央下，像形也。

《詩》箋云：丘隅，丘角也。

淇澳、竹：

《詩地理攷》云：《水經注》美溝水東南注淇水。《博物志》謂之奧水，流入於淇。漢武帝塞决可用淇園之竹，寇恂爲河内伐竹淇川治矢。今通望淇川，無復此物，唯《王芻》篇草不異毛興。

《述異記》云：衛有淇園，出竹，在淇水之上。

《竹譜》云：淇園，殷紂竹箭圃也。見班彪志。

《演繁露》云：《詩》：「瞻彼淇澳，綠竹猗猗」。陸機草木疏援《爾雅》云：菉，王芻也。郭璞云：即菉蓐草也。予謂不然。淇水古屬衛地，又《詩》「籊籊竹竿，以釣于淇」，亦衛地也。夫惟衛竹之大可爲河楗，而其竿之長可以垂釣，則其不爲王芻之草亦已明矣。本朝之初，試文必本注疏，不得自主己説。嘗試館職，有以綠竹爲題者。試人賦竹，以爲釣淇之竹。而蒞試咎其不從訓故，黜之不取。富鄭公嘗辨有司之誤矣。

《埤雅》傳曰：淇衛箘簬，又曰淇衛之箭，又曰下淇園之竹以爲楗，又曰伐淇園之竹以爲矢。蓋淇之産竹，土地所宜，故風人以此美武公之德也。《詩》云「瞻彼淇澳，綠竹猗猗」，「瞻彼淇澳，綠竹青青」。竹之初生，其色綠，長則綠轉而青矣。故是詩如此。然其卒章又曰「如簀」。如簀，言盛也，且曰如簀，則又以明其爲竹矣。

《爾雅》云：東南之美者，有會稽之竹箭焉。

《禮器》云：如竹箭之有筠。

《説文》云：箭，矢竹也。

《吕氏春秋》曰：昔黄帝命伶倫爲律。伶倫自大夏之西阮隃山之陰，取竹之經谷斷兩節，間長六寸九分，而吹之爲黄鐘之宫，律之本也。

《竹譜》云，竹曰青士，類有六十一焉。有桂竹，甚毒，傷人必死。有箭竹，節間三尺，堅勁，中爲矢。箘簬亦堪爲矢。箭大者爲筆。又云，竹根曰鞭，以鞭行時。八月爲春，二三月爲秋。又云，植類之中有物曰竹，不剛不柔，非草非木，根幹將枯，花復乃縣。

《華陽國志》云：哀牢夷有竹，其節相去一丈，名僕竹。南荒有芾竹，長百丈，圍三丈餘，可以爲大舟，笋味甚美。成都有竹名對青，半青半紫，二色相映可愛。南垂界有百葉竹，一枝百葉，故名。又云，筹竹，有毒，夷人以刺虎豹，中即斃。錦江心磻石上産桃竹，可爲杖。竹性中虚，此竹獨實，類木。

《異苑》云：吴郡桐廬人嘗伐竹，見一竹雉頭蛇身，變猶未盡。此蓋竹爲蛇，蛇爲雉也。

謝莊詩云：直而不介，弱而不虧，杳裊人圃，蕭瑟雲崖，推名楚潭，美質梁池。

江逌賦云：有嘉生之美竹，挺純姿於自然。含虚中以象道，體圓質以儀天。託宗爽塏，列族圃田。【略】

切磋琢磨：

《爾雅》云：骨謂之切，象謂之磋，玉謂之琢，石謂之磨。

《周禮》百工飭化八材，鄭玄註：八材，珠曰切，象曰磋，玉曰琢，石曰磨，木曰刻，金曰鏤，革曰剝，羽曰析。

徐光啓《農政全書》卷一九《泰西水法上》 用江河之水，爲器一種。

《龍尾車記》曰：龍尾車者，河濱挈水之器也。治田之法，旱則挈江河之水入焉，潦則挈田間之水出焉。治水之法，淺涸則挈水而入方舟焉，疏濬則挈水而出畚鍤焉。不有水之器，不有水之用。三代而上，僅有桔槔。東漢以來，盛資龍骨。龍骨之制，日灌水田二十畝，以四三人之力。旱歲倍焉，高地倍焉。駕馬牛，則功倍，費亦倍焉。溪澗長流而用水，大澤平曠而用風，此不勞人力自轉矣。枝節一蔆，全車悉敗焉。然而南土水田，支分櫛比，國計民生，于焉是賴。即茲器所在，不爲無功已。獨其人終歲勤動，尙憂衣食。至北土旱災，赤地千里，欲拯斯患，宜有進焉。今作龍尾車，物省而不煩，用力少而得水多。其大者一器所出，若決渠焉。累接而上，可使在山，是不憂高田。築爲堤塍而出之，計日可盡，是不憂潦歲與下田。去大川數里數十里，鑿渠引之，無論水稻若諸水生之種，可以必濟，即黍稷、菽麥、木棉、蔬菜之屬，悉可灌溉，是不憂旱。濬治之功，出水當五分之一，今省十九焉，是不憂疏鑿。龍蟠之斗，旱熯之年，上源枯竭，穿渠旁引，多用此器，下流之水，可令復上，是不憂漕也。蓋水車之屬，其費力也以重。水車之重也，以障水，以帆風，以運旋本身。龍尾者，入水不障水，出水不帆風，其本身無銖兩之重，且交纏相發，可以一力轉二輪；遞互連機，可以一力轉數輪。故用一人之力，常得數人之功。又向所言風與水，能敗龍尾之車也，在鶴膝、斗板。龍尾者，無鶴膝，無斗板，器居水中，環轉而已。湍水疾風，彌增其利。故用風水之力，而常得人之功。若有水之地，悉皆用之，竊計人力可以半省，天災可以半免，歲入可以倍多，財計可以倍足。方于龍骨之類，大略勝之。然而千慮之一，以當起予可也。智士用之，曲盡其變，不盡方來，或者無煩覼縷焉。

龍尾者，水象也，象水之宛委而上升也。龍尾之物有六：一曰軸，軸者，轉之主也，水所由以下而爲上也。二曰牆，牆者，以束水也，水所由上也。三曰圍，圍者，外體也，所以爲固抱也。四曰樞，樞者，所以爲利轉也。五曰輪，輪者，所以受轉也。六曰架，架者，所以制高下也，承樞而轉輪也。六物者具，斯成器矣。或人焉，或水焉，風馬牛焉，巧者運之，不可勝用也。

一曰軸：圜木爲軸，長短無定度，視水之淺深，斟酌焉而爲之度。二十五分其軸之長，以其二爲之徑。木之圜，必中規而上下等。以八繩附臬之法，八平分其軸之周，直繩而施之墨。軸之兩端，因直繩之兩端而施之墨，八繩之交，得軸之心也。以八平分之一分爲度，以度八繩之墨，皆平行相等而爲之界。以句股求弦之法，兩界斜相望，而墨爲之弦。弦之竟軸，而得一螺旋之墨。因螺旋之墨，而立之牆，爲螺牆。牆之間，而得螺旋之溝，爲螺溝。螺溝者，水道也。軸得一墨焉，則得一牆焉，一溝焉，水得一道焉。或二之，或三之、四之，以上同于是。多則均，一則專，惟所爲之。既牆而圍之，既建而迤之，而轉之，水則自螺旋之孔入也。水之入于螺旋之孔也，水自以爲已下也，而不自知其已上也。故曰軸者，轉之主也，水所由以下而爲上也。

注曰：圜與圓同。量水淺深者，下文言「句四、股三、弦五」，則岸高九尺者，軸之長當一丈五尺也。凡作軸，皆度岸高，以三五之法準之。二十五分之二者，如軸長一丈，則徑八寸。如本篇第一軸立面圖，己丁長一丈，則丁丙之徑八寸也。此略言軸欲大耳。若徑至三寸以上，不嫌長丈，八寸以上，不嫌長二丈也。軸過小，則水爲之不升。八繩附臬者，《周禮》：樹八尺之臬，縣八繩下垂，皆附于臬。今軸身作線，大略似之也。八平分者，如軸兩端圖，甲乙丙丁戊圈爲軸之周，所分甲乙、乙丙等八分者，平分度也。軸之兩端，卧其軸，各作己甲過心線，依法分之，即上下合也。次于軸兩端之邊，依所分各界，兩兩相對，各作平行直線八線，附木皆平直，是爲八平分軸之周。如立面圖，己丁、庚丙諸線是也。次于兩端各作甲己、丁丙諸線，則得軸兩端之各庚心也。以八平分之一爲度者，謂以甲（巳）[乙]爲度，從庚至辛，作庚辛、辛壬等短界線，至丙而止。八線皆如之。各線之短界線，皆平行，皆相等也。墨爲之弦者，從庚向癸，依句股法作庚癸斜弦線，內纏之至子，外纏之至丑至寅至卯至辰，斜纏軸面，竟軸而止，則得一螺旋線也。單線則爲單牆，單溝也。若欲爲雙溝者，則平分庚丑線得午。從午外上向己，內下向未，亦依法作螺旋線也。若作四槽者，又平分庚午于壬，依法作之。欲作三槽六槽九槽者，先分軸爲九平分。欲作五槽十槽者，先分軸爲十平分。依法作之。

二曰牆：軸之上，因各螺旋之繩而立之牆。牆之法，或編之，或累之，皆塗之。牆之兩端，不至于軸之兩端。其至也，無定度，惟所爲之，以樞之短長稱之。八分其軸長，以其一爲牆之高。可減也，不可加也。牆，其累之也，欲堅而無墮也。其編之也，欲密而平也。其塗之也，欲均而無罅也。兩牆之間謂之溝。溝，水道也。水行溝中，而牆制之，使無下行也。故曰：牆者，所以束水也，水所由上。

注曰：編牆之法，削竹爲柱，依螺旋之線而立之。每立一柱，即與軸面之八平分長線爲直角。如立柱于本篇一圖之午，即柱爲垂線，與庚丙長線爲直角也，而又與軸兩端之丙丁爲一直線也，若本篇二圖之癸丙是也。削柱欲均，安柱欲正，列柱欲順，立柱欲齊。既畢，則以繩編之，略如織箔之勢。繩以麻或紵或菅或布或篾，惟所爲之。既畢，以瀝青和蠟，或和熟桐油，和石灰瓦灰塗之，或以生漆和石灰瓦灰塗之。凡瀝青加蠟與桐油，取和澤而止。石瓦灰相半，桐油或漆和之，取燥濕得宜而止。累牆之法，取柔木之皮，如桑槿之屬，剝取皮，裁令廣狹相等，以瀝青和蠟依螺旋之線，層層塗而積之。累畢，如前法塗之。既畢，而兩牆之間，成螺旋之溝。水從溝行而牆不漏者，是牆之善也。八分之一者，如軸長八尺，則牆高一尺，此亦略言高之所至也。一以下任意作之，故曰可減不可增。一法：若欲爲長軸，則牆之高與軸之徑等。

三曰圍：牆之外，削版而圍之，版欲無厚。牆之兩端，順牆柱之勢，穿軸而立四柱焉，依牆之高而束之環。圍版之端入于環，圍之外，以鐵爲環而約之。長者中分圍之長，以鐵環約之。又長者三分其長，以兩環約之。圍之版，其相合也。與其合于牆之上也，皆合之以塗牆之齊。圍之外，皆塗之，以受雨露也。圍，其合也，欲無罅，圍之合于牆也，欲無罅。有圍，故水入螺旋之孔而不絕。無罅，故水行于螺旋之溝而不洩，則水旋而上也。故曰：圍者，外體也，所以爲固抱也。

注曰：圍之板，量圍徑之大小與其長，酌全體之重輕而制厚薄焉。其長竟牆，其廣一寸以上，視圍徑之小大，增損之。太廣而合之，則角見也。其內面稍刳之，以就牆之圓。外面者，圍既合而削之。當牆之盡，穿軸爲四柱者，所以居環而受圍也，如本篇三圖之卯寅、辰午等是也。環以堅韌之木爲四弧，弧各加于環柱之上，合之成環焉。環之下方，或爲溝焉，居中以受圍板之端，或居外，或居內，爲刻而受之。如爲溝于未，此居中也。爲刻于申，此居外也。于酉，居內也。鐵環之束在兩端者，與木環相抵，卯午也，戌亢也。或中分約之者，心斗是也。若兩中環者，則在尾與箕也。或不用鐵環，以繩約之而塗之。齊與劑同。合以塗牆之劑者，瀝青和蠟，或油灰，或漆灰也。若塗圍之周者，則漆灰爲上，油灰次之。瀝青和蠟者，恐不耐暑日也，爲下。而欲速成，則用之。欲解而時脩，則用之。是者，暑日架之，則以苫蓋之。水入于螺旋之孔者，孔在環之內，軸之外，四柱之中，戌亥角亢之間是也。雖下向必入者，以迤故，水趨于圍也。既其出，則在卯寅、辰午之間矣。一法：牆之兩端，以二圓板蓋之，開圍板之下端而水入之，開上端之圓板而出之，其效同焉。

四曰樞：軸之兩端，鐵爲之樞，當心而立之。樞之用在圜。輪在圍若在軸者，皆圜之。輪在上樞，方其上樞之上；輪在下樞，方其下樞之下。方之者，以居輪。立樞欲正欲直，不正不直者，輕重不倫也。既正既直，輕重均，轉之如將自轉焉，則雖大而無重也。故曰：樞者，所以爲利轉也。

注曰：當心者，本篇一圖之庚，心也。樞之大小長短無定度，量全體之輕重，制大小焉。量輪之所在與地之所宜，制短長焉。輪所在者有七，下方詳之也。方則止，故可以居輪。正者，當庚之心。直者，與軸端圓面爲直角，與軸上八平分線俱爲一直線也。求正尚有軸端諸線可憑，求直稍難焉。今立一試法：視一圖軸兩端諸分線，以規一抵軸端邊之乙，一抵樞之頂心爲度。次去乙抵戊量之，又去戊抵己量之，皆至于樞之頂心者，即樞直也。如將自轉者，成速之甚也。

五曰輪：輪有七置，輪有三式。七置者，當圍之中焉，圍之兩端焉，軸之兩端焉，兩樞焉。在圍者，夾其圍而設之輻，輻之末周之以輞焉。輞，樹之齒焉。在軸與樞者，方其處而入之轂。轂，樹之齒焉。凡輪，皆以他輪之齒發之，其疾徐之數，視輪與他輪之大小焉，其齒之多寡焉。故輪欲密附而少爲之齒，輪附而齒少，他輪大而齒多，則其出水也必疾矣。故曰：輪者，所以受轉也。

注曰：輪有七置者，因地勢也，量物力也，相大小而制疾徐也。在圍之中者，本篇四圖之丁是也。在圍之兩端者，丙與戊是也。在軸之兩端者，乙與己是也。在兩樞者，甲與庚是也。若車大而軸長，出水之地高，則在丁矣。若平地受水，而用人力、畜力、風力者，當在甲乙丙矣。用水力，當在戊己庚矣。夾圍之輻，子丑之類是也。辛者，容圍之空也。壬癸，輞也。寅卯之類，齒也。方其處者，軸與樞當受轂之處也。辰，入樞之空也。戌，入軸之空也。午，轂也。酉，亦轂也。未申亥角之類，皆齒也。他輪者，或人車，或馬牛贏車，或風車，或水車之輪也。此諸車之輪者，非謂其大卧輪也，蓋指接輪焉。接輪者，農家所謂撥子是也。試言人車，則有卧軸也，卧軸之一端有接輪，卧軸之上有拐木也。今于甲乙丙任置一輪焉。如置在軸之乙輪，即以卧軸之接輪交于乙輪，人踐拐木而轉之，接輪與乙輪相發也。若馬牛贏車及風車，則有卧軸也，卧軸之兩端，皆有接輪。今以其一交于乙輪，以其一交于彼車之大卧輪，駕畜焉，颿風焉而轉之，接輪與乙輪相發也。若水轉之車則有卧軸也，卧軸之一端有接輪，卧軸之上有立輪，立輪之外有受水之箑也。今于戊、己、庚任置一輪焉，如置在軸之己輪，即以卧輪之接輪交于己輪，水激于箑，而卧軸爲之轉，接輪與己輪相發也。疾徐之數與他輪相視者，如乙己之輪齒十二，人車之接輪齒十二，是拐木一轉而得一轉也。如樞輪之齒八，而人車之接輪齒十六，是拐木一轉而得二轉也。人車之接輪齒二十四，是一轉而得三轉也。若樞輪之齒八，而駕畜颿風之卧輪齒七十二，是一轉而得九轉也。故曰：輪欲密附，密附則齒爲之少，他輪欲大，大則齒多。然而密者過密焉，則力爲之不任。大者過大焉，則遲。故曰：因地勢、量物力、相大小，而制徐疾焉。今圖樞輪之齒八，軸輪十二，圍輪十六，約略作之，非定率也。趣欲使兩輪之交，疏密相等焉，長短相入焉，相關相發而不滯，則足矣。其小者，欲無用輪，方其樞之末，別爲衡，衡之一端入于樞焉，其一端植之柱焉。柱之體圓，又爲之掉枝，而首爲圓孔焉。以掉枝之圓孔，入于柱而轉之。若大者而欲無用輪，則以兩掉枝同加于柱，兩人對執而轉之。最大者，兩掉枝之末，各爲持衡，四人或六人對持其衡而轉之。

六曰架：架者，一上一下，皆爲砥柱，或木焉，或石焉，或瓴甋焉。柱之植，欲堅以固也。下柱居水中，以鐵爲管，施之柱首，迤而上向，以受下樞之末。制管高下，量水之勢，令得入于螺溝之下孔而止也。上者居岸，以鐵爲管，施之柱首，迤而下向，以受上樞之末。若輪與衡在上樞之末者，則中樞而設之頸，以鐵爲山口，而架樞其上，出其樞之末，以受輪與衡也。制高下之數，以句股爲法，而軸心爲之弦。弦五焉，則句四焉，股三焉。過偃則不高，過高則不升。

注曰：瓴甋，磚也。堅者，其本體堅。固者，其立基固也。上柱者，本篇五圖之甲乙是也。下柱者，丙丁是也。上管以受上樞，戊也。下管以受下樞，己也。句股法者，一高一下，如四圖之亢房線而置之，令上樞之末在亢，下樞之末在房也。三四五者，如上樞之末爲亢，至下樞之末爲房，長一丈，如法置之，則自下樞之末房，依地平作平行線，自上樞之末亢，作垂線，而兩線相遇于氐。其亢氐線必長六尺，氐房線必長八尺也。若迤建于岸之側，謂無從作垂線者，則以句股法反用之。以圍板爲倒弦，別作一尾箕垂線爲股，尾爲直角，作尾心横線爲倒句。若尾箕長一尺五寸，偃仰移就之，令尾之長二尺，即心箕必二尺五寸，而亢房線必合三四五之句股法也。凡圍板長一丈，水高必六尺，求多焉不可得。相水度地制器者，以此計之。若水過深，岸過高，器不得過長，則累接而上之。累接之法，亦以接輪交而相發也。

林兆珂《多識編》卷一《草部》 荇：參差荇菜，左右流之。《周南·關雎》章。

《爾雅·釋草》：荇，接余，其葉荇。郭璞云：叢生水中，葉圓，在莖端，長短隨水深淺，江東食之，亦呼爲莕。陸璣云：莖白，葉紫赤色，正圓，徑寸餘，浮生水上，根在水底，與水深淺等。大如釵股，上青下白，鬻其白莖，以苦酒浸之，脆美，可案酒。《本草圖經》云：鳧葵即莕菜也。葉似蓴，莖澁，根甚長，華黄色，水中極繁盛。《顔氏家訓》云：荇，水草。圓葉，細莖，隨水淺深，今是水悉有之。黄華似蓴，江南俗亦呼爲豬蓴，或呼爲荇菜。河北人多不識之，皆以參差者是莧菜，誤呼人莧爲人荇。羅願《爾雅翼》云：荇菜葉亦卷漸開，雖圓而稍羨，不若蓴之極圓也。葉平浮水上，華則出水，黄色，六出，今宛陵陂湖中彌覆頃畝，日出照之如金，俗名金蓮子。狀既似蓴，又豬性好食，或因是亦得豬蓴之名，但非蓴菜耳。鄭樵《草木志略》云：荇曰接余，今謂之水荇，蔓鋪水上，故杜詩「水荇牽風翠帶長」。嚴粲云：今池州人稱荇爲莕公鬚，蓋細荇亂生，有若鬚然，故曰參差荇菜。程大昌云：《詩》荇菜，《説文》萎餘也。左右者，后妃左右，所謂淑女也。言左右淑女如河洲之有萎餘也。予於是疑漢之婕妤取此義以名也。《詩序》云：《關雎》，后妃之德也。

又卷六《蟲部》 螽斯、阜螽。草蟲：螽斯羽詵詵兮。《周南·螽斯》章。喓喓草蟲。趯趯阜螽。《召南·草蟲》章。《小雅·出車》章。

《釋蟲》：阜螽，蠜。邢昺云：阜螽一名蠜。李巡云：蝗子也。陸璣云：今人謂蝗子爲螽子，兖州人謂之螣。許慎云：蝗螽也。嚴粲云：螽斯即阜螽，毛氏誤以螽斯爲蚣蝑，孔氏遂以螽斯、斯螽爲一物。錢氏云：阜螽羣飛齊一。斯，語助，猶鷺斯、鹿斯也。言羽，見其飛也。《春秋書》螽即蝗也。蘇氏謂螽斯一生八十一子，朱氏云一生九十九子，今俗言蝗一生一百子，不必以定數言之，但以生子多者莫如蝗耳，故《詩》以美后妃。

《釋蟲》：草蟲，負蠜。邢昺云：草蟲一名負蠜，一名常羊。陸璣云：小大長短如蝗也，奇音青色，好在茅草中作聲。陸璣云：草蟲鳴，阜螽躍而從之，故阜螽曰蠜，草蟲謂之負蠜。《召南》草蟲朱傳云：大夫妻感時物之變，而思其君子。《出車》義同。

斯螽：五月斯螽動股。《豳風・七月》章。

《釋蟲》：蜇螽，蜙蝑。郭璞云：蜙蜙也，一名蝽蝝。陸璣云：幽州人謂之蝽箕，蝗類也。青色，長角長股，以股鳴者也。或謂似蝗而小斑黑，其股似瑇瑁，五月中以兩股相切作聲，聞數十步，江東人呼爲虴蛨。陸佃云：蔡邕《月令》云：其類乳於土中，深埋其卵，謂之蚱蜢，善害田稺。

又《考工記述注》卷下《車人》 車人之事，半矩謂之宣，一宣有半謂之欘，一欘有半謂之柯，一柯有半謂之磬折。頭髮皓落曰宣。半矩者，尺三寸三分。寸之一如人頭之長也。欘斲斤柄。一宣有半，則其長二尺也。柯伐木之斧柄。一欘有半，則其長三尺也。磬折者人立而俛其身也，一柯有半則其長四尺五寸也。車人爲耒，庛長尺有一寸，中直者三尺有三寸，上句者二尺有二寸。自其庛，緣其外，以至於首，以弦其內，六尺有六寸，與步相中也。堅地欲直庛，柔地欲句庛。直庛則利推，句庛則利發。倨句磬折，謂之中地。耒耕器也。耒耜皆以木爲之。庛耒下前曲，接耜者也，以金爲之。其長尺有一寸。耒之制，上下皆微曲，中間則直。其直長三尺三寸也。上句，人所執處，長二尺二寸。下句，則接耜也。自耒下之耜，緣其外而上至耒之首，自內觀之，其勢如弓。以繩張之，其直如弦。其長六尺六寸，與人之步大約相當也。堅地，其性剛，故欲直庛。柔地，其土耎，故欲句庛。直庛可以用力，故利推。句庛可以翻起田土，故利發。倨，直處也。句，曲處也。磬折，其弦勢處也。句直各得其中，則宜於地也。車人爲車，柯長三尺，博三寸，厚一寸有半，五分其長，以其一爲之首。轂長半柯，其圍一柯有半。輻長一柯有半，其博三寸，厚三之一。渠三柯者三。行澤者欲短轂，行山者欲長轂。短轂則利，長轂則安。行澤者反輮，行山者仄輮。反輮則易，仄輮則完。柯，斧柄也。造車必以斧，因以量物，故先論斧柄長短之度也。柯之長三尺，而闊三寸，其厚一寸半，五分其長，以一分爲之首，則其首六寸，必斧金也。察車以輪爲始，察輪以轂輻牙爲備。轂之長半柯，則一尺五寸也。其圍一柯有半，則四尺五寸也。輻之長四尺五寸，其博三寸，其厚一寸，是得博三之一也。渠即牙也，車輮也。三柯，九尺也。三其三柯，則二丈七尺也。此大車之制也。車行澤間，沮洳之地，則其轂欲短。轂短則壺中稍狹，而無傾側之患也，故曰利。利者便也。車行山中險阻之地，則其轂欲長。轂長則壺中稍寬，可以轉旋而無拘礙也，故曰安。安者，無損動也。輮者牙也，乃揉木而爲之。木之裏則滑，木之表近皮則澁。澤多泥濘，反輮其裏爲輪之外，則滑而不黏泥也，故曰易。易者，去泥易也。山多沙石，仄輮其木，以其表爲輪之外，則近皮處堅澁，可以不損，故曰完也。完者，全也，全無損動也。六分其輪崇，以其一爲之牙圍。栢車轂長一柯，其圍二柯，其輻一柯，其渠二柯者三。五分其輪崇，以其一爲之牙圍。大車崇三柯，綆寸，牝服二柯有參分柯之二，羊車二柯有參分柯之一，栢車二柯。凡爲轅，三其輪崇，參分其長，二在前，一在後，以鑿其鉤，徹廣六尺，鬲高六尺。大車之輪高九尺六分，取一則其牙圍有一尺五寸也。栢車，山行之車也，轂長三尺，其圍六尺，其輻亦三尺，其牙二柯者三，則一丈八尺也。輪崇六尺五分，取一則牙圍尺有二寸也。大車三柯即長九尺也。綆者輪箄也，在輪之四面外，其闊一寸。牝服，車箱也，人立處也。其長二柯，三分柯之二，則得八尺也。羊車，善車也。其車箱長二柯，三分柯之一，則七尺也。栢車之車箱，其長六尺，則又短於羊車也。大車、羊車、栢車之輪，其崇各異，隨其高下以爲之轅，皆三其崇也。鉤者，轅之鉤心也。三分其長，二分在前，一分在後，就中而鑿之，以鉤車箱也。徹，城門之軌也，一牛所駕，故僅廣六尺也。鬲，轅端壓牛領上者，其長亦止六尺也。

陳許廷《春秋左傳典略》卷二《周人以諱事神名終將諱之》 卒，哭乃諱，生者不相避名。衛侯名「惡」，大夫有「石惡」。君臣同名，《春秋》不非。卒哭之後，以鬼神事之。自父至高祖皆諱，諱名不諱字也。《禮》《詩》《書》不諱。文王名昌，《詩》「歌克昌」，「醢有昌本」。周公皆不以爲諱，但言及於君，無敢斥之耳。

又卷三《酖》 鴆鳥，雄曰運日，雌曰陰諧，因酒毒人，故字或爲酖。晉石崇爲南中郎，得鴆以與王愷。養之，大如鵞，喙長尺餘，純食蛇虺。司隸傳祇於愷家得此鳥，奏之，燒於都街。山犀破水駭雞，能解酖毒。

陳仁錫《四書考》卷二《平天下・百乘》 《司馬法》云：「六尺爲步，步百爲畝，畝百爲夫，夫三爲屋，屋三爲井，井十爲通，通十爲成，成方十里，成十爲終，終十爲同，同方百里，同十爲封，封十爲畿，畿方千里。有稅有賦，稅以足食，賦以足兵。一同百里，提封萬井，定出賦六千四百井，戎馬四百疋，兵車百乘。此卿大夫采地之大者也，是爲百乘之家。」

黄道周《月令明義》卷三《孟秋章》 是月也，以立秋。先立秋三日，太史謁之天子曰：「某日立秋，盛德在金。」天子乃齋。立秋之日，天子親帥三公、九卿、諸侯、大夫以迎秋於西郊，還反，賞軍帥、武人於朝。

古之迎秋者，以爲日在西陸，則昴畢旄罕昏出於東方，故以是而賞武士，布威令，然亦可以降矣。齋而親帥，出於西郊，不已過乎？曰：賓餞何殊，仁義之用一也。周末則無寒歲，赧獻之與妥歡猶之靡草也，以明武則絀於內，以明斷則絀於外，乾而坤巽，則其勢墮矣。故兑悦人者也，商兑之慶則非悦人者也。物之未成而厲之，則以爲暴已，壯而稺之則足以爲禍，故又迎之，迎之，敬之至也。還賞軍帥，則是古者三軍六師之治也。古之爲軍帥者，則皆其公卿、大夫，詩、書、禮樂之宗焉。而武人之何也？謂是僕御而下《司右》之屬也。

天子乃命將帥選士厲兵，簡練桀俊，專任有功，以征不義。詰誅暴慢，以明好惡，順彼遠方。

命將帥選士厲兵，於禮無加焉，何也？曰：是將帥之辜也。公卿大夫不憖其禮樂，宏其教化，使不義者翹起暴慢洊作，自卿而下至於牧伯，乃凶服致觳，請命而討之，則何合樂合吹之有乎。謂是長大壯佼者，則蒐、苗、獮、狩，鉦鼓之所命也。天子又坐總章而致之，先賞於朝，則其罰也繇此矣。《詩》曰：順彼長道，屈此羣醜。則猶是頖宫也。天子曰明堂，諸侯曰頖宫。

臣按：《月令》迎秋之下遂言選士厲兵，迎春之下但言道民勸農，至三月始聘名士禮賢者何也？是兵寓於農也。春修耒耜，秋持戈矛。井邑丘甸，凡在郊圻二百里之内，爲田六百四同當一百六十餘萬家，以丘甸出車之法計之，當爲五十餘軍。天子所用不過六鄉之衆，鄉爲一軍，七萬五千人，未及七分之一也。五百里之内，實賦三百一十六里，爲提封十萬井，定賦六萬四千井，戎馬四千匹，兵車千乘，以每乘甲士三人，卒七十二人計之，此七萬五千人，不勞出於一封之外。是以天子而用千乘之師，十僅取一，未煩列國蕃衛之也。平居簡練，其征討張皇，又不得十之三四。先王特虞其驕惰呰窳，故以蒐苗獮狩作而厲之。如列國之内有盜賊奸宄，非諸侯不庭者，又不煩天子六鄉之衆明矣。然則專任有功。征不義，明好惡，順遠方何也？天子用師不出畿甸之外，四方嚮化，在萬里之内。用師於五百里之内，鄉、遂、縣都各聯其賦、芻，稍食，不勞轉餽，故古者有用師之法，而無饋餉之法。推百里以知千里，推一國以知天下，專任桀俊而四夷來庭，明義去利，則遠人賓服，故春秋式序而文質斌美也。

何楷《詩經世本古義》卷二〇《周桓王之世詩》 《芄蘭》，刺衛惠公也。驕而無禮，大夫刺之。【略】芄蘭之葉，韻。童子佩韘。葉韻。雖則佩韘，能不我甲。叶葉韻，吉協翻。《韓詩》作狎。容兮遂兮，垂帶悸兮。比也。韘，《説文》云：射決也。《毛詩》云：玦也。《車攻》作決。《周禮》作抉，謂鉤弦也。以象骨爲之，挾矢時著右手巨指，以鉤弦。鄭玄則以《禮》無以韘爲抉者，云「韘之言沓」也。所以彄沓手指，放弦令不挈也。按《儀禮・大射》云：朱極三。注云：以朱韋爲之，用以韜指。極猶放弦也。三者，食指、將指、無名指，其小指短，則不用也，亦謂之撻。孔云：巨指著抉，右臂加拾，右手指又著沓。然則從鄭説爲是。愚按：《内則》言「右佩玦、捍」。玦義見前，捍即拾也。不及韘者，以三物皆發矢時所用，舉其二以該之耳。甲者，十幹之首，猶言長也，即甲于天下之甲，言其材能未必遂長于我也。

張溥《春秋三書・春秋四傳斷》卷一 初獻六羽。《公羊》同《穀》，《胡傳》從《程子》。

《左傳》：始用六佾也。羽數天子八，諸侯六，大夫四，士二。註：他公僭用八，今隱公問衆仲，明大典，始用六。《穀梁》：舞，夏天子八佾，諸公六佾，諸侯四佾。初獻六羽，始僭樂矣。《尸子》曰：舞，夏自天子至諸侯皆同八佾。初獻六羽，始厲樂，《程子》：仲子别宫，不敢同群廟，乃用六羽。書「初獻」，見前此用八之僭也。仲尼以魯之郊禘，爲周公之道衰，用天子之禮樂祀周公，成王之過也。

楊時偉《諸葛忠武書》卷五《南征》 移南中勁卒、青羌萬餘人於蜀，爲五部，所當無前號，爲飛軍。分其羸弱配大姓焦、雍、婁、爨、孟、量、毛、李爲部曲，置五部都尉，號「五子」。故南人言四姓、五子也。以夷多剛狠不賓，大姓富豪乃勸令出金帛，聘策惡夷爲家部曲，得多者奕世襲官。於是夷人貪漢貨物，以漸服屬成夷。漢部曲收其俊傑，建寧爨習、朱提、孟琰及孟獲，爲官屬，出其金銀、丹漆、耕牛、戰馬，給軍賦之用。

常璩《南中志》云：夷人大種曰「昆」，小種曰「叟」，皆曲頭木耳，環鐵裹結。無大侯王，如汶山、漢嘉夷也。夷中有桀黠，能言議屈服種人者，謂之「耆老」，使主議論，好譬喻物，謂之「夷經」。今南人言論，雖學者，亦半引夷經。與夷爲姓曰「遑耶」，諸姓爲「自有耶」。世亂犯法，輒依之藏匿，或曰：有爲官所法，夷或爲報讎。與夷至厚者，謂之「百世遑耶」，恩若骨肉。爲其逋逃之藪，故南人輕爲禍變，恃此也。其俗徵巫鬼，好詛盟，投石結草，官常以盟詛要之。諸葛亮乃爲夷作圖譜：先畫天地、日月、君長、城府。次畫神龍，龍生夷，及牛、馬、羊。後畫部主吏，乘馬幡蓋，巡行安卹。又畫牽牛負酒、齎金寶詣之之象，以賜夷。夷甚重之，許致生口直。又與瑞錦、鐵券，今皆存。每刺史、校尉至，齎以呈詣，動亦如之。

又云：永昌郡，古哀牢國。哀牢，山名也。其先有一婦人，名曰「沙壺」，依哀牢山下居，以捕魚自給。忽於水中觸一沈木，遂感而有娠。度十月，產子男十人。後沈木化爲龍，出謂沙壺曰：「君爲我生子，今在乎？」而九子驚走。惟一小子不能去，陪龍坐。龍坐而舐之。沙壺與言語，以龍與陪坐，因名曰「元隆」，猶漢言陪坐也。沙壺將元隆居龍山下。元隆長大，才武。後九兄曰：「元隆能與龍言，而黠，有智，天所貴也。」共推以爲王。時哀牢山下，復有一夫一婦產十女，元隆兄弟妻之。由是始有人民。皆象之：衣後著十尾，臂、脛刻文。元隆死，世世相繼，分置小王，往往邑居，散在溪谷，絕域荒外，山川阻深，生民以來，未嘗通中國也。南中，昆明祖之，故諸葛爲其國譜也。

《滇載記》：滇酋有六，各號爲「詔」。夷語謂詔爲王。其一曰「蒙舍詔」，其二曰「浪施詔」，其三曰「鄧賧詔」，其四曰「施浪詔」，其五曰「摩步詔」，其六曰「蒙嶲詔」，兵埒不能相君長。至漢有仁果時，九龍八族之四世孫也，強大，居昆彌川。傳十七世至龍祐那當蜀。漢建興三年，諸葛武侯南征雍闓，師次白崖川，獲闓斬之，封龍祐那爲酋長。割永昌、益州地，置雲南郡於白崖。諸夷慕侯之德，漸去山林，徙居平地，建城邑，務農桑，諸部於是始有姓氏。

諸葛之征孟獲，人曰：「蠻地多邪術，須禱於神，假陰兵以助之。然蠻俗必殺人，以其首祭神則享之，爲出兵。」武侯不從，因雜用羊豕之肉，而包之以麵，象人頭，以祀神，亦享焉，而爲出兵。後人由此爲饅頭。《事物紀原》。

邛州沈黎縣，即孔明征羌之路也。每十里作一石樓，令鼓聲相應。今夷人效之，所居悉以石爲樓。《九州記》。

安遠寨，在嘉定州江安縣南七十里，世傳孔明征蠻於此屯駐。宋元豐中置爲寨。《一統志》。

武侯廟，在嘉定州寶山之瀘峰，每歲蠻人貢馬，必相率拜於廟。《一統志》。

掇旗山，在納溪縣東四里，武侯樹旗於此，以誓蠻人，故名。《一統志》。

諸葛洞，在龍州宣慰司治南石崖屹定傍，有石洞數步。相傳武侯征九溪蠻，嘗過此，留宿洞中，設一牀，粟一握以秣馬，後遂化爲石粟，至今猶存。《一統志》。

諸葛營，在定遠縣西一十里，亮討南中過髳州於目直睒北，傍山下築營，夷稱「望子洞」，基址尙存。《楚雄府》。

東山，在府城東一十里，一名「飽煙蘿山」。其西有武侯塔，相傳諸葛征南駐兵之所，後人建塔於上。《姚安府》。

諸葛營，在司城南一十里其東「東嶽堰」內一土墩，周迴二十餘丈，高六尺，隨水高下，雖盛潦不沒，俗謂武侯旗臺。金齒。

武侯廟，在司城南一十里，諸葛擒孟獲屯營於此。民懷其德，立祠祀之，至今土人自稱爲諸葛之遺民，因名諸葛村。金齒。

大相公嶺，在榮經縣西一百里，相傳諸葛征西南夷經此，上有諸葛廟。雅州。

孟山，在榮經縣東二十里，諸葛擒孟獲處。雅州。

七縱橋，在孟山下，相傳因諸葛擒孟獲而名。雅州。

古城，在榮經縣西五里，諸葛征南屯兵於此，唐李德裕增築。雅州。

武侯廟，在司城北五里，宋紹興中郡守邵溥因舊鼎新榜，曰「天威廟」。黎州。

武侯城，在舊黎州城外三里，諸葛所築壕塹，故壘存焉。黎州。

又有武侯戰場，在安清新寨。黎州。

孟獲城，在司城東二里瀘州，即擒孟獲之地。諸葛寨，在長官司西。黎平府。

諸葛武侯廟，在府城東南隅。黎州。

武侯塔，在長寧縣治東，諸葛所建以誓蠻戎者。叙州府。

蠻酋自謂太保，大抵與山獠相似，但有首領耳。其人椎髻，以白紙繫之，云「尙爲諸葛武侯制服」也。《桂海虞衡志》。漢蠻者衣服與中國略同，能通華言，自云「諸葛武侯戍兵」。《桂海虞衡志》。

銅鼓山，在衛城西四十五里，相傳蜀漢諸葛亮征南於此，獲銅鼓，或云「銅鼓乃諸葛征蠻鉦」也。威清衛。

都蠻呼銅鼓曰「諸葛鼓」，相傳以爲寶器。鼓有剝蝕，又聲響者，爲上上鼓。易牛千頭，次者七八百頭，遞有等差。藏至二三面者，即得雄視一方，父老云「諸葛製以鎮蠻」。若曰「鼓去，則蠻運終」，理或然也。安南。

侯初平南夷，夜聞軍中多謳歌思歸，遂召衆，各與一甎，曰：「若輩久苦行役，欲遄返耶，枕此卧，詰朝抵家矣。」從者果然，不用命者終莫能歸。今雲南管內有一城，居民皆四川人，云即其後。

雲貴土官堂後中門甚低，出入必俯首，云「武侯遺制」，欲其敬朝廷也。若有稍高其戶者，輒禍起蕭牆矣。

苗民家家供祀武侯像，取穀逐顆剢米以炊，日不暇給。云亦始自武侯，俾終歲勤勞，弗獲居閒，思叛也。今雖苦難，不敢違其法。

史萬歲征南寧，夷見諸葛亮紀功碑，銘其背曰「萬歲之後，勝我者過此」。萬歲進破三十餘部，於是勒石頌德。《隋書》。

唐廣德初，鳳伽異築拓東城，故有諸葛亮碑，文曰：「城碑即仆，蠻爲漢奴，夷畏誓常，以石揞捂」。《一統志》。

諸葛山，在通海縣東南三里，亮南征駐兵於此。臨安府。

孔明斬雍闓、擒孟獲回軍，相傳立石誓云：「後有功在吾上，立石於右。」宋狄青破儂智高，立碑其右，尋爲震雷所擊，今存斷碑，横仆其側。《山川紀異》。

宋淳化中李順之亂，蜀招安使雷有終遣嘉州士人辛怡顯使於南詔。至姚州，其節度使姚公美以書來迎，云：「當境有瀘水，昔諸葛武侯戒曰：『非貢獻進討，不得輒渡此水，若必欲過，須致祭。』今遣本部軍將賫金龍二條、金錢三十文，并設酒脯，請先祭享而渡。」乃知南夷心服，雖千年如初。事見怡顯所作《雲南録》。

蜀漢時有火濟者，從丞相亮破孟獲有功，封羅甸國王，即今宣慰使安氏遠祖也。有開府滇中者，以堪輿家，言自命初卜昆明一區，欲移幕府，剗草得小碑，云「諸葛禁地」。地皆以鐵錮之。

又白沙驛，形勝稱最，而皆蠢夷往尋龍絡，已被掘斷，亦有小碑，曰「諸葛禁地」。

太華山是滇省之會合處，皆大銅釘鎮之，每一釘拔，則夷必有變者。

曾益等《温飛卿詩集箋注》卷六《洞户二十二韵》 神鷹參翰苑，補：《宣室志》：鄴郡人有好育鷹隼者。有人持鷹來告於鄴人，鄴人遂市之。其鷹甚神駿。案：徐注：《新唐書·玄宗紀》：開元二年四月，停諸陵供奉鷹犬。《肅宗紀》：寶應元年建卯月，停貢鷹鷂狗豹。《德宗紀》：大曆十四年五月，罷諸州府及新羅、渤海貢鷹鷂。《穆宗紀》：長慶二年十二月，放五坊鷹隼及供獵狐兔。《文宗紀》：寶曆二年十二月，縱五坊鷹犬。《宣宗紀》：大宗元年二月，放五坊鷹犬。《懿宗紀》：咸通八年，縱神策五坊飛龍鷹鷂。則鷹爲唐之常貢可知矣。天馬破蹄涔。

又卷八《題西平王舊賜屏風》 朱鷺已隨新鹵簿，孔穎達《詩疏義》：楚成王時，有朱鷺合沓飛翔，而來舞，故《鼓吹曲》以朱鷺爲首。補：蔡邕《獨斷》：天子車駕次第，謂之鹵簿大駕，則公卿奉引，大將軍參乘，太僕御，屬車八十一乘。備千乘萬騎，祠天於某泉，備之名曰「甘泉鹵簿」。黄鸝猶識一作溼。舊池臺。

徐昭慶《檀弓通》卷上 有虞氏瓦棺，夏后氏堲周，殷人棺椁，周人牆置翣。堲音稷。翣音煞。

鄭氏云：有虞氏上陶，始不用薪也。堲者，用火燒土以成陶器也。堲周者，治土爲甎，四周於冢也。殷世始爲棺椁，周人又爲飾棺之具，此後王之制漸文矣。牆，柳衣也。柳者，聚也，諸飾之所聚也。以此障柩，猶垣牆之障家，故謂之牆。車邊置翣，翣如扇狀。此爲團扇，非今之摺扇也。古無摺扇，自我明永樂中朝鮮國進貢，始頒此制耳。有畫爲黼者，有畫爲黻者，有畫雲氣者。多寡之數隨貴賤之等。馬氏曰：商人以瓦棺、堲周皆陶冶之器，而陶冶出於土久必復於土，不能無使土親膚，遂以木易之。木足以勝土，而仁人孝子所以深慮長思也。昭按，陶冶如象窰等器，歷幾千年而不朽，馬氏謂久必復土。木則入土，不過百年而朽，而馬氏謂勝土，未知何謂。

周人以殷人之棺椁葬長殤，以夏后氏之堲周葬中殤、下殤，以有虞氏之瓦棺葬無服之殤。長上聲。殤音傷。

十六至十九爲長殤，十二至十五爲中殤，八歲至十一爲下殤，七歲以下爲無服之殤。生未三月不爲殤。嚴陵方氏曰：長殤而下，死者愈少，則禮愈殺也。

夏后氏尚黑，大事斂用昏，戎事乘驪，牲用玄。殷人尚白，大事斂用日中，戎事乘翰，牲用白。周人尚赤，大事斂用日出，戎事乘騵，牲用騂。斂去聲，後倣此。騵音元。

夏以建寅之月爲正，斯時萬物皆生，其色俱黑，昏之時亦黑。大事，喪事也。戎，兵也。馬黑色曰驪。用玄，黑類也。殷以建丑之月爲正，斯時萬物皆芽，其色乃白，日中之時亦白。翰，白色馬也。《易》曰「白馬翰如」。周以建子之月爲正，斯時萬物皆萌，其色乃赤，日出之時亦赤。騵即騂馬，赤色而黑鬣音列，領毛。尾，白腹也。騂，赤類。《集說》曰：禹以治水之功得天下，故尚水之色。湯以征伐得天下，故尚金之色。周之尚赤，取火之勝金也。

穆公之母卒，使人問於曾子曰：「如之何」，對曰：「申也聞諸申之父曰，哭泣之哀，齊斬之情，饘粥之食，自天子達。布幕，衛也。縿幕，魯也。」齊音咨。饘音詹。縿音消。

穆公，魯君，魯哀公曾孫。曾子名申，曾參之子。有聲曰哭，無聲曰泣。爲母齊，爲父斬。厚曰饘，希曰粥。幕，所以覆於殯棺之上。布幕，用布爲之。縿，帛也。縿幕，則有斿旌旗之末垂者。以參之者。衛以布爲幕，諸侯之禮也。魯以縿爲幕，蓋僭天子之禮也。游氏曰：「父母之喪，貴賤不殊」，此所以自天子之達。若幕則天子以縿，諸侯以布。穆公苟欲行禮，所謂貴賤一者，固當一也，所謂天子諸侯異者，固當異也。

黄一正《事物紺珠》卷一八《六書類》 伏羲命朱襄氏造六書。《周禮》：保氏以六書教國子。一象形，日月之類。二指事，上下之類。三諧聲，江河之類。四會意，武信之類。五轉注，令長之類。六假借，能朋之類。自蒼頡以降，書凡五變，曰古文、籀、篆、隸、草。秦滅古文書，有八體：一大篆，二小篆，三刻符，四虫書，五摹印，六署書，七殳書，八隸書。漢初以六體書試吏：一古文，二奇字，三篆，四隸，五繆篆，六虫書。王莽使甄豐改定古文爲六書：以孔壁書爲古文，隸書爲佐書，虫書爲鳥書，餘襲漢。故唐定五體：一古文，廢不用，二大篆，三小篆，四虫書，五隸書。張懷瓘以十體斷書，曰：古文、大篆、籀文、小篆、八分隸書、章、草、行書、飛白、草書。唐元度之十體則曰：古文、大篆、小篆、八分、飛白、薤葉、垂針、垂露、鳥書、連珠。宋十三體書，曰：殳書、傳信、鳥書、刻符書、蕭籀、署書、鶴頭書、偃波書、轉宿書、蠶書、芝英書、氣候直時書。小篆之體復有八，曰：鼎小篆、薤葉、垂露、懸針、纓珞、柳葉、剪刀、外國胡書。

卦畫。一爲陽，一爲陰，始於伏羲文字之祖。龍書。伏羲獲景龍之瑞。穗書。神農感嘉禾之瑞。雲書。黄帝因卿雲。篆書。蒼頡寫鳥跡。鸞鳳書。少昊以鳥紀官。科斗書。高陽氏。仙人書。高辛以人紀事。龜書。黄帝因龜負圖。鐘鼎書。禹作。倒薤書。務光植薤而食，見葉因風交偃。虎書。文王之史佚因騶虞之瑞。鳥書。文王赤雀銜書，武王丹鳥入室，火鳥流屋之瑞。魚書。武王因白魚躍舟。古文。科斗書。竒字。古文異者。大篆。周宣王時史籀（音宙）作。又謂籀書以其官名。又謂史書以別小篆，故謂大篆，史籀爲大篆之祖。小篆。李斯改省篆籀，世謂玉筯篆。刻符。鳥首雲腳，印重用。蟲書。形爲虫鳥，幡信用。又謂傳信鳥跡書，六國始。摹印。屈曲其體，印章用。亦曰繆篆。署書。宮殿題署，蕭何造。未央殿成，用禿筆題額，時謂蕭籀。殳書。殳體八觚，隨其勢而書之。隸書。秦程邈以文牘繁難用篆，減小篆，取便隸佐。又謂佐書。八分書。始於周漢王次仲復廣隸書作，至蔡邕而大成。盖去小篆二分，減程隸八分，取篆隸之間。又曰皆似八字勢，有偃波，大抵比秦隸易識，比漢隸則類篆。填書。周媒氏作，以填男女納采之文。複篆。亦史籀作，漢武帝因大篆而重複之。麒麟書。孔子弟子因獲麟紀素王之瑞。轉宿篆。宋司馬子韋以熒惑退舍，作象蓮花未開。蠶書。魯秋胡妻因浣蚕作。芝英書。漢武時靈芝三本植殿前作。氣候直時書。司馬相如采日辰之虫形作。後漢東陽公徐安子搜諸史籀得十二時書，盖象神形。秦隸。邈以降。漢隸。賈魴三倉，蔡邕石經。今隸。鍾王變體。古隸。合秦漢。章草漢史游爲《急就篇》，解散隸體，存字梗槩，簡略書之，謂之行草，義取草創取篇名，以別今草。謂之章草，或謂章帝杜操書，皆誤。行書。穎川劉德升因隸法掃地，以眞書幾拘草書幾，放介於兩間，不眞不草作。行狎。鍾繇謂行書，以其簡易流行。楷書。程邈始，王羲、獻復變今隸體爲楷法。小楷今草。二王。草書。張芝變章草。藁草。衛瓘采芝法兼行書。小草。構結微眇。遊絲草。字輕微者。飛草。宋蔡襄作，謂之散草。眞行。兼眞。草行。帶草。散隸。庾元威。飛白書。蔡邕見役人以堊帚成字作，盖比八分而輕微，變楷法者。細篆。本李斯。鶴頭書。彷彿鶴頭。漢初詔板用，謂尺一簡。偃波書。狀若連波，即詔板下鶴頭纖亂者。蚊腳書。字體纖垂，尚書詔板用。剪刀篆。韋誕。薤葉篆。曹喜本務光。垂露篆。曹喜作點綴，輕盈若露之垂，章表用。懸針篆。垂腳若針鋒，曹喜。柳葉篆。衛瓘始。瓔珞篆。劉德升觀星象作。鳳尾諾。晉元帝用批答，本於章草字，有尾。龍爪書。王右軍。花草書。齊武帝覩落英茂木。虎爪書。王僧虔擬龍爪加縈婉稜角，尚書召人用。反左書。梁孔敬通作，庾亮呼爲衆中清間法。連緜書。一筆環寫百字，呂向。襒襟書。卷帛書之。金錯刀書。筆勢輕掣與止，李後主作。瘦金書。宋徽宗作，筆勢勁逸。堆墨書。陳堯佐作，方丈大字。雲霞書。河東山胤。五雲書。唐韋陟。上方大篆。程邈述，後人飾。廻鸞篆。史佚。雕蟲篆。秋胡妻作。亦云戰筆書，體遒纖旋繞。一筆書。張芝作。凡篆隸等，皆一筆成。孔敬通能一筆草書一行，一斷獨得其妙。金剪書。唐司馬承禎篆書。金鵲書。鬼書。有業煞刁斗，出古器。日月書。風書。蓬書。橫書。龍篆。虎篆。牛書。兎書。龍草書。狼書。犬書。雞書。震書。蛟龍書。草書。擮書。景書。慎書。朝賀用。蛇書。魯人唐綜當漢魏之際夢蛇繞身，寤而作。外國胡書。阿馬鬼魅王所授，如小篆。西域書。梵王。驢脣書。蓮葉書。節分書。大秦書。駃乘書。牸書。樹葉書。起屍書。石旋書。覆書。天書。龍書。鳥音書。棠古字。元僧八思巴。〇 款識。音志。款紋隱起而凸（音牒）象陽，識文中陷而凹（音遏）象陰。陰識。又謂偃囊，白文字凹，夏商識。陽識。又曰朱文字，凸起，秦漢識。異名。心畫。書。篆素。大篆。碧篆。字。銀鈎。字。阿那□露篆。赴急書。草字。

馮復京《六家詩名物疏》卷三二《小雅・四牡・杞》 《詩緝》云：《詩》有三杞。《將仲子》「無折我樹杞」，柳屬也。《有臺》「南山有杞」，《湛露》「在彼杞棘」，山木也。此詩「集于苞杞」，《雅・杕杜》《北山》「言采其杞」，《四月》「隰有杞桋」，枸杞也。〇《爾雅》云：杞，枸檵。注：今枸杞也。〇《廣雅》云：地筋，枸杞。〇陸璣云：一名苦杞，一名地骨。春生作羹茹，微苦，其莖似莓子，秋熟正赤，莖葉及子服之輕身益氣。〇《本草》云：枸杞，味苦寒，久服堅筋骨，輕身不老。一名杞根，一名地骨，一名枸杞，心名地輔羊乳腳暑仙人杖，西王母杖。生常山平澤，及諸丘陵阪岸，冬採根，春夏採葉，秋採莖、實。○《抱朴子》云：家菜，一名托盧，或名天精，卻老地骨。○日華子云：地仙苗，即枸杞。○《圖經》云：春生苗，葉如石榴葉而軟薄，堪食，俗呼爲甜菜。莖幹高三五尺，作叢。六七月生小紅紫花，隨結紅實，形微長如棗核，其根名地骨，與枸棘相類，其實形長，而枝無刺者，眞枸杞也，圓而有刺者，枸棘也。世傳蓬萊縣南丘村多枸杞，高者一二丈，其根蟠結甚固，鄉人多壽考，亦飲食其水土之品使然耳。○沈存中云：陝西極邊生枸杞，高丈餘，大可作柱。葉長數寸，無刺，根皮如厚朴，甘美異於諸處。實圓如櫻桃，全少核，暴乾如餅，極膏潤有味。○寇氏《衍義》云：凡杞未有無刺者，但此物小則多刺，大則少刺，如酸棗及棘，其實一也。後人分別杞，棘，強生名耳。

又卷四五《小雅·何草不黃·棧車》　《傳》云：棧車，役車也。《箋》云：輦者。《疏》云：有棧，是車狀，非士所乘之棧也。庶人乘役車。《蟋蟀》言「役車其休」是矣。彼不以人輓，知不與此同。《詩緝》云：《疏》說不分曉，不如徑以爲士之棧車。○《春官·巾車》云：士乘棧車，庶人乘役車。《注》云：棧車不革鞔而漆之，役車，方箱，可載任器以共役。○《考工記》云：飾車欲侈，棧車欲弇。

莫旦《大明一統賦》卷中　百司庶府，設官分政，大小相承，體統不紊。文武勛階正一品：文職特進榮祿大夫升特進光祿大夫，加特進光祿大夫、左右柱國。武職同。月俸俱八十七石。從一品：文職榮祿大夫升光祿大夫，加特進光祿大夫、柱國。武職同。月俸俱七十四石。【略】故公侯兮爵崇，駙伯兮榮幷，公孤兮寅亮，宗人兮衍慶。五爵：公侯、駙馬、伯，俱正一品。本朝革子男。三公：太師、太傅、太保，俱正一品。太子太師、太傅、太保，俱從三品。三孤：少師、少傅、少保，俱從一品。太子少師、少傅、少保，俱正二品。宗人府：宗人令、左右宗人正、左右宗人，俱正一品。經歷，正五品。

又《大明一統賦》卷下　車同軌而書同文，屋同式而衣同製。車書。子思之時，天下非一統矣。其曰三者皆同，亦所以自傷其時之所遭也。使其親見我朝之盛，則其形容一統又何如邪。屋式：公侯廳堂七間九架，板瓦獸吻，染棟斗栱，彩色繪飾，門窗枋柱用金漆。一品、二品，廳堂五間九架，板瓦獸吻，青碧繪飾，門用綠油。三品至五品，廳堂五間七架，獸吻青碧，門用黑油。六品至九品，廳堂三間七架，不許獸吻，上黃刷飾。已上幷不許歇山轉角，重栱重簷，藻井硃紅油漆。其樓房不在重簷之例。庶民房屋，不過三間五架，不用斗栱，彩色妝飾。

張岱《夜航船》卷一〇《刑法》　十惡不赦：一曰謀反；謂謀危社稷。二曰謀大逆；謂謀毀宗廟山陵及宮闕。三曰謀叛；謂謀叛本國，潛從他國。四曰惡逆；謂毆及謀殺祖父母、父母及夫。五曰不道；謂殺一家非死罪三人，及支解人，若採生造畜蠱毒壓魅。六曰大不敬；謂盜大祀神御之物及乘輿御物。七曰不孝；謂告言咒罵祖父母及夫之祖父母、父母，在別藉異財，若奉養有缺。八曰不睦；謂謀殺及賣緦麻以上親，毆告夫及大功以上尊長、小功尊屬。九曰不義；謂部民殺官長，軍士殺所屬指揮守把。十曰內亂。謂姦小功以上親父祖妾與和者。

八議：一曰議親；謂皇家袒免以上親，及太皇太后皇太后緦麻以上親，皇后小功以上親，皇太子妃大功以上親。二曰議故；謂皇家故舊之人，素得侍見，特蒙恩待日久者。三曰議功；謂能斬將奪旗、摧鋒萬里，或率衆來歸寧濟一時，或開拓疆宇有大勳勞銘功太常者。四曰議賢；謂大有德行之賢人君子，其言行可以謂爲法則者。五曰議能；謂有大才業能整軍旅治政事，爲帝王之輔佐人倫之師範者。六曰議勤；謂有大將吏謹守官職，蚤夜奉公，或出使遠方經涉艱難有大勤勞者之謂。七曰議貴；謂爵一品及文武職軍官三品以上、散官二品以上者。八曰議賓。謂承先代之後爲國賓者。

例分八字：以、以者與眞犯同，謂如監守貿易官物無異眞盜。故以枉法論，以盜論，並除名刺字，罪至斬絞並全科。准、准者，與眞犯有間矣，謂如准枉法論、准盜論，但准其罪，不在除名刺字之例，罪止杖一百流三千里。皆、皆者，彼不分首、從，一等科罪，謂如監臨主守職役同情盜，所監守官物併贓滿數皆斬之類。各、各者，彼此同科，此謂如諸色人匠撥赴內府工作，若不親自應役，雇人冒名，私自代替，及替之人各杖一百之類。其、其者，變于先意，謂如論人議罪犯先奏請議。其犯十惡，不用此律之類。及、及者，事情連後，謂如彼此俱罪之贓及應禁之物，則沒官之類。即、即者，意盡而復明，謂如犯罪事發在逃者，衆證既明白即同獄成之類。若。若者，文雖殊而會上意，謂如犯罪未老疾，事發以老疾論，若在徒年限內，老疾者亦如之之類。

朱鶴齡《詩經通義》卷一一《周頌·潛》　猗音依。與平聲。漆沮，傳：漆、沮，岐周之二水。按：今豳岐止有漆水，而諸書多兼沮水言之，不可強通。辨詳《嚴緝》。潛按：毛云，潛，槮也，本《爾雅》其積柴水中之說，見《爾雅》注。孔疏、朱傳並用之。有多魚。有鱣音邅。有鮪，音委。鰷音條。鱨音嘗。鰋音偃。鯉。以享以祀，讀如亦。以介景福。讀如偪。序：《潛》，季冬薦魚，春薦鮪也。箋：冬魚性定，春鮪新來，薦獻之者，謂于宗廟。

《月令》季冬命漁師始漁，天子親往，乃嘗魚，先薦寢廟。季春薦鮪于寢廟，此其樂歌也。

彭氏曰：祭時九州美味莫不畢具，然樂歌必言其所興之地，取所産而薦之者，示不忘本，亦思其所嗜之意也。王志長曰：知「三星在罶」爲凋殘之狀，則知「潛有多魚」爲豐預之徵，頌于廟宜矣。

張爾岐《儀禮鄭注句讀》卷一三《既夕》 公賵，玄纁束，馬兩。公，國君也。賵，所以助主人送葬也。兩馬，士制也。《春秋傳》曰：宋景曹卒，魯季康子使冉求賵之以馬，曰：其可以稱旌繁乎？○《春秋傳》見《哀公二十三年》，引之者，證以馬賵人之事。○賵，芳鳳反。擯者出請，入告。主人釋杖，迎于廟門外，不哭，先入門右，北面，及衆主人袒。尊君命也。衆主人自若西面。馬入設。設於庭，在重南。賓奉幣，由馬西當前輅，北面致命。賓，使者。幣，玄纁也。輅，轅縛，所以屬引。由馬西，則亦當前輅之西，於是北面致命，得鄉柩與奠。柩車在階間少前，三分庭之北，輅有前後。主人哭，拜稽顙，成踴。賓奠幣于棧左服，出。棧，謂柩車也。凡士車制無漆飾，左服，象授人授其右也。服，車箱。今文棧作輚。疏云：主人哭拜，仍於門右北面。柩車四輪迫地，無漆飾，故言棧也。此車南鄉，以東爲左。尸在車上，以東爲右，故奠左服，象授人右也。○棧，士板反。宰由主人之北，舉幣以東。柩東，主人位。以東，藏之。○此時主人仍在門東，北面。經云：主人之北，指柩東定位而言。此位雖無主人，宰不得履之以過，故由其北也。士受馬以出。此士謂胥徒之長也。有勇力者受馬。《聘禮》曰：「皮馬相間」可也。主人送于外門外，拜，襲，入復位，杖。

右國君賵禮。

李文炤《周禮集傳》卷四《夏官》 司兵，掌五兵、五盾，各辨其物與其等，以待軍事。鄧氏曰：五兵，擊、刺、鉤與斬兵二而五也。殳所以擊，一也。刺兵一，鋒直出曰鎗，有枝旁出曰戈，左右有枝曰戟，三隅戟曰戣，二也。斬兵，長者斧，曰戚，鉞，曰揚，三也。短兵，刀、劍，四也。鉤兵酋矛、夷矛，五也。五盾，祭朱干以舞，一。《詩》龍盾乘車所建，二。「蒙伐有苑」註稱中干貳車所建，三。旅賁虎士所執，四。舍設藩盾，五也。劉氏曰：辨其物者，常利其器，以待用也。與其等者，嘗類其聚，以待授也。及授兵，從司馬之灋以頒之。及其受兵輸亦如之，及其用兵亦如之。祭祀，授舞者兵。大喪，廞五兵。軍事，建車之五兵。會同亦如之。頒者，軍行而分其器也。輸者，師還而歸其物也。用者，守衛而出給之也。舞兵，朱干玉戚之屬。車之五兵，戈、殳、戟、酋、矛、夷矛之等。○呂氏曰：古者藏兵於朝大夫家，不藏甲。凡用兵必取之廟，歸而飲至，以見不敢輕舉之意。如用命賞於祖，不用命戮於社，亦此意。如鄭莊公將伐許，授兵於大宮、魯公治兵，楚武王授師孑之類。見於春秋之初，其制尚存，雜說間出。革車一乘，凡甲冑戈盾旗物鼓鐸悉備焉，鄉遂之官簡其兵器是也。調發則各以其具行而官府不與知也，而司兵、司戈盾、司弓矢，掌授兵器，非授之民也，授之鄉大夫從軍旅會同者也。故司兵曰及其受兵亦如之。是鄉大夫畢事而歸之也。若民則自藏之民間耳。秦人銷鋒鏑，欲兵不在民，不知揭竿之夫乃能亡秦，其與周人藏兵於民之意大異矣。

司戈盾，掌戈盾之物而頒之。祭祀，授旅賁殳、故士戈盾，授舞者兵亦如之。軍旅、會同授貳車戈盾，建乘車之戈盾，授旅賁及虎士戈盾。及舍，設藩盾，行則斂之。乘，去聲。○戈之言過也，所刺掎則決過也。盾之言遁也，跪其後以隱遁也。故士嘗爲國子習舞，故亦授之。貳車，副車也。乘車，王所乘車也。藩盾，盾可以藩衛者。

錢澄之《田間詩學》卷八《小雅・瓠葉》 序曰：大夫刺幽王也。上棄禮而不能行，雖有牲牢饔餼，不肯用也，故思古人，不以微薄廢禮焉。郝氏云：幽王日荒于酒，羣臣宗族罕得進見，詩人託興瓠葉以訓恭儉。瓠賤而葉，兔小而首，至薄也。牲牢饔餼不用而取其至薄，善誘之意。何氏云：誦《頍弁》之詩，旨酒嘉肴徒爲羣小設，而兄弟甥舅不得沾其餘瀝，分其一臠，故寓言瓠兔以諷，若曰：何時得被此禮乎，是亦足耳。幡幡瓠葉，采之亨之。君子有酒，酌言嘗之。朱註：賦也，下同。毛傳缺。幡幡，瓠葉貌，庶人之菜也。君子，指王也。嘗，徐鍇云：口試其味也，凡臣侍食于君有先嘗之禮。愚按：嘗之，試其味而已，不敢過飲也。《左傳・昭公元年》：趙孟、叔孫豹入于鄭，鄭伯兼享之。子皮戒趙孟，禮終，趙孟賦《瓠葉》，子皮遂戒穆叔，且告之。穆叔曰：趙孟欲一獻，子其從之。子皮曰：敢乎？穆叔曰：夫人所欲也，又何不敢。乃享，具五獻之籩豆于幕下，趙孟辭，私于子產曰：武請于冢宰矣，乃用一獻。有兔斯首，炮之燔之。君子有酒，酌言獻之。朱註：有兔斯首，一兔也。兔以首言，猶數魚以尾也。毛曰：炮加火曰燔。鄭云：飲酒之禮，既奉酒於賓，後乃薦羞。獻，主人酌以獻賓也。有兔斯首，燔之炙之。君子有酒，酌言酢之。炕火曰炙。孔云：炕，舉也，謂舉於火上以炙之。客報主人曰酢賓，既卒爵而酌主人也。有兔斯首，燔之炮之。君子有酒，酌言醻之。醻，導飲也。鄭云：主人既卒酢爵，又酌自飲，卒爵復酌進賓，猶今俗之勸酒。孔云：欲以醻賓，而先自飲以導之，其實飲訖進酒于賓，乃謂之醻也。按：禮，主人導飲之後，賓受爵，却不飲，奠于席前，乃行旅酬之禮，今此一獻禮薄，當無旅酬之事。愚按：獻之、酢之、醻之，所謂三爵也。盡此三爵而已，不敢爲無筭爵之飲，與首章「嘗之」同義。《瓠葉》四章，章四句。朱子以爲燕飲之詩，郝氏謂幽王日荒于酒，詩人託興瓠葉以訓恭儉是也。

倪璠《庾子山集注》卷一三《陝州弘農郡五張寺經藏碑》 蓋聞如來說

法，萬萬恆沙；如來，佛號。佛有十種名稱功德，如來，十號之一也。梵云「多陀阿伽陀」，亦云「怛闥阿竭」，後秦翻爲「如來」。恆沙，喻多也。《維摩經》曰：「名爲多陀阿伽度。」肇曰：「秦言如來，亦云如去。如法而來，如法而去，古今不改，千聖同轍，故名如來，亦名如去。」什曰：「多陀阿伽度，秦言如來，亦言如去。如法知，如法說，故名如也。諸佛以安隱道來，此佛亦如是來；彼佛安隱去，此佛亦如此去也。」竺道生注曰：「如者，謂無復有如之理從此中來，故曰如來。」謝靈運《金剛般若經注》曰：「諸法性空，理無乖異，謂之爲如會如解，故名如來。」《維摩經》曰：「佛以一音演說法，衆生隨類各得解。」《法華經》曰：「佛以恆河沙等三千大千世界爲一佛土。」又曰：「其數如恆沙。」又曰：「爾時他方國土諸來菩薩過八恆河沙數，於大衆中合掌作禮而白佛言：『我等於佛滅後，在此娑婆世界護持經典，當於此土而廣說之。』佛言：『不須汝等護持此經，我娑婆世界自有六萬恆河沙菩薩，一一菩薩各有六萬恆河沙眷屬，能於我滅後護持誦讀，廣說此經。』佛說是時，娑婆世界三千大千國土，地皆振裂，而於其中有無量千萬億菩薩同時涌出，身皆金色，三十二相，無量光明。先盡在此娑婆世界之下，虛空中住，聞佛所說音聲，從下發來。一一菩薩，皆大衆唱導之首，各將六萬恆河沙眷屬。如是等比，無量無邊，算數譬喻所不能知。」又曰：「我說是如來壽命長遠時，六百八十萬億那由他恆河沙衆生，得無生法忍。四四天下微塵數菩薩，四生當得阿耨多羅三藐三菩提。」按：恆沙，喻如一佛國恆河沙數，乃至如四四天下微塵數。言如來說法，菩薩四衆護持經典，如萬萬佛國恆河沙數之多也。菩薩轉輪，生生世界。菩薩，梵語具足云「菩提薩埵」，此云「覺有情」，從行立稱。梵云「斫訖羅」，此土翻「輪」。凡佛有所說，皆名轉法輪。生生，猶言衆生之類。《楞嚴》稱世爲遷流，界爲方位，過去、未來、現在名「世」，東西南北、四維、上下名「界」。僧肇《維摩經注》曰：「《菩薩正音》云：『菩提薩埵，菩提，佛道名也；薩埵，秦言大心衆生。有大心入佛道，名菩提薩埵，無正名譯也。』」《大毘婆沙論》云：「何名法輪？答是法所成故，法爲自性，故名法輪，如世間呼金輪等。輪是動轉不住義，捨此離彼義，能伏怨敵義，又圓滿義，爲轂、輻、輞三事具足，故輪體法，即八聖道支也。初名小乘法輪者，以戒爲先。次大乘法輪者，以智爲先。」《華手經》曰：「爾許芥子所墮世界，合成一器，中滿細沙，尚可數知。而此菩薩所可勸請諸佛轉於法輪，度脫衆生，是不可數。又以珠輪、衆寶華輪、香輪、金銀綵畫木輪上佛，請轉法輪，遊於十萬無量世界，勸請諸佛轉於法輪度脫衆生者，豈異人乎？今此發心即轉輪菩薩是也。」《維摩經》曰：「三轉法輪於大千，其輪本來常清淨。天人得道此爲證，三寶於是現世間。」《佛國記》曰：「凡佛有四處：一者成道處，二者轉法輪處，三者說法論議伏外道處，四者上忉利天爲母說法處。餘則隨時可現焉。」《思益經》曰：「當知是人轉法輪，如轉輪王。」按：《思益經》此文及《大毘婆沙論》言「如世間呼金輪等輪」者，《俱舍》云：「轉輪王有四種金、銀、銅、鐵輪，領一、二、三、四洲。」諸佛轉於法輪，若此等輪矣。魏收《釋老志序》曰：「其經旨大抵言生生之類，皆因行業而起。有過去、當今、未來，歷三世，識神常不滅。凡爲善惡，必有報應。漸積勝業，陶冶粗鄙，經無數形，藻練神明，乃致無生而得佛道。」《文殊問經》曰：「有二世，一衆生世，即一切衆生也；二行世，即衆生住處。」《大論》明三種世間：一者五衆，二者衆生，三者國土。「間」之與「界」，名異義同。間是隔別、間差，界是界畔、分齊。界有二種，一者十界，二者三界。十界者，地獄、餓鬼、畜生、修羅、人、天，此名六凡；聲聞、緣覺、菩薩、佛，此名四聖。二三界者，一欲界，飲食、睡眠、淫慾，於此三事，希須名欲，若有情界，從他化自在天至無間獄，若器世界，乃至風輪，皆欲界攝；二色界者，形質清淨，身相殊勝，未出色籠，故名色界；三無色界者，於彼界中，色非有。故此云「生生世界」者，按諸經皆序衆所知識以爲會證，一佛土有百億四天下，一四天下各有釋梵幷諸天龍神、夜叉、乾闥婆、阿修羅、迦樓羅、緊那羅、摩睺羅伽等在座聽法，此於諸經皆然，難可偏指。言佛轉法輪時，世界生生之類，皆來聽法也。

又《周柱國大將軍長孫儉神道碑》 天和四年，謝病故京，薨於私第，春秋七十有八。【略】鑾蹕降臨，軒懸徹樂，【略】九旒龍旆之錫，三河騎士之送。言武帝親臨祭弔，減膳徹樂也。古者大臣死，人君爲之不舉。《左氏傳》曰：「錫鑾和鈴。」《漢儀注》曰：「皇帝輦動，左右侍帷幄者稱警，出殿則傳蹕，止人清道也。」《周禮》曰：「大臣死，凡國之大憂，令弛縣。」又云：「正樂縣之位，王宮縣，諸侯軒縣，卿大夫判縣，士特縣，辨其聲。」注：「樂縣，謂鐘磬之屬，縣於筍虡者。」鄭司農云：「宮縣，四面縣；軒縣，去其一面；判縣，又去其一面；特縣，又去其一面。四面，象宮室四面有牆，故謂之宮縣。軒縣，三面，其形曲。故《春秋傳》曰：『請曲縣繁纓以朝諸侯，禮也。』康成謂軒縣去南面，辟王也。」子山以周帝徹樂，猶尚軒縣矣。《後漢書》曰：「東平王蒼薨，詔賜鑾略乘馬、龍旂九旒，虎賁百人，奉送王行。」又：「清河王慶薨，賜龍旂九旒，儀比東海恭王。」注云：「旂有九旒，天子制也。」《漢書》曰：「高祖委發關中兵，收三河士。」韋昭曰：「河東、河南、河內也。」《霍光傳》云：「發三河卒。」

毛奇齡《毛詩寫官記》卷三 和鸞雝雝。和鸞，鈴也。在軾曰和，在鑣曰鸞。曰：非也，此《毛詩》說耳。《魯詩》曰：和以設軾，鸞以設衡。《韓詩》曰：在軾曰和，在軛曰鸞。皆無有言在鑣者。原其所由，則以在衡軛者爲乘車，在鑣者爲兵車也。此自言乘車，而安得在鑣？

陸隴其《讀禮志疑》卷一 《月令》孔疏引《太史職》鄭注云：中數曰歲，朔數曰年。中數者謂十二月中氣，一周總三百六十五日四分之一，謂之一歲。朔數者十二月之朔，一周謂三百五十四日，謂之爲年。此是歲年相對，故有朔數中數之别，若散而言之，歲亦年也。故《爾雅·釋天》云：唐虞曰載，夏曰歲，商曰祀，周曰年是也。又《王藻》上大夫曰：下臣擯者曰寡君之老。疏曰：在客曰介，當云介而云擯者，擯介散文則通也。又康成《大宗伯》注曰：出接賓客曰擯，入詔禮曰相。疏云：此對文義耳，通而言之，出入皆稱擯也。又《大司樂》：奏黄鐘，歌大吕。疏云：據出聲而言曰奏，據合曲而言曰歌，其實歌、奏通也。

徐乾學《讀禮通考》卷六五《喪儀節·誄》 《周禮·春官》：太祝作六辭，以通上下、親疏、遠近，六曰誄。注：誄，謂積累生時德行，以錫之命，主爲其辭。此有文雅辭令難爲者，故太祝主之。

太史遣之日，讀誄。注：遣謂祖廟之庭大奠將行時也。人之道終於此。累其行而讀之，太師又帥瞽廞之而作謚。瞽史知天道，使共其事，言王之誄謚成於天道。○疏：遣謂大遣奠，故以遣謂祖廟之奠。人之道終於此者，以未葬已前，孝子不忍異於生，仍以生禮事之。至葬，送形而往，迎魂而反，則以鬼事之，故既葬之後當稱謚，乃誄生時之行而讀之，此經誄即累也。王之誄謚成於天道者，《曾子問》唯天子稱天以誄之。注引《公羊傳》制謚于南郊，瞽史既知天道，又於南郊祭天之所稱天以誄之，是王之謚成於天道也。若然，先於南郊制謚，乃於遣之日讀之，葬後則稱謚。

黄度曰：瞽誄其德行，故作謚。史記其言動，故讀誄。

《曾子問》：賤不誄貴，幼不誄長，禮也。注：誄，累也。累列生時行迹，誄之以作謚。謚當由尊者成。唯天子，稱天以誄之。注：以其無尊焉。《春秋公羊》説以爲讀誄制謚於南郊，若云受之於天然。

諸侯相誄，非禮也。注：禮當言誄於天子也。天子乃使太史賜之謚。○疏：謂賤不得累列貴者之行而爲謚，幼不得累列長者之行而作謚。所以然者，凡謚表其實行，當由尊者所爲。若使幼賤者爲之，則（名）［各］欲光揚在上之美，有乖實事，故不爲也。諸侯及大夫其上有尊者爲之作謚，天子則更無尊於天子者，故於南郊告天，示若有天命，然不敢自專也。非但賤不誄貴，平敵相誄亦爲不可，故云「諸侯相誄，非禮也」。既賤不誄貴，案：《襄十三年》《左傳》楚子囊爲共王作謚者，春秋亂世不能如禮也。

《檀弓》：魯莊公及宋人戰于乘丘，縣賁父御，卜國爲右。馬驚，敗績，公隊，佐車授綏。公曰：末之卜也。縣賁父曰：他日不敗績，而今敗績，是無勇也。遂死之。圉人浴馬，有流矢在白肉，公曰：「非其罪也。」遂誄之。注：誄其赴敵之功，以爲謚。士之有誄，自此始也。注：記禮失所由來也。周雖以士爲爵，猶無謚也。殷，大夫以上爲爵。

陸元輔曰：《春秋傳》莊公十年夏六月，書公敗宋師於乘丘，敗在宋，不在莊公。於記則敗在莊公，不在宋。有此不同。愚案：釋文作馬驚敗，而無績字，一本幷無驚字，當時只是馬驚敗爾，不預軍之勝負也。故鄭注云：馬驚奔失列，集説舍鄭不從，而以大崩解之，是眞有敗績之事，不幾與《春秋》剌謬乎？長樂陳氏謂：莊公敗於二人未死之前，宋人敗於二人既死之後，《春秋》書其戰，故詳其終，記人記其誄，姑述其始而已。此亦調人之辭，考之《左傳》，非其實也。愚又案：《左傳》子産曰，若未能登車射御，則敗績厭覆是懼，何暇思獲？彼敗績字與此敗績字正同，非大崩敗績之謂也。 ○又曰：誄者，哀死而述其行之辭，如哀公誄孔子之類，非必有謚也。鄭注每解誄爲謚，而集説仍之，誤矣。

魯哀公誄孔丘曰：天不遺耆老，莫相予位焉，嗚呼哀哉，尼父。注：誄其行以爲謚也。相，佐也。言孔子死，無佐助我處位者。尼父，因其字以爲之謚。○疏：孔子以哀公十六年夏四月己丑日卒，哀公欲爲作謚。作謚宜先列其生時行狀，謂之爲誄。曰「天不遺耆老，莫相予位焉」者，作誄辭也。言上天不置孔子，無復佐助我處於位也。嗚呼哀哉，傷痛之辭也。尼父，尼則謚也。父且字甫，是大夫之美稱，稱字而謚之尼父也。

陳澔曰：作謚者，先列其生之實行，謂之誄。大聖之行，豈容盡列，但言天不留此老成而無有佐我之位者，以寓其傷悼之意而已爾。稱孔丘者，君臣之辭，此與《左傳》之言不同。

《左傳》哀公十有六年，夏四月己丑，孔丘卒。公誄之曰：旻天不弔，不憖遺一老，俾屏余一人以在位。注：弔，至也。憖，且也。屏，敬也。子贛曰：君其不沒於魯乎？夫子之言曰：禮失則昏，名失則愆。失志爲昏，失所爲愆。生不能用，死而誄之，非禮也。稱一人，非名也。注：天子稱一人，非諸侯之名。君兩失之。

《列女傳》柳下惠死，門人將誄之。妻曰：將誄夫子之德邪，則二三子不如妾知之也。乃誄曰：夫子不伐兮，夫子之不竭兮，夫子之信誠而與人無害兮，柔屈從俗不強察兮，蒙恥救民德彌大兮，雖遇三黜終不弊兮，豈弟君子永能厲兮。嗟呼惜哉，乃下世兮。庶幾遐年，今遂逝兮。嗚呼哀哉，魂神泄兮。夫子之謚，宜爲惠兮。

《後漢書·文苑傳》大司馬吳漢薨，光武詔諸儒誄之。杜篤於獄中爲誄辭，甚高。帝美之，賜帛，免刑。

劉熙《釋名》：誄，累也，累列其事而稱之也。

《晉中興書》：郄超死之日，貴賤操筆爲誄者四十餘人。

《文心雕龍》：周世盛德，有銘誄之文。大夫之材，臨喪能誄。誄者，累也，累其德行，旌之不朽也。夏商已前，其詳靡聞。周雖有誄，未被於士。又賤不誄貴，幼不誄長。在萬乘則稱天以誄之，讀誄定謚，其節文大矣。自魯莊戰乘丘，始及於士。逮尼父卒，哀公作誄，觀其慭遺之切，嗚呼之歎，雖非叡作，古式存焉。至柳妻之誄惠子，則辭哀而韻長矣。暨乎漢世，承流而作，揚雄之誄元后，文實煩穢，沙麓撮其要，而摯疑成篇，安有累德述尊，而闊略四句乎？杜篤之誄，有譽前代；吳誄雖工，而他篇頗疎，豈以見稱光武，而改盼千金哉。傅毅所製，文體倫序；孝山崔瑗，辨絜相參：觀序如傳，辭靡律調，固誄之才也。潘岳搆意，專師孝山，巧於序悲，易入新切，所以隔代相望，能徵厥聲者也。至如崔駰誄趙，劉陶誄黃，並得憲章，工在簡要。陳思叨名，而體實繁緩，文皇誄末，旨言自陳，其乖甚矣。若夫殷臣誄湯，追褒玄鳥之祚；周史歌文，上闡后稷之烈：誄述祖宗，蓋詩人之則也。至於序述哀情，則觸類而長。傅毅之誄北海，云白日幽光，雰霧杳冥；始序致（惑）〔感〕，遂爲後式，景而效者，彌取於工矣。詳夫誄之爲制，蓋選言錄行，傳體而頌文，榮始而哀終。論其人也，曖乎若可覿；道其哀也，悽焉如可傷：此其旨也。

《珊瑚鈎詩話》：誄者，累其素履而質之鬼神也。

萬斯大《學春秋隨筆》卷七　〔宣公〕十有五年，初稅畝。

孟子言三代田制曰：夏后氏五十而貢，殷人七十而助，周人百畝而徹。三者之中，莫善于助，因請滕于野行之。故復爲言助法之形體曰：方里而井，井九百畝，其中爲公田，八家皆私百畝，同養公田，非謂周之徹法如此也。《漢書・食貨志》直本此以言周制，後儒多相因不變，若是則周人乃百畝而助矣，何名爲徹哉？唯趙岐《孟子註》曰：周人耕百畝者，徹取十畝以爲賦。斯言得之矣。按《司馬法》云：畝百爲夫，夫三爲屋，屋三爲井。小司徒亦云：九夫爲井。据此二文，是周人井九百畝，分之九夫，每夫百畝，中以十畝爲公田，君取其入而不收餘畝之稅。今宣公于公田之外，更稅餘畝之十一，故曰稅畝也。書者譏重困農，民且著十二之始也。三代授田多寡及雖周亦助，與夫通力合作，計畝均收。諸說辨詳《周官辨非》中。

又　十有六年，冬大有年。

桓三年，書有年。賈逵之說曰：桓惡而有年豐，異之也。言有非其所宜有。先儒因謂桓宣弒逆，水旱螽蝝，饑饉繼作，史不絕書，宜也。有年，大有年，所以爲異乎。噫，是何不仁之甚也。其君是惡，其民何罪？因一人之弒逆，而欲盡一國之民轉溝壑而爲快也，是何不仁之甚也。孔氏辨賈說之非，以爲失天佑下民之意，其言良是。此年書大有年者，聖人見宣公即位以來，策書所載，六年螽，七年大旱，十年大水，饑，十三年螽，十五年螽蝝生，饑民已困乏，今又國用告匱，稅畝初行，當此民力重困之時，忽見年登大有，一若天憫斯民之窮而厚賜然者。不覺喜之甚，幸之甚，特筆書之曰大有年。於乎，民惟邦本，食爲民天，聖筆大有年一書，而仁愛下民之意，藹然溢于言外矣，何諸儒之不察也。

又《禮記偶箋》卷一　君若迎拜，則還辟，不敢答拜。

按《聘禮》，聘之日，公皮弁迎賓於大門內，大夫納賓，賓入門左。公再拜。賓辟，不答拜。辟即還辟也。

天子當依而立，諸侯北面而見天子曰「覲」。天子當宁而立，諸公東面，諸侯西面曰「朝」。

《儀禮》有《覲禮》無朝禮。第就《儀禮》考之，知朝、覲只一事，無二禮，朝先而覲後耳。何以言之？《覲禮》於覲之日云：侯氏裨冕，乘墨車，載龍旂，弧韣乃朝。以《曲禮》此經參之，此時應有朝禮。蓋覲禮行於廟，廟在路寢東。竊意是日天子將入廟受覲，從路寢乘車而出，諸公侯先俟於門外。天子至宁，下車而立，諸公侯於是分班朝見，以通姓名，即所謂天子當宁而立，諸公東面，諸侯西面曰朝也。《儀禮》不具，文之略也。已而天子入廟，負斧依南面而立，侯氏入門右，坐奠圭，再拜稽首。擯者謁。侯氏坐取圭，升致命。王受玉。侯氏降階東，北面再拜稽首。擯者延之曰升。升成拜，乃出。即所謂天子當依而立，諸侯北面而見天子曰覲也。朝先覲後，通言之皆曰朝。但臣之見君，以北面爲正，故《儀禮》獨以覲名。先儒信《周官》，謂春見曰朝，受摯於朝，受享於廟，秋見曰覲，一受之於廟。夏宗依春，冬遇依秋。孔疏更以爲六服諸侯，每服別分爲四，一分朝春，一分宗夏，一分覲秋，一分遇冬。按，《郊特牲》云：君之南鄉，答陽之義也；臣之北面，答君也。《記》曰唯詔於天子無北面，如先儒說唯秋冬覲遇者，行北面再拜，春夏朝宗者止東西一立而退，永無北面而朝之禮。何以明君臣之義乎？愚故以覲禮及此經爲正。

《周官》宗遇，辨見本條。

諸侯未及期相見曰遇。

按，此文即《左傳》所云不期而會曰遇也。言兩君未及相期，忽然道塗相見，故曰遇。非謂有期日而先期相見也。舊說非。問士之富，以車數對。

士已食祿公朝，不與齊民伍，縱未有命車，亦得自爲之，故問其富，則以車數對。見其家富者得多爲車，數未有定也。若如舊說，上士三命得賜車馬，則命車唯一而已，數豈無定，且又何以見其富乎？

天子祭天地。

周制，子月祭天於郊，午月祭地於社。《中庸》云「郊社之禮所以事上帝」是也。郊在南郊，《祭法》謂之太壇，《周官》謂之圜丘。社在北郊，《祭法》謂之太折，亦曰太社，《周官》謂之方丘。北郊他經不見，《覲禮》所謂禮月於北門外是也。詳見質疑。

支子不祭。

《大傳》云：庶子不祭，明其宗也。推此而言，唯大宗得祭始祖，族人無遠近皆宗之。繼高曾祖禰之小宗，亦不得祭也。高曾正適之宗得祭高曾，庶祖禰正適之宗亦不得祭也。鄭註「庶子不祭祖」云「凡正體在乎上者，視下正猶爲庶也」，得之矣。

大饗不問卜，不饒富。

方氏謂禮言大饗有別。《月令》季秋大饗帝，《禮器》《郊特牲》大饗腥，祀帝也。《禮器》又言大饗其王事，大饗之禮不足以大旅祫祭先王也。《郊特牲》又言大饗君三重席而酢，《仲尼燕居》言大饗有四。《坊記》言大饗廢夫人之禮，兩君相見之禮也。《雜記》言大饗卷三牲之俎，凡饗賓客之禮也。先儒以此大饗爲冬至祀天，夏至祭地。愚考禮經祀帝祀先，牲日皆卜。此言不問卜，乃指兩君相見及凡賓客之禮也。賓客既行朝聘，當饗即饗，牲日皆不卜。其言不饒富，即《左傳》所云饗以訓恭儉之謂也。舊說非。

凡摯天子鬯諸侯圭。

按，《雜記》贊大行曰：圭公九寸，侯伯七寸，子男五寸。合之此經，知五等諸侯皆以圭爲摯，特有長短之差，不得泥《周官》子執穀璧，男執蒲璧之文，反疑此經爲略。贊詞爲失也。說詳《周官辨非》。

閻若璩《四書釋地・雪宮》 齊宣王見孟子於雪宮。解者謂雪宮孟子之館，宣王就見於此，因誇其禮遇之隆。賢者指孟子，與上文梁惠王賢者指人君言不同。果爾，孟子當正色而對，以明不屑，安得含胡曰有，而即引之與民同也。觀子思聞繆公友士之言不悅，漢章帝祀闕里大會孔氏男子六十二人，謂孔僖曰：今日之會寧於卿宗有光榮乎？對曰：臣聞明王聖主莫不尊師貴道，今陛下親屈萬乘，辱臨敝里，此乃崇禮先師，增輝聖德，至於光榮，非所敢承。僖尚能爲斯言，況巖巖之孟子邪？賢者，仍指人君言。《元和郡縣圖志》，齊雪宮故址在青州臨淄縣，縣即齊故都，東北六里。《晏子春秋》所謂齊侯見晏子於雪宮。今《晏子春秋》無此語。然則先孟子雪宮又爲晏嬰館舍邪？蓋齊離宮之名，游觀勝迹，宣延見孟子於其地，非就見之謂。益信地理宜究。又思管晏孟子羞稱茲以與民樂，忽詳及晏子對景公一段故實，蓋亦以此地曾爲先齊君臣共游觀，以近事爲鑒，則言易入，此又須會於言外，非拘儒所知。

又《四書釋地三續》卷中《漆雕開》 讀《漢・藝文志》，孔子弟子漆雕啓，則知《史・列傳》漆雕開，字子開，上開本「啓」字，避景帝諱也。一部《論語》，叙事及門人無直稱其名者，惟問於有若對君之辭，憲問恥，疑憲所記南宮适，或曰本名縚，陳亢前後皆稱子禽，茲獨曰子使漆雕開仕，則開爲其字，復何疑？蓋自安國註《論語》開名，流俗本《家語》「開字子若」者失之。

仇兆鰲《杜詩詳注》卷二四《進三大禮賦表》 唐祀南郊，即祠太清宮、太廟，謂之三大禮。錢箋：呂汲公《年譜》、呂東萊注三賦並據《新書》本傳云，獻賦在十三載。黃鶴曰：《舊書・玄宗紀》：十載正月乙酉朔，壬辰，朝獻太清宮。癸巳，朝享太廟。甲午，有事於南郊。《朝享太廟賦》曰：「壬辰，既格於道祖，乘輿即以是日致齋於九室。」《有事於南郊賦》曰：「二之日，朝廟之禮既畢。」與《舊書》甲子俱合，則爲十載獻賦明矣。趙子櫟《年譜》考《明皇紀》十三載二月，癸酉朝獻太清宮，甲戌親享太廟，未嘗有事南郊，當以《舊書》爲正。

又 諸書載十三載獻賦，並承《新書》本傳之誤。然獻賦自在大禮告成之後。黃鶴謂九載預獻，則非也。鰲按：丘濬謂古者有事於郊，必先告祖廟以配天享侑之意。蓋行告祭之禮，非大享也。唐時太清、太廟、南郊三大禮並行，蓋非古矣。

又卷二五《文集・唐興縣客館記》 是館也成，人不知，人不怒，廨署之福也，府君之德也。府君曰：古有之也，非吾有也，余何能爲。是亦前州府君崔公之命也，余何能爲。是日辛丑歲秋分，大餘二，小餘二，或作一。

千一百八十八，杜氏之老記。朱注：《漢・律曆志》：推正月朔，以月法乘積月，盈日法得一，名曰積日，不盈者名曰小餘。小餘三十八以上，其月大。積日盈六十，除之，不盈者名曰大餘。姚江黄百家曰：日法萬分，每刻百分，每日百刻，總得萬分。萬分以上爲大餘，日數也。萬分以下爲小餘，時刻數也。杜記蓋謂秋分後，二日之二十餘刻耳。又曰：漢曆所謂盈六十除之者，六十即六十甲子，名曰旬周。又名紀法，滿紀者必去之，以不滿紀者爲主。《蜀藝文志》疑其有闕誤，未然。

華學泉《春秋疑義》卷下　僖三十一年，夏四月，四卜郊不從，乃免牲。此記郊之始。啖氏曰：天子以冬至祭上帝，又以夏之孟春祈穀於上帝於郊，故謂之郊。魯以周公之故，特以孟春祈穀於上帝，亦謂之郊。郊皆用辛日，故以二月卜三月，上辛不吉則卜中辛，又不吉則卜下辛。所謂吉，事先近日也。卜三旬，皆不吉，則不郊。凡牲必養二牲，一以祀上帝，一以祀后稷。帝牛有變，則改卜稷牛以代之，而別以他牛爲稷牛。若卜稷牛不吉，及稷牛又死，亦皆不郊。凡不郊，皆卜免牲。卜免牲，吉，則免之；不吉，則但不郊而已，不敢免。繫牲待明年庀牲時卜用，未成，牲曰牛牲，傷亦曰牛。汪氏曰：《左傳》、《家語》皆云：魯以啓蟄而郊。朱子謂：夏正之孟春，蓋成王所賜，止是祈穀之郊，乃夏之孟春。啖氏所云：卜起三月上旬，而盡于三旬者，禮之正也。《穀梁》：哀元年郊，自正月至於三月，以十二月下辛卜正月上辛，不從，則以正月下辛卜二月上辛，不從，則以二月下辛卜三月上辛云云者。禮之未失也。故子服惠伯云：魯將以十月上辛有事於上帝。孟獻子曰：正月日至可以有事於上帝。而《明堂位》注疏以孟春爲周之正月，《郊特牲》疏，崔氏、皇氏用王肅之說，又以魯冬至郊天，建寅之月，又郊以祈穀，皆因魯郊之非時而誤也。

查慎行《蘇詩補注》卷三九《真一酒》　撥雪披雲得乳泓，蜜蜂又欲醉先生。公自注：眞一色味頗類予在黄州日所醞蜜酒也。稻垂麥仰陰陽足，器潔泉新表裏清。曉日著顔紅有暈，春風入髓散無聲。人間眞一東坡老，與作青州從事名。

眞一酒。本集《寄建安徐得之眞一酒法》云：嶺南不禁酒，近得一釀法，用白麪、糯米、清水三物釀成玉色，絶似王駙馬家碧玉香。白麪乃上等麪，如常法起酵，作蒸餅，蒸熟後，以竹篾穿挂風中兩月後用，每料不過五斗。每米一斗，炊熟，急水淘過，控乾，擣細。白麪末三兩，拌勻，入甕，使有力者以手拍實。按中爲井子，上廣下鋭，于三兩末中預留少許，糝盖醅面，候漿水滿其中，以刀劃破，更炊新飯投之。每斗投三升，令入井子中，以醅盖合，每斗入熟水兩盌，更三五日，可得好酒六升。日數隨天氣冷煖，自以意候之。若天大熱，減去麯半兩。稻麥陰陽。唐竇苹《酒譜》引《春秋說題辭》曰：爲酒，據陰而動。麥，陰也。黍，陽也。先漬麴而後投黍，是陽得陰，而沸乃成。先生又有《黍麥說》云：黍稻之出穗也，必直而仰。其熟也，必曲而俯。麥則反是。此陰陽之辨也。北方之稻，不足于陰。南方之麥，不足于陽。故南方無佳酒者，以麴麥雜陰氣也，又況南海無麥而用米作麴耶。今取舶上麪作麴，則酒亦絶佳。王魯齋《造化論》：麥受六陽之全，故就實而昂。稻分陰陽之半，則未實而俯。

吴兆宜《庾開府集箋注》卷一〇《周大將軍懷德公吴明墓誌銘》　遂得左廣迴扃，《左傳》：晉人或以廣隊不能進，楚人惎之脱扃。鱗車反暢。《詩・秦風・小戎》曰：文茵暢轂。注：兵車曰暢轂。長沙楚鐵，更入兵欄。《秦本紀》：昭王曰：「吾聞楚之鐵劍利而倡優拙，詳從駕。」洞浦藏犀，還輸甲庫。見《報寄洛州及秋夜》。雖復戎車屢凱，軍幕猶張。淮南望廷尉之囚，見二卷。合肥稱將軍之寇。樹屏曰：按《魏志》：孫權征合肥，爲魏將張遼所襲。凌統等以死托，權得去。遼問吴降人：「向有紫髯將軍是誰？」曰：「孫會稽。」舉軍歎恨。莫不失穴驚巢，沉水陷火。《本傳》：湘州刺史華皎，陰有異志。詔授明徹都督湘州刺史討皎，皎平。爲使持節，侍中，司空，車騎大將軍，都督南北兗青譙五州諸軍事，南兗州刺史，南平郡開國公，《通考》：北齊司州曰牧，而北齊制州爲上中下三等，每等又有上中下之差，自上上州至下下州，凡九等。隋雍州置牧，餘州并置刺史，亦同北齊九等之制。總管刺史加使持節。《宋・州郡志》：南兗州刺史，中原亂，北州流民多南渡，晉成帝立南兗州，寄治京口。元嘉二十八年，南兗州徙治盱眙。兗州刺史，武帝平河南，治滑臺，元嘉中治鄒山，又寄治彭城。宋末失淮北，僑立兗州，寄治淮陰。《晉・地理志》：元帝渡江於廣陵，僑置青州。至是始置北青州，鎮東陽城，以僑立州爲南青州。《隋書》：揚州江都郡盱眙縣。注：舊魏置盱眙郡，陳置北譙州。尋省清流縣。注：舊曰頓丘。置新昌郡及南譙州。《晉・地理志》：武帝平吴，分南郡爲南平郡。食邑八千户，鼓吹一部。

李光坡《禮記述注》卷七《曾子問》　曾子問曰：「君薨而世子生，如之何？」孔子曰：「卿、大夫、士從攝主，北面於西階南。」註曰：變於朝夕哭位也。攝主，上卿代君聽國政。疏曰：《士喪禮》：朝夕内外哭位皆在東方。大祝裨冕，執束帛，升自西階，盡等，不升堂，命毋哭。註曰：裨冕者，接神則祭服也。疏曰：大祝裨冕，明卿大夫士等皆衣衰服也。裨冕者，衣裨衣而冠冕。鄭註：《覲禮》云：裨之言埤也，天子六服，大裘爲上，其餘爲裨。又云：衰衣，裨之上者，則裨唯據衣也。等，級也。祝聲三，告曰：『某之子生，敢告。』升，奠幣于殯東几上，哭降。衆主人、卿、大夫、士，房中皆哭，不踴。盡一哀，反位，遂朝奠。小宰升，舉幣。註曰：聲，噫歆警神也。几筵於殯東，明繼體也。衆主人，君之親也。房中，婦人。反位，反朝夕哭位。舉，舉而下，（理）［埋］之階間。疏曰：殯宮几筵，爲朝夕之奠，常在不去。今明世子是繼體之貴，故於常几筵之外，別特設之。三日，衆主人、卿、大夫、士如初位，北面。大宰、大宗、大祝皆裨冕，少師奉子以衰，祝先，子從，宰、宗人從，入門，哭者止。子升自西階，殯前北面，祝立于殯東南隅。祝聲三，曰：『某之子某，從執事敢見。』子拜稽顙，哭。祝、宰、宗人、衆主人、卿、大夫、士，哭踴，三者三，降東反位，皆袒。子踴，房中亦踴，三者三，襲衰杖。奠出。大宰命祝史，以名徧告于五祀山川。」疏曰：諸侯五日而殯，殯而成服，此三日而衰者，喪已在殯，異於未殯也。初位，告生時也。奉子以衰，謂以衰衣而奉之，升自西階，不忍從先王之階。於是宰、宗人及祝亦升，不言從者，以子爲主也。祝立在子之西北，而面當殯之東南，故云殯東南隅也。宰及宗人以次立于子之東，皆北面，告曰：夫人某氏之子某從執事宰宗人等敢見。稱子某者，子升堂之時大宰即位立名告殯矣。告訖，奉子者拜哭，每踴三度爲一節，如此者三，故云三者三也。降東反位者，堂上皆降自西階，反東在下者，皆東反朝夕哭位。踴襲衰杖，成子禮也。奠，亦謂朝奠。

愛新覺羅・玄燁《聖祖仁皇帝御製文集》卷二七《櫻額》 櫻額，果屬也。產於盛京、烏喇等處，古北口外亦有之。其樹叢生，果形如野黑葡萄而稍小，味甘澁。性溫暖，補脾止泄，鮮食固美。以之晒乾爲末，可以致遠，食品中適用處多，洵佳果也。今山莊之千林島，遍植此種。每當夏日，則纍纍綴枝，遊觀其下，殊堪娛目，不獨秋實之可採也。查《盛京志》云：櫻額一名稠梨，子實黑而澁，土人珍之，間以作麵，暑月調水服之可止瀉。又查《本草》：有楮李木，高者一二丈，低者八九尺。葉如李，但狹而不澤。子於條上四邊生，生時青熟則紫黑色，若五味子。至秋葉落，子尚在枝。治水腫、腹脹滿、除疝瘕積冷。今關陝間時有之稠梨，或即楮李，聲訛也。

《日講禮記解義》卷二七《禮器》 一獻質，三獻文，五獻察，七獻神。大饗，其王事與？三牲、魚、腊，四海九州之美味也。籩、豆之薦，四時之和氣也。內金，示和也。束帛加璧，尊德也。龜爲前列，先知也。金次之，見情也。丹、漆、絲、纊、竹、箭，與衆共財也。其餘無常貨，各以其國之所有，則致遠物也。其出也，《肆夏》而送之，蓋重禮也。

此言王者祫祭之禮之義也。注讀肆爲陔者，《周禮・鐘師》掌《九夏》，尸出入奏《肆夏》，客醉而出奏《陔夏》也。祭禮有隆殺，故一獻則從其質，三獻則致其文，五獻則加盛而察，七獻則轉尊而神，惟大祫之祭，升群廟之主合食於大祖之廟，而謂之大饗。斯禮也，報本獨隆，其王者之事與。試觀大饗之所陳，牛、羊、豕三牲之外又有魚醢、麋腊、四海九州之美味也。籩豆品味之薦，皆四時和氣所生，示王者能贊化育也。納侯邦所貢之金於廟，所以示親附也。加璧於束帛之上，尊王者之德而比於玉也。龜列於前，重其能先知吉凶也。金次於龜，見人情之和也。荆之丹、兖之漆絲、豫之纊、揚之竹箭，莫不咸在，示王者與衆共財而天下不得私其有也。其餘九州以外，蠻夷之國無常貨，但貢其國之所有，示王者德澤之能致遠也。諸侯來助祭，祭畢而出，歌《陔夏》之詩以送之，以明其不失禮也。夫陳列極華夷之美，則備物矣，奔走致諸侯之貴，則盡官矣。王者惟以孝治天下，故大饗於廟儀備九獻，直合萬國之歡心，以事其先王，所以爲禮之至隆也。

朱奇齡《春秋測微》卷七 ［哀公］十有二年，敬王三十七年。春，用田賦。用田賦者，是於丘賦一乘之外，復加賦於田也。前宣公之稅畝，則固於私田加之稅矣。今復加賦於稅畝之餘，則農民之困可知也。古者藉民之力不過出粟，而貨賄皆取之餘財，是故關市有賦，山澤有賦，幣餘有賦，未常專責辦於農田，故民力常有餘，足以供上之需而不匱。後世不知重本抑末之法，凡百役之供，一錢之費，皆度其數而賦於田，而末枝游食之民，反得操其奇贏以逃於租賦之外。農民是以不堪，而流亡餓莩所以不能免也。其諸用田賦之作俑乎？善哉，仲尼之告冉有曰：君子之行也，度於禮，施取其厚，事舉其中，斂從其簿。如是，則以丘亦足矣。若不度於禮，而貪冒無厭，則雖以田賦，將又不足。季孫竟弗聽而用之，書曰：「用田賦。」譏厲民也。

惠周惕《詩說》卷中 《邶風》「誰謂荼苦」，《大雅》「堇荼如飴」。一謂之苦，一謂之甘，物性土宜何以相異如是？按：堇有二種，《爾雅》曰齧，注謂堇葵，即《內則》堇豆枌榆之堇。曰芨，注謂烏頭，即《晉語》驪姬寘鴆于酒，寘堇于肉之堇。荼有三種，一苦菜，一茅秀，「有女如荼」是也。一陸草，「以薅荼蓼」是也。茅秀、陸草不可食，《風》《雅》所謂堇荼，明非烏頭。茅秀、陸草而皆可食矣。《士虞禮》：夏用葵，冬用荁。注：堇類也。《爾雅》：荼，苦菜。注引詩「誰謂荼苦」。《本草》：荼，一名選，一名游冬。《易緯・通卦驗玄圖》云：苦采，生於寒秋。則知荼與堇同時而生，同時而食，故詩人以二物並舉也。然《爾雅》於堇、荼俱言苦，而《本草》獨言堇味甘。邢昺《爾雅疏》則謂古人語倒，堇之言苦，猶甘草謂之大苦，則堇之味甘可知。堇、荼同類，不應堇甘而荼獨苦也。竊嘗深求《邶風》詩人之意，荼本不苦而謂之苦，猶己本不惡而謂之惡，愛憎之情乖，美惡之形變也。昔人悞解《邶風》，郭璞因《邶風》悞注《爾雅》，幾疑雅詩所言乃是抵讕置詞，亦可一笑矣。孔疏謂周原土地之美，物之苦者亦甘，遂以烏頭釋堇，信如孔說，將使鴆生於周亦不殺人者耶？苦堇、堇草，《爾雅》分別言之，亦不容混也。陸璣《詩疏》：荼，苦菜，生山田及澤中，得霜甜脆而美，亦一證。

陳大章《詩傳名物集覽》卷一一《木・無食桑葚》 朱傳：葚，桑實也。鳩食葚多則致醉。毛傳：鳩食桑過則醉而傷其性。《古今注》：桑實爲椹。《爾雅》桑辮有葚，梔。郭璞曰：辮，半也。舍人云：桑樹一半有葚，一半無葚，爲梔。《藏器》云：椹利五臟，通血氣，久服不饑。《本草圖經》：椹有白黑二種，暴乾皆主變白髮。王盤《農書》：荆桑多椹，魯桑少椹。《氾勝之書》：種桑五月取椹，著水中濯洗，取子陰乾之，治肥田。十畝荒久不耕者，先好耕治之，黍椹子各三升三合，和種之，黍桑俱生，鋤之令桑條疎適，黍熟穫之，放火燒之，桑至春生，一畝食三簿蠶。《説文》、《字林》作葚，《集韻》或作黮。開元《五經文字》云：此字從木從草，皆音砧，其爲桑實一也。

姜兆錫《家語正義》卷一《相魯》 孔子初仕，爲中都宰，制爲養生送死之節。中都，魯邑也。長幼異食，强弱異任，男女别途，路無拾遺，器不雕僞。異食，如《禮》所謂異粻。異任，如頒白者不負戴於道路之類。雕，刻鏤。僞，緣餙也。此以上養生也。爲四寸之棺，五寸之槨，因丘陵爲墳，不封不樹。不封，不築墳也。不樹，不植木也。此以上送死也。行之一年，而四方之諸侯則焉。四，一作西，非。○則，式也，猶言欽式之也。定公謂孔子曰：「學子此法，以治魯國，何如？」孔子對曰：「雖天下可乎，何但魯國而已哉。」此法承上文而言。○此章叙孔子爲中都宰之事也。於是二年，定公以爲司空。乃别五土之性，而物各得其所生之宜，咸得厥所。《周禮》：五土之性：一曰山林，二曰川澤，三曰丘陵，四曰墳衍，五曰原隰。

先時季氏葬昭公於墓道之南，孔子溝而合諸墓焉。謂季桓子曰：「貶君以彰己罪，非禮也。今合之，所以揜夫子之不臣。」季平子逐昭公，公死于乾侯，平子别而葬之，不令近先君，而子合之也。○此章叙孔子爲司空之事。章首總言之，而次即其合墓道以指言之也。由司空爲魯大司寇，設法而不用，無姦民。法謂刑法也。

馮景《蘇詩續補遺》卷上《鰒魚行》 漸臺人散長弓射，初啗鰒魚人未識。西陵衰老繐帳空，肯向北河親饋食。兩雄一律盜漢家，嗜好亦若肩相差。食每對之先太息，不因噎嘔緣瘡痂。中間霸據關梁隔，一枚何啻千金直。百年南北鮭菜通，往往殘餘飽臧獲。東隨海舶號倭螺，異方珍寶來更多。磨沙瀹瀋成大胾，剖蚌作脯分餘波。君不聞蓬萊閣下駞碁島，八月邊風備胡獠。舶舡跋浪黿鼉震，長鑱鏟處崖谷倒。膳夫善治薦華堂，坐令雕俎生輝光。肉芝石耳不足數，醋芼魚皮眞倚牆。中都貴人珍此味，糟浥油藏能遠致。割肥方厭萬錢廚，决眥可醒千日醉。三韓使者金鼎來，方奩饋送煩輿臺。遼東太守遠自獻，臨菑掾吏誰爲材。吾生東歸收一斛，包苴未肯鑽華屋。分送羹材作眼明，却取細書防老讀。《漢書・郊祀志》：北治大池，漸臺高二十餘丈，名曰泰液。師古注：漸，浸也。臺在池中，受水所浸，故曰漸臺。《漢武故事》：漸臺高三十丈，南有璧門，三層，内殿堂陛，咸以土爲之。鑄銅鳳凰，高五丈，餙以黄金，棲屋上。《漢・王莽傳》：莽就車，之漸臺，欲阻池水，猶抱持符命、威斗。軍人入殿中，呼曰：「反虜王莽安在？」有美人出房，曰：「在漸臺。」衆兵追之，圍數百重。臺上亦弓弩與相射，稍稍落去。矢盡，無以復射，短兵接。初，莽憂懣不能食，亶飲酒，啗鰒魚。「亶」與「但」通。《一通志》：銅雀臺，在彰德府臨漳縣，魏操所築。上有樓，鑄大銅雀，高一丈五尺，置之樓巔。操臨終遺令：「施繐帳於上，使宮人歌吹帳中，望吾西陵墓田。」《世説》：劉邕嘗詣孟靈休，靈休先患疢，瘡痂落在牀，邕取食之，靈休大驚。痂未落者，悉褫啗邕。邕去，靈休與何勗書曰：「適劉邕向顧見啗，遂舉體流血。」注：瘡痂味似鰒魚故也。《南史・褚彦回傳》：時淮北屬江南，無復鰒魚。或有間關得至者，一枚直數千錢。人有餉彦回鰒魚三十枚，彦回時雖貴，而貧薄過甚，門生有獻計賣之，云可得十萬錢。《庾杲之傳》：清貧自業，食惟有韮葅瀹生韮雜菜。任昉嘗戲之曰：「誰謂庾郎貧，食鮭嘗有二十七種。」注：韮與九同音，故謂三韮是二十七。《廣志》：鰒無鱗有殼，一面附石，細孔雜雜，或七或九。北齊顔之推云：即石决明，内旁一年一孔，至十二孔而止，以合歲數。登州所出，其味珍絶。光武時，張步據青、徐，遣使詣闕上書獻鰒魚，即此。《本草》：鰒魚，治青盲失精。《方輿記》：蓬萊閣，在登州丹崖山。閣上望海如鏡，忽有若黑豆數點者，郡人云海舶至矣。不一炊，許已至閣下。駞碁島，一曰鼉磯島，在蓬萊海中，產硯石，金星雪浪者佳。《晉書》：何曾廚膳滋味，擬於王者，日食萬錢，猶云無下筯處。《魏都賦》：醇酎中山，流湎千日。《志怪》：齊人田無己，釀千日酒，過飲一斗，醉卧千日方醒。《搜神記》：狄希，中山人。能造千日酒，飲之千日醉。又劉玄石千日醉，見《博物志》。《莊子・列禦寇》：小夫之智，不離苞苴竿牘，敝精神乎蹇淺。

徐文靖《竹書統箋》卷八《周穆王五十一年》 五十一年，作吕刑。箋按：《書・叙》曰：「吕命穆王訓夏贖刑，作《吕刑》。」馬端臨曰：「《吕刑》一書，蔡氏謂《舜典》贖刑，施于官府學校耳。五刑未嘗贖也。穆王贖及大辟，蓋巡游無度，財匱民勞，爲此一切斂財之計。夫子録之，蓋以示戒。愚以爲未然，熟讀此書，哀矜惻怛之意，千載之下猶使人感動，且拳拳乎富貨之戒，則其不爲斂財設也。審矣。鬻獄末世，暴君汙吏之所爲，而謂穆王爲之，夫子取之乎？且其所謂贖之意自有，在學者惟不詳考之耳。其曰『墨辟疑赦，其罰百鍰』，蓋謂犯墨法之中，疑其可赦者不遽赦之，而姑取其百鍰以示罰耳。繼之曰『閲實其罪』。蓋言罪之無疑，則刑可疑，則贖皆當閲其實也。其所謂疑者，何也？蓋唐虞之世，刑法簡，是以贖金之法止及鞭朴。至于周，而文繁俗弊矣。五刑之屬，至于三千，若一按之法而刑之，則舉足觸穽矣。是以穆王哀之。而五刑之疑，各以贖論，姑以大辟言之。夫所犯至死，而聽其贖金以免，誠不可矣。然大辟之贖二百，豈無疑赦而在可贖之列者，如漢世將帥出師失期之類，于法皆死，而贖爲庶人，亦其遺意也。或曰『罪疑則降等，施刑可矣，何必贖乎？』曰『古之議疑罪者：降等，一法也；罰贖，亦一法也。』《虞書》『罪疑惟輕』，此書上下比罪，上刑適輕，下服降等法也。《虞書》『金作贖刑』，此書五刑之贖罰。贖，法也。固並行而不悖也。」又按徐鍇曰：「《書》金作贖刑，古贖皆用銅，漢始用黄金，少其斤兩。」

黄叔琳《文心雕龍輯注》卷一《辨騷》　離騷。《屈原列傳》：原名平，楚之同姓也。爲楚懷王左徒，王甚任之。上官大夫讒之，王怒而疏屈平。故憂愁幽思，而作《離騷》。離騷者，猶離憂也。軒翥。班固《典引》：甘露宵零於豐草，三足軒翥於茂樹。注：軒翥，飛貌。楚人多才。《左傳》：惟楚有才，晉實用之。淮南。《漢書》：淮南王安好書，武帝使爲《離騷傳》。旦受詔，日食時上。蟬蜕。《淮南子》：蟬飲而不食，三十日而蜕。羿澆。《離騷》：羿淫遊以佚田兮，又好射夫封狐。澆身被服強圉兮，縱欲而不忍。注：羿，有窮之君，夏時諸候也。因夏衰亂，代之爲政。娱樂田獵，信任寒浞，使爲國相。浞殺羿而取羿妻，生澆，強梁多力，縱放其慾，不能自忍也。二姚。《離騷》：及少康之未家兮，留有虞之二姚。注：有虞，國名，姚姓，舜後也。昔寒浞使澆殺夏后相，少康逃犇有虞，虞因妻以二女。崑崙玄圃。《天問》：崑崙縣圃，其尻安在？注：崑崙，山名，其巔曰縣圃。王逸。《後漢書》：王逸，字叔師，爲侍中。著《楚辭章句》，行於世。駟虬乘翳。《離騷》：駟玉虬以乘鷖兮，溘埃風余上征。時乘六龍。《易・乾》彖辭。崑崙流沙。《禹貢》：崑崙析支渠搜。又曰：餘波入於流沙。《離騷》：忽吾行此流沙兮。陳堯舜。《離騷》：彼堯舜之耿介兮，既遵道而得路。稱湯武。《離騷》：湯禹儼而祇敬兮，周論道而莫差。譏桀紂。《離騷》：何桀紂之昌披兮，夫惟捷徑以窘步。虬龍。《涉江》：駕青虬兮驂白螭。注：虬、螭，神獸，宜於駕乘，以喻賢人清白可信任也。雲蜺。《離騷》：飄風屯其相離兮，帥雲蜺而來御。注：飄風，無常之風，以興邪惡。雲蜺，惡氣，以喻佞人。掩涕。《離騷》：長太息以掩涕兮。君門。《九辯》：豈不鬱陶而思君兮，君之門以九重。注：閽闔局閉，道路塞也。雲龍。《離騷》：駕八龍之婉婉兮，載雲旗之委蛇。注：言己德如龍，可制御八方；己德如雲雨，能潤施萬物也。豐隆求宓妃。《離騷》：吾令豐隆乘雲兮，求宓妃之所在。注：豐隆，雲師，一曰雷師。宓妃，神女也，以喻隱士。鴆鳥媒娀女。《離騷》：望瑶臺之偃蹇兮，見有娀之佚女。吾令鴆爲媒兮，鴆告余以不好。注：有娀，國名，謂帝嚳之妃，契母簡狄也。配聖帝，生賢子，以喻貞賢也。鴆，運日也，羽有毒可殺人，以喻讒賊。言我使鴆鳥爲媒，以求簡狄，其性讒賊，還詐告我，言不好也。康回傾地。《天問》：康回憑怒，地何故以東南傾？注：康回，共工名，怒觸不周山，地柱折，故傾。夷羿彈日。《天問》：羿焉彈日，烏焉解羽？注：《淮南》言堯時十日並出，草木焦枯，堯命羿仰射十日，中其九日。日中九烏皆死，墜其羽翼。《説文》：彈，射也。木夫九首。《招魂》：一夫九首，拔木九千些。注：有丈夫一身九頭，強梁多力，從朝至暮，拔大木九千株也。土伯三目。《招魂》：土伯九約，其角觺觺些。參目虎首，其身若牛些。注：土伯，后土之侯伯也。其貌如虎，而有三目，身又肥大，狀如牛也。彭咸。《離騷》：願依彭咸之遺則。注：彭咸，殷賢大夫，諫其君，不聽，投水而死。則，法也。子胥《橘頌》：浮江淮而入海兮，從子胥而自適。士女雜坐，亂而不分。《招魂》句。注：言恣意調戲，亂而不分别也。娱酒不廢，沉湎日夜。《招魂》句。注：言晝夜以酒相樂也。博徒。《信陵君傳》：公子聞趙有處士毛公，藏於博徒。九章。王逸曰：屈原放於江南之野，復作《九章》。章者，著明也，言己所陳忠信之道，甚著明也。九歌。王逸曰：昔楚南郢之邑，其俗信鬼而好祀，其祠必作歌樂鼓舞，屈原因爲作《九歌》之曲，託以諷諫。九辯。王逸曰：宋玉，屈原弟子，閔惜其師忠而放逐，故作《九辯》，以述其志。遠遊。王逸曰：《遠遊》者，屈原之所作也。屈原履方直之行，不容於世。遂叙妙思，託配仙人，與俱遊戲。天問。王逸曰：《天問》者，屈原之所作也。屈原放逐，憂心愁悴，彷徨山澤，經歷陵陸，見楚有先王之廟及公卿祠堂，圖畫天地、山川、神靈，及古賢聖恠物行事。因書其壁，呵而問之，以渫憤懣，舒寫愁思。招魂。王逸曰：宋玉憐哀屈原厥命將落，作《招魂》，欲以復其精神，延其年壽。大招。王逸曰：《大招》者，屈原之所作也。或曰景差，疑不能明也。屈原放流，恐命將終，所行不遂，故憤然大招其魂。又曰：《招隱士》者，淮南小山之所作也。小山之徒，閔傷屈原雖身沉沒，名德顯聞，與隱處山澤無異。故作《招隱士》之賦，目章其志也。卜居。王逸曰：《卜居》者，屈原之所作也。原放棄，乃往太卜之家，卜己居世，何所宜行。漁父。王逸曰：《漁父》者，屈原所作也。漁父避世時遇屈原，恠而問之，遂相應答。九懷。王逸曰：《九懷》者，王襃之所作也。懷者，思也。襃讀屈原之文，追而愍之，故作《九懷》以裨其詞，遂列於篇。襃字子淵。枚賈馬揚。《漢藝文志》：楚臣屈原離讒憂國，作賦以諷，有惻隱古詩之義。其後宋玉、唐勒，漢興枚乘、司馬相如，下及揚子雲，競爲侈麗閎衍之辭，没其諷諭之義。又《賈誼傳》：誼爲長沙王太傅，意不自得。及渡湘水爲賦，以弔屈原。乞靈。《左傳》：願乞靈於臧氏。長卿。《漢書》：司馬相如，字長卿。

黄汝成《日知録集釋》卷一六《科目》　唐制，取士之科有秀才，有明經，有進士，有俊士，有明法，有明字，有明算，有一史，有三史，有開元禮，有道舉，有童子。而明經之别有《五經》，有三經，有二經，有學究一經，有《三禮》，有《三傳》，有史科。此歲舉之常選也。其天子自詔曰制舉。《唐書·選舉志》。如姚崇下筆成章、張九齡道侔伊吕之類，見于史者凡五十餘科，《困學紀聞》：「唐制舉之名多有八十有六。」故謂之科目。宋王安石始罷諸科。今代止進士一科，則有科而無目矣。猶沿其名，謂之科目，非也。黄氏曰：今特設一科以待士，是有科而無目。愚謂宜仿其意而行之，略取今之試士者稍變其法，而分爲數科：其一曰精通經術科，法在取《十三經》之義疏，比附其異同，而質以所疑，如古條議之法；其二曰博綜典故科，法在取史書所載，或專舉一事，或兼數事，使之論列其得失，是即古者史學之科也；其三曰洞達時務科，此即今對策之法，必使之昌言無諱，直陳所見，庶有以見其抱負；其四曰富有才華科，試以詩賦，而兼之以表可也；其五曰明習法律科，法在取古人已事與部案之疑難者，設爲甲乙之語，使之剖決，毋拘聲律對偶。若是各條爲五事，而試以一場，務精其選，而不必廣其額。其所取之士，量才授職，而勿使遽列于清要。若國家必欲求特達之彦，則宜設拔萃一科，隨時定制。使凡中已上諸條，無問于已仕未仕者，皆得就試焉。取之以至嚴，而待之以不次，則尤足以鼓舞其才矣。至于童子之試，則不妨仍以八股從事。蓋初學之士，惟以明理爲急也。

王維楨欲于科舉之外仿漢唐舊制，更設數科，以收天下之奇士。不知進士偏重之弊，積二三百年，非大破成格，雖有他材，亦無由進用矣。趙氏曰：有明一代，最重進士。凡京朝官清要之職，舉人皆不得與。即同一外選也，繁要之缺必待甲科，而乙科僅得遥遠簡小之缺。其升調之法亦各不同，甲科爲縣令者，撫按之卓薦，部院之行取，必首及焉，不數年，即得御史、部曹等職。而乙科沈淪外僚，但就常調而已。積習相沿，牢不可破。嘉靖中，給事陸粲雖疏請變通；隆慶中，閣臣高拱亦請科貢與進士并重，然終莫能挽。甚至萬歷三年，特詔撫按官有司，賢否一體薦劾，不得偏重甲科，而積重難返如故也。《明史》邱橓疏云：「今薦則先進士，而舉監非有憑藉者不與焉。劾則先舉監，而進士縱有訾議者罕及焉。于是同一官也，不敢接席而坐，比肩而立。」賈三近疏言：「撫按諸臣，遇州縣長吏，率重甲科而輕鄉舉。同一寬也，在進士則爲撫字，在舉人則爲姑息。同一嚴也，在進士則爲精明，在舉人則爲苛戾。是以爲舉人者，非頭童齒豁不就選。」此可以見當時見尚矣。

張廷玉《資治通鑑綱目三編》卷一　［洪武五年二月］置茶馬司。初，令賣茶之地宜課司三十取一，戶部言：陝西、四川茶宜十取其一，以易番馬，從之。于是，諸産茶地設茶課司，定税額。設茶馬司于秦洮、河雅諸州，自碉門、黎雅抵朵甘、烏斯藏，行茶之地五千餘里，西方諸部落無不以馬售者。質實茶馬司，《明史·職官志》云：茶馬司，大使一人，正九品；副使一人，從九品，掌市馬之職。宣課司，《職官志》云：税課司，大使一人，從九品，典税事。明初，改在京官店爲宣課司，府州縣官店爲通課司，後改通課司爲税課司，府曰「司」，縣曰「局」。陝西、四川茶，《明太祖實録》：四年十二月，戶部言，陝西、漢中、金州、石泉、漢陰、平利、西鄉諸處茶園四十五頃，茶八十六萬餘，株宜十取其一，民所收茶官給直買之，無戶茶園令漢中府軍士薅採，官八軍二，每百斤爲一引。五年二月又言，四川産巴茶凡四百七十七處，茶戶凡三百十五，茶二百三十八萬餘、株官十徵其一，無戶茶園令人薅種，十取其八，皆貯以易番馬。《明史·食貨志》云：番人嗜乳酪，不得茶則病，故唐宋來行以茶易馬法，明制尤密，有官茶，有商茶，皆貯邊易馬。茶課司見《食貨志》茶法中。

顧棟高《毛詩類釋》卷一四《釋草》　麻。此係禾麻之麻。

蔡氏卞曰：麻，八穀之貴者也。其實謂之苴，從且。人可以爲食，而不可以爲常。《豳風》言「九月叔苴」是也。五穀之養人，以爲浮虚爲下，以沉食爲上。胡麻，食之沉實者。凡穀之貴者又宜加碓以治之。麻從林、稷從畟，皆勤治之意也。麻爲麻枲之麻者，以其求治析治於覆屋之下，故同字。

臣謹案：卞爲王安石壻，故其解多從《字説》，不免穿鑿傅會，然其分别禾麻與麻枲，自是的解。《毛詩》禾、麻、菽、麥，所以爲食者也。《王風》「丘中有麻」，及《陳風》「不績其麻」，所以爲衣者也。

江永《禮書綱目》卷二八《凶禮一一·卒哭、祔、練、祥、禫記》

補：死三日而殯，三月而葬，遂卒哭。謂士也。《雜記》曰：「大夫三月而葬，五月而卒哭，諸侯五月而葬，七月而卒哭。」此記更從死起，異人之間，其義或殊。《士虞記》。

士三月而葬，是月也卒哭。大夫三月而葬，五月而卒哭。諸侯五月而葬，七月而卒哭。詳見《喪大記·卜葬日章》。　卒哭、他，用剛日。詳見《士虞禮》。　將旦而祔，則薦。薦謂卒哭之祭。《士虞記》。　是日也，以吉祭易喪祭。卒哭，吉祭。《檀弓》。　婦之喪，卒哭，夫若子主之。詳見《士虞禮》。

祭成，喪者必有尸。詳見《士虞禮》。　男，男尸。女，女尸。同上。已上兩條，祔、練、祥、禫通用。 用嗣尸。虞祔尙質，未暇筮尸。《士虞記》。祔通用。 庖人共喪紀之庶羞。詳見《喪大記・虞章》。 囿人、獸人共獸，腊人共乾肉，魚人共鱻薧，醢人共豆，詳見《喪大記・陳小斂奠章》。籩人共籩。詳見《朔月・月半奠章》。 自天子達於庶人，祭從生者詳見《士虞禮》。 子爲士，祭以士。子爲大夫，葬以大夫。同上。以上三條，祔、練、祥、禫通用。 上大夫之虞也，少牢；卒器成事，附，皆大牢。下大夫之虞也，犆牲；卒哭成事、附，皆少牢。詳見《喪大記・虞章》。 祭稱孝子孝孫，喪稱哀子哀孫。名以其義稱。《雜記》祔、練、祥、禫通用。 卒哭曰成事。詳《喪禮義》。 曰：「哀薦成事。」詳見《士虞禮》。 卒辭曰：「哀子某，來日某，隮附爾于皇祖某甫。尙饗。」卒辭，卒哭之祝辭。隮、升也。尙，庶幾也。不稱饌，明主爲告祔也。今文隮爲齊。女子，曰：「皇祖妣某氏。」女孫祔于祖母。婦曰：「孫婦于皇祖姑某氏」。不言爾，曰孫婦，婦差疏也。其他辭一也。「來日某，隮祔，尙饗」。《士虞記》。 饗辭曰：「哀子某、圭爲而哀薦之。饗。」詳見《士虞禮》。獻畢，未徹，乃餞。卒哭之祭，既三獻也。餞，送行者之酒。《詩》云：「出宿于泲，飲餞于禰。」尸且將始祔于皇祖，是以餞送之。古文餞爲薦。尊兩甒于廟門外之右，少南。水尊在酒西，勺北枋。少南，將有事于北。有玄酒，即吉也。此在西，尙凶也。言水者，喪質，無鼏，不久陳。古文甒爲庶也。洗在尊東南，水在洗東，篚在西。在門之左，又少南。饌籩豆，脯四脡。酒宜脯也。古文脡爲挺。有乾肉折俎，二尹縮，祭半尹，在西塾。乾肉，腊體之脯也。如今涼州烏翅矣。折以爲俎實，優尸也。尹，正也。雖其折之，必使正。縮，从也。古文縮爲蹙。尸出，執几從，席從。祝入亦告利成。入前尸，尸乃出。几席，素几葦席也。以几席从，執事也。尸出門右。南面。俟設席也。席設于尊西北，東面。几在南。賓出，復位。將入臨之位。《士賓禮》：賓繼兄弟，北上、門東，北面西上；門西、北面東上；西方，東面北上。主人出，即位于門東，少南；婦人出，即位于主人之北，皆西面，哭不止。婦人重餞尸。尸即席坐，唯主人不哭，洗廢爵，酌獻尸，尸拜受。主人拜送，哭，復位。薦脯醢，設俎于薦東，朐在南。朐，脯及乾肉之屈也。屈者在南，變于吉。尸（在）［左］執爵，取脯擩醢，祭之。佐食授嚌。授乾肉之祭。尸受，振祭，嚌，反之。祭酒，卒爵，奠于南方。反之，反于佐食。佐食反之于俎。尸奠爵，禮有終。主人及兄弟踊，婦人亦如之。主婦洗足爵，亞獻，如主人儀。無從踊如初。賓長洗繶爵，三獻，如亞獻，踊如初。佐食取俎，實于篚。尸謖，從者奉篚哭從之。祝前，哭者皆從，及大門內，踊如初。男女從尸，男由左，女由右。及，至也。從尸不出大門者，由廟門外無事尸之禮也。古文謖作休。尸出門，哭者止。以餞于外，大門，猶廟門。賓出，主人送，拜稽顙。送賓，拜于大門外。主婦亦拜賓。女賓也。不言出，不言送，拜之于闈門之內。闈門，如今東西掖門。丈夫說經帶于廟門外。既卒哭，當變麻，受之以葛也。夕日，則服葛者爲祔期，今文說爲稅。入徹，主人不與。入徹者，兄弟大功以下。言主人不與，則知丈夫婦人在其中。古文與爲豫。婦人說首絰，不說帶。不說帶，齊斬婦人帶不說也。婦人少變而重帶，帶，下體之上也。大功、小功者葛帶，時亦不說者，未可以輕文變于主婦之質。至祔，葛帶以即位。《檀弓》曰：「婦人不葛帶。」無尸，則不餞，猶出，几席設如初拾，踊三。以餞尸者本爲送神也。丈夫、婦人亦從几席而出。古文席爲筵。哭止，告事畢，賓出。《士虞記》。 脯曰「尹祭」。《曲禮》祔通用。 父母之喪，既虞卒哭，疏食水飲，不食菜果。杜楣翦屏，竿翦不納。詳見《喪通禮・飲食居處章》。 天子崩，國君薨，則祝取羣廟之主而藏諸祖廟，禮也。卒哭成事，而后主各反其廟。藏諸主于祖廟，象有凶事者聚也。卒哭成事，先祔之祭名也。《曾子問》。 卒哭而諱，諱，辟其名。生事畢而鬼事始已。謂不復饋食于下室，而鬼神祭之。已，辭也。既卒哭，宰夫執木鐸以命于宮曰：「舍故而諱新。」故，謂高祖之父當遷也者。《易說》帝乙曰：「《易》之帝乙爲成湯，《書》之帝乙六世王，天之錫命，疏可同名。」自寢門，至於庫門。百官所在。庫門，宮外門。《明堂位》曰：「庫門，天子臯門。」《檀弓》。 卒哭而諱，自此而鬼神事之，尊而諱其名。王父母、兄弟、世父、叔父、姑、姊妹，子與父同諱。父爲其親諱，則子不敢不從諱也。謂王父母以下之親諱，是謂士也。天子諸侯諱羣祖。母之諱，宮中諱。妻之諱，不舉諸其側。與從祖昆弟同名，則諱。母之所爲其親諱，子孫于宮中不言。妻之所爲其親諱，夫于其側亦不言也。孝子聞名心瞿，凡不言人諱者，亦爲其相感動也。子與父同諱，則子可盡曾祖之親也。從祖昆弟在其中，于父輕，不爲諱；與母、妻之親同名，則諱之。《雜記》。 卒哭乃諱，敬鬼神之名也。諱，辟也。生者不相辟名。衛侯名惡，大夫有名惡，君臣同名，春秋不非。禮，不諱嫌名，二名不偏諱。爲其難諱也。嫌名，謂音聲相近，若禹與雨、丘與區同。偏，謂二名不一一諱也。孔子之母名徵在，言在不稱徵，言徵不稱在。逮事父母，則諱王父母。不逮事父母，則不諱王父母。逮，及也。謂幼孤不及識父母，恩不至于祖名。孝子聞名心瞿，諱之由心，此謂庶人。適士以上，廟事祖，雖不逮事父母，猶諱祖。君所無私諱，謂臣言于君前，不辟家諱，尊無二。大夫之所有公諱。辟君諱也。《詩》、《書》不諱，臨文不諱。爲其失事正。廟中不諱。爲有事于高祖，則不諱曾祖以下，尊無二也。于下則諱上。夫人之諱，雖質君之前，臣不諱也。臣于夫人之家，恩遠也。質猶對也。婦諱不出門。婦親遠，于宮中言辟之。大功小功不諱。《曲禮》。大夫、士、諸父、兄弟之喪，既卒哭而歸。詳見《喪通禮・居處章》。公之喪，大夫俟練，士卒哭而歸。同上。小功既卒哭，可以冠、取妻，下殤之小功則不可。大功卒哭可以冠子，小功卒哭可以取妻。下殤小功齊衰之親，除喪而後可爲昏禮。凡冠者，其時當冠，則因喪而冠之。《雜記》。喪者不遺人。人遺之，雖酒肉受也。從父昆弟以下，既卒哭遺人可也。言齊衰之喪重志，不在施惠于人。同上。期之喪卒哭而從政。詳見《喪通禮・動作章》。君既卒，哭而服王事。大夫、士既卒哭，弁絰帶，金革之事無辟也。同上。

右卒哭。

申繻曰：周人以諱事神，名，終將諱之。禮，既卒哭，以木鐸狥曰：「舍故而諱新。」謂舍親盡之祖，而諱新死者，故言「以諱事神，名，終將諱之」。自父至高祖，皆不敢斥言。桓六年《左氏傳》。子夏曰：「三年之喪卒哭，金革之事無辟者，禮與？」孔子曰：「昔者魯公伯禽有爲爲之也。」詳見《喪禮義》。

明日以其班祔。卒哭之明日也。班，次也。《喪服小記》曰：祔必以其昭穆，亡則中一以上。凡祔已，復于寢。如既祫，主反其廟，練而後遷廟。古文班或爲辨，辨氏姓或然，今文爲胖。《士虞記》。按《既夕篇》末，明日以其班祔。注云：班，次也。祔，卒哭之明日祭名。祔，猶屬也。祭昭穆之次而屬之。明日祔于祖父。祭告于其祖之廟。其變而之吉祭也，比至于祔，必於是日也接。詳見《喪禮義》。小宗伯。既葬，詔相喪祭之禮。詳見《喪大記・虞章》。大祝。付、練、祥，掌國事。付當爲祔。祭于先王以祔後死者。掌國事，辨護之。《春官》。凡主兄弟之喪雖疏亦虞之，喪事虞祔乃畢，詳見《士虞禮》。婦之喪祔則舅主之。詳見《士虞禮》。主妾之喪，則自祔至於練、祥，皆使其子主之，其殯、祭，不於正室。祔自爲之者，以其祭于祖廟。《雜記》。姑姊妹，其夫死，而夫黨無兄弟，使夫之族人主喪。妻之黨，雖親弗主。夫若無族矣，則前後家、東西家。無有，則里尹主之。或曰：主之而附于夫之黨。詳見《喪通禮・主後章》。沐浴、櫛、搔翦。彌自飾也。搔，當爲爪。今文曰沐浴搔翦，或爲蚤揃。揃，或爲鬋。《士虞禮記》。凡喪，小功以上非虞、祔、練、祥，無沐浴。詳見《士虞禮》。祔杖不升于堂。哀益衰，敬彌多也。《小記》。卒哭而祔，祔而作主，特祀於主。詳見《喪大記・作主章》。《卒哭章》有「用嗣尸」三條，此章通用。用專膚爲折俎，取諸脰膉。專猶厚也。折俎，謂主婦以下俎也。體盡人多，折骨以爲之。今以脰膉，貶于純吉。今文字爲折俎，而說以爲肵俎，亦甚誣矣。古文脰膉爲頭嗌也。其他如饋食，如特牲饋食之事。或云以左胖虞，右胖祔，今此如饋食，則尸俎、肵俎皆有肩臂，豈復用虞臂乎？其不然明矣。《士虞記》。外饔。凡小喪紀，陳其鼎俎而實之。詳見《喪大記・虞章》、《卒哭章》。庖人以下三條此章通用。上大夫祔大牢，下大夫祔少牢。詳見《卒哭章》。大夫附於士。士不附於大夫，附於大夫之昆弟。無昆弟，則從其昭穆，雖王父母在，亦然。附皆讀爲祔。大夫祔于士，不敢以己尊自殊于其祖也。士不祔于大夫，自卑，別于尊也。大夫之昆弟，謂爲士者也，從其昭穆中一以上，祖又祖而已。祔者，祔于先死者。婦附于其夫之所附之妃，則亦從其昭穆之妃。妾附于妾祖姑，無妾祖姑則亦從其昭穆之妾。夫所附之妃，于父則祖姑。男子附於王父則配，女子附於王母則不配。配，謂并祭。王母不配，則不祭王父也。有事于尊者，可以及卑，有事于卑者，不敢援尊。配與不配，祭饌如一，祝辭異，不言「以某妃配某氏」耳。女子，謂未嫁者，嫁未三月而死，猶歸葬于女氏之黨。公子附於公子。不敢戚君。《雜記》。士、大夫不（敢）〔得〕祔於諸侯。祔於諸祖父之爲士、大夫者，其妻祔於諸祖姑，妾祔於妾祖姑，亡則中一以上而祔，祔必以其昭穆。士、大夫，謂公子、公孫爲士、大夫者。不得祔于諸侯，卑別也。既卒哭，各就其先君爲祖者兄弟之廟而祔之。中，猶間也。《小記》。諸侯不得祔於天子。天子、諸侯、大夫可以祔於士。人莫敢卑其祖也。同上。婦祔於祖姑，祖姑有三人，則祔於親者。謂舅之母死，而又有繼母二人也。親者，謂所生。其妻，爲大夫而卒，而后其夫不爲大夫，而祔於其妻，則不易牲。妻卒而后夫爲大夫，而祔於其妻，則以大夫牲。妻爲大夫，夫爲大夫時卒，不易牲也。此謂始來仕無廟者，無廟者不祔，宗子去國，乃以廟從。士祔於大夫，則易牲。不敢以卑牲祭尊也。大夫少牢也。妾無妾祖姑者，易牲而祔於女君可也。女君，適祖姑也。易牲而祔，則凡妾下女君一等。並《小記》。王父死，未練、祥而孫又死，猶是祔於王父也。未練、祥，嫌未祫祭序于昭穆爾。王父既附，則孫可附焉。猶，當爲由，由，用也。附，皆當作祔。《雜記》。庶子不祭殤與無後者，殤與無後者從祖祔食。不祭殤者，父之庶也。不祭無後者，祖之庶也。此二者當從祖祔食，而已不祭，無所食之也。共其牲物，而宗子主其禮焉。祖庶之殤，則自祭之。凡所祭殤者，唯適子耳。「無後」者，謂昆弟諸父也。宗子之諸父無後者，爲墠祭之。《小記》。女未廟見而死，不遷於祖，不祔於皇姑。詳見《喪變禮》。有父母之喪，尚功衰，而附昆弟之殤，則練冠附于殤，稱「陽童某甫」，不名神也。此兄弟之殤，謂大功親以下之殤也。斬衰、齊衰之喪練，皆受以大功之衰，此謂之功衰。以是時而祔大功親以下之殤，大功親以下之殤輕，不易服。冠而兄爲殤，謂同年者也。兄十九而死，已明年因喪而冠。陽童，謂庶殤也。宗子則曰陰童。童，未成人之稱也。某甫，且字也。尊神不名，爲之造字。《雜記》。曰：「孝子某，孝顯相，夙興夜處，小心畏忌，不惰其身不寧。稱孝者，吉祭。用尹祭，尹祭，脯也。大夫、士祭無云脯者，今不言牲號而云尹祭，亦記者誤矣。嘉薦、普淖、普薦、溲酒，普薦，鉶羹。不稱牲，記其異者。今文溲爲醙。適爾皇祖某甫，以隮祔爾孫某甫。尚饗。」欲其附合，兩告之。《曾子問》曰：「天子崩，國君薨，則祝取羣廟之主而藏諸祖廟，禮也。卒哭成事，而後主各反其廟。」然則士之皇祖，於卒哭亦反其廟。無主，則反廟之禮未聞，以其幣告之乎。《士虞記・卒哭章》祭稱「孝子孝孫」，脯曰「尹祭」兩條，此章通用。父母之喪偕，先葬者不虞祔，待後事。詳見《變除》，並有《喪服章》。祔、練曰「告」。此致祭祀之餘于君子也。攝主言「致福」，申其辭也。自祭言「膳」，謙也。祔、練言「告」，不敢以爲福膳也。《少儀》。朋友虞、祔而已。詳見《喪通禮・主後章》。朋友虞、祔而退。詳見《弔禮・會葬章》。

右祔。殷練而祔，周卒哭而附，孔子善殷。期而神之，人情。《檀弓》君氏卒，不祔於姑。詳見《喪大記・命赴章》。姒氏卒，不稱夫人，不赴且不祔也。赴同、祔姑，夫人之禮，二者皆闕，故不曰夫人。定十五年《左氏傳》。

又《鄉黨圖考》卷七《飲食・祭食考》《明堂位》有虞氏祭首，夏后氏祭心，殷祭肝，周祭肺。注：氣主盛也。謂周祭肺。〇《春官・大祝》辨九祭，一曰命祭，二曰衍音延。祭，三曰炮音包。祭，四曰周祭，五曰振祭，六曰擩而泉反。祭，七曰絕祭，八曰繚音了。祭，九曰共祭。注：九祭皆謂祭食者命祭，《玉藻》曰「君若賜之食，而君客之，則命之祭，然後祭」是也。衍，當爲延。《曲禮》曰「主人延客祭」是也。炮，當爲包，包猶兼也。有司曰「宰夫贊者取白黑以授尸，尸受，兼祭於豆祭」是也。周，猶偏也，《曲禮》曰「殽之序，偏祭之」是也。振祭、擩祭本同，不食者擩則祭之，《特牲》、《少牢》「未食之前以葅擩於醢，祭於豆間」是也。將食者既擩，必振乃祭也。《特牲》、《少牢》「尸取肝，擩於鹽，振祭嚌之」是也。振者，振動其手也。絕祭、繚祭亦本同，禮多者繚之。以手從肺，本循之至於末乃絕，以祭。見《鄉飲酒禮》。禮略者絕則祭之。不循其本，直絕肺以祭，見《鄉射禮》。共，猶授也。王祭食、宰夫授祭。〇《玉藻》，唯水漿不祭，若祭爲已傺虛涉反。卑。注：水漿非盛饌也。已，猶大也，祭之爲大有所畏迫，臣於君則祭之。疏言食於體敵之人，若祭水漿，爲大厭降也，傺厭也。卑微有所畏迫也。臣於君則祭之者，公食大夫禮，祭觶漿是也。〇《左傳》：齊慶封來奔，叔孫穆子食慶封，慶封氾音泛。祭，穆子不說，使工爲之誦《茅鴟》，亦不知。注：禮食有祭，示有所先也。氾祭，遠散所祭，不共。《茅鴟》，逸詩，刺不敬。疏：公食大夫禮，取韭葅以偏擩於醢，於上豆之間祭，又言祭鉶羹於上鉶之間，祭飲酒於上豆之間，是祭食之禮各有其處。〇少施氏辭祭。見食禮考條。

按：古人祭先代始爲飲食之人，大者如后稷配天，次者如大蜡祭先嗇司嗇，其先火先炊之人，則於祭祀後祭之。《夏官・司爟》：音灌。凡祭祀則祭爟。祭先火也。《特牲・饋食禮》：尸卒食而祭饎音熾。爨、饔爨。祭先炊也。先炊者，老婦之祭，盛於盆尊於瓶。臧文仲燔柴祭之，謂是祭火神，孔子以爲非禮，至每食必祭，亦是祭先火先炊，彼是正祭，此是小祀耳。

又卷一〇《雜典・儺考》《夏官・方相氏》：狂夫四人，掌蒙熊皮，黃金四目，元衣朱裳。執戈揚盾，帥百隸而時難，乃多反。以索所百反。室毆音驅。疫。注：方相，猶言放想，可畏怖之貌。蒙，冒也。冒熊皮者，以驚毆疫癘之鬼，如今魌音欺。頭也。時難，四時作方相氏以難，卻凶惡也。《月令》：季冬命國難。索，搜也。疏：《月令》惟有三時難，季春、仲秋、季冬，雖三時亦得云四時，總言之也。此經所難，據十二月大難而言，是以鄭引季冬爲證。鄉黨，鄉人儺。《郊特牲》云鄉人禓，亦皆據十二月民庶得難而言也。〇《春官・占夢》：季冬遂令始難毆疫。注：令，令方相氏也。難，謂執兵以有難卻也。〇《月令》：季春命國難，九門磔竹伯反。攘，以畢春氣。天子九門：路門、應門、雉門、庫門、皐門、城門、近郊門、遠郊門、關門。注：此難，難陰氣也。陰寒至此不止，害將及人。所以及人者，陰氣右行，此月之中，日行歷昴，昴有大陵積尸之氣，氣佚則厲鬼隨而出行，命方相氏帥百隸索室毆疫以逐之，又磔牲以攘於四方之神，所以畢正其災也。《王居明堂禮》曰：季春出疫于郊，以攘春氣。〇又仲秋天子乃難，以達秋氣。注：此難，難陽氣也。陽暑至此不衰，害亦將及人。所以及人者，陽氣左行，此月宿直昴畢，昴畢亦得大陵積尸之氣，氣佚則厲鬼亦隨而出行，於是亦命方相氏帥百隸而難之。《王居明堂禮》曰：仲秋，九門磔攘，以發陳氣，禦止疾疫。疏：此月斗建在酉，酉是昴畢本位，云天子乃難，以其難陽氣，是君象，諸侯以下不得難陽氣也。○又季冬命有司大難，旁磔，出土牛，以送寒氣。注：此難，難陰氣也。難陰始於此者，陰氣右行，此月之中，日歷虚危，虚危有墳墓四司之氣，爲厲鬼將隨强陰出害人也。旁磔於四方之門。磔，攘也。出猶作也。作土牛者，丑爲牛，牛可牽止也。送猶畢也。疏言大者，以季春唯國家之難，仲秋唯天子之難，此則下及庶人，故云大難。時月建丑，又土能克水，故特作土牛，以畢送寒氣也。○《郊特牲》：鄉人禓，音傷。孔子朝服立于阼，存室神也。注：禓，强其丈反。鬼也。謂時儺索室敺疫逐强鬼也。存室神，神依人也。疏：於時驅逐强鬼，恐已廟室之神時有驚恐，故著朝服立于廟之阼階，存安廟室之神，使神依己而安也。大夫朝服以祭，故用祭服以依神。

趙殿成《王右丞集箋注・送從弟蕃游淮南》　雲夢。《周禮》：荊州其澤藪曰雲夢。鄭康成註：雲夢在華容。《爾雅》：十藪，楚有雲夢。郭璞註：今南郡華容縣東南巴邱湖是也。孔安國《尚書傳》：雲夢之澤在江南。《左傳》：宣四年，邔夫人使棄諸夢中。杜預註：夢，澤名。江夏安陸縣東南有雲夢城。又《傳》：昭四年，王以田江南之夢。杜註：楚雲夢，跨江南北。又《傳》：定四年，楚子涉睢濟江，入於雲中。杜註：入雲夢澤中，所謂江南之夢也。《漢書・地理志》：南郡華容，雲夢澤在南。《後漢書》：華容侯國，雲夢澤在南。《水經註》：監利縣，晉武帝太康五年立。縣土卑下，澤多陂池。西南自州陵東界，逕於雲杜沌陽，爲雲夢之藪矣。韋昭曰：雲夢在華容縣。按《春秋》：魯昭公三年，鄭伯如楚，子産備田具以田江南之夢。郭景純言：華容縣東南巴邱湖是也。杜預云：枝江縣安陸縣有雲夢，蓋跨川互隰，兼包勢廣矣。《史記索隱》：雲夢。裴駰云：孫叔敖激沮水，作此澤。張揖云：楚藪也，在南郡華容縣。郭璞云：江夏安陸有雲夢城。南郡枝江亦有雲夢城。華容縣又有巴邱湖，俗云即古雲夢澤也，則張揖云在華容者，指此湖也。《元和郡縣志》：安州雲夢縣，本漢安陸縣地。後魏大統末，於雲夢古城置雲夢縣，雲夢澤在縣西七里。成按：諸説不同。合而觀之，雲夢本二地。觀《禹貢》雲土夢作乂之文，及《左傳》之析言雲夢，其義顯矣。後人謂雲在江之北，夢在江之南，亦據《傳》中江南之夢而言。而孔安國以爲雲夢皆在江南，杜元凱以爲雲中即江南之夢，是又一説矣。然雲與夢，地雖異號，界則相接。故或稱雲，或稱夢，或合稱雲夢。其地修廣，跨江之南北，共爲一藪。《春秋文耀鉤》謂大別已東，雷澤、九江、衡山皆雲夢。司馬相如《子虚賦》謂雲夢方九百里，酈道元謂其跨川互隰，兼包勢廣者，良非虚語。至於名號相沿，或城或縣，皆名雲夢者，乃後人因地借稱，非楚藪全區之謂也。顔延年詩：却倚雲夢林，前瞻京臺囿。

又《請迴前任司職田粟施貧人粥狀》　職田。杜氏《通典》：諸京官文武職事，各有職分田。一品十二頃，二品十頃，三品九頃，四品七頃，五品六頃，六品四頃，七品三頃五十畝，八品二頃五十畝，九品二頃。並去京城百里内給諸職分，陸田限三月三十日，稻田限四月三十日。以前上者並入後人，以後上者入前人。其麥田，以九月三十日爲限。若前人自耕未種，後人酬其功直。已自種者，準租分法。其價六斗已下者，依舊定不得過六斗，並取情願不得抑配。開元十年六月，勑所置職田本非古法，爰自近制。是以因循，事有變通，應須刪改。其内外所給職田，從今年九月以後，並宜停給。十八年六月，京官職田特令准令給受，復用舊制。

沈彤《周官禄田考》卷下《禄田數》　周天子及内外諸侯官之禄，雖其籍皆亡，而未嘗不散見經註及他傳記，今即《官爵》、《公田》二篇，復以所散見者參互考之，以悉差其等，而粗存其數。周天子之官則公食四都，孤、卿食都，中、下大夫食縣，上士食甸，中士食邱，下士食邑，其庶人在官者食井。若在内諸侯，則公之卿食甸，下大夫食邱，上士食邑，下士與庶人在官者食井。孤、卿之大夫士食如之，大夫之士食亦如之。親王子弟之卿、大夫、士食如公，次疏者之大夫、士食如孤卿，次更疏者之士食如大夫。若在外諸侯，則上公之孤食都，卿食縣，下大夫食甸，上士食邱，中士食邑，下士與庶人在官者食井。侯伯之卿大夫士食亦如之，子男之卿食甸，下大夫食邱，上士食邑，下士與庶人在官者食井。若内諸侯之加田，則其宰各以其爵分食之。外諸侯孤、卿大夫之加田亦如之。凡所食皆取諸公田。天子之公田三十二萬夫。公三人，人食二千有四十八夫，凡六千一百四十四夫。孤、卿十四人，人食五百一十二夫，凡七千一百六十八夫。中、下大夫三百三十七人，人食百二十八夫，凡四萬三千一百三十六夫。上士千一百五十人，人食三十二夫，凡三萬六千八百夫。中士四千四百九十六人，人食八夫，凡三萬五千九百六十八夫。下士萬九千五百有七人，人食二夫，凡三萬九千有一十四夫。庶人在官者二萬一千七百有三人，人食五十畝，凡萬有八百五十一夫五十畝。又不見於經而推知其爵數者，上士十一人，食三百五十二夫。中士千有八人，食八千有六十四夫。下士五千有三十九人，食萬有七十八夫。又所闕多官之有爵者約五百二十餘人，其所食以五官食數去其公、孤及鄉遂、郊野官之食，公、孤去七千六百八十夫，鄉遂官去十二萬五千五百二十夫，郊野官去萬八千四百九十四夫。存三萬五千有三十夫。而五分取一以例之，當食七千有餘夫。所闕庶人在官者約四千三百四十人，以五官在官庶人之食例之，當食二千一百七十夫。通計二十萬六千七百四十餘夫。爲員備位定而數可周知者，常祿之總數王自食二萬有四百八十夫，后世子與王子弟之未官未封者，婦官女給事王宮士庶子之食，及國中之法用皆於是給焉。其外九萬二千七百七十餘夫，以食他有爵之官及在官庶人，以給國中及鄉遂、郊野之法用。

程廷祚《春秋識小録》卷一《春秋職官考略》 宰。《周禮·天官》：卿曰太宰。其屬有小宰、宰夫等官。春秋諸國雖有此官，然其爵命未必相同，其職司亦未必盡與《周禮》合，今但以類相從云耳。

周：隱元年，宰咺。杜氏以爲天子大夫。疏引《宰夫職》曰：「凡邦之弔事，掌其戒令與其幣器財用。」謂既掌弔事，或即充使。咺，蓋宰夫也。《周禮》：宰夫，下大夫也。桓四年，宰渠伯糾。僖九年，宰周公會諸侯。杜曰：天子三公。僖三十年，宰周公來聘。杜曰：天子三公兼冢宰也。

宋：太宰，少宰。春秋宋國職官備于他國，故今俱以宋爲首。桓二年，宋殤公時華督爲太宰，已而督弒殤公，諸侯受其賂，遂相宋公。按此，則太宰宋之相也。成十五年，向帶爲太宰，魚府爲太宰。襄九年，宋災，使西鉏吾庀府守。杜曰：鉏吾，太宰也。府，六官之典。正義曰：鉏吾，太宰，《傳》無其文，説本賈逵。襄十七年，皇國父爲太宰。

魯：太宰，宰人。隱十一年，羽父請殺桓公，將以求太宰。按：自是以後魯無太宰矣。哀三年，桓、僖宫災，子服景伯命宰人出禮書以待命。杜曰：宰人，冢宰之屬。

齊：昭二十七年，齊侯飲魯昭公酒，使宰獻，而請安。疏曰：燕禮者，公燕大夫之禮也。公雖親在，而別有主人。鄭元云：主人者，宰夫也。宰夫，太宰之屬，掌賓客之獻飲食者也。

鄭：太宰。襄十一年，諸侯復伐鄭，鄭使良霄、石㲋如楚，告將服于晉。按：石㲋爲良霄之介，則太宰之官非鄭所重矣。又昭元年，趙孟曰：武請于冢宰矣。杜曰：冢宰，子皮。則鄭上卿，又有冢宰之稱，猶之曰蒍敖爲宰也。

楚：太宰，少宰。宣十二年，楚少宰如晉師。成十年，太宰子商。成十六年，太宰伯州犁。昭元年，薳啓彊爲太宰。昭二十一年，太宰犯。

吴：太宰。定四年，伯州犁之孫嚭爲吴太宰。

陳枚等《憑山閣增輯留青新集》卷二七《家禮儀節》 冠以示成人，婚以正男女，喪以哀親，祭以追遠，此人道之紀綱也。故詳録儀節以爲世範云。冠禮：於五禮屬嘉禮。男子年十五至二十皆可冠，身及父母無期功以上喪，始可行之。前期三日，主人率將冠者告於祠堂，主人以宗子或父若兄爲之。每有事必告于祠堂者，主人不敢專擅事，事咨稟于祖宗而後行，亦如事重之意也。啓櫝，焚香。參神，鞠恭，拜興，拜興，拜興，拜興，平身。後凡言四拜者，準此。斟酒，跪告，云某之子某年漸長成，將以某日加冠于其首，謹以酒果用申虔告。俯伏，興四拜，平身。閉櫝而退。

蔡德晉《儀禮本義》卷九《聘禮》 賓入門左，揖讓如初。句。升，致命，張皮，公再拜受幣，士受皮者自後，句。右客。句。賓出當之。句。坐攝之，公側授宰幣。句。皮如入，右首而東。

升致命，賓升堂致其君享獻之命也。張皮庭下，執皮者釋外？足見文也。士受皮者自後右客，謂主君之士從東方來，由執皮者後過西，客在右，士居其左以受皮也。賓出當之，坐攝之，謂賓降而當皮之西，士乃跪而攝皮也。攝皮必跪，示敬也。側受宰幣，謂公以所受璧帛，親授宰，無擯相也。皮如入，謂士受皮者亦如初入內攝也。凡獻者左首，受者右首，禮相變也，東歸東壁也。

又 宰夫徹几改筵，公出迎賓以入，揖讓如初。公升，側受几于序端。宰夫內拂几三，奉兩端以進，公東南鄉。外拂几三，句。卒，句。振袂，句。中攝之，句。進，西鄉。擯者告賓，進訝受几于筵前東面，俟公一拜送。賓以几避北面設几不降。句階上答，再拜稽首。

徹几改筵，徹神几改布賓筵也。公升，側受几，升東階，自受几于宰夫，不用擯相也。內拂几，不使塵及君也。奉兩端，使君執几中也。

中攝之，謂君攝几中，使賓執兩端也。宰夫東壁取几筵，而受几于東序端，故公受之則東南嚮。已而進，西嚮，以嚮賓。是時賓在西階上，擯者以公授几告賓，賓進東，以迎受几于筵前戶牖間東面，以俟公拜送。乃北面向筵，自設之也。一拜者，送几之常禮。賓答必再拜稽首者，尊君也。

秦蕙田《五禮通考》卷一一七《吉禮一百十七・祭先聖先師》 蕙田案：古者立學必祭先聖先師，所以報本反始，崇德而勸學也。其禮有三：曰釋奠、曰釋幣、曰釋菜。釋幣，告祭用之禮，不常行。常行之禮，釋奠、釋菜而已。宋歐陽子曰：釋奠、釋菜，祭之略者也。釋奠有樂無尸，釋菜無樂，則其又略也，此可見釋奠禮重而釋菜禮輕矣。自釋菜之禮亡，於唐、宋間學官所舉，惟略存釋奠之儀耳。古者四時常祭，止及先師，惟始立學及釁器告祭等乃及先聖。說者謂先師親而不尊，不嫌於數；先聖尊而不親，不嫌於疏故也。後世之祭，則每以先師配先聖而祭，則俱祭矣。至先聖先師之稱，攷之經傳，未嘗舉其人以實之。其先聖，則長樂劉氏謂虞庠以舜，夏學以禹，殷學以湯，東膠以文王也。其先師則康成所謂詩有毛公，書有伏生，禮有高堂生，樂有制氏也。此恐亦臆度之詞，而未必然也。漢、魏以還，或以周公爲先聖，孔子爲先師；或以孔子爲先聖，顏回爲先師。誠如長孫無忌所云，顏回、夫子互作先師，宣公、周公迭爲先聖者。至貞觀時，始欲定以孔子爲先聖，顏回爲先師，雖一變於永徽，而旋復於顯慶，自此而後千年莫改。而封爵之崇，謚號之美，籩豆之加，登歌之盛，冕旒之數，代增世益，至於用天子之禮樂而後稱其德焉。蓋名曰釋奠，而祭儀實與大祀埒矣。至嘉靖間，又於文華殿有聖師之祭，此則於學校之外重出者也。今取學宮之祭，與《周禮》所云「死爲樂祖，祭於瞽宗」之義合者，俱入此門，而封謚、器數之遞加，配食、崇祀之增損，各詳載始末，以備參考。若夫闕里之尊崇，褒成之奉祠，雖亦出於崇儒尊聖之盛心，而無關於東序虞庠之秩節。別爲一卷，以附其後云。

《周禮・春官・大司樂》：掌成均之法，以治建國之學政，而合國之子弟焉。凡有道者有德者，使教焉，死則以爲樂祖，祭於瞽宗。注：道，多才藝者。德，能躬行者。若舜命夔典樂教胄子是也。死則以爲樂之祖，神而祭之。《明堂位》曰：瞽宗，殷學也。泮宮，周學也。以此觀之，祭於學宮中。　疏：祭樂祖必於瞽宗者，案《文王世子》云：「春誦夏弦，太師詔之瞽宗。」以其教樂在瞽宗，故祭樂祖還在瞽宗。彼雖有學干戈在東序，以誦弦爲正。《文王世子》云：「《禮》在瞽宗，《書》在上庠。」則學禮樂在瞽宗，祭禮先師亦在瞽宗。若然，則《書》在上庠，《書》之先師亦祭於上庠，其《詩》則春誦夏弦在東序，則祭亦在東序也。

林氏之奇曰：祭於瞽宗，《記》所謂春夏釋奠於先師，秋冬亦如之是也。

呂氏祖謙曰：設教受教，當知無窮意思，若死則配食於樂祖，祭於學校，使天下常不忘，所謂君子以教思無窮者也。

《禮記・祭義》：祀先賢於西學，所以教諸侯之德也。注：西學，周小學也。先賢，有道德王所使教國子者。　疏：以先賢有德，故祀之，令諸侯尊敬有德。此（小）［西］學，鄭注云周小學，則周之小學在西郊，《王制》云「養庶老於虞庠，虞庠在國之西郊」是也。

蕙田案：先賢兼先聖先師在內。右統論祀先聖先師。

《文王世子》：凡學，春官釋奠於其先師，秋冬亦如之。注：官謂《禮》、《樂》、《詩》、《書》之官。《周禮》曰：「凡有道者有德者，使教焉。死則以爲樂祖，祭於瞽宗。」此之謂先師之類也。若漢，《禮》有高堂生，《樂》有制氏，《詩》有毛公，《書》有伏生，億可以爲之也。不言夏，夏從春可知也。釋奠者，設薦饌酌奠而已，無迎尸以下之事。　疏：「官謂《詩》、《書》、《禮》、《樂》之官」者，謂所教之官也。若春誦夏弦，則太師釋奠也。教干戈，則小樂正、樂師等釋奠也。教禮者，則執禮之官釋奠也。皇氏云：「其教雖各有時，其釋奠則四時各有其學，備而行之。」引《周禮・大司樂》文，證樂之先師也。後世釋奠祭之。然則《禮》及《詩》、《書》之官，有道有德者亦使教焉。死則以爲《書》、《禮》之祖，後世則亦各祭於其學也。以大司樂掌樂，故特云「樂祖」，其餘不見者，《周禮》文不具也。億是發語之聲，言此等之人，亦可以爲先師也。以其三時釋奠，獨不言夏，故言夏從春可知也。以其釋奠直奠置於物，無食飲酬酢之事，故云設薦饌酌奠而已，無迎尸以下之事。釋奠所以無尸者，以其主於行禮，非報功也。

魏氏了翁曰：傳者謂各於所習之學祭先師。夫周公、孔子非周、魯之所得而專也，而經各立師，則周典安有是哉？古者民以君爲師，仁鄙壽夭，君實司之，而臣則輔相人君，以師表萬民者也。自孔子以前曰聖、曰賢，有道、有德，則未有不生都顯位沒祭大烝者，此非諸生所得祀也。自君師之職不修，學校廢，井牧壞，民散而無所係，於是始有師弟子羣居以相講授者，所謂各祭其先師，疑秦漢以來始有之，而《詩》、《書》、《禮》、《樂》各有師，不能以相通，則秦漢以來爲士者斷不若是之陋也。此亦可見世變日降，君師之職下移，而先王之道分裂矣。然而春秋、戰國之亂，猶有聖賢爲之師，秦漢以來猶有專門爲之師，故所在郡國尚存先師之號，奠祠於學，故記人識於禮，而傳者又即其所見聞以明之也。

凡始立學者，必釋奠於先聖先師。注：謂天子命之教，始立學者也。先聖，周公若孔子。　疏：諸侯言始立學，必釋奠於先聖先師，則天子始立學，亦釋奠於先聖先師也。天子云四時釋奠於先師，不及於先聖者，則諸侯四時釋奠亦不及先聖也。始立學云必用幣，則四時常奠不用幣也。天子立虞、夏、商、周四代之學，若諸侯止立時王一代之學，有大學小學耳。云「先聖，周公若孔子」者，以周公孔子皆爲先聖，近周公處祭周公，近孔子處祭孔子，故云「若」。立學爲重，故及先聖，常奠爲輕，故惟祭先師。此經始立學，故奠先聖先師。

陳氏祥道曰：德之小者，親而不尊，故其祭數，故四時釋奠止於先師。德之大者，尊而不親，故始立學乃祭先聖。

劉氏彝曰：周有天下，立四代之學，虞庠則以舜爲先聖，夏學則以禹爲先聖，殷學則以湯爲先聖，東膠則以文王爲先聖，各取當時，左右四聖成其德業者爲之先師以配享焉，此天子立學之法也。

欽定《禮記義疏》：鄭於先師惟以漢人爲比，於先聖言周公若孔子，於下有國，故言若唐虞有夔龍、伯夷，周有周公，魯有孔子。則所謂先聖先師，大約係能教之人，未必是帝王。且地異而時不同，未必定某爲先聖，某爲先師，如劉氏說也。《記》曰：祀先賢於西學。賢者師與聖之統名，其祀之總在西學，又未必五學各有一先聖數先師也。唐初以周公爲先聖，孔子爲先師，後從房喬議，改孔子爲先聖，顔子爲先師。至明嘉靖，改孔子爲至聖先師，而先聖先師合爲一矣。至三皇、五帝，唐元宗嘗立廟京師，元成宗立三皇廟於府州縣，嘉靖間於文華殿奉皇師伏羲、神農、軒轅，帝師堯、舜，王師禹、湯、文王，皆南向；先聖周公，先師孔子，東西向，則先聖先師之號又分。然而孔子之祀，自國學以及天下州縣皆行，而聖師惟春秋開講，親行釋奠，禮用羹酒果脯束帛而已，其輕重迥不侔也。

及行事，必以幣。疏：皇氏云：「行事必用幣，謂禮樂器成及出軍之事，其告用幣而已。」按釁器用幣，下別具其文。此行事必用幣，繫於釋奠之下，皇氏乃離文析句，其義非也。

凡釋奠者，必有合也。有國故則否。注：國無先聖先師，則所釋奠者當與鄰國合也。若唐虞夔龍、伯夷，周有周公，魯有孔子，則各自奠之，不合也。　疏：此謂諸侯之國釋奠之時，若己國無先聖先師，則合祭鄰國先聖先師，謂彼此二國共祭此先聖先師，故云「合」也。非謂就他國而祭之，當遙合祭耳。若己國有先聖先師，則不須於鄰國合也。故云有「國故則否」。

陳氏祥道曰：必有合，合舞與聲。有國故則否，與國有大故去樂意同。

朱子曰：以下文大合樂攷之，有合當爲合樂，國故當爲喪紀凶札之類。

蕙田案：《周禮・大胥》：春合舞，秋合聲，故曰「必有合」。當以朱子陳氏說爲長。

凡大合樂，必遂養老。注：大合樂，謂春入學舍菜合舞，秋頒學合聲。於是時也，天子則視學焉。遂養老者，謂用其明日也。　疏：凡者，非一之詞。其《月令》季春大合樂則亦在其中，以其文自明，故鄭不引之耳。《周禮・大胥》：春合舞，秋合聲。雖無天子視學之文，又《月令》：季春大合樂，天子親往。則明春合舞秋合聲之時，天子亦親往也。

陳氏祥道曰：視學養老，皆同日也。鄭氏謂用其明日，誤矣。

葉氏夢得曰：天子一入學，而所教者三：釋奠，以教重道；合樂，以教崇德；養老，以教致孝。

天子視學，大昕鼓徵，所以警衆也。注：早昧，擊鼓，以召衆也。　疏：大，猶初也。昕，猶明也。徵，猶召也。凡物以初爲大，以末爲小。必知早昧爽者，以云衆至然後天子至，若其盛明始召學士，則晚矣。衆至，然後天子至，乃命有司行事，興秩節，祭先師先聖焉。注：興，猶舉也。秩，常也。節，猶禮也。使有司攝其事，舉常禮祭先師、先聖。不親祭之者，視學觀禮耳，非爲彼報也。　疏：天子既至，乃命遣有司行此釋奠之事。有司，《詩》、《書》、《禮》、《樂》之教官也。註云「舉常禮」者，此謂因大合樂之時，在虞庠之中祭先師先聖也，若四時常奠，各於其學之中，又不祭先聖也。云「視學觀禮耳，非爲彼報也」者，解天子不親釋奠之意，所以視學者，觀看有司行禮耳，非是爲彼學學士報先聖先師也。有司卒事反命。注：告祭畢也。

《王制》：天子將出征，受命於祖，受成於學。注：定兵謀也。出征執有罪，反釋奠於學，以訊馘告。註：釋菜奠幣，禮先師也。訊馘，所生獲斷耳者。《詩》曰：「在泮獻馘。」　疏：按《大胥職》云：「春入（樂）［學］，舍菜，合舞。」《文王世子》亦云「釋菜」，鄭註云：「釋菜，禮輕也。」則釋菜（則）惟釋蘋藻而已，無牲牢，無幣帛。《文王世子》又云：「始立學者，既釁器用幣。」註云：「禮樂之器，成則釁之，又用幣告先聖先師以器成。」此則徒用幣，而無菜，亦無牲牢也。《文王世子》又云：「凡始立學者，必釋奠於先聖先師，及行事必以幣。」是釋奠有牲牢，又有幣帛，無用菜之文。熊氏以此爲釋菜奠幣者，謂釋奠之禮，以獻俘馘，故云「釋菜奠幣」。言釋奠之時，既有牲牢，菜幣兩有。今按：註云「釋菜」，解經中釋字；奠幣，解經中奠字。又云禮先師，不云祭先師，則似訊馘告之時，但有菜幣而已，未必爲釋奠有牲牢也。於事有疑，未知孰是，故備存焉。然則釋菜奠幣，皆告先聖先師，此直云先師，文不具耳。

《詩・魯頌泮水》：「矯矯虎臣，在泮獻馘。」疏：《王制》云：「天子將出征，受成於學。出征執有罪，反，釋奠於學，以訊馘告。」是將出則謀於學而後行，反則禮先師以告克。故僖公既伐淮夷，而又在泮宮獻馘也。

何氏楷曰：魯有四代之學，先代之學，尊魯得立之，示存古法而已。其行禮之飲酒、養老，兵事之受成、告克，當於周世之學，在泮宮也。司馬光云：受成獻馘，莫不在學，所以然者，欲其先禮義而後勇力也。陳祥道云：諸侯視學之禮，蓋有同於天子。「魯侯戾止，在泮飲酒。既飲旨酒，永錫難老。」此養老也；在泮獻馘，此以訊馘告也。

陳氏《禮書》：奠者，陳而奠之也。鄭氏曰：釋奠者，設薦饌酌奠而已，無迎尸以下事。賈公彥曰：奠之爲言停，停饌具而已。考之《儀禮》聘賓歸至於禰，薦脯醢，觴酒陳。陳者，所以奠之也。則釋奠，設薦饌酌奠而已可知也。《特牲饋食》奠觶於尸，未至之前則釋奠，無迎尸可知也。古者釋奠，或施於山川，或施於廟社，或施於學。《周官・大祝》：「反行，舍奠。」《甸祝》：「舍奠於祖廟。」此施於山川廟社者也。《文王世子》：「凡學，春官釋奠於先師。凡始立學者，必釋奠於先聖、先師。凡釋奠者，必有合也。天子視學，命有司行事，興秩節，祭先聖先師。適東序，釋奠於先老。」《王制》：「出征執有罪，反，釋奠於學。」此施於學者也。山川廟社之祭，不止於釋奠，學之祭，釋奠而已。賈公彥曰：非時而祭曰奠，此爲山川廟社而言之也。學之釋奠則有常時者，有非時者。《文王世子》：「凡學，春官釋奠於其先師，秋冬亦如之。」鄭氏曰：「不言夏，夏從春可知。」此常時之釋奠也。凡始立學，天子視學，出征執有罪，反，以訊馘告，必釋奠焉。此非時之釋奠也。釋奠之禮，有牲幣、有合樂、有獻酬。大祝造於廟，宜乎社，過大山川則用事，反則釋奠。此告祭也。《曾子問》曰：凡告必用牲幣。《文王世子》：凡始立學，釋奠行事，必以幣。此釋奠有牲幣之證也。《文王世子》：凡釋奠者必有合也。此釋奠者合樂之證也。聘禮觴酒陳席於阼，薦脯醢，三獻。一人舉爵、獻，從者行酬，乃出。此釋奠有獻酬之證也。然山川廟社之釋奠，皆有牲幣，學之釋奠，非始立學則不必有幣也。學之釋奠有合樂，則山川廟社不必有合也。聘賓釋奠有三獻，則天子諸侯之於山川廟社不止三獻也。凡始立學，與天子視學，釋奠先聖、先師，四時則釋奠先師而已。《文王世子》謂春釋奠於先師，鄭氏釋《王制》亦謂釋奠禮先師，其說是也。然鄭氏以《王制》之釋奠爲釋菜奠幣，以《文王世子》之釋奠者必有合，爲與鄰國合，孔穎達以《學記》之釋菜爲釋奠，其說誤也。

右釋奠。

《禮記・文王世子》：始立學者，既興器用幣，注：「興」當爲「釁」字之誤也。禮樂之器成，則釁之，又用幣告先聖先師以器成。然後釋菜。注：告先聖先師以器成有時，將用也。不舞，不授器。註：釋菜禮輕也。釋奠則舞，舞則授器。司馬之屬司兵、司戈、司盾，祭祀授舞者，兵也。乃退，儐於東序，一獻，無介語可也。註：言乃退，謂得立三代之學者，釋菜於虞庠，則儐賓於東序，魯之學有米廩、東序、瞽宗也。疏：前用幣，告其器成；後釋菜，告其將用。凡釋奠禮重，故作樂時須舞，乃授舞者所執干戈之器。今其釋菜之時，雖作樂不爲舞也。亦既不舞，故不授舞者之器。釋菜虞庠既畢，乃從虞庠而退，儐禮其賓於東序之中。其禮既殺，惟行一獻，無介無語。如此於禮可也。前用幣直云告器成，此釋菜云告器成將用，則兩告不同也。熊氏云：「用幣則無菜，用菜則無幣。」皇氏云：「用幣釋菜，祇是一告。」其義恐非也。按四時釋奠，不及先聖，知此用幣及釋菜及先聖者，以上文始立學釋奠先聖先師，此文亦云始立學既釁器用幣，釋菜亦及先聖也。以其始立學，及器新成，事重於四時常奠也。凡釋奠有六：始立學釋奠，一也；四時釋奠有四，通前五也；《王制》師還釋奠於學，六也。釋菜有三：春入學釋菜合舞，一也；此釁器釋菜，二也；《學記》皮弁祭菜，三也。秋頒學合聲，無釋菜之文，則不釋菜也。釋幣惟一也，從釁器以來，皆據諸侯之禮，故云「始立學」。諸侯惟立時王之學，何得云得立三代之學，得有夏之東序。謂諸侯有功德者，得立三代之學，若魯國之比，東序於虞庠相對，東序在東，虞庠在西，既退儐於東序，明釋菜在於虞庠。

欽定《禮記義疏》：用幣或君親之，或有司爲之，釋菜則學子之事。考祭則有尸、有牲，有幣、有樂，釋奠則無尸，釋幣併無牲，釋菜併無幣，然脯醢之屬未嘗無也。然不言脯祭而曰釋菜者，或取其新且潔與？

《周禮・春官・大胥》：春入學，舍采，合舞；註：春始以學士入學宮而學之。合舞，等其進退，使應節奏。舍，即釋也。采，讀爲菜。始入學必釋菜，禮先師也。菜，蘋蘩之屬。疏：釋菜禮輕，故不及先聖也。其先師者，鄭註《文王世子》云：若漢，《禮》有高堂生，《樂》有制氏，《詩》有毛公，《書》有伏生。知菜是蘋蘩之屬者。《詩》有「采蘋采蘩」，皆菜名。言「之屬」者，《周禮》又有芹茆之等，亦菜名也。秋頒學，合聲。註：春使之學，秋頒其才藝所爲。合聲，亦等其曲折，使應節奏。疏：頒，分也。分其才藝高下。

黄氏曰：樂師教舞，帗羽、干旄、皇人，未嘗合也。大胥春始入學，合而教之。

鄭氏鍔曰：《月令》：春入學，合舞。秋入學，習吹。學無二義，皆學宮也。蓋周家建五學，其中謂之辟雍，水南曰成均，水北曰上庠，水東曰東序，水西曰瞽宗。春令學士始入學，所入者辟雍也。總處於此，以觀其能，至秋，則所觀者已久，知其所宜矣，於是分而處之：宜學禮者處之瞽宗；宜學書者處之上庠；宜學干戈者處之東序，宜學語者處之成均。非惟不分學字以爲二義，又合周家立學之制。

《禮記・月令》：孟春之月，命樂正入學習舞。註：爲仲春將釋菜。仲春之月，上丁命樂正習舞釋菜。注：樂正，樂官之長也。命習舞者，萬物始出地鼓舞也。將舞，必釋菜於先師以禮之。《夏小正》曰：丁亥萬舞入學。疏：此仲春習舞，則《大胥》「春，入學，釋菜，合舞」一也。據人所學謂之習舞，節奏齊同謂之合舞，此亦謂之大合樂。故《文王世子》「大合樂」，註「春舍菜合舞，秋頒樂合聲」。自是春秋常所合樂也。孟春習舞，及仲 春習舞，及仲丁習舞，併季春合樂，皆在太學。仲春釋菜合舞，季春大合樂，皆天子親往，餘則不也。註云「將舞必釋菜於先師」者，以經文「習舞」「釋菜」文在於後，恐習舞釋菜共是一事，故云將欲習舞，必先釋菜。必知然者，以釋菜之時不爲舞也。故《文王世子》云「釋菜不舞，不授器」，是知釋菜無舞也。知必先有釋菜者，以《大胥》云「舍菜合舞」，舍即是釋，故知釋菜在合舞之前。天子乃帥三公、九卿、諸侯、大夫親往視之。注：順時達物也。

陳氏澔曰：必用丁者，以先庚三日後甲三日也。習舞釋菜，謂將教習舞者，則先以釋菜之禮告先師也。

高氏誘曰：初入學官，必禮先師，置采帛於前，以贄神也。《周禮》「春入學，釋菜，合舞；秋頒學，合聲」，此之謂也。

欽定《禮記義疏》：鄭注菜如字。高氏則菜爲采。高氏蓋依呂氏本也。然《儀禮》只有釋幣而無釋菜之文，高以釋采即釋幣，是屈《儀禮》以從呂也。惟是《月令》原本呂氏說，故尚可存之，若謂他經皆可作采，亦並爲釋幣之説，則未可信也。

《學記》：大學始教，皮弁祭菜，示敬道也。註：皮弁，天子之朝服也。祭菜，禮先聖先師。菜，謂芹藻之屬。疏：熊氏曰：「始教，謂始立學教。」皮弁祭菜者，謂天子使有司服皮弁祭先聖先師，以蘋藻之菜也。崔氏云：「著皮弁，祭菜蔬，並是質素，示學者以謙敬之道矣。」熊氏以註禮先聖先師之義解經，謂始立學也。若學士春始入學，惟得祭先師，故《文王世子》云「春官釋奠於其先師」，皇氏謂春時學士始入學，恐非。

陳氏澔曰：始教學者，入學之初也。有司衣皮弁之服，祭先師以蘋藻之菜，示之以尊敬道藝也。

吳氏澄曰：古者始入學必釋菜於先聖先師，故大學始初之教，有司先服皮弁，服行釋菜禮，蓋示學者以敬先聖先師之道也。常服元冠，今加服皮弁。芹藻之菜，簡質而潔，皆示敬也。

呂氏大臨曰：釋菜之禮，禮之至簡者也，皆不在多品，貴其誠也。其用有三：每歲春合舞則行之，《月令》云：仲春命樂正合舞舍菜也；始立學則行之，《文王世子》云：既興，器用幣，然後舍菜是也；始入學則行之，《學記》云：大學始教、皮弁祭菜，示敬道也。

陳氏《禮書》：《周禮・大胥》：「春入學，舍菜合舞。」《學記》：「皮弁祭菜，示敬道也。」《月令》：「仲春上丁，命樂正習舞釋菜。」《文王世子》：「始立學者，既興器用幣，然後釋菜，不舞，不授器。乃退，儐於東序。一獻，無介語可也。」然則釋菜之禮，猶摯也。婦見舅姑，其摯也棗栗腶脩，若沒而廟見，則釋菜。弟子見師，其摯也束脩，若禮於先師，則釋菜。《大胥》「釋菜合舞」，而《文王世子》「釋菜不舞不授器」者，以釋奠既舞故也。《士喪禮》「君視斂，釋菜入門」，《喪大記》「大夫士既殯而君往焉，釋菜於門内」，《占夢》「季冬，乃舍萌於四方」。舍萌，釋菜也。則釋菜之禮，豈特子弟之見先師，婦之見廟而已哉。婚禮有奠菜儀，弟子之見先師，其儀蓋此類歟。鄭氏謂婚禮奠菜，蓋用菫。入學釋菜蘋藻之屬，始立學釋菜芹藻之屬，蓋以泮宮有芹藻，子事父母有菫荁，故有是說也。菜之爲摯，則菜而已。采蘋教成之祭，毛氏謂牲用魚，芼之用蘋藻，則《詩》所謂湘之者，芼之也，與釋菜異矣。

右釋菜。

牛運震《空山堂春秋傳》卷九［襄公］十有一年，春，王正月，作三軍。

作三軍何？作中軍也。以其言舍中軍，知此爲作中軍也。作中軍則何以言作三軍？始改作也。周制：大國三軍，次國二軍。魯無中軍，惟有上、下二軍，三卿更帥以征伐。季氏專魯，增立中軍，因以改作。《春秋》以爲擅國權、亂王制，竭民力，莫此爲甚，書曰：「作三軍。」罪之也。

劉紹攽曰：「左氏謂三分公室而各有其一。」然於經文作三軍之義實不相合。按三分公室，自是當日實事。經文所書作三軍，則非三分公室之謂也。季氏之擅國久矣，即欲分公室，何必定作三軍，且不旋踵而舍中軍，又何意也？孫氏曰：「魯次國而作三軍，亂聖王之制，《春秋》特以此罪季氏。至三分公室，則左氏附及之爾。」

《周禮·大司馬》：「大國三軍，次國二軍，小國一軍。」春秋時惟齊、晉、楚有三軍。《國語》：「齊有中軍之鼓，有國子之鼓，有高子之鼓。凡三軍教士三萬人。」是齊有三軍也。《左傳》：「僖二十七年作三軍。郤縠將中軍，狐毛將上軍，欒枝將下軍。」是晉有三軍也。《左傳》：「楚子北師次于郔，沈尹將中軍，子重將左軍，子反將右軍。」桓六年傳，鬬伯比曰：「我張吾三軍而被吾甲兵。」宣十二年傳，王巡三軍，拊而勉之。是楚有三軍也。魯雖元侯之封，而次國之賦，不能半天子之軍，是以舊無三軍。疏家謂魯有三郊、三遂，本有三軍，其後中廢，至僖公始復古制，作三軍。故魯頌曰：「公車千乘，公徒三萬。」文宣以來，以伯主之令，軍多貢重，自減爲二軍，此臆揣之見，非有據也。夫魯頌誇靡千乘三萬，出於一時歌頌之辭，當時未必果備其制。如使僖公復古而作三軍，文宣以來減而爲二，《春秋》當具書其事，何闕焉無聞邪？即令魯建國之初，備有三軍，中衰而廢，亦必在春秋以前，其不在文宣之世決矣。劉氏敞曰：「作三軍者，至襄而作三軍也。明襄之前未有三軍也。」孫氏覺曰：「三桓不量其力之可否，而頓作中軍，《春秋》之所譏也。」其説皆得經旨。杜預所云：「季氏假立中軍，因以改作。」其意謂作三軍，祇是改二爲三爾，説固牽岐無的據。至胡氏直謂魯舊有三軍，季氏廢公室之三軍，而三家各有其一，故謂之作。斯則穿鑿鈎曲之論，名實舛錯，不足深辨也。

馮浩《玉谿生詩集箋注·馬嵬二首》　空聞虎旅鳴宵柝，無復雞人報曉籌。《周禮》：雞人，夜嘑旦以嘂百官。《後漢書·百官志注》：蔡質《漢儀》曰：不畜宫中雞，汝南出《雞鳴》，衛士候朱雀門外，專傳《雞鳴》於宫中。《晉太康地道記》曰：後漢固始、鮦陽、公安、細陽四縣衛士，習此曲於闕下歌之，今《雞鳴》是也。一作「今雞唱」是也。《舊書·紀》：乙未夕，次金城。丙申，次馬嵬。是將宿於馬嵬也。而兵士圍驛，遂賜妃自盡，則長眠不復曉矣。緊賦駐宿驚悲之狀，舊解多誤會。

又《贈鄭讜處士》　越桂留烹張翰鱠，蜀薑供煮陸機蓴。《呂氏春秋》：和之美者，蜀郡楊樸之薑。《後漢書·方術傳》：左慈字元放，於曹公座求銅盤貯水，以竹竿釣一鱸魚，又得蜀中生薑。《世説》：陸機詣王武子，武子前置數斛羊酪，指以示陸，曰：「卿江東何以敵此？」陸曰：「有千里蓴羹，但未下鹽豉耳。」《輿地志》：華亭谷出佳魚蓴菜，陸機云「千里蓴羹」即此。

戴震《屈原賦戴氏注·天問》　圜則九重，孰營度之？惟茲何功？孰初作之？

圜，則天也。步算家測日、月、星，高下不同。自下而上數之，月一，辰星二，太白三，日四，熒惑五，歲星六，鎮星七，恆星八。然則大氣左旋而九與。

斡維焉繫？天極焉加？八柱何當？東南何虧？

斡，以制旋轉也。持於側者，曰維天極。《論語》所謂北辰，《周髀》所謂正北極，步算家所謂不動處，亦曰赤道極，是爲左旋之樞。賈逵、張衡、蔡邕、王蕃、陸績，皆以紐星爲不動處。梁祖□測紐星離不動處一度奇。及元郭守敬測離三度奇矣。日月五步各有一極，日曰黄道極，《周髀》所謂北極，璿璣環繞正北極者也。月與五步之極，又環繞璿璣者也，是皆爲右旋之樞。日之發斂，以赤道爲中。月五步之出入，以黄道爲中。此天所以有寒暑進退成生物之功也。地在天之中央，《素問》謂大氣舉之是也。水坿於地，而行循地之脈理，以爲源委高下，《中庸》所云「振河海而不洩」，水坿地之謂也。

《禮記義疏》卷一六《王制》　諸侯之於天子也，比年一小聘，三年一大聘，五年一朝。朝，音潮。

《正義》鄭氏康成曰：比年，每歲也。小聘使大夫，大聘使卿，孔疏：《聘禮記》曰：小聘曰問，三介，大聘使卿，爲介有五人，其小聘惟三介，故鄭知「小聘使大夫」也。朝則君自行。然此大聘與朝，晉文霸時所制也。孔疏：昭三年《左傳》：鄭子大叔曰：「文襄之霸也，其務不煩諸侯，令三歲而聘，五歲而朝。」虞夏之制，諸侯歲朝。孔疏：《尚書》「五載一巡狩」。鄭注：巡狩之年，諸侯朝於方嶽之下，其間四年，諸侯分來朝於京師，徧其聘問，無文可知。周之制，侯、甸、男、采、衛、要服六者，各以其服數來朝也。孔疏：《周禮・大行人》：侯服歲一見，甸服二歲一見，男服三歲一見，采服四歲一見，衛服五歲一見。要服六歲一見。　孔氏穎達曰：此論諸侯遣卿大夫聘問及自親朝之事。　陳氏祥道曰：朝覲、宗遇、會同，君之禮也。存、頫、省、聘問，臣之禮也。諸侯之於天子，聘以通好，朝以述職。通好不欲疏，故比年一小聘，述職不欲數，故五年一朝。《書》與《周官》先言朝而後言巡守，朝於京師者也。《舜典》先言巡守而後言朝，朝於方嶽是也。存疑。王氏安石曰：五年一朝，疑即方嶽之朝。　胡氏銓曰：五年一朝，鄭據左氏爲解，不知子大叔之言乃諸侯朝霸主之法，非朝天子也。文襄不朝京師，豈能令諸侯朝天子乎？夫襄王狩於河陽，晉文帥諸侯朝於王所而已，不朝於周也，鄭注誤矣。

存異。黄氏震曰：聘者相往來之名，非諸侯於天子之禮。

案：疏謂此錄《王制》者，記文襄事，非虞夏亦非殷，而引古《孝經》注諸侯五年一朝天子，天子亦五年一巡守，朱子注朝聘以時亦用此説，則或古通禮而晉用之耳。《虞書》五載一巡守，羣后四朝。馬融謂四方朝於方嶽之下，鄭改之，謂唐虞歲朝四方，以四季月朝京師，恐唐虞未必勤諸侯若此。蔡又改爲巡守之明年，東諸侯朝，又明年南諸侯朝，又明年西諸侯朝，又明年北諸侯朝，亦無的據。《周禮・大行人》六服皆言見不言朝，而《大宗伯》春曰朝，夏曰宗，秋曰覲，冬曰遇。鄭謂朝禮和宗禮盛，覲禮肅，遇禮簡。孔謂近東者朝春，近南者宗夏，近西者覲秋，近北者遇冬。韓侯是北方諸侯，近西，故曰韓侯入覲。不知先王何以寬於東，嚴於西，盛於南，簡於北？疏又言侯服朝者東方以秋，西方以春，南方以冬，北方以夏，則又變其説矣。《公羊》異義，言諸侯四時見天子皆曰朝，以朝時行禮也；猝而相逢於路曰遇。萬斯大謂凡諸侯來受摯於朝皆曰朝，受享於廟皆曰覲。而覲禮有前朝，皆受舍於朝之文，似覲未嘗不朝。諸侯覲於天子，爲宮方三百步，四門，壇十有二尋，深四尺，似覲又不於廟。則疑朝者，四時四方諸侯來見之通名，而覲、宗、遇，則因事異名。朝而爲壇以盟曰覲，旅而見曰宗，其禮隆；猝而見曰遇，其禮簡也。《周禮》所謂一歲二歲，自巡守之明年起數，與歲徧存三歲徧頫例同。謂巡守之明歲，侯服見；二歲，甸服見；三歲，男服見；四歲，采服見；五歲，衛服見；所謂五年一朝也。六歲當要服見，而要服爲夷王者所不治，故《周官》篇首雖言六服承德，而後惟言六年五服一朝，不云六服畢朝也。其君朝之明年，大夫小聘；又明年，卿來大聘；又明年，大夫聘；又明年，卿大聘；又明年，大夫聘；又明年，君再朝。如此，則十二年中君親朝二、卿大夫聘四、大夫小聘六。《中庸》所謂朝聘以時，蓋如此。至《公羊》説謂天子無下聘之義，則《周禮》明言時聘以結諸侯之好。黄氏謂諸侯於天子有朝無聘，則《周禮》明言時聘曰問，皆非確論也。

紀昀等《歷代職官表》卷一二《兵部表・金》　四方館使，正五品；副使，從六品；掌提控諸路驛舍，驛馬，承發司管勾，從七品；同管勾，從八品，掌受發省部及外路文字。右屬尚書兵部。

謹案：驛站之設，所以通達軍情，傳宣號令，關繫非輕，溯其由來，蓋自周之盛時已有。其制考《爾雅・釋言》云：馹、遽，傳也。郭璞註：皆傳車、驛馬之名。《春秋・僖三十三年》，《左傳》云「使遽告於鄭」，《文十六年》云「楚子乘驛，會師於臨品」，《成五年》云「晉侯以傳召伯宗」，《襄二十一年》云「祁奚乘馹而見宣子」，《襄二十七年》云「子木使驛謁諸王」，《襄二十八年》云「吾將使驛奔問諸晉」，《昭二年》云「子産懼，弗及乘遽而至」，《昭五年》云「楚子以馹至於羅汭」。曰驛，曰馹，曰遽，互見者不一。杜預皆以爲傳車，而《釋文》則稱以車曰傳，以馬曰遽。顧炎武謂《國語》晉文公乘馹會秦伯，《呂氏春秋》齊君乘馹追晏子，皆事急，不暇駕車而單乘驛馬，據此是春秋時已兼有驛車、驛馬。特當日牧政，天子十有二閑，邦國六閑，皆以供朝覲、會同及軍事之用，而戎馬之在邱甸者，則民自備之。其驛傳之馬未知從何供用，疑即當在邱甸所出，戎馬之數爲鄉師所屬，故未嘗別設官以治之也。《漢書・高祖本紀》：乘傳詣雒陽。如淳曰：律，四馬高足爲置傳；四馬中足爲馳傳；四馬下足爲乘傳。一馬二馬爲軺傳，急者乘一乘傳。師古曰：古者以車謂之傳車，其後又單置馬，謂之驛騎。《鄭當時傳》：常置驛馬長安諸郊。《王溫舒傳》：爲河内太守，令郡具私馬五十匹爲驛，自河内至長安。此雖二人私置，然可見漢代之驛亦車馬兼用，故其時外臣入朝皆由驛。《谷永傳》「歲竟，乘傳奏事」是也。罪人發遣亦由驛，《淮南厲王傳》「載以輜車，令縣次傳」是也。降人赴闕亦由驛，《汲黯傳》「匈奴畔其主降漢，徐以縣次傳之」是也。獨《百官公卿表》内不見有主驛傳之官。據賈山《至言》云：省厩馬以賦縣傳。《昭帝本紀》：元鳳二年，詔省乘輿馬及苑馬，以補邊郡。三輔傳馬則是漢代驛馬，但屬之郡縣而不隸於京師，自後史無明文。《北齊駕部》雖有掌車輿、牛馬、厩牧之語，亦不及驛傳。至於唐世，始以駕部郎中、員外郎主郵驛之事，在外則以都督刺史上佐，内之兵曹、叅軍掌之，而縣令兼綜焉。相沿至今，而郵政遂爲兵部之專司矣。至驛之置於京師者，在唐則爲都亭驛；《長安志》：都亭驛在朱雀門外西街，含光門北來第二坊。《通鑑》「王行瑜殺韋昭度、李谿於都亭驛」是也。五季及宋並同，胡三省《通鑑註》：晉天福五年，改東京上源驛爲都亭驛，《契丹國志》：宋館遼使於都亭驛。蓋如今兵部馬館，而不聞有管驛之員，疑其事即併領於駕部；宋代雖有都亭驛監官，而所司乃接待使人，不關郵政，今已別載入會同四譯館表内。惟金之四方館使承發司管勾。明之會同館大使隸屬兵部，正當今馬館之職。元代置通政院於大都、上都，以典驛站，雖品秩較崇，而所掌亦爲相近。謹於馬館監督表下列此三條，以明沿革，而前代則槩從其略云。

楊倫《杜詩鏡銓・李潮八分小篆歌》 蒼頡鳥迹既茫昧，衛恒《書勢》：黄帝之史，沮誦蒼頡，眺彼鳥迹，始作書契。字體變化如浮雲。陳倉石鼓又一作文。已訛，《元和郡縣志》：石鼓文在鳳翔天興縣南，石形如鼓，其數有十，蓋紀周宣王田獵之事，即史籀大篆也。鶴注：鳳翔府寶雞縣本陳倉縣。王厚之《石鼓文考正》：石鼓粗有鼓形，字刻於傍，石質堅頑，類今碓磑。韓愈以爲宣王鼓，韋應物以爲文王鼓，宣王刻。程大昌《雍錄》亦云是成王鼓。大小二篆生八分。衛恒《書勢》：宣王太史籀著大篆十五篇，與古文或異，時人即謂之籀書。秦李斯作《蒼頡篇》，趙高作《爰歷篇》，胡毋敬作《博學篇》，皆取史籀式。或頗省改，所謂小篆者也。周越《書苑》：八分者，秦羽人上谷王次仲飾隸書爲之，鍾繇謂之章程書。《蔡文姬別傳》云：臣父邕言：割程邈隸字，八分取二，割李斯小篆，二分取八，故名八分。又云：皆似八字，勢有偃波。

盛世佐《儀禮集編》卷三〇《既夕禮》 主人之史請讀賵，執算從，柩車，當前束，西面。不命毋哭。哭者相止也。唯主人主婦哭。燭在右，南面。

註曰：史北面請，既而與執算西面，於主人之前讀書釋算。燭在右，南面，照書便也。

敖氏曰：賵，即書於方者也。賵禮，賓爲之也，故主人之史讀之。不命毋哭，嫌若併止主人主婦然也。哭者相止，將讀書，不可讙譁。右，史右也。執燭者在右，則執算者在左也。

郝氏曰：史掌書、算，讀昨夕所書賵，以算籌計其數，告于柩。

讀書，釋算則坐。

註曰：必釋算者，榮其多。

疏曰：讀書者，立讀之，敬也。釋算者，坐爲釋之，便也。

敖氏曰：釋算則坐，謂每釋算則坐，既，則興也。必釋算者，物有多寡，宜知其數。

姜氏曰：讀書、釋算則皆坐者，家史爲主禮，宜敬也。疏以立讀爲敬，則句讀誤而理尤疎矣。

世佐案：古人之坐雖似今之跪，然猶以立爲敬也。《鄉飲酒》《燕禮》之等其始皆立行禮，至燕末乃坐，是其徵矣，姜説非。

卒，命哭。滅燭，書與算執之以逆出。

敖氏曰：卒，謂讀之畢也。言逆出，亦見執算者在史南。郝氏曰：執算者先出，讀者從，曰逆出。

公史自西方東面，命毋哭，主人主婦皆不哭。讀遣，卒，命哭，滅燭，出。

註曰：公史，君之典禮書者。遣者，入壙之物。君使史來讀之，成其得禮之正以終也。燭俠輅。

敖氏曰：遣，即書於策者也。此主人之物，故公史爲讀之。柩將行而讀賵與遣者，若欲神一一知之。然此讀遣執算執燭之位與上同，惟東西左右則異耳。此二燭即鄉之俠輅者，少進而轉南面耳。

郝氏曰：公史，公家掌書算姓名者，帥徒役遣送，以其姓名讀于柩，命衆毋哭，主人主婦亦不哭，敬公史也。左讀賵，右讀遣，所謂贊幣自左，詔辭自右也。

世佐案：讀賵釋算，讀遣不釋算者，以賵是賓物，不出于一人，故須一一記之，以多爲榮，遣是主人之物，則但告數而已，人子之心不自見其多也。敖謂讀遣亦釋算，非。或曰，遣，公賵也，故公史讀之。公賵惟東帛、兩馬，故不釋算。或曰，《周禮・太史職》云，大喪遣之，日讀誄。《小史職》云，卿大夫之喪，賜謚讀誄，此士禮讀遣，猶讀誄之意也，盖亦使祝爲辭，《周禮》太祝作六辭。書之于策，臨行而小史讀之，以慰死者之心耳。不曰誄而曰遣者，士無謚故也。誄者累其德行，遣者使之安葬，未知孰否。

右讀賵讀遣。

孫星衍《尚書今古文注疏》卷一《堯典下》 帝曰：「欽哉。」慎徽《五典》，《五典》克從。【注】史遷「徽」作「和」，「克」作「能」。馬融曰：「徽，善也。」鄭康成曰：「《五典》，五教也。蓋試以司徒之職。」【疏】：慎者，《詩傳》云：「誠也。」史公「徽」爲「和」者，徽與綏聲相近。馬注見《釋文》。「徽，善」，《釋詁》文。鄭注見《史記集解》云「《五典》，五教」者，《釋詁》云：「典，常也。」五常之教。《春秋左氏》文十八年《傳》云：「父義，母慈，兄友，弟恭，子孝。」又引此經云：「無違教也。」云「司徒之職」，見後經文。納于百揆，百揆時敘。【注】：史遷作「偏入百官，百官時序。」【疏】：史公「納」爲「入」者，鄭注《周禮・職納》云：「職內，主入也。」《廣雅・釋詁》云：「選，入也。」則偏入爲偏選也。揆者，《釋言》云：「度也。」「敘」作「序」者，《釋詁》云「敘，緒也。」序與敘同。按《春秋左氏》文十八年《傳》云：「使主后土，以揆百事。」《說文》云：「癸，冬時水土可揆度也。」《大傳》云：「天子三公，三曰司空公。」鄭既以「慎徽《五典》」爲「試以司徒之職」，此試以司空之職。司空總領百事，又兼冢宰也。《後漢・百官志》注引「《古史考》曰：『舜居百揆，總領百事。』說者以百揆堯初別置，於周更名冢宰。」《大戴禮・盛德篇》云：「官屬不理，分職不明，法政不一，百事不紀，日亂也。亂則飭冢宰。」時者，《釋詁》云：「是也。」是叙者，《左傳》又云：「無廢事也。」王氏引之云：「時叙，猶承叙也。」承叙者，承順也。時、詩聲相近，鄭注《特牲饋食禮》云：「詩猶承也。」又注《內則》云：「詩之言承也。」《康誥》兩言「時叙」，《顧命》「明時朕言」，皆當訓承叙。《傳》訓時爲是，不辭矣。

梁章鉅《三國志旁證》卷二《魏書二》 夏四月，天子命王設天子旌旗，出入稱警蹕。《宋書・禮志》云：「後漢祠天郊用法駕，祠宗廟用小駕。小駕，減損副車也。前驅有九斿雲罕，皮軒鸞旗，車皆大夫載之。鸞旗者，編羽毛列繫幢旁也。金鉦黄鉞，黄門鼓車，乘輿之後有屬車，尚書、御史載之。最後一車懸豹尾。豹尾以前，比於省中。每出警蹕清道，建五旗。太僕奉駕條上鹵簿，尚書郎、侍御史、令史皆執注以督整車騎，所謂護駕也。五旗者，五色各一旗，以木牛乘其下。五旗纏竿，即《禮記》德車結旌不盡飾也，戎車乃散之。又武車綏旌，垂舒之也。《漢儀》曰：『出稱警，入稱蹕』。說者云車駕出則應稱警，入則應稱蹕也。而今俱唱之。史臣以爲警者，警戒也；蹕者，止行也。今從乘輿而出者，並警戒以備非常也。《後漢書・輿服志》云：天子建太常，十有二斿，九仞曳地，日月升龍，象天明也。劉昭注引鄭衆曰：『太常九旗之畫日月者。』鄭玄曰：七尺爲仞，天子之旗高六丈三尺也。」

王文誥《蘇文忠公詩編注集成》卷二五《與孟震同遊常州僧舍三首》 年來轉覺此生浮，又作三吳浪漫遊。忽見東平孟君子，夢中相對說黄州。王註：無己曰：先生《君子泉銘叙》云：孟君亨之，篤學而力行，克有常德，信於朋友，一時皆稱之曰「此君子也」。因號之「孟君子」。君通守齊安，其圃有泉，旱不加損，水不加益，因名之曰「君子泉」。查註：《鐵網珊瑚》略云：余謫居黄州，通判承議郎孟震字亨之，頗與余相善。光州太守曹九章以書遺余曰：朝中士大夫，謂之「孟君子」。震，鄆人，及進士第。宇中有一泉甚清，余因名之「君子泉」，而子由爲之記。元豐六年十一月七日記。誥案：《君子泉銘》，乃子由所作。《欒城集》不載。公跋此銘，在元豐六年十一月九日，載入黄州案內，未嘗作銘與叙也。陳師道執業門牆，因公薦舉，由布衣得列清職。而時有妄語，此又誤子由爲先生。查註所引，亦與本文不符，今姑存備考。

陳熙晋《駱臨海集箋注》卷五《疇昔篇》 脂車秣馬辭京國，策轡西南使邛僰。玉壘銅梁不易攀，地角天涯眇難測。鶯囀蟬吟有悲望，鴻來雁度無音息。陽關積霧萬里昏，劍閣連山千種色。京，一作鄉。使，一作吏。《詩・小雅》：爾之亟行，遑脂爾車。《周南》：言秣其馬。《傳》：秣，養也。《史記・大宛列傳》：天子令騫因蜀犍爲，發間使，四道並出，出駹，出冉，出徙，出邛僰，皆各行一二千里。張守節《正義》：僰，蒲北反。邛，今邛州。僰，今雅州。皆在戎州西南也。《元和郡縣志》：劒南道邛州，即蜀州之臨邛縣地，南接邛來山，因以爲名。戎州，古僰國也，武帝建武六年置僰道縣，屬犍爲郡。戎獠之中，最有人道，故其字從人。案：邛，今四川邛州。僰，今四川叙州府宜賓縣。左思《蜀都賦》：包玉壘而爲宇。又：外負銅梁於宕渠。劉逵注：玉壘，山名也，湔水出焉，在成都西北岷山界。銅梁，山名，在巴東。劉孝威《蜀道難》：玉壘高無極，銅梁不可攀。案：玉壘山，在今四川成都府灌縣西北。銅梁山，在今四川重慶府合州南。徐陵《答族人梁東海太守長孺書》：燕南趙北，地角天涯。《蜀舊志》：王楊盧駱，無不入蜀。賓王入蜀，亦以使事。至其曰「地角天涯眇難測」者，成都有此二石也。張世南《游宦紀聞》云：頃在成都，乃知天涯石，在中興寺。《耆老傳》云：人坐其上，則腳腫不能行，至今人不敢踐履。地角石，舊有廟，在羅城內西北角，高三尺餘，王均之亂，爲守城者所壞，今不復存矣。此則末俗傳聞，本非故實。《禽經》：鸎以喜囀，鳥以悲啼。潘岳《秋興賦》：蟬嘒嘒而寒吟兮，雁飄飄而南飛。陸機《爲顧彥先贈婦詩》：形影參商乖，音息曠不達。李善注：音息，音問消息也。常璩《華陽國志·巴志》：巴楚數相攻伐，故置扞關、陽關及沔關。是川東亦有陽關。案：臨海由出塞復使蜀，故曰「陽關積霧萬里昏」，非常《志》之陽關也。《元和郡縣志》：隴右道沙州壽昌縣陽關，在縣西六里，以居玉門關之南，故曰陽關，本漢置也，謂之南道，西趣鄯善、莎車。後魏嘗於此置陽關縣，周廢。劒閣，在今四川保寧府昭化縣劒州界，詳見《從軍中》、《行路難》。梁武帝《白銅鞮歌》：草樹非一香，花葉百種色。寄語故情人，知我心相憶。《新書·高宗本紀》：咸亨三年正月辛丑，姚州蠻寇邊。太子右衛副率梁積壽爲姚州道行軍總管以伐之。臨海自塞外從軍姚州，「脂車秣馬」句言雖入玉門，仍辭鄉國。姚州，今隸滇，漢西南夷地。邛僰，爲唐時由蜀入滇之路，故曰「策轡西南使邛僰」也。自塞外至姚州，故曰陽關萬里。案：臨海出塞，有賦及詩，姚州有露布。此於姚州，但言西南。而陽關從後方點出，何也？考《新書·吐蕃傳》：咸亨元年，安西四鎮並廢，薛仁貴至大非川，爲欽陵所拒，王師敗績。姚州之捷，不見於史。據張柬之表，則劉惠基戰死，其州遂廢，蓋當時諱言之爾。

陳立《白虎通疏證》卷一《爵》 天子者，爵稱也。此《易》說、《春秋》今文説也。《周易乾鑿度》云：「孔子曰：《易》有君人五號：帝者，天稱也；王者，美行也；天子者，爵號也；大君者，興盛行異也；大人者，聖明德備也。」《曲禮》《疏》引《五經異義》云：「天子有爵不？《易》孟、京説，《易》有周人五號，帝天稱一也。」説與《乾鑿度》文同，是天子有爵。古《周禮》説，天子無爵。同號于天，何爵之有？謹案《春秋左氏》云：施于夷狄稱天子，施于諸夏稱天王，施于京師稱王，知天子非爵稱也。從古《周禮》説。鄭駮之云：「案《士冠禮》：古者生無爵，死無謚。自周及漢，天子有謚，此有爵甚明。云無爵，失之矣。是鄭氏以天子爲爵稱也。《初學記》引《尚書刑德放》亦云：「天子，爵稱也。」兩漢之世，《易》孟京、《春秋公羊》立于學官，古《周禮》、古《左氏》尚未盛行，故與《白虎通》多異也。案《孟子》序班爵之制云：「天子一位，公一位，侯一位，伯一位，子男同一位。」以天子與五等之爵並稱，安見天子非爵也？顧氏炎武《日知録》云：「爲民而立之君，故班爵之意，天子與公侯伯子男一也，而非絶世之貴。代耕而賦之祿，故班祿之意，君卿大夫士與庶人在官一也，而非無事之食。是故知天子一位之義，則不敢肆于民上以自尊；知祿以代耕之義，則不敢厚取于民以自奉。不明乎此，而侮奪人之君，常多于三代以下矣。」而《禮記·王制》云「王者之制祿爵，公侯伯子男凡五等」者，蓋以王者之制言之，則不數天子；以作君作師之義言之，則天子亦儕乎公侯也。爵所以稱天子何？王者父天母地，爲天之子也。《乾鑿度》云：「天子者，繼天理物，改一統各得其宜，父天母地，以養萬民，至尊之號也。」《後漢書》注引《感精符》云：「人主日月同明，四時合信，故父天母地，兄日姊月。」宋《注》：「父天，于圜丘之祀也。母地，于方澤之祭也。」董子《繁露·三代改制篇》：「天佑而子之，號稱天子，故聖王生則稱天子。」蔡邕《獨斷》云：「父天母地，故稱天子。」《太平御覽》引應劭《漢官儀》云：「號曰皇帝，道舉措審諦，父天母地，爲天下主。」《詩·時邁》云：「昊天其子之。」鄭《箋》：「天其子愛之。」何氏《公羊》成公八年《傳》《注》：「聖人受命，皆天所生，謂之天子。」《御覽》引《保乾圖》云：「天子至尊也。神精與天地通，血氣含五帝精，天愛之子之也。」《後漢·李固傳》云：「王者父天母地。」是也。故《援神契》曰：「天覆地載，謂之天子，上法斗極。」《鉤命決》曰：「天子，爵稱也。」《援神契》、《鉤命決》，皆《孝經緯》篇名。《説苑·修文篇》：「天覆地載，謂之天子。」《御覽》引《佐助期》亦云「天子法斗，諸侯應宿」，皆與《孝經緯》説同也。

王先謙《後漢書集解·光武帝紀》 中元二年［集解］惠棟曰：《考異》云：《續志》以建武三十二年爲建武中元元年。《紀年通譜》云：據紀、志俱出范氏而所載不同，此必傳寫脱誤。今官書累經校定，學者失於精審，但見紀元復有建武二字，輒以意刪去，斯爲謬矣。梁武帝大同、大通之號，俱有中字，是亦憲章於此。棟案：宋説是也。惟以紀、志俱出范氏爲未審耳。沈約撰《符瑞志》亦言「建武中元元年」，知眾《漢書》所載，決不同於范也。春正月，東海王彊、沛王輔、楚王英、濟南王康、淮陽王延、趙王盱皆來。盱音況于反。丁卯，東巡狩。［集解］劉攽曰：案天子適諸侯曰「巡守」。守音狩耳，字不作狩。狩，田獵之名。《春秋》：天王狩於河陽。彼直謂狩獵，不與巡守同。而此書巡守字，皆作狩，不可盡改。又案：他書亦多作巡狩字，蓋世俗相傳，迷誤已久。以彼證字或眞以狩字爲是，故粗論之，以曉學者。二月己卯，幸魯，進幸太山。北海王興、齊王石朝于東嶽。辛卯，柴望岱宗，登封太山。甲午，禪于梁父。岱宗，太山也。梁父，太山下小山也。封謂聚土爲壇，墠謂除地而祭。改墠爲禪，神之也。《續漢志》曰：時上御輦，升山即位於壇，南北面。尚書令奉玉牒檢，皇帝以寸三分璽親封之，藏玉牒，已以石覆訖。尚書令以五寸印封石。檢畢，皇帝再拜，禪祭地於梁陰，以高后配山川羣神，從祀焉。其玉牒文秘刻石，文辭多不載。［集解］汪文臺曰：《御覽》五百三十六引《河圖會昌符》云：漢大興之道在九代之王，封乎太山，刻石著紀，禪於梁父，退省考功。又《初學記》五引袁宏書云：光武封泰山，雲氣成宫闕。三月戊辰，司空張純薨。夏四月癸酉，車駕還宫。己卯，大赦天下，復嬴、博、梁父、奉高，四縣屬太山郡故城，在今兗州博城縣界。〔集解〕陳景雲曰：故城上當有博字。先謙曰：嬴縣，今泰安府萊蕪縣。博、梁父、奉高，皆今泰安縣地。勿出今年田租、芻藁。改年爲中元。行幸長安。戊子，祀長陵。五月乙丑，至自長安。六月辛卯，太僕馮魴爲司空。乙未，司徒馮勤薨。是夏，京師醴泉涌出，《尚書中候》曰：俊乂在官，則醴泉出也。飲之者固疾皆愈，惟眇、蹇者不瘳。又有赤草生於水崖。赤草，朱草也。《大戴禮》曰：朱草日生一葉，至十五日已後日落一葉，周而復始。郡國頻上甘露。羣臣奏言：「地祇靈應而朱草萌生。《孝經援神契》曰：德至草木即朱草生。孝宣帝每有嘉瑞，輒㠯改元，神爵、五鳳、甘露、黃龍，列爲年紀，〔集解〕惠棟曰：《蓺文志》有《漢大年紀》五篇，臣瓚注，漢書亦引《漢帝年紀》是也。蓋㠯感致神祇，表彰德信。是㠯化致升平，稱爲中興。今天下清甯，靈物仍降。陛下情存損挹，推而不居，豈可使祥符顯慶，沒而無聞？宜令太史撰集，太史，史官之長也。《前書音義》曰：太史公，武帝置位，在丞相之上。㠯傳來世。」帝不納。常自謙無德，每郡國所上，輒抑而不當，故史官罕得記焉。秋，郡國三蝗。冬十月辛未，司隸校尉東萊李訢爲司徒。甲申，使司空告祠高廟〔集解〕惠棟曰：《東觀記》司空馮魴。曰：「高皇帝與羣臣約，非劉氏不王。呂太后賊害三趙，謂高帝子趙幽王友、趙恭王恢、趙隱王如意。專王呂氏，賴社稷之靈，祿、産伏誅，呂産、呂祿，並呂后兄弟子。呂后崩，各擁南北軍，欲爲亂，周勃、陳平等誅之。天命幾墜，危朝更安。呂太后不宜配食高廟，同祧至尊。薄太后母德慈仁，薄太后高帝姬，孝文帝之母。孝文皇帝賢明臨國，子孫賴福，延祚至今。其上薄太后尊號曰高皇后，配食地祇。遷呂太后廟主于園，四時上祭。園謂塋域也，於中置寢。十一月甲子晦，日有食之。〔集解〕惠棟曰：《續志》在斗二十度。是歲，初起明堂、靈臺、辟雍，及北郊兆域。《大戴禮》云：明堂者，凡九室：一室有四戶八牖，三十六戶七十二牖，㠯茅蓋上，上員下方，赤綴戶也，白綴牖也。《禮圖》又曰：建武三十一年作明堂，上員下方，十二堂。法日辰九室法，九州室，八窻，八九七十二法。一時之王室有十二戶法，陰陽之數。胡伯始云：古清廟，蓋㠯茅。今蓋㠯瓦，下藉茅，存古制也。《漢官儀》曰：明堂四面起土作壍，上作橋，壍中無木。明堂去平城門二里所，天子出從平城門，先歷明堂，迺至郊祀。又曰：辟雍去明堂三百步，車駕臨辟雍，從北門入，三月、九月皆於中行。《鄉射禮》：辟雍㠯水周其外，㠯節觀者。諸侯曰「泮宫」，東西南有水，北無，下天子也。《漢宫閣疏》曰：靈臺高三丈，十二門，天子曰「靈臺」，諸侯曰「觀臺」。《漢官儀》：北郊壇在城西北角，去城一里，所謂方壇四陛，但存壇祠舍而已。其鼓吹樂及舞人御帳，皆從南郊之具地祇位南面西上，高皇后配西面皆在壇上，地理羣神從食壇下，南郊焚犢，北郊埋犢。〔集解〕劉攽曰：注「去城一里，所謂方壇四陛」。案：謂當作「爲」，上文云去城一里所，句，爲方壇四陛。傳寫之誤，以「爲」爲「謂」。以所屬下句，甚無謂也。惠棟曰：《水經注》：靈臺，光武所築，高六丈，方二十步。先謙曰：官本注「存」作「有」。宣布圖讖於天下。復濟陽、南頓。是年徭役，參狼羌寇武都，敗郡兵，隴西太守劉盱遣軍救之，及武都郡兵討叛羌，皆破之。

又《漢書補注・元后傳》 又㠯侍中太僕音爲御史大夫，列于三公。而五侯羣弟，爭爲奢侈，賂遺珍寶，四面而至。後庭姬妾，各數十人，僮奴㠯千百數。羅鍾磬，舞鄭女，作倡優，狗馬馳逐，大治第室，起土山漸臺，〔補注〕沈欽韓曰：《列女貞順傳》：燕昭王出遊，留夫人漸臺之上。《辯通傳》：齊宣王置酒漸臺，則臨水之臺皆名漸臺，不專起於漢。《黃圖》云：一說漸臺星名，法星以爲臺。洞門高廊閣道，連屬彌望。師古曰：彌，竟也。言望之極目也，屬音之欲反。百姓歌之曰：五侯初起，曲陽最怒。〔補注〕宋祁曰：怒，音暖五反，上聲。壞決高都，連竟外杜，服虔曰：壞決高都水，入長安。高都水在長安西也。孟康曰：杜、鄠二縣之閒，田畝一金，言其境自長安至杜陵也。李奇曰：長安有高都水、杜里，既壞決高都作殿，復衍及外杜里。師古曰：成都侯商，自擅穿帝城引水耳，曲陽無此事。又雖大作第宅，不得從長安至杜陵也。按李說爲近是。〔補注〕沈欽韓曰：渭水注，泬水上承皇子陂于樊川，西北流，逕杜縣之杜京西。又北逕下杜城，即杜伯國。又北逕長安城西，與昆明池水合。又北流注渭，亦謂是水爲潏水，亦曰高都水。前漢之末，王氏五侯，大治池宇，引泬水入長安城，故百姓歌之云云。案《寰宇記》、《長安志》並云，下杜城在長安縣南一十五里，民閒侈言五家第宅相連，亦不爲過。又《黃圖》長安城南出東頭第一門曰「覆盎門」，一號杜門，其南有下杜城。《漢書集注》云。（《水經注》爲應劭語。）故杜陵之下聚落也，故曰「下杜門」。所云「外杜」，當在於是，顔注不明。外杜，《水經注》作「五杜」。先謙曰：官本注，按李說爲近是。無「按」字、「是」字。南監本與此同。土山漸臺西白虎。師古曰：皆放效天子之制也。〔補注〕宋祁曰：浙本「西」字下有「象」字。王念孫曰：西字下，「下」當作「上」。案浙本是也。顔注「放效」二字，正釋象字。且此歌以四字爲句，脫去象字，則文義不明，而句法亦不協矣。下文曰：「園中土山漸臺，似類白虎殿。」「似類」亦象也。《渭水》注、《文選・西征賦》注、《御覽・人事部一百六》引此，皆作「象西白虎」，《漢紀》同。奢僭如此。〔補注〕先謙曰：官本作「其奢侈如此」。南監本作「其奢僭如此」。

孫詒讓《墨子閒詁》卷一四《備城門》 禽滑釐問於子墨子曰：「由聖人之言，鳳鳥之不出，畢云：見《論語》。諸侯畔殷、周之國，畢云：殷，盛也。孫云：《爾雅》云，殷，中也，言周之中葉。蘇云：殷、周皆天子之國，言世衰而諸侯畔天子也，畢訓殷爲盛，孫訓殷爲中，皆非。案蘇説是也。此蓋通稱王國爲殷、周之國。《呂氏春秋·先巳篇》云，啇周之國，謀失於胷，令困於彼。《兼愛中篇》引武王告泰山辭曰：以祇啇夏。周初稱中國爲啇夏，周季稱中國爲殷周，辭例正相類。甲兵方起於天下，大攻小，強執弱，吾欲守小國，爲之奈何？」子墨子曰：「何攻之守？」禽滑釐對曰：「今之世常所以攻者：臨、畢云：臨一。《詩傳》云：臨，臨車也。陸德明《音義》云：韓詩作隆。孔穎達《正義》曰：臨者，在上臨下之名。詒讓案：後有《備高臨篇》云：積土爲高，以臨我城，薪土俱上，以爲羊黔，蒙櫓俱前，遂屬之城。又《備水篇》竝船爲臨。《備蛾傳篇》有行臨，然則臨乃水陸攻守諸械，以高臨下之通名，不必臨車也。臨聲轉作隆。《淮南子·氾論訓》云：隆衝以攻。又《兵略訓》云：攻不待衝隆雲梯而城拔。高注云：隆，高也。鉤、畢云：鉤二。《詩傳》云：鉤，鉤梯也，所以鉤引上城者。詒讓案：《備鉤篇》今佚。鉤，蓋即《魯問篇》所謂鉤距之鉤。《備穴篇》又有鐵鉤鉅，謂施長鉤，緣之以攻城。《管子·兵法篇》云：淩山阬不待鉤梯。《韓非子·外儲説左上篇》：趙主父、秦昭王令工施鉤梯上潘吾及華山。皆是也。《詩·皇矣》孔疏云：鉤援一物，正謂梯也。以梯倚城，相鉤引而上，援即引也。《墨子》稱公輸般作雲梯以攻宋，蓋此之謂也。馬瑞辰云：《墨子》分鉤與梯爲二，則鉤非即雲梯明矣。《六韜·軍用篇》有飛鉤，長八寸，鉤芒長四寸，梯長六尺以上，千二百枚，蓋即《詩》之鉤。《傳》云：鉤，鉤梯者，謂以鉤鉤梯而上，故又申之曰所以鉤引上城者，非謂鉤即梯也，《正義》失之。案：馬説是也。衝、畢云：衝三。《詩傳》云：衝，衝車也。《説文》云：䡴，陷敶車也。高誘注《淮南子》云：衝車，大鐵著其轅端，馬被甲，車被兵，所以衝於敵城也。又曰：衝所以臨敵城，衝突壞之。孔穎達《詩正義》云：衝者，從傍衝突之稱。兵書有作臨車、衝車之法。按䡴，正字。衝，假音。詒讓案：《詩·皇矣》，孔疏又云：《墨子》有《備衝之篇》今佚。定八年《左傳》云：主人焚衝。杜注云：衝，戰車。《六韜·軍用篇》有武衝大扶胥，疑即此。《戰國策·齊策》云百尺之衝。《荀子·彊國篇》又有渠衝。楊注云：渠，大也。渠衝，攻城之大車也。《韓非子·八説篇》云：平城距衝，疑即荀子之渠衝矣。《逸周書·小明武篇》云：具行衝梯。《莊子·秋水篇》云：梁麗可以衝城。亦即此。梯、畢云：梯四。案即雲梯。詒讓案：《説文·木部》云：梯，木階也。後有《備梯篇》。《通典》有作雲梯法，詳本篇。堙、畢云：堙五。一本作湮。案當爲垔，俗加土。《説文》云：垔，塞也。《玉篇》云：何休曰：上城具堙。《通典》云：於城外起土爲山，乘城而上，古謂之土山，今謂之壘道。用生牛皮作小屋，并四面蒙之，屋中置運土人，以防攻擊者。注云：即孫子所謂距闉也。鑿地爲道，行於城下，用攻其城，往往建柱，積薪於其柱，圜而燒之，柱折櫓部，城摧。詒讓案：土山，亦見《太白陰經攻城具篇》。《左傳·襄六年》：晏弱圍萊，堙之，環城傅於堞。杜注云：堙，土山也。《書·費誓》孔疏云：兵法，攻城築土爲山，以闚望城內，謂之距堙。《孫子·謀攻篇》作距闉，曹操注云：距闉者，踴土稍高而前，以附其城也。《尉繚子·兵教下篇》云：地狹而人衆者，則築大堙以臨之。蓋堙與高臨略同，惟以堙池爲異。此書今本備，堙無專篇，而本篇後文寇闉池一節，蓋即備堙之法。又舊《備穴篇》亦有救闉池之文，今移入本篇。《雜守篇》又作煙。闉、堙、煙、聲同字通。水、後有《備水篇》。畢云：水六。穴、後有《備穴篇》。畢云：穴七。突、後有《備突篇》，不詳攻法，而云城百步一突門，乃守者所爲。疑突與穴略同，但穴爲穴地，突爲穴城，二者小異耳。襄二十五年《左傳》：鄭伐陳，宵突陳城。杜注云：突，穿也。《三國志·魏明帝紀》裴松之注引《魏略》，載諸葛亮攻陳倉，爲地突，欲踴出於城裏，郝昭於內穿地橫截之，則突亦穴地矣。未聞其審。畢云突八。空洞、《説文·穴部》云：空，竅也。《淮南子·原道訓》高注云：洞，通也。《史記·大宛傳》云：徙其城下水空，以空其城」，《集解》徐廣曰：空一作穴。此空洞當亦穴突之類，其攻法之異同今，今篇佚無可攷。畢云：空洞九。蟻傅、傅，舊本作附。道藏本、吳鈔本竝作傅，今案傳乃傅之誤，後有《備蛾傳篇》即此。諸本作附，字通，而與後篇目不相應，今校改傳。畢云：蟻附十。蟻同螘。孫子云：將不勝心忿而蟻附。注云：使卒徐上城，如蟻緣城殺士也。轒轀、畢云：轒轀十一。《太平御覽》《太公六韜》曰：凡三軍有大事，莫不習用器械，攻城圍邑，則有轒轀臨衝。視城中，則有雲梯飛樓。周遷《輿服襍事》曰：櫝榅，今之橦車也。其下四輪從中推之，至敵城下。《説文》云：轒，淮陽名車穹窿轒。《玉篇》云：轒輓，兵車。作輓。輓、轀音相近。《藝文類聚》引《孫子》又作枌轀。《通典》云：攻城戰具，作四輪。車上以繩爲脊，生牛皮蒙之，下可藏十人，填隍推之，直抵城下，可以攻掘，金火木石所不能敗，謂之轒轀車。案：畢引《六韜》據《御覽》，文多譌挩，今據《軍略篇》校正。《通典》本《太白陰經》，《孫子·謀攻篇》云：攻城之法，脩櫓轒轀。曹注云：轒轀者，其下四輪，從中推之至城下也。《文選·長楊賦》李注引服虔云：轒轀，百二十步兵車，可寢處。《説文·車部》云：轀，臥車也。案《備轒轀篇》今佚，後《備水篇》以船爲轒轀，與攻城之車異。軒車，畢云：軒車十二。詒讓案：《備軒篇》今佚，《説文·車部》云：軒，曲輈藩車也。彼謂卿大夫所乘車。此攻城軒車，未詳其制。《左·宣十五年》傳云：登諸樓車。杜注云：車上望櫓。此軒車疑即樓車。《楚辭·招魂》王注云：軒，樓版也。馬瑞辰云《六韜·軍用篇》飛樓，蓋即《墨子》之軒車，《左傳》之巢車。敢問守此十二者奈何？」

沈曾植《蒙古源流箋證》卷一 第六，瀾大噶拉卜，則自風壇始定起，至空虛噶拉卜之末止。《佛祖統紀》梵語刼波，此云分別時節，以人壽八萬四千歲，百年命減一年，減至十歲，百年增一年，復增至八萬四千歲，如是一減一增爲一小刼，二十增減爲一中刼，總成、住、壞、空四中刼爲一大刼，過去、現在、未來各一大刼。過去曰：莊嚴刼；現在曰：賢刼；未來曰：星宿刼，三世各出千佛，所謂成刼者。《起世經》云：刼初成時光音，天空中布金色雲，偏覆梵天，注大洪雨，猶如車軸積風輪上，結爲水輪，增長至天住界。雨斷水退，有大風起，吹水生沫，擲置空中，作梵天宫殿；七寶間成，水復退下，如前風起，擲水沫，成魔羅波旬宫殿；次造他化自在天，展轉至夜摩天宫殿。水復退下，大風吹沫，造須彌山，復吹沫，造三十三天宫殿，復於須彌山腹造四天王宫，日月天宫，及空居夜叉宫殿，又於須彌四面作脩羅城，又吹水沫，作七金山，四大洲，八萬小洲。周匝安置小輪圍山，如是大風吹掘大地，漸漸深入，置大水，聚成七香水海，及大鹹水海，又於地下造閻摩羅宫殿，地獄住處。如此三千世界一時同成。此外更造大鐵圍山，包裹此大千世界，此約經歷二十增減小刼而成。然則此文所云：第一鎮定噶拉卜，自始定風壇起，至生育衆生止，即《起世經》之成刼也。其第二棲止噶拉卜，自南瞻部洲人壽無量時起，至十歲止，是爲減刼。第三適中噶拉卜，自十歲，起漸增至八萬歲止，是爲增刼，合栖止、適中二噶拉卜，當《經》之住刼。《經》以一增一減爲一小刼，二十增減爲一中刼，二噶拉卜當一中刼，宜有二十增減。此文乃若僅一減一增者然，譯文質略，無由深攷矣。第四殘尅噶拉卜，當《經》壞刼。第五空虚噶拉卜，當《經》空刼，以上皆中刼。第六濶大噶拉卜，自風壇始定起，至空虚噶拉卜之末而止，則是總包以上五噶拉卜，猶《經》文總成，住、壞、空四中刼爲大刼矣。此書叙述原始，固不能如諸經之詳，繹其意旨，或以前五噶拉卜，該過去莊嚴刼，後一噶拉卜當現在賢刼，未來星宿刼則略而未出也。王靜安校，以上並見《彰所知論》。

姚炳《詩識名解》卷一五《穀》 穀。《小雅·鶴鳴》篇。《廣雅》訓穀爲楮。陸璣云：幽州人謂之穀桑，或曰楮桑。羅瑞良辨之，謂太戊時桑穀共生，劉向以爲桑猶喪也，穀猶生也，是以桑穀爲二物也。而陸璣謂穀有穀桑楮桑之稱，則又一物也。愚按：穀自有桑名，書傳所稱不一。舊傳伊陟相太戊，亳有祥桑，共生於朝，則專言桑不言穀矣。而《韓詩外傳》稱穀生湯之廷，七日而穀亡，又專言穀不言桑，則桑穀之爲一木明甚。今楮紙最下者俗呼桑皮紙，亦是其證。陸農師謂先賢以皮斑有爲楮皮，白者爲穀，有瓣者曰楮，無瓣者曰稱，分三種，恐未然。

穀雖非嘉木，然江南人績其皮以爲布，亦以爲紙。葉初生又可茹，又斑穀之皮可取爲冠。《廣州記》謂蠻夷取穀皮熟搥爲揭裏布，鋪以擬氊，則其資於用者甚廣，安得以惡稱之？陸農師謂惡木而以善名，猶甘草名大苦之類。羅瑞良則謂穀田久廢所生。又李時珍謂楚人呼乳爲穀，其木中白，汁如乳，故以名之。三說並非，穀從禾從木字義自別，六書本分，不可混也。

以穀較檀，美惡自分，然非眞棄材也。《論衡》楓桐之木，生而速長，樹檀以五月生葉，後彼春榮之木，則穀之易生者視之爲賤矣。此與上籜對舉，皆不賢之喻。何元子謂首言籜，苐歎賢人凋謝耳，此言穀則喻所進用者無非小人，是以籜作檀葉解，故云然。駁見前。

《小雅·黃鳥》篇。鳥性隨木所棲，不必泥穀爲惡木，以喻所處之非地。嚴華谷云：說者以黃鳥集穀啄粟喻侵迫，不知黃鳥人所愛玩，集木啄粟未爲侵害於人，其說甚當。愚按：舊解以無集無啄爲此邦之言，不我肯穀爲去者之言，故以侵迫爲說非也。穀粟乃即其異國所依之處而言耳。

王琦《李長吉歌詩彙解·還自會稽歌》 台城應教人，秋衾夢銅輦。《容齋續筆》：晉、宋間，謂朝廷禁省爲台，故稱禁城爲台城，官軍爲台軍，使者爲台使，卿士爲台官，法令爲台格。今人於他處指言建康爲台城，則非也。《景定建康志》：台城一曰苑城，本吳後苑城。晉成帝咸和中，新宫成，名建康宫，即所謂台城也，在上元縣東北五里。魏晉以來，人臣於文字間有屬和於天子，曰應詔；於太子，曰應令；於諸王，曰應教。詩序言應和皇子，故云應教。《文苑英華》載庾肩吾詩，有《和晉安王薄晚逐涼北樓回應教詩》，《咏朝床應教詩》，《奉和泛舟漢水往萬山應教詩》數篇。陸機詩：撫劍遵銅輦。李善注：銅輦，太子車飾。

陳厚耀《春秋世族譜》卷下 小國諸侯名號：虢叔。《隱元》見。注：東虢君。虢公忌父。《隱八》見。西虢君，作卿士于周。芮伯萬。《桓三》見。虢公林父。《桓五》見。虢仲。《桓八》見。注：即林父。淳于公。《桓五》見。即州公。穀伯綏。《桓七》見。鄧侯吾離。《桓七》見。紀季。《莊四》見。紀侯失國，其弟紀季有之。郳犂來。《莊五》見。郳即小邾。鄧祁侯。《莊六》見。注：即吾離，或云吾離之子。燕仲父。《莊二十》見。南燕伯。同上。虢叔。《莊二十》見。注：虢公林父之子。虢公醜。《僖五》。廧咎如。《僖二十三》見。赤狄别種。介葛盧。《僖二十九》見。長狄僑如。見《文十一》，鄋瞞君。郕太子朱儒。《文十一》見。郕伯。《文十二》見。舒子平。《文十二》見。唐惠侯。《宣十二》見。潞子嬰兒。《宣十五》見。沈子揖。《成八》見。無終子嘉父。《襄三》見。萊共公浮柔。《襄六》見。戎子駒支。《僖十四》見。姜戎氏。同上。吾離。見《僖十四》。北燕伯欵。《昭三》見。燕簡公。同上。小邾穆公。《昭三》見。肥子緜皋。《昭十二》見。滅。鼓子鳶鞮。

《昭十五》見。滅。戎蠻子嘉。《昭十六年》，殺，立昇子。子赤。《哀四》。胡子髡。《昭二十三》見。沈子逞。《昭二十三》見。沈子揖子。徐子章禹昭。《三十》見。唐成公。《定三》見。唐侯。同上。沈子嘉。《定四》見。沈子逞之子。頓子牂。《定十四》見。胡子豹。《定十五》見。胡子髡之子。小國諸臣名氏。紀子帛。《隱二》見。注：紀大夫。或云即紀侯。紀裂繻。同上。季梁。《桓六》見。隨賢臣。大良、少良《桓六》見。戎之二帥爲鄭所獲者。韓服。《桓九》見。巴行人。巴客。同上。虞叔。《桓十》見。虞公之弟。詹父。《桓十》見。虢大夫。伯嘉。《桓十二》見。羅臣。騅甥、聃甥、養甥。《莊六》見。注：皆鄧甥之仕于舅氏者。蕭叔大心。《莊十二》見。注：蕭大夫。因氏、工婁氏、須遂氏、頷氏。《莊十七》見。四族皆遂之強宗。祝應、宗區、史嚚。《莊三十二》見。三人皆虢臣。宮之奇。《僖二》見。虞賢臣。卜招父。《僖十七》見。梁太卜。酆舒。《文七》見。《宣十五》又見。狄臣，即潞子之權相。焚如、榮如、簡如見《文十一》，俱長狄僑如之弟。還無社。《宣十二》見。注：蕭大夫。仲章。《宣十五》見。潞賢臣。正輿子。《襄二》見。注：大夫。孟樂。《襄三》見。無終子之臣。儀楚。《昭六》見。徐大夫。郳申。《昭二十》見。小邾穆公子。小邾射。《哀十四》見。注：小邾大夫。

雜録

張守節《史記正義》謚法解：

惟周公旦、太公望開嗣王業，建功于牧野，終將葬，乃制謚，遂叙謚法。謚者，行之迹；號者，功之表。古者有大功，則賜之善號以爲稱也。車服者，位之章也。是以大行受大名，細行受細名。行出於己，名生於人。名謂號謚。民無能名曰神。不名一善。靖民則法曰皇。靖安。德象天地曰帝。同於天地。仁義所往曰王。民往歸之。立志及衆曰公。志無私也。執應八方曰侯。所執行八方應之。賞慶刑威曰君。能行四者。從之成羣曰君。民從之。揚善賦簡曰聖。所稱得人，所善得實，所賦得簡。敬賓厚禮曰聖。厚於禮。照臨四方曰明。以明照之。譖訴不行曰明。逆知之，故不行。經緯天地曰文。成其道。道德博聞曰文。無不知。學勤好問曰文。不恥下問。慈惠愛民曰文。惠以成政。愍民惠禮曰文。惠而有禮。賜民爵位曰文。與同升。綏柔士民曰德。安民以居，安士以事。諫爭不威曰德。不以威拒諫。剛彊直理曰武。剛無欲，強不屈。懷忠恕，正曲直。威彊敵德曰武。與有德者敵。克定禍亂曰武。以兵征，故能定。刑民克服曰武。法以正民，能使服。夸志多窮曰武。大志行兵，多所窮極。安民立政曰成。政以安定。淵源流通曰康。性無忌。溫柔好樂曰康。好豐年，勤民事。安樂撫民曰康。無四方之虞。合民安樂曰康。富而教之。布德執義曰穆。故穆穆。中情見貌曰穆。性公露。容儀恭美曰昭。有儀可象，行恭可美。昭德有勞曰昭。能勞謙。聖聞周達曰昭。聖聖通合。治而無眚曰平。無災罪也。執事有制曰平。不任意。布綱治紀曰平。施之政事。由義而濟曰景。用義而成。耆意大慮曰景。耆，強也。布義行剛曰景。以剛行義。清白守節曰貞。行清白執志固。大慮克就曰貞。能大慮非正而何。不隱無屈曰貞。坦然無私。辟土服遠曰桓。以武正定。克敬動民曰桓。敬以使之。辟土兼國曰桓。兼人故啓土。能思辯衆曰元。別之，使各有次。行義說民曰元。民說其義。始建國都曰元。非善之長，何以始之。主義行德曰元。以義爲主，行德政。聖善周聞曰宣。聞，謂所聞善事也。兵甲亟作曰莊。以數征爲嚴。叡圉克服曰莊。通邊圉，使能服。勝敵志強曰莊。不撓，故勝。死於原野曰莊。非嚴何以死難。屢征殺伐曰莊。以嚴釐之。武而不遂曰莊。武功不成。柔質慈民曰惠。知其性。愛民好與曰惠。與謂施。夙夜警戒曰敬。敬身思戒。合善典法曰敬。非敬何以善之。剛德克就曰肅。成其敬使爲終。執心決斷曰肅。言嚴果。不生其國曰聲。生於外家。愛民好治曰戴。好民治。典禮不愆曰戴。無過。未家短折曰傷。未家，未娶。短折不成曰殤。有知而夭殤。隱拂不成曰隱。不以隱括改其性。不顯尸國曰隱。以閒主國。見美堅長曰隱。美過其令。官人應實曰知。能官人。肆行勞祀曰悼。放心勞於淫祀，言不修德。年中早夭曰悼。年不稱志。恐懼從處曰悼。從處，言險圮。凶年無穀曰荒。不務耕稼。外內從亂曰荒。家不治，官不治。好樂怠政曰荒。淫於聲樂，怠於政事。在國遭憂曰愍。仍多大喪。在國逢囏曰愍。兵寇之事。禍亂方作曰愍。國無政，動長亂。使民悲傷曰愍。苛政賊害。貞心大度曰匡。心正而用察少。德正應和曰莫。正其德，應其和。施勤無私曰類。無私，唯義所在。思慮果遠曰明。自任多，近於專。嗇於賜與曰愛。言貪悋。危身奉上曰忠。險不辭難。克威捷行曰魏。有威而敏行。克威惠禮曰魏。雖威不逆禮。教誨不倦曰長。以道教之。肇敏行成曰直。始疾行成，言不深。疏遠繼位曰紹。非其弟過得之。好廉自克曰節。自勝其情欲。好更改舊曰易。變故改常。愛民在刑曰克。道之以政，齊之以法。除殘去虐曰湯。一德不懈曰簡。一不委曲。平易不訾曰簡。不信訾毀。尊賢貴義曰恭。尊事賢人，寵貴義士。敬事供上曰恭。供奉也。尊賢敬讓曰恭。敬有德，讓有功。既過能改曰恭。言自知。執事堅固曰恭。守正不移。愛民長弟曰恭。順長接弟。執禮御賓曰恭。迎待賓也。芘親之闕曰恭。修德以蓋之。尊賢讓善曰恭。不專己善，推於人。威儀悉備曰欽。威則可畏，儀則可象。大慮靜民曰定。思樹惠。純行不爽曰定。行一不傷。安民大慮曰定。以慮安民。安民法古曰定。不失舊意。辟地有德曰襄。取之以義。甲胄有勞曰襄。亟征伐。小心畏忌曰僖。思所當忌。質淵受諫曰釐。深故能受。有罰而還曰釐。知難而退。溫柔賢善曰懿。性純淑。心能制義曰度。制事得宜。聰明叡哲曰獻。有通知之聰。知質有聖曰獻。有所通而無蔽。五宗安之曰孝。五世之宗。慈惠愛親曰孝。周愛族親。秉德不回曰孝。順於德而不違。協時肇享曰孝。協合肇始。執心克莊曰齊。能自嚴。資輔共就曰齊。資輔佐而共成。甄心動懼曰頃。甄精。敏以敬慎曰頃。疾於所慎敬。柔德安衆曰靖。成衆使安。恭己鮮方曰靖。恭己正身，少言而中。寬樂令終曰靖。性寬樂義，以善自終。威德剛武曰圉。禦亂患。彌年壽考曰胡。久也。保民耆艾曰胡。六十曰耆，七十曰艾。追補前過曰剛。勤善以補過。猛以剛果曰威。猛則少寬。果，敢行。猛以彊果曰威。強甚於剛。彊義執正曰威。問正言無邪。治典不殺曰祁。秉常不衰。大慮行節曰考。言成其節。治民克盡曰使。克盡無恩惠。好和不爭曰安。生而少斷。道德純一曰思。道大而德一。大省兆民曰思。大親民而不殺。外內思索曰思。言求善。追悔前過曰思。思而能改。行見中外曰愨。表裏如一。狀古述今曰譽。立言之稱。昭功寧民曰商。明有功者。克殺秉政曰夷。秉政不任賢。安心好靜曰夷。不爽政。執義揚善曰懷。稱人之善。慈仁短折曰懷。短未六十，折未三十。述義不克曰丁。不能成義。有功安民曰烈。以武立功。秉德尊業曰烈。剛克爲伐曰翼。伐功也。思慮深遠曰翼。小心翼翼。外內貞復曰白。正而復，終始一。不勤成名曰靈。任本性，不見賢思齊。死而志成曰靈。志事不忝命。死見神能曰靈。有鬼不爲厲。亂而不損曰靈。不能以治損亂。好祭鬼怪曰靈。瀆鬼神不致遠。極知鬼神曰靈。其智能聽徹。殺戮無辜曰厲。愎很遂過曰刺。去諫曰愎，反是曰很。不思忘愛曰刺。忘其愛己者。蚤孤短折曰哀。早未知人事。恭仁短折曰哀。體恭質仁，功未施。好變動民曰躁。數移徙。不悔前過曰戾。知而不改。怙威肆行曰醜。肆意行威。壅遏不通曰幽。弱損不淩。蚤孤鋪位曰幽。鋪位即位而卒。動祭亂常曰幽。易神之班。柔質受諫曰慧。以虛受人。名實不爽曰質。不爽言相應。溫良好樂曰良。言其人可好可樂。慈和偏服曰順。能使人皆服其慈和。博聞多能曰憲。雖多能，不至於大道。滿志多窮曰惑。自足者必不惑。思慮不爽曰厚。不差所思而得。好內遠禮曰煬。朋淫於家，不奉禮。去禮遠衆曰煬。不率禮，不親長。內外賓服曰正。言以正服之。彰義掩過曰堅。明義以蓋前過。華言無實曰夸。恢誕。逆天虐民曰抗。背尊大而逆之。名與實爽曰繆。言名美而實傷。擇善而從曰比。比方善而從之。隱，哀也。景，武也。施德爲文。除惡爲武。辟地爲襄。服遠爲桓。剛克爲僖。施而不成爲宣。惠無內德爲平。亂而不損爲靈。由義而濟爲景。餘皆象也。以其所爲謚象其事行。和，會也。勤，勞也。遵，循也。爽，傷也。肇，始也。怙，恃也。享，祀也。胡，大也。秉，順也。就，會也。錫，與也。典，常也。肆，放也。康，虛也。叡，聖也。惠，愛也。綏，安也。堅，長也。耆，彊也。考，成也。周，至也。懷，思也。式，法也。布，施也。敏，疾也，速也。載，事也。彌，久也。以前《周書・謚法》。周代君王並取作謚，故全寫一篇，以傳後學。

列國分野：《漢書地理志》云：「本秦京師爲內史。」顏師古云：「京師，天子所居畿內也。秦并天下，改立郡縣，而京畿所統，時號內史，言其在內，以別於諸郡守也。」《百官表》云：「內史，周官，秦因之，掌治京師。景帝二年，分置左內史、右內史。武帝太初元年，更名京兆尹，左內史名馮翊。主爵中尉，秦官，掌列侯。景帝六年，更名都尉，武帝太初元年，更名右扶風，治內史，與左馮翊、京兆尹，是爲三輔也。」

秦地於天官東井、輿鬼之分壄。其界自弘農故關以西，京兆、扶風、馮翊、北地、上郡、西河、安定、天水、隴西；南有巴、蜀、廣漢、犍爲、武都；西有金城、武威、張掖、酒泉、敦煌；又西南有牂柯、越嶲、益州。

魏地觜觿、參之分壄。其界自高陵以東，盡河東、河內；南有陳留及汝南之召陵、㶏彊、新汲、西華、長平，潁川之舞陽、郾陵，河南之開封、中牟、陽武、酸棗、卷。卷，去權反。

周地柳、七星，張之分壄。今之河南洛陽、穀城、平陰、偃師、鞏、緱氏。

韓地角、亢、氐之分壄。韓分晉，得南陽郡及潁川之父城、定陵、襄城、潁陽、潁陰、長社、陽翟、郟；東接汝南，西接弘農，得新安、宜陽、鄭，今河南之新鄭及成皋、滎陽，潁川之崇高、陽城。

趙地昴，畢之分壄。趙分晉得趙國，北有信都、眞定、常山，又得涿郡之高陽莫州鄉；東有廣平、鉅鹿、清河、河閒，又得渤海郡之東平舒、中邑、文安、東州、成平、章武，河以北也；南至浮水、繁陽、內黄、斥丘；西有太原、定襄、雲中、五原、上黨。

燕地尾，箕之分壄。召公封於燕，後三十六世與六國俱稱王。東有漁陽、右北平、遼西、遼東；西有上谷、代郡、鴈門；南有涿郡之易、容城、范陽；北有新成、故安、涿縣、良鄉、新昌及渤海之安次，樂浪、玄菟亦宜屬焉。

齊地虚，危之分壄。東有菑川、東萊、瑯邪、高密、膠東；南有泰山、城陽；北有千乘、清河以南，渤海之高樂、高城、重合、陽信；西有濟南、平原。

魯地奎，婁之分壄。東至東海；南有泗水，至淮得臨淮之下相、睢陵、僮、取慮。

宋地房，心之分壄。今之沛、梁、楚、山陽、濟陰、東平及東郡之須昌、壽張，今之睢陽。

衛地營室，東壁之分壄。今之東郡及魏郡之黎陽，河內之野王、朝歌。

楚地翼，軫之分壄。今之南郡、江夏、零陵、桂陽、武陵、長沙及漢中、汝南郡，後陳、魯屬焉。

吳地斗，牛之分壄。今之會稽、九江、丹陽、豫章、廬江、廣陵、六安、臨淮郡。

粤地，牽牛、婺女之分壄。今蒼梧、鬱林、合浦、交阯、九真、南海、日南。

以前是戰國時諸國界域，及相侵伐，犬牙深入，然亦不能委細，故略記之，用知大略。

劉敞《春秋傳説例・凡例》 國君以仁義爲守，以禮樂爲教，以政刑爲法，以賢智爲輔，雖有強暴，孰能亡之？是以春秋諸侯之奔者，莫曰人逐之，而曰自亡也。故諸言奔者，將必治其罪，則正言其名。正言其名有所不通，是以諱所尊則曰「居」，原註：天王居。諱所親則曰「孫」，諱所賢則曰「大去」，大去者，將遜于位之意也。

胡三省《新注資治通鑑序》 亂定反室，復購得他本爲之註，始以《考異》及所註者散入《通鑑》各文之下；曆法、天文則隨《目録》所書而附註焉。汔乙酉冬，乃克徹編。凡紀事之本末，地名之同異，州縣之建置離合，制度之沿革損益，悉疏其所以然。若《釋文》之舛謬，悉改而正之，著《辯誤》十二卷。

《春秋五禮例宗・嘉禮》 昏：王娶：桓八年十月，祭伯來，遂逆王后于紀。九年春，紀季姜歸于京師。襄十五年二月，劉夏逆王后于齊。娶王女：莊元年夏，單伯送王姬。秋，築王姬之館于外。冬，王姬歸于齊。十一年冬，王姬歸于齊。內娶：桓三年七月，公子翬如齊逆女。九月，齊侯送姜氏于讙，公會齊侯于讙。夫人姜氏至自齊。莊二十二年冬，公如齊納幣。二十四年，公如齊逆女。秋，公至自齊。八月丁丑，夫人姜氏入。戊寅，大夫宗婦覿用幣。文二年冬，公子遂如齊納幣。四年夏，逆婦姜于齊。十八年冬，十月，夫人姜氏歸于齊。宣元年，正月，公子遂如齊逆女。二月，遂以夫人婦姜至自齊。成十四年秋，叔孫僑如如齊逆女。九月，僑如以夫人婦姜氏至自齊。娶內女：隱二年，九月，紀裂繻來逆女。冬，十月，伯姬歸于紀。莊十二年，紀叔姬歸于酅。十九年，公子結媵陳人之婦于鄄。二十五年夏，伯姬歸于杞。二十七年冬，杞伯姬來。僖二十八年秋，杞伯姬來。二十七年，莒慶來逆叔姬。僖十四年夏，季姬與鄫子遇于防，鄫子來朝。十五年，季姬歸于鄫。二十五年，宋蕩伯姬來逆婦。三十一年，杞伯姬來求婦。文十四年，齊人執子叔姬。十五年，齊人來歸子叔姬。宣五年，九月，齊高固來逆叔姬。冬，齊高固及子叔姬來。十六年，郯伯姬來歸。成五年，杞叔姬來歸。八年夏，宋公使公孫壽來納幣。十月，衛人來媵。九年，二月，伯姬歸于宋。夏，季孫行父如宋致女，晉人來媵。十年，五月，齊人來媵。內女來朝：僖五年春，杞伯姬來朝其子。

傳曰：女子許嫁，笄而字，禮之稱字，則字尊于稱女也。公女許嫁則視公子，嫁于諸侯則視諸侯。諸侯來逆則曰女而不稱字者，未敢以其尊當君也。既至其國，則夫人矣，夫人來歸，則稱字而不曰夫人者，父母之國詞也。天子之后則命之，斯成其尊矣，不成其尊不足以匹至尊也。諸侯之娶於諸侯，敵也，敵則嫌於相當。天子之娶於諸侯，降也，降則嫌於非匹，故天子之逆則稱后，諸侯之逆則稱女，若乃大夫自逆于公，則女稱字焉，以其下嫁，故得申其尊也。昏禮有五，而獨書納幣者，舉其重者也。蓋禮于納采曰有惠，於問名曰有命，於納吉曰有貺，於問期曰有賜，而於納徵獨曰重禮，則五禮之中此爲重也。《穀梁》曰：納幣使大夫，正也。逆女，親者也。攷於禮，凡使者反，必反命，曰既得將事，則納幣當使人。孔子曰：冕而親迎，則逆女當親之。然天子諸侯有邦國之事，或不得親，則使卿爲正。《士昏禮》曰：若不親迎，則婦入三月而婿見於主人，然則士有故且或不親，而況人君乎。《詩》刺不親迎，言其常也。《經》書卿逆，言其故也。婦人謂嫁曰歸，女以男爲家者也。魯夫人歸寧曰如某，出曰歸于某。魯女歸寧曰來，出曰來歸。魯夫人之出與魯女之嫁者同辭，皆自内往而彼爲主之稱也。魯女之出與外之以物至者同辭，皆自外來而我爲主之稱也，其曰如某則與公如同義。

生：桓六年，九月丁卯，子同生。

歸脤：定十四年，天王使石尚來歸脤。

享：莊四年春，王二月，夫人姜氏享齊侯于祝丘。

肆眚附：莊二十二年，春王正月，肆大眚。

梁寅《詩演義・凡例》 《詩演義》之作，本以申朱子《集傳》之義，非敢違異，間有他說可取，必先用傳義，而他說附之其後。

《詩傳》於每篇之後，各揭篇名，云篇凡幾章，章凡幾句，蓋因其舊。今於各篇之首，先揭篇名，舊序是者用之，其非者皆以《詩傳》大意爲篇之小序。

詩中鳥獸草木之名，吾夫子以爲可資多識，今以韻會偏攷而詳注之，其中雖未必一一可信，姑並存之以廣異聞。

凡《詩經》之正音、叶音，一依《詩傳》，今不重出，間有難字，直音其下，以便初學。

傳中或引先儒格言，或朱子自立論精粹者，於《演義》中仍全段引之，庶讀者可入心熟記。

傳以一章之訓詁聚爲一處，凡「者」、「也」等字多省之，初學者或難於成誦，今於一章之後引經一句或二句，先釋字義，後明一句之旨，凡「者」、「也」等字不厭其多，庶成章而便於誦。

凡詩之語句有重出者，傳既釋之於前，則後之重出者，但云義見某篇，初學者或檢尋費力，今於重出之句皆仍注釋之，但詳略或異。

明道先生言詩未嘗章解句釋，其談詩不下一字訓詁，只轉却一兩字點平。掇念過，便教人省悟，傳中有略處，蓋程子之意。然經有語句難解處，亦須詳解，雖非善言詩，亦初學之便。

凡詩精微處，言及性命之旨，德行之要，必詳說之，一依程、朱之言。或有師其意不師其辭，下語恐差，卓識之士必有以正其失者。

楊慎《升菴集》卷四一《卦爻名義》 易者，蘆蝘之名，守宮是矣。守宮，即蜥蜴也。與龍通氣，故可禱雨。與蚪同形，故能嘔雹。身色無恆，日十二變，是則易者，取其變也。彖者，茅犀之名，狶神是矣。彖亦曰茅犀，狀如犀而小角，善知吉凶。交廣有之，土人名曰狶神。犀形獨角，知幾知祥，是則彖者，取於幾也。象，大荒之獸也。人希見生象也，按其圖以想其形，名之曰像，故其爲字，從人於象也。孔穎達曰：卦者，掛也，掛之於壁也。蓋懸物之杙也。《木經》云：爻者，交疏之窗也，其字像窗形，今之象眼窗也。所取於爻者，義取於旁通；所取於卦者，懸有大小也。

又《卦字解》 孔穎達曰：卦者，掛也，掛之於壁也，蓋懸物之杙也。諸儒皆用其說，無有他解。予以爲非，杙則可掛於壁，《易》卦豈可掛於壁乎？卦者，圭也。古者造律制量，六十四黍爲一圭，則六十四象總名爲卦可也。應劭曰：圭者自然之形。陰陽之始卦者，亦自然之形。陰陽之象，其爲字也，從卜爲義，從圭爲聲，亦兼義也。古文圭亦音卦，今挂字從手爲義，從圭爲聲，則圭即音卦可證矣。卦，古文圭字。爻，古字象交窗形。

又《魂魄》 《易》曰：精氣爲物，游魂爲變。精爲魄，氣爲魂，二者既合，然後有物。及其散也，則魂游而爲神，魄散而爲鬼矣。子產有言：物生始化曰魄，既生魄陽曰魂。孔子曰：氣也者，神之盛也。魄也者，鬼之盛也。鄭氏注曰：噓吸出入者，氣也。耳目之精明者，爲魄。氣則魂之謂也。《淮南子》曰：天氣爲魂，地氣爲魄。高誘注曰：魂，人陽神也。魄，人陰神也。魂魄性情也。約情合性爲聖人；載營魄勿滑而魄爲仙人。故曰：輕清者魄，從魂升。重濁者魂，從魄降。升魂爲貴，降魄爲賤。靈魂爲賢，厲魄爲愚。輕魂爲明，重魄爲暗。揚魂爲羽，鈍魄爲毛。衆人以魄攝魂，聖人以魂運魄。蓋魄之藏，魂拘之；魂之游，魄囚之。魂晝屬目，魄夜屬肝。寓目能見，舍肝能夢。故魂能知來，魄能藏往。

金瑶《周禮述注・凡例》 一、此書周公治天下之大經大灋，其有關于治道甚大。漢人亂以僞句，遂使程、朱二大儒不欲註，而國家因以不列于學官。予初註此書，只欲爲公添一註腳，不謂更得此亂句，故樂與諸君子共斥之。

一、亂句爲此書累甚大，別之以陰字，豈徒使人易見，正以示陰陽淑慝之義，以箸其非。

一、此書不但有亂句，即原文亦有錯亂。邇來諸家各有更變，予亦有更變。雖不必盡合，而其意皆欲正此經。觀者無以迹略意。

一、此書應註字多，凡字已經註過者不重註。

一、註字應順經文，而此有羅文。註應隨經文下註，而此有類註。羅文爲省字，類註爲省字，兼示同也。

一、僞官註末不註此官，改官內不註本某官屬，示無此官也。分類內不論大小，置之末，外之也。

一、官名特起一格，以便觀者。間有同局者，只間一圈，不特起，以存原意。總治職內叙例長，又官繫總治，雖同局而各特起。不命以下有職而無官，雖非同局，而不特起。

一、註內言官皆一命以上，不命者只曰職。女屬雖有命，亦曰職。

一、此書字、義註半出鄭疏，發明處多已見。註內言疏、言舊疏，皆鄭註。

一、《禮記》所載與此書十九不合，註有引之者，爲可以相證也。觀者毋以證義即經義。

陳禹謨《四書名物考・凡例》　一、考亭註疏止發本文意義，其間名物各有歸據，多所未詳。是考自典墳經史暨秘文奧牒，以至稗史方言，靡勿搜訂，堪補註疏，大開學士家心胸眼目，誠几案間第一種要書。

一、是考談名理叅孔、顔之別解，陳經術括晁、董諸儒之實諦，大則廟典朝綱，細則禽魚草木，幽則天苞地符，顯則彝常日用，該悉無遺，誠前後塲應制之總持也。

一、舊刻所考允稱閎博，然不無缺略之憾。兹于原集未經研覈者全補之，已經研覈而未悉者叅補之，俱于目錄下綴一補字，以別舊刻。

一、舊刻皆不標書題，隨文衍義，殊無叚落，覺觀者汗漫。兹狥本傳，逐章標列，以便觀覽。

一、舊刻一涉群書便多難字，苟形聲未辨，義理奚詳，詞意未達，勦襲何裨？用是確訂《海》《玉》《正韻》諸篇，逐字明釋，庶免紕漏。

一、舊刻編連牘累，頗有稽疑，猝難尋摘。兹特歷節提行，燦若列指。

林兆珂《多識編・凡例》　一、篇內鳥獸昆蟲草木，非《三百篇》無取。餘則載之外篇雜篇，稟經也。

一、鳥獸昆蟲草木詳名攷性，不及事。非事詭幻者，亦不錄，貴破理也。

一、詩旨疏、箋、朱傳互參，上遡聖門序傳，近古也。

一、諸說參同酌雅，間並存者，備考也。

一、物名混似不乏，彼此各載，傳疑也。

一、各物各揭詩句，詩句有重揭者，類編也。

一、詩旨易見，或互見別條者弗詳，恐贅也。

一、采諸家物名或與本詩同韻異文，詩文如詩，諸家如諸家，因也。

一、諸音參詳本詩，只因朱傳，音不用叶者，斷章也。

又《考工記述註・凡例》　一、是註採輯諸家訓釋，櫽括成章。作者姓名不能枚列，惟於一二立論處始摽曰某氏云。

一、諸家原註互有異同，其二說皆通者兼採之，以備叅閱。

一、原註有通章可采者，亦時酌入。別註其片詞當意間出他書者，併爲摘錄。

一、是註一意發明章旨，其古註入玄必不可解者，與或不經之譚、無益之辯，姑置不錄。

一、古制不合於今，尺寸亦異，不無可疑。今只依經解說，其間推算，則依本註。

一、是記頗多逸篇，亦多錯簡。如《玉人》一章，吳氏別爲敘次，又削去案十有二寸數語，是或一見，今未敢從，仍錄原文，以附闕疑之義。

一、是記與《周禮》非出一人之手，豈能合異爲同？如《匠人》、《溝洫》與《遂人》章，劉氏中義以積數方法之說牽強求合，先輩辯之詳矣。諸凡此類，亦未敢從，只依本文解之。

一、古人命官必自有說。如鳧氏、㮚氏、桃氏、鍾氏，義已失傳。易氏強爲之説，吳氏更置其名，均爲未當，併不敢從。

一、襄陽周啓明氏依謝疊山批點《檀弓》傍用小圈摽出章法、句法、字法，以便童習。今亦依之，更爲叅訂。

一、批評桜之諸家，附以鄙見。亦讀至淋漓快意處拈筆書之，不問爲誰氏語也。

一、註釋之外，偶有所得，可裨見聞者，併錄之上方，以備考訂。

一、記中多奇字，宜先考音，如註疏所稱資讀如冬資絺之資，迤讀爲倚移從風之移，犂讀爲紛容犂簽之犂之類，又各證以原書，可資博覽。第傷於浩汗，且家自爲音，不可縷述。今依林氏《禮解音義》而酌之。

一、註家分章不無異同，亦宜考定。今以吳氏考註爲凖，叅之諸家章句，斷以本文章旨分之。

一、此記林氏有圖，蓋宗《三禮圖》，而祖漢儒鄭康成輩，非無攄也。今亦模刻卷末，以便覽觀。

茅瑞徵《禹貢匯疏・凡例》 一、是集以漢孔氏傳、唐孔穎達疏爲主，惟刪其繁稱及舛誤者，標題括以「傳」、「疏」二字。

一、蘇長公書傳頗多發明，別標「蘇傳」二字，餘兼采大全諸家之說。其蔡傳自當孤行于世，唯間有訂定，摘錄之。

一、傳疏大全外，諸儒引證論著有超然獨解，先獲我心者，並行摘錄。

一、《山海經》水經多及《禹貢》山川，然自太史公已稱山經恠罔，不敢深信，唯取其近似者。此外稗乘瑣言並行彚輯，惟語涉荒誕者置之。

一、九州沿革，大略以近代正統輿圖爲據，在某時爲某州境，叅訂同異，寧詳無略。本朝則旁采郡縣志，然以《大明一統志》爲准。

一、九州形勝及歷代都會，並考訂于州域之下，星野亦併存其略。

一、管窺蠡測，偶攄一得，別標「箋」字。其本朝名公論著，亦即附于其後。凡有關經濟，無嫌博采，但須與經文相涉者方錄。

一、近時講義充棟，率事沿襲，間近支離，不能槩錄。唯鄭端簡公古今言、金壇王心麓先生日記有禆經世，吾師胡伯玉先生雅言時多獨解，並行纂入，仍標某氏，以別顓門之學。

一、解義繁多，汰其支複，并爲更端，以便繙閱。或句爲之節，庶讀者開卷了然。

一、諸家見解互異，不妨並存，以憑折衷。唯文義牽合必不可從者汰之，不敢舉一廢百也。

一、先儒稱名、稱氏、稱子，並從原文。其蘇長公除書傳外旁引仍稱蘇氏。本朝諸儒唯專門者別稱氏。

一、鄭端簡公舊有圖經，今稍爲訂正，增入京都河源并歷代地圖、本朝漕河總圖，爲圖經上下篇。

一、諸家所述禹跡曼衍，難以盡據，而上考千古，寧過而存之，爰訂爲別錄。

馮瀅京《四書名物考敘》 經之難明非一日矣。旨哉，鄭樵氏之言，以爲百經之難明，而所載事物之難明也；非古之言難明，而古之言有不通於今者之難明也。迺顓經之士病於博通，譚理之家馮其臆見，古今名物置而不講，故無以詮隱頤而涣凝結矣。不有鴻裁，孰求來俊。余師陳先生殫見洽聞，留心著述，于是研究六籍，旁貫百家，窮討秘文，冥收怪牒，蓋自朝章國制之鉅，以至蟲魚草木之微，四籍遺言，煥然臚列。書成而命之曰《名物考》，凡若干卷，蓋解經之陸海，而明經之筌蹄。

馮復京《六家詩名物疏・敘例》 一、六義奧趣，五際微文。先儒駕說，揚搉已詳。今之所詮，名物而已。

一、詩人之作，摭流景於目前，寄心曲於形表。孔子曰：多識於鳥獸草木之名。比類而言，幾乎上窮景緯，下括輿圖，中脩人事。予今具釋列爲三十二門，門各若干事，《詩》之名物殫於此矣。

一、漢世說《詩》者，齊、魯、毛、韓，分鑣竝驅。洎乎《鄭箋》續綴，毛說孤行，朱傳晚成，學宫犆立，古今名家不越乎此。其詁中名物詮釋如左，雖三氏淪亡，而羣書錯引，固可得而脩論也。其他如歐之本義，王之新說，蘇、呂、錢、董諸家，雖式存遺牒，未列學官，各刱新奇，無煩翰墨。

一、篇首《小序》，或云西河手刱，或云國史編題，甚則高子加其枝指，衛宏成其虵足，既非古經，故不存今疏。

一、分門著疏，有總有別。總則犄陳梗概，別則曲致發揮。何者？如禮是總名，吉、凶諸儀爲禮之別；樂是總名，聲、容諸器爲樂之別。若禮樂備書則數帙未竟，若儀器稍缺則一物全疎。所以錯意立文，詳略各異，推之諸類，亦猶是也。

一、六經之文，齊定宣聖；三雅之釋，竝稾姬公。斯紀載之冠冕，文章之潭奧。此疏之設，本爲明經。以經解經，辟猶以水投水，雖欲無合，其可得乎。故詳加蒐輯，鮮或缺遺。子史文集，則簡汰浮華，導揚指要。若夫鳥獸草木，產窮荒絕徼之區，靈怪鬼神，出《虞初》《奚堅》之志。無裨經學，未遑縷數。

一、詩人詠物，據謠俗以屬篇；先哲解經，緣師門而聚訟。所以種類紛揉，訓故踳駁。予不揆檮昧，輒附管窺，庶或助錦帶之揮麈，解青衿之疑網。若離經畔正，逞己蓋人，乃是木零捐本，狐斃忘丘。既篤論之攸譏，良予心之所懼也。

一、典冊浩汗，援據紛紜。刊除既病於不該，採掇復虞於叢委。故所述之書，或芟煩就簡，或移後從前，或著論櫽括其言，或他章錯綜其義。蓋編次惟取省文，考練尚宜探本。

一、古多奇字，兼有借音。誠恐披觀駭目，諷誦聱牙，輒於籍端隨加翻切。若字同用異，則必兩載以示旨；或聲別義均，則從一音以便讀。

一、自姬漢以來，儒學成林，縹緗充棟。予材非贍敏，思謝淵沈。而欲廣前說之波瀾，拯諸家之失隊。力小任重，不亦惑乎。然而勉希十駕，自勵三餘。雖同華子之病忘，竊效甯生之篤學。少習是經，旁通諸籍，少究指歸，因緣互證，爰抽腹笥以示門人。久之，時術之徒編綴成集，問字之客用傳好事。非有心於著述，致未純於體例。譌謬良多，挂漏不免，將來涉者倘加補正，則甚幸云。

徐昭慶《**考工記通·凡例**》　一、是註本之朱周翰之句解，上而參之鄭康成，下而合之周啓明、孫士龍諸家，謬成是帙。其間晦者求明，略者求詳，未安者求之以正。訂註頗殷，惟欲取便初學，故自忘固陋耳。觀者鑒之。

一、是記古無題目，自諸家紛出，則有三十二屬之目矣。然記序內原止三十工，而畫繢居二，實則二十九工，且無兩輪人、兩車人及輈人之名，則諸家增此三屬者亦因後文之所有而增之也。於是臨汨周氏乃增以記序、論車、車旗、序金、車人諸目，亦因後文之無，當於本屬而分別之，則目有三十七焉。於古雖若悖，而於義則無違，故茲從耳。

一、是記古無分條，惟逐句釋義。邇如《訓雋》及周氏諸本分條，每成長篇，殊不便於初學檢註，而臨川吳氏《考註》分條簡便，今從吳本。

一、記中名物度數頗稱奇古，而康成舊註亦臻神化。然以此合彼，以後合前，而有不侔者，當是錯簡耳。茲故不敢輒更，惟辨明注末，以俟高明。

一、車制如賢軹之類、弓鼙之類，鍾制如銑舞之類，侯制如个舌之類，尺寸頗稱煩瑣，前後殊有異同，雖鄭氏較諸家極爲詳盡，而此類尚多不侔。余肆力窮考，務求合一，固不敢自謂良工，亦嘗苦心於是矣。

一、諸家發明，每成長篇，甚爲汎蔓厭觀。余法其旨而僭爲刪削，自是簡約便覽。其中摘錄一段者則用某曰，採錄一二句併一二字者則用某云，即人之說而發明之者，則用某謂也。

一、註中往拘成語成字，較記益晦，有似以記註註，非以註註記也。余於成語成字之下復爲註釋，殊便初學。

一、評論本之周啓明，參以《訓雋》諸家，間足鄙意。

一、字法、句法、章法悉依周啓明，圈點如之。

一、蓋人誤爲輪人，耒人誤爲車人，臨川吳氏嘗正之，而古本不敢擅更，仍從焉。

一、鍾爲鳧氏，染爲鍾氏，兩無取義，吳氏嘗辨明之，然亦不敢輕更。

一、梓人、匠人舊分三官，臨川吳氏酌而合之，於義爲當，茲實法焉。

一、音切依陸氏《釋文》併《正韻》。釋文於中未當，謬以鄙意及諸家新說辨明之。

一、古字例有古字、即字、借讀字、同讀字不同。古字、即字通用，而借讀字有此借而彼不借者，同讀字有此同而彼不同者，諸書俱混云音某，或云某同，殊失本旨，茲悉依古字例音釋。

張文爟《**戰國策譚棷·凡例**》　是策自漢而下，名公鉅儒多所議論，而鮮有成集者。唯陸文裕、張太岳、陸北川、唐荊川、田豫陽、許茗山、歸震川、王父與瀛公田香宇十餘家評，抄其一段一事者，各見之文集。子史悉羅而置之上方，其總譚《國策》，不宜偏屬者，俱列之篇首，爲《譚棷》附錄。

是《策》文鮑氏所加塗抹等字，吳氏校本舊並存疑。然字多重疊，殊不便讀，今止錄元字、增字，刪之有一二訛舛者，仍註於下。

《策》內列矦名或註、或不註，今於諸書可考者補入，無者仍舊。

吳師道較本於《秦策》無李斯《上逐客書》，《楚》無《弱弓對中山無饗士章》。今從舊本，以諸善本參之補入焉。雖非吳氏校註者，然亦不失爲全

《策》。

舊本列國之下雖有地名，俱與國朝不同。今按《一統志》，各註今時地名於每國之首，以便觀覽。至於篇中不敢繁雜、混入吳氏校證者。

《戰國策》舊本無地圖。然古今地名沿革不同，且縱横之譚，未易通曉。茲按戰國地圖參入國朝地圖，列之篇首。庶達近攻取之勢，一覽在目。

《策》中事有可疑，文有缺失，考之各書，聞之名言，即於上方曰：按某書某人云。

是《策》，鮑氏定爲十卷。然策之多者，卷帙獨重或不便於觀覽。合以其多者，分爲某卷上，某卷下以列之，而卷則仍其舊。

劉向所校定三十三篇，鮑彪合爲十卷，更次章條，正其衍説。吳師道譏其淆亂元次。然不可偏廢，茲篇目仍劉卷章，因鮑庶今二氏之意。

吳師道所校註，其中「正曰」者，著其未明；「補曰」者，發其遺漏。參訂二氏之意，極爲微妙。時本有雖從吳氏註，而或削其議論。茲從舊本考證之，不敢加損，以失吳氏本旨。

諸本刻者，多以宋、衛、中山等國連合爲一，殊爲失體。今各開卷以別之。

是《策》古今序、題識者甚多，然繁冗不能盡載。今止或註、或校者錄之，其他有一二議論可取，亦收之附錄，庶不沒其善云。

陳深《周禮訓雋·凡例》 一、刻此書以何氏集註爲主，而損其註之漫漶無節者。其闕要有未備，則採漢唐註疏等增入之。其間大指或有舛誤，則以愚意更定之，如調人之類。其名物、字義，或有失解，或解而未的者，則博考群籍研覈之，書於額上。

一、此書之剞而布也，所以明五官之相聯屬也，司空之無專職也，闕文之當慎也，古書之當因也。五家補本何氏最後，而紛裂爲尤甚。今取其紛裂之尤甚而梓行之，何哉？譬諸李法，爰書不具，何以報當？譬如倉公，病情不得，何以發藥？新古未陳，學術未見，何以相正？故以紛裂之甚者而質諸古本，則見古本之爲得。以古本而視諸紛裂之甚，則見紛裂之爲誤。故以何氏本行之，而諸家之失具在矣。凡外屬之剌入本屬者，則於本屬之題上書曰舊隸某官，自本屬而黜諸外屬者，則於外屬之題上書曰舊隸某官。其別爲一卷補冬官者，則於所補冬官凡目之下書其各職之所自來，以此合諸古本，而得失較然矣。學者觀於吾古本，而知五官聯屬之妙也，冬官不設職之圓而神也，舊文之可以味而得，闕文之可以意而逆也，可以想見當時作者之臆也。

一、五官乃元聖所儀畫，無敢肆其雌黄。然篇必有總，章必有斷，植表懸標，分疆劃里，則不可少也。獨《考工記》世鄙之爲運斤之長語，晚周之下駟，而爲不知者所詬厲也。故特表而出之，不惜煩言縷縷。辭雖徑省，而包含盡物；字雖奇峻，而親切依人。終日言之，而不蓋其美也。然此特其蛇跗蜩翼耳。至其所以運筆之妙，綴文者當自得之。

一、五官多奇字，字形也。《考工記》亦多奇字，字義也。《考工記》之字義奇而妥，用之綴文則適。五官之字形奇而僻，用之綴文則醜。《考工記》之命字，體雖沉奥，而義則相宜，用之者貴通其義而得其解。五官之立字，體本平易而飾以迂險，用之者當避其險而從其易。説者謂此書本出於劉歆之家，而歆嘗學奇字於揚雄，以此竄入，非當時之故文也。洪景盧嘗辯之。豈以前聖之簡易而有此字形也哉。夫惟《考工記》尚矣，吾無訾也已。

一、此書不列於學官，而功令不及，故士不習。士既不習，市亦不售，古文遂湮。雖諸家補本行世，亦未有明其義而好之者。學者多馳於外家語，而不槩諸經義。至如此書之文辭，矜而石，木而敦，尤爲浮士所厭。然清世賢人平居求志，《五經》之外極深之學，宜莫尚於此也。愚故刻意行之。

一、《周禮》有字義之最深而不得其解者。甚且大喪往往用「廞」字。音歆字，注云：興也，陳也。《説文》：「陳輿服于庭也。」《笙師職》云：「大喪廞其樂器。」《司服》：「大喪共其廞衣服。」《司裘》：「大喪廞裘。」《司干》：「大喪廞舞器。」《司樂》：「大喪廞樂器。」鄭注皆解爲興，盖襲用《爾雅》之誤。成周盛世，豈有大喪用笙樂舞器之理乎？楊用脩曰：「按：此廞義盖謂陳而不作耳。」唐崔祐甫《獨孤及墓銘》：「廞衣楚挽，徘徊墓田。」李華權《文公墓銘》：「廞隧納書，禮優職襄。」《宋眞宗挽歌》云：「廞翣浮晨旭，邊簫咽暝霞。」周平園《皇祐哀書》云：「桂輪隱曜，椒掖廞儀。」皆得其解矣。

一、別刻有《周禮古本訓節》，明白簡易，而古意可尋。字爲之讐，句爲之證。鉤勒之，分畫之，不待訓釋而文義了然，可稱善本。若諸家補本，則註釋詳悉，今又爲之增損，爲之譏評，又便初學矣。學者先觀諸家，後觀吾古本，然後知此書之爲要，而不能不加意焉。

趙殿成《王右丞集箋注・例略》 《摩詰詩集》，是其弟相國夏卿所編次。諸家刻本予所見者，廬陵劉氏須溪、武陵顧氏元緯、句吳顧氏可久、吳興凌氏初成四家而已。此外尚有蜀本、廣信本、維揚本，惜未得一見。又谷林五弟言，義門何氏有宋本右丞集，考正疑誤，最爲精確，今在揚州一藏書家，更恨未得寓目。據所見而論，惟須谿評本爲最善。舊史載夏卿對代宗之言，謂「臣兄開元中詩百千餘篇，天寶事後百不存一。比于中外親故間相與編綴，都得四百餘篇」。今須谿本所載者，僅三百七十一篇，則已非寶應中進御原本矣。洪興祖謂王涯在翰林時，與令狐楚、張仲素所賦宮詞諸章，俱誤入王維集中。今吳興、武陵二本所載遊春辭三十餘首，即是涯等所作。須谿本獨無此誤，以此知其本爲最善也。是編自十四卷以前之詩，皆須谿本所有者。雖頗亦間雜他人之作，然槩不敢損益。其別本所增及他籍互見者，另爲外編一卷。

敍詩之法，編年爲上，別體次之，分類又其次也。今四家敍次，互有不同。擬欲編年，苦無所本，不敢強作解事，特仿錢牧齋《杜詩箋註》之例，以古詩、近體分編，而又析其五言、七言、律詩、絕句，各爲一聚，以便檢閱。

須谿本于詩題下間有註云時年若干，有云時爲某官之類，或本右丞自註，或是相國附書，或繫劉氏傳聞，俱未敢臆度。酌加原註二字，以冠其上。

同時詩人唱和，須谿本作夾行細書，附錄于本詩之後。武陵本另編同咏一帙。餘本皆削去。今從須谿本，特改作大書，而稍低一字，以爲本集眉目之別。至于贈答之篇無可附麗者，以及後賢題咏，總錄卷首。若關涉繪事者，則歸末卷畫錄中。使之類聚群分，有條而不紊。

豕亥變形，魚魯易韻。名士手校，猶有異同，況多經妄庸人改竄其中乎？歐陽公言：韓文印本，初未必誤，多爲校讎者妄改。如羅池碑改步爲涉，田氏廟改天明作王明之類，是其一證。即云此是善本，亦僅僅彼善于此，未必親得作者手稿，而以劉向、揚雄之博雅爲之訂正者也。爰是竊取朱子《韓文考異》之例，採集諸本之異同，其謬誤顯然者正之，餘則兼存其字，並載集中，以聽覽者之自爲擇焉。

夏卿《進右丞集表》，謂詩筆共成十卷，蓋古人通謂文爲筆。《南史・任昉傳》有「沈詩任筆」之稱，《劉孝儀傳》有「三筆六詩」之目，杜牧之絕句亦有「杜詩韓筆愁來讀，似倩麻姑癢處搔」之句是已。今考須谿本詩有六卷，武陵本文有四卷，合之正得十卷。但須谿本以皇甫岳、裴右丞寫眞二贊、《宋進馬哀詞》一章、連珠詞五首，俱雜編詩中。武陵本既以二贊哀詞類次文中，而連珠詞獨離入外編。是又何耶？茲自十六卷《白鸚鵡賦》起，至二十七卷《祭鄴國夫人》文以前，皆依武陵本所錄。惟《送晁監還日本國序》，拔置詩前，以相繫屬。其連珠詞則綴于祭文之後。判一首乃《文苑英華》所錄者，亦採附篇末，以成完集，庶使觀者無遺珠之嘆。

詩集多有他本可校，文集自武陵本外，餘皆缺如也。顧氏自言參訂之功，糾其失款者八字，補其脫缺者十七字，更其差謬者三十四字，總五十九字。俾讀者有驗于嵩簡，無迷于帝虎，爲藝林一快，可謂勤矣。乃今讀之，其差誤處尚多。以意考證，又得六十六字，其介于疑似之間者，一仍原本，而附注于下，以俟後人之論定。

官制歷代更易，地理屢朝遷變，稽古家以二者爲最難考訂。集中所用，或近依李唐，或遠從前代，或隨時勦說，或沿古雷同。錯出紛如，不同一例。近則以《新舊》二史及《六典》、《通典》、《元和郡縣志》諸帙相參；遠則以《史》、《漢》三家及《晉書》、《隋書》、酈道元《水經註》諸編互考。隨時勦說者，多索其微瑕。沿古雷同者，務尋其源委。庶幾一覽瞭然，不致見譏鹿馬無分、菽麥不辨焉耳。

唐人最重君諱，文字中必避之。以太祖故，諱虎爲武。以高祖故，諱淵爲泉。以太宗故，諱世爲代，諱民爲人。以高宗故，諱治爲理。以中宗故，諱顯爲明。集中凡此諸字，或諱或不諱，未見畫一。愚意以爲諱者是當時原筆，不諱者疑後人妄改。猶蕭士贇註李供奉詩，謂異代不諱，遂改猛武作猛虎之類，大爲後學所譏。茲皆悉依舊本，未改者不敢妄更，已改者不敢妄正，疑以傳疑，庶幾不失古書面目。

畫學祕訣一篇，關中石刻二則，係後人僞造，駕名右丞者，宜棄勿錄。然古今援引者，多云是右丞語，且久爲繪畫家所憲章，去之似覺可惜。因存之卷後，并資好學者博覽。

古人典籍，代有消亡。以張燕公之淹博，晚生王子安不過十數年，尚不能知五雲太甲之句。今去右丞之世，幾及千載。開元天寶間所存之書，亡失又不知幾何。即令竭三餘之晷，窮四庫之藏，而逸簡遺編，懼有湮落而無可稽者尚多。況予家蓄書又甚少，取傳是樓書目較之，所有者不及十之二三。海内諸有力購書者家，又多不相識，或相識亦苦道遠不能借。惟谷林、意林二弟小山堂所藏弆者，時得索觀耳。夫莛史枕書，未能半豹，探奇索隱，焉覩全牛，見笑于大方之家，自知難免矣。

裴駰作《史記集解》，採皇甫謐、應劭、徐廣諸説，而必列其名。朱紫陽作《四書集註》，採張子、程子、尹氏、游氏諸説，而必存其姓。蓋不敢没人之美也。間與友朋會集，質疑訪逸，研搉是非，採其合者載之，必冠以姓氏，不敢隱没。至于竺乾氏之書，素未泛覽，即同人中亦鮮有旁通。惟王友琢崖時見其游目此中，每有所注，輒就訪問，多檢出本處示余。今注中所載龍藏貝書之故實、一花五葉之源流，皆其所尋章摘句以襄助者也。因條數繁多，故姓字不及廣載。

修飾歷年，頗有塗抹。戊申初夏，爰命兒子秉恕淨寫一遍。據其鄙見，往往附註側行，迄今十載，字跡猶新，而人已不可復見矣。因念昔楊烏九歲，與其父子雲參議太玄，有荷戟入榛之語。又李善註《文選》，釋事而忘義，其子邕意欲有所更定，善試令其補益，其後兩書並行。雖逝者才藻，遠謝昔人，而舐犢深情何能已已。枝言數則，手不忍削，并編入注内，上加秉恕按三字以別之。

詩集，須谿本、句吳本俱六卷。吳興本分七卷，序次與須谿迥異，而跋云悉因劉校，豈今所見者，又非須谿原本乎。武陵本析爲十卷。余因注釋多寡，難循舊格，爰并文集分爲二十八卷。而以夏卿進表、代宗批答、新、舊《唐書》本傳世系及諸書所載遺事、前人贈答題咏諸條，弁其前，彙爲一卷，以爲之首。採各家之品題綺語，作詩評，萃衆帙之書紀繪事，作畫錄，次作詩之歲月行事，作年譜，附其後，彙爲一卷，以爲之末。雖搜羅有限，掛漏多慚，然嗜好所寄，精神亦因之寄焉。拾遺補闕，或者未必竟無一得云。

秦蕙田《五禮通考・凡例》　一、五禮之名，肇自《虞書》。五禮之目，著于《周官・大宗伯》曰：吉、凶、軍、賓、嘉。《小宗伯》掌五禮之禁令與其用等。孔子曰：「周監于二代，郁郁乎文哉，吾從周。」所以經緯天地，宰制萬物，大矣至矣。自古《禮》散軼，漢儒掇拾於煨燼之餘，其傳於今者，惟《儀禮》十七篇，《周官》五篇，《考工記》一篇，大多殘闕；《禮記》四十九篇，删自《小戴》，及所存《大戴禮》，間有制度可考，而純駁互見，附以注疏及魏晉諸家人自爲説，益用紛岐。唐宋以來，惟杜氏佑《通典》，陳氏祥道《禮書》，朱子《儀禮經傳通解》，馬氏端臨《文獻通考》，言禮頗詳。今案《通解》所纂王朝邦國諸禮，合三禮諸經傳記，薈萃補輯，規模精密，第專録註疏，亦未及史乘，且屬未成之書。《禮書》詳于名物，略于傳註。《通典》、《通考》雖網羅載籍，兼收令典，第五禮僅二書門類之一，未克窮端竟委，詳説反約。《宋史・禮志》載朱子嘗欲取《儀禮》、《周官》、二《戴記》爲本，編次朝廷公卿大夫士民之禮，盡取漢晉而下及唐諸儒之説，考訂辨正，以爲當代之典，未及成書。至近代崑山徐氏乾學著《讀禮通考》一百二十卷，古禮則倣《經傳通解》，兼採衆説，詳加折衷；歷代則一本正史，參以《通典》、《通考》，廣爲搜集，庶幾朱子遺意所關經國善俗，厥功甚鉅。惜乎吉、嘉、賓、軍四禮，屬草未就。是書因其體例，依《通典》五禮次第編輯，吉禮如干卷，嘉禮如干卷，賓禮如干卷，軍禮及凶禮之未備者如干卷，而《通解》内之王朝禮別爲條目，附于嘉禮，合徐書，而《大宗伯》之五禮，古今沿革，本末源流，異同失得之故，咸有考焉。

一、考制必從其朔，法古貴知其意。而議禮之家，古稱聚訟，權衡審度，非可臆決。徐本于經文缺略傳注糾紛之處，必詳悉考訂，定厥指歸。茲特兼收異説，并先儒辨論附于各條之後，以備參稽，或並存闕疑，於治經之學不無補裨。

一、杜氏、馬氏所載歷代史事，大概專據《志》書，而《本紀》、《列傳》不加搜採。然史家記事，彼此互見，且二十二史體例各殊，有詳于《志》而不登《紀》、《傳》者，亦有散見《紀》、《傳》而不登于《志》者，舉一廢一，不無掛漏。又其採輯之法，有時全載議論，一事而辨析千言；有時專提綱領，千言而括成一語。詳略不均，指歸無據。茲特偏採《紀》、《傳》，參校《志》書，分次時代，詳加考核。凡諸議禮之文，務使異同並載，曲直具存，庶幾後之考者得以詳其本末。

一、作者謂聖，述者謂明。聖則經，而賢則傳。《漢・藝文志》言禮者十三家，洎及魏晉，師傳弟受，抱殘守闕，厥功偉焉。至宋元諸大儒，出粹義微言，元宗統會，而議禮始有歸宿。茲編考訂，專以經傳爲權衡，謹緝禮經源流列于首簡。

一、歷代禮典，西京賈、董昌言，未遑制作，東都鋭意舉修，多雜讖緯。魏晉則僅傳儀注，逮梁天監中，五禮始有成書。唐《開元禮》出而五禮之文大備，杜氏因之參輯舊聞，作爲《通典》。馬氏續加增廣，纂入《通考》。元、明各有集禮及《典章》、《會典》等書。班孟堅云：王者必因前王之禮，順時施宜，有所捐益；夫子亦曰：百世可知。述禮制因革。

一、吉禮爲五禮之冠。《記》曰：禮有《五經》，莫重于祭。唐虞伯夷典《三禮》，周官大宗伯掌天神、地祇、人鬼之禮。第兩郊七廟，遺文缺微，《儀禮》所傳《特牲》、《少牢》，皆大夫、士之祭。故《漢志》有推士禮而致于天子之譏，矧讖緯繁興，康成雜入經註，辨難滋起：如天帝有六，地祇爲二，明堂之五室、九室，祈穀之建子、建寅，禘郊不分，地社莫別，宗廟六祭淆于禘祫分年，昭穆祧遷紊于兄弟繼序。他如服冕牲牢，樂舞器數，岐説益紛。幾千年間廢興創革，往往莫之適從。兹編于經傳搜集無遺，冀以補綴萬一。至先儒論説及累朝奏議，亦廣爲採取。較之《通典》、《通考》詳略懸殊，卷帙亦獨多於他《禮》。

一、《大宗伯》《三禮》，馬氏《通考》以郊、社、宗廟統之，三者亦各自爲叙。然先農、先蠶以人鬼而入郊、社，六宗四類，又不能確指爲何神，《經傳通解》增列百神一項，究不如《宗伯》《三禮》爲統括，今但以義類相從，未敢強分名目。

一、《儀禮》十七篇，依鄭注嘉禮居其七，《通典》從《開元禮》，以大射、鄉射屬軍禮，宋史仍屬嘉禮。夫古者射以觀德，貫革非所尚也，今從鄭氏。

一、《大宗伯》以賓禮親邦國，是時天下封建，故諸侯于天子有朝宗、覲遇、會同、問視之禮，諸侯鄰國亦相朝聘。自罷侯置守，無復古儀。杜氏《通典》採摭古今，分爲四條，《通志》但存三恪二王後一則，《通考》竟全删去，以藩國朝貢附見于朝儀。今輯經文天子諸侯覲聘之禮，以存古儀，録史傳藩國朝貢及遣使迎勞諸儀，以昭近制，而士庶人相見禮終焉。

一、《儀禮》闕軍禮，《周官・大宗伯》以軍禮同邦國，曰大師、大均、大田、大役、大封。《唐開元禮》其儀二十有三，《通典》綜爲九條，今兼《通考》之例，爲類一十有九。

一、《大宗伯》以凶禮哀邦國之憂，其禮之别有五。《論語》曰：所重民食、喪祭，喪固凶禮一大端也，已詳徐氏《讀禮通考》，兹特以賑禬補其缺云。

一、經禮三百，《周官》六職所掌，大小《戴記》所載，廣大悉眩。《通考》捋田賦、選舉、學校、職官、象緯、封建、輿地、王禮各爲一門，不入五禮，而朱子《經傳通解》俱編入王朝禮，最爲該洽，今祖述《通解》，稍變體例，附於嘉禮之内。《易》曰：嘉會足以合禮，蓋言盛也。

一、五禮各門，經文之後二十二史紀、志、列傳，搜擇頗廣，今附《通解》王朝禮各類，經則照五禮條目詳加考證，史則第載沿革大端以備參考，全文槩從摘略。

一、徐書上自王朝，下逮民俗，古禮今制，靡弗該載，是編六籍而外，後世典章，始于秦漢訖于前明，洪惟我朝聖聖相承，制度修明，日新富有，至于科條所頒，敬切訓行，高深莫贊。蕙田叨佐秩宗，疎陋是懼，復理專門故業，略識源流，抑亦退食寢興，無忘匪懈云爾。

《四庫提要・子部二・近思録集注》 國朝茅星來撰《朱子近思録》，宋以來註者數家，惟葉采《集解》至今盛行。星來病其麤率膚淺，解所不必解，而稍費擬議者則闕，又多彼此錯亂，字句訛舛。因取周、張、二程《全書》及宋元《近思録》刊本，叅校同異。凡近刻舛錯者，悉從《朱子考正》。錯簡之例，各註本條之下。又薈稡衆説，叅以己見，爲之支分節解，於名物訓詁考證尤詳。更以《伊洛淵源録》所載四子事跡，具爲箋釋，冠於簡端，謂之《附説》。書成於康熙辛丑，有星來自序，又有後序一篇，作於乾隆丙辰，去書成時十五年，蓋殫一生之精力爲之也。

孫星衍《尚書今古文注疏・凡例》 一、此書之作，意在網羅放失舊聞，故録漢魏人佚説爲多。其前哲編纂《書》義，具有成書，或列在學官，或爲時循誦，不敢勦説雷同。

一、《尚書》古注散佚，今刺取《書》傳升爲注者，五家三科之説。一、司馬氏遷從孔氏安國問故，是古文説。一、《書大傳》，伏生所傳歐陽高、大夏侯勝、小夏侯建，是今文説。一、馬氏融、鄭氏康成雖有異同，多本衛氏宏、賈氏逵，是孔壁古文説。皆疏明出典。其先秦諸子所引古《書》説，及緯書、《白虎通》等漢魏諸儒今文説，許氏《説文》所載孔壁古文，注中存其異文異字，其説則附疏中。《大傳》于章句之外，別撰大義，故擇取其文，不能全録。

一、經文相傳既久，謹依孔氏穎達《正義》本，參用唐《開成石經》，即今世列學官循誦之本。若改從古文，便恐驚俗。止注明文字同異，疏其出處。惟《堯典》分出《舜典》，《皋陶謨》分《益稷》，《書序》一篇分列各篇之首，前人俱以爲非。不得不改從舊本，以符廿九篇之數。《盤庚》等三篇爲一，依漢《石經》每篇空格。及《泰誓》用《史記》，參以《書大傳》，不敢湊集佚文。説俱見疏中。

一、《尚書》佚文，見于先秦經傳諸子及漢人所引，有篇名可考者，各附《書序》，竝存原注。其僅稱「《書》曰」、「《書》云」者，或不必盡是《尚書》，或是《逸周書》及《周書·六弢》，不便採入。惟《孟子》所引，似是《舜典》，趙注不爲注明，亦不敢據增。

一、同時諸君之説，有已刻行世之書，亦有未經授梓者，有雜載經義札記者，故須採附經本以諗來學，俱載明姓氏。其不載者，或因引據《書》傳爲習見之文，或與拙撰舊稿暗合，是以略之，非敢掠美。

一、緯書言「三百年斗曆改憲」。古時曆法，夏、殷、周、魯已有不同。今既注經，須用《考靈燿》及《淮南·天文訓》、《史記·曆書》、《天官書》、《漢書·律曆志》等引證，方與先秦曆法符合。六朝唐人如祖沖之、僧一行異説，或用梅氏《書·胤征》、《大甲》等篇考證年月，殊不可信。西法雖密，與古不同，亦不足爲經證。

一、《禹貢》地理俱用古説，見于《漢地理志》，當時據周地圖、桑欽等《書》説。後人以臆見移易山川，如以成皋大伾爲在黎陽，以安豐大別爲在漢陽之屬，皆不敢濫從。郡縣應釋以今名，方便學人檢閲，庶補江氏聲所未備。

一、引用各書，其爲本書不具及今世所無之本，俱載明出處。《説文》用宋本，或載他書引用異文。惟《家語》、《孔叢》、《小爾雅》、《神異經》、《搜神記》等，或係僞書，或同小説，不敢取以説經，疑誤後學。

一、宋本注疏，注爲雙行小字。明本或以注爲單行，疏爲雙行。汲古閣本始以注爲中字，疏爲雙行小字，行世甚廣，今依其式。如邵氏晉涵之注《爾雅》，或有可採，以便附入經疏。

一、此書刱始于乾隆甲寅年，至嘉慶乙亥年迄功付刊。中閒歷官中外，牽于人事，雖手不釋卷，懼有遺忘，多藉同人之助。台州洪明經頤煊、文登畢孝廉以田、上元管秀才同助其搜討，同里臧上舍鏞堂，從弟星海助其校讎，應行附録。

馬駉《儀禮易讀·凡例》

一、《漢書藝文志》禮家首列《禮古經》五十六篇，《經》十七篇，下注「后氏、戴氏」，即今之《儀禮》也。古經中十七篇與今本同，餘三十九篇已佚。漢高堂生傳《士禮》十七篇，授瑕邱蕭奮。奮授東海孟卿，卿授同郡后蒼。蒼最明其業，乃別爲《説禮》九篇，號《曲臺記》。蒼授梁人戴德及其從兄子聖、沛人慶普，由是禮有大小戴、慶氏之學。慶學已無傳，今存者大小《戴記》而已，然亦多醇駁不倫。惟此經精粹完整，的係先王造士之典。後人尤當講求，而不可廢棄者也。或謂《禮記》中《曲禮》即《曲臺記》，恐未然。乃後人竟以《曲臺記》爲《儀禮》，則更非是。

一、是經自漢及六朝，專門名家者甚衆。一厄於唐之孔氏，再厄於宋之王氏，雖以朱子竭力表章而不克大明於世者，則以周家郁郁之文，當極其精密，今所存者不過千百之十一。如《冠禮》之拜母而遺父，《昏禮》之先婦而略祖，必更有篇章以詳其儀節，而今皆不可考也。即經中所具射、祭諸禮，固有此篇所無而見於彼篇者，從此可以類推。

一、漢代叔孫、曹氏之禮已久不傳，即六朝諸儒之書存亦無幾。後世儀注一宗，惟以唐之開元、宋之政和爲藍本。民閒所行如陳氏《禮書》、陸氏《禮象》之類，不可勝計，而文公家禮尤爲世所重，要皆以是經爲宿海也。雖古今異宜，經中儀節固有難施於今者，然孟子生於周代，井田之制且有潤澤之言，士生數千年後詎能一一仿摹古迹，第因委窮源，固儒者明經之要務也。

一、是經所陳，雖不過儀文之末，試細究其同中有異，異中有同，而聖人制禮之精意，恍然如繪於心目。且其叙事之古勁，雜而不越，繁而不靡，直而有曲，體即以文，論何嘗不超絶今古，何後人以非決科所重，因而束之高閣，幷且妄肆雌黄。幸此書出於漢初，不至如《周禮》竟疑爲劉歆之所假托也。

一、後世陋儒疑是經爲周末人作，固屬庸妄之見。若竟以爲周公之手筆，似又不然。其大綱非聖人不能定，若其細微曲折處，諒由史臣潤色以成之，而道揆法守，皆於是乎在。或訾其中多重複，但欲備其制，不得不多其文，亦典冊之體裁宜爾也。朱子論周官云「《周禮》規模皆是周公做，但其言語是他人做。如今時宰相提舉勑令，豈是宰相一一下筆？有不是處，周公須與改，至小可處，或未及改」。吾於此經亦云。

一、是經詞句詰曲，疏解浩繁，見之者無不望洋而返。故此編僅斂爲二百餘葉，中依賈氏疏細分段落。然每篇實首尾聯貫，自成機杼。朱子曰「禮書如《儀禮》尚完備，如他書，雖難讀，却多是重複。倫類若通，則其先後彼此展轉參照，足以互相發明」。此誠先得我心之言。

一、後漢鄭氏康成考究名物度數，雖傳小戴之學，而更參酌古今文，擇善而從，大有功於是經。賈氏之疏多參取皇熊諸人之說，亦祇因注之緒而暢演之，即後儒有所更定，不過稍補其罅隙，而提綱挈領終不能出其節圍也。故是編一以注疏爲主，即有取於他書者，亦聊爲補漏訂訛之一助爾。注中所取元敖氏集說，明郝氏集解及張氏句讀爲多，然郝氏全書除是編所引用外，紕繆頗多。偶有忝以臆見者，謹以「案」字別之，或有爲前人所見及者，實未經目，非敢有意盜襲也。

一、禮書行世者惟朱子《通解》、吳氏《考注》爲最第。朱子嘗有與呂伯恭商訂禮書之言，欲以《儀禮》爲經，《禮記》爲傳，傳附經後，以類相從，其條欵最爲確當。後編通解，雖不仍其舊例，而吳草廬《三禮叙錄》則因之而稍加更易，何世所行考注仍多割裂之弊，有違《叙錄》之言，故人疑爲其孫當或晏璧之所竄改者。幸朱子所商訂之篇次猶有遺文可考，有志於禮者所當奉爲準則。

一、《漢志》載《經》十七篇，又載《記》百三十一篇，《經》與《記》本各自爲書。今經後有記，不知何人所附。又高堂生僅傳《士禮》十七篇，今經中《士禮》惟有《冠》、《昏》、相見、《喪》、《祭》七篇而已，餘皆諸侯、卿大夫之禮。聞古文經中有天子、諸侯、卿大夫之禮，雖不能備，班固以爲猶愈蒼等推士禮而致于天子之說，故有疑今之《儀禮》爲非高堂生所傳，乃漢儒參取古文之經而成者。然經中《燕》、《射》諸篇，鄭注中又有今文爲某之文。夫今文固高堂生所傳者也，則不獨《士禮》矣。凡此皆不可曉，闕疑可也。且《漢書》亦無《儀禮》之名，諒亦馬、鄭諸儒因經中有禮有儀而總目之耳。

一、是經注解，諸家多引《周禮》、《戴記》二書互相考證。第恐禮家言非出一人之手，世遠傳疑，安能盡合？若牽強比附，反多葛藤，故此編惟就本文細加解釋，至與二禮之或同或異，無暇詳究也。

一、前世經傳皆各自爲書，至馬、鄭諸儒以傳附經，已失古意。若近日高頭講章及傍訓添注諸書，頗嫌鄙陋。然實便于學者之誦習。是編亦以經文難讀，故惟於字句閒稍加數字，以順適其文。有難解者，另注數語於上方，欲人開卷瞭然。不得已，仍踵斯弊。求人重而自任輕，讀者諒諸。

一、駉研究是經者四十餘年，至辛酉仲冬已脫稿。誠慮見聞孤陋，未敢自信，復就正于錢塘桑弢甫先生，乃得廣搜諸家之說。其門人嘉興、盛庸三先生所注《冠》《昏》二禮，剖析尤精，駉更得所折衷焉。一字之師，終身北面，不敢忘所自也。

一、駉于是編手錄數冊，第欲藏之家塾，何敢輕以問世。甲戌春，本學李凫峯師深加嘆賞，爲代呈于督學寧化雷公暨少宗伯天台齊公，皆蒙許可，而山陰邑侯萬君亟捐俸付梓，會稽邑侯彭君復捐俸以助，暨我同學諸友互相校讎，以共勷其成。則是役也，駉僅效一得之愚，而大人先生之獎許及諸友之贊成，是則駉之厚幸也夫。

徐嘉《顧詩箋注・凡例》　一、篇首列《國史・儒林傳》，次《詩譜》，仿杜、韓諸集例。先生年譜有四：生平事迹游蹤旅寓，悉據崑山吳氏映奎、平定張氏穆二《譜》；大興徐氏松、上元車氏守謙二《譜》未見。吳氏刻稱《原譜》，張氏刻稱《元譜》，則先生撫子衍生所作，當無舛謬。注中或稱徐《譜》、車《譜》者，仍吳、張本，不敢攘善。

一、先生之學，主於斂華就實，救敝扶衰，凡國家典制、郡邑掌故、天文儀象、河漕兵農之屬，莫不窮究原委，覈正得失。且周流西北垂三十年，廣交耆儒遺老，虛懷商榷，於經史、吏治、財賦、典制、藝文之類，皆攷證疏通，期有補於學術世道。其爲詩也亦然。詩集五卷，乃潘稼堂太史刊本，原注甚略。茲編載明分綴箋釋補注者，仿李善《文選》注例，皆列句後。

一、先生身負沈痛，思大揭其親之志於天下，奔走流離，撫時感事諸作，實爲一代詩史，踵美少陵。注中於人物忠奸、郡縣山川古蹟、禮制、食貨、河渠、兵戎、祲祥之類，謹據欽定《明史》及歷代史志，不敢傅會穿鑿，惟管窺蠡測，繁簡或未免失宜。

一、《五經・論語》，家弦戶誦者，用李善《文選》注例，略引未全。三

《傳》、《周禮》、《爾雅》、歷代正史略注，惟《明史》及明末諸稗史有涉先生時事者，不厭詳瀆，用爲論世知人之助。凡先生所著書，注中但稱「先生」。自來注詩家引用史傳，或寥寥一二語，略無端緒，茲編特矯此弊，業摭繁徵。

一、是編草創於光緒壬午，暨今十年，寒暑靡輟，草稾三易，檢書四百五十餘種。學識膂陋，猶有未詳數事：如《孝陵圖詩》「雷震樵夫」、「梁厭陵賊」、鄒平張公子萬斛園、王生麗正，《北嶽廟詩》「陽庚」、陸貢士來復、劉處士大來、李貢士嘉、楚僧元瑛、獻陵貫太監宗。彙簽於此，敬質海内博雅諸家，一字百朋，日深跂望。

一、潘氏初刊是詩，中多闕文，佗刻因之，未閱原稾，慮難補輯。光緒甲申，鎮江書賈出眎舊本，朱書補完，每卷下方鈐「梁清標印」，知爲蕉林相國什藏。喜亟購歸，照錄靡闕。後於陳太守仲英家覩京師新刊本，檢校《哭顧推官咸正》詩：「獨奉」句「奉」作「奮」，「漢將隳」句「漢」作「諸」，「主帥」句「帥」作「謀」，「大事」句「大」作「舉」。《哭陳太僕子龍》詩：「詔使」句「將」作「陵」。《吳興行》詩：「傳檄」句「傳檄」作「指揮」，「拜掃」句「掃」作「爵」，「十八陵」作「萬戶侯」。《贈路舍人澤溥》詩：「鑠金」句「白」作「息」。《金山》詩：「故侯」句「張車騎」作「褒鄂姿」，「沈吟」句「十餘年」作「橫槊餘」，「不見」句「不見」作「天際」，「忽聞」句「王旅」作「黃屋」。此刻皆從梁本，以陳本分注，惟《路舍人家》、《見隆武四年曆》題從陳本。

一、注甫及半，吾友高子上延第即爲裨補闕漏。彭城歸來，孔印川亦頻商略。脱稾後，黃蕙伯海長、裴樾岑蔭森、段笏林朝端、顧持白雲臣、路山夫伾、羅叔韞振玉、陳惕庵玉樹、王錫之範、丘于蕃崧生咸有糾正。庚子歲，興化李君審言詳介惕庵以詩一章索觀稾本，爲刊謬至五十條。可蠡補者，分注句下，餘坿後，爲拾補。復乞笏林校補至百十條，共拾補爲一卷，分注李補、段補。博物君子肯賜廣益，輔余孤陋，實賴劘攻。或觚生續有見聞，隨時附綴者，不別加注，並坿刊焉。

一、是注從吳江潘氏未刊本。集外補詩四首，《和若士兄》、《賦孔昭元奉諸子》、《游黃歇山》、《大風雨之作》，見吳《譜》。《古俠士歌》見王士禛《感舊集》。《哭張爾岐》見《張蒿庵集箋注》。坿後。

一、吳縣朱氏記榮所刻《亭林軼詩》十三首，是篇成後獲見。當時之所指陳潘氏刪之，宜也。且書已還瓻，艱於引證，輟管悵惘，遂從闕如。

一、是集注竣，釀佽付刊，歷丙申、丁酉凡十有九月蕆事，工資計近六百千，梓人紿錢溢數，版半盜質。思陳牒求理，性苦慈懦，且不願以牘入官。自咎疚心，無識受誑，贖則無力也。庚子春，復客瓢城，李君審言既爲糾謬，句容王君煦堂貞春慨助洋圓七十，乃獲贖補成書。惠而好我，敢識弗諼。

一、嘉生長鄉隅，未窺中祕，又莫獲識當代通人。客授徐州，得桂履貞中行太守家藏書籍校讎，既又假王蘭生錫元太守、陳仲英文騄太守兩家書印證。脱稾後，復假王生壽護錫祺比部藏書訂補數十條。舛謬尚多，深冀方家摘繩歧複。

考異辨析分部

綜　述

《詩經・秦風・權輿》［毛亨傳鄭玄箋孔穎達疏］　於我乎，夏屋渠渠，夏，大也。箋云：屋，具也。渠渠，猶勤勤也。言君始於我厚，設禮食大具以食我，其意勤勤然。○夏，胡雅反。屋如字，具也。食我，音嗣，注篇內同。今也每食無餘。［鄭］箋云：此言君今遇我薄，其食我纔足耳。于嗟乎，不承權輿。承，繼也。權輿，始也。

【疏】「於我」至「權輿」。○正義曰：此述賢人之意，責康公之辭。言康公始者於我賢人乎，重設饌食禮物大具，其意勤勤然，於我甚厚也。至於今日也，禮意疏薄，設饌校少，使我每食纔足，無復盈餘也。于嗟乎，此君之行，不能承繼其始。以其行無終始，故于嗟歎之。○傳：「夏，大」。○正義曰：《釋詁》文。○箋「屋具」至「勤勤然」。○正義曰：「屋，具」，《釋言》文。渠渠猶勤勤。言設食既具，意又勤勤也。案崔駰《七依》說宮室之美云：「夏屋渠渠。」王肅云：「屋則立之於先君，食則受之於今君，故居大屋而食無餘。」義似可通。鄭不然者，詩刺有始無終。上言「於我乎」，謂始時也。下言「今也」，謂其終時也。始則大具，今終則無餘，猶下章始則四簋，今則不飽，皆說飲食之事，不得言屋宅也。若先君爲立大屋，今君每食無餘，則康公本自無始，何責其無終也？且《爾雅》「屋，具」正訓，以此故知謂禮物大具。○傳「承，繼也。權輿，始」。○正義曰：承其後是繼嗣，故以承爲繼。「權輿，始」，《釋詁》文。

又《小雅・十月之交》 《十月之交》，大夫刺幽王也。當爲刺厲王。作《詁訓傳》時移其篇第，因改之耳。《節》：刺師尹不平，亂靡有定。此篇譏皇父擅恣，日月告凶。《正月》：惡褒姒滅周。此篇疾豔妻煽方處。又幽王時，司徒乃鄭桓公友，非此篇之所云番也，是以知然。○刺幽王，毛如字，鄭改爲刺厲王。從此至《小宛》四篇皆然。節，在結反。父音甫，後「皇父」皆同。惡，烏路反。番，方袁反，徐甫言反，本或作「潘」，音同，《韓詩》作「繁」，下同。【疏】《十月》八章，章八句。○正義曰：毛以爲刺幽王，鄭以爲刺厲王。經八章皆刺王之辭。此下及《小宛序》皆刺幽王。鄭以爲本刺厲王，毛氏移之。事既久遠，不審實然以否。縱其實然，毛既移其篇第，改厲爲幽，即以爲幽王說之，故下傳曰「豔妻褒姒」，是爲幽王之事，則四篇皆如之。今各從其家而爲之義，不復強爲與奪。○箋「當爲刺厲王」至「是以知然」。○正義曰：鄭以此篇本《六月》之上，爲刺厲王詩，毛氏移之於此，改厲爲幽。今本其舊而爲之說，故云：「當爲刺厲王也。」作《詁訓傳》者，毛公也。毛公，漢初時人，故《譜》云：「漢興之初，師移其第，作《詁訓傳》。」時是漢初也。其改之意，已具於《譜》。鄭既言當爲厲王，又自檢其證。《節》：刺師尹不平，亂靡有定。此篇譏由皇父擅恣，日月告凶，專國家之權，任天下之責，不得並時而有二人。彼是幽王，知此非幽王也。《正月》：惡褒姒滅周，此篇疾豔妻煽方處。敵夫曰妻，王無二后。褒姒是幽王所嬖豔妻，非幽王之后。《鄭語》云：「幽王八年，桓公爲司徒。」此篇云：「番維司徒。」一官不得二人爲之，故又云：「幽王時司徒，乃鄭桓公友爲之，非此篇之所云番，是以知之」。言由此知幽當爲厲也。毛以豔妻爲褒姒。美色曰豔，則褒姒、豔妻爲一。鄭必爲別人者，以詩論天子之后，非如曲說邪淫，不當以色名之。《中候》曰：「剡者配姬以放賢。」剡、豔古今字耳。以剡對姬，剡爲其姓。以此知非褒姒也。鄭桓公，幽王八年始爲司徒，知非代番爲之者。以番爲司徒，在豔妻方盛之時，則豔既爲后，番始爲司徒也。《鄭語》說桓公既爲司徒，方問史伯，史伯乃說褒姒之事。其末云：「竟以爲后。」則桓公初爲司徒，褒姒仍未爲后，以此知桓公不得與番相代也。凡例別嫌明疑，以本文爲主，故鄭先以詩上下校之，後乃言鄭桓公也。《中候・擿雒戒》曰：「昌受符，厲倡孽，期十之世權在相。」又曰：「剡者配姬以放賢，山崩水潰納小人，家伯罔主異載震。」既言昌受符，爲王命之始，即云「期十之世」。自文數之至厲王，除文王爲十世也。剡與家伯與此篇事同。山崩水潰，即此篇「百川沸騰，山冢崒崩」是也。如此《中候》之文，亦可以明此爲厲王。但緯候之書，人或不信，故鄭不引之。鄭檢此篇爲厲王，其理故明，而知下三篇亦當爲刺厲王者，以序皆言大夫，其文大體相類。《十月之交》、《雨無正》卒章說己留彼去，念友之意全同。《小旻》、《小宛》卒章說怖畏罪辜，恐懼之心如一，似一人之作，故以爲當刺厲王也。王肅、皇甫謐以爲四篇正刺幽王。孫毓疑而不能決。其評曰：「毛公大儒，明於詁訓，篇義誠自刺厲王，無緣橫移其第，改爲幽王。鄭君之言，亦不虛耳。是以惑疑無以斷焉。竊以褒姒龍齝之妖所生，褒人養而獻之，無有私黨，皇父以下七子之親而令在位，若此之盛也。又《尚書緯》說豔妻，謂厲王之婦，不斥褒姒。又《雨無正》有『周宗既滅，靡所止戾』之言。若是幽王，既爲犬戎所殺，則無所刺。若王尚存，不得謂之既滅。下句言『正大夫離居，莫之我勩，莫肯夙夜，莫肯朝夕，庶曰式臧，覆出爲惡』之言，《鄭箋》皆謂厲王流于彘之後，於義爲安。」是其言雖不能決，而其意謂鄭爲長也。若如鄭言《毛詩》爲毛公所移，四篇容可在此。今《韓詩》亦在此者，詩體本是歌誦，口相傳授，遭秦滅學之後，衆儒不知其次。齊、韓之徒，以《詩經》而爲章句，與毛異耳，非有壁中舊本可得憑據。或見毛次於此，故同之焉。不然，《韓詩》次第不知誰爲之。

《周禮・地官・大宗伯》［鄭玄注賈公彥疏］ 以禬禮哀圍敗，同盟者合會財貨，以更其所喪。《春秋》襄三十年冬，會于澶淵，宋烖故，是其類。○禬，劉戶外反，徐古外反。更，音庚，下同。喪，息浪反。澶，善然反。【疏】注「同盟」至「其類」。○釋曰：此經本不定。若馬融以爲「國敗」，正本多爲「圍敗」，謂其國見圍，入而國被禍敗，喪失財物，則同盟之國會合財貨歸之，以更其所喪也。必知禬是會合財貨，非會諸侯之兵救之者，若會合兵，當在軍禮之中，故知此禬是會合財貨以濟之也。故《大行人》云「致禬以補諸侯之灾」，《小行人》亦云「若國師役，則命犒禬之」，是其有財貨相補之驗，故引《左氏》澶淵之會爲證也。案《左氏傳》：「爲宋灾，諸侯之大夫謀歸宋財，是以冬十月，叔孫豹會晉趙武、齊公孫蠆、宋向戌、衛北宮佗、鄭罕虎，及小邾之大夫，會于澶淵，既而無歸于宋，故不書其人。君子曰：『信其不可不慎。』澶淵之會，卿不書，不信也。」又云「書曰某人某人，尤之也」。若然，既而無歸宋財。引者，此取本謀歸宋財一邊，義無嫌也。

又《春官・宗伯下》 大司樂掌成均之灋，以治建國之學政，而合國之子弟焉。鄭司農云：「均，調也。樂師主調其音，大司樂主受此成事已調之樂。」玄謂董仲舒云：「成均，五帝之學。」成均之法者，其遺禮可法者。國之子弟，公卿大夫之子弟，當學者謂之國子。《文王世子》曰：「於成均以及取爵於上尊。」然則周人立此學之宮。【疏】「大司」至「弟焉」。○釋曰：云「掌成均之法，以治建國之學政」者，成均，五帝學名。建，立也。周人以成均學之舊法式，以立國之學內政教也。云「而合國之子弟焉」者，大司樂合聚國子弟，將此以教之。○注「鄭司」至「之宮」。○釋曰：先鄭云「均，調也。樂師主調其音，大司樂主受此成事已調之樂」者，案樂師惟教國子小舞，大司樂教國子大舞，其職有異，彼樂師又無調樂音之事。而先鄭云「樂師主調其音，大司樂主受其成事」，義理不可，且董仲舒以成均爲五帝學，故依而用之。玄謂董仲舒云「成均，五帝之學」者，前漢董仲舒作《春秋繁露》。繁，多。露，潤。爲《春秋》作義，潤益處多。彼云：「成均，五帝學也。」云「成均之法者，其遺禮可法」者，鄭見經「掌成均之法」，即是有遺禮可法效，乃可掌之，故知有遺禮也。云「國之子弟，公卿大夫之子弟，當學者謂之國子」者，案《王制》云：「王大子、王子、公卿大夫元士之適子，國之俊選皆造焉。」此不言王大子、王子與元士之子及俊選者，引文不具。此云弟者，則王子是也。自公以下，皆適子乃得入也。云「《文王世子》曰：『於成均以及取爵於上尊』」者，案彼文上云：「或以德進，或以事舉，或以言揚。」又云：「曲藝皆誓之，以待又語。三而一有焉，乃進其等。」注云：「進於衆學者。」又云：「以其序，謂之郊人，遠之，於成均以及取爵於上尊也。」彼鄭注云：「董仲舒曰『五帝名大學曰成均』，則虞庠近是也。天子飲酒於虞庠，則郊人亦得酌於上尊以相旅。」鄭引之者，證成均是學意。若如先鄭以義解之，何得於中飲酒，故知先鄭之義非也。云「然則周人立此學之宮」者，即虞庠之學是也。若然，案《王制》，有虞氏名學爲上庠、下庠，至周立小學在西郊者，曰虞庠。堯已上，當代學亦各有名，無文可知，但五帝揔名成均，當代則各有別稱，謂若三代天子學，揔曰辟雍，當代各有異名也。

《儀禮・士昏禮》［鄭玄注賈公彦疏］ 擯者出請，賓告事畢。入告，出請醴賓。此醴亦當爲禮。禮賓者，欲厚之。【疏】「擯者」至「醴賓」。○注「此醴」至「厚之」。○釋曰：此下至「送于門再拜」，主人禮賓之事。云「此醴亦當爲禮」者，亦《士冠》禮賓爲醴字，彼已破從禮，故云「亦」。此以醴酒禮賓，字從豊者，以《大行人》云上公「再祼而酢」，侯伯「一祼而酢」，子男「一祼不酢」，及「以酒禮之」，用齊禮之，皆不依酒醴爲名，皆取相禮，故知此醴亦爲禮敬之禮，不取用醴爲豊之義也。《秋官・司儀》云「諸公相爲賓」，及將幣，「賓亦如之」。注云：「上於下曰禮，敵者曰儐。」《聘禮》卿亦云「無擯」，注云：「無擯，辟君是大夫已上尊，得有禮、擯兩名。」士以下卑，唯稱禮也。

又《大射》 大射之儀。君有命戒射。將有祭祀之事，當射，宰告於君，君乃命之。言君有命，政教宜由尊者。【疏】「大射」至「戒射」。○注「將有」至「尊者」。○釋曰：自此盡「西紘」，論射前預戒諸官及張侯設樂懸之事。不言「禮」、言「儀」者，以射禮盛，威儀多，故以儀言之。是以《射義》云：「孔子曰：射者何以射？何以聽？循聲而發，發而不失正鵠者，其唯賢者乎！若夫不肖之人，則彼將安能以中。」是其射容難，故稱儀也。云「將有祭祀之事，當射」者，按《射義》云：「天子將祭，必先習射於澤。澤者，所以擇士也。已射於澤，而后射於射宮。射中者得與於祭，不中者不得與於祭。」是其將祭必射也。云「宰告於君，君乃命之」者，鄭意不云宰戒百官者，宰先告君，君之使戒，乃戒，即云戒百官是也。云「言君有命，政教宜由尊者」，其經云「戒射」，此戒亦政教之類，故以政教言之也。

《春秋左傳・隱公元年》［左丘明傳杜預注孔穎達正義］ ［傳］宋武公生仲子，仲子生而有文在其手，曰爲「魯夫人」，故仲子歸于我。婦人謂嫁曰歸。以手理自然成字，有若天命，故嫁之於魯。【略】 ○正義曰：婦人謂嫁曰歸，隱二年《公羊傳》文也。以其手之文理自然成字，有若天之所命使爲魯夫人然，故嫁之于魯也。成季唐叔亦有文在其手，曰友，曰虞，「曰」下不言「爲」。此《傳》言「爲魯夫人」者，以宋女而作他國之妻，故《傳》加「爲」以示異耳，非爲手文有「爲」字，故魯夫人之上有「爲」字也。

又《僖公二十七年》 ［傳］《夏書》曰：「賦納以言，明試以功，車服以庸。君其試之。」【略】○正義曰：《夏書》言用臣之法。賦，取也。取人納用以其言，察其言觀其志也。分明試用以其功，考其功觀其能也。而賜之車服，以報其庸。庸亦功也。知其有功乃賜之。【略】○正義曰：此古文《虞書・益稷》之篇。漢魏諸儒不見古文，因伏生之謬，從《堯典》至《胤徵》凡二十篇，總名曰《虞夏書》，以與《禹》對言。故《傳》通謂《大禹謨》以下皆爲《夏書》也。古本作「敷納以言，明庶以功」。「敷」作「賦」，「庶」作「試」，師受不同，古字改易耳。賦稅者，取受之義，故爲取也。「庸，功」，《釋詁》文。《舜典》云：「敷奏以言，明試以功，車服以庸。」文雖略同，此引《夏書》，非《舜典》也。

《春秋公羊傳・隱公元年》［公羊壽傳何休解詁］ 三月，公及邾婁儀父盟于（眛）［眜］。○及者何？與也。會、及、暨，皆與也。曷爲或言會，或言及，或言暨？會，猶最也。及，猶汲汲也。暨，猶暨暨也。及，我欲之。暨，不得已也。儀父者何？邾婁之君也。何以名？字也。曷爲稱字？褒之也。曷爲褒之？爲其與公盟也。與公盟者衆矣，曷爲獨褒乎此？因其可褒而褒之。此其爲可褒奈何？漸進也。眜者何？地期也。

《春秋穀梁傳・僖公八年》［范甯集解楊士勛疏］ 秋，七月，禘于大廟，用致夫人。劉向曰：夫人，成風也。致之于大廟，立之以爲夫人。○夫人，成風也，《左氏》以爲哀姜。【疏】「用致夫人」。○釋曰：《左氏》以夫人爲哀姜，因禘祭而致之於廟。《公羊》以爲僖公本取楚女爲嫡，取齊女爲媵，齊女先至，遂脅公，使立之爲夫人，故因禘祭而見於廟。此傳及注意，則以夫人爲成風。致之者，謂致之于大廟，立之以爲夫人，與二傳違者。若《左氏》以夫人爲哀姜，元年爲齊所殺，何爲今日乃致之？若《公羊》以爲齊之媵女，則僖公是作頌賢君，縱爲齊所脅，豈得以媵妾爲夫人乎？明知二傳非也。今傳云，一則以宗廟臨之而後貶焉，一則以外之弗夫人而見正焉。檢經傳之文符同，故知是成風也。

又《宣公八年》 壬午，猶繹。○猶者，可以已之辭也。繹者，祭之旦日之享賓也。○萬入，去籥。萬，舞名。籥，管也。【略】 【疏】「猶者」至「賓也」。○釋曰：旦日猶明日也。何休云：「繹者，繼昨日事，但不灌地降神耳。天子諸侯曰繹，大夫曰賓尸，士曰宴尸。則天子以卿爲之，諸侯則以大夫爲之，卿大夫以孫爲之。夏立尸，殷坐尸，周旅酬六尸，唯士宴尸與先儒少異。」則范意或與何同也。案：少牢饋食之禮，卿大夫當日賓尸，天子諸侯明日賓尸者，天子諸侯禮大，故異日爲之，卿大夫以下禮小，故當日即行。其三代之名者，案《爾雅》云「夏曰復胙，殷曰（彤）［肜］，周曰繹」是也。謂之復胙者，復前日之禮也。謂之肜者，肜是不絕之意也。謂之繹者，繹陳昨日禮也。何休又云：禮：大夫死，爲廢一時之祭。有事於廟而聞之者，去樂卒事，至卒事而聞之者，廢繹。今魯不以爲譏，范意當亦然也。

又《成公元年》　冬，十月。　○季孫行父秃，晉郤克眇，衛孫良夫跛，曹公子手僂，同時而聘於齊。齊使秃者御秃者，使眇者御眇者，使跛者御跛者，使僂者御僂者。蕭同侄子處臺上而笑之，聞於客，客不説而去，相與立胥閭而語，移日不解。齊人有知之者，曰：「齊之患，必自此始矣。」穀梁子作傳，皆釋經以言義，未有無其文而横發傳者，寧疑經「冬十月」下云「季孫行父如齊」，脱此六字。

《論語・顔淵》［何晏注邢昺疏］　顔淵問仁。子曰：「克己復禮爲仁。馬曰：「克己，約身。」孔曰：「復，反也。身能反禮，則爲仁矣。」一日克己復禮，天下歸仁焉。馬曰：「一日猶見歸，況終身乎。」爲仁由己，而由人乎哉。」孔曰：「行善在己，不在人也。」顔淵曰：「請問其目。」包曰：「知其必有條目，故請問之。」子曰：「非禮勿視，非禮勿聽，非禮勿言，非禮勿動。」鄭曰：「此四者，克己復禮之目。」顔淵曰：「回雖不敏，請事斯語矣。」王曰：「敬事此語，必行之。」

【疏】「顔淵」至「語矣」。　○正義曰：此并下三章，皆明仁也。「子曰：克己復禮爲仁」者，克，約也。己，身也。復，反也。言能約身反禮則爲仁矣。「一日克己復禮，天下歸仁焉」者，言人君若能一日行克己復禮，則天下皆歸此仁德之君也。一日猶見歸，況終身行仁乎。「爲仁由己，而由人乎哉」者，言行善由己，豈由他人乎哉。言不在人也。「顔淵曰：請問其目」者，淵意知其爲仁必有條目，故請問之。「子曰：非禮勿視，非禮勿聽，非禮勿言，非禮勿動」者，此四者，克己復禮之目也。《曲禮》曰「視瞻毋回」、「立視五巂」、「式視馬尾」之類，是禮也，非此則勿視。《曲禮》云「毋側聽」，側聽則非禮也。言無非禮，則口無擇言也。動無非禮，則身無擇行也。四者皆所以爲仁。「顔淵曰：回雖不敏，請事斯語矣」者，此顔淵預謝師言也，言回雖不敏達，請敬事此語，必行之也。　○注「馬曰：克己，約身」。　○正義曰：此注「克」訓爲「約」。劉炫云：「克訓勝也，己謂身也。身有嗜慾，當以禮義齊之。嗜慾與禮義戰，使禮義勝其嗜慾，身得歸復於禮，如是乃爲仁也。復，反也。言情爲嗜慾所逼，已離禮，而更歸復之。今刊定云克訓勝也。己謂身也，謂能勝去嗜慾，反復於禮也。」

又《公冶長》　子曰：「道不行，乘桴浮于海。從我者，其由與？」馬曰：「桴，編竹木大者曰栰，小者曰桴。」子路聞之喜。孔曰：「喜與己俱行。」子曰：「由也好勇過我，無所取材。」鄭曰：「子路信夫子欲行，故言好勇過我。『無所取材』者，無所取於桴材。以子路不解微言，故戲之耳。」一曰：「子路聞孔子欲浮海便喜，不復顧望，故孔子歎其勇曰「過我」。『無所取哉』，言唯取於己。古字材、哉同。」

《荀子・非十二子》［楊倞注］　縱情性，安恣睢，禽獸行，恣睢，矜放之貌。言任情性所爲，而不知禮義，則與禽獸無異。故曰「禽獸行」。睢，香萃反。不足以合文通治；不足合於古之文義，通於治道。然而其持之有故，其言之成理，足以欺惑愚衆。妄稱古之人亦有如此者，故曰「持之有故」。又其言論能成文理，故曰「言之成理」，足以欺惑愚衆也。是它囂、魏牟也。它囂，未詳何代人。《世本》楚平王孫有田公它成，豈同族乎？《韓詩外傳》作范魏牟。牟，魏公子封於中山。《漢書・藝文志》道家有《公子牟》四篇。班固曰「先在《莊子》，莊子稱之」。今《莊子》有公子牟，稱莊子之言以折公孫龍。據即與莊子同時也。又《列子》稱公子牟，解公孫龍之言。公孫龍平原君之客，而張湛以爲文侯子，據年代，非也。《説苑》曰：「公子牟東行，穰侯送之。」未知何者爲定也。

又《仲尼篇》　如是，有寵則必樂，失寵則必無罪。是事君者之寶而必無後患之術也。或曰，《荀子》非王道之書，其言駁雜。今此又言以術事君，曰不然。夫荀卿生於衰世，意在濟時，故或論王道，或論霸道，或論強國，在時君所擇，同歸於治者也。若高言堯舜，則道必不合。何以拯斯民於塗炭乎？故反經合義，曲成其道。若得行其志，治平之後則亦堯舜之道也。又荀卿門人多仕於大國，故戒以保身推賢之術，與《大雅》「既明且哲」，豈云異哉？

《吕氏春秋》卷一〇《孟冬紀・節喪》［高誘注］　堯葬於穀林，通樹之；《通林》以爲樹也。《傳》曰「堯葬成陽」，此云穀林，成陽山下有穀林。○堯葬成陽，《水經注》言之甚晰。又案：劉向云：葬濟陰丘隴山。《續征記》：在小成陽南九里。《通典》：曹州界有堯冢，堯所居。其説皆非。羅苹《路史》注以《墨子》云「堯葬蛩山之陰」，王充云「葬冀州」，《山海經》云「葬狄山，或云葬崇山」，皆妄之甚。舜葬於紀市，不變其肆；市肆如故，言不煩民也。《傳》曰：「舜葬蒼梧九疑之山」，此云於紀市，九疑山下亦有紀邑。○《墨子》云：「舜葬南己之市」。《御覽》五百五十五作「南紀」，引《尸子》作「南己」。案《路史》注云：紀即冀，故紀后爲冀后。今河東皮氏東北有冀亭。冀，子國也。鳴條，在安邑西北，其地相近。《記》謂舜葬蒼梧，《皇覽》謂在零陵營浦縣，尤失之。梁伯子云：《困學紀聞》五引薛氏言蒼梧在海州界，近莒之紀城，亦非。閻伯詩云：海州蒼梧山，即《山海經》之郁州，無舜葬於此之説。禹葬於會稽，不變人徒；變，動也。言無所興造，不擾民也。會稽山在會稽山陰縣南。是故先王以儉節葬死也，非愛其費也，費，財也。非惡其勞也，惡猶患也。以爲死者慮也。

司馬相如《司馬文園集・自叙傳》［張溥閱］　相如口吃，而善著書，常有消渴疾。與卓氏婚，饒於財。其進仕宦，未嘗肯與公卿國家之事，稱病閒居，不慕官爵。嘗從上至長楊獵，是時天子方好自擊熊彘，馳逐野獸。相如上書以諫，上善之。還過宜春宮，相如奏賦以哀二世行失也，拜爲孝文園令。天子既美子虛之事，相如見上好仙道，因曰：「上林之事未足美也，尚有靡者。臣嘗爲《大人賦》，未就，請具而奏之。」相如以爲列仙之傳居山澤間，形容甚臞，此非帝王之僊意也。乃遂就《大人賦》。天子大說，飄飄有凌雲之氣，似遊天地之間意。相如既病免，家居茂陵。闕。

劉子玄《史通》云：馬卿爲《自傳》，具在其集中，子長錄爲列傳，班氏仍舊，曾無改。尋固於馬、楊傳末皆云：遷雄自叙，至相如篇下獨無此言。蓋止憑太史之書，未見文園之集耳。余謂此傳果馬卿自作，安得有相如已死，天子遺所忠索書。又安知沒後數歲，上始祭后土及禮中岳事乎？然則自叙傳應至「相如既病免家居茂陵」爲止。此後別有結束，惜今不傳。而「天子曰」以下，還是太史公補足之。〇近世學士，謂相如集中傳，乃校集者取子長所作附之，非其自筆。然《史通·叙傳》一章，詳言作者自叙，基于騷經，降及相如，始以自叙爲傳。《史通》之意，直以後人序傳，皆作祖于相如，斷非影響。而俗儒多以亡犇、滌器等事，胡不少諱，以此爲非馬卿筆。不知馬卿正自述慢世一段，光景委曲周至，他人不能代之，寫照阿堵中也。又，按《南史》云：古之名人，相如、孟堅、子長，皆自叙風流，傳芳末世。則言此文之出相如手，非一人矣。

又《起廢疾》 何休曰：戰言及者，所以別客主直不直也。故《文十三年》「晉人、秦人戰於河曲」兩不直，故不云及。今言「宋師及齊師戰於甗」，明直在宋，非所以惡宋也。即言及爲惡，是河曲之戰爲兩善乎？又，《穀梁》以河曲不言及，略之也，則自相反矣。［鄭玄］釋曰：及者別異客主耳，不施于直與不直也。直不直自在事而已，義兵則客直，《宣十二年》「夏，晉荀林父帥師及楚子戰於邲，晉師敗績」是也。兵不義則主人直，《莊二十八年》「春，衛人及齊人戰，衛人敗績」是也。今齊桓卒，未葬，宋襄欲興霸事而伐喪，於禮尤反，故反其文以宋及齊，即實以宋及齊，明直在宋；邲之戰直在楚，不以楚及晉何也？秦、晉戰于河曲，不言及，疾其亟戰，爭舉兵，故略其先後。

《國語·齊語》［韋昭注］ 西征攘白翟之地，攘，卻也。白翟，赤翟之別種。至于西河。西河，白翟之西。方舟設泭，乘桴濟河，方，併也。編木曰泭，小泭曰桴，濟渡也。至于石抗。石抗，晉地名。縣車束馬，踰大行與辟耳之谿拘夏，大行、辟耳，山名。拘夏，辟耳之谿也。三者皆山險谿谷，故縣鉤其車，偪束其馬，而以度也。西服流沙、西吳，流沙、西吳，雍州之地。南城周，城，王城也。周襄王庶弟子帶作亂，與戎伐襄王，焚其東門，不克。桓公使仲孫湫，徵諸侯戍周而城之。事在魯僖十三年。反胙于絳。《說》云：胙，賜也。謂天子致祭胙，賞以大路龍旂。桓公於絳辭之，天子復使宰孔致之。賈侍中云：反，復也。胙，位也。絳，晉國都也。晉獻公卒，奚齊、卓子死，國絕無嗣，晉侯失其胙位。桓公以諸侯討晉至高梁，使隰朋帥師立公子夷吾，復之于絳，是爲惠公，事在魯僖九年。昭謂：人君即位謂之踐胙。此言桓公城周尊事天子，又討晉亂，復其胙位，善之也。按：《内傳》宰孔於葵丘致胙肉，賜命無辭讓反覆之文，賈君得之，唐從賈也。嶽濵諸侯，莫不來服，嶽，北嶽常山也。而大朝諸侯於陽穀。

公孫弘《握奇經》 宋高似孫曰：「馬隆本作『握機』。叙云：風后，軒轅臣也。握者，帳也。大將所居言其事，不可妄示人，故云『握機』。人稱諸子總有三本：其一本三百六十字；一本三百八十字，蓋呂尙增字以發明之；其一行簡，有公孫弘等語，或云武帝令霍光等習之於平樂館，以輔少主，備天下之不虞。今本衍四字」。

經曰：八陣，四爲正，四爲奇。舊注「奇」讀如字。後人說天、地、風、雲爲四正，龍、虎、鳥、蛇爲四奇。公孫弘曰：「世有八卦陣法，其既不用奇正，似非風后所傳，未可參用」。餘奇爲握奇，舊註「奇」讀如奇耦之奇。解云：「說奇正者多矣。而握奇云者，四爲正，四爲奇，餘奇爲握奇。陣數有九，中心奇零者，大將握之，以應赴八陣之急處。」或總稱之。先出遊軍定兩端，天有衝圓，地有軸，前後有衝。一作有風雲。風附於天，雲附於地，衝有重列，各四隊。前後之衝各三隊，風居四維，故以圓軸單列各三隊。前後之衝各三隊，風居四角，故以方天居兩端，地居中間，總爲八陣。陣訖，遊軍從後躡敵，或驚其左，或驚其右，驚一作警。聽音望麾，以出四奇。

天地之前，衝爲虎翼，風爲蛇蟠，圍繞之義也。虎居於中，張翼以進。蛇居兩端向敵，而蟠以應之。天地之後，衝爲飛龍，雲爲鳥翔，突擊之義也。龍居其中，張翼以進。鳥掖兩端向敵，而翔以應之。虛、實二壘，一作三軍。皆逐天文氣候向背，山川利害隨時而行，以正合，以奇勝，天地以下，八重以列。或曰握機望敵，即引其後，以掎角前列不動，而前列先進以次之。公孫弘曰：「傳項氏陣法依此令。按『而前列』等八字，舊文在依此注下，誤也。故遷次以成文。」或合而爲一，因離而爲八，各隨師之多少，觸類而長。

天或圓而不動，一作「天或圓而不布」。前爲左，後爲右，天地四望之屬是也。一本下有「風象」二字。天居兩端，其次風，其次雲，一作「其次天衝，其次地衝，其次風衝，其次雲衝」。左右相向是也。地方布風雲，各在後衝之前。天居兩端，其次地居中間，一作「其次地，其次天中間」。兩地爲北是也。公孫弘曰：「北爲地，爲從天陣變爲地陣。或即張弛布挐，破敵攻圍，不定其形，故爲動也。」一本自公孫弘曰：動靜二義，皆雜出經文中。縱布天一，一作「兩天」。一無「兩」字，而「縱」字上有「雲象龍」一句。一作「龍者象龍」。天二次之。天二，一作「兩天」。縱布地四，次於天後。一作「縱布四地，四地次之」。一無下「四地」字。縱布四風，挾天地之左右。一無「地」字。天地前衝居其右，後衝居其左。一無二句。一無「天地」字。一無「居其右後衝」五字。雲居兩端，虛實二壘，則此是也。一本下有「此爲動也」四字。一無「虛實」已下。公孫弘曰：人多傳韓信注釋「天或圓布」已下，與此微有差異。而范蠡、樂毅之說相雜，今亦錯綜於其中。其部隊或三、五，或三、十，或五、十，變通之理寄之明哲，不復備載。近古以來，其文不滿尺，多憑口訣以相傳授于今，於難解之處增字發明之耳。一本其「部隊下上五十」，云陣圖如此變通，由人以爲經文誤也。按公孫氏稱與其異者，「天或圓布」、「次遊軍定」兩端下以爲正經，而以「天有衝止，觸類而長」列於續圖「雲爲翔鳥」之下。今馬本尙如此。

《史記·殷本紀》［張守節正義］ 帝中壬即位四年，崩，伊尹乃立太丁之子太甲。《尙書·孔子序》云「成湯既沒，太甲元年」，不言有外丙、仲壬，而太史公采《世本》，有外丙、仲壬，二書不同。當是信則傳信，疑則傳疑。

又《廉頗藺相如列傳》［裴駰集解］ 是歲，廉頗東攻齊，破其一軍。居二年，廉頗復伐齊幾，拔之。徐廣曰：「幾，邑名也。」案：《趙世家》：惠文王二十三年，頗將攻魏之幾邑，取之。而《齊世家》及年表無「伐齊幾，拔之」事，疑幾是邑名，而或屬齊或屬魏耳。田單在齊，不得至於拔也。

又《衛將軍列傳》［司馬貞索隱］ 大將軍衛青者，平陽人也。其父鄭季，爲吏，給事平陽侯家，與侯妾衛媪通，生青。衛，姓也。媪，婦人老少通稱。《漢書》曰：「與主家僮衛媪通」。案：即云家僮，故非老。或者媪是老稱，後追稱媪耳。又《外戚傳》云「薄姬父與魏王宗女魏媪通」，則亦魏是媪姓。而小顏云「衛者，舉其夫姓也」。然案此云「侯妾衛媪」，似更無別夫也。下云「同母兄衛長子及姊子夫皆冒衛姓」，又似有夫。其所冒之姓爲父與母，皆未明也。

又《大宛列傳》 安息長老傳聞條枝有弱水、西王母，而未嘗見。此弱水，西王母既是安息長老傳聞而未曾見。《後漢書》云「桓帝時，大秦國王安敦遣使自日南徼外來獻」，或云「其國西有弱水、流沙，近西王母處，幾於日所入」也。然先儒多引《大荒西經》云弱水，云有二源，俱出女國北阿耨達山，南流會於女國東，去國一里，深丈餘，闊六十步，非毛舟不可濟，南流入海。阿耨達山即崑崙山也，與《大荒西經》合矣。然大秦國在西海中島上，從安息西界過海，好風用三月乃到。弱水又在其國之西，崑崙山弱水流在女國北，出崑崙山南。女國在于窴國南二千七百里，于窴去京凡九千六百七十里，計大秦與大崑崙山相去幾四五萬里，非所論及，而前賢誤矣。此皆據漢《括地》論之，猶恐未審，然弱水二所說皆有也。

又 今自張騫使大夏之後也，窮河源，惡睹本紀所謂崑崙者乎？惡睹夫謂昆侖者乎，惡音烏。烏，於何也。睹，見也。言張騫窮河源，至大夏、于窴，於何而見崑崙爲何所出，謂《禹本紀》及《山海經》爲虛妄也。然案《山海經》：「河出崑崙東北隅」。《西域傳》云：「南出積石山爲中國河」。積石本非河之發源，猶《尙書》「導洛自熊耳」，然其實出於冢嶺山，乃東經熊耳。今推此義，河亦然矣。則河源本崑崙而潛流至于闐，又東流至積石，始入中國，則《山海經》及《禹貢》各互舉耳。

《漢書·惠帝紀》［顏師古注］ 上造以上及內外公孫耳孫，有罪當刑及當爲城旦舂者，皆耐爲鬼薪白粲。應劭曰：「上造，爵滿十六者也。內外公孫謂王侯內外孫也。耳孫者，玄孫之子也，言去其曾高益遠，但耳聞之也。今以上造有功勞，內外孫有骨血屬⿰女連，施德布惠，故事從其輕也。城旦者，旦起行治城。舂者，婦人不豫外徭，但舂作米。皆四歲刑也。今皆就鬼薪白粲。取薪給宗廟爲鬼薪，坐擇米使正白爲白粲，皆三歲刑也。」李斐曰：「耳孫，曾孫也。」張晏曰：「公孫，宗室侯王之孫也。」晉灼曰：「耳孫，玄孫之曾孫也，《諸侯王表》在八世。」師古曰：「上造，第二爵名也。內外公孫，國家宗室及外戚之孫也。耳孫，諸說不同。據《平紀》及《諸侯王表》說『梁孝王玄孫之耳孫音』。耳音仍。又《匈奴傳》說握衍朐鞮單于云『烏維單于耳孫』。以此參之，李云曾孫是也。然《漢書》諸處又皆云曾孫非一，不應雜兩稱而言。據《爾雅》『曾孫之子爲玄孫，玄孫之子爲來孫，來孫之子爲昆孫，昆孫之子爲仍孫』，從己而數，是爲八葉，則與晉說相同。仍、耳聲相近，蓋一號也。但班氏唯存古名，而計其葉數則錯也。⿰女連音連。」

又《文帝紀》 孝文皇帝，高祖中子也，母曰薄姬。如淳曰：「姬音怡，衆妾之總稱。《漢官儀》曰姬妾數百，《外戚傳》亦曰幸姬戚夫人。」臣瓚曰：「《漢秩祿令》及《茂陵書》姬幷內官也，秩比二千石，位次婕妤下，在八子上。」師古曰：「姬者，本周之姓，貴於衆國之女，所以婦人美號皆稱姬焉。故《左氏傳》曰：『雖有姬、姜，無棄蕉萃。』姜亦大國女也。後因總謂衆妾爲姬，《史記》云『高祖居山東時好美姬』是也。若姬是官號，不應云幸姬戚夫人，且《外戚傳》備列后妃諸官，無姬職也。如云衆妾總稱，則近之。不當音怡，宜依字讀耳。瓚說謬也。」

又《郊祀志上》 後四十八年，周太史儋見秦獻公孟康曰：「太史儋謂老子也。」師古曰：「此亦周之太史名，非必老聃。老聃非秦獻公時。儋音丁甘反，又吐甘反。」曰：「周始與秦國合而別，別五百載當復合，應劭曰：「秦，伯翳之後也。始周孝王封非子爲附庸，邑諸秦。平王東遷洛邑，襄公以兵衛之，嘉其勳力，列爲侯伯，與周別五百載矣。昭王時，西周君自歸受罪，盡獻其邑三十六城，此復合也。」孟康曰：「謂周封秦爲別，秦幷周爲合。此襄王爲霸，始皇爲王也。」韋昭曰：「周封秦爲始別，謂秦仲也。五百歲，謂從秦仲至孝公強大，顯王致伯，與之親合也。」師古曰：「諸家之説皆非也。自非子至西周獻邑，凡六百五十三歲，自仲至顯王二十六年孝公稱伯，止有四百二十六歲，皆不合五百之數也。按《史記·秦本紀》及《年表》，幷云周平王封襄公，始列爲諸侯，於是始與諸侯通。又《周本紀》及吳、齊、晉、楚諸《系家》，皆言幽王爲犬戎所殺，秦始列爲諸侯，正與此志符會，是乃爲別。至昭襄王五十二年，西周君自歸獻邑，凡五百一十六年，是爲合也。言五百者，舉其成數也。」合七十年而伯王出焉。」韋昭曰：「武王、昭王皆伯，至始皇而王天下。」師古曰：「『七十』當爲『十七』，今《史記》舊本皆作『十七』字。『伯王』者，指謂始皇。始皇初立，政在太后、嫪毒，未得稱伯。自昭王滅周後，至始皇九年誅嫪毒，止十七年。《本紀年表》其義顯，而韋氏乃合武王、昭王爲數，失之遠矣。伯讀曰霸。」

蔡邕《蔡中郎集·彭城姜伯淮碑》［張溥閱］ 嗟乎殞沒，搢紳永悼。依依我徒，靡則靡效。勒銘金石，彌遠益曜。舊本《蔡中郎集》載：《伯淮碑》誤書建安二年卒。宋人謂邕建安前已先逝，因疑此碑爲僞，不知《後漢書》伯淮之沒，蓋熹平二年也。在邕爲先輩大儒，此碑實出邕筆。今改正「建安」二字爲「熹平」可耳。

鄭玄《發墨守》［王復輯］ 古者鄭國處于留。［鄭玄］發曰：鄭始封君曰桓公者，周宣王之母弟，國在宗周畿內，今京兆鄭縣是也。桓公生武公，武公生莊公，莊公遷易東周畿內，國在虢、鄶之間，今河南新鄭是也。武公生莊公，因其國焉。留乃在陳、宋之東，鄭受封至此適三世，安得古者鄭國處于留，祭仲將往省留之事乎？

曹植《陳思王集·名都篇》［張溥閱］ 名都多妖女，京洛出少年。寶劍直千金，被服麗且鮮。鬭雞東郊道，走馬長楸間。馳騁未能半，雙兔過我前。攬弓捷鳴鏑，長驅上南山。左挽因右發，一縱兩禽連。餘巧未及展，仰手接飛鳶。觀者咸稱善，衆工歸我姸。歸來宴平樂，美酒斗十千。膾鯉臇胎鰕，炮鼈炙熊蹯。鳴儔嘯匹侶，列坐竟長筵。連翩擊鞠壤，巧捷惟萬端。白日西南馳，光景不可攀。雲散還城邑，淸晨復來還。《復齋漫錄》云：曹植詩：「鬭雞東郊道，走馬長楸間。」陳沈炯《邊馬有歸心》詩：「彌意長楸道，金鞍背落暉。」杜子美《玉腕騮》詩：「頓驂飄赤汗，跼蹐顧長楸。」《畫馬圖》詩：「霜蹄蹴踏長楸間。」《苕溪漁隱》云：《文選注》：古人種楸於道，故曰長楸。《野客叢書》云：歷陽郭次象多聞，嘗異僕論唐酒價。郭謂前輩引老杜詩「速令相就飲一斗，恰有三百青銅錢」，以此知當時酒價。然白樂天與劉夢得《沽酒閒飲》詩曰：共把十千沽一斗，相看七十欠三年。當劉白之時，酒價何太不廉哉？僕謂不然。十千一斗，乃詩人寓言。此曹子建樂府中語耳，唐人引此甚多。如李白詩曰：金罇沽酒斗十千。王維詩曰：新豐美酒斗十千。崔輔國詩云：與沽一斗酒，恰用十千錢。許渾詩云：十千酒沽留君醉。權德輿詩云：十千斗酒不知貴。陸龜蒙詩云：若得奉君歡，十千沽一斗。唐人言十千一斗類，然一斗三百錢，獨見子美所云，故引以定當時之價。然詩人所言，出於一時，又未知果否，一斗三百，別無可據。唐《食貨志》云：德宗建平三年，禁民酤，以佐軍費。置四釀酒斛，收直二千。此可驗乎。又觀□□玠《談藪》：北齊盧思道嘗云：長安酒賤，斗價三百。杜詩引此，亦未可知。僕因謂郭曰：「曾知漢酒價否？」郭無以應。僕謂漢酒價每斗一千，郭謂出於何書。僕曰：「此見《典論》，云：考靈帝末年，百司湎酒，一斗直千文。此可證也。」《丹鉛餘錄》云：古書不可妄改，聊舉一端。如曹子建《名都篇》「膾鯉臇胎蝦，寒鼈炙熊膰」，此舊本也，五臣妄改作「炰鱉」。《文選》李善注云：今之時餉謂之寒，蓋韓國饌用此法。《鹽鐵論》：羊淹雞寒。《崔駰傳》亦有「雞寒」。曹植文：「寒鵠蒸麑。」劉熙《釋名》：韓雞爲正。古字「寒」與「韓」通也。按：丹鉛此論，誠爲有據。然《詩》有云「炰鼈膾鯉」，炰亦通。

又《洛神賦》［張溥閱］ 於是背下陵高，足往心留。遺情想象，顧望懷愁。冀靈體之復形，御輕舟而上泝。浮長川而忘反，思緜緜而增慕。夜耿耿而不寐，霑繁霜而至曙。命僕夫而就駕，吾將歸乎東路。攬騑轡以抗策，悵盤桓而不能去。記曰：植初求甄逸女不遂。後太祖回，與五官中郎將。植晝思夜想，廢寢與食。黃初中入朝，帝示植甄后玉鏤金帶枕，植見之不覺泣下。時已爲郭后讒死，帝仍以枕賚植。植還度轘轅，息洛水上。因思甄氏，忽若有見，遂述其事，作《感甄賦》。後明帝見之，改爲《洛神賦》。爕按：植在黃初，猜嫌方劇，安敢於帝前思甄泣下？帝又何至以甄枕賜植？此國章家典所無。若事因感甄，而名托洛神，間有之耳，豈待明帝始改，皆傳會者之過矣。

《三國志·魏志·武帝紀》［裴松之注］ ［興平五年］八月，紹連營稍前，依沙堆爲屯，東西數十里。公亦分營與相當，合戰不利。時公兵不滿萬，傷者十二三。臣松之以爲魏武初起兵，已有衆五千，自後百戰百勝，敗者十二三而已矣。但一破黃巾，受降卒三十餘萬，餘所吞幷，不可悉紀；雖征戰損傷，未應如此之少也。夫結營相守，異於摧鋒決戰。《本紀》云：「紹衆十餘萬，屯營東西數十里。」魏太祖雖機變無方，略不世出，安有以數千之兵，而得逾時相抗者哉？以理而言，竊謂不然。紹爲屯數十里，公能分營與相當，此兵不得甚少，一也。紹若有十倍之衆，理應當悉力圍守，使出入斷絕，而公使徐晃等擊其運車，公又自出擊淳于瓊等，揚旌往還，會無抵閡，明紹力不能制，是不得甚少，二也。諸書皆云公坑紹衆八萬，或云七萬。夫八萬人奔散，非八千人所能縛，而紹之大衆皆拱手就戮，何緣力能制之？是不得甚少，三也。將記述者欲以少見奇，非其實錄也。按《鍾繇傳》云：「公與紹相持，繇爲司隸，送馬二千餘匹以給軍。」《本紀》及《世語》幷云公時有騎六百餘匹，繇馬爲安在哉？

又《袁紹傳》 初，天子之立非紹意，及在河東，紹遣潁川郭圖使焉。圖還説紹迎天子都鄴，紹不從。《獻帝傳》曰：沮授説紹云：「將軍累葉輔弼，世濟忠義。今朝廷播越，宗廟毁壞，觀諸州郡外托義兵，内圖相滅，未有存主恤民者。且今州城粗定，宜迎大駕，安宮鄴都，挾天子而令諸侯，畜士馬以討不庭，誰能禦之。」紹悦，將從之。郭圖、淳于瓊曰：「漢室陵遲，爲日久矣，今欲興之，不亦難乎。且今英雄據有州郡，衆動萬計，所謂秦失其鹿，先得者王。若迎天子以自近，動輒表聞，從之則權輕，違之則拒命，非計之善者也。」授曰：「今迎朝廷，至義也，又於時宜大計也，若不早圖，必有先人者也。夫權不失機，功在速捷，將軍其圖之。」紹弗能用。案此書稱（郭圖）〔沮授〕之計，則與本傳違也。

又《王粲傳》 時又有譙郡嵇康，文辭壯麗，好言老、莊，而尚奇任俠。至景元中，坐事誅。臣松之案：《本傳》云康以景元中坐事誅，而干寶、孫盛、習鑿齒諸事，皆云正元二年，司馬文王反自樂嘉，殺嵇康、吕安。蓋緣《世語》云康欲舉兵應毌丘儉，故謂破儉便應殺康也。其實不然。山濤爲選官，欲舉康自代，康書告絶，事之明審者也。案《濤行狀》，濤始以景元二年除吏部郎耳。景元與正元相較七八年，以《濤行狀》檢之，如《本傳》爲審。又《鍾會傳》亦云會作司隸校尉時誅康；會作司隸，景元中也。干寶云吕安兄巽善於鍾會，巽爲相國掾，俱有寵於司馬文王，故遂抵安罪。尋文王以景元四年鍾、鄧平蜀後，始授相國位；若巽爲相國掾時陷安，焉得以破毌丘儉年殺嵇、吕？此又干寶之疏謬，自相違伐也。

傅玄《傅鶉觚集・董逃行歷九秋篇十二首》〔張溥閲〕 薺與麥兮夏零，蘭桂踐霜逾馨，禄命懸天難明。妾心結意丹青，何憂君心中傾。《選詩拾遺》曰：此篇惜不知何人之詞，非相如、枚乘，其誰能爲之。按：此詞本題曰《董逃行歷九秋篇》，「董逃行」起於漢末，不得謂相如、枚乘爲之也。觀其辭體，不類《二京》，當以樂録傳玄爲正。

《後漢書・馮異傳》〔李賢等注〕 異復進麥飯菟肩。因復度虖沱河至信都，使異别收河閒兵。《光武紀》云，度虖沱河，至下博城西，見白衣老父，曰「信都去此八十里耳」，是自北而南。此傳先言至南宮，後言度虖沱河，南宮在虖沱河南百有餘里，又似自南而北。紀、傳兩文全相乖背，迹其地理，紀是傳非。諸家之書幷然，亦未詳其故。

又《班超傳》 妾竊聞古者十五受兵，六十還之，亦有休息不任職也。《周禮》鄉大夫職曰：「國中七尺以及六十，野自六尺以及六十有五，皆征之。」征謂賦税從征役也。《韓詩外傳》曰「二十行役，六十免役」，與《周禮》國中同，即知二十與《周禮》七尺同。《周禮》國中六十免役，野即六十有五，晚於國中五年。國中七尺從役，野六尺，即是野又早於國中五年。七尺謂二十，六尺即十五也。此言十五受兵，謂據野外爲言，六十還之，據國中爲説也。

又《輿服志上》〔劉昭注〕 自是以來，世加其飾。至奚仲爲夏車正，建其斿旐，尊卑上下，各有等級。《世本》云：「奚仲始作車。」《古史考》曰：「黄帝作車，引重致遠，其後少昊時駕牛，禹時奚仲駕馬。」臣昭案：服牛乘馬，以利天下，其所起遠矣，豈奚仲爲始？《世本》之誤，《史考》所説是也。

孔稚圭《孔詹事集・謝賜生荔枝啓》〔張溥閲〕 緑葉雲舒，朱實星映。離離昔聞，曄曄今覩。信西岷之佳珍，諒東鄙之未識。《藝文類聚》「藝文」此下云：肏昴興而靈華敷，大火中而朱實繁。灼灼丹華吐日，離離繁星著天。《七命》：析龍眼之房也。按王逸《荔枝賦》曰：乃觀荔枝之樹，其形色煖若朝雲之興，森如横天之䨴。肏亢興而靈華敷，大火中而朱實繁。灼灼若朝霞之吐日，離離如繁星之着天。張孟陽《七命》：析龍眼之房，部椰子之殼。稚珪啓正用逸賦中語「七命」，則孟陽《七命》也。《藝文》於其上既脱寫「王逸賦」，又以「七命」誤連爲一耳。尺牘用逸賦四語爲稚珪啓，而前啓乃反不載，蓋繇襲《藝文》之誤，遂不加考。

劉義慶《世説新語・文學》〔劉孝標注〕 殷中軍爲庾公長史，按《庾亮僚屬名》及《中興書》，浩爲亮司馬，非爲長史也。下都，王丞相爲之集，桓公、王長史、王藍田、《王述别傳》曰：述字懷祖，太原晉陽人。祖湛，父承，竝有高名。述蚤孤，事親孝謹。簞瓢陋巷，宴安永日。由是爲有識所知，襲爵藍田侯。謝鎮西竝在。丞相自起解帳帶麈尾，語殷曰：「身今日當與君共談析理。」既共清言，遂達三更。丞相與殷共相往反，其餘諸賢略無所關。既彼我相盡，丞相乃歎曰：「向來語乃竟未知理源所歸。至於辭喻不相負，正始之音，正當爾耳。」明旦，桓宣武語人曰：「昨夜聽殷、王清言，甚佳，仁祖亦不寂寞，我亦時復造心。顧看兩王掾，王濛、王述竝爲王導所辟。輒翣如生母狗馨。」

殷中軍見佛經，云：「理亦應阿堵上。」佛經之行中國尚矣，莫詳其始。《牟子》曰：「漢明帝夜夢神人，身有日光。明日，博問羣臣通人。傅毅對曰：『臣聞天竺有道者號曰佛，輕舉能飛，身有日光。殆將其神也。』於是遣羽林將軍秦景、博士弟子王遵等十二人之大月氏國，寫取佛經四十二部，在蘭臺石室。」劉子政《列仙傳》曰：「歷觀百家之中，以相檢驗，得仙者百四十六人，其七十四人已在佛經，故撰得七十，可以多聞博識者遐觀焉。」如此即漢成、哀之間已有經矣，與《牟子》傳記便爲不同。《魏略・西戎傳》曰：「天竺城中有臨兒國。浮屠經云：其國王生浮圖。浮圖者，太子也。父曰屑頭邪，母曰莫邪。浮屠者，身服色黄，髮如青絲，爪如銅。其母夢白象而孕，及生，從右脅出而有髻，墜地能行七步。天竺又有神人曰沙律。昔漢哀帝元壽元年，博士弟子景慮受大月氏王使伊存口傳浮屠經，曰復豆者，其人也。」《漢武故事》曰：「昆邪王殺休屠王，以其衆來降，得其金人之神，置之甘泉宫。金人皆長丈餘，其祭不用牛羊，唯燒香禮拜。上使依其國俗祀之。」此神全類於佛，豈當漢武之時，其經未行於中土，而但神明事之邪？故驗劉向、魚豢之説，佛至自哀、成之世明矣。然則牟傳所言四十二者，其文今存非妄，蓋明帝遣使廣求異聞，非是時無經也。

蕭綱《梁簡文帝集・招真館碑》［張溥閲］ 物寶自然，人符交泰。掩暎綠蘿，穹隆紫蓋。仙治之美，此焉爲最。雄柱千步，陽臺百丈。水均下矚，山踰高掌。野寂雲興，禽繁山響。升虹夕栖，豐雷朝上。元陽作石，竹龍成杖。書藏玉匣，藥藴銀筒。燒鉛雜鯉，折桂和葱。羽衣可服，雲軿易通。斧柯雖朽，碑石無窮。此篇載《姑蘇志》，題曰《招眞治記》，治者，本道書言太上下二十四治。付張道陵布法於後嗣後盡立治於玄都，故稱治也。按：陳馬樞《道孚傳》：張裕起招眞館，梁簡文爲製碑。故今亦沿之曰《招眞館碑》。《藝文類聚》截其銘中數語，稱《梁簡文招眞館銘》，其爲簡文筆無疑。《姑蘇志》訛爲昭明，今正之。

酈道元《水經注》卷一四《浿水》 浿水出樂浪鏤方縣，東南過臨浿縣，東入於海。案：近刻「過」下衍「于」字。

許慎云：浿水出鏤方，東入海。一曰出浿水縣。《十三州志》曰：浿水縣在樂浪東北，鏤方縣在郡東。蓋出其縣南逕鏤方也。案：「南」，近刻訛作「而」。又此句之下，原本空一字，朱謀㙔引謝耳伯云，宋本原缺十二字。昔燕人衛滿自浿水西至朝鮮。案：「西」，近刻訛作「而」。朝鮮，故箕子國也。箕子教民以義，田織信厚，約以八法，而下知禁，遂成禮俗。戰國時，滿乃王之，都王險城，地方數千里，至其孫右渠。漢武帝元封二年，遣樓船將軍楊僕、左將軍荀彘討右渠，破渠於浿水，遂滅之。若浿水東流，無渡浿之理，其地今高句麗之國治，余訪蕃使，言城在浿水之陽。其水西流逕故樂浪朝鮮縣，即樂浪郡治，漢武帝置，而西北流。故《地理志》曰：浿水西至增地縣入海。又漢興，以朝鮮爲遠，循遼東故塞至浿水爲界。考之今古，於事差謬，蓋《經》誤證也。

劉徽《海島算經》［李淳風注］ 今有望海島立兩表，齊高三丈，前後相去千步，令後表與前表參相直，從前表卻行一百二十三步，人目著地，取望島峯與表末參合。從後表卻行一百二十七步，人目著地，取望島峯亦與表末參合。問島高及去表各幾何。答曰：島高四里五十五步，去表一百二里一百五十步。

術曰：以表高乘表間爲實，相多爲法，除之所得加表高，即得島高。

淳風等按：此術意宜云島謂山之頂上，兩表謂立表木之端直，案：此句訛舛。據術意言，立兩表齊高三丈相去千步者，謂立木爲表，兩表各高三丈，其地自海島至前表，自前表退至後表，三者令其參相當也，非木之端直。以人目于木末望島參平，人去表一百二十三步爲前表之始，後立表末至人目于木末相望，去表一百二十七步，二表相去爲相多以爲法。案：此亦訛舛。據術意，人去前表一百二十三步，以目著地，望表末斜與島峯參合。又去後表一百二十七步，以目著地，望表末亦與島峯參合。非于「木末望島」也。前後去表相減，餘四步爲相多，非二表相去也。當由傳寫失眞，後人妄加改竄，遂不可通。前後表相去千步爲表間，以表高乘之爲實，以法除之，加表高，即是島高。積步得一千二百五十五步，以里法三百步除之，得四里餘五十五步，是島高之步數也。求前表去島遠近者，以前表卻行乘表間爲實，相多爲法除之，得島去表數。

淳風等按：此術意宜云前去表乘表間，得一十二萬三千步，以相多四步爲法除之，得三萬七百五十步。又以里法三百步除之，得一百二里一百五十步。是島去表里數。

劉知幾《史通》卷三《書志》 夫刑法、禮樂、風土、山川，求諸文籍，出於《三禮》。【略】若乃採前文而改易其説，謂王札子之作亂，在彼成年；《春秋・成公元年》：二月，無氷。董仲舒以爲其時王札子殺召伯、毛伯。案今《春秋經》，札子殺召、毛事在宣十五年，非成公時。夏徵舒之構逆，當夫昭代；《春秋・昭公九年》：陳災。董仲舒以爲楚莊王爲陳討夏徵舒，因滅陳，陳之臣子毒恨，故致火災。按楚莊王之滅陳，在宣十一年，如昭九年所滅者，乃楚靈王時。是莊王卒，恭王立；恭王卒，康王立；康王卒，夾敖立；夾敖卒，靈王立。相去凡五世。在《五行志》上卷中。楚莊作霸，荆國始僭稱王；《春秋・桓公三年》：日有食之，既。京房《易傳》以爲後楚莊稱王，兼地千里。按自武王始僭號，歷文、成、繆三王，始至於莊。然則楚之稱王已四世矣，何得言莊始稱哉。又魯桓薨後，世歷莊、閔、釐、文者，凡五君而楚莊作霸，安有桓三年日食而應之邪？高宗諒陰，亳都實生桑穀。《尚書》：「伊陟相太戊，亳有桑穀共生。」劉向以爲殷道衰，高宗承弊而起，盡諒陰之哀，天下應之。既獲顯榮，怠於政事，國將危亡，故桑穀之異見。按太戊崩，其後嗣有仲丁、河亶甲、祖乙、盤庚，凡歷五世，始至武丁，即高宗是也。桑穀自太戊時生，非高宗事。高又本不都於亳。晉悼臨國，六卿專政，以君事臣；董仲舒以爲成公十七年六月甲戌朔，日有食之，時宿在畢，晉家象也。晉厲公後莫敢責大夫，六卿遂相與比周專晉，國君還事之。按

《春秋》成公十二月丁巳朔，日食，非是六月。魯僖末年，三桓世官，殺嫡立庶。《春秋·僖公三十三年》：十二月，隕霜，不殺草。劉向以爲是時公子遂專權，三桓始世官。向又曰：嗣君微，失柄來事之象也。又鳌公二十九年秋，大雨雹。劉向以爲鳌公末年信用公子遂，專權自恣，至於殺君，故陰脅陽之象見。鳌公不悟，遂終專權。後二年，殺子赤，立宣公。按：此事乃文公未出，不是僖公時也。遂即東門襄仲。赤，文公太子，即惡也。斯皆不憑章句，直取胷懷。或以前爲後，以虚爲實；移的就箭，曲取相諧；掩耳盜鍾，自云無覺。詎知後生可畏，來者難誣者邪。又品藻羣流，題目庶類，謂莒爲大國，菽爲強草，鶖著素色，負蠜匪中國之蟲，《春秋·莊公二十九年》：有蜚。劉歆以爲蜚，負蠜也。劉向以爲非中國所有。南越盛暑，男女同川澤，淫風所生。是時莊取齊淫女爲夫人，既入，淫於兩叔，故蜚至。按：負蠜，中國所生，不獨出南越。鸜鵒爲夷狄之鳥。《春秋·昭公二十五年》「鸜鵒來巢」，劉向以爲夷狄之禽。按：鸜鵒，中國皆有，唯不踰濟水耳。事見《周官》。如斯詭妄，不可殫論。而班固就加纂次，曾靡銓擇，因以五行編而爲志，不亦惑乎？且每有叙一灾，推一怪，董、京之説，前後相反；桓公三年，日有食之。董仲舒、劉向以爲魯、宋殺君，易許田。劉歆以爲晉曲沃莊伯殺晉侯。京房以爲後楚莊稱王，兼地千里也。向、歆之解，父子不同。莊公七年夜中星隕如雨。劉向以爲夜中者，即中國也。劉歆以爲晝象中國，夜象夷狄。劉向又以爲蜮生南越。劉歆以爲盛暑所生，非自越來也。遂乃雙載其文，兩存厥理。言無準的，事益煩費，豈所謂撮其機要，收彼菁華者乎？

杜甫《奉贈韋左丞丈二十二韵》（郭知達《九家集注杜詩》） 李邕求識面，李邕，廣陵江都人。父善，嘗注《文選》。邕少知名長安，李嶠等薦邕詞高行直，堪爲諫官。由是召拜左拾遺。玄宗東封，獻賦稱旨。後進不識，京洛阡陌聚觀，以爲古人。或傳眉目有異，衣冠望風尋訪，門巷填隘。齊神武自太原來朝，見宋遊道曰：常聞其名，今日始識其面。師云：按《新唐史》杜本傳言：「公自少貧，不自振，客齊、趙、吴楚間。李邕奇其才，先往見之。」趙云：《新書》誤矣，蓋惑於後篇有《陪李北海宴歷下亭》而言之耳。殊不知公在洛陽時，李邕先與相見。其後邕爲北海太守，遇公於齊州，又相見。至青州，又相見。何以明之？陪李北海宴歷下亭，則相見於齊州，蓋歷下亭在齊州也。《八哀詩》於李邕篇云：「伊昔臨淄亭，酒酣託末契。」則相見於青州，蓋臨淄亭在青州也。又云：「重叙東都别，朝陰改軒砌。」則追言洛陽相見事，蓋洛陽則東都也。豈不先識面於洛陽，而在齊地再相見乎？則《新唐書》之誤以再見爲始識面矣。王翰願卜鄰。

又《奉同郭給事湯東靈湫作》 簫鼓蕩四溟，異香泱莽浮。木玄《虚海賦》：泱漭淡泞。《七啓》：入乎泱漭之野。謝玄暉：晨光復泱漭。張平子：泱漭無疆。劉伶：泱漭望舒隱。趙云：「泱漭字，舊注所引皆是泱漭。泱，音烏朗切。漭，音模朗切。或注云『無疆限之貌』。或注云『不明之貌』。『漭』雖與『莽』同音，而終非『泱莽』。正出其字在《上林賦》，言『八川之流』曰：『過乎泱莽之野。』注云：『大貌。』《山海經》所謂『大荒之野』也，以言水流之長遠。『異香泱莽浮』，則香之所浮如此，其荒遠也。」

韓愈等《論語筆解》卷上《爲政》 子曰：「《詩》三百，一言以蔽之，曰：『思無邪。』」包曰：蔽，猶當也。又曰，歸於正也。

韓曰：蔽，猶斷也。包以蔽爲當，非也。按「思無邪」是《魯頌》之辭，仲尼言《詩》最深義，而包釋之略矣。

李曰：《詩》三百篇，斷在一言，終於頌而已。子夏曰：發乎情，民之性也。故《詩》始於風，止乎禮義，先王之澤也，故終「無邪」一言，詩之斷也。慮門人學詩徒誦三百之多，而不知一言之斷，故云然爾。

子曰：「吾五十而知天命。」孔曰：知天命之終始。

韓曰：天命深微至賾，非原始要終一端而已。仲尼五十學《易》，窮理盡性以至於命，故曰知天命。

李曰：天命之謂性，《易》者理性之書也，先儒失其傳，惟孟軻得仲尼之蘊，故《盡心》章云，盡其心所以知性，修性所以知天，此天命極至之説，諸子罕造其微。

六十而耳順，七十而從心所欲不踰矩。鄭曰：耳聞其言，知其微旨也。馬曰：矩，法也。從心所欲，無非法。

韓曰：「耳」當爲「爾」，猶言如此也。既知天命，又如此順天也。

李曰：上聖既順天命，豈待七十不踰矩法哉？蓋孔子興言時已七十矣，是自衛反魯之時也。刪修《禮》、《樂》、《詩》、《書》，皆本天命而作，如其順。

子曰：「溫故而知新，可以爲師矣。」孔曰：溫，尋也。尋繹故者，又知新者，可以爲師矣。

韓曰：先儒皆謂尋繹文翰，由故及新，此是記問之學，不足爲人師也。吾謂故者，古之道也，新謂已之新意，可爲新法。

李曰：仲尼稱子貢云，告諸往而知來者，此與溫故知新義同。孔謂尋繹文翰則非。

子曰：「君子不器。」子貢問君子。子曰：「先行其言而後從之。」孔曰：疾小人多言而行不周。

韓曰：上文君子不器，與下文子貢問君子，是一段義。孔失其旨，反謂疾小人，有戾於義。

李曰：子貢，門人上科也，自謂通才，可以不器，故聞仲尼此言而尋發問端，仲尼謂但行汝言，然後從而知不器在汝，非謂小人明矣。

子張問：「十世可知也？」子曰：「殷因於夏禮，所損益，可知也。周因於殷禮，所損益，可知也。其或繼周者，雖百世可知也。」孔曰：文質禮變。馬曰：所因，謂三綱五常，所損益，謂文質三統。

韓曰：孔馬皆未詳仲尼從周之意，泛言文質三統，非也。

李曰：損益者，盛衰之始也。禮之損益，知時之盛衰。因者，謂時雖變而禮不革也。禮不革則百世不衰可知焉。窮此深旨，其在周禮乎。

韓曰：後之繼周者，得周禮則盛，失周禮則衰，孰知因之之義其深矣乎。

又卷下《堯曰》 帝臣不蔽，簡在帝心。包曰：桀居帝臣之位，罪過不可隱蔽。

韓曰：帝臣，湯自謂也，言我不可蔽隱桀之罪也。包以桀爲帝臣，非也。

李曰：吾觀《湯誥》云：「爾有善，朕弗敢蔽。罪當朕躬，弗敢自赦，惟簡在上帝之心。」此是湯稱帝臣明矣。疑《古文尚書》與《古文論語》傳之有異同焉，考其至當，即無二義。

《昌黎先生集·順宗實録》卷一［李漢注］ 方本不載《實録》，云：諸本《順宗實録》，皆以附《外集》。然李漢《序》謂又有「注《論語》十卷，傳學者。《順宗實録》五卷列於史書，不在集中。」則知《實録》固不必附也。○今按：李漢之說，據當時而言之，似未爲失。然其爲害已足使《筆解》亡逸，無復眞本；《實録》竄易，不成全書。是則皆李漢之爲也。方氏不察而從其說，既已誤矣。況今去公之時又益以遠，比之當日，事體又大不同，故其片文隻字，名爲公之作而決可知其非僞者，皆當收拾，使無失墜，乃爲眞能好公之文者，固不當以一時苟簡之論爲限斷，而直有所遺也。故今於《實録》，姑仍《外集》，而詳加校定，庶幾猶足以見公筆削之大指云。○《舊史》公《傳》云：時謂愈有史筆，及撰《順宗實録》，繁簡不當，叙事拙於取捨，頗爲當代所非，穆宗、文宗嘗詔史臣添改。時愈壻李漢、蔣係在顯位，諸公難之。而韋處厚別撰《順宗實録》三卷。且公《進實録表狀》所云，乃監修李吉甫以韋處厚所撰未周，悉令臣重修。而《舊》傳反謂所撰不當，處厚別撰三卷，誤矣。新史又云：自韓愈爲《順宗實録》，議者鬨然不息，卒竄定，無全篇。按：《路隋傳》：文宗嗣位，隋以宰相監修國史。初，韓愈撰《順宗實録》，書禁中事太切直，宦寺不喜，訾其非實，帝詔隋刊正。隋建言，衛尉卿周君巢、諫議大夫王彥威、給事中李固言、史官蘇景裔皆言改修，非是。夫史冊者，褒貶所在。匹夫善惡，尚不可誣，況人君乎。議者至引雋不疑、第五倫爲比，以蔽聰明。臣宗閔、臣僧孺謂：史官李漢、蔣係皆愈之壻，不可參撰。俾臣得下筆，臣謂不然。且愈所書，已非自出。元和以來，相循逮今，雖漢等以嫌，無害公議。請條示甚謬誤者，付史官刊定。有詔摘貞元、永貞間數事爲失實，餘不復改，漢等亦不罷。由是觀之，則公於元和十年夏進此《實録》後，纔一刊正是文。宗朝所特改者，貞元、永貞間數事耳。《舊史》以爲韋處厚別撰者，固非。而《新史》又謂卒竄定無全篇者，亦非也。司馬溫公《考異》云：景祐中編次《崇文總目》，《順宗皇帝實録》有七本，皆五卷，題云韓愈等撰，五本略而二本詳。編次者兩存之，其中多異同。然則是非取捨，後世安所折衷耶。終之，唯公之信而已。此《新史》所以采摭無遺，且以公爲知言也歟。

成伯璵《毛詩指説·解説》 序者，緒也。如繭絲之有緒，申其述作之意也，亦與義同。今學者以爲大序皆是子夏所作，未能無惑。如《關雎》之序，首尾相結，冠束《二南》，故昭明太子亦云：「大序是子夏全制，編入《文選》。其餘衆篇之小序，子夏唯裁初句耳，至也字而止。《葛覃》，后妃之本也。《鴻雁》，美宣王也。」如此之類是也。其下皆是大毛自以詩中之意而繫其辭也。後人見序下有注，又云「東海衛宏所作」，事雖兩存，未爲允當。當是鄭玄於毛公傳下即得稱箋，於毛公序末略而爲注耳。毛公作傳之日，漢興，已亡其六篇，但據亡篇之小序，惟有一句，毛既不見詩體，無由得措其辭也。又高子是戰國時人，在子夏之後，當子夏之世，祭皆有尸，靈星之尸，子夏無爲取引，一句之下，多是毛公所如，非子夏明矣。箋者，表也。毛公之傳，有所滯隱及不曲盡義類，重表明之。或云「毛曾爲北海太守，玄即北海高密人也，以爵里之隔，致有禮讓。」文儒之道，其不然乎。

陸淳《春秋集傳辨疑》卷三《莊公七年》 夜中星隕如雨。

《左氏》曰：「與雨偕也。」言與雨俱落。《公羊》曰：「雨星不及地尺而復。」《穀梁》曰：「不曰恆星之隕，何也？我知恆星之不見，不見其隕也。」啖子曰：「『星隕如雨』，爲奔流者衆，如雨之多。自漢已來史籍頻有詩曰『有女如雲』，李陵曰：『謀臣如雨』，皆言多爾。《三傳》不達此理，故悉穿鑿。」

《穀梁》又曰：「著於上，見於下，謂之雨。」趙子曰：「若其不多，豈得稱雨哉？」又曰：「著於下，不見於上，謂之隕。」趙子曰：「隕，落也，無煩曲說。」

又《僖公十四年》 沙鹿崩。

《公羊》曰：何以書？爲天下記異也。趙子曰：凡山崩，不繫國者，以其自有常處，不比隕星、退鷁也。《公羊》不達此理，遂妄釋爾。

《穀梁》曰：林屬於山爲鹿，謂山足也。沙，山名也。無崩道而崩，鹿在平地，不合崩。故志之。趙子曰：沙鹿，山名。杜元凱云：在元城縣，是也。若是山足，當云陷，何得言崩？又云無崩道而崩，故志之。然則山有崩道，梁山崩何志之？《穀梁》蓋見梁山云山，此不言山，又帶鹿字，所以疑爾。詳經意，梁山若不言山，但云梁崩，則不知是何梁。沙鹿是山名，不足疑，故不言山，從省文也。

陸淳《春秋集傳纂例》卷四《朝聘如例》 啖子曰：人君相見曰朝，使使致問曰聘，此皆受之於廟，以重禮也。他國來魯朝、聘皆書之。朝，朝也，以朝時相見也。聘，問也。魯君及卿往他國則曰如，如，往也。

趙子曰：朝聘諸侯必有婚姻之好，疆埸之理，故王者不絕其交焉。周禮有朝聘之義。春秋之代則多自於黨仇矣。言春秋時諸侯自恣，凡如此事多於黨仇而爲之也。皆國之大事，故君子志之。此解書朝聘意。其邪正則存乎其文矣。不合禮者則譏之，穀伯、鄧侯、曹世子之類是也。

朝：

隱十一年春，滕侯、薛侯來朝。

桓二年夏，滕子來朝。秋七月，杞侯來朝。六年冬，紀侯來朝。七年夏，穀伯綏來朝。鄧侯吾離來朝。趙子曰：名之，用夷禮也。九年冬，曹伯使其世子射姑來朝。《穀梁》云：參譏之。十五年夏，邾人、牟人、葛人來朝。《公羊》曰：夷狄之，用夷禮也。

莊五年秋，郳犁來來朝。《左氏》曰：未王命。二十三年夏，蕭叔朝公。啖子曰：始封附庸之君，故書字，公時在穀，故不言來。二十七年冬，杞伯來朝。

僖五年春，杞伯姬來朝其子。《穀梁》曰：參譏之。七年夏，小邾子來朝。十四年夏，季姬及鄫子遇于防，使鄫子來朝。啖子曰：參譏之。二十年夏，郜子來朝。二十七年春，杞子來朝。

文十一年秋，曹伯來朝。十二年春，杞伯來朝。秋，滕子來朝。十五年夏，曹伯來朝。

宣元年秋，邾子來朝。

成四年三月，杞伯來朝。六年夏六月，邾子來朝。七年夏五月，曹伯來朝。十八年秋，杞伯來朝。八月，邾子來朝。

襄元年秋，邾子來朝。六年秋，滕子來朝。七年春，郯子來朝。夏，小邾子來朝。二十一年冬，曹伯來朝。二十八年夏，邾子來朝。

昭三年秋，小邾子來朝。十七年春，小邾子來朝。秋，郯子來朝。

定十五年春，邾子來朝。

哀二年夏，滕子來朝。

啖子曰：凡書朝，皆人君也，禮所謂諸侯相朝，兩君相見也。

趙子曰：《穀梁》云：天子無事，諸侯相朝，時正也。考禮修德以尊天子也。按《春秋》，諸侯不事天子，自以強弱相制，無考禮修德之事。《左氏》云，凡諸侯即位，小國朝之，此乃春秋事霸者之宜，非常事也。據《周禮》五等之制，以牧伯帥之，則必令相朝，但不知令幾年一行耳，其正禮不可得而尋也。《左氏》昭十三年有朝聘之文，故趙子論之，見辨疑中。《公羊》曰：諸侯來曰朝。按諸侯以他事來者多矣，不可悉云朝。

夏竦《文莊集》卷一《工部郎中張士遜可户部郎中直昭文館充壽春郡王府官制》 敕：朕以愛子膺封建之禮，愼選端士以輔導之，俾其居處出入之際，聞忠孝方正之言。故朕久思其人，未易輕授，自非耆重，孰副柬求。以爾具官張某，資惟淑均，理尙淸簡。糾彈憲府，漕輓外臺。端懿之風，碩茂斯允。以爾具官崔某，業文甚雅，守道不迴。引籍諫垣，勵精史局。老成之德，慰薦良多。是用簡自朕心，命之王府第。進左民之秩，或兼上館之榮。爾其祗荷寵章，協宣懿效。規諷禮誼，以臻於道。予有望於汝也可。案：《眞宗本紀》：大中祥符九年正月壬申，以張士遜、崔遵度爲壽春郡王友。故制詞有「具官張某」、「具官崔某」之語，乃制詞既明列二人，而制題則舉張遺崔，殊爲踈略。又考《遵度本傳》，眞宗祀汾陰之歲，命爲左司諫。七年降爲右正言，踰歲復秩。九年命與張士遜並爲王友，改戶部員外郎。則知遵度之爲王友時，以左司諫而加員外郎也。但無別本可據，姑仍其舊，附記於此。

又卷五《謝直集賢院表》　臣某言：蒙恩以本官直集賢院者，北門禁省給青簡以試言，東觀直廬降紫泥而命職。莫逭假人之器，案：此語疑用《左傳》「惟器與名不可以假人」之意，但與「莫逭」二字，文義乖隔。考《宋文鑑》「器」作「刺」。又與「假人」二字，文義不貫，疑當作「俟人之刺」用。《詩·曹風》意以自謙，則與「莫逭」二字文義相屬矣。但無別本可證，姑仍其舊。式彰遇主之榮。

又卷一四《陳邊事十策》　平夏逆黨，習于刼掠。吐蕃雖衆，兵技不敵，但欲使且牽賊勢，必未能盡平狡穴。若此際不收實效，而徇空言，非國家之利也。伏乞采臣前奏，早賜指揮。先朝博囉，齊充靈州西面。都巡檢使，尙欲蠻夷相攻，遙制遷賊。況罝勒斯賚，向化父子，受官不于此時，遂其忠憤，差之毫釐，深可惜也。若前議得行，必恐罝賊未敢輕離巢窟。伏乞聖鑒，深察此議。案：《宋史·吐蕃傳》：罝勒斯賚始居都錫城，既居葉公城，徙居總噶爾城，後又徙莽沁，又徙居青達。罝勒斯賚三妻，喬氏生董戩，其二妻皆李立遵女也，生轄戩及瑪克占覺。立遵死，李氏寵衰，斥爲尼，置郭州錮。其子轄戩、瑪克占覺，結母黨李巴全，竊載其母奔總噶爾。罝勒斯賚不能制，瑪克占覺因撫有其衆，轄戩居康古。此策罝勒斯賚住總噶爾，轄戩來都錫，與史文不同，未知孰是，故附記之。

胡宿《文恭集》卷五《石曼卿學士輓詞》　芝筋留御帳，曼卿受詔，書《李文靖公神道碑》石本奏御之日，有司以曼卿不起聞上，深嗟惜之。簫賦落王宮。案：「簫賦」原本作「簫武」，義不可解。攷《漢書·王褒傳》：褒會著《洞簫頌》，元帝爲太子時，令後宮皆誦之。《文選》載其文，則《洞簫賦》非「頌」也。與《傳》小異。此詩蓋兼引二書。原本作「武」者，誤。今改正。

又卷二四《御書賜龍圖閣直學士權知開封府蔡襄摹寫賜御書刻石事敕書》　省所奏，伏蒙特賜御書，臣齋戒摹寫，刊著于石。次錄獎詔及臣所獻古詩，兼載後序，以紀遭遇，裝一軸上進。事具悉。卿體行淸方，才謨詳正，通于學術，粹是風業。朕選諸近侍，佳有名臣。因暇日以援毫，命中璫而賜字。蓋以將朕異睠，成卿令名。退思匪工，追用自恧。而乃深于感遇，篤在游揚。形頌歎之，長言溢尙。案：《蔡襄集》有御書碑序，其載勒石。摹進始末，在至和元年六月二十四日，其結銜稱起居舍人知制誥。與此不同者，考襄本傳，自起居舍人遷龍圖閣直學士，知開封府，蓋其勒石作序在爲起居舍人時，而賜敕則已在轉官後也。襄集不載敕書，此下闕文，無考。

又卷三五《眞州水閘記》　夫權以濟事，智在利人。鄧訓改石臼之河，案：「石臼」原本誤作「石舊」，今改。攷《鄧訓傳》，因理滹沱石臼河，大功難立，奏罷其役。此言「改石臼之河」，與范史不合。前史謂有陰德。

梅堯臣《宛陵集》卷三七《至廣教因尋古石盆寺》　古寺近田家，山尋石盎差。化蟲懸縊女，啼麌響繅車。僧坐樹間石，馬行溪畔沙。野香無處辨，歸路傍城斜。郡人不知古石盆寺在此山之傍，舊基存焉。山中有井，相去可一里，豈圖經所傳裴休井歟。近城有石盆寺，其側亦云裴相井者，恐非是。何則？杜牧有《石盆山》詩，是寺因山名也，從近城莫究其由，呼盎爲盆，必風俗訛也。

歐陽修《詩本義》卷一《螽斯》　《螽斯》大義甚明而易得，惟其序文顚倒，遂使毛、鄭從而解之失也。蟄螽，蝗類微蟲爾，詩人安能知其心不妒忌？此尤不近人情者。蟄螽多子之蟲也，大率蟲子皆多，詩人偶取其一以爲比爾。所比者，但取其多子似螽斯也。據序，宜言「不妒忌則子孫衆多如螽斯」也，今其文倒，故毛、鄭遂謂「螽斯有不妒忌之性」者，失也。振振，羣行貌。繩繩，齊一貌。蟄蟄，衆聚貌。皆謂子孫之多。而毛訓仁厚、戒愼、和集，皆非詩意。其大義則不遠，故不復云。

又《生民》　妄儒不知所守而無所擇，惟所傳則信而從焉。而曲學之士好奇，得怪事則喜附而爲說，前世以此爲《六經》患者非一也。后稷之生，說者不勝其怪矣，不可以遍攻，攻其一二之尤者，則衆說可從而息也。毛謂姜嫄者帝嚳、高辛之配也，高辛爲天子，以玄鳥至之日，親祠于郊禖以求子，姜嫄從帝嚳而見于天，將事齊敏，天歆饗而降福，乃生后稷。姜嫄以后稷生異於人，欲以顯其靈，乃置於隘巷，而牛羊辟之，又置於平林，而林間人收取之，又置於冰上，而有鳥以翼覆藉之。於是姜嫄知有天異，乃往取而育之。鄭謂姜嫄非帝嚳之配，乃高辛氏後世子孫之妃爾。高辛後世不爲帝矣，得用天子之禮祠高禖者，爲二王後故也。又謂當祠高禖時，有上帝大足迹，姜嫄履其指拇，歆然感而有身，遂生后稷。以無人道而生子，懼人不信，乃置之隘巷等處，以顯其異。凡怪妄之說，使諸家合辭幷力以相固結，若折以至理，猶可攻而破之，況二家自相乖戾如此也。今各以其所自爲說者反攻之，則亦可以屈矣。毛、鄭之前世，已傳姜嫄之事也，今見於《史記》

者是矣。初無高禖祈子與欲顯靈異之事也，直言姜嫄出履大人之迹生子，懼而棄之，及見牛羊不踐等事，始知爲異兒，遂收育之爾。就其妄説，猶若有次第，至二家解《詩》，乃各增損其事，以遷就己説。毛能不信履迹之怪善矣，然直謂姜嫄從高辛祠於郊禖而生子，則是以人道而生矣，且有所禱。而夫婦生子乃古今人之常事，有何爲異，欲顯其靈而以天子之子棄之牛羊之徑及林間、冰上乎？此不近人情者也。毛傳《商頌》亦言高辛次妃簡狄以玄鳥至之日祀高禖而生契，與姜嫄生后稷事正同，其先生契也，未嘗以爲異。其後生后稷，豈特駭而異之乎？此又理之不通矣。五帝君臣世次至周以後已失其傳，蓋其相去千五六百歲，歲久不能無訛繆，而無所考正矣。今《史記・本紀》出於《大戴禮》、《世本》諸書，其言堯及契、稷皆爲帝嚳之子，先儒以年世長短考之，理不能通，固難取信。而鄭又自惑於讖緯，專用《命歷》序言，帝嚳傳十世，因以堯、契皆不爲嚳子，而猶以后稷爲嚳後世子孫，謂堯不徒非嚳子，亦非高辛氏之族，故以后稷於堯世爲二王之後，其言無所稽據，而皆由其臆出。夫天命有德以王天下，此聖賢之通論也。天生聖賢，異於衆人，理亦有之。然所謂天命有德者，非天諄諄有言語文告之命也，惟人有德則輔之以興爾。所謂天生聖賢者，其人必因父母而生，非天自生之也。《詩》曰：「維嶽降神，生甫及申」，申、甫皆父母所生也。鄭則不然，直謂后稷天自生之爾。夏有天下四百餘歲而爲商，商有天下六百歲而爲周。如鄭之説是天不因人道自與姜嫄歆然接感而生后稷，其傳子孫一千歲後爲周，而王天下。且天既自感姜嫄以生后稷，不王其身而王其一千歲後之子孫，天意果如是乎？無人道而生子，與天自感於人而生之，在於人理皆必無之事，可謂誣天也。蓋毛於《史記》不取履迹之怪，而取其訛繆之世次。鄭則不取其世次而取其怪説。三家或異或同，諸儒附之，駁雜紛亂。附毛説者謂后稷是帝嚳遺腹子，附鄭説者謂是蒼帝靈威仰之子，其乖妄至於如此。夫以不近人情，無稽臆出，異同紛亂之説，遠解數千歲前神怪人理必無之事，後世其可必信乎。然則《生民》之詩，孔子之所録也，必有其義。蓋君子之學也，不窮遠以爲能，闕所不知，慎其傳以惑世也，闕焉而有待可矣。毛、鄭之説余能破之不疑，《生民》之義余所不知也，故闕其所未詳。

又卷四《女曰鷄鳴》　「女曰雞鳴，士曰昧旦」，是詩人述夫婦相與語爾，其終篇皆是夫婦相語之事。蓋言古之賢夫婦相語者如此，所以見其妻之不以色取愛於其夫，而夫之於其妻不説其色而内相勉勵，以成其賢也。而鄭氏於其卒章「知子之來之」，以爲「子」者是異國之賓客，又言「豫儲珩璜雜佩」，又言「雖無此物，猶言之以致意」，皆非詩文所有，委曲生意而失詩本義。且既解卒章以此，又因以宜言飲酒「與子偕老」亦爲賓客，斯又泥而不通者也。今偏考《詩》諸《風》，言「偕老」者多矣，皆爲夫婦之言也。且賓客一時相接，豈有偕老之理？是殊不近人情。以此求《詩》，何由得《詩》之義。

本義曰：詩人刺時好色而不説德，乃陳古賢夫婦相警勵。以勤生之語，謂婦勉其夫早起往取凫鴈以爲具，飲酒歸以相樂，御其琴瑟，樂而不淫，以相期於偕老。凡云「子」者，皆婦謂其夫也。其卒章又言「知子之來，相和好」者，當有以贈報之，以勉其夫不獨厚於室家，又當尊賢友善，而因物以結之。此所謂説德而不好色，以刺時之不然也。

又卷六《皇皇者華》　《皇華》序及箋、傳皆失之，然其大義僅存也。據序，止言君遣使臣，遠而有光華。此但解首章一句爾，其所以累章丁寧之意甚多，不止有光華而已也。其云「送之以禮樂」，則《詩》文無之，又衍説也。毛、鄭之失，在乎皆用魯穆叔之説爲箋、傳，故其穿鑿泥滯，於義不通也。凡《詩》五章，悉用此爲解，則一篇之義皆失矣。毛以「懷」爲「和」，初無義理，鄭改爲「私」，用穆叔之説爾。其忠信爲周，訪問爲咨，意謂「大夫出使，見忠信之賢人，就之訪問」。今詩文乃曰「周爰咨諏」，是出見忠信之賢人，止一周字豈成文理？若直以周爲周詳、周徧之周，則其義簡直，不解自明也。又曰「訪問爲咨」，則所問何者非事，而獨以咨諏爲咨事？其下咨謀、咨度、咨詢，非事而何？其又以「謀事之難易爲咨謀」，而穆叔直謂「咨難爲謀」，若《書》曰「汝有大疑，謀及卿士庶人」，則凡問於人皆可曰「謀」矣。《書》又云「爾有嘉謀，入告于君」，則又不止問於人爲謀，以事告人亦曰「謀」矣。其又以「咨禮義所宜爲度」，而穆叔止云「咨禮」，二説亦自不同。且度，忖度也，施於何事不可，奚專於咨禮義哉？其又以「親戚之謀爲詢」，《書》曰「詢于衆」，豈皆親戚乎？若此之類甚多，故可知其穿鑿泥滯，於義不通，而六德之説可廢也。據詩首章直言「使臣將命而出有光華」爾，毛、鄭所謂「遠近高下不易其色」，亦衍説也。

本義曰：周之國君遣其臣出使，其首章稱「美其賢材，能將君命爲國光華于外」爾。云「于原隰」者，其道路所經也。既又勉其於事，每思惟恐不及也。懷，思也。其二章以下則戒其調御車馬，雖有馳驅之勞，不忘國事，周詳訪問，因以博采廣聞，不徒將一事而出也。詩人述此，見周之興國之初，其君臣勤勞於事如此爾。諏、謀、度、詢，其義不異，但變文以叶韻爾，詩家若此，其類甚多。

李覯《盱江集》卷一五《明堂定制圖序》 盛德記九室，蔡伯喈之徒傳之。接四室之角，又爲四室，聶崇義誤以爲秦人明堂圖者是也。按：秦實無明堂，但後儒見《月令》有天子居明堂之文，以《月令》是秦相呂不韋所作《春秋》十二紀之首章，疑爲秦之明堂耳。然今觀《月令》明堂十有三位，無九室之説，蓋崇義誤取《大戴》九室之堂以爲秦制也。又鄭康成亦駮《大戴》云：九室三十六戶七十二牖，似秦相呂不韋作《春秋》時所益者，非古制也。噫，康成注《禮記》，既知《月令》是呂不韋所作春秋矣，而《月令》豈有九室之文哉，何以輒駮《大戴》九室以爲出於《呂氏春秋》乎？誠舛繆之甚也。

《資治通鑑・陳宣帝太建五年》［胡三省注］ ［八月］丙子，左衛將軍樊毅克廣陵楚子城。此廣陵非江都之廣陵。按魏太和中，蠻帥田益宗納土於魏，魏爲立東豫州，治廣陵城。《五代志》：汝南郡新息縣，魏置東豫州。則此廣陵乃新息之廣陵也。又，梁武帝置楚州於汝南郡之城陽縣，治楚城，即楚子城也。《水經》：淮水先過城陽縣而後過新息縣，則知廣陵城與楚子城相近。

又《唐代宗廣德元年》 ［正月］甲辰，朝義首至京師。《考異》曰：《河洛春秋》曰：「朝義東投廣陽郡，不受。北取潞縣、漁陽，擬投兩蕃。至楡關，李懷仙使使招回，卻至漁陽過，從潞縣至幽州城東阿婆門外，於巫閭神廟中，兄弟同被絞縊而死，乃授首與駱奉仙。經一日，諸軍方知，歸莫州城下。」《舊僕固懷恩傳》曰：「寶應二年三月，朝義至平州石城縣溫泉柵，窮蹙，走入長林自縊，懷仙使妻弟徐有濟傳其首以獻。」《實錄》：《史朝義傳》：「二年正月，李懷仙於莫州生擒之，送款來降，梟首至闕下。」《實錄》：「寶應元年十一月己亥，僕固懷恩上言：幽州平，河北州縣盡平，史朝義爲亂兵所戮，傳首上都。」《舊紀》：「寶應二年十月，河北州郡悉平，李懷仙以幽州降，田承嗣以魏州降。」沈既濟《建中實錄》：「二年正月，賊將李懷仙擒朝義以降，山東平。」《唐曆》：「正月甲辰，李懷仙擒史朝義，梟首，獻至闕下，盡以所管來降。」《年代記》：「寶應元年十二月己亥，僕固懷恩上言：『史朝義爲亂兵所殺，傳首上都。』二年正月甲申，朝義梟首至闕。」《新紀》：「廣德元年正月甲申，朝義自殺，其將李懷仙以幽州降。」按諸軍圍朝義於莫州，已在去年十一月末，而《河洛春秋》云圍城四十日。懷恩舊傳亦云攻守月餘日。然則朝義之死，必在今年正月明矣。諸書皆云朝義此年正月被殺，而《實錄》在元年十一月，《舊紀》因之，又脱十一月字。《懷恩傳》誤以正月爲三月。甲申，正月十日；甲辰，三十日也。《新本紀》蓋據《年代記》，但《年代記》元年冬十一月己亥朝義死，亦與《實錄》同。若正月被殺，不應十日首級已至長安。疑甲申自殺，甲辰傳首至闕。《新紀》止用《年代記》甲申至闕爲自殺日，未知何所據。今從《唐曆》，以甲辰傳首至京師。

又《唐懿宗咸通二年》 朝廷以杜氏強盛，務在姑息，冀收其力用，乃贈守澄父存誠金吾將軍，再舉鄠殺守澄之罪，長流崖州。劉昫曰：唐武德四年，以隋朱崖郡爲崖州。自雷州徐聞縣南，舟行四百三十里，度大海，達崖州。宋白曰：宋開寶六年，割舊崖州之地屬瓊州，却改振州爲崖州。《考異》曰：《實錄》：「又賜寬手詔云云，『如聞李琢在安南日，殺害杜存誠，李鄠又處置其子守澄，使誘導群蠻，陷沒城邑。卿到鎮日，於李鄠處索取前後敕詔，一一參詳。』初，李琢在鎮，蠻首領愛州刺史兼土軍兵馬使杜存誠密誘溪洞夷、獠爲之鄉導，琢察其不忠，戮死焉。及李鄠至鎮，蠻陷安南，鄠走武州，召土軍收復城邑，而存誠家兵甚衆，朝廷務姑息，乃贈存誠金吾將軍。鄠以失備貶儋州。」《補國史》：「蠻陷安南，李鄠投武州，召土軍收復，頗有功績，殺首領杜存誠，以捍禦盤桓，不戮力盡敵，兼洞夷獠爲鄉導之罪也。鄠貶儋州後，以存誠谿洞強獷，家兵數多，子弟繼總軍旅，皆輸忠勇，軍府倚賴方甚，朝廷亦加姑息，乃再舉憲章，長流鄠崖州，贈存誠金吾將軍，以誘其竭力。命前鹽州刺史王宙爲都護。」按鄠所殺存誠之子守澄，已爲王式所逐，鄠至旬日殺之，非因扞禦不戮力也。代鄠者乃王寬，非王宙。《補國史》誤也。今獨取鄠克復安南一事，餘皆從《平剡録》、《實錄》。按唐朝若以杜守澄之戮爲李鄠罪，則當贈守澄官，不當贈其父官，此余所以致疑於前也。

又《資治通鑑考異》卷一 上欲使太子擊黥布，太子客使呂釋之夜見呂后。《史記》、《漢書》皆云：呂澤夜見呂后。按《恩澤侯表》有周呂侯澤、建成侯釋之，今此上云建成侯，而下云呂澤，恐誤，當爲釋之。是又《留侯世家》：上欲廢太子，立戚夫人子趙王如意。大臣多諫爭，未能得堅決者也。呂后恐，不知所爲。人或謂呂后曰：「留侯善畫計筴，上信用之。」呂后乃使建成侯呂澤劫留侯，曰：「君常爲上謀臣，今上易太子，君安得高枕而卧乎？」留侯曰：「始上數在困急之中，幸用臣筴。今天下安定，以愛欲易太子，骨肉之間，雖臣等百餘人何益。」呂澤強要曰：「爲我畫計。」留侯曰：「此難以口舌爭也。顧上有不能致者，天下有四人。四人者年老矣，皆以爲上慢侮人，故逃匿山中，義不爲漢臣。然上高此四人。今公誠能無愛金玉璧帛，令太子爲書，卑辭安車，因使辯士固請，宜來。來，以爲客，時時從入朝，令上見之，則必異而問之。問之，上知此四人賢，則一助也。」於是呂后令呂澤使人奉太子書，卑辭厚禮，迎此四人。四人至，客建成侯所。上欲使太子擊黥布，四人相謂曰：「凡來者，將以存太子。太子將兵，事危矣。」乃説建成侯云云，上遂自行。上破布歸，置酒，太子侍。四人從太子，年皆八十有餘，鬚眉皓白，衣冠甚偉。上怪，問之曰：「彼何爲者？」四人前對，各言名姓，曰東園公，角里先生，綺里季，夏黄公。上乃大驚，曰：「吾求公數歲，公辟逃我，今公何自從吾兒游乎？」四人皆曰：「陛下輕士善罵，臣等義不受辱，故恐而亡匿。竊聞太子爲人仁孝，恭敬愛士，天下莫不延頸欲爲太子死者，故臣等來耳。」上曰：「煩公幸卒調護太子。」四人爲壽已畢，起去。上目送之，召戚夫人指示四人者曰：「我欲易之，彼四人輔之，羽翼已成，難動矣。呂氏眞而主矣。」戚夫人泣，上曰：「爲我楚舞，吾爲若楚歌。」歌曰：「鴻鵠高飛，一舉千里。羽翮已就，横絶四海。横絶四海，當可奈何？雖有矰繳，尚安所施！」歌數闋，戚夫人嘘唏流涕，上起去，罷酒。竟不易太子者，留侯本招此四人之力也。按：高祖罡猛伉厲，非畏搢紳譏議者也。但以大臣皆不肯從，恐身後趙王不能獨立，故不爲耳。若決意欲廢太子，立如意，不顧義理，以留侯之久故，親信猶云非口舌所能争，豈山林四叟片言遽能柅其事哉？借使四叟實能柅其事，不過汚高祖數寸之刃耳，何至悲歌云「羽翮已成，矰繳安施」乎？若四叟實能制高祖，使不敢廢太子，是留侯爲子立黨，以制其父也。留侯豈爲此哉？此特辯士欲夸大四叟之事，故云然。亦猶蘇秦約六國，從秦兵不敢闚函谷關十五年，魯仲連折新垣衍，秦將聞之却軍五十里耳。凡此之類，皆非事實，司馬遷好事多愛而采之，今皆不取。

又卷二四　孟方立遷昭義軍於邢州，自稱留後。《實録》：中和四年正月，以義成行軍司馬鄭昌圖爲中書舍人。三月，邢州軍亂，殺其帥成麟，以中書舍人鄭昌圖權知昭義留後。按：成麟前已爲孟方立所殺，況不在邢州，邢州乃方立所治也。又於時潞州已爲李克脩所據，昌圖安得更往彼爲留後。又其年五月，以右僕射王徽同平章事，充昭義節度使，徽上表，懇述非便，乃復以本官充大明宫留守。《舊·王徽傳》：初，潞州軍亂，殺成麟，以兵部侍郎鄭昌圖權知昭義軍事。時孟方立割據山東三州，別爲一鎮。上黨支郡惟澤州耳，而軍中之人多附方立，昌圖不能制。宰相奏請以重臣鎮之，乃授徽檢校尚書、左僕射、同平章事、澤潞邢洛磁觀察等使。時鑾輅未還，關東聚盜。而河東李克用與孟方立正争澤潞，以朝廷兵力必不能加，上表訢之曰：「鄭昌圖主留累月，將結深根；孟方立專據三州，轉成積釁。招其外則潞人胥怨，撫其內則（邪）［邢］將益疑。禍方熾於既焚，計柰何於已失。須觀勝負，乃決安危。伏乞聖慈，博求廷議，擇其可付，理在從長。」天子乃以昌圖鎮之，以徽爲諸道租庸供軍等使。《新·孟方立傳》曰：方立攻成鄰，斬之，擅裂邢、洛、磁爲鎮，治邢爲府，號昭義軍。潞人請監軍使吳全勗，知兵馬留後。時王鐸領諸道行營都統，以潞未定，墨制假方立知邢州事，方立不受，（因）［囚］全勗，以書請鐸，願得儒臣守潞。鐸使參謀中書舍人鄭昌圖知昭義留事，欲遂爲帥。僖宗自用舊相王徽領節度。時天子在西河，關中雲擾。方立擅地，而李克用窺潞州，徽度朝廷未能制，乃固讓昌圖。昌圖治不三月，輒去，方立更表李殷鋭爲刺史。乃徙治龍岡。會克用爲河東節度使，昭義監軍祁審誨乞師，求復昭義軍。克用殺殷鋭，遂幷潞州，表克脩爲留後。按：王鐸以三年正月罷都統，則昌圖知昭義留後必在二年也。昌圖在潞不三月引去，今徽以潞讓昌圖，則徽除昭義必不在四年五月，《實録》年月皆誤也。方立若已自稱昭義留後，遷軍額於邢州，則不止割據三州，若欲別爲一鎮，則應別立軍名，必不與潞州並稱昭義。若但以潞爲支郡，當自除刺史，不以書與王鐸，更求儒臣。就使求之，鐸亦當以昌圖爲潞州刺史，不云知昭義軍事，又不得以澤州爲支郡也。蓋方立既殺成麟，以邢州鄉里欲徙鎮之故，身往邢州而潞人不從，故請全勗爲留後，方立以衆情未洽，未敢自立，故囚全勗外示恭順，託以中人不可爲帥而請於王鐸，乞除儒臣，其意以儒臣易制，欲外奉爲帥而自專軍府之政，漸謀代之也。既而昌圖至潞，欲行帥職，而山東三州已爲方立所制，不受帥命，獨澤州在南，尚可號令耳。故王徽表云「昌圖主留累月，已深結根」，言在澤潞已久，人心稍附，己所不如也。又云「方立累據三州，轉成積釁」，謂昌圖欲行帥權，而方立不率將職，互相窺覦，故積釁也。又云「招其外則潞人胥怨，撫其內則邢將益疑」，謂今邢潞已成，釁隙已至，彼欲加惠於邢則潞人怨其寵賊，加惠於潞則邢將疑，其圖己也。又云「須觀勝負，乃決安危」，謂昌圖能勝方立，然後昭義乃安也。昌圖在潞終不自安，故以軍府授方立，而去方立然後自稱留後，徙軍額於邢州，以潞爲支郡，表殷鋭爲刺史。故《新》傳徙治龍岡在殷鋭爲刺史下，此其證也。於是潞人怨而召沙陁，當徽除節制之時，克用猶未敢争澤、潞也。吳全勗疑是方立初入潞府時監軍，故王鐸使知留後。方立既囚之，疑其遂斥去，祁審誨恐是鄭昌圖時監軍。《太祖紀年録》云：方立虜審誨，自稱留後。薛居正《五代史·方立傳》云：方立以邢爲府，以審誨知潞州事，三説不同，且既虜審誨，必不以知潞州。方立表李殷鋭爲刺史，而審誨猶依舊，必是後來監軍方立以其未嘗異己，故不疑之，若嘗被囚虜，必不復留，此之不實，昭然可知。疑唐末昭義數逐帥劉廣，成麟作亂被殺，人皆知之，記事者不詳考正，或以先者爲後，後者爲先，差互不同，故諸書多牴牾不合耳。又《薛史·安崇阮傳》云：安文祐初爲潞州牙門將，光啓中軍校劉廣逐節度使高潯，據其城。僖宗詔文佑平之，既殺劉廣，召赴行在授邛州刺史。其後孟方立據邢洛攻上黨，朝廷以文祐本潞人也，授昭義節度使，令討方立。自蜀至澤州與方立戰，敗殁於陣。按諸書皆無文祐爲昭義節度使事，況光啓中澤潞已爲李克脩所據，文祐來當與克脩戰，不得與方立戰也。其事恐虚，今不取。

王安石《周官新義》卷六《地官·比長》　比長，各掌其比之治。五家相受，相和親，有辠奇衺則相及。徙于國中及郊，則從而授之，若徙于他，則爲之旌節而行之。若無授無節，則唯圜土內之。

經，於鄉大夫曰「政教禁令」，州長曰「教治政令」，黨正曰「政令教治」，族師曰「戒令政事」，閭胥曰「閭之徵令」，比長曰「比之治」。命官之意，其輕重皆在一字間也。政令爲重，禁令次之，戒令又次之，徵令爲下。鄉大夫、州長詳於教而兼政，黨正、族師詳於政而兼教，閭胥則承上之政教而掌其政令耳，比長則並無所爲令矣。

孫覺《孫氏春秋經解》卷六《僖公十年》　夏，晉殺其大夫里克。《春秋》殺大夫稱國者，不與其君專殺大夫也。里克比弑二君，天下之大惡，于其殺之也，稱大夫而不與專殺。蓋《春秋》之法，雖弒君之賊，以其罪討之，則書之爲人；不以其罪討之，則爲專殺。里克雖有弒君之罪，而夷吾嘗命爲大夫矣。又以己私殺之，晉殺其大夫爾，非討弒賊也。齊公子商人弒其君舍而立，于其見殺也，書曰「齊人弒其君商人」。商人雖有弒君之罪，而齊人殺之者以己怨焉，齊人弒君爾，非討殺賊也。弒君之賊固《春秋》所不容，然當時討之，必正其罪，不正其罪而殺之，猶之不討也。故晉殺里克得殺大夫之罪；齊人弒商人被弒君之惡。善《春秋》之輕重予奪必皆盡當時之情，非苟然也。

《穀梁》曰「殺之不以其罪」。此說是。

劉恕《資治通鑑外紀》卷二《盤庚》 盤庚將涉河南遷都，自湯至盤庚五遷，無定處，民咨胥怨，不欲徙。盤庚乃告諭諸侯大臣曰：「昔高后成湯與爾之先祖俱定天下法則，可修舍而弗勉，何以成德？」遂渡河南，復居湯之故居，治亳殷。亳是大名，殷是亳內之別名。鄭玄曰：治于亳之殷地。《汲冢古文》云：盤庚自奄遷于殷，殷在鄴南三十里，與《書》「涉河」不同。《史記》：祖乙遷于邢，亦不知出何書？鄭玄曰：祖乙去相居耿，爲水所圮毀，修德以禦之，不復徙也。又曰：其後奢侈踰禮，土地迫近山川，嘗圮焉。至陽甲立，盤庚爲臣，乃謀徙居湯舊都。《父序注》云：民居耿久，奢淫成俗，故不樂徙。王肅曰：自祖乙五世，至盤庚元兄陽甲，宮室奢侈，下民邑居墊隘，水泉瀉鹵，不可以行政化，故徙都于殷。皇甫謐曰：耿迫近山川，自祖辛以來民皆奢侈，故盤庚遷殷。《書・盤庚下篇》云：今我民用蕩析離居。《孔傳》云：水衆沈溺。孔穎達云：地勢袴下，久居水變，水泉瀉鹵，不可行化，故欲遷都，不必爲奢侈也。此以君名名篇，必是爲君時事，而鄭玄以上篇是盤庚爲臣時事，未知何所考據？

蘇轍《蘇氏詩集傳》卷一 《卷耳》，后妃之志也。婦人知勉其君子求賢以自助，有其志可耳。若夫求賢審官，則君子之事也。采采卷耳，不盈頃筐。嗟我懷人，寘彼周行。采采，不已之辭也。卷耳，苓耳也。頃筐，畚屬也。卷耳易得之物，頃筐易盈之器，而不盈焉，則志不在卷耳也。今將求賢，寘之列位，而志不在，亦不可得也。陟彼崔嵬，我馬虺隤。我姑酌彼金罍，維以不永懷。崔嵬，土山之戴石者也。虺隤，病也。姑，且也。將陟險而馬病，不求良馬以任之，徒酌酒以自慰，不以爲深憂也，則終不免矣。譬如爲國之難，知小人之不足任，而不求賢以自助，亦無以濟也。陟彼高岡，我馬玄黃。我姑酌彼兕觥，維以不永傷。此章意不盡，申殷勤也。凡詩之重復類此。山脊曰岡。玄馬病則黃。兕觥，角爵，所以爲罰也。陟彼砠矣，我馬瘏矣。我僕痡矣，云何吁矣。石山戴土曰砠。瘏、痡，皆病也。馬病而不知擇，至於人又病也，則無及矣，亦吁嗟而已。《卷耳》四章，章四句。

蘇轍《蘇氏春秋集解》卷七《宣公十一年》 冬，十月，楚人殺陳夏徵舒。陳靈公之死也，孔寧、儀行父奔楚，故楚子伐陳，謂陳人無動，吾將有討於少西氏，遂入陳，殺夏徵舒，因縣陳。申叔時使於齊而反，謂楚子曰：「牽牛以蹊人之田，而奪之牛。蹊者信有罪矣，而奪之牛，罰已重矣。諸侯之從也，曰討有罪也。今縣陳，貪其富也，以討召諸侯而以貪歸之，無乃不可乎？」楚子曰：「善哉，吾未之聞也。」於是乃復封陳。蓋楚子入陳而殺徵舒，今先書「楚人殺陳夏徵舒」，而後書「楚子入陳，納公孫寧、儀行父于陳」，何也？楚子之殺徵舒也，既以滅陳而縣之矣，非入也。及申叔時諫而復封陳，然後得爲入也。孔子以其終復封陳也，故不言其滅；以其始嘗滅之也，故先書殺徵舒而後書入。稱入，衆詞也，以其討有罪也；稱子，偏詞也，以其入人之國而納有罪也。

范祖禹《唐鑑》卷七〔呂祖謙音注〕 〔高宗〕上元二年四月，太子弘薨。五月下詔：「朕方欲禪位禪音善。太子，而疾遽不起，宜申往命，加以尊名，可謚爲孝敬皇帝。」臣祖禹曰：皇帝者，有天下之號，苟無其位，非所以爲贈謚也。父沒而後子立，今父在而追尊其子，豈禮也哉？李泌以爲武后欲謀簒國，酖太子弘，蓋高宗不之知，而後復加之尊名，以掩其迹。是時政出於后，高宗尸位而已。〔注〕《通鑑考異》曰：《新書・本紀》云：天后殺皇太子。《新傳》云：從幸合璧宮，遇酖薨。《唐歷》云：弘仁孝英果，深爲上所鍾愛。以請嫁三公主，失愛於天后，不以壽終。《實錄》、《補傳》，皆不言弘遇酖。按李泌對肅宗云：考敬皇帝爲太子監門，仁明豈悌，天后方圖臨朝，乃酖殺。立雍王賢爲太子。《新書》蓋據此乃《唐歷》也。按弘之死，其文難明，今但云時人以爲天后酖之，疑以傳疑。

吴則禮《北湖集》卷三《至青陽先寄韓子蒼》 禿髮羇臣百不憂，樹頭樹底鳴栗留。按：陸璣疏：黃鸝留，俗呼黃離留，或謂之黃栗留。《說文》：鶩，一名鸝鶹。未聞以鶇鶹稱者。若鶹鷅，梟也。《爾雅》：鳥少美長醜爲鶹鷅。註：一作留離。陸璣疏：自關而西謂梟爲流離，亦作留離。是「鶹鷅」與「栗留」判然兩物也。原本作「鶇鶹」誤，今改正。遊方便具屈宋眼，出世眞成陶謝流。

陳祥道《論語全解》卷九《微子》 微子去之，箕子爲之奴，比干諫而死。孔子曰：「殷有三仁焉。」

微子去，所以存商之祀；箕子奴，所以貽天下之法；比干死，所以示人臣之節。去則明夷于飛垂其翼者也，利而不正；死則過涉滅頂者也，正而不利；奴則內難而能正其志者也，利而且正。三者之所趍雖殊，然去者仁之清，奴者仁之和，死者仁之任，皆其自靖以趨於仁而已，此所以均謂之仁。蓋微子去然後箕子奴，箕子奴然後比干死，事辭之序也。武王克商然後釋箕子之囚，則箕子未嘗去商，而《史》以箕子避紂於朝鮮，誤矣。

楊時《龜山集》卷八《經解・春秋義》 不書即位。天子崩，嗣子爲君，則朝諸侯、布命於明堂，此即位之禮也。康王之誥是已。天子有天下，諸侯有一國，小大雖殊，其所以承宗廟之重，則同耳。以天子之事考之，則諸侯繼世爲君者，其亦若此歟。故《春秋》於諸公，所以書即位也。然隱、莊、閔、僖不書即位，何也？《穀梁》曰：繼弒君，不書即位，正也。繼弒君而行即位，是與聞乎？弒也，此說是已。蓋寢苫枕塊終身不仕，而恥讐之不復者，人子之志也，況先君不以其道終，而嗣子遽可以行即位乎？此不書即位，所以爲正也。然隱非繼弒君，而亦不書，何也？以《三傳》考之，皆謂有讓桓之志，則不書即位者，蓋所以成公志也。古者君薨而世子生，則百官總已以聽冢宰，隱之不敢爲公也，蓋亦有冢宰之事乎，奚必踐南面而稱公也。不知出此，而徒謂有讓桓之志，則其貽禍也，不亦宜乎。夫禮，諸侯一娶而九女。元妃卒，則次妃攝行內事而已，未聞有再娶之禮也。用是言之，則仲子非夫人，桓公非嫡子，隱何爲而不敢爲公也？然則蔿氏之禍，隱實爲之也。隱之不即位，其失遠矣。故《春秋》著之，其有旨哉？

蕭楚《春秋辨疑》卷一《春秋魯史舊章辨》 孔子本準魯史，兼采諸國之志而作《春秋》。《春秋》之未作則史也，非經也；《春秋》之既作，則經也，其文猶史爾，而不可以爲史法。必舉年、時、月、日而後紀事，然事事而繫云甲乙，則煩而無統，于是又度其事之輕重大小。其大者若繫國之重者則日，其次則月，又其次則時，此皆因舊史之文也。原注：日月例別有論。然史之紀事必須本末略具，使讀者可辨，原注：《尚書》記言之史，《春秋》則記行事之史，雖略于《書》，亦必有本末，使讀者足以辨其事善惡，非直舉其事之條目而已。非如今《春秋》之簡也。案：仲尼讀史至「楚復陳」，曰：「大哉，楚王輕千乘之國而重叔時之言。」原注：此必讀楚史而采其事書于《春秋》也。觀今《春秋》書曰：「丁亥，楚子入陳。」使舊史之文只如此，則雖孔子，何以知其終不縣陳也。原注：時楚子欲以陳爲縣。仲尼讀《晉志》，見趙宣子弒君事，曰：「惜也，出竟乃免。」觀今《春秋》書曰：「晉趙盾弒其君。」使舊史之文只如此，則雖孔子，何以知盾之奔未出竟也。原注：孔子讀《晉志》始知宣子事，則是魯《春秋》舊不載，據孟子以晉之《乘》、楚之《檮杌》、魯之《春秋》合而論之，則知孔子兼采諸國之說而作《春秋》，益信明矣。【略】杜預見《左氏》載韓宣子適魯見《易象》與《春秋》，曰：「吾乃今知周公之德與周之所以王。」遂以《春秋》爲周公之垂法，史書之舊章，仲尼從而刊正之以示勸戒，是大不然也。夫未修之《春秋》可謂周公之法，既修之《春秋》則仲尼之筆也。案：經書弒君或稱國，或稱人、稱盜；諸侯失國或書名、或書爵，與夫天王不言出奔，所在稱居之類，皆亂世之事，豈周公先垂此法乎？又其文體三變，隱、桓之際列國盟會侵伐稱人、稱師、稱爵，原注：政自諸侯出。文公之世盟會侵伐，始書諸國大夫名氏，原注：政自大夫出。成、襄而下迄于獲麟，荆、楚之臣始皆登名于策，此所謂三變也，將周公逆知世變而有此法乎？

又卷三《諱辨》 原注：按襄公十年，諸侯會吳于柤。夏，五月甲午，遂滅偪陽。今滅項不言「遂」，知其諱文也。諱者何？不斥言也。避其名而孫其辭，以盡愛敬之道也。爲尊者諱何？王師不書「戰」，天王不言「奔」，衛朔不稱諸侯「納」是也。爲親者諱何？魯君見弒不曰「弒」，夫人見殺不曰「殺」，出奔曰「孫」，戰不言「敗」之類是也。爲賢者諱何？曰：非以其賢而諱之，將以成其義，原注：直書之則割義。全其功，以垂訓後世。此仲尼撥亂救荒之志也。滅項不言「遂」，踐土之盟不書「天王」是也。《春秋》其事齊桓、晉文，故聖人書二侯之事有爲之孫避不斥言者，有微旨也。僖十七年，齊人、徐人伐英氏。夏，滅項。滅者齊也，不書「夏，遂滅項」者，不斥言也。不斥言也者，有微旨也。齊桓之功著矣，齊桓之事終矣，原注：冬，齊桓卒。而又昧此一舉，故聖人于此不斥著其惡而爲之有孫避之文者，以其有衛中國之功，且示善善樂其終也。嗚呼，非實爲齊桓諱也，欲後人睹聖人于此有孫避之辭，以見不善焉，而爲善者勉之令終也。

崔子方《崔氏春秋經解》卷五《僖公三十年》 晉人、秦人圍鄭。

鄭不會翟泉之盟，時秦、晉方睦，故相與圍之。按：黃震《日鈔》云：「諸家多據《左傳》謂晉文舊嘗過鄭，鄭無禮而報怨。考踐土與溫之會，鄭伯皆在，豈至是始責舊怨哉？」

唐庚《三國雜事》卷上 秦昭王以范睢之故至質平原君，移書趙王，以購魏齊之首。李廣誅霸陵尉，上書自劾，武帝詔曰：「報恩復讐，朕之所望于將軍也。復何疑哉國家。」郭進爲西山巡檢，案：「西山」原本作「山西」，今據《宋史·郭進傳》改正。民訴進掠奪其女，太祖怒曰：「汝小民，配女當得小民。今得吾貴臣，顧不可耶？」驅出之。案：《宋史·李漢超傳》：「漢超仕，關南人。有訴漢超強取其女爲妾及貸而不償者，太祖召謂之曰：『漢超，朕之貴臣，爲其妾不愈於農婦乎？』責而遣之。密諭漢超曰：『急還其女并所貸，朕姑貰汝，勿復爲也。』

漢超感泣，誓以死報。」據此則奪女事乃是漢超所爲，此云郭進，疑一事而傳聞異詞。而三人者卒，皆有以報國。古之英主，所以役使豪傑，彼自有意義，孫盛所見者小矣。

董昭建議：曹公宜進爵國公、九錫備物，以彰殊勳。荀彧稱：曹公興師，本爲朝廷，君子愛人以德，不宜如此。曹公由是不平，彧以憂卒。論者曰：彧叶規曹氏，案：「叶」字，《三國志註》作「協」考，許慎《說文解字》曰：「協或作叶」。則本一字而異文。以傾漢祚，晚節立異，無救運移。

葉夢得《春秋左傳讞》卷九《定公十年》　［經］：夏，公會齊侯于夾谷。［傳］：【略】夾谷之事，《穀梁》、《家語》皆載，其初與《傳》略同，而轉相增飾，其辭愈侈。以吾觀之，此非聖人之事，不足爲孔子之美，好事者爲之，其實無有也。何以知之？齊自八年，公兩侵之，既以國夏伐我西鄙，至是始與我平而爲好。方陽虎奔，請師以伐我，齊侯將許之，鮑文子諫曰：「魯未可取也。上下猶和，衆庶猶睦，能事大國，而無天災。陽虎欲勤齊師，齊師罷，大臣必多死亡，己於是乎奮其詐謀。」則齊之策魯審矣。且不乘陽虎之亂，假之以求得志，何忽以一犁彌之言遽求劫我而幸於倉卒乎。且雖謂孔子無勇，魯之兵尚強，縱得魯侯，安能即求魯，此理之必不然者。《傳》以謂孔子以公退，曰：「士兵之。」齊既方以強暴相陵，亦豈孔子能以一言而兵之？《穀梁》以爲「孔子歷階而上，不盡一等，而視歸乎齊侯。」此乃戰國刺客所爲，孰謂聖人而爲是。此與太史公書曹沫事相類。沫劫齊小白反其侵地，學者以《傳》考之，固已知其非實，今又因緣沫事，謂孔子求反汶陽之田，蓋爲下書齊人來歸鄆、讙、龜陰之田故爾。今《經》不書盟而《傳》以爲盟，可見其妄。蓋自陽虎敗，魯始用孔子，齊人知之，遂求與我平而歸其侵地。《公羊》曰：「孔子行乎季孫，三月不違。齊人爲是來歸鄆、讙、龜陰之田。」此言爲近實。凡《左氏》、《穀梁》所載皆不足據。

又《春秋考》卷一〇《莊公》　「殲」，啖氏謂自滅之義。蓋見齊人文在上，以梁亡鄭棄其師例推之。不知齊人在上，即自滅之義，而殲非自滅也。「殲厥渠魁」、「殲我良人」，豈自滅乎？《穀梁》以殲爲盡者是也。蓋渠魁皆盡殺之，而脅從則罔治，故謂之「殲厥渠魁」。良人惟此三人，盡以爲殉，故謂之「殲我良人」。則齊人殲于遂，亦盡爲遂人所殺而無遺爾。故于文從㦰，㦰，微也，殺而及于微也。杜氏雖知殲爲盡，然謂齊人玩敵，遂人盡殺之，時史因以自盡爲文。此但見其盡，不別何以爲自盡。而言時史之文，此不惟失殲之義，其失經之旨又甚矣。

程俱《麟臺故事》卷二　［天禧四年］是冬，中書樞密院又請重編御集，錢惟演、王曾領之，成三百卷。案《玉海》載三百卷之目：頌銘碑文十八卷，贊八卷，詩三十七卷，賜中宫詩七卷，賜太子歌、詩、箴、述五卷，龍圖閣歌、詩四卷，水殿詩一卷，清景殿詩二卷，四園詩三卷，三教詩九卷，讀經史詩四卷，《維城集》三卷，奉道詩十卷，《歲時新咏》五卷，樂章一卷，《樂府集》并詩、詞五卷，論述十卷，序八卷，箴七條各一卷，記六卷，又三卷，又一卷，書十卷，《正說》十卷，《承華要略》二十卷，《靜居集》三卷，《玉宸集》五卷，《法音前集》七卷，《春秋要言》五卷，試進士題一卷，密表密詞六十九卷，《玉京集》二十卷，《授時要錄》二十四卷，凡三百三十一卷。而《玉海》又引書目云：詩八十九卷，歌十五卷，詞四卷。又引實錄云：《玉京集》三十卷，則較原數三百卷俱爲不符，附此攷異。

胡宏《五峰集》卷二《語指南》　子曰：「參乎，吾道一以貫之。」曾子曰：「唯。」子出，門人問曰：「何謂也？」曾子曰：「夫子之道，忠恕而已矣。」

黄氏曰：夫子乘世立教，學者宗之。或得其一體，或聞其一言。有稱其博學者，有譽其多能者。皆不能徧觀而熟察之，乃若聖人之道，則聞而知之，傳以心也。默而識之，悟以心也。況其泛應於域中，雖千變萬化，未始有窮，而會歸於一心，則天地之純全，萬人之大體，皆其分内耳，所謂一以貫之也。曾子早遊聖門，省身於内，守之以約。故夫子告之，不待發問，而曾子受之，不復致疑，可謂相契以心，得於言意之外矣。及其答門人之問，語之以忠恕者，亦以其違道不遠者告之，使之求諸心，而切於踐履者也。蓋忠之爲心，無纖介之私，其毋自欺，亦不欺人也。恕之爲心，無物我之間，其處人，亦如其在己也。忠恕生於吾心，則彼己不立。孰爲町畦將盡己之性，以盡物之性，而至於參天地，其於一貫之妙舉積此矣。曾子至是，蓋不容言，而門人之問，不得已而應之。於是形容夫子之道，非忠恕兩言，無以明之，使門人而悟曾子之言，則一之名亦不立矣。是道也，曾子之傳於聖人，門人之受於曾子，又未可以淺深論。

沈氏曰：此論亦鄙見，所同曾子所以告門人者，别是一轉語也。

評曰：唯仁者爲能一以貫天下之道，是故欲知一貫之道者，必先求仁。欲求仁者，必先識心。忠恕者，天地之心也。人而主忠，行恕求仁之方也。施諸己而不願，亦勿施於人，即主忠行恕之實也。黄氏之言，非不高妙，然言意支離，恐使學者惑也。夫聖人乘世立教者，是也。而黄氏以乘世立教與道爲二途。其支離者一也。聖人所傳者，心也；所悟者，心也；相契者，心也。

今曰傳以言，悟以心，相契以心，是人與心爲二，心與道爲二矣。其支離者，二也。夫忠恕，即道也。而子思謂之違道不遠者，聞諸侯師聖。先生曰：以學者施諸己而不願，然後不施諸人，故謂之違道不遠，非以忠恕爲違道不遠也。今黄氏似以忠恕爲違道不遠，其支離者三也。夫人心，忠則爲忠，恕則爲恕。今曰忠之爲心，恕之爲心。似以忠恕，又自有心。又曰忠恕生於吾心，則彼己不立。夫人能忠恕，推己及彼，輕重先後，不失其宜，仁之至義之盡也。若彼己不立，是無本矣。墨子二本，孟子闢之，況無本乎。

又《皇王大紀》卷三四《三王紀·桓王》 冬，齊侯使其弟年來聘有年。舊史災異與慶祥並記，故有年、大有年得見于經。然十二公多歷年所有，務農重穀，閔雨而書，雨者豈無豐年而不見於是？仲尼削之矣。獨桓有年、宣大有年，則存而弗削者，緣此二公獲罪於天，宜得水旱、凶災之譴。今乃有年則是反常也，故以爲異，特存耳。然則天道亦僭乎？桓、宣享國十有八年，獨此二年書有年，他年之歉可知也。而天理不差信矣，此一事也。在史則爲慶祥，在經則爲變異，是聖人因魯史舊文，能立興王之新法也。故史文如畫筆，經文如畫工，自先儒説經者，多列此于慶瑞之門。至程氏發明奥旨，然後以爲記異，此得於言意之表者也。

鄭汝諧《論語意原》卷三《憲問》 子路曰：「桓公殺公子糾，召忽死之，管仲不死。」曰：「未仁乎？」子曰：「桓公九合諸侯，不以兵車，管仲之力也。如其仁，如其仁。」子貢曰：「管仲非仁者與？桓公殺公子糾，不能死，又相之。」子曰：「管仲相桓公，霸諸侯，一匡天下，民到於今受其賜。微管仲，吾其被髮左衽矣。豈若匹夫匹婦之爲諒也，自經於溝瀆而莫之知也？」

死固人之所難，然不貴於必死也。義所當死，君子死之。可以無死，死則傷勇。召忽之死，匹夫匹婦之諒也。子路之意，以召忽之死爲仁，管仲不死爲未仁。夫子對以如其仁如其仁，謂召忽不如管仲之仁也。程子曰：桓公兄也，子糾弟也，仲私於所事，輔之以爭國，非義也，桓公殺之雖過，而糾之死實當。仲始與之同謀，遂與之同死可也，知輔之爭國爲不義，自免以圖後功亦可也，故聖人不責其死而稱其功。《春秋》書之，亦曰公伐齊，納糾，不書子，不當立也。齊小白入于齊，繫之齊，當有齊也，若使桓弟而糾兄，仲之所輔者正，桓奪其國而殺之，乃仲不同世之讐也，必計其後功而與其事桓，則聖人之言無乃害義之甚？王珪、魏徵之從太宗，後雖有功，何足贖哉。

李燾《續資治通鑑長編·開寶二年》 ［六月］邛部川蠻都鬼主阿伏與山後兩林蠻王子勿兒遣人以狀白黎州，期十月入貢，成都府奏其狀，詔許之。《續錦里耆舊傳》云：乾德三年夏，黎州遞到雲南牒，稱大理國建昌城演習爽賀平蜀之意。又開寶元年二月，黎州遞到南詔建昌城牒，云欲通好。厥後寂無文字，但遣近界邛部、兩林川王子，時有進奉。邛部、兩林川者，即古之嶲、姚州也。邛部川去黎州大渡河界七程，兩林川十四程，建昌城二十四程，雲南數十程。今《國史》有《黎州山後兩林蠻》及《黎州邛部川蠻傳》，無雲南大理國傳。按《續耆舊傳》，則山後兩林蠻及邛部川皆雲南之部落耳。又按《國史》、《實録》、《會要》，雍熙二年十月，邛部川蠻都鬼主諸驃并其母熱免遣王子阿有等來貢，詔以諸驃爲懷化將軍。端拱二年九月，又遣王子少蓋等來貢。淳化元年二月，諸驃自部馬至黎州境上求市；二年七月，又遣其子牟昂叔離戰來貢，詔以諸驃爲懷化大將軍。蓋《國史》、《實録》、《會要》并以諸驃爲邛部川蠻都鬼主，非雲南大理國主甚明，與《續耆舊傳》所云差合。然辛怡顯著《雲南至道録》，載其國山川風俗及淳化末朝廷所賜諸驃詔甚具。詔云：「敕雲南大理國主、統轄大渡河南姚嶲州界山前山後百蠻三十六鬼主、兼懷化大將軍、忠順王諸驃，可特授檢校太保、歸德大將軍，依舊忠順王。」怡顯兩至雲南，親見詔書，其所録必不妄。則諸驃者，實雲南大理國主，而非邛部川蠻都鬼主也。不知《國史》、《實録》、《會要》何故但稱邛部川蠻而不稱雲南大理國。怡顯又云諸驃《謝恩表》用元和冊南詔印。考之前史，大中末，南詔酋龍立，始自稱帝，國號大理。乾符末，酋龍子法又改號鶴拓，亦號大封人，而諸驃猶用元和冊南詔印，不知何也。後唐時，又改號長和。今若即以諸驃爲大理國主，則不當附《邛部川蠻傳》。《國史》、《實録》、《會要》恐誤矣。然諸驃數通中國，史官那得至如此誤？或諸驃固嘗以邛部川自號，史官遂承用之。不然，諸驃貢奉但付邛部川蠻遣入中國，史官見貢奉者乃邛部川蠻而不知諸驃實遣之耶？且諸驃之子若弟，固嘗親至京師，傳又言諸驃自部馬至境上，其遣入中國者必雲南大理國人，不但邛部川蠻也。邛部川者，雲南部落耳。諸驃亦安肯舍其本國之號，而以部落自名乎？怡顯又云諸驃住苴咩城。苴咩城，雲南國都也，自嘉州羊山江路至苴咩城凡四十九程，其至黎州境上遠近可度也。諸驃既爲國主，亦安肯越數千里，自部馬來求市乎？《國史》、《實録》、《會要》所稱，又恐未得其實。此皆不可臆斷，今姑從《國史》，須更詳考之。又據《國史》，建昌城距嶲州二程者，儉浪驛也。獨無所謂建昌城者，不知果何地也。又據《國史》、《實録》，兩林蠻距黎州七程，又一程至嶲州，又二程至建昌城。建昌城山上又有風琶蠻，不知大理國欲通好，何乃用建昌城牒也？辛怡顯云儉浪驛又一程至羌浪驛，此即雲南界，有牌題曰會州都督界，豈建昌城者，即雲南境上，亦如中國之雄州，信使往來，必先道此乎？未可知也。又按《國史》：自黎州東南行一程至邛部川，自黎州南行七日至兩林川。疑使南詔者必先由邛部川，後兩林川，而南詔欲貢奉於中國者，亦當先由兩林川，乃達邛部川也。而所載兩川道里，又與《續耆舊傳》不合，此亦不可臆斷，必須詳考乃決耳。

張淳《儀禮識誤》卷一《士冠禮誤字》 眂。［鄭玄］注曰：天子與其臣，玄冕以視朔，皮弁以日視朝。諸侯與其臣，皮弁以視朔，朝服以日視朝。按：《釋文》云：眂，音視，本或作視，下同。陸既音視，正文非視字明矣。其後簒音纂，而今文作纂；遁音巡，而今文作巡；妃音配，而今文作配；筴音策，而今文作策；道音導，而今文作導；版音板，而今文作板；侇音夷，而今文作夷；辟音璧，而今文作璧；枋音柄，而今文作柄。若此者皆後人率意改之爾。《禮記・玉藻》從「視」，《周禮》從「眂」，雖視、眂義同，亦各從其初所用字可也，從《釋文》。

又 遁。［鄭玄］注曰：辟，逡巡。按：《釋文》云：逡遁，音旬。鄭氏于《儀禮》用逡遁字，凡十有一，釋辟者八，釋退者三。此與《士相見禮》皆釋辟者也。今本乃作巡。至開寶《釋文》之本又獨于此作巡，未知孰據。《儀禮》用字固未嘗同，今諸《釋文》之本既皆作遁，且遁有退逃意，從諸本《釋文》。

又《喪服誤字》 復。［鄭玄］注曰：「不得祖公子」，又曰「不得祀別子」。按：《釋文》云：「不復，扶又反。」復謂此二句「得」字誤也。不得者，禁止之辭也。公子禰先君，公孫祖諸侯，于禮爲僭，禁之可也，其曰「不得禰」、「不得祖」宜也。若公子之子孫有封爲國君者，則後世不祖公子，人情然也，何用禁爲？不復云者，蓋既祖此則不再祖彼焉爾，經于上「禰先君」、「祖諸侯」皆云「不得」，于下止言「不祖」，義可見矣。今改二句之「得」爲「復」，從《釋文》。

朱熹《四書或問》卷二〇《論語》 或問當仁不讓之説。曰：弟子之於師，每事必讓而不敢先者也，至於以仁爲己任，則當自勉而勇爲之，不可以有讓也。蓋仁者己之所有而自爲之，非奪諸彼而先之也，何讓之有？所謂不讓者，則猶程子所謂不可將第一等事讓與別人做者。其事則所謂顔子曰「舜何人也？予何人也？有爲者亦若是」者是已。大抵此與上章皆勉人爲仁之辭，上章爲凡民都不知仁而憚於爲之者發，此章爲學者粗知仁之爲美而不知勇於有爲者發，各有所當云爾。曰：諸説如何？曰：程子、范、謝、侯、尹之説皆善，然未有發明夫子勉人勇於爲仁之意者，若呂氏則固失之，楊氏又以爲得之於己，不容有讓，高則高矣，然未免乎誇夫義理之爲己私得，而喜其不可以分人也。是亦非聖人之本意矣，且於不讓之文亦有所未合云。

又《中庸上》 或問：名篇之義，程子專以不偏爲言，呂氏專以無過不及爲説，二者固不同矣，子乃合而言之何也？曰：中，一名而有二義，程子固言之矣，今以其説推之，不偏不倚云者，程子所謂在中之義，未發之前無所偏倚之名也；無過不及者，程子所謂中之道也，見諸行事各得其中之名也。蓋不偏不倚，猶立而不近四旁，心之體，地之中也；無過不及，猶行而不先不後，理之當，事之中也。故於未發之大本，則取不偏不倚之名，於已發而時中，則取無過不及之義，語固各有當也。然方其未發，雖未有無過不及之可名，而所以爲無過不及之本體實在於是，及其發而得中也，雖其所主不能不偏於一事，然其所以無過不及者，是乃無偏倚者之所爲，而於一事之中亦未嘗有所偏倚也。故程子又曰：言和則中在其中，言中則含喜怒哀樂在其中。而呂氏亦云，當其未發，此心至虚，無所偏倚，故謂之中，以此心而應萬事之變，無往而非中矣。是則二義雖殊，而實相爲體用，此愚於名篇之義所以不得取此而遺彼也。

曰：庸字之義程子以不易言之，而子以爲平常，何也？曰：唯其平常，故可常而不可易，若驚世駭俗之事，則可暫而不得爲常矣，二説雖殊，其致一也。但謂之不易，則必要於久而後見，不若謂之平常，則直驗於今之無所詭異，而其常久而不可易者可兼舉也。況中庸之云，上與高明爲對，而下與無忌憚者相反，其曰庸德之行，庸言之謹，又以見夫雖細微而不敢忽，則其名篇之義，以不易而爲言者，又孰若平常之爲切乎。曰：然則所謂平常，將不爲淺近苟且之云乎？曰：不然也。所謂平常，亦曰事理之當然而無所詭異云爾，是固非有甚高難行之事，而亦豈同流合汙之謂哉？既曰當然，則自君臣父子日用之常，推而至於堯舜之禪授，湯武之放伐，其變無窮，亦無適而非平常矣。

曰：此篇首章先明中和之義，次章乃及中庸之説，至其名篇乃不曰中和而曰中庸者，何哉？曰：中和之中，其義雖精，而中庸之中，實兼體用，且其所謂庸者又有平常之意焉，則比之中和，其所該者尤廣，而於一篇大指，精粗本末無所不盡，此其所以不曰中和而曰中庸也。

曰：張子之言如何？曰：其曰須句句理會，使其言互相發明者，眞讀書之要法，不但可施於此篇也。

曰：呂氏爲己爲人之説如何？曰：爲人者，程子以爲欲見知於人者是也。呂氏以志於功名言之，而謂今之學者未及乎此，則是以爲人爲及物之事，而涉獵傲倖以求濟其私者，又下此一等也，殊不知夫子所謂爲人者，正指此下等人爾。若曰未能成己而遽欲成物，此特可坐以不能知所先後之罪，原其設心，猶愛而公，視彼欲求人知以濟一己之私而後學者，不可同日語矣。至其所謂立喜怒哀樂未發之中以爲之本，使學者擇善而固執之者，亦曰欲使學者務先存養以爲窮理之地耳，而語之未瑩，乃似聖人強立此中以爲大本，使人以是爲準而取中焉，則中者豈聖人之所強立，而未發之際亦豈若學者有所擇取於其間哉。但其全章大指，則有以切中今時學者之病，覽者誠能三復而致思焉，亦可以感悟而興起矣。

朱熹《昌黎先生集考異》卷一《古意》　青壁無路難夤緣。方從唐本作「五月壁路難攀緣」，云：《鮑溶集》有陪公登華山詩，蓋五月也。夤，或作攀。　今按：公此詩本以「古意」名篇，非登山紀事之詩也。且泰華之險，千古屹立，所謂削成五千仞者，豈獨五月然後難攀緣哉？若以句法言之，則五月壁路之與青壁無路，意象工拙又大不侔，亦不待識者而知其得失矣。方氏泥於古本，牽於旁證，而不尋其文理，乃去此而取彼，其亦誤矣。原其所以，蓋緣「五月」本是「青」字，唐本誤分爲二，而讀者不曉，因復刓去無字，遂成此謬，今以諸本爲正。

又卷二《陸渾山火一首和皇甫湜用其韵》　㿻池波風肉陵屯。陵，或作凌。洪曰：陵屯，字見《莊子》，當從陵。樊澤之曰：㿻若池，波若風，肉若陵屯。方云：㿻如池而波風，肉如陵之屯聚也。　○今按：《列子》「生於陵屯」，注謂「高處」，《莊子音義》云「阜也」，洪說得之。樊說「㿻池」、「肉陵屯」，方說「波風」，皆得之。而樊說「波如風」，方說「肉陵之屯聚」，則誤矣。合二說而言之曰「如㿻池之波風，肉之陵屯」，乃爲善耳。　谽呀谽，或作豁。方云：大貌，字見《上林賦》。少陵詩亦有「餘光散谽呀」。　○今按：《漢書》注：「谽呀，澗谷形容也。」【略】　女丁婦壬杭本女作夫。方云：董彥遠曰，當作女丁夫壬，引東山少連曰：玄冥之子曰壬夫，娶祝融氏之女，曰丁芊，俱學水仙，是爲溫泉之神。洪曰，丁，火也。壬，水也。火，女也。壬，男也。丁女而爲婦於壬，故曰女丁婦壬。一作夫丁婦壬，亦通。夫丁者，壬也，言壬爲丁夫也。婦壬者，丁也，言丁爲壬婦也。○今按：丁爲陽中之陰，壬爲陰中之陽，故言女之丁者爲婦於壬，以見水火之相配。今術家亦言丁與壬合。洪氏二說皆是。

朱熹《詩序》卷上《小序》　《漢廣》，德廣所及也。文王之道，被於南國，美化行乎江、漢之域，無思犯禮，求而不可得也。

此詩以篇內有「漢之廣矣」一句得名，而序者謬誤，乃以「德廣所及」爲言，失之遠矣。然其下文復得詩意，而所謂文王之化者，尤可以正前篇之誤。先儒嘗謂序非出於一人之手者，此其一驗。但首句未必是，下文未必非耳。蘇氏乃例取首句而去其下文，則於此類兩失之矣。

又　《柏舟》，言仁而不遇也。衛頃公之時，仁人不遇，小人在側。

詩之文意事類，可以思而得，其時世名氏，則不可以強而推。故凡小序，唯詩文明白，直指其事，如《甘棠》、《定中》、《南山》、《株林》之屬，若證驗的切，見於書史，如《載馳》、《碩人》、《清人》、《黄鳥》之類，決爲可無疑者。其次則詞旨大概可知必爲某事，而不可知其的爲某時某人者，尚多有之。若爲小序者，姑以其意推尋探索，依約而言，則雖有所不知，亦不害其爲不自欺，雖有未當，人亦當恕其所不及。今乃不然，不知其時者必強以爲某王、某公之時，不知其人者必強以爲某甲、某乙之事，於是傅會書史，依託名謚，鑿空妄語以誑後人。其所以然者，特以恥其有所不知，而唯恐人之不見信而已。且如《柏舟》，不知其出於婦人而以爲男子，不知其不得於夫而以爲不遇於君，此則失矣。然有所不及而不自欺，則亦未至於大害理也，今乃斷然以爲衛頃公之時，則其故爲欺罔以誤後人之罪，不可揜矣。蓋其偶見此詩冠於三衛變風之首，是以求之《春秋》之前，而《史記》所書，莊、桓以上，衛之諸君事皆無可考者，謚亦無甚惡者，獨頃公有賂王請命之事，其謚又爲甄心動懼之名，如漢諸侯王，必其嘗以罪謫然後加以此謚，以是意其必有棄賢用佞之失，而遂以此詩予音與。之，若將以衒其多知而必於取信，不知將有明者從旁觀之，則適所以暴其眞不知，而啓其深不信也。凡小序之失，以此推之，什得八九矣。又其爲說，必使《詩》無一篇不爲美刺時君國政而作，固已不切於情性之自然，而又拘於時世之先後，其或《詩》、《傳》所載，當此之時偶無賢君美謚，則雖有辭之美者，亦例以爲陳古而刺今，是使讀者疑於當時之人，絶無善則稱君，過則稱己之意，而一不得志，則扼腕切齒，嘻笑冷語以懟其上者，所在而成群，是其輕躁險薄尤有害於溫柔敦厚之教，故予不可以不辨。

朱熹《四書章句集注・論語集注・雍也》　凡二十八章，篇內第十四章以前大意與前篇同。　子曰：「雍也可使南面。」南面者，人君聽治之位，言仲弓寬洪簡重，有人君之度也。　仲弓問子桑伯子。子曰：「可也簡。」子桑伯子，魯人，胡氏以爲疑即莊周所稱子桑戶者是也。仲弓以夫子許己南面，故問伯子如何，可者，僅可而有所未盡之辭，簡者，不煩之謂。　仲弓曰：「居敬而行簡，以臨其民，不亦可乎？

居簡而行簡，無乃大簡乎？」大，音泰。〇言自處以敬，則中有主而自治嚴，如是而行簡以臨民，則事不煩而民不擾，所以爲可。若先自處以簡，則中無主而自治疎矣，而所行又簡，豈不失之大簡而無法度之可守乎？《家語》記伯子不衣冠而處，夫子譏其欲同人道於牛馬，然則伯子蓋大簡者，而仲弓疑夫子之過許與？子曰：「雍之言然。」仲弓蓋未喻夫子可字之意，而其所言之理有默契焉者，故夫子然之。〇程子曰：子桑伯子之簡雖可取，而未盡善，故夫子云可也。仲弓因言內主於敬而簡，則爲要直，內存乎簡而簡，則爲疎略，可謂得其旨矣。又曰：居敬則心中無物，故所行自簡，居簡則先有心於簡，而多一簡字矣，故曰大簡。

哀公問：「弟子孰爲好學？」孔子對曰：「有顔回者好學，不遷怒，不貳過。不幸短命死矣。今也則亡，未聞好學者也。」好，去聲。亡，與無同。〇遷，移也，貳，復也。怒於甲者不移於乙，過於前者不復於後。顔子克己之功，至於如此，可謂眞好學矣。短命者，顔子三十二而卒也。既云今也則亡，又言未聞好學者，蓋深惜之，又以見眞好學者之難得也。〇程子曰：顔子之怒在物不在己，故不遷。有不善未嘗不知，知之未嘗復行，不貳過也。又曰：喜怒在事，則理之當喜怒者也，不在血氣，則不遷，若舜之誅四凶也，可怒在彼，己何與焉。如鑑之照物，姸媸在彼，隨物應之而已，何遷之有？又曰：如顔子地位豈有不善，所謂不善只是微有差失，才差失便能知之，才知之便更不萌作。〇張子曰：慊於己者，不使萌於再。或曰：《詩》、《書》六藝，七十子非不習而通也，而夫子獨稱顔子爲好學，顔子之所好果何學歟？〇程子曰：學以至乎聖人之道也。學之道奈何？曰：天地儲精，得五行之秀者爲人，其本也眞而靜。其未發也，五性具焉，曰仁、義、禮、智、信，形既生矣，外物觸其形而動於中矣，其中動而七情出焉，曰喜、怒、哀、懼、愛、惡、欲，情既熾而益蕩，其性鑿矣。故學者約其情，使合於中，正其心養其性而已，然必先明諸心，知所往，然後力行以求至焉，若顔子之非禮勿視聽言動，不遷怒、貳過者，則其好之篤而學之得其道也。然其未至於聖人者，守之也，非化之也，假之以年，則不日而化矣。今人乃謂聖本生知，非學可至，而所以爲學者不過記誦文辭之間，其亦異乎顔子之學矣。

又《孟子集注·盡心下》　孟子曰：「民爲貴，社稷次之，君爲輕。」社，土神。稷，穀神。建國則立壇壝以祀之。蓋國以民爲本，社稷亦爲民而立，而君之尊又係於二者之存亡，故其輕重如此。是故得乎丘民而爲天子。得乎天子爲諸侯。得乎諸侯爲大夫。丘民，田野之民，至微賤也，然得其心則天下歸之；天子至尊貴也，而得其心者不過爲諸侯耳，是民爲重也。諸侯危社稷，則變置。諸侯無道將使社稷爲人所滅，則當更立賢君，是君輕於社稷也。犧牲既成，粢盛既潔，祭祀以時，然而旱乾水溢，則變置社稷。盛，音成。祭祀不失禮，而土穀之神不能爲民禦災捍患，則毁其壇壝而更置之，亦年不順成，八蜡不通之意。是社稷雖重於君而輕於民也。

又《論孟精義綱領·離婁下·孟子曰人之所以異於禽獸者章》

或問伊川曰：人與禽獸甚懸絶矣，孟子言此者，莫是只在去之、存之上有不同處否？先生曰：固是。人只有箇天理，卻不能存得，更做甚人也？泰山孫明復有詩云：「人亦天地一物爾，饑食渴飲無休時。若非道義充其腹，何異鳥獸安鬚眉？」上面說人與萬物皆生于天地意，下面二句如此。或曰退之《雜說》有云：「人有貌如牛首蛇形鳥喙，而心不同焉，可謂之非人乎？即有顔如渥丹者，其貌則人，其心則禽獸，又惡可謂之人也？」此意如何？曰：某不盡記其文，然人只要存一箇天理。又曰：舜明於庶物，察於人倫，然後由仁義行。

明道先生曰：介甫只是說道：云我知有箇道如此如此，只它說道時已與道離，它不知道，只說道時便不是道也。有道者亦自分明，只作尋常本分事說了。孟子言堯舜性之，舜由仁義行，豈不是尋常說話？至于《易》，只道箇立人之道曰仁與義，則和性字由字也不須道，自已分明。陰陽剛柔仁義，只是此一箇道理。

横渠曰：明庶物、察人倫，然後能精義致用，性其仁而行。又曰：別生分類，孟子所謂明庶物、察人倫者與！又曰：明庶物、察人倫。庶物，庶事也，明庶物須要旁用。人倫，道之大原也。明、察之言不甚異，明庶物、察人倫皆窮理也，既知明理，但知順理而行，而未嘗有意以爲仁義，仁義之名，但人名其行耳。如天，春夏秋冬何嘗有此名，亦人名之爾。

尹曰：存之者，君子也，存者聖人也。君子所存，存天理也，由仁義行，存者能之。

張栻《癸巳論語解》卷一《學而》　子曰：父在觀其志，父沒觀其行，三年無改於父之道，可謂孝矣。

父在，人子有不得行其志者。志欲爲之，而有不得行焉，則孝子之所以致其深憂者，亦可得而推矣。父沒觀其行者，首於其居喪之際而觀之也。三年無改於父之道，志哀而不暇他問也。或曰：如其非道之甚，則亦待三年乎？蓋三年無改者，言其常也，可以改而可以未改者也，若悖理亂常之事，則孝子其敢須臾以寧？不曰孝子成父之美，不成父之惡乎？

曰：父之道，則固非悖理害常之事也。一本云：舊說謂父在能觀其志而承順之，父沒觀其行而繼述之，又能三年無改於父之道，可謂孝矣。此說文理爲順，三年無改於父之道，尹氏謂孝子之心有所不忍也。

楊簡《先聖大訓》卷三　孔子曰：天下國家可均也，爵祿可辭也，白刃可蹈也，中庸不可能也。

《論語》載孔子之言曰：中庸之爲德也，其至矣乎，民鮮久矣。及子思所記，則曰：民鮮能久矣。加一「能」字，殊爲失眞，已爲起意有意，則必有所倚，非中庸。夫事親從兄，事君事長上。莅官從政，日用萬務，心思力行，無非中庸。而曰「不可能」者，何也？是心即道，故曰「道心」。心無體質，無限量。神用無方，如日月之無所不照，而非爲也；如四時寒暑錯行，而非爲也；如水鑑萬象具有，而非爲也。曰「我能」，則意起矣。孔子曰：君子之道，四丘未能一焉。所求乎子以事父，未能也；所求乎臣以事君，未能也；所求乎弟以事兄，未能也；所求乎朋友先施之，未能也。孔子非僞實心，以爲未能謙，不敢伐人之同心，而況於聖人乎。故謙爲有道，務伐無道。謙則不立我，伐則生於我。意我消盡，本心常虛。曰「我能」，則失之微起意，則失之不起意，亦失之道心。如日神用獨妙，道心如火，蚊蚋不可泊止。孔子曰：吾有知乎哉，無知也。孔子猶無所知，而況於能乎。

又《慈湖詩傳》卷二〇《商頌·玄鳥》　天命玄鳥，降而生商，宅殷土芒芒。古帝命武湯，正域彼四方。方命厥后，奄有九有。商之先后，受命不殆，在武丁孫子。武丁孫子，武王靡不勝。龍旂十乘，大糦是承。邦畿千里，維民所止，肇域彼四海。四海來假，來假祁祁。景員維河，殷受命咸宜，百祿是何。

肇，音兆。《史記》：殷契母曰簡狄，有娀氏之女，爲帝嚳次妃。三人行浴，見元鳥墮卵，簡狄取吞之，因孕，生契。帝舜命契爲司徒，封於商。《毛傳》曰：元鳥，鳦也。諸儒習於孔子不語怪神，而不肯信姜嫄履帝武敏歆，簡狄吞元鳥之卵而生商之事。夫天地間怪神之事何所不有，簡冊所載，耳目所及，若是者多矣。子不語怪神，乃門弟子所記，孔子亦未嘗斷然曰天下無怪神之事。生民元鳥之詩，孔子取焉。諸儒則穿鑿爲說，強使之無，孔子未必如此。諸儒爲說，終不若詩文之明白坦夷。道無所不通，故變化無所不有，惟知道者信之，特難於言，以天下執己見執迹不化者多，雖告之多疑，故孔子不言爾。

李樗等《毛詩李黄集解》卷二二　《鴻鴈》，美宣王也。萬民離散，不安其居，而能勞力報反。來，力代反。還定安集之，至于矜古頑反。寡，無不得其所焉。

鴻鴈于飛，肅肅其羽。之子于征，劬勞于野。爰及矜人，哀此鰥寡。鴻鴈于飛，集于中澤。之子于垣，音袁。百堵皆作。雖則劬勞，其究安宅。鴻鴈于飛，哀鳴嗸嗸。五刀反。維此哲人，謂我劬勞。維彼愚人，謂我宣驕。

李曰：厲王之世，政荒民散，民皆不得其所。宣王中興，始能勞之、來之，還定之、安集之，至于矜寡，無不得其所，則足以見天下之無窮民也。《詩》云「哿矣富人，哀此惸獨」，蓋言衰亂之世，富者猶可，而貧者尤可哀，故爲政必本於此。如文王之發政施仁，必先於鰥、寡、孤、獨之四者，則宣王之中興，亦豈外是哉。伊尹之相湯也，思天下之民，匹夫匹婦不被其澤，若推而納之溝中，匹夫匹婦無不被其澤，然後爲之至。故鰥寡無不得其所，然後可以爲中興之盛也。大曰鴻，小曰鴈。鄭曰：「鴻鴈知避陰陽寒暑，興者喻民知去無道而就有道。」歐陽公不從其說，以爲上下文不相貫，遂謂遣使奔走於外，如鴻鴈之飛，其羽聲肅肅然而勞其體也。王氏亦以鴻鴈比使臣，其說比於鄭氏爲優。此章蓋言使臣巡行於邦國，如鴻鴈之飛集於野，以見恩意及此可憐之人，則以鰥寡爲甚哀也。「鴻鴈于飛，集于中澤」，此言使臣既至，招還流民，爲之興築其垣墉，而百堵皆同時而起，言趨事也。堵者，五版爲堵也。「雖則劬勞，其究安宅」，計爲民興築也。民固勞病，而其終又有安居。究，窮也。「鴻鴈于飛，哀鳴嗸嗸」，歐陽公以哀鳴嗸嗸爲使臣之自訴，其自訴云：哲人知我者，謂我以君命安集流民而不憚劬勞矣。愚人不知我者，謂我好興役動衆而爲驕奢也。《孟子》曰：「以佚道使民，雖勞不怨；以生道殺民，雖死不怨。」殺者，人之所甚憚者，有二：曰土功也，曰征役也。先王之世，乃能使斯民樂趨於土功，若《靈臺》之詩；樂趨乎征役，若《出車》之詩者。蓋知上之人勞我以土功之事者，乃其所以安我也；驅我於干戈之事者，乃其所以生我也。故曰「雖則劬勞，其究安宅」。自其始之勞民而言，宜若使臣宣驕；自其終之安宅而言，則謂使臣如是之劬勞而其終乃安。蓋用人者當求其後效也。後世之使臣朝辭禁門，情態即異，暮宿州縣，威福便行，驅迫郵傳，折辱守宰，公私煩擾，民不聊生。如此之類然後可以謂之宣驕，《鴻鴈》使臣奚有是哉。

黃曰：《孟子》曰「老而無妻曰鰥，老而無夫曰寡，老而無子曰獨，幼而無父曰孤。此四者，天下之窮民而無告者也。」文王發政施仁，必先斯四者，故堯之治必至於不虐無告，不廢困窮，而後爲極治。伊尹之相湯，必欲匹夫匹婦無不被其澤，而後爲無愧。宣王安離散之民，而至於鰥寡無不得所，詩人所以深美歟。《鴻鴈》一詩，蓋美宣王勞來其民，而流離散徙者今得其所居也。先儒皆以爲宣王遣使奔走於外，故以鴻鴈之疾飛比使臣之勞苦。夫此詩之序最爲詳悉，而初不言遣使臣之事，則先儒之說無乃費辭乎。陳少南謂鴻鴈隨陽轉徙，初無定居，飛集之勞無如鴻鴈者。故詩人以爲鴻鴈不安其所而飛也，其羽急疾；民之不安其居而征行也，其力劬勞，宣王矜此可矜之人而哀此可哀之矜寡。鴻鴈之飛而集乎中澤，則爲得地；民之歸而作室，則爲得所。《書》曰「彭蠡既瀦，陽鳥攸居」，是鴻鴈集于中澤之時也。其末章則見宣王以逸道使民，雖勞不怨，此章以爲維此哲人，命我以劬勞而成安居之業，若彼愚人之不恤我者，則命我以宮室臺榭淫侈之事而已。予請從少南說。嘗觀大王遷岐而斯民從之以營宮室之事，百堵皆興而鼛鼓弗勝。衛爲狄所滅之後，文公徙居楚丘，始建城市而營宮室，可謂勞矣。而斯民皆樂爲用，蓋以爲彼之勞我者所以安我也。《鴻鴈》卒章亦是此意。

又卷三九 《武》，奏《大武》也。

於皇武王，無競維烈。允文文王，克開厥後。嗣武受之，勝殷遏劉，耆定爾功。

李曰：《武》詩者，乃武王之樂歌也。《周禮》曰：「舞《大武》以享先祖，謂之大者，如堯之樂《大章》，舜之樂《大韶》，禹之樂《大夏》，湯之樂《大濩》，武王之樂《大武》是也。」此詩乃武王之樂歌也。皇，美也。於乎美哉，武王之爲君，其功烈可謂無與強矣。其始也，則信有德者文王，受命作周以開示我後世子孫之基緒。故武繼嗣而受之，得以勝殷止殺，致定其成功焉。遏者，止也。劉者，殺也。劉與「虔劉我邊陲」之「劉」同。耆者，致也。鄭氏以爲「耆，老。言武王誅紂，年老乃定汝之此功，言不汲汲於誅紂，須暇五年」。按《左氏》宣公十二年引此詩曰「耆定爾功」。耆，致也。其意言致紂於昏昧者，故以耆爲致也。王肅亦云「致定其大功」。當從毛氏與王肅之說。武王之始也，未嘗有取天下之心，觀《大武》之詩與《大武》之舞可見矣。按《禮記》：「揔干而山立，武王之事也；發揚蹈厲，太公之志也。武亂皆坐，以象周召之治。」言《大武》之舞，其始則持盾正立以待諸侯，既而戰鬭，既而又使行列皆坐，以見其爲止戈之武也。《大武》之意在於止戈也。《大武》之詩在於止殺，其類一也。後世以謂《大武》聲淫及商，則是有貪商之心也。故孔子曰「有司失其傳也」。若非有司失其傳，則武王之志荒矣。且武王本無取天下之心，而孔子曰「《韶》盡美矣，又盡善也；《武》盡美矣，未盡善也。」且《大武》之樂，終不如舜之爲善，豈其有貪商之心哉？唐太宗即位，謂侍臣曰：「雖發揚蹈厲，異乎文容，然功業由之被於樂章，示不忘本也。」太宗快一時之意以取天下，止戈之武，果安在哉？韓文公嘗作《元和聖德詩》，以謂「觧脫攣索，夾以砧斧。婉婉弱子，赤立傴僂，牽頭曳足，先斷腰膂。次及其徒，體骸撐拄。末乃取闢，駭汗如寫。揮刀紛紜，爭刌膾脯」。文公詩所以形容聖德，而不知其詩適足以爲憲宗之暴，其與武王之詩異矣。

黄曰：堯之樂曰《大章》，舜之樂曰《大韶》，禹之樂曰《大夏》，湯之樂曰《大濩》，武王之樂曰《大武》。夫樂所以象德，亦以見聖人之心也。觀此一詩，而武王之心可見矣。夫言武王功烈之盛，而必及於文王積累之久者，以見周家之當爲天子，而非武王之有心也。「勝殷遏劉」，劉者，殺也，如「虔劉我邊陲」之意也。「耆定爾功」，耆者，老也。如上帝耆之之意也。武王之伐紂也，救民於塗炭之苦，而遏絕其殺人之事，如《武城》所謂「以遏亂虐者」是也。然武王之於紂，未嘗不欲其改過也，既觀政於商，惟受罔有悛心，然後不得已而伐之，蓋至於老而後成定天下之功，所謂「須暇五年者」是也。烏乎，武王之心吾於《大武》見之。故《大武》之舞在於止戈，而《大武》之詩在於遏劉，後世謂「《大武》聲淫及商」，而孔子以爲「有司失其傳也」。若非有司失其傳，則武王之志荒矣。孔子信武王之心而不疑武王之樂，至於謂「《武》盡美矣，未盡善也」。蓋武王之心自有不足之意，具見於樂，非孔子始爲是論也。襄公十九年，季札來聘，見舞《大武》者，曰：「美哉，有周之盛。其若此乎。」吁，若季札者，其眞知武王之心矣。

戴溪《石鼓論語答問》卷中《泰伯》 子曰：泰伯其可謂至德也已矣。三以天下，讓民無得而稱焉。

前輩謂許由只能逃堯，不能逃名，若名已相隨，逾逃而逾至，盖不由己。所謂至人無名者，形迹俱泯，不待有其名而逃矣。善乎范蔚宗之言曰：泰伯、伯夷，未始有讓也。所謂未始有讓者，緣當初不曾是爲讓一字做出許多事來。當初泰伯、伯夷只道是君父之命不可違，兄弟與我一也，是以去而不立，胷中終不曾道讓是好事，要去做此，所以民無得而稱。他本無讓之心，安得有讓之名，百姓又何緣得知？且如韋元成、劉愷、丁鴻之徒，雖未必是勉強矯拂以求名，只是他胷中畢竟道是好事，有心去做，所以欲逃此名不可得，被朝廷迫促，明有貴讓時也，緣此泰伯三以天下讓。按《史記》，泰伯知古公欲立季歷，而亡去荆蠻，斷髮文身，却不曾見他三讓，如漢文所謂南鄉讓天下三之類。兼泰伯若在此遷延退讓至于再三，百姓亦自得而稱矣。明道先生曰：三讓者，不立一也，逃去二也，斷髮文身三也。此說是。若使泰伯當初只是不立、不逃去，若逃去不斷髮文身，亦恐未免有顧戀意思，直使斬截得恁地分明。當初百姓只見得泰伯若狂惑之爲者，後世聖人推見至隱，便見得泰伯此三事都是他讓天下處，所謂三以天下讓者，亦是聖人推原周家得天下之本處，如王迹起於后稷之意，若曰泰伯逆知文王之聖可以得天下而讓焉，雖武王牧野時無是心也，而況於泰伯乎？

王益之《西漢年紀》卷一 ［高祖三年］五月，漢王出滎陽，至成皐。自成皐入關，收兵欲復東。轅生說漢王曰：漢與楚相距滎陽數歲，漢常困願，君王出武關，項王必引兵南走。音奏王深壁，令滎陽、成皐間且得休息，使韓信等得輯河北趙地，連燕齊，君王乃復走滎陽未晚也。如此，則楚所備者多，力分，漢得休息，復與之戰，破之必矣。漢王從其計，出軍宛、葉間，《漢書·高紀》。得九江王布。《史記·項羽紀》、《漢書·韓信傳》。《考異》曰：此語本之《史記·項羽紀》，而《漢書·紀》書布以十二月歸漢，漢王分之兵，與俱收兵至成皐。按：布以十一月起兵攻楚，楚遣龍且擊布，數月且破布軍，是布留九江數月，豈得次月即至漢耶？兼收兵北至成皋，亦在宛、葉後事。《羽紀》書曰：漢王之出滎陽，南走宛、葉，得九江王布，行收兵，復入保成皋。此得其實。入保成皋即以後羽引而東，使終公守成皋，漢王引兵北擊破終公，復軍成皋是也。《漢書・韓信傳》云：楚方急圍漢王滎陽，漢王出南之宛、葉，得九江王布，入成皋。楚復急圍之。與《史記》合，獨《紀》以布至漢爲十二月，故幷移屯成皋於前耳。蓋漢王自彭城既敗之後，與羽相距於滎陽，紀書：二年秋八月，漢王如滎陽。三年夏四月，項羽圍漢滎陽，漢王請和。使漢王在成皋，羽當圍成皋可也。漢王後用紀信計，始自滎陽遁至成皋入關耳。按《史記・紀》：是時亦無屯成皋事，當是《漢書・紀》誤。今從《史記・羽紀》書，布歸漢於宛、葉間。

又卷一一　［元光元年五月］，舉賢良文學，【略】仲舒對曰：「臣聞，堯受命，以天下爲憂，而未以位爲樂也。故誅逐亂臣，務求賢聖。【略】由是觀之，天子大夫者，下民之所視效，遠方之所四面而內望也。近者視而放之，遠者望而效之，豈可以居賢人之位而爲庶人行哉？」考異曰：仲舒對策，《傳》不著年，唯《本紀》載於元光元年，下又云公孫宏出焉。按《宏傳》：武帝初即位，招賢良文學士，是時宏年六十，以賢良徵爲博士。元狩二年，宏年八十，終丞相位。自元狩逆數至武帝即位之初，蓋二十年，則宏之初舉賢良，其在建元元年明矣。至於復徵，又元光五年也。《本紀》云「公孫宏出焉」，殊誤，今不取。司馬公《通鑑》併董仲舒疑以爲不當列於此年，謂舉孝廉在十一月，對策在五月，如此豈得謂自仲舒發之，遂移於建元元年，今以仲舒策考之，移於元年與當時事勢殊不合。仲舒曰：今臨政而願治七十餘歲矣。漢興至建元之元，方六十七年，不應以爲七十餘歲也。至元光之元，乃七十三年，故可云爾。又曰：「幷有天下，海內莫不率服，夜郎、康居殊方萬里，說德歸義。」武帝建元之初亦無通夜郎之事，考《地理志》，建元六年，開犍爲郡，即夜郎地，夜郎以建元六年通，故次年對策及此也。然則《漢書》紀載於元光元年，得之矣，故荀《紀》從焉。或曰：審如此，舉孝廉何爲在十一月？對策何爲在五月？以愚度之，或史氏誤載，固未可知。或傳流之遠，顛倒失次，亦未可知。或未變太初歷前之月日。史氏偶失未改，遂用已改之例倒之，亦未可知。蓋漢初以夏十月爲正月，十一月爲二月，終於九月爲十二月。及武帝改太初歷，用夏正，史氏紀蓋恐其與改月日溷，併追改以前月耳。舉孝廉之十一月，意者當時之八月也。對策之五月，意者當時之二月也。史氏既失於追改，遂用前例，以十一月列於前耳。不然，《武帝故事》何以先載仲舒對策，而始以舉孝廉繼之耶？或又曰：《仲舒傳》載：對策畢，爲江都相，中廢爲中大夫。又云：遼東高廟災，仲舒推說其意，主父偃竊奏之，仲舒由是得罪。二災在建元六年，使對策在元光元年，不應先於建元六年以論災異抵罪也。以史考之，仲舒所論非當年事也，蓋追記耳。故《仲舒傳》云：先是，遼東高廟災。而荀《紀》亦載遼東高廟災，其後董仲舒云云。觀此二言，則知非建元六年致論明矣。《史記・儒林傳》云：仲舒自江都相，中廢爲中大夫，居舍著災異之記。然則仲舒私家著記，因追述二災，未可知也。今仲舒對策從《漢書》本紀、荀氏《漢紀》，載於此年。又依《武帝故事》以舉孝廉事附焉。至於相江都，論三仁，著《災異記》，以次列焉。

李心傳《建炎以來繫年要録》卷一　先是，宦者武康軍節度使童貫特命使遼，爲遼主蕭所辱，貫怒。會燕人馬植得罪於其國，間道邀貫，說以取燕之策，貫納之。政和四年秋，女眞既叛。四年八月。五年夏，植自雍州來奔，更姓名曰李良嗣。《欽宗實錄・童貫附傳》云：「馬植得罪於其國，間道邀貫，說以取燕之策，貫納之，約以來歸，至則藏之家，奏賜名爲趙良嗣。」鄭昂《戹史》云：「政和二年，燕人馬植者來歸，匿於童貫家，植能文辭，數上書，上喜，賜姓名李良嗣。」熊克《中興小厤》：「政和二年，童貫爲遼國生辰副使，貫還，有燕人馬植者，密邀於路，爲言取燕之策，貫挾以歸，奏賜姓名李良嗣。」王偁《東都事略・契丹附錄》云：「貫回至盧溝河，夜召見植，擁之以歸，易姓名曰趙良嗣，薦之於朝。」案《三國謀謨錄》「良嗣以政和五年三月壬申上蠟書，雄守和詵以聞，辛巳，蔡京、童貫奏許之。四月庚子，入界。壬寅，至雄州。丁卯，入見。」蓋貫與之約而後納之，非攜以歸也。《附傳》及諸書皆差誤。或謂貫、植既已相約，不當更涉三年有餘而後至，恐亦不然。案：良嗣《降書》云「天慶五年三月，而中有天祚親征女眞，軍無鬬志」之語，天祚以辛卯歲改乾統十一年爲天慶，時當政和元年。四年秋，女眞始叛。五年春，天祚下詔親征女眞。與此書合，謂「貫擁之以歸」者恐誤。

又　三年春，童貫南征。正月丙午。夏，赫嚕復至京師。五月丙午。遼上京路副統耶律伊都以讒得罪，遂奔女眞。《松漠記聞》云：「余都姑之降，金人以爲西軍大監軍即余覩也。」邵伯溫辨誣作俞覩，亦誣。今從《實錄》、蔡絛《北征紀實》。政和五年，遼主遣九大王爲元帥，征女眞。方臨敵，而大臣俞覩強立之，因脫身投遼主。余堵降女眞，與此異。【案】伊都名今改正，姑存原注。

又　七年冬，金人入犯。張匯《節要》云：「阿古達爲帝，以本土愛新爲國號。愛新，女眞語金也，以其水生金而名之，猶遼以遼水名國也。」《金太祖實錄》云：「太祖以遼天慶五年建國曰遼，以鑌鐵爲國號，鑌鐵雖堅剛，終有消壞，惟金一色，最爲眞寶，自今本國，可號大金。」二說不同，未知孰的也。

李心傳《舊聞證誤》卷一　上命曹彬、潘美、曹翰收江南，以沈倫爲判官，臨行朝辭，赴小殿燕餞，酒半，出一黃帕文字，顧彬曰：「汝實儒將，潘美、曹翰桀悍，恐不能制。不用命者，望朕所在，焚香啓之，自有處置。」諸人惶恐汗下。沿路或欲攻劫，及江南城破，李主出降，二人皆欲面縛之，曹王以所授勑欲宣讀，事遂解。如此者數四。功成還朝，曹王面奏沿路及至軍前將佐皆用命一心，乞納所降特勑。後有旨宣赴後苑，酒半，諸人起納勑，上令潘美啓封，曹翰執讀，執政環立。展示，乃一張白紙，衆皆失色。上笑，再命飲，極歡而退，按：此一事諸雜記多言之，互有不同。然以史考之，有可疑者：《太祖實録》，開寶七年九月癸亥，命潁州團練使曹翰率兵先赴荆南。丙寅，以宣徽南院使曹彬、馬軍都虞侯李漢瓊、判四方館事田欽祚，同率軍赴荆南領戰，棹兵沿江而下。丁卯，以山南東道節度使潘美、步軍都虞候劉遇、東上閤門使梁迥，並領軍赴荆南。十月壬辰，彬等離荆南。甲辰，以彬爲昇州西南面行營馬步軍戰棹都部署，美爲都監，翰爲先鋒都指揮使。當出軍時，曹、潘二公蓋先後受命。然武惠嘗平嶺南，爲大將，恐太祖不應有是言。沈倫者，本名義倫，時已爲集賢相，太宗即位，去義字。此云沈倫爲判官，妄也。沈相乃伐西川時爲轉運使耳。江南既平，曹翰攻江州，尚未下，九年五月屠之，六月賞功，爲桂州觀察使，判潁州。蓋翰未嘗還朝。此云美啓封，翰執讀，亦誤矣。意者太祖此旨爲曹翰、田欽祚輩設，而傳者失之，不可不辨。

程公説《春秋分記》卷一五《世譜叙篇考異上》 自昔爲《春秋》學者有譜牒之類，遠矣，莫得而考也。余得杜預《世族譜》，謂春秋時人名莫不詳具，然預學《左氏》，自《左氏》外無所折衷。又列其名而闕其世次，往往重複牴牾。孟子言尚論古之人，不知其人可乎，是以論其世也。自春秋迄今蓋千有餘載，《左傳》記事，一人而或稱名、或稱字、或稱官、或稱氏，若非詳以世譜，則彼此交互，漫無據矣。最後得《春秋世系》一書，不題撰人，紀列國諸侯大夫之系，旁行爲圖，次第頗可觀。然蔡、陳、曹、秦、吴全闕不書，自餘尚多踈誤。沈栝爲《機括》，無異名者不録，如東門氏曰仲嬰齊，子叔氏曰子叔嬰齊，季郈之雞鬭，傳指季氏、郈氏二族，鄭之印氏黑肱及豐氏卷有兩子張，沈皆合爲一。近世有纂爲經圖，不叙以世，前後錯出，周王子捷，一名王札子，則謂捷爲札之子；趙朔，盾之子，則謂朔爲盾之孫；季寤，斯之弟，則謂寤爲斯之子；宋仲師之子江，則謂師字仲江。若王札子，頃王子也，以爲莊王子；單成公，獻公弟也，以爲獻公子。若此類者，未易殫舉。余今本以經傳參之杜注，又取《世譜》、《世系》、《史記·世家》，合而攷之，互有得焉。古書有《世本》，今不復存，間見諸傳注，則采之以補遺亡，然後春秋之王子、王族，公子、公族，諸氏世序，井井不紊。斯皆昔所未備而成學治古文者不可廢也。然而余之譜法，蓋譜而爲圖，使推而上下之，則知源流之所自，旁行而列之，則見子孫之多少，經其世，緯其人，雖衆而不亂。又慮脱本於高下前後或差其次，則余之譜將不可考矣。乃别爲序篇，若曰某氏甲生子乙、丙，乙生子某，丙生子某，合於譜圖，于以互見，而諸家之異，則考之，附見其下。蓋譜圖之次，待叙篇而愈明，叙篇之文，參考異而後見。覽者得以詳焉。

王子：

平王爲一世。 生二子，曰太子洩，曰王子狐，爲二世。狐無後。 洩早卒，生二子，曰桓王，爲三世。桓王生二子，曰莊王，曰王子克，爲四世。克無後。 莊王生三子，曰僖王，曰王子虎，曰王子頽，爲五世。虎之後别爲王，叔氏頽無後。 僖王生一子，曰惠王，爲六世。 惠王生二子，曰襄王，曰太叔帶，爲七世。帶之後，别爲甘氏。 襄王生一子，曰頃王，爲八世。頃王生四子，曰匡王，曰定王，曰札子，曰季子，爲九世。二王及札子無後，季子後别爲劉氏。 匡王生一子，曰簡王，爲十世。 簡王生二子，曰靈王，曰儋季，爲十一世。儋季後别爲儋氏。 靈王生二子，曰景王，曰佞夫，爲十二世。佞夫無後。 景王生四子，曰王子壽，曰王子猛，曰敬王，曰子朝，爲十三世。 又王子王孫不系者十七人。

《考異》曰：《纂圖》誤以王札子爲莊王子。按何休云：札子定王庶兄，定王頃王子，上距莊王蓋五世矣。

魏了翁《儀禮要義》卷一《士冠禮一·題周禮者别夏殷題儀禮兼異代》 《儀禮》。《周禮》言周不言儀，《儀禮》言儀不言周，既同是周公攝政六年所制，題號不同者，《周禮》取别夏殷，故言周，《儀禮》不言周者，欲見兼有異代之法。故此篇有醮用酒，《燕禮》云諸公，《士喪禮》云商祝、夏祝，是兼夏殷，故不言周。又《周禮》是統心，《儀禮》是履踐。外内相因，首尾是一，故《周禮》已言周，《儀禮》不須言周，周可知矣，且《儀禮》亦名《曲禮》，故《禮器》云：經禮三百，曲禮三千。

又《此注以槷蹷非門限之義故不從古文》 云「闑，門橛」者，闑，一名橛。「閾，閾也」者，閾，門限，與閾爲一。云「古文闑爲槷，閾爲蹷」者，遭於暴秦燔滅典籍，漢興，求録遺文之後，有古書、今文。《漢書》云：魯人高堂生爲漢博士，傳《儀禮》十七篇，是今文也。至武帝之末，魯恭王壞孔子宅，得古《儀禮》五十六篇，其字皆以篆書，是爲古文也。古文十七篇與高堂生所傳者同，而字多不同，其餘三十九篇絶無師說，秘在於館。鄭注《禮》之時，以今、古二字並之。若從今文不從古文，即今文在經，闑閾之等是也，於注內疊出古文，槷鼇之屬是也。若從古文不從今文，則古文在經，注內疊出今文，即下文「孝友時格」，鄭注云「今文格爲嘏」，又《喪服》注「今文無冠布纓」之等是也。此注不從古文槷鼇者，以槷鼇非門限之義，故從今不從古也。《儀禮》之內，或從今，或從古，皆逐義彊者從之。若二字俱合義者，則互換見之，即下文云「壹揖壹讓升」，注云：「古文壹皆作一。」《公食大夫》「三牲之肺不離贊者，辯取之一以授賓」，注云：「古文一爲壹。」是大小注皆疊。今古文二者俱合義，故兩從之。又鄭疊古今之文者，皆釋經義盡乃言之。若疊今古之文說，須別釋餘義者，則在後乃言之，即下文「孝友時格」，注云「今文格爲嘏」，又云「凡醮不祝」之類是也。若然，下記云「章甫殷道」，鄭云：「章，明也。殷質言以表明丈夫也。甫，或爲父，今文爲斧。」事相違，故因疊出今文也。

郎曄《經進東坡文集事略》卷一《後赤壁賦》 予乃攝衣而上，履巉巖，披蒙茸；踞虎豹，登虬龍。攀棲鶻之危巢，公《志林》云：元豐五年十二月十九日生日，李委秀才來，因以小舟載酒飲于赤壁下。李善吹笛，酒酣作數弄，風起水湧，大魚皆出；山上有棲鶻，亦驚起。坐想孟德公瑾，如昨日爾。俯馮夷之幽宮，《離騷》云：使湘靈鼓瑟兮，令海若舞馮夷。淸泠傳曰：馮夷，華陰人，服八石，得水仙，是爲河伯。蓋二客不能從焉。劃然長嘯，草木震動。山鳴谷應，風起水涌。予亦悄然而悲，肅然而恐，凜乎其不可留也。反而登舟，放乎中流，聽其所止而休焉。時夜將半，四顧寂寥。適有孤鶴，橫江東來，翅如車輪，元裳縞衣，戛然長鳴，掠予舟而西也。須臾客去，予亦就睡。夢一道士，諸本多云夢二道士，二當作一，疑傳寫之誤。《苕溪漁隱》云：此賦初言適有孤鶴，橫江東來；中言夢二道士，羽衣翩仙；末言疇昔之夜，飛鳴而過我者。前後皆言孤鶴，則道士不應言二。余嘗見陸遠畫赤壁前後賦，因以此詰之，渠爲之閣筆。羽衣翩仙，過臨皋之下。揖予而言曰：「赤壁之遊樂乎？」問其姓名，俛而不答。嗚呼噫嘻，我知之矣。疇昔之夜，飛鳴而過我者，非子也耶？道士顧笑，予亦驚悟。開戶視之，不見其處。此賦結處用韓文石鼎叙彌明意，指鶴爲道士，亦暗使高道傳青城山道士徐佐卿化鶴事。公元豐六年，嘗自書此賦後云：黃州少西山麓斗入江中，石色如丹，傳云曹公敗處，所謂赤壁者。或曰：非也。時曹公敗歸由華容路，路多泥濘，使老弱先行，踐之而過。曰：「劉備智過人，而見事遲。華容夾道皆葭葦，使縱火，則吾無遺類矣。」今赤壁少西，對岸即華容鎭，庶幾是也。然岳州復有華容縣，竟不知孰是。《江下辨疑》云：周瑜敗曹公於赤壁，三尺之童，能道其事。然江漢之間，指赤壁者三焉。一在漢水之側，竟陵之東，即今復州。一在齊安郡之步下，即今黃州。一在江夏西南二百里許，今屬漢陽縣。予以謂郡之西南者，政曹公所敗之地也。按《三國志》：建安十三年七月，曹公南征劉表。表卒，其子琮代屯襄陽。劉備屯樊，既而琮降，備走夏口。冬，公自江陵征備，至赤壁，戰不利。又《周瑜傳》曰：備進住夏口，孫權遣瑜等並力逆曹公，遇於赤壁。夫操自江陵而下，備與瑜由夏口往而逆戰，則赤壁明非竟陵之東與齊安之步下者也。故酈道元《水經注》云：江水又東，左逕百人山，山右逕赤壁山北。昔周瑜與黃蓋詐降魏武大軍所起也。江水又東，逕大軍山南。由是觀之，以大軍山而考合其處所，可以無疑已。此《嘉魚圖經》所謂赤壁山在縣西北步道七十里者也。比見詩人所賦赤壁，多指在於齊安。蓋齊安與武昌相對，意以孫氏居武昌，而常爲曹公所攻，即戰於此者耶？是信流俗之過也。雖辨疑考證如此，然公既言「此非孟德之困於周郎者乎」，又云「竟不知孰是」，而樂府中又有「人道是三國周郎赤壁」之句，是公亦未敢以黃州之赤壁爲然也。黃魯直云：爛蒸同州羊羔，沃以杏酪，食之以匕不以箸，抹南京麵作槐葉冷陶，糝以兗邑熟豬肉，炊共城香稻，用吳人鱠松江之鱸。既飽，以康山谷簾泉烹曾坑鬭品，少焉，臥北窗下，使人誦東坡赤壁前後賦，亦足快焉。見趙德麟《五侯鯖》。

衛湜《禮記集說》卷一七《檀弓》 孔子蚤作，負手曳杖，消搖於門，歌曰：「泰山其頹乎？梁木其壞乎？哲人其萎乎？」既歌而入，當戶而坐。子貢聞之曰：「泰山其頹，則吾將安仰？梁木其壞，哲人其萎，則吾將安放？夫子殆將病也。」遂趨而入。夫子曰：「賜，爾來何遲也？夏后氏殯於東階之上，則猶在阼也。殷人殯於兩楹之間，則與賓主夾之也。周人殯於西階之上，則猶賓之也。而丘也，殷人也。予疇昔之夜，夢坐奠於兩楹之間。夫明王不興，而天下其孰能宗予？予殆將死也。」蓋寢疾七日而沒。

鄭氏曰：作，起也。曳杖消搖，欲人怪己也。泰山，衆山所仰。梁木，衆木所放。哲人，亦衆人所仰放也。以上二句喻之。萎，病也。《詩》云：「無木不萎。」當戶而坐，急見人也。子貢覺孔子歌意。殆，幾也。言賜來何遲，蓋坐則望之也。又以三王之禮占己夢。疇，發聲也。昔，猶前也。夢坐兩楹之間而見饋食。言奠者，以爲凶象。兩楹之間，南面鄉明，人君聽治正坐之處。孰，誰也。宗，尊也。今無明王，誰能尊我以爲人君乎？是我殷家奠殯之象，以此自知將死。七日而沒，明聖人知命也。

孔氏曰：此一節論孔子自說死之意狀。反手卻後以曳其杖，消搖放蕩，以自寬縱，皆是特異尋常。鄭註梁木衆木所放者，衆木，榱桷之屬，依放橫梁乃能存，立放則依也。東階西階，平生賓主所行禮之處。夏后氏殯於東階，則猶在阼，以爲主也。周人殯於西階，則猶以爲賓客也，故皆曰「猶」。禮以爲賓主敵者，授受於兩楹之間，兩楹又是南面聽朝之處，夫子夢在兩楹而見饋食，知是凶象，無有聽朝之事，不得云「則猶尊之」，以有賓主二事，故云與賓主夾之而已。時夫子夢見饋食，不夢凶奠也。但奠禮既死未葬，柩仍在地，未立尸主，唯奠停飲食，故云奠也。案《莊子》：「聖人無夢。」《莊子》意在無爲，不有思慮。聖人雖異人者神明，同人者五情，五情既同，焉得無夢？故文王有九齡之夢，武王有夢協之言。

長樂黃氏曰：「孰能宗予」，但言無人尊己之道。註言「尊爲人君」，既失之；曳杖消搖，鄭註又以爲欲人怪己，孔疏亦以爲寬縱自放，皆非。所以言聖人曳杖消搖，蓋其既病之餘，閒適之際，德容如是，猶所謂逞顏色申申夭夭之類，初非寬縱之謂。若謂將死而不以禮自持，則是不以正而斃，非所以示訓也。

長樂陳氏曰：聖人知夫身者天地之委形，生者天地之委和，性命者天命之委順，故視肝膽爲楚越，以死生爲晝夜，安其適來之時，處其適去之順，將迎無所形於外，哀樂不能間於內，又孰以幻滅爲累哉。此所以悟於將死之夢，至於負手之忘形，曳杖之忘物，消搖於自得之場，以與天爲徒也。然安得恝然忘物而吉凶不與之同乎，此所以有泰山梁木哲人之嗟。以與人爲徒也。蓋泰山以譬德，梁木以譬材，若草木而將萎也，故曰其萎乎。

山陰陸氏曰：逍遙，能消釋搖曳。泰山其頹乎，天也。梁木其壞乎，人也。或言仰或言放，非有優劣也，而放之辭親，若夢得說，吾不復夢見周公，非無徵也。蓋聖人之夢如此。疇昔，猶言誰昔也。《爾雅》曰：誰昔，昔也。

廬陵胡氏曰：黃幾復曰，消者如陽動而冰消，雖耗也而不竭。其本搖者，如舟行而水搖，雖動也而不傷。其內傷時無明王，而道不行，以死也。孰能宗予，謂孰能宗師其道。鄭云兩楹之間，南面人君之位，謂誰能尊我以爲君乎。噫，夫子嘗云無臣而爲有臣，吾誰欺，欺天乎？又豈肯自謂尊我以爲君也，鄭非。

嚴陵方氏曰：夏后氏殯於東階之上者，示不忍賓之爾，故曰則猶在阼也。殷人殯於兩楹之間，若將賓之矣，故曰則與賓主夾之也。周人殯於西階之上者，則若賓之矣，故曰則猶賓之也。凡此，以其世漸文而殯死之所愈遠而已，然孔子夢坐奠於兩楹之間，乃知其將死者，以殷人則宜享殷禮故也。

王伯大《別本韓文考異》卷一《琴操十首·將歸操·孔子之趙聞殺鳴犢作》 孫曰：孔子將西見趙簡子，聞竇鳴犢之死，臨河嘆曰：美哉水，洋洋乎。丘之不濟，此命也。夫事見《史記》。諸本題義下皆有子注，方云：閣本只存題義，唐本注與題義皆不出，蜀本于「注云」上增「又曰」二字，與題義皆夾注寫。以此見雖題義亦後人以琴操續補也。歐、宋、荆公皆用閣本。今按：歐本云：此效蔡邕作十操，事跡皆出蔡邕《琴操》云。

狄之水兮，其色幽幽。狄，蜀本作秋。今按：《水經》：河水至東阿、茌平等縣，東北流。四瀆津。注云：津西有四瀆祠，東對四瀆口，河水東分，濟水受河，蓋滎口水斷不通，始自是出，與清水合，沛瀆自河入濟，水徑周通，故有四瀆之名。昔趙殺鳴犢，孔子臨河嘆而作歌曰：狄之水兮風揚波，舟檝顛倒更相加，歸來歸來胡爲斯。案：臨濟，故狄也。是濟所逕，得其通稱也。又云濟水逕臨濟縣南，詳此，則是濟水自滎澤之下潛流至此四瀆津口，而後復出河。又東分，一支與之合流，以過臨濟而爲狄水。故孔子臨河不濟而歌咏，狄水即此東分之河，復出之濟也。然此皆濟也，今在濟、鄆之間。《史記》以爲孔子自衛將西見趙簡子，則其道不當出此，此又不可曉者。今姑闕之，以俟深於地理者正焉。

黃震《黃氏日抄》卷二一《微子》篇：虞仲。註云：虞仲即仲雍，與泰伯同竄荆蠻者。愚按：仲雍嘗治吳爲君，恐不可言逸民，亦無隱居放言之事。兼仲雍生伯夷、叔齊之前，使虞仲果仲雍也，亦何爲反序次於夷齊之後，恐先儒自有所據耳。

王與之《周禮訂義》卷二八《地官·司祿》 司祿，中士四人，下士八人。府二人，史四人，徒四十人。

劉迎曰：司祿者，司穀祿。先儒誤爲爵祿矣。不然，何以與倉人、司稼同列耶。○易氏曰：《司祿》逸篇，弗可攷矣。此經猶存其官之名者，以序見之，不特見之序官而已。《天府》曰：「若祭天之司民、司祿而獻民數、穀數，則受而藏之。」鄭氏謂：司祿爲文昌第六星。祿之言穀也，則以掌天下之穀數者謂之司祿，亦猶掌天下之民數。而《秋官》有司民之職，蓋民之損益關乎天，穀之豐耗係乎民，此司民及三年大比，則以萬民之數詔司寇，司寇及孟冬祀，司民之日獻其數于王，王拜受之，且有天府之登，知司祿之於穀數亦然。則王者以民爲天，民以食爲天，其類同，其義可推矣。

姚勉《雪坡集》卷八《講義》　帝曰：「格，汝禹。朕宅帝位三十有三載，耄期倦于勤。汝惟不怠，總朕師。」禹曰：「朕德罔克，民不依。皐陶邁種德，德乃降，黎民懷之。帝念哉。念茲在茲，釋茲在茲，名言茲在茲，允出茲在茲，惟帝念功。」

此帝舜遜禹以位，而禹遜之皐陶也。「耄期倦于勤」者，舜生三十徵庸，三十在位，今在位又三十有三載，蓋年九十有三，將及百歲之時，頗厭倦于勤勞也。聖人未嘗有倦心也，但志氣則常盛，血氣則不能無衰耳。禹惟勤而不怠，故舜欲以遜之。禹之不怠，蓋亦克艱之念也。帝以位遜之禹，禹則不敢當，謂無所能，不爲民所歸依。皐陶則能遠布其德，德乃降下於民衆，民皆懷愛之。欲帝念之，而以位遜之。「念茲在茲，釋茲在茲，名言茲在茲，允出茲在茲」，此四句，舊説謂皐陶之用刑，以上「茲」訓此人，下「茲」訓此德。言皐陶服念此人之罪，則亦在此德。諸家之説皆如此，但上文不曾言用刑，不應此四句如此説。且「帝念哉」之「念」，與「惟帝念功」之「念」意皆相同，皆以爲舜之「念」。而中間「念茲在茲」之「念」，乃以爲皐陶意，全然不貫。兼之服念此人之罪，即是名言此人之罪；縱釋此人之罪，即是允出此人之罪，又不應。如此重叠，故此四句頗不易訓釋。某聞之師曰：四句非言皐陶之用刑。「念茲在茲」者，蓋皐陶有德，帝當念之。而遜以位，無以易此人者。帝知念之，則亦在此人。如釋而不念之，則亦在此人。名言欲遜之，則亦在此人。實出命欲遜之，則亦在此人。縱横上下，則一皐陶也。惟帝當念其功而遜之，以此則文義皆順，「念」字不作兩般。

王應麟《詩考·韓詩》　《黍離》，伯封作也。　離離，黍貌也。詩人求亡不得，憂懣不識於物，視彼黍離離然，憂甚之時反以爲稷之苗，乃自知憂之甚也。《太平御覽》。昔尹吉甫信後妻之讒，而殺孝子伯奇，其弟伯封求而不得，作《黍離》之詩。陳思王植《貪惡鳥論》。

又《詩異字異義》　《關雎》：　康王晏出朝，《關雎》預見。《列女傳》。康王晚朝，《關雎》作諷。《後漢書》。昔周王承文王之盛，一朝晏起，夫人不鳴璜，宫門不擊柝，《關雎》之人見幾而作。《後漢紀》楊賜上書。周康之時，頌聲作乎下，《關雎》作乎上，習治也。故習治則傷始亂也。《揚子》。周道缺，詩人本之衽席，《關雎》作。又曰：周室衰而《關雎》作。《史記》。國風之好色也，其傳曰：盈其欲而不愆其止，其誠可比於金石，其聲可内於宗廟。《荀子》。在河之州。《説文》。槮差荇菜。同上。展轉反則。《楚辭章句》。關關雎鳩。《文選注》。人主不正，應門失守，故歌《關雎》以感之。《後漢》注春秋説題辭。

趙順孫《大學纂疏》　子曰：聽訟吾猶人也，必也使無訟乎。無情者不得盡其辭，大畏民志，此謂知本。

猶人，不異於人也。葉氏曰：言吾亦若人耳。情，實也。引夫子之言，而言聖人能使無實之人不敢盡其虚誕之辭。蓋我之明德既明，自然有以畏服民之心志，故訟不待聽而自無也。《語録》曰：大有以畏服斯民自欺之志。〇又曰：惟是先有以服其心志，所以能使之不得盡其虚誕之辭。觀於此言，可以知本末之先後矣。黄氏曰：聽訟無訟，亦大槩引此一端以見本末，其他皆然，論其所以然，固本於明德新民，然聖人不專以此一事爲足以盡本末也。

右傳之四章，釋本末。此章舊本誤在「止於信」下。

《或問》：聽訟一章鄭本元在「止於信」之後，「正心修身」之前，程子又進而寘之經文之下，「此謂知之至也」之上，子不之從而寘之於此何也？曰：以傳之結語考之，則其爲釋本末之義可知矣，以經之本文乘之，則其當屬於此可見矣。二家之説有未安者，故不得而從也。曰：然則聽訟無訟於明德新民之義何所當也？曰聖人德盛仁熟所以自明者，皆極天下之至善，故能大有以畏服其民之心志，而使之不敢盡其無實之辭，是以雖其聽訟無以異於衆人，而自無訟之可聽。蓋己德既明而民德自新，則得其本之明效也。或不能然，而欲區區於分争辯訟之間，以求新民之效，其亦末矣，此傳者釋經之意也。陳氏曰：聽訟，末也；明德，本也。不能明己之德而專以智能決訟者，抑末矣。曰：然則其不論夫終始者何也？曰古人釋經，取其大略，未必如是之屑屑也。且此章之下有闕文焉，又安知其非本有而并失之也耶。

金履祥《資治通鑑前編》卷一　封伯禹於有夏，封四岳於有吕，加賜伯益。《史記·秦紀》曰：帝顓頊之苗裔，孫曰女修，生子大業，大業取少典之子曰女華，生大費，與禹平水土，已成，禹曰：非予能成，亦大費爲輔。帝曰：咨爾費贊禹功，其賜爾皁游，爾後嗣將大出。乃妻之，姚姓之。玉女佐舜調馴鳥獸，鳥獸多馴服，是爲柏翳，即伯益也。柏亦作伯，舜賜姓嬴氏，不言封國，舊必已有封國也，命爲侯伯，賜姓以榮之耳。《索隱》曰：此秦趙之祖，一名伯翳。《尚書》謂之益，《世本》、《漢書》謂之伯益是也。尋檢《史記》上下諸文，柏翳與伯益是一人不疑。而《陳杞世家》即叙柏翳與伯益爲二，未知太史公疑而未決耶，而亦謬誤也。履祥按：伯益即柏翳也，秦聲以入爲去，故謂益爲翳也。字有四聲，古多轉用，如益之爲翳。契去聲之爲禹，入聲皐之爲咎。音高。君牙之爲君雅是也，此古聲之通用也。有同音而異文者，如陶之爲繇，垂之爲倕，繇之爲鮌，虺之爲偪，紂之爲受，冏之爲□是也，此古字之通用也。太史公見書「孟子之言益也」，則《五帝本紀》言「益」，見秦紀之爲「翳」也，則《秦本記》從「翳」，蓋疑而未決也。疑而未決，故於《陳杞世家》之本又言「垂益、夔龍不知所對」，則遂謬矣。胡不合二書而思之乎？夫秦記不燒，太史所據以紀秦者也。秦紀所謂「佐禹治水」，豈非《書》所謂「隨山刊木」，「暨益奏庶鮮食者」乎？所謂「馴服鳥獸」，豈非《書》所謂「益作，朕虞若予，上下鳥獸者」乎？其事同，其聲同，而獨以二書字異，乃析一人而二之，可謂誤矣。唐虞功臣獨四岳不名耳，而姜姓則見於書傳甚明也。其餘未有無名者，夫豈別有柏翳，其功如此而反不見於書？又，豈有馴服鳥獸者，孰加於伯益？雖朱虎、熊、羆，亦以類見果。又，柏翳才績如此，而書反不及乎？夫以柏翳不得爲伯益，則禹不得爲契，臯繇不得爲臯陶，倕不得爲垂，鮌不得爲繇也。如仲偪不得爲仲虺，紂不得爲受，□不得爲冏，君雅不得爲君牙乎。《史記》本紀、世家及總叙之謬如此者，多不惟叙益爲然也。重黎二人而合爲一，則楚有二祖也；四岳爲齊世家之祖，而總叙齊人伯夷之後，則齊又二祖也。此其前後必出於談、遷二手矣，故其乖剌如此。而羅氏《路史》因之，眞以益、翳爲二人。又，以柏翳爲臯陶之子，則嬴、郾、李三姓無辨矣。且楚人滅六之時，秦方盛於西，徐延於東，趙基於晉。使柏翳果臯陶之子，臧文仲安得云臯陶不祀乎？又，以益爲高陽氏之才子隤敳，至夏啓時則二百有餘歲矣。夫堯老而舜攝，舜耄期而薦禹，豈有禹且老而薦二百歲之益以爲身後之計乎？其非事實，不可以不辨。

又卷三　三十有七歲，商湯進伊尹。萬章問曰：「人有言，伊尹以割烹要湯，有諸」？《集註》曰：「要，求也。」按《史記》：伊尹欲行道，以致君而無由，乃爲有莘氏之媵臣，負鼎俎，以滋味說湯致於王道。蓋戰國時有爲此說者。愚按：有莘氏之女爲湯妃。莘亦作㜪，國名也。孟子曰：否，不然。伊尹耕于有莘之野，而樂堯舜之道焉，非其義也，非其道也。祿之以天下弗顧也，繫馬千駟弗視也，非其義也，非其道也。一介不以與人，一介不以取諸人，樂堯舜之道。蓋考迹以觀其用，察言以求其心，有所得而欣慕、愛樂之也。湯使人以幣聘之，囂囂然曰：「我何以湯之聘幣爲哉？我豈若處畎畝之中，由是以樂堯舜之道哉？」湯三使往聘之，既而幡然改曰：「與我處畎畝之中，由是以樂堯舜之道，吾豈若使是君爲堯舜之君哉？吾豈若使是民爲堯舜之民哉？吾豈若於吾身親見之哉？天之生此民也，使先知覺後知，使先覺覺後覺也。予，天民之先覺者也，予將以斯道覺斯民也，非予覺之而誰也？思天下之民，匹夫、匹婦有不被堯舜之澤者，若已推而內之溝中。其自任以天下之重如此。故就湯，而說之以伐夏救民。說湯以伐夏救民，在去亳適夏復歸于亳之後，非應聘之初即有是說也。吾未聞枉己而正人者也，況辱己以正天下者乎？聖人之行不同也，或遠或近，或去或不去，歸潔其身而已矣。吾聞其以堯舜之道要湯，未聞以割烹也。」《伊訓》曰：「天誅造攻，自牧宮，朕載自亳。」皇甫謐曰：「伊尹，力牧之後。」《呂氏春秋》曰：「居伊水路。」史曰：「堯之後也。」又曰：「伊，炎帝上世所國，今洛之伊陽縣。伊川，堯之母家。伊，侯國。」按：堯生於伊，故爲伊祁氏，伊尹恐其後。《雜書》：「伊尹生於空桑，蓋地名。」諸說多妄。孟子曰：「伊尹曰：『何事非君，何使非民，治亦進，亂亦進。』」曰：「天之生斯民也，使先知覺後知，使先覺覺後覺也。予，天民之先覺者也，予將以此道覺此民也。思天下之民，匹夫、匹婦有不與被堯舜之澤者，如已推而內之溝中。其自任以天下之重也。伊尹，聖之任者也。」又曰：「五就湯五就桀者，伊尹也。」龜山楊氏曰：「伊尹之就湯，以三聘之勤也，其就桀也，湯進之也，湯豈有伐桀之意哉？其進伊尹以事之也，欲其悔過遷善而已，伊尹既就湯，則以湯之心爲心矣。及其終也，人歸之天命之不得已而伐之耳。若湯初求伊尹即有伐桀之心，而伊尹遂相之以伐桀，是以取天下爲心也。以取天下爲心，豈聖人之心哉？」《大紀》曰：「成湯薦伊尹于桀，爲陳素王及九主之事，桀不聽，與羣臣沉湎于酒。伊尹進諫，若曰君王以酒色之微，壅天命而不理，失人心而不圖，反是爲善，善則祥集，習是爲不善，不善則殃來，君王宜留意焉。伊尹自亳凡五適夏，告以堯舜之道，桀終不聽。」按：《史記》伊尹從湯言素王九主之事，而劉向《別錄》載九主名稱甚奇。《索隱》著其義：曰：法君，謂用法嚴急之君；曰勞君，謂勤勞天下；曰等君，謂定等威、均祿賞；曰授君，謂不能自理，政歸其臣；曰專君，謂專己獨斷，不任賢臣；曰破君，謂輕敵致寇，國滅君死；曰寄君，謂人困于下，主驕于上，離析可待；曰固君，謂完城郭，利甲兵，而不修德；曰三歲社君，謂年在襁褓而主社稷也。胡氏《大紀》、張氏《紀年》書聘用伊尹之事，俱在丁丑湯即諸侯位之年。

金履祥《孟子集注考證》卷三《滕文公上》　史遷所謂農家者流。太史公《六家指要》無農家，至班固《藝文志》分九流始有農家者流，此《集註》未及改。程子曰：許行所謂神農之言，乃後世稱述上古之事，失其義理者。叔子也。按《漢書・藝文志》神農二十篇，六國時諸子託之神農。劉向云：疑李悝、商君所說。班固曰：農家者流，蓋出於農稷之官。播百穀，勸耕桑以足衣食，及鄙者爲之。以爲無所事聖王，欲使君臣並耕，誖上下之序。

金履祥《論語集注考證》卷四《泰伯》　三讓，謂固遜也。《語錄》：徐寓問三以天下讓，程言：不立，一也；逃之，二也；文身，三也。不知是否？曰：據前輩說亦難攷，當時或有此三節亦未可知，但古人辭讓必至再三，想此只是固讓。履祥按：《禮書》初讓曰禮讓，再讓曰固讓，三讓曰終讓，《或問》亦嘗引之，則此固遜字當改爲終遜，則貼本文，作終以天下遜，於事理爲通。蓋遜王季及文王，至武王而終有天下也。番饒伯輿謂古公年壽甚高，末年武王已生，其祖、子、孫皆有聖德，而泰伯遜之，蓋一遜王季、二遜文王、三遜武王也。王文憲取之文羅氏《路史》註謂初遜與王季，王季以與文王，文王以與武王而有天下，故曰三以天下讓，亦爲得之。

范處義《詩補傳・篇目》　《柏舟》。頃公。《柏舟》之詩，韓氏以爲宣姜自誓。而劉向《列女傳》曰，衛宣夫人者，齊侯之女也，嫁于衛，至城門而衛君死。保母曰：「可以還矣。」女不聽，遂入。持三年之喪，畢。弟請曰：「衛，小國也，不容二庖，願請同庖。」夫人曰：「唯夫婦同庖。」終不聽，乃作詩曰：「我心非石，不可轉也。我心非席，不可卷也。」向之説必出於《魯詩》，故其言如此。據是詩有「憂心悄悄，慍于羣小」等語，正與仁而不遇之言合，若婦人自誓，當如《鄘・柏舟》曰「之死矢靡它」，又曰「母也天只，不諒人只」，引類而言，則毛氏之説得矣。孔子讀《柏舟》，見匹夫執志之不可易，此言可以爲據。

余允文《尊孟辨》卷上《温公疑孟》　《疑》曰：孟子稱所願者學孔子，然則君子之行孰先於孔子？孔子歷聘七十餘國，皆以道不合而去，豈非非其君不事歟？孺悲欲見孔子，孔子辭以疾，豈非非其友不友乎？陽貨爲政於魯，孔子不肯仕，豈非不立於惡人之朝乎。爲定哀之臣，豈非不羞汙君乎？爲委吏、爲乘田，豈非不卑小官乎？舉世莫知之，不怨天不尤人，豈非遺佚而不怨乎？飲水曲肱，樂在其中，豈非阨窮而不憫乎？居鄉黨恂恂似不能言，豈非由由然與之偕而不自失乎？是故君子邦有道則見，無道則隱，事其大夫之賢者，友其士之仁者，非隘也，和而不同，遯世無悶，非不恭也。苟無失其中，雖孔子由之，何得云君子不由乎？

余氏辨曰：孟子曰：「伯夷隘，柳下惠不恭。隘與不恭，君子不由。」原孟子之言，非是瑕疵夷惠也，而清和之弊，必至於此。蓋以一於清，其流必至於隘，一於和，其流必至於不恭。其弊如是，君子豈由之乎？苟得其中，雖聖人亦由之矣。觀吾孔子之行，時乎清而清，時乎和而和，仕止久速，當其可而已，是乃所謂時中也，是聖人之時者也，詎可與夷惠同日而語哉？或謂伯夷制行以清，惠則制行以和，捄時之弊，不得不然，亦非知夷惠者。苟有心於制行，則清也和也，豈得至於聖哉。夷之清，惠之和，蓋出於天性之自然，特立獨行而不變，遂臻其極致，此其所以爲聖之清、聖之和也，孟子固嘗以百世之師許之矣。慮後之學者慕其清和而失之偏，於是立言深捄清和之弊，大有功於名教，疑之者誤矣。朱子曰：觀「吾夫子之行，時乎清而清，時乎和而和，仕止久速，當其可而已，是乃所謂時中也，是聖人之時者也，詎可與夷惠同日而語哉」五十八字，愚欲刪去而補之曰：然此不待別求左驗而是非乃明也，姑即温公之所援以爲説者論之固已曉然矣。如温公之説，豈非吾夫子一人之身而兼二子之長歟。然則時乎清而非一於清矣，是以清而不隘；時乎和而非一於和矣，是以和而未嘗不恭。其曰聖之時者，如四時之運，温涼和燠各以其序，非若伯夷之清則一於寒涼，柳下惠之和則一於温燠而不能相通也，以是言之，則是温公之所援以爲説者，乃所以助孟子而非攻也。又曰：「苟有心於制行」至章末，愚欲刪去而易之曰：使夷惠有心於制行，則方且勉強脩爲之不暇，尚何以爲聖人之清和也歟？彼其清且和也，蓋得於不思不勉之自然，是以特立獨行，終其身而不變，此孟子所以直以爲聖人而有同於孔子也。又恐後之學者慕其清和而失之一偏，於是立言以捄其末流之弊，而又曰乃所願則學孔子也，其抑揚開示至深切矣，亦何疑之有？

魏仲舉《五百家注昌黎文集》卷三《桃源圖》　孫曰：《陶淵明集》：「晉太元中，武陵人捕魚爲業。緣溪行，忘路遠近。忽逢桃花林，夾岸數百步，漁人甚異之。前得一山，山有小口，便捨船從口入其中。土地平曠，往來種作，悉如外人。見漁人大驚，問所從來，具答之。便要還家，爲設酒殺雞作食。自云避秦來此，乃不知有漢，無論魏晉也。」洪曰：淵明故桃源事，初無神仙之説。梁任安貧爲《武陵記》，亦祖述其語耳。淵明云先世避秦時亂。而安貧云：曩以避秦之亂，邑人相率攜妻孥隱此，厥後絶不外通。何人世之多遷貿也。後人不深考因，謂秦人至晉，猶不死，遂以爲地仙。洪駒父云：荆公《桃源行》、東坡《和桃源詩》，皆得之，王摩詰、退之、劉夢得諸人以爲神仙，皆非是。淵明載漁人所遇時，稱「晉太元中」，任安貧云「太康中」，退之詩云「自説經今六百年」。按：始皇三十四年築長城，燔《詩》《書》，明年坑儒生。三十七年胡亥立。三年而滅於漢。二漢四百二十五年而爲魏，魏四十五年而爲晉，晉武帝即位十五年，至是凡四百九十二年。明年改元太康，自太康元年至孝武帝時寧康三年，凡九十六年，通五百八十七年。明年改元太元，至太元十三年，乃及六百年。夢得詩亦云「金行太元歲」，安貧之記誤也。韓曰「南宮先生欣得之，波濤入筆驅文辭」，此必與一郎官賡和，不復詳其名氏矣。

又《論佛骨表》　洪曰：表云自後漢時流入中國。又詩云：佛法入中國，邇來六百年。按：《後漢・西域傳》云：明帝時入中國。而梁劉孝標注《世説新語》，引劉向《列仙傳序》曰：歷觀百家之中，以相檢驗得仙者，百四十六人，其七十四人已在佛經。即如此説，則漢成、哀之間已有經矣。《漢武故事》曰：昆邪殺休屠王，以其衆來降。得其金人之神，上置之甘泉宮。金人者，皆長文餘，其祭不用牛羊，唯燒香禮拜，上使依其國俗祀之。此神全類於佛。蓋當漢武時，其經未行於中土，但以神明事之耳。又開皇曆代《三寶記》云：平帝世，劉向稱：余覽典籍，往見有佛經。將知周時久流釋典，秦雖爇除，漢興復出也。又漢武作昆明池，掘得黑灰。東方朔云：可問西域道人。西域道人，佛之徒也。又《眞誥》云：裴眞人有三十四人弟子，十八人學佛道，餘者學仙道。陶隱居云：長安中似已有佛，裴君即是其事。以此考之，中國之有佛，尚矣。退之所云，據正史也。孫曰：後漢明帝夜夢金人，長丈餘，頭有光明，飛行殿庭。以問羣臣，傅毅曰：西方有神，名曰佛，其形丈六尺，而黃金色。帝於是遣郎中蔡愔及秦景，使天竺求之，得佛經四十二章，及釋迦玄像，并與沙門攝摩騰竺法蘭東還。愔之來也，白馬負經。因立白馬寺於洛城雍門西，以處之。其經緘於蘭臺石室，又畫像於清源臺及顯節陵上。自是始傳中國。

趙鵬飛《春秋經筌》卷二《桓公五年》　夏，齊侯、鄭伯如紀。

諸侯相朝，三代之典，聖人無絕，法也。自入春秋，齊、鄭大而紀微。春秋諸侯以小朝於大則有之，蓋未有大朝於小者。以大朝於小，此必有詐謀譎計寓於其間，不可不考也。紀於齊爲西鄰，地逼於齊，齊蓋有併呑之志也久矣。以兵滅之則興師無名，懼有所不勝，故脅比鄭伯而朝紀，將掩其不虞而襲之。且鄭距王城遠於紀，若於紀無所利焉，故齊脅而與之俱，致紀於不疑也。而紀以微國，一旦二大國之君無故而朝，紀能無疑乎？疑而備之，齊不得志而還。嗚呼，齊僖之心，蓋山川丘陵也，吁，可畏哉。聖人惡其假禮以爲盜，故雖外相如，亦不略其誅之重也。凡諸侯相朝皆書如，如公如晉、如齊，皆朝也。不曰朝而曰如，尊天子也。唯朝王則曰朝，公朝於王所是也。尊內則曰朝，滕、薛來朝是也。外諸侯朝則曰如，蓋非盟非會而如其國，非朝而何？然外相如唯此與州公如曹而已。州公實來，故書齊、鄭如紀，從赴也。紀婚於魯而來赴，故書於策，聖人因策書而不略，以著齊侯之惡焉，蓋爲紀侯大去其國張本。

嚴粲《詩緝》卷一《論大小雅之別》　以政之小大爲二雅之別，驗之經而不合。李氏以爲《大序》者經師次輯其所傳授之辭，不能無附益之失，其說是也。然二雅之別先儒亦皆未有至當之說，竊謂雅之小大特以其體之不同耳。蓋優柔委曲，意在言外者，風之體也；明白正大，直言其事者，雅之體也。純乎雅之體者爲雅之大，雜乎風之體者爲雅之小。今考小雅正經存者十六篇，大抵寂寥短簡，其首篇多寄興之辭，次章以下則申複詠之，以寓不盡之意，蓋兼有風之體。大雅正經十八篇，皆春容大篇，其辭旨正大，氣象開闊，不唯與國風敻然不同，而比之小雅亦自不侔矣。至於變雅亦然，其變小雅中固有雅體多而風體少者，然終有風體，不得爲大雅也。《離騷》出於國風，其文約，其辭微，世以風、騷並稱，謂其體之同也。太史公稱《離騷》曰「國風好色而不淫，小雅怨誹而不亂，若《離騷》者可謂兼之」，言《離騷》兼國風小雅，而不言其兼大雅，見小雅與風騷相類，而大雅不可與風騷並言也。詠「呦呦鹿鳴，食野之苹」，便會得小雅興趣；誦「文王在上，於昭于天」，便識得大雅氣象，小雅大雅之別則昭昭矣。臣考《菁莪》、《棫樸》、《官人》，所言之事同也。然《菁莪》之詩惟反覆吟詠於菁菁之莪，是有風體而不純乎雅，故爲小雅。至《棫樸》之詩，言「左右奉璋，髦士攸宜。周王于邁，六師及之。周王壽考，遐不作人。勉勉我王，綱紀四方」，皆正言其事，其辭旨氣象與《菁莪》大有間矣，故爲大雅。此大雅小雅正經之別，其餘皆可類推也。以變雅言之，《六月》、《采芑》、《常武》、《江漢》皆述宣王征伐之事，而《六月》、《采芑》其體與《采薇》、《出車》、《杕杜》不甚相遠，比之《江漢》言「江漢浮浮，武夫滔滔。匪安匪遊，淮夷來求」，《常武》言「赫赫明明，王命卿士。南仲太祖，太師皇父」，氣象小大自是不同。季札觀樂，至歌小雅，曰怨而不言，至歌大雅，曰廣哉熙熙乎。此善言二雅之氣象者也。至以大雅爲曲而有直體，却正說著小雅，小雅兼有風體，故曲而有直體，若大雅之體安有所謂曲？杜預知其說之不通，乃曰：此論其聲。蓋謂非論其體也。

又卷七《王風・中谷有蓷》　《中谷有蓷》，音推輓之推，吐雷反。閔周也。夫婦日以衰薄，凶年饑饉，音覲。室家相棄爾。疏曰：平王詩。○范氏曰：世治則室家相保者，上之所養也；世亂則男女相棄者，上之所殘也。其使之也勤，其取之也厚，則夫婦日以衰薄，而凶年不免於離散。

民之貧國之難也，故以閔周。

中谷有蓷，傳曰：中谷，谷中也。○曰蓷，茺蔚也，益母也。茺蔚，音充尉。○《釋草》曰：萑，蓷。萑音追，亦作雔。○李巡曰：臭穢草也。○郭璞曰：今茺蔚，葉似萑，方莖，白華，華生節間，又名益母。○陸璣曰：舊說云菴蕳。暵其乾矣。暵，音罕，又音漢。乾，音干。○疏曰：暵，燥也。有女仳離，仳，批之上。○傳曰：別也。嘅其嘆矣。嘅，音慨。嘆，音作歎。○曹氏曰：嘅嘆聲。嘅其嘆矣，遇人之艱難矣。

興也。蓷草生海濵池澤，濕則生，旱則死。谷中之地陰潤，其蓷草宜難旱也。今暵燥，其乾者矣。旱則乾者，先燥也，興饑饉則貧者先悴也。有女見棄，與其夫別離，嘅然發其嘆聲。所以嘅然而嘆者，自傷遇斯人之艱難窮厄也。謂見棄者非其夫之得已，特以饑饉不能相養故爾。曾氏曰：無怨懟過甚之辭，厚之至也。○舊說以蓷草暵乾喻夫婦相棄，非也。此詩但以歲旱草枯興亂世饑年之憔悴蕭索無潤澤氣象耳，由此而致夫婦衰薄，遂以相棄，故曰遇人之艱難。蓋棄妻不怨其夫，而以爲時之艱難使然。○舊說以蓷草宜生高陸，生谷中則傷於水，非也。據《本草》，茺蔚正生海濵池澤，其性宜濕。○傳云：蓷，鵻。亦作萑，作萑即《釋草》言萑，蓷也。《大車》傳曰：菼，鵻也。蓋菼、薍、萑又名鵻，一物而四名。彼萑音完，此萑音追，字同而音異。毛於此傳言「蓷，鵻」者，蓋借用鵻字，非以蓷爲菼也。曹氏以蓷爲菼，誤矣。

又卷二七《大雅・既醉》

《既醉》，大平也。大，音泰。後大平皆倣此。醉酒飽德，人有士君子之行焉。行，去聲。

此詩成王祭畢而燕羣臣也。大平無事而後君臣可以燕飲相樂，故曰大平也。講師言醉酒飽德，止是首章二語，又言士君子之行，非詩意矣。

既醉以酒，既飽以德。朱氏曰：德，王之德也。○陳氏曰：燕接之間，恩澤充足，故言既飽以德。君子萬年，箋曰：君子，斥成王也。介爾景福。

成王與羣臣祭畢而燕於寢，羣臣美之。言成王既醉我以酒矣，燕接之間恩澤充足，既飽我以德矣，無以報上，願其享萬年之壽，而天助爾大福也。

既醉以酒，爾殽既將。箋曰：殽，俎實也。○疏曰：歸俎者，以牲體實之於俎也。《楚茨》篇「爲俎孔碩，或燔或炙。」○《詩記》曰：《國語》晉獻公令司正實爵與史蘇云，「賞女以爵，罰女以無殽。」○傳曰：將，行也。○朱氏曰：亦奉持而進之意。君子萬年，介爾昭明。丘氏曰：謂發其智慮也。

羣臣又欲天助成王以昭明之德。

昭明有融，朱氏曰：融，明之盛也。《春秋傳》云：明而末融。高朗令終。朗，郎之上。○傳曰：朗，明也。○朱氏曰：虛，明也。令終，善終也。令終有俶，音觸。○傳曰：俶，始也。公尸嘉告。協韻，音谷。○傳曰：公尸，天子以卿。○疏曰：《白虎通》引曾子云：王者宗廟以卿爲尸，不以公爲尸，避嫌三公，尊近天子，親稽首拜尸，故不以公爲尸。《白虎通》又云，周公祭太山用召公爲尸，蓋天地山川得用公也。○《詩記》曰：周之追王止於大王，則宗廟之祭尸之尊者乃公尸也。○箋曰：嘉告，以善言告之，爲嘏辭也。

羣臣祝成王昭明而又極於融融者，一理混融，徹上徹下，無復疑滯，明之盛也。靡不有初，鮮克有終，始明終昏者多矣，故又祝其高明而善終也。過而後改，迷而後復，不若有始有卒之盡善，故祝其善終而又欲其有始。如太甲有終而無始，不得爲全善矣。成王以幼沖嗣服，欲善其終，當謹其始，乃始終如一也。令終有俶，猶仲虺言「愼厥終惟其始」，伊尹言「愼終如始」也。能如是則神降之福，公尸以善言來告矣。○舊說以令終爲考終命，此非臣子祝君之辭也。一章二章方祝君以萬年，不應三章遽祝以考終命，其言不倫。由鄭氏鑿說以景福爲五福，孔氏遂牽合謂令終爲考終命，然《鄭箋》令終云以善名終，則鄭意亦不然，孔求之過耳。

段昌武《段氏毛詩集解》卷四《鄘風・桑中》

《桑中》，刺奔也。衛之公室淫亂，男女相奔，至于世族在位，相竊妻妾，期於幽遠，政散民流而不可止。

《樂記》曰：鄭、衛之音，亂世之音也，比于慢矣。桑間、濮上之音，亡國之音也，其政散，其民流，誣上行私而不可止也。《前漢・地理志》云：衛地有桑間、濮上之阻，男女亦亟聚會，聲色生焉。○張曰：鄭、衛地濵大河，沙地土薄，故其人氣輕浮；其地平下，故其人質柔弱；其地肥饒，不費耕耨，故其人心怠墮。其人情性如此，其聲音亦然，故聞其樂使人如此懈慢也。曹曰：其地有桑間、濮上之阻，男女亟聚會，聲色生焉，故俗稱鄭衛之音。至其剛強豪奪，薄恩禮，好生分，則紂之餘風。○東萊曰：《桑中》、《溱洧》諸篇，幾于勸矣，夫子取之何也？曰：《詩》之體不同，有直刺之者，《新臺》之類是也；有微諷之者，《君子偕老》之類是也；有鋪陳其事不加一辭而意自見者，此類是也。或曰：後世狹邪之《樂府》，冒之以此《詩》之序，豈不可乎？曰：仲尼謂「《詩》三百，一言以蔽之，曰思無邪」，詩人以無邪之思作之，學者亦以無邪之思觀之，閔惜懲創之意隱然自見於言外矣。或曰：《樂記》所謂桑間、濮上之音，安知非即此篇乎？曰：《詩》，雅樂也，祭祀朝聘之所用也。桑間、濮上之音，鄭、衛之樂也，世俗之所用也。雅、鄭不同部，其來尙矣。戰國之際，魏文侯與子夏言古樂、新樂，齊宣王與孟子言古樂、今樂，蓋皆別而言之，雖今之世太常、敎坊，各有司、局，初不相亂，況上而春秋之世，寧有編鄭衛樂曲於雅音中之理乎。《桑中》、《溱洧》諸篇，作於周道之衰，其聲雖已降於煩促，而猶止於中聲，荀卿獨能知之。其辭雖近於諷一勸百，猶止於禮義，太序獨能知之。仲尼錄之於經，所以謹世變之始也。借使仲尼之前，雅、鄭果嘗尨雜，自衛反魯正樂之時所當正者，無大於此矣。唐明皇令胡部與鄭、衛之音合奏，談俗樂者尙非之，曾謂仲尼反使雅、鄭合奏乎？《論語》答顏子之問，廼孔子治天下之大綱也，於鄭聲亟欲放之，豈有刪詩示萬世反收鄭聲以備六藝乎？○朱曰：或者以爲刺詩之體，固有鋪陳其事不加一辭，而閔惜懲創之意自見於言外者，此類是也，豈必譙讓質責然後爲刺也哉。此說不然，夫詩之爲刺，固有不加一辭而意自見者，《淸人》、《猗嗟》之屬是已。然嘗試玩之，則其賦之人猶在所賦之外，而詞意之間猶有賓主之分，豈有將欲刺人之惡，乃反自爲彼人之言，以陷其身於所刺之中而不自知也哉？其必不然也明矣。又況此等之人安於爲惡，其於此等之詩計其平日固已自其口出而無慚矣，又何待吾之鋪陳而後始知其平日所爲如此，亦畏吾之閔惜而遂幡然遽有懲創之心耶？以是爲刺，不惟無益，殆恐不免於鼓之舞之，而反以勸其惡也。或者又曰《詩》三百篇皆雅樂也，祭祀朝聘之所用也。桑間、濮上之音，鄭、衛之樂也，世俗之所用也。雅、鄭不同部，其來尙矣，夫子答顔淵之問，於鄭聲亟欲放而絕之，豈其刪詩乃錄淫奔者之辭，而使之合奏於雅樂之中乎？亦不然也。雅者，《二雅》是也。鄭者，《緇衣》以下二十一篇是也。衛者，《邶》、《鄘》、《衛》三十九篇是也。桑間，衛之一篇《桑中》是也。《二南》、《雅》、《頌》，祭祀朝聘之所用也，鄭、衛、桑、濮，里巷狹邪之所歌也。夫子於鄭、衛，蓋深絕其聲，於樂以爲法；而嚴立其辭，於詩以爲戒。如聖人固不語亂，而《春秋》所紀，無非亂臣賊子之事，蓋不如是無以見當時風俗事變之失，而垂鑒戒於後世，故不得已而存之，所謂道並行而不相悖者也。今不察此，乃欲爲之諱其鄭、衛、桑、濮之實，而文之以雅樂之名，又欲從而奏之宗廟之中、朝廷之上，則未知其將以薦之於何等之鬼神，用之於何等之賓客，而於聖人爲邦之法，又豈不爲陽守而陰叛之耶？其亦誤矣。曰：然則大序所謂「止乎禮義」，夫子所謂「思無邪」者又何謂邪？曰：大序指《柏舟》、《綠衣》、《泉水》、《竹竿》之屬而言，以爲多出於此耳，非謂篇篇皆然。而《桑中》之屬亦止乎禮義也，夫子之言正謂其有邪正美惡之雜，故特言此以明其皆可以懲惡勸善，而使人得其情性之正爾，非以《桑中》之類亦以無邪之思作之也。曰：荀卿所謂「詩者，中聲之所止」，太史公亦謂「三百篇者，夫子皆弦歌之，以求合於韶武之旨」，何耶？曰：荀卿之言固爲正經而發，若史遷之說則亦恐未足爲據也，豈有哇淫之曲而可以强合于韶武之音邪！○段曰：晦庵序《讀詩記》云，如雅、鄭邪正之云者，或不免有所更定，則伯恭反不能不置疑於其間，熹竊惑之，方將相與反復其說以求眞是之歸，而伯恭父已下世矣。

孔傳《東家雜記・孔子生年月日考異》　《春秋公羊傳》：魯襄公二十有一年冬十有一月庚子，孔子生。

按《皇極經世》書：己酉歲，周靈王二十年，魯襄公二十有一年也。《傳》之注曰：時歲在己卯，誤也。

按《春秋》書：冬十月庚辰朔，日有食之。則庚子在十月二十一日，而十一月無庚子，《傳》亦誤也。

《春秋穀梁傳》：魯襄公二十有一年冬十月庚辰朔庚子，孔子生。

按《傳》以爲十月是也。

《春秋左氏傳》：魯哀公十六年夏四月己丑，孔丘卒。

按《皇極經世》書：壬戌歲，魯孔子卒。周敬王四十一年，魯哀公十有六年也。《傳》之注曰：孔子，魯襄公二十二年生，今年七十三也。則是以爲庚戌歲、周靈王二十有一年、魯襄公二十有二年，而孔子生也。與《公》、《穀》二《傳》不合。傳之注又曰：四月十八日乙丑，無己丑，己丑五月十二日，日月必有誤。

《史記世家》：魯襄公二十二年而孔子生。孔子年七十三，以魯哀公十六年四月己丑卒。

按《史記》書：孔子生年及書年七十三，則《左氏傳》之注所據也。其書孔子卒年及書卒日己丑之誤，則《史記》因左氏所書，而未之攷也。

《史記索隱》：《索隱》曰：《春秋公羊傳》襄公二十一年十一月庚子，孔子生，《史記》以爲二十二年。蓋以周正十一月屬明年，故誤也。若孔子以魯襄公二十一年生，至哀公十六年爲七十三，若襄公二十二年生，則孔子年七十二。經傳生年不定，使孔子壽數不明。

按：《索隱》之說，謂《公羊》以周正十一月屬明年，爲庚戌歲首，故誤以爲十一月，此爲得之。蓋十月有庚子，而十一月無庚子，此公羊之誤也。當以《穀梁傳》十月庚子爲正。蓋庚子在十月二十一日爾，然據《索隱》所指，魯哀公十六年，歲在壬戌，上泝襄公二十一年，歲在己酉，則孔子年七十四。今以爲七十三，是少一歲。《索隱》又以襄公二十二年庚戌至哀公十六年壬戌，爲七十二，亦少一歲，此則《索隱》之誤也。《闕里譜系》，洪興祖所著。洪氏之說，非《公羊》，取《穀梁》，譏《索隱》，似是矣。然謂自襄公二十一年十月至哀公十六年四月，實七十四年，《春秋》用周正。周之十月乃夏之八月，周之四月乃夏之二月，此洪氏之誤也。又曰：孔子實七十四歲。太史公讀《公羊》誤，以十一月爲建子之月，於周爲明年歲首，故遂以孔子爲七十三歲，此亦洪氏之誤也。

按：《春秋》，魯史之舊名，孔子因魯史以修《春秋》。隱公元年不書曰冬十有一月，而曰春王正月者，使孔子爲政於天下，則必行夏之時。故先書春，以表四時之首，又書王以見。時王實以建寅爲正月，而不以建子爲正月也。其書王二月者，建卯之月，王以爲二月而不以爲四月。其書王三月者，建辰之月，王以爲三月而不以爲五月，以見《春秋》。但行夏時，而非改正朔也。然則孔子生爲冬十月建亥之月，孔子卒爲夏四月建巳之月，明矣。司馬遷博極羣書，而去孔子之時爲近，其書孔子之生卒年月，必不誤也。

《東家雜記》，孔子四十七代孫孔傳所述。《雜記》曰：周靈王二十一年己酉，歲即魯襄公二十二年也。當襄公二十二年冬十月庚子日，先聖生。又曰：周敬王四十一年辛酉，歲即魯哀公十六年也。當哀公十六年夏四月乙丑日，先聖薨。先儒以爲己丑者，誤也。

按：《雜記》所書：生年月日與《穀梁傳》合，是爲冬十月二十一日庚子，無疑。所書薨年月日與《左氏傳》合，是爲夏四月十八日乙丑，無疑。然以生年爲己酉歲，則是周靈王二十一年、魯襄公二十二年也。若以爲周靈王二十一年、魯襄公二十一年，則是庚戌歲矣。其書卒年，以爲周敬王四十一年、魯哀公十六年，則是壬戌歲矣。今以爲辛酉歲，亦非也。蓋生年既移庚戌歲爲己酉歲，則薨年遂亦移壬戌歲爲辛酉歲，以求合於《史記世家》之七十三歲，而不知生於己酉之年而已，得庚戌歲節，此又《雜記》之誤也。按：《公羊傳》以先聖生日爲冬十有一月，則是年十一月無庚子。《左氏傳》以先聖薨日爲己丑，則是年四月無己丑。《史記》以先聖之年爲七十三，則自己酉歲至壬戌歲爲七十四。此今昔之所疑也。

今考《春秋長歷》，周靈王二十年己酉歲，八月置閏，以歷法積之，則大雪節當在十月十七日或十八日，是爲十一月朔氣。又三四日方爲庚子日，是先聖之生已在建子之十一月節氣矣。既入十一月節氣，則是襄公二十二年庚戌歲首無疑。《公羊傳》之書十一月，若誤也，而實不誤也。《史記》以爲襄公二十二年，而又以孔子爲年七十有三，亦未嘗誤也。穀梁氏於年於月皆據實書。公羊氏於年據實書，而於月以節書，謂有日可表也。司馬氏之筆，則於年即以節書。三者皆非誤矣。先聖薨日，則左氏之誤無疑。亦以《春秋長歷》攷之，是年夏四月戊申朔有乙丑，無己丑，無可疑者。

右因見江西轉運司新刻《東家雜記》，尹梅津爲之跋。謂今四月八日浮屠氏盛爲香花供，問之則曰：佛生日也。吾徒衣逢掖之衣者、深衣大帶者，問以孔聖生之日，則眄眙左右顧，莫知所以爲對。非闕歟，去疾讀之猶有疑焉。此孔氏家傳不應有誤者，因爲之考訂。如上蓋其冬夏之月庚子乙丑之日，不誤也。特以一戌爲二酉，則歲名之誤爾。按：《雜記》既以《左傳》卒日己丑爲先儒之誤，而定以乙丑爲是，則魯哀公十五年辛酉歲四月甲申朔亦無乙丑，則又以見，是壬戌歲無疑矣。薨年壬戌，則生年庚戌，於經於史皆合，而又何疑乎？輒書以寄臨汝書堂，使每歲用十月二十一日及四月十八日行食必打素，居喪不飲酒食肉。忌日，喪之餘也。若生日則念親之深，故亦不飲酒食肉也。王通氏曰：吾於夫子受罔極之恩，當以父母之禮行之。

張大亨《春秋通訓》卷五《宣公》 楚子入陳。《十一》。楚子圍鄭。《十二》。

楚入陳而封之，《春秋》曰「入」；楚入鄭而赦之，《春秋》曰「圍」，何也？楚之入陳也，欲縣之，人言其不可，乃封陳侯；其入鄭也，欲赦之，人言其不可，卒與鄭平。封陳侯者，非本謀也，不善而能改也，故以「入」言之，而不曰「滅」；與鄭平者，本謀也，見義而能徙也，故以「圍」言之，而不曰「入」。此君子所以謂楚莊王不純乎荆蠻者也。

徐積《節孝集》卷二九《荀子辯》 荀子曰：今人之性，目可以見，耳可以聽。何以見之？明不離目。何以聽之？聰不離耳。目明而耳聰，不可學明矣。

辯曰：荀子過矣。夫奚物而不可學也？赤子之性也，不匍匐矣。既匍匐也，不能行，必須左右扶持，猶曰「姑徐徐云耳」。然而卒能之楚，之秦，之天下者，其故何哉？」蓋曰「學而已」也。至於耳目，則何獨不然？其始也，目不能視矣，耳不能聽矣。然而明可以察秋毫之末，聰可以辯五聲之和，卒能如此者，其故何哉？亦曰「學而已」也。夫奚物而不可學耶。

沈棐《春秋比事》卷七 齊。世家。按《史記・世家》武王平商，封太公於齊營邱東。太公修政於齊，通商工之業，便魚鹽之利，而民多歸齊，齊爲大國，都營邱。自太公至哀公，凡五世。哀公時紀侯譖之周，周夷王烹哀公，而立其弟靜，是爲胡公，徙都薄姑。哀公母弟殺胡公自立，是爲獻公，徙治臨淄。自獻公至僖公祿父凡七世，而入春秋，蓋隱三年也。自僖公至簡公終春秋之年，傳祚十四君，合二百四十二年。今考其行事見於經者，次諸公論之。

傅恒《歷代通鑑輯覽》卷六 〔周靈王二十一年〕以是年庚戌之歲十月庚子，生孔子。《公羊傳》：魯襄公二十一年冬十一月庚子，孔子生。《穀梁傳》：二十一年冬十月庚子，孔子生。考是年十月爲庚辰朔，經有明文，則庚子爲二十一日，迄六旬而再得庚子，則當在十二月，不得在十一月也。杜預《左傳注》：孔子，魯襄公二十二年生，至哀公十六年七十三歲也。羅泌《路史・餘論》：公羊子言十一月，是月固無庚子。《孔氏家譜》、《祖庭記》俱云二十二年十月庚子，乃二十七日。周正十月乃今之八月，今定著八月二十七日爲先聖孔子生日。羅氏之論如此。今以杜預《春秋長歷》合之，是年酉月爲甲戌，自甲戌推至庚子爲二十七日。酉月，今八月，周十月也。

綦崇禮《北海集》卷五《朝散郎楊萬里轉朝請郎制》 ［楊萬里］以淵源正大之學，再召爲郎，兹列屬於樞廷，仍叅華於宫寀。凡誦説講劘之次，皆箴規篤實之言。直諒不阿，忠嘉可尚，一官之賞，未足以酬卿也。惟贄忱誠勁節，論切事情，道本仁義，數十百篇之旨爾，固知之熟矣。兹欲見於舉行，尚毋嫌於條奏，可特授朝請郎。案：楊萬里不應與崇禮同時，況崇禮登重和元年上舍第，至淳熙十三年，相隔六十餘載。史稱崇禮年六十卒，不應此時尚存，其爲後人誤入無疑。今姑從原本附録於後。

鄭克《折獄龜鑑》卷一《釋冤上・李崇》 李崇爲河東太守，有定州流人解慶賓兄弟坐事，俱徙揚州。弟思安背役亾歸，慶賓懼後役追責，規絕名貫，乃認城外死尸，詐稱其弟爲人所殺，迎歸殯葬，頗類思安，見者莫辨。又有女巫楊氏自云見鬼，説思安被害之苦，饑渴之意。慶賓又誣同軍兵蘓顯甫李蓋等所殺，詣州訟之，二人不勝楚毒，各自款引。獄將決竟，崇疑而停之。密遣二人非州内所識者，僞從外來，詣慶賓告曰：僕住在北州，去此三百，按：《晉書》本傳無「去此三百」四字。比有一人見過寄宿，夜中共語，疑其有異，便即詰問，迹其由緒。按：《晉書》本傳無「迹其由緒」四字。乃云是流兵背役逃走，按：《晉書》本傳無此二字。姓解字思安，時欲送官，苦見求。及稱有兄慶賓，今住揚州相國城内，嫂姓徐，君脱矜愍，爲往報告，見申委曲家。兄聞之，必重相報，所有資財當不愛惜。按：《晉書》無「所有資財當不愛惜」八字。今但見質，若往不獲，送官何晚。是故相造，指申此意，君欲見顧幾何？當放賢弟，若其不信，可見隨看之。慶賓悵然失色，求其少停，當備財物。此人具以告崇。崇攝慶賓，問曰：爾弟逃亾，何故妄認他尸？慶賓伏引，更問蓋等，乃云自誣。數日之間，思安亦爲人縛送。崇召女巫視之，鞭笞一百。崇斷獄精審，皆此類也。按：此章標題秖載李崇一事，原本此下人載柳慶二事，於體例不合。考柳慶前一事見後第九章，後一事見後《譎賊門》。此蓋誤載，今刪去。

按：此亦察其面之色、款之辭、事之情，而疑其誣服者也，但用譎鈎慝，以驗誣告爲異耳。然所以紿而驗之者，欲釋誣服之冤也，故列于此焉。紿兵事又見《辨誣門》，質弟事又見《鈎慝門》，鞭巫事又見《懲惡門》。

陳天祥《四書辨疑》卷一三《孟子・盡心上》 得天下英才而教育之。〇《註》：盡得一世明睿之才，而以所樂乎己者教而養之，則斯道之傳得之者衆，而天下後世將無不被其澤矣。

英才世不多出，不可以衆言，如孔子之有顔、曾，自足爲樂，若直須盡得一世之才皆來受教然後始以爲樂，孟子本意恐不如此。天下人才實無定數，豈容以盡得爲期？縱有定數，亦無書得教之之理。天下英才蓋指天下人中傑出間有之才而言，非普言天下所有之才也，如司馬懿歎稱天下奇才，亦止是稱道孔明一人，未嘗以天下爲普言也，天下英才正與此同。得如此英傑明睿之才教育之，使聖人大道傳得其人，功及後世，所樂在此也。

劉因《四書集義・精要》卷一四《論語・述而下・二十章子不語》 或問：孔子於《春秋》紀災變戰伐篡殺之事，於《易》、《禮》論鬼神者尤詳，今曰不語四者何也？曰：聖人平日之常言，蓋不及是，其不得已而及之，則於三者必有訓戒焉。於神則論其理以曉當日之惑，非若世人之徒語而反以惑人也，然其及之也亦鮮矣。〇鬼神，聖人全不曾説這話與人，這處無形無影，亦自難説，所謂敬鬼神而遠之，只恁地説。寓。

胡炳文《論語通》卷一《爲政》 子曰：爲政以德，譬如北辰，居其所而衆星共之。共，音拱。亦作拱。

政之爲言正也，所以正人之不正也。德之爲言得也，得於心而不失也。《通》曰：按《集註》初改本云：行道而有得於心。後定本云：得於心而不失。門人胡泳嘗侍坐武夷亭，文公手執扇一柄，謂泳曰：便如此扇，既得之而復失之，如無此扇一般，所以解德字用不失字。愚竊謂此五字有二意：一則是得於有生之初，不可失之於有生之後；二則得於昨日者，不可失之於今日，蓋不失二字自有工夫在焉。《集註》改本之精也如此。北辰，北極，天之樞也。居其所，不動也。共，向也。言衆星四面旋繞而歸向之也。《或問》：天形半覆地上，半繞地下，而左旋不息，其樞紐不動之處，則在南北之端焉。謂之極者，如屋脊謂之屋極也。南極入地三十六度，故周回七十二度，常隱不見，北極出地三十六度，故周回七十二度，常見不隱。北極之星正在常見不隱七十二度之中，常居其所而不動，其旁則經星隨天左旋，日月五緯，更迭隱見，若繞而歸向之也。〇《語錄》：北辰是那中間些子不動處，緣人要取此爲極，不可無箇記認，所以就其旁取一小星，謂之極星。問北極動不動？曰：也動，只動得不覺，如射糖盤子，北辰便是中央樁子，極星便是近樁點子，雖也隨盤轉緣，近樁子便轉得不覺。沈存中謂，始以管窺，極星不入管，後方見極星在管弦上轉。《史記》載北辰有五星，太乙常居其中，是極星也。辰非星，只是中間界分，極星各微動，惟辰不動，乃天之中，猶磨之心也。○邵子曰：地無石之處皆土也，天無星之處皆辰也。爲政以德，則無爲而天下歸之，其象如此。饒氏曰：北辰居其所，是無爲之象；衆星共之，是天下歸之之象。○程子曰：爲政以德，然後無爲。《語錄》：爲政以德，不是欲以德去爲政，只如爲政有德相似，亦不是塊然全無所作爲。以德則自然感化，不見其有爲之迹耳。○輔氏曰：爲政以德，非不爲也，循天下之理而行其所無事也。不能以德爲政，而遽欲無爲，則是怠惰廢弛而已。范氏曰：爲政以德，則不動而化，不言而信，無爲而成。所守者至簡而能御煩，所處者至靜而能制動，所務者至寡而能服衆。《通》曰：《大學》「齊家、治國、平天下」，皆所以正人之不正，「格物、致知、誠意、正心、修身」，皆所以得於心而不失也。古之爲政者，皆自正心、誠意推出來，故無爲而天自化。後之爲政者，不知以修身爲本，而欲家齊、國治、天下平，難矣，故所爲愈勞而效愈邈也。

許謙《讀四書叢説》卷四《孟子・盡心下》 《盡信書》章。

《書》中二典三謨之類，皆聖哲之言，一定而不可易者，若其餘載事之辭，或有過稱者。孟子此言，非謂《書》中之言皆不可盡信，但謂其辭時或有害於義者爾，讀書之人不以辭害義可也。

《集注》：杵，舂杵也。或作鹵，盾也。作鹵者是，然亦非楯，若以爲舂杵與楯，苟非血深一二尺，豈能漂之？雖非武王殺之，而商人自相殺，然亦不至如是之多也。蓋鹵乃鹽鹵之鹵，謂地發蒸濕，言血漬於地，如鹵濕然，此金先生之意。

又《詩集傳名物鈔》卷三《王風・君子陽陽》 《君子陽陽》王，三。前篇婦人。異。

《經》：陶，《釋文》音遙，毛義與傳同。○《語錄》問：《君子陽陽》詩不作淫亂說，如何？曰：有箇《君子于役》，如何别將這箇做一樣說？由房只是人出入處，古人屋於房處前有壁，後無壁，所以通內。所謂「焉得諼草，言樹之背」，蓋房之北也。○箋：君子祿仕在樂官，招我欲使我俱在樂官也。

此詩或爲淫亂之辭，而朱子不然者，豈以執翿爲舞器，由敖爲舞位，非淫者之所宜有乎。然則以大夫招其妻入於舞位，亦或有微礙否？竊意此誠賢者，仕於伶官，如《簡兮》比，《鄭箋》或得其說也。但招我之招，不必作相招祿仕爾。房，毛謂房中之樂。疏：天子房中之樂以《周南》，諸侯以《召南》。

毛應龍《周官集傳》卷一四《冬官考工記》 攻金之工，築氏執下齊，冶氏執上齊。

陳氏曰：總說金工之事，故序於前。鄭鍔曰：所制之器不同，所用之齊亦不一，故有上齊、下齊之别焉。齊，如食醫，所謂食飲膳羞八珍之齊。齊，限量也，所用之物各有限量，無過不及也。削殺矢同居下齊之中，記工之目以冶氏爲殺矢。而此言執上齊者，盖戈戟居上齊，冶氏所執實在於此。所謂殺矢非冶氏正職，乃先得制作遺文於秦之後，傳之或失其序而已，且殺矢之制自有矢人記之故也。

鳧氏爲聲，㮚氏爲量，段氏爲鎛器，桃氏爲刃。金有六齊：六分其金而錫居一，謂之鍾鼎之齊；五分其金而錫居一，謂之斧斤之齊；四分其金而錫居一，謂之戈戟之齊；參分其金而錫居一，謂之大刃之齊；五分其金而錫居二，謂之削殺矢之齊；金錫半，謂之鑒燧之齊。

鄭鍔曰：鍾貴其聲之清，鼎貴其體之圓，斧斤戈戟欲其鋒之利，金多則然也，所以用上齊。刃也，削也，殺矢也，雖皆以利爲上，然金之用刃皆欲摩錯，使其光明瑩照，則知其色之青白矣，惟錫多則然也，所以用下齊。又曰：六金之工有桃氏、有冶氏、有鳧氏、有㮚氏、有段氏、有築氏，或爲削，或爲戈戟，或爲鍾，或爲劒，或爲量、爲鎛，獨無爲鼎、爲斧斤、爲鑒燧之工。鼎亦鍾之屬，可附於鳧氏之官；斧斤亦上齊，可附於戈戟之列；鑒燧獨無所可附，意者自有鑒燧之工乎？夫以明水火之用於祭祀也，大祝執之以號祝，大司寇奉之以表人主之明潔，其重如此，比之斧斤、戈戟、削劒之類，固不侔也。削、劒、戈戟利用之物，專設一官，况鑒燧乎？意有是工，記者亡之爾，不然則無工以作之，司烜氏何所取而用之耶？

程端學《春秋三傳辨疑》卷一七《昭公八年》 秋，蒐于紅。

《左氏》曰：秋，大蒐于紅，自根牟至于商、衛，革車千乘。

按：經止言蒐而不言大，《公》、《穀》亦同《左氏》乃謂大蒐，自根牟至於商、衛，革車千乘。當以經爲正。

《公羊》曰：蒐者何？簡車徒也。何以書？盖以罕書也。

《春秋》書蒐于紅，譏其非時非地耳，豈以罕書哉？

《穀梁》曰：秋，蒐于紅，正也。因蒐狩以習用武事，禮之大者也。

艾蘭以爲防，置旃以爲轅門，以葛覆質以爲槷，流旁握，御轚者不得入。車軌塵，馬候蹄，揜禽旅，御者不失其馳，然後射者能中。過防弗逐，不從奔之道也。面傷不獻，不成禽不獻。禽雖多，天子取三十焉。其餘與士卒，以習射於射宫。射而中，田不得禽，則得禽；田得禽，而射不中，則不得禽。是以知古之貴仁義而踐勇力也。

《春秋》不書常事而以蒐于紅爲正大，義不明而議《春秋》，其失也宜。

汪克寬《經禮補逸》卷九《經禮附説》 《周禮》一書，果爲周公所作乎？漢武嘗謂《周禮》爲瀆亂不驗之書，何休又云六國陰謀之書，歐文忠公謂《周禮》可疑者二，蘇穎濱謂《周禮》不可信者三，是皆論以爲非周公之遺制也。然則《周禮》果非周公所作乎？朱子盖嘗以周家法度廣大精密言之，嘗以周公建太平之基本稱之，又嘗以周公從廣大心中流出稱之。張横渠謂周公治周，莫詳於《周禮》。賈公彦序《周禮》廢興，又謂鄭玄徧覽羣經，知《周禮》者乃周公致太平之迹。是則又明爲周公所作也。考之《西漢志》，於《周禮》未之見。《東漢儒林傳》乃謂《周官經》六篇，本孔安國所獻。《隋經籍志》乃云：漢時有李氏得《周官》，上於河間獻王，獨缺《冬官》一篇，獻王購以千金不得，遂以《考工記》補成六篇，奏之孝武。時盖有其書，特未與《五經》例置博士耳。至西漢劉歆，始置博士，遂盛行於世。後世因有《周禮》作於劉歆之説，是則《周禮》作於周公而非他人之制明矣。然《冬官》何爲而缺也？經罹秦燄散帙之餘，與漢儒編録附麗之誤，而始謂之缺也。何以知其然？愚因考補散逸，得之夫五官所掌，曰治、曰教、曰禮、曰政、曰刑。而《冬官》則掌邦土，或坐而論道，謂之王公；或作而行之，謂之士大夫；或審曲面勢，以飭五材，以辨民器，謂之百工；通四方之珍異以資之，謂之商旅；飭力以長地財，謂之農夫；治絲麻以成之，謂之婦功，此《冬官》之大較也。見《考工記》所載者，其屬二十有九，皆工之事，而士與商農之職俱缺焉。考之《春官》之中，如《世婦》、《内宗》、《外宗》，皆宫中之職，本屬《天官》，而乃入之《春官》；《夏官》之中，如《司士》、《諸子》，皆掌士之職，本屬《冬官》而乃入之《夏官》；《地官》之中，如《司市》、《質人》、《廛人》、《賈師》、《司虣》、《司稽》、《胥》、《肆長》、《泉府》，此皆主於商；《土均》、《草人》、《稻人》、《場人》、《司稼》等職，此皆主於農。皆本屬冬官，因其職與《大司徒》掌土地人民者相類，乃以入之地官。若是者，謂非編録附麗之誤不可也。況《小宰》記六官、六屬各六十，考之《天官》，自《太宰》以下六十二，《地官》，《大司徒》以下七十九，《春官》，《大宗伯》以下七十一，《夏官》，《大司馬》以下六十九，《秋官》，《大司寇》以下六十五。何則《冬官》獨缺而爲數不及？五官皆盈而餘數過之，理無是也。他如《儀禮》有《嗇夫》之官，《國語》有《司商》之官，皆不載諸《周禮》，此亦《冬官》之脱簡也。要之，見載於《考工記》者，固爲《冬官》之屬，然《司空》掌邦土，居四民，時地利，職不止此，當自《大司空》、《小司空》而下摭《夏官》之中掌士者，《地官》之中掌商農者，與夫《嗇夫》、《司商》之數，并今《考工記》所載之工，總屬《冬官》，則不惟合於《周官・司空》之所職，與《小宰》六官、六屬之目，而且周公制作之盛，粲然溢著于編，使人得以觀其會通而爲太平典禮之全書也。克寬因幷録卷末，以俟博古君子正焉。

趙汸《春秋集傳》卷六《僖公二十八年》 楚殺其大夫得臣。

此成得臣也，其不稱氏何？據楚殺公子，例不去公子。討當其罪也。《禮》：謀人之軍師，敗則死之；謀人之邦邑，危則亡之。晉侯之入曹也，楚子使申叔去穀，使子玉去宋，曰：無從晉師。子玉不從，請戰。戰焉，楚師大崩。則其罪宜討者也。《春秋》稱國以殺大夫，有非其罪者矣。苟殺之非其罪，則譏不止專殺也。於是楚以罪討其大夫，而與殺非其罪者同文，則是非何以辨焉？故得臣令尹也，但名之以辨於稱國以殺大夫而不當其罪者，舍是則楚宜申、宋山皆討當其罪者也。雖然，《春秋》又有懼焉：法以輔治，有天下國家者所以興衰也，故戰勝而或廢法，則終必削；雖敗而能用法，則後必强。城濮之敗，子玉死之，楚是以興；邲之戰，荀林父免焉，晉於是爲不競矣。

景星《大學集説啓蒙》 湯之《盤銘》曰：苟日新，日日新，又日新。

盤，沐浴之盤也。銘，名其器以自警之辭也。苟，誠也。湯以人之洗濯其心以去惡，如沐浴其身以去垢，故銘其盤，言誠能一日有以滌其舊染之汚而自新，則當因其已新者而日日新之，又日新之，不可略有間斷也。

盤，邵氏謂恐盥頮之盤。此節工夫，全在「苟」字「又」字上。「苟」字是志念眞確於其始，「又」字是工夫不斷於其終。日日新，是中間接續。意此章雖釋新民，此三新字皆未説到新民上，移新民之新以自新，自新者即所謂明其德也，盖欲新其民者必先自新，故先説自新，且又接上章自明之意，《或問》謂自新之至，新民之端是也。

敖繼公《儀禮集説》卷八下《聘禮》 正誤：

至于階，三讓，大夫先升一等。

鄭本去「三」字，注曰：「古文曰三讓」。繼公謂：宜從古文。

至于階，三讓，賓升一等。

鄭本亦去「三」字，注曰：「古文曰三讓」。繼公謂：宜從古文。

庭實入設。

鄭本無「入」字。注曰：「(古)『今』文曰入設。」繼公謂：此庭實云入設，方見庭實既出而復入之意，若無入字，則文不明白矣。宜從古文。

醴不拜至。

鄭本作「禮」。注曰：「今文禮爲醴。」繼公謂：宜從今文。

不醴。

鄭本作「禮」。注曰：「今文禮作醴。」繼公謂：宜從今文。

對曰：「非禮也。敢？」

舊本「敢」下有「辭」字。案：注云「二者皆卒曰敢」，是無此「辭」字明矣。本有者，蓋傳寫者因注上之辭字而誤衍之也，今以注爲據，删之。

詹道傳《中庸纂箋》卷一 子曰：素隱行怪，後世有述焉，吾弗爲之矣。

素，按《漢書》當作索，山各反。蓋字之誤也。《前漢・藝文志》引此全文，素作索。顔師古註：索隱，求索隱暗之事。眞氏曰：《三國志・方技傳》亦作索隱。索隱行怪，言深求隱僻之理，而過爲詭古委反。異之行去聲。也。然以其足以欺世而盗名，故後世或有稱述之者，此知之過而不擇乎善，行之過而不用其中，不當強而強者也，聖人豈爲之哉？

劉瑾《詩傳通釋》卷一三《小雅・楚茨》 楚楚者茨，言抽敕留反。其棘。自昔何爲？我蓺魚世反。黍稷。我黍與與，音餘。我稷翼翼。我倉既盈，我庾維億。以爲酒食，以享以祀。叶逸織反。以妥湯果反。以侑，音又，叶夷益反。以介景福。叶筆力反。賦也。楚楚，盛密貌。茨，蒺藜也。抽，除也。我，爲有田祿而奉祭祀者之自稱也。與與、翼翼，皆蕃盛貌。【略】

《楚茨》六章，章十二句。

呂氏曰：《楚茨》極言祭祀所以事神受福之節，致詳致備，所以推明先王致力於民者盡，則致力於神者詳。觀其威儀之盛，物品之豐，所以交神明逮羣下，至於受福無疆者，非德盛政修何以致之？【略】

序：刺幽王也。政煩賦重，田萊多荒，饑饉降喪，民卒流亡，祭祀不饗，故君子思古焉。

自此篇至《車舝》凡十篇，似出一手，詞氣和平，稱述詳雅，無風刺之意。序以其在變雅中，故皆以爲傷今思古之作。詩固有如此者，然不應十篇相屬，而絶無一言以見其爲衰世之意也。竊恐正雅之篇有錯脱在此者耳，序皆失之。《楚茨》之詩精深宏博，如何做得變雅？輔氏曰：精深宏博四字，説盡此詩之義。誠敬之至、威儀之敕、鬼神之享、福壽之報，此其所謂精深也；禮樂之備、品物之豐、逮及之徧、施被之遠，此其所謂宏博也。讀者更熟玩而深索之。

朱公遷《詩經疏義會通》卷九《小雅・四牡》 四牡騑騑，芳非反。周道倭於危反。遲。豈不懷歸？王事靡盬，音古。我心傷悲。

賦也。騑騑，行不止之貌。周道，大路也。倭遲，回遠之貌。盬，不堅固也。《輯録》：盬，亦鹽也。出於河東之鮮池。水注鹽池，自結成者，不經久而易壞，故訓不堅固者爲盬也。此勞使並去聲。臣之詩也。夫音扶。君之使臣，臣之事君，禮也。故爲臣者奔走於王事，特以盡其職分扶問反。之所當爲而已，何敢自以爲勞哉？然君之心則不敢以是而自安也，故燕饗之際，叙其情而閔其勞。言駕此四牡而出使於外，其道路之回遠如此，當是時豈不思歸乎，特以王事不可以不堅固，不敢徇私以廢公，是以内顧而傷悲也。傷悲於心，王事故也，不然則可以逸樂矣。臣勞於事而不自言，君探其情而代之言，上下之間可謂各盡其道矣。傳曰：思歸者，私恩也。靡盬者，公義也。傷悲者，情思也。《輯録》輔氏曰：此天理人情之至也。無私恩非孝子也，無公義非忠臣也。君子不以私害公，不以家事辭王事。范氏曰：臣之事上也，必先公而後私，君之勞臣也，必先恩而後義。【略】

《四牡》五章，章五句。一章、二章言懷歸，則將父母之意在其中矣。三章、四章言將父母，則懷歸之意不言可知矣。五章則曰豈不懷歸，又曰將母來諗，則究言之而盡其情矣。

按：序言此詩所以勞使臣之來，甚協詩意，故《春秋傳》亦云。《襄公四年》。而《外傳》以爲章使臣之勤，所謂使臣雖叔孫之自稱，亦正合其本事也。《輯錄》：《外傳・魯語》曰，叔孫穆子對曰：《鹿鳴》，君所以嘉先君之好也，敢不拜嘉？《四牡》，君所以章使臣之勤也，敢不重拜？《皇華》，君教使臣曰，每懷靡及，諏謀度詢，必咨於周，敢不拜教？但《儀禮》又以爲上下通用之樂，疑亦本爲去聲。勞使臣而作，其後乃移以他用耳。歌於使來之時，則勞其來也，而極言在外之情如此，則章其勤也。勞其來者，此詩之用，章其勤者，詩中之意。或謂《皇華》之使爲本國之臣，《四牡》之使爲諸侯之使，故朱子取小序說，而引叔孫事以證之。愚按：如此則與首章傳意不合，此謂甚協詩意，特以明其爲勞而不爲遣，引叔孫事亦以證其爲勞詩耳。若取來字之義，則本國之使來歸亦曰來，諸侯之使來朝亦曰來，用之二者無不可也。〇《增釋》許氏曰：章各五句，一章、二章、五章，賦也。自爲一體，上二句爲一節，下三句爲一節，第二句、第五句用韻，其命辭用意皆同。三章、四章興也。亦自爲一體，上三句爲一節，下二句爲一節，第二句、三句、五句用韵，命辭用意亦同。一篇之中賦興既異體，其文又自各爲一體也。金履祥曰：卒章獨言將母者，父，丈夫也，猶能自養，婦人非子不能自養，此尤人之情也。

郝經《郝氏續後漢書》卷九《袁術傳上》 ［袁術］聞孫堅得傳國璽，遂拘堅妻，奪之。《吳書》：堅入洛，掃除漢宗廟，祠以太牢。堅軍城南，甄官井上旦有五色氣，舉軍驚怪，莫有敢汲。堅令人入井，探得漢傳國璽，文曰「受命于天，既壽永昌」，方圜四寸，上紐交五龍，上一角缺。初，黄門張讓等作亂，刼天子出奔，左右分散，掌璽者以投井中。《江表傳》案《漢獻帝起居注》云：天子從河上還，得六璽於□上。又，太康之初，孫皓送金璽六枚，無有玉，明其僞也。裴松之曰：傳國璽者，乃漢高祖所佩秦皇帝璽，世世傳受，號曰「傳國璽」。案：傳國不在六璽之數，安得總其說乎？應氏《漢官》、皇甫《世紀》，其論六璽大義，皆符漢官傳國璽，文曰「受命于天，既壽且康」，「永昌」二字爲錯，未知兩家何者爲得。金玉之精，率有光氣，加以神器秘寶，輝耀益彰，蓋一代之奇觀，將來之異聞。而以不解之故，彊謂之僞，不亦誣乎？陳壽爲《破虜傳》亦除此說，俱惑《起居注》，不知六璽殊名，與傳國爲七者也。吳時無能刻玉，故天子以金爲璽，璽雖以金，於文不異。吳降而送璽者，送天子六璽。曩所得玉璽，乃古人遺印，不可施用天子之璽。今以「無有」爲難，不通其義者爾。又曰：孫堅於興義之中，最有忠烈之稱，若得漢神器而潛匿不言，此陰懷異志，豈所謂忠臣者乎？吳使欲以爲國華而不知損堅之令德，如其果然以傳子孫，縱非六璽之數，要非常人所畜。孫皓之降亦不得，但送六璽而寶藏傳國也。受命于天，奚取於歸命之堂？若如壽言則此璽今尚在孫門，匹夫懷璧，猶曰「有罪」，而況斯物哉？

史伯璿《四書管窺》卷四《孟子》 見梁襄王章。定於一。《叢說》：一，謂統天下爲一家，正如秦漢之制，非謂如三代之王天下而封建也。此孟子見天下之勢而知其必至如此云云。至秦漢，孟子之言即驗。《考證》亦如此說。

按：柳宗元《封建論》亦如此見。胡氏非之，朱子採其言於《綱目》，未嘗不以封建爲聖人制治之要道也。孟子之見，宜亦不當出此。竊以孟子告公孫丑、愼子之言推之，亦略可見。其曰：夏后、殷、周之盛，地未有過千里者，而齊有其地矣，地不改闢矣。推此，則謂其知統天下爲一家如秦漢之制者，殆不其然。其曰周公之封於魯儉於百里，今魯方百里者五，子以爲有王者作，則魯在所損乎，在所益乎？推此，則謂其知統天下爲一家非如三代之封建者，恐亦未必然也。況井田、封建，二法相因，當時井田之法亦已漸壞，孟子豈不能知其有開阡陌之勢，然而孟子之論王政，未嘗不以經界爲急，而不聽其自壞。以此推之，使孟子得行其志，又安得聽封建之自壞，而因陋就簡，僅爲秦漢之自私而不復三代之公道哉？然而孟子每言井田而未嘗一言及封建者，此恐別有所見，當於《離婁》上篇首章辨饒氏說處及之，外此則先儒之論已詳，學者考焉可也。

又卷七《中庸》 夫婦之愚不肖，能知能行。《章句》：近自夫婦居室之間。又曰：可知可能者，道中之一事。《發明》：姑舉其一事，言如事親事長之類。

竊意：一事即是夫婦居室之一事，《章句》明指此事而言。觀於《或問》，亦以男女居室人道之常爲說，可見不必外引事親事長爲證也。或謂事親事長之極致處，愚不肖固有所未盡，其粗處，夫婦雖愚不肖亦豈不能知之行之邪？居室之正，所謂苟或褻慢，則天命不行者又豈愚不肖之夫婦所能盡哉？其所知所能者，不過男女情欲之私耳。然則雖以事親事長爲一事之證，不必以居室爲拘可也。愚則以爲此處言知言能，皆是眞能知之行之者，初非泛知泛能所可當也。若以泛知泛能可以當之，則聖人於道之全體，又豈有不能如愚不肖之泛知泛能者邪？事親事長之道，正是下章君子之道四中所求乎子弟以事父兄未能之事，章句以爲聖人所不能者，而謂愚不肖泛泛之知與能足以當之乎？男女搆精，形交氣感，雖若鄙褻不足道，然眞精妙合，自是造化流行發育生生不窮之藴奥，以愚不肖之夫婦，他無所知所能，而獨知此能此，盖與鳶飛魚躍同一機緘，故《章句》、《或問》獨以此當所知所能之一事，其意精矣，初未說到褻慢處也。

袁俊翁《四書疑節》卷七《孟子一》 《史記》謂孟子與其徒自著書，韓子又曰孟子殁後其徒記之。

《史記·列傳》謂孟子退自齊梁，與萬章之徒序《詩》、《書》，述仲尼之意，作書七篇。韓子乃謂孟軻之書非軻自著，軻既沒，其徒萬章、公孫丑相與記軻所言耳。二説何不同耶？要之，《史記》謂此書作於孟子退自齊梁之後，則是。然謂孟子自與其徒作之，則未必然也。韓子謂此書非軻自著則是，然謂其徒作於軻既沒之後，則無所徵也。竊意孟子歷事齊梁，以堯舜之道陳於君者，既不行，乃退，以其道淑諸人。當時門弟相師尊之，遂取其平日之善言編集而成書，初非孟子自與其徒作之也。韓子謂非孟子所自著，本亦有見於此，但直謂作於孟子既沒之後，則書中初未嘗及於孟子臨終之事，殆亦無所明驗。論者但從韓子之論除去「軻既沒」三字，則斯言爲得之矣。

朱善《詩解頤》卷二《小雅·節南山》 總論。案：項氏曰，幽王時爲亂者皆宣王時故家。率西戎以攻幽王者，《崧高》之申伯也；爲趣馬以亂朝者，《韓奕》之蹶父也；爲卿士而貪殘擅政、爲大師而迷民誤國者，《常武》之皇父尹氏也。四人雖未必即其身，亦必無皆死之理。此説不然。宣王在位四十六年，《大雅》所美諸臣，皆初年輔佐中興者，幽王時未必存，蓋皆其子孫也。

又卷四《魯頌·閟宫》 金履祥曰：案詩稱大王「實始翦商」，不過謂周家翦商之業，自大王始基之爾。而後世稱大王有翦商之志，不惟誤認詩意，其失大王本意甚矣。且大王遷岐在小乙之世，至丁巳而高宗立，殷道中興者六十年，歷祖庚、祖甲，祖甲二十八祀而生文王，其時商未衰也，大王亦安得有翦商之志哉？況大王前日猶能棄國於狄人侵豳之時，而今日乃欲取天下於商家未亂之日，大王之心決不如此其悖也。愚案：金氏之説足以補朱子之所不及，故著之。

胡廣等《大學或問》 或問：人之有心，本以應物，而此章之傳，以爲有所喜怒憂懼便爲不得其正。然則其爲心也，必如槁木之不復扶又反。下同。生，死灰之不復然，乃爲得其正邪？曰：人之一心，湛丈減反。然虛明，如鑑之空，如衡之平，以爲一身之主者，固其眞體之本然。眞體，乃其本體之不雜於人僞者也。而喜怒憂懼，隨感而應，妍蚩充之反。俯仰，因物賦形者，亦其用之所不能無者也。故其未感之時，至虛至靜，所謂鑑空衡平之體，雖鬼神有不得窺其際者，固無得失之可議。及其感物之際，而所應者又皆中去聲。節，則其鑑空衡平之用，流行不滯，正大光明，是乃所以爲天下之達道，亦何不得其正之有哉？唯其事物之來有所不察，應之既或不能無失，且又不能不與俱往，則其喜怒憂懼必有動乎中者，而此心之用始有不得其正者耳。朱子曰：人心如一箇鏡，先未有一箇影象，有物事來，方始照見妍醜。若先有箇影象在裏面，如何照得？人心本是湛然虛明，事物之來隨感而應，自然照得高下輕重，事過便當依前，恁地虛方得。若事未來先有一箇忿懥、好樂、恐懼、憂患之心在這裏，及忿懥、好樂、恐懼、憂患之事到來，又以這心相與滾合，便失其正事了。又只若留在這裏，如何得正？〇北溪陳氏曰：感自外入，以彼物之至吾前而言；應由中出，以此心之接彼物而言。〇節齋蔡氏曰：鑑之空，方能照人。若先有人形滯其中，則人之繼至者不復可得而照矣。衡之平，方能稱物，若先有物重滯於上，則物之繼至者不復可得而稱矣。以鑑空衡平喻心體之虛明，最爲精切。〇陳氏曰：此章只是四者感物而應，不中其節，則此心便爲四者所動而不得其正矣。若世俗心慮昏昏，莫克主宰，體用動靜，無復準則，目隨物視，耳隨物聽，行信足步，言信口說矣。〇西山眞氏曰：鑑空衡平之體用，切須玩味。蓋未應物時此心只要清明虛靜，不可先有一物，如鑑未照物只是一箇空，如衡未稱物只是一箇平，此乃心之本體，即喜怒哀樂未發之中，所謂鑑空衡平之體也。及事物之來，隨感而應，因其可喜而喜，可怒而怒，在我本未嘗先有此心，但隨物所感而應之耳，故其發無不中節，此所謂鑑空衡平之用也。〇徽菴程氏曰：未發之前，氣未用事，心之本體，不待正而後正，發而中節，則心之用無不正，亦不待正之而後正。夫有不正而後正，心體靜而未發，何待於正乎？惟此心之用，發不中節，始有不正而待於正耳。《章句》曰：用之所行，或失其正。《或問》曰：此心之用，不得其正，未嘗言體之不正也，惟經之或問有曰，不得其本然之正，曰心之本體。物不能動，而無不正，或者遂執之，以爲正心乃靜時工夫，如《中庸》未發之中，太極圖之主靜，而經之所謂定、靜、安也。傳之心不在焉，乃心不在腔子裏時也。殊不知聖人教人多於動處用功，格至誠、正、脩皆教人用功於動者，定、靜、安亦非但言心之靜也，若靜時工夫則戒謹恐懼而已，存之養之守之而已，不待乎正其所不正也。聖賢之動，固主乎靜，元亨，誠之通，固主乎利貞，誠之復。而誠、正、脩云者，正誠通之事，既誠正而脩矣，始有誠復之明，若當誠意之後厭動而求靜，棄事而冥心，收視反聽，而曰吾將以正心焉，此乃異端之事，非吾儒事也。況心不在焉，亦曰心不在視，則視而不見，心不在聽，則聽而不聞，豈靜在腔中之謂哉？《或問》所謂本然、本體，亦指此心之義理而言，孟子言本心亦指仁義之心而言，豈一於靜之謂乎？〇玉溪盧氏曰：湛然虛明者，心之體，隨感而應者，心之用。如鑑之空，則妍蚩因物，而空者自如。如衡之平，則俯仰因物，而平者自若。眞體之本然，吾心之太極也。

隨感而應，則本體之眞在在呈露，而太極亦無不在矣。未感之時鬼神不得窺其際，乃天下之大本，是明德之體寂然不動者也。寂之中有能感者存，感物之際流行不滯，正大光明，乃天下之達道，是明德之用感而遂通者也。感之中未嘗無寂者存。傳者之意，固非以心之應物便爲不得其正，而必如枯木死灰然後乃爲得其正也。惟是此心之靈既曰一身之主，苟得其正而無不在，是則耳目鼻口四肢百骸莫不有所聽命以供其事，而其動靜語默出入起居唯吾所使，而無不合於理。如其不然，則身在於此而心馳於彼，血肉之軀無所管攝，其不爲「仰面貪看鳥，回頭錯應人」者幾平聲。希矣。所引二句乃杜子美詩。孔子所謂「操則存，舍則亡」，孟子所謂「求其放心從其大體」者，蓋皆謂此，學者可不深念而屢省悉井反。之哉。

又《詩傳大全・詩序・大雅・抑》 《抑》，衛武公刺厲王亦以自警也。

此詩之序有得有失，蓋其本例以爲非美非刺則詩無所爲而作，又見此詩之次適出於宣王之前，故直以爲刺厲王之詩。又以《國語》有左史之言，故又以爲亦以自警。以詩考之，則其曰刺厲王者失之，而曰自警者得之也。朱子曰：若謂刺王亦以自警，不應一詩既刺人又有自警之理。夫曰刺厲王之所以爲失者，《史記》衛武公即位於宣王之三十六年，不與厲王同時，一也。華谷嚴氏曰：今考《年表》，武公以宣王十六年即位，《詩記》謂其齒四十餘，是也。《疏》以爲三十六年，恐誤。詩以小子目其君而爾汝之，無人臣之禮，與其所謂敬威儀，愼出話者，自相背戾，二也。厲王無道，貪虐爲甚，詩不以此箴其膏肓，而徒以威儀詞令爲諄切之戒，緩急失宜，三也。詩詞倨慢，雖仁厚之君有所不能容者，厲王之暴，何以堪之？四也。或以《史記》之年不合而以爲追刺者，則詩所謂「聽用我謀，庶無大悔」，非所以望於既往之人，五也。曰自警之所以爲得者，《國語》左史之言，一也。詩曰「謹爾侯度」，二也。又曰「曰喪厥國」，三也。又曰「亦聿既耄」，四也。詩意所指，與《淇奥》所美《賓筵》所悔相表裏，五也。朱子曰：以爲武公自警，則意味甚長。《國語》云：武公九十餘歲作此詩，其間「亦聿既耄」可以爲據。又如「謹爾侯度」，則是侯國之度；「曰喪厥國」，亦是諸侯自謂無疑。蓋武公作此詩，使人日夕諷誦以警己耳，所以有小子告爾之類，皆是箴戒，作文之體自指耳。後漢矦包亦有此說。二說之得失，其佐驗明白如此，必去其失而取其得，然後此詩之義明。今序者乃欲合而一之，則其失者固已失之，而其得者亦未足爲全得也。然此猶自其詩之外而言之也，若但即其詩之本文而各以其一說反復讀之，則其訓義之顯晦疏密，意味之厚薄淺深，可以不待考證而判然於胸中矣。此又讀詩之簡要直訣，學者不可以不知也。

又卷一八 《抑》十二章，三章章八句，九章章十句。

《楚語》左史倚相曰：昔衛武公年數九十五矣，猶箴儆於國，曰：自卿以下至于師長、士，西山眞氏曰：卿者，執政之官。師長，官師之長。士謂上、中、下士。苟在朝者，無謂我老耄而舍我，必恭恪於朝，［朝］夕以交戒我。在輿有旅賁之規，《周禮》：旅賁氏掌執戈盾夾車而趨，車止則持輪。位宁有官師之典，《國語》註：中庭之左右謂之位，門屏之間謂之宁。倚几有誦訓之諫，西山眞氏曰：誦訓，主誦書之官。居寢有暬音薛。御之箴，西山眞氏曰：暬御，謂近習也。臨事有瞽史之道，西山眞氏曰：瞽史，知天道者。宴居有師工之誦。西山眞氏曰：師工，樂官。史不失書，矇不失誦，以訓御之。於是作《懿》，戒以自儆。及其沒也，謂之睿聖武公。西山眞氏曰：自卿以下無一人不使任箴規之職，自在輿以下無一處不欲聞箴規之言，猶且作《抑》詩，使人誦之不離其側，如是而意不誠、心不正者，未之有也。韋昭曰：《懿》讀爲《抑》，即此篇也。朱子曰，左史所云箴諫之詞，或即謂此詩耳。董氏曰：侯包廬陵羅氏曰：包撰《韓詩翼要》十卷。言，武公行年九十有五，猶使人日誦是詩而不離去聲。於其側。然則序說爲刺厲王者誤矣。慶源輔氏曰：衛武公可謂老而好學不厭者也，其所以至於睿聖者，蓋本於此。一詩之中，曲折次第，唯篤志力行者當自知之。未死之前誓當以此自警也。〇新安陳氏曰：《抑》詩《國語》之說既明，《賓之初筵》韓詩作飲酒悔過，皆爲有據矣。但不知二雅王者事也，何武公二詩獨得入二雅乎？〇安成劉氏曰：周之諸侯唯衛武公於國風、二雅皆有詩，《淇澳》則見公之可美，《賓筵》及此則見公之所悔，固可以爲聖賢之徒矣。風有《淇澳》無可疑也；《賓筵》一詩所以得入二雅者，豈公作此二詩在於爲王朝卿士之日，而二詩之體製音節又有合於大小雅乎？然而二詩但得列於變雅，則與先王雅樂亦自無相亂矣。

曹端《太極圖說述解・辨戾》 先賢之解《太極圖說》，固將以發明周子之微奥，用釋後生之疑惑矣。然而有人各一說者焉，有一人之說而自相齟齬者焉。且周子謂太極動而生陽，靜而生陰，則陰陽之生由乎太極之動靜。而朱子之解極明備矣。其曰：有太極，則一動一靜而兩儀分；有陰陽，則一變一合而五行具。尤不異焉。及觀語錄，却謂太極不自會動靜，乘陰陽之動靜而動靜耳。遂謂理之乘氣，猶人之乘馬，馬之一出一入，而人亦與之一出一入，以喻氣之一動一靜，而理亦與之一動一靜。若然，則人爲死人，而不足以爲萬物之靈；理爲死理，而不足以爲萬化之原理。何足尚而人何足貴哉？今使活人乘馬，則其出入行止疾徐一由乎人馭之何如耳。活理亦然。不之察者，信此則疑彼矣，信彼則疑此矣。經年累歲，無所折衷，故爲「辨戾」，以告夫同志君子云。

丘濬《大學衍義補》卷六　天子之制，地方千里，公侯皆方百里，伯七十里，子男五十里，凡四等。不能五十里不達於天子，附於諸侯，曰「附庸」。因大國以姓名，通謂之附庸。天子之卿受地視比也。侯，大夫受地視伯，元士受地視子男。不言中下士，視附庸也。大國地方百里，次國七十里，小國五十里。君十十倍之也。卿祿，卿祿四四倍之也。大夫，次國卿祿三大夫，小國二大夫。大夫倍倍，一倍也。上士，上士倍中士，中士倍下士，下士與庶人在官者同祿，祿足以代其耕也。次國、小國皆同。

朱熹曰：此班祿之制也。君以下所食之祿，皆助法之公田，藉農夫之力以耕，而收其租。士之無田，與庶人在官者則但受祿於官，如田之入而已也。

臣按：《孟子》言班爵祿之制與《周禮・王制》不同，《周禮》：諸公之地封疆方五百里，侯四百里，伯三百里，子二百里，男百里。而《孟子》則通天子而言，公侯皆方百里，伯七十里，子、男五十里。《王制》「王者之制祿爵，公、侯、伯、子、男凡五等」，而《孟子》則通天子言，而以子、男同一位而爲五等。諸侯之上大夫卿下大夫上士中士下士，凡五等。而《孟子》則兼君言而通以爲六等，與夫王朝卿大夫士分地受祿之制亦有不同者焉。《孟子》固先自言其詳不可得聞矣。此蓋其略爾，先儒亦謂其不可考，闕之可也。臣姑載之于篇而微考其所以與二書不同者，以見成周所頒爵祿之制其大略有如此者。以上爵祿之制。

戴冠《禮記集説辯疑・曲禮》　安安而能遷。

朱子曰：雖安安而能徙義。愚謂安安者，平居無事，隨所安而安也。一遇事變，即當隨時處中，遷改其素。若仍安於所安，則有所溺，何以能合義乎？如孔子爲魯司寇，攝行相事，可謂安安。一爲女樂所沮，則託膰俎不至而去，是能遷也。

雖負販者，必有尊也。

負販，以力行貨於道路者，不必如集説分爲兩事。

名子者不以國，不以日月，不以隱疾，不以山川。

陳氏曰：常語易及，則避諱爲難。愚意不以隱疾，亦爲其非美稱耳，不爲常語易及也。觀《士冠禮》三加祝辭，如「壽考維祺」、「介爾景福」等語，則古人待子之意可見矣。

有憂者側席而坐，有喪者專席而坐。

側，偏側也。心有所憂，不敢當席危坐而爲容也。專，獨也。有喪之席，服有輕重，或苫或素，與平時之重席不同，故獨坐一席而不敢與人共也。

國君撫式，大夫下之。大夫撫式，士下之。

陳氏謂：君過宗廟而式，則大夫下車云云。愚謂君、大夫過宗廟皆當下，不當式，故曰國君下宗廟式，齊牛豈直撫式而已乎？此蓋言上下相遇於途，尊者欲下未下，而撫式以爲容，故卑者下之，以加敬也。

招搖在上，急繕其怒。

招搖者，招颭搖動之貌，與《史記》招搖市過之之義同。蓋行師必以旗幟爲先，左右前後之旗各隨其方色招搖於行陳之上，作士氣以敵愾也。謂招搖爲北斗七星者非是。

又《檀弓》　孔子惡野哭者。

野謂鄙野而無節文，非在野之謂也。墓多在野外，送葬省墓安得無野哭？況孔子亦有「所知吾哭諸野」之言乎。

妻之昆弟爲父後者死，哭之適室，子爲主，袒、免哭、踊。夫入門右，使人立于門外，告來者，狎則入哭。父在，哭於妻之室，非爲父後者，哭諸異室。

妻之兄弟非爲其父之後者則已，雖無父亦當哭諸異室，不當哭諸適室，而疑於無別。又不當哭於妻室，而疑於父在也。

有殯，聞遠兄弟之喪，哭于側室。無側室，哭于門內之右。同國則往哭之。

有殯時哭有常位，若即於常位而哭，所聞之喪則嫌於無別而不專矣。故哭於側室，哭於門內之右，以示其哀之有在也。

蔡清《四書蒙引》卷八《論語・衛靈公》　人能弘道。

弘道，非道本小而我大之也，只是滿其分量處便是。文王爲人君，止於仁，與國人交，止於信，亦非於性分之外有所加也。既是如此，如何說箇弘字？蓋道體寓於事物之間，何能爲哉，得人把這道理發揮出來，則道體方爲之光輝宣著，盛大流行，豈不是人能弘道？其非道弘人一句，只是搭上一意也。此見人當力於弘道也。據雙峰之說，以四端爲道，於弘字爲好說，然非正意。蓋道與性自有分別，依彼說便是人能弘性，此張子註所以在圈外。道者，事物當然之理，朱子已解在朝聞道章了，如父慈而子孝，視明而聽聰之類是也，此道理都在吾身，只在我克大出去，廓大之，都在心上發揮，故曰人心有覺。若四端，則是性也。性，人心活物也，如何說道體無爲？且中庸大哉，聖人之道，亦曰待其人而後行。饒氏如何說道自際天蟠地，何待人弘？黄氏兼體用亦非也。此專主用言，才說廓而大之，便是用「人外無道，道外無人」，此二句要細味看，朱子下此二句要何用？

又《四書蒙引别録》 爲其象人而用之。

按：惠王曰：「寡人願安承教。」是欲孟子教之也，今孟子但直斥其虐政之殺人，而終無一言以教之，何與？盖斥其虐政之殺人者，是欲惠王之除其虐政而更施以仁政也，此即其所以教之也，況王政之詳，已前告之矣，上章所云云是也。今惠王既是安意以承教，則宜急改此等所爲矣，不然雖有仁政，將何施乎？古云興一利不如除一害，盖除害則興利也，孰謂孟子之終無以教惠王邪？

邵寶《左觿・隱公元年》 大王使宰咺來歸惠公仲子之賵緩。且子氏未薨，豫凶車。謂惠公之妾仲子也。左氏不識經文，以爲兼賵公與仲子。故在公以爲緩，在仲子以爲豫。仲子於是時盖已卒矣。君子信經，婦人稱姓，遠别也，男子稱氏。

朱諫《李詩辯疑》卷上《行路難》 賦也。含光者，韜其光華而不露也。蔡邕撰《太丘碑文》云：含光醇德，爲世作程，混世者同於斯世，而無所異也。達生，猶云達士也。《晉書》：張翰，字季鷹，吴郡人，有清才，善屬文，而任縱不拘。齊王冏辟爲大司馬、東曹椽。因秋風起，思蓴菜羹、鱸魚鱠，棄官歸江東。或謂之曰：「卿奈何縱逞一時，獨不爲身後名乎？」答曰：「使我有身後名，不如即時一杯酒。」時人貴其曠達。此爲《行路難》第三詩，從東坡考亭所定之本也。言士之生斯世，爲斯世也，不必立異以爲高，獨行以爲潔。彼許由者，不受堯之天下，固云高矣，又何須洗耳於潁川之水乎？伯夷者，不食周家之粟，亦云潔矣，又何須采蕨於首陽之顛乎？抱屑屑之志，矜孑孑之行，是盖有意於立名者也。夫無名者，天地之始也。若能含蓄其光華，混同於時俗，黯然而無章，窈然而無迹，將與道而爲一矣，何用昭昭然自處於孤高之地，迥若雲月之在天，使天下之人皆仰首而視之乎？是許由、伯夷之行，未免有道中之失也。獨不見夫吴中之張翰乎？翰能知幾，號稱達生。感秋風於江上，憶鱸蓴而棄官。圖生前之樂，忘身後之名。不以吾性之天眞，而爲外物之所役。彼洗耳而食蕨者，何用若是之孤高耶？〇按：此據東坡所節之文以釋其意，似相連續而照應，姑備一說，以俟再考。

童品《春秋經傳辨疑》卷上《宣公三年・宋師圍曹》 《左氏》云：「宋文公即位三年，殺母弟須及昭公子，武氏之謀也。使戴桓之族攻武氏於司馬子伯之館，盡逐武、穆之族。以曹師伐宋。秋，宋師圍曹，報武氏之亂也。」此傳殊難曉。又按文公十八年冬，《左氏傳》云：「宋武氏之族道昭公子，將奉司城須以作亂。十二月，宋公殺母弟須及昭公子，使戴桓莊之族攻武氏於司馬子伯之館，遂出武、穆之族。」則道昭公子欲以須作亂者，實武氏之謀也。殺母弟須及昭公子者，宋公也。乃云武氏之謀，不可曉也。豈討武氏謀而殺之歟？既云使戴桓之族攻武氏於司馬子伯之館，盡逐武、穆之族，則使戴桓之族攻武、穆之族者，亦文公也。下文乃欲以曹師伐宋，則以曹師伐宋者，戴桓之族歟？武、穆之族歟？不可曉也。此云宋師圍曹，報武氏之亂也，既云攻武氏於司馬子伯之館，盡殺武、穆之族矣，則武氏未嘗以曹師伐宋。乃云宋師伐曹，報武氏之亂，不可曉也。胡氏云：文公即位，盡逐武、穆之族，二族以曹師伐宋，則穆氏未嘗亂宋，何爲無故而逐之？且宋文即位三年，棐林之會，宋公、曹伯俱在，豈有曹師伐宋之事耶？竊疑《春秋》此年書春，書楚子伐陸渾之戎，《左氏》且言其觀兵於周疆，問鼎之大小輕重，則強楚之勢，將吞并周室矣。夏，書楚人伐鄭。秋，書赤狄侵齊，則楚、狄勢將陵蔑列國矣。而宋乃興師動衆以圍曹，而不恤王室鄭國之難，則其於尊周攘楚、狄之義何在耶？故書以著其罪也。況經書宋人伐曹、圍曹者不一，始於僖公之十五年，及十九年，哀公之三年、六年、七年，至八年則滅曹矣。無非宋之恃強凌弱也，傳之情偽恐未可必疑，當依經斷之。

季本《詩説解頤》卷一三《曹風·下泉》 經旨曰：周室既衰，王綱廢墜，德澤不及於民，民方愾念，賴郇伯能勞之，故詩人美之而作此詩也。

冽彼下泉，浸彼苞稂。興也。愾我寤嘆，念彼周京。興意。

冽，寒也。下泉，泉下流者也。苞，草叢生也。稂，童粱莠屬也。愾，嘆息聲。周京，天子所居也。先王盛時，民勤農業，則引泉上流以灌禾黍，今田野荒蕪，無復有良苗者，而冽泉在下，惟浸苞稂蕭蓍而已。下泉寒無生意，而草皆病焉，以比民之憔悴於虐政，而因以起興也。所以愾嘆而念周京者，良欲其留意於恤民耳。

冽彼下泉，浸彼苞蕭。興也。愾我寤嘆，念彼京周。興意。

蕭，蒿屬，萩蒿也。京周，猶周京也。

冽彼下泉，浸彼苞蓍。興也。愾我寤嘆，念彼京師。興意。

蓍，亦蒿屬，即筮草也。

芃芃黍苗，陰雨膏之。興也。四國有王，郇伯勞之。興意。○勞，去聲，後凡慰勞之勞並同。

郇雖文王之子所封，而郇伯則其後也，故鄭氏謂其爲文王子，而《集傳》則改爲文王之後，亦不知其爲何時人矣。郇伯爲州牧，治諸侯，能行仁政，使民得盡力於農畝，故陰雨所膏者黍苗，而芃芃然生意之盛，以比民之得蘇息而因以起興也。蓋王者之不作久矣，四國所以被周之澤而有王者，實由郇伯能勞來我耳。舊說以郇伯爲先王盛時州伯，詩人追言之而傷今之不然，此狃於《小序》曹人疾共公之說，而不知其不足據也。夫共公魯僖公時人也，東遷之後，周之人望已絕，誰復有念周京之憐恤者乎？故郇伯者必非文武成康時人，而此詩之作其亦在幽厲之間歟。當幽厲之間，而得州牧如郇伯者，寧非人心之所共愛慕者乎？

又《春秋私考》卷一《鄭人伐衛》 衛，姬姓，侯爵。武王封其同母少弟康叔之國也。衛本都河北，朝歌之東，淇水之北，百泉之南，至成王誅武庚，而朝歌故墟并入於衛，其後不知何時，盡有三監之地耳。《史記·世家》乃謂成王伐殷，以武庚餘民封康叔，居故商墟。則不知康叔之封衛，已在武王時，朱子嘗有辯矣。然則衛之始封，未嘗即得朝歌地也。金履祥氏曰：紂都朝歌，在衛州衛縣之西二十二里。衛縣，即今河南衛輝府淇縣，當爲衛始封朝歌之東矣。啖趙《纂例》及鄭漁仲《通志》皆本《史記》爲說，不亦誤乎。康叔至桓公完十二君，此年實桓公之十四年也。○按《左氏》：鄭共叔之亂，公孫滑奔衛，衛人爲之伐鄭，取廩延。夫伐國取邑事之大者，若果有之，《春秋》何以不書？《左氏》之說，不足深據也。盖鄭在河南，衛在河北，壤地相連，忿爭日有，奚必討滑之亂哉？書此但以見鄭人擅兵伐國，恣行強暴耳。衛不書戰，或陳詞以郤之，或完守以老之，鄭亦不得不退矣。陸淳氏曰：主人不出戰，客軍殺人掠物而還，此說得之程正叔，以爲衛服，亦未必然也。○胡康侯曰：凡兵，聲罪致討曰伐，潛師掠境曰侵，兩兵相接曰戰，環其城邑曰圍，造其國都曰入，徙其朝市曰遷，毀其宗廟、社稷曰滅，詭道而勝之曰敗，悉虜而俘之曰取，輕行而掩之曰襲，已去而躡之曰追，聚兵而守之曰戍，以弱假強而能左右之曰以。皆誌其事實，以明輕重。內兵書敗曰戰，書滅曰取，特婉其辭，爲君隱也。又曰：聲罪者，鳴鐘擊鼓，整衆而行，兵法所謂正也；潛師者，銜枚卧鼓，出人不意，兵法所謂奇也。今按：「悉虜而俘之曰取」，是言取師，非取國邑也，詳見四年伐杞取牟婁下。「能左右之曰以」，本《左氏》說，於例難通，詳見桓十四年宋以齊、蔡、衛、陳伐鄭下。大抵侵伐之類，皆當時實事也。《春秋》據實而書，有不可得而增損焉者。「內兵書敗曰戰，書滅曰取」，不幾於沒其實乎。《公羊傳》曰：戰不言伐，圍不言戰，入不言圍，滅不言入，書其重者也。此說似是。然惟滅不言入，一言可以明例。若戰因於伐，則當先言伐矣；圍因於戰，則當先言戰矣；入因於圍，則當先言圍矣。故書伐而戰，書伐而入者，亦嘗有之，特戰而復圍者，本無其事耳，烏可盡以爲舉重而立常例哉。啖叔佐曰：凡侵伐不至國都，則但書侵伐而已；若至國都，則書圍。若他國伐魯不至國都，則言某鄙至國都，則但言伐。我皆不深言之，此亦未盡。蓋外事不論其淺深，但曰侵伐，而兵至其國都者，在其中矣。若圍自是環其城郭，別爲一義，豈可以其至國都而遂書圍哉？

熊過《春秋明志録·定公五年》 於越入吳。趙子常曰：於越、勾吳，皆蠻夷之號也。《春秋》不曰勾吳，而曰於越，何也？武王封太伯之後周章于吳，則吳其國名也，故得稱吳。越雖禹苗裔，而始封于會稽，按《汲冢竹書》，有東越、於越，則越非其封國，故以其自號舉之也。范甯氏曰：於越，越言也。《春秋》則以其所以自稱者書之。

李先芳《讀詩私記》卷三《王風·丘中有麻》 《丘中有麻》，《小序》

云：思賢也。莊王不明，賢人放逐，國人思之而作是詩也。言子嗟隱處丘陵之間，而殖麻麥果實以爲生，民思其賢，而庶其肯徐來以從我也。「將其來食」，言自有食，不必食其力也；「貽我珮玖」，言如懷寶席珍之意，輸所藏以贈我也。朱註以爲婦人望其所與私者，此係王風，難以鄭風比例。

又卷四《小雅・楚茨》 《楚茨》、《南山》、《甫田》、《大田》四篇，《小序》類以爲刺幽王，未必然。朱註以爲詳見於豳風之末，亦無據。「如幾」，謂不前不後應期而至。「如式」，謂滿而不溢高而不危，適中法則，俗云凡事如法是也。「攘其左右」，喜之甚而取之疾也。「既方既阜」，朱註以方訓房，猶蓮房也，謂粟雖未成而皮殼已具，未合滿耳。其言孚甲，言殼之護粒，猶甲之護體也。

高拱《問辨録》卷八《論語》 問：鄉愿，德之賊也。註云：鄉者，鄙俗之稱，然否？曰：只是一鄉稱愿人而已，居之似忠信，行之似廉潔，非之無舉，刺之無刺，閹然媚世，衆皆悦之，自以爲是而不可與入堯舜之道，蓋似是而非也，故曰德之賊。若是鄙俗之人，則人方鄙棄之矣，何能亂德？曰：陸子有云，漢文帝也只學得箇鄉愿，然否？曰：三代而後，有德之君，致治之美，如漢文有幾？若漢文只是鄉愿，則鄉愿有何不可？儒者大言乃爾。

又《春秋正旨》 曰：筆則筆，削則削，亦天子歟？曰：然。孔子以文武之道與法，筆削之也。可指言歟？曰：魯史之舊文無存，故筆削之新義莫考。然亦有可知者焉，如據事直書，即所謂筆也。如齊侯、鄭伯皆稱公，其赴報之書皆公也；楚子、吴子皆稱王，其赴報之書皆王也。魯史舊文固皆若是書也。孔子於齊公則削而爲侯，曰：是吾天子之命侯也。於鄭公則削而爲伯，曰：是吾天子之命伯也。於楚王、吴王則皆削而爲子，曰：是吾天子之命子也。即所謂削也。而其他以不合王度削者，固可例知也已。曰：滕侯爵。經書滕子來朝，亦所謂削歟？曰：非也。此傳者之謬也，彼其謂魯桓篡弑，乃天下大惡，而滕侯首朝之，是黨惡也。《春秋》惡黨惡，故降而爲子。則安有此理？夫孔子安得降人之侯，又安得與人以子？若謂惡其黨，惡直惡之而已，乃遂降而爲子，豈以黨惡者不可爲侯，止可爲子歟？夫大惡魯桓也，於大惡者曾去其僭稱之公否乎，而顧於朝之者去其本稱之侯，於大惡者曾有所降之爵否乎，而顧於朝之者降而爲子，抑何舛也。且滕子來朝，二百年前事也。彼二百年來，其子孫世承侯爵，乃緣其曾高以上之祖，曾有朝魯桓之事，遂於二百年間，皆稱爲子，彼固侯焉，吾固子焉，豈不可笑之甚歟。曰：然則孰降之？曰是周天子之降之也。周天子雖弱，然亦豈曾無一事之行於微小之國者乎。《傳》曰：杞侯爵，魯莊公二十七年書杞伯來朝，其後又稱子，蓋爲時王所黜。薛侯爵，莊公三十一年書薛伯卒，蓋爲時王所黜。滕侯爵，隱公七年書滕侯卒，其後稱子，蓋爲時王所黜，固有記之者矣。此何不足據，而必以爲孔子降之乎？且孔子降滕侯爲子也，其杞侯之伯之子，薛侯之伯，亦皆孔子降之乎？杞侯之伯、之子，薛侯之伯，果時王所黜也，則滕侯之子獨非時王黜之乎？孔子作《春秋》，只可明是非以定褒貶，斷不得自行予奪，降人之侯，而又與之以子也。曰：若是。則知我罪我謂何？曰：知我者謂我爲尊周也，罪我者天子之法明。則僭亂之罪著，諸侯惡其害己也。且有王者起，在所賞乎，在所罰乎，在所命乎，在所討乎，如此乎而後亂臣賊子懼也。曰：若然。則《春秋》之事孔子固無與與？曰：修則孔子修之，事則非孔子之事也。

姜寶《春秋事義全考》卷一六《哀公四年》 四年，春，王二月庚戌，盜殺蔡侯申。

西亭《辨疑》豐氏曰：蔡文公名申，卒于宣十七年是也。昭公，文公之曾孫也，豈同其曾祖之諱乎？及觀《石經》申作由，二字形相近，或當以石經爲正。○按：蔡侯實翩弑，而以盜殺赴，國史因而書之。《左氏》以爲凡弑君稱君，君無道也，悖謬矣。《春秋》凡言弑君，不以君有道無道異詞，所以正弑逆之罪也。古今自湯、武外，君孰可弑？弑君者亦孰可輕縱乎？胡氏謂蔡侯無以守身而自衛，夫人得而害之，説亦未然。謂盜得而害之則可，盖因其以盜殺赴，而書即借盜殺以警爲君如蔡侯者爾。

王應電《周禮傳》卷二下《地官》 調人，掌司萬民之難而諧和之。難，去聲。○難即讐也，謂殺人之親將爲人所報復而在險難也。調人，主諧和之。

凡殺人者，若故殺、謀殺，在王灋所不赦，固不待讐。過誤殺者，應和而不應讐。唯夫戲殺、威殺，雖有殺之迹，本無殺之心，上刑而當以下服，及老耄幼弱與夫八議者，皆王灋之所赦宥，而私情自不可解。苟順其怨讎之情，則王灋爲不行，治以報復之罪，則人情有不盡。故爲辟讎之灋，使兩全而無害，所以有和難之文也。

凡過而殺傷人者，以民成之。鳥獸亦如之。

過而殺傷人，若舉刀欲斫伐，以兵矢投射而誤中他人者。以民成之，使衆人相與和解之。此所謂可和而不應讎者。鳥獸亦如之，謂猛烈畜産殺傷人，亦以民成之。舊謂殺傷人之鳥獸，此至微細事，豈等于人而亦成之耶。

凡和難，父之讎辟諸海外，兄弟之讎辟諸千里之外，從父兄弟之讎不同國；君之讎眂父，師長之讎眂兄弟，主友之讎眂從父兄弟。弗辟，則與之瑞節而以執之。辟，音避。

父之讎弗與共戴天，辟諸海外。九夷、八蠻、六戎、五狄，謂之四海也。君之尊與父等，故其讎眂父。兄弟之讎仕不同國，故云千里之外。師長之讎殺于君父，故眂兄弟。然若顔淵于孔子，則與君父等矣。從父兄弟之讎，主人能則執兵而陪其後，此云不同國，謂無主人者也。大夫之臣與合志之友，眂之已上三等，汰應讎，而調人之所和也。弗辟，謂弗可辟。蓋或王所秉用之臣不可在遠，故王以和難之，瑞玉及旌節與辟讎者執之，所謂穀圭以和難也。王命爲重，雖應讎者亦不敢違王命而殺之，苟讎之，則爲犯王命而服死刑。庶幾兩相安而可以弗辟矣。

凡殺人有反殺者，使邦國交讎之。

此以報復相殺傷言。謂若甲殺乙之人，乙亦殺甲之人，故云反殺也。交讎者，謂其子孫皆以爲讎也。夫彼此相殺若足以相當矣，然甲爲首惡而無恙，終不足以快乙之忿，而乙所反殺之子孫又必欲甘心于乙。苟正甲于灋，則已被乙之反殺，正乙于灋，則閔其報復之心。且上有王灋，而下擅相殺，不可爲訓，誅之則傷情，不誅則失刑，故使交讎之，皆服流放之刑也。舊以反殺謂殺其人又殺其子孫，以除害弱敵，此不待教而誅者，又何讎焉？

凡殺人而義者，不同國，令勿讎，讎之則死。「不同國」，三字衍文。蓋既云令勿讎矣，此焉得復辟之？由上文兄弟之讎而誤。

殺人而義者，被殺者不義也，若爲奸盜而被殺之類，被殺者子孫不爲讎，讎之則服死刑，罪其黨惡不服義也。

凡有鬬怒者，成之；不可成者，則書之，先動者誅之。

鬬怒乃讎殺之漸，亦和而平之。平之不服，則書其應和之端于史，首發難者，即爲不直而誅之，則莫敢先動矣。

朱謀㙔《詩故》卷一《召南·小星》 《小星》，惠及下也。非及下也，暬御入直居寢之詞也。古者王公臨事則有瞽史之道，居寢則有暬御之箴，莫非賢也。賢者在事，故能安命而述職。言列宿在天，小大異象，王臣從政，貴賤有等，才有賢否，位有崇卑，各盡其職而已。參昴以喻大臣，小星則自擬也。列星之中唯北斗參昴最爲著見，《夏小正》於參昴之伏見也屢書之，入直者因所見而興詞，唯其入直居寢，是以抱衾與裯，豈賤妾進御之謂乎？

又卷三《鄭風·蘀兮》 《蘀兮》，刺忽也。非刺也，鄭人思黜突而納忽也，忽以世子踐位，正矣。宋人乃使祭仲立突而逐忽，鄭人故不義突而賦此詩，託風之隕蘀以見志。「叔兮伯兮」，謂大國也。安得大國秉義納忽，我當起而應之矣。

陳禹謨《四書名物考》卷三《蒲盧》 《文苑英華、蒲盧賦》云：「究政化之所歸，於蒲盧而可見。負么麼之異族，能教誨而知變。大鈞所播，各異禀而殊方，二氣相生，遂改形而革面。初其穿土，取彼桑蟲，負以蛸飛之翼，寘諸蝸舍之中。以氣相感，以類相通，薨薨鼓翅，咽咽傳意。本乃與吾同物，孰云所畜非類。蠆尾潛出，蜂腰未備，將革故而就新，諒末同而本異。俱爲化育，别感生成。已改其狀，復移其情，躡糞土而股戰，弄清風而翅輕。漸能羽化，永别跂行。謂我自然，莫知所以。化形如蝶，既以忘於神遷；委蛻若蟬，信難窮於天理。」

《埤雅云》：「細要曰蒲，一曰蒲盧。細要土蜂謂之蒲盧，義取諸此。」《中庸》曰：「夫政也者，蒲盧也。亦或謂之果蠃。今蒲其根著在土，而浮蔓常緣於木，故亦或謂之果蠃也。」《傳》曰：「在地爲蓏，在木爲果。」《詩》曰：「不流束蒲。」蒲性輕揚善浮，故此亦或謂之蒲，蒲亦善浮故也。《淮南子》曰：「百人抗浮。」說者曰：「蒲，一名浮」，蓋是矣。《本草》云：「瓠類小者名瓢，瓢取諸薸，蒲取諸蒲，其義一也。」

《演繁露》云：「政猶蒲盧，眞是蒲與盧耳。以蒲盧爲螟蛉，誤始《說文》。」

《留青日扎》云：「鄭玄以蜾蠃爲蒲盧，今按《揚子》曰：『螟蛉有子，殪而逢蜾。蓋蜾蠃凡細虫皆可□去，必囓死之而寄生一子於其上，積四五虽，乃以泥封之。久之卵得其氣而生。其初生也，必食其虽俱盡，則可以啓封而出戶矣。」又《大戴禮》：「雉入海爲蜃，曰蜃蒲盧也，謂蚌也。」沈子曰：「蒲葦也。」《解頤新語》曰：「瓠之細腰者曰蒲盧。」其說各異。

《捫蝨新話》沈存中曰：「蒲葦不擇地而生，藝蒲葦者，遂之而已。人之爲政，亦在遂之，所謂行其所無事也。」此說似好。然予嘗辨其非，是案細腰曰蒲盧，匏類也，故細腰土蜂，亦謂之蒲盧。予以此方悟《爾雅》、《中庸》之說，而鄭氏所注，蓋知其一而不知其二也。存中疑於地道敏政，遂以爲蒲葦，其實未知蜾蠃蒲盧之義。

馮時可《左氏釋》卷下《一鼓鐵》　晉趙鞅、荀寅帥師城汝濱，遂賦晉國一鼓鐵，以鑄刑鼎。著范宣子所爲刑書焉。杜云：令晉國各出功力，共鼓石爲鐵。計令一鼓而足，因軍役而爲之，故言遂也。服虔云：獻米者操量鼓，鼓可操之以將命，非大器也。惟用一鼓則不足以成鼎，家賦一鼓，而鐵又太多，且金鐵之物，寧可以鼓量哉？冶石爲鐵，用橐以扇火，動橐謂之鼓。似此辨解，終爲費辭。按《家語》載此事，王肅注云：三十斤焉。以此鑄刑書，適給於用。子產、宣子之刑書，皆變周制而爲之，故君子以爲病。

又《左氏討》卷一八《秦出子被弑》　或謂《春秋》弑君三十六，惟秦獨無簒弑之事，孔子以是卜其繼周也。然考《秦本紀》：「寧公卒，三父廢太子而立出子爲君。出子六年，三父等復共令人賊殺出子。」事在魯桓公十四年。則秦扵春秋時，有弑君矣。孔子何以不書也？《春秋》，魯國之史也，他國之故，赴則書，不赴則不書。《春秋》與《左氏書》、《晉乘》獨詳，以魯所服事，赴告不絶也。秦雖強大，擯扵諸夏。《春秋》僅錄其征伐之事與晉楚有連者，他弗見錄。非外之也，以赴告多闕也。《左氏》亦然。其書魯事也，無奕書他國也。間有乖迕，則赴告或未實耳。雖然，經傳之闕于秦爁者不少矣。寧獨赴告之遺哉？

楊于庭《春秋質疑》卷九《吳子使札來聘》　吳入《春秋》，止舉其號，至是進而稱子，又君臣始并見經。所謂夷狄而中國則中國之者也。札不稱公子，亦如秦術、楚椒之類，若以爲讓國釀亂貶而削其公子，則孔子之作《春秋》也，爲天下乎，抑亦爲區區之季札乎？以爲賢而責備之深，則又刻矣。

卓尔康《春秋辯義》卷三《桓公二年》　公及戎盟于唐。冬，公至自唐。

《左傳》：特相會，往來稱地，讓事也。自參以上，則往稱地，來稱會，成事也。

桓公十八年，出行共二十四次，止書至二條，一爲二年之盟唐，一爲十八年四月之伐鄭，故元年盟越有不書者，而與戎盟則書，此可見經之所謹矣。十三年及齊、宋、衛、燕戰，有不書者，而伐鄭則書，是年四月伐鄭，七月始歸歷，四月，逾二時也，可見逾時交夷狄爲《春秋》書至之法矣。

臨川吳氏曰：歸而告廟，常事爾，《春秋》何爲書之？《穀梁傳》曰：書至，危之也，似得經意。糾合諸侯，自齊桓始，幽、檉、首止、甯、母、洮、葵丘、鹹八大會，魯君皆與，并不書至。《穀梁》謂桓會不致，安之也，得經意矣。末年牡丘、淮二會，書至。范甯注曰：桓會不至，齊桓德衰，故危而致之，得傳意矣。淮之會，僖公爲齊所止，聲姜出會，始得釋，則知書至危之也。伐楚、伐鄭二役，書至者，兵凶、戰危，不比衣裳之會，故至也。齊桓既歿，僖公朝齊，非所宜朝，故致也。以是推之，桓、莊、文、宣、成、襄、昭、定、哀之行，其書至，大率危之也。危之若何？或事之難，或動之非，或地之遠，或時之久，皆是危道，幸其禮成事畢而得至，故書也。《穀梁》于襄公朝楚之傳曰：「至自楚。」喜之也，殆其往而喜其反也。魯夫人惟文九年出姜如齊歸寧爲得禮，故特書其至，其餘夫人之行皆非美事，故不書至。然則出姜之至亦危之乎？婦人無外事，禮合歸寧，不得已而出，亦以得還至國爲喜也。未至以前，詎敢以爲安乎？彼非禮而行者，固不足道，又奚恤其危哉。魯大夫之書至者三，皆爲齊晉所執，幸其解脫，故書其至。以此見經之書至，非美事也。

啖氏曰：凡公行總一百七十有六，書至者八十有二，不書至者九十有四。《左傳》謂告廟則書于策，夫子隨其所至以示功過，且志其去國遠邇遲速也，其有一出而涉兩事者，或致前事，或致後事，擇其重者志之也。又有不致本事者，本事非功也。

唐元竑《杜詩捃》卷四　《江南逢李龜年》詩，解者亦失其意，咸謂感舊耳，不知與「此曲祇應天上有，人間能得幾回聞」正相反。龜年盛時供奉御前，首承寵遇，人欲一望見不可得。及其流落依人自活，人亦不復重之。「尋常見」，「幾度聞」，「又逢君」，皆調笑意也。劉隨州《贈米嘉榮》詩是感舊意，蓋借以自比。公貧士，素不喜此輩，意各不同。《北夢瑣言》載：昭宗末，琵琶工石潨號石司馬者，早爲令狐綯所賞。亂後入蜀，遊諸大家。一日軍校數員會飲，石以胡琴在座，既非知音，諠譁語笑，殊不屬耳。石乃撲檀槽詬曰：「某曾爲宰相供奉，今日與健兒彈，不我聽，何其苦哉。」可與此相證。

傅遜《春秋左傳注解辯誤》卷上 隱公元年，莊公寤生。杜云：寐寤而莊公已生。愚謂：果爾，則生之特易，姜應喜，何爲遂惡之。且后稷之聖，其生如達，如寤寐而生，則莊公聖過於稷，豈理乎？或云難產，困而后寤，則當云「寐」，不當云「寤」也。《史記》云：生之難，則亦以意言之。於「寤生」二字無解。惟應劭之説：兒墮地，能開目言者爲寤生。於二字既明切，於下驚字亦相應，故從之。

姚舜牧《重訂詩經疑問》卷一《邶風·簡兮》 簡兮簡兮，方將《萬》舞。日之方中，在前上處。

碩人俁俁，公庭《萬》舞。有力如虎，執轡如組。

左手執籥，右手秉翟。赫如渥赭，公言錫爵。

山有榛，隰有苓。云誰之思？西方美人。彼美人兮，西方之人兮。

《詩序》：《簡兮》，刺不用賢也。

此詩既稱賢者所作，必無輕世肆志之心。蓋賢者思見西方之盛王，則其所抱負者大矣。曾見有抱負者簡易而不恭乎？解者惟見簡之一字，故爲若説。不知此簡字乃簡閲之簡，且重言之，正見其加意簡閲處。蓋曰，此雖一技，而不可忽也。故緊接「方將《萬》舞」句。若作簡易不恭説，方將二字如何承得上？王荆公詩云：「古人事一職，豈敢苟然爲？」正得《簡兮》之詩之意。

方説「碩人俁俁，公庭《萬》舞」，何以及「有力如虎，執轡如組」？曰：此其所自表見者，男子志天地四方，有力如虎，執轡如組，蓋亦足爲馳驅用矣。乃僅僅備員舞列，左手執其籥，右手秉其翟乎？以是容色之充盛，豈不可霑豐腆，公言錫之一爵而已乎？此其所甚不平者語，極聯絡，意甚貫串。

「執籥」「秉翟」而至于「赫如渥赭，公言錫爵」，此豈碩人之所願乎？此豈所以待碩人者乎？

「山有榛，隰有苓」，雖是興辭，然實影言上有君，下有臣，意不然此二語亦無謂。

「彼美人兮，西方之人兮」，非嘆其遠而不得見也，蓋深注望之辭，若曰彼盛際之顯王，豈伊異人耶？西方之人能自奮立者，稱於世耳。今西方豈無其人哉，能效盛際之顯王，即盛際之顯王而我亦可爲天下用矣。此其望最切而意最深。

周應賓《九經考異·論語·子張》 其不可者拒之。○拒，《石經》作「距」。

百工居肆，以成其事。○《白虎通》作「以致其事」。

子游。○《石經》作「子斿」。

焉可誣也。○誣，《薛宣傳》作「憮」。云同也，兼也。

吾聞諸夫子人，未有自致者也。○《石經》作「吾聞夫子人，未有自致也者。」

不如是之甚也。○《石經》作：「不如是其甚也。」

未墜於地。○「墜」：《石經》作：「隧。」

賢者識其大者。○「識」，石經作：「志」。下同。

譬之宫牆。○《石經》作：「辟諸宫藩。」

多見其不知量也。○孔安國注：「多」，一作「祇」。

錢謙益《牧齋初學集》卷一〇四《太祖實録辨證四》 洪武十三年正月，左丞相胡惟庸、御史大夫陳寧謀反，詞連李善長等。賜惟庸、寧死，善長勿問。二十三年五月，御史劾奏善長大逆罪狀，廷訊得實，善長遂自經，賜陸亨等死。

按《洪武實録》：十三年正月，涂即告胡惟庸、陳寧等謀反，事連李善長及吉安侯陸亨等。上命羣臣更訊得實，賜惟庸、寧死。羣臣又請誅善長、仲亨等，上曰：此皆吾初起腹心股肱，吾不忍罪之，其勿問。至二十三年五月，有告元臣封績爲惟庸通朔漠訊，得反狀，及善長私書。刑官請逮善長，詔勿問。會善長家奴盧仲謙等，亦發善長素與惟庸交通狀，上命廷訊得實。召善長詣奉天門，撫遺歸第，善長遂自經。此國史所紀善長得罪之始末也。嘗竊疑善長以元勳國戚，結黨謀叛，罪不容於死。業已更訊得實，羣臣劾奏請誅，其義甚正，而上以勳舊曲赦之。十年之內，寵寄不衰，有是理乎？縱上厚待之，善長獨不愧於心，引嫌求退乎？吉安、平涼皆戇勇武夫，置之勿問猶可也。事露之後，上獨無纖芥之疑，而出鎭專征，委以重寄不一而足乎？仲亨之謀逆，以初起時股肱見貸。當時公侯，誰非豐沛故人，亦欲爲仲亨所爲，其孰能禁之乎？涂節等之上變，已經更訊。後十年再命廷讞，始致辟焉。將初辭猶未盡，而後獄乃致詳乎？抑前之更訊者無左驗，而後之具伏者乃定案乎？緩之十年，發之一日，劾奏者攘臂於先，而舉首者接踵於後。天下後世不能不致疑於斯獄也，可知已矣。今以《昭示姦黨錄》考之，庚午五月之詔，與善長等之招辭，臚列備載，乃知惟庸之謀逆，發於十三年，善長弟姪之從逆，發於十八年，而善長與吉安、平涼諸公侯之反狀，直至二十三年四月，始先後發覺也。國史所記，其失實於是乎不可掩矣。上手詔云：三十九年已被瞞過。三十八年善長招云：十三年奸黨事發，僥倖不曾發露。十八年弟李四被毛鑾糖說出胡黨免死，發崇明安置，不曾推問善長情節。則善長之反狀，二十三年以前未嘗發覺，曉然無可疑者。惟其如是，故十年之中，韓公之恩禮彌隆，列侯之任使如故。一朝發覺，而逮問相錯，誅夷殆盡，此事理之可信不誣者也。不知永樂初史局諸臣，何不細究爰書，而誤於紀載若此？竊其大指，不過欲以保全勳舊，揄颺高皇帝之深仁厚德，而不顧當時之事實抑沒顚倒，反貽千古不決之疑，豈不繆哉？國初《昭示奸黨》凡三錄，冠以手詔數千言，命刑部條列亂臣情辭，榜示天下，至今藏貯內閣。余得以次第考之，而釐正如左：

一、《實錄》：刑官請逮善長，詔弗問。下善長從子佑、伸於獄，廷訊得實。上召善長於右順門，撫慰遣歸，善長乃自殺。是善長始終未嘗下獄也。按太祖手詔云：敕錦衣詣置所提到親弟姪，令九衙門共審，發覺知情緣繇。則逮問者善長之弟存義，存義之長男伸與李存賢之子仁也。已而命刑部備條亂臣情辭，則首列善長招辭，而次及存義與其子伸。善長倘終不下獄即訊，則法司何所援據，而有一名李善長之招乎？又按營陽家人小馬招云：今年閏四月內，聞知李太師拏下。蓋指二十三年之閏四月也。此非善長下獄之明證乎？俞本《皇明本紀》云：國老太師李善長爲逆黨事伏誅，妻女子弟幷家人七十餘口悉斬之。然則，善長之不下獄與歸家自經，蓋亦史臣有隱之辭，非事實也。又云：上不得已下佑、伸於獄。上曰：「吾欲赦佑等死，以慰太師。」羣臣不可，佑即惟庸之壻也。李存義招云：十八年，次男李佑，被人告發，欽蒙免死，發崇明安置。存義與仲俱免死安置，則佑之不免死明矣。刑部但列存義、伸、仁三招而不及佑，二十三年必無佑尚在之理。此必國史之誤也。王世貞撰《韓公傳》，於十三年書云：遂止誅存義，幷赦佑。尤爲失實無據。

一、《實錄》：惟庸以兄女妻善長從子佑。善長之弟存義，佑之父也。惟庸令存義陰說善長，善長驚悸曰：「爾言何爲者？若爾，九族皆滅。」存義懼而去。十餘日，惟庸又令存義告善長：「事成，當以淮西地封爲王。」善長本文吏，用計深巧，雖佯驚不許，然心頗以爲然，又見以淮西之地王己，終不失富貴，且欲居中觀望，爲子孫計，乃歎息起曰：「吾老矣，繇爾等所爲。」存義還告。惟庸喜，因過善長。善長延入，惟庸西面坐，善長東面坐，屛左右，欸語良久，人不得聞，但遙見頷首而已。按：《實錄》所載與上手詔及善長、存義等招，大略相同。手詔之罪善長曰：李四以變事密告，善長中坐默然而不答。又十日，弟仍告之，方乃有言。皆小吏之機，狐疑其事，以致胡、陳知其意。首臣旣此，所以肆謀奸宄。善長自招，一云：尋思難答應。一云：這事九族皆滅。一云：我老了，你每等我死時自去做。皆徘徊顧望，一無堅決之語。其所云：這件事若舉，恐累家裏人口；這事急切也做不成。以此含糊不舉。此則其本情也。惟庸反謀已久，謀欲善長爲己用，兄弟子姪，賓客朋舊，下及僮僕廝養，舉皆入其彀中。善長昏姻誼重，家門慮深，目瞪口呿，宛轉受其籠絡而不能自拔，卒委身以殉之。以霍子孟之忠，明知顯之邪謀，欲自發舉，不忍猶典，以釀身後之禍，而況可責之於善長乎？坐此族滅，豈爲不幸哉？庚午詔書，條列善長罪狀，不過曰：平昔以吏心自處，默然不答，以致胡、陳知其意。所據者，善長與存義、伸、仁四招而已。其他家奴婦女一切招辭，牽連錯互，雖臚列之以示天下，而手詔皆不及焉。蓋聖祖之意，亦未必盡以爲允也。嗚呼，亦可哀矣哉。

一、國史序善長與惟庸謀反情事，皆援據當時獄辭。第按《昭示姦黨錄》條列善長諸招，則亦有未盡核者。蓋洪武十年九月，惟庸以逆謀告李存義，使陰說善長，未得其要領，乃使其舊人楊文裕許以淮西地封王。是年十一月，惟庸親往說善長，善長猶趦趄未許。即國史所記惟庸西面坐，善長東面坐者是也。然此時善長未許。至十二年八月，存義再三往說，善長始有「我老了，你每自做」之語。今乃盡剷去前後曲折，謂惟庸使存義說善長，善長不爲動，更令以淮西地啖之，即歎息而起，遂自往面訂逆謀。譬如賦詩，取義斷章，豈可以爲折獄定罪之法乎？惟庸過善長密語，據善長自招，則云知道了；據火者不花之招，則云善長怒罵李四，惟庸即去。正聖祖所謂小吏之心，狐疑其事也。今乃云良久人不得聞，遥見頷首。國史叙事，蓋用太史公《淮陰》諸傳之法，可謂妙於揣摩矣。以言乎實錄，則猶有間也。

一、《實錄》：善長家奴盧仲謙等發善長與惟庸往來狀，惟庸爲寧國知縣，善長薦爲太常少卿，惟庸以黄金三百兩謝之。及惟庸欲謀反，善長陰遣家奴耿子忠等四十人從惟庸，惟庸皆厚與金帛，以古劍謝善長，且言此回回國所獻者，又以玉酒壺、玉刻龍盞、蟠桃玉盃奉善長。〇按《昭示姦黨錄》所載招辭，有云龍鳳年間，舉薦惟庸爲太常司丞，以銀一千兩、金三百兩爲謝者。此太師火者不花之招也。有云洪武八年太師在鳳陽蓋宫殿，三月間，胡丞相來點鳳陽城池，丞相解劍贈太師，云是回回國所出，名木樨花并鐵劍，不問甚麽甲，層層透，十三年六月，太師命不花碎此劍。亦不花之招也。有云洪武十二年八月，丞相家二舍以千金寶劍送太師，至第三日，二舍人令人擡木匣一個，有小玉壺瓶一個，玉盤盞二副，玉龍頭大盞一個，玉馬盂一個，玉盤一個，桃樣玉盞二個，擺起來恰好一桌子。太師朝回，逐件看過，喜歡收了。至第二日，太師朝回往謝，酒間，丞相說：「玉器不打緊，我明日淮西地面蓋起王府，撥五十家行院與你做家樂，那時纔是富貴。」十三年，胡黨事發，太師令脱脱火者將玉器并劍打碎，擲在河裏。此火者來安之招也。有云洪武九年秋間，太師早朝回，喚家人盧仲謙及儀仗戶陳進興、耿子忠等四十人，各賞鈔七十貫。至晚，太師又說胡丞相要幾個人用，你們去跟他，重賞賜你。即令金火者引仲謙等去細柳坊門首，李四官人引見丞相，丞相每人與銀十兩，又說：「你每是太師家裏有用的人，常跟我做貼身伴，當扶助我成得事業，教你每都做大官人。」仲謙等喜允，一向跟隨本官出入，時常與李太師家商量事務。十三年，胡黨事發，仲謙與陳仲良逃回太師家躲避。此盧仲謙等之招也。《實錄》所載獄辭，大抵援據各招，約略相合。第據詔書及善長等招，善長雖與惟庸結姻，初未知惟庸反情。十年十月，惟庸使善長故人楊文裕說善長，許以割淮西地王之，善長方心動。至十二年八月，李存義來言，猶再三堅拒。而仲謙之招，以爲善長遣往從惟庸，乃在九年之秋。果爾，則惟庸之反狀，善長已明知之，且使其家人儀仗戶雜然往助。惟庸又何以惟恐善長之不就己，而使其故人子姪宛轉游說耶？又云：洪武八年十月內，太師常去胡丞相家商議，太師云：「若謀反，必要幾個大公侯同謀。」如此則衆公侯之從惟庸，皆善長主謀使之也。乃其身顧重自猶豫，不肯决然同事耶？仲謙又招云：洪武九年，太師使伴當耿子忠請吉安、淮安、臨江、營陽、平涼、永嘉六侯喫茶。太師云：「我請你到胡丞相家商量謀反事務。」善長文吏奸深，何至矢口狂誖，如病易喪心者所爲？豈仲謙等諸招，與夫雜出於家奴婦女之口者，亦有不足盡信者耶？或謂善長巧偽舞文，掩匿其通謀之狀，而以狐疑觀望，曲自抵諱，冀上憐而貰之。然以太祖之聖明，豈不能洞見其隱，而但據其抵讕之辭，以播告天下哉？覈善長之罪狀者，當以庚午詔書及善長、存義四招爲正。如國史捃拾仲謙諸招以傅爰書，則情事舛駮，疑信錯互，千載而下，回翔繙閲，必有反抉讁其罅漏，爲善長訟冤者矣。姑書之以俟後世焉。

一、《實錄》：胡惟庸謀亂，密遣元臣封績使於元主。惟庸誅，績懼不敢歸。藍玉於捕魚海獲績，善長匿不以奏。至是有告之者，捕下獄，訊得反狀及善長私書。庚午詔書謂耿忠、於琥在寧夏時，聽胡、陳分付，送封績往草地通信，後破胡營，獲封績，二人反情，繇是發覺。初不及善長私書及匿不以聞事也。以《昭示姦黨錄》攷之，則云洪武二十三年，善長於京民合遷之內，朝給長姊楊阿李，暮給次姊王阿李，明日又給親人丁斌。朕見其深奸，提伊親弟姪，令九衙門共審，供發知情緣繇。善長自招云：今年不合將應遷逆民數內，給付姐姐，及將親人丁斌妄奏。致蒙送問，供出李四緣繇。蒙提李四到官，供出善長前項緣繇。則善長之事，繇丁斌發覺明矣。按：丁斌者，揚州高郵人，西安護衞百戶周祥之義男也。周祥有膽勇，係張氏同僉歸附，出入胡丞相門下，參預謀議，得陞本衞千戶。祥在京師，嘗以其女原奴許配丞相之子。洪武八年，祥歿於西安，斌與祥之子周昇，食貧無以爲生，因太師從子神舍、吉安侯妻舅石敏與其壻黄質引見丞相，丞相訊知祥已死，爲之歎惜，遂命昇襲職，除杭州衞，留斌出入門下，如祥在時。一日，斌與李神舍往候丞相，丞相與太師弟李四在西軒閒坐，丞相謂李四曰：「周千戶在時，曾以女許配吾子。今吾子俱有婦矣，汝姪神舍尚未娶，吾爲主婚，以周氏女娶神舍何如？」李四遂命神舍拜謝。七月，斌義姊遂歸神舍。神舍者，李存賢之次弟，仁之親弟，而太師之從子也。斌自此與李四叔姪侍丞相飲酒。丞相每告戒，令齊心舉事，事成，富貴不小。斌等心識之，不敢洩。十三年，胡黨事敗，斌懼禍逃杭州，往依周昇。二十三年二月，李神舍先爲事處決。斌復來神舍家，聞石敏、黄質等事發，欲逃歸，未果，爲法司逮問。此丁斌招辭之大略也。繇此觀之，則李四父子之反形，因丁斌而發覺，善長之逆情，又因李四父子而供吐，其不爲封績手書之故明矣。國史於善長一獄，不勝舛誤。即所記臺臣前後論劾，凜如秋霜，要亦史臣以己意文致其詞，未必當時白簡果如此也。封績爰書，詳具於後，其詞亦未嘗連善長。

一、封績招云：績係常州府武進縣人。幼係神童，大軍破常州時，被百戶擄作小廝，拾柴使喚。及長，有千戶見績聰明，招爲女婿。後與妻家不和，被告發，遷往海南住坐。因見胡、陳擅權，實封言其非爲。時中書省凡有實封到京，必先開視。其有言及己非者，即匿不發，仍誣罪其人。胡丞相見績所言，有關於己，匿不以聞。詐傳聖旨，提績赴京，送刑部鞫問，坐死。胡丞相著人問說：「你今當死，若去北邊走一遭，便饒了你。」績應允。胡丞相差宣使送往寧夏耿指揮、居指揮、於指揮、王指揮等處。耿指揮差千戶張林，鎮撫張虎、李用轉送亦集乃地面，行至中路，遇達達人愛族保哥等，就與馬騎，引至火林，見唐兀不花丞相。唐兀不花令兒子莊家送至哈剌章蠻子處，將胡丞相消息，備細説與，著發兵擾邊。我奏了，將京城軍馬發出去，我裏面好做事。按：封績招詞甚詳，絕不及善長私書，則善長事發，非爲有人首沙漠之故，又居可知也。通胡手跡，此善長大逆不道第一公案，聖祖不以列手詔，刑部不以入爰書，而國史羅縷書之，獨何所援據哉。以聖祖所條示爲案，而力刊《實錄》之誤，可也。《實錄》又云：封績，河南人，故元臣來歸，命之官不受，遣還鄉，又不去，謫戍於邊。故惟庸等遺書遣之。按：績本武進人，而曰河南。童稚被擄，身爲廝養，而曰元臣來歸。且所記遣戍遺書之故，與績招無一語相合者。國史之不足徵，一至於此。

一、詔書云：於京民合遷之內，朝給長姊楊阿李，暮給次姊王阿李，明日又給親人丁斌。善長招云：不合將應遷逆民數內姐姐給親及將親眷丁斌妄奏。《實錄》云：京民通惟庸作亂者，法當徙邊。善長受姦民賄，奏請數給其親。《九朝野記》則云：京民爲逆，僇其半，遷其半於化外。善長復請免其黨數人。按：善長二姐家及丁斌，皆惟庸黨，合遷化外者。善長奏請免之，致將丁斌提問。若云以合遷京民奏給其姊及丁斌，恐無此理，當以《野記》爲是。因詔書出自聖製，文義奧古，故《實錄》誤解耳。又如詔書云：陸仲亨年十七，持一斗麥藏草間，朕呼之曰：「來。」蓋以罪狀仲亨，著明其負恩忘舊，而《實錄》援引，以爲上封羣臣曲赦仲亨之語，則不啻背馳矣。國史之多誤如此。

一、太師妻朱氏招云：洪武十二年十月，聽得李六十即李仁。和太師說：「我有得多少人，和湯大夫處借些人。」太師自去請湯大夫前廳飲酒，太師說：「你的軍借三百名與我打柴。」湯大夫說：「上位的軍，不是我的軍，我如何敢借與你。」酒散，太師對李六十說：「上位氣數大，便借得軍，也無軍器，且慢慢理會。」此招與《實錄》相合。

一、太師妻樊氏招云：洪武十一年六月，太師爲救儀仗戶事，上位惱李太師，著人在本家門樓下拏去察院衙門。丞相奉旨發落歸家。爺兒三個在前廳哭，發狠：「我做著一大太師，要拏便拏。」當月第三日，丞相來望太師說：「不是我來發落你，上位怎麼肯饒你？」

火者不花招云：洪武七年十月，李太師欽差往北平點樹，回到瓜洲。胡丞相差省宣使來說：「聖旨教你回鳳陽住。」太師抱怨說：「我與上位做事都平定了，到教我老人家兩頭來往走。若是這等，事業也不久遠。」八年三月，欽取太師回京。不數日，太師往告訴胡丞相：「上位如今罰我這等老人，不把我做人。」

太師管田戶潘銘招云：太師於洪武八年鳳陽蓋造宮殿，差往興原轉運茶。與陳進興說：「許大年紀，教我運茶，想只是罰我。」九年三月回家，對胡丞相說：「許大年紀，教我遠過棧道去，想天下定了，不用我。」兪本《紀事錄》：七年十二月，善長奉旨差詣漢中府，清理茶政，秦州、河州訪察馬政。上囑曰：「卿到陝西，使曾跟朕小廝兩個跟前用，不要使宣使奏差。朕與汝銀二百五十兩，買酒肉與小廝喫，只教也支廩給，休擾那驛家。」

太師儀仗戶孫本招云：洪武九年七月，李太師對延安侯說：「我爲蓋鳳陽府宮殿不好，上位好生怪我，教我無處安身。」吉安侯說：「我每都去胡丞相家商量。」

儀仗戶聞保兒招云：「十年三月，丞相對太師說：「上位這幾日有些惱，爲鳳陽蓋宮殿不如法。」太師說：「這等敎我怎麼好？」丞相說：「太師，我這等事也覷的小可。」」以上諸招，皆善長平日怨望聖祖之事，國史所不載者。

一、太師火者來興招云：「洪武九年六月，胡丞相敎人送一櫃鈔與太師，丞相云：「我擡這鈔，不是與別人，你收拾些好伴當與我。」太師說：「我與你這伴當，不要與人知道。」當日太師撥伴當陳進興、耿子忠等四十名送胡丞相。丞相云：「你常常跟著我，等至十二年二月初一日下手。」」與盧仲謙招同。九年六月收拾伴當，約至十二年二月舉事，何期會之早若此？

又招：「六年三月，胡左丞問太師：「我和你說的話，如今怎的？」太師說：「已知道了。明日有淮安侯管各門，約四月十二日點定人馬下手。」」見淮安事中。時華雲龍在北平，所約者小淮安侯華中也，恐無掌管各門之事。

又招：「洪武九年二月，胡丞相問梳頭待詔許貴：「我要使你和太師老官人說些話，你敢說麼？」許貴說：「我敢說。」丞相說：「我要和太師商量大逆的勾當。」」豈有大逆勾當使梳頭待詔傳說之理，似未可信。

太師妻樊氏招云：「洪武七年，胡丞相到太師家拜年節。丞相說：「天下的事，都在我手裏掌著。我如今要作歹，你爺兒從不從？」太師說：「看丞相幾時下手？我每爺兒也從。」九年十月，丞相約太師：「二十日下手，你著兩個兒子，四官人、六官人爺兒各自領人。」」

又招：「八年八月十五日，胡二舍對太師說：「如今事都成了，有李四還在江那邊，取他爺兒五個回來，交付人與他領。」太師即便使人取回。」李四與丞相結姻在洪武九年，豈有八年八月先取回領軍之理。

太師妻朱氏招云：「洪武八年六月，太師伴當陳千戶斫了胡丞相淮西墳上樹。上位宣太師來問，腦擊太師赤腳走一遭。太師歸家說：「我跟了上位許多年，聽胡丞相說，便這等擊我。」李四說：「却又我說不差，你聽我說，從了他，那裏有這等事？」太師點頭。」此亦在李四與惟庸未結姻之時，恐未足信。

李四妻范氏招云：「洪武五年十一月，男李佑回家說：「今日早我父親和太師、延安、吉安四人在胡丞相家板房裏喫酒，商量要反。」范氏道：「可是眞個？你嚇殺我。」李佑回說：「是眞了。」」

又招：「八年九月，李四回家說：「我早起和汪丞相、太師哥在胡丞相家板房喫酒，商量謀反，我也隨了他。」范氏罵李四：「你發風，你怎麼隨他？」李四說：「我哥哥隨了，我怎麼不從他？」」善長既與惟庸再三面議反事，何以至十二年猶狐疑未決耶？

已上諸招，皆所謂雜出於家奴婦女之口，雖經刑部條示，而詔書皆未之及者也。三錄所載，未可更僕數，姑存其梗概。

一、太師儀仗戶周文通招云：「洪武十六年五月初五日，太師坐前廳，「叫火者家人小廝都來聽我發放。已前事務不成了，你每大小休要出去唱言。如今暗行人多，我好時小廝每都好，不好時都不好。出外小心，在家勤謹，休要說閑話。」小廝每都起去。」

盧仲謙招云：「洪武二十一年，仲謙到定遠看太師新蓋房子。仲謙跪說：「別公侯家都蓋得整齊，大人如何不敎蓋得氣象著？」太師說：「房子雖蓋得好，知他可住得久遠？」仲謙說：「大人有甚麼事？」太師說：「你不見胡黨事至今不得靜辦，我家李四每又犯了，以此無心腸去整理。」仲謙回說：「好歹不妨。」」

儀仗戶孫本招云：「十九年十月，孫本去定遠縣見太師房屋不整齊。太師說：「李四見在崇明，胡黨不息，不知我如何？」孫本說：「有甚麼事？」」

家人倪定住招云：「十三年十月，太師在家飲酒，六官人和太師說：「已前和胡家商量的事，怕久後牽連我一家。」李二官人說：「父親做太師，哥哥做駙馬，料著我家無這等事。」」

儀仗戶趙猪狗招云：「十六年六月，太師請延安侯飲酒，延安侯說：「我每都是有罪的人，到上位跟前，小心行走。」太師說：「我每都要小心，苦惱著上位時，又尋起胡黨事來，怕連累別公侯每。」十七年五月，太師說：「上位尋胡黨又緊了，怎麼好？」吉安侯說：「上位不尋著我，且繇他。」」

十四年正月，平涼侯請太師飲酒，平涼侯說：「我每都是胡丞相作反的人，若上位尋起來，性命都罷了。」太師說：「早是也不來尋我。」平涼侯說：「若不尋著，我每且躱一躱，不要出頭罷了。」」

已上諸招，皆胡黨發後，善長惶恐懼禍之事。觀其告戒同黨，曉諭僮奴，屏足掩耳，惴惴如不終日。至於鳳陽第宅不事修葺，且有知他可住得久遠之語，且悔且懼。其於善長情事，可謂逼眞矣。他招謂善長欲爲惟庸報讎，或云十六年謀之濟寧，或云十八年謀之平涼，又謀之平涼侯男，或云十九年謀之吉安、營陽，或云二十一年謀之延安。善長老吏負罪，而心悸惟恐人知其影響，尚取攘臂怒目，切切然謀爲人報必不可報之讎也哉？爰書所列，此其最爲失眞者，斷而削之可也。

一、祝允明《九朝野記》云：二十三年五月初二日，以肅清逆黨，命刑部尚書楊靖備條亂臣情詞，播告天下。上口詔幾四千言。梅純《備忘錄》云：洪武三年，大封功臣。十七年，定功臣次第，又異於前。鄭曉《異姓諸侯傳序》云：洪武三年冬，大封功臣。十七年，定功臣次第，與前稍異。功高望重，連歲總兵者八人云云。二十三年五月，肅清逆黨，命刑部尚書楊靖條示天下，上口詔幾四千言。按庚午詔書，載於《九朝野記》者，首尾闕落，僅存其半。鄭曉作《異姓諸侯傳》，多援據此詔，第未見全文，概有舛錯。其序云：十七年，定功臣次第。二十三年，肅清逆黨。此大繆也。功臣次第，即定於肅清逆黨之榜，豈有兩詔乎？如曰功臣次第爲十七年所定，則藍玉之進封涼國在二十一年十二月，此詔何以不稱永昌而先稱涼國耶？舳艫、航海，以二十年封，開國、全寧、西涼以二十一年封，又何以備列耶？鄭氏之失考甚矣。黃金《開國功臣錄》云：二十三年春，榜列勳臣五十七人，李善長猶居首。不知此詔在二十三年之五月，正善長等參夷之日。其榜列勳臣，所謂刑人於市，與衆棄之者也，豈以是優異善長等耶？《昭示姦黨·第三錄》載營陽侯楊璟火者招云：洪武二十三年五月，內舍人楊達錄榜文，想伊父五次賣陣，我兄弟又有大罪，本年六月，欽差官來察理旨意。觀此招，則肅清逆黨之詔，其榜列在二十三年五月明矣。《昭示姦黨》諸錄，則又次第刊布，未必在一時也。此詔《實錄》失載，幾於湮沒，今幸藏弆內閣，開國勳臣之事，其強半猶可考見。孔子二代之傷，公羊三世之論，君子不能不爲之慨歎云。

一、善長子祺尚太祖長女臨安公主。《開國功臣錄》云：永樂元年，卒於江浦。《史翼》云：洪武中以善長罪，囚於家。建文初，赦出，守江浦。北兵入，投水自溺。按大明玉牒祺卒於洪武二十二年己巳。《開國功臣錄》諸書皆繆也。大明玉牒，永樂間編纂仁祖、太祖及親王玉牒譜牒，其可徵信無疑，余故援以正之。又按《昭示奸黨錄》載李太師家教學貢穎之招云：洪武十六年，穎之見黨事不絕，仍投李太師家，教李駙馬舍人讀書。二十一年，跟李駙馬往鳳陽定遠縣住。則知祺以二十一年還定遠，次年卒，亦當在定遠，不在江浦也。使二十三年祺尚在，亦必不免。太祖大義滅親，豈不能以歐陽倫之法處之耶？祺之得前死爲幸，而韓公之後，其得存者必鮮矣。哀哉。

又卷一一〇《讀杜二箋下·贈左僕射鄭國公嚴公武》 四登會府地，三掌華陽兵。

按：《舊書·嚴武傳》：武初以御史中丞出爲綿州刺史，遷東川節度使，再拜成都尹兼御史大夫，充劍南節度使，三遷黃門侍郎，拜成都尹，充劍南節度等使。杜詩所謂三掌華陽兵，主恩前後三持節者是也。惟史於武傳不記其遷拜出鎮之歲月，而兩川之分合，《新》、《舊》書志、表與諸書互異，莫能歸一。余詳考之，兩川之分也，《舊書·地理志》云：至德二載十月，玄宗駕迴西京，改蜀郡爲都府，長史爲尹，又分劍南西川、東川各置節度使。《新書·方鎮表》亦同。而《唐會要》則云：上元元年二月，分爲兩川。《會要》誤也。先是稱劍南節度，至是更號西川節度兼成都尹。乾元二年，以裴冕爲之令。兩川分於上元，則裴冕何得先兼成都尹乎？武傳載上皇誥合劍兩川爲一道。余謂合兩川非上皇誥，而分兩川乃上皇誥。蓋西內之後，上皇之誥不行久矣。此史誤也。《圖經》云：至德二載，明皇幸蜀，始分劍南爲東西二川，西川治益州，東川治梓州。此其證也。武以乾元元年六月貶州刺史，未久而節度東川。上元二年，段子璋反，東川節度使李奐敗奔成都。武自東川入朝，當在奐前。然則武之初鎮，蓋在乾元、上元之間也。兩川之合也，《舊書》志以爲廣德元年，《新書》表以爲廣德二年，《唐會要》則以廣德二年正月八日。蓋皆在武三鎮之時。《舊書》武傳云：上皇誥以劍兩川合爲一道，拜武成都尹兼御史大夫，充劍南節度使。則合兩川在武再鎮之日。余謂《舊書》武傳是，而志表諸事皆非也。案：《高適傳》：劍南自玄宗還京後，於綿、益二州各置一節度。適因出西山《三城置戍論》之疏奏，不納。後綿州副使段子璋反，崔光遠不能戢軍，以適代光遠爲成都尹、劍南西川使。以適傳考之，適論罷西川節度，乃在子璋未反之前，及子璋反，李奐敗，而光遠不能兼制東川，故朝廷用適前論，合兩川爲一，而罷東川也。光遠之罷也，武實代之。武召入，以適代。適失西山三州，又以武代。適實代武，而武又代適，謂適代光遠者誤也。趙抃《玉壘記》曰：上元二年，東劍段子璋反，李奐走成都，崔光遠命花驚定平之，縱兵剽掠士女，至斷腕取金，監軍按其罪。冬十月恚死。其月，廷命嚴武。此武代光遠之證。寶應元年，杜有《嚴中丞見過》詩曰：川合東西瞻使節。系曰：自東川除西川，勑令兩川都節制。此武再鎮時合兩川之證也。李奐雖重有節度，亦不能久於東川，何自奐後直至張獻誠，無一人除東川者乎？故曰《舊書》武傳是而他皆非也。若大曆初復分兩川，《舊書》云「在崔寧鎮蜀之後」，而《方鎮表》以爲元年，《會要》及盧求《成都記序》以爲二年正月。按：元年杜鴻漸表張獻誠以山南西道兼領東川，至二年而始定。此又當以《舊書》、《會要》爲是也。《舊書》既失之不詳，多所牴牾，而《通鑑》則尤爲踳駁。武之初鎮，《通鑑》既失載，而再鎮，則載於寶應元年六月，是年四月，召武入朝二聖山陵，爲修道使。却云六月出鎮，七月徐知道反，以守劍閣，武九月尚未出巴，故杜有「何路出巴山」之句。而云知道守要害拒武，武不得進。何背繆之甚也？胡三省泥於《通鑑》，乃云武只再鎮劍南。《唐書》蓋因杜詩，致有此誤。則紕繆更不可言矣。謹書之以俟博聞者。

何楷《詩經世本古義》卷一《夏少康之世詩》　《公劉》，始遷豳也。夏道衰，公劉變于西戎，邑于豳，自漆沮度渭，取材用，行者有資，居者有畜積，民賴其慶，百姓懷之，多徙而保歸焉。故詩人歌樂思其德。自「夏道衰」下，俱出《史記・匈奴列傳》及《周本紀》。《索隱》云：即《詩・大雅》篇《篤公劉》是也。按《史記》：后稷封于邰。后稷卒，子不窋立。不窋末年，夏后政衰，去稷不務，不窋以失其官而犇戎狄之間。不窋卒，子鞠立，鞠卒，子公劉立。故舊說皆謂公劉后稷之曾孫。自《周語》載太子晉諫靈王，有「自后稷始基靖民，十五王而文始平之」之語，而《周本紀》亦叙稷至文王爲十五世，故孔穎達疑之，謂計虞及夏、殷、周有千二百歲，每世在位必皆八十許年，乃可充其數。子必將老始生，不近人情之甚。羅泌亦云：史載契十世而至成湯，厥次僅是叙后稷十有五世而至文王，中間乃閱夏、商二代，所較者三十餘世，踈脱甚矣。又引夏氏之書，記帝王之世云，帝俊生稷，稷生台璽，台璽生叔均，叔均爲田祖。謂稷之後世多矣，不窋不得爲稷子。而楊慎嘗見《呂梁碑》所載，其世次亦與此同。及《史記》載劉敬説漢高帝，有云周之先自后稷，堯封之邰，積德累善十有餘世，公劉避桀居豳。夫公劉居豳既當夏桀之時，則其非后稷曾孫明矣。然愚考《竹書》載夏少康三年復田稷。沈約註，謂后稷之後不窋失官，至是而復，則公劉之興當在此時。而詩中如《行葦》、《甫田》、《大田》諸篇，宜皆爲公劉之詩，其詩中皆有曾孫之語，則公劉之爲后稷曾孫似無可疑，史遷之叙世次，未必無本，然不應與劉敬傳相踳盭。大抵傳述每多譌異，史汎採而不能精，不然據詩咏遷豳乃公劉事，《史記》於《劉敬》、《匈奴》二傳亦以遷豳屬之公劉，而《周本紀》乃云公劉卒，子慶節立，國于豳何也？又《本紀》祖《周語》祭公謀父之説，謂夏之衰，棄稷弗務，我先王不窋用失其官，而《匈奴傳》乃直云夏道衰而公劉失其稷官，又何也？若諸儒于十五王世次之疑固不爲無理，金履祥謂以有德之宗數之，猶殷言賢聖之君六七，漢言七制之主，此論蓋近之矣。稗官小説所傳出于經史之外者，固不足深信。又按邰在今武功縣，邠在今邠州，皆屬陝西西安府，相去特百餘里。然自不窋已自竄于戎翟之間，不居邰矣。程泰之謂慶州南三里有不窋城是也。是則公劉遷豳乃自不窋城遷，非自邰遷也。至《匈奴傳》所言公劉變于西戎者，盖謂公劉居戎地而能振奮以自變異耳。非謂其變于夷也。乃金氏則以《七月》及《篤公劉》皆豳之遺詩，其説曰：《篤公劉》之詩下視《商頌》諸作，同一蹈厲，《七月》之詩，上視《五子之歌》《夏小正》之屬，與夏令時儆之辭皆同一文軌也，豈至周召之時而後始有如此之文哉？且周詩固有追述先公之事者，然皆明著其爲後人之辭，《生民》之詩述后稷之事也，而終之曰「以迄于今」，《緜》之詩述古公之事也，而係之以文王之事，此皆後人之作也。若《篤公劉》之詩，極道岡阜佩服，物用里居之詳，《七月》之詩，上至天文氣候，下至草木昆蟲，其聲音名物，圖畫所不能及，安有去之七百歲而言情狀物如此之詳，若身親見之者？又其末無一語追述之意，吾是以知其決爲豳之舊詩也。況史氏已明言詩人歌樂思其德乎。噫，自載籍之不傳，後世槩以先公之事爲樸野不文之俗，胡不即近世而觀之乎？兩漢文物之久，而《白狼》之詩譯于朝，李唐詞章樂府之行，而《涼州》之遍《甘伊》之聲列于樂，況豳俗居雍土之中，岐梁之虚，而公劉接聞文教流傳之後，又當變戎爲華之初，爲諸夏方新之邦乎，故《篤公劉》、《七月》之詩端爲豳公當時之詩無疑也。今按此説深爲有理，故從之。

又卷一八《周敬王之世詩》　《下泉》，曹人美晉荀躒納周敬王也。焦贛《易林・蠱之歸妹》其繇云：「下泉苞稂，十年無王。荀伯遇時，憂念周京。」今考詩與春秋事相符合，焦氏所傳確矣，當從之。按：《左傳》、《國語》及杜預、韋昭注，昭二十二年，周景王崩。先是太子壽卒，王立子猛，後復欲立子朝而未定。至是單穆公旗、劉文公狄奉子猛立之，子朝因舊官百工之喪職秩者與靈王景王之子孫以作亂，單子劉子奉子猛出奔。冬十月，晉籍談、荀躒帥九州之戎及焦、瑕、溫、原之師將以納王于王城，已而子猛卒，周人謚曰悼王者是也。猛母弟王子匄立，是爲敬王。晉師王師伐京圍郊，子朝敗，王使人告閒，晉師還。未幾，子朝入于尹。單子、劉子伐尹，敗。召伯奐、南宮極以成周人戍尹。王如劉，王子朝入于王城。尹辛敗劉師，尹文公圉遂立王子朝，時昭二十三年六月也。于是子朝稱西王，天王居于狄泉，稱東王。狄泉者，成周之城，周墓所在。杜預云：今雒陽城内大倉西南池水也。時召簡公盈南宮嚚及甘桓公俱從子朝，晉侯使人涖問周故，問于介衆，皆以子朝爲曲，乃辭子朝，不納其使。二十五年夏晉人爲黄父之會，謀王室也。令諸侯之大夫輸王粟、具戍人。曹人與焉，其君則悼公午也。期以明年納王。越明年，劉師與子朝之師戰，又敗，王出奔，次于滑。七月，晉荀躒趙鞅帥師納王，使女寬守關塞。十一月，晉師克鞏，尹氏召伯毛伯以王子朝奔楚，天王入于成周。晉師使成公般戍周而還。二十七年秋，復會于扈，令戍周也，曹人亦與焉。時子朝餘黨儋扁之徒多在王城，王畏之。昭三十二年，劉文公與萇弘欲城成周，距子朝作亂之時十年矣。按：王城在瀍水西，周公所營，以朝會諸侯之地，謂之東都，今河南是也。成周在瀍水東，周公所營，以處頑民之地，謂之下都，今雒陽是也。天子使告於晉曰：天降禍于周，俾我兄弟並有亂心，以爲伯父憂。我一二親暱甥舅，不遑啓處，于今十年，勤戍五年，余一人無日忘之。昔成王合諸侯城成周，崇文德焉，今我欲徼福，假靈于成王，修成周之城，俾戍人無勤，諸侯用寧，蝥賊遠屏，晉之力也，其委諸伯父。冬十一月，晉魏舒、韓不信如京師，合諸侯之大夫于狄泉，尋盟且城成周，曹人又與焉，其君則隱公通也。至次年春竣事。《穀梁傳》云：天子微，諸侯不享覲，天子之在者惟祭與號，故諸侯之大夫相率以城之，此變之正也。趙汸云：周室東遷而後，下陵上替已久，鄭莊公言天既厭周德，晉女叔寬以萇弘謀王室爲違天，邪説誣民非一日矣。然天子一命城成周而諸侯大夫奔走恐後，則人心猶不忘周也。夫人心在周，則天命未絶于周矣，此聖人爲東周之微意。愚按：自是而後，列國不復知有王矣，故夫子之删詩終于此。

章世純《四書留書》卷六《孟子下·禮與食孰重章》 禮者，本末大小而行之，以小輔大，以末佐本，綏則使相爲飾，急則以大與小者獨行。故禮食親迎平時之法也，不禮食不親迎變而置權也，其要皆歸於禮，而顧以名與食色，則其説安得而不舛哉。

先王之制爲禮也，以全生也。人有五官之嗜，物不必贍也，以禮馭之，不使傷，不使亂，而皆得於食色之安，此先王之善養欲也，故推而歸之食色，皆爲食色，何禮之有焉？苟反其説推而歸之禮，又皆禮也，何食色之有焉？如全生以有爲，娶妻以承宗，大節也，而小謹縟文皆所可略，此可言禮中輕重相權之數，謂於食色無與可也。

朱之俊《春秋纂·宣公二年》 秋，九月，乙丑，晉趙盾弑其君夷皋。

靈公不君，故稱名。

晉侯欲殺趙盾，鉏麑往刺而觸槐，彌明擊獒而救主，靈輒倒戟以禦兔。君之殺臣，如此其難也。而桃園之弑，曾不須臾，臣之弑君如此其易也。夫靈公彈人而犯其惡，趙盾驟諫而觸公威，故穿起乘之。然則書穿弑君可矣，穿之弑，不待書而知也。盾也，亡不越竟，反不討賊，若與于弑者。故以弑君歸之也。〇凡弑君而卿在不討者，或弑君之人於卿無與，而卿之權又不足以討之也。若穿之弑君，盾雖不與其謀，而穿之所恃無畏者，盾也。是盾不假手於穿，而穿實代手於盾也。使盾歸而執之，直一宰夫事耳。而盾又不問，豈得爲無罪乎？盾之罪，情不勝法也。若止以勿嘗藥爲弑父，則太嚴矣。危而不慎，亂其中也。以弑罪止者，欲爲子之慎也。豈止一嘗藥，遂能救父之死哉？止不能禁父之病，而使之勿死，故旋罪而旋赦之。盾實能防穿之變，而使之勿弑，故既罪而難出之也。假使石厚從州吁弑君，而石碏勿討，惡得爲純臣耶。〇士會諫靈公，三進及溜，而後視之曰「吾知過矣」，猶不改。宣子驟諫。夫「驟諫」二字，豈所以待庸暴之主乎？盾之殺機萌于此矣。公子慶忌亦驟諫吴子，吴子不聽，慶忌出居于艾，卒殺之。

朱朝瑛《讀詩略記》卷首《論小序》 詩義至於今日，幾如聚訟。作者愈繁，附會愈甚，而本旨愈不可詰矣。小序最爲近古，雖不出於作者之自爲，大抵採詩者據所聞而記其略也。後人增益，或失其初旨耳。觀亡詩六篇，僅存首語，則首語作於未亡之前，其下作於既亡之後明矣。子由獨取初辭，頗爲得之，然思之不精，仍多狃於舊聞，其獨創之説又臲卼而不安，宜其見斥於晦翁也。至晦翁之釋《詩》，又因後人之失其傳，并初辭而廢之，是猶飯與砂同棄，蕭與蘭並焚矣。夫《易》以發揮理義，猶曰書不盡言，言不盡意，況於《詩》以涵泳性情者乎。故詩人美刺之意有見於文辭之中者，亦有寄於文辭之外者，如必執文辭以求之，是孟子所謂害志者也。《集傳》既廢小序，惟以己意揣摩，於是舉諸刺詩半屬其人自爲，似則似矣，然春秋之初風教未至大壞，即有安於爲惡而不慚者，大抵在上之人，舉國中一二數而已，人猶痛惡而刺之，況在下者，敢作爲詩歌，播之里巷乎？且出於其人之自爲，則如《桑中》、《靜女》諸篇，徑情率意而出之，亦不足以爲詩，出於刺者之口，反覆而嗟歎之，於此無所嫌，於彼有所警也。乃曰未有刺其人之惡，而反效其人之言，以自陷於所刺之中者，獨不曰擯其人之惡，而反錄其人之詩，適以自背其所擯之意乎！使孔子生於漢唐以後，則狹邪游冶之篇，又何可勝錄也。晦翁胸中坦然夷易，無所曲折，言理則得之，言情則固有未盡者。故三百篇之中，《集傳》所得者，國風十之五，小雅十之七，大雅、頌十之九，而後人好異，乃欲盡舉而易之，則又過矣。

又卷四《小雅·楚茨》　楚楚者茨，言抽其棘。自昔何爲？我蓺黍稷。我黍與與，我稷翼翼。我倉既盈，我庾維億。以爲酒食，以饗以食。以妥以侑，以介景福。

序曰：刺幽王也。《荀子》亦云：小雅疾今之政以思往者。其言與序合，則序非後人妄作明甚。晦翁謂自此以下十篇詞氣和平，稱述詳雅，絕無風刺之意，信矣。然荀子近古，必有所據。意此十篇恰在《鼓鐘》之後，倘所謂以雅以南，以籥不僭者，其即此歟。幽王留連音樂，乃失德之始見，猶幸其所好而樂者古樂也，故賢士大夫或稱述先公先王之舊德，作爲新詩，以擬雅南而奏之，如周公之陳《七月》，召公之述《篤公劉》也。或因其舊文而損益之，其詩即屬之後人，如《常棣》爲周公之詩，而《左傳》以爲召穆公作之也，總以感導王志而格其非心，可謂善于風刺矣。幽王時所以人習音律，而詩多可采，亦或以此。此詩蓋述先公力于農事，以奉宗廟之祭也。知爲先公者，篇首二語蓋如太王遷岐作屏啓辟之事也。姚承菴曰：各章下係以福壽之詞者，樂章一升歌爲一闋，故其詞云爾。

介，助也。謂益大其福也。

又卷六《周頌·昊天有成命》　昊天有成命，二后受之。成王不敢康，夙夜基命宥密。於緝熙，單厥心，肆其靖之。

《集傳》曰：祀成王是也。序以爲郊祀天地者。周人郊祀所歌，或通用之耳。祀地于社，不得兼天，祀天于郊，有時兼地，盖尊者可以統卑也。故曰郊祀天地，亦非無據之說，後人因此遂謂天地之祭必合，則誤矣。謂合祭天地而歌此詩，則誤而又誤矣。成王之爲王誦甚明，雖微《國語》，亦曉然可知也。韋昭更強《國語》以從《鄭箋》，亦太悍矣。賈誼《新書》引此詩而釋之曰：成王者，武王之子文王之孫。即《毛傳》亦不釋成王，必以成王爲王誦，故不須釋也。是康成以前無不以此詩爲祀成王者。

朱鶴齡《李義山詩集注·錦瑟》　錦瑟無端五十絃，《周禮樂器圖》：雅瑟二十三絃，頌瑟二十五絃。飾以寶玉者曰寶瑟，繪文如錦曰錦瑟。《漢書·郊祀志》：秦帝使素女鼓五十絃瑟，悲，帝禁不止。故破其瑟爲二十五絃。或曰《呂氏春秋》云朱襄氏作五絃瑟，以采陰氣，以定羣生。瞽叟乃拌五絃爲十五絃之瑟，命之曰大章。舜立乃益八絃以爲二十三絃之瑟。此詩「五十絃」當倒其文爲「十五絃」，與下「思華年」相應。一云「五十」疑作「廿五」，正用素女事。廿，人汁切，音入，古人書二十字，多併省，爲廿。顏之推《稽聖賦》：中山何夥，有子百廿。但詩家罕用。一絃一柱思華年。

王介之《春秋四傳質》卷上《文公》　逆婦姜于齊。

婦姜之迎，四傳之說各異，而《穀梁》爲允。《左氏》曰：卿不行，非禮也。貴戚之卿納幣，而微者往迎，何前恭而後倨？事之所無也。《公羊》曰：娶乎大夫者略之，娶乎大夫而納幣，何以須卿？且諸侯而下，娶禮所不禁，宋嘗娶乎季孫矣，《春秋》弗譏，下娶與下嫁一也。宋蕩氏、齊高國之娶公女，未嘗略，而何獨略此？胡氏曰：禫制未終，思念娶事，方逆而已成乎婦，原其意而誅之，有補於名教之說也。然方喪圖昏，已譏於納幣矣，迎在三年之外，豈念舊惡而重貶之？且稱婦者，責姜氏之辭也。不孝在公，而非姜氏之不順，又何誅焉？於是而知《穀梁》禮成乎齊之說得之矣。不書公，諱也，以是爲大惡，故諱之也。齊魯昏媾之事，黷亂久矣，一亂於莊，再亂於文，魯不以爲惡，齊不以爲恥，故哀姜、出姜終不允於魯，故晏子曰：唯禮可以已亂。此義行而後世風俗之壞，士大夫納壻於室，亂昏嫁之大義，以趨苟簡，家其可以昌乎？

張次仲《待軒詩記》卷二《鄘風·定之方中》　序：美衛文公也。續序：衛爲狄所滅，東徙渡河，野處漕邑。齊桓公攘狄人而封之。文公徙居楚丘，建城市而營宮室，百姓說之，國家殷富。文公名燬，昭伯頑之子，戴公申弟，即宣姜與頑通而生者。

定之方中，作于楚宮。揆葵癸反。之以日，叶熱反。作于楚室。樹之榛栗，椅桐梓漆，爰伐琴瑟。賦也，首章言其建國之事。【略】升彼虛音祛，又叶語。矣，以望楚叶初，又如字。矣。望楚與堂，景山與京。叶涼。降觀于桑，卜云其吉，終然焉，毛、鄭《石經》俱作然。允臧。次章追述相土度地之初，升虛以領略其大勢，降觀以細察其土宜也。【略】靈雨既零，叶連。命彼倌音官。人。叶然，下同。星言夙駕，說音稅。于桑田。匪直也人，秉心塞淵，騋音來。牝三千。上言遷居，此言遷居後之事。【略】朱康流曰：晦翁以前無不信小序者，自晦翁之《集傳》出而小序廢矣，其間即稍稍異同，大都致疑于淫風耳。嘉靖初，有僞爲子貢傳及申培詩說，乃盡更其舊而變亂之。最異者，以《魯頌》爲《魯風》，而取《鴟鴞》諸詩以冠其首，更以《定之方中》爲僖公之詩，而題之曰《楚宮》。於是豐白菴稱引《地理》以楚與堂在今曹與魚臺兩縣，皆爲魯地，楚宮者，即《春秋·襄公三十一年》所書公薨于楚宮者也。季彭山亦以《春秋》書城楚丘不言城衛，以內詞書之，蓋魯自城也。不知《春秋》書諸侯城緣陵、城虎牢，皆不書其國，又何疑于楚丘？所疑者惟不書諸侯爲異，則後此襄五年之戍陳，十年之戍鄭虎牢，亦與諸侯同事而不書諸侯。《公羊氏》曰：不書諸侯離至，不可得序也，比事而觀，其義可覩矣。戎狄亂華，兄弟急難，即其境內而遷之，固尊王之事，不得謂之專封。施者受者俱無不韙，此《春秋》之所與而《詩》之所以頌美也。若魯自城，《春秋》所書多矣，孰非備冦，何獨咏此？惟明乎《春秋》之義，而此詩之義不待辨矣。地名之或同或異，又不待辨矣。

袁仁《春秋胡傳考誤・隱公元年》 九月，及宋人盟于宿。

《傳》曰：內稱及，外稱人，皆微者，其地以國，宿亦與焉。微者盟會不志于《春秋》，此其志者，有宿國之君也。按：宿，邑名也，見《穀梁》，今謂宿君與盟，則謬矣。八年，宿男卒。《穀梁傳》云：未能同盟，以男卒也。宿非同盟信矣。夫元年九月及宋人盟于宿，不稱公，則及而盟者魯臣也。十年夏，翬帥師會齊人，鄭人伐宋，則會而伐者亦魯臣。倏而盟，倏而伐，皆聽其臣爲之，而公若無與焉。《春秋》微旨也。故此盟惟重宋而已，若謂有宿君而後志，豈不誤哉？

黄正憲《春秋翼附》卷七 夏，四月，己巳，晉侯、齊師、宋師、秦師及楚人戰于城濮，楚師敗績。

按：晉文圖伯，必先定計。當楚未圍宋之前，已遣使往約兩國起兵來會，預知定期矣。故去冬一聞楚人圍宋，春即出一偏師，侵曹，伐衛。及楚子救衛，遂移師入曹。凡此，不惟攻楚必救，冀解宋圍，實以疑兵搖楚，使奔救不暇，延緩特日，以待齊、秦之至耳。不然，齊桓之時，楚氛不甚猖獗，尙會八國之師，方敢次陘。今楚頵威勢十倍曩時，乃敢以孤軍深入，以當五國之鋭哉。及宋圍既解，齊、秦已至，宜可逞于一決矣。猶以齊、秦之卒，長于西北戎馬之鄉。今欲馳騁中原，則地形險隘，彼我虚實之情，一或不諳，而輕動以取敗，大衆一散，不能復聚，豈惟宋圍難解，而楚氛且愈熾，天下之勢，必不可返矣。故自丙午以迄己巳，月日之間，遲疑熟慮，虜已在吾目中。于是整師徐行，次于城濮，與楚營對壘。楚將子玉輕謀躁進，遂出奇以大敗之，豈不算無遺策，以萬全取勝者哉？說者藉口于孔子正譎之斷，遂交口訾其爲譎，此不惟不識晉楚之時勢，亦昧于兵家制勝之道矣。城濮，曹、衛界上地。

嚴啓隆《春秋傳注・大夫爲卿考》 周法，惟天子有卿，諸侯惟大夫，不得稱卿。鄭武公、莊公爲平王卿士，則以諸侯而入爲卿也。諸侯有卿，自齊高、國始。傳云：有天子之二守國、高在。國、高，王朝大夫，王以齊有大功，特使二大夫下佐齊治。王朝大夫不得仍以大夫稱，故假卿名以重之。僖十二年，齊使管仲如京，王以上卿之禮饗管仲，管仲辭受下卿之禮而還。則高、國，齊之上卿也，侯國之卿名自此始矣。其後晉作三軍，遂有上、中、下軍將佐之說。僖二十七年，傳云：命趙衰爲卿，讓于欒枝、先軫。使欒枝將下軍，先軫佐之。則凡將佐三軍者皆謂之卿，而又別有上軍大夫，中、下軍大夫之號。卿之自別于大夫，明甚。卿爲侯國之常稱，亦不自知其僭矣。二十九年，盟于翟泉。傳曰：卿不書，罪之也。則列國大夫皆僭稱卿。故三十年，衛侯使賂周歂冶廑曰：苟能納我，吾使爾爲卿。則衛亦自置卿。三十三年，晉以一命命郤缺爲卿，亦未有軍行，則將佐而外，復聞有卿，卿爵始濫。而文元年，穆伯如齊。傳曰：凡君即位，卿出，竝聘魯，亦自置卿。自是卿之名遍于侯國。父死子伐，世、卿之禍成矣。《春秋》所書終曰大夫，則策書有體，終不得以卿僭也。孟子曰：君一位，卿一位，君十卿祿，卿祿四大夫。蓋踵春秋之習，沿及戰國而云。然以爲周班爵祿之制，則既去之籍，未嘗據之以爲眞也。

又卷五《莊公一》 ［魯莊公十年］秋，九月，荆敗蔡師于莘，以蔡侯獻舞歸。蔡告。〇楚，本封號，春秋之始，往往自稱「荆」。〇獻舞，以名告者。〇子聘監國，莊十九年，獻舞，卒于楚，聘始立，是爲穆侯。

此楚見《春秋》之始也，楚自桓之六年伐隨，請尊號于周，宜爲聖人所深惡矣。而不書者，赴告不通，舊史不載也。今蔡告矣。楚本祝融之後，其後鬻熊事文王，成王封其曾孫熊繹于荆，命之子爵，而居丹陽，豈有殊于中國哉？所以淪于夷狄而不返者，僭王故也。且自莊之十年，迄于《春秋》之終，無日不以猾夏爲事。竭中國之力，齊桓、晉文之強，僅乃禦之，而終無以大創于楚。于是聖人作經，自誅亂臣討賊子外，首以楚爲事矣。說者徒見楚之猾夏無不書，中國之禦楚無不書，以爲聖人作經，專以「內中國外夷狄」爲本義，而不知非聖人之意也。苟無亂賊，則《春秋》不作。《春秋》不作，即欲「內中國外夷狄」而無從。故說《春秋》者，不可以「內中國外夷狄」爲本義。且夫《春秋》之世之甚明者，無若「內中國外夷狄」之一事。齊桓伐楚則能外，宋襄戰敗則能外，晉文戰勝則能外，新城之盟則能外，晉成爭鄭則能外，林文敗邲則能外，焉陵救鄭則能外，鄢陵倖勝則能外，悼公三駕則能外。其平楚而與之爲好者，前則齊之盟，後則宋之盟而已，是則「外楚」一事，夫固《春秋》之所甚明也。以所甚明者，而又作書以詔之，抑何贅而不足訓乎！惟是弑君一事，天下習以爲故。然有弑父而仍可以爲君，有弑君而仍可以爲相。或畏其威，或利其利，是則長夜之悲，聖人之所不忍默耳。故説《春秋》而以「内中國外夷狄」爲本義，是違聖人之志，而以孟氏之言爲不信也。是假《春秋》以言宋事，而于當日之《春秋》固無涉也。而又可以訓乎哉？曰：然則聖人不惡楚乎？曰：負其險遠，包藏禍心，蔑視宗周，蠶食上國，雖庸人亦知惡，而況聖人。顧作經之本意不在是耳。蔡近楚，楚圖北方，即徵息侯，蔡必首禍。左氏之言曰云云，舍其大而言其細，不足信也。獻舞歿于楚，無赴告，故不見經。子聘立，追謚其父爲哀侯。

邵泰衢《檀弓疑問·孔子夢奠》 子路請禱，子曰：禱久。門人爲臣子，曰：欺天。疾病之持正如此，今以夢奠示死，開後人以夢寐杳冥之端。自命哲人，殊有悖于「若聖豈敢」、「聖則吾不能」之語，況擬以魯國之泰山爲宗國之重望而夸大與哉。子路問死，答以知生，其不欲以生死惑世之心也，肯以夢寐之渺茫爲夫子歸卒之憑乎？曾子之死，啓手啓足，而曰：吾知免夫。子張之死，召申祥而曰：其庶幾乎。乃夫子而不若二人，而以夢寐渺茫示乎？必不然也。況夫子曳杖逍遥之際，賜居何地而得聞？且衆弟子俱不聞而獨賜聞之，且曰：「賜，爾來何遲？」而又唯賜之可告乎。甚者夫子曳杖而逍遥矣，則身之無疾可知矣，又胡爲乎寢疾乎？疾胡從來乎？豈一夢之所由乎？所未喻也。

胡世安《異魚圖贊箋》卷一 鯤：鯤本魚子，細如蠶茸。莊周寓言，「鯤化爲鵬」。譬彼《詩頌》：「雖育桃蟲。」千古言詮，誰發其蒙？

《莊子》：北溟有魚，其名爲鯤，鯤之大，不知其幾千里。此寓言也。按《内則》：卵，醬卵，音鯤。《國語》：魚禁鯤鮞。皆以鯤爲魚子，至小之物。《莊子》乃以至小爲至大，便是滑稽之開端，後人不得其意。晉江逌詩：巨鼇戴蓬萊，大鯤運天池。倏忽雲雨興，俯仰三洲移。孫放詩：巨細同工焉，物化無常歸。脩鯤解長鱗，鵬起扇雲飛。撫翼摶積風，仰凌垂大翬。皆不得其言詮也。雖郭象之玄奥沉思，亦誤，況司馬彪輩乎。後世禪宗衲子，却得其意，故有「龜毛兎角、石女懷胎，一口吸盡西江水，新羅日午打三更」之偈，亦可信以爲實事耶？余嘗謂天地乃一大戲場，典籍乃古今大劇本，千載而下不得其解，皆矮人觀場也。元儒南充范無隱有是説，而余推衍之。升菴原注。載按字書亦「巨魚魚子」，並注。應兩存之。

魴鯉：

伊雒魴鯉，天下最美。伊雒鯉魴，貴于牛羊。雒口黄魚，天下不如。《河雒記》引諺。

里語「雒鯉伊魴，貴于牛羊」，言雒水渾深宜鯉，伊水清淺宜魴也。又曰「居就糧，梁水魴」，今遼東梁水之魴，特肥而厚。汝墳註：魴身廣而薄，少力細鱗尾白。《廣州記》：廣而肥甜，魚之美者也。《埤雅》云：魴，一名魾，今之青鯿。細鱗縮項闊腹，魚之美者，然弱魚也。其廣方，其厚褊，故一曰魴，一曰鯿。《爾雅翼》：《説苑》陽晝曰：夫投綸錯餌迎而吸之者，陽鱎也。其爲魚也，薄而不美。若亡若存，若食若不食者，魴也。其爲魚也，博而味厚。今網罟者，乃以魴易取，豈難于釣而易于網耶？《詩》稱魴魚赬尾説者，以魚勞則尾赤。《左傳》如魚竀尾，衡流而方，羊裔焉。鄭氏以魚肥則尾赤二説雖不同，然魚肥則不耐勞，不耐勞則易赤。以魴言之，其體博大而肥，不能運其尾，加之以衡流，則其勞甚矣，宜其尾之赬也。林日瑞《漁書》：海魴身扁而博，縮頭穹脊，兩傍似翼，上青而腹白，有尾長似牛尾，肉無細骨，尾中有刺，捕者多爲所螫。尚有黄魴、黑魴、燕魴，味佳而無尾。錦魴皮有硬珠，似沙皮，可以飾劍。又一種名金絲魴，出自閩福寧，肉有絲如金色，味甚佳。《毛詩》所云皆河産也，與海産不倫。○《神農書》：鯉最爲魚之主，今人以盤水養之，雖困鱗不反白，蓋健魚也。《續博物志》：鯉魚大小脊並三十六鱗。《雜俎》亦云：脊鱗一道，每鱗有小黑點，大者皆三十六鱗。古語云：五尺之鯉與一寸之鯉，大小雖殊而鱗之數等，是也。《述異記》：鯉魚滿三百六十，蛟龍輒率而飛去，一年置一神守之，則不去矣，神龜也。○陶朱公曰：以六畝地爲池，池中有九洲，則周遶無窮自謂江湖也。求懷子鯉魚三赤尺仝。者二十頭，牡鯉魚三赤者四頭，以二月上庚日内納仝。池中，令水無聲，魚必佳。一作生。所以養鯉者，鯉不相食易長也。至四月内一神守，六月内二神守，八月内三神守。神守者，鼈也。内之，則魚不飛去。至來年二月可得一赤者一萬五千，二赤者四萬五千，三赤者萬枚，直五千。可得楡莢一年二十五萬。又明年一赤者十萬，二赤者五萬，三赤者五萬，四赤者四萬。留二赤者二千爲種，餘可得楡莢五百十五萬。候至來年，不可勝計也。九洲八谷，谷上立水，二赤谷中，立水六赤。〇宋費樞《釣磯立談》云：鯉，一名稺龍。

赤鯉：

霧光憤世，自投盧川。盧川水伯，赤鯉送旃。易名琴高，化形而仙。至今揚光，清泠之淵。

事見《符子》及《吴地記》，畫圖有水仙乘赤鯉者，即其人。按《列仙傳》及《一統志》：琴高，趙人，一云涇縣。爲宋康王舍人，善鼓琴，行彭涓之術，浮游冀涿間。二百餘年後，入碭水中取龍子，與諸弟子期曰：「當潔齋待我於水傍。」果乘赤鯉來坐，留一月復入水去。《魏都賦》：琴高入水而不濡，時乘赤鯉而周旋。陶弘景云：鯉爲諸魚之長，形既可愛，又能神變，乃至飛越江湖，所以仙人琴高乘之也。〇崔豹云：交州人呼赤鯉爲玄駒，白鯉爲白驥，黄鯉爲黄雉。《雜俎》唐律：鯉號「赤鯶公」。〇《博異記》：王昌齡誤投金錯刀水中，忽有赤鯉入舟，剖腹得刀。〇又《述異記》：江陰北有子英廟，子英即野人也，善入水捕魚，得一赤鯉將着家池中養之，後長徑一丈，有角翅，謂子英曰：「我迎汝身，汝上我背」，遂升於天爲神仙。晉時人。〇一種通身紅如金，曰金鯉。一種尾如皀，或三岐，或兩岐，曰金皀魚。宋高宗養之池中，寘水銀其下者也。時金元昌而翫，以爲樂悖矣。

嘉魚：

南有嘉魚，出于丙穴。黄河鮴魚，佳味相頡。最宜爲脡，鬲以蕉葉。不爾脂腴，將滴火滅。

《詩》：南有嘉魚，烝然罩罩。雜見《水經》、《蜀都賦》、任豫《益州記》、樊綽《雲南記》、《博物志》。丙穴，穴向丙也。《餘東序錄》謂：丙日嘉魚出穴河陽，稱鮴魚，言味美也。按《蜀志》：成都諸縣皆有細鱗似鱒，俗謂拙魚，言性鈍也。夔府達州東北明通廢縣井峽中，凡十穴，皆產嘉魚。春社前即出穴，秋社即歸其出也，止于巴渠龍脊灘。首有黑點，謂照映星象相感而成。長身細鱗，肉白如玉，其味自鹹，盖食鹻泉也。他如開縣石門山盤頭洞，梁山縣栢枝山下雅州城南，皆產，皆丙穴。又沔縣大景山與小景山相連，有穴方圓三丈，餘其口向丙，有水潛流，二三月有魚長八九寸從穴中出。《公孫述傳》：蜀有魚鹽兩穴，利注漢中二魚穴，常以三月取之，穴口向丙，食乳水，味美，食之令人肥健悅澤，故名「埤雅」。嘉魚鯉質鱒鱗，肌肉甚美，食乳泉，出丙穴。〇鮴魚出黄河口東山，經諸鉤山，廣圓百里多鮢魚。按「鮢」即「鮴」，音味。嘉魚類也。〇范成大《桂海虞衡志》：嘉魚狀如小鰣魚，多脂味，極腴美，出梧州。大山人作「鮓」，餉遠。〇劉恂《嶺表錄異》：蒼梧戎縣江水日出嘉魚，肥美，衆魚所莫及。每炙食以芭蕉隔火，恐脂滴火滅也。又可作脡。潯州貴縣西有嘉魚井，泉通江中，中有嘉魚，臨水觀之，歷歷可數。〇《錄異記》：嘉魚，鋌魚也。形如鱒，人以芭蕉隔火炙之，肥美莫及。宋祁《方物贊》云：南有丙穴，厥產嘉魚，鯉質鱒鱗，爲味珍腴。

蒲魚：

蜀有蒲魚，其形如粥。出于鄲縣，蒲村之麓。魏武帝四時食制。

或曰：「鰨魚」，今廣州亦曰「蒲魚」。杜詩：魚知丙穴繇來美，酒憶郫筒不用沽。注引「沔南丙穴」。沔，去郫千里，不應遠取。盖即此魚也。其魚亦出於穴。《韓詩》：蒲魚尾如蛇，口眼不相營。

朱鶴齡《讀左日抄》卷一一《定公四年》 我必復音覆。楚國。

愚謂子胥覆楚以報父兄之讎，非也。夫恆人殺其父兄可讎之，以君殺其無罪之父兄則命也，有不幸焉，非讎也。子胥而飲痛於其父兄，惟有逃而已矣，讎之則悖也。其父兄以忠於楚而死，其子必覆楚而亡其社稷，并非父兄意也。況殺其父兄者，讒臣費無極，此時平王已死，無極之族已赤，無讎而又何報焉。鄖辛之言曰：君討臣，誰敢讎之？君命，天也，若死天命，將誰讎？斯言足以定子胥之案矣。陳繼儒曰：子胥報仇之後，若即自刎以從父兄於地下，則後世必以死孝哀之。雖然，子胥，恩讎分明人也，既借吴以報楚，獨不留一死以報吴哉？

錢澄之《田間詩學》卷一《邶風·終風》 序曰：衛莊姜傷己遭州吁之暴，見侮慢而不能正也。朱子謂：詳味此詩，有夫婦之情，無母子之意。

終風且暴，顧我則笑。謔浪笑敖，中心是悼。

毛傳：興也。朱註：比也。暴，狂也，謂竟日狂風也。《說文》

云：晞也，亦風亦日。比莊公之意態無常，不可測識也。　顧我則笑，玩一「則」字，見原無笑意。

愚按：莊姜以禮自守，公惟無禮相加，其不合宜也。

終風且霾，惠然肯來？莫往莫來，悠悠我思。

《爾雅》云：風而雨土曰霾。惠然肯來，期望之詞。莫往莫來，言我不往則彼亦不來。姜無自往之理，莊公終亦不來，往來斷矣，而尚思之不置，姜之厚也。

終風且曀，不日有曀。寤言不寐，願言則嚏。

《說文》云：陰而風曰曀。三章皆以終風比其狂惑，始而曰暴，尚有日也；繼而曰霾，不見日矣；又重之以不日之曀，總無開霽之時矣，比其狂惑日甚也。　嚏，《說文》云：寤解氣也。今俗人嚏則云「人道我」，此古之遺語也。《宗鏡録》云：動靜無不應于心，如詩之願言則嚏，謂人之思己則嚏，足知心應千里，故得稱心靈也。　愚按：此承莫往莫來而言，言不望君之來矣，或亦有時齒及于我，而使我一嚏乎？

曀曀其陰，虺虺其靁。寤言不寐，願言則懷。

曀曀，即不日有曀也。虺，小蛇也。虺虺，電光之貌。前三章言風，此終之以雷，比君之狂惑不止于昏蔽而已，將有無道之事施于嫡矣。　末句承上則嚏而言，言君雖不齒及我，而我終不能釋諸懷。姜愈厚，愈以見公之薄矣。

《終風》四章，章四句。序謂莊姜遭州吁之暴見侮慢而作。

愚按：詩辭實爲莊公作也。篇中直寫情事，其狂惑無道之狀宛然如見。國將亂矣，姜非徒以失寵自傷，如後世長門之怨也。

顧炎武《左傳杜解補正》卷上　［桓公］八年，楚人上左，君必左，無與王遇。　君謂隨侯王，謂楚王兩軍相對，隨之左，當楚之右。言楚師左堅右瑕，君當在左，以攻楚之右師。　李雲霑曰：桓公五年繻葛之戰，鄭子元請爲左拒，以當蔡人；衛人爲右拒，以當陳人。是以左當其右，右當其左之證也。來按，此說雖巧然，玩傳文語勢，君字仍指楚君爲當。

十一年，鄭忽出奔衛。　解：鄭人賤之，以名告，非也。蓋未成君之辭。

十三年，及齊侯、宋公、衛侯、燕人戰，齊師、宋師、衛師、燕師敗績。　解：或稱人，或稱師，史異辭也。改云燕，獨稱人，其君不在師。解又云：衛宣公未葬，惠公稱侯，以接鄰國，非禮也。案：春秋諸侯踰年即位，則得稱君。如宣十一年，楚子陳侯、鄭伯盟於辰陵。是時靈公被弑，賊未討，君未葬，已稱陳侯。是踰年稱君，古之常例也。

十五年，鄭世子忽復歸于鄭。　解：云逆以太子之禮，非也。忽未踰年而出奔，奔四年而復國，未即位不得成之爲君。曰世子者，當立之辭也。

王夫之《春秋稗疏》卷一《隱公》　向。　杜解：譙國龍亢縣有向城龍亢，地在今懷遠縣境。《漢書》沛郡有向縣，注云：故向國，炎帝後，姜姓，地近蕭縣，言譙國龍亢者，晉併入龍亢，爲譙王國邑也。《後漢書》注云：《地道記》曰：《左傳・隱二年》入向城，在龍亢縣東南。而闞駰《十三州志》曰軹縣南山西曲有故向城，即周向國，傳謂向姜不安莒而歸者此也。今按軹縣之向，邑也，非國也。傳所謂王以蘇忿生田向與鄭者也，在軹縣西北，地名向，上，且其地去莒千里而遙，莒以小國偏師，安能越齊、魯、宋、鄭而入其國都？則班書爲是，闞說非也。地之以向名者不一，軹縣有向矣；扶溝亦有向，會吳之向也；長葛有向，《襄十一年》諸侯師于向者也。皆如字，唯此龍亢之向國，音式亮反，顏師古注云肰。

又《詩經稗疏》卷一《邶風・泉水》　飲餞于言。　順德府唐山縣有于言山，《廣輿記》曰：「飲餞于言」即此。據此則「出宿于干」者，當即漢之發干，讀如寒。今東昌之棠邑也，于言爲近。但此詩首言泉水流淇，皆衛西之地，而言、干皆在衛東北，蓋此女追憶百泉、淇水，故國之景物，而非因所見以起興也。二章曰出宿于泲，泲水有二，或作泲，或作濟，一出贊皇，一出濟源，王屋，此所言者乃贊皇之泲，一名槐水者，非王屋之泲瀆也。

又卷二《小雅・北山》　我從事獨賢。　《小爾雅》云：我從事獨賢，勞事獨多也。賢之訓多，與《射禮》某賢於某若干純之賢同義。故孟子曰：我獨賢勞，言多勞也。以爲賢不肖之賢則於文義不通。

葉方藹等《孝經衍義》卷五五　熹又曰：古者聖王設爲學校以教其民，由家及國，大小有序，使其民無不入乎其中而受學焉。而其所以教之之具，則皆因其天賦之秉彝而爲之品節，以開導而勸勉之，使其明諸心，修諸身，行於父子、兄弟、夫婦、朋友之間，而推之以達乎君臣、上下、人民、事物之際，必無不盡其分焉者。及其學之既成，則又興其賢，且能者置之列位。是以當是之時，義理休明，風俗醇厚，而公卿、大夫、列士之選，無不得其人焉。此先王學校之官所以爲政事之本，道德之歸而不可以廢焉者也。至於後世學校之設，雖或不異乎先王之時，然其師之所以教子弟之所以學，則皆忘本逐末，懷利去義，而無復先王之意。以故，學校之名雖在，而其實不舉其效。至于風俗日敝，人材日衰，雖以漢、唐之盛隆，而無以彷佛乎三代之叔季，然猶莫有察其所以然者。顧遂以學校爲虛文，而無所與於道德政理之實。於是爲士者求道於老子、釋氏之門，爲吏者責治乎簿書期會之際，蓋學校之僅存而不至於遂廢者，亦無幾耳。

臣按：老、釋之學所以日盛者，賢知之士方其在學校之中，則既厭薄科舉之文，而學校之所重其實，則止於此。及其當官任職，則簿書、期會不得有毫釐之差，而此外更無可自效者。試求諸老、釋之說，則固有超然遠出於鄙儒俗吏者矣。浸淫汩沒乎其中，而若將有得焉，爲之誘致吾徒而叛棄焉，鼓動人主而尊尚焉。雖窮鄉僻壤，而老、釋之宮相望。比于古之二十五家爲閭，閭有塾者，不啻倍蓰之矣。百里之地，學舍僅處其一焉，老死而不得瞻拜先聖先師者十之八九，老死而不得瞻拜老子、釋家者十無一二也。生而不聞學校之鐘鼓管弦者，雖都邑之士有之；生而不聞老、釋之步虛梵唱者，雖鄙邑之民無之也。尚可謂吾徒有人乎，吾道未墮乎？故曰彼之所以盛，此之所以衰也。夫吾道之于異端，猶元氣之于邪氣也。邪之所湊，元氣必虛。今欲使二氏之邪，不足以干吾道之正也。使學校之士所求者，必道德政理之實，而無徒以科舉之文當官受任；有以致乎其用，而無徒以簿書期會爲稱職也。雖俛焉，日有孜孜，而不足將終身焉而不能自已，又何暇求之二氏之說乎？然則崇學校者，非徒以名而已。《虞書》五敎，《周官》三物，所終日誦說者在是，而所以取之者不在乎是，所以用之者不必以是也。此學校之所以僅存，而遠不逮老、釋之宮之盛也。

毛奇齡《詩傳詩說駁義》卷一《野麇行露》 《詩說》：《野麇》，昏姻惡無禮之詩。按《毛詩》作《野有死麕》，《左傳·昭元年》鄭伯享趙孟子皮賦《野有死麕》之末章，則古無稱野麇者。若《行露》詩，傳云野人強昏不得而訟，則竟以野麇爲野人求昏之物，此又本《韓詩外傳》云「一物不具，一禮不備，則必不肯許」諸語。故合兩詩爲一事，以示巧異，然亦何必爾。

又卷五《昊天有成命》 《詩說》云：《昊天有成命》，康王禘成王于明堂之詩。按：康王無禘成王事。五年大禘，成王不得上配始祖自出之帝。若免喪之禘，名吉禘，如《春秋》吉禘于莊公類，則又在太廟，不在明堂。若宗祀明堂，則名大享，不名禘，然亦以文王配之，無成王配之之事。《詩說》于《我將》篇亦曰季秋禘上帝于明堂，則豈誤以大享爲亦名禘乎？後于《執競》篇又曰昭王禘康王于明堂，則豈誤以吉禘爲亦在明堂乎？此皆不可解者。

又《周禮問》卷一 或又謂：天官一職既有大小宰二官掌其事矣，則宰夫原可不設，況宰夫即膳夫，亦即庖人也。今乃以宰夫列大小宰之次，佐掌吏治，則爲侵官。既有膳夫，又有庖人，則爲濫役。且膳夫最賤，隸入天官，已爲不倫。況位亞宮伯，躋之大府諸官之上，又爲越職。按《檀弓》杜蕢曰：「蕢也，宰夫也，非刀匕是供，而禮防是議，是以自罰。」則明明以宰夫爲膳夫，而兩名錯出，是爲亂典。夫祗此《天官》首章而開卷如此，豈非僞乎？

宰夫佐二宰行命令、誅賞，諸事別有職掌。此不過如司徒下之有鄉師，司馬下之有諸司馬，後世令丞下之有副倅，但作佐領，並未專擅，何爲侵官？且《春秋》原有太宰、小宰、宰夫三官，其稱宰。周公者，此太宰也，公也，稱宰咺、宰渠。伯糾者，即宰夫也，士也。蓋公祗稱爵，卿則稱字，士則稱名。凡名而不字，即是宰夫。故《公羊》曰「宰者士也，上士以名通者也」。此可據矣。且膳夫之賤隸在天官，且列之宮伯之下，往亦疑之。後讀《雲漢》詩曰「疚哉冢宰」，「膳夫左右」，《十月之交》詩曰「家伯冢宰」，「仲允膳夫」，始悟膳夫甚尊。凡天事有闕，水旱、日食，則必及之，此眞天職。所以《周禮》斷斷必列之天官之中，且其官關係不論卑小。觀虢文公引耕籍之典：一曰膳夫農正陳籍禮，一曰膳夫贊王。其時三公六卿皆以位列，而膳夫公然首執天事，未嘗降在大府諸臣後也。若謂宰夫即膳夫，則不特《檀弓》有之，即《周語》「宰夫陳饗，膳宰監之」，《春秋》亦云「宰夫胹熊蹯不熟」。要是彼此通稱之名，蓋宰夫稱宰，膳夫稱膳宰，故膳夫亦可稱宰夫。《檀弓》稱「宰夫杜蕢」，《春秋》即稱爲「膳宰屠蒯」。官名與人名俱不同矣。膳夫稱宰夫非亂典，猶之屠蒯稱杜蕢非亂人也。至如庖人、膳夫，職同名異，亦非濫役。膳夫、膳宰，固諸經所有，然《孟子》又云「庖人繼肉，廪人繼粟」。庖人、廪人皆《周禮》中官名，向使周制無此官，則孟子又何爲歷歷道之？往在湖西講會，論「春官瞽矇」一官，宣城高阮懷謂：「瞽何必矇？」《尚書》「瞽奏鼓」，《國語》「瞽告有協風至」，祗一「瞽」字而已。山陰張南士謂《詩》云「矇瞍奏公」，《國語》曰「瞽獻典，矇誦」，則亦儼然有「矇」字，何也？是以善讀書者，必不執一以攻一，執所見以攻所未見。夫古書滅沒，人所不見者多矣。況古人作書絶不類今人作文，令彼此通見。周史作《梓材》以告康叔，既有司徒、司馬、司空，則其作《酒誥》以告康叔，必是以農父、圻父、宏父三名，此豈周王可妄言，周史可妄記哉。是必當時有此名，而世未見也。故周公論官，祗有《周官》、《立政》二篇，《周官》有恆稱，則《立政》諸官自不相襲。然而常伯、常任、準人不知何官，庶言、庶獄、庶慎又不知何官，然且諄諄告誡，曰「三事」，曰「三宅」，曰「三俊」，其歷叙夏禹、成湯及文王、武王，則必三代原有此官名，而世罕見者。假使此篇爲《古文尚書》，爲《周官經》，則羣起而並攻之，其廢之久矣。人不識《周禮》，盍亦取《立政》諸官而徐思之？

又《春秋簡書刊誤・昭公》 昭公。四十四條。

叔孫豹會晉趙武、楚公子圍、齊國弱、宋向戌、衛齊惡、陳公子招、蔡公孫歸生、鄭罕虎、許人曹人于虢。元年。

弱，《公》作「酌」。齊惡，《公》作「石惡」。罕，《公》作「軒」。虢，《公》作「漷」，《穀》作「郭」。

衛石惡，即石碏之後，以上卿屢與盟會，前五年衛人討甯氏之黨，因出奔晉。《經》于《襄二十八年》書「夏，衛石惡出奔晉」是也。《公羊》但知改地名人名以見異，而石惡又屢見盟會，遂改作「石惡」，但不知于數年前之經何以漠然不一觀也。吾故曰：《公》、《穀》、《胡氏》皆全然不知《春秋》爲何物者，非妄語也。

又《詩札》卷二 謹奉敎。《臣工》詩「嗟嗟保介」，《韓詩外傳》以保介爲保其介然之德，是底義。惟《鄭箋》以保爲衣，以介爲甲，言人君之車必有甲士爲之驂乘，所謂車右也。此正與《月令》「王乃親載耒耜，措之於參保，介之御間」相合。朱子又以保介爲農官之副，必謂車右，與勸農定無關耳。殊不悟車中四顧，遂呼車右而詠嘆之，亦無不可。不然，羣臣百官亦何必皆司農、司嗇，而矢口咨茹若是，且農官亦幾見名保介者主臣。

又《郊社禘祫問・艾堂問》 康熙二十九年三月五日，同郡諸學俱集于艾堂，有問。

問禘祫大小。在鄭康成《禘祫志》、王子雍《聖證論》已分門戶，幸後儒辨定，俱知是王而否鄭，其在兩家有成説者，固不必再請矣。第禘祫二祭，實未了了，如孔氏《正義》謂毛傳説禘祫總是不明，不知禘祫二祭所始，與先儒爭執所畢竟原是如何？

禘祫二名，先儒久相爭執，予亦散見其大意，于論議間非一端矣，若畢竟經傳，則似但有禘，而未嘗有祫，即《春秋傳》、《禮記》偶一及祫，然總是爲五年大禘，三年吉禘，與四時夏禘稱作解説，並非正祭之名。蓋祫者，合也，合祭之謂也。合祭稱祫，猶之特祭稱犆，但是虛義，並非實名。只因三年吉禘，五年大禘，與四時之烝、嘗、禘，俱是合祭，故吉禘稱吉祫，大禘稱大祫，烝、嘗禘稱烝祫、嘗祫、禘祫，而于是竟增祫祭一名于諸祭之間，實則並無此祭也。

其並無此祭，何也？

蓋祭名雖多，除虞、祔、卒哭、祥、練、禫、纖諸喪祭外，其吉祭之名約有三等：《國語》云：「日祭月享，時類歲祀。」其日祭不可考矣，月享即朝享，每月朔以特羊朝廟，因而告朔，然非正祭名也。惟時類四祭，以春礿、夏禘、秋嘗、冬烝爲一等。歲祀二祭，以三年吉禘，五年大禘，共爲一等。雖《國語》尚有禘、郊、宗、祖、報五名，然郊是外祭，而宗、祖與報則宗是明堂，祖是祖廟，報是不祧廟，原非祭等，惟荀子有禘、礿、烝、嘗及大祫五祀名，似得要領。然礿、禘、烝、嘗，祇是時祭。大祫即吉禘。大禘同是歲祭。以四時分四祭，名則無等，以三年五年合一祭，名則躐等。蓋歲時本二祭，等而其名有三：曰大禘，曰吉禘，曰時祭。大禘者，天子五年之祭也。《大傳》：禮不王不禘。《喪小記》：王者祭其祖之所自出，而以祖配之。《爾雅》：禘，大祭也。《曾子問》：天子有嘗禘郊社之祭，尊無二上。是以《左傳》：魯有禘樂，賓祭用之。《國語》：天子禘郊之事，則有合烝。又云：禘郊必自射其牲。又云：禘郊牛繭栗。而《學記》曰：不卜禘則不視學。總言大也。然其祭則自古有之。《國語》：有虞氏禘黃帝而祖顓頊。《祭法》：夏后氏禘黃帝而郊冥。《商頌・長發》大禘也。《周頌・

雝》禘太祖也。而魯則亦以宗國之故，禘及文王。《論語》：或問禘之說。《仲尼燕居》：明乎禘嘗之義。《禮運》：魯之郊禘。《春秋》：僖八年，禘于太廟。《明堂位》：季夏六月，以禘禮祀周公于太廟。凡諸經諸傳，其言禘者不能遍舉，然並無一字及祫，已可驗矣。若夫吉禘，則三年喪畢合祭于廟，以諦視昭穆者，謂之吉禘，亦謂之吉祫。此即亂祫于禘之所自始。然其祭僅見之《春秋》，而仍無祫名。《春秋・閔二年》「吉禘于莊公」，《文二年》「有事于太廟，躋僖公」，皆不稱祫。即其禮達于諸侯，左氏于晉亦有「以寡君之未禘祀」語；其或及時禘，有「烝嘗禘于廟」語；或及有事之禘，如「禘于僖公」、「禘于襄公」語，亦並無有一祫字見于傳文。至于時祭，則夏祭曰禘，雖或稱無定名，《郊特牲》稱春禘、秋嘗，《祭義》稱春禘、秋嘗，《祭統》稱春礿、夏禘，《王制》稱春礿、夏禘，《周禮》稱祠春、論夏。要總是時祭之四名，有互見而無異制，不必妄解作夏、商之禮，但其無祫名則一也。蓋時歲二祭，有三禘而無一祫，其所以誤見有祫名者，亦總以諸經說三禘時偶易稱曰祫，而讀者不深察也。

其三禘之易稱祫，而讀者不察，奈何？

《大傳》曰：王者禘其祖之所自出，以其祖配之。此大禘也，然禘亦名祫，博士徐禪引《春秋傳》，謂歲祫及壇墠終禘，及郊宗石室。歲祫即大祫，終禘即三年喪祭，是大禘即祫矣。是以漢元始五年，創爲五年祫祭，而《後漢志》及司馬彪書皆稱是禘祭。章懷太子謂祫即是禘，並無二名。故《大傳》曰，王者禘其祖之所自出。而禘有等殺，諸侯及其太祖。謂諸侯凡合祭如烝、嘗、禘等，但及太祖而已，不及所自出也。大夫士則更殺矣，有大事省于其君，干祫及其高祖，謂大夫士非別子無太祖廟者，雖有大嘗大烝，干請于君以求追享，亦祇及高祖而已，并不及太祖也。蓋其所云干祫者，正謂有事于廟，諸得如歲祫之祭，追及壇墠，指禘言也。干祫者，干禘也。不然，天子是禘，而大夫所請者是祫，指甲而求乙，不相蒙矣。若謂天子有禘而大夫士有祫，則大夫士可各立一祭，與天子等乎？至于吉禘，則《公羊》曰：大事者何？大祫也。《商頌・玄鳥》：祀高宗也。註謂祀者祫也。以吉禘高宗而合祭之也。而杜預、鄭玄諸君亦遂以三年吉禘名爲祫祭，然仍是吉禘耳，非別有一祫也。若夫時禘，則《王制》：天子犆礿，句。祫禘，句。祫嘗，句。祫烝；句。諸侯礿犆，句。禘一犆一祫，句。嘗祫，句。烝祫。句。謂天子以春礿爲特祭，犆者，特也。而至于禘、于嘗，于烝，則皆用合祭。諸侯不然，礿固特祭，而禘則一年。特而一年，祫惟嘗與烝，則皆合祭焉。是以《曾子問》于時祭亦曰祫祭，于祖則祝迎四廟之主，蓋以時爲祫，而非于時外又有祫也。自不善解經者，以三年吉禘之祫，分名爲祫；以五年殷祭之禘，專名作禘。遂妄增一祫祭于五年之間，謂三年一祫，五年一禘。而併妄解此時祭之祫，謂即是三年之祫。苟其遇禘嘗烝時，天子耶，則必先祫祭而後禘嘗烝。故曰天子犆礿，句。祫，句。禘，句。祫，句。嘗，句。祫，句。烝。句。諸侯耶，則必先禘、嘗、烝，而後祫。且闕一禘祭，而特作一祫，故曰諸侯礿犆，句。禘一，句。犆一祫，句。嘗，句。祫，句。烝，句。祫。句。總不識時祭之自爲祫，而妄以三年之禘改名爲祫，而歷歷與時祭三名較列前後。至于如此解經，于是埽地矣。彼亦知大禘吉禘時祭之必合祭，故稱祫乎。

何故必合祭？願遂聞之。

古者祭法不傳，大抵重祫而輕犆。天子自喪奠喪祭、祇特祭死者外，日祭不可考，月享則天子周七廟，諸侯限親廟，而其餘時歲皆用合祭。蓋天子有祭及毀廟之大禘、吉禘兩大祫，而諸侯止有吉祫之祫，而無大禘之祫，殺也。天子有祭及存廟之三時小祫，曰禘、曰嘗、曰烝，而諸侯則止有烝、嘗二祫，而禘則犆、祫半焉，又殺也。然則天子諸侯所共爲犆祭者，獨春礿一祭耳。蓋犆祭最輕，有必不可一再行者，其祭儀、祭法不知何等，但考古祭禮煩重，即四時恆祭，亦必先月而滌養，先旬而齋戒，先三日而筮擇，先一日而省眡。而至于祭之日，則周制從朝至闇，窮此日之力，自啓祏以至送尸，灌鬯以至酳酢，毋論薦腥薦熟，合亨加俎，歷有儀節。即其七獻九獻，圭瓚非一；舉祝告嘏，告詔辭非一；進于堂于祊，索祭非一；地出奏入，奏工備非一樂。向使以一日而歷七廟，則時必不周；以一人而行七祭，則力必不給。若謂日祭一廟，可以遞行，則前祭諏日，未可該後祭之日。此廟卜牲焉，能通彼廟之牲，然且一祭未繹，而一祭又將省濯矣；一尸未謖，而一尸又當筮宿矣。兼行之則一日不能行數禮，各行之則十日不能舉一祭。又況文武二廟在七廟之外，嫄廟遷廟又在文武廟之外，合之非有餘，分之即不足。而至于行事瑣細，倍難懸斷。試問笥簴鼎鑊，何住何移？禰親祖尊，誰先誰後？求之諸經，固無文考之，祀典亦不載此，固口必不可言，身必不可行之一大事也。第不知古來犆祭之法，何以不傳，即從來議禮之家，何以並不計及。張南士嘗曰：吾不知犆祭何如，假一日而歷七廟，則質明祼鬯，謂之晨祼，歷七廟則不晨矣。早食進饋，謂之朝踐，歷七廟則不朝矣。使七日而行七祭，則卜日而祭，歷七日非所卜矣。明日而繹，歷七日非明日矣。是以時祭有四，而《左傳》稱烝、嘗、禘三名，而不及犆、礿，誠以禮必祫祭，雖喪祭祇祭死者，而禮于虞祭曰哀薦祫事，于祥祭曰作此練禘，總必加之以合祭之名。惟春祭省薄，專予以犆，然究不知犆，礿之減略而便捷，其儀其法何等也。是以漢後立廟，皆同堂異室，便于合享，即所在祠廟，亦必使有司攝祀，不能遍及。正以禮難犆祭，祭則必祫，蓋祫者凡祭總名，不必別設一祫在凡祭間也。

辨析至此，眞是千秋長夜，豁然見天日矣。特尚有請者：《公羊》稱大祫即是吉祫，《左傳》稱歲祫，《大傳》稱干祫即是禘祫，《王制》稱祫禘、祫嘗、祫烝，即是時祫，此外無祫矣。乃《禮緯》云三年一祫，五年一禘，則實有限年之祫、限年之禘，豈此祫非諸祭乎？抑亦《禮緯》本謬説不可用乎？

三年一祫，五年一禘，雖緯書有之，然實不始緯書。劉向《説苑》即有「三歲一祫，五歲一禘」二語，故後漢光武初，張純議禮亦曰「禮三年一祫，五年一禘」，見《郊祀志》。此皆在西漢議禮家相傳之言，推其始，仍是《公羊傳》「三年一禘，五年殷祭」二語而誤作解説，以致有此。蓋三年喪畢而合食太祖，是三年一祫也。殷祫既行，又五年而再殷祫，是五年一禘也。然而三年之祫是吉禘，五年之祫是大禘，則仍是禘不是祫矣。儒者用《公羊》之説，而不甚理會，竟忘三年之祫爲吉禘，遂判作每三年一祫。夫每三年必吉禘乎，然且三年五年，俱不能校計。鄭氏乃造一三年喪畢，二十五月而吉禘，又明年而大禘，然後又五年而又禘，一則合《公羊》再殷祭「再」字之義，一則謂《春秋》書僖八年禘，宣八年亦禘，則必實三年加五年而後與八年之數合，于是增一禘在吉禘之後，而不知三年一祫，則但一吉禘而已畢，無每三年再祫之禮。何則？吉禘不可再也。五年一禘，則從三年喪畢後每五年而得一禘，故僖之與宣皆以八年有大事，不從吉祫數，亦不從先君忌日數。何則？以忌祫有闕日也。如以忌祫闕日，未週三年必增一禘于吉祫之後，則僖宣三年皆未書禘爲不可通矣。如謂殷祭有再，必作兩禘，則禘繼祫起，即是再祫，乃又增一禘于祫禘之間，是爲三殷，非再殷矣。後儒校計年限，在魏晉以後尤爲紛紜，有謂禘祫如置閏然，兩頭如四，實不盈三，故三年一殷，五年再殷，八年三殷，十一年四殷，此博士陳舒之説。而徐邈議禮謂五年再殷，必六十分中每三十月得一殷，則三年省六个月，六年省十二个月，適合五年再殷之數。其各逞臆見，不可枚舉。至唐睿宗後太常議三年一祫，五年一禘，至二十七年，凡五禘七祫，而禘祫且同歲矣。又曰一禘之後，併爲再祫，五年之內，驟有三殷，無一而可者，則是祫禘並舉，三五遞代，其于理于數俱有未當，是何如屏祫存禘，捐三得五爲可通也乎。

又《論語稽求篇》卷一　非其鬼而祭之。鬼是人鬼，謂人之爲鬼者，專指祖考言，故又曰「其鬼」。《周禮·大宗伯》職掌天神、人鬼、地祇之禮，以人鬼爲祖考是也。但非祖考則誰肯爲之祭者？《左傳》曰：神不歆非類，民不祀非族。非類、非族，正指人鬼之非祖，稍不同，即《論語疏》引《尚書》解包註，亦未嘗以包讀爲非，所謂兩存之以備參考者。不謂今之知彼讀不知此讀也。淮安閻潛丘與仁和姚立方皆有《古文尚書辨僞》行世，此大不然者，然其引《論語異讀》，如唐王利貞《幽州石浮圖頌》有云：「孝乎惟孝，忠爲令德。」宋眞宗朝，張齊賢奉詔作《曾子贊》，亦有「孝乎惟孝，曾子稱焉」之語，即《太平御覽》引《論語》文亦以「孝乎惟孝」作句，是《尚書》見在，亦復有《論語》讀法一綫不斷，如此等者，正以讀《論語》與讀《尚書》有不同，故如是也。或疑孝乎惟孝不可解。閻潛丘曰：此與《禮》云「禮乎禮」，漢語「肆乎其肆」，韓愈文「醇乎其醇」相同，言孝之至也，故曰「美大孝之詞。」

又《四書賸言》卷二　《孟子》：爲長者折枝。趙岐註，折枝，案摩。折手節解罷枝也，此卑賤奉事尊長之節。《內則》，子婦事舅姑，問疾痛苛癢而抑搔之。鄭註：抑搔即按摩。屈抑枝體與折義正同，以此皆卑役非凡人屑爲，故曰是不爲非不能。觀《後漢·張皓王龔論》云：豈同折枝于長者，以不爲爲難乎。劉熙註：按摩不爲，非難爲可驗。若劉峻《廣絶交論》：折枝舐痔。盧思道《北齊論》：韓高之徒人皆折枝舐痔。《朝野僉載》：薛稷等舐痔折枝，阿附太平公主類，皆明作媕諂之具。而朱註云「折草木之枝」，則無理無據，并無事類矣。且問折草木之枝何爲乎？

吴任臣《十國春秋》卷一五《南唐・烈祖本紀》 烈祖姓李名昪，字正倫，小字彭奴，徐州人也。世本微賤，父榮，性謹厚，喜從浮屠遊，多晦迹精舍，時號李道者。彭奴以唐光啓四年十二月二日生於彭城，相傳先主家有赤梨樹，結一實大如升，會隣里共食，剖之有赤蛇在實中，大驚，已而蛇走先主之母榻下，未幾孕，生先主。六歲而孤，遇亂，伯父球携之濠州。未幾，母劉氏卒，遂托迹於濠之開元寺。乾寧二年，吴太祖攻濠州，得之，奇其貌，養以爲子。而楊氏諸子不齒爲兄弟，吴太祖乃以與大將徐溫曰：「是兒狀貌非常，吾度渥等終不能容，故以乞汝。」遂冒姓徐氏，名知誥。龍袞《江南野史》云：先主唐憲宗子建王恪之後，祖志，授署徐州判官，卒于任所。父榮，有器度，不事產業，每交結豪傑，以任俠爲事。屬時離亂，羣盜蜂起，朱梁統制天下，而楊行密專據淮南，榮乃感憤，欲圖興復之志，然無少康一旅之衆，數十里之地。久之，聞海賊夏韶衆甚盛，欲因之以成大事，往說韶曰：僕，大唐之後，少失怙恃，遭世多難。先祖基業蕩然横流，爲人所有自，料以高祖、太宗之遺德，宗祧社稷必未杜絶，其間子孫必有興者。吾雖不調，夙藴壯志，聞公英雄，士卒勇勁，吾欲因公立事，共取富貴，苟成霸業，古賢魚水未足爲遇。韶感其言，於是從之。遂率衆自海入淮，轉掠沿岸郡邑，至濠梁間，衆至數千人。行密因自帥師攻之，數次乃爲所擒，因捕其家，盡誅之。時先主方數歲，且異常貌，濠上一桑門與行密有故，乞收養爲徒弟。後行密大將徐溫出師濠上，見先主方額豐頤，隆上短下，乃携歸爲己子。李昊《蜀後主實録》云：唐嗣薛王知柔爲嶺南節度使，卒於官，其子知誥流落江淮，遂爲徐溫養子。《吴越備史》云：李昪本潘氏，湖州安吉人，父爲安吉砦將。吴將李神福攻衣錦軍，過湖州獲昪，歸爲僕隸。徐溫常過神福，愛其謹厚，求爲養子。以讖言「東海鯉魚飛上天」，昪始事神福，後歸溫，故冒李氏以應讖。又《周世宗實録》、薛居正《五代史》稱昪爲唐玄宗第六子永王璘苗裔，而《江南録》則云憲宗第八子建王恪玄孫。陸游《南唐書》、陳霆《唐餘紀傳》亦云建王恪生超，早卒，超生志，仕爲徐州判司，卒官，因家焉，志生榮。元人趙世延《南唐書・序》因云李昪系出憲宗四世，馬令《南唐書》但曰先主唐宗室裔也，不言何王後。按劉恕《十國紀年》云：昪，復姓，附會祖宗，故非唐後。而吴越與唐人讐敵，《備史》亦非實録。昪少孤遭亂，莫知其祖系。昪曾祖超，祖志，乃與義祖之曾祖祖同名，知其皆附會也。《歐陽史》曰：「昪世本微賤，父榮，遇唐末之亂，不知其所終。」今從之。

朱彝尊《曝書亭集》卷五八《五羖辨》 《孟子》：百里奚自鬻于秦，養牲者，五羊之皮，食牛。趙岐注：人言百里奚自賣五羖羊皮，爲人養牛。自賣句截五羖羊皮爲人養牛，蓋言衣此食牛也。朱子《集注》云：人言其自賣于秦養牲者之家，得五羊之皮，而爲之食牛。殆言因自鬻得五羊之皮。解者遂疑鬻身止得五羊皮，非已。扊扅歌云：「百里奚，初娶我時五羊皮。」又曰：「西入秦，五羖皮。」然則，奚蓋服五羊之皮入秦者。紉五羊，爲裘毛之最豐，而賤者所服也。曩客代州，言之李孔德，孔德不以爲然。偶讀《范處義詩補傳》釋《羔羊》之詩云：素絲必以五言，蓋合五羊之皮爲一裘，循其合處以素絲爲英飾也。百里奚衣五羊之皮爲秦養牲，蓋仿古制。古之羔裘，其製甚精。養牲者被五羊之皮，蓋賤者之服，而召南在位之君子亦服之，非節儉而何？」其說竟與予合。按《史記》百里奚亡秦，走宛，楚鄙人執之。繆公聞百里奚賢，欲重贖之，恐楚人不與，乃使人謂楚曰：「吾媵臣百里奚在焉，請以五羖羊皮贖之楚。」楚遂許與之。蓋百里奚在秦，五羖，其素所被服。繆公慮楚不信，故以奚所衣之服與之。不然，則五羖微物，楚人豈貪之乎？太原閻百史好較正注疏之失，作《孟子劄記》，書此質焉，幷以寄孔德。

陸隴其《四書講義困勉録》卷二二《論語・子張・大德不踰閑章》 黄勉齋曰：子夏只要歸重大節，言若能先立乎大，則小者便出入些亦不計較，若大節如何可出入得？小德出入可也。甚言不可以不務其大，正形容大德不可踰閑。下句原是要形容大德之不可踰，但形容得太過耳，勉齋之説亦非，遂爲子夏回護也。葛屺瞻曰：道理雖要完全，工夫卻難並進。若小處顧得太周匝，恐於大處卻不免有違礙。如此説則是小德不可不出，其弊更甚於子夏。《大全辨》卓菴張氏曰：唐太宗問褚遂良曰：舜造漆器，諫者十餘人，此何足諫？對曰：奢侈者，危亡之本。漆器不已，將以金玉爲之，忠臣愛君，必防其漸，若禍機已成，無所復諫矣。由遂良之言觀之，則子夏所云非定論也。

徐乾學《讀禮通考》卷八三《葬考二・合葬》 《檀弓》：舜葬於蒼梧之野，注：舜征有苗而死，因留葬焉。蓋三妃未之從也。季武子曰：周公蓋祔。

季武子成寢，注：武子，季孫夙。杜氏之葬在西階之下，請合葬焉，許之。入宫而不敢哭。武子曰：合葬，非古也。自周公以來，未之有改也。吾許其大而不許其細，何居？命之哭。注：記此者，善其不奪人之恩。張子曰：自伯禽至於武子，多歷年所，豈容城中有墓？此必是殯，欲取其柩以歸合葬。陸佃曰：請遷於外而合葬之。先儒謂杜氏之喪從外來，就武子之寢合葬，不近人情。胡銓曰：鄭云：善其不奪人之恩。非也。譏其平人之墓，顧爲是瑣瑣耳。劉彝曰：成寢而夷人之墓，不仁也。不改葬而又請合焉，亦非孝也。許其合而又命之哭焉，矯僞以文過也。且寢者所以安其家，乃處其家於人之冢上，於汝安乎？墓者所以安其先，乃處其先於人之階下，其能安乎？皆不近人情，非禮明矣。

孔子少孤，不知其墓。殯於五父之衢，人之見之者，皆以爲葬也。注：其慎也，蓋殯也。注：慎，當爲引，禮家讀然，聲之誤也。殯引，飾棺見柩行於路。

以輴，葬引，飾棺以柳翣。孔子是時以殯引，不以葬引，時人見者謂不知禮。問於郰曼父之母，然後得合葬於防。注：曼父之母，與徵在爲鄰，相善。疏：孔子少孤失父，其母不告父墓之處；令母死將合葬，不知父墓所在，意欲問人。若殯母於家，則禮之常事，他人無由怪己，故殯於五父之衢，欲使他人怪而致問也。外人見柩於路，皆以爲葬，但葬引飾棺以柳翣，殯引飾棺以輴，今夫子飾棺以輴，則是殯也。於時郰曼父之母素與孔子母相善，怪問孔子，孔子因而問母，始知父墓所在，然後以母尸柩合葬於防。不知其墓，謂不委曲周知柩之所在，不是全不知墓之去處。其或出辭入告，總望本處而拜，今將欲合葬，須正知處所，故云「不知其墓」。張子曰：孔子殯母於五父之衢，其殯周慎有如葬然，故人之見之者皆以爲葬也。其周慎實是殯，故曰其慎也，蓋殯也。馬晞孟曰：叔梁紇宋人，葬制蓋從古，墓而不墳。此孔子少孤所以不知墓也。陳澔曰：顔氏之死，夫子成立久矣。聖人人倫之至，豈有終母之世不尋求父葬之地，而猶不知父墓乎？且母死而殯於衢路，必無室廬而死於道路者不得已之爲耳，聖人禮法之宗主，而忍爲之乎？《孟子》：於主癰疽與侍人瘠環，何以爲孔子？愚亦謂終身不知父墓，何以爲孔子乎？其不然審矣。吴澄曰：殯者當殯於家，則三月之後當啓殯而葬，既未知父墓所在，則正葬之期不可豫定，故不殯於家而殯於野。蓋在野，則雖久而未得正葬，亦未害。萬斯同曰：殯於五父之衢，非三日而即殯於此也，儻果三日即殯於此，則是骨肉未寒而棄之於野，聖人之所忍乎？況自殯至葬，三月之内有朝夕哭奠諸儀節，將行之於何所乎？此必三月之後，殯期已滿，既不可久留於家庭，又不可別葬於他處，故不得已而殯於衢，名雖爲殯，而其具無異乎葬，則不爲苟且以致體魄之不安。形雖是葬，而其制實本是殯，則自可從容以訪父墓之所在。蓋殯與葬之不同者，葬則深入土中，殯則但及乎衽也。夫子之殯，必備設抗折諸物，不使其棺親土，故曰「人之見之者皆以爲葬也」。及觀其掘地淺深，則又但沒其衽而已，故曰「其慎也，蓋殯也」。此其防危慮遠，蓋竭盡其心力之至矣，可不謂慎乎。且所謂五父之衢，必其野外而不在城中，故聖人得殯於此，不然豈有闤闠雜遝之處而可以置吾親之體魄哉。

孔子曰：衛人之祔也離之，魯人之祔也合之，善夫！注：離之，有以間其椁中。善夫，善魯人也。祔葬當合。疏：衛之合葬以物隔二棺之間，猶生時男女隔居處也，魯人則合并兩棺置椁中，無別物隔之。言異生，不須隔。《詩》云：穀則異室，死則同穴。故善魯之祔也。陳祥道曰：衛之俗有存於殷，魯之俗一之於周。殷之所尚者尊尊，故凡昭穆之祔於廟者，離之而不親。周之所尚者親親，故凡昭穆之祔於廟者，合之而不尊。離之則義，合之則仁，孔子皆善之。朱子《語類》：問離之，謂以一物隔兩棺之間於椁中也。魯則兩棺置椁中無別物隔之。魯、衛之祔，皆是二棺共爲一椁，是離合之有異。朱子荅曰：二棺共椁，蓋古者之椁乃合衆材爲之，故大小隨人所爲，今用全木則無許大木可以爲椁，故合葬者只同穴，而各用椁也。徐師曾曰：古者叢木爲椁，一椁而兩棺共之。衛人以別物隔判，故曰離；周人不用物隔，故曰合。夫婦之道，生則同室，死則同椁，故善魯制。後世椁用全木，不合衆材，故無大椁，則但同穴而已。乾學案：徐氏之説謂一椁而兩棺共之，此必同時共葬則可，如不同時，則葬之先後有隔數十年之久者，豈有因後葬而開先葬之椁乎？儻豫爲大椁，留待後死者，則古人言椁周於棺，豈有虚其半以俟之之理？苟一人而有數妻，將虚者不止於半，而開亦不止一次矣。或久而其椁已朽，將更易其椁乎，抑仍其朽而不易乎？此最説之不通者。吾謂離之合之，蓋以兩椁相隔而不並謂之離，兩椁相並而不隔謂之合，斷非一椁而兩棺共之也。

《家語》：孔子之母既喪，將合葬焉。曰古者不祔葬，爲不忍先死者之復見也。《詩》曰：死則同穴。自周公以來祔葬矣。《白虎通・德論》：合葬者，所以同夫婦之道也。故《詩》曰：穀則異室，死則同穴。

《世説新語》：郗嘉賓喪，婦兄弟欲迎妹還，終不肯歸。曰：生縱不得與郗郎同室，死寧不同穴。

《晉書・列女傳》：鄭袤妻曹氏。袤先娶孫氏，蚤亡，聘之爲繼室。及袤薨，議者以孫氏瘞黎陽，久喪難舉，欲不合葬。曹氏曰：孫氏元妃，理當從葬，不可使孤魂無所依。於是備吉凶導從之儀以迎之，具衣衾几筵，親執鴈行之禮。聞者莫不歎息，以爲趙姬之下，叔隗不足稱也。

又《資治通鑑後編・宋紀》［開寶九年］冬十月，帝不豫，驛召道士張守眞至闕下。壬子，命内侍王繼恩就建隆觀設黄籙醮。是夕，帝召晉王光義入對，屬以繼位，夜分乃退。李燾《長編》：冬十月初，有神降於盩厔，民張守眞自言：「我，天之尊，初號黑殺將軍，玉帝之輔也。」守眞每齋戒祈請，神必降，室中風肅然，聲若嬰兒，獨守眞能曉之所言，禍福多驗，守眞遂爲道士。帝不豫，驛召守眞至闕下。壬子，命内侍王繼恩就建隆觀設黄籙醮，令守眞降神，神言：天上宮闕已成，玉鏁開，晉有仁心。言訖，不復降。帝聞其言，即夜召晉王，屬以後事，左右皆不得聞，但遥見燭影下，晉王時或離席，若有所遜避之狀，既而上引柱斧戳地，大聲謂晉王曰：「好爲之」。注云：此據吴僧文瑩所爲《湘山野録》，正史、實録並無之。《野録》云：祖宗潛曜日，嘗與一道士遊於關河，無定姓名，自曰混沌，或又曰眞無，每有乏則探囊，金愈探愈出，三人者每劇飲爛醉。生善歌步虚爲戲，能引其喉於杳冥間，作清徵之聲，時或一二句隨天風飄下，惟祖宗聞之，曰：金猴，虎頭，四眞龍得眞位。至醒詰之，則曰醉夢間語，豈足憑邪。至膺圖受禪之日，乃庚申正月初四日也。自御極不再見，下詔，草澤遍訪之，人或見於轘轅道中嵩洛間，乃開寶乙亥歲也。上已祓禊，駕幸西沼，生醉坐於岸木陰下，笑揖太祖曰：別來喜安。上大喜，亟遣中人密引至後掖，恐其遁去，急回蹕見之。一如平時抵掌浩飲，上謂生曰，吾久欲見汝，決尅一事，無它，吾壽還得幾多？生曰：

但今年十月二十日夜，晴則可延一紀，不爾則當速置。上酷留之，俾泊後苑。苑吏或見宿於木末鳥巢中，或數日不見。上切切記其語，至所期之夕，御太清閣以望氣，是夕果晴，星斗明粲，上心方喜。俄而陰霾四起，天地陡變，雪雹驟降，移伏下閣，急傳宫鑰，開門召開封尹，即太宗也。延入大寢，酌酒對飲，宦官、宫妾悉屏之。但遙見燭影下太宗時或避席，有不可勝之狀。飲訖，禁漏三鼓，殿下雪已數寸，太祖引柱斧戳雪，顧太宗曰：好做好做。遂解帶就寢，鼻息如雷。是夕，太宗留宿禁内，將五鼓，侍廬者寂無所聞，太祖已崩矣。太宗受遺詔，於柩前即位。逮曉，登明堂宣遺詔罷，放聲大慟，引近臣，環玉衣，以瞻聖體，玉色瑩如出湯沐。太祖英武，其達生知命，蓋有如此者。文瑩宜不妄，故特著於此。然文瑩所言「道士不得姓名」，豈即張守眞耶，或復一道士也，恐文瑩得之傳聞，故不審如云。於西沼木陰下笑揖太祖，止宿後苑鳥巢中，言十月二十日夜晴則聖壽可延一紀，疑皆好事者飾説，未必然也。又云太宗留宿禁内，此亦謬誤。太祖既不豫，寧復自登閣，且至殿庭戳雪乎？今略加删潤，更竢詳考。顧命，大事也，而實録、正史皆不能記，可不惜哉？蔡惇《直筆》云：太祖召陳摶入朝，宣問壽數，對以丙子歲十月二十日夜，或見雪當辦行計，若晴霽須展一紀。至期前夕，上不寢，初夜遣宫人出視，回奏星象明粲，交更再令出視，乃奏天陰，繼言雪下。遂出禁鑰，遣中使召太宗入對，命置酒，付宸翰，屬以繼位。夜分退，上就寢，侍寢者聞鼻息聲異，急視之，已崩，太宗於是入繼。按惇所載與文瑩略同，但即以道士者爲陳摶爾。摶本傳及《談苑》並稱，摶終太祖朝未嘗入見，恐惇亦誤矣，當是張守眞也。王禹偁《建隆遺事》云：上將晏駕，前一日，遣中使急召宰相趙普、盧多遜入宫，見於寢閣。上曰：吾知此疾必不起，要見卿等無他爲，有數事未暇行之，卿等將筆硯來，依吾言寫之，身後切須行之，吾瞑目無恨也。遂授普等筆硯，上自陳述，普等依上言而寫數事，皆濟世安民之法，普等因嗚咽流涕而言：此則謹依謨訓而行之，然有一大事未見陛下處置。上曰：何事也，普等曰：儲嗣未定，陛下倘有不諱，諸王中當立何人？上曰：可立晉王。普等復曰：陛下艱難創業，卒致昇平，自有聖子當受命，未可議及昆弟也。臣等恐大事一去卒不可還，陛下宜熟計之。上曰：吾上不忍違太后慈訓，下爲海内方小康，思得長君以撫之，吾已決矣，願公等善爲我輔晉王。遂出御府珠玉、金器賜普等，令歸第。翌日，上崩於長慶殿。由是，晉王聞普等有此奏議，大銜之，嗣位後，坐多遜事連秦府，貶死於嶺表。闕。趙普以婦人取媚於禁中，遂獲免。謹按世所傳《建隆遺事》十三章，此其第十一章也，是尤悖謬不可信。蓋開寶六年八月，趙普已罷相，出鎭河陽，後三年，太祖晏駕，此時趙普實在河陽，安得與盧多遜並居相位耶？又，《遺事》第七章稱，杜太后及太祖召晉王、秦王、南陽王等相約傳位，陶穀爲誓書，趙普告天地、宗廟，此固不然也。設如所言，則太祖傳位晉王約已定於建隆初矣。開寶末，命宰相又何請耶？就復請，則決非趙普也，且《遺事》乃一人所著，其首尾固當參同，今第七章既云爾，其第十一章又云爾，豈不自相矛盾耶？臣燾嘗反復推究，此章蓋普之怨家仇人，多遜親黨所爲，欲肆其詆毁，故託名禹偁，竄寄《遺事》中，實非禹偁作也。禹偁仕太宗，坐直屢黜，故羣小因之。然禹偁素識道理，忠義人也，決不敢鑿空架虚，污衊君父若此不顧。且《禹偁集》所載表章多代普作，《禹偁傳》亦稱普雅愛重禹偁，縱禹偁書惡不爲普隱，亦須驗實傳信。方太祖晏駕時，普不在相位，士大夫孰不知之？而此章乃云與盧多遜同入宫，其非禹偁所著蓋明甚，必多遜親黨不習朝廷典故者所妄作也。且非獨此章爲不可信，其他章要不全是。蓋禹偁用文章名天下，今所傳《遺事》語多鄙俗，略不似禹偁平日口聲，故臣燾竊有疑焉。特信其可信耳，學士大夫以書託名禹偁，則遽信之，不復推究，此最害義者，故不可不辨，以曉來世云。考異：按蔡惇《直筆》云：十月二十日前夕，太祖召太宗入對，屬以繼位，夜分乃退，本甚明白。李燾作《長編》，改繼位爲後事，且去「夜分乃退」四字。又據僧瑩《湘山野録》，載道士降神語，并燭影斧聲事。其後又據司馬光《紀聞》載帝崩，宋后召德芳，而王繼恩等召晉王事，兩説甚異。燾俱列之不虞，矛盾何也？蓋燾此書固編以俟考者，未成史也。史以傳信，即無燭影斧聲之訛妄，亦當細考詳定，主於一説，豈可一時之事彼此異同？況《野録》、《紀聞》一出異端之徒，一出名臣之手，後人宜何所信乎？史稱燾博極羣書，其爲長編專務廣採，擇焉不精，良然。今從《直筆》、《紀聞》，餘一槩削去，庶杜後人之疑。其詳見癸丑帝崩後。

萬斯大《學禮質疑》卷一《周詩周正一》 《詩·豳風·七月》、《小雅·十月》、《四月》、《周頌·臣工》四詩所言時月，朱子指爲夏時，因有援此以説《春秋》，謂「春王正月」爲建寅之月者。詳玩詩文，惟《七月》主夏時，餘俱周時也。序云：「《七月》，陳王業也。周公遭變故，陳后稷先公風化之所由，致王業之艱難也。」夫后稷先公皆夏時諸侯，周公述后稷先公以告時君，故就夏時立説，如言七月、八月之類是也。其于十一月、十二月則避不成辭，故就陽生而言日，如言一之日、二之日之類是也。《十月》序云：「大夫刺幽王也。」首章曰：「十月之交，朔日辛卯。日有食之。」朱子云：十月以夏時言。蘇氏謂：十月純陰，故稱陽月，日有食之，陰壯之甚也，古尤忌之。予謂不然。《昏義》曰：男教不修，陽事不得，適見于天，日爲之食。日食則天子素服，而修六官之職，蕩天下之陽事。是凡日食皆爲變也，故《春秋》必書。《莊二十五年》：夏六月，日食。《左傳》稱唯正月之朔，正月，巳月也。慝未作，日有食之，于是乎用幣于社，伐鼓于朝，其餘則否。《昭十七年》：夏六月，日食。太史曰：正月，此月也。日過分而未至，三辰有災，于是乎百官降物，君不舉，辟移時；樂奏鼓，祝用幣，史用詞。由是觀之，日食皆爲災，而在正陽巳月爲尤甚，未聞以純陰亥月並言也。班固《五行志》釋正月爲正陽純乾之月，杜預亦云正月正陽之月也。夏四月，周六月。蘇氏誤分正陽二字，以正爲巳月，陽爲亥月，而附會此詩，以爲夏正之十月。不唯不合班、杜，且違《左傳》特異正月不異餘月之義，故知十月之交，即周建酉之十月，不必指爲夏正之十月也。當是時，幽王失道，亂亡已徵，西周震矣，三川竭矣，岐山崩矣。艷妻煽處，災變頻仍，而主昏日甚，忠臣義士痛結于中，無可控告，適因日食之變，遂舉爲諷刺之端，以抒其憤懣不平之氣，遑計其月之爲陽與非陽，災之尤甚與非尤甚也哉。愚以爲即無此日食，西周亦必亡，其詩必别有所託以爲端也，奈何泥十月之爲亥月耶？《四月》序曰：「大夫刺幽王也。在位貪殘，下國構禍，怨亂並興焉」。據此，則其詩所言時令，乃周時非夏時也。何以見之？就夏時以言，則順序而無愆，不足以寓其隱刺，惟于周時則見其乖錯反常，爲災實甚。故所謂四月，卯月也；六月，巳月也。卯月爲首夏，至于巳月，宜漸暑矣，而反若暑之既往，陽舒不勝陰慘。《外紀》載幽王九年有六月隕霜之異，《詩》有正月繁霜之變，殆其時乎！所謂秋午未申月也，時陰始微萌，陽猶盛達，炎暑未退，涼風尚遲。乃反凄凄然至百卉之具腓，吾知其戾矣。所謂冬酉戌亥月也，時宜漸寒，而日反烈烈，非愆陽乎。《臣工》序曰：「諸侯助祭遣于廟也。」朱子云：戒農官之作。吾讀其詩，上云維莫之春，下云如何新畬，則莫春非寅月而何？若以爲夏之三月，則歷稽經傳，告戒農功，未有如此之晚者。説者泥于「來牟」、「將受」二言，以爲此建辰之月，不知以爲將受猶是方來而未熟之詞，言之于辰月可，言之于寅月亦無不可也。學者知四詩皆周正，而後可與言《詩》，而後可與言《春秋》。

又《學春秋隨筆》卷一 ［隱公二年］九月，紀裂繻來逆女。

《春秋》書「紀裂繻來逆女。」先儒謂譏不親迎，非也。考《士昏禮》，自納采至親迎，六禮備而成昏。此父爲昏主，爲子取婦者也，其常也。《士昏禮》記曰：宗子，父沒母命之，親皆沒，己躬命之。即繼之曰不親迎，則三月壻見女父母。下載見女父母之禮。此宗子父母沒，自主昏取妻者也，其變也。士之宗子不親迎且如此，又何論乎大夫，更何論乎諸侯、天子也哉。其所以不親迎者，何也？蓋親迎必有所受命，《士昏禮》父醮子而命之迎，曰往迎爾相，承我宗事。宗子上承宗廟之重，諸父旁尊不得加之。命無所受，故己命人迎而不親往，所以重宗廟、順先典也。先儒知有父母主昏之常禮，而不知有宗子自主昏之變禮，因并謂諸侯、天子必當親迎，豈有當與。然則文王與韓侯皆親迎，何也？《記》云：文王九十七而崩。《書》云：文王享國五十年。是文王嗣位時，四十八歲也。又《傳記》言文王十三生伯邑考。則親迎時，固周君指王季。世子也。韓侯嗣位之初，入覲受命，未全乎尊。《禮》：世子三年喪畢，以士服入見天子。天子錫之命，然後得爲諸侯。今韓侯方來受命。且蹶父，周卿士，韓侯入周，因覲而逆，未爲不可。且又安知非使人往逆，而己不親乎。然則哀公問之冕而親迎，何謂也？曰：此指世子言之也，今日之世子，固即他日之君也。曰：先儒謂昏事合禮不書。裂繻逆女，何以書乎？曰：杜氏于劉夏之逆后，謂天子不親昏，使上卿逆而公監之。推此，則諸侯之逆，必上卿乃可。裂繻不氏，則未命也。未命大夫而逆夫人，失之輕矣，故書也。明乎此，而莊公之親迎，與文公之賤逆，微者。皆可得其書之之故矣。若夫裂繻之繫紀，以紀事也。《穀梁》于不氏但名者，悉謂之國氏。國豈可氏乎，且不繫國，知爲何國之人乎。

又《周官辨非·夏官》

《大司馬》以「九畿之籍，施邦國之政職。方千里曰國畿，其外方五百里曰侯畿，又其外方五百里曰甸畿，又其外方五百里曰男畿，又其外方五百里曰采畿，又其外方五百里曰衛畿，又其外方五百里曰蠻畿，又其外方五百里曰夷畿，又其外方五百里曰鎮畿，又其外方五百里曰蕃畿。」吴氏曰：「古惟王都稱畿。王畿之外，在夏爲五服，在周爲九服，未有名之以『畿』者。畿字當是服字。」愚按：鄭司農云「近當言畿」，又引《春秋傳》「天子一畿」，「列國一同」，《殷頌》「邦畿千里」，則司農之意已知言畿之非矣。以愚考之，非第九畿之説非宜，即九服亦未可信。周止五服耳，安有九服？辨在《職方》條。【略】《職方氏》乃「辨九服之邦國，方千里曰王畿，其外方五百里曰侯服，又其外方五百里曰甸服，又其外方五百里曰男服，又其外方五百里曰采服，又其外方五百里曰衛服，又其外方五百里曰蠻服，又其外方五百里曰夷服，又其外方五百里曰鎮服，又其外方五百里曰藩服」。《周語》「祭公曰：『先王之制，邦内甸服，邦外侯服，侯衛賓服，蠻夷要服，戎翟荒服』」。此周制也，與《禹貢》所言五服同，特改綏服爲賓服。故《書·周官》曰「六年，五服一朝」。由是觀之，周之疆域即《禹貢》之九州可知也，曷從有此九服哉！且《禹貢》首以甸服，甸服即王畿也。王畿之外四服而已。襄王謂重耳曰：「我先王有天下，規方千里、以爲甸服，其餘以均分公、侯、伯、子、男。」合之祭公所言，周之畿内亦稱甸服，甸服之外亦四服而已。今《職方》于王畿千里之外有侯、甸、男、采、衛、蠻、夷、鎮、藩之九服，是較《禹貢》及祭公言多五服矣。不知周公相武王定天下之後，何時于五服外，東西南北各增此二千五百里之地，而成九服也。《王制》曰：「千里之内曰甸。」《武成》曰：「祀于周廟，邦甸、侯、衛、駿奔走。」邦甸即畿内也。而《職方》列甸服于侯服之下，縱《禹貢》夏書不可言周禮，豈祭公、襄王之言，《武成》、《周官》、《王制》之語，亦皆不可信邪？或疑《周官》有「六服羣辟」之語，《康誥》有「侯、甸、男、邦、采、衛」之文，恐周不止於五服。曰《周官》既云「六年五服一朝」，則止五服矣。其言六服，蓋指公、侯、伯、子、男及附庸之君爲六服也。《康誥》所言侯甸，即甸服、侯服也。男邦采，即侯服百里之采，二百里之男邦也。衛則指賓服而言，即二百里奮武衛之地也。侯服舉内以見外，賓服舉外以包内，又何疑于非五服哉！

又《儀禮商》卷一《士冠禮》 冠者取脯見母，母拜受，子拜送，母又拜。孔氏謂奠廟之脯重，從尊者處來，故拜之，非拜子也。吕氏謂母有從子之義，故屈庸敬以伸斯須之敬。王氏則謂此適子代父承祖，與祖爲正體，故禮之與衆子異。愚以爲皆非也。按禮，婦人之拜有二：肅拜也；手拜也。肅拜者，足不跪，微俯其躬而肅之，如今婦人揖也。手拜者，足跪地而拜，如今婦人拜也。《少儀》曰：婦人吉事，雖有君賜，肅拜。君賜至重，尚止肅拜，況其他乎！故知此受脯俠拜，亦肅拜也。冠者取脯至母前，先揖而後拜送，既拜而更揖，母于斯時，子揖則肅，子拜則受成人而與爲禮也，豈拜子乎？今世尊長于卑幼揖則偕，拜則受，約略如是。

胡渭《大學翼真》卷五 《康誥》曰：「克明德。」東陽許氏謙曰：明字即上明字，德字包明德字。《大甲》曰：「顧諟天之明命。」新安吴氏曰：言德則命在其中。故釋明德曰人之所得乎天，言命則德在其中，故釋明命曰天之所以與我，而我之所以爲德。雙峰饒氏魯曰：静存動察，皆是顧。明命，即明德，上明字卻在顧諟二字中。

《帝典》曰：「克明峻德。」虚齋蔡氏曰：或以峻德爲光被四表、格于上下者，非也。蓋明峻德只就帝堯一身言，故下文方説親睦九族，平章百姓，協和萬邦。今之言明峻德者，只可説其德之明有以盡夫天理之極，而無一毫人欲之私，卻是正意，若説出外，便是新民境界矣。峻德，是極言明德之量。峻，如峻極於天之峻。彦昇按：朱子以《堯典》「九族既睦」，是堯一家之明德，「百姓昭明」，是堯一國之明德，「黎民於變時雍」，是堯天下之明德。眞西山以《堯典》爲《大學》之宗祖而首揭之，以冠《衍義》一書，是《堯典》首節與《大學》首章實相爲表裏也。蓋《大學》，孔氏之遺書，祖述堯舜，此其尤大彰明較著者，皆自明也。虚齋蔡氏曰：著此一句，以別新民。小註以爲仁由己釋之，本文無此意，觀章句己德二字尤可見。渭按：自明對明明德於天下而言，明明德於天下即新民也。上三引證明明德，下三引證新民，中間不得不著此句以清其界限，或以此句與是故君子無所不用其極對，非也。

湯之《盤銘》曰：「苟日新，日日新，又日新。」新定邵氏：甲曰日日盥頮，人所同也，日日沐浴，恐未必然。《内則》篇記子事父母，不過五日燂湯請浴，三日具沐而已，斯銘也，其殆刻之盥頮之盤歟？渭按：此義雖小，然必如此説方與日日又日之意相協，當從之。彦昇按：《大戴・踐阼》篇，武王有盥盤之銘，而無浴杅之銘，可見湯盤必是盥盤。欲新民未有不先自新者，湯銘或重在自新，然亦未始不可兼新民，而傳者斷章取義以證經之新民，則以三新字屬民，如放勳命契之意，亦未有以見其必不然也。自新即自明，上文已有，似不必再加提醒。以新民爲明明德於天下，經之所有也；以明明德爲自新，經之所無也。經之所無，愚未敢信。

《康誥》曰：「作新民」。孔氏曰：作新民者，周公使康叔作新殷民也。周公當作武王。武王之封康叔也。以商之餘民染紂污俗而失其本心也，故作《康誥》之書而告之，以此欲其有以鼓舞而作興之，使之振奮踴躍，以去其惡而遷於善，舍其舊而進乎新也。《或問》。某氏曰：解作字爲振起義，固不差，解新民爲自新之民，理卻未是。觀《康誥》之文，首言文王克明德，至此乃以新民爲結語，正當與《大學》之明德新民同説，新乃己與新之，非民自新也。蔡氏書傳解「作新民」爲「作新斯民」，又曰此言明德之終也，《大學》言明德亦舉新民以終之。又陳大猷亦解爲「作新天下之民」，二家書傳俱成於註文之後。蔡沈又文公之門人，皆不以自新之民爲是，蓋公論也，學者宜從之。《四書辨疑》元人撰，今逸其姓名。渭按：《康誥》「作新民」下繼之曰：「嗚呼，封，敬明乃罰。」其後又曰：「凡民自得罪：寇攘姦宄，殺越人于貨，暋不畏死，罔弗憝。」又曰：「封，元惡大憝，矧惟不孝不友，子弗祗服厥父事，大傷厥考心；于父不能字厥子，乃疾厥子；于弟弗念天顯，乃弗克恭厥兄；兄亦不念鞠子哀，大不友于弟。惟弔音的，弔，至也。茲不于我政人得罪，天惟與我民彝大泯亂。曰：乃其速由文王作罰，刑茲無赦。」由是觀之，殷民之惡，內則不孝、不慈、不恭、不友，民彝大泯亂，外則殺越人于貨，孟子所謂不待教而誅者，武王方使康叔刑茲無赦，而猶謂之曰自新之民，無是理也。然雖如此，武王又恐康叔之專任刑罰以治亂民也，故首以文王之明德愼罰爲訓，而告之以作新民，蓋欲康叔先盡教化之道，以去其舊染之汙，必敎之不改而後誅之也。故曰：「汝陳時臬事罰，蔽殷彝，用其義刑義殺，勿庸以次汝封。」孔傳曰：勿用以就汝封之心所安。然則武王命康叔時殷紂之遺風未變，義刑義殺終不可廢，自新之機安在哉？新字屬工夫，正是經文之新民，當從孔疏。《或問》解作新民者，言當鼓舞振作以新其舊染汙俗之民也。《洛誥》曰：「明作有功。」《益卦》初九爻辭曰：「利用爲大作」，與此作字意正同。經之明德、新民字，皆出於《康誥》，憲章文武，於此驗其一端矣。親民之親當作新，更無可疑。傳引五新字，專爲經之新民而設，而章句所解，無一與經合者，故陽明遂謂親不當作新，今熟玩《康誥》全篇，知殷民實未嘗有自新之機，《或問》說較長。朱子先成《章句》，後著《或問》，《章句》說偶不及更定，亦容有之，此等非大節目，少爲變通，似不妨也。

《詩》曰：「周雖舊邦，其命維新。」是新民之極，和天命也新。《語類》。渭按：先儒以虞芮質成之歲，爲文王受命之年，此說最有理。傳曰：虞芮之君，相與朝周，入其境，則耕者讓畔，行者讓路。入其邑，男女異路，斑白者不提挈。入其朝，士讓爲大夫，大夫讓爲卿。觀此則其時文王之民可謂新之極矣，天命安得不隨之以新也哉！彥昇按：《詩箋》言大王聿來胥宇，而國于周，王迹起矣，而未有天命至文王而受命，言新者，美之也。《箋》不遠稱后稷而近述大王者，據詩本言周邦，故以大王之遷岐而國始號周者言之也。《周本紀》述虞芮質成之事云：諸侯聞之曰：西伯蓋受命之君。故云詩人道西伯蓋受命之年稱王，而斷虞芮之訟，言稱王非也，言受命是也。質成之明年，伐犬戎。又明年，伐密須。又明年，敗耆國。又明年，伐邘。又明年，伐崇侯虎而作豐邑。而有聲之詩因曰文王受命，有此武功，則謂受命在質成之歲者，信矣。

是故君子無所不用其極。極，即至善之云也。用其極者，求其止於是而已矣。《或問》。渭按：傳六引《詩》《書》，各有一極字在內，蓋聖人之所以明德新民者，無非至善，不必專指克明峻德爲明明德之極，其命維新爲新民之極也。所引雖有淺深始終之次第，然亦不可太泥。極在古聖人用之者，責成在君子，故曰君子無所不用其極。經首節章句云，言明明德新民，皆當止於至善之地而不遷，此節章句云自新新民皆欲止於至善，自新即明明德，則此節爲總結上七節，不與皆自明也對無疑矣。朱子以「皆自明也」結上三引《書》爲一章，釋明明德；以「是故君子無所不用其極」結上三引《詩》《書》爲一章，釋新民。然無所不用其極，即止於至善，斷無偏指新民之理，故不得不以《盤銘》爲自新以通其義，傳者之本意恐未必如此。今按：此八節通是釋經第一節，故合爲一章，而以「無所不用其極」句總結上七節，則《盤銘》之三新字亦不必專屬自新矣。右八節當爲一章，釋經第一節。《康誥》曰至皆自明也，釋在明明德；湯之《盤銘》至其命維新，釋在新民；是故君子無所不用其極，釋在止於至善。

冉覲祖《春秋詳說》卷六　滕子來朝。《左傳》：杜注：隱十一年稱侯，今稱子者，蓋時王所黜。孔疏：杞行夷禮，傳每發之，此不發，傳非爲夷禮。自是以下，滕常稱子，故疑爲時王所黜。於時周桓王也。東周雖則微弱，猶爲天下宗主，尙得命郲爲諸侯，明能黜滕爲子爵。程傳：滕本侯爵，後服屬於楚，故降稱子，夷狄之也。首朝桓公之罪，自見矣。胡傳：隱公末年，滕稱侯爵，距此三歲爾，乃降而稱子者，先儒謂爲時王所黜也。使時王能黜諸侯，《春秋》豈復作乎？又有言其在喪者，終《春秋》之世，不復稱侯，無說矣。然則云何？《春秋》爲誅亂臣討賊子而作，其法尤嚴於亂賊之黨，使人人知亂臣賊子之爲大惡而莫之與，則無以立於世。無以立於世，則莫敢勸於爲惡，而篡弑之禍止矣。今桓公弟弑兄，臣弑君，天下之大惡，凡民罔弗憝也。己不能討，又先鄰國而朝之，是反天理，肆人欲，與夷狄無異，而《春秋》之所深惡也。故降而稱子，以正其罪。四夷雖大皆曰子，其降而稱子，狄之也。或曰：非天子不制度，不議禮，不考文，仲尼豈以匹夫專進退諸侯，亂名實哉？則將應之曰：仲尼固不以匹夫專進退諸侯，亂名實矣。不曰《春秋》，天子之事乎！知我罪我者其惟《春秋》乎！世衰道微，暴行交作，仲尼有聖德無其位，不得如黃帝、舜、禹、周公之伐蚩尤，誅四凶，戮防風，殺管、蔡，行天子之法於當年也。故假魯史，用五刑，奉天討，誅亂賊，垂天子之法於後世，其事雖殊，其理一耳。何疑於不敢專進退諸侯，以爲亂名實哉！夫奉天討，舉王法，以黜諸侯之滅天理廢人倫者，此名實所由定也。故曰：《春秋》成而亂臣賊子懼。朱子曰：是時時王已不能行黜陟之典。就使能黜陟諸侯，當時亦不止一滕之可黜。趙氏曰：滕，侯爵，自齊桓霸後與杞、薛皆降號以從會位。此時未有霸者，故知在喪也。朱子曰：前不見滕侯卒，乃不通之論。延平李氏曰：滕子來朝，考之《春秋》：夫子凡所書諸侯來朝，皆不與其朝也。胡文定謂春秋之時，諸侯之朝，皆無有合於先王之時世朝之禮者，故書皆譏之也。滕本稱侯，桓二年來朝稱子者，以討亂賊之黨貶，於諸家之説義爲精。然自此終春秋之世，不復稱侯，豈以祖世有罪而幷貶其子孫乎？《春秋》與人改過遷善，又善善長，惡惡短，不應如此，是可疑也。竊以謂從胡氏之説於理爲長，觀夫子所書，討亂之法甚嚴，滕不以桓之不義而朝之，只在於合黨締交此夷狄也，既已貶矣，後世子孫碌碌無聞，無以自見，於時又壤地褊小，本一子男之國。宋之盟，《左傳》有宋人請滕，欲以爲私屬，則不自強而碌碌於時者久矣。自貶之後，夫子再書，各沿一義而發，遽又以侯稱之，無乃紛紛然殽亂，《春秋》之旨不明而失其指乎！蓋聖人之心，必有其善，然後進之，若無所因，是私意也，豈聖人之心哉？若如此，看似於後世之疑不礙道理爲通。朱子曰：杞國最小，《春秋》所書，初稱侯，已而稱伯，已而稱子，蓋其朝覲貢賦之屬，率以子男之禮從事，聖人因其實而書之，非貶之也。滕國亦小，初書侯，已而書子，解者以爲：桓公弑君之賊，不合朝之，故貶稱子。然自此以後，一向書子，使聖人實惡其黨，惡則當止貶其一身，其子孫何罪，一例貶之，豈所謂惡惡止其身邪？《春秋》之世，朝覲往來，其禮極繁大。國務吞幷，猶可以辦；小國侵削之餘，何從而辦之。其自降爲子，而一切從省，亦何足怪。若謂聖人貶之，則當時大國滅典禮、叛君父、務吞幷者，常書公書侯不貶，而此獨責備於不能自存之小國，何聖人畏強陵弱、尊大抑小，不公之甚？程沙隨説《春秋》，見得此意，卻頗有理。茅堂胡氏曰：滕本侯爵，降而稱子者，首朝桓公，黜之也。然則居周之世，食周之祿，擅易其爵，豈所謂非天子不議禮者乎？曰：《春秋》固天子之事也。張氏曰：《春秋》於諸侯之爵，不輕貶絶，惟有用夷變夏、崇獎逆賊、瀆亂三綱之罪者，則黜之。故吳、楚僭稱王，杞、莒用夷則黜號降爵，而尤於亂臣賊子嚴其黨惡之法，此滕之始朝桓公，所以特黜，而從後日之稱子也。沙隨程氏曰：《春秋》時小國事大國，其朝聘貢賦之多寡，隨其爵之崇卑。滕子之事魯，以侯禮見則所供者多，以子禮見則所供者少。滕國土小，不足以附諸侯之大國，故甘心自降爲子，子孫一向微弱，故終春秋之世常稱子，聖人因其實而書之耳。故鄭子產嘗爭承貢賦之次曰：昔天子班貢輕重，以列鄭伯男也，而使從公侯之貢，懼弗給也，敢以爲請。即其事也。廬陵李氏曰：滕稱子，張氏之説亦善發明胡氏者，然《春秋》善善長，惡惡短，先王罰弗及嗣，安有一人之罪而世世子孫受貶黜乎？趙子以滕子此朝爲在喪，而後曰：齊桓伯後方與杞、薛皆降號以從會，此亦爲有見者，而在喪之説鑿矣。故沙隨程可久以爲《春秋》時大國強暴，每責賦於小國，小國不堪，多自降爵，以從殺禮，引子產爭承以爲證。蓋亦用趙子意，朱子極取之，然考之於經，諸侯降爵，惟滕、薛、杞，滕初稱侯，自桓二年始書子，薛初稱侯，至莊三十一年始書伯，以爲自降可也。杞初稱侯，至莊二十七年稱伯，而僖二十三年卒稱子。文十二年稱伯，而襄二十九年來盟又稱子，其升降不一者，比前説又不通矣。且二邾皆自附庸升而爲子，傳者以爲數從齊桓，爲之請於天子命爲諸侯，由是觀之，則又似時王黜陟之説亦可行，姑記所聞以俟知者。按諸家之説紛紛。程子謂降稱子，朱子用沙隨説自降爲子，二説亦不同。程子謂滕後屬楚，故降稱子，胡文定謂以朝桓降稱子，二説亦不同。夫屬楚在後，豈遽降朝桓之日，可疑也。自降爲子，不過禮物從其薄者易辦，豈遽實貶其爵，可疑也。朝桓在一時，而一貶更不可復，可疑也。若在喪之説，朱子謂前不書滕侯卒，已自駁倒。獨王黜之説，雖無事實可據，而於義無礙。豈王室雖微，威力尚可及於小國，命黜之典或有之。歟廬陵李氏説與《左傳》注疏合，可玩。程胡之説，爲衆所共遵，自是正大。

陳廷敬《午亭文編》卷五〇《杜律詩話下》 越裳翡翠無消息，南海明珠久寂寥。殊錫曾爲大司馬，總戎皆插侍中貂。炎風朔雪天王地，只在忠良翊聖朝。 此章舊注云：子美嘗有「自平宮中呂太一，南海收珠千餘日」之句，蓋廣德元年，呂太一爲廣州市舶使，舉兵叛，故翡翠明珠久不貢朝廷。説者多引此詩，以解太一之事。舊注之説，不過如此。或由此通首皆指宦官句各以事實之云云。按：楊思勗雖殘酷，安南五溪之變實在先，以越裳不貢責之思勗，服乎？呂太一之事近之。然杜詩云：「自平宮中呂太一，收珠南海千餘日。近供生犀翡翠稀，復恐征戍干戈密。」豈非太一既平之後，明珠暫至又絶乎，亦當責之太一乎？考《李輔國傳》，輔國爲兵部尚書，未嘗爲大司馬。古今官職沿革，名同實異者多，今人溷稱兵部尚書爲大司馬，不知唐之兵部尚書不可稱大司馬也。唐《百官志》，兵部尚書正三品。輔國冊進司空，兼中書令，進封博陸郡王，三品之官，何足異乎？以魚朝恩曾爲觀軍容使，故謂之總戎。總戎二字，杜詩常用，總戎楚蜀應全未聞道總戎雲鳥、陳高適、嚴武亦皆觀軍容使邪，此蓋緣誤認「侍中貂」三字。注唐人詩，當以唐書爲據。《唐書・百官志》云：門下省，侍中，二人正二品，掌出納帝命，相禮儀，凡國家之務與中書令參總而顓判省事。又云：左散騎、常侍，二人正三品。注云：顯慶二年，分左右，隸門下中書省，皆金蟬珥貂，左散騎與侍中爲左貂，右散騎與中書令爲右貂。以此論之，侍中貂，非中人也。如馬燧、渾瑊皆拜侍中，燧、瑊豈中人乎？《百官志》中人有内侍省監内常侍，諸稱無侍中宦者，傳諸宦官封王公爲中書令者有之，無侍中。然則，此詩當何如解？蓋責藩鎮兼宰相之諸將也。上章舉内地削責，其徒煩輸輓。此章舉遠人畔責，其不能鎮撫。首四句，猶上章。首四句之意，不必實指其人。大司馬，唐《百官志》無之。外官，天下兵馬元帥、副元帥，都統下有行軍司馬，行軍左司馬，行軍右司馬。節度使下有行軍司馬。大都督府下有司馬，中都督府下有司馬，下都督府下有司馬，大都督護府下有司馬，上都護下有司馬。以意論之，則副元帥、都統、副都統、節度使、大都督、中都督、下都督、大都護、上都護，皆可稱大司馬。上都護掌統諸蕃撫慰征討，敘功罰過，與本詩「扶桑銅柱」、「越裳南海」、「炎風朔雪」等甚合。又唐初制，元帥、大都督、大都護，或親王領之，或親王遙領，連上「殊錫」二字觀之，大司馬必指此類，非兵部尚書也。兵部尚書與吏、戶、禮、刑、工尚書，皆尚書省中書令之屬。兵部之屬有四，一曰兵部，二曰職方，三曰駕部，四曰庫部，無稱司馬者，兵部尚書安得稱大司馬乎？「總戎」二字，即以公詩證之，當指節度使。「皆插侍中貂」，則帶宰相之銜者也，但以此解之，詩意自明。《漢書注》：師古曰：禮含文嘉云九錫者車馬衣服樂懸朱戶納陛武賁鐵鉞弓矢秬鬯也。此詩殊錫不必九錫，大抵非常寵錫耳。《漢書・百官公卿表》：相國丞相後即太尉。太尉，秦官，掌武事。武帝建元二年省，元狩四年初置大司馬，以冠將軍之號。漢代大司馬爲武官極品，其權執，丞相不如也。此詩大司馬借漢官言唐官，未爲不可，但泥李輔國曾爲兵部尚書，以唐兵部尚書爲大司馬，遂難通矣。

李光地《朱子禮纂》卷五《雜儀》 《禮》，妻之父曰舅。謂我舅者，吾謂之甥。古《禮》甥字用處極多：如壻謂之甥，姑之子亦曰甥。或問姪字本非兄弟之子所當稱。曰：然。伊川嘗言之。胡文定家子弟稱猶子。《禮》，兄弟之子猶子也，亦不成稱呼。嘗見文定家將《伊川語錄》凡家書説姪處皆作猶子，私嘗怪之，後見他本只作「姪」字，乃知「猶子」字文定所改，以伊川嘗非之故也。殊不知伊川雖非之，然未有一字替得，亦且只得從俗，若改爲猶子，豈不駭俗？據《禮》，兄弟之子當稱從子爲是。自曾祖而下，三代稱從子，自高祖四世而上稱族子。（《語類》）沈僩錄。

華學泉《春秋疑義》卷上 隱十年，六月壬戌，公敗宋師于菅。辛未，取郜。辛巳，取防。或問：積齋程氏曰：辛未，取郜。辛巳，取防。十一日之閒，取其兩邑。故謹而日之。後之説《春秋》者，盡不用日月。苟不以日月，則其實何以明？何以知一月之閒，十一日内，兩取其邑乎？曰：日月者，紀事自然之體也。《春秋》非不欲盡言日月，然舊史有詳略焉，有闕文焉。其無日月不可益，有日月不可去也。故《春秋》紀事，有有日月者矣，有無日月者矣。《公》、《穀》見其有日月與無日月也，從而爲之辭，或牽彼以就此，或例此以方彼，自知不通，則付之不言。故日月之例，爲《春秋》蠹矣。今壬戌敗宋師，辛未，取郜，辛巳，取防。魯史紀事自然之法也。得其日而益詳，魯隱之惡益彰。若或不得其日，既敗宋師，又取郜，取防，其惡亦不得掩。非聖人特書其日以甚其惡，亦非謹其事而日之也。苟或謂聖人特書日以甚其惡，以謹其事，而餘無日者皆無甚惡，皆無甚謹乎？若并月不書，則事皆無惡，皆不謹乎？愚按：説《春秋》者，以日月爲例，曲生意義。如日食，書朔，書日，正也。或不日，或不朔，史失之耳。一以爲夜食，一以爲晦日。大夫卒，書日，正也。不書，亦史失之耳。一以爲遠，一以爲惡，一以爲公不與斂。文定既駁正其失，而又疑恩數之厚薄。其他事或日或不日，牽拘牽附會，強爲穿鑿，使聖人之經，皆爲諸儒之私見曲説，揣摩臆度所誤。積齋以爲《春秋》之蠹，信矣。而程夫子亦曰：或日或不日，因舊史也。古史紀事簡略，日月或不備。《春秋》因舊史，有可損而不能益也。

王鴻緒等《欽定詩經傳説彙纂》卷五《鄭風・有女同車》 集説：輔

氏廣曰：鄭詩惟此篇爲男悅女之辭。世衰道降，徇情肆欲，所美非美者多矣。案：詩序，刺忽也。衍之者曰：忽不昏於齊，後以無大國之援而見逐，故國人刺之，其事見於《春秋傳》。朱子以爲忽之辭昏未爲不正，至其失國，以勢孤援弱，亦未有可刺之罪也。又云，此詩未必爲忽而作，其論可謂極正大矣。然既以爲未必爲忽而作，則將據何說以解之乎？又云，《集傳》以其在鄭風也，曰：疑亦淫奔之詩。後儒謂詩曰「同車」，則有御輪之禮，曰「佩玉」，則有矩步之節，曰「孟姜」，則本齊族之貴。淫奔而越國，有若是之威儀盛飾，昭彰耳目乎？不知朱子特辨序說，因孟姜二字爲齊女遂指刺忽之爲傳會，其曰淫奔蓋疑詞也，詩固在人之善觀矣。

沈鎬《毛詩傳箋異義解》卷一《周南》

「君子好逑。」《傳》：「逑，匹也。」《箋》：逑作仇。云「怨耦曰仇。言后妃之德和諧，則幽閒處深宮貞專之善女，能爲君子和好衆妾之怨者。」《釋文》：好，如字。鄭呼報反。《兔罝》詩放此。逑音求，本亦作仇，音同。鎬案：《說文》仇，讎也。从人，九聲。逑，斂聚也，从辵求聲。下引《虞書》怨匹曰逑，是逑亦爲怨耦意。《左氏桓二年傳》師服曰：「嘉耦曰妃，怨耦曰仇。」《爾雅·釋詁》仇，匹也。是仇爲怨耦意，亦爲匹意。《禮記·緇衣》、《漢書·匡衡傳》，逑俱作仇。《後漢書邊讓傳注》、《文選》、《景福殿賦》注、稽叔夜《琴賦》、及《贈秀才入軍詩》注引此詩亦俱作仇，蓋逑、仇二字通用，故《傳》作逑，《箋》作仇，鄭竝不云逑當作仇也。今釋《關雎》詩，文義從《傳》，義較直截，《箋》云和好衆妾之怨者，說太迂拙。劉氏向曰：言賢女能爲君子和好衆妾也。郝氏懿行曰：此蓋《魯詩》說，爲《鄭箋》所本。陸聚緱《陸堂詩學》曰：鄭氏箋詩，其異毛者不過十之三四，乃於開章第一義，泥左氏怨耦曰仇語，遂至左右友樂盡失其解，眞犯孟子以文害辭之譏。《後漢書·皇后紀》論詩美好逑，章懷注引《詩》君子好逑，竝引《毛傳》爲君子好匹。李氏樗《毛詩集解》曰：文王之德如此，后妃之德又如此，此所以爲好匹。諸說均從毛義是也。康成《禮記·緇衣注》：仇，匹也。義亦與毛同，至箋詩乃易其說，眞不可解。逑字訓匹，則好字亦宜從毛讀如字。

「參差荇菜，左右流之，窈窕淑女，寤寐求之。」「琴瑟友之。」「鐘鼓樂之。」《傳》：「荇，接余也。流，求也。后妃有關雎之德，乃能共荇菜，備庶物，以事宗廟也。」寤，覺。寐，寢也。《箋》：「左右，助也。言后妃將共荇菜之葅，必有助而求之者。言三夫人、九嬪以下，皆樂后妃之事。」言后妃覺寤，則常求此賢女，欲與之共己職也。鎬案：《關雎》詩序，無言祭事。經文荇菜，傳共荇菜云云，以淑女有共荇菜之職，故以此託興。毛於首章標明興體，次章、三章略之者，明是一例。呂氏祖謙《讀詩記》曰：首章以雎鳩發興，後二章皆以荇菜發興。黃氏震《日抄》云：關雎、荇菜，皆因興而寓比之意。二說得之。《箋》於首章誤解「逑」字，此以「助」訓「左右」，以荇菜爲后妃所共，左右爲淑女所助，分后妃淑女爲二人，非《傳》義也。《正義》申毛云：言此參差然不齊之荇菜，須嬪妾左右佐助而求之，強以《傳》義合《箋》義，誤矣。琴瑟友之。《傳》：宜以琴瑟友樂之。鐘鼓樂之。《傳》：德盛者宜有鐘鼓之樂。《序》云后妃之德，《傳》云德盛，意正相合。所謂「友之」「樂之」者，指淑女，即指后妃耳。孫氏毓述毛云：思淑女之未得，以禮樂友樂之，是思之而未致，樂爲淑女設也，知非祭時設樂者，若在祭時則樂爲祭設，何言德盛？設女德不盛，豈祭無樂乎？又琴瑟樂神，何言友樂也。豈得以祭時之樂友樂淑女乎？益見毛《傳》共荇菜等語乃是假設託興之辭。《箋》云：「同志爲友。言賢女之助后妃共荇菜，其情意乃與琴瑟之志同，共荇菜之時，樂必作。」琴瑟在堂，鐘鼓在庭，言共荇菜之時，上下之樂皆作，盛其禮也。此說適如孫氏所譏。李氏樗曰：左右與佐佑啇王意同，言將求此荇菜以供祭祀，必有左右爲之助以求之者，范氏處義《詩補傳》曰：此言大姒喜得左右之賢女，采取此荇菜，芼擇此荇菜，以助祭祀。既以琴瑟相友，又以鐘鼓相樂。陳氏啓源《毛詩稽古編》曰：此詩首章《傳》，初視之竟似目淑女爲后妃矣，及觀次章《傳》，后妃有關雎之德乃能共荇菜備庶物以事宗廟，方知下文淑女不得指后妃也。此皆誤於《箋》說而未細繹《傳》義者也。黃氏櫄曰：諸家多以淑女爲衆嬪御之賢者，謂大姒無嫉妒之行，樂於得淑女以配文王，此大不然。夫大姒既配文王矣，而又曰大姒求淑女以爲文王配，豈可以衆妾配君子乎？此是解首章君子好逑意，亦不分后妃淑女爲二人。又曰：先儒皆以爲后妃勤於職，采荇菜以供祭祀，而衆妾皆樂助之。夫詩人方言欲求淑女以配君子，而遂言左右之欲助淑女之采荇菜，何其文顛倒之甚也。詩人以爲淑女未得，則承先祖供祭祀者誰乎，以荇菜之可以供祭祀而求之不可緩也，求之既得則有喜樂不忘之情。曰琴瑟友之，曰鐘鼓樂之，以見其樂之之深也，此說足正諸說之謬。

「寤寐思服。」《傳》：「服，思之也。」《箋》：「服，事也。」鎬案：《爾雅釋詁》：「服，事也。」邢疏引《詩》「寤寐思服」、《素問》「八正神明論用鍼之服」注，「荀子仲尼昭哉嗣服」注，《史記·周本紀》「我維顯服」《正義》、《山海經·西山經》「是司帝之百服」注，《楚辭·天問》「舜服厥弟」注，俱云：服，事也。合從《箋》說爲是。如《傳》義說成寤寐思思之矣，古人雖多言重意複處，究屬文義難通。王氏肅云：服膺而思念之。《正義》云：服膺念慮而思之，附會毛義，轉入支離，失之。

查慎行《敬業堂詩集》卷一五《青蓮谷青蓮寺》 獨來高咏廬山謠，白日軒軒欲輕舉。屏風叠與五老對，想像先生舊遊所。石梁即是三叠泉，此景分明在詩語。後來著書好穿鑿，衆論紛爭吾不與。太白《廬山謠》有「屏風九叠雲錦張，銀河倒掛三石梁」之句。元李洞言三石梁在開先寺西，黎蔚言在五老峰上，或云在簡寂觀及上霄紫霄二峯間，桑喬《廬山紀事》則竟以爲無如竹林寺之幻境。衆說紛然，莫知所指。今三叠泉在九叠屏之左，水勢三折而下，如銀河之掛石梁，與太白詩句正相脗合，非此外別有三石梁也。後人必欲求其地以實之，失之鑿矣。

嚴虞惇《讀詩質疑》卷七《鄭風·出其東門》 《出其東門》，閔亂也。公子五爭，兵革不息，男女相棄，民人思保其室家焉。 虞惇按：《鄭風》刺亂之詩，《豐》、《東門之墠》、《出其東門》、《溱洧》凡四篇，此篇序云「閔，亂也」，餘三篇皆曰「刺亂也」。所謂亂者，乃淫亂之亂，非喪亂也。故班固《地理志》引此詩「出其東門，有女如雲」以爲男女聚會之證。後世講師不達此旨，誤以爲閔喪亂，遂附益兵革不息，民人相棄，思保其室家等語，於是全詩之義俱失。凡此類皆當以序之首句爲定，餘俱刪之可也。逸齋曰：先儒以《東門》、《蔓草》繫之昭公，殆非也。《東門》序言公子五爭，《蔓草》序言民窮於兵革，且五爭自魯桓公十一年至莊公十四年，首尾共二十年，可謂窮於兵革矣。而桓公十七年，昭公已卒，二詩乃五爭既畢之後，豈得繫之昭公？蓋厲公時詩也。申公說鄭之貞士宜其室家，不染淫俗，而作此詩。

出其東門，有女如雲。雖則如雲，匪我思存。縞衣綦巾，聊樂我員。賦也。朱註：如雲，美且衆也。毛傳：縞，白色。綦，蒼艾色。朱註：縞衣綦巾，女服之貧陋者。員、雲同，語辭也。虞惇曰：東門，男女會聚之處也。有女如雲，女之遊蕩而淫佚者。此如雲之女，非我思所存也。我自有綦縞之妻，雖貧且陋，聊可娛樂，如是足矣，何必以美色爲悅哉！蓋睹時俗之淫亂而有羞惡懲艾之心，此序所爲閔亂也。

出其闉闍，有女如荼。雖則如荼，匪我思且。縞衣茹藘，聊可與娛。賦也。毛傳：「闉，曲城也。闍，城臺也。」《鄭箋》：「荼，茅秀也。」毛傳：「茹藘，茅蒐之染女服也。娛，樂也。」《出其東門》二章，章六句。虞惇按：此詩毛、鄭泥序男女相棄民人思保室家之語，其訓釋多失本義。如鄭以有女如雲爲從風無定，毛以匪我思存爲不存救急。又以如荼爲喪服，以聊樂我員爲時人見其相棄，願其還自配合。鄭以己妻時亦絕去，願得少留以暫相樂，皆求詩之過也。朱集註頗爲得之，其云人見淫奔之女而作此詩，亦未然。有女如雲，大概是女之遊蕩者，非必定指淫奔也。

李光坡《周禮述注》卷二三《考工記》 鍾氏染羽，以朱湛丹秫三月，而熾之。註曰：「鄭司農云：湛，漬也。丹秫，赤粟。玄謂湛讀如『漸車帷裳』之漸。熾，炊也。羽所以飾旌旗及王后之車。」淳而漬之。註曰：「淳，沃也。以炊下湯沃其熾，烝之以漬羽。漬，猶染也。」三入爲纁，五入爲緅，七入爲緇。註曰：「染纁者三入而成。又再染以黑，則爲緅。緅，今禮俗文作爵，言如爵頭色也。又復再染以黑，乃成緇矣。鄭司農云：以《論語》曰『君子不以紺緅飾』。又曰：『緇衣羔裘。』《爾雅》曰：『一染謂之縓，再染謂之竀，三染謂之纁。』《詩》云：『緇衣之宜兮』，玄謂此同色耳。染布帛者，染人掌之。凡玄色者，在緅、緇之間，其六入者與？」鄭剛中曰：設色之工五，畫、繢、鍾、筐、㡛。今以《天官·染人》攷之，春暴練者其㡛氏歟？夏纁玄者其鍾氏歟？若夫染夏，雖不見於《考工》，而經有五采備之文，不然其筐人之職乎？湛，子潛反。秫，音述。淳，章均反。纁，許云反。緅，側留反。縓，音茜。竀，音頳。

又《儀禮述注》卷一《士冠禮》 冠者奠觶于薦東，降筵，北面坐取脯，降自西階，適東壁，北面見于母。［鄭玄］註曰：「適東壁者，出闈門也。時母在闈門之外，婦人入廟，由闈門。」

母拜受，子拜送，母又拜。［鄭玄］註曰：「婦人於丈夫，雖其子猶俠拜。」［賈公彥］疏曰：「不見父與賓者，蓋冠畢則已見也，不言者從可知也。」坡謂：母拜受，乃受脯而拜，非拜子也。婦人於丈夫皆俠拜，於子亦然，非先拜子也。《小戴·昏義》言見於母，母拜之，恐誤矣。

又《禮記述注》卷二〇《祭法》 祭法：有虞氏禘黃帝而郊嚳，祖顓頊而宗堯。夏后氏亦禘黃帝而郊鯀，祖顓頊而宗禹。殷人禘嚳而郊冥，祖契而宗湯。周人禘嚳而郊稷，祖文王而宗武王。 註曰：有虞氏以上尚德，禘、郊、祖、宗，配用有德者而已。自夏已下，稍用其姓代之，先後之次，有虞氏、夏后氏宜郊顓頊，殷人宜郊契。疏曰：案《聖證論》：「以此禘黄帝，是宗廟五年祭之名，故《小記》云『王者禘其祖之所自出，以其祖配之。』謂虞氏之祖出自黄帝，以祖顓頊配黄帝而祭，故云以其祖配之。」肅又以祖、宗爲祖有功，宗有德，其廟不毁。又以郊與圜丘是一，郊即圜丘。肅又云：「虞、夏出黄帝，殷、周出帝嚳，《祭法》四代禘此二帝，上下相證之明文也。《詩》云『天命元鳥』，『履帝武敏歆』，自是正義，非讖緯之説。」鄭云先後之次云者，以有虞氏先云郊嚳，後云祖顓頊；夏后氏先云郊鯀，後云祖顓頊；殷人先云郊冥，後云祖契。是在前者居後，在後者居前，故鄭正之。《集説》曰：《國語》曰，有虞氏禘黄帝而祖顓頊，郊堯而宗舜。夏后氏禘黄帝而祖顓頊，郊鯀而宗禹。商人禘嚳而祖契，郊冥而宗湯。周人禘嚳而郊稷，祖文王而宗武王。坡謂：禘、郊、祖、宗，王説正矣。然鄭必以禘爲圓丘者，疏云：以禘文在於郊祭之前，郊前之祭惟圓丘耳。可見前人學古於一字一句之先後必求其義，此考遺經於殘缺僅存之後之要法也，然則此禘之解雖宜是正，亦所謂觀過知仁者可以爲師矣。

納蘭性德《陳氏禮記集説補正》卷一《曲禮》 大夫之所有公諱。《集説》：「大夫則諱其先君也。」竊案：公諱，謂公家之諱。人於大夫之所，止得避公家之諱，不得避大夫之諱。所以然者，尊君諱也。若兼爲大夫諱，則君諱不尊，而國有二上矣。故《玉藻》云：「於大夫所，有公諱無私諱。」謂無大夫私家之諱也。註疏甚明，陳氏諱大夫先君之説非是。

惠周惕《詩説》卷上 風、雅、頌，以音别也。雅有小大，義不存乎小大也。《詩序》之言曰：雅者王政所由廢興，政有小大，故詩有小雅、有大雅。小、大，政之名立而辨難之端起矣。難之者曰：《常武》、《六月》，同一征伐也，《卷阿》、《鹿鳴》，同一求賢也，大小何以分耶？解之者曰：《常武》，王自親征；《六月》，不過命將，軍容不同故也。《卷阿》爲成王，《鹿鳴》爲文王，天子諸侯尊卑有等故也。難之者曰：然則《江漢》宜在小雅，成、宣宜在大雅，今何以或反之、或錯陳之也？其後朱晦翁則謂小雅燕饗之樂，大雅朝會之樂，受釐、陳戒之辭。嚴華谷則謂明白正大直言其事者雅之體，純乎雅之體者爲雅之大，雜乎風之體者爲雅之小。章俊卿則謂風體語皆重複淺近，婦人女子能道之，雅則士君子爲之也。小雅非復風之體，然亦間有重複，未至渾厚大醇，大雅則渾厚大醇矣。三家之説，朱氏於理爲長，然猶未離乎《序》之所謂政也。《序》既以政爲言，則大小必有所指，此辨難之所以紛紛也。按《樂記》師乙曰，廣大而静，疏達而信者宜歌大雅，恭儉而好禮者宜歌小雅。季札觀樂，爲之歌小雅，曰：美哉！思而不貳，怨而不言。爲之歌大雅，曰：廣哉，熙熙乎！曲而有直體。據此則大小二雅當以音樂别之，不以政之小大論也。如律有大小吕，詩有大小，明義不存乎小大也。

蔣驥《山帶閣注楚辭》卷首《楚世家節略》 孟子曰：誦其詩，讀其書，不知其人，可乎。是以論其世也，漢史傳原既多略而不詳，余仿林西仲本，復輯楚世家懷、襄二王事迹著於篇。因兼采諸書，附以所見，將使讀屈子之文者有所參考；又以知楚之治亂存亡，繫於屈子一人，而爲萬世逆忠遠德者大戒也。若林氏取原賦二十五篇，鑿空而分注之，則吾豈敢。【略】（懷王）十六年，秦欲伐齊，患楚與齊親。使張儀約楚絶齊，許以商於地六百里。今鄧州内鄉縣有商於城。王大説，遂絶齊。秦不予地，王怒，興師伐秦。楚禍始此。洪慶善《補注》引《新序》云：秦欲吞滅諸侯，屈原爲楚東使齊以結强黨。秦患之，使張儀之楚，賂貴臣上官靳尚之屬，内賂夫人鄭袖，共譖屈原。原放於外，乃作《離騷》。當懷王之十六年，張儀相楚，集注遂謂屈原放在十六年。余按：結齊本屈子謀，屈子不去，儀必不敢行其詐，而屈子於王受知有素，去之亦未易易也。味《惜誦》「致愍」及《離騷》「九死未悔」之言，蓋始而見疏，既而去朝，固非一朝一夕之爲矣。然則儀之行賂譖原，豈俟十六年至楚之時，而原之得罪亦豈必在十六年哉？本傳屈平既絀，其後秦欲伐齊云云，其非同時可知矣。【略】（懷王）十七年，與秦戰丹陽。今荆州府歸州，屈子本居。秦大敗我軍，斬甲士八萬，虜大將屈匄，遂取漢中郡。今陝西漢中府。楚悉國兵復襲秦，大敗於藍田。今陝西西安府。韓魏聞楚困，襲楚至鄧。今屬河南南陽府。楚引兵歸。《張儀傳》：於是楚割兩城，以與秦平。十八年，《秦本紀》：惠王十四年伐楚，取召陵。當在是年，《世家》失載。秦約分漢中之半，靳尚説鄭袖所謂上庸六縣也。以和楚。王曰：願得張儀，不願得地。儀至，王囚，欲殺之。靳尚説鄭袖言於王，出之。儀因説王叛從約，與秦親。儀去，屈原使從齊來，諫曰：何不誅張儀？王悔，使人追儀，弗及。按《張儀傳》：秦要楚，欲得黔中地，以武關外易之。楚王曰：願得張儀而獻黔中地。儀使楚，楚用鄭袖言赦之，儀因説楚王事秦。楚王已得張儀，而重出黔中地，許之。屈原曰：前大王見欺於儀，儀至，臣以爲且烹之。今縱弗殺，又聽其邪說，不可。王曰：許儀而得黔中，美利也。卒許儀，與秦親。其文與《世家》及《原傳》小异，當以《儀傳》爲允。蓋是時楚弱秦強，非欲易地，曷爲分漢中以求和。至其不殺張儀，固惑於鄭袖之言，亦緣重去黔中地耳。然則原諫王時，儀固尚在楚也。又按《新序》云：原既放於外，而張儀欺楚，楚王悔，復用原使齊。今考《本傳》曰，王怒而疏屈平，屈平憂愁幽思而作《離騷》。十八年亦曰屈平既疏，不復在位。是十八年之前，原第疏而不用，未嘗放於外也。觀《離騷》，但言齎怒，言窮困，而不言路阻居蔽，可見矣。然本傳又云雖放流繫心懷王，及抽思有來集漢北語，意者使齊之後，原復立朝，遂乘間自申，故愈攖衆怒，而遷之漢北歟。茲歷情以陳辭，衆果以我爲患，其明徵也。《抽思》、《思美人》、《卜居》諸篇，蓋皆十八年後作也。

又《楚辭説韻》 先部之闕在月曷、寒先之帴在黠，猶支微齊佳灰之入，交附質物月曷黠屑也。陽部之皀疒在陌，猶歌麻之入，交附藥陌也。其他東江諸部，偏旁諧聲之字與各入部相應者，尤指不勝屈。若摝屋。爲弄，東。《周禮》摝鐸。鄭註讀弄。鞠屋。爲芎，東。《左傳》：山鞠窮。鞠起弓反。覆屋。爲覂，東。《漢書》：天命將覂。又：覂駕之馬。覂即覆。壹質。爲氤，真。《易》：天地氤氳。《說文》作壹壼。述質。爲巡，真。《周禮》：鄉師巡其前後。註巡爲述。誶質。爲訊，真。賈誼賦：訊曰。《漢書》作誶曰。黦月。爲宛，元。《禮》：兔爲宛脾。鄭註：宛，于月切。遏曷。爲按，寒。《詩》：以按徂旅。《孟子》作遏。怛曷。爲憚，寒。《考工記》：莫之能憚。鄭註：憚，讀怛。別屑。爲辨，先。《周禮》：傳別。鄭讀辯。又：荒辯。鄭讀別。截屑。爲諓，先。《秦誓》：截截。《公羊》作諓諓。刷屑。爲選，先。《漢書》：金選之品。應劭註：選，音刷。逆陌。爲迎，庚。《春秋》：逆女。《方言》關東曰逆，關西曰迎。辟陌。爲幷，庚。《莊子》：至信辟金。冪錫。爲冥，青。《周禮》：冥氏。鄭註：讀冪。得職。爲登，蒸。《公羊》：登來之也。何休註：登，讀得，齊語。鬱物。爲苑，元。《詩》：我心苑結。鶡曷。爲鴳，文删。《漢書》：鶡雀。顏師古註：音鴳。椁藥。爲橙，庚。鄭康成《說禮用》：金石作槍雷椎椁之屬。賈子明《羣經音辨》：椁，器也。註：宅耕切。亳藥。爲京。庚。《春秋》：亳城。《公羊》作京。古讀通用之字，見於經傳者纍纍。

楊名時《詩經劄記·小雅·出車》 《出車》，言「天子命我」，是武王以後之詩，非文王詩。毛、鄭皆以天子爲紂王，爲殷王。蘇氏轍以《采薇》三詩皆文王奉紂命伐玁狁。王氏安石云：天子，紂也。朱子初亦主此說，然此乃周家出師常用之詩，豈有歌奉紂命以遣勞之理？故朱子於此詩序辨說，以天子王命皆爲周王，乃定論也。《采薇》、《出車》俱言雨雪，不必如東萊呂氏分戍畢與在道。

又《大雅·抑》 「借曰未知，亦既抱子」，是不過方壯之年也。「借曰未知，亦聿既耄」，言今雖壯年，轉瞬即老也。難以此語定爲九十有五時所作。味詩中語意，蓋武公當厲王時年方壯而作此，常令人朝夕歌誦以自儆，至九十有五不因老而廢輟，人遂傳爲極老所作與。

楊名時《四書劄記》卷二《論語》 一以貫之，非貫而爲一之謂。觀本忠行恕爲告曾子一貫之解，則知居敬窮理爲此處一貫之注腳矣。但居敬窮理是學者分上事，在聖人則所謂誠而明也，皆是立體致用，只分安勉耳。朱子云：夫子於多學中有一以貫之，一者性之理也、誠也，其工夫則存誠也，聖人不待存而無不誠，誠則明矣，一以貫之之謂也。近日講一貫等章，輒云由博返約，多了後方能貫。不知此說止見得後半截，卻遺了前半截。蓋夫子教人爲學工夫，原從一上做起，令之收斂此心，沉潛專篤於事事物物上，逐一體驗此理，得一件守一件，皆有歸宿下落，久之乃能貫徹完備，合爲一理。其呼而告之者，蓋謂吾之所以爲學，所以教人之道，只是這箇一，以此貫通去，非是聖人得一以貫萬，學者須從多處做起，久則貫而爲一也。若先無立志持敬之功，則雖事於知行，而居之無本，安得返約而貫通爲一乎？孟子言原泉觀瀾等，即此意。蓋天下無無本而能大者。凡《論語》言時習，言務本，戒巧令，謹幼習，務重威，主忠信之類，皆教人以主敬存誠以致一之要，自此以知行天下之事理，自能積累充盛，而至於融化會通。子雖以一爲教，然學力未至者，難與直指本體，雖舉以告之，亦不能心領神會而拳拳服膺，上達天德也。唯曾子、子貢學力已深，故呼而告之，則道體昭然於心目之間，自此將存之益密，養之益純，不至於聖人之極誠無妄不止矣。太宰章不多之解，亦是主一以爲之本，而凡小物之克勤，小道之可觀者，莫非此一之爲也。時文每好用由博返約語，此是用孟子博學詳說，將以反說約意，與博文約禮又別。約之以禮，朱子明有約束之解，禮有三千三百，至繁者莫如禮，近多以博文爲萬殊，約禮爲一本，頗未安。博文亦有一本萬殊，約禮亦有一本萬殊，觀兩箇一以貫之可知。又謂學識多後自能一貫，將一貫認作貫而爲一之云，此說不是。蓋如此則子貢多學多識，將自知一貫，何用夫子之呼而告耶？且貫而爲一，將語句倒裝，亦失語氣，更於非也二字不相照應。或疑觀注說見上篇，可見一即誠也，但上論一貫是行上說，此是知上說，若只以誠爲一，何以分別知行耶？似乎近日講章所云吾道一以貫之，是一心貫萬事，予一以貫之，是一理貫萬理，爲有分別，殊不知夫子既云一矣，知行總只是本此以貫之，若必欲求一之異處，是聖人反有二本矣，夫子豈有箇一以貫行，又另有箇一以貫知耶？一以貫之，一者誠也，即性也。自格一物至格萬物，總要明我至善之性，是知邊一以貫之；自行一事以至行萬事，總是體我至善之性，是行邊一以貫之。此夫子直舉心法以示二子，至爲明切，二子聞此則於用力處益了然，知其本而務之矣。其餘諸子，雖夫子平日所以教之，不外此明善復性之事，而識不足以見及乎此，學不足以上達乎此，故夫子不直舉以示之也。孟子曰：萬物皆備於我矣。我者，我之性也，所謂一也。所謂誠者，聖人之本也。窮理窮乎此，力行行乎此，故曰反身而誠，樂莫大焉。實見得吾性所有而復之，云何不樂？若徒役役於見聞事爲之末，而不知即見聞即事爲而返之性，安得樂乎？

焦袁熹《春秋闕如編・宣公四年》 四年春王正月，公及齊侯平莒及郯，莒人不肯，公伐莒取向。 莒與郯有怨，莒素屬齊，郯當屬魯。魯齊方睦，故公及齊侯平莒及郯，欲令二國釋舊怨更相好也。莒人不肯者，郯從公，欲與莒平，而莒恃強違命也。公爲是怒而伐莒，取其邑而還。必書「平莒及郯，莒人不肯」者，史臣之辭，見伐莒之師由莒人自致也。《春秋》備錄其文，以存當時大小諸侯行事之實，則所謂《春秋》天子之事者，義已在其中矣。

李鍾倫《周禮纂訓》卷六《地官》 閭師，掌國中及四郊之人民、六畜之數，以任其力，以待其政令，以時徵其賦。［鄭玄］注：國中及四郊，是所主數六鄉之中，自廛里至遠郊也。賦謂九賦及九貢。［賈公彦］疏：閭師徵斂百里内之賦貢，云賦謂九賦及九貢者，案《太宰》賦有九等，此徵國中四郊，唯有二賦，言九者，大總而言。九貢，九職之貢，即下文貢九穀之等是也。訓：家君子曰，閭師所掌貢，即九功之貢也。蓋自中國及四郊六鄉之地，閭師所貢，其餘則食采之君貢之與。

又卷一二《春官》 司干掌舞器。［鄭玄］注：舞器，羽籥之屬。［賈公彦］疏：文武之舞器皆司干掌之。言司干者，周尚武，故以干爲職首，其籥師惟教而不掌。按《司戈盾》祭祀授舞者兵，蓋亦謂戈耳，其干則於此官受之。《司兵》云：祭祀，授舞者兵。鄭注云：受以朱干玉戚，謂受大武之舞，與此受小舞者干戈別也。訓：家君子曰：鄭蓋欲別司兵與司戈盾，故於彼言干戚而不言戈，又欲別司兵與司干，故於此僅言羽籥而不言干戚耳，疏解恐非其意。

朱軾《春秋鈔》卷六 新宫災，三日哭。三年。 廟災而哭，禮也。胡傳以神主未入，災而哭爲非禮，謬矣。夫自鳩工以至落成，一木一石無不兢兢業業，以爲是先公神靈之所依也。無端而災，必有所以致之。自君以下無躬省咎，悲痛所不容已也。而以爲非人情，可乎？宣公之薨，至是二十有八月，而主未入廟。人子之情已不能安，災而復構，又須遲之數月。苟有人心，能無痌然。況新宫之稱對舊而言，或入主未久而即災，未可知也。必以爲神主未入，亦何據乎？

姜兆錫《春秋事義慎考》卷三 昭十六，誘殺戎蠻子。 右戎蠻稱號，類書爵特文一條，按蕃服但稱國，進之則稱爵。楚殺戎蠻子，則戎蠻稱爵者。或曰：特文進之，以正楚殺之之罪也。非也。某國被人滅，則内服與蕃服例皆稱國，以被滅者其國也。某國伐人、侵人之屬，則内服例稱君、稱大夫、稱人、稱師。而蕃服例，但稱國。以侵伐人之屬，可稱其君、其大夫、其人、其師，亦可降稱其國也。若某國君被執、被殺之屬，例稱君不稱國。以被執被殺者其君，非其國也。然則楚殺國君無罪乎，但言殺而罪固在其中矣。齊公子商人弑其君舍，則未踰年不稱君者，進稱君，以正商人弑君之罪。衛甯喜弑其君剽，則攝國不稱君者，進稱君，以正甯喜弑君之罪。而兩蕃服相殺，與臣弑其君者殊，科罪同而所以罪者不同也。故曰：比事屬詞，《春秋》教也。

徐文靖《竹書統箋》卷一 帝陟。 箋按：張華《雜説》曰：黄帝治天下百年而死。《大戴禮》宰我問孔子曰：榮伊言黄帝三百年。請問黄帝何人也？何以至三百年曰生，而人得其利百年死，而人畏其神百年亡，而人用其教百年？漢《地理志》：上郡陽周橋山在南，有黄帝冢。《武帝紀》：北巡朔方還，祭黄帝冢橋山。上曰：「吾聞黄帝不死，今有冢，何也？」或對曰：「黄帝已僊上天，群臣葬其衣冠。」《郊祀志》：黄帝得寶鼎，冕侯問于鬼臾區，對曰：黄帝得寶鼎、神策，是歲己酉朔旦冬至，得天之紀，終而復始。於是黄帝迎日推策，後率二十歲得朔旦冬至，凡二十。推三百八十年，黄帝僊登于天。《史記・封禪書》：公玉帶曰：黄帝時雖封泰山，然風后封臣岐伯，令黄帝東封泰山，禪凡山，合符然後不死焉。今《竹書紀年》仍書「帝陟」，則黄帝亦何嘗不死也。【略】三十年，帝産伯鯀。 箋按：《世本》：黄帝生昌意，昌意生顓頊，顓頊生鯀。李石續《博物志》曰：黄帝産昌意，歷顓頊帝、窮蟬、敬康、勾芒、蟜牛、瞽瞍而後及舜，則顓帝後，凡六世。其云：顓帝產鯀，鯀產文命，是爲禹。則顓頊只二世，恐無是理矣。大抵古人本其所自出，皆謂之產，如高陽氏有才子八人，蒼舒、隤敳、檮戭、大臨、尨降、庭堅、仲容、叔達，皆以爲顓頊產也。乃顓頊在位七十八年，此八人者已數十歲矣。後高辛在位六十三年，摯在位九年，堯在位七十三年，舜始受終于文祖，舉而用之，謂之八凱。則以數十歲之人，用之於一百四十五年之後，以爲皆顓頊所產之子，有是理乎？惟漢《律歷志》引《帝繫》曰：顓頊五代而生鯀，鯀生禹，庶幾爲得其實。《山海經》：東海之外大壑，少昊、孺帝、顓頊于此棄其琴瑟。羅泌《路史》曰：顓頊娶鄒屠氏，生八子：一曰蒼舒，即孺帝。陳一中《冠編》曰：孺帝，高陽氏元子。駱明，顓頊三十載帝元子。孺帝產駱明，居天穆之陽。皆以《山海經》有黃帝生駱明，駱明生白馬，白馬是爲鯀。以爲孺帝即駱明，又疑爲蒼舒，皆謬說也。以愚論之：經所謂孺帝，即顓頊也。蓋顓頊生，有聖德十年而佐少昊，故有孺子之稱。又十年而登帝位，謂之孺帝，猶後世之稱孺子王也。經以其嗣少昊登帝位，以臣代君，故以少昊、孺帝、顓頊連言之。若以孺帝爲顓頊元子，經何以不曰顓頊孺帝，乃曰孺帝顓頊乎？經稱駱明生白馬，白馬之後爲鯀，與《帝繫》顓頊五代生鯀之說約略相似，爲可據也。

又《帝辛五十二年》　五十二年庚寅，周始伐殷。　箋按：是年庚寅，周武王即位十一年矣，周始伐殷，蓋始果于伐殷也。《書·叙》曰：惟十有一年，武王伐殷，一月戊午，師渡孟津，作《泰誓》三篇。《書》曰：惟十有三年春，大會于孟津。陸氏《釋文》曰：惟十有三年，或作十有一年，後人妄看序文輒改之。今據《竹書》，則《書·叙》「十有一年」是也。張子南軒曰：《書·序》稱「十有一年」，而《書》復稱「十有三年」者，字之誤也。又《唐志·日度議》曰：「《竹書》『十一年庚寅，周始伐商』。」先儒以文王受命九年而崩，至十年，武王觀兵盟津。十三年，復伐商。推日月，不爲相距四年。所說非是。武王十年，夏正十月戊子，周師始起，於歲差日在箕十度，則析木津也。晨初，月在房四度。房與歲星實相經緯，后稷感之以生。故《國語》曰：『月之所在，辰馬農祥，我祖后稷之所經緯也。』又三日得周正月庚寅朔，日月會南斗一度，故曰『辰在斗柄』。壬辰，辰星夕見，在南斗二十度。其明日，武王自宗周次于師所，故《武成》曰：『維一月壬辰，旁死魄。翌日癸巳，王朝步自周，于征伐商。』是時辰星與周師俱進，由建星之末，歷牽牛、須女，涉顓頊之虛。戊午，師渡孟津，而辰星伏于天黿。所以告顓頊而終水行之運，且木帝之所繇生也。故《國語》曰：『星與日辰之位皆在北維，顓頊之所建也，帝嚳受之。我周氏出自天黿，有建星及牽牛焉。』是歲，歲星始及鶉火，直軒轅之虛以爰稼穡，稷星繫焉，而成周之大萃也。」以此較之，則《書·序》稱「惟十有一年」，實相符合，而《泰誓》稱「十有三年」，訛也。

又《管城碩記》卷一四《楚辭集注一》　飲余馬於咸池兮，總余轡乎扶桑。《集注》曰：咸池，日浴處也。總，結也。扶桑，木名，日出其下也。按《石氏星經》曰：咸池三星，在天潢西北。《天官書》曰：西宮咸池曰天五潢。《淮南子》曰：咸池者，水魚之囿也。郗萌曰：咸池者，天子名池也。飲馬咸池者，謂此以咸池爲日浴處。《淮南》之妄也。《山海經》曰：暘谷有扶桑，十日所浴，蓋以日所行東出，暘谷西經咸池，有似於浴耳。以爲日所浴處，則妄矣。又：扶桑，木名，日出其下。《周髀經》曰：日徑一千二百里。石氏曰：日暉徑千里，周三千里。日如此之大，豈有出於一木之下者？《南史·扶桑國傳》曰：齊永元元年，其國有沙門慧深來至荆州說云：扶桑在大漢國東二萬餘里，土多扶桑木，故以爲名。扶桑葉似桐，初生如筍，國人食之，實如梨而赤。績其皮爲布，亦以爲錦。有文字，以扶桑皮爲紙。其國人名國王爲乙祁。據此，則扶桑自是一國，日出扶桑不得專指一木也。戴埴《鼠璞》曰：或謂日出扶桑，以日自東方出耳，猶倭自謂日出處天子是也。《大荒東經》曰：東海之外，大荒之中，有山名曰「大言」，日月所出。有山名曰「合虛」，日月所出。有山名曰「明星」，日月所出。有山名曰「鞠陵于天」、「東極」、「離瞀」，日月所出。蓋日月之徑千里，冬南夏北不常厥處，故所出之處不得以一地名之，而況於扶桑之一木乎！

王懋竑《朱子論語切要》卷二　淳問：向來所呈與點說一段，如何？曰：某平生不愛人說此話。《論語》一部，自《學而》至《堯曰》，都是做工夫處，不成只說了與點，便將許多都掉了。聖賢說事，親要如此。事君要如此，事長要如此。言要如此，行要如此。都是好用工夫處。通貫浹洽，自見得在面前，若都掉了，只管說與點如何，如喫饅頭，只撮個尖處，不喫下面，餡子許多滋味都不見。向來此等無人曉得，說出來也好，今說得多了，都是好笑。近來看這樣話，都是閒說，不是眞積實見。陳淳。　考異：朱子晚年於陳安卿屬望甚至，故訓語最多，所謂倒廩傾囷羅列而進者。其云他人未做工夫，底亦不敢向他說。吾友於己分上，己自見得，若不說與之，又可惜了，意可槩見也。然安卿自守所見，終是展拓不開。所錄朱子語，累百千言，語意頗有錯雜。而所歸重在四面湊合，將來成一件物事。又每事必尋討原頭處，此只是安卿所見於語脈中，未免轉卻朱子意旨也。朱子云：如吾友所說從原頭來，又卻要先見箇天理在前面，方去做此，正是病處。吾友合下來說話，便有此病，是先見如有所立卓爾，然後博文約禮也。又曰：吾友下學也，只是揀那尖利底說，粗鈍底都掉了。今日下學，明日便要上達，皆切中其病。後來與廖子晦書云：安卿之病，亦正坐此。因書曉之無令久自拘縶，蓋已逆料其終，故亦未嘗望以傳付之任也。《正學考》五段失載，所言安卿之病，而於安卿錄有未盡得朱子之意者，則未之辨。今所錄與《正學考》有不同者而附論之，如此以俟後之君子考而擇焉。安卿初意謂先見天理原頭，而後做工夫，朱子已力闢之。其後又謂於件件事上尋究本原來處，將來四面湊合，只成一件物事。於前說雖若少異，而實無異指。其件件講明者，總爲尋究本原，以爲湊合一件之地，所重不在件件講明也。朱子與廖子晦書，論此最明。而曰「安卿之病亦正坐此」，蓋指此爾。其云不可纔看一段，便就此一段上要思量到極要尋見原頭處，語自分明。卻又曰「致知就這事上便見得這事道理原頭處，逐事都如此理會，便件件知得箇原頭處」，與前語正相反。安卿又問曰：件件知得箇原頭處，湊合來便成一個物事否？此可見安卿之意，而所錄朱子語亦每有四面湊合，將來便只是一樣道理之云。此自安卿之意而非朱子之指也。朱子嘗云：曾子終身亦只是戰兢臨履，中間一唯乃不期偶然得之，非其初祈嚮到此地位，而後施下學之功也。如安卿所錄，乃是祈嚮到此地位，而後施下學之功者，恐非朱子語。聖門工夫只在下學處上達，蓋未可易言。德行如冉、閔，文學如游、夏，皆不與一貫之傳，豈後之人皆在冉、閔、游、夏之上哉？安卿所錄有得有失，今亦未能細辨，姑舉其槩如此，俟後之人訂正其是非焉。

方苞《周官集注》卷三《地官》 鄉大夫之職，各掌其鄉之政教禁令。正月之吉，受教灋于司徒，退而頒之于其鄉吏，使各以教其所治，以攷其德行，察其道藝。 州長、黨正皆曰「教治政令」，而鄉大夫則曰「政教禁令」者，鄉大夫六卿也，用其體望以統六鄉，而不與治民之事，故曰「受教灋于司徒，退而頒之于其鄉吏，使各以教其所治」。又曰「令羣吏考灋于司徒，各憲之于其所治之國」。蓋州長、黨正始有民治，故鄉大夫職不言治也。非惟不治民，亦不聽羣吏之治。鄉師職各掌其所治鄉之教，而聽其治是也。遂大夫則兼聽治訟，以無王朝之事也。魏氏曰：鄉大夫，六卿也。而同受司徒之灋。蓋在朝則冢宰重，在鄉則大司徒重，在軍則大司馬重。王氏《詳說》曰：鄉大夫云「政教禁令」，州長云「教治政令」，黨正云「政令教治」，族師云「戒令政事」，閭胥云「閭之徵令」，比長云「比之治命」，官之意其輕重皆在一字間。大司徒之職，掌邦教而兼土地之圖、人民之數，小司徒則掌建邦之教灋，鄉師則各掌其所治鄉之教，而兼聽其治矣。若乃六鄉之吏，閭胥、比長，則于政教之事不足稱也，不過掌閭之徵令比之治而已。鄉大夫、州長則詳于教，黨正、族師則詳于政，此政教之所以異也。禁令爲上，政令次之，戒令又次之，徵令爲下，比長則于令亦不足稱也。

又卷七《夏官》 量人掌建國之灋，以分國爲九州，營國城郭，營后宮，量市朝道巷門渠，造都邑亦如之。 以分國爲九州者，周更定九州，析冀以爲幽、并，并徐于青，而豫州之境西至華山，則虞、夏以來建國必有舊屬，于此而新屬于彼者，故曰分也。營國以下專言王國，舊說兼侯國，非也。凡建侯國，大司徒制其域，封人封其四疆而已。城郭、後宮、市朝、道巷、門渠之細，非王官所能及也，其國自有匠人營之。封人中士四人，下士八人，以有出疆之職也。量人下士二人，兼供喪祭軍旅之役，豈能徧營六服之國邑哉！《詩》載召伯營申及于寢廟，乃宣王特厚元舅，非封國常制。

又《禮記析疑》卷八《文王世子》 大樂正學舞干戚，語說，命乞言，皆大樂正授數。大司成論說在東序。 舞干與乞言、合語，皆小樂正所詔，而大樂正復教之，何也？小樂正詔以儀法，及將成熟，大樂正復教之，而使進質於大司成，以講明其義理也。凡侍坐於大司成者，遠近間三席，可以問。則大司成論說乃以義理開示學者，後語於郊，始及才能優劣，疏義未安。舞干戚則有進反、周折、疎密、疾徐之數，語說則有辭讓、坐興、先後、久暫之數，乞言則有瞻視、俯仰、應唯、趨走之數。必有授之者，乃不違其節。三者有禮儀而無所爲篇數，注似誤。注疏以大樂正爲大司樂，大司成爲地官之師氏，似未安。師氏掌教太子及貴遊子弟從學於虎門者，且王舉必從，朝夕聽治，必在左右詔美諫惡，安能更與成均之國子講問？故其職並無一語及於大學者。大司樂二人爵皆中大夫，與師氏等，其職掌成均之法、建治國之學政，凡有道有德者皆屬焉，則大司成即大司樂明矣。注疏蓋以《記》有小樂正，而《周官》惟有樂師，故遷就而爲此說，不知樂師下大夫四人，即《記》所謂大樂正也，上士八人即所謂小樂正也。且《周官》別無籥師丞，《記》者蓋以籥師上士四人教舞羽籥，而籥章中士四人外別有下士四人，故以下士爲丞，正與樂師之上士稱小樂正同耳。

又卷一三《内則》 天子之閣，左達五，右達五。公、侯、伯於房中五，大夫於閣三，士於坫一。 《疏》以閣爲庖廚，所庋爲三牲魚腊，非也。君子遠庖廚，未聞置正室之序外也。蓋非朝夕常膳，乃果蔬飴餌脯醢之屬，所以備不時之需耳。據上文，大夫七十而有閣，則士亦當然。以文義測之，似天子除中央止室外，自左右房達左右夾室，皆有閣，數各五。諸侯則於一房之中設五閣，而不論左右。大夫於房中設閣三，士設坫一。承諸侯於房中之文，皆設於房中也。無以見大夫之閣於夾室，士之坫於室中也。室中正寢，不宜庋食物。注：達，夾室。以最遠，故云達。

又《春秋通論》卷四《諸國伐魯》 魯被侵伐必書四鄙，惟哀之篇兩書伐我，蓋城下之師不可以書四鄙也。定哀以前，公室雖卑而三家協心，尚可以捍禦外侮，故隣國侵伐及四鄙而止耳。至是則陪臣數叛，三家異心，莫肯爲國任患，故吳、齊之師徑薄國都而莫爲之蔽也。傳載吳師克東陽而進舍于蠶室，景伯曰：我未及虧而有城下之盟。清之役，冉有請背城而戰，老幼守宫，次于雩門之外，則不可以書四鄙明矣。

又《儀禮析疑》卷三《士相見禮》 主人請見，賓反見，退。主人送于門外，再拜。 ［鄭玄］註謂：「賓反見，即有燕禮。」非也。物不可以苟合，裼襲之不相因，示民以毋相瀆也。主人未報禮，而以飲食留賓，是瀆也，賓遂留，是自輕也。康成蓋因後有燕見于君之禮而云然。不知燕見乃君以事召，或有復于君，非必有飲食之事也。其或燕見而適會君之膳與稍事亦于下賜食，賜飲之禮包之，賈氏乃多爲之徵，而于君在堂升見亦云兼反見之燕，益誤矣。

又《周官析疑》卷一 内豎倍寺人之數。 寺人五而豎倍之者，正内日近王后，職事親要，刑餘之人善良者不多覯，故取童稚之純一者備焉。奄人通内外之令，領女奚之屬，其事有斷不可缺者。然考《周官》内小臣四人，寺人五人，其餘司服用者通天地二官四十五人，數既甚少，而爵以士者，又不過四人。其上有内宰、宫正、小宰、太宰，層累而督察之，則亦安能爲國患哉！或謂刑人不宜近嬪御，亦非也。士大夫始有過行，重自懲艾，而終爲善良者多矣。爲奄者不過四十五人，其近王后者不過九人，則必能補前行之惡者也。

九嬪。 疏引鄭氏《檀弓》注，無稽之說也。帝嚳四妃，不過約略《詩》所稱姜嫄、有娀，《史記》所稱娵訾氏、陳鋒氏之女而云。然不知娵訾氏乃帝摯之母，陳鋒、有邰、有娀實生堯與稷、契，故有傳於後。當時嬪御未必止此四人也。夏、殷、周以三遞增，絶無徵據，而由其說則流弊無窮。好博而不能折衷於義理，程、朱所深病於漢儒，皆此類也。

世婦。 鄭康成三夫人、九嬪、世婦、女御注，本確不可易。其引《昏義》以證世婦女、御之數，及《家語》當夕之說，宋以後諸儒紛然排擊，皆於理有未達也。天子法天，凡事皆以十二爲度，故有三夫人、九嬪。魯伯姬歸於宋，三國來媵，《春秋》特書以爲非禮，則天子宜備十二之數明矣。三夫人雖不見於經，而《酒正》有后致飲於賓客之禮，《漿人》又有夫人致飲於賓客之禮，則后之下有夫人明矣。此猶三公不見於經，而其朝位則見於小司寇朝士，射位則見於射人，冢宰大司徒所供大祀止見五帝，而昊天上帝則見于宗伯職及司裘耳。蓋惟九嬪如九卿之不可缺，三夫人則有其德乃備其位，猶三公之官不必備，惟其人也。世婦則有子而可以爲王繼世者，其無子而賢德出衆者，或附焉。女御則良家子賅姓于王宫，王所幸御，乃有其位，故其數皆不可定也。至王所未御，必有限年出嫁之制，而今不可考矣。古者内官九御，自夫人嬪婦以下，皆贊王后舉内治，以共祭祀賓客之事，以獻蠶桑穜稑織文組就之功，以治王族嘉好合食。内宗三月之教，以備喪祭弔唁之禮，亦如庶司百職之不可缺也。群儒乃力排《昏義》，並疑《周官》《曲禮》，謂王宫嬪御，不宜若是之多，蓋以私意淺見妄議聖人運用天理之書，不知苟王心無主，而以欲敗度，則惑溺專妬，即一二人亦足以羸王躬而亂百度。果能正心修身以齊其家，則九嬪、世婦、女御之備官，不過恪共内職，以廣世嗣而已。周公建官，自王宫嬪婦以及奄寺暱近之人，膳服瑣細之事，皆屬于冢宰，正以暱近，則儇媚易生；瑣細，則宴私易逞。故董之以師保，務使禮度修明，君心順正，小無所忽，大不可踰，乃正心誠意之根源，興道致治之樞紐也。夫人九嬪、世婦、女御宜皆有供使令者，而不見於天官、春官、宮卿之屬，每宮之女府、女史、女奚是也。

內司服。此職及縫人、女御即取諸列職世婦下者，羣儒以序奄下，遂疑非王之內人，不知二職所領多外事，故首奄。如非內人，則當曰女宮。

縫人。女御之下別列女工，則爲內人明矣。

染人。婦人每易驕侈，以物采相耀，故婦官染采竝屬冢宰，則後宮服飾不得競於華靡。

惠士奇《禮説》卷二《天官二》　《春官・世婦》：其職視宮卿二人，其次視上大夫四人，其次視中士八人。而《天官・世婦》則闕焉。康成謂屬春官者如漢大長秋，屬天官者乃二十七。世婦不言數者，君子不苟於色，有婦德者充之，無則闕。非也。世婦屬天官內宰，而職掌禮事，故兼屬春官。其職本同，文有詳略。《春官・世婦》云：「掌女宮之宿戒及祭祀，比其具。」《天官・世婦》亦云：「祭之日，涖陳女宮之具。」《春官・世婦》云：「帥六宮之人共齍盛。」《天官・世婦》亦云：「帥女宮而濯摡，爲齍盛。」同一祭祀之具也。一曰「比」，一曰「涖陳」。謂女宮陳之，世婦則涖臨而比校之也。同一齍盛也，一曰「共」，一曰「爲」，謂差擇而共奉之也。《春官・世婦》則曰「大賓客」云云，「大喪」云云，《天官世婦》則一言以蔽之曰「掌祭祀、賓客、喪紀之事」。彼列其目，此舉其綱也。獨內外宗女不屬天官，故載於彼而闕於此。然《內宗》云：「凡卿大夫之喪掌其弔臨。」《春官・世婦》則曰：「相內外宗之禮事。」《天官・世婦》亦云：「掌弔臨于卿大夫之喪。」則又未嘗不同也，但此略而彼詳耳。世婦視宮卿，猶漢倢伃視上卿，其次視下大夫，其次視中士；猶漢娙娥以下至七子，尊者視中二千石，卑者視八百石。其職視卿則謂之宮卿，古未有婦人居丈夫之官，而閹人亦不得稱「世婦」。且宦官金璫右貂，兼領卿署之職自後漢始，而謂成康之盛亦然，失之甚矣。宮卿女祝、女史皆后宮官也，女祝視大祝、小祝，女史視大史、小史，後世遂有女尚書、女博士之名，蓋濫觴於此。

又《惠氏春秋説・桓公》　［春秋］：三年冬，有年。　趙匡曰：凡豐年告廟、勤民而敬先，故書之。非也。桓、宣非有道之君，安得勤民而敬先？《春秋》十二公勤民敬先，豈獨桓、宣二公哉？《公羊傳》：有年何以書？以喜書也。大有年何以書？亦以喜書也。此其曰有年何？僅有年也。彼其曰大有年何？大豐年也。僅有年亦足以當喜乎？恃有年也。《穀梁傳》：五穀皆熟爲有年。

方世舉《韓昌黎詩集編年箋注・舊唐書本傳》　韓愈，字退之，昌黎人。《新唐書》：鄧州南陽人。朱子《考異》云：李白作《韓文公父仲卿去思碑》云南陽人，而公嘗自稱昌黎。李翺作公《行狀》，亦云昌黎某人。皇甫湜作《墓志》不言鄉里。又作《神道碑》，乃云上世嘗居南陽，又隸延州之武陽，而舊書亦但云昌黎某。今按：《新書》蓋因李碑而加鄧州二字也。然考《漢書・地理志》，有兩南陽，其一河內修武，即《左傳》所謂晉啓南陽也。其一南陽堵陽，即荊州之南陽郡，字與赭同，在唐屬鄧州者也。方崧卿《增考年譜》云：今孟懷州，皆春秋南陽之地，自漢至隋，二州皆屬河內郡。唐顯慶中，始以孟州隸河南府建中，中乃以河南之四縣入河陽三城，使其後又改爲孟州。今河內有河陽縣，韓氏世居之。故公每自言歸河陽省墳墓。而《女挐之銘》亦曰：歸骨于河南之河陽。韓氏墓，張籍《祭公詩》亦云：舊塋盟津北。則知公爲河內之南陽人。詳此，南陽之爲河內修武無可疑，而《新書》鄧州之誤，斷可識矣。父仲卿，無名位。《新書》：七世祖茂有功於後魏，封安定王。父仲卿爲武昌令，有美政。即去，縣人刻石頌德。終秘書郎。愈生三歲而孤，養於從父兄。《新書》：愈生三歲而孤，隨伯兄會貶官嶺表，會卒，嫂鄭鞠之。愈自以孤子，幼刻苦學儒，不俟獎勵。《新書》：愈自知讀書，日記數千百言。比長，盡能通六經百家學。

又卷一二《和李相公攝事南郊覽物興懷呈一二知舊》　李逢吉也。　燦燦辰角曙，亭亭寒露朝。川原共澄映，雲日還浮飄。上宰嚴祀事，清途振華鑣。圓邱峻且坦，前對南山標。村樹黃復綠，中田稼何饒。顧瞻想巖谷，興歎倦塵囂。惟彼顛瞑武延切。者，去公豈不遼。爲仁朝自治，用靜兵以銷。勿憚吐捉勤，可歌風雨調。聖賢相遇少，功德今宣昭。又《奉和杜相公太清宮紀事陳誠上李相公十六韻》原注：杜謂元穎也。《新唐書・杜如晦傳》：如晦五世孫元穎，貞元末進士第。又擢宏詞，爲翰林學士。敏文辭，憲宗特所賞歎。吳元濟《平論書》：詔勤遷司勳員外郎，知制誥。穆宗以元穎多識，朝章尤被寵，拜中書舍人，戶部侍郎，爲學士承旨，以本官同平章事。自帝即位，不閱歲至宰相，縉紳駭異。甫再朞出爲劍南西川節度使。又《穆宗紀》：長慶元年二月，段文昌罷杜元穎同平章事。三年十月，元穎罷。耒耜興姬國，輴丑倫切。欙力追切。建夏家。在功誠可尚，於道詎爲華。象帝威容大，仙宗寶歷賒。衛門羅戟槊，圖壁雜龍蛇。禮樂追尊盛，乾坤降福遐。四眞皆齒列，二聖亦肩差。陽月時之首，陰泉氣未牙。殿階鋪水碧，庭炬坼金葩。紫極觀忘倦，青詞奏不譁。噌吰音曾宏。宮夜闢，嘈囐才曷切。

鼓晨撾。褎味陳奚取，名香薦孔嘉。垂祥紛可綠，俾壽浩無涯。貴相山瞻峻，清文玉絶瑕。代工聲問遠，攝事敬恭加。皎潔當天月，葳蕤捧日霞。唱妍酬亦麗，俛仰但稱嗟。案：二詩必非韓作，大抵二相屬和，不得已而假手代之。李漢不審，漫以編録耳。按：杜元穎之爲相，雖爲人情駭異，而史稱敏于文辭，多識朝章，和詩以爲清文無瑕可也。其頌太清者，則令人可駭可愕。伯禹后稷之功，遂不及元元，皇帝之道耶。公一生學術，具在原道。其論二氏者，道其所道，非吾之所謂道也。何獨于此而易其説？本朝固當尊崇，立言自有適可。如杜甫詩：世家遺舊史，道德付今王。何等熨貼，曉人不當如是耶。若以爲此是譏諷，則又非臣子之道。君子素位，何敢違時？大抵不學無術者爲之代言，而公以末暮之年，倦于筆墨，遂未加推敲耳。其爲贋作，此其一也。案：李逢吉之爲相，昔在憲宗朝，恐裴度成功，密沮討蔡，已與昌黎上言，力言可滅立異。今在穆宗朝，又擠排裴度，不安于朝，且使李紳與公相爭，臺參成隙，其爲孔壬先後一轍，和詩中可云「爲仁朝自治，用靜兵以銷」乎，又云「惟彼顛瞑者，去公豈不遼」，不知意指何人。然一時之段文昌、杜元穎、微之、王播，雖非淳人，恐不若逢吉顛瞑之甚也。二詩之謬，一論道而貶三代，一附託而若八關。昌黎爲人，何至于是？此二詩之所以必爲贋也。余于集外之《嘲鼾睡》者，違衆進之于正編之。此二首獨斷退之，一以文詞收，一以義理黜。世多明眼，當不河漢予言。

劉青芝《周禮質疑》卷五 掌固：夜三鼜以號戒。　鼜，鼓名也。沈約《樂志》「鼜鼓長丈二尺。」三鼜，三擊鼜也。夜擊鼜以戒守吏，使之聞之，即所謂「號」也。易氏謂「鼜爲其聲，號爲呼，其所守者之名」。鄭註謂「戒爲戒守」。鼓皆非是。

司險：設國之五溝、五涂，而樹之林，以爲阻固，皆有守禁，而達其道路。　國，王國也。五溝、五涂即遂人田間之五溝、五涂也。賈氏以爲非，何也？「若謂於田間溝、涂之外復設溝、涂，恐鄉、遂、都、鄙間，未必尚有此遼闊之地任其介畫。若謂於田間溝、涂之中復設溝、涂，無乃錯互阡陌而割裂乎！」王明齋謂「遂溝洫澮川，即有阻洳之阨，徑畛涂道路，即有曲折之艱。王畿之内、畎畝之中，有無形之險」者，其説爲長。守禁，賈氏謂「必因其地之民，使職其守禁」，是。至云「授之田」，則非。既職守禁，先王自有所以養之者。經無明文，不須妄註也。下文「以其屬守之」，李嘉會謂「司險之屬」。其胥徒止四十人，如何守天下之險，上文「掌九州之圖」，方是説天下，此言王國耳。

候人：各掌其方之道治與其禁令。　「其方」，其國之方也。國方不一處，故曰「各掌」。下文「方治」，裁是「遠方」。遠方各以其方之事來，質正王朝以求治者。「道治」，但言道路修治耳。王氏以「治」爲「治其出入迎送之事」，與「道」字分作兩事解，非。「出入迎送之事」在下禁令中。防其侵掠，禁也。教其不知，恤其不足，令也。候人出入，「迎送之事」寧外此哉！

環人：訟敵國。　鄭康成謂「敵國兵來，則往與訟曲直。敵兵至矣，尚何曲直之訟」。鄭鍔謂「不辨敵國、紛爭之國，則有相攻擊之患，以分我師之勢，恐分我師之勢，先辨敵國紛爭之訟，使不至於攻擊，事難而策迂」。黄氏謂「訟敵國之曲，使知而服之，則師可已。以此釋經，差爲近之，但恐第訟曲而不能使敵遽服也」。劉執中曰：「訟敵人之過惡以激我師，俾無不怒，一怒而敵可克，權自我操。」斯乃得「訟敵國」之眞解矣。

江永《禮記訓義擇言》卷三《檀弓下》 殷練而祔，周卒哭而祔，孔子善殷。　鄭注：期而神之，人情。程子云：喪須三年而祔，若卒哭而祔，則三年都無事。卒哭猶存朝夕哭，若無主於殯宫，則哭於何所？張子云：古者三年喪畢，吉禘然後祔，因其祫祧，主藏於夾室，新主遂自殯宫入於廟。《國語》云：日祭月享。廟中豈有日祭之禮？此正謂三年之中不徹几筵，故有日祭，朝夕之饋猶定省之，禮如其親之存也。至於祔祭，須是三年喪終乃可祔也。呂氏云：禮之祔祭，各以其昭穆之班祔於其祖。主人未除喪，主未遷於新廟，故以其主祔藏於祖廟，有祭即而祭之。既除喪而後，主遷於新廟，故謂之祔。朱子《答陸子壽書》云：先王制禮，本緣人情。吉凶之祭，其變有漸。故始死全用事生之禮，既卒哭、祔廟，然後神之。然猶未忍盡變，故主復於寢，而以事生之禮事之，至三年而遷於廟，然後全以神事之。此其禮文見於經傳者不一，雖未有言其意者，然以情度之，知其必出於此無疑矣。其遷廟一節，鄭氏用《穀梁》練而壞廟之説，杜氏用賈逵、服虔説，則以三年爲斷。其間同異得失雖未有考，然《穀梁》但言壞舊廟，不言遷新主，則安知其非於練而遷舊主，於三年而納新主邪。至於禮疏所解，鄭氏説但據《周禮》廟用卣一句，亦非明驗，故區區之意，竊疑杜氏之説爲合於人情也。來諭考證雖詳，其大概以爲既吉則不可復凶，既神事之則不可以事生之禮接爾。竊恐如此非唯未嘗深考古人吉凶變革之漸，而亦未暇反求孝子慈孫深愛至痛之情也。朱文端公云祔之論不一，祔已反於寢，練而後遷，鄭説也；祔藏於廟，祭則即祭之，呂氏説也；大祥祔而遷，伊川横渠之論也；練而後祔者，殷道，夫子之所善也。朱子從禮疏，祔於卒哭準程、張，遷於大祥折衷，具有深意。而後儒乃以兩祔爲疑，要知祔而遷者，主高曾之祀之宗子也，烝嘗再期不舉，死者能無恫然，卒哭而祔，蓋體死者，痛念祀典之缺而祔而祭之也。至喪事即遠，謂不以柩反也，若謂主出不得反，何以魂帛既出待反虞而埋耶？又云，既以明日之祔爲不忍一日無歸，則殷之練而祔忍矣，孔子何以善之？此別記一說，亦疑其非而未能決也。周人卒哭之祔，蓋祔已反於寢；殷人練而祔，祔而遷於廟，禮家合而較之，誤矣。孔子善殷非實事。按：呂氏謂祔祭即以其主祔藏於祖廟，非也。假令祔後之主已在祖廟，則遷廟時主不出廟。考《大戴禮·諸侯遷廟》，奉衣服，由廟而遷於新廟，此廟實爲殯宮，則先儒謂祔後主反於殯宮者信矣。其不言奉主而言奉衣服者，鄭氏謂毀易祖考，人神之所不忍是也。程子、張子考之不詳，謂祔即是遷，故謂祔當於三年，不知祔與遷自是兩事也。祔後殯宮有主，《遷廟》篇固可證矣。而陳子所謂若無主於殯宮，則朝夕哭於何所，張子所謂日祭，朝夕之饋如親之存亦可見。至遷廟先儒有二說：朱子斷從三年之說爲合於人情，愚又以《遷廟》篇證之，亦當是除喪之後。其云成廟將遷之新廟，徙之日君玄服從者，皆玄服，非除喪豈可玄服乎？事畢後安神之辭云：擇日而祭焉。此即所謂吉祭也。使練而遷廟，則練與大祥之間豈可行吉祭乎？《左氏傳》云，卒哭而祔，祔而作主。特祀於主，烝嘗禘於廟。此亦可見練祥禫之祭皆特祀於主，而主不在廟也。《穀梁傳》所謂於練焉壞廟者，易檐改塗，以示他日將遷於此而遷不於練也。喪事即遠，有進無退，謂柩不反，非謂主不反，則文端公論之當矣。其謂卒哭而祔，蓋體死者痛念祀典之缺而祔祭之，恐未必然。祔祭惟祔於同昭穆之祖，非同昭穆者不祭，則禮意蓋欲使親死者祔於同班之祖，而非爲祀典之缺也。又按：殷人殯於祖，其在太祖廟乎，抑在昭穆同班之廟乎？其詳不可攷矣。以意推之，殷練而祔，亦是行祔祖之祭，若遷廟，當在除喪之後也。周人殯於寢，既葬，主猶在寢，故卒哭即行祔祭，使其神有所歸；殷人殯於廟，不患其無所歸，是以練而始行祔祭也。祔以主祔於祖，爲以神道事之，以人情而言，期而神之者，人之情，故孔子善殷。殷周異制，其原自殯於祖、殯於寢已不同。殷練而祔，與上文不忍一日未有所歸自不相妨，文端公疑記者別記一說，謂孔子善殷非實事，過矣。

又《春秋地理考實·僖公三十年》

三十年。函陵。《傳》：晉軍函陵。《彙纂》：《寰宇記》函陵在新鄭縣北十三里，山形如函，故名函陵，今屬開封府。氾南。《傳》：秦軍氾南。杜注：此東氾也。在滎陽中牟縣南。疏：《釋例·土地名》：《僖二十四年》氾下云：此南氾也。周王出居于氾，楚戍鄭師于氾，襄城縣南氾城是也。此年氾下云，此東氾也。秦軍氾南，晉伐鄭師于氾，滎陽中牟縣南氾澤是也。《彙纂》：今屬開封府。燭。《傳》：若使燭之武見秦君。今按：燭，邑名。《水經注》七里溝水南歷燭城西，即鄭大夫燭之武邑。又南注于洧，其地在新鄭縣。焦、瑕。《傳》：許君焦瑕。《杜注》：晉河外五城之二邑。《彙纂·地理志》：陝縣有故焦城，今在陝州南二里。《文十三年》：使詹嘉處瑕以守桃林之塞。蓋與桃林相近之地。今按：焦又見《宣二年》，焦爲姬姓國，晉滅之。見《襄二十九年》。又按：杜以焦、瑕爲河外五城之二，非也。惠公賂秦以河外列城五，東盡虢略，南及華山，內及解梁城，既而弗與。在河外者焦固其一，然內及解梁城，則亦有河北之邑。《水經注》：河東解縣西南五里有故瑕城，晉大夫詹嘉之故邑。則瑕在今之解州，非河外也。此文於河外邑舉焦，內及解梁者舉瑕以該所舉之邑耳。瑕在鮮與河南之桃林塞亦相近，故詹嘉處瑕亦可守桃林之塞。又成六年，晉人謀去故絳，諸大夫曰：必居郇瑕氏之地。郇與瑕皆在解，杜併爲一地，亦非。又瑕呂飴甥亦曰陰飴甥，蓋飴甥嘗食采於瑕，兼食於呂，呂即陰，故曰瑕呂飴甥。杜以瑕呂爲姓，亦非是。皆不考解有瑕城而失之者也。河外無瑕，顧炎武求之不得，謂瑕有乎？音以漢弘農郡之湖縣爲瑕，謬矣。

又《深衣考誤》

衽當旁。鄭氏曰：衽，謂裳幅所交裂也。凡衽者，或殺而下，或殺而上，是以小要取名焉。衽屬衣，則垂而放之。屬裳，則縫之以合前後，上下相變。永按：衽者，斜殺以掩裳際之名。深衣裳前後當中者不名衽，唯當旁而斜殺者名衽。故《經》云「衽當旁」，明其不當中也，當中則前襟而後裾是也。鄭云：衽，謂裳幅所交裂也。玩所之一字，明其唯在裳旁，而名衽者交裂，其餘幅不交裂也。交裂者，以布二幅交解爲四幅，狹頭二寸，去邊，縫成角，寬頭二尺，去邊縫一尺八寸也。又云：凡衽者，或殺而下，或殺而上，此廣解凡裳之衽也。衽有二：朝服、祭服、喪服，皆用帷裳，前三幅，後四幅，裳際不連，有衽掩之，用布交解，寬頭在上，合縫之，狹頭在下，如燕尾之形。即《喪服》篇衽二尺有五寸是也。此衽之殺而下者也。深衣之袪，當裳旁，亦交解，而以狹頭向上，寬頭向下，此衽之殺而上者也。云是以小要取名焉者，謂棺上合縫之木，亦名爲衽也。《喪大記》曰：君蓋用漆，三衽三束。鄭注云：衽，小要也。蓋小要之形，上下廣而中狹，以掩棺，蓋合縫之際，上半則殺而下，下半則殺而上，似衣衽之上殺下殺以掩裳際，是以有衽之名。此借衣衽名小要，故鄭連及之也。云衽屬於衣則垂而放之，謂朝祭、喪服之衽，云屬裳則縫之以合前後，即此深衣之衽也。其縫之以合前後者，唯左旁爲然，若右旁則不能縫合，別有鉤邊，見《深衣》篇，鄭亦略言之耳。此經與鄭注甚明，又以他文證之：

《問喪》云，扱上衽，謂裳之兩角插於帶間也。《論語》云，左衽謂夷俗，衽掩於左，其縫合者在右也。皆衽當旁之證也。而疏家忽之，并失小要之義。

疏曰：「衽，謂裳幅所交裂也」者，裳幅下廣尺二寸，上闊六寸，狹頭嚮上，交裂一幅而爲之。按：裳幅不皆交裂，孔氏誤謂十二幅皆交裂，是未繹「所」字之意。云「凡衽者，或殺而下，或殺而上」者，皇氏云：言凡衽，非一之辭，非獨深衣也。或殺而下，謂喪服之衽，廣頭在上，狹頭在下。按：朝、祭服亦如喪服之制，皇氏不及朝、祭服，非也。或殺而上，謂深衣之衽，寬頭在下，狹頭在上。云「是以小要取名焉」者，謂深衣與喪服，相對爲小要，兩旁皆有此衽。按：小要者，棺上合縫之木也。皇説誤。熊氏大意與皇氏同，或殺而下，謂朝祭之服耳。按：熊氏又不及喪服，亦非也。合皇熊二説乃備。云「衽屬衣，則垂而放之」者，謂喪服及熊氏朝祭之衽。按：此説是。云「屬裳則縫之，以合前後」者，謂深衣之衽。云「上下相變」者，上體是陽，陽體舒散，故垂而下。下體是陰，陰主收斂，故縫而合之。按，此皆得之。今删定，深衣之上獨得衽名，不應假他餘服相對爲衽。何以知之？深衣衣下屬幅而下，裳下屬幅而上，相對爲衽。按：《喪服》篇明言衽二尺有五寸，孔氏乃謂深衣獨得衽名何耶？殺下殺上明是與他服相對，孔氏乃謂深衣衣下屬幅而下，裳下屬幅而上，相對爲衽，衣下屬幅何以謂之殺耶？且下文衽屬衣則垂而放之，豈得謂是深衣之衽耶？删定之説，大失鄭注之意。鄭注：深衣鉤邊，今之曲裾，則宜兩邊而有也。按：鉤邊別是一物，此經未及。《深衣》疏一旁有曲裾，此云宜兩邊有，與彼疏亦自相牴牾。但此等無文言之，且從先儒之業。

又《周禮疑義舉要》卷二《地官一》 縣師雖通掌内外地域，而所主實爲家、稍、縣、都及其間之公邑。三等稍地縣爲中，故舉中以該之。注謂「縣師主天下土地人民已下之數」，非也。天下土地人民自有職方氏掌之，亦但知其數要耳，其詳數自在列國諸侯。若縣師者，上士、中士止六人，豈能一一稽之？又四郊以内之人民田萊等，自有鄉遂之官稽之，亦非縣師之職。

張庚《通鑑綱目釋地糾謬》卷一 初命晉大夫魏斯、趙籍、韓虔爲諸侯。周威烈王二十三年。 蔡皐狼。《集覽》云：皐狼，趙邑，本蔡地，故曰「蔡皐狼」。按鮑氏云：蔡當作藺。《趙世家》：成侯三年，衛敗我藺。又武靈王曰：先王取藺、郭狼。郭狼，即皐狼矣。藺故城在山西汾州府永寧州西。皐狼故城在永寧州西北。「汾水可以灌安邑，絳水可以灌平陽」。胡三省《通鑑註》以絳水不可灌平陽，而謂郡縣離合，川谷變遷，有不可以一時所睹據者。《紀要》以爲史文之交互。按：汾水在平陽府城西二里，南去安邑約三百里，斷不能引以灌之。若絳水源出絳縣西南絳山，西流入聞喜縣，爲涑水上源，西南經安邑。又西歷猗氏至臨晉，合姚暹渠，西流至蒲州。又西南注于黄河。涑水即絳水也。按圖以考其原委，去平陽甚遠，安邑則其所經，則絳水可以灌安邑，萬不能灌平陽。蓋史文錯誤，非交互也。胡氏謂郡縣離合，川谷遷改，不知文字譌誤爲尤易耳。

魏吴起奔楚，楚以爲相。安王十五年。 「夏桀之居。」《集覽》引《帝王世紀》爲陽翟。按：陽翟故址在河南開封府禹州，爲禹始封夏伯之地，非邦畿也。禹自受舜禪，都于安邑，即今平陽府絳州安邑縣。其後帝相徙居帝邱，少康中興，復還安邑，舍此明證，而云陽翟，何也？「羊腸在其北。」《集覽》註甚明。《質實》以爲潞安府壺關縣之羊腸坂。按此則當言左，不可以北言矣。「商紂之國」，古朝歌地，今衛輝府濬縣西五十里之衛縣故址是也。《集覽》引鄭元云「商國在泰華之陽」，又引皇甫謐云「上洛商也」，直以陝西商州當之。商州乃商於與紂都，何涉？曰商紂，不曰殷紂，從建國始號也，烏可因商字而云商國、商州也？又引劉氏言紂之國左孟門，則東邊別有孟門，而以爲是石州之孟門縣。石州即今汾州府永寧州，更在大行之西，何以左言？其言左孟門，右大行，不過泛論。河山險固，不必求其實也。至《索隱》所言，在朝歌東。不知朝歌東則爲大名府開州，兗州府曹州焉得有孟門？

齊魏會田于郊。顯王十四年。 高唐，齊邑，故城在今濟南府禹城縣西四十里，非今之高唐州也。今之州治，乃漢所置高唐縣，與故齊邑壤雖接，而地實非。

韓伐東周，取陵觀廩邱。十七年。 廩邱，本齊邑。《史記・齊世家》「宣公五十一年，田會以廩邱叛，入趙」是也。東周所保，僅鞏邑、廩邱，安得爲周地？按《韓世家》「昭侯六年，伐東周，取陵觀、邢邱。」邢邱爲溫國，在鞏北二十五里，即今懷慶府南五十里之溫縣。陵觀，故址在懷慶府南七十里，其地相比，故並取之。則邢邱爲是，廩邱爲譌，《質實》混引，並不考正。

趙始胡服招騎射。赧王八年。 「至房子。」《集覽》云：房子縣屬常山郡，今眞定府平山縣有房山。非是。按：房子縣故城，在眞定府高邑縣，與房山無涉。「登黄華之上」《質實》以河南彰德府之隆慮山，一名黄華山，遂引之。按史武靈王遂之代，北至無終，西至河，登黄華之上。代即今山西大同府，去彰德遠甚。其所登之黄華，即大同西南黄瓜堆，本名黄華山也。黄河在大同西，其地與林胡、樓煩接，故欲胡服。

秦楚盟于黄棘。十一年。　黄棘，古謝國，漢置棘陽縣。故址在河南南陽府新野縣東北七十里。《集覽》引《正義》云「在房襄二州之境」，無確據矣。

秦取魏蒲坂、晉陽、封陵。十二年。　晉陽，《魏世家》作陽晉。《索隱》以爲晉陽。《正義》從而是之，以爲史文之誤。按：蒲坂、陽晉、封陵相連屬，故秦人一時並取。若晉陽爲趙地，烏得與魏地並書？且晉陽即今太原府太原縣，與蒲坂隔一汾州府，相距數百里，斷不能並取。然則史文未嘗悞，《索隱》、《正義》自悞耳。《綱目》未之檢，故仍之。《集覽》、《質實》皆襲謬混註。陽晉故城在蒲州臨晉縣西，蒲坂即今蒲州，封陵在蒲州南。

燕上將軍樂毅至國君。三十一年。　昌國。《集覽》引《括地志》爲曹州城，武縣東北梁邱故城。又引《正義》曰「在淄川東北」。考核無定見矣。按昌國，本名昌城，齊邑。燕爲昌國，以封樂毅。漢置昌國縣，故城在濟南府淄川縣東北三十五里。《正義》是也。

秦白起伐楚，取鄢、鄧、西陵。三十六年。　鄧，《質實》以爲「南陽府之鄧州」，非是。此是春秋鄧國，故城在襄陽府漢水北岸。若南陽之鄧，雖亦鄧國地，戰國時已屬韓爲穰邑，《韓世家》「秦取我穰」是也。後稱鄧林，隋始置鄧州。西陵，《集覽》、《質實》皆以爲夷陵，不知夷陵之西陵乃峽名，非邑名。至三國吳廣武初，始改夷陵爲西陵。此是今黄州府東北之楚邑，漢爲西陵縣。徐廣曰：屬江夏郡。極是。胡三省辨之，亦未細考。按《秦本紀》：昭襄王二十八年，白起攻楚，取鄢、鄧，無西陵。《楚世家》：頃襄王二十年，秦將白起拔我西陵。蓋兩事，在一年之中，故幷書。不然，鄢、鄧與西陵相隔甚遠，恐不能一時兼取。

秦拔魏邢邱。四十九年。　邢邱。《集覽》據《魏世家》爲郪邱。又引徐廣曰一作廩邱，一作邢邱，而兩註之。按《魏世家》：秦拔郪邱在安釐王十一年正，周赧王四十九年。再按《秦本紀》：昭襄王四十一年夏，攻魏取邢邱、懷。亦當周赧王四十九年，兩事在一年内。拔郪邱雖不書，時必在取邢懷之後。何以知之？以拔郪邱後，齊楚相約攻魏，魏求救於秦，秦發兵，魏氏復寧。於是魏欲親秦而伐韓。信陵上書，止之書中又有「秦固有懷、茅、邢邱」之語。故于拔郪邱，雖不能考其爲秋爲冬，其在取邢邱之後決矣。惟是安釐王九年，秦拔我懷無邢邱，與《秦紀》不合，亦差兩年。蓋史文舛錯，大書據《通鑑》，未之考定也。郪邱在鳳陽府潁州東，邢邱即今懷慶府溫縣。按顯王十七年，韓取東周邢邱後，又爲魏所取，故爲魏邑。

秦伐趙，取三城，齊救卻之至中陽。五十年。　中陽。《集覽》引《正義》曰「燕無中陽」。《括地志》云「中山故城，一名中人亭，在定州唐縣，爾時屬燕」。按唐縣即故唐城，春秋屬燕，謂之陽邑。《左傳·昭十二年》「齊高偃帥師納北燕伯於陽」是也。其西北即中人亭，與陽邑相距十三里。史蓋合兩地而書之耳。

楚納州於秦。五十三年。　州。《集覽》引徐廣註爲南郡州陵縣。又引《括地志》爲安邱縣淳于國。按：山東青州府安邱縣東之古淳于國，本春秋州國，後爲杞人所有，謂之杞城。《襄二十九年》「晉人城杞」之淳于是也。蓋至戰國，無復州之名矣。則徐廣説爲是。州陵故城在今湖北荆州府監利縣東三十里。荆州，秦屬南郡。

又卷二　趙伐燕，取貍陽。秦王政十一年。　貍陽。《集覽》引《正義》謂「燕無貍陽，疑漁陽之譌」。按漁陽，秦郡名，戰國時尚未有，闕之可也。

築宮咸陽北阪上。始皇二十六年。　章臺宮，在長安故城内，宮中有章臺，因名。《質實》以爲章臺街，引張敞走馬爲證，非是。

帝巡隴西北地，至雞頭山過回中。二十七年。　回中。孟康曰：在北地。《集覽》、《質實》皆以爲鳳翔府隴州之回中宮。按始皇由隴西至北地，登雞頭，過回中。北地郡，今平涼府雞頭山，在平涼西四十里。平涼之東百五十里爲涇州，有回中山，山上有王母宮，始皇好神仙，故過之。若隴州回中宮，爲尋常宴遊地，不足書也。孟康説是。

又卷三　王追項籍至固陵至悉定。漢高帝五年。　東城，在鳳陽府定遠縣東南。按：羽自今之虹縣垓下潰圍南走，至今之五河縣東渡淮，至今之定遠縣西北之陰陵迷失道，轉至定縣東南之東城，乃率二十八騎與漢決戰，斬一都尉。於是又東南走，至今之和州，欲渡烏江也。《集覽》、《質實》因和州有山亦名陰陵，又有東城註，遂混東城與烏江爲一處矣。不知和州之東城，即秦烏江亭。至漢始置東城縣，爾時尚未有東城之名。其山名陰陵，亦後人附會，不足據。「羽分騎期山東爲三處。」山東之山，必是定遠東之大横山。《質實》因分注有「四潰山」三字，遂引今江浦縣之四饋山附會。按《羽本紀》只云項王自度不得脱，謂其騎曰吾起兵云云，於是大呼馳下。並無「四潰山」三字。不知分注何所據？而《質實》亦不細考，見字即註也。且潰與饋，本不同，如何混引！又按和州北七十里有四潰山，俗傳項王依山爲陳，四面馳下潰圍處。亦是後世因之而名，非當時即名四潰也。

吴廷華《儀禮章句》卷一三《既夕》 陳明器于乘車之西。藏器也。明神之也。視用器沽而小。《檀弓》「竹不成用，瓦不成沬」之屬是也。折，横覆之。折，方鑿横木爲之，加于棺上以承抗。席大小視壙口。［鄭玄］注云：縮者三，横者五。竊謂當如抗木，横三縮二也。［賈公彦］疏云：其制如簀。又下既窆云：加折卻之，謂善面向上也。蓋入壙折仰，抗席覆其上，抗木又在席上。下言席加于抗木之上，則與入壙反，故折亦反卻爲覆也。又壙以容柩，當縮長而横短，折入壙亦如之，横者亦與入壙反也，此近乘車。抗木，横三縮二。抗，禦也。蓋禦止土者，横饒于縮者，壙長方也，大小如折，此不言折，則在折西也。加抗席，三。席以承塵，三則重席，欲塵之不入也。横縮如抗木，承上抗木而言。加則加于抗木之上，所謂反陳之也。加茵，茵，褥也，以藉棺下，承上抗席言，是加于抗木之上也。用疏布，疏，麤之布，無功者。緇翦，今文作淺。注，翦，淺也。謂染淺緇色之布。有幅，邊幅也。下記，茵著用茶及綏澤，蓋縫合兩邊幅爲袋，以盛之也。亦縮二横三。亦，亦抗木也，據此則形如抗木矣。器，西南上，綪。器，明器，謂苞以下也。上言明器而先言葬器，故又言器以别之。西謂茵西，南上，謂其端在南也。綪者，西陳不容，又自南屈而東。茵。復言茵者，明器即繼茵而西也。苞二。以葦編之，制圜，蓋以裹遣奠牲之下體者，二則羊豕各一個也。案《檀弓》國君七個，遣車七乘，大夫五個，遣車五乘。下苞牲。疏云：士少牢苞三個，此二者，其中下士與遣車如苞，則亦應二乘，文省爾。筲三，黍、稷、麥。筲如盛種之畚，菅草爲之。三者，三穀各一也。罋三，醯、醢、屑，薑桂屑也。《内則》屑桂與薑。冪用疏布。罋冪。甒二，醴、酒，冪用功布。按朱氏云：苞、筲、罋、甒，所實皆非有用之物，且肉腐蟲生，尤爲非便，其説是也。明器而實，禮之所譏，則不過備器而已，未必實之，其器亦視用器而小也。下記苞長三尺。注疏謂筲容斗二升，罋亦如之，皆以用器言，似非經義。皆木桁，久音同上篇。之。此在甒西桁庋也。《内則》謂之閣，大夫七十而有閣是也。用板爲之，庋食物。士庋于坫，此以木爲之，異于生。久當作盧人灸諸牆之灸，灸，柱也，謂樹之。阮氏圖謂桁制如几，則有跗也，故曰久之。士坫惟一，皆者，謂苞、筲、罋、甒置之一桁也。案注以灸爲用蓋案塞其口，則第指罋、甒言，似與皆字意不合。若如疏説，以每器異桁爲皆，則又與《内則》坫説不符。且三者果須塞口，則當各于冪下明之，不應于總中又分言之也。況明器本無實，塞之何爲？故取盧人注説以訓之。

趙殿成《王右丞集箋注》卷二《林園即事寄舍弟紞》 後浦通河渭，前山包鄢郢。【略】後浦，諸本俱誤作後沔，惟劉須溪本是浦字。顧元緯因沔、鄢、郢、荆州諸字俱是楚地，遂於題下註云：公次荆州時作。成按：沔水不通河渭。雖《禹貢》梁州貢道有「逾於沔，入於渭，亂於河」之文。孔穎達云：計沔在渭南五百餘里，故越沔陸行。而北入渭，渭水入河，故浮渭而東。帝都在河之東，故渡河陸行，而還帝都。則是言其水陸相間而行之道如此，非謂其一水通流也。其爲浦字之誤明甚。鄢、郢雖是楚地，然前山則指秦地之山而言。與《送李太守赴上洛》詩云：「商山包楚鄧，積翠靄沉沉」文意一例。荆州與齊后對用，是引故事，非實指楚地。參互考之，非次荆州時作也。

又卷六《洛陽女兒行》 城中相識盡繁華，日夜經過趙李家。誰憐越女顔如玉，貧賤江頭自浣紗。【略】趙李。《阮籍詩》：西游咸陽中，趙李相經過。顔延年註：趙，漢成帝趙后飛燕也。李，漢武帝李夫人也。並以善歌妙舞，幸於二帝。成按：《漢書・谷永傳》云：成帝數爲微行，多近幸小臣。趙李從微賤專寵，皆皇太后與諸舅夙夜所常憂。此指趙飛燕、李平二女寵而言也。又《叙傳》云：會許皇后廢，班婕妤供養東宫，進侍者李平爲婕妤，而趙飛燕爲皇后。自大將軍薨後，富平安陵侯張放、淳于長等始愛幸。出爲微行，行則同輿執轡。入侍禁中，設宴飲之會，及趙李諸侍中，皆引滿舉白，談笑大噱。此則指趙李二家之戚屬言也。籍所引，正借用爲貴戚事。而顔延年以趙飛燕、李夫人當之，誤矣。劉孟會則以爲當時實有此人，不必求其誰何，更屬臆見。楊用修誤讀小臣趙李爲句，又改易專字作尊字，以爲即成帝嘗與微行者，亦失之。

又卷七《終南山》 太乙近天都，連山到海隅。白雲迴望合，青靄入看無。分野中峰變，陰晴衆壑殊。欲投人處宿，隔水問樵夫。成按：《唐詩紀事》云：或説此詩爲譏時之作。謂「太乙近天都，連山接海隅」，言勢燄盤據朝野也。「白雲迴望合，青靄入看無」，言有表而無其内也。「分野中峰變，陰晴衆壑殊」，言恩澤偏也。「欲投人處宿，隔水問樵夫」，言畏禍深也。其説甚鑿。王友琢崖嘗闢之曰：詩有二義，或寄懷於景物，或寓情於諷諭，各有指歸。乃好事之徒，每以附會爲能，無論其詩之爲興、爲賦、爲比，而必曲爲之説曰：此有爲而言也。無乃矯誣實甚歟。試思此詩，右丞自詠終南，於人何預。而或者云云，若是彼飛燕興讒於太白，蟄龍騰謗於眉山，又何怪焉！黄山谷謂杜子美詩妙處，乃在無意於文。彼喜穿鑿者，棄其大旨，取其發興，於所遇林泉人物、草木蟲魚，以爲物物皆有所託，如世間商度隱語者，則子美之詩委地矣。斯言也，豈僅讀杜者當奉爲金科哉！琢崖又言：首句天都字，依《淮南子》云，登太山，履石封，以望八荒，視天都若蓋，江河若帶。右丞韋氏《逍遙谷讌集序》云：天都近者，王官有之。韓昌黎《烏氏廟碑銘》云：作廟天都，以致其孝。皆以天都爲帝都之別稱。乃或引《關中記》言終南山在天之中，居都之南，故曰天都者，是失之踳駁矣。次句是言其與他山連接不斷，直至海隅耳，文意極明顯。乃或謂終南在陝境，去海極遙，到海隅者，形容之辭。如此必指東方之海隅而言，則齊魯之間，豈有終南之拳石在者！是失之拘執矣。分野句是極言山之廣大。《陝志》謂終南山西起隴山，東逾商洛綿亘千里有餘，南北亦然。其盤踞不止一州之地，則知天之分野，亦不專隸一舍。或謂中峰之北爲雍，爲井鬼；中峰之南爲梁，爲翼軫者，是失之臆撰矣。其討論曲當，不事撏撦，多此類。平日論詩，必因其自然之勢，而不好爲鉤深索隱之言，以求苟异於人，多與予見脗合者。故集中諸家曲說，刊削殆盡。洗清之功，實多得其益焉。

仇兆鰲《杜詩詳注》卷二三《幽人》 孤雲亦群游，神物有所歸。靈鳳在赤霄，何當一來儀。往與惠詢輩，中年滄洲期。天高無消息，棄我忽若遺。內懼非道流，幽人見瑕疵。洪濤隱笑語，鼓枻蓬萊池。崔嵬扶桑日，照曜珊瑚枝。風帆倚翠蓋，暮把東皇衣。嚥漱元和津，所思烟霞微。知名未足稱，局趣商山芝。五湖復浩蕩，歲暮有餘悲。末嘆不得與之爲侶也。欲效漱津之法，託迹烟霞，但爲知名所誤，故望商山而局促耳。今者歲暮湖濱，能無念幽人而悲感乎？此章，四句起，下三段各六句。盧元昌曰：此章大意是寓言，起口四句，況己如孤雲，寡偶少徒，又如靈鳳，出非其時也。「天高無消息」，君門九重也。「棄予忽如遺」，退若墜淵也。「內懼非道流，幽人見瑕疵」，信見疑、忠見謗也。「洪濤隱笑語，鼓枻蓬萊池」，憂讒畏譏，思與人共濟也。「崔嵬扶桑日，照曜珊瑚枝」，遊神於蓬萊宮闕、青瑣朝班也。「風帆倚翠蓋，暮把東皇衣」，猶望翠華重遇，美人一晤也。「嚥嗽元和津，所思烟霞微」，若將屏一切，凝萬慮，冀閶闔之或通也。「知名未足稱，局促商山芝」，自悼修名不立，進不能離尤，退不能修初服也。公爲扈從臣，亦商山羽翼之流。「五湖復浩蕩，歲暮有餘悲」，既不能爲採芝四皓，又不能爲泛湖少伯，曰「有餘悲」，情見乎詞矣。《留青日札》詮「蓬萊如可到，衰白問羣仙」，謂公戀戀不忘朝廷，冀衰老而猶得見君，今於此篇亦然。補注：詩以「幽人」命題，蓋公年已老不能用世，欲託高人以遯迹，當從伯敬、長孺之說。盧氏注與詩意不合。

又卷二五《奉謝口敕放三司推問狀》 而琯性失於簡，酷嗜鼓琴，董庭蘭今之琴工，朱注：唐劉商《胡笳曲序》：蔡文姬善琴，能爲離鸞別鶴之操。後董生以琴寫胡笳聲爲十八拍，今胡弄是也。李肇《國史補》：董庭蘭善沉聲祝聲，蓋大小胡笳云。遊琯門下有日，貧病之老，依倚爲非，琯之愛惜人情，一至於玷汙。臣不自度量，歎其功名未垂，而志氣挫衄，覬望陛下棄細錄大，所以冒死稱述，何思慮未竟，闕於再三。陛下貸以仁慈，憐其懇到，不書狂狷之過，復解網羅之急，是古之深容直臣，勸勉來者之意。天下幸甚！天下幸甚！豈小臣獨蒙全軀就列，待罪而已。無任先懼後喜之至，謹詣閤門，進狀奉謝以聞。至德二載六月一日，宣議郎行在左拾遺臣杜甫狀進。錢謙益曰：朱長文《琴史》云：董庭蘭，隴西人，唐史謂其爲房琯所昵，數通賕謝，爲有司劾治，而房公由此罷去。杜子美亦云：庭蘭遊琯門下有日，貧病之老，依倚爲非，琯之愛惜人情，一至於玷汙。而薛易簡稱庭蘭不事王侯，散髮林壑者六十載，貌古心遠，意閑體和，撫弦韻聲，可感鬼神。天寶中，給事中房琯，好古君子也，庭蘭聞義而來，不遠千里。予因此說，亦可以觀房公之過而知其仁矣。當房公爲給事中也，庭蘭已出其門，後爲相，豈能遽絕哉？又賕謝之事，吾疑譖琯者爲之，而庭蘭朽耄，豈能辯釋，遂被惡名耳。房公貶廣漢，庭蘭詣之，公無慍色。唐人有詩云：「七條絃上五音寒，此樂求知自古難。惟有開元房太尉，始終留得董庭蘭。」按薛易簡以琴待詔翰林，在天寶中，子美同時人也，其言必信。伯原《琴史》，千載而下，爲庭蘭雪此惡名，白其厚誣，不獨正唐史之謬，兼可以補子美之闕矣。

馮集梧《杜樊川詩注》卷二《早春寄岳州李使君李善棊愛酒情地閒雅》 朔漠暖鴻去，《北邊備對》：漢者，沙磧廣莫，望之漠漠然也。漢以後史家變稱爲磧，磧，沙積也。其義一也。成公綏《鴻雁賦》：有沙漠之絕渚。又：樂和氣之純暖。瀟湘春水來。《元和郡縣志》：巴陵城對三江口，岷江爲西江，澧江爲中江，湖湘江爲南江。《一統志》：瀟湘雖自古竝稱，然《漢志》《水經》俱無瀟水之名。唐柳宗元《愚谿詩序》始稱謫瀟水上，然不詳其源流。宋祝穆始稱瀟水出九疑山。今細攷之，唯道州北出瀟山者爲瀟水，其下流皆營水，故道也。至祝穆所謂出九疑山者，乃《水經注》之泠水，北合都谿，以人營者也。又零陵蔣本厚《山水志》云：瀟水一支出江華，一支出永明，一支出濂谿。唯出濂谿者猶爲近之。出江華者，乃以沱水爲瀟水。出永明者，以掩水爲瀟水。蓋後人以營水所經，統謂之瀟水，而遂不知有營水矣。《吳志・孫權傳》注：吳歷曰：春水方生，公宜速去。縈盈幾多思，謝惠連《雪賦》：末縈盈于帷席。掩抑若爲裁。顧野王《箏賦》：始掩抑于紈扇。返照三聲角，《宋書・武帝紀》：三光返照。《北堂書鈔》：七道云：長角三唱，武士星布。寒香一樹梅。《埤雅》：梅花優于香。戴叔倫詩：老圃寒香別有秋。王褒《僮約》：三丈一樹，八尺成行。烏林芳草遠，《水經注・江水篇》：江水左經上烏林南邨居，地名也。又東徑烏黎口江浦也，即中烏林矣。又東徑下烏林南，吳黃蓋敗魏武于烏林，即是處也。宋玉《高唐賦》：芳草羅生。赤壁健帆開。《水經注・江水篇》：江水右徑赤壁山北，昔周瑜與黃蓋許魏武大軍處也。《通鑑・漢紀注》：《武昌志》曰：赤壁山，在今嘉魚縣對江北之烏林。《通典》：岳州理巴陵縣，有巴邱湖。

《檢地志》云：巴邱湖中有曹田洲，即曹公爲孫權所敗燒船處，在今縣南四十里。又云：今鄂州蒲圻縣有赤壁山，即曹公敗處。按：《三國志》：劉琮屯襄陽，劉備屯樊。琮降曹公，備遂南走。曹公恐備先據江陵，將精騎急追及于當陽之長坂。備與數十騎走，斜趨漢津、濟沔，到夏口，曹公進軍江陵，得劉琮水軍船步數十萬。自江陵征備，至巴邱，遂至赤壁。孫權遣周瑜水軍數萬，與備并力逆之。曹公泊江北岸。瑜部將黄蓋詐降，戰艦數千艘，因風放火。曹公大敗，從華容道步歸，退保南郡。瑜等復敗之。而《漢陽郡圖經》云：赤壁，亦名烏林，在郡西北二百二十里，在漢川縣西八十里，跨漢南北。此大誤也。曹公既從江陵水軍，沿流已至巴邱。則今巴陵郡，赤壁只在巴陵郡之下，軍敗方還南郡。劉備、周瑜水軍追躡，竝是大江之中，與漢川西殊爲乖角。今據《檢地志》爲是，當在巴陵江夏二郡界。其《漢陽郡圖經》及流俗悉皆訛謬，所以備錄《國志》以爲證據爾。按：以上皆杜氏說牧之于寄岳州詩舉烏林赤壁，正用乃祖說。而于齊安晚秋，又以赤壁爭雄爲言，則仍是俗說。又按：范致明《岳陽風土記》云：杜佑謂巴邱湖中有曹洲，即曹公敗處云云。今縣西但有曹公渡，攷之地理，與周瑜曹操相遇處絶不相干。

張自超《春秋宗朱辨義・隱公四年》 冬，十有二月，衛人立晉。　遇弒而討賊，立君以葬先公，《春秋》一經僅見衛事，故通《春秋》外君繼故與非繼，故而立者皆不書，獨有繼弒君而書。衛人立晉者，當是聖人以衛事示後人，遇有弒君之變者，當如衛之討賊立君以葬先公，而於晉之立與衛人之立晉未有深責也。宋殤弒而馮立，宋閔弒而御說立，晉靈弒而黑臀立，晉厲弒而周立。《春秋》不書立者，賊未討也，討賊立君惟衛與齊，而小白書入不書立者，小白有爭國殺糾之罪也。然則於衛人何責乎？於晉何責乎？《公》、《穀》皆言立者不宜立也，而不言所以不宜立之故，《穀梁》則以爲立君以正不以賢。夫衛桓在位十六年，世適之有無存亡不可攷，又何憑而斷晉之不正耶？伊川以爲不請命於天子，不受命於先君，據此則外君繼故之書立不書立，與內君繼故之書即位不書即位同義矣。文定以爲於衛人特書曰立，所以著擅置其君之罪，於晉絶其公子，所以明專有其國之非。其義亦猶是也。然則晉之書立，與桓、宣之書即位同乎？與莊、閔、僖之不書即位同乎？如謂與桓、宣之書即位同，則諸儒以桓、宣爲與聞乎故而晉未有聞也；如謂與莊、閔、僖之不書即位同，則諸儒以莊、閔、僖爲有隱先君之心，而晉亦宜有也，不與聞故無罪，有隱先君之心亦無罪，然則以何罪罪晉哉？以何罪罪衛人哉？諸儒曲爲之說，曰：宋馮宋御說晉黑臀晉周之不書立，彼有賊不討君不葬之罪，故其擅立不足以責；齊小白有爭入殺糾之罪，故其擅立亦不足以責；惟晉無諸人之罪，故罪其未受命於先君而又不請命於天子也。若是則受命請命之義，獨於衛人立晉發之，而責其不然矣。夫夫子之作《春秋》，用法平而宅心恕，恐不若此其苛也。故知《春秋》書衛人者，著衛人之公，非若尹氏之私也；書衛人立晉者，著晉爲衛人所立，非若朝爲尹氏所立也；不書公子者，晉在國時原未受公子之命行公子之事也。家氏又以爲衛晉得國而驕，晚爲獸行，《春秋》於其始立而去公子，以見衛亂之所從起。然則齊桓得國而九合諸侯一匡天下，《春秋》何以不於其入齊之時書公子小白，以見齊伯之所由興乎？未見爲不善而先貶，未見有善而先褒，於義無之。

康熙朝儒臣《日講禮記解義》卷三八《大傳》 牧之野，武王之大事也。既事而退，柴於上帝，祈於社，設奠於牧室。遂率天下諸侯，執豆籩，逡奔走。追王大王亶父、王季歷、文王昌，不以卑臨尊也。　此言武王致祭追王之事也。既事，謂伐紂之後。逡，《詩》、《書》皆作駿，疾也。武王伐紂於牧之野，順天應人，天下之大事也。既事而退，燔柴以告天，陳祭以告社，設奠於牧野之館室，以告行主，遂率天下諸侯，執豆籩疾奔走，以祭告祖廟，又追王大王亶父、王季歷、文王昌，不以諸侯之號臨天子也。案：周之追王，蓋以明王迹所由興也。此記云不以卑臨尊，於理殊繆。祖父之於子孫有常尊矣，豈以爵號爲隆替哉？充其說，則必如拓跋魏之追帝數十世而後可也！

沈彤《周官禄田考》卷上《官爵數》 《周官》之爵曰公、曰孤、曰卿、曰中大夫、曰下大夫、曰上士、曰中士、曰下士，凡八等，而合孤、卿爲一等，中、下大夫爲一等，何也？曰：《典命》職云：王之三公八命，其卿六命，不別言三孤命數，則并孤於卿矣。云其「大夫四命」，則大夫不以中下殊矣。爵與命之等常相因，如上公特置孤於卿上，而孤四命，卿三命，則命又因爵而殊矣。故二者皆合爲一等也。且《考工記》稱九卿，鄭康成以六卿三孤註之，則孤亦名卿，而爲一等。《孟子》、《王制》序大夫皆止一等，是又不分二等之明徵也。經何以無上大夫也？曰：上大夫即孤、卿也。《大戴禮記・盛德篇》云：三少皆上大夫也。《漢書・賈誼傳》亦云。三少謂三孤，《王制》云「諸侯之上大夫卿」，天子亦然。

又卷中《公田數》 上公之地方五百里，侯方四百里，伯方三百里，子方二百里，男方百里。見《大司徒》之經。而《孟子》云，公侯皆方百里，伯七十里，子男五十里，大都之地方八十里，加爲百里，小都方四十里，加爲五十里，家邑方二十里，加爲二十五里。本《載師》及《小司徒》之經注。而《孟子》云：天子之卿受地視侯，大夫受地視伯，元士受地視子男，其說並殊於《周官》，何也？曰：孟子因籍去而僅聞其略，此所云並周所沿夏、商之制耳。考諸《周官》，畿內外皆無七十里之國，《王制》有七十里之國，註疏以爲夏殷之制。畿內有國始於殷，詳見前。而湯國七十里即見《孟子》書，由是以觀，而其他之沿於夏、商亦明矣。《王制》謂天子之三公之田視公侯，卿視伯，大夫視子男，元士視附庸，與《孟子》之說又殊，何也？曰：《王制》蓋別有所據，然要非周所定制也。其曰田者，即《孟子》之地篇末云：方百里者爲田九十億畝，則未去三之一而已稱田矣。或以爲皆實田，誤也。周公於畿內外之國，既各別差其里數，而尙存夏、商之制，何也？曰：周制初定，豈得盡行。苟前代諸國無故而增減其地勢，必煩擾不安，故且因之，即武王分土惟三之義也。詳《朱子語類》、《周禮》、《小戴禮》二卷。周公別差諸國之里數，畿內視夏商則減，畿外則大增，何也？曰：畿外諸國，夏、商以來，漸相呑併，廓地已大，周公因更定其制，以安其無辜者。而又以待封大功德之臣，俾錯處其間，以藩衛王室，亦詳《朱子語類》。故大增。若畿內諸國，本無權力，又象賢而世守者少，詳《王制》註疏及《訂義》陳君舉說。周公因稍更焉，以就井田以四上下之差，故減也。然則《孟子》於畿外諸國謂齊魯俱封百里，而以今魯方百里者五爲當損，何也？曰：此《孟子》即所傳聞以論當時之地域，意在諷止其戰伐耳。《左傳襄二十五年》載子產責晉，所云列國一同自是以衰者，與《孟子》相類。孔疏亦謂指夏、殷時。朱子謂是應急之說，非至論是也。若論封疆之實，則必如《晏子春秋》謂太公受地五百里。見《內篇三》，蓋太公實以太師加命，受上公之地，故《史記·世家》亦特謂齊爲大國，其後嗣稱侯不稱公，蓋更賜侯爵也。《史記》謂伯禽、康叔各四百里者，見《漢興以來諸侯年表》。乃與《周官》之制合也。後人好以《孟子》駁《周官》，否則強傅會之，皆未及深考者也。

又《春秋左傳小疏·僖公二十五年》　二十五年，《傳》：賦車兵、徒兵。杜云：車兵，甲士；徒兵，步卒。孔云：知非兵器者，上云數甲兵，下云甲楯之數，故知此兵謂人也。蓋以謂兵器則嫌於上下重疊矣。按：發首言使庀賦，數甲兵，則子木使蔿掩之事，自書土田至甲楯之數，則蔿掩受命庀賦數甲兵之事，固相須成文也。至兵與甲楯，明屬異器，又何嫌重疊乎？劉炫云：兵者，戰器。車上甲士與步卒所執兵各異也。《司兵》：掌五兵。鄭衆云：五兵，戈、殳、戟、酋矛、夷矛。又曰：軍事，建車之五兵。鄭玄云：車之五兵，鄭司農所云者是也。步卒之五兵，無夷矛而有弓矢。孔附載其說，當定從之。或據顧氏《日知錄》，謂執兵者之稱兵，自秦、漢始，三代以上無之。凡杜之以士卒解兵者，皆非也。此又不然。隱五年，諸侯之師敗鄭徒兵。襄元年，敗其徒兵於洧上。本文明以敗爲言，將亦謂之非士卒耶？此等宜各據文意爲斷。

又《儀禮小疏》卷五《士喪禮》　考降。鄭云：考，登也。降，下也。敖云：考，成也。降，下也。謂成其下棺之事。張爾岐云：考，父也。降，骨肉復歸于土也。彤謂鄭訓考爲登，以考降爲魂神之上下，不若言骨肉復歸于土者之切。但訓考爲父，又與上其父之文相犯。敖本《爾雅·釋詁》訓考爲成，最佳。然謂成其下棺之事，亦未穩順，若云成幽宅而下棺，則得之矣。

朱元英《左傳拾遺》卷上　恆星不見，夜明也。星隕如雨，與雨偕也。莊公七年。左氏以恆星之不見也，爲夜明也，似也。《汲冢紀年》書其事，曰：「天再旦。」則意曲而辭累矣。天體左旋，其勢剛健不回，無再旦之理。稱曰：天再旦，則不如曰夜明。夜明者，本其時，本其象，而直書之，不假借於日之旦，數之再以爲之辭也。故曰，左氏以恆星之不見也，爲夜明也，似也。然恆星者，經星也。經星分野，綱紀四方，猶王政焉，經星而可不見乎？星，陰精也，其物無光，借日之光以爲光。恆星不見者，陽時而微，無以施於星焉，而星不得以有光，故不見。此陽微之象，天王失政之徵也。且經獨曰恆星不見，則見焉者有之矣。而曰夜明，其不見者，豈獨恆星乎？故曰似也，未可以爲信也。若夫以星隕如雨，爲與雨偕，則辭拙矣。謂天方雨而星偕之以隕乎？謂星方隕而雨偕之乎？雨則必雲，星隕於雲，貫雲而後接於地，則何以知其爲星也？偕之辭不得設也。星隕於先，雨於後，則亦書星隕而已矣，偕之辭尤不得設也。且偕並辭也，如從上之辭也。以偕訓如，其義不類，若以如讀爲而，是又後儒不得夫偕之義，而遷經以就傳之失也。要皆不合經書，變之本義焉。蓋隕石於宋五，我見其石不見其星也。星隕如雨，我見其星不見其石也。不見其石，則星之接於地未可知矣。而曰如雨者多之也，疑之也。今合經上下辭而讀之，則其爲變可得而見。其爲變可得而見，則不煩辭而解矣。經曰：「夏四月，辛卯夜，恆星不見，夜中，星隕如雨。」經若曰夜矣，則恆星奚爲而不見？恆星不見矣，奚爲夜中而星隕如雨，斯變之大者也。恆星不見，則星不得於陽而失其光。星隕如雨，則星又不繫於天而失其位。如是而並見於辛卯之夜，豈非變之大者哉？此書變之義也。或曰：參伐狼注之宿爲周。四月之恆星，狼注南方，火主禮；參伐西方，金主義。今當見而不見，爲周人改葬桓王，與不罪衛朔之應。又曰夜中星隕不及地，而復爲齊桓公霸，復興王室之象，並爲曲說，尤遠於經。夫讀經者玩其本辭焉，可也。

紀容舒《玉臺新詠考異》卷一《皚如山上雪》 案：此詩即《白頭吟》。郭茂倩《樂府詩集》引王僧虔《技録》曰：《白頭吟》，歌古《皚如山上雪》篇。《宋書・樂志》載此篇，亦曰古詞。後人因《西京雜記》之說，舉卓文君以寔之，然《西京雜記》但曰文君作《白頭吟》，不云即此詞也。此列之《古樂府》中，而不署文君之名，古人詳慎，去後來臆斷遠矣。歷代之樂音節遞殊，故其增減入樂之詞，亦輾轉更改，不止一本。此篇晉樂所歌，「相決絶」下增入「平生共城中」二句，「東西流」下增入「郭東亦有樵」四句，「不相離」下增入「齕如馬噉萁」四句，《宋志》有明文矣。其實「竹竿何嫋嫋」四句，已是先時入樂所加，其文迥不相屬，說者曲爲之詞，究牽強不可通也。飛來雙白鵠，乃從西北來。十十將五五，羅列行不齊。忽然卒疲病，不能飛相隨。五里一反顧，六里一徘徊。吾欲銜汝去，口噤不能開。吾將負汝去，羽毛日摧頹。樂哉新相知，憂來生別離。峙躕顧羣侶，淚落縱横垂。今日樂相樂，延年萬歲期。末二句文不相屬，蓋亦入樂所加，非脱誤也。《樂府詩集》載此篇作：飛來雙白鵠，乃從西北來。十十五五，羅列行行。妻卒被病，行不能相隨。五里一反顧，六里一徘徊。吾欲銜汝去，口噤不能開，吾欲負汝去，毛羽何摧頹。樂哉新相知，憂來生別離。峙躕顧羣侶，淚下不自知。念與君離別，氣結不能言。各各重自愛，遠道歸還難。妾當守空房，閉門下重關。若生當相見，亡者會黄泉。今日樂相樂，延年萬歲期。前十六句，每四句註一觧。又註「念與」下，爲趍左克明《古樂府》次句，作「乃從西北方。」蓋又因韻不相叶，而改之，皆與此本不同。豈此最初入樂之詞，而樂府所載，又後來增益之文歟？自唐以前，學者無輕改古書之習，孝穆去古未遠，必有所受之也。

又卷九《皇太子聖製烏栖曲四首》 浮雲似帳月成鉤，那能夜夜南陌頭。宜城醞酒今行熟，按：《周禮・酒正》「五齊」條下，鄭玄注曰：泛者成而滓浮，泛泛然，如今宜成醪矣。賈公彦疏曰：宜成，說以爲地名，曹植《酒賦》曰：「宜成醴醪，蒼梧縹青。」若馬融所云，今之宜成，會稽稻米清，則以宜成爲酒名。故劉杳要雅亦以宜成爲酒名。二者未知孰是？據此，則「宜城」當作「宜成」。「醞酒」，《樂府詩集》作「投泊」，宋刻作「醖酒」，並悞，今從《文苑英華》。「行」，《文苑英華》作「夜」。按：賈思勰《齊民要術・造酒法》：凡以米入麴，皆謂之「酘」。有自初酘至十酘者，則謂「醞」。爲「酘」，實六朝之語。似《文苑英華》「醞」字，乃「酘」字之訛，《樂府》「泊」字，乃「酒」字之悞。併附識以俻考。莫惜停鞍暫棲宿。「莫惜停鞍」，宋刻作「停鞍繫馬」。今從《文苑英華》。

應麟《春秋剩義》卷上 晉侯伐衛。文公。　晉文公季年，諸侯朝晉，衛獨不朝，且侵其與國。襄公嗣位，欲修覇業，先以衛侯之罪告於諸侯。聽且居之，請朝王於溫，先且居。胥臣伐衛，乃《春秋》不書，朝王而伐衛，仍稱晉侯，何也？蓋伐衛者，襄公之志，特因效尤一言，遂爲溫之舉耳。其心豈眞知有天子哉？且既爲伐衛而朝，則其拜揚於廷，皆以佐其加討於衛之聲勢也。其稱晉侯，若曰：彼其在溫之，不啻在衛焉耳。亦誅意之法也。

程廷祚《春秋識小録》卷四《春秋地名辨異・一地二名》 鄭、祝融之虚：《隱元年》，見《經》。《昭十七年》：鄭，祝融之虚也。

蔑、姑蔑：《隱元年》：公及邾儀父盟于蔑。魯地。杜曰：蔑，姑蔑也。《定十二年》：國人追之，敗諸姑蔑。

鄢、鄢陵：《隱元年》：鄭伯克段于鄢。鄭地。杜曰：潁川鄢陵縣。《成十六年》：晉楚戰于鄢陵。襄十三年，楚子疾，告大夫曰：不穀不德，而亡師于鄢。

廩延、酸棗：《隱元年》：叔段又收貳以爲已邑，至于廩延。《襄三十年》：游吉奔晉，駟帶追之，盟于酸棗。志云：開封府延津縣北十五里有酸棗城，本鄭廩延邑。

唐、棠：《隱二年》：公及戎盟于唐。魯地。杜曰：高平方與縣北有武唐亭，下同。《隱五年》：公矢魚于棠。《國語》：管子勸齊桓公反魯侵地堂、潛，堂，蓋即此棠也。

齊、蒲姑：《隱三年》，見《經》。《昭二十年》：蒲姑氏因之。《昭九年》，疏曰：蒲姑，齊也。

陳、大皞之虚：《隱四年》，見《經》。《昭十七年》：陳，大皞之虚也。

長葛、繻葛：《隱五年》：宋人伐鄭，圍長葛。《桓五年》：鄭與王師戰于繻葛。顧景范云：即長葛也。

乖、犬邱：《隱八年》：宋公衛侯遇于乖。衛地。傳作犬丘。杜曰：犬丘，乖也。

薛、舒州：《隱十一年》，見《經》。《哀十四年》：齊陳恆執其君于舒州。薛地，在春秋之季亦曰舒州。《郡國志》：六國時曰徐州。顧亭林曰：徐音舒是也。

時來、郲：《隱十一年》：公會鄭伯于時來。鄭地。杜曰：時來，郲也。傳作郲。

又卷七《左傳人名辨異・周》 一人兩稱：祭伯，《隱元年・經》。一稱祭公。《桓八年・經》。凡曰某年，記始見也。其同此稱而再見者不錄，後放此。周桓公，《隱六年》。一稱周公黑肩。《桓五年》。王子克，《桓十八年》。一稱子儀。同。蔿國，《莊十六年》。一稱子國。同。原莊公，《莊十八年》。一稱原伯。《莊二十一年》。樊皮，《莊三十年》。一稱樊仲皮。同。王世子，《僖五年・經》。即襄王。《傳》稱王太子鄭。凡《經》《傳》異文者，亦合載之。叔興，《僖十六年》。一稱叔興父。《僖二十八年》。狄女，《僖二十四年》。襄王后。一稱隗氏。同。宰周公，《僖三十年・經》。《傳》稱周公閱。毛伯，《文元年・經》。《傳》稱毛伯衛。召伯，《文五年・經》。《傳》稱召昭公。王季子，《宣十年・經》。《傳》稱劉康公。按劉子、單子之類，傳中多以爵稱，今不悉錄。王札子，《宣十五年・經》。《傳》稱王子捷。召伯，《宣十五年・經》。《傳》稱召戴公。單襄公，《成元年》。一稱單子。《成十七年・經》。周公楚，《成十一年》。一稱周公。《成十二年・經》。成肅公，《成十三年》。一稱成子。同。尹子，《成十六年・經》。《傳》稱尹武公。單子，《襄三年・經》。《傳》稱單頃公。劉定公，《襄十四年》。一稱劉夏。《襄十五年・經》。儋季之子括，《襄三十年》。一稱儋括。同。單公子愆期，《襄三十年》。一稱成愆。同《名號歸一圖》。按：《釋例》：即一人也。甘人，《昭九年》。一稱甘大夫襄。同。萇弘，《昭十一年》。一稱萇叔。《定元年》。單子，《昭十一年》。一稱單成公。同。甘成公之孫鰌，《昭十二年》。一稱甘平公。《昭二十二年》。毛得，《昭十八年》。一稱毛伯得。《昭二十六年》。原伯魯，《昭十八年》。一稱原伯魯之子。《昭二十九年》。《歸一圖》：即伯魯也。賓起，《昭二十二年》。一稱賓孟。同。召莊公，《昭二十二年》。一稱召伯奐。《昭二十三年》。樊頃子，《昭二十二年》。一稱樊齊。《昭二十三年》。召簡公，《昭二十四年》。一稱召伯盈。《昭二十六年》。甘昭公，《昭二十四年》。一稱甘氏。同。一人三稱：蘇氏，《莊十九年》。一稱蘇子，同。一稱溫子。《僖十年・經》。周公，《僖五年》。一稱宰周公，《僖九年・經》。《傳》稱宰孔。王子虎，《僖二十八年》。一稱王人，《僖二十九・經》。一稱王叔文公。《文三年》。召襄，《宣十五年》。一稱召伯，《成八年・經》。《傳》稱召桓公。王叔陳生，《襄十年》。一稱王叔，一稱王叔氏。並同。甘過，《襄三十年》。一稱甘簡公之弟過，《昭十二年》。一稱甘悼公。同。劉獻公，《昭十二年》。一稱劉子，《昭十三年》。一稱劉子摯。《昭二十二年》。單子，《昭二十二年・經》。《傳》稱單穆公。一稱單旗。同。王猛，《昭二十二年・經》。《傳》稱悼王。王子朝，《昭二十二年》。一稱子朝，同。一稱西王。《昭二十三年》。一人四稱：尹圉，《昭二十三年》。一稱尹文公，《昭二十五年》。一稱尹氏固，《昭二十六年》。一稱尹固。《昭二十九年》。《歸一圖》：謂尹圉、尹固疑是一人。一人五稱：大叔帶，《僖七年》。一稱王子帶，《僖十一年》。一稱大叔，《僖二十二年》。一稱甘昭公，《僖二十四年》。一稱叔帶。《昭二十六年》。一人六稱：劉子，《昭二十二年・經》。《傳》稱伯蚠，一稱劉蚠，同。一稱劉文公，《昭二十三年》。一稱劉狄，《昭二十六年》。一稱劉卷。《定四年・經》。

惠棟《春秋左傳補注・僖公五年》 虞不臘矣。朱子曰：秦時始有臘祭，而《左氏》謂「虞不臘矣」，是秦時文字分明。案：《御覽》引舊注云：臘，祭名也。日月會于龍尾，百物備合，因于是祭羣神也。《正義》云：《月令》「孟冬臘門閭及先祖五祀」。臘之見於傳記者，唯《月令》與此二文而已。《秦本紀》：惠王十二年初臘，始皇三十一年更改臘曰嘉平。應劭《風俗通》曰：「案禮，夏曰嘉平，殷曰清祀，周曰大蜡，漢改曰臘。」此之虞不臘者，明當時有臘祭。周時臘與大蜡各爲一祭，言漢改曰臘，不蜡而爲臘耳。又案蔡邕《月令章句》曰：「夏曰清祀，殷曰嘉平，周曰蜡，秦曰臘。」棟案：如應、蔡之說，則三代本有清祀、嘉平、蜡臘之祭，歷代因革，故秦惠十二年改蜡爲臘，始皇三十一年更改臘曰嘉平，是臘與嘉平皆三代祭名，朱子以秦始有臘祭，考之不審耳。

又《僖公二十二年》 大司馬固諫曰。顧炎武曰：大司馬即司馬子魚也，固諫，堅辭以諫也。杜以固爲名，謂莊公之孫公孫固者，非。朱鶴林案：《史記・宋世家》，則前後俱子魚之言。棟案：《晉語》云：「公子過宋，與司馬公孫固相善。」韋昭曰：「固，宋莊公之孫大司馬固也。」公子過宋，適當襄公之時，韋、杜皆據《世本》而言，稱大司馬，所以別下司馬也。顧氏不見《世本》，而曲爲之說，失之。《史記》疎略不足取證。

張尚瑗《三傳折諸・公羊折諸・定公》 不蓑城也。注云：若今以草衣城是也。董江都以爲宋仲幾無尊天子之心，而不衰城。顔注云：衰城，謂以差次受功賦也。王伯厚曰：按《左傳》云「遲速衰序，于是焉在」。宋仲幾不受功，蓑字當從衰。《漢書志》作「衰」，與《左氏》合。

蔡德晉《禮經本義》卷一《士冠禮》 賓揖之，即筵坐。櫛，設笄。賓盥，正纚如初。降二等，受皮弁，右執項，左執前，進祝，加之如初，復位。贊者卒紘。　賓再揖，即筵將加皮弁也。櫛，脫緇布冠而再櫛髮也。未弁而先設笄，謂以固髮之笄，插之於纚上，非二弁之笄也。賓降西階二等受皮弁，以皮弁尊於冠，故降，禮重也。賓加皮弁，乃設皮弁笄，遂復西序之位，贊者爲之結紘於笄末，以卒事。賈洺州曰：笄有二種，一是髻內安髮之笄，一是弁冕固冠之笄。此未加冠而設笄，明是安髮笄也。緇布冠亦有之，彼言設纚而不言設笄，此言設笄而不言設纚，互見也。其皮弁固冠之笄，則賓加弁時自設之。

吳鼐《三正考》卷一 周正建子：《春秋・隱公元年》：春，王正月。《左傳・元年》：春，王周正月。杜注：言周以別夏殷。《公羊》何注曰：二月三月皆有王者，二月殷之正月，三月夏之正月也。王氏守仁曰：周不改月與時，《春秋》必不書春王正月。《春秋》書春王正月，則其改月與時又何疑焉。顧氏炎武曰：《左傳》春王周正月，此古人解經之善，後人辨之累數百千言而未明者，傳以一字盡之矣。　鼐按：三代改時改月之說，晉唐以前諸儒無異論，自伊川先生發其端，胡氏據之以釋《春秋》，蔡氏據之以釋《書》，後之依聲附和者，家氏鉉翁、程氏端學尤爲害理。夫《左氏》說經固有出入，然以周人記周正，有何疑誤？而家氏、程氏苦爲攻擊，亦見其惑矣！

三代改時之證：《左傳・昭十七年》：夏，六月朔，日有食之。太史曰：今六月當夏四月，是謂孟夏。　鼐按：此言周之季夏，夏之孟夏也。此爲改時之明證。

三代改月之證：《左傳・昭十七年》：梓愼曰：火出，於夏爲三月，於商爲四月，於周爲五月。《僖五年》：正月辛丑朔，日南至。《家語・辨物篇》：季康子問於孔子曰：今周十二月，夏之十月。　鼐按：此爲改月之明證。

盛世佐《儀禮集編》卷三三《士虞禮・記》 士虞禮第十四之二記。

虞，沐浴，不櫛。［鄭玄］註曰：沐浴者，將祭，自潔清。不櫛，未在於飾也。唯三年之喪不櫛，期以下櫛可也。今文曰沐浴。敖氏曰：本云沐浴，而鄭註乃云今文曰沐浴，則是鄭氏但從古文，元無沐字也。今本記與註首皆云沐浴，蓋傳寫者誤衍之，宜删。世佐案：註云今文曰沐浴，謂今文無不櫛二字耳。敖似考之未審也。

陳牲于廟門外，北面，西上，寢右。［鄭玄］註曰：言牲，腊在其中。西上，變吉。寢右者，當升左胖也。腊用棜。《檀弓》曰：既反哭，主人與有司視虞牲。［賈公彦］疏曰：唯有一豕，而云西上，明兼兔腊也。《少牢禮》：二牲東上。《特牲禮》：牲尚右。今皆反吉。從楊氏《圖》節本。敖氏曰：陳之亦在西方，而當陳鼎之南，略如《特牲禮》也。西上，腊在東也。郝氏曰：寢右，右體側臥俎上，呈左胖也。

日中而行事。［鄭玄］註曰：朝葬，日中而虞，君子舉事必用辰正也。再虞、三虞皆質明。［賈公彦］疏曰：辰正者，謂朝夕日中也。敖氏曰：日中行事，亦變於吉祭也。三虞皆然，至祔乃質明行事，以其始用吉祭也。世佐案：敖說近是。虞必以日中者，未卒哭以前，朝夕有哭臨之事，不欲其妨也。右記沐浴、陳牲及舉事之期。

汪師韓《文選理學權輿》卷八《質疑・賈誼鄧通》 賈誼《弔屈原文序》云：「誼爲長沙王太傅，既以謫去，意不自得，及渡湘水爲賦，以弔屈原。」注曰：「應劭《風俗通》曰：賈誼與鄧通俱侍中同位，數廷譏之。因是文帝遷爲長沙太傅。及渡湘水，投弔書曰『闒茸尊顯，佞諛得意』，以哀屈原離讒邪之咎，亦因自傷爲鄧通等所愬也。」按：《漢書・賈誼傳》曰：絳、灌、東陽侯馮敬之屬盡害之，不及鄧通。考鄧通，自爲黄頭郎，至上大夫，《漢書》不載其年月。其寄死人家，在景帝時，則其尊顯應在文帝末年。若賈生自文帝初立，便因廷尉吳公之言，召爲博士，超遷歲中至太中大夫。考《食貨志》：孝文五年，除盜鑄錢令，使民放鑄。賈生有退七福行博禍之諫。其明年，賈生已在長沙矣。《服鳥賦》曰：「單閼之歲，四月孟夏。」單閼乃文帝六年丁卯歲也。誼在長沙三年，又歲餘有宣室之召，遂爲梁懷王太傅。至文帝十一年，而梁王勝薨，十二年而誼死。何以知之？傳言誼死後四歲，帝思賈生之言，立齊悼惠王子六人，淮南厲王子三人，此是十六年五月事。賈生死時年三十三，蓋生於高帝三年，而死於文帝十二年。又十一年，而文帝始崩。鄧通之尊顯，其必在此十一年中矣。或云志於誼《諫放鑄疏》後，即云是時。吴以諸侯即山鑄錢，富埒天子，後卒叛逆。鄧通，大夫也，以鑄錢財過王者。故吴鄧錢布天下，疑誼所稱法錢不立者，是指鄧通輩而言。然志於敘，吴鄧錢後，即接入武帝時事，則其所言是時者爲時正廣，豈得牽連合併耶！

愛新覺羅・弘曆《御製題嚴羽滄浪集》（嚴羽《滄浪集》卷首）　言志曾聞舜典宣，爾時誰識所爲禪。假禪宗以定詩品，混儒釋兼紊後先。按：嚴羽《滄浪集・詩辨》以爲禪道在妙悟，詩道亦在妙悟，且婁舉正法眼小乘禪臨濟曹洞之類以定詩品。不惟引釋教以證儒宗，已爲冠履倒置，比儗弗倫，豈知佛生於周昭王時，至漢明帝時始入中國，其教亦惟演經守律而已。至達摩於蕭梁時至中國，始倡禪宗頓悟之法，是虞廷所爲詩言志者，乃數典之最，祖彼時之詩，亦可以禪宗槩之乎？夫詩有別裁，偶涉禪趣，固無不可。若宋之蘇軾，及我朝之張照，每有吟咏，託禪意者十之七八，已失詩之本旨。若嚴羽此集，津津以禪門乘果定詩之品格，其所謂不涉理路，不落言筌者，羽早自犯。涉理路而落言筌，即禪家所謂擔板，漢未必非此人也。詩以闢之，用示後之學詩者。

又《御製題詹初讀李敬業傳》（詹初《寒松閣集》卷首）　一語亂唐因李勣，討其移阼子誠賢。禍成幹蠱千秋烈，何事寒松反快焉。　李勣陛下家事一言成君之過，且以貽患家國，實爲千古罪人。其子敬業起兵以討僞周，事雖無成，而忠不可沒，所謂死有重於泰山者，何慘禍之足云。若敬業者眞能幹父之蠱，不意勣乃有是子。而詹初詩顧云「乃知成禍者，慘禍亦歸躬」，且《序》云：「武氏之立未幾，而勣之嗣先滅，子於此深快天道之有知云云。」嘻，是何言耶？詹初殆惑於庸俗禍福之見，而不知忠烈大義千載不朽，因題識以斥正之。

又《御製文二集》卷二三《濟水考》［彭元瑞等注］　御製：即如《禹貢》所云，入於河者，非濟之清流。入黄也，蓋即伏於黄之底所謂入也。孔安國《書傳》：濟水入河，並流十數里而南截河，又並流數里溢爲滎澤。謹按：此言河濟並流之始，後儒多斥其説。宋林之奇《尚書解》：濟之流既與河合行十餘里，混而爲一矣。而乃能自別，以溢爲滎，至於陶邱北，諸儒疑焉。唐孔氏則以爲河濁濟清，南出還清，故可知也。蘇氏則以爲以味別也。此二説者，未爲確論。夫濟清而河濁，濟少而河多。以清之少者，會濁之多者，不數步間皆已化而爲濁矣。既合流十數里，安能自別，其清者以溢爲滎乎？古之人蓋有知水味者矣。如曰淄、澠之合，易牙知之，惟知其合之味而已。淄水之味如此，澠水之味如此，淄、澠合，則其味也又如此。苟使淄、澠既合而爲一器，使之逐此器之中別其半以爲淄，別其半以爲澠，則雖易牙亦有所不能，以是知此二説其失一也。故鄭漁仲曰：山過山則分，水過水則合。天地之間，豈有山過山水過水之理，此説是也。謹按：孔穎達《正義》、蘇軾《書傳》，皆主孔安國並流之説。而謂辨其清濁別其味，林之奇駁之，最爲得理。

宋傅寅《滎澤辨》：濟既入河，與河相亂，而其溢爲滎也。禹安知其爲濟哉？孔穎達謂以其色辨，東坡謂以其味別，而許敬宗則以爲入河伏流而出，鄭漁仲則以爲簡編脱悞，林少穎則以爲禹分殺水勢，而程泰之則又以爲水會於河既多而盈，而濟繼之，故溢而注滎也。紛紛之論，將孰從而折衷乎？余嘗思之，程氏之見爲勝，河自積石以來所受水爲不一，而至於歷華陰而東行，又有伊洛等水會之，其盈可知矣。然河自孟津以東，其地稍平，其勢稍緩，而加以水之滿盈，則其流寬徐，與底柱而上不同矣。沇水自北而來，勢鋭而流捷，衝河衡渡，固當時所有之事也。然其入河而出，不能無河水之混，而大概則濟耳。謹按：傅寅蓋主程大昌之説，未知水勢。胡渭云：傳言濟與河並流，始在北繼，截河而南。則似兩人同行，街北一人，忽截街而南別，與人同行數里，乃獨抵所欲詣處。人之行路，固有然者，水則安能？且河大而濟小，濟既入河，河挾以俱東，濟性雖勁疾，恐亦不能於大河之中曲折自如若此也。見《禹貢錐指》。渭之言雖非專闢寅，而水勢之自然，寅説不攻而自破。且如寅説會河之水既多，則河勢益強，河益強則濟益弱，而謂濟勢鋭流捷，能衝河衡度，有是理乎？元王天與《尚書纂傳》按：孔氏截河之説、程氏河溢之説，皆非。是惟蔡氏説，當就以經證之溢與出字，皆特見之例。惟其自中而滿，故不如菏澤被孟豬之被，而有溢之名；惟其由伏而見，故不如他水，下流之至，而有出之名。一也。又王屋之下，既見而伏；濟源之西，平地復見。在河北既爾，何獨溢出於滎而不然？二也。又濟河兗州，至《爾雅》猶有「濟南曰兗州」之稱，至《呂氏春秋》猶有「濟河間曰兗州」之稱。使其下流至兗者，非沇，濟自來之，濟則累代相傳，豈其以無源之水名兗疆域？三也。謹按：天與書出於蔡、沈集傳後，故兼闢程大昌，而獨主蔡説。元吳澄《書纂言》：濟既入河，其伏者潛伏其下，絶河而南，溢爲滎澤。再出於陶邱北，溢者言如井泉，自中而滿，非有來處。謹按：澄説解溢字最確，正與《漢書·地理志》所云「濟水自垣縣東南至武德入河，軼出滎陽北地中」相合。蓋溢即軼，自中而滿，即軼出地中也。胡渭亦云：泰澤之水有上源，與鹽澤相似，但至此停而不流，人識其爲潛行地下耳。滎澤則異於是，其水似井泉，自中而滿，不可指一路爲源，故吳幼清云無來處也。胡渭《禹貢錐指》：《詩·大雅》：觱沸檻泉，維其深矣。傳云：檻泉正出，涌出也。李巡注《爾雅》曰：水泉從下上出曰涌泉。《春秋公羊傳》：昭公五年，叔弓帥師，敗莒師於濆泉。濆泉者，直泉也。直泉者，涌泉也。此皆水之溢出地中而無上流來處者，阿井、趵突其類也。又有一切證《爾雅》「瀵大出尾下」注云：今河東汾陰縣有水口如車輪許，濆沸涌出，其深無限，名之曰瀵。馮翊郃陽縣復有瀵，亦如之，相去數里而夾河。河中渚上又有一瀵之原，皆潛相通。在汾陰者，人壅其流以爲陂種稻，呼其本出處爲瀵魁，此是也。尾，猶底也。愚按：三瀵地下潛通，隨竇涌出，正與濟水相似。謹按：胡渭確主軼出地中之説，其引證汾陰、馮翊三瀵潛通涌出，理更昭晳脗合。元陳櫟《書集傳纂疏》：虛谷方氏嘗親過枯黄河，見濟水出河北溫泉者。今經枯黄河以入汶，而後趨海。以此驗之，則濟水性下，固能伏地而出爲滎。程泰之謂溢爲滎，非濟溢。辨之者，以河濁滎清證其非當矣。今大河徙而南流，古大河，遂爲枯瀆，濟之貫河，其迹昭然，泰之非不辨而明，亦千古之一大快哉！謹按：自孔傳以後，截流伏地，其説糾紛者，蓋以河水屢遷侵奪壅遏，累代不定，益滋歧説，方回、陳櫟在元時河徙而來之後，遂得確指其迹。今河之與濟相距愈遠，截然不混，濟不必與河並流，而軼更彰明較著矣。

御製：溢爲滎，則又見而出爲滎，《地志》所謂即滎波之滎見豫州者。三伏三見，此其一證。然其伏見，原亦無定處，而無定數也。明鄭曉曰：濟水發源於冀，經流於豫，分流於徐，入海於青，凡三伏而四見。一見於王屋而遂伏，再見而爲濟再伏，而入河三見而爲滎，三伏而穴地，四見而出陶邱之北，自此不復伏矣。謹按：此確指濟水伏見之數與其地者。顧祖禹《方輿紀要》：三伏三見之説，出於近代。自孔、鄭諸家以迄於宋世諸儒，未有主此説者。蓋發源之處，或有伏見之分，入河而後，未嘗伏而復出也。謹按：祖禹不主三伏三見之説，然又以爲發源或有則，仍未能以爲非也，特不泥其定處與定數耳。蔡沈《書傳》先儒皆以濟水性下勁疾，故能入河穴地，流注顯伏。南豐曾氏《齊州二堂記》云：泰山之北與齊之東南諸谷之水，西北匯於黑水之濟，又西北匯於柏崖之灣，而至於渴馬之崖。蓋水之來也，衆其北折而西也，悍疾尤甚，及至於崖下則汩然而止。而自崖以北，至於歷城之西，蓋五十里而有泉涌出，高或至數尺，其旁之人名之曰趵突之泉。今齊人皆謂嘗有棄糠於黑水之灣者，而見之於此，蓋泉自渴馬之崖潛流地中，而至此復出也。其注而北，則謂之濼水，達於清河以入於海，舟之通於濟者，皆於是乎達也。齊多甘泉，其顯名者十數，而色味皆同。以余驗之，蓋皆濼水之旁出者也。然則，水之伏流地中，固多有之，奚獨於滎澤疑哉！吳興沈氏亦言古説濟水伏流地中，今歷下凡發地皆是流水，世謂濟水經過其下。東阿，亦濟所經，取其井水煮膠，謂之阿膠，用攪濁水則清，人服之，下膈疏疾，蓋其水性趨下，清而重故也。濟水伏流絶河，乃其物性之常事理之著者，程氏非之，顧弗深考耳。謹按：沈主伏見之説，而不實指三伏三見，其所指趵突泉、阿井，至今不易。蓋故時濟水所經之道，隨地皆泉，即隨地皆濟，益足爲無定數、無定處之證。胡渭《禹貢錐指》：濟水有三伏三見之説，或謂出於近世之俗學，殊不可信。渭按：伏見之説，二孔無之，然有所自來。泰澤一伏，東邱一見，本《水經注》。武德入河再伏，滎陽軼出再見，本《地理志》。滎東又伏爲三伏，出曹濮間爲三見，本《唐書·許敬宗傳》。此豈創自近世但以入河爲伏義有未安耳。沈括云：歷下凡發地皆是流水，世傳濟水經過其下，東阿之井乃濟水所爲。曾鞏云：泰山諸谷之水，自渴馬崖潛流地中，至歷城西復出爲趵突，旁溢十數泉。蔡、沈引以證濟之伏見，重源顯發，所在多有。《元和志》云：鄭州管城縣京水出縣南平城，新鄭縣溱水出縣西北三十里平城，二處並在河南，密邇滎澤，尤爲明驗。蓋濟瀆所經之地，其下皆有伏流，遇空竇即便涌出，故一見於滎澤，再見於陶邱，不必以入河之濟爲上源，亦不必並泰澤東邱數之爲三伏三見也。謹按：胡渭所指三伏三見，復與鄭曉之説不同，差有據，然終歸於無定處、無定數爲通論。

御製：宋樂史所云清河即今之大清河，唐李賢所謂濟水東貫滑曹鄆青以入於海者也。杜佑《通典》：濟水之在河北者，王莽時此水枯涸，水但入河而已，不復截河而南。而《水經》叙濟，乃一仍《禹貢》舊道，此不詳之甚。又「濟南」、「濟北」、「濟陽」、「濟陰」，凡郡國附濟爲名者，皆命名不審。謹按：自佑有此說，後世遂謂濟之一瀆不可復考，程大昌所以有杜佑說後世不當有濟辨之作也。宋黄度《尚書說》：杜佑《通典》力詆桑欽，以爲濟瀆已斷，濟水與《禹貢》不同，爲謬何如，曰非也。濟水雖絶，其瀆猶在，雖中間皆經穿鑿變易，或斷或續，然水之附入於其瀆者，猶可尋求，緝之以存禹迹非無理，佑言爲過。謹按：黄度直闢杜佑之說，以上追《禹貢》之舊，洵爲有識。宋程大昌《禹貢論》：按李賢注釋范史曰「濟自鄭以東，貫滑、曹、鄆、濟、齊、青以入於海」，則唐語也。樂史《寰宇記》曰「入東平、濟南、淄川、北海界中，水流入海，謂之清河」，則本朝語也。嘗考之古史兵師糧餉所經，及詢之今日曾行其地者，二子之言皆信然。則滎澤雖流塞，其源固未嘗竭，佑何以概言無有也？以理推之，自滎至海，地亘千里，水行其間，其成川脈，豈以一濟溢而有？豈以滎塞而無？第其受河而流委潤長，可以該他水而達於海，故得爲四瀆之一，滎雖塞矣，數州之水循溢滎下流，故道而行者自若也。禹嘗名之以濟，而後世肯不以濟目之乎？樂史曰：菏、汾合流，故因濟舊名，非本濟水，其說蓋出於佑，而佑不能以其所及槩其所不及也。樂史雖能本佑語以爲言，而亦不能究詳、使後人有考也。兗、豫之境，凡水自南濟、北濟以行者，皆循濟，故不獨菏汶，顧菏汶特其大而可數者爾。今世所稱南北清河者，皆古濟流派，而菏汶則其要會也。陶邱以東，適與菏會，而遂分派，會泗水以注於淮者，濟之注河而分者也。東北兼汶，與之同入於海者，濟之正派也。此二者比濁河皆清，故後世以南北清河目之。今南北清河皆在，而菏汶故流，水嘗竭減。又濟率並河之凡對濟而決，或枝流入之，則河水皆爲濟水，雖受河之口不專在滎，要之派流常通古今，則酈、桑所書，悉皆實錄，佑因後漢一時滎口塞絶，併與下流役之，以爲無有，雖其所考菏汶最爲精要，亦幷沒而不言，豈其得實哉！夫桑氏之失，既引他水以亂其源；杜氏之失，又矯桑氏而絶其流。二書者，地理家所仗以爲指南也，今而若此，且幷與《禹貢》無考矣。謹按：二大昌主河濟並流之說，未爲得理，然此所指濟之分派正派，以實南北清河爲濟之證，則確不可易，足以鍼杜佑之膏肓，發樂史之墨守矣。顧祖禹川瀆異同杜佑曰：今自東平以東有水流，經濟南、淄川、北海界中入海者，謂之清河，蓋汾水菏澤之合流，非古時之濟水也。夫濟爲四瀆之一，自昔推爲九州大川，而湮沒無徵莫甚何歟！謹按：祖禹確以大清河爲濟，故闢杜佑清河非古濟之謬，說見下。且如佑言汶水菏澤之合流，則《禹貢》明云又東至於菏，又東北會於汶矣。非濟而何？顧祖禹《方輿紀要》：今大清河自汶上縣北出，至東平州西安山牐，又西北與運河分流，逕東阿縣西伏，折而東北，逕東阿縣北，又東逕平陰縣北，又東逕長清縣北、齊河縣東，又北逕歷城縣北，而東北會於濼水。又北逕臨邑縣東，又東北逕濟陽縣南，又北逕齊東縣北，又東北逕武定縣南，又東逕清成縣北，及濱州之南。又東北逕蒲臺縣北，至高苑縣北。又北逕利津縣東，而東北入於海。由安山牐而下，皆謂之大清河。近志元人始於寧陽縣北築堈城壩，遏汶水入洸，以通運河。永樂中，又於東平州東築戴村壩，盡道汶水入會通河。今之大清河乃自平陰縣南之柳溝諸泉，由東平州北門外過，西折而東北。夏秋運河泛漲，則張秋以南東岸有減水閘，分流來合，而東北出，即濟水之故道，說者謂大清河南古濟，而今汶者也。夫濟流雖與古異，然今東平歷下諸泉，皆入大清河，則仍爲濟水溢流，不得全謂之汶水矣。謹按：祖禹所臚，即今大清河全勢，脈絡井然，愈足證大清河之爲濟。而杜佑之說誠無足信矣。于欽《齊乘》：入濟之汶，即今大清河。于愼乃《筆麈》：大清河第得汶之首尾，實以東平諸泉由濟故瀆入海。謹按：二于皆山東人，皆實指大清河爲濟。胡渭《禹貢錐指》：以今輿地言之，自東平會汶，以下東阿、平陰、長清、齊河、歷城、章邱、長山、新城、高苑、博興、樂安諸縣界中，皆《禹貢》濟水入海之所經也。謹按：此以今輿地印證《禹貢》濟水故道，所謂本然之形勢也。

嵇璜等《續通志》卷三七一《列傳·岳飛》 初，烏珠有勁軍，皆重鎧，貫以韋索，三人爲聯，號拐子馬，官軍不能當。是役也，以萬五千騎來，飛戒步卒以麻扎刀入陣，勿仰視，第斫馬足。拐子馬相連，一馬仆，二馬不能行。伏讀《通鑑輯覽》。御批：北人使馬，惟以控縱便捷爲主，若三馬聯絡，馬力既有參差，勢必此前彼卻。而三人相連，或勇怯不齊，勇者且爲怯者所累，此理之易明者。拐子馬之說，《金史》本紀、兵志及烏珠等傳皆不載，惟見于《宋史》岳飛、劉錡傳，本不足爲確據。況烏珠戰陣素嫻，必知得進則進、得退則退之道，豈肯羈絆己馬以受制于人。此或彼時列隊齊進，所向披靡，宋人見其勢不可當，遂從而妄加之名目耳。即所云「馬被重鎧」，亦徒束縛而不能騁其騰驤之力，尤理所必無。紀事家或狃于兵車駟介之說，強爲傳會，不足當有識者一哂。千載傳訛，耳食之徒無能究其眞僞，皆爲史策無稽之說所誤，不得不明辨之。

牛運震《空山堂春秋傳》卷三 ［莊公］八年，春，王正月，師次于郎，以俟陳人、蔡人。　次于郎，爲伐郕也。次不言俟，此其言俟，何露師于外？齊約未合，而汲汲以待陳、蔡，以公之滅同姓爲已亟矣！此魯欲伐郕，出師以俟陳、蔡。二國不至，乃連齊伐郕也。若謂魯預合齊與陳、蔡伐郕，則齊、魯并力，已足制郕，不應藉兵陳、蔡，且歷春徂夏，亦不應淹師如是之久。至賈逵及說《穀梁》者皆云：陳、蔡欲伐魯，故待之。夫陳、蔡於魯境絶路遙，春秋以來，未嘗構怨，何緣伐魯？若謂畏其來伐，則但得稱防，不可言俟，以此解經，失之。

劉紹攽《春秋通論》卷六 ［哀公十有三年夏］公會晉侯及吳子于黃池。

高郵孫氏曰：《春秋》之辭雖萬，其尊異而爲法者三：天王也，魯也，中國也。故內京師外諸夏，尊天王也；內諸夏外夷狄，尊中國也；內魯外諸侯，尊魯也。及其既久，而天王益衰，諸夏益弱，魯益無道，則聖人一反之以託於《春秋》之終，而深爲後世之戒也。《春秋》天王之事，見於經者必曰京師，而《昭三十二年》書曰「城成周」，天王竟衰而同之列國也。魯爲他國侵伐者必曰某鄙，而《哀公八年》、《十一年》再言「伐我」，魯竟無道而同之諸侯也。夷狄之會稱國，而離《春秋》之常法也。而公會晉侯及吳子于黃池，進吳稱子，又言晉侯，及之諸夏，竟弱而同之夷狄也。《春秋》之旨微矣。呂東萊有取于孫氏之說，前輩皆以爲知言，家則堂謂《春秋》書法，當貶則貶，當削則削，自同于夷則夷之，未聞天子衰而同之列國，魯衰而同之諸侯，伯國衰而同之夷狄，欲與知《春秋》者共講焉。余竊思之，城京師而曰成周，詞幾等于列國，然繼書晉人執宋仲幾于京師，京師即成周也，非列國之所得同也。他國侵伐必曰某鄙，哀公之時，再言伐我，邊備不修，直抵其國都，故不言某鄙，亦豈同之諸侯哉？黃池之會，吳雖書爵，然先晉侯而書及，則亦非弱諸夏而同之夷狄也。唯所云「《春秋》之辭雖萬，其尊異而爲法者三」，實通經之大義，讀《春秋》者宜致思焉。

又《春秋筆削微旨》卷三 ［桓公］三年春正月。　《春秋》無王者一百有八，皆以不書正月不得書王，桓書正月而無王，此孔子之特筆也。元年有王，程子謂正桓公之罪。二年有王，謂正宋督之罪。此沿《穀梁》之說，而曲爲之辭。獨不思桓五年，鄭伯射王中肩；十有一年，祭仲逐鄭世子忽，罪孰有大於是，何不書王以正之。古者，諸侯喪畢，以士服見天子，天子賜之黻冕圭璧，然後服歸，設奠於祖廟，然後臨諸臣。元年、二年未免喪，非朝見之期，猶冀其有王也。至是三年喪畢，而侈然自恣，內弑其君，外成人之亂，弱天子而不受命，豈復有王法哉！十二公中，唯桓爲最惡，故特去王以示義焉。十年有王者，數之終也。天運一週，爲時而紀。十八年有王者，桓公至是而終。彼雖無王，而王法卒長存於天壤，非桓之所能無也，故桓終而王法不與俱終焉。此其義精仁熟，斷自聖心，所謂游夏不能贊一詞者也。世儒概以爲闕文，失之遠矣。

郜坦《春秋集古傳注》卷八 ［僖公］八年春，王正月，公會王人、齊侯、宋公、衛侯、許男、曹伯、陳世子款盟于洮。鄭伯乞盟。　正曰：王崩而難作，叔帶與世子相持，未知其誰立焉。然會于首止，王世子已定，雖未立乎其位，位其所宜有也，故其所使得稱王人。王人者，位卑之稱也，而尊序乎方伯諸侯之上，尊王命也。尊王命，何以使之亦與諸侯之盟？蓋王人以告難而來，必結盟于諸侯，同獎王室，故《春秋》不以盟王使爲嫌也。權事之宜，正名定分，莫善于《春秋》。別言乞盟，何也？盟于首止，鄭伯逃歸不盟，逃在盟先也，而書之于後，著鄭伯之棄義也。盟于洮，鄭伯請服，亦在盟先，而書之于後，非謂其不得與盟也，謂其卑屈以乞，異乎前日之逃也，南面之君，舉動不由于禮，豈能遠恥辱哉？《春秋》不列序而別書之，著其反覆之罪也。後儒疑左氏閏月王崩，次年冬來告喪之說，以爲秘之難秘，殊爲不達國體。蓋首止之後，惠王已不易太子，王若未崩，難何由作乎？若王寢疾，則中外事宜尙以王爲主，二子即行爭立，乃不孝之大者，此王人孰使之？王既不使，世子使之，乃是昔父私使，聖人豈成其爲王使而別無譏貶乎？不發喪之說，乃是嗣君未立，無主計者，非秘之也。襄王定位而後發喪，乃是預爲。冬十二月丁未天王崩，傳非謂正月、二月，位即定也。諸侯盟于外，未嘗躬履王庭，且鄭與叔帶各有黨與，亦難遽定於一時，又安知其不至於經年也。歲終平定，始行告喪之禮，魯史承告而書之，亦非史之不信也。且以見王室久亂而後安，卒賴齊桓與諸侯之力也。

葉酉《春秋究遺・隱公七年》 戎伐凡伯于楚丘以歸。《傳》：初，戎朝于周，發幣于公卿，凡伯弗賓。冬，王使凡伯來聘。還，戎伐之于楚丘以歸。《杜註》：戎鳴鐘鼓以伐天子之使。泥於有鍾鼓曰伐之例耳。胡氏曰：國而曰伐，此一人亦曰伐，見其以徒衆也。楚丘，《杜註》：衛地，在濟陰城武縣西南。戴氏震曰：楚丘有二，一在今滑縣，隋初置楚丘縣，後改曰衛南，此衛地；一在今曹縣東南五十里，春秋時戎州己氏之邑，漢爲己氏縣，隋改曰楚丘，此乃戎地。凡伯經其地，戎遂伐之以歸。此地雖近衛，於曹尤近，似不涉曹衛之不救。《公羊》見衛有楚丘而目爲衛伐，杜亦以爲衛地，胥失考。

梁玉繩《史記志疑》卷二《殷本紀》 西伯之臣閎夭之徒，求美女、奇物、善馬以獻紂，紂乃赦西伯。西伯出而獻洛西之地，以請除炮烙之刑。紂乃許之，賜弓矢斧鉞，使得征伐，爲西伯。 案：史公說文王出羑里及專征二事，《殷》、《周紀》及《齊世家》所載雖有詳略，而大概相同，蓋本伏生《大傳》而增損之，然皆戰國好事者意搆之詞，非其事之實也。太公、閎夭、散宜生並周公所稱修和迪教之臣，《孟子》所稱見而知之者，則欲脫君于難，必有道矣，何至籍美女等物如勾踐之豢吳耶？除去炮烙，是太師、少師從容燕語之所不得于紂者，乃以羑里之囚一請而即許之，決無此理。況洛西本紂地，文王烏從獻之耶？美女奇物僅足贖竊歎之罪，請去炮烙方抱有善歸之疑，安能緣茲兩端，便賜征伐耶？《後漢書・史弼傳》陶丘洪云「文王牖里，閎、散懷金」，《韓子》《難》二篇云「文王請入洛西之地千里，以解炮烙之刑」，洛西寧有千里？並承訛襲妄而敷衍之耳。《路史・發揮・論大公》篇亦辨之。然則文王何以出羑里？曰：《左傳・襄三十一年》衛北宮文子曰：「紂囚文王七年，諸侯皆從之囚，紂懼而歸之。」《呂氏春秋・行論篇》云，「紂欲殺文王而滅周。文王曰：『父雖無道，子敢不事父乎？君雖不惠，臣敢不事君乎？孰王而可畔也。』紂乃赦之」。此文王出獄之故也。然則何以得專征伐？曰：文王之爲西伯，因于王季，紂加賜文王弓矢斧鉞得專征伐耳，《竹書》可證已。《竹書》謂文王降密而得賜專征，則非也。因得專征，故可以伐密。然則何以請除刑？曰：亦見《呂氏春秋》，其《順民篇》云：「文王處岐事紂，冤侮雅遜，朝夕必時，上貢必適，祭祀必敬。紂喜，賜之千里之地。文王再拜稽首而辭，願爲民請炮烙之刑」。是地爲紂賜之，非文王獻之，亦不言洛西也。而炮烙之刑，許不許未可知也。《後書・王暢傳》言「武王入殷，先去炮烙之刑」，是未許矣。《呂子》必有所據，似得其實，惟言賜地千里太過。《淮南・道應訓》亦言獻紂事，以紂爲炮烙在出羑里之後，以剖比干、剔孕婦、殺諫者在文王之時，皆謬也。宋李覯《盱江集》謂諸侯從囚與請除炮烙，是得衆賣恩，適足以起紂之疑而激之怒，蓋未知文明柔順之道，自有不可得而害者。

馮浩《玉谿生詩集箋注》卷一《過故府中武威公交城舊莊感事》 信陵亭館接郊畿，幽象遙通晉水祠。日落高門喧燕雀，風飄大樹撼熊羆。新蒲似筆思投日，芳草如茵憶吐時。山下祇今黃絹字，淚痕猶墮六州兒。 浩曰：自朱長孺妄以武威公爲王茂元，諸家胥仍其誤。王栖曜，濮陽人，父子宦蹟皆未一至河東，何得交城有莊，且有碑紀功哉？義山爲茂元壻，何僅曰「故府」？茂元諡「威」，何加「武」字哉？太原王氏亦有封武威者，如北齊王叡之父贈武威王之類，而此必非也。余初以漢有劉武威，定爲追感劉從諫之作。《舊》、《新書》言失意不逞之徒，皆投潞州，故以信陵好客比之。《舊紀》：開成元年，從諫奏開儀夷山路，通太原晉州。故次句云。從諫加同平章事，故六句云。「六州兒」者，指河北魏博諸州也。《舊》、《新書・羅威傳》：自至德中，田承嗣盜據相、魏、澶、博、衛、貝等六州，募置牙軍。語曰：「長安天子，魏府牙軍。」謂其勢強也。魏博六州，唐時常語。如《舊紀》元和七年，魏博田興請裴度至六州宣達朝旨；太和九年歲飢，河北尤甚，賜魏博六州粟；及《平淮西碑》「魏將首義，六州降從」之類。蓋河北以魏博最強，而昭義本由相衛分置，一氣相依，故此云「六州兒」，而文集亦以六州向化指河朔之來服也。劉氏之鎮昭義，從諫居其中，故隱曰中武威公也。稹以叛誅，而從諫頗可追惜也。今思交城自屬太原，地不相涉，武威之稱，亦太假借，恐又非也。再檢《傳》、《表》，武威李氏抱眞喜招致天下賢儁，飾臺沼以自娛。其所鎮亦昭義，非太原。范陽李氏載義封武威郡王，太和七年鎮太原，其吏下請立碑紀功，詔李程爲之詞，開成二年卒。似相近，而實不可符。其他李氏之或家太原，或封武威者，皆無可徵。其曰「故府」，曰「感事」，必有實事在焉。尋考未符，惡可妄斷。又曰：頗以爲李光顔也。《舊書》傳、紀：李光進，父良臣。光進，光顔兄弟，家於太原。光進以破賊多戰功，封范陽郡公，進武威郡王。元和六年，賜姓李氏。十年卒。光顔討吳元濟，功冠諸將。穆宗即位之年，由邠寧赴闕，賜開化里第，加同中書門下平章事，守司徒兼侍中。敬宗寶曆元年，由忠武移太原尹、北京留守，二年卒，謚曰「忠」。光進、光顔，皆大著功勳，屢爲節鎮，時人以大小大夫別之。光顔忠誠尤烈。《金石錄》云：榆次縣有《李良臣碑》。而朱竹垞《曝書亭集·跋榆次三唐碑》，兼光進光顔也。《光進傳》書武威郡王，碑書安定郡王，其詞令狐楚撰。《光顔碑》，李程撰，開成五年立。傳不書封爵，而紀於邠寧入朝時書武威郡開國公矣。《前明統志》云：榆次縣北十里，良臣與子光進、光顔、孫昌元等五墓並列，墓有碑，今磨滅。夫光顔家在太原，墓在榆次，則有莊在交城，似亦可也。次句似謂與太原家祠靈爽相通。六句點明曾加平章。光顔討淮蔡時，卻韓弘美妓之遺，座對三軍，誓死無貳。今之討昭義者，有是忠勇之帥與？題所以云感事也。惟「故府」一字與五六句，似曾身入其幕者，於義山不可符。然惟此與劉從諫二人近似，無可更詳討矣。或曾至從諫幕而深諱之，未可知也。又曰：自《和劉評事永樂閒居》以下約四十章，皆將居永樂及以後數年作也。舊來集本顛倒錯亂，惟中下兩卷中所編永樂時詩，頗有連十餘篇尚能彙叙者。余得會其意而通之，不必皆有確據之語也。乃又雜取前後之確有可憑者並列焉，要之皆非武斷。

又卷三《碧城三首》　碧城十二曲闌干，犀辟塵埃玉辟寒。閬苑有書多附鶴，女牀無樹不棲鸞。星沈海底當窗見，雨過河源隔座看。若是曉珠明又定，一生長對水精盤。對影聞聲已可憐，玉池荷葉正田田。不逢蕭史休回首，莫見洪崖又拍肩。紫鳳放嬌銜楚珮，赤鱗狂舞撥湘絃。鄂君悵望舟中夜，繡被焚香獨自眠。七夕來時先有期，洞房簾箔至今垂。玉輪顧兔初生魄，鐵網珊瑚未有枝。檢與神方教駐景，收將鳳紙寫相思。《武皇內傳》分明在，莫道人間總不知。胡孝轅曰：此似詠其時貴主事。味蕭史一聯及引用董偃水精盤故事，大指已明，非止爲尋恆閨閣寫豔也。浩曰：三詩向莫定其解。《曝書亭集》曰：一詠楊貴妃入道，一言妃未歸壽邸，一言明皇與妃定情係七月十六日，固未然也。錢木庵亦有楊妃之解，然首章總不可通，餘亦未融洽，要惟胡孝轅《戊籤》謂刺入道宮主者近之。第其句下所釋尚有誤會者，余更爲演之曰：首章泛言仙境，以賦入道。首句高居，次句清麗溫柔，入道爲辟塵，尋歡爲辟寒也。三四書憑鶴附、樹許鸞棲，密約幽期，情狀已揭。下半尤隱晦難解，竊意海底河源，暗用三神山反居水下與乘槎上天河見織女事，謂天上之星已沉海底而乃當窗自見，暮行之雨待過河源而後隔座相看，以寓遁入此中，恣其夜合明離之迹也。「曉珠」似當謂日，水晶盤專取清潔之意，不必拘典故。本集中「慢妝嬌樹水晶盤」，狀女冠之素豔矣。惟曉珠不定，故得縱情幽會；若既明且定，則終無昏黑之時，一生只宜清冷耳。蓋以反托結之也。次章先美其色，對影聞聲，已極可憐，況得游戲其間耶？不逢蕭史，謂本不下嫁，何有顧忌！莫見洪崖，謂得一浮邱，情當知足。紫鳳、赤鱗，狂且放縱之態。然而尚有欲親而未得者，故獨眠而悵望耳。三章程箋頗妙，謂紀其跡之彰著，而致警於人言之可畏也。首句遡歡會也。次句以深藏引起下聯，兔曾在腹，網未收枝，比喻隱而實顯，當與《藥轉》參看，《戊籤》謂爲初瓜寫嫩，誤矣。五六惟願美色不衰，歡情永結，若云鴻都道士，絕不可符。結二句總括三章，《漢武內傳》多紀女仙，故借用之，不可泥看。孝轅之子夏客云：讀劉中山《題九仙宮主舊院詩》：武皇曾駐蹕，親問主人翁。前此詩人，未嘗諱言，何疑於玉谿哉！以此解之，通體交融矣。若以武皇爲定指明皇，則楊妃之事，先後詩人彰之篇什，即本集中明譏毒刺不一而足，何獨於此而必隱約出之哉？

顧鎮《虞東學詩》卷九《大雅·泂酌》　泂酌彼行潦，挹彼注茲，可以餴饎。豈弟君子，民之父母。泂酌彼行潦，挹彼注茲，可以濯罍。豈弟君子，民之攸歸。泂酌彼行潦，挹彼注茲，可以濯溉。豈弟君子，民之攸塈。一、三章皆平上去通。二章平上通。　《公劉》以下三詩，序皆謂召康公戒成王，而戒之之意則各有主。此篇大指與召誥相表裏，蓋欲王以德化民也。召誥之言曰：「惟王位在德元，小民乃惟刑用於天下，越王顯」，是此篇之的實，義疏衍者，泥於《左傳》之文，綴以皇天親有德、饗有道，傳箋遂以祭祀立說，後儒亦以詩言「餴饎」、「濯罍」，是祭祀所用，不復置疑。獨黃實夫知詩意在於告成王以治民之理，而於衍序猶多曲護，至朱子標之爲興，而是詩之障蔀撤矣。顧取興之意，是以挹注之勤，興豈弟之德，《集傳》乃以「行潦」起君子，其義轉寬。今參取《集解》、《集傳》之說，而以鄙說申之。蓋父母無可棄之子，王者無終棄之民。蘇傳。中養不中才，養不才父母之道也，道之以德，齊之以禮，王者之治也。惟君子樂易爲德，豈以強教？弟以悅安順道其民，底於有功，如酌行潦者之勤於挹注，自然漸致澄清，而物歸有用，《召誥》所謂「民若有功」，「諴於小民，今休」也。召公之意在於化殷頑，故取行潦爲喻，行潦至濁，宜無可用，但使酌而挹之大器，俟其澄而注之小器，以爲用，孔疏。則可沃米，再烝以爲饙食焉，亦可濯罍，使潔以備器用焉。至於凡物，無不可資其盪滌，則行潦爲挹注所變化矣。三章皆發端於泂者，戒其無邀近功爲迫蹙之治，《召誥》所謂「勿以小民淫用匪彝，亦敢殄戮用乂」也。強教則有父之尊，悅安則有母之親，《表記》呂注。攸歸、攸塈，皆終首章父母之義。張記。毛不言興，今從集傳爲興。孔疏：《釋言》云：饙、餾，稔也。孫炎曰：烝之曰饙。《說文》：饙，一烝米也。餾，飯氣流也。然則烝米謂之饙，饙必餾而熟之，故曰饙餾。《釋訓》：饎，酒食也。按《周禮·司尊彝》：四時之祭皆有罍。《周南·卷耳》「我姑酌彼金罍」，是祭與燕皆有罍，不必定爲祭器也。

閻循觀《春秋一得》 十年，春，公敗齊師于長勺。胡氏曰：「齊伐魯，經不書伐，意責魯也。行使有文告之詞，疆場有守禦之備。至於善陣，德已衰矣，而況兵刃相接，又以詐謀取勝乎？」其論美矣，而非可以施于齊、魯之間也。齊爲魯仇，方思往取其人而甘心焉，況其自來，而不與之戰乎？苟其克之，智取可也。自桓公見殺于齊，于今十年矣。讀十年所書莊公之事，遺親忘恥，亦已甚矣。獨此舉差快人意，而猶訾之，何哉？然則不書齊伐，何也？曰：「言公敗齊師于魯地，而齊之來伐，不言而可知矣，此書法之簡也。」曰：「復仇之說，或曰百世可也，或曰敵惠敵怨不在後嗣，二者孰是？」曰：「一過一不及，終仇之身與仇之者之身，其亦可也。」

紀昀等《歷代職官表》卷一八《都察院表·漢》 吳仁傑《兩漢刊誤補遺·百官表》：御史大夫更名大司空，置長史，如中丞官職如故。刊誤曰：多一如字。仁傑曰：此言是也。表稱御史大夫有兩丞，一曰中丞，在殿中蘭臺，掌圖籍秘書，外督部刺史，內領侍御史十五人，受公卿奏事，舉劾按章。案鼂錯爲御史大夫，謂丞史云云。如淳曰：丞，史丞及史也。表載丞不載史，《漢紀》始有之，一曰中丞，外督部刺史，一曰內史，掌秘書，受公卿奏事，舉劾按章。然則表有缺文者矣。督部刺史下當云「一曰內史，內領侍御史」，今缺四字。置長史下當云「省內史中丞官職如故」，今缺三字，衍一字，不然，有兩丞而止著其一，兩丞之外復置長史，非缺則贅，其義安在？　謹案：前漢御史大夫非今都御史說已具前。至御史中丞，雖掌糾察而所居在殿中蘭臺，爲宮掖近臣，亦與今副都御史有異。至成帝以後，中丞出居外臺，其職始視今之都察院矣。又，《百官表》稱漢御史有兩丞，而所載僅止中丞。沈約《宋書》始以御史丞當其一，然考之漢書多稱中丞，間有單稱御史丞者，如班書《嚴延年傳》事下御史丞。按驗范書《黃琬傳》事下御史丞王暢，以事核之，皆即中丞之省文減。《宣傳》上言稍遷御史及丞，下言爲御史及中丞二十載，此即其證。蓋行文者，詳略互見，並非別爲一官。且考《薛宣傳》，稱宣爲御史中丞，執法殿中，外總部刺史。《陳咸傳》稱咸爲御史中丞，總領州郡奏事、課第、諸刺史，內執法殿中，所掌皆在督察州郡刺史，而並不言其受公卿奏事。故《史記·三王世家》所載大司馬上疏，其受以奏未央宮者，有御史臣光之名而不及中丞，說詳《通政司》篇。吳仁傑據《漢紀》以爲當作內史，其說似不爲無所本也。

紀昀等《周官義疏》卷二二《春官·大司樂》 乃奏黃鍾，歌大呂，舞《雲門》，以祀天神。　正義：鄭氏康成曰：以黃鍾之鍾，大呂之聲爲均者。朱子曰：《國語》律者立均出度，均是七均，如以黃鍾爲宮，則用林鍾爲徵，大蔟爲商，南呂爲羽，姑洗爲角，應鍾爲變宮，蕤賓爲變徵。此七律自成一均，其聲自相諧應。案：注云黃鍾之宮者以十二鍾爲十二律，又鍾爲樂器之首，故指鍾而言之。黃鍾，陽聲之首，大呂爲之合，賈疏：合者，據十二辰之斗建，與日辰相配合，皆以陽律爲主，陰呂來合之。大師掌六律、六同，以合陰陽之聲。注云：聲之陰陽各有合。黃鍾，子之氣也，十一月建焉，而辰在星紀。大呂，丑之氣也，十二月建焉，而辰在玄枵。已後皆然，是斗與辰合也。奏之，以祀天神，尊之也。賈疏：黃鍾律之首，《雲門》又黃帝樂，以尊祭尊，故云「尊之」。天神，謂日月星辰。　案：奏與歌各爲一事，非且歌且奏也。奏者但奏其樂而不歌，如鍾師職以鍾鼓奏九夏，笙師職共其鍾笙之樂，《鄉飲酒禮》、《燕禮》。笙入奏《南陔》、《白華》、《華黍》，《大射儀》管《新宮》三終，皆奏也。奏某律即以其律爲均，但無人聲耳。若歌詩則或止以琴瑟，或備用八音，皆隨人聲之高下疾徐而倚而比之，即以歌者之均爲均，而不另爲均，其以琴瑟者，凡禮之升歌三終是也。其備用八音者，即謂之合樂矣。黃鍾、大呂，皆以之爲均而起調畢曲者也。奏以黃鍾爲均者，歌時則以大呂爲均之樂配之，下皆放此。賈疏謂歌奏通，非也。又案：凡陽律言奏、陰律言歌者，陽律則尚陰，而樂器陰也。陰律則尚陽，而人聲陽也。取陰陽相配相成之義也。祀天之樂，以陽律爲重，天主生物之始，故用黃鍾陽生之律，而合以陰之大呂。存異：賈氏公彥曰：黃鍾言奏，大呂言歌者，奏據出聲而言，歌據合曲而言，其實歌、奏通也。據堂上歌詩合大呂之調。《左氏傳·襄四年》，「晉侯饗穆叔，奏《肆夏》，歌《文王》、《大明》、《緜》」，亦此類也。案：肆夏於賓入門時奏之，其時歌工未入，則奏時不歌明矣。且《傳》兩云不拜，明非一時，則奏與歌之爲兩節又明矣。

又卷二六《小史》 小史掌邦國之志，奠繫世，辨昭穆。若有事，則詔王之忌諱。奠，如字，一音定。繫，戶計反。正義：鄭氏衆曰：志謂記也。繫世，謂帝繫，《世本》之屬是也。小史，主定之，瞽矇諷誦之。賈疏：瞽矇掌諷誦詩，世奠繫，鼓琴瑟。先王死日爲忌，名爲諱。賈氏公彥曰：帝繫、《世本》皆有昭穆親疏，故須辨之。王氏安石曰：父子相代謂之世，世之所出謂之繫，奠繫世以知其本所出，辨昭穆以知其世序也。辨正：鄭氏鍔曰：小史掌邦國之志，先鄭謂若《春秋傳》所稱《周志》，《國語》所稱《鄭書》之類。外史掌四方之志，後鄭謂若魯之《春秋》，晉之《乘》，楚之《檮杌》之類，則邦國與四方無以異，而分掌於二官，何耶？蓋《周志》、《鄭書》乃外史所謂四方之志，若邦國之志，則志諸侯所出之繫，與其廟祧昭穆，如魯出於周公，鄭出於桓公。傳序浸多，昭穆久而或亂，故王朝亦有志以記，而小史掌之也。存疑：鄭氏康成曰：王有事，祈祭於其廟。賈氏公彥曰：若有事者，謂在廟中有祈祭之事。詔王之忌諱，謂小史告王以先王之忌諱也。案：注疏專以有事宗廟言，尚未盡。古者大夫歿君不舉其名，王時巡舍於諸侯之祖廟，亦當有忌諱，記所謂以禮籍入，正小史之事也。

乾隆初儒臣《儀禮義疏·聘禮》 至于朝，主人曰：「不腆先君之祧，既拚以俟矣。」祧，吐條反。拚，方問反。《正義》鄭氏康成曰：賓至外門，賈疏：外門，即諸侯之外朝，故下云以柩造朝，亦謂大門外爲外朝也。下大夫入告，賈疏：即夫人勞賓導賓入者。出釋此辭。主人者，公也。不言公而言主人，主人，接賓之辭，明至欲受之，不敢稽賓也。賈疏：《覲禮》侯氏遂從之，天子賜舍。注云：且使即安。彼天子以諸侯爲臣，故使且安。此鄰國聘賓，不臣人之臣，故言不敢稽賓也。腆，猶善也。孔氏穎達曰：對言之，遷主所藏曰祧，若散而通論，則凡廟曰祧。故《昭元年·左傳》云「其敢愛豐氏之祧」，《襄九年·傳》云「公冠必以先君之祧處之」是也。敖氏繼公曰：守祧，掌守先王先公之廟祧，其遺衣服藏焉。又云：其廟則有司修除之，祧則守祧，黝堊之。然則祧者，廟堂以北之稱也。拚，灑埽也。受聘於廟，故其言若此，蓋緣賓意欲速達其君命也。存疑。鄭氏康成曰：遷主所在曰祧。《周官》：天子七廟，文武爲祧，賈疏：《守祧職》云掌守先王先公之廟祧。鄭注：廟謂大祖之廟，及三昭三穆，遷主所藏曰祧，先公之遷主藏於后稷之廟。先王之遷主藏於文武之廟。諸侯五廟，則祧，始祖也，賈疏：諸侯無二祧，遷主藏於大祖廟，下文受賓聘享皆在廟，此云先君之祧，明是大祖廟可知。是亦廟也。言祧者，祧尊而廟親，待賓客上尊者。賈疏：於大祖廟受聘享以尊之，若饗食則於禰廟，燕又在寢，彌相親也。辨正：魏氏了翁曰：祧即廟也。《昭元年》「其敢愛豐氏之祧」，豐氏大夫又僅兩世，未有遠祖也。案：廟祧之說，聚訟紛然。《春官》守祧八人，康成既以爲每廟一人，周七廟，幷姜嫄廟而八，則不獨大祖與文武之廟爲祧，即四親與姜嫄廟亦可謂之祧矣。遺衣服藏焉，守祧黝堊之，皆凡廟之所同，未見爲大祖與文武廟之專稱也。魏氏以豐氏之祧證之，尤明。

又《禮記義疏》卷三〇《禮運》 昔者仲尼與於蜡賓，事畢，出遊於觀之上，喟然而歎。仲尼之歎，蓋歎魯也。言偃在側，曰：「君子何歎？」孔子曰：「大道之行也，與三代之英，丘未之逮也，而有志焉。」與、觀，皆去聲。下與如字。喟，去媿反，又苦怪反，太息也。逮，音代，一音代計反。正義。鄭氏康成曰：蜡者，索也。歲十二月合聚萬物而索饗之。孔疏：《郊特牲》文，據周言之，夏則十月，殷則十一月，建亥之月也。以萬物功成報之。亦祭宗廟，孔疏：《月令》臘先祖五祀，總言之皆曰蜡，析言之，祭百神曰蜡，祭宗廟曰息民。時孔子仕魯，在助祭之中。孔疏：助祭，臣而稱賓者以祭祀，欲以賓客爲榮也。觀，闕也。孔疏：《爾雅》：觀，謂之闕。縣法象魏，使民觀之，故名觀。亦名象魏。魏，巍也。巍巍，高大也。何休云：天子丙觀外闕，諸侯臺門不得有闕，魯有之，用天子禮也。孔子出廟門往雉門，登游於觀之上。孔子見魯君於祭禮有不備，於此又覩象魏舊章之處，故感而歎之。言偃，孔子弟子子游。大道，謂五帝時也。英，俊選之尤者。逮，及也，言不及見。不言魯事，爲其太切，故廣言之。孔疏：廣言五帝以下及三王之事。孔氏穎達曰：此明孔子爲禮不行而發歎，遂論五帝三王道德優劣之事。夏曰清祀，殷曰嘉平，周曰蜡。喟然而歎，一感魯君之失禮，一感舊章之廢棄也。英，即禹湯文武三代中之俊異者。方氏慤曰：以其無名無迹，故以道稱之；以其代廢代興，故以代數之。言三代之爲英，見五帝之爲質也。朱氏申曰：言不及見帝王之盛而有志焉，孔子有帝王之德而不得其位，故但有志而已。黃氏乾行曰：道有升降，政由俗革，雖聖人不能不與時推移，若欲回情文兼備之風，反太古無爲之治，亦非人情，但人亡政息，故不能不惓惓於魯爾。存異：鄭氏康成曰：志，謂識古文。孔疏：孔子自序雖不及見前代，而有記志之書披覽可知。《周禮》云外史掌四方之志，《春秋》云其善志。徐氏師曾曰：英，謂三代賢臣。案：志者，心之所之。有志，乃吾其爲東周之意。鄭謂識古文，孔謂記志之書，非也。三代之英，即下由此其選也意。有禹、湯、文、武之君，即有皋、益、伊、周之臣。徐單指臣亦偏。

錢大昕《通鑑注辯正》卷一 漢高帝五年。田横懼誅，與其徒屬五百餘人入海，居島中。注：《史記正義》曰：海州東海縣有島上，去岸八十里。按《北史》楊愔避讒東入田横島，是島因横居之而得名。陳景雲曰：杜佑《通典》亦云，東海縣，田横所保。鬱洲亦曰郁洲。是唐人皆以横所居島爲在海州。胡注既引《史記正義》，又引楊愔事，似愔亦嘗匿此地矣。按《北齊書》及《北史》皆云愔潛之光州，東入田横島。齊神武令光州刺史搜訪，以禮發遣。魏之光州，於隋爲東萊郡，《隋志》云東萊郡即墨縣有田横島，是愔匿即墨海島，史文明甚，若海州之地此時屬蕭梁，愔不得越境至此也。則田横所居島當以三史爲足。大昕案：梁大同元年，楊愔逃於田横島。注引東萊郡即墨縣之田横島，此爲得之。

高后七年。立平昌侯太爲濟川王。注：濟川即濟南、濟北之地，蓋割齊封之。按：高后元年割齊之濟南郡爲呂國，呂產徙王梁，而太代王其地。濟川與呂本一國，非至是始割齊封之也。

八年。呂王產居南軍。呂當作梁，下文云以呂王產爲相國，亦當作梁，注未舉正。

文帝二年。歲惡不入，請賣爵子。注：請賣爵子，猶言請爵賣子也。予謂注說非也。漢時民賜爵至公乘而止，爵過入粟得以拜爵，故曰請爵。公乘，得移與子若同產，同產子有罪得以爵贖，貧者得賣與人。如淳《漢書注》謂賣爵級又賣子者，蓋得其實。胡氏未達漢制，臆造此說。

十六年。白石侯雄渠。注：《班志》金城郡有白石縣。《正義》曰：白石故城在德州安德縣北二十里。按：金城郡，昭帝所置，漢初尚在塞外，雄渠爲齊悼惠王之子所封，當在齊地，《正義》得之。

陽周侯賜。注：陽周縣屬上郡。按：注所據者小司馬《索隱》之文，今《史記》作周陽。《正義》引《括地志》云：周陽故城在絳州聞喜縣東二十九里。予謂淮南王子三人同時封侯，阜陵東城皆淮南故地，則周陽亦當在淮楚之間，不特非上郡之陽周，亦恐非河東之周陽也。

孫志祖《家語疏證》卷二《觀周》 孔子謂南宫敬叔曰節。案：孔子適周之年，謂在魯昭公七年與昭公二十四年者，皆誤也。昭七年孔子年十七，時敬叔固未生，即昭二十四年，孟僖子甫卒，敬叔亦安能出門從師？且明年昭公即孫於齊矣，安得請於魯君而資車馬以適周？蓋敬叔之從孔子學禮，斷在定公之世。《家語正論》解云：南容說、即敬叔。仲孫何忌既除喪，而昭公在外，未之命也，定公即位乃命之，辭以僖子遺命，使事孔子而學禮，以定其位，其言可信，非昭公世明矣。然《莊子·天運篇》云：孔子年五十一，南見老聃，則在定公十年。是時孔子方仕魯，爲大司寇，會於夾谷，攝行相事，又安得適周問禮？以愚斷之，當在定公五年陽虎囚季桓子時。《史記·世家》所云：孔子不仕，退而脩《詩》、《書》、《禮》、《樂》，弟子彌衆，至自遠方，莫不受業。時亦即《家語》所云「自周反魯，道彌尊矣，遠方弟子之進蓋三千焉」是也。且攷《春秋》，是年日有食之，亦與《禮記·曾子問》所云「從老聃助葬，日食」適合。又案：「孔子聖人之後也」云云，襲《左·昭七年》傳。「車一乘，馬二匹，豎子侍御」，襲《史記·孔子世家》。「吾乃今知周公之聖與周之所以王也」，襲《左·昭二年》傳韓宣子語。

又《文選考异》卷一《神女賦》 其夜王寢。沈括《補筆談》云：《高唐賦序》云：先王嘗遊高唐，則夢神女者，懷王也，非襄王也。又《神女賦》曰：楚襄王與宋玉遊於雲夢之浦，使玉賦高唐之事。以文考之，所云茂矣，美矣，至不可勝讚。若皆玉之言也，宋玉稱歎之可也，不當卻云。王曰：若此盛矣。試爲寡人賦之。又曰：明日以白玉。人君與其臣語，不當稱白。又其賦曰：他人莫覩，玉覽其狀。望余帷而延視兮，若流波之將瀾。若宋王代王賦之，若玉之自言者，則不當自云「他人莫覩，玉覽其狀」。既稱「玉覽其狀」，即是宋玉之言也，又不知稱余者誰也。以此考之，則其夜王寢，夢與神女遇者，王字乃玉字耳。明日以白玉者，以白王也，王與玉字誤書之耳。前日夢神女者，懷王也。其夜夢神女者，宋玉也。襄王無預焉，從來枉受其名耳。趙曦明云：二賦高唐之末，曰王將欲見之云云。神女之起，曰其夜王寢，果夢與神女遇。上下緊相承接，豈得欲見者是襄王，入夢者反不是襄王，而是宋玉？《容齋五筆》所載，其謬固有不待辨而可明者，調心腸以下復加王曰者，既荅而復，言《語孟》中皆有之，乃張鳳翼不悟其非，攘爲已説，改第二、第三、第五、第六四王字爲玉字，第三、第四、第五三玉字爲王字。義門老眼亦極口稱之，不管二賦文理承接云，何其可怪也！白以告語爲義，上下可通。即如錫爲上錫下之詞，而師錫帝曰：下亦用之於上矣。夢是王夢，賦是王使宋賦，所以少陵詩曰：侍臣書王夢，賦有冠古才。

姜炳璋《詩序補義》卷二四《魯頌・駉》　《駉》，頌僖公也。　僖公能遵伯禽之法，儉以足用，寬以愛民，務農重穀，牧於坰野，魯人尊之，於是季孫行父請命於周，而史克作是頌。　頌者，祭祀之樂歌，而遺於廟告於廟者亦附焉，從無稱美生人之辭而爲頌者，有之，自魯頌始。序頌詩者，曰祀文王也，祀武王也，不言頌文王、武王，以詩列於頌，則頌不待言矣。每序必言頌，亦自魯頌始。蓋魯頌，頌之變也，襲頌之貌而非其實，故每篇言頌。僖，明僖公在位，詩人受命作頌，故於將順中寓責難之意，以表詩人之隱衷也。　《傳》云：諸侯六閑，馬四種，有良馬，有戎馬，有田馬，有駑馬。《孔疏》以良馬朝祭所乘，貴有力有容；戎馬貴多力，田馬貴疾，駑馬給官中之役，貴肥壯，以分配四章。今細按各章用字，無一不對針，其説良然。總一思字，無限量，無止息，無旁騖，非專爲馬也，有國政在。即思馬亦非徒思也，有馬政在。《駉》四章，章八句。或以爲祀魯公之詩，或以爲美馬政之詩，或以爲祀莊公之詩，皆無據。

邵晉涵《舊五代史考異》卷三《晉書第十三・宗室傳》　宗室。　案：晉宗室列傳《永樂大典》僅存四篇，餘多殘闕。敬威弟贇。　案：《歐陽史》高祖有兄敬儒，弟敬德、敬殷，薛史不爲立傳，疑有闕文。又「贇」《歐陽史》作「敬贇」。陝人苦之。　案：以下闕。薛史《少帝紀》開運三年十二月前曹州節度使石贇死。帝之堂叔也。歐陽史作「墮沙溺死」。韓王暉。　案：歐陽史作「敬暉」。八年，册贈太師。　案：《歐陽史》作「贈太傅，加贈太師」。子曦嗣。　案：《宋史・石曦傳》天福中以曦爲右神武將軍。歷漢至周，爲右武衛、左神武二將軍。恭帝即位，初爲左衛將軍。會高麗王昭加恩，命曦副左驍衛將軍，戴交充使。淳化四年卒。郯王重允。　案：郯王以下諸王傳《永樂大典》原闕，《歐陽史》云：重允，高祖弟也，亦不知其爲親疏。然高祖愛之，養以爲子，故于名加重，而下齒諸子。《通鑑・齊王紀》同。重允婦馮氏後爲少帝后，《歐陽史》載契丹入京師，暴少帝之惡于天下曰：納叔母于宫中，亂人倫之大典，是重允實爲高祖弟也。《五代會要》作「高祖第三子重允」，天福七年四月追封郯王。攷郯王《歐陽史》作「鄭王」，封爵亦異。又案《薛史唐紀》，清泰三年誅皇城副使石重裔，敬瑭之子也。攷《會要》載高祖諸子無别名重裔者，重裔疑即重允，史氏避宋太祖諱，故作裔。然《通鑑・高祖紀》作敬瑭之子重允，《齊王紀》又作高祖少弟重允，早卒。似兩紀實有兩人，姑存之以備考。虢王重英。　案：《五代會要》云重英高祖長子，天福四年四月追封。《薛史唐紀》清泰三年七月己丑誅右衛上將軍石重英。《通鑑考異》引廢帝實録作姪男供奉官重英。又廣本「英」作「殷」。楚王重信高祖第二子。　案：《五代會要》作「第四子」。

錢大昭《後漢書辨疑》卷四《公孫述傳》　述遂使將軍侯丹開白水關。　《水經注》：白水出隴西臨洮縣西南，西頃山東，南流入陰平。又東南逕廣漢白水縣臨洮，與西縣接界，故天水之西縣有白水關，而廣漢之白水縣亦有白水關。自源徂流，同一白水也。其故關城在唐梁州金牛縣西。　三年，征西將軍馮異擊鮪育于陳倉，大敗之，鮪、育奔漢中。　此事《本紀》及《馮異傳》俱在建武四年，此作三年，誤。案《馮異傳》云：公孫述遣將程焉，將數萬人就呂鮪出屯陳倉，異與趙匡擊破之，焉退走漢川，異追擊于箕谷，復破之。還，擊破呂鮪營保。據此，則陳倉之敗，漢中之奔，皆程焉與李育也，故異還而復破呂鮪，此言鮪、育亦誤。一姓不得再受命。　陳景雲曰：「一姓不再命」，《尚書帝命驗》之文，見《詩・文王》正義。喟然自以爲武王復出也。　「武王」當作「文王」。使西州豪傑咸居心於山東。　「居心」，閩本作「歸心」。破虜將軍馮駿等。　「破」字上脱「擊」字，「破」字下脱「威」字，當從《岑彭傳》作「擊破威虜將軍馮駿」等。

趙紹祖《通鑑注商》卷一　哀帝元壽元年。初，廷尉梁相治東平王雲獄，時，冬月未盡二旬，而相心疑雲冤，奏欲傳之長安，更下公卿覆治。尚書令鞫譚，僕射宗伯鳳，以爲可許。天子以爲相等皆見上體不安，外内顧望，操持兩心，幸雲踰冬，無討賊疾惡主讎之意，免相等皆爲庶人。後數月大赦。　胡氏注曰：按《公卿表》，建平元年大司農梁相爲廷尉，二年貶爲東海都尉，三年左馮翊方賞爲廷尉，四年徙。《本紀》東平王雲有罪自殺在建平三年，大赦天下在今年正月，若以《表》爲證，則當治東平時廷尉乃方賞，非梁相；《表》言相貶，不言免爲庶人。又今年大赦，上距建平三年十二月治東平獄時已一朞有餘，是大赦亦不在後數月也，《通鑑》書此，全取《漢書・王嘉傳》，然《傳》與《紀》《表》歲月自相牴牾，繫年之書可謂難矣！　余謂胡氏謂《表》言相貶，非免爲庶人，及大赦非治獄數月後者是也；至謂梁相二年貶而治東平獄者方賞非梁相，此誤看《表》二年字也。凡表中書爲官久暫皆如此，胡氏亦非不知之，特偶忽不察耳。蓋梁相于建平元年爲廷尉，居官二年至三年十二月，以治東平獄貶，而方賞代之耳。賞四年徙，亦非建平四年，乃在官四年至元壽二年而徙耳。玩《表》方賞後，至元壽二年始書故廷尉梁相復爲大理可見。是年改廷尉爲大理。

梁章鉅《三國志旁證》卷五《魏書四》　元年春二月乙丑。　《宋書・禮志》云：景初「三年正月，帝崩，齊王即位。是年十二月，尚書盧毓奏：『烈祖明皇帝以今年正月棄離萬國，《禮》忌日不樂，甲乙之謂也。烈祖明皇帝建丑之月棄天下，臣妾之情，於此正月有甚甲乙。今若以建丑正朝四方，會羣臣，設盛樂，不合於禮。』博士樂詳議：『正月旦受朝貢，羣臣奉贄；後五日，乃大宴會作樂。』太尉屬朱誕議：『今因宜改之際，還脩舊則，元首建寅，於制爲便。』大將軍屬劉肇議：『宜過正一日乃朝賀大會，明令天下，知崩亡之日不朝也。』詔曰：『省奏五内斷絕，奈何奈何！烈祖明帝以正日棄天下，每與皇太后念此日至，心有剝裂。不可以此日朝羣辟、受慶賀也。月二日會，又非故也。聽當還夏正月。雖違先帝通三統之義，斯亦子孫哀慘永懷。又夏正朔得天數者，其以建寅之月爲歲首。』」潘眉曰：「明帝以景初三年正月崩，齊王即位，踰年改元爲正始。以今考之，實踰兩年。蓋魏景初以建丑爲正月。春正月者，夏正之十二月也。明帝以三年正月崩，於夏正爲二年十二月，齊王以是月即位，後仍用夏正，以三年正月爲二年後十二月，至三年之十二月不得復爲正月，故再踰年而後改元。蓋明帝崩與齊王改元，相距實凡十四月也。」又曰：「春二月當爲春正月，是年二月無乙丑，乃正月十六日。」

王文誥《蘇文忠公詩編注集成》卷三九《游博羅香積寺》　豈惟牢丸薦古味，「丸」原本作「九」。公自註：束皙《餅賦》云：饅頭薄持，起搜牢丸。李註：按束皙《餅賦》，有「饅頭薄壯，起溲牢丸」之名，而先生詩用作牢九，又自註中「薄壯」作「薄持」，「起溲」作「起搜」。又《眞一酒歌》亦用「起搜」事，想别有所據。合註：《歸田錄》：饅頭至今名存，而起溲、牢丸皆莫曉爲何物。薄持，荀氏又謂之薄夜，亦莫知何物也。陸錫熊曰：方以智《通雅》、段成式《食品》有籠上牢丸，湯中牢丸。徐文靖《管城碩記》：盧諶《祭法》曰：春祠用饅頭、餳餅、髓餅、牢丸，夏秋冬亦如之。《祭法》及《餅賦》皆有饅頭，又皆有牢丸，則牢丸非饅頭可知矣。大抵籠上牢丸者，蒸米丸也。湯中牢丸者，煮米丸也。誥案：牢有二義，《史記・平準書》「牢盆」註：如淳曰：牢，廩食也。古人名廩爲牢也。又《後漢・董卓傳》「搜牢」，牢，讀去聲。考「撈」字亦有去聲。又：牢，漉也，即讀平亦可通，猶言漉出者也，即今之湯糰也。薄莊，言餅之薄者。壯，傷也。醫家以艾灸爲三壯、五壯，後乃譌作層累之通用，而餅有疊砌者也。起溲，即麵起也。《禮・内則》「糗餌粉酏」，已該米麥屑粉之食。酏，即餈也。至公以「牢丸」作「牢九」，乃傳本之譌也。惜施本闕，無可考耳。今已更正。

又卷六《送蔡冠卿知饒州》　他日老人醻魏顆。施註：《左傳・宣公十五年》：魏武子有嬖妾，無子。武子疾，命顆曰：「必嫁是。」疾病則曰：「必以爲殉。」及卒，顆嫁之，曰：「疾病則亂，吾從其治也。」及輔氏之役，顆見老人結草以亢杜回，回躓而顛，故獲之。夜夢之曰：「余，而所嫁婦人之父也。爾用先人之治命，是以報。」查註：《烏臺詩案》：大理少卿蔡冠卿，準敕差知饒州，軾作詩送之。其云「橫前坑穽衆所畏」，以譏當時用事之人，有逆其意者，則設坑穽以陷之也。又云「布路金珠誰不裹」，以譏朝廷用事之人，有順其意者，則以利誘之，如以金珠布路也。又「爾來變化」二句，以譏士大夫爲利所誘脅，變化從之，雖舊號剛強，今亦然也。又云「憐君獨守廷尉法」，言冠卿屢與朝廷爭議刑法，以致不進用，出守小郡。又云「莫嗟天驥逐羸牛」，以冠卿比天驥，以進用不才比羸牛，以譏諷進用之人不當也。又云欲「試良玉須猛火」，玉經火不變，然後爲良，言冠卿經歷艱險折挫，節操不改也。誥案：冠卿别有爭婦人減等坐失出，故用魏顆事，此詩所指也。施註：阿云案乃冠卿指欲舉不當者。合註：引《長編》秦州民曹政案，乃坐失入者，與詩旨相反，並誤。

焦循《孟子正義》卷一八《萬章上》［趙岐注］　萬章曰：「舜之不告而娶，則吾既得聞命矣。帝之妻舜而不告，何也？」注：禮，娶須五禮，父母亢答以辭，是相告也。帝，謂堯也。何不告舜父母也。疏：注「禮娶」至「告也」。正義曰：五禮者，蓋納采、問名、納吉、納徵、請期，然後親迎也。《儀禮・士昏禮》記納采之辭云：「昏辭曰：『吾子有惠，貺室某也，某有先人之禮，使某也請納采。』對曰：『某之子惷愚，又弗能教，吾子命之，某不敢辭。』致命曰：『敢納采。』」記問名之辭云：

「問名曰：『某既受命，將加諸卜，敢請女爲誰氏？』對曰：『吾子有命，且以備數而擇之，某不敢辭。』」記納吉之辭云：「納吉曰：『吾子有貺命，某加諸卜，占曰吉，使某也敢告。』對曰：『某之子不教，唯恐弗堪，子有吉，我與在，某不敢辭。』」記納徵之辭云：「納徵曰：『吾子有嘉命，貺室某也。某有先人之禮，儷皮束帛，使某也請納徵。』致命曰：『某敢納徵。』對曰：『吾子順先典，貺某重禮，某不敢辭，敢不承命。』」記請期之辭云：「請期曰：『吾子有賜命，某既申受命矣。惟是三族之不虞，使某也請吉日。』對曰：『某既前受命矣，唯命是聽。』曰：『某命某聽命於吾子。』對曰：『某固惟命是聽。』使者曰：『某使某受命，吾子不許，某敢不告期。』曰『某日』。對曰：『某敢不須敬。』」凡此，皆父母亢答之辭也。《史記・酈生陸賈傳》云「與天子抗衡」，索隱引崔浩云：「抗，對也。」抗與亢通，亢答即對答。《漢書・高帝紀》「沛公還軍亢父」，注引鄭氏云「亢音人相抗答」是也。

程大中《四書逸箋》卷一《論語上》 仲弓節《集註》引《家語》之誤：《集註》引《家語》記伯子不衣冠而處，夫子譏其同人道於牛馬。元詹道傳纂箋曰：今《家語》無其文，《集註》誤也。伯子事載《説苑・修文》篇，孔子見子桑伯子，子桑伯子不衣冠而處云云，同人道於牛馬一句，乃劉向之言。向云：文質修者謂之君子，有質而無文謂之易野，子桑伯子欲同人道於牛馬，故仲弓曰太簡。《集註》蓋記録之誤耳。

又卷三《中庸》 燕毛。《周禮・司儀》職曰：王燕則諸侯毛。鄭司農註：毛，老也，「謂老者在上也。老者二毛，故謂之毛」。鄭氏《中庸》註：燕以髮色爲坐，祭時尊尊也，至燕，親親也。今《集註》從鄭氏，以毛爲毛髮，仍是老者在上意，太原閻氏據《周禮》駁《集註》未當。

沈欽韓《王荆公詩集李壁注勘誤補正》卷四《懷金陵》 玄武湖畔五龍堂。《建康志》：熙寧八年十一月十一日，王安石奏：臣切見金陵山廣地窄，人煙繁茂。爲富者田連阡陌，爲貧者無置錐之地。其北關外，有湖二百餘頃，古跡號爲玄武之名，前代以爲游翫之地，今則空貯波濤，守之無用。臣欲于內，權開丁字河源，泄去餘水決瀝微波，使貧困飢人，盡得螺蚌魚蝦之饒，此目下之利。水退之後，貧民得以春耕夏種。欲乞明敕所司，無以侵漁聚斂，只隨其田土色高低，歲收水面錢，以供公使庫之用。奉敕依。案：此狀廢湖爲田，蓋始于王安石也。增收後湖田租，則始于趙善湘。田出穀麥，所利者小；湖關形勢，所利者大。故著廢湖之因，以待復湖之人云。《一統志》云：自是開十字河，立四斗門，以泄水，湖遂廢爲田。歲久，舊跡益堙。惟城北十三里僅存一池，明初，復開濬。中有舊洲、新洲及龍引、蓮萼等洲。置庫于洲上，以貯天下圖籍。案：安石所奏，猶是欲涸梁山濼之故智也。《河渠志》：天禧元年，知昇州丁謂言城北有後湖，往時歲旱水竭，給爲民田。凡七十六頃，出租錢數百萬，蔭溉之利遂廢。今欲改田除租，跡舊制，復治岸畔，疏爲陂塘以蓄水，使負郭無旱歲，廣植蒲芡，養魚鼈，縱貧民漁采。嗚呼！安石號爲通儒，曾丁謂之不若也。五龍堂不可考。吳中帶城橋西，亦有五龍堂。江鄰幾《雜志》「余奉敕于五龍廟謝晴」，知京師及州郡，並有五龍堂也。

又《史記疏證》卷一 顓頊崩。《集解》皇甫謐曰：在位七十八年，年九十八。《水經注》曰：淇水北逕白祠山，東歷廣陽里，逕顓頊冢西，俗謂之殷王陵。非也。《帝王世紀》曰：顓頊葬東郡頓丘城南，廣陽里大冢者是也。《路史・後紀》曰：在位七十有六崩。韓愈云：年七十九。《世紀》云：九十八。二十一而立。或云：三十六立。皆非。按《新序》云：齊閭丘卬遮宣王曰：昔帝顓頊十二而治天下。故《禮》傳謂「顓帝十二而冠」。蓋因立而始加元服也。又曰：《郡國志》云：顓頊葬，俗名青冢山。崔鴻《前趙録》云：和苞諫劉曜曰：堯葬穀林市不改肆，顓帝葬廣陽下不及泉。《十道志》云：鮒鰅，即廣陽山之別名也。《寰宇記》在頓丘西北三十，通其記帝陵在相州，臨河。乾德四年，置先代帝王守陵戶，高陽在臨河。《寰宇記》：臨河東九里顓頊廟。而《九城志》順安高陽縣有顓頊陵，縣故隸瀛而臨河，濮陽與相出入也。然顏眞卿《吳地記》「烏程有顓頊陵」，則非矣。務顯《九域志》與作鮒鰅同。【略】

帝堯者。《集解》：《謚法》曰：翼善傳聖曰堯。《索隱》曰：堯，謚也。《路史・發揮》曰：學者疑謂放勳、重華文命，昔之人或以爲名，而堯及舜、禹在昔俱以爲謚，鮮有以爲名者。曰：否。皆名也。謚不出于古書傳，雖云謚出黃帝，然實出於周公，何以言之？予觀夏商帝王，皆非謚法知之也。死謚，周道也。古者生無爵，死無謚，故始皇之制曰：朕聞太古有號無謚，中古有號，死而以行爲謚。是以秦秀謂昔周公弔二季之陵，遲哀大道之不行，于是作謚以紀其終，非古有之。而穀梁子亦曰：武王崩，周公制謚法，大行受大名，小行受小名，所以懲惡而觀善也。世有謚法，輙悉文致。堯、舜、禹、湯、桀、紂之類而羼入之，蓋始於白虎群儒，斯最荒唐者也。夫堯、舜、禹之爲名，固自章也。堯曰「咨，汝舜」，舜曰「咨汝禹」。汝棄、汝契是果名也。若以爲謚，則棄、契、垂、益、夔、龍一皆爲謚，而後可有鯀在下曰虞舜，是豈鯀而在下已有謚乎？彼則又曰「此後世之追志」，斯亦罔矣。夫書之於名，分法最嚴密，世莫稽也。方舜未嗣，每書以舜，蓋未始一稱帝。逮其既立，則惟書帝而弗復書以舜。此則上古記史之法。如是抑豈先謚而後帝乎？昔魏周訢謂魏君曰：吾所賢者堯舜，堯而舜名，是古未嘗以爲謚也。然則其説謬于漢儒可知矣。

又《漢書疏證》卷一《高帝紀第一》 漢王引兵從故道出襲雍。孟康曰：故道，縣名，屬武都。齊召南曰：或疑故道即是褒中舊道。武都郡至武帝始置，豈此時即有故道縣乎？孟康説非也。予謂孟康説是「故道縣」，此時已有，但不屬武都郡，屬隴西郡耳。《曹參傳》「從還定三秦，攻下辨、故道、雍、斄，擊章平軍於好時南，破之」，即此事也。時雖無武都郡之名，而下辨故道二縣秦時早置，且其地接雍、斄，不必疑也。曰有證乎？曰：褒中棧道已燒絶矣，改從故道襲雍，則趙衍之計也。《功臣表》云：須昌侯趙衍以謁者，漢王元年初從起漢中雍軍塞渭上，上計欲還，衍言從它道道通，即此事也。它道者，故道之徑路，所以别於褒中棧道耳。雍兵敗。宋祁曰：「雍兵敗」，舊本作「雍州兵敗」。繕治河上塞。宋祁曰：史義云：塞，先代反。北河，靈夏州地也。秦時繕治。繕治河上塞。晋灼曰：《鼂錯傳》秦北攻胡，築河上塞。齊召南曰：按晋灼説，非也。此「河上塞」，即河上郡之北境，與匈奴邊界者。時都櫟陽，故急急繕治，非「秦時蒙恬所奪取河南地，因河爲塞」者也。蓋當諸叛秦時，匈奴稍復度河南，與中國界於故塞矣。《匈奴傳》自明，晋説非也。是年盡定雍地，又與關中乘邊塞，則北地、上郡、隴西凡與匈奴接界，俱置兵守戍，不獨河上之塞矣。高帝欲圖天下，先寔關中邊境使無内顧之憂，深謀遠慮如此哉！

又《後漢書疏證》卷一 岑自敗於東陽，遂與秦豐合。四年春，復寇順陽，閒遣禹護、復漢將軍鄧曄、輔漢將軍于匡擊破岑於鄧，追至武當，復破之，岑奔漢中。按：延岑始據漢中，降更始，復反，爲劉嘉、李寶所破。入武關，據藍田，復爲馮異所敗。遂走南陽，又爲耿弇所敗。走東陽，又爲朱祜、祭遵等所破。至此，禹復破之。五年，遂與田戎俱降公孫述。考岑始末，由關西至關東，與秦豐合兵轉在漢東，又田戎降蜀，泝江而上，岑之降路亦必出於此，不得復奔漢中也。當云「奔蜀中」。《一統志》東陽城在鄧州東，《州志》蓋即今之穰東鎮。武當，《方輿紀要》鄧城在襄陽府東北二十里，武當城今襄陽府，均州治。

陶澍《靖節先生年譜考异》卷下 義熙九年癸丑。四十九歲。吴《譜》有《與子儼等疏》云「告儼、俟、份、佚、佟，吾年過五十」云云。《南史》本傳載此文，末云：又爲《命子詩》以貽之。今按：《命子詩》是初得子儼時作，與《疏》不合。惟《責子詩》有五男兒，然儼時方年十六，俟年十四，份、佚皆年十三，佟八歲耳。先生悼亡在壯歲，而前夫人有所出，則《責子詩》當是四十後所作，亦非《與子儼等疏》時也。東坡云：淵明臨終疏告儼等。今按：《疏》稱年過五十，而先生享年六十有三，則此文又非屬纊時語。《疏》云：疾患以來，漸就衰損，自恐大分將有限。則是因多病早衰之故，預作治命耳。此後十三年，先生方物故。《自祭文》及《擬挽歌辭》，乃絶筆也。 澍按：先生是年四十九。斗南以《與子儼疏》繫於是年，誤。又斗南謂前夫人有所出，儼爲長子，必前夫人出也。先生悼亡在壯歲，計得儼必在三十以前。《命子詩》曰「於皇仁考」，必太公已前没，故稱仁考。江陵罹罰在辛丑歲，先生年已三十七。王、吴二譜謂丁外艱，則得儼時太公尚在，詎有預稱爲考者耶？

義熙十年甲寅。五十歲。王《譜》：君年五十。有《雜詩》云：「奈何五十年。」棄官來歸，至是得十年。故云：「荏苒經十載，暫爲人所羈。」澍按：先生《雜詩》有「奈何五十年」句。李公焕注云：此詩靖節年五十作也。時義熙十年甲寅初，廬山東林寺主釋慧遠集緇素百二十有三人，於山西巖下般若臺精舍結白蓮社，歲以春、秋二節朝宗靈像。及是秋七月二十八日，命劉遺民撰《同誓文》，以申嚴斯事。其間譽望尤著，爲當世推重者，號社中十八賢，劉遺民、張詮、雷次宗、宗炳、周續之、張野等預焉。時秘書丞謝靈運，才學爲江左冠，而負才傲物，少所推挹，一見遠公，遽改容致敬。因於神殿後鑿二池，植白蓮，以規求入社，遠公察其心雜，拒之。靈運晚節疎放不檢，果不克令終。中書侍郎范甯直節立朝，爲權貴潛忌，出守豫章。遠公移書邀入社，甯辭不至，蓋未能頓委世緣也。靖節與遠公雅素，爲方外交，而不願齒社列。遠公遂作詩博酒，鄭重招致，竟不可詘。按：梁僧慧皎《高僧傳》：遠公持律精苦，雖豉酒米汁及蜜水之微，且誓死不犯。

乃欽靖節風槩，顧我能致之者，力爲之不暇卹。靖節反麾而謝之。或與樵蘇田父班荆道舊，於何庸流能窺其趣哉！靖節每來社中，一日謁遠公，甫及寺外，聞鐘聲，不覺顰容，遽命還駕。法眼禪師晚參示衆云：「今夜撞鐘鳴，復來有何事？若是陶淵明，攢眉卻回去。」此靖節洞明心要，惟法眼特爲揄揚。張商英有詩云：「虎溪回首去，陶令趣何深！」謝無逸詩云：「淵明從遠公，了此一大事。下視區中賢，略不可人意。」遠公居山餘三十年，影不出山，跡不入俗，送賓遊履，常以虎溪爲界。他日，偕靖節、簡寂禪觀主陸修靜語道，不覺過虎溪數百步。虎輒驟鳴，因相與大笑而别。石恪遂作《三笑圖》。東坡贊之。李伯時《蓮社圖》，李元宗紀之。足摽一時之風致云。澍按：先生與遠公往還，無歲月可攷。而劉程之《誓願文》，則作於是年七月。遠公亦旋以十二年八月示寂，姑依李注，附次於此。

陳奐《詩毛氏傳疏》卷一《芣苢》 采采芣苢，薄言采之。《傳》：采采，非一辭也。芣苢，馬舄。馬舄，車前也。宜懷任焉。薄，辭也。采，取也。采采芣苢，薄言有之。《傳》：有，藏之也。疏：采采，非一辭。辭，當作詞。小箋云：謂非一采而已之詞。《韓詩章句》亦云：采采而不已也。芣苢，馬舄。馬舄，車前。《爾雅・釋草》文。郭注云：今車前草，大葉，長穗，好生道邊，江東呼爲蝦蟆衣。《正義》引《義疏》云：馬舄，一名車前，一名當道，喜在牛跡中生，故曰車前、當道也，今藥中車前子是也。幽州人謂之牛舌草，可鬻作茹，大滑，其子治婦人產難。《説文》：芣苢，一名馬舄。其實如李，令人宜子。《周書》所説段注引黄公紹《韻會》，載《説文》，李，作麥。案：唐慎微《證類本草》蘇頌《圖經》云：車前實如葶藶，赤黑色。據蘇説，則芣苢之實如麥，不如李。一本作其實如李，故解之者遂誤以芣苢爲木，不爲草。陶宏景《本草注》云：《韓詩》言芣苢是木似李，食其實宜子孫。然《韓詩》不言芣苢是木，陶未知何據也。又案：《釋文》引《韓詩》直曰車前，瞿曰芣苢。《文選》注引章句，芣苢，澤瀉也。《韓》以芣苢、車前爲别物，又以澤瀉爲同物，皆與《爾雅》、《毛傳》不合。傳云：宜懷任焉者，此即《周書》令人宜子之説也。任，古妊字。今《逸周書・王會篇》作桴苡，即芣苢。薄，辭。小箋云：辭當作詞。《説文》作䛐，意內而言外也。《説文》凡文辭作辭，辭説也。凡形容及語助發聲作䛐，如《芣苢》之「薄」，《漢廣》之「思」，《草蟲》之「止」，《大叔于田》之「忌」是也。薄，見《葛覃》矣，於此始爲傳者，漢人傳注，不限於首見也。案：《傳》爲全詩薄字發凡也。《後漢書・李固傳》注引《韓詩章句》，薄，辭也。辭亦當作詞。今《字通》作辭。《谷風》「薄送」，《出車》、《六月》「薄伐」，《車攻》「薄狩」，《泮水》「薄采」，薄，皆詞也。此篇及《采蘩》、《柏舟》、《出車》、《采芑》、《采緑》、《時邁》、《有客》、《駉》，皆曰「薄言」，言，亦詞也。《載馳》不爲「言」字作傳，《駉》不爲「薄言」作傳。余友高郵王引之《經傳釋詞》云：薄言，皆語詞。是也。箋薄言爲我薄，失之矣。采訓取者，傳爲采字通訓。采從爪，取從又，爪、又皆手也。《廣雅・釋詁》采，取也。《傳》云：有，藏之也者，藏之，謂收藏之也。《廣雅》：有，取也。高郵王念孫《疏證》云：詩之用詞，不嫌於複。有，亦取也。首章泛言取之，次則言其取之之事，卒乃言既取而盛之以歸耳。若首章既言藏之，而次章復言掇之、捋之，則非其次矣。奐謂訓有爲取，或本三家詩義，毛意則以首章泛言取藏，下二章乃分承之耳，掇之、捋之，即承首章采之而言。袺之、襭之即承首章有之而言，藏古作臧。

程恩澤等《國策地名考》卷一 周 原注：子奇案：凡原注皆鮑彪注；凡正曰、補曰，皆吳師道注。後並同。《漢志》：河南洛陽、穀城、平陰、偃師、鞏、緱氏，皆周地也。《通典》：周之封域，其西得今河南、洛陽、偃師；東至緱氏、鞏縣；南得伊闕；北至于河。當戰國時，其境最狹。今按偃師當在周東。正曰：按《大事記》周貞定王二十八年，考王初立，封其弟揭於河南，是爲河南桓公。河南，即郟鄏。武王遷九鼎，周公營以爲都，是爲王城。洛陽，周公所營下都，以遷頑民，是爲成周。平王東遷，定都王城。王子朝之亂，敬王徙都成周，至是，考王以王城故地封桓公焉。平王東遷之後，所謂西周者，豐、鎬也；東周者，東都也。威烈王以後，所謂西周者，河南也；東周者，洛陽也。考王十五年，河南惠公復自封其少子班於鞏，以奉王號。顯王二年，趙與韓分周爲二，於是東西各爲列國。顯王雖在東周，特建空名，是後史傳所載致伯賜胙之類，周王也。征伐謀策稱東西周君者，皆謂二周也。《周本紀》云，赧王時東西周分治，非也。赧王特徙都西周耳，當以趙世家爲正。以上並《大事記》文。按高誘注，西周王城今河南，東周、成周，今洛陽。《世本》云：西周桓公名揭，居河南；東周惠公名班，居洛陽。及《索隱》、《正義》，所載甚詳，獨邵子《經世書紀》赧王爲西周君，與東周惠公並而不紀，而周公仍舊，誤也。飽考之不精，即以西周爲王，謂之正統，亂易舊次，此開卷第一繆。近時陳振孫《書錄》，特舉其首西周爲美，亦失考，所當改正從舊。又考《春秋》書王城、成周，《公羊傳》曰：王城者何？西周也。成周者何？東周也。說亦甚明。昭二十六年，天王入于成周，《左傳》以十二月入王城，三十二年城成周，蓋敬王定遷在既城之後，而孫莘老胡康侯皆以成周即京師，亦未考王城、成周之實，而誤合爲一也。張氏琦曰：西周居河南，今府城西北故王城是；東周居鞏，今縣是；洛陽則王所都也。《漢志》鞏縣上云：東周君所居。《通典》曰：東周君居鞏。《索隱》曰：西周，河南也；東周，鞏也。《正義》曰：兩周謂河南及鞏。呂氏謂東周爲洛陽，本《世本》及高誘注，未審也。《史・蘇秦傳》云：東周洛陽人。《正義謂》敬王以子朝之亂，從王城東遷洛陽，乃號東周，故《公羊傳》曰，成周者何？東周也。是乃《春秋》之東西周，王赧以上所居，史公仍舊號而稱之，不可以說戰國矣。東西並爲列國，而西封在前，又王赧徙都于西，則首西周于義未爲失也。又《史・周紀》考王十五年崩，子威烈王午立，考王封其弟於河南云云，蓋綜其事如此。呂氏謂東周惠公之封在考王十五年。按桓公封自考王歷威至惠又封其少子，豈猶在考王之世？王伯厚《通鑑地理通釋》引呂氏曰：威烈王嗣位，西周惠公封其少子與此異，則吴氏引《大事記》而亂其詞也。趙氏翼曰：東周乃自西周之王城分出，非敬王所都之成周也。分封於鞏者曰東周，而河南惠公本在王城，則仍西周之號，此東西周皆在河南，而周王之都於成周自若也。《國策》所謂周王者，都於成周之王也，所謂東周君西周君者，則河南之都於王城，及分封於鞏者也。恩澤。案：周本地名，在今陝西鳳翔府岐山縣東北五十里。《地理志》右扶風美陽岐山在西北中水鄉，周太王所邑。《郡國志》美陽有周城。杜預曰：城在縣西北。《帝王世紀》曰：周太王所徙，南有周原。《水經注》岐水逕周城南，又歷周原下，北則中水鄉成周聚。《括地志》：故周城一名美陽城，在雍州武功縣西北二十五里，即太王城也。《通典》：美陽縣故城在武功縣北七里。《輿地廣記》：鳳翔府扶風縣岐陽鎮，漢美陽縣也。周太王邑于岐山之下即此。《詩》所謂居岐之陽也。太王自豳徙此，其後王季宅程，文王居豐，武王居鎬，相沿不改。及有天下，遂以爲號。《淮南子》注：岐山今之美陽北山，其下有周原，因是以爲天下號。傳三十七世，至赧王五十九年，爲秦所滅，後七年并滅東西周。案《周本紀》赧王五十九年西周君奔秦，盡獻其邑三十六口三萬，秦受其獻，歸其君於周。赧王卒後七歲，秦莊襄王滅東西周。飽首西周，吴氏譏之，皆非也。戰國時周德雖衰，天命未改，不應舍周王而僅列東西周。玆故以周居首，則天子所都也，洛陽也，即成周也。西周次之，桓公所封也，河南也，即王城也。東周又次之，惠公少子所封也，鞏也。其疆域難於區別，姑依《漢志》總叙於三周之後，至赧王徙都王城，則成周之地蓋先失之矣。

劉寶楠《論語正義》卷二《爲政》[邢昺注]

子游問孝。注：孔曰：「子游，弟子，姓言名偃。」子曰：「今之孝者，是謂能養。至於犬馬，皆能有養。不敬，何以別乎？」注：包曰：「犬以守禦，馬以代勞，皆養人者。一曰：『人之所養，乃至於犬馬，不敬，則無以別。』《孟子》曰：『食而不愛，豕畜之。愛而不敬，獸畜之。』」正義曰：王氏引之《經傳釋詞》：「是謂能養。」是與祇同義。故薛綜注《東京賦》曰：祇，是也。《說文》：養，供養也。《孝經》云：用天之道，分地之利，謹身節用，以養父母，此庶人之孝也。《大戴禮・曾子本孝》云：庶人之孝也，以力惡食。盧辯注：分地任力致甘美，蓋庶人能養不能敬。若語於士，則養未足爲孝。故《坊記》言小人皆能養其親，君子不敬，何以辨？小人即庶人，君子，則士以上通稱。又《曾子・立孝》云：君子之孝也，忠愛以敬。又云：盡力無禮，則小人也。盡力，即以力致養之事。無禮，即不敬也。《孝經》又云：故母取其愛，而君取其敬，兼之者父也，蓋士之孝也。與《曾子・立孝》所言君子之孝同，明能敬爲士之孝。夫子告子游，正以爲士之道責之矣。《孝經》又云：孝子之事親也，居則致其敬，養則致其樂。《禮・内則》：曾子云：孝子之養老也，樂其心不違其志。樂其耳目，安其寢處，以其飲食忠養之。二文所言養，皆養志之道，其不廢敬可知。《祭義》云：衆之本教曰孝，其行曰養。養可能也，敬爲難；敬可能也，安爲難；安可能也，卒爲難。是敬猶非至孝，特視祇能養者爲難耳。犬馬皆獸名，別者，分也。見《廣雅釋詁》，此常訓。漢石經無乎字。注：子游弟子姓言名偃。正義曰：《仲尼弟子列傳》，言偃，吴人，字子游，少孔子四十五歲。《家語・弟子解》作魯人，少孔子三十五歲，與史違異，非也。下篇子夏稱言游，又子游答夫子稱偃之室，是姓言名偃也。《說文》：游，旌旗之流，從㫃汓聲。漢石經於《子張篇》作子斿，斿即游省，游從㫃。《說文》：㫃，旌旗之游，㫃蹇之貌。從屮曲而垂下，㫃相出入也，讀若偃，是㫃偃聲同。古人名㫃字游，若晉籍偃、荀偃、鄭駟偃、及此言偃，皆字游，本皆作㫃，叚偃字爲之。注：犬以至畜之。正義曰：注前後兩說，前說以犬馬皆能養人，養則服事之義。若人子事親，但能養而不敬，則無以異於犬馬之服養人也。毛氏奇齡《論語稽求篇》引唐李嶠《表》云：犬馬含識，烏鳥有情，寧懷反哺，豈曰能養？馬周疏云：臣少失父母，犬馬之養，已無所施。宋王豐甫《表》云：

犬馬之養未伸，風木之悲累至。皆用包義，以犬馬喻人子。養爲服養也。後說以犬馬喻父母，於義難通，自昔儒者多譏之。引《孟子》者，《盡心篇》文。注二說外，又有三說：包氏愼言《論語溫故録》：犬馬二句，蓋極言養之事，雖父母之犬馬，今亦能養之也。《內則》：父母之所愛亦愛之，父母之所敬亦敬之，至於犬馬盡然，而況於人乎。此敬養兼至，故爲貴也。若今之孝者，不過能養，雖至於父母所愛敬之犬馬，亦能養之。然祇能養父母，不能敬也。何以別，謂何以別乎今也。《鹽鐵論・孝養篇》：善養者，不必芻豢也，以己之所有，盡事其親，孝之至也。故匹夫勤勞，猶足以順禮，歠菽飲水，足以致敬。孔子曰：今之孝者，是謂能養，不敬，何以別乎？故上孝養志，其次養色，其次養體。貴其體，不貪其養，體順心和，養雖不備，可也。此引《論語》以不敬句與能養句聯文，則別謂乎別今之孝者，此一說也。翟氏灝《考異》引《坊記》之文，謂《坊記》唯變犬馬爲小人，餘悉合此章義。《荀子》云：乳彘觸虎，乳狗不遠游，雖獸畜，知愛護其所生也。束晳《補亡》詩：養隆敬薄，惟禽之似，爲人子者，毋但似禽鳥知反哺已也，皆與《坊記》言通。此又一說也。先兄五河君《經義說略》，謂《坊記》小人，即此章犬馬。《公羊》何休注：言大夫有疾稱犬馬，士稱負薪。犬馬負薪，皆賤者之稱，而大夫士謙言之。《孟子》：子思曰：今而知君之以犬馬畜伋也。然則犬馬謂卑賤之人，若臧獲之類，此又一說也。諸說當與注前義並存。

又卷一九《季氏》 孔子曰：「見善如不及，見不善如探湯。吾見其人矣，吾聞其語矣。隱居以求其志，行義以達其道。吾聞其語矣，未見其人也。」注：孔曰：探湯，喻去惡疾。正義曰：如不及，如己所不及也。《文子・上德篇》：文王見善如不及。《孟子》云：文王望道而未之見言，文王如未之見也，亦如不及之意。探湯者，以手探熱，易致傷害也。《爾雅・釋詁》：探，取也。郭注：探者，摸取也。《說文》：湯，熱水也。《孟子》：冬日則飲湯。《列子・湯問篇》：日初出，則滄滄涼涼，及日中如探湯。亦以探湯喻熱。《大戴禮・曾子立事》云：見善恐不得與焉，見不善者，恐其及己也。盧《辨注》引此文，明探湯即恐其及己之意。聞其語皆謂古語，隱居求志，行義達道，若伊尹耕莘而樂。堯舜之道及湯三聘而行，其君臣之義以達其所守之道者也。春秋之末，賢人多隱，故長沮桀溺，接輿丈人，皆潔己自高，不復求其所志。夫子未見之歎，正緣於此。然夫子處無道之世，周遊諸侯，棲棲不已。而又言天下有道，則見無道，則隱隱者，即此隱居求志之謂，非如隱而果於忘世也。《孟子》云：故士窮不失義，達不離道。窮不失義，故士得己焉。達不離道，故民不失望焉。與此語義，正同程氏瑤田《論學小記》：隱居以求其志，求其所達之道也。當其求時猶未及行，故謂之志，行義以達其道，行其所求之志也。及其行時不止於求，故謂之道志與道通一無二。故曰：士何事？曰：尙志。案：《後漢書・逸民列傳・序》引此文，李賢注云：求志，謂長沮桀溺，如其說，則夫子固見其人矣。○注：探湯，喻去惡疾。○正義曰：毛氏奇齡《賸言》案《扁鵲傳》：湯液醴灑，所以治病者，故以探湯去疾爲卻惡之喻。今案《漢書・楚元王傳》：向上封事，曰見不善如探湯。今二府奏佞讇不當在位，歷年而不去。顏師古注「探湯」言：其除難無所避也，與去疾義同。或《論語》舊說如此，僞孔襲其義也。

丁晏《曹集銓評》卷二《洛神賦》 黃初三年，余朝京師，還濟洛川。古人有言，斯水之神名曰宓妃。感宋玉對楚王說《藝文》七十九。程脫「說」。神女之事，遂作斯賦。其詞曰：【略】余情悅其淑美兮，心振蕩而不怡。無良媒以接歡《御覽》作「欣」。兮，託微波而通辭。願誠素之先達兮，解玉珮以張作「而」。要之。嗟佳人之信修兮，張本。程脫「兮」。羌習禮而明詩。抗瓊珶以和予兮，指潛淵而爲期。執眷眷之款實兮，懼斯靈之我欺。感交甫之棄言兮，悵猶豫而狐疑。收和顏而靜志兮，申禮防以自持。於是洛靈感焉，徙倚彷《文選》作「徬」。徨。神光離合，乍陰乍陽。竦輕軀以鶴立，若將飛而未翔。踐椒塗之郁烈，步蘅薄而流芳。超長吟以永慕兮，聲哀厲而彌長。爾迺衆靈雜遝，命儔嘯侶。或戲清流，或翔神渚；或采明珠，或拾翠羽。從南湘之二妃，攜漢濱之游女。歎匏瓜之無匹兮，詠牽牛之獨處。揚輕袿之猗張作「綺」。靡兮，張脫「兮」。翳修袖以延佇。體迅飛鳧，飄忽若神。陵波微步，羅襪生塵。動無常則，若危若安。進止難期，若往若還。轉盼文選作眄。流精，光潤玉顏。含辭未吐，氣若幽蘭。華容婀娜，令我忘餐。於是屏翳收風，川后靜波。馮夷鳴鼓，女媧清歌。騰文魚以警《文選》作「警」。乘，鳴玉鑾以偕逝。六龍儼其齊首，載雲車之容裔。鯨鯢踴《書鈔》一百四十一作「聳」。而夾轂，水禽翔而爲衛。於是越北沚，過南岡。紆素領，回清揚。《文選》，程、張作「陽」。動《御覽》三百六十八作「啓」。朱脣以徐言，陳交接之大綱。恨人神之道殊兮，張脫「兮」。怨盛年之莫當。抗羅袂以掩涕兮，淚流襟之浪浪。悼良會之永絕兮，哀一逝而異鄉。無微情以效愛兮，獻《御覽》七百十八作「珥」。江南之明璫。雖潛處於太陰，長寄心於君王。晏案：序明云擬宋玉《神女》爲賦，寄心君王，託之宓妃洛神，猶屈、宋之志也。而俗說乃誣爲感甄，豈不謬哉！又案：感甄妄說，本於李善注引記曰云云。蓋當時記事媒蘖之詞，如郭頒《魏晉世語》、劉延明《三國略記》之類，小說短書，善本書麓無識，而妄引之耳。五臣注不言感甄，視李注爲勝。何義門曰：《魏志》：甄后三歲失父，後袁紹納爲中子熙妻。曹操平冀州，丕納之於鄴。安有子建求爲妻之事？小說家不過因賦中「願誠愫之先達」二句而附會之耳！示枕賚枕，里巷之人所不爲，況帝又猜忌諸弟，留宴從容正不可得。感甄名賦，其爲不恭，豈特醉後悖慢，脅從使者之可比耶？方伯海曰：甄逸女，袁譚妻。操以賜丕，生叡，即魏明帝也。以名分論，親則叔嫂，義則君臣，豈敢以感甄二字顯形筆札？且篇中贈以「明璫」，期以「潛淵」，將置丕於何地乎？且序明說是洛神，與甄后何與！總是當日媒櫱其短者，欲以誣甚其罪爾。植之得免於罪，亦以序文甚明，故叡無可以罪植也，此事何可不辨？張溥本云：夔按：植在黃初時猜嫌方劇，安敢於帝前思甄泣下？帝又何至以甄枕賜植？此國章家典所無也。若事因感甄，而名托洛神，間有之耳，豈待明帝始改！皆傳會者之過耳！

胡培翬《儀禮正義》卷二《冠禮》 陳服于房中西墉下，東領北上。墉，牆。疏：正義曰：陳服，陳將冠者之衣服，即下爵弁服、皮弁服、玄端三服也。房中，東房中也。大夫士寢廟之制，室在中，有東房，有西房，與諸侯同。注、疏謂大夫士有東房，無西房，其說非也。辨見後。江氏永《鄉黨圖考》云：大夫士陳器服，及婦人行禮，常在東房。經有直言房者，省文耳。非謂止有一房，不必言東也。方氏苞云：贊者，立於房中，負東墉，將冠者房中南面，當戶近於西，故服陳西墉下，取之便也。凡著衣，必絜其領，故東領亦取之便也。今案：東房之西墉，即室之東墉也。北上者，爵弁服在北，皮弁服次南，玄端最南。冠時，先用卑服自南而北，亦取之便也。○注：「牆下」，《集釋》有「也」字，嚴本無。云「墉牆」者，牆是總名。以經文考之，凡室中房中與夾之牆，則謂之墉。堂上之牆則謂之序，堂下之牆則謂之壁。其實一也。

黃汝成《日知録集釋》卷一二《河渠》 黃河載之《禹貢》，東過洛、汭，至於大伾；北過洚水，至於大陸。又北播爲九河，同爲逆河入於海者，其故道也。漢元光中，河決瓠子東南，注鉅野，通於淮、泗。武帝自臨，發卒數萬人塞之，築宮其上，名曰「宣防」。導河北行，復禹舊迹，而梁楚之地復寧，無水災。自漢至唐，河不爲害幾及千年。【閻氏曰】按此說大非，「復禹舊迹，無水災」，此《史記・河渠書》之文。若《溝洫志》則續之曰：「自塞宣房後，河復北決於館陶，分爲屯氏河。」《地理志》「魏郡館陶」下注云：「河水別出爲屯氏河，東北至章武入海」是也。雖不知的在何年，要武帝元封二年壬申後，宣帝地節元年壬子以前事。余嘗謂禹之時，河自碣石入海，至周定王五年，河徙，從鄴縣東北入海，此一變也。漢武元封後、宣帝地節前，河又從勃海郡章武縣入海，此又一變也。古今大事，而亭林亦未考及耶。【錢氏曰】田蚡言：「江河之決皆天事，未易以人力強塞，彊塞之未必應天。」此老成謀國之言。當時惡蚡者，謂蚡奉邑在河北，故沮塞河之役，其實非公論也。

朱緒曾《曹集考异》卷二《敘愁賦》 時家二女弟，故漢皇帝聘以爲貴人。「故」字，《撰録》所加。當作賦時不得云「故」也。家母見二弟愁思，故令予作賦。曰：《魏書・武帝紀》：建安十八年，天子聘公三女爲貴人。少者待年，於國二十年春正月，天子立公中女爲皇后。《陳留王奐紀》：景元元年夏六月己未，故漢獻帝夫人節薨，帝臨於葬林園，使使持節追謚夫人爲獻穆皇后。及葬，車服制度，皆如漢家故事。《後漢書》：獻穆皇后諱節，魏公曹操之中女也。建安十八年，操進三女憲、節、華爲夫人，聘以束帛玄纁五萬匹。小者待年，於國十九年並拜爲貴人。及伏皇后被弒，明年，節爲皇后。魏受禪，遣使求璽綬，后怒不與。如此數輩后乃呼使者入，親數讓之，以璽抵軒下，因涕泣橫流，曰：「天不祚爾。」左右莫能仰視。后在位七年，魏氏既立以后，爲山陽公夫人。自後四十一年，魏景元元年薨，合葬禪陵，車服禮儀皆依漢制。《御覽・皇親部》引《續漢書》：孝獻曹皇后，丞相魏王操女也，名憲。建安十八年，上納操二女於後宮，皆以爲貴人。明年，伏皇后薨，憲爲皇后。二十五年，獻帝禪位於魏，憲拜山陽公夫人。按：陳壽、范蔚宗皆云節爲皇后。司馬彪云憲爲皇后。未知孰是。司馬彪《續漢書》：曹騰父節，字元偉。侯康案：《後漢書・皇后傳》云：獻穆曹皇后諱節，魏公操之中女也。《魏書三少帝紀》云：景元元年六月，故漢獻帝夫人節薨。若騰父名節，操不應復以名其女。陳少章謂《藝文類聚》引《續漢書》：曹騰父名萌。與《裴注》異，恐當以裴爲正。又考《御覽》一百三十七引《續漢書》云：孝獻皇后名憲。是不與騰父同名。但《後漢書》又以憲爲操長女，節次女。諸說差互，未知孰是。緒曾按：曹節字漢豐，南陽新野人。曹騰字季興，沛國譙人。俱見《後漢書》。騰父萌，以《類聚》所引《續漢書》爲是。騰父節或與南陽字漢豐者同名，操必無復以節名女之事，知作萌是也。嗟妾身之微薄，信未達乎義方。遭母氏之聖善，奉恩化之彌長。迄盛年而始立，修女職於衣裳。承師保之明訓，誦六列之篇章。

朱緒曾《汲冢紀年存真》卷上 自盤庚徙殷至紂之滅二百七十三年，更不徙都，紂時稍大其邑，南距朝歌，北據邯鄲皆爲離宮別館。《史記・殷本紀正義》《殷本紀》曰：紂「益收狗馬奇物，充牣宮室，益廣沙邱苑臺，多取野獸蜚鳥置其中。」又云：武王殺紂，封紂子武庚、祿父以續殷祀，令脩行盤庚之政。殷民大說。《呂氏春秋・愼大覽》曰：武王克殷，問衆之所欲，殷之遺老對曰「欲復盤庚之政」。夫紂之前，賢聖之君六七作，而武王獨令脩行盤庚之政者，豈不以其地盤庚始居之，其政爲民所習而安焉者乎？《戰國策》曰：紂昔聚兵百萬，左飲淇水竭，右飲洹水不流。《太平御覽》一百六十一卷引《圖經》曰：安陽，紂都也，在淇、洹二水之間，本殷虛所謂北冢是也。此二條尤爲盤庚至紂「更不徙都」之明證。僞《紀年》乃云武乙遷河北，自河北遷于沫，襲《史記》之謬，遂幷將此「不徙都」之正文刪而不録，何其妄哉！朝歌故城在河南衛輝府淇縣東北，邯鄲故城在直隸廣平府邯鄲縣西南。《括地志》曰：相州、安陽本盤庚所都，南去朝歌城百四十六里，沙邱臺在邢州平鄉縣東北二十里。平鄉今屬直隸順德府。《太平御覽》一百七十八引《郡國志》曰：衛州苑城北十四里沙邱臺，俗稱妲己臺。去二里有一臺，南臨淇水，俗稱上宮臺也。此別一沙邱臺。《水經・淄水注》、臣瓚《漢書・地理志》注並云「汲郡古文殷時已自有應國」，《路史・國名紀》亦云爾。然則今本《紀年》云「盤庚七年應侯來朝」，或是竹書本文，但未見古籍援引，未敢信也。

俞樾《群經平議》卷二〇《儀禮》 大明生於東，月生於西。注曰：大明，日也。樾謹按：日生於東，人所其見。月生於西，其理難言。《正義》於此無説。上文爲「朝夕必放於日月」。注曰：日出東方，月生西方。《正義》曰：日旦出自東方，故於東方而朝之。月初生出自西方，故於西方而祀之。此説殊有未安。月初生之夕見于西方，是其將入，非其始出也。豈得因此而謂月生西方乎？月生西方，蓋古渾天家説。渾天家謂地在其中，天包其外，猶如鷄卵白之繞黄。近來西人之説，謂水地合一圓球，四面居人，其地度經緯正對者，兩處之人以足版相抵而立。梅氏文鼎《天學疑問》極言其可信。然則日月出入本無一定，在此處爲入者，在彼處正爲出矣。日東月西，聖人據理以斷之，以爲日生於東，從地上西行而入於地下；月生於西，從地下東行而出於地上。此陰陽之正位，亦升沈之定理。吾所立之處，如是即與吾上下相對之處。亦如是學者不明乎此，則月生於西之説終莫能明矣。下文「君西酌犧象，夫人東酌罍尊」。鄭注曰：象日出東方而西行也，月出西方而東行也。下「出」字於理未圓。蓋日出東方，吾之所見也；月出西方，吾之所不見也。吾所不見，不可以爲説，當依經文作「生」字，斯無語病矣。據上注云「日出東方，月生西方」，疑此注亦然，傳寫者誤耳。《祭義篇》亦曰：日出於東，月生於西。不言月出於西也。張氏敦仁作《鄭注考異》，據山井鼎説反欲改上注「月生西方」爲「月出西方」，謬也。

陳啓源《毛詩稽古編》卷二三《周頌・敬之》 《敬之》。疏謂《周頌》諸篇皆當時實有其事，詩人見之而述爲歌，則作者主名不可考矣。《閔予小子》四篇，當是一人手筆。《敬之》篇述成王君臣相告語之言，皆旁人代爲之詞耳。《朱傳》曰，成王受羣臣之戒而述其言，又曰乃自爲答之之詞，是眞以此四詩爲成王作矣。「陟降厥士」，士，事也，天之事也，二氣之運行，萬物之化育，皆天之升降其事也。《朱傳》曰，陟降於吾之所爲，則與「日監在兹」意複矣。

又卷二六《總詁・考異》 《鄭箋》破字異同。康成釋詩多改經字以就己説，説詩者譏之。然其間得失懸殊，不能無辨。今悉考之，有自據當時讀本未嘗改者，如願言則疐，疐爲嚏。《釋文》云：嚏本又作疐。素衣朱繡，繡爲綃。《魯詩》作綃，見《士昏禮》注。東有甫草，甫作圃。《韓詩》作圃，又甫圃古通用。古之人無斁，斁爲擇。孔疏云：此經斁字本有作擇者。串夷載路，串爲患。《釋文》云：串一本作患，疏亦云。好是稼穡，稼穡維寶，稼穡皆爲家嗇。《釋文》云：案鄭本二字皆無禾，疏亦云。景員維河，河爲何。《釋文》云：河本亦作何。是也。有古字音義本相通者，如其虛其邪，邪爲徐。古邪徐音同，《魯頌》邪字叶徂，《爾雅・釋訓》作其徐。籧篨不殄，殄爲腆。疏引《儀禮》注云：腆古文字作殄。其魚魴鰥，鰥爲鯤。疏云：鰥鯤古通用。烝在栗薪，栗爲裂。鄭自云：古聲栗裂同。公孫碩膚，詒厥孫謀，孫皆爲遜。疏云：古遜字借孫爲之。示我周行，示爲寘。疏云：古示寘同讀。視民不恌，視爲示。鄭自云：視古示字。鄂不韡韡，不爲柎。鄭自云：古聲不附同。抑此皇父，抑爲噫。抑懿噫通用，辨各詳本詩。飲酒溫克，溫爲蘊。疏云：溫蘊通用。既匡既敕，匡爲筐。《説文》云：匡，飲器，筥也。筐乃重文。垂帶而厲，厲爲裂烈，假不瑕烈，假爲厲瘕。《祭統》厲山氏，《魯語》作烈山氏，可見古厲、裂、烈通用。維其勞矣，勞爲遼。疏云：字相假借。孔棘我圉，圉爲禦。圉、禦通用，辨詳正字。靡人不周，周爲賙。賙通用，周字之常。懿厥哲婦，懿爲噫。不云自頻，頻爲濱。置我鞉鼓，置爲植辨皆詳本詩。是也。此二者似改字而實非改也。又有改其字而不改其義者，如白茅純束，純爲屯。其之展也，展爲禮。隰則有泮，泮爲畔是也。有所改之，字義雖小異，而不甚相遠者，如自貽伊阻，所謂伊人，伊可懷也，伊誰云憎，伊字皆爲緊。出其闉闍，闍爲都。既敬既戒，敬爲儆。立我烝民，立爲粒。幅隕既長，隕爲圓是也。有改之而有補於文義者，如良馬祝之，祝爲屬。齊子豈弟，豈弟爲闓圛。其弁伊騏，騏爲綦。疏云：《禮》無騏色，弁，《顧命》有之者，新主特設此，使士服之，此言諸侯常服，當作綦。《釋文》云：騏，《説文》作璂，云弁飾也。或亦作璂。浸彼苞稂，稂爲涼。無相猶矣，其德不猶，猶皆爲瘉。勿罔君子，勿爲末。舟人之子，舟爲周。熊羆是裘，裘爲求。賓載手仇，仇爲𣂪。莫肯下遺，遺爲隨。謂之尹吉，吉爲姞。應田縣鼓，田爲棟是也。有改之而無改於文義者，如悅懌女美，懌爲釋。山有橋松，橋爲槁。其人美且鬈，鬈爲權。有蒲與簡，簡爲蓮。田畯至喜，喜爲饎。《七月》、《大田》同。其祁孔有，祁爲麎。攘其左右，攘爲饟。上帝甚蹈，蹈爲悼。有兔斯首，斯爲鮮。其政不獲，政爲正。以歸肇祀，后稷肇祀，肇域彼四海，肇皆爲兆。用狄蠻方，狄彼東南，狄皆爲剔。實墉實壑，實爲是。來旬來宣，旬爲營。徐方繹騷，繹爲駱。鋪敦淮濆，敦爲屯。何天之龍，龍爲寵是也。有改所不必改，而文義反迂者，緑兮衣兮，緑爲褖。說於農郊，說爲襚。竢我乎堂兮，堂爲棖。他人是愉，愉爲偷。小人所腓，腓爲芘。不可與明，明爲盟。似續妣祖，似爲巳。辰巳之巳。君子攸芋，芋爲幠。維周之氐，氐爲桎。之實之履二切。先祖是皇，《楚茨》、《信南山》。烝烝皇皇，皇皆爲暀。《爾雅·釋文》音旺。俶載南畝，《大田》、《載芟》、《良耜》。俶載爲熾，菑式勿從，謂式爲慝，無自瘵焉，瘵爲際。后稷不克，克爲刻。先祖於摧，摧爲嗺。《釋文》子雷反。草不潰茂，潰爲⿱雨是。賚我思成，賚爲來。及序哀窈窕，哀爲衷。刺幽王，幽爲厲。《十月之交》、《雨無正》、《小旻》、《小弁》四序同。祀高宗，祀爲祫《玄鳥》序。是也。

又卷二八《辨物》　《陸疏》言榛有二種，一種枝葉如栗，子如橡子，味亦如栗。一種枝葉如木蓼，高丈餘，子作胡桃味，遼東、上黨皆饒。案：味如胡桃者，今人用爲果，俗呼榛子，品與松子相亞，非栗類也。詩言五榛，爲果實者四。詳見正字。邶、鄘、大雅，先儒皆以爲似栗，曹在兗豫間，木必產遼，果大抵四，榛皆栗耳。

王先謙《荀子集解》卷一七《性惡篇》　問者曰：「人之性惡，則禮義惡生？」禮義從何而生？惡音烏。應之曰：凡禮義者，是生於聖人之僞，非故生於人之性也。故，猶本也。言禮義生於聖人矯僞抑制，非本生於人性也。故陶人埏埴而爲器，陶人，瓦工也。埏，擊也。埴，埴黏土也。擊黏土而成器。埏音羶。然則器生於工人之僞，非故生於人之性也。言陶器自是生於工人學而爲之，非本生於人性自能爲之也。或曰：「工人」當爲「陶人」。故，猶本也。王念孫曰：楊後說以此「工人」爲「陶人」之誤，是也。此文本作「故陶人埏埴而爲器，然則器生於陶人之僞，非故生於陶人之性也。故工人斲木而成器，然則器生於工人之僞，非故生於工人之性也」。今本「陶人之性」、「工人之性」，皆作「人之性」，此涉上下文「人之性」而誤。下文云「瓦埴豈陶人之性」、「器木豈工人之性」，是其明證矣。

又《漢書補注》卷一《高帝紀第一上》　高祖，荀悅曰：諱邦，字季，邦之字曰國。張晏曰：《禮謚法》：無高，以爲功最高而爲漢帝之太祖，故特起名焉。師古曰：邦之字曰國者，臣下所避以相代也。［補注］先謙曰：《史記》云「字季」。《索隱》案：《漢書》「名邦，字季」。此單云字，亦又可疑。案：高祖長兄名伯，次名仲，不見別名，則季亦是名也。故項岱云：高祖小字季，即位，易名邦，後因諱邦，不諱季，所以季布猶稱姓。先謙案：今《漢書》無此文，《索隱》所云，殆《漢紀》之誤。惠棟《後漢書補注》云：洪邁曰：之字之義訓變。《左傳》：周史以《周易》見陳侯者，陳侯使筮之，遇觀之否，謂觀六四變爲否也。他皆放此。棟謂之猶適也，適則變矣。《易·繫辭》曰：惟變所適。京房論卦有適變是也。避諱改文，與卦變同，故云之。沛豐邑中陽里人也，應劭曰：沛，縣也。豐，其鄉也。孟康曰：後沛爲郡，而豐爲縣。師古曰：沛者，本秦泗水郡之屬縣。豐者，沛之聚邑耳。方言高祖所生，故舉其本稱以說之也。此下有「縣鄉邑告喻之」，故知邑繫於縣也。［補注］劉攽曰：予謂沛豐郡縣名，史官用漢事記錄耳。吳仁傑曰：《史記》世家、列傳所載邑望，大抵書某縣某鄉，或略之則曰某縣，鮮有列郡縣名者。如蕭何沛豐人，陳平陽武戶牖人，項羽下相人，陳涉陽城人，此類是也。至《漢書》文景以來諸臣傳，始兼列郡縣名。如《史記》張釋之，但曰堵陽人。衛青，但曰平陽人，《漢書》則曰南陽堵陽，河東平陽，此類是也。帝紀比世家、列傳加詳，故縣邑里名皆具。《高紀》所著縣邑，乃《史記》本文。則知所謂沛豐邑者，沛縣之豐邑，非用漢事紀錄然也。《春秋傳》都曰城，邑曰築，則都大而邑小。至秦商鞅集小都鄉邑聚爲縣，故縣有仍用邑名，如栒邑、左邑之類爲多。今《地理志》沛郡屬縣有豐，而不云豐邑，此足以知《紀》所云豐邑，非縣名也。中陽者，里名。荀悅《漢紀》云：劉氏遷於沛之豐邑，處中陽里，而高祖興焉。《刊誤》以「沛豐邑中」爲連文。公是先生兄弟不應爾，傳錄者誤也。齊召南曰：史家記事，必用當時地名，秦無沛郡，沛縣屬泗水郡。若全記郡縣，必云泗水沛矣。時蕭何、曹參、王陵、周勃、樊噲、夏侯嬰、周緤、周苛、周昌、任敖，皆同縣人，而盧綰則同鄉同里，故於蕭、曹等傳，但曰「沛人」，《綰傳》則曰「豐人」，又曰與高祖同里也。師古說是。先謙曰：沛、豐，漢縣，並屬沛郡。沛在今徐州府沛縣東。（凡言在今某地，皆謂故城，後不復出。）豐，今徐州府豐縣治。姓劉氏。師古曰：本出劉累，而范氏在秦者又爲劉，因以爲姓。［補注］吳仁傑曰：《索隱》因生賜姓，若舜生姚墟，以爲姚姓，封之於虞，號有虞氏，其後子孫即遂以虞爲姓，云虞氏。今此云姓劉氏，亦其義也。案：《索隱》說非也。姓與氏相近而不同。古者賜姓命氏，如賜姓曰董，氏曰豢龍。析姓氏而二之，則固有別矣。劉本陶唐後，則劉氏非姓，當云劉氏出自祁姓。此誤自太史公啓之，唯《唐書·世系表》言某氏，必曰出某姓，爲得之。然於《高祖紀》書姓李氏，豈仍史文之舊歟？先謙曰：顏約荀悅《漢紀》爲注。（即本班贊。）下云：當戰國時，劉氏徙于魏，遷于沛之豐邑。《索隱》並取之，顏刪此，則文義不全。

吳説近迂，詳《呂后紀》。

又《後漢書集解・鄭玄傳第三十五》 玄後嘗疾篤，自慮，目書戒子益恩曰：集解：惠棟曰：《別傳》云：「名益，字益恩也。」「吾家舊貧，不爲父母羣弟所容」集解：周壽昌曰：「不爲父母羣弟所容」一語，不應出之康成。錢氏《曝書雜記》云：陳仲魚元刻《後漢書・康成傳》無「不」字，與唐史承節所撰《鄭康成祠碑》云「吾家舊貧，爲父母羣弟所容」之語相合。今本作「不爲父母羣弟所容」，乃刻之誤。此一字，關係先賢不小。此善本之所以可貴，而善讀者必須善校也。又《金石萃編》七十六所載《史氏碑文》及阮元《山左金石志》跋語云「爲父母羣弟所容」者，言徒學不能爲吏，以益生產，爲父母羣弟所含容，始得去廝役之吏，游學周秦。故《傳》曰：「少爲鄉嗇夫，得休歸，常詣學舍」，父怒之而已。云爲所容，儒者之言也。范史因爲父怒而加不字，與司農本意相反。然有元刻可證，則亦非范史妄加是誤。刻者誣康成，而並誣蔚宗也。先謙曰：官本「羣」作「昆」。去廝役之吏，廝，賤也。集解：惠棟曰：袁宏《紀》云：「元爲嗇夫，隱恤孤苦，閭里安之。太守杜密異之，爲除吏錄，使得極學。」游學周、秦之都，往來幽、幷、兗、豫之域，獲覲乎在位通人，處逸大儒，得意者咸從捧手，有所授焉。處逸，謂處士隱逸之大儒。集解：惠棟曰：《孔子三朝記》云：「孔子受業而有疑，捧手問之，不當避席。」遂博稽六藝，粗覽傳記，時覩秘書緯術之奧。年過四十，迺歸供養，假田播殖，目娛朝夕。

沈曾植《蒙古源流箋證》卷一［張爾田校補］ 薩爾斡・阿爾塔・實迪汗之子，爾田案：薩爾斡・阿爾塔・實迪汗之子，猶言名薩爾斡・阿爾塔・實迪的子。蒙古文法如是，鈔本改作太子。歲次丙寅，婁金狗值月二十二日，《西域記》云：印度月名依星而建，古今不易，諸部無訛。爾田案：閣本作二十二日，諸本皆作二十九日。化爲丹巴多克噶爾，有似阿爾扎斡爾丹大象，自兜率天降於南瞻部洲之瑪噶達國。歲次丁卯，箕水豹值日十五日夜，間汗所都之城有五色光芒，照耀瑪哈瑪雅摩訶摩耶。福晉，遂有孕。至歲次戊辰，翼火蛇值月十五日日方出時，降生於倫必花園内。《普耀經》夫人在藍毘尼園，適攀樹枝，菩薩誕育。《佛祖統紀》云：如來降生，示滅之相，記年月者，其説紛然。今作正義，異説兩番分之。正義有六：《周書異記》：佛生周昭王二十四年，甲寅四月八日，滅穆王五十二年，壬申二月十五日；二，《法本内傳》：摩騰言：佛生甲寅年四月八日，當此周昭王二十四年；三，《魏書》曇謨最説；四，《南岳願文》；五，《輔行記》；六，唐法琳法師。降生示滅，並符《周書》。其異説有八：《石柱銘》周桓王乙丑；《法顯傳》殷武乙甲午；《緣正記》周平王戊子；《南山感通傳》神人云：夏桀世，度律師衆；《聖默記》周貞定王甲戌；《開皇三寶錄》謂：當周、魯二莊；《孤山》亦作此説；《孤山垂裕記》又謂：依周曆起建子爲正，則四月當二月。此大略出《翻譯名義統記》。斷從周昭王二十四年，以甲寅當爲降生之歲，此中土釋家之定説也。然證以摩騰，曇謨最之言，則此説固來自西土。其異説八家，自《開皇錄》《孤山記》外，又皆自西土傳來，故降生，示滅年代異同，其原本肇自天竺，非教家僅據此土傳記所能判決。《孤山》堅據隕星以量神化，非闕疑之旨也。泰西史家，一，以佛示滅在周景王二年；一，以佛降生在周景王五年，示滅在周敬王四十二年。彼其人寄居印度研究積年，顧尚狐疑，無能決定，抑可知梵策紛綸，乘部諍執，同室之鬥，非他人所能斷矣。此戊辰説者謂：當夏后，相時則又在天人所説夏桀世前三百餘年，依文各通教家。古例，印度無古史，中華無古曆，專輒肊斷，妄有是非，非所聞也。自歲次甲戌七歲起，習練種種技藝，至歲次癸未年十六歲時，娶噶必里克城之丹達必尼之女，名布密噶公主爲福晉，《釋迦譜》「菩薩七歲學書，十歲學射」，即此所謂練習技藝也。《譜》言菩薩十七納妃。《本行經》十九納妃。《佛本行集經・常飾納妃品》云「毘羅城釋種檀茶波尼女瞿多彌爲太子妃。」毘羅城即此噶必里克城，檀茶波尼即此丹達必尼，瞿多彌即此布密噶也。按：《釋迦譜》太子二妃，一，耶輸陀羅釋種，婆羅門，摩訶那摩女；二，瞿夷執仗釋種女，不言瞿多彌。《統紀》引《十二遊經》太子有三夫人，一、瞿夷，二、邪惟檀，三、鹿野。邪惟檀即耶輸陀羅，瞿夷父曰：舍夷長者，即是執仗釋種，並於此丹達必尼女不合，惟鹿野女無繙，亦未言其氏族，正當是《本行》之瞿多彌此布密噶耳。承受汗之統緒。

徐樹穀等《李義山文集箋注》卷一《爲汝南公以妖星見賀德音表》 東雍西岳，「雍」疑是「華」，「岳」當作「嶽」。案：華州畿内墀方守華，故曰首化百城。古雍縣在州西，不得言東雍。華岳在州東，不得言西岳。若云東華西岳，則太華在州東，岳山在州西，於義頗協。《周禮・豫州鎮》曰：華山雍州鎮曰嶽山。鄭注云：華山在華陰。嶽，吳嶽也。《漢・郊祀志》：自華山以西，名山七，有華山、岳山。《舊書・禮儀志》：肅宗至德二年春，在鳳翔，改汧陽縣吳山爲西岳。杜甫詩：憶昨踰隴坂，高秋視吳嶽。東笑蓮花卑，北知崆峒薄。蓋吳山三峯霞舉，疊秀雲天。唐時特崇其號，與太華同秩，二岳東西並峙，故表舉以爲言。務諧聲病，故不言西吳而言西岳。後人以華爲太華，嫌與下文之岳重複，遂改「東華」爲「東雍」，曾不知東西易位之爲舛也。雖首化於百城。

趙一清《三國志注補》卷一 公自潼關北渡。《方輿紀要》卷五十二：潼關之名始見於此。在西安府華州華陰縣東四十里。又卷五十四引《志》云：古潼亭也。全氏祖望曰：何焯云：函谷關、潼關，蓋一地而異名也。《通典》：漢武帝徙函谷關於新安，至獻帝西幸出關，猶在新安。建安十六年，曹操破馬超於潼關，即是中間移此，所謂國之巨防，不爲細事，而史官失之，是以杜岐公亦直謂函谷關即潼關，特徙其地耳。然《通典》於新安縣下云：魏明帝景初元年，河南尹盧延請卻函谷於峭下，弘農守杜恕議以東徙潼關，著郡下，省函谷關，徙蒯關於盧氏。正始元年，弘農守孟康請移函谷關，更號大峭關，又爲金關。《地理志》曰：是年廢函谷關。然則潼關置於季漢，而函谷關廢於魏之正始，岐公前說蓋未經刊正者也。

王捷南《福建通志稿・蘇頌傳》 二器同出一機，注水激輪，輪轉而儀象皆動，鐘鼓時刻司辰運於輪上，制作最爲精巧。以其通渾天儀、銅候儀、渾天象三器之用，總謂之渾天。《宋史・天文志》云：宋初司天臺推步法用張思訓所創渾儀及韓顯符銅候儀。元祐間蘇頌更作者，上寘渾儀，中設渾象，旁設昏曉更籌，激水以運之，三器一機，脗合躔度，最爲奇巧。案：據頌所進儀象狀，乃二器一機。謂渾儀與渾象也。鐘鼓時刻司辰即在機輪上。《天文志》作三器非是。且《志》載儀象源流大略，今詳著之，以補史志之闕。

徐廷垣《春秋管窺・成公元年》 無冰。周之二月，于夏時爲季冬，乃沍寒之候，而無冰，故書以志異。《穀梁》謂：終時無冰則志，此未終時而無冰，終無冰矣。其說穿鑿，蓋建丑之月，水澤腹堅，正冰盛之時，而無冰，是以爲異。過此則東風解凍，土膏脈起，無冰又其宜矣，豈論終時與未終時乎？

黃中松《詩疑辨證》卷三《齊風・敝笱》 序曰：「《敝笱》，刺文姜也。齊人惡魯桓公微弱，不能防閑文姜，使至淫亂，爲二國患焉。」朱子曰：桓，當作莊。攷《春秋》魯桓公三年，乃齊僖公之二十二年也，公會齊侯于嬴。《左傳》：成昏于齊也。杜注：公不由媒介，自與齊侯會而成昏，非禮也。秋，公子翬如齊逆女。九月，齊侯送姜氏于讙。讙，魯地。夫人姜氏至自齊。冬，齊侯使其弟年來聘。文姜之魯之初即已非禮矣。十八年春，公與姜氏遂如齊，乃齊襄公之四年也。《左氏》載申繻諫不聽，又稱齊侯通焉，此文姜宣淫之始。四月，桓即薨于齊，則桓公時文姜猶未肆，其會禚，齊地，莊二年。享祝丘，魯地，莊四年。如齊師，莊五年。會防，魯地。會穀，齊地。俱莊七年。俱在莊公時，則朱子之說良是。但朱子從張子，以經文歸止爲反歸於齊耳，若如毛、孔疏：孫毓云，齊爲大國，初嫁寵妹，庶美庶士，盛如雲雨，故往來自由，桓公不能禁止，傳意當然。鄭云：文姜初嫁于魯桓之時，其從者之心意如雲。說，序實不誤。夫慢藏誨盜，冶容誨淫，桓公實與文姜如齊，則禍基實兆於桓，《春秋》書與而不書及，見桓之不能制姜，而姜之與公抗也。一之爲甚，其在多乎！嗟夫，《春秋》之際，王法已弛矣，天道猶不爽也。隱不知天下有弑兄之弟，而桓弑之；桓不知天下有淫妹之兄，而襄淫之。蔿氏之亂，天子不能討，方伯不敢問，而桓儼然君魯矣。孰知冥冥之中，日監在茲，已生文姜爲之妻，而同謀弑夫，以報爲弟而同謀弑兄之罪。在桓之娶文姜，止欲結齊爲援，以固其位，原不重乎夫婦之義也，而殺身之禍已兆於此。齊襄禽獸之行，復惡已甚，而又生公子無知，無知弑君而更生雍廩人，果報昭昭，作善降祥，不善降殃，孰謂天道無知哉！《春秋》詳書文姜之始終，而刪詩特存《南山》《敝笱》四篇於齊風，所以寒亂賊之膽，而褫亂賊之魄者至矣。至女子之歸有三：于歸也，歸寧也，大歸也。舍是無言歸者。文姜于歸，齊僖親送于魯，適及一月，使弟來聘，則當日盈門之爛可知，而桓之承順文姜，勢所必至。文姜挾其貴盛之勢，驕佚自恣，固其宜也。漸積久而成大惡，君子謂鄭昭公善自爲謀，旨哉言乎！楊龜山雖譏魯桓，亦是爲莊公說法，與趙子之意同。若桓果剛而有制，姜自不敢萌適齊之想，何待禁人之不從乎。逮桓死而慶父之才、季友之祥皆足君國，莊公諒因文姜之故而得立，文姜復挾齊襄之勢以制莊，莊且以得立之故德齊，僕僕焉甘爲襄役而不辭，元年爲逆王姬，三年會伐衛，四年狩于禚，五年又會伐衛。人道絕矣，故《猗嗟》，刺之也。

董豐垣《識小編》卷下《孔子生日考》 孔子生日，諸儒所記不一。謂孔子生于魯襄公二十一年十一月庚子者，公羊子也。《左傳》林堯叟註主之。謂孔子生于魯襄公二十一年十月庚子者，穀梁子也。洪慶善《闕里譜系》、程登庸《年表辨正》、吳程《通考》、宋濂《孔子生卒歲月辨》主之。謂孔子生于魯襄公二十二年庚戌歲十一月庚子者，《史記・世家》也。《左傳註疏釋文》、蘇轍《古史》、朱子《綱目》及《論語序》、金履祥《通鑑前編》主之。謂孔子生于魯襄公二十二年十月庚子，乃二十七日，周正乃今之八月者，《孔子家譜》、《祖庭廣記》也。羅泌《路史》、夏洪基《孔子年譜》主之。愚按：襄公二十一年己酉冬十月，《經》書庚辰朔，則數至十一月無庚子日；若謂十月二十一日，穀梁子。以孔子生年七十有三計之，當庚戌歲生，壬戌歲卒，其謂生于己酉者亦誤也。《史記》謂生于襄公二十二年當矣。然十一月係甲辰朔，亦無庚子日。惟《家譜》等書謂二十二年十月庚子，則庚戌歲十月二十七日、今八月二十七日恰是庚子日。總而計之，《穀梁》得其月，

《史記》得其年，《公羊》則年月俱失，《家譜》則年月俱得者也。蘇撫湯公斌奉部文以蔣尹玉所上孔子生日考行各學，使各質所信。嘉定學生王晉陛上《孔子生日辨疑》，斷以孔子生于周靈王二十一年、魯襄公二十二年庚戌歲十月二十七日庚子日。周十月，夏正八月，爲今八月二十七日，而斥蔣尹玉所云「九月十五」之説。以周正考之，二十一年十一月十五是甲午二十二年十一月十五，是戊午，俱非，庚子其謬可知。湯公據以覆部通行天下，今皆以八月二十七日爲孔子誕日，曲阜率于是日致祭。

王琦《李長吉歌詩彙解》卷一《李憑箜篌引》 女媧煉石補天處，石破天驚逗秋雨。 《淮南子》：女媧煉五色石以補蒼天。吳正子注：言箜篌之聲，忽如石破而秋雨逗下，猶白樂天《琵琶行》「銀瓶乍破水漿迸」之意。琦玩詩意：當是初彈之時，凝雲滿空；繼之而秋雨驟作，洎乎曲終聲歇，則露氣已下，朗月在天，皆一時實景也。而自詩人言之，則以爲凝雲滿空者，乃箜篌之聲遏之而不流；秋雨驟至者，乃箜篌之聲感之而旋應。似景似情，似虚似實。讀者徒賞其琢句之奇，解者又昧其用意之巧。顯然明白之辭，而反以爲在可解不可解之間，誤矣！

汪立名《白香山詩集》卷一《題海圖屏風》 元和己丑年作。 海水無風時，波濤安悠悠。鱗介無小大，遂性各沉浮。突兀海底鼇，首冠三神邱。釣網不能制，其來非一秋。或者不量力，謂兹鼇可求。贔屭牽不動，綸絶沉其鈎。一鼇既頓頷，諸鼇齊掉頭。白濤與黑浪，呼吸繞咽喉。噴風激飛廉，鼓波怒陽侯。鯨鯢得其便，張口欲吞舟。萬里無活鱗，百川多倒流。遂使江漢水，朝宗意亦休。蒼然屏風上，此畫良有由。 立名按：此詩於題下注年，必有爲而作。己丑爲元和四年，四月憲宗欲乘王士眞死除人代之，不從則興師討之，以革河北諸鎮世襲之弊。裴垍不可。李絳言武俊父子相承四十餘年，今承宗又已總軍務，一旦易之，恐未即奉詔。又河北諸鎮事體正同，必不自安，陰相黨助。中尉吐突承璀欲奪垍權，自請將兵討之，未行。九月，憲宗又欲以承宗爲成德留後，割其德、棣二州，更爲一鎮，命王氏壻、薛昌朝領之。承宗果囚昌朝，抗不奉詔。遂命承璀統兵討承宗，自此兵連禍結，師久無功。公集有狀論其事云：「臣伏以河北事體本不宜用兵。」此詩當因是託諷也。東坡云：「吳元濟以蔡叛犯許汝，以驚東都，此不可不討者也。當時議者欲置之，固爲非策，然不得武、裴二傑士，亦未易辨也。白樂天豈庸人哉！然其議論亦似屬置之者。其詩有『海圖屏風』者，可見其意。且注云：『時方討淮蔡叛。』吾以是知仁人君子之於兵，蓋不忍輕用。如此淮蔡且欲以德懷，況欲敵所恃以事無用乎？悲乎！此未易與俗士談也。」東坡此語定有爲特借，是以發之耳。然今本並無淮蔡叛之注，況元濟反在元和十年，縱兵侵掠不容不討者。詩中「不量力」、「鼇可求」等語，殊不相涉，是詩之作確是元和四年。然則宋本亦有繆誤，東坡以注爲據，遂不復推考也。

又卷二〇《夜歸》 半醉閒行湖岸東，馬鞭敲鐙轡瓏璁。萬株松樹青山上，十里沙堤明月中。樓角漸移當路影，潮頭欲過滿江風。歸來未放笙歌散，畫戟門開蠟燭紅。 立名按：西湖蘇、白堤，相傳二公始築。《新書》亦云居易爲杭州刺史，始築堤，捍錢唐湖。此公初到杭州詩，已有「十里沙堤」句。又《錢唐湖石函記》但云「修築河堤，加高數尺」，《別杭民詩》注云「增築湖堤」。築不自公，始明矣。

胡鳴玉《訂譌雜録》卷一 蕞爾：蕞，音萃。蕞爾，小貌。《左·昭七年》：蕞爾國而三世執其政柄。陸德明曰：蕞，在最反。俗誤讀撮爾，以蕞與撮字形相似耳。 奕禩：禩同祀，商謂年爲祀，奕禩猶奕世也。字从示从異，俗从冀，因誤，讀奕冀。《周禮·小祝》之秀反。有寇戎之事，則保郊祀于社。注云：祀或作禩。此禩與祀通用之一徵也。 冷然：冷音靈，冷然，清冷意。俗作冷然，非。《莊子·逍遥遊》：夫列子御風而行，冷然善也。沈佺期詩：不能懷魏闕，心賞獨冷然。又人名，唐詩人王冷然有《古木卧平沙》一律，見試帖中。 逕庭：逕庭音聽，隔遠貌。又激過也。《莊子·逍遥遊》：吾驚怖其言，猶河漢而無極也，大有逕庭，不近人情焉。俗誤讀爲家庭之庭。 數奇：數奇音朔基。《漢·李廣傳》：大將軍陰受上指，以爲李廣數奇，毋令平聲。當單于，恐不得所欲。注：如淳曰：「數爲匈奴所敗爲奇不耦。」服虔曰：「作事數不耦也。」師古曰：「數音所角反，奇音居宜反」。柳子厚碑云：「不遇興詞鬱，驄眉之都尉。數奇見惜挫，猿臂之將軍。」楊蟠詩云：「仲父嘗三逐，將軍老數奇。」洪邁制詞云：「李廣數奇，應恨封侯之相；孟明一眚，終酬拜賜之師。」皆遵《漢書音義》作疏數字用。王維詩：衛青不敗由天幸，李廣無功因數奇。《邵氏聞見録》曰：《漢書音義》數作朔，則亦不可以對天矣。其説良是。又案：范筠詩：「數奇不可偶，性直誰能紆。」杜詩：「數奇謫關塞，道廣存箕潁。」《白詩集序》云：「文士多數奇，詩人尤命薄。」蘇詩：「數奇逢惡歲，計拙集枯梧。」竝作命數之數。黄山谷謂：師古注以數奇爲命，隻不耦，乃命數之數，非疏數之數也。《宋景文公筆錄》謂：得江南《漢書》本，乃所具反，傳寫誤以所具反爲所角反耳。去、入二聲，其用不同，其説各異如此。　雋永：雋永，蒯通所著書名，凡八十一首，見《漢書》師古注。雋音字兖反，肥肉也。永，長也。言其所論甘美而義深長也。元遺山詩：「雋永不羨大官羊。」二字人所習用，而不究所出，故詳之：雋，依顔氏《音義》，當讀前上聲，《廣韻》亦音徂兖切。注云：鳥肥也。又姓，漢有雋不疑。《穆韻中止》收儁字而不收雋字。則雋爲前上聲無疑也。而方密之《通雅》云：《公羊傳》得雋曰克。此語在《左傳・莊公十一年》，《公羊傳》中竝無此語。《後漢書》：朱雋《後漢書》作儁與俊同，非雋也。字公偉。皆讀俊。雋之音翦，乃俊字之隨讀耳。雋有翦音，猶平有便音，甄有堅音，竣有全音也。漢人注書，雋，翻字兖出自師古，乃唐人非漢人也。偶以方言注之，後人別無所考，遂據爲定案耳。案：此則俊與翦二音，又似不妨通讀。然恐《通雅》之言，考訂未精，不足爲據。　佔畢：呫嗶，不作唫諷，鮮亦非口旁。《禮學記》：今之教者，呻其佔畢。注：佔，視也。畢，簡也。言今之教人者，但吟諷其所佔視之簡牘，不能通其緼奧。案：此書呫音帖，竝無占音。嗶，聲出貌，絕非誦讀意。　滑稽：滑稽之滑，俗誤讀猾。《史・滑稽傳》注：崔浩曰：「滑音骨。滑稽，流酒器也。轉注吐酒，終日不已。言出口成章，詞不窮竭，若滑稽之吐酒。」又《漢書・陳遵傳》：揚雄《酒箴》「鴟夷滑稽，腹大如壺。」師古曰：滑稽，圜轉縱舍無窮之狀。二字見處甚多。

李集鳳《春秋輯傳辨疑》卷六　滕子來朝。　沙隨程氏曰：春秋時小國事大，事其朝聘貢賦之多寡，隨其爵之崇卑。滕之事魯，以侯禮見，則所供者多，以子禮見，則所供者少。滕國土小，不足以附諸侯之大國，故甘心自降爲子。子孫一向微弱，故終春秋之世，當稱子。聖人因其實而書之耳。故鄭子産嘗爭承貢賦之次曰：「昔天子班貢輕重，以列鄭伯男也。而使從公侯之貢，懼弗給也，敢以爲請。」即其事也。朱子曰：杞國最小，《春秋》所書，初稱侯，已而稱伯，已而稱子，蓋其朝覲貢賦之屬，率以子男之禮從事，聖人因其實而書之，非貶之也。滕國亦小，初書侯，已而書子，鮮者以爲桓公弑君之賊，不合朝之，故貶稱子。然自此以後，一向書子，使聖人實惡其黨，惡則當止貶其一身，其子孫何罪？一例貶之，豈所謂惡惡止其身耶！春秋之世，朝覲往來，其禮極繁，大國務吞幷，猶可以辨；小國侵削之餘，何從而辨之？其自降爲子，而一切從省，亦何足怪。若謂聖人貶之，則當時大國滅典禮，叛君父，務吞幷者，常書公書侯不貶，而此獨責備於不能自存之小國，何聖人畏強凌弱、尊大抑小，不公之甚！程沙隨説《春秋》，見得此意，卻頗有理。　渝關李氏曰：此爲桓公即位而來朝也。隱十一年，滕侯來朝，此年，滕子來朝，一人也。而侯與子頓殊，何也？降爵也。曷爲其降爵也，事大禮繁，國小不能支，不得已而降侯爲子也。夫不能自強於政治，甘以先世之榮封自淪於卑小，可哀也，亦可醜也。胡傳以滕首朝桓，聖人降其爵而稱子，以正其罪。然自此終春秋之世，不復稱侯，既不合於罰弗及嗣、善善長而惡惡短之理，且使朝桓而可貶爵，則鄭伯之會乖盟越，尤當首貶。未幾，而諸侯之爲賂會稷以成宋亂，其惡更不小，是尤在所當貶矣，何皆仍其爵而不易乎？又杞或稱伯，或稱子。薛亦或稱伯，豈皆爲朝亂賊而貶之乎？孔子以天下無王而作《春秋》，乃以匹夫而擅黜陟之權，則是自爲亂首矣，何以正天下哉！夫《春秋》，天子之事，不過假褒貶以寓王法耳，非謂專進退而亂名實，敢取諸侯而黜陟之也！朱子亟取沙隨之説，信然哉。諸侯降爵，有以時王之黜陟爲説者。家氏謂王綱已頽，陟者有之，未聞其能黜也，是則然矣。故二邾皆自附庸而升爲子，傳者以爲數從齊，桓爲之請於天子，命爲諸侯。後此三者，田齊亦皆受命爲諸侯。皆止見其能陟耳。不然，抗王如鄭莊至於射中王肩，尚不能黜，而謂時王能黜諸侯乎？周之求賻，求金，求車也，禮物之恆，天子尚不能辨，則小國之不自給而降爵從事也，是誠有之。或謂《春秋》抑強扶弱之書，滕、薛、杞，彼雖削弱而自降，猶當從其本爵而不易也。又何嫌於禮數之不稱乎？此或者數國之貢賦不給，稟命于天子而願降，天子允之，然後《春秋》道其實耳。曰：此亦無從見其然否也。但諸侯之或繼或篡者，雖不請命而自立，猶以其所稱稱之。若夫禮數名位之自降，又何不可因其稱而稱之，以實驗其衰微之迹哉！惟吳、楚之僭王名之不可言，不得不從其本爵。此乃《春秋》之大法，不可與降爵者例言之也。或曰：滕侯稱子，蓋時王所黜。果如杜氏之説，是時王靈雖微，不能及強大，猶能及弱小。滕、薛、杞最爲弱小，故獨此三國受貶焉。按：滕雖小國，自隱末年至此，未聞有大惡也，何至貶侯而爲子乎！或曰：此必因貢賦之不給，願自貶而請於王，王遂從而黜之。至於霸統既興，又將視霸令爲升降矣。蓋雖自貶，亦必有所通請，而後免於大國之誅責，恐未可任意爲升降也。按此說似通，而亦不盡然。杞既稱伯，又稱子，已而復稱伯，又復稱子，豈其方請降而又請升，方請升而又請降，聽其煩瀆而無定也耶？然則升降迭更，當必有得以自主，又或不得以自主者，未可執一而論也。

汪繼培《潛夫論箋・考績第七》 是故大人不考功，《史記・刺客傳》云：「嚴仲子奉黃金百鎰，前爲聶政母壽，曰：『將爲大人麤糲之費。』」《正義》引韋昭云：「古者名男子爲丈夫，尊父嫗爲大人。」《漢書・宣元六王傳》：「王遇大人，益解爲大人乞骸去。」大人，憲王外祖母。古詩「三日斷五匹，大人故言遲」是也。繼培按：《後漢書・黨錮傳》范滂白母曰：「惟大人割不可忍之恩。」亦稱母爲「大人」。然此本爲父母通稱。《說苑・建本篇》：「曾皙擊曾子仆地，有頃，蘇進曰：『曩者參得罪於大人。』」《史記・高祖紀》：「奉玉卮，起爲太上皇壽，曰：『始大人常以臣無賴，不能治產業。』」《越世家》陶朱公長男曰：「家有長子曰家督，今弟有罪，大人不遣，乃遣少弟。」《漢書・疏廣傳》：「兄子受曰：『從大人議。』」即日，父子俱移病。」《後漢書・馬援傳》：「援嘗有疾，梁松來候之，獨拜牀下，援不答。松去，後諸子問曰：『梁伯孫，帝壻，貴重，朝廷公卿已下莫不憚之，大人奈何獨不爲禮？』」《馮緄傳》：「父煥爲幽州刺史，怨者詐作璽書譴責煥，賜以歐刀，煥欲自殺。緄止煥曰：『大人在州，志欲去惡，實無他故，必是凶人妄詐。』」《朱暉傳》云：「張堪卒，暉聞其妻子貧困，乃自往候視，厚賑贍之。暉少子頡怪而問曰：『大人不與堪爲友，平生未曾相聞。』子孫竊怪之。」崔駰《後實傳》：「實從兄烈問其子鈞曰：『吾居三公，於議者何如？』鈞曰：『大人少有英稱，歷位卿守，論者不謂不當爲三公。』」《傅燮傳》：「子幹進諫曰：『國家昏亂，遂令大人不容於朝。』」《皇甫嵩傳》：「從子酈說嵩曰：『能安危定傾者，惟大人與董卓耳。』」《列女傳》：「鮑宣妻曰：『大人以先生修德守約，故使賤妾侍執巾櫛。』」是皆以「大人」稱其父及父之兄弟，非獨父嫗也。則子孫惰而家破窮，官長不考功，《漢書・武帝紀》：「元朔元年，詔曰：『二千石官長綱紀人倫。』」顏師古注謂「郡之守尉，縣之令長」。則吏怠傲而姦宄興；《孟子》云：「般樂怠傲。」《書・堯典》云：「寇賊姦宄。」《釋名・釋言語》云：「姦，奸也，言奸正法也。宄，佹也，佹易常正也。」帝王不考功，則直疑「眞」。賢抑而口僞勝。空格，程本作「詐」。《漢書・景帝紀》：「後二年，詔曰：『或詐僞爲吏。』」臣瓚曰：「律所謂矯枉，以爲吏者也。」故《書》曰：三載考績，黜陟幽明。《堯典》。蓋所以昭賢愚而勸能否也。聖王之建百官也，皆以承天治地、牧養萬民者也。

倪璠《庾子山集注》卷一《傷心賦・總釋》 劉滔之母。《英華》訛作「劍韜」。本注引劉滔母孫氏《悼艱賦》云云，見《藝文類聚》。《藝文》又稱「晉鈕滔母《與虞定夫人薦環夫人書》」，其略云：「瓊聞興賢崇德，聖主令典；旌善表操，有邦盛務。伏見族祖吳國亡民富春孫彥妻環，少厲令節。逮適孫氏，恪居婦職。彥母喪殯半年，彥奄亡沒。環率禮奉終，抗義明節。前無立子，家欲改醮，誓而不許。」按下文「任咸之親，書翰傷切，文詞哀痛」，鈕滔之母孫瓊善于書翰，任咸之親潘岳工于文詞，是鈕滔母亦得引之也。《隋書・經籍志》：「晉松陽令鈕滔母《孫瓊集》二卷。」知瓊亦才女。若《英華》之作「劍韜」，是其傳寫之訛。後人以劉字類劍，改正舊文，故近本亦作劉滔。從刅書劍，字亦類鈕。劉、鈕之誤，未可定也。【略】三珠兩鳳。 三珠出《山海經》，其樹如柏，葉皆有珠。《淮南子》云：「三珠樹在東北方，有玉樹在赤水之上。」按：三珠義起于此，未詳何人。《唐書》稱王勃兄弟曰「此王氏三珠」，亦本此義。兩鳳，本注引崔陵兄弟，然意有未愜。子山，南朝才士，文詞淹博，未必引北齊之事。且東魏禪齊，子山年三十八歲，及周平齊，年六十有五，同時之事，亦異故府。崔家之前，已有兩鳳，猶王氏之始，先有三珠。淺學未達一斑，敢窺全豹乎？烏毛徒覆，獸乳空含。 按：一本作烏，又一本作鳥。本注從烏，引慈烏反哺之說。下「獸乳」爲羊食跪乳矣。與上文「風無少女，草不宜男」，皆假物喻人。若從鳥，則二語皆屬于人。《史記》曰：「姜原生子，棄之渠中冰上，飛鳥以翼覆薦之。姜原以爲神，遂收養之。」《左氏傳》曰：「初，若敖娶于䢵，生鬬伯比。若敖卒，從其母畜于䢵，淫于䢵子之女，生子文焉。䢵夫人使棄諸夢中，獸乳之。䢵子田，見之，懼而歸，夫人以告，遂使收之。」《漢書・敘傳》曰：「班氏之先，令尹子文初生，棄于瞢中，而虎乳之。楚人謂乳『穀』，謂虎『於擇』，故名穀於擇。楚人謂虎『班』矣。」子山生子，失之，亦得云「烏毛徒覆，獸乳空含」也。

李陳玉《楚詞箋注》卷一《離騷》 女嬃之嬋媛兮，申申其詈予。舉世皆婦人女子。曰鮌婞直以亡身兮，終然殀乎羽之野。汝何博謇而好修兮，好修則孤立。紛獨有此姱節。薋菉葹以盈室兮，判獨離而不服。衆不可戶說兮，孰云察余之中情。世並舉而好朋兮，好朋，是好修二字對頭。夫何煢獨而不予聽！

此第九段託女嬃之詈，見衆妒之必不容。從來詮者，謂女嬃爲屈原姊，不知何所根據，蓋起於袁崧之誤。袁崧因夔州秭歸縣有屈原舊田宅在，遂謂秭歸以屈原姊得名。曰屈原有賢姊，聞原放逐，亦來歸喻鄉人，冀其見從，因名曰秭歸。即《離騷》所謂女嬃嬋媛也。後人遂於宅之東北立女嬃廟，搗衣石猶存，此與徐氏貂嬋同妄矣。則何不便名姊歸，其稱秭，豈有訛乎？不知秭歸之地，《誌》稱歸鄉原歸子國。《舜典》：樂官夔封于此，故郡名曰夔州。《樂緯》曰：昔歸典叶聲律。然則，歸即夔，後人乃讀爲歸來之歸。

朱忠曰：嫦即夔，嫦鄉，蓋夔鄉矣。酈道元好奇而不能辨，遂兩誌之《水經註》，故世互相沿習。按：天上有須女星，主管布帛嫁娶。人間，使女謂之須女。須者，有急則須之謂。故《易》曰：歸妹以須，反歸以娣。言須乃賤女，及其歸也，反以作娣。娣者，正妃之次。古者國君一娶九女，娣姪從之。後人加女於須下，猶娣姪之文。本不從女，後人各加女子其旁也。漢呂后妹，樊噲妻，名呂嬃，蓋古人多以賤名子女，祈其易養之意。生女名嬃，猶生男名奴耳。屈原所云「女嬃」，明是從上美人生端女嬃，乃美人使喚下輩，見美人遲暮，輒亦無端詬厲。嬋媛，賣弄之態也。申申，所詈不一次也。大丈夫不能遭時遇主，建立奇功，致使小輩梛榆，反來攻君子之短，而教君子以逢世之策，則亦足悲矣。舉鮌婞直，殀于羽山之野，所以貶屈原之剛，終須到此地位。婞，訓狠，非。乃女子不肯低眉，才色自負之態。博謇者，腹内雖然廣博，口中卻說不出。口嘴既說他不過，己自受虧，況又好修爲其所忌爾。既好修，彼亦好朋，此是君子與小人相形禍胎。君子雖好修，不過一人，故曰「煢獨」。小人好朋，則一唱百和，故曰「盈室」。以一人敵衆人，雖有姱美之節，塗污何難？而舉世雷同，又不可戶說，反以衆口爲是，議論一起，將于何處自白，徒有中懷鬱邑耳。薋，蒺藜也，三角刺人。菉，雞腳莎也，亦刺人之物。二俱喻黨人之荆棘。葹，即前宿莽卷心草也，拔心不死，又黨人善于翻身之喻。王逸註以爲枲耳，非。以上惡草，今皆爲人所服，以爲香草矣。爾獨與人判別不服，則爾之煢獨，不亦宜乎！女嬃言止此，舊以「衆不可戶說」下，爲屈子自言，非也。

湯啓祚《春秋不傳》卷三 ［莊公七年］夏，四月，辛卯，夜，恆星不見夜中，星隕如雨。 記異也。恆星者，經星也。不見者，可以見也。隕如雨云者，其隕也，如雨也。隕如雨者，星也，不曰恆星。不見者恆星，而隕如雨者，則不知其恆星不也。既不見矣，何以隕？夫見而隕者雨，惟不見而隕，故曰如雨。既曰夜矣，其又曰夜中，何也？恆星不見，殆終夜也，星隕如雨，則惟夜中。

樓卜瀍《鐵厓逸編注》卷一《崩城操》 白骨築長城，長城不可穴。十日哭長城，長城爲我裂。白骨斑斑食，紅血抱骨著心肚，白骨作人語。君不見淄之水，喁喁至今，下有比目魚。按：何燕泉云：杞殖，字梁，春秋齊人。距趙及秦築長城，時不啻百年。而《列女傳》及《樂府注》所謂城崩，乃《杞都城》，非長城也。秦趙所築，去杞不啻數千里。唐僧貫休《賦杞梁妻》云：秦之無道兮四海枯，築長城兮遮北胡。築人築土一萬里，杞梁貞婦啼烏烏。二事打合成調，不知何據。古虞《金罍子》云：貫休《賦杞梁妻》事正無據而誤，亦有因。秦築長城以備胡，齊亦築長城以備楚，而《齊記》以爲齊宣王築。《竹書紀年》曰：齊閔王。未知的自何時，但既曰「備楚」，則楚之抗衡中國，宜莫盛於春秋，杞梁妻哭而崩者，疑即齊之長城，而詩家不考所出，併未著梁何時人，死於何事，便以爲秦築長城之役，影響附會，而失其本眞也。

陳本禮《屈辭精義·略例》 一、《騷》之稱經，見王叔師《序》曰：孝武使淮南王安作《離騷經章句》。則經字乃漢儒所加，而後人指爲僭經。又《漢書傳》曰：初，安入朝，獻所作《内篇》。上愛秘之，使爲《離騷傳》。則是淮南奉詔作《傳》，當另有《傳》文，非僅以《天問》以下諸篇名之爲《傳》也。自《傳》文放佚，舊目未刪。後儒不考其由，輒爲訾議。幸太史公《屈原列傳》尚載有「國風好色而不淫」五十二字，猶是《離騷傳》中語也，可以窺見一斑。

一、篇目編次，自劉向裒集《離騷》、《九歌》、《天問》、《九章》、《遠遊》、《卜居》、《漁父》外，列入《九辯》、《惜誓》、《招隱士》、《七諫》、《哀時命》、《九懷》、《九歎》共十六篇，爲總集之祖，唐宋以來，未之有易。至明黄文煥，始專取屈子二十五篇之文，益以《招魂》、《大招》，爲屈子一家言。迨後林西仲、蔣涑塍，皆祖其說，然於篇目前後移易，則各成其是。余惟漢儒去古未遠，當以太史公所讀古本爲定。太史曰：余讀《離騷》、《天問》、《招魂》、《哀郢》，悲其志。蓋《離騷》乃騷之總名，自應首列。《天問》次之，二《招》又次之。《哀郢》乃《九章》篇名，則《九章》宜繼二《招》後。《九歌》爲巫覡祀神之樂章，《遠遊》則莊生世外逍遙語，皆騷之逸響。而以《卜居》《漁父》終焉者，《騷》之變體也。

一、《騷》有賦序，自「帝高陽」起至「故也」止，乃《騷》之賦序，漢人《三都》《兩京賦》序之祖，前人未曾考訂。而昭明《文選》又刪去「曰黄昏爲期」二語，遂使序與經文淆混。遙遙二千年來，讀者皆如夢中，不但以二語爲衍文，而於文義重複難通處，輒穿鑿以彌縫之，故詞愈支而義愈晦矣。此豈廬山眞面目耶？今於書中凡有賦序者，悉爲標出，頓見眉目清醒，而章法次第益復燎然。

一、《天問》論古事書法，原本楚史檮杌，然於崇伯鮌，則多恕辭。蓋傷其婞直沈淵跡有類乎已。於羿浞澆多貶辭，所以寒亂臣賊子之膽。於湯、武多微辭，特伸大義於當時，以弭楚寇周之謀也。按：《綱目·周赧王三十四年》書：楚謀入寇，王使東周武公謂楚令尹昭子曰：「西周之地，不過百里，而名爲天下共主。而攻之者，名爲弑君。」尹起莘曰：「楚自屈匄敗亡後，其君執死於秦。其子繼立，自救覆亡之不暇，乃欲謀周，甚矣。」前史止述圖周，至《綱目》始正其入寇之名，其罪不在嬴秦下。讀尹氏此論，則知《天問》歷述三代征誅放伐之事，而語多微詞者，義蓋有在楚自熊通稱王，楚莊問鼎，世有無君之心。迨懷王在位三十年，未聞有此舉者焉。知非屈子之言，潛移默奪之耶！至頃襄時，屈子放逐久，且聽讒，而欲逼之死，焉能用其言哉！此義歷來註家從無齒及，故特爲發明，以告世之讀《天問》者。

一、《九章》之文，應分懷、襄兩世之作。《惜誦》、《抽思》、《思美人》作於懷王時，《哀郢》以下則頃襄時作也。《橘頌》乃三閭早年咏物之什，以橘自喻，且體涉於頌，與《九章》之文不類，應附於末。舊次未分，且有謂《橘頌》乃原放於江南時作，未可爲據。

一、林西仲纂有懷襄二王事蹟，以備讀者參考。蔣涑塍因西仲本復輯楚世家及左國諸書，附以己見，補繪楚地理五圖，較西仲氏爲詳，不能備載，姑闕之。

一、蔣涑塍有《楚詞說韻》，苦於太繁。劉雙虹《楚辭叶音》，又嫌其太簡。蓋楚都地屬周南，時之漢廣，字多楚音。士人汲古漱芳，未有不熟二南而能讀楚詞者，考古音而叶古韻，是在知音者。今各叶句下，若叶韻前文已見，而後有再叶者，則止書叶而不書韻，省繁也。

一、前人論《騷》，如黄文煥之《十八聽》、蔣涑塍之《餘論》、林西仲之《說例》、魯雁門之《讀法》，非不娓娓動聽，然語多穿鑿，未臻上乘，非眞三昧。

一、《騷經》體兼風雅，前賢論之詳矣。然未知《天問》是題圖之作，二《招》乃託諷之詞。《惜誦》格稱問答，《懷沙》自祭哀辭。湘《君》《夫人》比興雖殊，篇聯一氣；大少《司命》天星同傳，並轡揚鑣。《山鬼》實解嘲之祖，《遠遊》闢遊仙之逕。《卜居》詞創荅賓，《漁父》文成客難。《河伯》則伊人宛在，《東君》則日出入安窮。餘若《悲回風》之寤，嬋娟儼若娑婆門咒鬼，地獄現像，此皆筆有化工，思入元渺，故能神怪百出，後三百而爲開山之祖，豈秦、漢而下之才人所能仿佛哉！

一、烹詞吐屬之妙，天籟生成其妻，其處如哀猿夜叫，醲郁處如旃檀香焚。鮮豔處如琪花綻蕊，蒼勁處如古柏參天。其繪聲繪色處，如吳道子畫諸天，無美弗備；其經營慘澹處，如神斧鬼，工巧妙入微。然又皆從至性中流

出，非斤斤以篇章字句矜奇炫巧也。

一、采輯衆說，皆掇其能闡揚奥義。或足發明言外之義者，探元珠於赤水，識良璧於荆山。要在機神，切中肯綮。若語無關乎痛癢，或似是而非，或鑿空謬贊，老生常談，槩置弗録。

一、註中訛謬，有因相舛而誤者，有因踵訛而誤者。如「伯陽」之「陽」訛「強」，「康謀」之「康」訛「湯」；「啓秉季德」訛「該」，「謚上自予」訛「試」，此因別字而訛也。若夫故實之誤，如「啓棘賓商」乃啓賓商均事，而註引《山經》「上賓於天」之文以實之。「獻蒸肉之膏」，乃羿弒帝相事，而註謂以豕膏祭天。「焉得夫朴牛」，乃上甲微伐有易事，而註謂湯出獵得大牛。「眩弟並淫」，指慶叔牙，而註謂指象。「何馮弓挾矢」，美季歷也，註謂指稷。「彭鏗斟雉」，雉乃飲器，註謂斟雉羹饗堯。「謚上自予」，乃子囊謚楚共王事，註謂昭王奔隨。凡此皆訛誤之大者，不敢貽誤後人，故列「正誤」一條。餘若謏聞曲說，筆不勝載，故略之。

一、古詩分章，創自喜起三百，繼之有賦，有比，有興。《楚辭》古本不分章句，至朱子始分之，後人有分有不分，然分之眉目始清，脈絡亦易於尋覔。蓋章猶解也，漢樂府用解者，便於歌也。其間音節之頓挫，聲調之抑揚，悉於解中見之。《楚辭》亦歌也，所謂行吟澤畔者，長歌當哭之意也。其間章各有旨，句各有意，字各有法，總不欲使人一覽而盡，至於音調之高朗，又全乎天籟矣。

一、《離騷圖》創自實父仇氏家，洪綬亦繪有《九歌圖》。本朝蕭尺木從而廣之，合三閭、鄭詹尹、漁父爲一圖。《九歌》九圖，《天問》五十四圖。曾經乙覽。高宗壬寅特命内廷補繪《離騷》三十二圖，《九章》九圖，《九辨》九圖，《招魂》十三圖，《大招》七圖，《香草》十六圖，足稱大觀，爲士林雅製，惜不能摹繪諸圖，弁諸書首，傳之人間，以廣見聞，是所歉也。

一、古今從無閨秀註《騷》者，康熙庚寅，有練湖女子姓陳名銀者，註《楚辭發蒙》五卷，自序。垂髫口授《楚辭》二十五篇。曾遍閱漢、唐以下三十一家評本，而嫌其重複拖沓，荒淫鄙瑣，可憎可厭。其言切中諸家之弊，可謂讀《騷》有識者矣。然惜其仍落前人窠臼，未能拔乎其萃。特有一二可異者，「美人遲暮」句註云：至此方入題。又《招魂》「遺視矊些」句，註云：此所謂臨去秋波那一轉也。二語恰與予同，大奇。此書無刊本，識

此，以存其人。

一、拙註倣箋，仿鄭康成註《毛詩》例，各有發明，以發前人未發之義。其中間有未盡及文外之意，附註於後，以便讀者參觀。

一、所采諸家均有姓氏，總目註中惟記書名，不標姓氏，亦省繁也。

胡紹煐《文選箋證》卷一《班孟堅兩都賦序》 奚斯頌魯。注：善曰：韓詩《魯頌》曰：新廟奕奕，奚斯所作。薛君曰：奚斯，魯公子也。言其新廟奕奕然盛，是詩公子奚斯所作也。段氏玉裁曰：《毛傳》作「是廟」也，「廟」字當作「詩」字。「所」字不上屬，「所作」猶作誦作詩，與《節南山》、《巷伯》、《崧高》、《烝民》末章文法皆同。毛與韓不同，偃師武虛谷援揚子《法言》、《後漢書·曹褒傳》、《班固傳》，及諸石刻之《文度尙碑》、《太尉劉寬碑》、《綏民校尉熊君碑》、《費汎碑》、《楊震碑》、《沛相湯統碑》、《曹全碑》、《張遷表》，一一可證。紹煐按：如段說廟爲詩字之誤，毛與韓不異，善注何不引《毛詩》而引《韓詩》，蓋毛自作作廟，韓自作作詩，不妨存異同耳。而漢世文人多從《韓詩》說，時《毛詩》未行故也。

又 度宏規而大起。注：善曰：《小雅》曰：羌，發聲也。度與羌，古字通，度或爲慶。《旁證》云：據注，則正文之度及注中兩度字，並當作慶。慶字當作度，慶與羌古字通者，謂正文之慶與《小雅》之羌通也。慶或爲度者，今《後漢書》作度是也。銑注：度，大規矩。是五臣改慶爲度，後來合幷，因誤倒此注以就之耳。《小雅》係《小爾雅》，此所引《廣言》篇。凡善注引《小爾雅》，並作《小雅》，後倣此。王氏念孫曰：見《雜志》。《漢書》揚雄傳《反離騷》：慶竢雲而將舉。宋祁校本引蕭該《音義》：慶，音羌。今《漢書》亦有作羌者。又：慶天顇而喪榮。師古注：慶與羌同。又《甘泉賦》厥高慶而不可虖，彊度敘傳。《幽通賦》：慶未得其云已。師古注並云：慶，發語辭，讀與羌同。慶字草書與度相似，故慶誤爲度。《史記》建元以來侯者年表：平津侯公孫慶。《漢·表》作度。

郭慶藩《莊子集釋·讓王》 孔子削然反琴而弦歌，子路扢然執干而舞。【疏】削然，取琴聲也。扢然，奮勇貌也。既師資領悟，彼此歡娛也。【釋文】削然，如字。李云：反琴聲。亦作梢，音消。盧文弨曰：宋本梢作俏。扢，許訖反，又巨乙反，魚乙反。李云：奮舞貌。司馬云：喜貌。執干，干，楯也。子貢曰：「吾不知天之高也，地之下也。」古之得道者，窮亦樂，通亦樂。所樂非窮通也，道德於此，則窮通爲寒暑風雨之序矣。【疏】夫陰陽天地有四序寒溫，人處其中，何能無窮通否泰耶。故得道之人，處窮通而常樂，譬之風雨，何足介懷乎。【釋文】亦樂，音洛，下同。俞樾曰：德當作得。《呂覽·愼人篇》作道得於此，則窮達一也，爲寒暑風雨之序矣。疑此文窮通下亦當有一也二字，而今奪之。故許由娛於潁陽，而共伯得乎共首。【疏】共伯，名和，周王之孫也，懷道抱德，食封於共。厲王之難，天子曠絕，諸侯知共伯賢，請立爲王，共伯不聽，辭不獲免，遂即王位。一十四年，天下大旱，舍屋生火，卜曰：厲王爲祟。遂廢共伯而立宣王。共伯退歸，還食本邑，立之不喜，廢之不怨，逍遙於丘首之山。丘首山，今在河內。潁陽，地名，在襄陽，未爲定地名也。故許由娛樂於潁水，共伯得志於首山也。【釋文】虞於潁陽，《廣雅》云：虞，安也。安於潁陽。一本作娛。娛，樂也。共伯，音恭，下同。得乎共首，司馬云：共伯名和，脩其行，好賢人，諸侯皆以爲賢。周厲王之難，天子曠絕，諸侯皆請以爲天子，共伯不聽，即干王位。十四年，大旱屋焚，卜于太陽，兆曰：厲王爲祟。召公乃立宣王。共伯復歸於宗，逍遙得意共山之首。共丘山，今在河內共縣西。《魯連子》云：共伯後歸於國，得意共山之首。《紀年》云：共伯和即干王位。孟康注《漢書·古今人表》以爲入爲三公。本或作丘首。盧文弨曰：案今《蜀書》作攝行天子事。慶藩案：《路史·發揮二》注引司馬云：共伯和脩行而好賢。厲王之難，天子曠絕，諸侯知共伯賢，立爲天子。共伯不聽，弗獲免，遂即王位。一十四年，天下大旱，舍屋焚，卜於太陽，兆曰：厲王爲祟。召公乃立宣王。共伯還歸於宗，逍遙得意於共丘山之首。與《釋文》小異。藩又案：《釋文》引司馬云：共伯逍遙得意於共山之首，而不詳共山屬某所，疑共首即共頭也。《荀子·儒效篇》：至共頭而山隧。楊倞注：共，河內縣名，共頭蓋共縣之山名。盧云：共頭即《莊子》之共首。《呂氏春秋·誠廉篇》亦作共頭。此首字亦當爲頭之誤。（頭從頁，頁即首字也。古頭首字通用。）

吴士鑒《晉書斠注》卷一 屯鹵城，據南北二山，斷水爲重圍。帝攻拔其圍，亮宵遁，追，擊破之，俘斬萬計。《蜀志·諸葛亮傳注》：《漢晉春秋》曰：宣王尋亮至於鹵城，張郃曰：彼遠來逆我，我請戰不得。謂我利在不戰，欲以長計制之也。且祁山知大軍以在近，人情自固，可止屯於此，分爲奇兵，示出其後，不宜進前而不敢偪，坐失民望也。今亮懸軍食少，亦行去矣。宣王不從，故尋亮，既至，又登山掘營不肯戰。賈詡、魏平數請戰，因曰：公畏蜀如虎，奈天下笑何？宣王病之，諸將咸請戰，五月辛巳，乃使張郃攻無當監何千於南圍，自案中道向亮。亮使魏延、高翔、吴班赴拒，大破之，獲甲首三千級，玄鎧五千領，角弩三千一百張。宣王還保營。王鳴盛《十七史商榷》四十四曰：據《魏志·明帝紀》：太和四年，詔大司農曹真大將軍、司馬宣王伐蜀。九月大雨，伊洛河漢水溢，詔真等班師。《蜀志·後主紀》：建興八年秋，魏使司馬懿由西城，張郃由子午，曹真由斜谷，欲攻漢中。丞相亮待之於城固、赤阪，大雨道絶，真等皆還。於是而已，安得有遁逃破敗之事？彼時亮正大舉北伐，雖馬謖小挫於街亭，而斬王雙，走郭淮，遂平武都陰平二郡，安得被魏俘斬萬計邪？懿從不敢與亮交鋒，屢次相持，總以案兵不動爲長策，遺之巾幗猶不知恥，假託辛毗杖節止戰制中，論之甚明，此紀特晉人夸詞。在當日爲國史固應爾爾，今《晉書》成於唐人，而猶仍其曲筆，不加删改，何也？屯鹵城，鹵字乃西字之訛。《三國志裴注》述二曰：案司馬懿畏蜀如虎，甘受惡辱，武侯前後五出，惟街亭失利，外此未嘗敗衄。習鑿齒以晉人撰《漢晉春秋》，略不爲懿回護，誠所謂公道在人者，其説當可信。如《晉書》説則與習氏書正相反，且《陳志》猶載射殺張郃事，彼則並一字不及。夫《晉書》撰於唐人，於晉更何所諱？故遺巾幗及死諸葛走生仲達，司馬懿陰囑辛毗杖節，賈充奉司馬師令弑高貴鄉公等事，要皆採自習氏書，獨此條不採。

王先慎《韓非子集解》卷七《喻老第二十一》

昔者紂爲象箸先慎曰：乾道本連上。盧文弨云當分段，今從之。而箕子怖。盧文弨曰：怖，《史記》、《淮南》作唏。凌本同，此自作怖，後同。顧廣圻曰：怖當作悕，下文及《説林上》同。先慎曰：顧説非。《説文》「怖，惶也。怖或从布聲。唏，笑也，一曰哀痛不泣曰唏。」按下文吾懼其卒，故怖其始，卒言懼，則始當言惶，不得於始即哀痛也。《史記》、《淮南》作唏誤，當依此訂正。《藝文類聚》七十三、《御覽》七百五十九引作怖。以爲象箸必不加於土鉶，必將犀玉之杯。象箸玉杯必不羹菽藿，則必旄象豹胎。先慎曰：乾道本無則字。盧文弨云：必上脱則字，張凌本有。今據補。顧廣圻云：旄讀爲毛。先慎按：顧讀誤。《呂氏春秋·本味篇》肉之美者旄象之約。高注：旄，旄牛也。旄象二字，《藝文類聚》、《御覽》均作薦字，誤。《説林上篇》亦作旄象。旄象豹胎，必不衣短褐，而食於茅屋之下；顧廣圻曰：藏本同。今本短作裋，誤。按本書《説林上》亦作短，《王命論》思有短褐之襲。《文選》注云：韋昭以短爲裋，裋，襦也。短，丁管切。依此，短褐自有所出，不必改爲裋矣。則錦衣九重，廣室高臺。先慎曰：則下當有必字，《説林上》有，是其證。吾畏其卒，故怖其始。居五年，紂爲肉圃，設炮烙，俞樾曰：段氏玉裁謂炮烙本作炮格，《史記索隱》引鄒誕云：烙一音閣。楊倞注《荀子議兵篇》云：烙，音古責反。觀鄒、楊所音皆是格字無疑。鄭康成注《周禮·牛人》云：互，若今屠家縣肉格，意紂所爲亦相似。段氏此説洵足訂正向來傳寫之誤。惟炮格似有二義：《荀子議兵篇》紂刳比干，囚箕子，爲炮格刑。楊注引《列女傳》曰：炮格爲膏銅柱，加之炭上，令有罪者行焉，輒墜火中，紂與妲己大笑，此則炮格爲淫刑以逞之事，是一義也。若此文云紂爲肉圃，設炮格，登糟邱，臨酒池，則似爲飲食奢侈之事，別爲一義。蓋爲銅格布火其下，欲飲者於肉圃取肉，置格上炮而食之也。如此説，方與肉圃、糟邱、酒池一類。且因爲象箸而至此，正見其由小而大，箕子所以畏其卒而怖其始也。若是炮格之刑，則不特與肉圃諸事不類，且與上文爲象箸事亦絶不相干矣。《呂氏春秋·過理篇》云：糟邱，酒池，肉圃爲格，格即炮格，不言炮格而直曰爲格，即承肉圃之下，是於肉圃中爲格也，其爲炮肉之格明矣。高注：格以銅爲之，布火其下，以人置上，人爛墮火而死。夫糟邱、酒池、肉圃，皆是飲食之地，何故即於其地炮炙人乎？蓋古書説炮格者本有二義，當各依本書説之。學者但知有前一義，不知有後一義，古事之失傳久矣。先慎曰：本書亦有二義，如《難一篇》「炮烙連斬涉者之脛」，《言難二篇》「兩言請解炮烙之刑」，《難勢篇》「桀紂爲高臺深池以盡民力，爲炮烙以傷民性」，是皆以炮烙爲淫刑。此炮烙與肉圃、糟邱、酒池並言，則指飲食奢侈之事。俞氏知古義之有二，而不知本書之義亦有二，故詳説之。登糟邱，先慎曰：張榜本糟作曹。臨酒池，紂遂以亡。故箕子見象箸以知天下之禍，故曰：「見小曰明」。顧廣圻曰：今《德經》曰作日，傳本與此合。先慎曰：王弼作曰，《淮南》同，下同。見五十二章。

陳逢衡《竹書紀年集證·集説》

王鳴盛《十七史商榷·竹書紀年》云：是晉太康二年，汲郡人不準盜發魏襄王冢所得見。《晉書·束晳傳》：今觀其書，起自黄帝軒轅氏，於五帝三王紀事皆有年月日，立年、崩年，歷歷言之，可謂妄矣，必是束晳僞譔也。司馬子長見黄帝以來《牒記》，又見《世本》而不敢著其年，安得此書若是之歷歷明審？又《晉書》云：凡十三篇，記夏以來至周幽王。今起黄帝，則今本恐并非原本，必又遭後世妄人增益。又有沈約注，約傳並不言有此注，亦出流俗附會。胡三省《通鑑注·自序》乃言紀年是魏國史記，脱秦火之厄，而晉得之，子長不及見。又可謂愚矣。《北史·第四十三卷張彝傳》彝在北魏宣武帝時上歷帝圖五卷，起元庖犧終于晉末，凡十六代一百二十八帝，歷三千二百七十年。此等妄談，正《竹書紀年》之類，其穿鑿附會，不但不足信，亦不足辨也。大約妄人何代蔑有，全賴有識者屏黜之。有疑則闕，方爲善讀書。衡案：《竹書》是荀勖和嶠奉詔撰次，列于中經，又衛恆校正未迄而遭難，然後束晳續而成之。當時如王接、王庭堅、潘滔、摯虞、謝衡，俱見此書。又續咸有《古文釋》十卷，杜預《春秋後序》亦曾及此，今獨以爲是束晳僞撰，何所見而云然乎？至所云非《竹書》原本，尚有可通。蓋簡策混淆，不無顛倒汩沒，後人修而正之，安得盡如原本之舊？若以今本起自黃帝，與《晉書》所言紀夏以來至周幽王不合，豈未知和嶠有起自黃帝迄于今王之語乎？乃又以此書之注爲出流俗附會，亦未盡然，說已見凡例，茲不復贅。至謂此書不但不足信，亦不足辨，與張彝所上之《歷帝圖》並論，抑亦過矣。

錢大昕《養新錄·晉書束皙傳》稱《竹書》之異云：益干天位，啓殺之。《史通》引《竹書》云：益爲后啓所誅。見《疑古》、《雜説》等篇。今本《竹書》云夏啓二年，費侯伯益出就國，六年伯益薨。與束皙、劉知幾所引全別，然則今之《竹書》乃宋以後人僞託，非晉時所得之本也。又曰：《水經注》引《竹書紀年》之文，其於春秋時皆紀晉君之年，三家分晉以後，則紀魏君之年，未有用周王年者。蓋古者列國各有史官，紀年之體各用其國之年，孔子修《春秋》亦用其法。今俗本《紀年》改用周王之年，分注晉魏於下，此例起於《紫陽綱目》，唐以前無此式也，況在秦漢以上乎？《紀年》出於魏晉，固未可深信，要必不如俗本之妄。惟明代人空疏無學，而好講書法，乃有此等迂謬之識。故愚以爲是書必明人所葺，宋鼂氏、陳氏、馬氏書目皆無此書，知非宋人僞撰也。又曰：此書蓋采摭諸書所引補湊成之。如顯王十六年秦伐韓閼與，惠成王使趙□破之。注云：不知是何年。又三十一年，秦蘇胡帥師伐鄭，敗蘇胡于酸水。注云：不知何年，附此。《水經注》所引無年。又三十五年，楚得吾帥師伐鄭，圍綸氏。注云：不知何年，附此。《水經注》引此條無年月。赧王七年，翟章救鄭，次于南屈。注云：此年未的。此《漢書》臣瓚注所引，無年。如係古本如此，則紀年歷歷，何云未的，又云不知何年耶？又曰：裴駰《史記集解》於《夏本紀》引《汲冢紀年》云：有王與無王，用歲四百七十一年矣。於《殷本紀》引《汲冢紀年》云：湯滅夏以至於受，二十九王，用歲四百九十六年也。此二條今本《紀年》俱在附注中。相傳附注出於梁沈約，而《梁書》、《南史》約傳俱不言曾注《紀年》，《隋·經籍》、《唐·藝文志》載《紀年》亦不言沈約有附注，則流傳之說不足據也。裴氏生於休文之前，其注《史記》已引此文，則此語不出於休文明矣。裴氏不云《紀年》有注，則此兩條者實《紀年》正文，未嘗別有注也。附注多采《宋書·符瑞志》宋書約所撰，故注亦托名休文，作僞者之用心如此。又曰：《晉書·束皙傳》云：《紀年》十三篇，記夏以來至周幽王爲犬戎所滅，以晉事接之。今本脫晉字。三家分，仍述魏事，至安釐王之二十年。據此，則《紀年》實始夏后，今本乃始于黃帝，亦後人僞託之一證也。又曰：《史記正義》引《括地志》云：故堯城在濮州鄄城縣東北十五里。《竹書》云：昔堯德衰，爲舜所囚也。又有偃朱故城在縣西北十五里。《竹書》云：舜囚堯，復偃塞丹朱，使不與父相見也。今《竹書紀年》乃宋以後人所撰，故不取囚堯偃朱之説。衡案：益干啓位及囚堯偃朱之說，俱出《瑣語》，不出《紀年》，此當分辨。朱子云：聞此間有《竹書紀年》，須借讀半年方得。又云：惠、襄、哀之年見於《紀年》甚的，是朱子曾見《紀年》焉，知《綱目》非仿此爲例乎？錢氏據此謂明代空疏無學，好講書法，乃有此等迂謬之識。夫好講書法即迂謬乎？則是《春秋》不必修，而《綱目》亦不必作也。乃又以《紀年》爲采摭諸書所引補湊成之，則更不然。夫前明去今未遠，如《水經注》、《文選注》、《史記正義》、《索隱》、《漢書注》、《路史注》以及《藝文類聚》、《北堂書鈔》、《初學記》、《太平御覽》等書，彰彰具在，今以所引較之今本《紀年》不過十分之二三耳，其他十之六七則又鈔自何書？撮自何注？抑豈即作僞者之杜撰耶？恐不足以折服。若不知是何年及此年未的之雙行小注，當是荀勗和嶠校正之語，蓋以此書出冢是燼簡斷札故也。其附注之語，除約案外，皆非休文語，故用約案識之。若果俱是沈注，又何用特書約案以別之耶？乃又以今本始于黃帝與束皙傳不合，遂謂僞托之一證，此與王鳳喈所說同誤，然一以爲是束皙僞撰，一以爲是明人所葺，則又百詩閻氏、謝山全氏之衣鉢相承也已。

汪瑗《楚辭集解·離騷》 欲遠集而無所止兮，聊浮游以逍遙。及少康之未家兮，留有虞之二姚。 遠集，猶言遠去也。《惜誦》曰「欲高飛而遠集」是也。無所，無處所也。或曰：集，亦止也。止，居也。初止曰集，既集曰止。群居曰集，久居曰止。並通。浮游、逍遙，皆優游自適之意，重言之也。王逸曰：言己既求簡狄，復後高辛，欲遠集他方，又無所之，故且游戲觀望以忘憂，用以自適也。二句結上起下，自傷之詞。少康，夏后相之子也。家，室也。未家，猶未娶也。留者，屈原謂及少康之未娶，欲有虞留止二姚以待已也。王逸謂屈原欲效少康留止有虞而不去，非是。虞，國名，姚姓也，舜之後。虞舜居姚墟，因以爲姓也。二姚，謂姚之二女也。虞以國言，稱其君也。姚以姓言，指其女也。按《左傳》：少康因寒浞之亂逃奔有虞，虞思於是妻之以二姚。詳見《哀公元年》。朱子曰：言既失簡狄，欲適遠方，又無所向，故願及少康未娶於有虞之時留此二姚也。瑗按：《大學》曰：「《詩》云：『邦畿千里，惟民所止。』《詩》云：『綿蠻黄鳥，止于丘隅。』子曰：於止，知其所止，可以人而不如鳥乎？」朱子釋之曰：言物各有所當止之處也。又曰：言人當知所當止之處也。若屈子者，非眞無所止也，蓋知物各有所當止之處，故審所處而不肯苟止耳。「聊浮游以逍遥」者，不肯苟止，翔而後集之意也。又按：《論語》陳文子三違其邦，孔子許其清，而不許其仁。朱子釋之曰：文子潔身去亂，可謂清矣。然未知其心果見義理之當然，而能脱然無所累乎？抑不得已於利害之私，而猶未免於怨悔也。故夫子特許其清而不許其仁。又曰：當理而無私心，則仁矣。文子之仕齊，既失正君討賊之義，又不數歲而復反於齊焉，則其不仁亦可見矣。若屈子者，既去乎楚國，又去乎閶闔，又去乎春宫，既不合於虙妃，又不合於佚女，又不合於二姚，非特三違其邦而已。其所以潔身去亂者，又實因正君心討讒賊之故，抑非不得已於利害之私，而有一毫怨悔之心者也。其長往之志，往往見於諸篇，又非不數歲而反者比焉。然則，屈子其清而仁矣乎？故自負曰伏清白以死直，曰重仁襲義，謹厚以爲豐，非虚語也，實允蹈之矣。或曰：此設言耳，子胡證之以實事乎？曰：其言雖設，而其情則眞，尤愈於見諸行事者，固不可以爲實。嘗扣天閽，登閬風，遊春宫，及求虙妃，見佚女，留二姚，又不可泛以詞人夸誕之説視之也。太史公所謂「可與智者道，難與俗人言」，此類是矣。或曰：上章扣天閽，其游心抗志蓋不可名言矣。其遊春宫而求虙妃，蓋遐想乎羲皇之上矣。其媒高辛之佚女者，蓋欲因民以致治，王道也，不得已而思其次也。其留少康之二姚者，蓋欲撥亂以反正，霸道也，是又其次也。所思每下，亦猶孔子思聖人而不得見，故思君子；思君子而不得見，又思有恆者也。嗚呼！有恆者之不得見，其何以共進此德乎？如少康者之不可逢，其何以共脩此業乎？觀此，可以知聖賢不得已之情矣。若楚王者，上不能爲天帝，中不能爲高辛，下不能爲少康，屈子烏能已於言哉？其言既有次序，而其旨亦深遠矣。楚王聞之，可不知所猛省而發奮，以少康之事而自砥礪也乎？

又《楚辭蒙引・能》 王逸曰：能，乃代反。朱子曰：孥代反。朱子《辯證》曰：古音能孥代協，又乃代。蓋於篇首發此一端，以見篇內，凡韻皆協，非謂獨此字爲然，而他韻皆不必協也。故洪本載歐陽公、蘇子容、孫莘老本，於「多艱夕替」下註：徐鉉曰：古之字音多與今異，如皂亦音香，乃亦音仍，他皆倣此。蓋古今失傳，不可詳究，如艱與替之類，亦應協，但失其傳耳。夫《騷》韻於俗音不協者多，而三家之本，獨於此字立説，則是他字皆可類推，而獨此爲未合也。黄長睿乃謂或韻或否爲楚聲，其考之亦不詳矣。近世吴棫才老始究其説，作補音補韻，援據根源，甚精且博。而余故友黄子厚及古田蔣全甫，祖其遺説，亦各有所論著。今皆已附於註矣。讀者詳之。瑗按：洪氏曰：能本獸名，熊屬，多力，故有絶人之才者，謂之能。此讀若耐，協韻。洪氏協能爲耐音，是矣，而又欠考證也。蓋能字即古耐字，通用，見《禮記》。故加心而爲態者，以耐音轉之也。《天官書》三台星之台字，亦作三能，是能亦有台音，台又有怡音，故後章態與時字爲韻，又以怡音轉之也。六書假借轉註之學，可不知乎？又按：韓昌黎《和張十一憶咋行用開字韻》中一聯云：「近者三姦悉破碎，羽窟無底幽黄能。」朱子《考異》曰：《集註》能有兩音，奴來切者，三足鼈也。奴登切者，熊屬，足似鹿者也。《左傳》：堯殛鯀於羽山，其神化爲黄熊，以入於羽淵。《國語》作黄能，音賢能之能。東海人祭禹廟，不用熊白及鼈爲饌，蓋疑鯀化爲二物，則兩音亦可通用。由此觀之，則能字古有數音，有賢能之能音，有熊羆之熊音，有三台之台音，有耐煩之耐音，有怡悦之怡音。故羆從能而通作疲，態亦可與時爲韻也，三足鼈之能字，與台同聲也。學者苟知此説，則古韻無不可通者矣。一曰：三足之能，下當從三點；熊羆之熊，下當從四點。非是。大抵古人直以能字而轉讀之，故後人不知鯀的變爲何物，而併熊與鼈以去之，非鯀化爲此二物也。然既曰入於羽淵，則是化爲水物，而爲鼈也明矣。後人蓋獨疑其能字可兩通，而未嘗深思之耳。又按：洪本歐、蘇等説，今註無之，不知在何書也。而艱、替亦自可協，見後本章。

楊方達《春秋義補注》卷一 ［隱公十有一年］冬，十有一月壬辰，公薨。

公薨必地，不地者，弑也。弑書薨，因舊史也。魯無董狐、南史之輩，其隱忍而爲之諱，有由然也。弑君大惡也，爲其事而仍不居其名，亂賊其何懼焉？聖人有憂之，或變辭以見意，或比事以發微。隱、閔之薨，不地，變其辭也；公與夫人如齊，公薨于齊，夫人孫于齊，比其事也。皆所以明弑也。不直言弑者，不忍言也，養忠孝也。必見爲弑者，不忍沒也，誅亂賊也。或曰：「不地以明弒，固也，然未知誰弒之也。」曰：「比事屬辭，《春秋》教也。」桓弒而夫人孫齊，閔弒而夫人孫莒，夫人弒之也。般弒而慶父如齊，慶父弒之也。赤弒而仲遂得臣行父如齊，三人共弒之也。隱公弒，賊無主名，而桓即位，則桓弒之也。不言弒而弒可知，不言誰弒而誰弒可知，《春秋》之作，微而顯，志而晦，此類是也。不葬，不成喪也。　謹案：君終不于路寢而于別地，故不書地，蓋史策所諱也。若以實直書，當書曰：「公子軌使翬弒公于寫氏。」聖心則未敢然，故微文見義，但使後人有所考焉而已。然則雖諱，而亂臣賊子之獄具矣。

雜録

陸淳《春秋集傳辨疑・凡例》　《集傳》取捨《三傳》之義可入條例者，於《纂例》諸篇言之備矣。其有隨文解釋非例可舉者，恐有疑難，故纂啖、趙之說，著《辯疑》。有《三傳》繁文可以例包者，則但舉例如後，不復繁釋。學者將覽《辯疑》，宜先觀《纂例》取捨義及此卷首諸凡之意。

凡《三傳》敘事有先後於經者，今皆移於本經之下。凡《三傳》釋經之例，或移於事首發之，或趙氏纂之入總傳，其當否各於纂例本條中論之備矣。凡《三傳》敘事不主於經文又無別意可通者，皆不入。凡《三傳》釋經文義皆同者，則唯舉《左氏》，而注云《公》、《穀》同者，省文之義也。《公》、《穀》同者，但舉《公羊》。凡《三傳》敘事雖同，而《穀梁》文義尤備者，亦但舉《穀梁》，而注云《左氏》、《公羊》之意同。凡《三傳》說事迹雖與經通，其文義繁冗者，皆略取其要。凡《左氏》敘戰，滅及奔殺等事委曲繁碎，今悉略其文，舉成敗大綱而已。凡左氏無經之傳，今皆不取。其有因盟會、征伐等事而說忠臣義士及有讜言嘉謨與經相接者，略取其要。若說事迹與經符而無益於教者，則亦不取。凡《公》、《穀》日、月、時例，一切不取其說，已見日、月議。凡《公》、《穀》曷爲、何以、何也之類，悉皆繁文，於理不安，今皆刪之。時有取者，以便屬文之義爾，無他意焉。凡《公》、《穀》發例，皆事事言之，今或發於事首，或移於事終，而注云例見某年，皆不重出。凡《公羊》云託始焉爾，既始於隱公，則從始者書之，何云託乎故，皆不取。凡《公羊》無傳之經，或云此事無聞焉爾，今以此語無義，徒爲繁文，悉不取。凡《公羊》於災異之下一一皆云記異也，今但以災異之首總論記事之意，後皆隨事注中言之，省文之義也。凡《公羊》解經事理，雖不相當其文義，有可存者，則移於他年可施處附之。如桓八年穀伯鄧侯下說失國之君類，今移于莊五年紀侯去國下用之類是也。《公》、《穀》多自云「公羊子曰」、「穀梁子曰」，及引尸子、魯子「曰」，今但目其傳而去其某子字。啖、趙取捨《三傳》，義多舉例，而言不必隨文皆說，今恐學者未精，難以例曉，故推兩家之例，悉隨文辯之，其有不言啖子、趙子曰者是也。

崔子方《春秋本例》卷二　王門。例日。師敗：《成元年》秋，王師敗績于茅戎。以時志而知例日者，《春秋》以軍事爲重，故凡戰敗，例皆日，則王師之敗固當日矣。王者之師天下莫敢校，今茅戎乃能敗之，《春秋》深惡焉，故其詞使若王師自敗于彼云爾，又特略其事而以時志也。右一變例。崩：《隱三年》：三月庚戌，天王崩。《桓十五年》：春，三月乙未，天王崩。《僖八年》：冬，十有一月丁未，天王崩。《文八年》：秋，八月戊申，天王崩。《宣二年》：冬，十月乙亥，天王崩。《成五年》：冬，十有一月己酉，天王崩。《襄元年》：秋，九月辛酉，天王崩。《襄二十八年》：冬，十有二月甲寅，天王崩。《昭二十二年》：夏，四月乙丑，天王崩。右九著例。葬：《莊三年》：夏，五月，葬桓王。其不日，蓋譏也。譏不及禮而葬也。《文九年》：春，二月辛丑，葬襄王。《宣三年》：春，王正月，葬匡王。《襄二年》：春，王正月，葬簡王。《昭二十二年》：夏，六月，葬景王。右五，著例一，變例四。五書葬，其不及禮者四。何其失禮多耶？且凡葬皆以內往葬爲詞，《春秋》九書王崩，而書葬五，則內之不赴葬者凡四也。以天子之葬而諸侯不往會者如此之多，則宜其不及禮者亦多也，有以見王室之微矣。

例月。居：《僖二十四年》：冬，天王出居于鄭。王者無外，然則天王之出，見不能乎其家而出也，其曰「出」，失內之辭爾，然於外猶得其所居焉，故曰「天王出居于鄭」也。夫貴爲天子，而不能容其母弟，以得罪于母，亦甚矣，故《春秋》盡其辭，且不月以見譏。《昭二十二年》：六月，劉子、單子以王猛居于皇。王猛非正，例不月，此承葬景王月。《昭二十三年》：秋，七月，天王居于狄泉。右三，著例一，其變例二。入：《昭二十二年》：秋，劉子、單子以王猛入于王城。入王城不月，知居于皇亦不月者也，居入不月，然後知王猛之非正，而《春秋》譏矣。《昭二十六年》：冬，十月，天王入于成周。右二，著例一，其變例一。狩：

《僖二十八年》：冬，天王狩于河陽。溫，河陽之邑也。晉文始霸，會諸侯于溫，而王適於是時爲河陽之狩，蓋王實畏晉，欲來會之，故假狩事以行耳。《春秋》不月王之行所以見譏，而三家皆謂再致天王，諱之，似誤矣。詳具《經解》。右一變例。殺其弟：《襄三十年》：五月，天王殺其弟佞夫。右一著例。

朱熹《昌黎先生集考异·書韓文考异前》　此集今世本多不同，惟近歲南安軍所刊方氏校定本號爲精善，別有《舉正》十卷，論其所以去取之意，又它本之所無也。然其去取，多以祥符杭本、嘉祐蜀本及李謝所據館閣本爲定。而尤尊館閣本，雖有謬誤，往往曲從。它本雖善，亦棄不錄。至於《舉正》，則又例多而詞寡，覽者或頗不能曉知。故今輒因其書更爲校定。悉考衆本之同異，而一以文勢、義理及它書之可證驗者決之。苟是矣，則雖民間近出小本不敢違；有所未安，則雖官本、古本、石本不敢信。又各詳著其所以然者，以爲《考異》十卷，庶幾去取之未善者，覽者得以參伍而筆削焉。

又《別本韓文考异·凡例》　一、正文及篇次係按方崧卿本，而用諸本參校。杭係監本。閣係館閣本。石係石刻本。洪係洪興祖本。又有潮本、蜀本、泉本、晁本。一、《考异》舉方作者，係按方崧卿本而舉。方云者，并是方崧卿《舉正》全文。方有《舉正》十卷刊行。一、注「方作」，或作「及非是」，或注「用事」及用字出處，并是《考异》全文。其間有注「一作者係今」例，別用他本增入。一、各注內「今按云云」者，并是《考异》全文。一、句讀下或一兩字下各有考异，今例并總附於一章之下。一、一章或有兩「今按云云」者，又分其一於小章或句斷之下，今例一段無再出「今按」。一、《考异》於正文本字，或一字，或二字，并皆提起。如本字在章末，其下即入注腳，則不復再出。或二四字，或全句，例同。一、《考异》有「厶」字或作「厶」字者，今例并提起。正文本字，如上文或有字相犯，則於本字上更連舉一字以別之。如上字又相犯，則連舉下字。一、《考异》有或無「厶」字者，今例上文只有一字，則止云「或無厶字」。如上文有兩字相犯，則云「厶下或無厶字」。如上字又相犯，則云「厶上或無厶字」。或上下字又皆相犯，則連舉二字以別之。厶上或有厶字，厶下或有厶字，例亦同。一、律詩一聯，如上下句係附兩意，則各附考异及注腳於每句之下。如兩句只是一意，則并附於一聯之下。碑銘、墓誌、聯句、祭文例同。一、《考异》或於篇目下云「恐非公作」，今刪去者，今例亦但存其篇目，而不載其文。一、正文或有疑字，并依《考异》文从□。按：此條今刻本不用。右凡例十二條，乃南劍官本所載。按：朱文公校《昌黎集》，又著《考异》十卷，在正集之外自爲一書。留畊王先生倅南劍時，并將《考异》附於正集本文之下，以便觀覽。故其凡例如此。留畊先生又集諸家之善，更定音釋，援據的當，音訓詳明，猶未附入正集。仍於逐卷之左，空其下方，以待寘補。是雖足見先生之謙德，而觀者未免即此校彼，其於披閱又未爲便。今本宅所刊，係將南劍州官本爲據，并將音釋附正集焉。使觀者一目可盡，而文義粲然，亦先生發明此書之本心也。幸鑒。

呂祖謙《呂氏家塾讀詩記·條例》　諸家解定從一說，辨析名物，敷繹文義，可以足成前說者注其下，說雖不同，當兼存者亦附注焉；諸家解文句小未安者，用啖、趙《集傳》例，頗爲刪削。陸淳曰：啖、趙所取《三傳》之文，皆委曲翦裁，去其妨礙。故行有刊句，句有刊字，實懼曾學《三傳》之人不達斯意，以爲文句脫漏，隨即注之，此則《集傳》之蠧也，閱此《記》者亦然；諸家先後以經文爲序，或一章首用甲說，次用乙說，末復用甲說，則再出甲姓氏；經子史傳引詩文句與毛氏不同者，各見章末；諸家或未備，頗以己說足之，錄於每條之後，比諸家解低一字寫。

廖瑩中《重校昌黎集·凡例》（《昌黎先生集注》卷首）　是集，慶元間魏仲舉刊五百家註，引洪興祖、樊汝霖、孫汝聽、韓醇、劉崧、祝充、蔡元定諸家註文，洪《辨證》，樊《譜註》，孫、韓、劉《全解》，祝《音義》，蔡《補註》。未免冗複。而方崧卿《舉正》、朱子校本《攷異》卻未附入，讀者病之。今以朱子校本《攷異》爲主，而刪取諸家要語附註其下，庶讀是書者開卷曉然。今舉凡例于左。一、朱子《攷異·凡例》見于文集序首，並仍其舊。一、閣、京、杭、蜀、石本異同已見。朱子《攷異·凡例》今更加讎校，是正頗多，觀者當自知之。一、註引經、子、史等事，則書于《攷異》之上，釋音則附其下。一、小圈下「今按云云」者，並是《攷異》全文。一、註引經、子、史書傳事爲證者，則入。如集中有關繫時政及公卿拜罷月日，更博採《新》《舊》史、《唐登科記》，附益之。一、舊註引「某氏云」者，今倣朱子《離騷集註》例，皆刪去。惟《攷異》下有糾方之繆者，則存之。如《復志賦》「誰無施而有穫」所辯之類是也。一、先儒議論有關繫者，隨所聞見增入。如《閔己賦》「固哲人之細事兮」，東坡《顏樂亭記》嘗有評議；

《元和聖德詩》「婉婉弱子，赤立傴僂」，南軒所議之類是也。一、正文或有疑字，並依《攷異》文从□。如《藍田縣丞廳壁記》「再進再屈□人」之類是也。一、皇朝廟諱諸本多易本字，如「貞元」作「正元」之類。非臨文不諱之義，徒失古意。今例但空本字點畫，若唐諱，如以「丙」爲「景」、以「民」爲「人」之類，卻存古不改。一、《攷異》於正文本字，或一字或二字並提起。今例如本字在句末，即入註脚，不復重出。句讀中或一兩字各有攷異，並總附於一句之下。

趙秉文《滏水集》卷一五《箋太玄贊引》 《太玄》何爲者也？將以發明大《易》而羽翼之者也。《易》有八物而五行，萬事在其中。《玄》則列之以三才，本之以五行，表之以陰陽，推之以律曆，而天下萬事之理具要其歸爲仁義而作也。卦用八，蓍用七；《玄》則首用九，蓍用六五彰之也。《易》有道、數、象、義，説《易》者，言道義，則遺象數；言象數，則遺道義。《玄》實兼之，其於聖經不爲無助。昔人譏屋下架屋，不猶愈于章句一偏之學乎！後之言數術者，孰與張平子，以平子不敢輕議《太玄》，而後儒非之，恐幾率易。顧僕何足以知《太玄》，姑以范注之小悮，以證本經之不悮。范注以九首次九，陽家陽畫，至十首，羡之初一，又爲陽家陽畫。則晝多於夜，禍福殺亂，故其説時有不通，王氏已辨之矣。揲法，一扐之後而數其餘。王氏依之注本作兩扐，非經悮也。經云：旦筮用經，夕筮用緯。舊注以旦用一五七，夕用三四八，日中夜中用二六九。蘇氏攻之，以爲中夕筮吉凶襍，至旦筮非大吉則大凶，是吉凶雜，終不可得而遇也。揚子大賢，擬聖而作，不應筮法尚悮，此殆歲久失其傳也。及考玄數五爲中央，注土行所在，經緯雜用。旦筮有三表：一二三，一表也；四五六，一表也；七八九，一表也。表取其一，以爲占。旦筮用一與七，皆取其初遇。至于四爲緯，五則經緯雜，无已則用六矣。一六七吉凶，襍與日中、夜中、夕筮同，況粹首一六七皆吉，而唫首一六七皆凶，亦有時而純吉純凶矣。恐旦筮當用一六七，夕筮用三四八，日中夜中用二五九，二爲經，九爲緯，五襍用之也。筮有四：星、時、數、詞。注：星，若干一度也。時，謂旦中夕也。數，謂首數之奇偶。詞，若九贊之辭也。時若旦筮遇陽家，其數自奇，辭自多吉，是時、數、詞皆同，何以別之！竊意星若二十八宿是也。又有四方之宿，各分配日月五星。數有支干之數、律曆之數、玄筭之數，與策數雜用之。此揚子所以知漢二百載而中，天平子所以知漢四百載、《玄》其興乎之驗也。其然豈其然乎？《玄》有《文告》等十一篇道義象數之學，宋陸二注及王氏辯之詳矣，兹不復云。獨首贊與晝夜不合，及首贊之詞與首之名義，亦如六十四卦與卦義當相合，如同人、睽六爻，皆言同人、睽之類是也。而注間有不悟，輒以他義釋之，恐有未安，理當釐正，使贊與首名義相合，庶幾粗明《玄》經之萬一。僕亦未能審于是非，姑錄以備遺忘，以爲學《玄》之階耳，俟得前人之注改而正諸。

王與之《周禮訂義・凡例》 一、分序官目錄於每職之前，欲因爵之尊卑、權之輕重、與其屬府史胥徒之多寡有無，以知所職之事安在。一、諸家説經先後，以經文爲序。一、諸家先訓詁、次文義，倣朱文公語、孟《集注》例。一、或諸家説同注疏，而注疏不甚分明者，只錄諸家之説。一、諸家辨析字義，敷演旨意，可以補前説者，傚《呂氏讀詩記》注其下。一、諸家解文，或牽引枝蔓，止留其主意，餘繁文亦不錄。一、諸家説只取其至當者，低正經一字寫，其餘説亦可取倣《東萊讀詩記》注其旁，如所説未明經旨，雖注疏不錄。至辨其不然及自出己見者，以愚案爲别。一、諸説或總論一職大意，各具逐職之末；或貫説數官本末，見於末官之後；或總論六十屬大意，則各具逐官之末。

吴澄《吴文正集》卷二一《經傳考異序》 金谿余國輔輯《經傳考異》，以予之亦嘗用力於斯也，俾序其首。予少時讀經書，疑其有誤字錯簡處，必博考詳訂而是正之。一日，有先生長者見其一二，叱責曰：「聖經如在天之日月，千古不易，何可改耶？汝何物小子，而僭妄如此！」予鞠躬謝過曰：「父師之教，敢不承乎？第古書自秦火之餘，炎漢之初，率是口授。五代以前，率是筆錄。口授者，寧無語音之訛？筆錄者，寧無字畫之舛？語訛字舛，爲經之害大矣。不訂正，而循襲其訛舛，強解鑿説，不幾於侮聖言與？予之訂正也，豈得已而不已者哉！況一一皆有按據，曰某本作某字，或先儒曾有論議，曰某字當作某字，未嘗敢自用己意點竄也。」先生長者不領予説，予亦不能從其言而遂止。然於此，每兢惕謹審，而不敢苟。國輔老成之儒，顧亦同予少時之癖，而所去取不悉與同，何嘗聚談，細細商略，以歸於至當之一。

李廉《春秋會通・凡例》 一、所編諸傳，止以《左氏》、《公羊氏》、

《穀梁氏》、《胡氏》、《陳氏》、《張氏》六家爲主，蓋六家皆全書故也。一、《左氏》專用杜預注，《公羊》專用何休注，《穀梁》專用范甯注，及正義與疏并不參用他説，庶不誤引用。一、程子及諸家説多附見謹案之下，蓋以無全傳，難并列也。一、所編本欲并見諸傳异同，故凡繫釋經無大舛僻者，皆録，其有倍禮傷義決不可從者，略疏於謹案下而辯之。一、其《三傳》有難繫於經文下而有關於經者，別爲附録，庶不紊雜經注。一、其《三傳》義理异同者，略疏其是非於謹案下，大率多以胡氏爲主，皆依先儒成説，并不敢臆斷。一、此經大概在屬詞比事，故於例之异同、事之首尾、或辭同而事异、或事异而辭同、皆通經提掇大意，使前後貫通。一事之疑，一字之异皆發明之，并用先儒議論。一、所編諸傳，務欲撮其精要，故未免裁翦删削，然所去皆浮詞，至於確實之語，無一字敢棄，其注疏中間有一句一字之精者，亦采録無遺。一、經中地名人名等有關經義者注之，餘不録。一、經傳中制度合考究者，并詳考於謹案下。

滑壽《難經本義・凡例》 一、經中錯簡衍文辨，見各篇之下，仍爲缺誤總類以見其義。一、《八十一難經》，隋唐書《經籍》、《藝文志》俱云二卷，後人或釐而爲三，或分而爲五。今仍爲二卷，以復書志之舊。楊玄操復爲十三類以統之，今亦不從説，見後彙考中。一、本義中引諸書者，具諸書之名。引諸家者，具諸家之名。其無所引，具及愚按、愚謂者，則區區之臆見也，其設爲或問亦同。一、本義引諸家之説，有以文義相須爲先後者，有以論説高下爲先後者。無是二者，則以説者之世次爲先後云。一、《難經》八十一篇，蓋越人取《內經》《靈樞》之言設爲問答，前此註家皆不考，所出今並一一考之，其無可考者，於七難內發其例。

又《彙考》 《史記》越人傳載趙簡子、虢太子、齊桓候三疾之治，而無著《難經》之説。《隋書・經籍志》、《唐書・藝文志》俱有「秦越人黃帝《八十一難經》二卷」之目。又唐諸王侍讀張守節作《史記正義》，於《扁鵲倉公傳》，則全引《難經》文以釋其義，傳後全載四十二難與第一難、三十七難全文。由此則知，古傳以爲越人所作者不誣也。詳其設問之辭，稱經言者出於《素問》、《靈樞》二經之文，在《靈樞》者尤多。亦有二經無所見者，豈越人別有摭於古經，或自設爲問答也耶？邵菴虞先生嘗曰：《史記》不載越人著《難經》，而隋唐書《經籍》、《藝文志》定著越人《難經》之目，作《史記正義》者直載《難經》數章。愚意以爲：古人因經設難，或與門人弟子答問，偶得此十一章耳，未必經之當難者。此止八十一條，難由紲發，不特立言。且古人不求托名於書，故傳之者，唯專門名家而已。其後流傳寖廣，官府得以録而著，其目註家得以引而成文耳。圭齊歐陽公曰：切脉於手之寸口，其法自秦越人始，蓋爲醫者之祖也。《難經》，先秦古文，漢以來《答客難》等作，皆出其後，又文字相質難之祖也。楊玄操序謂：黃帝有《內經》二帙，其義幽頤，殆難究覽。越人乃採摘二部經內精要凡八十一章，伸演其道，名「八十一難經」，以其理趣深遠，非卒易了故也。紀天錫云：秦越人將黃帝《素問》疑難之義八十一篇重而明之，故曰「八十一難經」。宋治平間京兆黎秦辰序虞庶《難經注》云：世傳黃帝《八十一難經》，謂之難者，得非以人之五藏六府隱於內爲邪所干不可測知，唯以脉理究其彷彿耶？若脉有重十二菽者，又有如按車蓋而若循雞羽者，復考內外之證以參校之不其難乎？按歐虞説，則「難」字當爲去聲，餘皆奴丹切。丁德用《補註》題云：《難經》歷代傳之一人，至魏華佗乃燼其文於獄下。於晉、宋之間，雖有仲景、叔和之書，然各示其文而濫觴其説。及吳太醫令呂廣重編此經，而尚文義差迭。按此，則《難經》爲燼餘之文，其編次復重，經呂廣之手，固不能無缺失也。謝氏謂：《難經》王宗正註義圖解，大槩以胗脉之法，心肺俱浮，肝腎俱沉，脾在中州爲正而已。至於他註家所引寸關尺而分兩手部位，及五藏六府之脉並時分見於尺寸，皆以爲王氏脉經之非。殊不知脉之所以分兩手者，出於《素問》脉要精微論，其文甚明。越人復推明之，於十難中言一脉變爲十，以五藏六府相配而言，非始於叔和也。且三部之説有二：一則四難，所謂心肺俱浮，肝腎俱沉，脾者中州與五難菽法輕重同，而三部之中又各自分上、中、下云。一則脉要精微論之，五藏部位即二難之分寸關尺，十難之一脉變爲十者也。若止以心肺俱浮、肝腎俱沉、脾爲中州一法言之，則亦不必分寸關尺，而十難所謂一脉十變者，何從而推之？蘄水龐安常有《難經解》數萬言，惜乎無傳。《諸家經解》：馮氏、丁氏傷於鑿，虞氏傷於巧，李氏、周氏傷於任，王呂晦而舛，楊氏、紀氏大醇而小疵，唯近世謝氏説殊有理致原委，及袁氏者古益人著《難經》本旨佳處甚多，然其因襲處未免踵前人之非，且失之冗爾。潔古氏《藥註》疑其草藁，姑立章指義例，未及成書也。今所見者，往言論於經不相涉，且無文理。潔古平曰：著述極醇，正此絶不相似，不知何自，遂乃板行，反爲先生之累，豈好事者爲之而托爲先生之名耶？要之後來東垣海藏、羅謙甫輩皆不及見，若見，必當與足成其說。不然，亦回護之，不使輕易流傳也。《難經》八十一篇，辭若甚簡，然而榮衛度數、尺寸位置、陰陽王相、藏府内外、脉法病能與夫經絡流注、鍼刺俞穴，莫不該盡。昔人有以十三類統之者，於乎此經之義大無不包，細無不舉，十三類果足以盡之，與八十一篇果不出於十三類，與學者求之篇章之問，則其義自見矣。此書固有類例，但當如《大學》朱子分章以見記者之意，則可不當以己之立類統經之篇章也。今觀一難至二十一難，皆言脉。二十二難至二十九難，論經絡流注、始終、長短、度數，奇經之行，及病之吉凶也。其間有云脉者，非謂尺寸之脉，乃經隧之脉也。三十難至四十三難，言榮衛三焦、藏府腸胃之詳。四十四、五難言七衝門，乃人身資生之用，八會爲熱病在内之氣穴也。四十六、七難言老幼寐寤，以明氣血之盛衰，言人面耐寒以見陰陽之走會。四十八難至六十一難，言該候病能藏府積聚泄利，傷寒雜病之別，而繼之以望聞問切，醫之能事畢矣。六十二難至八十一難，言藏府榮俞用針補瀉之法，又全體之學所不可無者。此記者以類相從也，始終之意備矣。十一難云：肝有兩葉。四十一難云：肝左三葉、右四葉，凡七葉。言兩葉者，舉其大，言七葉者，盡其詳。左三右四，亦自相陰陽之義。肝屬木，木爲少陽，故其數七。肺屬金，金爲太陰，故六葉兩耳，其數八。心色赤而中虛，離之象也。脾形象馬蹄，而居中土之義也。腎有兩枚，習坎之謂也。此五藏，配合陰陽，皆天地自然之理，非人所能爲者，若馬之無膽，兎之無脾，物固不得其全矣。周子云：木陽穉金陰穉是也。東坡先生《楞伽經跋》云：如醫之有《難經》，句句皆理，字字皆法，後世達者如槃走珠，如珠走槃，無不可者。若出新意而棄舊學，以爲無用，非愚則狂而已。譬如俚俗醫師，不由經論，直授藥方，以之療病，非不或中至於過病，輒應縣斷死生，則與知經學古者，不可同日語矣。世人徒見其有一至之功，或捷於古人，因謂《難經》不學而可，豈不誤哉！晦庵先生跋郭長陽醫書云：予嘗謂古人之於脉，其察之固，非一道矣。然今世通行，惟寸關尺之法爲最要。且其說具於《難經》之首篇，則亦非下俚俗說也。故郭公此書備載其語，而并取丁德用密排三指之法以釋之。夫《難經》則至矣。至於德用之法，則予竊意診者之指有肥瘠，病者之臂有長短，以是相求，或未得爲定論也。蓋嘗細考經之所以分寸尺者，皆自關而前卻以距手魚際尺澤。是則所謂關者，必有一定之處，亦若魚際尺澤之可以外見而先識也。然今諸書，皆無的然之，論惟千金以爲寸口之處，其骨自高而關尺，皆由是而卻取焉。則其言之先後，位之進退，若與經文不合，獨俗間所傳脉訣五七言韻語者，詞最鄙淺，非叔和本書取其能直指高骨爲關，而分其前後以爲尺寸陰陽之位，似得《難經》本旨。然世之高醫以其贋也，遂委棄而羞言之。予非精於道者，不能有以正也，附姑見其說，以俟明者而折中焉。廬陵謝堅白曰：泰定四年丁卯，愚教授龍興建言憲司，請刻叔和脉經本書十卷，時儒學提舉東陽柳公道傳序其端曰：朱文公云俗傳脉訣辭最鄙淺，而取其直指高骨爲關之說，爲合於《難經》。雖文公亦似未知其正出脉經，正謂此跋也。然文公雖未見脉經，而其言與脉經脗合。脉訣雖非叔和書，其人亦必知讀脉經者。但不當自立七表、八裏、九道之目，遂與脉經所載二十四種脉之名義大有牴牾，故使後人疑焉。項氏家說曰：凡經絡之所出，爲井所留，爲榮所注，爲俞所過，爲原所行，爲經所入，爲合井。象水之泉榮，象水之陂腧，象水之竇。竇，即窬字也。經象水之流，合象水之歸，皆取水之義也。藏五而府六，藏冗五而府穴六，猶千五而支六，聲五而律六，皆陰陽之數，自然之理。雖增手厥陰一藏，其實心之包絡不異於心，即一藏而二經也。經之必爲十二，猶十二支，十二辰，十二月，十二律，不可使爲十一亦自然之理也。寅、卯爲木，己、午爲火，申、酉爲金，亥、子爲水，四行皆二支耳。而土行獨當辰、戌、丑、未四支，以成十二。肺、肝、脾、腎四藏，皆二經，而心與包絡共當四經，以成十二。此豈人之所能爲哉？

又《闕誤總類》《七難》：三陰、三陽、次第。《脉經》與此不同。《脉經》於三陽，則少陽、太陽、陽明。三陰，則少陰、太陰、厥陰。《十二難》：馮氏謂此篇合入用鍼補瀉之類，當在《六十難》之後，以類相從也。《十四難》：反此者，至於收病也，當作至脉之病也，「於收」二字誤。《十六難》：問三部九候以下，共六件，而篇中並不畣所問，似有缺誤。《十七難》：所問者三，所答者一，疑有缺漏。《十八難》：第三節謝氏謂當是《十六難》中答辭，第四節或謂當是《十七難》中，或連年月不已答辭。《二十難》：重陽者狂，重陰者顛，脫陽者見鬼，脫陰者目肓。當是《五十九難》結句之文，錯簡在此。《二十一難》：謝氏曰：按本經所畣，辭意不屬，似有脫誤。《二十三難經》云：「明知終始」云云一節，謝氏謂合在下篇，之前不必然也，只叅看。《二十八難》：「溢畜不能環流灌溉諸經者也」十二字，當在十二經，亦不能拘之之下。「其受邪氣畜則腫熱砭射之也」十二字，謝氏直以爲衍文，或云當在《三十六難》「關格不得盡其命而死矣」之下，因邪在六府而言也。《二十九難》：「陽維爲病苦寒熱，陰維爲病苦心痛」，諸本皆在「腰溶溶若坐水中」下。謝氏移置「溶溶不能自收持」下，文理順從，必有所考而然。今從之。《三十一難》：「其府在氣街」一句，疑錯簡，或衍文。三焦自屬諸府，與手心主配各有所，不應又有府也。《四十八難》：「診之虛實」下「濡者爲虛牢者爲實」八字，《脉經》無之，謝氏以爲衍文。楊氏謂「按之皮肉，柔濡爲虛，牢強者爲實」，然則有亦無害。《四十九難》：第五節「虛爲不飲食，實爲飲食」二句於上下文無所關，疑錯簡或衍。《六十難》：其「眞心痛者直」字下當有一「頭」字，蓋總結上兩節也。《六十九難》：「當先補之，然後瀉之」八字，疑衍。《七十四難》：篇中文義似有缺誤，今且依此解之，俟後之知者。《七十難》：「五金不得平木」，「不」字疑衍，詳見本篇。《八十一難》：「是病」二字，非誤即衍。

胡廣等《春秋大全・凡例》　一、紀年依汪克寛《纂疏》例，注甲子於各年行上，分在周紀年始終於年上，齊、晉諸國於年下。一、經文以胡氏爲據，而詳注各傳异同，增損於下。一、諸傳以胡氏爲主，大字録於經後，而《左氏》、《公羊》、《穀梁》三傳雖有异同，難輒去取，今載其全文，同先儒表著事變始終之要分注經下。一、程子、朱子説，并《三傳》注疏，有發明經意者，繼《三傳》後諸儒之説與胡傳合，而有相補益者，附注胡傳下文。异旨同者去之，其或意義雖殊，而例理可通，則別附于後。一、周及列國易世嗣位，齊、晉、秦、楚大夫爲政，有繫乎王伯夷夏之輕重者，依林堯叟例，備列于十二公之首，以便觀覽。一、胡傳引用本經內前後事證，不復重見，止云見某傳、某公、某年，其諸經子史者并注本末於傳下。一、凡引先儒之説，但順經意編次，不以時之先後爲序。一、《左傳》或先經始事，或後經終義，或經不載而傳載者，皆依次序先後附録各年之內，其獲麟後無係於聖經，不録。一、諸傳與經意不侔者，引啖氏、趙氏、劉氏、汪氏、李氏諸説附斷于後，仍加圈以別之。一、經內地名，杜氏、張氏、汪氏各有注釋，然時代沿革不同，今依李廉《會通》例，有關經義者存之，餘不録。一、先儒格言，別爲總論，類次冠于經端，庶使學者易知要領。一、年表及列國圖説，并依胡傳存于卷首，以備考訂。

石光霽《春秋書法鈎元・凡例》　一、摭諸傳切要之言以爲綱，精微之詞以爲目，庶幾綱舉目張簡明易見也。一、所采之詞以《左傳》、《公》、《穀》、《胡氏》、《張氏》爲主，義或未備者，則采啖、趙諸儒確論以足之。一、諸儒之論與五傳不合，而二説皆通者，具載以備參考。其間優劣，則妄加折衷，而或先或後，各隨其宜，難以例拘也。一、是編書法大抵分屬五禮，蓋以《春秋》一經，往往因失禮而書，以示譏貶，出乎禮則入乎《春秋》也。五禮括未盡者，別爲雜書法以冠于首，餘則皆以吉、凶、軍、賓、嘉別其類焉，庶幾屬詞比事，是非易知也。猶慮初學未聞五禮條目，復載《周禮》經注使知其概云。

張綖《杜工部詩通》卷一《開元天寶年間所作》　觀杜詩，固必先考編年，據事求情，而後其意可見。然編年非公自訂，不過後人因詩意而附之耳。夫史傳編年已有失其眞而不可盡信者，又況數百年之後徒因詩意以求合史傳之年耶！若《北征》、《發秦州同谷》等篇，及公自註年月，卓有明據，固無可疑，其餘諸篇，時之或先或後，亦未必盡實。觀者要當以詩意爲主，不可泥於編年，反牽合詩意也。且如《寄臨邑舍弟黄河泛溢》詩，諸家皆編在開元二十九年。公是時年甫三十，而詩中有「吾衰同泛梗」之句，是豈其少作耶？徒以唐史此年有伊、洛及支川皆溢，河南、北二十四郡水，遂爲編附。然黄河水溢常常有之，豈獨是年哉？集中如此類者甚多，不能偏舉。今惟大約摽三宗年號於卷首，其逐詩編年，頗爲考訂，分註題下，使覽者更詳焉。

林兆珂《檀弓述注・凡例》　一、《檀弓》註於鄭，疏於孔，楊用脩評其寡不可益，多不可省，爲註疏中神聖。不其然與然，簡奥者可會而不可悉，明備者可獵而不可窮。且歷代諸儒互有發明，近世名家時有論著，采而擷之，敢云簡金摘翠，抑衆射一招，招無不中。其庶幾乎！一、《檀弓》所記子白出母，帝舜三妃之類，猶揭而駁之，矧於註解何嫌？校讐間有説懸兩端，義各攸當者，如負夏予祖，此以爲美，彼以爲規。遐丘請前，此以爲巽，彼以爲法。蕢芑兼收，統之薌，其俟識者擇焉。一、《檀弓》之文或省而蓄，或叠而波，或錯而奇，或複而雋，其章法、句法、字法，批點於謝君直者，允乎脩辭鵠矣。而楊用脩《叢訓》復酌諸家而加評隲，累味集珍，非虛語也。今圈點壹依叠山，而批評則《叢訓》佐之，點仍文旁，評列文上。

一、《檀弓》註疏批評外，如王子衡立後之說，何子元防墓之疑，王伯厚蒼梧之考，諸如此類，各有意義，可備覽觀，入之註解，爲添足，列之上方，以解頤。一、魯論多見而識之，又有闕文之說。闕之者識之也，不妄更以備考也。《檀弓》陳太宰嚭使於師，夫差謂行人儀云云，嚭吳太宰，而行人儀則陳使臣，記禮者誤錯。洪景盧一訂，誠正千載之訛，而楊用脩從其說，遂於經文兩易二人之名，雖於文義協順，似非疑以傳疑也。今經文仍舊，而註則從洪氏所訂，即如盧陵劉美中家古本《禮記》，「梁木其壞」之下有「則吾將安杖」五字，與《家語》同，亦不敢增入，以附識闕之義。

沈守正《四書叢說·凡例》 一、書取名業，以薈萃爲義，或失冗襍，開卷便不能了然。故採摭羣言，一以章句爲次第，世代後先所不暇論。或載全文，或篇取數行，或行取數句，理並酌意，意並酌辭，繁者簡之，滯者通之，義在發明，無辭筆削。一、採錄如《性理大全》等書，及久近名賢著述，皆人所常目，亦有稗官、野史、小說、卮餘，本非解經，義堪頤解者，亦幷錄之。它如良友聚譚，方外送難，人雖生存，唾金屑玉，何忍輕棄！其間或標書名，或稱姓字，原無定例。其無題識者，則謭陋之蠡測也。一、新說入人，如鄭亂雅，加以霸儒操戈，狂禪據席，河南建陽，幾至剝膚。然聰明代起，生生不窮，亦有不可以人廢者。今擇其醇正，可佐傳註，幷歸本條。或義可幷存，則於章末更端標一說二字以別之。亦有旨本詖僻，久入膏肓，鋤而去之，人將不服，今亦隨錄，但以鄙見箋解數語，以明不安。敢云折角，聊借質疑。有敎我者，所謂不有益於彼，即有益於我也。一、知時論世，方謂□書。聖賢之言，豈規規訓詁所□。蓋所見羣書中多有廣述異同，疏觀今古，雖稍遠佔俾，寔擴胸懷，今並載之。大義則冠之卷前，章義則列之篇尾，亦猶史家之有叙斷云爾。一、制度、人物須自成一書，加以辨駁，庶幾足觀。是書義專釋經，力不暇及，間疏一二，以便初學，博雅者勿嗤其陋。

陳仁錫《四書備考·凡例》 一、攷中帝王作紀，臣人作傳，從史例也。其餘經史悉標出以叙事，不致纖毫妄書。一、人物凡見於《四書》者悉爲編輯，其次第先後或以時，或以國，或以行業，或以食用動植，各從其類。一、各出處行蹟、辭命章疏、禮樂政敎、山川器用、飲食、飛潛、動植，見於經史稗官諸子者，俱用本文，不爲省約，以備文章之大觀。即有幾句重複，亦仍舊也。一、先儒所稱不見經傳及論註異同，或子集可據，或地誌開載，亦爲采輯，所以備訂正也。一、諸子百家所載，凡可疑者多從刪削，間亦有兼收並載者。蓋宇宙間事未可執一，將以資詳說而反之約也。一、各人事蹟載在諸書，互有異同，亦惟僉同可信者錄之。一、各人言行，有彼此互見而並存者，有但曰見某人傳者，亦各因其所重也。一、各人言行，凡志於別籍者則爲采輯，其見於《四書》者，人所共知，不悉載。若止於《四書》而別籍不經見者，則采《四書》所載，聊備其名氏，以俟博雅君子。一、舊引古書，爲因各傳互見，不能無所筆削。然學古者自宜考諸經子史，以遡其源傳，今爲一一揀訂。苟非義例有礙，大抵改從原本，雖有節錄，無輕竄易。一、諸書確可考據，後學或未經見者，茲爲補之。外謬誤相襲者訂之，一遵先輩成說，不敢妄參臆見。至於熟事，人既共曉，間亦減削，以省煩文。一、某段出某書某篇某卷，如《左傳》某公某年之類，悉爲標出，以便覆勘，俾遡覽者得以引而伸之。春秋以前人物，採諸《左》《國》居多，下迨戰國，則《國策》、《史記》、《說苑》、《新序》、《韓詩外傳》諸子百家，蒐輯漸遍矣。然於離經叛道者，俱無取焉。一、舊例謹嚴，今不敢越尺寸。間及俾官雜記，或近隱僻，聊借以廣異聞。然必附綴數語，明非傳信。一、古字古句既用原文，或難通曉，俱簡諸子釋解音義附註本句之下，庶便誦讀。一、讀書從《四書》始，稽古從《四書》人物始。書有字音字義當考，詎宜舛訛相襲。人物別有撰著全書可考，如孔氏之《孔叢子》《闕里志》，周公之《原雅》、《周禮》、《周髀》，皆非僻書。又如管、晏、墨、慎諸子之書，但一臠之肯嘗，將千蹠而未厭。好學者自得之。一、前採錄書目幾數百種，閉關兩歲餘，鱗次成集。涉京省之奚囊，編之楮墨；歷寒暑之竹簡，壽之棗梨。一、《四書》者，《五經》之嫡派也。故舉業家攻於《五經》，則作《四書》藝者，如堪輿之來龍眞穴，故人物有關繫者獨詳。一、詮盤古史之人物，每切《四書》者，摘取必到，凡以備典故，而因此通彼云。一、朱註援引舊事，大約只一兩句提綱。茲集亦照左史書出，以便考證。一、遺經外史，甚足以資聞見。且知宇宙之大，名物之贖，亦固陋空疎者之藥石也。一、志林記錄、詩賦詞苑，取其識見之宏博，文彩之富瞻，用事之典覈，庶掃筆端淺薄之敝。一、古今人物散見宇內，嗜古者未必旦夕可致。混在全集，簡門者未必俄頃即得。其搜羅之備，誠萬卷之眞諦，《四書》之輔翼也。一、上截細文多述稗官野乘，及小節片言，關切本文者，故不遺也。

錢謙益《牧齋初學集》卷一一〇《注杜詩略例》 呂汲公大防作《杜詩年譜》，以謂次第其出處之歲月，略見其爲文之時，得以考其辭力少而鋭，壯而肆，老而嚴者如此。汲公之意善矣，亦約略言之耳。後之爲年譜者，紀年繫事，互相排纘，梁權道、黄鶴、魯訔之徒，用以編次後先，年經月緯，若親與子美游從，而藉記其筆札者。其無可援據，則穿鑿其詩之片言隻字，而曲爲之説，其亦近於愚矣。今據吳若本識其大略，某卷爲天寶未亂作，某卷爲居秦州、居成都、居夔州作。其紊亂失次者，略爲詮訂。而諸家曲説，一切削去。子美集皆天寶以後之作，而編詩者繫某詩某詩於開元，仍《年譜》之謬也。子美與高、李遊梁、宋、齊、魯，在天寶初太白放還之後，而《譜》繫於開元二十五年，故諸家因之耳。舊史載高適代崔光遠爲成都尹，《譜》以爲攝也，遂大書於上元一年曰：十月，以蜀州刺史高適攝成都。唐制，節度使闕，以行軍司馬攝知軍府事，未聞以刺史也。元微之《墓誌》載嗣子宗武，《譜》以宗文爲早世也，遂大書於大曆四年曰：夏，復回潭州，宗文夭。按樊晃《小集序》，子美殁後，宗文尚漂寓江陵也。若此之類，則愚而近於妄矣。杜詩昔號千家注，今雖不可盡見，亦略具於諸本中。大抵蕪穢舛陋，如出一轍。其彼善於此者三家。趙次公以箋釋文句爲事，邊幅單窘，少所發明，其失也短。蔡夢弼以捃摭子傳爲博，泛濫蹖駮，昧於持擇，其失也雜。黄鶴以考訂史鑑爲功，支離割剝，罔識指要，其失也愚。余於三家，截長補短，略存什一而已。注家錯繆，不可悉數，略舉數端，以資隅反。一曰僞託古人。世所傳僞蘇注，即宋人《東坡事實》，朱文公云：閩中鄭昂僞爲之也。宋人註太白詩即引僞杜注以注李，而類書多誤引爲故實。如《贈李白詩》：何當拾瑤草？注載東方朔《與友人書》。元人編《眞仙通鑑》，本朝人編《赤牘書記》並載入矣。洪容齋謂疑誤後生者，此也。又注家所引《唐史拾遺》，唐無此書，亦出諸人僞撰。一曰僞造故事。本無是事，反用杜詩見句增減爲文，傅以前人之事，如僞蘇注碧山學士之爲張褎，一錢看囊之爲阮孚，昏黑上頭之爲常琮是也。蜀人師古注尤可恨，王翰卜鄰，則造杜華母命華與翰卜鄰之事，焦遂五斗，則造焦遂口吃醉後雄譚之事。流俗互相引據，疑誤弘多。一曰傅會前史。注家引用前史，眞僞雜互。如王羲之未嘗守永嘉，而曰庭列五馬；向秀在朝本不任職，而曰繼杜預鎮荆。此類如盲人瞽

説，不知何所來自，而注家猶傳之。一曰僞撰人名。有本無其名，而僞撰以實之者。如衛八處士之爲衛賓，惠、荀之爲惠昭、荀珏，向卿之爲向詢是也。有本非其人而妄引以當之者，如韋使君之爲韋宙，馬將軍之爲馬璘，顧文學之爲顧況，蕭丞相之爲蕭華，己公之爲齊己是也。至前年渝州殺刺史一首，注家妄撰渝、遂刺史及叛賊之名，而單復《讀杜愚得》，遂繫之於譜，尤爲可笑。一曰改竄古書。有引用古文而添改者，如慕容寶樗蒲得盧，添袒跣大叫四字，《赭白馬賦》用品埶驍騰爲句，而《蜀都賦》觴以縹青，一醉累月，斷裂上下文，以就蜀酒之句也。有引用古詩而竄易者，如庾信蒲城桑葉落，改爲蒲城桑落酒，陸機佳人眇天末，改爲涼風起天末也。此類文義違反，大誤後學，然而爲之者亦愚且陋矣。一曰顛倒事實。有以前事爲後事者，如《白絲行》以爲刺竇懷貞，蕭京兆以爲哀蕭至忠是也。有以後事爲前事者，如《悲青坂》而以爲鄴城之役，雍正節制而以爲朱滔、李懷仙之屬是也。一曰強釋文義。如掖垣竹埤梧十尋，解之曰：垣之竹，埤之梧，長皆十尋。有此句法乎？如九重春色醉仙桃，解之曰：入朝飲酒，其色如春。有此文理乎？此類皆足以疑誤末學，削之不可勝削者也。一曰錯亂地理。如注龍門則旁引《禹貢》之龍門，不辨其在雒陽也。注土門、杏園，則概舉長安之土門、杏園，不辨其在河南也。注馬邑，則概舉雁門之馬邑，不辨其在成州也。諸家惟黄鶴頗知援據，惜其不曉抉擇耳。一曰妄系譜牒。按唐《宰相世系表》，杜預四子，錫、躋、耽、尹。襄陽杜氏出自預少子尹。元稹《墓誌》云：晉當陽侯下十世而生依埶。甫《祭遠祖當陽君文》，稱十三葉孫甫。甫爲預之後，未知預四子誰爲甫之祖。而舊譜以甫爲尹之後，此何據也？唐《舊書・杜易簡傳》：易簡，襄州襄陽人。周硤州刺史叔毗曾孫。易簡從祖弟審言。易簡、審言，同出叔毗下，獲嘉爲甫高祖，即硤州之子也。《周書・杜叔毗傳》：其先京兆杜陵人也。徙居襄陽。祖乾光，齊司徒右長史。父漸，梁邊城太守。此世系之較然可考者也。以《世系表》推之，尹下六代爲襲池陽侯洪泰，與乾光爲行，洪泰生二子，祖悦，顒，與漸爲行。顒生三子，景仲、景秀、景恭，與叔毗爲行。叔毗、景恭皆仕周，其子皆仕隋。叔毗之子爲廉卿，則未知其爲易簡之祖歟？審言之祖歟？舊譜以叔毗爲顒子，景仲、叔毗並系顒下，紕繆極矣。此不可不正也。顔魯公撰《杜濟神道碑》，爲征南十四代孫。甫有《示從孫濟》詩，斯爲合矣。《世系表》濟

與位同出景秀下，並征南十四代，而詩稱從弟位，抑又何歟？宋人謂《新唐宰相世系表》承用逐家譜牒，多所繆誤。歐陽公略不筆削，恐未可以表爲據也。姑書之以俟博聞者。宋人解杜詩，一字一句，皆有比託。若僞蘇注之解屋上三重茅，師古之解筍根稚子，尤爲可笑者也。黄魯直解《春日憶李白》詩曰：庾信止於清新，鮑照止於俊逸，二家不能互兼所長。渭北地寒，故樹有花少實，江東水鄉，多蜃氣，故雲色駮雜，文體亦然，欲與白細論此耳。洪駒父《詩話》：一老書生注杜詩云：儒冠上服，本乎天者親上，以譬君子。紈袴下服，本乎地者親下，以譬小人。魯直之論，何以異於此乎？而老書生獨以見笑，何哉？杜集之傳於世者，惟吴若本最爲近古，它本不及也。題下及行間細字，諸本所謂公自注者多在焉。而别注亦錯出其間，余稍以意爲區别，其類於自注者，用朱字，别注則用白字，從《本草》之例。若其字句異同，則壹以吴本爲主，間用它本參伍焉。宋人詞話以蜀人《將進酒》爲少陵作者。蔡夢弼詩注載王維畫《子美騎驢醉圖》，幷子美斷句詩。至於鄭虔愈瘧之説，宗文斧臂之戲，李觀墳土之辯，韓愈摭遺之詩，皆委巷小人流傳之語，君子所不道也。《飯顆山頭》一詩，雖出於孟棨《本事》，而以謂譏其拘束，非通人之譚也，吾亦無取焉。

黄文焕《楚辭聽直·凡例》 《離騷》下舊有經字，王逸本、朱子本皆然，今刪之。洪興祖曰：古人引《離騷》，未有言纏者。蓋後世之士祖述其詞尊之耳，非屈子意也。此論良確。王逸釋「離騷經」之義曰：離，别也。騷，愁也。經，徑也。言已放逐離别，中心愁思，猶陳直徑以風諫也。夫尊《騷》比於《五經》，故以經名。若釋經爲徑，歸於原之自名之，牽強彌晦矣。然《騷》之稱經，不從逸始，又非原始，將誰始乎？曰：始於漢武帝時，逸稱武帝使淮南王安作《離騷經章句》。當日重詞賦之學，自宜宗《騷》。尊《騷》，特以經名之也。《遠遊》以及《天問》、《九歌》、《卜居》、《漁父》、《九章》，王逸本俱繫「傳」字於每題之下。朱子本無「傳」字，而加「離騷」二字於每題之上。今所訂者，「傳」與「離騷」槩從刪焉。逸之繫以「傳」也，首篇爲「經」，則他篇自應爲「傳」。「傳」之名，意亦非逸始。淮南王只作《離騷經章句》，班固、賈逵亦只作《離騷經章句》，皆不及諸篇。惟視經爲綱，傳爲目，故詳於綱，略於目。傳之名，蓋從淮南、班、賈俱已有之。朱子加以「離騷」二字，二十五篇本均稱「離騷」，以其義槩從《離騷》中出也。去「傳」字而加「離騷」，猶夫稱傳之旨也。譬諸《莊子》之《外篇》、《雜篇》，總《内篇》之註腳也。余之不繫以「傳」，不冠以「離騷」，蓋曰屈子之意未嘗不即後申前，未嘗不以此貫彼，固分之而亦經亦傳，合之而總屬《離騷》，無所不可。然其所作，首篇在懷王時，餘在頃襄時，屈子業自判，其題各不相混矣。胡爲贅而繫之，贅而冠之，必令附麗耶？余還其爲屈子之初而已。從劉向時，定屈子七題爲七卷，而以宋玉之《九辨》、《招魂》，景差之《大招》，賈誼之《惜誓》，淮南小山之《招隱士》，東方朔之《七諫》，嚴忌之《哀時命》，王褒之《九懷》，向所自著之《九歎》，每一題稱一卷，合屈爲十六卷。王逸註《騷》，又附著《九思》，爲十七卷。余嚴汰焉，以其詞之與原無涉者不宜存也，小山是也。即或詞爲原作，而其意其法未能與原並驅，不足存也，《惜誓》、《七諫》、《哀時命》、《九懷》、《九歎》、《九思》是也。《九辨》爲從來所共賞玉之旨，因《騷》有啓《九辨》與《九歌》之句，欲以是補之，與《九歌》等。然詞在涉不涉之間，意與法在能並未能並之際。勦襲句多，曲折味少，亦不存焉可矣。二《招》之獨存，而又先《大招》於《招魂》，何也？王逸之論《大招》歸之或曰：屈原未嘗以專屬景差。晁氏曰：詞義高古，非原莫能及。余謂本領深厚，更非原莫能及。則存《大招》，固所以存原之自作也。《招魂》屬之宋玉。而太史公曰：讀《離騷》、《天問》、《招魂》、《哀郢》，悲其志。又似亦原之自作，則存《招魂》亦併存原耳。即《招魂》從來屬玉，《大招》未必非差，而其詞專爲原拈，其意與法足與原並，則固足存矣，宜存矣。此豈他篇所可比？若唐宋以後所增之續《騷》贅附，愈甚置之，不論可也。【略】評《楚辭》者不註，註《楚辭》者不評，評與註分爲二家。余於評稱品，於註稱箋，合發之，以非合不足盡《楚辭》之奧也。品拈大槩，使人易於醒眼。箋按曲折，使人詳於迴腸。品之中，亦有似箋者，然係截出要緊之句，不依本段之次序也。至於箋中字費敲推，語經煆煉，就原之低徊反覆者，又再增低徊反覆焉，則固余所冀。王明之用汲悲充位之胥讒自抒其無韵之《騷》，非但註屈而已。余所紬繹，槩屬屈子深旨與其作法之所在，從來埋沒未抉，特爲創拈焉。凡複字複句，或以後翻前，或以後應前，旨法所關，尤倍致意。其餘字義訓詁，每多從略。業有王朱舊註，人人易攷，不欲以襲混創也。且前人有美，宜歸諸前人，不欲總輯之而掠其美耳。朱子因受僞學之斥，始註《離騷》。余因鉤黨之禍，爲鎖撫司所羅織，亦坐。以平日與黃石齋前輩講學，立爲下獄，經年始了《騷》註。屈子二千餘年中得兩僞學爲之洗發，機緣固自奇異。而余抱病獄中，憔悴枯槁，有倍於行吟澤畔者。著書自貽，用等《招魂》之法，其懼國運之將替，則實與原同痛矣。惟痛同病倍，故於《騷》中探之，必求共深入；洗之，必求其顯出。較諸朱子之註《騷》，抑揚亢殊，正以與朱子逍遙林泉，聚徒鹿洞，苦樂迥殊也。非增僞學，不獲全闡，眞《騷》上天之意，固自如是，人何尤焉！

姜文燦《詩經正解・凡例》　一、本講悉依《朱傳》，是謂「正解」。雖各家講本剖析精詳，非無新奇可喜之論，然與註不合，則爲別解，不敢妄爲採輯。間有所取，亦姑置之圈外，示學者所宗，在彼不在此也。一、通詩有通詩之旨，各章有各章之旨。通詩之旨則總一篇之意而釋之，謂之「全旨」。各章之旨則析各章之意而釋之，謂之「析講」。全旨一遵紫陽詩柄，不敢矛盾，而于析講則必句疏字解，發奧剖疑，使讀《詩》者不涉疑團，而《詩》之義藴亦無不彰明較著。且于析講之前列以「合參」。合參者，合諸家之解釋而參以己意者也。于是有「總領」，有「過遞」，有「收繳」，悉依詩人風韻音响，順文成章。三者具備，如入荒林而啓蒙翳，讀者庶一見朗然矣。一、《六經》惟《詩》難解，自紫陽註定，舉業者咸宗之。然漢唐以來多依《小序》，即《朱傳》亦間遵其說。茲特與端木氏《詩傳》並列于首，雖非掺觚家斗杓，亦說《詩》者之津梁也。一、考證論列有合于《朱傳》可取以相觀者，有不合《朱傳》足以補《朱傳》之缺悞者，有旁解餘意可爲說《詩》之資者，全旨、析講中不敢多入，則置之章腳云。一、制義時論，剖析字句，論斷人事，最多發明。是書或録其全篇，或採其數語，非敢濫登，期于廣義云爾。一、《毛詩》講義如林，何所適從，茲書一以江晉雲先生之《衍義》爲主，參之衆說，附以臆見，折衷去取之間略盡苦心矣。一、《詩》中賦、比、興，其體不同。如一章之中有全是比者，有一二句比下便說正意者，有正興反興，或興至兩句，或興至四句、六句、八句者。諸講非不詳明，惟楊顧《說約》審辨，不遺餘力，是書多採之。一、《詩》之體格、音韻、句法、字法等類，《說約》論之最詳，以其有裨于作詩之義，故間取一二云。一、先輩云「解經經亡」，未嘗不有慨于斯焉。大抵詩人作詩本于吟咏性情，初無艱深莫測之旨。是書之解不淺不深，期于合詩人之性情而止。若探微測渺，故爲穿鑿，則吾豈敢。一、講解、論斷、引證諸項，總以明經，非隻語片言所能盡也。故寧繁無簡，寧詳無略，非徒有裨舉業，其于詩家亦未必無小補云。一、茲書不特解釋經文已也。凡說《詩》之法，讀《詩》之訣，「四始六義」之說，大小序之辨，詩樂之論，字韻之異、體畫之疑、寫經之訛、朱註援引解說之誤，以及若篇目、若歌訣、若類題、辨異諸刻，俱學者所宜究心。雖不及盡登，並採其要録之，列於卷首焉。一、天文、地理、時令、服飾、器用之屬，與夫諸國世次、作詩時世，俱各爲一圖，人物則各爲一類，俱係參考諸書採録，以廣多識。一、諸儒之說不拘世次先後，一以解經爲序。有書郡號者，有直書某氏者。若參以鄙見，融會而出，則不復註姓氏矣。一、是書起自己未之春，成于癸亥之冬。不特諸家講本翻閱無遺，即六經子史以及時令、天文、山川、疆域、祀典、食貨、服飾、器用、宮室、人物之類見之他書者，靡不旁搜博考，目營手給，孜孜矻矻，五年于茲，録成數本，爲子弟及門課業。予友葛子東之、賀子天山輩，最後振鷺過夫子謬加許可，攜而質之海内名賢，頗無非刺者。于是坊友童仲旭諸人堅索付梓，非予初意也。或藉是就正有道，知必有以教我。一、吳子蓀右之登賢書也，雖由《尚書》，然葩經夙所肄習，說《詩》最深。茲編討論潤色，功非淺鮮。蓀右不自居功，而列予名于右。然蓀右先有《四書正解》行世，茲書仍用其名，即專謂吳子之書也可。一、是書既出之後，嗣有過夫子《禮記正解》、蓀右《尚書正解》、丁子柯亭《易經正解》、賀子唯一、張子民任《春秋正解》相繼問世。予則自問多慚，將後來居上，不啻郢巴之答响，則柰何！

沈萬鈳《詩經類考・凡例》　一、諸考不敢安下雌黃，傳疑之愼也。解詁互有異同，姑爲兩存，以衷之窮理君子。一、是編祇屬蘩紀，蘄無漏，未蘄訂定，故自經傳子史以至稗編瑣録，靡不該收，蓋宇宙間事未可執一，將以資詳說反之約也。一、次第先後，並依經文，間有錯綜。如人物一考，或因時代，或因爵秩，或因人品，各從其類也。一、逸詩似乎枝駢，然皆散見經傳及諸子百家，且理足千古，采鑠來今，楊用修所云後代詞人刻意莫肖，不啻驚心動魄，一字千金，爰廣蒐輯，以便嗜古者之窮覽。一、音韻詩樂之總也，自學者重談理而輕審聲，音律之道遂廢，古今病之，輒漫纂切法，爰始四聲，迄佛氏三十六字母之等韻焉。一、書肆舊行詩說，凡舉業家童而習之，目漸而耳飫者，不復載入，恐資腐且啓玩也。一、註疏大全全書浩瀚，學者不便遍閱，謹括其喫緊大旨。至如古今諸名家論著，或事辭詳核，或確見不磨，則全文盡載，無所刪削。（原缺第二葉）一、詩人微情婉致，全係諸比興。比興之寄寓，全托之鳥獸艸木。是鳥獸艸木者爲詩人傳神寫照者也。曉暢乎此，於詩解也思過半矣。故其考也特詳。

顧道洪《孟浩然詩集·凡例》 余家藏浩然詩凡三種：一宋刻本；一元刻本，即劉須溪評點者；一國朝吳下刻本。集覽考訂多异同，因以宋本近古，依之爲準則。互有字异句异者，有前後倒置者，有通篇不同者，并於宋本內注元本作某，今本作某，或二本作某字，句亦如之，隨所詳悉，復照須溪批點增入以備觀。恐於此彙集而不詳考焉，則愈久而愈多舛錯矣。一、元本，劉須溪批點者。卷數與宋本相同，編次互有同异。類分標目凡十條，曰遊覽、贈答、旅行、送別宴樂、懷思、田園、美人、時節、拾遺，共二百三十三首，多於宋本二十三首。卷末須溪別有詩評二條，今并入外編詩話類。一、今本，即盛唐十二家之一。詩以體編，分爲四卷，共二百六十三首。元本多於宋本二十三首，今本又多於元本三十首，共多於宋本五十三首，另立補遺。又采《國秀集》內張子容詩二首，《文苑英華》內《白雲先生迥歌》一首，皆諸本所不載者，名爲拾遺，與補遺共爲一卷。一、浩然才名逸望，冠絕古今，惜其事文皆散見群集。爰立外編，首錄文藝、文苑本傳，次《襄陽耆舊傳》，繼而序、牋、像贊、跋雜文四篇，又歷代名人懷贈等詩二十六首，復搜采逸典、詩話等二十八條，萃成一帙，附於集後。

錢澄之《田間詩學·凡例》 一、是編一以小序爲斷。小序去古未遠，其世次本末雖未可全據，要不大謬也。鄱陽馬氏極推小序，而夾漈鄭氏力闢之，朱子乃每主夾漈之說。夫詩之爲道，未有直陳其事，直寫其意者也，大抵含蓄詠歎，使人得其指於意言之表，使非序一言以斷之曰此爲某事也，後之人何所據以解詩？即夾漈亦何據以駁序說之謬哉？若舍序以說詩，隨意作解，泛濫無歸，非傳會即穿鑿，詩學之弊有不可勝言者矣。一、小序者，詩題下發端二語：如《關雎》，后妃之德也。《葛覃》，后妃之本也。《卷耳》，后妃之志也。只此謂之小序，蓋古序也，此下諸語，不過即其說引而伸之，乃東漢衛宏所作，往往傅會《左傳》、《國語》以爲之，余不敢槩從也。一、衛宏之學，傳自毛公，是《毛傳》在序前矣，而詩序作於衛宏，宏之序，小序下發明數語者是也。若小序兩語，自屬毛公所師授，毛公本之以作傳者也。鄭康成爲《箋》以暢毛公之說，孔穎達復爲《正義》，并演鄭氏之旨，於是《毛傳》始益大明。然鄭與毛亦時有異同，大抵鄭信讖緯，故多異說，未若毛傳之醇正也。一、朱子《集傳》，半遵毛、鄭，間出己意，明白易簡，迥出於《毛傳》《鄭箋》之外，確不可易矣。而亦有過於拘泥者，理學之談，未可槩爲風人語也。至於變風諸作，大半目爲淫奔，此皆由鄭夾漈誤之，吾不敢從。吾之從朱，猶之從毛、鄭二家，取其是者而已矣。一、宋、元、明三朝，治詩者數百十家，其書至多，以余所覽，僅數十種，擇其議論精當。能發昔人所未發者具錄之，餘未能偏及也。其引據姓氏，備載於前。一、詁釋皆本《爾雅》，而佐以陸氏佃、羅氏願兩家之攷據，於禮樂制度，草木禽獸之名，亦頗覈矣。至於山川地理，古今異名，都邑形勝，時移代易，徧稽輿圖，兼以遊蹤所至，到處詢訪，似於圖誌所載尤爲詳核。一、京山《郝氏解》，余初受經時先君子即授以是書，因知有小序大序之別，而解經斷宜遵小序也。特郝氏拘定序說，序有難通者輒爲委曲生解，未免有以經就傳之弊。而又立意與《集傳》相反，不得其平，至於議論之精醇者，又往往足以發明《集傳》，其功不可誣也。一、晉江何玄子先生作《詩經世本》，向謫南，曹時剞劂甫竣即持以示余，使爲校訂。余少好異書，見其以詩編年，混風雅頌而一之，則大駭，秘爲帳中物。今讀之，其牽強杜撰頗多，至於攷據精詳，有恰與詩指合者，亦存之以備一說。何先生授余以易，又授以詩，其教不敢忘也，故錄存者多，而亦時加辨論。要之先生書自成一家言，孤行於世，不必以經學相律也。一、毛、鄭、孔三家之說爲朱傳所不錄，而是編間有錄者，則書毛云、鄭云、孔云以別之，或朱傳不宗三家而自爲說者，亦書朱傳以別之。若朱子既引三家說以入傳矣，則槩載之編中，不別其姓氏也。一、是編多采先儒緒論，凡引據甚多者則稱某氏，其或間有引者則直著其名，毛、鄭、孔三家則姓而不氏，朱子《集傳》直稱爲註，集註之外又有他書所載朱子論詩之語，則書朱子以別之。一、是編毛、鄭、孔三家之書錄者十之二，《集傳》錄者十之三，諸家各本錄者十之四。編中有云按者，多係攷據典文，圈以別之，愚按云云，則某之私說也，又另起以別之。其說或於三家與朱註之旨互有異同者，爲之正之，或諸家引證有未核，言之有未暢者，爲之核之，暢之，有言之醇疵各半者，則去其疵而存其醇。間有出於己所刱見者，不過十之一二耳。一、詩題下具録序語，依註疏本也。詩篇後總其章句若干，係以論斷，依《集傳》本也。其申或援史論，或引古語，或諸家異同竝載以俟折衷，或特標己意微有體認，大約以補章句説中所未盡者，有得輒録，或載諸前，或載諸後，要無大分別也。一、是編自乙卯春始事，家無藏書，命兒撝祿從友人家搜録諸本，擇其粹精者手自編輯，凡七易稿始成，其平生老友片言必紀，或子弟及門一言可采者，亦并載入。

邵長蘅《王注正譌》卷之二一　「廬山開先漱玉亭」，王本訛作「開元」，題下註云：開元禪院，舊傳梁昭明太子之居栖隱也。唐元宗即位，始號開元，有招隱橋，元宗所作云云。按黄庭堅《開先禪院修造記略》曰：南唐中主年少，好文，無經世意，慕物外之名。問舍五老峯下，有野夫獻地，買之萬金，以爲書堂。及即位，以爲寺，以野夫獻地爲已有國之祥，故名開先。後遷洪都蓋，嘗彌節，故楊與畫像存焉。又《山志》稱中主讀書臺在寺後。世以爲李後主者誤，以爲梁昭明者尤誤。又按史：南唐中主李景初名景通，後更名璟，避周諱，復爲景，廟號元宗。開先寺本末甚明，無可疑者，王本既訛「開先」爲「開元」，又訛南唐之元宗爲唐開元、天寶之元宗。又云：唐元宗即位，始號開元。其杜撰蹐駁乃爾！梅溪何至是，想後人僞託耶。今正。王本四卷。

仇兆鰲《杜詩詳注・凡例》　一、杜詩會編。自唐刺史樊晃首編杜少陵詩集，行於江右。至宋，王介甫爲鄞令，得未見者二百餘篇。嗣後王原叔取中秘藏本及舊家流傳者，定爲一千四百五篇。黄伯思校本，則有千四百四十七篇。蔡傅卿《草堂詩箋》，取後來增益者，如卞圜、吳若、員安宇、裴煜輩所收，别爲逸詩一卷。今依年次補入，不另置卷末，便省覽也。一、杜詩刊誤。坊本多字畫差訛。蔡興宗作《正異》，朱文公謂其未盡，如「風吹滄江樹」，「樹」當是「去」，乃音近而訛。「鼓角滿天東」，「滿」當是「漏」，乃形似而訛。當時欲作考異，未暇及也。近日朱長孺采集宋元諸本，參列各句之下，獨稱詳悉。然猶有遺脱者，如《何氏山林》詩「異花開絶域」，當是「來絶域」，於「開拆」不犯重。《送裴尉》詩「扁舟吾已就」，當是「吾已僦」，於「就此」不相重。如《冬深》詩「花葉隨天意」，當是「惟天意」，於「隨類」不相重。如《送王侍御》「況復傳宗近」，當是「宗匠」，於「近野」不相重。如《諸葛廟》「巫覡醉蛛絲」，當是「綴蛛絲」，於上句「穿晝壁」方稱。《王彭州》詩「東堂早見招」，當是「東牀」，於「河漢」、「夫人」等語相合。如《秋興》詩「白頭今望苦低垂」，與「綵筆昔曾干氣象」本相工對，刻本誤作「吟望」。《呀鶻行》「強神非復皂鵰前」，與「緊腦雄姿迷所向」，字無複出，而刻本誤作「迷復」。又如《遣意》詩「宿雁聚圓沙」，當是「宿鷺」。《草堂即事》詩「宿鷺起圓沙」，當是「宿雁」。鷺雁各有時候，彼此兩誤也。今或依他注改正，或據臆見參定。至於上下錯簡，句語顛倒者，如《古柏行》「君臣已與時際會」二句，當在「雲來」、「月出」之下。如《姜少府設鱠》「偏勸腹腴愧年少」二句，當在「落碪」、「放筯」之下。如《過吳侍御宅》「仲尼甘旅人」二句，當在「閉口」、「歎息」之下。如《郭代公故宅》「精魄凜如」二句，當在顧步涕落之下。如《夢李白》、《贈蘇渙》、《呈聶耒陽》諸詩，各有顛錯之句，今皆訂正，文義方順。一、杜詩編年。依年編次，方可見其平生履歷，與夫人情之聚散，世事之興衰。今去杜既遠，而史傳所載未詳，致編年互有同異。幸而散見詩中者，或記時，或記地，或記人，彼此參證，歷然可憑。間有渾淪難辯者，姑從舊編，約略相附。若其前後顛錯者，如《投簡咸華諸子》本屬長安，而誤入成都。《遣愁》詩、《贈虞司馬》本屬成都，而誤入夔州。如《冬深》、《江漢》、《短歌贈王司直》皆出峽後詩，而誤入成都夔州。如《回棹》、《風疾舟中》本大曆五年秋作，而誤入四年。今皆更定，庶見次第耳。一、杜詩分章。古詩先有詩而後有題，朱子作《集傳》，每篇各標詩柄，乃酌小序而爲之。杜詩先有題而後有詩，即不須再標詩柄矣。唯一題而並列三五首，或多至一二十首者，每首各拈大旨，又有題屬託物寓言，亦須提明本意，倣《集傳》例也。一、杜詩分段。《詩經》古注，分章分句。朱子《集傳》亦踵其例。杜詩古律長篇，每段分界處，自有天然起伏，其前後句數，必多寡勻稱，詳略相應。分類千家本，則逐句細斷，文氣不貫。編年千家本則全篇渾列，眉目未清。茲集於長篇既分段落，而結尾則總拈各段句數，以見製格之整嚴，倣《詩傳》某章章幾句例也。一、内註解意。歐公説詩，於本文只添一二字，而語意豁然。朱子註詩，得其遺意，茲於圈内小註，先提總綱，次釋句義，語不欲繁，意不使略，取醒目也。其有諸家註解，或一條一句，有益詩旨者，必標明某氏，不敢沒人之善，攘爲己有耳。一、外註引古。李善注《文選》，引證典故，原委燦然，所證之書，以最先者爲主，而相參者，則附見於後。今圈外所引經史詩賦，各標所自來，而不復載某氏所引，恐冗長繁瑣，致厭觀也。其有一事而引用互異者，則彼此兩見，否則但注已見某卷耳。一、杜詩根據。集中古風近體，篇帙弘富。昔人謂五古、七律入聖，五律、七古入神。蓋其體製之精，上自風騷漢魏，下及六朝四傑，各有淵源脈絡也。兹於每體之後，備載名家議論，以見詩法所自來，而作者苦心亦開卷曉然矣。若五七言絶句，用實而不用虚，能重而不能輕，終與太白、少伯分道而驅。一、杜詩褒貶。自元微之作序銘，盛稱其所作，謂自詩人以來，未有如子美者。故王介甫選四家詩，獨以杜居第一。秦少游則推爲孔子大成，鄭尚明則推爲周公制作，黄魯直則推爲詩中之史，羅景綸則推爲詩中之經，楊誠齋則推爲詩中之聖，王元美則推爲詩中之神。諸家無不崇奉師法，宋惟楊大年不服杜，詆爲村夫子，亦其所見者淺。至嘉隆間，突有王慎中、鄭繼之、郭子章諸人，嚴駁杜詩，幾令身無完膚，眞少陵蟊賊也。楊用修則抑揚參半，亦非深知少陵者。兹集取其羽翼杜詩，凡與杜爲敵者，概削不存。一、杜詩僞注。分類始於陳浩然，元人遂區爲七十門，割裂可厭。又廣載僞蘇注，古人本無是事，特因杜句而緣飾首尾，假撰事實，前代楊用修，力辯其謬妄。邵國賢、焦弱侯往往誤引。凌氏《五車韻瑞》援作實事。張邇可又據《韻瑞》以證杜詩，忽增某史某傳，輾轉附會矣。吳門新刊《庾開府集》亦誤採《韻瑞》，皆僞注之流弊也。今悉薙芟，不使留目。一、杜詩謬評。蔡夢弼註本，删去僞註，最爲潔淨。但參入劉須溪評語，不玩上下文神理，而摘取一字一句，恣意標新，往往涉於纖詭，宋潛溪譏其如醉翁囈語，良不誣也。後來鍾譚論詩，亦踵須溪之流派，全無精實見解，故集中所採甚稀。一、歷代註杜。宋元以來，註家不下數百。如分類千家註所列姓氏尚百有五十人。其載入注中者，亦止十數家耳。其所未採者，尚有洪邁之《隨筆》，葉夢得之《詩話》，羅大經之《玉露》，王應麟之《困學記聞》，劉克莊、樓鑰之文集。元時全註杜詩者，則有俞浙之《舉隅》，七律則有張性之《演義》，五律則有趙汸之《選註》。明初有單復之《讀杜愚得》，嘉靖間有邵寶之《集註》，張綖之《杜通》、《杜古》及《七律本義》。他若天台謝省之《古律選注》、山東顔廷榘之《七律意箋》、關中王維楨之《杜律頗解》、海寧周甸之《會通杜釋》、閩人邵傅之《五律集解》、楚中劉逴之《類選》、華亭唐汝詢之《詩解》，各有所長。其最有發明者，莫如王嗣奭之《杜臆》。而王道俊之《博議》、鄭侯升之《巵言》、楊德周之《類注》，俱有辯論證據，今備採編中。一、近人註杜。如錢謙益、朱鶴齡兩家，互有同異。錢于《唐書》年月、釋典道藏，參考精詳。朱于經史典故及地里職官，考據分明。其刪汰猥雜，皆有廓清之功。但當解不解者，尚屬闕如。若盧元昌之《杜闡》，徵引時事，間有前人所未言。張遠之《會粹》，搜尋故實，能補舊注所未見。若顧宸之《律注》，窮極苦心，而不無意見穿鑿。吳見思之《論文》，依文衍義，而尚少斷制剪裁。他如新安黄生之《杜説》、中州張溍之《杜解》、蜀人李長祚之《評註》、上海朱瀚之《七律解意》、澤州陳冢宰之《律箋》、歙縣洪仲之《律註》、吳江周篆之《新註》、四明全大鏞之《彙解》，各有所長。盧世潅之《胥鈔》、申涵光之《説杜》、顧炎武、計東、陶開虞、潘鴻、慈水姜氏，別有論著，亦足見生際盛時，好古攻詩者之衆也。一、杜賦註解。少陵諸賦，廓漢人之堆垛，而氣獨清新，開宋世之空靈，而詞加典茂，亦唐賦中所傑出者。其《三大禮賦》，有東萊、長孺二注。《封西岳》一賦，朱注尚未詳盡。兹於四賦，多所補輯。若《鵰》、《狗》兩賦，則出自新注云。一、杜文註釋。古人詩文兼勝者，唐惟韓、柳，宋惟歐公、大蘇耳。且以司馬子長之才，有文無詩，知兼美之不易矣。少陵詩名獨擅，而文筆未見採於宋人，則無韻之文，或非其所長。集中所載墓誌，尚帶六朝餘風，惟《祭房相國文》，清眞愷惻，卓然名篇。其代爲表狀，皆曉暢時務，而切中機宜。朱氏輯注已明，惟間附評釋而已。一、詩文附録。新舊《唐書》本傳，互有詳略，要皆事跡所關，固當並載。其諸家序文，具述原委，爲歷世所珍重。又唐宋以後題詠詩章，及和杜、集杜諸什，皆當附入。而諸家評斷見於别集凡有補詩學者，併採録末卷，猶恐挂漏蒙譏，尚俟博採以廣聞見焉耳。一、少陵大節。賀蘭進明，不救睢陽之圍，致一城俱陷。忠如張許，爲賊所害，進明之罪，上通於天矣。後又密譖房琯，甫上疏力救，遂至貶官。其《出金光門》詩云：「近侍歸京邑，移官豈至尊。無才日衰老，駐馬望千門。」臨去而尚惓惓，與孟子三宿出晝之意，千載同符。此公生平事君交友立朝大節也。一、少陵曠懷。太白狂而肆，少陵狂而簡。其在成都，結廬枕江，與田夫野老相狎蕩，便有傲睨一切、侮玩不恭之意。初寓長安，得錢沽酒，時招鄭虔，後去夔州，舉四十畝果園贈與知交，毫無顧戀。此與謫仙之千金散盡者，同一磊落襟懷。宜其詩品迥出尋常。一、少陵謚法。公負挺出之才，濟時之志，拾遺半載，郎官遙受，宦途之偃蹇極矣。迨曠世以還，宋眞宗讀江上之詩而深加稱賞，蜀獻王至草堂之地而作文致弔，其風流儒雅，能感發後代之帝王。考元順帝至正二年，嘗追謚文貞，此實褒賢盛事，增韻文壇。公所謂「千秋萬歲名，寂寞身後事」者，其亦差不寂寞矣。一、少陵逸事。杜公精靈，千載不沒。誦《花卿歌》而痊久瘧之人，解《八陣》詩而入眉山之夢。宋時病夫，目不知書者，忽吟子美詩句，見於程叔子之記述。四月十八日遊草堂者，從來不逢陰雨，得於蜀父老之傳聞。又雍熙間，彭城劉景眞遊華清宮，夢明皇與子美談詩，尤爲奇怪。録此以見其氣亘江山，神遊天壤也。

高士奇《春秋地名考略・凡例》　一、列邦境壤相參，分國類聚，則易于解悟。首周，尊王也。次魯，宗國也。甥舅之國齊爲首，懿親之封晉、衛、鄭爲大，又次之。三恪之大者宋也，地居中國之要樞惟陳、蔡，又次之。秦以西垂之長，吳、越、徐、巴與楚俱僭王，皆《春秋》所謹者，又次之。他如邢、曹、虞、虢、邾、莒、杞、紀、許、滕、薛、小邾、北燕，其分地亦時紀于《春秋》，雖小國僻遠，亦以類附之。昔《國語》次周以下魯、齊、晉、鄭、楚、吳、越共八國，《史記》列吳、齊、魯、燕、管、蔡、陳、杞、衛、宋、晉、楚、越十三世家，茲非有意爲進退，特因其事之繁簡，期有助于窮經而已。餘諸小國，隨見經之先後編年，次之于後。一、王都及各國之都必列于首，曰都于某地。遷國又列一條，曰遷于某地。其都但據春秋時現在，如周之王城、成周，晉之絳、新田是也。至如春秋以前始封建都之地，有見于經傳者，如周之駘、豳、岐、豐，晉之唐、曲沃，亦相次以揭於前，而殊其標目以別之。有不見于經傳者，如齊之營丘、鄭之咸林、杞之雍丘，則冠於小註中而已。其遷徙在春秋後，如楚之郢、陳、壽春，衛之野王，則附于小註之尾。而後以所屬之地，挨年綴附。庶乎振裘得領，披覽之餘，曉然于當日之形勢，凡爲朝聘會盟往來之道里，征伐圍入攻守之機宜，恍若身親其事者，亦讀經之大快矣。一、諸地名有屢見于經者，必摘其樞要，序次成章，凡有三意：或一地而先爲國後爲邑，先屬此國後屬彼國，通其條貫則本末秩然，一也；或一地而註疏家所指互異，詳玩本文，參伍折中，則眞解自出，二也；或兩地三地同名，如周、秦各有王城，齊、宋各有葵丘，晉、齊、魯各有東陽，魯有兩防、兩鄆，鄭有兩氾，楚有兩城父。又或一地而有兩名，如黃父即黑壤，稟延即酸棗，析即白羽之類，彙萃相從，彼此互晰，則同者不至誤以爲異，異者不至誤以爲同矣，三也。若夫沿革之變，務具始終，前後且必詳之，況本經之内乎。一、元凱《春秋》，夙稱武庫，註釋之精，古今無兩，然猶曰諸地名有疑者，曰有以示不審，闕者不復記，見于《隱六年》之註。或地形稍遠者，則曰迂迴。疑，蓋其慎也。茲篇每一地名之下，先録本文，次詳杜註，然後以先儒註疏及各史志傳參考之。顧採取之間亦不敢易。史家最善莫如班氏矣，乃以衛都楚丘爲成武，楚都丹陽爲漢之丹陽，舛謬特甚。至若劉昭之誤引魏收之冗筆，益難讀矣。《水經注》採取極博，乃如《定之方中》篇有景山，《毛傳》訓景曰大，而以爲山名，《左傳》向戌語醜蔑曰：「賈大夫之貌惡」，杜註賈國之大夫也，而以爲賈辛，是則兔園誦習且不免于鹵莽也。羅泌好用隱僻，獨于抉摘經傳亦有所長，取其純略其疵繆者，辨之不厭詳縷，期歸於一是焉。

黃汝成《日知録集釋敘》　［黃］汝成鑽研是書，屢易寒暑。又得潘檢討刪飾元本，閻徵君、沈鴻博、楊大令四家校本，先生討論既夥，不能無少少滲漏。四家引申辯證，亦得失互見，然實爲是書羽翼也。用博采諸家疏說傳注名物古制時務者，條比其下。【略】用援鄭詁禮經、顏注漢史之例，拾遺元文，參以私測，更列衆言，加之融釋。諸經訓纂，衆史傳志，其文可互通者，悉隨先生所録疏明。至義類所觸，或摭實略虚，或舍新徵舊。又逸書別史，諸子百家，分見少殊，援引斯異，亦隨所列之文、所據之本，略事鉤甄，以祛抵滯。

魏學渠《楚辭箋注・附記》　先生之成是書也，在顑頷湘烟衡雨之時，楚士之從遊者，皆得見之。龍孫世兄語余曰：「頃過郢水，已有梓成，而自以其姓名傳者矣。郭向註《莊》，至今淆訛，要亦名流嚮往，藉高賢之筆墨，冀垂聲於千載耳。然辨有若之似，以證尼父之眞，後學之責也，亟爲正之。」龍孫之言曰：「先祖諱良桂，故第四段註中有云萬桂之桂，去木止書圭者，避先諱也。乃贗本仍之，以自我著述之書，避他人祖父之諱，彌見其謬耳。」先生箋註，自《大招》而止，贗本于宋玉以下俱有所著。并爲辨正，恐後之學者不悉其詳，則續貂者至亂眞也。

查慎行《蘇詩補注・例略》　一、余於蘇詩，性有篤好，向不滿於王氏註，爲之駮正瑕璺，零丁件繫，收弃篋中，積久漸成卷帙。後讀《渭南集》，乃知有《施註蘇詩》。舊本苦不易購，庚辰春，與商丘宋山言並客輦下，忽出新刻本見貽。檢閲終卷，於鄙懷頗有未愜者，因復補輯舊聞，自忘蕪陋，將出以問世。昔王原叔註杜詩，既行世矣，王寧祖則有改正。王内翰注杜集，薛夢符又有補註本，黄長睿有較定本，蔡興宗有正異本，杜田有補遺正謬本。古人於箋疏之學，各抒所得，不肯雷同勦說如此，非欲衒己長而攻人之短也。慎不敏，竊取此義。一、公詩自仁宗嘉祐己亥始見集中，所謂《南行集》也。《牛口見月詩》亦是年作，注家顧系諸嘉祐元年。按：嘉祐元年爲丙申，而詩中有「忽憶丙申年」之句，其背戾可知。從來編年者，或起辛丑，或起壬寅，《南行集》迺己亥、庚子詩反置續集中，殊失位置。考《宋史·藝文志》，有《南征集》一卷，「征」字乃「行」字之訛。當時此卷本自單行，今自《郭綸》及《初發嘉州》以下編次，一準《欒城集》例，雖獨變序，固不紊也。蘇詩宜編年固矣。惟是先生升沉中外，時地屢易，篇什繁多，必若部居州次，一一不爽，自非朝夕從游，疇能定之。施元之、顧景繁生南渡時，去先生之世未遠，排纂尚有舛錯。如《客位假寐》一首，鳳翔所作，而入倅杭時；《次韻曹九章》一首，黄州所作，而入守湖州時。姑舉二段，以見編年之難。凡慎所辨正，必先求之本詩及手書眞蹟，又參以同時諸公文集，洎宋元名家詩話題跋，年經詩緯，用以審定前後。余家少藏書，每從竹垞朱先生及馬衎齋素村兄弟借閲，援據考證，實賴佽助焉。一、玆集舊有八注、十注，同時稍後者有唐子西，趙夔等注。乾道末，御製序刊行。紹興中，有吴興沈氏注，見《吴興備志·經籍》類中。漳州黄學臯補注，見王懋《宣閫大記·藝文》類中。今皆不傳。傳者惟王氏、施氏兩家耳。施氏本又多殘脱，近從吴中借抄一本，每首視新刻，或多一二行，乃知新刻復經增删，大都掇拾王氏舊說，失施氏面目矣。今於施注原本所有而新刻所删者，輒補錄以存其舊；漫不可辨者，則缺之。譬諸斷碣殘碑，自成片段，何取天吴紫鳳顛倒裋褐哉！一、南宋時人有箋注先生詩句，號東坡錦繡段，隨句撰事，牽合殊無根蔕，此與魯訔、黄鶴之注杜，李歜之撰詩史同科，固有識所姍笑。若乃當代文獻，信而足徵，寧容闕略。趙叔平、張退傳、張天覺、李誠之、徐德占、劉仲馮、劉壯輿諸公，《宋史》各有傳，非泯泯無聞者。仁宗朝之制科，范景仁之新樂，王介甫之新法，种諤之禽鬼章，邢恕之搆宣仁，王韶之啓邊釁，何以一無援證。元祐初年議回河，七年議郊祀，周思道等先後論権蜀茶，詮釋亦復影響糢糊，皆疎漏之大者，餘無論矣。一、疎漏之病，前條略舉之。更有繁蕪之病，有詩意本瞭然多添注腳者，有所用非此事强爲牽率者，有一事經再用三用稠叠蔓引者。洪容齋曰：讀是書者，要非蒙童小兒，何煩屢注哉！凡此冗沓，王注固多，施氏亦所不免，芟之不勝芟也。且二書流傳已遠，聽其單行，於天地間知此解者毋謂離之，則雙美也。一、此外更有改竄經史，妄托志傳，以傅會詩辭者。《禮記》：敝帷不棄爲埋馬也，敝蓋不棄爲埋狗也。施氏注删去中間二語，作何解乎？唐明皇兄弟六人，其一蚤卒，寧、薛，兄也。岐、申，弟也。當時稱明皇爲三郎。王氏謂岐、薛、申、寧皆明皇諸弟，何所據乎？《北史》：周樂運字承業，錄夏殷以來諫諍事，名諫苑先生。《和朱公掞初夏》第五句正使此事。而施注、王注皆云《南史》李承業集古今奏議作諫苑。《南史》曾有其人乎？范石湖《吴郡志》：王誨字規父，熙寧六年知蘇州。王覿字明叟，元祐中亦知蘇州。明明兩人也，施注謂覿字規父，可乎？王明清《揮麈錄》：趙令鑠字伯堅，宗室世雄子也。趙令時初字景貺，東坡爲改字德麟。集中有《字說》可考。施注謂伯堅一字景貺，可乎？「詩家秀句傳」，少陵哭李尚書五言句也。施注因先生有「秀句出寒餓」之語，遂增二字爲七言，杜集中曾有此句法乎？盧鴻一《草堂圖》有《十志》，詳載《唐詩紀》及周密《雲烟過眼錄》，而以《十志》爲千老作，何解乎？《出峽詩》云：亦到龍馬溪，茅屋沽村釀。按樂史《太平寰宇記》夔州有龍洞溪，即善釀酒之村也。地名雖一字小異，與詩意正合。而施氏《補注》謂馬鳴溪，俗稱龍馬溪。《寰宇記》之文可僞造乎？訛在原注，則應駁正。訛在《補注》，咎將誰諉乎？一、郡縣山川之名，最易傳譌。虔州號虎頭城，見《宋中興小歷》，而以爲常州。醴泉，眉州山名，而以爲西安之醴泉縣。姥嶺在杭州龍山，而以爲天姥山。太白在長安，而引洞天記。龍潭在壽州，而引《延平志》。玉門關在瓜州，而云沙州。其他寺觀樓閣，妄指《圖經》，附會不一。玆從《十道志》、《元和郡縣圖志》、《太平寰宇記》、《輿地廣記》、《九域志》、《方輿勝覽》，下逮曹學佺《名勝志》、《古今沿革考索》爲詳。至於宋朝官制，亦不敢略，則本之曾子固《隆平集》、孫彦同《職官分紀》二書，用補他家所未及。雖未必毫髮無憾，固已十得八九矣。一、王注之繆，吴中新刻本《正譌》一卷，抉摘過半矣。但持議有過苛者，如「素木」之爲「素米」，「監惡」之爲「鹽惡」，「盧山」之爲「廬山」，「裹楷」之爲「裴楷」，「范縝」之爲「范績」，「狄詠」之爲「秋詠」，率因字畫相近，傳寫翻刻，致成魯魚帝虎，訛由工匠，非關注家也。又所糾第八卷「王淪」當作「倫」。按：《晉書·列女傳》王渾中弟名淪。惟《世説注》則云渾弟倫。然則，淪字固譌，倫字恐亦譌也。三十七卷「望祖猶蟻蜂」，注云當作「望祀」，葛立方《韻語陽秋》辨之詳矣。應仍作「望祖」，輕爲改易，於義似有未安。一、本集詩與他集互見者，凡九十餘篇，皆施氏原本所無也。新刻本收入續補上下卷，王氏本散見於分類中，贋作極多，穎濱及蘇門六君子作率皆混雜，至有割截他集半首誤爲全篇者，如《答晁以道索書》，則陳後山五律前半首也。《寄歐叔弼》七言絶句，則子由《贈劉道士》七律後半首也。唐人詩甚且有闌入者，若概行削去，時俗恐以爲疑，故另爲二卷，每首後附注此詩，亦見某集，令覽者有考焉。至施注新刻，内有本集重出者，如《歸自道場何山遇大風憩耘老溪亭命官奴秉燭寫風竹題詩云云》，即《遊道場何山五古》全首中之四句也。《睡起一首》，即《佛日山榮長老方丈五首》之一也。《贈虔州慈雲鑒老一首》已載第四十卷中，復載續補下卷。《復官北歸再次前韻二首》，郭功父作也，既附三十九卷注中，補遺下卷何以再見此類？徑從刪例。又如《次韻子由聞予善射》七律一首、《扶風天和寺》五律一首、《答南華長老一偈》，舊本所有，而新刻失載，亟當補録。要歸於别眞贋，去重複，無脱漏而已。若云糾繆，則吾豈敢！一、《和陶詩》一百三十六首，子由有序，自成二卷。細考之，惟《飲酒二十章》和於揚州官舍，餘悉紹聖甲戌後自惠遷儋七年中作也。歲月大略可稽，分之各卷，以符編年之例。其間亦有未能確指年月者，則愼以意推之，要難遷就他所也。一、文字之禍，於公爲烈。始而牽連詩帳，終則禁及藏書。散軼固多，收藏不乏。今從編簡中留心搜輯，共得逸詩一百二十餘首。又唐人所謂口號，皆近體詩也。張燕公有《十五夜御前口號》，少陵《紫宸殿退朝口號》、《西閣口號》之類是也。宋人帖子詞及致語口號，猶仍其舊。施氏原注有帖子詞一卷，目録尚存，新刻妄爲刪削，今一併采入，與逸詩釐爲三卷。一、劉辰翁之評杜集也，同時倡和，如嚴武、高適、韋迢、元結詩例皆附録，和賈至早朝詩，錢塘舊本兼收王維、岑參作。《錢虞山箋注》，仍而不刪也。今視此例，凡與東坡增畣者，若文潞國、張宣徽、文湖州、梅都官、歐陽公、范純父、王半山、鄭介夫，以及子由、子容、山谷、少游，補之文潛、後山、端叔、功父述古仲車三孔兄弟，方外則辨才參寥，幸而人有專集，悉採其詩，附本篇末。或有集而不傳，傳而不遠，如劉景文、錢穆父、孫莘老、李公擇、陳舜俞、王仲至、胡完夫、蔣穎叔、王定國、魯元翰、王晉卿、趙景貺、柳子玉、周開祖諸公贈答之什，偶得一二，闕略不少。其附録諸詩不加注釋者，蓋方專精於此，未遑旁及云。一、補注之役，權輿於癸丑，迨己未庚申後，往還黔楚，每以一編自隨。己卯冬，渡淮北上，冰觸舟裂，從泥沙中檢得殘本，淹浥破爛，重加綴葺。辛巳夏，自都南還，夜泊吳門遇盜，探囊胠篋之餘，此書獨無恙也。自念頭童齒豁，半生著述，不登作者之堂，庶幾托公詩以傳後。因閉門戢影，畢力於斯，追維始事，迄今蓋三十年矣。雖蠡測管窺，何足仰佐萬一，顧視世之開局於五月，藏事於臘月，半年勒限，草促成書，淺深得失，必有能辨之者。康熙壬午仲春初，白菴主人查愼行識。

徐文靖《竹書統箋·凡例》 一、《紀年》一書，自周隱王十七年瘞於梁襄王冢，至晉武太康二年乃得此書，凡五百七十九年。其時考正者有和嶠、束晳、衛恆、荀勖、王庭堅、王接、潘滔、摯虞、謝衡諸人，皆博物多聞之士。晉、隋、唐諸《志》皆有是書，梁沈約始爲附注。約好言符瑞，於是實罕有發明。今特爲《統箋》，逐事分載以紀其詳。一、《統箋》之下所引書傳，辭義相同者，則連書之；其稍有不同，則加「又」；按其確有徵驗可辨析者，則加「据」。字例皆放此。一、是書於《紀年》中逐字詳注而謂之箋者，仿鄭氏《詩箋》之例，所以别於注也。謂之「統箋」者，不特於《紀年》。箋之附注、箋之諸凡所引書傳間有訛誤，亦并箋之也。一、《紀年》逐條之下間有細字，皆休文附注，故各於「箋」、「按」之上加圈，以别之。至歷代某帝、某王，推原其先世發祥之，自亦皆大字。僅低一字者，世誤以爲《竹書》之本文，今并見《宋書·符瑞志》中，實亦休文所自撰，采後世讖緯諸書而成。當時謂之「附注」，以爲《竹書》本文者，由未讀《宋書》故也。乃附注之外，又有所爲約按者，以其非習聞而自爲立説者也，實亦附注之例也。一、《紀年》初瘞之歲，下距始皇燔書之歲八十六年，則是書在未焚之前信而可徵也，至今以經傳校之，一一符合。一、《紀年》始于黄帝，蓋黄帝使大撓作甲子，自是而後始得以甲子紀年故也。《周禮》：外史掌三皇五帝之書。《易·大傳》：黄帝之前有神農、伏羲。孔安國《書序》：伏羲、神農、黄帝爲三皇。溫公《稽古録》亦始伏羲。故特仿司馬承禎《三皇補紀》之例，列之於前，非好爲蛇足也。一、劉道原《通鑑外紀》、金仁山《前編》，皆依邵堯夫《經世紀年》，以《竹書》較之，多有不合。如「外丙仲壬」，《經世》所無。「胤征辰弗集于房」，《經世》以爲在仲康元年。唐一行《大衍》推合在仲康五年，與《竹書》合。《小雅・十月之交》「朔日辛卯」。孔仲達《疏》據王基之說謂在「共和以前」，梁虞劆《推合》「幽王六年乙丑」，與《竹書》合。如此類不可枚舉。近世耳學者每於《通鑑》編年下乃云「据《經世》正之」，殊可嘆也。一、《紀年》最可議者，莫如「太甲潛出自桐殺伊尹」一事。方是時，齊田和遷康公于海上，晉三卿徙桓公于屯留，往往假伊尹放君之名以爲解釋。時作《紀年》者特設爲「潛出殺尹」一案，以見戰國諸君爲臣所放，皆可潛殺其臣也。不然，前言「命尹爲卿士」，後言「祠保衡」，此獨言「潛出殺尹」，不亦自相矛盾哉？故沈約謂此文與前後不類，蓋後人所益。一、劉知幾作《史通》，不知殺季歷者爲文丁，誤以文丁爲文王。韋昭注《國語》，杜預注《左傳》，皆以攜王爲伯服，不知爲王子余臣。如此類者甚夥。不有《竹書》，烏從而證之？此余之《統箋》所由作也。一、《紀年》雜述裒諸簡端，無分先後，亦《容齋隨筆》例也。俗儒眇見寡聞，多以《紀年》爲《齊東野語》、《稗官脞錄》，殊不知晉、隋諸史列之中經，取證經史毫無差謬。古今來博物君子著書立說，未有不取證於是書者。觀之雜述，了了可見，而俗儒轉不之信。東廣微校正《竹書》，而外又有《發蒙》一記者，其亦有感而作者與。一、《紀年》雜述之下凡有訛舛宜辨者，只用「按」字不言「箋」。「按」蓋自述謏聞管見，無與於箋注之例故也。一、同里馬君晴川好古，工詩蓄書甚富。其令嗣長君葵齋績學精進，廣讀父書，以余爲通家世好。遇箋注所有紕謬，一一是正無隱。故是書或罕有譏彈者，葵齋力也。一、崔子郁岑，英年嗜學，沉靜寡言。嘗見余所纂《山河兩戒考》、《管城碩記》，披閱再四，有疑必問。余喜其篤志深造，非徒以好古博虛名者。因并以《紀年》屬之讎校。其有匡余不逮者，不敢以年少忽之，故幷錄其姓字於前。一、是刻非余意也。余年八十有二，始箋注此書，閱三寒暑而後成。不過以是書訛誤頗多，俾稍拈出示兒輩讀史之法，初何敢出以問世。適馬、崔二子來謁，因出是編，以就正二子。以余爲世好，各受鉛黃，悉加是正，力爲慫恿以授梓。或有誚之者曰：彼既與位山有舊，何不爲位山藏拙？余因辭之。二子來復曰：合河孫總憲、奉新甘大司馬、華亭張宮詹，皆當代偉人也，常以先生所著述達之天聽。近撫憲衛公，以先生經學特薦于朝，何必前工後拙，且昔是而今非也。余無以應，遂聽之。

方苞《周官集注・條例》 一、注疏及諸儒之說，必似是而非者，乃辨正焉，于先鄭及注疏，皆分標之，諸儒舉姓字，若主是說者多，則曰舊說。一、推極義類旁見側出者，以圈外別之，或前注通論大體。而中有字句應辨析者，辭義奇零無可附麗，雖正解本文，亦綴于後，或以圈外別之。【略】一、字義已詁者不再見，制度名物之詳見他職及諸經者，曰「見某篇」。一字具二義，則各詁本文下。

黄叔琳《史通訓故補・例言》 一、《史通》向有陸儼山校本爲學者所宗，江右郭延年更以別本，讎對多所竄易。河南王損仲獨得宋時舊本，比之他刻爲長。而魯魚亥豕，尚有沿誤。如誤凡爲煩，誤蔦爲燕，誤名爲君，誤愚爲偶之類。今並檢閱諸家所定，一一更正。其有字句各殊，義可兩用者，棄短錄長，頗費裁擇，而於所改之下本字本句仍爲存注，不敢漏略。至若舊簡脫誤，文義難曉，悉經鈎別，以俟來者審焉。一、《史通》舊鮮訓釋，惟延年所注盛行書塾，而援引踳駁，枝蔓無益，又疎於考訂，每多紕繆。後損仲更注《史通》，名曰「訓故」。依据正史，選擇精嚴，遠勝郭書。然傷於太簡，未免遺脫。今爲旁搜博採，廣所未備，庶幾繁簡得中於本書，不無少補云。一、注意當與本書比附，方見明悉。如本書謂董、袁諸人不當列之《魏志》，而王氏不援《陳書》，轉述《班傳》本書，謂陳壽補注季漢輔臣贊，而王氏但稱楊戲撰述不及承祚注疏本書。引司馬錯、張儀伐蜀之事，事出《華陽國志》，而王氏泛引《史記》，多與書義不相蒙合。如斯之類，並經改注。一、自古注家，每於本書違誤之處多所檢正。《史通》隸事甚繁，難免無失。如楊由聽雀、漢初立轄、國僑辨黄熊、文王殺季歷之類，王氏或缺而不注，或注而不全，未合古人檢正本書之義。又若《魏志》本無劉虞，劉炫並非學士，書既以訛傳訛，注復將錯就錯。是又矯郭氏之踳駁，而失之者也。今或添注卷尾，或指駁上方，庶不疑誤後學，非敢好摭前人。一、劉氏排拓萬古，推倒一世，而賢知之過未免失中。今於議論精當之處，仍照前刻《文心雕龍》之例，加之圈點，以誌別擇。偶有臆見，附列上方，未知有當否也。一、是書增補王氏所未備，雖於原注稍有删節，仍存舊名。而愚所加注，並標補字以別之，不敢掠前人之美也。耳目短淺，尚有數處闕疑，惟博雅君子有以誨其不及焉。

茅星來《近思録集注原序》　星來用是不揣固陋，輒購取四先生《全書》及宋元來《近思錄》本爲之校正。其異同得失，其先後次第，悉仍其舊本。舛錯仿朱氏《論孟重出錯簡》之例，注明其下，不敢擅自更易也。本既定，然後乃敢會萃衆說，參以愚見，支分節解，不留疑竇。其名物、訓詁，雖非是書所重，亦必詳其本末，庶幾爲學者多識之一助。又仿朱氏《論孟》，附《史記》世家、列傳例，取《伊洛淵源錄》中四先生事狀，删其繁複，爲之註釋，以附簡端。孟是二書，相爲表裏，且以見錄中所言，實可見諸施行，四先生固已小用之而小效也。其與朱子有未盡合處，亦以愚見斟酌從違，使會歸於一也。蓋星來悉心探討，隨得隨記，亦已有年。期於是書，粗有所補，弁之簡衍，以爲後之有志於學者取焉。

浦起龍《讀杜心解題辭・發凡》　西河不云乎，在心爲志，發言爲詩，聲成文謂之音。是故詩之興也，心聲之其傳也。心宅之作詩、讀詩、解詩，胥是物焉，千載遇之旦暮也，豪釐失之千里也。夫鋒麗於刃，卻刃求鋒，而尋諸歐冶，則近而遠之也。月入於燸，倚燸求月，而問諸方空，則遠而近之也。吾讀杜十年，索杜於杜，弗得，索杜於百氏詮釋之杜，愈益弗得。既乃攝吾之心，印杜之心。吾之心悶悶然而往，杜之心活活然而來，邂逅於無何有之鄉，而吾之解出焉。合乎百氏之言十三，離乎百氏之言十七。合乎合，不合乎不合，有數存焉。於其間吾還杜以詩。吾還杜之詩以心，吾敢謂信心之非師心與！第懸吾解焉。請自今與天下萬世之心乎杜者潔齊相見，命曰《讀杜心解》，别爲發凡以繫之。詩運之杜子，世運之管子也。具有周公制作手段，而氣或近於霸。詩家之子美，文家之子長也。別出春秋紀載體材，而義乃合乎風。太史公之言曰「《小雅》怨誹而不亂」。杜集千四百有餘篇，大抵皆怨詩也，變雅也，故其文爲《史記》之繼別，而其志則《離騷》之外篇，須識取不亂處乃得。注與解體各不同。注者其事辭，解者其神吻也。神吻由事辭而出，事辭以神吻爲準。故體宜勿混，而用貴相顧。騷、漢、鄴中、江左諸詩，代各有注。李善五臣注《選》，解行於注之中。降自唐初以後，詩注本漸少，大都所謂流連景光，陶寫性靈之什，不注可也。唯少陵、義山兩家詩非注弗顯，注本亦獨多。然義山詩可注不可解，少陵詩不可無注，竝不可無解。凡注之例三，曰古事，曰古語，曰時事。古事、古語自魯訔、王洙、師氏、夢弼之徒援据，亦略備矣。其謬者牧齋、長孺駁正特多，近時仇本搜羅更富。篡中節採大率本此三書，間有參易論著十得二三耳。至時事，則例等於注而義通於解。所引用諸書如《新》《舊》二史、《通鑑》、《會要》、《國史補》、《明皇雜錄》、《祿山事蹟》之類，出入比附，先後主奴。自錢、朱以後，諸家依傍黄鶴舊本，互相違反，其謬又與宋人等。玆焉或仍或改，務使本文主意與當年故實若符節之今，水乳之投。此中頗費苦心，異同殆叅半焉。虞山持論見於《鼓吹》者，嘗言郝本專取注事，猶得注家之遺，頗以廖解爲多事。而其箋杜，則解義間綴篇末。至朱氏本亦錯見於節間，是仍不廢解說矣。此外則有若演義、本義、博議、愚得、會稡、胥鈔、說詩、論文、集註、詳注、杜通、杜臆、杜闡、杜解、杜釋、律注、律箋、律解等書，又青門邵氏、旅農俞氏諸評本，及唐氏《唐詩解》、顧氏《日知錄》、沈氏《別裁集》所論載，不下數十種。句紬字繹，解乃繁然競起焉。雖然，杜未有解，杜自不亡，杜未有解，解猶可不作。吾嘗謂杜之禍，一烈於宋人之注，再烈於近世之解。《心解》之所爲，不得已於作也。老杜天姿惇厚，倫理最篤。詩凡涉君臣、父子、兄弟、夫婦朋友之間，都從一副血誠流出，而語及君臣者尤多。虞山輕薄人，每及明皇晚節，肅宗內蔽，廣平居儲諸事跡，率以私智結習，揣量周內，因之編次失倫，指斥過當。繼有作者，或附之以揚其波，或糾之而不足關其口，使藹然忠厚之本心千年負疚，得罪此老不少。愚不惜刓精盡氣，疏通證明者，於此益力。昔人云，不讀萬卷書，不行萬里地，不可與言杜。今且於開元、天寶、至德、乾元、上元、寶應、廣德、永泰、大曆三十餘年事勢胸中十分爛熟，再於吳、越、齊、趙、東西京、奉先、白水、鄜州、鳳翔、秦州、同谷、成都、蜀、緜、梓、閬、夔州、江陵、潭、衡公所至諸地面，以及安孽之幽、薊，肅宗之朔方，吐蕃之西域，洎其出沒之松、維、邠、靈，藩鎮之河北一帶地形胸中亦十分爛熟，則於公詩亦思過半矣。詩中關合地志處不可悉數，間又涉天官、家言。注家承訛於地志十有三四，至舉天官等書，則不謬者十無一二矣。今地界則取衷於《唐書》，而證之輿圖統志，以求其合。天文則取衷於《晉書》。蓋晉《天文志》於諸史最詳，其星象名號與世傳觀象清類所云竝皆脗合，歷歷白楡，舉目瞭然也。惟傷春詩之執法，則指勢星而言，《晉志》以後無此名，絫之石氏《星經》始定。當時亂端不一，其大頭腦前曰安、史，後曰吐蕃，曰藩鎮，他如蜀之徐知道、段子璋、崔旰，湖南之臧玠輩又錯起其間。注家遇說亂處，往往東西混淆，甲乙回迕，此亦大費攷覈。又其時稔亂不已，宦豎典兵，重帥權，輕守令，貴武夫，賤儒術，勞遣戍，困征徭，三致意焉。最足攷鏡世變，亦特爲捻出。

解之爲道，先篇義，次節義，次語義。語失而節紊，節紊而篇晦，紊斯舛，晦斯畔矣。而說者每喜摘一句兩句，甚或一兩字，別出新論，不顧篇幅宗主如何歸宿，上下文勢如何連綴。此最害事，凡是必痛削之。孔氏序《春秋正義》曰，經註易者必具飾以文辭理致，難者乃不入其根節。誠哉，古今義疏之通病也。杜自入蜀以後，艱奧彌繁，不揆檮昧，妄意鉤索，偏遇艱處、奧處，不肯一字放過，不敢一言率率。蓋每讀一詩，必疏觀前後數冊，而創通其大致。非鑱搜之難，而穿穴之難。讀書往往如此。凡見解之大反乎舊說者，間舉一二相質辯，皆最有關係處也。其大槩則直據臆見書之，實則苟同者絕少。然雖不舉舊說，而拙解獨見處，必一一疏言其故。若曰意在矜伐，性好非毀，蠹生於木而還食其木，律諸劉炫之攻武庫，則予滋戚已。舊說合者採摭略盡，更有幾處經友人酌定及弟手訂改，俱不敢攘爲己功。其詩詞明了，初學悉能通曉，則不贅一語。注列句下，解附篇末，體例庶乎不紊。引古必載某書，遵往例也。然多節文，省方幅也。再見則更節，熟事則全省。他如注本有句解可採，亦列句下，其篇後總解，則低一格分書。

編杜者編年爲上，古近分體次之，分門爲類者乃最劣。蓋杜詩非循年貫串，以地繫年，以事繫地，其解不的也。余此本則寓編年於分體之中。忽古忽近，忽五言，忽七言，初學觀詩每苦之。今統分六，卷一五古，二七古，三五律，四七律，五排律，六絕句。而每卷篇數不均，則竊取詩傳之例，各就卷內析之，使楮葉停勻。其七排、五絕篇數最少，則一附卷五之末，一附卷六之前。集既離爲六體，而各體纘年大非艸艸。蓋舊本以編非其時，而詩失其旨者動以百數也。道在準居處，酌時事，證朋遊，得者八九矣。其無甚關係，無從印合者，略依舊次，不敢妄有牽附焉。錢氏譏銓次之勞比之鼴鼠食肉，余則謂汗漫之見，特如矮人觀場，正未可以相笑。古人遺集不得以年月限者，其故有三。生逢治朝，無變故可稽，一也。居有定處，無征途顯迹，二也。語在當身，與庶務罕涉，三也。杜皆反是。變故、征途、庶務交關而可勘，而年月昭昭矣。惟天寶以前，事端未起，則不得泥，詩亦寥寥。少陵年譜輯自汲公權道、魯黃諸家，功不可泯。行本小有異同，例載卷首。今則各依年分，重加訂定，析置逐卷之前，以便觀省。詩雖編年，體各分見，則有同時。各體詩須彼此參看者，即互注，云有某篇，見卷幾之幾，又恐不能悉備，特於卷首另列編年詩目譜一冊，仍序時不序體，使身事世事先後犂然。

秦淮海論子美之長，「格窮蘇、李之高妙，氣埒曹、劉之豪逸，趣包陶、阮之沖澹，姿兼鮑、謝之峻潔，態備徐、庾之藻麗」，擬諸孔子集清任和之大成，信乎，其爲知言矣。愚又謂子美往體詩不作，古樂府及擬古篇最其超軼。羣子處譬，則骨董器物肖古便是贗古，惟命世豪傑，卓然獨成，乃所以爲集大成。

篇法變化至杜律而極，後人執成法以繩杜，如欲懲中四排比之患。而爲前解後解之說者，又欲矯兩截判隔之失，而爲七轉八收之說者，槩乎未有當也。夫杜一片神行而已。烏乎！執法之變既不容以一律繩之，乃其連章詩又通各首爲大片段，卻極整齊，極完密。少陵此體千古獨嚴，要其融貫處在神理，在紀法，不在字句也。前人嘗論及之，但標舉幾字爲串插鉤帶，實無當於位置渾成之妙，故不免來世口實。千言數百言長律自杜而開，古今聖手無兩。每見名家評杜至此，尤無把鼻。其與聞緒論確有稟承者，大率本元氏鋪陳排比之言爲之主張，不知鋪陳排比但可槩長慶諸公鉅篇，若杜排之忽遠忽近，虛之實之，逆來順往，奇正出沒，種種家法，未許尋行數墨者一獵藩籬也。唯斷句詩讓龍標、太白，獨步社體，自是旁宗。然多叠章而下，須通長打片看去，才顯眞面目。

自昔以攻杜爲快者，在宋惟楊大年，在明則有王遵巖愼中、鄭善夫繼之、郭相奎子章、楊用修眘、譚友夏元春之數人者，吾不責之而哀之。即看翡翠誰掣鯨魚，可笑蚍蜉爭撼大樹。南華老人云，朝菌不知晦朔，蟪蛄不知春秋，唯不知，故不嘿也。題下篇中時載原注，公自注也。昔人以謂王原叔、王彥輔諸家附益，今細繹之，僞者文必平順，其枯澀者斷屬的筆，悉照原文登錄。坊本多任意削去，或混列注中，俱非體。今本於古體詩多將原句顚倒，看來顚倒處反覺文法減致，茲悉訂正。又囊中有一二長題，諸本亦輕爲改竄，愚不敢從。宋元諸刻，傳寫字樣互有不同，舊本刻某一作某，最稱得體，並兩存之。其決定譌易者，則汰去。蔡傅卿《草堂箋》別爲逸詩一卷，蓋以載後來增益諸詩。若卞圜吳若員、安宇裴煜輩所收是也。錢、朱因之，仇則編入正集。今從仇例，但仇本太無分辨，今於題下明注集外二字，庶不盡失其舊。

書有圈點鈎勒，始自前明中葉選刻時文陋習，然行間字裏，觸眼特爲爽豁，故倣而用之。但鉤勒秪可施之長古、長排，彼八句亦截者非法也。又如轉韻，古風自宜依韻分截，節族天然，否則使讀者縮脚停聲，攔腰換調，多少不自在。杜集中有同人酬唱詩，舊本附載悉如本彙大書之例，頗似不辨主客。茲則低一格分書，載本篇詩解後。

集後有賦、讚、表、狀、策問、記述、說文、碑誌一卷，凡三十餘篇，或且不能悉舉其名矣。今按，諸篇於集中詩多有關會者，亦用附載酬唱詩例，分錄詩篇之後，各以類從。學者或反因叅攷詩義逐一留覽，似爲兩得。此皆別立義例，世或不病余妄。世既崇尚韓、柳八家，於三唐人古調別調之文不彈久矣。杜賦直追漢魏，其襍文拙趣橫生，最古最別，然而人非屈到，強與薦芰，搖手去之矣。故雖意有獨賞，槩不詮釋論列。唐宋元明以來，序記、題咏及詩話積冊盈寸，不復贅錄。祗錄《舊書》《新書》本傳兩篇，幷元微之譔《工部墓係銘》一篇，列諸卷端。

吳謙等《醫宗金鑑・訂正仲景全書凡例》 一、《傷寒論》與《金匱要略》原是一書，自林億校刊遂分爲二，殊失先賢之意。後趙開美仍合爲一書，今復其舊，使後學知《傷寒》與《雜證》原非有二也。一、全書經文，諸家舊本或字有增減，或節有分合，或重出不書，衍文或正誤各不相同。是集則以仲景全書爲準而參之各家，以昭畫一。一、《傷寒論》、《金匱要略》，法律本自井然，但係千載遺書，錯誤頗多。雖經歷代註家編次詮解，然各執己見，位置無常，難以爲法。茲集《傷寒》分經仍依方有執條辨，而次序先後則更爲變通。《金匱》門類悉照林億校本，而綱領條目則詳爲分別，並不拘泥前人。惟在啓發後學，足裨實用。一、經中凡錯簡遺誤、文義不屬、應改補刪移者，審辨精覈，皆詳於本條經文之下。其有全節文義不相符合，絕難意解者，雖勉加註釋，終屬牽強。然其中不無可採之句，故另彙二帙：一曰正誤，一曰存疑，附之卷末，以備參考。《金匱要略》倣此。一、書中辭精義奧，註釋誠難，若徒尚辭華，必支離蔓衍，何以闡發微言？是註惟期簡易明顯，發揮經旨，間或旁參互證，亦惟援引本經，不事虛文，用滋眩惑。一、《傷寒論》自成無己創註以來，踵之者百餘家。《金匱要略》自趙良衍義後，繼之者十餘人。各有精義，羽翼經文。然或涉浮泛，或近隱晦，醇疵並見，難以適從。茲汰其重複，刪其冗沓，取其精確，實有發明者，集註於右，用資考證。一、上古有法無方，自仲景始有法有方，其規矩變化之妙，立法成方之旨，各有精義，皆當明晰。茲於每方，必審究其立方主治之理，君臣佐使之相輔功能，性味之相合，一一解於其後。即方中用水之甘瀾，麻沸火之宜文宜武，煎之緩急，漬之遲速，服之頻頓，莫不各有適病之宜。前人或置而不論者，必備錄而詳解之。一、是集《傷寒》則首六經；次合病，併病；次差後勞復，食復，陰陽易；次壞病，溫病，痓濕暍，霍亂；次可汗不可汗，可吐不可吐，可下不可下；次平脈，辨脈法，此一書之次第也。首綱領，次具證，次出方，次因誤致變，次因逆成壞，此一篇之次第也。首經文，次註釋，次集註，次方藥，次方解集解。其經文有缺誤者，則加辨論於經文之下，以按字冒之。其與本條互相發明而非專論本條者，加辨論於本註之後，亦以按字冒之。此逐條之次第也。俾後學了然心目，易於融會貫通，《金匱要略》序法倣此。一、《金匱》二十五章內有與傷寒文同者十之一二，雖爲重出，然亦間有義別之處。今將《傷寒論》中已有專註者，則不復贅釋。其與本經切要者，必重加發明，以闡揚其旨。一、古人姓氏有傳記詳明者，昭昭可考，若僅書其字，則無從知其名矣。夫以其人竭慮殫精，久而泯其迹所不忍也。故於無考者書其字，可考者書其名，以示不沒其善之意。

馮浩《樊南文集詳注發凡四條》 一、《李義山詩集》三卷，唐、宋史志無異辭也。《文集》則義山自編樊南甲集、乙集各二十卷，體皆四六，故《新唐書・藝文志》更有賦一卷，文一卷。《宋史・藝文志》於甲、乙集四十卷外，更云文集八卷，別集二十卷。閱時漸久，數乃大增，何歟？迄於今，集本竟不可得，不知海內藏書家猶有之否？吳江朱長孺從《文苑英華》、《文粹》而彙輯之，偶漏狀之一體，玉峰徐章仲補之。又因顧俠君得《全蜀藝文志》中《劍州重陽亭銘》一首，而《志》中更有書一首，余又爲補采。余抱病里居，無由博搜羣籍。徐湛園曰：幼曾於閩中徐興公書目見有《義山文集》。今玉峰箋本得之林吉人，不知即興公架上者否？愚亦未遑遠訪也。

周必大之《跋英華》有曰：修書官於權德輿、李商隱輩，或全卷收入。是又若所取之過多者。然準之史志，甚悵寥寥，即甲、乙集中所自負之作，已竟逸矣。徐氏刊本名《李義山文集》，余以四六尚居十之八，改標《樊南文集》，稍見當時手編之遺意。一、徐氏刊本註，則章仲炯爲之箋，則其兄藝初樹穀爲之，用心交勤矣。此外未見有他註本。宋王楙野客叢書有劉鍇註樊南序之名，今無可訪求矣。徐氏註頗詳，但冗贅訛舛之處迭出，余爲之刪補辨正改訂者過半。至原箋創始誠難，而疎略太甚。余徧繙兩書、《通鑑》，以知人論世之法，爲披霧掃塵之舉。或直而證之，或曲而悟之，或錯綜左右而交成之，或貫穿前後而會印之。用使事盡詳明，文尤精確，其無可徵定者，狀一、啓六、祭文一，及無多雜著已耳。樊南生有知，或不訶其多事也乎！一、徐刊本分類，而仍凌亂。余既訂定《年譜》，並列詩文，故得於分類之中，各寓按年之次偶。有不可編者，附之各體之末。一、自來註家，每曰所釋故事必求其祖究之，孰副所言哉！況事有古人已用，而後人用其所用者，豈數典必出於開山，成章盡由於鑿空歟！余所改註，蘄不違乎作者之意焉耳！乃知其援引精切，揮灑縱橫，思若有神，文不加點，徐、庾而下，趙、宋以來，誰復與之抗衡藝苑哉！其弗關輕重，未盡剖覈者，病夫之心液腹笥，不足以完之也。未解者數條，請俟之博物君子。

又《玉谿生詩箋注發凡》

一、諸家箋本皆名《李義山詩集》，今從《唐書・藝文志》《玉谿生詩》三卷之名，以復其舊。一、自明以前，箋斯集者逸而無存。朱長孺曰：「《西凊詩話》載都人劉克嘗注杜子美、李義山詩，又《延州筆記》載張文亮有《義山詩注》，今皆不傳。」按：《延州筆記》所載《唐音》諸人詩句張文亮注云者，非專注本集也，且寡陋不足言注。釋石林道源創之，朱長孺鶴齡成之，行世百年矣。近則程午橋夢星姚平山培謙各有箋本，余合取而存其是，補其闕，正其誤焉；疑而未晰者尚間有之。蓋義山不幸而生於黨人傾軋、宦豎橫行之日，且學優奧博，性愛風流，往往有正言之不可，而迷離煩亂、掩抑紆迴，寄其恨而晦其跡者，索解良難，所無如何耳。一、余初脫稿，聞吳江徐湛園逢源有未刊箋本。徐爲虹亭太史子，窮老著述。余因外弟盛百二向其後人借觀，視朱氏程氏爲優。第或疎或鑿，時不能免，而持論多偏。聞其晚歲，改易點竄，反有舍前說之是而遁入岐途者，窮苦之累其神明也。余虛衷研審，擇其善者採之，庶苦心孤詣，不至全泯，亦可以無恨矣。原稿仍歸徐氏。一、年譜乃箋釋之根幹，非是無可提挈也。義山官秩未高，事跡不著，史傳豈能無訛舛哉？今據詩文證之時事，一生之歷涉稍詳，史筆之遺漏或補，讀者宜細閱之。一、舊本皆作三卷，而凌亂錯雜，心目交迷，其分體者更不免割裂之病。余定爲編年詩二卷，不編年詩一卷。行藏遞考，情味彌長，所不敢全編者，愼之也。一、朱氏已采錢龍惕陳帆潘畊之說，余所見有馮己蒼舒、定遠班、田簣山蘭芳、何義門焯、錢木菴良擇、楊致軒守智、袁虎文彪諸家評本，又陸圃玉崐曾有專解七律刊本，皆爲節采附入，庶深情妙緒，尤能引而伸之已。余既采何義門評本，辛卯春日，取吳下所刊《義門讀書記》中兩卷，細爲校勘，同異頗多，且有他人評語而誤收者，有意義舛戾斷不出自義門者。蓋屢經傳錄，漸滋淆亂，而義門於斯小集，固不比經史諸大集之審愼精當。世之服膺前哲者，宜更決擇焉。一、箋者，表也；注者，著也。義本同歸。今乃以徵典爲注，達意爲箋，聊從俗見耳。凡舊說之是者，必標明「某曰」，不敢攘善；顯然誤者，改之而已；若似是而非，或滋後人之疑者，則贅列而辯正之。引據故實，未免繁冗，緣取義隱曲，每易以刪摘失其意指，故不可不詳也。一事屢用，注皆見前。間有見於後者，亦有前後互證者。一、說詩最忌穿鑿，然獨不曰「以意逆志」乎？今以「知人論世」之法求之，言外隱衷，大堪領悟，似鑿而非鑿也。如《無題》諸什，余深病前人動指令狐，初稿盡爲翻駁；及審定行年，細探心曲，乃知屢啓陳情之時，無非借艷情以寄慨。蓋義山初心依恃，惟在彭陽；其後郎君久持政柄，舍此舊好，更何求援？所謂「何處哀箏隨急管」者，已揭其專壹之苦衷矣。今一一詮解，反浮於前人之所指，固非敢稍爲附會也。若云通體一無謬戾，則何敢自信！一、論義山詩，每云善學老杜，固已。然以杜學杜，必不善學杜也。義山遠追漢魏，近仿六朝，而後詣力所成，直於浣花翁可稱具體，細玩全集自見，毋專以七律爲言。其終不如杜者，十之三學爲之，十之七時爲之也。一、集中雙聲叠韻屬對精細，而押韻每寬。律詩東、冬，蕭、肴之類通用；古詩如支、微、齊、佳、灰五韻通用，眞、文、元、寒、刪、先六韻通用，唐人常例，不足異也，且所重不在韻，故略之。一、友朋贈答，傳自當時，評騭抑揚，紛於異代，皆爲不可廢者，故附諸譜後。架鮮藏書，恨網羅未備耳。一、海鹽陳靈茂許廷有箋本，久不傳矣。聞閩中寧化李元仲世熊亦有箋本，未及訪其存否也。數十年來，海寧許蒿廬昂霄曾注其半部，亦無可覓。許蒿廬《校注義山詩》云：「時事年月，職官遷轉，《舊唐書》必詳著之，《新書》則疎漏多矣。」張宗柟云：「蒿廬《箋注玉溪生詩》六卷，又年譜、考證及叢說凡數卷。博考《新》《舊》兩書、傳記百家，以及近時評注，疏通證明，駁正瑕璺，期與作者讔詞託寄不隔一塵。定藁僅有其半，餘則零丁件繫，塗改勾勒，殊難辨識。」近如如皋史笠亭鳴皋與余先後入翰林，每舉玉谿詩互爲賞析，而凡文士之從事於斯者，應不乏也。夫文有一定之解，詩多博通之趣。茲編也，我自用我法耳。若前輩之精研，同時之濬發，各有會悟，不妨異同，自當並行，以俟後人之審擇。

又《玉谿生詩箋注重校發凡》 一、初恐病廢，急事開雕。既而檢點謬誤，漸次改修，積十五六年，多不可計。既欲重鐫，通爲校改，大半如出兩手矣，然究未全愜意也。初行之本無從收回，祈四方學士，見輒爲我毀之，或郵寄相易，實叨惠好。一、所引典故，初梓半仍舊本，以爲何煩盡改也。詎意舊本動有疎誤，甚且僞造妄增，以成其說。而後起諸書或不之察，轉相據引，襲謬承訛，久而轉疑古籍之脫落，是誠爲害已。今逐條討核，不目審而心會者，弗以錄也，學者庶可見信。桐鄉馮浩孟亭氏識。

顧鎮《虞東學詩·例言》 一、欽定《詩經傳說彙纂》備錄古義，是書一遵《彙纂》，引据經傳及諸家義疏以證明之。一、《序》說惟首句爲古序，餘則經師各錄所聞以綴其下，先儒論之已詳。今惟以序首一句爲主，序下之言則擇其合者取焉。一、《毛傳》持義正而語未詳，《鄭箋》引据博而擇未精，今惟取其詳且精者，不敢曲狥也。一、《集傳》採輯諸家，歸于一緒，大撤詩之障蔀，爲功後學不淺。說者謂其盡棄古說，獨以己意行之。此殊不然，詳求朱子說詩大旨，與序首不合者特十之二三耳，至其訓釋辭義，取之傳箋疏者尤多，固未嘗盡棄古說也。今於古《序》及《集傳》不同之處必求稟据明確者從之，其有別義可通者，則列之圈外，亦竊取朱子之義云。一、朱子《序辨》大都駁斥經師傅會之說，而於序首一句指駁殊少，除國風刺忽、刺僖、刺淫外，惟小雅刺幽及頌中郊、禘等篇耳，書中頗費考核。一、考證詩義當引他經之明切者爲据，而《史》、《漢》之與經合者亦參訂焉，一切《竹書》、《呂覽》、《管》、《韓》諸子之書，義難信据，槩不敢及。一、三家之說，見於薛君《章句》及崔靈恩《集注》者，閒亦及之，以存舊說之一二，其子貢《詩傳》，申公《詩說》，顯屬後人僞撰，並不採登。一、古今詩說最繁，錢氏《詩牖》序所載有書可考者一百一十八部，其見於《漢志》、《隋志》、《唐志》、《宋三朝志》、《四朝志》、《中興志》不可更僕數。而其中卓然可傳者，推歐、蘇、呂、嚴四家，而王景文之《總聞》、錢文子之《詩傳》、曹粹中之《詩說》、陳少南李迂仲之《詩解》，亦如驂有靳。元、明迄今，篤學稽古之士勃焉有作，所愧耳目短淺，無以盡睹前人述作之美，今所採者不出數十部，而取裁於歐、蘇、呂、嚴居多云。一、採用成說，或於文內指明，或於句下注出，不敢掠前人之美也。其有無關大義，順文寫過，或未見本書，暗與之合，不能保其必無，惟知言者諒之。一、音韻之學，本非所習，今用嚴氏《質疑》本，以通韻爲主，其不可通者，則以轉通之。蓋五音得二變以爲之旋轉，而無不可通之音矣。又古人一字恆有數音，音隨義變，而詩中亦有用此音不用此義者：如《關雎》卒章「鐘鼓樂之」，徐音五教反；《板》六章「牖民孔易」，鄭音亦之類，又不在通轉之例，並爲添注以備考，尚冀審音君子加訂正焉。

王鳴盛《蛾術編》卷一二《高誘注戰國策》［迮鶴壽參校］ 高誘注《戰國策》三十三卷，雅雨堂有刻本。或云此即從鮑彪本中抄出，以東西周互易其次而已，竝非高氏原本，尚存而別有人傳之，俟再攷。鶴壽案：《漢·藝文志》：《戰國策》三十三篇，記春秋後。姚宏曰：《隋·經籍志》：劉向錄三十四卷，高誘注二十一卷，京兆尹延篤論一卷，《唐·藝文志》：劉向所錄闕二卷，高誘注增多十一卷，延叔堅之論尚存。今世所傳三十三卷，《崇文總目》：高誘注八篇，今十篇。武安君事在《中山》卷末，王應麟曰：劉向校定三十三卷，紹興中鮑彪升其第二卷爲首，又自更定訓釋。吳師道曰：頃歲余辨正鮑彪《戰國策》注，讀《呂子大事記》，知剡川姚宏亦注是書，卷末載李文叔、王覺孫朴、劉敞語。其自序云：朴元祐初在館中取曾鞏本參以蘇頌、錢藻、劉敞所傳，幷集賢院新本定之，簡質謹重，深得古人論譔之意。近黃丕烈所得宋槧姚氏本，後有跋云：《戰國策》經鮑彪殽亂，非復高誘原本，而姚宏校正本博采《春秋後語》諸書，吳正傳駮正鮑注，最後得此本，歎其絕佳，且謂于時蓄之者鮮矣。此本乃伯聲較本，又經前輩勘對疑誤，采正傳補注標舉行閒。天啓中得諸梁溪安氏，無何又得善本于梁溪高氏，紙墨精好，此本遂次而居乙要之。此兩本實爲雙璧。黃君重校刊之，謂盧氏雅雨堂刻本雖據陸敕先抄校姚氏本，而實失其眞，往往反從鮑彪所改，及加字幷抹除者，未知盧、陸誰爲之也。夫鮑之率意竄改，其謬妄不待言，乃更援而入諸姚氏本中，是厚誣古人矣。今用家藏至正乙巳吳氏本互勘爲《札記》三卷，詳列異同，推原盧氏致誤之由而訂其失，兼存吳氏重校語之涉于字句者，亦下己意以益姚氏之未備大旨，專主闕疑存古，不欲苟取文從字順云云。然則既經黃氏重刻，雅雨堂本可棄置矣。

又《水經注》 杜佑《通典》曰：攷《水經》晉郭璞注三卷，後魏酈道元注四十卷，皆不詳所誤者名氏，亦不知何代之書。佑謂二子博贍解釋，固應精當，訪求久之方得。其經云「濟水過壽張」。則前漢壽良縣，光武更名。又東北過臨濟，則前漢狄縣，安帝更名。菏水過湖陸，則前漢湖陵縣，章帝更名。汾水過永安，則彘縣，順帝更名。故知順帝已後纂叙也。景純注解又甚疏略，亦多迂怪。王應麟《困學紀聞》曰：經云武侯壘，又云魏興安陽縣，注謂諸葛武侯所居，魏分漢中立魏興郡，江水東徑永安宮南，則昭烈託孤于武侯之地也。其言北縣名多曹氏時置，南縣名多孫氏時置，是又若三國已後人所爲也。改信都從長樂，則晉太康五年也，然則非後漢人所譔。《隋志》云：郭璞注不著譔人。《舊唐書·志》云郭璞譔愚謂所載及魏晉，疑出于璞也。《新唐書·志》始以爲桑欽，而又云「一作郭璞譔」，蓋疑之也。《經》云：河水又北，薄骨律鎮城。注云：赫連果城也。乃後魏所置，其酈氏附益與。按：《漢·儒林傳》：《古文尚書》塗惲授河南桑欽君長。晁氏《讀書志》謂：欽，成帝時人。意者欽爲此書，而後人附益。今郭注不傳。按杜氏引四事竝《水經》之文。王氏引五事，僅魏興安陽一事屬《水經》，餘皆酈注誤入經者。《水經》：濁漳水東北過信都縣西。注叙張甲河右瀆稱長樂耳。今攷《水經》之例，所序一水不重舉水名，重舉乃注也。其因注繁分作數卷，卷首更舉水名者，後人妄加。凡經竝曰「過」，注則曰「逕」，閒有傳寫互譌者，不過三五處。凡經無有言故城者，言故城皆屬注。經文、注文各有承接起止。自王應麟之前已殽亂，後人經、注不辨，故謂水經非一人一時所作，歸之桑欽，又歸之郭氏，酈氏附益臆說紛然，無足怪也。鶴壽案：《水經》有二書：一是郭璞所注，止有三卷，自岷三江首至漳水出山陽東，今附于《山海經·海內東經》之末者也。一是酈道元所注，凡有四十卷，自《河水篇》至《禹貢山水澤地篇》，今世所通行者也。其分三卷者，經有長城、象郡等名，必是秦人所譔；其分四十卷者，經有魏興、魏寧等名，必是魏人所譔，然譔人姓名皆不得而知。自杜君卿已混二書爲一書，故前云泲水過壽張，而後云景純注解甚疏略，則是以魏人之《水經》，當秦人之《水經》矣。至《新唐書》則云：桑欽《水經》三卷，一作郭璞譔。今案以《水經》爲桑欽所譔，與《唐六典》注同。然酈道元于《漯水》注引桑欽曰：漯水出高堂。于《濁漳水》注引桑欽曰：絳水出屯留西南，東入漳。于《易水》注引桑欽曰：易水出北新城西北，東入滱。于《濡水》注引桑欽曰：盧子之書言，晉既滅肥，遷其族于盧水。今《水經》皆無之，則安得以爲桑欽所譔哉？又按：桂陽郡漢寧，漢順帝永和元年立。吳改曰：陽安晉武帝太康元年，改曰晉寧。而《水經》：「鍾水北過魏寧之東。」注云：魏寧故陽安也，縣南西二面岨帶清谿。蓋魏得魏寧，其地在水西，吳得陽安，其地在水東北，吳、魏接境，各分有漢寧耳。作《水經》實魏人，故無晉太康已後郡縣名。《水經注》四十卷，宋時已亡五卷，今之卷帙及目錄乃後人妄分，以就四十之數。而舊目不可復覩矣。卷二十九《沔水》下，攷其地當在卷二十八沔水中之前。卷三十三之末，《水經》云「又東過巫縣南，鹽水從縣東南流注之」，卷三十四之首仍屬此條注文，因經誤入注，注誤爲經，遂裂在異卷也。鶴壽案：戴東原校《水經注》，序其略云：酈道元不言《水經》譔自何人，《唐藝文志》始以爲桑欽譔。欽在班固前，固嘗引其說與《水經》違異。晉以來注《水經》凡二家：郭璞注唐時猶存，杜君卿言二家皆不詳所譔者名氏。《崇文總目》云：《水經注》亡者五卷。今所傳，即宋之殘本，後人又加割裂，以傅合四十卷之數。如注文「江水又東，逕巫縣故城南」，注訛列爲經，遂與前經文「又東過巫縣南」割分異卷。《唐六典》注云：《水經》所引天下之水百三十七，今自河水至斤員水止百二十三，脫逸十有四水，蓋在五卷中也。《通鑑地理通釋》引《水經》四事，惟魏興安陽一事屬經文，餘三事咸酈注之訛爲經者。故其作書時世益莫能定。《水經》立文首云「某水所出」，以下無庸重舉水名。而注內詳及所納羣川，加以採摭故實，彼此相雜，則水名不得不重舉。經文叙次所過郡縣一語，實賅一縣。而注則沿泝縣西以終于東，詳記所逕委曲。經據當時縣治，至善長作注時，縣邑流移，是以多稱故城，經無言故城者也。凡經例云「過」，注例云「逕」。以是推之，雖經注相淆，而尋求端緒，可歸條貫。善長于經文「涪水至小廣魏」解之曰「即廣漢縣也」，于「鍾水過魏寧縣」解之曰「故陽安也，晉太康元年改曰晉寧」。然則《水經》上不逮漢，下不及晉初，實魏人纂叙無疑。今案：戴氏于《水經》實在攷校一番，故其所言皆出心得。先生襲取此序，但補出《通典》全文，及《通鑑地理通釋》全文，而改作《困學紀聞》而已。

紀昀等《史通通釋舉例·二科十別》　書不必醇乎醇，書惟其至於至，居巢劉氏之《史通》是也。注書戒自我作故，注書欲推心置腹，山倉先生之《通釋》是也。凡注之用二，辨之通與不通而已。是書行本相高，厭心蓋寡，每於通處，薦以荆榛而趣乖；於不可通處，過如炙轂而疵積，敝也久矣。先生曰：「趣乖者法宜訓正；疵積者道在刊譌。」例總二科，科各有別，列如左方。訓正者，兼舉其義與辭而是正之也。義從文生，辭由古出。俗學之弊大抵二端：憑臆自用者，揣義而不徵辭，弊且流爲束書不觀，是謂蔑古；炫博貪奇者，役辭而不問義，弊又滋乎靈臺曰汨，是謂褻天。玆用疏義以會辭，考辭以赴義，則訓之爲也。訓正之科，其別六。一曰釋。篇者，節之積也，節清而篇乃定焉。歷繙評本，觀乎《外篇》條別，胷欠主張；驗其通體支離，篇乖步伐者矣。故爲之釋以淸之。釋之爲用，析節而疏其義。是賓是主，是影是神，前後相銜，中邊交灌，玆爲從事之所先，即其命名之所自。間有省去不用，唯於短說爲然。自昔漢、唐經疏通例，墨闌標眼，於「釋」字仿用之。一曰按。按亦釋也。標仍墨闌，體同跋尾。既釋以辨之，復按以會之，指趣所鍾，歸宿有地矣。況《史通》之爲書也，羣史牢籠，全書吐納，畛塗遼闊，節目棼緐，則必以見遠之明者察焉，則將有無礙之辯者通焉。此段識解於何置頓，亦惟篇按職此淹該。是知按之所屆，尤爲駟牡之廣衢，非等隻雞之近局也。又其例比釋加徧，釋有從省，按無缺施。惟下帙四、五處，有以一按攝三條、二條者。三曰證釋。謂取證古書，用釋今義也。語云：求之物本，必於其始；取其所通，必於所宅。故凡有徵引，事必事祖，辭必辭根。而其所標識，則又書皆舉名，篇皆舉目。如《左傳》則某公某年，《漢書》則某紀某傳之類。蓋採錄多從節縮，而原文可任搜核也。他若舊注已得者，明書何本；或無書可質者，直注未詳。不攘不欺，與世共見。四曰證按。凡前件證釋，多有就證加按者，痛刮不根之病及漫與之習也。如《尙書》注有王肅其人也，本係三國五朗之子，舊援後魏同名之人。如《左傳》家缺徐賈一注也，位在干、蕭二史之間，檢出徐廣字形之誤。更有全證皆屬設辯者，如《書志》篇之「東觀曰記」，《採撰》篇之「沈炯罵書」，一失之俗傳，一失之原本，則一當革其繆，一當繩其愆。凡此諸流皆須顯說也。證釋之條千有二百，加按之處五百有奇，任舉陳言，都成說部。五曰夾釋。釋非節界，夾入行間，是夾釋也。凡涉晦澀之義，用一兩言達之，或遇疑似之辭，用直截語指之，皆是也。有此可以便觀書者之索解，可以杜好辯者之歧猜。六曰雜按。雜按之施，施於原注。原注者，劉自注也。或刊失其初，須爲揣定；或置非其所，合與推移。且有注混文、文混注者，於《史官》篇「詔曰修撰」、《暗惑》篇「曹公多詐」見之。并有注非注、文非文者，於《史官》篇「自歷行事」，《雜說》篇「蘇代所言」見之。相厥攸居，還渠定判，此雜按之所由設也。不繫諸正書，故稱雜焉。刊譌者，譌非一端而已，或流傳，或竄易，或原本差池。所致之塗既雜，於是有繆出，有倒施，有脫遺、羨衍，所叢之類緐興，刺眼而葉落連翩，膠牙而泉流澀咽。文傳侮食，怪《曲水序》之猶疎；曰思誤書，歎小屋人之不作。夷考諸家刊得者十一，待刊者十九焉。刊譌之科其別四：一曰字之失。是書之失在字者，蓋亦多矣。「烏孤」而轉「烏孫」，「文丁」而轉「文王」，「處道」而轉「承祚」，「涉漢」而轉「沙漠」，失則繆。「文省」而曰「省文」，「朔方」而曰「方朔」，「武宣」而曰「宣武」，「昌平」而曰「平昌」，失則倒。「昭後略」漏「昭」字，「言學者」漏「言」字，「楚漢列國」漏「國」字，「微子篇序」漏「序」字，失則脫。「名班祚土」，「班」下衍「爵」字，「以其類逆」，「逆」下衍「者」字，「虛美相酬」、「馬遷乘傳」，「美」下「傳」下並衍「以」字，失則羨。繆、倒、脫、羨，凡有四端，故概曰失也。總二百二十有奇者，刊之數也。其刊去者仍注見之，不沒舊本，冀覽之者辨之也。且作聰明，改頭面，得罪古人，莫此爲甚。本所深惡，而豈蹈之。下三條皆倣此。二曰句之違。「違」亦概詞也。句之違亦四端，凡二十處，而《點煩》之誤在除加丹粉間者不與焉。稍舉似之：以句繆言，則有若去萬留千、錄遠略近，懵事類而反篇情者。以句倒言，則有若藉權濟物、居京兆府，乖文義而沒語趣者。以句脫言，則有若述南齊之史，結《申左》之科，缺至一全片而遺忘半面者。以句羨言，則有若犀革裏之條、嗤沈約之段，衍至不可讀而反棄佳本者。凡此又非一兩字之間，審聲形之比。靜繹全文，廣參羣籍，甚至浹時稽序，而後其眞始出。持此耗磨晚節，俟之甘苦中人。三曰節之淆。節之淆者，《內篇》少，《外篇》多，通幅、分條之殊其體故也。其在《內篇·六家》之總首既截，則總尾亦宜截。《書志》後論不應以「或問」截，《編次》終篇不應以「尋夫」截。其在《外篇》，離合斷連，岐迕交失者，《史官》篇三，《正史》篇三，《惑經》篇一，《雜說》上中下篇十有五。技經肯綮，每至族而難爲；官止神行，唯彼節之有間，今皆騞然矣。至若《點煩》摘史，隔鈔而合片，當以方空格界之。又若卷末《忤時》一牘，而兩端可以序跋例離之。斯皆隨方制宜，非欲矜己立異。四曰簡之錯。篇節字句，並有錯簡。篇之錯，卷九內之《敘傳》者是；節之錯，《曲筆》中之「夫史」十行者是；字句之錯，《雜說》下之「李陵書」者是。篇不得而移，節句可得而準也。或遂刊定，或爲證明，具著卷中。凡所盡心，略如前款。間嘗總諸科別而權之，理不言而同然，唯去非以趨於是；言愜心者貴當，必無憾然後即安。是書也，謂劉氏《史通》可，謂浦氏家言亦可。己巳孟陬，親賢堂。

范家相《三家詩拾遺·凡例》 一、三家詩魯最先出，齊次之，韓又次之。故所錄遺說以魯、齊、韓爲次，間有補入，則錯次錄之。一、經文所標俱從《毛詩》，不列其義，但錄三家遺說，殘章片語，俱加輯錄，仍疏其得失於後。一、三家文字異者，與經書子史所引古文奇字統爲一卷，列之於首，以廣見聞。其三家文字既異，仍別有意義者，重錄於各章各句之下，書曰某作某，然後可覽其說焉。其文字異而義同者不重出。一、古逸詩或爲孔筆所删，或删後之詩，皆見經傳子史之引述。三家如《雨無正》、《鼓鐘》、《般》諸篇，句有逸出《毛詩》者，皆當輯錄，故統爲一卷，次於文字考異後。一、三家《齊詩》存者絶少，《魯訓故傳》亦復無多，唯《韓詩》亡於北宋，所存頗見一斑，凡所輯錄，必注明出於何書。一、魯之孔安國、劉向，齊之匡衡、翼奉，韓之王吉諸人，皆傳一家之學，無所出入，其董江都、賈長沙、班孟堅諸說，未知的出何家者，則但標其名。鄭司農少學《韓詩》，兼通《齊》、《魯》，後乃箋《毛》，今本所自言出於何家之說，分別書之。一、《韓詩外傳》雖皆引詩證事，亦時見本義，間有節錄。一、三家訓故、傳說、遺文，悉錄原文，不遺一字。其他各家所引述，非有裨於經義者不錄。一、是編本王氏《詩考》更加蒐補删正以成書，掛漏錯失在所難免，博雅之士聊以爲津筏可也。其本論則具載《詩瀋》中矣。

乾隆初儒臣《儀禮義疏·凡例》 一、《易》有《程傳》、《朱子本義》，《詩》有《朱子集傳》，《書》有蔡、沈《集傳》，亦經朱子指授，故折中彙纂，皆以之爲主，視其離合以爲衆說之去留。《春秋》則有不用胡傳更立一義者。《三禮》自朱子請修而未果，羣言莫適爲主，即《儀禮經傳通解》亦第開其端緒而意義則未暇發明。茲故特起義例，分爲七類，俾大義分明而後兼綜衆說。一曰正義，乃直解經義，確然無疑者。二曰辨正，乃後儒駁正舊說，至當不易者。三曰通論，或以本節本句參證他篇，比類以測義，或引他經與此經互相發明。四曰餘論，雖非正解，而依附經義，於事物之理有所推闡。五曰存疑，各持一說，義亦可通，又或已經駁論，而持此者多，未敢偏廢。六曰存異，名物象數，久遠無傳，難得其眞，或創立一說，雖未愜人心，而不得不姑存之以資考辨。七曰總論，本節之義已經訓解，又合數節而論之，合全篇而論之。以此七類，叙次排纂，庶幾大指開卷了然，而旁推交通義類可曲盡也。案語各以類附。

又《禮記義疏·凡例》 一、說禮諸家或專尚鄭、孔，或喜自立說而好排注疏，紛紛聚訟。茲各虛心體究，無所專適，惟說之是者從之。至於義理之指歸，一奉程、朱爲圭臬云。一、三《禮》同爲聖典，而《戴記》旨非一端，必博徵羣籍，以求精解確證。故自《竹書》汲《冢》、周秦諸《子》、帝王世《紀》及《史》、《漢》等，皆在採錄。其諸儒由鄭氏而下至本朝儒家，專訓《戴經》外或註他經，或在別說，義有當引，咸採擇以入，案中不另標姓氏。其宋、元以來或勦說雷同，蕪蔓冗陋，無足發明者，皆屏汰不錄。一、經文如《玉藻》、《王制》諸篇，有先後錯簡宜更正者，止於注內表明之，諸家或未詳究，則以案語發之，而文仍舊本，無專輒改易，用昭遵古之義。惟《月令》、《樂記》章句，稍有併合分析，爲便於訓釋也。一、經文字樣，間有不同，如九齡或作九聆、九鈴等，竝附出本文下。一、《中庸》、《大學》二篇，自宋大儒編爲《四書》，其後俗本《禮記》遂有止載其目而不列其文者，茲仍曲臺之舊，以尊全經，以存古本，兼輯朱註以示準繩，而正義等條概置勿用。一、禮經名物度數尤當精審極究，辨是非而正異同，故注中於郊、社、樂、舞，裘、冕、車、旗，尊、彝、圭、鬯，燕飲、饗食，及月令、紀候之物，《內則》有事之文，皆再三考訂研核，必求至當，而九天、六天，明堂、大廟，鄭、王之殊互，今古之參差，或駁或甄，要取歸於不惑。其有去古既遠，類不可以強通者，則從闕疑。一、每經文下，講說諸家各以時代爲次，代同者則以其人之先後爲次。所引注疏間或先孔後鄭。一、孔疏或釋注，或闡經旨，各分大小書之，與《周官》、《儀禮》賈疏一例。一、所引注疏，或仍其全文，或節其要義，有刪無增，亦無改。一、古注疏每篇目下必有解題，著所以名篇之意。今自鄭、孔外，凡諸家有所論說，皆採取其要，使一篇大旨開卷即明。一、《月令》一篇，諸家所論得失不同，今採周書時訓者，則因經文之先後次之。一、每經文下，釋詁辨析互引旁連，說或兼存，義有總括。先正義，次通論、餘論，次存疑、存異，次辨正，次案，次總論。如案繫辨正，則列在存疑、存異後，若但發明經義，則列在存疑、存異前。七十七卷統歸畫一。一、先儒稱鄭氏康成，稱周、程、張、朱子，及稱姓名，若某氏某曰等，體例亦歸畫一。呂不韋書《淮南子》及《唐月令》各附於下，而以時憲書較當時節候，以備參考。一、《禮記》雖雜成於漢儒，然微言大義，往往斯在，即以《檀弓》事或傳疑，《明堂位》辭多夸越，《王制》與《周官》、《孟子》各有牴牾，亦必詳求義訓，不附會亦不武斷。

吴瞻泰《陶詩匯注·凡例》 北齊陽僕射休之序錄云，陶集一本八卷，無序，一本六卷幷序目，編比顛亂，兼復缺少。梁蕭統所撰八卷，合序目、傳誄，而少五孝傳四八目，然編錄有體，次第可尋。今錄統所闕幷序目等合爲一帙十卷。此陽本與蕭本幷傳，爲陶集所由始。《隋·經籍志》潛集九卷，《唐·藝文志》潛集五卷，所載互異。《文獻通考》稱吳氏西齋目有潛集十卷，疑即休之本也。休之本出宋丞相庠家，虎丘寺僧思悅云，永嘉周仲章太守家藏宋丞相刊定之本，於疑闕處甚有所補，憾此本今不傳也。思悅采拾衆本，重定爲十卷，刻於治平三年。世所傳宋槧即此本耳。明何燕泉孟春、張潔生爾躬二本皆祖之。何注較詳，訛缺亦不少。而詩注四卷單行，則始自宋番陽湯文清漢世所引東澗者也。又元劉坦之履選詩，補注中箋陶至數十首，雖非專本，亦可觀。明黃維章文煥有《陶詩析義》四卷，皆箋己，見多所發明。是編專錄其詩，祖於湯、黃。而實舉陶之所長，不爲略也。宋時河南吳斗南仁傑有《靖節年譜》一卷，張季長縯辨證，雜記羣賢論靖節語，所謂蜀本也。世所傳陶集皆亡年譜，余友汪西亭立名錄以見貽。後程偕柳元愈又以宋王質所撰紹陶錄年譜相證，互有發明，今幷著之簡端。陶詩次序紊亂，自陽僕射時已然。吳斗南年譜亦或失實，如《辛丑歲游斜川》詩首有「開歲倏五日」句，俗本訛爲五十，年譜便改辛丑爲辛酉以實之，與詩序迥不合，未免以詞害志。至四言、五言，卷帙既分，前後倒置，今亦不敢妄更，悉遵舊本，觀者自能會之。唯《桃源詩》本在記內，今并《讀史述九章》附於四卷之末。陶詩紀甲子之説始於《宋書》，而《文選》因之，黄魯直、秦少游皆惑其説。治平中，虎丘僧思悦始辨其非。而蔡采之《碧湖雜記》獨曲爲之説，以爲元興以後劉裕秉政，名雖爲晉，已有革代之基，故淵明所題皆書甲子。以此論淵明，更非本懷。夫國猶其國，而預擬二十年後之興亡以標異其詩題，豈臣子之所忍言哉！但其一腔忠憤亦時流露於意言之表。凡有顯指易代者始爲標出，其餘若劉坦之、黄維章之説，非不創新，罔敢闌入。世所傳陶集鏤版既訛，相沿日久，如《詠三良》序「康公從亂命」而曰「治命」，《讀山海經》十章「同物既有慮」而曰「無慮」，「念彼懷王世」而曰「懷生世」，一字之誤，害理爲甚。今從黄本改之。其餘字句互異者，兩存句下。田園詩陳述古本止五首，俗取江淹「種苗在東皋」爲卒章，即《醴陵集》擬古詩三十首之一，蓋文通擬陶者也。《遯齋閑覽》已辨其誤。《問來使》一首，亦傳爲江文通作。《西清詩話》謂此章獨南康與晁文元家二本有之，湯文清以爲晚唐人所作，郎瑛《七修類稿》謂是宋蘇子美詩混入陶集。《四時》一章爲顧長康詩，載許彥周詩話，今并删之，從厥舊也。題下小序必作者自題其命篇之意，方得書并序二字。近人注詩，或指前人之所注以爲序，殊失作者詞氣。余删補昭明選詩輯注，如此類者甚夥，悉改置小字，從注例也。是集如《蜡日》、《二疏》、《三良》皆非序體，其爲舊注無疑，今改從注。陶集舊無詳注，黄本不摭故實，悉抒己意，雖詳無訓詁氣，爲今之善本。唯牽合易代事太多，未免微鑿。集中取其説者什之三四。今於舊本所有者曰原注，諸家著論署某人，徵引典故標其書，唐宋以來詩話，專於某篇發明者注篇下。其餘汎論悉置卷末，各以類從，不專以時代次第，覽者詳之。其言涉荒誕，失靖節詩旨者從削。《苕溪漁隱叢話》中或論和陶之作，於陶詩無涉者亦不録。瞻泰少嗜陶，以案頭俗本訛誤，間有考正徵引，箋之紙尾。後得湯東澗、劉坦之、何燕泉、黄維章諸本，漸次加詳。而吾友汪于鼎洪度、王名友棠各有箋注，亦折衷采録。宋中丞商丘先生見而悦之，爲序以行。適秀水朱檢討竹垞先生來廣陵，以疑往質，因出示其所弆鈔本詩話，廣所未備。又泰州沈興之默、同邑洪去蕪嘉植、汪文冶洋度、程偕柳元愈、余叔綺園崧、弟衛猗瞻淇商確駮正，裨益良多。門人程夔震釜篤志好古，日夕手録吟諷，亦間抒所見。讐校既清，代付剞劂，故略述其緣起如此。

張惠言《周易虞氏義・凡例》 凡經文釋文可考者，從釋文，餘悉依集解。其有用他讀，則注出之。《彖》、《象》、《文言》分附各卦，以集解注文往往通屬，貴使相次非虞本，然注文采自集解，其有自他書者，則言其書。

朱緒曾《曹集考异・目録》 右目次依宋嘉定十卷本，訛者正之。每類各補所遺，其各篇殘文，即綴於各篇之末。其有題無文者，存其題。其失題者，附於各類之末。《上責躬應詔詩表》，不另標目，從《文選》例也。《冬至獻襪履頌表畫贊序》、《上卞太后誄表》，亦用此例。至嘉定本誤收《晉左九嬪上元皇后誄表》，則削之。

陳澧《漢儒通義・凡例》 凡所録皆經部之書，史、子、集皆不録。所録皆漢儒之書。録《子夏易傳》，據《釋文》引《七略》云，韓嬰傳也。《毛詩大序》不録，録《小序》次句以下。據《釋文》引沈重云：案《鄭詩譜》意，《大序》是子夏作，《小序》是子夏、毛公合作。卜商意有不盡，毛更足成之。今録次句以下，是毛公足成之語也。經注連經文乃明者，則并録經文。《詩序》次句連首句乃明者，亦并録首句也。漢儒經説，多有所本，如《韓詩外傳》多《荀子》語，但韓氏既取入《外傳》，則是漢儒之書，故録之也。三國以後之書不録。鄭《志》述康成語，故録之。九家《易》不盡漢儒之説，故不録也。《論語集解》所稱周氏，容有周生氏之譌，日本所傳皇疏本則皆作周生烈，不足爲據，故仍録周氏也。所録諸書，今存於世者，每條下注篇目，無篇目者注卷數，以備檢核。惟并録經文者，則不必注也。其書已佚者，《先鄭周禮注》見於《後鄭注》，諸家《論語注》見於何氏《集解》，諸家《易注》見於李氏《集解》，可以依據而無疑。其餘則近人輯本，每有疏舛，今之所録，必取所出之書復加審定，或各書竝引文有同異，則擇善而從，每條下注所出之書，亦以備檢核也。所出之書復有簡略，如《文選》注所稱《韓詩》，不知是《韓内傳》抑是《薛君章句》，無可辨別則仍之也。集衆家之説分類爲書，漢有《白虎通》，宋有《近思録》，今兼倣其例：專采經説，《白虎通》之例也；題某家之説，《近思録》之例也。每一類中，各條次第，以義相屬，則倣《初學記》之例也。其文略同者，則附注之，不别出也。爲余校勘者，門人南海桂文烜子明，桂文燦子白，番禺黎永椿震伯、高學燿星儀，湘潭胡錫、燕伯蓟也。

錢振倫《樊南文集補編·凡例》 一、徐、馮注本，雖由綴集而成，但行世已久，不得不謂之本集。是編有與相涉者，悉於題下注明，以便互勘。一、文首標題，按其年月有必不可通者，當爲傳鈔之誤，今各疏所疑於下，不敢擅易原題。一、文有箋注，例加於首見之篇。惟王茂元一生仕履，備詳於外舅司徒公文，非詳引史傳，則散見於前者，轉難稽核，故特立此變例。一、帝虎魯魚，書中恆有。是編如「張佚」誤「秩」，「劉惔」誤「恢」，尚易辨也。若「雒陽」之誤「維揚」，「虞漢」之誤「廣陵」，則似是而非，必經妄人肊改，兹就灼知者摘正之。此外未注諸條，固緣見書苦少，抑未必無點畫之譌也。一、《祭韋太尉文二首》確爲符載之作。故退一字別之，仍依原第錄注其文，以備參考。一、玉溪生詩題有《彭陽公誌》文。本集文中所述，有《才論》、《聖論》、《奠牛太尉》文。《補編》文中所述，有《紫極宮銘》。馮氏引《金石錄》有《佛頌》。《全蜀藝文志》有《懷安軍碑記》、《爲八戒和尚謝復三學山精舍表》。皆知其題而佚其文。近人孫梅《四六叢話》內載義山《修華嶽廟記》，云出《華嶽集志》，今附卷末，然亦未敢深信也。一、馮氏《玉溪生年譜》，於無可取證之中旁搜互勘，酌定年月，用心亦良苦矣。惟是編《行狀》等篇，爲馮氏所未見，故《譜》中不無肊斷而譌。今糺正數條，附於書後。一、振倫家乏藏書，且罕知交。是編初刱，武康王松齋孝廉誠曾爲蒐採數十條。及其將成，江山劉彥清農部履芬又爲刪節數百條。但遺漏舛誤終不能免。大雅君子續有見示，當別爲《補注》一卷，以志多聞之益。

劉恭冕《論語正義·凡例》 一、經文注文，從邢疏本。惟《泰伯篇》「予有亂臣十人」，以子臣母，有干名義，因據唐石經刪臣字。其他文字異同，如漢唐宋石經及皇侃《疏》、陸德明《釋文》所載各本，咸列於疏。至山井鼎考文所引古本與皇本多同，高麗足利本與古本亦相出入，語涉譌加，殊爲非類，既詳見於考文及阮氏元《論語校勘記》、馮氏登府《論語異文疏證》，故此疏所引甚少。古本高麗足利本，有與皇本、《釋文》本、唐石經證合者，始備引之，否則不引。至注文訛錯處，多從皇本及後人校改，其皇本所載注文，視邢本甚繁，非關典要，悉從略焉。一、注用《集解》者，所以存魏晉人箸錄之舊。而鄭君遺注，悉載疏內。至引申經文，實事求是，不專一家。故於注義之備者，則據注以釋經，略者，則依經以補疏。其有違失未可從者，則先疏經文，次及注義。若說義二三，於義得合，悉爲錄之，以正向來注疏家墨守之失。一、鄭注久佚，近時惠氏棟、陳氏鱣、臧氏鏞、宋氏翔鳳咸有輯本，於《集解》外，徵引頗多。雖拾殘補闕，聯綴之迹，非其本眞，而舍是則無可依據，今悉詳載。而原引某書某卷及字句小異，均難備列，閱者諒諸。一、古人引書，多有增減，蓋未檢及原文故也。翟氏灝《四書考異》、馮氏登府《論語異文疏證》，於諸史及漢唐宋人傳注各經說文集，凡引《論語》有不同者，悉爲列入。博稽同異，辨證得失，既有專書，此宜從略。一、漢唐以來，引孔子說，多爲諸賢語。諸賢說，或爲孔子語者，皆由以意徵引，未檢原文，翟氏《考異》既詳載之，故此疏不之及。一、漢人解義，存者無幾，必當詳載。至皇氏《疏》、陸氏《音義》所載魏晉人以後各說，精駁互見，不敢備引。唐宋後箸述益多，尤宜擇取。一、諸儒經說，有一義之中，是非錯見，但采其善而不箸其名，則嫌於掠美，若備引其說而並加駁難，又嫌於葛藤，故今所輯，舍短從長，同於節取，或衹撮大要，爲某某說。一、引諸儒說，皆舉所箸書之名，若習聞其語，未知所出何書，則但記其姓名而已。又先祖考國子監典簿諱履恂箸《秋槎雜記》、先叔祖丹徒縣學訓導諱台拱箸《論語駢枝》、《經傳小記》、先伯父五河縣學訓導諱寶樹箸《經義說略》，疏中皆稱爵。

陳啓源《毛詩稽古編·序例》 一、先儒釋經，惟求合古，後儒釋經，多取更新。漢詩有《魯故》、《韓故》、《后蒼氏·孫氏故》、《毛故訓傳》，書有《大、小夏侯解故》。故者，古也，合於古所以合於經也。後儒厭故喜新，作聰明以亂之，棄雅訓而登俗詮，緣叔世以證先古，爲說彌巧，與經益離源也，惑之。竊不自揆，欲參伍衆說，尋流溯源，推求古經本指，以挽其弊。而諸經注疏惟《毛詩序》最古，擬首從事焉。適長孺朱子以所著《毛詩通義》見示，共商推其疑，因銳意探討，加以辨證，得一義輒札記之，積久得如千條，彙輯成帙，名之曰《毛詩稽古編》云爾。原古人釋經，多由師授，不專據經本。況詩得於諷誦，非竹帛所書，確有畫一，諸儒傳寫，師讀各分，經文亦互異，故字與義有不必相符者，非得師授，豈能辨其孰是哉。今師授雖絕，而傳義尚在，尋繹傳義以考經文，其異同猶可正也。此當稽古者一也。又古今文義差殊，若胡越之不同聲矣。毛、鄭字訓率宗《爾雅》，於今似爲驚俗，在古實屬順詮，不可易也。用古義以入今文，固難悦時人之目，彊古經以就今義，亦豈合古人之心乎？夫積字而有句，積字句而有篇章。字訓既謌，篇指或因以舛，非小失也。此當稽古者二也。又三代迄今，垂二千載，雕樸刓方，匪一日之積，時世屢更，風俗逈異，古聖賢行事因乎時，其宜於古者未必宜於今。然據今人習俗，併謂古人無其事亦非通論也。惟立身於古世，以論斷於古人，斯詩之性情得矣。此當稽古者三也。又若弁冕車旂之制，彝鼎俎豆之儀，朝會燕饗之規，禘祫郊丘之議，焚書之後，典禮無憑，聚訟以還，是非莫定，此皆難臆決者。至於山川陵谷，屢易其形，草木禽魚，不恆厥性，祇可即古以言古，不可移古以就今。其地名物類，間有相同，非俚俗之流傳，即文人之附致，縱或偶符於古，豈容爲證於經。存其信而闕其疑，勿以亂古之眞。竊謂有一得焉，古今爲詩學者無慮數十家，其說燦兮備矣，今日論詩不必師心以逞，惟當擇善而從。故斯編止參酌舊詁，不刱立新解。《集傳》《大全》，今日經生尚之，而注疏亦立於國學，故所辨證，兹二書爲多。其魏晉六朝諸家之說，則《正義》所引用也。其宋元諸家之說，則《集傳》所未取，《大全》所編輯也，故辨證亦及焉。若近儒著作，互有得失，但世鮮尊信，無庸置喙焉爾。一、折衷衆說，必引據古書，擇其義優者以決所從，不敢憑臆爲斷。其引據之書，必明著於編，俾可展卷取驗，示傳信也。其限於見聞疑而未定者，謹闕所不知，不敢妄論。引據之書，以經傳爲主，而兩漢諸儒之語次之，以漢世近古也。魏晉六朝及唐人次之，以去古稍遠也。宋元迄今去古益遠，又多鑿空之論，僞託之書，非所取信。然其援據詳明，議論典確，鄙見賴以觸發亦百有一二焉。前人謬誤已經他書指摘者，槩不贅及，其指摘有未盡，則曲暢之。必先云某說如此，不敢攘人之美也。若指摘未當，則加駁難。一、長孺《通義》駁正羣言最爲允當，頗亦采錄鄙說，余之述是編，以補《通義》之未備也。但讀書論古，不必立異，亦不可苟同，故斯編持說間有與《通義》殊者，各從所信也。其同者不復覶縷，若所見雖同而說有更進，亦不憚詞費，正欲使此兩書相輔而行耳。一、凡有辨難，必述原說以引其端，習見者略述之，希見者詳述之，其所援據亦然。至引述諸儒，或以名，或以字，或以氏，或以書，偶因文便，非義例所存。一、此編之例，有惬則辨，無則置之，或一語而頻及，或連章而闕如，非同訓釋家句櫛字比也，故止題篇什，不載經文。一、辨證諸條，各隨本詩爲次，釐爲二十四卷。其有義統全經，詞連數什，則別爲五卷，寘諸後，名曰《總詁》，復類分之，爲舉要、爲考異、爲正字、爲辨物、爲數典、爲稽疑，凡六門焉。一、《總詁》之後，又繼以附錄一卷。凡經注謌脱已列稽疑而辨析未詳者，傳箋釋文字義故實須加考證者，辨證詩義因而旁及他典者，論斷已明尚有餘意未盡者，後儒之說未甚著聞而其誤須辨者，豎義稍越常聞恐人河漢其言者，三家詩說可爲博聞之助者，皆彙入焉，其前後仍以經爲次。一、字體謌陋於今極矣，有俗體之謌，【略】有借用之謌，【略】有妄減之謌，【略】有妄增之謌，【略】有分一字爲二字而謌者，【略】有合數字爲一字而謌者，【略】有因形近而謌者，【略】有因音近而謌者，【略】此類不勝屈指，取彼俗書，準於古義，大半皆謌。繕寫斯編，本欲悉加釐定，一遵古體，又恐太驚俗目，俾覽者茫然，必至廢書而歎。今止於點畫間勘酌雅俗，略正其一二，務令時目一覽便識，其稍晦者注於本字下。【略】至經文字體，則別詳總詁正字門。

孫詒讓《周禮正義・凡例》 一、經本以《唐石經》爲最古，注本以明嘉靖放宋本爲最精，此本原出北宋槧，雖明刻，而在諸宋本之上，近黃丕烈有重校刊本。今據此二本爲主，閒有謌挩，則以《孟蜀石經》《元石》久佚，今僅存宋拓《秋官》上、下二卷，首尾亦有殘闕，拓冊臧湖州張氏。今據湖南周編修鑾詒景寫本校。又馮登府《石經考異》載有《夏官》殘拓，今未見。此刻之佳在兼載，鄭注惟讎勘極疏，謌踳挩衍不可枚舉，又多妄增助語，蓋沿唐季俗本，難以依據。及宋槧諸本阮元校勘記所據，有宋刻小字、大字本，余仁仲本，岳珂本。黃丕烈《札記》所據有宋紹興董氏本、互注本。今所據有陽湖費編修念慈所校宋婺州唐氏本、建陽本、附釋音本、巾箱本，又有明汪道昆放岳本，與阮黃校岳本小異。參校補正，箸其說於疏。凡嘉靖本注謌挩顯然，它本咸不誤者，今徑補正，不箸於疏。唯衆本是非錯出及文通義短據善本校改者，始箸之。至版本文字異同，或形體謌別，既無關義訓，且已詳阮、黃兩記，今並不載，以袪緐冗。近胡培翬《儀禮正義》，阮福《孝經義疏補》，陳立《公羊傳義疏》，並全錄阮記俗本，謌文塵穢簡牘，非例也。一、陸氏《釋文》成於陳、隋閒，其出最先與《賈疏》及《石經》閒有不同，所載異本、異讀，原流尤古。今並詳議其是非，箸之於疏。《釋文》據盧文弨校本，兼以阮氏校勘記及賈昌朝《羣經音辨》參訂之。以存六朝舊本之辜較。一、《賈疏》蓋據沈重《義疏》重修，據馬端臨《文獻通攷》引董逌說，《隋書・經籍志》載沈重《周官禮義疏》四十卷，與賈本卷帙並同，董說不爲無據。唐修經疏，大都沿襲六朝舊本。賈疏原出沈氏，全書絕無援引沈義，而其移改之跡尚可推案。如載師疏引《孝經・援神契》一節，本草人注黄白宜以種禾之屬句釋義，賈移人載師而忘删其述注之文，是其證。至董氏謂賈兼據陳劭《周禮異同評》，則肊揣不足據也。在唐人經疏中尚爲簡當。今據彼爲本，《疏》據阮校宋十行本，近德化李氏，有宋刊八行本殘帙，遠出十行本之前，未能段校也。訂譌補闕。凡疏家通例，皆先釋經次述注。然鄭注本極詳博，賈氏釋經隨文闡義，或與注複而釋注轉多疏略，於杜、鄭三君異義，但有糾駁略，無申證故書，今制孯覈闕如。今欲撟斯，失釋經唯崇簡要，注所已具，咸辿省約。注文峁奧，則詳爲疏證。蓋注明即經明，義本一毋也。今疏於舊疏甄采精要，十存七八，雖閒有删剟移易，而絕無羼改。且皆明楬，賈義不敢攘善。唐疏多乾沒舊義，近儒重修，亦或類此，胡氏《儀禮正義》閒襲《賈釋》，郝懿行《爾雅義疏》亦多沿邵義，竊所未安。非膚學所敢效也。

一、唐疏例不破注，而六朝義疏家則不盡然。孔氏《禮記正義叙》偁「皇侃時乖鄭義」，《左傳正義叙》偁「劉炫習杜義而攻杜氏」是也。鄭學精毋，羣經固不容輕破。然三君之義，後鄭所讚辨者，本互有是非。乾嘉經儒攷釋此經，閒與鄭異，而於古訓古制宣究詳塙，或勝注義。今疏亦唯以尋繹經文、博稽衆家爲主。注有牾違，輒爲匡糾。凡所發正數十百事，匪敢破壞家法，於康成不曲從杜、鄭之意，或無誖爾。

一、《古經》五篇，文緐事富，而要以《大宰八灋》爲綱領，衆職分陳，區畛靡迆，其官屬一科，叙官備矣。至於司存攸寄，悉爲「官職」，總楬大綱，則曰「官灋」，若《大宰》六典、八則之類。詳舉庶務，則曰「官常」。若《大宰》「正月之吉始和布治于邦國都鄙」以下至職末皆是也。而「官計」、「官成」、「官刑」，亦錯見焉。若《大宰》職末「受會則官成也，大計羣吏則官計也，詔王廢置誅賞則官刑也。六者，自「官職」、「官常」外，餘雖或此有彼無，詳略互見，而大都分繫當職，不必旁稽。唯「官聯」條緒紛緐，眽絡隱互，散見百職，鉤覈爲難。今略爲甄釋，雖復疏闕孔多，或亦稽古論治之資乎。

一、議《禮》羣儒，昔偁聚訟。此經爲周代法制，所總萃閎章縟典經曲畢晐。而侯國軍賦苞，何膠於舊聞；明堂辟廱服，蔡騰其新論。兩漢大師義詁，已自舛互。至王肅聖證，意在破鄭，攻瑕索痏，偏戾尤甚。然如《郊社》、《禘祫》，則鄭是而王非；廟制、昏期，則王長而鄭短。若斯之倫，未容偏主唐疏，各尊其注。每多曲護，未爲閎通。今並究極諸經，求厥至當，無所黨伐，以示折衷。

一、此經在漢爲古文之學，與今文家師說不同。大、小《戴記》及《公羊春秋》並今文之學，故與此經義多不合。先秦古子及西漢遺文所述，古制純駮襍陳，尤宜精擇。今廣徵羣籍，甄其合者，用資符譣，其不合者，則爲疏通別白，使不相殽掍。近儒攷釋，或綴稡古書，曲爲傅合，非徒於經無會，彌復增其紛粈，如惠士奇《禮說》義證極博，而是非互陳，失在緐襍。至沈夢蘭《周禮》，學而新奇，繆盭甚矣。又陳奂《毛詩傳疏》及鄒漢勛《讀書偶識》諸書，說禮亦多此失，學者詳之。今無取焉。

一、經文多存古字，注則多以今字易之。如𩺰漁、灋法、聯連、頒班、于於、攷考、亓祇、眂視、政征、敍序、衺邪、𢦏災、鱻鮮、齍粢、辠罪、貍埋、劀刮、壹一、㮚栗、虣暴、覈核、毓育、眚省、媺美、婣姻、匶柩、囏艱、馭御、轂繫、敂叩、彊強、簭筮、飌風、果祼、鬻煮、嘑呼、靁雷、磬韶、侑宥、歙吹、豳邠、虡□、𣱵兆、㝱夢、𢱭拜、䭫稽、邍原、參三，凡四十餘字，並經用古字，鄭則改用今字以通俗。今字者，漢人常用之字不拘正段也。《考工記》字例與《五官》又不盡同。如殺作䊷，擊作毄之類。又五篇古字如敍、攷、晦、于、辠，諸文記並從今字，疑故書本如是矣。宋元刻本未通此例。或改經從注，或改注從經，遂滋岐互，非復舊觀。段玉裁《漢讀考》及阮、黄兩《記》舉正頗多，尚有未盡。今通校經注字例，兼采衆本，理董畫一。或各本並誤，則仍之而表明於疏。經注字體咸依唐石經嘉靖本、岳本，參互校定。注疏中間有隋唐以來相沿俗書，如總揔、畮畝、亂亂之類，形聲省別以承習既久，姑仍其舊。唯疏中蒙案，間用六書正字以崇古雅。此自是鄙書私定義例，不敢以是盡改古書也。至經注傳譌，或遠在陸、賈以前，爲段、阮諸家及王引之《經義述聞》所刊正者，則不敢專，輒改定並詳箸其說於疏，俾學者擇焉。

一、此經舊義，最古者則《五經異義》所引，古《周禮說》謂《古文周禮說》也。或出杜、鄭之前，次則賈逵、馬融、干寶三家佚詁，亦多存古訓，無論與鄭異同，並爲攈拾。近世所傳有唐杜牧《攷工記注》一卷，義恉弇陋，多襲宋林希逸《考工記解說》，僞託顯然，今並不取。至於六朝唐人《禮》議經疏，多與此經關涉，義既精博，甄錄尤詳。凡錄舊說，唐以前皆備舉書名。宋元以後迄於近代，時代未遠，篇帙見存，則唯箸某云，以省緐碎。大氐宋元明舊說，多采之王與之《訂義》，陳友仁《集說》及《官纂義疏》。至國朝諸儒攷釋，則以廣東學海堂《經解》、江蘇南菁書院《續經解》爲峁藪。此外如吴廷華《疑義》、李光坡《述注》、李鍾倫《纂訓》、方苞《集注析疑》、莊有可《集說》、蔣載康《心解》及林喬蔭《三禮陳數求義》、黄以周《禮經通故》之類，唯吴書僅見傳鈔殘帙，莊書亦未有梓本，餘咸世所通行，故疏中並唯箸姓名、不詳篇目也。至如許珩《注疏獻疑》之疏淺，莊有可《指掌》之武斷，若斯之屬，雖覽涉所及，亦無譏焉。閒有未允，則略爲辨證，用釋疑悟。宋元諸儒說，於周公致大平之迹推論至詳，而於周制漢詁或多疏繆，今所搴擇百一而已。宋元迄今，訓釋既多，唯擇其義據通深者錄之，或一條之中是非錯出，則爲芟剟瑕類，以歸純粹。凡有繆迕，悉不暇論也。一、天算之學，古疏今密，然此經遠出周初，鄭詁如圜率，則徑一圍三，天行則四游升降，並據《九章》、《考靈曜》，雖法數疏闊，而以古術釋古經，致爲塙當。今疏惟《考工》一篇，輪蓋周徑校密率於圜觚，柯欘倨句證弧角於西筭，餘咸據古毖緯、史志及唐以前筭經、古經爲釋。後世新法，古所未有，不可以釋《周經》及漢注也。如鄒伯奇《學計一得》，以西法推大司徒土圭測景，謂非營雒時實測，雖據密率，然非周漢人所知也。一、二鄭釋經，多徵今制攷之。馬、班《史》、《志》，衛、應《官儀》，率多符合，良以舊典隊文，留遺因襲，時代匪遙，足相比況。晉、宋而降，去古彌遠，政法滋更。北周、李唐，建官頒典，雖復依放六職，而揆之《禮》經，多不相應。故此疏於魏晉以後，儀制槩不援證，惟州國山川，宜詳因革。故職方、輿地，備釋今名，以昭徵實之學。一、舉證古書，咸楬篇目，以示審塙。所據或宋元舊槧，或近儒精校，擇善而從，多與俗本不同。其文義殊別有關指要者，則於疏中特箸某本，非恆例也。佚書則咸詳根氏，或兩書同引而互有省改宜兼采者，則兩箸之。用懲肊造，兼資覆勘。近代佚書輯本甚夥，然多舛誤難據。若劉逢祿《論語述》，何以何晏《論語集解》爲何休說佚文？乃沿《北堂書鈔》陳禹謨本之誤。陳氏《詩疏》以《儀禮經傳通解》說五門制爲尙書人傳佚文，乃沿董豐垣輯本書傳之誤，並由討覈不審，故有茲失。昔儒說解，援據古籍，或尙沿俗本及刪改舊文義恉未備者，今並檢元書勘正。此迺校讎，非改竄也。

蘇輿《春秋繁露義證·例言》 《漢·藝文志》載《董仲舒》百二十三篇，《公羊董仲舒治獄》十六篇。《後漢書·應劭傳》，仲舒作《春秋決獄》二百三十二事，當即《志》之十六篇，而無《春秋繁露》名。《漢書》本傳載仲舒，說「《春秋》得失，《聞舉》、《玉杯》、《蕃露》、《清明》之屬復數十篇」。是《蕃露》止一篇名，當在百二十三篇中。此書《隋》、《唐志》始著錄，唐宋類書時見徵引。《論衡》所引情性陰陽之說，與今本不同。又旱祭、女媧之議，今亦未見，或是百二十三篇中原文。《公羊序》疏引《繁露》云：「能通一經曰儒生，博覽羣書號曰鴻儒。」又《莊十三年》疏引《繁露》云：「論功則桓兄文弟，論德則文兄桓弟。」《禮記·文王世子》疏引《繁露》云：「成均爲五帝之學。」《周禮·大司樂》注亦引董仲舒語云：「成均五帝之學也。」疏特出《繁露》釋之，是亦以爲《繁露》語。今本竝無之，則知唐時《繁露》，尙多於今本。《漢書宣紀》注臣瓚引董仲舒書曰：「有其功無其意謂之戾，無其功有其意謂之罪。」又宋趙德麟《侯鯖錄》引董仲舒曰：「太平之世，則風不鳴條，開甲散萌而已。雨不破塊，濡葉津根而已。雷不驚人，號令啓發而已。電不眩目，宣示光耀而已。霧不塞望，浸淫被泊而已。雪不封陵，弭害消毒而已。雲則五色而爲慶，雨則三日而成膏，露則結珠而爲液。此聖人在上，則陰陽和而風雨時也。政多紕繆，則陰陽不調，風發屋，雨溢河，雹至牛目，雪殺驢。此皆陰陽相盪爲祲沴之故也。」周密《齊東野語》載《西京雜記》載董仲舒曰：「水極陰而有溫泉，火至陽而有寒燄。」亦均似《繁露》語。此外引仲舒書者尙多，惟如《御覽》四百七十二引董子曰「禹見耕者五耦而式」云云。此等疑是董無心所著書，當分別觀之。蓋東漢古學盛而今學微，故董書與之散佚。茲後人採掇之廑存者，前人已疑其非盡本眞。詳見《攷證》。朱子亦曾言，《繁露》、《玉杯》等篇，多非其實。又朱子《策問》云：「問漢世專門之學，如歐陽，大、小夏侯，孔氏《書》，齊、魯、韓氏《詩》，后氏、戴氏《禮》，董氏《春秋》，梁丘、費氏《易》，今皆亡矣。其僅有存者，又已列於學官，其亦可以無惡於專門矣。」云云。然微詞要義，往往而存，不可忽也。西漢大師說經，此爲第一書矣。西漢書有兩體：一、今所傳《毛公詩傳》，爲注經體。朱子答張敬夫書云：「漢儒可謂善說經者，不過只說訓詁。」又《語類》云「漢初諸儒，專治訓詁」是也。一、說經體，如此書及《韓詩外傳》是也。然《韓詩》述事以證經，此書依經以耑義，尤爲精切。今所云漢學，但是注體，故遂與義理分途。杭世駿乃云：「董生《繁露》，韓嬰《外傳》，偭背經旨，鋪列雜說，不知著書之體者也。」又《尙書大傳》及《說苑》、《列女傳》等書，皆於說經體爲近。茲於其可疑者，略爲別白。閒復離其節次，錯簡誤文，時據諸家說及羣書迻正，竝注原文於下。何休序《公羊解詁》云：「往者略依胡毋生《條例》，多得其正。故遂隱括，使就繩墨。」而無一語及董。《條例》當是「五始」、「三科」、「九旨」、「七等」、「六輔」、「二類」、「七缺」之說，何以新周故宋，以《春秋》當新王爲一科三旨。此實誤會。董決不以此爲科旨。其引《春秋》、《杞子》，乃借以證興禮之意，說見本篇注。究其義，與此合者十實八九。胡毋生與董同業，殆師說同也。《東塾讀書記》舉何注同《繁露》者止三條。晁氏《志》：董仲舒以《公羊》顯，又四傳至何休。案：唐時配享孔子廟庭，有何休無董仲舒，蓋不知何學本於董氏。惟胡安國列《春秋》綱領七家，有董無何。余別有《公羊董義述》。茲閒爲采入，以證淵源。其說焉而失者，閒爲辨正。此外如兩京經師家說，及詔令奏議與本書比傳者，頗復采錄。用徵條貫之同，而得致用之略。諸子及各傳記，亦多節取。緯家說同出今學，引用特愼。《家語》、《孔叢》雖爲僞譔，要是古說，閒亦采錄。此書淩氏曙始有注本。明朱睦㮮《萬卷堂書目》有吳廷舉

《繁露節解》一冊，今未見。凌之學出於劉氏逢祿，見包世臣所作墓表。而大體平實，絕無牽傅。惟於董義，少所發揮，疏漏繁碎，時所不免。如「子曰」「嗚呼」之類，並爲詳釋。《王道篇》「吳王夫差行強於越，臣人之主，妾人之妻」，見《越世家》，而誤云「以楚人之王爲臣，楚人之妻爲妾」。《觀德篇》「諸夏滅國首無駭」，見於《隱二年》，而以爲首齊師滅譚。《三代改制篇》「薦尙肝」云云，與《明堂位》異，不知是今文異說，而以爲誤文。斯類不勝枚舉。隨文改正，不復徵引，以省複冗。其可采者，仍加「凌云」以別之。各家解釋，足資考證者，並爲收入。與盧氏同參校者，爲趙曦明、江恂、秦黌、張坦、陳桂森、段玉裁、吳典、錢唐、秦恩復、陸時化、陳兆麟、齊韶。錢有校語數條，今據盧本錄入。凌本所引莊侍郎存與、張編修惠言、劉庶常逢祿、李庶常兆洛、沈孝廉欽韓、鄧文學立成說，亦並采用。戴望說，據孫詒讓《札迻》引。朱一新說，見《無邪堂答問》及與某氏書。○光緒丁戊之閒，某氏有爲《春秋》董氏學者，割裂支離，疑誤後學。如董以傳所不見爲「微言」，而剌取陰陽、性命、氣化之屬，摭合外教，列爲「微言」，此影附之失實也。三統改制，既以孔子《春秋》當新王，則三統上及商周而止。而動云孔子改制，上託夏、商、周以爲三統。此條貫之未晰也。鄫取乎莒，及魯用八佾，並見《公羊》，而以爲口說，出《公羊》外。此讀傳之未周也。其他更不足辨。是書宋本不多見，然據明校所引宋本參之，知已不免譌誤。乾隆時館臣據《永樂大典》所收樓鑰本對勘，補訂刪改，漸成完帙。且於創行《聚珍》板之始，首先排印。詳見《聚珍板程式》，即今所稱官本。盧氏文弨曾取《聚珍》本覆加考核，參以明嘉靖蜀中本，及程榮何允中兩家本，今所稱盧校本是也。凌注本亦以《聚珍》爲主，參以明王道焜及武進張惠言讀本。予復得明天啓時朱養和所刊孫鑛評本，合互校訂，擇善而從。從盧校本爲多。據朱刊孫鑛評本凡例，又稱此書尙有婺女潘氏本，太倉王氏本，與宋本同。又聞明蘭雪堂本，仿宋刻最佳，今亦未見。其官本曾校他本作某，與今所見各本同者，不復列，異則出之。凡《校語》不關書義者，別爲圈隔，以便省覽。其顯然譌奪者，不復列，得兩通者存之。

汪瑗《楚辭集解・楚辭考异》 孔子曰：「吾猶及史之闕文也。」《左傳》曰：「疑以傳疑。」古者於載籍有可疑而當闕者，則因之不革，存之不棄，懼寖失其眞也。然自屈子著此辭以來，千有餘年矣。劉向校定之，後訓解者十數家，俱漫不復存，無所取證。予家所藏，僅有東京王逸《章句》、丹陽洪興祖《補註》，及吾鄉先正朱子《集註》而已。然其間文字多有異同。雖三家於本章之下略載其說，彼此各有遺漏，不能備詳。故予於《集解》之內，頗擇其文從字順、意義明暢者而從之，餘皆刪去，不復綴之於各章之下，恐其繁蕪，不便觀覽。顧特己意所安，亦未敢必以爲盡是。故效朱子《韓文考異》，並錄附于篇末，且間以鄙意而是非之。其無所是非者，或兩可而俱通也，以備讀《楚辭》者參互而自選之。若予仍有所未見而不及盡載者，尙幸好古博雅君子當別求之諸本而益附之，以輔吾之不逮云。

胡文英《屈騷指掌・凡例》 一、《屈賦》二十五篇，班氏承史公之舊，蓋《湘君》、《湘夫人》作一篇，《大司命》、《少司命》作一篇，皆合廟分獻也。自王逸不知《九歌》之爲九，遂釐出二《招》，又列入諸家之作。今觀諸作，謂抒其感憤，則得矣。至和平懇惻，有關于性情政治之得失，終莫能與屈賦並也。今仍班氏原文，槩刪諸家，收入二《招》，故第名之曰《屈騷》。一、《屈騷》年次已遠，無可考次其先後。第于隱躍有據者，分注其時地于各篇之下，讀者心穎神探而得之，則可。至近時坊本，多以意顚倒舊章，非王逸原書次第，未免爲有識所笑。今摒出《九辨》諸作之外，槩依王逸本先後次序，蓋亦愼而闕疑之意也。一、屈賦中多有錯簡，緣古者竹帛分裂，師承各異，遂失正定。余于此書，讀時甚多，解時甚少，記誦更絕不繫心。是以與古詩樂府互爲流環沈鬱，俯仰吟嘯，迄今二十餘年。初則不放過實字，後并不肯放過虛字，是以敢與舊說稍立異同。然第注之日，此句宜在某句上下，疑在應在某句上下，不敢妄發議論，誠不願讀者肆爲凌躐，得注者之意，忘作者之神也。一、屈賦列題于左。古也，第古人帛卷由左先展，故識之曰右某篇，欲使學者見題辨物，或所求非此篇，則仍卷之，非有他意也。今既用逐篇紙卷，則先展由右，題亦宜在右矣。故悉從《文選》之例，標題在右，其實與在左一也。一、《屈騷》字句，各本不同，要當以語句渾厚，上下文虛神和洽者爲主。至字之今古，酌之洪興祖、朱晦菴諸本，詳審上下文。別無深義而怪者，恐係揚雄、劉向增入，則從恆用之字。稍有可疑，及與周秦經、史、子、集互相根據者，仍用古字。一、《屈騷》之注，一壞于穿鑿，再壞于詭隨，總于學、問、思、辨四字，有義襲躐等諸弊。蓋穿鑿緣心躁，詭隨緣心浮。古人博學不遺于俗諺，審問不棄于芻蕘，愼思不入于元渺，明辨不執夫固我，虛公之至，則我不生薑于樹，人不腫背于駝。一、《屈騷》之注，自王逸至今，百有餘家。余注屈時，不看諸解，惟求其理之是，神之順，情之曲摯，無所不到，而銖黍不失乎正。其有不得者，沈日夜設身處地求之。求之不得，而後檢諸解之是非，其有是者，無論前賢時彥，必表其名，不肯竊美。一、屈賦篇幅宏闊，賦、比、興雜出，難與《毛詩》同論界限。朱子雖舊有賦、比、興之例，然精神莫能詳到，往往爲物論借端，今槩去之。誠以學者能以一氣順行乎千迴百折之中，則賦、比、興當自得之。若到處凝滯，反失其眞矣。一、《屈騷》解者既多，各偏所得，勢不能無所是非。然君子之于書也，第求其理之是，而不求其說之伸。昔見注家取己所長，擊人所短，甚至苦相排擠，俾其人無立錐之地而後已。雖明道不可不力，然亦不必過爲已甚。蓋理之然否，天下後世自有公論，豈可以強爭而勝者哉！故此書雖成，海內高明之士，倘能摘其非而進以確解者，不妨見示，俟纂入餘論，必不敢堅執前說，以自成鄙固也。一、《屈騷》所用禽、魚、草、木，僅《毛詩》十分之一。惟《天問》、二《招》多山經海志怪異之物，不可悉究。餘者正宜眞知確見，以無負多識之訓。即不知者，亦當闕疑，以俟天下後世廣搜博識，以得其眞，則傳疑猶傳信也。古人博物，如揚子雲、鄭康成、郭景純、張楫、陸璣，極爲留心，尚多謬誤。余于書中鳥、獸、草、木，必聞見確切，曲釋其形，並攷南北土名，俾博物君子知其是而然之，知其非而辨之。其有舊說游移淆混者，必闕疑而不敢仍襲，誠以千百萬人之心思，共攻此一物，則不憂不得其眞。若徒勦說雷同，豈學者實踐之功哉！一、屈子所涉之地，不無陵谷變遷，然其有功于民物，靈爽光昭，大槩不泯。故其所過所止之地，輒有古蹟俎豆之存。惟王逸以下，誤以今之湖南爲江南。是以湖南、湖北、江南之地名確有可據者，反置之不論，其逆流順流、東西南北、水陸路徑，俱不分明，則屈子之志，亦因之以晦。余兩涉楚南，三留楚北，詢之耆宿，按之衆圖，繹之屈子之書，髣髴之所涉，得什一于千萬，以俟博物好游君子，攷而證之，其涉境之然否，當益著也。一、《屈騷》之音，楚音也。然楚地甚廣，上至今之湖南北，下至今之上下江。江西，大抵《楚辭》之音。楚南北音，十居其七。上下江音，十居其三。秦、燕、豫、粵之音，亦多有之。第學者多泥沈約《韻書》，沈，吳音，往往與楚音不同，然欲強屈子從沈約則過矣。予嘗求土音于楚中學者，多不能得。惟于童稚舟輿之際，恆有領會。故于《楚辭》之音，約分三等，其同聲相諧者，不論脣舌齒喉，平上去聲，概從古韻相通，蓋後世古詩猶然，況《屈騷》乎？至不同聲者，乃取土音讀之，無可讀者闕之，皆以自然爲貴，不欲強古人以不適也。

高愈《小學纂註・凡例》　一、恭愍所考古人名氏事迹，頗多疏略，今約舉一二：如陶淵明本名潛，字淵明，別名元亮，而竟以元亮爲字。宋相李昉本饒陽人，而誤稱滁州。又如程子看詳學制，註俱不詳，至省繁文耑委任一條，與原意全悖，訛以踵訛，殆無終極。今悉按本史及程子全書較定。【略】一、凡所採諸家註有義可兩通者，竝存。有未當者，參互止存一說。又有與舊說絕不同者，如《周禮》智仁聖義忠和，今讀忠爲中；《曲禮》不好狎之好，今讀如字，皆考之經典，揆之義理，有所據。非苟求爲異而已。

李植《四書朱子异同條辨・凡例》　一、《四書》正文頂格大書，《章句集註》低一格次書，所以別經傳也。其正文無庸圈識矣。《章句集註》解字義者，用點。總解義理者，用圈。其或解字義、或總解義理而有精蘊妙緒者，則用連圈以識之。欲使讀者聳神而致其探索也。至《章句集註》之妙，尤多在界縫虛字句之中含蓄淵微。朱子嘗自謂沒緊要處，正是極緊要處也。後人日加誦習，率訛謬而莫之覺者，皆不肯尋討於沒緊要之字句故也。故予於此，尤必連圈而後致其詳論焉。一、《或問》、《語類》，皆朱子之書，所以羽翼《章句集註》者也。《或問》爲朱子所自作，其義至精。但《章句集註》之異于先儒者，雖明其失而無關于本文之正義，則從而削之，懼其繁而難閱也。《語類》載多完備，惟重叠無有別義，乃節其繁。昔人因二書錯出，間有意旨不同，遂疑。《或問》作於刪改《章句集註》之前，又疑《語類》雜錄于門人之手，不無參差舛誤。然予觀朱子之學，雖與年俱進，而刪改原註，更必已精益精。但所易不過字句之間，至道理所見，前後固無大異也。雖《語類》間有舛誤，然醇謹詳密，何不可因千伯而悟什一乎？嘗觀朱子謂程門弟子不足以得程子之意，《語錄》中貽誤甚多，然則朱子門人之記載，或亦有鑒於其失，而深心攷訂者與學者能於本章參究，以得其奧蘊，更於別章互證以得其指歸。則愈知《章句集註》之精，而四子之言之所繫屬者矣。一、《或問》作於朱子，《語類》記自門人，故先《或問》而次《語類》。此書既以朱子爲宗，似《或問》、《語類》之字，亦當大於諸儒條例之字矣。柰卷帙太重，不敢過多，故同一字書而但有先後之別耳。一、《語孟》則有

《精義》、《中庸》則有《輯略》，皆先儒之說，或爲《章句集註》之所已採，或爲《章句集註》之所少異，故朱子既於《或問》備論其得失，而其可參考而並存者，則又取而編次之，亦欲使後人知己說之自來也。茲擇其精蘊有發明者，間附載之，以備觀覽。一、宋、元、明以迄本朝，名儒輩出，即或少異，朱子亦必自有所見。然異於朱子而自逞其說者，必其質之，《四子》而亦有不洽者也。此但酌以心理之同，非敢故爲抑揚之論。故或此章而取此人之說，或彼章而又不取此人之說，更或一章之中、一人之見，而亦別是非，初何敢以私意與其間乎！今惟與朱子合者，以同字條例冠之；與朱子不合者，以異字條例冠之。或圈，或抹，蓋欲使涇渭瞭然，而後以己意辨其異同之故焉。一、《四子》之書既得朱子集衆說之成，似亦無容置辨矣。乃書不盡言，言不盡意，而後儒紛紜，或不領會於言外，更或不涵泳於言中，以致謬訛相承，聖道反晦。故余嘗謂一部《四子》書，看得此章之理與彼章不合者，見未通也；看得思、孟之言之理與孔、曾之言之理不合者，亦未通也。須是一部《四子》言語，縱橫穿透，顛倒爛熟，前以證後，後以證前，只是一箇物事而後可以解《四子》之書矣。而後知朱子之書即《四子》之書，而後可以發朱子未言之蘊，而無異朱子之所欲言與《四子》之所欲言者矣。今諸家之說，大約據一章以治一章，如斷流絕港，故觸處生礙耳。然則朱子教學者，看書未透此一章，更不再看一章者，謂何日此爲用功精專言之也，非爲既通而解經者言之也。一、宋、元、明以來，專家解《四子》書者甚夥，其狂背於聖人之道而矯異乎！朱子之說者，概絕之而無庸錄矣。其有發明乎！聖道而或以偶見而偏，或以似是而謬，則分別異同以並論之。一則破其拘滯往說之疑，一則取其參伍得中之妙。此余之不厭其詳，而非自處以刻也。其有未見全書片言可錄，即或未當而足備參酌者，亦間附之。更有本乖於義而世俗相沿、家遵戶守，亦不知其初起自何人，則止帶論於辨字條例之中以時解云云括之，不盡載也。一、予自總角時，往往以章句解書而明，以雜說解書而晦，即疑《大全》以下諸本，不可盡信於是，備集諸家，妄加批抹、易其本者屢矣。後浸淫於朱子之全書者，久乃益斷。然以己之所見，爲不背於聖人之道。及余弟漸長，頗能參互其說。於是師友一堂，益發其不窮之趣，而兒輩亦因以卒業焉。本不敢公之於世，懼蹈狂妄之罪，既又痛聖人之道不晦于畔朱之人，而即晦於從朱之人，亦安可嘿嘿而已也。世之學者或更見予之不逮而攻其疾焉，則余年未老，猶得更訂而改其失也已。

徐文弨《詩法度鍼·凡例》

一、是編爲詩家繡譜，專明金針秘法。顧立法莫嚴於杜，而杜法莫備於律。故首編少陵律詩，而殿以雜體。蓋倣攻八股者先治單題，而徐及長截等類也。次編試帖，急科舉之先務，窮變化於神明。又次編漢魏，以迄元明，列叙世次。其間作述之源流，運會之升降，體製之正變，並足以資博識焉。統而言之，外秉曩規，內理性術，則全編之樞要也。一、所編歷朝古近諸詩，唯排律一體從略，以有試帖專集，成法具備，可因類以推。長律多至數十韻、百韻，恐繁篇幅，舉一臠以蔽珍錯，要不越以約之意已耳。一、古今體詩，欲取佳篇，即擇精而益精者，亦不啻汗牛充棟。是編專論法程，唯取詩各一式，或人錄一首，或一人數首。非同選家，衆美兼收。此則千金之裘，唯腋是擇也。故於歷代傳誦名篇，多不免於挂漏。一、是編唯全唐古近體二集，悉依初、盛、中、晚，載列名氏。其餘各朝，俱不拘先後，非紊序也。蓋緣體格有正變，門類有異同，循格則先乎正，依類則彙其同。猶之裁羅剪錦，越蜀參錯，成章所由，異於象牀匹練也。一、宮閨艷詞，縱稱工絕，槩置不收。雖貞淫美刺，並載風詩。然後人於香奩僞體窮力追新，未必足以懲創。故凡屬無題託寓諸作，必兢兢別裁，總蘄不失性情之正。一、集中切要評論，兼採諸選家語。有全錄原文者，始則門標姓字，以後俱載某氏。或刪節字句，省繁文以便簡帙。既異舊本，即不署原名，又恐涉攘美之嫌。凡屬鄙見附參者，槩以一「按」字別之。一、從來說詩才識原有分量，深者見深，淺者見淺。況聖愚千慮，各有得失。每見選家迭相攻擊，如竟陵斥異己爲吠聲，虞山詆竟陵爲瞽說，後人又有訾謷虞山者。文人相輕，未祛結習，往往類是。是集間有附一得之見者，如杜之《羌村》，韓之《精衛》之類，竊謂有所發明，顧據管窺輒嗤鏡刮，予未敢然。一、校字之難，昔人比之風中掃葉，莫能净除。是集促於開雕，以應坊賈之售，不特別風淮雨之訛，觸手即得，抑且金根玉木之舛，未必全無。唯持恕道者諒之。